U0903514

行政 国家赔偿办案全典

XINGZHENG GUOJIAPEICHANG BANAN QUANDIAN

石磊 组编

中国法制出版社
CHINA LEGAL PUBLISHING HOUSE

出版说明

《行政·国家赔偿办案全典》是根据人民法院行政、国家赔偿审判实务以及司法实践的实际需要，专门为从事行政、国家赔偿审判的法官、律师以及司法实务人员设计的法律实务工具书。在与读者的不断沟通与交流中，我们发现，读者在使用行政·国家赔偿的工具书时，往往会遇到以下三个方面的问题：

（1）时效性不新，收录内容不全面。许多工具书都只是收集法律法规、司法解释等司法文件，或者只有释义，无法满足各个行业读者的工作需要。

（2）行政·国家赔偿涉及面广，数量繁多，而许多此类工具书往往都是将大量的司法文件堆砌而成，并没有将条文给予解读，更缺乏对新法修改和立法的梳理，导致查找与使用时的极大不便。

（3）图书体例排列缺乏科学性，法律与司法解释的排列不清晰，导致一些读者在使用时无法将法律、司法解释、指导案例与相应的法律法规配套适用。

基于此，本书有以下四大核心优势：

（1）**收录全面，内容务实分类精细合理**。本书是作者根据多年的审判研究工作实践，以读者需求为导向，对行政·国家赔偿审判最常用的法律法规、司法解释文件、指导案例进行细心梳理、分类和整理。本书分为行政编和国家赔偿编，其中行政编又分行政实体和行政诉讼，行政实体共有七章，行政诉讼共有八章。国家赔偿共有三章。

（2）**逐条释义，列出立法或修法的要点和理由**。为更好地帮助读者理解法条，作者对每条逐条释义，帮助读者理解法条背后的内涵。对于重要的、新制定或修改的法律，列出立法或修法的要点及理由，真正做到，一册在手，通览众规。

（3）**体例科学，以快速高效查找为基准进行创新**。本书借鉴了各类图书的优点，从页眉等细节之处帮助读者快速高效查找法律法规。

（4）**收录指导案例**。最高人民法院规定各级人民法院在审判类似案件时应当参照其发布的指导性案例。指导性案例是最高人民法院在司法解释之外最重要的审判指导方式。本书将发布的指导性案例归类在每一个相关分类之下，便于读者准确、及时查找。

此外，本书的编辑出版得益于与读者之间的良好互动，我们欢迎读者继续对我们的工作提出宝贵的意见和建议，并不吝批评指正。读者的批评和意见，就是本书不断修订和完善的动力，在此，也感谢本书的编写小组对本书的出版所付出的辛苦！

编者
2018 年 3 月

总目录*

行政编——行政实体

行政编——行政诉讼

国家赔偿编

* 总目录为双层页码，括号外的页码指示该类别所在目录页码，括号内的页码指示该类别所在正文页码。

目　录

行政编——行政实体

一　行政立法

二　行政管理

（一）司法行政

（五）劳动人事、社保

◎司法解释及文件

◎**司法解释及文件**

◎**指导案例**

（七）城乡建设

◎**司法解释及文件**

◎**指导案例**

（八）食品、药品、卫生

（九）工商、质检、检疫

◎司法解释及文件

◎指导案例

（十）税　务

（十三）档案、编制

◎司法解释及文件

◎指导案例

（十四）信　访

◎司法解释及文件

目录

◎司法解释及文件

◎指导案例

六 行政监察

七 行政复议

行政篇——行政诉讼

一 综 合

二　受案范围

◎**司法解释及文件**

三　管　辖

◎**司法解释及文件**

四 诉讼参加人

◎**请示答复**

五 证 据

◎**司法解释及文件**

六 起诉与受理

◎**请示答复**

七 审理和判决

◎**司法解释及文件**

八 执 行

◎**司法解释及文件**

国家赔偿编

一 综 合

目录

三 司法赔偿

行 政 编

行 政 实 体

一、行政立法

中华人民共和国立法法

（2000年3月15日第九届全国人民代表大会第三次会议通过　根据2015年3月15日第十二届全国人民代表大会第三次会议《关于修改〈中华人民共和国立法法〉的决定》修正）

第一章　总　　则

第一条　【立法宗旨和依据】为了规范立法活动，健全国家立法制度，提高立法质量，完善中国特色社会主义法律体系，发挥立法的引领和推动作用，保障和发展社会主义民主，全面推进依法治国，建设社会主义法治国家，根据宪法，制定本法。

第二条　【调整范围】法律、行政法规、地方性法规、自治条例和单行条例的制定、修改和废止，适用本法。

国务院部门规章和地方政府规章的制定、修改和废止，依照本法的有关规定执行。

第三条　【遵循宪法的基本原则】立法应当遵循宪法的基本原则，以经济建设为中心，坚持社会主义道路、坚持人民民主专政、坚持中国共产党的领导、坚持马克思列宁主义毛泽东思想邓小平理论，坚持改革开放。

第四条　【依法立法】立法应当依照法定的权限和程序，从国家整体利益出发，维护社会主义法制的统一和尊严。

第五条　【民主立法】立法应当体现人民的意志，发扬社会主义民主，坚持立法公开，保障人民通过多种途径参与立法活动。

第六条　【科学立法】立法应当从实际出发，适应经济社会发展和全面深化改革的要求，科学合理地规定公民、法人和其他组织的权利与义务、国家机关的权力与责任。

法律规范应当明确、具体，具有针对性和可执行性。

第二章　法　　律

第一节　立法权限

第七条　【全国人大及其常委会立法权限】全国人民代表大会和全国人民代表大会常务委员会行使国家立法权。

全国人民代表大会制定和修改刑事、民事、国家机构的和其他的基本法律。

全国人民代表大会常务委员会制定和修改除应当由全国人民代表大会制定的法律以外的其他法律；在全国人民代表大会闭会期间，对全国人民代表大会制定的法律进行部分补充和修改，但是不得同该法律的基本原则相抵触。

第八条　【全国人大及其常委会专属立法权】下列事项只能制定法律：

（一）国家主权的事项；

（二）各级人民代表大会、人民政府、人民法院和人民检察院的产生、组织和职权；

（三）民族区域自治制度、特别行政区制度、基层群众自治制度；

（四）犯罪和刑罚；

（五）对公民政治权利的剥夺、限制人身自由的强制措施和处罚；

（六）税种的设立、税率的确定和税收征收管理等税收基本制度；

（七）对非国有财产的征收、征用；

（八）民事基本制度；

（九）基本经济制度以及财政、海关、金融和外贸的基本制度；

（十）诉讼和仲裁制度；

（十一）必须由全国人民代表大会及其常务委员会制定法律的其他事项。

第九条　【授权国务院制定行政法规】本法第八条规定的事项尚未制定法律的，全国人民代表大会及其常务委员会有权作出决定，授权国务院可以根据实际需要，对其中的部分事项先制定行政法规，但是有关犯罪和刑罚、对公民政治权利的剥夺和限制人身自由的强制措施和处罚、司法制度等事项除外。

第十条　【授权规则】授权决定应当明确授权的目的、事项、范围、期限以及被授权机关实施授权决定应当遵循的原则等。

授权的期限不得超过五年，但是授权决定另有规定的除外。

被授权机关应当在授权期限届满的六个月以前，向授权机关报告授权决定实施的情况，并提出是否需要制定有关法律的意见；需要继续授权的，可以提出相关意见，由全国人民代表大会及其常务委员会决定。

第十一条　【授权终止】授权立法事项，经过实践检验，制定法律的条件成熟时，由全国人民代表大会及其常务委员会及时制定法律。法律制定后，相应立法事项的授权终止。

第十二条　【行使被授予权力的规则】被授权机关应当严格按照授权决定行使被授予的权力。

被授权机关不得将被授予的权力转授给其他机关。

第十三条　【暂时调整或者暂时停止法律部分适用】全国人民代表大会及其常务委员会可以根据改革发展的需要，决定就行政管理等领域的特定事项授权在一定期限内在部分地方暂时调整或者暂时停止适用法律的部分规定。

第二节　全国人民代表大会立法程序

第十四条　【有关机关提出法律案】全国人民代表大会主席团可以向全国人民代表大会提出法律案，由全国人民代表大会会议审议。

全国人民代表大会常务委员会、国务院、中央军事委员会、最高人民法院、最高人民检察院、全国人民代表大会各专门委员会，可以向全国人民代表大会提出法律案，由主席团决定列入会议议程。

第十五条　【代表团或者代表联名提出法律案】一个代表团或者三十名以上的代表联名，可以向全国人民代表大会提出法律案，由主席团决定是否列入会议议程，或者先交有关的专门委员会审议、提出是否列入会议议程的意见，再决定是否列入会议议程。

专门委员会审议的时候，可以邀请提案人列席会议，发表意见。

第十六条　【常委会先行审议法律案】向全国人民代表大会提出的法律案，在全国人民代表大会闭会期间，可以先向常务委员会提出，经常务委员会会议依照本法第二章第三节规定的有关程序审议后，决定提请全国人民代表大会审议，由常务委员会向大会全体会议作说明，或者由提案人向大会全体会议作说明。

常务委员会依照前款规定审议法律案，应当通过多种形式征求全国人民代表大会代表的意见，并将有关情况予以反馈;专门委员会和常务委员会工作机构进行立法调研,可以邀请有关的全国人民代表大会代表参加。

第十七条 【法律草案提前印发代表】常务委员会决定提请全国人民代表大会会议审议的法律案,应当在会议举行的一个月前将法律草案发给代表。

第十八条 【代表团审议法律案】列入全国人民代表大会会议议程的法律案,大会全体会议听取提案人的说明后,由各代表团进行审议。

各代表团审议法律案时,提案人应当派人听取意见,回答询问。

各代表团审议法律案时,根据代表团的要求,有关机关、组织应当派人介绍情况。

第十九条 【专门委员会审议法律案】列入全国人民代表大会会议议程的法律案,由有关的专门委员会进行审议,向主席团提出审议意见,并印发会议。

第二十条 【法律委员会统一审议法律案】列入全国人民代表大会会议议程的法律案,由法律委员会根据各代表团和有关的专门委员会的审议意见,对法律案进行统一审议,向主席团提出审议结果报告和法律草案修改稿,对重要的不同意见应当在审议结果报告中予以说明,经主席团会议审议通过后,印发会议。

第二十一条 【主席团常务主席召开会议审议重大问题】列入全国人民代表大会会议议程的法律案,必要时,主席团常务主席可以召开各代表团团长会议,就法律案中的重大问题听取各代表团的审议意见,进行讨论,并将讨论的情况和意见向主席团报告。

主席团常务主席也可以就法律案中的重大的专门性问题,召集代表团推选的有关代表进行讨论,并将讨论的情况和意见向主席团报告。

第二十二条 【法律案的撤回】列入全国人民代表大会会议议程的法律案,在交付表决前,提案人要求撤回的,应当说明理由,经主席团同意,并向大会报告,对该法律案的审议即行终止。

第二十三条 【大会授权常委会审议大会的法律案】法律案在审议中有重大问题需要进一步研究的,经主席团提出,由大会全体会议决定,可以授权常务委员会根据代表的意见进一步审议,作出决定,并将决定情况向全国人民代表大会下次会议报告;也可以授权常务委员会根据代表的意见进一步审议,提出修改方案,提请全国人民代表大会下次会议审议决定。

第二十四条 【法律案的表决】法律草案修改稿经各代表团审议,由法律委员会根据各代表团的审议意见进行修改,提出法律草案表决稿,由主席团提请大会全体会议表决,由全体代表的过半数通过。

第二十五条 【大会通过的法律的公布】全国人民代表大会通过的法律由国家主席签署主席令予以公布。

第三节 全国人民代表大会常务委员会立法程序

第二十六条 【委员长会议及其他有关机构提出法律案】委员长会议可以向常务委员会提出法律案,由常务委员会会议审议。

国务院、中央军事委员会、最高人民法院、最高人民检察院、全国人民代表大会各专门委员会,可以向常务委员会提出法律案,由委员长会议决定列入常务委员会会议议程,或者先交有关的专门委员会审议、提出报告,再决定列入常务委员会会议议程。如果委员长会议认为法律案有重大问题需要进一步研究,可以建议提案人修改完善后再向常务委员会提出。

第二十七条 【常委会组成人员提出法律案】常务委员会组成人员十人以上联名,可以向常务委员会提出法律案,由委员长会议决定是否列入常务委员会会议议程,或者先交有关的专门委员会审议、提出是否列入会议议程的意见,再决定是否列入常务委员会会议议程。不列入常务委员会会议议程的,应当向常务委员会会议报告或者向提案人说明。

专门委员会审议的时候,可以邀请提案人列席会议,发表意见。

第二十八条 【提前印发法律草案和代表列席会议】列入常务委员会会议议程的法律案,除特殊情况外,应当在会议举行的七日前将法律草案发给常务委员会组成人员。

常务委员会会议审议法律案时,应当邀请有关的全国人民代表大会代表列席会议。

第二十九条 【三审制】列入常务委员会会议议程的法律案,一般应当经三次常务委员会会议审议后再交付表决。

常务委员会会议第一次审议法律案,在全体会议上听取提案人的说明,由分组会议进行初步审议。

常务委员会会议第二次审议法律案,在全体会议上听取法律委员会关于法律草案修改情况和主要问题的汇报,由分组会议进一步审议。

常务委员会会议第三次审议法律案,在全体会议上听取法律委员会关于法律草案审议结果的报告,由分组会议对法律草案修改稿进行审议。

常务委员会审议法律案时,根据需要,可以召开联组会议或者全体会议,对法律草案中的主要问题进行讨论。

第三十条 【三审制的例外情形】列入常务委员会会议议程的法律案,各方面意见比较一致的,可以经两次常务委员会会议审议后交付表决;调整事项较为单一或者部分修改的法律案,各方面的意见比较一致的,也可以经一次常务委员会会议审议即交付表决。

第三十一条 【分组审议】常务委员会分组会议审议法律案时,提案人应当派人听取意见,回答询问。

常务委员会分组会议审议法律案时,根据小组的要求,有关机关、组织应当派人介绍情况。

第三十二条 【专门委员会审议法律案】列入常务委员会会议议程的法律案,由有关的专门委员会进行审议,提出审议意见,印发常务委员会会议。

有关的专门委员会审议法律案时,可以邀请其他专门委员会的成员列席会议,发表意见。

第三十三条 【法律委员会统一审议法律案】列入常务委员会会议议程的法律案,由法律委员会根据常务委员会组成人员、有关的专门委员会的审议意见和各方面提出的意见,对法律案进行统一审议,提出修改情况的汇报或者审议结果报告和法律草案修改稿,对重要的不同意见应当在汇报或者审议结果报告中予以说明。对有关的专门委员会的审议意见没有采纳的,应当向有关的专门委员会反馈。

法律委员会审议法律案时,应当邀请有关的专门委员会的成员列席会议,发表意见。

第三十四条 【专委会审议法律案有关负责人说明情况】专门委员会审议法律案时,应当召开全体会议审议,根据需要,可以要求有关机关、组织派有关负责人说明情况。

第三十五条 【专委会重要问题意见不一致的处理】专门委员会之间对法律草案的重要问题意见不一致时,应当向委员长会议报告。

第三十六条 【法律案听取各方面意见】列入常务委员会会议议程的法律案,法律委员会、有关的专门委员会和常务委员会工作机构应当听取各方面的意见。听取意见可以采取座谈会、论证会、听证会等多种形式。

法律案有关问题专业性较强,需要进行可行性评价的,应当召开论证会,听取有关专家、部门和全国人民代表大会代表等方面的意见。论证情况应当向常务委员会报告。

法律案有关问题存在重大意见分歧或者涉及利益关系重大调整,需要进行听证的,应当召开听证会,听取有关基层和群体代表、部门、人民团体、专家、全国人民代表大会代表和社会有关方面的意见。听证情况应当向常务委员会报告。

常务委员会工作机构应当将法律草案发送相关领域的全国人民代表大会代表、地方人民代表大会常务委员会以及有关部门、组织和专家征求意见。

第三十七条 【法律案向社会公布征求意见】列入常务委员会会议议程的法律案，应当在常务委员会会议后将法律草案及其起草、修改的说明等向社会公布，征求意见，但是经委员长会议决定不公布的除外。向社会公布征求意见的时间一般不少于三十日。征求意见的情况应当向社会通报。

第三十八条 【常委会工作机构整理各方面意见】列入常务委员会会议议程的法律案，常务委员会工作机构应当收集整理分组审议的意见和各方面提出的意见以及其他有关资料，分送法律委员会和有关的专门委员会，并根据需要，印发常务委员会会议。

第三十九条 【法律案通过前评估】拟提请常务委员会会议审议通过的法律案，在法律委员会提出审议结果报告前，常务委员会工作机构可以对法律草案中主要制度规范的可行性、法律出台时机、法律实施的社会效果和可能出现的问题等进行评估。评估情况由法律委员会在审议结果报告中予以说明。

第四十条 【列入常委会议程的法律案的撤回】列入常务委员会会议议程的法律案，在交付表决前，提案人要求撤回的，应当说明理由，经委员长会议同意，并向常务委员会报告，对该法律案的审议即行终止。

第四十一条 【表决通过和单独表决】法律草案修改稿经常务委员会会议审议，由法律委员会根据常务委员会组成人员的审议意见进行修改，提出法律草案表决稿，由委员长会议提请常务委员会全体会议表决，由常务委员会全体组成人员的过半数通过。

法律草案表决稿交付常务委员会会议表决前，委员长会议根据常务委员会会议审议的情况，可以决定将个别意见分歧较大的重要条款提请常务委员会会议单独表决。

单独表决的条款经常务委员会会议表决后，委员长会议根据单独表决的情况，可以决定将法律草案表决稿交付表决，也可以决定暂不付表决，交法律委员会和有关的专门委员会进一步审议。

第四十二条 【法律案终止审议】列入常务委员会会议审议的法律案，因各方面对制定该法律的必要性、可行性等重大问题存在较大意见分歧搁置审议满两年的，或者因暂不付表决经过两年没有再次列入常务委员会会议议程审议的，由委员长会议向常务委员会报告，该法律案终止审议。

第四十三条 【分别表决】对多部法律中涉及同类事项的个别条款进行修改，一并提出法律案的，经委员长会议决定，可以合并表决，也可以分别表决。

第四十四条 【常委会通过的法律的公布】常务委员会通过的法律由国家主席签署主席令予以公布。

第四节 法律解释

第四十五条 【法律解释权和法律解释的范围】法律解释权属于全国人民代表大会常务委员会。

法律有以下情况之一的，由全国人民代表大会常务委员会解释：

（一）法律的规定需要进一步明确具体含义的；

（二）法律制定后出现新的情况，需要明确适用法律依据的。

第四十六条 【提出法律解释要求的机关】国务院、中央军事委员会、最高人民法院、最高人民检察院和全国人民代表大会各专门委员会以及省、自治区、直辖市的人民代表大会常务委员会可以向全国人民代表大会常务委员会提出法律解释要求。

第四十七条 【法律解释草案的研拟和列入议程】常务委员会工作机构研究拟订法律解释草案，由委员长会议决定列入常务委员会会议议程。

第四十八条 【法律解释草案审议程序】法律解释草案经常务委员会会议审议，由法律委员会根据常务委员会组成人员的审议意见进行审议、修改,提出法律解释草案表决稿。

第四十九条 【法律解释草案的表决和公布程序】法律解释草案表决稿由常务委员会全体组成人员的过半数通过,由常务委员会发布公告予以公布。

第五十条 【法律解释的效力】全国人民代表大会常务委员会的法律解释同法律具有同等效力。

第五节 其他规定

第五十一条 【发挥人大在立法工作中的主导作用】全国人民代表大会及其常务委员会加强对立法工作的组织协调,发挥在立法工作中的主导作用。

第五十二条 【全国人大常委会立法规划、年度立法计划】全国人民代表大会常务委员会通过立法规划、年度立法计划等形式,加强对立法工作的统筹安排。编制立法规划和年度立法计划,应当认真研究代表议案和建议,广泛征集意见,科学论证评估,根据经济社会发展和民主法治建设的需要,确定立法项目,提高立法的及时性、针对性和系统性。立法规划和年度立法计划由委员长会议通过并向社会公布。

全国人民代表大会常务委员会工作机构负责编制立法规划和拟订年度立法计划,并按照全国人民代表大会常务委员会的要求,督促立法规划和年度立法计划的落实。

第五十三条 【专委会、常委会工作机构起草法律草案】全国人民代表大会有关的专门委员会、常务委员会工作机构应当提前参与有关方面的法律草案起草工作;综合性、全局性、基础性的重要法律草案,可以由有关的专门委员会或者常务委员会工作机构组织起草。

专业性较强的法律草案,可以吸收相关领域的专家参与起草工作,或者委托有关专家、教学科研单位、社会组织起草。

第五十四条 【提出法律案配套的文件资料】提出法律案,应当同时提出法律草案文本及其说明,并提供必要的参阅资料。修改法律的,还应当提交修改前后的对照文本。法律草案的说明应当包括制定或者修改法律的必要性、可行性和主要内容,以及起草过程中对重大分歧意见的协调处理情况。

第五十五条 【法律案的撤回】向全国人民代表大会及其常务委员会提出的法律案,在列入会议议程前,提案人有权撤回。

第五十六条 【表决未获通过后的处理程序】交付全国人民代表大会及其常务委员会全体会议表决未获得通过的法律案,如果提案人认为必须制定该法律,可以按照法律规定的程序重新提出,由主席团、委员长会议决定是否列入会议议程;其中,未获得全国人民代表大会通过的法律案,应当提请全国人民代表大会审议决定。

第五十七条 【法律的施行日期】法律应当明确规定施行日期。

第五十八条 【主席令的内容和法律的刊载】签署公布法律的主席令载明该法律的制定机关、通过和施行日期。

法律签署公布后,及时在全国人民代表大会常务委员会公报和中国人大网以及在全国范围内发行的报纸上刊载。

在常务委员会公报上刊登的法律文本为标准文本。

第五十九条 【法律的修改和废止】法律的修改和废止程序,适用本章的有关规定。

法律被修改的,应当公布新的法律文本。

法律被废止的,除由其他法律规定废止该法律的以外,由国家主席签署主席令予以公布。

第六十条 【法律草案与其他法律的衔接】法律草案与其他法律相关规定不一致的,提案人应当予以说明并提出处理意见,必要时应当同时提出修改或者废止其他法律相关规定的议案。

法律委员会和有关的专门委员会审议法律案时，认为需要修改或者废止其他法律相关规定的，应当提出处理意见。

第六十一条 【法律文本标号形式】法律根据内容需要，可以分编、章、节、条、款、项、目。

编、章、节、条的序号用中文数字依次表述，款不编序号，项的序号用中文数字加括号依次表述，目的序号用阿拉伯数字依次表述。

法律标题的题注应当载明制定机关、通过日期。经过修改的法律，应当依次载明修改机关、修改日期。

第六十二条 【专门事项配套规定】法律规定明确要求有关国家机关对专门事项作出配套的具体规定的，有关国家机关应当自法律施行之日起一年内作出规定，法律对配套的具体规定制定期限另有规定的，从其规定。有关国家机关未能在期限内作出配套的具体规定的，应当向全国人民代表大会常务委员会说明情况。

第六十三条 【立法后评估】全国人民代表大会有关的专门委员会、常务委员会工作机构可以组织对有关法律或者法律中有关规定进行立法后评估。评估情况应当向常务委员会报告。

第六十四条 【法律询问答复】全国人民代表大会常务委员会工作机构可以对有关具体问题的法律询问进行研究予以答复，并报常务委员会备案。

第三章 行政法规

第六十五条 【制定行政法规的权限】国务院根据宪法和法律，制定行政法规。

行政法规可以就下列事项作出规定：

（一）为执行法律的规定需要制定行政法规的事项；

（二）宪法第八十九条规定的国务院行政管理职权的事项。

应当由全国人民代表大会及其常务委员会制定法律的事项，国务院根据全国人民代表大会及其常务委员会的授权决定先制定的行政法规，经过实践检验，制定法律的条件成熟时，国务院应当及时提请全国人民代表大会及其常务委员会制定法律。

第六十六条 【国务院年度立法计划和行政法规立项】国务院法制机构应当根据国家总体工作部署拟订国务院年度立法计划，报国务院审批。国务院年度立法计划中的法律项目应当与全国人民代表大会常务委员会的立法规划和年度立法计划相衔接。国务院法制机构应当及时跟踪了解国务院各部门落实立法计划的情况，加强组织协调和督促指导。

国务院有关部门认为需要制定行政法规的，应当向国务院报请立项。

第六十七条 【行政法规起草和听取意见】行政法规由国务院有关部门或者国务院法制机构具体负责起草，重要行政管理的法律、行政法规草案由国务院法制机构组织起草。行政法规在起草过程中，应当广泛听取有关机关、组织、人民代表大会代表和社会公众的意见。听取意见可以采取座谈会、论证会、听证会等多种形式。

行政法规草案应当向社会公布，征求意见，但是经国务院决定不公布的除外。

第六十八条 【行政法规草案的审查】行政法规起草工作完成后，起草单位应当将草案及其说明、各方面对草案主要问题的不同意见和其他有关资料送国务院法制机构进行审查。

国务院法制机构应当向国务院提出审查报告和草案修改稿，审查报告应当对草案主要问题作出说明。

第六十九条 【行政法规的决定程序】行政法规的决定程序依照中华人民共和国国务院组织法的有关规定办理。

第七十条 【行政法规公布的主体】行政法规由总理签署国务院令公布。

有关国防建设的行政法规，可以由国务院总理、中央军事委员会主席共同签署国务院、中央军事委员会令公布。

第七十一条 【行政法规公布的载体】行政法规签署公布后，及时在国务院公报和中国政府法制信息网以及在全国范围内发行的报纸上刊载。

在国务院公报上刊登的行政法规文本为标准文本。

第四章 地方性法规、自治条例和单行条例、规章

第一节 地方性法规、自治条例和单行条例

第七十二条 【地方性法规制定主体、原则】省、自治区、直辖市的人民代表大会及其常务委员会根据本行政区域的具体情况和实际需要，在不同宪法、法律、行政法规相抵触的前提下，可以制定地方性法规。

设区的市的人民代表大会及其常务委员会根据本市的具体情况和实际需要，在不同宪法、法律、行政法规和本省、自治区的地方性法规相抵触的前提下，可以对城乡建设与管理、环境保护、历史文化保护等方面的事项制定地方性法规，法律对设区的市制定地方性法规的事项另有规定的，从其规定。设区的市的地方性法规须报省、自治区的人民代表大会常务委员会批准后施行。省、自治区的人民代表大会常务委员会对报请批准的地方性法规，应当对其合法性进行审查，同宪法、法律、行政法规和本省、自治区的地方性法规不抵触的，应当在四个月内予以批准。

省、自治区的人民代表大会常务委员会在对报请批准的设区的市的地方性法规进行审查时，发现其同本省、自治区的人民政府的规章相抵触的，应当作出处理决定。

除省、自治区的人民政府所在地的市，经济特区所在地的市和国务院已经批准的较大的市以外，其他设区的市开始制定地方性法规的具体步骤和时间，由省、自治区的人民代表大会常务委员会综合考虑本省、自治区所辖的设区的市的人口数量、地域面积、经济社会发展情况以及立法需求、立法能力等因素确定，并报全国人民代表大会常务委员会和国务院备案。

自治州的人民代表大会及其常务委员会可以依照本条第二款规定行使设区的市制定地方性法规的职权。自治州开始制定地方性法规的具体步骤和时间，依照前款规定确定。

省、自治区的人民政府所在地的市，经济特区所在地的市和国务院已经批准的较大的市已经制定的地方性法规，涉及本条第二款规定事项范围以外的，继续有效。

第七十三条 【地方性法规权限】地方性法规可以就下列事项作出规定：

（一）为执行法律、行政法规的规定，需要根据本行政区域的实际情况作具体规定的事项；

（二）属于地方性事务需要制定地方性法规的事项。

除本法第八条规定的事项外，其他事项国家尚未制定法律或者行政法规的，省、自治区、直辖市和设区的市、自治州根据本地方的具体情况和实际需要，可以先制定地方性法规。在国家制定的法律或者行政法规生效后，地方性法规同法律或者行政法规相抵触的规定无效，制定机关应当及时予以修改或者废止。

设区的市、自治州根据本条第一款、第二款制定地方性法规，限于本法第七十二条第二款规定的事项。

制定地方性法规，对上位法已经明确规定的内容，一般不作重复性规定。

第七十四条 【经济特区法规】经济特区所在地的省、市的人民代表大会及其常务委员会根据全国人民代表大会的授权决定，制定法规，在经济特区范围内实施。

第七十五条 【自治条例和单行条例】民族自治地方的人民代表大会有权依照当地民族的政治、经济和文化的特点，制定自治条例和单行条例。自治区的自治条例和单行条例，报全国人民代表大会常务委员会批准后生效。自治州、自治县的自治条例和单行条例，报省、自治区、直辖市的人

民代表大会常务委员会批准后生效。

自治条例和单行条例可以依照当地民族的特点，对法律和行政法规的规定作出变通规定，但不得违背法律或者行政法规的基本原则，不得对宪法和民族区域自治法的规定以及其他有关法律、行政法规专门就民族自治地方所作的规定作出变通规定。

第七十六条 【由大会通过的地方性法规】规定本行政区域特别重大事项的地方性法规，应当由人民代表大会通过。

第七十七条 【地方性法规制定程序】地方性法规案、自治条例和单行条例案的提出、审议和表决程序，根据中华人民共和国地方各级人民代表大会和地方各级人民政府组织法，参照本法第二章第二节、第三节、第五节的规定，由本级人民代表大会规定。

地方性法规草案由负责统一审议的机构提出审议结果的报告和草案修改稿。

第七十八条 【地方性法规公布程序】省、自治区、直辖市的人民代表大会制定的地方性法规由大会主席团发布公告予以公布。

省、自治区、直辖市的人民代表大会常务委员会制定的地方性法规由常务委员会发布公告予以公布。

设区的市、自治州的人民代表大会及其常务委员会制定的地方性法规报经批准后，由设区的市、自治州的人民代表大会常务委员会发布公告予以公布。

自治条例和单行条例报经批准后，分别由自治区、自治州、自治县的人民代表大会常务委员会发布公告予以公布。

第七十九条 【地方性法规公布载体】地方性法规、自治区的自治条例和单行条例公布后，及时在本级人民代表大会常务委员会公报和中国人大网、本地方人民代表大会网站以及在本行政区域范围内发行的报纸上刊载。

在常务委员会公报上刊登的地方性法规、自治条例和单行条例文本为标准文本。

第二节 规 章

第八十条 【部门规章的制定主体、依据和权限范围】国务院各部、委员会、中国人民银行、审计署和具有行政管理职能的直属机构，可以根据法律和国务院的行政法规、决定、命令，在本部门的权限范围内，制定规章。

部门规章规定的事项应当属于执行法律或者国务院的行政法规、决定、命令的事项。没有法律或者国务院的行政法规、决定、命令的依据，部门规章不得设定减损公民、法人和其他组织权利或者增加其义务的规范，不得增加本部门的权力或者减少本部门的法定职责。

第八十一条 【联合制定部门规章】涉及两个以上国务院部门职权范围的事项，应当提请国务院制定行政法规或者由国务院有关部门联合制定规章。

第八十二条 【地方政府规章的制定主体、依据和权限范围】省、自治区、直辖市和设区的市、自治州的人民政府，可以根据法律、行政法规和本省、自治区、直辖市的地方性法规，制定规章。

地方政府规章可以就下列事项作出规定：

（一）为执行法律、行政法规、地方性法规的规定需要制定规章的事项；

（二）属于本行政区域的具体行政管理事项。

设区的市、自治州的人民政府根据本条第一款、第二款制定地方政府规章，限于城乡建设与管理、环境保护、历史文化保护等方面的事项。已经制定的地方政府规章，涉及上述事项范围以外的，继续有效。

除省、自治区的人民政府所在地的市，经济特区所在地的市和国务院已经批准的较大的市以外，其他设区的市、自治州的人民政府开始制定规章的时间，与本省、自治区人民代表大会常务委员会确定的本市、自治州开始制定地方性法规的时间同步。

应当制定地方性法规但条件尚不成熟的，因行政管理迫切需要，可以先制定地方政府规章。规章实施满两年需要继续实施规章所规定的行政措施的，应当提请本级人民代表大会或者其常务委员会制定地方性法规。

没有法律、行政法规、地方性法规的依据，地方政府规章不得设定减损公民、法人和其他组织权利或者增加其义务的规范。

第八十三条　【规章制定程序】国务院部门规章和地方政府规章的制定程序，参照本法第三章的规定，由国务院规定。

第八十四条　【规章决定程序】部门规章应当经部务会议或者委员会会议决定。

地方政府规章应当经政府常务会议或者全体会议决定。

第八十五条　【规章公布程序】部门规章由部门首长签署命令予以公布。

地方政府规章由省长、自治区主席、市长或者自治州州长签署命令予以公布。

第八十六条　【规章公布载体】部门规章签署公布后，及时在国务院公报或者部门公报和中国政府法制信息网以及在全国范围内发行的报纸上刊载。

地方政府规章签署公布后，及时在本级人民政府公报和中国政府法制信息网以及在本行政区域范围内发行的报纸上刊载。

在国务院公报或者部门公报和地方人民政府公报上刊登的规章文本为标准文本。

第五章　适用与备案审查

第八十七条　【宪法的法律效力】宪法具有最高的法律效力，一切法律、行政法规、地方性法规、自治条例和单行条例、规章都不得同宪法相抵触。

第八十八条　【法律、法规、规章的效力等级】法律的效力高于行政法规、地方性法规、规章。

行政法规的效力高于地方性法规、规章。

第八十九条　【地方性法规、地方政府规章效力等级】地方性法规的效力高于本级和下级地方政府规章。

省、自治区的人民政府制定的规章的效力高于本行政区域内的设区的市、自治州的人民政府制定的规章。

第九十条　【自治条例和单行条例、经济特区法规的效力】自治条例和单行条例依法对法律、行政法规、地方性法规作变通规定的，在本自治地方适用自治条例和单行条例的规定。

经济特区法规根据授权对法律、行政法规、地方性法规作变通规定的，在本经济特区适用经济特区法规的规定。

第九十一条　【部门规章、地方政府规章的效力】部门规章之间、部门规章与地方政府规章之间具有同等效力，在各自的权限范围内施行。

第九十二条　【特别法优于一般法和新法优于旧法】同一机关制定的法律、行政法规、地方性法规、自治条例和单行条例、规章，特别规定与一般规定不一致的，适用特别规定；新的规定与旧的规定不一致的，适用新的规定。

第九十三条　【法不溯及既往原则及其例外】法律、行政法规、地方性法规、自治条例和单行条例、规章不溯及既往，但为了更好地保护公民、法人和其他组织的权利和利益而作的特别规定除外。

第九十四条　【新的一般规定与旧的特别规定的冲突裁决】法律之间对同一事项的新的一般规定与旧的特别规定不一致，不能确定如何适用时，由全国人民代表大会常务委员会裁决。

行政法规之间对同一事项的新的一般规定与旧的特别规定不一致，不能确定如何适用时，由国务院裁决。

第九十五条　【地方性法规、规章之间的冲突裁决】地方性法规、规章之间不一致时，由有关机关依照下列规定的权限作出裁决：

（一）同一机关制定的新的一般规定与旧的特别规定不一致时，由制定机关裁决；

（二）地方性法规与部门规章之间对同一事项的规定不一致，不能确定如何适用时，由国务院提出意见，国务院认为应当适用地方性法规的，应当决定在该地方适用地方性法规的规定；认为应当适用部门规章的，应当提请全国人民代表大会常务委员会裁决；

（三）部门规章之间、部门规章与地方政府规章之间对同一事项的规定不一致时，由国务院裁决。

根据授权制定的法规与法律规定不一致，不能确定如何适用时，由全国人民代表大会常务委员会裁决。

第九十六条　【应予改变或撤销的情形】法律、行政法规、地方性法规、自治条例和单行条例、规章有下列情形之一的，由有关机关依照本法第九十七条规定的权限予以改变或者撤销：

（一）超越权限的；

（二）下位法违反上位法规定的；

（三）规章之间对同一事项的规定不一致，经裁决应当改变或者撤销一方的规定的；

（四）规章的规定被认为不适当，应当予以改变或者撤销的；

（五）违背法定程序的。

第九十七条　【改变或撤销的权限】改变或者撤销法律、行政法规、地方性法规、自治条例和单行条例、规章的权限是：

（一）全国人民代表大会有权改变或者撤销它的常务委员会制定的不适当的法律，有权撤销全国人民代表大会常务委员会批准的违背宪法和本法第七十五条第二款规定的自治条例和单行条例；

（二）全国人民代表大会常务委员会有权撤销同宪法和法律相抵触的行政法规，有权撤销同宪法、法律和行政法规相抵触的地方性法规，有权撤销省、自治区、直辖市的人民代表大会常务委员会批准的违背宪法和本法第七十五条第二款规定的自治条例和单行条例；

（三）国务院有权改变或者撤销不适当的部门规章和地方政府规章；

（四）省、自治区、直辖市的人民代表大会有权改变或者撤销它的常务委员会制定的和批准的不适当的地方性法规；

（五）地方人民代表大会常务委员会有权撤销本级人民政府制定的不适当的规章；

（六）省、自治区的人民政府有权改变或者撤销下一级人民政府制定的不适当的规章；

（七）授权机关有权撤销被授权机关制定的超越授权范围或者违背授权目的的法规，必要时可以撤销授权。

第九十八条　【报送备案】行政法规、地方性法规、自治条例和单行条例、规章应当在公布后的三十日内依照下列规定报有关机关备案：

（一）行政法规报全国人民代表大会常务委员会备案；

（二）省、自治区、直辖市的人民代表大会及其常务委员会制定的地方性法规，报全国人民代表大会常务委员会和国务院备案；设区的市、自治州的人民代表大会及其常务委员会制定的地方性法规，由省、自治区的人民代表大会常务委员会报全国人民代表大会常务委员会和国务院备案；

（三）自治州、自治县的人民代表大会制定的自治条例和单行条例，由省、自治区、直辖市的人民代表大会常务委员会报全国人民代表大会常务委员会和国务院备案；自治条例、单行条例报送备案时，应当说明对法律、行政法规、地方性法规作出变通的情况；

（四）部门规章和地方政府规章报国务院备案；地方政府规章应当同时报本级人民代表大会常务

委员会备案；设区的市、自治州的人民政府制定的规章应当同时报省、自治区的人民代表大会常务委员会和人民政府备案；

（五）根据授权制定的法规应当报授权决定规定的机关备案；经济特区法规报送备案时，应当说明对法律、行政法规、地方性法规作出变通的情况。

第九十九条 【被动审查与主动审查】国务院、中央军事委员会、最高人民法院、最高人民检察院和各省、自治区、直辖市的人民代表大会常务委员会认为行政法规、地方性法规、自治条例和单行条例同宪法或者法律相抵触的，可以向全国人民代表大会常务委员会书面提出进行审查的要求，由常务委员会工作机构分送有关的专门委员会进行审查、提出意见。

前款规定以外的其他国家机关和社会团体、企业事业组织以及公民认为行政法规、地方性法规、自治条例和单行条例同宪法或者法律相抵触的，可以向全国人民代表大会常务委员会书面提出进行审查的建议，由常务委员会工作机构进行研究，必要时，送有关的专门委员会进行审查、提出意见。

有关的专门委员会和常务委员会工作机构可以对报送备案的规范性文件进行主动审查。

第一百条 【审查程序】全国人民代表大会专门委员会、常务委员会工作机构在审查、研究中认为行政法规、地方性法规、自治条例和单行条例同宪法或者法律相抵触的，可以向制定机关提出书面审查意见、研究意见；也可以由法律委员会与有关的专门委员会、常务委员会工作机构召开联合审查会议，要求制定机关到会说明情况，再向制定机关提出书面审查意见。制定机关应当在两个月内研究提出是否修改的意见，并向全国人民代表大会法律委员会和有关的专门委员会或者常务委员会工作机构反馈。

全国人民代表大会法律委员会、有关的专门委员会、常务委员会工作机构根据前款规定，向制定机关提出审查意见、研究意见，制定机关按照所提意见对行政法规、地方性法规、自治条例和单行条例进行修改或者废止的，审查终止。

全国人民代表大会法律委员会、有关的专门委员会、常务委员会工作机构经审查、研究认为行政法规、地方性法规、自治条例和单行条例同宪法或者法律相抵触而制定机关不予修改的，应当向委员长会议提出予以撤销的议案、建议，由委员长会议决定提请常务委员会会议审议决定。

第一百零一条 【审查情况的反馈与公开】全国人民代表大会有关的专门委员会和常务委员会工作机构应当按照规定要求，将审查、研究情况向提出审查建议的国家机关、社会团体、企业事业组织以及公民反馈，并可以向社会公开。

第一百零二条 【其他备案机关的审查程序】其他接受备案的机关对报送备案的地方性法规、自治条例和单行条例、规章的审查程序，按照维护法制统一的原则，由接受备案的机关规定。

第六章 附 则

第一百零三条 【军事法规、军事规章的制定】中央军事委员会根据宪法和法律，制定军事法规。

中央军事委员会各总部、军兵种、军区、中国人民武装警察部队，可以根据法律和中央军事委员会的军事法规、决定、命令，在其权限范围内，制定军事规章。

军事法规、军事规章在武装力量内部实施。

军事法规、军事规章的制定、修改和废止办法，由中央军事委员会依照本法规定的原则规定。

第一百零四条 【司法解释制定原则与备案】最高人民法院、最高人民检察院作出的属于审判、检察工作中具体应用法律的解释，应当主要针对具体的法律条文，并符合立法的目的、原则和原意。遇有本法第四十五条第二款规定情况的，应当向全国人民代表大会常务委员会提出法律解释的要求或者提出制定、修改有关法律的议案。

最高人民法院、最高人民检察院作出的属于审判、检察工作中具体应用法律的解释，应当自公布之日起三十日内报全国人民代表大会常务委员会备案。

最高人民法院、最高人民检察院以外的审判机关和检察机关，不得作出具体应用法律的解释。

第一百零五条 【**施行日期**】本法自 2000 年 7 月 1 日起施行。

行政法规制定程序条例

（2001 年 11 月 16 日中华人民共和国国务院令第 321 号公布　根据 2017 年 12 月 22 日《国务院关于修改〈行政法规制定程序条例〉的决定》修订）

第一章　总　　则

第一条　为了规范行政法规制定程序，保证行政法规质量，根据宪法、立法法和国务院组织法的有关规定，制定本条例。

第二条　行政法规的立项、起草、审查、决定、公布、解释，适用本条例。

第三条　制定行政法规，应当贯彻落实党的路线方针政策和决策部署，符合宪法和法律的规定，遵循立法法确定的立法原则。

第四条　制定政治方面法律的配套行政法规，应当按照有关规定及时报告党中央。

制定经济、文化、社会、生态文明等方面重大体制和重大政策调整的重要行政法规，应当将行政法规草案或者行政法规草案涉及的重大问题按照有关规定及时报告党中央。

第五条　行政法规的名称一般称“条例”，也可以称“规定”、“办法”等。国务院根据全国人民代表大会及其常务委员会的授权决定制定的行政法规，称“暂行条例”或者“暂行规定”。

国务院各部门和地方人民政府制定的规章不得称“条例”。

第六条　行政法规应当备而不繁，逻辑严密，条文明确、具体，用语准确、简洁，具有可操作性。

行政法规根据内容需要，可以分章、节、条、款、项、目。章、节、条的序号用中文数字依次表述，款不编序号，项的序号用中文数字加括号依次表述，目的序号用阿拉伯数字依次表述。

第二章　立　　项

第七条　国务院于每年年初编制本年度的立法工作计划。

第八条　国务院有关部门认为需要制定行政法规的，应当于国务院编制年度立法工作计划前，向国务院报请立项。

国务院有关部门报送的行政法规立项申请，应当说明立法项目所要解决的主要问题、依据的党的路线方针政策和决策部署，以及拟确立的主要制度。

国务院法制机构应当向社会公开征集行政法规制定项目建议。

第九条　国务院法制机构应当根据国家总体工作部署，对行政法规立项申请和公开征集的行政法规制定项目建议进行评估论证，突出重点，统筹兼顾，拟订国务院年度立法工作计划，报党中央、国务院批准后向社会公布。

列入国务院年度立法工作计划的行政法规项目应当符合下列要求：

（一）贯彻落实党的路线方针政策和决策部署，适应改革、发展、稳定的需要；

（二）有关的改革实践经验基本成熟；

（三）所要解决的问题属于国务院职权范围并需要国务院制定行政法规的事项。

第十条　对列入国务院年度立法工作计划的行政法规项目，承担起草任务的部门应当抓紧工作，按照要求上报国务院；上报国务院前，应当与国务院法制机构沟通。

国务院法制机构应当及时跟踪了解国务院各部门落实国务院年度立法工作计划的情况，加强组织协调和督促指导。

国务院年度立法工作计划在执行中可以根据实际情况予以调整。

第三章　起　　草

第十一条　行政法规由国务院组织起草。国务院年度立法工作计划确定行政法规由国务院的一个部门或者几个部门具体负责起草工作，也可以确定由国务院法制机构起草或者组织起草。

第十二条　起草行政法规，应当符合本条例第三条、第四条的规定，并符合下列要求：

（一）弘扬社会主义核心价值观；

（二）体现全面深化改革精神，科学规范行政行为，促进政府职能向宏观调控、市场监管、社会管理、公共服务、环境保护等方面转变；

（三）符合精简、统一、效能的原则，相同或者相近的职能规定由一个行政机关承担，简化行政管理手续；

（四）切实保障公民、法人和其他组织的合法权益，在规定其应当履行的义务的同时，应当规定其相应的权利和保障权利实现的途径；

（五）体现行政机关的职权与责任相统一的原则，在赋予有关行政机关必要的职权的同时，应当规定其行使职权的条件、程序和应承担的责任。

第十三条　起草行政法规，起草部门应当深入调查研究，总结实践经验，广泛听取有关机关、组织和公民的意见。涉及社会公众普遍关注的热点难点问题和经济社会发展遇到的突出矛盾，减损公民、法人和其他组织权利或者增加其义务，对社会公众有重要影响等重大利益调整事项的，应当进行论证咨询。听取意见可以采取召开座谈会、论证会、听证会等多种形式。

起草行政法规，起草部门应当将行政法规草案及其说明等向社会公布，征求意见，但是经国务院决定不公布的除外。向社会公布征求意见的期限一般不少于30日。

起草专业性较强的行政法规，起草部门可以吸收相关领域的专家参与起草工作，或者委托有关专家、教学科研单位、社会组织起草。

第十四条　起草行政法规，起草部门应当就涉及其他部门的职责或者与其他部门关系紧密的规定，与有关部门充分协商，涉及部门职责分工、行政许可、财政支持、税收优惠政策的，应当征得机构编制、财政、税务等相关部门同意。

第十五条　起草行政法规，起草部门应当对涉及有关管理体制、方针政策等需要国务院决策的重大问题提出解决方案，报国务院决定。

第十六条　起草部门向国务院报送的行政法规草案送审稿（以下简称行政法规送审稿），应当由起草部门主要负责人签署。

起草行政法规，涉及几个部门共同职责需要共同起草的，应当共同起草，达成一致意见后联合报送行政法规送审稿。几个部门共同起草的行政法规送审稿，应当由该几个部门主要负责人共同签署。

第十七条　起草部门将行政法规送审稿报送国务院审查时，应当一并报送行政法规送审稿的说明和有关材料。

行政法规送审稿的说明应当对立法的必要性，主要思路，确立的主要制度，征求有关机关、组织和公民意见的情况，各方面对送审稿主要问题的不同意见及其协调处理情况，拟设定、取消或者调整行政许可、行政强制的情况等作出说明。有关材料主要包括所规范领域的实际情况和相关数据、实践中存在的主要问题、国内外的有关立法资料、调研报告、考察报告等。

第四章　审　　查

第十八条　报送国务院的行政法规送审稿，由国务院法制机构负责审查。

国务院法制机构主要从以下方面对行政法规送审稿进行审查：

（一）是否严格贯彻落实党的路线方针政策和决策部署，是否符合宪法和法律的规定，是否遵循立法法确定的立法原则；

（二）是否符合本条例第十二条的要求；

（三）是否与有关行政法规协调、衔接；

（四）是否正确处理有关机关、组织和公民对送审稿主要问题的意见；

（五）其他需要审查的内容。

第十九条　行政法规送审稿有下列情形之一的，国务院法制机构可以缓办或者退回起草部门：

（一）制定行政法规的基本条件尚不成熟或者发生重大变化的；

（二）有关部门对送审稿规定的主要制度存在较大争议，起草部门未征得机构编制、财政、税务等相关部门同意的；

（三）未按照本条例有关规定公开征求意见的；

（四）上报送审稿不符合本条例第十五条、第十六条、第十七条规定的。

第二十条　国务院法制机构应当将行政法规送审稿或者行政法规送审稿涉及的主要问题发送国务院有关部门、地方人民政府、有关组织和专家等各方面征求意见。国务院有关部门、地方人民政府应当在规定期限内反馈书面意见，并加盖本单位或者本单位办公厅（室）印章。

国务院法制机构可以将行政法规送审稿或者修改稿及其说明等向社会公布，征求意见。向社会公布征求意见的期限一般不少于30日。

第二十一条　国务院法制机构应当就行政法规送审稿涉及的主要问题，深入基层进行实地调查研究，听取基层有关机关、组织和公民的意见。

第二十二条　行政法规送审稿涉及重大利益调整的，国务院法制机构应当进行论证咨询，广泛听取有关方面的意见。论证咨询可以采取座谈会、论证会、听证会、委托研究等多种形式。

行政法规送审稿涉及重大利益调整或者存在重大意见分歧，对公民、法人或者其他组织的权利义务有较大影响，人民群众普遍关注的，国务院法制机构可以举行听证会，听取有关机关、组织和公民的意见。

第二十三条　国务院有关部门对行政法规送审稿涉及的主要制度、方针政策、管理体制、权限分工等有不同意见的，国务院法制机构应当进行协调，力求达成一致意见。对有较大争议的重要立法事项，国务院法制机构可以委托有关专家、教学科研单位、社会组织进行评估。

经过充分协调不能达成一致意见的，国务院法制机构、起草部门应当将争议的主要问题、有关部门的意见以及国务院法制机构的意见及时报国务院领导协调，或者报国务院决定。

第二十四条　国务院法制机构应当认真研究各方面的意见，与起草部门协商后，对行政法规送审稿进行修改，形成行政法规草案和对草案的说明。

第二十五条　行政法规草案由国务院法制机构主要负责人提出提请国务院常务会议审议的建议；对调整范围单一、各方面意见一致或者依据法律制定的配套行政法规草案，可以采取传批方式，由国务院法制机构直接提请国务院审批。

第五章　决定与公布

第二十六条　行政法规草案由国务院常务会议审议，或者由国务院审批。

国务院常务会议审议行政法规草案时，由国务院法制机构或者起草部门作说明。

第二十七条 国务院法制机构应当根据国务院对行政法规草案的审议意见,对行政法规草案进行修改,形成草案修改稿,报请总理签署国务院令公布施行。

签署公布行政法规的国务院令载明该行政法规的施行日期。

第二十八条 行政法规签署公布后,及时在国务院公报和中国政府法制信息网以及在全国范围内发行的报纸上刊载。国务院法制机构应当及时汇编出版行政法规的国家正式版本。

在国务院公报上刊登的行政法规文本为标准文本。

第二十九条 行政法规应当自公布之日起30日后施行;但是,涉及国家安全、外汇汇率、货币政策的确定以及公布后不立即施行将有碍行政法规施行的,可以自公布之日起施行。

第三十条 行政法规在公布后的30日内由国务院办公厅报全国人民代表大会常务委员会备案。

第六章 行政法规解释

第三十一条 行政法规有下列情形之一的,由国务院解释:

(一)行政法规的规定需要进一步明确具体含义的;

(二)行政法规制定后出现新的情况,需要明确适用行政法规依据的。

国务院法制机构研究拟订行政法规解释草案,报国务院同意后,由国务院公布或者由国务院授权国务院有关部门公布。

行政法规的解释与行政法规具有同等效力。

第三十二条 国务院各部门和省、自治区、直辖市人民政府可以向国务院提出行政法规解释要求。

第三十三条 对属于行政工作中具体应用行政法规的问题,省、自治区、直辖市人民政府法制机构以及国务院有关部门法制机构请求国务院法制机构解释的,国务院法制机构可以研究答复;其中涉及重大问题的,由国务院法制机构提出意见,报国务院同意后答复。

第七章 附 则

第三十四条 拟订国务院提请全国人民代表大会或者全国人民代表大会常务委员会审议的法律草案,参照本条例的有关规定办理。

第三十五条 国务院可以根据全面深化改革、经济社会发展需要,就行政管理等领域的特定事项,决定在一定期限内在部分地方暂时调整或者暂时停止适用行政法规的部分规定。

第三十六条 国务院法制机构或者国务院有关部门应当根据全面深化改革、经济社会发展需要以及上位法规定,及时组织开展行政法规清理工作。对不适应全面深化改革和经济社会发展要求、不符合上位法规定的行政法规,应当及时修改或者废止。

第三十七条 国务院法制机构或者国务院有关部门可以组织对有关行政法规或者行政法规中的有关规定进行立法后评估,并把评估结果作为修改、废止有关行政法规的重要参考。

第三十八条 行政法规的修改、废止程序适用本条例的有关规定。

行政法规修改、废止后,应当及时公布。

第三十九条 行政法规的外文正式译本和民族语言文本,由国务院法制机构审定。

第四十条 本条例自2002年1月1日起施行。1987年4月21日国务院批准、国务院办公厅发布的《行政法规制定程序暂行条例》同时废止。

规章制定程序条例

（2001年11月16日中华人民共和国国务院令第322号公布　根据2017年12月22日《国务院关于修改〈规章制定程序条例〉的决定》修订）

第一章　总　　则

第一条　为了规范规章制定程序，保证规章质量，根据立法法的有关规定，制定本条例。

第二条　规章的立项、起草、审查、决定、公布、解释，适用本条例。

违反本条例规定制定的规章无效。

第三条　制定规章，应当贯彻落实党的路线方针政策和决策部署，遵循立法法确定的立法原则，符合宪法、法律、行政法规和其他上位法的规定。

没有法律或者国务院的行政法规、决定、命令的依据，部门规章不得设定减损公民、法人和其他组织权利或者增加其义务的规范，不得增加本部门的权力或者减少本部门的法定职责。没有法律、行政法规、地方性法规的依据，地方政府规章不得设定减损公民、法人和其他组织权利或者增加其义务的规范。

第四条　制定政治方面法律的配套规章，应当按照有关规定及时报告党中央或者同级党委（党组）。

制定重大经济社会方面的规章，应当按照有关规定及时报告同级党委（党组）。

第五条　制定规章，应当切实保障公民、法人和其他组织的合法权益，在规定其应当履行的义务的同时，应当规定其相应的权利和保障权利实现的途径。

制定规章，应当体现行政机关的职权与责任相统一的原则，在赋予有关行政机关必要的职权的同时，应当规定其行使职权的条件、程序和应承担的责任。

第六条　制定规章，应当体现全面深化改革精神，科学规范行政行为，促进政府职能向宏观调控、市场监管、社会管理、公共服务、环境保护等方面转变。

制定规章，应当符合精简、统一、效能的原则，相同或者相近的职能应当规定由一个行政机关承担，简化行政管理手续。

第七条　规章的名称一般称“规定”、“办法”，但不得称“条例”。

第八条　规章用语应当准确、简洁，条文内容应当明确、具体，具有可操作性。

法律、法规已经明确规定的内容，规章原则上不作重复规定。

除内容复杂的外，规章一般不分章、节。

第九条　涉及国务院两个以上部门职权范围的事项，制定行政法规条件尚不成熟，需要制定规章的，国务院有关部门应当联合制定规章。

有前款规定情形的，国务院有关部门单独制定的规章无效。

第二章　立　　项

第十条　国务院部门内设机构或者其他机构认为需要制定部门规章的，应当向该部门报请立项。

省、自治区、直辖市和设区的市、自治州的人民政府所属工作部门或者下级人民政府认为需要制定地方政府规章的，应当向该省、自治区、直辖市或者设区的市、自治州的人民政府报请立项。

国务院部门，省、自治区、直辖市和设区的市、自治州的人民政府，可以向社会公开征集规章制定项目建议。

第十一条 报送制定规章的立项申请,应当对制定规章的必要性、所要解决的主要问题、拟确立的主要制度等作出说明。

第十二条 国务院部门法制机构,省、自治区、直辖市和设区的市、自治州的人民政府法制机构(以下简称法制机构),应当对制定规章的立项申请和公开征集的规章制定项目建议进行评估论证,拟订本部门、本级人民政府年度规章制定工作计划,报本部门、本级人民政府批准后向社会公布。

年度规章制定工作计划应当明确规章的名称、起草单位、完成时间等。

第十三条 国务院部门,省、自治区、直辖市和设区的市、自治州的人民政府,应当加强对执行年度规章制定工作计划的领导。对列入年度规章制定工作计划的项目,承担起草工作的单位应当抓紧工作,按照要求上报本部门或者本级人民政府决定。

法制机构应当及时跟踪了解本部门、本级人民政府年度规章制定工作计划执行情况,加强组织协调和督促指导。

年度规章制定工作计划在执行中,可以根据实际情况予以调整,对拟增加的规章项目应当进行补充论证。

第三章 起　　草

第十四条 部门规章由国务院部门组织起草,地方政府规章由省、自治区、直辖市和设区的市、自治州的人民政府组织起草。

国务院部门可以确定规章由其一个或者几个内设机构或者其他机构具体负责起草工作,也可以确定由其法制机构起草或者组织起草。

省、自治区、直辖市和设区的市、自治州的人民政府可以确定规章由其一个部门或者几个部门具体负责起草工作,也可以确定由其法制机构起草或者组织起草。

第十五条 起草规章,应当深入调查研究,总结实践经验,广泛听取有关机关、组织和公民的意见。听取意见可以采取书面征求意见、座谈会、论证会、听证会等多种形式。

起草规章,除依法需要保密的外,应当将规章草案及其说明等向社会公布,征求意见。向社会公布征求意见的期限一般不少于30日。

起草专业性较强的规章,可以吸收相关领域的专家参与起草工作,或者委托有关专家、教学科研单位、社会组织起草。

第十六条 起草规章,涉及社会公众普遍关注的热点难点问题和经济社会发展遇到的突出矛盾,减损公民、法人和其他组织权利或者增加其义务,对社会公众有重要影响等重大利益调整事项的,起草单位应当进行论证咨询,广泛听取有关方面的意见。

起草的规章涉及重大利益调整或者存在重大意见分歧,对公民、法人或者其他组织的权利义务有较大影响,人民群众普遍关注,需要进行听证的,起草单位应当举行听证会听取意见。听证会依照下列程序组织:

(一)听证会公开举行,起草单位应当在举行听证会的30日前公布听证会的时间、地点和内容;

(二)参加听证会的有关机关、组织和公民对起草的规章,有权提问和发表意见;

(三)听证会应当制作笔录,如实记录发言人的主要观点和理由;

(四)起草单位应当认真研究听证会反映的各种意见,起草的规章在报送审查时,应当说明对听证会意见的处理情况及其理由。

第十七条 起草部门规章,涉及国务院其他部门的职责或者与国务院其他部门关系紧密的,起草单位应当充分征求国务院其他部门的意见。

起草地方政府规章，涉及本级人民政府其他部门的职责或者与其他部门关系紧密的，起草单位应当充分征求其他部门的意见。起草单位与其他部门有不同意见的，应当充分协商；经过充分协商不能取得一致意见的，起草单位应当在上报规章草案送审稿（以下简称规章送审稿）时说明情况和理由。

第十八条 起草单位应当将规章送审稿及其说明、对规章送审稿主要问题的不同意见和其他有关材料按规定报送审查。

报送审查的规章送审稿，应当由起草单位主要负责人签署；几个起草单位共同起草的规章送审稿，应当由该几个起草单位主要负责人共同签署。

规章送审稿的说明应当对制定规章的必要性、规定的主要措施、有关方面的意见及其协调处理情况等作出说明。

有关材料主要包括所规范领域的实际情况和相关数据、实践中存在的主要问题、汇总的意见、听证会笔录、调研报告、国内外有关立法资料等。

第四章 审　　查

第十九条 规章送审稿由法制机构负责统一审查。法制机构主要从以下方面对送审稿进行审查：

（一）是否符合本条例第三条、第四条、第五条、第六条的规定；

（二）是否符合社会主义核心价值观的要求；

（三）是否与有关规章协调、衔接；

（四）是否正确处理有关机关、组织和公民对规章送审稿主要问题的意见；

（五）是否符合立法技术要求；

（六）需要审查的其他内容。

第二十条 规章送审稿有下列情形之一的，法制机构可以缓办或者退回起草单位：

（一）制定规章的基本条件尚不成熟或者发生重大变化的；

（二）有关机构或者部门对规章送审稿规定的主要制度存在较大争议，起草单位未与有关机构或者部门充分协商的；

（三）未按照本条例有关规定公开征求意见的；

（四）上报送审稿不符合本条例第十八条规定的。

第二十一条 法制机构应当将规章送审稿或者规章送审稿涉及的主要问题发送有关机关、组织和专家征求意见。

法制机构可以将规章送审稿或者修改稿及其说明等向社会公布，征求意见。向社会公布征求意见的期限一般不少于30日。

第二十二条 法制机构应当就规章送审稿涉及的主要问题，深入基层进行实地调查研究，听取基层有关机关、组织和公民的意见。

第二十三条 规章送审稿涉及重大利益调整的，法制机构应当进行论证咨询，广泛听取有关方面的意见。论证咨询可以采取座谈会、论证会、听证会、委托研究等多种形式。

规章送审稿涉及重大利益调整或者存在重大意见分歧，对公民、法人或者其他组织的权利义务有较大影响，人民群众普遍关注，起草单位在起草过程中未举行听证会的，法制机构经本部门或者本级人民政府批准，可以举行听证会。举行听证会的，应当依照本条例第十六条规定的程序组织。

第二十四条 有关机构或者部门对规章送审稿涉及的主要措施、管理体制、权限分工等问题有不同意见的，法制机构应当进行协调，力求达成一致意见。对有较大争议的重要立法事项，法制机构可以委托有关专家、教学科研单位、社会组织进行评估。

经过充分协调不能达成一致意见的,法制机构应当将主要问题、有关机构或者部门的意见和法制机构的意见及时报本部门或者本级人民政府领导协调,或者报本部门或者本级人民政府决定。

第二十五条 法制机构应当认真研究各方面的意见,与起草单位协商后,对规章送审稿进行修改,形成规章草案和对草案的说明。说明应当包括制定规章拟解决的主要问题、确立的主要措施以及与有关部门的协调情况等。

规章草案和说明由法制机构主要负责人签署,提出提请本部门或者本级人民政府有关会议审议的建议。

第二十六条 法制机构起草或者组织起草的规章草案,由法制机构主要负责人签署,提出提请本部门或者本级人民政府有关会议审议的建议。

第五章 决定和公布

第二十七条 部门规章应当经部务会议或者委员会会议决定。

地方政府规章应当经政府常务会议或者全体会议决定。

第二十八条 审议规章草案时,由法制机构作说明,也可以由起草单位作说明。

第二十九条 法制机构应当根据有关会议审议意见对规章草案进行修改,形成草案修改稿,报请本部门首长或者省长、自治区主席、市长、自治州州长签署命令予以公布。

第三十条 公布规章的命令应当载明该规章的制定机关、序号、规章名称、通过日期、施行日期、部门首长或者省长、自治区主席、市长、自治州州长署名以及公布日期。

部门联合规章由联合制定的部门首长共同署名公布,使用主办机关的命令序号。

第三十一条 部门规章签署公布后,及时在国务院公报或者部门公报和中国政府法制信息网以及在全国范围内发行的报纸上刊载。

地方政府规章签署公布后,及时在本级人民政府公报和中国政府法制信息网以及在本行政区域范围内发行的报纸上刊载。

在国务院公报或者部门公报和地方人民政府公报上刊登的规章文本为标准文本。

第三十二条 规章应当自公布之日起30日后施行;但是,涉及国家安全、外汇汇率、货币政策的确定以及公布后不立即施行将有碍规章施行的,可以自公布之日起施行。

第六章 解释与备案

第三十三条 规章解释权属于规章制定机关。

规章有下列情形之一的,由制定机关解释:

(一)规章的规定需要进一步明确具体含义的;

(二)规章制定后出现新的情况,需要明确适用规章依据的。

规章解释由规章制定机关的法制机构参照规章送审稿审查程序提出意见,报请制定机关批准后公布。

规章的解释同规章具有同等效力。

第三十四条 规章应当自公布之日起30日内,由法制机构依照立法法和《法规规章备案条例》的规定向有关机关备案。

第三十五条 国家机关、社会团体、企业事业组织、公民认为规章同法律、行政法规相抵触的,可以向国务院书面提出审查的建议,由国务院法制机构研究并提出处理意见,按照规定程序处理。

国家机关、社会团体、企业事业组织、公民认为设区的市、自治州的人民政府规章同法律、行政法规相抵触或者违反其他上位法的规定的,也可以向本省、自治区人民政府书面提出审查的建议,由省、自治区人民政府法制机构研究并提出处理意见,按照规定程序处理。

第七章　附　　则

第三十六条　依法不具有规章制定权的县级以上地方人民政府制定、发布具有普遍约束力的决定、命令,参照本条例规定的程序执行。

第三十七条　国务院部门,省、自治区、直辖市和设区的市、自治州的人民政府,应当根据全面深化改革、经济社会发展需要以及上位法规定,及时组织开展规章清理工作。对不适应全面深化改革和经济社会发展要求、不符合上位法规定的规章,应当及时修改或者废止。

第三十八条　国务院部门,省、自治区、直辖市和设区的市、自治州的人民政府,可以组织对有关规章或者规章中的有关规定进行立法后评估,并把评估结果作为修改、废止有关规章的重要参考。

第三十九条　规章的修改、废止程序适用本条例的有关规定。

规章修改、废止后,应当及时公布。

第四十条　编辑出版正式版本、民族文版、外文版本的规章汇编,由法制机构依照《法规汇编编辑出版管理规定》的有关规定执行。

第四十一条　本条例自2002年1月1日起施行。

法规规章备案条例

(2001年12月14日国务院令第337号公布　自2002年1月1日起施行)

第一条　为了维护社会主义法制的统一,加强对法规、规章的监督,根据立法法的有关规定,制定本条例。

第二条　本条例所称法规,是指省、自治区、直辖市和较大的市的人民代表大会及其常务委员会依照法定职权和程序制定的地方性法规,经济特区所在地的省、市的人民代表大会及其常务委员会依照法定职权和程序制定的经济特区法规,以及自治州、自治县的人民代表大会依照法定职权和程序制定的自治条例和单行条例。

本条例所称规章,包括部门规章和地方政府规章。部门规章,是指国务院各部、各委员会、中国人民银行、审计署和具有行政管理职能的直属机构(以下简称国务院部门)根据法律和国务院的行政法规、决定、命令,在本部门的职权范围内依照《规章制定程序条例》制定的规章。地方政府规章,是指省、自治区、直辖市和较大的市的人民政府根据法律、行政法规和本省、自治区、直辖市的地方性法规,依照《规章制定程序条例》制定的规章。

第三条　法规、规章公布后,应当自公布之日起30日内,依照下列规定报送备案:

(一)地方性法规、自治州和自治县的自治条例和单行条例由省、自治区、直辖市的人民代表大会常务委员会报国务院备案;

(二)部门规章由国务院部门报国务院备案,两个或者两个以上部门联合制定的规章,由主办的部门报国务院备案;

(三)省、自治区、直辖市人民政府规章由省、自治区、直辖市人民政府报国务院备案;

(四)较大的市的人民政府规章由较大的市的人民政府报国务院备案,同时报省、自治区人民政府备案;

(五)经济特区法规由经济特区所在地的省、市的人民代表大会常务委员会报国务院备案。

第四条　国务院部门,省、自治区、直辖市和较大的市的人民政府应当依法履行规章备案职责,加强对规章备案工作的组织领导。

国务院部门法制机构,省、自治区、直辖市人民政府和较大的市的人民政府法制机构,具体负责本部门、本地方的规章备案工作。

第五条 国务院法制机构依照本条例的规定负责国务院的法规、规章备案工作,履行备案审查监督职责。

第六条 依照本条例报送国务院备案的法规、规章,径送国务院法制机构。

报送法规备案,按照全国人民代表大会常务委员会关于法规备案的有关规定执行。

报送规章备案,应当提交备案报告、规章文本和说明,并按照规定的格式装订成册,一式十份。

报送法规、规章备案,具备条件的,应当同时报送法规、规章的电子文本。

第七条 报送法规、规章备案,符合本条例第二条和第六条第二款、第三款规定的,国务院法制机构予以备案登记;不符合第二条规定的,不予备案登记;符合第二条规定但不符合第六条第二款、第三款规定的,暂缓办理备案登记。

暂缓办理备案登记的,由国务院法制机构通知制定机关补充报送备案或者重新报送备案;补充或者重新报送备案符合规定的,予以备案登记。

第八条 经备案登记的法规、规章,由国务院法制机构按月公布目录。

编辑出版法规、规章汇编的范围,应当以公布的法规、规章目录为准。

第九条 国家机关、社会团体、企业事业组织、公民认为地方性法规同行政法规相抵触的,或者认为规章以及国务院各部门、省、自治区、直辖市和较大的市的人民政府发布的其他具有普遍约束力的行政决定、命令同法律、行政法规相抵触的,可以向国务院书面提出审查建议,由国务院法制机构研究并提出处理意见,按照规定程序处理。

第十条 国务院法制机构对报送国务院备案的法规、规章,就下列事项进行审查:

(一)是否超越权限;

(二)下位法是否违反上位法的规定;

(三)地方性法规与部门规章之间或者不同规章之间对同一事项的规定不一致,是否应当改变或者撤销一方的或者双方的规定;

(四)规章的规定是否适当;

(五)是否违背法定程序。

第十一条 国务院法制机构审查法规、规章时,认为需要有关的国务院部门或者地方人民政府提出意见的,有关的机关应当在规定期限内回复;认为需要法规、规章的制定机关说明有关情况的,有关的制定机关应当在规定期限内予以说明。

第十二条 经审查,地方性法规同行政法规相抵触的,由国务院提请全国人民代表大会常务委员会处理。

第十三条 地方性法规与部门规章之间对同一事项的规定不一致的,由国务院法制机构提出处理意见,报国务院依照立法法第八十六条第一款第(二)项的规定处理。

第十四条 经审查,规章超越权限,违反法律、行政法规的规定,或者其规定不适当的,由国务院法制机构建议制定机关自行纠正;或者由国务院法制机构提出处理意见报国务院决定,并通知制定机关。

第十五条 部门规章之间、部门规章与地方政府规章之间对同一事项的规定不一致的,由国务院法制机构进行协调;经协调不能取得一致意见的,由国务院法制机构提出处理意见报国务院决定,并通知制定机关。

第十六条 对《规章制定程序条例》第二条第二款、第八条第二款规定的无效规章,国务院法制机构不予备案,并通知制定机关。

规章在制定技术上存在问题的，国务院法制机构可以向制定机关提出处理意见，由制定机关自行处理。

第十七条 规章的制定机关应当自接到本条例第十四条、第十五条、第十六条规定的通知之日起30日内，将处理情况报国务院法制机构。

第十八条 根据本条例第十五条作出的处理结果，可以作为对最高人民法院依照行政诉讼法第五十三条送请国务院解释或者裁决的答复。

第十九条 法规、规章的制定机关应当于每年1月底前将上一年所制定的法规、规章目录报国务院法制机构。

第二十条 对于不报送规章备案或者不按时报送规章备案的，由国务院法制机构通知制定机关，限期报送；逾期仍不报送的，给予通报，并责令限期改正。

第二十一条 省、自治区、直辖市人民政府应当依法加强对下级行政机关发布的规章和其他具有普遍约束力的行政决定、命令的监督，依照本条例的有关规定，建立相关的备案审查制度，维护社会主义法制的统一，保证法律、法规的正确实施。

第二十二条 本条例自2002年1月1日起施行。1990年2月18日国务院发布的《法规、规章备案规定》同时废止。

二、行政管理

(一)司法行政

中华人民共和国监狱法

(1994年12月29日第八届全国人民代表大会常务委员会第十一次会议通过 根据2012年10月26日第十一届全国人民代表大会常务委员会第二十九次会议《关于修改〈中华人民共和国监狱法〉的决定》修正)

第一章 总 则

第一条 为了正确执行刑罚,惩罚和改造罪犯,预防和减少犯罪,根据宪法,制定本法。

第二条 监狱是国家的刑罚执行机关。

依照刑法和刑事诉讼法的规定,被判处死刑缓期二年执行、无期徒刑、有期徒刑的罪犯,在监狱内执行刑罚。

第三条 监狱对罪犯实行惩罚和改造相结合、教育和劳动相结合的原则,将罪犯改造成为守法公民。

第四条 监狱对罪犯应当依法监管,根据改造罪犯的需要,组织罪犯从事生产劳动,对罪犯进行思想教育、文化教育、技术教育。

第五条 监狱的人民警察依法管理监狱、执行刑罚、对罪犯进行教育改造等活动,受法律保护。

第六条 人民检察院对监狱执行刑罚的活动是否合法,依法实行监督。

第七条 罪犯的人格不受侮辱,其人身安全、合法财产和辩护、申诉、控告、检举以及其他未被依法剥夺或者限制的权利不受侵犯。

罪犯必须严格遵守法律、法规和监规纪律,服从管理,接受教育,参加劳动。

第八条 国家保障监狱改造罪犯所需经费。监狱的人民警察经费、罪犯改造经费、罪犯生活费、狱政设施经费及其他专项经费,列入国家预算。

国家提供罪犯劳动必需的生产设施和生产经费。

第九条 监狱依法使用的土地、矿产资源和其他自然资源以及监狱的财产,受法律保护,任何组织或者个人不得侵占、破坏。

第十条 国务院司法行政部门主管全国的监狱工作。

第二章 监 狱

第十一条 监狱的设置、撤销、迁移,由国务院司法行政部门批准。

第十二条 监狱设监狱长一人、副监狱长若干人,并根据实际需要设置必要的工作机构和配备其他监狱管理人员。

监狱的管理人员是人民警察。

第十三条 监狱的人民警察应当严格遵守宪法和法律，忠于职守，秉公执法，严守纪律，清正廉洁。

第十四条 监狱的人民警察不得有下列行为：

（一）索要、收受、侵占罪犯及其亲属的财物；

（二）私放罪犯或者玩忽职守造成罪犯脱逃；

（三）刑讯逼供或者体罚、虐待罪犯；

（四）侮辱罪犯的人格；

（五）殴打或者纵容他人殴打罪犯；

（六）为谋取私利，利用罪犯提供劳务；

（七）违反规定，私自为罪犯传递信件或者物品；

（八）非法将监管罪犯的职权交予他人行使；

（九）其他违法行为。

监狱的人民警察有前款所列行为，构成犯罪的，依法追究刑事责任；尚未构成犯罪的，应当予以行政处分。

第三章 刑罚的执行

第一节 收 监

第十五条 人民法院对被判处死刑缓期二年执行、无期徒刑、有期徒刑的罪犯，应当将执行通知书、判决书送达羁押该罪犯的公安机关，公安机关应当自收到执行通知书、判决书之日起一个月内将该罪犯送交监狱执行刑罚。

罪犯在被交付执行刑罚前，剩余刑期在三个月以下的，由看守所代为执行。

第十六条 罪犯被交付执行刑罚时，交付执行的人民法院应当将人民检察院的起诉书副本、人民法院的判决书、执行通知书、结案登记表同时送达监狱。监狱没有收到上述文件的，不得收监；上述文件不齐全或者记载有误的，作出生效判决的人民法院应当及时补充齐全或者作出更正；对其中可能导致错误收监的，不予收监。

第十七条 罪犯被交付执行刑罚，符合本法第十六条规定的，应当予以收监。罪犯收监后，监狱应当对其进行身体检查。经检查，对于具有暂予监外执行情形的，监狱可以提出书面意见，报省级以上监狱管理机关批准。

第十八条 罪犯收监，应当严格检查其人身和所携带的物品。非生活必需品，由监狱代为保管或者征得罪犯同意退回其家属，违禁品予以没收。

女犯由女性人民警察检查。

第十九条 罪犯不得携带子女在监内服刑。

第二十条 罪犯收监后，监狱应当通知罪犯家属。通知书应当自收监之日起五日内发出。

第二节 对罪犯提出的申诉、控告、检举的处理

第二十一条 罪犯对生效的判决不服的，可以提出申诉。

对于罪犯的申诉，人民检察院或者人民法院应当及时处理。

第二十二条 对罪犯提出的控告、检举材料，监狱应当及时处理或者转送公安机关或者人民检察院处理，公安机关或者人民检察院应当将处理结果通知监狱。

第二十三条 罪犯的申诉、控告、检举材料，监狱应当及时转递，不得扣压。

第二十四条 监狱在执行刑罚过程中，根据罪犯的申诉，认为判决可能有错误的，应当提请人

民检察院或者人民法院处理,人民检察院或者人民法院应当自收到监狱提请处理意见书之日起六个月内将处理结果通知监狱。

第三节 监外执行

第二十五条 对于被判处无期徒刑、有期徒刑在监内服刑的罪犯,符合刑事诉讼法规定的监外执行条件的,可以暂予监外执行。

第二十六条 暂予监外执行,由监狱提出书面意见,报省、自治区、直辖市监狱管理机关批准。批准机关应当将批准的暂予监外执行决定通知公安机关和原判人民法院,并抄送人民检察院。

人民检察院认为对罪犯适用暂予监外执行不当的,应当自接到通知之日起一个月内将书面意见送交批准暂予监外执行的机关,批准暂予监外执行的机关接到人民检察院的书面意见后,应当立即对该决定进行重新核查。

第二十七条 对暂予监外执行的罪犯,依法实行社区矫正,由社区矫正机构负责执行。原关押监狱应当及时将罪犯在监内改造情况通报负责执行的社区矫正机构。

第二十八条 暂予监外执行的罪犯具有刑事诉讼法规定的应当收监的情形的,社区矫正机构应当及时通知监狱收监;刑期届满的,由原关押监狱办理释放手续。罪犯在暂予监外执行期间死亡的,社区矫正机构应当及时通知原关押监狱。

第四节 减刑、假释

第二十九条 被判处无期徒刑、有期徒刑的罪犯,在服刑期间确有悔改或者立功表现的,根据监狱考核的结果,可以减刑。有下列重大立功表现之一的,应当减刑:

(一)阻止他人重大犯罪活动的;

(二)检举监狱内外重大犯罪活动,经查证属实的;

(三)有发明创造或者重大技术革新的;

(四)在日常生产、生活中舍己救人的;

(五)在抗御自然灾害或者排除重大事故中,有突出表现的;

(六)对国家和社会有其他重大贡献的。

第三十条 减刑建议由监狱向人民法院提出,人民法院应当自收到减刑建议书之日起一个月内予以审核裁定;案情复杂或者情况特殊的,可以延长一个月。减刑裁定的副本应当抄送人民检察院。

第三十一条 被判处死刑缓期二年执行的罪犯,在死刑缓期执行期间,符合法律规定的减为无期徒刑、有期徒刑条件的,二年期满时,所在监狱应当及时提出减刑建议,报经省、自治区、直辖市监狱管理机关审核后,提请高级人民法院裁定。

第三十二条 被判处无期徒刑、有期徒刑的罪犯,符合法律规定的假释条件的,由监狱根据考核结果向人民法院提出假释建议,人民法院应当自收到假释建议书之日起一个月内予以审核裁定;案情复杂或者情况特殊的,可以延长一个月。假释裁定的副本应当抄送人民检察院。

第三十三条 人民法院裁定假释的,监狱应当按期假释并发给假释证明书。

对被假释的罪犯,依法实行社区矫正,由社区矫正机构负责执行。被假释的罪犯,在假释考验期限内有违反法律、行政法规或者国务院有关部门关于假释的监督管理规定的行为,尚未构成新的犯罪的,社区矫正机构应当向人民法院提出撤销假释的建议,人民法院应当自收到撤销假释建议书之日起一个月内予以审核裁定。人民法院裁定撤销假释的,由公安机关将罪犯送交监狱收监。

第三十四条 对不符合法律规定的减刑、假释条件的罪犯,不得以任何理由将其减刑、假释。

人民检察院认为人民法院减刑、假释的裁定不当,应当依照刑事诉讼法规定的期间向人民法院提出书面纠正意见。对于人民检察院提出书面纠正意见的案件,人民法院应当重新审理。

第五节 释放和安置

第三十五条 罪犯服刑期满，监狱应当按期释放并发给释放证明书。

第三十六条 罪犯释放后，公安机关凭释放证明书办理户籍登记。

第三十七条 对刑满释放人员，当地人民政府帮助其安置生活。

刑满释放人员丧失劳动能力又无法定赡养人、扶养人和基本生活来源的，由当地人民政府予以救济。

第三十八条 刑满释放人员依法享有与其他公民平等的权利。

第四章 狱政管理

第一节 分押分管

第三十九条 监狱对成年男犯、女犯和未成年犯实行分开关押和管理，对未成年犯和女犯的改造，应当照顾其生理、心理特点。

监狱根据罪犯的犯罪类型、刑罚种类、刑期、改造表现等情况，对罪犯实行分别关押，采取不同方式管理。

第四十条 女犯由女性人民警察直接管理。

第二节 警戒

第四十一条 监狱的武装警戒由人民武装警察部队负责，具体办法由国务院、中央军事委员会规定。

第四十二条 监狱发现在押罪犯脱逃，应当即时将其抓获，不能即时抓获的，应当立即通知公安机关，由公安机关负责追捕，监狱密切配合。

第四十三条 监狱根据监管需要，设立警戒设施。监狱周围设警戒隔离带，未经准许，任何人不得进入。

第四十四条 监区、作业区周围的机关、团体、企业事业单位和基层组织，应当协助监狱做好安全警戒工作。

第三节 戒具和武器的使用

第四十五条 监狱遇有下列情形之一的，可以使用戒具：

(一) 罪犯有脱逃行为的；

(二) 罪犯有使用暴力行为的；

(三) 罪犯正在押解途中的；

(四) 罪犯有其他危险行为需要采取防范措施的。

前款所列情形消失后，应当停止使用戒具。

第四十六条 人民警察和人民武装警察部队的执勤人员遇有下列情形之一，非使用武器不能制止的，按照国家有关规定，可以使用武器：

(一) 罪犯聚众骚乱、暴乱的；

(二) 罪犯脱逃或者拒捕的；

(三) 罪犯持有凶器或者其他危险物，正在行凶或者破坏，危及他人生命、财产安全的；

(四) 劫夺罪犯的；

(五) 罪犯抢夺武器的。

使用武器的人员，应当按照国家有关规定报告情况。

第四节 通信、会见

第四十七条 罪犯在服刑期间可以与他人通信，但是来往信件应当经过监狱检查。监狱发现有碍罪犯改造内容的信件，可以扣留。罪犯写给监狱的上级机关和司法机关的信件，不受检查。

第四十八条 罪犯在监狱服刑期间，按照规定，可以会见亲属、监护人。

第四十九条 罪犯收受物品和钱款，应当经监狱批准、检查。

第五节 生活、卫生

第五十条 罪犯的生活标准按实物量计算，由国家规定。

第五十一条 罪犯的被服由监狱统一配发。

第五十二条 对少数民族罪犯的特殊生活习惯，应当予以照顾。

第五十三条 罪犯居住的监舍应当坚固、通风、透光、清洁、保暖。

第五十四条 监狱应当设立医疗机构和生活、卫生设施，建立罪犯生活、卫生制度。罪犯的医疗保健列入监狱所在地区的卫生、防疫计划。

第五十五条 罪犯在服刑期间死亡的，监狱应当立即通知罪犯家属和人民检察院、人民法院。罪犯因病死亡的，由监狱作出医疗鉴定。人民检察院对监狱的医疗鉴定有疑义的，可以重新对死亡原因作出鉴定。罪犯家属有疑义的，可以向人民检察院提出。罪犯非正常死亡的，人民检察院应当立即检验，对死亡原因作出鉴定。

第六节 奖　惩

第五十六条 监狱应当建立罪犯的日常考核制度，考核的结果作为对罪犯奖励和处罚的依据。

第五十七条 罪犯有下列情形之一的，监狱可以给予表扬、物质奖励或者记功：

（一）遵守监规纪律，努力学习，积极劳动，有认罪服法表现的；

（二）阻止违法犯罪活动的；

（三）超额完成生产任务的；

（四）节约原材料或者爱护公物，有成绩的；

（五）进行技术革新或者传授生产技术，有一定成效的；

（六）在防止或者消除灾害事故中作出一定贡献的；

（七）对国家和社会有其他贡献的。

被判处有期徒刑的罪犯有前款所列情形之一，执行原判刑期二分之一以上，在服刑期间一贯表现好，离开监狱不致再危害社会的，监狱可以根据情况准其离监探亲。

第五十八条 罪犯有下列破坏监管秩序情形之一的，监狱可以给予警告、记过或者禁闭：

（一）聚众哄闹监狱，扰乱正常秩序的；

（二）辱骂或者殴打人民警察的；

（三）欺压其他罪犯的；

（四）偷窃、赌博、打架斗殴、寻衅滋事的；

（五）有劳动能力拒不参加劳动或者消极怠工，经教育不改的；

（六）以自伤、自残手段逃避劳动的；

（七）在生产劳动中故意违反操作规程，或者有意损坏生产工具的；

（八）有违反监规纪律的其他行为的。

依照前款规定对罪犯实行禁闭的期限为七天至十五天。

罪犯在服刑期间有第一款所列行为，构成犯罪的，依法追究刑事责任。

第七节　对罪犯服刑期间犯罪的处理

第五十九条　罪犯在服刑期间故意犯罪的，依法从重处罚。

第六十条　对罪犯在监狱内犯罪的案件，由监狱进行侦查。侦查终结后，写出起诉意见书，连同案卷材料、证据一并移送人民检察院。

第五章　对罪犯的教育改造

第六十一条　教育改造罪犯，实行因人施教、分类教育、以理服人的原则，采取集体教育与个别教育相结合、狱内教育与社会教育相结合的方法。

第六十二条　监狱应当对罪犯进行法制、道德、形势、政策、前途等内容的思想教育。

第六十三条　监狱应当根据不同情况，对罪犯进行扫盲教育、初等教育和初级中等教育，经考试合格的，由教育部门发给相应的学业证书。

第六十四条　监狱应当根据监狱生产和罪犯释放后就业的需要，对罪犯进行职业技术教育，经考核合格的，由劳动部门发给相应的技术等级证书。

第六十五条　监狱鼓励罪犯自学，经考试合格的，由有关部门发给相应的证书。

第六十六条　罪犯的文化和职业技术教育，应当列入所在地区教育规划。监狱应当设立教室、图书阅览室等必要的教育设施。

第六十七条　监狱应当组织罪犯开展适当的体育活动和文化娱乐活动。

第六十八条　国家机关、社会团体、部队、企业事业单位和社会各界人士以及罪犯的亲属，应当协助监狱做好对罪犯的教育改造工作。

第六十九条　有劳动能力的罪犯，必须参加劳动。

第七十条　监狱根据罪犯的个人情况，合理组织劳动，使其矫正恶习，养成劳动习惯，学会生产技能，并为释放后就业创造条件。

第七十一条　监狱对罪犯的劳动时间，参照国家有关劳动工时的规定执行；在季节性生产等特殊情况下，可以调整劳动时间。

罪犯有在法定节日和休息日休息的权利。

第七十二条　监狱对参加劳动的罪犯，应当按照有关规定给予报酬并执行国家有关劳动保护的规定。

第七十三条　罪犯在劳动中致伤、致残或者死亡的，由监狱参照国家劳动保险的有关规定处理。

第六章　对未成年犯的教育改造

第七十四条　对未成年犯应当在未成年犯管教所执行刑罚。

第七十五条　对未成年犯执行刑罚应当以教育改造为主。未成年犯的劳动，应当符合未成年人的特点，以学习文化和生产技能为主。

监狱应当配合国家、社会、学校等教育机构，为未成年犯接受义务教育提供必要的条件。

第七十六条　未成年犯年满十八周岁时，剩余刑期不超过二年的，仍可以留在未成年犯管教所执行剩余刑期。

第七十七条　对未成年犯的管理和教育改造，本章未作规定的，适用本法的有关规定。

第七章　附　　则

第七十八条　本法自公布之日起施行。

中华人民共和国律师法

（1996年5月15日第八届全国人民代表大会常务委员会第十九次会议通过　根据2001年12月29日第九届全国人民代表大会常务委员会第二十五次会议《关于修改〈中华人民共和国律师法〉的决定》第一次修正　2007年10月28日第十届全国人民代表大会常务委员会第三十次会议修订　根据2012年10月26日第十一届全国人民代表大会常务委员会第二十九次会议《关于修改〈中华人民共和国律师法〉的决定》第二次修正　根据2017年9月1日第十二届全国人民代表大会常务委员会第二十九次会议《关于修改〈中华人民共和国法官法〉等八部法律的决定》第三次修正）

第一章　总　　则

第一条　为了完善律师制度，规范律师执业行为，保障律师依法执业，发挥律师在社会主义法制建设中的作用，制定本法。

第二条　本法所称律师，是指依法取得律师执业证书，接受委托或者指定，为当事人提供法律服务的执业人员。

律师应当维护当事人合法权益，维护法律正确实施，维护社会公平和正义。

第三条　律师执业必须遵守宪法和法律，恪守律师职业道德和执业纪律。

律师执业必须以事实为根据，以法律为准绳。

律师执业应当接受国家、社会和当事人的监督。

律师依法执业受法律保护，任何组织和个人不得侵害律师的合法权益。

第四条　司法行政部门依照本法对律师、律师事务所和律师协会进行监督、指导。

第二章　律师执业许可

第五条　申请律师执业，应当具备下列条件：

（一）拥护中华人民共和国宪法；

（二）通过国家统一法律职业资格考试取得法律职业资格；

（三）在律师事务所实习满一年；

（四）品行良好。

实行国家统一法律职业资格考试前取得的国家统一司法考试合格证书、律师资格凭证，与国家统一法律职业资格证书具有同等效力。

第六条　申请律师执业，应当向设区的市级或者直辖市的区人民政府司法行政部门提出申请，并提交下列材料：

（一）国家统一法律职业资格证书；

（二）律师协会出具的申请人实习考核合格的材料；

（三）申请人的身份证明；

（四）律师事务所出具的同意接收申请人的证明。

申请兼职律师执业的，还应当提交所在单位同意申请人兼职从事律师职业的证明。

受理申请的部门应当自受理之日起二十日内予以审查，并将审查意见和全部申请材料报送省、自治区、直辖市人民政府司法行政部门。省、自治区、直辖市人民政府司法行政部门应当自收到报送材料之日起十日内予以审核，作出是否准予执业的决定。准予执业的，向申请人颁发律师执业证书；不准予执业的,向申请人书面说明理由。

第七条 申请人有下列情形之一的,不予颁发律师执业证书:

(一)无民事行为能力或者限制民事行为能力的;

(二)受过刑事处罚的,但过失犯罪的除外;

(三)被开除公职或者被吊销律师、公证员执业证书的。

第八条 具有高等院校本科以上学历,在法律服务人员紧缺领域从事专业工作满十五年,具有高级职称或者同等专业水平并具有相应的专业法律知识的人员,申请专职律师执业的,经国务院司法行政部门考核合格,准予执业。具体办法由国务院规定。

第九条 有下列情形之一的,由省、自治区、直辖市人民政府司法行政部门撤销准予执业的决定,并注销被准予执业人员的律师执业证书:

(一)申请人以欺诈、贿赂等不正当手段取得律师执业证书的;

(二)对不符合本法规定条件的申请人准予执业的。

第十条 律师只能在一个律师事务所执业。律师变更执业机构的,应当申请换发律师执业证书。

律师执业不受地域限制。

第十一条 公务员不得兼任执业律师。

律师担任各级人民代表大会常务委员会组成人员的,任职期间不得从事诉讼代理或者辩护业务。

第十二条 高等院校、科研机构中从事法学教育、研究工作的人员,符合本法第五条规定条件的,经所在单位同意,依照本法第六条规定的程序,可以申请兼职律师执业。

第十三条 没有取得律师执业证书的人员,不得以律师名义从事法律服务业务;除法律另有规定外,不得从事诉讼代理或者辩护业务。

第三章 律师事务所

第十四条 律师事务所是律师的执业机构。设立律师事务所应当具备下列条件:

(一)有自己的名称、住所和章程;

(二)有符合本法规定的律师;

(三)设立人应当是具有一定的执业经历,且三年内未受过停止执业处罚的律师;

(四)有符合国务院司法行政部门规定数额的资产。

第十五条 设立合伙律师事务所,除应当符合本法第十四条规定的条件外,还应当有三名以上合伙人,设立人应当是具有三年以上执业经历的律师。

合伙律师事务所可以采用普通合伙或者特殊的普通合伙形式设立。合伙律师事务所的合伙人按照合伙形式对该律师事务所的债务依法承担责任。

第十六条 设立个人律师事务所,除应当符合本法第十四条规定的条件外,设立人还应当是具有五年以上执业经历的律师。设立人对律师事务所的债务承担无限责任。

第十七条 申请设立律师事务所,应当提交下列材料:

(一)申请书;

(二)律师事务所的名称、章程;

(三)律师的名单、简历、身份证明、律师执业证书;

(四)住所证明;

(五)资产证明。

设立合伙律师事务所,还应当提交合伙协议。

第十八条 设立律师事务所,应当向设区的市级或者直辖市的区人民政府司法行政部门提出申请,受理申请的部门应当自受理之日起二十日内予以审查,并将审查意见和全部申请材料报送省、自治区、直辖市人民政府司法行政部门。省、自治区、直辖市人民政府司法行政部门应当自收到报送材料之日起十日内予以审核,作出是否准予设立的决定。准予设立的,向申请人颁发律师事务所执业证书;不准予设立的,向申请人书面说明理由。

第十九条 成立三年以上并具有二十名以上执业律师的合伙律师事务所,可以设立分所。设立分所,须经拟设立分所所在地的省、自治区、直辖市人民政府司法行政部门审核。申请设立分所的,依照本法第十八条规定的程序办理。

合伙律师事务所对其分所的债务承担责任。

第二十条 国家出资设立的律师事务所,依法自主开展律师业务,以该律师事务所的全部资产对其债务承担责任。

第二十一条 律师事务所变更名称、负责人、章程、合伙协议的,应当报原审核部门批准。

律师事务所变更住所、合伙人的,应当自变更之日起十五日内报原审核部门备案。

第二十二条 律师事务所有下列情形之一的,应当终止:

(一)不能保持法定设立条件,经限期整改仍不符合条件的;

(二)律师事务所执业证书被依法吊销的;

(三)自行决定解散的;

(四)法律、行政法规规定应当终止的其他情形。

律师事务所终止的,由颁发执业证书的部门注销该律师事务所的执业证书。

第二十三条 律师事务所应当建立健全执业管理、利益冲突审查、收费与财务管理、投诉查处、年度考核、档案管理等制度,对律师在执业活动中遵守职业道德、执业纪律的情况进行监督。

第二十四条 律师事务所应当于每年的年度考核后,向设区的市级或者直辖市的区人民政府司法行政部门提交本所的年度执业情况报告和律师执业考核结果。

第二十五条 律师承办业务,由律师事务所统一接受委托,与委托人签订书面委托合同,按照国家规定统一收取费用并如实入账。

律师事务所和律师应当依法纳税。

第二十六条 律师事务所和律师不得以诋毁其他律师事务所、律师或者支付介绍费等不正当手段承揽业务。

第二十七条 律师事务所不得从事法律服务以外的经营活动。

第四章 律师的业务和权利、义务

第二十八条 律师可以从事下列业务:

(一)接受自然人、法人或者其他组织的委托,担任法律顾问;

(二)接受民事案件、行政案件当事人的委托,担任代理人,参加诉讼;

(三)接受刑事案件犯罪嫌疑人、被告人的委托或者依法接受法律援助机构的指派,担任辩护人,接受自诉案件自诉人、公诉案件被害人或者其近亲属的委托,担任代理人,参加诉讼;

(四)接受委托,代理各类诉讼案件的申诉;

(五)接受委托,参加调解、仲裁活动;

(六)接受委托,提供非诉讼法律服务;

(七)解答有关法律的询问、代写诉讼文书和有关法律事务的其他文书。

第二十九条 律师担任法律顾问的,应当按照约定为委托人就有关法律问题提供意见,草拟、审查法律文书,代理参加诉讼、调解或者仲裁活动,办理委托的其他法律事务,维护委托人的合法权益。

第三十条 律师担任诉讼法律事务代理人或者非诉讼法律事务代理人的，应当在受委托的权限内，维护委托人的合法权益。

第三十一条 律师担任辩护人的，应当根据事实和法律，提出犯罪嫌疑人、被告人无罪、罪轻或者减轻、免除其刑事责任的材料和意见，维护犯罪嫌疑人、被告人的诉讼权利和其他合法权益。

第三十二条 委托人可以拒绝已委托的律师为其继续辩护或者代理，同时可以另行委托律师担任辩护人或者代理人。

律师接受委托后，无正当理由的，不得拒绝辩护或者代理。但是，委托事项违法、委托人利用律师提供的服务从事违法活动或者委托人故意隐瞒与案件有关的重要事实的，律师有权拒绝辩护或者代理。

第三十三条 律师担任辩护人的，有权持律师执业证书、律师事务所证明和委托书或者法律援助公函，依照刑事诉讼法的规定会见在押或者被监视居住的犯罪嫌疑人、被告人。辩护律师会见犯罪嫌疑人、被告人时不被监听。

第三十四条 律师担任辩护人的，自人民检察院对案件审查起诉之日起，有权查阅、摘抄、复制本案的案卷材料。

第三十五条 受委托的律师根据案情的需要，可以申请人民检察院、人民法院收集、调取证据或者申请人民法院通知证人出庭作证。

律师自行调查取证的，凭律师执业证书和律师事务所证明，可以向有关单位或者个人调查与承办法律事务有关的情况。

第三十六条 律师担任诉讼代理人或者辩护人的，其辩论或者辩护的权利依法受到保障。

第三十七条 律师在执业活动中的人身权利不受侵犯。

律师在法庭上发表的代理、辩护意见不受法律追究。但是，发表危害国家安全、恶意诽谤他人、严重扰乱法庭秩序的言论除外。

律师在参与诉讼活动中涉嫌犯罪的，侦查机关应当及时通知其所在的律师事务所或者所属的律师协会；被依法拘留、逮捕的，侦查机关应当依照刑事诉讼法的规定通知该律师的家属。

第三十八条 律师应当保守在执业活动中知悉的国家秘密、商业秘密，不得泄露当事人的隐私。

律师对在执业活动中知悉的委托人和其他人不愿泄露的有关情况和信息，应当予以保密。但是，委托人或者其他人准备或者正在实施危害国家安全、公共安全以及严重危害他人人身安全的犯罪事实和信息除外。

第三十九条 律师不得在同一案件中为双方当事人担任代理人，不得代理与本人或者其近亲属有利益冲突的法律事务。

第四十条 律师在执业活动中不得有下列行为：

（一）私自接受委托、收取费用，接受委托人的财物或者其他利益；

（二）利用提供法律服务的便利牟取当事人争议的权益；

（三）接受对方当事人的财物或者其他利益，与对方当事人或者第三人恶意串通，侵害委托人的权益；

（四）违反规定会见法官、检察官、仲裁员以及其他有关工作人员；

（五）向法官、检察官、仲裁员以及其他有关工作人员行贿，介绍贿赂或者指使、诱导当事人行贿，或者以其他不正当方式影响法官、检察官、仲裁员以及其他有关工作人员依法办理案件；

（六）故意提供虚假证据或者威胁、利诱他人提供虚假证据，妨碍对方当事人合法取得证据；

（七）煽动、教唆当事人采取扰乱公共秩序、危害公共安全等非法手段解决争议；

（八）扰乱法庭、仲裁庭秩序，干扰诉讼、仲裁活动的正常进行。

第四十一条 曾经担任法官、检察官的律师，从人民法院、人民检察院离任后二年内，不得担任诉讼代理人或者辩护人。

第四十二条 律师、律师事务所应当按照国家规定履行法律援助义务，为受援人提供符合标准的法律服务，维护受援人的合法权益。

第五章 律师协会

第四十三条 律师协会是社会团体法人，是律师的自律性组织。

全国设立中华全国律师协会，省、自治区、直辖市设立地方律师协会，设区的市根据需要可以设立地方律师协会。

第四十四条 全国律师协会章程由全国会员代表大会制定，报国务院司法行政部门备案。

地方律师协会章程由地方会员代表大会制定，报同级司法行政部门备案。地方律师协会章程不得与全国律师协会章程相抵触。

第四十五条 律师、律师事务所应当加入所在地的地方律师协会。加入地方律师协会的律师、律师事务所，同时是全国律师协会的会员。

律师协会会员享有律师协会章程规定的权利，履行律师协会章程规定的义务。

第四十六条 律师协会应当履行下列职责：

（一）保障律师依法执业，维护律师的合法权益；

（二）总结、交流律师工作经验；

（三）制定行业规范和惩戒规则；

（四）组织律师业务培训和职业道德、执业纪律教育，对律师的执业活动进行考核；

（五）组织管理申请律师执业人员的实习活动，对实习人员进行考核；

（六）对律师、律师事务所实施奖励和惩戒；

（七）受理对律师的投诉或者举报，调解律师执业活动中发生的纠纷，受理律师的申诉；

（八）法律、行政法规、规章以及律师协会章程规定的其他职责。

律师协会制定的行业规范和惩戒规则，不得与有关法律、行政法规、规章相抵触。

第六章 法律责任

第四十七条 律师有下列行为之一的，由设区的市级或者直辖市的区人民政府司法行政部门给予警告，可以处五千元以下的罚款；有违法所得的，没收违法所得；情节严重的，给予停止执业三个月以下的处罚：

（一）同时在两个以上律师事务所执业的；

（二）以不正当手段承揽业务的；

（三）在同一案件中为双方当事人担任代理人，或者代理与本人及其近亲属有利益冲突的法律事务的；

（四）从人民法院、人民检察院离任后二年内担任诉讼代理人或者辩护人的；

（五）拒绝履行法律援助义务的。

第四十八条 律师有下列行为之一的，由设区的市级或者直辖市的区人民政府司法行政部门给予警告，可以处一万元以下的罚款；有违法所得的，没收违法所得；情节严重的，给予停止执业三个月以上六个月以下的处罚：

（一）私自接受委托、收取费用，接受委托人财物或者其他利益的；

（二）接受委托后，无正当理由，拒绝辩护或者代理，不按时出庭参加诉讼或者仲裁的；

（三）利用提供法律服务的便利牟取当事人争议的权益的；

（四）泄露商业秘密或者个人隐私的。

第四十九条 律师有下列行为之一的，由设区的市级或者直辖市的区人民政府司法行政部门给予停止执业六个月以上一年以下的处罚，可以处五万元以下的罚款；有违法所得的，没收违法所得；情节严重的，由省、自治区、直辖市人民政府司法行政部门吊销其律师执业证书；构成犯罪的，依法追究刑事责任：

（一）违反规定会见法官、检察官、仲裁员以及其他有关工作人员，或者以其他不正当方式影响依法办理案件的；

（二）向法官、检察官、仲裁员以及其他有关工作人员行贿，介绍贿赂或者指使、诱导当事人行贿的；

（三）向司法行政部门提供虚假材料或者有其他弄虚作假行为的；

（四）故意提供虚假证据或者威胁、利诱他人提供虚假证据，妨碍对方当事人合法取得证据的；

（五）接受对方当事人财物或者其他利益，与对方当事人或者第三人恶意串通，侵害委托人权益的；

（六）扰乱法庭、仲裁庭秩序，干扰诉讼、仲裁活动的正常进行的；

（七）煽动、教唆当事人采取扰乱公共秩序、危害公共安全等非法手段解决争议的；

（八）发表危害国家安全、恶意诽谤他人、严重扰乱法庭秩序的言论的；

（九）泄露国家秘密的。

律师因故意犯罪受到刑事处罚的，由省、自治区、直辖市人民政府司法行政部门吊销其律师执业证书。

第五十条 律师事务所有下列行为之一的，由设区的市级或者直辖市的区人民政府司法行政部门视其情节给予警告、停业整顿一个月以上六个月以下的处罚，可以处十万元以下的罚款；有违法所得的，没收违法所得；情节特别严重的，由省、自治区、直辖市人民政府司法行政部门吊销律师事务所执业证书：

（一）违反规定接受委托、收取费用的；

（二）违反法定程序办理变更名称、负责人、章程、合伙协议、住所、合伙人等重大事项的；

（三）从事法律服务以外的经营活动的；

（四）以诋毁其他律师事务所、律师或者支付介绍费等不正当手段承揽业务的；

（五）违反规定接受有利益冲突的案件的；

（六）拒绝履行法律援助义务的；

（七）向司法行政部门提供虚假材料或者有其他弄虚作假行为的；

（八）对本所律师疏于管理，造成严重后果的。

律师事务所因前款违法行为受到处罚的，对其负责人视情节轻重，给予警告或者处二万元以下的罚款。

第五十一条 律师因违反本法规定，在受到警告处罚后一年内又发生应当给予警告处罚情形的，由设区的市级或者直辖市的区人民政府司法行政部门给予停止执业三个月以上一年以下的处罚；在受到停止执业处罚期满后二年内又发生应当给予停止执业处罚情形的，由省、自治区、直辖市人民政府司法行政部门吊销其律师执业证书。

律师事务所因违反本法规定，在受到停业整顿处罚期满后二年内又发生应当给予停业整顿处罚情形的，由省、自治区、直辖市人民政府司法行政部门吊销律师事务所执业证书。

第五十二条 县级人民政府司法行政部门对律师和律师事务所的执业活动实施日常监督管理，对检查发现的问题，责令改正；对当事人的投诉，应当及时进行调查。县级人民政府司法行政部门认为律师和律师事务所的违法行为应当给予行政处罚的，应当向上级司法行政部门提出处罚建议。

第五十三条 受到六个月以上停止执业处罚的律师,处罚期满未逾三年的,不得担任合伙人。

被吊销律师执业证书的,不得担任辩护人、诉讼代理人,但系刑事诉讼、民事诉讼、行政诉讼当事人的监护人、近亲属的除外。

第五十四条 律师违法执业或者因过错给当事人造成损失的,由其所在的律师事务所承担赔偿责任。律师事务所赔偿后,可以向有故意或者重大过失行为的律师追偿。

第五十五条 没有取得律师执业证书的人员以律师名义从事法律服务业务的,由所在地的县级以上地方人民政府司法行政部门责令停止非法执业,没收违法所得,处违法所得一倍以上五倍以下的罚款。

第五十六条 司法行政部门工作人员违反本法规定,滥用职权、玩忽职守,构成犯罪的,依法追究刑事责任;尚不构成犯罪的,依法给予处分。

第七章 附 则

第五十七条 为军队提供法律服务的军队律师,其律师资格的取得和权利、义务及行为准则,适用本法规定。军队律师的具体管理办法,由国务院和中央军事委员会制定。

第五十八条 外国律师事务所在中华人民共和国境内设立机构从事法律服务活动的管理办法,由国务院制定。

第五十九条 律师收费办法,由国务院价格主管部门会同国务院司法行政部门制定。

第六十条 本法自2008年6月1日起施行。

中华人民共和国公证法

(2005年8月28日第十届全国人民代表大会常务委员会第十七次会议通过 根据2015年4月24日第十二届全国人民代表大会常务委员会第十四次会议《关于修改〈中华人民共和国义务教育法〉等五部法律的决定》第一次修正 根据2017年9月1日第十二届全国人民代表大会常务委员会第二十九次会议《关于修改〈中华人民共和国法官法〉等八部法律的决定》第二次修正)

第一章 总 则

第一条 为规范公证活动,保障公证机构和公证员依法履行职责,预防纠纷,保障自然人、法人或者其他组织的合法权益,制定本法。

第二条 公证是公证机构根据自然人、法人或者其他组织的申请,依照法定程序对民事法律行为、有法律意义的事实和文书的真实性、合法性予以证明的活动。

第三条 公证机构办理公证,应当遵守法律,坚持客观、公正的原则。

第四条 全国设立中国公证协会,省、自治区、直辖市设立地方公证协会。中国公证协会和地方公证协会是社会团体法人。中国公证协会章程由会员代表大会制定,报国务院司法行政部门备案。

公证协会是公证业的自律性组织,依据章程开展活动,对公证机构、公证员的执业活动进行监督。

第五条 司法行政部门依照本法规定对公证机构、公证员和公证协会进行监督、指导。

第二章 公证机构

第六条 公证机构是依法设立,不以营利为目的,依法独立行使公证职能、承担民事责任的证明机构。

第七条 公证机构按照统筹规划、合理布局的原则，可以在县、不设区的市、设区的市、直辖市或者市辖区设立；在设区的市、直辖市可以设立一个或者若干个公证机构。公证机构不按行政区划层层设立。

第八条 设立公证机构，应当具备下列条件：

（一）有自己的名称；

（二）有固定的场所；

（三）有二名以上公证员；

（四）有开展公证业务所必需的资金。

第九条 设立公证机构，由所在地的司法行政部门报省、自治区、直辖市人民政府司法行政部门按照规定程序批准后，颁发公证机构执业证书。

第十条 公证机构的负责人应当在有三年以上执业经历的公证员中推选产生，由所在地的司法行政部门核准，报省、自治区、直辖市人民政府司法行政部门备案。

第十一条 根据自然人、法人或者其他组织的申请，公证机构办理下列公证事项：

（一）合同；

（二）继承；

（三）委托、声明、赠与、遗嘱；

（四）财产分割；

（五）招标投标、拍卖；

（六）婚姻状况、亲属关系、收养关系；

（七）出生、生存、死亡、身份、经历、学历、学位、职务、职称、有无违法犯罪记录；

（八）公司章程；

（九）保全证据；

（十）文书上的签名、印鉴、日期，文书的副本、影印本与原本相符；

（十一）自然人、法人或者其他组织自愿申请办理的其他公证事项。

法律、行政法规规定应当公证的事项，有关自然人、法人或者其他组织应当向公证机构申请办理公证。

第十二条 根据自然人、法人或者其他组织的申请，公证机构可以办理下列事务：

（一）法律、行政法规规定由公证机构登记的事务；

（二）提存；

（三）保管遗嘱、遗产或者其他与公证事项有关的财产、物品、文书；

（四）代写与公证事项有关的法律事务文书；

（五）提供公证法律咨询。

第十三条 公证机构不得有下列行为：

（一）为不真实、不合法的事项出具公证书；

（二）毁损、篡改公证文书或者公证档案；

（三）以诋毁其他公证机构、公证员或者支付回扣、佣金等不正当手段争揽公证业务；

（四）泄露在执业活动中知悉的国家秘密、商业秘密或者个人隐私；

（五）违反规定的收费标准收取公证费；

（六）法律、法规、国务院司法行政部门规定禁止的其他行为。

第十四条 公证机构应当建立业务、财务、资产等管理制度，对公证员的执业行为进行监督，建立执业过错责任追究制度。

第十五条 公证机构应当参加公证执业责任保险。

第三章　公　证　员

第十六条　公证员是符合本法规定的条件，在公证机构从事公证业务的执业人员。

第十七条　公证员的数量根据公证业务需要确定。省、自治区、直辖市人民政府司法行政部门应当根据公证机构的设置情况和公证业务的需要核定公证员配备方案，报国务院司法行政部门备案。

第十八条　担任公证员，应当具备下列条件：

（一）具有中华人民共和国国籍；

（二）年龄二十五周岁以上六十五周岁以下；

（三）公道正派，遵纪守法，品行良好；

（四）通过国家统一法律职业资格考试取得法律职业资格；

（五）在公证机构实习二年以上或者具有三年以上其他法律职业经历并在公证机构实习一年以上，经考核合格。

第十九条　从事法学教学、研究工作，具有高级职称的人员，或者具有本科以上学历，从事审判、检察、法制工作、法律服务满十年的公务员、律师，已经离开原工作岗位，经考核合格的，可以担任公证员。

第二十条　有下列情形之一的，不得担任公证员：

（一）无民事行为能力或者限制民事行为能力的；

（二）因故意犯罪或者职务过失犯罪受过刑事处罚的；

（三）被开除公职的；

（四）被吊销公证员、律师执业证书的。

第二十一条　担任公证员，应当由符合公证员条件的人员提出申请，经公证机构推荐，由所在地的司法行政部门报省、自治区、直辖市人民政府司法行政部门审核同意后，报请国务院司法行政部门任命，并由省、自治区、直辖市人民政府司法行政部门颁发公证员执业证书。

第二十二条　公证员应当遵纪守法，恪守职业道德，依法履行公证职责，保守执业秘密。

公证员有权获得劳动报酬，享受保险和福利待遇；有权提出辞职、申诉或者控告；非因法定事由和非经法定程序，不被免职或者处罚。

第二十三条　公证员不得有下列行为：

（一）同时在二个以上公证机构执业；

（二）从事有报酬的其他职业；

（三）为本人及近亲属办理公证或者办理与本人及近亲属有利害关系的公证；

（四）私自出具公证书；

（五）为不真实、不合法的事项出具公证书；

（六）侵占、挪用公证费或者侵占、盗窃公证专用物品；

（七）毁损、篡改公证文书或者公证档案；

（八）泄露在执业活动中知悉的国家秘密、商业秘密或者个人隐私；

（九）法律、法规、国务院司法行政部门规定禁止的其他行为。

第二十四条　公证员有下列情形之一的，由所在地的司法行政部门报省、自治区、直辖市人民政府司法行政部门提请国务院司法行政部门予以免职：

（一）丧失中华人民共和国国籍的；

（二）年满六十五周岁或者因健康原因不能继续履行职务的；

（三）自愿辞去公证员职务的；

（四）被吊销公证员执业证书的。

第四章 公证程序

第二十五条 自然人、法人或者其他组织申请办理公证,可以向住所地、经常居住地、行为地或者事实发生地的公证机构提出。

申请办理涉及不动产的公证,应当向不动产所在地的公证机构提出;申请办理涉及不动产的委托、声明、赠与、遗嘱的公证,可以适用前款规定。

第二十六条 自然人、法人或者其他组织可以委托他人办理公证,但遗嘱、生存、收养关系等应当由本人办理公证的除外。

第二十七条 申请办理公证的当事人应当向公证机构如实说明申请公证事项的有关情况,提供真实、合法、充分的证明材料;提供的证明材料不充分的,公证机构可以要求补充。

公证机构受理公证申请后,应当告知当事人申请公证事项的法律意义和可能产生的法律后果,并将告知内容记录存档。

第二十八条 公证机构办理公证,应当根据不同公证事项的办证规则,分别审查下列事项:

(一)当事人的身份、申请办理该项公证的资格以及相应的权利;

(二)提供的文书内容是否完备,含义是否清晰,签名、印鉴是否齐全;

(三)提供的证明材料是否真实、合法、充分;

(四)申请公证的事项是否真实、合法。

第二十九条 公证机构对申请公证的事项以及当事人提供的证明材料,按照有关办证规则需要核实或者对其有疑义的,应当进行核实,或者委托异地公证机构代为核实,有关单位或者个人应当依法予以协助。

第三十条 公证机构经审查,认为申请提供的证明材料真实、合法、充分,申请公证的事项真实、合法的,应当自受理公证申请之日起十五个工作日内向当事人出具公证书。但是,因不可抗力、补充证明材料或者需要核实有关情况的,所需时间不计算在期限内。

第三十一条 有下列情形之一的,公证机构不予办理公证:

(一)无民事行为能力人或者限制民事行为能力人没有监护人代理申请办理公证的;

(二)当事人与申请公证的事项没有利害关系的;

(三)申请公证的事项属专业技术鉴定、评估事项的;

(四)当事人之间对申请公证的事项有争议的;

(五)当事人虚构、隐瞒事实,或者提供虚假证明材料的;

(六)当事人提供的证明材料不充分或者拒绝补充证明材料的;

(七)申请公证的事项不真实、不合法的;

(八)申请公证的事项违背社会公德的;

(九)当事人拒绝按照规定支付公证费的。

第三十二条 公证书应当按照国务院司法行政部门规定的格式制作,由公证员签名或者加盖签名章并加盖公证机构印章。公证书自出具之日起生效。

公证书应当使用全国通用的文字;在民族自治地方,根据当事人的要求,可以制作当地通用的民族文字文本。

第三十三条 公证书需要在国外使用,使用国要求先认证的,应当经中华人民共和国外交部或者外交部授权的机构和有关国家驻中华人民共和国使(领)馆认证。

第三十四条 当事人应当按照规定支付公证费。

对符合法律援助条件的当事人,公证机构应当按照规定减免公证费。

第三十五条 公证机构应当将公证文书分类立卷,归档保存。法律、行政法规规定应当公证的事项等重要的公证档案在公证机构保存期满,应当按照规定移交地方档案馆保管。

第五章 公证效力

第三十六条 经公证的民事法律行为、有法律意义的事实和文书,应当作为认定事实的根据,但有相反证据足以推翻该项公证的除外。

第三十七条 对经公证的以给付为内容并载明债务人愿意接受强制执行承诺的债权文书,债务人不履行或者履行不适当的,债权人可以依法向有管辖权的人民法院申请执行。

前款规定的债权文书确有错误的,人民法院裁定不予执行,并将裁定书送达双方当事人和公证机构。

第三十八条 法律、行政法规规定未经公证的事项不具有法律效力的,依照其规定。

第三十九条 当事人、公证事项的利害关系人认为公证书有错误的,可以向出具该公证书的公证机构提出复查。公证书的内容违法或者与事实不符的,公证机构应当撤销该公证书并予以公告,该公证书自始无效;公证书有其他错误的,公证机构应当予以更正。

第四十条 当事人、公证事项的利害关系人对公证书的内容有争议的,可以就该争议向人民法院提起民事诉讼。

第六章 法律责任

第四十一条 公证机构及其公证员有下列行为之一的,由省、自治区、直辖市或者设区的市人民政府司法行政部门给予警告;情节严重的,对公证机构处一万元以上五万元以下罚款,对公证员处一千元以上五千元以下罚款,并可以给予三个月以上六个月以下停止执业的处罚;有违法所得的,没收违法所得:

(一)以诋毁其他公证机构、公证员或者支付回扣、佣金等不正当手段争揽公证业务的;

(二)违反规定的收费标准收取公证费的;

(三)同时在二个以上公证机构执业的;

(四)从事有报酬的其他职业的;

(五)为本人及近亲属办理公证或者办理与本人及近亲属有利害关系的公证的;

(六)依照法律、行政法规的规定,应当给予处罚的其他行为。

第四十二条 公证机构及其公证员有下列行为之一的,由省、自治区、直辖市或者设区的市人民政府司法行政部门对公证机构给予警告,并处二万元以上十万元以下罚款,并可以给予一个月以上三个月以下停业整顿的处罚;对公证员给予警告,并处二千元以上一万元以下罚款,并可以给予三个月以上十二个月以下停止执业的处罚;有违法所得的,没收违法所得;情节严重的,由省、自治区、直辖市人民政府司法行政部门吊销公证员执业证书;构成犯罪的,依法追究刑事责任:

(一)私自出具公证书的;

(二)为不真实、不合法的事项出具公证书的;

(三)侵占、挪用公证费或者侵占、盗窃公证专用物品的;

(四)毁损、篡改公证文书或者公证档案的;

(五)泄露在执业活动中知悉的国家秘密、商业秘密或者个人隐私的;

(六)依照法律、行政法规的规定,应当给予处罚的其他行为。

因故意犯罪或者职务过失犯罪受刑事处罚的,应当吊销公证员执业证书。

被吊销公证员执业证书的,不得担任辩护人、诉讼代理人,但系刑事诉讼、民事诉讼、行政诉讼当事人的监护人、近亲属的除外。

第四十三条 公证机构及其公证员因过错给当事人、公证事项的利害关系人造成损失的,由公证机构承担相应的赔偿责任;公证机构赔偿后,可以向有故意或者重大过失的公证员追偿。

当事人、公证事项的利害关系人与公证机构因赔偿发生争议的,可以向人民法院提起民事诉讼。

第四十四条 当事人以及其他个人或者组织有下列行为之一,给他人造成损失的,依法承担民事责任;违反治安管理的,依法给予治安管理处罚;构成犯罪的,依法追究刑事责任:

(一)提供虚假证明材料,骗取公证书的;

(二)利用虚假公证书从事欺诈活动的;

(三)伪造、变造或者买卖伪造、变造的公证书、公证机构印章的。

第七章 附 则

第四十五条 中华人民共和国驻外使(领)馆可以依照本法的规定或者中华人民共和国缔结或者参加的国际条约的规定,办理公证。

第四十六条 公证费的收费标准由省、自治区、直辖市人民政府价格主管部门会同同级司法行政部门制定。

第四十七条 本法自2006年3月1日起施行。

法律援助条例

(2003年7月21日国务院令第385号公布 自2003年9月1日起施行)

第一章 总 则

第一条 为了保障经济困难的公民获得必要的法律服务,促进和规范法律援助工作,制定本条例。

第二条 符合本条例规定的公民,可以依照本条例获得法律咨询、代理、刑事辩护等无偿法律服务。

第三条 法律援助是政府的责任,县级以上人民政府应当采取积极措施推动法律援助工作,为法律援助提供财政支持,保障法律援助事业与经济、社会协调发展。

法律援助经费应当专款专用,接受财政、审计部门的监督。

第四条 国务院司法行政部门监督管理全国的法律援助工作。县级以上地方各级人民政府司法行政部门监督管理本行政区域的法律援助工作。

中华全国律师协会和地方律师协会应当按照律师协会章程对依据本条例实施的法律援助工作予以协助。

第五条 直辖市、设区的市或者县级人民政府司法行政部门根据需要确定本行政区域的法律援助机构。

法律援助机构负责受理、审查法律援助申请,指派或者安排人员为符合本条例规定的公民提供法律援助。

第六条 律师应当依照律师法和本条例的规定履行法律援助义务,为受援人提供符合标准的法律服务,依法维护受援人的合法权益,接受律师协会和司法行政部门的监督。

第七条 国家鼓励社会对法律援助活动提供捐助。

第八条 国家支持和鼓励社会团体、事业单位等社会组织利用自身资源为经济困难的公民提供法律援助。

第九条 对在法律援助工作中作出突出贡献的组织和个人,有关的人民政府、司法行政部门应当给予表彰、奖励。

第二章 法律援助范围

第十条 公民对下列需要代理的事项,因经济困难没有委托代理人的,可以向法律援助机构申请法律援助:

(一)依法请求国家赔偿的;

(二)请求给予社会保险待遇或者最低生活保障待遇的;

(三)请求发给抚恤金、救济金的;

(四)请求给付赡养费、抚养费、扶养费的;

(五)请求支付劳动报酬的;

(六)主张因见义勇为行为产生的民事权益的。

省、自治区、直辖市人民政府可以对前款规定以外的法律援助事项作出补充规定。

公民可以就本条第一款、第二款规定的事项向法律援助机构申请法律咨询。

第十一条 刑事诉讼中有下列情形之一的,公民可以向法律援助机构申请法律援助:

(一)犯罪嫌疑人在被侦查机关第一次讯问后或者采取强制措施之日起,因经济困难没有聘请律师的;

(二)公诉案件中的被害人及其法定代理人或者近亲属,自案件移送审查起诉之日起,因经济困难没有委托诉讼代理人的;

(三)自诉案件的自诉人及其法定代理人,自案件被人民法院受理之日起,因经济困难没有委托诉讼代理人的。

第十二条 公诉人出庭公诉的案件,被告人因经济困难或者其他原因没有委托辩护人,人民法院为被告人指定辩护时,法律援助机构应当提供法律援助。

被告人是盲、聋、哑人或者未成年人而没有委托辩护人的,或者被告人可能被判处死刑而没有委托辩护人的,人民法院为被告人指定辩护时,法律援助机构应当提供法律援助,无须对被告人进行经济状况的审查。

第十三条 本条例所称公民经济困难的标准,由省、自治区、直辖市人民政府根据本行政区域经济发展状况和法律援助事业的需要规定。

申请人住所地的经济困难标准与受理申请的法律援助机构所在地的经济困难标准不一致的,按照受理申请的法律援助机构所在地的经济困难标准执行。

第三章 法律援助申请和审查

第十四条 公民就本条例第十条所列事项申请法律援助,应当按照下列规定提出:

(一)请求国家赔偿的,向赔偿义务机关所在地的法律援助机构提出申请;

(二)请求给予社会保险待遇、最低生活保障待遇或者请求发给抚恤金、救济金的,向提供社会保险待遇、最低生活保障待遇或者发给抚恤金、救济金的义务机关所在地的法律援助机构提出申请;

(三)请求给付赡养费、抚养费、扶养费的,向给付赡养费、抚养费、扶养费的义务人住所地的法律援助机构提出申请;

(四)请求支付劳动报酬的,向支付劳动报酬的义务人住所地的法律援助机构提出申请;

(五)主张因见义勇为行为产生的民事权益的,向被请求人住所地的法律援助机构提出申请。

第十五条 本条例第十一条所列人员申请法律援助的,应当向审理案件的人民法院所在地的法律援助机构提出申请。被羁押的犯罪嫌疑人的申请由看守所在24小时内转交法律援助机构，申请法律援助所需提交的有关证件、证明材料由看守所通知申请人的法定代理人或者近亲属协助提供。

第十六条 申请人为无民事行为能力人或者限制民事行为能力人的，由其法定代理人代为提出申请。

无民事行为能力人或者限制民事行为能力人与其法定代理人之间发生诉讼或者因其他利益纠纷需要法律援助的，由与该争议事项无利害关系的其他法定代理人代为提出申请。

第十七条 公民申请代理、刑事辩护的法律援助应当提交下列证件、证明材料：

（一）身份证或者其他有效的身份证明，代理申请人还应当提交有代理权的证明；

（二）经济困难的证明；

（三）与所申请法律援助事项有关的案件材料。

申请应当采用书面形式，填写申请表；以书面形式提出申请确有困难的，可以口头申请，由法律援助机构工作人员或者代为转交申请的有关机构工作人员作书面记录。

第十八条 法律援助机构收到法律援助申请后，应当进行审查；认为申请人提交的证件、证明材料不齐全的，可以要求申请人作出必要的补充或者说明，申请人未按要求作出补充或者说明的，视为撤销申请；认为申请人提交的证件、证明材料需要查证的，由法律援助机构向有关机关、单位查证。

对符合法律援助条件的，法律援助机构应当及时决定提供法律援助；对不符合法律援助条件的，应当书面告知申请人理由。

第十九条 申请人对法律援助机构作出的不符合法律援助条件的通知有异议的，可以向确定该法律援助机构的司法行政部门提出，司法行政部门应当在收到异议之日起5个工作日内进行审查，经审查认为申请人符合法律援助条件的，应当以书面形式责令法律援助机构及时对该申请人提供法律援助。

第四章 法律援助实施

第二十条 由人民法院指定辩护的案件，人民法院在开庭10日前将指定辩护通知书和起诉书副本或者判决书副本送交其所在地的法律援助机构；人民法院不在其所在地审判的，可以将指定辩护通知书和起诉书副本或者判决书副本送交审判地的法律援助机构。

第二十一条 法律援助机构可以指派律师事务所安排律师或者安排本机构的工作人员办理法律援助案件；也可以根据其他社会组织的要求，安排其所属人员办理法律援助案件。对人民法院指定辩护的案件，法律援助机构应当在开庭3日前将确定的承办人员名单回复作出指定的人民法院。

第二十二条 办理法律援助案件的人员，应当遵守职业道德和执业纪律，提供法律援助不得收取任何财物。

第二十三条 办理法律援助案件的人员遇有下列情形之一的，应当向法律援助机构报告，法律援助机构经审查核实的，应当终止该项法律援助：

（一）受援人的经济收入状况发生变化，不再符合法律援助条件的；

（二）案件终止审理或者已被撤销的；

（三）受援人又自行委托律师或者其他代理人的；

（四）受援人要求终止法律援助的。

第二十四条 受指派办理法律援助案件的律师或者接受安排办理法律援助案件的社会组织人员在案件结案时，应当向法律援助机构提交有关的法律文书副本或者复印件以及结案报告等材料。

法律援助机构收到前款规定的结案材料后，应当向受指派办理法律援助案件的律师或者接受安排办理法律援助案件的社会组织人员支付法律援助办案补贴。

法律援助办案补贴的标准由省、自治区、直辖市人民政府司法行政部门会同同级财政部门，根据当地经济发展水平，参考法律援助机构办理各类法律援助案件的平均成本等因素核定，并可以根据需要调整。

第二十五条 法律援助机构对公民申请的法律咨询服务，应当即时办理；复杂疑难的，可以预约择时办理。

第五章 法律责任

第二十六条 法律援助机构及其工作人员有下列情形之一的，对直接负责的主管人员以及其他直接责任人员依法给予纪律处分：

（一）为不符合法律援助条件的人员提供法律援助，或者拒绝为符合法律援助条件的人员提供法律援助的；

（二）办理法律援助案件收取财物的；

（三）从事有偿法律服务的；

（四）侵占、私分、挪用法律援助经费的。

办理法律援助案件收取的财物，由司法行政部门责令退还；从事有偿法律服务的违法所得，由司法行政部门予以没收；侵占、私分、挪用法律援助经费的，由司法行政部门责令追回，情节严重，构成犯罪的，依法追究刑事责任。

第二十七条 律师事务所拒绝法律援助机构的指派，不安排本所律师办理法律援助案件的，由司法行政部门给予警告、责令改正；情节严重的，给予1个月以上3个月以下停业整顿的处罚。

第二十八条 律师有下列情形之一的，由司法行政部门给予警告、责令改正；情节严重的，给予1个月以上3个月以下停止执业的处罚：

（一）无正当理由拒绝接受、擅自终止法律援助案件的；

（二）办理法律援助案件收取财物的。

有前款第（二）项违法行为的，由司法行政部门责令退还违法所得的财物，可以并处所收财物价值1倍以上3倍以下的罚款。

第二十九条 律师办理法律援助案件违反职业道德和执业纪律的，按照律师法的规定予以处罚。

第三十条 司法行政部门工作人员在法律援助的监督管理工作中，有滥用职权、玩忽职守行为的，依法给予行政处分；情节严重，构成犯罪的，依法追究刑事责任。

第六章 附 则

第三十一条 本条例自2003年9月1日起施行。

◎ 司法解释及文件

全国人民代表大会常务委员会关于司法鉴定管理问题的决定

（2005年2月28日第十届全国人民代表大会常务委员会第十四次会议通过 根据2015年4月24日第十二届全国人民代表大会常务委员会第十四次会议《关于修改〈中华人民共和国义务教育法〉等五部法律的决定》修正）

为了加强对鉴定人和鉴定机构的管理，适应司法机关和公民、组织进行诉讼的需要，保障诉讼活动的顺利进行，特作如下决定：

一、司法鉴定是指在诉讼活动中鉴定人运用科学技术或者专门知识对诉讼涉及的专门性问题进行鉴别和判断并提供鉴定意见的活动。

二、国家对从事下列司法鉴定业务的鉴定人和鉴定机构实行登记管理制度:

(一)法医类鉴定;

(二)物证类鉴定;

(三)声像资料鉴定;

(四)根据诉讼需要由国务院司法行政部门商最高人民法院、最高人民检察院确定的其他应当对鉴定人和鉴定机构实行登记管理的鉴定事项。

法律对前款规定事项的鉴定人和鉴定机构的管理另有规定的,从其规定。

三、国务院司法行政部门主管全国鉴定人和鉴定机构的登记管理工作。省级人民政府司法行政部门依照本决定的规定,负责对鉴定人和鉴定机构的登记、名册编制和公告。

四、具备下列条件之一的人员,可以申请登记从事司法鉴定业务:

(一)具有与所申请从事的司法鉴定业务相关的高级专业技术职称;

(二)具有与所申请从事的司法鉴定业务相关的专业执业资格或者高等院校相关专业本科以上学历,从事相关工作五年以上;

(三)具有与所申请从事的司法鉴定业务相关工作十年以上经历,具有较强的专业技能。

因故意犯罪或者职务过失犯罪受过刑事处罚的,受过开除公职处分的,以及被撤销鉴定人登记的人员,不得从事司法鉴定业务。

五、法人或者其他组织申请从事司法鉴定业务的,应当具备下列条件:

(一)有明确的业务范围;

(二)有在业务范围内进行司法鉴定所必需的仪器、设备;

(三)有在业务范围内进行司法鉴定所必需的依法通过计量认证或者实验室认可的检测实验室;

(四)每项司法鉴定业务有三名以上鉴定人。

六、申请从事司法鉴定业务的个人、法人或者其他组织,由省级人民政府司法行政部门审核,对符合条件的予以登记,编入鉴定人和鉴定机构名册并公告。

省级人民政府司法行政部门应当根据鉴定人或者鉴定机构的增加和撤销登记情况,定期更新所编制的鉴定人和鉴定机构名册并公告。

七、侦查机关根据侦查工作的需要设立的鉴定机构,不得面向社会接受委托从事司法鉴定业务。

人民法院和司法行政部门不得设立鉴定机构。

八、各鉴定机构之间没有隶属关系;鉴定机构接受委托从事司法鉴定业务,不受地域范围的限制。

鉴定人应当在一个鉴定机构中从事司法鉴定业务。

九、在诉讼中,对本决定第二条所规定的鉴定事项发生争议,需要鉴定的,应当委托列入鉴定人名册的鉴定人进行鉴定。鉴定人从事司法鉴定业务,由所在的鉴定机构统一接受委托。

鉴定人和鉴定机构应当在鉴定人和鉴定机构名册注明的业务范围内从事司法鉴定业务。

鉴定人应当依照诉讼法律规定实行回避。

十、司法鉴定实行鉴定人负责制度。鉴定人应当独立进行鉴定,对鉴定意见负责并在鉴定书上签名或者盖章。多人参加的鉴定,对鉴定意见有不同意见的,应当注明。

十一、在诉讼中,当事人对鉴定意见有异议的,经人民法院依法通知,鉴定人应当出庭作证。

十二、鉴定人和鉴定机构从事司法鉴定业务,应当遵守法律、法规,遵守职业道德和职业纪律,尊重科学，遵守技术操作规范。

十三、鉴定人或者鉴定机构有违反本决定规定行为的，由省级人民政府司法行政部门予以警告，责令改正。

鉴定人或者鉴定机构有下列情形之一的，由省级人民政府司法行政部门给予停止从事司法鉴定业务三个月以上一年以下的处罚；情节严重的，撤销登记：

（一）因严重不负责任给当事人合法权益造成重大损失的；

（二）提供虚假证明文件或者采取其他欺诈手段，骗取登记的；

（三）经人民法院依法通知，拒绝出庭作证的；

（四）法律、行政法规规定的其他情形。

鉴定人故意作虚假鉴定，构成犯罪的，依法追究刑事责任；尚不构成犯罪的，依照前款规定处罚。

十四、司法行政部门在鉴定人和鉴定机构的登记管理工作中，应当严格依法办事，积极推进司法鉴定的规范化、法制化。对于滥用职权、玩忽职守，造成严重后果的直接责任人员，应当追究相应的法律责任。

十五、司法鉴定的收费标准由省、自治区、直辖市人民政府价格主管部门会同同级司法行政部门制定。

十六、对鉴定人和鉴定机构进行登记、名册编制和公告的具体办法，由国务院司法行政部门制定，报国务院批准。

十七、本决定下列用语的含义是：

（一）法医类鉴定，包括法医病理鉴定、法医临床鉴定、法医精神病鉴定、法医物证鉴定和法医毒物鉴定。

（二）物证类鉴定，包括文书鉴定、痕迹鉴定和微量鉴定。

（三）声像资料鉴定，包括对录音带、录像带、磁盘、光盘、图片等载体上记录的声音、图像信息的真实性、完整性及其所反映的情况过程进行的鉴定和对记录的声音、图像中的语言、人体、物体作出种类或者同一认定。

十八、本决定自2005年10月1日起施行。

中共中央办公厅、国务院办公厅《关于完善法律援助制度的意见》

（2015年6月29日　中办发〔2015〕37号）

法律援助是国家建立的保障经济困难公民和特殊案件当事人获得必要的法律咨询、代理、刑事辩护等无偿法律服务，维护当事人合法权益、维护法律正确实施、维护社会公平正义的一项重要法律制度。法律援助工作是一项重要的民生工程。近年来，各地认真贯彻《法律援助条例》，法律援助覆盖面逐步扩大，服务质量不断提高，制度建设积极推进，保障能力逐步增强，为保障和改善民生、促进社会公平正义发挥了积极作用。但是，与人民群众特别是困难群众日益增长的法律援助需求相比，法律援助工作还存在制度不够完善、保障机制不够健全、援助范围亟待扩大等问题。为认真落实中央关于全面推进依法治国的重大战略部署，进一步加强法律援助工作，完善中国特色社会主义法律援助制度，提出以下意见。

一、总体要求

（一）指导思想。以邓小平理论、“三个代表”重要思想、科学发展观为指导，认真贯彻党的十八大和十八届三中、四中全会精神,深入学习贯彻习近平总书记系列重要讲话精神,按照党中央、国务院决策部署,健全体制机制,坚持和完善党委政府领导、司法行政机关具体负责、有关部门协作配合、社会力量广泛参与的中国特色社会主义法律援助制度,紧紧围绕经济社会发展和人民群众实际需要,落实政府责任,不断扩大法律援助范围,提高援助质量,保证人民群众在遇到法律问题或者权利受到侵害时获得及时有效法律帮助。

(二)基本原则

——坚持以人为本。把维护人民群众合法权益作为出发点和落脚点,积极回应民生诉求,完善便民利民措施,推进公共法律服务体系建设,加强民生领域法律服务,努力为困难群众提供及时便利、优质高效的法律援助服务,将涉及困难群体的矛盾纠纷纳入法治化轨道解决,有效化解社会矛盾,维护社会和谐稳定。

——促进公平正义。把保障公平正义作为法律援助工作的首要价值追求,依法履行法律援助职责,扩大法律援助范围,使符合条件的公民都能获得法律援助,平等享受法律保护,努力让人民群众在每一个案件中都感受到公平正义。

——推进改革创新。立足基本国情,积极探索法律援助工作发展规律,创新工作理念、工作机制和方式方法,实现法律援助申请快捷化、审查简便化、服务零距离,不断提高法律援助工作规范化、制度化、法治化水平。

二、扩大法律援助范围

(三)扩大民事、行政法律援助覆盖面。各省(自治区、直辖市)要在《法律援助条例》规定的经济困难公民请求国家赔偿,给予社会保险待遇或者最低生活保障待遇,发给抚恤金、救济金,给付赡养费、抚养费、扶养费,支付劳动报酬等法律援助范围的基础上,逐步将涉及劳动保障、婚姻家庭、食品药品、教育医疗等与民生紧密相关的事项纳入法律援助补充事项范围,帮助困难群众运用法律手段解决基本生产生活方面的问题。探索建立法律援助参与申诉案件代理制度,开展试点,逐步将不服司法机关生效民事和行政裁判、决定,聘不起律师的申诉人纳入法律援助范围。综合法律援助资源状况、公民法律援助需求等因素,进一步放宽经济困难标准,降低法律援助门槛,使法律援助覆盖人群逐步拓展至低收入群体,惠及更多困难群众。认真组织办理困难群众就业、就学、就医、社会保障等领域涉及法律援助的案件,积极提供诉讼和非诉讼代理服务,重点做好农民工、下岗失业人员、妇女、未成年人、老年人、残疾人和军人军属等群体法律援助工作,切实维护其合法权益。

(四)加强刑事法律援助工作。注重发挥法律援助在人权司法保障中的作用,保障当事人合法权益。落实刑事诉讼法及相关配套法规制度关于法律援助范围的规定,畅通刑事法律援助申请渠道,加强司法行政机关与法院、检察院、公安机关等办案机关的工作衔接,完善被羁押犯罪嫌疑人、被告人经济困难证明制度,建立健全办案机关通知辩护工作机制,确保告知、转交申请、通知辩护(代理)等工作协调顺畅,切实履行侦查、审查起诉和审判阶段法律援助工作职责。开展试点,逐步开展为不服司法机关生效刑事裁判、决定的经济困难申诉人提供法律援助的工作。建立法律援助值班律师制度,法律援助机构在法院、看守所派驻法律援助值班律师。健全法律援助参与刑事案件速裁程序试点工作机制。建立法律援助参与刑事和解、死刑复核案件办理工作机制,依法为更多的刑事诉讼当事人提供法律援助。

(五)实现法律援助咨询服务全覆盖。建立健全法律援助便民服务窗口,安排专业人员免费为来访群众提供法律咨询。对咨询事项属于法律援助范围的,应当告知当事人申请程序,对疑难咨询事项实行预约解答。拓展基层服务网络,推进法律援助工作站点向城乡社区延伸,方便群众及时就近获得法律咨询。加强“12348”法律服务热线建设,有条件的地方开设针对农民工、妇女、未成年人、老年人等群体的维权专线,充分发挥解答法律咨询、宣传法律知识、指导群众依法维权的作用。创新咨询服务方式,运用网络平台和新兴传播工具,提高法律援助咨询服务的可及性。广泛开展公共法律教育，积极提供法律信息和帮助，引导群众依法表达合理诉求。

三、提高法律援助质量

（六）推进法律援助标准化建设。建立健全法律援助组织实施各环节业务规范。完善申请和受理审查工作制度，推进援务公开，规范法律援助机构审查职责范围和工作程序。改进案件指派工作制度，综合案件类型、法律援助人员专业特长、受援人意愿等因素，合理指派承办机构和人员。严格办理死刑、未成年人等案件承办人员资质条件，确保案件办理质量。探索办理跨行政区划法院、检察院受理、审理案件的指派机制。完善法律援助承办环节工作制度，规范法律咨询、非诉讼事项、诉讼事项办理流程，制定刑事、民事、行政法律援助案件质量标准。

（七）加强法律援助质量管理。认真履行法律援助组织实施职责，规范接待、受理、审查、指派等行为，严格执行法律援助事项范围和经济困难标准，使符合条件的公民都能及时获得法律援助。教育引导法律援助人员严格遵守法定程序和执业规范，提供符合标准的法律援助服务。根据案件不同类别组建法律援助专业服务团队，探索创新法律援助案件指派方式，对重大疑难案件实行集体讨论、全程跟踪、重点督办，提高案件办理专业化水平。完善服务质量监管机制，综合运用质量评估、庭审旁听、案卷检查、征询司法机关意见和受援人回访等措施强化案件质量管理。加大信息技术在法律援助流程管理、质量评估、业绩考核等方面的应用。逐步推行办案质量与办案补贴挂钩的差别案件补贴制度，根据案件办理质量确定不同级别发放标准，促进提高办案质量。完善法律援助投诉处理制度，进一步规范投诉事项范围、程序和处理反馈工作，提高投诉处理工作水平。

（八）完善法律援助便民服务机制。建立健全便民利民措施，加强长效机制建设，简化程序、手续，丰富服务内容。加强便民窗口规范化服务，优化服务环境、改进服务态度，推行服务承诺制、首问负责制、限时办结制、援务公开制，规范履行服务指引、法律咨询、申请受理、查询答疑等职责。拓宽申请渠道，发挥法律援助工作站、联络点贴近基层的优势，方便困难群众及时就近提出申请，在偏远地区和困难群众集中的地区设立流动工作站巡回受案。对有特殊困难的受援对象推行电话申请、上门受理等服务方式，逐步实行网上受理申请。简化审查程序，对城乡低保对象、特困供养人员等正在接受社会救助的对象和无固定生活来源的残疾人、老年人等特定群体，以及申请支付劳动报酬、工伤赔偿的农民工，免除经济困难审查；逐步建立法律援助对象动态数据库，提高审查效率；对情况紧急的案件可以先行受理，事后补办材料、手续；开辟法律援助“快速通道”，有条件的地方对未成年人、老年人、残疾人符合条件的申请实行当日受理、审查，并快速办理。加强军地法律援助服务网络建设，健全军人军属法律援助工作机制。建立完善法律援助异地协作机制，加强法律援助机构在转交申请、核实情况、调查取证、送达法律文书等环节的协助配合，方便受援人异地维护自身合法权益。延伸服务领域，注重对受援人进行人文关怀和心理疏导，完善法律援助与司法救助、社会救助工作衔接机制，提升服务效果。

四、提高法律援助保障能力

（九）完善经费保障体制。按照明确责任、分类负担、收支脱钩、全额保障的原则，完善法律援助经费保障体制，明确经费使用范围和保障标准，确保经费保障水平适应办案工作需要。中央财政要引导地方特别是中西部地区加大对法律援助经费的投入力度。省级财政要为法律援助提供经费支持，加大对经济欠发达地区的转移支付力度，提高经济欠发达地区的财政保障能力。市、县级财政要将法律援助经费全部纳入同级财政预算，根据地方财力和办案量合理安排经费。适当提高办案补贴标准并及时足额支付。建立动态调整机制，根据律师承办案件成本、基本劳务费用等因素及时调整补贴标准。鼓励社会对法律援助活动提供捐助，充分发挥法律援助基金会的资金募集作用。财政、审计等部门要加强对法律援助经费的绩效考核和监督，确保专款专用，提高经费使用效益。

（十）加强基础设施建设。加大法律援助基础设施建设投入力度，建设与服务困难群众工作需要相适应的服务设施，提高办公办案设施配备水平。鼓励支持地方加强临街一层便民服务窗口建设，合理划分功能区域，完善无障碍配套服务设施，满足接待群众需要。各地要支持法律援助工作站（点）建设，配备必要的工作和服务设施，方便困难群众就近获得法律援助。加强信息化建设，加大投入力度，改善基层信息基础设施，提升法律援助信息管理水平，实现集援务公开、咨询服务、网上审查、监督管理于一体的网上管理服务，实现与相关单位的信息共享和工作协同。

（十一）加强机构队伍建设。依托现有资源加强法律援助机构建设，配齐配强人员。把思想政治建设摆在突出位置，切实提高法律援助队伍思想政治素质和职业道德水平。探索法律援助队伍专业化、职业化发展模式，加强法律援助人才库建设，培养一批擅长办理法律援助案件的专业人员。加强教育培训工作，加大培训教材、师资、经费等投入，完善培训体系和工作机制，提高法律援助人员专业素质和服务能力。完善律师、基层法律服务工作者参与法律援助工作相关权益保障、政策扶持措施，调动律师、基层法律服务工作者等人员的积极性。加大政府购买法律援助服务力度，吸纳社会工作者参与法律援助，鼓励和支持人民团体、社会组织开展法律援助工作。多渠道解决律师资源短缺地区法律援助工作力量不足问题，充实县区法律援助机构办案人员，在农村注重发挥基层法律服务工作者的作用，加大力度调配优秀律师、大学生志愿者等服务力量支持律师资源短缺地区法律援助工作。深入开展法律援助志愿服务行动。

五、切实加强组织领导

（十二）加强组织领导。地方各级党委和政府要高度重视法律援助工作，将其纳入党的群众工作范围，纳入地方经济和社会发展总体规划、基本公共服务体系、为民办实事和民生工程，帮助解决工作中遇到的困难和问题。建立法律援助补充事项范围和经济困难标准动态调整机制，各省（自治区、直辖市）要根据本行政区域经济发展状况和法律援助工作需要，及时审查、调整补充事项范围和经济困难标准，促进法律援助事业与经济社会协调发展。建立法律援助责任履行情况考评机制、报告制度和督导检查制度，确保落实到位。发挥政府主导作用，鼓励和支持社会力量通过多种方式依法有序参与法律援助工作。推进法律援助立法工作，提高法治化水平。

（十三）强化监督管理和实施。各级司法行政机关是法律援助工作的监督管理部门，要健全管理体制，加强对法律援助机构执行法律法规和政策情况的监督，完善责任追究制度，确保法律援助机构和人员依法履行职责。加强《法律援助条例》配套规章制度建设，构建层次清晰、体系完备的制度体系。法律援助机构要切实履行组织实施职责，认真做好受理、审查、指派、支付办案补贴等工作，组织引导律师、基层法律服务工作者积极履行法律援助义务，律师每年应承办一定数量法律援助案件，建立健全律师事务所等法律服务机构和人员开展法律援助的考核评价机制。完善公证处、司法鉴定机构依法减免相关费用制度，并加强工作衔接。加强对人民团体、社会组织和志愿者从事法律援助服务的指导和规范，维护法律援助秩序。积极利用传统媒体和新兴媒体，扩大法律援助宣传的覆盖面，增强宣传效果。

（十四）加强部门协调配合。各有关部门和单位要根据本意见，研究提出落实措施。法院、检察院、公安机关要为法律援助办案工作提供必要支持，进一步完善民事诉讼和行政诉讼法律援助与诉讼费用减免缓制度的衔接机制，健全国家赔偿法律援助工作机制，完善刑事诉讼法律援助中法院、检察院、公安机关、司法行政机关的配合工作机制。发展改革、民政、财政、人力资源社会保障、国土资源、住房城乡建设、卫生计生、工商、档案等部门要按照职能分工，支持法律援助基层基础设施建设，落实经费保障，提供办案便利。各人民团体要充分利用自身优势参与做好法律援助工作。各有关部门和单位要形成工作合力，推动完善法律援助制度，更好地保障和改善民生。

最高人民法院关于审理涉及公证活动相关民事案件的若干规定

（2014 年 4 月 28 日最高人民法院审判委员会第 1614 次会议通过　2014 年 5 月 16 日最高人民法院公告公布　自 2014 年 6 月 6 日起施行　法释〔2014〕6 号）

为正确审理涉及公证活动相关民事案件，维护当事人的合法权益，根据《中华人民共和国民法通则》《中华人民共和国公证法》《中华人民共和国侵权责任法》《中华人民共和国民事诉讼法》等法律的规定，结合审判实践，制定本规定。

第一条　当事人、公证事项的利害关系人依照公证法第四十三条规定向人民法院起诉请求民事赔偿的，应当以公证机构为被告，人民法院应作为侵权责任纠纷案件受理。

第二条　当事人、公证事项的利害关系人起诉请求变更、撤销公证书或者确认公证书无效的，人民法院不予受理，告知其依照公证法第三十九条规定可以向出具公证书的公证机构提出复查。

第三条　当事人、公证事项的利害关系人对公证书所公证的民事权利义务有争议的，可以依照公证法第四十条规定就该争议向人民法院提起民事诉讼。

当事人、公证事项的利害关系人对具有强制执行效力的公证债权文书的民事权利义务有争议直接向人民法院提起民事诉讼的，人民法院依法不予受理。但是，公证债权文书被人民法院裁定不予执行的除外。

第四条　当事人、公证事项的利害关系人提供证据证明公证机构及其公证员在公证活动中具有下列情形之一的，人民法院应当认定公证机构有过错：

（一）为不真实、不合法的事项出具公证书的；

（二）毁损、篡改公证书或者公证档案的；

（三）泄露在执业活动中知悉的商业秘密或者个人隐私的；

（四）违反公证程序、办证规则以及国务院司法行政部门制定的行业规范出具公证书的；

（五）公证机构在公证过程中未尽到充分的审查、核实义务，致使公证书错误或者不真实的；

（六）对存在错误的公证书，经当事人、公证事项的利害关系人申请仍不予纠正或者补正的；

（七）其他违反法律、法规、国务院司法行政部门强制性规定的情形。

第五条　当事人提供虚假证明材料申请公证致使公证书错误造成他人损失的，当事人应当承担赔偿责任。公证机构依法尽到审查、核实义务的，不承担赔偿责任；未依法尽到审查、核实义务的，应当承担与其过错相应的补充赔偿责任；明知公证证明的材料虚假或者与当事人恶意串通的，承担连带赔偿责任。

第六条　当事人、公证事项的利害关系人明知公证机构所出具的公证书不真实、不合法而仍然使用造成自己损失，请求公证机构承担赔偿责任的，人民法院不予支持。

第七条　本规定施行后，涉及公证活动的民事案件尚未终审的，适用本规定；本规定施行前已经终审，当事人申请再审或者按照审判监督程序决定再审的，不适用本规定。

司法部关于进一步加强公证工作的意见

(2014年8月6日　司发〔2014〕12号)

各省、自治区、直辖市司法厅(局),新疆生产建设兵团司法局:

为推动公证工作适应新形势新任务发展的要求,切实满足经济社会发展和人民群众对公证服务的需求,现就进一步加强公证工作提出如下意见。

一、充分认识加强公证工作的重要性

1. 公证制度是我国社会主义法律制度体系的重要组成部分,是一项预防性的司法证明制度,具有服务、沟通、证明、监督等功能,在维护人民群众合法权益、保障民商事交易安全、维护市场经济秩序、创新社会治理等方面具有独特的职能优势和重要作用。

2. 党中央、国务院历来高度重视公证工作,近年来,对深化公证工作改革、健全公证制度、发挥公证在经济社会发展中的作用作出部署,提出明确要求,为公证事业发展指明了方向。各级司法行政机关、各地公证协会认真贯彻落实中央对公证工作的要求,深入贯彻实施《公证法》,大力拓展和规范公证法律服务,健全完善公证工作体制机制,加强公证工作管理,实现公证事业持续健康发展。

3. 当前,我国正处于全面建成小康社会的关键时期。深化经济体制改革,健全社会主义市场经济体制,对公证工作提出新要求;创新社会治理,推进国家治理体系和治理能力现代化,赋予公证工作新使命;深化司法体制改革,促进社会公平正义,对公证工作提出新期待;保障和改善民生,满足人民群众日益增长的公证服务需求,对公证工作提出新挑战。公证工作要积极适应形势和任务发展变化的要求,根据公证服务需求新特点新趋势,全面加强自身建设,充分发挥职能作用,为服务经济社会发展作出新贡献。

二、加强公证工作的总体要求

4. 指导思想。高举中国特色社会主义伟大旗帜,以邓小平理论、“三个代表”重要思想、科学发展观为指导,全面贯彻落实党的十八大和十八届三中全会精神,认真贯彻落实习近平总书记系列重要讲话精神和对司法行政工作的重要指示精神,坚持围绕中心、服务大局,坚持以人为本、执业为民,依法履行公证工作职责,进一步规范公证执业行为,切实加强公证工作管理,大力加强公证队伍建设,坚持和完善中国特色社会主义公证制度,推进公证事业全面发展,为促进经济社会发展、维护人民群众合法权益提供优质高效的公证法律服务。

5. 基本原则。

——坚持党对公证工作的领导,切实把党的路线方针政策贯彻落实到公证工作中,努力推动公证工作服务于党和国家工作大局,维护人民群众合法权益。

——坚持公证工作正确方向,坚持公证制度作为预防性司法证明制度的基本定位,坚持公证活动不以营利为目的的价值取向,按照立足基本国情、遵循公证工作规律的要求,健全完善中国特色社会主义公证制度。

——坚持依法规范,树立正确的公证执业理念,推进公证执业规范化、标准化、信息化,完善公证执业准入、考核、监督机制,加强公证质量监管,确保公证活动依法、客观、公正。

——坚持改革创新,着眼于拓展服务领域、发挥职能作用,完善制度设计、大胆探索实践,积极推动公证工作创新,以创新思维和改革的办法解决工作中的困难和问题,不断推动公证工作实现新发展。

——坚持分类指导,立足我国经济社会发展及公证业发展不平衡的实际情况,根据公证机构不同管理模式特点,实施分类指导,增强工作指导的针对性、有效性。

三、依法履行公证工作职责

6. 认真办理涉及经济活动的公证事项，促进社会主义市场经济健康发展。紧紧围绕使市场在资源配置中起决定性作用提供公证服务，促进劳动、知识、技术、管理、资本等要素自由有序流动、科学合理配置，推进完善现代市场体系。紧紧围绕完善宏观调控体系、调整经济结构、实施区域发展战略、深化重点领域改革、推进城镇化建设和国家及地方重大工程、重点项目提供公证服务，促进转变经济发展方式。积极为各类市场主体提供公证服务，规范交易行为，预防经营风险、维护市场主体的合法权益。积极做好涉及经济活动的公证服务，认真办理合同协议、招标投标、拍卖、提存、抵押登记、电子商务、公司事务等公证业务，促进和保障市场经济活动依法有序进行。

7. 认真办理涉及公民权利义务的公证事项，维护人民群众合法权益。坚持以人为本、执业为民，把全心全意为人民服务落实到公证工作的每一个环节，为人民群众提供热情、周到、方便、快捷的服务。积极做好涉及公民人身关系、财产关系、家庭关系的公证服务，认真办理婚姻、收养、遗嘱、继承、抚养、赡养、监护、劳务、财产分割等公证业务，为公民个人处置财产、确认权利、维护权益等提供公证法律服务。完善便民、利民、惠民的工作措施，推动建立为老、残、病、弱等当事人服务的绿色通道，健全对社会困难群体的减免公证收费政策，推动公证服务向城乡社区延伸，加快构建覆盖城乡基层的公证法律服务体系。

8. 认真办理涉及社会和谐稳定的公证事项，促进实现社会公平正义。充分发挥公证工作预防在先的特点和方便群众、贴近基层的优势，围绕土地承包、企业改制、土地征用、房屋拆迁、劳动关系、环境保护等社会矛盾易发多发领域，贴近人民群众就业就学、医疗养老、社会保障等民生利益诉求，提供及时、有效的公证服务，从源头上预防矛盾纠纷的发生。认真办理拆迁补偿安置、入学派位、彩票发行、保障房分配、医疗纠纷赔偿、小汽车摇号等公证业务，维护和保障人民群众的合法权益，促进社会和谐稳定，维护社会公平正义。

9. 认真办理涉外涉港澳台公证事项，促进对外开放与交流合作。积极适应经济全球化新形势下，国际国内要素有序自由流动、资源高效配置、市场深度融合的发展态势，努力为我国参与国际经济合作提供公证服务。认真办理合同协议、公司章程、营业执照、知识产权、法人资格、股权证书、票据拒绝、不可抗力、海损事故等公证业务，为我国企业及个人对外投资、招标投标、对外贸易、诉讼仲裁、承揽工程、劳务合作等提供服务。认真办理自由贸易区建设、密切内地（大陆）与港澳台经贸关系、内陆沿边开放涉及的各类公证业务，为促进自由贸易区建设、构建全方位开放新格局提供优质高效的公证法律服务。积极为人员往来提供公证服务，认真办理学历学位、职务职称、亲属关系、有无违法犯罪记录等公证业务，为公民个人出国出境考察学习、就业谋职、旅游探亲、继承财产提供服务。

四、规范公证执业行为

10. 树立正确的公证执业理念。教育引导广大公证员和公证管理人员牢固树立依法执业的理念，严格履行法定的公证职责，严格依照法律法规办理公证事务，严格遵守执业规范和标准，自觉维护宪法和法律的权威。牢固树立执业为民的理念，把维护人民群众合法权益作为公证工作的出发点和落脚点，坚持把人民群众满意作为检验公证工作成效的根本标准，全心全意做好服务群众的各项工作。牢固树立质量至上的理念，全面、准确把握提高公证质量和信誉的内涵和要求，将公证质量意识真正融入公证执业理念中，体现到公证服务和公证管理工作中。牢固树立诚信执业的理念，自觉加强以公信为重点的职业道德建设，切实维护公证公信、促进社会诚信，营造守信光荣、失信可耻的社会氛围。

11. 推进公证执业规范化、标准化、信息化建设。规范服务行为，优化工作流程，强化执业技能，提高办证效率，改善服务设施，全面提升公证服务品质，真正把优质高效的要求落到实处。规范服务秩序，鼓励和倡导公证机构通过提高公证质量和服务水平进行公平竞争，严禁以贬损其他公证机构及公证员或者支付回扣、佣金等不正当竞争手段争揽公证业务，形成良性竞争的执业秩序。规范和细化办证标准，进一步健全公证受理、审查核实、出证审批、立卷归档、争议处理、责任追究等各环节的工作标准和要求，完善操作规程，提高公证执业标准化水平。建立完善公证综合管理信息系统，积极推广应用信息化手段，逐步实现办证信息录入、办证流程控制、办证质量监管等在公证信息平台上统一操作、规范运行，对办证全过程进行跟踪监督，不断提高公证质量和工作效率。

12. 完善公证执业准入、考核、监督机制。强化对公证执业活动全过程监督，建立涵盖执业准入、日常监管、考核评价、奖励处罚等方面公证执业监管体系。健全执业准入制度，严把公证员队伍"入口关"。完善公证机构和公证员年度执业考核制度，对于年度考核连续不合格的公证员，探索淘汰退出机制。建立科学的行业评价指标体系，完善公证执业水平评价机制，实现有效监督。建立健全公证不良执业记录披露制度，及时在公证行业内并面向社会公布公证违法违规执业信息，形成重质量、讲公信的公证执业导向，使公证工作进一步取信于民、取信于社会。完善执业奖惩机制，健全公证执业惩戒的法规规章和行业规范，细化处罚依据，完善惩戒程序，依法依规惩处各类公证违法违纪行为。

五、加强公证工作管理

13. 完善公证工作管理体制。完善司法行政机关行政管理、公证协会行业管理、公证机构自我管理相结合的公证管理体系。完善"两结合"管理体制，司法行政机关要依法加强对公证工作的监督、指导，强化制定政策法规、行业规划、标准规范、执业监管和改善执业环境等职责；公证协会要强化行业自律管理，依法、依章程履行指导业务、规范执业、维护权益、行业惩戒等职责。建立健全司法行政机关公证工作管理机构与公证协会之间的重要决策会商、重要情况沟通、重要信息共享工作机制，提高公证管理工作水平。

14. 科学合理配置公证资源。坚持统筹规划、合理布局，继续依法做好公证机构设置、布局调整工作。以满足公证服务需求为导向，完善公证机构设置和公证员配备制度，形成动态调整机制。加大对公证资源不足地区政策扶持，通过考试、考核任职、选派公证员驻点执业、设立分支机构、开展公证行业志愿服务活动等方式，解决欠发达地区公证机构人员短缺问题。

15. 完善公证机构管理运行机制。继续贯彻落实2000年国务院批准的《关于深化公证工作改革的方案》和《公证法》，坚持行政体制公证机构改为事业体制的方向，坚持公证机构依法设立，不以营利为目的，依法独立行使公证职能、承担民事责任的属性定位。认真贯彻落实中央有关文件要求，积极做好事业体制公证机构分类工作。探索建立符合公证行业特点的法人治理结构，健全决策、执行和监督机制，提高公证机构自我管理、自我发展的能力。

16. 加强公证机构建设和管理。加强公证机构组织建设，做好对选任公证机构负责人的监督指导工作，强化公证机构及其负责人对本机构公证人员的管理责任，建立和完善公证机构岗位责任制，明确和落实公证机构内部各类人员的岗位责任。加强公证机构业务建设，建立健全公证机构内部学习培训制度，严格公证业务受理、审批、出证管理，加强公证业务质量监督，建立完善重大疑难公证事项会商机制，加强公证文书档案管理。加强公证机构制度建设，建立健全公证机构人员管理、业务管理、财务管理、收入分配、资产管理等内部管理制度。加强公证机构场所和基础设施建设，健全便民服务措施，更好满足公证工作发展需要和群众办证需求。

17. 加强公证工作管理力量建设。健全司法行政机关特别是市、县两级司法行政机关公证管理机构，选配公证管理人员，为依法全面履行指导监督职责提供有力保证。加强地方公证协会建设，充实办事机构人员力量，完善管理制度，健全议事规则，提高自律管理能力。加强公证管理队伍教育培训工作，全面提高管理人员综合素质，进一步增强依法履职的能力。

六、加强公证队伍建设

18. 提高公证队伍综合素质。按照习近平总书记提出的"政治过硬、业务过硬、责任过硬、纪律过硬、作风过硬"的要求，大力加强公证队伍职业化、专业化建设，努力建设一支信念坚定、执业为民、敢于担当、清正廉洁的高素质公证队伍。始终把思想政治建设放在首位,坚持用中国特色社会主义理论体系武装公证队伍,教育引导广大公证员进一步坚定中国特色社会主义的道路自信、理论自信、制度自信,牢固树立社会主义法治理念,积极践行社会主义核心价值观。加强业务素质建设,结合实际,开展多层次的业务培训、岗位练兵等,加强重点和新兴公证业务研究及经验交流,全面提高公证队伍的业务素质、岗位技能和执业水平。加强职业道德和执业纪律建设,引导广大公证员进一步增强大局观念、法治观念、诚信意识、责任意识,恪守职业道德和执业纪律,在执业活动中切实做到忠于法律、客观公正、诚信为民、勤勉尽责。

19. 充实和发展公证员队伍。坚持从通过国家司法考试人员中选拔、任命公证员,依法有序充实和发展公证员队伍。欠发达地区公证机构无法招录到通过国家司法考试人员的,可以按有关法律规定通过依法考核任职的方式补充公证员。建立健全申请公证执业人员实习管理制度,完善实习登记、培训管理、考核监督,确保新任公证员具备合格的品行操守、业务素质和执业能力。

20. 加强公证教育培训体系建设。完善公证教育培训管理制度,把公证员参加教育培训情况作为执业年度考核的一项重要内容,并记入执业档案。将公证人员教育培训纳入司法行政队伍教育培训总体规划,科学制定公证员教育中长期培训规划,统筹做好任职前培训、年度职业培训、专项培训等工作。完善全国公证员教育培训大纲,规范培训内容。实施公证人才培养工程,建立公证专业人才评价机制,加快推进公证队伍的职业化、专业化。

21. 加强公证行风建设。积极培育和弘扬公信为民的良好行业风尚,做到尽职履责、廉洁执业、热情服务。积极开展公证行业文明创建活动,大力表彰先进个人和先进集体,充分发挥先进典型的引领示范作用,树立公证行业良好社会形象。针对群众反映的公证服务中存在的突出问题,组织开展公证行业服务窗口整治活动。建立健全公证行业行风社会监督机制,加强对公证执业活动的社会监督。

七、加强公证工作领导

22. 完善公证业发展的保障政策。积极加强与有关部门沟通协调,推动出台促进公证业发展的政策措施,加大公证业发展的政策保障力度。探索建立公证机构更为灵活的人员和编制管理政策,实现公证员配备方案与事业单位编制管理相互衔接。结合公证行业特点制定公证机构绩效考核指导意见,建立健全符合公证服务属性、体现岗位绩效和分级分类管理的绩效工资制度。推动建立符合公证服务公益属性的税收政策,建立健全符合行业特点的公证机构会计核算制度。完善和落实公证从业人员社会保障政策,确保待遇水平平稳过渡、合理衔接,保持国家规定的待遇水平不降低。根据经济社会发展和公证业发展的要求,改革完善公证收费制度。

23. 改善公证执业环境。抓住国家立法及有关部门制定行政规章的契机,积极提出立法建议,推动确立法定公证事项,强化公证法律效力。会同有关部门切实解决公证机构在核实证明材料过程中遇到的困难和问题,加强公证执业权利保障。会同有关部门打击提供虚假材料骗取公证书违法行为,建立工作联动机制。健全和规范公证赔偿基金制度,完善公证执业保障机制。

24. 加强公证理论研究。着眼于完善中国特色社会主义公证制度,深入开展理论研究,加强事关顶层制度设计和公证业发展的战略性、全局性、前瞻性问题的研究,着力解决公证工作改革发展面临的重大问题,增强公证工作指导的科学性、有效性,推动工作发展。

25. 加强公证宣传工作。加大公证宣传力度,综合运用广播、电视、报刊、网站、微博、微信等多种形式,广泛宣传我国公证制度和公证工作,使广大人民群众进一步增强公证法律意识,更加自觉地在民商事活动和社会交往中运用公证手段实现和维护自身权益,为公证事业发展营造良好社会环境。

八、认真做好组织实施工作

26. 加强领导。加强和改进公证工作事关公证事业持续健康发展,涉及面广、任务繁重。各地司法行政机关要高度重视，切实履行工作职责，积极发挥职能作用，在当地党委、政府领导下，精心做好组织实施工作。在工作推进过程中，积极加强与有关部门的协调配合，确保各项工作顺利进行。

27. 稳步推进。各地司法行政机关根据本意见，结合本地实际情况，制定具体实施办法，细化工作要求，明确任务分工，明确路线图、时间表，落实工作责任制，确保各项工作任务落到实处。

最高人民法院、最高人民检察院、公安部、国家安全部、司法部关于发布《人体损伤程度鉴定标准》的公告

（2013 年 8 月 30 日　最高人民法院、最高人民检察院、公安部、国家安全部、司法部发布）

为进一步加强人身损伤程度鉴定标准化、规范化工作，现将《人体损伤程度鉴定标准》发布，自 2014 年 1 月 1 日起施行。《人体重伤鉴定标准》（司发［1990］070 号）、《人体轻伤鉴定标准（试行）》（法（司）发［1990］6 号）和《人体轻微伤的鉴定》（GA/T 146－1996）同时废止。

人体损伤程度鉴定标准

1 范围

本标准规定了人体损伤程度鉴定的原则、方法、内容和等级划分。

本标准适用于《中华人民共和国刑法》及其他法律、法规所涉及的人体损伤程度鉴定。

2 规范性引用文件

下列文件对于本文件的应用是必不可少的。本标准引用文件的最新版本适用于本标准。

GB 18667 道路交通事故受伤人员伤残评定

GB/T 16180 劳动能力鉴定 职工工伤与职业病致残等级

GB/T 26341－2010 残疾人残疾分类和分级

3 术语和定义

3.1 重伤

使人肢体残废、毁人容貌、丧失听觉、丧失视觉、丧失其他器官功能或者其他对于人身健康有重大伤害的损伤，包括重伤一级和重伤二级。

3.2 轻伤

使人肢体或者容貌损害，听觉、视觉或者其他器官功能部分障碍或者其他对于人身健康有中度伤害的损伤，包括轻伤一级和轻伤二级。

3.3 轻微伤

各种致伤因素所致的原发性损伤，造成组织器官结构轻微损害或者轻微功能障碍。

4 总则

4.1 鉴定原则

4.1.1 遵循实事求是的原则,坚持以致伤因素对人体直接造成的原发性损伤及由损伤引起的并发症或者后遗症为依据,全面分析,综合鉴定。

4.1.2 对于以原发性损伤及其并发症作为鉴定依据的,鉴定时应以损伤当时伤情为主,损伤的后果为辅,综合鉴定。

4.1.3 对于以容貌损害或者组织器官功能障碍作为鉴定依据的,鉴定时应以损伤的后果为主,损伤当时伤情为辅,综合鉴定。

4.2 鉴定时机

4.2.1 以原发性损伤为主要鉴定依据的,伤后即可进行鉴定;以损伤所致的并发症为主要鉴定依据的,在伤情稳定后进行鉴定。

4.2.2 以容貌损害或者组织器官功能障碍为主要鉴定依据的,在损伤 90 日后进行鉴定;在特殊情况下可以根据原发性损伤及其并发症出具鉴定意见,但须对有可能出现的后遗症加以说明,必要时应进行复检并予以补充鉴定。

4.2.3 疑难、复杂的损伤,在临床治疗终结或者伤情稳定后进行鉴定。

4.3 伤病关系处理原则

4.3.1 损伤为主要作用的,既往伤/病为次要或者轻微作用的,应依据本标准相应条款进行鉴定。

4.3.2 损伤与既往伤/病共同作用的,即二者作用相当的,应依据本标准相应条款适度降低损伤程度等级,即等级为重伤一级和重伤二级的,可视具体情况鉴定为轻伤一级或者轻伤二级,等级为轻伤一级和轻伤二级的,均鉴定为轻微伤。

4.3.3 既往伤/病为主要作用的,即损伤为次要或者轻微作用的,不宜进行损伤程度鉴定,只说明因果关系。

5 损伤程度分级

5.1 颅脑、脊髓损伤

5.1.1 重伤一级

a)植物生存状态。

b)四肢瘫(三肢以上肌力 3 级以下)。

c)偏瘫、截瘫(肌力 2 级以下),伴大便、小便失禁。

d)非肢体瘫的运动障碍(重度)。

e)重度智能减退或者器质性精神障碍,生活完全不能自理。

5.1.2 重伤二级

a)头皮缺损面积累计 75.0cm^2 以上。

b)开放性颅骨骨折伴硬脑膜破裂。

c)颅骨凹陷性或者粉碎性骨折,出现脑受压症状和体征,须手术治疗。

d)颅底骨折,伴脑脊液漏持续 4 周以上。

e)颅底骨折,伴面神经或者听神经损伤引起相应神经功能障碍。

f)外伤性蛛网膜下腔出血,伴神经系统症状和体征。

g)脑挫(裂)伤,伴神经系统症状和体征。

h)颅内出血,伴脑受压症状和体征。

i)外伤性脑梗死,伴神经系统症状和体征。

j)外伤性脑脓肿。

k)外伤性脑动脉瘤,须手术治疗。

l)外伤性迟发性癫痫。

m)外伤性脑积水,须手术治疗。

n)外伤性颈动脉海绵窦瘘。

o)外伤性下丘脑综合征。

p)外伤性尿崩症。

q)单肢瘫(肌力3级以下)。

r)脊髓损伤致重度肛门失禁或者重度排尿障碍。

5.1.3 轻伤一级

a)头皮创口或者瘢痕长度累计20.0cm以上。

b)头皮撕脱伤面积累计50.0cm^2 以上;头皮缺损面积累计24.0cm^2 以上。

c)颅骨凹陷性或者粉碎性骨折。

d)颅底骨折伴脑脊液漏。

e)脑挫(裂)伤;颅内出血;慢性颅内血肿;外伤性硬脑膜下积液。

f)外伤性脑积水;外伤性颅内动脉瘤;外伤性脑梗死;外伤性颅内低压综合征。

g)脊髓损伤致排便或者排尿功能障碍(轻度)。

h)脊髓挫裂伤。

5.1.4 轻伤二级

a)头皮创口或者瘢痕长度累计8.0cm以上。

b)头皮撕脱伤面积累计20.0cm^2 以上;头皮缺损面积累计10.0cm^2 以上。

c)帽状腱膜下血肿范围50.0cm^2 以上。

d)颅骨骨折。

e)外伤性蛛网膜下腔出血。

f)脑神经损伤引起相应神经功能障碍。

5.1.5 轻微伤

a)头部外伤后伴有神经症状。

b)头皮擦伤面积5.0cm^2 以上;头皮挫伤;头皮下血肿。

c)头皮创口或者瘢痕。

5.2 面部、耳廓损伤

5.2.1 重伤一级

a)容貌毁损(重度)。

5.2.2 重伤二级

a)面部条状瘢痕(50%以上位于中心区),单条长度10.0cm以上,或者两条以上长度累计15.0cm以上。

b)面部块状瘢痕(50%以上位于中心区),单块面积6.0cm^2 以上,或者两块以上面积累计10.0cm^2 以上。

c)面部片状细小瘢痕或者显著色素异常,面积累计达面部30%。

d)一侧眼球萎缩或者缺失。

e)眼睑缺失相当于一侧上眼睑1/2以上。

f)一侧眼睑重度外翻或者双侧眼睑中度外翻。

g)一侧上睑下垂完全覆盖瞳孔。

h)一侧眼眶骨折致眼球内陷0.5cm以上。

i)一侧鼻泪管和内眦韧带断裂。

j)鼻部离断或者缺损30%以上。

k)耳廓离断、缺损或者挛缩畸形累计相当于一侧耳廓面积50%以上。

l)口唇离断或者缺损致牙齿外露3枚以上。

m)舌体离断或者缺损达舌系带。

n)牙齿脱落或者牙折共7枚以上。

o)损伤致张口困难Ⅲ度。

p)面神经损伤致一侧面肌大部分瘫痪,遗留眼睑闭合不全和口角歪斜。

q)容貌毁损(轻度)。

5.2.3 轻伤一级

a)面部单个创口或者瘢痕长度6.0cm以上;多个创口或者瘢痕长度累计10.0cm以上。

b)面部块状瘢痕,单块面积4.0cm^{2}以上;多块面积累计7.0cm^{2}以上。

c)面部片状细小瘢痕或者明显色素异常,面积累计30.0cm^{2}以上。

d)眼睑缺失相当于一侧上眼睑1/4以上。

e)一侧眼睑中度外翻;双侧眼睑轻度外翻。

f)一侧上眼睑下垂覆盖瞳孔超过1/2。

g)两处以上不同眶壁骨折;一侧眶壁骨折致眼球内陷0.2cm以上。

h)双侧泪器损伤伴溢泪。

i)一侧鼻泪管断裂;一侧内眦韧带断裂。

j)耳廓离断、缺损或者挛缩畸形累计相当于一侧耳廓面积30%以上。

k)鼻部离断或者缺损15%以上。

l)口唇离断或者缺损致牙齿外露1枚以上。

m)牙齿脱落或者牙折共4枚以上。

n)损伤致张口困难Ⅱ度。

o)腮腺总导管完全断裂。

p)面神经损伤致一侧面肌部分瘫痪,遗留眼睑闭合不全或者口角歪斜。

5.2.4 轻伤二级

a)面部单个创口或者瘢痕长度4.5cm以上;多个创口或者瘢痕长度累计6.0cm以上。

b)面颊穿透创,皮肤创口或者瘢痕长度1.0cm以上。

c)口唇全层裂创,皮肤创口或者瘢痕长度1.0cm以上。

d)面部块状瘢痕,单块面积3.0cm^{2}以上或多块面积累计5.0cm^{2}以上。

e)面部片状细小瘢痕或者色素异常,面积累计8.0cm^{2}以上。

f)眶壁骨折(单纯眶内壁骨折除外)。

g)眼睑缺损。

h)一侧眼睑轻度外翻。

i)一侧上眼睑下垂覆盖瞳孔。

j)一侧眼睑闭合不全。

k)一侧泪器损伤伴溢泪。

l)耳廓创口或者瘢痕长度累计6.0cm以上。

m)耳廓离断、缺损或者挛缩畸形累计相当于一侧耳廓面积15%以上。

n)鼻尖或者一侧鼻翼缺损。

o)鼻骨粉碎性骨折;双侧鼻骨骨折;鼻骨骨折合并上颌骨额突骨折;鼻骨骨折合并鼻中隔骨折;双侧上颌骨额突骨折。

p)舌缺损。

q)牙齿脱落或者牙折2枚以上。

r)腮腺、颌下腺或者舌下腺实质性损伤。

s)损伤致张口困难Ⅰ度。

t)颌骨骨折(牙槽突骨折及一侧上颌骨额突骨折除外)。

u)颧骨骨折。

5.2.5 轻微伤

a)面部软组织创。

b)面部损伤留有瘢痕或者色素改变。

c)面部皮肤擦伤,面积2.0cm^{2}以上;面部软组织挫伤;面部划伤4.0cm以上。

d)眶内壁骨折。

e)眼部挫伤;眼部外伤后影响外观。

f)耳廓创。

g)鼻骨骨折;鼻出血。

h)上颌骨额突骨折。

i)口腔粘膜破损;舌损伤。

j)牙齿脱落或者缺损;牙槽突骨折;牙齿松动2枚以上或者Ⅲ度松动1枚以上。

5.3 听器听力损伤

5.3.1 重伤一级

a)双耳听力障碍(≥91dB HL)。

5.3.2 重伤二级

a)一耳听力障碍(≥91dB HL)。

b)一耳听力障碍(≥81dB HL),另一耳听力障碍(≥41dB HL)。

c)一耳听力障碍(≥81dB HL),伴同侧前庭平衡功能障碍。

d)双耳听力障碍(≥61dB HL)。

e)双侧前庭平衡功能丧失,睁眼行走困难,不能并足站立。

5.3.3 轻伤一级

a)双耳听力障碍(≥41dB HL)。

b)双耳外耳道闭锁。

5.3.4 轻伤二级

a)外伤性鼓膜穿孔6周不能自行愈合。

b)听骨骨折或者脱位;听骨链固定。

c)一耳听力障碍(≥41dB HL)。

d)一侧前庭平衡功能障碍,伴同侧听力减退。

e)一耳外耳道横截面1/2以上狭窄。

5.3.5 轻微伤

a)外伤性鼓膜穿孔。

b)鼓室积血。

c)外伤后听力减退。

5.4 视器视力损伤

5.4.1 重伤一级

a)一眼眼球萎缩或者缺失,另一眼盲目3级。

b)一眼视野完全缺损,另一眼视野半径20°以下(视野有效值32%以下)。

c)双眼盲目4级。

5.4.2 重伤二级

a)一眼盲目3级。

b)一眼重度视力损害,另一眼中度视力损害。

c)一眼视野半径10°以下(视野有效值16%以下)。

d)双眼偏盲;双眼残留视野半径30°以下(视野有效值48%以下)。

5.4.3 轻伤一级

a)外伤性青光眼,经治疗难以控制眼压。

b)一眼虹膜完全缺损。

c)一眼重度视力损害;双眼中度视力损害。

d)一眼视野半径30°以下(视野有效值48%以下);双眼视野半径50°以下(视野有效值80%以下)。

5.4.4 轻伤二级

a)眼球穿通伤或者眼球破裂伤;前房出血须手术治疗;房角后退;虹膜根部离断或者虹膜缺损超过1个象限;睫状体脱离;晶状体脱位;玻璃体积血;外伤性视网膜脱离;外伤性视网膜出血;外伤性黄斑裂孔;外伤性脉络膜脱离。

b)角膜斑翳或者血管翳;外伤性白内障;外伤性低眼压;外伤性青光眼。

c)瞳孔括约肌损伤致瞳孔显著变形或者瞳孔散大(直径0.6cm以上)。

d)斜视;复视。

e)睑球粘连。

f)一眼矫正视力减退至0.5以下(或者较伤前视力下降0.3以上);双眼矫正视力减退至0.7以下(或者较伤前视力下降0.2以上);原单眼中度以上视力损害者,伤后视力降低一个级别。

g)一眼视野半径50°以下(视野有效值80%以下)。

5.4.5 轻微伤

a)眼球损伤影响视力。

5.5 颈部损伤

5.5.1 重伤一级

a)颈部大血管破裂。

b)咽喉部广泛毁损,呼吸完全依赖气管套管或者造口。

c)咽或者食管广泛毁损,进食完全依赖胃管或者造口。

5.5.2 重伤二级

a)甲状旁腺功能低下(重度)。

b)甲状腺功能低下,药物依赖。

c)咽部、咽后区、喉或者气管穿孔。

d)咽喉或者颈部气管损伤,遗留呼吸困难(3级)。

e)咽或者食管损伤,遗留吞咽功能障碍(只能进流食)。

f)喉损伤遗留发声障碍(重度)。

g)颈内动脉血栓形成,血管腔狭窄(50%以上)。

h)颈总动脉血栓形成,血管腔狭窄(25%以上)。

i)颈前三角区增生瘢痕,面积累计 30.0cm^2 以上。

5.5.3 轻伤一级

a)颈前部单个创口或者瘢痕长度 10.0cm 以上;多个创口或者瘢痕长度累计 16.0cm 以上。

b)颈前三角区瘢痕,单块面积 10.0cm^2 以上;多块面积累计 12.0cm^2 以上。

c)咽喉部损伤遗留发声或者构音障碍。

d)咽或者食管损伤,遗留吞咽功能障碍(只能进半流食)。

e)颈总动脉血栓形成;颈内动脉血栓形成;颈外动脉血栓形成;椎动脉血栓形成。

5.5.4 轻伤二级

a)颈前部单个创口或者瘢痕长度 5.0cm 以上;多个创口或者瘢痕长度累计 8.0cm 以上。

b)颈前部瘢痕,单块面积 4.0cm^2 以上,或者两块以上面积累计 6.0cm^2 以上。

c)甲状腺挫裂伤。

d)咽喉软骨骨折。

e)喉或者气管损伤。

f)舌骨骨折。

g)膈神经损伤。

h)颈部损伤出现窒息征象。

5.5.5 轻微伤

a)颈部创口或者瘢痕长度 1.0cm 以上。

b)颈部擦伤面积 4.0cm^2 以上。

c)颈部挫伤面积 2.0cm^2 以上。

d)颈部划伤长度 5.0cm 以上。

5.6 胸部损伤

5.6.1 重伤一级

a)心脏损伤,遗留心功能不全(心功能 IV 级)。

b)肺损伤致一侧全肺切除或者双肺三肺叶切除。

5.6.2 重伤二级

a)心脏损伤,遗留心功能不全(心功能 III 级)。

b)心脏破裂;心包破裂。

c)女性双侧乳房损伤,完全丧失哺乳功能;女性一侧乳房大部分缺失。

d)纵隔血肿或者气肿,须手术治疗。

e)气管或者支气管破裂,须手术治疗。

f)肺破裂,须手术治疗。

g)血胸、气胸或者血气胸,伴一侧肺萎陷 70%以上,或者双侧肺萎陷均在 50%以上。

h)食管穿孔或者全层破裂,须手术治疗。

i)脓胸或者肺脓肿;乳糜胸;支气管胸膜瘘;食管胸膜瘘;食管支气管瘘。

j)胸腔大血管破裂。

k)膈肌破裂。

5.6.3 轻伤一级

a)心脏挫伤致心包积血。

b)女性一侧乳房损伤,丧失哺乳功能。

c)肋骨骨折 6 处以上。

d)纵隔血肿;纵隔气肿。
e)血胸、气胸或者血气胸,伴一侧肺萎陷30%以上,或者双侧肺萎陷均在20%以上。
f)食管挫裂伤。
5.6.4 轻伤二级
a)女性一侧乳房部分缺失或者乳腺导管损伤。
b)肋骨骨折2处以上。
c)胸骨骨折;锁骨骨折;肩胛骨骨折。
d)胸锁关节脱位;肩锁关节脱位。
e)胸部损伤,致皮下气肿1周不能自行吸收。
f)胸腔积血;胸腔积气。
g)胸壁穿透创。
h)胸部挤压出现窒息征象。
5.6.5 轻微伤
a)肋骨骨折;肋软骨骨折。
b)女性乳房擦挫伤。
5.7 腹部损伤
5.7.1 重伤一级
a)肝功能损害(重度)。
b)胃肠道损伤致消化吸收功能严重障碍,依赖肠外营养。
c)肾功能不全(尿毒症期)。
5.7.2 重伤二级
a)腹腔大血管破裂。
b)胃、肠、胆囊或者胆道全层破裂,须手术治疗。
c)肝、脾、胰或者肾破裂,须手术治疗。
d)输尿管损伤致尿外渗,须手术治疗。
e)腹部损伤致肠瘘或者尿瘘。
f)腹部损伤引起弥漫性腹膜炎或者感染性休克。
g)肾周血肿或者肾包膜下血肿,须手术治疗。
h)肾功能不全(失代偿期)。
i)肾损伤致肾性高血压。
j)外伤性肾积水;外伤性肾动脉瘤;外伤性肾动静脉瘘。
k)腹腔积血或者腹膜后血肿,须手术治疗。
5.7.3 轻伤一级
a)胃、肠、胆囊或者胆道非全层破裂。
b)肝包膜破裂;肝脏实质内血肿直径2.0cm以上。
c)脾包膜破裂;脾实质内血肿直径2.0cm以上。
d)胰腺包膜破裂。
e)肾功能不全(代偿期)。
5.7.4 轻伤二级
a)胃、肠、胆囊或者胆道挫伤。
b)肝包膜下或者实质内出血。
c)脾包膜下或者实质内出血。

d)胰腺挫伤。
e)肾包膜下或者实质内出血。
f)肝功能损害(轻度)。
g)急性肾功能障碍(可恢复)。
h)腹腔积血或者腹膜后血肿。
i)腹壁穿透创。
5.7.5 轻微伤
a)外伤性血尿。
5.8 盆部及会阴损伤
5.8.1 重伤一级
a)阴茎及睾丸全部缺失。
b)子宫及卵巢全部缺失。
5.8.2 重伤二级
a)骨盆骨折畸形愈合,致双下肢相对长度相差5.0cm以上。
b)骨盆不稳定性骨折,须手术治疗。
c)直肠破裂,须手术治疗。
d)肛管损伤致大便失禁或者肛管重度狭窄,须手术治疗。
e)膀胱破裂,须手术治疗。
f)后尿道破裂,须手术治疗。
g)尿道损伤致重度狭窄。
h)损伤致早产或者死胎;损伤致胎盘早期剥离或者流产,合并轻度休克。
i)子宫破裂,须手术治疗。
j)卵巢或者输卵管破裂,须手术治疗。
k)阴道重度狭窄。
l)幼女阴道II度撕裂伤。
m)女性会阴或者阴道III度撕裂伤。
n)龟头缺失达冠状沟。
o)阴囊皮肤撕脱伤面积占阴囊皮肤面积50%以上。
p)双侧睾丸损伤,丧失生育能力。
q)双侧附睾或者输精管损伤,丧失生育能力。
r)直肠阴道瘘;膀胱阴道瘘;直肠膀胱瘘。
s)重度排尿障碍。
5.8.3 轻伤一级
a)骨盆2处以上骨折;骨盆骨折畸形愈合;髋臼骨折。
b)前尿道破裂,须手术治疗。
c)输尿管狭窄。
d)一侧卵巢缺失或者萎缩。
e)阴道轻度狭窄。
f)龟头缺失1/2以上。
g)阴囊皮肤撕脱伤面积占阴囊皮肤面积30%以上。
h)一侧睾丸或者附睾缺失;一侧睾丸或者附睾萎缩。
5.8.4 轻伤二级

a)骨盆骨折。
b)直肠或者肛管挫裂伤。
c)一侧输尿管挫裂伤;膀胱挫裂伤;尿道挫裂伤。
d)子宫挫裂伤;一侧卵巢或者输卵管挫裂伤。
e)阴道撕裂伤。
f)女性外阴皮肤创口或者瘢痕长度累计 4.0cm 以上。
g)龟头部分缺损。
h)阴茎撕脱伤;阴茎皮肤创口或者瘢痕长度 2.0cm 以上;阴茎海绵体出血并形成硬结。
i)阴囊壁贯通创;阴囊皮肤创口或者瘢痕长度累计 4.0cm 以上;阴囊内积血,2 周内未完全吸收。
j)一侧睾丸破裂、血肿、脱位或者扭转。
k)一侧输精管破裂。
l)轻度肛门失禁或者轻度肛门狭窄。
m)轻度排尿障碍。
n)外伤性难免流产;外伤性胎盘早剥。
5.8.5 轻微伤
a)会阴部软组织挫伤。
b)会阴创;阴囊创;阴茎创。
c)阴囊皮肤挫伤。
d)睾丸或者阴茎挫伤。
e)外伤性先兆流产。
5.9 脊柱四肢损伤
5.9.1 重伤一级
a)二肢以上离断或者缺失(上肢腕关节以上、下肢踝关节以上)。
b)二肢六大关节功能完全丧失。
5.9.2 重伤二级
a)四肢任一大关节强直畸形或者功能丧失 50% 以上。
b)臂丛神经干性或者束性损伤,遗留肌瘫(肌力 3 级以下)。
c)正中神经肘部以上损伤,遗留肌瘫(肌力 3 级以下)。
d)桡神经肘部以上损伤,遗留肌瘫(肌力 3 级以下)。
e)尺神经肘部以上损伤,遗留肌瘫(肌力 3 级以下)。
f)骶丛神经或者坐骨神经损伤,遗留肌瘫(肌力 3 级以下)。
g)股骨干骨折缩短 5.0cm 以上、成角畸形 30°以上或者严重旋转畸形。
h)胫腓骨骨折缩短 5.0cm 以上、成角畸形 30°以上或者严重旋转畸形。
i)膝关节挛缩畸形屈曲 30°以上。
j)一侧膝关节交叉韧带完全断裂遗留旋转不稳。
k)股骨颈骨折或者髋关节脱位,致股骨头坏死。
l)四肢长骨骨折不愈合或者假关节形成;四肢长骨骨折并发慢性骨髓炎。
m)一足离断或者缺失 50% 以上;足跟离断或者缺失 50% 以上。
n)一足的第一趾和其余任何二趾离断或者缺失;一足除第一趾外,离断或者缺失 4 趾。
o)两足 5 个以上足趾离断或者缺失。
p)一足第一趾及其相连的跖骨离断或者缺失。
q)一足除第一趾外,任何三趾及其相连的跖骨离断或者缺失。

5.9.3 轻伤一级

a)四肢任一大关节功能丧失25%以上。

b)一节椎体压缩骨折超过1/3以上;二节以上椎体骨折;三处以上横突、棘突或者椎弓骨折。

c)膝关节韧带断裂伴半月板破裂。

d)四肢长骨骨折畸形愈合。

e)四肢长骨粉碎性骨折或者两处以上骨折。

f)四肢长骨骨折累及关节面。

g)股骨颈骨折未见股骨头坏死,已行假体置换。

h)骺板断裂。

i)一足离断或者缺失10%以上;足跟离断或者缺失20%以上。

j)一足的第一趾离断或者缺失;一足除第一趾外的任何二趾离断或者缺失。

k)三个以上足趾离断或者缺失。

l)除第一趾外任何一趾及其相连的跖骨离断或者缺失。

m)肢体皮肤创口或者瘢痕长度累计45.0cm以上。

5.9.4 轻伤二级

a)四肢任一大关节功能丧失10%以上。

b)四肢重要神经损伤。

c)四肢重要血管破裂。

d)椎骨骨折或者脊椎脱位(尾椎脱位不影响功能的除外);外伤性椎间盘突出。

e)肢体大关节韧带断裂;半月板破裂。

f)四肢长骨骨折;髌骨骨折。

g)骨骺分离。

h)损伤致肢体大关节脱位。

i)第一趾缺失超过趾间关节;除第一趾外,任何二趾缺失超过趾间关节;一趾缺失。

j)两节趾骨骨折;一节趾骨骨折合并一跖骨骨折。

k)两跖骨骨折或者一跖骨完全骨折;距骨、跟骨、骰骨、楔骨或者足舟骨骨折;跖跗关节脱位。

l)肢体皮肤一处创口或者瘢痕长度10.0cm以上;两处以上创口或者瘢痕长度累计15.0cm以上。

5.9.5 轻微伤

a)肢体一处创口或者瘢痕长度1.0cm以上;两处以上创口或者瘢痕长度累计1.5cm以上;刺创深达肌层。

b)肢体关节、肌腱或者韧带损伤。

c)骨挫伤。

d)足骨骨折。

e)外伤致趾甲脱落,甲床暴露;甲床出血。

f)尾椎脱位。

5.10 手损伤

5.10.1 重伤一级

a)双手离断、缺失或者功能完全丧失。

5.10.2 重伤二级

a)手功能丧失累计达一手功能36%。

b)一手拇指挛缩畸形不能对指和握物。

c)一手除拇指外,其余任何三指挛缩畸形,不能对指和握物。

d)一手拇指离断或者缺失超过指间关节。

e)一手示指和中指全部离断或者缺失。

f)一手除拇指外的任何三指离断或者缺失均超过近侧指间关节。

5.10.3 轻伤一级

a)手功能丧失累计达一手功能16%。

b)一手拇指离断或者缺失未超过指间关节。

c)一手除拇指外的示指和中指离断或者缺失均超过远侧指间关节。

d)一手除拇指外的环指和小指离断或者缺失均超过近侧指间关节。

5.10.4 轻伤二级

a)手功能丧失累计达一手功能4%。

b)除拇指外的一个指节离断或者缺失。

c)两节指骨线性骨折或者一节指骨粉碎性骨折(不含第2至5指末节)。

d)舟骨骨折、月骨脱位或者掌骨完全性骨折。

5.10.5 轻微伤

a)手擦伤面积10.0cm² 以上或者挫伤面积6.0cm² 以上。

b)手一处创口或者瘢痕长度1.0cm以上;两处以上创口或者瘢痕长度累计1.5cm以上;刺伤深达肌层。

c)手关节或者肌腱损伤。

d)腕骨、掌骨或者指骨骨折。

e)外伤致指甲脱落,甲床暴露;甲床出血。

5.11 体表损伤

5.11.1 重伤二级

a)挫伤面积累计达体表面积30%。

b)创口或者瘢痕长度累计200.0cm以上。

5.11.2 轻伤一级

a)挫伤面积累计达体表面积10%。

b)创口或者瘢痕长度累计40.0cm以上。

c)撕脱伤面积100.0cm² 以上。

d)皮肤缺损30.0cm² 以上。

5.11.3 轻伤二级

a)挫伤面积达体表面积6%。

b)单个创口或者瘢痕长度10.0cm以上;多个创口或者瘢痕长度累计15.0cm以上。

c)撕脱伤面积50.0cm² 以上。

d)皮肤缺损6.0cm² 以上。

5.11.4 轻微伤

a)擦伤面积20.0cm² 以上或者挫伤面积15.0cm² 以上。

b)一处创口或者瘢痕长度1.0cm以上;两处以上创口或者瘢痕长度累计1.5cm以上;刺创深达肌层。

c)咬伤致皮肤破损。

5.12 其他损伤

5.12.1 重伤一级

a)深II°以上烧烫伤面积达体表面积70%或者III°面积达30%。

5.12.2 重伤二级

a)Ⅱ°以上烧烫伤面积达体表面积30%或者Ⅲ°面积达10%；面积低于上述程度但合并吸入有毒气体中毒或者严重呼吸道烧烫伤。

b)枪弹创，创道长度累计180.0cm。

c)各种损伤引起脑水肿(脑肿胀)，脑疝形成。

d)各种损伤引起休克(中度)。

e)挤压综合征(Ⅱ级)。

f)损伤引起脂肪栓塞综合征(完全型)。

g)各种损伤致急性呼吸窘迫综合征(重度)。

h)电击伤(Ⅱ°)。

i)溺水(中度)。

j)脑内异物存留；心脏异物存留。

k)器质性阴茎勃起障碍(重度)。

5.12.3 轻伤一级

a)Ⅱ°以上烧烫伤面积达体表面积20%或者Ⅲ°面积达5%。

b)损伤引起脂肪栓塞综合征(不完全型)。

c)器质性阴茎勃起障碍(中度)。

5.12.4 轻伤二级

a)Ⅱ°以上烧烫伤面积达体表面积5%或者Ⅲ°面积达0.5%。

b)呼吸道烧伤。

c)挤压综合征(Ⅰ级)。

d)电击伤(Ⅰ°)。

e)溺水(轻度)。

f)各种损伤引起休克(轻度)。

g)呼吸功能障碍，出现窒息征象。

h)面部异物存留；眶内异物存留；鼻窦异物存留。

i)胸腔内异物存留；腹腔内异物存留；盆腔内异物存留。

j)深部组织内异物存留。

k)骨折内固定物损坏需要手术更换或者修复。

l)各种置入式假体装置损坏需要手术更换或者修复。

m)器质性阴茎勃起障碍(轻度)。

5.12.5 轻微伤

a)身体各部位骨皮质的砍(刺)痕；轻微撕脱性骨折，无功能障碍。

b)面部Ⅰ°烧烫伤面积10.0cm^2以上；浅Ⅱ°烧烫伤。

c)颈部Ⅰ°烧烫伤面积15.0cm^2以上；浅Ⅱ°烧烫伤面积2.0cm^2以上。

d)体表Ⅰ°烧烫伤面积20.0cm^2以上；浅Ⅱ°烧烫伤面积4.0cm^2以上；深Ⅱ°烧烫伤。

6 附则

6.1 伤后因其他原因死亡的个体，其生前损伤比照本标准相关条款综合鉴定。

6.2 未列入本标准中的物理性、化学性和生物性等致伤因素造成的人体损伤，比照本标准中的相应条款综合鉴定。

6.3 本标准所称的损伤是指各种致伤因素所引起的人体组织器官结构破坏或者功能障碍。反应性精神病、癔症等,均为内源性疾病,不宜鉴定损伤程度。

6.4 本标准未作具体规定的损伤,可以遵循损伤程度等级划分原则,比照本标准相近条款进行损伤程度鉴定。

6.5 盲管创、贯通创,其创道长度可视为皮肤创口长度,并参照皮肤创口长度相应条款鉴定损伤程度。

6.6 牙折包括冠折、根折和根冠折,冠折须暴露髓腔。

6.7 骨皮质的砍(刺)痕或者轻微撕脱性骨折(无功能障碍)的,不构成本标准所指的轻伤。

6.8 本标准所称大血管是指胸主动脉、主动脉弓分支、肺动脉、肺静脉、上腔静脉和下腔静脉,腹主动脉、髂总动脉、髂外动脉、髂外静脉。

6.9 本标准四肢大关节是指肩、肘、腕、髋、膝、踝等六大关节。

6.10 本标准四肢重要神经是指臂丛及其分支神经(包括正中神经、尺神经、桡神经和肌皮神经等)和腰骶丛及其分支神经(包括坐骨神经、腓总神经、腓浅神经和胫神经等)。

6.11 本标准四肢重要血管是指与四肢重要神经伴行的同名动、静脉。

6.12 本标准幼女或者儿童是指年龄不满14周岁的个体。

6.13 本标准所称的假体是指植入体内替代组织器官功能的装置,如:颅骨修补材料、人工晶体、义眼座、固定义齿(种植牙)、阴茎假体、人工关节、起搏器、支架等,但可摘式义眼、义齿等除外。

6.14 移植器官损伤参照相应条款综合鉴定。

6.15 本标准所称组织器官包括再植或者再造成活的。

6.16 组织器官缺失是指损伤当时完全离体或者仅有少量皮肤和皮下组织相连,或者因损伤经手术切除的。器官离断(包括牙齿脱落),经再植、再造手术成功的,按损伤当时情形鉴定损伤程度。

6.17 对于两个部位以上同类损伤可以累加,比照相关部位数值规定高的条款进行评定。

6.18 本标准所涉及的体表损伤数值,0～6岁按50%计算,7～10岁按60%计算,11～14岁按80%计算。

6.19 本标准中出现的数字均含本数。

附录A

(规范性附录)

损伤程度等级划分原则

A.1 重伤一级

各种致伤因素所致的原发性损伤或者由原发性损伤引起的并发症,严重危及生命;遗留肢体严重残废或者重度容貌毁损;严重丧失听觉、视觉或者其他重要器官功能。

A.2 重伤二级

各种致伤因素所致的原发性损伤或者由原发性损伤引起的并发症,危及生命;遗留肢体残废或者轻度容貌毁损;丧失听觉、视觉或者其他重要器官功能。

A.3 轻伤一级

各种致伤因素所致的原发性损伤或者由原发性损伤引起的并发症,未危及生命;遗留组织器官结构、功能中度损害或者明显影响容貌。

A.4 轻伤二级

各种致伤因素所致的原发性损伤或者由原发性损伤引起的并发症,未危及生命;遗留组织器官结构、功能轻度损害或者影响容貌。

A.5 轻微伤

各种致伤因素所致的原发性损伤,造成组织器官结构轻微损害或者轻微功能障碍。

A.6 **等级限度**

重伤二级是重伤的下限,与重伤一级相衔接,重伤一级的上限是致人死亡;轻伤二级是轻伤的下限,与轻伤一级相衔接,轻伤一级的上限与重伤二级相衔接;轻微伤的上限与轻伤二级相衔接,未达轻微伤标准的,不鉴定为轻微伤。

附录 B

(规范性附录)

功能损害判定基准和使用说明

B.1 **颅脑损伤**

B.1.1 智能(IQ)减退

极重度智能减退:IQ 低于 25;语言功能丧失;生活完全不能自理。

重度智能减退:IQ25 ~ 39 之间;语言功能严重受损,不能进行有效的语言交流;生活大部分不能自理。

中度智能减退:IQ40 ~ 54 之间;能掌握日常生活用语,但词汇贫乏,对周围环境辨别能力差,只能以简单的方式与人交往;生活部分不能自理,能做简单劳动。

轻度智能减退:IQ55 ~ 69 之间;无明显语言障碍,对周围环境有较好的辨别能力,能比较恰当的与人交往;生活能自理,能做一般非技术性工作。

边缘智能状态:IQ70 ~ 84 之间;抽象思维能力或者思维广度、深度机敏性显示不良;不能完成高级复杂的脑力劳动。

B.1.2 器质性精神障碍

有明确的颅脑损伤伴不同程度的意识障碍病史,并且精神障碍发生和病程与颅脑损伤相关。症状表现为:意识障碍;遗忘综合征;痴呆;器质性人格改变;精神病性症状;神经症样症状;现实检验能力或者社会功能减退。

B.1.3 生活自理能力

生活自理能力主要包括以下五项:

(1)进食。

(2)翻身。

(3)大、小便。

(4)穿衣、洗漱。

(5)自主行动。

生活完全不能自理:是指上述五项均需依赖护理者。

生活大部分不能自理:是指上述五项中三项以上需依赖护理者。

生活部分不能自理:是指上述五项中一项以上需依赖护理者。

B.1.4 肌瘫(肌力)

0 级:肌肉完全瘫痪,毫无收缩。

1 级:可看到或者触及肌肉轻微收缩,但不能产生动作。

2 级:肌肉在不受重力影响下,可进行运动,即肢体能在床面上移动,但不能抬高。

3 级:在和地心引力相反的方向中尚能完成其动作,但不能对抗外加的阻力。

4 级:能对抗一定的阻力,但较正常人为低。

5 级:正常肌力。

B. 1.5 非肢体瘫的运动障碍

非肢体瘫的运动障碍包括肌张力增高,共济失调,不自主运动或者震颤等。根据其对生活自理影响的程度划分为轻、中、重三度。

重度:不能自行进食,大小便,洗漱,翻身和穿衣,需要他人护理。

中度:上述动作困难,但在他人帮助下可以完成。

轻度:完成上述动作虽有一些困难,但基本可以自理。

B. 1. 6 外伤性迟发性癫痫应具备的条件

(1)确证的头部外伤史。

(2)头部外伤90日后仍被证实有癫痫的临床表现。

(3)脑电图检查(包括常规清醒脑电图检查、睡眠脑电图检查或者较长时间连续同步录像脑电图检查等)显示异常脑电图。

(4)影像学检查确证颅脑器质性损伤。

B. 1. 7 肛门失禁

重度:大便不能控制;肛门括约肌收缩力很弱或者丧失;肛门括约肌收缩反射很弱或者消失;直肠内压测定,肛门注水法 $<20cmH_2O$。

轻度:稀便不能控制;肛门括约肌收缩力较弱;肛门括约肌收缩反射较弱;直肠内压测定,肛门注水法 $20\sim30cmH_2O$。

B. 1. 8 排尿障碍

重度:出现真性重度尿失禁或者尿潴留残余尿≥50mL。

轻度:出现真性轻度尿失禁或者尿潴留残余尿 <50mL。

B. 2 头面部损伤

B. 2. 1 眼睑外翻

重度外翻:睑结膜严重外翻,穹隆部消失。

中度外翻:睑结膜和睑板结膜外翻。

轻度外翻:睑结膜与眼球分离,泪点脱离泪阜。

B. 2. 2 容貌毁损

重度:面部瘢痕畸形,并有以下六项中四项者。(1)眉毛缺失;(2)双睑外翻或者缺失;(3)外耳缺失;(4)鼻缺失;(5)上、下唇外翻或者小口畸形;(6)颈颏粘连。

中度:具有以下六项中三项者。(1)眉毛部分缺失;(2)眼睑外翻或者部分缺失;(3)耳廓部分缺失;(4)鼻翼部分缺失;(5)唇外翻或者小口畸形;(6)颈部瘢痕畸形。

轻度:含中度畸形六项中二项者。

B. 2. 3 面部及中心区

面部的范围是指前额发际下,两耳屏前与下颌下缘之间的区域,包括额部、眶部、鼻部、口唇部、颏部、颧部、颊部、腮腺咬肌部。

面部中心区:以眉弓水平线为上横线,以下唇唇红缘中点处作水平线为下横线,以双侧外眦处作两条垂直线,上述四条线围绕的中央部分为中心区。

B. 2. 4 面瘫(面神经麻痹)

本标准涉及的面瘫主要是指外周性(核下性)面神经损伤所致。

完全性面瘫:是指面神经5个分支(颞支、颧支、颊支、下颌缘支和颈支)支配的全部颜面肌肉瘫痪,表现为:额纹消失,不能皱眉;眼睑不能充分闭合,鼻唇沟变浅;口角下垂,不能示齿,鼓腮,吹口哨,饮食时汤水流逸。

不完全性面瘫:是指面神经颧支、下颌支或者颞支和颊支损伤出现部分上述症状和体征。

B. 2. 5 张口困难分级

张口困难Ⅰ度:大张口时,只能垂直置入示指和中指。

张口困难Ⅱ度:大张口时,只能垂直置入示指。

张口困难Ⅲ度:大张口时,上、下切牙间距小于示指之横径。

B.3 听器听力损伤

听力损失计算应按照世界卫生组织推荐的听力减退分级的频率范围,取0.5、1、2、4kHz四个频率气导听阈级的平均值。如所得均值不是整数,则小数点后之尾数采用4舍5入法进为整数。

纯音听阈级测试时,如某一频率纯音气导最大声输出仍无反应时,以最大声输出值作为该频率听阈级。

听觉诱发电位测试时,若最大输出声强仍引不出反应波形的,以最大输出声强为反应阈值。在听阈评估时,听力学单位一律使用听力级(dB HL)。一般情况下,受试者听觉诱发电位反应阈要比其行为听阈高10~20 dB(该差值又称"校正值"),即受试者的行为听阈等于其听觉诱发电位反应阈减去"校正值"。听觉诱发电位检测实验室应建立自己的"校正值",如果没有自己的"校正值",则取平均值(15 dB)作为"较正值"。

纯音气导听阈级应考虑年龄因素,按照《纯音气导阈的年龄修正值》(GB7582－87)听阈级偏差的中值(50%)进行修正,其中4000Hz的修正值参考2000Hz的数值。

表B.1　纯音气导阈值的年龄修正值(GB7582－87)

年龄	男			女		
	500Hz	1000Hz	2000Hz	500Hz	1000Hz	2000Hz
30	1	1	1	1	1	1
40	2	2	3	2	2	3
50	4	4	7	4	4	6
60	6	7	12	6	7	11
70	10	11	19	10	11	16

B.4 视觉器官损伤

B.4.1 盲及视力损害分级

表B.2　盲及视力损害分级标准(2003年,WHO)

分类	远视力低于	远视力等于或优于
轻度或无视力损害		0.3
中度视力损害(视力损害1级)	0.3	0.1
重度视力损害(视力损害2级)	0.1	0.05
盲(盲目3级)	0.05	0.02
盲(盲目4级)	0.02	光感
盲(盲目5级)		无光感

B.4.2 视野缺损

视野有效值计算公式:

$$实测视野有效值(\%)=\frac{8条子午线实测视野值}{500}$$

表 B.3 视野有效值与视野半径的换算

视野有效值(%)	视野度数(半径)
8	5°
16	10°
24	15°
32	20°
40	25°
48	30°
56	35°
64	40°
72	45°
80	50°
88	55°
96	60°

B.5 颈部损伤

B.5.1 甲状腺功能低下

重度:临床症状严重;T3、T4 或者 FT3、FT4 低于正常值,TSH > 50μU/L。

中度:临床症状较重;T3、T4 或者 FT3、FT4 正常,TSH > 50μU/L。

轻度:临床症状较轻;T3、T4 或者 FT3、FT4 正常,TSH,轻度增高但 < 50μU/L。

B.5.2 甲状旁腺功能低下(以下分级需结合临床症状分析)

重度:空腹血钙 < 6mg/dL。

中度:空腹血钙 6 ~ 7mg/dL。

轻度:空腹血钙 7.1 ~ 8mg/dL。

B.5.3 发声功能障碍

重度:声哑、不能出声。

轻度:发音过弱、声嘶、低调、粗糙、带鼻音。

B.5.4 构音障碍

严重构音障碍:表现为发音不分明,语不成句,难以听懂,甚至完全不能说话。

轻度构音障碍:表现为发音不准,吐字不清,语调速度、节律等异常,鼻音过重。

B.6 胸部损伤

B.6.1 心功能分级

Ⅰ级:体力活动不受限,日常活动不引起过度的乏力、呼吸困难或者心悸。即心功能代偿期。

Ⅱ级:体力活动轻度受限,休息时无症状,日常活动即可引起乏力、心悸、呼吸困难或者心绞痛。亦称 Ⅰ 度或者轻度心衰。

Ⅲ级:体力活动明显受限,休息时无症状,轻于日常的活动即可引起上述症状。亦称Ⅱ度或者中度心衰。

Ⅳ级:不能从事任何体力活动,休息时亦有充血性心衰或心绞痛症状,任何体力活动后加重。亦称Ⅲ度或者重度心衰。

B.6.2 呼吸困难

1 级:与同年龄健康者在平地一同步行无气短,但登山或者上楼时呈气短。

2 级:平路步行 1000m 无气短,但不能与同龄健康者保持同样速度,平路快步行走呈现气短,登山或者上楼时气短明显。

3 级:平路步行 100m 即有气短。

4 级:稍活动(如穿衣、谈话)即气短。

B.6.3 窒息征象

临床表现为面、颈、上胸部皮肤出现针尖大小的出血点,以面部与眼眶部为明显;球睑结膜下出现出血斑点。

B.7 腹部损伤

B.7.1 肝功能损害

表 B.4 肝功能损害分度

程度	血清清蛋白	血清总胆红素	腹水	脑症	凝血酶原时间
重度	<2.5g/dL	>3.0mg/dL	顽固性	明显	明显延长 (较对照组>9 秒)
中度	2.5~3.0g/dL	2.0~3.0mg/dL	无或者少量, 治疗后消失	无或者 轻度	延长 (较对照组>6 秒)
轻度	3.1~3.5g/dL	1.5~2.0mg/dL	无	无	稍延长 (较对照组>3 秒)

B.7.2 肾功能不全

表 B.5 肾功能不全分期

分 期	内生肌酐清除率	血尿素氮浓度	血肌酐浓度	临床症状
代偿期	降至正常的 50% 50~70mL/min	正常	正常	通常无明显临床症状
失代偿期	25~49 mL/min		>177μmol/L (2mg/dL)但 <450μmol/L (5mg/dL)	无明显临床症状,可有轻度贫血;夜尿、多尿
尿毒症期	<25 mL/min	>21.4mmol/ L (60mg/dL)	450~707μmol/L (5~8mg/dL)	常伴有酸中毒和严重尿毒症临床症状

B.7.3 会阴及阴道撕裂

Ⅰ度:会阴部粘膜、阴唇系带、前庭粘膜、阴道粘膜等处有撕裂,但未累及肌层及筋膜。

Ⅱ度:撕裂伤累及盆底肌肉筋膜,但未累及肛门括约肌。

Ⅲ度:肛门括约肌全部或者部分撕裂,甚至直肠前壁亦被撕裂。

B.8 其他损伤

B.8.1 烧烫伤分度

表 B.6　烧伤深度分度

程　度		损伤组织	烧伤部位特点	愈后情况
Ⅰ度		表皮	皮肤红肿，有热、痛感，无水疱，干燥，局部温度稍有增高	不留瘢痕
Ⅱ度	浅Ⅱ度	真皮浅层	剧痛，表皮有大而薄的水疱，疱底有组织充血和明显水肿；组织坏死仅限于皮肤的真皮层，局部温度明显增高	不留瘢痕
	深Ⅱ度	真皮深层	痛，损伤已达真皮深层，水疱较小，表皮和真皮层大部分凝固和坏死。将已分离的表皮揭去，可见基底微湿，色泽苍白上有红出血点，局部温度较低	可留下瘢痕
Ⅲ度		全层皮肤或者皮下组织、肌肉、骨骼	不痛，皮肤全层坏死，干燥如皮革样，不起水疱，蜡白或者焦黄，炭化，知觉丧失，脂肪层的大静脉全部坏死，局部温度低，发凉	需自体皮肤移植，有瘢痕或者畸形

B.8.2 电击伤

Ⅰ度：全身症状轻微，只有轻度心悸。触电肢体麻木，全身无力，如极短时间内脱离电源，稍休息可恢复正常。

Ⅱ度：触电肢体麻木，面色苍白，心跳、呼吸增快，甚至昏厥、意识丧失，但瞳孔不散大。对光反射存在。

Ⅲ度：呼吸浅而弱、不规则，甚至呼吸骤停。心律不齐，有室颤或者心搏骤停。

B.8.3 溺水

重度：落水后3～4分钟，神志昏迷，呼吸不规则，上腹部膨胀，心音减弱或者心跳、呼吸停止。淹溺到死亡的时间一般为5～6分钟。

中度：落水后1～2分钟，神志模糊，呼吸不规则或者表浅，血压下降，心跳减慢，反射减弱。

轻度：刚落水片刻，神志清，血压升高，心率、呼吸增快。

B.8.4 挤压综合征

系人体肌肉丰富的四肢与躯干部位因长时间受压（例如暴力挤压）或者其他原因造成局部循环障碍，结果引起肌肉缺血性坏死，出现肢体明显肿胀、肌红蛋白尿及高血钾等为特征的急性肾功能衰竭。

Ⅰ级：肌红蛋白尿试验阳性，肌酸磷酸激酶（CPK）增高，而无肾衰等周身反应者。

Ⅱ级：肌红蛋白尿试验阳性，肌酸磷酸激酶（CPK）明显升高，血肌酐和尿素氮增高，少尿，有明显血浆渗入组织间隙，致有效血容量丢失，出现低血压者。

Ⅲ级：肌红蛋白尿试验阳性，肌酸磷酸激酶（CPK）显著升高，少尿或者尿闭，休克，代谢性酸中毒以及高血钾者。

B.8.5 急性呼吸窘迫综合征

急性呼吸窘迫综合征（ARDS）须具备以下条件：

（1）有发病的高危因素。

（2）急性起病，呼吸频率数和/或呼吸窘迫。

（3）低氧血症，$PaO_2/FiO_2 \leq 200mmHg$。

（4）胸部X线检查两肺浸润影。

（5）肺毛细血管楔压（PCWP）≤18mmHg，或者临床上除外心源性肺水肿。

凡符合以上5项可诊断为ARDS。

表 B.7　急性呼吸窘迫综合征分度

程度	临床分级			血气分析分级	
	呼吸频率	临床表现	X 线示	吸空气	吸纯氧 15 分钟后
轻度	>35 次/分	无发绀	无异常或者纹理增多,边缘模糊	氧分压<8.0kPa 二氧化碳分压<4.7kPa	氧分压<46.7kPa Qs/Qt>10%
中度	>40 次/分	发绀,肺部有异常体征	斑片状阴影或者呈磨玻璃样改变,可见支气管气相	氧分压<6.7kPa 二氧化碳分压<5.3kPa	氧分压<20.0kPa Qs/Qt>20%
重度	呼吸极度窘迫	发绀进行性加重,肺广泛湿罗音或者实变	双肺大部分密度普遍增高,支气管气相明显	氧分压<5.3kPa(40mmHg) 二氧化碳分压>6.0kPa	氧分压<13.3kPa Qs/Qt>30%

B.8.6 脂肪栓塞综合征

不完全型(或者称部分症候群型):伤者骨折后出现胸部疼痛,咳呛震痛,胸闷气急,痰中带血,神疲身软,面色无华,皮肤出现瘀血点,上肢无力伸举,脉多细涩。实验室检查有明显低氧血症,预后一般良好。

完全型(或者称典型症候群型):伤者创伤骨折后出现神志恍惚,严重呼吸困难,口唇紫绀,胸闷欲绝,脉细涩。本型初起表现为呼吸和心动过速、高热等非特异症状。此后出现呼吸窘迫、神志不清以至昏迷等神经系统症状,在眼结膜及肩、胸皮下可见散在瘀血点,实验室检查可见血色素降低,血小板减少,血沉增快以及出现低氧血症。肺部 X 线检查可见多变的进行性的肺部斑片状阴影改变和右心扩大。

B.8.7 休克分度

表 B.8　休克分度

程度	血压(收缩压)kPa	脉搏(次/分)	全身状况
轻度	12~13.3(90~100mmHg)	90~100	尚好
中度	10~12(75~90mmHg)	110~130	抑制、苍白、皮肤冷
重度	<10(<75mmHg)	120~160	明显抑制
垂危	0		呼吸障碍、意识模糊

B.8.8 器质性阴茎勃起障碍

重度:阴茎无勃起反应,阴茎硬度及周径均无改变。

中度:阴茎勃起时最大硬度>0,<40%,每次勃起持续时间<10 分钟。

轻度:阴茎勃起时最大硬度≥40%,<60%,每次勃起持续时间<10 分钟。

附 录 C

（资料性附录）

人体损伤程度鉴定常用技术

C.1 视力障碍检查

视力记录可采用小数记录或者5分记录两种方式。视力（指远距视力）经用镜片（包括接触镜，针孔镜等），纠正达到正常视力范围（0.8以上）或者接近正常视力范围（0.4－0.8）的都不属视力障碍范围。

中心视力好而视野缩小，以注视点为中心，视野半径小于10度而大于5度者为盲目3级，如半径小于5度者为盲目4级。

周边视野检查：视野缩小系指因损伤致眼球注视前方而不转动所能看到的空间范围缩窄，以致难以从事正常工作、学习或者其它活动。

对视野检查要求，视标颜色：白色，视标大小：5mm，检查距离330mm，视野背景亮度：31.5asb。

周边视野缩小，鉴定以实测得八条子午线视野值的总和计算平均值，即有效视野值。

视力障碍检查具体方法参考《视觉功能障碍法医鉴定指南》（SF/Z JD0103004）。

C.2 听力障碍检查

听力障碍检查应符合《听力障碍的法医学评定》（GA/T 914）。

C.3 前庭平衡功能检查

本标准所指的前庭平衡功能丧失及前庭平衡功能减退，是指外力作用颅脑或者耳部，造成前庭系统的损伤。伤后出现前庭平衡功能障碍的临床表现，自发性前庭体征检查法和诱发性前庭功能检查法等有阳性发现（如眼震电图/眼震视图、静、动态平衡仪、前庭诱发电位等检查），结合听力检查和神经系统检查，以及影像学检查综合判定，确定前庭平衡功能是丧失，或者减退。

C.4 阴茎勃起功能检测

阴茎勃起功能检测应满足阴茎勃起障碍法医学鉴定的基本要求，具体方法参考《男子性功能障碍法医学鉴定规范》（SF/Z JD0103002）。

C.5 体表面积计算

九分估算法：成人体表面积视为100%，将总体表面积划分为11个9%等面积区域，即头（面）颈部占一个9%，双上肢占二个9%，躯干前后及会阴部占三个9%，臀部及双下肢占五个9%＋1%（见表C1）。

表C.1 体表面积的九分估算法

部位	面积，%	按九分法面积，%
头	6	（1×9）＝9
颈	3	
前躯	13	（3×9）＝27
后躯	13	
会阴	1	
双上臂	7	（2×9）＝18
双前臂	6	
双手	5	

续 表

部位	面积,%	按九分法面积,%
臀	5	
双大腿	21	(5×9+1)=46
双小腿	13	
双足	7	
全身合计	100	(11×9+1)=100

注:12 岁以下儿童体表面积:头颈部=9+(12-年龄),双下肢=46-(12-年龄)

手掌法:受检者五指并拢,一掌面相当其自身体表面积的1%。

公式计算法:S(平方米)=0.0061×身长(cm)+0.0128×体重(kg)-0.1529

C.6 肢体关节功能丧失程度评价

肢体关节功能评价使用说明(适用于四肢大关节功能评定):

1. 各关节功能丧失程度等于相应关节所有轴位(如腕关节有两个轴位)和所有方位(如腕关节有四个方位)功能丧失值的之和再除以相应关节活动的方位数之和。例如:腕关节掌屈40度,背屈30度,桡屈15度,尺屈20度。查表得相应功能丧失值分别为30%、40%、60%和60%,求得腕关节功能丧失程度为47.5%。如果掌屈伴肌力下降(肌力3级),查表得相应功能丧失值分别为65%、40%、60%和60%。求得腕关节功能丧失程度为56.25%。

2. 当关节活动受限于某一方位时,其同一轴位的另一方位功能丧失值以100%计。如腕关节掌屈和背屈轴位上的活动限制在掌屈10度与40度之间,则背屈功能丧失值以100%计,而掌屈以40度计,查表得功能丧失值为30%,背屈功能以100%计,则腕关节功能丧失程度为65%。

3. 对疑有关节病变(如退行性变)并影响关节功能时,伤侧关节功能丧失值应与对侧进行比较,即同时用查表法分别求出伤侧和对侧关节功能丧失值,并用伤侧关节功能丧失值减去对侧关节功能丧失值即为伤侧关节功能实际丧失值。

4. 由于本标准对于关节功能的评定已经考虑到肌力减退对于关节功能的影响,故在测量关节运动活动度时,应以关节被动活动度为准。

C.6.1 肩关节功能丧失程度评定

表 C.2 肩关节功能丧失程度(%)

	关节运动活动度	肌力				
		≤M1	M2	M3	M4	M5
前屈	≥171	100	75	50	25	0
	151~170	100	77	55	32	10
	131~150	100	80	60	40	20
	111~130	100	82	65	47	30
	91~110	100	85	70	55	40
	71~90	100	87	75	62	50
	51~70	100	90	80	70	60
	31~50	100	92	85	77	70
	≤30	100	95	90	85	80

续 表

	关节运动活动度	肌力				
		≤M1	M2	M3	M4	M5
后伸	≥41	100	75	50	25	0
	31～40	100	80	60	40	20
	21～30	100	85	70	55	40
	11～20	100	90	80	70	60
	≤10	100	95	90	85	80
外展	≥171	100	75	50	25	0
	151～170	100	77	55	32	10
	131～150	100	80	60	40	20
	111～130	100	82	65	47	30
	91～110	100	85	70	55	40
	71～90	100	87	75	62	50
	51～70	100	90	80	70	60
	31～50	100	92	85	77	70
	≤30	100	95	90	85	80
内收	≥41	100	75	50	25	0
	31～40	100	80	60	40	20
	21～30	100	85	70	55	40
	11～20	100	90	80	70	60
	≤10	100	95	90	85	80
内旋	≥81	100	75	50	25	0
	71～80	100	77	55	32	10
	61～70	100	80	60	40	20
	51～60	100	82	65	47	30
	41～50	100	85	70	55	40
	31～40	100	87	75	62	50
	21～30	100	90	80	70	60
	11～20	100	92	85	77	70
	≤10	100	95	90	85	80
外旋	≥81	100	75	50	25	0
	71～80	100	77	55	32	10
	61～70	100	80	60	40	20
	51～60	100	82	65	47	30
	41～50	100	85	70	55	40
	31～40	100	87	75	62	50
	21～30	100	90	80	70	60
	11～20	100	92	85	77	70
	≤10	100	95	90	85	80

C.6.2 肘关节功能丧失程度评定

表 C.3 肘关节功能丧失程度(%)

	关节运动活动度	肌力				
		≤M1	M2	M3	M4	M5
屈曲	≥41	100	75	50	25	0
	36~40	100	77	55	32	10
	31~35	100	80	60	40	20
	26~30	100	82	65	47	30
	21~25	100	85	70	55	40
	16~20	100	87	75	62	50
	11~15	100	90	80	70	60
	6~10	100	92	85	77	70
	≤5	100	95	90	85	80
伸展	81~90	100	75	50	25	0
	71~80	100	77	55	32	10
	61~70	100	80	60	40	20
	51~60	100	82	65	47	30
	41~50	100	85	70	55	40
	31~40	100	87	75	62	50
	21~30	100	90	80	70	60
	11~20	100	92	85	77	70
	≤10	100	95	90	85	80

注:为方便肘关节功能计算,此处规定肘关节以屈曲90度为中立位0度。

C.6.3 腕关节功能丧失程度评定

表 C.4 腕关节功能丧失程度(%)

	关节运动活动度	肌力				
		≤M1	M2	M3	M4	M5
掌屈	≥61	100	75	50	25	0
	51~60	100	77	55	32	10
	41~50	100	80	60	40	20
	31~40	100	82	65	47	30
	26~30	100	85	70	55	40
	21~25	100	87	75	62	50
	16~20	100	90	80	70	60
	11~15	100	92	85	77	70
	≤10	100	95	90	85	80

续 表

	关节运动活动度	肌力				
		≤M1	M2	M3	M4	M5
背屈	≥61	100	75	50	25	0
	51～60	100	77	55	32	10
	41～50	100	80	60	40	20
	31～40	100	82	65	47	30
	26～30	100	85	70	55	40
	21～25	100	87	75	62	50
	16～20	100	90	80	70	60
	11～15	100	92	85	77	70
	≤10	100	95	90	85	80
桡屈	≥21	100	75	50	25	0
	16～20	100	80	60	40	20
	11～15	100	85	70	55	40
	6～10	100	90	80	70	60
	≤5	100	95	90	85	80
尺屈	≥41	100	75	50	25	0
	31～40	100	80	60	40	20
	21～30	100	85	70	55	40
	11～20	100	90	80	70	60
	≤10	100	95	90	85	80

C. 6. 4 髋关节功能丧失程度评定

表 C. 5 髋关节功能丧失程度(%)

	关节运动活动度	肌力				
		≤M1	M2	M3	M4	M5
前屈	≥121	100	75	50	25	0
	106～120	100	77	55	32	10
	91～105	100	80	60	40	20
	76～90	100	82	65	47	30
	61～75	100	85	70	55	40
	46～60	100	87	75	62	50
	31～45	100	90	80	70	60
	16～30	100	92	85	77	70
	≤15	100	95	90	85	80

续 表

	关节运动活动度	肌力				
		≤M1	M2	M3	M4	M5
后伸	≥11	100	75	50	25	0
	6～10	100	85	70	55	20
	1～5	100	90	80	70	50
	0	100	95	90	85	80
外展	≥41	100	75	50	25	0
	31～40	100	80	60	40	20
	21～30	100	85	70	55	40
	11～20	100	90	80	70	60
	≤10	100	95	90	85	80
内收	≥16	100	75	50	25	0
	11～15	100	80	60	40	20
	6～10	100	85	70	55	40
	1～5	100	90	80	70	60
	0	100	95	90	85	80
外旋	≥41	100	75	50	25	0
	31～40	100	80	60	40	20
	21～30	100	85	70	55	40
	11～20	100	90	80	70	60
	≤10	100	95	90	85	80
内旋	≥41	100	75	50	25	0
	31～40	100	80	60	40	20
	21～30	100	85	70	55	40
	11～20	100	90	80	70	60
	≤10	100	95	90	85	80

注：表中前屈指屈膝位前屈。

C.6.5 膝关节功能丧失程度评定

表 C.6　膝关节功能丧失程度(%)

	关节运动活动度	肌力				
		≤M1	M2	M3	M4	M5
屈曲	≥130	100	75	50	25	0
	116～129	100	77	55	32	10
	101～115	100	80	60	40	20
	86～100	100	82	65	47	30
	71～85	100	85	70	55	40
	61～70	100	87	75	62	50
	46～60	100	90	80	70	60
	31～45	100	92	85	77	70
	≤30	100	95	90	85	80
伸展	≤-5	100	75	50	25	0
	-6～-10	100	77	55	32	10
	-11～-20	100	80	60	40	20
	-21～-25	100	82	65	47	30
	-26～-30	100	85	70	55	40
	-31～-35	100	87	75	62	50
	-36～-40	100	90	80	70	60
	-41～-45	100	92	85	77	70
	≥46	100	95	90	85	80

注:表中负值表示膝关节伸展时到达功能位(直立位)所差的度数。

使用说明:考虑到膝关节同一轴位屈伸活动相互重叠,膝关节功能丧失程度的计算方法与其他关节略有不同,即根据关节屈曲与伸展运动活动度查表得出相应功能丧失程度,再求和即为膝关节功能丧失程度。当二者之和大于100%时,以100%计算。

C.6.6 踝关节功能丧失程度评定

表 C.7　踝关节功能丧失程度(%)

	关节运动活动度	肌力				
		≤M1	M2	M3	M4	M5
背屈	≥16	100	75	50	25	0
	11～15	100	80	60	40	20
	6～10	100	85	70	55	40
	1～5	100	90	80	70	60
	0	100	95	90	85	80

续 表

	关节运动活动度	肌力				
		≤M1	M2	M3	M4	M5
跖屈	≥41	100	75	50	25	0
	31~40	100	80	60	40	20
	21~30	100	85	70	55	40
	11~20	100	90	80	70	60
	≤10	100	95	90	85	80

C.7 手功能计算

C.7.1 手缺失和丧失功能的计算

一手拇指占一手功能的36%,其中末节和近节指节各占18%;食指、中指各占一手功能的18%,其中末节指节占8%,中节指节占7%,近节指节占3%;无名指和小指各占一手功能的9%,其中末节指节占4%,中节指节占3%,近节指节占2%。一手掌占一手功能的10%,其中第一掌骨占4%,第二、第三掌骨各占2%,第四、第五掌骨各占1%。本标准中,双手缺失或丧失功能的程度是按前面方法累加计算的结果。

C.7.2 手感觉丧失功能的计算

手感觉丧失功能是指因事故损伤所致手的掌侧感觉功能的丧失。手感觉丧失功能的计算按相应手功能丧失程度的50%计算。

最高人民检察院关于公证员出具公证书有重大失实行为如何适用法律问题的批复

(2009年1月7日　高检发释字〔2009〕1号)

甘肃省人民检察院:

你院《关于公证员出具证明文件重大失实是否构成犯罪的请示》(甘检发研〔2008〕17号)收悉。经研究,批复如下:

《中华人民共和国公证法》施行以后,公证员在履行公证职责过程中,严重不负责任,出具的公证书有重大失实,造成严重后果的,依照刑法第二百二十九条第三款的规定,以出具证明文件重大失实罪追究刑事责任。

此复。

最高人民法院关于当事人对具有强制执行效力的公证债权文书的内容有争议提起诉讼人民法院是否受理问题的批复

(2008 年 12 月 8 日最高人民法院审判委员会第 1457 次会议通过　2008 年 12 月 22 日最高人民法院公告公布　自 2008 年 12 月 26 日起施行　法释〔2008〕17 号)

各省、自治区、直辖市高级人民法院,解放军军事法院,新疆维吾尔自治区高级人民法院生产建设兵团分院:

关于当事人对具有强制执行效力的公证债权文书的内容有争议提起诉讼人民法院是否受理的问题,我院陆续收到江苏、重庆等高级人民法院的请示,经研究,批复如下:

根据《中华人民共和国民事诉讼法》第二百一十四条和《中华人民共和国公证法》第三十七条的规定,经公证的以给付为内容并载明债务人愿意接受强制执行承诺的债权文书依法具有强制执行效力。债权人或者债务人对该债权文书的内容有争议直接向人民法院提起民事诉讼的,人民法院不予受理。但公证债权文书确有错误,人民法院裁定不予执行的,当事人、公证事项的利害关系人可以就争议内容向人民法院提起民事诉讼。

最高人民检察院关于印发《人民检察院监狱检察办法》、《人民检察院看守所检察办法》、《人民检察院劳教检察办法》和《人民检察院监外执行检察办法》的通知

(2008 年 3 月 23 日　高检发监字〔2008〕1 号)

各省、自治区、直辖市人民检察院,军事检察院,新疆生产建设兵团人民检察院:

《人民检察院监狱检察办法》、《人民检察院看守所检察办法》、《人民检察院劳教检察办法》和《人民检察院监外执行检察办法》,已经 2008 年 2 月 22 日最高人民检察院第十届检察委员会第九十四次会议通过,现印发你们,请遵照执行。1987 年 7 月 23 日最高人民检察院印发的《人民检察院劳改检察工作细则(试行)》、《人民检察院看守所检察工作细则(试行)》和《人民检察院劳教检察工作办法(试行)》同时废止。在执行过程中遇到的问题,请及时报告最高人民院监所检察厅。

人民检察院监狱检察办法

(2008 年 2 月 22 日最高人民检察院第十届检察委员会第九十四次会议通过)

第一章　总　　则

第一条　为规范监狱检察工作,根据《中华人民共和国刑事诉讼法》、《中华人民共和国监狱法》等法律规定,结合监狱检察工作实际,制定本办法。

第二条　人民检察院监狱检察的任务是:保证国家法律法规在刑罚执行活动中的正确实施,维

护罪犯合法权益,维护监狱监管秩序稳定,保障惩罚与改造罪犯工作的顺利进行。

第三条 人民检察院监狱检察的职责是:

(一)对监狱执行刑罚活动是否合法实行监督;

(二)对人民法院裁定减刑、假释活动是否合法实行监督;

(三)对监狱管理机关批准暂予监外执行活动是否合法实行监督;

(四)对刑罚执行和监管活动中发生的职务犯罪案件进行侦查,开展职务犯罪预防工作;

(五)对监狱侦查的罪犯又犯罪案件审查逮捕、审查起诉和出庭支持公诉,对监狱的立案、侦查活动和人民法院的审判活动是否合法实行监督;

(六)受理罪犯及其法定代理人、近亲属的控告、举报和申诉;

(七)其他依法应当行使的监督职责。

第四条 人民检察院在监狱检察工作中,应当依法独立行使检察权,应当以事实为根据、以法律为准绳。

监狱检察人员履行法律监督职责,应当严格遵守法律,恪守检察职业道德,忠于职守,清正廉洁;应当坚持原则,讲究方法,注重实效。

第二章 收监、出监检察

第一节 收监检察

第五条 收监检察的内容:

(一)监狱对罪犯的收监管理活动是否符合有关法律规定。

(二)监狱收押罪犯有无相关凭证:

1. 收监交付执行的罪犯,是否具备人民检察院的起诉书副本和人民法院的刑事判决(裁定)书、执行通知书、结案登记表;

2. 收监监外执行的罪犯,是否具备撤销假释裁定书、撤销缓刑裁定书或者撤销暂予监外执行的收监执行决定书;

3. 从其他监狱调入罪犯,是否具备审批手续。

(三)监狱是否收押了依法不应当收押的人员。

第六条 收监检察的方法:

(一)对个别收监罪犯,实行逐人检察;

(二)对集体收监罪犯,实行重点检察;

(三)对新收罪犯监区,实行巡视检察。

第七条 发现监狱在收监管理活动中有下列情形的,应当及时提出纠正意见:

(一)没有收监凭证或者收监凭证不齐全而收监的;

(二)收监罪犯与收监凭证不符的;

(三)应当收监而拒绝收监的;

(四)不应当收监而收监的;

(五)罪犯收监后未按时通知其家属的;

(六)其他违反收监规定的。

第二节 出监检察

第八条 出监检察的内容:

(一)监狱对罪犯的出监管理活动是否符合有关法律规定。

（二）罪犯出监有无相关凭证：

1. 刑满释放罪犯，是否具备刑满释放证明书；
2. 假释罪犯，是否具备假释裁定书、执行通知书、假释证明书；
3. 暂予监外执行罪犯，是否具备暂予监外执行审批表、暂予监外执行决定书；
4. 离监探亲和特许离监罪犯，是否具备离监探亲审批表、离监探亲证明；
5. 临时离监罪犯，是否具备临时离监解回再审的审批手续；
6. 调监罪犯，是否具备调监的审批手续。

第九条 出监检察的方法：

（一）查阅罪犯出监登记和出监凭证；

（二）与出监罪犯进行个别谈话，了解情况。

第十条 发现监狱在出监管理活动中有下列情形的，应当及时提出纠正意见：

（一）没有出监凭证或者出监凭证不齐全而出监的；

（二）出监罪犯与出监凭证不符的；

（三）应当释放而没有释放或者不应当释放而释放的；

（四）罪犯没有监狱人民警察或者办案人员押解而特许离监、临时离监或者调监的；

（五）没有派员押送暂予监外执行罪犯到达执行地公安机关的；

（六）没有向假释罪犯、暂予监外执行罪犯、刑满释放仍需执行附加剥夺政治权利罪犯的执行地公安机关送达有关法律文书的；

（七）没有向刑满释放人员居住地公安机关送达释放通知书的；

（八）其他违反出监规定的。

第十一条 假释罪犯、暂予监外执行罪犯、刑满释放仍需执行附加剥夺政治权利罪犯出监时，派驻检察机构应当填写《监外执行罪犯出监告知表》，寄送执行地人民检察院监所检察部门。

第三章 刑罚变更执行检察

第一节 减刑、假释检察

第十二条 对监狱提请减刑、假释活动检察的内容：

（一）提请减刑、假释罪犯是否符合法律规定条件；

（二）提请减刑、假释的程序是否符合法律和有关规定；

（三）对依法应当减刑、假释的罪犯，监狱是否提请减刑、假释。

第十三条 对监狱提请减刑、假释活动检察的方法：

（一）查阅被提请减刑、假释罪犯的案卷材料；

（二）查阅监区集体评议减刑、假释会议记录，罪犯计分考核原始凭证，刑罚执行（狱政管理）部门审查意见；

（三）列席监狱审核拟提请罪犯减刑、假释的会议；

（四）向有关人员了解被提请减刑、假释罪犯的表现等情况。

第十四条 发现监狱在提请减刑、假释活动中有下列情形的，应当及时提出纠正意见：

（一）对没有悔改表现或者立功表现的罪犯，提请减刑的；

（二）对没有悔改表现，假释后可能再危害社会的罪犯，提请假释的；

（三）对累犯以及因杀人、爆炸、抢劫、强奸、绑架等暴力性犯罪被判处十年以上有期徒刑、无期徒刑的罪犯，提请假释的；

（四）对依法应当减刑、假释的罪犯没有提请减刑、假释的；

(五)提请对罪犯减刑的起始时间、间隔时间和减刑后又假释的间隔时间不符合有关规定的;

(六)被提请减刑、假释的罪犯被减刑后实际执行的刑期或者假释考验期不符合有关规定的;

(七)提请减刑、假释没有完备的合法手续的;

(八)其他违反提请减刑、假释规定的。

第十五条 派驻检察机构收到监狱移送的提请减刑材料的,应当及时审查并签署意见。认为提请减刑不当的,应当提出纠正意见,填写《监狱提请减刑不当情况登记表》。所提纠正意见未被采纳的,可以报经本院检察长批准,向受理本案的人民法院的同级人民检察院报送。

第十六条 派驻检察机构收到监狱移送的提请假释材料的,应当及时审查并签署意见,填写《监狱提请假释情况登记表》,向受理本案的人民法院的同级人民检察院报送。认为提请假释不当的,应当提出纠正意见,将意见以及监狱采纳情况一并填入《监狱提请假释情况登记表》。

第十七条 人民检察院收到人民法院减刑、假释裁定书副本后,应当及时审查。认为减刑、假释裁定不当的,应当在收到裁定书副本后二十日内,向作出减刑、假释裁定的人民法院提出书面纠正意见。

第十八条 人民检察院对人民法院减刑、假释的裁定提出纠正意见后,应当监督人民法院是否在收到纠正意见后一个月内重新组成合议庭进行审理。

第十九条 对人民法院减刑、假释裁定的纠正意见,由作出减刑、假释裁定的人民法院的同级人民检察院书面提出。

下级人民检察院发现人民法院减刑、假释裁定不当的,应当立即向作出减刑、假释裁定的人民法院的同级人民检察院报告。

第二十条 对人民法院采取听证或者庭审方式审理减刑、假释案件的,同级人民检察院应当派员参加,发表检察意见并对听证或者庭审过程是否合法进行监督。

第二节 暂予监外执行检察

第二十一条 对监狱呈报暂予监外执行活动检察的内容:

(一)呈报暂予监外执行罪犯是否符合法律规定条件;

(二)呈报暂予监外执行的程序是否符合法律和有关规定。

第二十二条 对监狱呈报暂予监外执行活动检察的方法:

(一)审查被呈报暂予监外执行罪犯的病残鉴定和病历资料;

(二)列席监狱审核拟呈报罪犯暂予监外执行的会议;

(三)向有关人员了解被呈报暂予监外执行罪犯的患病及表现等情况。

第二十三条 发现监狱在呈报暂予监外执行活动中有下列情形的,应当及时提出纠正意见:

(一)呈报保外就医罪犯所患疾病不属于《罪犯保外就医疾病伤残范围》的;

(二)呈报保外就医罪犯属于因患严重慢性疾病长期医治无效情形,执行原判刑期未达三分之一以上的;

(三)呈报保外就医罪犯属于自伤自残的;

(四)呈报保外就医罪犯没有省级人民政府指定医院开具的相关证明文件的;

(五)对适用暂予监外执行可能有社会危险性的罪犯呈报暂予监外执行的;

(六)对罪犯呈报暂予监外执行没有完备的合法手续的;

(七)其他违反暂予监外执行规定的。

第二十四条 派驻检察机构收到监狱抄送的呈报罪犯暂予监外执行的材料后,应当及时审查并签署意见。认为呈报暂予监外执行不当的,应当提出纠正意见。审查情况应当填入《监狱呈报暂予监外执行情况登记表》,层报省级人民检察院监所检察部门。

省级人民检察院监所检察部门审查认为监狱呈报暂予监外执行不当的，应当及时将审查意见告知省级监狱管理机关。

第二十五条 省级人民检察院收到省级监狱管理机关批准暂予监外执行的通知后，应当及时审查。认为暂予监外执行不当的，应当自接到通知之日起一个月内向省级监狱管理机关提出书面纠正意见。

省级人民检察院应当监督省级监狱管理机关是否在收到书面纠正意见后一个月内进行重新核查和核查决定是否符合法律规定。

第二十六条 下级人民检察院发现暂予监外执行不当的，应当立即层报省级人民检察院。

第四章 监管活动检察

第一节 禁闭检察

第二十七条 禁闭检察的内容：

（一）适用禁闭是否符合规定条件；

（二）适用禁闭的程序是否符合有关规定；

（三）执行禁闭是否符合有关规定。

第二十八条 禁闭检察的方法：

（一）对禁闭室进行现场检察；

（二）查阅禁闭登记和审批手续；

（三）听取被禁闭人和有关人员的意见。

第二十九条 发现监狱在适用禁闭活动中有下列情形的，应当及时提出纠正意见：

（一）对罪犯适用禁闭不符合规定条件的；

（二）禁闭的审批手续不完备的；

（三）超期限禁闭的；

（四）使用戒具不符合有关规定的；

（五）其他违反禁闭规定的。

第二节 事故检察

第三十条 事故检察的内容：

（一）罪犯脱逃；

（二）罪犯破坏监管秩序；

（三）罪犯群体病疫；

（四）罪犯伤残；

（五）罪犯非正常死亡；

（六）其他事故。

第三十一条 事故检察的方法：

（一）派驻检察机构接到监狱关于罪犯脱逃、破坏监管秩序、群体病疫、伤残、死亡等事故报告，应当立即派员赴现场了解情况，并及时报告本院检察长；

（二）认为可能存在违法犯罪问题的，派驻检察人员应当深入事故现场，调查取证；

（三）派驻检察机构与监狱共同剖析事故原因，研究对策，完善监管措施。

第三十二条 罪犯在服刑期间因病死亡，其家属对监狱提供的医疗鉴定有疑义向人民检察院提出的，人民检察院应当受理。经审查认为医疗鉴定有错误的，可以重新对死亡原因作出鉴定。

罪犯非正常死亡的，人民检察院接到监狱通知后，原则上应在二十四小时内对尸体进行检验，对死亡原因进行鉴定，并根据鉴定结论依法及时处理。

第三十三条 对于监狱发生的重大事故，派驻检察机构应当及时填写《重大事故登记表》，报送上一级人民检察院，同时对监狱是否存在执法过错责任进行检察。

辖区内监狱发生重大事故的，省级人民检察院应当检查派驻检察机构是否存在不履行或者不认真履行监督职责的问题。

第三节 狱政管理、教育改造活动检察

第三十四条 狱政管理、教育改造活动检察的内容：

(一)监狱的狱政管理、教育改造活动是否符合有关法律规定；

(二)罪犯的合法权益是否得到保障。

第三十五条 狱政管理、教育改造活动检察的方法：

(一)对罪犯生活、学习、劳动现场和会见室进行实地检察和巡视检察；

(二)查阅罪犯名册、伙食账簿、会见登记和会见手续；

(三)向罪犯及其亲属和监狱人民警察了解情况，听取意见；

(四)在法定节日、重大活动之前或者期间，督促监狱进行安全防范和生活卫生检查。

第三十六条 发现监狱在狱政管理、教育改造活动中有下列情形的，应当及时提出纠正意见：

(一)监狱人民警察体罚、虐待或者变相体罚、虐待罪犯的；

(二)没有按照规定对罪犯进行分押分管的；

(三)监狱人民警察没有对罪犯实行直接管理的；

(四)安全防范警戒设施不完备的；

(五)监狱人民警察违法使用戒具的；

(六)没有按照规定安排罪犯与其亲属会见的；

(七)对伤病罪犯没有及时治疗的；

(八)没有执行罪犯生活标准规定的；

(九)没有按照规定时间安排罪犯劳动，存在罪犯超时间、超体力劳动情况的；

(十)其他违反狱政管理、教育改造规定的。

第三十七条 派驻检察机构参加监狱狱情分析会，应当针对罪犯思想动态、监管秩序等方面存在的问题，提出意见和建议，与监狱共同研究对策，制定措施。

第三十八条 派驻检察机构应当与监狱建立联席会议制度，及时了解监狱发生的重大情况，共同分析监管执法和检察监督中存在的问题，研究改进工作的措施。联席会议每半年召开一次，必要时可以随时召开。

第三十九条 派驻检察机构每半年协助监狱对罪犯进行一次集体法制宣传教育。

派驻检察人员应当每周至少选择一名罪犯进行个别谈话，并及时与要求约见的罪犯谈话，听取情况反映，提供法律咨询，接收递交的材料等。

第五章 办理罪犯又犯罪案件

第四十条 人民检察院监所检察部门负责监狱侦查的罪犯又犯罪案件的审查逮捕、审查起诉和出庭支持公诉，以及立案监督、侦查监督、审判监督、死刑临场监督等工作。

第四十一条 办理罪犯又犯罪案件期间该罪犯原判刑期届满的，在侦查阶段由监狱提请人民检察院审查批准逮捕，在审查起诉阶段由人民检察院决定逮捕。

第四十二条 发现罪犯在判决宣告前还有其他罪行没有判决的，应当分别情形作出处理：

（一）适宜于服刑地人民法院审理的，依照本办法第四十条、第四十一条的规定办理；

（二）适宜于原审地或者犯罪地人民法院审理的，转交当地人民检察院办理；

（三）属于职务犯罪的，交由原提起公诉的人民检察院办理。

第六章　受理控告、举报和申诉

第四十三条　派驻检察机构应当受理罪犯及其法定代理人、近亲属向检察机关提出的控告、举报和申诉，根据罪犯反映的情况，及时审查处理，并填写《控告、举报和申诉登记表》。

第四十四条　派驻检察机构应当在监区或者分监区设立检察官信箱，接收罪犯控告、举报和申诉材料。信箱应当每周开启。

派驻检察人员应当每月定期接待罪犯近亲属、监护人来访，受理控告、举报和申诉，提供法律咨询。

第四十五条　派驻检察机构对罪犯向检察机关提交的自首、检举和揭发犯罪线索等材料，依照本办法第四十三条的规定办理，并检察兑现政策情况。

第四十六条　派驻检察机构办理控告、举报案件，对控告人、举报人要求回复处理结果的，应当将调查核实情况反馈控告人、举报人。

第四十七条　人民检察院监所检察部门审查刑事申诉，认为原判决、裁定正确、申诉理由不成立的，应当将审查结果答复申诉人并做好息诉工作；认为原判决、裁定有错误可能，需要立案复查的，应当移送刑事申诉检察部门办理。

第七章　纠正违法和检察建议

第四十八条　纠正违法的程序：

（一）派驻检察人员发现轻微违法情况，可以当场提出口头纠正意见，并及时向派驻检察机构负责人报告，填写《检察纠正违法情况登记表》；

（二）派驻检察机构发现严重违法情况，或者在提出口头纠正意见后被监督单位七日内未予纠正且不说明理由的，应当报经本院检察长批准，及时发出《纠正违法通知书》；

（三）人民检察院发出《纠正违法通知书》后十五日内，被监督单位仍未纠正或者回复意见的，应当及时向上一级人民检察院报告。

对严重违法情况，派驻检察机构应当填写《严重违法情况登记表》，向上一级人民检察院监所检察部门报送并续报检察纠正情况。

第四十九条　被监督单位对人民检察院的纠正违法意见书面提出异议的，人民检察院应当复议。被监督单位对于复议结论仍然提出异议的，由上一级人民检察院复核。

第五十条　发现刑罚执行活动中存在执法不规范等可能导致执法不公和重大事故等苗头性、倾向性问题的，应当报经本院检察长批准，向有关单位提出检察建议。

第八章　其他规定

第五十一条　派驻检察人员每月派驻监狱检察时间不得少于十六个工作日，遇有突发事件时应当及时检察。

派驻检察人员应当将罪犯每日变动情况、开展检察工作情况和其他有关情况，全面、及时、准确地填入《监狱检察日志》。

第五十二条　派驻检察机构应当实行检务公开。对收监交付执行的罪犯，应当及时告知其权利和义务。

第五十三条　派驻检察人员在工作中，故意违反法律和有关规定，或者严重不负责任，造成严重后果的，应当追究法律责任、纪律责任。

第五十四条 人民检察院监狱检察工作实行“一志八表”的检察业务登记制度。“一志八表”是指《监狱检察日志》、《监外执行罪犯出监告知表》、《监狱提请减刑不当情况登记表》、《监狱提请假释情况登记表》、《监狱呈报暂予监外执行情况登记表》、《重大事故登记表》、《控告、举报和申诉登记表》、《检察纠正违法情况登记表》和《严重违法情况登记表》。

派驻检察机构登记“一志八表”，应当按照“微机联网、动态监督”的要求，实行办公自动化管理。

第九章 附 则

第五十五条 本办法与《人民检察院监狱检察工作图示》配套使用。

第五十六条 本办法由最高人民检察院负责解释。

第五十七条 本办法自印发之日起施行。1994年11月25日最高人民检察院监所检察厅印发的《监狱检察工作一志十一表(式样)》停止使用。

人民检察院看守所检察办法

(2008年2月22日最高人民检察院第十届检察委员会第九十四次会议通过)

第一章 总 则

第一条 为规范看守所检察工作，根据《中华人民共和国刑事诉讼法》、《中华人民共和国看守所条例》等规定，结合看守所检察工作实际，制定本办法。

第二条 人民检察院看守所检察的任务是：保证国家法律法规在刑罚执行和监管活动中的正确实施，维护在押人员合法权益，维护看守所监管秩序稳定，保障刑事诉讼活动顺利进行。

第三条 人民检察院看守所检察的职责是：

(一)对看守所的监管活动是否合法实行监督；

(二)对在押犯罪嫌疑人、被告人羁押期限是否合法实行监督；

(三)对看守所代为执行刑罚的活动是否合法实行监督；

(四)对刑罚执行和监管活动中发生的职务犯罪案件进行侦查，开展职务犯罪预防工作；

(五)对公安机关侦查的留所服刑罪犯又犯罪案件，审查逮捕、审查起诉和出庭支持公诉，对公安机关的立案、侦查活动和人民法院的审判活动是否合法实行监督，

(六)受理在押人员及其法定代理人、近亲属的控告、举报和申诉；

(七)其他依法应当行使的监督职责。

第四条 人民检察院在看守所检察工作中，应当依法独立行使检察权，以事实为根据、以法律为准绳。

看守所检察人员履行法律监督职责，应当严格遵守法律，恪守检察职业道德，忠于职守，清正廉洁；应当坚持原则，讲究方法，注重实效。

第二章 收押、出所检察

第一节 收押检察

第五条 收押检察的内容：

(一)看守所对犯罪嫌疑人、被告人和罪犯的收押管理活动是否符合有关法律规定。

（二）看守所收押犯罪嫌疑人、被告人和罪犯有无相关凭证：

1. 收押犯罪嫌疑人、被告人，是否具备县级以上公安机关、国家安全机关签发的刑事拘留证、逮捕证；

2. 临时收押异地犯罪嫌疑人、被告人和罪犯，是否具备县级以上人民法院、人民检察院、公安机关、国家安全机关或者监狱签发的通缉、追捕、押解、寄押等法律文书；

3. 收押剩余刑期在一年以下的有期徒刑罪犯、判决确定前未被羁押的罪犯，是否具备人民检察院的起诉书副本、人民法院的判决（裁定）书、执行通知书、结案登记表；

4. 收押被决定收监执行的罪犯，是否具备撤销假释裁定书、撤销缓刑裁定书或者撤销暂予监外执行的收监执行决定书。

（三）看守所是否收押了依法不应当收押的人员。

第六条 收押检察的方法：

（一）审查收押凭证；

（二）现场检察收押活动。

第七条 发现看守所在收押管理活动中有下列情形的，应当及时提出纠正意见：

（一）没有收押凭证或者收押凭证不齐全而收押的；

（二）被收押人员与收押凭证不符的；

（三）应当收押而拒绝收押的；

（四）收押除特殊情形外的怀孕或者正在哺乳自己婴儿的妇女的；

（五）收押除特殊情形外的患有急性传染病或者其他严重疾病的人员的；

（六）收押法律规定不负刑事责任的人员的；

（七）收押时未告知被收押人员权利、义务以及应当遵守的有关规定的；

（八）其他违反收押规定的。

第八条 收押检察应当逐人建立《在押人员情况检察台账》。

第二节 出所检察

第九条 出所检察的内容：

（一）看守所对在押人员的出所管理活动是否符合有关法律规定。

（二）在押人员出所有无相关凭证：

1. 被释放的犯罪嫌疑人、被告人或者罪犯，是否具备释放证明书；

2. 被释放的管制、缓刑、独立适用附加刑的罪犯，是否具备人民法院的判决书、执行通知书；

3. 假释罪犯，是否具备假释裁定书、执行通知书、假释证明书；

4. 暂予监外执行罪犯，是否具备暂予监外执行裁定书或者决定书；

5. 交付监狱执行的罪犯，是否具备生效的刑事判决（裁定）书和执行通知书；

6. 交付劳教所执行的劳教人员，是否具备劳动教养决定书和劳动教养通知书；

7. 提押、押解或者转押出所的在押人员，是否具备相关凭证。

第十条 出所检察的方法：

（一）查阅出所人员出所登记和出所凭证；

（二）与出所人员进行个别谈话，了解情况。

第十一条 发现看守所在出所管理活动中有下列情形的，应当及时提出纠正意见：

（一）出所人员没有出所凭证或者出所凭证不齐全的；

（二）出所人员与出所凭证不符的；

（三）应当释放而没有释放或者不应当释放而释放的；

（四）没有看守所民警或者办案人员提押、押解或者转押在押人员出所的；

（五）判处死刑缓期二年执行、无期徒刑、剩余刑期在一年以上有期徒刑罪犯或者被决定劳动教养人员，没有在一个月内交付执行的；

（六）对判处管制、宣告缓刑、裁定假释、独立适用剥夺政治权利、决定或者批准暂予监外执行罪犯，没有及时交付执行的；

（七）没有向刑满释放人员居住地公安机关送达释放通知书的；

（八）其他违反出所规定的。

第十二条 监狱违反规定拒收看守所交付执行罪犯的，驻所检察室应当及时报经本院检察长批准，建议监狱所在地人民检察院监所检察部门向监狱提出纠正意见。

第十三条 被判处管制、宣告缓刑、裁定假释、决定或者批准暂予监外执行的罪犯，独立适用剥夺政治权利或者刑满释放仍需执行附加剥夺政治权利的罪犯出所时，驻所检察室应当填写《监外执行罪犯出所告知表》，寄送执行地人民检察院监所检察部门。

第三章 羁押期限检察

第十四条 羁押期限检察的内容：

（一）看守所执行办案换押制度是否严格，应当换押的是否及时督促办案机关换押；

（二）看守所是否在犯罪嫌疑人、被告人的羁押期限届满前七日，向办案机关发出羁押期限即将届满通知书；

（三）看守所是否在犯罪嫌疑人、被告人被超期羁押后，立即向人民检察院发出超期羁押报告书并抄送办案机关。

第十五条 羁押期限检察的方法：

（一）查阅看守所登记和换押手续，逐一核对在押人员诉讼环节及其羁押期限，及时记录诉讼环节及其羁押期限变更情况；

（二）驻所检察室应当与看守所信息联网，对羁押期限实行动态监督；

（三）提示看守所及时履行羁押期限预警职责；

（四）对检察机关立案侦查的职务犯罪案件，在犯罪嫌疑人羁押期限届满前七日，监所检察部门应当向本院办案部门发出《犯罪嫌疑人羁押期限即将届满提示函》。

第十六条 纠正超期羁押的程序：

（一）发现看守所没有报告超期羁押的，立即向看守所提出纠正意见；

（二）发现同级办案机关超期羁押的，立即报经本院检察长批准，向办案机关发出纠正违法通知书；

（三）发现上级办案机关超期羁押的，及时层报上级办案机关的同级人民检察院；

（四）发出纠正违法通知书后五日内，办案机关未回复意见或者仍然超期羁押的，报告上一级人民检察院处理。

第四章 监管活动检察

第一节 事故检察

第十七条 事故检察的内容：

（一）在押人员脱逃；

（二）在押人员破坏监管秩序；

（三）在押人员群体病疫；

(四)在押人员伤残;

(五)在押人员非正常死亡;

(六)其他事故。

第十八条 事故检察的方法:

(一)驻所检察室接到看守所关于在押人员脱逃、破坏监管秩序、群体病疫、伤残、死亡等事故报告,应当立即派员赴现场了解情况,并及时报告本院检察长;

(二)认为可能存在违法犯罪问题的,派驻检察人员应当深入事故现场,调查取证;

(三)驻所检察室与看守所共同剖析事故原因,研究对策,完善监管措施。

第十九条 在押人员因病死亡,其家属对看守所提供的医疗鉴定有疑义向人民检察院提出的,人民检察院监所检察部门应当受理。经审查认为医疗鉴定有错误的,可以重新对死亡原因作出鉴定。

在押人员非正常死亡的,人民检察院接到看守所通知后,原则上应当在二十四小时内对尸体进行检验,对死亡原因进行鉴定,并根据鉴定结论依法及时处理。

第二十条 对于看守所发生的重大事故,驻所检察室应当及时填写《重大事故登记表》,报送上一级人民检察院,同时对看守所是否存在执法过错责任进行检察。

看守所发生重大事故的,上一级人民检察院应当检查驻所检察室是否存在不履行或者不认真履行监督职责的问题。

第二节 教育管理活动检察

第二十一条 教育管理活动检察的内容:

(一)看守所的教育管理活动是否符合有关规定;

(二)在押人员的合法权益是否得到保障。

第二十二条 教育管理活动检察的方法:

(一)对监区、监室、提讯室、会见室进行实地检察和巡视检察;

(二)查阅在押人员登记名册、伙食账簿、会见登记和会见手续;

(三)向在押人员及其亲属和监管民警了解情况,听取意见;

(四)在法定节日、重大活动之前或者期间,督促看守所进行安全防范和生活卫生检查。

第二十三条 发现看守所在教育管理活动中有下列情形的,应当及时提出纠正意见:

(一)监管民警体罚、虐待或者变相体罚、虐待在押人员的;

(二)监管民警为在押人员通风报信、私自传递信件物品、伪造立功材料的;

(三)没有按照规定对在押人员进行分别羁押的;

(四)监管民警违法使用警械具或者使用非法定械具的;

(五)违反规定对在押人员适用禁闭措施的;

(六)没有按照规定安排办案人员提讯的;

(七)没有按照规定安排律师及在押人员家属与在押人员会见的;

(八)没有及时治疗伤病在押人员的;

(九)没有执行在押人员生活标准规定的;

(十)没有按照规定安排在押人员劳动,存在在押人员超时间、超体力劳动情况的;

(十一)其他违反教育管理规定的。

第二十四条 驻所检察室应当与看守所建立联席会议制度,及时了解看守所发生的重大情况,共同分析监管执法和检察监督中存在的问题,研究改进工作的措施。联席会议每半年召开一次,必要时可以随时召开。

第二十五条 驻所检察室应当协助看守所对在押人员进行经常性的法制宣传教育。

驻所检察人员应当每周至少选择一名在押人员进行个别谈话，并及时与要求约见的在押人员谈话，听取情况反映，提供法律咨询，接收递交的材料等。

第五章 执行刑罚活动检察

第一节 留所服刑检察

第二十六条 留所服刑检察的内容：

（一）看守所办理罪犯留所服刑是否符合有关规定；

（二）对剩余刑期在一年以上罪犯留所服刑的，是否按照规定履行批准手续；

（三）看守所是否将未成年犯或者被决定劳教人员留所执行；

（四）看守所是否将留所服刑罪犯与其他在押人员分别关押。

第二十七条 留所服刑检察的方法：

（一）审查看守所《呈报留所服刑罪犯审批表》及相关材料；

（二）向有关人员了解留所服刑罪犯的表现情况；

（三）对留所服刑人员的监室实行巡视检察。

第二十八条 发现看守所办理罪犯留所服刑活动有下列情形的，应当及时提出纠正意见：

（一）对剩余刑期在一年以上罪犯留所服刑，看守所没有履行报批手续或者手续不齐全的；

（二）将未成年犯和劳教人员留所执行的；

（三）将留所服刑罪犯与其他在押人员混管混押的；

（四）其他违反留所服刑规定的。

第二节 减刑、假释、暂予监外执行检察

第二十九条 对看守所提请或者呈报减刑、假释、暂予监外执行活动检察的内容：

（一）提请或者呈报减刑、假释、暂予监外执行的罪犯，是否符合法律规定条件；

（二）提请或者呈报减刑、假释、暂予监外执行的程序是否符合法律和有关规定；

（三）对依法应当减刑、假释、暂予监外执行的罪犯，看守所是否提请或者呈报减刑、假释、暂予监外执行。

第三十条 对看守所提请或者呈报减刑、假释、暂予监外执行活动检察的方法：

（一）查阅被提请减刑、假释罪犯的案卷材料；

（二）审查被呈报暂予监外执行罪犯的病残鉴定和病历资料；

（三）列席看守所审核拟提请或者呈报罪犯减刑、假释、暂予监外执行的会议；

（四）向有关人员了解被提请或者呈报减刑、假释、暂予监外执行罪犯的表现等情况。

第三十一条 对于看守所提请或者呈报减刑、假释、暂予监外执行活动的检察情况，驻所检察室应当记入《看守所办理减刑、假释、暂予监外执行情况登记表》。

第三十二条 本办法对看守所提请或者呈报减刑、假释、暂予监外执行检察的未尽事项，参照《人民检察院监狱检察办法》第三章刑罚变更执行检察的有关规定执行。

第六章 办理罪犯又犯罪案件

第三十三条 人民检察院监所检察部门负责公安机关侦查的留所服刑罪犯又犯罪案件的审查逮捕、审查起诉和出庭支持公诉，以及立案监督、侦查监督和审判监督等工作。

第三十四条 发现留所服刑罪犯在判决宣告前还有其他罪行没有判决的，应当分别情形作出

处理：

（一）适宜于服刑地人民法院审理的，依照本办法第三十三条的规定办理；

（二）适宜于原审地或者犯罪地人民法院审理的，转交当地人民检察院办理；

（三）属于职务犯罪的，交由原提起公诉的人民检察院办理。

第三十五条 犯罪嫌疑人、被告人羁押期间的犯罪案件，由原办案机关处理。驻所检察室发现公安机关应当立案而没有立案的，应当告知本院侦查监督部门。

第七章 受理控告、举报和申诉

第三十六条 驻所检察室应当受理在押人员及其法定代理人、近亲属向检察机关提出的控告、举报和申诉，根据在押人员反映的情况，及时审查处理，并填写《控告、举报和申诉登记表》。

第三十七条 驻所检察室应当在看守所内设立检察官信箱，及时接收在押人员控告、举报和申诉材料。

第三十八条 驻所检察室对在押人员向检察机关提交的自首、检举和揭发犯罪线索等材料，依照本办法第三十六条的规定办理，并检察兑现政策情况。

第三十九条 驻所检察室办理控告、举报案件，对控告人或者举报人要求回复处理结果的，应当将调查核实情况反馈控告人、举报人。

第四十条 驻所检察室受理犯罪嫌疑人、被告人及其法定代理人、近亲属有关羁押期限的申诉，应当认真进行核实，并将结果及时反馈申诉人。

第四十一条 人民检察院监所检察部门审查留所服刑罪犯的刑事申诉，认为原判决或者裁定正确、申诉理由不成立的，应当将审查结果答复申诉人并做好息诉工作；认为原判决、裁定有错误可能，需要立案复查的，应当移送刑事申诉检察部门办理。

第八章 纠正违法和检察建议

第四十二条 纠正违法的程序：

（一）驻所检察人员发现轻微违法情况，可以当场提出口头纠正意见，并及时向驻所检察室负责人报告，填写《检察纠正违法情况登记表》；

（二）驻所检察室发现严重违法情况，或者在提出口头纠正意见后被监督单位七日内未予纠正且不说明理由的，应当报经本院检察长批准，及时发出《纠正违法通知书》；

（三）人民检察院发出《纠正违法通知书》后十五日内，被监督单位仍未纠正或者回复意见的，应当及时向上一级人民检察院报告。

对严重违法情况，驻所检察室应当填写《严重违法情况登记表》，向上一级人民检察院监所检察部门报送并续报检察纠正情况。

第四十三条 被监督单位对人民检察院的纠正违法意见书面提出异议的，人民检察院应当复议。被监督单位对于复议结论仍然提出异议的，由上一级人民检察院复核。

第四十四条 发现刑罚执行和监管活动中存在执法不规范等可能导致执法不公和重大事故等苗头性、倾向性问题的，应当报经本院检察长批准，向有关单位提出检察建议。

第九章 其 他 规 定

第四十五条 派驻检察人员每月派驻看守所检察时间不得少于十六个工作日，遇有突发事件时应当及时检察。

派驻检察人员应当将在押人员每日变动情况、开展检察工作情况和其他有关情况，全面、及时、准确地填入《看守所检察日志》。

第四十六条 驻所检察室实行检务公开制度。对新收押人员,应当及时告知其权利和义务。

第四十七条 派驻检察人员在工作中,故意违反法律和有关规定,或者严重不负责任,造成严重后果的,应当追究法律责任、纪律责任。

第四十八条 人民检察院看守所检察工作实行"一志一账六表"的检察业务登记制度。"一志一账六表"是指《看守所检察日志》、《在押人员情况检察台账》、《监外执行罪犯出所告知表》、《看守所办理减刑、假释、暂予监外执行情况登记表》、《重大事故登记表》、《控告、举报和申诉登记表》、《检察纠正违法情况登记表》和《严重违法情况登记表》。

驻所检察机构登记"一志一账六表",应当按照"微机联网、动态监督"的要求,实行办公自动化管理。

第十章 附 则

第四十九条 本办法与《人民检察院看守所检察工作图示》配套使用。

第五十条 本办法由最高人民检察院负责解释。

第五十一条 本办法自印发之日起施行。1990 年 5 月 11 日最高人民检察院监所检察厅《关于统一使用看守所检察业务登记表的通知》中看守所检察业务登记"一志八表"停止使用。

人民检察院劳教检察办法

(2008 年 2 月 22 日最高人民检察院第十届检察委员会第九十四次会议通过)

第一章 总 则

第一条 为规范劳教检察工作,根据全国人民代表大会常务委员会批准的《国务院关于劳动教养问题的决定》、《国务院关于劳动教养的补充规定》的规定,结合劳教检察工作实际,制定本办法。

第二条 人民检察院劳教检察的任务是:保证国家法律法规在劳动教养活动中的正确实施,维护劳教人员合法权益,维护劳教场所监管秩序稳定,保障惩治和矫正劳教人员工作的顺利进行。

第三条 人民检察院劳教检察的职责是:

(一)对劳教所执行劳教决定和监管活动是否合法实行监督;

(二)对劳教所呈报和劳教管理机关批准延期、减期、提前解教、所外执行、所外就医活动是否合法实行监督;

(三)对劳教执行和监管活动中发生的职务犯罪案件进行侦查,开展职务犯罪预防工作;

(四)对公安机关侦查的劳教人员犯罪案件审查逮捕、审查起诉和出庭支持公诉;对公安机关的立案、侦查活动和人民法院的审判活动是否合法实行监督;

(五)受理劳教人员及其法定代理人、近亲属的控告、举报和申诉;

(六)其他依法应当行使的监督职责。

第四条 人民检察院在劳教检察工作中,应当坚持依法独立行使检察权,坚持以事实为根据、以法律为准绳。

劳教检察人员履行法律监督职责,应当严格遵守法律,恪守检察职业道德,忠于职守,清正廉洁;应当坚持原则,讲究方法,注重实效。

第二章 入所、出所检察

第一节 入所检察

第五条 入所检察的内容：

（一）劳教所对被决定劳教人员的收容管理活动是否符合有关规定。

（二）劳教所收容劳教人员有无相关凭证：

1. 新收容劳教人员，是否具备劳动教养决定书和劳动教养通知书；

2. 被收回所内执行剩余劳教期的劳教人员，是否具备批准手续；

3. 从其他劳教所调入的劳教人员，是否具备审批手续。

（三）劳教所是否收容了不应当收容的人员。

第六条 入所检察的方法：

（一）劳教人员个别入所的，实行逐人检察；

（二）劳教人员集体入所的，实行重点检察；

（三）对新收劳教人员大队，实行巡视检察。

第七条 发现劳教所在收容管理活动中有下列情形的，应当及时提出纠正意见：

（一）没有入所凭证或者入所凭证不齐全的；

（二）收容劳教人员与入所凭证不符的；

（三）应当收容而拒绝收容的；

（四）收容怀孕的妇女、正在哺乳自己未满一周岁婴儿的妇女或者丧失劳动能力的人的；

（五）收容除法律、法规有特殊规定外的精神病人、呆傻人、盲、聋、哑人，严重病患者的；

（六）劳教人员入所后未按时通知其家属的；

（七）其他违反收容规定的。

第八条 派驻检察机构发现入所人员不符合劳动教养条件或者需要依法追究刑事责任的，应当在发现后三日内，报经本院检察长批准，将有关材料转交劳教审批地人民检察院监所检察部门办理。

劳教审批地人民检察院监所检察部门收到相关材料后，应当在十五日内进行核查，并将核查情况和处理意见反馈劳教执行地人民检察院监所检察部门。

第二节 出所检察

第九条 出所检察的内容：

（一）劳教所对解除劳教和劳教人员出所管理活动是否符合有关规定。

（二）劳教人员出所有无相关凭证：

1. 解除劳教人员，是否具备解除劳动教养证明书、劳教审批机关撤销原劳教决定书、人民法院撤销原劳教决定的判决书；

2. 所外执行人员，是否具备所外执行劳教呈批表、所外执行劳教证明；

3. 所外就医人员，是否具备劳教人员所外就医呈批表、劳教人员所外就医证明；

4. 离所人员，是否具备拘留证、逮捕证、调离转所审批手续或者因办案需要临时离所批准手续；

5. 放假、准假人员，是否具备劳教人员放假、准假呈批表、劳教人员准假证明。

第十条 出所检察的方法：

（一）查阅出所人员的出所登记和出所凭证；

（二）与出所人员进行个别谈话，了解情况。

第十一条 发现劳教所在出所管理活动中有下列情形的，应当及时提出纠正意见：

（一）出所人员没有出所凭证或者出所凭证不齐全的；

（二）出所人员与出所凭证不符的；

（三）到期不及时办理解教手续或者无故扣押解教证明的；

（四）被刑事拘留、逮捕或者因办案需要临时离所以及调离转所人员，没有劳教所民警或者办案人员押解的；

（五）没有向解教人员居住地公安机关送达解除劳动教养通知书的；

（六）没有向所外执行、所外就医人员居住地公安机关送达有关法律文书的；

（七）其他违反出所规定的。

第三章　劳教变更执行检察

第十二条 对劳教所呈报劳教变更执行活动检察的内容：

（一）呈报延期、减期、提前解教、所外执行、所外就医的劳教人员，是否符合规定条件；

（二）呈报延期、减期、提前解教、所外执行、所外就医的程序，是否符合有关规定；

（三）对应当延期、减期、提前解教、所外执行、所外就医的劳教人员，劳教所是否呈报延期、减期、提前解教、所外执行、所外就医。

第十三条 对劳教所呈报劳教变更执行活动检察的方法：

（一）查阅被呈报延期、减期、提前解教、所外执行、所外就医劳教人员的案卷材料；

（二）查阅劳教人员所在中队办公会记录、计分考核原始凭证、劳教人员病历资料、医院诊断证明以及劳教所的审查意见；

（三）列席劳教所研究呈报延期、减期、提前解教、所外执行、所外就医的会议；

（四）向有关人员了解被呈报延期、减期、提前解教、所外执行、所外就医劳教人员的表现等情况。

第十四条 发现劳教所在呈报劳教变更执行活动中有下列情形的，应当及时提出纠正意见：

（一）对劳教期间表现不好或者有重新违法犯罪可能的劳教人员，呈报减期、提前解教、所外执行的；

（二）对多次流窜作案被劳教的人员呈报提前解教、所外执行的；

（三）对因吸毒被劳教尚未戒除毒瘾的人员呈报提前解教、所外执行的；

（四）对患有性病未治愈的劳教人员呈报提前解教、所外执行的；

（五）呈报所外就医人员没有劳教所医院或者指定地方县级以上医院出具的证明，或者没有家属提出书面申请或者担保的；

（六）其他违反呈报减期、提前解教、所外执行、所外就医规定的。

第十五条 派驻检察机构收到劳教所移送的呈报延期、减期、提前解教材料的，应当及时审查并签署意见。认为呈报延期、减期、提前解教不当的，应当提出纠正意见，填写《劳教所办理延期、减期、提前解教不当情况登记表》。所提纠正意见未被采纳的，可以报经本院检察长批准，向受理本案的劳教管理机关的同级人民检察院报送。

第十六条 派驻检察机构收到劳教所移送的呈报所外执行、所外就医材料的，应当及时审查并签署意见。认为呈报所外执行、所外就医不当的，应当提出纠正意见。派驻检察机构应当将审查情况填入《劳教所办理所外执行、所外就医情况登记表》，报送受理本案的劳教管理机关的同级人民检察院监所检察部门。

第十七条 派驻检察机构发现延期、减期、提前解教、所外执行、所外就医的决定不当的，报经本院检察长批准,应当立即向作出批准决定的劳教管理机关的同级人民检察院监所检察部门报告。

人民检察院监所检察部门收到派驻检察机构的报告后,应当及时审查。认为延期、减期、提前解教、所外执行、所外就医不当的,应当向劳教管理机关提出书面纠正意见。

第四章　监管活动检察

第一节　禁闭检察

第十八条　禁闭检察的内容:

(一)适用禁闭是否符合规定条件;

(二)适用禁闭的程序是否符合有关规定;

(三)执行禁闭是否符合有关规定。

第十九条　禁闭检察的方法:

(一)对禁闭室进行现场检察;

(二)查阅禁闭登记和审批手续;

(三)听取被禁闭人和有关人员的意见。

第二十条　发现劳教所在适用禁闭活动中有下列情形的,应当及时提出纠正意见:

(一)对劳教人员适用禁闭不符合规定条件的;

(二)禁闭的审批手续不完备的;

(三)超期限禁闭的;

(四)使用戒具不符合有关规定的;

(五)其他违反禁闭规定的。

第二节　事故检察

第二十一条　事故检察的内容:

(一)劳教人员逃跑;

(二)劳教人员破坏监管秩序;

(三)劳教人员群体病疫;

(四)劳教人员伤残;

(五)劳教人员非正常死亡;

(六)其他事故。

第二十二条　事故检察的方法:

(一)派驻检察机构接到劳教所关于劳教人员逃跑、破坏监管秩序、群体病疫、伤残、死亡等事故报告,应当立即派员赴现场了解情况,并及时报告本院检察长;

(二)认为可能存在违法犯罪问题的,派驻检察人员应当深入事故现场,调查取证;

(三)派驻检察机构与劳教所共同剖析事故原因,研究对策,完善监管措施。

第二十三条　劳教人员在所内因病死亡,其家属对劳教所提供的医疗鉴定有疑义向人民检察院提出的,人民检察院监所检察部门应当受理。经审查认为医疗鉴定有错误的,可以重新对死亡原因作出鉴定。

劳教人员非正常死亡的,人民检察院接到劳教所通知后,原则上应当在二十四小时内对尸体进行检验,对死亡原因进行鉴定,并根据鉴定结论依法及时处理。

第二十四条　对于劳教所发生的重大事故,派驻检察机构应当及时填写《重大事故登记表》,报送上一级人民检察院,同时对劳教所是否存在执法过错责任进行检察。

辖区内劳教所发生重大事故的，省级人民检察院应当检查派驻检察机构是否存在不履行或者不认真履行监督职责的问题。

第三节　教育管理活动检察

第二十五条　教育管理活动检察的内容：

（一）劳教所的教育管理活动是否符合有关规定；

（二）劳教人员的合法权益是否得到保障。

第二十六条　教育管理活动检察的方法：

（一）对劳教人员生活、学习、劳动现场和会见室进行实地检察和巡视检察；

（二）查阅劳教人员登记名册、伙食账簿、劳动记录、会见登记和会见手续；

（三）向劳教人员及其亲属和监管民警了解情况，听取意见；

（四）在法定节日、重大活动之前或者期间，督促劳教所进行安全防范和生活卫生检查。

第二十七条　发现劳教所在教育管理活动中有下列情形的，应当及时提出纠正意见：

（一）监管民警体罚、虐待或者变相体罚、虐待劳教人员的；

（二）没有按照规定对劳教人员实行分类编队、分级管理的；

（三）监管民警没有对劳教人员实行直接管理的；

（四）监管民警违法使用警械、戒具的；

（五）没有按照规定安排劳教人员与其亲属会见的；

（六）没有及时治疗伤病劳教人员的；

（七）没有执行劳教人员生活标准规定的；

（八）没有按照规定时间安排劳教人员劳动，存在劳教人员超时间、超体力劳动情况的；

（九）其他违反教育管理规定的。

第二十八条　派驻检察机构应当与劳教所建立联席会议制度，及时了解劳教所发生的重大情况，共同分析监管执法和检察监督中存在的问题，研究改进工作的措施。联席会议每半年召开一次，必要时可以随时召开。

第二十九条　派驻检察机构每半年协助劳教所对劳教人员进行一次集体法制宣传教育。

派驻检察人员应当每周至少选择一名劳教人员进行个别谈话，并及时与要求约见的劳教人员谈话，听取情况反映，提供法律咨询，接收递交的材料等。

第五章　办理劳教人员犯罪案件

第三十条　人民检察院监所检察部门负责公安机关侦查的劳教人员犯罪案件的审查逮捕、审查起诉和出庭支持公诉，以及立案监督、侦查监督和审判监督等工作。

第三十一条　发现劳教人员有未被追究刑事责任的犯罪事实的，应当分别情形作出处理：

（一）适宜于劳教执行地人民法院审理的，依照本办法第三十条的规定办理；

（二）适宜于原审批地或者犯罪地人民法院审理的，转交当地人民检察院办理。

第六章　受理控告、举报和申诉

第三十二条　派驻检察机构应当受理劳教人员及其法定代理人、近亲属向检察机关提出的控告、举报和申诉，根据劳教人员反映的情况，及时审查处理，并填写《控告、举报和申诉登记表》。

第三十三条　派驻检察机构应当在劳教所内设立检察官信箱，接收劳教人员控告、举报和申诉材料。信箱应当每周开启。

派驻检察人员应当每月定期接待劳教人员近亲属、监护人来访，受理控告、举报和申诉，提供法律咨询。

第三十四条 派驻检察机构对劳教人员向检察机关提交的自首、检举和揭发犯罪线索等材料，依照本办法第三十二条的规定办理，并检察兑现政策情况。

第三十五条 派驻检察机构办理控告、举报案件，对控告人、举报人要求回复处理结果的，应当将调查核实情况反馈控告人、举报人。

第三十六条 人民检察院监所检察部门审查不服劳教决定的申诉，认为原决定正确、申诉理由不成立的，应当将审查结果答复申诉人并作好息诉工作；认为原决定有错误可能，需要复查的，应当移送原劳教审批地的人民检察院监所检察部门办理。

第七章 纠正违法和检察建议

第三十七条 纠正违法的程序：

（一）派驻检察人员发现轻微违法情况，可以当场提出口头纠正意见，并及时向派驻检察机构负责人报告，填写《检察纠正违法情况登记表》；

（二）派驻检察机构发现严重违法情况，或者在提出口头纠正意见后被监督单位七日内未予纠正且不说明理由的，应当报经本院检察长批准，及时发出《纠正违法通知书》；

（三）人民检察院发出《纠正违法通知书》后十五日内，被监督单位仍未纠正或者回复意见的，应当及时向上一级人民检察院报告。

对严重违法情况，派驻检察机构应当填写《严重违法情况登记表》，向上一级人民检察院监所检察部门报送并续报检察纠正情况。

第三十八条 被监督单位对人民检察院的纠正违法意见书面提出异议的，人民检察院应当复议。被监督单位对于复议结论仍然提出异议的，由上一级人民检察院复核。

第三十九条 检察发现劳教执行和监管活动中存在执法不规范等可能导致执法不公和重大事故等苗头性、倾向性问题的，应当报经本院检察长批准，向有关单位提出检察建议。

第八章 其他规定

第四十条 派驻检察人员每月派驻劳教所检察时间不得少于十六个工作日，遇有突发事件时应当及时检察。

派驻检察人员应当将劳教人员每日变动情况、开展检察工作情况和其他有关情况，全面、及时、准确地填入《劳教检察日志》。

第四十一条 驻所检察机构实行检务公开制度。对新收容劳教人员，应当及时告知其权利和义务。

第四十二条 派驻检察人员在工作中，故意违反法律和有关规定，或者严重不负责任，造成严重后果的，应当追究法律责任、纪律责任。

第四十三条 人民检察院劳教检察工作实行“一志六表”的检察业务登记制度。“一志六表”是指《劳教检察日志》、《劳教所办理延期、减期、提前解教不当情况登记表》、《劳教所办理所外执行、所外就医情况登记表》、《重大事故登记表》、《控告、举报和申诉登记表》、《检察纠正违法情况登记表》和《严重违法情况登记表》。

派驻检察机构登记“一志六表”，应当按照“微机联网、动态监督”的要求，实行办公自动化管理。

第九章 附 则

第四十四条 本办法与《人民检察院劳教检察工作图示》配套使用。

第四十五条 本办法由最高人民检察院负责解释。

第四十六条 本办法自印发之日起施行。1992 年 10 月 7 日最高人民检察院办公厅印发的《关于劳改、劳教检察工作实行经常化、制度化的意见》中劳教检察业务登记"一志十表"停止使用。

人民检察院监外执行检察办法

(2008 年 2 月 22 日最高人民检察院第十届检察委员会第九十四次会议通过)

第一章 总 则

第一条 为规范监外执行检察工作,根据《中华人民共和国刑法》、《中华人民共和国刑事诉讼法》等法律规定,结合监外执行检察工作实际,制定本办法。

第二条 人民检察院监外执行检察的任务是:保证国家法律法规在刑罚执行活动中的正确实施,维护监外执行罪犯合法权益,维护社会和谐稳定。

第三条 人民检察院监外执行检察的职责是:

(一)对人民法院、监狱、看守所交付执行活动是否合法实行监督;

(二)对公安机关监督管理监外执行罪犯活动是否合法实行监督;

(三)对公安机关、人民法院、监狱、看守所变更执行活动是否合法实行监督;

(四)对监外执行活动中发生的职务犯罪案件进行侦查,开展职务犯罪预防工作;

(五)其他依法应当行使的监督职责。

第四条 人民检察院在监外执行检察工作中,应当坚持依法独立行使检察权,坚持以事实为根据、以法律为准绳。

检察人员履行法律监督职责,应当严格遵守法律,恪守检察职业道德,忠于职守,清正廉洁;应当坚持原则,讲究方法,注重实效。

第二章 交付执行检察

第五条 交付执行检察的内容:

(一)人民法院、监狱、看守所交付执行活动是否符合有关法律规定;

(二)人民法院、监狱、看守所交付执行的相关法律手续是否完备;

(三)人民法院、监狱、看守所交付执行是否及时。

第六条 交付执行检察的方法:

(一)监所检察部门收到本院公诉部门移送的人民法院判处管制、独立适用剥夺政治权利、宣告缓刑、决定暂予监外执行的法律文书后,应当认真审查并登记,掌握人民法院交付执行的情况;

(二)通过对人民检察院派驻监狱、看守所检察机构的《监外执行罪犯出监(所)告知表》内容进行登记,掌握监狱、看守所向执行地公安机关交付执行被裁定假释、批准暂予监外执行以及刑满释放仍需执行附加剥夺政治权利的罪犯情况;

(三)向执行地公安机关了解核查监外执行罪犯的有关法律文书送达以及监外执行罪犯报到等情况。

第七条 发现在交付执行活动中有下列情形的,应当及时提出纠正意见:

(一)人民法院、监狱、看守所没有向执行地公安机关送达监外执行罪犯有关法律文书或者送达的法律文书不齐全的;

(二)监狱没有派员将暂予监外执行罪犯押送至执行地公安机关的;

(三)人民法院、监狱、看守所没有将监外执行罪犯的有关法律文书抄送人民检察院的;

（四）人民法院、监狱、看守所因交付执行不及时等原因造成监外执行罪犯漏管的；

（五）其他违反交付执行规定的。

第八条 县、市、区人民检察院对辖区内的监外执行罪犯，应当逐一填写《罪犯监外执行情况检察台账》，并记录有关检察情况。

第三章 监管活动检察

第九条 监管活动检察的内容：

（一）公安机关监督管理监外执行罪犯活动是否符合有关法律规定；

（二）监外执行罪犯是否发生脱管现象；

（三）监外执行罪犯的合法权益是否得到保障。

第十条 监管活动检察的方法：

（一）查阅公安机关监外执行罪犯监督管理档案；

（二）向协助公安机关监督考察监外执行罪犯的单位和基层组织了解、核实有关情况；

（三）与监外执行罪犯及其亲属谈话，了解情况，听取意见。

第十一条 发现公安机关在监管活动中有下列情形的，应当及时提出纠正意见：

（一）没有建立监外执行罪犯监管档案和组织的；

（二）没有向监外执行罪犯告知应当遵守的各项规定的；

（三）监外执行罪犯迁居，迁出地公安机关没有移送监督考察档案，迁入地公安机关没有接续监管的；

（四）对监外执行罪犯违法或者重新犯罪，没有依法予以治安处罚或者追究刑事责任的；

（五）公安民警对监外执行罪犯有打骂体罚、侮辱人格等侵害合法权益行为的；

（六）公安机关没有及时向人民检察院通报对监外执行罪犯的监督管理情况的；

（七）其他违反监督管理规定的。

第十二条 人民检察院监所检察部门应当与公安机关、人民法院的有关部门建立联席会议制度，及时通报有关情况，分析交付执行、监督管理活动和检察监督中存在的问题，研究改进工作的措施。联席会议可每半年召开一次，必要时可以随时召开。

第四章 变更执行检察

第一节 收监执行检察

第十三条 收监执行检察的内容：

（一）公安机关撤销缓刑、假释的建议和对暂予监外执行罪犯的收监执行是否符合有关法律规定；

（二）人民法院撤销缓刑、假释裁定是否符合有关法律规定；

（三）监狱、看守所收监执行活动是否符合有关法律规定。

第十四条 收监执行检察的方法：

（一）查阅公安机关记录缓刑、假释、暂予监外执行罪犯违法违规情况的相关材料；

（二）向与缓刑、假释、暂予监外执行罪犯监管有关的单位、基层组织了解有关情况；

（三）必要时可以与违法违规的缓刑、假释、暂予监外执行罪犯谈话，了解情况。

第十五条 发现在收监执行活动中有下列情形的，应当及时提出纠正意见：

（一）公安机关对缓刑罪犯在考验期内违反法律、行政法规或者公安部门监督管理规定，情节严重，没有及时向人民法院提出撤销缓刑建议的；

（二）公安机关对假释罪犯在考验期内违反法律、行政法规或者公安部门监督管理规定，尚未构成新的犯罪，没有及时向人民法院提出撤销假释建议的；

（三）原作出缓刑、假释裁判的人民法院收到公安机关提出的撤销缓刑、假释的建议书后没有依法作出裁定的；

（四）公安机关对人民法院裁定撤销缓刑、假释的罪犯，没有及时送交监狱或者看守所收监执行的；

（五）公安机关对具有下列情形之一的暂予监外执行罪犯，没有及时通知监狱、看守所收监执行的：

1. 未经公安机关批准擅自外出，应当收监执行的；

2. 骗取保外就医的；

3. 以自伤、自残、欺骗等手段故意拖延保外就医时间的；

4. 办理保外就医后无故不就医的；

5. 违反监督管理规定经教育不改的；

6. 暂予监外执行条件消失且刑期未满的。

（六）监狱、看守所收到公安机关对暂予监外执行罪犯的收监执行通知后，没有及时收监执行的；

（七）不应当收监执行而收监执行的；

（八）其他违反收监执行规定的。

第二节　减 刑 检 察

第十六条　减刑检察的内容：

（一）提请、裁定减刑罪犯是否符合法律规定条件；

（二）提请、裁定减刑的程序是否符合法律和有关规定；

（三）对依法应当减刑的罪犯是否提请、裁定减刑。

第十七条　减刑检察的方法：

（一）查阅被提请减刑罪犯的案卷材料；

（二）向有关人员了解被提请减刑罪犯的表现等情况；

（三）必要时向提请、裁定减刑的机关了解有关情况。

第十八条　本办法对管制、缓刑罪犯的减刑检察的未尽事项，参照《人民检察院监狱检察办法》第三章刑罚变更执行检察的有关规定执行。

第十九条　县、市、区人民检察院监所检察部门应当将提请、裁定减刑检察活动情况，填入《监外执行罪犯减刑情况登记表》。

第五章　终止执行检察

第二十条　终止执行检察的内容：

（一）终止执行的罪犯是否符合法律规定条件；

（二）终止执行的程序是否合法，是否具备相关手续。

第二十一条　终止执行检察的方法：

（一）查阅刑事判决（裁定）书等法律文书中所确定的监外执行罪犯的刑期、考验期；

（二）了解公安机关对终止执行罪犯的释放、解除等情况；

（三）与刑期、考验期届满的罪犯谈话，了解情况，听取意见。

第二十二条　发现在终止执行活动中有下列情形的，应当及时提出纠正意见：

（一）公安机关对执行期满的管制罪犯，没有按期宣布解除并发给《解除管制通知书》的；

（二）公安机关对执行期满的剥夺政治权利罪犯，没有按期向其本人和所在单位、居住地群众宣布恢复其政治权利的；

（三）公安机关对考验期满的缓刑、假释罪犯没有按期予以公开宣告的；

（四）公安机关对刑期届满的暂予监外执行罪犯没有通报监狱的；监狱对刑期届满的暂予监外执行罪犯没有办理释放手续的；

（五）公安机关对死亡的监外执行罪犯，没有及时向原判人民法院或者原关押监狱、看守所通报的；

（六）公安机关、人民法院、监狱、看守所对刑期、考验期限未满的罪犯提前释放、解除、宣告的；

（七）其他违反终止执行规定的。

第六章 纠正违法和检察建议

第二十三条 纠正违法的程序：

（一）监所检察人员发现轻微违法情况，可以当场提出口头纠正意见，并及时向监所检察部门负责人报告，填写《检察纠正违法情况登记表》；

（二）监所检察部门发现严重违法情况，或者在提出口头纠正意见后被监督单位七日内未予纠正且不说明理由的，应当报经本院检察长批准，及时发出《纠正违法通知书》；

（三）人民检察院发出《纠正违法通知书》后十五日内，被监督单位仍未纠正或者回复意见的，应当及时向上一级人民检察院报告。

对严重违法情况，监所检察部门应当填写《严重违法情况登记表》，向上一级人民检察院监所检察部门报送并续报检察纠正情况。

第二十四条 被监督单位对人民检察院的纠正违法意见书面提出异议的，人民检察院应当复议。被监督单位对于复议结论仍然提出异议的，由上一级人民检察院复核。

第二十五条 发现对于监外执行罪犯的交付执行、监督管理活动中存在执法不规范、管理不严格等可能导致执法不公等苗头性、倾向性问题的，应当报经本院检察长批准，向有关单位提出检察建议。

第七章 其它规定

第二十六条 人民检察院开展监外执行检察工作，可以采取定期与不定期检察，全面检察与重点检察，会同有关部门联合检查等方式进行。

县、市、区人民检察院在监外执行检察工作中，每半年至少开展一次全面检察。

第二十七条 检察人员在工作中，故意违反法律和有关规定，或者严重不负责任，造成严重后果的，应当追究法律责任、纪律责任。

第二十八条 人民检察院监外执行检察工作实行“一账三表”的检察业务登记制度。“一账三表”是指《罪犯监外执行情况检察台账》、《检察纠正违法情况登记表》、《严重违法情况登记表》、《监外执行罪犯减刑情况登记表》。

监所检察部门登记“一账三表”，应当按照“微机联网、动态监督”的要求，实现办公自动化管理。

第八章 附 则

第二十九条 本办法由最高人民检察院负责解释。

第三十条 本办法自印发之日起施行。

最高人民法院、司法部关于公证机关赋予强制执行效力的债权文书执行有关问题的联合通知

（2000 年 9 月 1 日　司法通〔2000〕107 号）

为了贯彻《中华人民共和国民事诉讼法》、《中华人民共和国公证暂行条例》的有关规定，规范赋予强制执行效力债权文书的公证和执行行为，现就有关问题通知如下：

一、公证机关赋予强制执行效力的债权文书应当具备以下条件：

（一）债权文书具有给付货币、物品、有价证券的内容；

（二）债权债务关系明确，债权人和债务人对债权文书有关给付内容无疑义；

（三）债权文书中载明债务人不履行义务或不完全履行义务时，债务人愿意接受依法强制执行的承诺。

二、公证机关赋予强制执行效力的债权文书的范围：

（一）借款合同、借用合同、无财产担保的租赁合同；

（二）赊欠货物的债权文书；

（三）各种借据、欠单；

（四）还款（物）协议；

（五）以给付赡养费、扶养费、抚育费、学费、赔（补）偿金为内容的协议；

（六）符合赋予强制执行效力条件的其他债权文书。

三、公证机关在办理符合赋予强制执行的条件和范围的合同、协议、借据、欠单等债权文书公证时，应当依法赋予该债权文书具有强制执行效力。

未经公证的符合本通知第二条规定的合同、协议、借据、欠单等债权文书，在履行过程中，债权人申请公证机关赋予强制执行效力的，公证机关必须征求债务人的意见；如债务人同意公证并愿意接受强制执行的，公证机关可以依法赋予该债权文书强制执行效力。

四、债务人不履行或不完全履行公证机关赋予强制执行效力的债权文书的，债权人可以向原公证机关申请执行证书。

五、公证机关签发执行证书应当注意审查以下内容：

（　）不履行或不完全履行的事实确实发生；

（二）债权人履行合同义务的事实和证据，债务人依照债权文书已经部分履行的事实；

（三）债务人对债权文书规定的履行义务有无疑义。

六、公证机关签发执行证书应当注明被执行人、执行标的和申请执行的期限。债务人已经履行的部分，在执行证书中予以扣除。因债务人不履行或不完全履行而发生的违约金、利息、滞纳金等，可以列入执行标的。

七、债权人凭原公证书及执行证书可以向有管辖权的人民法院申请执行。

八、人民法院接到申请执行书，应当依法按规定程序办理。必要时，可以向公证机关调阅公证卷宗，公证机关应当提供。案件执行完毕后，由人民法院在十五日内将公证卷宗附结案通知退回公证机关。

九、最高人民法院、司法部《关于执行〈民事诉讼法（试行）〉中涉及公证条款的几个问题的通知》和《关于已公证的债权文书依法强制执行问题的答复》自本联合通知发布之日起废止。

(二)治　安

中华人民共和国治安管理处罚法

(2005年8月28日第十届全国人民代表大会常务委员会第十七次会议通过　根据2012年10月26日第十一届全国人民代表大会常务委员会第二十九次会议《关于修改〈中华人民共和国治安管理处罚法〉的决定》修正)

第一章　总　　则

第一条　【立法目的】为维护社会治安秩序,保障公共安全,保护公民、法人和其他组织的合法权益,规范和保障公安机关及其人民警察依法履行治安管理职责,制定本法。

第二条　【违反治安管理行为的性质和特征】扰乱公共秩序,妨害公共安全,侵犯人身权利、财产权利,妨害社会管理,具有社会危害性,依照《中华人民共和国刑法》的规定构成犯罪的,依法追究刑事责任;尚不够刑事处罚的,由公安机关依照本法给予治安管理处罚。

相关规定:《公安机关信访工作规定》第43条

第三条　【处罚程序应适用的法律规范】治安管理处罚的程序,适用本法的规定;本法没有规定的,适用《中华人民共和国行政处罚法》的有关规定。

条文释义:治安管理处罚是行政处罚的一种。《行政处罚法》中就处罚程序有专门的规定。治安管理处罚除了具有自身特点的程序规定以外,在调查、决定和执行等诸多环节,与《行政处罚法》规定的程序有相同之处。本条是对治安管理处罚程序适用的衔接性规定,即在处罚程序方面本法有规定的适用本法;本法没有规定的,适用《行政处罚法》规定的处罚程序。

相关规定:《行政处罚法》第五章

第四条　【适用范围】在中华人民共和国领域内发生的违反治安管理行为,除法律有特别规定的外,适用本法。

在中华人民共和国船舶和航空器内发生的违反治安管理行为,除法律有特别规定的外,适用本法。

条文释义:本条规定了本法适用的空间效力范围。中华人民共和国领域内,是指我国行使国家主权的地域,包括领陆、领水和领空。凡是在我国领域内实施违反治安管理行为的,不管是中国公民还是外国公民和无国籍人,除法律有特别规定的以外,均适用本法。"除法律有特别规定的以外"主要是指两种情况:一是享有外交特权和豁免权的外国人在我国领域内,不适用本法,应该通过外交途径解决;二是本法不适用于香港、澳门两个特别行政区。另外,我国的船舶和航空器,按照国际条约和国际惯例,被视为是我国领土的延伸部分。在此范围内发生的违反治安管理行为,应当适用本法。

第五条　【基本原则】治安管理处罚必须以事实为依据,与违反治安管理行为的性质、情节以及社会危害程度相当。

实施治安管理处罚,应当公开、公正,尊重和保障人权,保护公民的人格尊严。

办理治安案件应当坚持教育与处罚相结合的原则。

条文释义:［处罚适当原则］

治安管理处罚的适当性原则要求治安管理处罚必须根据存在的违法事实进行裁判,并且,设定或执行的处罚也必须与违反治安管理行为的性质、情节以及社会危害程度相当,不能过重或过轻。

［保障人权原则］

尊重和保障人权是我国宪法确立的原则,本条规定是该原则在本法中的体现。治安管理处罚法强调公安机关及其人民警察实施治安管理处罚时,要尊重和保障人权,保护公民的人格尊严、保障公民的人身和财产权利等。

［教育和处罚相结合的原则］

教育和处罚相结合是由治安管理处罚的性质决定的。违反治安管理的行为属于一般违法行为,并未触犯刑法,尚未构成犯罪。治安管理处罚是人民群众自我教育、自我约束社会生活的行为准则,也是对少数违反治安管理行为的人实施处罚、进行教育的工具。

相关规定:《公安机关办理行政案件程序规定》第 4 – 5 条

第六条　【社会治安综合治理】各级人民政府应当加强社会治安综合治理,采取有效措施,化解社会矛盾,增进社会和谐,维护社会稳定。

第七条　【主管和管辖】国务院公安部门负责全国的治安管理工作。县级以上地方各级人民政府公安机关负责本行政区域内的治安管理工作。

治安案件的管辖由国务院公安部门规定。

相关规定:《公安机关办理行政案件程序规定》第 9 – 13 条

第八条　【民事责任】违反治安管理的行为对他人造成损害的,行为人或者其监护人应当依法承担民事责任。

相关规定:《侵权责任法》;《最高人民法院关于贯彻执行〈中华人民共和国民法通则〉若干问题的意见(试行)》;《最高人民法院关于确定民事侵权精神损害赔偿责任若干问题的解释》

第九条　【调解】对于因民间纠纷引起的打架斗殴或者损毁他人财物等违反治安管理行为,情节较轻的,公安机关可以调解处理。经公安机关调解,当事人达成协议的,不予处罚。经调解未达成协议或者达成协议后不履行的,公安机关应当依照本法的规定对违反治安管理行为人给予处罚,并告知当事人可以就民事争议依法向人民法院提起民事诉讼。

条文释义:调解制度是我国法律制度的一个特色。民间纠纷是指群众之间在日常生活中发生的各种争议,如发生在家庭、邻里、同事等之间的较小争议。因这些争议而引起的打架斗殴或损毁他人财物等违反治安管理行为,情节一般较轻,公安机关可以以调解的方式处理。公安机关调解处理违反治安管理行为,主要是就违反治安管理行为所造成的对被侵害人的人身、财产等权利的损害应当如何赔偿等问题,在双方当事人之间进行斡旋。注意,公安机关可以调解处理,也可以不调解。为确保调解取得良好效果,调解前应当及时依法做深入细致的调查取证工作,以查明事实、收集证据、分清责任。调解达成协议的,应当制作调解书,交双方当事人签字。调解和裁决是不同的,调解时遵循纠纷双方自愿的原则,而裁决则有国家强制力在里面,当事人必须遵守。

相关规定:《公安机关执行〈中华人民共和国治安管理处罚法〉有关问题的解释》第 1 条;《公安机关治安调解工作规范》;《公安机关办理行政案件程序规定》第 152 – 161 条

第二章　处罚的种类和适用

第十条　【处罚种类】治安管理处罚的种类分为:

(一)警告;

(二)罚款;

(三)行政拘留;

(四)吊销公安机关发放的许可证。

对违反治安管理的外国人,可以附加适用限期出境或者驱逐出境。

条文释义:[警告]

警告是对违反治安管理行为的一种最轻的处罚,也是行政处罚中最轻的一种处罚。警告的目的在于对违法行为人提出告诫,指出危害,使其引起警觉,不致再犯。主要适用于一些初次违反治安管理,且情节轻微,态度较好的人。必须注意,警告作为一种行政处罚,也必须遵循本法第四章关于处罚程序的规定。

[罚款]

治安罚款是公安机关在处理治安管理案件中适用比较普遍的一种处罚形式,是对违反治安管理的人限令其在一定期限内向国家交纳一定数额金钱的行政处罚。罚款不同于罚金,罚金是刑法中规定的刑罚的一种。

[行政拘留]

行政拘留是公安机关对违反治安管理人依法在一定时间内拘禁留置于法定处所,剥夺其人身自由的一种治安行政处罚方法,也是治安管理处罚种类中最重的处罚,主要适用于违反治安管理行为情节较严重的人。行政拘留不同于刑事拘留和司法拘留。

[吊销公安机关发放的许可证]

吊销公安机关发放的许可证是本法规定的一种资格罚。必须注意的是,许可证一般由颁发许可证照的机关予以吊销。所以公安机关吊销的只能是由公安机关发放的许可证,而不能吊销由其他机关颁发的许可证照。

[限期出境和驱逐出境]

这两种附加处罚的适用对象仅限于外国人(包括无国籍人),不适用于我国公民(包括华侨)。限期出境属于责令自行离境,但负责执行的公安机关可以监督其离开。驱逐出境是强迫违反治安管理的外国人离开我国国境。刑法第35条规定驱逐出境为一种附加刑,但是刑法中的附加刑可以独立适用也可以附加适用。本法规定限期出境和驱逐出境可附加适用,而没有规定其是否可独立适用。这是与刑法规定的不同之处。对外国人依法决定警告、罚款、行政拘留,并附加适用限期出境、驱逐出境的,应当在警告、罚款、行政拘留执行完毕后,再执行限期出境、驱逐出境。

相关规定:《公安机关执行〈中华人民共和国治安管理处罚法〉有关问题的解释》第2条

第十一条　【查获违禁品、工具和违法所得财物的处理】办理治安案件所查获的毒品、淫秽物品等违禁品,赌具、赌资,吸食、注射毒品的用具以及直接用于实施违反治安管理行为的本人所有的工具,应当收缴,按照规定处理。

违反治安管理所得的财物,追缴退还被侵害人;没有被侵害人的,登记造册,公开拍卖或者按照国家有关规定处理,所得款项上缴国库。

第十二条　【未成年人违法的处罚】已满十四周岁不满十八周岁的人违反治安管理的,从轻或者减轻处罚;不满十四周岁的人违反治安管理的,不予处罚,但是应当责令其监护人严加管教。

条文释义:[治安法律责任年龄]

本条规定了3个年龄段的人违反治安管理行为时所应承担的不同法律责任。违反治安管理行为时已经年满18周岁的公民是完全治安法律责任能力人;违反治安管理行为时已满14周岁不满18周岁的公民,是相对治安法律责任能力人,对其应当从轻或减轻处罚;违反治安管理行为时尚未年满14周岁的公民是无治安法律责任能力人，治安管理处罚法规定对其不予治安处罚，同时规定加强其监护人的管教责任。

［从轻处罚与减轻处罚］

“从轻处罚”，是指在法定的处罚种类和幅度范围内，处以比依其违法的性质和情节轻重本应受处罚较轻的处罚，如法律规定对盗窃、损毁油气管道设施的，处10日以上15日以下拘留，某公安机关对某违法行为人依其违法性质和情节决定予以12天拘留，但同时考虑有法律规定之“从轻”情节，遂予以11天拘留。“减轻处罚”是在法定的处罚种类和幅度以下给予处罚，对于“减轻处罚”则按下列规定适用：第一，法定处罚种类只有一种，在该法定处罚种类以下减轻处罚；第二，法定处罚种类只有一种，在该法定处罚种类的幅度以下无法再减轻处罚的，不予处罚；第三，规定拘留并处罚款的，在法定处罚幅度以下单独或同时减轻拘留和罚款，或者在法定处罚幅度内单处拘留；第四，规定拘留可以并处罚款的，在拘留的法定处罚幅度以下减轻处罚；在拘留的法定处罚幅度以下无法再减轻处罚的，不予处罚。

相关规定：《公安机关执行〈中华人民共和国治安管理处罚法〉有关问题的解释》第3条；《公安机关执行〈中华人民共和国治安管理处罚法〉有关问题的解释（二）》第3－4条；《公安机关办理行政案件程序规定》第6、133条

第十三条　【精神病人违法的处罚】精神病人在不能辨认或者不能控制自己行为的时候违反治安管理的，不予处罚，但是应当责令其监护人严加看管和治疗。间歇性的精神病人在精神正常的时候违反治安管理的，应当给予处罚。

条文释义：责任能力是指一个人能够辨认和控制自己的行为并能对自己的行为负责的能力。在确定责任能力时，要考虑两方面因素，一是责任年龄，二是行为人的精神状态。完全性的精神病人因为行为时完全不能辨认、不能控制自己的行为，其实施了对社会有危害的违反治安管理的行为，不追究其法律责任；然而，如果是间歇性精神病人，若行为时并非处于病态，而是能够清楚认识自己行为的性质并能控制自己的行为，是具有相应治安法律责任能力的人，应当承担相应的法律责任，受到处罚。

相关规定：《公安机关执行〈中华人民共和国治安管理处罚法〉有关问题的解释》第3条；《公安机关办理行政案件程序规定》第134条

第十四条　【盲人或聋哑人违法的处罚】盲人或者又聋又哑的人违反治安管理的，可以从轻、减轻或者不予处罚。

相关规定：《公安机关执行〈中华人民共和国治安管理处罚法〉有关问题的解释》第3条；《公安机关执行〈中华人民共和国治安管理处罚法〉有关问题的解释（二）》第4条

第十五条　【醉酒的人违法的处罚】醉酒的人违反治安管理的，应当给予处罚。

醉酒的人在醉酒状态中，对本人有危险或者对他人的人身、财产或者公共安全有威胁的，应当对其采取保护性措施约束至酒醒。

条文释义：醉酒是行为人在清醒状态时不控制自己的饮酒量，放纵自己所致，完全是个人行为导致的辨别、控制能力下降的状态。醉酒人控制自己行为的能力减弱，是因为在酒精作用下其神经系统发生一定程度的暂时性紊乱，与精神病人发病原理完全不同。所以醉酒的人违反治安管理处罚法，仍要处罚，不能从轻、减轻或免于追究其法律责任。

若醉酒的人由于酒精刺激而处于行为失控状态，耍酒疯、胡打乱闹，极易肇事，对其本人及他人的安全都有威胁。这种情况下，公安机关有权依法对醉酒的人加以约束，直至其恢复常态。

第十六条　【有两种以上违法行为的处罚】有两种以上违反治安管理行为的，分别决定，合并

执行。行政拘留处罚合并执行的，最长不超过二十日。

相关规定：《公安机关办理行政案件程序规定》第137条

第十七条 【共同违法行为的处罚】共同违反治安管理的，根据违反治安管理行为人在违反治安管理行为中所起的作用，分别处罚。

教唆、胁迫、诱骗他人违反治安管理的，按照其教唆、胁迫、诱骗的行为处罚。

条文释义：[共同违反治安管理]

共同违反治安管理，是指两人或两人以上共同违反治安管理的行为。这种共同行为一般具有以下特点：主观方面，各个违反治安管理的主体都有共同实施违反治安管理行为的故意；客观方面，共同违反治安管理的主体必须共同实施违反治安管理的行为。为了同一个目的，彼此联系、积极配合、共同实施。

分别处罚，是指对共同违反治安管理行为人，根据他们在同一违反治安管理行为中的违法情节，明确应负的法律责任，分别给予不同的处罚。分别处罚是为自己行为负责原则的必然要求。对其中起主要作用的组织者、策划者和起次要作用、辅助作用的行为人应当区别对待。

[教唆、胁迫、诱骗]

教唆是指以劝说、挑拨、煽动等多种方法故意实施的唆使他人违反治安管理的行为；胁迫是指用威逼、强制的手段迫使他人去违反治安管理，包括暴力胁迫和非暴力胁迫；诱骗是指用引诱、欺骗的方法使他人上当受骗而实施违反治安管理行为。以上三种行为，只要实施了其中一种即可处罚，即按照其教唆、胁迫、诱骗的行为处罚。

第十八条 【单位违法行为的处罚】单位违反治安管理的，对其直接负责的主管人员和其他直接责任人员依照本法的规定处罚。其他法律、行政法规对同一行为规定给予单位处罚的，依照其规定处罚。

相关规定：《公安部关于如何执行〈治安管理处罚法〉第十八条规定问题的批复》

第十九条 【减轻处罚或不予处罚的情形】违反治安管理有下列情形之一的，减轻处罚或者不予处罚：

（一）情节特别轻微的；

（二）主动消除或者减轻违法后果，并取得被侵害人谅解的；

（三）出于他人胁迫或者诱骗的；

（四）主动投案，向公安机关如实陈述自己的违法行为的；

（五）有立功表现的。

条文释义：[主动投案]

违反治安管理行为人自觉主动地向公安机关如实陈述自己的违法行为，并积极配合公安机关的查处工作，属于主动投案的行为。既包括自己积极主动向公安机关投案，也包括在亲属规劝下的投案；既包括亲自到公安机关的投案，也包括以电话形式的投案。除向公安机关投案以外，行为人还可以向其所在单位、城乡基层组织或者其他有关负责人员投案。具体讲，可分为以下几类：(1)行为人系在职、在岗人员，有工作单位的，可以向所在单位投案；(2)行为人系城镇无业居民，没有工作单位的，可以向其所在的街道办事处、居委会等基层组织投案；(3)行为人系从事农业生产劳动的农民及农村个体手工业者等，可以向其所在的乡村基层组织，如乡人民政府、村民委员会等投案；(4)行为人系在校或不在校的未成年人，可以向其就读的学校或者监护人所在的单位投案；(5)行为人还可以向其他有关负责人员及某些个人投案。

[有立功表现]

有立功表现是对出现违法行为后的悔改表现的规定。立功，一般是指揭发、检举其他违法行为人的违法行为，或者提供重要线索、证据等情形。

相关规定：《公安机关执行〈中华人民共和国治安管理处罚法〉有关问题的解释》第3条；《公安机关执行〈中华人民共和国治安管理处罚法〉有关问题的解释（二）》第4条；《公安机关办理行政案件程序规定》第135条

第二十条　【从重处罚的情形】违反治安管理有下列情形之一的，从重处罚：

（一）有较严重后果的；

（二）教唆、胁迫、诱骗他人违反治安管理的；

（三）对报案人、控告人、举报人、证人打击报复的；

（四）六个月内曾受过治安管理处罚的。

第二十一条　【应给予行政拘留处罚而不予执行的情形】违反治安管理行为人有下列情形之一，依照本法应当给予行政拘留处罚的，不执行行政拘留处罚：

（一）已满十四周岁不满十六周岁的；

（二）已满十六周岁不满十八周岁，初次违反治安管理的；

（三）七十周岁以上的；

（四）怀孕或者哺乳自己不满一周岁婴儿的。

第二十二条　【追究时效】违反治安管理行为在六个月内没有被公安机关发现的，不再处罚。

前款规定的期限，从违反治安管理行为发生之日起计算；违反治安管理行为有连续或者继续状态的，从行为终了之日起计算。

条文释义：追究时效是指追究违反治安管理行为人法律责任的有效期限。追究违反治安管理行为人的责任，必须在本款规定的期限内，超过了规定的期限，就不能再对违反治安管理行为人追究责任。注意本条第2款规定的追究时效期限的起算时间因违反治安管理行为的状态不同而不同。本法与《行政处罚法》是特殊法与一般法的关系，本法有特殊规定的，适用本法而不适用《行政处罚法》的规定。

相关规定：《公安机关执行〈中华人民共和国治安管理处罚法〉有关问题的解释》第3条；《公安机关办理行政案件程序规定》第130条

第三章　违反治安管理的行为和处罚

第一节　扰乱公共秩序的行为和处罚

第二十三条　【对扰乱单位、公共场所、公共交通和选举秩序行为的处罚】有下列行为之一的，处警告或者二百元以下罚款；情节较重的，处五日以上十日以下拘留，可以并处五百元以下罚款：

（一）扰乱机关、团体、企业、事业单位秩序，致使工作、生产、营业、医疗、教学、科研不能正常进行，尚未造成严重损失的；

（二）扰乱车站、港口、码头、机场、商场、公园、展览馆或者其他公共场所秩序的；

（三）扰乱公共汽车、电车、火车、船舶、航空器或者其他公共交通工具上的秩序的；

（四）非法拦截或者强登、扒乘机动车、船舶、航空器以及其他交通工具，影响交通工具正常行驶的；

（五）破坏依法进行的选举秩序的。

聚众实施前款行为的，对首要分子处十日以上十五日以下拘留，可以并处一千元以下罚款。

条文释义：［扰乱单位秩序的行为］

本条第1款第1项规定了扰乱单位秩序的行为。表现为实施扰乱机关、团体、企业、事业单位秩序的行为，并造成这些单位的工作、生产、营业、医疗、教学、科研不能正常进行，尚未造成严重损失。应注意将扰乱单位秩序行为与聚众扰乱社会秩序罪区别开来。

［扰乱公共场所秩序的行为］

第1款第2项规定了扰乱公共场所秩序的行为。本项行为侵犯的客体是公共场所的秩序，侵犯的对象是公共场所。所谓公共场所，是指具有公共性的特点，对公众开放，供不特定多数人出入、停留、使用的场所。应注意将扰乱公共场所秩序的行为与聚众扰乱公共场所秩序罪区别开来。

［扰乱公共交通工具上秩序的行为］

第1款第3项规定了扰乱公共交通工具秩序的行为。此类行为侵犯的客体是公共交通工具上的秩序，而非交通管理秩序。公共交通工具是指正在运营的公共汽车、电车、火车、船舶、航空器或其他公共交通工具。应注意将扰乱公共交通工具秩序的行为与聚众扰乱交通秩序罪区别。

［破坏选举秩序的行为］

这里规定的选举是广义的法律规定的各类选举。依法进行的选举，主要指依照法律规定的需要，按照法律规定的程序进行的选举，包括选举各级人民代表大会代表或者国家机关领导人，也包括农村村民委员会、城市居民委员会的选举等。破坏选举秩序的行为不要求"情节严重"，只要使得选举无法正常进行或者影响正常的选举结果即可。应将其与破坏选举秩序罪区别开来。

［聚众实施和首要分子］

聚众实施扰乱公共秩序行为，是指组织、纠集他人实施本条第1款规定的五类行为。首要分子是指，违法行为的组织者、鼓动者以及实施违法行为活动中起主要作用的人。由于聚众实施扰乱公共秩序行为会相应加重扰乱公共秩序的后果，甚至构成扰乱社会治安的群体性事件，因此对于实施此类行为的首要分子规定了更加严厉的处罚，拘留最高可达15日，可以并处1000元以下的罚款。

相关规定：《公安机关执行〈中华人民共和国治安管理处罚法〉有关问题的解释（二）》第6条；《违反公安行政管理行为的名称及其适用意见》第4－13条；《中华人民共和国选举法》；《刑法》第256、290、291条

第二十四条　【对扰乱文化、体育等大型群众性活动秩序行为的处罚】有下列行为之一，扰乱文化、体育等大型群众性活动秩序的，处警告或者二百元以下罚款；情节严重的，处五日以上十日以下拘留，可以并处五百元以下罚款：

（一）强行进入场内的；

（二）违反规定，在场内燃放烟花爆竹或者其他物品的；

（三）展示侮辱性标语、条幅等物品的；

（四）围攻裁判员、运动员或者其他工作人员的；

（五）向场内投掷杂物，不听制止的；

（六）扰乱大型群众性活动秩序的其他行为。

因扰乱体育比赛秩序被处以拘留处罚的，可以同时责令其十二个月内不得进入体育场馆观看同类比赛；违反规定进入体育场馆的，强行带离现场。

第二十五条　【对扰乱公共秩序行为的处罚】有下列行为之一的，处五日以上十日以下拘留，可以并处五百元以下罚款；情节较轻的，处五日以下拘留或者五百元以下罚款：

（一）散布谣言，谎报险情、疫情、警情或者以其他方法故意扰乱公共秩序的；

（二）投放虚假的爆炸性、毒害性、放射性、腐蚀性物质或者传染病病原体等危险物质扰乱公共秩序的；

（三）扬言实施放火、爆炸、投放危险物质扰乱公共秩序的。

条文释义:[散布谣言]

散布谣言,是指捏造并散布没有事实根据的谎言用以迷惑不明真相的群众,扰乱社会公共秩序的行为。

[谎报险情、疫情、警情]

谎报险情、疫情、警情,是指编造火灾、水灾、地质灾害以及其他危险情况和传染病传播的情况以及有违法犯罪行为发生或明知是虚假的险情、疫情、警情,向有关部门报告的行为。

[投放虚假危险物质]

投放虚假的危险物质,是指明知是虚假的危险物质而以邮寄、放置等方式将虚假的类似于爆炸性、毒害性、放射性、腐蚀性物质或者传染病病原体等物质置于他人或者公众面前或者周围的行为。这种投放虚假的危险物质的行为,虽然不至于发生真正的爆炸、毒害、放射后果以及传染性疾病的传播,但是会造成一定范围的恐慌,严重扰乱社会公共秩序。特别是在恐怖分子投放真的危险物质的情况下,这种投放虚假的危险物质的行为,会使人真假难辨,危害更大,应当予以适当的处罚。

[散布恐怖信息]

散布恐怖信息的行为,是指扬言实施放火、爆炸、投放危险物质,扰乱公共秩序的行为。放火是指故意纵火焚烧公私财物,严重危害公共安全的行为;投放危险物质,是指向公共饮用水源、食品或公共场所、设施或者其他场所投放能够致人死亡或者严重危害人体健康的毒害性、放射性、传染病病原体等物质的行为。扬言实施,是指以公开表达的方式使人相信其将实施上述行为。

相关规定:《刑法》第 291 条之一

第二十六条　【对寻衅滋事行为的处罚】有下列行为之一的,处五日以上十日以下拘留,可以并处五百元以下罚款;情节较重的,处十日以上十五日以下拘留,可以并处一千元以下罚款:

(一)结伙斗殴的;

(二)追逐、拦截他人的;

(三)强拿硬要或者任意损毁、占用公私财物的;

(四)其他寻衅滋事行为。

第二十七条　【对利用封建迷信、会道门进行非法活动行为的处罚】有下列行为之一的,处十日以上十五日以下拘留,可以并处一千元以下罚款;情节较轻的,处五日以上十日以下拘留,可以并处五百元以下罚款:

(一)组织、教唆、胁迫、诱骗、煽动他人从事邪教、会道门活动或者利用邪教、会道门、迷信活动,扰乱社会秩序、损害他人身体健康的;

(二)冒用宗教、气功名义进行扰乱社会秩序、损害他人身体健康活动的。

条文释义:[利用封建迷信、会道门进行非法活动的行为]

邪教,是指冒用宗教教义而建立的,不受国家法律承认和保护的非法组织。其发展教徒、筹集活动经费、传教方式是反社会的、反道德的、邪恶的,故称之为邪教组织。会道门,是封建迷信活动组织的总称,带有封建迷信色彩或反社会性质。在理解本条时,注意迷信行为与邪教行为的区别。迷信行为往往并不涉及政治野心,更多是利用其他人的迷信心理为自己敛财,而且也很少发展成严密的组织体系,没有完整的“歪理邪说”,因此社会危害性相对较少。

[冒用宗教、气功名义扰乱社会秩序]

正常的宗教活动以及以强身健体为目的的气功活动受到国家保护,任何人不得冒用宗教、气功名义进行破坏社会秩序、损害公民身体健康的活动,否则即应当承担相应的法律责任。

相关规定:《宗教事务条例》;《刑法》第 300 条

第二十八条　【对干扰无线电业务及无线电台(站)行为的处罚】违反国家规定,故意干扰无线

电业务正常进行的,或者对正常运行的无线电台(站)产生有害干扰,经有关主管部门指出后,拒不采取有效措施消除的,处五日以上十日以下拘留;情节严重的,处十日以上十五日以下拘留。

第二十九条 【对侵入、破坏计算机信息系统行为的处罚】有下列行为之一的,处五日以下拘留;情节较重的,处五日以上十日以下拘留:

(一)违反国家规定,侵入计算机信息系统,造成危害的;

(二)违反国家规定,对计算机信息系统功能进行删除、修改、增加、干扰,造成计算机信息系统不能正常运行的;

(三)违反国家规定,对计算机信息系统中存储、处理、传输的数据和应用程序进行删除、修改、增加的;

(四)故意制作、传播计算机病毒等破坏性程序,影响计算机信息系统正常运行的。

条文释义:《计算机信息网络国际联网安全保护管理办法》第20条与本条竞合。对于有违反《计算机信息网络国际联网安全保护管理办法》第6条行为的,对单位处罚的法律依据适用《计算机信息网络国际联网安全保护管理办法》第6条和第20条的规定,对其直接负责的主管人员和其他直接责任人员处罚的法律依据适用本法第18条和第29条的规定。

相关规定:《计算机信息网络国际联网安全保护管理办法》第6、20条;《刑法》第284、285条

第二节 妨害公共安全的行为和处罚

第三十条 【对违反危险物质管理行为的处罚】违反国家规定,制造、买卖、储存、运输、邮寄、携带、使用、提供、处置爆炸性、毒害性、放射性、腐蚀性物质或者传染病病原体等危险物质的,处十日以上十五日以下拘留;情节较轻的,处五日以上十日以下拘留。

相关规定:《违反公安行政管理行为的名称及其适用意见》第33条

第三十一条 【对危险物质被盗、被抢、丢失不报行为的处罚】爆炸性、毒害性、放射性、腐蚀性物质或者传染病病原体等危险物质被盗、被抢或者丢失,未按规定报告的,处五日以下拘留;故意隐瞒不报的,处五日以上十日以下拘留。

相关规定:《违反公安行政管理行为的名称及其适用意见》第34条

第三十二条 【对非法携带管制器具行为的处罚】非法携带枪支、弹药或者弩、匕首等国家规定的管制器具的,处五日以下拘留,可以并处五百元以下罚款;情节较轻的,处警告或者二百元以下罚款。

非法携带枪支、弹药或者弩、匕首等国家规定的管制器具进入公共场所或者公共交通工具的,处五日以上十日以下拘留,可以并处五百元以下罚款。

第三十三条 【对盗窃、损毁公共设施行为的处罚】有下列行为之一的,处十日以上十五日以下拘留:

(一)盗窃、损毁油气管道设施、电力电信设施、广播电视设施、水利防汛工程设施或者水文监测、测量、气象测报、环境监

测、地质监测、地震监测等公共设施的;

(二)移动、损毁国家边境的界碑、界桩以及其他边境标志、边境设施或者领土、领海标志设施的;

(三)非法进行影响国(边)界线走向的活动或者修建有碍国(边)境管理的设施的。

第三十四条 【对妨害航空器飞行安全行为的处罚】盗窃、损坏、擅自移动使用中的航空设施,或者强行进入航空器驾驶舱的,处十日以上十五日以下拘留。

在使用中的航空器上使用可能影响导航系统正常功能的器具、工具,不听劝阻的,处五日以下拘留或者五百元以下罚款。

条文释义:第1款规定的四种针对使用中的航空器的违法行为包括盗窃、损坏、擅自移动、强行进入舱内的,都要受到拘留的行政处罚。值得注意的是,“使用中的航空器”是指在行为时正处于营运状态的航空器,如正在空中飞行或已经准备完毕等待起飞的客机。

第2款规定的违法行为将受到拘留或罚款的处罚,主要是指在使用中的航空器上经乘务人员的劝阻,仍然坚持自己的意愿,故意使用可能影响航空飞行安全的禁止在航空器上使用的器具、工具,如移动电话、游戏机等。此行为的行为人主观上是出于故意,因其直接威胁到航空器上人员生命和财产的安全及其他重大公共利益,故应当予以制止和处罚。

相关规定:《违反公安行政管理行为的名称及其适用意见》第40-42条

第三十五条　【对妨害铁路运行安全行为的处罚】有下列行为之一的,处五日以上十日以下拘留,可以并处五百元以下罚款;情节较轻的,处五日以下拘留或者五百元以下罚款:

(一)盗窃、损毁或者擅自移动铁路设施、设备、机车车辆配件或者安全标志的;

(二)在铁路线路上放置障碍物,或者故意向列车投掷物品的;

(三)在铁路线路、桥梁、涵洞处挖掘坑穴、采石取沙的;

(四)在铁路线路上私设道口或者平交过道的。

相关规定:《违反公安行政管理行为的名称及其适用意见》第43-47条

第三十六条　【对妨害列车行车安全行为的处罚】擅自进入铁路防护网或者火车来临时在铁路线路上行走坐卧、抢越铁路,影响行车安全的,处警告或者二百元以下罚款。

第三十七条　【对妨害公共道路安全行为的处罚】有下列行为之一的,处五日以下拘留或者五百元以下罚款;情节严重的,处五日以上十日以下拘留,可以并处五百元以下罚款:

(一)未经批准,安装、使用电网的,或者安装、使用电网不符合安全规定的;

(二)在车辆、行人通行的地方施工,对沟井坎穴不设覆盖物、防围和警示标志的,或者故意损毁、移动覆盖物、防围和警示标志的;

(三)盗窃、损毁路面井盖、照明等公共设施的。

条文释义:[擅自安装使用电网的行为]

“未经批准”是指未经主管部门批准而安装和使用电网。“不符合安全规定”是指虽然经过批准,但安装、使用电网不符合警示装置、保险设备、电压标准等安全要求。

[不设或破坏覆盖物、防围和警示标志的行为]

施工的时候,建设施工方必须采取相应的安全防范措施,如在车辆、行人通行的地方施工时,要对沟井坎穴设置覆盖物、防围和警示标志,以免车辆和行人发生危险。否则将严重危及不特定人的生命健康和财产安全,属于危及公共安全的行为。

[盗窃、损毁公共设施的行为]

路面井盖、路灯、邮筒、公用电话等公用设施,是我们生产生活的重要组成部分,是社会经济发展的重要基础设施。盗窃或损毁这些公共设施无疑会对社会公众的利益产生不良影响,甚至危及公众的生命健康,对这种行为应当依法予以处罚。

第三十八条　【对违反规定举办大型活动行为的处罚】举办文化、体育等大型群众性活动,违反有关规定,有发生安全事故危险的,责令停止活动,立即疏散;对组织者处五日以上十日以下拘留,并处二百元以上五百元以下罚款;情节较轻的,处五日以下拘留或者五百元以下罚款。

第三十九条　【对违反公共场所安全规定行为的处罚】旅馆、饭店、影剧院、娱乐场、运动场、展览馆或者其他供社会公众活动的场所的经营管理人员,违反安全规定,致使该场所有发生安全事故危险,经公安机关责令改正,拒不改正的,处五日以下拘留。

第三节 侵犯人身权利、财产权利的行为和处罚

第四十条 【对恐怖表演、强迫劳动、限制人身自由行为的处罚】有下列行为之一的,处十日以上十五日以下拘留,并处五百元以上一千元以下罚款;情节较轻的,处五日以上十日以下拘留,并处二百元以上五百元以下罚款:

(一)组织、胁迫、诱骗不满十六周岁的人或者残疾人进行恐怖、残忍表演的;

(二)以暴力、威胁或者其他手段强迫他人劳动的;

(三)非法限制他人人身自由、非法侵入他人住宅或者非法搜查他人身体的。

条文释义:[组织、胁迫、诱骗]

"组织"指行为人通过纠集、控制不满16周岁的人、残疾人或者以雇用、招募等手段让不满16周岁的人、残疾人表演恐怖、残忍的节目的行为。"胁迫"是指行为人以立即实施暴力或其他有损身心健康的行为,例如冻饿、体罚等相要挟,逼迫不满16周岁的人、残疾人按照其要求表演恐怖、残忍节目的行为。"诱骗"指行为人利用不满16周岁的人年幼无知的弱点或其他人身依附关系,或者利用残疾人的自身弱点,以许愿、诱惑、欺骗等手段使他们按要求表演恐怖、残忍节目的行为。

[恐怖表演、残忍表演]

恐怖表演,指营造凶杀、暴力等恐怖气氛的表演节目。残忍表演是指对人的身体进行残酷折磨,以营造残忍气氛的表演项目。这些表演项目严重摧残了不满16周岁的人和残疾人的身心健康,影响其正常身体发育,并且造成很坏的社会影响。

[非法搜查他人身体]

根据法律的规定,搜查、检查他人身体只能由人民检察院、公安机关、国家安全机关的侦查人员依照法律规定的程序进行,其他任何单位和个人都无权对公民身体进行搜查、检查。"非法搜查"有两层意思:一是指无权进行搜查的单位和个人,非法对他人的身体进行搜查;二是指有搜查权的人员,滥用职权,擅自决定对他人身体进行搜查或搜查的程序和手续不符合法律规定。法条中规定的非法搜查主要是针对前一种情况而言的。

相关规定:《违反公安行政管理行为的名称及其适用意见》第57、62条;《刑法》第238、244、245条

第四十一条 【对胁迫利用他人乞讨和滋扰乞讨行为的处罚】胁迫、诱骗或者利用他人乞讨的,处十日以上十五日以下拘留,可以并处一千元以下罚款。

反复纠缠、强行讨要或者以其他滋扰他人的方式乞讨的,处五日以下拘留或者警告。

条文释义:胁迫、诱骗或利用他人乞讨行为侵犯的客体是被侵害人的人身权利,行为在客观上表现为:胁迫、诱骗被侵害人乞讨,其中被侵害人多为未成年人和残疾人。

第2款规定了冒犯性的乞讨行为,指反复纠缠、强行讨要或者以其他滋扰他人的方式乞讨的总称。本行为侵犯的客体是社会的公共秩序和他人的人身权利。反复纠缠指乞讨者向他人行乞遭到拒绝后,仍然采取尾随、扯拽衣服等令人反感的方式继续乞讨钱财。强讨恶要,指以暴力、威胁、恐吓、辱骂、阻拦等令人恐惧、厌恶的方式乞讨钱财。

相关规定:《违反公安行政管理行为的名称及其适用意见》第63条;《刑法》第262条之一

第四十二条 【对侵犯人身权利六项行为的处罚】有下列行为之一的,处五日以下拘留或者五百元以下罚款;情节较重的,处五日以上十日以下拘留,可以并处五百元以下罚款:

(一)写恐吓信或者以其他方法威胁他人人身安全的;

(二)公然侮辱他人或者捏造事实诽谤他人的;

(三)捏造事实诬告陷害他人,企图使他人受到刑事追究或者受到治安管理处罚的;

(四)对证人及其近亲属进行威胁、侮辱、殴打或者打击报复的;

(五)多次发送淫秽、侮辱、恐吓或者其他信息,干扰他人正常生活的;

(六)偷窥、偷拍、窃听、散布他人隐私的。

条文释义:[威胁他人人身安全的行为]

威胁他人人身安全行为侵犯的客体是公民的人身安全,侵犯的对象是自然人个体,行为在客观方面表现为行为人写恐吓信或者以其他方法威胁他人人身安全。不管用什么手段来威胁,都不影响本行为的成立,方法和手段只作为处罚的酌定情节。

[公然侮辱他人和诽谤他人的行为]

公然侮辱他人和诽谤他人都是损害他人人格权和名誉权的行为。"侮辱"是指公然诋毁他人人格、破坏他人名誉,侮辱的方法可以是暴力或非暴力的其他方法。所谓"公然"是指当众或者利用能够使多人听到或看到的方式,对他人进行侮辱。"诽谤"是指故意捏造事实,并且进行散布,损害他人人格和名誉。"捏造事实"就是无中生有,凭空制造虚假事实。

[诬告陷害他人的行为]

这里的"捏造事实"具体而言就是捏造他人违反治安管理的事实或者犯罪事实,即根本不存在的、可能引起公安机关、司法机关给予治安管理处罚或追究刑事责任的事实强加给被诬陷者,以使被诬陷者受到治安管理处罚或刑事处罚。诬告是指向国家机关和有关单位作虚假告发。诬告是手段,陷害是目的。

[打击报复证人的行为]

此行为侵害的对象是证人及其近亲属。证人不仅包括刑事诉讼中的证人,也包括民事诉讼、行政诉讼中的证人以及行政执法活动中涉及的证人。近亲属,是指配偶、父母、子女、祖父母、外祖父母、孙子女、外孙子女、兄弟姐妹。但是,在行政诉讼中,"近亲属"包括配偶、父母、子女、兄弟姐妹、祖父母、外祖父母、孙子女、外孙子女和其他具有扶养、赡养关系的亲属。

[发送滋扰信息干扰他人正常生活的行为]

此行为的客观方面表现为通过信件、电话、计算机信息网络或者其他途径多次传送淫秽、侮辱、恐吓或者其他骚扰信息,干扰他人正常生活。淫秽信息指具体描绘性行为或露骨宣扬色情淫秽性信息。侮辱信息指含有恶意攻击、谩骂、羞辱等有损他人人格尊严的信息。恐吓信息指威胁或要挟他人,使他人精神受到恐慌的信息。其他信息包括违法信息,如虚假广告、虚假中奖、倒卖违禁品等;也包括合法信息,如商品、服务广告等。

相关规定:《刑法》第243、246条

第四十三条 【对殴打或故意伤害他人身体行为的处罚】殴打他人的,或者故意伤害他人身体的,处五日以上十日以下拘留,并处二百元以上五百元以下罚款;情节较轻的,处五日以下拘留或者五百元以下罚款。

有下列情形之一的,处十日以上十五日以下拘留,并处五百元以上一千元以下罚款:

(一)结伙殴打、伤害他人的;

(二)殴打、伤害残疾人、孕妇、不满十四周岁的人或者六十周岁以上的人的;

(三)多次殴打、伤害他人或者一次殴打、伤害多人的。

第四十四条 【对猥亵他人和在公共场所裸露身体行为的处罚】猥亵他人的,或者在公共场所故意裸露身体,情节恶劣的,处五日以上十日以下拘留;猥亵智力残疾人、精神病人、不满十四周岁的人或者有其他严重情节的,处十日以上十五日以下拘留。

条文释义:[猥亵]

猥亵,是指用抠摸、搂抱、舌舔、吸吮、手淫等行为,来刺激或者满足自己性欲或者挑起他人性欲的淫秽行为。被猥亵的对象既可能是女性,也可能是男性;既可能是对同性的猥亵,也可能是对异性的猥亵。行为侵犯的客体是他人的人格尊严,行为在客观方面表现为违背他人意志,使用暴力、威胁或其他手段来猥亵他人。

[公共场所裸体行为]

只有在公共场所故意赤身裸体,情节恶劣的行为,才加以处罚。这意味着即使在公共场所裸体,但情节不恶劣,本法不加以处罚。所谓情节恶劣,主要是公共场所的裸体行为超越了道德的底线,造成了对他人的伤害。譬如,在公共场所大规模裸体,公共场所裸体行为给多人造成伤害,裸体行为中伴随威胁行为等。

相关规定:《违反公安行政管理行为的名称及其适用意见》第73-74条

第四十五条 【对虐待家庭成员、遗弃被扶养人行为的处罚】有下列行为之一的,处五日以下拘留或者警告:

(一)虐待家庭成员,被虐待人要求处理的;

(二)遗弃没有独立生活能力的被扶养人的。

条文释义:[虐待家庭成员的行为]

虐待家庭成员,是指经常用打骂、冻饿、禁闭、强迫过度劳动、有病不给治疗等方法,摧残折磨家庭成员,情节尚不恶劣,尚不构成刑事犯罪的行为。虐待情节是否恶劣,应当根据以下几个方面来认定:虐待行为持续的时间、虐待行为的次数、手段、后果是否严重等。这也是虐待行为与虐待罪的主要区别。但同时,对于一般家庭纠纷,如一两次的打骂、偶尔的不给吃饭、禁闭等,情节轻微,后果不严重,不构成本行为。注意,对此类行为的处罚必须以被虐待人提出处理要求为前提。

[遗弃行为]

遗弃,指对于年老、年幼、患病或者其他没有独立生活能力的人,负有扶养义务而拒绝扶养的行为。这里的扶养,指广义上的扶养,即包括抚养,赡养及狭义扶养。

相关规定:《刑法》第260、261条

第四十六条 【对强迫交易行为的处罚】强买强卖商品,强迫他人提供服务或者强迫他人接受服务的,处五日以上十日以下拘留,并处二百元以上五百元以下罚款;情节较轻的,处五日以下拘留或者五百元以下罚款。

第四十七条 【对煽动民族仇恨、民族歧视行为的处罚】煽动民族仇恨、民族歧视,或者在出版物、计算机信息网络中刊载民族歧视、侮辱内容的,处十日以上十五日以下拘留,可以并处一千元以下罚款。

第四十八条 【对侵犯通信自由行为的处罚】冒领、隐匿、毁弃、私自开拆或者非法检查他人邮件的,处五日以下拘留或者五百元以下罚款。

第四十九条 【对盗窃、诈骗、哄抢、抢夺、敲诈勒索、损毁公私财物行为的处罚】盗窃、诈骗、哄抢、抢夺、敲诈勒索或者故意损毁公私财物的,处五日以上十日以下拘留,可以并处五百元以下罚款;情节较重的,处十日以上十五日以下拘留,可以并处一千元以下罚款。

条文释义:[盗窃行为]

盗窃行为,指以非法占有为目的,秘密窃取少量公私财物,尚不构成刑事处罚的行为。注意与盗窃罪的区别,盗窃罪是指以非法占有为目的,盗窃公私财物,数额较大的,或者多次盗窃、入户盗窃、携带凶器盗窃、扒窃的行为。根据《最高人民法院、最高人民检察院关于办理盗窃刑事案件适

用法律若干问题的解释》,盗窃公私财物价值1000元至3000元以上即构成数额较大。盗窃公私财物具有下列情形之一的,"数额较大"的标准可以前述标准的50%确定:(1)曾因盗窃受过刑事处罚的;(2)1年内曾因盗窃受过行政处罚的;(3)组织、控制未成年人盗窃的;(4)自然灾害、事故灾害、社会安全事件等突发事件期间,在事件发生地盗窃的;(5)盗窃残疾人、孤寡老人、丧失劳动能力人的财物的;(6)在医院盗窃病人或者其亲友财物的;(7)盗窃救灾、抢险、防汛、优抚、扶贫、移民、救济款物的;(8)因盗窃造成严重后果的。而2年内盗窃3次以上的,应当认定为"多次盗窃"。

[诈骗行为]

诈骗行为,指以非法占有为目的,用虚构事实或者隐瞒真相的方法,骗得少量公私财物的行为。诈骗行为的主要特征是:行为人实施了以虚构事实或隐瞒事实真相的欺骗方法,使财物所有人、管理人产生错觉,信以为真,从而"自愿"地交出少量财物的行为。注意诈骗行为与诈骗罪的区别。诈骗行为只是骗取少量公私财物,诈骗罪则要求数额较大或者情节严重。

[哄抢行为]

哄抢行为,是指以非法占有为目的,趁乱夺取少量公私财物,尚不够刑事处罚的行为。其构成要件是:(1)该行为主体为一般主体,即符合法律规定,能够承担违反治安管理责任的任何自然人。(2)该行为在主观方面表现为直接故意,以非法占有为目的。实践中,有的人因与他人发生债务或财产纠纷,采用纠集多人强行夺取对方财物的方法,用以抵债,可以本行为论处。(3)该行为的客观方面表现为趁乱夺取少量公私财物的行为。(4)该行为侵犯的客体是公私财物的所有权。

[抢夺行为]

抢夺行为,是以非法占有为目的,公然夺取公私财物的行为。行为人主观出于故意,客观实施了乘人不备、公然夺取他人少量财物的行为。所谓"公然夺取",是指当着公私财物所有人、保管者、使用者的面而公然对财物采取有形的、使他人来不及抗拒而夺取财物的行为。至于"少量公私财物",相对于刑法规定的抢夺罪的数额而定。

[敲诈勒索行为]

敲诈勒索,是以非法占有为目的,对公私财物的所有人、管理人使用威胁或要挟的方法,勒索少量公私财物,尚不够刑事犯罪的行为。威胁或要挟,是通过对公私财物所有人、管理人及其近亲属实行精神上的强制,使其在心理上产生恐惧或者压力,不得已而交出财物。行为人必须具有非法占有他人财物的目的,如果是其他目的,如债权人为讨债而威胁债务人的,则不属于敲诈勒索。敲诈勒索行为只有数额较大或者多次敲诈勒索的,才构成犯罪。

[故意损毁公私财物的行为]

故意损毁公私财物的行为,是指故意非法损毁公私财物,情节轻微,尚不够刑事处罚的行为。所谓"损毁",是指使物品部分或全部丧失其价值或使用价值。损毁公私财物的方法,有多种多样。故意损毁公私财物行为,必须达到数额较大或有其他严重情节的才构成犯罪。

相关规定:《违反公安行政管理行为的名称及其适用意见》第81-86条;《刑法》第263-267、274、275条

第四节　妨害社会管理的行为和处罚

第五十条　【对对拒不执行紧急状态决定、命令和阻碍执行公务的处罚】有下列行为之一的,处警告或者二百元以下罚款;情节严重的,处五日以上十日以下拘留,可以并处五百元以下罚款:

(一)拒不执行人民政府在紧急状态情况下依法发布的决定、命令的;

(二)阻碍国家机关工作人员依法执行职务的;

(三)阻碍执行紧急任务的消防车、救护车、工程抢险车、警车等车辆通行的；

(四)强行冲闯公安机关设置的警戒带、警戒区的。

阻碍人民警察依法执行职务的，从重处罚。

第五十一条 【对招摇撞骗行为的处罚】冒充国家机关工作人员或者以其他虚假身份招摇撞骗的，处五日以上十日以下拘留，可以并处五百元以下罚款；情节较轻的，处五日以下拘留或者五百元以下罚款。

冒充军警人员招摇撞骗的，从重处罚。

第五十二条 【对伪造、变造、买卖公文、证件、票证行为的处罚】有下列行为之一的，处十日以上十五日以下拘留，可以并处一千元以下罚款；情节较轻的，处五日以上十日以下拘留，可以并处五百元以下罚款：

(一)伪造、变造或者买卖国家机关、人民团体、企业、事业单位或者其他组织的公文、证件、证明文件、印章的；

(二)买卖或者使用伪造、变造的国家机关、人民团体、企业、事业单位或者其他组织的公文、证件、证明文件的；

(三)伪造、变造、倒卖车票、船票、航空客票、文艺演出票、体育比赛入场券或者其他有价票证、凭证的；

(四)伪造、变造船舶户牌，买卖或者使用伪造、变造的船舶户牌，或者涂改船舶发动机号码的。

第五十三条 【对船舶擅自进入禁、限入水域或岛屿行为的处罚】船舶擅自进入、停靠国家禁止、限制进入的水域或者岛屿的，对船舶负责人及有关责任人员处五百元以上一千元以下罚款；情节严重的，处五日以下拘留，并处五百元以上一千元以下罚款。

第五十四条 【对违法设立社会团体行为的处罚】有下列行为之一的，处十日以上十五日以下拘留，并处五百元以上一千元以下罚款；情节较轻的，处五日以下拘留或者五百元以下罚款：

(一)违反国家规定，未经注册登记，以社会团体名义进行活动，被取缔后，仍进行活动的；

(二)被依法撤销登记的社会团体，仍以社会团体名义进行活动的；

(三)未经许可，擅自经营按照国家规定需要由公安机关许可的行业的。

有前款第三项行为的，予以取缔。

取得公安机关许可的经营者，违反国家有关管理规定，情节严重的，公安机关可以吊销许可证。

第五十五条 【对非法集会、游行、示威行为的处罚】煽动、策划非法集会、游行、示威，不听劝阻的，处十日以上十五日以下拘留。

第五十六条 【对旅馆工作人员违反规定行为的处罚】旅馆业的工作人员对住宿的旅客不按规定登记姓名、身份证件种类和号码的，或者明知住宿的旅客将危险物质带入旅馆，不予制止的，处二百元以上五百元以下罚款。

旅馆业的工作人员明知住宿的旅客是犯罪嫌疑人员或者被公安机关通缉的人员，不向公安机关报告的，处二百元以上五百元以下罚款；情节严重的，处五日以下拘留，可以并处五百元以下罚款。

第五十七条 【对违法出租房屋行为的处罚】房屋出租人将房屋出租给无身份证件的人居住的，或者不按规定登记承租人姓名、身份证件种类和号码的，处二百元以上五百元以下罚款。

房屋出租人明知承租人利用出租房屋进行犯罪活动，不向公安机关报告的，处二百元以上五百元以下罚款；情节严重的，处五日以下拘留，可以并处五百元以下罚款。

第五十八条 【对制造噪声干扰他人生活行为的处罚】违反关于社会生活噪声污染防治的法律规定,制造噪声干扰他人正常生活的,处警告;警告后不改正的,处二百元以上五百元以下罚款。

第五十九条 【对违法典当、收购行为的处罚】有下列行为之一的,处五百元以上一千元以下罚款;情节严重的,处五日以上十日以下拘留,并处五百元以上一千元以下罚款:

(一)典当业工作人员承接典当的物品,不查验有关证明、不履行登记手续,或者明知是违法犯罪嫌疑人、赃物,不向公安机关报告的;

(二)违反国家规定,收购铁路、油田、供电、电信、矿山、水利、测量和城市公用设施等废旧专用器材的;

(三)收购公安机关通报寻查的赃物或者有赃物嫌疑的物品的;

(四)收购国家禁止收购的其他物品的。

第六十条 【对妨害执法秩序行为的处罚】有下列行为之一的,处五日以上十日以下拘留,并处二百元以上五百元以下罚款:

(一)隐藏、转移、变卖或者损毁行政执法机关依法扣押、查封、冻结的财物的;

(二)伪造、隐匿、毁灭证据或者提供虚假证言、谎报案情,影响行政执法机关依法办案的;

(三)明知是赃物而窝藏、转移或者代为销售的;

(四)被依法执行管制、剥夺政治权利或者在缓刑、暂予监外执行中的罪犯或者被依法采取刑事强制措施的人,有违反法律、行政法规或者国务院有关部门的监督管理规定的行为。

条文释义:本条是关于妨碍行政执法和司法行为的处罚规定。"隐藏"指将财物藏匿于隐蔽的处所,以躲避行政执法机关的执行。"转移"是指变更财物所在的位置,使得行政执法机关无法有效控制该财物。"变卖"是指通过交易的方式,将财物变价,以躲避行政执法机关的执行。"损毁"指通过暴力或其他手段,损坏财物的原有使用性质和用途,使其丧失应有的价值,导致行政决定实际上无法执行的行为。"赃物"指行为人利用非法手段取得的各种物品、资料,包括以抢劫、抢夺、诈骗、敲诈勒索和偷盗、哄抢等方式取得的各种物品。

第六十一条 【对协助组织、运送他人偷越国(边)境行为的处罚】协助组织或者运送他人偷越国(边)境的,处十日以上十五日以下拘留,并处一千元以上五千元以下罚款。

条文释义:国境,指我国与外国的国界。边境,指我国大陆地区与香港、澳门、台湾地区的交界。组织他人偷越国(边)境是指未经办理有关出国、出境证件和手续,领导、策划、组织他人偷越国境、边境的行为。"协助"指为违法分子组织或运送他人偷越国境、边境提供帮助或便利条件,例如负责为违法分子通风报信等。

第六十二条 【对偷越国(边)境行为的处罚】为偷越国(边)境人员提供条件的,处五日以上十日以下拘留,并处五百元以上二千元以下罚款。

偷越国(边)境的,处五日以下拘留或者五百元以下罚款。

条文释义:偷越国(边)境,主要表现为行为人在边境口岸采取伪造、涂改、冒用出入境证件或者企图用蒙骗手段蒙混过关,偷越国境、边境,也可以是行为人在非边境口岸秘密出入国境、边境。本行为手段和方法多种多样,行为人主观出于故意。

相关规定:《刑法》第318、321、322条

第六十三条 【对妨害文物管理行为的处罚】有下列行为之一的,处警告或者二百元以下罚款;情节较重的,处五日以上十日以下拘留,并处二百元以上五百元以下罚款:

(一)刻划、涂污或者以其他方式故意损坏国家保护的文物、名胜古迹的;

（二）违反国家规定，在文物保护单位附近进行爆破、挖掘等活动，危及文物安全的。

第六十四条　【对非法驾驶交通工具行为的处罚】有下列行为之一的，处五百元以上一千元以下罚款；情节严重的，处十日以上十五日以下拘留，并处五百元以上一千元以下罚款：

（一）偷开他人机动车的；

（二）未取得驾驶证驾驶或者偷开他人航空器、机动船舶的。

第六十五条　【对破坏他人坟墓、尸体和乱停放尸体行为的处罚】有下列行为之一的，处五日以上十日以下拘留；情节严重的，处十日以上十五日以下拘留，可以并处一千元以下罚款：

（一）故意破坏、污损他人坟墓或者毁坏、丢弃他人尸骨、骨灰的；

（二）在公共场所停放尸体或者因停放尸体影响他人正常生活、工作秩序，不听劝阻的。

第六十六条　【对卖淫、嫖娼行为的处罚】卖淫、嫖娼的，处十日以上十五日以下拘留，可以并处五千元以下罚款；情节较轻的，处五日以下拘留或者五百元以下罚款。

在公共场所拉客招嫖的，处五日以下拘留或者五百元以下罚款。

相关规定：《违反公安行政管理行为的名称及其适用意见》第131－133条；《卖淫嫖娼人员收容教育办法》第7条；《娱乐场所管理条例》第14条、第30条

第六十七条　【对引诱、容留、介绍卖淫行为的处罚】引诱、容留、介绍他人卖淫的，处十日以上十五日以下拘留，可以并处五千元以下罚款；情节较轻的，处五日以下拘留或者五百元以下罚款。

条文释义：引诱他人卖淫，是指行为人为了达到某种目的，以金钱诱惑或者通过宣扬腐朽生活方式等手段，诱使没有卖淫习性的人从事卖淫活动的行为。介绍他人卖淫，指行为人为了获取非法利益，在卖淫者与嫖娼者之间牵线搭桥，使卖淫者与嫖客相识并进行卖淫嫖娼活动。容留他人卖淫，指行为人出于故意为卖淫嫖娼者的卖淫、嫖娼活动提供场所，使该活动得以进行的行为。

相关规定：《刑法》第358、359条；《违反公安行政管理行为及其适用意见》第134条

第六十八条　【对传播淫秽信息行为的处罚】制作、运输、复制、出售、出租淫秽的书刊、图片、影片、音像制品等淫秽物品或者利用计算机信息网络、电话以及其他通讯工具传播淫秽信息的，处十日以上十五日以下拘留，可以并处三千元以下罚款；情节较轻的，处五日以下拘留或者五百元以下罚款。

条文释义：传播淫秽信息的行为侵犯的客体是社会管理秩序和良好社会风尚。其行为方式呈多样化趋势，如利用网站、BBS、聊天室、FTP服务器、留言板、电子广告栏等计算机信息网络，或利用固定电话及其他通讯工具，传播淫秽信息。

相关规定：《刑法》第363－367条；《违反公安行政管理行为的名称及其适用意见》第135－136条；《互联网上网服务营业场所管理条例》第14条；《公安部关于对出售带有淫秽内容的文物的行为可否予以治安管理处罚问题的批复》

第六十九条　【对组织、参与淫秽活动的处罚】有下列行为之一的，处十日以上十五日以下拘留，并处五百元以上一千元以下罚款：

（一）组织播放淫秽音像的；

（二）组织或者进行淫秽表演的；

（三）参与聚众淫乱活动的。

明知他人从事前款活动，为其提供条件的，依照前款的规定处罚。

第七十条　【对赌博行为的处罚】以营利为目的，为赌博提供条件的，或者参与赌博赌资较大的，处五日以下拘留或者五百元以下罚款；情节严重的，处十日以上十五日以下拘留，并处五百元以

上三千元以下罚款。

条文释义:本条规定了违反治安管理的两种有关赌博的行为:一是以营利为目的,为赌博提供条件的。行为人的主观动机是营利,客观行为表现为为赌博提供条件,例如,提供赌具、提供赌场、提供赌资等。二是参与赌博赌资较大的行为,即行为人本人参加赌博,且赌资较大者。注意,本条规定的赌博行为与赌博罪的区别。刑法规定的赌博罪,是指以营利为目的,聚众赌博、开设赌场或者以赌博为业的行为。两者都是对赌博行为进行处罚的行为,行为人都有营利的目的。但是两者的区别主要是客观方面的表现不同,赌博罪包括聚众赌博、开设赌场或者以赌博为业的三项行为。对于不是以营利为目的,只是出于娱乐消遣进行的游戏性质的活动,虽然带有少量财务的输赢,但不能按赌博处理。

相关规定:《刑法》第 303 条;《违反公安行政管理行为及其适用意见》第 142 - 143 条

第七十一条　【对涉及毒品原植物行为的处罚】有下列行为之一的,处十日以上十五日以下拘留,可以并处三千元以下罚款;情节较轻的,处五日以下拘留或者五百元以下罚款:

(一)非法种植罂粟不满五百株或者其他少量毒品原植物的;

(二)非法买卖、运输、携带、持有少量未经灭活的罂粟等毒品原植物种子或者幼苗的;

(三)非法运输、买卖、储存、使用少量罂粟壳的。

有前款第一项行为,在成熟前自行铲除的,不予处罚。

第七十二条　【对毒品违法行为的处罚】有下列行为之一的,处十日以上十五日以下拘留,可以并处二千元以下罚款;情节较轻的,处五日以下拘留或者五百元以下罚款:

(一)非法持有鸦片不满二百克、海洛因或者甲基苯丙胺不满十克或者其他少量毒品的;

(二)向他人提供毒品的;

(三)吸食、注射毒品的;

(四)胁迫、欺骗医务人员开具麻醉药品、精神药品的。

第七十三条　【对教唆、引诱、欺骗他人吸食、注射毒品行为的处罚】教唆、引诱、欺骗他人吸食、注射毒品的,处十日以上十五日以下拘留,并处五百元以上二千元以下罚款。

条文释义:教唆,指以劝说、怂恿、激将等方法,唆使他人吸食、注射毒品的行为。引诱,指采取勾引、诱使、拉拢他人吸食注射毒品的行为,例如向他人讲述吸食毒品的快感等。欺骗,指采取隐瞒事实真相的语言和行为,使他人在不知道是毒品的情况下吸食、注射毒品,例如行为人把毒品放入卷烟中让其他不明真相的人吸食。

第七十四条　【对服务行业人员通风报信行为的处罚】旅馆业、饮食服务业、文化娱乐业、出租汽车业等单位的人员,在公安机关查处吸毒、赌博、卖淫、嫖娼活动时,为违法犯罪行为人通风报信的,处十日以上十五日以下拘留。

第七十五条　【对饲养动物违法行为的处罚】饲养动物,干扰他人正常生活的,处警告;警告后不改正的,或者放任动物恐吓他人的,处二百元以上五百元以下罚款。

驱使动物伤害他人的,依照本法第四十三条第一款的规定处罚。

条文释义:饲养动物者,如不尽心饲养管理动物,极易给周围他人的生活带来负面影响,扰乱他人正常生活。例如饲养的动物生性凶猛,使附近居民出行和心理健康受到影响;或是该动物叫声过大,影响他人正常休息等。对此,应当先予以警告,警告后不改正的,再处以罚款。

放任动物恐吓他人的行为,行为人主观上应当预见到该行为可能会给他人人身和财产带来损害,而放任这种结果的发生,故应当予以处罚。驱使动物伤害他人,行为人主观出于故意,主观恶性程度较深,动物已经成为其伤害他人的工具,其行为性质应定性为故意伤害他人身体的行为,按照本法第43条第1款的规定处罚。

第七十六条　【对屡教不改行为的处罚】有本法第六十七条、第六十八条、第七十条的行为，屡教不改的，可以按照国家规定采取强制性教育措施。

第四章　处罚程序

第一节　调　　查

第七十七条　【受理治安案件须登记】公安机关对报案、控告、举报或者违反治安管理行为人主动投案，以及其他行政主管部门、司法机关移送的违反治安管理案件，应当及时受理，并进行登记。

条文释义：[报案]

报案，指单位和个人(包括被害人)向公安机关及其人民警察报告发现有违反治安管理的行为发生或违反治安管理行为人的行为。这是基层公安机关受理违反治安管理案件的主要来源之一。

[控告]

控告，是被害人及其近亲属对侵犯自己人身权利、财产权利的违反治安管理行为向公安机关告诉，要求追究违反治安管理行为人的法律责任的行为。控告是被害人维护自己合法权益，寻求法律帮助的主要途径。注意，当被害人及其近亲属知道具体侵害人时，则为“控告”；如果只知道侵害行为发生，而不知具体侵害人，则为“报案”。

[举报]

举报，指除了当事人以外的其他知情人向公安机关检举、揭发违反治安管理行为人的违法事实或者潜逃的违反治安管理行为人的线索的行为。这为公安机关的治安查处工作提供了极大帮助，有利于对违反治安管理案件的及时侦破和对违法行为人的惩处。同“控告”相同，只有在当事人以外的其他知情人知道具体违法行为人时，才为“举报”；如果只知道违法行为的发生而不知具体违法行为人，则称“报案”。

第七十八条　【受理治安案件后的处理】公安机关受理报案、控告、举报、投案后，认为属于违反治安管理行为的，应当立即进行调查；认为不属于违反治安管理行为的，应当告知报案人、控告人、举报人、投案人，并说明理由。

第七十九条　【严禁非法取证】公安机关及其人民警察对治安案件的调查，应当依法进行。严禁刑讯逼供或者采用威胁、引诱、欺骗等非法手段收集证据。

以非法手段收集的证据不得作为处罚的根据。

条文释义：[刑讯逼供]

刑讯逼供，指采取刑讯或其他使人在肉体上剧烈痛苦的方法取得当事人的供述，例如用棍子打、用鞭子抽、烙铁烫等残酷手段，达到屈打成招的目的。

[非法手段收集证据]

这里的非法手段包括很多种，如刑讯逼供、威胁、引诱、欺骗、冻饿、不允许休息、服用药物使其不清醒以及其他不人道的残忍或有辱人格的手段。这些收集证据的方法严重侵犯了公民的个人权利，同时容易造成迫于压力的虚假供述和虚假证据而酿成错案。所以，非法证据应当予以排除，不应作为处罚的依据。注意，此处“非法证据”的范围相当广泛，包括使用“非法手段”收集的一切证据。

第八十条　【公安机关的保密义务】公安机关及其人民警察在办理治安案件时，对涉及的国家秘密、商业秘密或者个人隐私，应当予以保密。

第八十一条 【关于回避的规定】人民警察在办理治安案件过程中，遇有下列情形之一的，应当回避；违反治安管理行为人、被侵害人或者其法定代理人也有权要求他们回避：

（一）是本案当事人或者当事人的近亲属的；

（二）本人或者其近亲属与本案有利害关系的；

（三）与本案当事人有其他关系，可能影响案件公正处理的。

人民警察的回避，由其所属的公安机关决定；公安机关负责人的回避，由上一级公安机关决定。

条文释义：本条第1款是关于回避的提出及回避的条件的规定。回避是指办理治安案件的人民警察等与案件有法定的利害关系或者其他可能影响案件公正处理的关系，不得参与该治安案件活动的一种制度。本法赋予了违反治安管理行为人、被侵害人及其法定代理人的申请回避权，以保障他们的合法权益。

本条第2款规定的是回避的决定机关。根据本款的规定，回避的决定机关是公安机关而不是公安机关负责人。其中，公安机关负责人包括公安机关的正、副职负责人。

相关规定：《公安机关办理行政案件程序规定》第14－22条

第八十二条 【关于传唤的规定】需要传唤违反治安管理行为人接受调查的，经公安机关办案部门负责人批准，使用传唤证传唤。对现场发现的违反治安管理行为人，人民警察经出示工作证件，可以口头传唤，但应当在询问笔录中注明。

公安机关应当将传唤的原因和依据告知被传唤人。对无正当理由不接受传唤或者逃避传唤的人，可以强制传唤。

条文释义：［书面传唤］

不是每一个具体的执行人都可以启动这一程序，必须由公安机关办案部门负责人批准。

［口头传唤］

传唤必须使用传唤证。但是对于现场发现的违反治安管理行为人，可以在出示工作证件后口头传唤。展示证件是不可少的一个程序性步骤，这主要是为了表明身份，说明整个传唤行为的合法性。

［强制传唤］

对无正当理由不接受传唤或者逃避口头传唤和书面传唤的人，例如被传唤人无理取闹拒不前往，或者态度粗暴坚决不到指定的地点等，可以采取这种强制传唤措施。注意，对于强制传唤，本条规定的是"可以"，而不是"应当"。

相关规定：《公安机关执行〈中华人民共和国治安管理处罚法〉有关问题的解释》第8条；《公安机关办理行政案件程序规定》第52－54条；《公安机关适用继续盘问规定》第8、9条

第八十三条 【传唤后的询问期限与通知义务】对违反治安管理行为人，公安机关传唤后应当及时询问查证，询问查证的时间不得超过八小时；情况复杂，依照本法规定可能适用行政拘留处罚的，询问查证的时间不得超过二十四小时。

公安机关应当及时将传唤的原因和处所通知被传唤人家属。

第八十四条 【询问笔录、书面材料与询问不满十六周岁人的规定】询问笔录应当交被询问人核对；对没有阅读能力的，应当向其宣读。记载有遗漏或者差错的，被询问人可以提出补充或者更正。被询问人确认笔录无误后，应当签名或者盖章，询问的人民警察也应当在笔录上签名。

被询问人要求就被询问事项自行提供书面材料的，应当准许；必要时，人民警察也可以要求被询问人自行书写。

询问不满十六周岁的违反治安管理行为人，应当通知其父母或者其他监护人到场。

条文释义：询问笔录，是行政执法机关调查行政案件的重要证据来源。行政执法机关及其执法人员询问当事人，应当制作询问笔录。本条规定了办理治安案件的人民警察对被询问人进行询问、制作询问笔录时所应当遵循的程序性事项。注意，询问笔录应当有被询问人的"签名或者盖章"，并且有人民警察即询问人的"签名"，否则不能作为行政诉讼的证据。被询问人可以提供口头材料，也可以提供书面材料。在询问不满16周岁的违法行为人时，必须通知其父母或其他监护人到场，否则其询问笔录不得作为行政诉讼中的证据使用。

第八十五条　【询问被侵害人和其他证人的规定】人民警察询问被侵害人或者其他证人，可以到其所在单位或者住处进行；必要时，也可以通知其到公安机关提供证言。

人民警察在公安机关以外询问被侵害人或者其他证人，应当出示工作证件。

询问被侵害人或者其他证人，同时适用本法第八十四条的规定。

第八十六条　【询问中的语言帮助】询问聋哑的违反治安管理行为人、被侵害人或者其他证人，应当有通晓手语的人提供帮助，并在笔录上注明。

询问不通晓当地通用的语言文字的违反治安管理行为人、被侵害人或者其他证人，应当配备翻译人员，并在笔录上注明。

第八十七条　【检查时应遵守的程序】公安机关对与违反治安管理行为有关的场所、物品、人身可以进行检查。检查时，人民警察不得少于二人，并应当出示工作证件和县级以上人民政府公安机关开具的检查证明文件。对确有必要立即进行检查的，人民警察经出示工作证件，可以当场检查，但检查公民住所应当出示县级以上人民政府公安机关开具的检查证明文件。

检查妇女的身体，应当由女性工作人员进行。

条文释义：检查，是公安机关及其人民警察办理治安案件时，对场所、物品以及人身进行检验查看的一项调查取证的强制性措施。这项权力的行使，涉及公民的人身权利和财产权利，所以必须严格依法进行。既要依法定的权限进行，又要按照法定的方式和程序实施。本条针对实施检查时警察的人数、检查时所需的证明性文件、当场检查的条件以及针对妇女的身体检查时的特殊要求规定了相关的程序。现简述如下：

1. 检查的对象仅限于与违反治安管理行为有关的场所、物品和人身，对于与违反治安管理行为无关的场所、物品、人身不可检查。

2. 检查的人数要求。检查时，人民警察不得少于二人。这样规定一方面是出于人民警察人身安全的考虑，另一方面则是为了防止人民警察在检查时违法行使职权。

3. 检查的证件要求。在一般情况下，人民警察只需出示工作证件和检查证明文件即可进行检查，但存在两种特殊情况：第一，对"确有必要立即进行检查的"，只需出示工作证件即可检查，而不需要开具检查证明文件。"确有必要"一般是指情况紧急，如不立即检查则可能发生危险或其他较严重后果的情况，如违法行为人身上可能带有爆炸物品等。第二，无论在何种情况下，检查公民的住所时都应当有检查证明文件并出示。这是对公民住所的特殊保护。注意，检查证明文件只能由县级以上公安机关开具。

4. 检查人员的要求。检查妇女的身体，只能由女性工作人员进行。这是对妇女权益的保护。

相关规定：《公安机关执行〈中华人民共和国治安管理处罚法〉有关问题的解释（二）》第10条；《公安机关办理行政案件程序规定》第41条、第68－69条

第八十八条　【检查笔录的制作】检查的情况应当制作检查笔录，由检查人、被检查人和见证人签名或者盖章；被检查人拒绝签名的，人民警察应当在笔录上注明。

条文释义：检查笔录作为一种现场笔录，与检查所得到的物证、书证、视听资料以及勘验笔录等共同构成违法行为调查的证据链。要求检查笔录应当由相关人员的签章，主要是为了保障检查笔录的真实性和合法性。检查笔录一般由检查人、被检查人和见证人签名或者盖章。特殊情况下被检查人拒绝签名的，人民警察应当在笔录上注明，此时不影响检查笔录的效力。

第八十九条　【关于扣押物品的规定】公安机关办理治安案件，对与案件有关的需要作为证据的物品，可以扣押；对被侵害人或者善意第三人合法占有的财产，不得扣押，应当予以登记。对与案件无关的物品，不得扣押。

对扣押的物品，应当会同在场见证人和被扣押物品持有人查点清楚，当场开列清单一式二份，由调查人员、见证人和持有人签名或者盖章，一份交给持有人，另一份附卷备查。

对扣押的物品，应当妥善保管，不得挪作他用；对不宜长期保存的物品，按照有关规定处理。经查明与案件无关的，应当及时退还；经核实属于他人合法财产的，应当登记后立即退还；满六个月无人对该财产主张权利或者无法查清权利人的，应当公开拍卖或者按照国家有关规定处理，所得款项上缴国库。

第九十条　【关于鉴定的规定】为了查明案情，需要解决案件中有争议的专门性问题的，应当指派或者聘请具有专门知识的人员进行鉴定；鉴定人鉴定后，应当写出鉴定意见，并且签名。

第二节　决　　定

第九十一条　【处罚的决定机关】治安管理处罚由县级以上人民政府公安机关决定；其中警告、五百元以下的罚款可以由公安派出所决定。

条文释义：行政处罚必须由具有行政处罚权的行政机关实施。具体而言，行政处罚应由违法行为发生地的县级以上地方人民政府具有行政处罚权的行政机关管辖。所以，本条规定了治安管理处罚要由县级以上人民政府公安机关决定。这里要说明的有两点，一是治安管理案件的处罚权只能由公安机关行使，而且级别应当是县级以上人民政府公安机关。二是，对于违反治安管理行为处以较轻的处罚，即警告和500元以下的罚款时，可以由公安派出所决定。在此种情况下，公安派出所是作为"法律法规授权的组织"来行使职权的。也就是说，被处以警告、500元以下罚款的治安管理处罚相对人可以以公安派出所为行政复议被申请人或行政诉讼被告。但是值得注意的是，由于公安派出所无独立的财政，所以如果此两类行为给相关人造成损害需要行政赔偿的，行政赔偿的义务履行机关应当是该派出所的领导机关。公安派出所在市、县级公安局或者公安分局的直接领导下进行工作。

相关规定：《公安机关执行〈中华人民共和国治安管理处罚法〉有关问题的解释》第10条

第九十二条　【行政拘留的折抵】对决定给予行政拘留处罚的人，在处罚前已经采取强制措施限制人身自由的时间，应当折抵。限制人身自由一日，折抵行政拘留一日。

第九十三条　【违反治安管理行为人的陈述与其他证据的关系】公安机关查处治安案件，对没有本人陈述，但其他证据能够证明案件事实的，可以作出治安管理处罚决定。但是，只有本人陈述，没有其他证据证明的，不能作出治安管理处罚决定。

第九十四条　【陈述与申辩权】公安机关作出治安管理处罚决定前，应当告知违反治安管理行为人作出治安管理处罚的事实、理由及依据，并告知违反治安管理行为人依法享有的权利。

违反治安管理行为人有权陈述和申辩。公安机关必须充分听取违反治安管理行为人的意见，对违反治安管理行为人提出的事实、理由和证据，应当进行复核；违反治安管理行为人提出的事实、理由或者证据成立的，公安机关应当采纳。

公安机关不得因违反治安管理行为人的陈述、申辩而加重处罚。

条文释义:[告知义务]

所谓公安机关的告知义务,是指公安机关作出治安管理处罚决定前,应当告知违反治安管理行为人作出治安管理处罚的事实、理由及依据,并告知违反治安管理行为人依法享有的权利。公安机关的告知义务对应的是违反治安管理行为人享有的被告知的权利,即知情权。在此,需要注意的是法条中规定的履行告知义务的时间要求和告知内容。

[陈述和申辩的权利]

陈述权,是指违反治安管理行为人对公安机关给予治安管理处罚所认定的事实及适用法律是否准确、适当,陈述自己的看法和意见,同时也可以提出自己的主张和权利要求。申辩权,是指违反治安管理行为人对公安机关的指控、证据等提出不同意见,进行申辩,以正当手段如采取包括要求召开听证会等方式,驳斥公安机关的指控以及驳斥公安机关提出的不利证据。陈述权和申辩权是当事人重要的民主权利,为确保权利的实现,公安机关应当依照法定程序给予当事人行使权利的机会。同时,为了切实维护当事人的权利,消除当事人顾虑,保证治安管理处罚决定的公正性和合法性,本条还规定了公安机关不得因违反治安管理行为人的陈述、申辩而加重处罚。

相关规定:《公安机关办理行政案件程序规定》第 143 – 145 条

第九十五条　【治安案件的处理】治安案件调查结束后,公安机关应当根据不同情况,分别作出以下处理:

(一)确有依法应当给予治安管理处罚的违法行为的,根据情节轻重及具体情况,作出处罚决定;

(二)依法不予处罚的,或者违法事实不能成立的,作出不予处罚决定;

(三)违法行为已涉嫌犯罪的,移送主管机关依法追究刑事责任;

(四)发现违反治安管理行为人有其他违法行为的,在对违反治安管理行为作出处罚决定的同时,通知有关行政主管部门处理。

条文释义:本条是关于公安机关治安案件作出不同处理的规定。其中第(二)项中依法不予处罚的,或者违法事实不能成立的情况主要有这样几种:一是法定不予处罚的,例如不满 14 周岁的人违反治安管理的,精神病人在不能辨认或不能控制自己行为的时候违反治安管理的,不予处罚;二是可以不予处罚的,例如盲人或既聋又哑的人违反治安管理的,情节特别轻微可以不予处罚;三是违法事实不能成立的,也就是说如果行为人是否实施违反治安管理的行为,不能得到明确而又肯定的认定,根据"疑罪从无"的原则,这种情况下,公安机关应当依法作出不予处罚的决定。在具体的治安案件处理中,还可能会因其刑事责任和行政责任涉及适用其他法律和其他机关的介入,本条对此有明确的规定。

第九十六条　【治安管理处罚决定书的内容】公安机关作出治安管理处罚决定的,应当制作治安管理处罚决定书。决定书应当载明下列内容:

(一)被处罚人的姓名、性别、年龄、身份证件的名称和号码、住址;

(二)违法事实和证据;

(三)处罚的种类和依据;

(四)处罚的执行方式和期限;

(五)对处罚决定不服,申请行政复议、提起行政诉讼的途径和期限;

(六)作出处罚决定的公安机关的名称和作出决定的日期。

决定书应当由作出处罚决定的公安机关加盖印章。

条文释义:治安管理处罚决定书是一种法律文书,意味着行政处罚决定的成立。制作治安管理处罚决定书，既是公安机关依法履行治安管理职责的一项权利，同时也是公安机关依法履行治安管理职责时必须履行的一项义务。无论是当场处罚还是依照一般程序作出的处罚，都应当制作行政处罚决定书，并应当交付当事人。本条明确规定了行政处罚决定书应当列明的内容。注意，处罚决定书必须加盖公安机关印章，而不能只有执法人员的签名或盖章。但在本法第100条规定的当场处罚情况下，可由人民警察签名或盖章。

第九十七条　【宣告、送达、抄送】公安机关应当向被处罚人宣告治安管理处罚决定书，并当场交付被处罚人；无法当场向被处罚人宣告的，应当在二日内送达被处罚人。决定给予行政拘留处罚的，应当及时通知被处罚人的家属。

有被侵害人的，公安机关应当将决定书副本抄送被侵害人。

第九十八条　【听证】公安机关作出吊销许可证以及处二千元以上罚款的治安管理处罚决定前，应当告知违反治安管理行为人有权要求举行听证；违反治安管理行为人要求听证的，公安机关应当及时依法举行听证。

条文释义：听证程序，是行政机关在作出行政处罚决定之前听取当事人的陈述和申辩，由听证程序参加人就有关问题相互进行质问、辩论和反驳，从而查明事实的过程。听证程序赋予了当事人为自己辩护的权利，为当事人充分维护和保障自己的权益，提供了程序上的条件。《行政处罚法》对听证制度作出了明确的规定，行政机关作出责令停产停业、吊销许可证或者执照、较大数额罚款等行政处罚决定之前，应当告知当事人有要求举行听证的权利；当事人要求听证的，行政机关应当组织听证，当事人不承担行政机关组织听证的费用。

本条中规定了治安管理处罚决定之前需要告知当事人听证权利的两种情况：公安机关作出吊销许可证以及处2000元以上罚款的治安管理处罚决定。吊销许可证是指公安机关对违反治安管理的公民、法人或其他组织，依法实行撤销其许可证，剥夺其继续从事某项活动的权利的处罚，其后果是比较严重的，被处罚人被撤销权利后再也不能继续从事此类生产经营活动。为了防止公安机关随意实施吊销许可证的处罚，给许可证持有者造成不必要的损失，本法规定了在作出吊销许可证的处罚决定之前，公安机关有告知义务，违反治安管理行为人有要求依法举行听证的权利。违反治安管理行为人要求举行听证的，公安机关有及时举行听证的义务。

相关规定：《公安机关办理行政案件程序规定》第99－129条

第九十九条　【期限】公安机关办理治安案件的期限，自受理之日起不得超过三十日；案情重大、复杂的，经上一级公安机关批准，可以延长三十日。

为了查明案情进行鉴定的期间，不计入办理治安案件的期限。

第一百条　【当场处罚】违反治安管理行为事实清楚，证据确凿，处警告或者二百元以下罚款的，可以当场作出治安管理处罚决定。

条文释义：当场处罚，是指人民警察对于违反治安管理行为人不再传唤到公安机关而直接当场作出治安管理处罚决定的一种处罚程序。此制度的意义在于为公安机关及人民警察迅速处理简单治安案件，高效履行治安管理职责，及时维护社会秩序提供了可行的程序。当场处罚的法定条件是：一是证据条件，即违反治安管理行为事实清楚，证据确凿；二是处罚条件，即处警告或者200元以下罚款。只有当这两个条件同时具备时，才"可以"而非"必须"当场处罚。注意在此种情况下作出的处罚决定书只需由人民警察签名或盖章，不需按本法第96条的规定由公安机关加盖印章。

第一百零一条　【当场处罚决定程序】当场作出治安管理处罚决定的，人民警察应当向违反治安管理行为人出示工作证件，并填写处罚决定书。处罚决定书应当当场交付被处罚人；有被侵害人的，并将决定书副本抄送被侵害人。

前款规定的处罚决定书，应当载明被处罚人的姓名、违法行为、处罚依据、罚款数额、时间、地点以及公安机关名称，并由经办的人民警察签名或者盖章。

当场作出治安管理处罚决定的，经办的人民警察应当在二十四小时内报所属公安机关备案。

条文释义：当场处罚作为处罚程序中的一种简易程序，具有简便、迅速的特点，但仍然应当严格遵循相关的程序要求。本条规定了当场处罚程序中人民警察出示工作证件，填写、当场交付处罚决定书，抄送处罚决定书副本，在决定书上所应载明内容以及在规定时间内报所属公安机关备案的程序性要求。

第一百零二条　【不服处罚提起的复议或诉讼】被处罚人对治安管理处罚决定不服的，可以依法申请行政复议或者提起行政诉讼。

条文释义：行政处罚并不是终局性的，这已经成为了法治国家的一个基本原则。被处罚人对公安机关经过调查所作的处罚决定不服的，可以通过两种途径——行政复议或行政诉讼来主张权利。对行政复议不服的，还可以提起行政诉讼。

关于行政复议和行政诉讼，都有各自的一套制度体系。法律对此作出了详尽的规定，具体详细的制度规范请参见《行政复议法》和《行政诉讼法》。

相关规定：《行政复议法》第15、21条；《行政诉讼法》第12条；《公安机关办理行政复议案件程序规定》第33条

第三节　执　　行

第一百零三条　【行政拘留处罚的执行】对被决定给予行政拘留处罚的人，由作出决定的公安机关送达拘留所执行。

第一百零四条　【当场收缴罚款范围】受到罚款处罚的人应当自收到处罚决定书之日起十五日内，到指定的银行缴纳罚款。但是，有下列情形之一的，人民警察可以当场收缴罚款：

（一）被处五十元以下罚款，被处罚人对罚款无异议的；

（二）在边远、水上、交通不便地区，公安机关及其人民警察依照本法的规定作出罚款决定后，被处罚人向指定的银行缴纳罚款确有困难，经被处罚人提出的；

（三）被处罚人在当地没有固定住所，不当场收缴事后难以执行的。

条文释义：本条规定了治安管理处罚案件的罚款决定的执行以罚款决定和执行相分离制度为原则，以当场收缴罚款为例外。从执法成本和方便当事人的角度出发，本条规定了几种法定情形下，人民警察可以当场收缴罚款。

相关规定：《公安机关办理行政案件程序规定》第188条

第一百零五条　【罚款交纳期限】人民警察当场收缴的罚款，应当自收缴罚款之日起二日内，交至所属的公安机关；在水上、旅客列车上当场收缴的罚款，应当自抵岸或者到站之日起二日内，交至所属的公安机关；公安机关应当自收到罚款之日起二日内将罚款缴付指定的银行。

第一百零六条　【罚款收据】人民警察当场收缴罚款的，应当向被处罚人出具省、自治区、直辖市人民政府财政部门统一制发的罚款收据；不出具统一制发的罚款收据的，被处罚人有权拒绝缴纳罚款。

第一百零七条　【暂缓执行行政拘留】被处罚人不服行政拘留处罚决定，申请行政复议、提起行政诉讼的，可以向公安机关提出暂缓执行行政拘留的申请。公安机关认为暂缓执行行政拘留不致发生社会危险的，由被处罚人或者其近亲属提出符合本法第一百零八条规定条件的担保人，或者按每日行政拘留二百元的标准交纳保证金，行政拘留的处罚决定暂缓执行。

条文释义：本条是关于被处罚人申请暂缓执行行政拘留的情形的规定。对此，需要满足下列条件：(1)被处罚人申请暂缓执行的只能是行政拘留的处罚决定，因为这一处罚具有最严厉性和不可挽回性。(2)被处罚人是在不服行政拘留的行政处罚决定而申请行政复议、提起行政诉讼的情形下提出此申请的。(3)公安机关认为暂缓执行行政拘留不致发生社会危险。这里的“危险”是指被处罚人可能阻碍、逃避公安机关、行政复议机关或人民法院的传唤、复议、审理、执行的，比如逃跑、干扰证人、串供、伪造证据、实施其他违法行为等。(4)被处罚人或者其近亲属提出符合规定的人保或者保证金。

相关规定：《行政复议法》第21条；《行政诉讼法》第44条；《行政处罚法》第52条；《公安机关办理行政案件程序规定》第196-200条

第一百零八条 【担保人的条件】担保人应当符合下列条件：

（一）与本案无牵连；

（二）享有政治权利，人身自由未受到限制；

（三）在当地有常住户口和固定住所；

（四）有能力履行担保义务。

第一百零九条 【担保人的义务】担保人应当保证被担保人不逃避行政拘留处罚的执行。

担保人不履行担保义务，致使被担保人逃避行政拘留处罚的执行的，由公安机关对其处三千元以下罚款。

第一百一十条 【没收保证金】被决定给予行政拘留处罚的人交纳保证金，暂缓行政拘留后，逃避行政拘留处罚的执行的，保证金予以没收并上缴国库，已经作出的行政拘留决定仍应执行。

第一百一十一条 【退还保证金】行政拘留的处罚决定被撤销，或者行政拘留处罚开始执行的，公安机关收取的保证金应当及时退还交纳人。

第五章 执法监督

第一百一十二条 【执法原则】公安机关及其人民警察应当依法、公正、严格、高效办理治安案件，文明执法，不得徇私舞弊。

第一百一十三条 【禁止行为】公安机关及其人民警察办理治安案件，禁止对违反治安管理行为人打骂、虐待或者侮辱。

第一百一十四条 【社会监督】公安机关及其人民警察办理治安案件，应当自觉接受社会和公民的监督。

公安机关及其人民警察办理治安案件，不严格执法或者有违法违纪行为的，任何单位和个人都有权向公安机关或者人民检察院、行政监察机关检举、控告；收到检举、控告的机关，应当依据职责及时处理。

第一百一十五条 【罚缴分离原则】公安机关依法实施罚款处罚，应当依照有关法律、行政法规的规定，实行罚款决定与罚款收缴分离；收缴的罚款应当全部上缴国库。

相关规定：《罚款决定与罚款收缴分离实施办法》

第一百一十六条 【公安机关及其民警的行政责任和刑事责任】人民警察办理治安案件，有下列行为之一的，依法给予行政处分；构成犯罪的，依法追究刑事责任：

（一）刑讯逼供、体罚、虐待、侮辱他人的；

（二）超过询问查证的时间限制人身自由的；

（三）不执行罚款决定与罚款收缴分离制度或者不按规定将罚没的财物上缴国库或者依法处理的；

（四）私分、侵占、挪用、故意损毁收缴、扣押的财物的；

（五）违反规定使用或者不及时返还被侵害人财物的；

（六）违反规定不及时退还保证金的；

（七）利用职务上的便利收受他人财物或者谋取其他利益的；

（八）当场收缴罚款不出具罚款收据或者不如实填写罚款数额的；

（九）接到要求制止违反治安管理行为的报警后，不及时出警的；

（十）在查处违反治安管理活动时，为违法犯罪行为人通风报信的；

（十一）有徇私舞弊、滥用职权，不依法履行法定职责的其他情形的。

办理治安案件的公安机关有前款所列行为的，对直接负责的主管人员和其他直接责任人员给予相应的行政处分。

第一百一十七条　【赔偿责任】公安机关及其人民警察违法行使职权，侵犯公民、法人和其他组织合法权益的，应当赔礼道歉；造成损害的，应当依法承担赔偿责任。

条文释义：本条规定的是公安机关及其人民警察行使职权，侵犯公民、法人和其他组织合法权益，造成损害的，应当依法承担赔偿责任，属于行政赔偿的范畴。

需要特别注意的是，《国家赔偿法》于2010年4月29日由第十一届全国人大常委会第十四次会议进行全面修订，修订后的《国家赔偿法》删除了原有的申请国家赔偿的“确认违法”程序，而本条中“违法行使职权”的限定，实际上已不符合最新《国家赔偿法》的规定。同时，对于行政赔偿的范围，新法第3条规定：“行政机关及其工作人员在行使行政职权时有下列侵犯人身权情形之一的，受害人有取得赔偿的权利：（一）违法拘留或者违法采取限制公民人身自由的行政强制措施的；（二）非法拘禁或者以其他方法非法剥夺公民人身自由的；（三）以殴打、虐待等行为或者唆使、放纵他人以殴打、虐待等行为造成公民身体伤害或者死亡的；（四）违法使用武器、警械造成公民身体伤害或者死亡的；（五）造成公民身体伤害或者死亡的其他违法行为。”

相关规定：《国家赔偿法》；《国家赔偿费用管理条例》；《最高人民检察院关于适用修改后〈中华人民共和国国家赔偿法〉若干问题的意见》

第六章　附　　则

第一百一十八条　【“以上、以下、以内”的含义】本法所称以上、以下、以内，包括本数。

第一百一十九条　【生效日期】本法自2006年3月1日起施行。1986年9月5日公布、1994年5月12日修订公布的《中华人民共和国治安管理处罚条例》同时废止。

中华人民共和国道路交通安全法

（2003年10月28日第十届全国人民代表大会常务委员会第五次会议通过　根据2007年12月29日第十届全国人民代表大会常务委员会第三十一次会议《关于修改〈中华人民共和国道路交通安全法〉的决定》第一次修正　根据2011年4月22日第十一届全国人民代表大会常务委员会第二十次会议《关于修改〈中华人民共和国道路交通安全法〉的决定》第二次修正）

第一章　总　　则

第一条　【立法宗旨】为了维护道路交通秩序，预防和减少交通事故，保护人身安全，保护公民、法人和其他组织的财产安全及其他合法权益，提高通行效率，制定本法。

条文释义：道路，是指公路、城市道路和虽在单位管辖范围但允许社会机动车通行的地方，包括广场、公共停车场等用于公众通行的场所。

第二条　【适用范围】中华人民共和国境内的车辆驾驶人、行人、乘车人以及与道路交通活动有关的单位和个人，都应当遵守本法。

条文释义：机动车，是指以动力装置驱动或者牵引，上道路行驶的供人员乘用或者用于运送物品以及进行工程专项作业的轮式车辆；非机动车，是指以人力或者畜力驱动，上道路行驶的交通工具，以及虽有动力装置驱动但设计最高时速、空车质量、外形尺寸符合有关国家标准的残疾人机动轮椅车、电动自行车等交通工具。

特别指出的是，警车、消防车、救护车、工程救险车等特种车辆也在本法调整的范围内。

相关规定：《道路交通安全法实施条例》第2条[适用范围]

第三条　【基本原则】道路交通安全工作，应当遵循依法管理、方便群众的原则，保障道路交通有序、安全、畅通。

相关规定：《道路交通事故处理程序规定》第2条[基本原则]

第四条　【道路交通安全管理规划及实施】各级人民政府应当保障道路交通安全管理工作与经济建设和社会发展相适应。

县级以上地方各级人民政府应当适应道路交通发展的需要，依据道路交通安全法律、法规和国家有关政策，制定道路交通安全管理规划，并组织实施。

相关规定：《道路交通安全法实施条例》第3条[地方政府对道路交通安全工作的责任]

第五条　【道路交通安全工作的管辖】国务院公安部门负责全国道路交通安全管理工作。县级以上地方各级人民政府公安机关交通管理部门负责本行政区域内的道路交通安全管理工作。

县级以上各级人民政府交通、建设管理部门依据各自职责，负责有关的道路交通工作。

第六条　【道路交通安全宣传】各级人民政府应当经常进行道路交通安全教育，提高公民的道路交通安全意识。

公安机关交通管理部门及其交通警察执行职务时，应当加强道路交通安全法律、法规的宣传，并模范遵守道路交通安全法律、法规。

机关、部队、企业事业单位、社会团体以及其他组织，应当对本单位的人员进行道路交通安全教育。

教育行政部门、学校应当将道路交通安全教育纳入法制教育的内容。

新闻、出版、广播、电视等有关单位,有进行道路交通安全教育的义务。

第七条 【道路交通安全管理的发展要求】对道路交通安全管理工作,应当加强科学研究,推广、使用先进的管理方法、技术、设备。

第二章 车辆和驾驶人

第一节 机动车、非机动车

第八条 【机动车登记制度】国家对机动车实行登记制度。机动车经公安机关交通管理部门登记后,方可上道路行驶。尚未登记的机动车,需要临时上道路行驶的,应当取得临时通行牌证。

条文释义:尚未登记的机动车,需要临时上道路行驶的,应当取得临时通行牌证。这里的临时通行牌证主要是指根据实际的需要,由主管部门核发的机动车可以短时间上道路行驶的号牌和其他证件。在实践中,凡属下列情形的机动车均应领取临时号牌:(1)未销售的;(2)购买、调拨、赠予等方式获得机动车后尚未注册登记的;(3)进行科研、定型试验的;(4)因轴荷、总质量、外廓尺寸超出国家标准不予办理注册登记的特型车。

相关规定:《机动车登记规定》第45条

第九条 【注册登记】申请机动车登记,应当提交以下证明、凭证:

(一)机动车所有人的身份证明;

(二)机动车来历证明;

(三)机动车整车出厂合格证明或者进口机动车进口凭证;

(四)车辆购置税的完税证明或者免税凭证;

(五)法律、行政法规规定应当在机动车登记时提交的其他证明、凭证。

公安机关交通管理部门应当自受理申请之日起五个工作日内完成机动车登记审查工作,对符合前款规定条件的,应当发放机动车登记证书、号牌和行驶证;对不符合前款规定条件的,应当向申请人说明不予登记的理由。

公安机关交通管理部门以外的任何单位或者个人不得发放机动车号牌或者要求机动车悬挂其他号牌,本法另有规定的除外。

机动车登记证书、号牌、行驶证的式样由国务院公安部门规定并监制。

相关规定:《侵权责任法》第49条

第十条 【机动车应符合国家安全技术标准】准予登记的机动车应当符合机动车国家安全技术标准。申请机动车登记时,应当接受对该机动车的安全技术检验。但是,经国家机动车产品主管部门依据机动车国家安全技术标准认定的企业生产的机动车型,该车型的新车在出厂时经检验符合机动车国家安全技术标准,获得检验合格证的,免予安全技术检验。

第十一条 【机动车上道行驶手续和号牌悬挂】驾驶机动车上道路行驶,应当悬挂机动车号牌,放置检验合格标志、保险标志,并随车携带机动车行驶证。

机动车号牌应当按照规定悬挂并保持清晰、完整,不得故意遮挡、污损。

任何单位和个人不得收缴、扣留机动车号牌。

第十二条 【变更登记】有下列情形之一的,应当办理相应的登记:

(一)机动车所有权发生转移的;

(二)机动车登记内容变更的;

（三）机动车用作抵押的；

（四）机动车报废的。

相关规定：《物权法》第24条；《侵权责任法》第50条

第十三条 【机动车安检】对登记后上道路行驶的机动车，应当依照法律、行政法规的规定，根据车辆用途、载客载货数量、使用年限等不同情况，定期进行安全技术检验。对提供机动车行驶证和机动车第三者责任强制保险单的，机动车安全技术检验机构应当予以检验，任何单位不得附加其他条件。对符合机动车国家安全技术标准的，公安机关交通管理部门应当发给检验合格标志。

对机动车的安全技术检验实行社会化。具体办法由国务院规定。

机动车安全技术检验实行社会化的地方，任何单位不得要求机动车到指定的场所进行检验。

公安机关交通管理部门、机动车安全技术检验机构不得要求机动车到指定的场所进行维修、保养。

机动车安全技术检验机构对机动车检验收取费用，应当严格执行国务院价格主管部门核定的收费标准。

第十四条 【强制报废制度】国家实行机动车强制报废制度，根据机动车的安全技术状况和不同用途，规定不同的报废标准。

应当报废的机动车必须及时办理注销登记。

达到报废标准的机动车不得上道路行驶。报废的大型客、货车及其他营运车辆应当在公安机关交通管理部门的监督下解体。

条文释义：报废汽车（包括摩托车、农用运输车），是指达到国家报废标准，或者虽未达到国家报废标准，但发动机或者底盘严重损坏，经检验不符合国家机动车运行安全技术条件或者国家机动车污染物排放标准的机动车。

已注册登记的机动车达到国家规定的强制报废标准的，公安机关交通管理部门应当在报废期满的2个月前通知机动车所有人办理注销登记。机动车所有人应当在报废期满前将机动车交售给机动车回收企业，由机动车回收企业将报废的机动车登记证书、号牌、行驶证交公安机关交通管理部门注销。机动车所有人逾期不办理注销登记的，公安机关交通管理部门应当公告该机动车登记证书、号牌、行驶证作废。

相关规定：《道路交通安全法实施条例》第9条[机动车注销登记]

第十五条 【特种车辆标志图案的喷涂和警报器、标志灯具的安装、使用】警车、消防车、救护车、工程救险车应当按照规定喷涂标志图案，安装警报器、标志灯具。其他机动车不得喷涂、安装、使用上述车辆专用的或者与其相类似的标志图案、警报器或者标志灯具。

警车、消防车、救护车、工程救险车应当严格按照规定的用途和条件使用。

公路监督检查的专用车辆，应当依照公路法的规定，设置统一的标志和示警灯。

第十六条 【禁止拼装、改变、伪造、变造等违法行为】任何单位或者个人不得有下列行为：

（一）拼装机动车或者擅自改变机动车已登记的结构、构造或者特征；

（二）改变机动车型号、发动机号、车架号或者车辆识别代号；

（三）伪造、变造或者使用伪造、变造的机动车登记证书、号牌、行驶证、检验合格标志、保险标志；

（四）使用其他机动车的登记证书、号牌、行驶证、检验合格标志、保险标志。

条文释义：拼装机动车，一般是指使用报废或者不合格的机动车的发动机、方向机、变速器、前后桥、车架以及其他零配件组装机动车。

第十七条 【机动车第三者责任强制保险制度和道路交通事故社会救助基金】国家实行机动车第三者责任强制保险制度,设立道路交通事故社会救助基金。具体办法由国务院规定。

条文释义:我国的机动车第三者责任强制保险制度以《机动车交通事故责任强制保险条例》为基础。机动车交通事故责任强制保险,是指由保险公司对被保险机动车发生道路交通事故造成本车人员、被保险人以外的受害人的人身伤亡、财产损失,在责任限额内予以赔偿的强制性责任保险。

交通事故社会救助基金,是指国家依法设立的用于向道路交通事故中受害人先行垫付人身伤亡的丧葬费用、部分或者全部抢救费用的基金。救助基金的具体管理办法,由国务院财政部门会同保监会、国务院公安部门、国务院卫生主管部门、国务院农业主管部门制定。根据国家有关规定,有下列情形之一时,道路交通事故中受害人人身伤亡的丧葬费用、部分或者全部抢救费用,由救助基金先行垫付,救助基金管理机构有权向道路交通事故责任人追偿:(1)抢救费用超过机动车交通事故责任强制保险责任限额的;(2)肇事机动车未参加机动车交通事故责任强制保险的;(3)机动车肇事后逃逸的。救助基金的来源包括:(1)按照机动车交通事故责任强制保险的保险费的一定比例提取的资金;(2)地方政府按照保险公司经营交强险缴纳营业税数额给予的财政补助;(3)对未按照规定投保机动车交通事故责任强制保险的机动车的所有人、管理人的罚款;(4)救助基金孳息;(5)救助基金管理机构依法向道路交通事故责任人追偿的资金;(6)社会捐款;(7)其他资金。

相关规定:《道路交通安全法实施条例》第5条[机动车注册登记];《机动车交通事故责任强制保险条例》第3条[定义]、第24条[道路交通事故社会救助基金]、第25条[救助基金的来源]、第26条[救助基金具体管理办法的制定];《道路交通事故社会救助基金管理试行办法》

第十八条 【非机动车的管理】依法应当登记的非机动车,经公安机关交通管理部门登记后,方可上道路行驶。

依法应当登记的非机动车的种类,由省、自治区、直辖市人民政府根据当地实际情况规定。

非机动车的外形尺寸、质量、制动器、车铃和夜间反光装置,应当符合非机动车安全技术标准。

第二节 机动车驾驶人

第十九条 【驾驶证】驾驶机动车,应当依法取得机动车驾驶证。

申请机动车驾驶证,应当符合国务院公安部门规定的驾驶许可条件;经考试合格后,由公安机关交通管理部门发给相应类别的机动车驾驶证。

持有境外机动车驾驶证的人,符合国务院公安部门规定的驾驶许可条件,经公安机关交通管理部门考核合格的,可以发给中国的机动车驾驶证。

驾驶人应当按照驾驶证载明的准驾车型驾驶机动车;驾驶机动车时,应当随身携带机动车驾驶证。

公安机关交通管理部门以外的任何单位或者个人,不得收缴、扣留机动车驾驶证。

条文释义:准驾车型代号表示机动车驾驶人准予驾驶的车辆种类,如大型客车(A1)、中型货车(B1)、小型汽车(C1)等。根据机动车驾驶证上的准驾车型代号,机动车驾驶人可以驾驶该代号代表的一种或者几种机动车。一般来说,取得准驾大型机动车资格的,可以驾驶小型机动车。取得准驾小型机动车资格的,需要增加驾驶车类时,应经考试合格后在机动车驾驶证上签注。

相关规定:《机动车驾驶证申领和使用规定》

第二十条 【驾驶培训】机动车的驾驶培训实行社会化,由交通主管部门对驾驶培训学校、驾驶培训班实行资格管理,其中专门的拖拉机驾驶培训学校、驾驶培训班由农业(农业机械)主管部门实行资格管理。

驾驶培训学校、驾驶培训班应当严格按照国家有关规定，对学员进行道路交通安全法律、法规、驾驶技能的培训，确保培训质量。

任何国家机关以及驾驶培训和考试主管部门不得举办或者参与举办驾驶培训学校、驾驶培训班。

第二十一条　【上路行驶前的安全检查】驾驶人驾驶机动车上道路行驶前，应当对机动车的安全技术性能进行认真检查；不得驾驶安全设施不全或者机件不符合技术标准等具有安全隐患的机动车。

条文释义：安全技术性能检查，包括检视车辆的制动系统及各部机件连接的紧固情况，检查机油、空气、燃油滤清器和蓄电池等是否清洁，是否有漏水、漏油、漏气、漏电等现象，刹车是否灵敏。

第二十二条　【机动车驾驶人应当安全驾驶】机动车驾驶人应当遵守道路交通安全法律、法规的规定，按照操作规范安全驾驶、文明驾驶。

饮酒、服用国家管制的精神药品或者麻醉药品，或者患有妨碍安全驾驶机动车的疾病，或者过度疲劳影响安全驾驶的，不得驾驶机动车。

任何人不得强迫、指使、纵容驾驶人违反道路交通安全法律、法规和机动车安全驾驶要求驾驶机动车。

相关规定：《道路交通安全法实施条例》第 62 条[驾驶机动车的禁止性规定]；《机动车驾驶证申领和使用规定》第 12 条

第二十三条　【机动车驾驶证定期审验】公安机关交通管理部门依照法律、行政法规的规定，定期对机动车驾驶证实施审验。

第二十四条　【累积记分制度】公安机关交通管理部门对机动车驾驶人违反道路交通安全法律、法规的行为，除依法给予行政处罚外，实行累积记分制度。公安机关交通管理部门对累积记分达到规定分值的机动车驾驶人，扣留机动车驾驶证，对其进行道路交通安全法律、法规教育，重新考试；考试合格的，发还其机动车驾驶证。

对遵守道路交通安全法律、法规，在一年内无累积记分的机动车驾驶人，可以延长机动车驾驶证的审验期。具体办法由国务院公安部门规定。

第三章　道路通行条件

第二十五条　【道路交通信号和分类】全国实行统一的道路交通信号。

交通信号包括交通信号灯、交通标志、交通标线和交通警察的指挥。

交通信号灯、交通标志、交通标线的设置应当符合道路交通安全、畅通的要求和国家标准，并保持清晰、醒目、准确、完好。

根据通行需要，应当及时增设、调换、更新道路交通信号。增设、调换、更新限制性的道路交通信号，应当提前向社会公告，广泛进行宣传。

第二十六条　【交通信号灯分类和示义】交通信号灯由红灯、绿灯、黄灯组成。红灯表示禁止通行，绿灯表示准许通行，黄灯表示警示。

第二十七条　【铁路道口的警示标志】铁路与道路平面交叉的道口，应当设置警示灯、警示标志或者安全防护设施。无人看守的铁路道口，应当在距道口一定距离处设置警示标志。

第二十八条　【道路交通信号的保护】任何单位和个人不得擅自设置、移动、占用、损毁交通信号灯、交通标志、交通标线。

道路两侧及隔离带上种植的树木或者其他植物，设置的广告牌、管线等，应当与交通设施保持必要的距离，不得遮挡路灯、交通信号灯、交通标志，不得妨碍安全视距，不得影响通行。

第二十九条　【公共交通的规划、设计、建设和对交通安全隐患的防范】道路、停车场和道路配套设施的规划、设计、建设，应当符合道路交通安全、畅通的要求，并根据交通需求及时调整。

公安机关交通管理部门发现已经投入使用的道路存在交通事故频发路段，或者停车场、道路配套设施存在交通安全严重隐患的，应当及时向当地人民政府报告，并提出防范交通事故、消除隐患的建议，当地人民政府应当及时作出处理决定。

第三十条　【道路或交通信号毁损的处置措施】道路出现坍塌、坑漕、水毁、隆起等损毁或者交通信号灯、交通标志、交通标线等交通设施损毁、灭失的，道路、交通设施的养护部门或者管理部门应当设置警示标志并及时修复。

公安机关交通管理部门发现前款情形，危及交通安全，尚未设置警示标志的，应当及时采取安全措施，疏导交通，并通知道路、交通设施的养护部门或者管理部门。

第三十一条　【未经许可不得占道从事非交通活动】未经许可，任何单位和个人不得占用道路从事非交通活动。

条文释义：非交通活动，主要是指在道路上从事打场、晒粮、放牧、堆放物品、倾倒垃圾、摆摊设点、停放车辆、挖沟引水或者进行商品展销、体育活动、福利募捐、义诊义卖、咨询宣传等活动。

相关规定：《公路法》第 7 条、第 44 – 57 条；《公路安全保护条例》第 16 条

第三十二条　【占用道路施工的处置措施】因工程建设需要占用、挖掘道路，或者跨越、穿越道路架设、增设管线设施，应当事先征得道路主管部门的同意；影响交通安全的，还应当征得公安机关交通管理部门的同意。

施工作业单位应当在经批准的路段和时间内施工作业，并在距离施工作业地点来车方向安全距离处设置明显的安全警示标志，采取防护措施；施工作业完毕，应当迅速清除道路上的障碍物，消除安全隐患，经道路主管部门和公安机关交通管理部门验收合格，符合通行要求后，方可恢复通行。

对未中断交通的施工作业道路，公安机关交通管理部门应当加强交通安全监督检查，维护道路交通秩序。

条文释义：道路施工需要车辆绕行的，施工单位应当在绕行处设置标志；不能绕行的，应当修建临时通道，保证车辆和行人通行。需要封闭道路中断交通的，除紧急情况外，应当提前 5 日向社会公告。

相关规定：《道路交通安全法实施条例》第 35 条［道路养护施工的安全和畅通要求］

第三十三条　【停车场、停车泊位的设置】新建、改建、扩建的公共建筑、商业街区、居住区、大（中）型建筑等，应当配建、增建停车场；停车泊位不足的，应当及时改建或者扩建；投入使用的停车场不得擅自停止使用或者改作他用。

在城市道路范围内，在不影响行人、车辆通行的情况下，政府有关部门可以施划停车泊位。

第三十四条　【行人过街设施、盲道的设置】学校、幼儿园、医院、养老院门前的道路没有行人过街设施的，应当施划人行横道线，设置提示标志。

城市主要道路的人行道，应当按照规划设置盲道。盲道的设置应当符合国家标准。

第四章　道路通行规定

第一节　一般规定

第三十五条　【右侧通行】机动车、非机动车实行右侧通行。

第三十六条　【车道划分和通行规则】根据道路条件和通行需要，道路划分为机动车道、非机动车道和人行道的，机动车、非机动车、行人实行分道通行。没有划分机动车道、非机动车道和人行道的，机动车在道路中间通行，非机动车和行人在道路两侧通行。

第三十七条　【专用车道只准许规定车辆通行】道路划设专用车道的，在专用车道内，只准许规定的车辆通行，其他车辆不得进入专用车道内行驶。

第三十八条　【遵守交通信号】车辆、行人应当按照交通信号通行；遇有交通警察现场指挥时，应当按照交通警察的指挥通行；在没有交通信号的道路上，应当在确保安全、畅通的原则下通行。

第三十九条　【交通管理部门可根据情况采取管理措施并提前公告】公安机关交通管理部门根据道路和交通流量的具体情况，可以对机动车、非机动车、行人采取疏导、限制通行、禁止通行等措施。遇有大型群众性活动、大范围施工等情况，需要采取限制交通的措施，或者作出与公众的道路交通活动直接有关的决定，应当提前向社会公告。

条文释义：限制通行，是指根据不同的情况，规定不同的车辆或者行人可以通行。禁止通行，是指各种车辆和行人都不允许通行。禁止通行的措施一般是在有大型活动或重要会议以及道路或交通中断的情况下采用，如道路施工、城市建设等。实践中，公安机关交通管理部门对某个路段采取限制通行或禁止通行的措施时，一般会在限制或禁止通行的地方设立限制通行或禁止通行的告示牌。有时也采取由交通警察现场指挥疏导交通的做法。限制通行和禁止通行的交通措施通常多数是由公安机关交通管理部门根据道路和交通流量的具体情况所采取的临时性的措施，一旦道路通行情况有所改善，公安机关交通管理部门就会及时撤销限制通行或禁止通行的措施，恢复正常的交通秩序。

第四十条　【交通管制】遇有自然灾害、恶劣气象条件或者重大交通事故等严重影响交通安全的情形，采取其他措施难以保证交通安全时，公安机关交通管理部门可以实行交通管制。

条文释义：交通管制，是指根据现实情况的需要，为了防止道路交通状况的进一步恶化和造成交通事故损害的扩大，由公安机关交通管理部门采取措施禁止相关机动车辆通行的措施。这种交通管制措施，是公安机关交通管理部门在法定的特殊情况下才可采用的一种方法。

第四十一条　【授权国务院规定道路通行的其他具体规定】有关道路通行的其他具体规定，由国务院规定。

第二节　机动车通行规定

第四十二条　【机动车行驶速度】机动车上道路行驶，不得超过限速标志标明的最高时速。在没有限速标志的路段，应当保持安全车速。

夜间行驶或者在容易发生危险的路段行驶，以及遇有沙尘、冰雹、雨、雪、雾、结冰等气象条件时，应当降低行驶速度。

条文释义：根据《道路交通安全法实施条例》的规定，在没有限速标志、标线的道路上，机动车不得超过下列最高行驶速度：(1)没有道路中心线的道路，城市道路为每小时30公里，公路为每小时40公里;(2)同方向只有一条机动车道的道路,城市道路为每小时50公里,公路为每小时70公里。机动车行驶中遇有下列情形之一的,最高行驶速度不得超过每小时30公里,其中拖拉机、电瓶车、轮式专用机械车不得超过每小时15公里:(1)进出非机动车道,通过铁路道口、急弯路、窄路、窄桥时;(2)掉头、转弯、下陡坡时;(3)遇雾、雨、雪、沙尘、冰雹,能见度在50米以内时;(4)在冰雪、泥泞的道路上行驶时;(5)牵引发生故障的机动车时。

相关规定:《道路交通安全法实施条例》第45条[机动车行驶速度限制];第46条[机动车在特殊条件下行驶速度限制];第67条[机动车在单位院内、居民居住区内行驶]

第四十三条 【不得超车的情形】同车道行驶的机动车,后车应当与前车保持足以采取紧急制动措施的安全距离。有下列情形之一的,不得超车:

(一)前车正在左转弯、掉头、超车的;

(二)与对面来车有会车可能的;

(三)前车为执行紧急任务的警车、消防车、救护车、工程救险车的;

(四)行经铁路道口、交叉路口、窄桥、弯道、陡坡、隧道、人行横道、市区交通流量大的路段等没有超车条件的。

第四十四条 【交叉路口通行规则】机动车通过交叉路口,应当按照交通信号灯、交通标志、交通标线或者交通警察的指挥通过;通过没有交通信号灯、交通标志、交通标线或者交通警察指挥的交叉路口时,应当减速慢行,并让行人和优先通行的车辆先行。

第四十五条 【交通不畅条件下的行驶】机动车遇有前方车辆停车排队等候或者缓慢行驶时,不得借道超车或者占用对面车道,不得穿插等候的车辆。

在车道减少的路段、路口,或者在没有交通信号灯、交通标志、交通标线或者交通警察指挥的交叉路口遇到停车排队等候或者缓慢行驶时,机动车应当依次交替通行。

相关规定:《道路交通安全法实施条例》第53条[机动车在交通不畅的条件下的行驶]

第四十六条 【铁路道口通行规则】机动车通过铁路道口时,应当按照交通信号或者管理人员的指挥通行;没有交通信号或者管理人员的,应当减速或者停车,在确认安全后通过。

相关规定:《铁路法》第47条;《道路交通安全法实施条例》第65条[机动车载运超限物品行经铁路道口和机动车行经渡口]

第四十七条 【避让行人】机动车行经人行横道时,应当减速行驶;遇行人正在通过人行横道,应当停车让行。

机动车行经没有交通信号的道路时,遇行人横过道路,应当避让。

第四十八条 【机动车载物】机动车载物应当符合核定的载质量,严禁超载;载物的长、宽、高不得违反装载要求,不得遗洒、飘散载运物。

机动车运载超限的不可解体的物品,影响交通安全的,应当按照公安机关交通管理部门指定的时间、路线、速度行驶,悬挂明显标志。在公路上运载超限的不可解体的物品,并应当依照公路法的规定执行。

机动车载运爆炸物品、易燃易爆化学物品以及剧毒、放射性等危险物品,应当经公安机关批准后,按指定的时间、路线、速度行驶,悬挂警示标志并采取必要的安全措施。

条文释义:机动车载物不得超过机动车行驶证上核定的载质量,装载长度、宽度不得超出车厢,并应当遵守下列规定:(1)重型、中型载货汽车,半挂车载物,高度从地面起不得超过4米,载运集装箱的车辆不得超过4.2米;(2)其他载货的机动车载物,高度从地面起不得超过2.5米;(3)摩托车载物,高度从地面起不得超过1.5米,长度不得超出车身0.2米。两轮摩托车载物宽度左右各不得超出车把0.15米，三轮摩托车载物宽度不得超过车身；(4)载客汽车除车身外部的行李架和内置的行李箱外，不得载货。载客汽车行李架载货，从车顶起高度不得超过0.5米，从地面起高度不得超过4米。

相关规定：《公路安全保护条例》第35、36条

第四十九条 【机动车载人】机动车载人不得超过核定的人数，客运机动车不得违反规定载货。

条文释义：机动车载人应当遵守下列规定：(1)公路载客汽车不得超过核定的载客人数，但按照规定免票的儿童除外，在载客人数已满的情况下，按照规定免票的儿童不得超过核定载客人数的10%；(2)载货汽车车厢不得载客。在城市道路上，货运机动车在留有安全位置的情况下，车厢内可以附载临时作业人员1人至5人。载物高度超过车厢栏板时，货物上不得载人；(3)摩托车后座不得乘坐未满12周岁的未成年人，轻便摩托车不得载人。

相关规定：《道路交通安全法实施条例》第55条[机动车载人]

第五十条 【货运车运营规则】禁止货运机动车载客。

货运机动车需要附载作业人员的，应当设置保护作业人员的安全措施。

第五十一条 【安全带及安全头盔的使用】机动车行驶时，驾驶人、乘坐人员应当按规定使用安全带，摩托车驾驶人及乘坐人员应当按规定戴安全头盔。

第五十二条 【机动车故障处置】机动车在道路上发生故障，需要停车排除故障时，驾驶人应当立即开启危险报警闪光灯，将机动车移至不妨碍交通的地方停放；难以移动的，应当持续开启危险报警闪光灯，并在来车方向设置警告标志等措施扩大示警距离，必要时迅速报警。

相关规定：《道路交通安全法实施条例》第60条[机动车在道路上发生故障或者交通事故时的安全措施]

第五十三条 【特种车辆的优先通行权】警车、消防车、救护车、工程救险车执行紧急任务时，可以使用警报器、标志灯具；在确保安全的前提下，不受行驶路线、行驶方向、行驶速度和信号灯的限制，其他车辆和行人应当让行。

警车、消防车、救护车、工程救险车非执行紧急任务时，不得使用警报器、标志灯具，不享有前款规定的道路优先通行权。

第五十四条 【养护、工程作业等车辆的作业通行权】道路养护车辆、工程作业车进行作业时，在不影响过往车辆通行的前提下，其行驶路线和方向不受交通标志、标线限制，过往车辆和人员应当注意避让。

洒水车、清扫车等机动车应当按照安全作业标准作业；在不影响其他车辆通行的情况下，可以不受车辆分道行驶的限制，但是不得逆向行驶。

第五十五条 【拖拉机的通行和营运】高速公路、大中城市中心城区内的道路，禁止拖拉机通行。其他禁止拖拉机通行的道路，由省、自治区、直辖市人民政府根据当地实际情况规定。

在允许拖拉机通行的道路上，拖拉机可以从事货运，但是不得用于载人。

条文释义：上道路行驶的拖拉机，是指手扶拖拉机等最高设计行驶速度不超过每小时20公里的轮式拖拉机和最高设计行驶速度不超过每小时40公里、牵引挂车方可从事道路运输的轮式拖拉机。同时，本法考虑到我国地域广阔，地形复杂，全国各省都有各自的特色，因此本条还规定，拖拉机的其他禁行道路，由省、自治区、直辖市人民政府根据当地的实际情况规定。

相关规定：《道路交通安全法实施条例》第111条[拖拉机的概念]

第五十六条　【机动车的停泊】机动车应当在规定地点停放。禁止在人行道上停放机动车;但是,依照本法第三十三条规定施划的停车泊位除外。

在道路上临时停车的,不得妨碍其他车辆和行人通行。

条文释义:根据《道路交通安全法实施条例》的规定,机动车在道路上临时停车,应当遵守下列规定:(1)在设有禁停标志、标线的路段,在机动车道与非机动车道、人行道之间设有隔离设施的路段以及人行横道、施工地段,不得停车;(2)交叉路口、铁路道口、急弯路、宽度不足4米的窄路、桥梁、陡坡、隧道以及距离上述地点50米以内的路段,不得停车;(3)公共汽车站、急救站、加油站、消防栓或者消防队(站)门前以及距离上述地点30米以内的路段,除使用上述设施的以外,不得停车;(4)车辆停稳前不得开车门和上下人员,开关车门不得妨碍其他车辆和行人通行;(5)路边停车应当紧靠道路右侧,机动车驾驶人不得离车,上下人员或者装卸物品后,立即驶离;(6)城市公共汽车不得在站点以外的路段停车上下乘客。

相关规定:《道路交通安全法实施条例》第63条[机动车临时停车]

第三节　非机动车通行规定

第五十七条　【非机动车通行规则】驾驶非机动车在道路上行驶应当遵守有关交通安全的规定。非机动车应当在非机动车道内行驶;在没有非机动车道的道路上,应当靠车行道的右侧行驶。

第五十八条　【非机动车行驶速度限制】残疾人机动轮椅车、电动自行车在非机动车道内行驶时,最高时速不得超过十五公里。

相关规定:《道路交通安全法实施条例》第70条[驾驶非机动车横过道路、借用机动车道行驶]、第71条[非机动车载物、载人]、第72条[在道路上驾驶非机动车]

第五十九条　【非机动车的停放】非机动车应当在规定地点停放。未设停放地点的,非机动车停放不得妨碍其他车辆和行人通行。

第六十条　【畜力车使用规则】驾驭畜力车,应当使用驯服的牲畜;驾驭畜力车横过道路时,驾驭人应当下车牵引牲畜;驾驭人离开车辆时,应当拴系牲畜。

相关规定:《道路交通安全法实施条例》第73条[驾驶畜力车在道路上行驶的规定]

第四节　行人和乘车人通行规定

第六十一条　【行人通行规则】行人应当在人行道内行走,没有人行道的靠路边行走。

第六十二条　【行人横过道路规则】行人通过路口或者横过道路,应当走人行横道或者过街设施;通过有交通信号灯的人行横道,应当按照交通信号灯指示通行;通过没有交通信号灯、人行横道的路口,或者在没有过街设施的路段横过道路,应当在确认安全后通过。

第六十三条　【行人禁止行为】行人不得跨越、倚坐道路隔离设施,不得扒车、强行拦车或者实施妨碍道路交通安全的其他行为。

条文释义:道路隔离设施主要包括隔离护栏、路间绿化带等用于将来往车辆隔开的设施。

相关规定:《道路交通安全法实施条例》第74条[行人禁止性行为]、第76条[行人在道路上列队通行]

第六十四条　【特殊行人通行规则】学龄前儿童以及不能辨认或者不能控制自己行为的精神疾病患者、智力障碍者在道路上通行,应当由其监护人、监护人委托的人或者对其负有管理、保护职责的人带领。

盲人在道路上通行，应当使用盲杖或者采取其他导盲手段，车辆应当避让盲人。

相关规定：《侵权责任法》第32、38－40条；《最高人民法院关于审理人身损害赔偿案件适用法律若干问题的解释》第7条

第六十五条 【行人通过铁路道口规则】行人通过铁路道口时，应当按照交通信号或者管理人员的指挥通行；没有交通信号和管理人员的，应当在确认无火车驶临后，迅速通过。

第六十六条 【乘车规则】乘车人不得携带易燃易爆等危险物品，不得向车外抛洒物品，不得有影响驾驶人安全驾驶的行为。

第五节 高速公路的特别规定

第六十七条 【高速公路通行规则、时速限制】行人、非机动车、拖拉机、轮式专用机械车、铰接式客车、全挂拖斗车以及其他设计最高时速低于七十公里的机动车，不得进入高速公路。高速公路限速标志标明的最高时速不得超过一百二十公里。

第六十八条 【故障处理】机动车在高速公路上发生故障时，应当依照本法第五十二条的有关规定办理；但是，警告标志应当设置在故障车来车方向一百五十米以外，车上人员应当迅速转移到右侧路肩上或者应急车道内，并且迅速报警。

机动车在高速公路上发生故障或者交通事故，无法正常行驶的，应当由救援车、清障车拖曳、牵引。

条文释义：机动车在高速公路上发生故障或者事故被拖曳、牵引，应当符合以下条件：一是机动车在高速公路上发生故障或者交通事故。二是该机动车无法正常行驶，如经过简单维修可以继续行驶，或者发生的是轻微交通事故经双方协商已经得到解决的，则无须拖曳、牵引。三是对故障车或者事故车的拖曳、牵引应当由救援车、清障车实施，不得由其他机动车实施，因救援车或者清障车属于专门用于拖曳、牵引的车辆，其动力性、技术性和安全性是其他车辆无法代替的。

第六十九条 【不得在高速公路上拦截车辆】任何单位、个人不得在高速公路上拦截检查行驶的车辆，公安机关的人民警察依法执行紧急公务除外。

第五章 交通事故处理

第七十条 【交通事故处理及报警】在道路上发生交通事故，车辆驾驶人应当立即停车，保护现场；造成人身伤亡的，车辆驾驶人应当立即抢救受伤人员，并迅速报告执勤的交通警察或者公安机关交通管理部门。因抢救受伤人员变动现场的，应当标明位置。乘车人、过往车辆驾驶人、过往行人应当予以协助。

在道路上发生交通事故，未造成人身伤亡，当事人对事实及成因无争议的，可以即行撤离现场，恢复交通，自行协商处理损害赔偿事宜；不即行撤离现场的，应当迅速报告执勤的交通警察或者公安机关交通管理部门。

在道路上发生交通事故，仅造成轻微财产损失，并且基本事实清楚的，当事人应当先撤离现场再进行协商处理。

条文释义：交通事故，是指车辆在道路上因过错或者意外造成的人身伤亡或者财产损失的事件。

相关规定：《道路交通事故处理程序规定》第8、9条

第七十一条 【交通事故逃逸的处理】车辆发生交通事故后逃逸的，事故现场目击人员和其他

知情人员应当向公安机关交通管理部门或者交通警察举报。举报属实的,公安机关交通管理部门应当给予奖励。

条文释义:交通肇事逃逸,是指发生交通事故后,交通事故当事人为逃避法律追究,驾驶车辆或者遗弃车辆逃离交通事故现场的行为。发生交通事故后当事人逃逸的,逃逸的当事人承担全部责任。但是,有证据证明对方当事人也有过错的,可以减轻责任。

相关规定:《刑法》第 133 条、第 233 -235 条;《最高人民法院关于审理交通肇事刑事案件具体应用法律若干问题的解释》;《道路交通事故处理程序规定》第 32 -36 条

第七十二条 【**交警处理交通事故程序**】公安机关交通管理部门接到交通事故报警后,应当立即派交通警察赶赴现场,先组织抢救受伤人员,并采取措施,尽快恢复交通。

交通警察应当对交通事故现场进行勘验、检查,收集证据;因收集证据的需要,可以扣留事故车辆,但是应当妥善保管,以备核查。

对当事人的生理、精神状况等专业性较强的检验,公安机关交通管理部门应当委托专门机构进行鉴定。鉴定结论应当由鉴定人签名。

相关规定:《道路交通安全法实施条例》第 89 条[处理交通事故的简易程序、一般程序和现场处理道路交通事故职责]、第 90 条[抢救事故受伤人员费用];《道路交通事故处理程序规定》第 10 -12 条、第 21 -31 条

第七十三条 【**交通事故认定书**】公安机关交通管理部门应当根据交通事故现场勘验、检查、调查情况和有关的检验、鉴定结论,及时制作交通事故认定书,作为处理交通事故的证据。交通事故认定书应当载明交通事故的基本事实、成因和当事人的责任,并送达当事人。

条文释义:公安机关交通管理部门,应当根据当事人的行为对发生道路交通事故所起的作用以及过错的严重程度,确定当事人的责任:(1)因一方当事人的过错导致道路交通事故的,承担全部责任;(2)因两方或者两方以上当事人的过错发生道路交通事故的,根据其行为对事故发生的作用以及过错的严重程度,分别承担主要责任、同等责任和次要责任;(3)各方均无导致交通事故的过错,属于交通意外事故的,各方均无责任;(4)一方当事人故意造成交通事故的,他方无责任。

相关规定:《道路交通安全法实施条例》第 93 条[交通事故认定书制作期限];《道路交通事故处理程序规定》第 45 -50 条

第七十四条 【**交通事故的调解或起诉**】对交通事故损害赔偿的争议,当事人可以请求公安机关交通管理部门调解,也可以直接向人民法院提起民事诉讼。

经公安机关交通管理部门调解,当事人未达成协议或者调解书生效后不履行的,当事人可以向人民法院提起民事诉讼。

条文释义:当事人对交通事故损害赔偿有争议,各方当事人一致请求公安机关交通管理部门调解的,应当在收到交通事故认定书之日起 10 日内提出书面调解申请。对交通事故致死的,调解从办理丧葬事宜结束之日起开始;对交通事故致伤的,调解从治疗终结或者定残之日起开始;对交通事故造成财产损失的,调解从确定损失之日起开始。

相关规定:《道路交通安全法实施条例》第 94 条[交通事故损害赔偿争议申请调解条件和期限]、第 95 条[交通事故损害赔偿争议的调解期限、调解协议效力]、第 96 条[交通事故损害赔偿调解和诉讼的关系];《道路交通事故处理程序规定》第 60 -67 条;《最高人民法院关于审理人身损害赔偿案件适用法律若干问题的解释》

第七十五条 【**受伤人员的抢救及费用承担**】医疗机构对交通事故中的受伤人员应当及时抢救,不得因抢救费用未及时支付而拖延救治。肇事车辆参加机动车第三者责任强制保险的,由保险

公司在责任限额范围内支付抢救费用；抢救费用超过责任限额的，未参加机动车第三者责任强制保险或者肇事后逃逸的，由道路交通事故社会救助基金先行垫付部分或者全部抢救费用，道路交通事故社会救助基金管理机构有权向交通事故责任人追偿。

条文释义：抢救费用，是指机动车发生道路交通事故导致人员受伤时，医疗机构参照国务院卫生主管部门组织制定的有关临床诊疗指南，对生命体征不平稳和虽然生命体征平稳但如果不采取处理措施会产生生命危险，或者导致残疾、器官功能障碍，或者导致病程明显延长的受伤人员，采取必要的处理措施所发生的医疗费用。

相关规定：《侵权责任法》第53条；《机动车交通事故责任强制保险条例》第21条［赔偿范围］、第45条［强制保险与第三者责任保险的衔接］；《道路交通安全法实施条例》第90条［抢救事故受伤人员费用］；《道路交通事故处理程序规定》第31条

第七十六条 【交通事故赔偿责任】机动车发生交通事故造成人身伤亡、财产损失的，由保险公司在机动车第三者责任强制保险责任限额范围内予以赔偿；不足的部分，按照下列规定承担赔偿责任：

（一）机动车之间发生交通事故的，由有过错的一方承担赔偿责任；双方都有过错的，按照各自过错的比例分担责任。

（二）机动车与非机动车驾驶人、行人之间发生交通事故，非机动车驾驶人、行人没有过错的，由机动车一方承担赔偿责任；有证据证明非机动车驾驶人、行人有过错的，根据过错程度适当减轻机动车一方的赔偿责任；机动车一方没有过错的，承担不超过百分之十的赔偿责任。

交通事故的损失是由非机动车驾驶人、行人故意碰撞机动车造成的，机动车一方不承担赔偿责任。

条文释义：使用盗窃的机动车辆肇事，造成被害人物质损失的，肇事人应当依法承担损害赔偿责任，被盗机动车辆的所有人不承担损害赔偿责任。

连环购车未办理过户手续，因车辆已经交付，原车主既不能支配该车的营运，也不能从该车的营运中获得利益，故原车主不应对机动车发生交通事故致人损害承担责任。但是，连环购车未办理过户手续的行为，违反有关行政管理法规的，应受其规定的调整。

相关规定：《民法通则》第106－134条；《机动车交通事故责任强制保险条例》第21条；《最高人民法院关于贯彻执行〈中华人民共和国民法通则〉若干问题的意见（试行）》142－164；《侵权责任法》第52条；《最高人民法院关于审理人身损害赔偿案件适用法律若干问题的解释》；《最高人民法院关于确定民事侵权精神损害赔偿责任若干问题的解释》；《最高人民法院关于交通事故中的财产损失是否包括被损车辆停运损失问题的批复》；《最高人民法院关于被盗机动车辆肇事后由谁承担损害赔偿责任问题的批复》；《最高人民法院关于购买人使用分期付款购买的车辆从事运输因交通事故造成他人财产损失保留车辆所有权的出卖方不应承担民事责任的批复》；《最高人民法院关于连环购车未办理过户手续，原车主是否对机动车发生交通事故致人损害承担责任的复函》；《道路交通事故处理程序规定》第46条

第七十七条 【道路外交通事故处理】车辆在道路以外通行时发生的事故，公安机关交通管理部门接到报案的，参照本法有关规定办理。

相关规定：《道路交通安全法实施条例》第97条［在道路以外发生的交通事故以及车辆、行人与火车发生的交通事故以及在渡口发生的交通事故的处理依据］

第六章 执法监督

第七十八条 【交警管理及考核上岗】公安机关交通管理部门应当加强对交通警察的管理，提

高交通警察的素质和管理道路交通的水平。

公安机关交通管理部门应当对交通警察进行法制和交通安全管理业务培训、考核。交通警察经考核不合格的,不得上岗执行职务。

相关规定:《道路交通安全法实施条例》第101条[执法质量考核评议和执法过错追究]

第七十九条 【依法履行法定职责】公安机关交通管理部门及其交通警察实施道路交通安全管理,应当依据法定的职权和程序,简化办事手续,做到公正、严格、文明、高效。

第八十条 【执行职务要求】交通警察执行职务时,应当按照规定着装,佩带人民警察标志,持有人民警察证件,保持警容严整,举止端庄,指挥规范。

第八十一条 【收费标准】依照本法发放牌证等收取工本费,应当严格执行国务院价格主管部门核定的收费标准,并全部上缴国库。

第八十二条 【处罚和收缴分离原则】公安机关交通管理部门依法实施罚款的行政处罚,应当依照有关法律、行政法规的规定,实施罚款决定与罚款收缴分离;收缴的罚款以及依法没收的违法所得,应当全部上缴国库。

相关规定:《行政处罚法》第46条;《道路交通事故处理程序规定》第57-59条

第八十三条 【回避制度】交通警察调查处理道路交通安全违法行为和交通事故,有下列情形之一的,应当回避:

(一)是本案的当事人或者当事人的近亲属;

(二)本人或者其近亲属与本案有利害关系;

(三)与本案当事人有其他关系,可能影响案件的公正处理。

第八十四条 【执法监督】公安机关交通管理部门及其交通警察的行政执法活动,应当接受行政监察机关依法实施的监督。

公安机关督察部门应当对公安机关交通管理部门及其交通警察执行法律、法规和遵守纪律的情况依法进行监督。

上级公安机关交通管理部门应当对下级公安机关交通管理部门的执法活动进行监督。

第八十五条 【举报、投诉制度】公安机关交通管理部门及其交通警察执行职务,应当自觉接受社会和公民的监督。

任何单位和个人都有权对公安机关交通管理部门及其交通警察不严格执法以及违法违纪行为进行检举、控告。收到检举、控告的机关,应当依据职责及时查处。

第八十六条 【交警执法保障】任何单位不得给公安机关交通管理部门下达或者变相下达罚款指标;公安机关交通管理部门不得以罚款数额作为考核交通警察的标准。

公安机关交通管理部门及其交通警察对超越法律、法规规定的指令,有权拒绝执行,并同时向上级机关报告。

第七章 法律责任

第八十七条 【交通管理部门的职权】公安机关交通管理部门及其交通警察对道路交通安全违法行为,应当及时纠正。

公安机关交通管理部门及其交通警察应当依据事实和本法的有关规定对道路交通安全违法行为予以处罚。对于情节轻微,未影响道路通行的,指出违法行为,给予口头警告后放行。

条文释义:一人有两种以上违法行为的,分别裁决,合并执行,可以制作一份公安交通管理行政处罚决定书。但处罚主体不一致的，应当分别制作公安交通管理行政处罚决定书。

一人只有一种违法行为，同时并处两个以上处罚种类且涉及两个处罚主体的，应当分别制作公安交通管理行政处罚决定书。

相关规定：《行政处罚法》第3条；《道路交通事故处理程序规定》第57－59条；《道路交通安全违法行为处理程序规定》第7条、第40－54条

第八十八条 【处罚种类】对道路交通安全违法行为的处罚种类包括：警告、罚款、暂扣或者吊销机动车驾驶证、拘留。

第八十九条 【对违法行人、乘车人、非机动车驾驶人的处罚】行人、乘车人、非机动车驾驶人违反道路交通安全法律、法规关于道路通行规定的，处警告或者五元以上五十元以下罚款；非机动车驾驶人拒绝接受罚款处罚的，可以扣留其非机动车。

第九十条 【对违法机动车驾驶人的处罚】机动车驾驶人违反道路交通安全法律、法规关于道路通行规定的，处警告或者二十元以上二百元以下罚款。本法另有规定的，依照规定处罚。

第九十一条 【饮酒、醉酒驾车处罚】饮酒后驾驶机动车的，处暂扣六个月机动车驾驶证，并处一千元以上二千元以下罚款。因饮酒后驾驶机动车被处罚，再次饮酒后驾驶机动车的，处十日以下拘留，并处一千元以上二千元以下罚款，吊销机动车驾驶证。

醉酒驾驶机动车的，由公安机关交通管理部门约束至酒醒，吊销机动车驾驶证，依法追究刑事责任；五年内不得重新取得机动车驾驶证。

饮酒后驾驶营运机动车的，处十五日拘留，并处五千元罚款，吊销机动车驾驶证，五年内不得重新取得机动车驾驶证。

醉酒驾驶营运机动车的，由公安机关交通管理部门约束至酒醒，吊销机动车驾驶证，依法追究刑事责任；十年内不得重新取得机动车驾驶证，重新取得机动车驾驶证后，不得驾驶营运机动车。

饮酒后或者醉酒驾驶机动车发生重大交通事故，构成犯罪的，依法追究刑事责任，并由公安机关交通管理部门吊销机动车驾驶证，终生不得重新取得机动车驾驶证。

条文释义：根据相关规定，检验违法行为人体内酒精、国家管制的精神药品、麻醉药品含量的，应当按照下列程序实施：

1. 由交通警察将违法行为人带到医疗机构进行抽血或者提取尿液；
2. 对酒后行为失控的，可以使用约束带或者警绳等约束性警械；
3. 公安机关交通管理部门应当将抽取的血液或者提取的尿液及时送交有检验资格的机构进行检测，并将检测结果书面告知违法行为人。

检验违法行为人体内酒精、国家管制的精神药品、麻醉药品含量的，应当通知其家属。但无法通知的除外。

相关规定：《刑法》第133条之一；《最高人民法院关于印发醉酒驾车犯罪法律适用问题指导意见及相关典型案例的通知》

第九十二条 【超载行为处罚】公路客运车辆载客超过额定乘员的，处二百元以上五百元以下罚款；超过额定乘员百分之二十或者违反规定载货的，处五百元以上二千元以下罚款。

货运机动车超过核定载质量的，处二百元以上五百元以下罚款；超过核定载质量百分之三十或者违反规定载客的，处五百元以上二千元以下罚款。

有前两款行为的，由公安机关交通管理部门扣留机动车至违法状态消除。

运输单位的车辆有本条第一款、第二款规定的情形，经处罚不改的，对直接负责的主管人员处二千元以上五千元以下罚款。

相关规定:《道路交通安全法实施条例》第106条[超载行为的处理];《公路安全保护条例》第64—67条

第九十三条 【对违法泊车的处理及拖车规则】对违反道路交通安全法律、法规关于机动车停放、临时停车规定的,可以指出违法行为,并予以口头警告,令其立即驶离。

机动车驾驶人不在现场或者虽在现场但拒绝立即驶离,妨碍其他车辆、行人通行的,处二十元以上二百元以下罚款,并可以将该机动车拖移至不妨碍交通的地点或者公安机关交通管理部门指定的地点停放。公安机关交通管理部门拖车不得向当事人收取费用,并应当及时告知当事人停放地点。

因采取不正确的方法拖车造成机动车损坏的,应当依法承担补偿责任。

第九十四条 【对机动车安检机构的管理】机动车安全技术检验机构实施机动车安全技术检验超过国务院价格主管部门核定的收费标准收取费用的,退还多收取的费用,并由价格主管部门依照《中华人民共和国价格法》的有关规定给予处罚。

机动车安全技术检验机构不按照机动车国家安全技术标准进行检验,出具虚假检验结果的,由公安机关交通管理部门处所收检验费用五倍以上十倍以下罚款,并依法撤销其检验资格;构成犯罪的,依法追究刑事责任。

相关规定:《道路交通安全法》第13条[机动车安检];《刑法》第229条

第九十五条 【未悬挂号牌、未放置标志、未携带证件、未合理安放号牌的处理】上道路行驶的机动车未悬挂机动车号牌,未放置检验合格标志、保险标志,或者未随车携带行驶证、驾驶证的,公安机关交通管理部门应当扣留机动车,通知当事人提供相应的牌证、标志或者补办相应手续,并可以依照本法第九十条的规定予以处罚。当事人提供相应的牌证、标志或者补办相应手续的,应当及时退还机动车。

故意遮挡、污损或者不按规定安装机动车号牌的,依照本法第九十条的规定予以处罚。

第九十六条 【对伪造、变造行为的处罚】伪造、变造或者使用伪造、变造的机动车登记证书、号牌、行驶证、驾驶证的,由公安机关交通管理部门予以收缴,扣留该机动车,处十五日以下拘留,并处二千元以上五千元以下罚款;构成犯罪的,依法追究刑事责任。

伪造、变造或者使用伪造、变造的检验合格标志、保险标志的,由公安机关交通管理部门予以收缴,扣留该机动车,处十日以下拘留,并处一千元以上三千元以下罚款;构成犯罪的,依法追究刑事责任。

使用其他车辆的机动车登记证书、号牌、行驶证、检验合格标志、保险标志的,由公安机关交通管理部门予以收缴,扣留该机动车,处二千元以上五千元以下罚款。

当事人提供相应的合法证明或者补办相应手续的,应当及时退还机动车。

条文释义:根据本条规定,行为人的上述行为构成犯罪的,依法追究刑事责任。我国《刑法》没有对上述三种行为作出明确的规定,但基于机动车牌照是国家行政机关对机动车管理的重要组成部分,使用伪造车牌的行为实际上是侵犯国家权力的行为,因此在司法实践中,一般是按照《刑法》第280条第1款的规定,以伪造、变造、买卖国家机关公文、证件、印章罪定罪处罚。

相关规定:《机动车交通事故责任强制保险条例》第41条[伪造、变造或者使用伪造、变造的保险标志或者使用其他机动车保险标志的法律责任];《道路交通安全违法行为处理程序规定》第25条、第37条;《刑法》第280条-281条、第375条

第九十七条 【对非法安装警报器、标志灯具的处罚】非法安装警报器、标志灯具的,由公安机关交通管理部门强制拆除,予以收缴,并处二百元以上二千元以下罚款。

第九十八条 【对未投保交强险的处罚】机动车所有人、管理人未按照国家规定投保机动车第三者责任强制保险的，由公安机关交通管理部门扣留车辆至依照规定投保后，并处依照规定投保最低责任限额应缴纳的保险费的二倍罚款。

依照前款缴纳的罚款全部纳入道路交通事故社会救助基金。具体办法由国务院规定。

相关规定：《机动车交通事故责任强制保险条例》第3条[定义]、第39条[未按照规定投保的法律责任]；《道路交通安全违法行为处理程序规定》第25条

第九十九条 【其他违法行为的处罚】有下列行为之一的，由公安机关交通管理部门处二百元以上二千元以下罚款：

(一)未取得机动车驾驶证、机动车驾驶证被吊销或者机动车驾驶证被暂扣期间驾驶机动车的；

(二)将机动车交由未取得机动车驾驶证或者机动车驾驶证被吊销、暂扣的人驾驶的；

(三)造成交通事故后逃逸，尚不构成犯罪的；

(四)机动车行驶超过规定时速百分之五十的；

(五)强迫机动车驾驶人违反道路交通安全法律、法规和机动车安全驾驶要求驾驶机动车，造成交通事故，尚不构成犯罪的；

(六)违反交通管制的规定强行通行，不听劝阻的；

(七)故意损毁、移动、涂改交通设施，造成危害后果，尚不构成犯罪的；

(八)非法拦截、扣留机动车辆，不听劝阻，造成交通严重阻塞或者较大财产损失的。

行为人有前款第二项、第四项情形之一的，可以并处吊销机动车驾驶证；有第一项、第三项、第五项至第八项情形之一的，可以并处十五日以下拘留。

第一百条 【驾驶拼装及应报废机动车的处理】驾驶拼装的机动车或者已达到报废标准的机动车上道路行驶的，公安机关交通管理部门应当予以收缴，强制报废。

对驾驶前款所列机动车上道路行驶的驾驶人，处二百元以上二千元以下罚款，并吊销机动车驾驶证。

出售已达到报废标准的机动车的，没收违法所得，处销售金额等额的罚款，对该机动车依照本条第一款的规定处理。

相关规定：《侵权责任法》第51条

第一百零一条 【交通事故刑事责任及终生禁驾规定】违反道路交通安全法律、法规的规定，发生重大交通事故，构成犯罪的，依法追究刑事责任，并由公安机关交通管理部门吊销机动车驾驶证。

造成交通事故后逃逸的，由公安机关交通管理部门吊销机动车驾驶证，且终生不得重新取得机动车驾驶证。

条文释义：根据刑法的规定，违反交通运输管理法规，因而发生重大事故，致人重伤、死亡或者使公私财产遭受重大损失的，处3年以下有期徒刑或者拘役；交通运输肇事后逃逸或者有其他特别恶劣情节的，处3年以上7年以下有期徒刑；因逃逸致人死亡的，处7年以上有期徒刑。

相关规定：《刑法》第133条、第233－235条；《道路交通事故处理程序规定》第58条；《道路交通安全违法行为处理程序规定》第32－36条、第57、58条；《最高人民法院关于审理交通肇事刑事案件具体应用法律若干问题的解释》第1－9条

第一百零二条 【对专业运输单位的管理】对六个月内发生二次以上特大交通事故负有主要

责任或者全部责任的专业运输单位,由公安机关交通管理部门责令消除安全隐患,未消除安全隐患的机动车,禁止上道路行驶。

第一百零三条 【机动车的生产和销售管理】国家机动车产品主管部门未按照机动车国家安全技术标准严格审查,许可不合格机动车型投入生产的,对负有责任的主管人员和其他直接责任人员给予降级或者撤职的行政处分。

机动车生产企业经国家机动车产品主管部门许可生产的机动车型,不执行机动车国家安全技术标准或者不严格进行机动车成品质量检验,致使质量不合格的机动车出厂销售的,由质量技术监督部门依照《中华人民共和国产品质量法》的有关规定给予处罚。

擅自生产、销售未经国家机动车产品主管部门许可生产的机动车型的,没收非法生产、销售的机动车成品及配件,可以并处非法产品价值三倍以上五倍以下罚款;有营业执照的,由工商行政管理部门吊销营业执照,没有营业执照的,予以查封。

生产、销售拼装的机动车或者生产、销售擅自改装的机动车的,依照本条第三款的规定处罚。

有本条第二款、第三款、第四款所列违法行为,生产或者销售不符合机动车国家安全技术标准的机动车,构成犯罪的,依法追究刑事责任。

第一百零四条 【擅自挖掘、占用道路的处理】未经批准,擅自挖掘道路、占用道路施工或者从事其他影响道路交通安全活动的,由道路主管部门责令停止违法行为,并恢复原状,可以依法给予罚款;致使通行的人员、车辆及其他财产遭受损失的,依法承担赔偿责任。

有前款行为,影响道路交通安全活动的,公安机关交通管理部门可以责令停止违法行为,迅速恢复交通。

第一百零五条 【道路施工、管理单位未履行职责的责任】道路施工作业或者道路出现损毁,未及时设置警示标志、未采取防护措施,或者应当设置交通信号灯、交通标志、交通标线而没有设置或者应当及时变更交通信号灯、交通标志、交通标线而没有及时变更,致使通行的人员、车辆及其他财产遭受损失的,负有相关职责的单位应当依法承担赔偿责任。

第一百零六条 【对妨碍交通标志行为的管理】在道路两侧及隔离带上种植树木、其他植物或者设置广告牌、管线等,遮挡路灯、交通信号灯、交通标志,妨碍安全视距的,由公安机关交通管理部门责令行为人排除妨碍;拒不执行的,处二百元以上二千元以下罚款,并强制排除妨碍,所需费用由行为人负担。

第一百零七条 【当场处罚】对道路交通违法行为人予以警告、二百元以下罚款,交通警察可以当场作出行政处罚决定,并出具行政处罚决定书。

行政处罚决定书应当载明当事人的违法事实、行政处罚的依据、处罚内容、时间、地点以及处罚机关名称,并由执法人员签名或者盖章。

条文释义:需要注意,本款对当场处罚的有关程序未作规定的事项,如违法事实应当确凿并有法定依据、执法人员应当向当事人出示执法身份证件等,应当依照《行政处罚法》的相关规定执行。

相关规定:《行政处罚法》第47、48条;《道路交通安全法实施条例》第108条[简易处罚程序]、第109条[道路交通安全违法行为行政处罚的管辖]、第110条[当事人的陈述和申辩权];《道路交通安全违法行为处理程序规定》第40-43条、第51条

第一百零八条 【罚款的缴纳】当事人应当自收到罚款的行政处罚决定书之日起十五日内,到指定的银行缴纳罚款。

对行人、乘车人和非机动车驾驶人的罚款,当事人无异议的,可以当场予以收缴罚款。

罚款应当开具省、自治区、直辖市财政部门统一制发的罚款收据;不出具财政部门统一制发的

罚款收据的,当事人有权拒绝缴纳罚款。

第一百零九条 【逾期不缴纳罚款的处理】当事人逾期不履行行政处罚决定的,作出行政处罚决定的行政机关可以采取下列措施:

(一)到期不缴纳罚款的,每日按罚款数额的百分之三加处罚款;

(二)申请人民法院强制执行。

条文释义:行政强制执行是指公民、法人或者其他组织不履行行政机关依法所作行政处理决定中规定的义务,有关国家机关依法强制其履行义务或者达到与履行义务相同状态的行为。我国行政强制执行的基本制度是以申请人民法院强制执行为原则,以行政机关强制执行为例外。

相关规定:《行政处罚法》第51条;《行政强制法》

第一百一十条 【扣留机动车驾驶证的规则】执行职务的交通警察认为应当对道路交通违法行为人给予暂扣或者吊销机动车驾驶证处罚的,可以先予扣留机动车驾驶证,并在二十四小时内将案件移交公安机关交通管理部门处理。

道路交通违法行为人应当在十五日内到公安机关交通管理部门接受处理。无正当理由逾期未接受处理的,吊销机动车驾驶证。

公安机关交通管理部门暂扣或者吊销机动车驾驶证的,应当出具行政处罚决定书。

第一百一十一条 【有权作出拘留裁决的机关】对违反本法规定予以拘留的行政处罚,由县、市公安局、公安分局或者相当于县一级的公安机关裁决。

条文释义:根据本法规定,可以予以拘留处罚的主要有以下几种情形:(1)未取得机动车驾驶证、机动车驾驶证被吊销或者机动车驾驶证被暂扣期间驾驶机动车的;(2)造成交通事故后逃逸,尚不构成犯罪的;(3)强迫机动车驾驶人违反道路交通安全法律法规和机动车安全驾驶要求驾驶机动车,造成交通事故,尚不构成犯罪的;(4)违反交通管制的规定强行通行,不听劝阻的;(5)故意损毁、移动、涂改交通设施,造成危害后果,尚不构成犯罪的;(6)非法拦截、扣留机动车辆,不听劝阻,造成交通严重阻塞或者较大财产损失的。关于拘留处罚的程序,应当依照《行政处罚法》、《治安管理处罚法》等相关法律的规定执行。

第一百一十二条 【扣留车辆的规则】公安机关交通管理部门扣留机动车、非机动车,应当当场出具凭证,并告知当事人在规定期限内到公安机关交通管理部门接受处理。

公安机关交通管理部门对被扣留的车辆应当妥善保管,不得使用。

逾期不来接受处理,并且经公告三个月仍不来接受处理的,对扣留的车辆依法处理。

第一百一十三条 【暂扣、吊销的期限】暂扣机动车驾驶证的期限从处罚决定生效之日起计算;处罚决定生效前先予扣留机动车驾驶证的,扣留一日折抵暂扣期限一日。

吊销机动车驾驶证后重新申请领取机动车驾驶证的期限,按照机动车驾驶证管理规定办理。

第一百一十四条 【根据技术监控记录进行的处罚】公安机关交通管理部门根据交通技术监控记录资料,可以对违法的机动车所有人或者管理人依法予以处罚。对能够确定驾驶人的,可以依照本法的规定依法予以处罚。

第一百一十五条 【对交警及交管部门违法行为的处理】交通警察有下列行为之一的,依法给予行政处分:

(一)为不符合法定条件的机动车发放机动车登记证书、号牌、行驶证、检验合格标志的;

(二)批准不符合法定条件的机动车安装、使用警车、消防车、救护车、工程救险车的警报器、标志灯具,喷涂标志图案的;

（三）为不符合驾驶许可条件、未经考试或者考试不合格人员发放机动车驾驶证的；

（四）不执行罚款决定与罚款收缴分离制度或者不按规定将依法收取的费用、收缴的罚款及没收的违法所得全部上缴国库的；

（五）举办或者参与举办驾驶学校或者驾驶培训班、机动车修理厂或者收费停车场等经营活动的；

（六）利用职务上的便利收受他人财物或者谋取其他利益的；

（七）违法扣留车辆、机动车行驶证、驾驶证、车辆号牌的；

（八）使用依法扣留的车辆的；

（九）当场收取罚款不开具罚款收据或者不如实填写罚款额的；

（十）徇私舞弊，不公正处理交通事故的；

（十一）故意刁难，拖延办理机动车牌证的；

（十二）非执行紧急任务时使用警报器、标志灯具的；

（十三）违反规定拦截、检查正常行驶的车辆的；

（十四）非执行紧急公务时拦截搭乘机动车的；

（十五）不履行法定职责的。

公安机关交通管理部门有前款所列行为之一的，对直接负责的主管人员和其他直接责任人员给予相应的行政处分。

第一百一十六条 【对违规交警的处分】依照本法第一百一十五条的规定，给予交通警察行政处分的，在作出行政处分决定前，可以停止其执行职务；必要时，可以予以禁闭。

依照本法第一百一十五条的规定，交通警察受到降级或者撤职行政处分的，可以予以辞退。

交通警察受到开除处分或者被辞退的，应当取消警衔；受到撤职以下行政处分的交通警察，应当降低警衔。

相关规定：《公务员法》第55－59条

第一百一十七条 【对构成犯罪的交警追究刑事责任】交通警察利用职权非法占有公共财物，索取、收受贿赂，或者滥用职权、玩忽职守，构成犯罪的，依法追究刑事责任。

第一百一十八条 【公安交管部门、交警违法赔偿责任】公安机关交通管理部门及其交通警察有本法第一百一十五条所列行为之一，给当事人造成损失的，应当依法承担赔偿责任。

第八章 附　　则

第一百一十九条 【本法用语含义】本法中下列用语的含义：

（一）"道路"，是指公路、城市道路和虽在单位管辖范围但允许社会机动车通行的地方，包括广场、公共停车场等用于公众通行的场所。

（二）"车辆"，是指机动车和非机动车。

（三）"机动车"，是指以动力装置驱动或者牵引，上道路行驶的供人员乘用或者用于运送物品以及进行工程专项作业的轮式车辆。

（四）"非机动车"，是指以人力或者畜力驱动，上道路行驶的交通工具，以及虽有动力装置驱动但设计最高时速、空车质量、外形尺寸符合有关国家标准的残疾人机动轮椅车、电动自行车等交通工具。

（五）"交通事故"，是指车辆在道路上因过错或者意外造成的人身伤亡或者财产损失的事件。

第一百二十条 【军警机动车管理】中国人民解放军和中国人民武装警察部队在编机动车牌

证、在编机动车检验以及机动车驾驶人考核工作,由中国人民解放军、中国人民武装警察部队有关部门负责。

第一百二十一条 【拖拉机管理】对上道路行驶的拖拉机,由农业(农业机械)主管部门行使本法第八条、第九条、第十三条、第十九条、第二十三条规定的公安机关交通管理部门的管理职权。

农业(农业机械)主管部门依照前款规定行使职权,应当遵守本法有关规定,并接受公安机关交通管理部门的监督;对违反规定的,依照本法有关规定追究法律责任。

本法施行前由农业(农业机械)主管部门发放的机动车牌证,在本法施行后继续有效。

条文释义:需要注意的是,任何车辆,包括拖拉机上道路行驶,都要服从交通警察的指挥和管理,对于违反道路交通安全法律、法规的,公安机关交通管理部门及其交通警察依法予以处罚。

第一百二十二条 【境外车辆入境管理】国家对入境的境外机动车的道路交通安全实施统一管理。

第一百二十三条 【授权制定执行具体标准】省、自治区、直辖市人民代表大会常务委员会可以根据本地区的实际情况,在本法规定的罚款幅度内,规定具体的执行标准。

第一百二十四条 【生效日期】本法自2004年5月1日起施行。

中华人民共和国道路交通安全法实施条例

(2004年4月30日中华人民共和国国务院令第405号公布 根据2017年10月7日《国务院关于修改部分行政法规的决定》修订)

第一章 总 则

第一条 根据《中华人民共和国道路交通安全法》(以下简称道路交通安全法)的规定,制定本条例。

第二条 中华人民共和国境内的车辆驾驶人、行人、乘车人以及与道路交通活动有关的单位和个人,应当遵守道路交通安全法和本条例。

第三条 县级以上地方各级人民政府应当建立、健全道路交通安全工作协调机制,组织有关部门对城市建设项目进行交通影响评价,制定道路交通安全管理规划,确定管理目标,制定实施方案。

第二章 车辆和驾驶人

第一节 机 动 车

第四条 机动车的登记,分为注册登记、变更登记、转移登记、抵押登记和注销登记。

第五条 初次申领机动车号牌、行驶证的,应当向机动车所有人住所地的公安机关交通管理部门申请注册登记。

申请机动车注册登记,应当交验机动车,并提交以下证明、凭证:

(一)机动车所有人的身份证明;

(二)购车发票等机动车来历证明;

(三)机动车整车出厂合格证明或者进口机动车进口凭证;

(四)车辆购置税完税证明或者免税凭证;

(五)机动车第三者责任强制保险凭证;

（六）法律、行政法规规定应当在机动车注册登记时提交的其他证明、凭证。

不属于国务院机动车产品主管部门规定免予安全技术检验的车型的，还应当提供机动车安全技术检验合格证明。

第六条 已注册登记的机动车有下列情形之一的，机动车所有人应当向登记该机动车的公安机关交通管理部门申请变更登记：

（一）改变机动车车身颜色的；

（二）更换发动机的；

（三）更换车身或者车架的；

（四）因质量有问题，制造厂更换整车的；

（五）营运机动车改为非营运机动车或者非营运机动车改为营运机动车的；

（六）机动车所有人的住所迁出或者迁入公安机关交通管理部门管辖区域的。

申请机动车变更登记，应当提交下列证明、凭证，属于前款第（一）项、第（二）项、第（三）项、第（四）项、第（五）项情形之一的，还应当交验机动车；属于前款第（二）项、第（三）项情形之一的，还应当同时提交机动车安全技术检验合格证明：

（一）机动车所有人的身份证明；

（二）机动车登记证书；

（三）机动车行驶证。

机动车所有人的住所在公安机关交通管理部门管辖区域内迁移、机动车所有人的姓名（单位名称）或者联系方式变更的，应当向登记该机动车的公安机关交通管理部门备案。

第七条 已注册登记的机动车所有权发生转移的，应当及时办理转移登记。

申请机动车转移登记，当事人应当向登记该机动车的公安机关交通管理部门交验机动车，并提交以下证明、凭证：

（一）当事人的身份证明；

（二）机动车所有权转移的证明、凭证；

（三）机动车登记证书；

（四）机动车行驶证。

第八条 机动车所有人将机动车作为抵押物抵押的，机动车所有人应当向登记该机动车的公安机关交通管理部门申请抵押登记。

第九条 已注册登记的机动车达到国家规定的强制报废标准的，公安机关交通管理部门应当在报废期满的2个月前通知机动车所有人办理注销登记。机动车所有人应当在报废期满前将机动车交售给机动车回收企业，由机动车回收企业将报废的机动车登记证书、号牌、行驶证交公安机关交通管理部门注销。机动车所有人逾期不办理注销登记的，公安机关交通管理部门应当公告该机动车登记证书、号牌、行驶证作废。

因机动车灭失申请注销登记的，机动车所有人应当向公安机关交通管理部门提交本人身份证明，交回机动车登记证书。

第十条 办理机动车登记的申请人提交的证明、凭证齐全、有效的，公安机关交通管理部门应当当场办理登记手续。

人民法院、人民检察院以及行政执法部门依法查封、扣押的机动车，公安机关交通管理部门不予办理机动车登记。

第十一条 机动车登记证书、号牌、行驶证丢失或者损毁，机动车所有人申请补发的，应当向公安机关交通管理部门提交本人身份证明和申请材料。公安机关交通管理部门经与机动车登记档案核实后，在收到申请之日起15 日内补发。

第十二条 税务部门、保险机构可以在公安机关交通管理部门的办公场所集中办理与机动车有关的税费缴纳、保险合同订立等事项。

第十三条 机动车号牌应当悬挂在车前、车后指定位置,保持清晰、完整。重型、中型载货汽车及其挂车、拖拉机及其挂车的车身或者车厢后部应当喷涂放大的牌号,字样应当端正并保持清晰。

机动车检验合格标志、保险标志应当粘贴在机动车前窗右上角。

机动车喷涂、粘贴标识或者车身广告的,不得影响安全驾驶。

第十四条 用于公路营运的载客汽车、重型载货汽车、半挂牵引车应当安装、使用符合国家标准的行驶记录仪。交通警察可以对机动车行驶速度、连续驾驶时间以及其他行驶状态信息进行检查。安装行驶记录仪可以分步实施,实施步骤由国务院机动车产品主管部门会同有关部门规定。

第十五条 机动车安全技术检验由机动车安全技术检验机构实施。机动车安全技术检验机构应当按照国家机动车安全技术检验标准对机动车进行检验,对检验结果承担法律责任。

质量技术监督部门负责对机动车安全技术检验机构实行计量认证管理,对机动车安全技术检验设备进行检定,对执行国家机动车安全技术检验标准的情况进行监督。

机动车安全技术检验项目由国务院公安部门会同国务院质量技术监督部门规定。

第十六条 机动车应当从注册登记之日起,按照下列期限进行安全技术检验:

(一)营运载客汽车 5 年以内每年检验 1 次;超过 5 年的,每 6 个月检验 1 次;

(二)载货汽车和大型、中型非营运载客汽车 10 年以内每年检验 1 次;超过 10 年的,每 6 个月检验 1 次;

(三)小型、微型非营运载客汽车 6 年以内每 2 年检验 1 次;超过 6 年的,每年检验 1 次;超过 15 年的,每 6 个月检验 1 次;

(四)摩托车 4 年以内每 2 年检验 1 次;超过 4 年的,每年检验 1 次;

(五)拖拉机和其他机动车每年检验 1 次。

营运机动车在规定检验期限内经安全技术检验合格的,不再重复进行安全技术检验。

第十七条 已注册登记的机动车进行安全技术检验时,机动车行驶证记载的登记内容与该机动车的有关情况不符,或者未按照规定提供机动车第三者责任强制保险凭证的,不予通过检验。

第十八条 警车、消防车、救护车、工程救险车标志图案的喷涂以及警报器、标志灯具的安装、使用规定,由国务院公安部门制定。

第二节 机动车驾驶人

第十九条 符合国务院公安部门规定的驾驶许可条件的人,可以向公安机关交通管理部门申请机动车驾驶证。

机动车驾驶证由国务院公安部门规定式样并监制。

第二十条 学习机动车驾驶,应当先学习道路交通安全法律、法规和相关知识,考试合格后,再学习机动车驾驶技能。

在道路上学习驾驶,应当按照公安机关交通管理部门指定的路线、时间进行。在道路上学习机动车驾驶技能应当使用教练车,在教练员随车指导下进行,与教学无关的人员不得乘坐教练车。学员在学习驾驶中有道路交通安全违法行为或者造成交通事故的,由教练员承担责任。

第二十一条 公安机关交通管理部门应当对申请机动车驾驶证的人进行考试,对考试合格的,在 5 日内核发机动车驾驶证;对考试不合格的,书面说明理由。

第二十二条 机动车驾驶证的有效期为 6 年,本条例另有规定的除外。

机动车驾驶人初次申领机动车驾驶证后的 12 个月为实习期。在实习期内驾驶机动车的,应当在车身后部粘贴或者悬挂统一式样的实习标志。

机动车驾驶人在实习期内不得驾驶公共汽车、营运客车或者执行任务的警车、消防车、救护车、工程救险车以及载有爆炸物品、易燃易爆化学物品、剧毒或者放射性等危险物品的机动车;驾驶的机动车不得牵引挂车。

第二十三条 公安机关交通管理部门对机动车驾驶人的道路交通安全违法行为除给予行政处罚外,实行道路交通安全违法行为累积记分(以下简称记分)制度,记分周期为12个月。对在一个记分周期内记分达到12分的,由公安机关交通管理部门扣留其机动车驾驶证,该机动车驾驶人应当按照规定参加道路交通安全法律、法规的学习并接受考试。考试合格的,记分予以清除,发还机动车驾驶证;考试不合格的,继续参加学习和考试。

应当给予记分的道路交通安全违法行为及其分值,由国务院公安部门根据道路交通安全违法行为的危害程度规定。

公安机关交通管理部门应当提供记分查询方式供机动车驾驶人查询。

第二十四条 机动车驾驶人在一个记分周期内记分未达到12分,所处罚款已经缴纳的,记分予以清除;记分虽未达到12分,但尚有罚款未缴纳的,记分转入下一记分周期。

机动车驾驶人在一个记分周期内记分2次以上达到12分的,除按照第二十三条的规定扣留机动车驾驶证、参加学习、接受考试外,还应当接受驾驶技能考试。考试合格的,记分予以清除,发还机动车驾驶证;考试不合格的,继续参加学习和考试。

接受驾驶技能考试的,按照本人机动车驾驶证载明的最高准驾车型考试。

第二十五条 机动车驾驶人记分达到12分,拒不参加公安机关交通管理部门通知的学习,也不接受考试的,由公安机关交通管理部门公告其机动车驾驶证停止使用。

第二十六条 机动车驾驶人在机动车驾驶证的6年有效期内,每个记分周期均未达到12分的,换发10年有效期的机动车驾驶证;在机动车驾驶证的10年有效期内,每个记分周期均未达到12分的,换发长期有效的机动车驾驶证。

换发机动车驾驶证时,公安机关交通管理部门应当对机动车驾驶证进行审验。

第二十七条 机动车驾驶证丢失、损毁,机动车驾驶人申请补发的,应当向公安机关交通管理部门提交本人身份证明和申请材料。公安机关交通管理部门经与机动车驾驶证档案核实后,在收到申请之日起3日内补发。

第二十八条 机动车驾驶人在机动车驾驶证丢失、损毁、超过有效期或者被依法扣留、暂扣期间以及记分达到12分的,不得驾驶机动车。

第三章 道路通行条件

第二十九条 交通信号灯分为:机动车信号灯、非机动车信号灯、人行横道信号灯、车道信号灯、方向指示信号灯、闪光警告信号灯、道路与铁路平面交叉道口信号灯。

第三十条 交通标志分为:指示标志、警告标志、禁令标志、指路标志、旅游区标志、道路施工安全标志和辅助标志。

道路交通标线分为:指示标线、警告标线、禁止标线。

第三十一条 交通警察的指挥分为:手势信号和使用器具的交通指挥信号。

第三十二条 道路交叉路口和行人横过道路较为集中的路段应当设置人行横道、过街天桥或者过街地下通道。

在盲人通行较为集中的路段,人行横道信号灯应当设置声响提示装置。

第三十三条 城市人民政府有关部门可以在不影响行人、车辆通行的情况下,在城市道路上施划停车泊位,并规定停车泊位的使用时间。

第三十四条 开辟或者调整公共汽车、长途汽车的行驶路线或者车站,应当符合交通规划和安全、畅通的要求。

第三十五条 道路养护施工单位在道路上进行养护、维修时,应当按照规定设置规范的安全警示标志和安全防护设施。道路养护施工作业车辆、机械应当安装示警灯,喷涂明显的标志图案,作业时应当开启示警灯和危险报警闪光灯。对未中断交通的施工作业道路,公安机关交通管理部门应当加强交通安全监督检查。发生交通阻塞时,及时做好分流、疏导,维护交通秩序。

道路施工需要车辆绕行的,施工单位应当在绕行处设置标志;不能绕行的,应当修建临时通道,保证车辆和行人通行。需要封闭道路中断交通的,除紧急情况外,应当提前5日向社会公告。

第三十六条 道路或者交通设施养护部门、管理部门应当在急弯、陡坡、临崖、临水等危险路段,按照国家标准设置警告标志和安全防护设施。

第三十七条 道路交通标志、标线不规范,机动车驾驶人容易发生辨认错误的,交通标志、标线的主管部门应当及时予以改善。

道路照明设施应当符合道路建设技术规范,保持照明功能完好。

第四章 道路通行规定

第一节 一般规定

第三十八条 机动车信号灯和非机动车信号灯表示:

(一)绿灯亮时,准许车辆通行,但转弯的车辆不得妨碍被放行的直行车辆、行人通行;

(二)黄灯亮时,已越过停止线的车辆可以继续通行;

(三)红灯亮时,禁止车辆通行。

在未设置非机动车信号灯和人行横道信号灯的路口,非机动车和行人应当按照机动车信号灯的表示通行。

红灯亮时,右转弯的车辆在不妨碍被放行的车辆、行人通行的情况下,可以通行。

第三十九条 人行横道信号灯表示:

(一)绿灯亮时,准许行人通过人行横道;

(二)红灯亮时,禁止行人进入人行横道,但是已经进入人行横道的,可以继续通过或者在道路中心线处停留等候。

第四十条 车道信号灯表示:

(一)绿色箭头灯亮时,准许本车道车辆按指示方向通行;

(二)红色叉形灯或者箭头灯亮时,禁止本车道车辆通行。

第四十一条 方向指示信号灯的箭头方向向左、向上、向右分别表示左转、直行、右转。

第四十二条 闪光警告信号灯为持续闪烁的黄灯,提示车辆、行人通行时注意瞭望,确认安全后通过。

第四十三条 道路与铁路平面交叉道口有两个红灯交替闪烁或者一个红灯亮时,表示禁止车辆、行人通行;红灯熄灭时,表示允许车辆、行人通行。

第二节 机动车通行规定

第四十四条 在道路同方向划有2条以上机动车道的,左侧为快速车道,右侧为慢速车道。在快速车道行驶的机动车应当按照快速车道规定的速度行驶,未达到快速车道规定的行驶速度的,应当在慢速车道行驶。摩托车应当在最右侧车道行驶。有交通标志标明行驶速度的,按照标明的行驶速度行驶。慢速车道内的机动车超越前车时,可以借用快速车道行驶。

在道路同方向划有2条以上机动车道的,变更车道的机动车不得影响相关车道内行驶的机动车的正常行驶。

第四十五条 机动车在道路上行驶不得超过限速标志、标线标明的速度。在没有限速标志、标线的道路上,机动车不得超过下列最高行驶速度:

(一)没有道路中心线的道路,城市道路为每小时30公里,公路为每小时40公里;

(二)同方向只有1条机动车道的道路,城市道路为每小时50公里,公路为每小时70公里。

第四十六条 机动车行驶中遇有下列情形之一的,最高行驶速度不得超过每小时30公里,其中拖拉机、电瓶车、轮式专用机械车不得超过每小时15公里:

(一)进出非机动车道,通过铁路道口、急弯路、窄路、窄桥时;

(二)掉头、转弯、下陡坡时;

(三)遇雾、雨、雪、沙尘、冰雹,能见度在50米以内时;

(四)在冰雪、泥泞的道路上行驶时;

(五)牵引发生故障的机动车时。

第四十七条 机动车超车时,应当提前开启左转向灯、变换使用远、近光灯或者鸣喇叭。在没有道路中心线或者同方向只有1条机动车道的道路上,前车遇后车发出超车信号时,在条件许可的情况下,应当降低速度、靠右让路。后车应当在确认有充足的安全距离后,从前车的左侧超越,在与被超车辆拉开必要的安全距离后,开启右转向灯,驶回原车道。

第四十八条 在没有中心隔离设施或者没有中心线的道路上,机动车遇相对方向来车时应当遵守下列规定:

(一)减速靠右行驶,并与其他车辆、行人保持必要的安全距离;

(二)在有障碍的路段,无障碍的一方先行;但有障碍的一方已驶入障碍路段而无障碍的一方未驶入时,有障碍的一方先行;

(三)在狭窄的坡路,上坡的一方先行;但下坡的一方已行至中途而上坡的一方未上坡时,下坡的一方先行;

(四)在狭窄的山路,不靠山体的一方先行;

(五)夜间会车应当在距相对方向来车150米以外改用近光灯,在窄路、窄桥与非机动车会车时应当使用近光灯。

第四十九条 机动车在有禁止掉头或者禁止左转弯标志、标线的地点以及在铁路道口、人行横道、桥梁、急弯、陡坡、隧道或者容易发生危险的路段,不得掉头。

机动车在没有禁止掉头或者没有禁止左转弯标志、标线的地点可以掉头,但不得妨碍正常行驶的其他车辆和行人的通行。

第五十条 机动车倒车时,应当察明车后情况,确认安全后倒车。不得在铁路道口、交叉路口、单行路、桥梁、急弯、陡坡或者隧道中倒车。

第五十一条 机动车通过有交通信号灯控制的交叉路口,应当按照下列规定通行:

(一)在划有导向车道的路口,按所需行进方向驶入导向车道;

(二)准备进入环形路口的让已在路口内的机动车先行;

(三)向左转弯时,靠路口中心点左侧转弯。转弯时开启转向灯,夜间行驶开启近光灯;

(四)遇放行信号时,依次通过;

(五)遇停止信号时,依次停在停止线以外。没有停止线的,停在路口以外;

(六)向右转弯遇有同车道前车正在等候放行信号时,依次停车等候;

(七)在没有方向指示信号灯的交叉路口,转弯的机动车让直行的车辆、行人先行。相对方向行驶的右转弯机动车让左转弯车辆先行。

第五十二条 机动车通过没有交通信号灯控制也没有交通警察指挥的交叉路口,除应当遵守

第五十一条第(二)项、第(三)项的规定外,还应当遵守下列规定:

(一)有交通标志、标线控制的,让优先通行的一方先行;

(二)没有交通标志、标线控制的,在进入路口前停车瞭望,让右方道路的来车先行;

(三)转弯的机动车让直行的车辆先行;

(四)相对方向行驶的右转弯的机动车让左转弯的车辆先行。

第五十三条 机动车遇有前方交叉路口交通阻塞时,应当依次停在路口以外等候,不得进入路口。

机动车在遇有前方机动车停车排队等候或者缓慢行驶时,应当依次排队,不得从前方车辆两侧穿插或者超越行驶,不得在人行横道、网状线区域内停车等候。

机动车在车道减少的路口、路段,遇有前方机动车停车排队等候或者缓慢行驶的,应当每车道一辆依次交替驶入车道减少后的路口、路段。

第五十四条 机动车载物不得超过机动车行驶证上核定的载质量,装载长度、宽度不得超出车厢,并应当遵守下列规定:

(一)重型、中型载货汽车,半挂车载物,高度从地面起不得超过 4 米,载运集装箱的车辆不得超过 4.2 米;

(二)其他载货的机动车载物,高度从地面起不得超过 2.5 米;

(三)摩托车载物,高度从地面起不得超过 1.5 米,长度不得超出车身 0.2 米。两轮摩托车载物宽度左右各不得超出车把 0.15 米;三轮摩托车载物宽度不得超过车身。

载客汽车除车身外部的行李架和内置的行李箱外,不得载货。载客汽车行李架载货,从车顶起高度不得超过 0.5 米,从地面起高度不得超过 4 米。

第五十五条 机动车载人应当遵守下列规定:

(一)公路载客汽车不得超过核定的载客人数,但按照规定免票的儿童除外,在载客人数已满的情况下,按照规定免票的儿童不得超过核定载客人数的 10%;

(二)载货汽车车厢不得载客。在城市道路上,货运机动车在留有安全位置的情况下,车厢内可以附载临时作业人员 1 人至 5 人;载物高度超过车厢栏板时,货物上不得载人;

(三)摩托车后座不得乘坐未满 12 周岁的未成年人,轻便摩托车不得载人。

第五十六条 机动车牵引挂车应当符合下列规定:

(一)载货汽车、半挂牵引车、拖拉机只允许牵引 1 辆挂车。挂车的灯光信号、制动、连接、安全防护等装置应当符合国家标准;

(二)小型载客汽车只允许牵引旅居挂车或者总质量 700 千克以下的挂车。挂车不得载人;

(三)载货汽车所牵引挂车的载质量不得超过载货汽车本身的载质量。

大型、中型载客汽车,低速载货汽车,三轮汽车以及其他机动车不得牵引挂车。

第五十七条 机动车应当按照下列规定使用转向灯:

(一)向左转弯、向左变更车道、准备超车、驶离停车地点或者掉头时,应当提前开启左转向灯;

(二)向右转弯、向右变更车道、超车完毕驶回原车道、靠路边停车时,应当提前开启右转向灯。

第五十八条 机动车在夜间没有路灯、照明不良或者遇有雾、雨、雪、沙尘、冰雹等低能见度情况下行驶时,应当开启前照灯、示廓灯和后位灯,但同方向行驶的后车与前车近距离行驶时,不得使用远光灯。机动车雾天行驶应当开启雾灯和危险报警闪光灯。

第五十九条 机动车在夜间通过急弯、坡路、拱桥、人行横道或者没有交通信号灯控制的路口时,应当交替使用远近光灯示意。

机动车驶近急弯、坡道顶端等影响安全视距的路段以及超车或者遇有紧急情况时,应当减速慢行,并鸣喇叭示意。

第六十条 机动车在道路上发生故障或者发生交通事故，妨碍交通又难以移动的，应当按照规定开启危险报警闪光灯并在车后50米至100米处设置警告标志，夜间还应当同时开启示廓灯和后位灯。

第六十一条 牵引故障机动车应当遵守下列规定：

（一）被牵引的机动车除驾驶人外不得载人，不得拖带挂车；

（二）被牵引的机动车宽度不得大于牵引机动车的宽度；

（三）使用软连接牵引装置时，牵引车与被牵引车之间的距离应当大于4米小于10米；

（四）对制动失效的被牵引车，应当使用硬连接牵引装置牵引；

（五）牵引车和被牵引车均应当开启危险报警闪光灯。

汽车吊车和轮式专用机械车不得牵引车辆。摩托车不得牵引车辆或者被其他车辆牵引。

转向或者照明、信号装置失效的故障机动车，应当使用专用清障车拖曳。

第六十二条 驾驶机动车不得有下列行为：

（一）在车门、车厢没有关好时行车；

（二）在机动车驾驶室的前后窗范围内悬挂、放置妨碍驾驶人视线的物品；

（三）拨打接听手持电话、观看电视等妨碍安全驾驶的行为；

（四）下陡坡时熄火或者空挡滑行；

（五）向道路上抛撒物品；

（六）驾驶摩托车手离车把或者在车把上悬挂物品；

（七）连续驾驶机动车超过4小时未停车休息或者停车休息时间少于20分钟；

（八）在禁止鸣喇叭的区域或者路段鸣喇叭。

第六十三条 机动车在道路上临时停车，应当遵守下列规定：

（一）在设有禁停标志、标线的路段，在机动车道与非机动车道、人行道之间设有隔离设施的路段以及人行横道、施工地段，不得停车；

（二）交叉路口、铁路道口、急弯路、宽度不足4米的窄路、桥梁、陡坡、隧道以及距离上述地点50米以内的路段，不得停车；

（三）公共汽车站、急救站、加油站、消防栓或者消防队（站）门前以及距离上述地点30米以内的路段，除使用上述设施的以外，不得停车；

（四）车辆停稳前不得开车门和上下人员，开关车门不得妨碍其他车辆和行人通行；

（五）路边停车应当紧靠道路右侧，机动车驾驶人不得离车，上下人员或者装卸物品后，立即驶离；

（六）城市公共汽车不得在站点以外的路段停车上下乘客。

第六十四条 机动车行经漫水路或者漫水桥时，应当停车察明水情，确认安全后，低速通过。

第六十五条 机动车载运超限物品行经铁路道口的，应当按照当地铁路部门指定的铁路道口、时间通过。

机动车行经渡口，应当服从渡口管理人员指挥，按照指定地点依次待渡。机动车上下渡船时，应当低速慢行。

第六十六条 警车、消防车、救护车、工程救险车在执行紧急任务遇交通受阻时，可以断续使用警报器，并遵守下列规定：

（一）不得在禁止使用警报器的区域或者路段使用警报器；

（二）夜间在市区不得使用警报器；

（三）列队行驶时，前车已经使用警报器的，后车不再使用警报器。

第六十七条 在单位院内、居民居住区内，机动车应当低速行驶，避让行人；有限速标志的，按照限速标志行驶。

第三节 非机动车通行规定

第六十八条 非机动车通过有交通信号灯控制的交叉路口,应当按照下列规定通行:

(一)转弯的非机动车让直行的车辆、行人优先通行;

(二)遇有前方路口交通阻塞时,不得进入路口;

(三)向左转弯时,靠路口中心点的右侧转弯;

(四)遇有停止信号时,应当依次停在路口停止线以外。没有停止线的,停在路口以外;

(五)向右转弯遇有同方向前车正在等候放行信号时,在本车道内能够转弯的,可以通行;不能转弯的,依次等候。

第六十九条 非机动车通过没有交通信号灯控制也没有交通警察指挥的交叉路口,除应当遵守第六十八条第(一)项、第(二)项和第(三)项的规定外,还应当遵守下列规定:

(一)有交通标志、标线控制的,让优先通行的一方先行;

(二)没有交通标志、标线控制的,在路口外慢行或者停车瞭望,让右方道路的来车先行;

(三)相对方向行驶的右转弯的非机动车让左转弯的车辆先行。

第七十条 驾驶自行车、电动自行车、三轮车在路段上横过机动车道,应当下车推行,有人行横道或者行人过街设施的,应当从人行横道或者行人过街设施通过;没有人行横道、没有行人过街设施或者不便使用行人过街设施的,在确认安全后直行通过。

因非机动车道被占用无法在本车道内行驶的非机动车,可以在受阻的路段借用相邻的机动车道行驶,并在驶过被占用路段后迅速驶回非机动车道。机动车遇此情况应当减速让行。

第七十一条 非机动车载物,应当遵守下列规定:

(一)自行车、电动自行车、残疾人机动轮椅车载物,高度从地面起不得超过1.5米,宽度左右各不得超出车把0.15米,长度前端不得超出车轮,后端不得超出车身0.3米;

(二)三轮车、人力车载物,高度从地面起不得超过2米,宽度左右各不得超出车身0.2米,长度不得超出车身1米;

(三)畜力车载物,高度从地面起不得超过2.5米,宽度左右各不得超出车身0.2米,长度前端不得超出车辕,后端不得超出车身1米。

自行车载人的规定,由省、自治区、直辖市人民政府根据当地实际情况制定。

第七十二条 在道路上驾驶自行车、三轮车、电动自行车、残疾人机动轮椅车应当遵守下列规定:

(一)驾驶自行车、三轮车必须年满12周岁;

(二)驾驶电动自行车和残疾人机动轮椅车必须年满16周岁;

(三)不得醉酒驾驶;

(四)转弯前应当减速慢行,伸手示意,不得突然猛拐,超越前车时不得妨碍被超越的车辆行驶;

(五)不得牵引、攀扶车辆或者被其他车辆牵引,不得双手离把或者手中持物;

(六)不得扶身并行、互相追逐或者曲折竞驶;

(七)不得在道路上骑独轮自行车或者2人以上骑行的自行车;

(八)非下肢残疾的人不得驾驶残疾人机动轮椅车;

(九)自行车、三轮车不得加装动力装置;

(十)不得在道路上学习驾驶非机动车。

第七十三条 在道路上驾驭畜力车应当年满16周岁,并遵守下列规定:

(一)不得醉酒驾驭;

（二）不得并行，驾驭人不得离开车辆；

（三）行经繁华路段、交叉路口、铁路道口、人行横道、急弯路、宽度不足4米的窄路或者窄桥、陡坡、隧道或者容易发生危险的路段，不得超车。驾驭两轮畜力车应当下车牵引牲畜；

（四）不得使用未经驯服的牲畜驾车，随车幼畜须拴系；

（五）停放车辆应当拉紧车闸，拴系牲畜。

第四节　行人和乘车人通行规定

第七十四条　行人不得有下列行为：

（一）在道路上使用滑板、旱冰鞋等滑行工具；

（二）在车行道内坐卧、停留、嬉闹；

（三）追车、抛物击车等妨碍道路交通安全的行为。

第七十五条　行人横过机动车道，应当从行人过街设施通过；没有行人过街设施的，应当从人行横道通过；没有人行横道的，应当观察来往车辆的情况，确认安全后直行通过，不得在车辆临近时突然加速横穿或者中途倒退、折返。

第七十六条　行人列队在道路上通行，每横列不得超过2人，但在已经实行交通管制的路段不受限制。

第七十七条　乘坐机动车应当遵守下列规定：

（一）不得在机动车道上拦乘机动车；

（二）在机动车道上不得从机动车左侧上下车；

（三）开关车门不得妨碍其他车辆和行人通行；

（四）机动车行驶中，不得干扰驾驶，不得将身体任何部分伸出车外，不得跳车；

（五）乘坐两轮摩托车应当正向骑坐。

第五节　高速公路的特别规定

第七十八条　高速公路应当标明车道的行驶速度，最高车速不得超过每小时120公里，最低车速不得低于每小时60公里。

在高速公路上行驶的小型载客汽车最高车速不得超过每小时120公里，其他机动车不得超过每小时100公里，摩托车不得超过每小时80公里。

同方向有2条车道的，左侧车道的最低车速为每小时100公里；同方向有3条以上车道的，最左侧车道的最低车速为每小时110公里，中间车道的最低车速为每小时90公里。道路限速标志标明的车速与上述车道行驶车速的规定不一致的，按照道路限速标志标明的车速行驶。

第七十九条　机动车从匝道驶入高速公路，应当开启左转向灯，在不妨碍已在高速公路内的机动车正常行驶的情况下驶入车道。

机动车驶离高速公路时，应当开启右转向灯，驶入减速车道，降低车速后驶离。

第八十条　机动车在高速公路上行驶，车速超过每小时100公里时，应当与同车道前车保持100米以上的距离，车速低于每小时100公里时，与同车道前车距离可以适当缩短，但最小距离不得少于50米。

第八十一条　机动车在高速公路上行驶，遇有雾、雨、雪、沙尘、冰雹等低能见度气象条件时，应当遵守下列规定：

（一）能见度小于200米时，开启雾灯、近光灯、示廓灯和前后位灯，车速不得超过每小时60公里，与同车道前车保持100米以上的距离；

（二）能见度小于100米时，开启雾灯、近光灯、示廓灯、前后位灯和危险报警闪光灯，车速不得超过每小时40公里，与同车道前车保持50米以上的距离；

（三）能见度小于50米时，开启雾灯、近光灯、示廓灯、前后位灯和危险报警闪光灯，车速不得超过每小时20公里，并从最近的出口尽快驶离高速公路。

遇有前款规定情形时，高速公路管理部门应当通过显示屏等方式发布速度限制、保持车距等提示信息。

第八十二条 机动车在高速公路上行驶，不得有下列行为：

（一）倒车、逆行、穿越中央分隔带掉头或者在车道内停车；

（二）在匝道、加速车道或者减速车道上超车；

（三）骑、轧车行道分界线或者在路肩上行驶；

（四）非紧急情况时在应急车道行驶或者停车；

（五）试车或者学习驾驶机动车。

第八十三条 在高速公路上行驶的载货汽车车厢不得载人。两轮摩托车在高速公路行驶时不得载人。

第八十四条 机动车通过施工作业路段时，应当注意警示标志，减速行驶。

第八十五条 城市快速路的道路交通安全管理，参照本节的规定执行。

高速公路、城市快速路的道路交通安全管理工作，省、自治区、直辖市人民政府公安机关交通管理部门可以指定设区的市人民政府公安机关交通管理部门或者相当于同级的公安机关交通管理部门承担。

第五章 交通事故处理

第八十六条 机动车与机动车、机动车与非机动车在道路上发生未造成人身伤亡的交通事故，当事人对事实及成因无争议的，在记录交通事故的时间、地点、对方当事人的姓名和联系方式、机动车牌号、驾驶证号、保险凭证号、碰撞部位，并共同签名后，撤离现场，自行协商损害赔偿事宜。当事人对交通事故事实及成因有争议的，应当迅速报警。

第八十七条 非机动车与非机动车或者行人在道路上发生交通事故，未造成人身伤亡，且基本事实及成因清楚的，当事人应当先撤离现场，再自行协商处理损害赔偿事宜。当事人对交通事故事实及成因有争议的，应当迅速报警。

第八十八条 机动车发生交通事故，造成道路、供电、通讯等设施损毁的，驾驶人应当报警等候处理，不得驶离。机动车可以移动的，应当将机动车移至不妨碍交通的地点。公安机关交通管理部门应当将事故有关情况通知有关部门。

第八十九条 公安机关交通管理部门或者交通警察接到交通事故报警，应当及时赶赴现场，对未造成人身伤亡，事实清楚，并且机动车可以移动的，应当在记录事故情况后责令当事人撤离现场，恢复交通。对拒不撤离现场的，予以强制撤离。

对属于前款规定情况的道路交通事故，交通警察可以适用简易程序处理，并当场出具事故认定书。当事人共同请求调解的，交通警察可以当场对损害赔偿争议进行调解。

对道路交通事故造成人员伤亡和财产损失需要勘验、检查现场的，公安机关交通管理部门应当按照勘查现场工作规范进行。现场勘查完毕，应当组织清理现场，恢复交通。

第九十条 投保机动车第三者责任强制保险的机动车发生交通事故，因抢救受伤人员需要保险公司支付抢救费用的，由公安机关交通管理部门通知保险公司。

抢救受伤人员需要道路交通事故救助基金垫付费用的，由公安机关交通管理部门通知道路交通事故社会救助基金管理机构。

第九十一条 公安机关交通管理部门应当根据交通事故当事人的行为对发生交通事故所起的

作用以及过错的严重程度,确定当事人的责任。

第九十二条 发生交通事故后当事人逃逸的,逃逸的当事人承担全部责任。但是,有证据证明对方当事人也有过错的,可以减轻责任。

当事人故意破坏、伪造现场、毁灭证据的,承担全部责任。

第九十三条 公安机关交通管理部门对经过勘验、检查现场的交通事故应当在勘查现场之日起10日内制作交通事故认定书。对需要进行检验、鉴定的,应当在检验、鉴定结果确定之日起5日内制作交通事故认定书。

第九十四条 当事人对交通事故损害赔偿有争议,各方当事人一致请求公安机关交通管理部门调解的,应当在收到交通事故认定书之日起10日内提出书面调解申请。

对交通事故致死的,调解从办理丧葬事宜结束之日起开始;对交通事故致伤的,调解从治疗终结或者定残之日起开始;对交通事故造成财产损失的,调解从确定损失之日起开始。

第九十五条 公安机关交通管理部门调解交通事故损害赔偿争议的期限为10日。调解达成协议的,公安机关交通管理部门应当制作调解书送交各方当事人,调解书经各方当事人共同签字后生效;调解未达成协议的,公安机关交通管理部门应当制作调解终结书送交各方当事人。

交通事故损害赔偿项目和标准依照有关法律的规定执行。

第九十六条 对交通事故损害赔偿的争议,当事人向人民法院提起民事诉讼的,公安机关交通管理部门不再受理调解申请。

公安机关交通管理部门调解期间,当事人向人民法院提起民事诉讼的,调解终止。

第九十七条 车辆在道路以外发生交通事故,公安机关交通管理部门接到报案的,参照道路交通安全法和本条例的规定处理。

车辆、行人与火车发生的交通事故以及在渡口发生的交通事故,依照国家有关规定处理。

第六章 执法监督

第九十八条 公安机关交通管理部门应当公开办事制度、办事程序,建立警风警纪监督员制度,自觉接受社会和群众的监督。

第九十九条 公安机关交通管理部门及其交通警察办理机动车登记,发放号牌,对驾驶人考试、发证,处理道路交通安全违法行为,处理道路交通事故,应当严格遵守有关规定,不得越权执法,不得延迟履行职责,不得擅自改变处罚的种类和幅度。

第一百条 公安机关交通管理部门应当公布举报电话,受理群众举报投诉,并及时调查核实,反馈查处结果。

第一百零一条 公安机关交通管理部门应当建立执法质量考核评议、执法责任制和执法过错追究制度,防止和纠正道路交通安全执法中的错误或者不当行为。

第七章 法律责任

第一百零二条 违反本条例规定的行为,依照道路交通安全法和本条例的规定处罚。

第一百零三条 以欺骗、贿赂等不正当手段取得机动车登记或者驾驶许可的,收缴机动车登记证书、号牌、行驶证或者机动车驾驶证,撤销机动车登记或者机动车驾驶许可;申请人在3年内不得申请机动车登记或者机动车驾驶许可。

第一百零四条 机动车驾驶人有下列行为之一,又无其他机动车驾驶人即时替代驾驶的,公安机关交通管理部门除依法给予处罚外,可以将其驾驶的机动车移至不妨碍交通的地点或者有关部门指定的地点停放:

(一)不能出示本人有效驾驶证的;

（二）驾驶的机动车与驾驶证载明的准驾车型不符的；

（三）饮酒、服用国家管制的精神药品或者麻醉药品、患有妨碍安全驾驶的疾病，或者过度疲劳仍继续驾驶的；

（四）学习驾驶人员没有教练人员随车指导单独驾驶的。

第一百零五条　机动车驾驶人有饮酒、醉酒、服用国家管制的精神药品或者麻醉药品嫌疑的，应当接受测试、检验。

第一百零六条　公路客运载客汽车超过核定乘员、载货汽车超过核定载质量的，公安机关交通管理部门依法扣留机动车后，驾驶人应当将超载的乘车人转运、将超载的货物卸载，费用由超载机动车的驾驶人或者所有人承担。

第一百零七条　依照道路交通安全法第九十二条、第九十五条、第九十六条、第九十八条的规定被扣留的机动车，驾驶人或者所有人、管理人30日内没有提供被扣留机动车的合法证明，没有补办相应手续，或者不前来接受处理，经公安机关交通管理部门通知并且经公告3个月仍不前来接受处理的，由公安机关交通管理部门将该机动车送交有资格的拍卖机构拍卖，所得价款上缴国库；非法拼装的机动车予以拆除；达到报废标准的机动车予以报废；机动车涉及其他违法犯罪行为的，移交有关部门处理。

第一百零八条　交通警察按照简易程序当场作出行政处罚的，应当告知当事人道路交通安全违法行为的事实、处罚的理由和依据，并将行政处罚决定书当场交付被处罚人。

第一百零九条　对道路交通安全违法行为人处以罚款或者暂扣驾驶证处罚的，由违法行为发生地的县级以上人民政府公安机关交通管理部门或者相当于同级的公安机关交通管理部门作出决定；对处以吊销机动车驾驶证处罚的，由设区的市人民政府公安机关交通管理部门或者相当于同级的公安机关交通管理部门作出决定。

公安机关交通管理部门对非本辖区机动车的道路交通安全违法行为没有当场处罚的，可以由机动车登记地的公安机关交通管理部门处罚。

第一百一十条　当事人对公安机关交通管理部门及其交通警察的处罚有权进行陈述和申辩，交通警察应当充分听取当事人的陈述和申辩，不得因当事人陈述、申辩而加重其处罚。

第八章　附　　则

第一百一十一条　本条例所称上道路行驶的拖拉机，是指手扶拖拉机等最高设计行驶速度不超过每小时20公里的轮式拖拉机和最高设计行驶速度不超过每小时40公里、牵引挂车方可从事道路运输的轮式拖拉机。

第一百一十二条　农业（农业机械）主管部门应当定期向公安机关交通管理部门提供拖拉机登记、安全技术检验以及拖拉机驾驶证发放的资料、数据。公安机关交通管理部门对拖拉机驾驶人作出暂扣、吊销驾驶证处罚或者记分处理的，应当定期将处罚决定书和记分情况通报有关的农业（农业机械）主管部门。吊销驾驶证的，还应当将驾驶证送交有关的农业（农业机械）主管部门。

第一百一十三条　境外机动车入境行驶，应当向入境地的公安机关交通管理部门申请临时通行号牌、行驶证。临时通行号牌、行驶证应当根据行驶需要，载明有效日期和允许行驶的区域。

入境的境外机动车申请临时通行号牌、行驶证以及境外人员申请机动车驾驶许可的条件、考试办法由国务院公安部门规定。

第一百一十四条　机动车驾驶许可考试的收费标准，由国务院价格主管部门规定。

第一百一十五条　本条例自2004年5月1日起施行。1960年2月11日国务院批准、交通部发布的《机动车管理办法》，1988年3月9日国务院发布的《中华人民共和国道路交通管理条例》，1991年9月22日国务院发布的《道路交通事故处理办法》，同时废止。

拘留所条例

(2012年2月15日国务院第192次常务会议通过 2012年2月23日中华人民共和国国务院令第614号公布 自2012年4月1日起施行)

第一章 总 则

第一条 为了规范拘留所的设置和管理,惩戒和教育被拘留人,保护被拘留人的合法权益,根据有关法律的规定,制定本条例。

第二条 对下列人员的拘留在拘留所执行:

(一)被公安机关、国家安全机关依法给予拘留行政处罚的人;

(二)被人民法院依法决定拘留的人。

第三条 拘留所应当依法保障被拘留人的人身安全和合法权益,不得侮辱、体罚、虐待被拘留人或者指使、纵容他人侮辱、体罚、虐待被拘留人。

被拘留人应当遵守法律、行政法规和拘留所的管理规定,服从管理,接受教育。

第四条 国务院公安部门主管全国拘留所的管理工作。县级以上地方人民政府公安机关主管本行政区域拘留所的管理工作。

第二章 拘 留 所

第五条 县级以上地方人民政府根据需要设置拘留所。拘留所的设置和撤销,由县级以上地方人民政府公安机关提出意见,按照规定的权限和程序审批。

第六条 拘留所应当按照规定的建设标准,设置拘留区、行政办公区等功能区域。

第七条 拘留所依照规定配备武器、警械,配备交通、通讯、技术防范、医疗和消防等装备和设施。

第八条 拘留所所需经费列入本级人民政府财政预算。

第三章 拘 留

第九条 拘留所应当凭拘留决定机关的拘留决定文书及时收拘被拘留人。需要异地收拘的,拘留决定机关应当出具相关法律文书和需要异地收拘的书面说明,并经异地拘留所主管公安机关批准。

第十条 拘留所收拘被拘留人,应当告知被拘留人依法享有的权利和应当遵守的规定。

拘留所收拘被拘留人后,拘留决定机关应当及时通知被拘留人家属。

第十一条 拘留所收拘被拘留人,应当对被拘留人的人身和携带的物品进行检查。被拘留人的非生活必需品及现金由拘留所登记并统一保管。检查发现的违禁品和其他与案件有关的物品应当移交拘留决定机关依法处理。

对女性被拘留人的人身检查应当由女性人民警察进行。

第十二条 拘留所发现被拘留人可能被错误拘留的,应当通知拘留决定机关,拘留决定机关应当在24小时内作出处理决定;对依照《中华人民共和国治安管理处罚法》第二十一条的规定不应当被执行拘留的,拘留所不予收拘,并通知拘留决定机关。

第十三条 拘留所发现被拘留人吸食、注射毒品成瘾的,应当给予必要的戒毒治疗,并提请拘留所的主管公安机关对被拘留人依法作出社区戒毒或者强制隔离戒毒的决定。

第四章　管理教育

第十四条　拘留所应当建立值班巡视制度和突发事件应急机制。值班巡视人员应当严守岗位,发现问题及时报告并妥善处理。

拘留所应当安装监控录像设备,对被拘留人进行安全监控。

第十五条　拘留所应当根据被拘留人的性别、是否成年以及其他管理的需要,对被拘留人实行分别拘押和管理。

对女性被拘留人的直接管理应当由女性人民警察进行。

第十六条　拘留所应当建立被拘留人管理档案。

第十七条　拘留所应当按照规定的标准为被拘留人提供饮食,并尊重被拘留人的民族饮食习惯。

第十八条　拘留所应当建立医疗卫生防疫制度,做好防病、防疫、治疗工作。

拘留所对患病的被拘留人应当及时治疗。被拘留人患病需要出所治疗的,由拘留所所长批准,并派人民警察管理;被拘留人患有传染病需要隔离治疗的,拘留所应当采取隔离治疗措施。

被拘留人病情严重的,拘留所应当立即采取急救措施并通知被拘留人的亲属。

第十九条　拘留所发现被拘留人有下列情形之一的,应当建议拘留决定机关作出停止执行拘留的决定:

(一)患有精神病或者患有传染病需要隔离治疗的;

(二)病情严重可能危及生命安全的。

第二十条　为被拘留人提供的拘留期间生活必需品应当由拘留所检查登记后转交被拘留人。非生活必需品,拘留所不予接收。

第二十一条　拘留所应当对被拘留人进行法律、道德等教育,组织被拘留人开展适当的文体活动。

拘留所应当保证被拘留人每日不少于2小时的拘室外活动时间。

拘留所不得强迫被拘留人从事生产劳动。

第二十二条　被拘留人检举、揭发违法犯罪行为经查证属实或者被拘留人制止违法犯罪行为的,拘留所应当予以表扬。

第二十三条　被拘留人有下列违法行为之一的,拘留所可以予以训诫、责令具结悔过或者使用警械:

(一)哄闹、打架斗殴的;

(二)殴打、欺侮他人的;

(三)故意损毁拘留所财物或者他人财物的;

(四)预谋或者实施逃跑的;

(五)严重违反管理的其他行为。

拘留所人民警察对被拘留人使用警械应当经拘留所所长批准,并遵守有关法律、行政法规的规定。

第二十四条　被拘留人在拘留期间有新的违法犯罪嫌疑的,拘留所应当报告拘留所的主管公安机关处理;拘留所发现被拘留人收拘前有其他违法犯罪嫌疑的,应当通知拘留决定机关或者报告拘留所的主管公安机关处理。

第二十五条　拘留所保障被拘留人在拘留期间的通信权利,被拘留人与他人的来往信件不受检查和扣押。被拘留人应当遵守拘留所的通信管理规定。

第二十六条　拘留所保障被拘留人在拘留期间的会见权利。被拘留人应当遵守拘留所的会见管理规定。

会见被拘留人应当持有效身份证件按照规定的时间在拘留所的会见区进行。

被拘留人委托的律师会见被拘留人还应当持律师执业证书、律师事务所证明和委托书或者法律援助公函。

第二十七条 被拘留人遇有参加升学考试、子女出生或者近亲属病危、死亡等情形的，被拘留人或者其近亲属可以提出请假出所的申请。

请假出所的申请由拘留所提出审核意见，报拘留决定机关决定是否批准。拘留决定机关应当在被拘留人或者其近亲属提出申请的12小时内作出是否准予请假出所的决定。

被拘留人请假出所的时间不计入拘留期限。

第二十八条 被拘留人或者其近亲属提出请假出所申请的，应当向拘留决定机关提出担保人或者交纳保证金。有关担保人和保证金的管理按照《中华人民共和国治安管理处罚法》的有关规定执行。

被拘留人请假出所不归的，由拘留决定机关负责带回拘留所执行拘留。

第二十九条 被拘留人提出举报、控告，申请行政复议，提起行政诉讼或者申请暂缓执行拘留的，拘留所应当在24小时内将有关材料转送有关机关，不得检查或者扣押。

第五章 解除拘留

第三十条 被拘留人拘留期满，拘留所应当按时解除拘留，发给解除拘留证明书，并返还代为保管的财物。

第三十一条 被拘留人在解除拘留时有下列情形之一的，拘留所应当向有关机关或者单位移交被拘留人：

（一）依法被决定驱逐出境、遣送出境的；

（二）依法被决定执行刑事强制措施的；

（三）依法被决定社区戒毒、强制隔离戒毒的；

（四）依法被决定采取强制性教育矫治措施的。

第六章 附则

第三十二条 执行拘留的时间以日为单位计算，从收拘当日到第2日为1日。

第三十三条 国家安全机关设置的拘留所，由国家安全机关依照本条例的规定进行管理。

第三十四条 被公安机关依法给予行政强制措施性质拘留的人在拘留所执行拘押，应当与本条例第二条规定的被拘留人分别拘押，具体管理办法由国务院公安部门参照本条例规定。

第三十五条 本条例自2012年4月1日起施行。

公安机关办理行政案件程序规定

（2012年12月19日公安部令第125号公布　根据2014年6月29日《公安部关于修改部分部门规章的决定》修订）

第一章 总则

第一条 为了规范公安机关办理行政案件程序，保障公安机关在办理行政案件中正确履行职责，保护公民、法人和其他组织的合法权益，根据《中华人民共和国行政处罚法》、《中华人民共和国行政强制法》、《中华人民共和国治安管理处罚法》等有关法律、行政法规,制定本规定。

第二条 本规定所称行政案件,是指公安机关依照法律、法规和规章的规定对违法行为人决定行政处罚以及强制隔离戒毒、收容教育等处理措施的案件。

本规定所称公安机关,是指县级以上公安机关、公安派出所、依法具有独立执法主体资格的公安机关业务部门以及出入境边防检查站。

第三条 办理行政案件应当以事实为根据,以法律为准绳。

第四条 办理行政案件应当遵循合法、公正、公开、及时的原则,尊重和保障人权,保护公民的人格尊严。

第五条 办理行政案件应当坚持教育与处罚相结合的原则,教育公民、法人和其他组织自觉守法。

第六条 办理未成年人的行政案件,应当根据未成年人的身心特点,保障其合法权益。

第七条 办理行政案件,在少数民族聚居或者多民族共同居住的地区,应当使用当地通用的语言进行询问。对不通晓当地通用语言文字的当事人,应当为他们提供翻译。

第八条 公安机关人民警察在办案中玩忽职守、徇私舞弊、滥用职权、索取或者收受他人财物的,依法给予处分;构成犯罪的,依法追究刑事责任。

第二章 管　　辖

第九条 行政案件由违法行为地的公安机关管辖。由违法行为人居住地公安机关管辖更为适宜的,可以由违法行为人居住地公安机关管辖,但是涉及卖淫、嫖娼、赌博、毒品的案件除外。

移交违法行为人居住地公安机关管辖的行政案件,违法行为地公安机关在移交前应当及时收集证据,并配合违法行为人居住地公安机关开展调查取证工作。

第十条 几个公安机关都有权管辖的行政案件,由最初受理的公安机关管辖。必要时,可以由主要违法行为地公安机关管辖。

第十一条 对管辖权发生争议的,报请共同的上级公安机关指定管辖。

对于重大、复杂的案件,上级公安机关可以直接办理或者指定管辖。

上级公安机关直接办理或者指定管辖的,应当书面通知被指定管辖的公安机关和其他有关的公安机关。

原受理案件的公安机关自收到上级公安机关书面通知之日起不再行使管辖权,并立即将案卷材料移送被指定管辖的公安机关或者办理的上级公安机关,及时书面通知当事人。

第十二条 铁路公安机关管辖列车上,火车站工作区域内,铁路系统的机关、厂、段、所、队等单位内发生的行政案件,以及在铁路线上放置障碍物或者损毁、移动铁路设施等可能影响铁路运输安全、盗窃铁路设施的行政案件。

交通公安机关管辖港航管理机构管理的轮船上、港口、码头工作区域内和港航系统的机关、厂、所、队等单位内发生的行政案件。

民航公安机关管辖民航管理机构管理的机场工作区域以及民航系统的机关、厂、所、队等单位内和民航飞机上发生的行政案件。

国有林区的森林公安机关管辖林区内发生的行政案件。

海关缉私机构管辖阻碍海关缉私警察依法执行职务的治安案件。

第十三条 公安机关和军队互涉公安行政案件的管辖分工由公安部和中国人民解放军总政治部另行规定。

第三章 回 避

第十四条 公安机关负责人、办案人民警察有下列情形之一的，应当自行提出回避申请，案件当事人及其法定代理人有权要求他们回避：

（一）是本案的当事人或者当事人近亲属的；

（二）本人或者其近亲属与本案有利害关系的；

（三）与本案当事人有其他关系，可能影响案件公正处理的。

第十五条 公安机关负责人、办案人民警察提出回避申请的，应当说明理由。

第十六条 办案人民警察的回避，由其所属的公安机关决定；公安机关负责人的回避，由上一级公安机关决定。

第十七条 当事人及其法定代理人要求公安机关负责人、办案人民警察回避的，应当提出申请，并说明理由。口头提出申请的，公安机关应当记录在案。

第十八条 对当事人及其法定代理人提出的回避申请，公安机关应当在收到申请之日起二日内作出决定并通知申请人。

第十九条 公安机关负责人、办案人民警察具有应当回避的情形之一，本人没有申请回避，当事人及其法定代理人也没有申请其回避的，有权决定其回避的公安机关可以指令其回避。

第二十条 在行政案件调查过程中，鉴定人和翻译人员需要回避的，适用本章的规定。

鉴定人、翻译人员的回避，由指派或者聘请的公安机关决定。

第二十一条 在公安机关作出回避决定前，办案人民警察不得停止对行政案件的调查。

作出回避决定后，公安机关负责人、办案人民警察不得再参与该行政案件的调查和审核、审批工作。

第二十二条 被决定回避的公安机关负责人、办案人民警察、鉴定人和翻译人员，在回避决定作出前所进行的与案件有关的活动是否有效，由作出回避决定的公安机关根据案件情况决定。

第四章 证 据

第二十三条 可以用于证明案件事实的材料，都是证据。公安机关办理行政案件的证据包括：

（一）物证；

（二）书证；

（三）被侵害人陈述和其他证人证言；

（四）违法嫌疑人的陈述和申辩；

（五）鉴定意见；

（六）勘验、检查、辨认笔录，现场笔录；

（七）视听资料、电子数据。

证据必须经过查证属实，才能作为定案的根据。

第二十四条 公安机关必须依照法定程序，收集能够证实违法嫌疑人是否违法、违法情节轻重的证据。

严禁刑讯逼供和以威胁、欺骗等非法方法收集证据。采用刑讯逼供等非法方法收集的违法嫌疑人的陈述和申辩以及采用暴力、威胁等非法方法收集的被侵害人陈述、其他证人证言，不能作为定案的根据。收集物证、书证不符合法定程序，可能严重影响执法公正的，应当予以补正或者作出合理解释；不能补正或者作出合理解释的，不能作为定案的根据。

第二十五条 公安机关向有关单位和个人收集、调取证据时，应当告知其必须如实提供证据，并告知其伪造、隐匿、毁灭证据，提供虚假证词应当承担的法律责任。

需要向有关单位和个人调取证据的，经公安机关办案部门负责人批准，开具调取证据通知书。被调取人应当在通知书上盖章或者签名，被调取人拒绝的，公安机关应当注明。必要时，公安机关应当采用录音、录像等方式固定证据内容及取证过程。

第二十六条 收集调取的物证应当是原物。在原物不便搬运、不易保存或者依法应当由有关部门保管、处理或者依法应当返还时，可以拍摄或者制作足以反映原物外形或者内容的照片、录像。

物证的照片、录像，经与原物核实无误或者经鉴定证明为真实的，可以作为证据使用。

第二十七条 收集、调取的书证应当是原件。在取得原件确有困难时，可以使用副本或者复制件。

书证的副本、复制件，经与原件核实无误或者经鉴定证明为真实的，可以作为证据使用。书证有更改或者更改迹象不能作出合理解释的，或者书证的副本、复制件不能反映书证原件及其内容的，不能作为证据使用。

第二十八条 书证的副本、复制件，视听资料、电子数据的复制件，物证的照片、录像，应当附有关制作过程及原件、原物存放处的文字说明，并由制作人和物品持有人或者持有单位有关人员签名。

第二十九条 刑事案件转为行政案件办理的，刑事案件办理过程中收集的证据材料，可以作为行政案件的证据使用。

第三十条 凡知道案件情况的人，都有作证的义务。

生理上、精神上有缺陷或者年幼，不能辨别是非、不能正确表达的人，不能作为证人。

第三十一条 公安机关及其人民警察在办理行政案件时，对涉及的国家秘密、商业秘密或者个人隐私，应当保密。

第五章 期间与送达

第三十二条 期间以时、日、月、年计算，期间开始之时或者日不计算在内。法律文书送达的期间不包括路途上的时间。期间的最后一日是节假日的，以节假日后的第一日为期满日期，但违法行为人被限制人身自由的期间，应当至期满之日为止，不得因节假日而延长。

第三十三条 送达法律文书，应当遵守下列规定：

（一）依照简易程序作出当场处罚决定的，应当将决定书当场交付被处罚人，并由被处罚人在备案的决定书上签名或者捺指印；被处罚人拒绝的，由办案人民警察在备案的决定书上注明；

（二）除本款第一项规定外，作出行政处罚决定和其他行政处理决定，应当在宣告后将决定书当场交付被处理人，并由被处理人在附卷的决定书上签名或者捺指印，即为送达；被处理人拒绝的，由办案人民警察在附卷的决定书上注明；被处理人不在场的，公安机关应当在作出决定的七日内将决定书送达被处理人，治安管理处罚决定应当在二日内送达。

送达法律文书应当首先采取直接送达方式，交给受送达人本人；受送达人不在的，可以交付其成年家属、所在单位的负责人员或者其居住地居（村）民委员会代收。受送达人本人或者代收人拒绝接收或者拒绝签名和捺指印的，送达人可以邀请其邻居或者其他见证人到场，说明情况，也可以对拒收情况进行录音录像，把文书留在受送达人处，在附卷的法律文书上注明拒绝的事由、送达日期，由送达人、见证人签名或者捺指印，即视为送达。

无法直接送达的，委托其他公安机关代为送达，或者邮寄送达。

经采取上述送达方式仍无法送达的，可以公告送达。公告的范围和方式应当便于公民知晓，公告期限不得少于六十日。

第六章 简易程序

第三十四条 违法事实确凿，且具有下列情形之一的，人民警察可以当场作出处罚决定，有违禁品的，可以当场收缴：

（一）对违反治安管理行为人或者道路交通违法行为人处二百元以下罚款或者警告的；

（二）出入境边防检查机关对违反出境入境管理行为人处五百元以下罚款或者警告的；

（三）对有其他违法行为的个人处五十元以下罚款或者警告、对单位处一千元以下罚款或者警告的；

（四）法律规定可以当场处罚的其他情形。

涉及卖淫、嫖娼、赌博、毒品的案件，不适用当场处罚。

第三十五条 当场处罚，应当按照下列程序实施：

（一）向违法行为人表明执法身份；

（二）收集证据；

（三）口头告知违法行为人拟作出行政处罚决定的事实、理由和依据，并告知违法行为人依法享有的陈述权和申辩权；

（四）充分听取违法行为人的陈述和申辩。违法行为人提出的事实、理由或者证据成立的，应当采纳；

（五）填写当场处罚决定书并当场交付被处罚人；

（六）当场收缴罚款的，同时填写罚款收据，交付被处罚人；未当场收缴罚款的，应当告知被处罚人在规定期限内到指定的银行缴纳罚款。

第三十六条 适用简易程序处罚的，可以由人民警察一人作出行政处罚决定。

人民警察当场作出行政处罚决定的，应当于作出决定后的二十四小时内将当场处罚决定书报所属公安机关备案，交通警察应当于作出决定后的二日内报所属公安机关交通管理部门备案。在旅客列车、民航飞机、水上作出行政处罚决定的，应当在返回后的二十四小时内报所属公安机关备案。

第七章 调查取证

第一节 一般规定

第三十七条 对行政案件进行调查时，应当合法、及时、客观、全面地收集、调取证据材料，并予以审查、核实。

第三十八条 需要调查的案件事实包括：

（一）违法嫌疑人的基本情况；

（二）违法行为是否存在；

（三）违法行为是否为违法嫌疑人实施；

（四）实施违法行为的时间、地点、手段、后果以及其他情节；

（五）违法嫌疑人有无法定从重、从轻、减轻以及不予行政处罚的情形；

（六）与案件有关的其他事实。

第三十九条 公安机关调查取证时，应当防止泄露工作秘密。

第四十条 在调查取证时，人民警察不得少于二人，并表明执法身份。

第四十一条 对查获或者到案的违法嫌疑人应当进行安全检查，发现违禁品或者管制器具、武器、易燃易爆等危险品以及与案件有关的需要作为证据的物品的，应当立即扣押；对违法嫌疑人随身携带的与案件无关的物品,应当按照有关规定予以登记、保管、退还。安全检查不需要开具检查证。

前款规定的扣押适用本规定第四十三条和第四十四条以及本章第七节的规定。

第四十二条 办理行政案件时,可以依法采取下列行政强制措施:

(一)对物品、设施、场所采取扣押、扣留、临时查封、查封、先行登记保存、抽样取证等强制措施;

(二)对违法嫌疑人采取保护性约束措施、继续盘问、强制传唤、强制检测、拘留审查、限制活动范围等强制措施。

第四十三条 实施行政强制措施应当遵守下列规定:

(一)实施前须依法向公安机关负责人报告并经批准;

(二)通知当事人到场,当场告知当事人采取行政强制措施的理由、依据以及当事人依法享有的权利、救济途径。当事人不到场的,邀请见证人到场,并在现场笔录中注明;

(三)听取当事人的陈述和申辩;

(四)制作现场笔录,由当事人和办案人民警察签名或者盖章,当事人拒绝的,在笔录中注明。当事人不在场的,由见证人和办案人民警察在笔录上签名或者盖章;

(五)实施限制公民人身自由的行政强制措施的,应当当场告知当事人家属实施强制措施的公安机关、理由、地点和期限;无法当场告知的,应当在实施强制措施后立即通过电话、短信、传真等方式通知;身份不明、拒不提供家属联系方式或者因自然灾害等不可抗力导致无法通知的,可以不予通知。告知、通知家属情况或者无法通知家属的原因应当在询问笔录中注明;

(六)法律、法规规定的其他程序。

检查时实施行政强制措施的,制作检查笔录,不再制作现场笔录。

第四十四条 情况紧急,当场实施行政强制措施的,办案人民警察应当在二十四小时内依法向其所属的公安机关负责人报告,并补办批准手续。当场实施限制公民人身自由的行政强制措施的,办案人民警察应当在返回单位后立即报告,并补办批准手续。公安机关负责人认为不应当采取行政强制措施的,应当立即解除。

第四十五条 为维护社会秩序,人民警察对有违法嫌疑的人员,经表明执法身份后,可以当场盘问、检查。对当场盘问、检查后,不能排除其违法嫌疑,依法可以适用继续盘问的,可以将其带至公安机关,经公安派出所负责人批准,对其继续盘问。对违反出境入境管理的嫌疑人依法适用继续盘问的,应当经县级以上公安机关或者出入境边防检查机关负责人批准。

继续盘问的时限一般为十二小时;对在十二小时以内确实难以证实或者排除其违法犯罪嫌疑的,可以延长至二十四小时;对不讲真实姓名、住址、身份,且在二十四小时以内仍不能证实或者排除其违法犯罪嫌疑的,可以延长至四十八小时。

第四十六条 违法嫌疑人在醉酒状态中,对本人有危险或者对他人的人身、财产或者公共安全有威胁的,可以对其采取保护性措施约束至酒醒,也可以通知其家属、亲友或者所属单位将其领回看管,必要时,应当送医院醒酒。对行为举止失控的醉酒人,可以使用约束带或者警绳等进行约束,但是不得使用手铐、脚镣等警械。

约束过程中,应当指定专人严加看护。确认醉酒人酒醒后,应当立即解除约束,并进行询问。约束时间不计算在询问查证时间内。

第二节　受　　案

第四十七条 公安机关对报案、控告、举报、群众扭送或者违法嫌疑人投案,以及其他行政主管部门、司法机关移送的案件,应当及时受理,制作受案登记表,并分别作出以下处理:

（一）对属于本单位管辖范围内的事项，应当及时调查处理；

（二）对属于公安机关职责范围，但不属于本单位管辖的，应当在受理后的二十四小时内移送有管辖权的单位处理，并告知报案人、控告人、举报人、扭送人、投案人；

（三）对不属于公安机关职责范围内的事项，书面告知报案人、控告人、举报人、扭送人、投案人向其他有关主管机关报案或者投案。

公安机关接受案件时，应当制作受案回执单一式二份，一份交报案人、控告人、举报人、扭送人，一份附卷。

公安机关及其人民警察在日常执法执勤中发现的违法行为，适用第一款的规定。

第四十八条 属于公安机关职责范围但不属于本单位管辖的案件，具有下列情形之一的，受理案件或者发现案件的公安机关及其人民警察应当依法先行采取必要的强制措施或者其他处置措施，再移送有管辖权的单位处理：

（一）违法嫌疑人正在实施危害行为的；

（二）正在实施违法行为或者违法后即时被发现的现行犯被扭送至公安机关的；

（三）在逃的违法嫌疑人已被抓获或者被发现的；

（四）有人员伤亡，需要立即采取救治措施的；

（五）其他应当采取紧急措施的情形。

行政案件移送管辖的，询问查证时间和扣押等措施的期限重新计算。

第四十九条 报案人不愿意公开自己的姓名和报案行为的，公安机关应当在受案登记时注明，并为其保密。

第五十条 对报案人、控告人、举报人、扭送人、投案人提供的有关证据材料、物品等应当登记，出具接受证据清单，并妥善保管。必要时，应当拍照、录音、录像。移送案件时，应当将有关证据材料和物品一并移交。

第五十一条 对发现或者受理的案件暂时无法确定为刑事案件或者行政案件的，可以按照行政案件的程序办理。在办理过程中，认为涉嫌构成犯罪的，应当按照《公安机关办理刑事案件程序规定》办理。

第三节　询　　问

第五十二条 询问违法嫌疑人，可以到违法嫌疑人住处或者单位进行，也可以将违法嫌疑人传唤到其所在市、县内的指定地点进行。

第五十三条 需要传唤违法嫌疑人接受调查的，经公安派出所、县级以上公安机关办案部门或者出入境边防检查机关负责人批准，使用传唤证传唤。对现场发现的违法嫌疑人，人民警察经出示工作证件，可以口头传唤，并在询问笔录中注明违法嫌疑人到案经过、到案时间和离开时间。

单位违反公安行政管理规定，需要传唤其直接负责的主管人员和其他直接责任人员的，适用前款规定。

对无正当理由不接受传唤或者逃避传唤的违反治安管理、消防安全管理、出境入境管理的嫌疑人以及法律规定可以强制传唤的其他违法嫌疑人，经公安派出所、县级以上公安机关办案部门或者出入境边防检查机关负责人批准，可以强制传唤。强制传唤时，可以依法使用手铐、警绳等约束性警械。

公安机关应当将传唤的原因和依据告知被传唤人，并通知其家属。公安机关通知被传唤人家属适用本规定第四十三条第一款第五项的规定。

第五十四条 使用传唤证传唤的，违法嫌疑人被传唤到案后和询问查证结束后，应当由其在传唤证上填写到案和离开时间并签名。拒绝填写或者签名的，办案人民警察应当在传唤证上注明。

第五十五条 对被传唤的违法嫌疑人,应当及时询问查证,询问查证的时间不得超过八小时;案情复杂,违法行为依法可能适用行政拘留处罚的,询问查证的时间不得超过二十四小时。

不得以连续传唤的形式变相拘禁违法嫌疑人。

第五十六条 对于投案自首或者群众扭送的违法嫌疑人,公安机关应当立即进行询问查证,并在询问笔录中记明违法嫌疑人到案经过、到案和离开时间。询问查证时间适用本规定第五十五条第一款的规定。

对于投案自首或者群众扭送的违法嫌疑人,公安机关应当适用本规定第四十三条第一款第五项的规定通知其家属。

第五十七条 询问违法嫌疑人,应当在公安机关的办案场所进行。

询问查证期间应当保证违法嫌疑人的饮食和必要的休息时间,并在询问笔录中注明。

在询问查证的间隙期间,可以将违法嫌疑人送入候问室,并按照候问室的管理规定执行。

第五十八条 询问违法嫌疑人、被侵害人或者其他证人,应当个别进行。

第五十九条 首次询问违法嫌疑人时,应当问明违法嫌疑人的姓名、出生日期、户籍所在地、现住址、身份证件种类及号码,是否为各级人民代表大会代表,是否受过刑事处罚或者行政拘留、劳动教养、收容教育、强制隔离戒毒、社区戒毒、收容教养等情况。必要时,还应当问明其家庭主要成员、工作单位、文化程度、民族、身体状况等情况。

违法嫌疑人为外国人的,首次询问时还应当问明其国籍、出入境证件种类及号码、签证种类、入境时间、入境事由等情况。必要时,还应当问明其在华关系人等情况。

第六十条 询问时,应当告知被询问人必须如实提供证据、证言和故意作伪证或者隐匿证据应负的法律责任,对与本案无关的问题有拒绝回答的权利。

第六十一条 询问未成年人时,应当通知其父母或者其他监护人到场,其父母或者其他监护人不能到场的,也可以通知未成年人的其他成年亲属,所在学校、单位、居住地基层组织或者未成年人保护组织的代表到场,并将有关情况记录在案。确实无法通知或者通知后未到场的,应当在询问笔录中注明。

第六十二条 询问聋哑人,应当有通晓手语的人提供帮助,并在询问笔录中注明被询问人的聋哑情况以及翻译人员的姓名、住址、工作单位和联系方式。

对不通晓当地通用的语言文字的被询问人,应当为其配备翻译人员,并在询问笔录中注明翻译人员的姓名、住址、工作单位和联系方式。

第六十三条 询问笔录应当交被询问人核对,对没有阅读能力的,应当向其宣读。记录有误或者遗漏的,应当允许被询问人更正或者补充,并要求其在修改处捺指印。被询问人确认笔录无误后,应当在询问笔录上逐页签名或者捺指印。拒绝签名和捺指印的,办案人民警察应当在询问笔录中注明。

办案人民警察应当在询问笔录上签名,翻译人员应当在询问笔录的结尾处签名。

询问时,可以全程录音、录像,并保持录音、录像资料的完整性。

第六十四条 违法嫌疑人、被侵害人或者其他证人请求自行提供书面材料的,应当准许。必要时,办案人民警察也可以要求违法嫌疑人、被侵害人或者其他证人自行书写。违法嫌疑人、被侵害人或者其他证人应当在其提供的书面材料的结尾处签名或者捺指印。对打印的书面材料,违法嫌疑人、被侵害人或者其他证人应当逐页签名或者捺指印。办案人民警察收到书面材料后,应当在首页注明收到日期,并签名。

第六十五条 询问违法嫌疑人时,应当听取违法嫌疑人的陈述和申辩。对违法嫌疑人的陈述和申辩,应当核查。

第六十六条 询问被侵害人、其他证人或者其他与案件有关的人,可以在现场进行,也可以到其单位、学校、住所、其居住地居(村)民委员会或者其提出的地点进行。必要时,也可以书面、电话或者当场通知其到公安机关提供证言。

在现场询问的,办案人民警察应当出示工作证件。

询问前,应当了解被询问人的身份以及其与被侵害人、其他证人、违法嫌疑人之间的关系。

第四节 勘验、检查

第六十七条 对于违法行为案发现场,必要时应当进行勘验,提取与案件有关的证据材料,判断案件性质,确定调查方向和范围。

现场勘验参照刑事案件现场勘验的有关规定执行。

第六十八条 对与违法行为有关的场所、物品、人身可以进行检查。检查时,人民警察不得少于二人,并应当出示工作证件和县级以上公安机关开具的检查证。对确有必要立即进行检查的,人民警察经出示工作证件,可以当场检查;但检查公民住所的,必须有证据表明或者有群众报警公民住所内正在发生危害公共安全或者公民人身安全的案(事)件,或者违法存放危险物质,不立即检查可能会对公共安全或者公民人身、财产安全造成重大危害。

对机关、团体、企业、事业单位或者公共场所进行日常执法监督检查,依照有关法律、法规和规章执行,不适用前款规定。

第六十九条 对违法嫌疑人进行检查时,应当尊重被检查人的人格尊严,不得以有损人格尊严的方式进行检查。

检查妇女的身体,应当由女性工作人员进行。

依法对卖淫、嫖娼人员进行性病检查,应当由医生进行。

第七十条 检查场所或者物品时,应当注意避免对物品造成不必要的损坏。

检查场所时,应当有被检查人或者见证人在场。

第七十一条 检查情况应当制作检查笔录。检查笔录由检查人员、被检查人或者见证人签名;被检查人不在场或者拒绝签名的,办案人民警察应当在检查笔录中注明。

第五节 鉴 定

第七十二条 为了查明案情,需要对专门性技术问题进行鉴定的,应当指派或者聘请具有专门知识的人员进行。

需要聘请本公安机关以外的人进行鉴定的,应当经公安机关办案部门负责人批准后,制作鉴定聘请书。

第七十三条 公安机关应当为鉴定提供必要的条件,及时送交有关检材和比对样本等原始材料,介绍与鉴定有关的情况,并且明确提出要求鉴定解决的问题。

办案人民警察应当做好检材的保管和送检工作,并注明检材送检环节的责任人,确保检材在流转环节中的同一性和不被污染。

禁止强迫或者暗示鉴定人作出某种鉴定意见。

第七十四条 对人身伤害的鉴定由法医进行。

卫生行政主管部门许可的医疗机构具有执业资格的医生出具的诊断证明,可以作为公安机关认定人身伤害程度的依据,但具有本规定第七十五条规定情形的除外。

对精神病的鉴定,由有精神病鉴定资格的鉴定机构进行。

第七十五条 人身伤害案件具有下列情形之一的,公安机关应当进行伤情鉴定:

(一)受伤程度较重,可能构成轻伤以上伤害程度的;

(二)被侵害人要求作伤情鉴定的;

（三）违法嫌疑人、被侵害人对伤害程度有争议的。

第七十六条 对需要进行伤情鉴定的案件，被侵害人拒绝提供诊断证明或者拒绝进行伤情鉴定的，公安机关应当将有关情况记录在案，并可以根据已认定的事实作出处理决定。

经公安机关通知，被侵害人无正当理由未在公安机关确定的时间内作伤情鉴定的，视为拒绝鉴定。

第七十七条 涉案物品价值不明或者难以确定的，公安机关应当委托价格鉴证机构估价。

根据当事人提供的购买发票等票据能够认定价值的涉案物品，或者价值明显不够刑事立案标准的涉案物品，公安机关可以不进行价格鉴证。

第七十八条 对涉嫌吸毒的人员，应当进行吸毒检测，被检测人员应当配合；对拒绝接受检测的，经县级以上公安机关或者其派出机构负责人批准，可以强制检测。采集女性被检测人检测样本，应当由女性工作人员进行。

对涉嫌服用国家管制的精神药品、麻醉药品驾驶机动车的人员，可以对其进行体内国家管制的精神药品、麻醉药品含量检验。

第七十九条 对有酒后驾驶机动车嫌疑的人，应当对其进行呼气酒精测试，对具有下列情形之一的，应当立即提取血样，检验血液酒精含量：

（一）当事人对呼气酒精测试结果有异议的；

（二）当事人拒绝配合呼气酒精测试的；

（三）涉嫌醉酒驾驶机动车的；

（四）涉嫌饮酒后驾驶机动车发生交通事故的。

当事人对呼气酒精测试结果无异议的，应当签字确认。事后提出异议的，不予采纳。

第八十条 鉴定人鉴定后，应当出具鉴定意见。鉴定意见应当载明委托人、委托鉴定的事项、提交鉴定的相关材料、鉴定的时间、依据和结论性意见等内容，并由鉴定人签名或者盖章。通过分析得出鉴定意见的，应当有分析过程的说明。鉴定意见应当附有鉴定机构和鉴定人的资质证明或者其他证明文件。

鉴定人对鉴定意见负责，不受任何机关、团体、企业、事业单位和个人的干涉。多人参加鉴定，对鉴定意见有不同意见的，应当注明。

鉴定人故意作虚假鉴定的，应当承担法律责任。

第八十一条 办案人民警察应当对鉴定意见进行审查。

对经审查作为证据使用的鉴定意见，公安机关应当在收到鉴定意见之日起五日内将鉴定意见复印件送达违法嫌疑人和被侵害人。

医疗机构出具的诊断证明作为公安机关认定人身伤害程度的依据的，应当将诊断证明结论书面告知违法嫌疑人和被侵害人。

违法嫌疑人或者被侵害人对鉴定意见有异议的，可以在收到鉴定意见复印件之日起三日内提出重新鉴定的申请，经县级以上公安机关批准后，进行重新鉴定。同一行政案件的同一事项重新鉴定以一次为限。

当事人是否申请重新鉴定，不影响案件的正常办理。

公安机关认为必要时，也可以直接决定重新鉴定。

第八十二条 具有下列情形之一的，应当进行重新鉴定：

（一）鉴定程序违法或者违反相关专业技术要求，可能影响鉴定意见正确性的；

（二）鉴定机构、鉴定人不具备鉴定资质和条件的；

（三）鉴定意见明显依据不足的；

（四）鉴定人故意作虚假鉴定的；

（五）鉴定人应当回避而没有回避的；

（六）检材虚假或者被损坏的；

（七）其他应当重新鉴定的。

不符合前款规定情形的，经县级以上公安机关负责人批准，作出不准予重新鉴定的决定，并在作出决定之日起的三日以内书面通知申请人。

第八十三条 重新鉴定，公安机关应当另行指派或者聘请鉴定人。

第八十四条 鉴定费用由公安机关承担，但当事人自行鉴定的除外。

第六节 辨 认

第八十五条 为了查明案情，办案人民警察可以让违法嫌疑人、被侵害人或者其他证人对与违法行为有关的物品、场所或者违法嫌疑人进行辨认。

第八十六条 辨认由二名以上办案人民警察主持。

组织辨认前，应当向辨认人详细询问辨认对象的具体特征，并避免辨认人见到辨认对象。

第八十七条 多名辨认人对同一辨认对象或者一名辨认人对多名辨认对象进行辨认时，应当个别进行。

第八十八条 辨认时，应当将辨认对象混杂在特征相类似的其他对象中，不得给辨认人任何暗示。

辨认违法嫌疑人时，被辨认的人数不得少于七人；对违法嫌疑人照片进行辨认的，不得少于十人的照片。

辨认每一件物品时，混杂的同类物品不得少于五件。

同一辨认人对与同一案件有关的辨认对象进行多组辨认的，不得重复使用陪衬照片或者陪衬人。

第八十九条 辨认人不愿意暴露身份的，对违法嫌疑人的辨认可以在不暴露辨认人的情况下进行，公安机关及其人民警察应当为其保守秘密。

第九十条 辨认经过和结果，应当制作辨认笔录，由办案人民警察和辨认人签名或者捺指印。必要时，应当对辨认过程进行录音、录像。

第七节 证据保全

第九十一条 对下列物品，经公安机关负责人批准，可以依法扣押或者扣留：

（一）与治安案件、违反出境入境管理的案件有关的需要作为证据的物品；

（二）道路交通安全法律、法规规定适用扣留的车辆、机动车驾驶证；

（三）其他法律、法规规定适用扣押或者扣留的物品。

对下列物品，不得扣押或者扣留：

（一）与案件无关的物品；

（二）公民个人及其所扶养家属的生活必需品；

（三）被侵害人或者善意第三人合法占有的财产。

对具有本条第二款第二项、第三项情形的，应当予以登记，写明登记财物的名称、规格、数量、特征，并由占有人签名或者捺指印。必要时，可以进行拍照。但是，与案件有关必须鉴定的，可以依法扣押，结束后应当立即解除。

第九十二条 办理下列行政案件时，对专门用于从事无证经营活动的场所、设施、物品，经公安机关负责人批准，可以依法查封。但对与违法行为无关的场所、设施，公民个人及其扶养家属的生活必需品不得查封：

（一）擅自经营按照国家规定需要由公安机关许可的行业的；

（二）依照《娱乐场所管理条例》可以由公安机关采取取缔措施的；

（三）法律、法规规定适用查封的其他公安行政案件。

对有关单位或者个人经通知不及时消除消防安全隐患可能严重威胁公共安全的，公安机关消防机构应当对危险部位或者场所采取临时查封措施。

场所、设施、物品已被其他国家机关依法查封的，不得重复查封。

第九十三条 收集证据时，经公安机关办案部门负责人批准，可以采取抽样取证的方法。

抽样取证应当采取随机的方式，抽取样品的数量以能够认定本品的品质特征为限。

抽样取证时，应当对抽样取证的现场、被抽样物品及被抽取的样品进行拍照或者对抽样过程进行录像。

对抽取的样品应当及时进行检验。经检验，能够作为证据使用的，应当依法扣押、先行登记保存或者登记；不属于证据的，应当及时返还样品。样品有减损的，应当予以补偿。

第九十四条 在证据可能灭失或者以后难以取得的情况下，经公安机关办案部门负责人批准，可以先行登记保存。

先行登记保存期间，证据持有人及其他人员不得损毁或者转移证据。

对先行登记保存的证据，应当在七日内作出处理决定。逾期不作出处理决定的，视为自动解除。

第九十五条 实施扣押、扣留、查封、抽样取证、先行登记保存等证据保全措施时，应当会同当事人查点清楚，制作并当场交付证据保全决定书。必要时，应当对采取证据保全措施的证据进行拍照或者对采取证据保全的过程进行录像。证据保全决定书应当载明下列事项：

（一）当事人的姓名或者名称、地址；

（二）抽样取证、先行登记保存、扣押、扣留、查封的理由、依据和期限；

（三）申请行政复议或者提起行政诉讼的途径和期限；

（四）作出决定的公安机关的名称、印章和日期。

证据保全决定书应当附清单，载明被采取证据保全措施的场所、设施、物品的名称、规格、数量、特征等，由办案人民警察和当事人签名后，一份交当事人，一份附卷。有见证人的，还应当由见证人签名。当事人或者见证人拒绝签名的，办案人民警察应当在证据保全清单上注明。

对可以作为证据使用的录音带、录像带、电子数据存储介质，在扣押时应当予以检查，记明案由、内容以及录取和复制的时间、地点等，并妥为保管。

第九十六条 扣押、扣留、查封期限为三十日，情况复杂的，经县级以上公安机关负责人批准，可以延长三十日；法律、行政法规另有规定的除外。延长扣押、扣留、查封期限的，应当及时书面告知当事人，并说明理由。

对物品需要进行鉴定的，鉴定期间不计入扣押、扣留、查封期间，但应当将鉴定的期间书面告知当事人。

第九十七条 有下列情形之一的，公安机关应当及时作出解除证据保全决定：

（一）当事人没有违法行为的；

（二）被采取证据保全的场所、设施、物品与违法行为无关的；

（三）已经作出处理决定，不再需要采取证据保全措施的；

（四）采取证据保全措施的期限已经届满的；

（五）被临时查封的危险部位和场所的火灾隐患已经消除的；

（六）其他不再需要采取证据保全措施的。

解除证据保全措施的，应当立即退还财物，并由当事人签名确认。

第九十八条 行政案件变更管辖时,与案件有关的财物及其孳息应当随案移交,并书面告知当事人。移交时,由接收人、移交人当面查点清楚,并在交接单据上共同签名。

第八章 听证程序

第一节 一般规定

第九十九条 在作出下列行政处罚决定之前,应当告知违法嫌疑人有要求举行听证的权利:

(一)责令停产停业;

(二)吊销许可证或者执照;

(三)较大数额罚款;

(四)法律、法规和规章规定违法嫌疑人可以要求举行听证的其他情形。

前款第三项所称“较大数额罚款”,是指对个人处以二千元以上罚款,对单位处以一万元以上罚款,对违反边防出境入境管理法律、法规和规章的个人处以六千元以上罚款。对依据地方性法规或者地方政府规章作出的罚款处罚,适用听证的罚款数额按照地方规定执行。

第一百条 听证由公安机关法制部门组织实施。

依法具有独立执法主体资格的公安机关业务部门以及出入境边防检查站依法作出行政处罚决定的,由其非本案调查人员组织听证。

第一百零一条 公安机关不得因违法嫌疑人提出听证要求而加重处罚。

第一百零二条 听证人员应当就行政案件的事实、证据、程序、适用法律等方面全面听取当事人陈述和申辩。

第二节 听证人员和听证参加人

第一百零三条 听证设听证主持人一名,负责组织听证;记录员一名,负责制作听证笔录。必要时,可以设听证员一至二名,协助听证主持人进行听证。

本案调查人员不得担任听证主持人、听证员或者记录员。

第一百零四条 听证主持人决定或者开展下列事项:

(一)举行听证的时间、地点;

(二)听证是否公开举行;

(三)要求听证参加人到场参加听证,提供或者补充证据;

(四)听证的延期、中止或者终止;

(五)主持听证,就案件的事实、理由、证据、程序、适用法律等组织质证和辩论;

(六)维持听证秩序,对违反听证纪律的行为予以制止;

(七)听证员、记录员的回避;

(八)其他有关事项。

第一百零五条 听证参加人包括:

(一)当事人及其代理人;

(二)本案办案人民警察;

(三)证人、鉴定人、翻译人员;

(四)其他有关人员。

第一百零六条 当事人在听证活动中享有下列权利:

(一)申请回避;

(二)委托一至二人代理参加听证;

（三）进行陈述、申辩和质证；

（四）核对、补正听证笔录；

（五）依法享有的其他权利。

第一百零七条 与听证案件处理结果有直接利害关系的其他公民、法人或者其他组织，作为第三人申请参加听证的，应当允许。为查明案情，必要时，听证主持人也可以通知其参加听证。

第三节 听证的告知、申请和受理

第一百零八条 对适用听证程序的行政案件，办案部门在提出处罚意见后，应当告知违法嫌疑人拟作出的行政处罚和有要求举行听证的权利。

第一百零九条 违法嫌疑人要求听证的，应当在公安机关告知后三日内提出申请。

第一百一十条 违法嫌疑人放弃听证或者撤回听证要求后，处罚决定作出前，又提出听证要求的，只要在听证申请有效期限内，应当允许。

第一百一十一条 公安机关收到听证申请后，应当在二日内决定是否受理。认为听证申请人的要求不符合听证条件，决定不予受理的，应当制作不予受理听证通知书，告知听证申请人。逾期不通知听证申请人的，视为受理。

第一百一十二条 公安机关受理听证后，应当在举行听证的七日前将举行听证通知书送达听证申请人，并将举行听证的时间、地点通知其他听证参加人。

第四节 听证的举行

第一百一十三条 听证应当在公安机关收到听证申请之日起十日内举行。

除涉及国家秘密、商业秘密、个人隐私的行政案件外，听证应当公开举行。

第一百一十四条 听证申请人不能按期参加听证的，可以申请延期，是否准许，由听证主持人决定。

第一百一十五条 二个以上违法嫌疑人分别对同一行政案件提出听证要求的，可以合并举行。

第一百一十六条 同一行政案件中有二个以上违法嫌疑人，其中部分违法嫌疑人提出听证申请的，应当在听证举行后一并作出处理决定。

第一百一十七条 听证开始时，听证主持人核对听证参加人；宣布案由；宣布听证员、记录员和翻译人员名单；告知当事人在听证中的权利和义务；询问当事人是否提出回避申请；对不公开听证的行政案件，宣布不公开听证的理由。

第一百一十八条 听证开始后，首先由办案人民警察提出听证申请人违法的事实、证据和法律依据及行政处罚意见。

第一百一十九条 办案人民警察提出证据时，应当向听证会出示。对证人证言、鉴定意见、勘验笔录和其他作为证据的文书，应当当场宣读。

第一百二十条 听证申请人可以就办案人民警察提出的违法事实、证据和法律依据以及行政处罚意见进行陈述、申辩和质证，并可以提出新的证据。

第三人可以陈述事实，提出新的证据。

第一百二十一条 听证过程中，当事人及其代理人有权申请通知新的证人到会作证，调取新的证据。对上述申请，听证主持人应当当场作出是否同意的决定；申请重新鉴定的，按照本规定第七章第五节有关规定办理。

第一百二十二条 听证申请人、第三人和办案人民警察可以围绕案件的事实、证据、程序、适用法律、处罚种类和幅度等问题进行辩论。

第一百二十三条 辩论结束后，听证主持人应当听取听证申请人、第三人、办案人民警察各方最后陈述意见。

第一百二十四条 听证过程中,遇有下列情形之一,听证主持人可以中止听证:

(一)需要通知新的证人到会、调取新的证据或者需要重新鉴定或者勘验的;

(二)因回避致使听证不能继续进行的;

(三)其他需要中止听证的。

中止听证的情形消除后,听证主持人应当及时恢复听证。

第一百二十五条 听证过程中,遇有下列情形之一,应当终止听证:

(一)听证申请人撤回听证申请的;

(二)听证申请人及其代理人无正当理由拒不出席或者未经听证主持人许可中途退出听证的;

(三)听证申请人死亡或者作为听证申请人的法人或者其他组织被撤销、解散的;

(四)听证过程中,听证申请人或者其代理人扰乱听证秩序,不听劝阻,致使听证无法正常进行的;

(五)其他需要终止听证的。

第一百二十六条 听证参加人和旁听人员应当遵守听证会场纪律。对违反听证会场纪律的,听证主持人应当警告制止;对不听制止,干扰听证正常进行的旁听人员,责令其退场。

第一百二十七条 记录员应当将举行听证的情况记入听证笔录。听证笔录应当载明下列内容:

(一)案由;

(二)听证的时间、地点和方式;

(三)听证人员和听证参加人的身份情况;

(四)办案人民警察陈述的事实、证据和法律依据以及行政处罚意见;

(五)听证申请人或者其代理人的陈述和申辩;

(六)第三人陈述的事实和理由;

(七)办案人民警察、听证申请人或者其代理人、第三人质证、辩论的内容;

(八)证人陈述的事实;

(九)听证申请人、第三人、办案人民警察的最后陈述意见;

(十)其他事项。

第一百二十八条 听证笔录应当交听证申请人阅读或者向其宣读。听证笔录中的证人陈述部分,应当交证人阅读或者向其宣读。听证申请人或者证人认为听证笔录有误的,可以请求补充或者改正。听证申请人或者证人审核无误后签名或者捺指印。听证申请人或者证人拒绝的,由记录员在听证笔录中记明情况。

听证笔录经听证主持人审阅后,由听证主持人、听证员和记录员签名。

第一百二十九条 听证结束后,听证主持人应当写出听证报告书,连同听证笔录一并报送公安机关负责人。

听证报告书应当包括下列内容:

(一)案由;

(二)听证人员和听证参加人的基本情况;

(三)听证的时间、地点和方式;

(四)听证会的基本情况;

(五)案件事实;

(六)处理意见和建议。

第九章　行政处理决定

第一节　行政处罚的适用

第一百三十条　违反治安管理行为在六个月内没有被公安机关发现，其他违法行为在二年内没有被公安机关发现的，不再给予行政处罚。

前款规定的期限，从违法行为发生之日起计算，违法行为有连续、继续或者持续状态的，从行为终了之日起计算。

被侵害人在违法行为追究时效内向公安机关控告，公安机关应当受理而不受理的，不受本条第一款追究时效的限制。

第一百三十一条　实施行政处罚时，应当责令违法行为人当场或者限期改正违法行为。

第一百三十二条　对违法行为人的同一个违法行为，不得给予两次以上罚款的行政处罚。

第一百三十三条　不满十四周岁的人有违法行为的，不予行政处罚，但是应当责令其监护人严加管教，并在不予行政处罚决定书中载明。已满十四周岁不满十八周岁的人有违法行为的，从轻或者减轻行政处罚。

第一百三十四条　精神病人在不能辨认或者不能控制自己行为时有违法行为的，不予行政处罚，但应当责令其监护人严加看管和治疗，并在不予行政处罚决定书中载明。间歇性精神病人在精神正常时有违法行为的，应当给予行政处罚。尚未完全丧失辨认或者控制自己行为能力的精神病人有违法行为的，应当予以行政处罚，但可以从轻或者减轻行政处罚。

第一百三十五条　违法行为人有下列情形之一的，应当从轻、减轻处罚或者不予行政处罚：

（一）主动消除或者减轻违法行为危害后果，并取得被侵害人谅解的；

（二）受他人胁迫或者诱骗的；

（三）有立功表现的；

（四）主动投案，向公安机关如实陈述自己的违法行为的；

（五）其他依法应当从轻、减轻或者不予行政处罚的。

违法行为轻微并及时纠正，没有造成危害后果的，不予行政处罚。

盲人或者又聋又哑的人违反治安管理的，可以从轻、减轻或者不予行政处罚；醉酒的人违反治安管理的，应当给予处罚。

第一百三十六条　违法行为人有下列情形之一的，应当从重处罚：

（一）有较严重后果的；

（二）教唆、胁迫、诱骗他人实施违法行为的；

（三）对报案人、控告人、举报人、证人等打击报复的；

（四）六个月内曾受过治安管理处罚或者一年内因同类违法行为受到两次以上公安行政处罚的；

（五）刑罚执行完毕三年内，或者在缓刑期间，违反治安管理的。

第一百三十七条　一人有两种以上违法行为的，分别决定，合并执行，可以制作一份决定书，分别写明对每种违法行为的处理内容和合并执行的内容。

一个案件有多个违法行为人的，分别决定，可以制作一式多份决定书，写明给予每个人的处理决定，分别送达每一个违法行为人。

第一百三十八条　行政拘留处罚合并执行的，最长不超过二十日。

行政拘留处罚执行完毕前，发现违法行为人有其他违法行为，公安机关依法作出行政拘留决定的，不与正在执行的行政拘留合并执行。

第一百三十九条 对决定给予行政拘留处罚的人，在处罚前因同一行为已经被采取强制措施限制人身自由的时间应当折抵。限制人身自由一日，折抵执行行政拘留一日。询问查证和继续盘问时间不予折抵。

被采取强制措施限制人身自由的时间超过决定的行政拘留期限的，行政拘留决定不再执行。

第一百四十条 违法行为人具有下列情形之一，依法应当给予行政拘留处罚的，应当作出处罚决定，但不送拘留所执行：

（一）已满十四周岁不满十六周岁的；

（二）已满十六周岁不满十八周岁，初次违反治安管理或者其他公安行政管理的。但是，曾被收容教养、被行政拘留依法不执行行政拘留或者曾因实施扰乱公共秩序，妨害公共安全，侵犯人身权利、财产权利，妨害社会管理的行为被人民法院判决有罪的除外；

（三）七十周岁以上的；

（四）孕妇或者正在哺乳自己婴儿的妇女。

第二节 行政处理的决定

第一百四十一条 公安机关办理治安案件的期限，自受理之日起不得超过三十日；案情重大、复杂的，经上一级公安机关批准，可以延长三十日。办理其他行政案件，有法定办案期限的，按照相关法律规定办理。

为了查明案情进行鉴定的期间，不计入办案期限。

对因违反治安管理行为人逃跑等客观原因造成案件在法定期限内无法作出行政处理决定的，公安机关应当继续进行调查取证，并向被侵害人说明情况，及时依法作出处理决定。

第一百四十二条 违法嫌疑人不讲真实姓名、住址，身份不明，但只要违法事实清楚、证据确实充分的，可以按其自报的姓名、贴附照片作出处理决定，并在相关法律文书中注明。

第一百四十三条 在作出行政处罚决定前，应当告知违法嫌疑人拟作出行政处罚决定的事实、理由及依据，并告知违法嫌疑人依法享有陈述权和申辩权。单位违法的，应当告知其法定代表人、主要负责人或者其授权的人员。

适用一般程序作出行政处罚决定的，采用书面形式或者笔录形式告知。

第一百四十四条 对违法行为事实清楚，证据确实充分，依法应当予以行政处罚，因违法行为人逃跑等原因无法履行告知义务的，公安机关可以采取公告方式予以告知。自公告之日起七日内，违法嫌疑人未提出申辩的，可以依法作出行政处罚决定。

第一百四十五条 违法嫌疑人有权进行陈述和申辩。对违法嫌疑人提出的新的事实、理由和证据，公安机关应当进行复核。

公安机关不得因违法嫌疑人申辩而加重处罚。

第一百四十六条 对行政案件进行审核、审批时，应当审查下列内容：

（一）违法嫌疑人的基本情况；

（二）案件事实是否清楚，证据是否确实充分；

（三）案件定性是否准确；

（四）适用法律、法规和规章是否正确；

（五）办案程序是否合法；

（六）拟作出的处理决定是否适当。

第一百四十七条 公安机关根据行政案件的不同情况分别作出下列处理决定：

（一）确有违法行为，应当给予行政处罚的，根据其情节和危害后果的轻重，作出行政处罚决定；

（二）确有违法行为，但有依法不予行政处罚情形的，作出不予行政处罚决定；有违法所得和非法财物、违禁品、管制器具的，应当予以追缴或者收缴；

（三）违法事实不能成立的，作出不予行政处罚决定；

（四）对需要给予社区戒毒、强制隔离戒毒、收容教育、收容教养等处理的，依法作出决定；

（五）违法行为涉嫌构成犯罪的，转为刑事案件办理或者移送有权处理的主管机关、部门办理，无需撤销行政案件。公安机关已经作出行政处理决定的，应当附卷；

（六）发现违法行为人有其他违法行为的，在依法作出行政处理决定的同时，通知有关行政主管部门处理。

治安案件有被侵害人的，公安机关应当在作出处罚决定之日起二日内将决定书复印件送达被侵害人。无法送达的，应当注明。

第一百四十八条 行政拘留处罚由县级以上公安机关或者出入境边防检查机关决定。依法应当对违法行为人予以行政拘留的，公安派出所、依法具有独立执法主体资格的公安机关业务部门应当报其所属的县级以上公安机关决定。

第一百四十九条 对县级以上的各级人民代表大会代表予以行政拘留的，作出处罚决定前应当经该级人民代表大会主席团或者人民代表大会常务委员会许可。

对乡、民族乡、镇的人民代表大会代表予以行政拘留的，作出决定的公安机关应当立即报告乡、民族乡、镇的人民代表大会。

第一百五十条 作出行政处罚决定的，应当制作行政处罚决定书。决定书应当载明下列内容：

（一）被处罚人的姓名、性别、出生日期、身份证件种类及号码、户籍所在地、现住址、工作单位、违法经历以及被处罚单位的名称、地址和法定代表人；

（二）违法事实和证据以及从重、从轻、减轻等情节；

（三）处罚的种类、幅度和法律依据；

（四）处罚的执行方式和期限；

（五）对涉案财物的处理结果及对被处罚人的其他处理情况；

（六）对处罚决定不服，申请行政复议、提起行政诉讼的途径和期限；

（七）作出决定的公安机关的名称、印章和日期。

作出罚款处罚的，行政处罚决定书应当载明逾期不缴纳罚款依法加处罚款的标准和最高限额；对涉案财物作出处理的，行政处罚决定书应当附没收、收缴、追缴物品清单。

第一百五十一条 作出行政拘留处罚决定的，应当及时将处罚情况和执行场所或者依法不执行的情况通知被处罚人家属。

作出社区戒毒决定的，应当通知被决定人户籍所在地或者现居住地的城市街道办事处、乡镇人民政府。作出强制隔离戒毒、收容教育、收容教养决定的，应当在法定期限内通知被决定人的家属、所在单位、户籍所在地公安派出所。

被处理人拒不提供家属联系方式或者不讲真实姓名、住址，身份不明的，可以不予通知，但应当在附卷的决定书中注明。

第一百五十二条 公安机关办理的刑事案件，尚不够刑事处罚，依法应当给予公安行政处理的，经县级以上公安机关负责人批准，依照本章规定作出处理决定。

第十章 治安调解

第一百五十三条 对于因民间纠纷引起的殴打他人、故意伤害、侮辱、诽谤、诬告陷害、故意损毁财物、干扰他人正常生活、侵犯隐私、非法侵入住宅等违反治安管理行为，情节较轻，且具有下列情形之一的，可以调解处理：

（一）亲友、邻里、同事、在校学生之间因琐事发生纠纷引起的；

（二）行为人的侵害行为系由被侵害人事前的过错行为引起的；

（三）其他适用调解处理更易化解矛盾的。

对不构成违反治安管理行为的民间纠纷，应当告知当事人向人民法院或者人民调解组织申请处理。

对情节轻微、事实清楚、因果关系明确，不涉及医疗费用、物品损失或者双方当事人对医疗费用和物品损失的赔付无争议，符合治安调解条件，双方当事人同意当场调解并当场履行的治安案件，可以当场调解，并制作调解协议书。

第一百五十四条 具有下列情形之一的，不适用调解处理：

（一）雇凶伤害他人的；

（二）结伙斗殴或者其他寻衅滋事的；

（三）多次实施违反治安管理行为的；

（四）当事人明确表示不愿意调解处理的；

（五）当事人在治安调解过程中又针对对方实施违反治安管理行为的；

（六）调解过程中，违法嫌疑人逃跑的；

（七）其他不宜调解处理的。

第一百五十五条 调解处理案件，应当查明事实，收集证据，并遵循合法、公正、自愿、及时的原则，注重教育和疏导，化解矛盾。

第一百五十六条 当事人中有未成年人的，调解时应当通知其父母或者其他监护人到场。但是，当事人为年满十六周岁以上的未成年人，以自己的劳动收入为主要生活来源，本人同意不通知的，可以不通知。

被侵害人委托其他人参加调解的，应当向公安机关提交委托书，并写明委托权限。违法嫌疑人不得委托他人参加调解。

第一百五十七条 对因邻里纠纷引起的治安案件进行调解时，可以邀请当事人居住地的居（村）民委员会的人员或者双方当事人熟悉的人员参加帮助调解。

第一百五十八条 调解一般为一次。对一次调解不成，公安机关认为有必要或者当事人申请的，可以再次调解，并应当在第一次调解后的七个工作日内完成。调解应当制作笔录。

第一百五十九条 调解达成协议的，在公安机关主持下制作调解协议书，双方当事人应当在调解协议书上签名，并履行调解协议。

调解协议书应当包括调解机关名称、主持人、双方当事人和其他在场人员的基本情况，案件发生时间、地点、人员、起因、经过、情节、结果等情况、协议内容、履行期限和方式等内容。

对调解达成协议的，应当保存案件证据材料，与其他文书材料和调解协议书一并归入案卷。

第一百六十条 调解达成协议并履行的，公安机关不再处罚。对调解未达成协议或者达成协议后不履行的，应当对违反治安管理行为人依法予以处罚；对违法行为造成的损害赔偿纠纷，公安机关可以进行调解，调解不成的，应当告知当事人向人民法院提起民事诉讼。

调解案件的办案期限从调解未达成协议或者调解达成协议不履行之日起开始计算。

第一百六十一条 对符合本规定第一百五十三条规定的治安案件，当事人自行和解并履行和解协议，双方当事人书面申请并经公安机关认可的，公安机关不予治安管理处罚，但公安机关已依法作出处理决定的除外。

第十一章　涉案财物的管理和处理

第一百六十二条 对于依法扣押、扣留、查封、抽样取证、追缴、收缴的财物以及由公安机关负责保管的先行登记保存的财物，公安机关应当妥善保管，不得使用、挪用、调换或者损毁。造成损失的，应当承担赔偿责任。

涉案财物的保管费用由作出决定的公安机关承担。

第一百六十三条 对涉案财物应当统一管理，有条件的公安机关办案部门应当指定不承担具体办案工作的民警负责本部门涉案财物的接收、保管、移交等管理工作。

公安机关可以建立专门的涉案财物保管场所、账户，并指定其内设部门负责对办案部门保管的涉案财物进行集中统一管理。

对查封的场所、设施、财物，可以委托第三人保管，第三人不得损毁或者擅自转移、处置。因第三人的原因造成的损失，公安机关先行赔付后，有权向第三人追偿。

第一百六十四条 公安机关涉案财物管理部门和办案部门应当建立电子台账，对涉案财物逐一编号登记，载明案由、来源、保管状态、场所和去向。

第一百六十五条 办案人民警察应当在依法提取涉案财物后的二十四小时内将财物移交涉案财物管理人员，并办理移交手续。对查封、先行登记保存的涉案财物，应当在采取措施后的二十四小时内，将法律文书复印件及涉案财物的情况送交涉案财物管理人员予以登记。

在异地或者在偏远、交通不便地区提取涉案财物的，办案人民警察应当在返回单位后的二十四小时内移交。

对情况紧急，需要在提取涉案财物后的二十四小时内进行鉴定、辨认的，经办案部门负责人批准，可以在完成鉴定、辨认后的二十四小时内移交。

在提取涉案财物后的二十四小时内已将涉案财物处理完毕的，不再移交。

因询问、鉴定、辨认、检验等办案需要，经办案部门负责人批准，办案人民警察可以调用涉案财物，并及时归还。

第一百六十六条 对容易腐烂变质及其他不易保管的物品、危险物品，经公安机关负责人批准，在拍照或者录像后依法变卖或者拍卖，变卖或者拍卖的价款暂予保存，待结案后按有关规定处理。

对易燃、易爆、毒害性、放射性等危险物品应当存放在符合危险物品存放条件的专门场所。

对属于被侵害人或者善意第三人合法占有的财物，应当在登记、拍照或者录像、估价后及时返还，并在案卷中注明返还的理由，将原物照片、清单和领取手续存卷备查。

对不宜入卷的物证，应当拍照入卷，原物在结案后按照有关规定处理。

第一百六十七条 在作出行政处理决定时，应当对涉案财物一并作出处理。

第一百六十八条 对在办理行政案件中查获的下列物品应当依法收缴：

（一）毒品、淫秽物品等违禁品；

（二）赌具和赌资；

（三）吸食、注射毒品的用具；

（四）伪造、变造的公文、证件、证明文件、票证、印章等；

（五）倒卖的车船票、文艺演出票、体育比赛入场券等有价票证；

（六）主要用于实施违法行为的本人所有的工具以及直接用于实施毒品违法行为的资金；

（七）法律、法规规定可以收缴的其他非法财物。

前款第六项所列的工具，除非有证据表明属于他人合法所有，可以直接认定为违法行为人本人所有。

违法所得应当依法予以追缴或者没收。

多名违法行为人共同实施违法行为，违法所得或者非法财物无法分清所有人的，作为共同违法所得或者非法财物予以处理。

第一百六十九条 收缴由县级以上公安机关决定。但是，违禁品，管制器具，吸食、注射毒品的用具以及非法财物价值在五百元以下且当事人对财物价值无异议的,公安派出所可以收缴。

追缴由县级以上公安机关决定。但是,追缴的财物应当退还被侵害人的,公安派出所可以追缴。

第一百七十条 对收缴和追缴的财物,经原决定机关负责人批准,按照下列规定分别处理:

(一)属于被侵害人或者善意第三人的合法财物,应当及时返还;

(二)没有被侵害人的,登记造册,按照规定上缴国库或者依法变卖、拍卖后,将所得款项上缴国库;

(三)违禁品、没有价值的物品,或者价值轻微,无法变卖、拍卖的物品,统一登记造册后销毁;

(四)对无法变卖或者拍卖的危险物品,由县级以上公安机关主管部门组织销毁或者交有关厂家回收。

第一百七十一条 对应当退还原主或者当事人的财物,通知原主或者当事人在六个月内来领取;原主不明确的,应当采取公告方式告知原主认领。在通知原主、当事人或者公告后六个月内,无人认领的,按无主财物处理,登记后上缴国库,或者依法变卖或者拍卖后,将所得款项上缴国库。遇有特殊情况的,可酌情延期处理,延长期限最长不超过三个月。

第十二章 执　　行

第一节 一般规定

第一百七十二条 公安机关依法作出行政处理决定后,被处理人应当在行政处理决定的期限内予以履行。逾期不履行的,作出行政处理决定的公安机关可以依法强制执行或者申请人民法院强制执行。

第一百七十三条 被处理人对行政处理决定不服申请行政复议或者提起行政诉讼的,行政处理决定不停止执行,但法律另有规定的除外。

第一百七十四条 公安机关在依法作出强制执行决定或者申请人民法院强制执行前,应当事先催告被处理人履行行政处理决定。催告以书面形式作出,并直接送达被处理人。被处理人拒绝接受或者无法直接送达被处理人的,依照本规定第五章的有关规定送达。

催告书应当载明下列事项:

(一)履行行政处理决定的期限和方式;

(二)涉及金钱给付的,应当有明确的金额和给付方式;

(三)被处理人依法享有的陈述权和申辩权。

第一百七十五条 被处理人收到催告书后有权进行陈述和申辩。公安机关应当充分听取并记录、复核。被处理人提出的事实、理由或者证据成立的,公安机关应当采纳。

第一百七十六条 经催告,被处理人无正当理由逾期仍不履行行政处理决定,法律规定由公安机关强制执行的,公安机关可以依法作出强制执行决定。

在催告期间,对有证据证明有转移或者隐匿财物迹象的,公安机关可以作出立即强制执行决定。

强制执行决定应当以书面形式作出,并载明下列事项:

(一)被处理人的姓名或者名称、地址;

(二)强制执行的理由和依据;

(三)强制执行的方式和时间;

(四)申请行政复议或者提起行政诉讼的途径和期限;

(五)作出决定的公安机关名称、印章和日期。

第一百七十七条 依法作出要求被处理人履行排除妨碍、恢复原状等义务的行政处理决定，被处理人逾期不履行，经催告仍不履行，其后果已经或者将危害交通安全、消防安全的，公安机关可以代履行，或者委托没有利害关系的第三人代履行。

代履行应当遵守下列规定：

（一）代履行前送达决定书，代履行决定书应当载明当事人的姓名或者名称、地址，代履行的理由和依据、方式和时间、标的、费用预算及代履行人；

（二）代履行三日前，催告当事人履行，当事人履行的，停止代履行；

（三）代履行时，作出决定的公安机关应当派员到场监督；

（四）代履行完毕，公安机关到场监督人员、代履行人和当事人或者见证人应当在执行文书上签名或者盖章。

代履行的费用由当事人承担。但是，法律另有规定的除外。

第一百七十八条 需要立即清理道路的障碍物，当事人不能清除的，或者有其他紧急情况需要立即履行的，公安机关可以决定立即实施代履行。当事人不在场的，公安机关应当在事后立即通知当事人，并依法作出处理。

第一百七十九条 实施行政强制执行，公安机关可以在不损害公共利益和他人合法权益的情况下，与当事人达成执行协议。执行协议可以约定分阶段履行；当事人采取补救措施的，可以减免加处的罚款。

执行协议应当履行。被处罚人不履行执行协议的，公安机关应当恢复强制执行。

第一百八十条 当事人在法定期限内不申请行政复议或者提起行政诉讼，又不履行行政处理决定的，法律没有规定公安机关强制执行的，作出行政处理决定的公安机关可以自期限届满之日起三个月内，向所在地有管辖权的人民法院申请强制执行。因情况紧急，为保障公共安全，公安机关可以申请人民法院立即执行。

强制执行的费用由被执行人承担。

第一百八十一条 申请人民法院强制执行前，公安机关应当催告被处理人履行义务，催告书送达十日后被处理人仍未履行义务的，公安机关可以向人民法院申请强制执行。

第一百八十二条 公安机关向人民法院申请强制执行，应当提供下列材料：

（一）强制执行申请书；

（二）行政处理决定书及作出决定的事实、理由和依据；

（三）当事人的意见及公安机关催告情况；

（四）申请强制执行标的情况；

（五）法律、法规规定的其他材料。

强制执行申请书应当由作出处理决定的公安机关负责人签名，加盖公安机关印章，并注明日期。

第一百八十三条 公安机关对人民法院不予受理强制执行申请、不予强制执行的裁定有异议的，可以在十五日内向上一级人民法院申请复议。

第一百八十四条 具有下列情形之一的，中止强制执行：

（一）当事人暂无履行能力的；

（二）第三人对执行标的主张权利，确有理由的；

（三）执行可能对他人或者公共利益造成难以弥补的重大损失的；

（四）其他需要中止执行的。

中止执行的情形消失后，公安机关应当恢复执行。对没有明显社会危害，当事人确无能力履行，中止执行满三年未恢复执行的，不再执行。

第一百八十五条 具有下列情形之一的，终结强制执行：

(一)公民死亡,无遗产可供执行,又无义务承受人的;

(二)法人或者其他组织终止,无财产可供执行,又无义务承受人的;

(三)执行标的灭失的;

(四)据以执行的行政处理决定被撤销的;

(五)其他需要终结执行的。

第一百八十六条 在执行中或者执行完毕后,据以执行的行政处理决定被撤销、变更,或者执行错误,应当恢复原状或者退还财物;不能恢复原状或者退还财物的,依法给予赔偿。

第一百八十七条 除依法应当销毁的物品外,公安机关依法没收或者收缴、追缴的违法所得和非法财物,必须按照国家有关规定处理或者上缴国库。

罚款、没收或者收缴的违法所得和非法财物拍卖或者变卖的款项和没收的保证金,必须全部上缴国库,不得以任何形式截留、私分或者变相私分。

第二节 罚款的执行

第一百八十八条 公安机关作出罚款决定,被处罚人应当自收到行政处罚决定书之日起十五日内,到指定的银行缴纳罚款。具有下列情形之一的,公安机关及其办案人民警察可以当场收缴罚款,法律另有规定的,从其规定:

(一)对违反治安管理行为人处五十元以下罚款和对违反交通管理的行人、乘车人和非机动车驾驶人处罚款,被处罚人没有异议的;

(二)对违反治安管理、交通管理以外的违法行为人当场处二十元以下罚款的;

(三)在边远、水上、交通不便地区、旅客列车上或者口岸,被处罚人向指定银行缴纳罚款确有困难,经被处罚人提出的;

(四)被处罚人在当地没有固定住所,不当场收缴事后难以执行的。

对具有前款第一项和第三项情形之一的,办案人民警察应当要求被处罚人签名确认。

第一百八十九条 公安机关及其人民警察当场收缴罚款的,应当出具省级或者国家财政部门统一制发的罚款收据。对不出具省级或者国家财政部门统一制发的罚款收据的,被处罚人有权拒绝缴纳罚款。

第一百九十条 人民警察应当自收缴罚款之日起二日内,将当场收缴的罚款交至其所属公安机关;在水上当场收缴的罚款,应当自抵岸之日起二日内将当场收缴的罚款交至其所属公安机关;在旅客列车上当场收缴的罚款,应当自返回之日起二日内将当场收缴的罚款交至其所属公安机关。

公安机关应当自收到罚款之日起二日内将罚款缴付指定的银行。

第一百九十一条 被处罚人确有经济困难,经被处罚人申请和作出处罚决定的公安机关批准,可以暂缓或者分期缴纳罚款。

第一百九十二条 被处罚人未在本规定第一百八十八条规定的期限内缴纳罚款的,作出行政处罚决定的公安机关可以采取下列措施:

(一)将依法查封、扣押的被处罚人的财物拍卖或者变卖抵缴罚款。拍卖或者变卖的价款超过罚款数额的,余额部分应当及时退还被处罚人;

(二)不能采取第一项措施的,每日按罚款数额的百分之三加处罚款,加处罚款总额不得超出罚款数额。

拍卖财物,由公安机关委托拍卖机构依法办理。

第一百九十三条 依法加处罚款超过三十日,经催告被处罚人仍不履行的,作出行政处罚决定的公安机关可以按照本规定第一百八十条的规定向所在地有管辖权的人民法院申请强制执行。

第三节　行政拘留的执行

第一百九十四条　对被决定行政拘留的人，由作出决定的公安机关送达拘留所执行。对抗拒执行的，可以使用约束性警械。

对被决定行政拘留的人，在异地被抓获或者具有其他有必要在异地拘留所执行情形的，经异地拘留所主管公安机关批准，可以在异地执行。

第一百九十五条　对同时被决定行政拘留和社区戒毒或者强制隔离戒毒的人员，应当先执行行政拘留，行政拘留的期限不计入社区戒毒或者强制隔离戒毒的期限。拘留所不具备戒毒治疗条件的，可由公安机关管理的强制隔离戒毒所代为执行行政拘留。

第一百九十六条　被处罚人不服行政拘留处罚决定，申请行政复议或者提起行政诉讼的，可以向作出行政拘留决定的公安机关提出暂缓执行行政拘留的申请；口头提出申请的，公安机关人民警察应当予以记录，并由申请人签名或者捺指印。

被处罚人在行政拘留执行期间，提出暂缓执行行政拘留申请的，拘留所应当立即将申请转交作出行政拘留决定的公安机关。

第一百九十七条　公安机关应当在收到被处罚人提出暂缓执行行政拘留申请之时起二十四小时内作出决定。

公安机关认为暂缓执行行政拘留不致发生社会危险，且被处罚人或者其近亲属提出符合条件的担保人，或者按每日行政拘留二百元的标准交纳保证金的，应当作出暂缓执行行政拘留的决定。

对同一被处罚人，不得同时责令其提出保证人和交纳保证金。

被处罚人已送达拘留所执行的，公安机关应当立即将暂缓执行行政拘留决定送达拘留所，拘留所应当立即释放被处罚人。

第一百九十八条　被处罚人具有下列情形之一的，应当作出不暂缓执行行政拘留的决定，并告知申请人：

（一）暂缓执行行政拘留后可能逃跑的；

（二）有其他违法犯罪嫌疑，正在被调查或者侦查的；

（三）不宜暂缓执行行政拘留的其他情形。

第一百九十九条　行政拘留并处罚款的，罚款不因暂缓执行行政拘留而暂缓执行。

第二百条　在暂缓执行行政拘留期间，被处罚人应当遵守下列规定：

（一）未经决定机关批准不得离开所居住的市、县；

（二）住址、工作单位和联系方式发生变动的，在二十四小时以内向决定机关报告；

（三）在行政复议和行政诉讼中不得干扰证人作证、伪造证据或者串供；

（四）不得逃避、拒绝或者阻碍处罚的执行。

在暂缓执行行政拘留期间，公安机关不得妨碍被处罚人依法行使行政复议和行政诉讼权利。

第二百零一条　暂缓执行行政拘留的担保人应当符合下列条件：

（一）与本案无牵连；

（二）享有政治权利，人身自由未受到限制或者剥夺；

（三）在当地有常住户口和固定住所；

（四）有能力履行担保义务。

第二百零二条　公安机关经过审查认为暂缓执行行政拘留的担保人符合条件的，由担保人出具保证书，并到公安机关将被担保人领回。

第二百零三条　暂缓执行行政拘留的担保人应当履行下列义务：

（一）保证被担保人遵守本规定第二百条的规定；

（二）发现被担保人伪造证据、串供或者逃跑的，及时向公安机关报告。

暂缓执行行政拘留的担保人不履行担保义务，致使被担保人逃避行政拘留处罚执行的，公安机关可以对担保人处以三千元以下罚款，并对被担保人恢复执行行政拘留。

暂缓执行行政拘留的担保人履行了担保义务，但被担保人仍逃避行政拘留处罚执行的，或者被处罚人逃跑后，担保人积极帮助公安机关抓获被处罚人的，可以从轻或者不予行政处罚。

第二百零四条 暂缓执行行政拘留的担保人在暂缓执行行政拘留期间，不愿继续担保或者丧失担保条件的，行政拘留的决定机关应当责令被处罚人重新提出担保人或者交纳保证金。不提出担保人又不交纳保证金的，行政拘留的决定机关应当将被处罚人送拘留所执行。

第二百零五条 保证金应当由银行代收。在银行非营业时间，公安机关可以先行收取，并在收到保证金后的三日内存入指定的银行账户。

公安机关应当指定办案部门以外的法制、装备财务等部门负责管理保证金。严禁截留、坐支、挪用或者以其他任何形式侵吞保证金。

第二百零六条 行政拘留处罚被撤销或者开始执行时，公安机关应当将保证金退还交纳人。

被决定行政拘留的人逃避行政拘留处罚执行的，由决定行政拘留的公安机关作出没收或者部分没收保证金的决定，行政拘留的决定机关应当将被处罚人送拘留所执行。

第二百零七条 被处罚人对公安机关没收保证金的决定不服的，可以依法申请行政复议或者提起行政诉讼。

第四节　其他处理决定的执行

第二百零八条 作出吊销公安机关发放的许可证或者执照处罚的，应当在被吊销的许可证或者执照上加盖吊销印章后收缴。被处罚人拒不缴销证件的，公安机关可以公告宣布作废。吊销许可证或者执照的机关不是发证机关的，作出决定的机关应当在处罚决定生效后及时通知发证机关。

第二百零九条 作出取缔决定的，可以采取在经营场所张贴公告等方式予以公告，责令被取缔者立即停止经营活动；有违法所得的，依法予以没收或者追缴。拒不停止经营活动的，公安机关可以依法没收或者收缴其专门用于从事非法经营活动的工具、设备。已经取得营业执照的，公安机关应当通知工商行政管理部门依法撤销其营业执照。

第二百一十条 对拒不执行公安机关依法作出的责令停产停业决定的，公安机关可以依法强制执行或者申请人民法院强制执行。

第二百一十一条 对被决定强制隔离戒毒、收容教育、收容教养的人员，由作出决定的公安机关送强制隔离戒毒场所、收容教育场所、收容教养场所执行。

对被决定社区戒毒的人员，公安机关应当责令其到户籍所在地接受社区戒毒，在户籍所在地以外的现居住地有固定住所的，可以责令其在现居住地接受社区戒毒。

第十三章　涉外行政案件的办理

第二百一十二条 办理涉外行政案件，应当维护国家主权和利益，坚持平等互利原则。

第二百一十三条 对外国人国籍的确认，以其入境时有效证件上所表明的国籍为准；国籍有疑问或者国籍不明的，由公安机关出入境管理部门协助查明。

对无法查明国籍、身份不明的外国人，按照其自报的国籍或者无国籍人对待。

第二百一十四条 违法行为人为享有外交特权和豁免权的外国人的，办案公安机关应当将其身份、证件及违法行为等基本情况记录在案，保存有关证据，并尽快将有关情况层报省级公安机关，由省级公安机关商请同级人民政府外事部门通过外交途径处理。

对享有外交特权和豁免权的外国人,不得采取限制人身自由和查封、扣押的强制措施。

第二百一十五条 办理涉外行政案件,应当使用中华人民共和国通用的语言文字。对不通晓我国语言文字的,公安机关应当为其提供翻译;当事人通晓我国语言文字,不需要他人翻译的,应当出具书面声明。

经县级以上公安机关负责人批准,外国籍当事人可以自己聘请翻译,翻译费由其个人承担。

第二百一十六条 外国人具有下列情形之一,经当场盘问或者继续盘问后不能排除嫌疑,需要作进一步调查的,经县级以上公安机关或者出入境边防检查机关负责人批准,可以拘留审查:

(一)有非法出境入境嫌疑的;

(二)有协助他人非法出境入境嫌疑的;

(三)有非法居留、非法就业嫌疑的;

(四)有危害国家安全和利益,破坏社会公共秩序或者从事其他违法犯罪活动嫌疑的。

实施拘留审查,应当出示拘留审查决定书,并在二十四小时内进行询问。

拘留审查的期限不得超过三十日,案情复杂的,经上一级公安机关或者出入境边防检查机关批准可以延长至六十日。对国籍、身份不明的,拘留审查期限自查清其国籍、身份之日起计算。

第二百一十七条 具有下列情形之一的,应当解除拘留审查:

(一)被决定遣送出境、限期出境或者驱逐出境的;

(二)不应当拘留审查的;

(三)被采取限制活动范围措施的;

(四)案件移交其他部门处理的;

(五)其他应当解除拘留审查的。

第二百一十八条 外国人具有下列情形之一的,不适用拘留审查,经县级以上公安机关或者出入境边防检查机关负责人批准,可以限制其活动范围:

(一)患有严重疾病的;

(二)怀孕或者哺乳自己婴儿的;

(三)未满十六周岁或者已满七十周岁的;

(四)不宜适用拘留审查的其他情形。

被限制活动范围的外国人,应当按照要求接受审查,未经公安机关批准,不得离开限定的区域。限制活动范围的期限不得超过六十日。对国籍、身份不明的,限制活动范围期限自查清其国籍、身份之日起计算。

第二百一十九条 被限制活动范围的外国人应当遵守下列规定:

(一)未经决定机关批准,不得变更生活居所,超出指定的活动区域;

(二)在传唤的时候及时到案;

(三)不得以任何形式干扰证人作证;

(四)不得毁灭、伪造证据或者串供。

第二百二十条 外国人具有下列情形之一的,经县级以上公安机关或者出入境边防检查机关负责人批准,可以遣送出境:

(一)被处限期出境,未在规定期限内离境的;

(二)有不准入境情形的;

(三)非法居留、非法就业的;

(四)违反法律、行政法规需要遣送出境的。

其他境外人员具有前款所列情形之一的,可以依法遣送出境。

被遣送出境的人员,自被遣送出境之日起一至五年内不准入境。

第二百二十一条 被遣送出境的外国人可以被遣送至下列国家或者地区：

（一）国籍国；

（二）入境前的居住国或者地区；

（三）出生地国或者地区；

（四）入境前的出境口岸的所属国或者地区；

（五）其他允许被遣送出境的外国人入境的国家或者地区。

第二百二十二条 具有下列情形之一的外国人，应当羁押在拘留所或者遣返场所：

（一）被拘留审查的；

（二）被决定遣送出境或者驱逐出境但因天气、交通运输工具班期、当事人健康状况等客观原因或者国籍、身份不明，不能立即执行的。

第二百二十三条 外国人对继续盘问、拘留审查、限制活动范围、遣送出境措施不服的，可以依法申请行政复议，该行政复议决定为最终决定。

其他境外人员对遣送出境措施不服，申请行政复议的，适用前款规定。

第二百二十四条 外国人具有下列情形之一的，经县级以上公安机关或者出入境边防检查机关决定，可以限期出境：

（一）违反治安管理的；

（二）从事与停留居留事由不相符的活动的；

（三）违反中国法律、法规规定，不适宜在中国境内继续停留居留的。

对外国人决定限期出境的，应当规定外国人离境的期限，注销其有效签证或者停留居留证件。限期出境的期限不得超过三十日。

第二百二十五条 外国人违反治安管理或者出境入境管理，情节严重，尚不构成犯罪的，承办的公安机关可以层报公安部处以驱逐出境。公安部作出的驱逐出境决定为最终决定，由承办机关宣布并执行。

被驱逐出境的外国人，自被驱逐出境之日起十年内不准入境。

第二百二十六条 对外国人处以罚款或者行政拘留并处限期出境或者驱逐出境的，应当于罚款或者行政拘留执行完毕后执行限期出境或者驱逐出境。

第二百二十七条 办理涉外行政案件，应当按照国家有关办理涉外案件的规定，严格执行请示报告、内部通报、对外通知等各项制度。

第二百二十八条 对外国人作出行政拘留、拘留审查或者其他限制人身自由以及限制活动范围的决定后，决定机关应当在四十八小时内将外国人的姓名、性别、入境时间、护照或者其他身份证件号码，案件发生的时间、地点及有关情况，违法的主要事实，已采取的措施及其法律依据等情况报告省级公安机关；省级公安机关应当在规定期限内，将有关情况通知该外国人所属国家的驻华使馆、领馆，并通报同级人民政府外事部门。当事人要求不通知使馆、领馆，且我国与当事人国籍国未签署双边协议规定必须通知的，可以不通知，但应当由其本人提出书面请求。

第二百二十九条 外国人在被行政拘留、拘留审查、限制活动范围或者其他限制人身自由期间死亡的，有关省级公安机关应当通知该外国人所属国家驻华使馆、领馆，同时报告公安部并通报同级人民政府外事部门。

第二百三十条 外国人在被行政拘留、拘留审查或者其他限制人身自由以及限制活动范围期间，其所属国家驻华外交、领事官员要求探视的，决定机关应当及时安排。该外国人拒绝其所属国家驻华外交、领事官员探视的，公安机关可以不予安排，但应当由其本人出具书面声明。

第二百三十一条 办理涉外行政案件，本章未作规定的，适用其他各章的有关规定。

第十四章 案件终结

第二百三十二条 行政案件具有下列情形之一的，应当予以结案：

（一）作出不予行政处罚决定的；

（二）适用调解程序的案件达成协议并已履行的；

（三）作出行政处罚等处理决定，且已执行的；

（四）违法行为涉嫌构成犯罪，转为刑事案件办理的；

（五）作出处理决定后，因执行对象灭失、死亡等客观原因导致无法执行或者无需执行的。

第二百三十三条 经过调查，发现行政案件具有下列情形之一的，经公安派出所、县级公安机关办案部门或者出入境边防检查机关以上负责人批准，终止调查：

（一）没有违法事实的；

（二）违法行为已过追究时效的；

（三）违法嫌疑人死亡的；

（四）其他需要终止调查的情形。

终止调查时，违法嫌疑人已被采取行政强制措施的，应当立即解除。

第二百三十四条 对在办理行政案件过程中形成的文书材料，应当按照一案一卷原则建立案卷，并按照有关规定在结案或者终止案件调查后将案卷移交档案部门保管或者自行保管。

第二百三十五条 行政案件的案卷应当包括下列内容：

（一）受案登记表或者其他发现案件的记录；

（二）证据材料；

（三）决定文书；

（四）在办理案件中形成的其他法律文书。

第二百三十六条 行政案件的法律文书及定性依据材料应当齐全完整，不得损毁、伪造。

第十五章 附　　则

第二百三十七条 省级公安机关应当建立并不断完善统一的执法办案信息系统。

办案部门应当按照有关规定将行政案件的受理、调查取证、采取强制措施、处理等情况以及相关文书材料录入执法办案信息系统，并进行网上审核审批。

第二百三十八条 执行本规定所需要的法律文书式样，由公安部制定。公安部没有制定式样，执法工作中需要的其他法律文书，省级公安机关可以制定式样。

第二百三十九条 本规定所称“以上”、“以下”、“内”皆包括本数或者本级。

第二百四十条 本规定自2013年1月1日起施行，依照《中华人民共和国出境入境管理法》新设定的制度自2013年7月1日起施行。2006年8月24日发布的《公安机关办理行政案件程序规定》同时废止。

公安部其他规章对办理行政案件程序有特别规定的，按照特别规定办理；没有特别规定的，按照本规定办理。

◎ 司法解释及文件

最高人民法院、最高人民检察院、公安部关于依法开展打击淫秽色情网站专项行动有关工作的通知

（2004年7月16日　公通字〔2004〕53号）

各省、自治区、直辖市高级人民法院，人民检察院，公安厅、局，新疆维吾尔自治区高级人民法院生产建设兵团分院，新疆生产建设兵团人民检察院，公安局：

当前淫秽色情网站有泛滥、蔓延之势，严重危害青少年的健康成长，败坏社会道德风尚，诱发多种犯罪活动，社会各界和广大人民群众对此反映强烈。为有效清除淫秽色情网站，坚决打击网上淫秽色情活动，创造健康的网络环境，维护社会治安秩序的稳定，从今年7月中旬至“十一”前，在全国范围内开展打击淫秽色情网站专项行动。现就专项行动的有关工作通知如下：

一、充分认识开展打击淫秽色情网站专项行动的重要意义，切实增强政治责任感和工作紧迫感

党的十六大明确指出，“全面建设小康社会，必须大力发展社会主义文化，建设社会主义精神文明”；“大力发展先进文化，支持健康有益文化，努力改造落后文化，坚决抵制腐朽文化”。淫秽色情网站传播的淫秽色情信息，是腐朽文化的突出表现，与加强社会主义精神文明完全背道而驰。开展打击淫秽色情网站专项行动，是加强社会主义精神文明建设的必然要求，是保护青少年身心健康的迫切需要，是实现和维护广大人民群众根本利益的重要举措。各级公安机关、人民检察院、人民法院要深刻认识淫秽色情网站的严重危害和开展打击淫秽色情网站、净化网络环境的重要性、紧迫性，从深入贯彻党的十六大精神和努力践行“三个代表”重要思想、保持国家长治久安的战略高度，以对党、对人民高度负责的态度，充分发挥本部门的职能作用，认真部署，协同作战，坚决铲除网络中的社会丑恶现象，有效震慑犯罪，净化社会环境，促进社会主义精神文明建设。

二、充分运用法律武器，突出打击重点

各级公安机关、人民检察院、人民法院要准确把握此类违法犯罪活动的特点，充分发挥各自的职能作用，依法严厉打击利用淫秽色情网站进行违法犯罪活动的不法分子。要通过专项行动破获一批以互联网为媒介，制作、贩卖、传播淫秽物品和组织卖淫嫖娼的案件，打掉一批犯罪团伙，严惩一批经营淫秽色情网站和利用互联网从事非法活动的违法犯罪分子和经营单位。

在专项行动中，要严格按照《刑法》、全国人民代表大会常务委员会《关于维护互联网安全的决定》和有关司法解释的规定，严格依法办案，正确把握罪与非罪的界限，保证办案质量。对于利用互联网从事犯罪活动的，应当根据其具体实施的行为，分别以制作、复制、出版、贩卖、传播淫秽物品牟利罪、传播淫秽物品罪、组织播放淫秽音像制品罪及刑法规定的其他有关罪名，依法追究刑事责任。对于违反国家规定，擅自设立互联网上网服务营业场所，或者擅自从事互联网上网服务经营活动，情节严重，构成犯罪的，以非法经营罪追究刑事责任。对于建立淫秽网站、网页，提供涉及未成年人淫秽信息、利用青少年教育网络从事淫秽色情活动以及顶风作案、罪行严重的犯罪分子，要坚决依法从重打击，严禁以罚代刑。要充分运用没收犯罪工具、追缴违法所得等措施，以及没收财产、罚金等财产刑，加大对犯罪分子的经济制裁力度，坚决铲除淫秽色情网站的生存基础，彻底剥夺犯罪分子非法获利和再次犯罪的资本。

要坚持惩办与宽大相结合的刑事政策，区别对待，审时度势，宽严相济，最大限度地分化瓦解犯

罪分子；对于主动投案自首或者有检举、揭发淫秽色情违法犯罪活动等立功表现的，可依法从宽处罚。

三、加强协调配合，形成打击合力

当前，淫秽色情网站违法犯罪活动不仅数量多，而且技术含量高，传播范围广，作案手段隐蔽，逃避打击能力强。各级公安机关、人民检察院、人民法院在办案中要坚持实事求是，科学、正确认识此类犯罪活动的特殊性，按照"基本事实清楚、基本证据确凿"的原则，不纠缠细枝末节，密切配合，齐心协力，依法从重从快打击利用淫秽色情网站的各种犯罪活动。公安机关应当组织专门力量，扎扎实实地做好侦查工作。淫秽色情网站所在地公安机关和淫秽色情网站制作、维护人居住地公安机关发现淫秽色情网站后均应立即依法立案侦查，全力侦破利用淫秽色情网站犯罪案件，抓捕犯罪嫌疑人。要切实做好证据的收集、固定和保全工作，将侦查中获取的电子数据制作成电子证据文档光盘作为证据随案件其他证据一并移送，为起诉和审判打下坚实基础；人民检察院对公安机关提请逮捕和移送审查起诉的犯罪嫌疑人，要依法从快批捕和提起公诉；人民法院对人民检察院提起公诉的案件，应当依法及时审判。各级公安机关、人民检察院、人民法院对案件定性、证据认定、案件管辖等有关问题发生分歧时，要加强沟通与协调，加快办案进度，提高办案效率，形成打击合力，有效震慑犯罪。

四、加大宣传力度，推动专项行动深入开展

在专项行动中，公安机关、人民检察院、人民法院要充分利用各种新闻媒体，通过典型案例宣传有关法律和政策，向广大群众表明党和政府及政法机关打击淫秽色情网站的决心与信心。要选择典型案例公开曝光，震慑犯罪，弘扬法制，教育群众，使广大网民特别是青少年树立守法意识，自觉远离、抵制淫秽色情网站。要通过设立举报电话和举报网站等方式，动员广大群众检举、揭发犯罪，形成全社会打击淫秽色情网站的合力。

各地接到本通知后，请立即部署贯彻执行。执行中遇到问题，请及时分别报告最高人民法院、最高人民检察院、公安部。

◎ 指导案例

戴世华诉济南市公安消防支队消防验收纠纷案①

【关键词】

行政诉讼　受案范围　行政确认　消防验收　备案结果通知

【裁判要点】

建设工程消防验收备案结果通知含有消防竣工验收是否合格的评定，具有行政确认的性质，当事人对公安机关消防机构的消防验收备案结果通知行为提起行政诉讼的，人民法院应当依法予以受理。

【相关法条】

《中华人民共和国消防法》第4条、第13条

【基本案情】

原告戴世华诉称：原告所住单元一梯四户，其居住的801室坐东朝西，进户门朝外开启。距离原告门口0.35米处的南墙挂有高1.6米、宽0.7米、厚0.25米的消火栓。人员入室需后退避让，等

① 案例来源：2016年5月30日最高人民法院发布的第12批指导性案例第59号。

门扇开启后再前行入室。原告的门扇开不到60至70度根本出不来。消防栓的设置和建设影响原告的生活。请求依法撤销被告济南市公安消防支队批准在其门前设置的消防栓通过验收的决定;依法判令被告责令报批单位依据国家标准限期整改。

被告济南市公安消防支队辩称:建设工程消防验收备案结果通知是按照建设工程消防验收评定标准完成工程检查,是检查记录的体现。如果备案结果合格,则表明建设工程是符合相关消防技术规范的;如果不合格,公安机关消防机构将依法采取措施,要求建设单位整改有关问题,其性质属于技术性验收,并不是一项独立、完整的具体行政行为,不具有可诉性,不属于人民法院行政诉讼的受案范围,请求驳回原告的起诉。

法院经审理查明:针对戴世华居住的馆驿街以南棚户区改造工程1-8号楼及地下车库工程,济南市公安消防支队对其消防设施抽查后,于2011年11月21日作出济公消验备〔2011〕第0172号《建设工程消防验收备案结果通知》。

【裁判结果】

济南高新技术产业开发区人民法院于2012年11月13日作出(2012)高行初字第2号行政裁定,驳回原告戴世华的起诉。戴世华不服一审裁定提起上诉。济南市中级人民法院经审理,于2013年1月17日作出(2012)济行终字第223号行政裁定:一、撤销济南高新技术产业开发区人民法院作出的(2012)高行初字第2号行政裁定;二、本案由济南高新技术产业开发区人民法院继续审理。

【裁判理由】

法院生效裁判认为:关于行为的性质。《中华人民共和国消防法》(以下简称《消防法》)第四条规定:"县级以上地方人民政府公安机关对本行政区域内的消防工作实施监督管理,并由本级人民政府公安机关消防机构负责实施。"《公安部建设工程消防监督管理规定》第三条第二款规定:"公安机关消防机构依法实施建设工程消防设计审核、消防验收和备案、抽查,对建设工程进行消防监督。"第二十四条规定:"对本规定第十三条、第十四条规定以外的建设工程,建设单位应当在取得施工许可、工程竣工验收合格之日起七日内,通过省级公安机关消防机构网站进行消防设计、竣工验收消防备案,或者到公安机关消防机构业务受理场所进行消防设计、竣工验收消防备案。"上述规定表明,建设工程消防验收备案就是特定的建设工程施工人向公安机关消防机构报告工程完成验收情况,消防机构予以登记备案,以供消防机构检查和监督,备案行为是公安机关消防机构对建设工程实施消防监督和管理的行为。消防机构实施的建设工程消防备案、抽查的行为具有行使行政职权的性质,体现出国家意志性、法律性、公益性、专属性和强制性,备案结果通知是备案行为的组成部分,是备案行为结果的具体表现形式,也具有上述行政职权的特性,应该纳入司法审查的范围。

关于行为的后果。《消防法》第十三条规定:"按照国家工程建设消防技术标准需要进行消防设计的建设工程竣工,依照下列规定进行消防验收、备案:……(二)其他建设工程,建设单位在验收后应当报公安机关消防机构备案,公安机关消防机构应当进行抽查。依法应当进行消防验收的建设工程,未经消防验收或者消防验收不合格的,禁止投入使用;其他建设工程经依法抽查不合格的,应当停止使用。"公安部《建设工程消防监督管理规定》第二十五条规定:"公安机关消防机构应当在已经备案的消防设计、竣工验收工程中,随机确定检查对象并向社会公告。对确定为检查对象的,公安机关消防机构应当在二十日内按照消防法规和国家工程建设消防技术标准完成图纸检查,或者按照建设工程消防验收评定标准完成工程检查,制作检查记录。检查结果应当向社会公告,检查不合格的,还应当书面通知建设单位。建设单位收到通知后,应当停止施工或者停止使用,组织整改后向公安机关消防机构申请复查。公安机关消防机构应当在收到书面申请之日起二十日内进行复查并出具书面复查意见。"上述规定表明,在竣工验收备案行为中,公安机关消防机构并非仅仅是简单地接受建设单位向其报送的相关资料,还要对备案资料进行审查,完成工程检查。消防机构实施的建设工程消防备案、抽查的行为能产生行政法上的拘束力。对建设单位而言,在工程竣工验收后应当到公安机关消防机构进行验收备案,否则,应当承担相应的行政责任,消防设施经依法抽查不合格的,应当停止使用,并组织整改;对公安机关消防机构而言,备案结果中有抽查是否合格的评定,实质上是一种行政确认行为,即公安机关消防机构对行政相对人的法律事实、法律关系予以认定、确认的行政行为,一旦消防设施被消防机构评定为合格,那就视为消防机构在事实上确认了消防工程质量合格,行政相关人也将受到该行为的拘束。

据此,法院认为作出建设工程消防验收备案通知,是对建设工程消防设施质量监督管理的最后环节,备案结果通知含有消防竣工验收是否合格的评定,具有行政确认的性质,是公安机关消防机构作出的具体行政行为。备案手续的完成能产生行政法上的拘束力。故备案行为是可诉的行政行为,人民法院可以对其进行司法审查。原审裁定认为建设工程消防验收备案结果通知性质属于技术性验收通知,不是具体行政行为,并据此驳回上诉人戴世华的起诉,确有不当。

(三)军务、警务

中华人民共和国人民警察法

(1995年2月28日第八届全国人民代表大会常务委员会第十二次会议通过　根据2012年10月26日第十一届全国人民代表大会常务委员会第二十九次会议《关于修改〈中华人民共和国人民警察法〉的决定》修正)

第一章　总　　则

第一条　【立法目的】为了维护国家安全和社会治安秩序,保护公民的合法权益,加强人民警察的队伍建设,从严治警,提高人民警察的素质,保障人民警察依法行使职权,保障改革开放和社会主义现代化建设的顺利进行,根据宪法,制定本法。

第二条　【人民警察的任务和范围】人民警察的任务是维护国家安全,维护社会治安秩序,保护公民的人身安全、人身自由和合法财产,保护公共财产,预防、制止和惩治违法犯罪活动。

人民警察包括公安机关、国家安全机关、监狱、劳动教养管理机关的人民警察和人民法院、人民检察院的司法警察。

第三条　【基本要求和宗旨】人民警察必须依靠人民的支持,保持同人民的密切联系,倾听人民的意见和建议,接受人民的监督,维护人民的利益,全心全意为人民服务。

第四条　【活动准则】人民警察必须以宪法和法律为活动准则,忠于职守,清正廉洁,纪律严明,服从命令,严格执法。

第五条　【依法执行公务受法律保护】人民警察依法执行职务,受法律保护。

第二章　职　　权

第六条　【公安机关人民警察的职责】公安机关的人民警察按照职责分工,依法履行下列职责:

(一)预防、制止和侦查违法犯罪活动;

(二)维护社会治安秩序,制止危害社会治安秩序的行为;

(三)维护交通安全和交通秩序,处理交通事故;

(四)组织、实施消防工作,实行消防监督;

(五)管理枪支弹药、管制刀具和易燃易爆、剧毒、放射性等危险物品;

(六)对法律、法规规定的特种行业进行管理;

(七)警卫国家规定的特定人员,守卫重要的场所和设施;

(八)管理集会、游行、示威活动;

(九)管理户政、国籍、入境出境事务和外国人在中国境内居留、旅行的有关事务;

(十)维护国(边)境地区的治安秩序;

(十一)对被判处拘役、剥夺政治权利的罪犯执行刑罚;

(十二)监督管理计算机信息系统的安全保护工作;

(十三)指导和监督国家机关、社会团体、企业事业组织和重点建设工程的治安保卫工作,指导治安保卫委员会等群众性组织的治安防范工作；

（十四）法律、法规规定的其他职责。

第七条　【实施行政强制措施、行政处罚的权利】公安机关的人民警察对违反治安管理或者其他公安行政管理法律、法规的个人或者组织，依法可以实施行政强制措施、行政处罚。

第八条　【强行带离现场、依法予以拘留的权利】公安机关的人民警察对严重危害社会治安秩序或者威胁公共安全的人员，可以强行带离现场、依法予以拘留或者采取法律规定的其他措施。

第九条　【盘问、检查的权利】为维护社会治安秩序，公安机关的人民警察对有违法犯罪嫌疑的人员，经出示相应证件，可以当场盘问、检查；经盘问、检查，有下列情形之一的，可以将其带至公安机关，经该公安机关批准，对其继续盘问：

（一）被指控有犯罪行为的；

（二）有现场作案嫌疑的；

（三）有作案嫌疑身份不明的；

（四）携带的物品有可能是赃物的。

对被盘问人的留置时间自带至公安机关之时起不超过 24 小时，在特殊情况下，经县级以上公安机关批准，可以延长至48 小时，并应当留有盘问记录。对于批准继续盘问的，应当立即通知其家属或者其所在单位。对于不批准继续盘问的，应当立即释放被盘问人。

经继续盘问，公安机关认为对被盘问人需要依法采取拘留或者其他强制措施的，应当在前款规定的期间作出决定；在前款规定的期间不能作出上述决定的，应当立即释放被盘问人。

第十条　【紧急情况下使用武器的权利】遇有拒捕、暴乱、越狱、抢夺枪支或者其他暴力行为的紧急情况，公安机关的人民警察依照国家有关规定可以使用武器。

第十一条　【对严重违法犯罪活动使用警械的权利】为制止严重违法犯罪活动的需要，公安机关的人民警察依照国家有关规定可以使用警械。

第十二条　【刑事强制措施】为侦查犯罪活动的需要，公安机关的人民警察可以依法执行拘留、搜查、逮捕或者其他强制措施。

第十三条　【优先通行权】公安机关的人民警察因履行职责的紧急需要，经出示相应证件，可以优先乘坐公共交通工具，遇交通阻碍时，优先通行。

公安机关因侦查犯罪的需要，必要时，按照国家有关规定，可以优先使用机关、团体、企业事业组织和个人的交通工具、通信工具、场地和建筑物，用后应当及时归还，并支付适当费用；造成损失的，应当赔偿。

第十四条　【对精神病人采取保护性约束措施的权利】公安机关的人民警察对严重危害公共安全或者他人人身安全的精神病人，可以采取保护性约束措施。需要送往指定的单位、场所加以监护的，应当报请县级以上人民政府公安机关批准，并及时通知其监护人。

第十五条　【交通管制权】县级以上人民政府公安机关，为预防和制止严重危害社会治安秩序的行为，可以在一定的区域和时间，限制人员、车辆的通行或者停留，必要时可以实行交通管制。

公安机关的人民警察依照前款规定，可以采取相应的交通管制措施。

第十六条　【公安机关采取技术侦察措施的职权】公安机关因侦查犯罪的需要，根据国家有关规定，经过严格的批准手续，可以采取技术侦察措施。

第十七条　【突发事件现场管制权】县级以上人民政府公安机关，经上级公安机关和同级人民政府批准，对严重危害社会治安秩序的突发事件，可以根据情况实行现场管制。

公安机关的人民警察依照前款规定，可以采取必要手段强行驱散，并对拒不服从的人员强行带离现场或者立即予以拘留。

第十八条　【其他机关警察的职权】国家安全机关、监狱、劳动教养管理机关的人民警察和人民法院、人民检察院的司法警察,分别依照有关法律、行政法规的规定履行职权。

第十九条 【非工作时间遇有紧急情况应履行职责】人民警察在非工作时间,遇有其职责范围内的紧急情况,应当履行职责。

第三章 义务和纪律

第二十条 【基本义务】人民警察必须做到:

(一)秉公执法,办事公道;

(二)模范遵守社会公德;

(三)礼貌待人,文明执勤;

(四)尊重人民群众的风俗习惯。

第二十一条 【救助义务】人民警察遇到公民人身、财产安全受到侵犯或者处于其他危难情形,应当立即救助;对公民提出解决纠纷的要求,应当给予帮助;对公民的报警案件,应当及时查处。

人民警察应当积极参加抢险救灾和社会公益工作。

第二十二条 【禁止行为】人民警察不得有下列行为:

(一)散布有损国家声誉的言论,参加非法组织,参加旨在反对国家的集会、游行、示威等活动,参加罢工;

(二)泄露国家秘密、警务工作秘密;

(三)弄虚作假,隐瞒案情,包庇、纵容违法犯罪活动;

(四)刑讯逼供或者体罚、虐待人犯;

(五)非法剥夺、限制他人人身自由,非法搜查他人的身体、物品、住所或者场所;

(六)敲诈勒索或者索取、收受贿赂;

(七)殴打他人或者唆使他人打人;

(八)违法实施处罚或者收取费用;

(九)接受当事人及其代理人的请客送礼;

(十)从事营利性的经营活动或者受雇于任何个人或者组织;

(十一)玩忽职守,不履行法定义务;

(十二)其他违法乱纪的行为。

第二十三条 【按照规定着装等义务】人民警察必须按照规定着装,佩带人民警察标志或者持有人民警察证件,保持警容严整,举止端庄。

第四章 组 织 管 理

第二十四条 【组织机构设置和职务序列管理】国家根据人民警察的工作性质、任务和特点,规定组织机构设置和职务序列。

第二十五条 【警衔制度】人民警察依法实行警衔制度。

第二十六条 【任职条件】担任人民警察应当具备下列条件:

(一)年满18岁的公民;

(二)拥护中华人民共和国宪法;

(三)有良好的政治、业务素质和良好的品行;

(四)身体健康;

(五)具有高中毕业以上文化程度;

(六)自愿从事人民警察工作。

有下列情形之一的,不得担任人民警察:

(一)曾因犯罪受过刑事处罚的;

(二)曾被开除公职的。

第二十七条　【人民警察的录用】录用人民警察,必须按照国家规定,公开考试,严格考核,择优选用。

第二十八条　【领导职务任职条件】担任人民警察领导职务的人员,应当具备下列条件:

(一)具有法律专业知识;

(二)具有政法工作经验和一定的组织管理、指挥能力;

(三)具有大学专科以上学历;

(四)经人民警察院校培训,考试合格。

第二十九条　【教育培训】国家发展人民警察教育事业,对人民警察有计划地进行政治思想、法制、警察业务等教育培训。

第三十条　【服务年限和最高任职年龄】国家根据人民警察的工作性质、任务和特点,分别规定不同岗位的服务年限和不同职务的最高任职年龄。

第三十一条　【奖励制度】人民警察个人或者集体在工作中表现突出,有显著成绩和特殊贡献的,给予奖励。奖励分为:嘉奖、三等功、二等功、一等功、授予荣誉称号。

对受奖励的人民警察,按照国家有关规定,可以提前晋升警衔,并给予一定的物质奖励。

第五章　警务保障

第三十二条　【上级决定和命令的执行】人民警察必须执行上级的决定和命令。

人民警察认为决定和命令有错误的,可以按照规定提出意见,但不得中止或者改变决定和命令的执行;提出的意见不被采纳时,必须服从决定和命令;执行决定和命令的后果由作出决定和命令的上级负责。

第三十三条　【拒绝执行超越法定职责的指令】人民警察对超越法律、法规规定的人民警察职责范围的指令,有权拒绝执行,并同时向上级机关报告。

第三十四条　【公民和组织的支持和协助义务】人民警察依法执行职务,公民和组织应当给予支持和协助。公民和组织协助人民警察依法执行职务的行为受法律保护。对协助人民警察执行职务有显著成绩的,给予表彰和奖励。

公民和组织因协助人民警察执行职务,造成人身伤亡或者财产损失的,应当按照国家有关规定给予抚恤或者补偿。

第三十五条　【拒绝或阻碍人民警察依法执行职务应受处罚的行为】拒绝或者阻碍人民警察依法执行职务,有下列行为之一的,给予治安管理处罚:

(一)公然侮辱正在执行职务的人民警察的;

(二)阻碍人民警察调查取证的;

(三)拒绝或者阻碍人民警察执行追捕、搜查、救险等任务进入有关住所、场所的;

(四)对执行救人、救险、追捕、警卫等紧急任务的警车故意设置障碍的;

(五)有拒绝或者阻碍人民警察执行职务的其他行为的。

以暴力、威胁方法实施前款规定的行为,构成犯罪的,依法追究刑事责任。

第三十六条　【警用标志、制式服装和警械的管理】人民警察的警用标志、制式服装和警械,由国务院公安部门统一监制,会同其他有关国家机关管理,其他个人和组织不得非法制造、贩卖。

人民警察的警用标志、制式服装、警械、证件为人民警察专用,其他个人和组织不得持有和使用。

违反前两款规定的,没收非法制造、贩卖、持有、使用的人民警察警用标志、制式服装、警械、证件,由公安机关处15日以下拘留或者警告,可以并处违法所得5倍以下的罚款;构成犯罪的,依法追究刑事责任。

第三十七条 【经费来源】国家保障人民警察的经费。人民警察的经费,按照事权划分的原则,分别列入中央和地方的财政预算。

第三十八条 【警察工作所必需的通讯、训练设施和交通及基础设施的建设】人民警察工作所必需的通讯、训练设施和交通、消防以及派出所、监管场所等基础设施建设,各级人民政府应当列入基本建设规划和城乡建设总体规划。

第三十九条 【国家加强警察装备的现代化建设】国家加强人民警察装备的现代化建设,努力推广、应用先进的科技成果。

第四十条 【工资及其他福利待遇】人民警察实行国家公务员的工资制度,并享受国家规定的警衔津贴和其他津贴、补贴以及保险福利待遇。

第四十一条 【抚恤和优待】人民警察因公致残的,与因公致残的现役军人享受国家同样的抚恤和优待。

人民警察因公牺牲或者病故的,其家属与因公牺牲或者病故的现役军人家属享受国家同样的抚恤和优待。

第六章 执法监督

第四十二条 【接受人民检察院和行政监察机关的监督】人民警察执行职务,依法接受人民检察院和行政监察机关的监督。

第四十三条 【上级机关对下级机关执法活动的监督】人民警察的上级机关对下级机关的执法活动进行监督,发现其作出的处理或者决定有错误的,应当予以撤销或者变更。

第四十四条 【接受社会和公民的监督】人民警察执行职务,必须自觉地接受社会和公民的监督。人民警察机关作出的与公众利益直接有关的规定,应当向公众公布。

第四十五条 【办案过程中的回避】人民警察在办理治安案件过程中,遇有下列情形之一的,应当回避,当事人或者其法定代理人也有权要求他们回避:

(一)是本案的当事人或者是当事人的近亲属的;

(二)本人或者其近亲属与本案有利害关系的;

(三)与本案当事人有其他关系,可能影响案件公正处理的。

前款规定的回避,由有关的公安机关决定。

人民警察在办理刑事案件过程中的回避,适用刑事诉讼法的规定。

第四十六条 【公民或组织对违法违纪行为的检举、控告权】公民或者组织对人民警察的违法、违纪行为,有权向人民警察机关或者人民检察院、行政监察机关检举、控告。受理检举、控告的机关应当及时查处,并将查处结果告知检举人、控告人。

对依法检举、控告的公民或者组织,任何人不得压制和打击报复。

第四十七条 【内部督察制度】公安机关建立督察制度,对公安机关的人民警察执行法律、法规、遵守纪律的情况进行监督。

第七章 法律责任

第四十八条 【行政处分】人民警察有本法第二十二条所列行为之一的,应当给予行政处分;构成犯罪的,依法追究刑事责任。

行政处分分为:警告、记过、记大过、降级、撤职、开除。对受行政处分的人民警察,按照国家有关规定,可以降低警衔、取消警衔。

对违反纪律的人民警察,必要时可以对其采取停止执行职务、禁闭的措施。

第四十九条　【违规使用武器、警械的责任】人民警察违反规定使用武器、警械,构成犯罪的,依法追究刑事责任;尚不构成犯罪的,应当依法给予行政处分。

第五十条　【损害赔偿】人民警察在执行职务中,侵犯公民或者组织的合法权益造成损害的,应当依照《中华人民共和国国家赔偿法》和其他有关法律、法规的规定给予赔偿。

第八章　附　　则

第五十一条　【武装警察部队的任务】中国人民武装警察部队执行国家赋予的安全保卫任务。

第五十二条　【施行日期】本法自公布之日起施行。1957 年 6 月 25 日公布的《中华人民共和国人民警察条例》同时废止。

中华人民共和国人民武装警察法

(2009 年 8 月 27 日第十一届全国人民代表大会常务委员会第十次会议通过　2009 年 8 月 27 日中华人民共和国主席令第 17 号公布　自公布之日起施行)

第一章　总　　则

第一条　为了规范和保障人民武装警察部队依法履行职责,维护国家安全和社会稳定,保护公民、法人和其他组织的合法权益,制定本法。

第二条　人民武装警察部队担负国家赋予的安全保卫任务以及防卫作战、抢险救灾、参加国家经济建设等任务。

人民武装警察部队是国家武装力量的组成部分。

第三条　人民武装警察部队由国务院、中央军事委员会领导,实行统一领导与分级指挥相结合的体制。

第四条　人民武装警察部队应当遵守宪法和法律,忠于职守,依照本法和其他有关法律的规定履行职责。

人民武装警察部队依法履行职责的行为受法律保护。

第五条　对在执行任务中作出突出贡献的人民武装警察以及协助人民武装警察执行任务有突出贡献的公民、法人和其他组织,依照有关法律、法规的规定给予表彰和奖励。

第六条　人民武装警察部队实行警衔制度,具体办法由国务院、中央军事委员会规定。

第二章　任务和职责

第七条　人民武装警察部队执行下列安全保卫任务:

(一)国家规定的警卫对象、目标和重大活动的武装警卫;

(二)关系国计民生的重要公共设施、企业、仓库、水源地、水利工程、电力设施、通信枢纽的重要部位的武装守卫;

(三)主要交通干线重要位置的桥梁、隧道的武装守护;

(四)监狱和看守所的外围武装警戒;

(五)直辖市,省、自治区人民政府所在地的市,以及其他重要城市的重点区域、特殊时期的武装巡逻;

(六)协助公安机关、国家安全机关、司法行政机关、检察机关、审判机关依法执行逮捕、追捕、押解、押运任务，协助其他有关机关执行重要的押运任务；

（七）参加处置暴乱、骚乱、严重暴力犯罪事件、恐怖袭击事件和其他社会安全事件；

（八）国家赋予的其他安全保卫任务。

第八条 调动、使用人民武装警察部队执行安全保卫任务，应当坚持严格审批、依法用警的原则。具体的批准权限和程序由国务院、中央军事委员会规定。

任何单位或者个人不得违反规定调动、使用人民武装警察部队。对违反规定调动、使用人民武装警察部队的，人民武装警察部队应当拒绝执行，并立即向上级报告。

第九条 执勤目标单位可以对在本单位担负执勤任务的人民武装警察进行执勤业务指导。

第十条 人民武装警察部队按照县级以上人民政府公安机关的部署执行安全保卫任务，可以采取以下措施：

（一）对进出警戒区域的人员、物品、交通工具进行检查，对按照规定不允许进出的，予以阻止；对强行进出的，采取必要措施予以制止；

（二）在武装巡逻中，经现场指挥员同意，对有违法犯罪嫌疑的人员当场进行盘问并查验其证件，对可疑物品和交通工具进行检查；

（三）协助执行道路交通管制或者现场管制；

（四）对聚众危害社会秩序或者执勤目标安全的，采取必要措施予以制止、驱散；

（五）根据执行任务的需要，向相关单位和人员了解有关情况或者在现场实施必要的侦察。

第十一条 人民武装警察执行安全保卫任务，发现有下列情形的人员，经现场指挥员同意，应当及时予以控制并移交公安机关、国家安全机关或者其他有管辖权的机关处理：

（一）正在实施犯罪的；

（二）通缉在案的；

（三）违法携带危及公共安全的物品的；

（四）正在实施危害执勤目标安全行为的。

第十二条 人民武装警察因执行安全保卫任务的紧急需要，经出示人民武装警察证件，可以优先乘坐公共交通工具；遇交通阻碍时，优先通行。

第十三条 人民武装警察部队因执行安全保卫任务的需要，在特别紧急情况下，经现场最高指挥员出示人民武装警察证件，可以临时使用有关单位或者个人的设备、设施、场地、交通工具以及其他物资，使用后应当及时返还，并支付适当费用；造成损失的，按照国家有关规定给予补偿。

第十四条 人民武装警察部队协助公安机关、国家安全机关执行逮捕、追捕任务，根据所协助机关的决定，协助搜查犯罪嫌疑人、被告人、罪犯的人身和住所以及涉嫌藏匿犯罪嫌疑人、被告人、罪犯或者违法物品的场所、交通工具等。

第十五条 人民武装警察执行安全保卫任务使用警械和武器，依照人民警察使用警械和武器的有关法律、行政法规的规定执行。

第十六条 人民武装警察部队执行防卫作战、抢险救灾、参加国家经济建设等任务，依照有关法律、行政法规和国务院、中央军事委员会的有关规定执行。

第三章　义务和权利

第十七条 人民武装警察执行任务，应当服从命令、听从指挥，不得滥用职权、玩忽职守。

第十八条 人民武装警察遇到公民人身、财产安全受到侵犯或者处于其他危难情形，应当及时救助。

第十九条 人民武装警察不得有下列行为：

（一）非法剥夺、限制他人人身自由，非法搜查他人的身体、物品、交通工具、住所、场所；

（二）包庇、纵容违法犯罪活动；

（三）泄露国家秘密、军事秘密；

（四）其他违法违纪行为。

第二十条 人民武装警察执行任务，应当按照规定着装，持有人民武装警察证件。

第二十一条 人民武装警察应当举止文明，礼貌待人，遵守社会公德，尊重公民的宗教信仰和风俗习惯。

第二十二条 人民武装警察享有《中华人民共和国国防法》和有关法律、行政法规规定的现役军人的权益。

人民武装警察因执行任务伤亡的，按照国家有关军人抚恤优待的规定给予抚恤优待。

第四章 保障措施

第二十三条 为了保障人民武装警察部队执行安全保卫任务，国务院有关部门、县级以上地方人民政府及其有关部门应当及时向人民武装警察部队总部、驻本行政区域的人民武装警察部队通报有关社会治安形势以及突发事件的情况。

第二十四条 人民武装警察部队执行安全保卫任务，公民、法人和其他组织应当给予必要的支持和协助。

公民、法人和其他组织对人民武装警察部队执行安全保卫任务给予协助的行为受法律保护。

第二十五条 公民、法人和其他组织协助人民武装警察部队执行任务造成人身伤亡和财产损失的，按照国家有关规定给予抚恤优待和补偿。

第二十六条 人民武装警察部队执行国家赋予的安全保卫任务及相关建设所需经费，列入中央和县级以上地方财政预算，按照国家有关规定给予保障。

第二十七条 执勤目标单位及其上级主管部门应当按照国家有关规定，为担负执勤任务的人民武装警察部队提供执勤设施、生活设施等必要的保障。

第二十八条 在有毒、粉尘、辐射、噪声等严重污染或者高温、低温、缺氧以及其他恶劣环境下的执勤目标单位执行安全保卫任务的人民武装警察，享有与执勤目标单位工作人员同等的保护条件和福利补助，并由执勤目标单位或者其上级主管部门给予保障。

第二十九条 人民武装警察部队应当根据执行任务的需要，加强对所属人民武装警察的教育和训练，提高依法执行任务的能力。

第五章 监督检查

第三十条 人民武装警察执行任务，应当接受人民政府及其有关部门以及公民、法人和其他组织的监督。

公民、法人和其他组织对人民武装警察的违法违纪行为，有权向县级以上人民政府及其有关部门或者人民武装警察部队检举、控告。

第三十一条 县级以上人民政府及其有关部门接到公民、法人和其他组织对人民武装警察违法违纪行为的检举、控告，或者发现人民武装警察在执行任务中有违法违纪行为的，应当及时通报人民武装警察部队。

第三十二条 人民武装警察部队接到公民、法人和其他组织的检举、控告，或者接到县级以上人民政府及其有关部门对人民武装警察违法违纪行为的情况通报后，应当及时查处。

第三十三条 人民武装警察部队应当对所属人民武装警察执行法律、行政法规和遵守纪律的情况进行监督检查。

第六章　法律责任

第三十四条　人民武装警察在执行任务中，不履行职责或者违抗上级决定、命令的，违反规定使用警械、武器的，或者有本法第十九条所列行为之一的，按照中央军事委员会的有关规定给予纪律处分；构成犯罪的，依法追究刑事责任。

第三十五条　违反规定调动、使用人民武装警察部队的，对直接负责的主管人员和其他直接责任人员，依法给予处分。

第三十六条　公民、法人或者其他组织妨碍人民武装警察依法执行任务，有违反治安管理行为的，由公安机关依法给予治安管理处罚；构成犯罪的，依法追究刑事责任。

第七章　附　　则

第三十七条　人民武装警察部队执行戒严任务，依照《中华人民共和国戒严法》的有关规定执行。

第三十八条　本法自公布之日起施行。

中华人民共和国人民警察使用警械和武器条例

（1996 年 1 月 8 日国务院第 41 次常务会议通过　1996 年 1 月 16 日中华人民共和国国务院令第 191 号发布　自发布之日起施行）

第一章　总　　则

第一条　为了保障人民警察依法履行职责，正确使用警械和武器，及时有效地制止违法犯罪行为，维护公共安全和社会秩序，保护公民的人身安全和合法财产，保护公共财产，根据《中华人民共和国人民警察法》和其他有关法律的规定，制定本条例。

第二条　人民警察制止违法犯罪行为，可以采取强制手段；根据需要，可以依照本条例的规定使用警械；使用警械不能制止，或者不使用武器制止，可能发生严重危害后果的，可以依照本条例的规定使用武器。

第三条　本条例所称警械，是指人民警察按照规定装备的警棍、催泪弹、高压水枪、特种防暴枪、手铐、脚镣、警绳等警用器械；所称武器，是指人民警察按照规定装备的枪支、弹药等致命性警用武器。

第四条　人民警察使用警械和武器，应当以制止违法犯罪行为，尽量减少人员伤亡、财产损失为原则。

第五条　人民警察依法使用警械和武器的行为，受法律保护。

人民警察不得违反本条例的规定使用警械和武器。

第六条　人民警察使用警械和武器前，应当命令在场无关人员躲避；在场无关人员应当服从人民警察的命令，避免受到伤害或者其他损失。

第二章　警械的使用

第七条　人民警察遇有下列情形之一，经警告无效的，可以使用警棍、催泪弹、高压水枪、特种防暴枪等驱逐性、制服性警械：

（一）结伙斗殴、殴打他人、寻衅滋事、侮辱妇女或者进行其他流氓活动的；

（二）聚众扰乱车站、码头、民用航空站、运动场等公共场所秩序的；

（三）非法举行集会、游行、示威的；

（四）强行冲越人民警察为履行职责设置的警戒线的；

（五）以暴力方法抗拒或者阻碍人民警察依法履行职责的；

（六）袭击人民警察的；

（七）危害公共安全、社会秩序和公民人身安全的其他行为，需要当场制止的；

（八）法律、行政法规规定可以使用警械的其他情形。

人民警察依照前款规定使用警械，应当以制止违法犯罪行为为限度；当违法犯罪行为得到制止时，应当立即停止使用。

第八条 人民警察依法执行下列任务，遇有违法犯罪分子可能脱逃、行凶、自杀、自伤或者有其他危险行为的，可以使用手铐、脚镣、警绳等约束性警械：

（一）抓获违法犯罪分子或者犯罪重大嫌疑人的；

（二）执行逮捕、拘留、看押、押解、审讯、拘传、强制传唤的；

（三）法律、行政法规规定可以使用警械的其他情形。

人民警察依照前款规定使用警械，不得故意造成人身伤害。

第三章 武器的使用

第九条 人民警察判明有下列暴力犯罪行为的紧急情形之一，经警告无效的，可以使用武器：

（一）放火、决水、爆炸等严重危害公共安全的；

（二）劫持航空器、船舰、火车、机动车或者驾驶车、船等机动交通工具，故意危害公共安全的；

（三）抢夺、抢劫枪支弹药、爆炸、剧毒等危险物品，严重危害公共安全的；

（四）使用枪支、爆炸、剧毒等危险物品实施犯罪或者以使用枪支、爆炸、剧毒等危险物品相威胁实施犯罪的；

（五）破坏军事、通讯、交通、能源、防险等重要设施，足以对公共安全造成严重、紧迫危险的；

（六）实施凶杀、劫持人质等暴力行为，危及公民生命安全的；

（七）国家规定的警卫、守卫、警戒的对象和目标受到暴力袭击、破坏或者有受到暴力袭击、破坏的紧迫危险的；

（八）结伙抢劫或者持械抢劫公私财物的；

（九）聚众械斗、暴乱等严重破坏社会治安秩序，用其他方法不能制止的；

（十）以暴力方法抗拒或者阻碍人民警察依法履行职责或者暴力袭击人民警察，危及人民警察生命安全的；

（十一）在押人犯、罪犯聚众骚乱、暴乱、行凶或者脱逃的；

（十二）劫夺在押人犯、罪犯的；

（十三）实施放火、决水、爆炸、凶杀、抢劫或者其他严重暴力犯罪行为后拒捕、逃跑的；

（十四）犯罪分子携带枪支、爆炸、剧毒等危险物品拒捕、逃跑的；

（十五）法律、行政法规规定可以使用武器的其他情形。

人民警察依照前款规定使用武器，来不及警告或者警告后可能导致更为严重危害后果的，可以直接使用武器。

第十条 人民警察遇有下列情形之一的，不得使用武器：

（一）发现实施犯罪的人为怀孕妇女、儿童的，但是使用枪支、爆炸、剧毒等危险物品实施暴力犯罪的除外；

（二）犯罪分子处于群众聚集的场所或者存放大量易燃、易爆、剧毒、放射性等危险物品的场所的,但是不使用武器予以制止,将发生更为严重危害后果的除外。

第十一条 人民警察遇有下列情形之一的,应当立即停止使用武器:

(一)犯罪分子停止实施犯罪,服从人民警察命令的;

(二)犯罪分子失去继续实施犯罪能力的。

第十二条 人民警察使用武器造成犯罪分子或者无辜人员伤亡的,应当及时抢救受伤人员,保护现场,并立即向当地公安机关或者该人民警察所属机关报告。

当地公安机关或者该人民警察所属机关接到报告后,应当及时进行勘验、调查,并及时通知当地人民检察院。

当地公安机关或者该人民警察所属机关应当将犯罪分子或者无辜人员的伤亡情况,及时通知其家属或者其所在单位。

第十三条 人民警察使用武器的,应当将使用武器的情况如实向所属机关书面报告。

第四章 法律责任

第十四条 人民警察违法使用警械、武器,造成不应有的人员伤亡、财产损失,构成犯罪的,依法追究刑事责任;尚不构成犯罪的,依法给予行政处分;对受到伤亡或者财产损失的人员,由该人民警察所属机关依照《中华人民共和国国家赔偿法》的有关规定给予赔偿。

第十五条 人民警察依法使用警械、武器,造成无辜人员伤亡或者财产损失的,由该人民警察所属机关参照《中华人民共和国国家赔偿法》的有关规定给予补偿。

第五章 附则

第十六条 中国人民武装警察部队执行国家赋予的安全保卫任务时使用警械和武器,适用本条例的有关规定。

第十七条 本条例自发布之日起施行。1980 年 7 月 5 日公布施行的《人民警察使用武器和警械的规定》同时废止。

警车管理规定

(2006 年 11 月 29 日公安部令第 89 号公布 自公布之日起施行)

第一条 为了加强对警车使用的管理,保障公安机关、国家安全机关、监狱、劳动教养管理机关的人民警察和人民法院、人民检察院的司法警察依法执行紧急职务,根据《中华人民共和国人民警察法》、《中华人民共和国道路交通安全法》及其实施条例,制定本规定。

第二条 本规定所称警车,是指公安机关、国家安全机关、监狱、劳动教养管理机关和人民法院、人民检察院用于执行紧急职务的机动车辆。警车包括:

(一)公安机关用于执行侦查、警卫、治安、交通管理的巡逻车、勘察车、护卫车、囚车以及其他执行职务的车辆;

(二)国家安全机关用于执行侦查任务和其他特殊职务的车辆;

(三)监狱、劳动教养管理机关用于押解罪犯、运送劳教人员的囚车和追缉逃犯的车辆;

(四)人民法院用于押解犯罪嫌疑人和罪犯的囚车、刑场指挥车、法医勘察车和死刑执行车;

(五)人民检察院用于侦查刑事犯罪案件的现场勘察车和押解犯罪嫌疑人的囚车。

第三条 警车车型由公安部统一确定。汽车为大、中、小、微型客车和执行紧急救援、现场处置等专门用途的车辆;摩托车为二轮摩托车和侧三轮摩托车。

第四条 警车应当采用全国统一的外观制式。

警车外观制式采用白底,由专用的图形、车徽、编号、汉字“警察”和部门的汉字简称以及英文“POLICE”等要素构成。各要素的形状、颜色、规格、位置、字体、字号、材质等应当符合警车外观制式涂装规范和涂装用定色漆等行业标准。

公安机关、国家安全机关、监狱、劳动教养管理机关和人民法院、人民检察院的部门汉字简称分别为“公安”、“国安”、“司法”和“法院”、“检察”。

第五条 警车应当安装固定式警用标志灯具。汽车的标志灯具安装在驾驶室顶部;摩托车的标志灯具安装在后轮右侧。警用标志灯具及安装应当符合特种车辆标志灯具的国家标准。

第六条 警车应当安装警用警报器。警车警报器应当符合车用电子警报器的国家标准。

第七条 警车号牌分为汽车、摩托车两种。均为铝质材,底色为白底反光。号牌应当符合《警车号牌式样》和机动车号牌的行业标准。

第八条 省、自治区、直辖市公安厅、局对警车实行定编管理,统一确定警车的编号,并建立管理档案。

第九条 公安机关、国家安全机关、监狱、劳动教养管理机关和人民法院、人民检察院申请办理警车注册登记,应当填写《警车号牌审批表》,提交法定证明、凭证,由本部门所在的设区的市或者相当于同级的主管机关汇总后送当地同级公安机关审查后,报省、自治区、直辖市公安厅、局审批。

第十条 省、自治区、直辖市公安厅、局交通管理部门负责办理警车登记业务,核发警车号牌、行驶证和登记证书。警车的登记信息应当进入全国公安交通管理信息系统。

领取警车牌证前,已有民用机动车牌证的,应当将民用机动车牌证交回原发证机关。

第十一条 警车号牌的安装应当符合民用机动车号牌的安装要求。其中,汽车号牌应当在车身前、后部各安装一面;摩托车号牌应当在车身后部安装一面。

第十二条 省、自治区、直辖市公安厅、局交通管理部门办理警车注册登记时,应当对申请警车号牌的机动车进行审查。审查内容除按民用机动车要求外,还应当审查警车车型、外观制式、标志灯具和警报器是否符合有关规范和标准。

第十三条 警车应当按照法律、法规规定进行机动车安全技术检验。省、自治区公安机关交通管理部门可以委托设区的市公安机关交通管理部门核发机动车检验合格标志。

第十四条 公安机关、国家安全机关、监狱、劳动教养管理机关和人民法院、人民检察院应当严格管理本部门的警车。警车除执行本规定第二条所列任务外,不得挪作他用。

警车应当由警车所属单位的人民警察驾驶,驾驶警车时应当按照规定着制式警服(驾驶汽车可不戴警帽,驾驶摩托车应当戴制式警用安全头盔),持有机动车驾驶证和人民警察证。驾驶实习期内的人民警察不得驾驶警车。

人民警察驾驶警车到异地执行职务的,应当遵守有关办案协作的规定。

第十五条 警车在道路上行驶应当遵守《中华人民共和国道路交通安全法》及其实施条例和其他有关法规的规定,服从交通警察的指挥和检查。

第十六条 警车执行下列任务时可以使用警用标志灯具、警报器:

(一)赶赴刑事案件、治安案件、交通事故及其他突发事件现场;

(二)追捕犯罪嫌疑人和在逃的罪犯、劳教人员;

(三)追缉交通肇事逃逸车辆和人员;

(四)押解犯罪嫌疑人、罪犯和劳教人员;

(五)执行警卫、警戒和治安、交通巡逻等任务。

第十七条 除护卫国宾车队、追捕现行犯罪嫌疑人、赶赴突发事件现场外,驾驶警车的人民警

察在使用警用标志灯具、警报器时,应当遵守下列规定:

(一)一般情况下,只使用警用标志灯具;通过车辆、人员繁杂的路段、路口或者警告其他车辆让行时,可以断续使用警报器;

(二)两辆以上警车列队行驶时,前车如使用警报器,后车不得再使用警报器;

(三)在公安机关明令禁止鸣警报器的道路或者区域内不得使用警报器。

第十八条 警车执行紧急任务使用警用标志灯具、警报器时,享有优先通行权;警车及其护卫的车队,在确保安全的原则下,可以不受行驶路线、行驶方向、行驶速度和交通信号灯、交通标志标线的限制。

遇使用警用标志灯具、警报器的警车及其护卫的车队,其他车辆和人员应当立即避让;交通警察在保证交通安全的前提下,应当提供优先通行的便利。

第十九条 警车牌证遗失或者损坏的,应当及时按申办途径报告原发牌机关,申请补发。

警车转为民用机动车的,应当拆除警用标志灯具和警报器,清除车身警用外观制式,收回警车号牌,并办理相关变更、转移登记手续。

警车达到国家规定的强制报废标准的,应当按照法律、法规规定报废。

第二十条 严禁转借警车,严禁伪造、涂改、冒领、挪用警车牌证。

第二十一条 公安机关、国家安全机关、监狱、劳动教养管理机关和人民法院、人民检察院应当制定本部门警车的使用管理规定,并对本部门警车的管理和使用情况进行监督检查。

公安机关警务督察部门应当对公安机关警车的管理和使用情况进行监督检查。

公安机关交通管理部门在执勤执法、核发机动车检验合格标志等工作中,应当对警车外观制式的完整性进行检查,并对违反警车管理和使用规定的行为向有关部门报告。

第二十二条 对非法涂装警车外观制式,非法安装警用标志灯具、警报器,非法生产、买卖、使用以及伪造、涂改、冒领警车牌证的,依据《中华人民共和国人民警察法》、《中华人民共和国道路交通安全法》和《中华人民共和国治安管理处罚法》的有关规定处罚,强制拆除、收缴警用标志灯具、警报器和警车牌证,并予以治安处罚;构成犯罪的,依法追究当事人的刑事责任。

第二十三条 违反本规定,有下列情形之一的,依据《中华人民共和国人民警察法》和《中华人民共和国道路交通安全法》及相关规定,对有关人员给予处分:

(一)不按规定审批和核发警车牌证的;

(二)不按规定涂装全国统一的警车外观制式的;

(三)驾驶警车时不按规定着装、携带机动车驾驶证、人民警察证的;

(四)滥用警用标志灯具、警报器的;

(五)不按规定使用警车或者转借警车的;

(六)不按规定办理警车变更、转移登记手续的;

(七)挪用、转借警车牌证的;

(八)其他违反本规定的行为。

第二十四条 本规定自发布之日起施行。公安部 1995 年 6 月 29 日发布的《警车管理规定》(公安部令第 27 号)同时废止。公安部此前发布的其他规定与本规定不一致的,以本规定为准。

附件(略)

◎ 司法解释及文件

人民检察院司法警察条例

(2013 年 5 月 8 日　高检发〔2013〕8 号)

第一章　总　　则

第一条　为了加强人民检察院司法警察队伍建设,保障司法警察依法行使职权,根据《中华人民共和国人民检察院组织法》、《中华人民共和国公务员法》和《中华人民共和国人民警察法》等法律,制定本条例。

第二条　人民检察院司法警察是中华人民共和国人民警察的警种之一,依法参与检察活动。

第三条　人民检察院司法警察的任务是通过行使职权,维护社会主义法制,维护检察工作秩序,预防、制止妨碍检察活动的违法犯罪行为,保障检察工作的顺利进行。

第四条　最高人民检察院领导地方各级人民检察院和专门人民检察院司法警察工作,上级人民检察院领导下级人民检察院司法警察工作。

第五条　人民检察院司法警察必须忠实执行宪法和法律,服务人民,忠于职守,清正廉洁,纪律严明,服从命令,严格、公正、文明、规范执法。

第六条　人民检察院司法警察依法执行职务,受法律保护。

第二章　职　　权

第七条　人民检察院司法警察依法履行下列职责:

(一)保护人民检察院直接立案侦查案件的犯罪现场;

(二)执行传唤、拘传;

(三)协助执行监视居住、拘留、逮捕,协助追捕在逃或者脱逃的犯罪嫌疑人;

(四)参与搜查;

(五)提押、看管犯罪嫌疑人、被告人和罪犯;

(六)送达有关法律文书;

(七)保护出席法庭、执行死刑临场监督检察人员的安全;

(八)协助维护检察机关接待群众来访场所的秩序和安全,参与处置突发事件;

(九)法律、法规规定的其他职责。

第八条　人民检察院司法警察在检察官的指挥下履行职责。

第九条　对以暴力、威胁或者其他方法阻碍检察人员依法执行职务的,人民检察院司法警察应当及时予以控制,并依法采取强行带离现场或者采取法律规定的其他措施。

第十条　对涉诉信访人员及其他人员在人民检察院办公区域或者门前实施自杀、自伤等过激行为或者其他违法行为的,人民检察院司法警察应当及时采取措施予以制止和协助救治,必要时应当对其采取约束性保护措施,并视情节移送公安机关。

第十一条　对严重危害人民检察院工作人员人身安全及检察机关财产安全的,人民检察院司法警察应当采取制止、控制等处置措施。对涉嫌违法犯罪的,及时移送公安机关。

第十二条　遇有拒捕、拦劫囚车、抢夺枪支或者其他暴力行为的紧急情况,人民检察院司法警察可以依照国家有关规定使用警械;使用警械不能制止或者不使用武器制止可能发生严重后果的,可以依照国家有关规定使用武器。

第十三条 对检察官或者其他办案人员在一定场所的讯问、询问活动中的违法违规行为，人民检察院司法警察应当及时提醒，必要时可以向分管检察长报告。

第三章 组织管理

第十四条 人民检察院司法警察依法实行警衔制度。人民检察院授予警衔的人员应当使用政法专项编制，具有司法警察职务，并履行司法警察职责。

第十五条 人民检察院司法警察的编制、建制，由最高人民检察院规定。

第十六条 人民检察院司法警察实行编队管理。最高人民检察院设立司法警察局；省、自治区、直辖市人民检察院设立司法警察总队；省、自治区、直辖市人民检察院分院和自治州、省辖市人民检察院设立司法警察支队；县、市、自治县和市辖区人民检察院设立司法警察大队。

第十七条 最高人民检察院司法警察局管理全国检察机关司法警察工作，其主要职责：

（一）研究、制定司法警察工作的规划和规章制度；

（二）指导、考评司法警察业务工作；

（三）监督、检查司法警察执行法律、法规的情况；

（四）协调跨省区的重大警务活动；

（五）指导、组织司法警察的教育培训；

（六）管理司法警察警衔；

（七）管理司法警察警用装备；

（八）完成检察长交办的其他任务。

第十八条 司法警察总队和司法警察支队管理本级和下级人民检察院司法警察工作，其主要职责：

（一）组织落实司法警察工作的条例、规定及其他相关文件；

（二）指导司法警察队伍建设，制定队伍管理的规章制度；

（三）指导、考评司法警察业务工作；

（四）组织司法警察履行职责；

（五）协调跨地区的重大警务活动；

（六）组织司法警察的教育培训；

（七）管理或者协同管理警司以下司法警察的警衔；

（八）管理司法警察警用装备；

（九）完成检察长交办的其他任务。

第十九条 司法警察大队管理本院司法警察工作，其主要职责：

（一）组织司法警察履行职责；

（二）落实司法警察工作的条例、规定及其他相关文件；

（三）制定本院司法警察管理的规章制度；

（四）制定司法警察工作计划；

（五）组织司法警察进行训练；

（六）管理司法警察警用装备；

（七）完成检察长交办的其他任务。

第二十条 人民检察院录用的司法警察，应当符合国家规定的条件。

人民检察院录用司法警察，应当按照国家规定，公开考试，严格考核，择优选用。

司法警察录用试用期为一年。试用期满经考核合格的，正式任职并评定、授予相应警衔；不合格的，取消录用资格。

第二十一条 调任、转任到人民检察院拟任司法警察职务的,应当符合担任人民检察院司法警察的条件和拟任职位所要求的资格条件。

第二十二条 人民检察院司法警察的任职、晋升职务或者授予、晋升警衔,应当经过司法警察专业培训并考试考核合格。未经过培训的,一年内安排补训。

第二十三条 人民检察院司法警察实行警察职务序列,分为警官职务序列、警员职务序列和警务技术职务序列。

第二十四条 人民检察院司法警察应当按照规定着装,佩带警用标志,保持警容严整,举止端庄。

人民检察院司法警察在执行职务时,应当携带人民警察证。

第二十五条 人民检察院司法警察的奖惩按照国家有关法律法规和最高人民检察院的有关规定办理。

第四章 警务保障

第二十六条 人民检察院司法警察必须执行上级的决定和命令。

人民检察院司法警察认为决定和命令有错误的,可以按照规定提出意见,但不得中止或者改变决定和命令的执行;提出的意见不被采纳时,必须服从决定和命令;执行决定和命令的后果由作出决定和命令的上级负责。

人民检察院司法警察对超越法律、法规规定的人民检察院司法警察职责范围的命令和指令,有权拒绝执行,并同时向上级机关报告。

对办案检察官指令的执行,依照前款规定。

第二十七条 人民检察院司法警察的警用标志、制式服装、武器和警械,由公安部统一监制,最高人民检察院会同公安部管理,其他个人和组织不得非法制造、贩卖。

人民检察院司法警察的警用标志、制式服装、武器、警械、人民警察证为司法警察专用,其他个人和组织不得持有和使用。

第二十八条 人民检察院司法警察工作和训练所需经费应当得到保证,并列入人民检察院财务预算。

第二十九条 人民检察院应当加强司法警察装备现代化建设,有计划地改善司法警察工作必需的警用装备、交通、通讯等装备设施。

第三十条 人民检察院司法警察部门应当建立严格的装备管理制度,经常开展爱护装备和管理、使用装备的教育,定期组织检查和维护,保证装备始终处于良好状态。

第三十一条 人民检察院司法警察实行国家公务员工资制度,并享受国家规定的警衔津贴和其他津贴、补贴、抚恤以及社会保险等福利待遇。

第五章 附　　则

第三十二条 本条例自公布之日起施行。最高人民检察院 1996 年 8 月 14 日公布的《人民检察院司法警察暂行条例》同时废止。

第三十三条 本条例由最高人民检察院负责解释。

人民法院司法警察条例

（2012年10月29日　法发〔2012〕23号）

第一章　总　　则

第一条　为加强人民法院司法警察队伍建设和科学管理，保障司法警察依法行使职权，根据《中华人民共和国公务员法》、《中华人民共和国人民法院组织法》、《中华人民共和国人民警察法》等法律，制定本条例。

第二条　人民法院司法警察是中华人民共和国人民警察的警种之一。

第三条　人民法院司法警察的任务是预防、制止和惩治妨碍审判活动的违法犯罪行为，维护审判秩序，保障审判工作顺利进行。

第四条　最高人民法院领导地方各级人民法院和专门法院司法警察工作，上级人民法院领导下级人民法院司法警察工作。

第五条　人民法院司法警察必须以宪法和法律为活动准则，全心全意为人民服务，忠于职守，清正廉洁，服从命令，严格执法。

第六条　人民法院司法警察依法执行职务，受法律保护。

第二章　职　　权

第七条　人民法院司法警察的职责：

（一）维护审判秩序；

（二）对进入审判区域的人员进行安全检查；

（三）刑事审判中押解、看管被告人或者罪犯，传带证人、鉴定人和传递证据；

（四）在生效法律文书的强制执行中，配合实施执行措施，必要时依法采取强制措施；

（五）执行死刑；

（六）协助机关安全和涉诉信访应急处置工作；

（七）执行拘传、拘留等强制措施；

（八）法律、法规规定的其他职责。

第八条　在法庭审判过程中，人民法院司法警察应当按照审判长或者独任审判员的指令，对违反法庭规则，哄闹、冲击法庭，侮辱、诽谤、威胁、殴打司法工作人员、诉讼参与人或者其他人员等扰乱法庭秩序的，依法予以强行带离，执行罚款或者居留。

出现危及法庭内人员人身安全、被告人或者罪犯脱逃等紧急情况时，人民法院司法警察应当先行采取必要措施。

第九条　对以暴力、威胁或者其他方法阻碍司法工作人员执行职务的，人民法院司法警察应当及时予以控制，根据需要进行询问、提取或者固定相关证据，依法执行罚款、拘留等强制措施。

第十条　对不宜进入审判区域而强行进入的，人民法院司法警察应当依法强行带离；对涉嫌违法犯罪的，人民法院司法警察应当予以控制，并视情节及时移送公安机关。

第十一条　在生效法律文书的强制执行中，人民法院司法警察可以依法配合实施搜查、查封、扣押、强制迁出等执行行为。

第十二条　人民法院司法警察在履行职责过程中，遇当事人或者其他人员实施自杀、自伤等行为时，应当及时采取措施予以制止和协助救治，必要时应当对其采取约束性保护措施，并视情节移送公安机关。

第十三条 对严重扰乱人民法院工作秩序、危害人民法院工作人员人身安全及法院机关财产安全的，人民法院司法警察应当采取训诫、制止、控制等处置措施，保存相关证据，对涉嫌违法犯罪的，及时移送公安机关。

第十四条 遇有脱逃、拦劫囚车、抢夺枪支或者其他暴力行为的紧急情况，人民法院司法警察可以依照国家有关规定适用警械；使用警械不能制止或者不使用武器制止可能发生严重后果的，可以依照国家有关规定使用武器。

第三章 组织管理

第十五条 人民法院司法警察依法实行警衔制度。人民法院授予警衔的人员应当使用国家专项编制，具有司法警察职务，并履行司法警察职责。

第十六条 人民法院司法警察的编制、建制，由最高人民法院规定。

第十七条 人民法院司法警察实行编队管理。最高人民法院设立司法警察局，高级人民法院设立司法警察总队，中级人民法院设立司法警察支队，基层人民法院设立司法警察大队。

第十八条 人民法院司法警察接受所在人民法院院长和上级人民法院司法警察部门的领导，接受所在人民法院司法警察部门的管理。

第十九条 各级人民法院司法警察部门管理本级司法警察工作的主要职责：

（一）组织落实司法警察的条例、条令及其他相关文件；

（二）制定实施司法警察工作的规章制度和细则；

（三）组织司法警察履行职责；

（四）组织司法警察教育训练工作；

（五）协助管理司法警察警衔；

（六）管理司法警察装备；

（七）完成院长交办的其他任务。

第二十条 上级人民法院司法警察部门管理下级人民法院司法警察工作的主要职责：

（一）研究、制定司法警察工作的规划和规章制度；

（二）指导、监督、考评司法警察工作；

（三）制定司法警察教育训练计划；

（四）承担司法警察部门主要负责人的任免职备案工作；

（五）管理司法警察警衔；

（六）协调跨地区的重大警务活动；

（七）承担其他需要管理的事项。

第二十一条 人民法院录用的司法警察，应当符合国家规定的条件。

人民法院录用司法警察，应当按照国家规定，公开考试，严格考核，择优选用。

新录用的司法警察试用期为一年，试用期满经考核合格的，正式任职并评定、授予相应警衔；不合格的，取消录用资格。

第二十二条 调任、转任到人民法院担任司法警察职务的，应当符合担任人民法院司法警察的条件和拟任职位所要求的资格条件。

第二十三条 人民法院对司法警察的调配，应当征求本院司法警察部门的意见；司法警察部门主要负责人的任免，应当报上级人民法院司法警察部门备案。

第二十四条 人民法院司法警察应当经过司法警察专业培训，考试考核合格方可任职或者晋升职务、授予或者晋升警衔。

第二十五条 人民法院司法警察实行警察职务序列，分为警官职务序列、警员职务序列和警务技术职务序列。

第二十六条 人民法院司法警察应当按照规定着装，佩戴警用标志，保持警容严整，举止端庄。

人民法院司法警察在执行职务时，应当携带人民警察证。

第二十七条 人民法院司法警察的奖惩按照国家相关法律和有关规定及最高人民法院的有关规定办理。

第四章 警务保障

第二十八条 人民法院司法警察必须执行上级的决定和命令。

人民法院司法警察认为决定和命令有错误的，可以按照规定提出意见，但不得中止或者改变决定和命令的执行；提出的意见不被采纳时，必须服从决定和命令；执行决定和命令的后果由作出决定和命令的上级负责。

人民法院司法警察对超越法律、法规规定的人民法院司法警察职责范围的指令，有权拒绝执行，并同时向上级机关报告。

对审判长、独任审判员指令的执行，依照前款规定。

第二十九条 人民法院司法警察的警用标志、制式服装、武器和警械，由公安部统一监制，最高人民法院会同公安部管理，其他个人和组织不得非法制造、贩卖。

人民法院司法警察的警用标志、制式服装、武器、警械、人民警察证为司法警察专用，其他个人和组织不得持有和使用。

第三十条 人民法院司法警察工作和训练所需经费应当得到保证，并列入人民法院财务预算。

第三十一条 人民法院应当加强司法警察装备现代化建设，有计划地改善司法警察工作必须的指挥、通信、武器、警械、防护、交通、救援等装备设施。

第三十二条 人民法院司法警察实行国家公务员工资制度，并享受国家规定的警衔津贴和其他津贴、补贴、抚恤以及社会保险等福利待遇。

第五章 附 则

第三十三条 本条例由最高人民法院负责解释。

第三十四条 本条例自2012年12月1日起施行。1997年5月4日公布的《人民法院司法警察暂行条例》同时废止。

最高人民法院关于印发《人民法院司法警察证使用管理规定》的通知

（2008年5月30日 法发〔2008〕16号）

各省、自治区、直辖市高级人民法院，新疆维吾尔自治区高级人民法院生产建设兵团分院：

根据最高人民法院关于换发人民法院司法警察证的工作部署，各级人民法院司法警察证的换发工作已结束。为了规范司法警察证的使用管理，现将《人民法院司法警察证使用管理规定》印发给你们，望严格遵照执行。

人民法院司法警察证使用管理规定

第一条 为了加强人民法院司法警察队伍正规化建设,规范和保障人民法院司法警察依法履行职责,根据《中华人民共和国人民警察法》、《人民法院司法警察暂行条例》、《公安机关人民警察证使用管理规定》,制定本规定。

第二条 人民法院司法警察使用统一的司法警察证。司法警察证是人民法院司法警察身份和依法执行职务的凭证和标志。

人民法院司法警察在依法执行职务时,除法律、法规另有规定外,应当随身携带司法警察证,主动出示并表明司法警察身份。

第三条 人民法院司法警察证的发放范围为人民法院在编、在岗并已经评授警衔的司法警察。严禁向非发放范围人员发放司法警察证。

第四条 司法警察证由专用皮夹和内卡组成,必须内容齐全且同时使用方可有效。

第五条 人民法院司法警察证由最高人民法院统一制作。司法警察证采用以旧换新的方法,新的司法警察证使用后,以往的司法警察证一律作废,由各高级人民法院司法警察总队统一收回销毁。

司法警察证内卡记载主要内容发生变动、确需换发的,发证部门应及时予以换发。

第六条 人民法院司法警察具有下列情形之一的,所在人民法院应当及时收回其司法警察证:

(一)离、退休的;

(二)调离司法警察岗位;

(三)辞去公职的;

(四)因其他原因应当收回的。

人民法院司法警察被辞退、开除公职、劳动教养、判处刑罚或者免于刑事处罚的,所在人民法院应当及时收缴其人民警察证。

第七条 人民法院司法警察具有下列情形之一的,所在人民法院应当暂时收回其司法警察证:

(一)因涉嫌违法违纪被立案审查,尚未作出结论的;

(二)被停止执行职务的;

(三)因其他原因应当暂时收回的。

第八条 人民法院司法警察应当爱护和妥善保管司法警察证,防止遗失、被盗、被抢或者损坏。

人民法院司法警察发现司法警察证遗失、被盗、被抢或者严重损坏、无法继续使用的,应当及时报告所在人民法院并申请补办。

第九条 人民法院司法警察不得涂改、损坏、复制、转借、抵押、赠送、买卖司法警察证,不得将司法警察证用于非警务活动或者非法活动。

人民法院司法警察违反前款规定的,应当依照有关规定予以纪律处分或者追究法律责任。

第十条 本规定自发布之日起施行。

最高人民法院转发建设部、公安部《关于因公致残的人民警察乘坐市内公共交通工具享受与残疾军人同样待遇的通知》的通知

（2006年1月26日　法发〔2006〕4号）

各省、自治区、直辖市高级人民法院，新疆维吾尔自治区高级人民法院生产建设兵团分院：

现将建设部、公安部《关于因公致残的人民警察乘坐市内公共交通工具享受与残疾军人同样待遇的通知》（建城〔2005〕231号）转发给你们。人民法院司法警察是人民警察队伍的组成部分，享受同等待遇，请按照《通知》精神，与当地相关主管部门协商，制定具体实施办法，予以贯彻执行。

附：

建设部、公安部关于因公致残的人民警察乘坐市内公共交通工具享受与残疾军人同样待遇的通知

（建城〔2005〕231号）

各省、自治区建设厅、公安厅，直辖市建委、公安局，北京市、重庆市交通委员会、上海市城市交通管理局，新疆生产建设兵团建设局、公安局：

根据《中华人民共和国人民警察法》第四十一条"人民警察因公致残的，与因公致残的现役军人享受国家同样的抚恤和优待"的规定，因公致残的人民警察乘坐市内公共汽车、电车和轨道交通工具，应按照《军人抚恤优待条例》第三十四条中残疾军人乘坐市内公共汽车、电车和轨道交通工具的有关规定执行。

最高人民法院关于印发《人民法院司法警察警用装备配备标准》的通知

（2006年4月3日　法发〔2006〕8号）

各省、自治区、直辖市高级人民法院，解放军军事法院，新疆维吾尔自治区高级人民法院生产建设兵团分院：

现将《人民法院司法警察警用装备配备标准》（以下简称《标准》）印发给你们，请遵照执行。

警用装备建设是人民法院司法警察队伍建设的重要组成部分，各级人民法院要将此事列入重要议事日程，切实抓紧抓好。各主管部门要根据《标准》所列的项目、数量，将警用装备建设列入每年的工作计划，与司法警察部门密切配合，保证此项工作的顺利进行。

附：

人民法院司法警察警用装备配备标准

为保障人民法院审判工作的顺利进行,保证审判人员和诉讼参与人的人身安全,提高司法警察依法履行职责的能力,根据《中华人民共和国人民警察法》、《人民法院司法警察暂行条例》等有关规定,参照公安部《人民警察装备配备标准》,依据人民法院司法警察所担负的任务和职责,从司法警察的工作实际需要出发,制定本标准。

一、各级人民法院负责本院警用装备的经费、购置及配备;

二、警用装备是人民法院司法警察依法履行职责的必要条件,各级人民法院应当按照规定的项目和数量配备齐全,保障司法警察能够顺利完成各项工作任务和处置各类突发事件,保护司法警察的人身安全;

三、警用装备的配备应当坚持保障必需、不断完善、实用高效、安全可靠的原则。案件数量较多和任务较重的人民法院应当根据实际情况商有关部门同意后,在装备配备的项目和数量上可高于本标准;

四、各级人民法院应当根据警用装备的年度配备计划,积极与有关部门进行协调,设立警用装备专项资金,并做到专款专用,按照标准配齐、配全警用装备,并根据相关规定和使用情况,对警用装备及时进行更新;

五、各级人民法院对警用装备要严格管理,建立、健全管理及使用制度,防止警用装备丢失、损毁,严格禁止非警务人员使用警械具,严格禁止司法警察违法使用警械具;

六、武器的配备依照《人民法院司法警察公务用枪配备标准》执行,司法警察部门配备的枪支,只由司法警察部门使用,司法警察部门不具备保管条件而由其他部门保管的,要保证司法警察公务用枪;

七、各级人民法院应当根据案件数量和工作的需要,结合本院车辆的实际情况,配备足够的专用囚车和指挥车,以保证押解、执行、送达等项任务的顺利完成,不得私自对囚车等警用车辆进行改装,以保证工作安全;

八、本标准自下发之日起执行;

九、各级人民法院在执行过程中如有问题,应及时层报最高人民法院主管部门。

最高人民法院、解放军总政治部关于认真处理涉军纠纷和案件切实维护国防利益和军人军属合法权益的意见

(2000 年 12 月 25 日)

依法审理涉军案件是人民法院的职责,也是审判工作为国防事业和军队建设服务的重要体现;妥善解决官兵的涉法问题是部队各级党委的任务,也是加强部队思想政治建设、提高战斗力的客观需要。各级人民法院和部队各级党委应当充分认识处理涉军纠纷和案件的重要性,依据《中华人民共和国宪法》和《中华人民共和国国防法》等法律规定的精神,采取有力措施,建立有效的工作机制,切实维护国防利益和军人军属的合法权益。

一、充分认识依法妥善处理涉军纠纷和案件,维护国防利益和军人军属合法权益的重大意义。

当前我国正处于深刻的社会变革时期，各种社会矛盾和法律纠纷增多，军人军属涉法问题逐年增加。依法妥善处理涉军纠纷和案件，显得十分重要和迫切。人民解放军是执行革命政治任务的武装集团，担负着保卫国家安全、抵御外来侵略、维护国家统一的神圣使命。妥善处理部队涉法问题和涉军案件，直接关系到国防巩固和军政军民团结，关系到军队建设的长远发展，关系到党赋予人民解放军历史使命的完成。各级人民法院和部队各级党委，要进一步增强大局意识和法制观念，把依法妥善处理涉军纠纷和案件的工作，作为贯彻落实江泽民总书记关于“三个代表”重要思想以及《关于改革开放和发展社会主义市场经济条件下军队思想政治建设若干问题的决定》的实际行动，为加强国防和军队建设创造良好的法制环境。

二、建立有效的工作机制，依法及时妥善地审理涉军案件。

近年来，一些地方人民法院以改革创新的精神积极探索，在不增加编制、人员和不打乱内部业务分工的前提下，建立审理涉军案件的工作机制，有效地提高了涉军案件的审判质量和效率，收到了良好的法律效果和社会效果。各级人民法院尤其是中级人民法院和基层人民法院，要学习借鉴成功的经验，由院领导牵头，有关业务庭负责人具体负责，加强对审理涉军案件的指导和协调。有关审判庭可以从实际出发，组成涉军案件合议庭，并逐步建立相应的工作机制。

人民法院办理涉军案件，要坚持审判质量与审判效率相统一，法律效果与社会效果相统一，平等保护诉讼当事人的合法权益，切实维护司法公正。要充分考虑涉军案件的特点，在法定时限内，及时立案、及时审理、及时审结、及时执行，切实维护国防利益和军人军属的合法权益。

三、充分发挥省军区系统的职能作用，做好解决涉军纠纷和案件的协调工作。

省军区系统特别是人民武装部作为联系部队和地方的桥梁纽带，在协调妥善处理涉军纠纷和案件方面，应当发挥重要的作用。各省军区（卫戍区、警备区）、军分区（警备区）和县（市、区）人民武装部，要把这项工作作为一项基本职能和重要任务，纳入“双拥”活动，支持、协助各地建立维护军人军属合法权益的工作机制，从组织领导上保证这项工作的健康开展。要建立健全法律服务组织，特别是人民武装部建立的军人军属法律服务站，要有专人负责，认真接待军人军属的来信来访，搞好法律咨询服务，配合、协助有关部门做好涉军纠纷的调解工作。

四、加强部队法律服务工作，建立健全法律服务信息网络。

各部队要加强与有关方面和部门的联系，为官兵涉法问题的解决创造条件。部队各级法律服务组织，要明确职责，完善制度，保证法律服务活动的经常开展。要充分利用现代科技手段，建立网上信息传输反馈系统，及时了解掌握官兵及其家庭涉及问题的情况，开展网上法律咨询服务活动，及时向官兵提供有关保护军人军属合法权益的政策、法规和解决涉法问题的对策和建议。各部队要充分利用省军区系统的法律咨询服务机构，及时与地方有关部门取得联系，反映军人军属的意见和要求。各级军事法院要充分发挥职能作用，进一步拓宽法律服务工作领域，加强与地方人民法院的联系和配合，共同维护司法公正，使涉军案件的审判收到最佳效果。

五、深入开展法制宣传教育，提高官兵依法办事的意识和能力。

开展法制宣传教育，是加强部队思想政治建设的一项重要内容，也是解决部队涉法问题的基础性工作。部队的法制宣传教育要在组织官兵系统学习法律知识，提高法律素质上下功夫，把学法、守法有机结合起来。既要组织官兵学习国家的基本法律，强化遵纪守法的自觉性，又要注意提高官兵运用法律知识解决实际问题能力。要教育引导官兵进一步明确：军人应带头按章办事，依法行使权利，不能因为自己是军人而谋求法外特权，要求法外照顾。要执行地方人民法院的裁判和有关部门的处理决定，认真履行应尽的义务。对可能处理不公的问题，要依法解决。同时要切实做好当事人的思想工作，坚决防止矛盾激化，引发事故和案件。

最高人民法院计划财务装备局关于转发公安部、交通管理局《关于加强警车和警灯、警报器使用管理的函》的通知

(1998 年 11 月 16 日　法计〔1998〕25 号)

各省、自治区、直辖市高级人民法院计划财务装备处(司法行政处、办公室),各计划单列市中级人民法院计划财务装备处(司法行政处、办公室):

现将公安部交通管理局《关于加强警车和警灯、警报器使用管理的函》转发给你们,请组织本院和所辖法院系统严格遵守执行。

违反规定使用警灯、警报器,究其原因主要是自觉遵章守纪的意识不强,特权思想作怪,领导管理不力。因此,关于警车和警灯、警报器使用管理的有关规定,不仅全体驾驶人员要认真学习、严格遵守,各级领导也要认真学习、严格遵守并加强对驾驶员、警车和警灯、警报器使用的管理。

全国法院系统要树立人民法院形象意识,严格按照《警车管理规定》执行,切实做到不违规使用警车,不滥闪警灯,不乱鸣警报器。

(四)民政、计生

中华人民共和国婚姻法

(1980年9月10日第五届全国人民代表大会第三次会议通过　根据2001年4月28日第九届全国人民代表大会常务委员会第二十一次会议《关于修改〈中华人民共和国婚姻法〉的决定》修正)

第一章　总　　则

第一条　【本法地位】本法是婚姻家庭关系的基本准则。

第二条　【婚姻制度与原则】实行婚姻自由、一夫一妻、男女平等的婚姻制度。

保护妇女、儿童和老人的合法权益。

实行计划生育。

第三条　【婚姻法禁止的行为】禁止包办、买卖婚姻和其他干涉婚姻自由的行为。禁止借婚姻索取财物。

禁止重婚。禁止有配偶者与他人同居。禁止家庭暴力。禁止家庭成员间的虐待和遗弃。

第四条　【家庭关系】夫妻应当互相忠实,互相尊重;家庭成员间应当敬老爱幼,互相帮助,维护平等、和睦、文明的婚姻家庭关系。

第二章　结　　婚

第五条　【结婚自愿】结婚必须男女双方完全自愿,不许任何一方对他方加以强迫或任何第三者加以干涉。

第六条　【法定婚龄】结婚年龄,男不得早于22周岁,女不得早于20周岁。晚婚晚育应予鼓励。

第七条　【禁止结婚】有下列情形之一的,禁止结婚:

(一)直系血亲和三代以内的旁系血亲;

(二)患有医学上认为不应当结婚的疾病。

第八条　【结婚登记】要求结婚的男女双方必须亲自到婚姻登记机关进行结婚登记。符合本法规定的,予以登记,发给结婚证。取得结婚证,即确立夫妻关系。未办理结婚登记的,应当补办登记。

第九条　【互为家庭成员】登记结婚后,根据男女双方约定,女方可以成为男方家庭的成员,男方可以成为女方家庭的成员。

第十条　【婚姻无效】有下列情形之一的,婚姻无效:

(一)重婚的;

(二)有禁止结婚的亲属关系的;

(三)婚前患有医学上认为不应当结婚的疾病,婚后尚未治愈的;

(四)未到法定婚龄的。

第十一条　【可撤销婚姻】因胁迫结婚的,受胁迫的一方可以向婚姻登记机关或人民法院请求撤销该婚姻。受胁迫的一方撤销婚姻的请求,应当自结婚登记之日起1年内提出。被非法限制人身自由的当事人请求撤销婚姻的,应当自恢复人身自由之日起1年内提出。

第十二条 【无效或被撤销婚姻的法律后果】无效或被撤销的婚姻,自始无效。当事人不具有夫妻的权利和义务。同居期间所得的财产,由当事人协议处理;协议不成时,由人民法院根据照顾无过错方的原则判决。对重婚导致的婚姻无效的财产处理,不得侵害合法婚姻当事人的财产权益。当事人所生的子女,适用本法有关父母子女的规定。

第三章 家庭关系

第十三条 【夫妻平等】夫妻在家庭中地位平等。

第十四条 【夫妻姓名权】夫妻双方都有各用自己姓名的权利。

第十五条 【夫妻双方的自由】夫妻双方都有参加生产、工作、学习和社会活动的自由,一方不得对他方加以限制或干涉。

第十六条 【计划生育义务】夫妻双方都有实行计划生育的义务。

第十七条 【夫妻共同所有财产】夫妻在婚姻关系存续期间所得的下列财产,归夫妻共同所有:

(一)工资、奖金;

(二)生产、经营的收益;

(三)知识产权的收益;

(四)继承或赠与所得的财产,但本法第十八条第三项规定的除外;

(五)其他应当归共同所有的财产。

夫妻对共同所有的财产,有平等的处理权。

第十八条 【夫妻一方的财产】有下列情形之一的,为夫妻一方的财产:

(一)一方的婚前财产;

(二)一方因身体受到伤害获得的医疗费、残疾人生活补助费等费用;

(三)遗嘱或赠与合同中确定只归夫或妻一方的财产;

(四)一方专用的生活用品;

(五)其他应当归一方的财产。

第十九条 【夫妻财产约定】夫妻可以约定婚姻关系存续期间所得的财产以及婚前财产归各自所有、共同所有或部分各自所有、部分共同所有。约定应当采用书面形式。没有约定或约定不明确的,适用本法第十七条、第十八条的规定。

夫妻对婚姻关系存续期间所得的财产以及婚前财产的约定,对双方具有约束力。

夫妻对婚姻关系存续期间所得的财产约定归各自所有的,夫或妻一方对外所负的债务,第三人知道该约定的,以夫或妻一方所有的财产清偿。

第二十条 【夫妻扶养义务】夫妻有互相扶养的义务。

一方不履行扶养义务时,需要扶养的一方,有要求对方付给扶养费的权利。

第二十一条 【父母与子女之间的抚养、赡养义务】父母对子女有抚养教育的义务;子女对父母有赡养扶助的义务。

父母不履行抚养义务时,未成年的或不能独立生活的子女,有要求父母付给抚养费的权利。

子女不履行赡养义务时,无劳动能力的或生活困难的父母,有要求子女付给赡养费的权利。

禁止溺婴、弃婴和其他残害婴儿的行为。

第二十二条 【子女的姓氏】子女可以随父姓,可以随母姓。

第二十三条 【父母对未成年子女的保护和教育】父母有保护和教育未成年子女的权利和义

务。在未成年子女对国家、集体或他人造成损害时，父母有承担民事责任的义务。

第二十四条 【遗产继承】夫妻有相互继承遗产的权利。

父母和子女有相互继承遗产的权利。

第二十五条 【非婚生子女】非婚生子女享有与婚生子女同等的权利，任何人不得加以危害和歧视。

不直接抚养非婚生子女的生父或生母，应当负担子女的生活费和教育费，直至子女能独立生活为止。

第二十六条 【收养关系】国家保护合法的收养关系。养父母和养子女间的权利和义务，适用本法对父母子女关系的有关规定。

养子女和生父母间的权利和义务，因收养关系的成立而消除。

第二十七条 【继父母与继子女】继父母与继子女间，不得虐待或歧视。

继父或继母和受其抚养教育的继子女间的权利和义务，适用本法对父母子女关系的有关规定。

第二十八条 【(外)祖父母与(外)孙子女之间的抚养、赡养义务】有负担能力的祖父母、外祖父母，对于父母已经死亡或父母无力抚养的未成年的孙子女、外孙子女，有抚养的义务。有负担能力的孙子女、外孙子女，对于子女已经死亡或子女无力赡养的祖父母、外祖父母，有赡养的义务。

第二十九条 【兄姐与弟妹之间的扶养义务】有负担能力的兄、姐，对于父母已经死亡或父母无力抚养的未成年的弟、妹，有扶养的义务。由兄、姐扶养长大的有负担能力的弟、妹，对于缺乏劳动能力又缺乏生活来源的兄、姐，有扶养的义务。

第三十条 【尊重父母婚姻】子女应当尊重父母的婚姻权利，不得干涉父母再婚以及婚后的生活。子女对父母的赡养义务，不因父母的婚姻关系变化而终止。

第四章 离 婚

第三十一条 【双方自愿离婚的程序】男女双方自愿离婚的，准予离婚。双方必须到婚姻登记机关申请离婚。婚姻登记机关查明双方确实是自愿并对子女和财产问题已有适当处理时，发给离婚证。

第三十二条 【一方要求离婚的途径、程序以及准予离婚的情形】男女一方要求离婚的，可由有关部门进行调解或直接向人民法院提出离婚诉讼。

人民法院审理离婚案件，应当进行调解；如感情确已破裂，调解无效，应准予离婚。

有下列情形之一，调解无效的，应准予离婚：

(一) 重婚或有配偶者与他人同居的；

(二) 实施家庭暴力或虐待、遗弃家庭成员的；

(三) 有赌博、吸毒等恶习屡教不改的；

(四) 因感情不和分居满2年的；

(五) 其他导致夫妻感情破裂的情形。

一方被宣告失踪，另一方提出离婚诉讼的，应准予离婚。

第三十三条 【现役军人配偶要求离婚】现役军人的配偶要求离婚，须得军人同意，但军人一方有重大过错的除外。

第三十四条 【男方不得提出离婚的情形】女方在怀孕期间、分娩后一年内或中止妊娠后六个月内，男方不得提出离婚。女方提出离婚的，或人民法院认为确有必要受理男方离婚请求的，不在此限。

第三十五条 【复婚】离婚后，男女双方自愿恢复夫妻关系的，必须到婚姻登记机关进行复婚登记。

第三十六条 【离婚后的父母子女关系处理】父母与子女间的关系，不因父母离婚而消除。离婚后，子女无论由父或母直接抚养，仍是父母双方的子女。

离婚后，父母对于子女仍有抚养和教育的权利和义务。

离婚后，哺乳期内的子女，以随哺乳的母亲抚养为原则。哺乳期后的子女，如双方因抚养问题发生争执不能达成协议时，由人民法院根据子女的权益和双方的具体情况判决。

第三十七条 【离婚后子女生活费和教育费的负担】离婚后，一方抚养的子女，另一方应负担必要的生活费和教育费的一部或全部，负担费用的多少和期限的长短，由双方协议；协议不成时，由人民法院判决。

关于子女生活费和教育费的协议或判决，不妨碍子女在必要时向父母任何一方提出超过协议或判决原定数额的合理要求。

第三十八条 【离婚后父母的探望权】离婚后，不直接抚养子女的父或母，有探望子女的权利，另一方有协助的义务。

行使探望权利的方式、时间由当事人协议；协议不成时，由人民法院判决。

父或母探望子女，不利于子女身心健康的，由人民法院依法中止探望的权利；中止的事由消失后，应当恢复探望的权利。

第三十九条 【离婚时夫妻共同财产处理】离婚时，夫妻的共同财产由双方协议处理；协议不成时，由人民法院根据财产的具体情况，照顾子女和女方权益的原则判决。

夫或妻在家庭土地承包经营中享有的权益等，应当依法予以保护。

第四十条 【补偿】夫妻书面约定婚姻关系存续期间所得的财产归各自所有，一方因抚育子女、照料老人、协助另一方工作等付出较多义务的，离婚时有权向另一方请求补偿，另一方应当予以补偿。

第四十一条 【离婚时的夫妻共同债务】离婚时，原为夫妻共同生活所负的债务，应当共同偿还。共同财产不足清偿的，或财产归各自所有的，由双方协议清偿；协议不成时，由人民法院判决。

第四十二条 【适当帮助】离婚时，如一方生活困难，另一方应从其住房等个人财产中给予适当帮助。具体办法由双方协议；协议不成时，由人民法院判决。

第五章 救助措施与法律责任

第四十三条 【实施家庭暴力或虐待家庭成员的救助措施】实施家庭暴力或虐待家庭成员，受害人有权提出请求，居民委员会、村民委员会以及所在单位应当予以劝阻、调解。

对正在实施的家庭暴力，受害人有权提出请求，居民委员会、村民委员会应当予以劝阻；公安机关应当予以制止。

实施家庭暴力或虐待家庭成员，受害人提出请求的，公安机关应当依照治安管理处罚的法律规定予以行政处罚。

第四十四条 【遗弃家庭成员的救助措施】对遗弃家庭成员，受害人有权提出请求，居民委员会、村民委员会以及所在单位应当予以劝阻、调解。

对遗弃家庭成员，受害人提出请求的，人民法院应当依法作出支付扶养费、抚养费、赡养费的判决。

第四十五条 【重婚、家庭暴力、虐待、遗弃构成犯罪的处理】对重婚的，对实施家庭暴力或虐待、遗弃家庭成员构成犯罪的，依法追究刑事责任。受害人可以依照刑事诉讼法的有关规定，向人民法院自诉；公安机关应当依法侦查，人民检察院应当依法提起公诉。

第四十六条 【无过错方离婚有权请求损害赔偿】有下列情形之一，导致离婚的，无过错方有权请求损害赔偿：

（一）重婚的；

（二）有配偶者与他人同居的；

（三）实施家庭暴力的；

（四）虐待、遗弃家庭成员的。

第四十七条 【离婚时隐藏、转移、变卖、毁损夫妻共同财产以及伪造债务的处理】离婚时，一方隐藏、转移、变卖、毁损夫妻共同财产，或伪造债务企图侵占另一方财产的，分割夫妻共同财产时，对隐藏、转移、变卖、毁损夫妻共同财产或伪造债务的一方，可以少分或不分。离婚后，另一方发现有上述行为的，可以向人民法院提起诉讼，请求再次分割夫妻共同财产。

人民法院对前款规定的妨害民事诉讼的行为，依照民事诉讼法的规定予以制裁。

第四十八条 【强制执行与协助执行】对拒不执行有关扶养费、抚养费、赡养费、财产分割、遗产继承、探望子女等判决或裁定的，由人民法院依法强制执行。有关个人和单位应负协助执行的责任。

第四十九条 【其他法律准用规定】其他法律对有关婚姻家庭的违法行为和法律责任另有规定的，依照其规定。

第六章 附　　则

第五十条 【民族自治地方的变通规定】民族自治地方的人民代表大会有权结合当地民族婚姻家庭的具体情况，制定变通规定。自治州、自治县制定的变通规定，报省、自治区、直辖市人民代表大会常务委员会批准后生效。自治区制定的变通规定，报全国人民代表大会常务委员会批准后生效。

第五十一条 【施行日期】本法自1981年1月1日起施行。

1950年5月1日颁行的《中华人民共和国婚姻法》，自本法施行之日起废止。

婚姻登记条例

（2003年8月8日中华人民共和国国务院令第387号公布　自2003年10月1日起施行）

第一章 总　　则

第一条 为了规范婚姻登记工作，保障婚姻自由、一夫一妻、男女平等的婚姻制度的实施，保护婚姻当事人的合法权益，根据《中华人民共和国婚姻法》（以下简称婚姻法），制定本条例。

第二条 内地居民办理婚姻登记的机关是县级人民政府民政部门或者乡（镇）人民政府，省、自治区、直辖市人民政府可以按照便民原则确定农村居民办理婚姻登记的具体机关。

中国公民同外国人，内地居民同香港特别行政区居民（以下简称香港居民）、澳门特别行政区居民（以下简称澳门居民）、台湾地区居民（以下简称台湾居民）、华侨办理婚姻登记的机关是省、自治区、直辖市人民政府民政部门或者省、自治区、直辖市人民政府民政部门确定的机关。

第三条 婚姻登记机关的婚姻登记员应当接受婚姻登记业务培训，经考核合格，方可从事婚姻登记工作。

婚姻登记机关办理婚姻登记，除按收费标准向当事人收取工本费外，不得收取其他费用或者附加其他义务。

第二章 结婚登记

第四条 内地居民结婚，男女双方应当共同到一方当事人常住户口所在地的婚姻登记机关办理结婚登记。

中国公民同外国人在中国内地结婚的，内地居民同香港居民、澳门居民、台湾居民、华侨在中国内地结婚的，男女双方应当共同到内地居民常住户口所在地的婚姻登记机关办理结婚登记。

第五条 办理结婚登记的内地居民应当出具下列证件和证明材料：

(一)本人的户口簿、身份证；

(二)本人无配偶以及与对方当事人没有直系血亲和三代以内旁系血亲关系的签字声明。

办理结婚登记的香港居民、澳门居民、台湾居民应当出具下列证件和证明材料：

(一)本人的有效通行证、身份证；

(二)经居住地公证机构公证的本人无配偶以及与对方当事人没有直系血亲和三代以内旁系血亲关系的声明。

办理结婚登记的华侨应当出具下列证件和证明材料：

(一)本人的有效护照；

(二)居住国公证机构或者有权机关出具的、经中华人民共和国驻该国使(领)馆认证的本人无配偶以及与对方当事人没有直系血亲和三代以内旁系血亲关系的证明，或者中华人民共和国驻该国使(领)馆出具的本人无配偶以及与对方当事人没有直系血亲和三代以内旁系血亲关系的证明。

办理结婚登记的外国人应当出具下列证件和证明材料：

(一)本人的有效护照或者其他有效的国际旅行证件；

(二)所在国公证机构或者有权机关出具的、经中华人民共和国驻该国使(领)馆认证或者该国驻华使(领)馆认证的本人无配偶的证明，或者所在国驻华使(领)馆出具的本人无配偶的证明。

第六条 办理结婚登记的当事人有下列情形之一的，婚姻登记机关不予登记：

(一)未到法定结婚年龄的；

(二)非双方自愿的；

(三)一方或者双方已有配偶的；

(四)属于直系血亲或者三代以内旁系血亲的；

(五)患有医学上认为不应当结婚的疾病的。

第七条 婚姻登记机关应当对结婚登记当事人出具的证件、证明材料进行审查并询问相关情况。对当事人符合结婚条件的，应当当场予以登记，发给结婚证；对当事人不符合结婚条件不予登记的，应当向当事人说明理由。

第八条 男女双方补办结婚登记的，适用本条例结婚登记的规定。

第九条 因胁迫结婚的，受胁迫的当事人依据婚姻法第十一条的规定向婚姻登记机关请求撤销其婚姻的，应当出具下列证明材料：

(一)本人的身份证、结婚证；

(二)能够证明受胁迫结婚的证明材料。

婚姻登记机关经审查认为受胁迫结婚的情况属实且不涉及子女抚养、财产及债务问题的，应当撤销该婚姻，宣告结婚证作废。

第三章 离婚登记

第十条 内地居民自愿离婚的，男女双方应当共同到一方当事人常住户口所在地的婚姻登记机关办理离婚登记。

中国公民同外国人在中国内地自愿离婚的,内地居民同香港居民、澳门居民、台湾居民、华侨在中国内地自愿离婚的,男女双方应当共同到内地居民常住户口所在地的婚姻登记机关办理离婚登记。

第十一条 办理离婚登记的内地居民应当出具下列证件和证明材料:

(一)本人的户口簿、身份证;

(二)本人的结婚证;

(三)双方当事人共同签署的离婚协议书。

办理离婚登记的香港居民、澳门居民、台湾居民、华侨、外国人除应当出具前款第(二)项、第(三)项规定的证件、证明材料外,香港居民、澳门居民、台湾居民还应当出具本人的有效通行证、身份证,华侨、外国人还应当出具本人的有效护照或者其他有效国际旅行证件。

离婚协议书应当载明双方当事人自愿离婚的意思表示以及对子女抚养、财产及债务处理等事项协商一致的意见。

第十二条 办理离婚登记的当事人有下列情形之一的,婚姻登记机关不予受理:

(一)未达成离婚协议的;

(二)属于无民事行为能力人或者限制民事行为能力人的;

(三)其结婚登记不是在中国内地办理的。

第十三条 婚姻登记机关应当对离婚登记当事人出具的证件、证明材料进行审查并询问相关情况。对当事人确属自愿离婚,并已对子女抚养、财产、债务等问题达成一致处理意见的,应当当场予以登记,发给离婚证。

第十四条 离婚的男女双方自愿恢复夫妻关系的,应当到婚姻登记机关办理复婚登记。复婚登记适用本条例结婚登记的规定。

第四章 婚姻登记档案和婚姻登记证

第十五条 婚姻登记机关应当建立婚姻登记档案。婚姻登记档案应当长期保管。具体管理办法由国务院民政部门会同国家档案管理部门规定。

第十六条 婚姻登记机关收到人民法院宣告婚姻无效或者撤销婚姻的判决书副本后,应当将该判决书副本收入当事人的婚姻登记档案。

第十七条 结婚证、离婚证遗失或者损毁的,当事人可以持户口簿、身份证向原办理婚姻登记的机关或者一方当事人常住户口所在地的婚姻登记机关申请补领。婚姻登记机关对当事人的婚姻登记档案进行查证,确认属实的,应当为当事人补发结婚证、离婚证。

第五章 罚 则

第十八条 婚姻登记机关及其婚姻登记员有下列行为之一的,对直接负责的主管人员和其他直接责任人员依法给予行政处分:

(一)为不符合婚姻登记条件的当事人办理婚姻登记的;

(二)玩忽职守造成婚姻登记档案损失的;

(三)办理婚姻登记或者补发结婚证、离婚证超过收费标准收取费用的。

违反前款第(三)项规定收取的费用,应当退还当事人。

第六章 附 则

第十九条 中华人民共和国驻外使(领)馆可以依照本条例的有关规定,为男女双方均居住于驻在国的中国公民办理婚姻登记。

第二十条 本条例规定的婚姻登记证由国务院民政部门规定式样并监制。

第二十一条 当事人办理婚姻登记或者补领结婚证、离婚证应当交纳工本费。工本费的收费标准由国务院价格主管部门会同国务院财政部门规定并公布。

第二十二条 本条例自2003年10月1日起施行。1994年1月12日国务院批准、1994年2月1日民政部发布的《婚姻登记管理条例》同时废止。

中华人民共和国母婴保健法

（1994年10月27日第八届全国人民代表大会常务委员会第十次会议通过　根据2009年8月27日第十一届全国人民代表大会常务委员会第十次会议《关于修改部分法律的决定》第一次修正　根据2017年11月4日第十二届全国人民代表大会常务委员会第三十次会议《关于修改〈中华人民共和国会计法〉等十一部法律的决定》第二次修正）

第一章　总　　则

第一条 为了保障母亲和婴儿健康，提高出生人口素质，根据宪法，制定本法。

第二条 国家发展母婴保健事业，提供必要条件和物质帮助，使母亲和婴儿获得医疗保健服务。

国家对边远贫困地区的母婴保健事业给予扶持。

第三条 各级人民政府领导母婴保健工作。

母婴保健事业应当纳入国民经济和社会发展计划。

第四条 国务院卫生行政部门主管全国母婴保健工作，根据不同地区情况提出分级分类指导原则，并对全国母婴保健工作实施监督管理。

国务院其他有关部门在各自职责范围内，配合卫生行政部门做好母婴保健工作。

第五条 国家鼓励、支持母婴保健领域的教育和科学研究，推广先进、实用的母婴保健技术，普及母婴保健科学知识。

第六条 对在母婴保健工作中做出显著成绩和在母婴保健科学研究中取得显著成果的组织和个人，应当给予奖励。

第二章　婚前保健

第七条 医疗保健机构应当为公民提供婚前保健服务。

婚前保健服务包括下列内容：

（一）婚前卫生指导：关于性卫生知识、生育知识和遗传病知识的教育；

（二）婚前卫生咨询：对有关婚配、生育保健等问题提供医学意见；

（三）婚前医学检查：对准备结婚的男女双方可能患影响结婚和生育的疾病进行医学检查。

第八条 婚前医学检查包括对下列疾病的检查：

（一）严重遗传性疾病；

（二）指定传染病；

（三）有关精神病。

经婚前医学检查，医疗保健机构应当出具婚前医学检查证明。

第九条 经婚前医学检查，对患指定传染病在传染期内或者有关精神病在发病期内的，医师应当提出医学意见;准备结婚的男女双方应当暂缓结婚。

第十条 经婚前医学检查,对诊断患有医学上认为不宜生育的严重遗传性疾病的,医师应当向男女双方说明情况,提出医学意见;经男女双方同意,采取长效避孕措施或者施行结扎手术后不生育的,可以结婚。但《中华人民共和国婚姻法》规定禁止结婚的除外。

第十一条 接受婚前医学检查的人员对检查结果持有异议的,可以申请医学技术鉴定,取得医学鉴定证明。

第十二条 男女双方在结婚登记时,应当持有婚前医学检查证明或者医学鉴定证明。

第十三条 省、自治区、直辖市人民政府根据本地区的实际情况,制定婚前医学检查制度实施办法。

省、自治区、直辖市人民政府对婚前医学检查应当规定合理的收费标准,对边远贫困地区或者交费确有困难的人员应当给予减免。

第三章 孕产期保健

第十四条 医疗保健机构应当为育龄妇女和孕产妇提供孕产期保健服务。

孕产期保健服务包括下列内容:

(一)母婴保健指导:对孕育健康后代以及严重遗传性疾病和碘缺乏病等地方病的发病原因、治疗和预防方法提供医学意见;

(二)孕妇、产妇保健:为孕妇、产妇提供卫生、营养、心理等方面的咨询和指导以及产前定期检查等医疗保健服务;

(三)胎儿保健:为胎儿生长发育进行监护,提供咨询和医学指导;

(四)新生儿保健:为新生儿生长发育、哺乳和护理提供医疗保健服务。

第十五条 对患严重疾病或者接触致畸物质,妊娠可能危及孕妇生命安全或者可能严重影响孕妇健康和胎儿正常发育的,医疗保健机构应当予以医学指导。

第十六条 医师发现或者怀疑患严重遗传性疾病的育龄夫妻,应当提出医学意见。育龄夫妻应当根据医师的医学意见采取相应的措施。

第十七条 经产前检查,医师发现或者怀疑胎儿异常的,应当对孕妇进行产前诊断。

第十八条 经产前诊断,有下列情形之一的,医师应当向夫妻双方说明情况,并提出终止妊娠的医学意见:

(一)胎儿患严重遗传性疾病的;

(二)胎儿有严重缺陷的;

(三)因患严重疾病,继续妊娠可能危及孕妇生命安全或者严重危害孕妇健康的。

第十九条 依照本法规定施行终止妊娠或者结扎手术,应当经本人同意,并签署意见。本人无行为能力的,应当经其监护人同意,并签署意见。

依照本法规定施行终止妊娠或者结扎手术的,接受免费服务。

第二十条 生育过严重缺陷患儿的妇女再次妊娠前,夫妻双方应当到县级以上医疗保健机构接受医学检查。

第二十一条 医师和助产人员应当严格遵守有关操作规程,提高助产技术和服务质量,预防和减少产伤。

第二十二条 不能住院分娩的孕妇应当由经过培训、具备相应接生能力的接生人员实行消毒接生。

第二十三条 医疗保健机构和从事家庭接生的人员按照国务院卫生行政部门的规定,出具统一制发的新生儿出生医学证明;有产妇和婴儿死亡以及新生儿出生缺陷情况的,应当向卫生行政部门报告。

第二十四条 医疗保健机构为产妇提供科学育儿、合理营养和母乳喂养的指导。

医疗保健机构对婴儿进行体格检查和预防接种，逐步开展新生儿疾病筛查、婴儿多发病和常见病防治等医疗保健服务。

第四章 技术鉴定

第二十五条 县级以上地方人民政府可以设立医学技术鉴定组织，负责对婚前医学检查、遗传病诊断和产前诊断结果有异议的进行医学技术鉴定。

第二十六条 从事医学技术鉴定的人员，必须具有临床经验和医学遗传学知识，并具有主治医师以上的专业技术职务。

医学技术鉴定组织的组成人员，由卫生行政部门提名，同级人民政府聘任。

第二十七条 医学技术鉴定实行回避制度。凡与当事人有利害关系，可能影响公正鉴定的人员，应当回避。

第五章 行政管理

第二十八条 各级人民政府应当采取措施，加强母婴保健工作，提高医疗保健服务水平，积极防治由环境因素所致严重危害母亲和婴儿健康的地方性高发性疾病，促进母婴保健事业的发展。

第二十九条 县级以上地方人民政府卫生行政部门管理本行政区域内的母婴保健工作。

第三十条 省、自治区、直辖市人民政府卫生行政部门指定的医疗保健机构负责本行政区域内的母婴保健监测和技术指导。

第三十一条 医疗保健机构按照国务院卫生行政部门的规定，负责其职责范围内的母婴保健工作，建立医疗保健工作规范，提高医学技术水平，采取各种措施方便人民群众，做好母婴保健服务工作。

第三十二条 医疗保健机构依照本法规定开展婚前医学检查、遗传病诊断、产前诊断以及施行结扎手术和终止妊娠手术的，必须符合国务院卫生行政部门规定的条件和技术标准，并经县级以上地方人民政府卫生行政部门许可。

严禁采用技术手段对胎儿进行性别鉴定，但医学上确有需要的除外。

第三十三条 从事本法规定的遗传病诊断、产前诊断的人员，必须经过省、自治区、直辖市人民政府卫生行政部门的考核，并取得相应的合格证书。

从事本法规定的婚前医学检查、施行结扎手术和终止妊娠手术的人员，必须经过县级以上地方人民政府卫生行政部门的考核，并取得相应的合格证书。

第三十四条 从事母婴保健工作的人员应当严格遵守职业道德，为当事人保守秘密。

第六章 法律责任

第三十五条 未取得国家颁发的有关合格证书的，有下列行为之一，县级以上地方人民政府卫生行政部门应当予以制止，并可以根据情节给予警告或者处以罚款：

（一）从事婚前医学检查、遗传病诊断、产前诊断或者医学技术鉴定的；

（二）施行终止妊娠手术的；

（三）出具本法规定的有关医学证明的。

上款第（三）项出具的有关医学证明无效。

第三十六条 未取得国家颁发的有关合格证书，施行终止妊娠手术或者采取其他方法终止妊娠，致人死亡、残疾、丧失或者基本丧失劳动能力的，依照刑法有关规定追究刑事责任。

第三十七条 从事母婴保健工作的人员违反本法规定，出具有关虚假医学证明或者进行胎儿性别鉴定的，由医疗保健机构或者卫生行政部门根据情节给予行政处分；情节严重的，依法取消执业资格。

第七章 附 则

第三十八条 本法下列用语的含义：

指定传染病，是指《中华人民共和国传染病防治法》中规定的艾滋病、淋病、梅毒、麻风病以及医学上认为影响结婚和生育的其他传染病。

严重遗传性疾病，是指由于遗传因素先天形成，患者全部或者部分丧失自主生活能力，后代再现风险高，医学上认为不宜生育的遗传性疾病。

有关精神病，是指精神分裂症、躁狂抑郁型精神病以及其他重型精神病。

产前诊断，是指对胎儿进行先天性缺陷和遗传性疾病的诊断。

第三十九条 本法自 1995 年 6 月 1 日起施行。

中华人民共和国母婴保健法实施办法

（2001 年 6 月 20 日中华人民共和国国务院令第 308 号公布　自公布之日起施行）

第一章 总 则

第一条 根据《中华人民共和国母婴保健法》（以下简称母婴保健法），制定本办法。

第二条 在中华人民共和国境内从事母婴保健服务活动的机构及其人员应当遵守母婴保健法和本办法。

从事计划生育技术服务的机构开展计划生育技术服务活动，依照《计划生育技术服务管理条例》的规定执行。

第三条 母婴保健技术服务主要包括下列事项：

（一）有关母婴保健的科普宣传、教育和咨询；

（二）婚前医学检查；

（三）产前诊断和遗传病诊断；

（四）助产技术；

（五）实施医学上需要的节育手术；

（六）新生儿疾病筛查；

（七）有关生育、节育、不育的其他生殖保健服务。

第四条 公民享有母婴保健的知情选择权。国家保障公民获得适宜的母婴保健服务的权利。

第五条 母婴保健工作以保健为中心，以保障生殖健康为目的，实行保健和临床相结合，面向群体、面向基层和预防为主的方针。

第六条 各级人民政府应当将母婴保健工作纳入本级国民经济和社会发展计划，为母婴保健事业的发展提供必要的经济、技术和物质条件，并对少数民族地区、贫困地区的母婴保健事业给予特殊支持。

县级以上地方人民政府根据本地区的实际情况和需要，可以设立母婴保健事业发展专项资金。

第七条 国务院卫生行政部门主管全国母婴保健工作，履行下列职责：

（一）制定母婴保健法及本办法的配套规章和技术规范；

（二）按照分级分类指导的原则，制定全国母婴保健工作发展规划和实施步骤；

（三）组织推广母婴保健及其他生殖健康的适宜技术；

（四）对母婴保健工作实施监督。

第八条 县级以上各级人民政府财政、公安、民政、教育、劳动保障、计划生育等部门应当在各自职责范围内，配合同级卫生行政部门做好母婴保健工作。

第二章 婚前保健

第九条 母婴保健法第七条所称婚前卫生指导，包括下列事项：

（一）有关性卫生的保健和教育；

（二）新婚避孕知识及计划生育指导；

（三）受孕前的准备、环境和疾病对后代影响等孕前保健知识；

（四）遗传病的基本知识；

（五）影响婚育的有关疾病的基本知识；

（六）其他生殖健康知识。

医师进行婚前卫生咨询时，应当为服务对象提供科学的信息，对可能产生的后果进行指导，并提出适当的建议。

第十条 在实行婚前医学检查的地区，准备结婚的男女双方在办理结婚登记前，应当到医疗、保健机构进行婚前医学检查。

第十一条 从事婚前医学检查的医疗、保健机构，由其所在地设区的市级人民政府卫生行政部门进行审查；符合条件的，在其《医疗机构执业许可证》上注明。

第十二条 申请从事婚前医学检查的医疗、保健机构应当具备下列条件：

（一）分别设置专用的男、女婚前医学检查室，配备常规检查和专科检查设备；

（二）设置婚前生殖健康宣传教育室；

（三）具有符合条件的进行男、女婚前医学检查的执业医师。

第十三条 婚前医学检查包括询问病史、体格及相关检查。

婚前医学检查应当遵守婚前保健工作规范并按照婚前医学检查项目进行。婚前保健工作规范和婚前医学检查项目由国务院卫生行政部门规定。

第十四条 经婚前医学检查，医疗、保健机构应当向接受婚前医学检查的当事人出具婚前医学检查证明。

婚前医学检查证明应当列明是否发现下列疾病：

（一）在传染期内的指定传染病；

（二）在发病期内的有关精神病；

（三）不宜生育的严重遗传性疾病；

（四）医学上认为不宜结婚的其他疾病。

发现前款第（一）项、第（二）项、第（三）项疾病的，医师应当向当事人说明情况，提出预防、治疗以及采取相应医学措施的建议。当事人依据医生的医学意见，可以暂缓结婚，也可以自愿采用长效避孕措施或者结扎手术；医疗、保健机构应当为其治疗提供医学咨询和医疗服务。

第十五条 经婚前医学检查，医疗、保健机构不能确诊的，应当转到设区的市级以上人民政府卫生行政部门指定的医疗、保健机构确诊。

第十六条 在实行婚前医学检查的地区，婚姻登记机关在办理结婚登记时，应当查验婚前医学检查证明或者母婴保健法第十一条规定的医学鉴定证明。

第三章　孕产期保健

第十七条　医疗、保健机构应当为育龄妇女提供有关避孕、节育、生育、不育和生殖健康的咨询和医疗保健服务。

医师发现或者怀疑育龄夫妻患有严重遗传性疾病的，应当提出医学意见；限于现有医疗技术水平难以确诊的，应当向当事人说明情况。育龄夫妻可以选择避孕、节育、不孕等相应的医学措施。

第十八条　医疗、保健机构应当为孕产妇提供下列医疗保健服务：

（一）为孕产妇建立保健手册（卡），定期进行产前检查；

（二）为孕产妇提供卫生、营养、心理等方面的医学指导与咨询；

（三）对高危孕妇进行重点监护、随访和医疗保健服务；

（四）为孕产妇提供安全分娩技术服务；

（五）定期进行产后访视，指导产妇科学喂养婴儿；

（六）提供避孕咨询指导和技术服务；

（七）对产妇及其家属进行生殖健康教育和科学育儿知识教育；

（八）其他孕产期保健服务。

第十九条　医疗、保健机构发现孕妇患有下列严重疾病或者接触物理、化学、生物等有毒、有害因素，可能危及孕妇生命安全或者可能严重影响孕妇健康和胎儿正常发育的，应当对孕妇进行医学指导和下列必要的医学检查：

（一）严重的妊娠合并症或者并发症；

（二）严重的精神性疾病；

（三）国务院卫生行政部门规定的严重影响生育的其他疾病。

第二十条　孕妇有下列情形之一的，医师应当对其进行产前诊断：

（一）羊水过多或者过少的；

（二）胎儿发育异常或者胎儿有可疑畸形的；

（三）孕早期接触过可能导致胎儿先天缺陷的物质的；

（四）有遗传病家族史或者曾经分娩过先天性严重缺陷婴儿的；

（五）初产妇年龄超过35周岁的。

第二十一条　母婴保健法第十八条规定的胎儿的严重遗传性疾病、胎儿的严重缺陷、孕妇患继续妊娠可能危及其生命健康和安全的严重疾病目录，由国务院卫生行政部门规定。

第二十二条　生育过严重遗传性疾病或者严重缺陷患儿的，再次妊娠前，夫妻双方应当按照国家有关规定到医疗、保健机构进行医学检查。医疗、保健机构应当向当事人介绍有关遗传性疾病的知识，给予咨询、指导。对诊断患有医学上认为不宜生育的严重遗传性疾病的，医师应当向当事人说明情况，并提出医学意见。

第二十三条　严禁采用技术手段对胎儿进行性别鉴定。

对怀疑胎儿可能为伴性遗传病，需要进行性别鉴定的，由省、自治区、直辖市人民政府卫生行政部门指定的医疗、保健机构按照国务院卫生行政部门的规定进行鉴定。

第二十四条　国家提倡住院分娩。医疗、保健机构应当按照国务院卫生行政部门制定的技术操作规范，实施消毒接生和新生儿复苏，预防产伤及产后出血等产科并发症，降低孕产妇及围产儿发病率、死亡率。

没有条件住院分娩的，应当由经县级地方人民政府卫生行政部门许可并取得家庭接生员技术证书的人员接生。

高危孕妇应当在医疗、保健机构住院分娩。

第四章 婴儿保健

第二十五条 医疗、保健机构应当按照国家有关规定开展新生儿先天性、遗传性代谢病筛查、诊断、治疗和监测。

第二十六条 医疗、保健机构应当按照规定进行新生儿访视，建立儿童保健手册（卡），定期对其进行健康检查，提供有关预防疾病、合理膳食、促进智力发育等科学知识，做好婴儿多发病、常见病防治等医疗保健服务。

第二十七条 医疗、保健机构应当按照规定的程序和项目对婴儿进行预防接种。

婴儿的监护人应当保证婴儿及时接受预防接种。

第二十八条 国家推行母乳喂养。医疗、保健机构应当为实施母乳喂养提供技术指导，为住院分娩的产妇提供必要的母乳喂养条件。

医疗、保健机构不得向孕产妇和婴儿家庭宣传、推荐母乳代用品。

第二十九条 母乳代用品产品包装标签应当在显著位置标明母乳喂养的优越性。

母乳代用品生产者、销售者不得向医疗、保健机构赠送产品样品或者以推销为目的有条件地提供设备、资金和资料。

第三十条 妇女享有国家规定的产假。有不满 1 周岁婴儿的妇女，所在单位应当在劳动时间内为其安排一定的哺乳时间。

第五章 技术鉴定

第三十一条 母婴保健医学技术鉴定委员会分为省、市、县三级。

母婴保健医学技术鉴定委员会成员应当符合下列任职条件：

（一）县级母婴保健医学技术鉴定委员会成员应当具有主治医师以上专业技术职务；

（二）设区的市级和省级母婴保健医学技术鉴定委员会成员应当具有副主任医师以上专业技术职务。

第三十二条 当事人对婚前医学检查、遗传病诊断、产前诊断结果有异议，需要进一步确诊的，可以自接到检查或者诊断结果之日起 15 日内向所在地县级或者设区的市级母婴保健医学技术鉴定委员会提出书面鉴定申请。

母婴保健医学技术鉴定委员会应当自接到鉴定申请之日起 30 日内作出医学技术鉴定意见，并及时通知当事人。

当事人对鉴定意见有异议的，可以自接到鉴定意见通知书之日起 15 日内向上一级母婴保健医学技术鉴定委员会申请再鉴定。

第三十三条 母婴保健医学技术鉴定委员会进行医学鉴定时须有 5 名以上相关专业医学技术鉴定委员会成员参加。

鉴定委员会成员应当在鉴定结论上署名；不同意见应当如实记录。鉴定委员会根据鉴定结论向当事人出具鉴定意见书。

母婴保健医学技术鉴定管理办法由国务院卫生行政部门制定。

第六章 监督管理

第三十四条 县级以上地方人民政府卫生行政部门负责本行政区域内的母婴保健监督管理工作，履行下列监督管理职责：

（一）依照母婴保健法和本办法以及国务院卫生行政部门规定的条件和技术标准，对从事母婴保健工作的机构和人员实施许可，并核发相应的许可证书；

（二）对母婴保健法和本办法的执行情况进行监督检查；

（三）对违反母婴保健法和本办法的行为，依法给予行政处罚；

（四）负责母婴保健工作监督管理的其他事项。

第三十五条 从事遗传病诊断、产前诊断的医疗、保健机构和人员，须经省、自治区、直辖市人民政府卫生行政部门许可。

从事婚前医学检查的医疗、保健机构和人员，须经设区的市级人民政府卫生行政部门许可。

从事助产技术服务、结扎手术和终止妊娠手术的医疗、保健机构和人员以及从事家庭接生的人员，须经县级人民政府卫生行政部门许可，并取得相应的合格证书。

第三十六条 卫生监督人员在执行职务时，应当出示证件。

卫生监督人员可以向医疗、保健机构了解情况，索取必要的资料，对母婴保健工作进行监督、检查，医疗、保健机构不得拒绝和隐瞒。

卫生监督人员对医疗、保健机构提供的技术资料负有保密的义务。

第三十七条 医疗、保健机构应当根据其从事的业务，配备相应的人员和医疗设备，对从事母婴保健工作的人员加强岗位业务培训和职业道德教育，并定期对其进行检查、考核。

医师和助产人员（包括家庭接生人员）应当严格遵守有关技术操作规范，认真填写各项记录，提高助产技术和服务质量。

助产人员的管理，按照国务院卫生行政部门的规定执行。

从事母婴保健工作的执业医师应当依照母婴保健法的规定取得相应的资格。

第三十八条 医疗、保健机构应当按照国务院卫生行政部门的规定，对托幼园、所卫生保健工作进行业务指导。

第三十九条 国家建立孕产妇死亡、婴儿死亡和新生儿出生缺陷监测、报告制度。

第七章 罚 则

第四十条 医疗、保健机构或者人员未取得母婴保健技术许可，擅自从事婚前医学检查、遗传病诊断、产前诊断、终止妊娠手术和医学技术鉴定或者出具有关医学证明的，由卫生行政部门给予警告，责令停止违法行为，没收违法所得；违法所得5000元以上的，并处违法所得3倍以上5倍以下的罚款；没有违法所得或者违法所得不足5000元的，并处5000元以上2万元以下的罚款。

第四十一条 从事母婴保健技术服务的人员出具虚假医学证明文件的，依法给予行政处分；有下列情形之一的，由原发证部门撤销相应的母婴保健技术执业资格或者医师执业证书：

（一）因延误诊治，造成严重后果的；

（二）给当事人身心健康造成严重后果的；

（三）造成其他严重后果的。

第四十二条 违反本办法规定进行胎儿性别鉴定的，由卫生行政部门给予警告，责令停止违法行为；对医疗、保健机构直接负责的主管人员和其他直接责任人员，依法给予行政处分。进行胎儿性别鉴定两次以上的或者以营利为目的进行胎儿性别鉴定的，并由原发证机关撤销相应的母婴保健技术执业资格或者医师执业证书。

第八章 附 则

第四十三条 婚前医学检查证明的格式由国务院卫生行政部门规定。

第四十四条 母婴保健法及本办法所称的医疗、保健机构，是指依照《医疗机构管理条例》取得卫生行政部门医疗机构执业许可的各级各类医疗机构。

第四十五条 本办法自公布之日起施行。

中华人民共和国人口与计划生育法

（2001 年 12 月 29 日第九届全国人民代表大会常务委员会第二十五次会议通过　根据 2015 年 12 月 27 日第十二届全国人民代表大会常务委员会第十八次会议《关于修改〈中华人民共和国人口与计划生育法〉的决定》修正）

第一章　总　　则

第一条　为了实现人口与经济、社会、资源、环境的协调发展，推行计划生育，维护公民的合法权益，促进家庭幸福、民族繁荣与社会进步，根据宪法，制定本法。

第二条　我国是人口众多的国家，实行计划生育是国家的基本国策。

国家采取综合措施，控制人口数量，提高人口素质。

国家依靠宣传教育、科学技术进步、综合服务、建立健全奖励和社会保障制度，开展人口与计划生育工作。

第三条　开展人口与计划生育工作，应当与增加妇女受教育和就业机会、增进妇女健康、提高妇女地位相结合。

第四条　各级人民政府及其工作人员在推行计划生育工作中应当严格依法行政，文明执法，不得侵犯公民的合法权益。

计划生育行政部门及其工作人员依法执行公务受法律保护。

第五条　国务院领导全国的人口与计划生育工作。

地方各级人民政府领导本行政区域内的人口与计划生育工作。

第六条　国务院计划生育行政部门负责全国计划生育工作和与计划生育有关的人口工作。

县级以上地方各级人民政府计划生育行政部门负责本行政区域内的计划生育工作和与计划生育有关的人口工作。

县级以上各级人民政府其他有关部门在各自的职责范围内，负责有关的人口与计划生育工作。

第七条　工会、共产主义青年团、妇女联合会及计划生育协会等社会团体、企业事业组织和公民应当协助人民政府开展人口与计划生育工作。

第八条　国家对在人口与计划生育工作中作出显著成绩的组织和个人，给予奖励。

第二章　人口发展规划的制定与实施

第九条　国务院编制人口发展规划，并将其纳入国民经济和社会发展计划。

县级以上地方各级人民政府根据全国人口发展规划以及上一级人民政府人口发展规划，结合当地实际情况编制本行政区域的人口发展规划，并将其纳入国民经济和社会发展计划。

第十条　县级以上各级人民政府根据人口发展规划，制定人口与计划生育实施方案并组织实施。

县级以上各级人民政府计划生育行政部门负责实施人口与计划生育实施方案的日常工作。

乡、民族乡、镇的人民政府和城市街道办事处负责本管辖区域内的人口与计划生育工作，贯彻落实人口与计划生育实施方案。

第十一条　人口与计划生育实施方案应当规定控制人口数量，加强母婴保健，提高人口素质的措施。

第十二条　村民委员会、居民委员会应当依法做好计划生育工作。

机关、部队、社会团体、企业事业组织应当做好本单位的计划生育工作。

第十三条 计划生育、教育、科技、文化、卫生、民政、新闻出版、广播电视等部门应当组织开展人口与计划生育宣传教育。

大众传媒负有开展人口与计划生育的社会公益性宣传的义务。

学校应当在学生中,以符合受教育者特征的适当方式,有计划地开展生理卫生教育、青春期教育或者性健康教育。

第十四条 流动人口的计划生育工作由其户籍所在地和现居住地的人民政府共同负责管理,以现居住地为主。

第十五条 国家根据国民经济和社会发展状况逐步提高人口与计划生育经费投入的总体水平。各级人民政府应当保障人口与计划生育工作必要的经费。

各级人民政府应当对贫困地区、少数民族地区开展人口与计划生育工作给予重点扶持。

国家鼓励社会团体、企业事业组织和个人为人口与计划生育工作提供捐助。

任何单位和个人不得截留、克扣、挪用人口与计划生育工作费用。

第十六条 国家鼓励开展人口与计划生育领域的科学研究和对外交流与合作。

第三章 生育调节

第十七条 公民有生育的权利,也有依法实行计划生育的义务,夫妻双方在实行计划生育中负有共同的责任。

第十八条 国家提倡一对夫妻生育两个子女。

符合法律、法规规定条件的,可以要求安排再生育子女。具体办法由省、自治区、直辖市人民代表大会或者其常务委员会规定。

少数民族也要实行计划生育,具体办法由省、自治区、直辖市人民代表大会或者其常务委员会规定。

夫妻双方户籍所在地的省、自治区、直辖市之间关于再生育子女的规定不一致的,按照有利于当事人的原则适用。

第十九条 实行计划生育,以避孕为主。

国家创造条件,保障公民知情选择安全、有效、适宜的避孕节育措施。实施避孕节育手术,应当保证受术者的安全。

第二十条 育龄夫妻自主选择计划生育避孕节育措施,预防和减少非意愿妊娠。

第二十一条 实行计划生育的育龄夫妻免费享受国家规定的基本项目的计划生育技术服务。

前款规定所需经费,按照国家有关规定列入财政预算或者由社会保险予以保障。

第二十二条 禁止歧视、虐待生育女婴的妇女和不育的妇女。

禁止歧视、虐待、遗弃女婴。

第四章 奖励与社会保障

第二十三条 国家对实行计划生育的夫妻,按照规定给予奖励。

第二十四条 国家建立、健全基本养老保险、基本医疗保险、生育保险和社会福利等社会保障制度,促进计划生育。

国家鼓励保险公司举办有利于计划生育的保险项目。

有条件的地方可以根据政府引导、农民自愿的原则,在农村实行多种形式的养老保障办法。

第二十五条 符合法律、法规规定生育子女的夫妻,可以获得延长生育假的奖励或者其他福利待遇。

第二十六条 妇女怀孕、生育和哺乳期间,按照国家有关规定享受特殊劳动保护并可以获得帮助和补偿。

公民实行计划生育手术,享受国家规定的休假;地方人民政府可以给予奖励。

第二十七条 在国家提倡一对夫妻生育一个子女期间,自愿终身只生育一个子女的夫妻,国家发给《独生子女父母光荣证》。

获得《独生子女父母光荣证》的夫妻,按照国家和省、自治区、直辖市有关规定享受独生子女父母奖励。

法律、法规或者规章规定给予获得《独生子女父母光荣证》的夫妻奖励的措施中由其所在单位落实的,有关单位应当执行。

获得《独生子女父母光荣证》的夫妻,独生子女发生意外伤残、死亡的,按照规定获得扶助。

在国家提倡一对夫妻生育一个子女期间,按照规定应当享受计划生育家庭老年人奖励扶助的,继续享受相关奖励扶助。

第二十八条 地方各级人民政府对农村实行计划生育的家庭发展经济,给予资金、技术、培训等方面的支持、优惠;对实行计划生育的贫困家庭,在扶贫贷款、以工代赈、扶贫项目和社会救济等方面给予优先照顾。

第二十九条 本章规定的奖励措施,省、自治区、直辖市和较大的市的人民代表大会及其常务委员会或者人民政府可以依据本法和有关法律、行政法规的规定,结合当地实际情况,制定具体实施办法。

第五章 计划生育技术服务

第三十条 国家建立婚前保健、孕产期保健制度,防止或者减少出生缺陷,提高出生婴儿健康水平。

第三十一条 各级人民政府应当采取措施,保障公民享有计划生育技术服务,提高公民的生殖健康水平。

第三十二条 地方各级人民政府应当合理配置、综合利用卫生资源,建立、健全由计划生育技术服务机构和从事计划生育技术服务的医疗、保健机构组成的计划生育技术服务网络,改善技术服务设施和条件,提高技术服务水平。

第三十三条 计划生育技术服务机构和从事计划生育技术服务的医疗、保健机构应当在各自的职责范围内,针对育龄人群开展人口与计划生育基础知识宣传教育,对已婚育龄妇女开展孕情检查、随访服务工作,承担计划生育、生殖保健的咨询、指导和技术服务。

第三十四条 计划生育技术服务人员应当指导实行计划生育的公民选择安全、有效、适宜的避孕措施。

对已生育子女的夫妻,提倡选择长效避孕措施。

国家鼓励计划生育新技术、新药具的研究、应用和推广。

第三十五条 严禁利用超声技术和其他技术手段进行非医学需要的胎儿性别鉴定;严禁非医学需要的选择性别的人工终止妊娠。

第六章 法律责任

第三十六条 违反本法规定,有下列行为之一的,由计划生育行政部门或者卫生行政部门依据职权责令改正,给予警告,没收违法所得;违法所得一万元以上的,处违法所得二倍以上六倍以下的罚款;没有违法所得或者违法所得不足一万元的,处一万元以上三万元以下的罚款;情节严重的,由原发证机关吊销执业证书;构成犯罪的,依法追究刑事责任:

（一）非法为他人施行计划生育手术的；

（二）利用超声技术和其他技术手段为他人进行非医学需要的胎儿性别鉴定或者选择性别的人工终止妊娠的；

（三）进行假医学鉴定、出具假计划生育证明的。

第三十七条 伪造、变造、买卖计划生育证明，由计划生育行政部门没收违法所得，违法所得五千元以上的，处违法所得二倍以上十倍以下的罚款；没有违法所得或者违法所得不足五千元的，处五千元以上二万元以下的罚款；构成犯罪的，依法追究刑事责任。

以不正当手段取得计划生育证明的，由计划生育行政部门取消其计划生育证明；出具证明的单位有过错的，对直接负责的主管人员和其他直接责任人员依法给予行政处分。

第三十八条 计划生育技术服务人员违章操作或者延误抢救、诊治，造成严重后果的，依照有关法律、行政法规的规定承担相应的法律责任。

第三十九条 国家机关工作人员在计划生育工作中，有下列行为之一，构成犯罪的，依法追究刑事责任；尚不构成犯罪的，依法给予行政处分；有违法所得的，没收违法所得：

（一）侵犯公民人身权、财产权和其他合法权益的；

（二）滥用职权、玩忽职守、徇私舞弊的；

（三）索取、收受贿赂的；

（四）截留、克扣、挪用、贪污计划生育经费或者社会抚养费的；

（五）虚报、瞒报、伪造、篡改或者拒报人口与计划生育统计数据的。

第四十条 违反本法规定，不履行协助计划生育管理义务的，由有关地方人民政府责令改正，并给予通报批评；对直接负责的主管人员和其他直接责任人员依法给予行政处分。

第四十一条 不符合本法第十八条规定生育子女的公民，应当依法缴纳社会抚养费。

未在规定的期限内足额缴纳应当缴纳的社会抚养费的，自欠缴之日起，按照国家有关规定加收滞纳金；仍不缴纳的，由作出征收决定的计划生育行政部门依法向人民法院申请强制执行。

第四十二条 按照本法第四十一条规定缴纳社会抚养费的人员，是国家工作人员的，还应当依法给予行政处分；其他人员还应当由其所在单位或者组织给予纪律处分。

第四十三条 拒绝、阻碍计划生育行政部门及其工作人员依法执行公务的，由计划生育行政部门给予批评教育并予以制止；构成违反治安管理行为的，依法给予治安管理处罚；构成犯罪的，依法追究刑事责任。

第四十四条 公民、法人或者其他组织认为行政机关在实施计划生育管理过程中侵犯其合法权益，可以依法申请行政复议或者提起行政诉讼。

第七章　附　　则

第四十五条 流动人口计划生育工作的具体管理办法、计划生育技术服务的具体管理办法和社会抚养费的征收管理办法，由国务院制定。

第四十六条 中国人民解放军执行本法的具体办法，由中央军事委员会依据本法制定。

第四十七条 本法自2002年9月1日起施行。

计划生育技术服务管理条例

（2001年6月13日中华人民共和国国务院令第309号公布　根据2004年12月10日中华人民共和国国务院令第428号《国务院关于修改〈计划生育技术服务管理条例〉的决定》修订）

第一章　总　则

第一条　为了加强对计划生育技术服务工作的管理，控制人口数量，提高人口素质，保障公民的生殖健康权利，制定本条例。

第二条　在中华人民共和国境内从事计划生育技术服务活动的机构及其人员应当遵守本条例。

第三条　计划生育技术服务实行国家指导和个人自愿相结合的原则。

公民享有避孕方法的知情选择权。国家保障公民获得适宜的计划生育技术服务的权利。

国家向农村实行计划生育的育龄夫妻免费提供避孕、节育技术服务，所需经费由地方财政予以保障，中央财政对西部困难地区给予适当补助。

第四条　国务院计划生育行政部门负责管理全国计划生育技术服务工作。国务院卫生行政等有关部门在各自的职责范围内，配合计划生育行政部门做好计划生育技术服务工作。

第五条　计划生育技术服务网络由计划生育技术服务机构和从事计划生育技术服务的医疗、保健机构组成，并纳入区域卫生规划。

国家依靠科技进步提高计划生育技术服务质量，鼓励研究、开发、引进和推广计划生育新技术、新药具。

第二章　技术服务

第六条　计划生育技术服务包括计划生育技术指导、咨询以及与计划生育有关的临床医疗服务。

第七条　计划生育技术指导、咨询包括下列内容：

（一）生殖健康科普宣传、教育、咨询；

（二）提供避孕药具及相关的指导、咨询、随访；

（三）对已经施行避孕、节育手术和输卵（精）管复通手术的，提供相关的咨询、随访。

第八条　县级以上城市从事计划生育技术服务的机构可以在批准的范围内开展下列与计划生育有关的临床医疗服务：

（一）避孕和节育的医学检查；

（二）计划生育手术并发症和计划生育药具不良反应的诊断、治疗；

（三）施行避孕、节育手术和输卵（精）管复通手术；

（四）开展围绕生育、节育、不育的其他生殖保健项目。具体项目由国务院计划生育行政部门、卫生行政部门共同规定。

第九条　乡级计划生育技术服务机构可以在批准的范围内开展下列计划生育技术服务项目：

（一）放置宫内节育器；

（二）取出宫内节育器；

（三）输卵（精）管结扎术；

（四）早期人工终止妊娠术。

乡级计划生育技术服务机构开展上述全部或者部分项目的，应当依照本条例的规定，向所在地设区的市级人民政府计划生育行政部门提出申请。设区的市级人民政府计划生育行政部门应当根据其申请的项目，进行逐项审查。对符合本条例规定条件的，应当予以批准，并在其执业许可证上注明获准开展的项目。

第十条 乡级计划生育技术服务机构申请开展本条例第九条规定的项目，应当具备下列条件：

（一）具有1名以上执业医师或者执业助理医师；其中，申请开展输卵（精）管结扎术、早期人工终止妊娠术的，必须具备1名以上执业医师；

（二）具有与申请开展的项目相适应的诊疗设备；

（三）具有与申请开展的项目相适应的抢救设施、设备、药品和能力，并具有转诊条件；

（四）具有保证技术服务安全和服务质量的管理制度；

（五）符合与申请开展的项目有关的技术标准和条件。

具体的技术标准和条件由国务院卫生行政部门会同国务院计划生育行政部门制定。

第十一条 各级计划生育行政部门和卫生行政部门应当定期互相通报开展与计划生育有关的临床医疗服务的审批情况。

计划生育技术服务机构开展本条例第八条、第九条规定以外的其他临床医疗服务，应当依照《医疗机构管理条例》的有关规定进行申请、登记和执业。

第十二条 因生育病残儿要求再生育的，应当向县级人民政府计划生育行政部门申请医学鉴定，经县级人民政府计划生育行政部门初审同意后，由设区的市级人民政府计划生育行政部门组织医学专家进行医学鉴定；当事人对医学鉴定有异议的，可以向省、自治区、直辖市人民政府计划生育行政部门申请再鉴定。省、自治区、直辖市人民政府计划生育行政部门组织的医学鉴定为终局鉴定。具体办法由国务院计划生育行政部门会同国务院卫生行政部门制定。

第十三条 向公民提供的计划生育技术服务和药具应当安全、有效，符合国家规定的质量技术标准。

第十四条 国务院计划生育行政部门定期编制并发布计划生育技术、药具目录，指导列入目录的计划生育技术、药具的推广和应用。

第十五条 开展计划生育科技项目和计划生育国际合作项目，应当经国务院计划生育行政部门审核批准，并接受项目实施地县级以上地方人民政府计划生育行政部门的监督管理。

第十六条 涉及计划生育技术的广告，其内容应当经省、自治区、直辖市人民政府计划生育行政部门审查同意。

第十七条 从事计划生育技术服务的机构施行避孕、节育手术、特殊检查或者特殊治疗时，应当征得受术者本人同意，并保证受术者的安全。

第十八条 任何机构和个人不得进行非医学需要的胎儿性别鉴定或者选择性别的人工终止妊娠。

第三章 机构及其人员

第十九条 从事计划生育技术服务的机构包括计划生育技术服务机构和从事计划生育技术服务的医疗、保健机构。

第二十条 从事计划生育技术服务的机构，必须符合国务院计划生育行政部门规定的设置标准。

第二十一条 设立计划生育技术服务机构，由设区的市级以上地方人民政府计划生育行政部门批准，发给《计划生育技术服务机构执业许可证》，并在《计划生育技术服务机构执业许可证》上注明获准开展的计划生育技术服务项目。

第二十二条 从事计划生育技术服务的医疗、保健机构,由县级以上地方人民政府卫生行政部门审查批准,在其《医疗机构执业许可证》上注明获准开展的计划生育技术服务项目,并向同级计划生育行政部门通报。

第二十三条 乡、镇已有医疗机构的,不再新设立计划生育技术服务机构;但是,医疗机构内必须设有计划生育技术服务科(室),专门从事计划生育技术服务工作。乡、镇既有医疗机构,又有计划生育技术服务机构的,各自在批准的范围内开展计划生育技术服务工作。乡、镇没有医疗机构,需要设立计划生育技术服务机构的,应当依照本条例第二十一条的规定从严审批。

第二十四条 计划生育技术服务机构从事产前诊断的,应当经省、自治区、直辖市人民政府计划生育行政部门同意后,由同级卫生行政部门审查批准,并报国务院计划生育行政部门和国务院卫生行政部门备案。

从事计划生育技术服务的机构使用辅助生育技术治疗不育症的,由省级以上人民政府卫生行政部门审查批准,并向同级计划生育行政部门通报。使用辅助生育技术治疗不育症的具体管理办法,由国务院卫生行政部门会同国务院计划生育行政部门制定。使用辅助生育技术治疗不育症的技术规范,由国务院卫生行政部门征求国务院计划生育行政部门意见后制定。

第二十五条 从事计划生育技术服务的机构的执业许可证明文件每三年由原批准机关校验一次。

从事计划生育技术服务的机构的执业许可证明文件不得买卖、出借、出租,不得涂改、伪造。

从事计划生育技术服务的机构的执业许可证明文件遗失的,应当自发现执业许可证明文件遗失之日起 30 日内向原发证机关申请补发。

第二十六条 从事计划生育技术服务的机构应当按照批准的业务范围和服务项目执业,并遵守有关法律、行政法规和国务院卫生行政部门制定的医疗技术常规和抢救与转诊制度。

第二十七条 县级以上地方人民政府计划生育行政部门应当对本行政区域内的计划生育技术服务工作进行定期检查。

第二十八条 国家建立避孕药具流通管理制度。具体办法由国务院药品监督管理部门会同国务院计划生育行政部门及其他有关主管部门制定。

第二十九条 计划生育技术服务人员中依据本条例的规定从事与计划生育有关的临床服务人员,应当依照执业医师法和国家有关护士管理的规定,分别取得执业医师、执业助理医师、乡村医生或者护士的资格,并在依照本条例设立的机构中执业。在计划生育技术服务机构执业的执业医师和执业助理医师应当依照执业医师法的规定向所在地县级以上地方人民政府卫生行政部门申请注册。具体办法由国务院计划生育行政部门、卫生行政部门共同制定。

个体医疗机构不得从事计划生育手术。

第三十条 计划生育技术服务人员必须按照批准的服务范围、服务项目、手术术种从事计划生育技术服务,遵守与执业有关的法律、法规、规章、技术常规、职业道德规范和管理制度。

第四章 监督管理

第三十一条 国务院计划生育行政部门负责全国计划生育技术服务的监督管理工作。县级以上地方人民政府计划生育行政部门负责本行政区域内计划生育技术服务的监督管理工作。

县级以上人民政府卫生行政部门依据本条例的规定,负责对从事计划生育技术服务的医疗、保健机构的监督管理工作。

第三十二条 国家建立计划生育技术服务统计制度和计划生育技术服务事故、计划生育手术并发症和计划生育药具不良反应的鉴定制度和报告制度。

计划生育手术并发症鉴定和管理办法由国务院计划生育行政部门会同国务院卫生行政部门制定。

从事计划生育技术服务的机构发生计划生育技术服务事故、发现计划生育手术并发症和计划生育药具不良反应的，应当在国务院计划生育行政部门规定的时限内同时向所在地人民政府计划生育行政部门和卫生行政部门报告；对计划生育技术服务重大事故、计划生育手术严重的并发症和计划生育药具严重的或者新出现的不良反应，应当同时逐级向上级人民政府计划生育行政部门、卫生行政部门和国务院计划生育行政部门、卫生行政部门报告。

第三十三条 国务院计划生育行政部门会同国务院卫生行政部门汇总、分析计划生育技术服务事故、计划生育手术并发症和计划生育药具不良反应的数据，并应当及时向有关部门通报。国务院计划生育行政部门应当按照国家有关规定及时公布计划生育技术服务重大事故、计划生育手术严重的并发症和计划生育药具严重的或者新出现的不良反应，并可以授权省、自治区、直辖市计划生育行政部门及时公布和通报本行政区域内计划生育技术服务事故、计划生育手术并发症和计划生育药具不良反应。

第五章　罚　　则

第三十四条 计划生育技术服务机构或者医疗、保健机构以外的机构或者人员违反本条例的规定，擅自从事计划生育技术服务的，由县级以上地方人民政府计划生育行政部门依据职权，责令改正，给予警告，没收违法所得和有关药品、医疗器械；违法所得5000元以上的，并处违法所得2倍以上5倍以下的罚款；没有违法所得或者违法所得不足5000元的，并处5000元以上2万元以下的罚款；造成严重后果，构成犯罪的，依法追究刑事责任。

第三十五条 计划生育技术服务机构违反本条例的规定，未经批准擅自从事产前诊断和使用辅助生育技术治疗不育症的，由县级以上地方人民政府卫生行政部门会同计划生育行政部门依据职权，责令改正，给予警告，没收违法所得和有关药品、医疗器械；违法所得5000元以上的，并处违法所得2倍以上5倍以下的罚款；没有违法所得或者违法所得不足5000元的，并处5000元以上2万元以下的罚款；情节严重的，并由原发证部门吊销计划生育技术服务的执业资格。

第三十六条 违反本条例的规定，逾期不校验计划生育技术服务执业许可证明文件，继续从事计划生育技术服务的，由原发证部门责令限期补办校验手续；拒不校验的，由原发证部门吊销计划生育技术服务的执业资格。

第三十七条 违反本条例的规定，买卖、出借、出租或者涂改、伪造计划生育技术服务执业许可证明文件的，由原发证部门责令改正，没收违法所得；违法所得3000元以上的，并处违法所得2倍以上5倍以下的罚款；没有违法所得或者违法所得不足3000元的，并处3000元以上5000元以下的罚款；情节严重的，并由原发证部门吊销相关的执业资格。

第三十八条 从事计划生育技术服务的机构违反本条例第三条第三款的规定，向农村实行计划生育的育龄夫妻提供避孕、节育技术服务，收取费用的，由县级地方人民政府计划生育行政部门责令退还所收费用，给予警告，并处所收费用2倍以上5倍以下的罚款；情节严重的，并对该机构的正职负责人、直接负责的主管人员和其他直接责任人员给予降级或者撤职的行政处分。

第三十九条 从事计划生育技术服务的机构违反本条例的规定，未经批准擅自扩大计划生育技术服务项目的，由原发证部门责令改正，给予警告，没收违法所得；违法所得5000元以上的，并处违法所得2倍以上5倍以下的罚款；没有违法所得或者违法所得不足5000元的，并处5000元以上2万元以下的罚款；情节严重的，并由原发证部门吊销计划生育技术服务的执业资格。

第四十条 从事计划生育技术服务的机构违反本条例的规定，使用没有依法取得相应的医师资格的人员从事与计划生育技术服务有关的临床医疗服务的，由县级以上人民政府卫生行政部门依据职权，责令改正，没收违法所得；违法所得3000元以上的，并处违法所得1倍以上3倍以下的罚款；没有违法所得或者违法所得不足3000元的，并处3000元以上5000元以下的罚款；情节严重的，并由原发证部门吊销计划生育技术服务的执业资格。

第四十一条 从事计划生育技术服务的机构出具虚假证明文件，构成犯罪的，依法追究刑事责任；尚不构成犯罪的，由原发证部门责令改正，给予警告，没收违法所得；违法所得5000元以上的，并处违法所得2倍以上5倍以下的罚款；没有违法所得或者违法所得不足5000元的，并处5000元以上2万元以下的罚款；情节严重的，并由原发证部门吊销计划生育技术服务的执业资格。

第四十二条 计划生育行政部门、卫生行政部门违反规定，批准不具备规定条件的计划生育技术服务机构或者医疗、保健机构开展与计划生育有关的临床医疗服务项目，或者不履行监督职责，或者发现违法行为不予查处，导致计划生育技术服务重大事故发生的，对该部门的正职负责人、直接负责的主管人员和其他直接责任人员给予降级或者撤职的行政处分；构成犯罪的，依法追究刑事责任。

第六章　附　　则

第四十三条 依照本条例的规定，乡级计划生育技术服务机构开展本条例第九条规定的项目发生计划生育技术服务事故的，由计划生育行政部门行使依照《医疗事故处理条例》有关规定由卫生行政部门承担的受理、交由负责医疗事故技术鉴定工作的医学会组织鉴定和赔偿调解的职能；对发生计划生育技术服务事故的该机构及其有关责任人员，依法进行处理。

第四十四条 设区的市级以上地方人民政府计划生育行政部门应当自《国务院关于修改〈计划生育技术服务管理条例〉的决定》施行之日起6个月内，对本行政区域内已经获得批准开展本条例第九条规定的项目的乡级计划生育技术服务机构，依照本条例第十条规定的条件重新进行检查；对不符合条件的，应当责令其立即停止开展相应的项目，并收回原批准文件。

第四十五条 在乡村计划生育技术服务机构或者乡村医疗、保健机构中从事计划生育技术服务的人员，符合本条例规定的，可以经认定取得执业资格；不具备本条例规定条件的，按照国务院的有关规定执行。

第四十六条 本条例自2001年10月1日起施行。

城市生活无着的流浪乞讨人员救助管理办法

（2003年6月20日中华人民共和国国务院令第381号公布　自2003年8月1日起施行）

第一条 为了对在城市生活无着的流浪、乞讨人员（以下简称流浪乞讨人员）实行救助，保障其基本生活权益，完善社会救助制度，制定本办法。

第二条 县级以上城市人民政府应当根据需要设立流浪乞讨人员救助站。救助站对流浪乞讨人员的救助是一项临时性社会救助措施。

第三条 县级以上城市人民政府应当采取积极措施及时救助流浪乞讨人员，并应当将救助工作所需经费列入财政预算，予以保障。

国家鼓励、支持社会组织和个人救助流浪乞讨人员。

第四条 县级以上人民政府民政部门负责流浪乞讨人员的救助工作，并对救助站进行指导、监督。

公安、卫生、交通、铁道、城管等部门应当在各自的职责范围内做好相关工作。

第五条 公安机关和其他有关行政机关的工作人员在执行职务时发现流浪乞讨人员的，应当告知其向救助站求助；对其中的残疾人、未成年人、老年人和行动不便的其他人员，还应当引导、护送到救助站。

第六条 向救助站求助的流浪乞讨人员，应当如实提供本人的姓名等基本情况并将随身携带物品在救助站登记，向救助站提出求助需求。

救助站对属于救助对象的求助人员，应当及时提供救助，不得拒绝；对不属于救助对象的求助人员，应当说明不予救助的理由。

第七条 救助站应当根据受助人员的需要提供下列救助：

（一）提供符合食品卫生要求的食物；

（二）提供符合基本条件的住处；

（三）对在站内突发急病的，及时送医院救治；

（四）帮助与其亲属或者所在单位联系；

（五）对没有交通费返回其住所地或者所在单位的，提供乘车凭证。

第八条 救助站为受助人员提供的住处，应当按性别分室住宿，女性受助人员应当由女性工作人员管理。

第九条 救助站应当保障受助人员在站内的人身安全和随身携带物品的安全，维护站内秩序。

第十条 救助站不得向受助人员、其亲属或者所在单位收取费用，不得以任何借口组织受助人员从事生产劳动。

第十一条 救助站应当劝导受助人员返回其住所地或者所在单位，不得限制受助人员离开救助站。救助站对受助的残疾人、未成年人、老年人应当给予照顾；对查明住址的，及时通知其亲属或者所在单位领回；对无家可归的，由其户籍所在地人民政府妥善安置。

第十二条 受助人员住所地的县级人民政府应当采取措施，帮助受助人员解决生产、生活困难，教育遗弃残疾人、未成年人、老年人的近亲属或者其他监护人履行抚养、赡养义务。

第十三条 救助站应当建立、健全站内管理的各项制度，实行规范化管理。

第十四条 县级以上人民政府民政部门应当加强对救助站工作人员的教育、培训和监督。

救助站工作人员应当自觉遵守国家的法律法规、政策和有关规章制度，不准拘禁或者变相拘禁受助人员；不准打骂、体罚、虐待受助人员或者唆使他人打骂、体罚、虐待受助人员；不准敲诈、勒索、侵吞受助人员的财物；不准克扣受助人员的生活供应品；不准扣压受助人员的证件、申诉控告材料；不准任用受助人员担任管理工作；不准使用受助人员为工作人员干私活；不准调戏妇女。

违反前款规定，构成犯罪的，依法追究刑事责任；尚不构成犯罪的，依法给予纪律处分。

第十五条 救助站不履行救助职责的，求助人员可以向当地民政部门举报；民政部门经查证属实的，应当责令救助站及时提供救助，并对直接责任人员依法给予纪律处分。

第十六条 受助人员应当遵守法律法规。受助人员违反法律法规的，应当依法处理。

受助人员应当遵守救助站的各项规章制度。

第十七条 本办法的实施细则由国务院民政部门制定。

第十八条 本办法自2003年8月1日起施行。1982年5月12日国务院发布的《城市流浪乞讨人员收容遣送办法》同时废止。

收养登记工作规范

（2008 年 8 月 25 日　民发〔2008〕118 号）

为了规范收养登记工作，根据《中华人民共和国收养法》、《外国人在中华人民共和国收养子女登记办法》、《中国公民收养子女登记办法》和《华侨以及居住在香港、澳门、台湾地区的中国公民办理收养登记的管辖以及所需要出具的证件和证明材料的规定》，制定本规范。

第一章　收养登记机关和登记员

第一条　收养登记机关是依法履行收养登记行政职能的各级人民政府民政部门。

收养登记机关应当依照法律、法规及本规范，认真履行职责，做好收养登记工作。

第二条　收养登记机关的职责：

（一）办理收养登记；

（二）办理解除收养登记；

（三）撤销收养登记；

（四）补发收养登记证和解除收养关系证明；

（五）出具收养关系证明；

（六）办理寻找弃婴（弃儿）生父母公告；

（七）建立和保管收养登记档案；

（八）宣传收养法律法规。

第三条　收养登记的管辖按照《外国人在中华人民共和国收养子女登记办法》、《中国公民收养子女登记办法》和《华侨以及居住在香港、澳门、台湾地区的中国公民办理收养登记的管辖以及所需要出具的证件和证明材料的规定》的有关规定确定。

第四条　收养登记机关办理收养登记应当使用民政厅或者民政局公章。

收养登记机关应当按照有关规定刻制收养登记专用章。

第五条　收养登记机关应当设置有专门的办公场所，并在醒目位置悬挂收养登记处（科）标识牌。

收养登记场所应当庄严、整洁，设有收养登记公告栏。

第六条　收养登记实行政务公开，应当在收养登记场所公开展示下列内容：

（一）本收养登记机关的管辖权及依据；

（二）收养法的基本原则以及父母和子女的权利、义务；

（三）办理收养登记、解除收养登记的条件与程序；

（四）补领收养登记证的条件与程序；

（五）无效收养及可撤销收养的规定；

（六）收费项目与收费标准、依据；

（七）收养登记员职责及其照片、编号；

（八）办公时间和服务电话（电话号码在当地 114 查询台登记）；

（九）监督电话。

收养登记场所应当备有《中华人民共和国收养法》、《外国人在中华人民共和国收养子女登记办法》、《中国公民收养子女登记办法》和《华侨以及居住在香港、澳门、台湾地区的中国公民办理收养登记的管辖以及所需要出具的证件和证明材料的规定》,及其他有关文件供收养当事人免费查阅。

收养登记机关对外办公时间应当为国家法定办公时间。

第七条 收养登记机关应当实行计算机管理。各级民政部门应当为本行政区域内收养登记管理信息化建设创造条件。

第八条 收养登记机关应当配备收养登记员。收养登记员由本级民政部门考核、任免。

第九条 收养登记员的主要职责:

(一)解答咨询;

(二)审查当事人是否具备收养登记、解除收养登记、补发收养登记证、撤销收养登记的条件;

(三)颁发收养登记证;

(四)出具收养登记证明;

(五)及时将办理完毕的收养登记材料收集、整理、归档。

第十条 收养登记员应当熟练掌握相关法律法规和计算机操作,依法行政,热情服务,讲求效率。

收养登记员应当尊重当事人的意愿,保守收养秘密。

第十一条 收养登记员办理收养登记及相关业务应当按照申请—受理—审查—报批—登记—颁证的程序办理。

第十二条 收养登记员在完成表格和证书、证明填写后,应当进行认真核对、检查,并复印存档。对打印或者书写错误、证件被污染或者损坏的,应当作废处理,重新填写。

第二章 收养登记

第十三条 受理收养登记申请的条件是:

(一)收养登记机关具有管辖权;

(二)收养登记当事人提出申请;

(三)当事人持有的证件、证明材料符合规定。

收养人和被收养人应当提交2张2寸近期半身免冠合影照片。送养人应当提交2张2寸近期半身免冠合影或者单人照片,社会福利机构送养的除外。

第十四条 收养登记员受理收养登记申请,应当按照下列程序进行:

(一)区分收养登记类型,查验当事人提交的证件和证明材料、照片是否符合此类型的要求;

(二)询问或者调查当事人的收养意愿、目的和条件,告知收养登记的条件和弄虚作假的后果;

(三)见证当事人在《收养登记申请书》(附件1)上签名;

(四)将当事人的信息输入计算机应当用程序,并进行核查;

(五)复印当事人的身份证件、户口簿。单身收养的应当复印无婚姻登记记录证明、离婚证或者配偶死亡证明;夫妻双方共同收养的应当复印结婚证。

第十五条 《收养登记申请书》的填写:

(一)当事人"姓名":当事人是中国公民的,使用中文填写;当事人是外国人的,按照当事人护照上的姓名填写;

(二)"出生日期":使用阿拉伯数字,按照身份证件上的出生日期填写为"××××年××月××日";

(三)"身份证件号":当事人是内地居民的,填写公民身份号码;当事人是香港、澳门、台湾居民中的中国公民的,填写香港、澳门、台湾居民身份证号,并在号码后加注"(香港)"、"(澳门)"或者"(台湾)";当事人是华侨的,填写护照号;当事人是外国人的,填写护照号。

证件号码前面有字符的,应当一并填写;

(四)"国籍":当事人是内地居民、华侨以及居住在香港、澳门、台湾地区的中国公民的,填写"中国";当事人是外国人的,按照护照上的国籍填写;

(五)"民族"、"职业"和"文化程度",按照《中华人民共和国国家标准》填写;

(六)"健康状况"填写"健康"、"良好"、"残疾"或者其他疾病;

(七)"婚姻状况"填写"未婚"、"已婚"、"离婚"、"丧偶";

(八)"家庭收入"填写家庭年收入总和;

(九)"住址"填写户口簿上的家庭住址;

(十)送养人是社会福利机构的,填写"送养人情况(1)",经办人应当是社会福利机构工作人员。送养人是非社会福利机构的,填写"送养人情况(2)","送养人和被收养人关系"是亲属关系的,应当写明具体亲属关系;不是亲属关系的,应当写明"非亲属"。

收养非社会福利机构抚养的查找不到生父母的儿童的,送养人有关内容不填;

(十一)"被收养后改名为"填写被收养人被收养后更改的姓名。未更改姓名的,此栏不填;

(十二)被收养人"身份类别"分别填写"孤儿"、"社会福利机构抚养的查找不到生父母的儿童"、"非社会福利机构抚养的查找不到生父母的儿童"、"生父母有特殊困难无力抚养的子女"、"继子女"。收养三代以内同辈旁系血亲的子女,应当写明具体亲属关系;

(十三)继父母收养继子女的,要同时填写收养人和送养人有关内容。单身收养后,收养人结婚,其配偶要求收养继子女的;送养人死亡或者被人民法院宣告死亡的,送养人有关内容不填;

(十四)《收养登记申请书》中收养人、被收养人和送养人(送养人是社会福利机构的经办人)的签名必须由当事人在收养登记员当面完成;

当事人没有书写能力的,由当事人口述,收养登记员代为填写。收养登记员代当事人填写完毕后,应当宣读,当事人认为填写内容无误,在当事人签名处按指纹。当事人签名一栏不得空白,也不得由他人代为填写、代按指纹。

第十六条 收养登记员要分别询问或者调查收养人、送养人、年满10周岁以上的被收养人和其他应当询问或者调查的人。

询问或者调查的重点是被询问人或者被调查人的姓名、年龄、健康状况、经济和教育能力、收养人、送养人和被收养人之间的关系、收养的意愿和目的。特别是对年满10周岁以上的被收养人应当询问是否同意被收养和有关协议内容。

询问或者调查结束后,要将笔录给被询问人或者被调查人阅读。被询问人或者被调查人要写明"已阅读询问(或者调查)笔录,与本人所表示的意思一致(或者调查情况属实)",并签名。被询问人或者被调查人没有书写能力的,可由收养登记员向被询问或者被调查人宣读所记录的内容,并注明"由收养登记员记录,并向当事人宣读,被询问人(被调查人)在确认所记录内容正确无误后按指纹。"然后请被询问人或者被调查人在注明处按指纹。

第十七条 收养查找不到生父母的弃婴、弃儿的,收养登记机关应当根据《中国公民收养子女登记办法》第七条的规定,在登记前公告查找其生父母(附件2)。

公告应当刊登在收养登记机关所在地设区的市(地区)级以上地方报纸上。公告要有查找不到生父母的弃婴、弃儿的照片。办理公告时收养登记员要保存捡拾证明和捡拾地派出所出具的报案证明。派出所出具的报案证明应当有出具该证明的警员签名和警号。

第十八条 办理内地居民收养登记和华侨收养登记,以及香港、澳门、台湾居民中的中国公民的收养登记,收养登记员收到当事人提交的申请书及有关材料后,应当自次日起30日内进行审查。对符合收养条件的,为当事人办理收养登记,填写《收养登记审查处理表》(附件3),报民政局主要领导或者分管领导批准,并填发收养登记证。

办理涉外收养登记，收养登记员收到当事人提交的申请书及有关材料后，应当自次日起7日内进行审查。对符合收养条件的，为当事人办理收养登记，填写《收养登记审查处理表》，报民政厅（局）主要领导或者分管领导批准，并填发收养登记证。

第十九条 《收养登记审查处理表》和收养登记证由计算机打印，未使用计算机进行收养登记的，应当使用蓝黑、黑色墨水的钢笔或者签字笔填写。

第二十条 《收养登记审查处理表》的填写：

（一）“提供证件情况”：应当对当事人提供的证件、证明材料核实后填写“齐全”；

（二）“审查意见”：填写“符合收养条件，准予登记”；

（三）“主要领导或者分管领导签名”：由批准该收养登记的民政厅（局）主要领导或者分管领导亲笔签名，不得使用个人印章或者计算机打印；

（四）“收养登记员签名”：由办理该收养登记的收养登记员亲笔签名，不得使用个人印章或者计算机打印；

（五）“收养登记日期”：使用阿拉伯数字，填写为：“××××年××月××日”。填写的日期应当与收养登记证上的登记日期一致；

（六）“承办机关名称”：填写承办单位名称；

（七）“收养登记证字号”填写式样为“（XXXX）AB收字YYYYY”（AB为收养登记机关所在省级和县级或者市级和区级的行政区域简称，XXXX为年号，YYYYY为当年办理收养登记的序号）；

（八）“收养登记证印制号”填写颁发给当事人的收养登记证上印制的号码。

第二十一条 收养登记证的填写按照《民政部办公厅关于启用新式〈收养登记证〉的通知》（民办函〔2006〕203号）的要求填写。

收养登记证上收养登记字号、姓名、性别、国籍、出生日期、身份证件号、住址、被收养人身份、更改的姓名，以及登记日期应当与《收养登记申请书》和《收养登记审查处理表》中相应项目一致。

无送养人的，“送养人姓名（名称）”一栏不填。

第二十二条 颁发收养登记证，应当在当事人在场时按照下列步骤进行：

（一）核实当事人姓名和收养意愿；

（二）告知当事人领取收养登记证后的法律关系以及父母和子女的权利、义务；

（三）见证当事人本人亲自在附件3上的“当事人领证签名或者按指纹”一栏中签名；当事人没有书写能力的，应当按指纹。

“当事人领证签名或者按指纹”一栏不得空白，不得由他人代为填写、代按指纹；

（四）将收养登记证颁发给收养人，并向当事人宣布：取得收养登记证，确立收养关系。

第二十三条 收养登记机关对不符合收养登记条件的，不予受理，但应当向当事人出具《不予办理收养登记通知书》（附件4），并将当事人提交的证件和证明材料全部退还当事人。对于虚假证明材料，收养登记机关予以没收。

第三章　解除收养登记

第二十四条 受理解除收养关系登记申请的条件是：

（一）收养登记机关具有管辖权；

（二）收养人、送养人和被收养人共同到被收养人常住户口所在地的收养登记机关提出申请；

（三）收养人、送养人自愿解除收养关系并达成协议。被收养人年满10周岁的，已经征得其同意；

（四）持有收养登记机关颁发的收养登记证。经公证机构公证确立收养关系的，应当持有公证书；

（五）收养人、送养人和被收养人各提交2张2寸单人近期半身免冠照片，社会福利机构送养的除外；

（六）收养人、送养人和被收养人持有身份证件、户口簿。

送养人是社会福利机构的，要提交社会福利机构法定代表人居民身份证复印件。

养父母与成年养子女协议解除收养关系的，无需送养人参与。

第二十五条 收养登记员受理解除收养关系登记申请，应当按照下列程序进行：

（一）查验当事人提交的照片、证件和证明材料。

当事人提供的收养登记证上的姓名、出生日期、公民身份号码与身份证、户口簿不一致的，当事人应当书面说明不一致的原因；

（二）向当事人讲明收养法关于解除收养关系的条件；

（三）询问当事人的解除收养关系意愿以及对解除收养关系协议内容的意愿；

（四）收养人、送养人和被收养人参照本规范第十五条的相关内容填写《解除收养登记申请书》（附件5）；

（五）将当事人的信息输入计算机应当用程序，并进行核查；

（六）复印当事人的身份证件、户口簿。

第二十六条 收养登记员要分别询问收养人、送养人、年满10周岁以上的被收养人和其他应当询问的人。

询问的重点是被询问人的姓名、年龄、健康状况、民事行为能力、收养人、送养人和被收养人之间的关系、解除收养登记的意愿。对年满10周岁以上的被收养人应当询问是否同意解除收养登记和有关协议内容。

对未成年的被收养人，要询问送养人同意解除收养登记后接纳被收养人和有关协议内容。

询问结束后，要将笔录给被询问人阅读。被询问人要写明“已阅读询问笔录，与本人所表示的意思一致”，并签名。被询问人没有书写能力的，可由收养登记员向被询问人宣读所记录的内容，并注明“由收养登记员记录，并向当事人宣读，被询问人在确认所记录内容正确无误后按指纹。”然后请被询问人在注明处按指纹。

第二十七条 收养登记员收到当事人提交的证件、申请解除收养关系登记申请书、解除收养关系协议书后，应当自次日起30日内进行审查。对符合解除收养条件的，为当事人办理解除收养关系登记，填写《解除收养登记审查处理表》（附件6），报民政厅（局）主要领导或者分管领导批准，并填发《解除收养关系证明》。

“解除收养关系证明字号”填写式样为“（XXXX）AB解字YYYYY”（AB为收养登记机关所在省级和县级或者市级和区级的行政区域简称，XXXX为年号，YYYYY为当年办理解除收养登记的序号）。

第二十八条 颁发解除收养关系证明，应当在当事人均在场时按照下列步骤进行：

（一）核实当事人姓名和解除收养关系意愿；

（二）告知当事人领取解除收养关系证明后的法律关系；

（三）见证当事人本人亲自在《解除收养登记审查处理表》“领证人签名或者按指纹”一栏中签名；当事人没有书写能力的，应当按指纹。

“领证人签名或者按指纹”一栏不得空白，不得由他人代为填写、代按指纹；

（四）收回收养登记证，收养登记证遗失应当提交查档证明；

（五）将解除收养关系证明一式两份分别颁发给解除收养关系的收养人和被收养人，并宣布：取得解除收养关系证明，收养关系解除。

第二十九条 收养登记机关对不符合解除收养关系登记条件的，不予受理，但应当向当事人出具《不予办理解除收养登记通知书》(附件7),将当事人提交的证件和证明材料全部退还当事人。对于虚假证明材料,收养登记机关予以没收。

第四章　撤销收养登记

第三十条　收养关系当事人弄虚作假骗取收养登记的,按照《中国公民收养子女登记办法》第十二条的规定,由利害关系人、有关单位或者组织向原收养登记机关提出,由收养登记机关撤销登记,收缴收养登记证。

第三十一条　收养登记员受理撤销收养登记申请,应当按照下列程序进行:

(一)查验申请人提交的证件和证明材料;

(二)申请人在收养登记员面前亲自填写《撤销收养登记申请书》(附件8),并签名。

申请人没有书写能力的,可由当事人口述,第三人代为填写,当事人在"申请人"一栏按指纹。

第三人应当在申请书上注明代写人的姓名、公民身份号码、住址、与申请人的关系。

收养登记机关工作人员不得作为第三人代申请人填写;

(三)申请人宣读本人的申请书,收养登记员作见证人并在见证人一栏签名;

(四)调查涉案当事人的收养登记情况。

第三十二条　符合撤销条件的,收养登记机关拟写《关于撤销×××与×××收养登记决定书》(附件9),报民政厅(局)主要领导或者分管领导批准,并印发撤销决定。

第三十三条　收养登记机关应当将《关于撤销×××与×××收养登记决定书》送达每位当事人,收缴收养登记证,并在收养登记机关的公告栏公告30日。

第三十四条　收养登记机关对不符合撤销收养条件的,应当告知当事人不予撤销的原因,并告知当事人可以向人民法院起诉。

第五章　补领收养登记证、解除收养关系证明

第三十五条　当事人遗失、损毁收养证件,可以向原收养登记机关申请补领。

第三十六条　受理补领收养登记证、解除收养关系证明申请的条件是:

(一)收养登记机关具有管辖权;

(二)依法登记收养或者解除收养关系,目前仍然维持该状况;

(三)收养人或者被收养人亲自到收养登记机关提出申请。

收养人或者被收养人因故不能到原收养登记机关申请补领收养登记证的,可以委托他人办理。委托办理应当提交经公证机关公证的当事人的身份证件复印件和委托书。委托书应当写明当事人办理收养登记的时间及承办机关、目前的收养状况、委托事由、受委托人的姓名和身份证件号码。受委托人应当同时提交本人的身份证件。

夫妻双方共同收养子女的,应当共同到收养登记机关提出申请,一方不能亲自到场的,应当书面委托另一方,委托书应当经过村(居)民委员会证明或者经过公证。外国人的委托书应当经所在国公证和认证。夫妻双方一方死亡的,另一方应当出具配偶死亡的证明;离婚的出具离婚证件,可以一方提出申请。

被收养人未成年的,可由监护人提出申请。监护人要提交监护证明;

(四)申请人持有身份证件、户口簿;

(五)申请人持有查档证明。

收养登记档案遗失的,申请人应当提交能够证明其收养状况的证明。户口本上父母子女关系的记载,单位、村(居)民委员会或者近亲属出具的写明当事人收养状况的证明可以作为当事人收养状况证明使用;

（六）收养人和被收养人的 2 张 2 寸合影或者单人近期半身免冠照片。

监护人提出申请的，要提交监护人 1 张 2 寸合影或者单人近期半身免冠照片。监护人为单位的，要提交单位法定代表人身份证件复印件和经办人 1 张 2 寸单人近期半身免冠照片。

第三十七条 收养登记员受理补领收养登记证、解除收养关系证明，应当按照下列程序进行：

（一）查验申请人提交的照片、证件和证明材料。

申请人出具的身份证、户口簿上的姓名、年龄、公民身份号码与原登记档案不一致的，申请人应当书面说明不一致的原因，收养登记机关可根据申请人出具的身份证件补发收养登记证；

（二）向申请人讲明补领收养登记证、解除收养关系证明的条件；

（三）询问申请人当时办理登记的情况和现在的收养状况。

对于没有档案可查的，收养登记员要对申请人进行询问。询问结束后，要将笔录给被询问人阅读。被询问人要写明"已阅读询问笔录，与本人所表示的意思一致"，并签名。被询问人没有书写能力的，可由收养登记员向被询问人宣读所记录的内容，并注明"由收养登记员记录，并向被询问人宣读，被询问人在确认所记录内容正确无误后按指纹。"然后请被询问人在注明处按指纹；

（四）申请人参照本规范第十五条相关规定填写《补领收养登记证申请书》（附件 10）；

（五）将申请人的信息输入计算机应当用程序，并进行核查；

（六）向出具查档证明的机关进行核查；

（七）复印当事人的身份证件、户口簿。

第三十八条 收养登记员收到申请人提交的证件、证明后，应当自次日起 30 日内进行审查，符合补发条件的，填写《补发收养登记证审查处理表》（附件 11），报民政厅（局）主要领导或者分管领导批准，并填发收养登记证、解除收养关系证明。

《补发收养登记证审查处理表》和收养登记证按照《民政部办公厅关于启用新式〈收养登记证〉的通知》（民办函〔2006〕203 号）和本规范相关规定填写。

第三十九条 补发收养登记证、解除收养关系证明，应当在申请人或者委托人在场时按照下列步骤进行：

（一）向申请人或者委托人核实姓名和原登记日期；

（二）见证申请人或者委托人在《补发收养登记证审查处理表》"领证人签名或者按指纹"一栏中签名；申请人或者委托人没有书写能力的，应当按指纹。

"领证人签名或者按指纹"一栏不得空白，不得由他人代为填写、代按指纹；

（三）将补发的收养登记证、解除收养登记证发给申请人或者委托人，并告知妥善保管。

第四十条 收养登记机关对不具备补发收养登记证、解除收养关系证明受理条件的，不予受理，并告知原因和依据。

第四十一条 当事人办理过收养或者解除收养关系登记，申请补领时的收养状况因解除收养关系或者收养关系当事人死亡发生改变的，不予补发收养登记证，可由收养登记机关出具收养登记证明。

收养登记证明不作为收养人和被收养人现在收养状况的证明。

第四十二条 出具收养登记证明的申请人范围和程序与补领收养登记证相同。申请人向原办理该收养登记的机关提出申请，并填写《出具收养登记证明申请书》（附件 12）。收养登记员收到当事人提交的证件、证明后，应当自次日起 30 日内进行审查，符合出证条件的，填写《出具收养登记证明审查处理表》（附件 13），报民政厅（局）主要领导或者分管领导批准，并填写《收养登记证明书》（附件 14），发给申请人。

第四十三条 "收养登记证明字号"填写式样为"（XXXX）AB 证字 YYYYY"（AB 为收养登记机关所在省级和县级或者市级和区级的行政区域简称，XXXX 为年号，YYYYY 为当年出具收养登记证明的序号）。

第六章　收养档案和证件管理

第四十四条　收养登记机关应当按照《收养登记档案管理暂行办法》(民发〔2003〕181号)的规定,制定立卷、归档、保管、移交和使用制度,建立和管理收养登记档案,不得出现原始材料丢失、损毁情况。

第四十五条　收养登记机关不得购买非上级民政部门提供的收养证件。各级民政部门发现本行政区域内有购买、使用非上级民政部门提供的收养证件的,应当予以没收,并追究相关责任人的法律责任和行政责任。

收养登记机关已将非法购制的收养证件颁发给收养当事人的,应当追回,并免费为当事人换发符合规定的收养登记证、解除收养关系证明。

报废的收养证件由收养登记机关登记造册,统一销毁。

收养登记机关发现收养证件有质量问题时,应当及时书面报告省(自治区、直辖市)人民政府民政部门。

第七章　监督与管理

第四十六条　各级民政部门应当建立监督检查制度,定期对本级民政部门设立的收养登记处(科)和下级收养登记机关进行监督检查,发现问题,及时纠正。

第四十七条　收养登记机关应当按规定到指定的物价部门办理收费许可证,按照国家规定的标准收取收养登记费,并使用财政部门统一制定的收费票据。

第四十八条　收养登记机关及其收养登记员有下列行为之一的,对直接负责的主管人员和其他直接责任人员依法给予行政处分:

(一)为不符合收养登记条件的当事人办理收养登记的;

(二)依法应当予以登记而不予登记的;

(三)违反程序规定办理收养登记、解除收养关系登记、撤销收养登记及其他证明的;

(四)要求当事人提交《中华人民共和国收养法》、《中国公民收养子女登记办法》、《华侨以及居住在香港、澳门、台湾地区的中国公民办理收养登记的管辖以及所需要出具的证件和证明材料的规定》、《外国人在中华人民共和国收养子女登记办法》和本规范规定以外的证件和证明材料的;

(五)擅自提高收费标准、增加收费项目或者不使用规定收费票据的;

(六)玩忽职守造成收养登记档案损毁的;

(七)泄露当事人收养秘密并造成严重后果的;

(八)购买使用伪造收养证书的。

第四十九条　收养登记员违反规定办理收养登记,给当事人造成严重后果的,应当由收养登记机关承担对当事人的赔偿责任,并对承办人员进行追偿。

第八章　附　　则

第五十条　收养查找不到生父母的弃婴、儿童的公告费,由收养人缴纳。

第五十一条　收养登记当事人提交的居民身份证与常住户口簿上的姓名、性别、出生日期应当一致;不一致的,当事人应当先到公安部门更正。

居民身份证或者常住户口簿丢失,当事人应当先到公安户籍管理部门补办证件。当事人无法提交居民身份证的,可提交有效临时身份证办理收养登记。当事人无法提交居民户口簿的,可提交公安部门或者有关户籍管理机构出具的加盖印章的户籍证明办理收养登记。

第五十二条　收养登记当事人提交的所在单位或者村民委员会、居民委员会、县级以上医疗机构、人口计生部门出具的证明,以及本人的申请,有效期6个月。

第五十三条 人民法院依法判决或者调解结案的收养案件,确认收养关系效力或者解除收养关系的,不再办理收养登记或者解除收养登记。

第五十四条 《中华人民共和国收养法》公布施行以前所形成的收养关系,收养关系当事人申请办理收养登记的,不予受理。

养老机构设立许可办法

(2013年6月28日民政部令第48号公布 根据2015年5月5日公布的《民政部关于修改部分规章的决定》修订)

第一章 总 则

第一条 为了规范养老机构设立许可,促进养老机构健康发展,根据《中华人民共和国老年人权益保障法》和有关法律、行政法规,制定本办法。

第二条 养老机构设立许可的申请、受理、审查、决定和监督检查,适用本办法。

第三条 本办法所称养老机构,是指为老年人提供集中居住和照料服务的机构。

第四条 国务院民政部门负责全国养老机构设立许可工作。

县级以上地方人民政府民政部门负责本行政区域内养老机构设立许可工作。

第五条 实施养老机构设立许可,应当遵循公开、公平、公正原则。

第二章 条件和程序

第六条 设立养老机构,应当符合下列条件:

(一)有名称、住所、机构章程和管理制度;

(二)有符合养老机构相关规范和技术标准,符合国家环境保护、消防安全、卫生防疫等要求的基本生活用房、设施设备和活动场地;

(三)有与开展服务相适应的管理人员、专业技术人员和服务人员;

(四)有与服务内容和规模相适应的资金;

(五)床位数在10张以上;

(六)法律、法规规定的其他条件。

第七条 依法成立的组织或者具有完全民事行为能力的自然人可以向养老机构住所地县级以上人民政府民政部门申请设立养老机构。

第八条 县、不设区的市、直辖市的区人民政府民政部门实施本行政区域内养老机构的设立许可。

设区的市人民政府民政部门实施住所在市辖区的养老机构的设立许可。

设区的市人民政府民政部门可以委托市辖区人民政府民政部门实施许可。

第九条 省级以上人民政府投资兴办的发挥实训、示范功能的养老机构,可以到同级人民政府民政部门申请设立许可。

前款规定的许可事项,可以委托下一级人民政府民政部门实施许可。

第十条 外国的组织、个人独资或者与中国的组织、个人合资、合作设立养老机构的,香港、澳门、台湾地区的组织、个人以及华侨独资或者与内地(大陆)的组织、个人合资、合作设立养老机构的,由住所地省级人民政府民政部门或者其委托的设区的市级人民政府(行政公署)民政部门实施许可。

法律、法规对投资者另有规定的,从其规定。

第十一条 许可机关根据申请人筹建养老机构的需要和条件,在设立条件、提交材料等方面提供指导和支持。

第十二条 申请设立养老机构,应当向许可机关提交下列文件、资料:

(一)设立申请书;

(二)申请人、拟任法定代表人或者主要负责人的资格证明文件;

(三)符合登记规定的机构名称、章程和管理制度;

(四)建设单位的竣工验收合格证明,卫生防疫、环境保护部门的验收报告或者审查意见,以及公安消防部门出具的建设工程消防设计审核、消防验收合格意见,或者消防备案凭证;

(五)服务场所的自有产权证明或者房屋租赁合同;

(六)管理人员、专业技术人员、服务人员的名单、身份证明文件和健康状况证明;

(七)依照法律、法规、规章规定,需要提供的其他材料。

申请设立经营性养老机构的,还应当提供营业执照及复印件。

第十三条 许可机关应当自受理设立申请之日起20个工作日内,对申请人提交的文件、材料进行书面审查并实地查验。符合条件的,颁发养老机构设立许可证(以下简称设立许可证);不符合条件的,应当书面通知申请人并说明理由。

第十四条 养老机构应当取得许可并依法登记。未获得许可和依法登记前,养老机构不得以任何名义收取费用、收住老年人。

第三章 许可管理

第十五条 设立许可证应当载明机构名称、住所、法定代表人或者主要负责人、服务范围、有效期限等事项。

设立许可证分为正本和副本,正本和副本具有同等法律效力。设立许可证的式样由国务院民政部门统一规定。

第十六条 设立许可证有效期5年。设立许可证有效期届满30日前,养老机构应当持设立许可证、登记证书副本、养老服务提供情况报告到原许可机关申请换发许可证。

许可机关应当在有效期限届满前按照设立条件作出是否准予延续的决定,逾期未做决定的,视为准予延续。

第十七条 养老机构设立分支机构,应当依照本办法第八条、第九条和第十条的规定,到分支机构住所地的县级以上人民政府民政部门办理申请设立许可手续。相关法律、行政法规对分支机构另有规定的,从其规定。

第十八条 养老机构变更名称、法定代表人或者主要负责人、服务范围的,应当到原许可机关办理变更手续。

养老机构变更住所的,应当重新办理申请设立许可手续。

第十九条 养老机构自行解散,或者无法继续提供服务的,应当终止,并将设立许可证交回原许可机关,办理注销手续。

终止服务的养老机构应当按照有关规定进行清算。

第二十条 养老机构因分立、合并、改建、扩建等原因暂停服务的,或者因解散等原因终止服务的,应当向原许可机关提出申请,并提交老年人安置方案,经批准后实施。未经批准,不得擅自暂停或者终止服务。

第二十一条 许可机关应当建立健全养老机构设立许可信息管理制度,及时公布养老机构设立许可相关信息。

第四章　监督检查

第二十二条　许可机关依法对养老机构的名称、住所、法定代表人或者主要负责人、服务范围等设立许可证载明事项的变化情况进行监督检查，养老机构应当接受和配合监督检查。

许可机关实施养老机构设立许可和对有关事项进行监督检查，不得收取任何费用。

第二十三条　有下列情形之一的，许可机关或者其上级机关，根据利害关系人的请求或者依据职权，可以撤销许可：

（一）许可机关工作人员滥用职权、玩忽职守作出准予许可决定的；

（二）超越法定职权作出准予许可决定的；

（三）违反法定程序作出准予许可决定的；

（四）对不符合法定条件的养老机构准予许可的；

（五）依法可以撤销许可的其他情形。

许可机关发现养老机构以欺骗、贿赂等不正当手段取得许可的，应当予以撤销。

许可机关依法撤销许可后，应当告知相关登记管理机关。

第二十四条　养老机构有下列情形之一的，许可机关应当注销许可，并予以公告：

（一）设立许可证有效期届满未延续的；

（二）养老机构依法终止的；

（三）许可被依法撤销、撤回的；

（四）被登记管理机关依法吊销登记证书的；

（五）因不可抗力导致许可事项无法实施的；

（六）法律、法规规定的应当注销许可的其他情形。

许可机关依法注销许可后，应当告知相关登记管理机关。

第二十五条　任何单位和个人对违反本办法的行为，有权向许可机关举报，许可机关应当及时核实、处理。

第五章　法律责任

第二十六条　养老机构有下列情形之一的，许可机关应当依法给予警告，并处以 3 万元以下罚款；构成犯罪的，依法追究刑事责任：

（一）未依法履行变更、终止手续的；

（二）涂改、倒卖、出租、出借、转让设立许可证的。

第二十七条　未经许可设立养老机构的，由许可机关责令改正；造成人身、财产损害的，依法承担民事责任；违反治安管理规定的，由公安机关依照《中华人民共和国治安管理处罚法》的有关规定予以处罚；构成犯罪的，依法追究刑事责任。

第二十八条　许可机关及其工作人员在养老机构设立许可申请、受理、审查、决定和监督检查中滥用职权、玩忽职守、徇私舞弊的，由上级机关责令改正；造成严重后果的，对直接负责的主管人员和其他直接责任人员依法给予处分；构成犯罪的，依法追究刑事责任。

第六章　附　　则

第二十九条　本办法实施前设立的养老机构，符合本办法规定条件的，应当按照本办法的规定办理有关手续。

本办法实施前设立的养老机构，不符合设立条件的，应当在本办法实施后 1 年内完成整改，其中农村五保供养服务机构应当在实施后 2 年内完成整改。

第三十条 城乡社区日间照料和互助型养老场所等不适用本办法。

第三十一条 本办法自2013年7月1日起施行。

养老机构管理办法

(2013年6月28日民政部令第49号公布 自2013年7月1日起施行)

第一章 总 则

第一条 为了规范对养老机构的管理,促进养老事业健康发展,根据《中华人民共和国老年人权益保障法》和有关法律、行政法规,制定本办法。

第二条 本办法所称养老机构是指依照《养老机构设立许可办法》设立并依法办理登记的为老年人提供集中居住和照料服务的机构。

第三条 国务院民政部门负责全国养老机构的指导、监督和管理,县级以上地方人民政府民政部门负责本行政区域内养老机构的指导、监督和管理。其他有关部门依照职责分工对养老机构实施监督。

第四条 养老机构应当依法保障收住老年人的合法权益。

入住养老机构的老年人应当遵守养老机构的规章制度。

第五条 县级以上地方人民政府民政部门应当根据本级人民政府经济社会发展规划和相关规划,会同有关部门编制养老机构建设规划,并组织实施。

第六条 政府投资兴办的养老机构,应当优先保障孤老优抚对象和经济困难的孤寡、失能、高龄等老年人的服务需求。

第七条 民政部门应当会同有关部门采取措施,鼓励、支持企业事业单位、社会组织或者个人兴办、运营养老机构。

鼓励公民、法人或者其他组织为养老机构提供捐赠和志愿服务。

第八条 民政部门对在养老机构服务和管理工作中做出显著成绩的单位和个人,依照国家有关规定给予表彰和奖励。

第二章 服务内容

第九条 养老机构按照服务协议为收住的老年人提供生活照料、康复护理、精神慰藉、文化娱乐等服务。

第十条 养老机构提供的服务应当符合养老机构基本规范等有关国家标准或者行业标准和规范。

第十一条 养老机构为老年人提供服务,应当与接受服务的老年人或者其代理人签订服务协议。

服务协议应当载明下列事项:

(一)养老机构的名称、住所、法定代表人或者主要负责人、联系方式;

(二)老年人及其代理人和老年人指定的经常联系人的姓名、住址、身份证明、联系方式;

(三)服务内容和服务方式;

(四)收费标准以及费用支付方式;

(五)服务期限和地点;

(六)当事人的权利和义务;

（七）协议变更、解除与终止的条件；

（八）违约责任；

（九）意外伤害责任认定和争议解决方式；

（十）当事人协商一致的其他内容。

服务协议示范文本由国务院民政部门另行制定。

第十二条 养老机构应当提供满足老年人日常生活需求的吃饭、穿衣、如厕、洗澡、室内外活动等服务。

养老机构应当提供符合老年人居住条件的住房，并配备适合老年人安全保护要求的设施、设备及用具，定期对老年人活动场所和物品进行消毒和清洗。

养老机构提供的饮食应当符合卫生要求、有利于老年人营养平衡、符合民族风俗习惯。

第十三条 养老机构应当建立入院评估制度，做好老年人健康状况评估，并根据服务协议和老年人的生活自理能力，实施分级分类服务。

养老机构应当为老年人建立健康档案，组织定期体检，做好疾病预防工作。

养老机构可以通过设立医疗机构或者采取与周边医疗机构合作的方式，为老年人提供医疗服务。养老机构设立医疗机构的，应当依法取得医疗机构执业许可证，按照医疗机构管理相关法律法规进行管理。

第十四条 养老机构在老年人突发危重疾病时，应当及时通知代理人或者经常联系人并转送医疗机构救治；发现老年人为疑似传染病病人或者精神障碍患者时，应当依照传染病防治、精神卫生等相关法律法规的规定处理。

第十五条 养老机构应当根据需要为老年人提供情绪疏导、心理咨询、危机干预等精神慰藉服务。

第十六条 养老机构应当开展适合老年人的文化、体育、娱乐活动，丰富老年人的精神文化生活。

养老机构开展文化、体育、娱乐活动时，应当为老年人提供必要的安全防护措施。

第三章 内部管理

第十七条 养老机构应当按照国家有关规定建立健全安全、消防、卫生、财务、档案管理等规章制度，制定服务标准和工作流程，并予以公开。

第十八条 养老机构应当配备与服务和运营相适应的工作人员，并依法与其签订聘用合同或者劳动合同。

养老机构中从事医疗、康复、社会工作等服务的专业技术人员，应当持有关部门颁发的专业技术等级证书上岗；养老护理人员应当接受专业技能培训，经考核合格后持证上岗。

养老机构应当定期组织工作人员进行职业道德教育和业务培训。

第十九条 养老机构应当依照其登记类型、经营性质、设施设备条件、管理水平、服务质量、护理等级等因素确定服务项目的收费标准。

养老机构应当在醒目位置公示各类服务项目收费标准和收费依据，并遵守国家和地方政府价格管理有关规定。

第二十条 养老机构应当按照国家有关规定接受、使用捐赠物资，接受志愿服务。

第二十一条 养老机构应当实行24小时值班，做好老年人安全保障工作。

第二十二条 养老机构应当依法履行消防安全职责，健全消防安全管理制度，实行消防工作责任制，配置、维护消防设施、器材，开展日常防火检查，定期组织灭火和应急疏散消防安全培训。

第二十三条 养老机构应当制定突发事件应急预案。

突发事件发生后，养老机构应当立即启动应急处理程序，根据突发事件应对管理职责分工向有关部门报告,并将应急处理结果报实施许可的民政部门和住所地民政部门。

第二十四条 鼓励养老机构投保责任保险,降低机构运营风险。

第二十五条 养老机构应当建立老年人信息档案,妥善保存相关原始资料。

养老机构应当保护老年人的个人信息。

第二十六条 养老机构应当经常听取老年人的意见和建议,发挥老年人对养老机构服务和管理的监督促进作用。

第二十七条 养老机构因变更或者终止等原因暂停、终止服务的,应当于暂停或者终止服务60日前,向实施许可的民政部门提交老年人安置方案,方案中应当明确收住老年人的数量、安置计划及实施日期等事项,经批准后方可实施。

民政部门应当自接到安置方案之日起20日内完成审核工作。

民政部门应当督促养老机构实施安置方案,并及时为其妥善安置老年人提供帮助。

第四章 监督检查

第二十八条 民政部门应当按照实施许可权限,通过书面检查或者实地查验等方式对养老机构进行监督检查,并向社会公布检查结果。上级民政部门可以委托下级民政部门进行监督检查。

养老机构应当于每年3月31日之前向实施许可的民政部门提交上一年度的工作报告。年度工作报告内容包括服务范围、服务质量、运营管理等情况。

第二十九条 民政部门应当建立养老机构评估制度,定期对养老机构的人员、设施、服务、管理、信誉等情况进行综合评价。

养老机构评估工作可以委托第三方实施,评估结果应当向社会公布。

第三十条 民政部门应当定期开展养老服务行业统计工作,养老机构应当及时准确报送相关信息。

第三十一条 民政部门应当建立对养老机构管理的举报和投诉制度。

民政部门接到举报、投诉后,应当及时核实、处理。

第三十二条 上级民政部门应当加强对下级民政部门的指导和监督,及时纠正养老机构管理中的违规违法行为。

第五章 法律责任

第三十三条 养老机构有下列行为之一的,由实施许可的民政部门责令改正;情节严重的,处以3万元以下的罚款;构成犯罪的,依法追究刑事责任:

(一)未与老年人或者其代理人签订服务协议,或者协议不符合规定的;

(二)未按照国家有关标准和规定开展服务的;

(三)配备人员的资格不符合规定的;

(四)向负责监督检查的民政部门隐瞒有关情况、提供虚假材料或者拒绝提供反映其活动情况真实材料的;

(五)利用养老机构的房屋、场地、设施开展与养老服务宗旨无关的活动的;

(六)歧视、侮辱、虐待或遗弃老年人以及其他侵犯老年人合法权益行为的;

(七)擅自暂停或者终止服务的;

(八)法律、法规、规章规定的其他违法行为。

第三十四条 民政部门及其工作人员违反本办法有关规定,由上级行政机关责令改正;情节严重的,对直接负责的主管人员和其他责任人员依法给予行政处分;构成犯罪的,依法追究刑事责任。

第六章　附　　则

第三十五条　国家对光荣院、农村五保供养服务机构等养老机构的管理有特别规定的，依照其规定办理。

第三十六条　本办法自2013年7月1日起施行。

社会福利机构管理暂行办法

（1999年12月30日民政部令第19号发布　自发布之日起施行　根据2015年5月5日公布的《民政部关于修改部分规章的决定》修订）

第一章　总　　则

第一条　为了加强对社会福利机构的管理，促进社会福利事业的健康发展，根据有关法律，制定本办法。

第二条　本办法所称社会福利机构是指国家、社会组织和个人举办的，为老年人、残疾人、孤儿和弃婴提供养护、康复、托管等服务的机构。

第三条　社会福利机构应当遵守国家法律、法规和政策，坚持社会福利性质，保障服务对象的合法权益。

第四条　社会福利机构享受国家有关优惠政策。

第五条　国务院民政部门负责指导全国社会福利机构的管理工作。县级以上地方人民政府民政部门是社会福利机构的业务主管部门，对社会福利机构进行管理、监督和检查。

第二章　审　　批

第六条　县级以上地方人民政府民政部门应当根据本行政区域内社会福利事业发展需要，制定社会福利机构设置规划。

社会福利机构的设置应当符合社会福利机构的设置规划和社会福利机构设置的基本标准。

第七条　依法成立的组织或具有完全民事行为能力的个人（以下称申办人）凡具备相应的条件，可以依照本办法的规定，向社会福利机构所在地的县级以上人民政府民政部门提出举办社会福利机构的筹办申请。

第八条　申办人申请筹办社会福利机构时，应当提交下列材料：

（一）申请书、可行性研究报告；

（二）申办人的资格证明文件；

（三）拟办社会福利机构资金来源的说明；

（四）拟办社会福利机构固定场所的证明文件。

申办人应当持以上材料，向社会福利机构所在地的县级以上人民政府民政部门提出申请，由受理申请的民政部门进行审批。

香港、澳门、台湾地区的组织和个人，华侨以及国外的申办人采取合资、合作的形式举办社会福利机构，应当向省级人民政府民政部门提出筹办申请。并报省级人民政府外经贸部门审核。

第九条　民政部门应当自受理申请之日起30日内，根据当地社会福利机构设置规划和社会福利机构设置的基本标准进行审查，作出同意筹办或者不予同意筹办的决定，并将审批结果以书面形式通知申办人。

第十条 经同意筹办的社会福利机构具备开业条件时，应当向民政部门申请领取《社会福利机构设置批准证书》。

第十一条 申请领取《社会福利机构设置批准证书》的机构，应当符合社会福利机构设置的下列基本标准：

（一）有固定的服务场所、必备的生活设施及室外活动场地；

（二）符合国家消防安全和卫生防疫标准，符合《老年人建筑设计规范》和《方便残疾人使用的城市道路和建筑物设计规范》；

（三）有与其服务内容和规模相适应的开办经费；

（四）有完善的章程，机构的名称应符合登记机关的规定和要求；

（五）有与开展服务相适应的管理和服务人员，医务人员应当符合卫生行政部门规定的资格条件，护理人员、工作人员应当符合有关部门规定的健康标准。

第十二条 申请领取《社会福利机构设置批准证书》时，应当提交下列文件：

（一）申请《社会福利机构设置批准证书》的书面报告；

（二）民政部门发给的社会福利机构筹办批准书；

（三）服务场所的所有权证明或租用合同书；

（四）建设、消防、卫生防疫等有关部门的验收报告或者审查意见书；

（五）机构的章程和规章制度；

（六）管理人员、专业技术人员和护理人员的名单及有效证件的复印件以及工作人员的健康状况证明；

（七）要求提供的其他材料。

第十三条 民政部门自受理申请之日起30日内，对所报文件进行审查，并根据社会福利机构设置的基本标准进行实地验收。合格的，发给《社会福利机构设置批准证书》；不合格的，将审查结果以书面形式通知申办人。

第十四条 申办人取得《社会福利机构设置批准证书》后，应当到登记机关办理登记手续。

第三章　管　　理

第十五条 社会福利机构应当与服务对象或者其家属（监护人）签定服务协议书，明确双方的责任、权利和义务。

社会组织和个人兴办以孤儿、弃婴为服务对象的社会福利机构，必须与当地县级以上人民政府民政部门共同举办；社会福利机构收养孤儿或者弃婴时，应当经民政业务主管部门逐一审核批准，并签订代养协议书。

第十六条 社会福利机构应当建立健全各项规章制度和服务标准。

各项规章制度和服务标准应当张榜公布，并报民政部门备案。

第十七条 社会福利机构应当在每年3月5日前，提交本年度的工作报告和下一年度的工作计划。

第十八条 社会福利机构中不具备上岗资格的护理人员、特教人员应当接受岗前培训，经考核合格后持证上岗。

第十九条 社会福利机构应当加强财务管理，其收益应当按照国家的有关政策规定分配使用，自觉接受财政、审计、监察等部门的监督。

第二十条 社会福利机构的资产受国家法律保护，任何组织和个人不得侵占。社会福利机构将其所属的固定资产租赁或者转让时，须经民政部门和登记机关同意后，办理有关手续。

第二十一条 社会福利机构应当严格按照公益事业捐赠法的规定开展捐赠活动。不得接受任何带有政治性等附加条件的捐赠。

第二十二条 社会福利机构在对外交往中应当遵守国家的有关法律、规定,严格履行报批手续。

第二十三条 社会福利机构变更章程、名称、服务项目和住所时,应当报民政部门审批。更换主要负责人,应当报民政部门备案。

第二十四条 社会福利机构分立、合并或者解散,应当提前3个月向民政部门提出申请,报送有关部门确认的清算报告及相关材料,并由民政部门报请当地政府对其资产进行评估和处置后,办理有关手续。

第二十五条 县级以上人民政府民政部门应当定期对社会福利机构的工作进行年度检查。

第四章 法律责任

第二十六条 民政部门对社会福利机构的审批和年检工作实行政务公开,有违反国家有关法律、法规和本办法规定的,视情节轻重,对直接责任人给予批评教育、行政处分,构成犯罪的依法追究刑事责任。

第二十七条 社会福利机构有下列情形之一的,由民政部门根据情况给予警告罚款,直至建议登记管理机关取缔或者撤销登记,并按管理权限对直接责任人给予批评教育、行政处分,构成犯罪的依法追究刑事责任。

(一)违反国家关于老年人、残疾人和孤儿权益保护的法律法规,侵害服务对象合法权益的;

(二)未取得《社会福利机构设置批准证书》擅自执业的;

(三)年检不合格,限期整改后仍不合格的;

(四)进行非法集资的;

(五)未办理变更手续,其活动超出许可范围的;

(六)其他违法行为。

第五章 附 则

第二十八条 本办法实施前已经执业的社会福利机构,应当在本办法实施后的6个月内,按照本办法的规定,向县级以上民政部门提出申请,补领《社会福利机构设置批准证书》。

第二十九条 本办法自发布之日起施行。

廉租住房保障办法

(2007年11月8日建设部、国家发展和改革委员会、监察部、民政部、财政部、国土资源部、中国人民银行、国家税务总局、国家统计局令第162号公布 自2007年12月1日起施行)

第一章 总 则

第一条 为促进廉租住房制度建设,逐步解决城市低收入家庭的住房困难,制定本办法。

第二条 城市低收入住房困难家庭的廉租住房保障及其监督管理,适用本办法。

本办法所称城市低收入住房困难家庭,是指城市和县人民政府所在地的镇范围内,家庭收入、住房状况等符合市、县人民政府规定条件的家庭。

第三条 市、县人民政府应当在解决城市低收入家庭住房困难的发展规划及年度计划中,明确廉租住房保障工作目标、措施,并纳入本级国民经济与社会发展规划和住房建设规划。

第四条 国务院建设主管部门指导和监督全国廉租住房保障工作。县级以上地方人民政府建设(住房保障)主管部门负责本行政区域内廉租住房保障管理工作。廉租住房保障的具体工作可以由市、县人民政府确定的实施机构承担。

县级以上人民政府发展改革(价格)、监察、民政、财政、国土资源、金融管理、税务、统计等部门按照职责分工,负责廉租住房保障的相关工作。

第二章 保障方式

第五条 廉租住房保障方式实行货币补贴和实物配租相结合。货币补贴是指县级以上地方人民政府向申请廉租住房保障的城市低收入住房困难家庭发放租赁住房补贴,由其自行承租住房。实物配租是指县级以上地方人民政府向申请廉租住房保障的城市低收入住房困难家庭提供住房,并按照规定标准收取租金。

实施廉租住房保障,主要通过发放租赁补贴,增强城市低收入住房困难家庭承租住房的能力。廉租住房紧缺的城市,应当通过新建和收购等方式,增加廉租住房实物配租的房源。

第六条 市、县人民政府应当根据当地家庭平均住房水平、财政承受能力以及城市低收入住房困难家庭的人口数量、结构等因素,以户为单位确定廉租住房保障面积标准。

第七条 采取货币补贴方式的,补贴额度按照城市低收入住房困难家庭现住房面积与保障面积标准的差额、每平方米租赁住房补贴标准确定。

每平方米租赁住房补贴标准由市、县人民政府根据当地经济发展水平、市场平均租金、城市低收入住房困难家庭的经济承受能力等因素确定。其中对城市居民最低生活保障家庭,可以按照当地市场平均租金确定租赁住房补贴标准;对其他城市低收入住房困难家庭,可以根据收入情况等分类确定租赁住房补贴标准。

第八条 采取实物配租方式的,配租面积为城市低收入住房困难家庭现住房面积与保障面积标准的差额。

实物配租的住房租金标准实行政府定价。实物配租住房的租金,按照配租面积和市、县人民政府规定的租金标准确定。有条件的地区,对城市居民最低生活保障家庭,可以免收实物配租住房中住房保障面积标准内的租金。

第三章 保障资金及房屋来源

第九条 廉租住房保障资金采取多种渠道筹措。

廉租住房保障资金来源包括:

(一)年度财政预算安排的廉租住房保障资金;

(二)提取贷款风险准备金和管理费用后的住房公积金增值收益余额;

(三)土地出让净收益中安排的廉租住房保障资金;

(四)政府的廉租住房租金收入;

(五)社会捐赠及其他方式筹集的资金。

第十条 提取贷款风险准备金和管理费用后的住房公积金增值收益余额,应当全部用于廉租住房建设。

土地出让净收益用于廉租住房保障资金的比例,不得低于10%。

政府的廉租住房租金收入应当按照国家财政预算支出和财务制度的有关规定,实行收支两条线管理,专项用于廉租住房的维护和管理。

第十一条 对中西部财政困难地区,按照中央预算内投资补助和中央财政廉租住房保障专项补助资金的有关规定给予支持。

第十二条 实物配租的廉租住房来源主要包括：

（一）政府新建、收购的住房；

（二）腾退的公有住房；

（三）社会捐赠的住房；

（四）其他渠道筹集的住房。

第十三条 廉租住房建设用地，应当在土地供应计划中优先安排，并在申报年度用地指标时单独列出，采取划拨方式，保证供应。

廉租住房建设用地的规划布局，应当考虑城市低收入住房困难家庭居住和就业的便利。

廉租住房建设应当坚持经济、适用原则，提高规划设计水平，满足基本使用功能，应当按照发展节能省地环保型住宅的要求，推广新材料、新技术、新工艺。廉租住房应当符合国家质量安全标准。

第十四条 新建廉租住房，应当采取配套建设与相对集中建设相结合的方式，主要在经济适用住房、普通商品住房项目中配套建设。

新建廉租住房，应当将单套的建筑面积控制在50平方米以内，并根据城市低收入住房困难家庭的居住需要，合理确定套型结构。

配套建设廉租住房的经济适用住房或者普通商品住房项目，应当在用地规划、国有土地划拨决定书或者国有土地使用权出让合同中，明确配套建设的廉租住房总建筑面积、套数、布局、套型以及建成后的移交或回购等事项。

第十五条 廉租住房建设免征行政事业性收费和政府性基金。

鼓励社会捐赠住房作为廉租住房房源或捐赠用于廉租住房的资金。

政府或经政府认定的单位新建、购买、改建住房作为廉租住房，社会捐赠廉租住房房源、资金，按照国家规定的有关税收政策执行。

第四章 申请与核准

第十六条 申请廉租住房保障，应当提供下列材料：

（一）家庭收入情况的证明材料；

（二）家庭住房状况的证明材料；

（三）家庭成员身份证和户口簿；

（四）市、县人民政府规定的其他证明材料。

第十七条 申请廉租住房保障，按照下列程序办理：

（一）申请廉租住房保障的家庭，应当由户主向户口所在地街道办事处或者镇人民政府提出书面申请；

（二）街道办事处或者镇人民政府应当自受理申请之日起30日内，就申请人的家庭收入、家庭住房状况是否符合规定条件进行审核，提出初审意见并张榜公布，将初审意见和申请材料一并报送市（区）、县人民政府建设（住房保障）主管部门；

（三）建设（住房保障）主管部门应当自收到申请材料之日起15日内，就申请人的家庭住房状况是否符合规定条件提出审核意见，并将符合条件的申请人的申请材料转同级民政部门；

（四）民政部门应当自收到申请材料之日起15日内，就申请人的家庭收入是否符合规定条件提出审核意见，并反馈同级建设（住房保障）主管部门；

（五）经审核，家庭收入、家庭住房状况符合规定条件的，由建设（住房保障）主管部门予以公示，公示期限为15日；对经公示无异议或者异议不成立的，作为廉租住房保障对象予以登记，书面通知申请人，并向社会公开登记结果。

经审核,不符合规定条件的,建设(住房保障)主管部门应当书面通知申请人,说明理由。申请人对审核结果有异议的,可以向建设(住房保障)主管部门申诉。

第十八条 建设(住房保障)主管部门、民政等有关部门以及街道办事处、镇人民政府,可以通过入户调查、邻里访问以及信函索证等方式对申请人的家庭收入和住房状况等进行核实。申请人及有关单位和个人应当予以配合,如实提供有关情况。

第十九条 建设(住房保障)主管部门应当综合考虑登记的城市低收入住房困难家庭的收入水平、住房困难程度和申请顺序以及个人申请的保障方式等,确定相应的保障方式及轮候顺序,并向社会公开。

对已经登记为廉租住房保障对象的城市居民最低生活保障家庭,凡申请租赁住房货币补贴的,要优先安排发放补贴,基本做到应保尽保。

实物配租应当优先面向已经登记为廉租住房保障对象的孤、老、病、残等特殊困难家庭,城市居民最低生活保障家庭以及其他急需救助的家庭。

第二十条 对轮候到位的城市低收入住房困难家庭,建设(住房保障)主管部门或者具体实施机构应当按照已确定的保障方式,与其签订租赁住房补贴协议或者廉租住房租赁合同,予以发放租赁住房补贴或者配租廉租住房。

发放租赁住房补贴和配租廉租住房的结果,应当予以公布。

第二十一条 租赁住房补贴协议应当明确租赁住房补贴额度、停止发放租赁住房补贴的情形等内容。

廉租住房租赁合同应当明确下列内容:

(一)房屋的位置、朝向、面积、结构、附属设施和设备状况;

(二)租金及其支付方式;

(三)房屋用途和使用要求;

(四)租赁期限;

(五)房屋维修责任;

(六)停止实物配租的情形,包括承租人已不符合规定条件的,将所承租的廉租住房转借、转租或者改变用途,无正当理由连续6个月以上未在所承租的廉租住房居住或者未交纳廉租住房租金等;

(七)违约责任及争议解决办法,包括退回廉租住房、调整租金、依照有关法律法规规定处理等;

(八)其他约定。

第五章 监督管理

第二十二条 国务院建设主管部门、省级建设(住房保障)主管部门应当会同有关部门,加强对廉租住房保障工作的监督检查,并公布监督检查结果。

市、县人民政府应当定期向社会公布城市低收入住房困难家庭廉租住房保障情况。

第二十三条 市(区)、县人民政府建设(住房保障)主管部门应当按户建立廉租住房档案,并采取定期走访、抽查等方式,及时掌握城市低收入住房困难家庭的人口、收入及住房变动等有关情况。

第二十四条 已领取租赁住房补贴或者配租廉租住房的城市低收入住房困难家庭,应当按年度向所在地街道办事处或者镇人民政府如实申报家庭人口、收入及住房等变动情况。

街道办事处或者镇人民政府可以对申报情况进行核实、张榜公布,并将申报情况及核实结果报建设(住房保障)主管部门。

建设(住房保障)主管部门应当根据城市低收入住房困难家庭人口、收入、住房等变化情况,调整租赁住房补贴额度或实物配租面积、租金等;对不再符合规定条件的,应当停止发放租赁住房补贴,或者由承租人按照合同约定退回廉租住房。

第二十五条 城市低收入住房困难家庭不得将所承租的廉租住房转借、转租或者改变用途。

城市低收入住房困难家庭违反前款规定或者有下列行为之一的,应当按照合同约定退回廉租住房:

(一)无正当理由连续6个月以上未在所承租的廉租住房居住的;

(二)无正当理由累计6个月以上未交纳廉租住房租金的。

第二十六条 城市低收入住房困难家庭未按照合同约定退回廉租住房的,建设(住房保障)主管部门应当责令其限期退回;逾期未退回的,可以按照合同约定,采取调整租金等方式处理。

城市低收入住房困难家庭拒绝接受前款规定的处理方式的,由建设(住房保障)主管部门或者具体实施机构依照有关法律法规规定处理。

第二十七条 城市低收入住房困难家庭的收入标准、住房困难标准等以及住房保障面积标准,实行动态管理,由市、县人民政府每年向社会公布一次。

第二十八条 任何单位和个人有权对违反本办法规定的行为进行检举和控告。

第六章 法律责任

第二十九条 城市低收入住房困难家庭隐瞒有关情况或者提供虚假材料申请廉租住房保障的,建设(住房保障)主管部门不予受理,并给予警告。

第三十条 对以欺骗等不正当手段,取得审核同意或者获得廉租住房保障的,由建设(住房保障)主管部门给予警告;对已经登记但尚未获得廉租住房保障的,取消其登记;对已经获得廉租住房保障的,责令其退还已领取的租赁住房补贴,或者退出实物配租的住房并按市场价格补交以前房租。

第三十一条 廉租住房保障实施机构违反本办法规定,不执行政府规定的廉租住房租金标准的,由价格主管部门依法查处。

第三十二条 违反本办法规定,建设(住房保障)主管部门及有关部门的工作人员或者市、县人民政府确定的实施机构的工作人员,在廉租住房保障工作中滥用职权、玩忽职守、徇私舞弊的,依法给予处分;构成犯罪的,依法追究刑事责任。

第七章 附则

第三十三条 对承租直管公房的城市低收入家庭,可以参照本办法有关规定,对住房保障面积标准范围内的租金予以适当减免。

第三十四条 本办法自2007年12月1日起施行。2003年12月31日发布的《城镇最低收入家庭廉租住房管理办法》(建设部、财政部、民政部、国土资源部、国家税务总局令第120号)同时废止。

国务院关于全面建立困难残疾人生活补贴和重度残疾人护理补贴制度的意见

(2015年9月22日 国发〔2015〕52号)

各省、自治区、直辖市人民政府,国务院各部委、各直属机构:

残疾人是需要格外关心、格外关注的特殊困难群体。党和政府高度重视残疾人福利保障工作。

为解决残疾人特殊生活困难和长期照护困难,国务院决定全面建立困难残疾人生活补贴和重度残疾人护理补贴(以下统称残疾人两项补贴)制度。这是保障残疾人生存发展权益的重要举措,对全面建成小康社会具有重要意义。为此,现提出以下意见:

一、总体要求

(一)指导思想。深入贯彻党的十八大和十八届二中、三中、四中全会精神,按照党中央、国务院决策部署,以协调推进"四个全面"战略布局为统领,以加快推进残疾人小康进程为目标,以残疾人需求为导向,加强顶层制度设计,制定残疾人专项福利政策,逐步完善残疾人社会保障体系。

(二)基本原则。

坚持需求导向,待遇适度。从残疾人最直接最现实最迫切的需求入手,着力解决残疾人因残疾产生的额外生活支出和长期照护支出困难。立足经济社会发展状况,科学合理确定保障标准,逐步提高保障水平。

坚持制度衔接,全面覆盖。注重与社会救助、社会保险、公益慈善有效衔接,努力形成残疾人社会保障合力。做到应补尽补,确保残疾人两项补贴制度覆盖所有符合条件的残疾人。

坚持公开公正,规范有序。建立和完善标准统一、便民利民的申请、审核、补贴发放机制,做到阳光透明、客观公正。加强政策评估和绩效考核,不断提高制度运行效率。

坚持资源统筹,责任共担。积极发挥家庭、社会、政府作用,形成家庭善尽义务、社会积极扶助、政府兜底保障的责任共担格局。

二、主要内容

(一)补贴对象。困难残疾人生活补贴主要补助残疾人因残疾产生的额外生活支出,对象为低保家庭中的残疾人,有条件的地方可逐步扩大到低收入残疾人及其他困难残疾人。低收入残疾人及其他困难残疾人的认定标准由县级以上地方人民政府参照相关规定、结合实际情况制定。重度残疾人护理补贴主要补助残疾人因残疾产生的额外长期照护支出,对象为残疾等级被评定为一级、二级且需要长期照护的重度残疾人,有条件的地方可扩大到非重度智力、精神残疾人或其他残疾人,逐步推动形成面向所有需要长期照护残疾人的护理补贴制度。长期照护是指因残疾产生的特殊护理消费品和照护服务支出持续6个月以上时间。

(二)补贴标准。残疾人两项补贴标准由省级人民政府根据经济社会发展水平和残疾人生活保障需求、长期照护需求统筹确定,并适时调整。有条件的地方可以按照残疾人的不同困难程度制定分档补贴标准,提高制度精准性,加大补贴力度。

(三)补贴形式。残疾人两项补贴采取现金形式按月发放。有条件的地方可根据实际情况详细划分补贴类别和标准,采取凭据报销或政府购买服务形式发放重度残疾人护理补贴。

(四)政策衔接。符合条件的残疾人,可同时申领困难残疾人生活补贴和重度残疾人护理补贴。既符合残疾人两项补贴条件,又符合老年、因公致残、离休等福利性生活补贴(津贴)、护理补贴(津贴)条件的残疾人,可择高申领其中一类生活补贴(津贴)、护理补贴(津贴)。享受孤儿基本生活保障政策的残疾儿童不享受困难残疾人生活补贴,可享受重度残疾人护理补贴。残疾人两项补贴不计入城乡最低生活保障家庭的收入。领取工伤保险生活护理费、纳入特困人员供养保障的残疾人不享受残疾人两项补贴。

三、申领程序和管理办法

(一)自愿申请。残疾人两项补贴由残疾人向户籍所在地街道办事处或乡镇政府受理窗口提交书面申请。残疾人的法定监护人,法定赡养、抚养、扶养义务人,所在村民(居民)委员会或其他委托人可以代为办理申请事宜。申请残疾人两项补贴应持有第二代中华人民共和国残疾人证,并提交相关证明材料。

(二)逐级审核。街道办事处或乡镇政府依托社会救助、社会服务"一门受理、协同办理"机制,受理残疾人两项补贴申请并进行初审。初审合格材料报送县级残联进行相关审核。审核合格材料转送县级人民政府民政部门审定，残疾人家庭经济状况依托居民家庭经济状况核对机制审核。审定合格材料由县级人民政府民政部门会同县级残联报同级财政部门申请拨付资金。

（三）补贴发放。补贴资格审定合格的残疾人自递交申请当月计发补贴。残疾人两项补贴采取社会化形式发放，通过金融机构转账存入残疾人账户。特殊情况下需要直接发放现金的，要制定专门的监管办法，防止和杜绝冒领、重复领取、克扣现象。

（四）定期复核。采取残疾人主动申报和发放部门定期抽查相结合的方式，建立残疾人两项补贴定期复核制度，实行残疾人两项补贴应补尽补、应退则退的动态管理。定期复核内容包括申请人资格条件是否发生变化、补贴是否及时足额发放到位等。

四、保障措施

（一）加强组织领导。各地区、各部门要充分认识全面建立残疾人两项补贴制度的重要性，将其作为保障和改善民生的重要任务，完善政府领导、民政牵头、残联配合、部门协作、社会参与的工作机制。民政部门要履行主管部门职责，做好补贴资格审定、补贴发放、监督管理等工作，推进残疾人两项补贴制度与相关社会福利、社会救助、社会保险制度有机衔接。财政部门要加强资金保障，及时足额安排补贴资金及工作经费，确保残疾人两项补贴制度顺利实施。中央财政通过增加一般性转移支付予以支持。残联组织要发挥“代表、服务、管理”职能作用，及时掌握残疾人需求，严格残疾人证发放管理，做好残疾人两项补贴相关审核工作。

（二）加强制度落实。地方已经实施的残疾人两项补贴制度补贴对象范围小于本意见要求的，要严格按本意见执行，有条件的地方可适当扩大补贴范围。要通过政府购买服务、引导市场服务、鼓励慈善志愿服务等方式，健全补贴与服务相结合的残疾人社会福利体系，促进残疾人服务业发展。

（三）加强监督管理。地方各级人民政府要将残疾人两项补贴工作纳入年度考核内容，重点督查落实情况。残疾人两项补贴资金发放使用情况要定期向社会公示，接受社会监督，财政、审计、监察部门要加强监督检查，防止出现挤占、挪用、套取等违法违规现象。民政部门要会同残联组织定期开展残疾人两项补贴工作绩效评估，及时处理残疾人及其他群众的投诉建议，不断完善相关政策措施，切实维护残疾人合法权益。要统筹建立统一的残疾人两项补贴工作网络信息平台，加强对基本信息的实时监测、比对、归纳分析和动态管理，不断提高工作效率。

（四）加强政策宣传。各地要及时组织学习培训，全面掌握残疾人两项补贴制度精神和内容，正确组织实施残疾人两项补贴工作。要充分利用多种媒介宣传残疾人两项补贴制度，营造良好舆论氛围，引导全社会更加关心、关爱残疾人。要充分考虑残疾人获取信息的特殊要求和实际困难，采用灵活多样形式进行宣传解读，确保残疾人及其家属知晓残疾人两项补贴制度内容，了解基本申领程序和要求。要及时做好残疾人两项补贴政策解释工作，协助残疾人便捷办理相关手续。

残疾人两项补贴制度自 2016 年 1 月 1 日起全面实施。各地要结合实际制定贯彻实施办法，推进落实相关工作。民政部、财政部、中国残联要根据职责，抓紧制定具体政策措施。国务院将适时组织专项督查。

(五)劳动人事、社保

中华人民共和国职业病防治法

(2001年10月27日第九届全国人民代表大会常务委员会第二十四次会议通过　根据2011年12月31日第十一届全国人民代表大会常务委员会第二十四次会议《关于修改〈中华人民共和国职业病防治法〉的决定》第一次修正　根据2016年7月2日第十二届全国人民代表大会常务委员会第二十一次会议《关于修改〈中华人民共和国节约能源法〉等六部法律的决定》第二次修正　根据2017年11月4日第十二届全国人民代表大会常务委员会第三十次会议《关于修改〈中华人民共和国会计法〉等十一部法律的决定》第三次修正)

第一章　总　　则

第一条　为了预防、控制和消除职业病危害,防治职业病,保护劳动者健康及其相关权益,促进经济社会发展,根据宪法,制定本法。

第二条　本法适用于中华人民共和国领域内的职业病防治活动。

本法所称职业病,是指企业、事业单位和个体经济组织等用人单位的劳动者在职业活动中,因接触粉尘、放射性物质和其他有毒、有害因素而引起的疾病。

职业病的分类和目录由国务院卫生行政部门会同国务院安全生产监督管理部门、劳动保障行政部门制定、调整并公布。

第三条　职业病防治工作坚持预防为主、防治结合的方针,建立用人单位负责、行政机关监管、行业自律、职工参与和社会监督的机制,实行分类管理、综合治理。

第四条　劳动者依法享有职业卫生保护的权利。

用人单位应当为劳动者创造符合国家职业卫生标准和卫生要求的工作环境和条件,并采取措施保障劳动者获得职业卫生保护。

工会组织依法对职业病防治工作进行监督,维护劳动者的合法权益。用人单位制定或者修改有关职业病防治的规章制度,应当听取工会组织的意见。

第五条　用人单位应当建立、健全职业病防治责任制,加强对职业病防治的管理,提高职业病防治水平,对本单位产生的职业病危害承担责任。

第六条　用人单位的主要负责人对本单位的职业病防治工作全面负责。

第七条　用人单位必须依法参加工伤保险。

国务院和县级以上地方人民政府劳动保障行政部门应当加强对工伤保险的监督管理,确保劳动者依法享受工伤保险待遇。

第八条　国家鼓励和支持研制、开发、推广、应用有利于职业病防治和保护劳动者健康的新技术、新工艺、新设备、新材料,加强对职业病的机理和发生规律的基础研究,提高职业病防治科学技术水平;积极采用有效的职业病防治技术、工艺、设备、材料;限制使用或者淘汰职业病危害严重的技术、工艺、设备、材料。

国家鼓励和支持职业病医疗康复机构的建设。

第九条 国家实行职业卫生监督制度。

国务院安全生产监督管理部门、卫生行政部门、劳动保障行政部门依照本法和国务院确定的职责,负责全国职业病防治的监督管理工作。国务院有关部门在各自的职责范围内负责职业病防治的有关监督管理工作。

县级以上地方人民政府安全生产监督管理部门、卫生行政部门、劳动保障行政部门依据各自职责,负责本行政区域内职业病防治的监督管理工作。县级以上地方人民政府有关部门在各自的职责范围内负责职业病防治的有关监督管理工作。

县级以上人民政府安全生产监督管理部门、卫生行政部门、劳动保障行政部门(以下统称职业卫生监督管理部门)应当加强沟通,密切配合,按照各自职责分工,依法行使职权,承担责任。

第十条 国务院和县级以上地方人民政府应当制定职业病防治规划,将其纳入国民经济和社会发展计划,并组织实施。

县级以上地方人民政府统一负责、领导、组织、协调本行政区域的职业病防治工作,建立健全职业病防治工作体制、机制,统一领导、指挥职业卫生突发事件应对工作;加强职业病防治能力建设和服务体系建设,完善、落实职业病防治工作责任制。

乡、民族乡、镇的人民政府应当认真执行本法,支持职业卫生监督管理部门依法履行职责。

第十一条 县级以上人民政府职业卫生监督管理部门应当加强对职业病防治的宣传教育,普及职业病防治的知识,增强用人单位的职业病防治观念,提高劳动者的职业健康意识、自我保护意识和行使职业卫生保护权利的能力。

第十二条 有关防治职业病的国家职业卫生标准,由国务院卫生行政部门组织制定并公布。

国务院卫生行政部门应当组织开展重点职业病监测和专项调查,对职业健康风险进行评估,为制定职业卫生标准和职业病防治政策提供科学依据。

县级以上地方人民政府卫生行政部门应当定期对本行政区域的职业病防治情况进行统计和调查分析。

第十三条 任何单位和个人有权对违反本法的行为进行检举和控告。有关部门收到相关的检举和控告后,应当及时处理。

对防治职业病成绩显著的单位和个人,给予奖励。

第二章 前期预防

第十四条 用人单位应当依照法律、法规要求,严格遵守国家职业卫生标准,落实职业病预防措施,从源头上控制和消除职业病危害。

第十五条 产生职业病危害的用人单位的设立除应当符合法律、行政法规规定的设立条件外,其工作场所还应当符合下列职业卫生要求:

(一)职业病危害因素的强度或者浓度符合国家职业卫生标准;

(二)有与职业病危害防护相适应的设施;

(三)生产布局合理,符合有害与无害作业分开的原则;

(四)有配套的更衣间、洗浴间、孕妇休息间等卫生设施;

(五)设备、工具、用具等设施符合保护劳动者生理、心理健康的要求;

(六)法律、行政法规和国务院卫生行政部门、安全生产监督管理部门关于保护劳动者健康的其他要求。

第十六条 国家建立职业病危害项目申报制度。

用人单位工作场所存在职业病目录所列职业病的危害因素的,应当及时、如实向所在地安全生产监督管理部门申报危害项目,接受监督。

职业病危害因素分类目录由国务院卫生行政部门会同国务院安全生产监督管理部门制定、调整并公布。职业病危害项目申报的具体办法由国务院安全生产监督管理部门制定。

第十七条 新建、扩建、改建建设项目和技术改造、技术引进项目(以下统称建设项目)可能产生职业病危害的,建设单位在可行性论证阶段应当进行职业病危害预评价。

医疗机构建设项目可能产生放射性职业病危害的,建设单位应当向卫生行政部门提交放射性职业病危害预评价报告。卫生行政部门应当自收到预评价报告之日起三十日内,作出审核决定并书面通知建设单位。未提交预评价报告或者预评价报告未经卫生行政部门审核同意的,不得开工建设。

职业病危害预评价报告应当对建设项目可能产生的职业病危害因素及其对工作场所和劳动者健康的影响作出评价,确定危害类别和职业病防护措施。

建设项目职业病危害分类管理办法由国务院安全生产监督管理部门制定。

第十八条 建设项目的职业病防护设施所需费用应当纳入建设项目工程预算,并与主体工程同时设计,同时施工,同时投入生产和使用。

建设项目的职业病防护设施设计应当符合国家职业卫生标准和卫生要求;其中,医疗机构放射性职业病危害严重的建设项目的防护设施设计,应当经卫生行政部门审查同意后,方可施工。

建设项目在竣工验收前,建设单位应当进行职业病危害控制效果评价。

医疗机构可能产生放射性职业病危害的建设项目竣工验收时,其放射性职业病防护设施经卫生行政部门验收合格后,方可投入使用;其他建设项目的职业病防护设施应当由建设单位负责依法组织验收,验收合格后,方可投入生产和使用。安全生产监督管理部门应当加强对建设单位组织的验收活动和验收结果的监督核查。

第十九条 国家对从事放射性、高毒、高危粉尘等作业实行特殊管理。具体管理办法由国务院制定。

第三章 劳动过程中的防护与管理

第二十条 用人单位应当采取下列职业病防治管理措施:

(一)设置或者指定职业卫生管理机构或者组织,配备专职或者兼职的职业卫生管理人员,负责本单位的职业病防治工作;

(二)制定职业病防治计划和实施方案;

(三)建立、健全职业卫生管理制度和操作规程;

(四)建立、健全职业卫生档案和劳动者健康监护档案;

(五)建立、健全工作场所职业病危害因素监测及评价制度;

(六)建立、健全职业病危害事故应急救援预案。

第二十一条 用人单位应当保障职业病防治所需的资金投入,不得挤占、挪用,并对因资金投入不足导致的后果承担责任。

第二十二条 用人单位必须采用有效的职业病防护设施,并为劳动者提供个人使用的职业病防护用品。

用人单位为劳动者个人提供的职业病防护用品必须符合防治职业病的要求;不符合要求的,不得使用。

第二十三条 用人单位应当优先采用有利于防治职业病和保护劳动者健康的新技术、新工艺、新设备、新材料,逐步替代职业病危害严重的技术、工艺、设备、材料。

第二十四条 产生职业病危害的用人单位,应当在醒目位置设置公告栏,公布有关职业病防治的规章制度、操作规程、职业病危害事故应急救援措施和工作场所职业病危害因素检测结果。

对产生严重职业病危害的作业岗位，应当在其醒目位置，设置警示标识和中文警示说明。警示说明应当载明产生职业病危害的种类、后果、预防以及应急救治措施等内容。

第二十五条 对可能发生急性职业损伤的有毒、有害工作场所，用人单位应当设置报警装置，配置现场急救用品、冲洗设备、应急撤离通道和必要的泄险区。

对放射工作场所和放射性同位素的运输、贮存，用人单位必须配置防护设备和报警装置，保证接触放射线的工作人员佩戴个人剂量计。

对职业病防护设备、应急救援设施和个人使用的职业病防护用品，用人单位应当进行经常性的维护、检修，定期检测其性能和效果，确保其处于正常状态，不得擅自拆除或者停止使用。

第二十六条 用人单位应当实施由专人负责的职业病危害因素日常监测，并确保监测系统处于正常运行状态。

用人单位应当按照国务院安全生产监督管理部门的规定，定期对工作场所进行职业病危害因素检测、评价。检测、评价结果存入用人单位职业卫生档案，定期向所在地安全生产监督管理部门报告并向劳动者公布。

职业病危害因素检测、评价由依法设立的取得国务院安全生产监督管理部门或者设区的市级以上地方人民政府安全生产监督管理部门按照职责分工给予资质认可的职业卫生技术服务机构进行。职业卫生技术服务机构所作检测、评价应当客观、真实。

发现工作场所职业病危害因素不符合国家职业卫生标准和卫生要求时，用人单位应当立即采取相应治理措施，仍然达不到国家职业卫生标准和卫生要求的，必须停止存在职业病危害因素的作业；职业病危害因素经治理后，符合国家职业卫生标准和卫生要求的，方可重新作业。

第二十七条 职业卫生技术服务机构依法从事职业病危害因素检测、评价工作，接受安全生产监督管理部门的监督检查。安全生产监督管理部门应当依法履行监督职责。

第二十八条 向用人单位提供可能产生职业病危害的设备的，应当提供中文说明书，并在设备的醒目位置设置警示标识和中文警示说明。警示说明应当载明设备性能、可能产生的职业病危害、安全操作和维护注意事项、职业病防护以及应急救治措施等内容。

第二十九条 向用人单位提供可能产生职业病危害的化学品、放射性同位素和含有放射性物质的材料的，应当提供中文说明书。说明书应当载明产品特性、主要成份、存在的有害因素、可能产生的危害后果、安全使用注意事项、职业病防护以及应急救治措施等内容。产品包装应当有醒目的警示标识和中文警示说明。贮存上述材料的场所应当在规定的部位设置危险物品标识或者放射性警示标识。

国内首次使用或者首次进口与职业病危害有关的化学材料，使用单位或者进口单位按照国家规定经国务院有关部门批准后，应当向国务院卫生行政部门、安全生产监督管理部门报送该化学材料的毒性鉴定以及经有关部门登记注册或者批准进口的文件等资料。

进口放射性同位素、射线装置和含有放射性物质的物品的，按照国家有关规定办理。

第三十条 任何单位和个人不得生产、经营、进口和使用国家明令禁止使用的可能产生职业病危害的设备或者材料。

第三十一条 任何单位和个人不得将产生职业病危害的作业转移给不具备职业病防护条件的单位和个人。不具备职业病防护条件的单位和个人不得接受产生职业病危害的作业。

第三十二条 用人单位对采用的技术、工艺、设备、材料，应当知悉其产生的职业病危害，对有职业病危害的技术、工艺、设备、材料隐瞒其危害而采用的，对所造成的职业病危害后果承担责任。

第三十三条 用人单位与劳动者订立劳动合同（含聘用合同，下同）时，应当将工作过程中可能产生的职业病危害及其后果、职业病防护措施和待遇等如实告知劳动者，并在劳动合同中写明，不得隐瞒或者欺骗。

劳动者在已订立劳动合同期间因工作岗位或者工作内容变更，从事与所订立劳动合同中未告知的存在职业病危害的作业时，用人单位应当依照前款规定，向劳动者履行如实告知的义务，并协商变更原劳动合同相关条款。

用人单位违反前两款规定的，劳动者有权拒绝从事存在职业病危害的作业，用人单位不得因此解除与劳动者所订立的劳动合同。

第三十四条 用人单位的主要负责人和职业卫生管理人员应当接受职业卫生培训，遵守职业病防治法律、法规，依法组织本单位的职业病防治工作。

用人单位应当对劳动者进行上岗前的职业卫生培训和在岗期间的定期职业卫生培训，普及职业卫生知识，督促劳动者遵守职业病防治法律、法规、规章和操作规程，指导劳动者正确使用职业病防护设备和个人使用的职业病防护用品。

劳动者应当学习和掌握相关的职业卫生知识，增强职业病防范意识，遵守职业病防治法律、法规、规章和操作规程，正确使用、维护职业病防护设备和个人使用的职业病防护用品，发现职业病危害事故隐患应当及时报告。

劳动者不履行前款规定义务的，用人单位应当对其进行教育。

第三十五条 对从事接触职业病危害的作业的劳动者，用人单位应当按照国务院安全生产监督管理部门、卫生行政部门的规定组织上岗前、在岗期间和离岗时的职业健康检查，并将检查结果书面告知劳动者。职业健康检查费用由用人单位承担。

用人单位不得安排未经上岗前职业健康检查的劳动者从事接触职业病危害的作业；不得安排有职业禁忌的劳动者从事其所禁忌的作业；对在职业健康检查中发现有与所从事的职业相关的健康损害的劳动者，应当调离原工作岗位，并妥善安置；对未进行离岗前职业健康检查的劳动者不得解除或者终止与其订立的劳动合同。

职业健康检查应当由取得《医疗机构执业许可证》的医疗卫生机构承担。卫生行政部门应当加强对职业健康检查工作的规范管理，具体管理办法由国务院卫生行政部门制定。

第三十六条 用人单位应当为劳动者建立职业健康监护档案，并按照规定的期限妥善保存。

职业健康监护档案应当包括劳动者的职业史、职业病危害接触史、职业健康检查结果和职业病诊疗等有关个人健康资料。

劳动者离开用人单位时，有权索取本人职业健康监护档案复印件，用人单位应当如实、无偿提供，并在所提供的复印件上签章。

第三十七条 发生或者可能发生急性职业病危害事故时，用人单位应当立即采取应急救援和控制措施，并及时报告所在地安全生产监督管理部门和有关部门。安全生产监督管理部门接到报告后，应当及时会同有关部门组织调查处理；必要时，可以采取临时控制措施。卫生行政部门应当组织做好医疗救治工作。

对遭受或者可能遭受急性职业病危害的劳动者，用人单位应当及时组织救治、进行健康检查和医学观察，所需费用由用人单位承担。

第三十八条 用人单位不得安排未成年工从事接触职业病危害的作业；不得安排孕期、哺乳期的女职工从事对本人和胎儿、婴儿有危害的作业。

第三十九条 劳动者享有下列职业卫生保护权利：

（一）获得职业卫生教育、培训；

（二）获得职业健康检查、职业病诊疗、康复等职业病防治服务；

（三）了解工作场所产生或者可能产生的职业病危害因素、危害后果和应当采取的职业病防护措施；

（四）要求用人单位提供符合防治职业病要求的职业病防护设施和个人使用的职业病防护用

品,改善工作条件;

(五)对违反职业病防治法律、法规以及危及生命健康的行为提出批评、检举和控告;

(六)拒绝违章指挥和强令进行没有职业病防护措施的作业;

(七)参与用人单位职业卫生工作的民主管理,对职业病防治工作提出意见和建议。

用人单位应当保障劳动者行使前款所列权利。因劳动者依法行使正当权利而降低其工资、福利等待遇或者解除、终止与其订立的劳动合同的,其行为无效。

第四十条 工会组织应当督促并协助用人单位开展职业卫生宣传教育和培训,有权对用人单位的职业病防治工作提出意见和建议,依法代表劳动者与用人单位签订劳动安全卫生专项集体合同,与用人单位就劳动者反映的有关职业病防治的问题进行协调并督促解决。

工会组织对用人单位违反职业病防治法律、法规,侵犯劳动者合法权益的行为,有权要求纠正;产生严重职业病危害时,有权要求采取防护措施,或者向政府有关部门建议采取强制性措施;发生职业病危害事故时,有权参与事故调查处理;发现危及劳动者生命健康的情形时,有权向用人单位建议组织劳动者撤离危险现场,用人单位应当立即作出处理。

第四十一条 用人单位按照职业病防治要求,用于预防和治理职业病危害、工作场所卫生检测、健康监护和职业卫生培训等费用,按照国家有关规定,在生产成本中据实列支。

第四十二条 职业卫生监督管理部门应当按照职责分工,加强对用人单位落实职业病防护管理措施情况的监督检查,依法行使职权,承担责任。

第四章 职业病诊断与职业病病人保障

第四十三条 医疗卫生机构承担职业病诊断,应当经省、自治区、直辖市人民政府卫生行政部门批准。省、自治区、直辖市人民政府卫生行政部门应当向社会公布本行政区域内承担职业病诊断的医疗卫生机构的名单。

承担职业病诊断的医疗卫生机构应当具备下列条件:

(一)持有《医疗机构执业许可证》;

(二)具有与开展职业病诊断相适应的医疗卫生技术人员;

(三)具有与开展职业病诊断相适应的仪器、设备;

(四)具有健全的职业病诊断质量管理制度。

承担职业病诊断的医疗卫生机构不得拒绝劳动者进行职业病诊断的要求。

第四十四条 劳动者可以在用人单位所在地、本人户籍所在地或者经常居住地依法承担职业病诊断的医疗卫生机构进行职业病诊断。

第四十五条 职业病诊断标准和职业病诊断、鉴定办法由国务院卫生行政部门制定。职业病伤残等级的鉴定办法由国务院劳动保障行政部门会同国务院卫生行政部门制定。

第四十六条 职业病诊断,应当综合分析下列因素:

(一)病人的职业史;

(二)职业病危害接触史和工作场所职业病危害因素情况;

(三)临床表现以及辅助检查结果等。

没有证据否定职业病危害因素与病人临床表现之间的必然联系的,应当诊断为职业病。

职业病诊断证明书应当由参与诊断的取得职业病诊断资格的执业医师签署,并经承担职业病诊断的医疗卫生机构审核盖章。

第四十七条 用人单位应当如实提供职业病诊断、鉴定所需的劳动者职业史和职业病危害接触史、工作场所职业病危害因素检测结果等资料;安全生产监督管理部门应当监督检查和督促用人单位提供上述资料;劳动者和有关机构也应当提供与职业病诊断、鉴定有关的资料。

职业病诊断、鉴定机构需要了解工作场所职业病危害因素情况时，可以对工作场所进行现场调查，也可以向安全生产监督管理部门提出，安全生产监督管理部门应当在十日内组织现场调查。用人单位不得拒绝、阻挠。

第四十八条 职业病诊断、鉴定过程中，用人单位不提供工作场所职业病危害因素检测结果等资料的，诊断、鉴定机构应当结合劳动者的临床表现、辅助检查结果和劳动者的职业史、职业病危害接触史，并参考劳动者的自述、安全生产监督管理部门提供的日常监督检查信息等，作出职业病诊断、鉴定结论。

劳动者对用人单位提供的工作场所职业病危害因素检测结果等资料有异议，或者因劳动者的用人单位解散、破产，无用人单位提供上述资料的，诊断、鉴定机构应当提请安全生产监督管理部门进行调查，安全生产监督管理部门应当自接到申请之日起三十日内对存在异议的资料或者工作场所职业病危害因素情况作出判定；有关部门应当配合。

第四十九条 职业病诊断、鉴定过程中，在确认劳动者职业史、职业病危害接触史时，当事人对劳动关系、工种、工作岗位或者在岗时间有争议的，可以向当地的劳动人事争议仲裁委员会申请仲裁；接到申请的劳动人事争议仲裁委员会应当受理，并在三十日内作出裁决。

当事人在仲裁过程中对自己提出的主张，有责任提供证据。劳动者无法提供由用人单位掌握管理的与仲裁主张有关的证据的，仲裁庭应当要求用人单位在指定期限内提供；用人单位在指定期限内不提供的，应当承担不利后果。

劳动者对仲裁裁决不服的，可以依法向人民法院提起诉讼。

用人单位对仲裁裁决不服的，可以在职业病诊断、鉴定程序结束之日起十五日内依法向人民法院提起诉讼；诉讼期间，劳动者的治疗费用按照职业病待遇规定的途径支付。

第五十条 用人单位和医疗卫生机构发现职业病病人或者疑似职业病病人时，应当及时向所在地卫生行政部门和安全生产监督管理部门报告。确诊为职业病的，用人单位还应当向所在地劳动保障行政部门报告。接到报告的部门应当依法作出处理。

第五十一条 县级以上地方人民政府卫生行政部门负责本行政区域内的职业病统计报告的管理工作，并按照规定上报。

第五十二条 当事人对职业病诊断有异议的，可以向作出诊断的医疗卫生机构所在地地方人民政府卫生行政部门申请鉴定。

职业病诊断争议由设区的市级以上地方人民政府卫生行政部门根据当事人的申请，组织职业病诊断鉴定委员会进行鉴定。

当事人对设区的市级职业病诊断鉴定委员会的鉴定结论不服的，可以向省、自治区、直辖市人民政府卫生行政部门申请再鉴定。

第五十三条 职业病诊断鉴定委员会由相关专业的专家组成。

省、自治区、直辖市人民政府卫生行政部门应当设立相关的专家库，需要对职业病争议作出诊断鉴定时，由当事人或者当事人委托有关卫生行政部门从专家库中以随机抽取的方式确定参加诊断鉴定委员会的专家。

职业病诊断鉴定委员会应当按照国务院卫生行政部门颁布的职业病诊断标准和职业病诊断、鉴定办法进行职业病诊断鉴定，向当事人出具职业病诊断鉴定书。职业病诊断、鉴定费用由用人单位承担。

第五十四条 职业病诊断鉴定委员会组成人员应当遵守职业道德，客观、公正地进行诊断鉴定，并承担相应的责任。职业病诊断鉴定委员会组成人员不得私下接触当事人，不得收受当事人的财物或者其他好处，与当事人有利害关系的，应当回避。

人民法院受理有关案件需要进行职业病鉴定时，应当从省、自治区、直辖市人民政府卫生行政部门依法设立的相关的专家库中选取参加鉴定的专家。

第五十五条 医疗卫生机构发现疑似职业病病人时,应当告知劳动者本人并及时通知用人单位。

用人单位应当及时安排对疑似职业病病人进行诊断;在疑似职业病病人诊断或者医学观察期间,不得解除或者终止与其订立的劳动合同。

疑似职业病病人在诊断、医学观察期间的费用,由用人单位承担。

第五十六条 用人单位应当保障职业病病人依法享受国家规定的职业病待遇。

用人单位应当按照国家有关规定,安排职业病病人进行治疗、康复和定期检查。

用人单位对不适宜继续从事原工作的职业病病人,应当调离原岗位,并妥善安置。

用人单位对从事接触职业病危害的作业的劳动者,应当给予适当岗位津贴。

第五十七条 职业病病人的诊疗、康复费用,伤残以及丧失劳动能力的职业病病人的社会保障,按照国家有关工伤保险的规定执行。

第五十八条 职业病病人除依法享有工伤保险外,依照有关民事法律,尚有获得赔偿的权利的,有权向用人单位提出赔偿要求。

第五十九条 劳动者被诊断患有职业病,但用人单位没有依法参加工伤保险的,其医疗和生活保障由该用人单位承担。

第六十条 职业病病人变动工作单位,其依法享有的待遇不变。

用人单位在发生分立、合并、解散、破产等情形时,应当对从事接触职业病危害的作业的劳动者进行健康检查,并按照国家有关规定妥善安置职业病病人。

第六十一条 用人单位已经不存在或者无法确认劳动关系的职业病病人,可以向地方人民政府民政部门申请医疗救助和生活等方面的救助。

地方各级人民政府应当根据本地区的实际情况,采取其他措施,使前款规定的职业病病人获得医疗救治。

第五章 监督检查

第六十二条 县级以上人民政府职业卫生监督管理部门依照职业病防治法律、法规、国家职业卫生标准和卫生要求,依据职责划分,对职业病防治工作进行监督检查。

第六十三条 安全生产监督管理部门履行监督检查职责时,有权采取下列措施:

(一)进入被检查单位和职业病危害现场,了解情况,调查取证;

(二)查阅或者复制与违反职业病防治法律、法规的行为有关的资料和采集样品;

(三)责令违反职业病防治法律、法规的单位和个人停止违法行为。

第六十四条 发生职业病危害事故或者有证据证明危害状态可能导致职业病危害事故发生时,安全生产监督管理部门可以采取下列临时控制措施:

(一)责令暂停导致职业病危害事故的作业;

(二)封存造成职业病危害事故或者可能导致职业病危害事故发生的材料和设备;

(三)组织控制职业病危害事故现场。

在职业病危害事故或者危害状态得到有效控制后,安全生产监督管理部门应当及时解除控制措施。

第六十五条 职业卫生监督执法人员依法执行职务时,应当出示监督执法证件。

职业卫生监督执法人员应当忠于职守,秉公执法,严格遵守执法规范;涉及用人单位的秘密的,应当为其保密。

第六十六条 职业卫生监督执法人员依法执行职务时,被检查单位应当接受检查并予以支持配合,不得拒绝和阻碍。

第六十七条 卫生行政部门、安全生产监督管理部门及其职业卫生监督执法人员履行职责时,不得有下列行为:

(一) 对不符合法定条件的,发给建设项目有关证明文件、资质证明文件或者予以批准;

(二) 对已经取得有关证明文件的,不履行监督检查职责;

(三) 发现用人单位存在职业病危害的,可能造成职业病危害事故,不及时依法采取控制措施;

(四) 其他违反本法的行为。

第六十八条 职业卫生监督执法人员应当依法经过资格认定。

职业卫生监督管理部门应当加强队伍建设,提高职业卫生监督执法人员的政治、业务素质,依照本法和其他有关法律、法规的规定,建立、健全内部监督制度,对其工作人员执行法律、法规和遵守纪律的情况,进行监督检查。

第六章 法 律 责 任

第六十九条 建设单位违反本法规定,有下列行为之一的,由安全生产监督管理部门和卫生行政部门依据职责分工给予警告,责令限期改正;逾期不改正的,处十万元以上五十万元以下的罚款;情节严重的,责令停止产生职业病危害的作业,或者提请有关人民政府按照国务院规定的权限责令停建、关闭:

(一)未按照规定进行职业病危害预评价的;

(二)医疗机构可能产生放射性职业病危害的建设项目未按照规定提交放射性职业病危害预评价报告,或者放射性职业病危害预评价报告未经卫生行政部门审核同意,开工建设的;

(三)建设项目的职业病防护设施未按照规定与主体工程同时设计、同时施工、同时投入生产和使用的;

(四)建设项目的职业病防护设施设计不符合国家职业卫生标准和卫生要求,或者医疗机构放射性职业病危害严重的建设项目的防护设施设计未经卫生行政部门审查同意擅自施工的;

(五)未按照规定对职业病防护设施进行职业病危害控制效果评价的;

(六)建设项目竣工投入生产和使用前,职业病防护设施未按照规定验收合格的。

第七十条 违反本法规定,有下列行为之一的,由安全生产监督管理部门给予警告,责令限期改正;逾期不改正的,处十万元以下的罚款:

(一) 工作场所职业病危害因素检测、评价结果没有存档、上报、公布的;

(二) 未采取本法第二十条规定的职业病防治管理措施的;

(三) 未按照规定公布有关职业病防治的规章制度、操作规程、职业病危害事故应急救援措施的;

(四) 未按照规定组织劳动者进行职业卫生培训,或者未对劳动者个人职业病防护采取指导、督促措施的;

(五) 国内首次使用或者首次进口与职业病危害有关的化学材料,未按照规定报送毒性鉴定资料以及经有关部门登记注册或者批准进口的文件的。

第七十一条 用人单位违反本法规定,有下列行为之一的,由安全生产监督管理部门责令限期改正,给予警告,可以并处五万元以上十万元以下的罚款:

(一) 未按照规定及时、如实向安全生产监督管理部门申报产生职业病危害的项目的;

(二) 未实施由专人负责的职业病危害因素日常监测,或者监测系统不能正常监测的;

(三) 订立或者变更劳动合同时,未告知劳动者职业病危害真实情况的;

(四) 未按照规定组织职业健康检查、建立职业健康监护档案或者未将检查结果书面告知劳动者的；

（五）未依照本法规定在劳动者离开用人单位时提供职业健康监护档案复印件的。

第七十二条 用人单位违反本法规定，有下列行为之一的，由安全生产监督管理部门给予警告，责令限期改正，逾期不改正的，处五万元以上二十万元以下的罚款；情节严重的，责令停止产生职业病危害的作业，或者提请有关人民政府按照国务院规定的权限责令关闭：

（一）工作场所职业病危害因素的强度或者浓度超过国家职业卫生标准的；

（二）未提供职业病防护设施和个人使用的职业病防护用品，或者提供的职业病防护设施和个人使用的职业病防护用品不符合国家职业卫生标准和卫生要求的；

（三）对职业病防护设备、应急救援设施和个人使用的职业病防护用品未按照规定进行维护、检修、检测，或者不能保持正常运行、使用状态的；

（四）未按照规定对工作场所职业病危害因素进行检测、评价的；

（五）工作场所职业病危害因素经治理仍然达不到国家职业卫生标准和卫生要求时，未停止存在职业病危害因素的作业的；

（六）未按照规定安排职业病病人、疑似职业病病人进行诊治的；

（七）发生或者可能发生急性职业病危害事故时，未立即采取应急救援和控制措施或者未按照规定及时报告的；

（八）未按照规定在产生严重职业病危害的作业岗位醒目位置设置警示标识和中文警示说明的；

（九）拒绝职业卫生监督管理部门监督检查的；

（十）隐瞒、伪造、篡改、毁损职业健康监护档案、工作场所职业病危害因素检测评价结果等相关资料，或者拒不提供职业病诊断、鉴定所需资料的；

（十一）未按照规定承担职业病诊断、鉴定费用和职业病病人的医疗、生活保障费用的。

第七十三条 向用人单位提供可能产生职业病危害的设备、材料，未按照规定提供中文说明书或者设置警示标识和中文警示说明的，由安全生产监督管理部门责令限期改正，给予警告，并处五万元以上二十万元以下的罚款。

第七十四条 用人单位和医疗卫生机构未按照规定报告职业病、疑似职业病的，由有关主管部门依据职责分工责令限期改正，给予警告，可以并处一万元以下的罚款；弄虚作假的，并处二万元以上五万元以下的罚款；对直接负责的主管人员和其他直接责任人员，可以依法给予降级或者撤职的处分。

第七十五条 违反本法规定，有下列情形之一的，由安全生产监督管理部门责令限期治理，并处五万元以上三十万元以下的罚款；情节严重的，责令停止产生职业病危害的作业，或者提请有关人民政府按照国务院规定的权限责令关闭：

（一）隐瞒技术、工艺、设备、材料所产生的职业病危害而采用的；

（二）隐瞒本单位职业卫生真实情况的；

（三）可能发生急性职业损伤的有毒、有害工作场所、放射工作场所或者放射性同位素的运输、贮存不符合本法第二十五条规定的；

（四）使用国家明令禁止使用的可能产生职业病危害的设备或者材料的；

（五）将产生职业病危害的作业转移给没有职业病防护条件的单位和个人，或者没有职业病防护条件的单位和个人接受产生职业病危害的作业的；

（六）擅自拆除、停止使用职业病防护设备或者应急救援设施的；

（七）安排未经职业健康检查的劳动者、有职业禁忌的劳动者、未成年工或者孕期、哺乳期女职工从事接触职业病危害的作业或者禁忌作业的；

（八）违章指挥和强令劳动者进行没有职业病防护措施的作业的。

第七十六条 生产、经营或者进口国家明令禁止使用的可能产生职业病危害的设备或者材料的，依照有关法律、行政法规的规定给予处罚。

第七十七条 用人单位违反本法规定，已经对劳动者生命健康造成严重损害的，由安全生产监督管理部门责令停止产生职业病危害的作业，或者提请有关人民政府按照国务院规定的权限责令关闭，并处十万元以上五十万元以下的罚款。

第七十八条 用人单位违反本法规定，造成重大职业病危害事故或者其他严重后果，构成犯罪的，对直接负责的主管人员和其他直接责任人员，依法追究刑事责任。

第七十九条 未取得职业卫生技术服务资质认可擅自从事职业卫生技术服务的，或者医疗卫生机构未经批准擅自从事职业病诊断的，由安全生产监督管理部门和卫生行政部门依据职责分工责令立即停止违法行为，没收违法所得；违法所得五千元以上的，并处违法所得二倍以上十倍以下的罚款；没有违法所得或者违法所得不足五千元的，并处五千元以上五万元以下的罚款；情节严重的，对直接负责的主管人员和其他直接责任人员，依法给予降级、撤职或者开除的处分。

第八十条 从事职业卫生技术服务的机构和承担职业病诊断的医疗卫生机构违反本法规定，有下列行为之一的，由安全生产监督管理部门和卫生行政部门依据职责分工责令立即停止违法行为，给予警告，没收违法所得；违法所得五千元以上的，并处违法所得二倍以上五倍以下的罚款；没有违法所得或者违法所得不足五千元的，并处五千元以上二万元以下的罚款；情节严重的，由原认可或者批准机关取消其相应的资格；对直接负责的主管人员和其他直接责任人员，依法给予降级、撤职或者开除的处分；构成犯罪的，依法追究刑事责任：

（一）超出资质认可或者批准范围从事职业卫生技术服务或者职业病诊断的；

（二）不按照本法规定履行法定职责的；

（三）出具虚假证明文件的。

第八十一条 职业病诊断鉴定委员会组成人员收受职业病诊断争议当事人的财物或者其他好处的，给予警告，没收收受的财物，可以并处三千元以上五万元以下的罚款，取消其担任职业病诊断鉴定委员会组成人员的资格，并从省、自治区、直辖市人民政府卫生行政部门设立的专家库中予以除名。

第八十二条 卫生行政部门、安全生产监督管理部门不按照规定报告职业病和职业病危害事故的，由上一级行政部门责令改正，通报批评，给予警告；虚报、瞒报的，对单位负责人、直接负责的主管人员和其他直接责任人员依法给予降级、撤职或者开除的处分。

第八十三条 县级以上地方人民政府在职业病防治工作中未依照本法履行职责，本行政区域出现重大职业病危害事故、造成严重社会影响的，依法对直接负责的主管人员和其他直接责任人员给予记大过直至开除的处分。

县级以上人民政府职业卫生监督管理部门不履行本法规定的职责，滥用职权、玩忽职守、徇私舞弊，依法对直接负责的主管人员和其他直接责任人员给予记大过或者降级的处分；造成职业病危害事故或者其他严重后果的，依法给予撤职或者开除的处分。

第八十四条 违反本法规定，构成犯罪的，依法追究刑事责任。

第七章 附　　则

第八十五条 本法下列用语的含义：

职业病危害，是指对从事职业活动的劳动者可能导致职业病的各种危害。职业病危害因素包括：职业活动中存在的各种有害的化学、物理、生物因素以及在作业过程中产生的其他职业有害因素。

职业禁忌，是指劳动者从事特定职业或者接触特定职业病危害因素时，比一般职业人群更易于遭受职业病危害和罹患职业病或者可能导致原有自身疾病病情加重，或者在从事作业过程中诱发可能导致对他人生命健康构成危险的疾病的个人特殊生理或者病理状态。

第八十六条 本法第二条规定的用人单位以外的单位，产生职业病危害的，其职业病防治活动可以参照本法执行。

劳务派遣用工单位应当履行本法规定的用人单位的义务。

中国人民解放军参照执行本法的办法，由国务院、中央军事委员会制定。

第八十七条 对医疗机构放射性职业病危害控制的监督管理，由卫生行政部门依照本法的规定实施。

第八十八条 本法自2002年5月1日起施行。

中华人民共和国就业促进法

（2007年8月30日第十届全国人民代表大会常务委员会第二十九次会议通过 根据2015年4月24日第十二届全国人民代表大会常务委员会第十四次会议《关于修改〈中华人民共和国电力法〉等六部法律的决定》修正）

第一章 总 则

第一条 为了促进就业，促进经济发展与扩大就业相协调，促进社会和谐稳定，制定本法。

第二条 国家把扩大就业放在经济社会发展的突出位置，实施积极的就业政策，坚持劳动者自主择业、市场调节就业、政府促进就业的方针，多渠道扩大就业。

第三条 劳动者依法享有平等就业和自主择业的权利。

劳动者就业，不因民族、种族、性别、宗教信仰等不同而受歧视。

第四条 县级以上人民政府把扩大就业作为经济和社会发展的重要目标，纳入国民经济和社会发展规划，并制定促进就业的中长期规划和年度工作计划。

第五条 县级以上人民政府通过发展经济和调整产业结构、规范人力资源市场、完善就业服务、加强职业教育和培训、提供就业援助等措施，创造就业条件，扩大就业。

第六条 国务院建立全国促进就业工作协调机制，研究就业工作中的重大问题，协调推动全国的促进就业工作。国务院劳动行政部门具体负责全国的促进就业工作。

省、自治区、直辖市人民政府根据促进就业工作的需要，建立促进就业工作协调机制，协调解决本行政区域就业工作中的重大问题。

县级以上人民政府有关部门按照各自的职责分工，共同做好促进就业工作。

第七条 国家倡导劳动者树立正确的择业观念，提高就业能力和创业能力；鼓励劳动者自主创业、自谋职业。

各级人民政府和有关部门应当简化程序，提高效率，为劳动者自主创业、自谋职业提供便利。

第八条 用人单位依法享有自主用人的权利。

用人单位应当依照本法以及其他法律、法规的规定，保障劳动者的合法权益。

第九条 工会、共产主义青年团、妇女联合会、残疾人联合会以及其他社会组织，协助人民政府开展促进就业工作，依法维护劳动者的劳动权利。

第十条 各级人民政府和有关部门对在促进就业工作中作出显著成绩的单位和个人，给予表彰和奖励。

第二章 政策支持

第十一条 县级以上人民政府应当把扩大就业作为重要职责，统筹协调产业政策与就业政策。

第十二条 国家鼓励各类企业在法律、法规规定的范围内，通过兴办产业或者拓展经营，增加就业岗位。

国家鼓励发展劳动密集型产业、服务业，扶持中小企业，多渠道、多方式增加就业岗位。

国家鼓励、支持、引导非公有制经济发展，扩大就业，增加就业岗位。

第十三条 国家发展国内外贸易和国际经济合作，拓宽就业渠道。

第十四条 县级以上人民政府在安排政府投资和确定重大建设项目时，应当发挥投资和重大建设项目带动就业的作用，增加就业岗位。

第十五条 国家实行有利于促进就业的财政政策，加大资金投入，改善就业环境，扩大就业。

县级以上人民政府应当根据就业状况和就业工作目标，在财政预算中安排就业专项资金用于促进就业工作。

就业专项资金用于职业介绍、职业培训、公益性岗位、职业技能鉴定、特定就业政策和社会保险等的补贴，小额贷款担保基金和微利项目的小额担保贷款贴息，以及扶持公共就业服务等。就业专项资金的使用管理办法由国务院财政部门和劳动行政部门规定。

第十六条 国家建立健全失业保险制度，依法确保失业人员的基本生活，并促进其实现就业。

第十七条 国家鼓励企业增加就业岗位，扶持失业人员和残疾人就业，对下列企业、人员依法给予税收优惠：

（一）吸纳符合国家规定条件的失业人员达到规定要求的企业；

（二）失业人员创办的中小企业；

（三）安置残疾人员达到规定比例或者集中使用残疾人的企业；

（四）从事个体经营的符合国家规定条件的失业人员；

（五）从事个体经营的残疾人；

（六）国务院规定给予税收优惠的其他企业、人员。

第十八条 对本法第十七条第四项、第五项规定的人员，有关部门应当在经营场地等方面给予照顾，免除行政事业性收费。

第十九条 国家实行有利于促进就业的金融政策，增加中小企业的融资渠道；鼓励金融机构改进金融服务，加大对中小企业的信贷支持，并对自主创业人员在一定期限内给予小额信贷等扶持。

第二十条 国家实行城乡统筹的就业政策，建立健全城乡劳动者平等就业的制度，引导农业富余劳动力有序转移就业。

县级以上地方人民政府推进小城镇建设和加快县域经济发展，引导农业富余劳动力就地就近转移就业；在制定小城镇规划时，将本地区农业富余劳动力转移就业作为重要内容。

县级以上地方人民政府引导农业富余劳动力有序向城市异地转移就业；劳动力输出地和输入地人民政府应当互相配合，改善农村劳动者进城就业的环境和条件。

第二十一条 国家支持区域经济发展，鼓励区域协作，统筹协调不同地区就业的均衡增长。

国家支持民族地区发展经济，扩大就业。

第二十二条 各级人民政府统筹做好城镇新增劳动力就业、农业富余劳动力转移就业和失业人员就业工作。

第二十三条 各级人民政府采取措施，逐步完善和实施与非全日制用工等灵活就业相适应的劳动和社会保险政策，为灵活就业人员提供帮助和服务。

第二十四条 地方各级人民政府和有关部门应当加强对失业人员从事个体经营的指导，提供政策咨询、就业培训和开业指导等服务。

第三章 公平就业

第二十五条 各级人民政府创造公平就业的环境，消除就业歧视，制定政策并采取措施对就业困难人员给予扶持和援助。

第二十六条 用人单位招用人员、职业中介机构从事职业中介活动，应当向劳动者提供平等的就业机会和公平的就业条件，不得实施就业歧视。

第二十七条 国家保障妇女享有与男子平等的劳动权利。

用人单位招用人员，除国家规定的不适合妇女的工种或者岗位外，不得以性别为由拒绝录用妇女或者提高对妇女的录用标准。

用人单位录用女职工，不得在劳动合同中规定限制女职工结婚、生育的内容。

第二十八条 各民族劳动者享有平等的劳动权利。

用人单位招用人员，应当依法对少数民族劳动者给予适当照顾。

第二十九条 国家保障残疾人的劳动权利。

各级人民政府应当对残疾人就业统筹规划，为残疾人创造就业条件。

用人单位招用人员，不得歧视残疾人。

第三十条 用人单位招用人员，不得以是传染病病原携带者为由拒绝录用。但是，经医学鉴定传染病病原携带者在治愈前或者排除传染嫌疑前，不得从事法律、行政法规和国务院卫生行政部门规定禁止从事的易使传染病扩散的工作。

第三十一条 农村劳动者进城就业享有与城镇劳动者平等的劳动权利，不得对农村劳动者进城就业设置歧视性限制。

第四章 就业服务和管理

第三十二条 县级以上人民政府培育和完善统一开放、竞争有序的人力资源市场，为劳动者就业提供服务。

第三十三条 县级以上人民政府鼓励社会各方面依法开展就业服务活动，加强对公共就业服务和职业中介服务的指导和监督，逐步完善覆盖城乡的就业服务体系。

第三十四条 县级以上人民政府加强人力资源市场信息网络及相关设施建设，建立健全人力资源市场信息服务体系，完善市场信息发布制度。

第三十五条 县级以上人民政府建立健全公共就业服务体系，设立公共就业服务机构，为劳动者免费提供下列服务：

（一）就业政策法规咨询；

（二）职业供求信息、市场工资指导价位信息和职业培训信息发布；

（三）职业指导和职业介绍；

（四）对就业困难人员实施就业援助；

（五）办理就业登记、失业登记等事务；

（六）其他公共就业服务。

公共就业服务机构应当不断提高服务的质量和效率，不得从事经营性活动。

公共就业服务经费纳入同级财政预算。

第三十六条 县级以上地方人民政府对职业中介机构提供公益性就业服务的，按照规定给予补贴。

国家鼓励社会各界为公益性就业服务提供捐赠、资助。

第三十七条 地方各级人民政府和有关部门不得举办或者与他人联合举办经营性的职业中介机构。

地方各级人民政府和有关部门、公共就业服务机构举办的招聘会,不得向劳动者收取费用。

第三十八条 县级以上人民政府和有关部门加强对职业中介机构的管理,鼓励其提高服务质量,发挥其在促进就业中的作用。

第三十九条 从事职业中介活动,应当遵循合法、诚实信用、公平、公开的原则。

用人单位通过职业中介机构招用人员,应当如实向职业中介机构提供岗位需求信息。

禁止任何组织或者个人利用职业中介活动侵害劳动者的合法权益。

第四十条 设立职业中介机构应当具备下列条件:

(一)有明确的章程和管理制度;

(二)有开展业务必备的固定场所、办公设施和一定数额的开办资金;

(三)有一定数量具备相应职业资格的专职工作人员;

(四)法律、法规规定的其他条件。

设立职业中介机构应当在工商行政管理部门办理登记后,向劳动行政部门申请行政许可。

未经依法许可和登记的机构,不得从事职业中介活动。

国家对外商投资职业中介机构和向劳动者提供境外就业服务的职业中介机构另有规定的,依照其规定。

第四十一条 职业中介机构不得有下列行为:

(一)提供虚假就业信息;

(二)为无合法证照的用人单位提供职业中介服务;

(三)伪造、涂改、转让职业中介许可证;

(四)扣押劳动者的居民身份证和其他证件,或者向劳动者收取押金;

(五)其他违反法律、法规规定的行为。

第四十二条 县级以上人民政府建立失业预警制度,对可能出现的较大规模的失业,实施预防、调节和控制。

第四十三条 国家建立劳动力调查统计制度和就业登记、失业登记制度,开展劳动力资源和就业、失业状况调查统计,并公布调查统计结果。

统计部门和劳动行政部门进行劳动力调查统计和就业、失业登记时,用人单位和个人应当如实提供调查统计和登记所需要的情况。

第五章 职业教育和培训

第四十四条 国家依法发展职业教育,鼓励开展职业培训,促进劳动者提高职业技能,增强就业能力和创业能力。

第四十五条 县级以上人民政府根据经济社会发展和市场需求,制定并实施职业能力开发计划。

第四十六条 县级以上人民政府加强统筹协调,鼓励和支持各类职业院校、职业技能培训机构和用人单位依法开展就业前培训、在职培训、再就业培训和创业培训;鼓励劳动者参加各种形式的培训。

第四十七条 县级以上地方人民政府和有关部门根据市场需求和产业发展方向,鼓励、指导企业加强职业教育和培训。

职业院校、职业技能培训机构与企业应当密切联系,实行产教结合,为经济建设服务,培养实用人才和熟练劳动者。

企业应当按照国家有关规定提取职工教育经费，对劳动者进行职业技能培训和继续教育培训。

第四十八条 国家采取措施建立健全劳动预备制度，县级以上地方人民政府对有就业要求的初高中毕业生实行一定期限的职业教育和培训，使其取得相应的职业资格或者掌握一定的职业技能。

第四十九条 地方各级人民政府鼓励和支持开展就业培训，帮助失业人员提高职业技能，增强其就业能力和创业能力。失业人员参加就业培训的，按照有关规定享受政府培训补贴。

第五十条 地方各级人民政府采取有效措施，组织和引导进城就业的农村劳动者参加技能培训，鼓励各类培训机构为进城就业的农村劳动者提供技能培训，增强其就业能力和创业能力。

第五十一条 国家对从事涉及公共安全、人身健康、生命财产安全等特殊工种的劳动者，实行职业资格证书制度，具体办法由国务院规定。

第六章 就业援助

第五十二条 各级人民政府建立健全就业援助制度，采取税费减免、贷款贴息、社会保险补贴、岗位补贴等办法，通过公益性岗位安置等途径，对就业困难人员实行优先扶持和重点帮助。

就业困难人员是指因身体状况、技能水平、家庭因素、失去土地等原因难以实现就业，以及连续失业一定时间仍未能实现就业的人员。就业困难人员的具体范围，由省、自治区、直辖市人民政府根据本行政区域的实际情况规定。

第五十三条 政府投资开发的公益性岗位，应当优先安排符合岗位要求的就业困难人员。被安排在公益性岗位工作的，按照国家规定给予岗位补贴。

第五十四条 地方各级人民政府加强基层就业援助服务工作，对就业困难人员实施重点帮助，提供有针对性的就业服务和公益性岗位援助。

地方各级人民政府鼓励和支持社会各方面为就业困难人员提供技能培训、岗位信息等服务。

第五十五条 各级人民政府采取特别扶助措施，促进残疾人就业。

用人单位应当按照国家规定安排残疾人就业，具体办法由国务院规定。

第五十六条 县级以上地方人民政府采取多种就业形式，拓宽公益性岗位范围，开发就业岗位，确保城市有就业需求的家庭至少有一人实现就业。

法定劳动年龄内的家庭人员均处于失业状况的城市居民家庭，可以向住所地街道、社区公共就业服务机构申请就业援助。街道、社区公共就业服务机构经确认属实的，应当为该家庭中至少一人提供适当的就业岗位。

第五十七条 国家鼓励资源开采型城市和独立工矿区发展与市场需求相适应的产业，引导劳动者转移就业。

对因资源枯竭或者经济结构调整等原因造成就业困难人员集中的地区，上级人民政府应当给予必要的扶持和帮助。

第七章 监督检查

第五十八条 各级人民政府和有关部门应当建立促进就业的目标责任制度。县级以上人民政府按照促进就业目标责任制的要求，对所属的有关部门和下一级人民政府进行考核和监督。

第五十九条 审计机关、财政部门应当依法对就业专项资金的管理和使用情况进行监督检查。

第六十条 劳动行政部门应当对本法实施情况进行监督检查，建立举报制度，受理对违反本法行为的举报，并及时予以核实、处理。

第八章 法律责任

第六十一条 违反本法规定，劳动行政等有关部门及其工作人员滥用职权、玩忽职守、徇私舞弊的，对直接负责的主管人员和其他直接责任人员依法给予处分。

第六十二条 违反本法规定，实施就业歧视的，劳动者可以向人民法院提起诉讼。

第六十三条 违反本法规定，地方各级人民政府和有关部门、公共就业服务机构举办经营性的职业中介机构，从事经营性职业中介活动，向劳动者收取费用的，由上级主管机关责令限期改正，将违法收取的费用退还劳动者，并对直接负责的主管人员和其他直接责任人员依法给予处分。

第六十四条 违反本法规定，未经许可和登记，擅自从事职业中介活动的，由劳动行政部门或者其他主管部门依法予以关闭；有违法所得的，没收违法所得，并处一万元以上五万元以下的罚款。

第六十五条 违反本法规定，职业中介机构提供虚假就业信息，为无合法证照的用人单位提供职业中介服务，伪造、涂改、转让职业中介许可证的，由劳动行政部门或者其他主管部门责令改正；有违法所得的，没收违法所得，并处一万元以上五万元以下的罚款；情节严重的，吊销职业中介许可证。

第六十六条 违反本法规定，职业中介机构扣押劳动者居民身份证等证件的，由劳动行政部门责令限期退还劳动者，并依照有关法律规定给予处罚。

违反本法规定，职业中介机构向劳动者收取押金的，由劳动行政部门责令限期退还劳动者，并以每人五百元以上二千元以下的标准处以罚款。

第六十七条 违反本法规定，企业未按照国家规定提取职工教育经费，或者挪用职工教育经费的，由劳动行政部门责令改正，并依法给予处罚。

第六十八条 违反本法规定，侵害劳动者合法权益，造成财产损失或者其他损害的，依法承担民事责任；构成犯罪的，依法追究刑事责任。

第九章 附 则

第六十九条 本法自2008年1月1日起施行。

中华人民共和国劳动合同法

（2007年6月29日第十届全国人民代表大会常务委员会第二十八次会议通过 根据2012年12月28日第十一届全国人民代表大会常务委员会第三十次会议《关于修改〈中华人民共和国劳动合同法〉的决定》修正）

第一章 总 则

第一条 【立法宗旨】为了完善劳动合同制度，明确劳动合同双方当事人的权利和义务，保护劳动者的合法权益，构建和发展和谐稳定的劳动关系，制定本法。

第二条 【适用范围】中华人民共和国境内的企业、个体经济组织、民办非企业单位等组织（以下称用人单位）与劳动者建立劳动关系，订立、履行、变更、解除或者终止劳动合同，适用本法。

国家机关、事业单位、社会团体和与其建立劳动关系的劳动者，订立、履行、变更、解除或者终止劳动合同，依照本法执行。

第三条 【基本原则】订立劳动合同，应当遵循合法、公平、平等自愿、协商一致、诚实信用的原则。

依法订立的劳动合同具有约束力,用人单位与劳动者应当履行劳动合同约定的义务。

第四条 【规章制度】用人单位应当依法建立和完善劳动规章制度,保障劳动者享有劳动权利、履行劳动义务。

用人单位在制定、修改或者决定有关劳动报酬、工作时间、休息休假、劳动安全卫生、保险福利、职工培训、劳动纪律以及劳动定额管理等直接涉及劳动者切身利益的规章制度或者重大事项时,应当经职工代表大会或者全体职工讨论,提出方案和意见,与工会或者职工代表平等协商确定。

在规章制度和重大事项决定实施过程中,工会或者职工认为不适当的,有权向用人单位提出,通过协商予以修改完善。

用人单位应当将直接涉及劳动者切身利益的规章制度和重大事项决定公示,或者告知劳动者。

第五条 【协调劳动关系三方机制】县级以上人民政府劳动行政部门会同工会和企业方面代表,建立健全协调劳动关系三方机制,共同研究解决有关劳动关系的重大问题。

第六条 【集体协商机制】工会应当帮助、指导劳动者与用人单位依法订立和履行劳动合同,并与用人单位建立集体协商机制,维护劳动者的合法权益。

第二章 劳动合同的订立

第七条 【劳动关系的建立】用人单位自用工之日起即与劳动者建立劳动关系。用人单位应当建立职工名册备查。

第八条 【用人单位的告知义务和劳动者的说明义务】用人单位招用劳动者时,应当如实告知劳动者工作内容、工作条件、工作地点、职业危害、安全生产状况、劳动报酬,以及劳动者要求了解的其他情况;用人单位有权了解劳动者与劳动合同直接相关的基本情况,劳动者应当如实说明。

第九条 【用人单位不得扣押劳动者证件和要求提供担保】用人单位招用劳动者,不得扣押劳动者的居民身份证和其他证件,不得要求劳动者提供担保或者以其他名义向劳动者收取财物。

第十条 【订立书面劳动合同】建立劳动关系,应当订立书面劳动合同。

已建立劳动关系,未同时订立书面劳动合同的,应当自用工之日起一个月内订立书面劳动合同。

用人单位与劳动者在用工前订立劳动合同的,劳动关系自用工之日起建立。

第十一条 【未订立书面劳动合同时劳动报酬不明确的解决】用人单位未在用工的同时订立书面劳动合同,与劳动者约定的劳动报酬不明确的,新招用的劳动者的劳动报酬按照集体合同规定的标准执行;没有集体合同或者集体合同未规定的,实行同工同酬。

第十二条 【劳动合同的种类】劳动合同分为固定期限劳动合同、无固定期限劳动合同和以完成一定工作任务为期限的劳动合同。

第十三条 【固定期限劳动合同】固定期限劳动合同,是指用人单位与劳动者约定合同终止时间的劳动合同。

用人单位与劳动者协商一致,可以订立固定期限劳动合同。

第十四条 【无固定期限劳动合同】无固定期限劳动合同,是指用人单位与劳动者约定无确定终止时间的劳动合同。

用人单位与劳动者协商一致,可以订立无固定期限劳动合同。有下列情形之一,劳动者提出或者同意续订、订立劳动合同的,除劳动者提出订立固定期限劳动合同外,应当订立无固定期限劳动合同:

(一)劳动者在该用人单位连续工作满十年的;

(二)用人单位初次实行劳动合同制度或者国有企业改制重新订立劳动合同时,劳动者在该用人单位连续工作满十年且距法定退休年龄不足十年的;

（三）连续订立二次固定期限劳动合同，且劳动者没有本法第三十九条和第四十条第一项、第二项规定的情形，续订劳动合同的。

用人单位自用工之日起满一年不与劳动者订立书面劳动合同的，视为用人单位与劳动者已订立无固定期限劳动合同。

第十五条 【以完成一定工作任务为期限的劳动合同】以完成一定工作任务为期限的劳动合同，是指用人单位与劳动者约定以某项工作的完成为合同期限的劳动合同。

用人单位与劳动者协商一致，可以订立以完成一定工作任务为期限的劳动合同。

第十六条 【劳动合同的生效】劳动合同由用人单位与劳动者协商一致，并经用人单位与劳动者在劳动合同文本上签字或者盖章生效。

劳动合同文本由用人单位和劳动者各执一份。

第十七条 【劳动合同的内容】劳动合同应当具备以下条款：

（一）用人单位的名称、住所和法定代表人或者主要负责人；

（二）劳动者的姓名、住址和居民身份证或者其他有效身份证件号码；

（三）劳动合同期限；

（四）工作内容和工作地点；

（五）工作时间和休息休假；

（六）劳动报酬；

（七）社会保险；

（八）劳动保护、劳动条件和职业危害防护；

（九）法律、法规规定应当纳入劳动合同的其他事项。

劳动合同除前款规定的必备条款外，用人单位与劳动者可以约定试用期、培训、保守秘密、补充保险和福利待遇等其他事项。

第十八条 【劳动合同对劳动报酬和劳动条件约定不明确的解决】劳动合同对劳动报酬和劳动条件等标准约定不明确，引发争议的，用人单位与劳动者可以重新协商；协商不成的，适用集体合同规定；没有集体合同或者集体合同未规定劳动报酬的，实行同工同酬；没有集体合同或者集体合同未规定劳动条件等标准的，适用国家有关规定。

第十九条 【试用期】劳动合同期限三个月以上不满一年的，试用期不得超过一个月；劳动合同期限一年以上不满三年的，试用期不得超过二个月；三年以上固定期限和无固定期限的劳动合同，试用期不得超过六个月。

同一用人单位与同一劳动者只能约定一次试用期。

以完成一定工作任务为期限的劳动合同或者劳动合同期限不满三个月的，不得约定试用期。

试用期包含在劳动合同期限内。劳动合同仅约定试用期的，试用期不成立，该期限为劳动合同期限。

第二十条 【试用期工资】劳动者在试用期的工资不得低于本单位相同岗位最低档工资或者劳动合同约定工资的百分之八十，并不得低于用人单位所在地的最低工资标准。

第二十一条 【试用期内解除劳动合同】在试用期中，除劳动者有本法第三十九条和第四十条第一项、第二项规定的情形外，用人单位不得解除劳动合同。用人单位在试用期解除劳动合同的，应当向劳动者说明理由。

第二十二条 【服务期】用人单位为劳动者提供专项培训费用，对其进行专业技术培训的，可以与该劳动者订立协议，约定服务期。

劳动者违反服务期约定的，应当按照约定向用人单位支付违约金。违约金的数额不得超过用人单位提供的培训费用。用人单位要求劳动者支付的违约金不得超过服务期尚未履行部分所应分摊的培训费用。

用人单位与劳动者约定服务期的,不影响按照正常的工资调整机制提高劳动者在服务期期间的劳动报酬。

第二十三条 【保密义务和竞业限制】用人单位与劳动者可以在劳动合同中约定保守用人单位的商业秘密和与知识产权相关的保密事项。

对负有保密义务的劳动者,用人单位可以在劳动合同或者保密协议中与劳动者约定竞业限制条款,并约定在解除或者终止劳动合同后,在竞业限制期限内按月给予劳动者经济补偿。劳动者违反竞业限制约定的,应当按照约定向用人单位支付违约金。

第二十四条 【竞业限制的范围和期限】竞业限制的人员限于用人单位的高级管理人员、高级技术人员和其他负有保密义务的人员。竞业限制的范围、地域、期限由用人单位与劳动者约定,竞业限制的约定不得违反法律、法规的规定。

在解除或者终止劳动合同后,前款规定的人员到与本单位生产或者经营同类产品、从事同类业务的有竞争关系的其他用人单位,或者自己开业生产或者经营同类产品、从事同类业务的竞业限制期限,不得超过二年。

第二十五条 【违约金】除本法第二十二条和第二十三条规定的情形外,用人单位不得与劳动者约定由劳动者承担违约金。

第二十六条 【劳动合同的无效】下列劳动合同无效或者部分无效:

(一)以欺诈、胁迫的手段或者乘人之危,使对方在违背真实意思的情况下订立或者变更劳动合同的;

(二)用人单位免除自己的法定责任、排除劳动者权利的;

(三)违反法律、行政法规强制性规定的。

对劳动合同的无效或者部分无效有争议的,由劳动争议仲裁机构或者人民法院确认。

第二十七条 【劳动合同部分无效】劳动合同部分无效,不影响其他部分效力的,其他部分仍然有效。

第二十八条 【劳动合同无效后劳动报酬的支付】劳动合同被确认无效,劳动者已付出劳动的,用人单位应当向劳动者支付劳动报酬。劳动报酬的数额,参照本单位相同或者相近岗位劳动者的劳动报酬确定。

第三章 劳动合同的履行和变更

第二十九条 【劳动合同的履行】用人单位与劳动者应当按照劳动合同的约定,全面履行各自的义务。

第三十条 【劳动报酬】用人单位应当按照劳动合同约定和国家规定,向劳动者及时足额支付劳动报酬。

用人单位拖欠或者未足额支付劳动报酬的,劳动者可以依法向当地人民法院申请支付令,人民法院应当依法发出支付令。

第三十一条 【加班】用人单位应当严格执行劳动定额标准,不得强迫或者变相强迫劳动者加班。用人单位安排加班的,应当按照国家有关规定向劳动者支付加班费。

第三十二条 【劳动者拒绝违章指挥、强令冒险作业】劳动者拒绝用人单位管理人员违章指挥、强令冒险作业的,不视为违反劳动合同。

劳动者对危害生命安全和身体健康的劳动条件,有权对用人单位提出批评、检举和控告。

第三十三条 【用人单位名称、法定代表人等的变更】用人单位变更名称、法定代表人、主要负责人或者投资人等事项,不影响劳动合同的履行。

第三十四条 【用人单位合并或者分立】用人单位发生合并或者分立等情况,原劳动合同继续有效,劳动合同由承继其权利和义务的用人单位继续履行。

第三十五条 【劳动合同的变更】用人单位与劳动者协商一致,可以变更劳动合同约定的内容。变更劳动合同,应当采用书面形式。

变更后的劳动合同文本由用人单位和劳动者各执一份。

第四章 劳动合同的解除和终止

第三十六条 【协商解除劳动合同】用人单位与劳动者协商一致,可以解除劳动合同。

第三十七条 【劳动者提前通知解除劳动合同】劳动者提前三十日以书面形式通知用人单位,可以解除劳动合同。劳动者在试用期内提前三日通知用人单位,可以解除劳动合同。

第三十八条 【劳动者解除劳动合同】用人单位有下列情形之一的,劳动者可以解除劳动合同:

(一)未按照劳动合同约定提供劳动保护或者劳动条件的;

(二)未及时足额支付劳动报酬的;

(三)未依法为劳动者缴纳社会保险费的;

(四)用人单位的规章制度违反法律、法规的规定,损害劳动者权益的;

(五)因本法第二十六条第一款规定的情形致使劳动合同无效的;

(六)法律、行政法规规定劳动者可以解除劳动合同的其他情形。

用人单位以暴力、威胁或者非法限制人身自由的手段强迫劳动者劳动的,或者用人单位违章指挥、强令冒险作业危及劳动者人身安全的,劳动者可以立即解除劳动合同,不需事先告知用人单位。

第三十九条 【用人单位单方解除劳动合同】劳动者有下列情形之一的,用人单位可以解除劳动合同:

(一)在试用期间被证明不符合录用条件的;

(二)严重违反用人单位的规章制度的;

(三)严重失职,营私舞弊,给用人单位造成重大损害的;

(四)劳动者同时与其他用人单位建立劳动关系,对完成本单位的工作任务造成严重影响,或者经用人单位提出,拒不改正的;

(五)因本法第二十六条第一款第一项规定的情形致使劳动合同无效的;

(六)被依法追究刑事责任的。

第四十条 【无过失性辞退】有下列情形之一的,用人单位提前三十日以书面形式通知劳动者本人或者额外支付劳动者一个月工资后,可以解除劳动合同:

(一)劳动者患病或者非因工负伤,在规定的医疗期满后不能从事原工作,也不能从事由用人单位另行安排的工作的;

(二)劳动者不能胜任工作,经过培训或者调整工作岗位,仍不能胜任工作的;

(三)劳动合同订立时所依据的客观情况发生重大变化,致使劳动合同无法履行,经用人单位与劳动者协商,未能就变更劳动合同内容达成协议的。

第四十一条 【经济性裁员】有下列情形之一,需要裁减人员二十人以上或者裁减不足二十人但占企业职工总数百分之十以上的,用人单位提前三十日向工会或者全体职工说明情况,听取工会或者职工的意见后,裁减人员方案经向劳动行政部门报告,可以裁减人员:

(一)依照企业破产法规定进行重整的;

(二)生产经营发生严重困难的;

(三)企业转产、重大技术革新或者经营方式调整,经变更劳动合同后,仍需裁减人员的;

（四）其他因劳动合同订立时所依据的客观经济情况发生重大变化，致使劳动合同无法履行的。

裁减人员时，应当优先留用下列人员：

（一）与本单位订立较长期限的固定期限劳动合同的；

（二）与本单位订立无固定期限劳动合同的；

（三）家庭无其他就业人员，有需要扶养的老人或者未成年人的。

用人单位依照本条第一款规定裁减人员，在六个月内重新招用人员的，应当通知被裁减的人员，并在同等条件下优先招用被裁减的人员。

第四十二条　【用人单位不得解除劳动合同的情形】劳动者有下列情形之一的，用人单位不得依照本法第四十条、第四十一条的规定解除劳动合同：

（一）从事接触职业病危害作业的劳动者未进行离岗前职业健康检查，或者疑似职业病病人在诊断或者医学观察期间的；

（二）在本单位患职业病或者因工负伤并被确认丧失或者部分丧失劳动能力的；

（三）患病或者非因工负伤，在规定的医疗期内的；

（四）女职工在孕期、产期、哺乳期的；

（五）在本单位连续工作满十五年，且距法定退休年龄不足五年的；

（六）法律、行政法规规定的其他情形。

第四十三条　【工会在劳动合同解除中的监督作用】用人单位单方解除劳动合同，应当事先将理由通知工会。用人单位违反法律、行政法规规定或者劳动合同约定的，工会有权要求用人单位纠正。用人单位应当研究工会的意见，并将处理结果书面通知工会。

第四十四条　【劳动合同的终止】有下列情形之一的，劳动合同终止：

（一）劳动合同期满的；

（二）劳动者开始依法享受基本养老保险待遇的；

（三）劳动者死亡，或者被人民法院宣告死亡或者宣告失踪的；

（四）用人单位被依法宣告破产的；

（五）用人单位被吊销营业执照、责令关闭、撤销或者用人单位决定提前解散的；

（六）法律、行政法规规定的其他情形。

第四十五条　【劳动合同的逾期终止】劳动合同期满，有本法第四十二条规定情形之一的，劳动合同应当续延至相应的情形消失时终止。但是，本法第四十二条第二项规定丧失或者部分丧失劳动能力劳动者的劳动合同的终止，按照国家有关工伤保险的规定执行。

第四十六条　【经济补偿】有下列情形之一的，用人单位应当向劳动者支付经济补偿：

（一）劳动者依照本法第三十八条规定解除劳动合同的；

（二）用人单位依照本法第三十六条规定向劳动者提出解除劳动合同并与劳动者协商一致解除劳动合同的；

（三）用人单位依照本法第四十条规定解除劳动合同的；

（四）用人单位依照本法第四十一条第一款规定解除劳动合同的；

（五）除用人单位维持或者提高劳动合同约定条件续订劳动合同，劳动者不同意续订的情形外，依照本法第四十四条第一项规定终止固定期限劳动合同的；

（六）依照本法第四十四条第四项、第五项规定终止劳动合同的；

（七）法律、行政法规规定的其他情形。

第四十七条　【经济补偿的计算】经济补偿按劳动者在本单位工作的年限，每满一年支付一个月工资的标准向劳动者支付。六个月以上不满一年的，按一年计算；不满六个月的，向劳动者支付半个月工资的经济补偿。

劳动者月工资高于用人单位所在直辖市、设区的市级人民政府公布的本地区上年度职工月平均工资三倍的，向其支付经济补偿的标准按职工月平均工资三倍的数额支付，向其支付经济补偿的年限最高不超过十二年。

本条所称月工资是指劳动者在劳动合同解除或者终止前十二个月的平均工资。

第四十八条 【违法解除或者终止劳动合同的法律后果】用人单位违反本法规定解除或者终止劳动合同，劳动者要求继续履行劳动合同的，用人单位应当继续履行；劳动者不要求继续履行劳动合同或者劳动合同已经不能继续履行的，用人单位应当依照本法第八十七条规定支付赔偿金。

第四十九条 【社会保险关系跨地区转移接续】国家采取措施，建立健全劳动者社会保险关系跨地区转移接续制度。

第五十条 【劳动合同解除或者终止后双方的义务】用人单位应当在解除或者终止劳动合同时出具解除或者终止劳动合同的证明，并在十五日内为劳动者办理档案和社会保险关系转移手续。

劳动者应当按照双方约定，办理工作交接。用人单位依照本法有关规定应当向劳动者支付经济补偿的，在办结工作交接时支付。

用人单位对已经解除或者终止的劳动合同的文本，至少保存二年备查。

第五章 特别规定

第一节 集体合同

第五十一条 【集体合同的订立和内容】企业职工一方与用人单位通过平等协商，可以就劳动报酬、工作时间、休息休假、劳动安全卫生、保险福利等事项订立集体合同。集体合同草案应当提交职工代表大会或者全体职工讨论通过。

集体合同由工会代表企业职工一方与用人单位订立；尚未建立工会的用人单位，由上级工会指导劳动者推举的代表与用人单位订立。

第五十二条 【专项集体合同】企业职工一方与用人单位可以订立劳动安全卫生、女职工权益保护、工资调整机制等专项集体合同。

第五十三条 【行业性集体合同、区域性集体合同】在县级以下区域内，建筑业、采矿业、餐饮服务业等行业可以由工会与企业方面代表订立行业性集体合同，或者订立区域性集体合同。

第五十四条 【集体合同的报送和生效】集体合同订立后，应当报送劳动行政部门；劳动行政部门自收到集体合同文本之日起十五日内未提出异议的，集体合同即行生效。

依法订立的集体合同对用人单位和劳动者具有约束力。行业性、区域性集体合同对当地本行业、本区域的用人单位和劳动者具有约束力。

第五十五条 【集体合同中劳动报酬、劳动条件等标准】集体合同中劳动报酬和劳动条件等标准不得低于当地人民政府规定的最低标准；用人单位与劳动者订立的劳动合同中劳动报酬和劳动条件等标准不得低于集体合同规定的标准。

第五十六条 【集体合同纠纷和法律救济】用人单位违反集体合同，侵犯职工劳动权益的，工会可以依法要求用人单位承担责任；因履行集体合同发生争议，经协商解决不成的，工会可以依法申请仲裁、提起诉讼。

第二节 劳务派遣

第五十七条 【劳务派遣单位的设立】经营劳务派遣业务应当具备下列条件：

（一）注册资本不得少于人民币二百万元；

（二）有与开展业务相适应的固定的经营场所和设施；

（三）有符合法律、行政法规规定的劳务派遣管理制度；

（四）法律、行政法规规定的其他条件。

经营劳务派遣业务，应当向劳动行政部门依法申请行政许可；经许可的，依法办理相应的公司登记。未经许可，任何单位和个人不得经营劳务派遣业务。

第五十八条　【劳务派遣单位、用工单位及劳动者的权利义务】劳务派遣单位是本法所称用人单位，应当履行用人单位对劳动者的义务。劳务派遣单位与被派遣劳动者订立的劳动合同，除应当载明本法第十七条规定的事项外，还应当载明被派遣劳动者的用工单位以及派遣期限、工作岗位等情况。

劳务派遣单位应当与被派遣劳动者订立二年以上的固定期限劳动合同，按月支付劳动报酬；被派遣劳动者在无工作期间，劳务派遣单位应当按照所在地人民政府规定的最低工资标准，向其按月支付报酬。

第五十九条　【劳务派遣协议】劳务派遣单位派遣劳动者应当与接受以劳务派遣形式用工的单位（以下称用工单位）订立劳务派遣协议。劳务派遣协议应当约定派遣岗位和人员数量、派遣期限、劳动报酬和社会保险费的数额与支付方式以及违反协议的责任。

用工单位应当根据工作岗位的实际需要与劳务派遣单位确定派遣期限，不得将连续用工期限分割订立数个短期劳务派遣协议。

第六十条　【劳务派遣单位的告知义务】劳务派遣单位应当将劳务派遣协议的内容告知被派遣劳动者。

劳务派遣单位不得克扣用工单位按照劳务派遣协议支付给被派遣劳动者的劳动报酬。

劳务派遣单位和用工单位不得向被派遣劳动者收取费用。

第六十一条　【跨地区派遣劳动者的劳动报酬、劳动条件】劳务派遣单位跨地区派遣劳动者的，被派遣劳动者享有的劳动报酬和劳动条件，按照用工单位所在地的标准执行。

第六十二条　【用工单位的义务】用工单位应当履行下列义务：

（一）执行国家劳动标准，提供相应的劳动条件和劳动保护；

（二）告知被派遣劳动者的工作要求和劳动报酬；

（三）支付加班费、绩效奖金，提供与工作岗位相关的福利待遇；

（四）对在岗被派遣劳动者进行工作岗位所必需的培训；

（五）连续用工的，实行正常的工资调整机制。

用工单位不得将被派遣劳动者再派遣到其他用人单位。

第六十三条　【被派遣劳动者同工同酬】被派遣劳动者享有与用工单位的劳动者同工同酬的权利。用工单位应当按照同工同酬原则，对被派遣劳动者与本单位同类岗位的劳动者实行相同的劳动报酬分配办法。用工单位无同类岗位劳动者的，参照用工单位所在地相同或者相近岗位劳动者的劳动报酬确定。

劳务派遣单位与被派遣劳动者订立的劳动合同和与用工单位订立的劳务派遣协议，载明或者约定的向被派遣劳动者支付的劳动报酬应当符合前款规定。

第六十四条　【被派遣劳动者参加或者组织工会】被派遣劳动者有权在劳务派遣单位或者用工单位依法参加或者组织工会，维护自身的合法权益。

第六十五条　【劳务派遣中解除劳动合同】被派遣劳动者可以依照本法第三十六条、第三十八条的规定与劳务派遣单位解除劳动合同。

被派遣劳动者有本法第三十九条和第四十条第一项、第二项规定情形的，用工单位可以将劳动者退回劳务派遣单位，劳务派遣单位依照本法有关规定，可以与劳动者解除劳动合同。

第六十六条 【劳务派遣的适用岗位】劳动合同用工是我国的企业基本用工形式。劳务派遣用工是补充形式，只能在临时性、辅助性或者替代性的工作岗位上实施。

前款规定的临时性工作岗位是指存续时间不超过六个月的岗位；辅助性工作岗位是指为主营业务岗位提供服务的非主营业务岗位；替代性工作岗位是指用工单位的劳动者因脱产学习、休假等原因无法工作的一定期间内，可以由其他劳动者替代工作的岗位。

用工单位应当严格控制劳务派遣用工数量，不得超过其用工总量的一定比例，具体比例由国务院劳动行政部门规定。

第六十七条 【用人单位不得自设劳务派遣单位】用人单位不得设立劳务派遣单位向本单位或者所属单位派遣劳动者。

第三节　非全日制用工

第六十八条 【非全日制用工的概念】非全日制用工，是指以小时计酬为主，劳动者在同一用人单位一般平均每日工作时间不超过四小时，每周工作时间累计不超过二十四小时的用工形式。

第六十九条 【非全日制用工的劳动合同】非全日制用工双方当事人可以订立口头协议。

从事非全日制用工的劳动者可以与一个或者一个以上用人单位订立劳动合同；但是，后订立的劳动合同不得影响先订立的劳动合同的履行。

第七十条 【非全日制用工不得约定试用期】非全日制用工双方当事人不得约定试用期。

第七十一条 【非全日制用工的终止用工】非全日制用工双方当事人任何一方都可以随时通知对方终止用工。终止用工，用人单位不向劳动者支付经济补偿。

第七十二条 【非全日制用工的劳动报酬】非全日制用工小时计酬标准不得低于用人单位所在地人民政府规定的最低小时工资标准。

非全日制用工劳动报酬结算支付周期最长不得超过十五日。

第六章　监督检查

第七十三条 【劳动合同制度的监督管理体制】国务院劳动行政部门负责全国劳动合同制度实施的监督管理。

县级以上地方人民政府劳动行政部门负责本行政区域内劳动合同制度实施的监督管理。

县级以上各级人民政府劳动行政部门在劳动合同制度实施的监督管理工作中，应当听取工会、企业方面代表以及有关行业主管部门的意见。

第七十四条 【劳动行政部门监督检查事项】县级以上地方人民政府劳动行政部门依法对下列实施劳动合同制度的情况进行监督检查：

（一）用人单位制定直接涉及劳动者切身利益的规章制度及其执行的情况；

（二）用人单位与劳动者订立和解除劳动合同的情况；

（三）劳务派遣单位和用工单位遵守劳务派遣有关规定的情况；

（四）用人单位遵守国家关于劳动者工作时间和休息休假规定的情况；

（五）用人单位支付劳动合同约定的劳动报酬和执行最低工资标准的情况；

（六）用人单位参加各项社会保险和缴纳社会保险费的情况；

（七）法律、法规规定的其他劳动监察事项。

第七十五条 【监督检查措施和依法行政、文明执法】县级以上地方人民政府劳动行政部门实施监督检查时，有权查阅与劳动合同、集体合同有关的材料，有权对劳动场所进行实地检查，用人单位和劳动者都应当如实提供有关情况和材料。

劳动行政部门的工作人员进行监督检查，应当出示证件，依法行使职权，文明执法。

第七十六条 【其他有关主管部门的监督管理】县级以上人民政府建设、卫生、安全生产监督管理等有关主管部门在各自职责范围内,对用人单位执行劳动合同制度的情况进行监督管理。

第七十七条 【劳动者权利救济途径】劳动者合法权益受到侵害的,有权要求有关部门依法处理,或者依法申请仲裁、提起诉讼。

第七十八条 【工会监督检查的权利】工会依法维护劳动者的合法权益,对用人单位履行劳动合同、集体合同的情况进行监督。用人单位违反劳动法律、法规和劳动合同、集体合同的,工会有权提出意见或者要求纠正;劳动者申请仲裁、提起诉讼的,工会依法给予支持和帮助。

第七十九条 【对违法行为的举报】任何组织或者个人对违反本法的行为都有权举报,县级以上人民政府劳动行政部门应当及时核实、处理,并对举报有功人员给予奖励。

第七章 法律责任

第八十条 【规章制度违法的法律责任】用人单位直接涉及劳动者切身利益的规章制度违反法律、法规规定的,由劳动行政部门责令改正,给予警告;给劳动者造成损害的,应当承担赔偿责任。

第八十一条 【缺乏必备条款、不提供劳动合同文本的法律责任】用人单位提供的劳动合同文本未载明本法规定的劳动合同必备条款或者用人单位未将劳动合同文本交付劳动者的,由劳动行政部门责令改正;给劳动者造成损害的,应当承担赔偿责任。

第八十二条 【不订立书面劳动合同的法律责任】用人单位自用工之日起超过一个月不满一年未与劳动者订立书面劳动合同的,应当向劳动者每月支付二倍的工资。

用人单位违反本法规定不与劳动者订立无固定期限劳动合同的,自应当订立无固定期限劳动合同之日起向劳动者每月支付二倍的工资。

第八十三条 【违法约定试用期的法律责任】用人单位违反本法规定与劳动者约定试用期的,由劳动行政部门责令改正;违法约定的试用期已经履行的,由用人单位以劳动者试用期满月工资为标准,按已经履行的超过法定试用期的期间向劳动者支付赔偿金。

第八十四条 【扣押劳动者身份证等证件的法律责任】用人单位违反本法规定,扣押劳动者居民身份证等证件的,由劳动行政部门责令限期退还劳动者本人,并依照有关法律规定给予处罚。

用人单位违反本法规定,以担保或者其他名义向劳动者收取财物的,由劳动行政部门责令限期退还劳动者本人,并以每人五百元以上二千元以下的标准处以罚款;给劳动者造成损害的,应当承担赔偿责任。

劳动者依法解除或者终止劳动合同,用人单位扣押劳动者档案或者其他物品的,依照前款规定处罚。

第八十五条 【未依法支付劳动报酬、经济补偿等的法律责任】用人单位有下列情形之一的,由劳动行政部门责令限期支付劳动报酬、加班费或者经济补偿;劳动报酬低于当地最低工资标准的,应当支付其差额部分;逾期不支付的,责令用人单位按应付金额百分之五十以上百分之一百以下的标准向劳动者加付赔偿金:

(一)未按照劳动合同的约定或者国家规定及时足额支付劳动者劳动报酬的;

(二)低于当地最低工资标准支付劳动者工资的;

(三)安排加班不支付加班费的;

(四)解除或者终止劳动合同,未依照本法规定向劳动者支付经济补偿的。

第八十六条 【订立无效劳动合同的法律责任】劳动合同依照本法第二十六条规定被确认无效,给对方造成损害的,有过错的一方应当承担赔偿责任。

第八十七条 【违法解除或者终止劳动合同的法律责任】用人单位违反本法规定解除或者终止劳动合同的,应当依照本法第四十七条规定的经济补偿标准的二倍向劳动者支付赔偿金。

第八十八条 【侵害劳动者人身权益的法律责任】用人单位有下列情形之一的，依法给予行政处罚；构成犯罪的，依法追究刑事责任；给劳动者造成损害的，应当承担赔偿责任：

（一）以暴力、威胁或者非法限制人身自由的手段强迫劳动的；

（二）违章指挥或者强令冒险作业危及劳动者人身安全的；

（三）侮辱、体罚、殴打、非法搜查或者拘禁劳动者的；

（四）劳动条件恶劣、环境污染严重，给劳动者身心健康造成严重损害的。

第八十九条 【不出具解除、终止书面证明的法律责任】用人单位违反本法规定未向劳动者出具解除或者终止劳动合同的书面证明，由劳动行政部门责令改正；给劳动者造成损害的，应当承担赔偿责任。

第九十条 【劳动者的赔偿责任】劳动者违反本法规定解除劳动合同，或者违反劳动合同中约定的保密义务或者竞业限制，给用人单位造成损失的，应当承担赔偿责任。

第九十一条 【用人单位的连带赔偿责任】用人单位招用与其他用人单位尚未解除或者终止劳动合同的劳动者，给其他用人单位造成损失的，应当承担连带赔偿责任。

第九十二条 【劳务派遣单位的法律责任】违反本法规定，未经许可，擅自经营劳务派遣业务的，由劳动行政部门责令停止违法行为，没收违法所得，并处违法所得一倍以上五倍以下的罚款；没有违法所得的，可以处五万元以下的罚款。

劳务派遣单位、用工单位违反本法有关劳务派遣规定的，由劳动行政部门责令限期改正；逾期不改正的，以每人五千元以上一万元以下的标准处以罚款，对劳务派遣单位，吊销其劳务派遣业务经营许可证。用工单位给被派遣劳动者造成损害的，劳务派遣单位与用工单位承担连带赔偿责任。

第九十三条 【无营业执照经营单位的法律责任】对不具备合法经营资格的用人单位的违法犯罪行为，依法追究法律责任；劳动者已经付出劳动的，该单位或者其出资人应当依照本法有关规定向劳动者支付劳动报酬、经济补偿、赔偿金；给劳动者造成损害的，应当承担赔偿责任。

第九十四条 【个人承包经营者的连带赔偿责任】个人承包经营违反本法规定招用劳动者，给劳动者造成损害的，发包的组织与个人承包经营者承担连带赔偿责任。

第九十五条 【不履行法定职责、违法行使职权的法律责任】劳动行政部门和其他有关主管部门及其工作人员玩忽职守、不履行法定职责，或者违法行使职权，给劳动者或者用人单位造成损害的，应当承担赔偿责任；对直接负责的主管人员和其他直接责任人员，依法给予行政处分；构成犯罪的，依法追究刑事责任。

第八章 附 则

第九十六条 【事业单位聘用制劳动合同的法律适用】事业单位与实行聘用制的工作人员订立、履行、变更、解除或者终止劳动合同，法律、行政法规或者国务院另有规定的，依照其规定；未作规定的，依照本法有关规定执行。

第九十七条 【过渡性条款】本法施行前已依法订立且在本法施行之日存续的劳动合同，继续履行；本法第十四条第二款第三项规定连续订立固定期限劳动合同的次数，自本法施行后续订固定期限劳动合同时开始计算。

本法施行前已建立劳动关系，尚未订立书面劳动合同的，应当自本法施行之日起一个月内订立。

本法施行之日存续的劳动合同在本法施行后解除或者终止，依照本法第四十六条规定应当支付经济补偿的，经济补偿年限自本法施行之日起计算；本法施行前按照当时有关规定，用人单位应当向劳动者支付经济补偿的，按照当时有关规定执行。

第九十八条 【施行时间】本法自2008年1月1日起施行。

人事争议处理规定

（2007年8月9日中共中央组织部、人事部、总政治部印发　根据2011年8月15日《中共中央组织部、人力资源和社会保障部、总政治部关于修改人事争议处理规定的通知》修订　人社部发〔2011〕88号）

第一章　总　　则

第一条　为公正及时地处理人事争议，保护当事人的合法权益，根据《中华人民共和国公务员法》、《中国人民解放军文职人员条例》等有关法律法规，制定本规定。

第二条　本规定适用于下列人事争议：

（一）实施公务员法的机关与聘任制公务员之间、参照《中华人民共和国公务员法》管理的机关（单位）与聘任工作人员之间因履行聘任合同发生的争议。

（二）事业单位与工作人员之间因解除人事关系、履行聘用合同发生的争议。

（三）社团组织与工作人员之间因解除人事关系、履行聘用合同发生的争议。

（四）军队聘用单位与文职人员之间因履行聘用合同发生的争议。

（五）依照法律、法规规定可以仲裁的其他人事争议。

第三条　人事争议发生后，当事人可以协商解决；不愿协商或者协商不成的，可以向主管部门申请调解，其中军队聘用单位与文职人员的人事争议，可以向聘用单位的上一级单位申请调解；不愿调解或调解不成的，可以向人事争议仲裁委员会申请仲裁。当事人也可以直接向人事争议仲裁委员会申请仲裁。当事人对仲裁裁决不服的，可以向人民法院提起诉讼。

第四条　当事人在人事争议处理中的地位平等，适用法律、法规平等。

当事人有使用本民族语言文字申请仲裁的权利。人事争议仲裁委员会对于不熟悉当地通用语言文字的当事人，应当为他们翻译。

第五条　处理人事争议，应当注重调解，遵循合法、公正、及时的原则，以事实为依据，以法律为准绳。

第二章　组 织 机 构

第六条　省（自治区、直辖市）、副省级市、地（市、州、盟）、县（市、区、旗）设立人事争议仲裁委员会。

人事争议仲裁委员会独立办案，相互之间无隶属关系。

第七条　人事争议仲裁委员会由公务员主管部门代表、聘任（用）单位代表、工会组织代表、受聘人员代表以及人事、法律专家组成。人事争议仲裁委员会组成人员应当是单数，设主任一名、副主任二至四名、委员若干名。

同级人民政府分管人事工作的负责人或者政府人事行政部门的主要负责人任人事争议仲裁委员会主任。

第八条　人事争议仲裁委员会实行少数服从多数原则，不同意见应如实记录。

第九条　人事争议仲裁委员会的职责是：

（一）负责处理管辖范围内的人事争议。

（二）决定仲裁员的聘任和解聘。

（三）法律、法规规定由人事争议仲裁委员会承担的其他职责。

第十条 人事争议仲裁委员会下设办事机构，其职责是：负责人事争议案件的受理、仲裁文书送达、档案管理以及仲裁员的考核、培训等日常工作，办理人事争议仲裁委员会授权的其他事宜。办事机构设在同级人民政府人事部门。

第十一条 人事争议仲裁委员会处理人事争议案件实行仲裁庭制度，仲裁庭是人事争议仲裁委员会处理人事争议案件的基本形式。仲裁庭一般由三名仲裁员组成。人事争议仲裁委员会指定一名仲裁员担任首席仲裁员，主持仲裁庭工作；另两名仲裁员可由双方当事人各选定一名，也可由人事争议仲裁委员会指定。简单的人事争议案件，经双方当事人同意，人事争议仲裁委员会可以指定一名仲裁员独任处理。

第十二条 人事争议仲裁委员会可以聘任有关部门的工作人员、专家学者和律师为专职或兼职仲裁员。仲裁员的职责是：受人事争议仲裁委员会的委托或当事人的选择，负责人事争议案件的具体处理工作。

兼职仲裁员与专职仲裁员在仲裁活动中享有同等权利。

兼职仲裁员进行仲裁活动时，所在单位应当给予支持。

第三章 管 辖

第十三条 中央机关、直属机构、直属事业单位及其在京所属单位的人事争议由北京市负责处理人事争议的仲裁机构处理。

中央机关在京外垂直管理机构以及中央机关、直属机构、直属事业单位在京外所属事业单位的人事争议，由所在地的省（自治区、直辖市）设立的人事争议仲裁委员会处理，也可由省（自治区、直辖市）根据情况授权所在地的人事争议仲裁委员会处理。

第十四条 省（自治区、直辖市）、副省级市、地（市、州、盟）、县（市、区、旗）人事争议仲裁委员会的管辖范围，由省（自治区、直辖市）确定。

第十五条 军队聘用单位与文职人员的人事争议，一般由聘用单位所在地的县（市、区、旗）人事争议仲裁委员会处理，其中师级聘用单位与文职人员的人事争议，由所在地的地（市、州、盟）、副省级市人事争议仲裁委员会处理，军级以上聘用单位与文职人员的人事争议由所在地的省（自治区、直辖市）人事争议仲裁委员会处理。

第四章 仲 裁

第十六条 当事人从知道或应当知道其权利受到侵害之日起六十日内，以书面形式向有管辖权的人事争议仲裁委员会申请仲裁。

当事人因不可抗力或者有其他正当理由超过申请仲裁时效，经人事争议仲裁委员会调查确认的，人事争议仲裁委员会应当受理。

第十七条 当事人向人事争议仲裁委员会申请仲裁，应当提交仲裁申请书，并按被申请人人数递交副本。

仲裁申请书应当载明下列事项：

（一）申请人和被申请人姓名、性别、年龄、职业及职务、工作单位、住所和联系方式。申请人或被申请人是单位的，应写明单位的名称、住所、法定代表人或者主要负责人的姓名、职务和联系方式。

（二）仲裁请求和所依据的事实、理由。

（三）证据和证据来源、证人姓名和住所。

发生人事争议的一方在五人以上，并且有共同的仲裁请求和理由的，可以推举一至两名代表参加仲裁活动。代表人放弃、变更仲裁请求或者承认对方的仲裁请求，进行和解，必须经过被代表的当事人同意。

第十八条 人事争议仲裁委员会在收到仲裁申请书之日起十个工作日内,认为不符合受理条件的,应当书面通知申请人不予受理,并说明理由;认为符合受理条件的,应当受理,将受理通知书送达申请人,将仲裁申请书副本送达被申请人。

第十九条 被申请人应当在收到仲裁申请书副本之日起十个工作日内提交答辩书。被申请人没有按时提交或者不提交答辩书的,不影响仲裁的进行。

第二十条 仲裁应当公开开庭进行,涉及国家、军队秘密和个人隐私的除外。涉及商业秘密,当事人申请不公开开庭的,可以不公开开庭。当事人协议不开庭的,仲裁庭可以书面仲裁。

第二十一条 人事争议仲裁委员会应当在开庭审理人事争议案件五个工作日前,将开庭时间、地点、仲裁庭组成人员等书面通知当事人。申请人经书面通知无正当理由不到庭,或者到庭后未经仲裁庭许可中途退庭的,视为撤回仲裁申请。被申请人经书面通知无正当理由不到庭,或者未经仲裁庭许可中途退庭的,可以缺席裁决。

当事人有正当理由的,在开庭前可以申请延期开庭,是否延期由仲裁庭决定。

第二十二条 仲裁庭处理人事争议应注重调解。自受理案件到作出裁决前,都要积极促使当事人双方自愿达成调解协议。

当事人经调解自愿达成书面协议的,仲裁庭应当根据调解协议的内容制作仲裁调解书。协议内容不得违反法律法规,不得侵犯社会公共利益和他人的合法权益。

调解书由仲裁庭成员署名,加盖人事争议仲裁委员会印章。调解书送达后,即发生法律效力。

当庭调解未达成协议或者仲裁调解书送达前当事人反悔的,仲裁庭应当及时进行仲裁裁决。

第二十三条 当事人应当对自己的主张提供证据。仲裁庭认为有关证据由用人单位提供更方便的,应要求用人单位提供。

用人单位作出解除人事关系和不同意工作人员要求辞职或终止聘任(用)合同引发的人事争议,由用人单位负责举证。

仲裁庭认为需要调查取证的,可以自行取证。

第二十四条 人事争议仲裁委员会在处理人事争议时,有权向有关单位查阅与案件有关的档案、资料和其他证明材料,并有权向知情人调查,有关单位和个人不得拒绝并应当如实提供相关材料。人事争议仲裁委员会及其工作人员对调查人事争议案件中涉及的国家秘密、军队秘密、商业秘密和个人隐私应当保密。

第二十五条 当事人的举证材料应在仲裁庭上出示,并进行质证。只有经过质证认定的事实和证据,才能作为仲裁裁决的依据。

第二十六条 当事人在仲裁过程中有权进行辩论。辩论终结时,仲裁庭应当征询当事人的最后意见。

第二十七条 仲裁庭应当将开庭情况记入笔录。当事人和其他仲裁参与人认为对自己陈述的记录有遗漏或者差错的,有权申请补正。如果不予补正,应当记录该申请,并注明不予补正的原因。

笔录由仲裁员、书记员、当事人和其他仲裁参与人署名或者盖章。

第二十八条 仲裁裁决应当按照多数仲裁员的意见作出,少数仲裁员的不同意见应当记入笔录。

仲裁庭对重大、疑难以及仲裁庭不能形成多数处理意见案件的处理,应当提交人事争议仲裁委员会讨论决定;人事争议仲裁委员会作出的决定,仲裁庭必须执行。

仲裁庭应当在裁决作出后五个工作日内制作裁决书。裁决书由仲裁庭成员署名并加盖人事争议仲裁委员会印章。

第二十九条 仲裁庭处理人事争议案件,一般应当在受理案件之日起九十日内结案。需要延期的,经人事争议仲裁委员会批准,可以适当延期,但是延长的期限不得超过三十日。

第三十条 当事人、法定代理人可以委托一至二名律师或其他代理人进行仲裁活动。委托律师和其他代理人进行仲裁活动,应当向人事争议仲裁委员会提交有委托人签名或盖章的委托书。委托书应当明确委托事项和权限。

第三十一条 有下列情形之一的,仲裁员应当自行申请回避,当事人和代理人有权以口头或书面方式申请其回避:

(一)是案件的当事人、代理人或者当事人、代理人的近亲属。

(二)与案件有利害关系。

(三)与案件当事人、代理人有其他关系,可能影响公正仲裁的。

前款规定适用于书记员、鉴定人员、勘验人员和翻译人员。

第三十二条 当事人对仲裁裁决不服的,可以按照《中华人民共和国公务员法》、《中国人民解放军文职人员条例》以及最高人民法院相关司法解释的规定,自收到裁决书之日起十五日内向人民法院提起诉讼;逾期不起诉的,裁决书即发生法律效力。

第三十三条 对发生法律效力的调解书或者裁决书,当事人必须履行。一方当事人逾期不履行的,另一方当事人可以依照国家有关法律法规和最高人民法院相关司法解释的规定申请人民法院执行。

第五章 罚 则

第三十四条 当事人及有关人员在仲裁过程中有下列行为之一的,人事争议仲裁委员会应当予以批评教育、责令改正;触犯法律的,提请司法机关依法追究法律责任:

(一)干扰仲裁活动,阻碍仲裁工作人员工作的。

(二)拒绝提供有关文件、资料和其他证明材料的。

(三)提供虚假情况的。

(四)对仲裁工作人员、仲裁参与人、证人进行打击报复的。

(五)其他应予以批评教育、责令改正或应依法追究法律责任的行为。

第三十五条 仲裁工作人员在仲裁活动中有徇私舞弊、收受贿赂、敲诈勒索、滥用职权等侵犯当事人合法权益行为的,由所在单位或上级机关给予处分;是仲裁员的,由人事争议仲裁委员会予以解聘;触犯法律的,提请司法机关依法追究法律责任。

第六章 附 则

第三十六条 因考核、职务任免、职称评审等发生的人事争议,按照有关规定处理。

第三十七条 本规定由中共中央组织部、人事部、中国人民解放军总政治部负责解释,省、自治区、直辖市可根据本规定制定实施办法。

第三十八条 本规定自2007年10月1日起施行,1997年人事部发布的《人事争议处理暂行规定》(人发〔1997〕71号)同时废止。

工伤保险条例

(2003 年 4 月 27 日中华人民共和国国务院令第 375 号公布　根据 2010 年 12 月 20 日《国务院关于修改〈工伤保险条例〉的决定》修订)

第一章　总　　则

第一条　【立法目的】为了保障因工作遭受事故伤害或者患职业病的职工获得医疗救治和经济补偿,促进工伤预防和职业康复,分散用人单位的工伤风险,制定本条例。

第二条　【适用范围】中华人民共和国境内的企业、事业单位、社会团体、民办非企业单位、基金会、律师事务所、会计师事务所等组织和有雇工的个体工商户(以下称用人单位)应当依照本条例规定参加工伤保险,为本单位全部职工或者雇工(以下称职工)缴纳工伤保险费。

中华人民共和国境内的企业、事业单位、社会团体、民办非企业单位、基金会、律师事务所、会计师事务所等组织的职工和个体工商户的雇工,均有依照本条例的规定享受工伤保险待遇的权利。

第三条　【保费征缴】工伤保险费的征缴按照《社会保险费征缴暂行条例》关于基本养老保险费、基本医疗保险费、失业保险费的征缴规定执行。

第四条　【用人单位责任】用人单位应当将参加工伤保险的有关情况在本单位内公示。

用人单位和职工应当遵守有关安全生产和职业病防治的法律法规,执行安全卫生规程和标准,预防工伤事故发生,避免和减少职业病危害。

职工发生工伤时,用人单位应当采取措施使工伤职工得到及时救治。

第五条　【主管部门与经办机构】国务院社会保险行政部门负责全国的工伤保险工作。

县级以上地方各级人民政府社会保险行政部门负责本行政区域内的工伤保险工作。

社会保险行政部门按照国务院有关规定设立的社会保险经办机构(以下称经办机构)具体承办工伤保险事务。

第六条　【工伤保险政策、标准的制定】社会保险行政部门等部门制定工伤保险的政策、标准,应当征求工会组织、用人单位代表的意见。

第二章　工伤保险基金

第七条　【工伤保险基金构成】工伤保险基金由用人单位缴纳的工伤保险费、工伤保险基金的利息和依法纳入工伤保险基金的其他资金构成。

第八条　【工伤保险费】工伤保险费根据以支定收、收支平衡的原则,确定费率。

国家根据不同行业的工伤风险程度确定行业的差别费率,并根据工伤保险费使用、工伤发生率等情况在每个行业内确定若干费率档次。行业差别费率及行业内费率档次由国务院社会保险行政部门制定,报国务院批准后公布施行。

统筹地区经办机构根据用人单位工伤保险费使用、工伤发生率等情况,适用所属行业内相应的费率档次确定单位缴费费率。

第九条　【行业差别费率及档次调整】国务院社会保险行政部门应当定期了解全国各统筹地区工伤保险基金收支情况,及时提出调整行业差别费率及行业内费率档次的方案,报国务院批准后公布施行。

第十条　【缴费主体、缴费基数与费率】用人单位应当按时缴纳工伤保险费。职工个人不缴纳工伤保险费。

用人单位缴纳工伤保险费的数额为本单位职工工资总额乘以单位缴费费率之积。

对难以按照工资总额缴纳工伤保险费的行业,其缴纳工伤保险费的具体方式,由国务院社会保险行政部门规定。

第十一条 【统筹层次、特殊行业异地统筹】工伤保险基金逐步实行省级统筹。

跨地区、生产流动性较大的行业,可以采取相对集中的方式异地参加统筹地区的工伤保险。具体办法由国务院社会保险行政部门会同有关行业的主管部门制定。

第十二条 【工伤保险基金和用途】工伤保险基金存入社会保障基金财政专户,用于本条例规定的工伤保险待遇,劳动能力鉴定,工伤预防的宣传、培训等费用,以及法律、法规规定的用于工伤保险的其他费用的支付。

工伤预防费用的提取比例、使用和管理的具体办法,由国务院社会保险行政部门会同国务院财政、卫生行政、安全生产监督管理等部门规定。

任何单位或者个人不得将工伤保险基金用于投资运营、兴建或者改建办公场所、发放奖金,或者挪作其他用途。

第十三条 【工伤保险储备金】工伤保险基金应当留有一定比例的储备金,用于统筹地区重大事故的工伤保险待遇支付;储备金不足支付的,由统筹地区的人民政府垫付。储备金占基金总额的具体比例和储备金的使用办法,由省、自治区、直辖市人民政府规定。

第三章 工伤认定

第十四条 【应当认定工伤的情形】职工有下列情形之一的,应当认定为工伤:

(一)在工作时间和工作场所内,因工作原因受到事故伤害的;

(二)工作时间前后在工作场所内,从事与工作有关的预备性或者收尾性工作受到事故伤害的;

(三)在工作时间和工作场所内,因履行工作职责受到暴力等意外伤害的;

(四)患职业病的;

(五)因工外出期间,由于工作原因受到伤害或者发生事故下落不明的;

(六)在上下班途中,受到非本人主要责任的交通事故或者城市轨道交通、客运轮渡、火车事故伤害的;

(七)法律、行政法规规定应当认定为工伤的其他情形。

第十五条 【视同工伤的情形及其保险待遇】职工有下列情形之一的,视同工伤:

(一)在工作时间和工作岗位,突发疾病死亡或者在48小时之内经抢救无效死亡的;

(二)在抢险救灾等维护国家利益、公共利益活动中受到伤害的;

(三)职工原在军队服役,因战、因公负伤致残,已取得革命伤残军人证,到用人单位后旧伤复发的。

职工有前款第(一)项、第(二)项情形的,按照本条例的有关规定享受工伤保险待遇;职工有前款第(三)项情形的,按照本条例的有关规定享受除一次性伤残补助金以外的工伤保险待遇。

第十六条 【不属于工伤的情形】职工符合本条例第十四条、第十五条的规定,但是有下列情形之一的,不得认定为工伤或者视同工伤:

(一)故意犯罪的;

(二)醉酒或者吸毒的;

(三)自残或者自杀的。

第十七条 【申请工伤认定的主体、时限及受理部门】职工发生事故伤害或者按照职业病防治法规定被诊断、鉴定为职业病,所在单位应当自事故伤害发生之日或者被诊断、鉴定为职业病之日起30日内,向统筹地区社会保险行政部门提出工伤认定申请。遇有特殊情况,经报社会保险行政部门同意,申请时限可以适当延长。

用人单位未按前款规定提出工伤认定申请的,工伤职工或者其近亲属、工会组织在事故伤害发生之日或者被诊断、鉴定为职业病之日起1年内,可以直接向用人单位所在地统筹地区社会保险行政部门提出工伤认定申请。

按照本条第一款规定应当由省级社会保险行政部门进行工伤认定的事项,根据属地原则由用人单位所在地的设区的市级社会保险行政部门办理。

用人单位未在本条第一款规定的时限内提交工伤认定申请,在此期间发生符合本条例规定的工伤待遇等有关费用由该用人单位负担。

第十八条　【申请材料】提出工伤认定申请应当提交下列材料:

(一)工伤认定申请表;

(二)与用人单位存在劳动关系(包括事实劳动关系)的证明材料;

(三)医疗诊断证明或者职业病诊断证明书(或者职业病诊断鉴定书)。

工伤认定申请表应当包括事故发生的时间、地点、原因以及职工伤害程度等基本情况。

工伤认定申请人提供材料不完整的,社会保险行政部门应当一次性书面告知工伤认定申请人需要补正的全部材料。申请人按照书面告知要求补正材料后,社会保险行政部门应当受理。

第十九条　【事故调查及举证责任】社会保险行政部门受理工伤认定申请后,根据审核需要可以对事故伤害进行调查核实,用人单位、职工、工会组织、医疗机构以及有关部门应当予以协助。职业病诊断和诊断争议的鉴定,依照职业病防治法的有关规定执行。对依法取得职业病诊断证明书或者职业病诊断鉴定书的,社会保险行政部门不再进行调查核实。

职工或者其近亲属认为是工伤,用人单位不认为是工伤的,由用人单位承担举证责任。

第二十条　【工伤认定的时限、回避】社会保险行政部门应当自受理工伤认定申请之日起60日内作出工伤认定的决定,并书面通知申请工伤认定的职工或者其近亲属和该职工所在单位。

社会保险行政部门对受理的事实清楚、权利义务明确的工伤认定申请,应当在15日内作出工伤认定的决定。

作出工伤认定决定需要以司法机关或者有关行政主管部门的结论为依据的,在司法机关或者有关行政主管部门尚未作出结论期间,作出工伤认定决定的时限中止。

社会保险行政部门工作人员与工伤认定申请人有利害关系的,应当回避。

第四章　劳动能力鉴定

第二十一条　【鉴定的条件】职工发生工伤,经治疗伤情相对稳定后存在残疾、影响劳动能力的,应当进行劳动能力鉴定。

第二十二条　【劳动能力鉴定等级】劳动能力鉴定是指劳动功能障碍程度和生活自理障碍程度的等级鉴定。

劳动功能障碍分为十个伤残等级,最重的为一级,最轻的为十级。

生活自理障碍分为三个等级:生活完全不能自理、生活大部分不能自理和生活部分不能自理。

劳动能力鉴定标准由国务院社会保险行政部门会同国务院卫生行政部门等部门制定。

第二十三条　【申请鉴定的主体、受理机构、申请材料】劳动能力鉴定由用人单位、工伤职工或者其近亲属向设区的市级劳动能力鉴定委员会提出申请,并提供工伤认定决定和职工工伤医疗的有关资料。

第二十四条　【鉴定委员会人员构成、专家库】省、自治区、直辖市劳动能力鉴定委员会和设区的市级劳动能力鉴定委员会分别由省、自治区、直辖市和设区的市级社会保险行政部门、卫生行政部门、工会组织、经办机构代表以及用人单位代表组成。

劳动能力鉴定委员会建立医疗卫生专家库。列入专家库的医疗卫生专业技术人员应当具备下列条件:

(一)具有医疗卫生高级专业技术职务任职资格;

(二)掌握劳动能力鉴定的相关知识;

(三)具有良好的职业品德。

第二十五条 【鉴定步骤、时限】设区的市级劳动能力鉴定委员会收到劳动能力鉴定申请后,应当从其建立的医疗卫生专家库中随机抽取3名或者5名相关专家组成专家组,由专家组提出鉴定意见。设区的市级劳动能力鉴定委员会根据专家组的鉴定意见作出工伤职工劳动能力鉴定结论;必要时,可以委托具备资格的医疗机构协助进行有关的诊断。

设区的市级劳动能力鉴定委员会应当自收到劳动能力鉴定申请之日起60日内作出劳动能力鉴定结论,必要时,作出劳动能力鉴定结论的期限可以延长30日。劳动能力鉴定结论应当及时送达申请鉴定的单位和个人。

第二十六条 【再次鉴定】申请鉴定的单位或者个人对设区的市级劳动能力鉴定委员会作出的鉴定结论不服的,可以在收到该鉴定结论之日起15日内向省、自治区、直辖市劳动能力鉴定委员会提出再次鉴定申请。省、自治区、直辖市劳动能力鉴定委员会作出的劳动能力鉴定结论为最终结论。

第二十七条 【鉴定工作原则、回避制度】劳动能力鉴定工作应当客观、公正。劳动能力鉴定委员会组成人员或者参加鉴定的专家与当事人有利害关系的,应当回避。

第二十八条 【复查鉴定】自劳动能力鉴定结论作出之日起1年后,工伤职工或者其近亲属、所在单位或者经办机构认为伤残情况发生变化的,可以申请劳动能力复查鉴定。

第二十九条 【再次鉴定和复查鉴定的时限】劳动能力鉴定委员会依照本条例第二十六条和第二十八条的规定进行再次鉴定和复查鉴定的期限,依照本条例第二十五条第二款的规定执行。

第五章 工伤保险待遇

第三十条 【工伤职工的治疗】职工因工作遭受事故伤害或者患职业病进行治疗,享受工伤医疗待遇。

职工治疗工伤应当在签订服务协议的医疗机构就医,情况紧急时可以先到就近的医疗机构急救。

治疗工伤所需费用符合工伤保险诊疗项目目录、工伤保险药品目录、工伤保险住院服务标准的,从工伤保险基金支付。工伤保险诊疗项目目录、工伤保险药品目录、工伤保险住院服务标准,由国务院社会保险行政部门会同国务院卫生行政部门、食品药品监督管理部门等部门规定。

职工住院治疗工伤的伙食补助费,以及经医疗机构出具证明,报经办机构同意,工伤职工到统筹地区以外就医所需的交通、食宿费用从工伤保险基金支付,基金支付的具体标准由统筹地区人民政府规定。

工伤职工治疗非工伤引发的疾病,不享受工伤医疗待遇,按照基本医疗保险办法处理。

工伤职工到签订服务协议的医疗机构进行工伤康复的费用,符合规定的,从工伤保险基金支付。

第三十一条 【复议和诉讼期间不停止支付医疗费用】社会保险行政部门作出认定为工伤的决定后发生行政复议、行政诉讼的,行政复议和行政诉讼期间不停止支付工伤职工治疗工伤的医疗费用。

第三十二条 【配置辅助器具】工伤职工因日常生活或者就业需要,经劳动能力鉴定委员会确认,可以安装假肢、矫形器、假眼、假牙和配置轮椅等辅助器具,所需费用按照国家规定的标准从工伤保险基金支付。

第三十三条 【工伤治疗期间待遇】职工因工作遭受事故伤害或者患职业病需要暂停工作接受工伤医疗的,在停工留薪期内,原工资福利待遇不变,由所在单位按月支付。

停工留薪期一般不超过12个月。伤情严重或者情况特殊,经设区的市级劳动能力鉴定委员会确认,可以适当延长,但延长不得超过12个月。工伤职工评定伤残等级后,停发原待遇,按照本章的有关规定享受伤残待遇。工伤职工在停工留薪期满后仍需治疗的,继续享受工伤医疗待遇。

生活不能自理的工伤职工在停工留薪期需要护理的,由所在单位负责。

第三十四条 【生活护理费】工伤职工已经评定伤残等级并经劳动能力鉴定委员会确认需要生活护理的,从工伤保险基金按月支付生活护理费。

生活护理费按照生活完全不能自理、生活大部分不能自理或者生活部分不能自理3个不同等级支付,其标准分别为统筹地区上年度职工月平均工资的50%、40%或者30%。

第三十五条 【一至四级工伤待遇】职工因工致残被鉴定为一级至四级伤残的,保留劳动关系,退出工作岗位,享受以下待遇:

(一)从工伤保险基金按伤残等级支付一次性伤残补助金,标准为:一级伤残为27个月的本人工资,二级伤残为25个月的本人工资,三级伤残为23个月的本人工资,四级伤残为21个月的本人工资;

(二)从工伤保险基金按月支付伤残津贴,标准为:一级伤残为本人工资的90%,二级伤残为本人工资的85%,三级伤残为本人工资的80%,四级伤残为本人工资的75%。伤残津贴实际金额低于当地最低工资标准的,由工伤保险基金补足差额;

(三)工伤职工达到退休年龄并办理退休手续后,停发伤残津贴,按照国家有关规定享受基本养老保险待遇。基本养老保险待遇低于伤残津贴的,由工伤保险基金补足差额。

职工因工致残被鉴定为一级至四级伤残的,由用人单位和职工个人以伤残津贴为基数,缴纳基本医疗保险费。

第三十六条 【五至六级工伤待遇】职工因工致残被鉴定为五级、六级伤残的,享受以下待遇:

(一)从工伤保险基金按伤残等级支付一次性伤残补助金,标准为:五级伤残为18个月的本人工资,六级伤残为16个月的本人工资;

(二)保留与用人单位的劳动关系,由用人单位安排适当工作。难以安排工作的,由用人单位按月发给伤残津贴,标准为:五级伤残为本人工资的70%,六级伤残为本人工资的60%,并由用人单位按照规定为其缴纳应缴纳的各项社会保险费。伤残津贴实际金额低于当地最低工资标准的,由用人单位补足差额。

经工伤职工本人提出,该职工可以与用人单位解除或者终止劳动关系,由工伤保险基金支付一次性工伤医疗补助金,由用人单位支付一次性伤残就业补助金。一次性工伤医疗补助金和一次性伤残就业补助金的具体标准由省、自治区、直辖市人民政府规定。

第三十七条 【七至十级工伤待遇】职工因工致残被鉴定为七级至十级伤残的,享受以下待遇:

(一)从工伤保险基金按伤残等级支付一次性伤残补助金,标准为:七级伤残为13个月的本人工资,八级伤残为11个月的本人工资,九级伤残为9个月的本人工资,十级伤残为7个月的本人工资;

(二)劳动、聘用合同期满终止,或者职工本人提出解除劳动、聘用合同的,由工伤保险基金支付一次性工伤医疗补助金,由用人单位支付一次性伤残就业补助金。一次性工伤医疗补助金和一次性伤残就业补助金的具体标准由省、自治区、直辖市人民政府规定。

第三十八条 **【旧伤复发待遇】**工伤职工工伤复发，确认需要治疗的，享受本条例第三十条、第三十二条和第三十三条规定的工伤待遇。

第三十九条 **【工亡待遇】**职工因工死亡，其近亲属按照下列规定从工伤保险基金领取丧葬补助金、供养亲属抚恤金和一次性工亡补助金：

（一）丧葬补助金为6个月的统筹地区上年度职工月平均工资；

（二）供养亲属抚恤金按照职工本人工资的一定比例发给由因工死亡职工生前提供主要生活来源、无劳动能力的亲属。标准为：配偶每月40%，其他亲属每人每月30%，孤寡老人或者孤儿每人每月在上述标准的基础上增加10%。核定的各供养亲属的抚恤金之和不应高于因工死亡职工生前的工资。供养亲属的具体范围由国务院社会保险行政部门规定；

（三）一次性工亡补助金标准为上一年度全国城镇居民人均可支配收入的20倍。

伤残职工在停工留薪期内因工伤导致死亡的，其近亲属享受本条第一款规定的待遇。

一级至四级伤残职工在停工留薪期满后死亡的，其近亲属可以享受本条第一款第（一）项、第（二）项规定的待遇。

第四十条 **【工伤待遇调整】**伤残津贴、供养亲属抚恤金、生活护理费由统筹地区社会保险行政部门根据职工平均工资和生活费用变化等情况适时调整。调整办法由省、自治区、直辖市人民政府规定。

第四十一条 **【职工抢险救灾、因工外出下落不明时的处理】**职工因工外出期间发生事故或者在抢险救灾中下落不明的，从事故发生当月起3个月内照发工资，从第4个月起停发工资，由工伤保险基金向其供养亲属按月支付供养亲属抚恤金。生活有困难的，可以预支一次性工亡补助金的50%。职工被人民法院宣告死亡的，按照本条例第三十九条职工因工死亡的规定处理。

第四十二条 **【停止支付工伤保险待遇的情形】**工伤职工有下列情形之一的，停止享受工伤保险待遇：

（一）丧失享受待遇条件的；

（二）拒不接受劳动能力鉴定的；

（三）拒绝治疗的。

第四十三条 **【用人单位分立合并等情况下的责任】**用人单位分立、合并、转让的，承继单位应当承担原用人单位的工伤保险责任；原用人单位已经参加工伤保险的，承继单位应当到当地经办机构办理工伤保险变更登记。

用人单位实行承包经营的，工伤保险责任由职工劳动关系所在单位承担。

职工被借调期间受到工伤事故伤害的，由原用人单位承担工伤保险责任，但原用人单位与借调单位可以约定补偿办法。

企业破产的，在破产清算时依法拨付应当由单位支付的工伤保险待遇费用。

第四十四条 **【派遣出境期间的工伤保险关系】**职工被派遣出境工作，依据前往国家或者地区的法律应当参加当地工伤保险的，参加当地工伤保险，其国内工伤保险关系中止；不能参加当地工伤保险的，其国内工伤保险关系不中止。

第四十五条 **【再次发生工伤的待遇】**职工再次发生工伤，根据规定应当享受伤残津贴的，按照新认定的伤残等级享受伤残津贴待遇。

第六章 监督管理

第四十六条 **【经办机构职责范围】**经办机构具体承办工伤保险事务，履行下列职责：

（一）根据省、自治区、直辖市人民政府规定，征收工伤保险费；

（二）核查用人单位的工资总额和职工人数，办理工伤保险登记，并负责保存用人单位缴费和职工享受工伤保险待遇情况的记录；

(三)进行工伤保险的调查、统计；

(四)按照规定管理工伤保险基金的支出；

(五)按照规定核定工伤保险待遇；

(六)为工伤职工或者其近亲属免费提供咨询服务。

第四十七条 【服务协议】经办机构与医疗机构、辅助器具配置机构在平等协商的基础上签订服务协议，并公布签订服务协议的医疗机构、辅助器具配置机构的名单。具体办法由国务院社会保险行政部门分别会同国务院卫生行政部门、民政部门等部门制定。

第四十八条 【工伤保险费用的核查、结算】经办机构按照协议和国家有关目录、标准对工伤职工医疗费用、康复费用、辅助器具费用的使用情况进行核查，并按时足额结算费用。

第四十九条 【公布基金收支情况、费率调整建议】经办机构应当定期公布工伤保险基金的收支情况，及时向社会保险行政部门提出调整费率的建议。

第五十条 【听取社会意见】社会保险行政部门、经办机构应当定期听取工伤职工、医疗机构、辅助器具配置机构以及社会各界对改进工伤保险工作的意见。

第五十一条 【对工伤保险基金的监督】社会保险行政部门依法对工伤保险费的征缴和工伤保险基金的支付情况进行监督检查。

财政部门和审计机关依法对工伤保险基金的收支、管理情况进行监督。

第五十二条 【群众监督】任何组织和个人对有关工伤保险的违法行为，有权举报。社会保险行政部门对举报应当及时调查，按照规定处理，并为举报人保密。

第五十三条 【工会监督】工会组织依法维护工伤职工的合法权益，对用人单位的工伤保险工作实行监督。

第五十四条 【工伤待遇争议处理】职工与用人单位发生工伤待遇方面的争议，按照处理劳动争议的有关规定处理。

第五十五条 【其他工伤保险争议处理】有下列情形之一的，有关单位或者个人可以依法申请行政复议，也可以依法向人民法院提起行政诉讼：

(一)申请工伤认定的职工或者其近亲属、该职工所在单位对工伤认定申请不予受理的决定不服的；

(二)申请工伤认定的职工或者其近亲属、该职工所在单位对工伤认定结论不服的；

(三)用人单位对经办机构确定的单位缴费费率不服的；

(四)签订服务协议的医疗机构、辅助器具配置机构认为经办机构未履行有关协议或者规定的；

(五)工伤职工或者其近亲属对经办机构核定的工伤保险待遇有异议的。

第七章 法律责任

第五十六条 【挪用工伤保险基金的责任】单位或者个人违反本条例第十二条规定挪用工伤保险基金，构成犯罪的，依法追究刑事责任；尚不构成犯罪的，依法给予处分或者纪律处分。被挪用的基金由社会保险行政部门追回，并入工伤保险基金；没收的违法所得依法上缴国库。

第五十七条 【社会保险行政部门工作人员违法违纪责任】社会保险行政部门工作人员有下列情形之一的，依法给予处分；情节严重，构成犯罪的，依法追究刑事责任：

(一)无正当理由不受理工伤认定申请，或者弄虚作假将不符合工伤条件的人员认定为工伤职工的；

(二)未妥善保管申请工伤认定的证据材料，致使有关证据灭失的；

（三）收受当事人财物的。

第五十八条 【经办机构违规的责任】经办机构有下列行为之一的，由社会保险行政部门责令改正，对直接负责的主管人员和其他责任人员依法给予纪律处分；情节严重，构成犯罪的，依法追究刑事责任；造成当事人经济损失的，由经办机构依法承担赔偿责任：

（一）未按规定保存用人单位缴费和职工享受工伤保险待遇情况记录的；

（二）不按规定核定工伤保险待遇的；

（三）收受当事人财物的。

第五十九条 【医疗机构、辅助器具配置机构、经办机构间的关系】医疗机构、辅助器具配置机构不按服务协议提供服务的，经办机构可以解除服务协议。

经办机构不按时足额结算费用的，由社会保险行政部门责令改正；医疗机构、辅助器具配置机构可以解除服务协议。

第六十条 【对骗取工伤保险待遇的处罚】用人单位、工伤职工或者其近亲属骗取工伤保险待遇，医疗机构、辅助器具配置机构骗取工伤保险基金支出的，由社会保险行政部门责令退还，处骗取金额2倍以上5倍以下的罚款；情节严重，构成犯罪的，依法追究刑事责任。

第六十一条 【鉴定组织与个人违规的责任】从事劳动能力鉴定的组织或者个人有下列情形之一的，由社会保险行政部门责令改正，处2000元以上1万元以下的罚款；情节严重，构成犯罪的，依法追究刑事责任：

（一）提供虚假鉴定意见的；

（二）提供虚假诊断证明的；

（三）收受当事人财物的。

第六十二条 【未按规定参保的情形】用人单位依照本条例规定应当参加工伤保险而未参加的，由社会保险行政部门责令限期参加，补缴应当缴纳的工伤保险费，并自欠缴之日起，按日加收万分之五的滞纳金；逾期仍不缴纳的，处欠缴数额1倍以上3倍以下的罚款。

依照本条例规定应当参加工伤保险而未参加工伤保险的用人单位职工发生工伤的，由该用人单位按照本条例规定的工伤保险待遇项目和标准支付费用。

用人单位参加工伤保险并补缴应当缴纳的工伤保险费、滞纳金后，由工伤保险基金和用人单位依照本条例的规定支付新发生的费用。

第六十三条 【用人单位不协助调查的责任】用人单位违反本条例第十九条的规定，拒不协助社会保险行政部门对事故进行调查核实的，由社会保险行政部门责令改正，处2000元以上2万元以下的罚款。

第八章 附　　则

第六十四条 【相关名词解释】本条例所称工资总额，是指用人单位直接支付给本单位全部职工的劳动报酬总额。

本条例所称本人工资，是指工伤职工因工作遭受事故伤害或者患职业病前12个月平均月缴费工资。本人工资高于统筹地区职工平均工资300%的，按照统筹地区职工平均工资的300%计算；本人工资低于统筹地区职工平均工资60%的，按照统筹地区职工平均工资的60%计算。

第六十五条 【公务员等的工伤保险】公务员和参照公务员法管理的事业单位、社会团体的工作人员因工作遭受事故伤害或者患职业病的，由所在单位支付费用。具体办法由国务院社会保险行政部门会同国务院财政部门规定。

第六十六条 【非法经营单位工伤一次性赔偿及争议处理】无营业执照或者未经依法登记、备案的单位以及被依法吊销营业执照或者撤销登记、备案的单位的职工受到事故伤害或者患职业病的，由该单位向伤残职工或者死亡职工的近亲属给予一次性赔偿，赔偿标准不得低于本条例规定的工伤保险待遇；用人单位不得使用童工，用人单位使用童工造成童工伤残、死亡的，由该单位向童工或者童工的近亲属给予一次性赔偿，赔偿标准不得低于本条例规定的工伤保险待遇。具体办法由国务院社会保险行政部门规定。

前款规定的伤残职工或者死亡职工的近亲属就赔偿数额与单位发生争议的，以及前款规定的童工或者童工的近亲属就赔偿数额与单位发生争议的，按照处理劳动争议的有关规定处理。

第六十七条 【实施日期及过渡事项】本条例自2004年1月1日起施行。本条例施行前已受到事故伤害或者患职业病的职工尚未完成工伤认定的，按照本条例的规定执行。

工伤认定办法

（2010年12月31日人力资源和社会保障部令第8号公布 自2011年1月1日起施行）

第一条 为规范工伤认定程序，依法进行工伤认定，维护当事人的合法权益，根据《工伤保险条例》的有关规定，制定本办法。

第二条 社会保险行政部门进行工伤认定按照本办法执行。

第三条 工伤认定应当客观公正、简捷方便，认定程序应当向社会公开。

第四条 职工发生事故伤害或者按照职业病防治法规定被诊断、鉴定为职业病，所在单位应当自事故伤害发生之日或者被诊断、鉴定为职业病之日起30日内，向统筹地区社会保险行政部门提出工伤认定申请。遇有特殊情况，经报社会保险行政部门同意，申请时限可以适当延长。

按照前款规定应当向省级社会保险行政部门提出工伤认定申请的，根据属地原则应当向用人单位所在地设区的市级社会保险行政部门提出。

第五条 用人单位未在规定的时限内提出工伤认定申请的，受伤害职工或者其近亲属、工会组织在事故伤害发生之日或者被诊断、鉴定为职业病之日起1年内，可以直接按照本办法第四条规定提出工伤认定申请。

第六条 提出工伤认定申请应当填写《工伤认定申请表》，并提交下列材料：

（一）劳动、聘用合同文本复印件或者与用人单位存在劳动关系（包括事实劳动关系）、人事关系的其他证明材料；

（二）医疗机构出具的受伤后诊断证明书或者职业病诊断证明书（或者职业病诊断鉴定书）。

第七条 工伤认定申请人提交的申请材料符合要求，属于社会保险行政部门管辖范围且在受理时限内的，社会保险行政部门应当受理。

第八条 社会保险行政部门收到工伤认定申请后，应当在15日内对申请人提交的材料进行审核，材料完整的，作出受理或者不予受理的决定；材料不完整的，应当以书面形式一次性告知申请人需要补正的全部材料。社会保险行政部门收到申请人提交的全部补正材料后，应当在15日内作出受理或者不予受理的决定。

社会保险行政部门决定受理的，应当出具《工伤认定申请受理决定书》；决定不予受理的，应当出具《工伤认定申请不予受理决定书》。

第九条 社会保险行政部门受理工伤认定申请后，可以根据需要对申请人提供的证据进行调查核实。

第十条 社会保险行政部门进行调查核实，应当由两名以上工作人员共同进行，并出示执行公务的证件。

第十一条 社会保险行政部门工作人员在工伤认定中,可以进行以下调查核实工作:

(一)根据工作需要,进入有关单位和事故现场;

(二)依法查阅与工伤认定有关的资料,询问有关人员并作出调查笔录;

(三)记录、录音、录像和复制与工伤认定有关的资料。调查核实工作的证据收集参照行政诉讼证据收集的有关规定执行。

第十二条 社会保险行政部门工作人员进行调查核实时,有关单位和个人应当予以协助。用人单位、工会组织、医疗机构以及有关部门应当负责安排相关人员配合工作,据实提供情况和证明材料。

第十三条 社会保险行政部门在进行工伤认定时,对申请人提供的符合国家有关规定的职业病诊断证明书或者职业病诊断鉴定书,不再进行调查核实。职业病诊断证明书或者职业病诊断鉴定书不符合国家规定的要求和格式的,社会保险行政部门可以要求出具证据部门重新提供。

第十四条 社会保险行政部门受理工伤认定申请后,可以根据工作需要,委托其他统筹地区的社会保险行政部门或者相关部门进行调查核实。

第十五条 社会保险行政部门工作人员进行调查核实时,应当履行下列义务:

(一)保守有关单位商业秘密以及个人隐私;

(二)为提供情况的有关人员保密。

第十六条 社会保险行政部门工作人员与工伤认定申请人有利害关系的,应当回避。

第十七条 职工或者其近亲属认为是工伤,用人单位不认为是工伤的,由该用人单位承担举证责任。用人单位拒不举证的,社会保险行政部门可以根据受伤害职工提供的证据或者调查取得的证据,依法作出工伤认定决定。

第十八条 社会保险行政部门应当自受理工伤认定申请之日起60日内作出工伤认定决定,出具《认定工伤决定书》或者《不予认定工伤决定书》。

第十九条 《认定工伤决定书》应当载明下列事项:

(一)用人单位全称;

(二)职工的姓名、性别、年龄、职业、身份证号码;

(三)受伤害部位、事故时间和诊断时间或职业病名称、受伤害经过和核实情况、医疗救治的基本情况和诊断结论;

(四)认定工伤或者视同工伤的依据;

(五)不服认定决定申请行政复议或者提起行政诉讼的部门和时限;

(六)作出认定工伤或者视同工伤决定的时间。

《不予认定工伤决定书》应当载明下列事项:

(一)用人单位全称;

(二)职工的姓名、性别、年龄、职业、身份证号码;

(三)不予认定工伤或者不视同工伤的依据;

(四)不服认定决定申请行政复议或者提起行政诉讼的部门和时限;

(五)作出不予认定工伤或者不视同工伤决定的时间。

《认定工伤决定书》和《不予认定工伤决定书》应当加盖社会保险行政部门工伤认定专用印章。

第二十条 社会保险行政部门受理工伤认定申请后,作出工伤认定决定需要以司法机关或者有关行政主管部门的结论为依据的,在司法机关或者有关行政主管部门尚未作出结论期间,作出工伤认定决定的时限中止,并书面通知申请人。

第二十一条 社会保险行政部门对于事实清楚、权利义务明确的工伤认定申请,应当自受理工伤认定申请之日起15日内作出工伤认定决定。

第二十二条 社会保险行政部门应当自工伤认定决定作出之日起20日内,将《认定工伤决定书》或者《不予认定工伤决定书》送达受伤害职工(或者其近亲属)和用人单位,并抄送社会保险经办机构。

《认定工伤决定书》和《不予认定工伤决定书》的送达参照民事法律有关送达的规定执行。

第二十三条 职工或者其近亲属、用人单位对不予受理决定不服或者对工伤认定决定不服的,可以依法申请行政复议或者提起行政诉讼。

第二十四条 工伤认定结束后,社会保险行政部门应当将工伤认定的有关资料保存50年。

第二十五条 用人单位拒不协助社会保险行政部门对事故伤害进行调查核实的,由社会保险行政部门责令改正,处2000元以上2万元以下的罚款。

第二十六条 本办法中的《工伤认定申请表》、《工伤认定申请受理决定书》、《工伤认定申请不予受理决定书》、《认定工伤决定书》、《不予认定工伤决定书》的样式由国务院社会保险行政部门统一制定。

第二十七条 本办法自2011年1月1日起施行。劳动和社会保障部2003年9月23日颁布的《工伤认定办法》同时废止。

中华人民共和国社会保险法

(2010年10月28日第十一届全国人民代表大会常务委员会第十七次会议通过
2010年10月28日中华人民共和国主席令第35号公布　自2011年7月1日起施行)

第一章　总　　则

第一条　【立法宗旨】为了规范社会保险关系,维护公民参加社会保险和享受社会保险待遇的合法权益,使公民共享发展成果,促进社会和谐稳定,根据宪法,制定本法。

第二条　【建立社会保险制度】国家建立基本养老保险、基本医疗保险、工伤保险、失业保险、生育保险等社会保险制度,保障公民在年老、疾病、工伤、失业、生育等情况下依法从国家和社会获得物质帮助的权利。

第三条　【社会保险制度的方针和社会保险水平】社会保险制度坚持广覆盖、保基本、多层次、可持续的方针,社会保险水平应当与经济社会发展水平相适应。

第四条　【用人单位和个人的权利义务】中华人民共和国境内的用人单位和个人依法缴纳社会保险费,有权查询缴费记录、个人权益记录,要求社会保险经办机构提供社会保险咨询等相关服务。

个人依法享受社会保险待遇,有权监督本单位为其缴费情况。

第五条　【社会保险财政保障】县级以上人民政府将社会保险事业纳入国民经济和社会发展规划。

国家多渠道筹集社会保险资金。县级以上人民政府对社会保险事业给予必要的经费支持。

国家通过税收优惠政策支持社会保险事业。

第六条　【社会保险基金监督】国家对社会保险基金实行严格监管。

国务院和省、自治区、直辖市人民政府建立健全社会保险基金监督管理制度,保障社会保险基金安全、有效运行。

县级以上人民政府采取措施,鼓励和支持社会各方面参与社会保险基金的监督。

第七条　【社会保险行政管理职责分工】国务院社会保险行政部门负责全国的社会保险管理工作,国务院其他有关部门在各自的职责范围内负责有关的社会保险工作。

县级以上地方人民政府社会保险行政部门负责本行政区域的社会保险管理工作，县级以上地方人民政府其他有关部门在各自的职责范围内负责有关的社会保险工作。

第八条　【社会保险经办机构职责】社会保险经办机构提供社会保险服务，负责社会保险登记、个人权益记录、社会保险待遇支付等工作。

第九条　【工会的职责】工会依法维护职工的合法权益，有权参与社会保险重大事项的研究，参加社会保险监督委员会，对与职工社会保险权益有关的事项进行监督。

第二章　基本养老保险

第十条　【覆盖范围】职工应当参加基本养老保险，由用人单位和职工共同缴纳基本养老保险费。

无雇工的个体工商户、未在用人单位参加基本养老保险的非全日制从业人员以及其他灵活就业人员可以参加基本养老保险，由个人缴纳基本养老保险费。

公务员和参照公务员法管理的工作人员养老保险的办法由国务院规定。

第十一条　【制度模式和基金筹资方式】基本养老保险实行社会统筹与个人账户相结合。

基本养老保险基金由用人单位和个人缴费以及政府补贴等组成。

第十二条　【缴费基数和缴费比例】用人单位应当按照国家规定的本单位职工工资总额的比例缴纳基本养老保险费，记入基本养老保险统筹基金。

职工应当按照国家规定的本人工资的比例缴纳基本养老保险费，记入个人账户。

无雇工的个体工商户、未在用人单位参加基本养老保险的非全日制从业人员以及其他灵活就业人员参加基本养老保险的，应当按照国家规定缴纳基本养老保险费，分别记入基本养老保险统筹基金和个人账户。

第十三条　【政府财政补贴】国有企业、事业单位职工参加基本养老保险前，视同缴费年限期间应当缴纳的基本养老保险费由政府承担。

基本养老保险基金出现支付不足时，政府给予补贴。

第十四条　【个人账户养老金】个人账户不得提前支取，记账利率不得低于银行定期存款利率，免征利息税。个人死亡的，个人账户余额可以继承。

第十五条　【基本养老金构成】基本养老金由统筹养老金和个人账户养老金组成。

基本养老金根据个人累计缴费年限、缴费工资、当地职工平均工资、个人账户金额、城镇人口平均预期寿命等因素确定。

第十六条　【享受基本养老保险待遇的条件】参加基本养老保险的个人，达到法定退休年龄时累计缴费满十五年的，按月领取基本养老金。

参加基本养老保险的个人，达到法定退休年龄时累计缴费不足十五年的，可以缴费至满十五年，按月领取基本养老金；也可以转入新型农村社会养老保险或者城镇居民社会养老保险，按照国务院规定享受相应的养老保险待遇。

第十七条　【参保个人因病或非因工致残、死亡待遇】参加基本养老保险的个人，因病或者非因工死亡的，其遗属可以领取丧葬补助金和抚恤金；在未达到法定退休年龄时因病或者非因工致残完全丧失劳动能力的，可以领取病残津贴。所需资金从基本养老保险基金中支付。

第十八条　【基本养老金调整机制】国家建立基本养老金正常调整机制。根据职工平均工资增长、物价上涨情况，适时提高基本养老保险待遇水平。

第十九条　【基本养老保险关系转移接续制度】个人跨统筹地区就业的，其基本养老保险关系随本人转移，缴费年限累计计算。个人达到法定退休年龄时，基本养老金分段计算、统一支付。具体办法由国务院规定。

第二十条 【新型农村社会养老保险及其筹资方式】国家建立和完善新型农村社会养老保险制度。

新型农村社会养老保险实行个人缴费、集体补助和政府补贴相结合。

第二十一条 【新型农村社会养老保险待遇】新型农村社会养老保险待遇由基础养老金和个人账户养老金组成。

参加新型农村社会养老保险的农村居民,符合国家规定条件的,按月领取新型农村社会养老保险待遇。

第二十二条 【城镇居民社会养老保险】国家建立和完善城镇居民社会养老保险制度。

省、自治区、直辖市人民政府根据实际情况,可以将城镇居民社会养老保险和新型农村社会养老保险合并实施。

第三章 基本医疗保险

第二十三条 【职工基本医疗保险覆盖范围和缴费】职工应当参加职工基本医疗保险,由用人单位和职工按照国家规定共同缴纳基本医疗保险费。

无雇工的个体工商户、未在用人单位参加职工基本医疗保险的非全日制从业人员以及其他灵活就业人员可以参加职工基本医疗保险,由个人按照国家规定缴纳基本医疗保险费。

第二十四条 【新型农村合作医疗制度】国家建立和完善新型农村合作医疗制度。

新型农村合作医疗的管理办法,由国务院规定。

第二十五条 【城镇居民基本医疗保险制度】国家建立和完善城镇居民基本医疗保险制度。

城镇居民基本医疗保险实行个人缴费和政府补贴相结合。

享受最低生活保障的人、丧失劳动能力的残疾人、低收入家庭六十周岁以上的老年人和未成年人等所需个人缴费部分,由政府给予补贴。

第二十六条 【医疗保险待遇标准】职工基本医疗保险、新型农村合作医疗和城镇居民基本医疗保险的待遇标准按照国家规定执行。

第二十七条 【退休时享受基本医疗保险待遇】参加职工基本医疗保险的个人,达到法定退休年龄时累计缴费达到国家规定年限的,退休后不再缴纳基本医疗保险费,按照国家规定享受基本医疗保险待遇;未达到国家规定年限的,可以缴费至国家规定年限。

第二十八条 【基本医疗保险基金支付制度】符合基本医疗保险药品目录、诊疗项目、医疗服务设施标准以及急诊、抢救的医疗费用,按照国家规定从基本医疗保险基金中支付。

第二十九条 【基本医疗保险费用结算制度】参保人员医疗费用中应当由基本医疗保险基金支付的部分,由社会保险经办机构与医疗机构、药品经营单位直接结算。

社会保险行政部门和卫生行政部门应当建立异地就医医疗费用结算制度,方便参保人员享受基本医疗保险待遇。

第三十条 【不纳入基本医疗保险基金支付范围的医疗费用】下列医疗费用不纳入基本医疗保险基金支付范围:

(一)应当从工伤保险基金中支付的;

(二)应当由第三人负担的;

(三)应当由公共卫生负担的;

(四)在境外就医的。

医疗费用依法应当由第三人负担,第三人不支付或者无法确定第三人的,由基本医疗保险基金先行支付。基本医疗保险基金先行支付后,有权向第三人追偿。

第三十一条 【服务协议】社会保险经办机构根据管理服务的需要,可以与医疗机构、药品经营单位签订服务协议,规范医疗服务行为。

医疗机构应当为参保人员提供合理、必要的医疗服务。

第三十二条 【基本医疗保险关系转移接续制度】个人跨统筹地区就业的,其基本医疗保险关系随本人转移,缴费年限累计计算。

第四章 工伤保险

第三十三条 【参保范围和缴费】职工应当参加工伤保险,由用人单位缴纳工伤保险费,职工不缴纳工伤保险费。

第三十四条 【工伤保险费率】国家根据不同行业的工伤风险程度确定行业的差别费率,并根据使用工伤保险基金、工伤发生率等情况在每个行业内确定费率档次。行业差别费率和行业内费率档次由国务院社会保险行政部门制定,报国务院批准后公布施行。

社会保险经办机构根据用人单位使用工伤保险基金、工伤发生率和所属行业费率档次等情况,确定用人单位缴费费率。

第三十五条 【工伤保险费缴费基数和费率】用人单位应当按照本单位职工工资总额,根据社会保险经办机构确定的费率缴纳工伤保险费。

第三十六条 【享受工伤保险待遇的条件】职工因工作原因受到事故伤害或者患职业病,且经工伤认定的,享受工伤保险待遇;其中,经劳动能力鉴定丧失劳动能力的,享受伤残待遇。

工伤认定和劳动能力鉴定应当简捷、方便。

第三十七条 【不认定工伤的情形】职工因下列情形之一导致本人在工作中伤亡的,不认定为工伤:

(一)故意犯罪;

(二)醉酒或者吸毒;

(三)自残或者自杀;

(四)法律、行政法规规定的其他情形。

第三十八条 【工伤保险基金负担的工伤保险待遇】因工伤发生的下列费用,按照国家规定从工伤保险基金中支付:

(一)治疗工伤的医疗费用和康复费用;

(二)住院伙食补助费;

(三)到统筹地区以外就医的交通食宿费;

(四)安装配置伤残辅助器具所需费用;

(五)生活不能自理的,经劳动能力鉴定委员会确认的生活护理费;

(六)一次性伤残补助金和一至四级伤残职工按月领取的伤残津贴;

(七)终止或者解除劳动合同时,应当享受的一次性医疗补助金;

(八)因工死亡的,其遗属领取的丧葬补助金、供养亲属抚恤金和因工死亡补助金;

(九)劳动能力鉴定费。

第三十九条 【用人单位负担的工伤保险待遇】因工伤发生的下列费用,按照国家规定由用人单位支付:

(一)治疗工伤期间的工资福利;

(二)五级、六级伤残职工按月领取的伤残津贴;

(三)终止或者解除劳动合同时,应当享受的一次性伤残就业补助金。

第四十条 【伤残津贴和基本养老保险待遇的衔接】工伤职工符合领取基本养老金条件的,停发伤残津贴,享受基本养老保险待遇。基本养老保险待遇低于伤残津贴的,从工伤保险基金中补足差额。

第四十一条 【未参保单位职工发生工伤时的待遇】职工所在用人单位未依法缴纳工伤保险费,发生工伤事故的,由用人单位支付工伤保险待遇。用人单位不支付的,从工伤保险基金中先行支付。

从工伤保险基金中先行支付的工伤保险待遇应当由用人单位偿还。用人单位不偿还的,社会保险经办机构可以依照本法第六十三条的规定追偿。

第四十二条 【民事侵权责任和工伤保险责任竞合】由于第三人的原因造成工伤,第三人不支付工伤医疗费用或者无法确定第三人的,由工伤保险基金先行支付。工伤保险基金先行支付后,有权向第三人追偿。

第四十三条 【停止享受工伤保险待遇的情形】工伤职工有下列情形之一的,停止享受工伤保险待遇:

(一)丧失享受待遇条件的;

(二)拒不接受劳动能力鉴定的;

(三)拒绝治疗的。

第五章 失业保险

第四十四条 【参保范围和失业保险费负担】职工应当参加失业保险,由用人单位和职工按照国家规定共同缴纳失业保险费。

第四十五条 【领取失业保险金的条件】失业人员符合下列条件的,从失业保险基金中领取失业保险金:

(一)失业前用人单位和本人已经缴纳失业保险费满一年的;

(二)非因本人意愿中断就业的;

(三)已经进行失业登记,并有求职要求的。

第四十六条 【领取失业保险金的期限】失业人员失业前用人单位和本人累计缴费满一年不足五年的,领取失业保险金的期限最长为十二个月;累计缴费满五年不足十年的,领取失业保险金的期限最长为十八个月;累计缴费十年以上的,领取失业保险金的期限最长为二十四个月。重新就业后,再次失业的,缴费时间重新计算,领取失业保险金的期限与前次失业应当领取而尚未领取的失业保险金的期限合并计算,最长不超过二十四个月。

第四十七条 【失业保险金标准】失业保险金的标准,由省、自治区、直辖市人民政府确定,不得低于城市居民最低生活保障标准。

第四十八条 【享受基本医疗保险待遇】失业人员在领取失业保险金期间,参加职工基本医疗保险,享受基本医疗保险待遇。

失业人员应当缴纳的基本医疗保险费从失业保险基金中支付,个人不缴纳基本医疗保险费。

第四十九条 【在领取失业保险金期间死亡时的待遇】失业人员在领取失业保险金期间死亡的,参照当地对在职职工死亡的规定,向其遗属发给一次性丧葬补助金和抚恤金。所需资金从失业保险基金中支付。

个人死亡同时符合领取基本养老保险丧葬补助金、工伤保险丧葬补助金和失业保险丧葬补助金条件的,其遗属只能选择领取其中的一项。

第五十条 【领取失业保险金的程序】用人单位应当及时为失业人员出具终止或者解除劳动关系的证明,并将失业人员的名单自终止或者解除劳动关系之日起十五日内告知社会保险经办机构。

失业人员应当持本单位为其出具的终止或者解除劳动关系的证明,及时到指定的公共就业服务机构办理失业登记。

失业人员凭失业登记证明和个人身份证明,到社会保险经办机构办理领取失业保险金的手续。失业保险金领取期限自办理失业登记之日起计算。

第五十一条 【停止领取失业保险待遇的情形】失业人员在领取失业保险金期间有下列情形之一的,停止领取失业保险金,并同时停止享受其他失业保险待遇:

(一)重新就业的;

(二)应征服兵役的;

(三)移居境外的;

(四)享受基本养老保险待遇的;

(五)无正当理由,拒不接受当地人民政府指定部门或者机构介绍的适当工作或者提供的培训的。

第五十二条 【失业保险关系的转移接续】职工跨统筹地区就业的,其失业保险关系随本人转移,缴费年限累计计算。

第六章 生育保险

第五十三条 【参保范围和缴费】职工应当参加生育保险,由用人单位按照国家规定缴纳生育保险费,职工不缴纳生育保险费。

第五十四条 【生育保险待遇】用人单位已经缴纳生育保险费的,其职工享受生育保险待遇;职工未就业配偶按照国家规定享受生育医疗费用待遇。所需资金从生育保险基金中支付。

生育保险待遇包括生育医疗费用和生育津贴。

第五十五条 【生育医疗费的项目】生育医疗费用包括下列各项:

(一)生育的医疗费用;

(二)计划生育的医疗费用;

(三)法律、法规规定的其他项目费用。

第五十六条 【享受生育津贴的情形】职工有下列情形之一的,可以按照国家规定享受生育津贴:

(一)女职工生育享受产假;

(二)享受计划生育手术休假;

(三)法律、法规规定的其他情形。

生育津贴按照职工所在用人单位上年度职工月平均工资计发。

第七章 社会保险费征缴

第五十七条 【用人单位社会保险登记】用人单位应当自成立之日起三十日内凭营业执照、登记证书或者单位印章,向当地社会保险经办机构申请办理社会保险登记。社会保险经办机构应当自收到申请之日起十五日内予以审核,发给社会保险登记证件。

用人单位的社会保险登记事项发生变更或者用人单位依法终止的,应当自变更或者终止之日起三十日内,到社会保险经办机构办理变更或者注销社会保险登记。

工商行政管理部门、民政部门和机构编制管理机关应当及时向社会保险经办机构通报用人单位的成立、终止情况,公安机关应当及时向社会保险经办机构通报个人的出生、死亡以及户口登记、迁移、注销等情况。

第五十八条 【个人社会保险登记】用人单位应当自用工之日起三十日内为其职工向社会保险经办机构申请办理社会保险登记。未办理社会保险登记的,由社会保险经办机构核定其应当缴纳的社会保险费。

自愿参加社会保险的无雇工的个体工商户、未在用人单位参加社会保险的非全日制从业人员以及其他灵活就业人员，应当向社会保险经办机构申请办理社会保险登记。

国家建立全国统一的个人社会保障号码。个人社会保障号码为公民身份号码。

第五十九条　【社会保险费征收】县级以上人民政府加强社会保险费的征收工作。

社会保险费实行统一征收，实施步骤和具体办法由国务院规定。

第六十条　【社会保险费的缴纳】用人单位应当自行申报、按时足额缴纳社会保险费，非因不可抗力等法定事由不得缓缴、减免。职工应当缴纳的社会保险费由用人单位代扣代缴，用人单位应当按月将缴纳社会保险费的明细情况告知本人。

无雇工的个体工商户、未在用人单位参加社会保险的非全日制从业人员以及其他灵活就业人员，可以直接向社会保险费征收机构缴纳社会保险费。

第六十一条　【社会保险费征收机构的义务】社会保险费征收机构应当依法按时足额征收社会保险费，并将缴费情况定期告知用人单位和个人。

第六十二条　【用人单位未按规定申报应缴数额】用人单位未按规定申报应当缴纳的社会保险费数额的，按照该单位上月缴费额的百分之一百一十确定应当缴纳数额；缴费单位补办申报手续后，由社会保险费征收机构按照规定结算。

第六十三条　【用人单位未按时足额缴费】用人单位未按时足额缴纳社会保险费的，由社会保险费征收机构责令其限期缴纳或者补足。

用人单位逾期仍未缴纳或者补足社会保险费的，社会保险费征收机构可以向银行和其他金融机构查询其存款账户；并可以申请县级以上有关行政部门作出划拨社会保险费的决定，书面通知其开户银行或者其他金融机构划拨社会保险费。用人单位账户余额少于应当缴纳的社会保险费的，社会保险费征收机构可以要求该用人单位提供担保，签订延期缴费协议。

用人单位未足额缴纳社会保险费且未提供担保的，社会保险费征收机构可以申请人民法院扣押、查封、拍卖其价值相当于应当缴纳社会保险费的财产，以拍卖所得抵缴社会保险费。

第八章　社会保险基金

第六十四条　【社会保险基金类别、管理原则和统筹层次】社会保险基金包括基本养老保险基金、基本医疗保险基金、工伤保险基金、失业保险基金和生育保险基金。各项社会保险基金按照社会保险险种分别建账，分账核算，执行国家统一的会计制度。

社会保险基金专款专用，任何组织和个人不得侵占或者挪用。

基本养老保险基金逐步实行全国统筹，其他社会保险基金逐步实行省级统筹，具体时间、步骤由国务院规定。

第六十五条　【社会保险基金的收支平衡和政府补贴责任】社会保险基金通过预算实现收支平衡。

县级以上人民政府在社会保险基金出现支付不足时，给予补贴。

第六十六条　【社会保险基金按照统筹层次设立预算】社会保险基金按照统筹层次设立预算。社会保险基金预算按照社会保险项目分别编制。

第六十七条　【社会保险基金预算制定程序】社会保险基金预算、决算草案的编制、审核和批准，依照法律和国务院规定执行。

第六十八条　【社会保险基金财政专户】社会保险基金存入财政专户，具体管理办法由国务院规定。

第六十九条　【社会保险基金的保值增值】社会保险基金在保证安全的前提下，按照国务院规定投资运营实现保值增值。

社会保险基金不得违规投资运营，不得用于平衡其他政府预算，不得用于兴建、改建办公场所和支付人员经费、运行费用、管理费用，或者违反法律、行政法规规定挪作其他用途。

第七十条 【社会保险基金信息公开】社会保险经办机构应当定期向社会公布参加社会保险情况以及社会保险基金的收入、支出、结余和收益情况。

第七十一条 【全国社会保障基金】国家设立全国社会保障基金，由中央财政预算拨款以及国务院批准的其他方式筹集的资金构成，用于社会保障支出的补充、调剂。全国社会保障基金由全国社会保障基金管理运营机构负责管理运营，在保证安全的前提下实现保值增值。

全国社会保障基金应当定期向社会公布收支、管理和投资运营的情况。国务院财政部门、社会保险行政部门、审计机关对全国社会保障基金的收支、管理和投资运营情况实施监督。

第九章 社会保险经办

第七十二条 【社会保险经办机构的设置及经费保障】统筹地区设立社会保险经办机构。社会保险经办机构根据工作需要，经所在地的社会保险行政部门和机构编制管理机关批准，可以在本统筹地区设立分支机构和服务网点。

社会保险经办机构的人员经费和经办社会保险发生的基本运行费用、管理费用，由同级财政按照国家规定予以保障。

第七十三条 【管理制度和支付社会保险待遇职责】社会保险经办机构应当建立健全业务、财务、安全和风险管理制度。

社会保险经办机构应当按时足额支付社会保险待遇。

第七十四条 【获取社会保险数据、建档、权益记录等服务】社会保险经办机构通过业务经办、统计、调查获取社会保险工作所需的数据，有关单位和个人应当及时、如实提供。

社会保险经办机构应当及时为用人单位建立档案，完整、准确地记录参加社会保险的人员、缴费等社会保险数据，妥善保管登记、申报的原始凭证和支付结算的会计凭证。

社会保险经办机构应当及时、完整、准确地记录参加社会保险的个人缴费和用人单位为其缴费，以及享受社会保险待遇等个人权益记录，定期将个人权益记录单免费寄送本人。

用人单位和个人可以免费向社会保险经办机构查询、核对其缴费和享受社会保险待遇记录，要求社会保险经办机构提供社会保险咨询等相关服务。

第七十五条 【社会保险信息系统的建设】全国社会保险信息系统按照国家统一规划，由县级以上人民政府按照分级负责的原则共同建设。

第十章 社会保险监督

第七十六条 【人大监督】各级人民代表大会常务委员会听取和审议本级人民政府对社会保险基金的收支、管理、投资运营以及监督检查情况的专项工作报告，组织对本法实施情况的执法检查等，依法行使监督职权。

第七十七条 【行政部门监督】县级以上人民政府社会保险行政部门应当加强对用人单位和个人遵守社会保险法律、法规情况的监督检查。

社会保险行政部门实施监督检查时，被检查的用人单位和个人应当如实提供与社会保险有关的资料，不得拒绝检查或者谎报、瞒报。

第七十八条 【财政监督、审计监督】财政部门、审计机关按照各自职责，对社会保险基金的收支、管理和投资运营情况实施监督。

第七十九条 【社会保险行政部门对基金的监督】社会保险行政部门对社会保险基金的收支、管理和投资运营情况进行监督检查，发现存在问题的，应当提出整改建议，依法作出处理决定或者向有关行政部门提出处理建议。社会保险基金检查结果应当定期向社会公布。

社会保险行政部门对社会保险基金实施监督检查,有权采取下列措施:

(一)查阅、记录、复制与社会保险基金收支、管理和投资运营相关的资料,对可能被转移、隐匿或者灭失的资料予以封存;

(二)询问与调查事项有关的单位和个人,要求其对与调查事项有关的问题作出说明、提供有关证明材料;

(三)对隐匿、转移、侵占、挪用社会保险基金的行为予以制止并责令改正。

第八十条　【社会保险监督委员会】统筹地区人民政府成立由用人单位代表、参保人员代表,以及工会代表、专家等组成的社会保险监督委员会,掌握、分析社会保险基金的收支、管理和投资运营情况,对社会保险工作提出咨询意见和建议,实施社会监督。

社会保险经办机构应当定期向社会保险监督委员会汇报社会保险基金的收支、管理和投资运营情况。社会保险监督委员会可以聘请会计师事务所对社会保险基金的收支、管理和投资运营情况进行年度审计和专项审计。审计结果应当向社会公开。

社会保险监督委员会发现社会保险基金收支、管理和投资运营中存在问题的,有权提出改正建议;对社会保险经办机构及其工作人员的违法行为,有权向有关部门提出依法处理建议。

第八十一条　【为用人单位和个人信息保密】社会保险行政部门和其他有关行政部门、社会保险经办机构、社会保险费征收机构及其工作人员,应当依法为用人单位和个人的信息保密,不得以任何形式泄露。

第八十二条　【违法行为的举报、投诉】任何组织或者个人有权对违反社会保险法律、法规的行为进行举报、投诉。

社会保险行政部门、卫生行政部门、社会保险经办机构、社会保险费征收机构和财政部门、审计机关对属于本部门、本机构职责范围的举报、投诉,应当依法处理;对不属于本部门、本机构职责范围的,应当书面通知并移交有权处理的部门、机构处理。有权处理的部门、机构应当及时处理,不得推诿。

第八十三条　【社会保险权利救济途径】用人单位或者个人认为社会保险费征收机构的行为侵害自己合法权益的,可以依法申请行政复议或者提起行政诉讼。

用人单位或者个人对社会保险经办机构不依法办理社会保险登记、核定社会保险费、支付社会保险待遇、办理社会保险转移接续手续或者侵害其他社会保险权益的行为,可以依法申请行政复议或者提起行政诉讼。

个人与所在用人单位发生社会保险争议的,可以依法申请调解、仲裁,提起诉讼。用人单位侵害个人社会保险权益的,个人也可以要求社会保险行政部门或者社会保险费征收机构依法处理。

第十一章　法律责任

第八十四条　【不办理社会保险登记的法律责任】用人单位不办理社会保险登记的,由社会保险行政部门责令限期改正;逾期不改正的,对用人单位处应缴社会保险费数额一倍以上三倍以下的罚款,对其直接负责的主管人员和其他直接责任人员处五百元以上三千元以下的罚款。

第八十五条　【拒不出具终止或者解除劳动关系证明的处理】用人单位拒不出具终止或者解除劳动关系证明的,依照《中华人民共和国劳动合同法》的规定处理。

第八十六条　【未按时足额缴费的责任】用人单位未按时足额缴纳社会保险费的,由社会保险费征收机构责令限期缴纳或者补足,并自欠缴之日起,按日加收万分之五的滞纳金;逾期仍不缴纳的,由有关行政部门处欠缴数额一倍以上三倍以下的罚款。

第八十七条　【骗取社保基金支出的责任】社会保险经办机构以及医疗机构、药品经营单位等社会保险服务机构以欺诈、伪造证明材料或者其他手段骗取社会保险基金支出的，由社会保险行政部门责令退回骗取的社会保险金，处骗取金额二倍以上五倍以下的罚款；属于社会保险服务机构的，解除服务协议；直接负责的主管人员和其他直接责任人员有执业资格的，依法吊销其执业资格。

第八十八条 【骗取社会保险待遇的责任】以欺诈、伪造证明材料或者其他手段骗取社会保险待遇的，由社会保险行政部门责令退回骗取的社会保险金，处骗取金额二倍以上五倍以下的罚款。

第八十九条 【经办机构及其工作人员违法行为责任】社会保险经办机构及其工作人员有下列行为之一的，由社会保险行政部门责令改正；给社会保险基金、用人单位或者个人造成损失的，依法承担赔偿责任；对直接负责的主管人员和其他直接责任人员依法给予处分：

（一）未履行社会保险法定职责的；

（二）未将社会保险基金存入财政专户的；

（三）克扣或者拒不按时支付社会保险待遇的；

（四）丢失或者篡改缴费记录、享受社会保险待遇记录等社会保险数据、个人权益记录的；

（五）有违反社会保险法律、法规的其他行为的。

第九十条 【擅自更改缴费基数、费率的责任】社会保险费征收机构擅自更改社会保险费缴费基数、费率，导致少收或者多收社会保险费的，由有关行政部门责令其追缴应当缴纳的社会保险费或者退还不应当缴纳的社会保险费；对直接负责的主管人员和其他直接责任人员依法给予处分。

第九十一条 【隐匿、转移、侵占、挪用社保基金等的责任】违反本法规定，隐匿、转移、侵占、挪用社会保险基金或者违规投资运营的，由社会保险行政部门、财政部门、审计机关责令追回；有违法所得的，没收违法所得；对直接负责的主管人员和其他直接责任人员依法给予处分。

第九十二条 【泄露用人单位和个人信息的行政责任】社会保险行政部门和其他有关行政部门、社会保险经办机构、社会保险费征收机构及其工作人员泄露用人单位和个人信息的，对直接负责的主管人员和其他直接责任人员依法给予处分；给用人单位或者个人造成损失的，应当承担赔偿责任。

第九十三条 【国家工作人员的相关责任】国家工作人员在社会保险管理、监督工作中滥用职权、玩忽职守、徇私舞弊的，依法给予处分。

第九十四条 【相关刑事责任】违反本法规定，构成犯罪的，依法追究刑事责任。

第十二章 附 则

第九十五条 【进城务工农村居民参加社会保险】进城务工的农村居民依照本法规定参加社会保险。

第九十六条 【被征地农民的社会保险】征收农村集体所有的土地，应当足额安排被征地农民的社会保险费，按照国务院规定将被征地农民纳入相应的社会保险制度。

第九十七条 【外国人参加我国社会保险】外国人在中国境内就业的，参照本法规定参加社会保险。

第九十八条 【施行日期】本法自2011年7月1日起施行。

中华人民共和国劳动法

（1994年7月5日第八届全国人民代表大会常务委员会第八次会议通过　根据2009年8月27日第十一届全国人民代表大会常务委员会第十次会议《关于修改部分法律的决定》修正）

第一章　总　则

第一条　【立法宗旨】为了保护劳动者的合法权益，调整劳动关系，建立和维护适应社会主义市场经济的劳动制度，促进经济发展和社会进步，根据宪法，制定本法。

第二条　【适用范围】在中华人民共和国境内的企业、个体经济组织（以下统称用人单位）和与之形成劳动关系的劳动者，适用本法。

国家机关、事业组织、社会团体和与之建立劳动合同关系的劳动者，依照本法执行。

第三条　【劳动者的权利和义务】劳动者享有平等就业和选择职业的权利、取得劳动报酬的权利、休息休假的权利、获得劳动安全卫生保护的权利、接受职业技能培训的权利、享受社会保险和福利的权利、提请劳动争议处理的权利以及法律规定的其他劳动权利。

劳动者应当完成劳动任务，提高职业技能，执行劳动安全卫生规程，遵守劳动纪律和职业道德。

第四条　【用人单位规章制度】用人单位应当依法建立和完善规章制度，保障劳动者享有劳动权利和履行劳动义务。

第五条　【国家发展劳动事业】国家采取各种措施，促进劳动就业，发展职业教育，制定劳动标准，调节社会收入，完善社会保险，协调劳动关系，逐步提高劳动者的生活水平。

第六条　【国家的倡导、鼓励和奖励政策】国家提倡劳动者参加社会义务劳动，开展劳动竞赛和合理化建议活动，鼓励和保护劳动者进行科学研究、技术革新和发明创造，表彰和奖励劳动模范和先进工作者。

第七条　【工会的组织和权利】劳动者有权依法参加和组织工会。

工会代表和维护劳动者的合法权益，依法独立自主地开展活动。

第八条　【劳动者参与民主管理和平等协商】劳动者依照法律规定，通过职工大会、职工代表大会或者其他形式，参与民主管理或者就保护劳动者合法权益与用人单位进行平等协商。

第九条　【劳动行政部门设置】国务院劳动行政部门主管全国劳动工作。

县级以上地方人民政府劳动行政部门主管本行政区域内的劳动工作。

第二章　促进就业

第十条　【国家促进就业政策】国家通过促进经济和社会发展，创造就业条件，扩大就业机会。

国家鼓励企业、事业组织、社会团体在法律、行政法规规定的范围内兴办产业或者拓展经营，增加就业。

国家支持劳动者自愿组织起来就业和从事个体经营实现就业。

第十一条　【地方政府促进就业措施】地方各级人民政府应当采取措施，发展多种类型的职业介绍机构，提供就业服务。

第十二条　【就业平等原则】劳动者就业，不因民族、种族、性别、宗教信仰不同而受歧视。

第十三条　【妇女享有与男子平等的就业权利】妇女享有与男子平等的就业权利。在录用职工时，除国家规定的不适合妇女的工种或者岗位外，不得以性别为由拒绝录用妇女或者提高对妇女的录用标准。

第十四条 【特殊就业群体的就业保护】残疾人、少数民族人员、退出现役的军人的就业,法律、法规有特别规定的,从其规定。

第十五条 【使用童工的禁止】禁止用人单位招用未满16周岁的未成年人。

文艺、体育和特种工艺单位招用未满16周岁的未成年人,必须依照国家有关规定,履行审批手续,并保障其接受义务教育的权利。

第三章 劳动合同和集体合同

第十六条 【劳动合同的概念】劳动合同是劳动者与用人单位确立劳动关系、明确双方权利和义务的协议。

建立劳动关系应当订立劳动合同。

第十七条 【订立和变更劳动合同的原则】订立和变更劳动合同,应当遵循平等自愿、协商一致的原则,不得违反法律、行政法规的规定。

劳动合同依法订立即具有法律约束力,当事人必须履行劳动合同规定的义务。

第十八条 【无效劳动合同】下列劳动合同无效:

(一)违反法律、行政法规的劳动合同;

(二)采取欺诈、威胁等手段订立的劳动合同。

无效的劳动合同,从订立的时候起,就没有法律约束力。确认劳动合同部分无效的,如果不影响其余部分的效力,其余部分仍然有效。

劳动合同的无效,由劳动争议仲裁委员会或者人民法院确认。

第十九条 【劳动合同的形式和内容】劳动合同应当以书面形式订立,并具备以下条款:

(一)劳动合同期限;

(二)工作内容;

(三)劳动保护和劳动条件;

(四)劳动报酬;

(五)劳动纪律;

(六)劳动合同终止的条件;

(七)违反劳动合同的责任。

劳动合同除前款规定的必备条款外,当事人可以协商约定其他内容。

第二十条 【劳动合同的期限】劳动合同的期限分为有固定期限、无固定期限和以完成一定的工作为期限。

劳动者在同一用人单位连续工作满10年以上,当事人双方同意续延劳动合同的,如果劳动者提出订立无固定期限的劳动合同,应当订立无固定期限的劳动合同。

第二十一条 【试用期条款】劳动合同可以约定试用期。试用期最长不得超过6个月。

第二十二条 【保守商业秘密之约定】劳动合同当事人可以在劳动合同中约定保守用人单位商业秘密的有关事项。

第二十三条 【劳动合同的终止】劳动合同期满或者当事人约定的劳动合同终止条件出现,劳动合同即行终止。

第二十四条 【劳动合同的合意解除】经劳动合同当事人协商一致,劳动合同可以解除。

第二十五条 【过失性辞退】劳动者有下列情形之一的,用人单位可以解除劳动合同:

(一)在试用期间被证明不符合录用条件的;

(二)严重违反劳动纪律或者用人单位规章制度的;

（三）严重失职，营私舞弊，对用人单位利益造成重大损害的；

（四）被依法追究刑事责任的。

第二十六条 【非过失性辞退】有下列情形之一的，用人单位可以解除劳动合同，但是应当提前30日以书面形式通知劳动者本人：

（一）劳动者患病或者非因工负伤，医疗期满后，不能从事原工作也不能从事由用人单位另行安排的工作的；

（二）劳动者不能胜任工作，经过培训或者调整工作岗位，仍不能胜任工作的；

（三）劳动合同订立时所依据的客观情况发生重大变化，致使原劳动合同无法履行，经当事人协商不能就变更劳动合同达成协议的。

第二十七条 【用人单位经济性裁员】用人单位濒临破产进行法定整顿期间或者生产经营状况发生严重困难，确需裁减人员的，应当提前30日向工会或者全体职工说明情况，听取工会或者职工的意见，经向劳动行政部门报告后，可以裁减人员。

用人单位依据本条规定裁减人员，在6个月内录用人员的，应当优先录用被裁减的人员。

第二十八条 【用人单位解除劳动合同的经济补偿】用人单位依据本法第二十四条、第二十六条、第二十七条的规定解除劳动合同的，应当依照国家有关规定给予经济补偿。

第二十九条 【用人单位不得解除劳动合同的情形】劳动者有下列情形之一的，用人单位不得依据本法第二十六条、第二十七条的规定解除劳动合同：

（一）患职业病或者因工负伤并被确认丧失或者部分丧失劳动能力的；

（二）患病或者负伤，在规定的医疗期内的；

（三）女职工在孕期、产期、哺乳期内的；

（四）法律、行政法规规定的其他情形。

第三十条 【工会对用人单位解除劳动合同的监督权】用人单位解除劳动合同，工会认为不适当的，有权提出意见。如果用人单位违反法律、法规或者劳动合同，工会有权要求重新处理；劳动者申请仲裁或者提起诉讼的，工会应当依法给予支持和帮助。

第三十一条 【劳动者单方解除劳动合同】劳动者解除劳动合同，应当提前30日以书面形式通知用人单位。

第三十二条 【劳动者无条件解除劳动合同的情形】有下列情形之一的，劳动者可以随时通知用人单位解除劳动合同：

（一）在试用期内的；

（二）用人单位以暴力、威胁或者非法限制人身自由的手段强迫劳动的；

（三）用人单位未按照劳动合同约定支付劳动报酬或者提供劳动条件的。

第三十三条 【集体合同的内容和签订程序】企业职工一方与企业可以就劳动报酬、工作时间、休息休假、劳动安全卫生、保险福利等事项，签订集体合同。集体合同草案应当提交职工代表大会或者全体职工讨论通过。

集体合同由工会代表职工与企业签订；没有建立工会的企业，由职工推举的代表与企业签订。

第三十四条 【集体合同的审查】集体合同签订后应当报送劳动行政部门；劳动行政部门自收到集体合同文本之日起15日内未提出异议的，集体合同即行生效。

第三十五条 【集体合同的效力】依法签订的集体合同对企业和企业全体职工具有约束力。职工个人与企业订立的劳动合同中劳动条件和劳动报酬等标准不得低于集体合同的规定。

第四章 工作时间和休息休假

第三十六条 【标准工作时间】国家实行劳动者每日工作时间不超过8小时、平均每周工作时间不超过44小时的工时制度。

第三十七条 【计件工作时间】对实行计件工作的劳动者,用人单位应当根据本法第三十六条规定的工时制度合理确定其劳动定额和计件报酬标准。

第三十八条 【劳动者的周休日】用人单位应当保证劳动者每周至少休息1日。

第三十九条 【其他工时制度】企业因生产特点不能实行本法第三十六条、第三十八条规定的,经劳动行政部门批准,可以实行其他工作和休息办法。

第四十条 【法定休假节日】用人单位在下列节日期间应当依法安排劳动者休假:

(一)元旦;

(二)春节;

(三)国际劳动节;

(四)国庆节;

(五)法律、法规规定的其他休假节日。

第四十一条 【延长工作时间】用人单位由于生产经营需要,经与工会和劳动者协商后可以延长工作时间,一般每日不得超过1小时;因特殊原因需要延长工作时间的,在保障劳动者身体健康的条件下延长工作时间每日不得超过3小时,但是每月不得超过36小时。

第四十二条 【特殊情况下的延长工作时间】有下列情形之一的,延长工作时间不受本法第四十一条规定的限制:

(一)发生自然灾害、事故或者因其他原因,威胁劳动者生命健康和财产安全,需要紧急处理的;

(二)生产设备、交通运输线路、公共设施发生故障,影响生产和公众利益,必须及时抢修的;

(三)法律、行政法规规定的其他情形。

第四十三条 【用人单位延长工作时间的禁止】用人单位不得违反本法规定延长劳动者的工作时间。

第四十四条 【延长工作时间的工资支付】有下列情形之一的,用人单位应当按照下列标准支付高于劳动者正常工作时间工资的工资报酬:

(一)安排劳动者延长工作时间的,支付不低于工资的150%的工资报酬;

(二)休息日安排劳动者工作又不能安排补休的,支付不低于工资的200%的工资报酬;

(三)法定休假日安排劳动者工作的,支付不低于工资的300%的工资报酬。

第四十五条 【年休假制度】国家实行带薪年休假制度。

劳动者连续工作1年以上的,享受带薪年休假。具体办法由国务院规定。

第五章 工 资

第四十六条 【工资分配基本原则】工资分配应当遵循按劳分配原则,实行同工同酬。

工资水平在经济发展的基础上逐步提高。国家对工资总量实行宏观调控。

第四十七条 【用人单位自主确定工资分配】用人单位根据本单位的生产经营特点和经济效益,依法自主确定本单位的工资分配方式和工资水平。

第四十八条 【最低工资保障】国家实行最低工资保障制度。最低工资的具体标准由省、自治区、直辖市人民政府规定,报国务院备案。

用人单位支付劳动者的工资不得低于当地最低工资标准。

第四十九条 【确定和调整最低工资标准的因素】确定和调整最低工资标准应当综合参考下列因素:

(一)劳动者本人及平均赡养人口的最低生活费用;

（二）社会平均工资水平；

（三）劳动生产率；

（四）就业状况；

（五）地区之间经济发展水平的差异。

第五十条 【工资支付形式和不得克扣、拖欠工资】工资应当以货币形式按月支付给劳动者本人。不得克扣或者无故拖欠劳动者的工资。

第五十一条 【法定休假日等的工资支付】劳动者在法定休假日和婚丧假期间以及依法参加社会活动期间，用人单位应当依法支付工资。

第六章 劳动安全卫生

第五十二条 【劳动安全卫生制度的建立】用人单位必须建立、健全劳动安全卫生制度，严格执行国家劳动安全卫生规程和标准，对劳动者进行劳动安全卫生教育，防止劳动过程中的事故，减少职业危害。

第五十三条 【劳动安全卫生设施】劳动安全卫生设施必须符合国家规定的标准。

新建、改建、扩建工程的劳动安全卫生设施必须与主体工程同时设计、同时施工、同时投入生产和使用。

第五十四条 【用人单位的劳动保护义务】用人单位必须为劳动者提供符合国家规定的劳动安全卫生条件和必要的劳动防护用品，对从事有职业危害作业的劳动者应当定期进行健康检查。

第五十五条 【特种作业的上岗要求】从事特种作业的劳动者必须经过专门培训并取得特种作业资格。

第五十六条 【劳动者在安全生产中的权利和义务】劳动者在劳动过程中必须严格遵守安全操作规程。

劳动者对用人单位管理人员违章指挥、强令冒险作业，有权拒绝执行；对危害生命安全和身体健康的行为，有权提出批评、检举和控告。

第五十七条 【伤亡事故和职业病的统计、报告、处理】国家建立伤亡事故和职业病统计报告和处理制度。县级以上各级人民政府劳动行政部门、有关部门和用人单位应当依法对劳动者在劳动过程中发生的伤亡事故和劳动者的职业病状况，进行统计、报告和处理。

第七章 女职工和未成年工特殊保护

第五十八条 【女职工和未成年工的特殊劳动保护】国家对女职工和未成年工实行特殊劳动保护。

未成年工是指年满16周岁未满18周岁的劳动者。

第五十九条 【女职工禁忌劳动的范围】禁止安排女职工从事矿山井下、国家规定的第四级体力劳动强度的劳动和其他禁忌从事的劳动。

第六十条 【女职工经期的保护】不得安排女职工在经期从事高处、低温、冷水作业和国家规定的第三级体力劳动强度的劳动。

第六十一条 【女职工孕期的保护】不得安排女职工在怀孕期间从事国家规定的第三级体力劳动强度的劳动和孕期禁忌从事的劳动。对怀孕7个月以上的女职工，不得安排其延长工作时间和夜班劳动。

第六十二条 【女职工产期的保护】女职工生育享受不少于90天的产假。

第六十三条 【女职工哺乳期的保护】不得安排女职工在哺乳未满1周岁的婴儿期间从事国家规定的第三级体力劳动强度的劳动和哺乳期禁忌从事的其他劳动，不得安排其延长工作时间和夜班劳动。

第六十四条 **【未成年工禁忌劳动的范围】**不得安排未成年工从事矿山井下、有毒有害、国家规定的第四级体力劳动强度的劳动和其他禁忌从事的劳动。

第六十五条 **【未成年工定期健康检查】**用人单位应当对未成年工定期进行健康检查。

第八章 职业培训

第六十六条 **【国家发展职业培训事业】**国家通过各种途径，采取各种措施，发展职业培训事业，开发劳动者的职业技能，提高劳动者素质，增强劳动者的就业能力和工作能力。

第六十七条 **【各级政府的职责】**各级人民政府应当把发展职业培训纳入社会经济发展的规划，鼓励和支持有条件的企业、事业组织、社会团体和个人进行各种形式的职业培训。

第六十八条 **【用人单位建立职业培训制度】**用人单位应当建立职业培训制度，按照国家规定提取和使用职业培训经费，根据本单位实际，有计划地对劳动者进行职业培训。

从事技术工种的劳动者，上岗前必须经过培训。

第六十九条 **【职业技能资格】**国家确定职业分类，对规定的职业制定职业技能标准，实行职业资格证书制度，由经过政府批准的考核鉴定机构负责对劳动者实施职业技能考核鉴定。

第九章 社会保险和福利

第七十条 **【社会保险制度】**国家发展社会保险事业，建立社会保险制度，设立社会保险基金，使劳动者在年老、患病、工伤、失业、生育等情况下获得帮助和补偿。

第七十一条 **【社会保险水平】**社会保险水平应当与社会经济发展水平和社会承受能力相适应。

第七十二条 **【社会保险基金】**社会保险基金按照保险类型确定资金来源，逐步实行社会统筹。用人单位和劳动者必须依法参加社会保险，缴纳社会保险费。

第七十三条 **【享受社会保险待遇的条件和标准】**劳动者在下列情形下，依法享受社会保险待遇：

（一）退休；

（二）患病、负伤；

（三）因工伤残或者患职业病；

（四）失业；

（五）生育。

劳动者死亡后，其遗属依法享受遗属津贴。

劳动者享受社会保险待遇的条件和标准由法律、法规规定。

劳动者享受的社会保险金必须按时足额支付。

第七十四条 **【社会保险基金管理】**社会保险基金经办机构依照法律规定收支、管理和运营社会保险基金，并负有使社会保险基金保值增值的责任。

社会保险基金监督机构依照法律规定，对社会保险基金的收支、管理和运营实施监督。

社会保险基金经办机构和社会保险基金监督机构的设立和职能由法律规定。

任何组织和个人不得挪用社会保险基金。

第七十五条 **【补充保险和个人储蓄保险】**国家鼓励用人单位根据本单位实际情况为劳动者建立补充保险。

国家提倡劳动者个人进行储蓄性保险。

第七十六条 **【职工福利】**国家发展社会福利事业，兴建公共福利设施，为劳动者休息、休养和疗养提供条件。

用人单位应当创造条件,改善集体福利,提高劳动者的福利待遇。

第十章 劳动争议

第七十七条 【劳动争议的解决途径】用人单位与劳动者发生劳动争议,当事人可以依法申请调解、仲裁、提起诉讼,也可以协商解决。

调解原则适用于仲裁和诉讼程序。

第七十八条 【劳动争议的处理原则】解决劳动争议,应当根据合法、公正、及时处理的原则,依法维护劳动争议当事人的合法权益。

第七十九条 【劳动争议的调解、仲裁和诉讼的相互关系】劳动争议发生后,当事人可以向本单位劳动争议调解委员会申请调解;调解不成,当事人一方要求仲裁的,可以向劳动争议仲裁委员会申请仲裁。当事人一方也可以直接向劳动争议仲裁委员会申请仲裁。对仲裁裁决不服的,可以向人民法院提起诉讼。

第八十条 【劳动争议的调解】在用人单位内,可以设立劳动争议调解委员会。劳动争议调解委员会由职工代表、用人单位代表和工会代表组成。劳动争议调解委员会主任由工会代表担任。

劳动争议经调解达成协议的,当事人应当履行。

第八十一条 【劳动争议仲裁委员会的组成】劳动争议仲裁委员会由劳动行政部门代表、同级工会代表、用人单位方面的代表组成。劳动争议仲裁委员会主任由劳动行政部门代表担任。

第八十二条 【劳动争议仲裁的程序】提出仲裁要求的一方应当自劳动争议发生之日起60日内向劳动争议仲裁委员会提出书面申请。仲裁裁决一般应在收到仲裁申请的60日内作出。对仲裁裁决无异议的,当事人必须履行。

第八十三条 【仲裁裁决的效力】劳动争议当事人对仲裁裁决不服的,可以自收到仲裁裁决书之日起15日内向人民法院提起诉讼。一方当事人在法定期限内不起诉又不履行仲裁裁决的,另一方当事人可以申请人民法院强制执行。

第八十四条 【集体合同争议的处理】因签订集体合同发生争议,当事人协商解决不成的,当地人民政府劳动行政部门可以组织有关各方协调处理。

因履行集体合同发生争议,当事人协商解决不成的,可以向劳动争议仲裁委员会申请仲裁;对仲裁裁决不服的,可以自收到仲裁裁决书之日起15日内向人民法院提起诉讼。

第十一章 监督检查

第八十五条 【劳动行政部门的监督检查】县级以上各级人民政府劳动行政部门依法对用人单位遵守劳动法律、法规的情况进行监督检查,对违反劳动法律、法规的行为有权制止,并责令改正。

第八十六条 【劳动监察机构的监察程序】县级以上各级人民政府劳动行政部门监督检查人员执行公务,有权进入用人单位了解执行劳动法律、法规的情况,查阅必要的资料,并对劳动场所进行检查。

县级以上各级人民政府劳动行政部门监督检查人员执行公务,必须出示证件,秉公执法并遵守有关规定。

第八十七条 【政府有关部门的监察】县级以上各级人民政府有关部门在各自职责范围内,对用人单位遵守劳动法律、法规的情况进行监督。

第八十八条 【工会监督、社会监督】各级工会依法维护劳动者的合法权益,对用人单位遵守劳动法律、法规的情况进行监督。

任何组织和个人对于违反劳动法律、法规的行为有权检举和控告。

第十二章 法律责任

第八十九条 【劳动规章制度违法的法律责任】用人单位制定的劳动规章制度违反法律、法规规定的，由劳动行政部门给予警告，责令改正；对劳动者造成损害的，应当承担赔偿责任。

第九十条 【违法延长工时的法律责任】用人单位违反本法规定，延长劳动者工作时间的，由劳动行政部门给予警告，责令改正，并可以处以罚款。

第九十一条 【用人单位侵权的民事责任】用人单位有下列侵害劳动者合法权益情形之一的，由劳动行政部门责令支付劳动者的工资报酬、经济补偿，并可以责令支付赔偿金：

（一）克扣或者无故拖欠劳动者工资的；

（二）拒不支付劳动者延长工作时间工资报酬的；

（三）低于当地最低工资标准支付劳动者工资的；

（四）解除劳动合同后，未依照本法规定给予劳动者经济补偿的。

第九十二条 【用人单位违反劳动安全卫生规定的法律责任】用人单位的劳动安全设施和劳动卫生条件不符合国家规定或者未向劳动者提供必要的劳动防护用品和劳动保护设施的，由劳动行政部门或者有关部门责令改正，可以处以罚款；情节严重的，提请县级以上人民政府决定责令停产整顿；对事故隐患不采取措施，致使发生重大事故，造成劳动者生命和财产损失的，对责任人员依照刑法有关规定追究刑事责任。

第九十三条 【强令劳动者违章作业的法律责任】用人单位强令劳动者违章冒险作业，发生重大伤亡事故，造成严重后果的，对责任人员依法追究刑事责任。

第九十四条 【用人单位非法招用未成年工的法律责任】用人单位非法招用未满16周岁的未成年人的，由劳动行政部门责令改正，处以罚款；情节严重的，由工商行政管理部门吊销营业执照。

第九十五条 【违反女职工和未成年工保护规定的法律责任】用人单位违反本法对女职工和未成年工的保护规定，侵害其合法权益的，由劳动行政部门责令改正，处以罚款；对女职工或者未成年工造成损害的，应当承担赔偿责任。

第九十六条 【侵犯劳动者人身自由的法律责任】用人单位有下列行为之一，由公安机关对责任人员处以15日以下拘留、罚款或者警告；构成犯罪的，对责任人员依法追究刑事责任：

（一）以暴力、威胁或者非法限制人身自由的手段强迫劳动的；

（二）侮辱、体罚、殴打、非法搜查和拘禁劳动者的。

第九十七条 【订立无效合同的民事责任】由于用人单位的原因订立的无效合同，对劳动者造成损害的，应当承担赔偿责任。

第九十八条 【违法解除或故意拖延不订立劳动合同的法律责任】用人单位违反本法规定的条件解除劳动合同或者故意拖延不订立劳动合同的，由劳动行政部门责令改正；对劳动者造成损害的，应当承担赔偿责任。

第九十九条 【招用尚未解除劳动合同者的法律责任】用人单位招用尚未解除劳动合同的劳动者，对原用人单位造成经济损失的，该用人单位应当依法承担连带赔偿责任。

第一百条 【用人单位不缴纳社会保险费的法律责任】用人单位无故不缴纳社会保险费的，由劳动行政部门责令其限期缴纳；逾期不缴的，可以加收滞纳金。

第一百零一条 【阻挠监督检查、打击报复举报人员的法律责任】用人单位无理阻挠劳动行政部门、有关部门及其工作人员行使监督检查权，打击报复举报人员的，由劳动行政部门或者有关部门处以罚款；构成犯罪的，对责任人员依法追究刑事责任。

第一百零二条 【劳动者违法解除劳动合同或违反保密约定的民事责任】劳动者违反本法规定的条件解除劳动合同或者违反劳动合同中约定的保密事项，对用人单位造成经济损失的，应当依法承担赔偿责任。

第一百零三条 【劳动行政部门和有关部门工作人员渎职的法律责任】劳动行政部门或者有关部门的工作人员滥用职权、玩忽职守、徇私舞弊,构成犯罪的,依法追究刑事责任;不构成犯罪的,给予行政处分。

第一百零四条 【挪用社会保险基金的法律责任】国家工作人员和社会保险基金经办机构的工作人员挪用社会保险基金,构成犯罪的,依法追究刑事责任。

第一百零五条 【其他法律、行政法规的处罚效力】违反本法规定侵害劳动者合法权益,其他法律、行政法规已规定处罚的,依照该法律、行政法规的规定处罚。

第十三章 附 则

第一百零六条 【省级人民政府实施步骤的制定和备案】省、自治区、直辖市人民政府根据本法和本地区的实际情况,规定劳动合同制度的实施步骤,报国务院备案。

第一百零七条 【施行时间】本法自 1995 年 1 月 1 日起施行。

中华人民共和国劳动合同法实施条例

(2008 年 9 月 3 日国务院第 25 次常务会议通过 2008 年 9 月 18 日中华人民共和国国务院令第 535 号公布 自公布之日起施行)

第一章 总 则

第一条 为了贯彻实施《中华人民共和国劳动合同法》(以下简称劳动合同法),制定本条例。

第二条 各级人民政府和县级以上人民政府劳动行政等有关部门以及工会等组织,应当采取措施,推动劳动合同法的贯彻实施,促进劳动关系的和谐。

第三条 依法成立的会计师事务所、律师事务所等合伙组织和基金会,属于劳动合同法规定的用人单位。

第二章 劳动合同的订立

第四条 劳动合同法规定的用人单位设立的分支机构,依法取得营业执照或者登记证书的,可以作为用人单位与劳动者订立劳动合同;未依法取得营业执照或者登记证书的,受用人单位委托可以与劳动者订立劳动合同。

第五条 自用工之日起一个月内,经用人单位书面通知后,劳动者不与用人单位订立书面劳动合同的,用人单位应当书面通知劳动者终止劳动关系,无需向劳动者支付经济补偿,但是应当依法向劳动者支付其实际工作时间的劳动报酬。

第六条 用人单位自用工之日起超过一个月不满一年未与劳动者订立书面劳动合同的,应当依照劳动合同法第八十二条的规定向劳动者每月支付两倍的工资,并与劳动者补订书面劳动合同;劳动者不与用人单位订立书面劳动合同的,用人单位应当书面通知劳动者终止劳动关系,并依照劳动合同法第四十七条的规定支付经济补偿。

前款规定的用人单位向劳动者每月支付两倍工资的起算时间为用工之日起满一个月的次日,截止时间为补订书面劳动合同的前一日。

第七条 用人单位自用工之日起满一年未与劳动者订立书面劳动合同的,自用工之日起满一个月的次日至满一年的前一日应当依照劳动合同法第八十二条的规定向劳动者每月支付两倍的工资,并视为自用工之日起满一年的当日已经与劳动者订立无固定期限劳动合同,应当立即与劳动者补订书面劳动合同。

第八条 劳动合同法第七条规定的职工名册,应当包括劳动者姓名、性别、公民身份号码、户籍地址及现住址、联系方式、用工形式、用工起始时间、劳动合同期限等内容。

第九条 劳动合同法第十四条第二款规定的连续工作满10年的起始时间,应当自用人单位用工之日起计算,包括劳动合同法施行前的工作年限。

第十条 劳动者非因本人原因从原用人单位被安排到新用人单位工作的,劳动者在原用人单位的工作年限合并计算为新用人单位的工作年限。原用人单位已经向劳动者支付经济补偿的,新用人单位在依法解除、终止劳动合同计算支付经济补偿的工作年限时,不再计算劳动者在原用人单位的工作年限。

第十一条 除劳动者与用人单位协商一致的情形外,劳动者依照劳动合同法第十四条第二款的规定,提出订立无固定期限劳动合同的,用人单位应当与其订立无固定期限劳动合同。对劳动合同的内容,双方应当按照合法、公平、平等自愿、协商一致、诚实信用的原则协商确定;对协商不一致的内容,依照劳动合同法第十八条的规定执行。

第十二条 地方各级人民政府及县级以上地方人民政府有关部门为安置就业困难人员提供的给予岗位补贴和社会保险补贴的公益性岗位,其劳动合同不适用劳动合同法有关无固定期限劳动合同的规定以及支付经济补偿的规定。

第十三条 用人单位与劳动者不得在劳动合同法第四十四条规定的劳动合同终止情形之外约定其他的劳动合同终止条件。

第十四条 劳动合同履行地与用人单位注册地不一致的,有关劳动者的最低工资标准、劳动保护、劳动条件、职业危害防护和本地区上年度职工月平均工资标准等事项,按照劳动合同履行地的有关规定执行;用人单位注册地的有关标准高于劳动合同履行地的有关标准,且用人单位与劳动者约定按照用人单位注册地的有关规定执行的,从其约定。

第十五条 劳动者在试用期的工资不得低于本单位相同岗位最低档工资的80%或者不得低于劳动合同约定工资的80%,并不得低于用人单位所在地的最低工资标准。

第十六条 劳动合同法第二十二条第二款规定的培训费用,包括用人单位为了对劳动者进行专业技术培训而支付的有凭证的培训费用、培训期间的差旅费用以及因培训产生的用于该劳动者的其他直接费用。

第十七条 劳动合同期满,但是用人单位与劳动者依照劳动合同法第二十二条的规定约定的服务期尚未到期的,劳动合同应当续延至服务期满;双方另有约定的,从其约定。

第三章 劳动合同的解除和终止

第十八条 有下列情形之一的,依照劳动合同法规定的条件、程序,劳动者可以与用人单位解除固定期限劳动合同、无固定期限劳动合同或者以完成一定工作任务为期限的劳动合同:

(一)劳动者与用人单位协商一致的;

(二)劳动者提前30日以书面形式通知用人单位的;

(三)劳动者在试用期内提前3日通知用人单位的;

(四)用人单位未按照劳动合同约定提供劳动保护或者劳动条件的;

(五)用人单位未及时足额支付劳动报酬的;

(六)用人单位未依法为劳动者缴纳社会保险费的;

(七)用人单位的规章制度违反法律、法规的规定,损害劳动者权益的;

(八)用人单位以欺诈、胁迫的手段或者乘人之危,使劳动者在违背真实意思的情况下订立或者变更劳动合同的；

（九）用人单位在劳动合同中免除自己的法定责任、排除劳动者权利的；

（十）用人单位违反法律、行政法规强制性规定的；

（十一）用人单位以暴力、威胁或者非法限制人身自由的手段强迫劳动者劳动的；

（十二）用人单位违章指挥、强令冒险作业危及劳动者人身安全的；

（十三）法律、行政法规规定劳动者可以解除劳动合同的其他情形。

第十九条 有下列情形之一的，依照劳动合同法规定的条件、程序，用人单位可以与劳动者解除固定期限劳动合同、无固定期限劳动合同或者以完成一定工作任务为期限的劳动合同：

（一）用人单位与劳动者协商一致的；

（二）劳动者在试用期间被证明不符合录用条件的；

（三）劳动者严重违反用人单位的规章制度的；

（四）劳动者严重失职，营私舞弊，给用人单位造成重大损害的；

（五）劳动者同时与其他用人单位建立劳动关系，对完成本单位的工作任务造成严重影响，或者经用人单位提出，拒不改正的；

（六）劳动者以欺诈、胁迫的手段或者乘人之危，使用人单位在违背真实意思的情况下订立或者变更劳动合同的；

（七）劳动者被依法追究刑事责任的；

（八）劳动者患病或者非因工负伤，在规定的医疗期满后不能从事原工作，也不能从事由用人单位另行安排的工作的；

（九）劳动者不能胜任工作，经过培训或者调整工作岗位，仍不能胜任工作的；

（十）劳动合同订立时所依据的客观情况发生重大变化，致使劳动合同无法履行，经用人单位与劳动者协商，未能就变更劳动合同内容达成协议的；

（十一）用人单位依照企业破产法规定进行重整的；

（十二）用人单位生产经营发生严重困难的；

（十三）企业转产、重大技术革新或者经营方式调整，经变更劳动合同后，仍需裁减人员的；

（十四）其他因劳动合同订立时所依据的客观经济情况发生重大变化，致使劳动合同无法履行的。

第二十条 用人单位依照劳动合同法第四十条的规定，选择额外支付劳动者一个月工资解除劳动合同的，其额外支付的工资应当按照该劳动者上一个月的工资标准确定。

第二十一条 劳动者达到法定退休年龄的，劳动合同终止。

第二十二条 以完成一定工作任务为期限的劳动合同因任务完成而终止的，用人单位应当依照劳动合同法第四十七条的规定向劳动者支付经济补偿。

第二十三条 用人单位依法终止工伤职工的劳动合同的，除依照劳动合同法第四十七条的规定支付经济补偿外，还应当依照国家有关工伤保险的规定支付一次性工伤医疗补助金和伤残就业补助金。

第二十四条 用人单位出具的解除、终止劳动合同的证明，应当写明劳动合同期限、解除或者终止劳动合同的日期、工作岗位、在本单位的工作年限。

第二十五条 用人单位违反劳动合同法的规定解除或者终止劳动合同，依照劳动合同法第八十七条的规定支付了赔偿金的，不再支付经济补偿。赔偿金的计算年限自用工之日起计算。

第二十六条 用人单位与劳动者约定了服务期，劳动者依照劳动合同法第三十八条的规定解除劳动合同的，不属于违反服务期的约定，用人单位不得要求劳动者支付违约金。

有下列情形之一，用人单位与劳动者解除约定服务期的劳动合同的，劳动者应当按照劳动合同的约定向用人单位支付违约金：

（一）劳动者严重违反用人单位的规章制度的；

（二）劳动者严重失职，营私舞弊，给用人单位造成重大损害的；

（三）劳动者同时与其他用人单位建立劳动关系，对完成本单位的工作任务造成严重影响，或者经用人单位提出，拒不改正的；

（四）劳动者以欺诈、胁迫的手段或者乘人之危，使用人单位在违背真实意思的情况下订立或者变更劳动合同的；

（五）劳动者被依法追究刑事责任的。

第二十七条 劳动合同法第四十七条规定的经济补偿的月工资按照劳动者应得工资计算，包括计时工资或者计件工资以及奖金、津贴和补贴等货币性收入。劳动者在劳动合同解除或者终止前 12 个月的平均工资低于当地最低工资标准的，按照当地最低工资标准计算。劳动者工作不满 12 个月的，按照实际工作的月数计算平均工资。

第四章 劳务派遣特别规定

第二十八条 用人单位或者其所属单位出资或者合伙设立的劳务派遣单位，向本单位或者所属单位派遣劳动者的，属于劳动合同法第六十七条规定的不得设立的劳务派遣单位。

第二十九条 用工单位应当履行劳动合同法第六十二条规定的义务，维护被派遣劳动者的合法权益。

第三十条 劳务派遣单位不得以非全日制用工形式招用被派遣劳动者。

第三十一条 劳务派遣单位或者被派遣劳动者依法解除、终止劳动合同的经济补偿，依照劳动合同法第四十六条、第四十七条的规定执行。

第三十二条 劳务派遣单位违法解除或者终止被派遣劳动者的劳动合同的，依照劳动合同法第四十八条的规定执行。

第五章 法律责任

第三十三条 用人单位违反劳动合同法有关建立职工名册规定的，由劳动行政部门责令限期改正；逾期不改正的，由劳动行政部门处 2000 元以上 2 万元以下的罚款。

第三十四条 用人单位依照劳动合同法的规定应当向劳动者每月支付两倍的工资或者应当向劳动者支付赔偿金而未支付的，劳动行政部门应当责令用人单位支付。

第三十五条 用工单位违反劳动合同法和本条例有关劳务派遣规定的，由劳动行政部门和其他有关主管部门责令改正；情节严重的，以每位被派遣劳动者 1000 元以上 5000 元以下的标准处以罚款；给被派遣劳动者造成损害的，劳务派遣单位和用工单位承担连带赔偿责任。

第六章 附则

第三十六条 对违反劳动合同法和本条例的行为的投诉、举报，县级以上地方人民政府劳动行政部门依照《劳动保障监察条例》的规定处理。

第三十七条 劳动者与用人单位因订立、履行、变更、解除或者终止劳动合同发生争议的，依照《中华人民共和国劳动争议调解仲裁法》的规定处理。

第三十八条 本条例自公布之日起施行。

中华人民共和国劳动争议调解仲裁法

（2007 年 12 月 29 日第十届全国人民代表大会常务委员会第三十一次会议通过
2007 年 12 月 29 日中华人民共和国主席令第 80 号公布 自 2008 年 5 月 1 日起施行）

第一章 总 则

第一条 【立法目的】为了公正及时解决劳动争议，保护当事人合法权益，促进劳动关系和谐稳定，制定本法。

第二条 【适用范围】中华人民共和国境内的用人单位与劳动者发生的下列劳动争议，适用本法：

（一）因确认劳动关系发生的争议；

（二）因订立、履行、变更、解除和终止劳动合同发生的争议；

（三）因除名、辞退和辞职、离职发生的争议；

（四）因工作时间、休息休假、社会保险、福利、培训以及劳动保护发生的争议；

（五）因劳动报酬、工伤医疗费、经济补偿或者赔偿金等发生的争议；

（六）法律、法规规定的其他劳动争议。

第三条 【基本原则】解决劳动争议，应当根据事实，遵循合法、公正、及时、着重调解的原则，依法保护当事人的合法权益。

第四条 【协商】发生劳动争议，劳动者可以与用人单位协商，也可以请工会或者第三方共同与用人单位协商，达成和解协议。

第五条 【调解、仲裁、诉讼】发生劳动争议，当事人不愿协商、协商不成或者达成和解协议后不履行的，可以向调解组织申请调解；不愿调解、调解不成或者达成调解协议后不履行的，可以向劳动争议仲裁委员会申请仲裁；对仲裁裁决不服的，除本法另有规定的外，可以向人民法院提起诉讼。

第六条 【举证责任】发生劳动争议，当事人对自己提出的主张，有责任提供证据。与争议事项有关的证据属于用人单位掌握管理的，用人单位应当提供；用人单位不提供的，应当承担不利后果。

第七条 【推举代表参加调解、仲裁或诉讼】发生劳动争议的劳动者一方在十人以上，并有共同请求的，可以推举代表参加调解、仲裁或者诉讼活动。

第八条 【三方机制】县级以上人民政府劳动行政部门会同工会和企业方面代表建立协调劳动关系三方机制，共同研究解决劳动争议的重大问题。

第九条 【拖欠劳动报酬等争议的行政救济】用人单位违反国家规定，拖欠或者未足额支付劳动报酬，或者拖欠工伤医疗费、经济补偿或者赔偿金的，劳动者可以向劳动行政部门投诉，劳动行政部门应当依法处理。

第二章 调 解

第十条 【调解组织】发生劳动争议，当事人可以到下列调解组织申请调解：

（一）企业劳动争议调解委员会；

（二）依法设立的基层人民调解组织；

（三）在乡镇、街道设立的具有劳动争议调解职能的组织。

企业劳动争议调解委员会由职工代表和企业代表组成。职工代表由工会成员担任或者由全体职工推举产生，企业代表由企业负责人指定。企业劳动争议调解委员会主任由工会成员或者双方推举的人员担任。

第十一条　【调解员】劳动争议调解组织的调解员应当由公道正派、联系群众、热心调解工作，并具有一定法律知识、政策水平和文化水平的成年公民担任。

第十二条　【申请调解的形式】当事人申请劳动争议调解可以书面申请，也可以口头申请。口头申请的，调解组织应当当场记录申请人基本情况、申请调解的争议事项、理由和时间。

第十三条　【调解的基本原则】调解劳动争议，应当充分听取双方当事人对事实和理由的陈述，耐心疏导，帮助其达成协议。

第十四条　【调解协议书】经调解达成协议的，应当制作调解协议书。

调解协议书由双方当事人签名或者盖章，经调解员签名并加盖调解组织印章后生效，对双方当事人具有约束力，当事人应当履行。

自劳动争议调解组织收到调解申请之日起十五日内未达成调解协议的，当事人可以依法申请仲裁。

第十五条　【不履行调解协议可申请仲裁】达成调解协议后，一方当事人在协议约定期限内不履行调解协议的，另一方当事人可以依法申请仲裁。

第十六条　【劳动者可以调解协议书申请支付令的情形】因支付拖欠劳动报酬、工伤医疗费、经济补偿或者赔偿金事项达成调解协议，用人单位在协议约定期限内不履行的，劳动者可以持调解协议书依法向人民法院申请支付令。人民法院应当依法发出支付令。

第三章　仲　　裁

第一节　一般规定

第十七条　【劳动争议仲裁委员会的设立】劳动争议仲裁委员会按照统筹规划、合理布局和适应实际需要的原则设立。省、自治区人民政府可以决定在市、县设立；直辖市人民政府可以决定在区、县设立。直辖市、设区的市也可以设立一个或者若干个劳动争议仲裁委员会。劳动争议仲裁委员会不按行政区划层层设立。

第十八条　【政府的职责】国务院劳动行政部门依照本法有关规定制定仲裁规则。省、自治区、直辖市人民政府劳动行政部门对本行政区域的劳动争议仲裁工作进行指导。

第十九条　【劳动争议仲裁委员会的组成与职责】劳动争议仲裁委员会由劳动行政部门代表、工会代表和企业方面代表组成。劳动争议仲裁委员会组成人员应当是单数。

劳动争议仲裁委员会依法履行下列职责：

（一）聘任、解聘专职或者兼职仲裁员；

（二）受理劳动争议案件；

（三）讨论重大或者疑难的劳动争议案件；

（四）对仲裁活动进行监督。

劳动争议仲裁委员会下设办事机构，负责办理劳动争议仲裁委员会的日常工作。

第二十条　【仲裁员】劳动争议仲裁委员会应当设仲裁员名册。

仲裁员应当公道正派并符合下列条件之一：

（一）曾任审判员的；

（二）从事法律研究、教学工作并具有中级以上职称的；

（三）具有法律知识、从事人力资源管理或者工会等专业工作满五年的；

（四）律师执业满三年的。

第二十一条 【劳动争议仲裁案件的管辖】劳动争议仲裁委员会负责管辖本区域内发生的劳动争议。

劳动争议由劳动合同履行地或者用人单位所在地的劳动争议仲裁委员会管辖。双方当事人分别向劳动合同履行地和用人单位所在地的劳动争议仲裁委员会申请仲裁的,由劳动合同履行地的劳动争议仲裁委员会管辖。

第二十二条 【劳动争议仲裁案件的当事人】发生劳动争议的劳动者和用人单位为劳动争议仲裁案件的双方当事人。

劳务派遣单位或者用工单位与劳动者发生劳动争议的,劳务派遣单位和用工单位为共同当事人。

第二十三条 【有利害关系的第三人】与劳动争议案件的处理结果有利害关系的第三人,可以申请参加仲裁活动或者由劳动争议仲裁委员会通知其参加仲裁活动。

第二十四条 【委托代理人参加仲裁活动】当事人可以委托代理人参加仲裁活动。委托他人参加仲裁活动,应当向劳动争议仲裁委员会提交有委托人签名或者盖章的委托书,委托书应当载明委托事项和权限。

第二十五条 【法定代理人、指定代理人或近亲属参加仲裁的情形】丧失或者部分丧失民事行为能力的劳动者,由其法定代理人代为参加仲裁活动;无法定代理人的,由劳动争议仲裁委员会为其指定代理人。劳动者死亡的,由其近亲属或者代理人参加仲裁活动。

第二十六条 【仲裁公开原则及例外】劳动争议仲裁公开进行,但当事人协议不公开进行或者涉及国家秘密、商业秘密和个人隐私的除外。

第二节 申请和受理

第二十七条 【仲裁时效】劳动争议申请仲裁的时效期间为一年。仲裁时效期间从当事人知道或者应当知道其权利被侵害之日起计算。

前款规定的仲裁时效,因当事人一方向对方当事人主张权利,或者向有关部门请求权利救济,或者对方当事人同意履行义务而中断。从中断时起,仲裁时效期间重新计算。

因不可抗力或者有其他正当理由,当事人不能在本条第一款规定的仲裁时效期间申请仲裁的,仲裁时效中止。从中止时效的原因消除之日起,仲裁时效期间继续计算。

劳动关系存续期间因拖欠劳动报酬发生争议的,劳动者申请仲裁不受本条第一款规定的仲裁时效期间的限制;但是,劳动关系终止的,应当自劳动关系终止之日起一年内提出。

第二十八条 【申请仲裁的形式】申请人申请仲裁应当提交书面仲裁申请,并按照被申请人人数提交副本。

仲裁申请书应当载明下列事项:

(一)劳动者的姓名、性别、年龄、职业、工作单位和住所,用人单位的名称、住所和法定代表人或者主要负责人的姓名、职务;

(二)仲裁请求和所根据的事实、理由;

(三)证据和证据来源、证人姓名和住所。

书写仲裁申请确有困难的,可以口头申请,由劳动争议仲裁委员会记入笔录,并告知对方当事人。

第二十九条 【仲裁的受理】劳动争议仲裁委员会收到仲裁申请之日起五日内,认为符合受理条件的,应当受理,并通知申请人;认为不符合受理条件的,应当书面通知申请人不予受理,并说明理由。对劳动争议仲裁委员会不予受理或者逾期未作出决定的,申请人可以就该劳动争议事项向人民法院提起诉讼。

第三十条 【被申请人答辩书】劳动争议仲裁委员会受理仲裁申请后，应当在五日内将仲裁申请书副本送达被申请人。

被申请人收到仲裁申请书副本后，应当在十日内向劳动争议仲裁委员会提交答辩书。劳动争议仲裁委员会收到答辩书后，应当在五日内将答辩书副本送达申请人。被申请人未提交答辩书的，不影响仲裁程序的进行。

第三节 开庭和裁决

第三十一条 【仲裁庭】劳动争议仲裁委员会裁决劳动争议案件实行仲裁庭制。仲裁庭由三名仲裁员组成，设首席仲裁员。简单劳动争议案件可以由一名仲裁员独任仲裁。

第三十二条 【通知仲裁庭的组成情况】劳动争议仲裁委员会应当在受理仲裁申请之日起五日内将仲裁庭的组成情况书面通知当事人。

第三十三条 【回避】仲裁员有下列情形之一，应当回避，当事人也有权以口头或者书面方式提出回避申请：

（一）是本案当事人或者当事人、代理人的近亲属的；

（二）与本案有利害关系的；

（三）与本案当事人、代理人有其他关系，可能影响公正裁决的；

（四）私自会见当事人、代理人，或者接受当事人、代理人的请客送礼的。

劳动争议仲裁委员会对回避申请应当及时作出决定，并以口头或者书面方式通知当事人。

第三十四条 【仲裁员承担责任的情形】仲裁员有本法第三十三条第四项规定情形，或者有索贿受贿、徇私舞弊、枉法裁决行为的，应当依法承担法律责任。劳动争议仲裁委员会应当将其解聘。

第三十五条 【开庭通知及延期】仲裁庭应当在开庭五日前，将开庭日期、地点书面通知双方当事人。当事人有正当理由的，可以在开庭三日前请求延期开庭。是否延期，由劳动争议仲裁委员会决定。

第三十六条 【申请人、被申请人无故不到庭或中途退庭】申请人收到书面通知，无正当理由拒不到庭或者未经仲裁庭同意中途退庭的，可以视为撤回仲裁申请。

被申请人收到书面通知，无正当理由拒不到庭或者未经仲裁庭同意中途退庭的，可以缺席裁决。

第三十七条 【鉴定】仲裁庭对专门性问题认为需要鉴定的，可以交由当事人约定的鉴定机构鉴定；当事人没有约定或者无法达成约定的，由仲裁庭指定的鉴定机构鉴定。

根据当事人的请求或者仲裁庭的要求，鉴定机构应当派鉴定人参加开庭。当事人经仲裁庭许可，可以向鉴定人提问。

第三十八条 【质证和辩论】当事人在仲裁过程中有权进行质证和辩论。质证和辩论终结时，首席仲裁员或者独任仲裁员应当征询当事人的最后意见。

第三十九条 【举证】当事人提供的证据经查证属实的，仲裁庭应当将其作为认定事实的根据。

劳动者无法提供由用人单位掌握管理的与仲裁请求有关的证据，仲裁庭可以要求用人单位在指定期限内提供。用人单位在指定期限内不提供的，应当承担不利后果。

第四十条 【开庭笔录】仲裁庭应当将开庭情况记入笔录。当事人和其他仲裁参加人认为对自己陈述的记录有遗漏或者差错的，有权申请补正。如果不予补正，应当记录该申请。

笔录由仲裁员、记录人员、当事人和其他仲裁参加人签名或者盖章。

第四十一条 【申请仲裁后自行和解】当事人申请劳动争议仲裁后，可以自行和解。达成和解协议的，可以撤回仲裁申请。

第四十二条 【先行调解】仲裁庭在作出裁决前，应当先行调解。

调解达成协议的，仲裁庭应当制作调解书。

调解书应当写明仲裁请求和当事人协议的结果。调解书由仲裁员签名，加盖劳动争议仲裁委员会印章，送达双方当事人。调解书经双方当事人签收后，发生法律效力。

调解不成或者调解书送达前，一方当事人反悔的，仲裁庭应当及时作出裁决。

第四十三条 【仲裁案件审理期限】仲裁庭裁决劳动争议案件，应当自劳动争议仲裁委员会受理仲裁申请之日起四十五日内结束。案情复杂需要延期的，经劳动争议仲裁委员会主任批准，可以延期并书面通知当事人，但是延长期限不得超过十五日。逾期未作出仲裁裁决的，当事人可以就该劳动争议事项向人民法院提起诉讼。

仲裁庭裁决劳动争议案件时，其中一部分事实已经清楚，可以就该部分先行裁决。

第四十四条 【可以裁决先予执行的案件】仲裁庭对追索劳动报酬、工伤医疗费、经济补偿或者赔偿金的案件，根据当事人的申请，可以裁决先予执行，移送人民法院执行。

仲裁庭裁决先予执行的，应当符合下列条件：

（一）当事人之间权利义务关系明确；

（二）不先予执行将严重影响申请人的生活。

劳动者申请先予执行的，可以不提供担保。

第四十五条 【作出裁决意见】裁决应当按照多数仲裁员的意见作出，少数仲裁员的不同意见应当记入笔录。仲裁庭不能形成多数意见时，裁决应当按照首席仲裁员的意见作出。

第四十六条 【裁决书】裁决书应当载明仲裁请求、争议事实、裁决理由、裁决结果和裁决日期。裁决书由仲裁员签名，加盖劳动争议仲裁委员会印章。对裁决持不同意见的仲裁员，可以签名，也可以不签名。

第四十七条 【一裁终局的案件】下列劳动争议，除本法另有规定的外，仲裁裁决为终局裁决，裁决书自作出之日起发生法律效力：

（一）追索劳动报酬、工伤医疗费、经济补偿或者赔偿金，不超过当地月最低工资标准十二个月金额的争议；

（二）因执行国家的劳动标准在工作时间、休息休假、社会保险等方面发生的争议。

第四十八条 【劳动者不服一裁终局案件的裁决提起诉讼的期限】劳动者对本法第四十七条规定的仲裁裁决不服的，可以自收到仲裁裁决书之日起十五日内向人民法院提起诉讼。

第四十九条 【用人单位不服一裁终局案件的裁决可诉请撤销的案件】用人单位有证据证明本法第四十七条规定的仲裁裁决有下列情形之一，可以自收到仲裁裁决书之日起三十日内向劳动争议仲裁委员会所在地的中级人民法院申请撤销裁决：

（一）适用法律、法规确有错误的；

（二）劳动争议仲裁委员会无管辖权的；

（三）违反法定程序的；

（四）裁决所根据的证据是伪造的；

（五）对方当事人隐瞒了足以影响公正裁决的证据的；

（六）仲裁员在仲裁该案时有索贿受贿、徇私舞弊、枉法裁决行为的。

人民法院经组成合议庭审查核实裁决有前款规定情形之一的，应当裁定撤销。

仲裁裁决被人民法院裁定撤销的，当事人可以自收到裁定书之日起十五日内就该劳动争议事项向人民法院提起诉讼。

第五十条 【其他不服仲裁裁决提起诉讼的期限】当事人对本法第四十七条规定以外的其他劳动争议案件的仲裁裁决不服的，可以自收到仲裁裁决书之日起十五日内向人民法院提起诉讼；期满不起诉的,裁决书发生法律效力。

第五十一条 【**生效调解书、裁决书的执行**】当事人对发生法律效力的调解书、裁决书,应当依照规定的期限履行。一方当事人逾期不履行的,另一方当事人可以依照民事诉讼法的有关规定向人民法院申请执行。受理申请的人民法院应当依法执行。

第四章 附 则

第五十二条 【**人事争议处理的法律适用**】事业单位实行聘用制的工作人员与本单位发生劳动争议的,依照本法执行;法律、行政法规或者国务院另有规定的,依照其规定。

第五十三条 【**劳动争议仲裁不收费**】劳动争议仲裁不收费。劳动争议仲裁委员会的经费由财政予以保障。

第五十四条 【**实施日期**】本法自2008年5月1日起施行。

劳动保障监察条例

(2004年10月26日国务院第68次常务会议通过 2004年11月1日中华人民共和国国务院令第423号公布 自2004年12月1日起施行)

第一章 总 则

第一条 为了贯彻实施劳动和社会保障(以下称劳动保障)法律、法规和规章,规范劳动保障监察工作,维护劳动者的合法权益,根据劳动法和有关法律,制定本条例。

第二条 对企业和个体工商户(以下称用人单位)进行劳动保障监察,适用本条例。

对职业介绍机构、职业技能培训机构和职业技能考核鉴定机构进行劳动保障监察,依照本条例执行。

第三条 国务院劳动保障行政部门主管全国的劳动保障监察工作。县级以上地方各级人民政府劳动保障行政部门主管本行政区域内的劳动保障监察工作。

县级以上各级人民政府有关部门根据各自职责,支持、协助劳动保障行政部门的劳动保障监察工作。

第四条 县级、设区的市级人民政府劳动保障行政部门可以委托符合监察执法条件的组织实施劳动保障监察。

劳动保障行政部门和受委托实施劳动保障监察的组织中的劳动保障监察员应当经过相应的考核或者考试录用。

劳动保障监察证件由国务院劳动保障行政部门监制。

第五条 县级以上地方各级人民政府应当加强劳动保障监察工作。劳动保障监察所需经费列入本级财政预算。

第六条 用人单位应当遵守劳动保障法律、法规和规章,接受并配合劳动保障监察。

第七条 各级工会依法维护劳动者的合法权益,对用人单位遵守劳动保障法律、法规和规章的情况进行监督。

劳动保障行政部门在劳动保障监察工作中应当注意听取工会组织的意见和建议。

第八条 劳动保障监察遵循公正、公开、高效、便民的原则。

实施劳动保障监察,坚持教育与处罚相结合,接受社会监督。

第九条 任何组织或者个人对违反劳动保障法律、法规或者规章的行为,有权向劳动保障行政部门举报。

劳动者认为用人单位侵犯其劳动保障合法权益的,有权向劳动保障行政部门投诉。

劳动保障行政部门应当为举报人保密;对举报属实,为查处重大违反劳动保障法律、法规或者规章的行为提供主要线索和证据的举报人,给予奖励。

第二章　劳动保障监察职责

第十条　劳动保障行政部门实施劳动保障监察,履行下列职责:

(一)宣传劳动保障法律、法规和规章,督促用人单位贯彻执行;

(二)检查用人单位遵守劳动保障法律、法规和规章的情况;

(三)受理对违反劳动保障法律、法规或者规章的行为的举报、投诉;

(四)依法纠正和查处违反劳动保障法律、法规或者规章的行为。

第十一条　劳动保障行政部门对下列事项实施劳动保障监察:

(一)用人单位制定内部劳动保障规章制度的情况;

(二)用人单位与劳动者订立劳动合同的情况;

(三)用人单位遵守禁止使用童工规定的情况;

(四)用人单位遵守女职工和未成年工特殊劳动保护规定的情况;

(五)用人单位遵守工作时间和休息休假规定的情况;

(六)用人单位支付劳动者工资和执行最低工资标准的情况;

(七)用人单位参加各项社会保险和缴纳社会保险费的情况;

(八)职业介绍机构、职业技能培训机构和职业技能考核鉴定机构遵守国家有关职业介绍、职业技能培训和职业技能考核鉴定的规定的情况;

(九)法律、法规规定的其他劳动保障监察事项。

第十二条　劳动保障监察员依法履行劳动保障监察职责,受法律保护。

劳动保障监察员应当忠于职守,秉公执法,勤政廉洁,保守秘密。

任何组织或者个人对劳动保障监察员的违法违纪行为,有权向劳动保障行政部门或者有关机关检举、控告。

第三章　劳动保障监察的实施

第十三条　对用人单位的劳动保障监察,由用人单位用工所在地的县级或者设区的市级劳动保障行政部门管辖。

上级劳动保障行政部门根据工作需要,可以调查处理下级劳动保障行政部门管辖的案件。劳动保障行政部门对劳动保障监察管辖发生争议的,报请共同的上一级劳动保障行政部门指定管辖。

省、自治区、直辖市人民政府可以对劳动保障监察的管辖制定具体办法。

第十四条　劳动保障监察以日常巡视检查、审查用人单位按照要求报送的书面材料以及接受举报投诉等形式进行。

劳动保障行政部门认为用人单位有违反劳动保障法律、法规或者规章的行为,需要进行调查处理的,应当及时立案。

劳动保障行政部门或者受委托实施劳动保障监察的组织应当设立举报、投诉信箱和电话。

对因违反劳动保障法律、法规或者规章的行为引起的群体性事件,劳动保障行政部门应当根据应急预案,迅速会同有关部门处理。

第十五条　劳动保障行政部门实施劳动保障监察,有权采取下列调查、检查措施:

(一)进入用人单位的劳动场所进行检查;

（二）就调查、检查事项询问有关人员；

（三）要求用人单位提供与调查、检查事项相关的文件资料，并作出解释和说明，必要时可以发出调查询问书；

（四）采取记录、录音、录像、照像或者复制等方式收集有关情况和资料；

（五）委托会计师事务所对用人单位工资支付、缴纳社会保险费的情况进行审计；

（六）法律、法规规定可以由劳动保障行政部门采取的其他调查、检查措施。

劳动保障行政部门对事实清楚、证据确凿、可以当场处理的违反劳动保障法律、法规或者规章的行为有权当场予以纠正。

第十六条 劳动保障监察员进行调查、检查，不得少于2人，并应当佩戴劳动保障监察标志、出示劳动保障监察证件。

劳动保障监察员办理的劳动保障监察事项与本人或者其近亲属有直接利害关系的，应当回避。

第十七条 劳动保障行政部门对违反劳动保障法律、法规或者规章的行为的调查，应当自立案之日起60个工作日内完成；对情况复杂的，经劳动保障行政部门负责人批准，可以延长30个工作日。

第十八条 劳动保障行政部门对违反劳动保障法律、法规或者规章的行为，根据调查、检查的结果，作出以下处理：

（一）对依法应当受到行政处罚的，依法作出行政处罚决定；

（二）对应当改正未改正的，依法责令改正或者作出相应的行政处理决定；

（三）对情节轻微且已改正的，撤销立案。

发现违法案件不属于劳动保障监察事项的，应当及时移送有关部门处理；涉嫌犯罪的，应当依法移送司法机关。

第十九条 劳动保障行政部门对违反劳动保障法律、法规或者规章的行为作出行政处罚或者行政处理决定前，应当听取用人单位的陈述、申辩；作出行政处罚或者行政处理决定，应当告知用人单位依法享有申请行政复议或者提起行政诉讼的权利。

第二十条 违反劳动保障法律、法规或者规章的行为在2年内未被劳动保障行政部门发现，也未被举报、投诉的，劳动保障行政部门不再查处。

前款规定的期限，自违反劳动保障法律、法规或者规章的行为发生之日起计算；违反劳动保障法律、法规或者规章的行为有连续或者继续状态的，自行为终了之日起计算。

第二十一条 用人单位违反劳动保障法律、法规或者规章，对劳动者造成损害的，依法承担赔偿责任。劳动者与用人单位就赔偿发生争议的，依照国家有关劳动争议处理的规定处理。

对应当通过劳动争议处理程序解决的事项或者已经按照劳动争议处理程序申请调解、仲裁或者已经提起诉讼的事项，劳动保障行政部门应当告知投诉人依照劳动争议处理或者诉讼的程序办理。

第二十二条 劳动保障行政部门应当建立用人单位劳动保障守法诚信档案。用人单位有重大违反劳动保障法律、法规或者规章的行为的，由有关的劳动保障行政部门向社会公布。

第四章 法律责任

第二十三条 用人单位有下列行为之一的，由劳动保障行政部门责令改正，按照受侵害的劳动者每人1000元以上5000元以下的标准计算，处以罚款：

（一）安排女职工从事矿山井下劳动、国家规定的第四级体力劳动强度的劳动或者其他禁忌从事的劳动的；

（二）安排女职工在经期从事高处、低温、冷水作业或者国家规定的第三级体力劳动强度的劳动的；

（三）安排女职工在怀孕期间从事国家规定的第三级体力劳动强度的劳动或者孕期禁忌从事的劳动的；

（四）安排怀孕7个月以上的女职工夜班劳动或者延长其工作时间的；

（五）女职工生育享受产假少于90天的；

（六）安排女职工在哺乳未满1周岁的婴儿期间从事国家规定的第三级体力劳动强度的劳动或者哺乳期禁忌从事的其他劳动，以及延长其工作时间或者安排其夜班劳动的；

（七）安排未成年工从事矿山井下、有毒有害、国家规定的第四级体力劳动强度的劳动或者其他禁忌从事的劳动的；

（八）未对未成年工定期进行健康检查的。

第二十四条 用人单位与劳动者建立劳动关系不依法订立劳动合同的，由劳动保障行政部门责令改正。

第二十五条 用人单位违反劳动保障法律、法规或者规章延长劳动者工作时间的，由劳动保障行政部门给予警告，责令限期改正，并可以按照受侵害的劳动者每人100元以上500元以下的标准计算，处以罚款。

第二十六条 用人单位有下列行为之一的，由劳动保障行政部门分别责令限期支付劳动者的工资报酬、劳动者工资低于当地最低工资标准的差额或者解除劳动合同的经济补偿；逾期不支付的，责令用人单位按照应付金额50%以上1倍以下的标准计算，向劳动者加付赔偿金：

（一）克扣或者无故拖欠劳动者工资报酬的；

（二）支付劳动者的工资低于当地最低工资标准的；

（三）解除劳动合同未依法给予劳动者经济补偿的。

第二十七条 用人单位向社会保险经办机构申报应缴纳的社会保险费数额时，瞒报工资总额或者职工人数的，由劳动保障行政部门责令改正，并处瞒报工资数额1倍以上3倍以下的罚款。

骗取社会保险待遇或者骗取社会保险基金支出的，由劳动保障行政部门责令退还，并处骗取金额1倍以上3倍以下的罚款；构成犯罪的，依法追究刑事责任。

第二十八条 职业介绍机构、职业技能培训机构或者职业技能考核鉴定机构违反国家有关职业介绍、职业技能培训或者职业技能考核鉴定的规定的，由劳动保障行政部门责令改正，没收违法所得，并处1万元以上5万元以下的罚款；情节严重的，吊销许可证。

未经劳动保障行政部门许可，从事职业介绍、职业技能培训或者职业技能考核鉴定的组织或者个人，由劳动保障行政部门、工商行政管理部门依照国家有关无照经营查处取缔的规定查处取缔。

第二十九条 用人单位违反《中华人民共和国工会法》，有下列行为之一的，由劳动保障行政部门责令改正：

（一）阻挠劳动者依法参加和组织工会，或者阻挠上级工会帮助、指导劳动者筹建工会的；

（二）无正当理由调动依法履行职责的工会工作人员的工作岗位，进行打击报复的；

（三）劳动者因参加工会活动而被解除劳动合同的；

（四）工会工作人员因依法履行职责被解除劳动合同的。

第三十条 有下列行为之一的，由劳动保障行政部门责令改正；对有第（一）项、第（二）项或者第（三）项规定的行为的，处2000元以上2万元以下的罚款：

（一）无理抗拒、阻挠劳动保障行政部门依照本条例的规定实施劳动保障监察的；

（二）不按照劳动保障行政部门的要求报送书面材料，隐瞒事实真相，出具伪证或者隐匿、毁灭证据的；

（三）经劳动保障行政部门责令改正拒不改正，或者拒不履行劳动保障行政部门的行政处理决定的；

（四）打击报复举报人、投诉人的。

违反前款规定，构成违反治安管理行为的，由公安机关依法给予治安管理处罚；构成犯罪的，依法追究刑事责任。

第三十一条 劳动保障监察员滥用职权、玩忽职守、徇私舞弊或者泄露在履行职责过程中知悉的商业秘密的，依法给予行政处分；构成犯罪的，依法追究刑事责任。

劳动保障行政部门和劳动保障监察员违法行使职权，侵犯用人单位或者劳动者的合法权益的，依法承担赔偿责任。

第三十二条 属于本条例规定的劳动保障监察事项，法律、其他行政法规对处罚另有规定的，从其规定。

第五章 附 则

第三十三条 对无营业执照或者已被依法吊销营业执照，有劳动用工行为的，由劳动保障行政部门依照本条例实施劳动保障监察，并及时通报工商行政管理部门予以查处取缔。

第三十四条 国家机关、事业单位、社会团体执行劳动保障法律、法规和规章的情况，由劳动保障行政部门根据其职责，依照本条例实施劳动保障监察。

第三十五条 劳动安全卫生的监督检查，由卫生部门、安全生产监督管理部门、特种设备安全监督管理部门等有关部门依照有关法律、行政法规的规定执行。

第三十六条 本条例自2004年12月1日起施行。

失业保险条例

（1998年12月26日国务院第11次常务会议通过 1999年1月22日中华人民共和国国务院令第258号发布 自发布之日起施行）

第一章 总 则

第一条 【立法目的】为了保障失业人员失业期间的基本生活，促进其再就业，制定本条例。

第二条 【适用范围】城镇企业事业单位、城镇企业事业单位职工依照本条例的规定，缴纳失业保险费。

城镇企业事业单位失业人员依照本条例的规定，享受失业保险待遇。

本条所称城镇企业，是指国有企业、城镇集体企业、外商投资企业、城镇私营企业以及其他城镇企业。

第三条 【主管部门】国务院劳动保障行政部门主管全国的失业保险工作。县级以上地方各级人民政府劳动保障行政部门主管本行政区域内的失业保险工作。劳动保障行政部门按照国务院规定设立的经办失业保险业务的社会保险经办机构依照本条例的规定，具体承办失业保险工作。

第四条 【失业保险费征缴】失业保险费按照国家有关规定征缴。

第二章 失业保险基金

第五条 【失业保险基金构成】失业保险基金由下列各项构成：

（一）城镇企业事业单位、城镇企业事业单位职工缴纳的失业保险费；

（二）失业保险基金的利息；

（三）财政补贴；

（四）依法纳入失业保险基金的其他资金。

第六条　【缴费主体】城镇企业事业单位按照本单位工资总额的2%缴纳失业保险费。城镇企业事业单位职工按照本人工资的1%缴纳失业保险费。城镇企业事业单位招用的农民合同制工人本人不缴纳失业保险费。

第七条　【统筹层次】失业保险基金在直辖市和设区的市实行全市统筹；其他地区的统筹层次由省、自治区人民政府规定。

第八条　【失业保险调剂金】省、自治区可以建立失业保险调剂金。

失业保险调剂金以统筹地区依法应当征收的失业保险费为基数，按照省、自治区人民政府规定的比例筹集。

统筹地区的失业保险基金不敷使用时，由失业保险调剂金调剂、地方财政补贴。

失业保险调剂金的筹集、调剂使用以及地方财政补贴的具体办法，由省、自治区人民政府规定。

第九条　【费率调整】省、自治区、直辖市人民政府根据本行政区域失业人员数量和失业保险基金数额，报经国务院批准，可以适当调整本行政区域失业保险费的费率。

第十条　【支出项目】失业保险基金用于下列支出：

（一）失业保险金；

（二）领取失业保险金期间的医疗补助金；

（三）领取失业保险金期间死亡的失业人员的丧葬补助金和其供养的配偶、直系亲属的抚恤金；

（四）领取失业保险金期间接受职业培训、职业介绍的补贴，补贴的办法和标准由省、自治区、直辖市人民政府规定；

（五）国务院规定或者批准的与失业保险有关的其他费用。

第十一条　【收支管理】失业保险基金必须存入财政部门在国有商业银行开设的社会保障基金财政专户，实行收支两条线管理，由财政部门依法进行监督。

存入银行和按照国家规定购买国债的失业保险基金，分别按照城乡居民同期存款利率和国债利息计息。失业保险基金的利息并入失业保险基金。

失业保险基金专款专用，不得挪作他用，不得用于平衡财政收支。

第十二条　【预算、决算】失业保险基金收支的预算、决算，由统筹地区社会保险经办机构编制，经同级劳动保障行政部门复核、同级财政部门审核，报同级人民政府审批。

第十三条　【财会制度】失业保险基金的财务制度和会计制度按照国家有关规定执行。

第三章　失业保险待遇

第十四条　【失业保险金领取条件】具备下列条件的失业人员，可以领取失业保险金：

（一）按照规定参加失业保险，所在单位和本人已按照规定履行缴费义务满1年的；

（二）非因本人意愿中断就业的；

（三）已办理失业登记，并有求职要求的。

失业人员在领取失业保险金期间，按照规定同时享受其他失业保险待遇。

第十五条　【停止领取失业保险金】失业人员在领取失业保险金期间有下列情形之一的，停止领取失业保险金，并同时停止享受其他失业保险待遇：

（一）重新就业的；

（二）应征服兵役的；

（三）移居境外的；

（四）享受基本养老保险待遇的；

（五）被判刑收监执行或者被劳动教养的；

（六）无正当理由，拒不接受当地人民政府指定的部门或者机构介绍的工作的；

（七）有法律、行政法规规定的其他情形的。

第十六条 【失业证明】城镇企业事业单位应当及时为失业人员出具终止或者解除劳动关系的证明，告知其按照规定享受失业保险待遇的权利，并将失业人员的名单自终止或者解除劳动关系之日起 7 日内报社会保险经办机构备案。

城镇企业事业单位职工失业后，应当持本单位为其出具的终止或者解除劳动关系的证明，及时到指定的社会保险经办机构办理失业登记。失业保险金自办理失业登记之日起计算。

失业保险金由社会保险经办机构按月发放。社会保险经办机构为失业人员开具领取失业保险金的单证，失业人员凭单证到指定银行领取失业保险金。

第十七条 【领取期限】失业人员失业前所在单位和本人按照规定累计缴费时间满 1 年不足 5 年的，领取失业保险金的期限最长为 12 个月；累计缴费时间满 5 年不足 10 年的，领取失业保险金的期限最长为 18 个月；累计缴费时间 10 年以上的，领取失业保险金的期限最长为 24 个月。重新就业后，再次失业的，缴费时间重新计算，领取失业保险金的期限可以与前次失业应领取而尚未领取的失业保险金的期限合并计算，但是最长不得超过 24 个月。

第十八条 【失业保险金标准】失业保险金的标准，按照低于当地最低工资标准、高于城市居民最低生活保障标准的水平，由省、自治区、直辖市人民政府确定。

第十九条 【医疗补助金】失业人员在领取失业保险金期间患病就医的，可以按照规定向社会保险经办机构申请领取医疗补助金。医疗补助金的标准由省、自治区、直辖市人民政府规定。

第二十条 【丧葬补助金与抚恤金】失业人员在领取失业保险金期间死亡的，参照当地对在职职工的规定，对其家属一次性发给丧葬补助金和抚恤金。

第二十一条 【一次性生活补助】单位招用的农民合同制工人连续工作满 1 年，本单位并已缴纳失业保险费，劳动合同期满未续订或者提前解除劳动合同的，由社会保险经办机构根据其工作时间长短，对其支付一次性生活补助。补助的办法和标准由省、自治区、直辖市人民政府规定。

第二十二条 【失业保险关系转迁】城镇企业事业单位成建制跨统筹地区转移，失业人员跨统筹地区流动的，失业保险关系随之转迁。

第二十三条 【城市居民最低生活保障待遇】失业人员符合城市居民最低生活保障条件的，按照规定享受城市居民最低生活保障待遇。

第四章 管理和监督

第二十四条 【劳动保障部门职责】劳动保障行政部门管理失业保险工作，履行下列职责：

（一）贯彻实施失业保险法律、法规；

（二）指导社会保险经办机构的工作；

（三）对失业保险费的征收和失业保险待遇的支付进行监督检查。

第二十五条 【社保经办机构职责】社会保险经办机构具体承办失业保险工作，履行下列职责：

（一）负责失业人员的登记、调查、统计；

（二）按照规定负责失业保险基金的管理；

（三）按照规定核定失业保险待遇，开具失业人员在指定银行领取失业保险金和其他补助金的单证；

（四）拨付失业人员职业培训、职业介绍补贴费用；

（五）为失业人员提供免费咨询服务；

（六）国家规定由其履行的其他职责。

第二十六条　【收支监督】财政部门和审计部门依法对失业保险基金的收支、管理情况进行监督。

第二十七条　【经费拨付】社会保险经办机构所需经费列入预算，由财政拨付。

第五章　罚　　则

第二十八条　【骗取失业待遇的处理】不符合享受失业保险待遇条件，骗取失业保险金和其他失业保险待遇的，由社会保险经办机构责令退还；情节严重的，由劳动保障行政部门处骗取金额1倍以上3倍以下的罚款。

第二十九条　【开具单证违规责任】社会保险经办机构工作人员违反规定向失业人员开具领取失业保险金或者享受其他失业保险待遇单证，致使失业保险基金损失的，由劳动保障行政部门责令追回；情节严重的，依法给予行政处分。

第三十条　【失职责任】劳动保障行政部门和社会保险经办机构的工作人员滥用职权、徇私舞弊、玩忽职守，造成失业保险基金损失的，由劳动保障行政部门追回损失的失业保险基金；构成犯罪的，依法追究刑事责任；尚不构成犯罪的，依法给予行政处分。

第三十一条　【挪用责任】任何单位、个人挪用失业保险基金的，追回挪用的失业保险基金；有违法所得的，没收违法所得，并入失业保险基金；构成犯罪的，依法追究刑事责任；尚不构成犯罪的，对直接负责的主管人员和其他直接责任人员依法给予行政处分。

第六章　附　　则

第三十二条　【社会团体等组织的适用】省、自治区、直辖市人民政府根据当地实际情况，可以决定本条例适用于本行政区域内的社会团体及其专职人员、民办非企业单位及其职工、有雇工的城镇个体工商户及其雇工。

第三十三条　【施行日期】本条例自发布之日起施行。1993年4月12日国务院发布的《国有企业职工待业保险规定》同时废止。

◎ 司法解释及文件

最高人民法院关于审理工伤保险行政案件若干问题的规定

（2014年4月21日最高人民法院审判委员会第1613次会议通过　2014年6月18日最高人民法院公告公布　自2014年9月1日起施行　法释〔2014〕9号）

为正确审理工伤保险行政案件，根据《中华人民共和国社会保险法》《中华人民共和国劳动法》《中华人民共和国行政诉讼法》《工伤保险条例》及其他有关法律、行政法规规定，结合行政审判实际，制定本规定。

第一条　人民法院审理工伤认定行政案件，在认定是否存在《工伤保险条例》第十四条第（六）项“本人主要责任”、第十六条第（二）项“醉酒或者吸毒”和第十六条第（三）项“自残或者自杀”等情形时，应当以有权机构出具的事故责任认定书、结论性意见和人民法院生效裁判等法律文书为依据，但有相反证据足以推翻事故责任认定书和结论性意见的除外。

前述法律文书不存在或者内容不明确，社会保险行政部门就前款事实作出认定的，人民法院应当结合其提供的相关证据依法进行审查。

《工伤保险条例》第十六条第(一)项"故意犯罪"的认定,应当以刑事侦查机关、检察机关和审判机关的生效法律文书或者结论性意见为依据。

第二条 人民法院受理工伤认定行政案件后,发现原告或者第三人在提起行政诉讼前已经就是否存在劳动关系申请劳动仲裁或者提起民事诉讼的,应当中止行政案件的审理。

第三条 社会保险行政部门认定下列单位为承担工伤保险责任单位的,人民法院应予支持:

(一)职工与两个或两个以上单位建立劳动关系,工伤事故发生时,职工为之工作的单位为承担工伤保险责任的单位;

(二)劳务派遣单位派遣的职工在用工单位工作期间因工伤亡的,派遣单位为承担工伤保险责任的单位;

(三)单位指派到其他单位工作的职工因工伤亡的,指派单位为承担工伤保险责任的单位;

(四)用工单位违反法律、法规规定将承包业务转包给不具备用工主体资格的组织或者自然人,该组织或者自然人聘用的职工从事承包业务时因工伤亡的,用工单位为承担工伤保险责任的单位;

(五)个人挂靠其他单位对外经营,其聘用的人员因工伤亡的,被挂靠单位为承担工伤保险责任的单位。

前款第(四)、(五)项明确的承担工伤保险责任的单位承担赔偿责任或者社会保险经办机构从工伤保险基金支付工伤保险待遇后,有权向相关组织、单位和个人追偿。

第四条 社会保险行政部门认定下列情形为工伤的,人民法院应予支持:

(一)职工在工作时间和工作场所内受到伤害,用人单位或者社会保险行政部门没有证据证明是非工作原因导致的;

(二)职工参加用人单位组织或者受用人单位指派参加其他单位组织的活动受到伤害的;

(三)在工作时间内,职工来往于多个与其工作职责相关的工作场所之间的合理区域因工受到伤害的;

(四)其他与履行工作职责相关,在工作时间及合理区域内受到伤害的。

第五条 社会保险行政部门认定下列情形为"因工外出期间"的,人民法院应予支持:

(一)职工受用人单位指派或者因工作需要在工作场所以外从事与工作职责有关的活动期间;

(二)职工受用人单位指派外出学习或者开会期间;

(三)职工因工作需要的其他外出活动期间。

职工因工外出期间从事与工作或者受用人单位指派外出学习、开会无关的个人活动受到伤害,社会保险行政部门不认定为工伤的,人民法院应予支持。

第六条 对社会保险行政部门认定下列情形为"上下班途中"的,人民法院应予支持:

(一)在合理时间内往返于工作地与住所地、经常居住地、单位宿舍的合理路线的上下班途中;

(二)在合理时间内往返于工作地与配偶、父母、子女居住地的合理路线的上下班途中;

(三)从事属于日常工作生活所需要的活动,且在合理时间和合理路线的上下班途中;

(四)在合理时间内其他合理路线的上下班途中。

第七条 由于不属于职工或者其近亲属自身原因超过工伤认定申请期限的,被耽误的时间不计算在工伤认定申请期限内。

有下列情形之一耽误申请时间的,应当认定为不属于职工或者其近亲属自身原因:

(一)不可抗力;

(二)人身自由受到限制;

(三)属于用人单位原因;

(四)社会保险行政部门登记制度不完善;

(五)当事人对是否存在劳动关系申请仲裁、提起民事诉讼。

第八条 职工因第三人的原因受到伤害,社会保险行政部门以职工或者其近亲属已经对第三人提起民事诉讼或者获得民事赔偿为由,作出不予受理工伤认定申请或者不予认定工伤决定的,人民法院不予支持。

职工因第三人的原因受到伤害,社会保险行政部门已经作出工伤认定,职工或者其近亲属未对第三人提起民事诉讼或者尚未获得民事赔偿,起诉要求社会保险经办机构支付工伤保险待遇的,人民法院应予支持。

职工因第三人的原因导致工伤,社会保险经办机构以职工或者其近亲属已经对第三人提起民事诉讼为由,拒绝支付工伤保险待遇的,人民法院不予支持,但第三人已经支付的医疗费用除外。

第九条 因工伤认定申请人或者用人单位隐瞒有关情况或者提供虚假材料,导致工伤认定错误的,社会保险行政部门可以在诉讼中依法予以更正。

工伤认定依法更正后,原告不申请撤诉,社会保险行政部门在作出原工伤认定时有过错的,人民法院应当判决确认违法;社会保险行政部门无过错的,人民法院可以驳回原告诉讼请求。

第十条 最高人民法院以前颁布的司法解释与本规定不一致的,以本规定为准。

最高人民法院关于审理劳动争议案件适用法律若干问题的解释

(2001年3月22日最高人民法院审判委员会第1165次会议通过 2001年4月16日最高人民法院公告公布 自2001年4月30日起施行 法释〔2001〕14号)

为正确审理劳动争议案件,根据《中华人民共和国劳动法》(以下简称《劳动法》)和《中华人民共和国民事诉讼法》(以下简称《民事诉讼法》)等相关法律之规定,就适用法律的若干问题,作如下解释。

第一条 劳动者与用人单位之间发生的下列纠纷,属于《劳动法》第二条规定的劳动争议,当事人不服劳动争议仲裁委员会作出的裁决,依法向人民法院起诉的,人民法院应当受理:

(一)劳动者与用人单位在履行劳动合同过程中发生的纠纷;

(二)劳动者与用人单位之间没有订立书面劳动合同,但已形成劳动关系后发生的纠纷;

(三)劳动者退休后,与尚未参加社会保险统筹的原用人单位因追索养老金、医疗费、工伤保险待遇和其他社会保险费而发生的纠纷。

第二条 劳动争议仲裁委员会以当事人申请仲裁的事项不属于劳动争议为由,作出不予受理的书面裁决、决定或者通知,当事人不服,依法向人民法院起诉的,人民法院应当分别情况予以处理:

(一)属于劳动争议案件的,应当受理;

(二)虽不属于劳动争议案件,但属于人民法院主管的其他案件,应当依法受理。

第三条 劳动争议仲裁委员会根据《劳动法》第八十二条之规定,以当事人的仲裁申请超过六十日期限为由,①作出不予受理的书面裁决、决定或者通知,当事人不服,依法向人民法院起诉的,

① 注意:从2008年5月1日起施行的《中华人民共和国劳动争议调解仲裁法》将申请期限改为1年。

人民法院应当受理;对确已超过仲裁申请期限,又无不可抗力或者其他正当理由的,依法驳回其诉讼请求。

第四条 劳动争议仲裁委员会以申请仲裁的主体不适格为由,作出不予受理的书面裁决、决定或者通知,当事人不服,依法向人民法院起诉的,经审查,确属主体不适格的,裁定不予受理或者驳回起诉。

第五条 劳动争议仲裁委员会为纠正原仲裁裁决错误重新作出裁决,当事人不服,依法向人民法院起诉的,人民法院应当受理。

第六条 人民法院受理劳动争议案件后,当事人增加诉讼请求的,如该诉讼请求与讼争的劳动争议具有不可分性,应当合并审理;如属独立的劳动争议,应当告知当事人向劳动争议仲裁委员会申请仲裁。

第七条 劳动争议仲裁委员会仲裁的事项不属于人民法院受理的案件范围,当事人不服,依法向人民法院起诉的,裁定不予受理或者驳回起诉。

第八条 劳动争议案件由用人单位所在地或者劳动合同履行地的基层人民法院管辖。

劳动合同履行地不明确的,由用人单位所在地的基层人民法院管辖。

第九条 当事人双方不服劳动争议仲裁委员会作出的同一仲裁裁决,均向同一人民法院起诉的,先起诉的一方当事人为原告,但对双方的诉讼请求,人民法院应当一并作出裁决。①

当事人双方就同一仲裁裁决分别向有管辖权的人民法院起诉的,后受理的人民法院应当将案件移送给先受理的人民法院。

第十条 用人单位与其他单位合并的,合并前发生的劳动争议,由合并后的单位为当事人;用人单位分立为若干单位的,其分立前发生的劳动争议,由分立后的实际用人单位为当事人。

用人单位分立为若干单位后,对承受劳动权利义务的单位不明确的,分立后的单位均为当事人。

第十一条 用人单位招用尚未解除劳动合同的劳动者,原用人单位与劳动者发生的劳动争议,可以列新的用人单位为第三人。

原用人单位以新的用人单位侵权为由向人民法院起诉的,可以列劳动者为第三人。

原用人单位以新的用人单位和劳动者共同侵权为由向人民法院起诉的,新的用人单位和劳动者列为共同被告。

第十二条 劳动者在用人单位与其他平等主体之间的承包经营期间,与发包方和承包方双方或者一方发生劳动争议,依法向人民法院起诉的,应当将承包方和发包方作为当事人。

第十三条 因用人单位作出的开除、除名、辞退、解除劳动合同、减少劳动报酬、计算劳动者工作年限等决定而发生的劳动争议,用人单位负举证责任。

第十四条 劳动合同被确认为无效后,用人单位对劳动者付出的劳动,一般可参照本单位同期、同工种、同岗位的工资标准支付劳动报酬。

根据《劳动法》第九十七条之规定,由于用人单位的原因订立的无效合同,给劳动者造成损害的,应当比照违反和解除劳动合同经济补偿金的支付标准,赔偿劳动者因合同无效所造成的经济损失。

第十五条 用人单位有下列情形之一,迫使劳动者提出解除劳动合同的,用人单位应当支付劳动者的劳动报酬和经济补偿,并可支付赔偿金:

(一)以暴力、威胁或者非法限制人身自由的手段强迫劳动的;

(二)未按照劳动合同约定支付劳动报酬或者提供劳动条件的;

---

① 需注意法释〔2006〕6号第11条的规定。

(三)克扣或者无故拖欠劳动者工资的;

(四)拒不支付劳动者延长工作时间工资报酬的;

(五)低于当地最低工资标准支付劳动者工资的。

第十六条 劳动合同期满后,劳动者仍在原用人单位工作,原用人单位未表示异议的,视为双方同意以原条件继续履行劳动合同。一方提出终止劳动关系的,人民法院应当支持。

根据《劳动法》第二十条之规定,用人单位应当与劳动者签订无固定期限劳动合同而未签订的,人民法院可以视为双方之间存在无固定期限劳动合同关系,并以原劳动合同确定双方的权利义务关系。

第十七条 劳动争议仲裁委员会作出仲裁裁决后,当事人对裁决中的部分事项不服,依法向人民法院起诉的,劳动争议仲裁裁决不发生法律效力。

第十八条 劳动争议仲裁委员会对多个劳动者的劳动争议作出仲裁裁决后,部分劳动者对仲裁裁决不服,依法向人民法院起诉的,仲裁裁决对提出起诉的劳动者不发生法律效力;对未提出起诉的部分劳动者,发生法律效力,如其申请执行的,人民法院应当受理。

第十九条 用人单位根据《劳动法》第四条之规定,通过民主程序制定的规章制度,不违反国家法律、行政法规及政策规定,并已向劳动者公示的,可以作为人民法院审理劳动争议案件的依据。

第二十条 用人单位对劳动者作出的开除、除名、辞退等处理,或者因其他原因解除劳动合同确有错误的,人民法院可以依法判决予以撤销。

对于追索劳动报酬、养老金、医疗费以及工伤保险待遇、经济补偿金、培训费及其他相关费用等案件,给付数额不当的,人民法院可以予以变更。

第二十一条 当事人申请人民法院执行劳动争议仲裁机构作出的发生法律效力的裁决书、调解书,被申请人提出证据证明劳动争议仲裁裁决书、调解书有下列情形之一,并经审查核实的,人民法院可以根据《民事诉讼法》第二百一十三条之规定,裁定不予执行:①

(一)裁决的事项不属于劳动争议仲裁范围,或者劳动争议仲裁机构无权仲裁的;

(二)适用法律确有错误的;

(三)仲裁员仲裁该案时,有徇私舞弊、枉法裁决行为的;

(四)人民法院认定执行该劳动争议仲裁裁决违背社会公共利益的。

人民法院在不予执行的裁定书中,应当告知当事人在收到裁定书之次日起30日内,可以就该劳动争议事项向人民法院起诉。

最高人民法院关于审理劳动争议案件适用法律若干问题的解释(二)

(2006年7月10日最高人民法院审判委员会第1393次会议通过 2006年8月14日最高人民法院公告公布 自2006年10月1日起施行 法释〔2006〕6号)

为正确审理劳动争议案件,根据《中华人民共和国劳动法》、《中华人民共和国民事诉讼法》等相关法律规定,结合民事审判实践,对人民法院审理劳动争议案件适用法律的若干问题补充解释如下:

---

① 该条款被2008年12月16日《最高人民法院关于调整司法解释等文件中引用〈中华人民共和国民事诉讼法〉条文序号的决定》调整。

第一条 人民法院审理劳动争议案件，对下列情形，视为劳动法第八十二条规定的“劳动争议发生之日”：

（一）在劳动关系存续期间产生的支付工资争议，用人单位能够证明已经书面通知劳动者拒付工资的，书面通知送达之日为劳动争议发生之日。用人单位不能证明的，劳动者主张权利之日为劳动争议发生之日。

（二）因解除或者终止劳动关系产生的争议，用人单位不能证明劳动者收到解除或者终止劳动关系书面通知时间的，劳动者主张权利之日为劳动争议发生之日。

（三）劳动关系解除或者终止后产生的支付工资、经济补偿金、福利待遇等争议，劳动者能够证明用人单位承诺支付的时间为解除或者终止劳动关系后的具体日期的，用人单位承诺支付之日为劳动争议发生之日。劳动者不能证明的，解除或者终止劳动关系之日为劳动争议发生之日。

第二条 拖欠工资争议，劳动者申请仲裁时劳动关系仍然存续，用人单位以劳动者申请仲裁超过六十日为由主张不再支付的，人民法院不予支持。但用人单位能够证明劳动者已经收到拒付工资的书面通知的除外。

第三条 劳动者以用人单位的工资欠条为证据直接向人民法院起诉，诉讼请求不涉及劳动关系其他争议的，视为拖欠劳动报酬争议，按照普通民事纠纷受理。

第四条 用人单位和劳动者因劳动关系是否已经解除或者终止，以及应否支付解除或终止劳动关系经济补偿金产生的争议，经劳动争议仲裁委员会仲裁后，当事人依法起诉的，人民法院应予受理。

第五条 劳动者与用人单位解除或者终止劳动关系后，请求用人单位返还其收取的劳动合同定金、保证金、抵押金、抵押物产生的争议，或者办理劳动者的人事档案、社会保险关系等移转手续产生的争议，经劳动争议仲裁委员会仲裁后，当事人依法起诉的，人民法院应予受理。

第六条 劳动者因为工伤、职业病，请求用人单位依法承担给予工伤保险待遇的争议，经劳动争议仲裁委员会仲裁后，当事人依法起诉的，人民法院应予受理。

第七条 下列纠纷不属于劳动争议：

（一）劳动者请求社会保险经办机构发放社会保险金的纠纷；

（二）劳动者与用人单位因住房制度改革产生的公有住房转让纠纷；

（三）劳动者对劳动能力鉴定委员会的伤残等级鉴定结论或者对职业病诊断鉴定委员会的职业病诊断鉴定结论的异议纠纷；

（四）家庭或者个人与家政服务人员之间的纠纷；

（五）个体工匠与帮工、学徒之间的纠纷；

（六）农村承包经营户与受雇人之间的纠纷。

第八条 当事人不服劳动争议仲裁委员会作出的预先支付劳动者部分工资或者医疗费用的裁决，向人民法院起诉的，人民法院不予受理。

用人单位不履行上述裁决中的给付义务，劳动者依法向人民法院申请强制执行的，人民法院应予受理。

第九条 劳动者与起有字号的个体工商户产生的劳动争议诉讼，人民法院应当以营业执照上登记的字号为当事人，但应同时注明该字号业主的自然情况。

第十条 劳动者因履行劳动力派遣合同产生劳动争议而起诉，以派遣单位为被告；争议内容涉及接受单位的，以派遣单位和接受单位为共同被告。

第十一条 劳动者和用人单位均不服劳动争议仲裁委员会的同一裁决，向同一人民法院起诉的，人民法院应当并案审理，双方当事人互为原告和被告。在诉讼过程中，一方当事人撤诉的，人民法院应当根据另一方当事人的诉讼请求继续审理。①

第十二条 当事人能够证明在申请仲裁期间内因不可抗力或者其他客观原因无法申请仲裁的,人民法院应当认定申请仲裁期间中止,从中止的原因消灭之次日起,申请仲裁期间连续计算。

第十三条 当事人能够证明在申请仲裁期间内具有下列情形之一的,人民法院应当认定申请仲裁期间中断:

(一)向对方当事人主张权利;

(二)向有关部门请求权利救济;

(三)对方当事人同意履行义务。

申请仲裁期间中断的,从对方当事人明确拒绝履行义务,或者有关部门作出处理决定或明确表示不予处理时起,申请仲裁期间重新计算。

第十四条 在诉讼过程中,劳动者向人民法院申请采取财产保全措施,人民法院经审查认为申请人经济确有困难,或有证据证明用人单位存在欠薪逃匿可能的,应当减轻或者免除劳动者提供担保的义务,及时采取保全措施。

第十五条 人民法院作出的财产保全裁定中,应当告知当事人在劳动仲裁机构的裁决书或者在人民法院的裁判文书生效后三个月内申请强制执行。逾期不申请的,人民法院应当裁定解除保全措施。

第十六条 用人单位制定的内部规章制度与集体合同或者劳动合同约定的内容不一致,劳动者请求优先适用合同约定的,人民法院应予支持。

第十七条 当事人在劳动争议调解委员会主持下达成的具有劳动权利义务内容的调解协议,具有劳动合同的约束力,可以作为人民法院裁判的根据。

当事人在劳动争议调解委员会主持下仅就劳动报酬争议达成调解协议,用人单位不履行调解协议确定的给付义务,劳动者直接向人民法院起诉的,人民法院可以按照普通民事纠纷受理。

第十八条 本解释自二〇〇六年十月一日起施行。本解释施行前本院颁布的有关司法解释与本解释规定不一致的,以本解释的规定为准。

本解释施行后,人民法院尚未审结的一审、二审案件适用本解释。本解释施行前已经审结的案件,不得适用本解释的规定进行再审。

最高人民法院关于审理劳动争议案件适用法律若干问题的解释(三)

(2010年7月12日最高人民法院审判委员会第1489次会议通过 2010年9月13日最高人民法院公告公布 自2010年9月14日起施行 法释〔2010〕12号)

为正确审理劳动争议案件,根据《中华人民共和国劳动法》、《中华人民共和国劳动合同法》、《中华人民共和国劳动争议调解仲裁法》、《中华人民共和国民事诉讼法》等相关法律规定,结合民事审判实践,特作如下解释。

第一条 劳动者以用人单位未为其办理社会保险手续,且社会保险经办机构不能补办导致其无法享受社会保险待遇为由,要求用人单位赔偿损失而发生争议的,人民法院应予受理。

① 注意此处规定与法释〔2001〕14号第9条有不同。

第二条 因企业自主进行改制引发的争议,人民法院应予受理。

第三条 劳动者依据劳动合同法第八十五条规定,向人民法院提起诉讼,要求用人单位支付加付赔偿金的,人民法院应予受理。

第四条 劳动者与未办理营业执照、营业执照被吊销或者营业期限届满仍继续经营的用人单位发生争议的,应当将用人单位或者其出资人列为当事人。

第五条 未办理营业执照、营业执照被吊销或者营业期限届满仍继续经营的用人单位,以挂靠等方式借用他人营业执照经营的,应当将用人单位和营业执照出借方列为当事人。

第六条 当事人不服劳动人事争议仲裁委员会作出的仲裁裁决,依法向人民法院提起诉讼,人民法院审查认为仲裁裁决遗漏了必须共同参加仲裁的当事人的,应当依法追加遗漏的人为诉讼当事人。

被追加的当事人应当承担责任的,人民法院应当一并处理。

第七条 用人单位与其招用的已经依法享受养老保险待遇或领取退休金的人员发生用工争议,向人民法院提起诉讼的,人民法院应当按劳务关系处理。

第八条 企业停薪留职人员、未达到法定退休年龄的内退人员、下岗待岗人员以及企业经营性停产放长假人员,因与新的用人单位发生用工争议,依法向人民法院提起诉讼的,人民法院应当按劳动关系处理。

第九条 劳动者主张加班费的,应当就加班事实的存在承担举证责任。但劳动者有证据证明用人单位掌握加班事实存在的证据,用人单位不提供的,由用人单位承担不利后果。

第十条 劳动者与用人单位就解除或者终止劳动合同办理相关手续、支付工资报酬、加班费、经济补偿或者赔偿金等达成的协议,不违反法律、行政法规的强制性规定,且不存在欺诈、胁迫或者乘人之危情形的,应当认定有效。

前款协议存在重大误解或者显失公平情形,当事人请求撤销的,人民法院应予支持。

第十一条 劳动人事争议仲裁委员会作出的调解书已经发生法律效力,一方当事人反悔提起诉讼的,人民法院不予受理;已经受理的,裁定驳回起诉。

第十二条 劳动人事争议仲裁委员会逾期未作出受理决定或仲裁裁决,当事人直接提起诉讼的,人民法院应予受理,但申请仲裁的案件存在下列事由的除外:

(一)移送管辖的;

(二)正在送达或送达延误的;

(三)等待另案诉讼结果、评残结论的;

(四)正在等待劳动人事争议仲裁委员会开庭的;

(五)启动鉴定程序或者委托其他部门调查取证的;

(六)其他正当事由。

当事人以劳动人事争议仲裁委员会逾期未作出仲裁裁决为由提起诉讼的,应当提交劳动人事争议仲裁委员会出具的受理通知书或者其他已接受仲裁申请的凭证或证明。

第十三条 劳动者依据调解仲裁法第四十七条第(一)项规定,追索劳动报酬、工伤医疗费、经济补偿或者赔偿金,如果仲裁裁决涉及数项,每项确定的数额均不超过当地月最低工资标准十二个月金额的,应当按照终局裁决处理。

第十四条 劳动人事争议仲裁委员会作出的同一仲裁裁决同时包含终局裁决事项和非终局裁决事项,当事人不服该仲裁裁决向人民法院提起诉讼的,应当按照非终局裁决处理。

第十五条 劳动者依据调解仲裁法第四十八条规定向基层人民法院提起诉讼,用人单位依据调解仲裁法第四十九条规定向劳动人事争议仲裁委员会所在地的中级人民法院申请撤销仲裁裁决的,中级人民法院应不予受理;已经受理的,应当裁定驳回申请。

被人民法院驳回起诉或者劳动者撤诉的,用人单位可以自收到裁定书之日起三十日内,向劳动人事争议仲裁委员会所在地的中级人民法院申请撤销仲裁裁决。

第十六条 用人单位依照调解仲裁法第四十九条规定向中级人民法院申请撤销仲裁裁决,中级人民法院作出的驳回申请或者撤销仲裁裁决的裁定为终审裁定。

第十七条 劳动者依据劳动合同法第三十条第二款和调解仲裁法第十六条规定向人民法院申请支付令,符合民事诉讼法第十七章督促程序规定的,人民法院应予受理。

依据劳动合同法第三十条第二款规定申请支付令被人民法院裁定终结督促程序后,劳动者就劳动争议事项直接向人民法院起诉的,人民法院应当告知其先向劳动人事争议仲裁委员会申请仲裁。

依据调解仲裁法第十六条规定申请支付令被人民法院裁定终结督促程序后,劳动者依据调解协议直接向人民法院提起诉讼的,人民法院应予受理。

第十八条 劳动人事争议仲裁委员会作出终局裁决,劳动者向人民法院申请执行,用人单位向劳动人事争议仲裁委员会所在地的中级人民法院申请撤销的,人民法院应当裁定中止执行。

用人单位撤回撤销终局裁决申请或者其申请被驳回的,人民法院应当裁定恢复执行。仲裁裁决被撤销的,人民法院应当裁定终结执行。

用人单位向人民法院申请撤销仲裁裁决被驳回后,又在执行程序中以相同理由提出不予执行抗辩的,人民法院不予支持。

最高人民法院关于审理劳动争议案件适用法律若干问题的解释(四)

(2012年12月31日最高人民法院审判委员会第1566次会议通过 2013年1月18日最高人民法院公告公布 自2013年2月1日起施行 法释〔2013〕4号)

为正确审理劳动争议案件,根据《中华人民共和国劳动法》《中华人民共和国劳动合同法》《中华人民共和国劳动争议调解仲裁法》《中华人民共和国民事诉讼法》等相关法律规定,结合民事审判实践,就适用法律的若干问题,作如下解释:

第一条 劳动人事争议仲裁委员会以无管辖权为由对劳动争议案件不予受理,当事人提起诉讼的,人民法院按照以下情形分别处理:

(一)经审查认为该劳动人事争议仲裁委员会对案件确无管辖权的,应当告知当事人向有管辖权的劳动人事争议仲裁委员会申请仲裁;

(二)经审查认为该劳动人事争议仲裁委员会有管辖权的,应当告知当事人申请仲裁,并将审查意见书面通知该劳动人事争议仲裁委员会,劳动人事争议仲裁委员会仍不受理,当事人就该劳动争议事项提起诉讼的,应予受理。

第二条 仲裁裁决的类型以仲裁裁决书确定为准。

仲裁裁决书未载明该裁决为终局裁决或非终局裁决,用人单位不服该仲裁裁决向基层人民法院提起诉讼的,应当按照以下情形分别处理:

(一)经审查认为该仲裁裁决为非终局裁决的,基层人民法院应予受理;

(二)经审查认为该仲裁裁决为终局裁决的,基层人民法院不予受理,但应告知用人单位可以自收到不予受理裁定书之日起三十日内向劳动人事争议仲裁委员会所在地的中级人民法院申请撤销该仲裁裁决;已经受理的,裁定驳回起诉。

第三条 中级人民法院审理用人单位申请撤销终局裁决的案件,应当组成合议庭开庭审理。经过阅卷、调查和询问当事人,对没有新的事实、证据或者理由,合议庭认为不需要开庭审理的,可以不开庭审理。

中级人民法院可以组织双方当事人调解。达成调解协议的,可以制作调解书。一方当事人逾期不履行调解协议的,另一方可以申请人民法院强制执行。

第四条 当事人在人民调解委员会主持下仅就给付义务达成的调解协议,双方认为有必要的,可以共同向人民调解委员会所在地的基层人民法院申请司法确认。

第五条 劳动者非因本人原因从原用人单位被安排到新用人单位工作,原用人单位未支付经济补偿,劳动者依照劳动合同法第三十八条规定与新用人单位解除劳动合同,或者新用人单位向劳动者提出解除、终止劳动合同,在计算支付经济补偿或赔偿金的工作年限时,劳动者请求把在原用人单位的工作年限合并计算为新用人单位工作年限的,人民法院应予支持。

用人单位符合下列情形之一的,应当认定属于"劳动者非因本人原因从原用人单位被安排到新用人单位工作":

(一)劳动者仍在原工作场所、工作岗位工作,劳动合同主体由原用人单位变更为新用人单位;

(二)用人单位以组织委派或任命形式对劳动者进行工作调动;

(三)因用人单位合并、分立等原因导致劳动者工作调动;

(四)用人单位及其关联企业与劳动者轮流订立劳动合同;

(五)其他合理情形。

第六条 当事人在劳动合同或者保密协议中约定了竞业限制,但未约定解除或者终止劳动合同后给予劳动者经济补偿,劳动者履行了竞业限制义务,要求用人单位按照劳动者在劳动合同解除或者终止前十二个月平均工资的30%按月支付经济补偿的,人民法院应予支持。

前款规定的月平均工资的30%低于劳动合同履行地最低工资标准的,按照劳动合同履行地最低工资标准支付。

第七条 当事人在劳动合同或者保密协议中约定了竞业限制和经济补偿,当事人解除劳动合同时,除另有约定外,用人单位要求劳动者履行竞业限制义务,或者劳动者履行了竞业限制义务后要求用人单位支付经济补偿的,人民法院应予支持。

第八条 当事人在劳动合同或者保密协议中约定了竞业限制和经济补偿,劳动合同解除或者终止后,因用人单位的原因导致三个月未支付经济补偿,劳动者请求解除竞业限制约定的,人民法院应予支持。

第九条 在竞业限制期限内,用人单位请求解除竞业限制协议时,人民法院应予支持。

在解除竞业限制协议时,劳动者请求用人单位额外支付劳动者三个月的竞业限制经济补偿的,人民法院应予支持。

第十条 劳动者违反竞业限制约定,向用人单位支付违约金后,用人单位要求劳动者按照约定继续履行竞业限制义务的,人民法院应予支持。

第十一条 变更劳动合同未采用书面形式,但已经实际履行了口头变更的劳动合同超过一个月,且变更后的劳动合同内容不违反法律、行政法规、国家政策以及公序良俗,当事人以未采用书面形式为由主张劳动合同变更无效的,人民法院不予支持。

第十二条 建立了工会组织的用人单位解除劳动合同符合劳动合同法第三十九条、第四十条规定,但未按照劳动合同法第四十三条规定事先通知工会,劳动者以用人单位违法解除劳动合同为由请求用人单位支付赔偿金的,人民法院应予支持,但起诉前用人单位已经补正有关程序的除外。

第十三条 劳动合同法施行后,因用人单位经营期限届满不再继续经营导致劳动合同不能继续履行,劳动者请求用人单位支付经济补偿的,人民法院应予支持。

第十四条 外国人、无国籍人未依法取得就业证件即与中国境内的用人单位签订劳动合同，以及香港特别行政区、澳门特别行政区和台湾地区居民未依法取得就业证件即与内地用人单位签订劳动合同，当事人请求确认与用人单位存在劳动关系的，人民法院不予支持。

持有《外国专家证》并取得《外国专家来华工作许可证》的外国人，与中国境内的用人单位建立用工关系的，可以认定为劳动关系。

第十五条 本解释施行前本院颁布的有关司法解释与本解释抵触的，自本解释施行之日起不再适用。

本解释施行后尚未终审的劳动争议纠纷案件，适用本解释；本解释施行前已经终审，当事人申请再审或者按照审判监督程序决定再审的，不适用本解释。

最高人民法院、劳动和社会保障部、人事部、财政部关于对聘任合同解除或期满后的人民法院聘任制书记员社会保险关系适用有关政策的通知

（2006年12月25日　法〔2006〕332号）

各省、自治区、直辖市高级人民法院、劳动和社会保障厅（局）、人事厅（局）、财政厅（局），新疆维吾尔自治区高级人民法院生产建设兵团分院，新疆生产建设兵团劳动和社会保障局、人事局、财务局：

为提高人民法院队伍的整体素质和专业化水平，进一步推进人民法院人事管理制度改革，做好书记员聘任制改革和试点工作，妥善解决聘任制书记员合同解除或期满后的社会保险关系衔接问题，现就有关事项明确如下：

对聘任合同解除或期满后的人民法院聘任制书记员，进入企业工作时，其社会保险关系的处理，适用《关于职工在机关事业单位与企业之间流动时社会保险关系处理意见的通知》（劳社部发〔2001〕13号）的有关规定。

特此通知。

最高人民法院关于人民法院审理事业单位人事争议案件若干问题的规定

（2003年6月17日最高人民法院审判委员会第1278次会议通过　2003年8月27日最高人民法院公告公布　自2003年9月5日起施行　法释〔2003〕13号）

为了正确审理事业单位与其工作人员之间的人事争议案件，根据《中华人民共和国劳动法》的规定，现对有关问题规定如下：

第一条 事业单位与其工作人员之间因辞职、辞退及履行聘用合同所发生的争议，适用《中华人民共和国劳动法》的规定处理。

第二条 当事人对依照国家有关规定设立的人事争议仲裁机构所作的人事争议仲裁裁决不服，自收到仲裁裁决之日起十五日内向人民法院提起诉讼的，人民法院应当依法受理。一方当事人在法定期间内不起诉又不履行仲裁裁决，另一方当事人向人民法院申请执行的，人民法院应当依法执行。

第三条 本规定所称人事争议是指事业单位与其工作人员之间因辞职、辞退及履行聘用合同所发生的争议。

最高人民法院关于法院领导干部不得兼任与审判工作无关的领导职务的通知

（2001年9月21日 法〔2001〕138号）

各省、自治区、直辖市高级人民法院，解放军军事法院，新疆维吾尔自治区高级人民法院生产建设兵团分院：

近年来，一些法院领导干部在一些临时机构和社会团体中兼任领导职务的日趋增多。从各地了解的情况看，这些兼任的职务，有的与人民法院职能相冲突，不利于人民法院依法独立公正地行使审判权，损害人民法院的权威和形象；有的与法院工作毫无关系，分散了领导大量的工作精力，干扰了法院的正常工作；有的还为违法违纪行为的发生提供了便利和条件。总之，法院领导干部兼任与审判工作无关的领导职务，利少弊多。为保证法院领导干部能集中精力抓好法院工作，防止滥用审判权从事违法活动，确保司法廉洁，维护司法公正，现就法院领导干部兼职问题规定如下：

一、各级人民法院的领导干部一律不得在一些临时机构和社会团体中兼任与审判工作无关的领导职务，不得从事超越法律规定的职权范围的活动。

二、对地方党政部门和一些社会团体要求法院领导干部兼任与审判工作无关的领导职务的，应向他们讲清人民法院的特定职责和兼职的弊端，坚决予以拒绝；确有必要在一些与法院工作有联系的临时机构和社会团体中兼职的，需报经上一级人民法院审核批准。

三、各级人民法院要对领导干部兼职情况进行一次认真清理。凡兼任与审判工作无关的领导职务的，应坚决辞去职务。上级人民法院要对清理工作进行督促检查，对违反规定继续兼职的，要坚决予以纠正。

最高人民法院关于在审理和执行民事、经济纠纷案件时不得查封、冻结和扣划社会保险基金的通知

（2000年2月18日 法〔2000〕19号）

各省、自治区、直辖市高级人民法院，新疆维吾尔自治区高级人民法院生产建设兵团分院：

近一个时期，少数法院在审理和执行社会保险机构原下属企业（现已全部脱勾）与其他企业、单位的经济纠纷案件时，查封社会保险机构开设的社会保险基金账户，影响了社会保险基金的正常发放，不利于社会的稳定。为杜绝此类情况的发生，特通知如下：

社会保险基金是由社会保险机构代参保人员管理，并最终由参保人员享用的公共基金，不属于社会保险机构所有。社会保险机构对该项基金设立专户管理，专款专用，专项用于保障企业退休职工、失业人员的基本生活需要，属专项资金，不得挪作他用。因此，各地人民法院在审理和执行民事、经济纠纷案件时，不得查封、冻结或扣划社会保险基金；不得用社会保险基金偿还社会保险机构及其原下属企业的债务。

各地人民法院如发现有违反上述规定的，应当及时依法予以纠正。

最高人民法院关于印发国家统计局《关于对职工日平均工资计算问题的复函》的通知

（1996 年 2 月 13 日 〔1996〕法赔字第 1 号）

各高级人民法院、解放军军事法院赔偿委员会：

现将国家统计局《关于对职工日平均工资计算问题的复函》印发给你们，对日赔偿金的计算方法，可参照复函的意见办理。

国家统计局关于对职工日平均工资计算问题的复函

（国统字〔1996〕34 号）

最高人民法院：

你院法函〔1995〕166 号收悉，现就你们提出的有关职工日平均工资的计算方法答复如下：

一、我局现有的劳动统计中没有设置“职工日平均工资”指标，也不计算“职工日平均工资”。

二、对此项指标，我们建议采用职工年平均工资除以全年法定工作日数的方法计算。

最近，劳动部在关于贯彻执行劳动法若干问题的意见中规定，实行每周 40 小时工作制的年法定工作日数为 254 天。

以上方法供你们参考。

最高人民法院关于实行社会保险的企业破产后各种社会保险统筹费用应缴纳至何时的批复

（1996 年 11 月 22 日 法复〔1996〕17 号）

四川省高级人民法院：

你院川高法（1995）167 号《关于实行社会保险的企业破产后，各种社会保险统筹费用应缴纳至何时的请示》已收悉。经研究，现答复如下：

参加社会保险的企业破产的，欠缴的社会保险统筹费用应当缴纳至人民法院裁定宣告破产之日。

最高人民法院、国家计划委员会、公安部、国内贸易部关于解决派驻劳改劳教场所法院干部家属“农转非”问题的意见

(1993年9月6日　法发〔1993〕22号)

人民法院设立在劳改劳教场所的人民法庭担负着死缓、无期徒刑、有期徒刑等犯人的减刑、假释和又犯罪案件的审判工作。派驻劳改劳教场所的法庭工作人员与劳改劳教干部、检察干部只是工作分工不同,其生活、工作条件都是完全一样的,因此,他们的家属和子女的“农转非”问题应参照劳改劳教干部和检察干部家属“农转非”的原则和条件予以解决。根据中央关于加强劳改劳教工作的指示和有关政策,为进一步贯彻《全国法院减刑、假释工作座谈会纪要》的精神,稳定设立在劳改劳教场所的人民法院审判队伍,参照中共中央办公厅、国务院办公厅一九八一年转发《第八次全国劳改工作会议纪要》确定的原则和公安部、劳动人事部、商业部、最高人民检察院一九八四年下发的《关于解决人民检察院劳改劳教检察派出机构干部的农村亲属迁往派出机构所在地区落户由国家供应口粮问题的规定》,经研究对人民法院设立在劳改劳教场所人民法庭工作的干部家属办理“农转非”的具体条件和审批手续提出如下意见:

一、准许家属落户的条件

凡派驻在劳改劳教农场和大中城市近郊区、县以外的劳改劳教工业单位区域内人民法庭的干部,参加工作十五年以上,或年龄在三十八周岁以上,或现任审判员以上职务的,其在农村的配偶和符合计划生育政策的十五周岁及十五周岁以下子女(包括超过十五周岁在校中学生或因病残生活不能自理的),以及丧失劳动能力、在农村无依无靠、唯一靠法院工作人员赡养的父母,应当允许将户口迁入人民法庭所在地,粮食部门办理市镇粮食供应手续,保留市镇定量人口的粮食供应关系,在未放开粮价的地方由国家供应口粮。所增加的支出,由地方财政负担。

二、审批的权限和手续

人民法院设立在劳改劳教场所人民法庭工作的干部农村家属到人民法庭所在地落户,由上一级人民法院审查后,层报最高人民法院审核。经审核认定和地市公安、粮食部门批准,到所在地公安和粮食机关办理户粮手续。

法院干部家属“农转非”所需指标,列入国家计划。根据最高人民法院总核实的数字,由国家分别下达给有关省、自治区、直辖市,各地负责统筹安排。

三、设立在劳改劳教场所的人民法庭干部家属“农转非”后,除提升等特殊情况外,本人至少在三至五年内不得申请调离现岗位。

◎ 指导案例

1. 孙立兴诉天津新技术产业园区劳动人事局工伤认定案[①]

【关键词】

行政工伤认定　工作原因　工作场所　工作过失

【裁判要点】

1.《工伤保险条例》第十四条第一项规定的“因工作原因”,是指职工受伤与其从事本职工作之间存在关联关系。

2.《工伤保险条例》第十四条第一项规定的“工作场所”,是指与职工工作职责相关的场所,有多个工作场所的,还包括工作时间内职工来往于多个工作场所之间的合理区域。

3.职工在从事本职工作中存在过失,不属于《工伤保险条例》第十六条规定的故意犯罪、醉酒或者吸毒、自残或者自杀情形,不影响工伤的认定。

【相关法条】

《工伤保险条例》第十四条第一项、第十六条

【基本案情】

原告孙立兴诉称:其在工作时间、工作地点、因工作原因摔倒致伤,符合《工伤保险条例》规定的情形。天津新技术产业园区劳动人事局(以下简称园区劳动局)不认定工伤的决定,认定事实错误,适用法律不当。请求撤销园区劳动局所作的《工伤认定决定书》,并判令园区劳动局重新作出工伤认定行为。

被告园区劳动局辨称:天津市中力防雷技术有限公司(以下简称中力公司)业务员孙立兴因公外出期间受伤,但受伤不是由于工作原因,而是由于本人注意力不集中,脚底踩空,才在下台阶时摔伤。其受伤结果与其所接受的工作任务没有明显的因果关系,故孙立兴不符合《工伤保险条例》规定的应当认定为工伤的情形。园区劳动局作出的不认定工伤的决定,事实清楚,证据充分,程序合法,应予维持。

第三人中力公司述称:因本公司实行末位淘汰制,孙立兴事发前已被淘汰。但因其原从事本公司的销售工作,还有收回剩余货款的义务,所以才偶尔回公司打电话。事发时,孙立兴已不属于本公司职工,也不是在本公司工作场所范围内摔伤,不符合认定工伤的条件。

法院经审理查明:孙立兴系中力公司员工,2003年6月10日上午受中力公司负责人指派去北京机场接人。其从中力公司所在地天津市南开区华苑产业园区国际商业中心(以下简称商业中心)八楼下楼,欲到商业中心院内停放的红旗轿车处去开车,当行至一楼门口台阶处时,孙立兴脚下一滑,从四层台阶处摔倒在地面上,造成四肢不能活动。经医院诊断为颈髓过伸位损伤合并颈部神经根牵拉伤、上唇挫裂伤、左手臂擦伤、左腿皮擦伤。孙立兴向园区劳动局提出工伤认定申请,园区劳动局于2004年3月5日作出(2004)0001号《工伤认定决定书》,认为根据受伤职工本人的工伤申请和医疗诊断证明书,结合有关调查材料,依据《工伤保险条例》第十四条第五项的工伤认定标准,没有证据表明孙立兴的摔伤事故系由工作原因造成,决定不认定孙立兴摔伤事故为工伤事故。孙立兴不服园区劳动局《工伤认定决定书》,向天津市第一中级人民法院提起行政诉讼。

---

① 案例来源:2014年12月24日最高人民法院关于发布第九批指导性案例的通知第40号。

【裁判结果】

天津市第一中级人民法院于2005年3月23日作出(2005)一中行初字第39号行政判决:一、撤销园区劳动局所作(2004)0001号《工伤认定决定书》;二、限园区劳动局在判决生效后60日内重新作出具体行政行为。园区劳动局提起上诉,天津市高级人民法院于2005年7月11日作出(2005)津高行终字第0034号行政判决:驳回上诉,维持原判。

【裁判理由】

法院生效裁判认为:各方当事人对园区劳动局依法具有本案行政执法主体资格和法定职权,其作出被诉工伤认定决定符合法定程序,以及孙立兴是在工作时间内摔伤,均无异议。本案争议焦点包括:一是孙立兴摔伤地点是否属于其"工作场所"?二是孙立兴是否"因工作原因"摔伤?三是孙立兴工作过程中不够谨慎的过失是否影响工伤认定?

一、关于孙立兴摔伤地点是否属于其"工作场所"问题

《工伤保险条例》第十四条第一项规定,职工在工作时间和工作场所内,因工作原因受到事故伤害,应当认定为工伤。该规定中的"工作场所",是指与职工工作职责相关的场所,在有多个工作场所的情形下,还应包括职工来往于多个工作场所之间的合理区域。本案中,位于商业中心八楼的中力公司办公室,是孙立兴的工作场所,而其完成去机场接人的工作任务需驾驶的汽车停车处,是孙立兴的另一处工作场所。汽车停在商业中心一楼的门外,孙立兴要完成开车任务,必须从商业中心八楼下到一楼门外停车处,故从商业中心八楼到停车处是孙立兴来往于两个工作场所之间的合理区域,也应当认定为孙立兴的工作场所。园区劳动局认为孙立兴摔伤地点不属于其工作场所,系将完成工作任务的合理路线排除在工作场所之外,既不符合立法本意,也有悖于生活常识。

二、关于孙立兴是否"因工作原因"摔伤的问题

《工伤保险条例》第十四条第一项规定的"因工作原因",指职工受伤与其从事本职工作之间存在关联关系,即职工受伤与其从事本职工作存在一定关联。孙立兴为完成开车接人的工作任务,必须从商业中心八楼的中力公司办公室下到一楼进入汽车驾驶室,该行为与其工作任务密切相关,是孙立兴为完成工作任务客观上必须进行的行为,不属于超出其工作职责范围的其他不相关的个人行为。因此,孙立兴在一楼门口台阶处摔伤,系为完成工作任务所致。园区劳动局主张孙立兴在下楼过程中摔伤,与其开车任务没有直接的因果关系,不符合"因工作原因"致伤,缺乏事实根据。另外,孙立兴接受本单位领导指派的开车接人任务后,从中力公司所在商业中心八楼下到一楼,在前往院内汽车停放处的途中摔倒,孙立兴当时尚未离开公司所在院内,不属于"因公外出"的情形,而是属于在工作时间和工作场所内。

三、关于孙立兴工作中不够谨慎的过失是否影响工伤认定的问题

《工伤保险条例》第十六条规定了排除工伤认定的三种法定情形,即因故意犯罪、醉酒或者吸毒、自残或者自杀的,不得认定为工伤或者视同工伤。职工从事工作中存在过失,不属于上述排除工伤认定的法定情形,不能阻却职工受伤与其从事本职工作之间的关联关系。工伤事故中,受伤职工有时具有疏忽大意、精力不集中等过失行为,工伤保险正是分担事故风险、提供劳动保障的重要制度。如果将职工个人主观上的过失作为认定工伤的排除条件,违反工伤保险"无过失补偿"的基本原则,不符合《工伤保险条例》保障劳动者合法权益的立法目的。据此,即使孙立兴工作中在行走时确实有失谨慎,也不影响其摔伤系"因工作原因"的认定结论。园区劳动局以导致孙立兴摔伤的原因不是雨、雪天气使台阶地滑,而是因为孙立兴自己精力不集中导致为由,主张孙立兴不属于"因工作原因"摔伤而不予认定工伤,缺乏法律依据。

综上,园区劳动局作出的不予认定孙立兴为工伤的决定,缺乏事实根据,适用法律错误,依法应予撤销。

2. 王明德诉乐山市人力资源和社会保障局工伤认定案[①]

【关键词】

行政诉讼　工伤认定　程序性行政行为　受理

【裁判要点】

当事人认为行政机关作出的程序性行政行为侵犯其人身权、财产权等合法权益,对其权利义务产生明显的实际影响,且无法通过提起针对相关的实体性行政行为的诉讼获得救济,而对该程序性行政行为提起行政诉讼的,人民法院应当依法受理。

【相关法条】

《中华人民共和国行政诉讼法》第12条、第13条

【基本案情】

原告王明德系王雷兵之父。王雷兵是四川嘉宝资产管理集团有限公司峨眉山分公司职工。2013年3月18日,王雷兵因交通事故死亡。由于王雷兵驾驶摩托车倒地翻覆的原因无法查实,四川省峨眉山市公安局交警大队于同年4月1日依据《道路交通事故处理程序规定》第五十条的规定,作出乐公交认定〔2013〕第00035号《道路交通事故证明》。该《道路交通事故证明》载明:2013年3月18日,王雷兵驾驶无牌"卡迪王"二轮摩托车由峨眉山市大转盘至小转盘方向行驶。1时20分许,当该车行至省道S306线29.3KM处驶入道路右侧与隔离带边缘相擦挂,翻覆于隔离带内,造成车辆受损、王雷兵当场死亡的交通事故。

2013年4月10日,第三人四川嘉宝资产管理集团有限公司峨眉山分公司就其职工王雷兵因交通事故死亡,向被告乐山市人力资源和社会保障局申请工伤认定,并同时提交了峨眉山市公安局交警大队所作的《道路交通事故证明》等证据。被告以公安机关交通管理部门尚未对本案事故作出交通事故认定书为由,于当日作出乐人社工时〔2013〕05号(峨眉山市)《工伤认定时限中止通知书》(以下简称《中止通知》),并向原告和第三人送达。

2013年6月24日,原告通过国内特快专递邮件方式,向被告提交了《恢复工伤认定申请书》,要求被告恢复对王雷兵的工伤认定。因被告未恢复对王雷兵工伤认定程序,原告遂于同年7月30日向法院提起行政诉讼,请求判决撤销被告作出的《中止通知》。

【裁判结果】

四川省乐山市市中区人民法院于2013年9月25日作出(2013)乐中行初字第36号判决,撤销被告乐山市人力资源和社会保障局于2013年4月10日作出的乐人社工时〔2013〕05号《中止通知》。一审宣判后,乐山市人力资源和社会保障局提起了上诉。乐山市中级人民法院二审审理过程中,乐山市人力资源和社会保障局递交撤回上诉申请书。乐山市中级人民法院经审查认为,上诉人自愿申请撤回上诉,属其真实意思表示,符合法律规定,遂裁定准许乐山市人力资源和社会保障局撤回上诉。一审判决已发生法律效力。

【裁判理由】

法院生效裁判认为,本案争议的焦点有两个:一是《中止通知》是否属于可诉行政行为;二是《中止通知》是否应当予以撤销。

一、关于《中止通知》是否属于可诉行政行为问题

法院认为,被告作出《中止通知》,属于工伤认定程序中的程序性行政行为,如果该行为不涉及

---

① 案例来源:2016年9月19日最高人民法院关于发布第14批指导性案例的通知第69号。

终局性问题，对相对人的权利义务没有实质影响的，属于不成熟的行政行为，不具有可诉性，相对人提起行政诉讼的，不属于人民法院受案范围。但如果该程序性行政行为具有终局性，对相对人权利义务产生实质影响，并且无法通过提起针对相关的实体性行政行为的诉讼获得救济的，则属于可诉行政行为，相对人提起行政诉讼的，属于人民法院行政诉讼受案范围。

虽然根据《中华人民共和国道路交通安全法》第七十三条的规定："公安机关交通管理部门应当根据交通事故现场勘验、检查、调查情况和有关的检验、鉴定结论，及时制作交通事故认定书，作为处理交通事故的证据。交通事故认定书应当载明交通事故的基本事实、成因和当事人的责任，并送达当事人"。但是，在现实道路交通事故中，也存在因道路交通事故成因确实无法查清，公安机关交通管理部门不能作出交通事故认定书的情况。对此，《道路交通事故处理程序规定》第五十条规定："道路交通事故成因无法查清的，公安机关交通管理部门应当出具道路交通事故证明，载明道路交通事故发生的时间、地点、当事人情况及调查得到的事实，分别送达当事人。"就本案而言，峨眉山市公安局交警大队就王雷兵因交通事故死亡，依据所调查的事故情况，只能依法作出《道路交通事故证明》，而无法作出《交通事故认定书》。因此，本案中《道路交通事故证明》已经是公安机关交通管理部门依据《道路交通事故处理程序规定》就事故作出的结论，也就是《工伤保险条例》第二十条第三款中规定的工伤认定决定需要的"司法机关或者有关行政主管部门的结论"。除非出现新事实或者法定理由，否则公安机关交通管理部门不会就本案涉及的交通事故作出其他结论。而本案被告在第三人申请认定工伤时已经提交了相关《道路交通事故证明》的情况下，仍然作出《中止通知》，并且一直到原告起诉之日，被告仍以工伤认定处于中止中为由，拒绝恢复对王雷兵死亡是否属于工伤的认定程序。由此可见，虽然被告作出《中止通知》是工伤认定中的一种程序性行为，但该行为将导致原告的合法权益长期，乃至永久得不到依法救济，直接影响了原告的合法权益，对其权利义务产生实质影响，并且原告也无法通过对相关实体性行政行为提起诉讼以获得救济。因此，被告作出《中止通知》，属于可诉行政行为，人民法院应当依法受理。

二、关于《中止通知》应否予以撤销问题

法院认为，《工伤保险条例》第二十条第三款规定，"作出工伤认定决定需要以司法机关或者有关行政主管部门的结论为依据的，在司法机关或者有关行政主管部门尚未作出结论期间，作出工伤认定决定的时限中止"。如前所述，第三人在向被告就王雷兵死亡申请工伤认定时已经提交了《道路交通事故证明》。也就是说，第三人申请工伤认定时，并不存在《工伤保险条例》第二十条第三款所规定的依法可以作出中止决定的情形。因此，被告依据《工伤保险条例》第二十条规定，作出《中止通知》属于适用法律、法规错误，应当予以撤销。另外，需要指出的是，在人民法院撤销被告作出的《中止通知》判决生效后，被告对涉案职工认定工伤的程序即应予以恢复。

(六)国土、能源等资源

中华人民共和国土地管理法

(1986年6月25日第六届全国人民代表大会常务委员会第十六次会议通过　根据1988年12月29日第七届全国人民代表大会常务委员会第五次会议《关于修改〈中华人民共和国土地管理法〉的决定》第一次修正　1998年8月29日第九届全国人民代表大会常务委员会第四次会议修订通过　根据2004年8月28日第十届全国人民代表大会常务委员会第十一次会议《关于修改〈中华人民共和国土地管理法〉的决定》第二次修正)

第一章　总　　则

第一条　【立法宗旨】为了加强土地管理,维护土地的社会主义公有制,保护、开发土地资源,合理利用土地,切实保护耕地,促进社会经济的可持续发展,根据宪法,制定本法。

第二条　【基本土地制度】中华人民共和国实行土地的社会主义公有制,即全民所有制和劳动群众集体所有制。

全民所有,即国家所有土地的所有权由国务院代表国家行使。

任何单位和个人不得侵占、买卖或者以其他形式非法转让土地。土地使用权可以依法转让。

国家为了公共利益的需要,可以依法对土地实行征收或者征用并给予补偿。

国家依法实行国有土地有偿使用制度。但是,国家在法律规定的范围内划拨国有土地使用权的除外。

条文释义:[土地的社会主义公有制]

宪法规定,社会主义公有制是我国社会主义经济制度的基础之一,我国的土地属于国家和集体所有,分为全民所有制和集体所有制,任何单位和个人不得侵犯,不能以侵占、买卖或以其他形式非法转让土地。土地的社会主义公有制是最基本的土地制度,一切土地立法都应当遵循该制度。

[土地征收制度]

土地所有权转让的例外形式是国家对土地的征收。为了保证社会长远发展和公益事业发展的顺畅,当国有建设用地不足时,国家或政府可以对属于集体所有的土地进行征收。由于征收是对土地的重新分配,关乎与该块土地具有权利关联的众多单位和个人的利益,因此征收的适用必须严格限制,不得滥用。

[土地有偿使用制度]

国有土地有偿使用制度,主要是指国家将国有土地使用权在一定年限内提供给土地使用者,由土地使用者向国家支付土地使用权出让金的制度。在必要的时候,主要是基于公共事业发展等原因,国家可能将一定量的土地划拨给使用者进行建设。

相关规定:《宪法》第10条;《物权法》第40、42、43、46－48、58、119、121条;《城市房地产管理法》第3、9条

第三条　【土地基本国策】十分珍惜、合理利用土地和切实保护耕地是我国的基本国策。各级人民政府应当采取措施,全面规划,严格管理,保护、开发土地资源,制止非法占用土地的行为。

相关规定：《物权法》第43条；《国务院关于加大工作力度进一步治理整顿土地市场秩序的紧急通知》

第四条 【土地用途管制制度】国家实行土地用途管制制度。

国家编制土地利用总体规划，规定土地用途，将土地分为农用地、建设用地和未利用地。严格限制农用地转为建设用地，控制建设用地总量，对耕地实行特殊保护。

前款所称农用地是指直接用于农业生产的土地，包括耕地、林地、草地、农田水利用地、养殖水面等；建设用地是指建造建筑物、构筑物的土地，包括城乡住宅和公共设施用地、工矿用地、交通水利设施用地、旅游用地、军事设施用地等；未利用地是指农用地和建设用地以外的土地。

使用土地的单位和个人必须严格按照土地利用总体规划确定的用途使用土地。

第五条 【土地管理机构设置】国务院土地行政主管部门统一负责全国土地的管理和监督工作。

县级以上地方人民政府土地行政主管部门的设置及其职责，由省、自治区、直辖市人民政府根据国务院有关规定确定。

条文释义：[中央一级]

在1998年国务院机构改革中，原国家土地管理局与地质矿产部、国家海洋局、国家测绘局合并组建了国土资源部。国土资源部被确定为我国中央一级的土地行政主管部门。

[地方一级]

中央政府2003年决定在全国实行省以下土地垂直管理体制，以进一步加强国家对国土资源的宏观调控，强化省一级人民政府对国土资源管理的责任，实行最严格的耕地保护制度。继省以下垂直管理体制确立后，国务院又设立国家土地总督察及其办公室，向地方派驻国家土地督察局，对各地政府土地利用和管理情况进行监督检查。

相关规定：《国务院办公厅关于印发国土资源部职能配置内设机构和人员编制规定的通知》

第六条 【守法义务与检举、控告权】任何单位和个人都有遵守土地管理法律、法规的义务，并有权对违反土地管理法律、法规的行为提出检举和控告。

第七条 【奖励措施】在保护和开发土地资源、合理利用土地以及进行有关的科学研究等方面成绩显著的单位和个人，由人民政府给予奖励。

第二章 土地的所有权和使用权

第八条 【土地所有权归属】城市市区的土地属于国家所有。

农村和城市郊区的土地，除由法律规定属于国家所有的以外，属于农民集体所有；宅基地和自留地、自留山，属于农民集体所有。

第九条 【土地使用权】国有土地和农民集体所有的土地，可以依法确定给单位或者个人使用。使用土地的单位和个人，有保护、管理和合理利用土地的义务。

第十条 【集体所有土地的经营和管理】农民集体所有的土地依法属于村农民集体所有的，由村集体经济组织或者村民委员会经营、管理；已经分别属于村内两个以上农村集体经济组织的农民集体所有的，由村内各该农村集体经济组织或者村民小组经营、管理；已经属于乡（镇）农民集体所有的，由乡（镇）农村集体经济组织经营、管理。

条文释义：考虑到过去的“三级所有，队为基础”的基本生产队模式，本条将农民集体所有土地的经营、管理分为三种情况：

农民集体所有的土地依法属于村农民集体所有的，由村集体经济组织或者村民委员会经营、管理。已经分别属于村内两个以上农村集体经济组织的农民集体所有的，由村内各该农村集体经济组织或者村民小组经营、管理。已经属于乡（镇）农民集体所有的，由乡（镇）农村集体经济组织经营、管理。对于前两种情况，有集体经济组织的就让集体经济组织做，集体经济组织已经不健全的，应当由现在的村民自治组织——村民委员会或村民小组来做。对于第三种情况，则直接由乡（镇）农村集体经济组织经营、管理。

相关规定：《物权法》第60条；《国务院法制办公室关于供销合作社能否享有集体土地所有权问题的复函》

第十一条　【土地登记发证制度】农民集体所有的土地，由县级人民政府登记造册，核发证书，确认所有权。

农民集体所有的土地依法用于非农业建设的，由县级人民政府登记造册，核发证书，确认建设用地使用权。

单位和个人依法使用的国有土地，由县级以上人民政府登记造册，核发证书，确认使用权；其中，中央国家机关使用的国有土地的具体登记发证机关，由国务院确定。

确认林地、草原的所有权或者使用权，确认水面、滩涂的养殖使用权，分别依照《中华人民共和国森林法》、《中华人民共和国草原法》和《中华人民共和国渔业法》的有关规定办理。

条文释义：土地登记是依法对国有土地使用权、集体土地所有权、集体土地建设用地使用权和他项权利的登记，分初始土地登记和变更土地登记。本条规定的是土地的初始登记制度，又称土地总登记，指土地登记机关在一定时间内，对辖区内全部土地，或者全部农村土地，或者全部城镇土地进行的普遍登记，主要包括对国有土地的使用、农村集体土地的所有和农村集体土地的建设用地使用情况的登记三类。

土地登记的具体登记程序是：登记先后要经过县级以上地方人民政府发布通告、登记申请者向土地管理部门提交登记申请书及权属来源证明、土地管理部门随后组织辖区内的地籍调查并进行全面审核、最后对认为符合登记要求的宗地予以公告，如果公告没有被提出异议，则公告期满后，最终由人民政府批准并办理注册登记，向申请者分别颁发《国有土地使用证》、《集体土地所有证》和《集体土地使用证》，分别确认使用权、所有权、建设用地使用权。土地登记资料可以公开查询。

相关规定：《物权法》第139条；《土地管理法实施条例》第3－5条；《土地登记办法》第3条；《国土资源部关于进一步规范土地登记工作的通知》；《国土资源部关于贯彻执行〈中华人民共和国土地管理法〉和〈中华人民共和国土地管理法实施条例〉若干问题的意见》；《国土资源部关于贯彻实施〈土地登记办法〉进一步加强土地登记工作的通知》

第十二条　【土地变更登记】依法改变土地权属和用途的，应当办理土地变更登记手续。

条文释义：变更土地登记，是初始土地登记以外的土地登记。在发生依法改变土地所有权、使用权的，依法转让地上建筑物、构筑物等附着物导致土地使用权转移，土地用途改变等情况后，初始登记中的内容就会与现状不符，因此，土地的所有者或使用者必须提交证明变更事项发生的资料或原土地证书，向土地所在地的县级以上人民政府土地行政主管部门提出土地变更登记申请，由原土地登记机关依法进行土地使用权、所有权或抵押权、承租权等他项权利的设定登记和变更登记，土地名称、地址和用途的变更登记，土地注销登记等。土地所有权、使用权的变更，自变更登记之日起生效。

［申请土地变更登记的情形］

根据《土地登记办法》第39－48条的规定，下列情形下必须办理土地变更登记：(1)依法以出让、国有土地租赁、作价出资或者入股方式取得的国有建设用地使用权转让的，当事人应当持原国有土地使用证和土地权利发生转移的相关证明材料,申请国有建设用地使用权变更登记。(2)因依法买卖、交换、赠与地上建筑物、构筑物及其附属设施涉及建设用地使用权转移的,当事人应当持原土地权利证书、变更后的房屋所有权证书及土地使用权发生转移的相关证明材料,申请建设用地使用权变更登记。涉及划拨土地使用权转移的,当事人还应当提供有批准权人民政府的批准文件。(3)因法人或者其他组织合并、分立、兼并、破产等原因致使土地使用权发生转移的,当事人应当持相关协议及有关部门的批准文件、原土地权利证书等相关证明材料,申请土地使用权变更登记。(4)因处分抵押财产而取得土地使用权的,当事人应当在抵押财产处分后,持相关证明文件,申请土地使用权变更登记。(5)土地使用权抵押期间,土地使用权依法发生转让的,当事人应当持抵押权人同意转让的书面证明、转让合同及其他相关证明材料,申请土地使用权变更登记。已经抵押的土地使用权转让后,当事人应当持土地权利证书和他项权利证明书,办理土地抵押权变更登记。(6)经依法登记的土地抵押权因主债权被转让而转让的,主债权的转让人和受让人可以持原土地他项权利证明书、转让协议、已经通知债务人的证明等相关证明材料,申请土地抵押权变更登记。(7)因人民法院、仲裁机构生效的法律文书或者因继承、受遗赠取得土地使用权,当事人申请登记的,应当持生效的法律文书或者死亡证明、遗嘱等相关证明材料,申请土地使用权变更登记。权利人在办理登记之前先行转让该土地使用权或者设定土地抵押权的,应当依照本办法先将土地权利申请登记到其名下后,再申请办理土地权利变更登记。(8)已经设定地役权的土地使用权转移后,当事人申请登记的,供役地权利人和需役地权利人应当持变更后的地役权合同及土地权利证书等相关证明材料,申请办理地役权变更登记。(9)土地权利人姓名或名称、地址发生变化的,当事人应当持原土地权利证书等相关证明材料,申请姓名或者名称、地址变更登记。(10)土地的用途发生变更的,当事人应当持有关批准文件和原土地权利证书,申请土地用途变更登记。土地用途变更依法需要补交土地出让价款的,当事人还应当提交已补交土地出让价款的缴纳凭证。

相关规定:《物权法》第145、151条;《土地管理法实施条例》第6条;《土地登记办法》第5章

第十三条 【土地登记的效力】依法登记的土地的所有权和使用权受法律保护,任何单位和个人不得侵犯。

条文释义:[依法登记的土地所有权和使用权受到侵害时的救济途径]

(1)行政救济途径。当土地所有权人和使用权人的权利受侵害时,可以请求行政机关给予保护,或作出处理。(2)司法救济途径。当土地所有权人和使用权人的权利受侵害时,受害人可以通过以下途径寻求司法救济:①通过确权之诉来解决。即自己的权利与他人发生归属争议时,请求法院确认权利的存在与归属;②通过给付之诉来解决。即当义务人不履行自己的义务时,权利人可请求法院责令义务人履行自己的义务;③通过变更之诉来解决。即权利人要求变动已经存在的权利时,请求法院依法予以变更。

相关规定:《土地管理法实施条例》第3-7条

第十四条 【农民集体所有土地承包经营权】农民集体所有的土地由本集体经济组织的成员承包经营,从事种植业、林业、畜牧业、渔业生产。土地承包经营期限为30年。发包方和承包方应当订立承包合同,约定双方的权利和义务。承包经营土地的农民有保护和按照承包合同约定的用途合理利用土地的义务。农民的土地承包经营权受法律保护。

在土地承包经营期限内,对个别承包经营者之间承包的土地进行适当调整的,必须经村民会议2/3以上成员或者2/3以上村民代表的同意,并报乡(镇)人民政府和县级人民政府农业行政主管部门批准。

条文释义:[承包合同]

个人或农户要获得承包经营权,应当与该片土地的经营管理者签订合法有效的承包合同,约定

双方的权利和义务。合同当事人包括发包方和承包方：发包方是作为集体土地经营管理者的农村集体经济组织、村民委员会、村民小组；承包方应是作为本集体经济组织成员的农民。承包合同的双方当事人应当享有合同约定的权利并履行合同规定的义务，尤其是承包方的承包经营权是法律保护的重点。

[承包经营的期限]

目前国家在农村的政策已经明确新一轮的农村土地承包合同要30年不变。根据《物权法》的具体规定，耕地的承包期为30年；草地的承包期为30－50年；林地的承包期为30－70年；特殊林木的林地承包期，经国务院林业行政主管部门批准可以延长。

[承包经营权的变更]

为了维护承包经营关系的稳定和农民的土地利益，法律对承包经营权的变更采取了比较严格的限制措施，首先要征得村民会议2/3以上成员或者2/3以上村民代表的同意，然后还须报乡（镇）人民政府和县级人民政府农业行政主管部门批准。

相关规定：《物权法》第59条；《农村土地承包法》第13－17、20、50条；《农村土地承包经营权流转管理办法》

第十五条　【国有土地承包经营权】国有土地可以由单位或者个人承包经营，从事种植业、林业、畜牧业、渔业生产。农民集体所有的土地，可以由本集体经济组织以外的单位或者个人承包经营，从事种植业、林业、畜牧业、渔业生产。发包方和承包方应当订立承包合同，约定双方的权利和义务。土地承包经营的期限由承包合同约定。承包经营土地的单位和个人，有保护和按照承包合同约定的用途合理利用土地的义务。

农民集体所有的土地由本集体经济组织以外的单位或者个人承包经营的，必须经村民会议2/3以上成员或者2/3以上村民代表的同意，并报乡（镇）人民政府批准。

第十六条　【土地权属争议的处理】土地所有权和使用权争议，由当事人协商解决；协商不成的，由人民政府处理。

单位之间的争议，由县级以上人民政府处理；个人之间、个人与单位之间的争议，由乡级人民政府或者县级以上人民政府处理。

当事人对有关人民政府的处理决定不服的，可以自接到处理决定通知之日起30日内，向人民法院起诉。

在土地所有权和使用权争议解决前，任何一方不得改变土地利用现状。

条文释义：[土地权属的争议]

土地权属的争议既有可能是关于土地的所有权，也有可能是关于土地的使用权而发生的争议。在发生权属争议时，争议双方应当先行协商，将纠纷尽快以最低成本解决；若协商不成，再交由土地管理部门处理。

[不能作为土地权属争议案件受理的案件]

土地侵权案件；行政区域边界争议案件；土地违法案件；农村土地承包经营权争议案件等等。

[当事人协商解决土地权属争议时应注意的问题]

当事人采取协商方式解决土地权属争议时，必须把握以下几点：(1)协商必须是当事人自愿进行，而不得强迫进行；(2)不得损害第三方（包括国家）的合法利益，否则当事人之间达成的协议无效或部分无效；(3)要避免久拖不决，协商不成的，应及时申请人民政府处理。

相关规定：《农村土地承包法》第4章；《土地权属争议调查处理办法》第14条；《国土资源行政复议规定》；《行政复议法》第2、9条；《行政诉讼法》第2、45、46条

第三章　土地利用总体规划

第十七条　【编制依据和规划期限】各级人民政府应当依据国民经济和社会发展规划、国土整治和资源环境保护的要求、土地供给能力以及各项建设对土地的需求，组织编制土地利用总体规划。

土地利用总体规划的规划期限由国务院规定。

条文释义：土地利用总体规划是各级政府在一定时间和一定区域内，对土地的开发、利用、治理、保护所作的总体安排和布局。各级人民政府编制土地利用总体规划的时候必须考虑到整个社会的综合效益，从现状出发，进行经济发展与生态保护双重衡量，设定合理的预期目标，制定宏观计划，务必使土地的开发、利用、保护和管理的决策科学合理，符合国家可持续发展的要求。

土地利用总体规划的期限一般为10～15年。土地利用总体规划的主要内容包括：(1)现行规划实施情况评估；(2)规划背景与土地供需形势分析；(3)土地利用战略；(4)规划主要目标的确定，包括：耕地保有量、基本农田保护面积、建设用地规模和土地整理复垦开发安排等；(5)土地利用结构、布局和节约集约用地的优化方案；(6)土地利用的差别化政策；(7)规划实施的责任与保障措施。

相关规定：《土地管理法实施条例》第8、9条；《全国土地利用总体规划纲要(2006－2020年)》

第十八条　【规划权限】下级土地利用总体规划应当依据上一级土地利用总体规划编制。

地方各级人民政府编制的土地利用总体规划中的建设用地总量不得超过上一级土地利用总体规划确定的控制指标，耕地保有量不得低于上一级土地利用总体规划确定的控制指标。

省、自治区、直辖市人民政府编制的土地利用总体规划，应当确保本行政区域内耕地总量不减少。

条文释义：土地利用总体规划分为国家、省、市、县和乡(镇)五级。根据需要可编制跨行政区域的土地利用总体规划。村庄土地利用总体规划是乡(镇)土地利用总体规划的重要内容。各地应当在编制乡(镇)土地利用总体规划时对村庄土地利用的总体布局作出科学规划和统筹安排。

第十九条　【编制原则】土地利用总体规划按照下列原则编制：

(一)严格保护基本农田，控制非农业建设占用农用地；

(二)提高土地利用率；

(三)统筹安排各类、各区域用地；

(四)保护和改善生态环境，保障土地的可持续利用；

(五)占用耕地与开发复垦耕地相平衡。

第二十条　【编制要求】县级土地利用总体规划应当划分土地利用区，明确土地用途。

乡(镇)土地利用总体规划应当划分土地利用区，根据土地使用条件，确定每一块土地的用途，并予以公告。

第二十一条　【土地利用总体规划的审批】土地利用总体规划实行分级审批。

省、自治区、直辖市的土地利用总体规划，报国务院批准。

省、自治区人民政府所在地的市、人口在100万以上的城市以及国务院指定的城市的土地利用总体规划，经省、自治区人民政府审查同意后，报国务院批准。

本条第二款、第三款规定以外的土地利用总体规划，逐级上报省、自治区、直辖市人民政府批准；其中，乡(镇)土地利用总体规划可以由省级人民政府授权的设区的市、自治州人民政府批准。

土地利用总体规划一经批准，必须严格执行。

相关规定:《土地管理法实施条例》第10、11条

第二十二条 【土地利用总体规划与城市总体规划、村庄和集镇规划之间的关系】城市建设用地规模应当符合国家规定的标准,充分利用现有建设用地,不占或者尽量少占农用地。

城市总体规划、村庄和集镇规划,应当与土地利用总体规划相衔接,城市总体规划、村庄和集镇规划中建设用地规模不得超过土地利用总体规划确定的城市和村庄、集镇建设用地规模。

在城市规划区内、村庄和集镇规划区内,城市和村庄、集镇建设用地应当符合城市规划、村庄和集镇规划。

第二十三条 【土地利用总体规划与江河、湖泊综合治理和开发利用规划之间的关系】江河、湖泊综合治理和开发利用规划,应当与土地利用总体规划相衔接。在江河、湖泊、水库的管理和保护范围以及蓄洪滞洪区内,土地利用应当符合江河、湖泊综合治理和开发利用规划,符合河道、湖泊行洪、蓄洪和输水的要求。

第二十四条 【土地利用计划管理】各级人民政府应当加强土地利用计划管理,实行建设用地总量控制。

土地利用年度计划,根据国民经济和社会发展计划、国家产业政策、土地利用总体规划以及建设用地和土地利用的实际状况编制。土地利用年度计划的编制审批程序与土地利用总体规划的编制审批程序相同,一经审批下达,必须严格执行。

条文释义:土地利用总体规划的时间跨度一般很大,设定了相当长一段时期的规划目标。土地利用年度计划则是将总体规划按年分段,凸显步骤性和过程性,通过对近期目标的实现逐步向总体规划的预定目标靠近。土地利用年度计划一经批准下达,必须严格执行,加强实施力度,以保证总体规划的落实。土地利用年度计划应当包括下列内容:(1)农用地转用计划指标;(2)耕地保有量计划指标;(3)土地开发整理计划指标。这些指标均要符合人民政府加强土地利用计划管理,实现建设用地总量控制的要求。

相关规定:《土地管理法实施条例》第13条;《土地利用年度计划管理办法》

第二十五条 【土地利用年度计划执行情况报告】省、自治区、直辖市人民政府应当将土地利用年度计划的执行情况列为国民经济和社会发展计划执行情况的内容,向同级人民代表大会报告。

第二十六条 【土地利用总体规划的修改】经批准的土地利用总体规划的修改,须经原批准机关批准;未经批准,不得改变土地利用总体规划确定的土地用途。

经国务院批准的大型能源、交通、水利等基础设施建设用地,需要改变土地利用总体规划的,根据国务院的批准文件修改土地利用总体规划。

经省、自治区、直辖市人民政府批准的能源、交通、水利等基础设施建设用地,需要改变土地利用总体规划的,属于省级人民政府土地利用总体规划批准权限内的,根据省级人民政府的批准文件修改土地利用总体规划。

条文释义:由于规划关系到国家的长治久安,统领各项土地工作的展开,是需要长期践行的,因此必须具有稳定性、可靠性,而不能朝令夕改。但是必须承认,计划始终是赶不上变化,为了保证获得国家和省级批准的基础设施建设能够及时动工,该条作了例外规定:(1)例外原因:主要限于因能源、交通、水利等基础设施建设获得批准且确需修改规划。(2)修改依据:规划的修改可以不经原批准机关审核,但是修改必须以国务院或者省、自治区、直辖市人民政府对建设项目的批准文件为依据。

相关规定:《土地管理法实施条例》第12条

第二十七条 【土地调查】国家建立土地调查制度。

县级以上人民政府土地行政主管部门会同同级有关部门进行土地调查。土地所有者或者使用者应当配合调查,并提供有关资料。

条文释义:土地调查包括下列内容:(1)土地利用现状及变化情况,包括地类、位置、面积、分布等状况;(2)土地权属及变化情况,包括土地的所有权和使用权状况;(3)土地条件,包括土地的自然条件、社会经济条件等状况。进行土地利用现状及变化情况调查时,应当重点调查基本农田现状及变化情况,包括基本农田的数量、分布和保护状况。

相关规定:《土地管理法实施条例》第14条;《土地调查条例》;《土地调查条例实施办法》

第二十八条 【土地分等评级】县级以上人民政府土地行政主管部门会同同级有关部门根据土地调查成果、规划土地用途和国家制定的统一标准,评定土地等级。

第二十九条 【土地统计】国家建立土地统计制度。

县级以上人民政府土地行政主管部门和同级统计部门共同制定统计调查方案,依法进行土地统计,定期发布土地统计资料。土地所有者或者使用者应当提供有关资料,不得虚报、瞒报、拒报、迟报。

土地行政主管部门和统计部门共同发布的土地面积统计资料是各级人民政府编制土地利用总体规划的依据。

条文释义:国家在进行土地调查的基础上,对调查所得的资料进行综合统计和分类统计,包括调查、汇总、整理分析、动态调查和发布统计资料等几个方面,是各级人民政府编制土地利用总体规划的重要依据。

相关规定:《统计法》第26-34条

第三十条 【土地利用动态监测】国家建立全国土地管理信息系统,对土地利用状况进行动态监测。

第四章 耕地保护

第三十一条 【耕地占用补偿】国家保护耕地,严格控制耕地转为非耕地。

国家实行占用耕地补偿制度。非农业建设经批准占用耕地的,按照"占多少,垦多少"的原则,由占用耕地的单位负责开垦与所占用耕地的数量和质量相当的耕地;没有条件开垦或者开垦的耕地不符合要求的,应当按照省、自治区、直辖市的规定缴纳耕地开垦费,专款用于开垦新的耕地。

省、自治区、直辖市人民政府应当制定开垦耕地计划,监督占用耕地的单位按照计划开垦耕地或者按照计划组织开垦耕地,并进行验收。

条文释义:本条规定了我国对耕地实行保护的制度、占用耕地补偿制度,以及占补平衡原则。

国家为了遏止耕地每年大量减少的趋势,维持耕地总量的动态平衡,不仅实行严格的土地用途管制制度,还采取了占用耕地补偿制度作为救济措施。市、县人民政府、农村集体经济组织和建设单位,在土地利用总体规划确定的城市和村庄、集镇建设用地范围内,为实施城市规划和村庄、集镇规划占用耕地,以及在土地利用总体规划确定的城市建设用地范围外,因能源、交通、水利、矿山、军事设施等建设项目占用耕地的,无论基于盈利或非盈利的原因,都要履行补偿义务,开垦与其占用面积相符的新的耕地。

[开垦耕地的具体责任人的确定]

开垦耕地的责任人应当为占用耕地的单位,具体有以下三种情形:(1)城市建设用地区统一征地后供地的,责任人应为市、县人民政府,其开垦费用计入建设用地成本。(2)城市建设用地区以外的建设项目占用耕地的,责任人应为建设单位,并由市、县人民政府地政部门负责监督和验收。

(3)村庄、集镇建设占用耕地,责任人是农村经济组织或村民委员会,并由市、县人民政府地政部门负责监督和验收。

[占用耕地的单位补偿]

补偿的方法有两个:(1)按照"占多少,垦多少"的原则,由占用耕地的单位负责开垦与所占用耕地的数量和质量相当的耕地。其具体要求有:其一,耕地数量不能减少,新开垦的耕地要与其所占用的耕地数量相当。其二,对于没有荒地后备资源的地方,也可以采取改造中低产田,使之成为质量较好的耕地的办法达到补足数量的目的。如可以用大于其所占耕地面积的中低产田的面积来补足(以产量折算的方法)。其三,新开垦的耕地要与其所占用的耕地质量相当。(2)没有条件开垦或者开垦的耕地不符合要求的,应当按照省、自治区、直辖市的规定缴纳耕地开垦费,专款用于开垦新的耕地。

相关规定:《土地管理法实施条例》第16条;《中共中央国务院关于进一步加强土地管理切实保护耕地的通知》

第三十二条 【建设占用耕地的耕作层利用】县级以上地方人民政府可以要求占用耕地的单位将所占用耕地耕作层的土壤用于新开垦耕地、劣质地或者其他耕地的土壤改良。

第三十三条 【耕地总量动态平衡】省、自治区、直辖市人民政府应当严格执行土地利用总体规划和土地利用年度计划,采取措施,确保本行政区域内耕地总量不减少;耕地总量减少的,由国务院责令在规定期限内组织开垦与所减少耕地的数量与质量相当的耕地,并由国务院土地行政主管部门会同农业行政主管部门验收。个别省、直辖市确因土地后备资源匮乏,新增建设用地后,新开垦耕地的数量不足以补偿所占用耕地的数量的,必须报经国务院批准减免本行政区域内开垦耕地的数量,进行易地开垦。

条文释义:实现耕地总量动态平衡是各省、自治区、直辖市保护耕地的目标和任务。原则上应当是以省为区域作为实施耕地总量动态平衡的单位,在省的行政区域内保持耕地总量不得减少,由省级政府严格执行总体规划和年度计划,负责采取措施,通过实行耕地占用补偿等机制,开发、复垦和整理耕地,组织开发耕地后备资源,在一定程度上弥补耕地的不足。

第三十四条 【基本农田保护制度】国家实行基本农田保护制度。下列耕地应当根据土地利用总体规划划入基本农田保护区,严格管理:

(一)经国务院有关主管部门或者县级以上地方人民政府批准确定的粮、棉、油生产基地内的耕地;

(二)有良好的水利与水土保持设施的耕地,正在实施改造计划以及可以改造的中、低产田;

(三)蔬菜生产基地;

(四)农业科研、教学试验田;

(五)国务院规定应当划入基本农田保护区的其他耕地。

各省、自治区、直辖市划定的基本农田应当占本行政区域内耕地的80%以上。

基本农田保护区以乡(镇)为单位进行划区定界,由县级人民政府土地行政主管部门会同同级农业行政主管部门组织实施。

条文释义:基本农田,是指按照一定时期人口和社会经济发展对农产品的需求,依据土地利用总体规划确定的不得占用的耕地。基本农田保护区,是指为对基本农田实行特殊保护而依据土地利用总体规划和依照法定程序确定的特定保护区域。

基本农田是耕地的一部分。国家根据土地利用总体规划,划定基本农田保护区,对基本农田实行特殊保护,确保本行政区域内基本农田的数量不减少,使得耕地数量满足一定时期人口和社会经济发展对农产品的基本需求。基本农田保护区应包括:(1)经国务院有关主管部门或者县级以上地方人民政府批准确定的粮、棉、油生产基地内的耕地;(2)有良好的水利与水土保持设施的耕地,正在实施改造计划以及可以改造的中、低产田;(3)蔬菜生产基地;(4)农业科研、教学试验田等。

相关规定:《基本农田保护条例》第2、8-11条;《国土资源部关于进一步采取措施落实严格保护耕地制度的通知》;《耕地占补平衡考核办法》

第三十五条 【土壤改良与提高地力】各级人民政府应当采取措施,维护排灌工程设施,改良土壤,提高地力,防止土地荒漠化、盐渍化、水土流失和污染土地。

相关规定:《水土保持法》

第三十六条 【节约使用土地】非农业建设必须节约使用土地,可以利用荒地的,不得占用耕地;可以利用劣地的,不得占用好地。

禁止占用耕地建窑、建坟或者擅自在耕地上建房、挖砂、采石、采矿、取土等。

禁止占用基本农田发展林果业和挖塘养鱼。

条文释义:由于非农业建设对地质的要求并不是很高,因此,非农业建设必须节约使用土地,可以利用荒地的,不得占用耕地;可以利用劣地的,不得占用好地。

对耕地,应做到物尽其用,对其用途的变更必须严格谨慎掌控,坚决禁止未经批准的非农业建设占地和建房、挖沙、采石等浪费和破坏耕地的行为,也不能允许为了片面追求经济效益,将耕地用作其他的农业用途,如发展林业渔业等。

第三十七条 【闲置、荒芜土地的处理】禁止任何单位和个人闲置、荒芜耕地。已经办理审批手续的非农业建设占用耕地,1年内不用而又可以耕种并收获的,应当由原耕种该幅耕地的集体或者个人恢复耕种,也可以由用地单位组织耕种;1年以上未动工建设的,应当按照省、自治区、直辖市的规定缴纳闲置费;连续2年未使用的,经原批准机关批准,由县级以上人民政府无偿收回用地单位的土地使用权;该幅土地原为农民集体所有的,应当交由原农村集体经济组织恢复耕种。

在城市规划区范围内,以出让方式取得土地使用权进行房地产开发的闲置土地,依照《中华人民共和国城市房地产管理法》的有关规定办理。

承包经营耕地的单位或者个人连续2年弃耕抛荒的,原发包单位应当终止承包合同,收回发包的耕地。

第三十八条 【开发未利用土地】国家鼓励单位和个人按照土地利用总体规划,在保护和改善生态环境、防止水土流失和土地荒漠化的前提下,开发未利用的土地;适宜开发为农用地的,应当优先开发成农用地。

国家依法保护开发者的合法权益。

第三十九条 【开垦未利用土地】开垦未利用的土地,必须经过科学论证和评估,在土地利用总体规划划定的可开垦的区域内,经依法批准后进行。禁止毁坏森林、草原开垦耕地,禁止围湖造田和侵占江河滩地。

根据土地利用总体规划,对破坏生态环境开垦、围垦的土地,有计划有步骤地退耕还林、还牧、还湖。

第四十条 【开发未确定使用权的国有荒山、荒地、荒滩】开发未确定使用权的国有荒山、荒地、荒滩从事种植业、林业、畜牧业、渔业生产的,经县级以上人民政府依法批准,可以确定给开发单位或者个人长期使用。

条文释义:在土地利用总体规划确定的土地开垦区内,开发未确定土地使用权的国有荒山、荒地、荒滩从事种植业、林业、畜牧业、渔业生产的,应当向土地所在地的县级以上人民政府土地行政主管部门提出申请,报有批准权的人民政府批准。

相关规定:《土地管理法实施条例》第 17 条;《国务院办公厅关于进一步做好治理开发农村"四荒"资源工作的通知》

第四十一条　【土地整理】国家鼓励土地整理。县、乡(镇)人民政府应当组织农村集体经济组织,按照土地利用总体规划,对田、水、路、林、村综合整治,提高耕地质量,增加有效耕地面积,改善农业生产条件和生态环境。

地方各级人民政府应当采取措施,改造中、低产田,整治闲散地和废弃地。

条文释义:土地整理主要适用于农村,致力于变劣地为好地,减少闲置地和废弃地,增加农用地和耕地。因此,国家鼓励土地整理,地方各级人民政府也应当采取措施,按照土地利用总体规划推进土地整理。农村土地的整理应当由县、乡(镇)人民政府组织农民集体经济组织制定并实施土地整理方案。

土地整理所需费用,按照"谁受益谁负担"的原则,由农村集体经济组织和土地使用者共同承担。

相关规定:《土地管理法实施条例》第 18 条;《国土资源部关于贯彻执行〈中华人民共和国土地管理法〉和〈中华人民共和国土地管理法实施条例〉若干问题的意见》六;《国土资源部关于印发〈土地开发整理若干意见〉的通知》

第四十二条　【土地复垦】因挖损、塌陷、压占等造成土地破坏,用地单位和个人应当按照国家有关规定负责复垦;没有条件复垦或者复垦不符合要求的,应当缴纳土地复垦费,专项用于土地复垦。复垦的土地应当优先用于农业。

第五章　建 设 用 地

第四十三条　【建设用地的申请】任何单位和个人进行建设,需要使用土地的,必须依法申请使用国有土地;但是,兴办乡镇企业和村民建设住宅经依法批准使用本集体经济组织农民集体所有的土地的,或者乡(镇)村公共设施和公益事业建设经依法批准使用农民集体所有的土地的除外。

前款所称依法申请使用的国有土地包括国家所有的土地和国家征收的原属于农民集体所有的土地。

条文释义:[使用国有土地进行建设]

我国土地分为国有和农民集体所有。国有土地又包括国家所有土地和国家征收的原集体土地。原则上,单位和个人建设申请使用的土地,应当是土地利用总体规划确定的城市建设用地规模范围内的土地。如果必须使用原属于农民集体所有的土地,则应先报经人民政府批准,由人民政府依法征收,将原集体所有权变更为国有后,再供建设使用。

[使用集体土地进行建设]

并非所有的建设用地都只能限于申请国有土地,如果是要办乡镇企业和村民建设住宅,建设乡(镇)村公共设施和公益事业,经依法批准,可以使用农民集体所有的土地。

相关规定:《宪法》第 10 条;《土地管理法实施条例》第 21 – 23 条;《国务院关于加强国有土地资产管理的通知》

第四十四条　【农用地转用审批】建设占用土地,涉及农用地转为建设用地的,应当办理农用地转用审批手续。

省、自治区、直辖市人民政府批准的道路、管线工程和大型基础设施建设项目、国务院批准的建设项目占用土地,涉及农用地转为建设用地的,由国务院批准。

在土地利用总体规划确定的城市和村庄、集镇建设用地规模范围内,为实施该规划而将农用地转为建设用地的,按土地利用年度计划分批次由原批准土地利用总体规划的机关批准。在已批准的农用地转用范围内,具体建设项目用地可以由市、县人民政府批准。

本条第二款、第三款规定以外的建设项目占用土地,涉及农用地转为建设用地的,由省、自治区、直辖市人民政府批准。

第四十五条　【土地征收审批】征收下列土地的,由国务院批准:

(一)基本农田;

(二)基本农田以外的耕地超过35公顷的;

(三)其他土地超过70公顷的。

征收前款规定以外的土地的,由省、自治区、直辖市人民政府批准,并报国务院备案。

征收农用地的,应当依照本法第四十四条的规定先行办理农用地转用审批。其中,经国务院批准农用地转用的,同时办理征地审批手续,不再另行办理征地审批;经省、自治区、直辖市人民政府在征地批准权限内批准农用地转用的,同时办理征地审批手续,不再另行办理征地审批,超过征地批准权限的,应当依照本条第一款的规定另行办理征地审批。

条文释义:征收是国家在必要时候采取的一种强制手段,由于我国的土地所有主体只有国家和集体,因此,被征收者就只能是农民集体,征收标的只能是集体所有的土地。由于我国法律规定土地不能买卖,因此征收是转变土地所有权的唯一方式。虽然征收是一种带有强制性的行政行为,但是,征收必须给予被征收者补偿。

征收土地应当经过非常严格的审批程序,实行国务院和省级政府两级审批制。对国务院批准权限采用列举式:(1)基本农田;(2)基本农田以外的耕地超过35公顷的;(3)其他土地超过70公顷的。除此之外其他土地的征收,应由省、自治区、直辖市人民政府批准。

需要注意的是,按照法律规定,为了严格对农用地的保护,农用地的征收首先应进行农用地转用审批手续,然后再办理征收审批手续。但是,为了各项建设工程及时启动,应当尽量遵循对农用地转用的批准和对征地的批准在同一政府一次办理的原则。但是,若两项申请的审批权限不同,则应当遵循征地审批权"就高不就低"的准则,将征地审批交由国务院办理。

相关规定:《土地管理法实施条例》第20－22条;《建设用地审查报批管理办法》第5－7、11－20条;《国土资源部关于加强征地管理工作的通知》;《国土资源部关于切实维护被征地农民合法权益的通知》;《国家土地总督察关于印发〈农用地转用和土地征收审批事项督察办法〉的函》

第四十六条　【征地方案的实施】国家征收土地的,依照法定程序批准后,由县级以上地方人民政府予以公告并组织实施。

被征收土地的所有权人、使用权人应当在公告规定期限内,持土地权属证书到当地人民政府土地行政主管部门办理征地补偿登记。

条文释义:为实现征地的公开、公正,本条确立了征地公告制度和补偿登记制度。

[补偿登记]

农村集体经济组织、土地的承包经营者、使用宅基地的农村村民等,应当在公告规定的期限内,持能证明其享有该土地法定权利的权属证书,如集体土地所有权证、集体土地使用权证、有偿使用合同或承包经营合同,到当地人民政府土地行政主管部门办理征地补偿登记,获得补偿。补偿登记应当结合实地调查进行复核。

相关规定:《土地管理法实施条例》第25条;《征收土地公告办法》

第四十七条　【征地补偿】征收土地的,按照被征收土地的原用途给予补偿。

征收耕地的补偿费用包括土地补偿费、安置补助费以及地上附着物和青苗的补偿费。征收耕地的土地补偿费,为该耕地被征收前3年平均年产值的6至10倍。征收耕地的安置补助费,按照需要安置的农业人口数计算。需要安置的农业人口数,按照被征收的耕地数量除以征地前被征收单位平均每人占有耕地的数量计算。每一个需要安置的农业人口的安置补助费标准,为该耕地被征收前3年平均年产值的4至6倍。但是,每公顷被征收耕地的安置补助费,最高不得超过被征收前3年平均年产值的15倍。

征收其他土地的土地补偿费和安置补助费标准,由省、自治区、直辖市参照征收耕地的土地补偿费和安置补助费的标准规定。

被征收土地上的附着物和青苗的补偿标准,由省、自治区、直辖市规定。

征收城市郊区的菜地,用地单位应当按照国家有关规定缴纳新菜地开发建设基金。

依照本条第二款的规定支付土地补偿费和安置补助费,尚不能使需要安置的农民保持原有生活水平的,经省、自治区、直辖市人民政府批准,可以增加安置补助费。但是,土地补偿费和安置补助费的总和不得超过土地被征收前3年平均年产值的30倍。

国务院根据社会、经济发展水平,在特殊情况下,可以提高征收耕地的土地补偿费和安置补助费的标准。

条文释义:按照征收土地的原用途予以补偿是征地补偿的一个原则。即土地原用途不同,补偿费支付标准也就不同。其中,耕地的原经济价值最高,补偿标准也就最高。其他土地,包括荒山、荒地,有收益的,可以参照耕地补偿标准进行补偿;若土地不产生收益的,则不进行补偿。

征收耕地的补偿费用包括四项:(1)土地补偿费。为该耕地被征收前3年平均年产值的6-10倍。(2)安置补偿费。为每一个需要安置的农业人口的安置补助费标准,为被征地单位平均每人占有的耕地被征收前3年平均年产值的4-6倍。(3)地上附着物和青苗的补偿费是对被征收土地上人工形成的房屋、构筑物、树木、农作物等的补偿费用。(4)对征收菜地有一个特别规定,即用地单位除缴纳上述费用外,还须缴纳新菜地开发建设基金。

相关规定:《土地管理法实施条例》第25-26条;《国土资源部关于切实做好征地补偿安置工作的通知》;《建设用地审查报批管理办法》第19条;《关于完善征地补偿安置制度的指导意见》;《国家建设征用菜地缴纳新菜地开发建设基金暂行管理办法》;《国土资源部关于贯彻执行〈中华人民共和国土地管理法〉和〈中华人民共和国土地管理法实施条例〉若干问题的意见》五

第四十八条　【征地补偿安置方案公告】征地补偿安置方案确定后,有关地方人民政府应当公告,并听取被征地的农村集体经济组织和农民的意见。

条文释义:被征地农村集体经济组织、农村村民或者其他权利人对征地补偿、安置方案有不同意见的或者要求举行听证会的,应当在征地补偿、安置方案公告之日起10个工作日内向有关市、县人民政府土地行政主管部门提出。

未依法进行征地补偿、安置方案公告的,被征地农村集体经济组织、农村村民或者其他权利人有权依法要求公告,并有权拒绝办理征地补偿、安置手续。

相关规定:《土地管理法实施条例》第25条;《征收土地公告办法》

第四十九条　【征地补偿费用的监督和管理】被征地的农村集体经济组织应当将征收土地的补偿费用的收支状况向本集体经济组织的成员公布,接受监督。

禁止侵占、挪用被征收土地单位的征地补偿费用和其他有关费用。

条文释义:[所有]

征地补偿费用属于农村集体经济组织所有,应当由农村集体经济组织或村民委员会负责管理,用于被征地单位的生产发展,安置被征地后的农民。县、乡政府直接管理和使用土地补偿费是不合法的。

[发放]

安置补助费必须专款专用,不得挪作他用。需要安置的人员由农村集体经济组织安置的,安置补助费支付给农村集体经济组织,由农村集体经济组织管理和使用;由其他单位安置的,安置补助费支付给安置单位;不需要统一安置的,安置补助费发放给被安置人员个人或者征得被安置人员同意后用于支付被安置人员的保险费用。

[监督]

市、县和乡(镇)人民政府应当加强对安置补助费使用情况的监督。

相关规定:《土地管理法实施条例》第26条

第五十条 【农村剩余劳动力的安置】地方各级人民政府应当支持被征地的农村集体经济组织和农民从事开发经营,兴办企业。

相关规定:《国务院办公厅转发劳动保障部关于做好被征地农民就业培训和社会保障工作指导意见的通知》

第五十一条 【大中型水利水电工程建设征地补偿和移民安置】大中型水利、水电工程建设征收土地的补偿费标准和移民安置办法,由国务院另行规定。

相关规定:《国务院关于完善大中型水库移民后期扶持政策的意见》;《长江三峡工程建设移民条例》;《大中型水利水电工程建设征地补偿和移民安置条例》

第五十二条 【建设项目可行性研究审查】建设项目可行性研究论证时,土地行政主管部门可以根据土地利用总体规划、土地利用年度计划和建设用地标准,对建设用地有关事项进行审查,并提出意见。

相关规定:《土地管理法实施条例》第22、23条;《建设用地审查报批管理办法》第4条;《建设项目用地预审管理办法》

第五十三条 【建设用地的审批】经批准的建设项目需要使用国有建设用地的,建设单位应当持法律、行政法规规定的有关文件,向有批准权的县级以上人民政府土地行政主管部门提出建设用地申请,经土地行政主管部门审查,报本级人民政府批准。

条文释义:因能源、交通、水利、矿山、军事设施等建设项目确需使用土地利用总体规划确定的城市建设用地范围外的土地,并涉及农用地的,应按照下列规定办理:(1)建设单位持建设项目的有关批准文件,向市、县人民政府土地行政主管部门提出建设用地申请,由市、县人民政府土地行政主管部门审查,拟订农用地转用方案、补充耕地方案、征地方案和供地方案(涉及国有农用地的,不拟订征地方案),经市、县人民政府审核同意后,逐级上报有批准权的人民政府批准;其中,补充耕地方案由批准农用地转用方案的人民政府在批准农用地转用方案时一并批准;供地方案由批准征地的人民政府在批准征地方案时一并批准(涉及国有农用地的,供地方案由批准农用地转用的人民政府在批准农用地转用方案时一并批准)。(2)农用地转用方案、补充耕地方案、征地方案和供地方案经批准后,由市、县人民政府组织实施,向建设单位颁发建设用地批准书。有偿使用国有土地的,由市、县人民政府土地行政主管部门与土地使用者签订国有土地有偿使用合同;划拨使用国有土地的,由市、县人民政府土地行政主管部门向土地使用者核发国有土地划拨决定书。(3)土地使用者应当依法申请土地登记。

建设项目确需使用土地利用总体规划确定的城市建设用地范围外的土地,涉及农民集体所有的未利用地的,只报批征地方案和供地方案。

具体建设项目需要占用土地利用总体规划确定的国有未利用地的,按照省、自治区、直辖市的规定办理;但是,国家重点建设项目、军事设施和跨省、自治区、直辖市行政区域的建设项目以及国务院规定的其他建设项目用地,应当报国务院批准。

相关规定:《土地管理法实施条例》第20-24条

第五十四条 【建设用地使用权的取得方式】建设单位使用国有土地,应当以出让等有偿使用

方式取得;但是,下列建设用地,经县级以上人民政府依法批准,可以以划拨方式取得:

(一)国家机关用地和军事用地;

(二)城市基础设施用地和公益事业用地;

(三)国家重点扶持的能源、交通、水利等基础设施用地;

(四)法律、行政法规规定的其他用地。

条文释义:[有偿使用]

原则上,取得国有建设用地使用权应支付相应对价,采取有偿使用方式,有偿使用国有土地的,由市、县人民政府土地行政主管部门与土地使用者签订国有土地有偿使用合同。包括:

1. 国有土地使用权出让。国有土地使用权出让,是指国家以土地所有者的身份将土地使用权在一定年限内让与土地使用者,并由土地使用者向国家支付土地使用权出让金的行为。土地使用者在支付全部土地使用权出让金后,应当依照规定办理登记,领取土地使用证,取得土地使用权。国有土地使用权出让应当签订出让合同。土地使用者应当按照城市规划的要求和合同规定的期限与条件开发、利用、经营土地。否则,市、县人民政府土地管理部门将根据违规情况对使用者分别采取限期纠正、警告、罚款、无偿收回土地使用权的处罚。土地使用者若需要改变土地使用权出让合同规定的土地用途的,应当征得出让方同意并经土地管理部门和城市规划部门批准,重新签订土地使用权出让合同,并相应增加或减少土地使用权出让金,办理登记。

土地使用权出让可以采取下列具体方式:(1)协议出让;(2)招标、拍卖、挂牌。

2. 国有土地租赁。国有土地租赁,是指国家将国有土地出租给使用者使用,由使用者与县级以上人民政府土地行政主管部门签订一定年限的土地租赁合同,并支付租金的行为。国有土地租赁是国有土地有偿使用的一种形式,是出让方式的补充。国有土地租赁,可以采用招标、拍卖或者双方协议的方式。

3. 国有土地使用权作价出资或入股。这是指国家以一定年限的国有土地使用权作价,作为出资或股本投入新设立的企业,该土地使用权由新设企业持有的供地方式。土地使用权作价出资(入股)形成的国家股股权,按照国有资产投资主体由有批准权的人民政府土地管理部门委托有资格的国有股权持股单位统一持有。

[无偿使用]

除了有偿使用方式外,一些特殊建设用地,经县级以上人民政府依法批准,土地使用者可以通过各种方式依法无偿取得使用权,也即以划拨方式取得。划拨使用国有土地的,由市、县人民政府土地行政主管部门向土地使用者核发国有土地划拨决定书。这些特殊用地主要包括:(1)国家机关使用的土地;(2)军事用地;(3)城市基础设施用地;(4)公益事业用地;(5)国家重点扶持的能源、交通、水利等项目用地;(6)其他建设用地。

土地使用权划拨包括两种方式:一是指县级以上人民政府批准,在土地使用者缴纳补偿、安置等费用后将该幅土地交付其使用;二是指县级以上人民政府批准,将国有土地使用权无偿交付给土地使用者使用的行为。现实中,第一种情况占多数。

划拨土地使用权转让、出租、抵押的,应签订土地使用权出让合同,向当地市、县人民政府补交土地使用权出让金或者以转让、出租、抵押所获效益抵缴土地使用权出让金。

因使用者停止使用划拨土地或市、县人民政府根据城市建设发展需要和城市规划的要求,可以无偿收回,对其地上建筑物、其他附着物,市、县人民政府应当根据实际情况给予适当补偿。

相关规定:《物权法》第119、137、138条;《土地管理法实施条例》第29条;《建设用地审查报批管理办法》第21条;《协议出让国有土地使用权规定》;《城镇国有土地使用权出让和转让暂行条例》;《划拨土地使用权管理暂行办法》;《招标拍卖挂牌出让国有建设用地使用权规定》;《国土资源部、监察部关于严格实行经营性土地使用权招标拍卖挂牌出让的通知》;《国有企业改革中划拨

土地使用权管理暂行规定》;《国务院办公厅关于加强土地转让管理严禁炒卖土地的通知》

第五十五条 【土地有偿使用费的缴纳和使用】以出让等有偿使用方式取得国有土地使用权的建设单位,按照国务院规定的标准和办法,缴纳土地使用权出让金等土地有偿使用费和其他费用后,方可使用土地。

自本法施行之日起,新增建设用地的土地有偿使用费,30%上缴中央财政,70%留给有关地方人民政府,都专项用于耕地开发。

条文释义:土地有偿使用费,是指国有土地使用中政府取得的地价部分,即国有土地出让金中扣除征地补偿、城市建设配套费的部分,国有土地租赁中的租金和国有土地作价入股的股金。

采用出让方式的,应当在签订土地使用权出让合同后60日内支付全部国有土地使用权出让金及其他费用;采用国有土地租赁方式的,应当按照租赁合同约定的金额、期限、方式,一次性或按年度支付国有土地有偿使用费和其他费用;采用国有土地入股的,应当先办理国有土地股权持有的有关手续,签订合同或章程。

相关规定:《物权法》第139条;《土地管理法实施条例》第29-30条;《财政部、国土资源部关于调整新增建设用地土地有偿使用费征收等别的通知》;《财政部、国土资源部关于调整部分地区新增建设用地土地有偿使用费征收等别的通知》;《国家税务总局关于明确国有土地使用权出让契税计税依据的批复》

第五十六条 【土地用途的变更】建设单位使用国有土地的,应当按照土地使用权出让等有偿使用合同的约定或者土地使用权划拨批准文件的规定使用土地;确需改变该幅土地建设用途的,应当经有关人民政府土地行政主管部门同意,报原批准用地的人民政府批准。其中,在城市规划区内改变土地用途的,在报批前,应当先经有关城市规划行政主管部门同意。

条文释义:采用有偿方式取得国有土地使用权的,双方签订的有偿使用合同中会明确规定土地使用的性质、用途、位置、面积、期限、建筑容积率和绿化等内容,采用划拨方式取得使用权的,政府在批准用地文件中也有土地使用方式的相关规定,建设单位应当按照土地有偿使用合同或土地使用权划拨批准文件的规定使用土地,特别是不得擅自改变规定的土地用途。但是,若因某些重大的、不可抗拒的原因确需改变土地建设用途的,在完成严格的审批程序后也可以进行变通处理。建设单位首先应当向县、市人民政府土地行政主管部门提出申请,土地行政主管部门经审查后,如认为改变的土地用途仍符合规划并允许改变的,报经原批准用地的机关批准,最后由县、市人民政府土地行政主管部门与土地使用者重新签订土地使用合同或签订土地使用的补充合同。

按法律规定,已经获得建设规划许可证的土地用途若需改变,则改变后的用途同样也应当符合城市规划。因此,在城市规划区内改变土地用途的,还必须经过前置审查程序,即由负责城市规划编制和实施管理的城市规划行政主管部门审查土地使用是否符合城市规划。

相关规定:《物权法》第135、140、143、144条

第五十七条 【临时用地】建设项目施工和地质勘查需要临时使用国有土地或者农民集体所有的土地的,由县级以上人民政府土地行政主管部门批准。其中,在城市规划区内的临时用地,在报批前,应当先经有关城市规划行政主管部门同意。土地使用者应当根据土地权属,与有关土地行政主管部门或者农村集体经济组织、村民委员会签订临时使用土地合同,并按照合同的约定支付临时使用土地补偿费。

临时使用土地的使用者应当按照临时使用土地合同约定的用途使用土地,并不得修建永久性建筑物。

临时使用土地期限一般不超过2年。

条文释义:临时用地,是指临时使用城市内的空闲地、农用地和未利用地。若使用的是原有的

建筑物、构筑物,则应当采用租赁的办法。临时用地是一种暂时性的土地使用权转移行为,使用期间不改变用地的所有权和使用权权属,并确保使用完成后土地用途不被改变。

临时用地包括两种情形:(1)建设项目施工需要用地,包括临时设置的加工车间、材料堆场、运输道路、管线铺设等临时设施用地。(2)地质勘察需要用地,包括进行勘测、钻探及试验所需的用地。

临时用地的期限一般不超过2年。若情况特殊,使用临时用地确需超过2年的,可以在2年后重新办理临时用地手续。

相关规定:《土地管理法实施条例》第27-28、34-35条

第五十八条 【国有土地使用权的收回】有下列情形之一的,由有关人民政府土地行政主管部门报经原批准用地的人民政府或者有批准权的人民政府批准,可以收回国有土地使用权:

(一)为公共利益需要使用土地的;

(二)为实施城市规划进行旧城区改建,需要调整使用土地的;

(三)土地出让等有偿使用合同约定的使用期限届满,土地使用者未申请续期或者申请续期未获批准的;

(四)因单位撤销、迁移等原因,停止使用原划拨的国有土地的;

(五)公路、铁路、机场、矿场等经核准报废的。

依照前款第(一)项、第(二)项的规定收回国有土地使用权的,对土地使用权人应当给予适当补偿。

条文释义:收回国有土地使用权的法定事由:(1)为公共利益需要使用土地的,包括城市基础设施、公益事业建设,国家重点扶持的能源、交通、水利、矿山、军事设施等建设项目需要使用土地的。为公共利益需要使用土地的,不管是划拨土地还是未到期的出让土地,经过政府批准都可以行使国有土地收回权。但是,应对原土地使用权人给予适当补偿。(2)为实施城市规划进行旧城区改建,需要调整使用土地的。对于这一类土地使用权收回,政府应根据实际情况对原使用权人给予适当的补偿。(3)土地出让等有偿使用合同约定的使用期限届满,土地使用者未申请续期或者申请续期未获批准的。(4)因单位撤销、迁移等原因,停止使用原划拨的国有土地的。(5)公路、铁路、机场、矿场等经核准报废的。因前述第(3)、(4)、(5)项原因使土地不再被投入使用的,国家应当将这部分土地收回,且不给予补偿。

收回国有土地使用权的批准权限:除上述第三种情况按合同规定使用权自然灭失外,其他收回土地使用权的行为必然涉及对用地单位权利的剥夺,因此,必须经过一定的法律程序,由土地管理部门提出收回国有土地使用权的方案,报县级以上人民政府批准,依法收回使用权,并由原登记机关注销登记。如果是为公共利益等建设项目用地收回的,则应当在报批建设项目用地时一并报送收回国有土地使用权的方案,经依法批准,由土地管理部门实施。

相关规定:《物权法》第148条;《土地管理法实施条例》第7条;《最高人民法院关于破产企业国有划拨土地使用权应否列入破产财产等问题的批复》;《国家土地管理局印发〈关于认定收回土地使用权行政决定法律性质的意见〉的通知》;《划拨土地使用权管理暂行办法》第30条

第五十九条 【乡、村建设用地的范围和审批】乡镇企业、乡(镇)村公共设施、公益事业、农村村民住宅等乡(镇)村建设,应当按照村庄和集镇规划,合理布局,综合开发,配套建设;建设用地,应当符合乡(镇)土地利用总体规划和土地利用年度计划,并依照本法第四十四条、第六十条、第六十一条、第六十二条的规定办理审批手续。

第六十条 【乡村企业建设用地审批】农村集体经济组织使用乡(镇)土地利用总体规划确定的建设用地兴办企业或者与其他单位、个人以土地使用权入股、联营等形式共同举办企业的,应当

持有关批准文件，向县级以上地方人民政府土地行政主管部门提出申请，按照省、自治区、直辖市规定的批准权限，由县级以上地方人民政府批准；其中，涉及占用农用地的，依照本法第四十四条的规定办理审批手续。

按照前款规定兴办企业的建设用地，必须严格控制。省、自治区、直辖市可以按照乡镇企业的不同行业和经营规模，分别规定用地标准。

条文释义：只有农村集体经济组织利用本集体所有的土地和利用本集体所有的土地与其他单位和个人以联营形式入股共同举办企业的，可以使用农民集体所有的土地。包括村农民集体使用村农民集体所有土地，村民组使用本村民组的土地，村内联户或农户使用本村（或村民组）的土地，并在土地利用总体规划确定的建设用地区域内，由农民集体经济组织或村民委员会向县级以上人民政府土地行政主管部门提出用地申请，报县级以上地方人民政府批准，审批用地时要严格按照用地标准核定用地面积，防止浪费用地。

乡（镇）企业使用农民集体所有土地涉及占用农用地的，要依法办理农用地转用审批手续。

省、自治区、直辖市可以制定乡（镇）企业用地的标准。由于我国地区间经济发展不平衡，从而导致各地乡（镇）企业经营环境差异较大，通过全国统一的用地标准规范乡（镇）企业用地是不可能也是不合理的。因此，应当由省级政府结合各地实际情况，以乡（镇）企业的不同行业和经营规模为依据，因地制宜制定用地标准，协调乡（镇）企业建设与土地资源保护的关系。

第六十一条　【乡村公共设施、公益事业建设用地审批】乡（镇）村公共设施、公益事业建设，需要使用土地的，经乡（镇）人民政府审核，向县级以上地方人民政府土地行政主管部门提出申请，按照省、自治区、直辖市规定的批准权限，由县级以上地方人民政府批准；其中，涉及占用农用地的，依照本法第四十四条的规定办理审批手续。

条文释义：乡村公共设施、公益事业符合土地利用总体规划的，并经过批准后可以使用农村集体的土地。乡（镇）村公共设施、公益事业建设需要用地，首先应经过乡（镇）人民政府审核，审核通过后，再向县级以上地方人民政府土地管理部门提出申请，最终报由省、自治区、直辖市规定的具有审批权限的县级以上地方人民政府审批。经过这三道程序后，才能取得批准。

乡村公共设施、公益事业使用农民集体所有土地，涉及占用农用地的，应当办理农用地转用批准手续。

第六十二条　【农村村民住宅用地审批】农村村民一户只能拥有一处宅基地，其宅基地的面积不得超过省、自治区、直辖市规定的标准。

农村村民建住宅，应当符合乡（镇）土地利用总体规划，并尽量使用原有的宅基地和村内空闲地。

农村村民住宅用地，经乡（镇）人民政府审核，由县级人民政府批准；其中，涉及占用农用地的，依照本法第四十四条的规定办理审批手续。

农村村民出卖、出租住房后，再申请宅基地的，不予批准。

条文释义：［一户一宅］

农村建房实行“一户一宅”制，农村村民一户只能拥有一处宅基地，其宅基地的面积不得超过各省结合实际分别规定的标准，且应符合宅基地申请条件。实行一户一宅法律制度原因仍然是基于我国地少人多、耕地资源稀缺的国情，因此，要尽量减少建房占用耕地，提高农村土地的利用率和经济效益。

［宅基地的利用］

农村村民新建、改建、扩建住宅，应当符合乡（镇）土地利用总体规划，逐步向小城镇和中心村集中，促进土地利用集约化，并充分利用村内空闲地、老宅基地以及荒坡地、废弃地。凡村内有空闲地、老宅基地未利用的，不得批准占用耕地。

宅基地使用权的取得具有无偿性、福利性。因此，权利人取得宅基地使用权后，应积极予以利用。如申请取得宅基地使用权后，满两年未建设房屋的或房屋坍塌、拆除两年以上未恢复使用的，应视为其对权利的放弃。为有效利用土地，使用权应由集体经济组织无偿收回。对于收回的宅基地，如已经办理过确权登记，应当由集体经济组织报县级人民政府批准，注销其土地登记。

农村村民将原有住房出卖、出租或赠与他人后，再申请宅基地的，不得批准。这样规定的目的在于制止滥建住宅或变相商品房开发，以保护耕地和维护宅基地分配公平。但是，村（或村民组）内由于两户的宅基地都未达到标准而进行宅基地调剂，其中一户因此失去或减少住房，经村民会议讨论同意申请宅基地的，不在此限。

相关规定：《物权法》第152 －155条；《国家土地管理局关于城市宅基地所有权、使用权等问题的复函》

第六十三条　【集体土地使用权的流转】农民集体所有的土地的使用权不得出让、转让或者出租用于非农业建设；但是，符合土地利用总体规划并依法取得建设用地的企业，因破产、兼并等情形致使土地使用权依法发生转移的除外。

条文释义：集体土地使用权可以出让、转让或者出租用于农业用途，但是，一般不得用于非农业建设。法律规定只有在严格的法定条件下，土地使用权才可以变动用于非农业建设：(1)该集体土地作为建设用地符合土地利用总体规划，否则，不仅不能发生土地使用权的转移，就连土地上现有的建筑物、构筑物也均应拆除；(2)该集体土地应是该企业依法取得的建设用地，如果是农用地的，仍不得转为非农业建设用地；(3)该企业发生破产、兼并等情形，致使土地使用权依法转移。企业建设用地的土地使用权是企业的无形资产，可以转让用于破产时的债务清偿或形成兼并时资产所有权的变动。

第六十四条　【不符合土地利用总体规划确定的用途的建筑物、构筑物的处理】在土地利用总体规划制定前已建的不符合土地利用总体规划确定的用途的建筑物、构筑物，不得重建、扩建。

条文释义：对在土地利用总体规划制定前已建的不符合土地利用总体规划确定的用途的建筑物、构筑物重建、扩建的，由县级以上人民政府土地行政主管部门责令限期拆除；逾期不拆除的，由作出处罚决定的机关依法申请人民法院强制执行。

第六十五条　【收回集体土地使用权的情形】有下列情形之一的，农村集体经济组织报经原批准用地的人民政府批准，可以收回土地使用权：

（一）为乡（镇）村公共设施和公益事业建设，需要使用土地的；

（二）不按照批准的用途使用土地的；

（三）因撤销、迁移等原因而停止使用土地的。

依照前款第（一）项规定收回农民集体所有的土地的，对土地使用权人应当给予适当补偿。

条文释义：本条所规定的土地使用权不包括承包经营权。承包经营权的收回将按承包合同和国家有关规定办理。

另外，为了限制土地所有权人权利滥用，损害使用者的合法权益，收回集体土地使用权也应当在严格的程序下进行，必须经原批准用地的人民政府批准，并由原登记机关注销土地登记。

相关规定：《土地管理法实施条例》第7条

第六章　监督检查

第六十六条　【土地监督检查机关和人员】县级以上人民政府土地行政主管部门对违反土地

管理法律、法规的行为进行监督检查。

土地管理监督检查人员应当熟悉土地管理法律、法规，忠于职守、秉公执法。

相关规定：《土地管理法实施条例》第6章；《土地监察暂行规定》；《土地违法案件查处办法》

第六十七条 【监督检查措施】县级以上人民政府土地行政主管部门履行监督检查职责时，有权采取下列措施：

（一）要求被检查的单位或者个人提供有关土地权利的文件和资料，进行查阅或者予以复制；

（二）要求被检查的单位或者个人就有关土地权利的问题作出说明；

（三）进入被检查单位或者个人非法占用的土地现场进行勘测；

（四）责令非法占用土地的单位或者个人停止违反土地管理法律、法规的行为。

条文释义：土地管理部门依法行使土地监察职权，有权采取下列措施：(1)要求被检查的单位或者个人提供与土地监察事项有关的土地权利的文件和数据以及其他必要情况；(2)对相关文件数据进行查阅或者予以复制，并进行整理和分析；(3)询问违法案件的当事人、嫌疑人和证人，要求被检查的单位或者个人就有关土地权利的问题作出说明，以全面了解违法行为情节轻重和后果的严重程度；(4)进入被检查单位或者个人非法占用的土地现场进行勘测、拍照、摄像，直接提取相关证据，为以后对违法行为进行处理提供依据；(5)责令非法占用土地或正在进行其他土地违法行为的单位或者个人停止违反土地管理法律、法规的行为，例如，对依法受到限期拆除新建建筑物和其他设施的处罚但仍继续施工的单位和个人的设备、建筑材料等予以查封；对涉嫌土地违法的单位或者个人，停止办理有关土地审批、登记手续；责令违法嫌疑人在调查期间不得变卖、转移与案件有关的财物；(6)其他依法可以采取的措施。

相关规定：《土地管理法实施条例》第32条

第六十八条 【出示监督检查证件】土地管理监督检查人员履行职责，需要进入现场进行勘测、要求有关单位或者个人提供文件、资料和作出说明的，应当出示土地管理监督检查证件。

第六十九条 【有关单位和个人对土地监督检查的配合义务】有关单位和个人对县级以上人民政府土地行政主管部门就土地违法行为进行的监督检查应当支持与配合，并提供工作方便，不得拒绝与阻碍土地管理监督检查人员依法执行职务。

条文释义：负有支持和配合义务的人员不仅指被监察的单位和个人，还包括与监察事项有关的其他知情者。其配合义务主要包括：对其所了解的情况应当全面、如实说明，不得伪造、变造、毁灭、隐匿相关文件数据，不得隐瞒和编造事实、提供虚假信息，应为现场调查提供便利条件，不得拒绝和阻碍勘测、拍照、摄像的进行，对监察机关的责令要求应当执行，应及时停止自己的违法行为并制止他人的违法活动。

相关规定：《土地管理法实施条例》第37、45条

第七十条 【行政处分】县级以上人民政府土地行政主管部门在监督检查工作中发现国家工作人员的违法行为，依法应当给予行政处分的，应当依法予以处理；自己无权处理的，应当向同级或者上级人民政府的行政监察机关提出行政处分建议书，有关行政监察机关应当依法予以处理。

相关规定：《违反土地管理规定行为处分办法》

第七十一条 【案件的移送与土地行政处罚】县级以上人民政府土地行政主管部门在监督检查工作中发现土地违法行为构成犯罪的，应当将案件移送有关机关，依法追究刑事责任；尚不构成犯罪的，应当依法给予行政处罚。

条文释义：应当注意的是，对于公安机关或检察机关自行侦破的土地犯罪案件，土地行政主管部门认为刑事处罚后尚不能消除违法后果的，土地行政主管部门仍然可以依法给予行政处罚。行

政处罚包括:警告;罚款;没收违法所得;限期拆除或没收在非法转让、非法占用的土地上新建的建筑物和其他设施,恢复土地原状;责令缴纳复垦费,限期改正或者治理;责令退还非法占用的土地等。

[依法应当移送司法机关处理的土地违法案件]

县级以上人民政府土地行政主管部门在监督检查中发现土地违法行为构成犯罪的,应当移送司法机关,依法追究刑事责任。土地违法行为是否构成犯罪取决于:一是行为人是否具有权利能力和行为能力;二是行为人在主观上是否有犯罪的故意;三是行为人是否实施了违反土地管理法律、法规的行为;四是行为人的违法行为是否侵犯了国家的土地管理制度,并且在情节和对社会造成的危害后果上达到了《刑法》规定的定罪标准。如:(1)买卖或者以其他形式非法转让土地的;(2)非法占用耕地建窑、建坟或者擅自在耕地上建房、挖砂、采石、采矿、取土等,破坏种植条件的;(3)因开发土地造成土地荒漠化、盐渍化的;(4)未经批准或者采取欺骗手段骗取批准,非法占用土地的;(5)超过批准的数量占用土地的;(6)无权批准征收、使用土地的单位或者个人非法批准占用土地的;(7)超越批准权限非法批准占用土地的;(8)不按照土地利用总体规划确定的用途批准用地的;(9)违反法律规定的程序批准占、征地的;(10)侵占、挪用被征收土地单位的征地补偿费用和其他有关费用的;(11)土地行政主管部门的工作人员玩忽职守、滥用职权、徇私舞弊的。

相关规定:《行政执法机关移送涉嫌犯罪案件的规定》;《人民检察院办理行政执法机关移送涉嫌犯罪案件的规定》

第七十二条 【土地行政主管部门不履行行政处罚职责的处理】依照本法规定应当给予行政处罚,而有关土地行政主管部门不给予行政处罚的,上级人民政府土地行政主管部门有权责令有关土地行政主管部门作出行政处罚决定或者直接给予行政处罚,并给予有关土地行政主管部门的负责人行政处分。

条文释义:[应依法给予行政处罚的违法行为]

(1)买卖或者以其他形式非法转让土地的;(2)非法占用耕地建窑、建坟或者擅自在耕地上建房、挖砂、采石、采矿、取土等,破坏种植条件的;(3)因开发土地造成土地荒漠化、盐渍化的;(4)违反《土地管理法》规定,拒不履行土地复垦义务的;(5)未经批准或者采取欺骗手段骗取批准,非法占用土地的;(6)超过批准的数量或者规定的标准占用土地的;(7)无权批准征收、使用土地的单位或者个人非法批准占用土地的;(8)超越批准权限非法批准占用土地的;(9)不按照土地利用总体规划确定的用途批准用地的;(10)违反法律规定的程序批准占、征地的;(11)依法收回国有土地使用权当事人拒不交出土地的;(12)临时使用土地期满拒不归还的;(13)不按批准的用途使用国有土地的;(14)擅自将农民集体所有的土地的使用权出让、转让或者出租用于非农业建设的;(15)不依法办理土地变更登记的。

相关规定:《土地管理法实施条例》第33条;《土地管理法》第66条;《违反土地管理规定行为处分办法》

第七章 法律责任

第七十三条 【买卖或者以其他形式非法转让土地的法律责任】买卖或者以其他形式非法转让土地的,由县级以上人民政府土地行政主管部门没收违法所得;对违反土地利用总体规划擅自将农用地改为建设用地的,限期拆除在非法转让的土地上新建的建筑物和其他设施,恢复土地原状,对符合土地利用总体规划的,没收在非法转让的土地上新建的建筑物和其他设施;可以并处罚款;对直接负责的主管人员和其他直接责任人员,依法给予行政处分;构成犯罪的,依法追究刑事责任。

相关规定:《刑法》第228条;《土地管理法实施条例》第38条;《违反土地管理规定行为处分办

法》;《最高人民法院关于审理破坏土地资源刑事案件具体应用法律若干问题的解释》

第七十四条　【破坏耕地的法律责任】违反本法规定,占用耕地建窑、建坟或者擅自在耕地上建房、挖砂、采石、采矿、取土等,破坏种植条件的,或者因开发土地造成土地荒漠化、盐渍化的,由县级以上人民政府土地行政主管部门责令限期改正或者治理,可以并处罚款;构成犯罪的,依法追究刑事责任。

条文释义:破坏耕地的违法行为主要包括:(1)占用耕地建窑、建坟。目前还有很多地区建砖瓦窑,大量生产粘土砖,或沿袭旧风俗,实行土葬。(2)擅自在耕地上建房、挖砂、采石、采矿、取土等,破坏种植条件;有些单位和个人未经批准,超过标准多占宅基地,或明明可以利用荒坡地、废弃地,却非要占用好地、耕地,严重降低了耕地质量。(3)开发土地造成土地荒漠化、盐渍化。有些经营性房地产开发项目或者没有履行相关审批手续,或者不按照合同约定的土地用途和期限进行开发,造成土地养分和水分锐减,造成土壤环境恶化。

对这类行为的处罚措施包括:(1)由县级以上人民政府土地行政主管部门予以行政处罚,责令限期改正或者治理、复耕,可以并处耕地开垦费的2倍以下罚款;(2)构成犯罪的,依法根据《刑法》第342条追究刑事责任。

相关规定:《刑法》第342条;《土地管理法实施条例》第40条;《最高人民法院关于审理破坏土地资源刑事案件具体应用法律若干问题的解释》第3条

第七十五条　【拒不履行复垦义务的法律责任】违反本法规定,拒不履行土地复垦义务的,由县级以上人民政府土地行政主管部门责令限期改正;逾期不改正的,责令缴纳复垦费,专项用于土地复垦,可以处以罚款。

第七十六条　【非法占用土地行为的法律责任】未经批准或者采取欺骗手段骗取批准,非法占用土地的,由县级以上人民政府土地行政主管部门责令退还非法占用的土地,对违反土地利用总体规划擅自将农用地改为建设用地的,限期拆除在非法占用的土地上新建的建筑物和其他设施,恢复土地原状,对符合土地利用总体规划的,没收在非法占用的土地上新建的建筑物和其他设施,可以并处罚款;对非法占用土地单位的直接负责的主管人员和其他直接责任人员,依法给予行政处分;构成犯罪的,依法追究刑事责任。

超过批准的数量占用土地,多占的土地以非法占用土地论处。

条文释义:非法占用土地的行为有以下五种表现形式:(1)未经批准,擅自占用土地的行为;(2)采取各种欺骗手段骗取批准而非法占用土地的行为;(3)超过批准的数量多占土地的;(4)非法批准、使用土地的当事人拒不归还的;(5)在土地利用总体规划确定的禁止开垦区内进行开垦的。

未经合法批准占用土地的,如若非法占用后的土地仍符合土地利用总体规划,则应没收在非法转让的土地上新建的建筑物和其他设施;若非法占用并擅自将农用地改为建设用地,违反土地利用总体规划的,应限期拆除在非法占用的土地上新建的建筑物和其他设施,恢复土地原状。

相关规定:《刑法》第342条;《土地管理法实施条例》第34、42条;《违反土地管理规定行为处分办法》

第七十七条　【农村村民非法占用土地建住宅的法律责任】农村村民未经批准或者采取欺骗手段骗取批准,非法占用土地建住宅的,由县级以上人民政府土地行政主管部门责令退还非法占用的土地,限期拆除在非法占用的土地上新建的房屋。

超过省、自治区、直辖市规定的标准,多占的土地以非法占用土地论处。

条文释义:非法占用宅基地表现为:(1)未经批准占用的,是指未按本法第66条的规定得到政府审批;(2)采用欺骗手段占用,是指本不具有申请用地条件,但是编造虚假信息或伪造虚假文件,谎称具备申请条件而获得批准的;(3)超过省、自治区、直辖市规定的宅基地面积标准多占土地的行为也构成该条规定的违法行为。

对该类行为,县级以上人民政府土地行政主管部门应当责令占地农民退还非法占用的土地,并限期拆除在非法占用土地上新建的房屋。

第七十八条 【非法批地的法律责任】无权批准征收、使用土地的单位或者个人非法批准占用土地的,超越批准权限非法批准占用土地的,不按照土地利用总体规划确定的用途批准用地的,或者违反法律规定的程序批准占用、征收土地的,其批准文件无效,对非法批准征收、使用土地的直接负责的主管人员和其他直接责任人员,依法给予行政处分;构成犯罪的,依法追究刑事责任。非法批准、使用的土地应当收回,有关当事人拒不归还的,以非法占用土地论处。

非法批准征收、使用土地,对当事人造成损失的,依法应当承担赔偿责任。

条文释义:非法批地行为的表现形式有:(1)无权批准,即不具有批准征收、使用土地权力的单位或者个人非法批准占用土地的,例如县级人民政府批准农用地转用的行为;(2)越权批准,即超越批准权限非法批准占用土地的,如省级人民政府批准占用基本农田的行为;(3)不按照土地利用总体规划确定的用途批准用地,将农用地转为建设用地使用;(4)违反法律规定的程序批准占用、征收土地的。单位或个人的以上批准行为无效,其作出的批准文件也当然无效。

由于批准行为的不合法,批准自始无效,土地的原使用人使用土地便没有合法依据,因此,其使用的土地应当退还;但是,考虑到过错责任在于有关机关,使用非法批准土地的当事人其实也是受害者,所以,其因退还土地遭受的损失可以依法申请行政赔偿。

当事人拒不归还非法批准的土地,则要承担非法占用土地的法律责任。

相关规定:《土地管理法》第44、45、57条;《刑法》第410条;《违反土地管理规定行为处分办法》;《最高人民法院关于审理破坏土地资源刑事案件具体应用法律若干问题的解释》第4、5条;《全国人民代表大会常务委员会关于〈中华人民共和国刑法〉第二百二十八条、第三百四十二条、第四百一十条的解释》

第七十九条 【非法侵占、挪用征地补偿费的法律责任】侵占、挪用被征收土地单位的征地补偿费用和其他有关费用,构成犯罪的,依法追究刑事责任;尚不构成犯罪的,依法给予行政处分。

条文释义:非法侵占、挪用征地费是指单位或个人,主要是上级政府及有关部门和部分乡村干部,将属于农民集体所有土地补偿费、安置补助费以及农民个人所有的地上附着物和青苗补偿费据为己有或挪作他用,谋取利益的行为。侵占、挪用征地补偿费可能构成贪污罪,挪用公款罪、侵占罪以及挪用公司、企业或者其他单位资金罪。

相关规定:《刑法》第271、272、382、384条;《违反土地管理规定行为处分办法》

第八十条 【拒不交还土地的法律责任】依法收回国有土地使用权当事人拒不交出土地的,临时使用土地期满拒不归还的,或者不按照批准的用途使用国有土地的,由县级以上人民政府土地行政主管部门责令交还土地,处以罚款。

条文释义:在下列三种情况下,当事人应当交还土地:(1)依法收回国有土地使用权的,如因为公共利益的需要、旧城区改造或土地被闲置等原因;(2)临时使用土地期满;(3)不按照批准的用途使用国有土地的。若在上述情况发生时,当事人拒不交还土地,则应当受到相应的行政处罚,由县级以上人民政府土地行政主管部门责令交出土地,并处以罚款,罚款额为非法占用土地每平方米10元以上30元以下;拒不交出土地的,申请人民法院强制执行。

相关规定:《土地管理法实施条例》第43条

**第八十一条 【擅自将农民集体所有的土地的使用权出让、转让或者出租用于非农业建设的法律责任】擅自将农民集体所有的土地的使用权出让、转让或者出租用于非农业建设的，由县级以上人民政府土地行政主管部门责令限期改正，没收违法所得，并处罚款。

条文释义：为了保护农用地和农民利益、促进土地市场的健康发展，国家限定除非在特殊情况下，集体所有土地的使用权一般不得进入市场流通，尤其不得用于非农业建设。

若有关单位和个人擅自出让、转让或者出租集体土地使用权，并改变土地的农业用途，县级以上人民政府土地行政主管部门首先应要求出让、转让或者出租的当事人将土地使用权恢复原态。而且，应没收违法所得，包括出让金、转让金、租金及使用该集体土地所获得的收益。另外，还应当对违法者处以罚款，罚款额为非法所得的5%以上20%以下。

相关规定：《宪法》第10条；《土地管理法实施条例》第39条

第八十二条　【不依法办理土地变更登记的法律责任】不依照本法规定办理土地变更登记的，由县级以上人民政府土地行政主管部门责令其限期办理。

条文释义：当发生土地使用权转让、土地的主要用途改变等情形时，有关单位和个人应当在原土地登记机关办理变更登记手续。土地登记确定了土地权属关系，既有利于保护当事人的自身权益，厘清土地产权关系，避免土地权属纠纷，又有利于土地管理部门掌握土地动态变化，顺利开展规范和监管工作，实现土地用途管制。

当事人应当自觉主动办理土地变更登记，否则，县级以上人民政府土地行政主管部门应责令其限期办理。

第八十三条　【责令限期拆除的行政处罚的执行】依照本法规定，责令限期拆除在非法占用的土地上新建的建筑物和其他设施的，建设单位或者个人必须立即停止施工，自行拆除；对继续施工的，作出处罚决定的机关有权制止。建设单位或者个人对责令限期拆除的行政处罚决定不服的，可以在接到责令限期拆除决定之日起15日内，向人民法院起诉；期满不起诉又不自行拆除的，由作出处罚决定的机关依法申请人民法院强制执行，费用由违法者承担。

条文释义：责令限期拆除是有权机关代表国家作出的行为，具有制裁性和强制性。被责令限期拆除的对象必须服从，按照规定的期限和方式履行责令限期拆除决定所设定的义务，立即停止施工，自行拆除在非法占用的土地上新建的建筑物和其他设施。否则，作出责令限期拆除决定的机关有权纠正其继续违法行为。

但同时，责令限期拆除又应当遵循保障相对人合法权利的原则，因此，法律赋予了相对人对抗不法行政行为的司法救济手段，即建设单位或者个人对责令限期拆除的决定不服的，可以在接到责令限期拆除决定之日起15日内，向人民法院提起行政诉讼，将作出责令限期拆除决定的有权机关列为被告。

但是，当事人对该决定既不履行自行拆除的义务，又不行使提起行政诉讼的权利，则期满后，作出决定的机关可以依法申请人民法院强制拆除建筑设施，并且法院进行拆除产生的费用也由违法者承担。

相关规定：《土地管理法》第73、76条；《行政诉讼法》第97条

第八十四条　【土地行政主管部门工作人员玩忽职守、滥用职权、徇私舞弊的法律责任】土地行政主管部门的工作人员玩忽职守、滥用职权、徇私舞弊，构成犯罪的，依法追究刑事责任；尚不构成犯罪的，依法给予行政处分。

条文释义：玩忽职守，即土地行政主管部门工作人员违反土地管理法律法规，不履行或不正确履行职责。

滥用职权，即土地行政主管部门工作人员不法行使职务上的权限，包括：对没有具体决定、处理权限的事项擅自决定或处理；不负责任，随心所欲地对事项作出决定或处理；故意放弃对职责的履

行;故意不正确地履行职责等行为。

徇私舞弊,即土地行政主管部门工作人员利用职权徇私情、谋私利,故意违背事实和法律行使职权。

若国家机关工作人员的上述渎职行为致使公共财产、国家和人民利益遭受重大损失,触犯刑法的,分别构成玩忽职守罪、滥用职权罪、徇私舞弊罪的,应当根据《刑法》第397条的规定追究其刑事责任;若尚未构成犯罪的,应当依法给予行政处分。

相关规定:《刑法》第397、402、410条;《违反土地管理规定行为处分办法》;《最高人民法院关于审理破坏土地资源刑事案件具体应用法律若干问题的解释》第6-7条;《监察部、人力资源和社会保障部、国土资源部关于适用〈违反土地管理规定行为处分办法〉第三条有关问题的通知》

第八章　附　　则

第八十五条　【三资企业使用土地的法律适用】中外合资经营企业、中外合作经营企业、外资企业使用土地的,适用本法;法律另有规定的,从其规定。

第八十六条　【施行时间】本法自1999年1月1日起施行。

中华人民共和国土地管理法实施条例

(1998年12月27日中华人民共和国国务院令第256号发布　根据2011年1月8日《国务院关于废止和修改部分行政法规的决定》第一次修订　根据2014年7月29日《国务院关于修改部分行政法规的决定》第二次修订)

第一章　总　　则

第一条　根据《中华人民共和国土地管理法》(以下简称《土地管理法》),制定本条例。

第二章　土地的所有权和使用权

第二条　下列土地属于全民所有即国家所有:

(一)城市市区的土地;

(二)农村和城市郊区中已经依法没收、征收、征购为国有的土地;

(三)国家依法征收的土地;

(四)依法不属于集体所有的林地、草地、荒地、滩涂及其他土地;

(五)农村集体经济组织全部成员转为城镇居民的,原属于其成员集体所有的土地;

(六)因国家组织移民、自然灾害等原因,农民成建制地集体迁移后不再使用的原属于迁移农民集体所有的土地。

第三条　国家依法实行土地登记发证制度。依法登记的土地所有权和土地使用权受法律保护,任何单位和个人不得侵犯。

土地登记内容和土地权属证书式样由国务院土地行政主管部门统一规定。

土地登记资料可以公开查询。

确认林地、草原的所有权或者使用权,确认水面、滩涂的养殖使用权,分别依照《森林法》、《草原法》和《渔业法》的有关规定办理。

第四条　农民集体所有的土地,由土地所有者向土地所在地的县级人民政府土地行政主管部门提出土地登记申请,由县级人民政府登记造册,核发集体土地所有权证书,确认所有权。

农民集体所有的土地依法用于非农业建设的,由土地使用者向土地所在地的县级人民政府土地行政主管部门提出土地登记申请,由县级人民政府登记造册,核发集体土地使用权证书,确认建设用地使用权。

设区的市人民政府可以对市辖区内农民集体所有的土地实行统一登记。

第五条 单位和个人依法使用的国有土地,由土地使用者向土地所在地的县级以上人民政府土地行政主管部门提出土地登记申请,由县级以上人民政府登记造册,核发国有土地使用权证书,确认使用权。其中,中央国家机关使用的国有土地的登记发证,由国务院土地行政主管部门负责,具体登记发证办法由国务院土地行政主管部门会同国务院机关事务管理局等有关部门制定。

未确定使用权的国有土地,由县级以上人民政府登记造册,负责保护管理。

第六条 依法改变土地所有权、使用权的,因依法转让地上建筑物、构筑物等附着物导致土地使用权转移的,必须向土地所在地的县级以上人民政府土地行政主管部门提出土地变更登记申请,由原土地登记机关依法进行土地所有权、使用权变更登记。土地所有权、使用权的变更,自变更登记之日起生效。

依法改变土地用途的,必须持批准文件,向土地所在地的县级以上人民政府土地行政主管部门提出土地变更登记申请,由原土地登记机关依法进行变更登记。

第七条 依照《土地管理法》的有关规定,收回用地单位的土地使用权的,由原土地登记机关注销土地登记。

土地使用权有偿使用合同约定的使用期限届满,土地使用者未申请续期或者虽申请续期未获批准的,由原土地登记机关注销土地登记。

第三章　土地利用总体规划

第八条 全国土地利用总体规划,由国务院土地行政主管部门会同国务院有关部门编制,报国务院批准。

省、自治区、直辖市的土地利用总体规划,由省、自治区、直辖市人民政府组织本级土地行政主管部门和其他有关部门编制,报国务院批准。

省、自治区人民政府所在地的市、人口在100万以上的城市以及国务院指定的城市的土地利用总体规划,由各该市人民政府组织本级土地行政主管部门和其他有关部门编制,经省、自治区人民政府审查同意后,报国务院批准。

本条第一款、第二款、第三款规定以外的土地利用总体规划,由有关人民政府组织本级土地行政主管部门和其他有关部门编制,逐级上报省、自治区、直辖市人民政府批准;其中,乡(镇)土地利用总体规划,由乡(镇)人民政府编制,逐级上报省、自治区、直辖市人民政府或者省、自治区、直辖市人民政府授权的设区的市、自治州人民政府批准。

第九条 土地利用总体规划的规划期限一般为15年。

第十条 依照《土地管理法》规定,土地利用总体规划应当将土地划分为农用地、建设用地和未利用地。

县级和乡(镇)土地利用总体规划应当根据需要,划定基本农田保护区、土地开垦区、建设用地区和禁止开垦区等;其中,乡(镇)土地利用总体规划还应当根据土地使用条件,确定每一块土地的用途。

土地分类和划定土地利用区的具体办法,由国务院土地行政主管部门会同国务院有关部门制定。

第十一条 乡(镇)土地利用总体规划经依法批准后,乡(镇)人民政府应当在本行政区域内予以公告。

公告应当包括下列内容：

（一）规划目标；

（二）规划期限；

（三）规划范围；

（四）地块用途；

（五）批准机关和批准日期。

第十二条 依照《土地管理法》第二十六条第二款、第三款规定修改土地利用总体规划的，由原编制机关根据国务院或者省、自治区、直辖市人民政府的批准文件修改。修改后的土地利用总体规划应当报原批准机关批准。

上一级土地利用总体规划修改后，涉及修改下一级土地利用总体规划的，由上一级人民政府通知下一级人民政府作出相应修改，并报原批准机关备案。

第十三条 各级人民政府应当加强土地利用年度计划管理，实行建设用地总量控制。土地利用年度计划一经批准下达，必须严格执行。

土地利用年度计划应当包括下列内容：

（一）农用地转用计划指标；

（二）耕地保有量计划指标；

（三）土地开发整理计划指标。

第十四条 县级以上人民政府土地行政主管部门应当会同同级有关部门进行土地调查。

土地调查应当包括下列内容：

（一）土地权属；

（二）土地利用现状；

（三）土地条件。

地方土地利用现状调查结果，经本级人民政府审核，报上一级人民政府批准后，应当向社会公布；全国土地利用现状调查结果，报国务院批准后，应当向社会公布。土地调查规程，由国务院土地行政主管部门会同国务院有关部门制定。

第十五条 国务院土地行政主管部门会同国务院有关部门制定土地等级评定标准。

县级以上人民政府土地行政主管部门应当会同同级有关部门根据土地等级评定标准，对土地等级进行评定。地方土地等级评定结果，经本级人民政府审核，报上一级人民政府土地行政主管部门批准后，应当向社会公布。

根据国民经济和社会发展状况，土地等级每6年调整1次。

第四章 耕地保护

第十六条 在土地利用总体规划确定的城市和村庄、集镇建设用地范围内，为实施城市规划和村庄、集镇规划占用耕地，以及在土地利用总体规划确定的城市建设用地范围外的能源、交通、水利、矿山、军事设施等建设项目占用耕地的，分别由市、县人民政府、农村集体经济组织和建设单位依照《土地管理法》第三十一条的规定负责开垦耕地；没有条件开垦或者开垦的耕地不符合要求的，应当按照省、自治区、直辖市的规定缴纳耕地开垦费。

第十七条 禁止单位和个人在土地利用总体规划确定的禁止开垦区内从事土地开发活动。

在土地利用总体规划确定的土地开垦区内，开发未确定土地使用权的国有荒山、荒地、荒滩从事种植业、林业、畜牧业、渔业生产的，应当向土地所在地的县级以上地方人民政府土地行政主管部门提出申请，按照省、自治区、直辖市规定的权限，由县级以上地方人民政府批准。

开发未确定土地使用权的国有荒山、荒地、荒滩从事种植业、林业、畜牧业或者渔业生产的，经县级以上地方人民政府依法批准，可以确定给开发单位或者个人长期使用，使用期限最长不得超过50年。

第十八条 县、乡(镇)人民政府应当按照土地利用总体规划，组织农村集体经济组织制定土地整理方案，并组织实施。

地方各级人民政府应当采取措施，按照土地利用总体规划推进土地整理。土地整理新增耕地面积的60%可以用作折抵建设占用耕地的补偿指标。

土地整理所需费用，按照谁受益谁负担的原则，由农村集体经济组织和土地使用者共同承担。

第五章 建设用地

第十九条 建设占用土地，涉及农用地转为建设用地的，应当符合土地利用总体规划和土地利用年度计划中确定的农用地转用指标；城市和村庄、集镇建设占用土地，涉及农用地转用的，还应当符合城市规划和村庄、集镇规划。不符合规定的，不得批准农用地转为建设用地。

第二十条 在土地利用总体规划确定的城市建设用地范围内，为实施城市规划占用土地的，按照下列规定办理：

(一) 市、县人民政府按照土地利用年度计划拟订农用地转用方案、补充耕地方案、征收土地方案，分批次逐级上报有批准权的人民政府。

(二) 有批准权的人民政府土地行政主管部门对农用地转用方案、补充耕地方案、征收土地方案进行审查，提出审查意见，报有批准权的人民政府批准；其中，补充耕地方案由批准农用地转用方案的人民政府在批准农用地转用方案时一并批准。

(三) 农用地转用方案、补充耕地方案、征收土地方案经批准后，由市、县人民政府组织实施，按具体建设项目分别供地。

在土地利用总体规划确定的村庄、集镇建设用地范围内，为实施村庄、集镇规划占用土地的，由市、县人民政府拟订农用地转用方案、补充耕地方案，依照前款规定的程序办理。

第二十一条 具体建设项目需要使用土地的，建设单位应当根据建设项目的总体设计一次申请，办理建设用地审批手续；分期建设的项目，可以根据可行性研究报告确定的方案分期申请建设用地，分期办理建设用地有关审批手续。

第二十二条 具体建设项目需要占用土地利用总体规划确定的城市建设用地范围内的国有建设用地的，按照下列规定办理：

(一) 建设项目可行性研究论证时，由土地行政主管部门对建设项目用地有关事项进行审查，提出建设项目用地预审报告；可行性研究报告报批时，必须附具土地行政主管部门出具的建设项目用地预审报告。

(二) 建设单位持建设项目的有关批准文件，向市、县人民政府土地行政主管部门提出建设用地申请，由市、县人民政府土地行政主管部门审查，拟订供地方案，报市、县人民政府批准；需要上级人民政府批准的，应当报上级人民政府批准。

(三) 供地方案经批准后，由市、县人民政府向建设单位颁发建设用地批准书。有偿使用国有土地的，由市、县人民政府土地行政主管部门与土地使用者签订国有土地有偿使用合同；划拨使用国有土地的，由市、县人民政府土地行政主管部门向土地使用者核发国有土地划拨决定书。

(四) 土地使用者应当依法申请土地登记。

通过招标、拍卖方式提供国有建设用地使用权的，由市、县人民政府土地行政主管部门会同有关部门拟订方案，报市、县人民政府批准后，由市、县人民政府土地行政主管部门组织实施，并与土地使用者签订土地有偿使用合同。土地使用者应当依法申请土地登记。

第二十三条 具体建设项目需要使用土地的,必须依法申请使用土地利用总体规划确定的城市建设用地范围内的国有建设用地。能源、交通、水利、矿山、军事设施等建设项目确需使用土地利用总体规划确定的城市建设用地范围外的土地,涉及农用地的,按照下列规定办理:

(一)建设项目可行性研究论证时,由土地行政主管部门对建设项目用地有关事项进行审查,提出建设项目用地预审报告;可行性研究报告报批时,必须附具土地行政主管部门出具的建设项目用地预审报告。

(二)建设单位持建设项目的有关批准文件,向市、县人民政府土地行政主管部门提出建设用地申请,由市、县人民政府土地行政主管部门审查,拟订农用地转用方案、补充耕地方案、征收土地方案和供地方案(涉及国有农用地的,不拟订征收土地方案),经市、县人民政府审核同意后,逐级上报有批准权的人民政府批准;其中,补充耕地方案由批准农用地转用方案的人民政府在批准农用地转用方案时一并批准;供地方案由批准征收土地的人民政府在批准征收土地方案时一并批准(涉及国有农用地的,供地方案由批准农用地转用的人民政府在批准农用地转用方案时一并批准)。

(三)农用地转用方案、补充耕地方案、征收土地方案和供地方案经批准后,由市、县人民政府组织实施,向建设单位颁发建设用地批准书。有偿使用国有土地的,由市、县人民政府土地行政主管部门与土地使用者签订国有土地有偿使用合同;划拨使用国有土地的,由市、县人民政府土地行政主管部门向土地使用者核发国有土地划拨决定书。

(四)土地使用者应当依法申请土地登记。

建设项目确需使用土地利用总体规划确定的城市建设用地范围外的土地,涉及农民集体所有的未利用地的,只报批征收土地方案和供地方案。

第二十四条 具体建设项目需要占用土地利用总体规划确定的国有未利用地的,按照省、自治区、直辖市的规定办理;但是,国家重点建设项目、军事设施和跨省、自治区、直辖市行政区域的建设项目以及国务院规定的其他建设项目用地,应当报国务院批准。

第二十五条 征收土地方案经依法批准后,由被征收土地所在地的市、县人民政府组织实施,并将批准征地机关、批准文号、征收土地的用途、范围、面积以及征地补偿标准、农业人员安置办法和办理征地补偿的期限等,在被征收土地所在地的乡(镇)、村予以公告。

被征收土地的所有权人、使用权人应当在公告规定的期限内,持土地权属证书到公告指定的人民政府土地行政主管部门办理征地补偿登记。

市、县人民政府土地行政主管部门根据经批准的征收土地方案,会同有关部门拟订征地补偿、安置方案,在被征收土地所在地的乡(镇)、村予以公告,听取被征收土地的农村集体经济组织和农民的意见。征地补偿、安置方案报市、县人民政府批准后,由市、县人民政府土地行政主管部门组织实施。对补偿标准有争议的,由县级以上地方人民政府协调;协调不成的,由批准征收土地的人民政府裁决。征地补偿、安置争议不影响征收土地方案的实施。

征收土地的各项费用应当自征地补偿、安置方案批准之日起 3 个月内全额支付。

第二十六条 土地补偿费归农村集体经济组织所有;地上附着物及青苗补偿费归地上附着物及青苗的所有者所有。

征收土地的安置补助费必须专款专用,不得挪作他用。需要安置的人员由农村集体经济组织安置的,安置补助费支付给农村集体经济组织,由农村集体经济组织管理和使用;由其他单位安置的,安置补助费支付给安置单位;不需要统一安置的,安置补助费发放给被安置人员个人或者征得被安置人员同意后用于支付被安置人员的保险费用。

市、县和乡(镇)人民政府应当加强对安置补助费使用情况的监督。

第二十七条 抢险救灾等急需使用土地的,可以先行使用土地。其中,属于临时用地的,灾后应当恢复原状并交还原土地使用者使用,不再办理用地审批手续;属于永久性建设用地的,建设单位应当在灾情结束后6个月内申请补办建设用地审批手续。

第二十八条 建设项目施工和地质勘查需要临时占用耕地的,土地使用者应当自临时用地期满之日起1年内恢复种植条件。

第二十九条 国有土地有偿使用的方式包括:

(一)国有土地使用权出让;

(二)国有土地租赁;

(三)国有土地使用权作价出资或者入股。

第三十条 《土地管理法》第五十五条规定的新增建设用地的土地有偿使用费,是指国家在新增建设用地中应取得的平均土地纯收益。

第六章 监督检查

第三十一条 土地管理监督检查人员应当经过培训,经考核合格后,方可从事土地管理监督检查工作。

第三十二条 土地行政主管部门履行监督检查职责,除采取《土地管理法》第六十七条规定的措施外,还可以采取下列措施:

(一)询问违法案件的当事人、嫌疑人和证人;

(二)进入被检查单位或者个人非法占用的土地现场进行拍照、摄像;

(三)责令当事人停止正在进行的土地违法行为;

(四)对涉嫌土地违法的单位或者个人,停止办理有关土地审批、登记手续;

(五)责令违法嫌疑人在调查期间不得变卖、转移与案件有关的财物。

第三十三条 依照《土地管理法》第七十二条规定给予行政处分的,由责令作出行政处罚决定或者直接给予行政处罚决定的上级人民政府土地行政主管部门作出。对于警告、记过、记大过的行政处分决定,上级土地行政主管部门可以直接作出;对于降级、撤职、开除的行政处分决定,上级土地行政主管部门应当按照国家有关人事管理权限和处理程序的规定,向有关机关提出行政处分建议,由有关机关依法处理。

第七章 法律责任

第三十四条 违反本条例第十七条的规定,在土地利用总体规划确定的禁止开垦区内进行开垦的,由县级以上人民政府土地行政主管部门责令限期改正;逾期不改正的,依照《土地管理法》第七十六条的规定处罚。

第三十五条 在临时使用的土地上修建永久性建筑物、构筑物的,由县级以上人民政府土地行政主管部门责令限期拆除;逾期不拆除的,由作出处罚决定的机关依法申请人民法院强制执行。

第三十六条 对在土地利用总体规划制定前已建的不符合土地利用总体规划确定的用途的建筑物、构筑物重建、扩建的,由县级以上人民政府土地行政主管部门责令限期拆除;逾期不拆除的,由作出处罚决定的机关依法申请人民法院强制执行。

第三十七条 阻碍土地行政主管部门的工作人员依法执行职务的,依法给予治安管理处罚或者追究刑事责任。

第三十八条 依照《土地管理法》第七十三条的规定处以罚款的,罚款额为非法所得的50%以下。

第三十九条 依照《土地管理法》第八十一条的规定处以罚款的,罚款额为非法所得的5%以上20%以下。

第四十条 依照《土地管理法》第七十四条的规定处以罚款的,罚款额为耕地开垦费的2倍以下。

第四十一条 依照《土地管理法》第七十五条的规定处以罚款的,罚款额为土地复垦费的2倍以下。

第四十二条 依照《土地管理法》第七十六条的规定处以罚款的,罚款额为非法占用土地每平方米30元以下。

第四十三条 依照《土地管理法》第八十条的规定处以罚款的,罚款额为非法占用土地每平方米10元以上30元以下。

第四十四条 违反本条例第二十八条的规定,逾期不恢复种植条件的,由县级以上人民政府土地行政主管部门责令限期改正,可以处耕地复垦费2倍以下的罚款。

第四十五条 违反土地管理法律、法规规定,阻挠国家建设征收土地的,由县级以上人民政府土地行政主管部门责令交出土地;拒不交出土地的,申请人民法院强制执行。

第八章 附 则

第四十六条 本条例自1999年1月1日起施行。1991年1月4日国务院发布的《中华人民共和国土地管理法实施条例》同时废止。

中华人民共和国农村土地承包法

(2002年8月29日第九届全国人民代表大会常务委员会第二十九次会议通过 根据2009年8月27日第十一届全国人民代表大会常务委员会第十次会议《关于修改部分法律的决定》修正)

第一章 总 则

第一条 **【立法目的】**为稳定和完善以家庭承包经营为基础、统分结合的双层经营体制,赋予农民长期而有保障的土地使用权,维护农村土地承包当事人的合法权益,促进农业、农村经济发展和农村社会稳定,根据宪法,制定本法。

第二条 **【适用范围】**本法所称农村土地,是指农民集体所有和国家所有依法由农民集体使用的耕地、林地、草地,以及其他依法用于农业的土地。

第三条 **【农村土地承包经营制度】**国家实行农村土地承包经营制度。

农村土地承包采取农村集体经济组织内部的家庭承包方式,不宜采取家庭承包方式的荒山、荒沟、荒丘、荒滩等农村土地,可以采取招标、拍卖、公开协商等方式承包。

第四条 **【依法保护农村土地承包关系的长期稳定】**国家依法保护农村土地承包关系的长期稳定。

农村土地承包后,土地的所有权性质不变。承包地不得买卖。

第五条 **【承包权的主体及承包权的保护】**农村集体经济组织成员有权依法承包由本集体经济组织发包的农村土地。

任何组织和个人不得剥夺和非法限制农村集体经济组织成员承包土地的权利。

第六条 **【土地承包经营权男女平等】**农村土地承包,妇女与男子享有平等的权利。承包中应当保护妇女的合法权益,任何组织和个人不得剥夺、侵害妇女应当享有的土地承包经营权。

第七条 **【公开、公平、公正原则】**农村土地承包应当坚持公开、公平、公正的原则,正确处理国家、集体、个人三者的利益关系。

第八条 【土地资源的保护】农村土地承包应当遵守法律、法规,保护土地资源的合理开发和可持续利用。未经依法批准不得将承包地用于非农建设。

国家鼓励农民和农村集体经济组织增加对土地的投入,培肥地力,提高农业生产能力。

第九条 【集体土地所有者和承包方合法权益的保护】国家保护集体土地所有者的合法权益,保护承包方的土地承包经营权,任何组织和个人不得侵犯。

第十条 【土地承包经营权流转的保护】国家保护承包方依法、自愿、有偿地进行土地承包经营权流转。

第十一条 【土地承包管理部门】国务院农业、林业行政主管部门分别依照国务院规定的职责负责全国农村土地承包及承包合同管理的指导。县级以上地方人民政府农业、林业等行政主管部门分别依照各自职责,负责本行政区域内农村土地承包及承包合同管理。乡(镇)人民政府负责本行政区域内农村土地承包及承包合同管理。

第二章 家庭承包

第一节 发包方和承包方的权利和义务

第十二条 【发包主体】农民集体所有的土地依法属于村农民集体所有的,由村集体经济组织或者村民委员会发包;已经分别属于村内两个以上农村集体经济组织的农民集体所有的,由村内各该农村集体经济组织或者村民小组发包。村集体经济组织或者村民委员会发包的,不得改变村内各集体经济组织农民集体所有的土地的所有权。

国家所有依法由农民集体使用的农村土地,由使用该土地的农村集体经济组织、村民委员会或者村民小组发包。

第十三条 【发包方的权利】发包方享有下列权利:

(一)发包本集体所有的或者国家所有依法由本集体使用的农村土地;

(二)监督承包方依照承包合同约定的用途合理利用和保护土地;

(三)制止承包方损害承包地和农业资源的行为;

(四)法律、行政法规规定的其他权利。

第十四条 【发包方的义务】发包方承担下列义务:

(一)维护承包方的土地承包经营权,不得非法变更、解除承包合同;

(二)尊重承包方的生产经营自主权,不得干涉承包方依法进行正常的生产经营活动;

(三)依照承包合同约定为承包方提供生产、技术、信息等服务;

(四)执行县、乡(镇)土地利用总体规划,组织本集体经济组织内的农业基础设施建设;

(五)法律、行政法规规定的其他义务。

第十五条 【家庭承包的承包方的资格】家庭承包的承包方是本集体经济组织的农户。

第十六条 【承包方的权利】承包方享有下列权利:

(一)依法享有承包地使用、收益和土地承包经营权流转的权利,有权自主组织生产经营和处置产品;

(二)承包地被依法征收、征用、占用的,有权依法获得相应的补偿;

(三)法律、行政法规规定的其他权利。

第十七条 【承包方的义务】承包方承担下列义务:

(一)维持土地的农业用途,不得用于非农建设;

(二)依法保护和合理利用土地,不得给土地造成永久性损害;

(三)法律、行政法规规定的其他义务。

第二节　承包的原则和程序

第十八条　【土地承包的原则】土地承包应当遵循以下原则：

（一）按照规定统一组织承包时，本集体经济组织成员依法平等地行使承包土地的权利，也可以自愿放弃承包土地的权利；

（二）民主协商，公平合理；

（三）承包方案应当按照本法第十二条的规定，依法经本集体经济组织成员的村民会议三分之二以上成员或者三分之二以上村民代表的同意；

（四）承包程序合法。

第十九条　【土地承包的程序】土地承包应当按照以下程序进行：

（一）本集体经济组织成员的村民会议选举产生承包工作小组；

（二）承包工作小组依照法律、法规的规定拟订并公布承包方案；

（三）依法召开本集体经济组织成员的村民会议，讨论通过承包方案；

（四）公开组织实施承包方案；

（五）签订承包合同。

第三节　承包期限和承包合同

第二十条　【承包期限】耕地的承包期为三十年。草地的承包期为三十年至五十年。林地的承包期为三十年至七十年；特殊林木的林地承包期，经国务院林业行政主管部门批准可以延长。

第二十一条　【承包合同】发包方应当与承包方签订书面承包合同。

承包合同一般包括以下条款：

（一）发包方、承包方的名称，发包方负责人和承包方代表的姓名、住所；

（二）承包土地的名称、坐落、面积、质量等级；

（三）承包期限和起止日期；

（四）承包土地的用途；

（五）发包方和承包方的权利和义务；

（六）违约责任。

第二十二条　【承包合同的生效】承包合同自成立之日起生效。承包方自承包合同生效时取得土地承包经营权。

第二十三条　【土地承包经营权证等证书的颁发】县级以上地方人民政府应当向承包方颁发土地承包经营权证或者林权证等证书，并登记造册，确认土地承包经营权。

颁发土地承包经营权证或者林权证等证书，除按规定收取证书工本费外，不得收取其他费用。

第二十四条　【承包合同的稳定性】承包合同生效后，发包方不得因承办人或者负责人的变动而变更或者解除，也不得因集体经济组织的分立或者合并而变更或者解除。

第二十五条　【严禁国家机关及其工作人员利用职权干涉农村土地承包或者变更、解除承包合同】国家机关及其工作人员不得利用职权干涉农村土地承包或者变更、解除承包合同。

第四节　土地承包经营权的保护

第二十六条　【承包期内承包地的交回和收回】　承包期内，发包方不得收回承包地。

承包期内，承包方全家迁入小城镇落户的，应当按照承包方的意愿，保留其土地承包经营权或者允许其依法进行土地承包经营权流转。

承包期内，承包方全家迁入设区的市，转为非农业户口的，应当将承包的耕地和草地交回发包方。承包方不交回的,发包方可以收回承包的耕地和草地。

承包期内,承包方交回承包地或者发包方依法收回承包地时,承包方对其在承包地上投入而提高土地生产能力的,有权获得相应的补偿。

第二十七条 【承包期内承包地的调整】承包期内,发包方不得调整承包地。

承包期内,因自然灾害严重毁损承包地等特殊情形对个别农户之间承包的耕地和草地需要适当调整的,必须经本集体经济组织成员的村民会议三分之二以上成员或者三分之二以上村民代表的同意,并报乡(镇)人民政府和县级人民政府农业等行政主管部门批准。承包合同中约定不得调整的,按照其约定。

第二十八条 【用于调整承包土地或者承包给新增人口的土地】下列土地应当用于调整承包土地或者承包给新增人口:

(一)集体经济组织依法预留的机动地;

(二)通过依法开垦等方式增加的;

(三)承包方依法、自愿交回的。

第二十九条 【承包期内承包方自愿将承包地交回发包方的处理】承包期内,承包方可以自愿将承包地交回发包方。承包方自愿交回承包地的,应当提前半年以书面形式通知发包方。承包方在承包期内交回承包地的,在承包期内不得再要求承包土地。

第三十条 【妇女婚姻关系变动对土地承包的影响】承包期内,妇女结婚,在新居住地未取得承包地的,发包方不得收回其原承包地;妇女离婚或者丧偶,仍在原居住地生活或者不在原居住地生活但在新居住地未取得承包地的,发包方不得收回其原承包地。

第三十一条 【承包收益和林地承包权的继承】承包人应得的承包收益,依照继承法的规定继承。

林地承包的承包人死亡,其继承人可以在承包期内继续承包。

第五节 土地承包经营权的流转

第三十二条 【土地承包经营权流转的方式】通过家庭承包取得的土地承包经营权可以依法采取转包、出租、互换、转让或者其他方式流转。

第三十三条 【土地承包经营权流转的原则】土地承包经营权流转应当遵循以下原则:

(一)平等协商、自愿、有偿,任何组织和个人不得强迫或者阻碍承包方进行土地承包经营权流转;

(二)不得改变土地所有权的性质和土地的农业用途;

(三)流转的期限不得超过承包期的剩余期限;

(四)受让方须有农业经营能力;

(五)在同等条件下,本集体经济组织成员享有优先权。

第三十四条 【土地承包经营权流转的主体】土地承包经营权流转的主体是承包方。承包方有权依法自主决定土地承包经营权是否流转和流转的方式。

第三十五条 【承包期内发包方的义务】承包期内,发包方不得单方面解除承包合同,不得假借少数服从多数强迫承包方放弃或者变更土地承包经营权,不得以划分“口粮田”和“责任田”等为由收回承包地搞招标承包,不得将承包地收回抵顶欠款。

第三十六条 【土地承包经营权流转的收益及其归属】土地承包经营权流转的转包费、租金、转让费等,应当由当事人双方协商确定。流转的收益归承包方所有,任何组织和个人不得擅自截留、扣缴。

第三十七条 【土地承包经营权流转合同】土地承包经营权采取转包、出租、互换、转让或者其他方式流转，当事人双方应当签订书面合同。采取转让方式流转的，应当经发包方同意；采取转包、出租、互换或者其他方式流转的，应当报发包方备案。

土地承包经营权流转合同一般包括以下条款：

（一）双方当事人的姓名、住所；

（二）流转土地的名称、坐落、面积、质量等级；

（三）流转的期限和起止日期；

（四）流转土地的用途；

（五）双方当事人的权利和义务；

（六）流转价款及支付方式；

（七）违约责任。

第三十八条 【土地承包经营权流转的登记】土地承包经营权采取互换、转让方式流转，当事人要求登记的，应当向县级以上地方人民政府申请登记。未经登记，不得对抗善意第三人。

第三十九条 【土地承包经营权的转包、出租】承包方可以在一定期限内将部分或者全部土地承包经营权转包或者出租给第三方，承包方与发包方的承包关系不变。

承包方将土地交由他人代耕不超过一年的，可以不签订书面合同。

第四十条 【土地承包经营权的互换】承包方之间为方便耕种或者各自需要，可以对属于同一集体经济组织的土地的土地承包经营权进行互换。

第四十一条 【土地承包经营权的转让】承包方有稳定的非农职业或者有稳定的收入来源的，经发包方同意，可以将全部或者部分土地承包经营权转让给其他从事农业生产经营的农户，由该农户同发包方确立新的承包关系，原承包方与发包方在该土地上的承包关系即行终止。

第四十二条 【土地承包经营权的入股】承包方之间为发展农业经济，可以自愿联合将土地承包经营权入股，从事农业合作生产。

第四十三条 【承包方在承包地上投入而提高土地生产能力的补偿】承包方对其在承包地上投入而提高土地生产能力的，土地承包经营权依法流转时有权获得相应的补偿。

第三章　其他方式的承包

第四十四条 【本章规定的适用范围】不宜采取家庭承包方式的荒山、荒沟、荒丘、荒滩等农村土地，通过招标、拍卖、公开协商等方式承包的，适用本章规定。

第四十五条 【以其他方式承包农村土地时承包合同的签订】以其他方式承包农村土地的，应当签订承包合同。当事人的权利和义务、承包期限等，由双方协商确定。以招标、拍卖方式承包的，承包费通过公开竞标、竞价确定；以公开协商等方式承包的，承包费由双方议定。

第四十六条 【荒山、荒沟、荒丘、荒滩等的承包经营方式】荒山、荒沟、荒丘、荒滩等可以直接通过招标、拍卖、公开协商等方式实行承包经营，也可以将土地承包经营权折股分给本集体经济组织成员后，再实行承包经营或者股份合作经营。

承包荒山、荒沟、荒丘、荒滩的，应当遵守有关法律、行政法规的规定，防止水土流失，保护生态环境。

第四十七条 【本集体经济组织成员享有优先承包权】以其他方式承包农村土地，在同等条件下，本集体经济组织成员享有优先承包权。

第四十八条 【将农村土地发包给本集体经济组织以外的单位或者个人承包的程序】发包方将农村土地发包给本集体经济组织以外的单位或者个人承包，应当事先经本集体经济组织成员的村民会议三分之二以上成员或者三分之二以上村民代表的同意，并报乡（镇）人民政府批准。

由本集体经济组织以外的单位或者个人承包的，应当对承包方的资信情况和经营能力进行审查后，再签订承包合同。

第四十九条 【以其他方式承包农村土地后土地承包经营权的流转】通过招标、拍卖、公开协商等方式承包农村土地，经依法登记取得土地承包经营权证或者林权证等证书的，其土地承包经营权可以依法采取转让、出租、入股、抵押或者其他方式流转。

第五十条 【以其他方式取得的土地承包经营权的继承】土地承包经营权通过招标、拍卖、公开协商等方式取得的，该承包人死亡，其应得的承包收益，依照继承法的规定继承；在承包期内，其继承人可以继续承包。

第四章 争议的解决和法律责任

第五十一条 【土地承包经营纠纷的解决方式】因土地承包经营发生纠纷的，双方当事人可以通过协商解决，也可以请求村民委员会、乡（镇）人民政府等调解解决。

当事人不愿协商、调解或者协商、调解不成的，可以向农村土地承包仲裁机构申请仲裁，也可以直接向人民法院起诉。

第五十二条 【农村土地承包仲裁机构的仲裁裁决的法律效力】当事人对农村土地承包仲裁机构的仲裁裁决不服的，可以在收到裁决书之日起三十日内向人民法院起诉。逾期不起诉的，裁决书即发生法律效力。

第五十三条 【侵害承包方的土地承包经营权应当承担民事责任】任何组织和个人侵害承包方的土地承包经营权的，应当承担民事责任。

第五十四条 【发包方的民事责任】发包方有下列行为之一的，应当承担停止侵害、返还原物、恢复原状、排除妨害、消除危险、赔偿损失等民事责任：

（一）干涉承包方依法享有的生产经营自主权；

（二）违反本法规定收回、调整承包地；

（三）强迫或者阻碍承包方进行土地承包经营权流转；

（四）假借少数服从多数强迫承包方放弃或者变更土地承包经营权而进行土地承包经营权流转；

（五）以划分“口粮田”和“责任田”等为由收回承包地搞招标承包；

（六）将承包地收回抵顶欠款；

（七）剥夺、侵害妇女依法享有的土地承包经营权；

（八）其他侵害土地承包经营权的行为。

第五十五条 【承包合同中无效的约定】承包合同中违背承包方意愿或者违反法律、行政法规有关不得收回、调整承包地等强制性规定的约定无效。

第五十六条 【违约责任】当事人一方不履行合同义务或者履行义务不符合约定的，应当依照《中华人民共和国合同法》的规定承担违约责任。

第五十七条 【无效的土地承包经营权流转】任何组织和个人强迫承包方进行土地承包经营权流转的，该流转无效。

第五十八条 【擅自截留、扣缴土地承包经营权流转收益的处理】任何组织和个人擅自截留、扣缴土地承包经营权流转收益的，应当退还。

第五十九条 【非法征用、占用土地或者贪污、挪用土地征用补偿费用的法律责任】违反土地管理法规，非法征收、征用、占用土地或者贪污、挪用土地征收、征用补偿费用，构成犯罪的，依法追究刑事责任；造成他人损害的，应当承担损害赔偿等责任。

第六十条 【承包方违法将承包地用于非农建设或者给承包地造成永久性损害的法律责任】承包方违法将承包地用于非农建设的，由县级以上地方人民政府有关行政主管部门依法予以处罚。

承包方给承包地造成永久性损害的,发包方有权制止,并有权要求承包方赔偿由此造成的损失。

第六十一条 【国家机关及其工作人员利用职权侵害土地承包经营权行为的法律责任】国家机关及其工作人员有利用职权干涉农村土地承包,变更、解除承包合同,干涉承包方依法享有的生产经营自主权,或者强迫、阻碍承包方进行土地承包经营权流转等侵害土地承包经营权的行为,给承包方造成损失的,应当承担损害赔偿等责任;情节严重的,由上级机关或者所在单位给予直接责任人员行政处分;构成犯罪的,依法追究刑事责任。

第五章 附　　则

第六十二条 【本法实施前的农村土地承包继续有效】本法实施前已经按照国家有关农村土地承包的规定承包,包括承包期限长于本法规定的,本法实施后继续有效,不得重新承包土地。未向承包方颁发土地承包经营权证或者林权证等证书的,应当补发证书。

第六十三条 【机动地的预留】本法实施前已经预留机动地的,机动地面积不得超过本集体经济组织耕地总面积的百分之五。不足百分之五的,不得再增加机动地。

本法实施前未留机动地的,本法实施后不得再留机动地。

第六十四条 【实施办法的制定】各省、自治区、直辖市人民代表大会常务委员会可以根据本法,结合本行政区域的实际情况,制定实施办法。

第六十五条 【施行时间】本法自2003年3月1日起施行。

中华人民共和国矿产资源法

(1986年3月19日第六届全国人民代表大会常务委员会第十五次会议通过　根据1996年8月29日第八届全国人民代表大会常务委员会第二十一次会议《关于修改〈中华人民共和国矿产资源法〉的决定》第一次修正　根据2009年8月27日第十一届全国人民代表大会常务委员会第十次会议《关于修改部分法律的决定》第二次修正)

第一章 总　　则

第一条　为了发展矿业,加强矿产资源的勘查、开发利用和保护工作,保障社会主义现代化建设的当前和长远的需要,根据中华人民共和国宪法,特制定本法。

第二条　在中华人民共和国领域及管辖海域勘查、开采矿产资源,必须遵守本法。

第三条　矿产资源属于国家所有,由国务院行使国家对矿产资源的所有权。地表或者地下的矿产资源的国家所有权,不因其所依附的土地的所有权或者使用权的不同而改变。

国家保障矿产资源的合理开发利用。禁止任何组织或者个人用任何手段侵占或者破坏矿产资源。各级人民政府必须加强矿产资源的保护工作。

勘查、开采矿产资源,必须依法分别申请、经批准取得探矿权、采矿权,并办理登记;但是,已经依法申请取得采矿权的矿山企业在划定的矿区范围内为本企业的生产而进行的勘查除外。国家保护探矿权和采矿权不受侵犯,保障矿区和勘查作业区的生产秩序、工作秩序不受影响和破坏。

从事矿产资源勘查和开采的,必须符合规定的资质条件。

第四条　国家保障依法设立的矿山企业开采矿产资源的合法权益。

国有矿山企业是开采矿产资源的主体。国家保障国有矿业经济的巩固和发展。

第五条　国家实行探矿权、采矿权有偿取得的制度;但是,国家对探矿权、采矿权有偿取得的费用,可以根据不同情况规定予以减缴、免缴。具体办法和实施步骤由国务院规定。

开采矿产资源,必须按照国家有关规定缴纳资源税和资源补偿费。

第六条 除按下列规定可以转让外,探矿权、采矿权不得转让:

(一)探矿权人有权在划定的勘查作业区内进行规定的勘查作业,有权优先取得勘查作业区内矿产资源的采矿权。探矿权人在完成规定的最低勘查投入后,经依法批准,可以将探矿权转让他人。

(二)已取得采矿权的矿山企业,因企业合并、分立,与他人合资、合作经营,或者因企业资产出售以及有其他变更企业资产产权的情形而需要变更采矿权主体的,经依法批准可以将采矿权转让他人采矿。

前款规定的具体办法和实施步骤由国务院规定。

禁止将探矿权、采矿权倒卖牟利。

第七条 国家对矿产资源的勘查、开发实行统一规划、合理布局、综合勘查、合理开采和综合利用的方针。

第八条 国家鼓励矿产资源勘查、开发的科学技术研究,推广先进技术,提高矿产资源勘查、开发的科学技术水平。

第九条 在勘查、开发、保护矿产资源和进行科学技术研究等方面成绩显著的单位和个人,由各级人民政府给予奖励。

第十条 国家在民族自治地方开采矿产资源,应当照顾民族自治地方的利益,作出有利于民族自治地方经济建设的安排,照顾当地少数民族群众的生产和生活。

民族自治地方的自治机关根据法律规定和国家的统一规划,对可以由本地方开发的矿产资源,优先合理开发利用。

第十一条 国务院地质矿产主管部门主管全国矿产资源勘查、开采的监督管理工作。国务院有关主管部门协助国务院地质矿产主管部门进行矿产资源勘查、开采的监督管理工作。

省、自治区、直辖市人民政府地质矿产主管部门主管本行政区域内矿产资源勘查、开采的监督管理工作。省、自治区、直辖市人民政府有关主管部门协助同级地质矿产主管部门进行矿产资源勘查、开采的监督管理工作。

第二章 矿产资源勘查的登记和开采的审批

第十二条 国家对矿产资源勘查实行统一的区块登记管理制度。矿产资源勘查登记工作,由国务院地质矿产主管部门负责;特定矿种的矿产资源勘查登记工作,可以由国务院授权有关主管部门负责。矿产资源勘查区块登记管理办法由国务院制定。

第十三条 国务院矿产储量审批机构或者省、自治区、直辖市矿产储量审批机构负责审查批准供矿山建设设计使用的勘探报告,并在规定的期限内批复报送单位。勘探报告未经批准,不得作为矿山建设设计的依据。

第十四条 矿产资源勘查成果档案资料和各类矿产储量的统计资料,实行统一的管理制度,按照国务院规定汇交或者填报。

第十五条 设立矿山企业,必须符合国家规定的资质条件,并依照法律和国家有关规定,由审批机关对其矿区范围、矿山设计或者开采方案、生产技术条件、安全措施和环境保护措施等进行审查;审查合格的,方予批准。

第十六条 开采下列矿产资源的,由国务院地质矿产主管部门审批,并颁发采矿许可证:

(一)国家规划矿区和对国民经济具有重要价值的矿区内的矿产资源;

(二)前项规定区域以外可供开采的矿产储量规模在大型以上的矿产资源;

（三）国家规定实行保护性开采的特定矿种；

（四）领海及中国管辖的其他海域的矿产资源；

（五）国务院规定的其他矿产资源。

开采石油、天然气、放射性矿产等特定矿种的，可以由国务院授权的有关主管部门审批，并颁发采矿许可证。

开采第一款、第二款规定以外的矿产资源，其可供开采的矿产的储量规模为中型的，由省、自治区、直辖市人民政府地质矿产主管部门审批和颁发采矿许可证。

开采第一款、第二款和第三款规定以外的矿产资源的管理办法，由省、自治区、直辖市人民代表大会常务委员会依法制定。

依照第三款、第四款的规定审批和颁发采矿许可证的，由省、自治区、直辖市人民政府地质矿产主管部门汇总向国务院地质矿产主管部门备案。

矿产储量规模的大型、中型的划分标准，由国务院矿产储量审批机构规定。

第十七条　国家对国家规划矿区、对国民经济具有重要价值的矿区和国家规定实行保护性开采的特定矿种，实行有计划的开采；未经国务院有关主管部门批准，任何单位和个人不得开采。

第十八条　国家规划矿区的范围、对国民经济具有重要价值的矿区的范围、矿山企业矿区的范围依法划定后，由划定矿区范围的主管机关通知有关县级人民政府予以公告。

矿山企业变更矿区范围，必须报请原审批机关批准，并报请原颁发采矿许可证的机关重新核发采矿许可证。

第十九条　地方各级人民政府应当采取措施，维护本行政区域内的国有矿山企业和其他矿山企业矿区范围内的正常秩序。

禁止任何单位和个人进入他人依法设立的国有矿山企业和其他矿山企业矿区范围内采矿。

第二十条　非经国务院授权的有关主管部门同意，不得在下列地区开采矿产资源：

（一）港口、机场、国防工程设施圈定地区以内；

（二）重要工业区、大型水利工程设施、城镇市政工程设施附近一定距离以内；

（三）铁路、重要公路两侧一定距离以内；

（四）重要河流、堤坝两侧一定距离以内；

（五）国家划定的自然保护区、重要风景区，国家重点保护的不能移动的历史文物和名胜古迹所在地；

（六）国家规定不得开采矿产资源的其他地区。

第二十一条　关闭矿山，必须提出矿山闭坑报告及有关采掘工程、不安全隐患、土地复垦利用、环境保护的资料，并按照国家规定报请审查批准。

第二十二条　勘查、开采矿产资源时，发现具有重大科学文化价值的罕见地质现象以及文化古迹，应当加以保护并及时报告有关部门。

第三章　矿产资源的勘查

第二十三条　区域地质调查按照国家统一规划进行。区域地质调查的报告和图件按照国家规定验收，提供有关部门使用。

第二十四条　矿产资源普查在完成主要矿种普查任务的同时，应当对工作区内包括共生或者伴生矿产的成矿地质条件和矿床工业远景作出初步综合评价。

第二十五条　矿床勘探必须对矿区内具有工业价值的共生和伴生矿产进行综合评价，并计算其储量。未作综合评价的勘探报告不予批准。但是，国务院计划部门另有规定的矿床勘探项目除外。

第二十六条 普查、勘探易损坏的特种非金属矿产、流体矿产、易燃易爆易溶矿产和含有放射性元素的矿产，必须采用省级以上人民政府有关主管部门规定的普查、勘探方法，并有必要的技术装备和安全措施。

第二十七条 矿产资源勘查的原始地质编录和图件，岩矿心、测试样品和其他实物标本资料，各种勘查标志，应当按照有关规定保护和保存。

第二十八条 矿床勘探报告及其他有价值的勘查资料，按照国务院规定实行有偿使用。

第四章 矿产资源的开采

第二十九条 开采矿产资源，必须采取合理的开采顺序、开采方法和选矿工艺。矿山企业的开采回采率、采矿贫化率和选矿回收率应当达到设计要求。

第三十条 在开采主要矿产的同时，对具有工业价值的共生和伴生矿产应当统一规划，综合开采，综合利用，防止浪费；对暂时不能综合开采或者必须同时采出而暂时还不能综合利用的矿产以及含有有用组分的尾矿，应当采取有效的保护措施，防止损失破坏。

第三十一条 开采矿产资源，必须遵守国家劳动安全卫生规定，具备保障安全生产的必要条件。

第三十二条 开采矿产资源，必须遵守有关环境保护的法律规定，防止污染环境。

开采矿产资源，应当节约用地。耕地、草原、林地因采矿受到破坏的，矿山企业应当因地制宜地采取复垦利用、植树种草或者其他利用措施。

开采矿产资源给他人生产、生活造成损失的，应当负责赔偿，并采取必要的补救措施。

第三十三条 在建设铁路、工厂、水库、输油管道、输电线路和各种大型建筑物或者建筑群之前，建设单位必须向所在省、自治区、直辖市地质矿产主管部门了解拟建工程所在地区的矿产资源分布和开采情况。非经国务院授权的部门批准，不得压覆重要矿床。

第三十四条 国务院规定由指定的单位统一收购的矿产品，任何其他单位或者个人不得收购；开采者不得向非指定单位销售。

第五章 集体矿山企业和个体采矿

第三十五条 国家对集体矿山企业和个体采矿实行积极扶持、合理规划、正确引导、加强管理的方针，鼓励集体矿山企业开采国家指定范围内的矿产资源，允许个人采挖零星分散资源和只能用作普通建筑材料的砂、石、粘土以及为生活自用采挖少量矿产。

矿产储量规模适宜由矿山企业开采的矿产资源、国家规定实行保护性开采的特定矿种和国家规定禁止个人开采的其他矿产资源，个人不得开采。

国家指导、帮助集体矿山企业和个体采矿不断提高技术水平、资源利用率和经济效益。

地质矿产主管部门、地质工作单位和国有矿山企业应当按照积极支持、有偿互惠的原则向集体矿山企业和个体采矿提供地质资料和技术服务。

第三十六条 国务院和国务院有关主管部门批准开办的矿山企业矿区范围内已有的集体矿山企业，应当关闭或者到指定的其他地点开采，由矿山建设单位给予合理的补偿，并妥善安置群众生活；也可以按照该矿山企业的统筹安排，实行联合经营。

第三十七条 集体矿山企业和个体采矿应当提高技术水平，提高矿产资源回收率。禁止乱挖滥采，破坏矿产资源。

集体矿山企业必须测绘井上、井下工程对照图。

第三十八条 县级以上人民政府应当指导、帮助集体矿山企业和个体采矿进行技术改造，改善经营管理，加强安全生产。

第六章　法律责任

第三十九条　违反本法规定，未取得采矿许可证擅自采矿的，擅自进入国家规划矿区、对国民经济具有重要价值的矿区范围采矿的，擅自开采国家规定实行保护性开采的特定矿种的，责令停止开采、赔偿损失，没收采出的矿产品和违法所得，可以并处罚款；拒不停止开采，造成矿产资源破坏的，依照刑法有关规定对直接责任人员追究刑事责任。

单位和个人进入他人依法设立的国有矿山企业和其他矿山企业矿区范围内采矿的，依照前款规定处罚。

第四十条　超越批准的矿区范围采矿的，责令退回本矿区范围内开采、赔偿损失，没收越界开采的矿产品和违法所得，可以并处罚款；拒不退回本矿区范围内开采，造成矿产资源破坏的，吊销采矿许可证，依照刑法有关规定对直接责任人员追究刑事责任。

第四十一条　盗窃、抢夺矿山企业和勘查单位的矿产品和其他财物的，破坏采矿、勘查设施的，扰乱矿区和勘查作业区的生产秩序、工作秩序的，分别依照刑法有关规定追究刑事责任；情节显著轻微的，依照治安管理处罚法有关规定予以处罚。

第四十二条　买卖、出租或者以其他形式转让矿产资源的，没收违法所得，处以罚款。

违反本法第六条的规定将探矿权、采矿权倒卖牟利的，吊销勘查许可证、采矿许可证，没收违法所得，处以罚款。

第四十三条　违反本法规定收购和销售国家统一收购的矿产品的，没收矿产品和违法所得，可以并处罚款；情节严重的，依照刑法有关规定，追究刑事责任。

第四十四条　违反本法规定，采取破坏性的开采方法开采矿产资源的，处以罚款，可以吊销采矿许可证；造成矿产资源严重破坏的，依照刑法有关规定对直接责任人员追究刑事责任。

第四十五条　本法第三十九条、第四十条、第四十二条规定的行政处罚，由县级以上人民政府负责地质矿产管理工作的部门按照国务院地质矿产主管部门规定的权限决定。第四十三条规定的行政处罚，由县级以上人民政府工商行政管理部门决定。第四十四条规定的行政处罚，由省、自治区、直辖市人民政府地质矿产主管部门决定。给予吊销勘查许可证或者采矿许可证处罚的，须由原发证机关决定。

依照第三十九条、第四十条、第四十二条、第四十四条规定应当给予行政处罚而不给予行政处罚的，上级人民政府地质矿产主管部门有权责令改正或者直接给予行政处罚。

第四十六条　当事人对行政处罚决定不服的，可以依法申请复议，也可以依法直接向人民法院起诉。

当事人逾期不申请复议也不向人民法院起诉，又不履行处罚决定的，由作出处罚决定的机关申请人民法院强制执行。

第四十七条　负责矿产资源勘查、开采监督管理工作的国家工作人员和其他有关国家工作人员徇私舞弊、滥用职权或者玩忽职守，违反本法规定批准勘查、开采矿产资源和颁发勘查许可证、采矿许可证，或者对违法采矿行为不依法予以制止、处罚，构成犯罪的，依法追究刑事责任；不构成犯罪的，给予行政处分。违法颁发的勘查许可证、采矿许可证，上级人民政府地质矿产主管部门有权予以撤销。

第四十八条　以暴力、威胁方法阻碍从事矿产资源勘查、开采监督管理工作的国家工作人员依法执行职务的，依照刑法有关规定追究刑事责任；拒绝、阻碍从事矿产资源勘查、开采监督管理工作的国家工作人员依法执行职务未使用暴力、威胁方法的，由公安机关依照治安管理处罚法的规定处罚。

第四十九条　矿山企业之间的矿区范围的争议，由当事人协商解决，协商不成的，由有关县级以上地方人民政府根据依法核定的矿区范围处理;跨省、自治区、直辖市的矿区范围的争议,由有关省、自治区、直辖市人民政府协商解决,协商不成的,由国务院处理。

第七章 附 则

第五十条 外商投资勘查、开采矿产资源,法律、行政法规另有规定的,从其规定。

第五十一条 本法施行以前,未办理批准手续、未划定矿区范围、未取得采矿许可证开采矿产资源的,应当依照本法有关规定申请补办手续。

第五十二条 本法实施细则由国务院制定。

第五十三条 本法自 1986 年 10 月 1 日起施行。

中华人民共和国矿产资源法实施细则

(1994 年 3 月 26 日中华人民共和国国务院令第 152 号发布 自发布之日起施行)

第一章 总 则

第一条 根据《中华人民共和国矿产资源法》,制定本细则。

第二条 矿产资源是指由地质作用形成的,具有利用价值的,呈固态、液态、气态的自然资源。

矿产资源的矿种和分类见本细则所附《矿产资源分类细目》。新发现的矿种由国务院地质矿产主管部门报国务院批准后公布。

第三条 矿产资源属于国家所有,地表或者地下的矿产资源的国家所有权,不因其所依附的土地的所有权或者使用权的不同而改变。

国务院代表国家行使矿产资源的所有权。国务院授权国务院地质矿产主管部门对全国矿产资源分配实施统一管理。

第四条 在中华人民共和国领域及管辖的其他海域勘查、开采矿产资源,必须遵守《中华人民共和国矿产资源法》(以下简称《矿产资源法》)和本细则。

第五条 国家对矿产资源的勘查、开采实行许可证制度。勘查矿产资源,必须依法申请登记,领取勘查许可证,取得探矿权;开采矿产资源,必须依法申请登记,领取采矿许可证,取得采矿权。

矿产资源勘查工作区范围和开采矿区范围,以经纬度划分的区块为基本单位。具体办法由国务院地质矿产主管部门制定。

第六条 《矿产资源法》及本细则中下列用语的含义:

探矿权,是指在依法取得的勘查许可证规定的范围内,勘查矿产资源的权利。取得勘查许可证的单位或者个人称为探矿权人。

采矿权,是指在依法取得的采矿许可证规定的范围内,开采矿产资源和获得所开采的矿产品的权利。取得采矿许可证的单位或者个人称为采矿权人。

国家规定实行保护性开采的特定矿种,是指国务院根据国民经济建设和高科技发展的需要,以及资源稀缺、贵重程度确定的,由国务院有关主管部门按照国家计划批准开采的矿种。

国家规划矿区,是指国家根据建设规划和矿产资源规划,为建设大、中型矿山划定的矿产资源分布区域。

对国民经济具有重要价值的矿区,是指国家根据国民经济发展需要划定的,尚未列入国家建设规划的,储量大、质量好、具有开发前景的矿产资源保护区域。

第七条 国家允许外国的公司、企业和其他经济组织以及个人依照中华人民共和国有关法律、行政法规的规定,在中华人民共和国领域及管辖的其他海域投资勘查、开采矿产资源。

第八条 国务院地质矿产主管部门主管全国矿产资源勘查、开采的监督管理工作。国务院有关主管部门按照国务院规定的职责分工,协助国务院地质矿产主管部门进行矿产资源勘查、开采的监督管理工作。

省、自治区、直辖市人民政府地质矿产主管部门主管本行政区域内矿产资源勘查、开采的监督管理工作。省、自治区、直辖市人民政府有关主管部门,协助同级地质矿产主管部门进行矿产资源勘查、开采的监督管理工作。

设区的市人民政府、自治州人民政府和县级人民政府及其负责管理矿产资源的部门,依法对本级人民政府批准开办的国有矿山企业和本行政区域内的集体所有制矿山企业、私营矿山企业、个体采矿者以及在本行政区域内从事勘查施工的单位和个人进行监督管理,依法保护探矿权人、采矿权人的合法权益。

上级地质矿产主管部门有权对下级地质矿产主管部门违法的或者不适当的矿产资源勘查、开采管理行政行为予以改变或者撤销。

第二章 矿产资源勘查登记和开采审批

第九条 勘查矿产资源,应当按照国务院关于矿产资源勘查登记管理的规定,办理申请、审批和勘查登记。

勘查特定矿种,应当按照国务院有关规定办理申请、审批和勘查登记。

第十条 国有矿山企业开采矿产资源,应当按照国务院关于采矿登记管理的规定,办理申请、审批和采矿登记。开采国家规划矿区、对国民经济具有重要价值矿区的矿产和国家规定实行保护性开采的特定矿种,办理申请、审批和采矿登记时,应当持有国务院有关主管部门批准的文件。

开采特定矿种,应当按照国务院有关规定办理申请、审批和采矿登记。

第十一条 开办国有矿山企业,除应当具备有关法律、法规规定的条件外,并应当具备下列条件:

(一)有供矿山建设使用的矿产勘查报告;

(二)有矿山建设项目的可行性研究报告(含资源利用方案和矿山环境影响报告);

(三)有确定的矿区范围和开采范围;

(四)有矿山设计;

(五)有相应的生产技术条件。

国务院、国务院有关主管部门和省、自治区、直辖市人民政府,按照国家有关固定资产投资管理的规定,对申请开办的国有矿山企业根据前款所列条件审查合格后,方予批准。

第十二条 申请开办集体所有制矿山企业、私营矿山企业及个体采矿的审查批准、采矿登记,按照省、自治区、直辖市的有关规定办理。

第十三条 申请开办集体所有制矿山企业或者私营矿山企业,除应当具备有关法律、法规规定的条件外,并应当具备下列条件:

(一)有供矿山建设使用的与开采规模相适应的矿产勘查资料;

(二)有经过批准的无争议的开采范围;

(三)有与所建矿山规模相适应的资金、设备和技术人员;

(四)有与所建矿山规模相适应的,符合国家产业政策和技术规范的可行性研究报告、矿山设计或者开采方案;

(五)矿长具有矿山生产、安全管理和环境保护的基本知识。

第十四条 申请个体采矿应当具备下列条件:

(一)有经过批准的无争议的开采范围;
(二)有与采矿规模相适应的资金、设备和技术人员;
(三)有相应的矿产勘查资料和经批准的开采方案;
(四)有必要的安全生产条件和环境保护措施。

第三章　矿产资源的勘查

第十五条　国家对矿产资源勘查实行统一规划。全国矿产资源中、长期勘查规划,在国务院计划行政主管部门指导下,由国务院地质矿产主管部门根据国民经济和社会发展中、长期规划,在国务院有关主管部门勘查规划的基础上组织编制。

全国矿产资源年度勘查计划和省、自治区、直辖市矿产资源年度勘查计划,分别由国务院地质矿产主管部门和省、自治区、直辖市人民政府地质矿产主管部门组织有关主管部门,根据全国矿产资源中、长期勘查规划编制,经同级人民政府计划行政主管部门批准后施行。

法律对勘查规划的审批权另有规定的,依照有关法律的规定执行。

第十六条　探矿权人享有下列权利:

(一)按照勘查许可证规定的区域、期限、工作对象进行勘查;

(二)在勘查作业区及相邻区域架设供电、供水、通讯管线,但是不得影响或者损害原有的供电、供水设施和通讯管线;

(三)在勘查作业区及相邻区域通行;

(四)根据工程需要临时使用土地;

(五)优先取得勘查作业区内新发现矿种的探矿权;

(六)优先取得勘查作业区内矿产资源的采矿权;

(七)自行销售勘查中按照批准的工程设计施工回收的矿产品,但是国务院规定由指定单位统一收购的矿产品除外。

探矿权人行使前款所列权利时,有关法律、法规规定应当经过批准或者履行其他手续的,应当遵守有关法律、法规的规定。

第十七条　探矿权人应当履行下列义务:

(一)在规定的期限内开始施工,并在勘查许可证规定的期限内完成勘查工作;

(二)向勘查登记管理机关报告开工等情况;

(三)按照探矿工程设计施工,不得擅自进行采矿活动;

(四)在查明主要矿种的同时,对共生、伴生矿产资源进行综合勘查、综合评价;

(五)编写矿产资源勘查报告,提交有关部门审批;

(六)按照国务院有关规定汇交矿产资源勘查成果档案资料;

(七)遵守有关法律、法规关于劳动安全、土地复垦和环境保护的规定;

(八)勘查作业完毕,及时封、填探矿作业遗留的井、硐或者采取其他措施,消除安全隐患。

第十八条　探矿权人可以对符合国家边探边采规定要求的复杂类型矿床进行开采;但是,应当向原颁发勘查许可证的机关、矿产储量审批机构和勘查项目主管部门提交论证材料,经审核同意后,按照国务院关于采矿登记管理法规的规定,办理采矿登记。

第十九条　矿产资源勘查报告按照下列规定审批:

(一)供矿山建设使用的重要大型矿床勘查报告和供大型水源地建设使用的地下水勘查报告,由国务院矿产储量审批机构审批;

(二)供矿山建设使用的一般大型、中型、小型矿床勘查报告和供中型、小型水源地建设使用的地下水勘查报告,由省、自治区、直辖市矿产储量审批机构审批;

矿产储量审批机构和勘查单位的主管部门应当自收到矿产资源勘查报告之日起6个月内作出批复。

第二十条 矿产资源勘查报告及其他有价值的勘查资料,按照国务院有关规定实行有偿使用。

第二十一条 探矿权人取得临时使用土地权后,在勘查过程中给他人造成财产损害的,按照下列规定给以补偿:

(一)对耕地造成损害的,根据受损害的耕地面积前3年平均年产量,以补偿时当地市场平均价格计算,逐年给以补偿,并负责恢复耕地的生产条件,及时归还;

(二)对牧区草场造成损害的,按照前项规定逐年给以补偿,并负责恢复草场植被,及时归还;

(三)对耕地上的农作物、经济作物造成损害的,根据受损害的耕地面积前3年平均年产量,以补偿时当地市场平均价格计算,给以补偿;

(四)对竹木造成损害的,根据实际损害株数,以补偿时当地市场平均价格逐株计算,给以补偿;

(五)对土地上的附着物造成损害的,根据实际损害的程度,以补偿时当地市场价格,给以适当补偿。

第二十二条 探矿权人在没有农作物和其他附着物的荒岭、荒坡、荒地、荒漠、沙滩、河滩、湖滩、海滩上进行勘查的,不予补偿;但是,勘查作业不得阻碍或者损害航运、灌溉、防洪等活动或者设施,勘查作业结束后应当采取措施,防止水土流失,保护生态环境。

第二十三条 探矿权人之间对勘查范围发生争议时,由当事人协商解决;协商不成的,由勘查作业区所在地的省、自治区、直辖市人民政府地质矿产主管部门裁决;跨省、自治区、直辖市的勘查范围争议,当事人协商不成的,由有关省、自治区、直辖市人民政府协商解决;协商不成的,由国务院地质矿产主管部门裁决。特定矿种的勘查范围争议,当事人协商不成的,由国务院授权的有关主管部门裁决。

第四章 矿产资源的开采

第二十四条 全国矿产资源的分配和开发利用,应当兼顾当前和长远、中央和地方的利益,实行统一规划、有效保护、合理开采、综合利用。

第二十五条 全国矿产资源规划,在国务院计划行政主管部门指导下,由国务院地质矿产主管部门根据国民经济和社会发展中、长期规划,组织国务院有关主管部门和省、自治区、直辖市人民政府编制,报国务院批准后施行。

全国矿产资源规划应当对全国矿产资源的分配作出统筹安排,合理划定中央与省、自治区、直辖市人民政府审批、开发矿产资源的范围。

第二十六条 矿产资源开发规划是对矿区的开发建设布局进行统筹安排的规划。

矿产资源开发规划分为行业开发规划和地区开发规划。

矿产资源行业开发规划由国务院有关主管部门根据全国矿产资源规划中分配给本部门的矿产资源编制实施。

矿产资源地区开发规划由省、自治区、直辖市人民政府根据全国矿产资源规划中分配给本省、自治区、直辖市的矿产资源编制实施;并作出统筹安排,合理划定省、市、县级人民政府审批、开发矿产资源的范围。

矿产资源行业开发规划和地区开发规划应当报送国务院计划行政主管部门、地质矿产主管部门备案。

国务院计划行政主管部门、地质矿产主管部门,对不符合全国矿产资源规划的行业开发规划和地区开发规划,应当予以纠正。

第二十七条 设立、变更或者撤销国家规划矿区、对国民经济具有重要价值的矿区，由国务院有关主管部门提出，并附具矿产资源详查报告及论证材料，经国务院计划行政主管部门和地质矿产主管部门审定，并联合书面通知有关县级人民政府。县级人民政府应当自收到通知之日起1个月内予以公告，并报国务院计划行政主管部门、地质矿产主管部门备案。

第二十八条 确定或者撤销国家规定实行保护性开采的特定矿种，由国务院有关主管部门提出，并附具论证材料，经国务院计划行政主管部门和地质矿产主管部门审核同意后，报国务院批准。

第二十九条 单位或者个人开采矿产资源前，应当委托持有相应矿山设计证书的单位进行可行性研究和设计。开采零星分散矿产资源和用作建筑材料的砂、石、粘土的，可以不进行可行性研究和设计，但是应当有开采方案和环境保护措施。

矿山设计必须依据设计任务书，采用合理的开采顺序、开采方法和选矿工艺。

矿山设计必须按照国家有关规定审批；未经批准，不得施工。

第三十条 采矿权人享有下列权利：

（一）按照采矿许可证规定的开采范围和期限从事开采活动；

（二）自行销售矿产品，但是国务院规定由指定的单位统一收购的矿产品除外；

（三）在矿区范围内建设采矿所需的生产和生活设施；

（四）根据生产建设的需要依法取得土地使用权；

（五）法律、法规规定的其他权利。

采矿权人行使前款所列权利时，法律、法规规定应当经过批准或者履行其他手续的，依照有关法律、法规的规定办理。

第三十一条 采矿权人应当履行下列义务：

（一）在批准的期限内进行矿山建设或者开采；

（二）有效保护、合理开采、综合利用矿产资源；

（三）依法缴纳资源税和矿产资源补偿费；

（四）遵守国家有关劳动安全、水土保持、土地复垦和环境保护的法律、法规；

（五）接受地质矿产主管部门和有关主管部门的监督管理，按照规定填报矿产储量表和矿产资源开发利用情况统计报告。

第三十二条 采矿权人在采矿许可证有效期满或者在有效期内，停办矿山而矿产资源尚未采完的，必须采取措施将资源保持在能够继续开采的状态，并事先完成下列工作：

（一）编制矿山开采现状报告及实测图件；

（二）按照有关规定报销所消耗的储量；

（三）按照原设计实际完成相应的有关劳动安全、水土保持、土地复垦和环境保护工作，或者缴清土地复垦和环境保护的有关费用。

采矿权人停办矿山的申请，须经原批准开办矿山的主管部门批准、原颁发采矿许可证的机关验收合格后，方可办理有关证、照注销手续。

第三十三条 矿山企业关闭矿山，应当按照下列程序办理审批手续：

（一）开采活动结束的前1年，向原批准开办矿山的主管部门提出关闭矿山申请，并提交闭坑地质报告；

（二）闭坑地质报告经原批准开办矿山的主管部门审核同意后，报地质矿产主管部门会同矿产储量审批机构批准；

（三）闭坑地质报告批准后，采矿权人应当编写关闭矿山报告，报请原批准开办矿山的主管部门会同同级地质矿产主管部门和有关主管部门按照有关行业规定批准。

第三十四条 关闭矿山报告批准后，矿山企业应当完成下列工作：

（一）按照国家有关规定将地质、测量、采矿资料整理归档，并汇交闭坑地质报告、关闭矿山报告及其他有关资料；

（二）按照批准的关闭矿山报告，完成有关劳动安全、水土保持、土地复垦和环境保护工作，或者缴清土地复垦和环境保护的有关费用。

矿山企业凭关闭矿山报告批准文件和有关部门对完成上述工作提供的证明，报请原颁发采矿许可证的机关办理采矿许可证注销手续。

第三十五条 建设单位在建设铁路、公路、工厂、水库、输油管道、输电线路和各种大型建筑物前，必须向所在地的省、自治区、直辖市人民政府地质矿产主管部门了解拟建工程所在地区的矿产资源分布情况，并在建设项目设计任务书报请审批时附具地质矿产主管部门的证明。在上述建设项目与重要矿床的开采发生矛盾时，由国务院有关主管部门或者省、自治区、直辖市人民政府提出方案，经国务院地质矿产主管部门提出意见后，报国务院计划行政主管部门决定。

第三十六条 采矿权人之间对矿区范围发生争议时，由当事人协商解决；协商不成的，由矿产资源所在地的县级以上地方人民政府根据依法核定的矿区范围处理；跨省、自治区、直辖市的矿区范围争议，当事人协商不成的，由有关省、自治区、直辖市人民政府协商解决；协商不成的，由国务院地质矿产主管部门提出处理意见，报国务院决定。

第五章 集体所有制矿山企业、私营矿山企业和个体采矿者

第三十七条 国家依法保护集体所有制矿山企业、私营矿山企业和个体采矿者的合法权益，依法对集体所有制矿山企业、私营矿山企业和个体采矿者进行监督管理。

第三十八条 集体所有制矿山企业可以开采下列矿产资源：

（一）不适于国家建设大、中型矿山的矿床及矿点；

（二）经国有矿山企业同意，并经其上级主管部门批准，在其矿区范围内划出的边缘零星矿产；

（三）矿山闭坑后，经原矿山企业主管部门确认可以安全开采并不会引起严重环境后果的残留矿体；

（四）国家规划可以由集体所有制矿山企业开采的其他矿产资源。

集体所有制矿山企业开采前款第（二）项所列矿产资源时，必须与国有矿山企业签定合理开发利用矿产资源和矿山安全协议，不得浪费和破坏矿产资源，并不得影响国有矿山企业的生产安全。

第三十九条 私营矿山企业开采矿产资源的范围参照本细则第三十八条的规定执行。

第四十条 个体采矿者可以采挖下列矿产资源：

（一）零星分散的小矿体或者矿点；

（二）只能用作普通建筑材料的砂、石、粘土。

第四十一条 国家设立国家规划矿区、对国民经济具有重要价值的矿区时，对应当撤出的原采矿权人，国家按照有关规定给予合理补偿。

第六章 法律责任

第四十二条 依照《矿产资源法》第三十九条、第四十条、第四十二条、第四十三条、第四十四条规定处以罚款的，分别按照下列规定执行：

（一）未取得采矿许可证擅自采矿的，擅自进入国家规划矿区、对国民经济具有重要价值的矿区和他人矿区范围采矿的，擅自开采国家规定实行保护性开采的特定矿种的，处以违法所得 50% 以下的罚款；

（二）超越批准的矿区范围采矿的，处以违法所得 30% 以下的罚款；

（三）买卖、出租或者以其他形式转让矿产资源的，买卖、出租采矿权的，对卖方、出租方、出让

方处以违法所得1倍以下的罚款；

(四)非法用采矿权作抵押的，处以5000元以下的罚款；

(五)违反规定收购和销售国家规定统一收购的矿产品的，处以违法所得1倍以下的罚款；

(六)采取破坏性的开采方法开采矿产资源，造成矿产资源严重破坏的，处以相当于矿产资源损失价值50%以下的罚款。

第四十三条 违反本细则规定，有下列行为之一的，对主管人员和直接责任人员给予行政处分；构成犯罪的，依法追究刑事责任：

(一)批准不符合办矿条件的单位或者个人开办矿山的；

(二)对未经依法批准的矿山企业或者个人颁发采矿许可证的。

第七章 附 则

第四十四条 地下水资源具有水资源和矿产资源的双重属性。地下水资源的勘查，适用《矿产资源法》和本细则；地下水资源的开发、利用、保护和管理，适用《水法》和有关的行政法规。

第四十五条 本细则由地质矿产部负责解释。

第四十六条 本细则自发布之日起施行。

附件：

矿产资源分类细目

(一)能源矿产

煤、煤成气、石煤、油页岩、石油、天然气、油砂、天然沥青、铀、钍、地热。

(二)金属矿产

铁、锰、铬、钒、钛；铜、铅、锌、铝土矿、镍、钴、钨、锡、铋、钼、汞、锑、镁；铂、钯、钌、锇、铱、铑；金、银；铌、钽、铍、锂、锆、锶、铷、铯；镧、铈、镨、钕、钐、铕、钇、钆、铽、镝、钬、铒、铥、镱、镥；钪、锗、镓、铟、铊、铪、铼、镉、硒、碲。

(三)非金属矿产

金刚石、石墨、磷、自然硫、硫铁矿、钾盐、硼、水晶(压电水晶、熔炼水晶、光学水晶、工艺水晶)、刚玉、蓝晶石、硅线石、红柱石、硅灰石、钠硝石、滑石、石棉、蓝石棉、云母、长石、石榴子石、叶腊石、透辉石、透闪石、蛭石、沸石、明矾石、芒硝(含钙芒硝)、石膏(含硬石膏)、重晶石、毒重石、天然碱、方解石、冰洲石、菱镁矿、萤石(普通萤石、光学萤石)、宝石、黄玉、玉石、电气石、玛瑙、颜料矿物(赭石、颜料黄土)、石灰岩(电石用灰岩、制碱用灰岩、化肥用灰岩、熔剂用灰岩、玻璃用灰岩、水泥用灰岩、建筑石料用灰岩、制灰用灰岩、饰面用灰岩)、泥灰岩、白垩、含钾岩石、白云岩(冶金用白云岩、化肥用白云岩、玻璃用白云岩、建筑用白云岩)、石英岩(冶金用石英岩、玻璃用石英岩、化肥用石英岩)、砂岩(冶金用砂岩、玻璃用砂岩、水泥配料用砂岩、砖瓦用砂岩、化肥用砂岩、铸型用砂岩、陶瓷用砂岩)、天然石英砂(玻璃用砂、铸型用砂、建筑用砂、水泥配料用砂、水泥标准砂、砖瓦用砂)、脉石英(冶金用脉石英、玻璃用脉石英)、粉石英、天然油石、含钾砂页岩、硅藻土、页岩(陶粒页岩、砖瓦用页岩、水泥配料用页岩)、高岭土、陶瓷土、耐火粘土、凹凸棒石粘土、海泡石粘土、伊利石粘土、累托石粘土、膨润土、铁矾土、其他粘土(铸型用粘土、砖瓦用粘土、陶粒用粘土、水泥配料用粘土、水泥配料用红土、水泥配料用黄土、水泥配料用泥岩、保温材料用粘土)、橄榄岩(化肥用橄榄岩、建筑用橄榄岩)、蛇纹岩(化肥用蛇纹岩、熔剂用蛇纹岩、饰面用蛇纹岩)、玄武岩(铸石用玄武岩、岩棉用玄武岩)、辉绿岩(水泥用辉绿岩、铸石用辉绿岩、饰面用辉绿岩、建筑用辉绿岩)、安山岩(饰面用安山岩、建筑用安山岩、水泥混合材用安山玢岩)、闪长岩(水泥混合材用闪长玢岩、建筑用闪长岩)、花岗岩(建筑用花岗岩、饰面用花岗岩)、麦饭石、珍珠岩、黑曜岩、松脂岩、浮石、粗面岩(水泥用粗面岩、铸石用粗面岩)、霞石正长岩、凝灰岩(玻璃用凝灰岩、水泥用凝灰岩、建筑用凝灰岩)、火山灰、火山渣、大理岩(饰面用大理岩、建筑用大理岩、水泥用大理岩、玻璃用大理岩)、板岩(饰面用板岩、水泥配料用板岩)、片麻岩、角闪岩、泥炭、矿盐(湖盐、岩盐、天然卤水)、镁盐、碘、溴、砷。

(四) 水气矿产

地下水、矿泉水、二氧化碳气、硫化氢气、氦气、氡气。

中华人民共和国水法

(1988年1月21日第六届全国人民代表大会常务委员会第二十四次会议通过 2002年8月29日第九届全国人民代表大会常务委员会第二十九次会议修订 根据2009年8月27日第十一届全国人民代表大会常务委员会第十次会议《关于修改部分法律的决定》第一次修正 根据2016年7月2日第十二届全国人民代表大会常务委员会第二十一次会议《关于修改〈中华人民共和国节约能源法〉等六部法律的决定》第二次修正)

第一章 总 则

第一条 为了合理开发、利用、节约和保护水资源,防治水害,实现水资源的可持续利用,适应国民经济和社会发展的需要,制定本法。

第二条 在中华人民共和国领域内开发、利用、节约、保护、管理水资源,防治水害,适用本法。

本法所称水资源,包括地表水和地下水。

第三条 水资源属于国家所有。水资源的所有权由国务院代表国家行使。农村集体经济组织的水塘和由农村集体经济组织修建管理的水库中的水,归各该农村集体经济组织使用。

第四条 开发、利用、节约、保护水资源和防治水害,应当全面规划、统筹兼顾、标本兼治、综合利用、讲求效益,发挥水资源的多种功能,协调好生活、生产经营和生态环境用水。

第五条 县级以上人民政府应当加强水利基础设施建设,并将其纳入本级国民经济和社会发展计划。

第六条 国家鼓励单位和个人依法开发、利用水资源,并保护其合法权益。开发、利用水资源的单位和个人有依法保护水资源的义务。

第七条 国家对水资源依法实行取水许可制度和有偿使用制度。但是,农村集体经济组织及其成员使用本集体经济组织的水塘、水库中的水的除外。国务院水行政主管部门负责全国取水许可制度和水资源有偿使用制度的组织实施。

第八条 国家厉行节约用水,大力推行节约用水措施,推广节约用水新技术、新工艺,发展节水型工业、农业和服务业,建立节水型社会。

各级人民政府应当采取措施,加强对节约用水的管理,建立节约用水技术开发推广体系,培育和发展节约用水产业。

单位和个人有节约用水的义务。

第九条 国家保护水资源,采取有效措施,保护植被,植树种草,涵养水源,防治水土流失和水体污染,改善生态环境。

第十条 国家鼓励和支持开发、利用、节约、保护、管理水资源和防治水害的先进科学技术的研究、推广和应用。

第十一条 在开发、利用、节约、保护、管理水资源和防治水害等方面成绩显著的单位和个人，由人民政府给予奖励。

第十二条 国家对水资源实行流域管理与行政区域管理相结合的管理体制。

国务院水行政主管部门负责全国水资源的统一管理和监督工作。

国务院水行政主管部门在国家确定的重要江河、湖泊设立的流域管理机构（以下简称流域管理机构），在所管辖的范围内行使法律、行政法规规定的和国务院水行政主管部门授予的水资源管理和监督职责。

县级以上地方人民政府水行政主管部门按照规定的权限，负责本行政区域内水资源的统一管理和监督工作。

第十三条 国务院有关部门按照职责分工，负责水资源开发、利用、节约和保护的有关工作。

县级以上地方人民政府有关部门按照职责分工，负责本行政区域内水资源开发、利用、节约和保护的有关工作。

第二章　水资源规划

第十四条 国家制定全国水资源战略规划。

开发、利用、节约、保护水资源和防治水害，应当按照流域、区域统一制定规划。规划分为流域规划和区域规划。流域规划包括流域综合规划和流域专业规划；区域规划包括区域综合规划和区域专业规划。

前款所称综合规划，是指根据经济社会发展需要和水资源开发利用现状编制的开发、利用、节约、保护水资源和防治水害的总体部署。前款所称专业规划，是指防洪、治涝、灌溉、航运、供水、水力发电、竹木流放、渔业、水资源保护、水土保持、防沙治沙、节约用水等规划。

第十五条 流域范围内的区域规划应当服从流域规划，专业规划应当服从综合规划。

流域综合规划和区域综合规划以及与土地利用关系密切的专业规划，应当与国民经济和社会发展规划以及土地利用总体规划、城市总体规划和环境保护规划相协调，兼顾各地区、各行业的需要。

第十六条 制定规划，必须进行水资源综合科学考察和调查评价。水资源综合科学考察和调查评价，由县级以上人民政府水行政主管部门会同同级有关部门组织进行。

县级以上人民政府应当加强水文、水资源信息系统建设。县级以上人民政府水行政主管部门和流域管理机构应当加强对水资源的动态监测。

基本水文资料应当按照国家有关规定予以公开。

第十七条 国家确定的重要江河、湖泊的流域综合规划，由国务院水行政主管部门会同国务院有关部门和有关省、自治区、直辖市人民政府编制，报国务院批准。跨省、自治区、直辖市的其他江河、湖泊的流域综合规划和区域综合规划，由有关流域管理机构会同江河、湖泊所在地的省、自治区、直辖市人民政府水行政主管部门和有关部门编制，分别经有关省、自治区、直辖市人民政府审查提出意见后，报国务院水行政主管部门审核；国务院水行政主管部门征求国务院有关部门意见后，报国务院或者其授权的部门批准。

前款规定以外的其他江河、湖泊的流域综合规划和区域综合规划，由县级以上地方人民政府水行政主管部门会同同级有关部门和有关地方人民政府编制，报本级人民政府或者其授权的部门批准，并报上一级水行政主管部门备案。

专业规划由县级以上人民政府有关部门编制，征求同级其他有关部门意见后，报本级人民政府批准。其中，防洪规划、水土保持规划的编制、批准，依照防洪法、水土保持法的有关规定执行。

第十八条 规划一经批准，必须严格执行。

经批准的规划需要修改时，必须按照规划编制程序经原批准机关批准。

第十九条 建设水工程，必须符合流域综合规划。在国家确定的重要江河、湖泊和跨省、自治区、直辖市的江河、湖泊上建设水工程，未取得有关流域管理机构签署的符合流域综合规划要求的规划同意书的，建设单位不得开工建设；在其他江河、湖泊上建设水工程，未取得县级以上地方人民政府水行政主管部门按照管理权限签署的符合流域综合规划要求的规划同意书的，建设单位不得开工建设。水工程建设涉及防洪的，依照防洪法的有关规定执行；涉及其他地区和行业的，建设单位应当事先征求有关地区和部门的意见。

第三章 水资源开发利用

第二十条 开发、利用水资源，应当坚持兴利与除害相结合，兼顾上下游、左右岸和有关地区之间的利益，充分发挥水资源的综合效益，并服从防洪的总体安排。

第二十一条 开发、利用水资源，应当首先满足城乡居民生活用水，并兼顾农业、工业、生态环境用水以及航运等需要。

在干旱和半干旱地区开发、利用水资源，应当充分考虑生态环境用水需要。

第二十二条 跨流域调水，应当进行全面规划和科学论证，统筹兼顾调出和调入流域的用水需要，防止对生态环境造成破坏。

第二十三条 地方各级人民政府应当结合本地区水资源的实际情况，按照地表水与地下水统一调度开发、开源与节流相结合、节流优先和污水处理再利用的原则，合理组织开发、综合利用水资源。

国民经济和社会发展规划以及城市总体规划的编制、重大建设项目的布局，应当与当地水资源条件和防洪要求相适应，并进行科学论证；在水资源不足的地区，应当对城市规模和建设耗水量大的工业、农业和服务业项目加以限制。

第二十四条 在水资源短缺的地区，国家鼓励对雨水和微咸水的收集、开发、利用和对海水的利用、淡化。

第二十五条 地方各级人民政府应当加强对灌溉、排涝、水土保持工作的领导，促进农业生产发展；在容易发生盐碱化和渍害的地区，应当采取措施，控制和降低地下水的水位。

农村集体经济组织或者其成员依法在本集体经济组织所有的集体土地或者承包土地上投资兴建水工程设施的，按照谁投资建设谁管理和谁受益的原则，对水工程设施及其蓄水进行管理和合理使用。

农村集体经济组织修建水库应当经县级以上地方人民政府水行政主管部门批准。

第二十六条 国家鼓励开发、利用水能资源。在水能丰富的河流，应当有计划地进行多目标梯级开发。

建设水力发电站，应当保护生态环境，兼顾防洪、供水、灌溉、航运、竹木流放和渔业等方面的需要。

第二十七条 国家鼓励开发、利用水运资源。在水生生物洄游通道、通航或者竹木流放的河流上修建永久性拦河闸坝，建设单位应当同时修建过鱼、过船、过木设施，或者经国务院授权的部门批准采取其他补救措施，并妥善安排施工和蓄水期间的水生生物保护、航运和竹木流放，所需费用由建设单位承担。

在不通航的河流或者人工水道上修建闸坝后可以通航的，闸坝建设单位应当同时修建过船设施或者预留过船设施位置。

第二十八条 任何单位和个人引水、截（蓄）水、排水，不得损害公共利益和他人的合法权益。

第二十九条 国家对水工程建设移民实行开发性移民的方针，按照前期补偿、补助与后期扶持相结合的原则，妥善安排移民的生产和生活，保护移民的合法权益。

移民安置应当与工程建设同步进行。建设单位应当根据安置地区的环境容量和可持续发展的原则，因地制宜，编制移民安置规划，经依法批准后，由有关地方人民政府组织实施。所需移民经费列入工程建设投资计划。

第四章 水资源、水域和水工程的保护

第三十条 县级以上人民政府水行政主管部门、流域管理机构以及其他有关部门在制定水资源开发、利用规划和调度水资源时，应当注意维持江河的合理流量和湖泊、水库以及地下水的合理水位，维护水体的自然净化能力。

第三十一条 从事水资源开发、利用、节约、保护和防治水害等水事活动，应当遵守经批准的规划；因违反规划造成江河和湖泊水域使用功能降低、地下水超采、地面沉降、水体污染的，应当承担治理责任。

开采矿藏或者建设地下工程，因疏干排水导致地下水水位下降、水源枯竭或者地面塌陷，采矿单位或者建设单位应当采取补救措施；对他人生活和生产造成损失的，依法给予补偿。

第三十二条 国务院水行政主管部门会同国务院环境保护行政主管部门、有关部门和有关省、自治区、直辖市人民政府，按照流域综合规划、水资源保护规划和经济社会发展要求，拟定国家确定的重要江河、湖泊的水功能区划，报国务院批准。跨省、自治区、直辖市的其他江河、湖泊的水功能区划，由有关流域管理机构会同江河、湖泊所在地的省、自治区、直辖市人民政府水行政主管部门、环境保护行政主管部门和其他有关部门拟定，分别经有关省、自治区、直辖市人民政府审查提出意见后，由国务院水行政主管部门会同国务院环境保护行政主管部门审核，报国务院或者其授权的部门批准。

前款规定以外的其他江河、湖泊的水功能区划，由县级以上地方人民政府水行政主管部门会同同级人民政府环境保护行政主管部门和有关部门拟定，报同级人民政府或者其授权的部门批准，并报上一级水行政主管部门和环境保护行政主管部门备案。

县级以上人民政府水行政主管部门或者流域管理机构应当按照水功能区对水质的要求和水体的自然净化能力，核定该水域的纳污能力，向环境保护行政主管部门提出该水域的限制排污总量意见。

县级以上地方人民政府水行政主管部门和流域管理机构应当对水功能区的水质状况进行监测，发现重点污染物排放总量超过控制指标的，或者水功能区的水质未达到水域使用功能对水质的要求的，应当及时报告有关人民政府采取治理措施，并向环境保护行政主管部门通报。

第三十三条 国家建立饮用水水源保护区制度。省、自治区、直辖市人民政府应当划定饮用水水源保护区，并采取措施，防止水源枯竭和水体污染，保证城乡居民饮用水安全。

第三十四条 禁止在饮用水水源保护区内设置排污口。

在江河、湖泊新建、改建或者扩大排污口，应当经过有管辖权的水行政主管部门或者流域管理机构同意，由环境保护行政主管部门负责对该建设项目的环境影响报告书进行审批。

第三十五条 从事工程建设，占用农业灌溉水源、灌排工程设施，或者对原有灌溉用水、供水水源有不利影响的，建设单位应当采取相应的补救措施；造成损失的，依法给予补偿。

第三十六条 在地下水超采地区，县级以上地方人民政府应当采取措施，严格控制开采地下水。在地下水严重超采地区，经省、自治区、直辖市人民政府批准，可以划定地下水禁止开采或者限制开采区。在沿海地区开采地下水，应当经过科学论证，并采取措施，防止地面沉降和海水入侵。

第三十七条 禁止在江河、湖泊、水库、运河、渠道内弃置、堆放阻碍行洪的物体和种植阻碍行洪的林木及高秆作物。

禁止在河道管理范围内建设妨碍行洪的建筑物、构筑物以及从事影响河势稳定、危害河岸堤防安全和其他妨碍河道行洪的活动。

第三十八条 在河道管理范围内建设桥梁、码头和其他拦河、跨河、临河建筑物、构筑物，铺设跨河管道、电缆，应当符合国家规定的防洪标准和其他有关的技术要求，工程建设方案应当依照防洪法的有关规定报经有关水行政主管部门审查同意。

因建设前款工程设施，需要扩建、改建、拆除或者损坏原有水工程设施的，建设单位应当负担扩建、改建的费用和损失补偿。但是，原有工程设施属于违法工程的除外。

第三十九条 国家实行河道采砂许可制度。河道采砂许可制度实施办法，由国务院规定。

在河道管理范围内采砂，影响河势稳定或者危及堤防安全的，有关县级以上人民政府水行政主管部门应当划定禁采区和规定禁采期，并予以公告。

第四十条 禁止围湖造地。已经围垦的，应当按照国家规定的防洪标准有计划地退地还湖。

禁止围垦河道。确需围垦的，应当经过科学论证，经省、自治区、直辖市人民政府水行政主管部门或者国务院水行政主管部门同意后，报本级人民政府批准。

第四十一条 单位和个人有保护水工程的义务，不得侵占、毁坏堤防、护岸、防汛、水文监测、水文地质监测等工程设施。

第四十二条 县级以上地方人民政府应当采取措施，保障本行政区域内水工程，特别是水坝和堤防的安全，限期消除险情。水行政主管部门应当加强对水工程安全的监督管理。

第四十三条 国家对水工程实施保护。国家所有的水工程应当按照国务院的规定划定工程管理和保护范围。

国务院水行政主管部门或者流域管理机构管理的水工程，由主管部门或者流域管理机构商有关省、自治区、直辖市人民政府划定工程管理和保护范围。

前款规定以外的其他水工程，应当按照省、自治区、直辖市人民政府的规定，划定工程保护范围和保护职责。

在水工程保护范围内，禁止从事影响水工程运行和危害水工程安全的爆破、打井、采石、取土等活动。

第五章 水资源配置和节约使用

第四十四条 国务院发展计划主管部门和国务院水行政主管部门负责全国水资源的宏观调配。全国的和跨省、自治区、直辖市的水中长期供求规划，由国务院水行政主管部门会同有关部门制订，经国务院发展计划主管部门审查批准后执行。地方的水中长期供求规划，由县级以上地方人民政府水行政主管部门会同同级有关部门依据上一级水中长期供求规划和本地区的实际情况制订，经本级人民政府发展计划主管部门审查批准后执行。

水中长期供求规划应当依据水的供求现状、国民经济和社会发展规划、流域规划、区域规划，按照水资源供需协调、综合平衡、保护生态、厉行节约、合理开源的原则制定。

第四十五条 调蓄径流和分配水量，应当依据流域规划和水中长期供求规划，以流域为单元制定水量分配方案。

跨省、自治区、直辖市的水量分配方案和旱情紧急情况下的水量调度预案，由流域管理机构商有关省、自治区、直辖市人民政府制订，报国务院或者其授权的部门批准后执行。其他跨行政区域的水量分配方案和旱情紧急情况下的水量调度预案，由共同的上一级人民政府水行政主管部门商有关地方人民政府制订，报本级人民政府批准后执行。

水量分配方案和旱情紧急情况下的水量调度预案经批准后，有关地方人民政府必须执行。

在不同行政区域之间的边界河流上建设水资源开发、利用项目，应当符合该流域经批准的水量分配方案,由有关县级以上地方人民政府报共同的上一级人民政府水行政主管部门或者有关流域管理机构批准。

第四十六条 县级以上地方人民政府水行政主管部门或者流域管理机构应当根据批准的水量分配方案和年度预测来水量,制定年度水量分配方案和调度计划,实施水量统一调度;有关地方人民政府必须服从。

国家确定的重要江河、湖泊的年度水量分配方案,应当纳入国家的国民经济和社会发展年度计划。

第四十七条 国家对用水实行总量控制和定额管理相结合的制度。

省、自治区、直辖市人民政府有关行业主管部门应当制订本行政区域内行业用水定额,报同级水行政主管部门和质量监督检验行政主管部门审核同意后,由省、自治区、直辖市人民政府公布,并报国务院水行政主管部门和国务院质量监督检验行政主管部门备案。

县级以上地方人民政府发展计划主管部门会同同级水行政主管部门,根据用水定额、经济技术条件以及水量分配方案确定的可供本行政区域使用的水量,制定年度用水计划,对本行政区域内的年度用水实行总量控制。

第四十八条 直接从江河、湖泊或者地下取用水资源的单位和个人,应当按照国家取水许可制度和水资源有偿使用制度的规定,向水行政主管部门或者流域管理机构申请领取取水许可证,并缴纳水资源费,取得取水权。但是,家庭生活和零星散养、圈养畜禽饮用等少量取水的除外。

实施取水许可制度和征收管理水资源费的具体办法,由国务院规定。

第四十九条 用水应当计量,并按照批准的用水计划用水。

用水实行计量收费和超定额累进加价制度。

第五十条 各级人民政府应当推行节水灌溉方式和节水技术,对农业蓄水、输水工程采取必要的防渗漏措施,提高农业用水效率。

第五十一条 工业用水应当采用先进技术、工艺和设备,增加循环用水次数,提高水的重复利用率。

国家逐步淘汰落后的、耗水量高的工艺、设备和产品,具体名录由国务院经济综合主管部门会同国务院水行政主管部门和有关部门制定并公布。生产者、销售者或者生产经营中的使用者应当在规定的时间内停止生产、销售或者使用列入名录的工艺、设备和产品。

第五十二条 城市人民政府应当因地制宜采取有效措施,推广节水型生活用水器具,降低城市供水管网漏失率,提高生活用水效率;加强城市污水集中处理,鼓励使用再生水,提高污水再生利用率。

第五十三条 新建、扩建、改建建设项目,应当制订节水措施方案,配套建设节水设施。节水设施应当与主体工程同时设计、同时施工、同时投产。

供水企业和自建供水设施的单位应当加强供水设施的维护管理,减少水的漏失。

第五十四条 各级人民政府应当积极采取措施,改善城乡居民的饮用水条件。

第五十五条 使用水工程供应的水,应当按照国家规定向供水单位缴纳水费。供水价格应当按照补偿成本、合理收益、优质优价、公平负担的原则确定。具体办法由省级以上人民政府价格主管部门会同同级水行政主管部门或者其他供水行政主管部门依据职权制定。

第六章 水事纠纷处理与执法监督检查

第五十六条 不同行政区域之间发生水事纠纷的,应当协商处理;协商不成的,由上一级人民政府裁决,有关各方必须遵照执行。在水事纠纷解决前,未经各方达成协议或者共同的上一级人民政府批准,在行政区域交界线两侧一定范围内,任何一方不得修建排水、阻水、取水和截(蓄)水工程，不得单方面改变水的现状。

第五十七条 单位之间、个人之间、单位与个人之间发生的水事纠纷，应当协商解决；当事人不愿协商或者协商不成的，可以申请县级以上地方人民政府或者其授权的部门调解，也可以直接向人民法院提起民事诉讼。县级以上地方人民政府或者其授权的部门调解不成的，当事人可以向人民法院提起民事诉讼。

在水事纠纷解决前，当事人不得单方面改变现状。

第五十八条 县级以上人民政府或者其授权的部门在处理水事纠纷时，有权采取临时处置措施，有关各方或者当事人必须服从。

第五十九条 县级以上人民政府水行政主管部门和流域管理机构应当对违反本法的行为加强监督检查并依法进行查处。

水政监督检查人员应当忠于职守，秉公执法。

第六十条 县级以上人民政府水行政主管部门、流域管理机构及其水政监督检查人员履行本法规定的监督检查职责时，有权采取下列措施：

（一）要求被检查单位提供有关文件、证照、资料；

（二）要求被检查单位就执行本法的有关问题作出说明；

（三）进入被检查单位的生产场所进行调查；

（四）责令被检查单位停止违反本法的行为，履行法定义务。

第六十一条 有关单位或者个人对水政监督检查人员的监督检查工作应当给予配合，不得拒绝或者阻碍水政监督检查人员依法执行职务。

第六十二条 水政监督检查人员在履行监督检查职责时，应当向被检查单位或者个人出示执法证件。

第六十三条 县级以上人民政府或者上级水行政主管部门发现本级或者下级水行政主管部门在监督检查工作中有违法或者失职行为的，应当责令其限期改正。

第七章　法律责任

第六十四条 水行政主管部门或者其他有关部门以及水工程管理单位及其工作人员，利用职务上的便利收取他人财物、其他好处或者玩忽职守，对不符合法定条件的单位或者个人核发许可证、签署审查同意意见，不按照水量分配方案分配水量，不按照国家有关规定收取水资源费，不履行监督职责，或者发现违法行为不予查处，造成严重后果，构成犯罪的，对负有责任的主管人员和其他直接责任人员依照刑法的有关规定追究刑事责任；尚不够刑事处罚的，依法给予行政处分。

第六十五条 在河道管理范围内建设妨碍行洪的建筑物、构筑物，或者从事影响河势稳定、危害河岸堤防安全和其他妨碍河道行洪的活动的，由县级以上人民政府水行政主管部门或者流域管理机构依据职权，责令停止违法行为，限期拆除违法建筑物、构筑物，恢复原状；逾期不拆除、不恢复原状的，强行拆除，所需费用由违法单位或者个人负担，并处一万元以上十万元以下的罚款。

未经水行政主管部门或者流域管理机构同意，擅自修建水工程，或者建设桥梁、码头和其他拦河、跨河、临河建筑物、构筑物，铺设跨河管道、电缆，且防洪法未作规定的，由县级以上人民政府水行政主管部门或者流域管理机构依据职权，责令停止违法行为，限期补办有关手续；逾期不补办或者补办未被批准的，责令限期拆除违法建筑物、构筑物；逾期不拆除的，强行拆除，所需费用由违法单位或者个人负担，并处一万元以上十万元以下的罚款。

虽经水行政主管部门或者流域管理机构同意，但未按照要求修建前款所列工程设施的，由县级以上人民政府水行政主管部门或者流域管理机构依据职权，责令限期改正，按照情节轻重，处一万元以上十万元以下的罚款。

第六十六条 有下列行为之一，且防洪法未作规定的，由县级以上人民政府水行政主管部门或者流域管理机构依据职权，责令停止违法行为，限期清除障碍或者采取其他补救措施，处一万元以上五万元以下的罚款：

（一）在江河、湖泊、水库、运河、渠道内弃置、堆放阻碍行洪的物体和种植阻碍行洪的林木及高秆作物的；

（二）围湖造地或者未经批准围垦河道的。

第六十七条 在饮用水水源保护区内设置排污口的，由县级以上地方人民政府责令限期拆除、恢复原状；逾期不拆除、不恢复原状的，强行拆除、恢复原状，并处五万元以上十万元以下的罚款。

未经水行政主管部门或者流域管理机构审查同意，擅自在江河、湖泊新建、改建或者扩大排污口的，由县级以上人民政府水行政主管部门或者流域管理机构依据职权，责令停止违法行为，限期恢复原状，处五万元以上十万元以下的罚款。

第六十八条 生产、销售或者在生产经营中使用国家明令淘汰的落后的、耗水量高的工艺、设备和产品的，由县级以上地方人民政府经济综合主管部门责令停止生产、销售或者使用，处二万元以上十万元以下的罚款。

第六十九条 有下列行为之一的，由县级以上人民政府水行政主管部门或者流域管理机构依据职权，责令停止违法行为，限期采取补救措施，处二万元以上十万元以下的罚款；情节严重的，吊销其取水许可证：

（一）未经批准擅自取水的；

（二）未依照批准的取水许可规定条件取水的。

第七十条 拒不缴纳、拖延缴纳或者拖欠水资源费的，由县级以上人民政府水行政主管部门或者流域管理机构依据职权，责令限期缴纳；逾期不缴纳的，从滞纳之日起按日加收滞纳部分千分之二的滞纳金，并处应缴或者补缴水资源费一倍以上五倍以下的罚款。

第七十一条 建设项目的节水设施没有建成或者没有达到国家规定的要求，擅自投入使用的，由县级以上人民政府有关部门或者流域管理机构依据职权，责令停止使用，限期改正，处五万元以上十万元以下的罚款。

第七十二条 有下列行为之一，构成犯罪的，依照刑法的有关规定追究刑事责任；尚不够刑事处罚，且防洪法未作规定的，由县级以上地方人民政府水行政主管部门或者流域管理机构依据职权，责令停止违法行为，采取补救措施，处一万元以上五万元以下的罚款；违反治安管理处罚法的，由公安机关依法给予治安管理处罚；给他人造成损失的，依法承担赔偿责任：

（一）侵占、毁坏水工程及堤防、护岸等有关设施，毁坏防汛、水文监测、水文地质监测设施的；

（二）在水工程保护范围内，从事影响水工程运行和危害水工程安全的爆破、打井、采石、取土等活动的。

第七十三条 侵占、盗窃或者抢夺防汛物资，防洪排涝、农田水利、水文监测和测量以及其他水工程设备和器材，贪污或者挪用国家救灾、抢险、防汛、移民安置和补偿及其他水利建设款物，构成犯罪的，依照刑法的有关规定追究刑事责任。

第七十四条 在水事纠纷发生及其处理过程中煽动闹事、结伙斗殴、抢夺或者损坏公私财物、非法限制他人人身自由，构成犯罪的，依照刑法的有关规定追究刑事责任；尚不够刑事处罚的，由公安机关依法给予治安管理处罚。

第七十五条 不同行政区域之间发生水事纠纷，有下列行为之一的，对负有责任的主管人员和其他直接责任人员依法给予行政处分：

（一）拒不执行水量分配方案和水量调度预案的；

（二）拒不服从水量统一调度的；

（三）拒不执行上一级人民政府的裁决的；

（四）在水事纠纷解决前，未经各方达成协议或者上一级人民政府批准，单方面违反本法规定改变水的现状的。

第七十六条 引水、截（蓄）水、排水，损害公共利益或者他人合法权益的，依法承担民事责任。

第七十七条 对违反本法第三十九条有关河道采砂许可制度规定的行政处罚，由国务院规定。

第八章 附 则

第七十八条 中华人民共和国缔结或者参加的与国际或者国境边界河流、湖泊有关的国际条约、协定与中华人民共和国法律有不同规定的，适用国际条约、协定的规定。但是，中华人民共和国声明保留的条款除外。

第七十九条 本法所称水工程，是指在江河、湖泊和地下水源上开发、利用、控制、调配和保护水资源的各类工程。

第八十条 海水的开发、利用、保护和管理，依照有关法律的规定执行。

第八十一条 从事防洪活动，依照防洪法的规定执行。

水污染防治，依照水污染防治法的规定执行。

第八十二条 本法自2002年10月1日起施行。

中华人民共和国水土保持法

（1991年6月29日第七届全国人民代表大会常务委员会第二十次会议通过　根据2009年8月27日第十一届全国人民代表大会常务委员会第十次会议《关于修改部分法律的决定》修正　2010年12月25日第十一届全国人民代表大会常务委员会第十八次会议修订　2010年12月25日中华人民共和国主席令第39号公布　自2011年3月1日起施行）

第一章 总 则

第一条 为了预防和治理水土流失，保护和合理利用水土资源，减轻水、旱、风沙灾害，改善生态环境，保障经济社会可持续发展，制定本法。

第二条 在中华人民共和国境内从事水土保持活动，应当遵守本法。

本法所称水土保持，是指对自然因素和人为活动造成水土流失所采取的预防和治理措施。

第三条 水土保持工作实行预防为主、保护优先、全面规划、综合治理、因地制宜、突出重点、科学管理、注重效益的方针。

第四条 县级以上人民政府应当加强对水土保持工作的统一领导，将水土保持工作纳入本级国民经济和社会发展规划，对水土保持规划确定的任务，安排专项资金，并组织实施。

国家在水土流失重点预防区和重点治理区，实行地方各级人民政府水土保持目标责任制和考核奖惩制度。

第五条 国务院水行政主管部门主管全国的水土保持工作。

国务院水行政主管部门在国家确定的重要江河、湖泊设立的流域管理机构（以下简称流域管理机构），在所管辖范围内依法承担水土保持监督管理职责。

县级以上地方人民政府水行政主管部门主管本行政区域的水土保持工作。

县级以上人民政府林业、农业、国土资源等有关部门按照各自职责，做好有关的水土流失预防和治理工作。

第六条 各级人民政府及其有关部门应当加强水土保持宣传和教育工作，普及水土保持科学知识，增强公众的水土保持意识。

第七条 国家鼓励和支持水土保持科学技术研究，提高水土保持科学技术水平，推广先进的水土保持技术，培养水土保持科学技术人才。

第八条 任何单位和个人都有保护水土资源、预防和治理水土流失的义务，并有权对破坏水土资源、造成水土流失的行为进行举报。

第九条 国家鼓励和支持社会力量参与水土保持工作。

对水土保持工作中成绩显著的单位和个人，由县级以上人民政府给予表彰和奖励。

第二章 规 划

第十条 水土保持规划应当在水土流失调查结果及水土流失重点预防区和重点治理区划定的基础上，遵循统筹协调、分类指导的原则编制。

第十一条 国务院水行政主管部门应当定期组织全国水土流失调查并公告调查结果。

省、自治区、直辖市人民政府水行政主管部门负责本行政区域的水土流失调查并公告调查结果，公告前应当将调查结果报国务院水行政主管部门备案。

第十二条 县级以上人民政府应当依据水土流失调查结果划定并公告水土流失重点预防区和重点治理区。

对水土流失潜在危险较大的区域，应当划定为水土流失重点预防区；对水土流失严重的区域，应当划定为水土流失重点治理区。

第十三条 水土保持规划的内容应当包括水土流失状况、水土流失类型区划分、水土流失防治目标、任务和措施等。

水土保持规划包括对流域或者区域预防和治理水土流失、保护和合理利用水土资源作出的整体部署，以及根据整体部署对水土保持专项工作或者特定区域预防和治理水土流失作出的专项部署。

水土保持规划应当与土地利用总体规划、水资源规划、城乡规划和环境保护规划等相协调。

编制水土保持规划，应当征求专家和公众的意见。

第十四条 县级以上人民政府水行政主管部门会同同级人民政府有关部门编制水土保持规划，报本级人民政府或者其授权的部门批准后，由水行政主管部门组织实施。

水土保持规划一经批准，应当严格执行；经批准的规划根据实际情况需要修改的，应当按照规划编制程序报原批准机关批准。

第十五条 有关基础设施建设、矿产资源开发、城镇建设、公共服务设施建设等方面的规划，在实施过程中可能造成水土流失的，规划的组织编制机关应当在规划中提出水土流失预防和治理的对策和措施，并在规划报请审批前征求本级人民政府水行政主管部门的意见。

第三章 预 防

第十六条 地方各级人民政府应当按照水土保持规划，采取封育保护、自然修复等措施，组织单位和个人植树种草，扩大林草覆盖面积，涵养水源，预防和减轻水土流失。

第十七条 地方各级人民政府应当加强对取土、挖砂、采石等活动的管理，预防和减轻水土流失。

禁止在崩塌、滑坡危险区和泥石流易发区从事取土、挖砂、采石等可能造成水土流失的活动。崩塌、滑坡危险区和泥石流易发区的范围，由县级以上地方人民政府划定并公告。崩塌、滑坡危险区和泥石流易发区的划定，应当与地质灾害防治规划确定的地质灾害易发区、重点防治区相衔接。

第十八条 水土流失严重、生态脆弱的地区，应当限制或者禁止可能造成水土流失的生产建设活动，严格保护植物、沙壳、结皮、地衣等。

在侵蚀沟的沟坡和沟岸、河流的两岸以及湖泊和水库的周边，土地所有权人、使用权人或者有关管理单位应当营造植物保护带。禁止开垦、开发植物保护带。

第十九条 水土保持设施的所有权人或者使用权人应当加强对水土保持设施的管理与维护，落实管护责任，保障其功能正常发挥。

第二十条 禁止在二十五度以上陡坡地开垦种植农作物。在二十五度以上陡坡地种植经济林的，应当科学选择树种，合理确定规模，采取水土保持措施，防止造成水土流失。

省、自治区、直辖市根据本行政区域的实际情况，可以规定小于二十五度的禁止开垦坡度。禁止开垦的陡坡地的范围由当地县级人民政府划定并公告。

第二十一条 禁止毁林、毁草开垦和采集发菜。禁止在水土流失重点预防区和重点治理区铲草皮、挖树兜或者滥挖虫草、甘草、麻黄等。

第二十二条 林木采伐应当采用合理方式，严格控制皆伐；对水源涵养林、水土保持林、防风固沙林等防护林只能进行抚育和更新性质的采伐；对采伐区和集材道应当采取防止水土流失的措施，并在采伐后及时更新造林。

在林区采伐林木的，采伐方案中应当有水土保持措施。采伐方案经林业主管部门批准后，由林业主管部门和水行政主管部门监督实施。

第二十三条 在五度以上坡地植树造林、抚育幼林、种植中药材等，应当采取水土保持措施。

在禁止开垦坡度以下、五度以上的荒坡地开垦种植农作物，应当采取水土保持措施。具体办法由省、自治区、直辖市根据本行政区域的实际情况规定。

第二十四条 生产建设项目选址、选线应当避让水土流失重点预防区和重点治理区；无法避让的，应当提高防治标准，优化施工工艺，减少地表扰动和植被损坏范围，有效控制可能造成的水土流失。

第二十五条 在山区、丘陵区、风沙区以及水土保持规划确定的容易发生水土流失的其他区域开办可能造成水土流失的生产建设项目，生产建设单位应当编制水土保持方案，报县级以上人民政府水行政主管部门审批，并按照经批准的水土保持方案，采取水土流失预防和治理措施。没有能力编制水土保持方案的，应当委托具备相应技术条件的机构编制。

水土保持方案应当包括水土流失预防和治理的范围、目标、措施和投资等内容。

水土保持方案经批准后，生产建设项目的地点、规模发生重大变化的，应当补充或者修改水土保持方案并报原审批机关批准。水土保持方案实施过程中，水土保持措施需要作出重大变更的，应当经原审批机关批准。

生产建设项目水土保持方案的编制和审批办法，由国务院水行政主管部门制定。

第二十六条 依法应当编制水土保持方案的生产建设项目，生产建设单位未编制水土保持方案或者水土保持方案未经水行政主管部门批准的，生产建设项目不得开工建设。

第二十七条 依法应当编制水土保持方案的生产建设项目中的水土保持设施，应当与主体工程同时设计、同时施工、同时投产使用；生产建设项目竣工验收，应当验收水土保持设施；水土保持设施未经验收或者验收不合格的，生产建设项目不得投产使用。

第二十八条 依法应当编制水土保持方案的生产建设项目，其生产建设活动中排弃的砂、石、土、矸石、尾矿、废渣等应当综合利用；不能综合利用，确需废弃的，应当堆放在水土保持方案确定的专门存放地，并采取措施保证不产生新的危害。

第二十九条 县级以上人民政府水行政主管部门、流域管理机构，应当对生产建设项目水土保持方案的实施情况进行跟踪检查，发现问题及时处理。

第四章 治 理

第三十条 国家加强水土流失重点预防区和重点治理区的坡耕地改梯田、淤地坝等水土保持重点工程建设,加大生态修复力度。

县级以上人民政府水行政主管部门应当加强对水土保持重点工程的建设管理,建立和完善运行管护制度。

第三十一条 国家加强江河源头区、饮用水水源保护区和水源涵养区水土流失的预防和治理工作,多渠道筹集资金,将水土保持生态效益补偿纳入国家建立的生态效益补偿制度。

第三十二条 开办生产建设项目或者从事其他生产建设活动造成水土流失的,应当进行治理。

在山区、丘陵区、风沙区以及水土保持规划确定的容易发生水土流失的其他区域开办生产建设项目或者从事其他生产建设活动,损坏水土保持设施、地貌植被,不能恢复原有水土保持功能的,应当缴纳水土保持补偿费,专项用于水土流失预防和治理。专项水土流失预防和治理由水行政主管部门负责组织实施。水土保持补偿费的收取使用管理办法由国务院财政部门、国务院价格主管部门会同国务院水行政主管部门制定。

生产建设项目在建设过程中和生产过程中发生的水土保持费用,按照国家统一的财务会计制度处理。

第三十三条 国家鼓励单位和个人按照水土保持规划参与水土流失治理,并在资金、技术、税收等方面予以扶持。

第三十四条 国家鼓励和支持承包治理荒山、荒沟、荒丘、荒滩,防治水土流失,保护和改善生态环境,促进土地资源的合理开发和可持续利用,并依法保护土地承包合同当事人的合法权益。

承包治理荒山、荒沟、荒丘、荒滩和承包水土流失严重地区农村土地的,在依法签订的土地承包合同中应当包括预防和治理水土流失责任的内容。

第三十五条 在水力侵蚀地区,地方各级人民政府及其有关部门应当组织单位和个人,以天然沟壑及其两侧山坡地形成的小流域为单元,因地制宜地采取工程措施、植物措施和保护性耕作等措施,进行坡耕地和沟道水土流失综合治理。

在风力侵蚀地区,地方各级人民政府及其有关部门应当组织单位和个人,因地制宜地采取轮封轮牧、植树种草、设置人工沙障和网格林带等措施,建立防风固沙防护体系。

在重力侵蚀地区,地方各级人民政府及其有关部门应当组织单位和个人,采取监测、径流排导、削坡减载、支挡固坡、修建拦挡工程等措施,建立监测、预报、预警体系。

第三十六条 在饮用水水源保护区,地方各级人民政府及其有关部门应当组织单位和个人,采取预防保护、自然修复和综合治理措施,配套建设植物过滤带,积极推广沼气,开展清洁小流域建设,严格控制化肥和农药的使用,减少水土流失引起的面源污染,保护饮用水水源。

第三十七条 已在禁止开垦的陡坡地上开垦种植农作物的,应当按照国家有关规定退耕,植树种草;耕地短缺、退耕确有困难的,应当修建梯田或者采取其他水土保持措施。

在禁止开垦坡度以下的坡耕地上开垦种植农作物的,应当根据不同情况,采取修建梯田、坡面水系整治、蓄水保土耕作或者退耕等措施。

第三十八条 对生产建设活动所占用土地的地表土应当进行分层剥离、保存和利用,做到土石方挖填平衡,减少地表扰动范围;对废弃的砂、石、土、矸石、尾矿、废渣等存放地,应当采取拦挡、坡面防护、防洪排导等措施。生产建设活动结束后,应当及时在取土场、开挖面和存放地的裸露土地上植树种草、恢复植被,对闭库的尾矿库进行复垦。

在干旱缺水地区从事生产建设活动,应当采取防止风力侵蚀措施,设置降水蓄渗设施,充分利用降水资源。

第三十九条 国家鼓励和支持在山区、丘陵区、风沙区以及容易发生水土流失的其他区域，采取下列有利于水土保持的措施：

（一）免耕、等高耕作、轮耕轮作、草田轮作、间作套种等；

（二）封禁抚育、轮封轮牧、舍饲圈养；

（三）发展沼气、节柴灶，利用太阳能、风能和水能，以煤、电、气代替薪柴等；

（四）从生态脆弱地区向外移民；

（五）其他有利于水土保持的措施。

第五章 监测和监督

第四十条 县级以上人民政府水行政主管部门应当加强水土保持监测工作，发挥水土保持监测工作在政府决策、经济社会发展和社会公众服务中的作用。县级以上人民政府应当保障水土保持监测工作经费。

国务院水行政主管部门应当完善全国水土保持监测网络，对全国水土流失进行动态监测。

第四十一条 对可能造成严重水土流失的大中型生产建设项目，生产建设单位应当自行或者委托具备水土保持监测资质的机构，对生产建设活动造成的水土流失进行监测，并将监测情况定期上报当地水行政主管部门。

从事水土保持监测活动应当遵守国家有关技术标准、规范和规程，保证监测质量。

第四十二条 国务院水行政主管部门和省、自治区、直辖市人民政府水行政主管部门应当根据水土保持监测情况，定期对下列事项进行公告：

（一）水土流失类型、面积、强度、分布状况和变化趋势；

（二）水土流失造成的危害；

（三）水土流失预防和治理情况。

第四十三条 县级以上人民政府水行政主管部门负责对水土保持情况进行监督检查。流域管理机构在其管辖范围内可以行使国务院水行政主管部门的监督检查职权。

第四十四条 水政监督检查人员依法履行监督检查职责时，有权采取下列措施：

（一）要求被检查单位或者个人提供有关文件、证照、资料；

（二）要求被检查单位或者个人就预防和治理水土流失的有关情况作出说明；

（三）进入现场进行调查、取证。

被检查单位或者个人拒不停止违法行为，造成严重水土流失的，报经水行政主管部门批准，可以查封、扣押实施违法行为的工具及施工机械、设备等。

第四十五条 水政监督检查人员依法履行监督检查职责时，应当出示执法证件。被检查单位或者个人对水土保持监督检查工作应当给予配合，如实报告情况，提供有关文件、证照、资料；不得拒绝或者阻碍水政监督检查人员依法执行公务。

第四十六条 不同行政区域之间发生水土流失纠纷应当协商解决；协商不成的，由共同的上一级人民政府裁决。

第六章 法律责任

第四十七条 水行政主管部门或者其他依照本法规定行使监督管理权的部门，不依法作出行政许可决定或者办理批准文件的，发现违法行为或者接到对违法行为的举报不予查处的，或者有其他未依照本法规定履行职责的行为的，对直接负责的主管人员和其他直接责任人员依法给予处分。

第四十八条 违反本法规定，在崩塌、滑坡危险区或者泥石流易发区从事取土、挖砂、采石等可能造成水土流失的活动的，由县级以上地方人民政府水行政主管部门责令停止违法行为，没收违法所得，对个人处一千元以上一万元以下的罚款，对单位处二万元以上二十万元以下的罚款。

第四十九条 违反本法规定，在禁止开垦坡度以上陡坡地开垦种植农作物，或者在禁止开垦、开发的植物保护带内开垦、开发的，由县级以上地方人民政府水行政主管部门责令停止违法行为，采取退耕、恢复植被等补救措施；按照开垦或者开发面积，可以对个人处每平方米二元以下的罚款、对单位处每平方米十元以下的罚款。

第五十条 违反本法规定，毁林、毁草开垦的，依照《中华人民共和国森林法》、《中华人民共和国草原法》的有关规定处罚。

第五十一条 违反本法规定，采集发菜，或者在水土流失重点预防区和重点治理区铲草皮、挖树兜、滥挖虫草、甘草、麻黄等的，由县级以上地方人民政府水行政主管部门责令停止违法行为，采取补救措施，没收违法所得，并处违法所得一倍以上五倍以下的罚款；没有违法所得的，可以处五万元以下的罚款。

在草原地区有前款规定违法行为的，依照《中华人民共和国草原法》的有关规定处罚。

第五十二条 在林区采伐林木不依法采取防止水土流失措施的，由县级以上地方人民政府林业主管部门、水行政主管部门责令限期改正，采取补救措施；造成水土流失的，由水行政主管部门按照造成水土流失的面积处每平方米二元以上十元以下的罚款。

第五十三条 违反本法规定，有下列行为之一的，由县级以上人民政府水行政主管部门责令停止违法行为，限期补办手续；逾期不补办手续的，处五万元以上五十万元以下的罚款；对生产建设单位直接负责的主管人员和其他直接责任人员依法给予处分：

（一）依法应当编制水土保持方案的生产建设项目，未编制水土保持方案或者编制的水土保持方案未经批准而开工建设的；

（二）生产建设项目的地点、规模发生重大变化，未补充、修改水土保持方案或者补充、修改的水土保持方案未经原审批机关批准的；

（三）水土保持方案实施过程中，未经原审批机关批准，对水土保持措施作出重大变更的。

第五十四条 违反本法规定，水土保持设施未经验收或者验收不合格将生产建设项目投产使用的，由县级以上人民政府水行政主管部门责令停止生产或者使用，直至验收合格，并处五万元以上五十万元以下的罚款。

第五十五条 违反本法规定，在水土保持方案确定的专门存放地以外的区域倾倒砂、石、土、矸石、尾矿、废渣等的，由县级以上地方人民政府水行政主管部门责令停止违法行为，限期清理，按照倾倒数量处每立方米十元以上二十元以下的罚款；逾期仍不清理的，县级以上地方人民政府水行政主管部门可以指定有清理能力的单位代为清理，所需费用由违法行为人承担。

第五十六条 违反本法规定，开办生产建设项目或者从事其他生产建设活动造成水土流失，不进行治理的，由县级以上人民政府水行政主管部门责令限期治理；逾期仍不治理的，县级以上人民政府水行政主管部门可以指定有治理能力的单位代为治理，所需费用由违法行为人承担。

第五十七条 违反本法规定，拒不缴纳水土保持补偿费的，由县级以上人民政府水行政主管部门责令限期缴纳；逾期不缴纳的，自滞纳之日起按日加收滞纳部分万分之五的滞纳金，可以处应缴水土保持补偿费三倍以下的罚款。

第五十八条 违反本法规定，造成水土流失危害的，依法承担民事责任；构成违反治安管理行为的，由公安机关依法给予治安管理处罚；构成犯罪的，依法追究刑事责任。

第七章 附 则

第五十九条 县级以上地方人民政府根据当地实际情况确定的负责水土保持工作的机构，行使本法规定的水行政主管部门水土保持工作的职责。

第六十条 本法自2011年3月1日起施行。

中华人民共和国水土保持法实施条例

（1993年8月1日中华人民共和国国务院令第120号发布 根据2011年1月8日《国务院关于废止和修改部分行政法规的决定》修订）

第一章 总 则

第一条 根据《中华人民共和国水土保持法》（以下简称《水土保持法》）的规定，制定本条例。

第二条 一切单位和个人都有权对有下列破坏水土资源、造成水土流失的行为之一的单位和个人，向县级以上人民政府水行政主管部门或者其他有关部门进行检举：

（一）违法毁林或者毁草场开荒，破坏植被的；

（二）违法开垦荒坡地的；

（三）向江河、湖泊、水库和专门存放地以外的沟渠倾倒废弃砂、石、土或者尾矿废渣的；

（四）破坏水土保持设施的；

（五）有破坏水土资源、造成水土流失的其他行为的。

第三条 水土流失防治区的地方人民政府应当实行水土流失防治目标责任制。

第四条 地方人民政府根据当地实际情况设立的水土保持机构，可以行使《水土保持法》和本条例规定的水行政主管部门对水土保持工作的职权。

第五条 县级以上人民政府应当将批准的水土保持规划确定的任务，纳入国民经济和社会发展计划，安排专项资金，组织实施，并可以按照有关规定，安排水土流失地区的部分扶贫资金、以工代赈资金和农业发展基金等资金，用于水土保持。

第六条 水土流失重点防治区按国家、省、县三级划分，具体范围由县级以上人民政府水行政主管部门提出，报同级人民政府批准并公告。

水土流失重点防治区可以分为重点预防保护区、重点监督区和重点治理区。

第七条 水土流失严重的省、自治区、直辖市，可以根据需要，设置水土保持中等专业学校或者在有关院校开设水土保持专业。中小学的有关课程，应当包含水土保持方面的内容。

第二章 预 防

第八条 山区、丘陵区、风沙区的地方人民政府，对从事挖药材、养柞蚕、烧木炭、烧砖瓦等副业生产的单位和个人，必须根据水土保持的要求，加强管理，采取水土保持措施，防止水土流失和生态环境恶化。

第九条 在水土流失严重、草场少的地区，地方人民政府及其有关主管部门应当采取措施，推行舍饲，改变野外放牧习惯。

第十条 地方人民政府及其有关主管部门应当因地制宜，组织营造薪炭林，发展小水电、风力发电，发展沼气，利用太阳能，推广节能灶。

第十一条 《水土保持法》施行前已在禁止开垦的陡坡地上开垦种植农作物的，应当在平地或者缓坡地建设基本农田，提高单位面积产量，将已开垦的陡坡耕地逐步退耕，植树种草；退耕确有困难的，由县级人民政府限期修成梯田，或者采取其他水土保持措施。

第十二条 依法申请开垦荒坡地的，必须同时提出防止水土流失的措施，报县级人民政府水行政主管部门或者其所属的水土保持监督管理机构批准。

第十三条 在林区采伐林木的，采伐方案中必须有采伐区水土保持措施。林业行政主管部门批准采伐方案后，应当将采伐方案抄送水行政主管部门，共同监督实施采伐区水土保持措施。

第十四条 在山区、丘陵区、风沙区修建铁路、公路、水工程，开办矿山企业、电力企业和其他大中型工业企业，其环境影响报告书中的水土保持方案，必须先经水行政主管部门审查同意。

在山区、丘陵区、风沙区依法开办乡镇集体矿山企业和个体申请采矿，必须填写“水土保持方案报告表”，经县级以上地方人民政府水行政主管部门批准后，方可申请办理采矿批准手续。

建设工程中的水土保持设施竣工验收，应当有水行政主管部门参加并签署意见。水土保持设施经验收不合格的，建设工程不得投产使用。

水土保持方案的具体报批办法，由国务院水行政主管部门会同国务院有关主管部门制定。

第十五条 《水土保持法》施行前已建或者在建并造成水土流失的生产建设项目，生产建设单位必须向县级以上地方人民政府水行政主管部门提出水土流失防治措施。

第三章 治　　理

第十六条 县级以上地方人民政府应当组织国有农场、林场、牧场和农业集体经济组织及农民，在禁止开垦坡度以下的坡耕地，按照水土保持规划，修筑水平梯田和蓄水保土工程，整治排水系统，治理水土流失。

第十七条 水土流失地区的集体所有的土地承包给个人使用的，应当将治理水土流失的责任列入承包合同。当地乡、民族乡、镇的人民政府和农业集体经济组织应当监督承包合同的履行。

第十八条 荒山、荒沟、荒丘、荒滩的水土流失，可以由农民个人、联户或者专业队承包治理，也可以由企业事业单位或者个人投资投劳入股治理。

实行承包治理的，发包方和承包方应当签订承包治理合同。在承包期内，承包方经发包方同意，可以将承包治理合同转让给第三者。

第十九条 企业事业单位在建设和生产过程中造成水土流失的，应当负责治理。因技术等原因无力自行治理的，可以交纳防治费，由水行政主管部门组织治理。防治费的收取标准和使用管理办法由省级以上人民政府财政部门、主管物价的部门会同水行政主管部门制定。

第二十条 对水行政主管部门投资营造的水土保持林、水源涵养林和防风固沙林进行抚育和更新性质的采伐时，所提取的育林基金应当用于营造水土保持林、水源涵养林和防风固沙林。

第二十一条 建成的水土保持设施和种植的林草，应当按照国家技术标准进行检查验收；验收合格的，应当建立档案，设立标志，落实管护责任制。

任何单位和个人不得破坏或者侵占水土保持设施。企业事业单位在建设和生产过程中损坏水土保持设施的，应当给予补偿。

第四章 监　　督

第二十二条 《水土保持法》第二十九条所称水土保持监测网络，是指全国水土保持监测中心，大江大河流域水土保持中心站，省、自治区、直辖市水土保持监测站以及省、自治区、直辖市重点防治区水土保持监测分站。

水土保持监测网络的具体管理办法，由国务院水行政主管部门制定。

第二十三条 国务院水行政主管部门和省、自治区、直辖市人民政府水行政主管部门应当定期分别公告水土保持监测情况。公告应当包括下列事项：

（一）水土流失的面积、分布状况和流失程度；

（二）水土流失造成的危害及其发展趋势；

（三）水土流失防治情况及其效益。

第二十四条 有水土流失防治任务的企业事业单位，应当定期向县级以上地方人民政府水行政主管部门通报本单位水土流失防治工作的情况。

第二十五条 县级以上地方人民政府水行政主管部门及其所属的水土保持监督管理机构，应当对《水土保持法》和本条例的执行情况实施监督检查。水土保持监督人员依法执行公务时，应当持有县级以上人民政府颁发的水土保持监督检查证件。

第五章 法律责任

第二十六条 依照《水土保持法》第三十二条的规定处以罚款的，罚款幅度为非法开垦的陡坡地每平方米1元至2元。

第二十七条 依照《水土保持法》第三十三条的规定处以罚款的，罚款幅度为擅自开垦的荒坡地每平方米0.5元至1元。

第二十八条 依照《水土保持法》第三十四条的规定处以罚款的，罚款幅度为500元以上、5000元以下。

第二十九条 依照《水土保持法》第三十五条的规定处以罚款的，罚款幅度为造成的水土流失面积每平方米2元至5元。

第三十条 依照《水土保持法》第三十六条的规定处以罚款的，罚款幅度为1000元以上、1万元以下。

第三十一条 破坏水土保持设施，尚不够刑事处罚的，由公安机关依照《中华人民共和国治安管理处罚法》的有关规定予以处罚。

第三十二条 依照《水土保持法》第三十九条第二款的规定，请求水行政主管部门处理赔偿责任和赔偿金额纠纷的，应当提出申请报告。申请报告应当包括下列事项：

（一）当事人的基本情况；

（二）受到水土流失危害的时间、地点、范围；

（三）损失清单；

（四）证据。

第三十三条 由于发生不可抗拒的自然灾害而造成水土流失时，有关单位和个人应当向水行政主管部门报告不可抗拒的自然灾害的种类、程度、时间和已采取的措施等情况，经水行政主管部门查实并作出“不能避免造成水土流失危害”认定的，免予承担责任。

第六章 附则

第三十四条 本条例由国务院水行政主管部门负责解释。

第三十五条 本条例自发布之日起施行。

中华人民共和国节约能源法

（1997年11月1日第八届全国人民代表大会常务委员会第二十八次会议通过 2007年10月28日第十届全国人民代表大会常务委员会第三十次会议修订 根据2016年7月2日第十二届全国人民代表大会常务委员会第二十一次会议《关于修改〈中华人民共和国节约能源法〉等六部法律的决定》修正）

第一章 总 则

第一条 为了推动全社会节约能源，提高能源利用效率，保护和改善环境，促进经济社会全面协调可持续发展，制定本法。

第二条 本法所称能源，是指煤炭、石油、天然气、生物质能和电力、热力以及其他直接或者通过加工、转换而取得有用能的各种资源。

第三条 本法所称节约能源（以下简称节能），是指加强用能管理，采取技术上可行、经济上合理以及环境和社会可以承受的措施，从能源生产到消费的各个环节，降低消耗、减少损失和污染物排放、制止浪费，有效、合理地利用能源。

第四条 节约资源是我国的基本国策。国家实施节约与开发并举、把节约放在首位的能源发展战略。

第五条 国务院和县级以上地方各级人民政府应当将节能工作纳入国民经济和社会发展规划、年度计划，并组织编制和实施节能中长期专项规划、年度节能计划。

国务院和县级以上地方各级人民政府每年向本级人民代表大会或者其常务委员会报告节能工作。

第六条 国家实行节能目标责任制和节能考核评价制度，将节能目标完成情况作为对地方人民政府及其负责人考核评价的内容。

省、自治区、直辖市人民政府每年向国务院报告节能目标责任的履行情况。

第七条 国家实行有利于节能和环境保护的产业政策，限制发展高耗能、高污染行业，发展节能环保型产业。

国务院和省、自治区、直辖市人民政府应当加强节能工作，合理调整产业结构、企业结构、产品结构和能源消费结构，推动企业降低单位产值能耗和单位产品能耗，淘汰落后的生产能力，改进能源的开发、加工、转换、输送、储存和供应，提高能源利用效率。

国家鼓励、支持开发和利用新能源、可再生能源。

第八条 国家鼓励、支持节能科学技术的研究、开发、示范和推广，促进节能技术创新与进步。

国家开展节能宣传和教育，将节能知识纳入国民教育和培训体系，普及节能科学知识，增强全民的节能意识，提倡节约型的消费方式。

第九条 任何单位和个人都应当依法履行节能义务，有权检举浪费能源的行为。

新闻媒体应当宣传节能法律、法规和政策，发挥舆论监督作用。

第十条 国务院管理节能工作的部门主管全国的节能监督管理工作。国务院有关部门在各自的职责范围内负责节能监督管理工作，并接受国务院管理节能工作的部门的指导。

县级以上地方各级人民政府管理节能工作的部门负责本行政区域内的节能监督管理工作。县级以上地方各级人民政府有关部门在各自的职责范围内负责节能监督管理工作，并接受同级管理节能工作的部门的指导。

第二章 节能管理

第十一条 国务院和县级以上地方各级人民政府应当加强对节能工作的领导，部署、协调、监督、检查、推动节能工作。

第十二条 县级以上人民政府管理节能工作的部门和有关部门应当在各自的职责范围内，加强对节能法律、法规和节能标准执行情况的监督检查，依法查处违法用能行为。

履行节能监督管理职责不得向监督管理对象收取费用。

第十三条 国务院标准化主管部门和国务院有关部门依法组织制定并适时修订有关节能的国家标准、行业标准，建立健全节能标准体系。

国务院标准化主管部门会同国务院管理节能工作的部门和国务院有关部门制定强制性的用能产品、设备能源效率标准和生产过程中耗能高的产品的单位产品能耗限额标准。

国家鼓励企业制定严于国家标准、行业标准的企业节能标准。

省、自治区、直辖市制定严于强制性国家标准、行业标准的地方节能标准，由省、自治区、直辖市人民政府报经国务院批准；本法另有规定的除外。

第十四条 建筑节能的国家标准、行业标准由国务院建设主管部门组织制定，并依照法定程序发布。

省、自治区、直辖市人民政府建设主管部门可以根据本地实际情况，制定严于国家标准或者行业标准的地方建筑节能标准，并报国务院标准化主管部门和国务院建设主管部门备案。

第十五条 国家实行固定资产投资项目节能评估和审查制度。不符合强制性节能标准的项目，建设单位不得开工建设；已经建成的，不得投入生产、使用。政府投资项目不符合强制性节能标准的，依法负责项目审批的机关不得批准建设。具体办法由国务院管理节能工作的部门会同国务院有关部门制定。

第十六条 国家对落后的耗能过高的用能产品、设备和生产工艺实行淘汰制度。淘汰的用能产品、设备、生产工艺的目录和实施办法，由国务院管理节能工作的部门会同国务院有关部门制定并公布。

生产过程中耗能高的产品的生产单位，应当执行单位产品能耗限额标准。对超过单位产品能耗限额标准用能的生产单位，由管理节能工作的部门按照国务院规定的权限责令限期治理。

对高耗能的特种设备，按照国务院的规定实行节能审查和监管。

第十七条 禁止生产、进口、销售国家明令淘汰或者不符合强制性能源效率标准的用能产品、设备；禁止使用国家明令淘汰的用能设备、生产工艺。

第十八条 国家对家用电器等使用面广、耗能量大的用能产品，实行能源效率标识管理。实行能源效率标识管理的产品目录和实施办法，由国务院管理节能工作的部门会同国务院产品质量监督部门制定并公布。

第十九条 生产者和进口商应当对列入国家能源效率标识管理产品目录的用能产品标注能源效率标识，在产品包装物上或者说明书中予以说明，并按照规定报国务院产品质量监督部门和国务院管理节能工作的部门共同授权的机构备案。

生产者和进口商应当对其标注的能源效率标识及相关信息的准确性负责。禁止销售应当标注而未标注能源效率标识的产品。

禁止伪造、冒用能源效率标识或者利用能源效率标识进行虚假宣传。

第二十条 用能产品的生产者、销售者，可以根据自愿原则，按照国家有关节能产品认证的规定，向经国务院认证认可监督管理部门认可的从事节能产品认证的机构提出节能产品认证申请；经认证合格后，取得节能产品认证证书，可以在用能产品或者其包装物上使用节能产品认证标志。

禁止使用伪造的节能产品认证标志或者冒用节能产品认证标志。

第二十一条 县级以上各级人民政府统计部门应当会同同级有关部门，建立健全能源统计制度，完善能源统计指标体系，改进和规范能源统计方法，确保能源统计数据真实、完整。

国务院统计部门会同国务院管理节能工作的部门，定期向社会公布各省、自治区、直辖市以及主要耗能行业的能源消费和节能情况等信息。

第二十二条 国家鼓励节能服务机构的发展，支持节能服务机构开展节能咨询、设计、评估、检测、审计、认证等服务。

国家支持节能服务机构开展节能知识宣传和节能技术培训，提供节能信息、节能示范和其他公益性节能服务。

第二十三条 国家鼓励行业协会在行业节能规划、节能标准的制定和实施、节能技术推广、能源消费统计、节能宣传培训和信息咨询等方面发挥作用。

第三章　合理使用与节约能源

第一节　一般规定

第二十四条 用能单位应当按照合理用能的原则，加强节能管理，制定并实施节能计划和节能技术措施，降低能源消耗。

第二十五条 用能单位应当建立节能目标责任制，对节能工作取得成绩的集体、个人给予奖励。

第二十六条 用能单位应当定期开展节能教育和岗位节能培训。

第二十七条 用能单位应当加强能源计量管理，按照规定配备和使用经依法检定合格的能源计量器具。

用能单位应当建立能源消费统计和能源利用状况分析制度，对各类能源的消费实行分类计量和统计，并确保能源消费统计数据真实、完整。

第二十八条 能源生产经营单位不得向本单位职工无偿提供能源。任何单位不得对能源消费实行包费制。

第二节　工业节能

第二十九条 国务院和省、自治区、直辖市人民政府推进能源资源优化开发利用和合理配置，推进有利于节能的行业结构调整，优化用能结构和企业布局。

第三十条 国务院管理节能工作的部门会同国务院有关部门制定电力、钢铁、有色金属、建材、石油加工、化工、煤炭等主要耗能行业的节能技术政策，推动企业节能技术改造。

第三十一条 国家鼓励工业企业采用高效、节能的电动机、锅炉、窑炉、风机、泵类等设备，采用热电联产、余热余压利用、洁净煤以及先进的用能监测和控制等技术。

第三十二条 电网企业应当按照国务院有关部门制定的节能发电调度管理的规定，安排清洁、高效和符合规定的热电联产、利用余热余压发电的机组以及其他符合资源综合利用规定的发电机组与电网并网运行，上网电价执行国家有关规定。

第三十三条 禁止新建不符合国家规定的燃煤发电机组、燃油发电机组和燃煤热电机组。

第三节　建筑节能

第三十四条 国务院建设主管部门负责全国建筑节能的监督管理工作。

县级以上地方各级人民政府建设主管部门负责本行政区域内建筑节能的监督管理工作。

县级以上地方各级人民政府建设主管部门会同同级管理节能工作的部门编制本行政区域内的建筑节能规划。建筑节能规划应当包括既有建筑节能改造计划。

第三十五条 建筑工程的建设、设计、施工和监理单位应当遵守建筑节能标准。

不符合建筑节能标准的建筑工程,建设主管部门不得批准开工建设;已经开工建设的,应当责令停止施工、限期改正;已经建成的,不得销售或者使用。

建设主管部门应当加强对在建建筑工程执行建筑节能标准情况的监督检查。

第三十六条 房地产开发企业在销售房屋时,应当向购买人明示所售房屋的节能措施、保温工程保修期等信息,在房屋买卖合同、质量保证书和使用说明书中载明,并对其真实性、准确性负责。

第三十七条 使用空调采暖、制冷的公共建筑应当实行室内温度控制制度。具体办法由国务院建设主管部门制定。

第三十八条 国家采取措施,对实行集中供热的建筑分步骤实行供热分户计量、按照用热量收费的制度。新建建筑或者对既有建筑进行节能改造,应当按照规定安装用热计量装置、室内温度调控装置和供热系统调控装置。具体办法由国务院建设主管部门会同国务院有关部门制定。

第三十九条 县级以上地方各级人民政府有关部门应当加强城市节约用电管理,严格控制公用设施和大型建筑物装饰性景观照明的能耗。

第四十条 国家鼓励在新建建筑和既有建筑节能改造中使用新型墙体材料等节能建筑材料和节能设备,安装和使用太阳能等可再生能源利用系统。

第四节 交通运输节能

第四十一条 国务院有关交通运输主管部门按照各自的职责负责全国交通运输相关领域的节能监督管理工作。

国务院有关交通运输主管部门会同国务院管理节能工作的部门分别制定相关领域的节能规划。

第四十二条 国务院及其有关部门指导、促进各种交通运输方式协调发展和有效衔接,优化交通运输结构,建设节能型综合交通运输体系。

第四十三条 县级以上地方各级人民政府应当优先发展公共交通,加大对公共交通的投入,完善公共交通服务体系,鼓励利用公共交通工具出行;鼓励使用非机动交通工具出行。

第四十四条 国务院有关交通运输主管部门应当加强交通运输组织管理,引导道路、水路、航空运输企业提高运输组织化程度和集约化水平,提高能源利用效率。

第四十五条 国家鼓励开发、生产、使用节能环保型汽车、摩托车、铁路机车车辆、船舶和其他交通运输工具,实行老旧交通运输工具的报废、更新制度。

国家鼓励开发和推广应用交通运输工具使用的清洁燃料、石油替代燃料。

第四十六条 国务院有关部门制定交通运输营运车船的燃料消耗量限值标准;不符合标准的,不得用于营运。

国务院有关交通运输主管部门应当加强对交通运输营运车船燃料消耗检测的监督管理。

第五节 公共机构节能

第四十七条 公共机构应当厉行节约,杜绝浪费,带头使用节能产品、设备,提高能源利用效率。

本法所称公共机构,是指全部或者部分使用财政性资金的国家机关、事业单位和团体组织。

第四十八条 国务院和县级以上地方各级人民政府管理机关事务工作的机构会同同级有关部门制定和组织实施本级公共机构节能规划。公共机构节能规划应当包括公共机构既有建筑节能改造计划。

第四十九条 公共机构应当制定年度节能目标和实施方案,加强能源消费计量和监测管理,向本级人民政府管理机关事务工作的机构报送上年度的能源消费状况报告。

国务院和县级以上地方各级人民政府管理机关事务工作的机构会同同级有关部门按照管理权限,制定本级公共机构的能源消耗定额,财政部门根据该定额制定能源消耗支出标准。

第五十条 公共机构应当加强本单位用能系统管理,保证用能系统的运行符合国家相关标准。

公共机构应当按照规定进行能源审计,并根据能源审计结果采取提高能源利用效率的措施。

第五十一条 公共机构采购用能产品、设备,应当优先采购列入节能产品、设备政府采购名录中的产品、设备。禁止采购国家明令淘汰的用能产品、设备。

节能产品、设备政府采购名录由省级以上人民政府的政府采购监督管理部门会同同级有关部门制定并公布。

第六节 重点用能单位节能

第五十二条 国家加强对重点用能单位的节能管理。

下列用能单位为重点用能单位:

(一)年综合能源消费总量一万吨标准煤以上的用能单位;

(二)国务院有关部门或者省、自治区、直辖市人民政府管理节能工作的部门指定的年综合能源消费总量五千吨以上不满一万吨标准煤的用能单位。

重点用能单位节能管理办法,由国务院管理节能工作的部门会同国务院有关部门制定。

第五十三条 重点用能单位应当每年向管理节能工作的部门报送上年度的能源利用状况报告。能源利用状况包括能源消费情况、能源利用效率、节能目标完成情况和节能效益分析、节能措施等内容。

第五十四条 管理节能工作的部门应当对重点用能单位报送的能源利用状况报告进行审查。对节能管理制度不健全、节能措施不落实、能源利用效率低的重点用能单位,管理节能工作的部门应当开展现场调查,组织实施用能设备能源效率检测,责令实施能源审计,并提出书面整改要求,限期整改。

第五十五条 重点用能单位应当设立能源管理岗位,在具有节能专业知识、实际经验以及中级以上技术职称的人员中聘任能源管理负责人,并报管理节能工作的部门和有关部门备案。

能源管理负责人负责组织对本单位用能状况进行分析、评价,组织编写本单位能源利用状况报告,提出本单位节能工作的改进措施并组织实施。

能源管理负责人应当接受节能培训。

第四章 节能技术进步

第五十六条 国务院管理节能工作的部门会同国务院科技主管部门发布节能技术政策大纲,指导节能技术研究、开发和推广应用。

第五十七条 县级以上各级人民政府应当把节能技术研究开发作为政府科技投入的重点领域,支持科研单位和企业开展节能技术应用研究,制定节能标准,开发节能共性和关键技术,促进节能技术创新与成果转化。

第五十八条 国务院管理节能工作的部门会同国务院有关部门制定并公布节能技术、节能产品的推广目录,引导用能单位和个人使用先进的节能技术、节能产品。

国务院管理节能工作的部门会同国务院有关部门组织实施重大节能科研项目、节能示范项目、重点节能工程。

第五十九条 县级以上各级人民政府应当按照因地制宜、多能互补、综合利用、讲求效益的原则，加强农业和农村节能工作，增加对农业和农村节能技术、节能产品推广应用的资金投入。

农业、科技等有关主管部门应当支持、推广在农业生产、农产品加工储运等方面应用节能技术和节能产品，鼓励更新和淘汰高耗能的农业机械和渔业船舶。

国家鼓励、支持在农村大力发展沼气，推广生物质能、太阳能和风能等可再生能源利用技术，按照科学规划、有序开发的原则发展小型水力发电，推广节能型的农村住宅和炉灶等，鼓励利用非耕地种植能源植物，大力发展薪炭林等能源林。

第五章 激励措施

第六十条 中央财政和省级地方财政安排节能专项资金，支持节能技术研究开发、节能技术和产品的示范与推广、重点节能工程的实施、节能宣传培训、信息服务和表彰奖励等。

第六十一条 国家对生产、使用列入本法第五十八条规定的推广目录的需要支持的节能技术、节能产品，实行税收优惠等扶持政策。

国家通过财政补贴支持节能照明器具等节能产品的推广和使用。

第六十二条 国家实行有利于节约能源资源的税收政策，健全能源矿产资源有偿使用制度，促进能源资源的节约及其开采利用水平的提高。

第六十三条 国家运用税收等政策，鼓励先进节能技术、设备的进口，控制在生产过程中耗能高、污染重的产品的出口。

第六十四条 政府采购监督管理部门会同有关部门制定节能产品、设备政府采购名录，应当优先列入取得节能产品认证证书的产品、设备。

第六十五条 国家引导金融机构增加对节能项目的信贷支持，为符合条件的节能技术研究开发、节能产品生产以及节能技术改造等项目提供优惠贷款。

国家推动和引导社会有关方面加大对节能的资金投入，加快节能技术改造。

第六十六条 国家实行有利于节能的价格政策，引导用能单位和个人节能。

国家运用财税、价格等政策，支持推广电力需求侧管理、合同能源管理、节能自愿协议等节能办法。

国家实行峰谷分时电价、季节性电价、可中断负荷电价制度，鼓励电力用户合理调整用电负荷；对钢铁、有色金属、建材、化工和其他主要耗能行业的企业，分淘汰、限制、允许和鼓励类实行差别电价政策。

第六十七条 各级人民政府对在节能管理、节能科学技术研究和推广应用中有显著成绩以及检举严重浪费能源行为的单位和个人，给予表彰和奖励。

第六章 法律责任

第六十八条 负责审批政府投资项目的机关违反本法规定，对不符合强制性节能标准的项目予以批准建设的，对直接负责的主管人员和其他直接责任人员依法给予处分。

固定资产投资项目建设单位开工建设不符合强制性节能标准的项目或者将该项目投入生产、使用的，由管理节能工作的部门责令停止建设或者停止生产、使用，限期改造；不能改造或者逾期不改造的生产性项目，由管理节能工作的部门报请本级人民政府按照国务院规定的权限责令关闭。

第六十九条 生产、进口、销售国家明令淘汰的用能产品、设备的，使用伪造的节能产品认证标志或者冒用节能产品认证标志的，依照《中华人民共和国产品质量法》的规定处罚。

第七十条 生产、进口、销售不符合强制性能源效率标准的用能产品、设备的，由产品质量监督部门责令停止生产、进口、销售，没收违法生产、进口、销售的用能产品、设备和违法所得，并处违法所得一倍以上五倍以下罚款；情节严重的，由工商行政管理部门吊销营业执照。

第七十一条 使用国家明令淘汰的用能设备或者生产工艺的，由管理节能工作的部门责令停止使用，没收国家明令淘汰的用能设备；情节严重的，可以由管理节能工作的部门提出意见，报请本级人民政府按照国务院规定的权限责令停业整顿或者关闭。

第七十二条 生产单位超过单位产品能耗限额标准用能，情节严重，经限期治理逾期不治理或者没有达到治理要求的，可以由管理节能工作的部门提出意见，报请本级人民政府按照国务院规定的权限责令停业整顿或者关闭。

第七十三条 违反本法规定，应当标注能源效率标识而未标注的，由产品质量监督部门责令改正，处三万元以上五万元以下罚款。

违反本法规定，未办理能源效率标识备案，或者使用的能源效率标识不符合规定的，由产品质量监督部门责令限期改正；逾期不改正的，处一万元以上三万元以下罚款。

伪造、冒用能源效率标识或者利用能源效率标识进行虚假宣传的，由产品质量监督部门责令改正，处五万元以上十万元以下罚款；情节严重的，由工商行政管理部门吊销营业执照。

第七十四条 用能单位未按照规定配备、使用能源计量器具的，由产品质量监督部门责令限期改正；逾期不改正的，处一万元以上五万元以下罚款。

第七十五条 瞒报、伪造、篡改能源统计资料或者编造虚假能源统计数据的，依照《中华人民共和国统计法》的规定处罚。

第七十六条 从事节能咨询、设计、评估、检测、审计、认证等服务的机构提供虚假信息的，由管理节能工作的部门责令改正，没收违法所得，并处五万元以上十万元以下罚款。

第七十七条 违反本法规定，无偿向本单位职工提供能源或者对能源消费实行包费制的，由管理节能工作的部门责令限期改正；逾期不改正的，处五万元以上二十万元以下罚款。

第七十八条 电网企业未按照本法规定安排符合规定的热电联产和利用余热余压发电的机组与电网并网运行，或者未执行国家有关上网电价规定的，由国家电力监管机构责令改正；造成发电企业经济损失的，依法承担赔偿责任。

第七十九条 建设单位违反建筑节能标准的，由建设主管部门责令改正，处二十万元以上五十万元以下罚款。

设计单位、施工单位、监理单位违反建筑节能标准的，由建设主管部门责令改正，处十万元以上五十万元以下罚款；情节严重的，由颁发资质证书的部门降低资质等级或者吊销资质证书；造成损失的，依法承担赔偿责任。

第八十条 房地产开发企业违反本法规定，在销售房屋时未向购买人明示所售房屋的节能措施、保温工程保修期等信息的，由建设主管部门责令限期改正，逾期不改正的，处三万元以上五万元以下罚款；对以上信息作虚假宣传的，由建设主管部门责令改正，处五万元以上二十万元以下罚款。

第八十一条 公共机构采购用能产品、设备，未优先采购列入节能产品、设备政府采购名录中的产品、设备，或者采购国家明令淘汰的用能产品、设备的，由政府采购监督管理部门给予警告，可以并处罚款；对直接负责的主管人员和其他直接责任人员依法给予处分，并予通报。

第八十二条 重点用能单位未按照本法规定报送能源利用状况报告或者报告内容不实的，由管理节能工作的部门责令限期改正；逾期不改正的，处一万元以上五万元以下罚款。

第八十三条 重点用能单位无正当理由拒不落实本法第五十四条规定的整改要求或者整改没有达到要求的，由管理节能工作的部门处十万元以上三十万元以下罚款。

第八十四条 重点用能单位未按照本法规定设立能源管理岗位，聘任能源管理负责人，并报管理节能工作的部门和有关部门备案的，由管理节能工作的部门责令改正；拒不改正的，处一万元以上三万元以下罚款。

第八十五条 违反本法规定,构成犯罪的,依法追究刑事责任。

第八十六条 国家工作人员在节能管理工作中滥用职权、玩忽职守、徇私舞弊,构成犯罪的,依法追究刑事责任;尚不构成犯罪的,依法给予处分。

第七章 附 则

第八十七条 本法自2008年4月1日起施行。

民用建筑节能条例

(2008年7月23日国务院第18次常务会议通过 2008年8月1日中华人民共和国国务院令第530号公布 自2008年10月1日起施行)

第一章 总 则

第一条 为了加强民用建筑节能管理,降低民用建筑使用过程中的能源消耗,提高能源利用效率,制定本条例。

第二条 本条例所称民用建筑节能,是指在保证民用建筑使用功能和室内热环境质量的前提下,降低其使用过程中能源消耗的活动。

本条例所称民用建筑,是指居住建筑、国家机关办公建筑和商业、服务业、教育、卫生等其他公共建筑。

第三条 各级人民政府应当加强对民用建筑节能工作的领导,积极培育民用建筑节能服务市场,健全民用建筑节能服务体系,推动民用建筑节能技术的开发应用,做好民用建筑节能知识的宣传教育工作。

第四条 国家鼓励和扶持在新建建筑和既有建筑节能改造中采用太阳能、地热能等可再生能源。

在具备太阳能利用条件的地区,有关地方人民政府及其部门应当采取有效措施,鼓励和扶持单位、个人安装使用太阳能热水系统、照明系统、供热系统、采暖制冷系统等太阳能利用系统。

第五条 国务院建设主管部门负责全国民用建筑节能的监督管理工作。县级以上地方人民政府建设主管部门负责本行政区域民用建筑节能的监督管理工作。

县级以上人民政府有关部门应当依照本条例的规定以及本级人民政府规定的职责分工,负责民用建筑节能的有关工作。

第六条 国务院建设主管部门应当在国家节能中长期专项规划指导下,编制全国民用建筑节能规划,并与相关规划相衔接。

县级以上地方人民政府建设主管部门应当组织编制本行政区域的民用建筑节能规划,报本级人民政府批准后实施。

第七条 国家建立健全民用建筑节能标准体系。国家民用建筑节能标准由国务院建设主管部门负责组织制定,并依照法定程序发布。

国家鼓励制定、采用优于国家民用建筑节能标准的地方民用建筑节能标准。

第八条 县级以上人民政府应当安排民用建筑节能资金,用于支持民用建筑节能的科学技术研究和标准制定、既有建筑围护结构和供热系统的节能改造、可再生能源的应用,以及民用建筑节能示范工程、节能项目的推广。

政府引导金融机构对既有建筑节能改造、可再生能源的应用,以及民用建筑节能示范工程等项目提供支持。

民用建筑节能项目依法享受税收优惠。

第九条 国家积极推进供热体制改革,完善供热价格形成机制,鼓励发展集中供热,逐步实行按照用热量收费制度。

第十条 对在民用建筑节能工作中做出显著成绩的单位和个人,按照国家有关规定给予表彰和奖励。

第二章 新建建筑节能

第十一条 国家推广使用民用建筑节能的新技术、新工艺、新材料和新设备,限制使用或者禁止使用能源消耗高的技术、工艺、材料和设备。国务院节能工作主管部门、建设主管部门应当制定、公布并及时更新推广使用、限制使用、禁止使用目录。

国家限制进口或者禁止进口能源消耗高的技术、材料和设备。

建设单位、设计单位、施工单位不得在建筑活动中使用列入禁止使用目录的技术、工艺、材料和设备。

第十二条 编制城市详细规划、镇详细规划,应当按照民用建筑节能的要求,确定建筑的布局、形状和朝向。

城乡规划主管部门依法对民用建筑进行规划审查,应当就设计方案是否符合民用建筑节能强制性标准征求同级建设主管部门的意见;建设主管部门应当自收到征求意见材料之日起10日内提出意见。征求意见时间不计算在规划许可的期限内。

对不符合民用建筑节能强制性标准的,不得颁发建设工程规划许可证。

第十三条 施工图设计文件审查机构应当按照民用建筑节能强制性标准对施工图设计文件进行审查;经审查不符合民用建筑节能强制性标准的,县级以上地方人民政府建设主管部门不得颁发施工许可证。

第十四条 建设单位不得明示或者暗示设计单位、施工单位违反民用建筑节能强制性标准进行设计、施工,不得明示或者暗示施工单位使用不符合施工图设计文件要求的墙体材料、保温材料、门窗、采暖制冷系统和照明设备。

按照合同约定由建设单位采购墙体材料、保温材料、门窗、采暖制冷系统和照明设备的,建设单位应当保证其符合施工图设计文件要求。

第十五条 设计单位、施工单位、工程监理单位及其注册执业人员,应当按照民用建筑节能强制性标准进行设计、施工、监理。

第十六条 施工单位应当对进入施工现场的墙体材料、保温材料、门窗、采暖制冷系统和照明设备进行查验;不符合施工图设计文件要求的,不得使用。

工程监理单位发现施工单位不按照民用建筑节能强制性标准施工的,应当要求施工单位改正;施工单位拒不改正的,工程监理单位应当及时报告建设单位,并向有关主管部门报告。

墙体、屋面的保温工程施工时,监理工程师应当按照工程监理规范的要求,采取旁站、巡视和平行检验等形式实施监理。

未经监理工程师签字,墙体材料、保温材料、门窗、采暖制冷系统和照明设备不得在建筑上使用或者安装,施工单位不得进行下一道工序的施工。

第十七条 建设单位组织竣工验收,应当对民用建筑是否符合民用建筑节能强制性标准进行查验;对不符合民用建筑节能强制性标准的,不得出具竣工验收合格报告。

第十八条 实行集中供热的建筑应当安装供热系统调控装置、用热计量装置和室内温度调控装置;公共建筑还应当安装用电分项计量装置。居住建筑安装的用热计量装置应当满足分户计量的要求。

计量装置应当依法检定合格。

第十九条 建筑的公共走廊、楼梯等部位，应当安装、使用节能灯具和电气控制装置。

第二十条 对具备可再生能源利用条件的建筑，建设单位应当选择合适的可再生能源，用于采暖、制冷、照明和热水供应等；设计单位应当按照有关可再生能源利用的标准进行设计。

建设可再生能源利用设施，应当与建筑主体工程同步设计、同步施工、同步验收。

第二十一条 国家机关办公建筑和大型公共建筑的所有权人应当对建筑的能源利用效率进行测评和标识，并按照国家有关规定将测评结果予以公示，接受社会监督。

国家机关办公建筑应当安装、使用节能设备。

本条例所称大型公共建筑，是指单体建筑面积2万平方米以上的公共建筑。

第二十二条 房地产开发企业销售商品房，应当向购买人明示所售商品房的能源消耗指标、节能措施和保护要求、保温工程保修期等信息，并在商品房买卖合同和住宅质量保证书、住宅使用说明书中载明。

第二十三条 在正常使用条件下，保温工程的最低保修期限为5年。保温工程的保修期，自竣工验收合格之日起计算。

保温工程在保修范围和保修期内发生质量问题的，施工单位应当履行保修义务，并对造成的损失依法承担赔偿责任。

第三章 既有建筑节能

第二十四条 既有建筑节能改造应当根据当地经济、社会发展水平和地理气候条件等实际情况，有计划、分步骤地实施分类改造。

本条例所称既有建筑节能改造，是指对不符合民用建筑节能强制性标准的既有建筑的围护结构、供热系统、采暖制冷系统、照明设备和热水供应设施等实施节能改造的活动。

第二十五条 县级以上地方人民政府建设主管部门应当对本行政区域内既有建筑的建设年代、结构形式、用能系统、能源消耗指标、寿命周期等组织调查统计和分析，制定既有建筑节能改造计划，明确节能改造的目标、范围和要求，报本级人民政府批准后组织实施。

中央国家机关既有建筑的节能改造，由有关管理机关事务工作的机构制定节能改造计划，并组织实施。

第二十六条 国家机关办公建筑、政府投资和以政府投资为主的公共建筑的节能改造，应当制定节能改造方案，经充分论证，并按照国家有关规定办理相关审批手续方可进行。

各级人民政府及其有关部门、单位不得违反国家有关规定和标准，以节能改造的名义对前款规定的既有建筑进行扩建、改建。

第二十七条 居住建筑和本条例第二十六条规定以外的其他公共建筑不符合民用建筑节能强制性标准的，在尊重建筑所有权人意愿的基础上，可以结合扩建、改建，逐步实施节能改造。

第二十八条 实施既有建筑节能改造，应当符合民用建筑节能强制性标准，优先采用遮阳、改善通风等低成本改造措施。

既有建筑围护结构的改造和供热系统的改造，应当同步进行。

第二十九条 对实行集中供热的建筑进行节能改造，应当安装供热系统调控装置和用热计量装置；对公共建筑进行节能改造，还应当安装室内温度调控装置和用电分项计量装置。

第三十条 国家机关办公建筑的节能改造费用，由县级以上人民政府纳入本级财政预算。

居住建筑和教育、科学、文化、卫生、体育等公益事业使用的公共建筑节能改造费用，由政府、建筑所有权人共同负担。

国家鼓励社会资金投资既有建筑节能改造。

第四章　建筑用能系统运行节能

第三十一条　建筑所有权人或者使用权人应当保证建筑用能系统的正常运行，不得人为损坏建筑围护结构和用能系统。

国家机关办公建筑和大型公共建筑的所有权人或者使用权人应当建立健全民用建筑节能管理制度和操作规程，对建筑用能系统进行监测、维护，并定期将分项用电量报县级以上地方人民政府建设主管部门。

第三十二条　县级以上地方人民政府节能工作主管部门应当会同同级建设主管部门确定本行政区域内公共建筑重点用电单位及其年度用电限额。

县级以上地方人民政府建设主管部门应当对本行政区域内国家机关办公建筑和公共建筑用电情况进行调查统计和评价分析。国家机关办公建筑和大型公共建筑采暖、制冷、照明的能源消耗情况应当依照法律、行政法规和国家其他有关规定向社会公布。

国家机关办公建筑和公共建筑的所有权人或者使用权人应当对县级以上地方人民政府建设主管部门的调查统计工作予以配合。

第三十三条　供热单位应当建立健全相关制度，加强对专业技术人员的教育和培训。

供热单位应当改进技术装备，实施计量管理，并对供热系统进行监测、维护，提高供热系统的效率，保证供热系统的运行符合民用建筑节能强制性标准。

第三十四条　县级以上地方人民政府建设主管部门应当对本行政区域内供热单位的能源消耗情况进行调查统计和分析，并制定供热单位能源消耗指标；对超过能源消耗指标的，应当要求供热单位制定相应的改进措施，并监督实施。

第五章　法 律 责 任

第三十五条　违反本条例规定，县级以上人民政府有关部门有下列行为之一的，对负有责任的主管人员和其他直接责任人员依法给予处分；构成犯罪的，依法追究刑事责任：

(一)对设计方案不符合民用建筑节能强制性标准的民用建筑项目颁发建设工程规划许可证的；

(二)对不符合民用建筑节能强制性标准的设计方案出具合格意见的；

(三)对施工图设计文件不符合民用建筑节能强制性标准的民用建筑项目颁发施工许可证的；

(四)不依法履行监督管理职责的其他行为。

第三十六条　违反本条例规定，各级人民政府及其有关部门、单位违反国家有关规定和标准，以节能改造的名义对既有建筑进行扩建、改建的，对负有责任的主管人员和其他直接责任人员，依法给予处分。

第三十七条　违反本条例规定，建设单位有下列行为之一的，由县级以上地方人民政府建设主管部门责令改正，处20万元以上50万元以下的罚款：

(一)明示或者暗示设计单位、施工单位违反民用建筑节能强制性标准进行设计、施工的；

(二)明示或者暗示施工单位使用不符合施工图设计文件要求的墙体材料、保温材料、门窗、采暖制冷系统和照明设备的；

(三)采购不符合施工图设计文件要求的墙体材料、保温材料、门窗、采暖制冷系统和照明设备的；

(四)使用列入禁止使用目录的技术、工艺、材料和设备的。

第三十八条　违反本条例规定，建设单位对不符合民用建筑节能强制性标准的民用建筑项目出具竣工验收合格报告的，由县级以上地方人民政府建设主管部门责令改正，处民用建筑项目合同价款2%以上4%以下的罚款；造成损失的，依法承担赔偿责任。

第三十九条 违反本条例规定，设计单位未按照民用建筑节能强制性标准进行设计，或者使用列入禁止使用目录的技术、工艺、材料和设备的，由县级以上地方人民政府建设主管部门责令改正，处10万元以上30万元以下的罚款；情节严重的，由颁发资质证书的部门责令停业整顿，降低资质等级或者吊销资质证书；造成损失的，依法承担赔偿责任。

第四十条 违反本条例规定，施工单位未按照民用建筑节能强制性标准进行施工的，由县级以上地方人民政府建设主管部门责令改正，处民用建筑项目合同价款2%以上4%以下的罚款；情节严重的，由颁发资质证书的部门责令停业整顿，降低资质等级或者吊销资质证书；造成损失的，依法承担赔偿责任。

第四十一条 违反本条例规定，施工单位有下列行为之一的，由县级以上地方人民政府建设主管部门责令改正，处10万元以上20万元以下的罚款；情节严重的，由颁发资质证书的部门责令停业整顿，降低资质等级或者吊销资质证书；造成损失的，依法承担赔偿责任：

（一）未对进入施工现场的墙体材料、保温材料、门窗、采暖制冷系统和照明设备进行查验的；

（二）使用不符合施工图设计文件要求的墙体材料、保温材料、门窗、采暖制冷系统和照明设备的；

（三）使用列入禁止使用目录的技术、工艺、材料和设备的。

第四十二条 违反本条例规定，工程监理单位有下列行为之一的，由县级以上地方人民政府建设主管部门责令限期改正；逾期未改正的，处10万元以上30万元以下的罚款；情节严重的，由颁发资质证书的部门责令停业整顿，降低资质等级或者吊销资质证书；造成损失的，依法承担赔偿责任：

（一）未按照民用建筑节能强制性标准实施监理的；

（二）墙体、屋面的保温工程施工时，未采取旁站、巡视和平行检验等形式实施监理的。

对不符合施工图设计文件要求的墙体材料、保温材料、门窗、采暖制冷系统和照明设备，按照符合施工图设计文件要求签字的，依照《建设工程质量管理条例》第六十七条的规定处罚。

第四十三条 违反本条例规定，房地产开发企业销售商品房，未向购买人明示所售商品房的能源消耗指标、节能措施和保护要求、保温工程保修期等信息，或者向购买人明示的所售商品房能源消耗指标与实际能源消耗不符的，依法承担民事责任；由县级以上地方人民政府建设主管部门责令限期改正；逾期未改正的，处交付使用的房屋销售总额2%以下的罚款；情节严重的，由颁发资质证书的部门降低资质等级或者吊销资质证书。

第四十四条 违反本条例规定，注册执业人员未执行民用建筑节能强制性标准的，由县级以上人民政府建设主管部门责令停止执业3个月以上1年以下；情节严重的，由颁发资格证书的部门吊销执业资格证书，5年内不予注册。

第六章 附 则

第四十五条 本条例自2008年10月1日起施行。

公共机构节能条例

（2008年8月1日中华人民共和国国务院令第531号公布　根据2017年3月1日《国务院关于修改和废止部分行政法规的决定》修订）

第一章 总 则

第一条 为了推动公共机构节能，提高公共机构能源利用效率，发挥公共机构在全社会节能中的表率作用，根据《中华人民共和国节约能源法》，制定本条例。

第二条 本条例所称公共机构，是指全部或者部分使用财政性资金的国家机关、事业单位和团体组织。

第三条 公共机构应当加强用能管理，采取技术上可行、经济上合理的措施，降低能源消耗，减少、制止能源浪费，有效、合理地利用能源。

第四条 国务院管理节能工作的部门主管全国的公共机构节能监督管理工作。国务院管理机关事务工作的机构在国务院管理节能工作的部门指导下，负责推进、指导、协调、监督全国的公共机构节能工作。

国务院和县级以上地方各级人民政府管理机关事务工作的机构在同级管理节能工作的部门指导下，负责本级公共机构节能监督管理工作。

教育、科技、文化、卫生、体育等系统各级主管部门在同级管理机关事务工作的机构指导下，开展本级系统内公共机构节能工作。

第五条 国务院和县级以上地方各级人民政府管理机关事务工作的机构应当会同同级有关部门开展公共机构节能宣传、教育和培训，普及节能科学知识。

第六条 公共机构负责人对本单位节能工作全面负责。

公共机构的节能工作实行目标责任制和考核评价制度，节能目标完成情况应当作为对公共机构负责人考核评价的内容。

第七条 公共机构应当建立、健全本单位节能管理的规章制度，开展节能宣传教育和岗位培训，增强工作人员的节能意识，培养节能习惯，提高节能管理水平。

第八条 公共机构的节能工作应当接受社会监督。任何单位和个人都有权举报公共机构浪费能源的行为，有关部门对举报应当及时调查处理。

第九条 对在公共机构节能工作中做出显著成绩的单位和个人，按照国家规定予以表彰和奖励。

第二章　节能规划

第十条 国务院和县级以上地方各级人民政府管理机关事务工作的机构应当会同同级有关部门，根据本级人民政府节能中长期专项规划，制定本级公共机构节能规划。

县级公共机构节能规划应当包括所辖乡(镇)公共机构节能的内容。

第十一条 公共机构节能规划应当包括指导思想和原则、用能现状和问题、节能目标和指标、节能重点环节、实施主体、保障措施等方面的内容。

第十二条 国务院和县级以上地方各级人民政府管理机关事务工作的机构应当将公共机构节能规划确定的节能目标和指标，按年度分解落实到本级公共机构。

第十三条 公共机构应当结合本单位用能特点和上一年度用能状况，制定年度节能目标和实施方案，有针对性地采取节能管理或者节能改造措施，保证节能目标的完成。

公共机构应当将年度节能目标和实施方案报本级人民政府管理机关事务工作的机构备案。

第三章　节能管理

第十四条 公共机构应当实行能源消费计量制度，区分用能种类、用能系统实行能源消费分户、分类、分项计量，并对能源消耗状况进行实时监测，及时发现、纠正用能浪费现象。

第十五条 公共机构应当指定专人负责能源消费统计，如实记录能源消费计量原始数据，建立统计台账。

公共机构应当于每年3月31日前，向本级人民政府管理机关事务工作的机构报送上一年度能源消费状况报告。

第十六条 国务院和县级以上地方各级人民政府管理机关事务工作的机构应当会同同级有关

部门按照管理权限，根据不同行业、不同系统公共机构能源消耗综合水平和特点，制定能源消耗定额，财政部门根据能源消耗定额制定能源消耗支出标准。

第十七条 公共机构应当在能源消耗定额范围内使用能源，加强能源消耗支出管理；超过能源消耗定额使用能源的，应当向本级人民政府管理机关事务工作的机构作出说明。

第十八条 公共机构应当按照国家有关强制采购或者优先采购的规定，采购列入节能产品、设备政府采购名录和环境标志产品政府采购名录中的产品、设备，不得采购国家明令淘汰的用能产品、设备。

第十九条 国务院和省级人民政府的政府采购监督管理部门应当会同同级有关部门完善节能产品、设备政府采购名录，优先将取得节能产品认证证书的产品、设备列入政府采购名录。

国务院和省级人民政府应当将节能产品、设备政府采购名录中的产品、设备纳入政府集中采购目录。

第二十条 公共机构新建建筑和既有建筑维修改造应当严格执行国家有关建筑节能设计、施工、调试、竣工验收等方面的规定和标准，国务院和县级以上地方人民政府建设主管部门对执行国家有关规定和标准的情况应当加强监督检查。

国务院和县级以上地方各级人民政府负责审批固定资产投资项目的部门，应当严格控制公共机构建设项目的建设规模和标准，统筹兼顾节能投资和效益，对建设项目进行节能评估和审查，未通过节能评估和审查的项目，不得开工建设；政府投资项目未通过节能评估和审查的，依法负责项目审批的部门不得批准建设。

第二十一条 国务院和县级以上地方各级人民政府管理机关事务工作的机构会同有关部门制定本级公共机构既有建筑节能改造计划，并组织实施。

第二十二条 公共机构应当按照规定进行能源审计，对本单位用能系统、设备的运行及使用能源情况进行技术和经济性评价，根据审计结果采取提高能源利用效率的措施。具体办法由国务院管理节能工作的部门会同国务院有关部门制定。

第二十三条 能源审计的内容包括：

（一）查阅建筑物竣工验收资料和用能系统、设备台账资料，检查节能设计标准的执行情况；

（二）核对电、气、煤、油、市政热力等能源消耗计量记录和财务账单，评估分类与分项的总能耗、人均能耗和单位建筑面积能耗；

（三）检查用能系统、设备的运行状况，审查节能管理制度执行情况；

（四）检查前一次能源审计合理使用能源建议的落实情况；

（五）查找存在节能潜力的用能环节或者部位，提出合理使用能源的建议；

（六）审查年度节能计划、能源消耗定额执行情况，核实公共机构超过能源消耗定额使用能源的说明；

（七）审查能源计量器具的运行情况，检查能耗统计数据的真实性、准确性。

第四章 节能措施

第二十四条 公共机构应当建立、健全本单位节能运行管理制度和用能系统操作规程，加强用能系统和设备运行调节、维护保养、巡视检查，推行低成本、无成本节能措施。

第二十五条 公共机构应当设置能源管理岗位，实行能源管理岗位责任制。重点用能系统、设备的操作岗位应当配备专业技术人员。

第二十六条 公共机构可以采用合同能源管理方式，委托节能服务机构进行节能诊断、设计、融资、改造和运行管理。

第二十七条 公共机构选择物业服务企业，应当考虑其节能管理能力。公共机构与物业服务企业订立物业服务合同,应当载明节能管理的目标和要求。

第二十八条 公共机构实施节能改造,应当进行能源审计和投资收益分析,明确节能指标,并在节能改造后采用计量方式对节能指标进行考核和综合评价。

第二十九条 公共机构应当减少空调、计算机、复印机等用电设备的待机能耗,及时关闭用电设备。

第三十条 公共机构应当严格执行国家有关空调室内温度控制的规定,充分利用自然通风,改进空调运行管理。

第三十一条 公共机构电梯系统应当实行智能化控制,合理设置电梯开启数量和时间,加强运行调节和维护保养。

第三十二条 公共机构办公建筑应当充分利用自然采光,使用高效节能照明灯具,优化照明系统设计,改进电路控制方式,推广应用智能调控装置,严格控制建筑物外部泛光照明以及外部装饰用照明。

第三十三条 公共机构应当对网络机房、食堂、开水间、锅炉房等部位的用能情况实行重点监测,采取有效措施降低能耗。

第三十四条 公共机构的公务用车应当按照标准配备,优先选用低能耗、低污染、使用清洁能源的车辆,并严格执行车辆报废制度。

公共机构应当按照规定用途使用公务用车,制定节能驾驶规范,推行单车能耗核算制度。

公共机构应当积极推进公务用车服务社会化,鼓励工作人员利用公共交通工具、非机动交通工具出行。

第五章 监督和保障

第三十五条 国务院和县级以上地方各级人民政府管理机关事务工作的机构应当会同有关部门加强对本级公共机构节能的监督检查。监督检查的内容包括:

(一)年度节能目标和实施方案的制定、落实情况;

(二)能源消费计量、监测和统计情况;

(三)能源消耗定额执行情况;

(四)节能管理规章制度建立情况;

(五)能源管理岗位设置以及能源管理岗位责任制落实情况;

(六)用能系统、设备节能运行情况;

(七)开展能源审计情况;

(八)公务用车配备、使用情况。

对于节能规章制度不健全、超过能源消耗定额使用能源情况严重的公共机构,应当进行重点监督检查。

第三十六条 公共机构应当配合节能监督检查,如实说明有关情况,提供相关资料和数据,不得拒绝、阻碍。

第三十七条 公共机构有下列行为之一的,由本级人民政府管理机关事务工作的机构会同有关部门责令限期改正;逾期不改正的,予以通报,并由有关机关对公共机构负责人依法给予处分:

(一)未制定年度节能目标和实施方案,或者未按照规定将年度节能目标和实施方案备案的;

(二)未实行能源消费计量制度,或者未区分用能种类、用能系统实行能源消费分户、分类、分项计量,并对能源消耗状况进行实时监测的;

(三)未指定专人负责能源消费统计,或者未如实记录能源消费计量原始数据,建立统计台账的;

（四）未按照要求报送上一年度能源消费状况报告的；

（五）超过能源消耗定额使用能源，未向本级人民政府管理机关事务工作的机构作出说明的；

（六）未设立能源管理岗位，或者未在重点用能系统、设备操作岗位配备专业技术人员的；

（七）未按照规定进行能源审计，或者未根据审计结果采取提高能源利用效率的措施的；

（八）拒绝、阻碍节能监督检查的。

第三十八条 公共机构不执行节能产品、设备政府采购名录，未按照国家有关强制采购或者优先采购的规定采购列入节能产品、设备政府采购名录中的产品、设备，或者采购国家明令淘汰的用能产品、设备的，由政府采购监督管理部门给予警告，可以并处罚款；对直接负责的主管人员和其他直接责任人员依法给予处分，并予通报。

第三十九条 负责审批固定资产投资项目的部门对未通过节能评估和审查的公共机构建设项目予以批准的，对直接负责的主管人员和其他直接责任人员依法给予处分。

公共机构开工建设未通过节能评估和审查的建设项目的，由有关机关依法责令限期整改；对直接负责的主管人员和其他直接责任人员依法给予处分。

第四十条 公共机构违反规定超标准、超编制购置公务用车或者拒不报废高耗能、高污染车辆的，对直接负责的主管人员和其他直接责任人员依法给予处分，并由本级人民政府管理机关事务工作的机构依照有关规定，对车辆采取收回、拍卖、责令退还等方式处理。

第四十一条 公共机构违反规定用能造成能源浪费的，由本级人民政府管理机关事务工作的机构会同有关部门下达节能整改意见书，公共机构应当及时予以落实。

第四十二条 管理机关事务工作的机构的工作人员在公共机构节能监督管理中滥用职权、玩忽职守、徇私舞弊，构成犯罪的，依法追究刑事责任；尚不构成犯罪的，依法给予处分。

第六章 附 则

第四十三条 本条例自2008年10月1日起施行。

中华人民共和国煤炭法

（1996年8月29日第八届全国人民代表大会常务委员会第二十一次会议通过 根据2009年8月27日第十一届全国人民代表大会常务委员会第十次会议《关于修改部分法律的决定》第一次修正 根据2011年4月22日第十一届全国人民代表大会常务委员会第二十次会议《关于修改〈中华人民共和国煤炭法〉的决定》第二次修正 根据2013年6月29日第十二届全国人民代表大会常务委员会第三次会议《关于修改〈中华人民共和国文物保护法〉等十二部法律的决定》第三次修正 根据2016年11月7日第十二届全国人民代表大会常务委员会第二十四次会议《关于修改〈中华人民共和国对外贸易法〉等十二部法律的决定》第四次修正）

第一章 总 则

第一条 为了合理开发利用和保护煤炭资源，规范煤炭生产、经营活动，促进和保障煤炭行业的发展，制定本法。

第二条 在中华人民共和国领域和中华人民共和国管辖的其他海域从事煤炭生产、经营活动，适用本法。

第三条 煤炭资源属于国家所有。地表或者地下的煤炭资源的国家所有权，不因其依附的土地的所有权或者使用权的不同而改变。

第四条 国家对煤炭开发实行统一规划、合理布局、综合利用的方针。

第五条 国家依法保护煤炭资源,禁止任何乱采、滥挖破坏煤炭资源的行为。

第六条 国家保护依法投资开发煤炭资源的投资者的合法权益。

国家保障国有煤矿的健康发展。

国家对乡镇煤矿采取扶持、改造、整顿、联合、提高的方针,实行正规合理开发和有序发展。

第七条 煤矿企业必须坚持安全第一、预防为主的安全生产方针,建立健全安全生产的责任制度和群防群治制度。

第八条 各级人民政府及其有关部门和煤矿企业必须采取措施加强劳动保护,保障煤矿职工的安全和健康。

国家对煤矿井下作业的职工采取特殊保护措施。

第九条 国家鼓励和支持在开发利用煤炭资源过程中采用先进的科学技术和管理方法。

煤矿企业应当加强和改善经营管理,提高劳动生产率和经济效益。

第十条 国家维护煤矿矿区的生产秩序、工作秩序,保护煤矿企业设施。

第十一条 开发利用煤炭资源,应当遵守有关环境保护的法律、法规,防治污染和其他公害,保护生态环境。

第十二条 国务院煤炭管理部门依法负责全国煤炭行业的监督管理。国务院有关部门在各自的职责范围内负责煤炭行业的监督管理。

县级以上地方人民政府煤炭管理部门和有关部门依法负责本行政区域内煤炭行业的监督管理。

第十三条 煤炭矿务局是国有煤矿企业,具有独立法人资格。

矿务局和其他具有独立法人资格的煤矿企业、煤炭经营企业依法实行自主经营、自负盈亏、自我约束、自我发展。

第二章 煤炭生产开发规划与煤矿建设

第十四条 国务院煤炭管理部门根据全国矿产资源勘查规划编制全国煤炭资源勘查规划。

第十五条 国务院煤炭管理部门根据全国矿产资源规划规定的煤炭资源,组织编制和实施煤炭生产开发规划。

省、自治区、直辖市人民政府煤炭管理部门根据全国矿产资源规划规定的煤炭资源,组织编制和实施本地区煤炭生产开发规划,并报国务院煤炭管理部门备案。

第十六条 煤炭生产开发规划应当根据国民经济和社会发展的需要制定,并纳入国民经济和社会发展计划。

第十七条 国家制定优惠政策,支持煤炭工业发展,促进煤矿建设。

煤矿建设项目应当符合煤炭生产开发规划和煤炭产业政策。

第十八条 煤矿建设使用土地,应当依照有关法律、行政法规的规定办理。征收土地的,应当依法支付土地补偿费和安置补偿费,做好迁移居民的安置工作。

煤矿建设应当贯彻保护耕地、合理利用土地的原则。

地方人民政府对煤矿建设依法使用土地和迁移居民,应当给予支持和协助。

第十九条 煤矿建设应当坚持煤炭开发与环境治理同步进行。煤矿建设项目的环境保护设施必须与主体工程同时设计、同时施工、同时验收、同时投入使用。

第三章 煤炭生产与煤矿安全

第二十条 煤矿投入生产前，煤矿企业应当依照有关安全生产的法律、行政法规的规定取得安全生产许可证。未取得安全生产许可证的，不得从事煤炭生产。

第二十一条 对国民经济具有重要价值的特殊煤种或者稀缺煤种，国家实行保护性开采。

第二十二条 开采煤炭资源必须符合煤矿开采规程，遵守合理的开采顺序，达到规定的煤炭资源回采率。

煤炭资源回采率由国务院煤炭管理部门根据不同的资源和开采条件确定。

国家鼓励煤矿企业进行复采或者开采边角残煤和极薄煤。

第二十三条 煤矿企业应当加强煤炭产品质量的监督检查和管理。煤炭产品质量应当按照国家标准或者行业标准分等论级。

第二十四条 煤炭生产应当依法在批准的开采范围内进行，不得超越批准的开采范围越界、越层开采。

采矿作业不得擅自开采保安煤柱，不得采用可能危及相邻煤矿生产安全的决水、爆破、贯通巷道等危险方法。

第二十五条 因开采煤炭压占土地或者造成地表土地塌陷、挖损，由采矿者负责进行复垦，恢复到可供利用的状态；造成他人损失的，应当依法给予补偿。

第二十六条 关闭煤矿和报废矿井，应当依照有关法律、法规和国务院煤炭管理部门的规定办理。

第二十七条 国家建立煤矿企业积累煤矿衰老期转产资金的制度。

国家鼓励和扶持煤矿企业发展多种经营。

第二十八条 国家提倡和支持煤矿企业和其他企业发展煤电联产、炼焦、煤化工、煤建材等，进行煤炭的深加工和精加工。

国家鼓励煤矿企业发展煤炭洗选加工，综合开发利用煤层气、煤矸石、煤泥、石煤和泥炭。

第二十九条 国家发展和推广洁净煤技术。

国家采取措施取缔土法炼焦。禁止新建土法炼焦窑炉；现有的土法炼焦限期改造。

第三十条 县级以上各级人民政府及其煤炭管理部门和其他有关部门，应当加强对煤矿安全生产工作的监督管理。

第三十一条 煤矿企业的安全生产管理，实行矿务局长、矿长负责制。

第三十二条 矿务局长、矿长及煤矿企业的其他主要负责人必须遵守有关矿山安全的法律、法规和煤炭行业安全规章、规程，加强对煤矿安全生产工作的管理，执行安全生产责任制度，采取有效措施，防止伤亡和其他安全生产事故的发生。

第三十三条 煤矿企业应当对职工进行安全生产教育、培训；未经安全生产教育、培训的，不得上岗作业。

煤矿企业职工必须遵守有关安全生产的法律、法规、煤炭行业规章、规程和企业规章制度。

第三十四条 在煤矿井下作业中，出现危及职工生命安全并无法排除的紧急情况时，作业现场负责人或者安全管理人员应当立即组织职工撤离危险现场，并及时报告有关方面负责人。

第三十五条 煤矿企业工会发现企业行政方面违章指挥、强令职工冒险作业或者生产过程中发现明显重大事故隐患，可能危及职工生命安全的情况，有权提出解决问题的建议，煤矿企业行政方面必须及时作出处理决定。企业行政方面拒不处理的，工会有权提出批评、检举和控告。

第三十六条 煤矿企业必须为职工提供保障安全生产所需的劳动保护用品。

第三十七条 煤矿企业应当依法为职工参加工伤保险缴纳工伤保险费。鼓励企业为井下作业职工办理意外伤害保险,支付保险费。

第三十八条 煤矿企业使用的设备、器材、火工产品和安全仪器,必须符合国家标准或者行业标准。

第四章 煤炭经营

第三十九条 煤炭经营企业从事煤炭经营,应当遵守有关法律、法规的规定,改善服务,保障供应。禁止一切非法经营活动。

第四十条 煤炭经营应当减少中间环节和取消不合理的中间环节,提倡有条件的煤矿企业直销。

煤炭用户和煤炭销区的煤炭经营企业有权直接从煤矿企业购进煤炭。在煤炭产区可以组成煤炭销售、运输服务机构,为中小煤矿办理经销、运输业务。

禁止行政机关违反国家规定擅自设立煤炭供应的中间环节和额外加收费用。

第四十一条 从事煤炭运输的车站、港口及其他运输企业不得利用其掌握的运力作为参与煤炭经营、谋取不正当利益的手段。

第四十二条 国务院物价行政主管部门会同国务院煤炭管理部门和有关部门对煤炭的销售价格进行监督管理。

第四十三条 煤矿企业和煤炭经营企业供应用户的煤炭质量应当符合国家标准或者行业标准,质级相符,质价相符。用户对煤炭质量有特殊要求的,由供需双方在煤炭购销合同中约定。

煤矿企业和煤炭经营企业不得在煤炭中掺杂、掺假,以次充好。

第四十四条 煤矿企业和煤炭经营企业供应用户的煤炭质量不符合国家标准或者行业标准,或者不符合合同约定,或者质级不符、质价不符,给用户造成损失的,应当依法给予赔偿。

第四十五条 煤矿企业、煤炭经营企业、运输企业和煤炭用户应当依照法律、国务院有关规定或者合同约定供应、运输和接卸煤炭。

运输企业应当将承运的不同质量的煤炭分装、分堆。

第四十六条 煤炭的进出口依照国务院的规定,实行统一管理。

具备条件的大型煤矿企业经国务院对外经济贸易主管部门依法许可,有权从事煤炭出口经营。

第四十七条 煤炭经营管理办法,由国务院依照本法制定。

第五章 煤矿矿区保护

第四十八条 任何单位或者个人不得危害煤矿矿区的电力、通讯、水源、交通及其他生产设施。

禁止任何单位和个人扰乱煤矿矿区的生产秩序和工作秩序。

第四十九条 对盗窃或者破坏煤矿矿区设施、器材及其他危及煤矿矿区安全的行为,一切单位和个人都有权检举、控告。

第五十条 未经煤矿企业同意,任何单位或者个人不得在煤矿企业依法取得土地使用权的有效期间内在该土地上种植、养殖、取土或者修建建筑物、构筑物。

第五十一条 未经煤矿企业同意,任何单位或者个人不得占用煤矿企业的铁路专用线、专用道路、专用航道、专用码头、电力专用线、专用供水管路。

第五十二条 任何单位或者个人需要在煤矿采区范围内进行可能危及煤矿安全的作业时,应当经煤矿企业同意,报煤炭管理部门批准,并采取安全措施后,方可进行作业。

在煤矿矿区范围内需要建设公用工程或者其他工程的,有关单位应当事先与煤矿企业协商并达成协议后,方可施工。

第六章 监督检查

第五十三条 煤炭管理部门和有关部门依法对煤矿企业和煤炭经营企业执行煤炭法律、法规的情况进行监督检查。

第五十四条 煤炭管理部门和有关部门的监督检查人员应当熟悉煤炭法律、法规，掌握有关煤炭专业技术，公正廉洁，秉公执法。

第五十五条 煤炭管理部门和有关部门的监督检查人员进行监督检查时，有权向煤矿企业、煤炭经营企业或者用户了解有关执行煤炭法律、法规的情况，查阅有关资料，并有权进入现场进行检查。

煤矿企业、煤炭经营企业和用户对依法执行监督检查任务的煤炭管理部门和有关部门的监督检查人员应当提供方便。

第五十六条 煤炭管理部门和有关部门的监督检查人员对煤矿企业和煤炭经营企业违反煤炭法律、法规的行为，有权要求其依法改正。

煤炭管理部门和有关部门的监督检查人员进行监督检查时，应当出示证件。

第七章 法律责任

第五十七条 违反本法第二十二条的规定，开采煤炭资源未达到国务院煤炭管理部门规定的煤炭资源回采率的，由煤炭管理部门责令限期改正；逾期仍达不到规定的回采率的，责令停止生产。

第五十八条 违反本法第二十四条的规定，擅自开采保安煤柱或者采用危及相邻煤矿生产安全的危险方法进行采矿作业的，由劳动行政主管部门会同煤炭管理部门责令停止作业；由煤炭管理部门没收违法所得，并处违法所得一倍以上五倍以下的罚款；构成犯罪的，由司法机关依法追究刑事责任；造成损失的，依法承担赔偿责任。

第五十九条 违反本法第四十三条的规定，在煤炭产品中掺杂、掺假，以次充好的，责令停止销售，没收违法所得，并处违法所得一倍以上五倍以下的罚款；构成犯罪的，由司法机关依法追究刑事责任。

第六十条 违反本法第五十条的规定，未经煤矿企业同意，在煤矿企业依法取得土地使用权的有效期间内在该土地上修建建筑物、构筑物的，由当地人民政府动员拆除；拒不拆除的，责令拆除。

第六十一条 违反本法第五十一条的规定，未经煤矿企业同意，占用煤矿企业的铁路专用线、专用道路、专用航道、专用码头、电力专用线、专用供水管路的，由县级以上地方人民政府责令限期改正；逾期不改正的，强制清除，可以并处五万元以下的罚款；造成损失的，依法承担赔偿责任。

第六十二条 违反本法第五十二条的规定，未经批准或者未采取安全措施，在煤矿采区范围内进行危及煤矿安全作业的，由煤炭管理部门责令停止作业，可以并处五万元以下的罚款；造成损失的，依法承担赔偿责任。

第六十三条 有下列行为之一的，由公安机关依照治安管理处罚法的有关规定处罚；构成犯罪的，由司法机关依法追究刑事责任：

（一）阻碍煤矿建设，致使煤矿建设不能正常进行的；

（二）故意损坏煤矿矿区的电力、通讯、水源、交通及其他生产设施的；

（三）扰乱煤矿矿区秩序，致使生产、工作不能正常进行的；

（四）拒绝、阻碍监督检查人员依法执行职务的。

第六十四条 煤矿企业的管理人员违章指挥、强令职工冒险作业，发生重大伤亡事故的，依照刑法有关规定追究刑事责任。

第六十五条 煤矿企业的管理人员对煤矿事故隐患不采取措施予以消除，发生重大伤亡事故的，依照刑法有关规定追究刑事责任。

第六十六条 煤炭管理部门和有关部门的工作人员玩忽职守、徇私舞弊、滥用职权的，依法给予行政处分；构成犯罪的，由司法机关依法追究刑事责任。

第八章 附 则

第六十七条 本法自1996年12月1日起施行。

招标拍卖挂牌出让国有建设用地使用权规定

（2007年9月28日国土资源部令第39号公布 自2007年11月1日起施行）

第一条 为规范国有建设用地使用权出让行为，优化土地资源配置，建立公开、公平、公正的土地使用制度，根据《中华人民共和国物权法》、《中华人民共和国土地管理法》、《中华人民共和国城市房地产管理法》和《中华人民共和国土地管理法实施条例》，制定本规定。

第二条 在中华人民共和国境内以招标、拍卖或者挂牌出让方式在土地的地表、地上或者地下设立国有建设用地使用权的，适用本规定。

本规定所称招标出让国有建设用地使用权，是指市、县人民政府国土资源行政主管部门（以下简称出让人）发布招标公告，邀请特定或者不特定的自然人、法人和其他组织参加国有建设用地使用权投标，根据投标结果确定国有建设用地使用权人的行为。

本规定所称拍卖出让国有建设用地使用权，是指出让人发布拍卖公告，由竞买人在指定时间、地点进行公开竞价，根据出价结果确定国有建设用地使用权人的行为。

本规定所称挂牌出让国有建设用地使用权，是指出让人发布挂牌公告，按公告规定的期限将拟出让宗地的交易条件在指定的土地交易场所挂牌公布，接受竞买人的报价申请并更新挂牌价格，根据挂牌期限截止时的出价结果或者现场竞价结果确定国有建设用地使用权人的行为。

第三条 招标、拍卖或者挂牌出让国有建设用地使用权，应当遵循公开、公平、公正和诚信的原则。

第四条 工业、商业、旅游、娱乐和商品住宅等经营性用地以及同一宗地有两个以上意向用地者的，应当以招标、拍卖或者挂牌方式出让。

前款规定的工业用地包括仓储用地，但不包括采矿用地。

第五条 国有建设用地使用权招标、拍卖或者挂牌出让活动，应当有计划地进行。

市、县人民政府国土资源行政主管部门根据经济社会发展计划、产业政策、土地利用总体规划、土地利用年度计划、城市规划和土地市场状况，编制国有建设用地使用权出让年度计划，报经同级人民政府批准后，及时向社会公开发布。

第六条 市、县人民政府国土资源行政主管部门应当按照出让年度计划，会同城市规划等有关部门共同拟订拟招标拍卖挂牌出让地块的出让方案，报经市、县人民政府批准后，由市、县人民政府国土资源行政主管部门组织实施。

前款规定的出让方案应当包括出让地块的空间范围、用途、年限、出让方式、时间和其他条件等。

第七条 出让人应当根据招标拍卖挂牌出让地块的情况，编制招标拍卖挂牌出让文件。

招标拍卖挂牌出让文件应当包括出让公告、投标或者竞买须知、土地使用条件、标书或者竞买申请书、报价单、中标通知书或者成交确认书、国有建设用地使用权出让合同文本。

第八条 出让人应当至少在投标、拍卖或者挂牌开始日前20日，在土地有形市场或者指定的场所、媒介发布招标、拍卖或者挂牌公告，公布招标拍卖挂牌出让宗地的基本情况和招标拍卖挂牌的时间、地点。

第九条 招标拍卖挂牌公告应当包括下列内容：

（一）出让人的名称和地址；

（二）出让宗地的面积、界址、空间范围、现状、使用年期、用途、规划指标要求；

（三）投标人、竞买人的资格要求以及申请取得投标、竞买资格的办法；

（四）索取招标拍卖挂牌出让文件的时间、地点和方式；

（五）招标拍卖挂牌时间、地点、投标挂牌期限、投标和竞价方式等；

（六）确定中标人、竞得人的标准和方法；

（七）投标、竞买保证金；

（八）其他需要公告的事项。

第十条 市、县人民政府国土资源行政主管部门应当根据土地估价结果和政府产业政策综合确定标底或者底价。标底或者底价不得低于国家规定的最低价标准。

确定招标标底，拍卖和挂牌的起叫价、起始价、底价，投标、竞买保证金，应当实行集体决策。

招标标底和拍卖挂牌的底价，在招标开标前和拍卖挂牌出让活动结束之前应当保密。

第十一条 中华人民共和国境内外的自然人、法人和其他组织，除法律、法规另有规定外，均可申请参加国有建设用地使用权招标拍卖挂牌出让活动。

出让人在招标拍卖挂牌出让公告中不得设定影响公平、公正竞争的限制条件。挂牌出让的，出让公告中规定的申请截止时间，应当为挂牌出让结束日前2天。对符合招标拍卖挂牌公告规定条件的申请人，出让人应当通知其参加招标拍卖挂牌活动。

第十二条 市、县人民政府国土资源行政主管部门应当为投标人、竞买人查询拟出让土地的有关情况提供便利。

第十三条 投标、开标依照下列程序进行：

（一）投标人在投标截止时间前将标书投入标箱。招标公告允许邮寄标书的，投标人可以邮寄，但出让人在投标截止时间前收到的方为有效。

标书投入标箱后，不可撤回。投标人应当对标书和有关书面承诺承担责任。

（二）出让人按照招标公告规定的时间、地点开标，邀请所有投标人参加。由投标人或者其推选的代表检查标箱的密封情况，当众开启标箱，点算标书。投标人少于三人的，出让人应当终止招标活动。投标人不少于三人的，应当逐一宣布投标人名称、投标价格和投标文件的主要内容。

（三）评标小组进行评标。评标小组由出让人代表、有关专家组成，成员人数为五人以上的单数。

评标小组可以要求投标人对投标文件作出必要的澄清或者说明，但是澄清或者说明不得超出投标文件的范围或者改变投标文件的实质性内容。

评标小组应当按照招标文件确定的评标标准和方法，对投标文件进行评审。

（四）招标人根据评标结果，确定中标人。

按照价高者得的原则确定中标人的，可以不成立评标小组，由招标主持人根据开标结果，确定中标人。

第十四条 对能够最大限度地满足招标文件中规定的各项综合评价标准，或者能够满足招标文件的实质性要求且价格最高的投标人，应当确定为中标人。

第十五条 拍卖会依照下列程序进行：

（一）主持人点算竞买人；

（二）主持人介绍拍卖宗地的面积、界址、空间范围、现状、用途、使用年期、规划指标要求、开工和竣工时间以及其他有关事项；

（三）主持人宣布起叫价和增价规则及增价幅度。没有底价的，应当明确提示；

（四）主持人报出起叫价；

（五）竞买人举牌应价或者报价；

（六）主持人确认该应价或者报价后继续竞价；

（七）主持人连续三次宣布同一应价或者报价而没有再应价或者报价的，主持人落槌表示拍卖成交；

（八）主持人宣布最高应价或者报价者为竞得人。

第十六条 竞买人的最高应价或者报价未达到底价时，主持人应当终止拍卖。

拍卖主持人在拍卖中可以根据竞买人竞价情况调整拍卖增价幅度。

第十七条 挂牌依照以下程序进行：

（一）在挂牌公告规定的挂牌起始日，出让人将挂牌宗地的面积、界址、空间范围、现状、用途、使用年期、规划指标要求、开工时间和竣工时间、起始价、增价规则及增价幅度等，在挂牌公告规定的土地交易场所挂牌公布；

（二）符合条件的竞买人填写报价单报价；

（三）挂牌主持人确认该报价后，更新显示挂牌价格；

（四）挂牌主持人在挂牌公告规定的挂牌截止时间确定竞得人。

第十八条 挂牌时间不得少于10日。挂牌期间可根据竞买人竞价情况调整增价幅度。

第十九条 挂牌截止应当由挂牌主持人主持确定。挂牌期限届满，挂牌主持人现场宣布最高报价及其报价者，并询问竞买人是否愿意继续竞价。有竞买人表示愿意继续竞价的，挂牌出让转入现场竞价，通过现场竞价确定竞得人。挂牌主持人连续三次报出最高挂牌价格，没有竞买人表示愿意继续竞价的，按照下列规定确定是否成交：

（一）在挂牌期限内只有一个竞买人报价，且报价不低于底价，并符合其他条件的，挂牌成交；

（二）在挂牌期限内有两个或者两个以上的竞买人报价的，出价最高者为竞得人；报价相同的，先提交报价单者为竞得人，但报价低于底价者除外；

（三）在挂牌期限内无应价者或者竞买人的报价均低于底价或者均不符合其他条件的，挂牌不成交。

第二十条 以招标、拍卖或者挂牌方式确定中标人、竞得人后，中标人、竞得人支付的投标、竞买保证金，转作受让地块的定金。出让人应当向中标人发出中标通知书或者与竞得人签订成交确认书。

中标通知书或者成交确认书应当包括出让人和中标人或者竞得人的名称，出让标的，成交时间、地点、价款以及签订国有建设用地使用权出让合同的时间、地点等内容。

中标通知书或者成交确认书对出让人和中标人或者竞得人具有法律效力。出让人改变竞得结果，或者中标人、竞得人放弃中标宗地、竞得宗地的，应当依法承担责任。

第二十一条 中标人、竞得人应当按照中标通知书或者成交确认书约定的时间，与出让人签订国有建设用地使用权出让合同。中标人、竞得人支付的投标、竞买保证金抵作土地出让价款；其他投标人、竞买人支付的投标、竞买保证金，出让人必须在招标拍卖挂牌活动结束后5个工作日内予以退还，不计利息。

第二十二条 招标拍卖挂牌活动结束后，出让人应在10个工作日内将招标拍卖挂牌出让结果在土地有形市场或者指定的场所、媒介公布。

出让人公布出让结果，不得向受让人收取费用。

第二十三条 受让人依照国有建设用地使用权出让合同的约定付清全部土地出让价款后，方可申请办理土地登记，领取国有建设用地使用权证书。

未按出让合同约定缴清全部土地出让价款的，不得发放国有建设用地使用权证书，也不得按出让价款缴纳比例分割发放国有建设用地使用权证书。

第二十四条 应当以招标拍卖挂牌方式出让国有建设用地使用权而擅自采用协议方式出让的，对直接负责的主管人员和其他直接责任人员依法给予处分；构成犯罪的，依法追究刑事责任。

第二十五条 中标人、竞得人有下列行为之一的，中标、竞得结果无效；造成损失的，应当依法承担赔偿责任：

（一）提供虚假文件隐瞒事实的；

（二）采取行贿、恶意串通等非法手段中标或者竞得的。

第二十六条 国土资源行政主管部门的工作人员在招标拍卖挂牌出让活动中玩忽职守、滥用职权、徇私舞弊的，依法给予处分；构成犯罪的，依法追究刑事责任。

第二十七条 以招标拍卖挂牌方式租赁国有建设用地使用权的，参照本规定执行。

第二十八条 本规定自 2007 年 11 月 1 日起施行。

协议出让国有土地使用权规定

（2003 年 6 月 11 日国土资源部令第 21 号公布　自 2003 年 8 月 1 日起施行）

第一条 为加强国有土地资产管理，优化土地资源配置，规范协议出让国有土地使用权行为，根据《中华人民共和国城市房地产管理法》、《中华人民共和国土地管理法》和《中华人民共和国土地管理法实施条例》，制定本规定。

第二条 在中华人民共和国境内以协议方式出让国有土地使用权的，适用本规定。

本规定所称协议出让国有土地使用权，是指国家以协议方式将国有土地使用权在一定年限内出让给土地使用者，由土地使用者向国家支付土地使用权出让金的行为。

第三条 出让国有土地使用权，除依照法律、法规和规章的规定应当采用招标、拍卖或者挂牌方式外，方可采取协议方式。

第四条 协议出让国有土地使用权，应当遵循公开、公平、公正和诚实信用的原则。

以协议方式出让国有土地使用权的出让金不得低于按国家规定所确定的最低价。

第五条 协议出让最低价不得低于新增建设用地的土地有偿使用费、征地（拆迁）补偿费用以及按照国家规定应当缴纳的有关税费之和有基准地价的地区，协议出让最低价不得低于出让地块所在级别基准地价的 70%。

低于最低价时国有土地使用权不得出让。

第六条 省、自治区、直辖市人民政府国土资源行政主管部门应当依据本规定第五条的规定拟定协议出让最低价，报同级人民政府批准后公布，由市、县人民政府国土资源行政主管部门实施。

第七条 市、县人民政府国土资源行政主管部门应当根据经济社会发展计划、国家产业政策、土地利用总体规划、土地利用年度计划、城市规划和土地市场状况，编制国有土地使用权出让计划，报同级人民政府批准后组织实施。

国有土地使用权出让计划经批准后，市、县人民政府国土资源行政主管部门应当在土地有形市场等指定场所，或者通过报纸、互联网等媒介向社会公布。

因特殊原因，需要对国有土地使用权出让计划进行调整的，应当报原批准机关批准，并按照前款规定及时向社会公布。

国有土地使用权出让计划应当包括年度土地供应总量、不同用途土地供应面积、地段以及供地时间等内容。

第八条 国有土地使用权出让计划公布后,需要使用土地的单位和个人可以根据国有土地使用权出让计划,在市、县人民政府国土资源行政主管部门公布的时限内,向市、县人民政府国土资源行政主管部门提出意向用地申请。

市、县人民政府国土资源行政主管部门公布计划接受申请的时间不得少于30日。

第九条 在公布的地段上,同一地块只有一个意向用地者的,市、县人民政府国土资源行政主管部门方可按照本规定采取协议方式出让;但商业、旅游、娱乐和商品住宅等经营性用地除外。

同一地块有两个或者两个以上意向用地者的,市、县人民政府国土资源行政主管部门应当按照《招标拍卖挂牌出让国有土地使用权规定》,采取招标、拍卖或者挂牌方式出让。

第十条 对符合协议出让条件的,市、县人民政府国土资源行政主管部门会同城市规划等有关部门,依据国有土地使用权出让计划、城市规划和意向用地者申请的用地项目类型、规模等,制定协议出让土地方案。

协议出让土地方案应当包括拟出让地块的具体位置、界址、用途、面积、年限、土地使用条件、规划设计条件、供地时间等。

第十一条 市、县人民政府国土资源行政主管部门应当根据国家产业政策和拟出让地块的情况,按照《城镇土地估价规程》的规定,对拟出让地块的土地价格进行评估,经市、县人民政府国土资源行政主管部门集体决策合理确定协议出让底价。

协议出让底价不得低于协议出让最低价。

协议出让底价确定后应当保密,任何单位和个人不得泄露。

第十二条 协议出让土地方案和底价经有批准权的人民政府批准后,市、县人民政府国土资源行政主管部门应当与意向用地者就土地出让价格等进行充分协商,协商一致且议定的出让价格不低于出让底价的,方可达成协议。

第十三条 市、县人民政府国土资源行政主管部门应当根据协议结果,与意向用地者签订《国有土地使用权出让合同》。

第十四条 《国有土地使用权出让合同》签订后7日内,市、县人民政府国土资源行政主管部门应当将协议出让结果在土地有形市场等指定场所,或者通过报纸、互联网等媒介向社会公布,接受社会监督。

公布协议出让结果的时间不得少于15日。

第十五条 土地使用者按照《国有土地使用权出让合同》的约定,付清土地使用权出让金、依法办理土地登记手续后,取得国有土地使用权。

第十六条 以协议出让方式取得国有土地使用权的土地使用者,需要将土地使用权出让合同约定的土地用途改变为商业、旅游、娱乐和商品住宅等经营性用途的,应当取得出让方和市、县人民政府城市规划部门的同意,签订土地使用权出让合同变更协议或者重新签订土地使用权出让合同,按变更后的土地用途,以变更时的土地市场价格补交相应的土地使用权出让金,并依法办理土地使用权变更登记手续。

第十七条 违反本规定,有下列行为之一的,对直接负责的主管人员和其他直接责任人员依法给予行政处分:

(一)不按照规定公布国有土地使用权出让计划或者协议出让结果的;

(二)确定出让底价时未经集体决策的;

(三)泄露出让底价的;

(四)低于协议出让最低价出让国有土地使用权的;

(五)减免国有土地使用权出让金的。

违反前款有关规定,情节严重构成犯罪的,依法追究刑事责任。

第十八条 国土资源行政主管部门工作人员在协议出让国有土地使用权活动中玩忽职守、滥用职权、徇私舞弊的,依法给予行政处分;构成犯罪的,依法追究刑事责任。

第十九条 采用协议方式租赁国有土地使用权的,参照本规定执行。

第二十条 本规定自2003年8月1日起施行。原国家土地管理局1995年6月28日发布的《协议出让国有土地使用权最低价确定办法》同时废止。

◎ 司法解释及文件

最高人民法院关于审理涉及农村集体土地行政案件若干问题的规定

(2011年5月9日最高人民法院审判委员会第1522次会议通过 2011年8月7日最高人民法院公告公布 自2011年9月5日起施行 法释〔2011〕20号)

为正确审理涉及农村集体土地的行政案件,根据《中华人民共和国物权法》、《中华人民共和国土地管理法》和《中华人民共和国行政诉讼法》等有关法律规定,结合行政审判实际,制定本规定。

第一条 农村集体土地的权利人或者利害关系人(以下简称土地权利人)认为行政机关作出的涉及农村集体土地的行政行为侵犯其合法权益,提起诉讼的,属于人民法院行政诉讼的受案范围。

第二条 土地登记机构根据人民法院生效裁判文书、协助执行通知书或者仲裁机构的法律文书办理的土地权属登记行为,土地权利人不服提起诉讼的,人民法院不予受理,但土地权利人认为登记内容与有关文书内容不一致的除外。

第三条 村民委员会或者农村集体经济组织对涉及农村集体土地的行政行为不起诉的,过半数的村民可以以集体经济组织名义提起诉讼。

农村集体经济组织成员全部转为城镇居民后,对涉及农村集体土地的行政行为不服的,过半数的原集体经济组织成员可以提起诉讼。

第四条 土地使用权人或者实际使用人对行政机关作出涉及其使用或实际使用的集体土地的行政行为不服的,可以以自己的名义提起诉讼。

第五条 土地权利人认为土地储备机构作出的行为侵犯其依法享有的农村集体土地所有权或使用权,向人民法院提起诉讼的,应当以土地储备机构所隶属的土地管理部门为被告。

第六条 土地权利人认为乡级以上人民政府作出的土地确权决定侵犯其依法享有的农村集体土地所有权或者使用权,经复议后向人民法院提起诉讼的,人民法院应当依法受理。

法律、法规规定应当先申请行政复议的土地行政案件,复议机关作出不受理复议申请的决定或者以不符合受理条件为由驳回复议申请,复议申请人不服的,应当以复议机关为被告向人民法院提起诉讼。

第七条 土地权利人认为行政机关作出的行政处罚、行政强制措施等行政行为侵犯其依法享有的农村集体土地所有权或者使用权,直接向人民法院提起诉讼的,人民法院应当依法受理。

第八条 土地权属登记(包括土地权属证书)在生效裁判和仲裁裁决中作为定案证据,利害关系人对该登记行为提起诉讼的,人民法院应当依法受理。

第九条 涉及农村集体土地的行政决定以公告方式送达的,起诉期限自公告确定的期限届满之日起计算。

第十条 土地权利人对土地管理部门组织实施过程中确定的土地补偿有异议,直接向人民法院提起诉讼的,人民法院不予受理,但应当告知土地权利人先申请行政机关裁决。

第十一条 土地权利人以土地管理部门超过两年对非法占地行为进行处罚违法,向人民法院起诉的,人民法院应当按照行政处罚法第二十九条第二款的规定处理。

第十二条 征收农村集体土地时涉及被征收土地上的房屋及其他不动产的,土地权利人可以请求依照物权法第四十二条第二款的规定给予补偿。

征收农村集体土地时未就被征收土地上的房屋及其他不动产进行安置补偿,补偿安置时房屋所在地已纳入城市规划区,土地权利人请求参照执行国有土地上房屋征收补偿标准的,人民法院一般应予支持,但应当扣除已经取得的土地补偿费。

第十三条 在审理土地行政案件中,人民法院经当事人同意进行协调的期间,不计算在审理期限内。当事人不同意继续协商的,人民法院应当及时审理,并恢复计算审理期限。

第十四条 县级以上人民政府土地管理部门根据土地管理法实施条例第四十五条的规定,申请人民法院执行其作出的责令交出土地决定的,应当符合下列条件:

(一)征收土地方案已经有权机关依法批准;

(二)市、县人民政府和土地管理部门已经依照土地管理法和土地管理法实施条例规定的程序实施征地行为;

(三)被征收土地所有权人、使用人已经依法得到安置补偿或者无正当理由拒绝接受安置补偿,且拒不交出土地,已经影响到征收工作的正常进行;

(四)符合最高人民法院《关于执行〈中华人民共和国行政诉讼法〉若干问题的解释》第八十六条规定的条件。

人民法院对符合条件的申请,应当予以受理,并通知申请人;对不符合条件的申请,应当裁定不予受理。

第十五条 最高人民法院以前所作的司法解释与本规定不一致的,以本规定为准。

最高人民法院关于办理申请人民法院强制执行国有土地上房屋征收补偿决定案件若干问题的规定

(2012年2月27日最高人民法院审判委员会第1543次会议通过 2012年3月26日最高人民法院公告公布 自2012年4月10日起施行 法释〔2012〕4号)

为依法正确办理市、县级人民政府申请人民法院强制执行国有土地上房屋征收补偿决定(以下简称征收补偿决定)案件,维护公共利益,保障被征收房屋所有权人的合法权益,根据《中华人民共和国行政诉讼法》、《中华人民共和国行政强制法》、《国有土地上房屋征收与补偿条例》(以下简称《条例》)等有关法律、行政法规规定,结合审判实际,制定本规定。

第一条 申请人民法院强制执行征收补偿决定案件,由房屋所在地基层人民法院管辖,高级人民法院可以根据本地实际情况决定管辖法院。

第二条 申请机关向人民法院申请强制执行,除提供《条例》第二十八条规定的强制执行申请书及附具材料外,还应当提供下列材料:

(一)征收补偿决定及相关证据和所依据的规范性文件;

(二)征收补偿决定送达凭证、催告情况及房屋被征收人、直接利害关系人的意见;

(三)社会稳定风险评估材料;

(四)申请强制执行的房屋状况;

(五)被执行人的姓名或者名称、住址及与强制执行相关的财产状况等具体情况;

(六)法律、行政法规规定应当提交的其他材料。

强制执行申请书应当由申请机关负责人签名,加盖申请机关印章,并注明日期。

强制执行的申请应当自被执行人的法定起诉期限届满之日起三个月内提出;逾期申请的,除有正当理由外,人民法院不予受理。

第三条 人民法院认为强制执行的申请符合形式要件且材料齐全的,应当在接到申请后五日内立案受理,并通知申请机关;不符合形式要件或者材料不全的应当限期补正,并在最终补正的材料提供后五日内立案受理;不符合形式要件或者逾期无正当理由不补正材料的,裁定不予受理。

申请机关对不予受理的裁定有异议的,可以自收到裁定之日起十五日内向上一级人民法院申请复议,上一级人民法院应当自收到复议申请之日起十五日内作出裁定。

第四条 人民法院应当自立案之日起三十日内作出是否准予执行的裁定;有特殊情况需要延长审查期限的,由高级人民法院批准。

第五条 人民法院在审查期间,可以根据需要调取相关证据、询问当事人、组织听证或者进行现场调查。

第六条 征收补偿决定存在下列情形之一的,人民法院应当裁定不准予执行:

(一)明显缺乏事实根据;

(二)明显缺乏法律、法规依据;

(三)明显不符合公平补偿原则,严重损害被执行人合法权益,或者使被执行人基本生活、生产经营条件没有保障;

(四)明显违反行政目的,严重损害公共利益;

(五)严重违反法定程序或者正当程序;

(六)超越职权;

(七)法律、法规、规章等规定的其他不宜强制执行的情形。

人民法院裁定不准予执行的,应当说明理由,并在五日内将裁定送达申请机关。

第七条 申请机关对不准予执行的裁定有异议的,可以自收到裁定之日起十五日内向上一级人民法院申请复议,上一级人民法院应当自收到复议申请之日起三十日内作出裁定。

第八条 人民法院裁定准予执行的,应当在五日内将裁定送达申请机关和被执行人,并可以根据实际情况建议申请机关依法采取必要措施,保障征收与补偿活动顺利实施。

第九条 人民法院裁定准予执行的,一般由作出征收补偿决定的市、县级人民政府组织实施,也可以由人民法院执行。

第十条 《条例》施行前已依法取得房屋拆迁许可证的项目,人民法院裁定准予执行房屋拆迁裁决的,参照本规定第九条精神办理。

第十一条 最高人民法院以前所作的司法解释与本规定不一致的,按本规定执行。

最高人民法院关于国有土地开荒后用于农耕的土地使用权转让合同纠纷案件如何适用法律问题的批复

（2011年11月21日最高人民法院审判委员会第1532次会议通过　2012年9月4日最高人民法院公告公布　自2012年11月1日起施行　法释〔2012〕14号）

甘肃省高级人民法院：

你院《关于对国有土地经营权转让如何适用法律的请示》（甘高法〔2010〕84号）收悉。经研究，答复如下：

开荒后用于农耕而未交由农民集体使用的国有土地，不属于《中华人民共和国农村土地承包法》第二条规定的农村土地。此类土地使用权的转让，不适用《中华人民共和国农村土地承包法》的规定，应适用《中华人民共和国合同法》和《中华人民共和国土地管理法》等相关法律规定加以规范。

对于国有土地开荒后用于农耕的土地使用权转让合同，不违反法律、行政法规的强制性规定的，当事人仅以转让方未取得土地使用权证书为由请求确认合同无效的，人民法院依法不予支持；当事人根据合同约定主张对方当事人履行办理土地使用权证书义务的，人民法院依法应予支持。

◎ 指导案例

萍乡市亚鹏房地产开发有限公司诉萍乡市国土资源局不履行行政协议案①

【关键词】

行政/行政协议/合同解释/司法审查/法律效力

【裁判要点】

行政机关在职权范围内对行政协议约定的条款进行的解释，对协议双方具有法律约束力，人民法院经过审查，根据实际情况，可以作为审查行政协议的依据。

【相关法条】

《中华人民共和国行政诉讼法》第12条

【基本案情】

2004年1月13日，萍乡市土地收购储备中心受萍乡市肉类联合加工厂委托，经被告萍乡市国土资源局（以下简称市国土局）批准，在萍乡日报上刊登了国有土地使用权公开挂牌出让公告，定于2004年1月30日至2004年2月12日在土地交易大厅公开挂牌出让TG-0403号国有土地使用权，地块位于萍乡市安源区后埠街万公塘，土地出让面积为23173.3平方米，开发用地为商住综合用地，冷藏车间维持现状，容积率2.6，土地使用年限为50年。萍乡市亚鹏房地产开发有限公司

---

① 案例来源：2016年12月28日最高人民法院关于发布第15批指导性案例的通知第76号。

（以下简称亚鹏公司）于2006年2月12日以投标竞拍方式并以人民币768万元取得了TG-0403号国有土地使用权，并于2006年2月21日与被告市国土局签订了《国有土地使用权出让合同》。合同约定出让宗地的用途为商住综合用地，冷藏车间维持现状。土地使用权出让金为每平方米331.42元，总额计人民币768万元。2006年3月2日，市国土局向亚鹏公司颁发了萍国用（2006）第43750号和萍国用（2006）第43751号两本国有土地使用证，其中萍国用（2006）第43750号土地证地类（用途）为工业，使用权类为出让，使用权面积为8359平方米，萍国字（2006）第43751号土地证地类为商住综合用地。对此，亚鹏公司认为约定的"冷藏车间维持现状"是维持冷藏库的使用功能，并非维持地类性质，要求将其中一证地类由"工业"更正为"商住综合"；但市国土局认为维持现状是指冷藏车间保留工业用地性质出让，且该公司也是按照冷藏车间为工业出让地缴纳的土地使用权出让金，故不同意更正土地用途。2012年7月30日，萍乡市规划局向萍乡市土地收购储备中心作出《关于要求解释〈关于萍乡市肉类联合加工厂地块的函〉》中有关问题的复函，主要内容是：我局在2003年10月8日出具规划条件中已明确了该地块用地性质为商住综合用地（冷藏车间约7300平方米，下同）但冷藏车间维持现状。根据该地块控规，其用地性质为居住（兼容商业），但由于地块内的食品冷藏车间是目前我市唯一的农产品储备保鲜库，也是我市重要的民生工程项目，因此，暂时保留地块内约7300平方米冷藏库的使用功能，未经政府或相关主管部门批准不得拆除。2013年2月21日，市国土局向亚鹏书面答复：一、根据市规划局出具的规划条件和宗地实际情况，同意贵公司申请TG-0403号地块中冷藏车间用地的土地用途由工业用地变更为商住用地。二、由于贵公司取得该宗地中冷藏车间用地使用权是按工业用地价格出让的，根据《中华人民共和国城市房地产管理法》之规定，贵公司申请TG-0403号地块中冷藏车间用地的土地用途由工业用地变更为商住用地，应补交土地出让金。补交的土地出让金可按该宗地出让时的综合用地（住宅、办公）评估价值减去的同等比例计算，即297.656万元*70%=208.36万元。三、冷藏车间用地的土地用途调整后，其使用功能未经市政府批准不得改变。亚鹏公司于2013年3月10日向法院提起行政诉讼，要求判令被告将萍国用（2006）第43750号国有土地使用证上的地类用途由"工业"更正为商住综合用地（冷藏车间维持现状）。撤销被告"关于对市亚鹏房地产有限公司TG-0403号地块有关土地用途问题的答复"中第二项关于补交土地出让金208.36万元的决定。

【裁判结果】

江西省萍乡市安源区人民法院于2014年4月23日作出（2014）安行初字第6号行政判决：一、被告萍乡市国土资源局在本判决生效之日起九十天内对萍国用（2006）第43750号国有土地使用证上的8359.1㎡的土地用途应依法予以更正。二、撤销被告萍乡市国土资源局于2013年2月21日作出的《关于对市亚鹏房地产开发有限公司TG-0403号地块有关土地用途的答复》中第二项补交土地出让金208.36万元的决定。宣判后，萍乡市国土资源局提出上诉。江西省萍乡市中级人民法院于2014年8月15日作出（2014）萍行终字第10号行政判决：驳回上诉，维持原判。

【裁判理由】

法院生效裁判认为：行政协议是行政机关为实现公共利益或者行政管理目标，在法定职责范围内与公民、法人或者其他组织协商订立的具有行政法上权利义务内容的协议，本案行政协议即是市国土局代表国家与亚鹏公司签订的国有土地使用权出让合同。行政协议强调诚实信用、平等自愿，一经签订，各方当事人必须严格遵守，行政机关无正当理由不得在约定之外附加另一方当事人义务或单方变更解除。本案中，TG-0403号地块出让时对外公布的土地用途是"开发用地为商住综合用地，冷藏车间维持现状"，出让合同中约定为"出让宗地的用途为商住综合用地，冷藏车间维持现状"。但市国土局与亚鹏公司就该约定的理解产生分歧，而萍乡市规划局对原萍乡市肉类联合加工厂复函确认TG-0403号国有土地使用权面积23173.3平方米（含冷藏车间）的用地性质是商住综合用地。萍乡市规划局的解释与挂牌出让公告明确的用地性质一致，且该解释是萍乡市规划局在职权范围内作出的,符合法律规定和实际情况,有助于树立诚信政府形象,并无重大明显的违法情形,具有法律效力,并对市国土局关于土地使用性质的判断产生约束力。因此,对市国土局提出的冷藏车间占地为工业用地的主张不予支持。亚鹏公司要求市国土局对"萍国用(2006)第43750号"土地证(土地使用权面积8359.1平方米)地类更正为商住综合用地,具有正当理由,市国土局应予以更正。亚鹏公司作为土地受让方按约支付了全部价款,市国土局要求亚鹏公司如若变更土地用途则应补交土地出让金,缺乏事实依据和法律依据,且有违诚实信用原则。

（七）城乡建设

城市市容和环境卫生管理条例

（1992年6月28日中华人民共和国国务院令第101号发布　根据2011年1月8日《国务院关于废止和修改部分行政法规的决定》第一次修订　根据2017年3月1日《国务院关于修改和废止部分行政法规的决定》第二次修订）

第一章　总　　则

第一条　为了加强城市市容和环境卫生管理，创造清洁、优美的城市工作、生活环境，促进城市社会主义物质文明和精神文明建设，制定本条例。

第二条　在中华人民共和国城市内，一切单位和个人都必须遵守本条例。

第三条　城市市容和环境卫生工作，实行统一领导、分区负责、专业人员管理与群众管理相结合的原则。

第四条　国务院城市建设行政主管部门主管全国城市市容和环境卫生工作。

省、自治区人民政府城市建设行政主管部门负责本行政区域的城市市容和环境卫生管理工作。

城市人民政府市容环境卫生行政主管部门负责本行政区域的城市市容和环境卫生管理工作。

第五条　城市人民政府应当把城市市容和环境卫生事业纳入国民经济和社会发展计划，并组织实施。

城市人民政府应当结合本地的实际情况，积极推行环境卫生用工制度的改革，并采取措施，逐步提高环境卫生工作人员的工资福利待遇。

第六条　城市人民政府应当加强城市市容和环境卫生科学知识的宣传，提高公民的环境卫生意识，养成良好的卫生习惯。

一切单位和个人，都应当尊重市容和环境卫生工作人员的劳动，不得妨碍、阻挠市容和环境卫生工作人员履行职务。

第七条　国家鼓励城市市容和环境卫生的科学技术研究，推广先进技术，提高城市市容和环境卫生水平。

第八条　对在城市市容和环境卫生工作中成绩显著的单位和个人，由人民政府给予奖励。

第二章　城市市容管理

第九条　城市中的建筑物和设施，应当符合国家规定的城市容貌标准。对外开放城市、风景旅游城市和有条件的其他城市，可以结合本地具体情况，制定严于国家规定的城市容貌标准；建制镇可以参照国家规定的城市容貌标准执行。

第十条　一切单位和个人都应当保持建筑物的整洁、美观。在城市人民政府规定的街道的临街建筑物的阳台和窗外，不得堆放、吊挂有碍市容的物品。搭建或者封闭阳台必须符合城市人民政府市容环境卫生行政主管部门的有关规定。

第十一条　在城市中设置户外广告、标语牌、画廊、橱窗等，应当内容健康、外型美观，并定期维修、油饰或者拆除。

大型户外广告的设置必须征得城市人民政府市容环境卫生行政主管部门同意后，按照有关规定办理审批手续。

第十二条 城市中的市政公用设施，应当与周围环境相协调，并维护和保持设施完好、整洁。

第十三条 主要街道两侧的建筑物前，应当根据需要与可能，选用透景、半透景的围墙、栅栏或者绿篱、花坛（池）、草坪等作为分界。

临街树木、绿篱、花坛（池）、草坪等，应当保持整洁、美观。栽培、整修或者其他作业留下的渣土、枝叶等，管理单位、个人或者作业者应当及时清除。

第十四条 任何单位和个人都不得在街道两侧和公共场地堆放物料，搭建建筑物、构筑物或者其他设施。因建设等特殊需要，在街道两侧和公共场地临时堆放物料，搭建非永久性建筑物、构筑物或者其他设施的，必须征得城市人民政府市容环境卫生行政主管部门同意后，按照有关规定办理审批手续。

第十五条 在市区运行的交通运输工具，应当保持外型完好、整洁，货运车辆运输的液体、散装货物，应当密封、包扎、覆盖，避免泄漏、遗撒。

第十六条 城市的工程施工现场的材料、机具应当堆放整齐，渣土应当及时清运；临街工地应当设置护栏或者围布遮挡；停工场地应当及时整理并作必要的覆盖；竣工后，应当及时清理和平整场地。

第十七条 一切单位和个人，都不得在城市建筑物、设施以及树木上涂写、刻画。

单位和个人在城市建筑物、设施上张挂、张贴宣传品等，须经城市人民政府市容环境卫生行政主管部门或者其他有关部门批准。

第三章　城市环境卫生管理

第十八条 城市中的环境卫生设施，应当符合国家规定的城市环境卫生标准。

第十九条 城市人民政府在进行城市新区开发或者旧区改造时，应当依照国家有关规定，建设生活废弃物的清扫、收集、运输和处理等环境卫生设施，所需经费应当纳入建设工程概算。

第二十条 城市人民政府市容环境卫生行政主管部门，应当根据城市居住人口密度和流动人口数量以及公共场所等特定地区的需要，制定公共厕所建设规划，并按照规定的标准，建设、改造或者支持有关单位建设、改造公共厕所。

城市人民政府市容环境卫生行政主管部门，应当配备专业人员或者委托有关单位和个人负责公共厕所的保洁和管理；有关单位和个人也可以承包公共厕所的保洁和管理。公共厕所的管理者可以适当收费，具体办法由省、自治区、直辖市人民政府制定。

对不符合规定标准的公共厕所，城市人民政府应当责令有关单位限期改造。

公共厕所的粪便应当排入贮（化）粪池或者城市污水系统。

第二十一条 多层和高层建筑应当设置封闭式垃圾通道或者垃圾贮存设施，并修建清运车辆通道。

城市街道两侧、居住区或者人流密集地区，应当设置封闭式垃圾容器、果皮箱等设施。

第二十二条 一切单位和个人都不得擅自拆除环境卫生设施；因建设需要必须拆除的，建设单位必须事先提出拆迁方案，报城市人民政府市容环境卫生行政主管部门批准。

第二十三条 按国家行政建制设立的市的主要街道、广场和公共水域的环境卫生，由环境卫生专业单位负责。

居住区、街巷等地方，由街道办事处负责组织专人清扫保洁。

第二十四条 飞机场、火车站、公共汽车始末站、港口、影剧院、博物馆、展览馆、纪念馆、体育馆（场）和公园等公共场所，由本单位负责清扫保洁。

第二十五条 机关、团体、部队、企事业单位,应当按照城市人民政府市容环境卫生行政主管部门划分的卫生责任区负责清扫保洁。

第二十六条 城市集贸市场,由主管部门负责组织专人清扫保洁。

各种摊点,由从业者负责清扫保洁。

第二十七条 城市港口客货码头作业范围内的水面,由港口客货码头经营单位责成作业者清理保洁。

在市区水域行驶或者停泊的各类船舶上的垃圾、粪便,由船上负责人依照规定处理。

第二十八条 城市人民政府市容环境卫生行政主管部门对城市生活废弃物的收集、运输和处理实施监督管理。

一切单位和个人,都应当依照城市人民政府市容环境卫生行政主管部门规定的时间、地点、方式,倾倒垃圾、粪便。

对垃圾、粪便应当及时清运,并逐步做到垃圾、粪便的无害化处理和综合利用。

对城市生活废弃物应当逐步做到分类收集、运输和处理。

第二十九条 环境卫生管理应当逐步实行社会化服务。有条件的城市,可以成立环境卫生服务公司。

凡委托环境卫生专业单位清扫、收集、运输和处理废弃物的,应当交纳服务费。具体办法由省、自治区、直辖市人民政府制定。

第三十条 城市人民政府应当有计划地发展城市煤气、天然气、液化气,改变燃料结构;鼓励和支持有关部门组织净菜进城和回收利用废旧物资,减少城市垃圾。

第三十一条 医院、疗养院、屠宰场、生物制品厂产生的废弃物,必须依照有关规定处理。

第三十二条 公民应当爱护公共卫生环境,不随地吐痰、便溺,不乱扔果皮、纸屑和烟头等废弃物。

第三十三条 按国家行政建制设立的市的市区内,禁止饲养鸡、鸭、鹅、兔、羊、猪等家畜家禽;因教学、科研以及其他特殊需要饲养的除外。

第四章 罚 则

第三十四条 有下列行为之一者,城市人民政府市容环境卫生行政主管部门或者其委托的单位除责令其纠正违法行为、采取补救措施外,可以并处警告、罚款:

(一)随地吐痰、便溺,乱扔果皮、纸屑和烟头等废弃物的;

(二)在城市建筑物、设施以及树木上涂写、刻画或者未经批准张挂、张贴宣传品等的;

(三)在城市人民政府规定的街道的临街建筑物的阳台和窗外,堆放、吊挂有碍市容的物品的;

(四)不按规定的时间、地点、方式,倾倒垃圾、粪便的;

(五)不履行卫生责任区清扫保洁义务或者不按规定清运、处理垃圾和粪便的;

(六)运输液体、散装货物不作密封、包扎、覆盖,造成泄漏、遗撒的;

(七)临街工地不设置护栏或者不作遮挡、停工场地不及时整理并作必要覆盖或者竣工后不及时清理和平整场地,影响市容和环境卫生的。

第三十五条 饲养家畜家禽影响市容和环境卫生的,由城市人民政府市容环境卫生行政主管部门或者其委托的单位,责令其限期处理或者予以没收,并可处以罚款。

第三十六条 有下列行为之一者,由城市人民政府市容环境卫生行政主管部门或者其委托的单位责令其停止违法行为,限期清理、拆除或者采取其他补救措施,并可处以罚款:

(一)未经城市人民政府市容环境卫生行政主管部门同意,擅自设置大型户外广告,影响市容的;

（二）未经城市人民政府市容环境卫生行政主管部门批准，擅自在街道两侧和公共场地堆放物料，搭建建筑物、构筑物或者其他设施，影响市容的；

（三）未经批准擅自拆除环境卫生设施或者未按批准的拆迁方案进行拆迁的。

第三十七条 凡不符合城市容貌标准、环境卫生标准的建筑物或者设施，由城市人民政府市容环境卫生行政主管部门会同城市规划行政主管部门，责令有关单位和个人限期改造或者拆除；逾期未改造或者未拆除的，经县级以上人民政府批准，由城市人民政府市容环境卫生行政主管部门或者城市规划行政主管部门组织强制拆除，并可处以罚款。

第三十八条 损坏各类环境卫生设施及其附属设施的，城市人民政府市容环境卫生行政主管部门或者其委托的单位除责令其恢复原状外，可以并处罚款；盗窃、损坏各类环境卫生设施及其附属设施，应当给予治安管理处罚的，依照《中华人民共和国治安管理处罚法》的规定处罚；构成犯罪的，依法追究刑事责任。

第三十九条 侮辱、殴打市容和环境卫生工作人员或者阻挠其执行公务的，依照《中华人民共和国治安管理处罚法》的规定处罚；构成犯罪的，依法追究刑事责任。

第四十条 当事人对行政处罚决定不服的，可以自接到处罚通知之日起15日内，向作出处罚决定机关的上一级机关申请复议；对复议决定不服的，可以自接到复议决定书之日起15日内向人民法院起诉。当事人也可以自接到处罚通知之日起15日内直接向人民法院起诉。期满不申请复议、也不向人民法院起诉、又不履行处罚决定的，由作出处罚决定的机关申请人民法院强制执行。

对治安管理处罚不服的，依照《中华人民共和国治安管理处罚法》的规定办理。

第四十一条 城市人民政府市容环境卫生行政主管部门工作人员玩忽职守、滥用职权、徇私舞弊的，由其所在单位或者上级主管机关给予行政处分；构成犯罪的，依法追究刑事责任。

第五章　附　　则

第四十二条 未设镇建制的城市型居民区可以参照本条例执行。

第四十三条 省、自治区、直辖市人民政府可以根据本条例制定实施办法。

第四十四条 本条例由国务院城市建设行政主管部门负责解释。

第四十五条 本条例自1992年8月1日起施行。

不动产登记暂行条例实施细则

（2016年1月1日国土资源部令第63号公布　自公布之日起施行）

第一章　总　　则

第一条 为规范不动产登记行为，细化不动产统一登记制度，方便人民群众办理不动产登记，保护权利人合法权益，根据《不动产登记暂行条例》（以下简称《条例》），制定本实施细则。

第二条 不动产登记应当依照当事人的申请进行，但法律、行政法规以及本实施细则另有规定的除外。

房屋等建筑物、构筑物和森林、林木等定着物应当与其所依附的土地、海域一并登记，保持权利主体一致。

第三条 不动产登记机构依照《条例》第七条第二款的规定，协商办理或者接受指定办理跨县级行政区域不动产登记的，应当在登记完毕后将不动产登记簿记载的不动产权利人以及不动产坐落、界址、面积、用途、权利类型等登记结果告知不动产所跨区域的其他不动产登记机构。

第四条 国务院确定的重点国有林区的森林、林木和林地,由国土资源部受理并会同有关部门办理,依法向权利人核发不动产权属证书。

国务院批准的项目用海、用岛的登记,由国土资源部受理,依法向权利人核发不动产权属证书。

中央国家机关使用的国有土地等不动产登记,依照国土资源部《在京中央国家机关用地土地登记办法》等规定办理。

第二章 不动产登记簿

第五条 《条例》第八条规定的不动产单元,是指权属界线封闭且具有独立使用价值的空间。

没有房屋等建筑物、构筑物以及森林、林木定着物的,以土地、海域权属界线封闭的空间为不动产单元。

有房屋等建筑物、构筑物以及森林、林木定着物的,以该房屋等建筑物、构筑物以及森林、林木定着物与土地、海域权属界线封闭的空间为不动产单元。

前款所称房屋,包括独立成幢、权属界线封闭的空间,以及区分套、层、间等可以独立使用、权属界线封闭的空间。

第六条 不动产登记簿以宗地或者宗海为单位编成,一宗地或者一宗海范围内的全部不动产单元编入一个不动产登记簿。

第七条 不动产登记机构应当配备专门的不动产登记电子存储设施,采取信息网络安全防护措施,保证电子数据安全。

任何单位和个人不得擅自复制或者篡改不动产登记簿信息。

第八条 承担不动产登记审核、登记簿的不动产登记工作人员应当熟悉相关法律法规,具备与其岗位相适应的不动产登记等方面的专业知识。

国土资源部会同有关部门组织开展对承担不动产登记审核、登记簿的不动产登记工作人员的考核培训。

第三章 登 记 程 序

第九条 申请不动产登记的,申请人应当填写登记申请书,并提交身份证明以及相关申请材料。

申请材料应当提供原件。因特殊情况不能提供原件的,可以提供复印件,复印件应当与原件保持一致。

第十条 处分共有不动产申请登记的,应当经占份额三分之二以上的按份共有人或者全体共同共有人共同申请,但共有人另有约定的除外。

按份共有人转让其享有的不动产份额,应当与受让人共同申请转移登记。

建筑区划内依法属于全体业主共有的不动产申请登记,依照本实施细则第三十六条的规定办理。

第十一条 无民事行为能力人、限制民事行为能力人申请不动产登记的,应当由其监护人代为申请。

监护人代为申请登记的,应当提供监护人与被监护人的身份证或者户口簿、有关监护关系等材料;因处分不动产而申请登记的,还应当提供为被监护人利益的书面保证。

父母之外的监护人处分未成年人不动产的,有关监护关系材料可以是人民法院指定监护的法律文书、经过公证的对被监护人享有监护权的材料或者其他材料。

第十二条 当事人可以委托他人代为申请不动产登记。

代理申请不动产登记的,代理人应当向不动产登记机构提供被代理人签字或者盖章的授权委托书。

自然人处分不动产,委托代理人申请登记的,应当与代理人共同到不动产登记机构现场签订授权委托书,但授权委托书经公证的除外。

境外申请人委托他人办理处分不动产登记的,其授权委托书应当按照国家有关规定办理认证或者公证。

第十三条 申请登记的事项记载于不动产登记簿前,全体申请人提出撤回登记申请的,登记机构应当将登记申请书以及相关材料退还申请人。

第十四条 因继承、受遗赠取得不动产,当事人申请登记的,应当提交死亡证明材料、遗嘱或者全部法定继承人关于不动产分配的协议以及与被继承人的亲属关系材料等,也可以提交经公证的材料或者生效的法律文书。

第十五条 不动产登记机构受理不动产登记申请后,还应当对下列内容进行查验:

(一)申请人、委托代理人身份证明材料以及授权委托书与申请主体是否一致;

(二)权属来源材料或者登记原因文件与申请登记的内容是否一致;

(三)不动产界址、空间界限、面积等权籍调查成果是否完备,权属是否清楚、界址是否清晰、面积是否准确;

(四)法律、行政法规规定的完税或者缴费凭证是否齐全。

第十六条 不动产登记机构进行实地查看,重点查看下列情况:

(一)房屋等建筑物、构筑物所有权首次登记,查看房屋坐落及其建造完成等情况;

(二)在建建筑物抵押权登记,查看抵押的在建建筑物坐落及其建造等情况;

(三)因不动产灭失导致的注销登记,查看不动产灭失等情况。

第十七条 有下列情形之一的,不动产登记机构应当在登记事项记载于登记簿前进行公告,但涉及国家秘密的除外:

(一)政府组织的集体土地所有权登记;

(二)宅基地使用权及房屋所有权,集体建设用地使用权及建筑物、构筑物所有权,土地承包经营权等不动产权利的首次登记;

(三)依职权更正登记;

(四)依职权注销登记;

(五)法律、行政法规规定的其他情形。

公告应当在不动产登记机构门户网站以及不动产所在地等指定场所进行,公告期不少于 15 个工作日。公告所需时间不计算在登记办理期限内。公告期满无异议或者异议不成立的,应当及时记载于不动产登记簿。

第十八条 不动产登记公告的主要内容包括:

(一)拟予登记的不动产权利人的姓名或者名称;

(二)拟予登记的不动产坐落、面积、用途、权利类型等;

(三)提出异议的期限、方式和受理机构;

(四)需要公告的其他事项。

第十九条 当事人可以持人民法院、仲裁委员会的生效法律文书或者人民政府的生效决定单方申请不动产登记。

有下列情形之一的,不动产登记机构直接办理不动产登记:

(一)人民法院持生效法律文书和协助执行通知书要求不动产登记机构办理登记的;

(二)人民检察院、公安机关依据法律规定持协助查封通知书要求办理查封登记的;

(三)人民政府依法做出征收或者收回不动产权利决定生效后,要求不动产登记机构办理注销登记的；

（四）法律、行政法规规定的其他情形。

不动产登记机构认为登记事项存在异议的，应当依法向有关机关提出审查建议。

第二十条 不动产登记机构应当根据不动产登记簿，填写并核发不动产权属证书或者不动产登记证明。

除办理抵押权登记、地役权登记和预告登记、异议登记，向申请人核发不动产登记证明外，不动产登记机构应当依法向权利人核发不动产权属证书。

不动产权属证书和不动产登记证明，应当加盖不动产登记机构登记专用章。

不动产权属证书和不动产登记证明样式，由国土资源部统一规定。

第二十一条 申请共有不动产登记的，不动产登记机构向全体共有人合并发放一本不动产权属证书；共有人申请分别持证的，可以为共有人分别发放不动产权属证书。

共有不动产权属证书应当注明共有情况，并列明全体共有人。

第二十二条 不动产权属证书或者不动产登记证明污损、破损的，当事人可以向不动产登记机构申请换发。符合换发条件的，不动产登记机构应当予以换发，并收回原不动产权属证书或者不动产登记证明。

不动产权属证书或者不动产登记证明遗失、灭失，不动产权利人申请补发的，由不动产登记机构在其门户网站上刊发不动产权利人的遗失、灭失声明15个工作日后，予以补发。

不动产登记机构补发不动产权属证书或者不动产登记证明的，应当将补发不动产权属证书或者不动产登记证明的事项记载于不动产登记簿，并在不动产权属证书或者不动产登记证明上注明"补发"字样。

第二十三条 因不动产权利灭失等情形，不动产登记机构需要收回不动产权属证书或者不动产登记证明的，应当在不动产登记簿上将收回不动产权属证书或者不动产登记证明的事项予以注明；确实无法收回的，应当在不动产登记机构门户网站或者当地公开发行的报刊上公告作废。

第四章 不动产权利登记

第一节 一般规定

第二十四条 不动产首次登记，是指不动产权利第一次登记。

未办理不动产首次登记的，不得办理不动产其他类型登记，但法律、行政法规另有规定的除外。

第二十五条 市、县人民政府可以根据情况对本行政区域内未登记的不动产，组织开展集体土地所有权、宅基地使用权、集体建设用地使用权、土地承包经营权的首次登记。

依照前款规定办理首次登记所需的权属来源、调查等登记材料，由人民政府有关部门组织获取。

第二十六条 下列情形之一的，不动产权利人可以向不动产登记机构申请变更登记：

（一）权利人的姓名、名称、身份证明类型或者身份证明号码发生变更的；

（二）不动产的坐落、界址、用途、面积等状况变更的；

（三）不动产权利期限、来源等状况发生变化的；

（四）同一权利人分割或者合并不动产的；

（五）抵押担保的范围、主债权数额、债务履行期限、抵押权顺位发生变化的；

（六）最高额抵押担保的债权范围、最高债权额、债权确定期间等发生变化的；

（七）地役权的利用目的、方法等发生变化的；

（八）共有性质发生变更的；

(九)法律、行政法规规定的其他不涉及不动产权利转移的变更情形。

第二十七条 因下列情形导致不动产权利转移的,当事人可以向不动产登记机构申请转移登记:

(一)买卖、互换、赠与不动产的;

(二)以不动产作价出资(入股)的;

(三)法人或者其他组织因合并、分立等原因致使不动产权利发生转移的;

(四)不动产分割、合并导致权利发生转移的;

(五)继承、受遗赠导致权利发生转移的;

(六)共有人增加或者减少以及共有不动产份额变化的;

(七)因人民法院、仲裁委员会的生效法律文书导致不动产权利发生转移的;

(八)因主债权转移引起不动产抵押权转移的;

(九)因需役地不动产权利转移引起地役权转移的;

(十)法律、行政法规规定的其他不动产权利转移情形。

第二十八条 有下列情形之一的,当事人可以申请办理注销登记:

(一)不动产灭失的;

(二)权利人放弃不动产权利的;

(三)不动产被依法没收、征收或者收回的;

(四)人民法院、仲裁委员会的生效法律文书导致不动产权利消灭的;

(五)法律、行政法规规定的其他情形。

不动产上已经设立抵押权、地役权或者已经办理预告登记,所有权人、使用权人因放弃权利申请注销登记的,申请人应当提供抵押权人、地役权人、预告登记权利人同意的书面材料。

第二节 集体土地所有权登记

第二十九条 集体土地所有权登记,依照下列规定提出申请:

(一)土地属于村农民集体所有的,由村集体经济组织代为申请,没有集体经济组织的,由村民委员会代为申请;

(二)土地分别属于村内两个以上农民集体所有的,由村内各集体经济组织代为申请,没有集体经济组织的,由村民小组代为申请;

(三)土地属于乡(镇)农民集体所有的,由乡(镇)集体经济组织代为申请。

第三十条 申请集体土地所有权首次登记的,应当提交下列材料:

(一)土地权属来源材料;

(二)权籍调查表、宗地图以及宗地界址点坐标;

(三)其他必要材料。

第三十一条 农民集体因互换、土地调整等原因导致集体土地所有权转移,申请集体土地所有权转移登记的,应当提交下列材料:

(一)不动产权属证书;

(二)互换、调整协议等集体土地所有权转移的材料;

(三)本集体经济组织三分之二以上成员或者三分之二以上村民代表同意的材料;

(四)其他必要材料。

第三十二条 申请集体土地所有权变更、注销登记的,应当提交下列材料:

(一)不动产权属证书;

(二)集体土地所有权变更、消灭的材料;

(三)其他必要材料。

第三节 国有建设用地使用权及房屋所有权登记

第三十三条 依法取得国有建设用地使用权,可以单独申请国有建设用地使用权登记。

依法利用国有建设用地建造房屋的,可以申请国有建设用地使用权及房屋所有权登记。

第三十四条 申请国有建设用地使用权首次登记,应当提交下列材料:

(一)土地权属来源材料;

(二)权籍调查表、宗地图以及宗地界址点坐标;

(三)土地出让价款、土地租金、相关税费等缴纳凭证;

(四)其他必要材料。

前款规定的土地权属来源材料,根据权利取得方式的不同,包括国有建设用地划拨决定书、国有建设用地使用权出让合同、国有建设用地使用权租赁合同以及国有建设用地使用权作价出资(入股)、授权经营批准文件。

申请在地上或者地下单独设立国有建设用地使用权登记的,按照本条规定办理。

第三十五条 申请国有建设用地使用权及房屋所有权首次登记的,应当提交下列材料:

(一)不动产权属证书或者土地权属来源材料;

(二)建设工程符合规划的材料;

(三)房屋已经竣工的材料;

(四)房地产调查或者测绘报告;

(五)相关税费缴纳凭证;

(六)其他必要材料。

第三十六条 办理房屋所有权首次登记时,申请人应当将建筑区划内依法属于业主共有的道路、绿地、其他公共场所、公用设施和物业服务用房及其占用范围内的建设用地使用权一并申请登记为业主共有。业主转让房屋所有权的,其对共有部分享有的权利依法一并转让。

第三十七条 申请国有建设用地使用权及房屋所有权变更登记的,应当根据不同情况,提交下列材料:

(一)不动产权属证书;

(二)发生变更的材料;

(三)有批准权的人民政府或者主管部门的批准文件;

(四)国有建设用地使用权出让合同或者补充协议;

(五)国有建设用地使用权出让价款、税费等缴纳凭证;

(六)其他必要材料。

第三十八条 申请国有建设用地使用权及房屋所有权转移登记的,应当根据不同情况,提交下列材料:

(一)不动产权属证书;

(二)买卖、互换、赠与合同;

(三)继承或者受遗赠的材料;

(四)分割、合并协议;

(五)人民法院或者仲裁委员会生效的法律文书;

(六)有批准权的人民政府或者主管部门的批准文件;

(七)相关税费缴纳凭证;

(八)其他必要材料。

不动产买卖合同依法应当备案的,申请人申请登记时须提交经备案的买卖合同。

第三十九条 具有独立利用价值的特定空间以及码头、油库等其他建筑物、构筑物所有权的登记，按照本实施细则中房屋所有权登记有关规定办理。

第四节 宅基地使用权及房屋所有权登记

第四十条 依法取得宅基地使用权，可以单独申请宅基地使用权登记。

依法利用宅基地建造住房及其附属设施的，可以申请宅基地使用权及房屋所有权登记。

第四十一条 申请宅基地使用权及房屋所有权首次登记的，应当根据不同情况，提交下列材料：

（一）申请人身份证和户口簿；

（二）不动产权属证书或者有批准权的人民政府批准用地的文件等权属来源材料；

（三）房屋符合规划或者建设的相关材料；

（四）权籍调查表、宗地图、房屋平面图以及宗地界址点坐标等有关不动产界址、面积等材料；

（五）其他必要材料。

第四十二条 因依法继承、分家析产、集体经济组织内部互换房屋等导致宅基地使用权及房屋所有权发生转移申请登记的，申请人应当根据不同情况，提交下列材料：

（一）不动产权属证书或者其他权属来源材料；

（二）依法继承的材料；

（三）分家析产的协议或者材料；

（四）集体经济组织内部互换房屋的协议；

（五）其他必要材料。

第四十三条 申请宅基地等集体土地上的建筑物区分所有权登记的，参照国有建设用地使用权及建筑物区分所有权的规定办理登记。

第五节 集体建设用地使用权及建筑物、构筑物所有权登记

第四十四条 依法取得集体建设用地使用权，可以单独申请集体建设用地使用权登记。

依法利用集体建设用地兴办企业，建设公共设施，从事公益事业等的，可以申请集体建设用地使用权及地上建筑物、构筑物所有权登记。

第四十五条 申请集体建设用地使用权及建筑物、构筑物所有权首次登记的，申请人应当根据不同情况，提交下列材料：

（一）有批准权的人民政府批准用地的文件等土地权属来源材料；

（二）建设工程符合规划的材料；

（三）权籍调查表、宗地图、房屋平面图以及宗地界址点坐标等有关不动产界址、面积等材料；

（四）建设工程已竣工的材料；

（五）其他必要材料。

集体建设用地使用权首次登记完成后，申请人申请建筑物、构筑物所有权首次登记的，应当提交享有集体建设用地使用权的不动产权属证书。

第四十六条 申请集体建设用地使用权及建筑物、构筑物所有权变更登记、转移登记、注销登记的，申请人应当根据不同情况，提交下列材料：

（一）不动产权属证书；

（二）集体建设用地使用权及建筑物、构筑物所有权变更、转移、消灭的材料；

（三）其他必要材料。

因企业兼并、破产等原因致使集体建设用地使用权及建筑物、构筑物所有权发生转移的，申请人应当持相关协议及有关部门的批准文件等相关材料，申请不动产转移登记。

第六节 土地承包经营权登记

第四十七条 承包农民集体所有的耕地、林地、草地、水域、滩涂以及荒山、荒沟、荒丘、荒滩等农用地，或者国家所有依法由农民集体使用的农用地从事种植业、林业、畜牧业、渔业等农业生产的，可以申请土地承包经营权登记；地上有森林、林木的，应当在申请土地承包经营权登记时一并申请登记。

第四十八条 依法以承包方式在土地上从事种植业或者养殖业生产活动的，可以申请土地承包经营权的首次登记。

以家庭承包方式取得的土地承包经营权的首次登记，由发包方持土地承包经营合同等材料申请。

以招标、拍卖、公开协商等方式承包农村土地的，由承包方持土地承包经营合同申请土地承包经营权首次登记。

第四十九条 已经登记的土地承包经营权有下列情形之一的，承包方应当持原不动产权属证书以及其他证实发生变更事实的材料，申请土地承包经营权变更登记：

（一）权利人的姓名或者名称等事项发生变化的；

（二）承包土地的坐落、名称、面积发生变化的；

（三）承包期限依法变更的；

（四）承包期限届满，土地承包经营权人按照国家有关规定继续承包的；

（五）退耕还林、退耕还湖、退耕还草导致土地用途改变的；

（六）森林、林木的种类等发生变化的；

（七）法律、行政法规规定的其他情形。

第五十条 已经登记的土地承包经营权发生下列情形之一的，当事人双方应当持互换协议、转让合同等材料，申请土地承包经营权的转移登记：

（一）互换；

（二）转让；

（三）因家庭关系、婚姻关系变化等原因导致土地承包经营权分割或者合并的；

（四）依法导致土地承包经营权转移的其他情形。

以家庭承包方式取得的土地承包经营权，采取转让方式流转的，还应当提供发包方同意的材料。

第五十一条 已经登记的土地承包经营权发生下列情形之一的，承包方应当持不动产权属证书、证实灭失的材料等，申请注销登记：

（一）承包经营的土地灭失的；

（二）承包经营的土地被依法转为建设用地的；

（三）承包经营权人丧失承包经营资格或者放弃承包经营权的；

（四）法律、行政法规规定的其他情形。

第五十二条 以承包经营以外的合法方式使用国有农用地的国有农场、草场，以及使用国家所有的水域、滩涂等农用地进行农业生产，申请国有农用地的使用权登记的，参照本实施细则有关规定办理。

国有农场、草场申请国有未利用地登记的，依照前款规定办理。

第五十三条 国有林地使用权登记，应当提交有批准权的人民政府或者主管部门的批准文件，地上森林、林木一并登记。

第七节 海域使用权登记

第五十四条 依法取得海域使用权,可以单独申请海域使用权登记。

依法使用海域,在海域上建造建筑物、构筑物的,应当申请海域使用权及建筑物、构筑物所有权登记。

申请无居民海岛登记的,参照海域使用权登记有关规定办理。

第五十五条 申请海域使用权首次登记的,应当提交下列材料:

(一)项目用海批准文件或者海域使用权出让合同;

(二)宗海图以及界址点坐标;

(三)海域使用金缴纳或者减免凭证;

(四)其他必要材料。

第五十六条 有下列情形之一的,申请人应当持不动产权属证书、海域使用权变更的文件等材料,申请海域使用权变更登记:

(一)海域使用权人姓名或者名称改变的;

(二)海域坐落、名称发生变化的;

(三)改变海域使用位置、面积或者期限的;

(四)海域使用权续期的;

(五)共有性质变更的;

(六)法律、行政法规规定的其他情形。

第五十七条 有下列情形之一的,申请人可以申请海域使用权转移登记:

(一)因企业合并、分立或者与他人合资、合作经营、作价入股导致海域使用权转移的;

(二)依法转让、赠与、继承、受遗赠海域使用权的;

(三)因人民法院、仲裁委员会生效法律文书导致海域使用权转移的;

(四)法律、行政法规规定的其他情形。

第五十八条 申请海域使用权转移登记的,申请人应当提交下列材料:

(一)不动产权属证书;

(二)海域使用权转让合同、继承材料、生效法律文书等材料;

(三)转让批准取得的海域使用权,应当提交原批准用海的海洋行政主管部门批准转让的文件;

(四)依法需要补交海域使用金的,应当提交海域使用金缴纳的凭证;

(五)其他必要材料。

第五十九条 申请海域使用权注销登记的,申请人应当提交下列材料:

(一)原不动产权属证书;

(二)海域使用权消灭的材料;

(三)其他必要材料。

因围填海造地等导致海域灭失的,申请人应当在围填海造地等工程竣工后,依照本实施细则规定申请国有土地使用权登记,并办理海域使用权注销登记。

第八节 地役权登记

第六十条 按照约定设定地役权,当事人可以持需役地和供役地的不动产权属证书、地役权合同以及其他必要文件,申请地役权首次登记。

第六十一条 经依法登记的地役权发生下列情形之一的,当事人应当持地役权合同、不动产登记证明和证实变更的材料等必要材料，申请地役权变更登记：

（一）地役权当事人的姓名或者名称等发生变化；

（二）共有性质变更的；

（三）需役地或者供役地自然状况发生变化；

（四）地役权内容变更的；

（五）法律、行政法规规定的其他情形。

供役地分割转让办理登记，转让部分涉及地役权的，应当由受让人与地役权人一并申请地役权变更登记。

第六十二条 已经登记的地役权因土地承包经营权、建设用地使用权转让发生转移的，当事人应当持不动产登记证明、地役权转移合同等必要材料，申请地役权转移登记。

申请需役地转移登记的，或者需役地分割转让，转让部分涉及已登记的地役权的，当事人应当一并申请地役权转移登记，但当事人另有约定的除外。当事人拒绝一并申请地役权转移登记的，应当出具书面材料。不动产登记机构办理转移登记时，应当同时办理地役权注销登记。

第六十三条 已经登记的地役权，有下列情形之一的，当事人可以持不动产登记证明、证实地役权发生消灭的材料等必要材料，申请地役权注销登记：

（一）地役权期限届满；

（二）供役地、需役地归于同一人；

（三）供役地或者需役地灭失；

（四）人民法院、仲裁委员会的生效法律文书导致地役权消灭；

（五）依法解除地役权合同；

（六）其他导致地役权消灭的事由。

第六十四条 地役权登记，不动产登记机构应当将登记事项分别记载于需役地和供役地登记簿。

供役地、需役地分属不同不动产登记机构管辖的，当事人应当向供役地所在地的不动产登记机构申请地役权登记。供役地所在地不动产登记机构完成登记后，应当将相关事项通知需役地所在地不动产登记机构，并由其记载于需役地登记簿。

地役权设立后，办理首次登记前发生变更、转移的，当事人应当提交相关材料，就已经变更或者转移的地役权，直接申请首次登记。

第九节　抵押权登记

第六十五条 对下列财产进行抵押的，可以申请办理不动产抵押登记：

（一）建设用地使用权；

（二）建筑物和其他土地附着物；

（三）海域使用权；

（四）以招标、拍卖、公开协商等方式取得的荒地等土地承包经营权；

（五）正在建造的建筑物；

（六）法律、行政法规未禁止抵押的其他不动产。

以建设用地使用权、海域使用权抵押的，该土地、海域上的建筑物、构筑物一并抵押；以建筑物、构筑物抵押的，该建筑物、构筑物占用范围内的建设用地使用权、海域使用权一并抵押。

第六十六条 自然人、法人或者其他组织为保障其债权的实现，依法以不动产设定抵押的，可以由当事人持不动产权属证书、抵押合同与主债权合同等必要材料，共同申请办理抵押登记。

抵押合同可以是单独订立的书面合同，也可以是主债权合同中的抵押条款。

第六十七条 同一不动产上设立多个抵押权的,不动产登记机构应当按照受理时间的先后顺序依次办理登记,并记载于不动产登记簿。当事人对抵押权顺位另有约定的,从其规定办理登记。

第六十八条 有下列情形之一的,当事人应当持不动产权属证书、不动产登记证明、抵押权变更等必要材料,申请抵押权变更登记:

(一)抵押人、抵押权人的姓名或者名称变更的;

(二)被担保的主债权数额变更的;

(三)债务履行期限变更的;

(四)抵押权顺位变更的;

(五)法律、行政法规规定的其他情形。

因被担保债权主债权的种类及数额、担保范围、债务履行期限、抵押权顺位发生变更申请抵押权变更登记时,如果该抵押权的变更将对其他抵押权人产生不利影响的,还应当提交其他抵押权人书面同意的材料与身份证或者户口簿等材料。

第六十九条 因主债权转让导致抵押权转让的,当事人可以持不动产权属证书、不动产登记证明、被担保主债权的转让协议、债权人已经通知债务人的材料等相关材料,申请抵押权的转移登记。

第七十条 有下列情形之一的,当事人可以持不动产登记证明、抵押权消灭的材料等必要材料,申请抵押权注销登记:

(一)主债权消灭;

(二)抵押权已经实现;

(三)抵押权人放弃抵押权;

(四)法律、行政法规规定抵押权消灭的其他情形。

第七十一条 设立最高额抵押权的,当事人应当持不动产权属证书、最高额抵押合同与一定期间内将要连续发生的债权的合同或者其他登记原因材料等必要材料,申请最高额抵押权首次登记。

当事人申请最高额抵押权首次登记时,同意将最高额抵押权设立前已经存在的债权转入最高额抵押担保的债权范围的,还应当提交已存在债权的合同以及当事人同意将该债权纳入最高额抵押权担保范围的书面材料。

第七十二条 有下列情形之一的,当事人应当持不动产登记证明、最高额抵押权发生变更的材料等必要材料,申请最高额抵押权变更登记:

(一)抵押人、抵押权人的姓名或者名称变更的;

(二)债权范围变更的;

(三)最高债权额变更的;

(四)债权确定的期间变更的;

(五)抵押权顺位变更的;

(六)法律、行政法规规定的其他情形。

因最高债权额、债权范围、债务履行期限、债权确定的期间发生变更申请最高额抵押权变更登记时,如果该变更将对其他抵押权人产生不利影响的,当事人还应当提交其他抵押权人的书面同意文件与身份证或者户口簿等。

第七十三条 当发生导致最高额抵押权担保的债权被确定的事由,从而使最高额抵押权转变为一般抵押权时,当事人应当持不动产登记证明、最高额抵押权担保的债权已确定的材料等必要材料,申请办理确定最高额抵押权的登记。

第七十四条 最高额抵押权发生转移的,应当持不动产登记证明、部分债权转移的材料、当事人约定最高额抵押权随同部分债权的转让而转移的材料等必要材料,申请办理最高额抵押权转移登记。

债权人转让部分债权，当事人约定最高额抵押权随同部分债权的转让而转移的，应当分别申请下列登记：

（一）当事人约定原抵押权人与受让人共同享有最高额抵押权的，应当申请最高额抵押权的转移登记；

（二）当事人约定受让人享有一般抵押权、原抵押权人就扣减已转移的债权数额后继续享有最高额抵押权的，应当申请一般抵押权的首次登记以及最高额抵押权的变更登记；

（三）当事人约定原抵押权人不再享有最高额抵押权的，应当一并申请最高额抵押权确定登记以及一般抵押权转移登记。

最高额抵押权担保的债权确定前，债权人转让部分债权的，除当事人另有约定外，不动产登记机构不得办理最高额抵押权转移登记。

第七十五条 以建设用地使用权以及全部或者部分在建建筑物设定抵押的，应当一并申请建设用地使用权以及在建建筑物抵押权的首次登记。

当事人申请在建建筑物抵押权首次登记时，抵押财产不包括已经办理预告登记的预购商品房和已经办理预售备案的商品房。

前款规定的在建建筑物，是指正在建造、尚未办理所有权首次登记的房屋等建筑物。

第七十六条 申请在建建筑物抵押权首次登记的，当事人应当提交下列材料：

（一）抵押合同与主债权合同；

（二）享有建设用地使用权的不动产权属证书；

（三）建设工程规划许可证；

（四）其他必要材料。

第七十七条 在建建筑物抵押权变更、转移或者消灭的，当事人应当提交下列材料，申请变更登记、转移登记、注销登记：

（一）不动产登记证明；

（二）在建建筑物抵押权发生变更、转移或者消灭的材料；

（三）其他必要材料。

在建建筑物竣工，办理建筑物所有权首次登记时，当事人应当申请将在建建筑物抵押权登记转为建筑物抵押权登记。

第七十八条 申请预购商品房抵押登记，应当提交下列材料：

（一）抵押合同与主债权合同；

（二）预购商品房预告登记材料；

（三）其他必要材料。

预购商品房办理房屋所有权登记后，当事人应当申请将预购商品房抵押预告登记转为商品房抵押权首次登记。

第五章 其他登记

第一节 更正登记

第七十九条 权利人、利害关系人认为不动产登记簿记载的事项有错误，可以申请更正登记。

权利人申请更正登记的，应当提交下列材料：

（一）不动产权属证书；

（二）证实登记确有错误的材料；

（三）其他必要材料。

利害关系人申请更正登记的,应当提交利害关系材料、证实不动产登记簿记载错误的材料以及其他必要材料。

第八十条 不动产权利人或者利害关系人申请更正登记,不动产登记机构认为不动产登记簿记载确有错误的,应当予以更正;但在错误登记之后已经办理了涉及不动产权利处分的登记、预告登记和查封登记的除外。

不动产权属证书或者不动产登记证明填制错误以及不动产登记机构在办理更正登记中,需要更正不动产权属证书或者不动产登记证明内容的,应当书面通知权利人换发,并把换发不动产权属证书或者不动产登记证明的事项记载于登记簿。

不动产登记簿记载无误的,不动产登记机构不予更正,并书面通知申请人。

第八十一条 不动产登记机构发现不动产登记簿记载的事项错误,应当通知当事人在30个工作日内办理更正登记。当事人逾期不办理的,不动产登记机构应当在公告15个工作日后,依法予以更正;但在错误登记之后已经办理了涉及不动产权利处分的登记、预告登记和查封登记的除外。

第二节　异议登记

第八十二条 利害关系人认为不动产登记簿记载的事项错误,权利人不同意更正的,利害关系人可以申请异议登记。

利害关系人申请异议登记的,应当提交下列材料:

(一)证实对登记的不动产权利有利害关系的材料;

(二)证实不动产登记簿记载的事项错误的材料;

(三)其他必要材料。

第八十三条 不动产登记机构受理异议登记申请的,应当将异议事项记载于不动产登记簿,并向申请人出具异议登记证明。

异议登记申请人应当在异议登记之日起15日内,提交人民法院受理通知书、仲裁委员会受理通知书等提起诉讼、申请仲裁的材料;逾期不提交的,异议登记失效。

异议登记失效后,申请人就同一事项以同一理由再次申请异议登记的,不动产登记机构不予受理。

第八十四条 异议登记期间,不动产登记簿上记载的权利人以及第三人因处分权利申请登记的,不动产登记机构应当书面告知申请人该权利已经存在异议登记的有关事项。申请人申请继续办理的,应当予以办理,但申请人应当提供知悉异议登记存在并自担风险的书面承诺。

第三节　预告登记

第八十五条 有下列情形之一的,当事人可以按照约定申请不动产预告登记:

(一)商品房等不动产预售的;

(二)不动产买卖、抵押的;

(三)以预购商品房设定抵押权的;

(四)法律、行政法规规定的其他情形。

预告登记生效期间,未经预告登记的权利人书面同意,处分该不动产权利申请登记的,不动产登记机构应当不予办理。

预告登记后,债权未消灭且自能够进行相应的不动产登记之日起3个月内,当事人申请不动产登记的,不动产登记机构应当按照预告登记事项办理相应的登记。

第八十六条 申请预购商品房的预告登记,应当提交下列材料:

(一)已备案的商品房预售合同;

（二）当事人关于预告登记的约定；

（三）其他必要材料。

预售人和预购人订立商品房买卖合同后，预售人未按照约定与预购人申请预告登记，预购人可以单方申请预告登记。

预购人单方申请预购商品房预告登记，预售人与预购人在商品房预售合同中对预告登记附有条件和期限的，预购人应当提交相应材料。

申请预告登记的商品房已经办理在建建筑物抵押权首次登记的，当事人应当一并申请在建建筑物抵押权注销登记，并提交不动产权属转移材料、不动产登记证明。不动产登记机构应当先办理在建建筑物抵押权注销登记，再办理预告登记。

第八十七条 申请不动产转移预告登记的，当事人应当提交下列材料：

（一）不动产转让合同；

（二）转让方的不动产权属证书；

（三）当事人关于预告登记的约定；

（四）其他必要材料。

第八十八条 抵押不动产，申请预告登记的，当事人应当提交下列材料：

（一）抵押合同与主债权合同；

（二）不动产权属证书；

（三）当事人关于预告登记的约定；

（四）其他必要材料。

第八十九条 预告登记未到期，有下列情形之一的，当事人可以持不动产登记证明、债权消灭或者权利人放弃预告登记的材料，以及法律、行政法规规定的其他必要材料申请注销预告登记：

（一）预告登记的权利人放弃预告登记的；

（二）债权消灭的；

（三）法律、行政法规规定的其他情形。

第四节　查封登记

第九十条 人民法院要求不动产登记机构办理查封登记的，应当提交下列材料：

（一）人民法院工作人员的工作证；

（二）协助执行通知书；

（三）其他必要材料。

第九十一条 两个以上人民法院查封同一不动产的，不动产登记机构应当为先送达协助执行通知书的人民法院办理查封登记，对后送达协助执行通知书的人民法院办理轮候查封登记。

轮候查封登记的顺序按照人民法院协助执行通知书送达不动产登记机构的时间先后进行排列。

第九十二条 查封期间，人民法院解除查封的，不动产登记机构应当及时根据人民法院协助执行通知书注销查封登记。

不动产查封期限届满，人民法院未续封的，查封登记失效。

第九十三条 人民检察院等其他国家有权机关依法要求不动产登记机构办理查封登记的，参照本节规定办理。

第六章　不动产登记资料的查询、保护和利用

第九十四条 不动产登记资料包括：

（一）不动产登记簿等不动产登记结果；

（二）不动产登记原始资料，包括不动产登记申请书、申请人身份材料、不动产权属来源、登记原因、不动产权籍调查成果等材料以及不动产登记机构审核材料。

不动产登记资料由不动产登记机构管理。不动产登记机构应当建立不动产登记资料管理制度以及信息安全保密制度，建设符合不动产登记资料安全保护标准的不动产登记资料存放场所。

不动产登记资料中属于归档范围的，按照相关法律、行政法规的规定进行归档管理，具体办法由国土资源部会同国家档案主管部门另行制定。

第九十五条 不动产登记机构应当加强不动产登记信息化建设，按照统一的不动产登记信息管理基础平台建设要求和技术标准，做好数据整合、系统建设和信息服务等工作，加强不动产登记信息产品开发和技术创新，提高不动产登记的社会综合效益。

各级不动产登记机构应当采取措施保障不动产登记信息安全。任何单位和个人不得泄露不动产登记信息。

第九十六条 不动产登记机构、不动产交易机构建立不动产登记信息与交易信息互联共享机制，确保不动产登记与交易有序衔接。

不动产交易机构应当将不动产交易信息及时提供给不动产登记机构。不动产登记机构完成登记后，应当将登记信息及时提供给不动产交易机构。

第九十七条 国家实行不动产登记资料依法查询制度。

权利人、利害关系人按照《条例》第二十七条规定依法查询、复制不动产登记资料的，应当到具体办理不动产登记的不动产登记机构申请。

权利人可以查询、复制其不动产登记资料。

因不动产交易、继承、诉讼等涉及的利害关系人可以查询、复制不动产自然状况、权利人及其不动产查封、抵押、预告登记、异议登记等状况。

人民法院、人民检察院、国家安全机关、监察机关等可以依法查询、复制与调查和处理事项有关的不动产登记资料。

其他有关国家机关执行公务依法查询、复制不动产登记资料的，依照本条规定办理。

涉及国家秘密的不动产登记资料的查询，按照保守国家秘密法的有关规定执行。

第九十八条 权利人、利害关系人申请查询、复制不动产登记资料应当提交下列材料：

（一）查询申请书；

（二）查询目的的说明；

（三）申请人的身份材料；

（四）利害关系人查询的，提交证实存在利害关系的材料。

权利人、利害关系人委托他人代为查询的，还应当提交代理人的身份证明材料、授权委托书。权利人查询其不动产登记资料无需提供查询目的的说明。

有关国家机关查询的，应当提供本单位出具的协助查询材料、工作人员的工作证。

第九十九条 有下列情形之一的，不动产登记机构不予查询，并书面告知理由：

（一）申请查询的不动产不属于不动产登记机构管辖范围的；

（二）查询人提交的申请材料不符合规定的；

（三）申请查询的主体或者查询事项不符合规定的；

（四）申请查询的目的不合法的；

（五）法律、行政法规规定的其他情形。

第一百条 对符合本实施细则规定的查询申请，不动产登记机构应当当场提供查询；因情况特殊，不能当场提供查询的，应当在5个工作日内提供查询。

第一百零一条 查询人查询不动产登记资料，应当在不动产登记机构设定的场所进行。

不动产登记原始资料不得带离设定的场所。

查询人在查询时应当保持不动产登记资料的完好，严禁遗失、拆散、调换、抽取、污损登记资料，也不得损坏查询设备。

第一百零二条 查询人可以查阅、抄录不动产登记资料。查询人要求复制不动产登记资料的，不动产登记机构应当提供复制。

查询人要求出具查询结果证明的，不动产登记机构应当出具查询结果证明。查询结果证明应注明查询目的及日期，并加盖不动产登记机构查询专用章。

第七章 法律责任

第一百零三条 不动产登记机构工作人员违反本实施细则规定，有下列行为之一，依法给予处分；构成犯罪的，依法追究刑事责任：

（一）对符合登记条件的登记申请不予登记，对不符合登记条件的登记申请予以登记；

（二）擅自复制、篡改、毁损、伪造不动产登记簿；

（三）泄露不动产登记资料、登记信息；

（四）无正当理由拒绝申请人查询、复制登记资料；

（五）强制要求权利人更换新的权属证书。

第一百零四条 当事人违反本实施细则规定，有下列行为之一，构成违反治安管理行为的，依法给予治安管理处罚；给他人造成损失的，依法承担赔偿责任；构成犯罪的，依法追究刑事责任：

（一）采用提供虚假材料等欺骗手段申请登记；

（二）采用欺骗手段申请查询、复制登记资料；

（三）违反国家规定，泄露不动产登记资料、登记信息；

（四）查询人遗失、拆散、调换、抽取、污损登记资料的；

（五）擅自将不动产登记资料带离查询场所、损坏查询设备的。

第八章 附 则

第一百零五条 本实施细则施行前，依法核发的各类不动产权属证书继续有效。不动产权利未发生变更、转移的，不动产登记机构不得强制要求不动产权利人更换不动产权属证书。

不动产登记过渡期内，农业部会同国土资源部等部门负责指导农村土地承包经营权的统一登记工作，按照农业部有关规定办理耕地的土地承包经营权登记。不动产登记过渡期后，由国土资源部负责指导农村土地承包经营权登记工作。

第一百零六条 不动产信托依法需要登记的，由国土资源部会同有关部门另行规定。

第一百零七条 军队不动产登记，其申请材料经军队不动产主管部门审核后，按照本实施细则规定办理。

第一百零八条 本实施细则自公布之日起施行。

中华人民共和国城乡规划法

（2007年10月28日第十届全国人民代表大会常务委员会第三十次会议通过　根据2015年4月24日中华人民共和国第十二届全国人民代表大会常务委员会第十四次会议《关于修改〈中华人民共和国港口法〉等七部法律的决定》修正）

第一章　总　　则

第一条　【立法宗旨】为了加强城乡规划管理，协调城乡空间布局，改善人居环境，促进城乡经济社会全面协调可持续发展，制定本法。

第二条　【城乡规划的制定和实施】制定和实施城乡规划，在规划区内进行建设活动，必须遵守本法。

本法所称城乡规划，包括城镇体系规划、城市规划、镇规划、乡规划和村庄规划。城市规划、镇规划分为总体规划和详细规划。详细规划分为控制性详细规划和修建性详细规划。

本法所称规划区，是指城市、镇和村庄的建成区以及因城乡建设和发展需要，必须实行规划控制的区域。规划区的具体范围由有关人民政府在组织编制的城市总体规划、镇总体规划、乡规划和村庄规划中，根据城乡经济社会发展水平和统筹城乡发展的需要划定。

第三条　【城乡建设活动与制定城乡规划关系】城市和镇应当依照本法制定城市规划和镇规划。城市、镇规划区内的建设活动应当符合规划要求。

县级以上地方人民政府根据本地农村经济社会发展水平，按照因地制宜、切实可行的原则，确定应当制定乡规划、村庄规划的区域。在确定区域内的乡、村庄，应当依照本法制定规划，规划区内的乡、村庄建设应当符合规划要求。

县级以上地方人民政府鼓励、指导前款规定以外的区域的乡、村庄制定和实施乡规划、村庄规划。

第四条　【城乡规划制定、实施原则】制定和实施城乡规划，应当遵循城乡统筹、合理布局、节约土地、集约发展和先规划后建设的原则，改善生态环境，促进资源、能源节约和综合利用，保护耕地等自然资源和历史文化遗产，保持地方特色、民族特色和传统风貌，防止污染和其他公害，并符合区域人口发展、国防建设、防灾减灾和公共卫生、公共安全的需要。

在规划区内进行建设活动，应当遵守土地管理、自然资源和环境保护等法律、法规的规定。

县级以上地方人民政府应当根据当地经济社会发展的实际，在城市总体规划、镇总体规划中合理确定城市、镇的发展规模、步骤和建设标准。

条文释义：编制城市规划，要妥善处理城乡关系，引导城镇化健康发展，体现布局合理、资源节约、环境友好的原则，保护自然与文化资源、体现城市特色，考虑城市安全和国防建设需要。编制城市规划，对涉及城市发展长期保障的资源利用和环境保护、区域协调发展、风景名胜资源管理、自然与文化遗产保护、公共安全和公众利益等方面的内容，应当确定为必须严格执行的强制性内容。

编制城市总体规划，应当以全国城镇体系规划、省域城镇体系规划以及其他上层次法定规划为依据，从区域经济社会发展的角度研究城市定位和发展战略，按照人口与产业、就业岗位的协调发展要求，控制人口规模、提高人口素质，按照有效配置公共资源、改善人居环境的要求，充分发挥中心城市的区域辐射和带动作用，合理确定城乡空间布局，促进区域经济社会全面、协调和可持续发展。

相关规定:《城市规划编制办法》第18-21条

第五条 【城乡规划与国民经济和社会发展规划、土地利用总体规划衔接】城市总体规划、镇总体规划以及乡规划和村庄规划的编制,应当依据国民经济和社会发展规划,并与土地利用总体规划相衔接。

条文释义:城市建设用地规模应当符合国家规定的标准,充分利用现有建设用地,不占或者尽量少占农用地。城市总体规划、村庄和集镇规划,应当与土地利用总体规划相衔接,城市总体规划、村庄和集镇规划中建设用地规模不得超过土地利用总体规划确定的城市和村庄、集镇建设用地规模。在城市规划区内、村庄和集镇规划区内,城市和村庄、集镇建设用地应当符合城市规划、村庄和集镇规划。

相关规定:《中华人民共和国土地管理法》第22条

第六条 【城乡规划经费保障】各级人民政府应当将城乡规划的编制和管理经费纳入本级财政预算。

第七条 【城乡规划修改】经依法批准的城乡规划,是城乡建设和规划管理的依据,未经法定程序不得修改。

第八条 【城乡规划公开公布】城乡规划组织编制机关应当及时公布经依法批准的城乡规划。但是,法律、行政法规规定不得公开的内容除外。

条文释义:行政机关对符合下列基本要求之一的政府信息应当主动公开:(1)涉及公民、法人或者其他组织切身利益的;(2)需要社会公众广泛知晓或者参与的;(3)反映本行政机关机构设置、职能、办事程序等情况的;(4)其他依照法律、法规和国家有关规定应当主动公开的。

地方各级人民政府要采取切实有效的措施,充实监督检查力量,强化城乡规划行政主管部门的监督检查职能,支持规划管理部门依法行政。要建立规划公示制度,经法定程序批准的总体规划和详细规划要依法向社会公布。城市人民政府应当每年向同级人民代表大会或其常务委员会报告城乡规划实施情况。要加强社会监督和舆论监督,建立违法案件举报制度,充分发挥宣传舆论工具的作用,增强全民的参与意识和监督意识。

相关规定:《中华人民共和国政府信息公开条例》第9条;《国务院关于加强城乡规划监督管理的通知》六

第九条 【单位和个人的权利义务】任何单位和个人都应当遵守经依法批准并公布的城乡规划,服从规划管理,并有权就涉及其利害关系的建设活动是否符合规划的要求向城乡规划主管部门查询。

任何单位和个人都有权向城乡规划主管部门或者其他有关部门举报或者控告违反城乡规划的行为。城乡规划主管部门或者其他有关部门对举报或者控告,应当及时受理并组织核查、处理。

第十条 【采用先进科学技术】国家鼓励采用先进的科学技术,增强城乡规划的科学性,提高城乡规划实施及监督管理的效能。

第十一条 【城乡规划管理体制】国务院城乡规划主管部门负责全国的城乡规划管理工作。

县级以上地方人民政府城乡规划主管部门负责本行政区域内的城乡规划管理工作。

第二章 城乡规划的制定

第十二条 【全国城镇体系规划制定】国务院城乡规划主管部门会同国务院有关部门组织编制全国城镇体系规划,用于指导省域城镇体系规划、城市总体规划的编制。

全国城镇体系规划由国务院城乡规划主管部门报国务院审批。

条文释义:[城镇体系规划]

一定地域范围内,以区域生产力合理布局和城镇职能分工为依据,确定不同人口规模等级和职能分工的城镇的分布和发展规划。

第十三条 【省域城镇体系规划制定】省、自治区人民政府组织编制省域城镇体系规划,报国务院审批。

省域城镇体系规划的内容应当包括:城镇空间布局和规模控制,重大基础设施的布局,为保护生态环境、资源等需要严格控制的区域。

条文释义:[省域城镇体系规划的审批]

省、自治区人民政府负责组织编制省域城镇体系规划。省、自治区人民政府城乡规划主管部门负责省域城镇体系规划组织编制的具体工作。省、自治区人民政府城乡规划主管部门应当委托具有城乡规划甲级资质证书的单位承担省域城镇体系规划的具体编制工作。国务院城乡规划主管部门应当加强对省域城镇体系规划编制工作的指导。在规划纲要编制和规划成果编制阶段,国务院城乡规划主管部门应当分别组织对规划纲要和规划成果进行审查,并出具审查意见。省域城镇体系规划报送审批前,省、自治区人民政府应当将规划成果予以公告,并征求专家和公众的意见。公告时间不得少于30日。上报国务院的规划成果应当附具省域城镇体系规划说明书、规划编制工作的说明、征求意见和意见采纳的情况、人大常务委员会组成人员的审议意见和根据审议意见修改规划的情况等。省域范围内的区域性专项规划和跨下一级行政单元的规划,报省、自治区人民政府审批。

[省域城镇体系规划的内容]

省域城镇体系规划编制工作一般分为编制省域城镇体系规划纲要(以下简称规划纲要)和编制省域城镇体系规划成果(以下简称规划成果)两个阶段。编制规划纲要的目的是综合评价省、自治区城镇化发展条件及对城乡空间布局的基本要求,分析研究省域相关规划和重大项目布局对城乡空间的影响,明确规划编制的原则和重点,研究提出城镇化目标和拟采取的对策和措施,为编制规划成果提供基础。编制规划纲要时,应当对影响本省、自治区城镇化和城镇发展的重大问题进行专题研究。省、自治区人民政府城乡规划主管部门应当对规划纲要和规划成果进行充分论证,并征求同级人民政府有关部门和下一级人民政府的意见。

[省域城镇体系规划纲要]

规划纲要应当包括下列内容:(1)分析评价现行省域城镇体系规划实施情况,明确规划编制原则、重点和应当解决的主要问题。(2)按照全国城镇体系规划的要求,提出本省、自治区在国家城镇化与区域协调发展中的地位和作用。(3)综合评价土地资源、水资源、能源、生态环境承载能力等城镇发展支撑条件和制约因素,提出城镇化进程中重要资源、能源合理利用与保护、生态环境保护和防灾减灾的要求。(4)综合分析经济社会发展目标和产业发展趋势、城乡人口流动和人口分布趋势、省域内城镇化和城镇发展的区域差异等影响本省、自治区城镇发展的主要因素,提出城镇化的目标、任务及要求。(5)按照城乡区域全面协调可持续发展的要求,综合考虑经济社会发展与人口资源环境条件,提出优化城乡空间格局的规划要求,包括省域城乡空间布局,城乡居民点体系和优化农村居民点布局的要求;提出省域综合交通和重大市政基础设施、公共设施布局的建议;提出需要从省域层面重点协调、引导的地区,以及需要与相邻省(自治区、直辖市)共同协调解决的重大基础设施布局等相关问题。(6)按照保护资源、生态环境和优化省域城乡空间布局的综合要求,研究提出适宜建设区、限制建设区、禁止建设区的划定原则和划定依据,明确限制建设区、禁止建设区的基本类型。

[省域城镇体系规划成果]

规划成果应当包括下列内容:(1)明确全省、自治区城乡统筹发展的总体要求。包括城镇化目标和战略,城镇化发展质量目标及相关指标,城镇化途径和相应的城镇协调发展政策和策略;城乡统筹发展目标、城乡结构变化趋势和规划策略;根据省、自治区内的区域差异提出分类指导的城镇化政策。(2)明确资源利用与资源生态环境保护的目标、要求和措施。包括土地资源、水资源、能源等的合理利用与保护,历史文化遗产的保护,地域传统文化特色的体现,生态环境保护。(3)明确省域城乡空间和规模控制要求。包括中心城市等级体系和空间布局;需要从省域层面重点协调、引导地区的定位及协调、引导措施;优化农村居民点布局的目标、原则和规划要求。(4)明确与城乡空间布局相协调的区域综合交通体系。包括省域综合交通发展目标、策略及综合交通设施与城乡空间布局协调的原则,省域综合交通网络和重要交通设施布局,综合交通枢纽城市及其规划要求。(5)明确城乡基础设施支撑体系。包括统筹城乡的区域重大基础设施和公共设施布局原则和规划要求,中心镇基础设施和基本公共设施的配置要求;农村居民点建设和环境综合整治的总体要求;综合防灾与重大公共安全保障体系的规划要求等。(6)明确空间开发管制要求。包括限制建设区、禁止建设区的区位和范围,提出管制要求和实现空间管制的措施,为省域内各市(县)在城市总体规划中划定"四线"等规划控制线提供依据。(7)明确对下层次城乡规划编制的要求。结合本省、自治区的实际情况,综合提出对各地区在城镇协调发展、城乡空间布局、资源生态环境保护、交通和基础设施布局、空间开发管制等方面的规划要求。(8)明确规划实施的政策措施。包括城乡统筹和城镇协调发展的政策;需要进一步深化落实的规划内容;规划实施的制度保障,规划实施的方法。省、自治区人民政府城乡规划主管部门根据本省、自治区实际,可以在省域城镇体系规划中提出与相邻省、自治区、直辖市的协调事项,近期行动计划等规划内容。必要时可以将本省、自治区分成若干区,深化和细化规划要求。

相关规定:《省域城镇体系规划编制审批办法》第二、三章

第十四条 【城市总体规划编制】城市人民政府组织编制城市总体规划。

直辖市的城市总体规划由直辖市人民政府报国务院审批。省、自治区人民政府所在地的城市以及国务院确定的城市的总体规划,由省、自治区人民政府审查同意后,报国务院审批。其他城市的总体规划,由城市人民政府报省、自治区人民政府审批。

条文释义:[城市总体规划]

对一定时期内城市性质、发展目标、发展规模、土地利用、空间布局以及各项建设的综合部署和实施措施。

[城市总体规划编制程序]

1. 前期工作。建设部要加强总体规划编制前期工作的指导,并根据实际工作需要适时组织部标联席会议有关组成部门对总体规划编制工作进行必要的协调和指导。有关城市人民政府在拟修编或调整总体规划之前,应就原总体规划执行情况,修编或调整的理由、范围,书面报告建设部,由建设部作出应属修编或调整的认定。总体规划纲要和文本初步成果完成后,建设部要会同有关省(自治区、直辖市)城市规划主管部门组织专家组按本规则规定的审查重点并结合当地具体情况进行调查和检查复核,提出审查意见。有关城市人民政府应按专家组的审查意见,进一步对总体规划纲要和文本进行修改完善。

2. 申报工作。有关城市人民政府根据有关的法律、法规组织编制城市总体规划,报经省、自治区人民政府审查同意后,由省、自治区人民政府报国务院审批。直辖市的城市总体规划由直辖市人民政府报国务院审批。各省、自治区、直辖市人民政府及有关城市人民政府要加强总体规划编制和审查工作的组织领导,并参照本规则制定相应的审查办法,充分发挥专家和相关部门的作用,切实

把好总体规划上报国务院审批前的审查关。总体规划申报材料包括:总体规划(含规划文本、附件、图纸)以及专家评审意见、省(自治区、直辖市)有关部门和军事部门的协调意见和省(自治区、直辖市)人民政府的审查意见。

3. 审查工作。建设部接国务院交办文件后,首先对申报的有关材料进行初步审核,对有关材料不齐全或内容不符合要求的,建设部可将其退回,补充完善后由有关省、自治区、直辖市人民政府另行上报。对有关材料基本符合要求的,应及时将有关材料分送部际联席会议组成部门征求意见。各部门应就与其管理职能相关的内容提出书面意见,并在材料送达之日起5周内将书面意见反馈建设部。逾期按无意见处理。建设部负责综合部际联席会议组成部门的意见并及时反馈给有关地方人民政府。有关地方人民政府应根据有关部门的意见,对总体规划及有关材料进行相应修改,不能采纳的,应作出必要的说明,并在材料送达之日起3周内将修改后的总体规划及有关材料和说明报建设部。建设部在做好前期工作的基础上,组织召开部际联席会议,协调有关部门和地方的意见,并对拟批复总体规划的城市的性质、布局、规模等主要内容进行审议。会议由部际联席会议组成部门、有关地方人民政府的代表及有关专家参加。工作周期一般为3周。建设部应预先向部际联席会议组成部门书面函告总体规划审查工作的进度和计划。

4. 报批工作。有关城市人民政府要根据部际联席会议的意见,对总体规划及有关材料抓紧进行修改完善后报建设部。建设部根据部际联席会议审议的意见,起草审查意见和批复代拟稿,与部际联席会议纪要、修改完善后的总体规划及有关材料一并报国务院。工作周期一般为3周。在总体规划审查过程中,有关方面意见如有重大分歧,经协商仍不能取得一致意见的,由建设部列出各方理据并提出处理意见报国务院。通常情况下,总体规划审查报批工作周期不超过5个月。

相关规定:《国务院办公厅关于批准建设部〈城市总体规划审查工作规则〉的通知》

第十五条 【镇总体规划编制】县人民政府组织编制县人民政府所在地镇的总体规划,报上一级人民政府审批。其他镇的总体规划由镇人民政府组织编制,报上一级人民政府审批。

条文释义:在县级以上地方人民政府城市规划行政主管部门指导下,建制镇规划由建制镇人民政府负责组织编制。建制镇在设市城市规划区内的,其规划应服从设市城市的总体规划。建制镇的总体规划报县级人民政府审批,详细规划报建制镇人民政府审批。

相关规定:《建制镇规划建设管理办法》第9、10条

第十六条 【各级人大常委会参与规划制定】省、自治区人民政府组织编制的省域城镇体系规划,城市、县人民政府组织编制的总体规划,在报上一级人民政府审批前,应当先经本级人民代表大会常务委员会审议,常务委员会组成人员的审议意见交由本级人民政府研究处理。

镇人民政府组织编制的镇总体规划,在报上一级人民政府审批前,应当先经镇人民代表大会审议,代表的审议意见交由本级人民政府研究处理。

规划的组织编制机关报送审批省域城镇体系规划、城市总体规划或者镇总体规划,应当将本级人民代表大会常务委员会组成人员或者镇人民代表大会代表的审议意见和根据审议意见修改规划的情况一并报送。

第十七条 【城市、镇总体规划内容和期限】城市总体规划、镇总体规划的内容应当包括:城市、镇的发展布局,功能分区,用地布局,综合交通体系,禁止、限制和适宜建设的地域范围,各类专项规划等。

规划区范围、规划区内建设用地规模、基础设施和公共服务设施用地、水源地和水系、基本农田和绿化用地、环境保护、自然与历史文化遗产保护以及防灾减灾等内容,应当作为城市总体规划、镇总体规划的强制性内容。

城市总体规划、镇总体规划的规划期限一般为二十年。城市总体规划还应当对城市更长远的

发展作出预测性安排。

条文释义:[城市总体规划的强制性内容]

城市总体规划的强制性内容包括:(1)城市规划区范围。(2)市域内应当控制开发的地域。包括:基本农田保护区,风景名胜区,湿地、水源保护区等生态敏感区,地下矿产资源分布地区。(3)城市建设用地。包括:规划期限内城市建设用地的发展规模,土地使用强度管制区划和相应的控制指标(建设用地面积、容积率、人口容量等);城市各类绿地的具体布局;城市地下空间开发布局。(4)城市基础设施和公共服务设施。包括:城市干道系统网络、城市轨道交通网络、交通枢纽布局;城市水源地及其保护区范围和其他重大市政基础设施;文化、教育、卫生、体育等方面主要公共服务设施的布局。(5)城市历史文化遗产保护。包括:历史文化保护的具体控制指标和规定;历史文化街区、历史建筑、重要地下文物埋藏区的具体位置和界线。(6)生态环境保护与建设目标,污染控制与治理措施。(7)城市防灾工程。包括:城市防洪标准、防洪堤走向;城市抗震与消防疏散通道;城市人防设施布局;地质灾害防护规定。

城市总体规划应当明确综合交通、环境保护、商业网点、医疗卫生、绿地系统、河湖水系、历史文化名城保护、地下空间、基础设施、综合防灾等专项规划的原则。

相关规定:《城市规划编制办法》第32、34条;《国务院关于加强城乡规划监督管理的通知》二

第十八条　【乡规划和村庄规划的内容】乡规划、村庄规划应当从农村实际出发,尊重村民意愿,体现地方和农村特色。

乡规划、村庄规划的内容应当包括:规划区范围,住宅、道路、供水、排水、供电、垃圾收集、畜禽养殖场所等农村生产、生活服务设施、公益事业等各项建设的用地布局、建设要求,以及对耕地等自然资源和历史文化遗产保护、防灾减灾等的具体安排。乡规划还应当包括本行政区域内的村庄发展布局。

条文释义:村庄、集镇规划的编制,应当以县域规划、农业区划、土地利用总体规划为依据,并同有关部门的专业规划相协调。县级人民政府组织编制的县域规划,应当包括村庄、集镇建设体系规划。编制村庄、集镇规划,一般分为村庄、集镇总体规划和村庄、集镇建设规划两个阶段。

村庄、集镇总体规划,是乡级行政区域内村庄和集镇布点规划及相应的各项建设的整体部署。村庄、集镇总体规划的主要内容包括:乡级行政区域的村庄、集镇布点,村庄和集镇的位置、性质、规模和发展方向,村庄和集镇的交通、供水、供电、邮电、商业、绿化等生产和生活服务设施的配置。

村庄、集镇建设规划,应当在村庄、集镇总体规划指导下,具体安排村庄、集镇的各项建设。集镇建设规划的主要内容包括:住宅、乡(镇)村企业、乡(镇)村公共设施、公益事业等各项建设的用地布局、用地规模,有关的技术经济指标,近期建设工程以及重点地段建设具体安排。村庄建设规划的主要内容,可以根据本地区经济发展水平,参照集镇建设规划的编制内容,主要对住宅和供水、供电、道路、绿化、环境卫生以及生产配套设施作出具体安排。村庄、集镇总体规划和集镇建设规划,须经乡级人民代表大会审查同意,由乡级人民政府报县级人民政府批准。

前述所称集镇,是指乡、民族乡人民政府所在地和经县级人民政府确认由集市发展而成的作为农村一定区域经济、文化和生活服务中心的非建制镇。村庄、集镇规划区,是指村庄、集镇建成区和因村庄、集镇建设及发展需要实行规划控制的区域。村庄、集镇规划区的具体范围,在村庄、集镇总体规划中划定。

相关规定:《村庄和集镇规划建设管理条例》第3、10－13条

第十九条　【城市控制性详细规划】城市人民政府城乡规划主管部门根据城市总体规划的要求,组织编制城市的控制性详细规划,经本级人民政府批准后,报本级人民代表大会常务委员会和上一级人民政府备案。

条文释义：［城市控制性详细规划的内容］

城市控制性详细规划主要是要确定建设地区的土地使用性质和使用强制的控制指标，道路和工程管线控制性位置以及空间环境控制的规划要求，它的具体内容应当包括：(1)确定规划范围内不同使用性质用地的界限，确定各类用地内适建、不适建或者有条件地允许建设的建筑类型。(2)确定各地块建筑高度、建筑密度、容积率、绿地率等控制指标；确定公共设施配套要求、交通出入口方位、停车泊位、建筑后退红线距离等要求。(3)提出各地块的建筑体量、体型、色彩等城市设计指导原则。(4)根据交通需求分析，确定地块出入口位置、停车泊位、公共交通场站用地范围和站点位置、步行交通以及其他交通设施。规定各级道路的红线、断面、交叉口形式及渠化措施、控制点坐标和标高。(5)根据规划建设容量，确定市政工程管线位置、管径和工程设施的用地界线，进行管线综合。确定地下空间开发利用具体要求。(6)制定相应的土地使用与建筑管理规定。控制性详细规划成果应当包括规划文本、图件和附件。图件由图纸和图则两部分组成，规划说明、基础资料和研究报告收入附件。

［城市控制性详细规划编制主体和编制依据］

城市控制性详细规划的组织编制主体是城市人民政府的城乡规划主管部门。编制城市控制性详细规划，应当依据已经依法批准的城市总体规划或分区规划，考虑相关专项规划的要求，对具体地块的土地利用和建设提出控制指标，作为建设主管部门（城乡规划主管部门）作出建设项目规划许可的依据。

［城市控制性详细规划中的强制性内容］

控制性详细规划确定的各地块的主要用途、建筑密度、建筑高度、容积率、绿地率、基础设施和公共服务设施配套规定应当作为强制性内容。

相关规定：《城市规划编制办法》第24、41、44条；《国务院关于加强城乡规划监督管理的通知》二

第二十条　【镇控制性详细规划】镇人民政府根据镇总体规划的要求，组织编制镇的控制性详细规划，报上一级人民政府审批。县人民政府所在地镇的控制性详细规划，由县人民政府城乡规划主管部门根据镇总体规划的要求组织编制，经县人民政府批准后，报本级人民代表大会常务委员会和上一级人民政府备案。

条文释义：［镇控制性详细规划的编制依据］

编制镇控制性详细规划的依据是镇总体规划，不得在控制性详细规划中改变或变相改变镇总体规划的内容。

［镇控制性详细规划的编制主体］

不同情况下，镇控制性详细规划的编制主体不同。具体来说，县人民政府所在地镇的控制性详细规划由县城乡规划主管部门组织编制。如果涉及县人民政府所在地镇人民政府的事项，县人民政府所在地镇人民政府也应当参与。其他镇的镇控制性详细规划则由镇人民政府组织编制。

［镇控制性详细规划的审批机关］

无论编制主体是镇人民政府还是县城乡规划主管部门，镇控制性详细规划的审批机关都是县级人民政府。需要区别的是，镇人民政府组织编制镇控制性详细规划的，报上一级人民政府审批，上一级人民政府可能是县人民政府，也可能是不设区的市人民政府，还可能是区人民政府；县城乡规划主管部门组织编制镇控制性详细规划的，审批机关一定是县人民政府。

第二十一条　【修建性详细规划】城市、县人民政府城乡规划主管部门和镇人民政府可以组织编制重要地块的修建性详细规划。修建性详细规划应当符合控制性详细规划。

条文释义：修建性详细规划主要是用以指导各项建筑和工程设施和施工的规划设计，它一般针

对的是某一具体地块,能够直接应用于指导建筑和工程施工,应当包括以下内容:(1)建设条件分析及综合技术经济论证;(2)建筑、道路和绿地等的空间布局和景观规划设计,布置总平面图;(3)对住宅、医院、学校和托幼等建筑进行日照分析;(4)根据交通影响分析,提出交通组织方案和设计;(5)市政工程管线规划设计和管线综合;(6)竖向规划设计;(7)估算工程量、拆迁量和总造价,分析投资效益。编制城市修建性详细规划,应当依据已经依法批准的控制性详细规划,对所在地块的建设提出具体的安排和设计。修建性详细规划成果应当包括规划说明书、图纸。

相关规定:《城市规划编制办法》第24、43、44条

第二十二条 【乡、村庄规划编制】乡、镇人民政府组织编制乡规划、村庄规划,报上一级人民政府审批。村庄规划在报送审批前,应当经村民会议或者村民代表会议讨论同意。

第二十三条 【首都总体规划和详细规划】首都的总体规划、详细规划应当统筹考虑中央国家机关用地布局和空间安排的需要。

第二十四条 【城乡规划编制单位】城乡规划组织编制机关应当委托具有相应资质等级的单位承担城乡规划的具体编制工作。

从事城乡规划编制工作应当具备下列条件,并经国务院城乡规划主管部门或者省、自治区、直辖市人民政府城乡规划主管部门依法审查合格,取得相应等级的资质证书后,方可在资质等级许可的范围内从事城乡规划编制工作:

(一)有法人资格;

(二)有规定数量的经相关行业协会注册的规划师;

(三)有规定数量的相关专业技术人员;

(四)有相应的技术装备;

(五)有健全的技术、质量、财务管理制度。

编制城乡规划必须遵守国家有关标准。

条文释义:本条第2款第2项是新修订的内容。将注册规划师的权力由国务院城乡规划主管部门下放到相关的行业协会,将使行业协会的专业性得到充分发挥,弱化政府的行政职能。

城市规划编制单位资质分为甲、乙、丙三级。

[甲级城市规划编制单位]

甲级城市规划编制单位资质标准:(1)有法人资格;(2)专业技术人员不少于40人,其中具有城乡规划专业高级技术职称的不少于4人,具有其他专业高级技术职称的不少于4人(建筑、道路交通、给排水专业各不少于1人);具有城乡规划专业中级技术职称的不少于8人,具有其他专业中级技术职称的不少于15人;(3)注册规划师不少于10人;(4)具备符合业务要求的计算机图形输入输出设备及软件;(5)有400平方米以上的固定工作场所,以及完善的技术、质量、财务管理制度。

甲级城市规划编制单位承担城市规划编制任务的范围不受限制。

[乙级城市规划编制单位]

乙级城市规划编制单位资质标准:(1)有法人资格;(2)专业技术人员不少于25人,其中具有城乡规划专业高级技术职称的不少于2人,具有高级建筑师不少于1人、具有高级工程师不少于1人;具有城乡规划专业中级技术职称的不少于5人,具有其他专业中级技术职称的不少于10人;(3)注册规划师不少于4人;(4)具备符合业务要求的计算机图形输入输出设备;(5)有200平方米以上的固定工作场所,以及完善的技术、质量、财务管理制度。

乙级城市规划编制单位可以在全国承担下列任务:(1)镇、20万现状人口以下城市总体规划的编制;(2)镇、登记注册所在地城市和100万现状人口以下城市相关专项规划的编制;(3)详细规划

的编制;(4)乡、村庄规划的编制;(5)建设工程项目规划选址的可行性研究。

[丙级城市规划编制单位]

丙级城市规划编制单位资质标准:(1)有法人资格;(2)专业技术人员不少于15人,其中具有城乡规划专业中级技术职称的不少于2人,具有其他专业中级技术职称的不少于4人;(3)注册规划师不少于1人;(4)专业技术人员配备计算机达80%;(5)有100平方米以上的固定工作场所,以及完善的技术、质量、财务管理制度。

丙级城市规划编制单位可以在全国承担下列任务:(1)镇总体规划(县人民政府所在地镇除外)的编制;(2)镇、登记注册所在地城市和20万现状人口以下城市的相关专项规划及控制性详细规划的编制;(3)修建性详细规划的编制;(4)乡、村庄规划的编制;(5)中、小型建设工程项目规划选址的可行性研究。

相关规定:《城乡规划编制单位资质管理规定》第6-14条

第二十五条 【城乡规划基础资料】编制城乡规划,应当具备国家规定的勘察、测绘、气象、地震、水文、环境等基础资料。

县级以上地方人民政府有关主管部门应当根据编制城乡规划的需要,及时提供有关基础资料。

第二十六条 【公众参与城乡规划编制】城乡规划报送审批前,组织编制机关应当依法将城乡规划草案予以公告,并采取论证会、听证会或者其他方式征求专家和公众的意见。公告的时间不得少于三十日。

组织编制机关应当充分考虑专家和公众的意见,并在报送审批的材料中附具意见采纳情况及理由。

第二十七条 【专家和有关部门参与城镇规划审批】省域城镇体系规划、城市总体规划、镇总体规划批准前,审批机关应当组织专家和有关部门进行审查。

第三章 城乡规划的实施

第二十八条 【政府实施城乡规划】地方各级人民政府应当根据当地经济社会发展水平,量力而行,尊重群众意愿,有计划、分步骤地组织实施城乡规划。

第二十九条 【城市、镇和乡、村庄建设和发展实施城乡规划】城市的建设和发展,应当优先安排基础设施以及公共服务设施的建设,妥善处理新区开发与旧区改建的关系,统筹兼顾进城务工人员生活和周边农村经济社会发展、村民生产与生活的需要。

镇的建设和发展,应当结合农村经济社会发展和产业结构调整,优先安排供水、排水、供电、供气、道路、通信、广播电视等基础设施和学校、卫生院、文化站、幼儿园、福利院等公共服务设施的建设,为周边农村提供服务。

乡、村庄的建设和发展,应当因地制宜、节约用地,发挥村民自治组织的作用,引导村民合理进行建设,改善农村生产、生活条件。

条文释义:[城市基础设施]

城市基础设施,一般是指城市生存和发展所必须具备的工程性基础设施和社会性基础设施的总称。比如,城市的供水、排水、道路、交通、供热、供电、供气、园林、绿化、环卫、防洪等都属于城市基础设施。

[公共服务设施]

公共服务设施,是指与城市居住人口规模相对应配建的、为居民服务和使用的各类设施,包括托儿所、幼儿园、小学、中学、粮店、菜店、副食店、服务站、储蓄所、邮政所、居委会、派出所等。

[新区开发]

新区开发，即城市新区开发，是指按照城市总体规划的部署和要求，在城市建成区之外的一定区域，进行集中的成片的、综合配套的开发建设活动。

[旧区改建]

旧区改建，是对城市中旧区改善和更新基础设施、调整城市结构、优化城市用地布局、保护城市历史风貌等的建设活动。

第三十条 【城市新区开发和建设实施城乡规划】城市新区的开发和建设，应当合理确定建设规模和时序，充分利用现有市政基础设施和公共服务设施，严格保护自然资源和生态环境，体现地方特色。

在城市总体规划、镇总体规划确定的建设用地范围以外，不得设立各类开发区和城市新区。

第三十一条 【旧城区改造实施城乡规划】旧城区的改建，应当保护历史文化遗产和传统风貌，合理确定拆迁和建设规模，有计划地对危房集中、基础设施落后等地段进行改建。

历史文化名城、名镇、名村的保护以及受保护建筑物的维护和使用，应当遵守有关法律、行政法规和国务院的规定。

条文释义：[历史文化遗产保护]

各地要按照文化遗产保护优先的原则，切实做好城市文化遗产的保护工作。历史文化保护区保护规划一经批准，应当报同级人民代表大会常务委员会备案。在历史文化保护区内的建设活动，必须就其必要性进行论证；其中拆除旧建筑和建设新建筑的，应当进行公示，听取公众意见，按程序审批，批准后报历史文化名城批准机关备案。

[国有土地上房屋征收]

对危房集中、基础设施落后等地段进行旧城区改建而确需征收房屋的各项建设活动，应当符合国民经济和社会发展规划、土地利用总体规划，城乡规划和专项规划。

[历史文化名城保护]

历史文化名城保护规划，要在充分研究城市发展历史和传统风貌基础上，正确处理现代化建设与历史文化保护的关系，明确保护原则和工作重点，划定历史街区和文物古迹保护范围及建设控制地带，制定严格的保护措施和控制要求，并纳入城市总体规划。

相关规定：《关于贯彻落实〈国务院关于加强城乡规划监督管理的通知〉的通知》四；《国有土地上房屋征收与补偿条例》第8、9条；《国务院办公厅关于加强和改进城乡规划工作的通知》二(五)

第三十二条 【城乡建设和发展实施城乡规划】城乡建设和发展，应当依法保护和合理利用风景名胜资源，统筹安排风景名胜区及周边乡、镇、村庄的建设。

风景名胜区的规划、建设和管理，应当遵守有关法律、行政法规和国务院的规定。

条文释义：[风景名胜区规划]

风景名胜区规划必须认真贯彻严格保护、永续利用的方针。要根据国家有关规定和风景名胜区的特点，按照生态保护和环境容量的要求，严格控制开发利用活动。在风景名胜区景区内不准规划建设宾馆、招待所、各类培训中心及休、疗养院所。各地区、各部门不得以任何名义和方式出让或变相出让风景名胜资源及其景区土地，不准在风景名胜区内设立各类开发区、度假区等；擅自进行开发建设的，要坚决予以纠正。国家重点风景名胜区内的重大建设项目规划和近期建设详细规划，由省级主管部门审查，报建设部批准后，方可实施。

相关规定：《国务院办公厅关于加强和改进城乡规划工作的通知》二(六)

第三十三条 【城市地下空间的开发和利用遵循的原则】城市地下空间的开发和利用，应当与经济和技术发展水平相适应,遵循统筹安排、综合开发、合理利用的原则,充分考虑防灾减灾、人民防空和通信等需要,并符合城市规划,履行规划审批手续。

第三十四条 【城市、县、镇人民政府制定近期建设规划】城市、县、镇人民政府应当根据城市总体规划、镇总体规划、土地利用总体规划和年度计划以及国民经济和社会发展规划,制定近期建设规划,报总体规划审批机关备案。

近期建设规划应当以重要基础设施、公共服务设施和中低收入居民住房建设以及生态环境保护为重点内容,明确近期建设的时序、发展方向和空间布局。近期建设规划的规划期限为五年。

条文释义:[城市近期建设规划]

近期建设规划的期限原则上应当与城市国民经济和社会发展规划的年限一致,并不得违背城市总体规划的强制性内容。近期建设规划到期时,应当依据城市总体规划组织编制新的近期建设规划。

近期建设规划的内容应当包括:(1)确定近期人口和建设用地规模,确定近期建设用地范围和布局;(2)确定近期交通发展策略,确定主要对外交通设施和主要道路交通设施布局;(3)确定各项基础设施、公共服务和公益设施的建设规模和选址;(4)确定近期居住用地安排和布局;(5)确定历史文化名城、历史文化街区、风景名胜区等的保护措施,城市河湖水系、绿化、环境等保护、整治和建设措施;(6)确定控制和引导城市近期发展的原则和措施。

近期建设规划的成果应当包括规划文本、图纸,以及包括相应说明的附件。在规划文本中应当明确表达规划的强制性内容。

相关规定:《城市规划编制办法》第35-37条

第三十五条 【禁止擅自改变城乡规划确定的重要用地用途】城乡规划确定的铁路、公路、港口、机场、道路、绿地、输配电设施及输电线路走廊、通信设施、广播电视设施、管道设施、河道、水库、水源地、自然保护区、防汛通道、消防通道、核电站、垃圾填埋场及焚烧厂、污水处理厂和公共服务设施的用地以及其他需要依法保护的用地,禁止擅自改变用途。

条文释义:按照《土地管理法》的规定,国家实行土地用途管制制度,使用土地的单位和个人必须严格按照土地利用总体规划确定的用途使用土地。《城乡规划法》确定的土地用途应执行《土地管理法》有关土地用途的规定。本条作出禁止性的规定,一方面是确保城乡规划的执行实施,另一方面也是同《土地管理法》相衔接。但是需要说明的是,本条强调的是"禁止擅自改变"。如果规划实施过程中确实需要改变的,依照法定程序进行改变。

第三十六条 【申请核发选址意见书】按照国家规定需要有关部门批准或者核准的建设项目,以划拨方式提供国有土地使用权的,建设单位在报送有关部门批准或者核准前,应当向城乡规划主管部门申请核发选址意见书。

前款规定以外的建设项目不需要申请选址意见书。

条文释义:[建设项目选址意见书的内容]

建设项目选址意见书应当包括下列内容:(1)建设项目的基本情况。主要是建设项目名称、性质,用地与建设规模,供水与能源的需求量,采取的运输方式与运输量,以及废水、废气、废渣的排放方式和排放量。(2)建设项目规划选址的主要依据。①经批准的项目建议书;②建设项目与城市规划布局的协调;③建设项目与城市交通、通讯、能源、市政、防灾规划的衔接与协调;④建设项目配套的生活设施与城市生活居住及公共设施规划的衔接与协调;⑤建设项目对于城市环境可能造成的污染影响,以及与城市环境保护规划和风景名胜、文物古迹保护规划的协调。(3)建设项目选址、用地范围和具体规划要求。

[建设项目选址意见书的管理]

建设项目选址意见书,按建设项目计划审批权限实行分级规划管理。县人民政府计划行政主管部门审批的建设项目,由县人民政府城市规划行政主管部门核发选址意见书;地级、县级市人民政府计划行政主管部门审批的建设项目,由该市人民政府城市规划行政主管部门核发选址意见书;直辖市、计划单列市人民政府计划行政主管部门审批的建设项目,由直辖市、计划单列市人民政府城市规划行政主管部门核发选址意见书;省、自治区人民政府计划行政主管部门审批的建设项目,由项目所在地县、市人民政府城市规划行政主管部门提出审查意见,报省、自治区人民政府城市规划行政主管部门核发选址意见书;中央各部门、公司审批的小型和限额以下的建设项目,由项目所在地县、市人民政府城市规划行政主管部门核发选址意见书;国家审批的大中型和限额以上的建设项目,由项目所在地县、市人民政府城市规划行政主管部门提出审查意见,报省、自治区、直辖市、计划单列市人民政府城市规划行政主管部门核发选址意见书,并报国务院城市规划行政主管部门备案。

相关规定:《建设项目选址规划管理办法》第6、7条

第三十七条 【划拨建设用地程序】在城市、镇规划区内以划拨方式提供国有土地使用权的建设项目,经有关部门批准、核准、备案后,建设单位应当向城市、县人民政府城乡规划主管部门提出建设用地规划许可申请,由城市、县人民政府城乡规划主管部门依据控制性详细规划核定建设用地的位置、面积、允许建设的范围,核发建设用地规划许可证。

建设单位在取得建设用地规划许可证后,方可向县级以上地方人民政府土地主管部门申请用地,经县级以上人民政府审批后,由土地主管部门划拨土地。

条文释义:[土地使用权划拨]

土地使用权划拨,是指县级以上人民政府依法批准,在土地使用者缴纳补偿、安置等费用后将该幅土地交付其使用,或者将土地使用权无偿交付给土地使用者使用的行为。以划拨方式取得土地使用权的,除法律、行政法规另有规定外,没有使用期限的限制。

[划拨用地申请程序]

建设项目可行性研究论证时,土地行政主管部门可以根据土地利用总体规划、土地利用年度计划和建设用地标准,对建设用地有关事项进行审查,并提出意见。经批准的建设项目需要使用国有建设用地的,建设单位应当持法律、行政法规规定的有关文件,向有批准权的县级以上人民政府土地行政主管部门提出建设用地申请,经土地行政主管部门审查,报本级人民政府批准。

[划拨用地的范围]

下列建设用地,经县级以上人民政府依法批准,可以以划拨方式取得:(1)国家机关用地和军事用地;(2)城市基础设施用地和公益事业用地;(3)国家重点扶持的能源、交通、水利等基础设施用地;(4)法律、行政法规规定的其他用地。

相关规定:《中华人民共和国城市房地产管理法》第23、24条;《中华人民共和国土地管理法》第52-54条

第三十八条 【国有土地使用权出让合同】在城市、镇规划区内以出让方式提供国有土地使用权的,在国有土地使用权出让前,城市、县人民政府城乡规划主管部门应当依据控制性详细规划,提出出让地块的位置、使用性质、开发强度等规划条件,作为国有土地使用权出让合同的组成部分。未确定规划条件的地块,不得出让国有土地使用权。

以出让方式取得国有土地使用权的建设项目,在签订国有土地使用权出让合同后,建设单位应当持建设项目的批准、核准、备案文件和国有土地使用权出让合同,向城市、县人民政府城乡规划主管部门领取建设用地规划许可证。

城市、县人民政府城乡规划主管部门不得在建设用地规划许可证中，擅自改变作为国有土地使用权出让合同组成部分的规划条件。

条文释义：[规划条件]

本条所称的规划条件，是指由城市、县人民政府城乡规划主管部门根据控制性规划提出的包括出让地块的位置、使用性质、开发强度等方面的要求。

[国有土地]

本条所称的国有土地，是指市、县城、建制镇、工矿区范围内属于国家所有的土地。

[国有土地使用权出让]

国有土地使用权出让，是指国家以土地所有者的身份将土地使用权在一定年限内让土地使用者使用，并由土地使用者向国家支付土地使用权出让金的行为。

[土地使用权出让合同]

本条所称土地使用权出让合同，是指市、县人民政府土地管理部门作为出让方将国有土地使用权在一定年限内让与受让方，受让方支付土地使用权出让金的协议。

相关规定：《建设部关于统一实行建设用地规划许可证和建设工程规划许可证的通知》一

第三十九条　【规划条件未纳入出让合同的法律后果】规划条件未纳入国有土地使用权出让合同的，该国有土地使用权出让合同无效；对未取得建设用地规划许可证的建设单位批准用地的，由县级以上人民政府撤销有关批准文件；占用土地的，应当及时退回；给当事人造成损失的，应当依法给予赔偿。

第四十条　【建设单位和个人领取建设工程规划许可证】在城市、镇规划区内进行建筑物、构筑物、道路、管线和其他工程建设的，建设单位或者个人应当向城市、县人民政府城乡规划主管部门或者省、自治区、直辖市人民政府确定的镇人民政府申请办理建设工程规划许可证。

申请办理建设工程规划许可证，应当提交使用土地的有关证明文件、建设工程设计方案等材料。需要建设单位编制修建性详细规划的建设项目，还应当提交修建性详细规划。对符合控制性详细规划和规划条件的，由城市、县人民政府城乡规划主管部门或者省、自治区、直辖市人民政府确定的镇人民政府核发建设工程规划许可证。

城市、县人民政府城乡规划主管部门或者省、自治区、直辖市人民政府确定的镇人民政府应当依法将经审定的修建性详细规划、建设工程设计方案的总平面图予以公布。

条文释义：[建设工程规划许可证]

所谓建设工程规划许可证，是指在城市、镇规划区内进行建筑物、构筑物、道路、管线和其他工程建设的建设单位或者个人依照规定，向城市、县人民政府规划主管部门或者省、自治区、直辖市人民政府确定的镇人民政府申请领取的建设工程的法律凭证。

申请建设工程规划许可证的一般程序：(1)凡在城市规划区内新建、扩建和改建建筑物、构筑物、道路、管线和其他工程设施的单位与个人，必须持有关批准文件向城市规划行政主管部门提出建设申请；(2)城市规划行政主管部门根据城市规划提出建设工程规划设计要求；(3)城市规划行政主管部门征求并综合协调有关行政主管部门对建设工程设计方案的意见，审定建设工程初步设计方案；(4)城市规划行政主管部门审核建设单位或个人提供的工程施工图后，核发建设工程规划许可证。

建设工程规划许可证所包括的附图和附件，按照建筑物、构筑物、道路、管线以及个人建房等不同要求，由发证单位根据法律、法规规定和实际情况制定。附图和附件是建设工程规划许可证的配套证件，具有同等法律效力。

建设工程规划许可证，设市城市由市人民政府城市规划行政主管部门核发；县人民政府所在地镇和其他建制镇,由县人民政府城市规划行政主管部门核发。

城市建设项目必须由规划部门就项目选址提出审查意见;没有规划部门的"建设用地规划许可证",土地部门不得提供土地;没有规划部门的"建设工程规划许可证",有关商业银行不得提供建设资金贷款。对建设单位、个人未取得建设用地规划许可证进行用地和项目建设,以及擅自改变规划用地性质、建设项目或扩大建设规模的,城市规划行政主管部门要采取措施坚决制止,并依法给予处罚;触犯刑律的,依法移交司法机关查处。

相关规定:《国务院关于加强城乡规划监督管理的通知》三、五;《建设部关于统一实行建设用地规划许可证和建设工程规划许可证的通知》二、三

第四十一条 【乡村建设规划许可证】在乡、村庄规划区内进行乡镇企业、乡村公共设施和公益事业建设的,建设单位或者个人应当向乡、镇人民政府提出申请,由乡、镇人民政府报城市、县人民政府城乡规划主管部门核发乡村建设规划许可证。

在乡、村庄规划区内使用原有宅基地进行农村村民住宅建设的规划管理办法,由省、自治区、直辖市制定。

在乡、村庄规划区内进行乡镇企业、乡村公共设施和公益事业建设以及农村村民住宅建设,不得占用农用地;确需占用农用地的,应当依照《中华人民共和国土地管理法》有关规定办理农用地转用审批手续后,由城市、县人民政府城乡规划主管部门核发乡村建设规划许可证。

建设单位或者个人在取得乡村建设规划许可证后,方可办理用地审批手续。

条文释义:[乡村建设规划许可证]

所谓乡村建设规划许可证,是指为了确保乡、村庄规划区内的建设用地符合规划的要求,维护乡镇企业、乡村公共设施和公益事业建设的建设单位或者个人按照规划使用土地的合法权益,建设单位或者个人依照法定程序向乡、镇人民政府提出申请,由乡、镇人民政府报城市、县人民政府城乡规划主管部门核发的由建设单位或者个人使用土地的法律凭证。申领乡村建设规划许可证需要具备以下条件:(1)在乡、村庄规划区内;(2)在乡、村庄规划区内进行乡镇企业、乡村公共设施和公益事业建设;(3)申请主体为建设单位或者个人。

[乡镇企业]

本条所称乡镇企业,是指以农村集体经济组织或者农民投资为主,在乡镇(包括所辖村)举办的承担支援农业义务的各类企业。

[乡村公共设施]

本条所称乡村公共设施,是指由人民政府、村民委员会、乡镇企业及其他企业事业单位、社会组织建设的用于乡村社会公众使用或享用的一些公共建筑设施。

[乡村公益事业建设]

本条所称的乡村公益事业建设,是指直接或者间接地为乡村经济、社会活动和乡村居民生产和生活服务的一些建设。

相关规定:《中华人民共和国土地管理法》第44条

第四十二条 【不得超出范围作出规划许可】城乡规划主管部门不得在城乡规划确定的建设用地范围以外作出规划许可。

第四十三条 【建设单位按照规划条件建设】建设单位应当按照规划条件进行建设;确需变更的,必须向城市、县人民政府城乡规划主管部门提出申请。变更内容不符合控制性详细规划的,城乡规划主管部门不得批准。城市、县人民政府城乡规划主管部门应当及时将依法变更后的规划条件通报同级土地主管部门并公示。

建设单位应当及时将依法变更后的规划条件报有关人民政府土地主管部门备案。

条文释义:建设单位使用国有土地的,应当按照土地使用权出让等有偿使用合同的约定或者土地使用权划拨批准文件的规定使用土地;确需改变该幅土地建设用途的,应当经有关人民政府土地行政主管部门同意,报原批准用地的人民政府批准。其中,在城市规划区内改变土地用途的,在报批前,应当先经有关城市规划行政主管部门同意。

相关规定:《中华人民共和国土地管理法》第56条

第四十四条　【临时建设】在城市、镇规划区内进行临时建设的,应当经城市、县人民政府城乡规划主管部门批准。临时建设影响近期建设规划或者控制性详细规划的实施以及交通、市容、安全等的,不得批准。

临时建设应当在批准的使用期限内自行拆除。

临时建设和临时用地规划管理的具体办法,由省、自治区、直辖市人民政府制定。

条文释义:[临时建设]

本条所称的临时建设,是指城市规划主管部门批准的在城市、镇规划区内建设的临时性使用并在限期内拆除的建筑物、构筑物及其他设施。

[临时用地]

本条所指的临时用地,是指在城市、镇规划区内进行临时建设时施工堆料、堆物或其他情况需要临时使用并按期收回的土地。在城市规划区内的临时用地,在报批前,应当先经有关城市规划行政主管部门同意。土地使用者应当根据土地权属,与有关土地行政主管部门或者农村集体经济组织、村民委员会签订临时使用土地合同,并按照合同的约定支付临时使用土地补偿费。临时使用土地的使用者应当按照临时使用土地合同约定的用途使用土地,并不得修建永久性建筑物。临时使用土地期限一般不超过2年。

相关规定:《中华人民共和国土地管理法》第57条;《建制镇规划建设管理办法》第17条

第四十五条　【城乡规划主管部门核实符合规划条件情况】县级以上地方人民政府城乡规划主管部门按照国务院规定对建设工程是否符合规划条件予以核实。未经核实或者经核实不符合规划条件的,建设单位不得组织竣工验收。

建设单位应当在竣工验收后六个月内向城乡规划主管部门报送有关竣工验收资料。

第四章　城乡规划的修改

第四十六条　【规划实施情况评估】省域城镇体系规划、城市总体规划、镇总体规划的组织编制机关,应当组织有关部门和专家定期对规划实施情况进行评估,并采取论证会、听证会或者其他方式征求公众意见。组织编制机关应当向本级人民代表大会常务委员会、镇人民代表大会和原审批机关提出评估报告并附具征求意见的情况。

条文释义:各级人民政府要对其审批规划的实施情况进行监督检查,认真查处和纠正各种违法违规行为。地方人民政府特别是城市人民政府每年要对规划实施情况,向同级人民代表大会常务委员会作出报告,同时报上级城乡规划行政主管部门备案。建设部要着重对经国务院批准的省域城镇体系规划、城市总体规划、国家重点风景名胜区规划的实施情况进行检查,查处违反规划的行为。

城市人民政府提出编制城市总体规划前,应当对现行城市总体规划以及各专项规划的实施情况进行总结,对基础设施的支撑能力和建设条件做出评价;针对存在问题和出现的新情况,从土地、水、能源和环境等城市长期的发展保障出发,依据全国城镇体系规划和省域城镇体系规划,着眼区域统筹和城乡统筹,对城市的定位、发展目标、城市功能和空间布局等战略问题进行前瞻性研究,作为城市总体规划编制的工作基础。

相关规定:《国务院办公厅关于加强和改进城乡规划工作的通知》三(六);《城市规划编制办法》第12条

第四十七条 【规划修改条件和程序】有下列情形之一的,组织编制机关方可按照规定的权限和程序修改省域城镇体系规划、城市总体规划、镇总体规划:

(一)上级人民政府制定的城乡规划发生变更,提出修改规划要求的;

(二)行政区划调整确需修改规划的;

(三)因国务院批准重大建设工程确需修改规划的;

(四)经评估确需修改规划的;

(五)城乡规划的审批机关认为应当修改规划的其他情形。

修改省域城镇体系规划、城市总体规划、镇总体规划前,组织编制机关应当对原规划的实施情况进行总结,并向原审批机关报告;修改涉及城市总体规划、镇总体规划强制性内容的,应当先向原审批机关提出专题报告,经同意后,方可编制修改方案。

修改后的省域城镇体系规划、城市总体规划、镇总体规划,应当依照本法第十三条、第十四条、第十五条和第十六条规定的审批程序报批。

条文释义:1. 修改省域城镇体系规划。经国务院同意批复的省域城镇体系规划具有法定效力,要切实维护规划的权威性和严肃性。要在认真总结规划实施绩效的基础上,科学有序地开展省域城镇体系规划的调整和修编工作。修编省域城镇体系规划需经住房和城乡建设部同意。修编省域城镇体系规划包括:城镇化发展目标和发展战略、城镇体系结构、城镇建设用地规模、空间开发管制等规划重大问题的变更;《建设部等九部委关于贯彻落实〈国务院关于加强城乡规划监督管理的通知〉的通知》规定的省域城镇体系规划强制性内容的变更。经省级人民政府同意后,由省(自治区)建设厅向住房和城乡建设部提出修编申请,说明现行规划执行情况、规划修编的必要性和修编重点,并附关于现行省域城镇体系规划实施绩效的评估报告。住房和城乡建设部将于20个工作日内研究提出答复意见。

2. 修改城市总体规划。城市总体规划调整,应当按规定向规划审批机关提出调整报告,经认定后依照法律规定组织调整。城市详细规划调整,应当取得规划批准机关的同意。规划调整方案,应当向社会公开,听取有关单位和公众的意见,并将有关意见的采纳结果公示。

3. 修改镇总体规划。任何组织和个人不得擅自改变已经批准的建制镇规划。确需修改时,由建制镇人民政府根据当地经济和社会发展需要进行调整,并报原审批机关审批。建设规划用地批准后,任何单位和个人不得随意改变土地使用性质和范围。如需改变土地使用性质和范围,必须重新履行规划审批手续。

相关规定:《建设部关于加强省域城镇体系规划调整和修编工作管理的通知》二;《城市规划编制办法》第17条;《建制镇规划建设管理办法》第11、15、16条

第四十八条 【修改程序性规划以及乡规划、村庄规划】修改控制性详细规划的,组织编制机关应当对修改的必要性进行论证,征求规划地段内利害关系人的意见,并向原审批机关提出专题报告,经原审批机关同意后,方可编制修改方案。修改后的控制性详细规划,应当依照本法第十九条、第二十条规定的审批程序报批。控制性详细规划修改涉及城市总体规划、镇总体规划的强制性内容的,应当先修改总体规划。

修改乡规划、村庄规划的,应当依照本法第二十二条规定的审批程序报批。

条文释义:根据社会经济发展需要,经乡级人民代表大会或者村民会议同意,乡级人民政府可以对村庄、集镇规划进行局部调整,并报县级人民政府备案。涉及村庄、集镇的性质、规模、发展方向和总体布局重大变更的,村庄、集镇总体规划和集镇建设规划,须经乡级人民代表大会审查同意,

由乡级人民政府报县级人民政府批准;村庄建设规划,须经村民会议讨论同意,由乡级人民政府报县级人民政府批准。

相关规定:《村庄和集镇规划建设管理条例》第14、15条

第四十九条 【修改近期建设规划报送备案】城市、县、镇人民政府修改近期建设规划的,应当将修改后的近期建设规划报总体规划审批机关备案。

条文释义:城市人民政府应当依据城市总体规划,组织制定近期建设规划;编制城市近期建设规划,应当依据已经依法批准的城市总体规划,明确近期内实施城市总体规划的重点和发展时序,确定城市近期发展方向、规模、空间布局、重要基础设施和公共服务设施选址安排,提出自然遗产与历史文化遗产的保护、城市生态环境建设与治理的措施。近期建设规划的期限原则上应当与城市国民经济和社会发展规划的年限一致,并不得违背城市总体规划的强制性内容。近期建设规划到期时,应当依据城市总体规划组织编制新的近期建设规划。

相关规定:《城市规划编制办法》第22、35、36条

第五十条 【修改规划或总平面图造成损失补偿】在选址意见书、建设用地规划许可证、建设工程规划许可证或者乡村建设规划许可证发放后,因依法修改城乡规划给被许可人合法权益造成损失的,应当依法给予补偿。

经依法审定的修建性详细规划、建设工程设计方案的总平面图不得随意修改;确需修改的,城乡规划主管部门应当采取听证会等形式,听取利害关系人的意见;因修改给利害关系人合法权益造成损失的,应当依法给予补偿。

相关规定:《中华人民共和国行政许可法》第46-48条

第五章 监督检查

第五十一条 【政府及城乡规划主管部门加强监督检查】县级以上人民政府及其城乡规划主管部门应当加强对城乡规划编制、审批、实施、修改的监督检查。

相关规定:《国务院关于加强城乡规划监督管理的通知》六

第五十二条 【政府向人大报告城乡规划实施情况】地方各级人民政府应当向本级人民代表大会常务委员会或者乡、镇人民代表大会报告城乡规划的实施情况,并接受监督。

第五十三条 【城乡规划主管部门检查职权和行为规范】县级以上人民政府城乡规划主管部门对城乡规划的实施情况进行监督检查,有权采取以下措施:

(一)要求有关单位和人员提供与监督事项有关的文件、资料,并进行复制;

(二)要求有关单位和人员就监督事项涉及的问题作出解释和说明,并根据需要进入现场进行勘测;

(三)责令有关单位和人员停止违反有关城乡规划的法律、法规的行为。

城乡规划主管部门的工作人员履行前款规定的监督检查职责,应当出示执法证件。被监督检查的单位和人员应当予以配合,不得妨碍和阻挠依法进行的监督检查活动。

第五十四条 【公开监督检查情况和处理结果】监督检查情况和处理结果应当依法公开,供公众查阅和监督。

条文释义:有关政府及其主管部门应当重点公开下列政府信息:国民经济和社会发展规划、专项规划、区域规划及相关政策;行政许可的事项、依据、条件、数量、程序、期限以及申请行政许可需要提交的全部材料目录及办理情况;乡镇土地利用总体规划、宅基地使用的审核情况等。行政机关应当将主动公开的政府信息,通过政府公报、政府网站、新闻发布会以及报刊、广播、电视等便于公

众知晓的方式公开。

第五十五条　【城乡规划主管部门提出处分建议】城乡规划主管部门在查处违反本法规定的行为时，发现国家机关工作人员依法应当给予行政处分的，应当向其任免机关或者监察机关提出处分建议。

第五十六条　【上级城乡规划主管部门的建议处罚权】依照本法规定应当给予行政处罚，而有关城乡规划主管部门不给予行政处罚的，上级人民政府城乡规划主管部门有权责令其作出行政处罚决定或者建议有关人民政府责令其给予行政处罚。

第五十七条　【上级城乡规划主管部门责令撤销许可、赔偿损失权】城乡规划主管部门违反本法规定作出行政许可的，上级人民政府城乡规划主管部门有权责令其撤销或者直接撤销该行政许可。因撤销行政许可给当事人合法权益造成损失的，应当依法给予赔偿。

条文释义：［撤销行政许可的情形］

根据《行政许可法》第69条规定，有下列情形之一的，作出行政许可决定的行政机关或者其上级行政机关，根据利害关系人的请求或者依据职权，可以撤销行政许可：(1)行政机关工作人员滥用职权、玩忽职守作出准予行政许可决定的；(2)超越法定职权作出准予行政许可决定的；(3)违反法定程序作出准予行政许可决定的；(4)对不具备申请资格或者不符合法定条件的申请人准予行政许可的；(5)依法可以撤销行政许可的其他情形。被许可人以欺骗、贿赂等不正当手段取得行政许可的，应当予以撤销。依照前述规定撤销行政许可，可能对公共利益造成重大损害的，不予撤销。

依照第1款的规定撤销行政许可，被许可人的合法权益受到损害的，行政机关应当依法给予赔偿。依照第2款的规定撤销行政许可的，被许可人基于行政许可取得的利益不受保护。

相关规定：《中华人民共和国行政许可法》第69、71、76条

第六章　法律责任

第五十八条　【编制、审批、修改城乡规划玩忽职守的法律责任】对依法应当编制城乡规划而未组织编制，或者未按法定程序编制、审批、修改城乡规划的，由上级人民政府责令改正，通报批评；对有关人民政府负责人和其他直接责任人员依法给予处分。

第五十九条　【委托不合格单位编制城乡规划的法律责任】城乡规划组织编制机关委托不具有相应资质等级的单位编制城乡规划的，由上级人民政府责令改正，通报批评；对有关人民政府负责人和其他直接责任人员依法给予处分。

第六十条　【城乡规划主管部门违法行为的法律责任】镇人民政府或者县级以上人民政府城乡规划主管部门有下列行为之一的，由本级人民政府、上级人民政府城乡规划主管部门或者监察机关依据职权责令改正，通报批评；对直接负责的主管人员和其他直接责任人员依法给予处分：

（一）未依法组织编制城市的控制性详细规划、县人民政府所在地镇的控制性详细规划的；

（二）超越职权或者对不符合法定条件的申请人核发选址意见书、建设用地规划许可证、建设工程规划许可证、乡村建设规划许可证的；

（三）对符合法定条件的申请人未在法定期限内核发选址意见书、建设用地规划许可证、建设工程规划许可证、乡村建设规划许可证的；

（四）未依法对经审定的修建性详细规划、建设工程设计方案的总平面图予以公布的；

（五）同意修改修建性详细规划、建设工程设计方案的总平面图前未采取听证会等形式听取利害关系人的意见的；

（六）发现未依法取得规划许可或者违反规划许可的规定在规划区内进行建设的行为，而不予

查处或者接到举报后不依法处理的。

第六十一条 【县级以上人民政府有关部门的法律责任】县级以上人民政府有关部门有下列行为之一的，由本级人民政府或者上级人民政府有关部门责令改正，通报批评；对直接负责的主管人员和其他直接责任人员依法给予处分：

（一）对未依法取得选址意见书的建设项目核发建设项目批准文件的；

（二）未依法在国有土地使用权出让合同中确定规划条件或者改变国有土地使用权出让合同中依法确定的规划条件的；

（三）对未依法取得建设用地规划许可证的建设单位划拨国有土地使用权的。

第六十二条 【城乡规划编制单位违法的法律责任】城乡规划编制单位有下列行为之一的，由所在地城市、县人民政府城乡规划主管部门责令限期改正，处合同约定的规划编制费一倍以上二倍以下的罚款；情节严重的，责令停业整顿，由原发证机关降低资质等级或者吊销资质证书；造成损失的，依法承担赔偿责任：

（一）超越资质等级许可的范围承揽城乡规划编制工作的；

（二）违反国家有关标准编制城乡规划的。

未依法取得资质证书承揽城乡规划编制工作的，由县级以上地方人民政府城乡规划主管部门责令停止违法行为，依照前款规定处以罚款；造成损失的，依法承担赔偿责任。

以欺骗手段取得资质证书承揽城乡规划编制工作的，由原发证机关吊销资质证书，依照本条第一款规定处以罚款；造成损失的，依法承担赔偿责任。

第六十三条 【城乡规划编制单位不符合资质的处理】城乡规划编制单位取得资质证书后，不再符合相应的资质条件的，由原发证机关责令限期改正；逾期不改正的，降低资质等级或者吊销资质证书。

第六十四条 【违规建设的法律责任】未取得建设工程规划许可证或者未按照建设工程规划许可证的规定进行建设的，由县级以上地方人民政府城乡规划主管部门责令停止建设；尚可采取改正措施消除对规划实施的影响的，限期改正，处建设工程造价百分之五以上百分之十以下的罚款；无法采取改正措施消除影响的，限期拆除，不能拆除的，没收实物或者违法收入，可以并处建设工程造价百分之十以下的罚款。

条文释义：［违规建设］

所谓违规建设，是指建设单位或者个人未取得建设工程规划许可证或者未按照建设工程规划许可证的规定进行建设的行为。

第六十五条 【违规进行乡村建设的法律责任】在乡、村庄规划区内未依法取得乡村建设规划许可证或者未按照乡村建设规划许可证的规定进行建设的，由乡、镇人民政府责令停止建设、限期改正；逾期不改正的，可以拆除。

条文释义：乡村建设主要分为两大类：一是在乡、村规划区内进行乡镇企业、乡村公共设施和公益事业建设；二是乡村村民住宅建设。根据本法的规定，在乡、村规划区内进行乡镇企业、乡村公共设施和公益事业建设的，建设单位或者个人应当向乡、镇人民政府提出申请，由乡、镇人民政府报城市、县人民政府城乡规划主管部门核发乡村建设规划许可证。而村民住宅建设的规划管理，需要由各省、自治区、直辖市制定。如果建设单位或个人，在乡规划和村庄规划区内未依法取得乡村建设规划许可证或者未按照乡村建设规划许可证规定进行建设的，由乡、镇人民政府责令停止建设、限期改正；逾期不改正的，可以拆除。决定拆除的，如果当事人不停止建设或者逾期不拆除的，建设工程所在地县级以上人民政府可以责成有关部门采取查封施工现场、强制拆除等措施。

第六十六条 【违规进行临时建设的法律责任】建设单位或者个人有下列行为之一的，由所在

地城市、县人民政府城乡规划主管部门责令限期拆除,可以并处临时建设工程造价一倍以下的罚款:

(一)未经批准进行临时建设的;

(二)未按照批准内容进行临时建设的;

(三)临时建筑物、构筑物超过批准期限不拆除的。

第六十七条 【建设单位竣工未报送验收材料的法律责任】建设单位未在建设工程竣工验收后六个月内向城乡规划主管部门报送有关竣工验收资料的,由所在地城市、县人民政府城乡规划主管部门责令限期补报;逾期不补报的,处一万元以上五万元以下的罚款。

第六十八条 【查封施工现场、强制拆除措施】城乡规划主管部门作出责令停止建设或者限期拆除的决定后,当事人不停止建设或者逾期不拆除的,建设工程所在地县级以上地方人民政府可以责成有关部门采取查封施工现场、强制拆除等措施。

条文释义:[有关部门]

本条中的"有关部门"是指具有执法权的部门,如人民法院执法部门以及公安部门。

第六十九条 【刑事责任】违反本法规定,构成犯罪的,依法追究刑事责任。

相关规定:《中华人民共和国刑法》第三、九章

第七章 附 则

第七十条 【实施日期】本法自2008年1月1日起施行。《中华人民共和国城市规划法》同时废止。

不动产登记暂行条例

(2014年11月24日中华人民共和国国务院令第656号公布 自2015年3月1日起施行)

第一章 总 则

第一条 为整合不动产登记职责,规范登记行为,方便群众申请登记,保护权利人合法权益,根据《中华人民共和国物权法》等法律,制定本条例。

第二条 本条例所称不动产登记,是指不动产登记机构依法将不动产权利归属和其他法定事项记载于不动产登记簿的行为。

本条例所称不动产,是指土地、海域以及房屋、林木等定着物。

第三条 不动产首次登记、变更登记、转移登记、注销登记、更正登记、异议登记、预告登记、查封登记等,适用本条例。

第四条 国家实行不动产统一登记制度。

不动产登记遵循严格管理、稳定连续、方便群众的原则。

不动产权利人已经依法享有的不动产权利,不因登记机构和登记程序的改变而受到影响。

第五条 下列不动产权利,依照本条例的规定办理登记:

(一)集体土地所有权;

(二)房屋等建筑物、构筑物所有权;

(三)森林、林木所有权;

（四）耕地、林地、草地等土地承包经营权；
（五）建设用地使用权；
（六）宅基地使用权；
（七）海域使用权；
（八）地役权；
（九）抵押权；
（十）法律规定需要登记的其他不动产权利。

第六条 国务院国土资源主管部门负责指导、监督全国不动产登记工作。

县级以上地方人民政府应当确定一个部门为本行政区域的不动产登记机构，负责不动产登记工作，并接受上级人民政府不动产登记主管部门的指导、监督。

第七条 不动产登记由不动产所在地的县级人民政府不动产登记机构办理；直辖市、设区的市人民政府可以确定本级不动产登记机构统一办理所属各区的不动产登记。

跨县级行政区域的不动产登记，由所跨县级行政区域的不动产登记机构分别办理。不能分别办理的，由所跨县级行政区域的不动产登记机构协商办理；协商不成的，由共同的上一级人民政府不动产登记主管部门指定办理。

国务院确定的重点国有林区的森林、林木和林地，国务院批准项目用海、用岛，中央国家机关使用的国有土地等不动产登记，由国务院国土资源主管部门会同有关部门规定。

第二章 不动产登记簿

第八条 不动产以不动产单元为基本单位进行登记。不动产单元具有唯一编码。

不动产登记机构应当按照国务院国土资源主管部门的规定设立统一的不动产登记簿。

不动产登记簿应当记载以下事项：

（一）不动产的坐落、界址、空间界限、面积、用途等自然状况；
（二）不动产权利的主体、类型、内容、来源、期限、权利变化等权属状况；
（三）涉及不动产权利限制、提示的事项；
（四）其他相关事项。

第九条 不动产登记簿应当采用电子介质，暂不具备条件的，可以采用纸质介质。不动产登记机构应当明确不动产登记簿唯一、合法的介质形式。

不动产登记簿采用电子介质的，应当定期进行异地备份，并具有唯一、确定的纸质转化形式。

第十条 不动产登记机构应当依法将各类登记事项准确、完整、清晰地记载于不动产登记簿。任何人不得损毁不动产登记簿，除依法予以更正外不得修改登记事项。

第十一条 不动产登记工作人员应当具备与不动产登记工作相适应的专业知识和业务能力。

不动产登记机构应当加强对不动产登记工作人员的管理和专业技术培训。

第十二条 不动产登记机构应当指定专人负责不动产登记簿的保管，并建立健全相应的安全责任制度。

采用纸质介质不动产登记簿的，应当配备必要的防盗、防火、防渍、防有害生物等安全保护设施。

采用电子介质不动产登记簿的，应当配备专门的存储设施，并采取信息网络安全防护措施。

第十三条 不动产登记簿由不动产登记机构永久保存。不动产登记簿损毁、灭失的，不动产登记机构应当依据原有登记资料予以重建。

行政区域变更或者不动产登记机构职能调整的，应当及时将不动产登记簿移交相应的不动产登记机构。

第三章　登 记 程 序

第十四条　因买卖、设定抵押权等申请不动产登记的，应当由当事人双方共同申请。

属于下列情形之一的，可以由当事人单方申请：

（一）尚未登记的不动产首次申请登记的；

（二）继承、接受遗赠取得不动产权利的；

（三）人民法院、仲裁委员会生效的法律文书或者人民政府生效的决定等设立、变更、转让、消灭不动产权利的；

（四）权利人姓名、名称或者自然状况发生变化，申请变更登记的；

（五）不动产灭失或者权利人放弃不动产权利，申请注销登记的；

（六）申请更正登记或者异议登记的；

（七）法律、行政法规规定可以由当事人单方申请的其他情形。

第十五条　当事人或者其代理人应当到不动产登记机构办公场所申请不动产登记。

不动产登记机构将申请登记事项记载于不动产登记簿前，申请人可以撤回登记申请。

第十六条　申请人应当提交下列材料，并对申请材料的真实性负责：

（一）登记申请书；

（二）申请人、代理人身份证明材料、授权委托书；

（三）相关的不动产权属来源证明材料、登记原因证明文件、不动产权属证书；

（四）不动产界址、空间界限、面积等材料；

（五）与他人利害关系的说明材料；

（六）法律、行政法规以及本条例实施细则规定的其他材料。

不动产登记机构应当在办公场所和门户网站公开申请登记所需材料目录和示范文本等信息。

第十七条　不动产登记机构收到不动产登记申请材料，应当分别按照下列情况办理：

（一）属于登记职责范围，申请材料齐全、符合法定形式，或者申请人按照要求提交全部补正申请材料的，应当受理并书面告知申请人；

（二）申请材料存在可以当场更正的错误的，应当告知申请人当场更正，申请人当场更正后，应当受理并书面告知申请人；

（三）申请材料不齐全或者不符合法定形式的，应当当场书面告知申请人不予受理并一次性告知需要补正的全部内容；

（四）申请登记的不动产不属于本机构登记范围的，应当当场书面告知申请人不予受理并告知申请人向有登记权的机构申请。

不动产登记机构未当场书面告知申请人不予受理的，视为受理。

第十八条　不动产登记机构受理不动产登记申请的，应当按照下列要求进行查验：

（一）不动产界址、空间界限、面积等材料与申请登记的不动产状况是否一致；

（二）有关证明材料、文件与申请登记的内容是否一致；

（三）登记申请是否违反法律、行政法规规定。

第十九条　属于下列情形之一的，不动产登记机构可以对申请登记的不动产进行实地查看：

（一）房屋等建筑物、构筑物所有权首次登记；

（二）在建建筑物抵押权登记；

（三）因不动产灭失导致的注销登记；

（四）不动产登记机构认为需要实地查看的其他情形。

对可能存在权属争议，或者可能涉及他人利害关系的登记申请，不动产登记机构可以向申请人、利害关系人或者有关单位进行调查。

不动产登记机构进行实地查看或者调查时，申请人、被调查人应当予以配合。

第二十条 不动产登记机构应当自受理登记申请之日起30个工作日内办结不动产登记手续，法律另有规定的除外。

第二十一条 登记事项自记载于不动产登记簿时完成登记。

不动产登记机构完成登记，应当依法向申请人核发不动产权属证书或者登记证明。

第二十二条 登记申请有下列情形之一的，不动产登记机构应当不予登记，并书面告知申请人：

（一）违反法律、行政法规规定的；

（二）存在尚未解决的权属争议的；

（三）申请登记的不动产权利超过规定期限的；

（四）法律、行政法规规定不予登记的其他情形。

第四章 登记信息共享与保护

第二十三条 国务院国土资源主管部门应当会同有关部门建立统一的不动产登记信息管理基础平台。

各级不动产登记机构登记的信息应当纳入统一的不动产登记信息管理基础平台，确保国家、省、市、县四级登记信息的实时共享。

第二十四条 不动产登记有关信息与住房城乡建设、农业、林业、海洋等部门审批信息、交易信息等应当实时互通共享。

不动产登记机构能够通过实时互通共享取得的信息，不得要求不动产登记申请人重复提交。

第二十五条 国土资源、公安、民政、财政、税务、工商、金融、审计、统计等部门应当加强不动产登记有关信息互通共享。

第二十六条 不动产登记机构、不动产登记信息共享单位及其工作人员应当对不动产登记信息保密；涉及国家秘密的不动产登记信息，应当依法采取必要的安全保密措施。

第二十七条 权利人、利害关系人可以依法查询、复制不动产登记资料，不动产登记机构应当提供。

有关国家机关可以依照法律、行政法规的规定查询、复制与调查处理事项有关的不动产登记资料。

第二十八条 查询不动产登记资料的单位、个人应当向不动产登记机构说明查询目的，不得将查询获得的不动产登记资料用于其他目的；未经权利人同意，不得泄露查询获得的不动产登记资料。

第五章 法律责任

第二十九条 不动产登记机构登记错误给他人造成损害，或者当事人提供虚假材料申请登记给他人造成损害的，依照《中华人民共和国物权法》的规定承担赔偿责任。

第三十条 不动产登记机构工作人员进行虚假登记，损毁、伪造不动产登记簿，擅自修改登记事项，或者有其他滥用职权、玩忽职守行为的，依法给予处分；给他人造成损害的，依法承担赔偿责任；构成犯罪的，依法追究刑事责任。

第三十一条 伪造、变造不动产权属证书、不动产登记证明，或者买卖、使用伪造、变造的不动产权属证书、不动产登记证明的，由不动产登记机构或者公安机关依法予以收缴；有违法所得的，没收违法所得；给他人造成损害的，依法承担赔偿责任；构成违反治安管理行为的，依法给予治安管理处罚;构成犯罪的,依法追究刑事责任。

第三十二条 不动产登记机构、不动产登记信息共享单位及其工作人员,查询不动产登记资料的单位或者个人违反国家规定,泄露不动产登记资料、登记信息,或者利用不动产登记资料、登记信息进行不正当活动,给他人造成损害的,依法承担赔偿责任;对有关责任人员依法给予处分;有关责任人员构成犯罪的,依法追究刑事责任。

第六章 附 则

第三十三条 本条例施行前依法颁发的各类不动产权属证书和制作的不动产登记簿继续有效。

不动产统一登记过渡期内,农村土地承包经营权的登记按照国家有关规定执行。

第三十四条 本条例实施细则由国务院国土资源主管部门会同有关部门制定。

第三十五条 本条例自2015年3月1日起施行。本条例施行前公布的行政法规有关不动产登记的规定与本条例规定不一致的,以本条例规定为准。

国有土地上房屋征收评估办法

(2011年6月3日 建房〔2011〕77号)

第一条 为规范国有土地上房屋征收评估活动,保证房屋征收评估结果客观公平,根据《国有土地上房屋征收与补偿条例》,制定本办法。

第二条 评估国有土地上被征收房屋和用于产权调换房屋的价值,测算被征收房屋类似房地产的市场价格,以及对相关评估结果进行复核评估和鉴定,适用本办法。

第三条 房地产价格评估机构、房地产估价师、房地产价格评估专家委员会(以下称评估专家委员会)成员应当独立、客观、公正地开展房屋征收评估、鉴定工作,并对出具的评估、鉴定意见负责。

任何单位和个人不得干预房屋征收评估、鉴定活动。与房屋征收当事人有利害关系的,应当回避。

第四条 房地产价格评估机构由被征收人在规定时间内协商选定;在规定时间内协商不成的,由房屋征收部门通过组织被征收人按照少数服从多数的原则投票决定,或者采取摇号、抽签等随机方式确定。具体办法由省、自治区、直辖市制定。

房地产价格评估机构不得采取迎合征收当事人不当要求、虚假宣传、恶意低收费等不正当手段承揽房屋征收评估业务。

第五条 同一征收项目的房屋征收评估工作,原则上由一家房地产价格评估机构承担。房屋征收范围较大的,可以由两家以上房地产价格评估机构共同承担。

两家以上房地产价格评估机构承担的,应当共同协商确定一家房地产价格评估机构为牵头单位;牵头单位应当组织相关房地产价格评估机构就评估对象、评估时点、价值内涵、评估依据、评估假设、评估原则、评估技术路线、评估方法、重要参数选取、评估结果确定方式等进行沟通,统一标准。

第六条 房地产价格评估机构选定或者确定后,一般由房屋征收部门作为委托人,向房地产价格评估机构出具房屋征收评估委托书,并与其签订房屋征收评估委托合同。

房屋征收评估委托书应当载明委托人的名称、委托的房地产价格评估机构的名称、评估目的、评估对象范围、评估要求以及委托日期等内容。

房屋征收评估委托合同应当载明下列事项：

（一）委托人和房地产价格评估机构的基本情况；

（二）负责本评估项目的注册房地产估价师；

（三）评估目的、评估对象、评估时点等评估基本事项；

（四）委托人应提供的评估所需资料；

（五）评估过程中双方的权利和义务；

（六）评估费用及收取方式；

（七）评估报告交付时间、方式；

（八）违约责任；

（九）解决争议的方法；

（十）其他需要载明的事项。

第七条　房地产价格评估机构应当指派与房屋征收评估项目工作量相适应的足够数量的注册房地产估价师开展评估工作。

房地产价格评估机构不得转让或者变相转让受托的房屋征收评估业务。

第八条　被征收房屋价值评估目的应当表述为“为房屋征收部门与被征收人确定被征收房屋价值的补偿提供依据，评估被征收房屋的价值”。

用于产权调换房屋价值评估目的应当表述为“为房屋征收部门与被征收人计算被征收房屋价值与用于产权调换房屋价值的差价提供依据，评估用于产权调换房屋的价值”。

第九条　房屋征收评估前，房屋征收部门应当组织有关单位对被征收房屋情况进行调查，明确评估对象。评估对象应当全面、客观，不得遗漏、虚构。

房屋征收部门应当向受托的房地产价格评估机构提供征收范围内房屋情况，包括已经登记的房屋情况和未经登记建筑的认定、处理结果情况。调查结果应当在房屋征收范围内向被征收人公布。

对于已经登记的房屋，其性质、用途和建筑面积，一般以房屋权属证书和房屋登记簿的记载为准；房屋权属证书与房屋登记簿的记载不一致的，除有证据证明房屋登记簿确有错误外，以房屋登记簿为准。对于未经登记的建筑，应当按照市、县级人民政府的认定、处理结果进行评估。

第十条　被征收房屋价值评估时点为房屋征收决定公告之日。

用于产权调换房屋价值评估时点应当与被征收房屋价值评估时点一致。

第十一条　被征收房屋价值是指被征收房屋及其占用范围内的土地使用权在正常交易情况下，由熟悉情况的交易双方以公平交易方式在评估时点自愿进行交易的金额，但不考虑被征收房屋租赁、抵押、查封等因素的影响。

前款所述不考虑租赁因素的影响，是指评估被征收房屋无租约限制的价值；不考虑抵押、查封因素的影响，是指评估价值中不扣除被征收房屋已抵押担保的债权数额、拖欠的建设工程价款和其他法定优先受偿款。

第十二条　房地产价格评估机构应当安排注册房地产估价师对被征收房屋进行实地查勘，调查被征收房屋状况，拍摄反映被征收房屋内外部状况的照片等影像资料，做好实地查勘记录，并妥善保管。

被征收人应当协助注册房地产估价师对被征收房屋进行实地查勘，提供或者协助搜集被征收房屋价值评估所必需的情况和资料。

房屋征收部门、被征收人和注册房地产估价师应当在实地查勘记录上签字或者盖章确认。被征收人拒绝在实地查勘记录上签字或者盖章的，应当由房屋征收部门、注册房地产估价师和无利害关系的第三人见证，有关情况应当在评估报告中说明。

第十三条 注册房地产估价师应当根据评估对象和当地房地产市场状况，对市场法、收益法、成本法、假设开发法等评估方法进行适用性分析后，选用其中一种或者多种方法对被征收房屋价值进行评估。

被征收房屋的类似房地产有交易的，应当选用市场法评估；被征收房屋或者其类似房地产有经济收益的，应当选用收益法评估；被征收房屋是在建工程的，应当选用假设开发法评估。

可以同时选用两种以上评估方法评估的，应当选用两种以上评估方法评估，并对各种评估方法的测算结果进行校核和比较分析后，合理确定评估结果。

第十四条 被征收房屋价值评估应当考虑被征收房屋的区位、用途、建筑结构、新旧程度、建筑面积以及占地面积、土地使用权等影响被征收房屋价值的因素。

被征收房屋室内装饰装修价值，机器设备、物资等搬迁费用，以及停产停业损失等补偿，由征收当事人协商确定；协商不成的，可以委托房地产价格评估机构通过评估确定。

第十五条 房屋征收评估价值应当以人民币为计价的货币单位，精确到元。

第十六条 房地产价格评估机构应当按照房屋征收评估委托书或者委托合同的约定，向房屋征收部门提供分户的初步评估结果。分户的初步评估结果应当包括评估对象的构成及其基本情况和评估价值。房屋征收部门应当将分户的初步评估结果在征收范围内向被征收人公示。

公示期间，房地产价格评估机构应当安排注册房地产估价师对分户的初步评估结果进行现场说明解释。存在错误的，房地产价格评估机构应当修正。

第十七条 分户初步评估结果公示期满后，房地产价格评估机构应当向房屋征收部门提供委托评估范围内被征收房屋的整体评估报告和分户评估报告。房屋征收部门应当向被征收人转交分户评估报告。

整体评估报告和分户评估报告应当由负责房屋征收评估项目的两名以上注册房地产估价师签字，并加盖房地产价格评估机构公章。不得以印章代替签字。

第十八条 房屋征收评估业务完成后，房地产价格评估机构应当将评估报告及相关资料立卷、归档保管。

第十九条 被征收人或者房屋征收部门对评估报告有疑问的，出具评估报告的房地产价格评估机构应当向其作出解释和说明。

第二十条 被征收人或者房屋征收部门对评估结果有异议的，应当自收到评估报告之日起 10 日内，向房地产价格评估机构申请复核评估。

申请复核评估的，应当向原房地产价格评估机构提出书面复核评估申请，并指出评估报告存在的问题。

第二十一条 原房地产价格评估机构应当自收到书面复核评估申请之日起 10 日内对评估结果进行复核。复核后，改变原评估结果的，应当重新出具评估报告；评估结果没有改变的，应当书面告知复核评估申请人。

第二十二条 被征收人或者房屋征收部门对原房地产价格评估机构的复核结果有异议的，应当自收到复核结果之日起 10 日内，向被征收房屋所在地评估专家委员会申请鉴定。被征收人对补偿仍有异议的，按照《国有土地上房屋征收与补偿条例》第二十六条规定处理。

第二十三条 各省、自治区住房城乡建设主管部门和设区城市的房地产管理部门应当组织成立评估专家委员会，对房地产价格评估机构做出的复核结果进行鉴定。

评估专家委员会由房地产估价师以及价格、房地产、土地、城市规划、法律等方面的专家组成。

第二十四条 评估专家委员会应当选派成员组成专家组，对复核结果进行鉴定。专家组成员为 3 人以上单数，其中房地产估价师不得少于二分之一。

第二十五条 评估专家委员会应当自收到鉴定申请之日起10日内,对申请鉴定评估报告的评估程序、评估依据、评估假设、评估技术路线、评估方法选用、参数选取、评估结果确定方式等评估技术问题进行审核,出具书面鉴定意见。

经评估专家委员会鉴定,评估报告不存在技术问题的,应当维持评估报告;评估报告存在技术问题的,出具评估报告的房地产价格评估机构应当改正错误,重新出具评估报告。

第二十六条 房屋征收评估鉴定过程中,房地产价格评估机构应当按照评估专家委员会要求,就鉴定涉及的评估相关事宜进行说明。需要对被征收房屋进行实地查勘和调查的,有关单位和个人应当协助。

第二十七条 因房屋征收评估、复核评估、鉴定工作需要查询被征收房屋和用于产权调换房屋权属以及相关房地产交易信息的,房地产管理部门及其他相关部门应当提供便利。

第二十八条 在房屋征收评估过程中,房屋征收部门或者被征收人不配合、不提供相关资料的,房地产价格评估机构应当在评估报告中说明有关情况。

第二十九条 除政府对用于产权调换房屋价格有特别规定外,应当以评估方式确定用于产权调换房屋的市场价值。

第三十条 被征收房屋的类似房地产是指与被征收房屋的区位、用途、权利性质、档次、新旧程度、规模、建筑结构等相同或者相似的房地产。

被征收房屋类似房地产的市场价格是指被征收房屋的类似房地产在评估时点的平均交易价格。确定被征收房屋类似房地产的市场价格,应当剔除偶然的和不正常的因素。

第三十一条 房屋征收评估、鉴定费用由委托人承担。但鉴定改变原评估结果的,鉴定费用由原房地产价格评估机构承担。复核评估费用由原房地产价格评估机构承担。房屋征收评估、鉴定费用按照政府价格主管部门规定的收费标准执行。

第三十二条 在房屋征收评估活动中,房地产价格评估机构和房地产估价师的违法违规行为,按照《国有土地上房屋征收与补偿条例》、《房地产估价机构管理办法》、《注册房地产估价师管理办法》等规定处罚。违反规定收费的,由政府价格主管部门依照《中华人民共和国价格法》规定处罚。

第三十三条 本办法自公布之日起施行。2003年12月1日原建设部发布的《城市房屋拆迁估价指导意见》同时废止。但《国有土地上房屋征收与补偿条例》施行前已依法取得房屋拆迁许可证的项目,继续沿用原有规定。

国有土地上房屋征收与补偿条例

(2011年1月21日国务院令第590号公布　自公布之日起施行)

第一章　总　　则

第一条 **【立法目的】**为了规范国有土地上房屋征收与补偿活动,维护公共利益,保障被征收房屋所有权人的合法权益,制定本条例。

条文释义:房屋征收是政府行为,主体是政府。但房屋征收与补偿又不仅仅涉及政府,也涉及房屋被征收群众和各种社会组织,并且征收活动历时时间长、范围广、法律关系复杂,因此,有必要通过立法,对政府的征收行为,各方的权利义务等予以规范,从而保证房屋征收与补偿工作依法、有序地进行。

相关规定:《宪法》第10、13条

第二条 **【适用范围】**为了公共利益的需要,征收国有土地上单位、个人的房屋,应当对被征收

房屋所有权人(以下称被征收人)给予公平补偿。

条文释义:本条例只适用于征收国有土地上单位、个人的房屋,不适用于集体土地征收。

从法律上讲,本条例应当只适用于被征收房屋所有权人,但这并不意味着对因历史原因形成的公房承租人的合法权益有所忽视,而是要区分不同情况,既依法维护好其合法权益,又符合法律的基本精神。因此,本条例虽然没有对承租人的补偿作出规定,对公房承租人的补偿问题,各地可以自行制定办法,对私房承租人的问题,则应依据相关的法律规范来解决。

相关规定:《物权法》第42条;《城市房地产管理法》第6条

第三条 【基本原则】房屋征收与补偿应当遵循决策民主、程序正当、结果公开的原则。

第四条 【行政管辖】市、县级人民政府负责本行政区域的房屋征收与补偿工作。

市、县级人民政府确定的房屋征收部门(以下称房屋征收部门)组织实施本行政区域的房屋征收与补偿工作。

市、县级人民政府有关部门应当依照本条例的规定和本级人民政府规定的职责分工,互相配合,保障房屋征收与补偿工作的顺利进行。

第五条 【房屋征收实施单位】房屋征收部门可以委托房屋征收实施单位,承担房屋征收与补偿的具体工作。房屋征收实施单位不得以营利为目的。

房屋征收部门对房屋征收实施单位在委托范围内实施的房屋征收与补偿行为负责监督,并对其行为后果承担法律责任。

条文释义:房屋征收部门可以委托房屋征收实施单位承担房屋征收与补偿的具体工作。委托的事项一般包括:协助进行调查、登记,协助编制征收补偿方案,协助进行房屋征收与补偿政策的宣传、解释,就征收补偿的具体问题与被征收人协商,协助组织征求意见、听证、论证、公示以及组织对被征收房屋的拆除等。

承担房屋征收与补偿工作的实施单位,应当是不以营利为目的的,其所需工作经费应当由政府财政予以保障。

第六条 【主管部门】上级人民政府应当加强对下级人民政府房屋征收与补偿工作的监督。

国务院住房城乡建设主管部门和省、自治区、直辖市人民政府住房城乡建设主管部门应当会同同级财政、国土资源、发展改革等有关部门,加强对房屋征收与补偿实施工作的指导。

第七条 【举报与监察】任何组织和个人对违反本条例规定的行为,都有权向有关人民政府、房屋征收部门和其他有关部门举报。接到举报的有关人民政府、房屋征收部门和其他有关部门对举报应当及时核实、处理。

监察机关应当加强对参与房屋征收与补偿工作的政府和有关部门或者单位及其工作人员的监察。

第二章 征收决定

第八条 【征收情形】为了保障国家安全、促进国民经济和社会发展等公共利益的需要,有下列情形之一,确需征收房屋的,由市、县级人民政府作出房屋征收决定:

(一)国防和外交的需要;

(二)由政府组织实施的能源、交通、水利等基础设施建设的需要;

(三)由政府组织实施的科技、教育、文化、卫生、体育、环境和资源保护、防灾减灾、文物保护、社会福利、市政公用等公共事业的需要;

(四)由政府组织实施的保障性安居工程建设的需要;

（五）由政府依照城乡规划法有关规定组织实施的对危房集中、基础设施落后等地段进行旧城区改建的需要；

（六）法律、行政法规规定的其他公共利益的需要。

条文释义：本条例明确将因国防和外交的需要，由政府组织实施的能源、交通、水利、教科文卫体、资源环保、防灾减灾、文物保护、社会福利、市政公用等公共事业以及保障性安居工程建设、旧城区改建等纳入公共利益范畴。

1. 国防和外交的需要。根据《国防法》的有关规定，国防是指国家为防备和抵抗侵略，制止武装颠覆，保卫国家的主权、统一、领土完整和安全所进行的军事活动，以及与军事有关的政治、经济、外交、科技、教育等方面的活动，是国家生存与发展的安全保障。本条所称国防的需要主要是指国防设施建设的需要；外交是一个国家在国际关系方面的活动，本条所称外交的需要主要是指使领馆建设的需要。

2. 由政府组织实施的能源、交通、水利等基础设施建设的需要。基础设施是指为社会生产和居民生活提供公共服务的工程设施，是用于保证国家或地区社会经济活动正常进行的公共服务系统。根据《划拨用地目录》，能源、交通、水利等基础设施包括石油天然气设施、煤炭设施、电力设施、水利设施、铁路交通设施、公路交通设施、水路交通设施、民用机场设施等。由政府组织实施的项目并不限于政府直接实施或者独立投资的项目，也包括了政府主导、市场化运作的项目。

3. 由政府组织实施的科技、教育、文化、卫生、体育、环境和资源保护、防灾减灾、文物保护、社会福利、市政公用等公共事业的需要。公共事业是指面向社会，以满足社会公共需要为基本目标、直接或者间接提供公共服务的社会活动。

4. 由政府组织实施的保障性安居工程建设的需要。依照《国务院办公厅关于促进房地产市场平稳健康发展的通知》的规定，保障性安居工程大致包括三类：第一类是城市和国有工矿棚户区改造，以及林区、垦区棚户区改造；第二类是廉租住房、经济适用住房、限价商品住房、公共租赁住房等；第三类是农村危房改造。国有土地上房屋征收一般只涉及前两类。

5. 由政府依照城乡规划法有关规定组织实施的对危房集中、基础设施落后等地段进行旧城区改建的需要。《城乡规划法》第 31 条规定，旧城区的改建，应当保护历史文化遗产和传统风貌，合理确定拆迁和建设规模，有计划地对危房集中、基础设施落后等地段进行改建。

6. 法律、行政法规规定的其他公共利益的需要。该项是兜底条款，有利于弥补前五项规定未尽的事宜。

相关规定：《宪法》第 13 条；《物权法》第 42 条；《城市房地产管理法》第 6 条

第九条　【征收相关建设的要求】依照本条例第八条规定，确需征收房屋的各项建设活动，应当符合国民经济和社会发展规划、土地利用总体规划、城乡规划和专项规划。保障性安居工程建设、旧城区改建，应当纳入市、县级国民经济和社会发展年度计划。

制定国民经济和社会发展规划、土地利用总体规划、城乡规划和专项规划，应当广泛征求社会公众意见，经过科学论证。

第十条　【征收补偿方案】房屋征收部门拟定征收补偿方案，报市、县级人民政府。

市、县级人民政府应当组织有关部门对征收补偿方案进行论证并予以公布，征求公众意见。征求意见期限不得少于 30 日。

条文释义：房屋征收部门拟定的征收补偿方案，应当满足以下条件：一是合法，即征收补偿方案的内容应当符合本条例规定，比如，补偿方式、征收评估、保障被征收人居住条件等。二是合理，即征收补偿方案的内容应当是大多数人都能够接受的，征收范围大小合适，补偿标准公正公平，设定的奖励应当科学。三是可行，征收补偿方案的内容，除符合法律法规规定外，还应当因地制宜，符合当地的实际情况，比如考虑当地的气候条件、风俗习惯、宗教信仰等因素。

征收补偿方案的内容，本条未作具体规定。一般情况下，应当包括房屋征收范围、实施时间、补偿方式、补偿金额、补助和奖励、安置用房面积和安置地点、搬迁期限、搬迁过渡方式和过渡期限等事项。

第十一条 【旧城区改建】市、县级人民政府应当将征求意见情况和根据公众意见修改的情况及时公布。

因旧城区改建需要征收房屋，多数被征收人认为征收补偿方案不符合本条例规定的，市、县级人民政府应当组织由被征收人和公众代表参加的听证会，并根据听证会情况修改方案。

条文释义：这里的"多数"应当理解为半数以上。旧城区改造既涉及被征收人的个人利益，又涉及城市发展的公共利益，参加听证会的代表应当包括被征收人代表和社会各界公众代表。市、县级人民政府应当听取公众意见，就房屋征收补偿方案等群众关心的问题进行说明。

相关规定：《城乡规划法》第31条

第十二条 【社会稳定风险评估】市、县级人民政府作出房屋征收决定前，应当按照有关规定进行社会稳定风险评估；房屋征收决定涉及被征收人数量较多的，应当经政府常务会议讨论决定。

作出房屋征收决定前，征收补偿费用应当足额到位、专户存储、专款专用。

第十三条 【征收公告】市、县级人民政府作出房屋征收决定后应当及时公告。公告应当载明征收补偿方案和行政复议、行政诉讼权利等事项。

市、县级人民政府及房屋征收部门应当做好房屋征收与补偿的宣传、解释工作。

房屋被依法征收的，国有土地使用权同时收回。

条文释义：房屋征收决定公告由市、县级人民政府发布，一般应张贴于征收范围内及其周围较为醒目、易于为公众查看的地点，也可通过报纸、电视等新闻媒体予以公布。

《物权法》第147条、《城市房地产管理法》第32条规定体现了房地一体主义原则，即房地不可分割，对房屋所有权和土地使用权的处分应当同时进行。为了与有关法律法规的规定保持一致，按照房地一体主义原则的要求，本条规定房屋被依法征收的，国有土地使用权同时收回。

第十四条 【征收复议与诉讼】被征收人对市、县级人民政府作出的房屋征收决定不服的，可以依法申请行政复议，也可以依法提起行政诉讼。

第十五条 【征收调查登记】房屋征收部门应当对房屋征收范围内房屋的权属、区位、用途、建筑面积等情况组织调查登记，被征收人应当予以配合。调查结果应当在房屋征收范围内向被征收人公布。

第十六条 【房屋征收范围确定】房屋征收范围确定后，不得在房屋征收范围内实施新建、扩建、改建房屋和改变房屋用途等不当增加补偿费用的行为；违反规定实施的，不予补偿。

房屋征收部门应当将前款所列事项书面通知有关部门暂停办理相关手续。暂停办理相关手续的书面通知应当载明暂停期限。暂停期限最长不得超过1年。

条文释义：本条是关于征收范围确定后，在房屋征收范围内禁止活动的规定。

一是新建、扩建、改建房屋。本条例第17条、第19条规定，对被征收人给予的补偿包括被征收房屋价值的补偿，而且被征收房屋补偿是征收补偿的主要方面。征收补偿主要根据被征收房屋的建筑结构、新旧程度、建筑面积等因素以及装修和原有设备的拆装损失等确定，新建、扩建、改建房屋会直接影响征收房屋的评估结果，从而增加征收人即作出房屋征收决定的市、县级人民政府的补偿费用，提高实现公共利益需要的成本。二是改变房屋用途。被征收房屋的区位、用途、建筑面积等是影响房屋征收评估的重要因素，房屋的用途对补偿价格的确定有重要影响。按照本条例第17

条、第23条规定，给予被征收人的补偿应当包括因征收房屋造成的停产停业损失的补偿，那么一套为经营性用房，另一套为住宅的被征收房屋，即使两者同区位、同面积，补偿金额也会有较大差异。如果在征收房屋确定后，允许被征收人临时改变房屋用途，将住宅改变为经营性用房，会大大增加征收补偿成本。三是不当增加补偿费用的其他行为。考虑到新建、扩建、改建房屋和改变房屋用途是不当增加补偿费用的主要形式，除此之外还有其他一些情形，如违反规定迁入户口或分户等也会造成征收成本的增加，影响公共利益的实现。

第三章 补 偿

第十七条 【征收补偿范围】作出房屋征收决定的市、县级人民政府对被征收人给予的补偿包括：

（一）被征收房屋价值的补偿；

（二）因征收房屋造成的搬迁、临时安置的补偿；

（三）因征收房屋造成的停产停业损失的补偿。

市、县级人民政府应当制定补助和奖励办法，对被征收人给予补助和奖励。

条文释义：［征收补偿］

本条第1款规定的补偿包括三项：一是对被征收人房屋价值的补偿。包括被征收房屋及其占用范围内的土地使用权的补偿，以及房屋室内装饰装修价值的补偿。被征收人房屋包括被征收的房屋及其附属物。所谓“附属物”是指与房屋主体建筑有关的附属建筑或构筑物。被征收人对自己的房屋进行的装饰装修，在征收时也应当给予补偿。对被征收人房屋价值的补偿是房屋征收补偿中最主要的部分。二是因征收房屋造成的搬迁、临时安置的补偿。因征收房屋造成搬迁的，房屋征收部门应当向被征收人支付搬迁费；搬迁补偿是针对所有被征收人的。对于选择房屋产权调换的，产权调换房屋交付前，房屋征收部门应当向被征收人支付临时安置费或者提供周转用房；若房屋征收部门向被征收人提供了周转用房，则不必支付临时安置补偿。三是因征收房屋造成的停产停业损失的补偿。

［补助和奖励］

本条第2款规定的市、县级人民政府给予被征收人的补助和奖励，不是普惠的。比如，市、县级人民政府规定的奖励是针对按期搬迁的被征收人的；如果被征收人未按期搬迁，就不能够享受政府给予的奖励。市、县级人民政府规定的补助也是如此，一般是针对生活困难救助、重大疾病救助以及住房困难家庭的。

第十八条 【涉及住房保障情形的征收】征收个人住宅，被征收人符合住房保障条件的，作出房屋征收决定的市、县级人民政府应当优先给予住房保障。具体办法由省、自治区、直辖市制定。

条文释义：对被征收人给予住房保障应当符合下列两个条件：一是征收的房屋是个人住宅；二是被征收人符合住房保障条件。考虑到住房保障范围、保障标准、优先具体办法等具有很强的地域差别，又属于地方事务，本条例授权住房保障的具体办法由各省、自治区、直辖市规定。

第十九条 【被征收房屋价值的补偿】对被征收房屋价值的补偿，不得低于房屋征收决定公告之日被征收房屋类似房地产的市场价格。被征收房屋的价值，由具有相应资质的房地产价格评估机构按照房屋征收评估办法评估确定。

对评估确定的被征收房屋价值有异议的，可以向房地产价格评估机构申请复核评估。对复核结果有异议的，可以向房地产价格评估专家委员会申请鉴定。

房屋征收评估办法由国务院住房城乡建设主管部门制定，制定过程中，应当向社会公开征求意见。

条文释义:[类似房地产]

是指与被征收房屋的区位、用途、权利性质、档次、新旧程度、规模、建筑结构等相同或者相似的房地产;类似房地产的市场价格,是指在评估时点与被征收房屋类似的房地产的市场价格。评估时点为房屋征收决定公告之日。类似房地产的市场价格,既包括了被征收房屋的价值,也包括了房屋占用范围内土地使用权的价值。确定类似房地产的市场价格,可以通过搜集实际成交案例,剔除偶然的和不正常的因素后得到。

[房屋征收评估]

房屋征收评估涉及征收当事人的切身权益,应当尽量选用社会信誉好、综合实力强、资质等级高的房地产价格评估机构进行征收评估。

第二十条 【房地产价格评估机构】房地产价格评估机构由被征收人协商选定;协商不成的,通过多数决定、随机选定等方式确定,具体办法由省、自治区、直辖市制定。

房地产价格评估机构应当独立、客观、公正地开展房屋征收评估工作,任何单位和个人不得干预。

第二十一条 【产权调换】被征收人可以选择货币补偿,也可以选择房屋产权调换。

被征收人选择房屋产权调换的,市、县级人民政府应当提供用于产权调换的房屋,并与被征收人计算、结清被征收房屋价值与用于产权调换房屋价值的差价。

因旧城区改建征收个人住宅,被征收人选择在改建地段进行房屋产权调换的,作出房屋征收决定的市、县级人民政府应当提供改建地段或者就近地段的房屋。

条文释义:所谓"货币补偿"是指在房屋征收补偿中,以市场评估价为标准,对被征收房屋的所有权人进行货币形式的补偿。所谓"产权调换"是指房屋征收部门提供用于产权调换的房屋与被征收房屋进行调换,计算价格后,结清差价。

第二十二条 【搬迁与临时安置】因征收房屋造成搬迁的,房屋征收部门应当向被征收人支付搬迁费;选择房屋产权调换的,产权调换房屋交付前,房屋征收部门应当向被征收人支付临时安置费或者提供周转用房。

第二十三条 【停产停业损失的补偿】对因征收房屋造成停产停业损失的补偿,根据房屋被征收前的效益、停产停业期限等因素确定。具体办法由省、自治区、直辖市制定。

条文释义:停产停业损失,一般以实际发生的直接损失为主,根据房屋征收前被征收房屋的实际使用效益和实际停产、停业期限等确定。

停产停业损失补偿中涉及非住宅房屋的认定。认定为非住宅房屋,应当满足以下两个条件:第一,房屋为非住宅房屋,即是营业性用房;第二,经营行为合法,不能是违法经营;二者缺一不可。

第二十四条 【临时建筑】市、县级人民政府及其有关部门应当依法加强对建设活动的监督管理,对违反城乡规划进行建设的,依法予以处理。

市、县级人民政府作出房屋征收决定前,应当组织有关部门依法对征收范围内未经登记的建筑进行调查、认定和处理。对认定为合法建筑和未超过批准期限的临时建筑的,应当给予补偿;对认定为违法建筑和超过批准期限的临时建筑的,不予补偿。

条文释义:1. 对于一般影响规划且补办相关手续和缴纳罚款的,可视为合法建筑补偿。

椐据城乡规划管理法律法规的规定,所谓违法建筑,是指在城市规划区内,未取得建设工程规划许可证件或者违反建设工程规划许可证的规定建设,严重影响城市规划的建筑。一般包括四种情形:(1)未申请或申请未获得批准,未取得建设用地规划许可证和建设工程规划许可证而建成的建筑;(2)擅自改变建设工程规划许可证的规定建成的建筑;(3)擅自改变了使用性质建成的建筑;

(4)擅自将临时建筑建设成为永久性的建筑。

对违法建筑的处理,根据城乡规划管理法律法规的规定,分为两种情况:第一种情况,对于严重影响城市规划的,限期拆除或者没收;第二种情况,对于一般影响城市规划,尚可采取改正措施的,责令限期改正并处罚款。对于后一种情况,如果已经按照城乡规划法律法规的规定补办了相关手续并缴纳了罚款的,在征收时可以视为合法建筑进行补偿。

2. 对于未超过批准期限的临时建筑应当给予适当补偿。

根据城乡规划管理法律法规的规定,在城市规划区内进行临时建设,必须在批准的使用期限内拆除。因此,对于超过了批准期限的临时建筑,应当由建设者在限期内拆除,在征收时不予补偿。对于未超过批准期限的临时建筑,也是合法建筑,未到批准使用期限拆除,会给临时建筑所有人带来一定的经济损失。因此,拆除未超过批准期限的临时建筑,应当给予适当补偿。对未超过批准使用期限的临时建筑的补偿,应按已使用期限的剩余价值参考剩余使用期限确定。

3. 房屋征收决定前,政府组织有关部门对未经登记的建筑进行调查、认定和处理。当事人对有关部门的认定和处理结果不服的,可以依法提起行政复议或者诉讼。

相关规定:《城乡规划法》第44条

第二十五条 【补偿协议】房屋征收部门与被征收人依照本条例的规定,就补偿方式、补偿金额和支付期限、用于产权调换房屋的地点和面积、搬迁费、临时安置费或者周转用房、停产停业损失、搬迁期限、过渡方式和过渡期限等事项,订立补偿协议。

补偿协议订立后,一方当事人不履行补偿协议约定的义务的,另一方当事人可以依法提起诉讼。

条文释义:征收补偿协议是约定征收当事人之间权利与义务关系的合同。依法订立的补偿协议,对当事人具有法律约束力。当事人应当按照约定履行自己的义务,不得擅自变更或者解除协议。依法订立的协议,受法律保护。

第二十六条 【补偿决定】房屋征收部门与被征收人在征收补偿方案确定的签约期限内达不成补偿协议,或者被征收房屋所有权人不明确的,由房屋征收部门报请作出房屋征收决定的市、县级人民政府依照本条例的规定,按照征收补偿方案作出补偿决定,并在房屋征收范围内予以公告。

补偿决定应当公平,包括本条例第二十五条第一款规定的有关补偿协议的事项。

被征收人对补偿决定不服的,可以依法申请行政复议,也可以依法提起行政诉讼。

条文释义:市、县级人民政府作出补偿决定的情形有两种:

1. 在征收补偿方案确定的签约期限内达不成补偿协议。房屋征收中,当事人可能由于对补偿方式和补偿金额、安置用房面积和安置地点、搬迁期限、搬迁过渡方式和过渡期限等事项持有不同看法,从而导致补偿协议一时无法达成。为避免房屋征收当事人各执己见、相互扯皮,久拖不决,本条规定在征收补偿方案确定的签约期限内达不成补偿协议,由房屋征收部门报请作出房屋征收决定的市、县级人民政府作出补偿决定。房屋征收部门报请作出补偿决定的时间,应当是在征收补偿方案确定的签约期限之后。在征收补偿方案确定的签约期限内达不成协议,还有一层潜在的含义,就是政府认为有关补偿方式与金额、安置用房面积和地区、搬迁期限、搬迁过渡方式与过渡期限等事项合乎法律规定,有关当事人的合法权益得到了补偿,超过签约期限仍不签订协议,这时才可以作出补偿决定。

2. 房屋所有权人不明确。被征收房屋所有权人不明确是指无产权关系证明、产权人下落不明、暂时无法考证产权的合法所有人或因产权关系正在诉讼等情形。由于房屋所有权人不明确,补偿的对象也就不确定,往往难以进行补偿。在此情况下,不能因此就降低或不对此类房屋进行补偿,又不能因此久拖不决影响整个征收补偿工作。

第二十七条 【**先补偿后搬迁**】实施房屋征收应当先补偿、后搬迁。

作出房屋征收决定的市、县级人民政府对被征收人给予补偿后,被征收人应当在补偿协议约定或者补偿决定确定的搬迁期限内完成搬迁。

任何单位和个人不得采取暴力、威胁或者违反规定中断供水、供热、供气、供电和道路通行等非法方式迫使被征收人搬迁。禁止建设单位参与搬迁活动。

条文释义:[先补偿、后搬迁]

包含两种情况:一是房屋征收当事人就房屋征收补偿达成一致,签订协议,双方已按协议履行了相关的给付义务;二是征收当事人未达成补偿协议,市、县级人民政府已经依法作出补偿决定,货币补偿已经专户存储、产权调换房屋和周转用房的地点和面积已经明确。符合这两种情况都属于先行予以补偿。补偿方式不同,具体情况也会有所不同。如实行货币补偿的,货币补偿已经专户存储、被征收人可以随时支取即可视为对被征收人进行了补偿;实行现房产权调换的,征收人可以确定安置房源,待被征收人搬迁完毕后再实际办理交付手续;实行期房产权调换的,征收人则可以在协议确定安置房源后要求被征收人搬迁,待安置房竣工后再按约定交付房屋。

[暴力等非法行为的禁止]

这里需要强调的是禁止的只是违反规定中断供水、供热、供气、供电和道路通行等非法行为。市、县级人民政府规范管理征收搬迁时,既要严格遵守国家有关规定,又要从采取措施的目的、是否符合程序、安全需要以及是否对未搬迁住户产生实际影响等方面出发去具体考量。至于本条规定的暴力、威胁方式,不论何种目的和具体行为方式,都属于非法行为,为法规所禁止,并坚决予以严厉打击。

第二十八条 【**依法申请法院强制执行**】被征收人在法定期限内不申请行政复议或者不提起行政诉讼,在补偿决定规定的期限内又不搬迁的,由作出房屋征收决定的市、县级人民政府依法申请人民法院强制执行。

强制执行申请书应当附具补偿金额和专户存储账号、产权调换房屋和周转用房的地点和面积等材料。

第二十九条 【**征收补偿档案与审计监督**】房屋征收部门应当依法建立房屋征收补偿档案,并将分户补偿情况在房屋征收范围内向被征收人公布。

审计机关应当加强对征收补偿费用管理和使用情况的监督,并公布审计结果。

第四章 法律责任

第三十条 【**玩忽职守等法律责任**】市、县级人民政府及房屋征收部门的工作人员在房屋征收与补偿工作中不履行本条例规定的职责,或者滥用职权、玩忽职守、徇私舞弊的,由上级人民政府或者本级人民政府责令改正,通报批评;造成损失的,依法承担赔偿责任;对直接负责的主管人员和其他直接责任人员,依法给予处分;构成犯罪的,依法追究刑事责任。

第三十一条 【**暴力等非法搬迁法律责任**】采取暴力、威胁或者违反规定中断供水、供热、供气、供电和道路通行等非法方式迫使被征收人搬迁,造成损失的,依法承担赔偿责任;对直接负责的主管人员和其他直接责任人员,构成犯罪的,依法追究刑事责任;尚不构成犯罪的,依法给予处分;构成违反治安管理行为的,依法给予治安管理处罚。

第三十二条 【**非法阻碍征收与补偿工作法律责任**】采取暴力、威胁等方法阻碍依法进行的房屋征收与补偿工作,构成犯罪的,依法追究刑事责任;构成违反治安管理行为的,依法给予治安管理处罚。

第三十三条 【贪污、挪用等法律责任】贪污、挪用、私分、截留、拖欠征收补偿费用的，责令改正，追回有关款项，限期退还违法所得，对有关责任单位通报批评、给予警告；造成损失的，依法承担赔偿责任；对直接负责的主管人员和其他直接责任人员，构成犯罪的，依法追究刑事责任；尚不构成犯罪的，依法给予处分。

第三十四条 【违法评估法律责任】房地产价格评估机构或者房地产估价师出具虚假或者有重大差错的评估报告的，由发证机关责令限期改正，给予警告，对房地产价格评估机构并处5万元以上20万元以下罚款，对房地产估价师并处1万元以上3万元以下罚款，并记入信用档案；情节严重的，吊销资质证书、注册证书；造成损失的，依法承担赔偿责任；构成犯罪的，依法追究刑事责任。

第五章 附 则

第三十五条 【施行日期】本条例自公布之日起施行。2001年6月13日国务院公布的《城市房屋拆迁管理条例》同时废止。本条例施行前已依法取得房屋拆迁许可证的项目，继续沿用原有的规定办理，但政府不得责成有关部门强制拆迁。

中华人民共和国城市房地产管理法

（1994年7月5日第八届全国人民代表大会常务委员会第八次会议通过　根据2007年8月30日第十届全国人民代表大会常务委员会第二十九次会议《关于修改〈中华人民共和国城市房地产管理法〉的决定》第一次修正　根据2009年8月27日第十一届全国人民代表大会常务委员会第十次会议《关于修改部分法律的决定》第二次修正）

第一章 总 则

第一条 【立法宗旨】为了加强对城市房地产的管理，维护房地产市场秩序，保障房地产权利人的合法权益，促进房地产业的健康发展，制定本法。

第二条 【适用范围】在中华人民共和国城市规划区国有土地（以下简称国有土地）范围内取得房地产开发用地的土地使用权，从事房地产开发、房地产交易，实施房地产管理，应当遵守本法。

本法所称房屋，是指土地上的房屋等建筑物及构筑物。

本法所称房地产开发，是指在依据本法取得国有土地使用权的土地上进行基础设施、房屋建设的行为。

本法所称房地产交易，包括房地产转让、房地产抵押和房屋租赁。

第三条 【国有土地有偿、有限期使用制度】国家依法实行国有土地有偿、有限期使用制度。但是，国家在本法规定的范围内划拨国有土地使用权的除外。

第四条 【国家扶持居民住宅建设】国家根据社会、经济发展水平，扶持发展居民住宅建设，逐步改善居民的居住条件。

第五条 【房地产权利人的义务和权益】房地产权利人应当遵守法律和行政法规，依法纳税。房地产权利人的合法权益受法律保护，任何单位和个人不得侵犯。

第六条 【房屋征收】为了公共利益的需要，国家可以征收国有土地上单位和个人的房屋，并依法给予拆迁补偿，维护被征收人的合法权益；征收个人住宅的，还应当保障被征收人的居住条件。具体办法由国务院规定。

第七条 【房地产管理机构设置】国务院建设行政主管部门、土地管理部门依照国务院规定的职权划分,各司其职,密切配合,管理全国房地产工作。

县级以上地方人民政府房产管理、土地管理部门的机构设置及其职权由省、自治区、直辖市人民政府确定。

第二章 房地产开发用地

第一节 土地使用权出让

第八条 【土地使用权出让的定义】土地使用权出让,是指国家将国有土地使用权(以下简称土地使用权)在一定年限内出让给土地使用者,由土地使用者向国家支付土地使用权出让金的行为。

第九条 【集体所有土地征收与出让】城市规划区内的集体所有的土地,经依法征收转为国有土地后,该幅国有土地的使用权方可有偿出让。

第十条 【土地使用权出让宏观管理】土地使用权出让,必须符合土地利用总体规划、城市规划和年度建设用地计划。

第十一条 【年度出让土地使用权总量控制】县级以上地方人民政府出让土地使用权用于房地产开发的,须根据省级以上人民政府下达的控制指标拟订年度出让土地使用权总面积方案,按照国务院规定,报国务院或者省级人民政府批准。

第十二条 【土地使用权出让主体】土地使用权出让,由市、县人民政府有计划、有步骤地进行。出让的每幅地块、用途、年限和其他条件,由市、县人民政府土地管理部门会同城市规划、建设、房产管理部门共同拟定方案,按照国务院规定,报经有批准权的人民政府批准后,由市、县人民政府土地管理部门实施。

直辖市的县人民政府及其有关部门行使前款规定的权限,由直辖市人民政府规定。

第十三条 【土地使用权出让方式】土地使用权出让,可以采取拍卖、招标或者双方协议的方式。

商业、旅游、娱乐和豪华住宅用地,有条件的,必须采取拍卖、招标方式;没有条件,不能采取拍卖、招标方式的,可以采取双方协议的方式。

采取双方协议方式出让土地使用权的出让金不得低于按国家规定所确定的最低价。

第十四条 【土地使用权出让最高年限】土地使用权出让最高年限由国务院规定。

第十五条 【土地使用权出让合同】土地使用权出让,应当签订书面出让合同。

土地使用权出让合同由市、县人民政府土地管理部门与土地使用者签订。

第十六条 【支付出让金】土地使用者必须按照出让合同约定,支付土地使用权出让金;未按照出让合同约定支付土地使用权出让金的,土地管理部门有权解除合同,并可以请求违约赔偿。

第十七条 【提供出让土地】土地使用者按照出让合同约定支付土地使用权出让金的,市、县人民政府土地管理部门必须按照出让合同约定,提供出让的土地;未按照出让合同约定提供出让的土地的,土地使用者有权解除合同,由土地管理部门返还土地使用权出让金,土地使用者并可以请求违约赔偿。

第十八条 【土地用途的变更】土地使用者需要改变土地使用权出让合同约定的土地用途的,必须取得出让方和市、县人民政府城市规划行政主管部门的同意,签订土地使用权出让合同变更协议或者重新签订土地使用权出让合同,相应调整土地使用权出让金。

第十九条 【土地使用权出让金的管理】土地使用权出让金应当全部上缴财政,列入预算,用于城市基础设施建设和土地开发。土地使用权出让金上缴和使用的具体办法由国务院规定。

第二十条 【出让土地使用权的提前收回】国家对土地使用者依法取得的土地使用权,在出让合同约定的使用年限届满前不收回;在特殊情况下,根据社会公共利益的需要,可以依照法律程序提前收回,并根据土地使用者使用土地的实际年限和开发土地的实际情况给予相应的补偿。

第二十一条 【土地使用权终止】土地使用权因土地灭失而终止。

第二十二条 【土地使用权出让年限届满】土地使用权出让合同约定的使用年限届满,土地使用者需要继续使用土地的,应当至迟于届满前一年申请续期,除根据社会公共利益需要收回该幅土地的,应当予以批准。经批准准予续期的,应当重新签订土地使用权出让合同,依照规定支付土地使用权出让金。

土地使用权出让合同约定的使用年限届满,土地使用者未申请续期或者虽申请续期但依照前款规定未获批准的,土地使用权由国家无偿收回。

第二节 土地使用权划拨

第二十三条 【土地使用权划拨的定义】土地使用权划拨,是指县级以上人民政府依法批准,在土地使用者缴纳补偿、安置等费用后将该幅土地交付其使用,或者将土地使用权无偿交付给土地使用者使用的行为。

依照本法规定以划拨方式取得土地使用权的,除法律、行政法规另有规定外,没有使用期限的限制。

第二十四条 【土地使用权划拨范围】下列建设用地的土地使用权,确属必需的,可以由县级以上人民政府依法批准划拨:

(一)国家机关用地和军事用地;

(二)城市基础设施用地和公益事业用地;

(三)国家重点扶持的能源、交通、水利等项目用地;

(四)法律、行政法规规定的其他用地。

第三章 房地产开发

第二十五条 【房地产开发基本原则】房地产开发必须严格执行城市规划,按照经济效益、社会效益、环境效益相统一的原则,实行全面规划、合理布局、综合开发、配套建设。

第二十六条 【开发土地期限】以出让方式取得土地使用权进行房地产开发的,必须按照土地使用权出让合同约定的土地用途、动工开发期限开发土地。超过出让合同约定的动工开发日期满一年未动工开发的,可以征收相当于土地使用权出让金百分之二十以下的土地闲置费;满二年未动工开发的,可以无偿收回土地使用权;但是,因不可抗力或者政府、政府有关部门的行为或者动工开发必需的前期工作造成动工开发迟延的除外。

第二十七条 【房地产开发项目设计、施工和竣工】房地产开发项目的设计、施工,必须符合国家的有关标准和规范。

房地产开发项目竣工,经验收合格后,方可交付使用。

第二十八条 【土地使用权作价】依法取得的土地使用权,可以依照本法和有关法律、行政法规的规定,作价入股,合资、合作开发经营房地产。

第二十九条 【开发居民住宅的鼓励和扶持】国家采取税收等方面的优惠措施鼓励和扶持房地产开发企业开发建设居民住宅。

第三十条 【房地产开发企业的设立】房地产开发企业是以营利为目的,从事房地产开发和经营的企业。设立房地产开发企业,应当具备下列条件:

(一)有自己的名称和组织机构;

(二)有固定的经营场所;

(三)有符合国务院规定的注册资本;

（四）有足够的专业技术人员；

（五）法律、行政法规规定的其他条件。

设立房地产开发企业，应当向工商行政管理部门申请设立登记。工商行政管理部门对符合本法规定条件的，应当予以登记，发给营业执照；对不符合本法规定条件的，不予登记。

设立有限责任公司、股份有限公司，从事房地产开发经营的，还应当执行公司法的有关规定。

房地产开发企业在领取营业执照后的一个月内，应当到登记机关所在地的县级以上地方人民政府规定的部门备案。

第三十一条 【房地产开发企业注册资本与投资总额的比例】房地产开发企业的注册资本与投资总额的比例应当符合国家有关规定。

房地产开发企业分期开发房地产的，分期投资额应当与项目规模相适应，并按照土地使用权出让合同的约定，按期投入资金，用于项目建设。

第四章 房地产交易

第一节 一般规定

第三十二条 【房地产权利主体一致原则】房地产转让、抵押时，房屋的所有权和该房屋占用范围内的土地使用权同时转让、抵押。

第三十三条 【房地产价格管理】基准地价、标定地价和各类房屋的重置价格应当定期确定并公布。具体办法由国务院规定。

第三十四条 【房地产价格评估】国家实行房地产价格评估制度。

房地产价格评估，应当遵循公正、公平、公开的原则，按照国家规定的技术标准和评估程序，以基准地价、标定地价和各类房屋的重置价格为基础，参照当地的市场价格进行评估。

第三十五条 【房地产成交价格申报】国家实行房地产成交价格申报制度。

房地产权利人转让房地产，应当向县级以上地方人民政府规定的部门如实申报成交价，不得瞒报或者作不实的申报。

第三十六条 【房地产权属登记】房地产转让、抵押，当事人应当依照本法第五章的规定办理权属登记。

第二节 房地产转让

第三十七条 【房地产转让的定义】房地产转让，是指房地产权利人通过买卖、赠与或者其他合法方式将其房地产转移给他人的行为。

第三十八条 【房地产不得转让的情形】下列房地产，不得转让：

（一）以出让方式取得土地使用权的，不符合本法第三十九条规定的条件的；

（二）司法机关和行政机关依法裁定、决定查封或者以其他形式限制房地产权利的；

（三）依法收回土地使用权的；

（四）共有房地产，未经其他共有人书面同意的；

（五）权属有争议的；

（六）未依法登记领取权属证书的；

（七）法律、行政法规规定禁止转让的其他情形。

第三十九条 【以出让方式取得土地使用权的房地产转让】以出让方式取得土地使用权的，转让房地产时，应当符合下列条件：

（一）按照出让合同约定已经支付全部土地使用权出让金，并取得土地使用权证书；

（二）按照出让合同约定进行投资开发，属于房屋建设工程的，完成开发投资总额的百分之二十五以上，属于成片开发土地的，形成工业用地或者其他建设用地条件。

转让房地产时房屋已经建成的，还应当持有房屋所有权证书。

第四十条 【以划拨方式取得土地使用权的房地产转让】以划拨方式取得土地使用权的，转让房地产时，应当按照国务院规定，报有批准权的人民政府审批。有批准权的人民政府准予转让的，应当由受让方办理土地使用权出让手续，并依照国家有关规定缴纳土地使用权出让金。

以划拨方式取得土地使用权的，转让房地产报批时，有批准权的人民政府按照国务院规定决定可以不办理土地使用权出让手续的，转让方应当按照国务院规定将转让房地产所获收益中的土地收益上缴国家或者作其他处理。

第四十一条 【房地产转让合同】房地产转让，应当签订书面转让合同，合同中应当载明土地使用权取得的方式。

第四十二条 【房地产转让合同与土地使用权出让合同的关系】房地产转让时，土地使用权出让合同载明的权利、义务随之转移。

第四十三条 【房地产转让后土地使用权的使用年限】以出让方式取得土地使用权的，转让房地产后，其土地使用权的使用年限为原土地使用权出让合同约定的使用年限减去原土地使用者已经使用年限后的剩余年限。

第四十四条 【房地产转让后土地使用权用途的变更】以出让方式取得土地使用权的，转让房地产后，受让人改变原土地使用权出让合同约定的土地用途的，必须取得原出让方和市、县人民政府城市规划行政主管部门的同意，签订土地使用权出让合同变更协议或者重新签订土地使用权出让合同，相应调整土地使用权出让金。

第四十五条 【商品房预售的条件】商品房预售，应当符合下列条件：

（一）已交付全部土地使用权出让金，取得土地使用权证书；

（二）持有建设工程规划许可证；

（三）按提供预售的商品房计算，投入开发建设的资金达到工程建设总投资的百分之二十五以上，并已经确定施工进度和竣工交付日期；

（四）向县级以上人民政府房产管理部门办理预售登记，取得商品房预售许可证明。

商品房预售人应当按照国家有关规定将预售合同报县级以上人民政府房产管理部门和土地管理部门登记备案。

商品房预售所得款项，必须用于有关的工程建设。

第四十六条 【商品房预售后的再行转让】商品房预售的，商品房预购人将购买的未竣工的预售商品房再行转让的问题，由国务院规定。

第三节 房地产抵押

第四十七条 【房地产抵押的定义】房地产抵押，是指抵押人以其合法的房地产以不转移占有的方式向抵押权人提供债务履行担保的行为。债务人不履行债务时，抵押权人有权依法以抵押的房地产拍卖所得的价款优先受偿。

第四十八条 【房地产抵押物的范围】依法取得的房屋所有权连同该房屋占用范围内的土地使用权，可以设定抵押权。

以出让方式取得的土地使用权，可以设定抵押权。

第四十九条 【抵押办理凭证】房地产抵押，应当凭土地使用权证书、房屋所有权证书办理。

第五十条 【房地产抵押合同】房地产抵押，抵押人和抵押权人应当签订书面抵押合同。

第五十一条 【以划拨土地使用权设定的房地产抵押权的实现】设定房地产抵押权的土地使

用权是以划拨方式取得的，依法拍卖该房地产后，应当从拍卖所得的价款中缴纳相当于应缴纳的土地使用权出让金的款额后，抵押权人方可优先受偿。

第五十二条 【房地产抵押后土地上的新增房屋问题】房地产抵押合同签订后，土地上新增的房屋不属于抵押财产。需要拍卖该抵押的房地产时，可以依法将土地上新增的房屋与抵押财产一同拍卖，但对拍卖新增房屋所得，抵押权人无权优先受偿。

第四节 房屋租赁

第五十三条 【房屋租赁的定义】房屋租赁，是指房屋所有权人作为出租人将其房屋出租给承租人使用，由承租人向出租人支付租金的行为。

第五十四条 【房屋租赁合同的签订】房屋租赁，出租人和承租人应当签订书面租赁合同，约定租赁期限、租赁用途、租赁价格、修缮责任等条款，以及双方的其他权利和义务，并向房产管理部门登记备案。

第五十五条 【住宅用房和非住宅用房的租赁】住宅用房的租赁，应当执行国家和房屋所在城市人民政府规定的租赁政策。租用房屋从事生产、经营活动的，由租赁双方协商议定租金和其他租赁条款。

第五十六条 【以划拨方式取得的国有土地上的房屋出租的特别规定】以营利为目的，房屋所有权人将以划拨方式取得使用权的国有土地上建成的房屋出租的，应当将租金中所含土地收益上缴国家。具体办法由国务院规定。

第五节 中介服务机构

第五十七条 【房地产中介服务机构】房地产中介服务机构包括房地产咨询机构、房地产价格评估机构、房地产经纪机构等。

第五十八条 【房地产中介服务机构的设立】房地产中介服务机构应当具备下列条件：

（一）有自己的名称和组织机构；

（二）有固定的服务场所；

（三）有必要的财产和经费；

（四）有足够数量的专业人员；

（五）法律、行政法规规定的其他条件。

设立房地产中介服务机构，应当向工商行政管理部门申请设立登记，领取营业执照后，方可开业。

第五十九条 【房地产估价人员资格认证】国家实行房地产价格评估人员资格认证制度。

第五章 房地产权属登记管理

第六十条 【房地产登记发证制度】国家实行土地使用权和房屋所有权登记发证制度。

第六十一条 【房地产权属登记】以出让或者划拨方式取得土地使用权，应当向县级以上地方人民政府土地管理部门申请登记，经县级以上地方人民政府土地管理部门核实，由同级人民政府颁发土地使用权证书。

在依法取得的房地产开发用地上建成房屋的，应当凭土地使用权证书向县级以上地方人民政府房产管理部门申请登记，由县级以上地方人民政府房产管理部门核实并颁发房屋所有权证书。

房地产转让或者变更时，应当向县级以上地方人民政府房产管理部门申请房产变更登记，并凭变更后的房屋所有权证书向同级人民政府土地管理部门申请土地使用权变更登记，经同级人民政府土地管理部门核实，由同级人民政府更换或者更改土地使用权证书。

法律另有规定的,依照有关法律的规定办理。

第六十二条 【房地产抵押登记】房地产抵押时,应当向县级以上地方人民政府规定的部门办理抵押登记。

因处分抵押房地产而取得土地使用权和房屋所有权的,应当依照本章规定办理过户登记。

第六十三条 【房地产权属证书】经省、自治区、直辖市人民政府确定,县级以上地方人民政府由一个部门统一负责房产管理和土地管理工作的,可以制作、颁发统一的房地产权证书,依照本法第六十一条的规定,将房屋的所有权和该房屋占用范围内的土地使用权的确认和变更,分别载入房地产权证书。

第六章 法律责任

第六十四条 【擅自出让或擅自批准出让土地使用权用于房地产开发的法律责任】违反本法第十一条、第十二条的规定,擅自批准出让或者擅自出让土地使用权用于房地产开发的,由上级机关或者所在单位给予有关责任人员行政处分。

第六十五条 【擅自从事房地产开发的法律责任】违反本法第三十条的规定,未取得营业执照擅自从事房地产开发业务的,由县级以上人民政府工商行政管理部门责令停止房地产开发业务活动,没收违法所得,可以并处罚款。

第六十六条 【非法转让土地使用权的法律责任】违反本法第三十九条第一款的规定转让土地使用权的,由县级以上人民政府土地管理部门没收违法所得,可以并处罚款。

第六十七条 【非法转让划拨土地使用权的房地产的法律责任】违反本法第四十条第一款的规定转让房地产的,由县级以上人民政府土地管理部门责令缴纳土地使用权出让金,没收违法所得,可以并处罚款。

第六十八条 【非法预售商品房的法律责任】违反本法第四十五条第一款的规定预售商品房的,由县级以上人民政府房产管理部门责令停止预售活动,没收违法所得,可以并处罚款。

第六十九条 【擅自从事房地产中介服务业务的法律责任】违反本法第五十八条的规定,未取得营业执照擅自从事房地产中介服务业务的,由县级以上人民政府工商行政管理部门责令停止房地产中介服务业务活动,没收违法所得,可以并处罚款。

第七十条 【向房地产开发企业非法收费的法律责任】没有法律、法规的依据,向房地产开发企业收费的,上级机关应当责令退回所收取的钱款;情节严重的,由上级机关或者所在单位给予直接责任人员行政处分。

第七十一条 【管理部门工作人员玩忽职守、滥用职权、索贿、受贿的法律责任】房产管理部门、土地管理部门工作人员玩忽职守、滥用职权,构成犯罪的,依法追究刑事责任;不构成犯罪的,给予行政处分。

房产管理部门、土地管理部门工作人员利用职务上的便利,索取他人财物,或者非法收受他人财物为他人谋取利益,构成犯罪的,依法追究刑事责任;不构成犯罪的,给予行政处分。

第七章 附 则

第七十二条 【参照本法适用的情形】在城市规划区外的国有土地范围内取得房地产开发用地的土地使用权,从事房地产开发、交易活动以及实施房地产管理,参照本法执行。

第七十三条 【施行时间】本法自1995年1月1日起施行。

房屋登记办法

（2008年2月15日建设部令第168号发布　自2008年7月1日起施行）

第一章　总　　则

第一条　为了规范房屋登记行为，维护房地产交易安全，保护权利人的合法权益，依据《中华人民共和国物权法》、《中华人民共和国城市房地产管理法》、《村庄和集镇规划建设管理条例》等法律、行政法规，制定本办法。

第二条　本办法所称房屋登记，是指房屋登记机构依法将房屋权利和其他应当记载的事项在房屋登记簿上予以记载的行为。

第三条　国务院建设主管部门负责指导、监督全国的房屋登记工作。

省、自治区、直辖市人民政府建设（房地产）主管部门负责指导、监督本行政区域内的房屋登记工作。

第四条　房屋登记，由房屋所在地的房屋登记机构办理。

本办法所称房屋登记机构，是指直辖市、市、县人民政府建设（房地产）主管部门或者其设置的负责房屋登记工作的机构。

第五条　房屋登记机构应当建立本行政区域内统一的房屋登记簿。

房屋登记簿是房屋权利归属和内容的根据，由房屋登记机构管理。

第六条　房屋登记人员应当具备与其岗位相适应的专业知识。

从事房屋登记审核工作的人员，应当取得国务院建设主管部门颁发的房屋登记上岗证书，持证上岗。

第二章　一般规定

第七条　办理房屋登记，一般依照下列程序进行：

（一）申请；

（二）受理；

（三）审核；

（四）记载于登记簿；

（五）发证。

房屋登记机构认为必要时，可以就登记事项进行公告。

第八条　办理房屋登记，应当遵循房屋所有权和房屋占用范围内的土地使用权权利主体一致的原则。

第九条　房屋登记机构应当依照法律、法规和本办法规定，确定申请房屋登记需要提交的材料，并将申请登记材料目录公示。

第十条　房屋应当按照基本单元进行登记。房屋基本单元是指有固定界限、可以独立使用并且有明确、唯一的编号（幢号、室号等）的房屋或者特定空间。

国有土地范围内成套住房，以套为基本单元进行登记；非成套住房，以房屋的幢、层、间等有固定界限的部分为基本单元进行登记。集体土地范围内村民住房，以宅基地上独立建筑为基本单元进行登记；在共有宅基地上建造的村民住房，以套、间等有固定界限的部分为基本单元进行登记。

非住房以房屋的幢、层、套、间等有固定界限的部分为基本单元进行登记。

第十一条 申请房屋登记,申请人应当向房屋所在地的房屋登记机构提出申请,并提交申请登记材料。

申请登记材料应当提供原件。不能提供原件的,应当提交经有关机关确认与原件一致的复印件。

申请人应当对申请登记材料的真实性、合法性、有效性负责,不得隐瞒真实情况或者提供虚假材料申请房屋登记。

第十二条 申请房屋登记,应当由有关当事人双方共同申请,但本办法另有规定的除外。

有下列情形之一,申请房屋登记的,可以由当事人单方申请:

(一)因合法建造房屋取得房屋权利;

(二)因人民法院、仲裁委员会的生效法律文书取得房屋权利;

(三)因继承、受遗赠取得房屋权利;

(四)有本办法所列变更登记情形之一;

(五)房屋灭失;

(六)权利人放弃房屋权利;

(七)法律、法规规定的其他情形。

第十三条 共有房屋,应当由共有人共同申请登记。

共有房屋所有权变更登记,可以由相关的共有人申请,但因共有性质或者共有人份额变更申请房屋登记的,应当由共有人共同申请。

第十四条 未成年人的房屋,应当由其监护人代为申请登记。监护人代为申请未成年人房屋登记的,应当提交证明监护人身份的材料;因处分未成年人房屋申请登记的,还应当提供为未成年人利益的书面保证。

第十五条 申请房屋登记的,申请人应当使用中文名称或者姓名。申请人提交的证明文件原件是外文的,应当提供中文译本。

委托代理人申请房屋登记的,代理人应当提交授权委托书和身份证明。境外申请人委托代理人申请房屋登记的,其授权委托书应当按照国家有关规定办理公证或者认证。

第十六条 申请房屋登记的,申请人应当按照国家有关规定缴纳登记费。

第十七条 申请人提交的申请登记材料齐全且符合法定形式的,应当予以受理,并出具书面凭证。

申请人提交的申请登记材料不齐全或者不符合法定形式的,应当不予受理,并告知申请人需要补正的内容。

第十八条 房屋登记机构应当查验申请登记材料,并根据不同登记申请就申请登记事项是否是申请人的真实意思表示、申请登记房屋是否为共有房屋、房屋登记簿记载的权利人是否同意更正,以及申请登记材料中需进一步明确的其他有关事项询问申请人。询问结果应当经申请人签字确认,并归档保留。

房屋登记机构认为申请登记房屋的有关情况需要进一步证明的,可以要求申请人补充材料。

第十九条 办理下列房屋登记,房屋登记机构应当实地查看:

(一)房屋所有权初始登记;

(二)在建工程抵押权登记;

(三)因房屋灭失导致的房屋所有权注销登记;

(四)法律、法规规定的应当实地查看的其他房屋登记。

房屋登记机构实地查看时,申请人应当予以配合。

第二十条 登记申请符合下列条件的,房屋登记机构应当予以登记,将申请登记事项记载于房屋登记簿：

（一）申请人与依法提交的材料记载的主体一致；

（二）申请初始登记的房屋与申请人提交的规划证明材料记载一致，申请其他登记的房屋与房屋登记簿记载一致；

（三）申请登记的内容与有关材料证明的事实一致；

（四）申请登记的事项与房屋登记簿记载的房屋权利不冲突；

（五）不存在本办法规定的不予登记的情形。

登记申请不符合前款所列条件的，房屋登记机构应当不予登记，并书面告知申请人不予登记的原因。

第二十一条 房屋登记机构将申请登记事项记载于房屋登记簿之前，申请人可以撤回登记申请。

第二十二条 有下列情形之一的，房屋登记机构应当不予登记：

（一）未依法取得规划许可、施工许可或者未按照规划许可的面积等内容建造的建筑申请登记的；

（二）申请人不能提供合法、有效的权利来源证明文件或者申请登记的房屋权利与权利来源证明文件不一致的；

（三）申请登记事项与房屋登记簿记载冲突的；

（四）申请登记房屋不能特定或者不具有独立利用价值的；

（五）房屋已被依法征收、没收，原权利人申请登记的；

（六）房屋被依法查封期间，权利人申请登记的；

（七）法律、法规和本办法规定的其他不予登记的情形。

第二十三条 自受理登记申请之日起，房屋登记机构应当于下列时限内，将申请登记事项记载于房屋登记簿或者作出不予登记的决定：

（一）国有土地范围内房屋所有权登记，30 个工作日，集体土地范围内房屋所有权登记，60 个工作日；

（二）抵押权、地役权登记，10 个工作日；

（三）预告登记、更正登记，10 个工作日；

（四）异议登记，1 个工作日。

公告时间不计入前款规定时限。因特殊原因需要延长登记时限的，经房屋登记机构负责人批准可以延长，但最长不得超过原时限的一倍。

法律、法规对登记时限另有规定的，从其规定。

第二十四条 房屋登记簿应当记载房屋自然状况、权利状况以及其他依法应当登记的事项。

房屋登记簿可以采用纸介质，也可以采用电子介质。采用电子介质的，应当有唯一、确定的纸介质转化形式，并应当定期异地备份。

第二十五条 房屋登记机构应当根据房屋登记簿的记载，缮写并向权利人发放房屋权属证书。

房屋权属证书是权利人享有房屋权利的证明，包括《房屋所有权证》、《房屋他项权证》等。申请登记房屋为共有房屋的，房屋登记机构应当在房屋所有权证上注明“共有”字样。

预告登记、在建工程抵押权登记以及法律、法规规定的其他事项在房屋登记簿上予以记载后，由房屋登记机构发放登记证明。

第二十六条 房屋权属证书、登记证明与房屋登记簿记载不一致的，除有证据证明房屋登记簿确有错误外，以房屋登记簿为准。

第二十七条 房屋权属证书、登记证明破损的，权利人可以向房屋登记机构申请换发。房屋登记机构换发前，应当收回原房屋权属证书、登记证明，并将有关事项记载于房屋登记簿。

房屋权属证书、登记证明遗失、灭失的，权利人在当地公开发行的报刊上刊登遗失声明后，可以申请补发。房屋登记机构予以补发的，应当将有关事项在房屋登记簿上予以记载。补发的房屋权属证书、登记证明上应当注明“补发”字样。

在补发集体土地范围内村民住房的房屋权属证书、登记证明前，房屋登记机构应当就补发事项在房屋所在地农村集体经济组织内公告。

第二十八条 房屋登记机构应当将房屋登记资料及时归档并妥善管理。

申请查询、复制房屋登记资料的，应当按照规定的权限和程序办理。

第二十九条 县级以上人民政府建设（房地产）主管部门应当加强房屋登记信息系统建设，逐步实现全国房屋登记簿信息共享和异地查询。

第三章 国有土地范围内房屋登记

第一节 所有权登记

第三十条 因合法建造房屋申请房屋所有权初始登记的，应当提交下列材料：

（一）登记申请书；

（二）申请人身份证明；

（三）建设用地使用权证明；

（四）建设工程符合规划的证明；

（五）房屋已竣工的证明；

（六）房屋测绘报告；

（七）其他必要材料。

第三十一条 房地产开发企业申请房屋所有权初始登记时，应当对建筑区划内依法属于全体业主共有的公共场所、公用设施和物业服务用房等房屋一并申请登记，由房屋登记机构在房屋登记簿上予以记载，不颁发房屋权属证书。

第三十二条 发生下列情形之一的，当事人应当在有关法律文件生效或者事实发生后申请房屋所有权转移登记：

（一）买卖；

（二）互换；

（三）赠与；

（四）继承、受遗赠；

（五）房屋分割、合并，导致所有权发生转移的；

（六）以房屋出资入股；

（七）法人或者其他组织分立、合并，导致房屋所有权发生转移的；

（八）法律、法规规定的其他情形。

第三十三条 申请房屋所有权转移登记，应当提交下列材料：

（一）登记申请书；

（二）申请人身份证明；

（三）房屋所有权证书或者房地产权证书；

（四）证明房屋所有权发生转移的材料；

（五）其他必要材料。

前款第（四）项材料，可以是买卖合同、互换合同、赠与合同、受遗赠证明、继承证明、分割协议、合并协议、人民法院或者仲裁委员会生效的法律文书，或者其他证明房屋所有权发生转移的材料。

第三十四条 抵押期间，抵押人转让抵押房屋的所有权，申请房屋所有权转移登记的，除提供本办法第三十三条规定材料外，还应当提交抵押权人的身份证明、抵押权人同意抵押房屋转让的书面文件、他项权利证书。

第三十五条 因人民法院或者仲裁委员会生效的法律文书、合法建造房屋、继承或者受遗赠取得房屋所有权，权利人转让该房屋所有权或者以该房屋设定抵押权时，应当将房屋登记到权利人名下后，再办理房屋所有权转移登记或者房屋抵押权设立登记。

因人民法院或者仲裁委员会生效的法律文书取得房屋所有权，人民法院协助执行通知书要求房屋登记机构予以登记的，房屋登记机构应当予以办理。房屋登记机构予以登记的，应当在房屋登记簿上记载基于人民法院或者仲裁委员会生效的法律文书予以登记的事实。

第三十六条 发生下列情形之一的，权利人应当在有关法律文件生效或者事实发生后申请房屋所有权变更登记：

（一）房屋所有权人的姓名或者名称变更的；

（二）房屋坐落的街道、门牌号或者房屋名称变更的；

（三）房屋面积增加或者减少的；

（四）同一所有权人分割、合并房屋的；

（五）法律、法规规定的其他情形。

第三十七条 申请房屋所有权变更登记，应当提交下列材料：

（一）登记申请书；

（二）申请人身份证明；

（三）房屋所有权证书或者房地产权证书；

（四）证明发生变更事实的材料；

（五）其他必要材料。

第三十八条 经依法登记的房屋发生下列情形之一的，房屋登记簿记载的所有权人应当自事实发生后申请房屋所有权注销登记：

（一）房屋灭失的；

（二）放弃所有权的；

（三）法律、法规规定的其他情形。

第三十九条 申请房屋所有权注销登记的，应当提交下列材料：

（一）登记申请书；

（二）申请人身份证明；

（三）房屋所有权证书或者房地产权证书；

（四）证明房屋所有权消灭的材料；

（五）其他必要材料。

第四十条 经依法登记的房屋上存在他项权利时，所有权人放弃房屋所有权申请注销登记的，应当提供他项权利人的书面同意文件。

第四十一条 经登记的房屋所有权消灭后，原权利人未申请注销登记的，房屋登记机构可以依据人民法院、仲裁委员会的生效法律文书或者人民政府的生效征收决定办理注销登记，将注销事项记载于房屋登记簿，原房屋所有权证收回或者公告作废。

第二节　抵押权登记

第四十二条 以房屋设定抵押的，当事人应当申请抵押权登记。

第四十三条 申请抵押权登记，应当提交下列文件：

（一）登记申请书；

（二）申请人的身份证明；

（三）房屋所有权证书或者房地产权证书；

（四）抵押合同；

（五）主债权合同；

（六）其他必要材料。

第四十四条 对符合规定条件的抵押权设立登记，房屋登记机构应当将下列事项记载于房屋登记簿：

（一）抵押当事人、债务人的姓名或者名称；

（二）被担保债权的数额；

（三）登记时间。

第四十五条 本办法第四十四条所列事项发生变化或者发生法律、法规规定变更抵押权的其他情形的，当事人应当申请抵押权变更登记。

第四十六条 申请抵押权变更登记，应当提交下列材料：

（一）登记申请书；

（二）申请人的身份证明；

（三）房屋他项权证书；

（四）抵押人与抵押权人变更抵押权的书面协议；

（五）其他必要材料。

因抵押当事人姓名或者名称发生变更，或者抵押房屋坐落的街道、门牌号发生变更申请变更登记的，无需提交前款第（四）项材料。

因被担保债权的数额发生变更申请抵押权变更登记的，还应当提交其他抵押权人的书面同意文件。

第四十七条 经依法登记的房屋抵押权因主债权转让而转让，申请抵押权转移登记的，主债权的转让人和受让人应当提交下列材料：

（一）登记申请书；

（二）申请人的身份证明；

（三）房屋他项权证书；

（四）房屋抵押权发生转移的证明材料；

（五）其他必要材料。

第四十八条 经依法登记的房屋抵押权发生下列情形之一的，权利人应当申请抵押权注销登记：

（一）主债权消灭；

（二）抵押权已经实现；

（三）抵押权人放弃抵押权；

（四）法律、法规规定抵押权消灭的其他情形。

第四十九条 申请抵押权注销登记的，应当提交下列材料：

（一）登记申请书；

（二）申请人的身份证明；

（三）房屋他项权证书；

（四）证明房屋抵押权消灭的材料；

（五）其他必要材料。

第五十条 以房屋设定最高额抵押的,当事人应当申请最高额抵押权设立登记。

第五十一条 申请最高额抵押权设立登记,应当提交下列材料:

(一) 登记申请书;

(二)申请人的身份证明;

(三)房屋所有权证书或房地产权证书;

(四)最高额抵押合同;

(五)一定期间内将要连续发生的债权的合同或者其他登记原因证明材料;

(六)其他必要材料。

第五十二条 当事人将最高额抵押权设立前已存在债权转入最高额抵押担保的债权范围,申请登记的,应当提交下列材料:

(一)已存在债权的合同或者其他登记原因证明材料;

(二)抵押人与抵押权人同意将该债权纳入最高额抵押权担保范围的书面材料。

第五十三条 对符合规定条件的最高额抵押权设立登记,除本办法第四十四条所列事项外,登记机构还应当将最高债权额、债权确定的期间记载于房屋登记簿,并明确记载其为最高额抵押权。

第五十四条 变更最高额抵押权登记事项或者发生法律、法规规定变更最高额抵押权的其他情形,当事人应当申请最高额抵押权变更登记。

第五十五条 申请最高额抵押权变更登记,应当提交下列材料:

(一)登记申请书;

(二)申请人的身份证明;

(三)房屋他项权证书;

(四)最高额抵押权担保的债权尚未确定的证明材料;

(五)最高额抵押权发生变更的证明材料;

(六)其他必要材料。

因最高债权额、债权确定的期间发生变更而申请变更登记的,还应当提交其他抵押权人的书面同意文件。

第五十六条 最高额抵押权担保的债权确定前,最高额抵押权发生转移,申请最高额抵押权转移登记的,转让人和受让人应当提交下列材料:

(一)登记申请书;

(二)申请人的身份证明;

(三)房屋他项权证书;

(四)最高额抵押权担保的债权尚未确定的证明材料;

(五)最高额抵押权发生转移的证明材料;

(六)其他必要材料。

最高额抵押权担保的债权确定前,债权人转让部分债权的,除当事人另有约定外,房屋登记机构不得办理最高额抵押权转移登记。当事人约定最高额抵押权随同部分债权的转让而转移的,应当在办理最高额抵押权确定登记之后,依据本办法第四十七条的规定办理抵押权转移登记。

第五十七条 经依法登记的最高额抵押权担保的债权确定,申请最高额抵押权确定登记的,应当提交下列材料:

(一)登记申请书;

(二)申请人的身份证明;

(三)房屋他项权证书;

(四)最高额抵押权担保的债权已确定的证明材料;

（五）其他必要材料。

第五十八条 对符合规定条件的最高额抵押权确定登记，登记机构应当将最高额抵押权担保的债权已经确定的事实记载于房屋登记簿。

当事人协议确定或者人民法院、仲裁委员会生效的法律文书确定了债权数额的，房屋登记机构可以依照当事人一方的申请将债权数额确定的事实记载于房屋登记簿。

第五十九条 以在建工程设定抵押的，当事人应当申请在建工程抵押权设立登记。

第六十条 申请在建工程抵押权设立登记的，应当提交下列材料：

（一）登记申请书；

（二）申请人的身份证明；

（三）抵押合同；

（四）主债权合同；

（五）建设用地使用权证书或者记载土地使用权状况的房地产权证书；

（六）建设工程规划许可证；

（七）其他必要材料。

第六十一条 已经登记在建工程抵押权变更、转让或者消灭的，当事人应当提交下列材料，申请变更登记、转移登记、注销登记：

（一）登记申请书；

（二）申请人的身份证明；

（三）登记证明；

（四）证明在建工程抵押权发生变更、转移或者消灭的材料；

（五）其他必要材料。

第六十二条 在建工程竣工并经房屋所有权初始登记后，当事人应当申请将在建工程抵押权登记转为房屋抵押权登记。

第三节 地役权登记

第六十三条 在房屋上设立地役权的，当事人可以申请地役权设立登记。

第六十四条 申请地役权设立登记，应当提交下列材料：

（一）登记申请书；

（二）申请人的身份证明；

（三）地役权合同；

（四）房屋所有权证书或者房地产权证书；

（五）其他必要材料。

第六十五条 对符合规定条件的地役权设立登记，房屋登记机构应当将有关事项记载于需役地和供役地房屋登记簿，并可将地役权合同附于供役地和需役地房屋登记簿。

第六十六条 已经登记的地役权变更、转让或者消灭的，当事人应当提交下列材料，申请变更登记、转移登记、注销登记：

（一）登记申请书；

（二）申请人的身份证明；

（三）登记证明；

（四）证明地役权发生变更、转移或者消灭的材料；

（五）其他必要材料。

第四节　预 告 登 记

第六十七条　有下列情形之一的，当事人可以申请预告登记：

（一）预购商品房；

（二）以预购商品房设定抵押；

（三）房屋所有权转让、抵押；

（四）法律、法规规定的其他情形。

第六十八条　预告登记后，未经预告登记的权利人书面同意，处分该房屋申请登记的，房屋登记机构应当不予办理。

预告登记后，债权消灭或者自能够进行相应的房屋登记之日起三个月内，当事人申请房屋登记的，房屋登记机构应当按照预告登记事项办理相应的登记。

第六十九条　预售人和预购人订立商品房买卖合同后，预售人未按照约定与预购人申请预告登记，预购人可以单方申请预告登记。

第七十条　申请预购商品房预告登记，应当提交下列材料：

（一）登记申请书；

（二）申请人的身份证明；

（三）已登记备案的商品房预售合同；

（四）当事人关于预告登记的约定；

（五）其他必要材料。

预购人单方申请预购商品房预告登记，预售人与预购人在商品房预售合同中对预告登记附有条件和期限的，预购人应当提交相应的证明材料。

第七十一条　申请预购商品房抵押权预告登记，应当提交下列材料：

（一）登记申请书；

（二）申请人的身份证明；

（三）抵押合同；

（四）主债权合同；

（五）预购商品房预告登记证明；

（六）当事人关于预告登记的约定；

（七）其他必要材料。

第七十二条　申请房屋所有权转移预告登记，应当提交下列材料：

（一）登记申请书；

（二）申请人的身份证明；

（三）房屋所有权转让合同；

（四）转让方的房屋所有权证书或者房地产权证书；

（五）当事人关于预告登记的约定；

（六）其他必要材料。

第七十三条　申请房屋抵押权预告登记的，应当提交下列材料：

（一）登记申请书；

（二）申请人的身份证明；

（三）抵押合同；

（四）主债权合同；

（五）房屋所有权证书或房地产权证书，或者房屋所有权转移登记的预告证明；

（六）当事人关于预告登记的约定；

（七）其他必要材料。

第五节 其他登记

第七十四条 权利人、利害关系人认为房屋登记簿记载的事项有错误的，可以提交下列材料，申请更正登记：

（一）登记申请书；

（二）申请人的身份证明；

（三）证明房屋登记簿记载错误的材料。

利害关系人申请更正登记的，还应当提供权利人同意更正的证明材料。

房屋登记簿记载确有错误的，应当予以更正；需要更正房屋权属证书内容的，应当书面通知权利人换领房屋权属证书；房屋登记簿记载无误的，应当不予更正，并书面通知申请人。

第七十五条 房屋登记机构发现房屋登记簿的记载错误，不涉及房屋权利归属和内容的，应当书面通知有关权利人在规定期限内办理更正登记；当事人无正当理由逾期不办理更正登记的，房屋登记机构可以依据申请登记材料或者有效的法律文件对房屋登记簿的记载予以更正，并书面通知当事人。

对于涉及房屋权利归属和内容的房屋登记簿的记载错误，房屋登记机构应当书面通知有关权利人在规定期限内办理更正登记；办理更正登记期间，权利人因处分其房屋权利申请登记的，房屋登记机构应当暂缓办理。

第七十六条 利害关系人认为房屋登记簿记载的事项错误，而权利人不同意更正的，利害关系人可以持登记申请书、申请人的身份证明、房屋登记簿记载错误的证明文件等材料申请异议登记。

第七十七条 房屋登记机构受理异议登记的，应当将异议事项记载于房屋登记簿。

第七十八条 异议登记期间，房屋登记簿记载的权利人处分房屋申请登记的，房屋登记机构应当暂缓办理。

权利人处分房屋申请登记，房屋登记机构受理登记申请但尚未将申请登记事项记载于房屋登记簿之前，第三人申请异议登记的，房屋登记机构应当中止办理原登记申请，并书面通知申请人。

第七十九条 异议登记期间，异议登记申请人起诉，人民法院不予受理或者驳回其诉讼请求的，异议登记申请人或者房屋登记簿记载的权利人可以持登记申请书、申请人的身份证明、相应的证明文件等材料申请注销异议登记。

第八十条 人民法院、仲裁委员会的生效法律文书确定的房屋权利归属或者权利内容与房屋登记簿记载的权利状况不一致的，房屋登记机构应当按照当事人的申请或者有关法律文书，办理相应的登记。

第八十一条 司法机关、行政机关、仲裁委员会发生法律效力的文件证明当事人以隐瞒真实情况、提交虚假材料等非法手段获取房屋登记的，房屋登记机构可以撤销原房屋登记，收回房屋权属证书、登记证明或者公告作废，但房屋权利为他人善意取得的除外。

第四章 集体土地范围内房屋登记

第八十二条 依法利用宅基地建造的村民住房和依法利用其他集体所有建设用地建造的房屋，可以依照本办法的规定申请房屋登记。

法律、法规对集体土地范围内房屋登记另有规定的，从其规定。

第八十三条 因合法建造房屋申请房屋所有权初始登记的，应当提交下列材料：

（一）登记申请书；
（二）申请人的身份证明；
（三）宅基地使用权证明或者集体所有建设用地使用权证明；
（四）申请登记房屋符合城乡规划的证明；
（五）房屋测绘报告或者村民住房平面图；
（六）其他必要材料。

申请村民住房所有权初始登记的，还应当提交申请人属于房屋所在地农村集体经济组织成员的证明。

农村集体经济组织申请房屋所有权初始登记的，还应当提交经村民会议同意或者由村民会议授权经村民代表会议同意的证明材料。

第八十四条 办理村民住房所有权初始登记、农村集体经济组织所有房屋所有权初始登记，房屋登记机构受理登记申请后，应当将申请登记事项在房屋所在地农村集体经济组织内进行公告。经公告无异议或者异议不成立的，方可予以登记。

第八十五条 发生下列情形之一的，权利人应当在有关法律文件生效或者事实发生后申请房屋所有权变更登记：

（一）房屋所有权人的姓名或者名称变更的；
（二）房屋坐落变更的；
（三）房屋面积增加或者减少的；
（四）同一所有权人分割、合并房屋的；
（五）法律、法规规定的其他情形。

第八十六条 房屋所有权依法发生转移，申请房屋所有权转移登记的，应当提交下列材料：

（一）登记申请书；
（二）申请人的身份证明；
（三）房屋所有权证书；
（四）宅基地使用权证明或者集体所有建设用地使用权证明；
（五）证明房屋所有权发生转移的材料；
（六）其他必要材料。

申请村民住房所有权转移登记的，还应当提交农村集体经济组织同意转移的证明材料。

农村集体经济组织申请房屋所有权转移登记的，还应当提交经村民会议同意或者由村民会议授权经村民代表会议同意的证明材料。

第八十七条 申请农村村民住房所有权转移登记，受让人不属于房屋所在地农村集体经济组织成员的，除法律、法规另有规定外，房屋登记机构应当不予办理。

第八十八条 依法以乡镇、村企业的厂房等建筑物设立抵押，申请抵押权登记的，应当提交下列材料：

（一）登记申请书；
（二）申请人的身份证明；
（三）房屋所有权证书；
（四）集体所有建设用地使用权证明；
（五）主债权合同和抵押合同；
（六）其他必要材料。

第八十九条 房屋登记机构对集体土地范围内的房屋予以登记的，应当在房屋登记簿和房屋权属证书上注明“集体土地”字样。

第九十条 办理集体土地范围内房屋的地役权登记、预告登记、更正登记、异议登记等房屋登记,可以参照适用国有土地范围内房屋登记的有关规定。

第五章 法律责任

第九十一条 非法印制、伪造、变造房屋权属证书或者登记证明,或者使用非法印制、伪造、变造的房屋权属证书或者登记证明的,由房屋登记机构予以收缴;构成犯罪的,依法追究刑事责任。

第九十二条 申请人提交错误、虚假的材料申请房屋登记,给他人造成损害的,应当承担相应的法律责任。

房屋登记机构及其工作人员违反本办法规定办理房屋登记,给他人造成损害的,由房屋登记机构承担相应的法律责任。房屋登记机构承担赔偿责任后,对故意或者重大过失造成登记错误的工作人员,有权追偿。

第九十三条 房屋登记机构工作人员有下列行为之一的,依法给予处分;构成犯罪的,依法追究刑事责任:

(一)擅自涂改、毁损、伪造房屋登记簿;

(二)对不符合登记条件的登记申请予以登记,或者对符合登记条件的登记申请不予登记;

(三)玩忽职守、滥用职权、徇私舞弊。

第六章 附 则

第九十四条 房屋登记簿的内容和管理规范,由国务院建设主管部门另行制定。

第九十五条 房屋权属证书、登记证明,由国务院建设主管部门统一制定式样,统一监制,统一编号规则。

县级以上地方人民政府由一个部门统一负责房屋和土地登记工作的,可以制作、颁发统一的房地产权证书。房地产权证书的式样应当报国务院建设主管部门备案。

第九十六条 具有独立利用价值的特定空间以及码头、油库等其他建筑物、构筑物的登记,可以参照本办法执行。

第九十七条 省、自治区、直辖市人民政府建设(房地产)主管部门可以根据法律、法规和本办法的规定,结合本地实际情况,制定房屋登记实施细则。

第九十八条 本办法自2008年7月1日起施行。《城市房屋权属登记管理办法》(建设部令第57号)、《建设部关于修改〈城市房屋权属登记管理办法〉的决定》(建设部令第99号)同时废止。

城市房地产转让管理规定

(1995年8月7日建设部令第45号发布 根据2001年8月15日《建设部关于修改〈城市房地产转让管理规定〉的决定》修订)

第一条 为了加强对城市房地产转让的管理,维护房地产市场秩序,保障房地产转让当事人的合法权益,根据《中华人民共和国城市房地产管理法》,制定本规定。

第二条 凡在城市规划区国有土地范围内从事房地产转让,实施房地产转让管理,均应遵守本规定。

第三条 本规定所称房地产转让,是指房地产权利人通过买卖、赠与或者其他合法方式将其房地产转移给他人的行为。

前款所称其他合法方式，主要包括下列行为：

（一）以房地产作价入股、与他人成立企业法人，房地产权属发生变更的；

（二）一方提供土地使用权，另一方或者多方提供资金，合资、合作开发经营房地产，而使房地产权属发生变更的；

（三）因企业被收购、兼并或合并，房地产权属随之转移的；

（四）以房地产抵债的；

（五）法律、法规规定的其他情形。

第四条 国务院建设行政主管部门归口管理全国城市房地产转让工作。

省、自治区人民政府建设行政主管部门归口管理本行政区域内的城市房地产转让工作。

直辖市、市、县人民政府房地产行政主管部门（以下简称房地产管理部门）负责本行政区域内的城市房地产转让管理工作。

第五条 房地产转让时，房屋所有权和该房屋占用范围内的土地使用权同时转让。

第六条 下列房地产不得转让：

（一）以出让方式取得土地使用权但不符合本规定第十条规定的条件的；

（二）司法机关和行政机关依法裁定，决定查封或者以其他形式限制房地产权利的；

（三）依法收回土地使用权的；

（四）共有房地产，未经其他共有人书面同意的；

（五）权属有争议的；

（六）未依法登记领取权属证书的；

（七）法律、行政法规规定禁止转让的其他情形。

第七条 房地产转让，应当按照下列程序办理：

（一）房地产转让当事人签订书面转让合同；

（二）房地产转让当事人在房地产转让合同签订后90日内持房地产权属证书、当事人的合法证明、转让合同等有关文件向房地产所在地的房地产管理部门提出申请，并申报成交价格；

（三）房地产管理部门对提供的有关文件进行审查，并在7日内作出是否受理申请的书面答复，7日内未作书面答复的，视为同意受理；

（四）房地产管理部门核实申报的成交价格，并根据需要对转让的房地产进行现场查勘和评估；

（五）房地产转让当事人按照规定缴纳有关税费；

（六）房地产管理部门办理房屋权属登记手续，核发房地产权属证书。

第八条 房地产转让合同应当载明下列主要内容：

（一）双方当事人的姓名或者名称、住所；

（二）房地产权属证书名称和编号；

（三）房地产座落位置、面积、四至界限；

（四）土地宗地号、土地使用权取得的方式及年限；

（五）房地产的用途或使用性质；

（六）成交价格及支付方式；

（七）房地产交付使用的时间；

（八）违约责任；

（九）双方约定的其他事项。

第九条 以出让方式取得土地使用权的，房地产转让时，土地使用权出让合同载明的权利、义务随之转移。

第十条 以出让方式取得土地使用权的,转让房地产时,应当符合下列条件:

(一)按照出让合同约定已经支付全部土地使用权出让金,并取得土地使用权证书;

(二)按照出让合同约定进行投资开发,属于房屋建设工程的,应完成开发投资总额的25%以上;属于成片开发土地的,依照规划对土地进行开发建设,完成供排水、供电、供热、道路交通、通信等市政基础设施、公用设施的建设,达到场地平整,形成工业用地或者其他建设用地条件。

转让房地产时房屋已经建成的,还应当持有房屋所有权证书。

第十一条 以划拨方式取得土地使用权的,转让房地产时,按照国务院的规定,报有批准权的人民政府审批。有批准权的人民政府准予转让的,除符合本规定第十二条所列的可以不办理土地使用权出让手续的情形外,应当由受让方办理土地使用权出让手续,并依照国家有关规定缴纳土地使用权出让金。

第十二条 以划拨方式取得土地使用权的,转让房地产时,属于下列情形之一的,经有批准权的人民政府批准,可以不办理土地使用权出让手续,但应当将转让房地产所获收益中的土地收益上缴国家或者作其他处理。土地收益的缴纳和处理的办法按照国务院规定办理。

(一)经城市规划行政主管部门批准,转让的土地用于建设《中华人民共和国城市房地产管理法》第二十三条规定的项目的;

(二)私有住宅转让后仍用于居住的;

(三)按照国务院住房制度改革有关规定出售公有住宅的;

(四)同一宗土地上部分房屋转让而土地使用权不可分割转让的;

(五)转让的房地产暂时难以确定土地使用权出让用途、年限和其他条件的;

(六)根据城市规划土地使用权不宜出让的;

(七)县级以上人民政府规定暂时无法或不需要采取土地使用权出让方式的其他情形。依照前款规定缴纳土地收益或作其他处理的,应当在房地产转让合同中注明。

第十三条 依照本规定第十二条规定转让的房地产再转让,需要办理出让手续、补交土地使用权出让金的,应当扣除已经缴纳的土地收益。

第十四条 国家实行房地产成交价格申报制度。

房地产权利人转让房地产,应当如实申报成交价格,不得瞒报或者作不实的申报。

房地产转让应当以申报的房地产成交价格作为缴纳税费的依据。成交价格明显低于正常市场价格的,以评估价格作为缴纳税费的依据。

第十五条 商品房预售按照建设部《城市商品房预售管理办法》执行。

第十六条 房地产管理部门在办理房地产转让时,其收费的项目和标准,必须经有批准权的物价部门和建设行政主管部门批准,不得擅自增加收费项目和提高收费标准。

第十七条 违反本规定第十条第一款和第十一条,未办理土地使用权出让手续,交纳土地使用权出让金的,按照《中华人民共和国城市房地产管理法》的规定进行处罚。

第十八条 房地产管理部门工作人员玩忽职守、滥用职权、徇私舞弊、索贿受贿的,依法给予行政处分;构成犯罪的,依法追究刑事责任。

第十九条 在城市规划区外的国有土地范围内进行房地产转让的,参照本规定执行。

第二十条 省、自治区人民政府建设行政主管部门、直辖市房地产行政主管部门可以根据本规定制定实施细则。

第二十一条 本规定由国务院建设行政主管部门负责解释。

第二十二条 本规定自1995年9月1日起施行。

◎ 司法解释及文件

最高人民法院关于审理商品房买卖合同纠纷案件适用法律若干问题的解释

（2003 年 3 月 24 日最高人民法院审判委员会第 1267 次会议通过　2003 年 4 月 28 日最高人民法院公告公布　自 2003 年 6 月 1 日起施行　法释〔2003〕7 号）

为正确、及时审理商品房买卖合同纠纷案件，根据《中华人民共和国民法通则》、《中华人民共和国合同法》、《中华人民共和国城市房地产管理法》、《中华人民共和国担保法》等相关法律，结合民事审判实践，制定本解释。

第一条　本解释所称的商品房买卖合同，是指房地产开发企业（以下统称为出卖人）将尚未建成或者已竣工的房屋向社会销售并转移房屋所有权于买受人，买受人支付价款的合同。

第二条　出卖人未取得商品房预售许可证明，与买受人订立的商品房预售合同，应当认定无效，但是在起诉前取得商品房预售许可证明的，可以认定有效。

第三条　商品房的销售广告和宣传资料为要约邀请，但是出卖人就商品房开发规划范围内的房屋及相关设施所作的说明和允诺具体确定，并对商品房买卖合同的订立以及房屋价格的确定有重大影响的，应当视为要约。该说明和允诺即使未载入商品房买卖合同，亦应当视为合同内容，当事人违反的，应当承担违约责任。

第四条　出卖人通过认购、订购、预订等方式向买受人收受定金作为订立商品房买卖合同担保的，如果因当事人一方原因未能订立商品房买卖合同，应当按照法律关于定金的规定处理；因不可归责于当事人双方的事由，导致商品房买卖合同未能订立的，出卖人应当将定金返还买受人。

第五条　商品房的认购、订购、预订等协议具备《商品房销售管理办法》第十六条规定的商品房买卖合同的主要内容，并且出卖人已经按照约定收受购房款的，该协议应当认定为商品房买卖合同。

第六条　当事人以商品房预售合同未按照法律、行政法规规定办理登记备案手续为由，请求确认合同无效的，不予支持。

当事人约定以办理登记备案手续为商品房预售合同生效条件的，从其约定，但当事人一方已经履行主要义务，对方接受的除外。

第七条　拆迁人与被拆迁人按照所有权调换形式订立拆迁补偿安置协议，明确约定拆迁人以位置、用途特定的房屋对被拆迁人予以补偿安置，如果拆迁人将该补偿安置房屋另行出卖给第三人，被拆迁人请求优先取得补偿安置房屋的，应予支持。

被拆迁人请求解除拆迁补偿安置协议的，按照本解释第八条的规定处理。

第八条　具有下列情形之一，导致商品房买卖合同目的不能实现的，无法取得房屋的买受人可以请求解除合同、返还已付购房款及利息、赔偿损失，并可以请求出卖人承担不超过已付购房款一倍的赔偿责任：

（一）商品房买卖合同订立后，出卖人未告知买受人又将该房屋抵押给第三人；

（二）商品房买卖合同订立后，出卖人又将该房屋出卖给第三人。

第九条　出卖人订立商品房买卖合同时，具有下列情形之一，导致合同无效或者被撤销、解除的，买受人可以请求返还已付购房款及利息、赔偿损失，并可以请求出卖人承担不超过已付购房款一倍的赔偿责任：

（一）故意隐瞒没有取得商品房预售许可证明的事实或者提供虚假商品房预售许可证明；

（二）故意隐瞒所售房屋已经抵押的事实；

（三）故意隐瞒所售房屋已经出卖给第三人或者为拆迁补偿安置房屋的事实。

第十条　买受人以出卖人与第三人恶意串通，另行订立商品房买卖合同并将房屋交付使用，导致其无法取得房屋为由，请求确认出卖人与第三人订立的商品房买卖合同无效的，应予支持。

第十一条　对房屋的转移占有，视为房屋的交付使用，但当事人另有约定的除外。

房屋毁损、灭失的风险，在交付使用前由出卖人承担，交付使用后由买受人承担；买受人接到出卖人的书面交房通知，无正当理由拒绝接收的，房屋毁损、灭失的风险自书面交房通知确定的交付使用之日起由买受人承担，但法律另有规定或者当事人另有约定的除外。

第十二条　因房屋主体结构质量不合格不能交付使用，或者房屋交付使用后，房屋主体结构质量经核验确属不合格，买受人请求解除合同和赔偿损失的，应予支持。

第十三条　因房屋质量问题严重影响正常居住使用，买受人请求解除合同和赔偿损失的，应予支持。

交付使用的房屋存在质量问题，在保修期内，出卖人应当承担修复责任；出卖人拒绝修复或者在合理期限内拖延修复的，买受人可以自行或者委托他人修复。修复费用及修复期间造成的其他损失由出卖人承担。

第十四条　出卖人交付使用的房屋套内建筑面积或者建筑面积与商品房买卖合同约定面积不符，合同有约定的，按照约定处理；合同没有约定或者约定不明确的，按照以下原则处理：

（一）面积误差比绝对值在3%以内（含3%），按照合同约定的价格据实结算，买受人请求解除合同的，不予支持；

（二）面积误差比绝对值超出3%，买受人请求解除合同、返还已付购房款及利息的，应予支持。买受人同意继续履行合同，房屋实际面积大于合同约定面积的，面积误差比在3%以内（含3%）部分的房价款由买受人按照约定的价格补足，面积误差比超出3%部分的房价款由出卖人承担，所有权归买受人；房屋实际面积小于合同约定面积的，面积误差比在3%以内（含3%）部分的房价款及利息由出卖人返还买受人，面积误差比超过3%部分的房价款由出卖人双倍返还买受人。

第十五条　根据《合同法》第九十四条的规定，出卖人迟延交付房屋或者买受人迟延支付购房款，经催告后在三个月的合理期限内仍未履行，当事人一方请求解除合同的，应予支持，但当事人另有约定的除外。

法律没有规定或者当事人没有约定，经对方当事人催告后，解除权行使的合理期限为三个月。对方当事人没有催告的，解除权应当在解除权发生之日起一年内行使；逾期不行使的，解除权消灭。

第十六条　当事人以约定的违约金过高为由请求减少的，应当以违约金超过造成的损失30%为标准适当减少；当事人以约定的违约金低于造成的损失为由请求增加的，应当以违约造成的损失确定违约金数额。

第十七条　商品房买卖合同没有约定违约金数额或者损失赔偿额计算方法，违约金数额或者损失赔偿额可以参照以下标准确定：

逾期付款的，按照未付购房款总额，参照中国人民银行规定的金融机构计收逾期贷款利息的标准计算。

逾期交付使用房屋的，按照逾期交付使用房屋期间有关主管部门公布或者有资格的房地产评估机构评定的同地段同类房屋租金标准确定。

第十八条　由于出卖人的原因，买受人在下列期限届满未能取得房屋权属证书的，除当事人有特殊约定外，出卖人应当承担违约责任：

（一）商品房买卖合同约定的办理房屋所有权登记的期限；

（二）商品房买卖合同的标的物为尚未建成房屋的，自房屋交付使用之日起90日；

（三）商品房买卖合同的标的物为已竣工房屋的，自合同订立之日起90日。

合同没有约定违约金或者损失数额难以确定的，可以按照已付购房款总额，参照中国人民银行规定的金融机构计收逾期贷款利息的标准计算。

第十九条 商品房买卖合同约定或者《城市房地产开发经营管理条例》第三十三条规定的办理房屋所有权登记的期限届满后超过一年，由于出卖人的原因，导致买受人无法办理房屋所有权登记，买受人请求解除合同和赔偿损失的，应予支持。

第二十条 出卖人与包销人订立商品房包销合同，约定出卖人将其开发建设的房屋交由包销人以出卖人的名义销售的，包销期满未销售的房屋，由包销人按照合同约定的包销价格购买，但当事人另有约定的除外。

第二十一条 出卖人自行销售已经约定由包销人包销的房屋，包销人请求出卖人赔偿损失的，应予支持，但当事人另有约定的除外。

第二十二条 对于买受人因商品房买卖合同与出卖人发生的纠纷，人民法院应当通知包销人参加诉讼；出卖人、包销人和买受人对各自的权利义务有明确约定的，按照约定的内容确定各方的诉讼地位。

第二十三条 商品房买卖合同约定，买受人以担保贷款方式付款，因当事人一方原因未能订立商品房担保贷款合同并导致商品房买卖合同不能继续履行的，对方当事人可以请求解除合同和赔偿损失。因不可归责于当事人双方的事由未能订立商品房担保贷款合同并导致商品房买卖合同不能继续履行的，当事人可以请求解除合同，出卖人应当将收受的购房款本金及其利息或者定金返还买受人。

第二十四条 因商品房买卖合同被确认无效或者被撤销、解除，致使商品房担保贷款合同的目的无法实现，当事人请求解除商品房担保贷款合同的，应予支持。

第二十五条 以担保贷款为付款方式的商品房买卖合同的当事人一方请求确认商品房买卖合同无效或者撤销、解除合同的，如果担保权人作为有独立请求权第三人提出诉讼请求，应当与商品房担保贷款合同纠纷合并审理；未提出诉讼请求的，仅处理商品房买卖合同纠纷。担保权人就商品房担保贷款合同纠纷另行起诉的，可以与商品房买卖合同纠纷合并审理。

商品房买卖合同被确认无效或者被撤销、解除后，商品房担保贷款合同也被解除的，出卖人应当将收受的购房贷款和购房款的本金及利息分别返还担保权人和买受人。

第二十六条 买受人未按照商品房担保贷款合同的约定偿还贷款，亦未与担保权人办理商品房抵押登记手续，担保权人起诉买受人，请求处分商品房买卖合同项下买受人合同权利的，应当通知出卖人参加诉讼；担保权人同时起诉出卖人时，如果出卖人为商品房担保贷款合同提供保证的，应当列为共同被告。

第二十七条 买受人未按照商品房担保贷款合同的约定偿还贷款，但是已经取得房屋权属证书并与担保权人办理了商品房抵押登记手续，抵押权人请求买受人偿还贷款或者就抵押的房屋优先受偿的，不应当追加出卖人为当事人，但出卖人提供保证的除外。

第二十八条 本解释自2003年6月1日起施行。

《中华人民共和国城市房地产管理法》施行后订立的商品房买卖合同发生的纠纷案件，本解释公布施行后尚在一审、二审阶段的，适用本解释。

《中华人民共和国城市房地产管理法》施行后订立的商品房买卖合同发生的纠纷案件，在本解释公布施行前已经终审，当事人申请再审或者按照审判监督程序决定再审的，不适用本解释。

《中华人民共和国城市房地产管理法》施行前发生的商品房买卖行为，适用当时的法律、法规和《最高人民法院〈关于审理房地产管理法施行前房地产开发经营案件若干问题的解答〉》。

最高人民法院关于审理建设工程施工合同纠纷案件适用法律问题的解释

(2004 年 9 月 29 日最高人民法院审判委员会第 1327 次会议通过　2004 年 10 月 25 日最高人民法院公告公布　自 2005 年 1 月 1 日起施行　法释〔2004〕14 号)

根据《中华人民共和国民法通则》、《中华人民共和国合同法》、《中华人民共和国招标投标法》、《中华人民共和国民事诉讼法》等法律规定,结合民事审判实际,就审理建设工程施工合同纠纷案件适用法律的问题,制定本解释。

第一条　建设工程施工合同具有下列情形之一的,应当根据合同法第五十二条第(五)项的规定,认定无效:

(一)承包人未取得建筑施工企业资质或者超越资质等级的;

(二)没有资质的实际施工人借用有资质的建筑施工企业名义的;

(三)建设工程必须进行招标而未招标或者中标无效的。

第二条　建设工程施工合同无效,但建设工程经竣工验收合格,承包人请求参照合同约定支付工程价款的,应予支持。

第三条　建设工程施工合同无效,且建设工程经竣工验收不合格的,按照以下情形分别处理:

(一)修复后的建设工程经竣工验收合格,发包人请求承包人承担修复费用的,应予支持;

(二)修复后的建设工程经竣工验收不合格,承包人请求支付工程价款的,不予支持。

因建设工程不合格造成的损失,发包人有过错的,也应承担相应的民事责任。

第四条　承包人非法转包、违法分包建设工程或者没有资质的实际施工人借用有资质的建筑施工企业名义与他人签订建设工程施工合同的行为无效。人民法院可以根据民法通则第一百三十四条规定,收缴当事人已经取得的非法所得。

第五条　承包人超越资质等级许可的业务范围签订建设工程施工合同,在建设工程竣工前取得相应资质等级,当事人请求按照无效合同处理的,不予支持。

第六条　当事人对垫资和垫资利息有约定,承包人请求按照约定返还垫资及其利息的,应予支持,但是约定的利息计算标准高于中国人民银行发布的同期同类贷款利率的部分除外。

当事人对垫资没有约定的,按照工程欠款处理。

当事人对垫资利息没有约定,承包人请求支付利息的,不予支持。

第七条　具有劳务作业法定资质的承包人与总承包人、分包人签订的劳务分包合同,当事人以转包建设工程违反法律规定为由请求确认无效的,不予支持。

第八条　承包人具有下列情形之一,发包人请求解除建设工程施工合同的,应予支持:

(一)明确表示或者以行为表明不履行合同主要义务的;

(二)合同约定的期限内没有完工,且在发包人催告的合理期限内仍未完工的;

(三)已经完成的建设工程质量不合格,并拒绝修复的;

(四)将承包的建设工程非法转包、违法分包的。

第九条　发包人具有下列情形之一,致使承包人无法施工,且在催告的合理期限内仍未履行相应义务,承包人请求解除建设工程施工合同的,应予支持:

(一)未按约定支付工程价款的;

(二)提供的主要建筑材料、建筑构配件和设备不符合强制性标准的;

（三）不履行合同约定的协助义务的。

第十条 建设工程施工合同解除后，已经完成的建设工程质量合格的，发包人应当按照约定支付相应的工程价款；已经完成的建设工程质量不合格的，参照本解释第三条规定处理。

因一方违约导致合同解除的，违约方应当赔偿因此而给对方造成的损失。

第十一条 因承包人的过错造成建设工程质量不符合约定，承包人拒绝修理、返工或者改建，发包人请求减少支付工程价款的，应予支持。

第十二条 发包人具有下列情形之一，造成建设工程质量缺陷，应当承担过错责任：

（一）提供的设计有缺陷；

（二）提供或者指定购买的建筑材料、建筑构配件、设备不符合强制性标准；

（三）直接指定分包人分包专业工程。

承包人有过错的，也应当承担相应的过错责任。

第十三条 建设工程未经竣工验收，发包人擅自使用后，又以使用部分质量不符合约定为由主张权利的，不予支持；但是承包人应当在建设工程的合理使用寿命内对地基基础工程和主体结构质量承担民事责任。

第十四条 当事人对建设工程实际竣工日期有争议的，按照以下情形分别处理：

（一）建设工程经竣工验收合格的，以竣工验收合格之日为竣工日期；

（二）承包人已经提交竣工验收报告，发包人拖延验收的，以承包人提交验收报告之日为竣工日期；

（三）建设工程未经竣工验收，发包人擅自使用的，以转移占有建设工程之日为竣工日期。

第十五条 建设工程竣工前，当事人对工程质量发生争议，工程质量经鉴定合格的，鉴定期间为顺延工期期间。

第十六条 当事人对建设工程的计价标准或者计价方法有约定的，按照约定结算工程价款。

因设计变更导致建设工程的工程量或者质量标准发生变化，当事人对该部分工程价款不能协商一致的，可以参照签订建设工程施工合同时当地建设行政主管部门发布的计价方法或者计价标准结算工程价款。

建设工程施工合同有效，但建设工程经竣工验收不合格的，工程价款结算参照本解释第三条规定处理。

第十七条 当事人对欠付工程价款利息计付标准有约定的，按照约定处理；没有约定的，按照中国人民银行发布的同期同类贷款利率计息。

第十八条 利息从应付工程价款之日计付。当事人对付款时间没有约定或者约定不明的，下列时间视为应付款时间：

（一）建设工程已实际交付的，为交付之日；

（二）建设工程没有交付的，为提交竣工结算文件之日；

（三）建设工程未交付，工程价款也未结算的，为当事人起诉之日。

第十九条 当事人对工程量有争议的，按照施工过程中形成的签证等书面文件确认。承包人能够证明发包人同意其施工，但未能提供签证文件证明工程量发生的，可以按照当事人提供的其他证据确认实际发生的工程量。

第二十条 当事人约定，发包人收到竣工结算文件后，在约定期限内不予答复，视为认可竣工结算文件的，按照约定处理。承包人请求按照竣工结算文件结算工程价款的，应予支持。

第二十一条 当事人就同一建设工程另行订立的建设工程施工合同与经过备案的中标合同实质性内容不一致的，应当以备案的中标合同作为结算工程价款的根据。

第二十二条 当事人约定按照固定价结算工程价款，一方当事人请求对建设工程造价进行鉴定的,不予支持。

第二十三条 当事人对部分案件事实有争议的,仅对有争议的事实进行鉴定,但争议事实范围不能确定,或者双方当事人请求对全部事实鉴定的除外。

第二十四条 建设工程施工合同纠纷以施工行为地为合同履行地。

第二十五条 因建设工程质量发生争议的,发包人可以以总承包人、分包人和实际施工人为共同被告提起诉讼。

第二十六条 实际施工人以转包人、违法分包人为被告起诉的,人民法院应当依法受理。

实际施工人以发包人为被告主张权利的,人民法院可以追加转包人或者违法分包人为本案当事人。发包人只在欠付工程价款范围内对实际施工人承担责任。

第二十七条 因保修人未及时履行保修义务,导致建筑物毁损或者造成人身、财产损害的,保修人应当承担赔偿责任。

保修人与建筑物所有人或者发包人对建筑物毁损均有过错的,各自承担相应的责任。

第二十八条 本解释自二〇〇五年一月一日起施行。

施行后受理的第一审案件适用本解释。

施行前最高人民法院发布的司法解释与本解释相抵触的,以本解释为准。

最高人民法院关于审理物业服务纠纷案件具体应用法律若干问题的解释

(2009年4月20日最高人民法院审判委员会第1466次会议通过　2009年5月15日最高人民法院公告公布　自2009年10月1日起施行　法释〔2009〕8号)

为正确审理物业服务纠纷案件,依法保护当事人的合法权益,根据《中华人民共和国民法通则》、《中华人民共和国物权法》、《中华人民共和国合同法》等法律规定,结合民事审判实践,制定本解释。

第一条 建设单位依法与物业服务企业签订的前期物业服务合同,以及业主委员会与业主大会依法选聘的物业服务企业签订的物业服务合同,对业主具有约束力。业主以其并非合同当事人为由提出抗辩的,人民法院不予支持。

第二条 符合下列情形之一,业主委员会或者业主请求确认合同或者合同相关条款无效的,人民法院应予支持:

(一)物业服务企业将物业服务区域内的全部物业服务业务一并委托他人而签订的委托合同;

(二)物业服务合同中免除物业服务企业责任、加重业主委员会或者业主责任、排除业主委员会或者业主主要权利的条款。

前款所称物业服务合同包括前期物业服务合同。

第三条 物业服务企业不履行或者不完全履行物业服务合同约定的或者法律、法规规定以及相关行业规范确定的维修、养护、管理和维护义务,业主请求物业服务企业承担继续履行、采取补救措施或者赔偿损失等违约责任的,人民法院应予支持。

物业服务企业公开作出的服务承诺及制定的服务细则,应当认定为物业服务合同的组成部分。

第四条 业主违反物业服务合同或者法律、法规、管理规约,实施妨害物业服务与管理的行为,物业服务企业请求业主承担恢复原状、停止侵害、排除妨害等相应民事责任的,人民法院应予支持。

第五条 物业服务企业违反物业服务合同约定或者法律、法规、部门规章规定,擅自扩大收费范围、提高收费标准或者重复收费，业主以违规收费为由提出抗辩的，人民法院应予支持。

业主请求物业服务企业退还其已收取的违规费用的，人民法院应予支持。

第六条 经书面催交，业主无正当理由拒绝交纳或者在催告的合理期限内仍未交纳物业费，物业服务企业请求业主支付物业费的，人民法院应予支持。物业服务企业已经按照合同约定以及相关规定提供服务，业主仅以未享受或者无需接受相关物业服务为抗辩理由的，人民法院不予支持。

第七条 业主与物业的承租人、借用人或者其他物业使用人约定由物业使用人交纳物业费，物业服务企业请求业主承担连带责任的，人民法院应予支持。

第八条 业主大会按照物权法第七十六条规定的程序作出解聘物业服务企业的决定后，业主委员会请求解除物业服务合同的，人民法院应予支持。

物业服务企业向业主委员会提出物业费主张的，人民法院应当告知其向拖欠物业费的业主另行主张权利。

第九条 物业服务合同的权利义务终止后，业主请求物业服务企业退还已经预收，但尚未提供物业服务期间的物业费的，人民法院应予支持。

物业服务企业请求业主支付拖欠的物业费的，按照本解释第六条规定处理。

第十条 物业服务合同的权利义务终止后，业主委员会请求物业服务企业退出物业服务区域、移交物业服务用房和相关设施，以及物业服务所必需的相关资料和由其代管的专项维修资金的，人民法院应予支持。

物业服务企业拒绝退出、移交，并以存在事实上的物业服务关系为由，请求业主支付物业服务合同权利义务终止后的物业费的，人民法院不予支持。

第十一条 本解释涉及物业服务企业的规定，适用于物权法第七十六条、第八十一条、第八十二条所称其他管理人。

第十二条 因物业的承租人、借用人或者其他物业使用人实施违反物业服务合同，以及法律、法规或者管理规约的行为引起的物业服务纠纷，人民法院应当参照本解释关于业主的规定处理。

第十三条 本解释自2009年10月1日起施行。

本解释施行前已经终审，本解释施行后当事人申请再审或者按照审判监督程序决定再审的案件，不适用本解释。

最高人民法院关于审理城镇房屋租赁合同纠纷案件具体应用法律若干问题的解释

（2009年6月22日最高人民法院审判委员会第1469次会议通过　2009年7月30日最高人民法院公告公布　自2009年9月1日起施行　法释〔2009〕11号）

为正确审理城镇房屋租赁合同纠纷案件，依法保护当事人的合法权益，根据《中华人民共和国民法通则》、《中华人民共和国物权法》、《中华人民共和国合同法》等法律规定，结合民事审判实践，制定本解释。

第一条 本解释所称城镇房屋，是指城市、镇规划区内的房屋。

乡、村庄规划区内的房屋租赁合同纠纷案件，可以参照本解释处理。但法律另有规定的，适用其规定。

当事人依照国家福利政策租赁公有住房、廉租住房、经济适用住房产生的纠纷案件，不适用本解释。

第二条 出租人就未取得建设工程规划许可证或者未按照建设工程规划许可证的规定建设的房屋,与承租人订立的租赁合同无效。但在一审法庭辩论终结前取得建设工程规划许可证或者经主管部门批准建设的,人民法院应当认定有效。

第三条 出租人就未经批准或者未按照批准内容建设的临时建筑,与承租人订立的租赁合同无效。但在一审法庭辩论终结前经主管部门批准建设的,人民法院应当认定有效。

租赁期限超过临时建筑的使用期限,超过部分无效。但在一审法庭辩论终结前经主管部门批准延长使用期限的,人民法院应当认定延长使用期限内的租赁期间有效。

第四条 当事人以房屋租赁合同未按照法律、行政法规规定办理登记备案手续为由,请求确认合同无效的,人民法院不予支持。

当事人约定以办理登记备案手续为房屋租赁合同生效条件的,从其约定。但当事人一方已经履行主要义务,对方接受的除外。

第五条 房屋租赁合同无效,当事人请求参照合同约定的租金标准支付房屋占有使用费的,人民法院一般应予支持。

当事人请求赔偿因合同无效受到的损失,人民法院依照合同法的有关规定和本司法解释第九条、第十三条、第十四条的规定处理。

第六条 出租人就同一房屋订立数份租赁合同,在合同均有效的情况下,承租人均主张履行合同的,人民法院按照下列顺序确定履行合同的承租人:

(一)已经合法占有租赁房屋的;

(二)已经办理登记备案手续的;

(三)合同成立在先的。

不能取得租赁房屋的承租人请求解除合同、赔偿损失的,依照合同法的有关规定处理。

第七条 承租人擅自变动房屋建筑主体和承重结构或者扩建,在出租人要求的合理期限内仍不予恢复原状,出租人请求解除合同并要求赔偿损失的,人民法院依照合同法第二百一十九条的规定处理。

第八条 因下列情形之一,导致租赁房屋无法使用,承租人请求解除合同的,人民法院应予支持:

(一)租赁房屋被司法机关或者行政机关依法查封的;

(二)租赁房屋权属有争议的;

(三)租赁房屋具有违反法律、行政法规关于房屋使用条件强制性规定情况的。

第九条 承租人经出租人同意装饰装修,租赁合同无效时,未形成附合的装饰装修物,出租人同意利用的,可折价归出租人所有;不同意利用的,可由承租人拆除。因拆除造成房屋毁损的,承租人应当恢复原状。

已形成附合的装饰装修物,出租人同意利用的,可折价归出租人所有;不同意利用的,由双方各自按照导致合同无效的过错分担现值损失。

第十条 承租人经出租人同意装饰装修,租赁期间届满或者合同解除时,除当事人另有约定外,未形成附合的装饰装修物,可由承租人拆除。因拆除造成房屋毁损的,承租人应当恢复原状。

第十一条 承租人经出租人同意装饰装修,合同解除时,双方对已形成附合的装饰装修物的处理没有约定的,人民法院按照下列情形分别处理:

(一)因出租人违约导致合同解除,承租人请求出租人赔偿剩余租赁期内装饰装修残值损失的,应予支持;

(二)因承租人违约导致合同解除,承租人请求出租人赔偿剩余租赁期内装饰装修残值损失的,不予支持。但出租人同意利用的,应在利用价值范围内予以适当补偿;

（三）因双方违约导致合同解除，剩余租赁期内的装饰装修残值损失，由双方根据各自的过错承担相应的责任；

（四）因不可归责于双方的事由导致合同解除的，剩余租赁期内的装饰装修残值损失，由双方按照公平原则分担。法律另有规定的，适用其规定。

第十二条 承租人经出租人同意装饰装修，租赁期间届满时，承租人请求出租人补偿附合装饰装修费用的，不予支持。但当事人另有约定的除外。

第十三条 承租人未经出租人同意装饰装修或者扩建发生的费用，由承租人负担。出租人请求承租人恢复原状或者赔偿损失的，人民法院应予支持。

第十四条 承租人经出租人同意扩建，但双方对扩建费用的处理没有约定的，人民法院按照下列情形分别处理：

（一）办理合法建设手续的，扩建造价费用由出租人负担；

（二）未办理合法建设手续的，扩建造价费用由双方按照过错分担。

第十五条 承租人经出租人同意将租赁房屋转租给第三人时，转租期限超过承租人剩余租赁期限的，人民法院应当认定超过部分的约定无效。但出租人与承租人另有约定的除外。

第十六条 出租人知道或者应当知道承租人转租，但在六个月内未提出异议，其以承租人未经同意为由请求解除合同或者认定转租合同无效的，人民法院不予支持。

因租赁合同产生的纠纷案件，人民法院可以通知次承租人作为第三人参加诉讼。

第十七条 因承租人拖欠租金，出租人请求解除合同时，次承租人请求代承租人支付欠付的租金和违约金以抗辩出租人合同解除权的，人民法院应予支持。但转租合同无效的除外。

次承租人代为支付的租金和违约金超出其应付的租金数额，可以折抵租金或者向承租人追偿。

第十八条 房屋租赁合同无效、履行期限届满或者解除，出租人请求负有腾房义务的次承租人支付逾期腾房占有使用费的，人民法院应予支持。

第十九条 承租人租赁房屋用于以个体工商户或者个人合伙方式从事经营活动，承租人在租赁期间死亡、宣告失踪或者宣告死亡，其共同经营人或者其他合伙人请求按照原租赁合同租赁该房屋的，人民法院应予支持。

第二十条 租赁房屋在租赁期间发生所有权变动，承租人请求房屋受让人继续履行原租赁合同的，人民法院应予支持。但租赁房屋具有下列情形或者当事人另有约定的除外：

（一）房屋在出租前已设立抵押权，因抵押权人实现抵押权发生所有权变动的；

（二）房屋在出租前已被人民法院依法查封的。

第二十一条 出租人出卖租赁房屋未在合理期限内通知承租人或者存在其他侵害承租人优先购买权情形，承租人请求出租人承担赔偿责任的，人民法院应予支持。但请求确认出租人与第三人签订的房屋买卖合同无效的，人民法院不予支持。

第二十二条 出租人与抵押权人协议折价、变卖租赁房屋偿还债务，应当在合理期限内通知承租人。承租人请求以同等条件优先购买房屋的，人民法院应予支持。

第二十三条 出租人委托拍卖人拍卖租赁房屋，应当在拍卖5日前通知承租人。承租人未参加拍卖的，人民法院应当认定承租人放弃优先购买权。

第二十四条 具有下列情形之一，承租人主张优先购买房屋的，人民法院不予支持：

（一）房屋共有人行使优先购买权的；

（二）出租人将房屋出卖给近亲属，包括配偶、父母、子女、兄弟姐妹、祖父母、外祖父母、孙子女、外孙子女的；

（三）出租人履行通知义务后，承租人在十五日内未明确表示购买的；

（四）第三人善意购买租赁房屋并已经办理登记手续的。

第二十五条 本解释施行前已经终审，本解释施行后当事人申请再审或者按照审判监督程序决定再审的案件，不适用本解释。

最高人民法院关于违法的建筑物、构筑物、设施等强制拆除问题的批复

（2013年3月25日最高人民法院审判委员会第1572次会议通过 2013年3月27日最高人民法院公告公布 自2013年4月3日起施行 法释〔2013〕5号）

北京市高级人民法院：

根据行政强制法和城乡规划法有关规定精神，对涉及违反城乡规划法的违法建筑物、构筑物、设施等的强制拆除，法律已经授予行政机关强制执行权，人民法院不受理行政机关提出的非诉行政执行申请。

最高人民法院关于审理房屋登记案件若干问题的规定

（2010年8月2日最高人民法院审判委员会第1491次会议通过 2010年11月5日最高人民法院公告公布 自2010年11月18日起施行 法释〔2010〕15号）

为正确审理房屋登记案件，根据《中华人民共和国物权法》、《中华人民共和国城市房地产管理法》、《中华人民共和国行政诉讼法》等有关法律规定，结合行政审判实际，制定本规定。

第一条 公民、法人或者其他组织对房屋登记机构的房屋登记行为以及与查询、复制登记资料等事项相关的行政行为或者相应的不作为不服，提起行政诉讼的，人民法院应当依法受理。

第二条 房屋登记机构根据人民法院、仲裁委员会的法律文书或者有权机关的协助执行通知书以及人民政府的征收决定办理的房屋登记行为，公民、法人或者其他组织不服提起行政诉讼的，人民法院不予受理，但公民、法人或者其他组织认为登记与有关文书内容不一致的除外。

房屋登记机构作出未改变登记内容的换发、补发权属证书、登记证明或者更新登记簿的行为，公民、法人或者其他组织不服提起行政诉讼的，人民法院不予受理。

房屋登记机构在行政诉讼法施行前作出的房屋登记行为，公民、法人或者其他组织不服提起行政诉讼的，人民法院不予受理。

第三条 公民、法人或者其他组织对房屋登记行为不服提起行政诉讼的，不受下列情形的影响：

（一）房屋灭失；

（二）房屋登记行为已被登记机构改变；

（三）生效法律文书将房屋权属证书、房屋登记簿或者房屋登记证明作为定案证据采用。

第四条 房屋登记机构为债务人办理房屋转移登记，债权人不服提起诉讼，符合下列情形之一的，人民法院应当依法受理：

（一）以房屋为标的物的债权已办理预告登记的；

（二）债权人为抵押权人且房屋转让未经其同意的；

（三）人民法院依债权人申请对房屋采取强制执行措施并已通知房屋登记机构的；

（四）房屋登记机构工作人员与债务人恶意串通的。

第五条 同一房屋多次转移登记，原房屋权利人、原利害关系人对首次转移登记行为提起行政诉讼的，人民法院应当依法受理。

原房屋权利人、原利害关系人对首次转移登记行为及后续转移登记行为一并提起行政诉讼的，人民法院应当依法受理；人民法院判决驳回原告就在先转移登记行为提出的诉讼请求，或者因保护善意第三人确认在先房屋登记行为违法的，应当裁定驳回原告对后续转移登记行为的起诉。

原房屋权利人、原利害关系人未就首次转移登记行为提起行政诉讼，对后续转移登记行为提起行政诉讼的，人民法院不予受理。

第六条 人民法院受理房屋登记行政案件后，应当通知没有起诉的下列利害关系人作为第三人参加行政诉讼：

（一）房屋登记簿上载明的权利人；

（二）被诉异议登记、更正登记、预告登记的权利人；

（三）人民法院能够确认的其他利害关系人。

第七条 房屋登记行政案件由房屋所在地人民法院管辖，但有下列情形之一的也可由被告所在地人民法院管辖：

（一）请求房屋登记机构履行房屋转移登记、查询、复制登记资料等职责的；

（二）对房屋登记机构收缴房产证行为提起行政诉讼的；

（三）对行政复议改变房屋登记行为提起行政诉讼的。

第八条 当事人以作为房屋登记行为基础的买卖、共有、赠与、抵押、婚姻、继承等民事法律关系无效或者应当撤销为由，对房屋登记行为提起行政诉讼的，人民法院应当告知当事人先行解决民事争议，民事争议处理期间不计算在行政诉讼起诉期限内；已经受理的，裁定中止诉讼。

第九条 被告对被诉房屋登记行为的合法性负举证责任。被告保管证据原件的，应当在法庭上出示。被告不保管原件的，应当提交与原件核对一致的复印件、复制件并作出说明。当事人对被告提交的上述证据提出异议的，应当提供相应的证据。

第十条 被诉房屋登记行为合法的，人民法院应当判决驳回原告的诉讼请求。

第十一条 被诉房屋登记行为涉及多个权利主体或者房屋可分，其中部分主体或者房屋的登记违法应予撤销的，可以判决部分撤销。

被诉房屋登记行为违法，但该行为已被登记机构改变的，判决确认被诉行为违法。

被诉房屋登记行为违法，但判决撤销将给公共利益造成重大损失或者房屋已为第三人善意取得的，判决确认被诉行为违法，不撤销登记行为。

第十二条 申请人提供虚假材料办理房屋登记，给原告造成损害，房屋登记机构未尽合理审慎职责的，应当根据其过错程度及其在损害发生中所起作用承担相应的赔偿责任。

第十三条 房屋登记机构工作人员与第三人恶意串通违法登记，侵犯原告合法权益的，房屋登记机构与第三人承担连带赔偿责任。

第十四条 最高人民法院以前所作的相关的司法解释，凡与本规定不一致的，以本规定为准。

农村集体土地上的房屋登记行政案件参照本规定。

最高人民法院关于严格执行法律法规和司法解释依法妥善办理征收拆迁案件的通知

(2012 年 6 月 13 日　法〔2012〕148 号)

各省、自治区、直辖市高级人民法院,新疆维吾尔自治区高级人民法院生产建设兵团分院:

自《中华人民共和国行政强制法》(以下简称《行政强制法》)、《国有土地上房屋征收与补偿条例》(以下简称《条例》)和最高人民法院《关于办理申请人民法院强制执行国有土地上房屋征收补偿决定案件若干问题的规定》(以下简称《规定》)颁布实施以来,依法文明和谐征收拆迁得到社会广泛肯定。但是,今春以来,一些地区违法征收拆迁的恶性事件又屡有发生,并呈上升势头。为防范和遏制类似事件的继续发生,为党的十八大胜利召开营造良好的社会环境,现就有关问题通知如下:

一、加强相关法律法规和司法解释的学习培训

各级人民法院的领导和相关审判执行人员要认真学习领会《行政强制法》、《条例》和《规定》,全面理解掌握法律法规和司法解释的立法背景及具体规定精神,认真学习理解最高人民法院《关于坚决防止土地征收、房屋拆迁强制执行引发恶性事件的紧急通知》和《关于认真贯彻执行〈关于办理申请人民法院强制执行国有土地上房屋征收补偿决定案件若干问题的规定〉的通知》,特别是要组织基层人民法院搞好专门培训,切实把思想认识和工作思路统一到法律、法规、司法解释和最高人民法院的要求上来,在立案、审查和执行等工作中严格贯彻落实,不得擅自变通和随意解读。

二、抓紧对征收拆迁案件进行一次全面排查

各地法院近期要对已经受理或将要受理的征收拆迁诉讼案件和非诉执行案件进行一次全面排查,提前预测、主动应对和有效消除可能影响社会稳定的隐患。同时,对法律法规和司法解释颁布施行后的执法情况进行一次检查,在自查的基础上,上级人民法院要派出督查组对排查工作进行监督指导,特别是对近期发生征收拆迁恶性事件的地区和城郊结合部、城中村改造、违法违章建筑拆除等领域,要进行重点检查。坚决防止因工作失误、执法不规范或者滥用强制手段导致矛盾激化,造成人员伤亡或财产严重损失等恶性后果以及引发大规模群体性事件。

三、认真研究解决征收拆迁案件的新情况新问题

当前征收拆迁主要问题集中在违法征收土地和房屋、补偿标准偏低、实施程序不规范、滥用强制手段和工作方法简单粗暴等方面。各级人民法院要结合当地实际,认真研究受案范围、立案条件、审理标准、执行方式等具体法律适用问题,着力解决群众反映强烈的补偿标准过低、补偿不到位、行政权力滥用等突出问题。对于审判执行工作中的重大问题,要及时向当地党委汇报取得支持,加强与政府的沟通互动,积极探索创新社会管理方式,疏通行政争议化解渠道,努力实现保护人民群众合法权益与维护公共利益的有机统一,保障促进社会和谐稳定。

四、规范司法行为,强化审判执行监督

各级人民法院在办理征收拆迁案件过程中,立案、审查、执行机构要注意加强沟通配合,创新工作机制,共同研究解决办案中的重大疑难问题。对行政机关申请强制执行国有土地上房屋征收补偿决定(或拆迁裁决)的案件,要严格按照《规定》及最高人民法院相关通知精神办理,严把立案、审查、执行关,切实体现"裁执分离"的原则,不得与地方政府搞联合执行、委托执行。要依法受理被执行人及利害关系人因行政机关强制执行过程中具体行政行为违法而提起的行政诉讼或者行政赔偿诉讼;对申请先予执行的案件,原则上不得准许;凡由人民法院强制执行的,须报经上一级人民法院审查批准方可采取强制手段;对涉及面广、社会影响大、社会关注度高的案件,上级人民法院应当加强监督指导,防范和制止下级人民法院强制执行中的违法行为和危害社会稳定的情形发生。

五、建立完善信息和舆情报告制度

为便于了解掌握各级人民法院办理征收拆迁案件的信息和情况,要建立和完善征收拆迁案件信息和舆情报告制度,特别是在十八大召开前夕和会议期间,各高级人民法院要按月搜集掌握辖区法院办理征收拆迁诉讼案件和非诉执行案件的情况。凡在办案中出现影响社会稳定重大隐患或事件的,有关人民法院必须立即向当地党委和上级人民法院如实报告有关情况,做到信息准确、反映迅速。上下级人民法院要畅通信息沟通渠道,随时掌握相关重要舆情动态,及时调查了解事实真相并采取应对措施,回应社会关切。要严格执行重大信息报告制度,对隐瞒不服、歪曲事实、造成严重负面影响的,严肃追究有关领导和直接责任人员的责任,并予以曝光通报。

最高人民法院关于转发住房和城乡建设部《关于无证房产依据协助执行文书办理产权登记有关问题的函》的通知

（2012 年 6 月 15 日　法〔2012〕151 号）

各省、自治区、直辖市高级人民法院,解放军军事法院,新疆维吾尔自治区高级人民法院生产建设兵团分院:

现将住房和城乡建设部《关于无证房产依据协助执行文书办理产权登记有关问题的函》(建法函〔2012〕102 号)转发你们,请参照执行,并在执行中注意如下问题:

一、各级人民法院在执行程序中,既要依法履行强制执行职责,又要尊重房屋登记机构依法享有的行政权力;既要保证执行工作的顺利开展,也要防止“违法建设”等不符合法律、行政法规规定的房屋通过协助执行行为合法化。

二、执行程序中处置未办理初始登记的房屋时,具备初始登记条件的,执行法院处置后可以依法向房屋登记机构发出《协助执行通知书》;暂时不具备初始登记条件的,执行法院处置后可以向房屋登记机构发出《协助执行通知书》,并载明待房屋买受人或承受人完善相关手续具备初始登记条件后,由房屋登记机构按照《协助执行通知书》予以登记;不具备初始登记条件的,原则上进行“现状处置”,即处置前披露房屋不具备初始登记条件的现状,买受人或承受人按照房屋的权利现状取得房屋,后续的产权登记事项由买受人或承受人自行负责。

三、执行法院向房屋登记机构发出《协助执行通知书》,房屋登记机构认为不具备初始登记条件并作出书面说明的,执行法院应在 30 日内依照法律和有关规定,参照行政规章,对其说明理由进行审查。理由成立的,撤销或变更《协助执行通知书》并书面通知房屋登记机构;理由不成立的,书面通知房产登记机构限期按《协助执行通知书》办理。

特此通知。

关于无证房产依据协助执行文书办理产权登记有关问题的函

（2012 年 5 月 30 日　建法函〔2012〕102 号）

浙江省住房和城乡建设厅：

《关于无证房产可否依据协助执行文书直接办理产权登记的请示》（浙建房〔2011〕72 号）收悉。经商最高人民法院，函复如下：

一、对已办理初始登记的房屋，房屋登记机构应当按照人民法院生效法律文书和协助执行通知书的要求予以办理。

二、对未办理初始登记的房屋，在完善相关手续后具备初始登记条件的，房屋登记机构应当按照人民法院生效法律文书和协助执行通知书予以登记；不具备初始登记条件的，房屋登记机构应当向人民法院书面说明情况，在人民法院按照法律和有关规定作出处理前，房屋登记机构暂停办理登记。

三、房屋登记机构依据人民法院协助执行通知书予以登记的，应当在房屋登记簿上记载基于人民法院生效的法律文书予以登记的事实。

◎ 指导案例

1. 内蒙古秋实房地产开发有限责任公司诉呼和浩特市人民防空办公室人防行政征收案①

【关键词】

行政　人防　行政征收　防空地下室　易地建设费

【裁判要点】

建设单位违反人民防空法及有关规定，应当建设防空地下室而不建的，属于不履行法定义务的违法行为。建设单位应当依法缴纳防空地下室易地建设费的，不适用廉租住房和经济适用住房等保障性住房建设项目关于"免收城市基础设施配套费等各种行政事业性收费"的规定。

【相关法条】

《中华人民共和国人民防空法》第二十二条、第四十八条

【基本案情】

2008 年 9 月 10 日，被告呼和浩特市人民防空办公室（以下简称呼市人防办）向原告内蒙古秋实房地产开发有限责任公司（以下简称秋实房地产公司）送达《限期办理"结建"审批手续告知书》，告知秋实房地产公司新建的经济适用住房"秋实第一城"住宅小区工程未按照《中华人民共和国人民防空法》第二十二条、《人民防空工程建设管理规定》第四十五条、第四十七条的规定，同时修建战时可用于防空的地下室，要求秋实房地产公司 9 月 14 日前到呼市人防办办理"结建"手续，并提交相关资料。2009 年 6 月 18 日，呼市人防办对秋实房地产公司作出呼人防征费字（001）号

---

① 案例来源：2013 年 11 月 8 日最高人民法院关于发布第五批指导性案例的通知案例第 21 号。

《呼和浩特市人民防空办公室征收防空地下室易地建设费决定书》,决定对秋实房地产公司的“秋实第一城”项目征收“防空地下室易地建设费”172.46万元。秋实房地产公司对“秋实第一城”项目应建防空地下室5518平方米而未建无异议,对呼市人防办作出征费决定的程序合法无异议。

【裁判结果】

内蒙古自治区呼和浩特市新城区人民法院于2010年1月19日作出(2009)新行初字第26号行政判决:维持呼市人防办作出的呼人防征费字(001)号《呼和浩特市人民防空办公室征收防空地下室易地建设费决定书》。宣判后,秋实房地产公司提起上诉。呼和浩特市中级人民法院于2010年4月20日作出(2010)呼行终字第16号行政判决:驳回上诉,维持原判。

【裁判理由】

法院生效裁判认为:国务院《关于解决城市低收入家庭住房困难的若干意见》第十六条规定“廉租住房和经济适用住房建设、棚户区改造、旧住宅区整治一律免收城市基础设施配套费等各种行政事业性收费和政府性基金”。建设部等七部委《经济适用住房管理办法》第八条规定“经济适用住房建设项目免收城市基础设施配套费等各种行政事业性收费和政府性基金”。上述关于经济适用住房等保障性住房建设项目免收各种行政事业性收费的规定,虽然没有明确其调整对象,但从立法本意来看,其指向的对象应是合法建设行为。人民防空法第二十二条规定“城市新建民用建筑,按照国家有关规定修建战时可用于防空的地下室”。《人民防空工程建设管理规定》第四十八条规定“按照规定应当修建防空地下室的民用建筑,因地质、地形等原因不宜修建的,或者规定应建面积小于民用建筑地面首层建筑面积的,经人民防空主管部门批准,可以不修建,但必须按照应修建防空地下室面积所需造价缴纳易地建设费,由人民防空主管部门就近易地修建”。即只有在法律法规规定不宜修建防空地下室的情况下,经济适用住房等保障性住房建设项目才可以不修建防空地下室,并适用免除缴纳防空地下室易地建设费的有关规定。免缴防空地下室易地建设费有关规定适用的对象不应包括违法建设行为,否则就会造成违法成本小于守法成本的情形,违反立法目的,不利于维护国防安全和人民群众的根本利益。秋实房地产公司对依法应当修建的防空地下室没有修建,属于不履行法定义务的违法行为,不能适用免缴防空地下室易地建设费的有关优惠规定。

2. 魏永高、陈守志诉来安县人民政府收回土地使用权批复案[①]

【关键词】

行政诉讼　受案范围　批复

【裁判要点】

地方人民政府对其所属行政管理部门的请示作出的批复,一般属于内部行政行为,不可对此提起诉讼。但行政管理部门直接将该批复付诸实施并对行政相对人的权利义务产生了实际影响,行政相对人对该批复不服提起诉讼的,人民法院应当依法受理。

【相关法条】

《中华人民共和国行政诉讼法》第十一条

【基本案情】

2010年8月31日,安徽省来安县国土资源和房产管理局向来安县人民政府报送《关于收回国有土地使用权的请示》,请求收回该县永阳东路与塔山中路部分地块土地使用权。9月6日,来安

① 案例来源:2013年11月8日最高人民法院关于发布第五批指导性案例的通知案例第22号。

县人民政府作出《关于同意收回永阳东路与塔山中路部分地块国有土地使用权的批复》。来安县国土资源和房产管理局收到该批复后，没有依法制作并向原土地使用权人送达收回土地使用权决定，而直接交由来安县土地储备中心付诸实施。魏永高、陈守志的房屋位于被收回使用权的土地范围内，其对来安县人民政府收回国有土地使用权批复不服，提起行政复议。2011 年 9 月 20 日，滁州市人民政府作出《行政复议决定书》，维持来安县人民政府的批复。魏永高、陈守志仍不服，提起行政诉讼，请求人民法院撤销来安县人民政府上述批复。

【裁判结果】

滁州市中级人民法院于 2011 年 12 月 23 日作出(2011)滁行初字第 6 号行政裁定：驳回魏永高、陈守志的起诉。魏永高、陈守志提出上诉，安徽省高级人民法院于 2012 年 9 月 10 日作出(2012)皖行终字第 14 号行政裁定：一、撤销滁州市中级人民法院(2011)滁行初字第 6 号行政裁定；二、指令滁州市中级人民法院继续审理本案。

【裁判理由】

法院生效裁判认为：根据《土地储备管理办法》和《安徽省国有土地储备办法》以收回方式储备国有土地的程序规定，来安县国土资源行政主管部门在来安县人民政府作出批准收回国有土地使用权方案批复后，应当向原土地使用权人送达对外发生法律效力的收回国有土地使用权通知。来安县人民政府的批复属于内部行政行为，不向相对人送达，对相对人的权利义务尚未产生实际影响，一般不属于行政诉讼的受案范围。但本案中，来安县人民政府作出批复后，来安县国土资源行政主管部门没有制作并送达对外发生效力的法律文书，即直接交来安县土地储备中心根据该批复实施拆迁补偿安置行为，对原土地使用权人的权利义务产生了实际影响；原土地使用权人也通过申请政府信息公开知道了该批复的内容，并对批复提起了行政复议，复议机关作出复议决定时也告知了诉权，该批复已实际执行并外化为对外发生法律效力的具体行政行为。因此，对该批复不服提起行政诉讼的，人民法院应当依法受理。

3. 宣懿成等诉浙江省衢州市国土资源局收回国有土地使用权案[①]

【关键词】

行政诉讼　举证责任　未引用具体法律条款　适用法律错误

【裁判要点】

行政机关作出具体行政行为时未引用具体法律条款，且在诉讼中不能证明该具体行政行为符合法律的具体规定，应当视为该具体行政行为没有法律依据，适用法律错误。

【相关法条】

《中华人民共和国行政诉讼法》第三十二条

【基本案情】

原告宣懿成等 18 人系浙江省衢州市柯城区卫宁巷 1 号(原 14 号)衢州府山中学教工宿舍楼的住户。2002 年 12 月 9 日，衢州市发展计划委员会根据第三人建设银行衢州分行(以下简称衢州分行)的报告，经审查同意衢州分行在原有的营业综合大楼东南侧扩建营业用房建设项目。同日，衢州市规划局制定建设项目选址意见，衢州分行为扩大营业用房等，拟自行收购、拆除占地面积为 205 平方米的府山中学教工宿舍楼，改建为露天停车场，具体按规划详图实施。18 日，衢州市规划

① 案例来源：2014 年 12 月 24 日最高人民法院关于发布第九批指导性案例的通知案例第 41 号。

局又规划出衢州分行扩建营业用房建设用地平面红线图。20日，衢州市规划局发出建设用地规划许可证，衢州分行建设项目用地面积756平方米。25日，被告衢州市国土资源局（以下简称衢州市国土局）请示收回衢州府山中学教工宿舍楼住户的国有土地使用权187.6平方米，报衢州市人民政府审批同意。同月31日，衢州市国土局作出衢市国土（2002）37号《收回国有土地使用权通知》（以下简称《通知》），并告知宣懿成等18人其正在使用的国有土地使用权将收回及诉权等内容。该《通知》说明了行政决定所依据的法律名称，但没有对所依据的具体法律条款予以说明。原告不服，提起行政诉讼。

【裁判结果】

浙江省衢州市柯城区人民法院于2003年8月29日作出（2003）柯行初字第8号行政判决：撤销被告衢州市国土资源局2002年12月31日作出的衢市国土（2002）第37号《收回国有土地使用权通知》。宣判后，双方当事人均未上诉，判决已发生法律效力。

【裁判理由】

法院生效裁判认为：被告衢州市国土局作出《通知》时，虽然说明了该通知所依据的法律名称，但并未引用具体法律条款。在庭审过程中，被告辩称系依据《中华人民共和国土地管理法》（以下简称《土地管理法》）第五十八条第一款作出被诉具体行政行为。《土地管理法》第五十八条第一款规定："有下列情况之一的，由有关人民政府土地行政主管部门报经原批准用地的人民政府或者有批准权的人民政府批准，可以收回国有土地使用权：（一）为公共利益需要使用土地的；（二）为实施城市规划进行旧城区改建，需要调整使用土地的；……。"衢州市国土局作为土地行政主管部门，有权依照《土地管理法》对辖区内国有土地的使用权进行管理和调整，但其行使职权时必须具有明确的法律依据。被告在作出《通知》时，仅说明是依据《土地管理法》及浙江省的有关规定作出的，但并未引用具体的法律条款，故其作出的具体行政行为没有明确的法律依据，属于适用法律错误。

本案中，衢州市国土局提供的衢州市发展计划委员会（2002）35号《关于同意扩建营业用房项目建设计划的批复》《建设项目选址意见书审批表》《建设银行衢州分行扩建营业用房建设用地规划红线图》等有关证据，难以证明其作出的《通知》符合《土地管理法》第五十八条第一款规定的"为公共利益需要使用土地"或"实施城市规划进行旧城区改造需要调整使用土地"的情形，主要证据不足，故被告主张其作出的《通知》符合《土地管理法》规定的理由不能成立。根据《中华人民共和国行政诉讼法》及其相关司法解释的规定，在行政诉讼中，被告对其作出的具体行政行为承担举证责任，被告不提供作出具体行政行为时的证据和依据的，应当认定该具体行政行为没有证据和依据。

综上，被告作出的收回国有土地使用权具体行政行为主要证据不足，适用法律错误，应予撤销。

（八）食品、药品、卫生

医疗器械监督管理条例

（2000年1月4日中华人民共和国国务院令第276号公布　2014年2月12日国务院第39次常务会议修订通过　根据2017年5月4日《国务院关于修改〈医疗器械监督管理条例〉的决定》修订）

第一章　总　　则

第一条　为了保证医疗器械的安全、有效，保障人体健康和生命安全，制定本条例。

第二条　在中华人民共和国境内从事医疗器械的研制、生产、经营、使用活动及其监督管理，应当遵守本条例。

第三条　国务院食品药品监督管理部门负责全国医疗器械监督管理工作。国务院有关部门在各自的职责范围内负责与医疗器械有关的监督管理工作。

县级以上地方人民政府食品药品监督管理部门负责本行政区域的医疗器械监督管理工作。县级以上地方人民政府有关部门在各自的职责范围内负责与医疗器械有关的监督管理工作。

国务院食品药品监督管理部门应当配合国务院有关部门，贯彻实施国家医疗器械产业规划和政策。

第四条　国家对医疗器械按照风险程度实行分类管理。

第一类是风险程度低，实行常规管理可以保证其安全、有效的医疗器械。

第二类是具有中度风险，需要严格控制管理以保证其安全、有效的医疗器械。

第三类是具有较高风险，需要采取特别措施严格控制管理以保证其安全、有效的医疗器械。

评价医疗器械风险程度，应当考虑医疗器械的预期目的、结构特征、使用方法等因素。

国务院食品药品监督管理部门负责制定医疗器械的分类规则和分类目录，并根据医疗器械生产、经营、使用情况，及时对医疗器械的风险变化进行分析、评价，对分类目录进行调整。制定、调整分类目录，应当充分听取医疗器械生产经营企业以及使用单位、行业组织的意见，并参考国际医疗器械分类实践。医疗器械分类目录应当向社会公布。

第五条　医疗器械的研制应当遵循安全、有效和节约的原则。国家鼓励医疗器械的研究与创新，发挥市场机制的作用，促进医疗器械新技术的推广和应用，推动医疗器械产业的发展。

第六条　医疗器械产品应当符合医疗器械强制性国家标准；尚无强制性国家标准的，应当符合医疗器械强制性行业标准。

一次性使用的医疗器械目录由国务院食品药品监督管理部门会同国务院卫生计生主管部门制定、调整并公布。重复使用可以保证安全、有效的医疗器械，不列入一次性使用的医疗器械目录。对因设计、生产工艺、消毒灭菌技术等改进后重复使用可以保证安全、有效的医疗器械，应当调整出一次性使用的医疗器械目录。

第七条　医疗器械行业组织应当加强行业自律，推进诚信体系建设，督促企业依法开展生产经营活动，引导企业诚实守信。

第二章　医疗器械产品注册与备案

第八条　第一类医疗器械实行产品备案管理,第二类、第三类医疗器械实行产品注册管理。

第九条　第一类医疗器械产品备案和申请第二类、第三类医疗器械产品注册,应当提交下列资料:

(一)产品风险分析资料;

(二)产品技术要求;

(三)产品检验报告;

(四)临床评价资料;

(五)产品说明书及标签样稿;

(六)与产品研制、生产有关的质量管理体系文件;

(七)证明产品安全、有效所需的其他资料。

医疗器械注册申请人、备案人应当对所提交资料的真实性负责。

第十条　第一类医疗器械产品备案,由备案人向所在地设区的市级人民政府食品药品监督管理部门提交备案资料。其中,产品检验报告可以是备案人的自检报告;临床评价资料不包括临床试验报告,可以是通过文献、同类产品临床使用获得的数据证明该医疗器械安全、有效的资料。

向我国境内出口第一类医疗器械的境外生产企业,由其在我国境内设立的代表机构或者指定我国境内的企业法人作为代理人,向国务院食品药品监督管理部门提交备案资料和备案人所在国(地区)主管部门准许该医疗器械上市销售的证明文件。

备案资料载明的事项发生变化的,应当向原备案部门变更备案。

第十一条　申请第二类医疗器械产品注册,注册申请人应当向所在地省、自治区、直辖市人民政府食品药品监督管理部门提交注册申请资料。申请第三类医疗器械产品注册,注册申请人应当向国务院食品药品监督管理部门提交注册申请资料。

向我国境内出口第二类、第三类医疗器械的境外生产企业,应当由其在我国境内设立的代表机构或者指定我国境内的企业法人作为代理人,向国务院食品药品监督管理部门提交注册申请资料和注册申请人所在国(地区)主管部门准许该医疗器械上市销售的证明文件。

第二类、第三类医疗器械产品注册申请资料中的产品检验报告应当是医疗器械检验机构出具的检验报告;临床评价资料应当包括临床试验报告,但依照本条例第十七条的规定免于进行临床试验的医疗器械除外。

第十二条　受理注册申请的食品药品监督管理部门应当自受理之日起3个工作日内将注册申请资料转交技术审评机构。技术审评机构应当在完成技术审评后向食品药品监督管理部门提交审评意见。

第十三条　受理注册申请的食品药品监督管理部门应当自收到审评意见之日起20个工作日内作出决定。对符合安全、有效要求的,准予注册并发给医疗器械注册证;对不符合要求的,不予注册并书面说明理由。

国务院食品药品监督管理部门在组织对进口医疗器械的技术审评时认为有必要对质量管理体系进行核查的,应当组织质量管理体系检查技术机构开展质量管理体系核查。

第十四条　已注册的第二类、第三类医疗器械产品,其设计、原材料、生产工艺、适用范围、使用方法等发生实质性变化,有可能影响该医疗器械安全、有效的,注册人应当向原注册部门申请办理变更注册手续;发生非实质性变化,不影响该医疗器械安全、有效的,应当将变化情况向原注册部门备案。

第十五条　医疗器械注册证有效期为5年。有效期届满需要延续注册的,应当在有效期届满

6个月前向原注册部门提出延续注册的申请。

除有本条第三款规定情形外,接到延续注册申请的食品药品监督管理部门应当在医疗器械注册证有效期届满前作出准予延续的决定。逾期未作决定的,视为准予延续。

有下列情形之一的,不予延续注册:

(一)注册人未在规定期限内提出延续注册申请的;

(二)医疗器械强制性标准已经修订,申请延续注册的医疗器械不能达到新要求的;

(三)对用于治疗罕见疾病以及应对突发公共卫生事件急需的医疗器械,未在规定期限内完成医疗器械注册证载明事项的。

第十六条 对新研制的尚未列入分类目录的医疗器械,申请人可以依照本条例有关第三类医疗器械产品注册的规定直接申请产品注册,也可以依据分类规则判断产品类别并向国务院食品药品监督管理部门申请类别确认后依照本条例的规定申请注册或者进行产品备案。

直接申请第三类医疗器械产品注册的,国务院食品药品监督管理部门应当按照风险程度确定类别,对准予注册的医疗器械及时纳入分类目录。申请类别确认的,国务院食品药品监督管理部门应当自受理申请之日起20个工作日内对该医疗器械的类别进行判定并告知申请人。

第十七条 第一类医疗器械产品备案,不需要进行临床试验。申请第二类、第三类医疗器械产品注册,应当进行临床试验;但是,有下列情形之一的,可以免于进行临床试验:

(一)工作机理明确、设计定型,生产工艺成熟,已上市的同品种医疗器械临床应用多年且无严重不良事件记录,不改变常规用途的;

(二)通过非临床评价能够证明该医疗器械安全、有效的;

(三)通过对同品种医疗器械临床试验或者临床使用获得的数据进行分析评价,能够证明该医疗器械安全、有效的。

免于进行临床试验的医疗器械目录由国务院食品药品监督管理部门制定、调整并公布。

第十八条 开展医疗器械临床试验,应当按照医疗器械临床试验质量管理规范的要求,在具备相应条件的临床试验机构进行,并向临床试验提出者所在地省、自治区、直辖市人民政府食品药品监督管理部门备案。接受临床试验备案的食品药品监督管理部门应当将备案情况通报临床试验机构所在地的同级食品药品监督管理部门和卫生计生主管部门。

医疗器械临床试验机构实行备案管理。医疗器械临床试验机构应当具备的条件及备案管理办法和临床试验质量管理规范,由国务院食品药品监督管理部门会同国务院卫生计生主管部门制定并公布。

第十九条 第三类医疗器械进行临床试验对人体具有较高风险的,应当经国务院食品药品监督管理部门批准。临床试验对人体具有较高风险的第三类医疗器械目录由国务院食品药品监督管理部门制定、调整并公布。

国务院食品药品监督管理部门审批临床试验,应当对拟承担医疗器械临床试验的机构的设备、专业人员等条件,该医疗器械的风险程度,临床试验实施方案,临床受益与风险对比分析报告等进行综合分析。准予开展临床试验的,应当通报临床试验提出者以及临床试验机构所在地省、自治区、直辖市人民政府食品药品监督管理部门和卫生计生主管部门。

第三章　医疗器械生产

第二十条 从事医疗器械生产活动,应当具备下列条件:

(一)有与生产的医疗器械相适应的生产场地、环境条件、生产设备以及专业技术人员;

(二)有对生产的医疗器械进行质量检验的机构或者专职检验人员以及检验设备;

(三)有保证医疗器械质量的管理制度;

（四）有与生产的医疗器械相适应的售后服务能力；

（五）产品研制、生产工艺文件规定的要求。

第二十一条 从事第一类医疗器械生产的，由生产企业向所在地设区的市级人民政府食品药品监督管理部门备案并提交其符合本条例第二十条规定条件的证明资料。

第二十二条 从事第二类、第三类医疗器械生产的，生产企业应当向所在地省、自治区、直辖市人民政府食品药品监督管理部门申请生产许可并提交其符合本条例第二十条规定条件的证明资料以及所生产医疗器械的注册证。

受理生产许可申请的食品药品监督管理部门应当自受理之日起30个工作日内对申请资料进行审核，按照国务院食品药品监督管理部门制定的医疗器械生产质量管理规范的要求进行核查。对符合规定条件的，准予许可并发给医疗器械生产许可证；对不符合规定条件的，不予许可并书面说明理由。

医疗器械生产许可证有效期为5年。有效期届满需要延续的，依照有关行政许可的法律规定办理延续手续。

第二十三条 医疗器械生产质量管理规范应当对医疗器械的设计开发、生产设备条件、原材料采购、生产过程控制、企业的机构设置和人员配备等影响医疗器械安全、有效的事项作出明确规定。

第二十四条 医疗器械生产企业应当按照医疗器械生产质量管理规范的要求，建立健全与所生产医疗器械相适应的质量管理体系并保证其有效运行；严格按照经注册或者备案的产品技术要求组织生产，保证出厂的医疗器械符合强制性标准以及经注册或者备案的产品技术要求。

医疗器械生产企业应当定期对质量管理体系的运行情况进行自查，并向所在地省、自治区、直辖市人民政府食品药品监督管理部门提交自查报告。

第二十五条 医疗器械生产企业的生产条件发生变化，不再符合医疗器械质量管理体系要求的，医疗器械生产企业应当立即采取整改措施；可能影响医疗器械安全、有效的，应当立即停止生产活动，并向所在地县级人民政府食品药品监督管理部门报告。

第二十六条 医疗器械应当使用通用名称。通用名称应当符合国务院食品药品监督管理部门制定的医疗器械命名规则。

第二十七条 医疗器械应当有说明书、标签。说明书、标签的内容应当与经注册或者备案的相关内容一致。

医疗器械的说明书、标签应当标明下列事项：

（一）通用名称、型号、规格；

（二）生产企业的名称和住所、生产地址及联系方式；

（三）产品技术要求的编号；

（四）生产日期和使用期限或者失效日期；

（五）产品性能、主要结构、适用范围；

（六）禁忌症、注意事项以及其他需要警示或者提示的内容；

（七）安装和使用说明或者图示；

（八）维护和保养方法，特殊储存条件、方法；

（九）产品技术要求规定应当标明的其他内容。

第二类、第三类医疗器械还应当标明医疗器械注册证编号和医疗器械注册人的名称、地址及联系方式。

由消费者个人自行使用的医疗器械还应当具有安全使用的特别说明。

第二十八条 委托生产医疗器械，由委托方对所委托生产的医疗器械质量负责。受托方应当是符合本条例规定、具备相应生产条件的医疗器械生产企业。委托方应当加强对受托方生产行为的管理，保证其按照法定要求进行生产。

具有高风险的植入性医疗器械不得委托生产，具体目录由国务院食品药品监督管理部门制定、调整并公布。

第四章 医疗器械经营与使用

第二十九条 从事医疗器械经营活动，应当有与经营规模和经营范围相适应的经营场所和贮存条件，以及与经营的医疗器械相适应的质量管理制度和质量管理机构或者人员。

第三十条 从事第二类医疗器械经营的，由经营企业向所在地设区的市级人民政府食品药品监督管理部门备案并提交其符合本条例第二十九条规定条件的证明资料。

第三十一条 从事第三类医疗器械经营的，经营企业应当向所在地设区的市级人民政府食品药品监督管理部门申请经营许可并提交其符合本条例第二十九条规定条件的证明资料。

受理经营许可申请的食品药品监督管理部门应当自受理之日起30个工作日内进行审查，必要时组织核查。对符合规定条件的，准予许可并发给医疗器械经营许可证；对不符合规定条件的，不予许可并书面说明理由。

医疗器械经营许可证有效期为5年。有效期届满需要延续的，依照有关行政许可的法律规定办理延续手续。

第三十二条 医疗器械经营企业、使用单位购进医疗器械，应当查验供货者的资质和医疗器械的合格证明文件，建立进货查验记录制度。从事第二类、第三类医疗器械批发业务以及第三类医疗器械零售业务的经营企业，还应当建立销售记录制度。

记录事项包括：

（一）医疗器械的名称、型号、规格、数量；

（二）医疗器械的生产批号、有效期、销售日期；

（三）生产企业的名称；

（四）供货者或者购货者的名称、地址及联系方式；

（五）相关许可证明文件编号等。

进货查验记录和销售记录应当真实，并按照国务院食品药品监督管理部门规定的期限予以保存。国家鼓励采用先进技术手段进行记录。

第三十三条 运输、贮存医疗器械，应当符合医疗器械说明书和标签标示的要求；对温度、湿度等环境条件有特殊要求的，应当采取相应措施，保证医疗器械的安全、有效。

第三十四条 医疗器械使用单位应当有与在用医疗器械品种、数量相适应的贮存场所和条件。医疗器械使用单位应当加强对工作人员的技术培训，按照产品说明书、技术操作规范等要求使用医疗器械。

医疗器械使用单位配置大型医用设备，应当符合国务院卫生计生主管部门制定的大型医用设备配置规划，与其功能定位、临床服务需求相适应，具有相应的技术条件、配套设施和具备相应资质、能力的专业技术人员，并经省级以上人民政府卫生计生主管部门批准，取得大型医用设备配置许可证。

大型医用设备配置管理办法由国务院卫生计生主管部门会同国务院有关部门制定。大型医用设备目录由国务院卫生计生主管部门商国务院有关部门提出，报国务院批准后执行。

第三十五条 医疗器械使用单位对重复使用的医疗器械，应当按照国务院卫生计生主管部门制定的消毒和管理的规定进行处理。

一次性使用的医疗器械不得重复使用，对使用过的应当按照国家有关规定销毁并记录。

第三十六条 医疗器械使用单位对需要定期检查、检验、校准、保养、维护的医疗器械，应当按照产品说明书的要求进行检查、检验、校准、保养、维护并予以记录,及时进行分析、评估,确保医疗器械处于良好状态,保障使用质量;对使用期限长的大型医疗器械,应当逐台建立使用档案,记录其使用、维护、转让、实际使用时间等事项。记录保存期限不得少于医疗器械规定使用期限终止后5年。

第三十七条 医疗器械使用单位应当妥善保存购入第三类医疗器械的原始资料,并确保信息具有可追溯性。

使用大型医疗器械以及植入和介入类医疗器械的,应当将医疗器械的名称、关键性技术参数等信息以及与使用质量安全密切相关的必要信息记载到病历等相关记录中。

第三十八条 发现使用的医疗器械存在安全隐患的,医疗器械使用单位应当立即停止使用,并通知生产企业或者其他负责产品质量的机构进行检修;经检修仍不能达到使用安全标准的医疗器械,不得继续使用。

第三十九条 食品药品监督管理部门和卫生计生主管部门依据各自职责,分别对使用环节的医疗器械质量和医疗器械使用行为进行监督管理。

第四十条 医疗器械经营企业、使用单位不得经营、使用未依法注册、无合格证明文件以及过期、失效、淘汰的医疗器械。

第四十一条 医疗器械使用单位之间转让在用医疗器械,转让方应当确保所转让的医疗器械安全、有效,不得转让过期、失效、淘汰以及检验不合格的医疗器械。

第四十二条 进口的医疗器械应当是依照本条例第二章的规定已注册或者已备案的医疗器械。

进口的医疗器械应当有中文说明书、中文标签。说明书、标签应当符合本条例规定以及相关强制性标准的要求,并在说明书中载明医疗器械的原产地以及代理人的名称、地址、联系方式。没有中文说明书、中文标签或者说明书、标签不符合本条规定的,不得进口。

第四十三条 出入境检验检疫机构依法对进口的医疗器械实施检验;检验不合格的,不得进口。

国务院食品药品监督管理部门应当及时向国家出入境检验检疫部门通报进口医疗器械的注册和备案情况。进口口岸所在地出入境检验检疫机构应当及时向所在地设区的市级人民政府食品药品监督管理部门通报进口医疗器械的通关情况。

第四十四条 出口医疗器械的企业应当保证其出口的医疗器械符合进口国(地区)的要求。

第四十五条 医疗器械广告应当真实合法,不得含有虚假、夸大、误导性的内容。

医疗器械广告应当经医疗器械生产企业或者进口医疗器械代理人所在地省、自治区、直辖市人民政府食品药品监督管理部门审查批准,并取得医疗器械广告批准文件。广告发布者发布医疗器械广告,应当事先核查广告的批准文件及其真实性;不得发布未取得批准文件、批准文件的真实性未经核实或者广告内容与批准文件不一致的医疗器械广告。省、自治区、直辖市人民政府食品药品监督管理部门应当公布并及时更新已经批准的医疗器械广告目录以及批准的广告内容。

省级以上人民政府食品药品监督管理部门责令暂停生产、销售、进口和使用的医疗器械,在暂停期间不得发布涉及该医疗器械的广告。

医疗器械广告的审查办法由国务院食品药品监督管理部门会同国务院工商行政管理部门制定。

第五章 不良事件的处理与医疗器械的召回

第四十六条 国家建立医疗器械不良事件监测制度,对医疗器械不良事件及时进行收集、分析、评价、控制。

第四十七条 医疗器械生产经营企业、使用单位应当对所生产经营或者使用的医疗器械开展不良事件监测;发现医疗器械不良事件或者可疑不良事件,应当按照国务院食品药品监督管理部门的规定,向医疗器械不良事件监测技术机构报告。

任何单位和个人发现医疗器械不良事件或者可疑不良事件,有权向食品药品监督管理部门或者医疗器械不良事件监测技术机构报告。

第四十八条 国务院食品药品监督管理部门应当加强医疗器械不良事件监测信息网络建设。

医疗器械不良事件监测技术机构应当加强医疗器械不良事件信息监测,主动收集不良事件信息;发现不良事件或者接到不良事件报告的,应当及时进行核实、调查、分析,对不良事件进行评估,并向食品药品监督管理部门和卫生计生主管部门提出处理建议。

医疗器械不良事件监测技术机构应当公布联系方式,方便医疗器械生产经营企业、使用单位等报告医疗器械不良事件。

第四十九条 食品药品监督管理部门应当根据医疗器械不良事件评估结果及时采取发布警示信息以及责令暂停生产、销售、进口和使用等控制措施。

省级以上人民政府食品药品监督管理部门应当会同同级卫生计生主管部门和相关部门组织对引起突发、群发的严重伤害或者死亡的医疗器械不良事件及时进行调查和处理,并组织对同类医疗器械加强监测。

第五十条 医疗器械生产经营企业、使用单位应当对医疗器械不良事件监测技术机构、食品药品监督管理部门开展的医疗器械不良事件调查予以配合。

第五十一条 有下列情形之一的,省级以上人民政府食品药品监督管理部门应当对已注册的医疗器械组织开展再评价:

(一)根据科学研究的发展,对医疗器械的安全、有效有认识上的改变的;

(二)医疗器械不良事件监测、评估结果表明医疗器械可能存在缺陷的;

(三)国务院食品药品监督管理部门规定的其他需要进行再评价的情形。

再评价结果表明已注册的医疗器械不能保证安全、有效的,由原发证部门注销医疗器械注册证,并向社会公布。被注销医疗器械注册证的医疗器械不得生产、进口、经营、使用。

第五十二条 医疗器械生产企业发现其生产的医疗器械不符合强制性标准、经注册或者备案的产品技术要求或者存在其他缺陷的,应当立即停止生产,通知相关生产经营企业、使用单位和消费者停止经营和使用,召回已经上市销售的医疗器械,采取补救、销毁等措施,记录相关情况,发布相关信息,并将医疗器械召回和处理情况向食品药品监督管理部门和卫生计生主管部门报告。

医疗器械经营企业发现其经营的医疗器械存在前款规定情形的,应当立即停止经营,通知相关生产经营企业、使用单位、消费者,并记录停止经营和通知情况。医疗器械生产企业认为属于依照前款规定需要召回的医疗器械,应当立即召回。

医疗器械生产经营企业未依照本条规定实施召回或者停止经营的,食品药品监督管理部门可以责令其召回或者停止经营。

第六章 监督检查

第五十三条 食品药品监督管理部门应当对医疗器械的注册、备案、生产、经营、使用活动加强监督检查,并对下列事项进行重点监督检查:

(一)医疗器械生产企业是否按照经注册或者备案的产品技术要求组织生产;

(二)医疗器械生产企业的质量管理体系是否保持有效运行;

(三)医疗器械生产经营企业的生产经营条件是否持续符合法定要求。

第五十四条 食品药品监督管理部门在监督检查中有下列职权:

（一）进入现场实施检查、抽取样品；

（二）查阅、复制、查封、扣押有关合同、票据、账簿以及其他有关资料；

（三）查封、扣押不符合法定要求的医疗器械，违法使用的零配件、原材料以及用于违法生产医疗器械的工具、设备；

（四）查封违反本条例规定从事医疗器械生产经营活动的场所。

食品药品监督管理部门进行监督检查，应当出示执法证件，保守被检查单位的商业秘密。

有关单位和个人应当对食品药品监督管理部门的监督检查予以配合，不得隐瞒有关情况。

第五十五条 对人体造成伤害或者有证据证明可能危害人体健康的医疗器械，食品药品监督管理部门可以采取暂停生产、进口、经营、使用的紧急控制措施。

第五十六条 食品药品监督管理部门应当加强对医疗器械生产经营企业和使用单位生产、经营、使用的医疗器械的抽查检验。抽查检验不得收取检验费和其他任何费用，所需费用纳入本级政府预算。省级以上人民政府食品药品监督管理部门应当根据抽查检验结论及时发布医疗器械质量公告。

卫生计生主管部门应当对大型医用设备的使用状况进行监督和评估；发现违规使用以及与大型医用设备相关的过度检查、过度治疗等情形的，应当立即纠正，依法予以处理。

第五十七条 医疗器械检验机构资质认定工作按照国家有关规定实行统一管理。经国务院认证认可监督管理部门会同国务院食品药品监督管理部门认定的检验机构，方可对医疗器械实施检验。

食品药品监督管理部门在执法工作中需要对医疗器械进行检验的，应当委托有资质的医疗器械检验机构进行，并支付相关费用。

当事人对检验结论有异议的，可以自收到检验结论之日起 7 个工作日内选择有资质的医疗器械检验机构进行复检。承担复检工作的医疗器械检验机构应当在国务院食品药品监督管理部门规定的时间内作出复检结论。复检结论为最终检验结论。

第五十八条 对可能存在有害物质或者擅自改变医疗器械设计、原材料和生产工艺并存在安全隐患的医疗器械，按照医疗器械国家标准、行业标准规定的检验项目和检验方法无法检验的，医疗器械检验机构可以补充检验项目和检验方法进行检验；使用补充检验项目、检验方法得出的检验结论，经国务院食品药品监督管理部门批准，可以作为食品药品监督管理部门认定医疗器械质量的依据。

第五十九条 设区的市级和县级人民政府食品药品监督管理部门应当加强对医疗器械广告的监督检查；发现未经批准、篡改经批准的广告内容的医疗器械广告，应当向所在地省、自治区、直辖市人民政府食品药品监督管理部门报告，由其向社会公告。

工商行政管理部门应当依照有关广告管理的法律、行政法规的规定，对医疗器械广告进行监督检查，查处违法行为。食品药品监督管理部门发现医疗器械广告违法发布行为，应当提出处理建议并按照有关程序移交所在地同级工商行政管理部门。

第六十条 国务院食品药品监督管理部门建立统一的医疗器械监督管理信息平台。食品药品监督管理部门应当通过信息平台依法及时公布医疗器械许可、备案、抽查检验、违法行为查处情况等日常监督管理信息。但是，不得泄露当事人的商业秘密。

食品药品监督管理部门对医疗器械注册人和备案人、生产经营企业、使用单位建立信用档案，对有不良信用记录的增加监督检查频次。

第六十一条 食品药品监督管理等部门应当公布本单位的联系方式，接受咨询、投诉、举报。食品药品监督管理等部门接到与医疗器械监督管理有关的咨询，应当及时答复；接到投诉、举报，应当及时核实、处理、答复。对咨询、投诉、举报情况及其答复、核实、处理情况，应当予以记录、保存。

有关医疗器械研制、生产、经营、使用行为的举报经调查属实的，食品药品监督管理等部门对举报人应当给予奖励。

第六十二条 国务院食品药品监督管理部门制定、调整、修改本条例规定的目录以及与医疗器械监督管理有关的规范，应当公开征求意见；采取听证会、论证会等形式，听取专家、医疗器械生产经营企业和使用单位、消费者以及相关组织等方面的意见。

第七章 法律责任

第六十三条 有下列情形之一的，由县级以上人民政府食品药品监督管理部门没收违法所得、违法生产经营的医疗器械和用于违法生产经营的工具、设备、原材料等物品；违法生产经营的医疗器械货值金额不足1万元的，并处5万元以上10万元以下罚款；货值金额1万元以上的，并处货值金额10倍以上20倍以下罚款；情节严重的，5年内不受理相关责任人及企业提出的医疗器械许可申请：

（一）生产、经营未取得医疗器械注册证的第二类、第三类医疗器械的；

（二）未经许可从事第二类、第三类医疗器械生产活动的；

（三）未经许可从事第三类医疗器械经营活动的。

有前款第一项情形、情节严重的，由原发证部门吊销医疗器械生产许可证或者医疗器械经营许可证。

未经许可擅自配置使用大型医用设备的，由县级以上人民政府卫生计生主管部门责令停止使用，给予警告，没收违法所得；违法所得不足1万元的，并处1万元以上5万元以下罚款；违法所得1万元以上的，并处违法所得5倍以上10倍以下罚款；情节严重的，5年内不受理相关责任人及单位提出的大型医用设备配置许可申请。

第六十四条 提供虚假资料或者采取其他欺骗手段取得医疗器械注册证、医疗器械生产许可证、医疗器械经营许可证、大型医用设备配置许可证、广告批准文件等许可证件的，由原发证部门撤销已经取得的许可证件，并处5万元以上10万元以下罚款，5年内不受理相关责任人及单位提出的医疗器械许可申请。

伪造、变造、买卖、出租、出借相关医疗器械许可证件的，由原发证部门予以收缴或者吊销，没收违法所得；违法所得不足1万元的，处1万元以上3万元以下罚款；违法所得1万元以上的，处违法所得3倍以上5倍以下罚款；构成违反治安管理行为的，由公安机关依法予以治安管理处罚。

第六十五条 未依照本条例规定备案的，由县级以上人民政府食品药品监督管理部门责令限期改正；逾期不改正的，向社会公告未备案单位和产品名称，可以处1万元以下罚款。

备案时提供虚假资料的，由县级以上人民政府食品药品监督管理部门向社会公告备案单位和产品名称；情节严重的，直接责任人员5年内不得从事医疗器械生产经营活动。

第六十六条 有下列情形之一的，由县级以上人民政府食品药品监督管理部门责令改正，没收违法生产、经营或者使用的医疗器械；违法生产、经营或者使用的医疗器械货值金额不足1万元的，并处2万元以上5万元以下罚款；货值金额1万元以上的，并处货值金额5倍以上10倍以下罚款；情节严重的，责令停产停业，直至由原发证部门吊销医疗器械注册证、医疗器械生产许可证、医疗器械经营许可证：

（一）生产、经营、使用不符合强制性标准或者不符合经注册或者备案的产品技术要求的医疗器械的；

（二）医疗器械生产企业未按照经注册或者备案的产品技术要求组织生产，或者未依照本条例规定建立质量管理体系并保持有效运行的；

（三）经营、使用无合格证明文件、过期、失效、淘汰的医疗器械，或者使用未依法注册的医疗器械的；

（四）食品药品监督管理部门责令其依照本条例规定实施召回或者停止经营后，仍拒不召回或者停止经营医疗器械的；

（五）委托不具备本条例规定条件的企业生产医疗器械，或者未对受托方的生产行为进行管理的。

医疗器械经营企业、使用单位履行了本条例规定的进货查验等义务，有充分证据证明其不知道所经营、使用的医疗器械为前款第一项、第三项规定情形的医疗器械，并能如实说明其进货来源的，可以免予处罚，但应当依法没收其经营、使用的不符合法定要求的医疗器械。

第六十七条 有下列情形之一的，由县级以上人民政府食品药品监督管理部门责令改正，处1万元以上3万元以下罚款；情节严重的，责令停产停业，直至由原发证部门吊销医疗器械生产许可证、医疗器械经营许可证：

（一）医疗器械生产企业的生产条件发生变化、不再符合医疗器械质量管理体系要求，未依照本条例规定整改、停止生产、报告的；

（二）生产、经营说明书、标签不符合本条例规定的医疗器械的；

（三）未按照医疗器械说明书和标签标示要求运输、贮存医疗器械的；

（四）转让过期、失效、淘汰或者检验不合格的在用医疗器械的。

第六十八条 有下列情形之一的，由县级以上人民政府食品药品监督管理部门和卫生计生主管部门依据各自职责责令改正，给予警告；拒不改正的，处5000元以上2万元以下罚款；情节严重的，责令停产停业，直至由原发证部门吊销医疗器械生产许可证、医疗器械经营许可证：

（一）医疗器械生产企业未按照要求提交质量管理体系自查报告的；

（二）医疗器械经营企业、使用单位未依照本条例规定建立并执行医疗器械进货查验记录制度的；

（三）从事第二类、第三类医疗器械批发业务以及第三类医疗器械零售业务的经营企业未依照本条例规定建立并执行销售记录制度的；

（四）对重复使用的医疗器械，医疗器械使用单位未按照消毒和管理的规定进行处理的；

（五）医疗器械使用单位重复使用一次性使用的医疗器械，或者未按照规定销毁使用过的一次性使用的医疗器械的；

（六）对需要定期检查、检验、校准、保养、维护的医疗器械，医疗器械使用单位未按照产品说明书要求检查、检验、校准、保养、维护并予以记录，及时进行分析、评估，确保医疗器械处于良好状态的；

（七）医疗器械使用单位未妥善保存购入第三类医疗器械的原始资料，或者未按照规定将大型医疗器械以及植入和介入类医疗器械的信息记载到病历等相关记录中的；

（八）医疗器械使用单位发现使用的医疗器械存在安全隐患未立即停止使用、通知检修，或者继续使用经检修仍不能达到使用安全标准的医疗器械的；

（九）医疗器械使用单位违规使用大型医用设备，不能保障医疗质量安全的；

（十）医疗器械生产经营企业、使用单位未依照本条例规定开展医疗器械不良事件监测，未按照要求报告不良事件，或者对医疗器械不良事件监测技术机构、食品药品监督管理部门开展的不良事件调查不予配合的。

第六十九条 违反本条例规定开展医疗器械临床试验的，由县级以上人民政府食品药品监督管理部门责令改正或者立即停止临床试验，可以处5万元以下罚款；造成严重后果的，依法对直接负责的主管人员和其他直接责任人员给予降级、撤职或者开除的处分；该机构5年内不得开展相关专业医疗器械临床试验。

医疗器械临床试验机构出具虚假报告的，由县级以上人民政府食品药品监督管理部门处5万元以上10万元以下罚款;有违法所得的,没收违法所得;对直接负责的主管人员和其他直接责任人员,依法给予撤职或者开除的处分;该机构10年内不得开展相关专业医疗器械临床试验。

第七十条 医疗器械检验机构出具虚假检验报告的,由授予其资质的主管部门撤销检验资质,10年内不受理其资质认定申请;处5万元以上10万元以下罚款;有违法所得的,没收违法所得;对直接负责的主管人员和其他直接责任人员,依法给予撤职或者开除的处分;受到开除处分的,自处分决定作出之日起10年内不得从事医疗器械检验工作。

第七十一条 违反本条例规定,发布未取得批准文件的医疗器械广告,未事先核实批准文件的真实性即发布医疗器械广告,或者发布广告内容与批准文件不一致的医疗器械广告的,由工商行政管理部门依照有关广告管理的法律、行政法规的规定给予处罚。

篡改经批准的医疗器械广告内容的,由原发证部门撤销该医疗器械的广告批准文件,2年内不受理其广告审批申请。

发布虚假医疗器械广告的,由省级以上人民政府食品药品监督管理部门决定暂停销售该医疗器械,并向社会公布;仍然销售该医疗器械的,由县级以上人民政府食品药品监督管理部门没收违法销售的医疗器械,并处2万元以上5万元以下罚款。

第七十二条 医疗器械技术审评机构、医疗器械不良事件监测技术机构未依照本条例规定履行职责,致使审评、监测工作出现重大失误的,由县级以上人民政府食品药品监督管理部门责令改正,通报批评,给予警告;造成严重后果的,对直接负责的主管人员和其他直接责任人员,依法给予降级、撤职或者开除的处分。

第七十三条 食品药品监督管理部门、卫生计生主管部门及其工作人员应当严格依照本条例规定的处罚种类和幅度,根据违法行为的性质和具体情节行使行政处罚权,具体办法由国务院食品药品监督管理部门、卫生计生主管部门依据各自职责制定。

第七十四条 违反本条例规定,县级以上人民政府食品药品监督管理部门或者其他有关部门不履行医疗器械监督管理职责或者滥用职权、玩忽职守、徇私舞弊的,由监察机关或者任免机关对直接负责的主管人员和其他直接责任人员依法给予警告、记过或者记大过的处分;造成严重后果的,给予降级、撤职或者开除的处分。

第七十五条 违反本条例规定,构成犯罪的,依法追究刑事责任;造成人身、财产或者其他损害的,依法承担赔偿责任。

第八章 附 则

第七十六条 本条例下列用语的含义:

医疗器械,是指直接或者间接用于人体的仪器、设备、器具、体外诊断试剂及校准物、材料以及其他类似或者相关的物品,包括所需要的计算机软件;其效用主要通过物理等方式获得,不是通过药理学、免疫学或者代谢的方式获得,或者虽然有这些方式参与但是只起辅助作用;其目的是:

(一)疾病的诊断、预防、监护、治疗或者缓解;

(二)损伤的诊断、监护、治疗、缓解或者功能补偿;

(三)生理结构或者生理过程的检验、替代、调节或者支持;

(四)生命的支持或者维持;

(五)妊娠控制;

(六)通过对来自人体的样本进行检查,为医疗或者诊断目的提供信息。

医疗器械使用单位,是指使用医疗器械为他人提供医疗等技术服务的机构,包括取得医疗机构执业许可证的医疗机构,取得计划生育技术服务机构执业许可证的计划生育技术服务机构,以及依法不需要取得医疗机构执业许可证的血站、单采血浆站、康复辅助器具适配机构等。

大型医用设备，是指使用技术复杂、资金投入量大、运行成本高、对医疗费用影响大且纳入目录管理的大型医疗器械。

第七十七条 医疗器械产品注册可以收取费用。具体收费项目、标准分别由国务院财政、价格主管部门按照国家有关规定制定。

第七十八条 非营利的避孕医疗器械管理办法以及医疗卫生机构为应对突发公共卫生事件而研制的医疗器械的管理办法，由国务院食品药品监督管理部门会同国务院卫生计生主管部门制定。

中医医疗器械的管理办法，由国务院食品药品监督管理部门会同国务院中医药管理部门依据本条例的规定制定；康复辅助器具类医疗器械的范围及其管理办法，由国务院食品药品监督管理部门会同国务院民政部门依据本条例的规定制定。

第七十九条 军队医疗器械使用的监督管理，由军队卫生主管部门依据本条例和军队有关规定组织实施。

第八十条 本条例自2014年6月1日起施行。

中华人民共和国食品安全法

（2009年2月28日第十一届全国人民代表大会常务委员会第七次会议通过 2015年4月24日第十二届全国人民代表大会常务委员会第十四次会议修订 2015年4月24日中华人民共和国主席令第21号公布 自2015年10月1日起施行）

第一章 总 则

第一条 为了保证食品安全，保障公众身体健康和生命安全，制定本法。

第二条 在中华人民共和国境内从事下列活动，应当遵守本法：

（一）食品生产和加工（以下称食品生产），食品销售和餐饮服务（以下称食品经营）；

（二）食品添加剂的生产经营；

（三）用于食品的包装材料、容器、洗涤剂、消毒剂和用于食品生产经营的工具、设备（以下称食品相关产品）的生产经营；

（四）食品生产经营者使用食品添加剂、食品相关产品；

（五）食品的贮存和运输；

（六）对食品、食品添加剂、食品相关产品的安全管理。

供食用的源于农业的初级产品（以下称食用农产品）的质量安全管理，遵守《中华人民共和国农产品质量安全法》的规定。但是，食用农产品的市场销售、有关质量安全标准的制定、有关安全信息的公布和本法对农业投入品作出规定的，应当遵守本法的规定。

第三条 食品安全工作实行预防为主、风险管理、全程控制、社会共治，建立科学、严格的监督管理制度。

第四条 食品生产经营者对其生产经营食品的安全负责。

食品生产经营者应当依照法律、法规和食品安全标准从事生产经营活动，保证食品安全，诚信自律，对社会和公众负责，接受社会监督，承担社会责任。

第五条 国务院设立食品安全委员会，其职责由国务院规定。

国务院食品药品监督管理部门依照本法和国务院规定的职责，对食品生产经营活动实施监督管理。

国务院卫生行政部门依照本法和国务院规定的职责，组织开展食品安全风险监测和风险评估，会同国务院食品药品监督管理部门制定并公布食品安全国家标准。

国务院其他有关部门依照本法和国务院规定的职责，承担有关食品安全工作。

第六条 县级以上地方人民政府对本行政区域的食品安全监督管理工作负责，统一领导、组织、协调本行政区域的食品安全监督管理工作以及食品安全突发事件应对工作，建立健全食品安全全程监督管理工作机制和信息共享机制。

县级以上地方人民政府依照本法和国务院的规定，确定本级食品药品监督管理、卫生行政部门和其他有关部门的职责。有关部门在各自职责范围内负责本行政区域的食品安全监督管理工作。

县级人民政府食品药品监督管理部门可以在乡镇或者特定区域设立派出机构。

第七条 县级以上地方人民政府实行食品安全监督管理责任制。上级人民政府负责对下一级人民政府的食品安全监督管理工作进行评议、考核。县级以上地方人民政府负责对本级食品药品监督管理部门和其他有关部门的食品安全监督管理工作进行评议、考核。

第八条 县级以上人民政府应当将食品安全工作纳入本级国民经济和社会发展规划，将食品安全工作经费列入本级政府财政预算，加强食品安全监督管理能力建设，为食品安全工作提供保障。

县级以上人民政府食品药品监督管理部门和其他有关部门应当加强沟通、密切配合，按照各自职责分工，依法行使职权，承担责任。

第九条 食品行业协会应当加强行业自律，按照章程建立健全行业规范和奖惩机制，提供食品安全信息、技术等服务，引导和督促食品生产经营者依法生产经营，推动行业诚信建设，宣传、普及食品安全知识。

消费者协会和其他消费者组织对违反本法规定，损害消费者合法权益的行为，依法进行社会监督。

第十条 各级人民政府应当加强食品安全的宣传教育，普及食品安全知识，鼓励社会组织、基层群众性自治组织、食品生产经营者开展食品安全法律、法规以及食品安全标准和知识的普及工作，倡导健康的饮食方式，增强消费者食品安全意识和自我保护能力。

新闻媒体应当开展食品安全法律、法规以及食品安全标准和知识的公益宣传，并对食品安全违法行为进行舆论监督。有关食品安全的宣传报道应当真实、公正。

第十一条 国家鼓励和支持开展与食品安全有关的基础研究、应用研究，鼓励和支持食品生产经营者为提高食品安全水平采用先进技术和先进管理规范。

国家对农药的使用实行严格的管理制度，加快淘汰剧毒、高毒、高残留农药，推动替代产品的研发和应用，鼓励使用高效低毒低残留农药。

第十二条 任何组织或者个人有权举报食品安全违法行为，依法向有关部门了解食品安全信息，对食品安全监督管理工作提出意见和建议。

第十三条 对在食品安全工作中做出突出贡献的单位和个人，按照国家有关规定给予表彰、奖励。

第二章 食品安全风险监测和评估

第十四条 国家建立食品安全风险监测制度，对食源性疾病、食品污染以及食品中的有害因素进行监测。

国务院卫生行政部门会同国务院食品药品监督管理、质量监督等部门，制定、实施国家食品安全风险监测计划。

国务院食品药品监督管理部门和其他有关部门获知有关食品安全风险信息后，应当立即核实并向国务院卫生行政部门通报。对有关部门通报的食品安全风险信息以及医疗机构报告的食源性疾病等有关疾病信息，国务院卫生行政部门应当会同国务院有关部门分析研究，认为必要的，及时调整国家食品安全风险监测计划。

省、自治区、直辖市人民政府卫生行政部门会同同级食品药品监督管理、质量监督等部门，根据国家食品安全风险监测计划，结合本行政区域的具体情况，制定、调整本行政区域的食品安全风险监测方案，报国务院卫生行政部门备案并实施。

第十五条 承担食品安全风险监测工作的技术机构应当根据食品安全风险监测计划和监测方案开展监测工作，保证监测数据真实、准确，并按照食品安全风险监测计划和监测方案的要求报送监测数据和分析结果。

食品安全风险监测工作人员有权进入相关食用农产品种植养殖、食品生产经营场所采集样品、收集相关数据。采集样品应当按照市场价格支付费用。

第十六条 食品安全风险监测结果表明可能存在食品安全隐患的，县级以上人民政府卫生行政部门应当及时将相关信息通报同级食品药品监督管理等部门，并报告本级人民政府和上级人民政府卫生行政部门。食品药品监督管理等部门应当组织开展进一步调查。

第十七条 国家建立食品安全风险评估制度，运用科学方法，根据食品安全风险监测信息、科学数据以及有关信息，对食品、食品添加剂、食品相关产品中生物性、化学性和物理性危害因素进行风险评估。

国务院卫生行政部门负责组织食品安全风险评估工作，成立由医学、农业、食品、营养、生物、环境等方面的专家组成的食品安全风险评估专家委员会进行食品安全风险评估。食品安全风险评估结果由国务院卫生行政部门公布。

对农药、肥料、兽药、饲料和饲料添加剂等的安全性评估，应当有食品安全风险评估专家委员会的专家参加。

食品安全风险评估不得向生产经营者收取费用，采集样品应当按照市场价格支付费用。

第十八条 有下列情形之一的，应当进行食品安全风险评估：

（一）通过食品安全风险监测或者接到举报发现食品、食品添加剂、食品相关产品可能存在安全隐患的；

（二）为制定或者修订食品安全国家标准提供科学依据需要进行风险评估的；

（三）为确定监督管理的重点领域、重点品种需要进行风险评估的；

（四）发现新的可能危害食品安全因素的；

（五）需要判断某一因素是否构成食品安全隐患的；

（六）国务院卫生行政部门认为需要进行风险评估的其他情形。

第十九条 国务院食品药品监督管理、质量监督、农业行政等部门在监督管理工作中发现需要进行食品安全风险评估的，应当向国务院卫生行政部门提出食品安全风险评估的建议，并提供风险来源、相关检验数据和结论等信息、资料。属于本法第十八条规定情形的，国务院卫生行政部门应当及时进行食品安全风险评估，并向国务院有关部门通报评估结果。

第二十条 省级以上人民政府卫生行政、农业行政部门应当及时相互通报食品、食用农产品安全风险监测信息。

国务院卫生行政、农业行政部门应当及时相互通报食品、食用农产品安全风险评估结果等信息。

第二十一条 食品安全风险评估结果是制定、修订食品安全标准和实施食品安全监督管理的科学依据。

经食品安全风险评估，得出食品、食品添加剂、食品相关产品不安全结论的，国务院食品药品监督管理、质量监督等部门应当依据各自职责立即向社会公告，告知消费者停止食用或者使用，并采取相应措施,确保该食品、食品添加剂、食品相关产品停止生产经营;需要制定、修订相关食品安全国家标准的,国务院卫生行政部门应当会同国务院食品药品监督管理部门立即制定、修订。

第二十二条 国务院食品药品监督管理部门应当会同国务院有关部门,根据食品安全风险评估结果、食品安全监督管理信息,对食品安全状况进行综合分析。对经综合分析表明可能具有较高程度安全风险的食品,国务院食品药品监督管理部门应当及时提出食品安全风险警示,并向社会公布。

第二十三条 县级以上人民政府食品药品监督管理部门和其他有关部门、食品安全风险评估专家委员会及其技术机构,应当按照科学、客观、及时、公开的原则,组织食品生产经营者、食品检验机构、认证机构、食品行业协会、消费者协会以及新闻媒体等,就食品安全风险评估信息和食品安全监督管理信息进行交流沟通。

第三章 食品安全标准

第二十四条 制定食品安全标准,应当以保障公众身体健康为宗旨,做到科学合理、安全可靠。

第二十五条 食品安全标准是强制执行的标准。除食品安全标准外,不得制定其他食品强制性标准。

第二十六条 食品安全标准应当包括下列内容:

(一)食品、食品添加剂、食品相关产品中的致病性微生物,农药残留、兽药残留、生物毒素、重金属等污染物质以及其他危害人体健康物质的限量规定;

(二)食品添加剂的品种、使用范围、用量;

(三)专供婴幼儿和其他特定人群的主辅食品的营养成分要求;

(四)对与卫生、营养等食品安全要求有关的标签、标志、说明书的要求;

(五)食品生产经营过程的卫生要求;

(六)与食品安全有关的质量要求;

(七)与食品安全有关的食品检验方法与规程;

(八)其他需要制定为食品安全标准的内容。

第二十七条 食品安全国家标准由国务院卫生行政部门会同国务院食品药品监督管理部门制定、公布,国务院标准化行政部门提供国家标准编号。

食品中农药残留、兽药残留的限量规定及其检验方法与规程由国务院卫生行政部门、国务院农业行政部门会同国务院食品药品监督管理部门制定。

屠宰畜、禽的检验规程由国务院农业行政部门会同国务院卫生行政部门制定。

第二十八条 制定食品安全国家标准,应当依据食品安全风险评估结果并充分考虑食用农产品安全风险评估结果,参照相关的国际标准和国际食品安全风险评估结果,并将食品安全国家标准草案向社会公布,广泛听取食品生产经营者、消费者、有关部门等方面的意见。

食品安全国家标准应当经国务院卫生行政部门组织的食品安全国家标准审评委员会审查通过。食品安全国家标准审评委员会由医学、农业、食品、营养、生物、环境等方面的专家以及国务院有关部门、食品行业协会、消费者协会的代表组成,对食品安全国家标准草案的科学性和实用性等进行审查。

第二十九条 对地方特色食品,没有食品安全国家标准的,省、自治区、直辖市人民政府卫生行政部门可以制定并公布食品安全地方标准,报国务院卫生行政部门备案。食品安全国家标准制定后,该地方标准即行废止。

第三十条 国家鼓励食品生产企业制定严于食品安全国家标准或者地方标准的企业标准,在本企业适用,并报省、自治区、直辖市人民政府卫生行政部门备案。

第三十一条 省级以上人民政府卫生行政部门应当在其网站上公布制定和备案的食品安全国家标准、地方标准和企业标准,供公众免费查阅、下载。

对食品安全标准执行过程中的问题,县级以上人民政府卫生行政部门应当会同有关部门及时给予指导、解答。

第三十二条 省级以上人民政府卫生行政部门应当会同同级食品药品监督管理、质量监督、农业行政等部门,分别对食品安全国家标准和地方标准的执行情况进行跟踪评价,并根据评价结果及时修订食品安全标准。

省级以上人民政府食品药品监督管理、质量监督、农业行政等部门应当对食品安全标准执行中存在的问题进行收集、汇总,并及时向同级卫生行政部门通报。

食品生产经营者、食品行业协会发现食品安全标准在执行中存在问题的,应当立即向卫生行政部门报告。

第四章 食品生产经营

第一节 一般规定

第三十三条 食品生产经营应当符合食品安全标准,并符合下列要求:

(一)具有与生产经营的食品品种、数量相适应的食品原料处理和食品加工、包装、贮存等场所,保持该场所环境整洁,并与有毒、有害场所以及其他污染源保持规定的距离;

(二)具有与生产经营的食品品种、数量相适应的生产经营设备或者设施,有相应的消毒、更衣、盥洗、采光、照明、通风、防腐、防尘、防蝇、防鼠、防虫、洗涤以及处理废水、存放垃圾和废弃物的设备或者设施;

(三)有专职或者兼职的食品安全专业技术人员、食品安全管理人员和保证食品安全的规章制度;

(四)具有合理的设备布局和工艺流程,防止待加工食品与直接入口食品、原料与成品交叉污染,避免食品接触有毒物、不洁物;

(五)餐具、饮具和盛放直接入口食品的容器,使用前应当洗净、消毒,炊具、用具用后应当洗净,保持清洁;

(六)贮存、运输和装卸食品的容器、工具和设备应当安全、无害,保持清洁,防止食品污染,并符合保证食品安全所需的温度、湿度等特殊要求,不得将食品与有毒、有害物品一同贮存、运输;

(七)直接入口的食品应当使用无毒、清洁的包装材料、餐具、饮具和容器;

(八)食品生产经营人员应当保持个人卫生,生产经营食品时,应当将手洗净,穿戴清洁的工作衣、帽等;销售无包装的直接入口食品时,应当使用无毒、清洁的容器、售货工具和设备;

(九)用水应当符合国家规定的生活饮用水卫生标准;

(十)使用的洗涤剂、消毒剂应当对人体安全、无害;

(十一)法律、法规规定的其他要求。

非食品生产经营者从事食品贮存、运输和装卸的,应当符合前款第六项的规定。

第三十四条 禁止生产经营下列食品、食品添加剂、食品相关产品:

(一)用非食品原料生产的食品或者添加食品添加剂以外的化学物质和其他可能危害人体健康物质的食品,或者用回收食品作为原料生产的食品;

(二)致病性微生物,农药残留、兽药残留、生物毒素、重金属等污染物质以及其他危害人体健康的物质含量超过食品安全标准限量的食品、食品添加剂、食品相关产品;

(三)用超过保质期的食品原料、食品添加剂生产的食品、食品添加剂;

（四）超范围、超限量使用食品添加剂的食品；

（五）营养成分不符合食品安全标准的专供婴幼儿和其他特定人群的主辅食品；

（六）腐败变质、油脂酸败、霉变生虫、污秽不洁、混有异物、掺假掺杂或者感官性状异常的食品、食品添加剂；

（七）病死、毒死或者死因不明的禽、畜、兽、水产动物肉类及其制品；

（八）未按规定进行检疫或者检疫不合格的肉类，或者未经检验或者检验不合格的肉类制品；

（九）被包装材料、容器、运输工具等污染的食品、食品添加剂；

（十）标注虚假生产日期、保质期或者超过保质期的食品、食品添加剂；

（十一）无标签的预包装食品、食品添加剂；

（十二）国家为防病等特殊需要明令禁止生产经营的食品；

（十三）其他不符合法律、法规或者食品安全标准的食品、食品添加剂、食品相关产品。

第三十五条 国家对食品生产经营实行许可制度。从事食品生产、食品销售、餐饮服务，应当依法取得许可。但是，销售食用农产品，不需要取得许可。

县级以上地方人民政府食品药品监督管理部门应当依照《中华人民共和国行政许可法》的规定，审核申请人提交的本法第三十三条第一款第一项至第四项规定要求的相关资料，必要时对申请人的生产经营场所进行现场核查；对符合规定条件的，准予许可；对不符合规定条件的，不予许可并书面说明理由。

第三十六条 食品生产加工小作坊和食品摊贩等从事食品生产经营活动，应当符合本法规定的与其生产经营规模、条件相适应的食品安全要求，保证所生产经营的食品卫生、无毒、无害，食品药品监督管理部门应当对其加强监督管理。

县级以上地方人民政府应当对食品生产加工小作坊、食品摊贩等进行综合治理，加强服务和统一规划，改善其生产经营环境，鼓励和支持其改进生产经营条件，进入集中交易市场、店铺等固定场所经营，或者在指定的临时经营区域、时段经营。

食品生产加工小作坊和食品摊贩等的具体管理办法由省、自治区、直辖市制定。

第三十七条 利用新的食品原料生产食品，或者生产食品添加剂新品种、食品相关产品新品种，应当向国务院卫生行政部门提交相关产品的安全性评估材料。国务院卫生行政部门应当自收到申请之日起六十日内组织审查；对符合食品安全要求的，准予许可并公布；对不符合食品安全要求的，不予许可并书面说明理由。

第三十八条 生产经营的食品中不得添加药品，但是可以添加按照传统既是食品又是中药材的物质。按照传统既是食品又是中药材的物质目录由国务院卫生行政部门会同国务院食品药品监督管理部门制定、公布。

第三十九条 国家对食品添加剂生产实行许可制度。从事食品添加剂生产，应当具有与所生产食品添加剂品种相适应的场所、生产设备或者设施、专业技术人员和管理制度，并依照本法第三十五条第二款规定的程序，取得食品添加剂生产许可。

生产食品添加剂应当符合法律、法规和食品安全国家标准。

第四十条 食品添加剂应当在技术上确有必要且经过风险评估证明安全可靠，方可列入允许使用的范围；有关食品安全国家标准应当根据技术必要性和食品安全风险评估结果及时修订。

食品生产经营者应当按照食品安全国家标准使用食品添加剂。

第四十一条 生产食品相关产品应当符合法律、法规和食品安全国家标准。对直接接触食品的包装材料等具有较高风险的食品相关产品，按照国家有关工业产品生产许可证管理的规定实施生产许可。质量监督部门应当加强对食品相关产品生产活动的监督管理。

第四十二条 国家建立食品安全全程追溯制度。

食品生产经营者应当依照本法的规定，建立食品安全追溯体系，保证食品可追溯。国家鼓励食品生产经营者采用信息化手段采集、留存生产经营信息，建立食品安全追溯体系。

国务院食品药品监督管理部门会同国务院农业行政等有关部门建立食品安全全程追溯协作机制。

第四十三条 地方各级人民政府应当采取措施鼓励食品规模化生产和连锁经营、配送。

国家鼓励食品生产经营企业参加食品安全责任保险。

第二节 生产经营过程控制

第四十四条 食品生产经营企业应当建立健全食品安全管理制度，对职工进行食品安全知识培训，加强食品检验工作，依法从事生产经营活动。

食品生产经营企业的主要负责人应当落实企业食品安全管理制度，对本企业的食品安全工作全面负责。

食品生产经营企业应当配备食品安全管理人员，加强对其培训和考核。经考核不具备食品安全管理能力的，不得上岗。食品药品监督管理部门应当对企业食品安全管理人员随机进行监督抽查考核并公布考核情况。监督抽查考核不得收取费用。

第四十五条 食品生产经营者应当建立并执行从业人员健康管理制度。患有国务院卫生行政部门规定的有碍食品安全疾病的人员，不得从事接触直接入口食品的工作。

从事接触直接入口食品工作的食品生产经营人员应当每年进行健康检查，取得健康证明后方可上岗工作。

第四十六条 食品生产企业应当就下列事项制定并实施控制要求，保证所生产的食品符合食品安全标准：

（一）原料采购、原料验收、投料等原料控制；

（二）生产工序、设备、贮存、包装等生产关键环节控制；

（三）原料检验、半成品检验、成品出厂检验等检验控制；

（四）运输和交付控制。

第四十七条 食品生产经营者应当建立食品安全自查制度，定期对食品安全状况进行检查评价。生产经营条件发生变化，不再符合食品安全要求的，食品生产经营者应当立即采取整改措施；有发生食品安全事故潜在风险的，应当立即停止食品生产经营活动，并向所在地县级人民政府食品药品监督管理部门报告。

第四十八条 国家鼓励食品生产经营企业符合良好生产规范要求，实施危害分析与关键控制点体系，提高食品安全管理水平。

对通过良好生产规范、危害分析与关键控制点体系认证的食品生产经营企业，认证机构应当依法实施跟踪调查；对不再符合认证要求的企业，应当依法撤销认证，及时向县级以上人民政府食品药品监督管理部门通报，并向社会公布。认证机构实施跟踪调查不得收取费用。

第四十九条 食用农产品生产者应当按照食品安全标准和国家有关规定使用农药、肥料、兽药、饲料和饲料添加剂等农业投入品，严格执行农业投入品使用安全间隔期或者休药期的规定，不得使用国家明令禁止的农业投入品。禁止将剧毒、高毒农药用于蔬菜、瓜果、茶叶和中草药材等国家规定的农作物。

食用农产品的生产企业和农民专业合作经济组织应当建立农业投入品使用记录制度。

县级以上人民政府农业行政部门应当加强对农业投入品使用的监督管理和指导，建立健全农业投入品安全使用制度。

第五十条 食品生产者采购食品原料、食品添加剂、食品相关产品，应当查验供货者的许可证和产品合格证明；对无法提供合格证明的食品原料，应当按照食品安全标准进行检验；不得采购或者使用不符合食品安全标准的食品原料、食品添加剂、食品相关产品。

食品生产企业应当建立食品原料、食品添加剂、食品相关产品进货查验记录制度，如实记录食品原料、食品添加剂、食品相关产品的名称、规格、数量、生产日期或者生产批号、保质期、进货日期以及供货者名称、地址、联系方式等内容，并保存相关凭证。记录和凭证保存期限不得少于产品保质期满后六个月；没有明确保质期的，保存期限不得少于二年。

第五十一条 食品生产企业应当建立食品出厂检验记录制度，查验出厂食品的检验合格证和安全状况，如实记录食品的名称、规格、数量、生产日期或者生产批号、保质期、检验合格证号、销售日期以及购货者名称、地址、联系方式等内容，并保存相关凭证。记录和凭证保存期限应当符合本法第五十条第二款的规定。

第五十二条 食品、食品添加剂、食品相关产品的生产者，应当按照食品安全标准对所生产的食品、食品添加剂、食品相关产品进行检验，检验合格后方可出厂或者销售。

第五十三条 食品经营者采购食品，应当查验供货者的许可证和食品出厂检验合格证或者其他合格证明（以下称合格证明文件）。

食品经营企业应当建立食品进货查验记录制度，如实记录食品的名称、规格、数量、生产日期或者生产批号、保质期、进货日期以及供货者名称、地址、联系方式等内容，并保存相关凭证。记录和凭证保存期限应当符合本法第五十条第二款的规定。

实行统一配送经营方式的食品经营企业，可以由企业总部统一查验供货者的许可证和食品合格证明文件，进行食品进货查验记录。

从事食品批发业务的经营企业应当建立食品销售记录制度，如实记录批发食品的名称、规格、数量、生产日期或者生产批号、保质期、销售日期以及购货者名称、地址、联系方式等内容，并保存相关凭证。记录和凭证保存期限应当符合本法第五十条第二款的规定。

第五十四条 食品经营者应当按照保证食品安全的要求贮存食品，定期检查库存食品，及时清理变质或者超过保质期的食品。

食品经营者贮存散装食品，应当在贮存位置标明食品的名称、生产日期或者生产批号、保质期、生产者名称及联系方式等内容。

第五十五条 餐饮服务提供者应当制定并实施原料控制要求，不得采购不符合食品安全标准的食品原料。倡导餐饮服务提供者公开加工过程，公示食品原料及其来源等信息。

餐饮服务提供者在加工过程中应当检查待加工的食品及原料，发现有本法第三十四条第六项规定情形的，不得加工或者使用。

第五十六条 餐饮服务提供者应当定期维护食品加工、贮存、陈列等设施、设备；定期清洗、校验保温设施及冷藏、冷冻设施。

餐饮服务提供者应当按照要求对餐具、饮具进行清洗消毒，不得使用未经清洗消毒的餐具、饮具；餐饮服务提供者委托清洗消毒餐具、饮具的，应当委托符合本法规定条件的餐具、饮具集中消毒服务单位。

第五十七条 学校、托幼机构、养老机构、建筑工地等集中用餐单位的食堂应当严格遵守法律、法规和食品安全标准；从供餐单位订餐的，应当从取得食品生产经营许可的企业订购，并按照要求对订购的食品进行查验。供餐单位应当严格遵守法律、法规和食品安全标准，当餐加工，确保食品安全。

学校、托幼机构、养老机构、建筑工地等集中用餐单位的主管部门应当加强对集中用餐单位的食品安全教育和日常管理，降低食品安全风险，及时消除食品安全隐患。

第五十八条 餐具、饮具集中消毒服务单位应当具备相应的作业场所、清洗消毒设备或者设施，用水和使用的洗涤剂、消毒剂应当符合相关食品安全国家标准和其他国家标准、卫生规范。

餐具、饮具集中消毒服务单位应当对消毒餐具、饮具进行逐批检验，检验合格后方可出厂，并应当随附消毒合格证明。消毒后的餐具、饮具应当在独立包装上标注单位名称、地址、联系方式、消毒日期以及使用期限等内容。

第五十九条 食品添加剂生产者应当建立食品添加剂出厂检验记录制度，查验出厂产品的检验合格证和安全状况，如实记录食品添加剂的名称、规格、数量、生产日期或者生产批号、保质期、检验合格证号、销售日期以及购货者名称、地址、联系方式等相关内容，并保存相关凭证。记录和凭证保存期限应当符合本法第五十条第二款的规定。

第六十条 食品添加剂经营者采购食品添加剂，应当依法查验供货者的许可证和产品合格证明文件，如实记录食品添加剂的名称、规格、数量、生产日期或者生产批号、保质期、进货日期以及供货者名称、地址、联系方式等内容，并保存相关凭证。记录和凭证保存期限应当符合本法第五十条第二款的规定。

第六十一条 集中交易市场的开办者、柜台出租者和展销会举办者，应当依法审查入场食品经营者的许可证，明确其食品安全管理责任，定期对其经营环境和条件进行检查，发现其有违反本法规定行为的，应当及时制止并立即报告所在地县级人民政府食品药品监督管理部门。

第六十二条 网络食品交易第三方平台提供者应当对入网食品经营者进行实名登记，明确其食品安全管理责任；依法应当取得许可证的，还应当审查其许可证。

网络食品交易第三方平台提供者发现入网食品经营者有违反本法规定行为的，应当及时制止并立即报告所在地县级人民政府食品药品监督管理部门；发现严重违法行为的，应当立即停止提供网络交易平台服务。

第六十三条 国家建立食品召回制度。食品生产者发现其生产的食品不符合食品安全标准或者有证据证明可能危害人体健康的，应当立即停止生产，召回已经上市销售的食品，通知相关生产经营者和消费者，并记录召回和通知情况。

食品经营者发现其经营的食品有前款规定情形的，应当立即停止经营，通知相关生产经营者和消费者，并记录停止经营和通知情况。食品生产者认为应当召回的，应当立即召回。由于食品经营者的原因造成其经营的食品有前款规定情形的，食品经营者应当召回。

食品生产经营者应当对召回的食品采取无害化处理、销毁等措施，防止其再次流入市场。但是，对因标签、标志或者说明书不符合食品安全标准而被召回的食品，食品生产者在采取补救措施且能保证食品安全的情况下可以继续销售；销售时应当向消费者明示补救措施。

食品生产经营者应当将食品召回和处理情况向所在地县级人民政府食品药品监督管理部门报告；需要对召回的食品进行无害化处理、销毁的，应当提前报告时间、地点。食品药品监督管理部门认为必要的，可以实施现场监督。

食品生产经营者未依照本条规定召回或者停止经营的，县级以上人民政府食品药品监督管理部门可以责令其召回或者停止经营。

第六十四条 食用农产品批发市场应当配备检验设备和检验人员或者委托符合本法规定的食品检验机构，对进入该批发市场销售的食用农产品进行抽样检验；发现不符合食品安全标准的，应当要求销售者立即停止销售，并向食品药品监督管理部门报告。

第六十五条 食用农产品销售者应当建立食用农产品进货查验记录制度，如实记录食用农产品的名称、数量、进货日期以及供货者名称、地址、联系方式等内容，并保存相关凭证。记录和凭证保存期限不得少于六个月。

第六十六条 进入市场销售的食用农产品在包装、保鲜、贮存、运输中使用保鲜剂、防腐剂等食品添加剂和包装材料等食品相关产品，应当符合食品安全国家标准。

第三节 标签、说明书和广告

第六十七条 预包装食品的包装上应当有标签。标签应当标明下列事项：

（一）名称、规格、净含量、生产日期；

（二）成分或者配料表；

（三）生产者的名称、地址、联系方式；

（四）保质期；

（五）产品标准代号；

（六）贮存条件；

（七）所使用的食品添加剂在国家标准中的通用名称；

（八）生产许可证编号；

（九）法律、法规或者食品安全标准规定应当标明的其他事项。

专供婴幼儿和其他特定人群的主辅食品，其标签还应当标明主要营养成分及其含量。

食品安全国家标准对标签标注事项另有规定的，从其规定。

第六十八条 食品经营者销售散装食品，应当在散装食品的容器、外包装上标明食品的名称、生产日期或者生产批号、保质期以及生产经营者名称、地址、联系方式等内容。

第六十九条 生产经营转基因食品应当按照规定显著标示。

第七十条 食品添加剂应当有标签、说明书和包装。标签、说明书应当载明本法第六十七条第一款第一项至第六项、第八项、第九项规定的事项，以及食品添加剂的使用范围、用量、使用方法，并在标签上载明"食品添加剂"字样。

第七十一条 食品和食品添加剂的标签、说明书，不得含有虚假内容，不得涉及疾病预防、治疗功能。生产经营者对其提供的标签、说明书的内容负责。

食品和食品添加剂的标签、说明书应当清楚、明显，生产日期、保质期等事项应当显著标注，容易辨识。

食品和食品添加剂与其标签、说明书的内容不符的，不得上市销售。

第七十二条 食品经营者应当按照食品标签标示的警示标志、警示说明或者注意事项的要求销售食品。

第七十三条 食品广告的内容应当真实合法，不得含有虚假内容，不得涉及疾病预防、治疗功能。食品生产经营者对食品广告内容的真实性、合法性负责。

县级以上人民政府食品药品监督管理部门和其他有关部门以及食品检验机构、食品行业协会不得以广告或者其他形式向消费者推荐食品。消费者组织不得以收取费用或者其他牟取利益的方式向消费者推荐食品。

第四节 特殊食品

第七十四条 国家对保健食品、特殊医学用途配方食品和婴幼儿配方食品等特殊食品实行严格监督管理。

第七十五条 保健食品声称保健功能，应当具有科学依据，不得对人体产生急性、亚急性或者慢性危害。

保健食品原料目录和允许保健食品声称的保健功能目录，由国务院食品药品监督管理部门会同国务院卫生行政部门、国家中医药管理部门制定、调整并公布。

保健食品原料目录应当包括原料名称、用量及其对应的功效；列入保健食品原料目录的原料只能用于保健食品生产，不得用于其他食品生产。

第七十六条 使用保健食品原料目录以外原料的保健食品和首次进口的保健食品应当经国务院食品药品监督管理部门注册。但是,首次进口的保健食品中属于补充维生素、矿物质等营养物质的,应当报国务院食品药品监督管理部门备案。其他保健食品应当报省、自治区、直辖市人民政府食品药品监督管理部门备案。

进口的保健食品应当是出口国(地区)主管部门准许上市销售的产品。

第七十七条 依法应当注册的保健食品,注册时应当提交保健食品的研发报告、产品配方、生产工艺、安全性和保健功能评价、标签、说明书等材料及样品,并提供相关证明文件。国务院食品药品监督管理部门经组织技术审评,对符合安全和功能声称要求的,准予注册;对不符合要求的,不予注册并书面说明理由。对使用保健食品原料目录以外原料的保健食品作出准予注册决定的,应当及时将该原料纳入保健食品原料目录。

依法应当备案的保健食品,备案时应当提交产品配方、生产工艺、标签、说明书以及表明产品安全性和保健功能的材料。

第七十八条 保健食品的标签、说明书不得涉及疾病预防、治疗功能,内容应当真实,与注册或者备案的内容相一致,载明适宜人群、不适宜人群、功效成分或者标志性成分及其含量等,并声明"本品不能代替药物"。保健食品的功能和成分应当与标签、说明书相一致。

第七十九条 保健食品广告除应当符合本法第七十三条第一款的规定外,还应当声明"本品不能代替药物";其内容应当经生产企业所在地省、自治区、直辖市人民政府食品药品监督管理部门审查批准,取得保健食品广告批准文件。省、自治区、直辖市人民政府食品药品监督管理部门应当公布并及时更新已经批准的保健食品广告目录以及批准的广告内容。

第八十条 特殊医学用途配方食品应当经国务院食品药品监督管理部门注册。注册时,应当提交产品配方、生产工艺、标签、说明书以及表明产品安全性、营养充足性和特殊医学用途临床效果的材料。

特殊医学用途配方食品广告适用《中华人民共和国广告法》和其他法律、行政法规关于药品广告管理的规定。

第八十一条 婴幼儿配方食品生产企业应当实施从原料进厂到成品出厂的全过程质量控制,对出厂的婴幼儿配方食品实施逐批检验,保证食品安全。

生产婴幼儿配方食品使用的生鲜乳、辅料等食品原料、食品添加剂等,应当符合法律、行政法规的规定和食品安全国家标准,保证婴幼儿生长发育所需的营养成分。

婴幼儿配方食品生产企业应当将食品原料、食品添加剂、产品配方及标签等事项向省、自治区、直辖市人民政府食品药品监督管理部门备案。

婴幼儿配方乳粉的产品配方应当经国务院食品药品监督管理部门注册。注册时,应当提交配方研发报告和其他表明配方科学性、安全性的材料。

不得以分装方式生产婴幼儿配方乳粉,同一企业不得用同一配方生产不同品牌的婴幼儿配方乳粉。

第八十二条 保健食品、特殊医学用途配方食品、婴幼儿配方乳粉的注册人或者备案人应当对其提交材料的真实性负责。

省级以上人民政府食品药品监督管理部门应当及时公布注册或者备案的保健食品、特殊医学用途配方食品、婴幼儿配方乳粉目录,并对注册或者备案中获知的企业商业秘密予以保密。

保健食品、特殊医学用途配方食品、婴幼儿配方乳粉生产企业应当按照注册或者备案的产品配方、生产工艺等技术要求组织生产。

第八十三条 生产保健食品,特殊医学用途配方食品、婴幼儿配方食品和其他专供特定人群的主辅食品的企业,应当按照良好生产规范的要求建立与所生产食品相适应的生产质量管理体系,定期对该体系的运行情况进行自查，保证其有效运行，并向所在地县级人民政府食品药品监督管理部门提交自查报告。

第五章 食品检验

第八十四条 食品检验机构按照国家有关认证认可的规定取得资质认定后，方可从事食品检验活动。但是，法律另有规定的除外。

食品检验机构的资质认定条件和检验规范，由国务院食品药品监督管理部门规定。

符合本法规定的食品检验机构出具的检验报告具有同等效力。

县级以上人民政府应当整合食品检验资源，实现资源共享。

第八十五条 食品检验由食品检验机构指定的检验人独立进行。

检验人应当依照有关法律、法规的规定，并按照食品安全标准和检验规范对食品进行检验，尊重科学，恪守职业道德，保证出具的检验数据和结论客观、公正，不得出具虚假检验报告。

第八十六条 食品检验实行食品检验机构与检验人负责制。食品检验报告应当加盖食品检验机构公章，并有检验人的签名或者盖章。食品检验机构和检验人对出具的食品检验报告负责。

第八十七条 县级以上人民政府食品药品监督管理部门应当对食品进行定期或者不定期的抽样检验，并依据有关规定公布检验结果，不得免检。进行抽样检验，应当购买抽取的样品，委托符合本法规定的食品检验机构进行检验，并支付相关费用；不得向食品生产经营者收取检验费和其他费用。

第八十八条 对依照本法规定实施的检验结论有异议的，食品生产经营者可以自收到检验结论之日起七个工作日内向实施抽样检验的食品药品监督管理部门或者其上一级食品药品监督管理部门提出复检申请，由受理复检申请的食品药品监督管理部门在公布的复检机构名录中随机确定复检机构进行复检。复检机构出具的复检结论为最终检验结论。复检机构与初检机构不得为同一机构。复检机构名录由国务院认证认可监督管理、食品药品监督管理、卫生行政、农业行政等部门共同公布。

采用国家规定的快速检测方法对食用农产品进行抽查检测，被抽查人对检测结果有异议的，可以自收到检测结果时起四小时内申请复检。复检不得采用快速检测方法。

第八十九条 食品生产企业可以自行对所生产的食品进行检验，也可以委托符合本法规定的食品检验机构进行检验。

食品行业协会和消费者协会等组织、消费者需要委托食品检验机构对食品进行检验的，应当委托符合本法规定的食品检验机构进行。

第九十条 食品添加剂的检验，适用本法有关食品检验的规定。

第六章 食品进出口

第九十一条 国家出入境检验检疫部门对进出口食品安全实施监督管理。

第九十二条 进口的食品、食品添加剂、食品相关产品应当符合我国食品安全国家标准。

进口的食品、食品添加剂应当经出入境检验检疫机构依照进出口商品检验相关法律、行政法规的规定检验合格。

进口的食品、食品添加剂应当按照国家出入境检验检疫部门的要求随附合格证明材料。

第九十三条 进口尚无食品安全国家标准的食品，由境外出口商、境外生产企业或者其委托的进口商向国务院卫生行政部门提交所执行的相关国家（地区）标准或者国际标准。国务院卫生行政部门对相关标准进行审查，认为符合食品安全要求的，决定暂予适用，并及时制定相应的食品安全国家标准。进口利用新的食品原料生产的食品或者进口食品添加剂新品种、食品相关产品新品种,依照本法第三十七条的规定办理。

出入境检验检疫机构按照国务院卫生行政部门的要求,对前款规定的食品、食品添加剂、食品相关产品进行检验。检验结果应当公开。

第九十四条 境外出口商、境外生产企业应当保证向我国出口的食品、食品添加剂、食品相关产品符合本法以及我国其他有关法律、行政法规的规定和食品安全国家标准的要求,并对标签、说明书的内容负责。

进口商应当建立境外出口商、境外生产企业审核制度,重点审核前款规定的内容;审核不合格的,不得进口。

发现进口食品不符合我国食品安全国家标准或者有证据证明可能危害人体健康的,进口商应当立即停止进口,并依照本法第六十三条的规定召回。

第九十五条 境外发生的食品安全事件可能对我国境内造成影响,或者在进口食品、食品添加剂、食品相关产品中发现严重食品安全问题的,国家出入境检验检疫部门应当及时采取风险预警或者控制措施,并向国务院食品药品监督管理、卫生行政、农业行政部门通报。接到通报的部门应当及时采取相应措施。

县级以上人民政府食品药品监督管理部门对国内市场上销售的进口食品、食品添加剂实施监督管理。发现存在严重食品安全问题的,国务院食品药品监督管理部门应当及时向国家出入境检验检疫部门通报。国家出入境检验检疫部门应当及时采取相应措施。

第九十六条 向我国境内出口食品的境外出口商或者代理商、进口食品的进口商应当向国家出入境检验检疫部门备案。向我国境内出口食品的境外食品生产企业应当经国家出入境检验检疫部门注册。已经注册的境外食品生产企业提供虚假材料,或者因其自身的原因致使进口食品发生重大食品安全事故的,国家出入境检验检疫部门应当撤销注册并公告。

国家出入境检验检疫部门应当定期公布已经备案的境外出口商、代理商、进口商和已经注册的境外食品生产企业名单。

第九十七条 进口的预包装食品、食品添加剂应当有中文标签;依法应当有说明书的,还应当有中文说明书。标签、说明书应当符合本法以及我国其他有关法律、行政法规的规定和食品安全国家标准的要求,并载明食品的原产地以及境内代理商的名称、地址、联系方式。预包装食品没有中文标签、中文说明书或者标签、说明书不符合本条规定的,不得进口。

第九十八条 进口商应当建立食品、食品添加剂进口和销售记录制度,如实记录食品、食品添加剂的名称、规格、数量、生产日期、生产或者进口批号、保质期、境外出口商和购货者名称、地址及联系方式、交货日期等内容,并保存相关凭证。记录和凭证保存期限应当符合本法第五十条第二款的规定。

第九十九条 出口食品生产企业应当保证其出口食品符合进口国(地区)的标准或者合同要求。

出口食品生产企业和出口食品原料种植、养殖场应当向国家出入境检验检疫部门备案。

第一百条 国家出入境检验检疫部门应当收集、汇总下列进出口食品安全信息,并及时通报相关部门、机构和企业:

(一)出入境检验检疫机构对进出口食品实施检验检疫发现的食品安全信息;

(二)食品行业协会和消费者协会等组织、消费者反映的进口食品安全信息;

(三)国际组织、境外政府机构发布的风险预警信息及其他食品安全信息,以及境外食品行业协会等组织、消费者反映的食品安全信息;

(四)其他食品安全信息。

国家出入境检验检疫部门应当对进出口食品的进口商、出口商和出口食品生产企业实施信用管理,建立信用记录,并依法向社会公布。对有不良记录的进口商、出口商和出口食品生产企业,应当加强对其进出口食品的检验检疫。

第一百零一条 国家出入境检验检疫部门可以对向我国境内出口食品的国家(地区)的食品安全管理体系和食品安全状况进行评估和审查,并根据评估和审查结果,确定相应检验检疫要求。

第七章 食品安全事故处置

第一百零二条 国务院组织制定国家食品安全事故应急预案。

县级以上地方人民政府应当根据有关法律、法规的规定和上级人民政府的食品安全事故应急预案以及本行政区域的实际情况,制定本行政区域的食品安全事故应急预案,并报上一级人民政府备案。

食品安全事故应急预案应当对食品安全事故分级、事故处置组织指挥体系与职责、预防预警机制、处置程序、应急保障措施等作出规定。

食品生产经营企业应当制定食品安全事故处置方案,定期检查本企业各项食品安全防范措施的落实情况,及时消除事故隐患。

第一百零三条 发生食品安全事故的单位应当立即采取措施,防止事故扩大。事故单位和接收病人进行治疗的单位应当及时向事故发生地县级人民政府食品药品监督管理、卫生行政部门报告。

县级以上人民政府质量监督、农业行政等部门在日常监督管理中发现食品安全事故或者接到事故举报,应当立即向同级食品药品监督管理部门通报。

发生食品安全事故,接到报告的县级人民政府食品药品监督管理部门应当按照应急预案的规定向本级人民政府和上级人民政府食品药品监督管理部门报告。县级人民政府和上级人民政府食品药品监督管理部门应当按照应急预案的规定上报。

任何单位和个人不得对食品安全事故隐瞒、谎报、缓报,不得隐匿、伪造、毁灭有关证据。

第一百零四条 医疗机构发现其接收的病人属于食源性疾病病人或者疑似病人的,应当按照规定及时将相关信息向所在地县级人民政府卫生行政部门报告。县级人民政府卫生行政部门认为与食品安全有关的,应当及时通报同级食品药品监督管理部门。

县级以上人民政府卫生行政部门在调查处理传染病或者其他突发公共卫生事件中发现与食品安全相关的信息,应当及时通报同级食品药品监督管理部门。

第一百零五条 县级以上人民政府食品药品监督管理部门接到食品安全事故的报告后,应当立即会同同级卫生行政、质量监督、农业行政等部门进行调查处理,并采取下列措施,防止或者减轻社会危害:

(一)开展应急救援工作,组织救治因食品安全事故导致人身伤害的人员;

(二)封存可能导致食品安全事故的食品及其原料,并立即进行检验;对确认属于被污染的食品及其原料,责令食品生产经营者依照本法第六十三条的规定召回或者停止经营;

(三)封存被污染的食品相关产品,并责令进行清洗消毒;

(四)做好信息发布工作,依法对食品安全事故及其处理情况进行发布,并对可能产生的危害加以解释、说明。

发生食品安全事故需要启动应急预案的,县级以上人民政府应当立即成立事故处置指挥机构,启动应急预案,依照前款和应急预案的规定进行处置。

发生食品安全事故,县级以上疾病预防控制机构应当对事故现场进行卫生处理,并对与事故有关的因素开展流行病学调查,有关部门应当予以协助。县级以上疾病预防控制机构应当向同级食品药品监督管理、卫生行政部门提交流行病学调查报告。

第一百零六条 发生食品安全事故,设区的市级以上人民政府食品药品监督管理部门应当立即会同有关部门进行事故责任调查,督促有关部门履行职责,向本级人民政府和上一级人民政府食品药品监督管理部门提出事故责任调查处理报告。

涉及两个以上省、自治区、直辖市的重大食品安全事故由国务院食品药品监督管理部门依照前款规定组织事故责任调查。

第一百零七条 调查食品安全事故,应当坚持实事求是、尊重科学的原则,及时、准确查清事故性质和原因,认定事故责任,提出整改措施。

调查食品安全事故,除了查明事故单位的责任,还应当查明有关监督管理部门、食品检验机构、认证机构及其工作人员的责任。

第一百零八条 食品安全事故调查部门有权向有关单位和个人了解与事故有关的情况,并要求提供相关资料和样品。有关单位和个人应当予以配合,按照要求提供相关资料和样品,不得拒绝。

任何单位和个人不得阻挠、干涉食品安全事故的调查处理。

第八章 监督管理

第一百零九条 县级以上人民政府食品药品监督管理、质量监督部门根据食品安全风险监测、风险评估结果和食品安全状况等,确定监督管理的重点、方式和频次,实施风险分级管理。

县级以上地方人民政府组织本级食品药品监督管理、质量监督、农业行政等部门制定本行政区域的食品安全年度监督管理计划,向社会公布并组织实施。

食品安全年度监督管理计划应当将下列事项作为监督管理的重点:

(一)专供婴幼儿和其他特定人群的主辅食品;

(二)保健食品生产过程中的添加行为和按照注册或者备案的技术要求组织生产的情况,保健食品标签、说明书以及宣传材料中有关功能宣传的情况;

(三)发生食品安全事故风险较高的食品生产经营者;

(四)食品安全风险监测结果表明可能存在食品安全隐患的事项。

第一百一十条 县级以上人民政府食品药品监督管理、质量监督部门履行各自食品安全监督管理职责,有权采取下列措施,对生产经营者遵守本法的情况进行监督检查:

(一)进入生产经营场所实施现场检查;

(二)对生产经营的食品、食品添加剂、食品相关产品进行抽样检验;

(三)查阅、复制有关合同、票据、账簿以及其他有关资料;

(四)查封、扣押有证据证明不符合食品安全标准或者有证据证明存在安全隐患以及用于违法生产经营的食品、食品添加剂、食品相关产品;

(五)查封违法从事生产经营活动的场所。

第一百一十一条 对食品安全风险评估结果证明食品存在安全隐患,需要制定、修订食品安全标准的,在制定、修订食品安全标准前,国务院卫生行政部门应当及时会同国务院有关部门规定食品中有害物质的临时限量值和临时检验方法,作为生产经营和监督管理的依据。

第一百一十二条 县级以上人民政府食品药品监督管理部门在食品安全监督管理工作中可以采用国家规定的快速检测方法对食品进行抽查检测。

对抽查检测结果表明可能不符合食品安全标准的食品,应当依照本法第八十七条的规定进行检验。抽查检测结果确定有关食品不符合食品安全标准的,可以作为行政处罚的依据。

第一百一十三条 县级以上人民政府食品药品监督管理部门应当建立食品生产经营者食品安全信用档案,记录许可颁发、日常监督检查结果、违法行为查处等情况,依法向社会公布并实时更新;对有不良信用记录的食品生产经营者增加监督检查频次,对违法行为情节严重的食品生产经营者,可以通报投资主管部门、证券监督管理机构和有关的金融机构。

第一百一十四条 食品生产经营过程中存在食品安全隐患,未及时采取措施消除的,县级以上人民政府食品药品监督管理部门可以对食品生产经营者的法定代表人或者主要负责人进行责任约谈。食品生产经营者应当立即采取措施,进行整改,消除隐患。责任约谈情况和整改情况应当纳入食品生产经营者食品安全信用档案。

第一百一十五条 县级以上人民政府食品药品监督管理、质量监督等部门应当公布本部门的电子邮件地址或者电话,接受咨询、投诉、举报。接到咨询、投诉、举报,对属于本部门职责的,应当受理并在法定期限内及时答复、核实、处理;对不属于本部门职责的,应当移交有权处理的部门并书面通知咨询、投诉、举报人。有权处理的部门应当在法定期限内及时处理,不得推诿。对查证属实的举报,给予举报人奖励。

有关部门应当对举报人的信息予以保密,保护举报人的合法权益。举报人举报所在企业的,该企业不得以解除、变更劳动合同或者其他方式对举报人进行打击报复。

第一百一十六条 县级以上人民政府食品药品监督管理、质量监督等部门应当加强对执法人员食品安全法律、法规、标准和专业知识与执法能力等的培训,并组织考核。不具备相应知识和能力的,不得从事食品安全执法工作。

食品生产经营者、食品行业协会、消费者协会等发现食品安全执法人员在执法过程中有违反法律、法规规定的行为以及不规范执法行为的,可以向本级或者上级人民政府食品药品监督管理、质量监督等部门或者监察机关投诉、举报。接到投诉、举报的部门或者机关应当进行核实,并将经核实的情况向食品安全执法人员所在部门通报;涉嫌违法违纪的,按照本法和有关规定处理。

第一百一十七条 县级以上人民政府食品药品监督管理等部门未及时发现食品安全系统性风险,未及时消除监督管理区域内的食品安全隐患的,本级人民政府可以对其主要负责人进行责任约谈。

地方人民政府未履行食品安全职责,未及时消除区域性重大食品安全隐患的,上级人民政府可以对其主要负责人进行责任约谈。

被约谈的食品药品监督管理等部门、地方人民政府应当立即采取措施,对食品安全监督管理工作进行整改。

责任约谈情况和整改情况应当纳入地方人民政府和有关部门食品安全监督管理工作评议、考核记录。

第一百一十八条 国家建立统一的食品安全信息平台,实行食品安全信息统一公布制度。国家食品安全总体情况、食品安全风险警示信息、重大食品安全事故及其调查处理信息和国务院确定需要统一公布的其他信息由国务院食品药品监督管理部门统一公布。食品安全风险警示信息和重大食品安全事故及其调查处理信息的影响限于特定区域的,也可以由有关省、自治区、直辖市人民政府食品药品监督管理部门公布。未经授权不得发布上述信息。

县级以上人民政府食品药品监督管理、质量监督、农业行政部门依据各自职责公布食品安全日常监督管理信息。

公布食品安全信息,应当做到准确、及时,并进行必要的解释说明,避免误导消费者和社会舆论。

第一百一十九条 县级以上地方人民政府食品药品监督管理、卫生行政、质量监督、农业行政部门获知本法规定需要统一公布的信息,应当向上级主管部门报告,由上级主管部门立即报告国务院食品药品监督管理部门;必要时,可以直接向国务院食品药品监督管理部门报告。

县级以上人民政府食品药品监督管理、卫生行政、质量监督、农业行政部门应当相互通报获知的食品安全信息。

第一百二十条 任何单位和个人不得编造、散布虚假食品安全信息。

县级以上人民政府食品药品监督管理部门发现可能误导消费者和社会舆论的食品安全信息，应当立即组织有关部门、专业机构、相关食品生产经营者等进行核实、分析，并及时公布结果。

第一百二十一条 县级以上人民政府食品药品监督管理、质量监督等部门发现涉嫌食品安全犯罪的，应当按照有关规定及时将案件移送公安机关。对移送的案件，公安机关应当及时审查；认为有犯罪事实需要追究刑事责任的，应当立案侦查。

公安机关在食品安全犯罪案件侦查过程中认为没有犯罪事实，或者犯罪事实显著轻微，不需要追究刑事责任，但依法应当追究行政责任的，应当及时将案件移送食品药品监督管理、质量监督等部门和监察机关，有关部门应当依法处理。

公安机关商请食品药品监督管理、质量监督、环境保护等部门提供检验结论、认定意见以及对涉案物品进行无害化处理等协助的，有关部门应当及时提供，予以协助。

第九章 法律责任

第一百二十二条 违反本法规定，未取得食品生产经营许可从事食品生产经营活动，或者未取得食品添加剂生产许可从事食品添加剂生产活动的，由县级以上人民政府食品药品监督管理部门没收违法所得和违法生产经营的食品、食品添加剂以及用于违法生产经营的工具、设备、原料等物品；违法生产经营的食品、食品添加剂货值金额不足一万元的，并处五万元以上十万元以下罚款；货值金额一万元以上的，并处货值金额十倍以上二十倍以下罚款。

明知从事前款规定的违法行为，仍为其提供生产经营场所或者其他条件的，由县级以上人民政府食品药品监督管理部门责令停止违法行为，没收违法所得，并处五万元以上十万元以下罚款；使消费者的合法权益受到损害的，应当与食品、食品添加剂生产经营者承担连带责任。

第一百二十三条 违反本法规定，有下列情形之一，尚不构成犯罪的，由县级以上人民政府食品药品监督管理部门没收违法所得和违法生产经营的食品，并可以没收用于违法生产经营的工具、设备、原料等物品；违法生产经营的食品货值金额不足一万元的，并处十万元以上十五万元以下罚款；货值金额一万元以上的，并处货值金额十五倍以上三十倍以下罚款；情节严重的，吊销许可证，并可以由公安机关对其直接负责的主管人员和其他直接责任人员处五日以上十五日以下拘留：

（一）用非食品原料生产食品、在食品中添加食品添加剂以外的化学物质和其他可能危害人体健康的物质，或者用回收食品作为原料生产食品，或者经营上述食品；

（二）生产经营营养成分不符合食品安全标准的专供婴幼儿和其他特定人群的主辅食品；

（三）经营病死、毒死或者死因不明的禽、畜、兽、水产动物肉类，或者生产经营其制品；

（四）经营未按规定进行检疫或者检疫不合格的肉类，或者生产经营未经检验或者检验不合格的肉类制品；

（五）生产经营国家为防病等特殊需要明令禁止生产经营的食品；

（六）生产经营添加药品的食品。

明知从事前款规定的违法行为，仍为其提供生产经营场所或者其他条件的，由县级以上人民政府食品药品监督管理部门责令停止违法行为，没收违法所得，并处十万元以上二十万元以下罚款；使消费者的合法权益受到损害的，应当与食品生产经营者承担连带责任。

违法使用剧毒、高毒农药的，除依照有关法律、法规规定给予处罚外，可以由公安机关依照第一款规定给予拘留。

第一百二十四条 违反本法规定，有下列情形之一，尚不构成犯罪的，由县级以上人民政府食品药品监督管理部门没收违法所得和违法生产经营的食品、食品添加剂，并可以没收用于违法生产经营的工具、设备、原料等物品；违法生产经营的食品、食品添加剂货值金额不足一万元的，并处五万元以上十万元以下罚款；货值金额一万元以上的，并处货值金额十倍以上二十倍以下罚款；情节严重的，吊销许可证：

（一）生产经营致病性微生物，农药残留、兽药残留、生物毒素、重金属等污染物质以及其他危害人体健康的物质含量超过食品安全标准限量的食品、食品添加剂；

（二）用超过保质期的食品原料、食品添加剂生产食品、食品添加剂，或者经营上述食品、食品添加剂；

（三）生产经营超范围、超限量使用食品添加剂的食品；

（四）生产经营腐败变质、油脂酸败、霉变生虫、污秽不洁、混有异物、掺假掺杂或者感官性状异常的食品、食品添加剂；

（五）生产经营标注虚假生产日期、保质期或者超过保质期的食品、食品添加剂；

（六）生产经营未按规定注册的保健食品、特殊医学用途配方食品、婴幼儿配方乳粉，或者未按注册的产品配方、生产工艺等技术要求组织生产；

（七）以分装方式生产婴幼儿配方乳粉，或者同一企业以同一配方生产不同品牌的婴幼儿配方乳粉；

（八）利用新的食品原料生产食品，或者生产食品添加剂新品种，未通过安全性评估；

（九）食品生产经营者在食品药品监督管理部门责令其召回或者停止经营后，仍拒不召回或者停止经营。

除前款和本法第一百二十三条、第一百二十五条规定的情形外，生产经营不符合法律、法规或者食品安全标准的食品、食品添加剂的，依照前款规定给予处罚。

生产食品相关产品新品种，未通过安全性评估，或者生产不符合食品安全标准的食品相关产品的，由县级以上人民政府质量监督部门依照第一款规定给予处罚。

第一百二十五条 违反本法规定，有下列情形之一的，由县级以上人民政府食品药品监督管理部门没收违法所得和违法生产经营的食品、食品添加剂，并可以没收用于违法生产经营的工具、设备、原料等物品；违法生产经营的食品、食品添加剂货值金额不足一万元的，并处五千元以上五万元以下罚款；货值金额一万元以上的，并处货值金额五倍以上十倍以下罚款；情节严重的，责令停产停业，直至吊销许可证：

（一）生产经营被包装材料、容器、运输工具等污染的食品、食品添加剂；

（二）生产经营无标签的预包装食品、食品添加剂或者标签、说明书不符合本法规定的食品、食品添加剂；

（三）生产经营转基因食品未按规定进行标示；

（四）食品生产经营者采购或者使用不符合食品安全标准的食品原料、食品添加剂、食品相关产品。

生产经营的食品、食品添加剂的标签、说明书存在瑕疵但不影响食品安全且不会对消费者造成误导的，由县级以上人民政府食品药品监督管理部门责令改正；拒不改正的，处二千元以下罚款。

第一百二十六条 违反本法规定，有下列情形之一的，由县级以上人民政府食品药品监督管理部门责令改正，给予警告；拒不改正的，处五千元以上五万元以下罚款；情节严重的，责令停产停业，直至吊销许可证：

（一）食品、食品添加剂生产者未按规定对采购的食品原料和生产的食品、食品添加剂进行检验；

（二）食品生产经营企业未按规定建立食品安全管理制度，或者未按规定配备或者培训、考核食品安全管理人员；

（三）食品、食品添加剂生产经营者进货时未查验许可证和相关证明文件，或者未按规定建立并遵守进货查验记录、出厂检验记录和销售记录制度；

（四）食品生产经营企业未制定食品安全事故处置方案；

（五）餐具、饮具和盛放直接入口食品的容器，使用前未经洗净、消毒或者清洗消毒不合格，或者餐饮服务设施、设备未按规定定期维护、清洗、校验；

（六）食品生产经营者安排未取得健康证明或者患有国务院卫生行政部门规定的有碍食品安全疾病的人员从事接触直接入口食品的工作；

（七）食品经营者未按规定要求销售食品；

（八）保健食品生产企业未按规定向食品药品监督管理部门备案，或者未按备案的产品配方、生产工艺等技术要求组织生产；

（九）婴幼儿配方食品生产企业未将食品原料、食品添加剂、产品配方、标签等向食品药品监督管理部门备案；

（十）特殊食品生产企业未按规定建立生产质量管理体系并有效运行，或者未定期提交自查报告；

（十一）食品生产经营者未定期对食品安全状况进行检查评价，或者生产经营条件发生变化，未按规定处理；

（十二）学校、托幼机构、养老机构、建筑工地等集中用餐单位未按规定履行食品安全管理责任；

（十三）食品生产企业、餐饮服务提供者未按规定制定、实施生产经营过程控制要求。

餐具、饮具集中消毒服务单位违反本法规定用水，使用洗涤剂、消毒剂，或者出厂的餐具、饮具未按规定检验合格并随附消毒合格证明，或者未按规定在独立包装上标注相关内容的，由县级以上人民政府卫生行政部门依照前款规定给予处罚。

食品相关产品生产者未按规定对生产的食品相关产品进行检验的，由县级以上人民政府质量监督部门依照第一款规定给予处罚。

食用农产品销售者违反本法第六十五条规定的，由县级以上人民政府食品药品监督管理部门依照第一款规定给予处罚。

第一百二十七条 对食品生产加工小作坊、食品摊贩等的违法行为的处罚，依照省、自治区、直辖市制定的具体管理办法执行。

第一百二十八条 违反本法规定，事故单位在发生食品安全事故后未进行处置、报告的，由有关主管部门按照各自职责分工责令改正，给予警告；隐匿、伪造、毁灭有关证据的，责令停产停业，没收违法所得，并处十万元以上五十万元以下罚款；造成严重后果的，吊销许可证。

第一百二十九条 违反本法规定，有下列情形之一的，由出入境检验检疫机构依照本法第一百二十四条的规定给予处罚：

（一）提供虚假材料，进口不符合我国食品安全国家标准的食品、食品添加剂、食品相关产品；

（二）进口尚无食品安全国家标准的食品，未提交所执行的标准并经国务院卫生行政部门审查，或者进口利用新的食品原料生产的食品或者进口食品添加剂新品种、食品相关产品新品种，未通过安全性评估；

（三）未遵守本法的规定出口食品；

（四）进口商在有关主管部门责令其依照本法规定召回进口的食品后，仍拒不召回。

违反本法规定，进口商未建立并遵守食品、食品添加剂进口和销售记录制度、境外出口商或者生产企业审核制度的，由出入境检验检疫机构依照本法第一百二十六条的规定给予处罚。

第一百三十条 违反本法规定，集中交易市场的开办者、柜台出租者、展销会的举办者允许未依法取得许可的食品经营者进入市场销售食品,或者未履行检查、报告等义务的,由县级以上人民政府食品药品监督管理部门责令改正,没收违法所得,并处五万元以上二十万元以下罚款;造成严重后果的,责令停业,直至由原发证部门吊销许可证;使消费者的合法权益受到损害的,应当与食品经营者承担连带责任。

食用农产品批发市场违反本法第六十四条规定的,依照前款规定承担责任。

第一百三十一条 违反本法规定,网络食品交易第三方平台提供者未对入网食品经营者进行实名登记、审查许可证,或者未履行报告、停止提供网络交易平台服务等义务的,由县级以上人民政府食品药品监督管理部门责令改正,没收违法所得,并处五万元以上二十万元以下罚款;造成严重后果的,责令停业,直至由原发证部门吊销许可证;使消费者的合法权益受到损害的,应当与食品经营者承担连带责任。

消费者通过网络食品交易第三方平台购买食品,其合法权益受到损害的,可以向入网食品经营者或者食品生产者要求赔偿。网络食品交易第三方平台提供者不能提供入网食品经营者的真实名称、地址和有效联系方式的,由网络食品交易第三方平台提供者赔偿。网络食品交易第三方平台提供者赔偿后,有权向入网食品经营者或者食品生产者追偿。网络食品交易第三方平台提供者作出更有利于消费者承诺的,应当履行其承诺。

第一百三十二条 违反本法规定,未按要求进行食品贮存、运输和装卸的,由县级以上人民政府食品药品监督管理等部门按照各自职责分工责令改正,给予警告;拒不改正的,责令停产停业,并处一万元以上五万元以下罚款;情节严重的,吊销许可证。

第一百三十三条 违反本法规定,拒绝、阻挠、干涉有关部门、机构及其工作人员依法开展食品安全监督检查、事故调查处理、风险监测和风险评估的,由有关主管部门按照各自职责分工责令停产停业,并处二千元以上五万元以下罚款;情节严重的,吊销许可证;构成违反治安管理行为的,由公安机关依法给予治安管理处罚。

违反本法规定,对举报人以解除、变更劳动合同或者其他方式打击报复的,应当依照有关法律的规定承担责任。

第一百三十四条 食品生产经营者在一年内累计三次因违反本法规定受到责令停产停业、吊销许可证以外处罚的,由食品药品监督管理部门责令停产停业,直至吊销许可证。

第一百三十五条 被吊销许可证的食品生产经营者及其法定代表人、直接负责的主管人员和其他直接责任人员自处罚决定作出之日起五年内不得申请食品生产经营许可,或者从事食品生产经营管理工作、担任食品生产经营企业食品安全管理人员。

因食品安全犯罪被判处有期徒刑以上刑罚的,终身不得从事食品生产经营管理工作,也不得担任食品生产经营企业食品安全管理人员。

食品生产经营者聘用人员违反前两款规定的,由县级以上人民政府食品药品监督管理部门吊销许可证。

第一百三十六条 食品经营者履行了本法规定的进货查验等义务,有充分证据证明其不知道所采购的食品不符合食品安全标准,并能如实说明其进货来源的,可以免予处罚,但应当依法没收其不符合食品安全标准的食品;造成人身、财产或者其他损害的,依法承担赔偿责任。

第一百三十七条 违反本法规定,承担食品安全风险监测、风险评估工作的技术机构、技术人员提供虚假监测、评估信息的,依法对技术机构直接负责的主管人员和技术人员给予撤职、开除处分;有执业资格的,由授予其资格的主管部门吊销执业证书。

第一百三十八条 违反本法规定,食品检验机构、食品检验人员出具虚假检验报告的,由授予其资质的主管部门或者机构撤销该食品检验机构的检验资质,没收所收取的检验费用,并处检验费用五倍以上十倍以下罚款,检验费用不足一万元的,并处五万元以上十万元以下罚款;依法对食品检验机构直接负责的主管人员和食品检验人员给予撤职或者开除处分；导致发生重大食品安全事故的，对直接负责的主管人员和食品检验人员给予开除处分。

违反本法规定，受到开除处分的食品检验机构人员，自处分决定作出之日起十年内不得从事食品检验工作；因食品安全违法行为受到刑事处罚或者因出具虚假检验报告导致发生重大食品安全事故受到开除处分的食品检验机构人员，终身不得从事食品检验工作。食品检验机构聘用不得从事食品检验工作的人员的，由授予其资质的主管部门或者机构撤销该食品检验机构的检验资质。

食品检验机构出具虚假检验报告，使消费者的合法权益受到损害的，应当与食品生产经营者承担连带责任。

第一百三十九条 违反本法规定，认证机构出具虚假认证结论，由认证认可监督管理部门没收所收取的认证费用，并处认证费用五倍以上十倍以下罚款，认证费用不足一万元的，并处五万元以上十万元以下罚款；情节严重的，责令停业，直至撤销认证机构批准文件，并向社会公布；对直接负责的主管人员和负有直接责任的认证人员，撤销其执业资格。

认证机构出具虚假认证结论，使消费者的合法权益受到损害的，应当与食品生产经营者承担连带责任。

第一百四十条 违反本法规定，在广告中对食品作虚假宣传，欺骗消费者，或者发布未取得批准文件、广告内容与批准文件不一致的保健食品广告的，依照《中华人民共和国广告法》的规定给予处罚。

广告经营者、发布者设计、制作、发布虚假食品广告，使消费者的合法权益受到损害的，应当与食品生产经营者承担连带责任。

社会团体或者其他组织、个人在虚假广告或者其他虚假宣传中向消费者推荐食品，使消费者的合法权益受到损害的，应当与食品生产经营者承担连带责任。

违反本法规定，食品药品监督管理等部门、食品检验机构、食品行业协会以广告或者其他形式向消费者推荐食品，消费者组织以收取费用或者其他牟取利益的方式向消费者推荐食品的，由有关主管部门没收违法所得，依法对直接负责的主管人员和其他直接责任人员给予记大过、降级或者撤职处分；情节严重的，给予开除处分。

对食品作虚假宣传且情节严重的，由省级以上人民政府食品药品监督管理部门决定暂停销售该食品，并向社会公布；仍然销售该食品的，由县级以上人民政府食品药品监督管理部门没收违法所得和违法销售的食品，并处二万元以上五万元以下罚款。

第一百四十一条 违反本法规定，编造、散布虚假食品安全信息，构成违反治安管理行为的，由公安机关依法给予治安管理处罚。

媒体编造、散布虚假食品安全信息的，由有关主管部门依法给予处罚，并对直接负责的主管人员和其他直接责任人员给予处分；使公民、法人或者其他组织的合法权益受到损害的，依法承担消除影响、恢复名誉、赔偿损失、赔礼道歉等民事责任。

第一百四十二条 违反本法规定，县级以上地方人民政府有下列行为之一的，对直接负责的主管人员和其他直接责任人员给予记大过处分；情节较重的，给予降级或者撤职处分；情节严重的，给予开除处分；造成严重后果的，其主要负责人还应当引咎辞职：

（一）对发生在本行政区域内的食品安全事故，未及时组织协调有关部门开展有效处置，造成不良影响或者损失；

（二）对本行政区域内涉及多环节的区域性食品安全问题，未及时组织整治，造成不良影响或者损失；

（三）隐瞒、谎报、缓报食品安全事故；

（四）本行政区域内发生特别重大食品安全事故，或者连续发生重大食品安全事故。

第一百四十三条 违反本法规定，县级以上地方人民政府有下列行为之一的，对直接负责的主管人员和其他直接责任人员给予警告、记过或者记大过处分；造成严重后果的，给予降级或者撤职处分：

（一）未确定有关部门的食品安全监督管理职责，未建立健全食品安全全程监督管理工作机制和信息共享机制，未落实食品安全监督管理责任制；

（二）未制定本行政区域的食品安全事故应急预案，或者发生食品安全事故后未按规定立即成立事故处置指挥机构、启动应急预案。

第一百四十四条 违反本法规定，县级以上人民政府食品药品监督管理、卫生行政、质量监督、农业行政等部门有下列行为之一的，对直接负责的主管人员和其他直接责任人员给予记大过处分；情节较重的，给予降级或者撤职处分；情节严重的，给予开除处分；造成严重后果的，其主要负责人还应当引咎辞职：

（一）隐瞒、谎报、缓报食品安全事故；

（二）未按规定查处食品安全事故，或者接到食品安全事故报告未及时处理，造成事故扩大或者蔓延；

（三）经食品安全风险评估得出食品、食品添加剂、食品相关产品不安全结论后，未及时采取相应措施，造成食品安全事故或者不良社会影响；

（四）对不符合条件的申请人准予许可，或者超越法定职权准予许可；

（五）不履行食品安全监督管理职责，导致发生食品安全事故。

第一百四十五条 违反本法规定，县级以上人民政府食品药品监督管理、卫生行政、质量监督、农业行政等部门有下列行为之一，造成不良后果的，对直接负责的主管人员和其他直接责任人员给予警告、记过或者记大过处分；情节较重的，给予降级或者撤职处分；情节严重的，给予开除处分：

（一）在获知有关食品安全信息后，未按规定向上级主管部门和本级人民政府报告，或者未按规定相互通报；

（二）未按规定公布食品安全信息；

（三）不履行法定职责，对查处食品安全违法行为不配合，或者滥用职权、玩忽职守、徇私舞弊。

第一百四十六条 食品药品监督管理、质量监督等部门在履行食品安全监督管理职责过程中，违法实施检查、强制等执法措施，给生产经营者造成损失的，应当依法予以赔偿，对直接负责的主管人员和其他直接责任人员依法给予处分。

第一百四十七条 违反本法规定，造成人身、财产或者其他损害的，依法承担赔偿责任。生产经营者财产不足以同时承担民事赔偿责任和缴纳罚款、罚金时，先承担民事赔偿责任。

第一百四十八条 消费者因不符合食品安全标准的食品受到损害的，可以向经营者要求赔偿损失，也可以向生产者要求赔偿损失。接到消费者赔偿要求的生产经营者，应当实行首负责任制，先行赔付，不得推诿；属于生产者责任的，经营者赔偿后有权向生产者追偿；属于经营者责任的，生产者赔偿后有权向经营者追偿。

生产不符合食品安全标准的食品或者经营明知是不符合食品安全标准的食品，消费者除要求赔偿损失外，还可以向生产者或者经营者要求支付价款十倍或者损失三倍的赔偿金；增加赔偿的金额不足一千元的，为一千元。但是，食品的标签、说明书存在不影响食品安全且不会对消费者造成误导的瑕疵的除外。

第一百四十九条 违反本法规定，构成犯罪的，依法追究刑事责任。

第十章 附 则

第一百五十条 本法下列用语的含义：

食品，指各种供人食用或者饮用的成品和原料以及按照传统既是食品又是中药材的物品，但是不包括以治疗为目的的物品。

食品安全，指食品无毒、无害，符合应当有的营养要求，对人体健康不造成任何急性、亚急性或者慢性危害。

预包装食品，指预先定量包装或者制作在包装材料、容器中的食品。

食品添加剂，指为改善食品品质和色、香、味以及为防腐、保鲜和加工工艺的需要而加入食品中的人工合成或者天然物质，包括营养强化剂。

用于食品的包装材料和容器，指包装、盛放食品或者食品添加剂用的纸、竹、木、金属、搪瓷、陶瓷、塑料、橡胶、天然纤维、化学纤维、玻璃等制品和直接接触食品或者食品添加剂的涂料。

用于食品生产经营的工具、设备，指在食品或者食品添加剂生产、销售、使用过程中直接接触食品或者食品添加剂的机械、管道、传送带、容器、用具、餐具等。

用于食品的洗涤剂、消毒剂，指直接用于洗涤或者消毒食品、餐具、饮具以及直接接触食品的工具、设备或者食品包装材料和容器的物质。

食品保质期，指食品在标明的贮存条件下保持品质的期限。

食源性疾病，指食品中致病因素进入人体引起的感染性、中毒性等疾病，包括食物中毒。

食品安全事故，指食源性疾病、食品污染等源于食品，对人体健康有危害或者可能有危害的事故。

第一百五十一条 转基因食品和食盐的食品安全管理，本法未作规定的，适用其他法律、行政法规的规定。

第一百五十二条 铁路、民航运营中食品安全的管理办法由国务院食品药品监督管理部门会同国务院有关部门依照本法制定。

保健食品的具体管理办法由国务院食品药品监督管理部门依照本法制定。

食品相关产品生产活动的具体管理办法由国务院质量监督部门依照本法制定。

国境口岸食品的监督管理由出入境检验检疫机构依照本法以及有关法律、行政法规的规定实施。

军队专用食品和自供食品的食品安全管理办法由中央军事委员会依照本法制定。

第一百五十三条 国务院根据实际需要，可以对食品安全监督管理体制作出调整。

第一百五十四条 本法自2015年10月1日起施行。

中华人民共和国食品安全法实施条例

（2009年7月20日中华人民共和国国务院令第557号公布　根据2016年2月6日《国务院关于修改部分行政法规的决定》修订）

第一章　总　　则

第一条 根据《中华人民共和国食品安全法》（以下简称食品安全法），制定本条例。

第二条 县级以上地方人民政府应当履行食品安全法规定的职责；加强食品安全监督管理能力建设，为食品安全监督管理工作提供保障；建立健全食品安全监督管理部门的协调配合机制，整合、完善食品安全信息网络，实现食品安全信息共享和食品检验等技术资源的共享。

第三条 食品生产经营者应当依照法律、法规和食品安全标准从事生产经营活动，建立健全食品安全管理制度，采取有效管理措施，保证食品安全。

食品生产经营者对其生产经营的食品安全负责，对社会和公众负责，承担社会责任。

第四条 食品安全监督管理部门应当依照食品安全法和本条例的规定公布食品安全信息，为公众咨询、投诉、举报提供方便；任何组织和个人有权向有关部门了解食品安全信息。

第二章 食品安全风险监测和评估

第五条 食品安全法第十一条规定的国家食品安全风险监测计划，由国务院卫生行政部门会同国务院质量监督、工商行政管理和国家食品药品监督管理以及国务院商务、工业和信息化等部门，根据食品安全风险评估、食品安全标准制定与修订、食品安全监督管理等工作的需要制定。

第六条 省、自治区、直辖市人民政府卫生行政部门应当组织同级质量监督、工商行政管理、食品药品监督管理、商务、工业和信息化等部门，依照食品安全法第十一条的规定，制定本行政区域的食品安全风险监测方案，报国务院卫生行政部门备案。

国务院卫生行政部门应当将备案情况向国务院质量监督、工商行政管理和国家食品药品监督管理以及国务院商务、工业和信息化等部门通报。

第七条 国务院卫生行政部门会同有关部门除依照食品安全法第十二条的规定对国家食品安全风险监测计划作出调整外，必要时，还应当依据医疗机构报告的有关疾病信息调整国家食品安全风险监测计划。

国家食品安全风险监测计划作出调整后，省、自治区、直辖市人民政府卫生行政部门应当结合本行政区域的具体情况，对本行政区域的食品安全风险监测方案作出相应调整。

第八条 医疗机构发现其接收的病人属于食源性疾病病人、食物中毒病人，或者疑似食源性疾病病人、疑似食物中毒病人的，应当及时向所在地县级人民政府卫生行政部门报告有关疾病信息。

接到报告的卫生行政部门应当汇总、分析有关疾病信息，及时向本级人民政府报告，同时报告上级卫生行政部门；必要时，可以直接向国务院卫生行政部门报告，同时报告本级人民政府和上级卫生行政部门。

第九条 食品安全风险监测工作由省级以上人民政府卫生行政部门会同同级质量监督、工商行政管理、食品药品监督管理等部门确定的技术机构承担。

承担食品安全风险监测工作的技术机构应当根据食品安全风险监测计划和监测方案开展监测工作，保证监测数据真实、准确，并按照食品安全风险监测计划和监测方案的要求，将监测数据和分析结果报送省级以上人民政府卫生行政部门和下达监测任务的部门。

食品安全风险监测工作人员采集样品、收集相关数据，可以进入相关食用农产品种植养殖、食品生产、食品流通或者餐饮服务场所。采集样品，应当按照市场价格支付费用。

第十条 食品安全风险监测分析结果表明可能存在食品安全隐患的，省、自治区、直辖市人民政府卫生行政部门应当及时将相关信息通报本行政区域设区的市级和县级人民政府及其卫生行政部门。

第十一条 国务院卫生行政部门应当收集、汇总食品安全风险监测数据和分析结果，并向国务院质量监督、工商行政管理和国家食品药品监督管理以及国务院商务、工业和信息化等部门通报。

第十二条 有下列情形之一的，国务院卫生行政部门应当组织食品安全风险评估工作：

（一）为制定或者修订食品安全国家标准提供科学依据需要进行风险评估的；

（二）为确定监督管理的重点领域、重点品种需要进行风险评估的；

（三）发现新的可能危害食品安全的因素的；

（四）需要判断某一因素是否构成食品安全隐患的；

（五）国务院卫生行政部门认为需要进行风险评估的其他情形。

第十三条 国务院农业行政、质量监督、工商行政管理和国家食品药品监督管理等有关部门依照食品安全法第十五条规定向国务院卫生行政部门提出食品安全风险评估建议，应当提供下列信息和资料：

（一）风险的来源和性质；

（二）相关检验数据和结论；

（三）风险涉及范围；

（四）其他有关信息和资料。

县级以上地方农业行政、质量监督、工商行政管理、食品药品监督管理等有关部门应当协助收集前款规定的食品安全风险评估信息和资料。

第十四条　省级以上人民政府卫生行政、农业行政部门应当及时相互通报食品安全风险监测和食用农产品质量安全风险监测的相关信息。

国务院卫生行政、农业行政部门应当及时相互通报食品安全风险评估结果和食用农产品质量安全风险评估结果等相关信息。

第三章　食品安全标准

第十五条　国务院卫生行政部门会同国务院农业行政、质量监督、工商行政管理和国家食品药品监督管理以及国务院商务、工业和信息化等部门制定食品安全国家标准规划及其实施计划。制定食品安全国家标准规划及其实施计划，应当公开征求意见。

第十六条　国务院卫生行政部门应当选择具备相应技术能力的单位起草食品安全国家标准草案。提倡由研究机构、教育机构、学术团体、行业协会等单位，共同起草食品安全国家标准草案。

国务院卫生行政部门应当将食品安全国家标准草案向社会公布，公开征求意见。

第十七条　食品安全法第二十三条规定的食品安全国家标准审评委员会由国务院卫生行政部门负责组织。

食品安全国家标准审评委员会负责审查食品安全国家标准草案的科学性和实用性等内容。

第十八条　省、自治区、直辖市人民政府卫生行政部门应当将企业依照食品安全法第二十五条规定报送备案的企业标准，向同级农业行政、质量监督、工商行政管理、食品药品监督管理、商务、工业和信息化等部门通报。

第十九条　国务院卫生行政部门和省、自治区、直辖市人民政府卫生行政部门应当会同同级农业行政、质量监督、工商行政管理、食品药品监督管理、商务、工业和信息化等部门，对食品安全国家标准和食品安全地方标准的执行情况分别进行跟踪评价，并应当根据评价结果适时组织修订食品安全标准。

国务院和省、自治区、直辖市人民政府的农业行政、质量监督、工商行政管理、食品药品监督管理、商务、工业和信息化等部门应当收集、汇总食品安全标准在执行过程中存在的问题，并及时向同级卫生行政部门通报。

食品生产经营者、食品行业协会发现食品安全标准在执行过程中存在问题的，应当立即向食品安全监督管理部门报告。

第四章　食品生产经营

第二十条　食品生产经营者应当依法取得相应的食品生产经营许可。法律、法规对食品生产加工小作坊和食品摊贩另有规定的，依照其规定。

食品生产经营许可的有效期为3年。

第二十一条　食品生产经营者的生产经营条件发生变化，不符合食品生产经营要求的，食品生产经营者应当立即采取整改措施；有发生食品安全事故的潜在风险的，应当立即停止食品生产经营活动,并向所在地县级质量监督、工商行政管理或者食品药品监督管理部门报告;需要重新办理许可手续的,应当依法办理。

县级以上质量监督、工商行政管理、食品药品监督管理部门应当加强对食品生产经营者生产经营活动的日常监督检查;发现不符合食品生产经营要求情形的,应当责令立即纠正,并依法予以处理;不再符合生产经营许可条件的,应当依法撤销相关许可。

第二十二条 食品生产经营企业应当依照食品安全法第三十二条的规定组织职工参加食品安全知识培训,学习食品安全法律、法规、规章、标准和其他食品安全知识,并建立培训档案。

第二十三条 食品生产经营者应当依照食品安全法第三十四条的规定建立并执行从业人员健康检查制度和健康档案制度。从事接触直接入口食品工作的人员患有痢疾、伤寒、甲型病毒性肝炎、戊型病毒性肝炎等消化道传染病,以及患有活动性肺结核、化脓性或者渗出性皮肤病等有碍食品安全的疾病的,食品生产经营者应当将其调整到其他不影响食品安全的工作岗位。

食品生产经营人员依照食品安全法第三十四条第二款规定进行健康检查,其检查项目等事项应当符合所在地省、自治区、直辖市的规定。

第二十四条 食品生产经营企业应当依照食品安全法第三十六条第二款、第三十七条第一款、第三十九条第二款的规定建立进货查验记录制度、食品出厂检验记录制度,如实记录法律规定记录的事项,或者保留载有相关信息的进货或者销售票据。记录、票据的保存期限不得少于2年。

第二十五条 实行集中统一采购原料的集团性食品生产企业,可以由企业总部统一查验供货者的许可证和产品合格证明文件,进行进货查验记录;对无法提供合格证明文件的食品原料,应当依照食品安全标准进行检验。

第二十六条 食品生产企业应当建立并执行原料验收、生产过程安全管理、贮存管理、设备管理、不合格产品管理等食品安全管理制度,不断完善食品安全保障体系,保证食品安全。

第二十七条 食品生产企业应当就下列事项制定并实施控制要求,保证出厂的食品符合食品安全标准:

(一)原料采购、原料验收、投料等原料控制;

(二)生产工序、设备、贮存、包装等生产关键环节控制;

(三)原料检验、半成品检验、成品出厂检验等检验控制;

(四)运输、交付控制。

食品生产过程中有不符合控制要求情形的,食品生产企业应当立即查明原因并采取整改措施。

第二十八条 食品生产企业除依照食品安全法第三十六条、第三十七条规定进行进货查验记录和食品出厂检验记录外,还应当如实记录食品生产过程的安全管理情况。记录的保存期限不得少于2年。

第二十九条 从事食品批发业务的经营企业销售食品,应当如实记录批发食品的名称、规格、数量、生产批号、保质期、购货者名称及联系方式、销售日期等内容,或者保留载有相关信息的销售票据。记录、票据的保存期限不得少于2年。

第三十条 国家鼓励食品生产经营者采用先进技术手段,记录食品安全法和本条例要求记录的事项。

第三十一条 餐饮服务提供者应当制定并实施原料采购控制要求,确保所购原料符合食品安全标准。

餐饮服务提供者在制作加工过程中应当检查待加工的食品及原料,发现有腐败变质或者其他感官性状异常的,不得加工或者使用。

第三十二条 餐饮服务提供企业应当定期维护食品加工、贮存、陈列等设施、设备;定期清洗、校验保温设施及冷藏、冷冻设施。

餐饮服务提供者应当按照要求对餐具、饮具进行清洗、消毒,不得使用未经清洗和消毒的餐具、饮具。

第三十三条 对依照食品安全法第五十三条规定被召回的食品,食品生产者应当进行无害化处理或者予以销毁,防止其再次流入市场。对因标签、标识或者说明书不符合食品安全标准而被召回的食品,食品生产者在采取补救措施且能保证食品安全的情况下可以继续销售;销售时应当向消费者明示补救措施。

县级以上质量监督、工商行政管理、食品药品监督管理部门应当将食品生产者召回不符合食品安全标准的食品的情况,以及食品经营者停止经营不符合食品安全标准的食品的情况,记入食品生产经营者食品安全信用档案。

第五章　食品检验

第三十四条 申请人依照食品安全法第六十条第三款规定向承担复检工作的食品检验机构(以下称复检机构)申请复检,应当说明理由。

复检机构名录由国务院认证认可监督管理、卫生行政、农业行政等部门共同公布。复检机构出具的复检结论为最终检验结论。

复检机构由复检申请人自行选择。复检机构与初检机构不得为同一机构。

第三十五条 食品生产经营者对依照食品安全法第六十条规定进行的抽样检验结论有异议申请复检,复检结论表明食品合格的,复检费用由抽样检验的部门承担;复检结论表明食品不合格的,复检费用由食品生产经营者承担。

第六章　食品进出口

第三十六条 进口食品的进口商应当持合同、发票、装箱单、提单等必要的凭证和相关批准文件,向海关报关地的出入境检验检疫机构报检。进口食品应当经出入境检验检疫机构检验合格。海关凭出入境检验检疫机构签发的通关证明放行。

第三十七条 进口尚无食品安全国家标准的食品,或者首次进口食品添加剂新品种、食品相关产品新品种,进口商应当向出入境检验检疫机构提交依照食品安全法第六十三条规定取得的许可证明文件,出入境检验检疫机构应当按照国务院卫生行政部门的要求进行检验。

第三十八条 国家出入境检验检疫部门在进口食品中发现食品安全国家标准未规定且可能危害人体健康的物质,应当按照食品安全法第十二条的规定向国务院卫生行政部门通报。

第三十九条 向我国境内出口食品的境外食品生产企业依照食品安全法第六十五条规定进行注册,其注册有效期为4年。已经注册的境外食品生产企业提供虚假材料,或者因境外食品生产企业的原因致使相关进口食品发生重大食品安全事故的,国家出入境检验检疫部门应当撤销注册,并予以公告。

第四十条 进口的食品添加剂应当有中文标签、中文说明书。标签、说明书应当符合食品安全法和我国其他有关法律、行政法规的规定以及食品安全国家标准的要求,载明食品添加剂的原产地和境内代理商的名称、地址、联系方式。食品添加剂没有中文标签、中文说明书或者标签、说明书不符合本条规定的,不得进口。

第四十一条 出入境检验检疫机构依照食品安全法第六十二条规定对进口食品实施检验,依照食品安全法第六十八条规定对出口食品实施监督、抽检,具体办法由国家出入境检验检疫部门制定。

第四十二条 国家出入境检验检疫部门应当建立信息收集网络,依照食品安全法第六十九条的规定,收集、汇总、通报下列信息:

（一）出入境检验检疫机构对进出口食品实施检验检疫发现的食品安全信息；

（二）行业协会、消费者反映的进口食品安全信息；

（三）国际组织、境外政府机构发布的食品安全信息、风险预警信息，以及境外行业协会等组织、消费者反映的食品安全信息；

（四）其他食品安全信息。

接到通报的部门必要时应当采取相应处理措施。

食品安全监督管理部门应当及时将获知的涉及进出口食品安全的信息向国家出入境检验检疫部门通报。

第七章　食品安全事故处置

第四十三条　发生食品安全事故的单位对导致或者可能导致食品安全事故的食品及原料、工具、设备等，应当立即采取封存等控制措施，并自事故发生之时起 2 小时内向所在地县级人民政府卫生行政部门报告。

第四十四条　调查食品安全事故，应当坚持实事求是、尊重科学的原则，及时、准确查清事故性质和原因，认定事故责任，提出整改措施。

参与食品安全事故调查的部门应当在卫生行政部门的统一组织协调下分工协作、相互配合，提高事故调查处理的工作效率。

食品安全事故的调查处理办法由国务院卫生行政部门会同国务院有关部门制定。

第四十五条　参与食品安全事故调查的部门有权向有关单位和个人了解与事故有关的情况，并要求提供相关资料和样品。

有关单位和个人应当配合食品安全事故调查处理工作，按照要求提供相关资料和样品，不得拒绝。

第四十六条　任何单位或者个人不得阻挠、干涉食品安全事故的调查处理。

第八章　监督管理

第四十七条　县级以上地方人民政府依照食品安全法第七十六条规定制定的食品安全年度监督管理计划，应当包含食品抽样检验的内容。对专供婴幼儿、老年人、病人等特定人群的主辅食品，应当重点加强抽样检验。

县级以上农业行政、质量监督、工商行政管理、食品药品监督管理部门应当按照食品安全年度监督管理计划进行抽样检验。抽样检验购买样品所需费用和检验费等，由同级财政列支。

第四十八条　县级人民政府应当统一组织、协调本级卫生行政、农业行政、质量监督、工商行政管理、食品药品监督管理部门，依法对本行政区域内的食品生产经营者进行监督管理；对发生食品安全事故风险较高的食品生产经营者，应当重点加强监督管理。

在国务院卫生行政部门公布食品安全风险警示信息，或者接到所在地省、自治区、直辖市人民政府卫生行政部门依照本条例第十条规定通报的食品安全风险监测信息后，设区的市级和县级人民政府应当立即组织本级卫生行政、农业行政、质量监督、工商行政管理、食品药品监督管理部门采取有针对性的措施，防止发生食品安全事故。

第四十九条　国务院卫生行政部门应当根据疾病信息和监督管理信息等，对发现的添加或者可能添加到食品中的非食品用化学物质和其他可能危害人体健康的物质的名录及检测方法予以公布；国务院质量监督、工商行政管理和国家食品药品监督管理部门应当采取相应的监督管理措施。

第五十条　质量监督、工商行政管理、食品药品监督管理部门在食品安全监督管理工作中可以采用国务院质量监督、工商行政管理和国家食品药品监督管理部门认定的快速检测方法对食品进行初步筛查;对初步筛查结果表明可能不符合食品安全标准的食品,应当依照食品安全法第六十条第三款的规定进行检验。初步筛查结果不得作为执法依据。

第五十一条 食品安全法第八十二条第二款规定的食品安全日常监督管理信息包括:

(一)依照食品安全法实施行政许可的情况;

(二)责令停止生产经营的食品、食品添加剂、食品相关产品的名录;

(三)查处食品生产经营违法行为的情况;

(四)专项检查整治工作情况;

(五)法律、行政法规规定的其他食品安全日常监督管理信息。

前款规定的信息涉及两个以上食品安全监督管理部门职责的,由相关部门联合公布。

第五十二条 食品安全监督管理部门依照食品安全法第八十二条规定公布信息,应当同时对有关食品可能产生的危害进行解释、说明。

第五十三条 卫生行政、农业行政、质量监督、工商行政管理、食品药品监督管理等部门应当公布本单位的电子邮件地址或者电话,接受咨询、投诉、举报;对接到的咨询、投诉、举报,应当依照食品安全法第八十条的规定进行答复、核实、处理,并对咨询、投诉、举报和答复、核实、处理的情况予以记录、保存。

第五十四条 国务院工业和信息化、商务等部门依据职责制定食品行业的发展规划和产业政策,采取措施推进产业结构优化,加强对食品行业诚信体系建设的指导,促进食品行业健康发展。

第九章 法律责任

第五十五条 食品生产经营者的生产经营条件发生变化,未依照本条例第二十一条规定处理的,由有关主管部门责令改正,给予警告;造成严重后果的,依照食品安全法第八十五条的规定给予处罚。

第五十六条 餐饮服务提供者未依照本条例第三十一条第一款规定制定、实施原料采购控制要求的,依照食品安全法第八十六条的规定给予处罚。

餐饮服务提供者未依照本条例第三十一条第二款规定检查待加工的食品及原料,或者发现有腐败变质或者其他感官性状异常仍加工、使用的,依照食品安全法第八十五条的规定给予处罚。

第五十七条 有下列情形之一的,依照食品安全法第八十七条的规定给予处罚:

(一)食品生产企业未依照本条例第二十六条规定建立、执行食品安全管理制度的;

(二)食品生产企业未依照本条例第二十七条规定制定、实施生产过程控制要求,或者食品生产过程中有不符合控制要求的情形未依照规定采取整改措施的;

(三)食品生产企业未依照本条例第二十八条规定记录食品生产过程的安全管理情况并保存相关记录的;

(四)从事食品批发业务的经营企业未依照本条例第二十九条规定记录、保存销售信息或者保留销售票据的;

(五)餐饮服务提供企业未依照本条例第三十二条第一款规定定期维护、清洗、校验设施、设备的;

(六)餐饮服务提供者未依照本条例第三十二条第二款规定对餐具、饮具进行清洗、消毒,或者使用未经清洗和消毒的餐具、饮具的。

第五十八条 进口不符合本条例第四十条规定的食品添加剂的,由出入境检验检疫机构没收违法进口的食品添加剂;违法进口的食品添加剂货值金额不足 1 万元的,并处 2000 元以上 5 万元以下罚款;货值金额 1 万元以上的,并处货值金额 2 倍以上 5 倍以下罚款。

第五十九条 医疗机构未依照本条例第八条规定报告有关疾病信息的,由卫生行政部门责令改正,给予警告。

第六十条 发生食品安全事故的单位未依照本条例第四十三条规定采取措施并报告的,依照食品安全法第八十八条的规定给予处罚。

第六十一条 县级以上地方人民政府不履行食品安全监督管理法定职责,本行政区域出现重大食品安全事故、造成严重社会影响的,依法对直接负责的主管人员和其他直接责任人员给予记大过、降级、撤职或者开除的处分。

县级以上卫生行政、农业行政、质量监督、工商行政管理、食品药品监督管理部门或者其他有关行政部门不履行食品安全监督管理法定职责、日常监督检查不到位或者滥用职权、玩忽职守、徇私舞弊的,依法对直接负责的主管人员和其他直接责任人员给予记大过或者降级的处分;造成严重后果的,给予撤职或者开除的处分;其主要负责人应当引咎辞职。

第十章 附 则

第六十二条 本条例下列用语的含义:

食品安全风险评估,指对食品、食品添加剂中生物性、化学性和物理性危害对人体健康可能造成的不良影响所进行的科学评估,包括危害识别、危害特征描述、暴露评估、风险特征描述等。

餐饮服务,指通过即时制作加工、商业销售和服务性劳动等,向消费者提供食品和消费场所及设施的服务活动。

第六十三条 食用农产品质量安全风险监测和风险评估由县级以上人民政府农业行政部门依照《中华人民共和国农产品质量安全法》的规定进行。

国境口岸食品的监督管理由出入境检验检疫机构依照食品安全法和本条例以及有关法律、行政法规的规定实施。

食品药品监督管理部门对声称具有特定保健功能的食品实行严格监管,具体办法由国务院另行制定。

第六十四条 本条例自公布之日起施行。

中华人民共和国药品管理法

(1984 年 9 月 20 日第六届全国人民代表大会常务委员会第七次会议通过 2001 年 2 月 28 日第九届全国人民代表大会常务委员会第二十次会议修订 根据 2013 年 12 月 28 日第十二届全国人民代表大会常务委员会第六次会议《关于修改〈中华人民共和国海洋环境保护法〉等七部法律的决定》第一次修正 根据 2015 年 4 月 24 日第十二届全国人民代表大会常务委员会第十四次会议《关于修改〈中华人民共和国药品管理法〉的决定》第二次修正)

第一章 总 则

第一条 为加强药品监督管理,保证药品质量,保障人体用药安全,维护人民身体健康和用药的合法权益,特制定本法。

第二条 在中华人民共和国境内从事药品的研制、生产、经营、使用和监督管理的单位或者个人,必须遵守本法。

第三条 国家发展现代药和传统药,充分发挥其在预防、医疗和保健中的作用。

国家保护野生药材资源,鼓励培育中药材。

第四条 国家鼓励研究和创制新药，保护公民、法人和其他组织研究、开发新药的合法权益。

第五条 国务院药品监督管理部门主管全国药品监督管理工作。国务院有关部门在各自的职责范围内负责与药品有关的监督管理工作。

省、自治区、直辖市人民政府药品监督管理部门负责本行政区域内的药品监督管理工作。省、自治区、直辖市人民政府有关部门在各自的职责范围内负责与药品有关的监督管理工作。

国务院药品监督管理部门应当配合国务院经济综合主管部门，执行国家制定的药品行业发展规划和产业政策。

第六条 药品监督管理部门设置或者确定的药品检验机构，承担依法实施药品审批和药品质量监督检查所需的药品检验工作。

第二章 药品生产企业管理

第七条 开办药品生产企业，须经企业所在地省、自治区、直辖市人民政府药品监督管理部门批准并发给《药品生产许可证》。无《药品生产许可证》的，不得生产药品。

《药品生产许可证》应当标明有效期和生产范围，到期重新审查发证。

药品监督管理部门批准开办药品生产企业，除依据本法第八条规定的条件外，还应当符合国家制定的药品行业发展规划和产业政策，防止重复建设。

第八条 开办药品生产企业，必须具备以下条件：

（一）具有依法经过资格认定的药学技术人员、工程技术人员及相应的技术工人；

（二）具有与其药品生产相适应的厂房、设施和卫生环境；

（三）具有能对所生产药品进行质量管理和质量检验的机构、人员以及必要的仪器设备；

（四）具有保证药品质量的规章制度。

第九条 药品生产企业必须按照国务院药品监督管理部门依据本法制定的《药品生产质量管理规范》组织生产。药品监督管理部门按照规定对药品生产企业是否符合《药品生产质量管理规范》的要求进行认证；对认证合格的，发给认证证书。

《药品生产质量管理规范》的具体实施办法、实施步骤由国务院药品监督管理部门规定。

第十条 除中药饮片的炮制外，药品必须按照国家药品标准和国务院药品监督管理部门批准的生产工艺进行生产，生产记录必须完整准确。药品生产企业改变影响药品质量的生产工艺的，必须报原批准部门审核批准。

中药饮片必须按照国家药品标准炮制；国家药品标准没有规定的，必须按照省、自治区、直辖市人民政府药品监督管理部门制定的炮制规范炮制。省、自治区、直辖市人民政府药品监督管理部门制定的炮制规范应当报国务院药品监督管理部门备案。

第十一条 生产药品所需的原料、辅料，必须符合药用要求。

第十二条 药品生产企业必须对其生产的药品进行质量检验；不符合国家药品标准或者不按照省、自治区、直辖市人民政府药品监督管理部门制定的中药饮片炮制规范炮制的，不得出厂。

第十三条 经省、自治区、直辖市人民政府药品监督管理部门批准，药品生产企业可以接受委托生产药品。

第三章 药品经营企业管理

第十四条 开办药品批发企业，须经企业所在地省、自治区、直辖市人民政府药品监督管理部门批准并发给《药品经营许可证》；开办药品零售企业，须经企业所在地县级以上地方药品监督管理部门批准并发给《药品经营许可证》。无《药品经营许可证》的，不得经营药品。

《药品经营许可证》应当标明有效期和经营范围，到期重新审查发证。

药品监督管理部门批准开办药品经营企业，除依据本法第十五条规定的条件外，还应当遵循合理布局和方便群众购药的原则。

第十五条 开办药品经营企业必须具备以下条件：

（一）具有依法经过资格认定的药学技术人员；

（二）具有与所经营药品相适应的营业场所、设备、仓储设施、卫生环境；

（三）具有与所经营药品相适应的质量管理机构或者人员；

（四）具有保证所经营药品质量的规章制度。

第十六条 药品经营企业必须按照国务院药品监督管理部门依据本法制定的《药品经营质量管理规范》经营药品。药品监督管理部门按照规定对药品经营企业是否符合《药品经营质量管理规范》的要求进行认证；对认证合格的，发给认证证书。

《药品经营质量管理规范》的具体实施办法、实施步骤由国务院药品监督管理部门规定。

第十七条 药品经营企业购进药品，必须建立并执行进货检查验收制度，验明药品合格证明和其他标识；不符合规定要求的，不得购进。

第十八条 药品经营企业购销药品，必须有真实完整的购销记录。购销记录必须注明药品的通用名称、剂型、规格、批号、有效期、生产厂商、购（销）货单位、购（销）货数量、购销价格、购（销）货日期及国务院药品监督管理部门规定的其他内容。

第十九条 药品经营企业销售药品必须准确无误，并正确说明用法、用量和注意事项；调配处方必须经过核对，对处方所列药品不得擅自更改或者代用。对有配伍禁忌或者超剂量的处方，应当拒绝调配；必要时，经处方医师更正或者重新签字，方可调配。

药品经营企业销售中药材，必须标明产地。

第二十条 药品经营企业必须制定和执行药品保管制度，采取必要的冷藏、防冻、防潮、防虫、防鼠等措施，保证药品质量。

药品入库和出库必须执行检查制度。

第二十一条 城乡集市贸易市场可以出售中药材，国务院另有规定的除外。

城乡集市贸易市场不得出售中药材以外的药品，但持有《药品经营许可证》的药品零售企业在规定的范围内可以在城乡集市贸易市场设点出售中药材以外的药品。具体办法由国务院规定。

第四章 医疗机构的药剂管理

第二十二条 医疗机构必须配备依法经过资格认定的药学技术人员。非药学技术人员不得直接从事药剂技术工作。

第二十三条 医疗机构配制制剂，须经所在地省、自治区、直辖市人民政府卫生行政部门审核同意，由省、自治区、直辖市人民政府药品监督管理部门批准，发给《医疗机构制剂许可证》。无《医疗机构制剂许可证》的，不得配制制剂。

《医疗机构制剂许可证》应当标明有效期，到期重新审查发证。

第二十四条 医疗机构配制制剂，必须具有能够保证制剂质量的设施、管理制度、检验仪器和卫生条件。

第二十五条 医疗机构配制的制剂，应当是本单位临床需要而市场上没有供应的品种，并须经所在地省、自治区、直辖市人民政府药品监督管理部门批准后方可配制。配制的制剂必须按照规定进行质量检验；合格的，凭医师处方在本医疗机构使用。特殊情况下，经国务院或者省、自治区、直辖市人民政府的药品监督管理部门批准，医疗机构配制的制剂可以在指定的医疗机构之间调剂使用。

医疗机构配制的制剂，不得在市场销售。

第二十六条 医疗机构购进药品,必须建立并执行进货检查验收制度,验明药品合格证明和其他标识;不符合规定要求的,不得购进和使用。

第二十七条 医疗机构的药剂人员调配处方,必须经过核对,对处方所列药品不得擅自更改或者代用。对有配伍禁忌或者超剂量的处方,应当拒绝调配;必要时,经处方医师更正或者重新签字,方可调配。

第二十八条 医疗机构必须制定和执行药品保管制度,采取必要的冷藏、防冻、防潮、防虫、防鼠等措施,保证药品质量。

第五章 药品管理

第二十九条 研制新药,必须按照国务院药品监督管理部门的规定如实报送研制方法、质量指标、药理及毒理试验结果等有关资料和样品,经国务院药品监督管理部门批准后,方可进行临床试验。药物临床试验机构资格的认定办法,由国务院药品监督管理部门、国务院卫生行政部门共同制定。

完成临床试验并通过审批的新药,由国务院药品监督管理部门批准,发给新药证书。

第三十条 药物的非临床安全性评价研究机构和临床试验机构必须分别执行药物非临床研究质量管理规范、药物临床试验质量管理规范。

药物非临床研究质量管理规范、药物临床试验质量管理规范由国务院确定的部门制定。

第三十一条 生产新药或者已有国家标准的药品的,须经国务院药品监督管理部门批准,并发给药品批准文号;但是,生产没有实施批准文号管理的中药材和中药饮片除外。实施批准文号管理的中药材、中药饮片品种目录由国务院药品监督管理部门会同国务院中医药管理部门制定。

药品生产企业在取得药品批准文号后,方可生产该药品。

第三十二条 药品必须符合国家药品标准。中药饮片依照本法第十条第二款的规定执行。

国务院药品监督管理部门颁布的《中华人民共和国药典》和药品标准为国家药品标准。

国务院药品监督管理部门组织药典委员会,负责国家药品标准的制定和修订。

国务院药品监督管理部门的药品检验机构负责标定国家药品标准品、对照品。

第三十三条 国务院药品监督管理部门组织药学、医学和其他技术人员,对新药进行审评,对已经批准生产的药品进行再评价。

第三十四条 药品生产企业、药品经营企业、医疗机构必须从具有药品生产、经营资格的企业购进药品;但是,购进没有实施批准文号管理的中药材除外。

第三十五条 国家对麻醉药品、精神药品、医疗用毒性药品、放射性药品,实行特殊管理。管理办法由国务院制定。

第三十六条 国家实行中药品种保护制度。具体办法由国务院制定。

第三十七条 国家对药品实行处方药与非处方药分类管理制度。具体办法由国务院制定。

第三十八条 禁止进口疗效不确、不良反应大或者其他原因危害人体健康的药品。

第三十九条 药品进口,须经国务院药品监督管理部门组织审查,经审查确认符合质量标准、安全有效的,方可批准进口,并发给进口药品注册证书。

医疗单位临床急需或者个人自用进口的少量药品,按照国家有关规定办理进口手续。

第四十条 药品必须从允许药品进口的口岸进口,并由进口药品的企业向口岸所在地药品监督管理部门登记备案。海关凭药品监督管理部门出具的《进口药品通关单》放行。无《进口药品通关单》的,海关不得放行。

口岸所在地药品监督管理部门应当通知药品检验机构按照国务院药品监督管理部门的规定对进口药品进行抽查检验,并依照本法第四十一条第二款的规定收取检验费。

允许药品进口的口岸由国务院药品监督管理部门会同海关总署提出,报国务院批准。

第四十一条 国务院药品监督管理部门对下列药品在销售前或者进口时,指定药品检验机构进行检验;检验不合格的,不得销售或者进口:

(一)国务院药品监督管理部门规定的生物制品;

(二)首次在中国销售的药品;

(三)国务院规定的其他药品。

前款所列药品的检验费项目和收费标准由国务院财政部门会同国务院价格主管部门核定并公告。检验费收缴办法由国务院财政部门会同国务院药品监督管理部门制定。

第四十二条 国务院药品监督管理部门对已经批准生产或者进口的药品,应当组织调查;对疗效不确、不良反应大或者其他原因危害人体健康的药品,应当撤销批准文号或者进口药品注册证书。

已被撤销批准文号或者进口药品注册证书的药品,不得生产或者进口、销售和使用;已经生产或者进口的,由当地药品监督管理部门监督销毁或者处理。

第四十三条 国家实行药品储备制度。

国内发生重大灾情、疫情及其他突发事件时,国务院规定的部门可以紧急调用企业药品。

第四十四条 对国内供应不足的药品,国务院有权限制或者禁止出口。

第四十五条 进口、出口麻醉药品和国家规定范围内的精神药品,必须持有国务院药品监督管理部门发给的《进口准许证》、《出口准许证》。

第四十六条 新发现和从国外引种的药材,经国务院药品监督管理部门审核批准后,方可销售。

第四十七条 地区性民间习用药材的管理办法,由国务院药品监督管理部门会同国务院中医药管理部门制定。

第四十八条 禁止生产(包括配制,下同)、销售假药。

有下列情形之一的,为假药:

(一)药品所含成份与国家药品标准规定的成份不符的;

(二)以非药品冒充药品或者以他种药品冒充此种药品的。

有下列情形之一的药品,按假药论处:

(一)国务院药品监督管理部门规定禁止使用的;

(二)依照本法必须批准而未经批准生产、进口,或者依照本法必须检验而未经检验即销售的;

(三)变质的;

(四)被污染的;

(五)使用依照本法必须取得批准文号而未取得批准文号的原料药生产的;

(六)所标明的适应症或者功能主治超出规定范围的。

第四十九条 禁止生产、销售劣药。

药品成份的含量不符合国家药品标准的,为劣药。

有下列情形之一的药品,按劣药论处:

(一)未标明有效期或者更改有效期的;

(二)不注明或者更改生产批号的;

(三)超过有效期的;

(四)直接接触药品的包装材料和容器未经批准的;

(五)擅自添加着色剂、防腐剂、香料、矫味剂及辅料的;

(六)其他不符合药品标准规定的。

第五十条 列入国家药品标准的药品名称为药品通用名称。已经作为药品通用名称的,该名称不得作为药品商标使用。

第五十一条 药品生产企业、药品经营企业和医疗机构直接接触药品的工作人员，必须每年进行健康检查。患有传染病或者其他可能污染药品的疾病的，不得从事直接接触药品的工作。

第六章 药品包装的管理

第五十二条 直接接触药品的包装材料和容器，必须符合药用要求，符合保障人体健康、安全的标准，并由药品监督管理部门在审批药品时一并审批。

药品生产企业不得使用未经批准的直接接触药品的包装材料和容器。

对不合格的直接接触药品的包装材料和容器，由药品监督管理部门责令停止使用。

第五十三条 药品包装必须适合药品质量的要求，方便储存、运输和医疗使用。

发运中药材必须有包装。在每件包装上，必须注明品名、产地、日期、调出单位，并附有质量合格的标志。

第五十四条 药品包装必须按照规定印有或者贴有标签并附有说明书。

标签或者说明书上必须注明药品的通用名称、成份、规格、生产企业、批准文号、产品批号、生产日期、有效期、适应症或者功能主治、用法、用量、禁忌、不良反应和注意事项。

麻醉药品、精神药品、医疗用毒性药品、放射性药品、外用药品和非处方药的标签，必须印有规定的标志。

第七章 药品价格和广告的管理

第五十五条 依法实行市场调节价的药品，药品的生产企业、经营企业和医疗机构应当按照公平、合理和诚实信用、质价相符的原则制定价格，为用药者提供价格合理的药品。

药品的生产企业、经营企业和医疗机构应当遵守国务院价格主管部门关于药价管理的规定，制定和标明药品零售价格，禁止暴利和损害用药者利益的价格欺诈行为。

第五十六条 药品的生产企业、经营企业、医疗机构应当依法向政府价格主管部门提供其药品的实际购销价格和购销数量等资料。

第五十七条 医疗机构应当向患者提供所用药品的价格清单；医疗保险定点医疗机构还应当按照规定的办法如实公布其常用药品的价格，加强合理用药的管理。具体办法由国务院卫生行政部门规定。

第五十八条 禁止药品的生产企业、经营企业和医疗机构在药品购销中账外暗中给予、收受回扣或者其他利益。

禁止药品的生产企业、经营企业或者其代理人以任何名义给予使用其药品的医疗机构的负责人、药品采购人员、医师等有关人员以财物或者其他利益。禁止医疗机构的负责人、药品采购人员、医师等有关人员以任何名义收受药品的生产企业、经营企业或者其代理人给予的财物或者其他利益。

第五十九条 药品广告须经企业所在地省、自治区、直辖市人民政府药品监督管理部门批准，并发给药品广告批准文号；未取得药品广告批准文号的，不得发布。

处方药可以在国务院卫生行政部门和国务院药品监督管理部门共同指定的医学、药学专业刊物上介绍，但不得在大众传播媒介发布广告或者以其他方式进行以公众为对象的广告宣传。

第六十条 药品广告的内容必须真实、合法，以国务院药品监督管理部门批准的说明书为准，不得含有虚假的内容。

药品广告不得含有不科学的表示功效的断言或者保证；不得利用国家机关、医药科研单位、学术机构或者专家、学者、医师、患者的名义和形象作证明。

非药品广告不得有涉及药品的宣传。

第六十一条 省、自治区、直辖市人民政府药品监督管理部门应当对其批准的药品广告进行检查，对于违反本法和《中华人民共和国广告法》的广告，应当向广告监督管理机关通报并提出处理建议，广告监督管理机关应当依法作出处理。

第六十二条 药品价格和广告，本法未规定的，适用《中华人民共和国价格法》、《中华人民共和国广告法》的规定。

第八章 药品监督

第六十三条 药品监督管理部门有权按照法律、行政法规的规定对报经其审批的药品研制和药品的生产、经营以及医疗机构使用药品的事项进行监督检查，有关单位和个人不得拒绝和隐瞒。

药品监督管理部门进行监督检查时，必须出示证明文件，对监督检查中知悉的被检查人的技术秘密和业务秘密应当保密。

第六十四条 药品监督管理部门根据监督检查的需要，可以对药品质量进行抽查检验。抽查检验应当按照规定抽样，并不得收取任何费用。所需费用按照国务院规定列支。

药品监督管理部门对有证据证明可能危害人体健康的药品及其有关材料可以采取查封、扣押的行政强制措施，并在七日内作出行政处理决定；药品需要检验的，必须自检验报告书发出之日起十五日内作出行政处理决定。

第六十五条 国务院和省、自治区、直辖市人民政府的药品监督管理部门应当定期公告药品质量抽查检验的结果；公告不当的，必须在原公告范围内予以更正。

第六十六条 当事人对药品检验机构的检验结果有异议的，可以自收到药品检验结果之日起七日内向原药品检验机构或者上一级药品监督管理部门设置或者确定的药品检验机构申请复验，也可以直接向国务院药品监督管理部门设置或者确定的药品检验机构申请复验。受理复验的药品检验机构必须在国务院药品监督管理部门规定的时间内作出复验结论。

第六十七条 药品监督管理部门应当按照规定，依据《药品生产质量管理规范》、《药品经营质量管理规范》，对经其认证合格的药品生产企业、药品经营企业进行认证后的跟踪检查。

第六十八条 地方人民政府和药品监督管理部门不得以要求实施药品检验、审批等手段限制或者排斥非本地区药品生产企业依照本法规定生产的药品进入本地区。

第六十九条 药品监督管理部门及其设置的药品检验机构和确定的专业从事药品检验的机构不得参与药品生产经营活动，不得以其名义推荐或者监制、监销药品。

药品监督管理部门及其设置的药品检验机构和确定的专业从事药品检验的机构的工作人员不得参与药品生产经营活动。

第七十条 国家实行药品不良反应报告制度。药品生产企业、药品经营企业和医疗机构必须经常考察本单位所生产、经营、使用的药品质量、疗效和反应。发现可能与用药有关的严重不良反应，必须及时向当地省、自治区、直辖市人民政府药品监督管理部门和卫生行政部门报告。具体办法由国务院药品监督管理部门会同国务院卫生行政部门制定。

对已确认发生严重不良反应的药品，国务院或者省、自治区、直辖市人民政府的药品监督管理部门可以采取停止生产、销售、使用的紧急控制措施，并应当在五日内组织鉴定，自鉴定结论作出之日起十五日内依法作出行政处理决定。

第七十一条 药品生产企业、药品经营企业和医疗机构的药品检验机构或者人员，应当接受当地药品监督管理部门设置的药品检验机构的业务指导。

第九章 法律责任

第七十二条 未取得《药品生产许可证》、《药品经营许可证》或者《医疗机构制剂许可证》生产药品、经营药品的，依法予以取缔，没收违法生产、销售的药品和违法所得，并处违法生产、销售的药品（包括已售出的和未售出的药品，下同）货值金额二倍以上五倍以下的罚款；构成犯罪的，依法追究刑事责任。

第七十三条 生产、销售假药的，没收违法生产、销售的药品和违法所得，并处违法生产、销售药品货值金额二倍以上五倍以下的罚款；有药品批准证明文件的予以撤销，并责令停产、停业整顿；情节严重的，吊销《药品生产许可证》、《药品经营许可证》或者《医疗机构制剂许可证》；构成犯罪的，依法追究刑事责任。

第七十四条 生产、销售劣药的，没收违法生产、销售的药品和违法所得，并处违法生产、销售药品货值金额一倍以上三倍以下的罚款；情节严重的，责令停产、停业整顿或者撤销药品批准证明文件、吊销《药品生产许可证》、《药品经营许可证》或者《医疗机构制剂许可证》；构成犯罪的，依法追究刑事责任。

第七十五条 从事生产、销售假药及生产、销售劣药情节严重的企业或者其他单位，其直接负责的主管人员和其他直接责任人员十年内不得从事药品生产、经营活动。

对生产者专门用于生产假药、劣药的原辅材料、包装材料、生产设备，予以没收。

第七十六条 知道或者应当知道属于假劣药品而为其提供运输、保管、仓储等便利条件的，没收全部运输、保管、仓储的收入，并处违法收入百分之五十以上三倍以下的罚款；构成犯罪的，依法追究刑事责任。

第七十七条 对假药、劣药的处罚通知，必须载明药品检验机构的质量检验结果；但是，本法第四十八条第三款第（一）、（二）、（五）、（六）项和第四十九条第三款规定的情形除外。

第七十八条 药品的生产企业、经营企业、药物非临床安全性评价研究机构、药物临床试验机构未按照规定实施《药品生产质量管理规范》、《药品经营质量管理规范》、药物非临床研究质量管理规范、药物临床试验质量管理规范的，给予警告，责令限期改正；逾期不改正的，责令停产、停业整顿，并处五千元以上二万元以下的罚款；情节严重的，吊销《药品生产许可证》、《药品经营许可证》和药物临床试验机构的资格。

第七十九条 药品的生产企业、经营企业或者医疗机构违反本法第三十四条的规定，从无《药品生产许可证》、《药品经营许可证》的企业购进药品的，责令改正，没收违法购进的药品，并处违法购进药品货值金额二倍以上五倍以下的罚款；有违法所得的，没收违法所得；情节严重的，吊销《药品生产许可证》、《药品经营许可证》或者医疗机构执业许可证书。

第八十条 进口已获得药品进口注册证书的药品，未按照本法规定向允许药品进口的口岸所在地的药品监督管理部门登记备案的，给予警告，责令限期改正；逾期不改正的，撤销进口药品注册证书。

第八十一条 伪造、变造、买卖、出租、出借许可证或者药品批准证明文件的，没收违法所得，并处违法所得一倍以上三倍以下的罚款；没有违法所得的，处二万元以上十万元以下的罚款；情节严重的，并吊销卖方、出租方、出借方的《药品生产许可证》、《药品经营许可证》、《医疗机构制剂许可证》或者撤销药品批准证明文件；构成犯罪的，依法追究刑事责任。

第八十二条 违反本法规定，提供虚假的证明、文件资料、样品或者采取其他欺骗手段取得《药品生产许可证》、《药品经营许可证》、《医疗机构制剂许可证》或者药品批准证明文件的，吊销《药品生产许可证》、《药品经营许可证》、《医疗机构制剂许可证》或者撤销药品批准证明文件，五年内不受理其申请，并处一万元以上三万元以下的罚款。

第八十三条 医疗机构将其配制的制剂在市场销售的，责令改正，没收违法销售的制剂，并处违法销售制剂货值金额一倍以上三倍以下的罚款；有违法所得的，没收违法所得。

第八十四条 药品经营企业违反本法第十八条、第十九条规定的，责令改正，给予警告；情节严重的，吊销《药品经营许可证》。

第八十五条 药品标识不符合本法第五十四条规定的，除依法应当按照假药、劣药论处的外，责令改正，给予警告；情节严重的，撤销该药品的批准证明文件。

第八十六条 药品检验机构出具虚假检验报告，构成犯罪的，依法追究刑事责任；不构成犯罪的，责令改正，给予警告，对单位并处三万元以上五万元以下的罚款；对直接负责的主管人员和其他直接责任人员依法给予降级、撤职、开除的处分，并处三万元以下的罚款；有违法所得的，没收违法所得；情节严重的，撤销其检验资格。药品检验机构出具的检验结果不实，造成损失的，应当承担相应的赔偿责任。

第八十七条 本法第七十二条至第八十六条规定的行政处罚，由县级以上药品监督管理部门按照国务院药品监督管理部门规定的职责分工决定；吊销《药品生产许可证》、《药品经营许可证》、《医疗机构制剂许可证》、医疗机构执业许可证书或者撤销药品批准证明文件的，由原发证、批准的部门决定。

第八十八条 违反本法第五十五条、第五十六条关于药品价格管理的规定的，依照《中华人民共和国价格法》的规定处罚。

第八十九条 药品的生产企业、经营企业、医疗机构在药品购销中暗中给予、收受回扣或者其他利益的，药品的生产企业、经营企业或者其代理人给予使用其药品的医疗机构的负责人、药品采购人员、医师等有关人员以财物或者其他利益的，由工商行政管理部门处一万元以上二十万元以下的罚款，有违法所得的，予以没收；情节严重的，由工商行政管理部门吊销药品生产企业、药品经营企业的营业执照，并通知药品监督管理部门，由药品监督管理部门吊销其《药品生产许可证》、《药品经营许可证》；构成犯罪的，依法追究刑事责任。

第九十条 药品的生产企业、经营企业的负责人、采购人员等有关人员在药品购销中收受其他生产企业、经营企业或者其代理人给予的财物或者其他利益的，依法给予处分，没收违法所得；构成犯罪的，依法追究刑事责任。

医疗机构的负责人、药品采购人员、医师等有关人员收受药品生产企业、药品经营企业或者其代理人给予的财物或者其他利益的，由卫生行政部门或者本单位给予处分，没收违法所得；对违法行为情节严重的执业医师，由卫生行政部门吊销其执业证书；构成犯罪的，依法追究刑事责任。

第九十一条 违反本法有关药品广告的管理规定的，依照《中华人民共和国广告法》的规定处罚，并由发给广告批准文号的药品监督管理部门撤销广告批准文号，一年内不受理该品种的广告审批申请；构成犯罪的，依法追究刑事责任。

药品监督管理部门对药品广告不依法履行审查职责，批准发布的广告有虚假或者其他违反法律、行政法规的内容的，对直接负责的主管人员和其他直接责任人员依法给予行政处分；构成犯罪的，依法追究刑事责任。

第九十二条 药品的生产企业、经营企业、医疗机构违反本法规定，给药品使用者造成损害的，依法承担赔偿责任。

第九十三条 药品监督管理部门违反本法规定，有下列行为之一的，由其上级主管机关或者监察机关责令收回违法发给的证书、撤销药品批准证明文件，对直接负责的主管人员和其他直接责任人员依法给予行政处分；构成犯罪的，依法追究刑事责任：

（一）对不符合《药品生产质量管理规范》、《药品经营质量管理规范》的企业发给符合有关规范的认证证书的，或者对取得认证证书的企业未按照规定履行跟踪检查的职责，对不符合认证条件的企业未依法责令其改正或者撤销其认证证书的；

（二）对不符合法定条件的单位发给《药品生产许可证》、《药品经营许可证》或者《医疗机构制剂许可证》的；

（三）对不符合进口条件的药品发给进口药品注册证书的；

（四）对不具备临床试验条件或者生产条件而批准进行临床试验、发给新药证书、发给药品批准文号的。

第九十四条 药品监督管理部门或者其设置的药品检验机构或者其确定的专业从事药品检验的机构参与药品生产经营活动的，由其上级机关或者监察机关责令改正，有违法收入的予以没收；情节严重的，对直接负责的主管人员和其他直接责任人员依法给予行政处分。

药品监督管理部门或者其设置的药品检验机构或者其确定的专业从事药品检验的机构的工作人员参与药品生产经营活动的，依法给予行政处分。

第九十五条 药品监督管理部门或者其设置、确定的药品检验机构在药品监督检验中违法收取检验费用的，由政府有关部门责令退还，对直接负责的主管人员和其他直接责任人员依法给予行政处分。对违法收取检验费用情节严重的药品检验机构，撤销其检验资格。

第九十六条 药品监督管理部门应当依法履行监督检查职责，监督已取得《药品生产许可证》、《药品经营许可证》的企业依照本法规定从事药品生产、经营活动。

已取得《药品生产许可证》、《药品经营许可证》的企业生产、销售假药、劣药的，除依法追究该企业的法律责任外，对有失职、渎职行为的药品监督管理部门直接负责的主管人员和其他直接责任人员依法给予行政处分；构成犯罪的，依法追究刑事责任。

第九十七条 药品监督管理部门对下级药品监督管理部门违反本法的行政行为，责令限期改正；逾期不改正的，有权予以改变或者撤销。

第九十八条 药品监督管理人员滥用职权、徇私舞弊、玩忽职守，构成犯罪的，依法追究刑事责任；尚不构成犯罪的，依法给予行政处分。

第九十九条 本章规定的货值金额以违法生产、销售药品的标价计算；没有标价的，按照同类药品的市场价格计算。

第十章　附　　则

第一百条 本法下列用语的含义是：

药品，是指用于预防、治疗、诊断人的疾病，有目的地调节人的生理机能并规定有适应症或者功能主治、用法和用量的物质，包括中药材、中药饮片、中成药、化学原料药及其制剂、抗生素、生化药品、放射性药品、血清、疫苗、血液制品和诊断药品等。

辅料，是指生产药品和调配处方时所用的赋形剂和附加剂。

药品生产企业，是指生产药品的专营企业或者兼营企业。

药品经营企业，是指经营药品的专营企业或者兼营企业。

第一百零一条 中药材的种植、采集和饲养的管理办法，由国务院另行制定。

第一百零二条 国家对预防性生物制品的流通实行特殊管理。具体办法由国务院制定。

第一百零三条 中国人民解放军执行本法的具体办法，由国务院、中央军事委员会依据本法制定。

第一百零四条 本法自2001年12月1日起施行。

中华人民共和国药品管理法实施条例

（2002 年 8 月 4 日中华人民共和国国务院令第 360 号公布　根据 2016 年 2 月 6 日《国务院关于修改部分行政法规的决定》修订）

第一章　总　　则

第一条　根据《中华人民共和国药品管理法》（以下简称《药品管理法》），制定本条例。

第二条　国务院药品监督管理部门设置国家药品检验机构。

省、自治区、直辖市人民政府药品监督管理部门可以在本行政区域内设置药品检验机构。地方药品检验机构的设置规划由省、自治区、直辖市人民政府药品监督管理部门提出，报省、自治区、直辖市人民政府批准。

国务院和省、自治区、直辖市人民政府的药品监督管理部门可以根据需要，确定符合药品检验条件的检验机构承担药品检验工作。

第二章　药品生产企业管理

第三条　开办药品生产企业，申办人应当向拟办企业所在地省、自治区、直辖市人民政府药品监督管理部门提出申请。省、自治区、直辖市人民政府药品监督管理部门应当自收到申请之日起 30 个工作日内，依据《药品管理法》第八条规定的开办条件组织验收；验收合格的，发给《药品生产许可证》。

第四条　药品生产企业变更《药品生产许可证》许可事项的，应当在许可事项发生变更 30 日前，向原发证机关申请《药品生产许可证》变更登记；未经批准，不得变更许可事项。原发证机关应当自收到申请之日起 15 个工作日内作出决定。

第五条　省级以上人民政府药品监督管理部门应当按照《药品生产质量管理规范》和国务院药品监督管理部门规定的实施办法和实施步骤，组织对药品生产企业的认证工作；符合《药品生产质量管理规范》的，发给认证证书。其中，生产注射剂、放射性药品和国务院药品监督管理部门规定的生物制品的药品生产企业的认证工作，由国务院药品监督管理部门负责。

《药品生产质量管理规范》认证证书的格式由国务院药品监督管理部门统一规定。

第六条　新开办药品生产企业、药品生产企业新建药品生产车间或者新增生产剂型的，应当自取得药品生产证明文件或者经批准正式生产之日起 30 日内，按照规定向药品监督管理部门申请《药品生产质量管理规范》认证。受理申请的药品监督管理部门应当自收到企业申请之日起 6 个月内，组织对申请企业是否符合《药品生产质量管理规范》进行认证；认证合格的，发给认证证书。

第七条　国务院药品监督管理部门应当设立《药品生产质量管理规范》认证检查员库。《药品生产质量管理规范》认证检查员必须符合国务院药品监督管理部门规定的条件。进行《药品生产质量管理规范》认证，必须按照国务院药品监督管理部门的规定，从《药品生产质量管理规范》认证检查员库中随机抽取认证检查员组成认证检查组进行认证检查。

第八条　《药品生产许可证》有效期为 5 年。有效期届满，需要继续生产药品的，持证企业应当在许可证有效期届满前 6 个月，按照国务院药品监督管理部门的规定申请换发《药品生产许可证》。

药品生产企业终止生产药品或者关闭的，《药品生产许可证》由原发证部门缴销。

第九条　药品生产企业生产药品所使用的原料药，必须具有国务院药品监督管理部门核发的药品批准文号或者进口药品注册证书、医药产品注册证书；但是，未实施批准文号管理的中药材、中药饮片除外。

第十条 依据《药品管理法》第十三条规定，接受委托生产药品的，受托方必须是持有与其受托生产的药品相适应的《药品生产质量管理规范》认证证书的药品生产企业。

疫苗、血液制品和国务院药品监督管理部门规定的其他药品，不得委托生产。

第三章 药品经营企业管理

第十一条 开办药品批发企业，申办人应当向拟办企业所在地省、自治区、直辖市人民政府药品监督管理部门提出申请。省、自治区、直辖市人民政府药品监督管理部门应当自收到申请之日起30个工作日内，依据国务院药品监督管理部门规定的设置标准作出是否同意筹建的决定。申办人完成拟办企业筹建后，应当向原审批部门申请验收。原审批部门应当自收到申请之日起30个工作日内，依据《药品管理法》第十五条规定的开办条件组织验收；符合条件的，发给《药品经营许可证》。

第十二条 开办药品零售企业，申办人应当向拟办企业所在地设区的市级药品监督管理机构或者省、自治区、直辖市人民政府药品监督管理部门直接设置的县级药品监督管理机构提出申请。受理申请的药品监督管理机构应当自收到申请之日起30个工作日内，依据国务院药品监督管理部门的规定，结合当地常住人口数量、地域、交通状况和实际需要进行审查，作出是否同意筹建的决定。申办人完成拟办企业筹建后，应当向原审批机构申请验收。原审批机构应当自收到申请之日起15个工作日内，依据《药品管理法》第十五条规定的开办条件组织验收；符合条件的，发给《药品经营许可证》。

第十三条 省、自治区、直辖市人民政府药品监督管理部门和设区的市级药品监督管理机构负责组织药品经营企业的认证工作。药品经营企业应当按照国务院药品监督管理部门规定的实施办法和实施步骤，通过省、自治区、直辖市人民政府药品监督管理部门或者设区的市级药品监督管理机构组织的《药品经营质量管理规范》的认证，取得认证证书。《药品经营质量管理规范》认证证书的格式由国务院药品监督管理部门统一规定。

新开办药品批发企业和药品零售企业，应当自取得《药品经营许可证》之日起30日内，向发给其《药品经营许可证》的药品监督管理部门或者药品监督管理机构申请《药品经营质量管理规范》认证。受理申请的药品监督管理部门或者药品监督管理机构应当自收到申请之日起3个月内，按照国务院药品监督管理部门的规定，组织对申请认证的药品批发企业或者药品零售企业是否符合《药品经营质量管理规范》进行认证；认证合格的，发给认证证书。

第十四条 省、自治区、直辖市人民政府药品监督管理部门应当设立《药品经营质量管理规范》认证检查员库。《药品经营质量管理规范》认证检查员必须符合国务院药品监督管理部门规定的条件。进行《药品经营质量管理规范》认证，必须按照国务院药品监督管理部门的规定，从《药品经营质量管理规范》认证检查员库中随机抽取认证检查员组成认证检查组进行认证检查。

第十五条 国家实行处方药和非处方药分类管理制度。国家根据非处方药品的安全性，将非处方药分为甲类非处方药和乙类非处方药。

经营处方药、甲类非处方药的药品零售企业，应当配备执业药师或者其他依法经资格认定的药学技术人员。经营乙类非处方药的药品零售企业，应当配备经设区的市级药品监督管理机构或者省、自治区、直辖市人民政府药品监督管理部门直接设置的县级药品监督管理机构组织考核合格的业务人员。

第十六条 药品经营企业变更《药品经营许可证》许可事项的，应当在许可事项发生变更30日前，向原发证机关申请《药品经营许可证》变更登记；未经批准，不得变更许可事项。原发证机关应当自收到企业申请之日起15个工作日内作出决定。

第十七条 《药品经营许可证》有效期为5年。有效期届满，需要继续经营药品的，持证企业应当在许可证有效期届满前6个月，按照国务院药品监督管理部门的规定申请换发《药品经营许可证》。

药品经营企业终止经营药品或者关闭的，《药品经营许可证》由原发证机关缴销。

第十八条 交通不便的边远地区城乡集市贸易市场没有药品零售企业的，当地药品零售企业经所在地县（市）药品监督管理机构批准并到工商行政管理部门办理登记注册后，可以在该城乡集市贸易市场内设点并在批准经营的药品范围内销售非处方药品。

第十九条 通过互联网进行药品交易的药品生产企业、药品经营企业、医疗机构及其交易的药品，必须符合《药品管理法》和本条例的规定。互联网药品交易服务的管理办法，由国务院药品监督管理部门会同国务院有关部门制定。

第四章 医疗机构的药剂管理

第二十条 医疗机构设立制剂室，应当向所在地省、自治区、直辖市人民政府卫生行政部门提出申请，经审核同意后，报同级人民政府药品监督管理部门审批；省、自治区、直辖市人民政府药品监督管理部门验收合格的，予以批准，发给《医疗机构制剂许可证》。

省、自治区、直辖市人民政府卫生行政部门和药品监督管理部门应当在各自收到申请之日起30个工作日内，作出是否同意或者批准的决定。

第二十一条 医疗机构变更《医疗机构制剂许可证》许可事项的，应当在许可事项发生变更30日前，依照本条例第二十条的规定向原审核、批准机关申请《医疗机构制剂许可证》变更登记；未经批准，不得变更许可事项。原审核、批准机关应当在各自收到申请之日起15个工作日内作出决定。

医疗机构新增配制剂型或者改变配制场所的，应当经所在地省、自治区、直辖市人民政府药品监督管理部门验收合格后，依照前款规定办理《医疗机构制剂许可证》变更登记。

第二十二条 《医疗机构制剂许可证》有效期为5年。有效期届满，需要继续配制制剂的，医疗机构应当在许可证有效期届满前6个月，按照国务院药品监督管理部门的规定申请换发《医疗机构制剂许可证》。

医疗机构终止配制制剂或者关闭的，《医疗机构制剂许可证》由原发证机关缴销。

第二十三条 医疗机构配制制剂，必须按照国务院药品监督管理部门的规定报送有关资料和样品，经所在地省、自治区、直辖市人民政府药品监督管理部门批准，并发给制剂批准文号后，方可配制。

第二十四条 医疗机构配制的制剂不得在市场上销售或者变相销售，不得发布医疗机构制剂广告。

发生灾情、疫情、突发事件或者临床急需而市场没有供应时，经国务院或者省、自治区、直辖市人民政府的药品监督管理部门批准，在规定期限内，医疗机构配制的制剂可以在指定的医疗机构之间调剂使用。

国务院药品监督管理部门规定的特殊制剂的调剂使用以及省、自治区、直辖市之间医疗机构制剂的调剂使用，必须经国务院药品监督管理部门批准。

第二十五条 医疗机构审核和调配处方的药剂人员必须是依法经资格认定的药学技术人员。

第二十六条 医疗机构购进药品，必须有真实、完整的药品购进记录。药品购进记录必须注明药品的通用名称、剂型、规格、批号、有效期、生产厂商、供货单位、购货数量、购进价格、购货日期以及国务院药品监督管理部门规定的其他内容。

第二十七条 医疗机构向患者提供的药品应当与诊疗范围相适应，并凭执业医师或者执业助理医师的处方调配。

计划生育技术服务机构采购和向患者提供药品，其范围应当与经批准的服务范围相一致，并凭执业医师或者执业助理医师的处方调配。

个人设置的门诊部、诊所等医疗机构不得配备常用药品和急救药品以外的其他药品。常用药品和急救药品的范围和品种，由所在地的省、自治区、直辖市人民政府卫生行政部门会同同级人民政府药品监督管理部门规定。

第五章 药品管理

第二十八条 药物非临床安全性评价研究机构必须执行《药物非临床研究质量管理规范》，药物临床试验机构必须执行《药物临床试验质量管理规范》。《药物非临床研究质量管理规范》、《药物临床试验质量管理规范》由国务院药品监督管理部门分别商国务院科学技术行政部门和国务院卫生行政部门制定。

第二十九条 药物临床试验、生产药品和进口药品，应当符合《药品管理法》及本条例的规定，经国务院药品监督管理部门审查批准；国务院药品监督管理部门可以委托省、自治区、直辖市人民政府药品监督管理部门对申报药物的研制情况及条件进行审查，对申报资料进行形式审查，并对试制的样品进行检验。具体办法由国务院药品监督管理部门制定。

第三十条 研制新药，需要进行临床试验的，应当依照《药品管理法》第二十九条的规定，经国务院药品监督管理部门批准。

药物临床试验申请经国务院药品监督管理部门批准后，申报人应当在经依法认定的具有药物临床试验资格的机构中选择承担药物临床试验的机构，并将该临床试验机构报国务院药品监督管理部门和国务院卫生行政部门备案。

药物临床试验机构进行药物临床试验，应当事先告知受试者或者其监护人真实情况，并取得其书面同意。

第三十一条 生产已有国家标准的药品，应当按照国务院药品监督管理部门的规定，向省、自治区、直辖市人民政府药品监督管理部门或者国务院药品监督管理部门提出申请，报送有关技术资料并提供相关证明文件。省、自治区、直辖市人民政府药品监督管理部门应当自受理申请之日起30个工作日内进行审查，提出意见后报送国务院药品监督管理部门审核，并同时将审查意见通知申报方。国务院药品监督管理部门经审核符合规定的，发给药品批准文号。

第三十二条 变更研制新药、生产药品和进口药品已获批准证明文件及其附件中载明事项的，应当向国务院药品监督管理部门提出补充申请；国务院药品监督管理部门经审核符合规定的，应当予以批准。其中，不改变药品内在质量的，应当向省、自治区、直辖市人民政府药品监督管理部门提出补充申请；省、自治区、直辖市人民政府药品监督管理部门经审核符合规定的，应当予以批准，并报国务院药品监督管理部门备案。不改变药品内在质量的补充申请事项由国务院药品监督管理部门制定。

第三十三条 国务院药品监督管理部门根据保护公众健康的要求，可以对药品生产企业生产的新药品种设立不超过5年的监测期；在监测期内，不得批准其他企业生产和进口。

第三十四条 国家对获得生产或者销售含有新型化学成份药品许可的生产者或者销售者提交的自行取得且未披露的试验数据和其他数据实施保护，任何人不得对该未披露的试验数据和其他数据进行不正当的商业利用。

自药品生产者或者销售者获得生产、销售新型化学成份药品的许可证明文件之日起6年内，对其他申请人未经已获得许可的申请人同意，使用前款数据申请生产、销售新型化学成份药品许可的，药品监督管理部门不予许可；但是，其他申请人提交自行取得数据的除外。

除下列情形外,药品监督管理部门不得披露本条第一款规定的数据:

(一)公共利益需要;

(二)已采取措施确保该类数据不会被不正当地进行商业利用。

第三十五条 申请进口的药品,应当是在生产国家或者地区获得上市许可的药品;未在生产国家或者地区获得上市许可的,经国务院药品监督管理部门确认该药品品种安全、有效而且临床需要的,可以依照《药品管理法》及本条例的规定批准进口。

进口药品,应当按照国务院药品监督管理部门的规定申请注册。国外企业生产的药品取得《进口药品注册证》,中国香港、澳门和台湾地区企业生产的药品取得《医药产品注册证》后,方可进口。

第三十六条 医疗机构因临床急需进口少量药品的,应当持《医疗机构执业许可证》向国务院药品监督管理部门提出申请;经批准后,方可进口。进口的药品应当在指定医疗机构内用于特定医疗目的。

第三十七条 进口药品到岸后,进口单位应当持《进口药品注册证》或者《医药产品注册证》以及产地证明原件、购货合同副本、装箱单、运单、货运发票、出厂检验报告书、说明书等材料,向口岸所在地药品监督管理部门备案。口岸所在地药品监督管理部门经审查,提交的材料符合要求的,发给《进口药品通关单》。进口单位凭《进口药品通关单》向海关办理报关验放手续。

口岸所在地药品监督管理部门应当通知药品检验机构对进口药品逐批进行抽查检验;但是,有《药品管理法》第四十一条规定情形的除外。

第三十八条 疫苗类制品、血液制品、用于血源筛查的体外诊断试剂以及国务院药品监督管理部门规定的其他生物制品在销售前或者进口时,应当按照国务院药品监督管理部门的规定进行检验或者审核批准;检验不合格或者未获批准的,不得销售或者进口。

第三十九条 国家鼓励培育中药材。对集中规模化栽培养殖、质量可以控制并符合国务院药品监督管理部门规定条件的中药材品种,实行批准文号管理。

第四十条 国务院药品监督管理部门对已批准生产、销售的药品进行再评价,根据药品再评价结果,可以采取责令修改药品说明书,暂停生产、销售和使用的措施;对不良反应大或者其他原因危害人体健康的药品,应当撤销该药品批准证明文件。

第四十一条 国务院药品监督管理部门核发的药品批准文号、《进口药品注册证》、《医药产品注册证》的有效期为5年。有效期届满,需要继续生产或者进口的,应当在有效期届满前6个月申请再注册。药品再注册时,应当按照国务院药品监督管理部门的规定报送相关资料。有效期届满,未申请再注册或者经审查不符合国务院药品监督管理部门关于再注册的规定的,注销其药品批准文号、《进口药品注册证》或者《医药产品注册证》。

药品批准文号的再注册由省、自治区、直辖市人民政府药品监督管理部门审批,并报国务院药品监督管理部门备案;《进口药品注册证》、《医药产品注册证》的再注册由国务院药品监督管理部门审批。

第四十二条 非药品不得在其包装、标签、说明书及有关宣传资料上进行含有预防、治疗、诊断人体疾病等有关内容的宣传;但是,法律、行政法规另有规定的除外。

第六章 药品包装的管理

第四十三条 药品生产企业使用的直接接触药品的包装材料和容器,必须符合药用要求和保障人体健康、安全的标准,并经国务院药品监督管理部门批准注册。

直接接触药品的包装材料和容器的管理办法、产品目录和药用要求与标准,由国务院药品监督管理部门组织制定并公布。

第四十四条 生产中药饮片,应当选用与药品性质相适应的包装材料和容器;包装不符合规定的中药饮片,不得销售。中药饮片包装必须印有或者贴有标签。

中药饮片的标签必须注明品名、规格、产地、生产企业、产品批号、生产日期,实施批准文号管理的中药饮片还必须注明药品批准文号。

第四十五条 药品包装、标签、说明书必须依照《药品管理法》第五十四条和国务院药品监督管理部门的规定印制。

药品商品名称应当符合国务院药品监督管理部门的规定。

第四十六条 医疗机构配制制剂所使用的直接接触药品的包装材料和容器、制剂的标签和说明书应当符合《药品管理法》第六章和本条例的有关规定,并经省、自治区、直辖市人民政府药品监督管理部门批准。

第七章 药品价格和广告的管理

第四十七条 政府价格主管部门依照《价格法》第二十八条的规定实行药品价格监测时,为掌握、分析药品价格变动和趋势,可以指定部分药品生产企业、药品经营企业和医疗机构作为价格监测定点单位;定点单位应当给予配合、支持,如实提供有关信息资料。

第四十八条 发布药品广告,应当向药品生产企业所在地省、自治区、直辖市人民政府药品监督管理部门报送有关材料。省、自治区、直辖市人民政府药品监督管理部门应当自收到有关材料之日起10个工作日内作出是否核发药品广告批准文号的决定;核发药品广告批准文号的,应当同时报国务院药品监督管理部门备案。具体办法由国务院药品监督管理部门制定。

发布进口药品广告,应当依照前款规定向进口药品代理机构所在地省、自治区、直辖市人民政府药品监督管理部门申请药品广告批准文号。

在药品生产企业所在地和进口药品代理机构所在地以外的省、自治区、直辖市发布药品广告的,发布广告的企业应当在发布前向发布地省、自治区、直辖市人民政府药品监督管理部门备案。接受备案的省、自治区、直辖市人民政府药品监督管理部门发现药品广告批准内容不符合药品广告管理规定的,应当交由原核发部门处理。

第四十九条 经国务院或者省、自治区、直辖市人民政府的药品监督管理部门决定,责令暂停生产、销售和使用的药品,在暂停期间不得发布该品种药品广告;已经发布广告的,必须立即停止。

第五十条 未经省、自治区、直辖市人民政府药品监督管理部门批准的药品广告,使用伪造、冒用、失效的药品广告批准文号的广告,或者因其他广告违法活动被撤销药品广告批准文号的广告,发布广告的企业、广告经营者、广告发布者必须立即停止该药品广告的发布。

对违法发布药品广告,情节严重的,省、自治区、直辖市人民政府药品监督管理部门可以予以公告。

第八章 药品监督

第五十一条 药品监督管理部门(含省级人民政府药品监督管理部门依法设立的药品监督管理机构,下同)依法对药品的研制、生产、经营、使用实施监督检查。

第五十二条 药品抽样必须由两名以上药品监督检查人员实施,并按照国务院药品监督管理部门的规定进行抽样;被抽检方应当提供抽检样品,不得拒绝。

药品被抽检单位没有正当理由,拒绝抽查检验的,国务院药品监督管理部门和被抽检单位所在地省、自治区、直辖市人民政府药品监督管理部门可以宣布停止该单位拒绝抽检的药品上市销售和使用。

第五十三条 对有掺杂、掺假嫌疑的药品,在国家药品标准规定的检验方法和检验项目不能检验时,药品检验机构可以补充检验方法和检验项目进行药品检验;经国务院药品监督管理部门批准后,使用补充检验方法和检验项目所得出的检验结果,可以作为药品监督管理部门认定药品质量的依据。

第五十四条 国务院和省、自治区、直辖市人民政府的药品监督管理部门应当根据药品质量抽查检验结果,定期发布药品质量公告。药品质量公告应当包括抽验药品的品名、检品来源、生产企业、生产批号、药品规格、检验机构、检验依据、检验结果、不合格项目等内容。药品质量公告不当的,发布部门应当自确认公告不当之日起5日内,在原公告范围内予以更正。

当事人对药品检验机构的检验结果有异议,申请复验的,应当向负责复验的药品检验机构提交书面申请、原药品检验报告书。复验的样品从原药品检验机构留样中抽取。

第五十五条 药品监督管理部门依法对有证据证明可能危害人体健康的药品及其有关证据材料采取查封、扣押的行政强制措施的,应当自采取行政强制措施之日起7日内作出是否立案的决定;需要检验的,应当自检验报告书发出之日起15日内作出是否立案的决定;不符合立案条件的,应当解除行政强制措施;需要暂停销售和使用的,应当由国务院或者省、自治区、直辖市人民政府的药品监督管理部门作出决定。

第五十六条 药品抽查检验,不得收取任何费用。

当事人对药品检验结果有异议,申请复验的,应当按照国务院有关部门或者省、自治区、直辖市人民政府有关部门的规定,向复验机构预先支付药品检验费用。复验结论与原检验结论不一致的,复验检验费用由原药品检验机构承担。

第五十七条 依据《药品管理法》和本条例的规定核发证书、进行药品注册、药品认证和实施药品审批检验及其强制性检验,可以收取费用。具体收费标准由国务院财政部门、国务院价格主管部门制定。

第九章 法律责任

第五十八条 药品生产企业、药品经营企业有下列情形之一的,由药品监督管理部门依照《药品管理法》第七十九条的规定给予处罚:

(一)开办药品生产企业、药品生产企业新建药品生产车间、新增生产剂型,在国务院药品监督管理部门规定的时间内未通过《药品生产质量管理规范》认证,仍进行药品生产的;

(二)开办药品经营企业,在国务院药品监督管理部门规定的时间内未通过《药品经营质量管理规范》认证,仍进行药品经营的。

第五十九条 违反《药品管理法》第十三条的规定,擅自委托或者接受委托生产药品的,对委托方和受托方均依照《药品管理法》第七十四条的规定给予处罚。

第六十条 未经批准,擅自在城乡集市贸易市场设点销售药品或者在城乡集市贸易市场设点销售的药品超出批准经营的药品范围的,依照《药品管理法》第七十三条的规定给予处罚。

第六十一条 未经批准,医疗机构擅自使用其他医疗机构配制的制剂的,依照《药品管理法》第八十条的规定给予处罚。

第六十二条 个人设置的门诊部、诊所等医疗机构向患者提供的药品超出规定的范围和品种的,依照《药品管理法》第七十三条的规定给予处罚。

第六十三条 医疗机构使用假药、劣药的,依照《药品管理法》第七十四条、第七十五条的规定给予处罚。

第六十四条 违反《药品管理法》第二十九条的规定,擅自进行临床试验的,对承担药物临床试验的机构,依照《药品管理法》第七十九条的规定给予处罚。

第六十五条 药品申报者在申报临床试验时,报送虚假研制方法、质量标准、药理及毒理试验结果等有关资料和样品的,国务院药品监督管理部门对该申报药品的临床试验不予批准,对药品申报者给予警告;情节严重的,3年内不受理该药品申报者申报该品种的临床试验申请。

第六十六条 生产没有国家药品标准的中药饮片,不符合省、自治区、直辖市人民政府药品监督管理部门制定的炮制规范的;医疗机构不按照省、自治区、直辖市人民政府药品监督管理部门批准的标准配制制剂的,依照《药品管理法》第七十五条的规定给予处罚。

第六十七条 药品监督管理部门及其工作人员违反规定,泄露生产者、销售者为获得生产、销售含有新型化学成份药品许可而提交的未披露试验数据或者其他数据,造成申请人损失的,由药品监督管理部门依法承担赔偿责任;药品监督管理部门赔偿损失后,应当责令故意或者有重大过失的工作人员承担部分或者全部赔偿费用,并对直接责任人员依法给予行政处分。

第六十八条 药品生产企业、药品经营企业生产、经营的药品及医疗机构配制的制剂,其包装、标签、说明书违反《药品管理法》及本条例规定的,依照《药品管理法》第八十六条的规定给予处罚。

第六十九条 药品生产企业、药品经营企业和医疗机构变更药品生产经营许可事项,应当办理变更登记手续而未办理的,由原发证部门给予警告,责令限期补办变更登记手续;逾期不补办的,宣布其《药品生产许可证》、《药品经营许可证》和《医疗机构制剂许可证》无效;仍从事药品生产经营活动的,依照《药品管理法》第七十三条的规定给予处罚。

第七十条 篡改经批准的药品广告内容的,由药品监督管理部门责令广告主立即停止该药品广告的发布,并由原审批的药品监督管理部门依照《药品管理法》第九十二条的规定给予处罚。

药品监督管理部门撤销药品广告批准文号后,应当自作出行政处理决定之日起5个工作日内通知广告监督管理机关。广告监督管理机关应当自收到药品监督管理部门通知之日起15个工作日内,依照《中华人民共和国广告法》的有关规定作出行政处理决定。

第七十一条 发布药品广告的企业在药品生产企业所在地或者进口药品代理机构所在地以外的省、自治区、直辖市发布药品广告,未按照规定向发布地省、自治区、直辖市人民政府药品监督管理部门备案的,由发布地的药品监督管理部门责令限期改正;逾期不改正的,停止该药品品种在发布地的广告发布活动。

第七十二条 未经省、自治区、直辖市人民政府药品监督管理部门批准,擅自发布药品广告的,药品监督管理部门发现后,应当通知广告监督管理部门依法查处。

第七十三条 违反《药品管理法》和本条例的规定,有下列行为之一的,由药品监督管理部门在《药品管理法》和本条例规定的处罚幅度内从重处罚:

(一)以麻醉药品、精神药品、医疗用毒性药品、放射性药品冒充其他药品,或者以其他药品冒充上述药品的;

(二)生产、销售以孕产妇、婴幼儿及儿童为主要使用对象的假药、劣药的;

(三)生产、销售的生物制品、血液制品属于假药、劣药的;

(四)生产、销售、使用假药、劣药,造成人员伤害后果的;

(五)生产、销售、使用假药、劣药,经处理后重犯的;

(六)拒绝、逃避监督检查,或者伪造、销毁、隐匿有关证据材料的,或者擅自动用查封、扣押物品的。

第七十四条 药品监督管理部门设置的派出机构,有权作出《药品管理法》和本条例规定的警告、罚款、没收违法生产、销售的药品和违法所得的行政处罚。

第七十五条 药品经营企业、医疗机构未违反《药品管理法》和本条例的有关规定,并有充分证据证明其不知道所销售或者使用的药品是假药、劣药的,应当没收其销售或者使用的假药、劣药和违法所得;但是,可以免除其他行政处罚。

第七十六条 依照《药品管理法》和本条例的规定没收的物品,由药品监督管理部门按照规定监督处理。

第十章 附 则

第七十七条 本条例下列用语的含义：

药品合格证明和其他标识，是指药品生产批准证明文件、药品检验报告书、药品的包装、标签和说明书。

新药，是指未曾在中国境内上市销售的药品。

处方药，是指凭执业医师和执业助理医师处方方可购买、调配和使用的药品。

非处方药，是指由国务院药品监督管理部门公布的，不需要凭执业医师和执业助理医师处方，消费者可以自行判断、购买和使用的药品。

医疗机构制剂，是指医疗机构根据本单位临床需要经批准而配制、自用的固定处方制剂。

药品认证，是指药品监督管理部门对药品研制、生产、经营、使用单位实施相应质量管理规范进行检查、评价并决定是否发给相应认证证书的过程。

药品经营方式，是指药品批发和药品零售。

药品经营范围，是指经药品监督管理部门核准经营药品的品种类别。

药品批发企业，是指将购进的药品销售给药品生产企业、药品经营企业、医疗机构的药品经营企业。

药品零售企业，是指将购进的药品直接销售给消费者的药品经营企业。

第七十八条 《药品管理法》第四十一条中"首次在中国销售的药品"，是指国内或者国外药品生产企业第一次在中国销售的药品，包括不同药品生产企业生产的相同品种。

第七十九条 《药品管理法》第五十九条第二款"禁止药品的生产企业、经营企业或者其代理人以任何名义给予使用其药品的医疗机构的负责人、药品采购人员、医师等有关人员以财物或者其他利益"中的"财物或者其他利益"，是指药品的生产企业、经营企业或者其代理人向医疗机构的负责人、药品采购人员、医师等有关人员提供的目的在于影响其药品采购或者药品处方行为的不正当利益。

第八十条 本条例自2002年9月15日起施行。

麻醉药品和精神药品管理条例

（2005年8月3日国务院令第442号公布 根据2013年12月7日《国务院关于修改部分行政法规的决定》第一次修订 根据2016年2月6日《国务院关于修改部分行政法规的决定》第二次修订）

第一章 总 则

第一条 为加强麻醉药品和精神药品的管理，保证麻醉药品和精神药品的合法、安全、合理使用，防止流入非法渠道，根据药品管理法和其他有关法律的规定，制定本条例。

第二条 麻醉药品药用原植物的种植，麻醉药品和精神药品的实验研究、生产、经营、使用、储存、运输等活动以及监督管理，适用本条例。

麻醉药品和精神药品的进出口依照有关法律的规定办理。

第三条 本条例所称麻醉药品和精神药品，是指列入麻醉药品目录、精神药品目录（以下称目录）的药品和其他物质。精神药品分为第一类精神药品和第二类精神药品。

目录由国务院药品监督管理部门会同国务院公安部门、国务院卫生主管部门制定、调整并公布。

上市销售但尚未列入目录的药品和其他物质或者第二类精神药品发生滥用,已经造成或者可能造成严重社会危害的,国务院药品监督管理部门会同国务院公安部门、国务院卫生主管部门应当及时将该药品和该物质列入目录或者将该第二类精神药品调整为第一类精神药品。

第四条 国家对麻醉药品药用原植物以及麻醉药品和精神药品实行管制。除本条例另有规定的外,任何单位、个人不得进行麻醉药品药用原植物的种植以及麻醉药品和精神药品的实验研究、生产、经营、使用、储存、运输等活动。

第五条 国务院药品监督管理部门负责全国麻醉药品和精神药品的监督管理工作,并会同国务院农业主管部门对麻醉药品药用原植物实施监督管理。国务院公安部门负责对造成麻醉药品药用原植物、麻醉药品和精神药品流入非法渠道的行为进行查处。国务院其他有关主管部门在各自的职责范围内负责与麻醉药品和精神药品有关的管理工作。

省、自治区、直辖市人民政府药品监督管理部门负责本行政区域内麻醉药品和精神药品的监督管理工作。县级以上地方公安机关负责对本行政区域内造成麻醉药品和精神药品流入非法渠道的行为进行查处。县级以上地方人民政府其他有关主管部门在各自的职责范围内负责与麻醉药品和精神药品有关的管理工作。

第六条 麻醉药品和精神药品生产、经营企业和使用单位可以依法参加行业协会。行业协会应当加强行业自律管理。

第二章 种植、实验研究和生产

第七条 国家根据麻醉药品和精神药品的医疗、国家储备和企业生产所需原料的需要确定需求总量,对麻醉药品药用原植物的种植、麻醉药品和精神药品的生产实行总量控制。

国务院药品监督管理部门根据麻醉药品和精神药品的需求总量制定年度生产计划。

国务院药品监督管理部门和国务院农业主管部门根据麻醉药品年度生产计划,制定麻醉药品药用原植物年度种植计划。

第八条 麻醉药品药用原植物种植企业应当根据年度种植计划,种植麻醉药品药用原植物。

麻醉药品药用原植物种植企业应当向国务院药品监督管理部门和国务院农业主管部门定期报告种植情况。

第九条 麻醉药品药用原植物种植企业由国务院药品监督管理部门和国务院农业主管部门共同确定,其他单位和个人不得种植麻醉药品药用原植物。

第十条 开展麻醉药品和精神药品实验研究活动应当具备下列条件,并经国务院药品监督管理部门批准:

(一)以医疗、科学研究或者教学为目的;

(二)有保证实验所需麻醉药品和精神药品安全的措施和管理制度;

(三)单位及其工作人员2年内没有违反有关禁毒的法律、行政法规规定的行为。

第十一条 麻醉药品和精神药品的实验研究单位申请相关药品批准证明文件,应当依照药品管理法的规定办理;需要转让研究成果的,应当经国务院药品监督管理部门批准。

第十二条 药品研究单位在普通药品的实验研究过程中,产生本条例规定的管制品种的,应当立即停止实验研究活动,并向国务院药品监督管理部门报告。国务院药品监督管理部门应当根据情况,及时作出是否同意其继续实验研究的决定。

第十三条 麻醉药品和第一类精神药品的临床试验,不得以健康人为受试对象。

第十四条 国家对麻醉药品和精神药品实行定点生产制度。

国务院药品监督管理部门应当根据麻醉药品和精神药品的需求总量,确定麻醉药品和精神药品定点生产企业的数量和布局,并根据年度需求总量对数量和布局进行调整、公布。

第十五条 麻醉药品和精神药品的定点生产企业应当具备下列条件：

（一）有药品生产许可证；

（二）有麻醉药品和精神药品实验研究批准文件；

（三）有符合规定的麻醉药品和精神药品生产设施、储存条件和相应的安全管理设施；

（四）有通过网络实施企业安全生产管理和向药品监督管理部门报告生产信息的能力；

（五）有保证麻醉药品和精神药品安全生产的管理制度；

（六）有与麻醉药品和精神药品安全生产要求相适应的管理水平和经营规模；

（七）麻醉药品和精神药品生产管理、质量管理部门的人员应当熟悉麻醉药品和精神药品管理以及有关禁毒的法律、行政法规；

（八）没有生产、销售假药、劣药或者违反有关禁毒的法律、行政法规规定的行为；

（九）符合国务院药品监督管理部门公布的麻醉药品和精神药品定点生产企业数量和布局的要求。

第十六条 从事麻醉药品、精神药品生产的企业，应当经所在地省、自治区、直辖市人民政府药品监督管理部门批准。

第十七条 定点生产企业生产麻醉药品和精神药品，应当依照药品管理法的规定取得药品批准文号。

国务院药品监督管理部门应当组织医学、药学、社会学、伦理学和禁毒等方面的专家成立专家组，由专家组对申请首次上市的麻醉药品和精神药品的社会危害性和被滥用的可能性进行评价，并提出是否批准的建议。

未取得药品批准文号的，不得生产麻醉药品和精神药品。

第十八条 发生重大突发事件，定点生产企业无法正常生产或者不能保证供应麻醉药品和精神药品时，国务院药品监督管理部门可以决定其他药品生产企业生产麻醉药品和精神药品。

重大突发事件结束后，国务院药品监督管理部门应当及时决定前款规定的企业停止麻醉药品和精神药品的生产。

第十九条 定点生产企业应当严格按照麻醉药品和精神药品年度生产计划安排生产，并依照规定向所在地省、自治区、直辖市人民政府药品监督管理部门报告生产情况。

第二十条 定点生产企业应当依照本条例的规定，将麻醉药品和精神药品销售给具有麻醉药品和精神药品经营资格的企业或者依照本条例规定批准的其他单位。

第二十一条 麻醉药品和精神药品的标签应当印有国务院药品监督管理部门规定的标志。

第三章 经 营

第二十二条 国家对麻醉药品和精神药品实行定点经营制度。

国务院药品监督管理部门应当根据麻醉药品和第一类精神药品的需求总量，确定麻醉药品和第一类精神药品的定点批发企业布局，并应当根据年度需求总量对布局进行调整、公布。

药品经营企业不得经营麻醉药品原料药和第一类精神药品原料药。但是，供医疗、科学研究、教学使用的小包装的上述药品可以由国务院药品监督管理部门规定的药品批发企业经营。

第二十三条 麻醉药品和精神药品定点批发企业除应当具备药品管理法第十五条规定的药品经营企业的开办条件外，还应当具备下列条件：

（一）有符合本条例规定的麻醉药品和精神药品储存条件；

（二）有通过网络实施企业安全管理和向药品监督管理部门报告经营信息的能力；

（三）单位及其工作人员 2 年内没有违反有关禁毒的法律、行政法规规定的行为；

（四）符合国务院药品监督管理部门公布的定点批发企业布局。

麻醉药品和第一类精神药品的定点批发企业，还应当具有保证供应责任区域内医疗机构所需麻醉药品和第一类精神药品的能力，并具有保证麻醉药品和第一类精神药品安全经营的管理制度。

第二十四条 跨省、自治区、直辖市从事麻醉药品和第一类精神药品批发业务的企业（以下称全国性批发企业），应当经国务院药品监督管理部门批准；在本省、自治区、直辖市行政区域内从事麻醉药品和第一类精神药品批发业务的企业（以下称区域性批发企业），应当经所在地省、自治区、直辖市人民政府药品监督管理部门批准。

专门从事第二类精神药品批发业务的企业，应当经所在地省、自治区、直辖市人民政府药品监督管理部门批准。

全国性批发企业和区域性批发企业可以从事第二类精神药品批发业务。

第二十五条 全国性批发企业可以向区域性批发企业，或者经批准可以向取得麻醉药品和第一类精神药品使用资格的医疗机构以及依照本条例规定批准的其他单位销售麻醉药品和第一类精神药品。

全国性批发企业向取得麻醉药品和第一类精神药品使用资格的医疗机构销售麻醉药品和第一类精神药品，应当经医疗机构所在地省、自治区、直辖市人民政府药品监督管理部门批准。

国务院药品监督管理部门在批准全国性批发企业时，应当明确其所承担供药责任的区域。

第二十六条 区域性批发企业可以向本省、自治区、直辖市行政区域内取得麻醉药品和第一类精神药品使用资格的医疗机构销售麻醉药品和第一类精神药品；由于特殊地理位置的原因，需要就近向其他省、自治区、直辖市行政区域内取得麻醉药品和第一类精神药品使用资格的医疗机构销售的，应当经企业所在地省、自治区、直辖市人民政府药品监督管理部门批准。审批情况由负责审批的药品监督管理部门在批准后 5 日内通报医疗机构所在地省、自治区、直辖市人民政府药品监督管理部门。

省、自治区、直辖市人民政府药品监督管理部门在批准区域性批发企业时，应当明确其所承担供药责任的区域。

区域性批发企业之间因医疗急需、运输困难等特殊情况需要调剂麻醉药品和第一类精神药品的，应当在调剂后 2 日内将调剂情况分别报所在地省、自治区、直辖市人民政府药品监督管理部门备案。

第二十七条 全国性批发企业应当从定点生产企业购进麻醉药品和第一类精神药品。

区域性批发企业可以从全国性批发企业购进麻醉药品和第一类精神药品；经所在地省、自治区、直辖市人民政府药品监督管理部门批准，也可以从定点生产企业购进麻醉药品和第一类精神药品。

第二十八条 全国性批发企业和区域性批发企业向医疗机构销售麻醉药品和第一类精神药品，应当将药品送至医疗机构。医疗机构不得自行提货。

第二十九条 第二类精神药品定点批发企业可以向医疗机构、定点批发企业和符合本条例第三十一条规定的药品零售企业以及依照本条例规定批准的其他单位销售第二类精神药品。

第三十条 麻醉药品和第一类精神药品不得零售。

禁止使用现金进行麻醉药品和精神药品交易，但是个人合法购买麻醉药品和精神药品的除外。

第三十一条 经所在地设区的市级药品监督管理部门批准，实行统一进货、统一配送、统一管理的药品零售连锁企业可以从事第二类精神药品零售业务。

第三十二条 第二类精神药品零售企业应当凭执业医师出具的处方，按规定剂量销售第二类精神药品，并将处方保存 2 年备查；禁止超剂量或者无处方销售第二类精神药品；不得向未成年人销售第二类精神药品。

第三十三条 麻醉药品和精神药品实行政府定价，在制定出厂和批发价格的基础上，逐步实行全国统一零售价格。具体办法由国务院价格主管部门制定。

第四章　使　　用

第三十四条　药品生产企业需要以麻醉药品和第一类精神药品为原料生产普通药品的，应当向所在地省、自治区、直辖市人民政府药品监督管理部门报送年度需求计划，由省、自治区、直辖市人民政府药品监督管理部门汇总报国务院药品监督管理部门批准后，向定点生产企业购买。

药品生产企业需要以第二类精神药品为原料生产普通药品的，应当将年度需求计划报所在地省、自治区、直辖市人民政府药品监督管理部门，并向定点批发企业或者定点生产企业购买。

第三十五条　食品、食品添加剂、化妆品、油漆等非药品生产企业需要使用咖啡因作为原料的，应当经所在地省、自治区、直辖市人民政府药品监督管理部门批准，向定点批发企业或者定点生产企业购买。

科学研究、教学单位需要使用麻醉药品和精神药品开展实验、教学活动的，应当经所在地省、自治区、直辖市人民政府药品监督管理部门批准，向定点批发企业或者定点生产企业购买。

需要使用麻醉药品和精神药品的标准品、对照品的，应当经所在地省、自治区、直辖市人民政府药品监督管理部门批准，向国务院药品监督管理部门批准的单位购买。

第三十六条　医疗机构需要使用麻醉药品和第一类精神药品的，应当经所在地设区的市级人民政府卫生主管部门批准，取得麻醉药品、第一类精神药品购用印鉴卡（以下称印鉴卡）。医疗机构应当凭印鉴卡向本省、自治区、直辖市行政区域内的定点批发企业购买麻醉药品和第一类精神药品。

设区的市级人民政府卫生主管部门发给医疗机构印鉴卡时，应当将取得印鉴卡的医疗机构情况抄送所在地设区的市级药品监督管理部门，并报省、自治区、直辖市人民政府卫生主管部门备案。省、自治区、直辖市人民政府卫生主管部门应当将取得印鉴卡的医疗机构名单向本行政区域内的定点批发企业通报。

第三十七条　医疗机构取得印鉴卡应当具备下列条件：

（一）有专职的麻醉药品和第一类精神药品管理人员；

（二）有获得麻醉药品和第一类精神药品处方资格的执业医师；

（三）有保证麻醉药品和第一类精神药品安全储存的设施和管理制度。

第三十八条　医疗机构应当按照国务院卫生主管部门的规定，对本单位执业医师进行有关麻醉药品和精神药品使用知识的培训、考核，经考核合格的，授予麻醉药品和第一类精神药品处方资格。执业医师取得麻醉药品和第一类精神药品的处方资格后，方可在本医疗机构开具麻醉药品和第一类精神药品处方，但不得为自己开具该种处方。

医疗机构应当将具有麻醉药品和第一类精神药品处方资格的执业医师名单及其变更情况，定期报送所在地设区的市级人民政府卫生主管部门，并抄送同级药品监督管理部门。

医务人员应当根据国务院卫生主管部门制定的临床应用指导原则，使用麻醉药品和精神药品。

第三十九条　具有麻醉药品和第一类精神药品处方资格的执业医师，根据临床应用指导原则，对确需使用麻醉药品或者第一类精神药品的患者，应当满足其合理用药需求。在医疗机构就诊的癌症疼痛患者和其他危重患者得不到麻醉药品或者第一类精神药品时，患者或者其亲属可以向执业医师提出申请。具有麻醉药品和第一类精神药品处方资格的执业医师认为要求合理的，应当及时为患者提供所需麻醉药品或者第一类精神药品。

第四十条　执业医师应当使用专用处方开具麻醉药品和精神药品，单张处方的最大用量应当符合国务院卫生主管部门的规定。

对麻醉药品和第一类精神药品处方，处方的调配人、核对人应当仔细核对，签署姓名，并予以登记；对不符合本条例规定的，处方的调配人、核对人应当拒绝发药。

麻醉药品和精神药品专用处方的格式由国务院卫生主管部门规定。

第四十一条 医疗机构应当对麻醉药品和精神药品处方进行专册登记，加强管理。麻醉药品处方至少保存3年，精神药品处方至少保存2年。

第四十二条 医疗机构抢救病人急需麻醉药品和第一类精神药品而本医疗机构无法提供时，可以从其他医疗机构或者定点批发企业紧急借用；抢救工作结束后，应当及时将借用情况报所在地设区的市级药品监督管理部门和卫生主管部门备案。

第四十三条 对临床需要而市场无供应的麻醉药品和精神药品，持有医疗机构制剂许可证和印鉴卡的医疗机构需要配制制剂的，应当经所在地省、自治区、直辖市人民政府药品监督管理部门批准。医疗机构配制的麻醉药品和精神药品制剂只能在本医疗机构使用，不得对外销售。

第四十四条 因治疗疾病需要，个人凭医疗机构出具的医疗诊断书、本人身份证明，可以携带单张处方最大用量以内的麻醉药品和第一类精神药品；携带麻醉药品和第一类精神药品出入境的，由海关根据自用、合理的原则放行。

医务人员为了医疗需要携带少量麻醉药品和精神药品出入境的，应当持有省级以上人民政府药品监督管理部门发放的携带麻醉药品和精神药品证明。海关凭携带麻醉药品和精神药品证明放行。

第四十五条 医疗机构、戒毒机构以开展戒毒治疗为目的，可以使用美沙酮或者国家确定的其他用于戒毒治疗的麻醉药品和精神药品。具体管理办法由国务院药品监督管理部门、国务院公安部门和国务院卫生主管部门制定。

第五章 储　　存

第四十六条 麻醉药品药用原植物种植企业、定点生产企业、全国性批发企业和区域性批发企业以及国家设立的麻醉药品储存单位，应当设置储存麻醉药品和第一类精神药品的专库。该专库应当符合下列要求：

(一)安装专用防盗门，实行双人双锁管理；

(二)具有相应的防火设施；

(三)具有监控设施和报警装置，报警装置应当与公安机关报警系统联网。

全国性批发企业经国务院药品监督管理部门批准设立的药品储存点应当符合前款的规定。

麻醉药品定点生产企业应当将麻醉药品原料药和制剂分别存放。

第四十七条 麻醉药品和第一类精神药品的使用单位应当设立专库或者专柜储存麻醉药品和第一类精神药品。专库应当设有防盗设施并安装报警装置；专柜应当使用保险柜。专库和专柜应当实行双人双锁管理。

第四十八条 麻醉药品药用原植物种植企业、定点生产企业、全国性批发企业和区域性批发企业、国家设立的麻醉药品储存单位以及麻醉药品和第一类精神药品的使用单位，应当配备专人负责管理工作，并建立储存麻醉药品和第一类精神药品的专用账册。药品入库双人验收，出库双人复核，做到账物相符。专用账册的保存期限应当自药品有效期期满之日起不少于5年。

第四十九条 第二类精神药品经营企业应当在药品库房中设立独立的专库或者专柜储存第二类精神药品，并建立专用账册，实行专人管理。专用账册的保存期限应当自药品有效期期满之日起不少于5年。

第六章 运　　输

第五十条 托运、承运和自行运输麻醉药品和精神药品的，应当采取安全保障措施，防止麻醉药品和精神药品在运输过程中被盗、被抢、丢失。

第五十一条 通过铁路运输麻醉药品和第一类精神药品的，应当使用集装箱或者铁路行李车运输，具体办法由国务院药品监督管理部门会同国务院铁路主管部门制定。

没有铁路需要通过公路或者水路运输麻醉药品和第一类精神药品的，应当由专人负责押运。

第五十二条 托运或者自行运输麻醉药品和第一类精神药品的单位，应当向所在地设区的市级药品监督管理部门申请领取运输证明。运输证明有效期为1年。

运输证明应当由专人保管，不得涂改、转让、转借。

第五十三条 托运人办理麻醉药品和第一类精神药品运输手续，应当将运输证明副本交付承运人。承运人应当查验、收存运输证明副本，并检查货物包装。没有运输证明或者货物包装不符合规定的，承运人不得承运。

承运人在运输过程中应当携带运输证明副本，以备查验。

第五十四条 邮寄麻醉药品和精神药品，寄件人应当提交所在地设区的市级药品监督管理部门出具的准予邮寄证明。邮政营业机构应当查验、收存准予邮寄证明；没有准予邮寄证明的，邮政营业机构不得收寄。

省、自治区、直辖市邮政主管部门指定符合安全保障条件的邮政营业机构负责收寄麻醉药品和精神药品。邮政营业机构收寄麻醉药品和精神药品，应当依法对收寄的麻醉药品和精神药品予以查验。

邮寄麻醉药品和精神药品的具体管理办法，由国务院药品监督管理部门会同国务院邮政主管部门制定。

第五十五条 定点生产企业、全国性批发企业和区域性批发企业之间运输麻醉药品、第一类精神药品，发货人在发货前应当向所在地省、自治区、直辖市人民政府药品监督管理部门报送本次运输的相关信息。属于跨省、自治区、直辖市运输的，收到信息的药品监督管理部门应当向收货人所在地的同级药品监督管理部门通报；属于在本省、自治区、直辖市行政区域内运输的，收到信息的药品监督管理部门应当向收货人所在地设区的市级药品监督管理部门通报。

第七章 审批程序和监督管理

第五十六条 申请人提出本条例规定的审批事项申请，应当提交能够证明其符合本条例规定条件的相关资料。审批部门应当自收到申请之日起40日内作出是否批准的决定；作出批准决定的，发给许可证明文件或者在相关许可证明文件上加注许可事项；作出不予批准决定的，应当书面说明理由。

确定定点生产企业和定点批发企业，审批部门应当在经审查符合条件的企业中，根据布局的要求，通过公平竞争的方式初步确定定点生产企业和定点批发企业，并予公布。其他符合条件的企业可以自公布之日起10日内向审批部门提出异议。审批部门应当自收到异议之日起20日内对异议进行审查，并作出是否调整的决定。

第五十七条 药品监督管理部门应当根据规定的职责权限，对麻醉药品药用原植物的种植以及麻醉药品和精神药品的实验研究、生产、经营、使用、储存、运输活动进行监督检查。

第五十八条 省级以上人民政府药品监督管理部门根据实际情况建立监控信息网络，对定点生产企业、定点批发企业和使用单位的麻醉药品和精神药品生产、进货、销售、库存、使用的数量以及流向实行实时监控，并与同级公安机关做到信息共享。

第五十九条 尚未连接监控信息网络的麻醉药品和精神药品定点生产企业、定点批发企业和使用单位，应当每月通过电子信息、传真、书面等方式，将本单位麻醉药品和精神药品生产、进货、销售、库存、使用的数量以及流向，报所在地设区的市级药品监督管理部门和公安机关；医疗机构还应当报所在地设区的市级人民政府卫生主管部门。

设区的市级药品监督管理部门应当每3个月向上一级药品监督管理部门报告本地区麻醉药品和精神药品的相关情况。

第六十条 对已经发生滥用,造成严重社会危害的麻醉药品和精神药品品种,国务院药品监督管理部门应当采取在一定期限内中止生产、经营、使用或者限定其使用范围和用途等措施。对不再作为药品使用的麻醉药品和精神药品,国务院药品监督管理部门应当撤销其药品批准文号和药品标准,并予以公布。

药品监督管理部门、卫生主管部门发现生产、经营企业和使用单位的麻醉药品和精神药品管理存在安全隐患时,应当责令其立即排除或者限期排除;对有证据证明可能流入非法渠道的,应当及时采取查封、扣押的行政强制措施,在7日内作出行政处理决定,并通报同级公安机关。

药品监督管理部门发现取得印鉴卡的医疗机构未依照规定购买麻醉药品和第一类精神药品时,应当及时通报同级卫生主管部门。接到通报的卫生主管部门应当立即调查处理。必要时,药品监督管理部门可以责令定点批发企业中止向该医疗机构销售麻醉药品和第一类精神药品。

第六十一条 麻醉药品和精神药品的生产、经营企业和使用单位对过期、损坏的麻醉药品和精神药品应当登记造册,并向所在地县级药品监督管理部门申请销毁。药品监督管理部门应当自接到申请之日起5日内到场监督销毁。医疗机构对存放在本单位的过期、损坏麻醉药品和精神药品,应当按照本条规定的程序向卫生主管部门提出申请,由卫生主管部门负责监督销毁。

对依法收缴的麻醉药品和精神药品,除经国务院药品监督管理部门或者国务院公安部门批准用于科学研究外,应当依照国家有关规定予以销毁。

第六十二条 县级以上人民政府卫生主管部门应当对执业医师开具麻醉药品和精神药品处方的情况进行监督检查。

第六十三条 药品监督管理部门、卫生主管部门和公安机关应当互相通报麻醉药品和精神药品生产、经营企业和使用单位的名单以及其他管理信息。

各级药品监督管理部门应当将在麻醉药品药用原植物的种植以及麻醉药品和精神药品的实验研究、生产、经营、使用、储存、运输等各环节的管理中的审批、撤销等事项通报同级公安机关。

麻醉药品和精神药品的经营企业、使用单位报送各级药品监督管理部门的备案事项,应当同时报送同级公安机关。

第六十四条 发生麻醉药品和精神药品被盗、被抢、丢失或者其他流入非法渠道的情形的,案发单位应当立即采取必要的控制措施,同时报告所在地县级公安机关和药品监督管理部门。医疗机构发生上述情形的,还应当报告其主管部门。

公安机关接到报告、举报,或者有证据证明麻醉药品和精神药品可能流入非法渠道时,应当及时开展调查,并可以对相关单位采取必要的控制措施。

药品监督管理部门、卫生主管部门以及其他有关部门应当配合公安机关开展工作。

第八章 法律责任

第六十五条 药品监督管理部门、卫生主管部门违反本条例的规定,有下列情形之一的,由其上级行政机关或者监察机关责令改正;情节严重的,对直接负责的主管人员和其他直接责任人员依法给予行政处分;构成犯罪的,依法追究刑事责任:

(一)对不符合条件的申请人准予行政许可或者超越法定职权作出准予行政许可决定的;

(二)未到场监督销毁过期、损坏的麻醉药品和精神药品的;

(三)未依法履行监督检查职责,应当发现而未发现违法行为、发现违法行为不及时查处,或者未依照本条例规定的程序实施监督检查的;

(四)违反本条例规定的其他失职、渎职行为。

第六十六条 麻醉药品药用原植物种植企业违反本条例的规定,有下列情形之一的,由药品监督管理部门责令限期改正,给予警告;逾期不改正的,处5万元以上10万元以下的罚款;情节严重的,取消其种植资格:

(一)未依照麻醉药品药用原植物年度种植计划进行种植的;

(二)未依照规定报告种植情况的;

(三)未依照规定储存麻醉药品的。

第六十七条 定点生产企业违反本条例的规定,有下列情形之一的,由药品监督管理部门责令限期改正,给予警告,并没收违法所得和违法销售的药品;逾期不改正的,责令停产,并处5万元以上10万元以下的罚款;情节严重的,取消其定点生产资格:

(一)未按照麻醉药品和精神药品年度生产计划安排生产的;

(二)未依照规定向药品监督管理部门报告生产情况的;

(三)未依照规定储存麻醉药品和精神药品,或者未依照规定建立、保存专用账册的;

(四)未依照规定销售麻醉药品和精神药品的;

(五)未依照规定销毁麻醉药品和精神药品的。

第六十八条 定点批发企业违反本条例的规定销售麻醉药品和精神药品,或者违反本条例的规定经营麻醉药品原料药和第一类精神药品原料药的,由药品监督管理部门责令限期改正,给予警告,并没收违法所得和违法销售的药品;逾期不改正的,责令停业,并处违法销售药品货值金额2倍以上5倍以下的罚款;情节严重的,取消其定点批发资格。

第六十九条 定点批发企业违反本条例的规定,有下列情形之一的,由药品监督管理部门责令限期改正,给予警告;逾期不改正的,责令停业,并处2万元以上5万元以下的罚款;情节严重的,取消其定点批发资格:

(一)未依照规定购进麻醉药品和第一类精神药品的;

(二)未保证供药责任区域内的麻醉药品和第一类精神药品的供应的;

(三)未对医疗机构履行送货义务的;

(四)未依照规定报告麻醉药品和精神药品的进货、销售、库存数量以及流向的;

(五)未依照规定储存麻醉药品和精神药品,或者未依照规定建立、保存专用账册的;

(六)未依照规定销毁麻醉药品和精神药品的;

(七)区域性批发企业之间违反本条例的规定调剂麻醉药品和第一类精神药品,或者因特殊情况调剂麻醉药品和第一类精神药品后未依照规定备案的。

第七十条 第二类精神药品零售企业违反本条例的规定储存、销售或者销毁第二类精神药品的,由药品监督管理部门责令限期改正,给予警告,并没收违法所得和违法销售的药品;逾期不改正的,责令停业,并处5000元以上2万元以下的罚款;情节严重的,取消其第二类精神药品零售资格。

第七十一条 本条例第三十四条、第三十五条规定的单位违反本条例的规定,购买麻醉药品和精神药品的,由药品监督管理部门没收违法购买的麻醉药品和精神药品,责令限期改正,给予警告;逾期不改正的,责令停产或者停止相关活动,并处2万元以上5万元以下的罚款。

第七十二条 取得印鉴卡的医疗机构违反本条例的规定,有下列情形之一的,由设区的市级人民政府卫生主管部门责令限期改正,给予警告;逾期不改正的,处5000元以上1万元以下的罚款;情节严重的,吊销其印鉴卡;对直接负责的主管人员和其他直接责任人员,依法给予降级、撤职、开除的处分:

(一)未依照规定购买、储存麻醉药品和第一类精神药品的;

(二)未依照规定保存麻醉药品和精神药品专用处方,或者未依照规定进行处方专册登记的;

(三)未依照规定报告麻醉药品和精神药品的进货、库存、使用数量的;

（四）紧急借用麻醉药品和第一类精神药品后未备案的；

（五）未依照规定销毁麻醉药品和精神药品的。

第七十三条 具有麻醉药品和第一类精神药品处方资格的执业医师，违反本条例的规定开具麻醉药品和第一类精神药品处方，或者未按照临床应用指导原则的要求使用麻醉药品和第一类精神药品的，由其所在医疗机构取消其麻醉药品和第一类精神药品处方资格；造成严重后果的，由原发证部门吊销其执业证书。执业医师未按照临床应用指导原则的要求使用第二类精神药品或者未使用专用处方开具第二类精神药品，造成严重后果的，由原发证部门吊销其执业证书。

未取得麻醉药品和第一类精神药品处方资格的执业医师擅自开具麻醉药品和第一类精神药品处方，由县级以上人民政府卫生主管部门给予警告，暂停其执业活动；造成严重后果的，吊销其执业证书；构成犯罪的，依法追究刑事责任。

处方的调配人、核对人违反本条例的规定未对麻醉药品和第一类精神药品处方进行核对，造成严重后果的，由原发证部门吊销其执业证书。

第七十四条 违反本条例的规定运输麻醉药品和精神药品的，由药品监督管理部门和运输管理部门依照各自职责，责令改正，给予警告，处 2 万元以上 5 万元以下的罚款。

收寄麻醉药品、精神药品的邮政营业机构未依照本条例的规定办理邮寄手续的，由邮政主管部门责令改正，给予警告；造成麻醉药品、精神药品邮件丢失的，依照邮政法律、行政法规的规定处理。

第七十五条 提供虚假材料、隐瞒有关情况，或者采取其他欺骗手段取得麻醉药品和精神药品的实验研究、生产、经营、使用资格的，由原审批部门撤销其已取得的资格，5 年内不得提出有关麻醉药品和精神药品的申请；情节严重的，处 1 万元以上 3 万元以下的罚款，有药品生产许可证、药品经营许可证、医疗机构执业许可证的，依法吊销其许可证明文件。

第七十六条 药品研究单位在普通药品的实验研究和研制过程中，产生本条例规定管制的麻醉药品和精神药品，未依照本条例的规定报告的，由药品监督管理部门责令改正，给予警告，没收违法药品；拒不改正的，责令停止实验研究和研制活动。

第七十七条 药物临床试验机构以健康人为麻醉药品和第一类精神药品临床试验的受试对象的，由药品监督管理部门责令停止违法行为，给予警告；情节严重的，取消其药物临床试验机构的资格；构成犯罪的，依法追究刑事责任。对受试对象造成损害的，药物临床试验机构依法承担治疗和赔偿责任。

第七十八条 定点生产企业、定点批发企业和第二类精神药品零售企业生产、销售假劣麻醉药品和精神药品的，由药品监督管理部门取消其定点生产资格、定点批发资格或者第二类精神药品零售资格，并依照药品管理法的有关规定予以处罚。

第七十九条 定点生产企业、定点批发企业和其他单位使用现金进行麻醉药品和精神药品交易的，由药品监督管理部门责令改正，给予警告，没收违法交易的药品，并处 5 万元以上 10 万元以下的罚款。

第八十条 发生麻醉药品和精神药品被盗、被抢、丢失案件的单位，违反本条例的规定未采取必要的控制措施或者未依照本条例的规定报告的，由药品监督管理部门和卫生主管部门依照各自职责，责令改正，给予警告；情节严重的，处 5000 元以上 1 万元以下的罚款；有上级主管部门的，由其上级主管部门对直接负责的主管人员和其他直接责任人员，依法给予降级、撤职的处分。

第八十一条 依法取得麻醉药品药用原植物种植或者麻醉药品和精神药品实验研究、生产、经营、使用、运输等资格的单位，倒卖、转让、出租、出借、涂改其麻醉药品和精神药品许可证明文件的，由原审批部门吊销相应许可证明文件，没收违法所得；情节严重的，处违法所得 2 倍以上 5 倍以下的罚款；没有违法所得的，处 2 万元以上 5 万元以下的罚款；构成犯罪的，依法追究刑事责任。

第八十二条 违反本条例的规定，致使麻醉药品和精神药品流入非法渠道造成危害，构成犯罪的,依法追究刑事责任;尚不构成犯罪的,由县级以上公安机关处5万元以上10万元以下的罚款;有违法所得的,没收违法所得;情节严重的,处违法所得2倍以上5倍以下的罚款;由原发证部门吊销其药品生产、经营和使用许可证明文件。

药品监督管理部门、卫生主管部门在监督管理工作中发现前款规定情形的,应当立即通报所在地同级公安机关,并依照国家有关规定,将案件以及相关材料移送公安机关。

第八十三条 本章规定由药品监督管理部门作出的行政处罚,由县级以上药品监督管理部门按照国务院药品监督管理部门规定的职责分工决定。

第九章 附 则

第八十四条 本条例所称实验研究是指以医疗、科学研究或者教学为目的的临床前药物研究。

经批准可以开展与计划生育有关的临床医疗服务的计划生育技术服务机构需要使用麻醉药品和精神药品的,依照本条例有关医疗机构使用麻醉药品和精神药品的规定执行。

第八十五条 麻醉药品目录中的罂粟壳只能用于中药饮片和中成药的生产以及医疗配方使用。具体管理办法由国务院药品监督管理部门另行制定。

第八十六条 生产含麻醉药品的复方制剂,需要购进、储存、使用麻醉药品原料药的,应当遵守本条例有关麻醉药品管理的规定。

第八十七条 军队医疗机构麻醉药品和精神药品的供应、使用,由国务院药品监督管理部门会同中国人民解放军总后勤部依据本条例制定具体管理办法。

第八十八条 对动物用麻醉药品和精神药品的管理,由国务院兽医主管部门会同国务院药品监督管理部门依据本条例制定具体管理办法。

第八十九条 本条例自2005年11月1日起施行。1987年11月28日国务院发布的《麻醉药品管理办法》和1988年12月27日国务院发布的《精神药品管理办法》同时废止。

中华人民共和国中医药条例

(2003年4月2日国务院第3次常务会议通过 2003年4月7日中华人民共和国国务院令第374号公布 自2003年10月1日起施行)

第一章 总 则

第一条 为了继承和发展中医药学,保障和促进中医药事业的发展,保护人体健康,制定本条例。

第二条 在中华人民共和国境内从事中医医疗、预防、保健、康复服务和中医药教育、科研、对外交流以及中医药事业管理活动的单位或者个人,应当遵守本条例。

中药的研制、生产、经营、使用和监督管理依照《中华人民共和国药品管理法》执行。

第三条 国家保护、扶持、发展中医药事业,实行中西医并重的方针,鼓励中西医相互学习、相互补充、共同提高,推动中医、西医两种医学体系的有机结合,全面发展我国中医药事业。

第四条 发展中医药事业应当遵循继承与创新相结合的原则,保持和发扬中医药特色和优势,积极利用现代科学技术,促进中医药理论和实践的发展,推进中医药现代化。

第五条 县级以上各级人民政府应当将中医药事业纳入国民经济和社会发展计划,使中医药事业与经济、社会协调发展。

县级以上地方人民政府在制定区域卫生规划时,应当根据本地区社会、经济发展状况和居民医疗需求，统筹安排中医医疗机构的设置和布局，完善城乡中医服务网络。

第六条 国务院中医药管理部门负责全国中医药管理工作。国务院有关部门在各自的职责范围内负责与中医药有关的工作。

县级以上地方人民政府负责中医药管理的部门负责本行政区域内的中医药管理工作。县级以上地方人民政府有关部门在各自的职责范围内负责与中医药有关的工作。

第七条 对在继承和发展中医药事业中做出显著贡献和在边远地区从事中医药工作做出突出成绩的单位和个人，县级以上各级人民政府应当给予奖励。

第二章 中医医疗机构与从业人员

第八条 开办中医医疗机构，应当符合国务院卫生行政部门制定的中医医疗机构设置标准和当地区域卫生规划，并按照《医疗机构管理条例》的规定办理审批手续，取得医疗机构执业许可证后，方可从事中医医疗活动。

第九条 中医医疗机构从事医疗服务活动，应当充分发挥中医药特色和优势，遵循中医药自身发展规律，运用传统理论和方法，结合现代科学技术手段，发挥中医药在防治疾病、保健、康复中的作用，为群众提供价格合理、质量优良的中医药服务。

第十条 依法设立的社区卫生服务中心（站）、乡镇卫生院等城乡基层卫生服务机构，应当能够提供中医医疗服务。

第十一条 中医从业人员，应当依照有关卫生管理的法律、行政法规、部门规章的规定通过资格考试，并经注册取得执业证书后，方可从事中医服务活动。

以师承方式学习中医学的人员以及确有专长的人员，应当按照国务院卫生行政部门的规定，通过执业医师或者执业助理医师资格考核考试，并经注册取得医师执业证书后，方可从事中医医疗活动。

第十二条 中医从业人员应当遵守相应的中医诊断治疗原则、医疗技术标准和技术操作规范。

全科医师和乡村医生应当具备中医药基本知识以及运用中医诊疗知识、技术，处理常见病和多发病的基本技能。

第十三条 发布中医医疗广告，医疗机构应当按照规定向所在地省、自治区、直辖市人民政府负责中医药管理的部门申请并报送有关材料。省、自治区、直辖市人民政府负责中医药管理的部门应当自收到有关材料之日起10个工作日内进行审查，并作出是否核发中医医疗广告批准文号的决定。对符合规定要求的，发给中医医疗广告批准文号。未取得中医医疗广告批准文号的，不得发布中医医疗广告。

发布的中医医疗广告，其内容应当与审查批准发布的内容一致。

第三章 中医药教育与科研

第十四条 国家采取措施发展中医药教育事业。

各类中医药教育机构应当加强中医药基础理论教学，重视中医药基础理论与中医药临床实践相结合，推进素质教育。

第十五条 设立各类中医药教育机构，应当符合国家规定的设置标准，并建立符合国家规定标准的临床教学基地。

中医药教育机构的设置标准，由国务院卫生行政部门会同国务院教育行政部门制定；中医药教育机构临床教学基地标准，由国务院卫生行政部门制定。

第十六条 国家鼓励开展中医药专家学术经验和技术专长继承工作，培养高层次的中医临床人才和中药技术人才。

第十七条 承担中医药专家学术经验和技术专长继承工作的指导老师应当具备下列条件：

（一）具有较高学术水平和丰富的实践经验、技术专长和良好的职业品德；

（二）从事中医药专业工作30年以上并担任高级专业技术职务10年以上。

第十八条 中医药专家学术经验和技术专长继承工作的继承人应当具备下列条件：

（一）具有大学本科以上学历和良好的职业品德；

（二）受聘于医疗卫生机构或者医学教育、科研机构从事中医药工作，并担任中级以上专业技术职务。

第十九条 中医药专家学术经验和技术专长继承工作的指导老师以及继承人的管理办法，由国务院中医药管理部门会同有关部门制定。

第二十条 省、自治区、直辖市人民政府负责中医药管理的部门应当依据国家有关规定，完善本地区中医药人员继续教育制度，制定中医药人员培训规划。

县级以上地方人民政府负责中医药管理的部门应当按照中医药人员培训规划的要求，对城乡基层卫生服务人员进行中医药基本知识和基本技能的培训。

医疗机构应当为中医药技术人员接受继续教育创造条件。

第二十一条 国家发展中医药科学技术，将其纳入科学技术发展规划，加强重点中医药科研机构建设。

县级以上地方人民政府应当充分利用中医药资源，重视中医药科学研究和技术开发，采取措施开发、推广、应用中医药技术成果，促进中医药科学技术发展。

第二十二条 中医药科学研究应当注重运用传统方法和现代方法开展中医药基础理论研究和临床研究，运用中医药理论和现代科学技术开展对常见病、多发病和疑难病的防治研究。

中医药科研机构、高等院校、医疗机构应当加强中医药科研的协作攻关和中医药科技成果的推广应用，培养中医药学科带头人和中青年技术骨干。

第二十三条 捐献对中医药科学技术发展有重大意义的中医诊疗方法和中医药文献、秘方、验方的，参照《国家科学技术奖励条例》的规定给予奖励。

第二十四条 国家支持中医药的对外交流与合作，推进中医药的国际传播。

重大中医药科研成果的推广、转让、对外交流，中外合作研究中医药技术，应当经省级以上人民政府负责中医药管理的部门批准，防止重大中医药资源流失。

属于国家科学技术秘密的中医药科研成果，确需转让、对外交流的，应当符合有关保守国家秘密的法律、行政法规和部门规章的规定。

第四章 保障措施

第二十五条 县级以上地方人民政府应当根据中医药事业发展的需要以及本地区国民经济和社会发展状况，逐步增加对中医药事业的投入，扶持中医药事业的发展。

任何单位和个人不得将中医药事业经费挪作他用。

国家鼓励境内外组织和个人通过捐资、投资等方式扶持中医药事业发展。

第二十六条 非营利性中医医疗机构，依照国家有关规定享受财政补贴、税收减免等优惠政策。

第二十七条 县级以上地方人民政府劳动保障行政部门确定的城镇职工基本医疗保险定点医疗机构，应当包括符合条件的中医医疗机构。

获得定点资格的中医医疗机构，应当按照规定向参保人员提供基本医疗服务。

第二十八条 县级以上各级人民政府应当采取措施加强对中医药文献的收集、整理、研究和保护工作。

有关单位和中医医疗机构应当加强重要中医药文献资料的管理、保护和利用。

第二十九条 国家保护野生中药材资源，扶持濒危动植物中药材人工代用品的研究和开发利用。

县级以上地方人民政府应当加强中药材的合理开发和利用，鼓励建立中药材种植、培育基地，促进短缺中药材的开发、生产。

第三十条 与中医药有关的评审或者鉴定活动，应当体现中医药特色，遵循中医药自身的发展规律。

中医药专业技术职务任职资格的评审，中医医疗、教育、科研机构的评审、评估，中医药科研课题的立项和成果鉴定，应当成立专门的中医药评审、鉴定组织或者由中医药专家参加评审、鉴定。

第五章 法律责任

第三十一条 负责中医药管理的部门的工作人员在中医药管理工作中违反本条例的规定，利用职务上的便利收受他人财物或者获取其他利益，滥用职权，玩忽职守，或者发现违法行为不予查处，造成严重后果，构成犯罪的，依法追究刑事责任；尚不够刑事处罚的，依法给予降级或者撤职的行政处分。

第三十二条 中医医疗机构违反本条例的规定，有下列情形之一的，由县级以上地方人民政府负责中医药管理的部门责令限期改正；逾期不改正的，责令停业整顿，直至由原审批机关吊销其医疗机构执业许可证、取消其城镇职工基本医疗保险定点医疗机构资格，并对负有责任的主管人员和其他直接责任人员依法给予纪律处分：

（一）不符合中医医疗机构设置标准的；

（二）获得城镇职工基本医疗保险定点医疗机构资格，未按照规定向参保人员提供基本医疗服务的。

第三十三条 未经批准擅自开办中医医疗机构或者未按照规定通过执业医师或者执业助理医师资格考试取得执业许可，从事中医医疗活动的，依照《中华人民共和国执业医师法》和《医疗机构管理条例》的有关规定给予处罚。

第三十四条 中医药教育机构违反本条例的规定，有下列情形之一的，由县级以上地方人民政府负责中医药管理的部门责令限期改正；逾期不改正的，由原审批机关予以撤销：

（一）不符合规定的设置标准的；

（二）没有建立符合规定标准的临床教学基地的。

第三十五条 违反本条例规定，造成重大中医药资源流失和国家科学技术秘密泄露，情节严重，构成犯罪的，依法追究刑事责任；尚不够刑事处罚的，由县级以上地方人民政府负责中医药管理的部门责令改正，对负有责任的主管人员和其他直接责任人员依法给予纪律处分。

第三十六条 违反本条例规定，损毁或者破坏中医药文献的，由县级以上地方人民政府负责中医药管理的部门责令改正，对负有责任的主管人员和其他直接责任人员依法给予纪律处分；损毁或者破坏属于国家保护文物的中医药文献，情节严重，构成犯罪的，依法追究刑事责任。

第三十七条 篡改经批准的中医医疗广告内容的，由原审批部门撤销广告批准文号，1 年内不受理该中医医疗机构的广告审批申请。

负责中医药管理的部门撤销中医医疗广告批准文号后，应当自作出行政处理决定之日起 5 个工作日内通知广告监督管理机关。广告监督管理机关应当自收到负责中医药管理的部门通知之日起 15 个工作日内，依照《中华人民共和国广告法》的有关规定查处。

第六章　附　　则

第三十八条　本条例所称中医医疗机构，是指依法取得医疗机构执业许可证的中医、中西医结合的医院、门诊部和诊所。

民族医药的管理参照本条例执行。

第三十九条　本条例自2003年10月1日起施行。

疫苗流通和预防接种管理条例

（2005年3月24日中华人民共和国国务院令第434号公布　根据2016年4月23日《国务院关于修改〈疫苗流通和预防接种管理条例〉的决定》修订）

第一章　总　　则

第一条　为了加强对疫苗流通和预防接种的管理，预防、控制传染病的发生、流行，保障人体健康和公共卫生，根据《中华人民共和国药品管理法》（以下简称药品管理法）和《中华人民共和国传染病防治法》（以下简称传染病防治法），制定本条例。

第二条　本条例所称疫苗，是指为了预防、控制传染病的发生、流行，用于人体预防接种的疫苗类预防性生物制品。

疫苗分为两类。第一类疫苗，是指政府免费向公民提供，公民应当依照政府的规定受种的疫苗，包括国家免疫规划确定的疫苗，省、自治区、直辖市人民政府在执行国家免疫规划时增加的疫苗，以及县级以上人民政府或者其卫生主管部门组织的应急接种或者群体性预防接种所使用的疫苗；第二类疫苗，是指由公民自费并且自愿受种的其他疫苗。

第三条　接种第一类疫苗由政府承担费用。接种第二类疫苗由受种者或者其监护人承担费用。

第四条　疫苗的流通、预防接种及其监督管理适用本条例。

第五条　国务院卫生主管部门根据全国范围内的传染病流行情况、人群免疫状况等因素，制定国家免疫规划；会同国务院财政部门拟订纳入国家免疫规划的疫苗种类，报国务院批准后公布。

省、自治区、直辖市人民政府在执行国家免疫规划时，根据本行政区域的传染病流行情况、人群免疫状况等因素，可以增加免费向公民提供的疫苗种类，并报国务院卫生主管部门备案。

第六条　国家实行有计划的预防接种制度，推行扩大免疫规划。

需要接种第一类疫苗的受种者应当依照本条例规定受种；受种者为未成年人的，其监护人应当配合有关的疾病预防控制机构和医疗机构等医疗卫生机构，保证受种者及时受种。

第七条　国务院卫生主管部门负责全国预防接种的监督管理工作。县级以上地方人民政府卫生主管部门负责本行政区域内预防接种的监督管理工作。

国务院药品监督管理部门负责全国疫苗的质量和流通的监督管理工作。省、自治区、直辖市人民政府药品监督管理部门负责本行政区域内疫苗的质量和流通的监督管理工作。

第八条　经县级人民政府卫生主管部门依照本条例规定指定的医疗卫生机构（以下称接种单位），承担预防接种工作。县级人民政府卫生主管部门指定接种单位时，应当明确其责任区域。

县级以上人民政府应当对承担预防接种工作并作出显著成绩和贡献的接种单位及其工作人员给予奖励。

第九条　国家支持、鼓励单位和个人参与预防接种工作。各级人民政府应当完善有关制度，方便单位和个人参与预防接种工作的宣传、教育和捐赠等活动。

居民委员会、村民委员会应当配合有关部门开展与预防接种有关的宣传、教育工作，并协助组织居民、村民受种第一类疫苗。

第二章 疫苗流通

第十条 采购疫苗，应当通过省级公共资源交易平台进行。

第十一条 省级疾病预防控制机构应当根据国家免疫规划和本地区预防、控制传染病的发生、流行的需要，制定本地区第一类疫苗的使用计划（以下称使用计划），并向依照国家有关规定负责采购第一类疫苗的部门报告，同时报同级人民政府卫生主管部门备案。使用计划应当包括疫苗的品种、数量、供应渠道与供应方式等内容。

第十二条 依照国家有关规定负责采购第一类疫苗的部门应当依法与疫苗生产企业签订政府采购合同，约定疫苗的品种、数量、价格等内容。

第十三条 疫苗生产企业应当按照政府采购合同的约定，向省级疾病预防控制机构或者其指定的其他疾病预防控制机构供应第一类疫苗，不得向其他单位或者个人供应。

疫苗生产企业应当在其供应的纳入国家免疫规划疫苗的最小外包装的显著位置，标明"免费"字样以及国务院卫生主管部门规定的"免疫规划"专用标识。具体管理办法由国务院药品监督管理部门会同国务院卫生主管部门制定。

第十四条 省级疾病预防控制机构应当做好分发第一类疫苗的组织工作，并按照使用计划将第一类疫苗组织分发到设区的市级疾病预防控制机构或者县级疾病预防控制机构。县级疾病预防控制机构应当按照使用计划将第一类疫苗分发到接种单位和乡级医疗卫生机构。乡级医疗卫生机构应当将第一类疫苗分发到承担预防接种工作的村医疗卫生机构。医疗卫生机构不得向其他单位或者个人分发第一类疫苗；分发第一类疫苗，不得收取任何费用。

传染病暴发、流行时，县级以上地方人民政府或者其卫生主管部门需要采取应急接种措施的，设区的市级以上疾病预防控制机构可以直接向接种单位分发第一类疫苗。

第十五条 第二类疫苗由省级疾病预防控制机构组织在省级公共资源交易平台集中采购，由县级疾病预防控制机构向疫苗生产企业采购后供应给本行政区域的接种单位。

疫苗生产企业应当直接向县级疾病预防控制机构配送第二类疫苗，或者委托具备冷链储存、运输条件的企业配送。接受委托配送第二类疫苗的企业不得委托配送。

县级疾病预防控制机构向接种单位供应第二类疫苗可以收取疫苗费用以及储存、运输费用。疫苗费用按照采购价格收取，储存、运输费用按照省、自治区、直辖市的规定收取。收费情况应当向社会公开。

第十六条 疾病预防控制机构、接种单位、疫苗生产企业、接受委托配送疫苗的企业应当遵守疫苗储存、运输管理规范，保证疫苗质量。疫苗储存、运输的全过程应当始终处于规定的温度环境，不得脱离冷链，并定时监测、记录温度。对于冷链运输时间长、需要配送至偏远地区的疫苗，省级疾病预防控制机构应当提出加贴温度控制标签的要求。

疫苗储存、运输管理的相关规范由国务院卫生主管部门、药品监督管理部门制定。

第十七条 疫苗生产企业在销售疫苗时，应当提供由药品检验机构依法签发的生物制品每批检验合格或者审核批准证明复印件，并加盖企业印章；销售进口疫苗的，还应当提供进口药品通关单复印件，并加盖企业印章。

疾病预防控制机构、接种单位在接收或者购进疫苗时，应当向疫苗生产企业索取前款规定的证明文件，并保存至超过疫苗有效期2年备查。

第十八条 疫苗生产企业应当依照药品管理法和国务院药品监督管理部门的规定，建立真实、完整的销售记录，并保存至超过疫苗有效期2年备查。

疾病预防控制机构应当依照国务院卫生主管部门的规定，建立真实、完整的购进、储存、分发、供应记录，做到票、账、货、款一致，并保存至超过疫苗有效期2年备查。疾病预防控制机构接收或者购进疫苗时应当索要疫苗储存、运输全过程的温度监测记录；对不能提供全过程温度监测记录或者温度控制不符合要求的，不得接收或者购进，并应当立即向药品监督管理部门、卫生主管部门报告。

第三章　疫苗接种

第十九条　国务院卫生主管部门应当制定、公布预防接种工作规范，并根据疫苗的国家标准，结合传染病流行病学调查信息，制定、公布纳入国家免疫规划疫苗的免疫程序和其他疫苗的免疫程序或者使用指导原则。

省、自治区、直辖市人民政府卫生主管部门应当根据国务院卫生主管部门制定的免疫程序、疫苗使用指导原则，结合本行政区域的传染病流行情况，制定本行政区域的接种方案，并报国务院卫生主管部门备案。

第二十条　各级疾病预防控制机构依照各自职责，根据国家免疫规划或者接种方案，开展与预防接种相关的宣传、培训、技术指导、监测、评价、流行病学调查、应急处置等工作，并依照国务院卫生主管部门的规定作好记录。

第二十一条　接种单位应当具备下列条件：

（一）具有医疗机构执业许可证件；

（二）具有经过县级人民政府卫生主管部门组织的预防接种专业培训并考核合格的执业医师、执业助理医师、护士或者乡村医生；

（三）具有符合疫苗储存、运输管理规范的冷藏设施、设备和冷藏保管制度。

承担预防接种工作的城镇医疗卫生机构，应当设立预防接种门诊。

第二十二条　接种单位应当承担责任区域内的预防接种工作，并接受所在地的县级疾病预防控制机构的技术指导。

第二十三条　接种单位接收第一类疫苗或者购进第二类疫苗，应当索要疫苗储存、运输全过程的温度监测记录，建立并保存真实、完整的接收、购进记录，做到票、账、货、款一致。对不能提供全过程温度监测记录或者温度控制不符合要求的，接种单位不得接收或者购进，并应当立即向所在地县级人民政府药品监督管理部门、卫生主管部门报告。

接种单位应当根据预防接种工作的需要，制定第一类疫苗的需求计划和第二类疫苗的购买计划，并向县级人民政府卫生主管部门和县级疾病预防控制机构报告。

第二十四条　接种单位接种疫苗，应当遵守预防接种工作规范、免疫程序、疫苗使用指导原则和接种方案，并在其接种场所的显著位置公示第一类疫苗的品种和接种方法。

第二十五条　医疗卫生人员在实施接种前，应当告知受种者或者其监护人所接种疫苗的品种、作用、禁忌、不良反应以及注意事项，询问受种者的健康状况以及是否有接种禁忌等情况，并如实记录告知和询问情况。受种者或者其监护人应当了解预防接种的相关知识，并如实提供受种者的健康状况和接种禁忌等情况。

医疗卫生人员应当对符合接种条件的受种者实施接种，并依照国务院卫生主管部门的规定，记录疫苗的品种、生产企业、最小包装单位的识别信息、有效期、接种时间、实施接种的医疗卫生人员、受种者等内容。接种记录保存时间不得少于5年。

对于因有接种禁忌而不能接种的受种者，医疗卫生人员应当对受种者或者其监护人提出医学建议。

第二十六条 国家对儿童实行预防接种证制度。在儿童出生后1个月内,其监护人应当到儿童居住地承担预防接种工作的接种单位为其办理预防接种证。接种单位对儿童实施接种时,应当查验预防接种证,并作好记录。

儿童离开原居住地期间,由现居住地承担预防接种工作的接种单位负责对其实施接种。

预防接种证的格式由省、自治区、直辖市人民政府卫生主管部门制定。

第二十七条 儿童入托、入学时,托幼机构、学校应当查验预防接种证,发现未依照国家免疫规划受种的儿童,应当向所在地的县级疾病预防控制机构或者儿童居住地承担预防接种工作的接种单位报告,并配合疾病预防控制机构或者接种单位督促其监护人在儿童入托、入学后及时到接种单位补种。

第二十八条 接种单位应当按照国家免疫规划对居住在其责任区域内需要接种第一类疫苗的受种者接种,并达到国家免疫规划所要求的接种率。

疾病预防控制机构应当及时向接种单位分发第一类疫苗。

受种者或者其监护人要求自费选择接种第一类疫苗的同品种疫苗的,提供服务的接种单位应当告知费用承担、异常反应补偿方式以及本条例第二十五条规定的有关内容。

第二十九条 接种单位应当依照国务院卫生主管部门的规定对接种情况进行登记,并向所在地的县级人民政府卫生主管部门和县级疾病预防控制机构报告。接种单位在完成国家免疫规划后剩余第一类疫苗的,应当向原疫苗分发单位报告,并说明理由。

第三十条 接种单位接种第一类疫苗不得收取任何费用。

接种单位接种第二类疫苗可以收取服务费、接种耗材费,具体收费标准由所在地的省、自治区、直辖市人民政府价格主管部门核定。

第三十一条 县级以上地方人民政府卫生主管部门根据传染病监测和预警信息,为了预防、控制传染病的暴发、流行,需要在本行政区域内部分地区进行群体性预防接种的,应当报经本级人民政府决定,并向省、自治区、直辖市人民政府卫生主管部门备案;需要在省、自治区、直辖市行政区域全部范围内进行群体性预防接种的,应当由省、自治区、直辖市人民政府卫生主管部门报经本级人民政府决定,并向国务院卫生主管部门备案。需要在全国范围或者跨省、自治区、直辖市范围内进行群体性预防接种的,应当由国务院卫生主管部门决定。作出批准决定的人民政府或者国务院卫生主管部门应当组织有关部门做好人员培训、宣传教育、物资调用等工作。

任何单位或者个人不得擅自进行群体性预防接种。

第三十二条 传染病暴发、流行时,县级以上地方人民政府或者其卫生主管部门需要采取应急接种措施的,依照传染病防治法和《突发公共卫生事件应急条例》的规定执行。

第三十三条 国务院卫生主管部门或者省、自治区、直辖市人民政府卫生主管部门可以根据传染病监测和预警信息发布接种第二类疫苗的建议信息,其他任何单位和个人不得发布。

接种第二类疫苗的建议信息应当包含所针对传染病的防治知识、相关的接种方案等内容,但不得涉及具体的疫苗生产企业。

第四章 保障措施

第三十四条 县级以上人民政府应当将与国家免疫规划有关的预防接种工作纳入本行政区域的国民经济和社会发展计划,对预防接种工作所需经费予以保障,保证达到国家免疫规划所要求的接种率,确保国家免疫规划的实施。

第三十五条 省、自治区、直辖市人民政府根据本行政区域传染病流行趋势,在国务院卫生主管部门确定的传染病预防、控制项目范围内,确定本行政区域与预防接种相关的项目,并保证项目的实施。

第三十六条 省、自治区、直辖市人民政府应当对购买、运输第一类疫苗所需经费予以保障，并保证本行政区域内疾病预防控制机构和接种单位冷链系统的建设、运转。

国家根据需要对贫困地区的预防接种工作给予适当支持。

第三十七条 县级人民政府应当保证实施国家免疫规划的预防接种所需经费，并依照国家有关规定对从事预防接种工作的乡村医生和其他基层预防保健人员给予适当补助。

省、自治区、直辖市人民政府和设区的市级人民政府应当对困难地区的县级人民政府开展与预防接种相关的工作给予必要的经费补助。

第三十八条 县级以上人民政府负责疫苗和有关物资的储备，以备调用。

第三十九条 各级财政安排用于预防接种的经费应当专款专用，任何单位和个人不得挪用、挤占。有关单位和个人使用用于预防接种的经费应当依法接受审计机关的审计监督。

第五章 预防接种异常反应的处理

第四十条 预防接种异常反应，是指合格的疫苗在实施规范接种过程中或者实施规范接种后造成受种者机体组织器官、功能损害，相关各方均无过错的药品不良反应。

第四十一条 下列情形不属于预防接种异常反应：

（一）因疫苗本身特性引起的接种后一般反应；

（二）因疫苗质量不合格给受种者造成的损害；

（三）因接种单位违反预防接种工作规范、免疫程序、疫苗使用指导原则、接种方案给受种者造成的损害；

（四）受种者在接种时正处于某种疾病的潜伏期或者前驱期，接种后偶合发病；

（五）受种者有疫苗说明书规定的接种禁忌，在接种前受种者或者其监护人未如实提供受种者的健康状况和接种禁忌等情况，接种后受种者原有疾病急性复发或者病情加重；

（六）因心理因素发生的个体或者群体的心因性反应。

第四十二条 疾病预防控制机构和接种单位及其医疗卫生人员发现预防接种异常反应、疑似预防接种异常反应或者接到相关报告的，应当依照预防接种工作规范及时处理，并立即报告所在地的县级人民政府卫生主管部门、药品监督管理部门。接到报告的卫生主管部门、药品监督管理部门应当立即组织调查处理。

第四十三条 县级以上地方人民政府卫生主管部门、药品监督管理部门应当将在本行政区域内发生的预防接种异常反应及其处理的情况，分别逐级上报至国务院卫生主管部门和药品监督管理部门。

第四十四条 预防接种异常反应争议发生后，接种单位或者受种方可以请求接种单位所在地的县级人民政府卫生主管部门处理。

因预防接种导致受种者死亡、严重残疾或者群体性疑似预防接种异常反应，接种单位或者受种方请求县级人民政府卫生主管部门处理的，接到处理请求的卫生主管部门应当采取必要的应急处置措施，及时向本级人民政府报告，并移送上一级人民政府卫生主管部门处理。

第四十五条 预防接种异常反应的鉴定参照《医疗事故处理条例》执行，具体办法由国务院卫生主管部门会同国务院药品监督管理部门制定。

第四十六条 因预防接种异常反应造成受种者死亡、严重残疾或者器官组织损伤的，应当给予一次性补偿。

因接种第一类疫苗引起预防接种异常反应需要对受种者予以补偿的，补偿费用由省、自治区、直辖市人民政府财政部门在预防接种工作经费中安排。因接种第二类疫苗引起预防接种异常反应需要对受种者予以补偿的，补偿费用由相关的疫苗生产企业承担。国家鼓励建立通过商业保险等形式对预防接种异常反应受种者予以补偿的机制。

预防接种异常反应具体补偿办法由省、自治区、直辖市人民政府制定。

第四十七条 因疫苗质量不合格给受种者造成损害的,依照药品管理法的有关规定处理;因接种单位违反预防接种工作规范、免疫程序、疫苗使用指导原则、接种方案给受种者造成损害的,依照《医疗事故处理条例》的有关规定处理。

第六章 监督管理

第四十八条 药品监督管理部门依照药品管理法及其实施条例的有关规定,对疫苗在储存、运输、供应、销售、分发和使用等环节中的质量进行监督检查,并将检查结果及时向同级卫生主管部门通报。药品监督管理部门根据监督检查需要对疫苗进行抽查检验的,有关单位和个人应当予以配合,不得拒绝。

第四十九条 药品监督管理部门在监督检查中,对有证据证明可能危害人体健康的疫苗及其有关材料可以采取查封、扣押的措施,并在7日内作出处理决定;疫苗需要检验的,应当自检验报告书发出之日起15日内作出处理决定。

疾病预防控制机构、接种单位、疫苗生产企业发现假劣或者质量可疑的疫苗,应当立即停止接种、分发、供应、销售,并立即向所在地的县级人民政府卫生主管部门和药品监督管理部门报告,不得自行处理。接到报告的卫生主管部门应当立即组织疾病预防控制机构和接种单位采取必要的应急处置措施,同时向上级卫生主管部门报告;接到报告的药品监督管理部门应当对假劣或者质量可疑的疫苗依法采取查封、扣押等措施。

第五十条 县级以上人民政府卫生主管部门在各自职责范围内履行下列监督检查职责:

(一)对医疗卫生机构实施国家免疫规划的情况进行监督检查;

(二)对疾病预防控制机构开展与预防接种相关的宣传、培训、技术指导等工作进行监督检查;

(三)对医疗卫生机构分发和购买疫苗的情况进行监督检查。

卫生主管部门应当主要通过对医疗卫生机构依照本条例规定所作的疫苗分发、储存、运输和接种等记录进行检查,履行监督管理职责;必要时,可以进行现场监督检查。卫生主管部门对监督检查情况应当予以记录,发现违法行为的,应当责令有关单位立即改正。

第五十一条 卫生主管部门、药品监督管理部门的工作人员依法履行监督检查职责时,不得少于2人,并出示证明文件;对被检查人的商业秘密应当保密。

第五十二条 卫生主管部门、药品监督管理部门发现疫苗质量问题和预防接种异常反应以及其他情况时,应当及时互相通报,实现信息共享。

第五十三条 任何单位和个人有权向卫生主管部门、药品监督管理部门举报违反本条例规定的行为,有权向本级人民政府、上级人民政府有关部门举报卫生主管部门、药品监督管理部门未依法履行监督管理职责的情况。接到举报的有关人民政府、卫生主管部门、药品监督管理部门对有关举报应当及时核实、处理。

第五十四条 国家建立疫苗全程追溯制度。国务院药品监督管理部门会同国务院卫生主管部门制定统一的疫苗追溯体系技术规范。

疫苗生产企业、疾病预防控制机构、接种单位应当依照药品管理法、本条例和国务院药品监督管理部门、卫生主管部门的规定建立疫苗追溯体系,如实记录疫苗的流通、使用信息,实现疫苗最小包装单位的生产、储存、运输、使用全过程可追溯。

国务院药品监督管理部门会同国务院卫生主管部门建立疫苗全程追溯协作机制。

第五十五条 疾病预防控制机构、接种单位对包装无法识别、超过有效期、脱离冷链、经检验不符合标准、来源不明的疫苗,应当如实登记,向所在地县级人民政府药品监督管理部门报告,由县级人民政府药品监督管理部门会同同级卫生主管部门按照规定监督销毁。疾病预防控制机构、接种单位应当如实记录销毁情况,销毁记录保存时间不得少于5年。

第七章 法律责任

第五十六条 县级以上人民政府卫生主管部门、药品监督管理部门违反本条例规定,有下列情形之一的,由本级人民政府、上级人民政府卫生主管部门或者药品监督管理部门责令改正,通报批评;造成受种者人身损害,传染病传播、流行或者其他严重后果的,对直接负责的主管人员和其他直接责任人员依法给予处分;造成特别严重后果的,其主要负责人还应当引咎辞职;构成犯罪的,依法追究刑事责任:

(一)未依照本条例规定履行监督检查职责,或者发现违法行为不及时查处的;

(二)未及时核实、处理对下级卫生主管部门、药品监督管理部门不履行监督管理职责的举报的;

(三)接到发现预防接种异常反应或者疑似预防接种异常反应的相关报告,未立即组织调查处理的;

(四)擅自进行群体性预防接种的;

(五)违反本条例的其他失职、渎职行为。

第五十七条 县级以上人民政府未依照本条例规定履行预防接种保障职责的,由上级人民政府责令改正,通报批评;造成传染病传播、流行或者其他严重后果的,对直接负责的主管人员和其他直接责任人员依法给予处分;发生特别严重的疫苗质量安全事件或者连续发生严重的疫苗质量安全事件的地区,其人民政府主要负责人还应当引咎辞职;构成犯罪的,依法追究刑事责任。

第五十八条 疾病预防控制机构有下列情形之一的,由县级以上人民政府卫生主管部门责令改正,通报批评,给予警告;有违法所得的,没收违法所得;拒不改正的,对主要负责人、直接负责的主管人员和其他直接责任人员依法给予警告至降级的处分:

(一)未按照使用计划将第一类疫苗分发到下级疾病预防控制机构、接种单位、乡级医疗卫生机构的;

(二)未依照规定建立并保存疫苗购进、储存、分发、供应记录的;

(三)接收或者购进疫苗时未依照规定索要温度监测记录,接收、购进不符合要求的疫苗,或者未依照规定报告的。

乡级医疗卫生机构未依照本条例规定将第一类疫苗分发到承担预防接种工作的村医疗卫生机构的,依照前款的规定给予处罚。

第五十九条 接种单位有下列情形之一的,由所在地的县级人民政府卫生主管部门责令改正,给予警告;拒不改正的,对主要负责人、直接负责的主管人员依法给予警告至降级的处分,对负有责任的医疗卫生人员责令暂停3个月以上6个月以下的执业活动:

(一)接收或者购进疫苗时未依照规定索要温度监测记录,接收、购进不符合要求的疫苗,或者未依照规定报告的;

(二)未依照规定建立并保存真实、完整的疫苗接收或者购进记录的;

(三)未在其接种场所的显著位置公示第一类疫苗的品种和接种方法的;

(四)医疗卫生人员在接种前,未依照本条例规定告知、询问受种者或者其监护人有关情况的;

(五)实施预防接种的医疗卫生人员未依照规定填写并保存接种记录的;

(六)未依照规定对接种疫苗的情况进行登记并报告的。

第六十条 疾病预防控制机构、接种单位有下列情形之一的,由县级以上地方人民政府卫生主管部门责令改正,给予警告;有违法所得的,没收违法所得;拒不改正的,对主要负责人、直接负责的主管人员和其他直接责任人员依法给予警告至撤职的处分;造成受种者人身损害或者其他严重后果的,对主要负责人、直接负责的主管人员依法给予开除的处分,并由原发证部门吊销负有责任的医疗卫生人员的执业证书;构成犯罪的,依法追究刑事责任:

(一)违反本条例规定,未通过省级公共资源交易平台采购疫苗的;

(二)违反本条例规定,从疫苗生产企业、县级疾病预防控制机构以外的单位或者个人购进第二类疫苗的;

(三)接种疫苗未遵守预防接种工作规范、免疫程序、疫苗使用指导原则、接种方案的;

(四)发现预防接种异常反应或者疑似预防接种异常反应,未依照规定及时处理或者报告的;

(五)擅自进行群体性预防接种的;

(六)未依照规定对包装无法识别、超过有效期、脱离冷链、经检验不符合标准、来源不明的疫苗进行登记、报告,或者未依照规定记录销毁情况的。

第六十一条 疾病预防控制机构、接种单位在疫苗分发、供应和接种过程中违反本条例规定收取费用的,由所在地的县级人民政府卫生主管部门监督其将违法收取的费用退还给原缴费的单位或者个人,并由县级以上人民政府价格主管部门依法给予处罚。

第六十二条 药品检验机构出具虚假的疫苗检验报告的,依照药品管理法第八十六条的规定处罚。

第六十三条 疫苗生产企业未依照规定建立并保存疫苗销售记录的,依照药品管理法第七十八条的规定处罚。

第六十四条 疫苗生产企业未依照规定在纳入国家免疫规划疫苗的最小外包装上标明“免费”字样以及“免疫规划”专用标识的,由药品监督管理部门责令改正,给予警告;拒不改正的,处5000元以上2万元以下的罚款,并封存相关的疫苗。

第六十五条 疫苗生产企业向县级疾病预防控制机构以外的单位或者个人销售第二类疫苗的,由药品监督管理部门没收违法销售的疫苗,并处违法销售的疫苗货值金额2倍以上5倍以下的罚款;有违法所得的,没收违法所得;其直接负责的主管人员和其他直接责任人员5年内不得从事药品生产经营活动;情节严重的,依法吊销疫苗生产资格或者撤销疫苗进口批准证明文件,其直接负责的主管人员和其他直接责任人员10年内不得从事药品生产经营活动;构成犯罪的,依法追究刑事责任。

第六十六条 疾病预防控制机构、接种单位、疫苗生产企业、接受委托配送疫苗的企业未在规定的冷藏条件下储存、运输疫苗的,由药品监督管理部门责令改正,给予警告,对所储存、运输的疫苗予以销毁;由卫生主管部门对疾病预防控制机构、接种单位的主要负责人、直接负责的主管人员和其他直接责任人员依法给予警告至撤职的处分,造成严重后果的,依法给予开除的处分,并吊销接种单位的接种资格;由药品监督管理部门依法责令疫苗生产企业、接受委托配送疫苗的企业停产、停业整顿,并处违反规定储存、运输的疫苗货值金额2倍以上5倍以下的罚款,造成严重后果的,依法吊销疫苗生产资格或者撤销疫苗进口批准证明文件,其直接负责的主管人员和其他直接责任人员10年内不得从事药品生产经营活动;构成犯罪的,依法追究刑事责任。

第六十七条 违反本条例规定发布接种第二类疫苗的建议信息的,由所在地或者行为发生地的县级人民政府卫生主管部门责令通过大众媒体消除影响,给予警告;有违法所得的,没收违法所得,并处违法所得1倍以上3倍以下的罚款;构成犯罪的,依法追究刑事责任。

第六十八条 未经卫生主管部门依法指定擅自从事接种工作的,由所在地或者行为发生地的县级人民政府卫生主管部门责令改正,给予警告;有违法持有的疫苗的,没收违法持有的疫苗;有违法所得的,没收违法所得;拒不改正的,对主要负责人、直接负责的主管人员和其他直接责任人员依法给予警告、降级的处分。

第六十九条 儿童入托、入学时,托幼机构、学校未依照规定查验预防接种证,或者发现未依照规定受种的儿童后未向疾病预防控制机构或者接种单位报告的,由县级以上地方人民政府教育主管部门责令改正,给予警告;拒不改正的,对主要负责人、直接负责的主管人员和其他直接责任人员依法给予处分。

第七十条 违反本条例规定,疫苗生产企业、县级疾病预防控制机构以外的单位或者个人经营疫苗的,由药品监督管理部门依照药品管理法第七十二条的规定处罚。

第七十一条 卫生主管部门、疾病预防控制机构、接种单位以外的单位或者个人违反本条例规定进行群体性预防接种的,由县级以上人民政府卫生主管部门责令立即改正,没收违法持有的疫苗,并处违法持有的疫苗货值金额2倍以上5倍以下的罚款;有违法所得的,没收违法所得。

第七十二条 单位和个人违反本条例规定,给受种者人身、财产造成损害的,依法承担民事责任。

第七十三条 以发生预防接种异常反应为由,寻衅滋事,扰乱接种单位的正常医疗秩序和预防接种异常反应鉴定工作的,依法给予治安管理处罚;构成犯罪的,依法追究刑事责任。

第八章 附 则

第七十四条 本条例中下列用语的含义:

国家免疫规划,是指按照国家或者省、自治区、直辖市确定的疫苗品种、免疫程序或者接种方案,在人群中有计划地进行预防接种,以预防和控制特定传染病的发生和流行。

冷链,是指为保证疫苗从疫苗生产企业到接种单位运转过程中的质量而装备的储存、运输冷藏设施、设备。

一般反应,是指在免疫接种后发生的,由疫苗本身所固有的特性引起的,对机体只会造成一过性生理功能障碍的反应,主要有发热和局部红肿,同时可能伴有全身不适、倦怠、食欲不振、乏力等综合症状。

疫苗生产企业,是指我国境内的疫苗生产企业以及向我国出口疫苗的境外疫苗厂商指定的在我国境内的代理机构。

第七十五条 出入境预防接种管理办法由国家出入境检验检疫部门另行制定。

第七十六条 本条例自2005年6月1日起施行。

血液制品管理条例

(1996年12月30日中华人民共和国国务院令第208号发布 根据2016年2月6日《国务院关于修改部分行政法规的决定》修订)

第一章 总 则

第一条 为了加强血液制品管理,预防和控制经血液途径传播的疾病,保证血液制品的质量,根据药品管理法和传染病防治法,制定本条例。

第二条 本条例适用于在中华人民共和国境内从事原料血浆的采集、供应以及血液制品的生产、经营活动。

第三条 国务院卫生行政部门对全国的原料血浆的采集、供应和血液制品的生产、经营活动实施监督管理。

县级以上地方各级人民政府卫生行政部门对本行政区域内的原料血浆的采集、供应和血液制品的生产、经营活动,依照本条例第三十条规定的职责实施监督管理。

第二章 原料血浆的管理

第四条 国家实行单采血浆站统一规划、设置的制度。

国务院卫生行政部门根据核准的全国生产用原料血浆的需求，对单采血浆站的布局、数量和规模制定总体规划。省、自治区、直辖市人民政府卫生行政部门根据总体规划制定本行政区域内单采血浆站设置规划和采集血浆的区域规划，并报国务院卫生行政部门备案。

第五条 单采血浆站由血液制品生产单位设置或者由县级人民政府卫生行政部门设置，专门从事单采血浆活动，具有独立法人资格。其他任何单位和个人不得从事单采血浆活动。

第六条 设置单采血浆站，必须具备下列条件：

（一）符合单采血浆站布局、数量、规模的规划；

（二）具有与所采集原料血浆相适应的卫生专业技术人员；

（三）具有与所采集原料血浆相适应的场所及卫生环境；

（四）具有识别供血浆者的身份识别系统；

（五）具有与所采集原料血浆相适应的单采血浆机械及其他设施；

（六）具有对所采集原料血浆进行质量检验的技术人员以及必要的仪器设备。

第七条 申请设置单采血浆站的，由县级人民政府卫生行政部门初审，经设区的市、自治州人民政府卫生行政部门或者省、自治区人民政府设立的派出机关的卫生行政机构审查同意，报省、自治区、直辖市人民政府卫生行政部门审批；经审查符合条件的，由省、自治区、直辖市人民政府卫生行政部门核发《单采血浆许可证》，并报国务院卫生行政部门备案。

单采血浆站只能对省、自治区、直辖市人民政府卫生行政部门划定区域内的供血浆者进行筛查和采集血浆。

第八条 《单采血浆许可证》应当规定有效期。

第九条 在一个采血浆区域内，只能设置一个单采血浆站。

严禁单采血浆站采集非划定区域内的供血浆者和其他人员的血浆。

第十条 单采血浆站必须对供血浆者进行健康检查；检查合格的，由县级人民政府卫生行政部门核发《供血浆证》。

供血浆者健康检查标准，由国务院卫生行政部门制定。

第十一条 《供血浆证》由省、自治区、直辖市人民政府卫生行政部门负责设计和印制。《供血浆证》不得涂改、伪造、转让。

第十二条 单采血浆站在采集血浆前，必须对供血浆者进行身份识别并核实其《供血浆证》，确认无误的，方可按照规定程序进行健康检查和血液化验；对检查、化验合格的，按照有关技术操作标准及程序采集血浆，并建立供血浆者健康检查及供血浆记录档案；对检查、化验不合格的，由单采血浆站收缴《供血浆证》，并由所在地县级人民政府卫生行政部门监督销毁。

严禁采集无《供血浆证》者的血浆。

血浆采集技术操作标准及程序，由国务院卫生行政部门制定。

第十三条 单采血浆站只能向一个与其签订质量责任书的血液制品生产单位供应原料血浆，严禁向其他任何单位供应原料血浆。

第十四条 单采血浆站必须使用单采血浆机械采集血浆，严禁手工操作采集血浆。采集的血浆必须按单人份冰冻保存，不得混浆。

严禁单采血浆站采集血液或者将所采集的原料血浆用于临床。

第十五条 单采血浆站必须使用有产品批准文号并经国家药品生物制品检定机构逐批检定合格的体外诊断试剂以及合格的一次性采血浆器材。

采血浆器材等一次性消耗品使用后,必须按照国家有关规定予以销毁,并作记录。

第十六条 单采血浆站采集的原料血浆的包装、储存、运输,必须符合国家规定的卫生标准和要求。

第十七条 单采血浆站必须依照传染病防治法及其实施办法等有关规定,严格执行消毒管理及疫情上报制度。

第十八条 单采血浆站应当每半年向所在地的县级人民政府卫生行政部门报告有关原料血浆采集情况,同时抄报设区的市、自治州人民政府卫生行政部门或者省、自治区人民政府设立的派出机关的卫生行政机构及省、自治区、直辖市人民政府卫生行政部门。省、自治区、直辖市人民政府卫生行政部门应当每年向国务院卫生行政部门汇总报告本行政区域内原料血浆的采集情况。

第十九条 国家禁止出口原料血浆。

第三章 血液制品生产经营单位管理

第二十条 新建、改建或者扩建血液制品生产单位,经国务院卫生行政部门根据总体规划进行立项审查同意后,由省、自治区、直辖市人民政府卫生行政部门依照药品管理法的规定审核批准。

第二十一条 血液制品生产单位必须达到国务院卫生行政部门制定的《药品生产质量管理规范》规定的标准,经国务院卫生行政部门审查合格,并依法向工商行政管理部门申领营业执照后,方可从事血液制品的生产活动。

第二十二条 血液制品生产单位应当积极开发新品种,提高血浆综合利用率。

血液制品生产单位生产国内已经生产的品种,必须依法向国务院卫生行政部门申请产品批准文号;国内尚未生产的品种,必须按照国家有关新药审批的程序和要求申报。

第二十三条 严禁血液制品生产单位出让、出租、出借以及与他人共用《药品生产企业许可证》和产品批准文号。

第二十四条 血液制品生产单位不得向无《单采血浆许可证》的单采血浆站或者未与其签订质量责任书的单采血浆站及其他任何单位收集原料血浆。

血液制品生产单位不得向其他任何单位供应原料血浆。

第二十五条 血液制品生产单位在原料血浆投料生产前,必须使用有产品批准文号并经国家药品生物制品检定机构逐批检定合格的体外诊断试剂,对每一人份血浆进行全面复检,并作检测记录。

原料血浆经复检不合格的,不得投料生产,并必须在省级药品监督员监督下按照规定程序和方法予以销毁,并作记录。

原料血浆经复检发现有经血液途径传播的疾病的,必须通知供应血浆的单采血浆站,并及时上报所在地省、自治区、直辖市人民政府卫生行政部门。

第二十六条 血液制品出厂前,必须经过质量检验;经检验不符合国家标准的,严禁出厂。

第二十七条 开办血液制品经营单位,由省、自治区、直辖市人民政府卫生行政部门审核批准。

第二十八条 血液制品经营单位应当具备与所经营的产品相适应的冷藏条件和熟悉所经营品种的业务人员。

第二十九条 血液制品生产经营单位生产、包装、储存、运输、经营血液制品,应当符合国家规定的卫生标准和要求。

第四章 监督管理

第三十条 县级以上地方各级人民政府卫生行政部门依照本条例的规定负责本行政区域内的单采血浆站、供血浆者、原料血浆的采集及血液制品经营单位的监督管理。

省、自治区、直辖市人民政府卫生行政部门依照本条例的规定负责本行政区域内的血液制品生产单位的监督管理。

县级以上地方各级人民政府卫生行政部门的监督人员执行职务时，可以按照国家有关规定抽取样品和索取有关资料，有关单位不得拒绝和隐瞒。

第三十一条 省、自治区、直辖市人民政府卫生行政部门每年组织1次对本行政区域内单采血浆站的监督检查并进行年度注册。

设区的市、自治州人民政府卫生行政部门或者省、自治区人民政府设立的派出机关的卫生行政机构每半年对本行政区域内的单采血浆站进行1次检查。

第三十二条 国家药品生物制品检定机构及国务院卫生行政部门指定的省级药品检验机构，应当依照本条例和国家规定的标准和要求，对血液制品生产单位生产的产品定期进行检定。

第三十三条 国务院卫生行政部门负责全国进出口血液制品的审批及监督管理。

第五章 罚 则

第三十四条 违反本条例规定，未取得省、自治区、直辖市人民政府卫生行政部门核发的《单采血浆许可证》，非法从事组织、采集、供应、倒卖原料血浆活动的，由县级以上地方人民政府卫生行政部门予以取缔，没收违法所得和从事违法活动的器材、设备，并处违法所得5倍以上10倍以下的罚款，没有违法所得的，并处5万元以上10万元以下的罚款；造成经血液途径传播的疾病传播、人身伤害等危害，构成犯罪的，依法追究刑事责任。

第三十五条 单采血浆站有下列行为之一的，由县级以上地方人民政府卫生行政部门责令限期改正，处5万元以上10万元以下的罚款；有第八项所列行为的，或者有下列其他行为并且情节严重的，由省、自治区、直辖市人民政府卫生行政部门吊销《单采血浆许可证》；构成犯罪的，对负有直接责任的主管人员和其他直接责任人员依法追究刑事责任：

（一）采集血浆前，未按照国务院卫生行政部门颁布的健康检查标准对供血浆者进行健康检查和血液化验的；

（二）采集非划定区域内的供血浆者或者其他人员的血浆的，或者不对供血浆者进行身份识别，采集冒名顶替者、健康检查不合格者或者无《供血浆证》者的血浆的；

（三）违反国务院卫生行政部门制定的血浆采集技术操作标准和程序，过频过量采集血浆的；

（四）向医疗机构直接供应原料血浆或者擅自采集血液的；

（五）未使用单采血浆机械进行血浆采集的；

（六）未使用有产品批准文号并经国家药品生物制品检定机构逐批检定合格的体外诊断试剂以及合格的一次性采血浆器材的；

（七）未按照国家规定的卫生标准和要求包装、储存、运输原料血浆的；

（八）对国家规定检测项目检测结果呈阳性的血浆不清除、不及时上报的；

（九）对污染的注射器、采血浆器材及不合格血浆等不经消毒处理，擅自倾倒，污染环境，造成社会危害的；

（十）重复使用一次性采血浆器材的；

（十一）向与其签订质量责任书的血液制品生产单位以外的其他单位供应原料血浆的。

第三十六条 单采血浆站已知其采集的血浆检测结果呈阳性，仍向血液制品生产单位供应的，由省、自治区、直辖市人民政府卫生行政部门吊销《单采血浆许可证》，由县级以上地方人民政府卫生行政部门没收违法所得，并处10万元以上30万元以下的罚款；造成经血液途径传播的疾病传播、人身伤害等危害，构成犯罪的，对负有直接责任的主管人员和其他直接责任人员依法追究刑事责任。

第三十七条 涂改、伪造、转让《供血浆证》的，由县级人民政府卫生行政部门收缴《供血浆证》,没收违法所得,并处违法所得3倍以上5倍以下的罚款,没有违法所得的,并处1万元以下的罚款;构成犯罪的,依法追究刑事责任。

第三十八条 血液制品生产单位有下列行为之一的,由省级以上人民政府卫生行政部门依照药品管理法及其实施办法等有关规定,按照生产假药、劣药予以处罚;构成犯罪的,对负有直接责任的主管人员和其他直接责任人员依法追究刑事责任:

(一)使用无《单采血浆许可证》的单采血浆站或者未与其签订质量责任书的单采血浆站及其他任何单位供应的原料血浆的,或者非法采集原料血浆的;

(二)投料生产前未对原料血浆进行复检的,或者使用没有产品批准文号或者未经国家药品生物制品检定机构逐批检定合格的体外诊断试剂进行复检的,或者将检测不合格的原料血浆投入生产的;

(三)擅自更改生产工艺和质量标准的,或者将检验不合格的产品出厂的;

(四)与他人共用产品批准文号的。

第三十九条 血液制品生产单位违反本条例规定,擅自向其他单位出让、出租、出借以及与他人共用《药品生产企业许可证》、产品批准文号或者供应原料血浆的,由省级以上人民政府卫生行政部门没收违法所得,并处违法所得5倍以上10倍以下的罚款,没有违法所得的,并处5万元以上10万元以下的罚款。

第四十条 违反本条例规定,血液制品生产经营单位生产、包装、储存、运输、经营血液制品不符合国家规定的卫生标准和要求的,由省、自治区、直辖市人民政府卫生行政部门责令改正,可以处1万元以下的罚款。

第四十一条 在血液制品生产单位成品库待出厂的产品中,经抽检有一批次达不到国家规定的指标,经复检仍不合格的,由国务院卫生行政部门撤销该血液制品批准文号。

第四十二条 违反本条例规定,擅自进出口血液制品或者出口原料血浆的,由省级以上人民政府卫生行政部门没收所进出口的血液制品或者所出口的原料血浆和违法所得,并处所进出口的血液制品或者所出口的原料血浆总值3倍以上5倍以下的罚款。

第四十三条 血液制品检验人员虚报、瞒报、涂改、伪造检验报告及有关资料的,依法给予行政处分;构成犯罪的,依法追究刑事责任。

第四十四条 卫生行政部门工作人员滥用职权、玩忽职守、徇私舞弊、索贿受贿,构成犯罪的,依法追究刑事责任;尚不构成犯罪的,依法给予行政处分。

第六章 附 则

第四十五条 本条例下列用语的含义:

血液制品,是特指各种人血浆蛋白制品。

原料血浆,是指由单采血浆站采集的专用于血液制品生产原料的血浆。

供血浆者,是指提供血液制品生产用原料血浆的人员。

单采血浆站,是指根据地区血源资源,按照有关标准和要求并经严格审批设立,采集供应血液制品生产用原料血浆的单位。

第四十六条 本条例施行前已经设立的单采血浆站和血液制品生产经营单位应当自本条例施行之日起6个月内,依照本条例的规定重新办理审批手续;凡不符合本条例规定的,一律予以关闭。

本条例施行前已经设立的单采血浆站适用本条例第六条第五项的时间,由国务院卫生行政部门另行规定。

第四十七条 本条例自发布之日起施行。

医疗机构管理条例

（1994年2月26日中华人民共和国国务院令第149号发布　根据2016年2月6日《国务院关于修改部分行政法规的决定》修订）

第一章　总　　则

第一条　为了加强对医疗机构的管理，促进医疗卫生事业的发展，保障公民健康，制定本条例。

第二条　本条例适用于从事疾病诊断、治疗活动的医院、卫生院、疗养院、门诊部、诊所、卫生所（室）以及急救站等医疗机构。

第三条　医疗机构以救死扶伤，防病治病，为公民的健康服务为宗旨。

第四条　国家扶持医疗机构的发展，鼓励多种形式兴办医疗机构。

第五条　国务院卫生行政部门负责全国医疗机构的监督管理工作。

县级以上地方人民政府卫生行政部门负责本行政区域内医疗机构的监督管理工作。

中国人民解放军卫生主管部门依照本条例和国家有关规定，对军队的医疗机构实施监督管理。

第二章　规划布局和设置审批

第六条　县级以上地方人民政府卫生行政部门应当根据本行政区域内的人口、医疗资源、医疗需求和现有医疗机构的分布状况，制定本行政区域医疗机构设置规划。

机关、企业和事业单位可以根据需要设置医疗机构，并纳入当地医疗机构的设置规划。

第七条　县级以上地方人民政府应当把医疗机构设置规划纳入当地的区域卫生发展规划和城乡建设发展总体规划。

第八条　设置医疗机构应当符合医疗机构设置规划和医疗机构基本标准。

医疗机构基本标准由国务院卫生行政部门制定。

第九条　单位或者个人设置医疗机构，必须经县级以上地方人民政府卫生行政部门审查批准，并取得设置医疗机构批准书。

第十条　申请设置医疗机构，应当提交下列文件：

（一）设置申请书；

（二）设置可行性研究报告；

（三）选址报告和建筑设计平面图。

第十一条　单位或者个人设置医疗机构，应当按照以下规定提出设置申请：

（一）不设床位或者床位不满100张的医疗机构，向所在地的县级人民政府卫生行政部门申请；

（二）床位在100张以上的医疗机构和专科医院按照省级人民政府卫生行政部门的规定申请。

第十二条　县级以上地方人民政府卫生行政部门应当自受理设置申请之日起30日内，作出批准或者不批准的书面答复；批准设置的，发给设置医疗机构批准书。

第十三条　国家统一规划的医疗机构的设置，由国务院卫生行政部门决定。

第十四条　机关、企业和事业单位按照国家医疗机构基本标准设置为内部职工服务的门诊部、诊所、卫生所（室），报所在地的县级人民政府卫生行政部门备案。

第三章　登　　记

第十五条　医疗机构执业，必须进行登记，领取《医疗机构执业许可证》。

第十六条 申请医疗机构执业登记,应当具备下列条件:

(一)有设置医疗机构批准书;

(二)符合医疗机构的基本标准;

(三)有适合的名称、组织机构和场所;

(四)有与其开展的业务相适应的经费、设施、设备和专业卫生技术人员;

(五)有相应的规章制度;

(六)能够独立承担民事责任。

第十七条 医疗机构的执业登记,由批准其设置的人民政府卫生行政部门办理。

按照本条例第十三条规定设置的医疗机构的执业登记,由所在地的省、自治区、直辖市人民政府卫生行政部门办理。

机关、企业和事业单位设置的为内部职工服务的门诊部、诊所、卫生所(室)的执业登记,由所在地的县级人民政府卫生行政部门办理。

第十八条 医疗机构执业登记的主要事项:

(一)名称、地址、主要负责人;

(二)所有制形式;

(三)诊疗科目、床位;

(四)注册资金。

第十九条 县级以上地方人民政府卫生行政部门自受理执业登记申请之日起45日内,根据本条例和医疗机构基本标准进行审核。审核合格的,予以登记,发给《医疗机构执业许可证》;审核不合格的,将审核结果以书面形式通知申请人。

第二十条 医疗机构改变名称、场所、主要负责人、诊疗科目、床位,必须向原登记机关办理变更登记。

第二十一条 医疗机构歇业,必须向原登记机关办理注销登记。经登记机关核准后,收缴《医疗机构执业许可证》。

医疗机构非因改建、扩建、迁建原因停业超过1年的,视为歇业。

第二十二条 床位不满100张的医疗机构,其《医疗机构执业许可证》每年校验1次;床位在100张以上的医疗机构,其《医疗机构执业许可证》每3年校验1次。校验由原登记机关办理。

第二十三条 《医疗机构执业许可证》不得伪造、涂改、出卖、转让、出借。

《医疗机构执业许可证》遗失的,应当及时申明,并向原登记机关申请补发。

第四章 执　　业

第二十四条 任何单位或者个人,未取得《医疗机构执业许可证》,不得开展诊疗活动。

第二十五条 医疗机构执业,必须遵守有关法律、法规和医疗技术规范。

第二十六条 医疗机构必须将《医疗机构执业许可证》、诊疗科目、诊疗时间和收费标准悬挂于明显处所。

第二十七条 医疗机构必须按照核准登记的诊疗科目开展诊疗活动。

第二十八条 医疗机构不得使用非卫生技术人员从事医疗卫生技术工作。

第二十九条 医疗机构应当加强对医务人员的医德教育。

第三十条 医疗机构工作人员上岗工作,必须佩戴载有本人姓名、职务或者职称的标牌。

第三十一条 医疗机构对危重病人应当立即抢救。对限于设备或者技术条件不能诊治的病人,应当及时转诊。

第三十二条 未经医师(士)亲自诊查病人,医疗机构不得出具疾病诊断书、健康证明书或者死亡证明书等证明文件;未经医师(士)、助产人员亲自接产,医疗机构不得出具出生证明书或者死产报告书。

第三十三条 医疗机构施行手术、特殊检查或者特殊治疗时,必须征得患者同意,并应当取得其家属或者关系人同意并签字;无法取得患者意见时,应当取得家属或者关系人同意并签字;无法取得患者意见又无家属或者关系人在场,或者遇到其他特殊情况时,经治医师应当提出医疗处置方案,在取得医疗机构负责人或者被授权负责人员的批准后实施。

第三十四条 医疗机构发生医疗事故,按照国家有关规定处理。

第三十五条 医疗机构对传染病、精神病、职业病等患者的特殊诊治和处理,应当按照国家有关法律、法规的规定办理。

第三十六条 医疗机构必须按照有关药品管理的法律、法规,加强药品管理。

第三十七条 医疗机构必须按照人民政府或者物价部门的有关规定收取医疗费用,详列细项,并出具收据。

第三十八条 医疗机构必须承担相应的预防保健工作,承担县级以上人民政府卫生行政部门委托的支援农村、指导基层医疗卫生工作等任务。

第三十九条 发生重大灾害、事故、疾病流行或者其他意外情况时,医疗机构及其卫生技术人员必须服从县级以上人民政府卫生行政部门的调遣。

第五章 监督管理

第四十条 县级以上人民政府卫生行政部门行使下列监督管理职权:

(一) 负责医疗机构的设置审批、执业登记和校验;

(二) 对医疗机构的执业活动进行检查指导;

(三) 负责组织对医疗机构的评审;

(四) 对违反本条例的行为给予处罚。

第四十一条 国家实行医疗机构评审制度,由专家组成的评审委员会按照医疗机构评审办法和评审标准,对医疗机构的执业活动、医疗服务质量等进行综合评价。

医疗机构评审办法和评审标准由国务院卫生行政部门制定。

第四十二条 县级以上地方人民政府卫生行政部门负责组织本行政区域医疗机构评审委员会。

医疗机构评审委员会由医院管理、医学教育、医疗、医技、护理和财务等有关专家组成。评审委员会成员由县级以上地方人民政府卫生行政部门聘任。

第四十三条 县级以上地方人民政府卫生行政部门根据评审委员会的评审意见,对达到评审标准的医疗机构,发给评审合格证书;对未达到评审标准的医疗机构,提出处理意见。

第六章 罚 则

第四十四条 违反本条例第二十四条规定,未取得《医疗机构执业许可证》擅自执业的,由县级以上人民政府卫生行政部门责令其停止执业活动,没收非法所得和药品、器械,并可以根据情节处以1万元以下的罚款。

第四十五条 违反本条例第二十二条规定,逾期不校验《医疗机构执业许可证》仍从事诊疗活动的,由县级以上人民政府卫生行政部门责令其限期补办校验手续;拒不校验的,吊销其《医疗机构执业许可证》。

第四十六条 违反本条例第二十三条规定,出卖、转让、出借《医疗机构执业许可证》的,由县级以上人民政府卫生行政部门没收非法所得,并可以处以5000元以下的罚款;情节严重的,吊销其

《医疗机构执业许可证》。

第四十七条 违反本条例第二十七条规定，诊疗活动超出登记范围的，由县级以上人民政府卫生行政部门予以警告、责令其改正，并可以根据情节处以3000元以下的罚款；情节严重的，吊销其《医疗机构执业许可证》。

第四十八条 违反本条例第二十八条规定，使用非卫生技术人员从事医疗卫生技术工作的，由县级以上人民政府卫生行政部门责令其限期改正，并可以处以5000元以下的罚款；情节严重的，吊销其《医疗机构执业许可证》。

第四十九条 违反本条例第三十二条规定，出具虚假证明文件的，由县级以上人民政府卫生行政部门予以警告；对造成危害后果的，可以处以1000元以下的罚款；对直接责任人员由所在单位或者上级机关给予行政处分。

第五十条 没收的财物和罚款全部上交国库。

第五十一条 当事人对行政处罚决定不服的，可以依照国家法律、法规的规定申请行政复议或者提起行政诉讼。当事人对罚款及没收药品、器械的处罚决定未在法定期限内申请复议或者提起诉讼又不履行的，县级以上人民政府卫生行政部门可以申请人民法院强制执行。

第七章 附 则

第五十二条 本条例实施前已经执业的医疗机构，应当在条例实施后的6个月内，按照本条例第三章的规定，补办登记手续，领取《医疗机构执业许可证》。

第五十三条 外国人在中华人民共和国境内开设医疗机构及香港、澳门、台湾居民在内地开设医疗机构的管理办法，由国务院卫生行政部门另行制定。

第五十四条 本条例由国务院卫生行政部门负责解释。

第五十五条 本条例自1994年9月1日起施行。1951年政务院批准发布的《医院诊所管理暂行条例》同时废止。

中华人民共和国执业医师法

（1998年6月26日第九届全国人民代表大会常务委员会第三次会议通过 根据2009年8月27日第十一届全国人民代表大会常务委员会第十次会议《关于修改部分法律的决定》修正）

第一章 总 则

第一条 为了加强医师队伍的建设，提高医师的职业道德和业务素质，保障医师的合法权益，保护人民健康，制定本法。

第二条 依法取得执业医师资格或者执业助理医师资格，经注册在医疗、预防、保健机构中执业的专业医务人员，适用本法。

本法所称医师，包括执业医师和执业助理医师。

第三条 医师应当具备良好的职业道德和医疗执业水平，发扬人道主义精神，履行防病治病、救死扶伤、保护人民健康的神圣职责。

全社会应当尊重医师。医师依法履行职责，受法律保护。

第四条 国务院卫生行政部门主管全国的医师工作。

县级以上地方人民政府卫生行政部门负责管理本行政区域内的医师工作。

第五条 国家对在医疗、预防、保健工作中作出贡献的医师,给予奖励。

第六条 医师的医学专业技术职称和医学专业技术职务的评定、聘任,按照国家有关规定办理。

第七条 医师可以依法组织和参加医师协会。

第二章 考试和注册

第八条 国家实行医师资格考试制度。医师资格考试分为执业医师资格考试和执业助理医师资格考试。

医师资格统一考试的办法,由国务院卫生行政部门制定。医师资格考试由省级以上人民政府卫生行政部门组织实施。

第九条 具有下列条件之一的,可以参加执业医师资格考试:

(一)具有高等学校医学专业本科以上学历,在执业医师指导下,在医疗、预防、保健机构中试用期满一年的;

(二)取得执业助理医师执业证书后,具有高等学校医学专科学历,在医疗、预防、保健机构中工作满二年的;具有中等专业学校医学专业学历,在医疗、预防、保健机构中工作满五年的。

第十条 具有高等学校医学专科学历或者中等专业学校医学专业学历,在执业医师指导下,在医疗、预防、保健机构中试用期满一年的,可以参加执业助理医师资格考试。

第十一条 以师承方式学习传统医学满三年或者经多年实践医术确有专长的,经县级以上人民政府卫生行政部门确定的传统医学专业组织或者医疗、预防、保健机构考核合格并推荐,可以参加执业医师资格或者执业助理医师资格考试。考试的内容和办法由国务院卫生行政部门另行制定。

第十二条 医师资格考试成绩合格,取得执业医师资格或者执业助理医师资格。

第十三条 国家实行医师执业注册制度。

取得医师资格的,可以向所在地县级以上人民政府卫生行政部门申请注册。

除有本法第十五条规定的情形外,受理申请的卫生行政部门应当自收到申请之日起三十日内准予注册,并发给由国务院卫生行政部门统一印制的医师执业证书。

医疗、预防、保健机构可以为本机构中的医师集体办理注册手续。

第十四条 医师经注册后,可以在医疗、预防、保健机构中按照注册的执业地点、执业类别、执业范围执业,从事相应的医疗、预防、保健业务。

未经医师注册取得执业证书,不得从事医师执业活动。

第十五条 有下列情形之一的,不予注册:

(一)不具有完全民事行为能力的;

(二)因受刑事处罚,自刑罚执行完毕之日起至申请注册之日止不满二年的;

(三)受吊销医师执业证书行政处罚,自处罚决定之日起至申请注册之日止不满二年的;

(四)有国务院卫生行政部门规定不宜从事医疗、预防、保健业务的其他情形的。

受理申请的卫生行政部门对不符合条件不予注册的,应当自收到申请之日起三十日内书面通知申请人,并说明理由。申请人有异议的,可以自收到通知之日起十五日内,依法申请复议或者向人民法院提起诉讼。

第十六条 医师注册后有下列情形之一的,其所在的医疗、预防、保健机构应当在三十日内报告准予注册的卫生行政部门,卫生行政部门应当注销注册,收回医师执业证书:

(一)死亡或者被宣告失踪的;

(二)受刑事处罚的;

（三）受吊销医师执业证书行政处罚的；

（四）依照本法第三十一条规定暂停执业活动期满，再次考核仍不合格的；

（五）中止医师执业活动满二年的；

（六）有国务院卫生行政部门规定不宜从事医疗、预防、保健业务的其他情形的。

被注销注册的当事人有异议的，可以自收到注销注册通知之日起十五日内，依法申请复议或者向人民法院提起诉讼。

第十七条 医师变更执业地点、执业类别、执业范围等注册事项的，应当到准予注册的卫生行政部门依照本法第十三条的规定办理变更注册手续。

第十八条 中止医师执业活动二年以上以及有本法第十五条规定情形消失的，申请重新执业，应当由本法第三十一条规定的机构考核合格，并依照本法第十三条的规定重新注册。

第十九条 申请个体行医的执业医师，须经注册后在医疗、预防、保健机构中执业满五年，并按照国家有关规定办理审批手续；未经批准，不得行医。

县级以上地方人民政府卫生行政部门对个体行医的医师，应当按照国务院卫生行政部门的规定，经常监督检查，凡发现有本法第十六条规定的情形的，应当及时注销注册，收回医师执业证书。

第二十条 县级以上地方人民政府卫生行政部门应当将准予注册和注销注册的人员名单予以公告，并由省级人民政府卫生行政部门汇总，报国务院卫生行政部门备案。

第三章 执 业 规 则

第二十一条 医师在执业活动中享有下列权利：

（一）在注册的执业范围内，进行医学诊查、疾病调查、医学处置、出具相应的医学证明文件，选择合理的医疗、预防、保健方案；

（二）按照国务院卫生行政部门规定的标准，获得与本人执业活动相当的医疗设备基本条件；

（三）从事医学研究、学术交流，参加专业学术团体；

（四）参加专业培训，接受继续医学教育；

（五）在执业活动中，人格尊严、人身安全不受侵犯；

（六）获取工资报酬和津贴，享受国家规定的福利待遇；

（七）对所在机构的医疗、预防、保健工作和卫生行政部门的工作提出意见和建议，依法参与所在机构的民主管理。

第二十二条 医师在执业活动中履行下列义务：

（一）遵守法律、法规，遵守技术操作规范；

（二）树立敬业精神，遵守职业道德，履行医师职责，尽职尽责为患者服务；

（三）关心、爱护、尊重患者，保护患者的隐私；

（四）努力钻研业务，更新知识，提高专业技术水平；

（五）宣传卫生保健知识，对患者进行健康教育。

第二十三条 医师实施医疗、预防、保健措施，签署有关医学证明文件，必须亲自诊查、调查，并按照规定及时填写医学文书，不得隐匿、伪造或者销毁医学文书及有关资料。

医师不得出具与自己执业范围无关或者与执业类别不相符的医学证明文件。

第二十四条 对急危患者，医师应当采取紧急措施进行诊治；不得拒绝急救处置。

第二十五条 医师应当使用经国家有关部门批准使用的药品、消毒药剂和医疗器械。

除正当诊断治疗外，不得使用麻醉药品、医疗用毒性药品、精神药品和放射性药品。

第二十六条 医师应当如实向患者或者其家属介绍病情，但应注意避免对患者产生不利后果。

医师进行实验性临床医疗，应当经医院批准并征得患者本人或者其家属同意。

第二十七条 医师不得利用职务之便，索取、非法收受患者财物或者牟取其他不正当利益。

第二十八条 遇有自然灾害、传染病流行、突发重大伤亡事故及其他严重威胁人民生命健康的紧急情况时，医师应当服从县级以上人民政府卫生行政部门的调遣。

第二十九条 医师发生医疗事故或者发现传染病疫情时，应当按照有关规定及时向所在机构或者卫生行政部门报告。

医师发现患者涉嫌伤害事件或者非正常死亡时，应当按照有关规定向有关部门报告。

第三十条 执业助理医师应当在执业医师的指导下，在医疗、预防、保健机构中按照其执业类别执业。

在乡、民族乡、镇的医疗、预防、保健机构中工作的执业助理医师，可以根据医疗诊治的情况和需要，独立从事一般的执业活动。

第四章　考核和培训

第三十一条 受县级以上人民政府卫生行政部门委托的机构或者组织应当按照医师执业标准，对医师的业务水平、工作成绩和职业道德状况进行定期考核。

对医师的考核结果，考核机构应当报告准予注册的卫生行政部门备案。

对考核不合格的医师，县级以上人民政府卫生行政部门可以责令其暂停执业活动三个月至六个月，并接受培训和继续医学教育。暂停执业活动期满，再次进行考核，对考核合格的，允许其继续执业；对考核不合格的，由县级以上人民政府卫生行政部门注销注册，收回医师执业证书。

第三十二条 县级以上人民政府卫生行政部门负责指导、检查和监督医师考核工作。

第三十三条 医师有下列情形之一的，县级以上人民政府卫生行政部门应当给予表彰或者奖励：

（一）在执业活动中，医德高尚，事迹突出的；

（二）对医学专业技术有重大突破，作出显著贡献的；

（三）遇有自然灾害、传染病流行、突发重大伤亡事故及其他严重威胁人民生命健康的紧急情况时，救死扶伤、抢救诊疗表现突出的；

（四）长期在边远贫困地区、少数民族地区条件艰苦的基层单位努力工作的；

（五）国务院卫生行政部门规定应当予以表彰或者奖励的其他情形的。

第三十四条 县级以上人民政府卫生行政部门应当制定医师培训计划，对医师进行多种形式的培训，为医师接受继续医学教育提供条件。

县级以上人民政府卫生行政部门应当采取有力措施，对在农村和少数民族地区从事医疗、预防、保健业务的医务人员实施培训。

第三十五条 医疗、预防、保健机构应当按照规定和计划保证本机构医师的培训和继续医学教育。

县级以上人民政府卫生行政部门委托的承担医师考核任务的医疗卫生机构，应当为医师的培训和接受继续医学教育提供和创造条件。

第五章　法律责任

第三十六条 以不正当手段取得医师执业证书的，由发给证书的卫生行政部门予以吊销；对负有直接责任的主管人员和其他直接责任人员，依法给予行政处分。

第三十七条 医师在执业活动中，违反本法规定，有下列行为之一的，由县级以上人民政府卫生行政部门给予警告或者责令暂停六个月以上一年以下执业活动；情节严重的，吊销其执业证书；构成犯罪的，依法追究刑事责任：

（一）违反卫生行政规章制度或者技术操作规范，造成严重后果的；

（二）由于不负责任延误急危患者的抢救和诊治，造成严重后果的；

（三）造成医疗责任事故的；

（四）未经亲自诊查、调查，签署诊断、治疗、流行病学等证明文件或者有关出生、死亡等证明文件的；

（五）隐匿、伪造或者擅自销毁医学文书及有关资料的；

（六）使用未经批准使用的药品、消毒药剂和医疗器械的；

（七）不按照规定使用麻醉药品、医疗用毒性药品、精神药品和放射性药品的；

（八）未经患者或者其家属同意，对患者进行实验性临床医疗的；

（九）泄露患者隐私，造成严重后果的；

（十）利用职务之便，索取、非法收受患者财物或者牟取其他不正当利益的；

（十一）发生自然灾害、传染病流行、突发重大伤亡事故以及其他严重威胁人民生命健康的紧急情况时，不服从卫生行政部门调遣的；

（十二）发生医疗事故或者发现传染病疫情，患者涉嫌伤害事件或者非正常死亡，不按照规定报告的。

第三十八条 医师在医疗、预防、保健工作中造成事故的，依照法律或者国家有关规定处理。

第三十九条 未经批准擅自开办医疗机构行医或者非医师行医的，由县级以上人民政府卫生行政部门予以取缔，没收其违法所得及其药品、器械，并处十万元以下的罚款；对医师吊销其执业证书；给患者造成损害的，依法承担赔偿责任；构成犯罪的，依法追究刑事责任。

第四十条 阻碍医师依法执业，侮辱、诽谤、威胁、殴打医师或者侵犯医师人身自由、干扰医师正常工作、生活的，依照治安管理处罚法的规定处罚；构成犯罪的，依法追究刑事责任。

第四十一条 医疗、预防、保健机构未依照本法第十六条的规定履行报告职责，导致严重后果的，由县级以上人民政府卫生行政部门给予警告；并对该机构的行政负责人依法给予行政处分。

第四十二条 卫生行政部门工作人员或者医疗、预防、保健机构工作人员违反本法有关规定，弄虚作假、玩忽职守、滥用职权、徇私舞弊，尚不构成犯罪的，依法给予行政处分；构成犯罪的，依法追究刑事责任。

第六章　附　　则

第四十三条 本法颁布之日前按照国家有关规定取得医学专业技术职称和医学专业技术职务的人员，由所在机构报请县级以上人民政府卫生行政部门认定，取得相应的医师资格。其中在医疗、预防、保健机构中从事医疗、预防、保健业务的医务人员，依照本法规定的条件，由所在机构集体核报县级以上人民政府卫生行政部门，予以注册并发给医师执业证书。具体办法由国务院卫生行政部门会同国务院人事行政部门制定。

第四十四条 计划生育技术服务机构中的医师，适用本法。

第四十五条 在乡村医疗卫生机构中向村民提供预防、保健和一般医疗服务的乡村医生，符合本法有关规定的，可以依法取得执业医师资格或者执业助理医师资格；不具备本法规定的执业医师资格或者执业助理医师资格的乡村医生，由国务院另行制定管理办法。

第四十六条 军队医师执行本法的实施办法，由国务院、中央军事委员会依据本法的原则制定。

第四十七条 境外人员在中国境内申请医师考试、注册、执业或者从事临床示教、临床研究等活动的，按照国家有关规定办理。

第四十八条 本法自 1999 年 5 月 1 日起施行。

(九)工商、质检、检疫

中华人民共和国公司登记管理条例

(1994年6月24日中华人民共和国国务院令第156号公布　根据2005年12月18日《国务院关于修改〈中华人民共和国公司登记管理条例〉的决定》第一次修订　根据2014年2月19日《国务院关于废止和修改部分行政法规的决定》第二次修订　根据2016年2月6日《国务院关于修改部分行政法规的决定》第三次修订)

第一章　总　　则

第一条　为了确认公司的企业法人资格,规范公司登记行为,依据《中华人民共和国公司法》(以下简称《公司法》),制定本条例。

第二条　有限责任公司和股份有限公司(以下统称公司)设立、变更、终止,应当依照本条例办理公司登记。

申请办理公司登记,申请人应当对申请文件、材料的真实性负责。

第三条　公司经公司登记机关依法登记,领取《企业法人营业执照》,方取得企业法人资格。

自本条例施行之日起设立公司,未经公司登记机关登记的,不得以公司名义从事经营活动。

第四条　工商行政管理机关是公司登记机关。

下级公司登记机关在上级公司登记机关的领导下开展公司登记工作。

公司登记机关依法履行职责,不受非法干预。

第五条　国家工商行政管理总局主管全国的公司登记工作。

第二章　登记管辖

第六条　国家工商行政管理总局负责下列公司的登记:

(一)国务院国有资产监督管理机构履行出资人职责的公司以及该公司投资设立并持有50%以上股份的公司;

(二)外商投资的公司;

(三)依照法律、行政法规或者国务院决定的规定,应当由国家工商行政管理总局登记的公司;

(四)国家工商行政管理总局规定应当由其登记的其他公司。

第七条　省、自治区、直辖市工商行政管理局负责本辖区内下列公司的登记:

(一)省、自治区、直辖市人民政府国有资产监督管理机构履行出资人职责的公司以及该公司投资设立并持有50%以上股份的公司;

(二)省、自治区、直辖市工商行政管理局规定由其登记的自然人投资设立的公司;

(三)依照法律、行政法规或者国务院决定的规定,应当由省、自治区、直辖市工商行政管理局登记的公司;

(四)国家工商行政管理总局授权登记的其他公司。

第八条　设区的市(地区)工商行政管理局、县工商行政管理局,以及直辖市的工商行政管理分局、设区的市工商行政管理局的区分局,负责本辖区内下列公司的登记:

（一）本条例第六条和第七条所列公司以外的其他公司；

（二）国家工商行政管理总局和省、自治区、直辖市工商行政管理局授权登记的公司。

前款规定的具体登记管辖由省、自治区、直辖市工商行政管理局规定。但是，其中的股份有限公司由设区的市（地区）工商行政管理局负责登记。

第三章　登记事项

第九条　公司的登记事项包括：

（一）名称；

（二）住所；

（三）法定代表人姓名；

（四）注册资本；

（五）公司类型；

（六）经营范围；

（七）营业期限；

（八）有限责任公司股东或者股份有限公司发起人的姓名或者名称。

第十条　公司的登记事项应当符合法律、行政法规的规定。不符合法律、行政法规规定的，公司登记机关不予登记。

第十一条　公司名称应当符合国家有关规定。公司只能使用一个名称。经公司登记机关核准登记的公司名称受法律保护。

第十二条　公司的住所是公司主要办事机构所在地。经公司登记机关登记的公司的住所只能有一个。公司的住所应当在其公司登记机关辖区内。

第十三条　公司的注册资本应当以人民币表示，法律、行政法规另有规定的除外。

第十四条　股东的出资方式应当符合《公司法》第二十七条的规定，但股东不得以劳务、信用、自然人姓名、商誉、特许经营权或者设定担保的财产等作价出资。

第十五条　公司的经营范围由公司章程规定，并依法登记。

公司的经营范围用语应当参照国民经济行业分类标准。

第十六条　公司类型包括有限责任公司和股份有限公司。

一人有限责任公司应当在公司登记中注明自然人独资或者法人独资，并在公司营业执照中载明。

第四章　设立登记

第十七条　设立公司应当申请名称预先核准。

法律、行政法规或者国务院决定规定设立公司必须报经批准，或者公司经营范围中属于法律、行政法规或者国务院决定规定在登记前须经批准的项目的，应当在报送批准前办理公司名称预先核准，并以公司登记机关核准的公司名称报送批准。

第十八条　设立有限责任公司，应当由全体股东指定的代表或者共同委托的代理人向公司登记机关申请名称预先核准；设立股份有限公司，应当由全体发起人指定的代表或者共同委托的代理人向公司登记机关申请名称预先核准。

申请名称预先核准，应当提交下列文件：

（一）有限责任公司的全体股东或者股份有限公司的全体发起人签署的公司名称预先核准申请书；

（二）全体股东或者发起人指定代表或者共同委托代理人的证明；

（三）国家工商行政管理总局规定要求提交的其他文件。

第十九条 预先核准的公司名称保留期为6个月。预先核准的公司名称在保留期内，不得用于从事经营活动，不得转让。

第二十条 设立有限责任公司，应当由全体股东指定的代表或者共同委托的代理人向公司登记机关申请设立登记。设立国有独资公司，应当由国务院或者地方人民政府授权的本级人民政府国有资产监督管理机构作为申请人，申请设立登记。法律、行政法规或者国务院决定规定设立有限责任公司必须报经批准的，应当自批准之日起90日内向公司登记机关申请设立登记；逾期申请设立登记的，申请人应当报批准机关确认原批准文件的效力或者另行报批。

申请设立有限责任公司，应当向公司登记机关提交下列文件：

（一）公司法定代表人签署的设立登记申请书；

（二）全体股东指定代表或者共同委托代理人的证明；

（三）公司章程；

（四）股东的主体资格证明或者自然人身份证明；

（五）载明公司董事、监事、经理的姓名、住所的文件以及有关委派、选举或者聘用的证明；

（六）公司法定代表人任职文件和身份证明；

（七）企业名称预先核准通知书；

（八）公司住所证明；

（九）国家工商行政管理总局规定要求提交的其他文件。

法律、行政法规或者国务院决定规定设立有限责任公司必须报经批准的，还应当提交有关批准文件。

第二十一条 设立股份有限公司，应当由董事会向公司登记机关申请设立登记。以募集方式设立股份有限公司的，应当于创立大会结束后30日内向公司登记机关申请设立登记。

申请设立股份有限公司，应当向公司登记机关提交下列文件：

（一）公司法定代表人签署的设立登记申请书；

（二）董事会指定代表或者共同委托代理人的证明；

（三）公司章程；

（四）发起人的主体资格证明或者自然人身份证明；

（五）载明公司董事、监事、经理姓名、住所的文件以及有关委派、选举或者聘用的证明；

（六）公司法定代表人任职文件和身份证明；

（七）企业名称预先核准通知书；

（八）公司住所证明；

（九）国家工商行政管理总局规定要求提交的其他文件。

以募集方式设立股份有限公司的，还应当提交创立大会的会议记录以及依法设立的验资机构出具的验资证明；以募集方式设立股份有限公司公开发行股票的，还应当提交国务院证券监督管理机构的核准文件。

法律、行政法规或者国务院决定规定设立股份有限公司必须报经批准的，还应当提交有关批准文件。

第二十二条 公司申请登记的经营范围中属于法律、行政法规或者国务院决定规定在登记前须经批准的项目的，应当在申请登记前报经国家有关部门批准，并向公司登记机关提交有关批准文件。

第二十三条 公司章程有违反法律、行政法规的内容的，公司登记机关有权要求公司作相应修改。

第二十四条 公司住所证明是指能够证明公司对其住所享有使用权的文件。

第二十五条 依法设立的公司，由公司登记机关发给《企业法人营业执照》。公司营业执照签发日期为公司成立日期。公司凭公司登记机关核发的《企业法人营业执照》刻制印章，开立银行账户，申请纳税登记。

第五章 变更登记

第二十六条 公司变更登记事项，应当向原公司登记机关申请变更登记。

未经变更登记，公司不得擅自改变登记事项。

第二十七条 公司申请变更登记，应当向公司登记机关提交下列文件：

（一）公司法定代表人签署的变更登记申请书；

（二）依照《公司法》作出的变更决议或者决定；

（三）国家工商行政管理总局规定要求提交的其他文件。

公司变更登记事项涉及修改公司章程的，应当提交由公司法定代表人签署的修改后的公司章程或者公司章程修正案。

变更登记事项依照法律、行政法规或者国务院决定规定在登记前须经批准的，还应当向公司登记机关提交有关批准文件。

第二十八条 公司变更名称的，应当自变更决议或者决定作出之日起30日内申请变更登记。

第二十九条 公司变更住所的，应当在迁入新住所前申请变更登记，并提交新住所使用证明。

公司变更住所跨公司登记机关辖区的，应当在迁入新住所前向迁入地公司登记机关申请变更登记；迁入地公司登记机关受理的，由原公司登记机关将公司登记档案移送迁入地公司登记机关。

第三十条 公司变更法定代表人的，应当自变更决议或者决定作出之日起30日内申请变更登记。

第三十一条 公司增加注册资本的，应当自变更决议或者决定作出之日起30日内申请变更登记。

公司减少注册资本的，应当自公告之日起45日后申请变更登记，并应当提交公司在报纸上登载公司减少注册资本公告的有关证明和公司债务清偿或者债务担保情况的说明。

第三十二条 公司变更经营范围的，应当自变更决议或者决定作出之日起30日内申请变更登记；变更经营范围涉及法律、行政法规或者国务院决定规定在登记前须经批准的项目的，应当自国家有关部门批准之日起30日内申请变更登记。

公司的经营范围中属于法律、行政法规或者国务院决定规定须经批准的项目被吊销、撤销许可证或者其他批准文件，或者许可证、其他批准文件有效期届满的，应当自吊销、撤销许可证、其他批准文件或者许可证、其他批准文件有效期届满之日起30日内申请变更登记或者依照本条例第六章的规定办理注销登记。

第三十三条 公司变更类型的，应当按照拟变更的公司类型的设立条件，在规定的期限内向公司登记机关申请变更登记，并提交有关文件。

第三十四条 有限责任公司变更股东的，应当自变更之日起30日内申请变更登记，并应当提交新股东的主体资格证明或者自然人身份证明。

有限责任公司的自然人股东死亡后，其合法继承人继承股东资格的，公司应当依照前款规定申请变更登记。

有限责任公司的股东或者股份有限公司的发起人改变姓名或者名称的，应当自改变姓名或者名称之日起30日内申请变更登记。

第三十五条 公司登记事项变更涉及分公司登记事项变更的，应当自公司变更登记之日起30

日内申请分公司变更登记。

第三十六条 公司章程修改未涉及登记事项的，公司应当将修改后的公司章程或者公司章程修正案送原公司登记机关备案。

第三十七条 公司董事、监事、经理发生变动的，应当向原公司登记机关备案。

第三十八条 因合并、分立而存续的公司，其登记事项发生变化的，应当申请变更登记；因合并、分立而解散的公司，应当申请注销登记；因合并、分立而新设立的公司，应当申请设立登记。

公司合并、分立的，应当自公告之日起45日后申请登记，提交合并协议和合并、分立决议或者决定以及公司在报纸上登载公司合并、分立公告的有关证明和债务清偿或者债务担保情况的说明。法律、行政法规或者国务院决定规定公司合并、分立必须报经批准的，还应当提交有关批准文件。

第三十九条 变更登记事项涉及《企业法人营业执照》载明事项的，公司登记机关应当换发营业执照。

第四十条 公司依照《公司法》第二十二条规定向公司登记机关申请撤销变更登记的，应当提交下列文件：

（一）公司法定代表人签署的申请书；

（二）人民法院的裁判文书。

第六章 注销登记

第四十一条 公司解散，依法应当清算的，清算组应当自成立之日起10日内将清算组成员、清算组负责人名单向公司登记机关备案。

第四十二条 有下列情形之一的，公司清算组应当自公司清算结束之日起30日内向原公司登记机关申请注销登记：

（一）公司被依法宣告破产；

（二）公司章程规定的营业期限届满或者公司章程规定的其他解散事由出现，但公司通过修改公司章程而存续的除外；

（三）股东会、股东大会决议解散或者一人有限责任公司的股东、外商投资的公司董事会决议解散；

（四）依法被吊销营业执照、责令关闭或者被撤销；

（五）人民法院依法予以解散；

（六）法律、行政法规规定的其他解散情形。

第四十三条 公司申请注销登记，应当提交下列文件：

（一）公司清算组负责人签署的注销登记申请书；

（二）人民法院的破产裁定、解散裁判文书，公司依照《公司法》作出的决议或者决定，行政机关责令关闭或者公司被撤销的文件；

（三）股东会、股东大会、一人有限责任公司的股东、外商投资的公司董事会或者人民法院、公司批准机关备案、确认的清算报告；

（四）《企业法人营业执照》；

（五）法律、行政法规规定应当提交的其他文件。

国有独资公司申请注销登记，还应当提交国有资产监督管理机构的决定，其中，国务院确定的重要的国有独资公司，还应当提交本级人民政府的批准文件。

有分公司的公司申请注销登记，还应当提交分公司的注销登记证明。

第四十四条 经公司登记机关注销登记，公司终止。

第七章 分公司的登记

第四十五条 分公司是指公司在其住所以外设立的从事经营活动的机构。分公司不具有企业法人资格。

第四十六条 分公司的登记事项包括:名称、营业场所、负责人、经营范围。

分公司的名称应当符合国家有关规定。

分公司的经营范围不得超出公司的经营范围。

第四十七条 公司设立分公司的,应当自决定作出之日起30日内向分公司所在地的公司登记机关申请登记;法律、行政法规或者国务院决定规定必须报经有关部门批准的,应当自批准之日起30日内向公司登记机关申请登记。

设立分公司,应当向公司登记机关提交下列文件:

(一)公司法定代表人签署的设立分公司的登记申请书;

(二)公司章程以及加盖公司印章的《企业法人营业执照》复印件;

(三)营业场所使用证明;

(四)分公司负责人任职文件和身份证明;

(五)国家工商行政管理总局规定要求提交的其他文件。

法律、行政法规或者国务院决定规定设立分公司必须报经批准,或者分公司经营范围中属于法律、行政法规或者国务院决定规定在登记前须经批准的项目的,还应当提交有关批准文件。

分公司的公司登记机关准予登记的,发给《营业执照》。公司应当自分公司登记之日起30日内,持分公司的《营业执照》到公司登记机关办理备案。

第四十八条 分公司变更登记事项的,应当向公司登记机关申请变更登记。

申请变更登记,应当提交公司法定代表人签署的变更登记申请书。变更名称、经营范围的,应当提交加盖公司印章的《企业法人营业执照》复印件,分公司经营范围中属于法律、行政法规或者国务院决定规定在登记前须经批准的项目的,还应当提交有关批准文件。变更营业场所的,应当提交新的营业场所使用证明。变更负责人的,应当提交公司的任免文件以及其身份证明。

公司登记机关准予变更登记的,换发《营业执照》。

第四十九条 分公司被公司撤销、依法责令关闭、吊销营业执照的,公司应当自决定作出之日起30日内向该分公司的公司登记机关申请注销登记。申请注销登记应当提交公司法定代表人签署的注销登记申请书和分公司的《营业执照》。公司登记机关准予注销登记后,应当收缴分公司的《营业执照》。

第八章 登记程序

第五十条 申请公司、分公司登记,申请人可以到公司登记机关提交申请,也可以通过信函、电报、电传、传真、电子数据交换和电子邮件等方式提出申请。

通过电报、电传、传真、电子数据交换和电子邮件等方式提出申请的,应当提供申请人的联系方式以及通讯地址。

第五十一条 公司登记机关应当根据下列情况分别作出是否受理的决定:

(一)申请文件、材料齐全,符合法定形式的,或者申请人按照公司登记机关的要求提交全部补正申请文件、材料的,应当决定予以受理。

(二)申请文件、材料齐全,符合法定形式,但公司登记机关认为申请文件、材料需要核实的,应当决定予以受理,同时书面告知申请人需要核实的事项、理由以及时间。

(三)申请文件、材料存在可以当场更正的错误的,应当允许申请人当场予以更正,由申请人在更正处签名或者盖章，注明更正日期；经确认申请文件、材料齐全，符合法定形式的，应当决定予以受理。

（四）申请文件、材料不齐全或者不符合法定形式的，应当当场或者在5日内一次告知申请人需要补正的全部内容；当场告知时，应当将申请文件、材料退回申请人；属于5日内告知的，应当收取申请文件、材料并出具收到申请文件、材料的凭据，逾期不告知的，自收到申请文件、材料之日起即为受理。

（五）不属于公司登记范畴或者不属于本机关登记管辖范围的事项，应当即时决定不予受理，并告知申请人向有关行政机关申请。

公司登记机关对通过信函、电报、电传、传真、电子数据交换和电子邮件等方式提出申请的，应当自收到申请文件、材料之日起5日内作出是否受理的决定。

第五十二条 除依照本条例第五十三条第一款第（一）项作出准予登记决定的外，公司登记机关决定予以受理的，应当出具《受理通知书》；决定不予受理的，应当出具《不予受理通知书》，说明不予受理的理由，并告知申请人享有依法申请行政复议或者提起行政诉讼的权利。

第五十三条 公司登记机关对决定予以受理的登记申请，应当分别情况在规定的期限内作出是否准予登记的决定：

（一）对申请人到公司登记机关提出的申请予以受理的，应当当场作出准予登记的决定。

（二）对申请人通过信函方式提交的申请予以受理的，应当自受理之日起15日内作出准予登记的决定。

（三）通过电报、电传、传真、电子数据交换和电子邮件等方式提交申请的，申请人应当自收到《受理通知书》之日起15日内，提交与电报、电传、传真、电子数据交换和电子邮件等内容一致并符合法定形式的申请文件、材料原件；申请人到公司登记机关提交申请文件、材料原件的，应当当场作出准予登记的决定；申请人通过信函方式提交申请文件、材料原件的，应当自受理之日起15日内作出准予登记的决定。

（四）公司登记机关自发出《受理通知书》之日起60日内，未收到申请文件、材料原件，或者申请文件、材料原件与公司登记机关所受理的申请文件、材料不一致的，应当作出不予登记的决定。

公司登记机关需要对申请文件、材料核实的，应当自受理之日起15日内作出是否准予登记的决定。

第五十四条 公司登记机关作出准予公司名称预先核准决定的，应当出具《企业名称预先核准通知书》；作出准予公司设立登记决定的，应当出具《准予设立登记通知书》，告知申请人自决定之日起10日内，领取营业执照；作出准予公司变更登记决定的，应当出具《准予变更登记通知书》，告知申请人自决定之日起10日内，换发营业执照；作出准予公司注销登记决定的，应当出具《准予注销登记通知书》，收缴营业执照。

公司登记机关作出不予名称预先核准、不予登记决定的，应当出具《企业名称驳回通知书》、《登记驳回通知书》，说明不予核准、登记的理由，并告知申请人享有依法申请行政复议或者提起行政诉讼的权利。

第五十五条 公司登记机关应当将公司登记、备案信息通过企业信用信息公示系统向社会公示。

第五十六条 吊销《企业法人营业执照》和《营业执照》的公告由公司登记机关发布。

第九章 年度报告公示、证照和档案管理

第五十七条 公司应当于每年1月1日至6月30日，通过企业信用信息公示系统向公司登记机关报送上一年度年度报告，并向社会公示。

年度报告公示的内容以及监督检查办法由国务院制定。

第五十八条 《企业法人营业执照》、《营业执照》分为正本和副本，正本和副本具有同等法律效力。

国家推行电子营业执照。电子营业执照与纸质营业执照具有同等法律效力。

《企业法人营业执照》正本或者《营业执照》正本应当置于公司住所或者分公司营业场所的醒目位置。

公司可以根据业务需要向公司登记机关申请核发营业执照若干副本。

第五十九条 任何单位和个人不得伪造、涂改、出租、出借、转让营业执照。

营业执照遗失或者毁坏的，公司应当在公司登记机关指定的报刊上声明作废，申请补领。

公司登记机关依法作出变更登记、注销登记、撤销变更登记决定，公司拒不缴回或者无法缴回营业执照的，由公司登记机关公告营业执照作废。

第六十条 公司登记机关对需要认定的营业执照，可以临时扣留，扣留期限不得超过 10 天。

第六十一条 借阅、抄录、携带、复制公司登记档案资料的，应当按照规定的权限和程序办理。

任何单位和个人不得修改、涂抹、标注、损毁公司登记档案资料。

第六十二条 营业执照正本、副本样式，电子营业执照标准以及公司登记的有关重要文书格式或者表式，由国家工商行政管理总局统一制定。

第十章 法律责任

第六十三条 虚报注册资本，取得公司登记的，由公司登记机关责令改正，处以虚报注册资本金额 5% 以上 15% 以下的罚款；情节严重的，撤销公司登记或者吊销营业执照。

第六十四条 提交虚假材料或者采取其他欺诈手段隐瞒重要事实，取得公司登记的，由公司登记机关责令改正，处以 5 万元以上 50 万元以下的罚款；情节严重的，撤销公司登记或者吊销营业执照。

第六十五条 公司的发起人、股东虚假出资，未交付或者未按期交付作为出资的货币或者非货币财产的，由公司登记机关责令改正，处以虚假出资金额 5% 以上 15% 以下的罚款。

第六十六条 公司的发起人、股东在公司成立后，抽逃出资的，由公司登记机关责令改正，处以所抽逃出资金额 5% 以上 15% 以下的罚款。

第六十七条 公司成立后无正当理由超过 6 个月未开业的，或者开业后自行停业连续 6 个月以上的，可以由公司登记机关吊销营业执照。

第六十八条 公司登记事项发生变更时，未依照本条例规定办理有关变更登记的，由公司登记机关责令限期登记；逾期不登记的，处以 1 万元以上 10 万元以下的罚款。其中，变更经营范围涉及法律、行政法规或者国务院决定规定须经批准的项目而未取得批准，擅自从事相关经营活动，情节严重的，吊销营业执照。

公司未依照本条例规定办理有关备案的，由公司登记机关责令限期办理；逾期未办理的，处以 3 万元以下的罚款。

第六十九条 公司在合并、分立、减少注册资本或者进行清算时，不按照规定通知或者公告债权人的，由公司登记机关责令改正，处以 1 万元以上 10 万元以下的罚款。

公司在进行清算时，隐匿财产，对资产负债表或者财产清单作虚假记载或者在未清偿债务前分配公司财产的，由公司登记机关责令改正，对公司处以隐匿财产或者未清偿债务前分配公司财产金额 5% 以上 10% 以下的罚款；对直接负责的主管人员和其他直接责任人员处以 1 万元以上 10 万元以下的罚款。

公司在清算期间开展与清算无关的经营活动的，由公司登记机关予以警告，没收违法所得。

第七十条 清算组不按照规定向公司登记机关报送清算报告，或者报送清算报告隐瞒重要事实或者有重大遗漏的，由公司登记机关责令改正。

清算组成员利用职权徇私舞弊、谋取非法收入或者侵占公司财产的，由公司登记机关责令退还公司财产，没收违法所得，并可以处以违法所得 1 倍以上 5 倍以下的罚款。

第七十一条 伪造、涂改、出租、出借、转让营业执照的，由公司登记机关处以 1 万元以上 10 万元以下的罚款；情节严重的，吊销营业执照。

第七十二条 未将营业执照置于住所或者营业场所醒目位置的，由公司登记机关责令改正；拒不改正的，处以 1000 元以上 5000 元以下的罚款。

第七十三条 承担资产评估、验资或者验证的机构提供虚假材料的，由公司登记机关没收违法所得，处以违法所得 1 倍以上 5 倍以下的罚款，并可以由有关主管部门依法责令该机构停业、吊销直接责任人员的资格证书，吊销营业执照。

承担资产评估、验资或者验证的机构因过失提供有重大遗漏的报告的，由公司登记机关责令改正，情节较重的，处以所得收入 1 倍以上 5 倍以下的罚款，并可以由有关主管部门依法责令该机构停业、吊销直接责任人员的资格证书，吊销营业执照。

第七十四条 未依法登记为有限责任公司或者股份有限公司，而冒用有限责任公司或者股份有限公司名义的，或者未依法登记为有限责任公司或者股份有限公司的分公司，而冒用有限责任公司或者股份有限公司的分公司名义的，由公司登记机关责令改正或者予以取缔，可以并处 10 万元以下的罚款。

第七十五条 公司登记机关对不符合规定条件的公司登记申请予以登记，或者对符合规定条件的登记申请不予登记的，对直接负责的主管人员和其他直接责任人员，依法给予行政处分。

第七十六条 公司登记机关的上级部门强令公司登记机关对不符合规定条件的登记申请予以登记，或者对符合规定条件的登记申请不予登记的，或者对违法登记进行包庇的，对直接负责的主管人员和其他直接责任人员依法给予行政处分。

第七十七条 外国公司违反《公司法》规定，擅自在中国境内设立分支机构的，由公司登记机关责令改正或者关闭，可以并处 5 万元以上 20 万元以下的罚款。

第七十八条 利用公司名义从事危害国家安全、社会公共利益的严重违法行为的，吊销营业执照。

第七十九条 分公司有本章规定的违法行为的，适用本章规定。

第八十条 违反本条例规定，构成犯罪的，依法追究刑事责任。

第十一章　附　　则

第八十一条 外商投资的公司的登记适用本条例。有关外商投资企业的法律对其登记另有规定的，适用其规定。

第八十二条 法律、行政法规或者国务院决定规定设立公司必须报经批准，或者公司经营范围中属于法律、行政法规或者国务院决定规定在登记前须经批准的项目的，由国家工商行政管理总局依照法律、行政法规或者国务院决定规定编制企业登记前置行政许可目录并公布。

第八十三条 本条例自 1994 年 7 月 1 日起施行。

中华人民共和国动物防疫法

（1997年7月3日第八届全国人民代表大会常务委员会第二十六次会议通过　2007年8月30日第十届全国人民代表大会常务委员会第二十九次会议修订　根据2013年6月29日第十二届全国人民代表大会常务委员会第三次会议《关于修改〈中华人民共和国文物保护法〉等十二部法律的决定》第一次修正　根据2015年4月24日第十二届全国人民代表大会常务委员会第十四次会议《关于修改〈中华人民共和国电力法〉等六部法律的决定》第二次修正）

第一章　总　　则

第一条　为了加强对动物防疫活动的管理，预防、控制和扑灭动物疫病，促进养殖业发展，保护人体健康，维护公共卫生安全，制定本法。

第二条　本法适用于在中华人民共和国领域内的动物防疫及其监督管理活动。

进出境动物、动物产品的检疫，适用《中华人民共和国进出境动植物检疫法》。

第三条　本法所称动物，是指家畜家禽和人工饲养、合法捕获的其他动物。

本法所称动物产品，是指动物的肉、生皮、原毛、绒、脏器、脂、血液、精液、卵、胚胎、骨、蹄、头、角、筋以及可能传播动物疫病的奶、蛋等。

本法所称动物疫病，是指动物传染病、寄生虫病。

本法所称动物防疫，是指动物疫病的预防、控制、扑灭和动物、动物产品的检疫。

第四条　根据动物疫病对养殖业生产和人体健康的危害程度，本法规定管理的动物疫病分为下列三类：

（一）一类疫病，是指对人与动物危害严重，需要采取紧急、严厉的强制预防、控制、扑灭等措施的；

（二）二类疫病，是指可能造成重大经济损失，需要采取严格控制、扑灭等措施，防止扩散的；

（三）三类疫病，是指常见多发、可能造成重大经济损失，需要控制和净化的。

前款一、二、三类动物疫病具体病种名录由国务院兽医主管部门制定并公布。

第五条　国家对动物疫病实行预防为主的方针。

第六条　县级以上人民政府应当加强对动物防疫工作的统一领导，加强基层动物防疫队伍建设，建立健全动物防疫体系，制定并组织实施动物疫病防治规划。

乡级人民政府、城市街道办事处应当组织群众协助做好本管辖区域内的动物疫病预防与控制工作。

第七条　国务院兽医主管部门主管全国的动物防疫工作。

县级以上地方人民政府兽医主管部门主管本行政区域内的动物防疫工作。

县级以上人民政府其他部门在各自的职责范围内做好动物防疫工作。

军队和武装警察部队动物卫生监督职能部门分别负责军队和武装警察部队现役动物及饲养自用动物的防疫工作。

第八条　县级以上地方人民政府设立的动物卫生监督机构依照本法规定，负责动物、动物产品的检疫工作和其他有关动物防疫的监督管理执法工作。

第九条　县级以上人民政府按照国务院的规定，根据统筹规划、合理布局、综合设置的原则建立动物疫病预防控制机构，承担动物疫病的监测、检测、诊断、流行病学调查、疫情报告以及其他预防、控制等技术工作。

第十条 国家支持和鼓励开展动物疫病的科学研究以及国际合作与交流，推广先进适用的科学研究成果，普及动物防疫科学知识，提高动物疫病防治的科学技术水平。

第十一条 对在动物防疫工作、动物防疫科学研究中做出成绩和贡献的单位和个人，各级人民政府及有关部门给予奖励。

第二章 动物疫病的预防

第十二条 国务院兽医主管部门对动物疫病状况进行风险评估，根据评估结果制定相应的动物疫病预防、控制措施。

国务院兽医主管部门根据国内外动物疫情和保护养殖业生产及人体健康的需要，及时制定并公布动物疫病预防、控制技术规范。

第十三条 国家对严重危害养殖业生产和人体健康的动物疫病实施强制免疫。国务院兽医主管部门确定强制免疫的动物疫病病种和区域，并会同国务院有关部门制定国家动物疫病强制免疫计划。

省、自治区、直辖市人民政府兽医主管部门根据国家动物疫病强制免疫计划，制订本行政区域的强制免疫计划；并可以根据本行政区域内动物疫病流行情况增加实施强制免疫的动物疫病病种和区域，报本级人民政府批准后执行，并报国务院兽医主管部门备案。

第十四条 县级以上地方人民政府兽医主管部门组织实施动物疫病强制免疫计划。乡级人民政府、城市街道办事处应当组织本管辖区域内饲养动物的单位和个人做好强制免疫工作。

饲养动物的单位和个人应当依法履行动物疫病强制免疫义务，按照兽医主管部门的要求做好强制免疫工作。

经强制免疫的动物，应当按照国务院兽医主管部门的规定建立免疫档案，加施畜禽标识，实施可追溯管理。

第十五条 县级以上人民政府应当建立健全动物疫情监测网络，加强动物疫情监测。

国务院兽医主管部门应当制定国家动物疫病监测计划。省、自治区、直辖市人民政府兽医主管部门应当根据国家动物疫病监测计划，制定本行政区域的动物疫病监测计划。

动物疫病预防控制机构应当按照国务院兽医主管部门的规定，对动物疫病的发生、流行等情况进行监测；从事动物饲养、屠宰、经营、隔离、运输以及动物产品生产、经营、加工、贮藏等活动的单位和个人不得拒绝或者阻碍。

第十六条 国务院兽医主管部门和省、自治区、直辖市人民政府兽医主管部门应当根据对动物疫病发生、流行趋势的预测，及时发出动物疫情预警。地方各级人民政府接到动物疫情预警后，应当采取相应的预防、控制措施。

第十七条 从事动物饲养、屠宰、经营、隔离、运输以及动物产品生产、经营、加工、贮藏等活动的单位和个人，应当依照本法和国务院兽医主管部门的规定，做好免疫、消毒等动物疫病预防工作。

第十八条 种用、乳用动物和宠物应当符合国务院兽医主管部门规定的健康标准。

种用、乳用动物应当接受动物疫病预防控制机构的定期检测；检测不合格的，应当按照国务院兽医主管部门的规定予以处理。

第十九条 动物饲养场（养殖小区）和隔离场所，动物屠宰加工场所，以及动物和动物产品无害化处理场所，应当符合下列动物防疫条件：

（一）场所的位置与居民生活区、生活饮用水源地、学校、医院等公共场所的距离符合国务院兽医主管部门规定的标准；

（二）生产区封闭隔离，工程设计和工艺流程符合动物防疫要求；

（三）有相应的污水、污物、病死动物、染疫动物产品的无害化处理设施设备和清洗消毒设施设备；

（四）有为其服务的动物防疫技术人员；

（五）有完善的动物防疫制度；

（六）具备国务院兽医主管部门规定的其他动物防疫条件。

第二十条 兴办动物饲养场（养殖小区）和隔离场所，动物屠宰加工场所，以及动物和动物产品无害化处理场所，应当向县级以上地方人民政府兽医主管部门提出申请，并附具相关材料。受理申请的兽医主管部门应当依照本法和《中华人民共和国行政许可法》的规定进行审查。经审查合格的，发给动物防疫条件合格证；不合格的，应当通知申请人并说明理由。

动物防疫条件合格证应当载明申请人的名称、场（厂）址等事项。

经营动物、动物产品的集贸市场应当具备国务院兽医主管部门规定的动物防疫条件，并接受动物卫生监督机构的监督检查。

第二十一条 动物、动物产品的运载工具、垫料、包装物、容器等应当符合国务院兽医主管部门规定的动物防疫要求。

染疫动物及其排泄物、染疫动物产品，病死或者死因不明的动物尸体，运载工具中的动物排泄物以及垫料、包装物、容器等污染物，应当按照国务院兽医主管部门的规定处理，不得随意处置。

第二十二条 采集、保存、运输动物病料或者病原微生物以及从事病原微生物研究、教学、检测、诊断等活动，应当遵守国家有关病原微生物实验室管理的规定。

第二十三条 患有人畜共患传染病的人员不得直接从事动物诊疗以及易感染动物的饲养、屠宰、经营、隔离、运输等活动。

人畜共患传染病名录由国务院兽医主管部门会同国务院卫生主管部门制定并公布。

第二十四条 国家对动物疫病实行区域化管理，逐步建立无规定动物疫病区。无规定动物疫病区应当符合国务院兽医主管部门规定的标准，经国务院兽医主管部门验收合格予以公布。

本法所称无规定动物疫病区，是指具有天然屏障或者采取人工措施，在一定期限内没有发生规定的一种或者几种动物疫病，并经验收合格的区域。

第二十五条 禁止屠宰、经营、运输下列动物和生产、经营、加工、贮藏、运输下列动物产品：

（一）封锁疫区内与所发生动物疫病有关的；

（二）疫区内易感染的；

（三）依法应当检疫而未经检疫或者检疫不合格的；

（四）染疫或者疑似染疫的；

（五）病死或者死因不明的；

（六）其他不符合国务院兽医主管部门有关动物防疫规定的。

第三章 动物疫情的报告、通报和公布

第二十六条 从事动物疫情监测、检验检疫、疫病研究与诊疗以及动物饲养、屠宰、经营、隔离、运输等活动的单位和个人，发现动物染疫或者疑似染疫的，应当立即向当地兽医主管部门、动物卫生监督机构或者动物疫病预防控制机构报告，并采取隔离等控制措施，防止动物疫情扩散。其他单位和个人发现动物染疫或者疑似染疫的，应当及时报告。

接到动物疫情报告的单位，应当及时采取必要的控制处理措施，并按照国家规定的程序上报。

第二十七条 动物疫情由县级以上人民政府兽医主管部门认定；其中重大动物疫情由省、自治区、直辖市人民政府兽医主管部门认定，必要时报国务院兽医主管部门认定。

第二十八条 国务院兽医主管部门应当及时向国务院有关部门和军队有关部门以及省、自治区、直辖市人民政府兽医主管部门通报重大动物疫情的发生和处理情况；发生人畜共患传染病的，

县级以上人民政府兽医主管部门与同级卫生主管部门应当及时相互通报。

国务院兽医主管部门应当依照我国缔结或者参加的条约、协定，及时向有关国际组织或者贸易方通报重大动物疫情的发生和处理情况。

第二十九条 国务院兽医主管部门负责向社会及时公布全国动物疫情，也可以根据需要授权省、自治区、直辖市人民政府兽医主管部门公布本行政区域内的动物疫情。其他单位和个人不得发布动物疫情。

第三十条 任何单位和个人不得瞒报、谎报、迟报、漏报动物疫情，不得授意他人瞒报、谎报、迟报动物疫情，不得阻碍他人报告动物疫情。

第四章 动物疫病的控制和扑灭

第三十一条 发生一类动物疫病时，应当采取下列控制和扑灭措施：

（一）当地县级以上地方人民政府兽医主管部门应当立即派人到现场，划定疫点、疫区、受威胁区，调查疫源，及时报请本级人民政府对疫区实行封锁。疫区范围涉及两个以上行政区域的，由有关行政区域共同的上一级人民政府对疫区实行封锁，或者由各有关行政区域的上一级人民政府共同对疫区实行封锁。必要时，上级人民政府可以责成下级人民政府对疫区实行封锁。

（二）县级以上地方人民政府应当立即组织有关部门和单位采取封锁、隔离、扑杀、销毁、消毒、无害化处理、紧急免疫接种等强制性措施，迅速扑灭疫病。

（三）在封锁期间，禁止染疫、疑似染疫和易感染的动物、动物产品流出疫区，禁止非疫区的易感染动物进入疫区，并根据扑灭动物疫病的需要对出入疫区的人员、运输工具及有关物品采取消毒和其他限制性措施。

第三十二条 发生二类动物疫病时，应当采取下列控制和扑灭措施：

（一）当地县级以上地方人民政府兽医主管部门应当划定疫点、疫区、受威胁区。

（二）县级以上地方人民政府根据需要组织有关部门和单位采取隔离、扑杀、销毁、消毒、无害化处理、紧急免疫接种、限制易感染的动物和动物产品及有关物品出入等控制、扑灭措施。

第三十三条 疫点、疫区、受威胁区的撤销和疫区封锁的解除，按照国务院兽医主管部门规定的标准和程序评估后，由原决定机关决定并宣布。

第三十四条 发生三类动物疫病时，当地县级、乡级人民政府应当按照国务院兽医主管部门的规定组织防治和净化。

第三十五条 二、三类动物疫病呈暴发性流行时，按照一类动物疫病处理。

第三十六条 为控制、扑灭动物疫病，动物卫生监督机构应当派人在当地依法设立的现有检查站执行监督检查任务；必要时，经省、自治区、直辖市人民政府批准，可以设立临时性的动物卫生监督检查站，执行监督检查任务。

第三十七条 发生人畜共患传染病时，卫生主管部门应当组织对疫区易感染的人群进行监测，并采取相应的预防、控制措施。

第三十八条 疫区内有关单位和个人，应当遵守县级以上人民政府及其兽医主管部门依法作出的有关控制、扑灭动物疫病的规定。

任何单位和个人不得藏匿、转移、盗掘已被依法隔离、封存、处理的动物和动物产品。

第三十九条 发生动物疫情时，航空、铁路、公路、水路等运输部门应当优先组织运送控制、扑灭疫病的人员和有关物资。

第四十条 一、二、三类动物疫病突然发生，迅速传播，给养殖业生产安全造成严重威胁、危害，以及可能对公众身体健康与生命安全造成危害，构成重大动物疫情的，依照法律和国务院的规定采取应急处理措施。

第五章 动物和动物产品的检疫

第四十一条 动物卫生监督机构依照本法和国务院兽医主管部门的规定对动物、动物产品实施检疫。

动物卫生监督机构的官方兽医具体实施动物、动物产品检疫。官方兽医应当具备规定的资格条件,取得国务院兽医主管部门颁发的资格证书,具体办法由国务院兽医主管部门会同国务院人事行政部门制定。

本法所称官方兽医,是指具备规定的资格条件并经兽医主管部门任命的,负责出具检疫等证明的国家兽医工作人员。

第四十二条 屠宰、出售或者运输动物以及出售或者运输动物产品前,货主应当按照国务院兽医主管部门的规定向当地动物卫生监督机构申报检疫。

动物卫生监督机构接到检疫申报后,应当及时指派官方兽医对动物、动物产品实施现场检疫;检疫合格的,出具检疫证明、加施检疫标志。实施现场检疫的官方兽医应当在检疫证明、检疫标志上签字或者盖章,并对检疫结论负责。

第四十三条 屠宰、经营、运输以及参加展览、演出和比赛的动物,应当附有检疫证明;经营和运输的动物产品,应当附有检疫证明、检疫标志。

对前款规定的动物、动物产品,动物卫生监督机构可以查验检疫证明、检疫标志,进行监督抽查,但不得重复检疫收费。

第四十四条 经铁路、公路、水路、航空运输动物和动物产品的,托运人托运时应当提供检疫证明;没有检疫证明的,承运人不得承运。

运载工具在装载前和卸载后应当及时清洗、消毒。

第四十五条 输入到无规定动物疫病区的动物、动物产品,货主应当按照国务院兽医主管部门的规定向无规定动物疫病区所在地动物卫生监督机构申报检疫,经检疫合格的,方可进入;检疫所需费用纳入无规定动物疫病区所在地地方人民政府财政预算。

第四十六条 跨省、自治区、直辖市引进乳用动物、种用动物及其精液、胚胎、种蛋的,应当向输入地省、自治区、直辖市动物卫生监督机构申请办理审批手续,并依照本法第四十二条的规定取得检疫证明。

跨省、自治区、直辖市引进的乳用动物、种用动物到达输入地后,货主应当按照国务院兽医主管部门的规定对引进的乳用动物、种用动物进行隔离观察。

第四十七条 人工捕获的可能传播动物疫病的野生动物,应当报经捕获地动物卫生监督机构检疫,经检疫合格的,方可饲养、经营和运输。

第四十八条 经检疫不合格的动物、动物产品,货主应当在动物卫生监督机构监督下按照国务院兽医主管部门的规定处理,处理费用由货主承担。

第四十九条 依法进行检疫需要收取费用的,其项目和标准由国务院财政部门、物价主管部门规定。

第六章 动物诊疗

第五十条 从事动物诊疗活动的机构,应当具备下列条件:

(一)有与动物诊疗活动相适应并符合动物防疫条件的场所;

(二)有与动物诊疗活动相适应的执业兽医;

(三)有与动物诊疗活动相适应的兽医器械和设备;

(四)有完善的管理制度。

第五十一条 设立从事动物诊疗活动的机构,应当向县级以上地方人民政府兽医主管部门申请动物诊疗许可证。受理申请的兽医主管部门应当依照本法和《中华人民共和国行政许可法》的规定进行审查。经审查合格的,发给动物诊疗许可证;不合格的,应当通知申请人并说明理由。

第五十二条 动物诊疗许可证应当载明诊疗机构名称、诊疗活动范围、从业地点和法定代表人(负责人)等事项。

动物诊疗许可证载明事项变更的,应当申请变更或者换发动物诊疗许可证。

第五十三条 动物诊疗机构应当按照国务院兽医主管部门的规定,做好诊疗活动中的卫生安全防护、消毒、隔离和诊疗废弃物处置等工作。

第五十四条 国家实行执业兽医资格考试制度。具有兽医相关专业大学专科以上学历的,可以申请参加执业兽医资格考试;考试合格的,由省、自治区、直辖市人民政府兽医主管部门颁发执业兽医资格证书;从事动物诊疗的,还应当向当地县级人民政府兽医主管部门申请注册。执业兽医资格考试和注册办法由国务院兽医主管部门商国务院人事行政部门制定。

本法所称执业兽医,是指从事动物诊疗和动物保健等经营活动的兽医。

第五十五条 经注册的执业兽医,方可从事动物诊疗、开具兽药处方等活动。但是,本法第五十七条对乡村兽医服务人员另有规定的,从其规定。

执业兽医、乡村兽医服务人员应当按照当地人民政府或者兽医主管部门的要求,参加预防、控制和扑灭动物疫病的活动。

第五十六条 从事动物诊疗活动,应当遵守有关动物诊疗的操作技术规范,使用符合国家规定的兽药和兽医器械。

第五十七条 乡村兽医服务人员可以在乡村从事动物诊疗服务活动,具体管理办法由国务院兽医主管部门制定。

第七章 监督管理

第五十八条 动物卫生监督机构依照本法规定,对动物饲养、屠宰、经营、隔离、运输以及动物产品生产、经营、加工、贮藏、运输等活动中的动物防疫实施监督管理。

第五十九条 动物卫生监督机构执行监督检查任务,可以采取下列措施,有关单位和个人不得拒绝或者阻碍:

(一)对动物、动物产品按照规定采样、留验、抽检;

(二)对染疫或者疑似染疫的动物、动物产品及相关物品进行隔离、查封、扣押和处理;

(三)对依法应当检疫而未经检疫的动物实施补检;

(四)对依法应当检疫而未经检疫的动物产品,具备补检条件的实施补检,不具备补检条件的予以没收销毁;

(五)查验检疫证明、检疫标志和畜禽标识;

(六)进入有关场所调查取证,查阅、复制与动物防疫有关的资料。

动物卫生监督机构根据动物疫病预防、控制需要,经当地县级以上地方人民政府批准,可以在车站、港口、机场等相关场所派驻官方兽医。

第六十条 官方兽医执行动物防疫监督检查任务,应当出示行政执法证件,佩带统一标志。

动物卫生监督机构及其工作人员不得从事与动物防疫有关的经营性活动,进行监督检查不得收取任何费用。

第六十一条 禁止转让、伪造或者变造检疫证明、检疫标志或者畜禽标识。

检疫证明、检疫标志的管理办法,由国务院兽医主管部门制定。

第八章　保障措施

第六十二条　县级以上人民政府应当将动物防疫纳入本级国民经济和社会发展规划及年度计划。

第六十三条　县级人民政府和乡级人民政府应当采取有效措施，加强村级防疫员队伍建设。

县级人民政府兽医主管部门可以根据动物防疫工作需要，向乡、镇或者特定区域派驻兽医机构。

第六十四条　县级以上人民政府按照本级政府职责，将动物疫病预防、控制、扑灭、检疫和监督管理所需经费纳入本级财政预算。

第六十五条　县级以上人民政府应当储备动物疫情应急处理工作所需的防疫物资。

第六十六条　对在动物疫病预防和控制、扑灭过程中强制扑杀的动物、销毁的动物产品和相关物品，县级以上人民政府应当给予补偿。具体补偿标准和办法由国务院财政部门会同有关部门制定。

因依法实施强制免疫造成动物应激死亡的，给予补偿。具体补偿标准和办法由国务院财政部门会同有关部门制定。

第六十七条　对从事动物疫病预防、检疫、监督检查、现场处理疫情以及在工作中接触动物疫病病原体的人员，有关单位应当按照国家规定采取有效的卫生防护措施和医疗保健措施。

第九章　法律责任

第六十八条　地方各级人民政府及其工作人员未依照本法规定履行职责的，对直接负责的主管人员和其他直接责任人员依法给予处分。

第六十九条　县级以上人民政府兽医主管部门及其工作人员违反本法规定，有下列行为之一的，由本级人民政府责令改正，通报批评；对直接负责的主管人员和其他直接责任人员依法给予处分：

（一）未及时采取预防、控制、扑灭等措施的；

（二）对不符合条件的颁发动物防疫条件合格证、动物诊疗许可证，或者对符合条件的拒不颁发动物防疫条件合格证、动物诊疗许可证的；

（三）其他未依照本法规定履行职责的行为。

第七十条　动物卫生监督机构及其工作人员违反本法规定，有下列行为之一的，由本级人民政府或者兽医主管部门责令改正，通报批评；对直接负责的主管人员和其他直接责任人员依法给予处分：

（一）对未经现场检疫或者检疫不合格的动物、动物产品出具检疫证明、加施检疫标志，或者对检疫合格的动物、动物产品拒不出具检疫证明、加施检疫标志的；

（二）对附有检疫证明、检疫标志的动物、动物产品重复检疫的；

（三）从事与动物防疫有关的经营性活动，或者在国务院财政部门、物价主管部门规定外加收费用、重复收费的；

（四）其他未依照本法规定履行职责的行为。

第七十一条　动物疫病预防控制机构及其工作人员违反本法规定，有下列行为之一的，由本级人民政府或者兽医主管部门责令改正，通报批评；对直接负责的主管人员和其他直接责任人员依法给予处分：

（一）未履行动物疫病监测、检测职责或者伪造监测、检测结果的；

（二）发生动物疫情时未及时进行诊断、调查的；

（三）其他未依照本法规定履行职责的行为。

第七十二条 地方各级人民政府、有关部门及其工作人员瞒报、谎报、迟报、漏报或者授意他人瞒报、谎报、迟报动物疫情，或者阻碍他人报告动物疫情的，由上级人民政府或者有关部门责令改正，通报批评；对直接负责的主管人员和其他直接责任人员依法给予处分。

第七十三条 违反本法规定，有下列行为之一的，由动物卫生监督机构责令改正，给予警告；拒不改正的，由动物卫生监督机构代作处理，所需处理费用由违法行为人承担，可以处一千元以下罚款：

（一）对饲养的动物不按照动物疫病强制免疫计划进行免疫接种的；

（二）种用、乳用动物未经检测或者经检测不合格而不按照规定处理的；

（三）动物、动物产品的运载工具在装载前和卸载后没有及时清洗、消毒的。

第七十四条 违反本法规定，对经强制免疫的动物未按照国务院兽医主管部门规定建立免疫档案、加施畜禽标识的，依照《中华人民共和国畜牧法》的有关规定处罚。

第七十五条 违反本法规定，不按照国务院兽医主管部门规定处置染疫动物及其排泄物，染疫动物产品，病死或者死因不明的动物尸体，运载工具中的动物排泄物以及垫料、包装物、容器等污染物以及其他经检疫不合格的动物、动物产品的，由动物卫生监督机构责令无害化处理，所需处理费用由违法行为人承担，可以处三千元以下罚款。

第七十六条 违反本法第二十五条规定，屠宰、经营、运输动物或者生产、经营、加工、贮藏、运输动物产品的，由动物卫生监督机构责令改正、采取补救措施，没收违法所得和动物、动物产品，并处同类检疫合格动物、动物产品货值金额一倍以上五倍以下罚款；其中依法应当检疫而未检疫的，依照本法第七十八条的规定处罚。

第七十七条 违反本法规定，有下列行为之一的，由动物卫生监督机构责令改正，处一千元以上一万元以下罚款；情节严重的，处一万元以上十万元以下罚款：

（一）兴办动物饲养场（养殖小区）和隔离场所，动物屠宰加工场所，以及动物和动物产品无害化处理场所，未取得动物防疫条件合格证的；

（二）未办理审批手续，跨省、自治区、直辖市引进乳用动物、种用动物及其精液、胚胎、种蛋的；

（三）未经检疫，向无规定动物疫病区输入动物、动物产品的。

第七十八条 违反本法规定，屠宰、经营、运输的动物未附有检疫证明，经营和运输的动物产品未附有检疫证明、检疫标志的，由动物卫生监督机构责令改正，处同类检疫合格动物、动物产品货值金额百分之十以上百分之五十以下罚款；对货主以外的承运人处运输费用一倍以上三倍以下罚款。

违反本法规定，参加展览、演出和比赛的动物未附有检疫证明的，由动物卫生监督机构责令改正，处一千元以上三千元以下罚款。

第七十九条 违反本法规定，转让、伪造或者变造检疫证明、检疫标志或者畜禽标识的，由动物卫生监督机构没收违法所得，收缴检疫证明、检疫标志或者畜禽标识，并处三千元以上三万元以下罚款。

第八十条 违反本法规定，有下列行为之一的，由动物卫生监督机构责令改正，处一千元以上一万元以下罚款：

（一）不遵守县级以上人民政府及其兽医主管部门依法作出的有关控制、扑灭动物疫病规定的；

（二）藏匿、转移、盗掘已被依法隔离、封存、处理的动物和动物产品的；

（三）发布动物疫情的。

第八十一条 违反本法规定，未取得动物诊疗许可证从事动物诊疗活动的，由动物卫生监督机构责令停止诊疗活动，没收违法所得；违法所得在三万元以上的，并处违法所得一倍以上三倍以下罚款;没有违法所得或者违法所得不足三万元的,并处三千元以上三万元以下罚款。

动物诊疗机构违反本法规定,造成动物疫病扩散的,由动物卫生监督机构责令改正,处一万元以上五万元以下罚款;情节严重的,由发证机关吊销动物诊疗许可证。

第八十二条 违反本法规定,未经兽医执业注册从事动物诊疗活动的,由动物卫生监督机构责令停止动物诊疗活动,没收违法所得,并处一千元以上一万元以下罚款。

执业兽医有下列行为之一的,由动物卫生监督机构给予警告,责令暂停六个月以上一年以下动物诊疗活动;情节严重的,由发证机关吊销注册证书:

(一)违反有关动物诊疗的操作技术规范,造成或者可能造成动物疫病传播、流行的;

(二)使用不符合国家规定的兽药和兽医器械的;

(三)不按照当地人民政府或者兽医主管部门要求参加动物疫病预防、控制和扑灭活动的。

第八十三条 违反本法规定,从事动物疫病研究与诊疗和动物饲养、屠宰、经营、隔离、运输,以及动物产品生产、经营、加工、贮藏等活动的单位和个人,有下列行为之一的,由动物卫生监督机构责令改正;拒不改正的,对违法行为单位处一千元以上一万元以下罚款,对违法行为个人可以处五百元以下罚款:

(一)不履行动物疫情报告义务的;

(二)不如实提供与动物防疫活动有关资料的;

(三)拒绝动物卫生监督机构进行监督检查的;

(四)拒绝动物疫病预防控制机构进行动物疫病监测、检测的。

第八十四条 违反本法规定,构成犯罪的,依法追究刑事责任。

违反本法规定,导致动物疫病传播、流行等,给他人人身、财产造成损害的,依法承担民事责任。

第十章 附 则

第八十五条 本法自2008年1月1日起施行。

中华人民共和国消费者权益保护法

(1993年10月31日第八届全国人民代表大会常务委员会第四次会议通过 根据2009年8月27日第十一届全国人民代表大会常务委员会第十次会议《关于修改部分法律的决定》第一次修正 根据2013年10月25日第十二届全国人民代表大会常务委员会第五次会议《关于修改〈中华人民共和国消费者权益保护法〉的决定》第二次修正)

第一章 总 则

第一条 【立法宗旨】为保护消费者的合法权益,维护社会经济秩序,促进社会主义市场经济健康发展,制定本法。

第二条 【本法调整对象——消费者】消费者为生活消费需要购买、使用商品或者接受服务,其权益受本法保护;本法未作规定的,受其他有关法律、法规保护。

第三条 【本法调整对象——经营者】经营者为消费者提供其生产、销售的商品或者提供服务,应当遵守本法;本法未作规定的,应当遵守其他有关法律、法规。

第四条 【交易原则】经营者与消费者进行交易,应当遵循自愿、平等、公平、诚实信用的原则。

第五条 【国家保护消费者合法权益的职能】国家保护消费者的合法权益不受侵害。

国家采取措施,保障消费者依法行使权利,维护消费者的合法权益。

国家倡导文明、健康、节约资源和保护环境的消费方式，反对浪费。

第六条 【全社会共同保护消费者合法权益原则】保护消费者的合法权益是全社会的共同责任。

国家鼓励、支持一切组织和个人对损害消费者合法权益的行为进行社会监督。

大众传播媒介应当做好维护消费者合法权益的宣传，对损害消费者合法权益的行为进行舆论监督。

第二章 消费者的权利

第七条 【安全保障权】消费者在购买、使用商品和接受服务时享有人身、财产安全不受损害的权利。

消费者有权要求经营者提供的商品和服务，符合保障人身、财产安全的要求。

第八条 【知情权】消费者享有知悉其购买、使用的商品或者接受的服务的真实情况的权利。

消费者有权根据商品或者服务的不同情况，要求经营者提供商品的价格、产地、生产者、用途、性能、规格、等级、主要成份、生产日期、有效期限、检验合格证明、使用方法说明书、售后服务，或者服务的内容、规格、费用等有关情况。

第九条 【选择权】消费者享有自主选择商品或者服务的权利。

消费者有权自主选择提供商品或者服务的经营者，自主选择商品品种或者服务方式，自主决定购买或者不购买任何一种商品、接受或者不接受任何一项服务。

消费者在自主选择商品或者服务时，有权进行比较、鉴别和挑选。

第十条 【公平交易权】消费者享有公平交易的权利。

消费者在购买商品或者接受服务时，有权获得质量保障、价格合理、计量正确等公平交易条件，有权拒绝经营者的强制交易行为。

第十一条 【获得赔偿权】消费者因购买、使用商品或者接受服务受到人身、财产损害的，享有依法获得赔偿的权利。

第十二条 【成立维权组织权】消费者享有依法成立维护自身合法权益的社会组织的权利。

第十三条 【获得知识权】消费者享有获得有关消费和消费者权益保护方面的知识的权利。

消费者应当努力掌握所需商品或者服务的知识和使用技能，正确使用商品，提高自我保护意识。

第十四条 【受尊重权及信息得到保护权】消费者在购买、使用商品和接受服务时，享有人格尊严、民族风俗习惯得到尊重的权利，享有个人信息依法得到保护的权利。

第十五条 【监督权】消费者享有对商品和服务以及保护消费者权益工作进行监督的权利。

消费者有权检举、控告侵害消费者权益的行为和国家机关及其工作人员在保护消费者权益工作中的违法失职行为，有权对保护消费者权益工作提出批评、建议。

第三章 经营者的义务

第十六条 【经营者义务】经营者向消费者提供商品或者服务，应当依照本法和其他有关法律、法规的规定履行义务。

经营者和消费者有约定的，应当按照约定履行义务，但双方的约定不得违背法律、法规的规定。

经营者向消费者提供商品或者服务，应当恪守社会公德，诚信经营，保障消费者的合法权益；不得设定不公平、不合理的交易条件，不得强制交易。

第十七条 【听取意见、接受监督的义务】经营者应当听取消费者对其提供的商品或者服务的意见，接受消费者的监督。

第十八条　【安全保障义务】经营者应当保证其提供的商品或者服务符合保障人身、财产安全的要求。对可能危及人身、财产安全的商品和服务，应当向消费者作出真实的说明和明确的警示，并说明和标明正确使用商品或者接受服务的方法以及防止危害发生的方法。

宾馆、商场、餐馆、银行、机场、车站、港口、影剧院等经营场所的经营者，应当对消费者尽到安全保障义务。

第十九条　【对存在缺陷的产品和服务及时采取措施的义务】经营者发现其提供的商品或者服务存在缺陷，有危及人身、财产安全危险的，应当立即向有关行政部门报告和告知消费者，并采取停止销售、警示、召回、无害化处理、销毁、停止生产或者服务等措施。采取召回措施的，经营者应当承担消费者因商品被召回支出的必要费用。

第二十条　【提供真实、全面信息的义务】经营者向消费者提供有关商品或者服务的质量、性能、用途、有效期限等信息，应当真实、全面，不得作虚假或者引人误解的宣传。

经营者对消费者就其提供的商品或者服务的质量和使用方法等问题提出的询问，应当作出真实、明确的答复。

经营者提供商品或者服务应当明码标价。

第二十一条　【标明真实名称和标记的义务】经营者应当标明其真实名称和标记。

租赁他人柜台或者场地的经营者，应当标明其真实名称和标记。

第二十二条　【出具发票的义务】经营者提供商品或者服务，应当按照国家有关规定或者商业惯例向消费者出具发票等购货凭证或者服务单据；消费者索要发票等购货凭证或者服务单据的，经营者必须出具。

第二十三条　【质量担保义务、瑕疵举证责任】经营者应当保证在正常使用商品或者接受服务的情况下其提供的商品或者服务应当具有的质量、性能、用途和有效期限；但消费者在购买该商品或者接受该服务前已经知道其存在瑕疵，且存在该瑕疵不违反法律强制性规定的除外。

经营者以广告、产品说明、实物样品或者其他方式表明商品或者服务的质量状况的，应当保证其提供的商品或者服务的实际质量与表明的质量状况相符。

经营者提供的机动车、计算机、电视机、电冰箱、空调器、洗衣机等耐用商品或者装饰装修等服务，消费者自接受商品或者服务之日起六个月内发现瑕疵，发生争议的，由经营者承担有关瑕疵的举证责任。

第二十四条　【退货、更换、修理义务】经营者提供的商品或者服务不符合质量要求的，消费者可以依照国家规定、当事人约定退货，或者要求经营者履行更换、修理等义务。没有国家规定和当事人约定的，消费者可以自收到商品之日起七日内退货；七日后符合法定解除合同条件的，消费者可以及时退货，不符合法定解除合同条件的，可以要求经营者履行更换、修理等义务。

依照前款规定进行退货、更换、修理的，经营者应当承担运输等必要费用。

第二十五条　【无理由退货制度】经营者采用网络、电视、电话、邮购等方式销售商品，消费者有权自收到商品之日起七日内退货，且无需说明理由，但下列商品除外：

（一）消费者定作的；

（二）鲜活易腐的；

（三）在线下载或者消费者拆封的音像制品、计算机软件等数字化商品；

（四）交付的报纸、期刊。

除前款所列商品外，其他根据商品性质并经消费者在购买时确认不宜退货的商品，不适用无理由退货。

消费者退货的商品应当完好。经营者应当自收到退回商品之日起七日内返还消费者支付的商品价款。退回商品的运费由消费者承担；经营者和消费者另有约定的，按照约定。

第二十六条 【格式条款的限制】经营者在经营活动中使用格式条款的，应当以显著方式提请消费者注意商品或者服务的数量和质量、价款或者费用、履行期限和方式、安全注意事项和风险警示、售后服务、民事责任等与消费者有重大利害关系的内容，并按照消费者的要求予以说明。

经营者不得以格式条款、通知、声明、店堂告示等方式，作出排除或者限制消费者权利、减轻或者免除经营者责任、加重消费者责任等对消费者不公平、不合理的规定，不得利用格式条款并借助技术手段强制交易。

格式条款、通知、声明、店堂告示等含有前款所列内容的，其内容无效。

第二十七条 【不得侵犯人格尊严和人身自由的义务】经营者不得对消费者进行侮辱、诽谤，不得搜查消费者的身体及其携带的物品，不得侵犯消费者的人身自由。

第二十八条 【特定领域经营者的信息披露义务】采用网络、电视、电话、邮购等方式提供商品或者服务的经营者，以及提供证券、保险、银行等金融服务的经营者，应当向消费者提供经营地址、联系方式、商品或者服务的数量和质量、价款或者费用、履行期限和方式、安全注意事项和风险警示、售后服务、民事责任等信息。

第二十九条 【收集、使用消费者个人信息】经营者收集、使用消费者个人信息，应当遵循合法、正当、必要的原则，明示收集、使用信息的目的、方式和范围，并经消费者同意。经营者收集、使用消费者个人信息，应当公开其收集、使用规则，不得违反法律、法规的规定和双方的约定收集、使用信息。

经营者及其工作人员对收集的消费者个人信息必须严格保密，不得泄露、出售或者非法向他人提供。经营者应当采取技术措施和其他必要措施，确保信息安全，防止消费者个人信息泄露、丢失。在发生或者可能发生信息泄露、丢失的情况时，应当立即采取补救措施。

经营者未经消费者同意或者请求，或者消费者明确表示拒绝的，不得向其发送商业性信息。

第四章 国家对消费者合法权益的保护

第三十条 【听取消费者的意见】国家制定有关消费者权益的法律、法规、规章和强制性标准，应当听取消费者和消费者协会等组织的意见。

第三十一条 【各级政府的职责】各级人民政府应当加强领导，组织、协调、督促有关行政部门做好保护消费者合法权益的工作，落实保护消费者合法权益的职责。

各级人民政府应当加强监督，预防危害消费者人身、财产安全行为的发生，及时制止危害消费者人身、财产安全的行为。

第三十二条 【工商部门的职责】各级人民政府工商行政管理部门和其他有关行政部门应当依照法律、法规的规定，在各自的职责范围内，采取措施，保护消费者的合法权益。

有关行政部门应当听取消费者和消费者协会等组织对经营者交易行为、商品和服务质量问题的意见，及时调查处理。

第三十三条 【抽查检验的职责】有关行政部门在各自的职责范围内，应当定期或者不定期对经营者提供的商品和服务进行抽查检验，并及时向社会公布抽查检验结果。

有关行政部门发现并认定经营者提供的商品或者服务存在缺陷，有危及人身、财产安全危险的，应当立即责令经营者采取停止销售、警示、召回、无害化处理、销毁、停止生产或者服务等措施。

第三十四条 【行政部门的职责】有关国家机关应当依照法律、法规的规定，惩处经营者在提供商品和服务中侵害消费者合法权益的违法犯罪行为。

第三十五条 【人民法院的职责】人民法院应当采取措施，方便消费者提起诉讼。对符合《中华人民共和国民事诉讼法》起诉条件的消费者权益争议，必须受理，及时审理。

第五章　消费者组织

第三十六条　【消费者协会】消费者协会和其他消费者组织是依法成立的对商品和服务进行社会监督的保护消费者合法权益的社会组织。

第三十七条　【消费者协会的公益性职责】消费者协会履行下列公益性职责：

（一）向消费者提供消费信息和咨询服务，提高消费者维护自身合法权益的能力，引导文明、健康、节约资源和保护环境的消费方式；

（二）参与制定有关消费者权益的法律、法规、规章和强制性标准；

（三）参与有关行政部门对商品和服务的监督、检查；

（四）就有关消费者合法权益的问题，向有关部门反映、查询，提出建议；

（五）受理消费者的投诉，并对投诉事项进行调查、调解；

（六）投诉事项涉及商品和服务质量问题的，可以委托具备资格的鉴定人鉴定，鉴定人应当告知鉴定意见；

（七）就损害消费者合法权益的行为，支持受损害的消费者提起诉讼或者依照本法提起诉讼；

（八）对损害消费者合法权益的行为，通过大众传播媒介予以揭露、批评。

各级人民政府对消费者协会履行职责应当予以必要的经费等支持。

消费者协会应当认真履行保护消费者合法权益的职责，听取消费者的意见和建议，接受社会监督。

依法成立的其他消费者组织依照法律、法规及其章程的规定，开展保护消费者合法权益的活动。

第三十八条　【消费者组织的禁止行为】消费者组织不得从事商品经营和营利性服务，不得以收取费用或者其他牟取利益的方式向消费者推荐商品和服务。

第六章　争议的解决

第三十九条　【争议解决的途径】消费者和经营者发生消费者权益争议的，可以通过下列途径解决：

（一）与经营者协商和解；

（二）请求消费者协会或者依法成立的其他调解组织调解；

（三）向有关行政部门投诉；

（四）根据与经营者达成的仲裁协议提请仲裁机构仲裁；

（五）向人民法院提起诉讼。

第四十条　【消费者索赔的权利】消费者在购买、使用商品时，其合法权益受到损害的，可以向销售者要求赔偿。销售者赔偿后，属于生产者的责任或者属于向销售者提供商品的其他销售者的责任的，销售者有权向生产者或者其他销售者追偿。

消费者或者其他受害人因商品缺陷造成人身、财产损害的，可以向销售者要求赔偿，也可以向生产者要求赔偿。属于生产者责任的，销售者赔偿后，有权向生产者追偿。属于销售者责任的，生产者赔偿后，有权向销售者追偿。

消费者在接受服务时，其合法权益受到损害的，可以向服务者要求赔偿。

第四十一条　【企业变更后的索赔】消费者在购买、使用商品或者接受服务时，其合法权益受到损害，因原企业分立、合并的，可以向变更后承受其权利义务的企业要求赔偿。

第四十二条　【营业执照出借人或借用人的连带责任】使用他人营业执照的违法经营者提供商品或者服务，损害消费者合法权益的，消费者可以向其要求赔偿，也可以向营业执照的持有人要求赔偿。

第四十三条 【展销会、租赁柜台的责任】消费者在展销会、租赁柜台购买商品或者接受服务，其合法权益受到损害的，可以向销售者或者服务者要求赔偿。展销会结束或者柜台租赁期满后，也可以向展销会的举办者、柜台的出租者要求赔偿。展销会的举办者、柜台的出租者赔偿后，有权向销售者或者服务者追偿。

第四十四条 【网络交易平台提供者的责任】消费者通过网络交易平台购买商品或者接受服务，其合法权益受到损害的，可以向销售者或者服务者要求赔偿。网络交易平台提供者不能提供销售者或者服务者的真实名称、地址和有效联系方式的，消费者也可以向网络交易平台提供者要求赔偿；网络交易平台提供者作出更有利于消费者的承诺的，应当履行承诺。网络交易平台提供者赔偿后，有权向销售者或者服务者追偿。

网络交易平台提供者明知或者应知销售者或者服务者利用其平台侵害消费者合法权益，未采取必要措施的，依法与该销售者或者服务者承担连带责任。

第四十五条 【虚假广告相关责任人的责任】消费者因经营者利用虚假广告或者其他虚假宣传方式提供商品或者服务，其合法权益受到损害的，可以向经营者要求赔偿。广告经营者、发布者发布虚假广告的，消费者可以请求行政主管部门予以惩处。广告经营者、发布者不能提供经营者的真实名称、地址和有效联系方式的，应当承担赔偿责任。

广告经营者、发布者设计、制作、发布关系消费者生命健康商品或者服务的虚假广告，造成消费者损害的，应当与提供该商品或者服务的经营者承担连带责任。

社会团体或者其他组织、个人在关系消费者生命健康商品或者服务的虚假广告或者其他虚假宣传中向消费者推荐商品或者服务，造成消费者损害的，应当与提供该商品或者服务的经营者承担连带责任。

第四十六条 【投诉】消费者向有关行政部门投诉的，该部门应当自收到投诉之日起七个工作日内，予以处理并告知消费者。

第四十七条 【消费者协会的诉权】对侵害众多消费者合法权益的行为，中国消费者协会以及在省、自治区、直辖市设立的消费者协会，可以向人民法院提起诉讼。

第七章 法律责任

第四十八条 【经营者承担责任的情形】经营者提供商品或者服务有下列情形之一的，除本法另有规定外，应当依照其他有关法律、法规的规定，承担民事责任：

（一）商品或者服务存在缺陷的；

（二）不具备商品应当具备的使用性能而出售时未作说明的；

（三）不符合在商品或者其包装上注明采用的商品标准的；

（四）不符合商品说明、实物样品等方式表明的质量状况的；

（五）生产国家明令淘汰的商品或者销售失效、变质的商品的；

（六）销售的商品数量不足的；

（七）服务的内容和费用违反约定的；

（八）对消费者提出的修理、重作、更换、退货、补足商品数量、退还货款和服务费用或者赔偿损失的要求，故意拖延或者无理拒绝的；

（九）法律、法规规定的其他损害消费者权益的情形。

经营者对消费者未尽到安全保障义务，造成消费者损害的，应当承担侵权责任。

第四十九条 【造成人身损害的赔偿责任】经营者提供商品或者服务，造成消费者或者其他受害人人身伤害的，应当赔偿医疗费、护理费、交通费等为治疗和康复支出的合理费用，以及因误工减少的收入。造成残疾的，还应当赔偿残疾生活辅助具费和残疾赔偿金。造成死亡的，还应当赔偿丧葬费和死亡赔偿金。

第五十条 【侵犯人格尊严的弥补】经营者侵害消费者的人格尊严、侵犯消费者人身自由或者侵害消费者个人信息依法得到保护的权利的，应当停止侵害、恢复名誉、消除影响、赔礼道歉，并赔偿损失。

第五十一条 【精神损害赔偿责任】经营者有侮辱诽谤、搜查身体、侵犯人身自由等侵害消费者或者其他受害人人身权益的行为，造成严重精神损害的，受害人可以要求精神损害赔偿。

第五十二条 【造成财产损害的民事责任】经营者提供商品或者服务，造成消费者财产损害的，应当依照法律规定或者当事人约定承担修理、重作、更换、退货、补足商品数量、退还货款和服务费用或者赔偿损失等民事责任。

第五十三条 【预付款后未履约的责任】经营者以预收款方式提供商品或者服务的，应当按照约定提供。未按照约定提供的，应当按照消费者的要求履行约定或者退回预付款；并应当承担预付款的利息、消费者必须支付的合理费用。

第五十四条 【退货责任】依法经有关行政部门认定为不合格的商品，消费者要求退货的，经营者应当负责退货。

第五十五条 【惩罚性赔偿】经营者提供商品或者服务有欺诈行为的，应当按照消费者的要求增加赔偿其受到的损失，增加赔偿的金额为消费者购买商品的价款或者接受服务的费用的三倍；增加赔偿的金额不足五百元的，为五百元。法律另有规定的，依照其规定。

经营者明知商品或者服务存在缺陷，仍然向消费者提供，造成消费者或者其他受害人死亡或者健康严重损害的，受害人有权要求经营者依照本法第四十九条、第五十一条等法律规定赔偿损失，并有权要求所受损失二倍以下的惩罚性赔偿。

第五十六条 【严重处罚的情形】经营者有下列情形之一，除承担相应的民事责任外，其他有关法律、法规对处罚机关和处罚方式有规定的，依照法律、法规的规定执行；法律、法规未作规定的，由工商行政管理部门或者其他有关行政部门责令改正，可以根据情节单处或者并处警告、没收违法所得、处以违法所得一倍以上十倍以下的罚款，没有违法所得的，处以五十万元以下的罚款；情节严重的，责令停业整顿、吊销营业执照：

（一）提供的商品或者服务不符合保障人身、财产安全要求的；

（二）在商品中掺杂、掺假，以假充真，以次充好，或者以不合格商品冒充合格商品的；

（三）生产国家明令淘汰的商品或者销售失效、变质的商品的；

（四）伪造商品的产地，伪造或者冒用他人的厂名、厂址，篡改生产日期，伪造或者冒用认证标志等质量标志的；

（五）销售的商品应当检验、检疫而未检验、检疫或者伪造检验、检疫结果的；

（六）对商品或者服务作虚假或者引人误解的宣传的；

（七）拒绝或者拖延有关行政部门责令对缺陷商品或者服务采取停止销售、警示、召回、无害化处理、销毁、停止生产或者服务等措施的；

（八）对消费者提出的修理、重作、更换、退货、补足商品数量、退还货款和服务费用或者赔偿损失的要求，故意拖延或者无理拒绝的；

（九）侵害消费者人格尊严、侵犯消费者人身自由或者侵害消费者个人信息依法得到保护的权利的；

（十）法律、法规规定的对损害消费者权益应当予以处罚的其他情形。

经营者有前款规定情形的，除依照法律、法规规定予以处罚外，处罚机关应当记入信用档案，向社会公布。

第五十七条 【经营者的刑事责任】经营者违反本法规定提供商品或者服务，侵害消费者合法权益，构成犯罪的，依法追究刑事责任。

第五十八条 【民事赔偿责任优先原则】经营者违反本法规定，应当承担民事赔偿责任和缴纳罚款、罚金，其财产不足以同时支付的，先承担民事赔偿责任。

第五十九条 【经营者的权利】经营者对行政处罚决定不服的，可以依法申请行政复议或者提起行政诉讼。

第六十条 【暴力抗法的责任】以暴力、威胁等方法阻碍有关行政部门工作人员依法执行职务的，依法追究刑事责任；拒绝、阻碍有关行政部门工作人员依法执行职务，未使用暴力、威胁方法的，由公安机关依照《中华人民共和国治安管理处罚法》的规定处罚。

第六十一条 【国家机关工作人员的责任】国家机关工作人员玩忽职守或者包庇经营者侵害消费者合法权益的行为的，由其所在单位或者上级机关给予行政处分；情节严重，构成犯罪的，依法追究刑事责任。

第八章 附 则

第六十二条 【购买农业生产资料的参照执行】农民购买、使用直接用于农业生产的生产资料，参照本法执行。

第六十三条 【实施日期】本法自1994年1月1日起施行。

价格违法行为行政处罚规定

（1999年7月10日国务院批准 1999年8月1日国家发展计划委员会发布 根据2006年2月21日《国务院关于修改〈价格违法行为行政处罚规定〉的决定》第一次修订 根据2008年1月13日《国务院关于修改〈价格违法行为行政处罚规定〉的决定》第二次修订 根据2010年12月4日《国务院关于修改〈价格违法行为行政处罚规定〉的决定》第三次修订）

第一条 为了依法惩处价格违法行为，维护正常的价格秩序，保护消费者和经营者的合法权益，根据《中华人民共和国价格法》（以下简称价格法）的有关规定，制定本规定。

第二条 县级以上各级人民政府价格主管部门依法对价格活动进行监督检查，并决定对价格违法行为的行政处罚。

第三条 价格违法行为的行政处罚由价格违法行为发生地的地方人民政府价格主管部门决定；国务院价格主管部门规定由其上级价格主管部门决定的，从其规定。

第四条 经营者违反价格法第十四条的规定，有下列行为之一的，责令改正，没收违法所得，并处违法所得5倍以下的罚款；没有违法所得的，处10万元以上100万元以下的罚款；情节严重的，责令停业整顿，或者由工商行政管理机关吊销营业执照：

（一）除依法降价处理鲜活商品、季节性商品、积压商品等商品外，为了排挤竞争对手或者独占市场，以低于成本的价格倾销，扰乱正常的生产经营秩序，损害国家利益或者其他经营者的合法权益的；

（二）提供相同商品或者服务，对具有同等交易条件的其他经营者实行价格歧视的。

第五条 经营者违反价格法第十四条的规定，相互串通，操纵市场价格，造成商品价格较大幅度上涨的，责令改正，没收违法所得，并处违法所得5倍以下的罚款；没有违法所得的，处10万元以上 100 万元以下的罚款,情节较重的处 100 万元以上 500 万元以下的罚款;情节严重的,责令停业整顿,或者由工商行政管理机关吊销营业执照。

除前款规定情形外,经营者相互串通,操纵市场价格,损害其他经营者或者消费者合法权益的,依照本规定第四条的规定处罚。

行业协会或者其他单位组织经营者相互串通,操纵市场价格的,对经营者依照前两款的规定处罚;对行业协会或者其他单位,可以处 50 万元以下的罚款,情节严重的,由登记管理机关依法撤销登记、吊销执照。

第六条 经营者违反价格法第十四条的规定,有下列推动商品价格过快、过高上涨行为之一的,责令改正,没收违法所得,并处违法所得 5 倍以下的罚款;没有违法所得的,处 5 万元以上 50 万元以下的罚款,情节较重的处 50 万元以上 300 万元以下的罚款;情节严重的,责令停业整顿,或者由工商行政管理机关吊销营业执照:

(一)捏造、散布涨价信息,扰乱市场价格秩序的;

(二)除生产自用外,超出正常的存储数量或者存储周期,大量囤积市场供应紧张、价格发生异常波动的商品,经价格主管部门告诫仍继续囤积的;

(三)利用其他手段哄抬价格,推动商品价格过快、过高上涨的。

行业协会或者为商品交易提供服务的单位有前款规定的违法行为的,可以处 50 万元以下的罚款;情节严重的,由登记管理机关依法撤销登记、吊销执照。

前两款规定以外的其他单位散布虚假涨价信息,扰乱市场价格秩序,依法应当由其他主管机关查处的,价格主管部门可以提出依法处罚的建议,有关主管机关应当依法处罚。

第七条 经营者违反价格法第十四条的规定,利用虚假的或者使人误解的价格手段,诱骗消费者或者其他经营者与其进行交易的,责令改正,没收违法所得,并处违法所得 5 倍以下的罚款;没有违法所得的,处 5 万元以上 50 万元以下的罚款;情节严重的,责令停业整顿,或者由工商行政管理机关吊销营业执照。

第八条 经营者违反价格法第十四条的规定,采取抬高等级或者压低等级等手段销售、收购商品或者提供服务,变相提高或者压低价格的,责令改正,没收违法所得,并处违法所得 5 倍以下的罚款;没有违法所得的,处 2 万元以上 20 万元以下的罚款;情节严重的,责令停业整顿,或者由工商行政管理机关吊销营业执照。

第九条 经营者不执行政府指导价、政府定价,有下列行为之一的,责令改正,没收违法所得,并处违法所得 5 倍以下的罚款;没有违法所得的,处 5 万元以上 50 万元以下的罚款,情节较重的处 50 万元以上 200 万元以下的罚款;情节严重的,责令停业整顿:

(一)超出政府指导价浮动幅度制定价格的;

(二)高于或者低于政府定价制定价格的;

(三)擅自制定属于政府指导价、政府定价范围内的商品或者服务价格的;

(四)提前或者推迟执行政府指导价、政府定价的;

(五)自立收费项目或者自定标准收费的;

(六)采取分解收费项目、重复收费、扩大收费范围等方式变相提高收费标准的;

(七)对政府明令取消的收费项目继续收费的;

(八)违反规定以保证金、抵押金等形式变相收费的;

(九)强制或者变相强制服务并收费的;

(十)不按照规定提供服务而收取费用的;

(十一)不执行政府指导价、政府定价的其他行为。

第十条 经营者不执行法定的价格干预措施、紧急措施,有下列行为之一的,责令改正,没收违法所得,并处违法所得5倍以下的罚款;没有违法所得的,处10万元以上100万元以下的罚款,情节较重的处100万元以上500万元以下的罚款;情节严重的,责令停业整顿:

(一)不执行提价申报或者调价备案制度的;

(二)超过规定的差价率、利润率幅度的;

(三)不执行规定的限价、最低保护价的;

(四)不执行集中定价权限措施的;

(五)不执行冻结价格措施的;

(六)不执行法定的价格干预措施、紧急措施的其他行为。

第十一条 本规定第四条、第七条至第九条规定中经营者为个人的,对其没有违法所得的价格违法行为,可以处10万元以下的罚款。

本规定第五条、第六条、第十条规定中经营者为个人的,对其没有违法所得的价格违法行为,按照前款规定处罚;情节严重的,处10万元以上50万元以下的罚款。

第十二条 经营者违反法律、法规的规定牟取暴利的,责令改正,没收违法所得,可以并处违法所得5倍以下的罚款;情节严重的,责令停业整顿,或者由工商行政管理机关吊销营业执照。

第十三条 经营者违反明码标价规定,有下列行为之一的,责令改正,没收违法所得,可以并处5000元以下的罚款:

(一)不标明价格的;

(二)不按照规定的内容和方式明码标价的;

(三)在标价之外加价出售商品或者收取未标明的费用的;

(四)违反明码标价规定的其他行为。

第十四条 拒绝提供价格监督检查所需资料或者提供虚假资料的,责令改正,给予警告;逾期不改正的,可以处10万元以下的罚款,对直接负责的主管人员和其他直接责任人员给予纪律处分。

第十五条 政府价格主管部门进行价格监督检查时,发现经营者的违法行为同时具有下列三种情形的,可以依照价格法第三十四条第(三)项的规定责令其暂停相关营业:

(一)违法行为情节复杂或者情节严重,经查明后可能给予较重处罚的;

(二)不暂停相关营业,违法行为将继续的;

(三)不暂停相关营业,可能影响违法事实的认定,采取其他措施又不足以保证查明的。

政府价格主管部门进行价格监督检查时,执法人员不得少于2人,并应当向经营者或者有关人员出示证件。

第十六条 本规定第四条至第十三条规定中的违法所得,属于价格法第四十一条规定的消费者或者其他经营者多付价款的,责令经营者限期退还。难以查找多付价款的消费者或者其他经营者的,责令公告查找。

经营者拒不按照前款规定退还消费者或者其他经营者多付的价款,以及期限届满没有退还消费者或者其他经营者多付的价款,由政府价格主管部门予以没收,消费者或者其他经营者要求退还时,由经营者依法承担民事责任。

第十七条 经营者有《中华人民共和国行政处罚法》第二十七条所列情形的,应当依法从轻或者减轻处罚。

经营者有下列情形之一的,应当从重处罚:

(一)价格违法行为严重或者社会影响较大的;

(二)屡查屡犯的;

(三)伪造、涂改或者转移、销毁证据的;

(四)转移与价格违法行为有关的资金或者商品的;

(五)经营者拒不按照本规定第十六条第一款规定退还消费者或者其他经营者多付价款的;

(六)应予从重处罚的其他价格违法行为。

第十八条 本规定中以违法所得计算罚款数额的,违法所得无法确定时,按照没有违法所得的规定处罚。

第十九条 有本规定所列价格违法行为严重扰乱市场秩序,构成犯罪的,依法追究刑事责任。

第二十条 经营者对政府价格主管部门作出的处罚决定不服的,应当先依法申请行政复议;对行政复议决定不服的,可以依法向人民法院提起诉讼。

第二十一条 逾期不缴纳罚款的,每日按罚款数额的3%加处罚款;逾期不缴纳违法所得的,每日按违法所得数额的2‰加处罚款。

第二十二条 任何单位和个人有本规定所列价格违法行为,情节严重,拒不改正的,政府价格主管部门除依照本规定给予处罚外,可以公告其价格违法行为,直至其改正。

第二十三条 有关法律对价格法第十四条所列行为的处罚及处罚机关另有规定的,可以依照有关法律的规定执行。

第二十四条 价格执法人员泄露国家秘密、经营者的商业秘密或者滥用职权、玩忽职守、徇私舞弊,构成犯罪的,依法追究刑事责任;尚不构成犯罪的,依法给予处分。

第二十五条 本规定自公布之日起施行。

中华人民共和国产品质量法

(1993年2月22日第七届全国人民代表大会常务委员会第三十次会议通过 根据2000年7月8日第九届全国人民代表大会常务委员会第十六次会议《关于修改〈中华人民共和国产品质量法〉的决定》第一次修正 根据2009年8月27日第十一届全国人民代表大会常务委员会第十次会议《关于修改部分法律的决定》第二次修正)

第一章 总 则

第一条 【立法目的】为了加强对产品质量的监督管理,提高产品质量水平,明确产品质量责任,保护消费者的合法权益,维护社会经济秩序,制定本法。

第二条 【适用范围】在中华人民共和国境内从事产品生产、销售活动,必须遵守本法。

本法所称产品是指经过加工、制作,用于销售的产品。

建设工程不适用本法规定;但是,建设工程使用的建筑材料、建筑构配件和设备,属于前款规定的产品范围的,适用本法规定。

第三条 【建立健全内部产品质量管理制度】生产者、销售者应当建立健全内部产品质量管理制度,严格实施岗位质量规范、质量责任以及相应的考核办法。

第四条 【依法承担产品质量责任】生产者、销售者依照本法规定承担产品质量责任。

第五条 【禁止行为】禁止伪造或者冒用认证标志等质量标志;禁止伪造产品的产地,伪造或者冒用他人的厂名、厂址;禁止在生产、销售的产品中掺杂、掺假,以假充真,以次充好。

第六条 【鼓励推行先进科学技术】国家鼓励推行科学的质量管理方法,采用先进的科学技术,鼓励企业产品质量达到并且超过行业标准、国家标准和国际标准。

对产品质量管理先进和产品质量达到国际先进水平、成绩显著的单位和个人,给予奖励。

第七条 【各级人民政府保障本法的施行】各级人民政府应当把提高产品质量纳入国民经济和社会发展规划,加强对产品质量工作的统筹规划和组织领导,引导、督促生产者、销售者加强产品质量管理，提高产品质量，组织各有关部门依法采取措施，制止产品生产、销售中违反本法规定的行为，保障本法的施行。

第八条 【监管部门的监管权限】国务院产品质量监督部门主管全国产品质量监督工作。国务院有关部门在各自的职责范围内负责产品质量监督工作。

县级以上地方产品质量监督部门主管本行政区域内的产品质量监督工作。县级以上地方人民政府有关部门在各自的职责范围内负责产品质量监督工作。

法律对产品质量的监督部门另有规定的，依照有关法律的规定执行。

第九条 【各级政府的禁止行为】各级人民政府工作人员和其他国家机关工作人员不得滥用职权、玩忽职守或者徇私舞弊，包庇、放纵本地区、本系统发生的产品生产、销售中违反本法规定的行为，或者阻挠、干预依法对产品生产、销售中违反本法规定的行为进行查处。

各级地方人民政府和其他国家机关有包庇、放纵产品生产、销售中违反本法规定的行为的，依法追究其主要负责人的法律责任。

第十条 【公众检举权】任何单位和个人有权对违反本法规定的行为，向产品质量监督部门或者其他有关部门检举。

产品质量监督部门和有关部门应当为检举人保密，并按照省、自治区、直辖市人民政府的规定给予奖励。

第十一条 【禁止产品垄断经营】任何单位和个人不得排斥非本地区或者非本系统企业生产的质量合格产品进入本地区、本系统。

第二章 产品质量的监督

第十二条 【产品质量要求】产品质量应当检验合格，不得以不合格产品冒充合格产品。

第十三条 【工业产品质量标准要求】可能危及人体健康和人身、财产安全的工业产品，必须符合保障人体健康和人身、财产安全的国家标准、行业标准；未制定国家标准、行业标准的，必须符合保障人体健康和人身、财产安全的要求。

禁止生产、销售不符合保障人体健康和人身、财产安全的标准和要求的工业产品。具体管理办法由国务院规定。

第十四条 【企业质量体系认证制度】国家根据国际通用的质量管理标准，推行企业质量体系认证制度。企业根据自愿原则可以向国务院产品质量监督部门认可的或者国务院产品质量监督部门授权的部门认可的认证机构申请企业质量体系认证。经认证合格的，由认证机构颁发企业质量体系认证证书。

国家参照国际先进的产品标准和技术要求，推行产品质量认证制度。企业根据自愿原则可以向国务院产品质量监督部门认可的或者国务院产品质量监督部门授权的部门认可的认证机构申请产品质量认证。经认证合格的，由认证机构颁发产品质量认证证书，准许企业在产品或者其包装上使用产品质量认证标志。

第十五条 【以抽查为主要方式的组织领导监督检查制度】国家对产品质量实行以抽查为主要方式的监督检查制度，对可能危及人体健康和人身、财产安全的产品，影响国计民生的重要工业产品以及消费者、有关组织反映有质量问题的产品进行抽查。抽查的样品应当在市场上或者企业成品仓库内的待销产品中随机抽取。监督抽查工作由国务院产品质量监督部门规划和组织。县级以上地方产品质量监督部门在本行政区域内也可以组织监督抽查。法律对产品质量的监督检查另有规定的，依照有关法律的规定执行。

国家监督抽查的产品，地方不得另行重复抽查；上级监督抽查的产品，下级不得另行重复抽查。

根据监督抽查的需要，可以对产品进行检验。检验抽取样品的数量不得超过检验的合理需要，并不得向被检查人收取检验费用。监督抽查所需检验费用按照国务院规定列支。

生产者、销售者对抽查检验的结果有异议的,可以自收到检验结果之日起15日内向实施监督抽查的产品质量监督部门或者其上级产品质量监督部门申请复检,由受理复检的产品质量监督部门作出复检结论。

第十六条　【质量监督检查】对依法进行的产品质量监督检查,生产者、销售者不得拒绝。

第十七条　【违反监督抽查规定的行政责任】依照本法规定进行监督抽查的产品质量不合格的,由实施监督抽查的产品质量监督部门责令其生产者、销售者限期改正。逾期不改正的,由省级以上人民政府产品质量监督部门予以公告;公告后经复查仍不合格的,责令停业,限期整顿;整顿期满后经复查产品质量仍不合格的,吊销营业执照。

监督抽查的产品有严重质量问题的,依照本法第五章的有关规定处罚。

第十八条　【县级以上产品质量监督部门职权范围】县级以上产品质量监督部门根据已经取得的违法嫌疑证据或者举报,对涉嫌违反本法规定的行为进行查处时,可以行使下列职权:

(一)对当事人涉嫌从事违反本法的生产、销售活动的场所实施现场检查;

(二)向当事人的法定代表人、主要负责人和其他有关人员调查、了解与涉嫌从事违反本法的生产、销售活动有关的情况;

(三)查阅、复制当事人有关的合同、发票、账簿以及其他有关资料;

(四)对有根据认为不符合保障人体健康和人身、财产安全的国家标准、行业标准的产品或者有其他严重质量问题的产品,以及直接用于生产、销售该项产品的原辅材料、包装物、生产工具,予以查封或者扣押。

县级以上工商行政管理部门按照国务院规定的职责范围,对涉嫌违反本法规定的行为进行查处时,可以行使前款规定的职权。

第十九条　【产品质量检验机构设立条件】产品质量检验机构必须具备相应的检测条件和能力,经省级以上人民政府产品质量监督部门或者其授权的部门考核合格后,方可承担产品质量检验工作。法律、行政法规对产品质量检验机构另有规定的,依照有关法律、行政法规的规定执行。

第二十条　【产品质量检验、认证中介机构依法设立】从事产品质量检验、认证的社会中介机构必须依法设立,不得与行政机关和其他国家机关存在隶属关系或者其他利益关系。

第二十一条　【产品质量检验、认证机构必须依法出具检验结果、认证证明】产品质量检验机构、认证机构必须依法按照有关标准,客观、公正地出具检验结果或者认证证明。

产品质量认证机构应当依照国家规定对准许使用认证标志的产品进行认证后的跟踪检查;对不符合认证标准而使用认证标志的,要求其改正;情节严重的,取消其使用认证标志的资格。

第二十二条　【消费者的查询、申诉权】消费者有权就产品质量问题,向产品的生产者、销售者查询;向产品质量监督部门、工商行政管理部门及有关部门申诉,接受申诉的部门应当负责处理。

第二十三条　【消费者权益组织的职能】保护消费者权益的社会组织可以就消费者反映的产品质量问题建议有关部门负责处理,支持消费者对因产品质量造成的损害向人民法院起诉。

第二十四条　【抽查产品质量状况定期公告】国务院和省、自治区、直辖市人民政府的产品质量监督部门应当定期发布其监督抽查的产品的质量状况公告。

第二十五条　【监管机构的禁止行为】产品质量监督部门或者其他国家机关以及产品质量检验机构不得向社会推荐生产者的产品;不得以对产品进行监制、监销等方式参与产品经营活动。

第三章　生产者、销售者的产品质量责任和义务

第一节　生产者的产品质量责任和义务

第二十六条　【生产者的产品质量要求】生产者应当对其生产的产品质量负责。

产品质量应当符合下列要求：

（一）不存在危及人身、财产安全的不合理的危险，有保障人体健康和人身、财产安全的国家标准、行业标准的，应当符合该标准；

（二）具备产品应当具备的使用性能，但是，对产品存在使用性能的瑕疵作出说明的除外；

（三）符合在产品或者其包装上注明采用的产品标准，符合以产品说明、实物样品等方式表明的质量状况。

第二十七条　【产品及其包装上的标识要求】产品或者其包装上的标识必须真实，并符合下列要求：

（一）有产品质量检验合格证明；

（二）有中文标明的产品名称、生产厂厂名和厂址；

（三）根据产品的特点和使用要求，需要标明产品规格、等级、所含主要成份的名称和含量的，用中文相应予以标明；需要事先让消费者知晓的，应当在外包装上标明，或者预先向消费者提供有关资料；

（四）限期使用的产品，应当在显著位置清晰地标明生产日期和安全使用期或者失效日期；

（五）使用不当，容易造成产品本身损坏或者可能危及人身、财产安全的产品，应当有警示标志或者中文警示说明。

裸装的食品和其他根据产品的特点难以附加标识的裸装产品，可以不附加产品标识。

第二十八条　【危险物品包装质量要求】易碎、易燃、易爆、有毒、有腐蚀性、有放射性等危险物品以及储运中不能倒置和其他有特殊要求的产品，其包装质量必须符合相应要求，依照国家有关规定作出警示标志或者中文警示说明，标明储运注意事项。

第二十九条　【禁止生产国家明令淘汰的产品】生产者不得生产国家明令淘汰的产品。

第三十条　【禁止伪造产地、伪造或者冒用他人的厂名、厂址】生产者不得伪造产地，不得伪造或者冒用他人的厂名、厂址。

第三十一条　【禁止伪造或者冒用认证标志等质量标志】生产者不得伪造或者冒用认证标志等质量标志。

第三十二条　【生产者的禁止行为】生产者生产产品，不得掺杂、掺假，不得以假充真、以次充好，不得以不合格产品冒充合格产品。

第二节　销售者的产品质量责任和义务

第三十三条　【进货检查验收制度】销售者应当建立并执行进货检查验收制度，验明产品合格证明和其他标识。

第三十四条　【保持销售产品质量的义务】销售者应当采取措施，保持销售产品的质量。

第三十五条　【禁止销售的产品范围】销售者不得销售国家明令淘汰并停止销售的产品和失效、变质的产品。

第三十六条　【销售产品的标识要求】销售者销售的产品的标识应当符合本法第二十七条的规定。

第三十七条　【禁止伪造产地、伪造或者冒用他人的厂名、厂址】销售者不得伪造产地，不得伪

造或者冒用他人的厂名、厂址。

第三十八条 【禁止伪造或者冒用认证标志等质量标志】销售者不得伪造或者冒用认证标志等质量标志。

第三十九条 【销售者的禁止行为】销售者销售产品，不得掺杂、掺假，不得以假充真、以次充好，不得以不合格产品冒充合格产品。

第四章 损害赔偿

第四十条 【销售者的损害赔偿责任】售出的产品有下列情形之一的，销售者应当负责修理、更换、退货；给购买产品的消费者造成损失的，销售者应当赔偿损失：

（一）不具备产品应当具备的使用性能而事先未作说明的；

（二）不符合在产品或者其包装上注明采用的产品标准的；

（三）不符合以产品说明、实物样品等方式表明的质量状况的。

销售者依照前款规定负责修理、更换、退货、赔偿损失后，属于生产者的责任或者属于向销售者提供产品的其他销售者（以下简称供货者）的责任的，销售者有权向生产者、供货者追偿。

销售者未按照第一款规定给予修理、更换、退货或者赔偿损失的，由产品质量监督部门或者工商行政管理部门责令改正。

生产者之间，销售者之间，生产者与销售者之间订立的买卖合同、承揽合同有不同约定的，合同当事人按照合同约定执行。

第四十一条 【人身、他人财产的损害赔偿责任】因产品存在缺陷造成人身、缺陷产品以外的其他财产（以下简称他人财产）损害的，生产者应当承担赔偿责任。

生产者能够证明有下列情形之一的，不承担赔偿责任：

（一）未将产品投入流通的；

（二）产品投入流通时，引起损害的缺陷尚不存在的；

（三）将产品投入流通时的科学技术水平尚不能发现缺陷的存在的。

第四十二条 【销售者的过错赔偿责任】由于销售者的过错使产品存在缺陷，造成人身、他人财产损害的，销售者应当承担赔偿责任。

销售者不能指明缺陷产品的生产者也不能指明缺陷产品的供货者的，销售者应当承担赔偿责任。

第四十三条 【受害者的选择赔偿权】因产品存在缺陷造成人身、他人财产损害的，受害人可以向产品的生产者要求赔偿，也可以向产品的销售者要求赔偿。属于产品的生产者的责任，产品的销售者赔偿的，产品的销售者有权向产品的生产者追偿。属于产品的销售者的责任，产品的生产者赔偿的，产品的生产者有权向产品的销售者追偿。

第四十四条 【人身伤害的赔偿范围】因产品存在缺陷造成受害人人身伤害的，侵害人应当赔偿医疗费、治疗期间的护理费、因误工减少的收入等费用；造成残疾的，还应当支付残疾者生活自助具费、生活补助费、残疾赔偿金以及由其扶养的人所必需的生活费等费用；造成受害人死亡的，并应当支付丧葬费、死亡赔偿金以及由死者生前扶养的人所必需的生活费等费用。

因产品存在缺陷造成受害人财产损失的，侵害人应当恢复原状或者折价赔偿。受害人因此遭受其他重大损失的，侵害人应当赔偿损失。

第四十五条 【诉讼时效期间】因产品存在缺陷造成损害要求赔偿的诉讼时效期间为2年，自当事人知道或者应当知道其权益受到损害时起计算。

因产品存在缺陷造成损害要求赔偿的请求权，在造成损害的缺陷产品交付最初消费者满10年丧失；但是，尚未超过明示的安全使用期的除外。

第四十六条 【缺陷的含义】本法所称缺陷，是指产品存在危及人身、他人财产安全的不合理的危险；产品有保障人体健康和人身、财产安全的国家标准、行业标准的，是指不符合该标准。

第四十七条 【纠纷解决方式】因产品质量发生民事纠纷时，当事人可以通过协商或者调解解决。当事人不愿通过协商、调解解决或者协商、调解不成的，可以根据当事人各方的协议向仲裁机构申请仲裁；当事人各方没有达成仲裁协议或者仲裁协议无效的，可以直接向人民法院起诉。

第四十八条 【仲裁机构或者人民法院对产品质量检验的规定】仲裁机构或者人民法院可以委托本法第十九条规定的产品质量检验机构，对有关产品质量进行检验。

第五章 罚 则

第四十九条 【生产、销售不符合安全标准的产品的行政处罚、刑事责任】生产、销售不符合保障人体健康和人身、财产安全的国家标准、行业标准的产品的，责令停止生产、销售，没收违法生产、销售的产品，并处违法生产、销售产品（包括已售出和未售出的产品，下同）货值金额等值以上3倍以下的罚款；有违法所得的，并处没收违法所得；情节严重的，吊销营业执照；构成犯罪的，依法追究刑事责任。

第五十条 【假冒产品的行政处罚、刑事责任】在产品中掺杂、掺假，以假充真，以次充好，或者以不合格产品冒充合格产品的，责令停止生产、销售，没收违法生产、销售的产品，并处违法生产、销售产品货值金额50%以上3倍以下的罚款；有违法所得的，并处没收违法所得；情节严重的，吊销营业执照；构成犯罪的，依法追究刑事责任。

第五十一条 【生产、销售淘汰产品的行政处罚规定】生产国家明令淘汰的产品的，销售国家明令淘汰并停止销售的产品的，责令停止生产、销售，没收违法生产、销售的产品，并处违法生产、销售产品货值金额等值以下的罚款；有违法所得的，并处没收违法所得；情节严重的，吊销营业执照。

第五十二条 【销售失效、变质的产品的行政处罚、刑事责任】销售失效、变质的产品的，责令停止销售，没收违法销售的产品，并处违法销售产品货值金额2倍以下的罚款；有违法所得的，并处没收违法所得；情节严重的，吊销营业执照；构成犯罪的，依法追究刑事责任。

第五十三条 【伪造、冒用产品产地、厂名、厂址、标志的行政处罚规定】伪造产品产地的，伪造或者冒用他人厂名、厂址的，伪造或者冒用认证标志等质量标志的，责令改正，没收违法生产、销售的产品，并处违法生产、销售产品货值金额等值以下的罚款；有违法所得的，并处没收违法所得；情节严重的，吊销营业执照。

第五十四条 【不符合产品包装、标识要求的行政处罚规定】产品标识不符合本法第二十七条规定的，责令改正；有包装的产品标识不符合本法第二十七条第（四）项、第（五）项规定，情节严重的，责令停止生产、销售，并处违法生产、销售产品货值金额30%以下的罚款；有违法所得的，并处没收违法所得。

第五十五条 【销售者的从轻或者减轻处罚情节】销售者销售本法第四十九条至第五十三条规定禁止销售的产品，有充分证据证明其不知道该产品为禁止销售的产品并如实说明其进货来源的，可以从轻或者减轻处罚。

第五十六条 【违反依法接受产品质量监督检查义务的行政处罚规定】拒绝接受依法进行的产品质量监督检查的，给予警告，责令改正；拒不改正的，责令停业整顿；情节特别严重的，吊销营业执照。

第五十七条 【产品质量中介机构的行政处罚、刑事责任规定】产品质量检验机构、认证机构伪造检验结果或者出具虚假证明的，责令改正，对单位处5万元以上10万元以下的罚款，对直接负责的主管人员和其他直接责任人员处1万元以上5万元以下的罚款；有违法所得的，并处没收违法所得；情节严重的，取消其检验资格、认证资格；构成犯罪的，依法追究刑事责任。

产品质量检验机构、认证机构出具的检验结果或者证明不实,造成损失的,应当承担相应的赔偿责任;造成重大损失的,撤销其检验资格、认证资格。

产品质量认证机构违反本法第二十一条第二款的规定,对不符合认证标准而使用认证标志的产品,未依法要求其改正或者取消其使用认证标志资格的,对因产品不符合认证标准给消费者造成的损失,与产品的生产者、销售者承担连带责任;情节严重的,撤销其认证资格。

第五十八条 【社会团体、社会中介机构的连带赔偿责任】社会团体、社会中介机构对产品质量作出承诺、保证,而该产品又不符合其承诺、保证的质量要求,给消费者造成损失的,与产品的生产者、销售者承担连带责任。

第五十九条 【虚假广告的责任承担】在广告中对产品质量作虚假宣传,欺骗和误导消费者的,依照《中华人民共和国广告法》的规定追究法律责任。

第六十条 【生产伪劣产品的材料、包装、工具的没收】对生产者专门用于生产本法第四十九条、第五十一条所列的产品或者以假充真的产品的原辅材料、包装物、生产工具,应当予以没收。

第六十一条 【运输、保管、仓储部门的责任承担】知道或者应当知道属于本法规定禁止生产、销售的产品而为其提供运输、保管、仓储等便利条件的,或者为以假充真的产品提供制假生产技术的,没收全部运输、保管、仓储或者提供制假生产技术的收入,并处违法收入50%以上3倍以下的罚款;构成犯罪的,依法追究刑事责任。

第六十二条 【服务业经营者的责任承担】服务业的经营者将本法第四十九条至第五十二条规定禁止销售的产品用于经营性服务的,责令停止使用;对知道或者应当知道所使用的产品属于本法规定禁止销售的产品的,按照违法使用的产品(包括已使用和尚未使用的产品)的货值金额,依照本法对销售者的处罚规定处罚。

第六十三条 【隐匿、转移、变卖、损毁被依法查封、扣押的物品的行政责任】隐匿、转移、变卖、损毁被产品质量监督部门或者工商行政管理部门查封、扣押的物品的,处被隐匿、转移、变卖、损毁物品货值金额等值以上3倍以下的罚款;有违法所得的,并处没收违法所得。

第六十四条 【民事赔偿责任优先原则】违反本法规定,应当承担民事赔偿责任和缴纳罚款、罚金,其财产不足以同时支付时,先承担民事赔偿责任。

第六十五条 【国家工作人员的责任承担】各级人民政府工作人员和其他国家机关工作人员有下列情形之一的,依法给予行政处分;构成犯罪的,依法追究刑事责任:

(一)包庇、放纵产品生产、销售中违反本法规定行为的;

(二)向从事违反本法规定的生产、销售活动的当事人通风报信,帮助其逃避查处的;

(三)阻挠、干预产品质量监督部门或者工商行政管理部门依法对产品生产、销售中违反本法规定的行为进行查处,造成严重后果的。

第六十六条 【质检部门的检验责任承担】产品质量监督部门在产品质量监督抽查中超过规定的数量索取样品或者向被检查人收取检验费用的,由上级产品质量监督部门或者监察机关责令退还;情节严重的,对直接负责的主管人员和其他直接责任人员依法给予行政处分。

第六十七条 【国家机关推荐产品的责任承担】产品质量监督部门或者其他国家机关违反本法第二十五条的规定,向社会推荐生产者的产品或者以监制、监销等方式参与产品经营活动的,由其上级机关或者监察机关责令改正,消除影响,有违法收入的予以没收;情节严重的,对直接负责的主管人员和其他直接责任人员依法给予行政处分。

产品质量检验机构有前款所列违法行为的,由产品质量监督部门责令改正,消除影响,有违法收入的予以没收,可以并处违法收入1倍以下的罚款;情节严重的,撤销其质量检验资格。

第六十八条 【产品监管部门工作人员的违法行为的责任承担】产品质量监督部门或者工商行政管理部门的工作人员滥用职权、玩忽职守、徇私舞弊,构成犯罪的,依法追究刑事责任;尚不构成犯罪的,依法给予行政处分。

第六十九条 【妨碍监管公务的行政责任】以暴力、威胁方法阻碍产品质量监督部门或者工商行政管理部门的工作人员依法执行职务的,依法追究刑事责任;拒绝、阻碍未使用暴力、威胁方法的,由公安机关依照治安管理处罚法的规定处罚。

第七十条 【监管部门的行政处罚权限】本法规定的吊销营业执照的行政处罚由工商行政管理部门决定,本法第四十九条至第五十七条、第六十条至第六十三条规定的行政处罚由产品质量监督部门或者工商行政管理部门按照国务院规定的职权范围决定。法律、行政法规对行使行政处罚权的机关另有规定的,依照有关法律、行政法规的规定执行。

第七十一条 【没收产品的处理】对依照本法规定没收的产品,依照国家有关规定进行销毁或者采取其他方式处理。

第七十二条 【货值金额的计算】本法第四十九条至第五十四条、第六十二条、第六十三条所规定的货值金额以违法生产、销售产品的标价计算;没有标价的,按照同类产品的市场价格计算。

第六章 附 则

第七十三条 【军工产品质量监督管理办法另行制定】军工产品质量监督管理办法,由国务院、中央军事委员会另行制定。

因核设施、核产品造成损害的赔偿责任,法律、行政法规另有规定的,依照其规定。

第七十四条 【施行日期】本法自 1993 年 9 月 1 日起施行。

重大动物疫情应急条例

(2005 年 11 月 18 日国务院令第 450 号公布 根据 2017 年 10 月 7 日国务院令第 687 号《国务院关于修改部分行政法规的决定》修订)

第一章 总 则

第一条 为了迅速控制、扑灭重大动物疫情,保障养殖业生产安全,保护公众身体健康与生命安全,维护正常的社会秩序,根据《中华人民共和国动物防疫法》,制定本条例。

第二条 本条例所称重大动物疫情,是指高致病性禽流感等发病率或者死亡率高的动物疫病突然发生,迅速传播,给养殖业生产安全造成严重威胁、危害,以及可能对公众身体健康与生命安全造成危害的情形,包括特别重大动物疫情。

第三条 重大动物疫情应急工作应当坚持加强领导、密切配合,依靠科学、依法防治,群防群控、果断处置的方针,及时发现,快速反应,严格处理,减少损失。

第四条 重大动物疫情应急工作按照属地管理的原则,实行政府统一领导、部门分工负责,逐级建立责任制。

县级以上人民政府兽医主管部门具体负责组织重大动物疫情的监测、调查、控制、扑灭等应急工作。

县级以上人民政府林业主管部门、兽医主管部门按照职责分工,加强对陆生野生动物疫源疫病的监测。

县级以上人民政府其他有关部门在各自的职责范围内,做好重大动物疫情的应急工作。

第五条 出入境检验检疫机关应当及时收集境外重大动物疫情信息,加强进出境动物及其产品的检验检疫工作,防止动物疫病传入和传出。兽医主管部门要及时向出入境检验检疫机关通报国内重大动物疫情。

第六条 国家鼓励、支持开展重大动物疫情监测、预防、应急处理等有关技术的科学研究和国际交流与合作。

第七条 县级以上人民政府应当对参加重大动物疫情应急处理的人员给予适当补助，对作出贡献的人员给予表彰和奖励。

第八条 对不履行或者不按照规定履行重大动物疫情应急处理职责的行为，任何单位和个人有权检举控告。

第二章 应急准备

第九条 国务院兽医主管部门应当制定全国重大动物疫情应急预案，报国务院批准，并按照不同动物疫病病种及其流行特点和危害程度，分别制定实施方案，报国务院备案。

县级以上地方人民政府根据本地区的实际情况，制定本行政区域的重大动物疫情应急预案，报上一级人民政府兽医主管部门备案。县级以上地方人民政府兽医主管部门，应当按照不同动物疫病病种及其流行特点和危害程度，分别制定实施方案。

重大动物疫情应急预案及其实施方案应当根据疫情的发展变化和实施情况，及时修改、完善。

第十条 重大动物疫情应急预案主要包括下列内容：

（一）应急指挥部的职责、组成以及成员单位的分工；

（二）重大动物疫情的监测、信息收集、报告和通报；

（三）动物疫病的确认、重大动物疫情的分级和相应的应急处理工作方案；

（四）重大动物疫情疫源的追踪和流行病学调查分析；

（五）预防、控制、扑灭重大动物疫情所需资金的来源、物资和技术的储备与调度；

（六）重大动物疫情应急处理设施和专业队伍建设。

第十一条 国务院有关部门和县级以上地方人民政府及其有关部门，应当根据重大动物疫情应急预案的要求，确保应急处理所需的疫苗、药品、设施设备和防护用品等物资的储备。

第十二条 县级以上人民政府应当建立和完善重大动物疫情监测网络和预防控制体系，加强动物防疫基础设施和乡镇动物防疫组织建设，并保证其正常运行，提高对重大动物疫情的应急处理能力。

第十三条 县级以上地方人民政府根据重大动物疫情应急需要，可以成立应急预备队，在重大动物疫情应急指挥部的指挥下，具体承担疫情的控制和扑灭任务。

应急预备队由当地兽医行政管理人员、动物防疫工作人员、有关专家、执业兽医等组成；必要时，可以组织动员社会上有一定专业知识的人员参加。公安机关、中国人民武装警察部队应当依法协助其执行任务。

应急预备队应当定期进行技术培训和应急演练。

第十四条 县级以上人民政府及其兽医主管部门应当加强对重大动物疫情应急知识和重大动物疫病科普知识的宣传，增强全社会的重大动物疫情防范意识。

第三章 监测、报告和公布

第十五条 动物防疫监督机构负责重大动物疫情的监测，饲养、经营动物和生产、经营动物产品的单位和个人应当配合，不得拒绝和阻碍。

第十六条 从事动物隔离、疫情监测、疫病研究与诊疗、检验检疫以及动物饲养、屠宰加工、运输、经营等活动的有关单位和个人，发现动物出现群体发病或者死亡的，应当立即向所在地的县（市）动物防疫监督机构报告。

第十七条 县(市)动物防疫监督机构接到报告后,应当立即赶赴现场调查核实。初步认为属于重大动物疫情的,应当在2小时内将情况逐级报省、自治区、直辖市动物防疫监督机构,并同时报所在地人民政府兽医主管部门;兽医主管部门应当及时通报同级卫生主管部门。

省、自治区、直辖市动物防疫监督机构应当在接到报告后1小时内,向省、自治区、直辖市人民政府兽医主管部门和国务院兽医主管部门所属的动物防疫监督机构报告。

省、自治区、直辖市人民政府兽医主管部门应当在接到报告后1小时内报本级人民政府和国务院兽医主管部门。

重大动物疫情发生后,省、自治区、直辖市人民政府和国务院兽医主管部门应当在4小时内向国务院报告。

第十八条 重大动物疫情报告包括下列内容:

(一)疫情发生的时间、地点;

(二)染疫、疑似染疫动物种类和数量、同群动物数量、免疫情况、死亡数量、临床症状、病理变化、诊断情况;

(三)流行病学和疫源追踪情况;

(四)已采取的控制措施;

(五)疫情报告的单位、负责人、报告人及联系方式。

第十九条 重大动物疫情由省、自治区、直辖市人民政府兽医主管部门认定;必要时,由国务院兽医主管部门认定。

第二十条 重大动物疫情由国务院兽医主管部门按照国家规定的程序,及时准确公布;其他任何单位和个人不得公布重大动物疫情。

第二十一条 重大动物疫病应当由动物防疫监督机构采集病料。其他单位和个人采集病料的,应当具备以下条件:

(一)重大动物疫病病料采集目的、病原微生物的用途应当符合国务院兽医主管部门的规定;

(二)具有与采集病料相适应的动物病原微生物实验室条件;

(三)具有与采集病料所需要的生物安全防护水平相适应的设备,以及防止病原感染和扩散的有效措施。

从事重大动物疫病病原分离的,应当遵守国家有关生物安全管理规定,防止病原扩散。

第二十二条 国务院兽医主管部门应当及时向国务院有关部门和军队有关部门以及各省、自治区、直辖市人民政府兽医主管部门通报重大动物疫情的发生和处理情况。

第二十三条 发生重大动物疫情可能感染人群时,卫生主管部门应当对疫区内易受感染的人群进行监测,并采取相应的预防、控制措施。卫生主管部门和兽医主管部门应当及时相互通报情况。

第二十四条 有关单位和个人对重大动物疫情不得瞒报、谎报、迟报,不得授意他人瞒报、谎报、迟报,不得阻碍他人报告。

第二十五条 在重大动物疫情报告期间,有关动物防疫监督机构应当立即采取临时隔离控制措施;必要时,当地县级以上地方人民政府可以作出封锁决定并采取扑杀、销毁等措施。有关单位和个人应当执行。

第四章 应急处理

第二十六条 重大动物疫情发生后,国务院和有关地方人民政府设立的重大动物疫情应急指挥部统一领导、指挥重大动物疫情应急工作。

第二十七条 重大动物疫情发生后,县级以上地方人民政府兽医主管部门应当立即划定疫点、疫区和受威胁区,调查疫源,向本级人民政府提出启动重大动物疫情应急指挥系统、应急预案和对疫区实行封锁的建议,有关人民政府应当立即作出决定。

疫点、疫区和受威胁区的范围应当按照不同动物疫病病种及其流行特点和危害程度划定,具体划定标准由国务院兽医主管部门制定。

第二十八条 国家对重大动物疫情应急处理实行分级管理,按照应急预案确定的疫情等级,由有关人民政府采取相应的应急控制措施。

第二十九条 对疫点应当采取下列措施:

(一)扑杀并销毁染疫动物和易感染的动物及其产品;

(二)对病死的动物、动物排泄物、被污染饲料、垫料、污水进行无害化处理;

(三)对被污染的物品、用具、动物圈舍、场地进行严格消毒。

第三十条 对疫区应当采取下列措施:

(一)在疫区周围设置警示标志,在出入疫区的交通路口设置临时动物检疫消毒站,对出入的人员和车辆进行消毒;

(二)扑杀并销毁染疫和疑似染疫动物及其同群动物,销毁染疫和疑似染疫的动物产品,对其他易感染的动物实行圈养或者在指定地点放养,役用动物限制在疫区内使役;

(三)对易感染的动物进行监测,并按照国务院兽医主管部门的规定实施紧急免疫接种,必要时对易感染的动物进行扑杀;

(四)关闭动物及动物产品交易市场,禁止动物进出疫区和动物产品运出疫区;

(五)对动物圈舍、动物排泄物、垫料、污水和其他可能受污染的物品、场地,进行消毒或者无害化处理。

第三十一条 对受威胁区应当采取下列措施:

(一)对易感染的动物进行监测;

(二)对易感染的动物根据需要实施紧急免疫接种。

第三十二条 重大动物疫情应急处理中设置临时动物检疫消毒站以及采取隔离、扑杀、销毁、消毒、紧急免疫接种等控制、扑灭措施的,由有关重大动物疫情应急指挥部决定,有关单位和个人必须服从;拒不服从的,由公安机关协助执行。

第三十三条 国家对疫区、受威胁区内易感染的动物免费实施紧急免疫接种;对因采取扑杀、销毁等措施给当事人造成的已经证实的损失,给予合理补偿。紧急免疫接种和补偿所需费用,由中央财政和地方财政分担。

第三十四条 重大动物疫情应急指挥部根据应急处理需要,有权紧急调集人员、物资、运输工具以及相关设施、设备。

单位和个人的物资、运输工具以及相关设施、设备被征集使用的,有关人民政府应当及时归还并给予合理补偿。

第三十五条 重大动物疫情发生后,县级以上人民政府兽医主管部门应当及时提出疫点、疫区、受威胁区的处理方案,加强疫情监测、流行病学调查、疫源追踪工作,对染疫和疑似染疫动物及其同群动物和其他易感染动物的扑杀、销毁进行技术指导,并组织实施检验检疫、消毒、无害化处理和紧急免疫接种。

第三十六条 重大动物疫情应急处理中,县级以上人民政府有关部门应当在各自的职责范围内,做好重大动物疫情应急所需的物资紧急调度和运输、应急经费安排、疫区群众救济、人的疫病防治、肉食品供应、动物及其产品市场监管、出入境检验检疫和社会治安维护等工作。

中国人民解放军、中国人民武装警察部队应当支持配合驻地人民政府做好重大动物疫情的应急工作。

第三十七条 重大动物疫情应急处理中，乡镇人民政府、村民委员会、居民委员会应当组织力量，向村民、居民宣传动物疫病防治的相关知识，协助做好疫情信息的收集、报告和各项应急处理措施的落实工作。

第三十八条 重大动物疫情发生地的人民政府和毗邻地区的人民政府应当通力合作，相互配合，做好重大动物疫情的控制、扑灭工作。

第三十九条 有关人民政府及其有关部门对参加重大动物疫情应急处理的人员，应当采取必要的卫生防护和技术指导等措施。

第四十条 自疫区内最后一头（只）发病动物及其同群动物处理完毕起，经过一个潜伏期以上的监测，未出现新的病例的，彻底消毒后，经上一级动物防疫监督机构验收合格，由原发布封锁令的人民政府宣布解除封锁，撤销疫区；由原批准机关撤销在该疫区设立的临时动物检疫消毒站。

第四十一条 县级以上人民政府应当将重大动物疫情确认、疫区封锁、扑杀及其补偿、消毒、无害化处理、疫源追踪、疫情监测以及应急物资储备等应急经费列入本级财政预算。

第五章 法律责任

第四十二条 违反本条例规定，兽医主管部门及其所属的动物防疫监督机构有下列行为之一的，由本级人民政府或者上级人民政府有关部门责令立即改正、通报批评、给予警告；对主要负责人、负有责任的主管人员和其他责任人员，依法给予记大过、降级、撤职直至开除的行政处分；构成犯罪的，依法追究刑事责任：

（一）不履行疫情报告职责，瞒报、谎报、迟报或者授意他人瞒报、谎报、迟报，阻碍他人报告重大动物疫情的；

（二）在重大动物疫情报告期间，不采取临时隔离控制措施，导致动物疫情扩散的；

（三）不及时划定疫点、疫区和受威胁区，不及时向本级人民政府提出应急处理建议，或者不按照规定对疫点、疫区和受威胁区采取预防、控制、扑灭措施的；

（四）不向本级人民政府提出启动应急指挥系统、应急预案和对疫区的封锁建议的；

（五）对动物扑杀、销毁不进行技术指导或者指导不力，或者不组织实施检验检疫、消毒、无害化处理和紧急免疫接种的；

（六）其他不履行本条例规定的职责，导致动物疫病传播、流行，或者对养殖业生产安全和公众身体健康与生命安全造成严重危害的。

第四十三条 违反本条例规定，县级以上人民政府有关部门不履行应急处理职责，不执行对疫点、疫区和受威胁区采取的措施，或者对上级人民政府有关部门的疫情调查不予配合或者阻碍、拒绝的，由本级人民政府或者上级人民政府有关部门责令立即改正、通报批评、给予警告；对主要负责人、负有责任的主管人员和其他责任人员，依法给予记大过、降级、撤职直至开除的行政处分；构成犯罪的，依法追究刑事责任。

第四十四条 违反本条例规定，有关地方人民政府阻碍报告重大动物疫情，不履行应急处理职责，不按照规定对疫点、疫区和受威胁区采取预防、控制、扑灭措施，或者对上级人民政府有关部门的疫情调查不予配合或者阻碍、拒绝的，由上级人民政府责令立即改正、通报批评、给予警告；对政府主要领导人依法给予记大过、降级、撤职直至开除的行政处分；构成犯罪的，依法追究刑事责任。

第四十五条 截留、挪用重大动物疫情应急经费，或者侵占、挪用应急储备物资的，按照《财政违法行为处罚处分条例》的规定处理；构成犯罪的，依法追究刑事责任。

第四十六条 违反本条例规定，拒绝、阻碍动物防疫监督机构进行重大动物疫情监测，或者发现动物出现群体发病或者死亡，不向当地动物防疫监督机构报告的，由动物防疫监督机构给予警告,并处2000元以上5000元以下的罚款;构成犯罪的,依法追究刑事责任。

第四十七条 违反本条例规定,不符合相应条件采集重大动物疫病病料,或者在重大动物疫病病原分离时不遵守国家有关生物安全管理规定的,由动物防疫监督机构给予警告,并处5000元以下的罚款;构成犯罪的,依法追究刑事责任。

第四十八条 在重大动物疫情发生期间,哄抬物价、欺骗消费者,散布谣言、扰乱社会秩序和市场秩序的,由价格主管部门、工商行政管理部门或者公安机关依法给予行政处罚;构成犯罪的,依法追究刑事责任。

第六章 附 则

第四十九条 本条例自公布之日起施行。

中华人民共和国价格法

(1997年12月29日第八届全国人民代表大会常务委员会第二十九次会议通过 1997年12月29日中华人民共和国主席令第92号公布 自1998年5月1日起施行)

第一章 总 则

第一条 为了规范价格行为,发挥价格合理配置资源的作用,稳定市场价格总水平,保护消费者和经营者的合法权益,促进社会主义市场经济健康发展,制定本法。

第二条 在中华人民共和国境内发生的价格行为,适用本法。

本法所称价格包括商品价格和服务价格。

商品价格是指各类有形产品和无形资产的价格。

服务价格是指各类有偿服务的收费。

第三条 国家实行并逐步完善宏观经济调控下主要由市场形成价格的机制。价格的制定应当符合价值规律,大多数商品和服务价格实行市场调节价,极少数商品和服务价格实行政府指导价或者政府定价。

市场调节价,是指由经营者自主制定,通过市场竞争形成的价格。

本法所称经营者是指从事生产、经营商品或者提供有偿服务的法人、其他组织和个人。

政府指导价,是指依照本法规定,由政府价格主管部门或者其他有关部门,按照定价权限和范围规定基准价及其浮动幅度,指导经营者制定的价格。

政府定价,是指依照本法规定,由政府价格主管部门或者其他有关部门,按照定价权限和范围制定的价格。

第四条 国家支持和促进公平、公开、合法的市场竞争,维护正常的价格秩序,对价格活动实行管理、监督和必要的调控。

第五条 国务院价格主管部门统一负责全国的价格工作。国务院其他有关部门在各自的职责范围内,负责有关的价格工作。

县级以上地方各级人民政府价格主管部门负责本行政区域内的价格工作。县级以上地方各级人民政府其他有关部门在各自的职责范围内,负责有关的价格工作。

第二章 经营者的价格行为

第六条 商品价格和服务价格,除依照本法第十八条规定适用政府指导价或者政府定价外,实行市场调节价,由经营者依照本法自主制定。

第七条 经营者定价,应当遵循公平、合法和诚实信用的原则。

第八条 经营者定价的基本依据是生产经营成本和市场供求状况。

第九条 经营者应当努力改进生产经营管理,降低生产经营成本,为消费者提供价格合理的商品和服务,并在市场竞争中获取合法利润。

第十条 经营者应当根据其经营条件建立、健全内部价格管理制度,准确记录与核定商品和服务的生产经营成本,不得弄虚作假。

第十一条 经营者进行价格活动,享有下列权利:

(一)自主制定属于市场调节的价格;

(二)在政府指导价规定的幅度内制定价格;

(三)制定属于政府指导价、政府定价产品范围内的新产品的试销价格,特定产品除外;

(四)检举、控告侵犯其依法自主定价权利的行为。

第十二条 经营者进行价格活动,应当遵守法律、法规,执行依法制定的政府指导价、政府定价和法定的价格干预措施、紧急措施。

第十三条 经营者销售、收购商品和提供服务,应当按照政府价格主管部门的规定明码标价,注明商品的品名、产地、规格、等级、计价单位、价格或者服务的项目、收费标准等有关情况。

经营者不得在标价之外加价出售商品,不得收取任何未予标明的费用。

第十四条 经营者不得有下列不正当价格行为:

(一)相互串通,操纵市场价格,损害其他经营者或者消费者的合法权益;

(二)在依法降价处理鲜活商品、季节性商品、积压商品等商品外,为了排挤竞争对手或者独占市场,以低于成本的价格倾销,扰乱正常的生产经营秩序,损害国家利益或者其他经营者的合法权益;

(三)捏造、散布涨价信息,哄抬价格,推动商品价格过高上涨的;

(四)利用虚假的或者使人误解的价格手段,诱骗消费者或者其他经营者与其进行交易;

(五)提供相同商品或者服务,对具有同等交易条件的其他经营者实行价格歧视;

(六)采取抬高等级或者压低等级等手段收购、销售商品或者提供服务,变相提高或者压低价格;

(七)违反法律、法规的规定牟取暴利;

(八)法律、行政法规禁止的其他不正当价格行为。

第十五条 各类中介机构提供有偿服务收取费用,应当遵守本法的规定。法律另有规定的,按照有关规定执行。

第十六条 经营者销售进口商品、收购出口商品,应当遵守本章的有关规定,维护国内市场秩序。

第十七条 行业组织应当遵守价格法律、法规,加强价格自律,接受政府价格主管部门的工作指导。

第三章 政府的定价行为

第十八条 下列商品和服务价格,政府在必要时可以实行政府指导价或者政府定价:

(一)与国民经济发展和人民生活关系重大的极少数商品价格;

(二)资源稀缺的少数商品价格;

(三)自然垄断经营的商品价格;

(四)重要的公用事业价格;

(五)重要的公益性服务价格。

第十九条 政府指导价、政府定价的定价权限和具体适用范围,以中央的和地方的定价目录为依据。

中央定价目录由国务院价格主管部门制定、修订，报国务院批准后公布。

地方定价目录由省、自治区、直辖市人民政府价格主管部门按照中央定价目录规定的定价权限和具体适用范围制定，经本级人民政府审核同意，报国务院价格主管部门审定后公布。

省、自治区、直辖市人民政府以下各级地方人民政府不得制定定价目录。

第二十条 国务院价格主管部门和其他有关部门，按照中央定价目录规定的定价权限和具体适用范围制定政府指导价、政府定价；其中重要的商品和服务价格的政府指导价、政府定价，应当按照规定经国务院批准。

省、自治区、直辖市人民政府价格主管部门和其他有关部门，应当按照地方定价目录规定的定价权限和具体适用范围制定在本地区执行的政府指导价、政府定价。

市、县人民政府可以根据省、自治区、直辖市人民政府的授权，按照地方定价目录规定的定价权限和具体适用范围制定在本地区执行的政府指导价、政府定价。

第二十一条 制定政府指导价、政府定价，应当依据有关商品或者服务的社会平均成本和市场供求状况、国民经济与社会发展要求以及社会承受能力，实行合理的购销差价、批零差价、地区差价和季节差价。

第二十二条 政府价格主管部门和其他有关部门制定政府指导价、政府定价，应当开展价格、成本调查，听取消费者、经营者和有关方面的意见。

政府价格主管部门开展对政府指导价、政府定价的价格、成本调查时，有关单位应当如实反映情况，提供必需的账簿、文件以及其他资料。

第二十三条 制定关系群众切身利益的公用事业价格、公益性服务价格、自然垄断经营的商品价格等政府指导价、政府定价，应当建立听证会制度，由政府价格主管部门主持，征求消费者、经营者和有关方面的意见，论证其必要性、可行性。

第二十四条 政府指导价、政府定价制定后，由制定价格的部门向消费者、经营者公布。

第二十五条 政府指导价、政府定价的具体适用范围、价格水平，应当根据经济运行情况，按照规定的定价权限和程序适时调整。

消费者、经营者可以对政府指导价、政府定价提出调整建议。

第四章 价格总水平调控

第二十六条 稳定市场价格总水平是国家重要的宏观经济政策目标。国家根据国民经济发展的需要和社会承受能力，确定市场价格总水平调控目标，列入国民经济和社会发展计划，并综合运用货币、财政、投资、进出口等方面的政策和措施，予以实现。

第二十七条 政府可以建立重要商品储备制度，设立价格调节基金，调控价格，稳定市场。

第二十八条 为适应价格调控和管理的需要，政府价格主管部门应当建立价格监测制度，对重要商品、服务价格的变动进行监测。

第二十九条 政府在粮食等重要农产品的市场购买价格过低时，可以在收购中实行保护价格，并采取相应的经济措施保证其实现。

第三十条 当重要商品和服务价格显著上涨或者有可能显著上涨，国务院和省、自治区、直辖市人民政府可以对部分价格采取限定差价率或者利润率、规定限价、实行提价申报制度和调价备案制度等干预措施。

省、自治区、直辖市人民政府采取前款规定的干预措施，应当报国务院备案。

第三十一条 当市场价格总水平出现剧烈波动等异常状态时，国务院可以在全国范围内或者部分区域内采取临时集中定价权限、部分或者全面冻结价格的紧急措施。

第三十二条 依照本法第三十条、第三十一条的规定实行干预措施、紧急措施的情形消除后，应当及时解除干预措施、紧急措施。

第五章 价格监督检查

第三十三条 县级以上各级人民政府价格主管部门，依法对价格活动进行监督检查，并依照本法的规定对价格违法行为实施行政处罚。

第三十四条 政府价格主管部门进行价格监督检查时，可以行使下列职权：

（一）询问当事人或者有关人员，并要求其提供证明材料和与价格违法行为有关的其他资料；

（二）查询、复制与价格违法行为有关的账簿、单据、凭证、文件及其他资料，核对与价格违法行为有关的银行资料；

（三）检查与价格违法行为有关的财物，必要时可以责令当事人暂停相关营业；

（四）在证据可能灭失或者以后难以取得的情况下，可以依法先行登记保存，当事人或者有关人员不得转移、隐匿或者销毁。

第三十五条 经营者接受政府价格主管部门的监督检查时，应当如实提供价格监督检查所必需的账簿、单据、凭证、文件以及其他资料。

第三十六条 政府部门价格工作人员不得将依法取得的资料或者了解的情况用于依法进行价格管理以外的任何其他目的，不得泄露当事人的商业秘密。

第三十七条 消费者组织、职工价格监督组织、居民委员会、村民委员会等组织以及消费者，有权对价格行为进行社会监督。政府价格主管部门应当充分发挥群众的价格监督作用。

新闻单位有权进行价格舆论监督。

第三十八条 政府价格主管部门应当建立对价格违法行为的举报制度。

任何单位和个人均有权对价格违法行为进行举报。政府价格主管部门应当对举报者给予鼓励，并负责为举报者保密。

第六章 法律责任

第三十九条 经营者不执行政府指导价、政府定价以及法定的价格干预措施、紧急措施的，责令改正，没收违法所得，可以并处违法所得5倍以下的罚款；没有违法所得的，可以处以罚款；情节严重的，责令停业整顿。

第四十条 经营者有本法第十四条所列行为之一的，责令改正，没收违法所得，可以并处违法所得5倍以下的罚款；没有违法所得的，予以警告，可以并处罚款；情节严重的，责令停业整顿，或者由工商行政管理机关吊销营业执照。有关法律对本法第十四条所列行为的处罚及处罚机关另有规定的，可以依照有关法律的规定执行。

有本法第十四条第（一）项、第（二）项所列行为，属于是全国性的，由国务院价格主管部门认定；属于是省及省以下区域性的，由省、自治区、直辖市人民政府价格主管部门认定。

第四十一条 经营者因价格违法行为致使消费者或者其他经营者多付价款的，应当退还多付部分；造成损害的，应当依法承担赔偿责任。

第四十二条 经营者违反明码标价规定的，责令改正，没收违法所得，可以并处5000元以下的罚款。

第四十三条 经营者被责令暂停相关营业而不停止的，或者转移、隐匿、销毁依法登记保存的财物的，处相关营业所得或者转移、隐匿、销毁的财物价值1倍以上3倍以下的罚款。

第四十四条 拒绝按照规定提供监督检查所需资料或者提供虚假资料的，责令改正，予以警告；逾期不改正的，可以处以罚款。

第四十五条 地方各级人民政府或者各级人民政府有关部门违反本法规定，超越定价权限和范围擅自制定、调整价格或者不执行法定的价格干预措施、紧急措施的,责令改正,并可以通报批评;对直接负责的主管人员和其他直接责任人员,依法给予行政处分。

第四十六条 价格工作人员泄露国家秘密、商业秘密以及滥用职权、徇私舞弊、玩忽职守、索贿受贿,构成犯罪的,依法追究刑事责任;尚不构成犯罪的,依法给予处分。

第七章 附 则

第四十七条 国家行政机关的收费,应当依法进行,严格控制收费项目,限定收费范围、标准。收费的具体管理办法由国务院另行制定。

利率、汇率、保险费率、证券及期货价格,适用有关法律、行政法规的规定,不适用本法。

第四十八条 本法自1998年5月1日起施行。

◎ 司法解释及文件

最高人民法院关于经鉴证的合同发生纠纷可否追加鉴证机关工商行政管理局为诉讼第三人问题的批复

(1987年10月7日 〔1987〕民他字第51号)

江西省高级人民法院:

你院(87)赣法民字第23号关于高家俊诉徐六林承揽加工合同纠纷案可否追加于都县工商行政管理局为第三人的请示收悉。

据所报材料述称,高家俊的一艘52吨木壳机动船,于1985年6月在泰和县永昌码头沉没受损后,高家俊即与于都县罗坳乡农民徐六林签订了承揽改建该船舶的合同,并于同年8月8日,双方到于都县工商行政管理局作了鉴证。双方因履行合同发生纠纷。于都县工商行政管理局在调查处理中发现徐六林既无营业执照,又无技术力量,但仍召集双方修改合同,继续履行合同。高家俊自行掌管现金开支,徐六林组织人员购料开工。由于双方未能按合同履行而引起诉讼。经于都县人民法院判决后,高家俊在上诉中,要求合同鉴证机关于都县工商局承担民事责任。你院对可否追加于都县工商行政管理局为第三人承担民事责任问题,向本院请示。

经研究认为,本案系承揽扩修船舶合同纠纷。由于当事人违反合同规定而造成的经济损失,应按照合同规定,由有过错的当事人承担。于都县工商行政管理局不是该合同当事人,不宜追加为本案的第三人。

最高人民法院办公厅关于转发国家工商行政管理局《关于立即停止对法院办案取证收费的函》的通知

(1989年8月14日 法办〔1989〕78号)

各省、自治区、直辖市高级人民法院,解放军军事法院:

国家工商行政管理局于1989年8月5日发出了《关于立即停止对法院办案取证收费的函》,现转发给你们,以便工作中参照执行。

附：

国家工商行政管理局关于立即停止对法院办案取证收费的函

（1989年8月5日　工商政字〔1989〕第170号）

深圳市工商行政管理局：

据最高人民法院反映，你局在法院因办案需要了解被告办理企业登记的情况时，向法院收取咨询费，这种做法不对。按照《刑事诉讼法》和《民事诉讼法》的有关规定，人民法院审理案件，有权向有关国家机关、企事业单位、人民团体和个人收集和调取证据。法院收集、调取证据不同于一般的业务咨询，不得对此搞"有偿服务"。希望你局立即停止这种收费。

◎ 指导案例

罗镕荣诉吉安市物价局物价行政处理案①

【关键词】

行政诉讼/举报答复/受案范围/原告资格

【裁判要点】

1. 行政机关对与举报人有利害关系的举报仅作出告知性答复，未按法律规定对举报进行处理，不属于《最高人民法院关于执行〈中华人民共和国行政诉讼法〉若干问题的解释》第一条第六项规定的"对公民、法人或者其他组织权利义务不产生实际影响的行为"，因而具有可诉性，属于人民法院行政诉讼的受案范围。

2. 举报人就其自身合法权益受侵害向行政机关进行举报的，与行政机关的举报处理行为具有法律上的利害关系，具备行政诉讼原告主体资格。

【相关法条】

《中华人民共和国行政诉讼法》（2014年11月1日修正）第12条、第25条

【基本案情】

原告罗镕荣诉称：2012年5月20日，其在吉安市吉州区井冈山大道电信营业厅办理手机号码时，吉安电信公司收取了原告20元卡费并出具了发票。原告认为吉安电信公司收取原告首次办理手机号码的卡费，违反了《集成电路卡应用和收费管理办法》中不得向用户单独收费的禁止性规定，故向被告吉安市物价局申诉举报，并提出了要求被告履行法定职责进行查处和作出书面答复等诉求。被告虽然出具了书面答复，但答复函中只写明被告调查时发现一个文件及该文件的部分内容。答复函中并没有对原告申诉举报信中的请求事项作出处理，被告的行为违反了《中华人民共和国价格法》《价格违法行为举报规定》等相关法律规定。请求法院确认被告在处理原告申诉举报事项中的行为违法，依法撤销被告的答复，判令被告依法查处原告申诉举报信所涉及的违法行为。

被告吉安市物价局辩称：原告的起诉不符合行政诉讼法的有关规定。行政诉讼是指公民、法人、其他组织对于行政机关的具体行政行为不服提起的诉讼。本案中被告于2012年7月3日对原

① 案例来源：2016年12月28日最高人民法院关于发布第15批指导性案例的通知第77号。

告做出的答复不是一种具体行政行为,不具有可诉性。被告对原告的答复符合《价格违法行为规定》的程序要求,答复内容也是告知原告,被告经过调查后查证的情况。请求法院依法驳回原告的诉讼请求。

法院经审理查明:2012年5月28日,原告罗镕荣向被告吉安市物价局邮寄一份申诉举报函,对吉安电信公司向原告收取首次办理手机卡卡费20元进行举报,要求被告责令吉安电信公司退还非法收取原告的手机卡卡费20元,依法查处并没收所有电信用户首次办理手机卡被收取的卡费,依法奖励原告和书面答复原告相关处理结果。2012年5月31日,被告收到原告的申诉举报函。2012年7月3日,被告作出《关于对罗镕荣2012年5月28日〈申诉书〉办理情况的答复》,并向原告邮寄送达。答复内容为:“2012年5月31日我局收到您反映吉安电信公司新办手机卡用户收取20元手机卡卡费的申诉书后,我局非常重视,及时进行调查,经调查核实:江西省通管局和江西省发改委联合下发的《关于江西电信全业务套餐资费优化方案的批复》(赣通局〔2012〕14号)规定:UIM卡收费上限标准:入网50元/张,补卡、换卡:30元/张。我局非常感谢您对物价工作的支持和帮助”。原告收到被告的答复后,以被告的答复违法为由诉至法院。

【裁判结果】

江西省吉安市吉州区人民法院于2012年11月1日作出(2012)吉行初字第13号判决:撤销吉安市物价局《关于对罗镕荣2012年5月28日〈申诉书〉办理情况的答复》,限其在十五日内重新作出书面答复。宣判后,当事人未上诉,判决已发生法律效力。

【裁判理由】

法院生效裁判认为:关于吉安市物价局举报答复行为的可诉性问题。根据《中华人民共和国行政诉讼法》(以下简称《行政诉讼法》,1989年4月4日通过)第十一条第一款第五项规定,申请行政机关履行保护人身权、财产权的法定职责,行政机关拒绝履行或者不予答复的,人民法院应受理当事人对此提起的诉讼。本案中,吉安市物价局依法应对罗镕荣举报的吉安市电信公司收取卡费行为是否违法进行调查认定,并告知调查结果,但其作出的举报答复将《关于江西电信全业务套餐资费优化方案的批复》(以下简称《批复》)中规定的UIM卡收费上限标准进行了罗列,未载明对举报事项的处理结果。此种以告知《批复》有关内容代替告知举报调查结果行为,未能依法履行保护举报人财产权的法定职责,本身就是对罗镕荣通过正当举报途径寻求救济的权利的一种侵犯,不属于《最高人民法院关于执行〈中华人民共和国行政诉讼法〉若干问题的解释》(以下简称《行政诉讼法解释》)第一条第六项规定的“对公民、法人或者其他组织权利义务不产生实际影响的行为”的范围,具有可诉性,属于人民法院行政诉讼的受案范围。

关于罗镕荣的原告资格问题。根据《行政诉讼法》第二条、第二十四条第一款及《行政诉讼法解释》第十二条规定,举报人就举报处理行为提起行政诉讼,必须与该行为具有法律上的利害关系。本案中,罗镕容虽然要求吉安市物价局“依法查处并没收所有电信用户首次办理手机卡被收取的卡费”,但仍是基于认为吉安电信公司收取卡费行为侵害其自身合法权益,向吉安市物价局进行举报,并持有收取费用的发票作为证据。因此,罗镕荣与举报处理行为具有法律上的利害关系,具有行政诉讼原告主体资格,依法可以提起行政诉讼。

关于举报答复合法性的问题。《价格违法行为举报规定》第十四条规定:“举报办结后,举报人要求答复且有联系方式的,价格主管部门应当在办结后五个工作日内将办理结果以书面或者口头方式告知举报人。”本案中吉安市物价局作为价格主管部门,依法具有受理价格违法行为举报,并对价格是否违法进行审查,提出分类处理意见的法定职责。罗镕荣在申诉举报函中明确列举了三项举报请求,且要求吉安市物价局在查处结束后书面告知罗镕荣处理结果,该答复未依法载明吉安市物价局对被举报事项的处理结果,违反了《价格违法行为举报规定》第十四条的规定,不具有合法性,应予以纠正。

(十)税　务

中华人民共和国税收征收管理法

(1992年9月4日第七届全国人民代表大会常务委员会第二十七次会议通过　根据1995年2月28日第八届全国人民代表大会常务委员会第十二次会议《关于修改〈中华人民共和国税收征收管理法〉的决定》第一次修正　2001年4月28日第九届全国人民代表大会常务委员会第二十一次会议修订　根据2013年6月29日第十二届全国人民代表大会常务委员会第三次会议《关于修改〈中华人民共和国文物保护法〉等十二部法律的决定》第二次修正　根据2015年4月24日第十二届全国人民代表大会常务委员会第十四次会议《关于修改〈中华人民共和国港口法〉等七部法律的决定》第三次修正)

第一章　总　则

第一条　为了加强税收征收管理,规范税收征收和缴纳行为,保障国家税收收入,保护纳税人的合法权益,促进经济和社会发展,制定本法。

第二条　凡依法由税务机关征收的各种税收的征收管理,均适用本法。

第三条　税收的开征、停征以及减税、免税、退税、补税,依照法律的规定执行;法律授权国务院规定的,依照国务院制定的行政法规的规定执行。

任何机关、单位和个人不得违反法律、行政法规的规定,擅自作出税收开征、停征以及减税、免税、退税、补税和其他同税收法律、行政法规相抵触的决定。

第四条　法律、行政法规规定负有纳税义务的单位和个人为纳税人。

法律、行政法规规定负有代扣代缴、代收代缴税款义务的单位和个人为扣缴义务人。

纳税人、扣缴义务人必须依照法律、行政法规的规定缴纳税款、代扣代缴、代收代缴税款。

第五条　国务院税务主管部门主管全国税收征收管理工作。各地国家税务局和地方税务局应当按照国务院规定的税收征收管理范围分别进行征收管理。

地方各级人民政府应当依法加强对本行政区域内税收征收管理工作的领导或者协调,支持税务机关依法执行职务,依照法定税率计算税额,依法征收税款。

各有关部门和单位应当支持、协助税务机关依法执行职务。

税务机关依法执行职务,任何单位和个人不得阻挠。

第六条　国家有计划地用现代信息技术装备各级税务机关,加强税收征收管理信息系统的现代化建设,建立、健全税务机关与政府其他管理机关的信息共享制度。

纳税人、扣缴义务人和其他有关单位应当按照国家有关规定如实向税务机关提供与纳税和代扣代缴、代收代缴税款有关的信息。

第七条　税务机关应当广泛宣传税收法律、行政法规,普及纳税知识,无偿地为纳税人提供纳税咨询服务。

第八条　纳税人、扣缴义务人有权向税务机关了解国家税收法律、行政法规的规定以及与纳税程序有关的情况。

纳税人、扣缴义务人有权要求税务机关为纳税人、扣缴义务人的情况保密。税务机关应当依法为纳税人、扣缴义务人的情况保密。

纳税人依法享有申请减税、免税、退税的权利。

纳税人、扣缴义务人对税务机关所作出的决定，享有陈述权、申辩权；依法享有申请行政复议、提起行政诉讼、请求国家赔偿等权利。

纳税人、扣缴义务人有权控告和检举税务机关、税务人员的违法违纪行为。

第九条 税务机关应当加强队伍建设，提高税务人员的政治业务素质。

税务机关、税务人员必须秉公执法，忠于职守，清正廉洁，礼貌待人，文明服务，尊重和保护纳税人、扣缴义务人的权利，依法接受监督。

税务人员不得索贿受贿、徇私舞弊、玩忽职守、不征或者少征应征税款；不得滥用职权多征税款或者故意刁难纳税人和扣缴义务人。

第十条 各级税务机关应当建立、健全内部制约和监督管理制度。

上级税务机关应当对下级税务机关的执法活动依法进行监督。

各级税务机关应当对其工作人员执行法律、行政法规和廉洁自律准则的情况进行监督检查。

第十一条 税务机关负责征收、管理、稽查、行政复议的人员的职责应当明确，并相互分离、相互制约。

第十二条 税务人员征收税款和查处税收违法案件，与纳税人、扣缴义务人或者税收违法案件有利害关系的，应当回避。

第十三条 任何单位和个人都有权检举违反税收法律、行政法规的行为。收到检举的机关和负责查处的机关应当为检举人保密。税务机关应当按照规定对检举人给予奖励。

第十四条 本法所称税务机关是指各级税务局、税务分局、税务所和按照国务院规定设立的并向社会公告的税务机构。

第二章 税务管理

第一节 税务登记

第十五条 企业，企业在外地设立的分支机构和从事生产、经营的场所，个体工商户和从事生产、经营的事业单位（以下统称从事生产、经营的纳税人）自领取营业执照之日起三十日内，持有关证件，向税务机关申报办理税务登记。税务机关应当于收到申报的当日办理登记并发给税务登记证件。

工商行政管理机关应当将办理登记注册、核发营业执照的情况，定期向税务机关通报。

本条第一款规定以外的纳税人办理税务登记和扣缴义务人办理扣缴税款登记的范围和办法，由国务院规定。

第十六条 从事生产、经营的纳税人，税务登记内容发生变化的，自工商行政管理机关办理变更登记之日起三十日内或者在向工商行政管理机关申请办理注销登记之前，持有关证件向税务机关申报办理变更或者注销税务登记。

第十七条 从事生产、经营的纳税人应当按照国家有关规定，持税务登记证件，在银行或者其他金融机构开立基本存款账户和其他存款账户，并将其全部账号向税务机关报告。

银行和其他金融机构应当在从事生产、经营的纳税人的账户中登录税务登记证件号码，并在税务登记证件中登录从事生产、经营的纳税人的账户账号。

税务机关依法查询从事生产、经营的纳税人开立账户的情况时，有关银行和其他金融机构应当予以协助。

第十八条 纳税人按照国务院税务主管部门的规定使用税务登记证件。税务登记证件不得转借、涂改、损毁、买卖或者伪造。

第二节　账簿、凭证管理

第十九条　纳税人、扣缴义务人按照有关法律、行政法规和国务院财政、税务主管部门的规定设置账簿，根据合法、有效凭证记账，进行核算。

第二十条　从事生产、经营的纳税人的财务、会计制度或者财务、会计处理办法和会计核算软件，应当报送税务机关备案。

纳税人、扣缴义务人的财务、会计制度或者财务、会计处理办法与国务院或者国务院财政、税务主管部门有关税收的规定抵触的，依照国务院或者国务院财政、税务主管部门有关税收的规定计算应纳税款、代扣代缴和代收代缴税款。

第二十一条　税务机关是发票的主管机关，负责发票印制、领购、开具、取得、保管、缴销的管理和监督。

单位、个人在购销商品、提供或者接受经营服务以及从事其他经营活动中，应当按照规定开具、使用、取得发票。

发票的管理办法由国务院规定。

第二十二条　增值税专用发票由国务院税务主管部门指定的企业印制；其他发票，按照国务院税务主管部门的规定，分别由省、自治区、直辖市国家税务局、地方税务局指定企业印制。

未经前款规定的税务机关指定，不得印制发票。

第二十三条　国家根据税收征收管理的需要，积极推广使用税控装置。纳税人应当按照规定安装、使用税控装置，不得损毁或者擅自改动税控装置。

第二十四条　从事生产、经营的纳税人、扣缴义务人必须按照国务院财政、税务主管部门规定的保管期限保管账簿、记账凭证、完税凭证及其他有关资料。

账簿、记账凭证、完税凭证及其他有关资料不得伪造、变造或者擅自损毁。

第三节　纳 税 申 报

第二十五条　纳税人必须依照法律、行政法规规定或者税务机关依照法律、行政法规的规定确定的申报期限、申报内容如实办理纳税申报，报送纳税申报表、财务会计报表以及税务机关根据实际需要要求纳税人报送的其他纳税资料。

扣缴义务人必须依照法律、行政法规规定或者税务机关依照法律、行政法规的规定确定的申报期限、申报内容如实报送代扣代缴、代收代缴税款报告表以及税务机关根据实际需要要求扣缴义务人报送的其他有关资料。

第二十六条　纳税人、扣缴义务人可以直接到税务机关办理纳税申报或者报送代扣代缴、代收代缴税款报告表，也可以按照规定采取邮寄、数据电文或者其他方式办理上述申报、报送事项。

第二十七条　纳税人、扣缴义务人不能按期办理纳税申报或者报送代扣代缴、代收代缴税款报告表的，经税务机关核准，可以延期申报。

经核准延期办理前款规定的申报、报送事项的，应当在纳税期内按照上期实际缴纳的税额或者税务机关核定的税额预缴税款，并在核准的延期内办理税款结算。

第三章　税 款 征 收

第二十八条　税务机关依照法律、行政法规的规定征收税款，不得违反法律、行政法规的规定开征、停征、多征、少征、提前征收、延缓征收或者摊派税款。

农业税应纳税额按照法律、行政法规的规定核定。

第二十九条　除税务机关、税务人员以及经税务机关依照法律、行政法规委托的单位和人员外,任何单位和个人不得进行税款征收活动。

第三十条 扣缴义务人依照法律、行政法规的规定履行代扣、代收税款的义务。对法律、行政法规没有规定负有代扣、代收税款义务的单位和个人,税务机关不得要求其履行代扣、代收税款义务。

扣缴义务人依法履行代扣、代收税款义务时,纳税人不得拒绝。纳税人拒绝的,扣缴义务人应当及时报告税务机关处理。

税务机关按照规定付给扣缴义务人代扣、代收手续费。

第三十一条 纳税人、扣缴义务人按照法律、行政法规规定或者税务机关依照法律、行政法规的规定确定的期限,缴纳或者解缴税款。

纳税人因有特殊困难,不能按期缴纳税款的,经省、自治区、直辖市国家税务局、地方税务局批准,可以延期缴纳税款,但是最长不得超过三个月。

第三十二条 纳税人未按照规定期限缴纳税款的,扣缴义务人未按照规定期限解缴税款的,税务机关除责令限期缴纳外,从滞纳税款之日起,按日加收滞纳税款万分之五的滞纳金。

第三十三条 纳税人依照法律、行政法规的规定办理减税、免税。

地方各级人民政府、各级人民政府主管部门、单位和个人违反法律、行政法规规定,擅自作出的减税、免税决定无效,税务机关不得执行,并向上级税务机关报告。

第三十四条 税务机关征收税款时,必须给纳税人开具完税凭证。扣缴义务人代扣、代收税款时,纳税人要求扣缴义务人开具代扣、代收税款凭证的,扣缴义务人应当开具。

第三十五条 纳税人有下列情形之一的,税务机关有权核定其应纳税额:

(一)依照法律、行政法规的规定可以不设置账簿的;

(二)依照法律、行政法规的规定应当设置账簿但未设置的;

(三)擅自销毁账簿或者拒不提供纳税资料的;

(四)虽设置账簿,但账目混乱或者成本资料、收入凭证、费用凭证残缺不全,难以查账的;

(五)发生纳税义务,未按照规定的期限办理纳税申报,经税务机关责令限期申报,逾期仍不申报的;

(六)纳税人申报的计税依据明显偏低,又无正当理由的。

税务机关核定应纳税额的具体程序和方法由国务院税务主管部门规定。

第三十六条 企业或者外国企业在中国境内设立的从事生产、经营的机构、场所与其关联企业之间的业务往来,应当按照独立企业之间的业务往来收取或者支付价款、费用;不按照独立企业之间的业务往来收取或者支付价款、费用,而减少其应纳税的收入或者所得额的,税务机关有权进行合理调整。

第三十七条 对未按照规定办理税务登记的从事生产、经营的纳税人以及临时从事经营的纳税人,由税务机关核定其应纳税额,责令缴纳;不缴纳的,税务机关可以扣押其价值相当于应纳税款的商品、货物。扣押后缴纳应纳税款的,税务机关必须立即解除扣押,并归还所扣押的商品、货物;扣押后仍不缴纳应纳税款的,经县以上税务局(分局)局长批准,依法拍卖或者变卖所扣押的商品、货物,以拍卖或者变卖所得抵缴税款。

第三十八条 税务机关有根据认为从事生产、经营的纳税人有逃避纳税义务行为的,可以在规定的纳税期之前,责令限期缴纳应纳税款;在限期内发现纳税人有明显的转移、隐匿其应纳税的商品、货物以及其他财产或者应纳税的收入的迹象的,税务机关可以责成纳税人提供纳税担保。如果纳税人不能提供纳税担保,经县以上税务局(分局)局长批准,税务机关可以采取下列税收保全措施:

(一)书面通知纳税人开户银行或者其他金融机构冻结纳税人的金额相当于应纳税款的存款;

（二）扣押、查封纳税人的价值相当于应纳税款的商品、货物或者其他财产。

纳税人在前款规定的限期内缴纳税款的，税务机关必须立即解除税收保全措施；限期期满仍未缴纳税款的，经县以上税务局（分局）局长批准，税务机关可以书面通知纳税人开户银行或者其他金融机构从其冻结的存款中扣缴税款，或者依法拍卖或者变卖所扣押、查封的商品、货物或者其他财产，以拍卖或者变卖所得抵缴税款。

个人及其所扶养家属维持生活必需的住房和用品，不在税收保全措施的范围之内。

第三十九条 纳税人在限期内已缴纳税款，税务机关未立即解除税收保全措施，使纳税人的合法利益遭受损失的，税务机关应当承担赔偿责任。

第四十条 从事生产、经营的纳税人、扣缴义务人未按照规定的期限缴纳或者解缴税款，纳税担保人未按照规定的期限缴纳所担保的税款，由税务机关责令限期缴纳，逾期仍未缴纳的，经县以上税务局（分局）局长批准，税务机关可以采取下列强制执行措施：

（一）书面通知其开户银行或者其他金融机构从其存款中扣缴税款；

（二）扣押、查封、依法拍卖或者变卖其价值相当于应纳税款的商品、货物或者其他财产，以拍卖或者变卖所得抵缴税款。

税务机关采取强制执行措施时，对前款所列纳税人、扣缴义务人、纳税担保人未缴纳的滞纳金同时强制执行。

个人及其所扶养家属维持生活必需的住房和用品，不在强制执行措施的范围之内。

第四十一条 本法第三十七条、第三十八条、第四十条规定的采取税收保全措施、强制执行措施的权力，不得由法定的税务机关以外的单位和个人行使。

第四十二条 税务机关采取税收保全措施和强制执行措施必须依照法定权限和法定程序，不得查封、扣押纳税人个人及其所扶养家属维持生活必需的住房和用品。

第四十三条 税务机关滥用职权违法采取税收保全措施、强制执行措施，或者采取税收保全措施、强制执行措施不当，使纳税人、扣缴义务人或者纳税担保人的合法权益遭受损失的，应当依法承担赔偿责任。

第四十四条 欠缴税款的纳税人或者他的法定代表人需要出境的，应当在出境前向税务机关结清应纳税款、滞纳金或者提供担保。未结清税款、滞纳金，又不提供担保的，税务机关可以通知出境管理机关阻止其出境。

第四十五条 税务机关征收税款，税收优先于无担保债权，法律另有规定的除外；纳税人欠缴的税款发生在纳税人以其财产设定抵押、质押或者纳税人的财产被留置之前的，税收应当先于抵押权、质权、留置权执行。

纳税人欠缴税款，同时又被行政机关决定处以罚款、没收违法所得的，税收优先于罚款、没收违法所得。

税务机关应当对纳税人欠缴税款的情况定期予以公告。

第四十六条 纳税人有欠税情形而以其财产设定抵押、质押的，应当向抵押权人、质权人说明其欠税情况。抵押权人、质权人可以请求税务机关提供有关的欠税情况。

第四十七条 税务机关扣押商品、货物或者其他财产时，必须开付收据；查封商品、货物或者其他财产时，必须开付清单。

第四十八条 纳税人有合并、分立情形的，应当向税务机关报告，并依法缴清税款。纳税人合并时未缴清税款的，应当由合并后的纳税人继续履行未履行的纳税义务；纳税人分立时未缴清税款的，分立后的纳税人对未履行的纳税义务应当承担连带责任。

第四十九条 欠缴税款数额较大的纳税人在处分其不动产或者大额资产之前，应当向税务机关报告。

第五十条 欠缴税款的纳税人因怠于行使到期债权，或者放弃到期债权，或者无偿转让财产，或者以明显不合理的低价转让财产而受让人知道该情形，对国家税收造成损害的，税务机关可以依照合同法第七十三条、第七十四条的规定行使代位权、撤销权。

税务机关依照前款规定行使代位权、撤销权的，不免除欠缴税款的纳税人尚未履行的纳税义务和应承担的法律责任。

第五十一条 纳税人超过应纳税额缴纳的税款，税务机关发现后应当立即退还；纳税人自结算缴纳税款之日起三年内发现的，可以向税务机关要求退还多缴的税款并加算银行同期存款利息，税务机关及时查实后应当立即退还；涉及从国库中退库的，依照法律、行政法规有关国库管理的规定退还。

第五十二条 因税务机关的责任，致使纳税人、扣缴义务人未缴或者少缴税款的，税务机关在三年内可以要求纳税人、扣缴义务人补缴税款，但是不得加收滞纳金。

因纳税人、扣缴义务人计算错误等失误，未缴或者少缴税款的，税务机关在三年内可以追征税款、滞纳金；有特殊情况的，追征期可以延长到五年。

对偷税、抗税、骗税的，税务机关追征其未缴或者少缴的税款、滞纳金或者所骗取的税款，不受前款规定期限的限制。

第五十三条 国家税务局和地方税务局应当按照国家规定的税收征收管理范围和税款入库预算级次，将征收的税款缴入国库。

对审计机关、财政机关依法查出的税收违法行为，税务机关应当根据有关机关的决定、意见书，依法将应收的税款、滞纳金按照税款入库预算级次缴入国库，并将结果及时回复有关机关。

第四章 税务检查

第五十四条 税务机关有权进行下列税务检查：

（一）检查纳税人的账簿、记账凭证、报表和有关资料，检查扣缴义务人代扣代缴、代收代缴税款账簿、记账凭证和有关资料；

（二）到纳税人的生产、经营场所和货物存放地检查纳税人应纳税的商品、货物或者其他财产，检查扣缴义务人与代扣代缴、代收代缴税款有关的经营情况；

（三）责成纳税人、扣缴义务人提供与纳税或者代扣代缴、代收代缴税款有关的文件、证明材料和有关资料；

（四）询问纳税人、扣缴义务人与纳税或者代扣代缴、代收代缴税款有关的问题和情况；

（五）到车站、码头、机场、邮政企业及其分支机构检查纳税人托运、邮寄应纳税商品、货物或者其他财产的有关单据、凭证和有关资料；

（六）经县以上税务局（分局）局长批准，凭全国统一格式的检查存款账户许可证明，查询从事生产、经营的纳税人、扣缴义务人在银行或者其他金融机构的存款账户。税务机关在调查税收违法案件时，经设区的市、自治州以上税务局（分局）局长批准，可以查询案件涉嫌人员的储蓄存款。税务机关查询所获得的资料，不得用于税收以外的用途。

第五十五条 税务机关对从事生产、经营的纳税人以前纳税期的纳税情况依法进行税务检查时，发现纳税人有逃避纳税义务行为，并有明显的转移、隐匿其应纳税的商品、货物以及其他财产或者应纳税的收入的迹象的，可以按照本法规定的批准权限采取税收保全措施或者强制执行措施。

第五十六条 纳税人、扣缴义务人必须接受税务机关依法进行的税务检查，如实反映情况，提供有关资料，不得拒绝、隐瞒。

第五十七条 税务机关依法进行税务检查时，有权向有关单位和个人调查纳税人、扣缴义务人和其他当事人与纳税或者代扣代缴、代收代缴税款有关的情况，有关单位和个人有义务向税务机关如实提供有关资料及证明材料。

第五十八条 税务机关调查税务违法案件时,对与案件有关的情况和资料,可以记录、录音、录像、照相和复制。

第五十九条 税务机关派出的人员进行税务检查时,应当出示税务检查证和税务检查通知书,并有责任为被检查人保守秘密;未出示税务检查证和税务检查通知书的,被检查人有权拒绝检查。

第五章 法律责任

第六十条 纳税人有下列行为之一的,由税务机关责令限期改正,可以处二千元以下的罚款;情节严重的,处二千元以上一万元以下的罚款:

(一)未按照规定的期限申报办理税务登记、变更或者注销登记的;

(二)未按照规定设置、保管账簿或者保管记账凭证和有关资料的;

(三)未按照规定将财务、会计制度或者财务、会计处理办法和会计核算软件报送税务机关备查的;

(四)未按照规定将其全部银行账号向税务机关报告的;

(五)未按照规定安装、使用税控装置,或者损毁或者擅自改动税控装置的。

纳税人不办理税务登记的,由税务机关责令限期改正;逾期不改正的,经税务机关提请,由工商行政管理机关吊销其营业执照。

纳税人未按照规定使用税务登记证件,或者转借、涂改、损毁、买卖、伪造税务登记证件的,处二千元以上一万元以下的罚款;情节严重的,处一万元以上五万元以下的罚款。

第六十一条 扣缴义务人未按照规定设置、保管代扣代缴、代收代缴税款账簿或者保管代扣代缴、代收代缴税款记账凭证及有关资料的,由税务机关责令限期改正,可以处二千元以下的罚款;情节严重的,处二千元以上五千元以下的罚款。

第六十二条 纳税人未按照规定的期限办理纳税申报和报送纳税资料的,或者扣缴义务人未按照规定的期限向税务机关报送代扣代缴、代收代缴税款报告表和有关资料的,由税务机关责令限期改正,可以处二千元以下的罚款;情节严重的,可以处二千元以上一万元以下的罚款。

第六十三条 纳税人伪造、变造、隐匿、擅自销毁账簿、记账凭证,或者在账簿上多列支出或者不列、少列收入,或者经税务机关通知申报而拒不申报或者进行虚假的纳税申报,不缴或者少缴应纳税款的,是偷税。对纳税人偷税的,由税务机关追缴其不缴或者少缴的税款、滞纳金,并处不缴或者少缴的税款百分之五十以上五倍以下的罚款;构成犯罪的,依法追究刑事责任。

扣缴义务人采取前款所列手段,不缴或者少缴已扣、已收税款,由税务机关追缴其不缴或者少缴的税款、滞纳金,并处不缴或者少缴的税款百分之五十以上五倍以下的罚款;构成犯罪的,依法追究刑事责任。

第六十四条 纳税人、扣缴义务人编造虚假计税依据的,由税务机关责令限期改正,并处五万元以下的罚款。

纳税人不进行纳税申报,不缴或者少缴应纳税款的,由税务机关追缴其不缴或者少缴的税款、滞纳金,并处不缴或者少缴的税款百分之五十以上五倍以下的罚款。

第六十五条 纳税人欠缴应纳税款,采取转移或者隐匿财产的手段,妨碍税务机关追缴欠缴的税款的,由税务机关追缴欠缴的税款、滞纳金,并处欠缴税款百分之五十以上五倍以下的罚款;构成犯罪的,依法追究刑事责任。

第六十六条 以假报出口或者其他欺骗手段,骗取国家出口退税款的,由税务机关追缴其骗取的退税款,并处骗取税款一倍以上五倍以下的罚款;构成犯罪的,依法追究刑事责任。

对骗取国家出口退税款的,税务机关可以在规定期间内停止为其办理出口退税。

第六十七条 以暴力、威胁方法拒不缴纳税款的,是抗税,除由税务机关追缴其拒缴的税款、滞纳金外,依法追究刑事责任。情节轻微,未构成犯罪的,由税务机关追缴其拒缴的税款、滞纳金,并处拒缴税款一倍以上五倍以下的罚款。

第六十八条 纳税人、扣缴义务人在规定期限内不缴或者少缴应纳或者应解缴的税款,经税务机关责令限期缴纳,逾期仍未缴纳的,税务机关除依照本法第四十条的规定采取强制执行措施追缴其不缴或者少缴的税款外,可以处不缴或者少缴的税款百分之五十以上五倍以下的罚款。

第六十九条 扣缴义务人应扣未扣、应收而不收税款的,由税务机关向纳税人追缴税款,对扣缴义务人处应扣未扣、应收未收税款百分之五十以上三倍以下的罚款。

第七十条 纳税人、扣缴义务人逃避、拒绝或者以其他方式阻挠税务机关检查的,由税务机关责令改正,可以处一万元以下的罚款;情节严重的,处一万元以上五万元以下的罚款。

第七十一条 违反本法第二十二条规定,非法印制发票的,由税务机关销毁非法印制的发票,没收违法所得和作案工具,并处一万元以上五万元以下的罚款;构成犯罪的,依法追究刑事责任。

第七十二条 从事生产、经营的纳税人、扣缴义务人有本法规定的税收违法行为,拒不接受税务机关处理的,税务机关可以收缴其发票或者停止向其发售发票。

第七十三条 纳税人、扣缴义务人的开户银行或者其他金融机构拒绝接受税务机关依法检查纳税人、扣缴义务人存款账户,或者拒绝执行税务机关作出的冻结存款或者扣缴税款的决定,或者在接到税务机关的书面通知后帮助纳税人、扣缴义务人转移存款,造成税款流失的,由税务机关处十万元以上五十万元以下的罚款,对直接负责的主管人员和其他直接责任人员处一千元以上一万元以下的罚款。

第七十四条 本法规定的行政处罚,罚款额在二千元以下的,可以由税务所决定。

第七十五条 税务机关和司法机关的涉税罚没收入,应当按照税款入库预算级次上缴国库。

第七十六条 税务机关违反规定擅自改变税收征收管理范围和税款入库预算级次的,责令限期改正,对直接负责的主管人员和其他直接责任人员依法给予降级或者撤职的行政处分。

第七十七条 纳税人、扣缴义务人有本法第六十三条、第六十五条、第六十六条、第六十七条、第七十一条规定的行为涉嫌犯罪的,税务机关应当依法移交司法机关追究刑事责任。

税务人员徇私舞弊,对依法应当移交司法机关追究刑事责任的不移交,情节严重的,依法追究刑事责任。

第七十八条 未经税务机关依法委托征收税款的,责令退还收取的财物,依法给予行政处分或者行政处罚;致使他人合法权益受到损失的,依法承担赔偿责任;构成犯罪的,依法追究刑事责任。

第七十九条 税务机关、税务人员查封、扣押纳税人个人及其所扶养家属维持生活必需的住房和用品的,责令退还,依法给予行政处分;构成犯罪的,依法追究刑事责任。

第八十条 税务人员与纳税人、扣缴义务人勾结,唆使或者协助纳税人、扣缴义务人有本法第六十三条、第六十五条、第六十六条规定的行为,构成犯罪的,依法追究刑事责任;尚不构成犯罪的,依法给予行政处分。

第八十一条 税务人员利用职务上的便利,收受或者索取纳税人、扣缴义务人财物或者谋取其他不正当利益,构成犯罪的,依法追究刑事责任;尚不构成犯罪的,依法给予行政处分。

第八十二条 税务人员徇私舞弊或者玩忽职守,不征或者少征应征税款,致使国家税收遭受重大损失,构成犯罪的,依法追究刑事责任;尚不构成犯罪的,依法给予行政处分。

税务人员滥用职权,故意刁难纳税人、扣缴义务人的,调离税收工作岗位,并依法给予行政处分。

税务人员对控告、检举税收违法违纪行为的纳税人、扣缴义务人以及其他检举人进行打击报复的,依法给予行政处分;构成犯罪的,依法追究刑事责任。

税务人员违反法律、行政法规的规定,故意高估或者低估农业税计税产量,致使多征或者少征税款,侵犯农民合法权益或者损害国家利益,构成犯罪的,依法追究刑事责任;尚不构成犯罪的,依法给予行政处分。

第八十三条 违反法律、行政法规的规定提前征收、延缓征收或者摊派税款的,由其上级机关或者行政监察机关责令改正,对直接负责的主管人员和其他直接责任人员依法给予行政处分。

第八十四条 违反法律、行政法规的规定,擅自作出税收的开征、停征或者减税、免税、退税、补税以及其他同税收法律、行政法规相抵触的决定的,除依照本法规定撤销其擅自作出的决定外,补征应征未征税款,退还不应征收而征收的税款,并由上级机关追究直接负责的主管人员和其他直接责任人员的行政责任;构成犯罪的,依法追究刑事责任。

第八十五条 税务人员在征收税款或者查处税收违法案件时,未按照本法规定进行回避的,对直接负责的主管人员和其他直接责任人员,依法给予行政处分。

第八十六条 违反税收法律、行政法规应当给予行政处罚的行为,在五年内未被发现的,不再给予行政处罚。

第八十七条 未按照本法规定为纳税人、扣缴义务人、检举人保密的,对直接负责的主管人员和其他直接责任人员,由所在单位或者有关单位依法给予行政处分。

第八十八条 纳税人、扣缴义务人、纳税担保人同税务机关在纳税上发生争议时,必须先依照税务机关的纳税决定缴纳或者解缴税款及滞纳金或者提供相应的担保,然后可以依法申请行政复议;对行政复议决定不服的,可以依法向人民法院起诉。

当事人对税务机关的处罚决定、强制执行措施或者税收保全措施不服的,可以依法申请行政复议,也可以依法向人民法院起诉。

当事人对税务机关的处罚决定逾期不申请行政复议也不向人民法院起诉、又不履行的,作出处罚决定的税务机关可以采取本法第四十条规定的强制执行措施,或者申请人民法院强制执行。

第六章 附 则

第八十九条 纳税人、扣缴义务人可以委托税务代理人代为办理税务事宜。

第九十条 耕地占用税、契税、农业税、牧业税征收管理的具体办法,由国务院另行制定。

关税及海关代征税收的征收管理,依照法律、行政法规的有关规定执行。

第九十一条 中华人民共和国同外国缔结的有关税收的条约、协定同本法有不同规定的,依照条约、协定的规定办理。

第九十二条 本法施行前颁布的税收法律与本法有不同规定的,适用本法规定。

第九十三条 国务院根据本法制定实施细则。

第九十四条 本法自2001年5月1日起施行。

中华人民共和国税收征收管理法实施细则

(2002年9月7日中华人民共和国国务院令第362号公布 根据2012年11月9日《国务院关于修改和废止部分行政法规的决定》第一次修订 根据2013年7月18日《国务院关于废止和修改部分行政法规的决定》第二次修订 根据2016年2月6日《国务院关于修改部分行政法规的决定》第三次修订)

第一章 总 则

第一条 根据《中华人民共和国税收征收管理法》(以下简称税收征管法)的规定,制定本细则。

第二条 凡依法由税务机关征收的各种税收的征收管理,均适用税收征管法及本细则;税收征管法及本细则没有规定的,依照其他有关税收法律、行政法规的规定执行。

第三条 任何部门、单位和个人作出的与税收法律、行政法规相抵触的决定一律无效,税务机关不得执行,并应当向上级税务机关报告。

纳税人应当依照税收法律、行政法规的规定履行纳税义务;其签订的合同、协议等与税收法律、行政法规相抵触的,一律无效。

第四条 国家税务总局负责制定全国税务系统信息化建设的总体规划、技术标准、技术方案与实施办法;各级税务机关应当按照国家税务总局的总体规划、技术标准、技术方案与实施办法,做好本地区税务系统信息化建设的具体工作。

地方各级人民政府应当积极支持税务系统信息化建设,并组织有关部门实现相关信息的共享。

第五条 税收征管法第八条所称为纳税人、扣缴义务人保密的情况,是指纳税人、扣缴义务人的商业秘密及个人隐私。纳税人、扣缴义务人的税收违法行为不属于保密范围。

第六条 国家税务总局应当制定税务人员行为准则和服务规范。

上级税务机关发现下级税务机关的税收违法行为,应当及时予以纠正;下级税务机关应当按照上级税务机关的决定及时改正。

下级税务机关发现上级税务机关的税收违法行为,应当向上级税务机关或者有关部门报告。

第七条 税务机关根据检举人的贡献大小给予相应的奖励,奖励所需资金列入税务部门年度预算,单项核定。奖励资金具体使用办法以及奖励标准,由国家税务总局会同财政部制定。

第八条 税务人员在核定应纳税额、调整税收定额、进行税务检查、实施税务行政处罚、办理税务行政复议时,与纳税人、扣缴义务人或者其法定代表人、直接责任人有下列关系之一的,应当回避:

(一)夫妻关系;

(二)直系血亲关系;

(三)三代以内旁系血亲关系;

(四)近姻亲关系;

(五)可能影响公正执法的其他利害关系。

第九条 税收征管法第十四条所称按照国务院规定设立的并向社会公告的税务机构,是指省以下税务局的稽查局。稽查局专司偷税、逃避追缴欠税、骗税、抗税案件的查处。

国家税务总局应当明确划分税务局和稽查局的职责,避免职责交叉。

第二章 税务登记

第十条 国家税务局、地方税务局对同一纳税人的税务登记应当采用同一代码,信息共享。

税务登记的具体办法由国家税务总局制定。

第十一条 各级工商行政管理机关应当向同级国家税务局和地方税务局定期通报办理开业、变更、注销登记以及吊销营业执照的情况。

通报的具体办法由国家税务总局和国家工商行政管理总局联合制定。

第十二条 从事生产、经营的纳税人应当自领取营业执照之日起30日内,向生产、经营地或者纳税义务发生地的主管税务机关申报办理税务登记,如实填写税务登记表,并按照税务机关的要求提供有关证件、资料。

前款规定以外的纳税人,除国家机关和个人外,应当自纳税义务发生之日起30日内,持有关证件向所在地的主管税务机关申报办理税务登记。

个人所得税的纳税人办理税务登记的办法由国务院另行规定。

税务登记证件的式样，由国家税务总局制定。

第十三条 扣缴义务人应当自扣缴义务发生之日起30日内，向所在地的主管税务机关申报办理扣缴税款登记，领取扣缴税款登记证件；税务机关对已办理税务登记的扣缴义务人，可以只在其税务登记证件上登记扣缴税款事项，不再发给扣缴税款登记证件。

第十四条 纳税人税务登记内容发生变化的，应当自工商行政管理机关或者其他机关办理变更登记之日起30日内，持有关证件向原税务登记机关申报办理变更税务登记。

纳税人税务登记内容发生变化，不需要到工商行政管理机关或者其他机关办理变更登记的，应当自发生变化之日起30日内，持有关证件向原税务登记机关申报办理变更税务登记。

第十五条 纳税人发生解散、破产、撤销以及其他情形，依法终止纳税义务的，应当在向工商行政管理机关或者其他机关办理注销登记前，持有关证件向原税务登记机关申报办理注销税务登记；按照规定不需要在工商行政管理机关或者其他机关办理注册登记的，应当自有关机关批准或者宣告终止之日起15日内，持有关证件向原税务登记机关申报办理注销税务登记。

纳税人因住所、经营地点变动，涉及改变税务登记机关的，应当在向工商行政管理机关或者其他机关申请办理变更或者注销登记前或者住所、经营地点变动前，向原税务登记机关申报办理注销税务登记，并在30日内向迁达地税务机关申报办理税务登记。

纳税人被工商行政管理机关吊销营业执照或者被其他机关予以撤销登记的，应当自营业执照被吊销或者被撤销登记之日起15日内，向原税务登记机关申报办理注销税务登记。

第十六条 纳税人在办理注销税务登记前，应当向税务机关结清应纳税款、滞纳金、罚款，缴销发票、税务登记证件和其他税务证件。

第十七条 从事生产、经营的纳税人应当自开立基本存款账户或者其他存款账户之日起15日内，向主管税务机关书面报告其全部账号；发生变化的，应当自变化之日起15日内，向主管税务机关书面报告。

第十八条 除按照规定不需要发给税务登记证件的外，纳税人办理下列事项时，必须持税务登记证件：

（一）开立银行账户；

（二）申请减税、免税、退税；

（三）申请办理延期申报、延期缴纳税款；

（四）领购发票；

（五）申请开具外出经营活动税收管理证明；

（六）办理停业、歇业；

（七）其他有关税务事项。

第十九条 税务机关对税务登记证件实行定期验证和换证制度。纳税人应当在规定的期限内持有关证件到主管税务机关办理验证或者换证手续。

第二十条 纳税人应当将税务登记证件正本在其生产、经营场所或者办公场所公开悬挂，接受税务机关检查。

纳税人遗失税务登记证件的，应当在15日内书面报告主管税务机关，并登报声明作废。

第二十一条 从事生产、经营的纳税人到外县（市）临时从事生产、经营活动的，应当持税务登记证副本和所在地税务机关填开的外出经营活动税收管理证明，向营业地税务机关报验登记，接受税务管理。

从事生产、经营的纳税人外出经营，在同一地累计超过180天的，应当在营业地办理税务登记手续。

第三章　账簿、凭证管理

第二十二条　从事生产、经营的纳税人应当自领取营业执照或者发生纳税义务之日起15日内，按照国家有关规定设置账簿。

前款所称账簿，是指总账、明细账、日记账以及其他辅助性账簿。总账、日记账应当采用订本式。

第二十三条　生产、经营规模小又确无建账能力的纳税人，可以聘请经批准从事会计代理记账业务的专业机构或者财会人员代为建账和办理账务。

第二十四条　从事生产、经营的纳税人应当自领取税务登记证件之日起15日内，将其财务、会计制度或者财务、会计处理办法报送主管税务机关备案。

纳税人使用计算机记账的，应当在使用前将会计电算化系统的会计核算软件、使用说明书及有关资料报送主管税务机关备案。

纳税人建立的会计电算化系统应当符合国家有关规定，并能正确、完整核算其收入或者所得。

第二十五条　扣缴义务人应当自税收法律、行政法规规定的扣缴义务发生之日起10日内，按照所代扣、代收的税种，分别设置代扣代缴、代收代缴税款账簿。

第二十六条　纳税人、扣缴义务人会计制度健全，能够通过计算机正确、完整计算其收入和所得或者代扣代缴、代收代缴税款情况的，其计算机输出的完整的书面会计记录，可视同会计账簿。

纳税人、扣缴义务人会计制度不健全，不能通过计算机正确、完整计算其收入和所得或者代扣代缴、代收代缴税款情况的，应当建立总账及与纳税或者代扣代缴、代收代缴税款有关的其他账簿。

第二十七条　账簿、会计凭证和报表，应当使用中文。民族自治地方可以同时使用当地通用的一种民族文字。外商投资企业和外国企业可以同时使用一种外国文字。

第二十八条　纳税人应当按照税务机关的要求安装、使用税控装置，并按照税务机关的规定报送有关数据和资料。

税控装置推广应用的管理办法由国家税务总局另行制定，报国务院批准后实施。

第二十九条　账簿、记账凭证、报表、完税凭证、发票、出口凭证以及其他有关涉税资料应当合法、真实、完整。

账簿、记账凭证、报表、完税凭证、发票、出口凭证以及其他有关涉税资料应当保存10年；但是，法律、行政法规另有规定的除外。

第四章　纳 税 申 报

第三十条　税务机关应当建立、健全纳税人自行申报纳税制度。纳税人、扣缴义务人可以采取邮寄、数据电文方式办理纳税申报或者报送代扣代缴、代收代缴税款报告表。

数据电文方式，是指税务机关确定的电话语音、电子数据交换和网络传输等电子方式。

第三十一条　纳税人采取邮寄方式办理纳税申报的，应当使用统一的纳税申报专用信封，并以邮政部门收据作为申报凭据。邮寄申报以寄出的邮戳日期为实际申报日期。

纳税人采取电子方式办理纳税申报的，应当按照税务机关规定的期限和要求保存有关资料，并定期书面报送主管税务机关。

第三十二条　纳税人在纳税期内没有应纳税款的，也应当按照规定办理纳税申报。

纳税人享受减税、免税待遇的，在减税、免税期间应当按照规定办理纳税申报。

第三十三条　纳税人、扣缴义务人的纳税申报或者代扣代缴、代收代缴税款报告表的主要内容包括：税种、税目，应纳税项目或者应代扣代缴、代收代缴税款项目，计税依据，扣除项目及标准，适用税率或者单位税额，应退税项目及税额、应减免税项目及税额，应纳税额或者应代扣代缴、代收代缴税额,税款所属期限、延期缴纳税款、欠税、滞纳金等。

第三十四条 纳税人办理纳税申报时,应当如实填写纳税申报表,并根据不同的情况相应报送下列有关证件、资料:

(一)财务会计报表及其说明材料;

(二)与纳税有关的合同、协议书及凭证;

(三)税控装置的电子报税资料;

(四)外出经营活动税收管理证明和异地完税凭证;

(五)境内或者境外公证机构出具的有关证明文件;

(六)税务机关规定应当报送的其他有关证件、资料。

第三十五条 扣缴义务人办理代扣代缴、代收代缴税款报告时,应当如实填写代扣代缴、代收代缴税款报告表,并报送代扣代缴、代收代缴税款的合法凭证以及税务机关规定的其他有关证件、资料。

第三十六条 实行定期定额缴纳税款的纳税人,可以实行简易申报、简并征期等申报纳税方式。

第三十七条 纳税人、扣缴义务人按照规定的期限办理纳税申报或者报送代扣代缴、代收代缴税款报告表确有困难,需要延期的,应当在规定的期限内向税务机关提出书面延期申请,经税务机关核准,在核准的期限内办理。

纳税人、扣缴义务人因不可抗力,不能按期办理纳税申报或者报送代扣代缴、代收代缴税款报告表的,可以延期办理;但是,应当在不可抗力情形消除后立即向税务机关报告。税务机关应当查明事实,予以核准。

第五章 税款征收

第三十八条 税务机关应当加强对税款征收的管理,建立、健全责任制度。

税务机关根据保证国家税款及时足额入库、方便纳税人、降低税收成本的原则,确定税款征收的方式。

税务机关应当加强对纳税人出口退税的管理,具体管理办法由国家税务总局会同国务院有关部门制定。

第三十九条 税务机关应当将各种税收的税款、滞纳金、罚款,按照国家规定的预算科目和预算级次及时缴入国库,税务机关不得占压、挪用、截留,不得缴入国库以外或者国家规定的税款账户以外的任何账户。

已缴入国库的税款、滞纳金、罚款,任何单位和个人不得擅自变更预算科目和预算级次。

第四十条 税务机关应当根据方便、快捷、安全的原则,积极推广使用支票、银行卡、电子结算方式缴纳税款。

第四十一条 纳税人有下列情形之一的,属于税收征管法第三十一条所称特殊困难:

(一)因不可抗力,导致纳税人发生较大损失,正常生产经营活动受到较大影响的;

(二)当期货币资金在扣除应付职工工资、社会保险费后,不足以缴纳税款的。

计划单列市国家税务局、地方税务局可以参照税收征管法第三十一条第二款的批准权限,审批纳税人延期缴纳税款。

第四十二条 纳税人需要延期缴纳税款的,应当在缴纳税款期限届满前提出申请,并报送下列材料:申请延期缴纳税款报告,当期货币资金余额情况及所有银行存款账户的对账单,资产负债表,应付职工工资和社会保险费等税务机关要求提供的支出预算。

税务机关应当自收到申请延期缴纳税款报告之日起 20 日内作出批准或者不予批准的决定;不

予批准的，从缴纳税款期限届满之日起加收滞纳金。

第四十三条 享受减税、免税优惠的纳税人，减税、免税期满，应当自期满次日起恢复纳税；减税、免税条件发生变化的，应当在纳税申报时向税务机关报告；不再符合减税、免税条件的，应当依法履行纳税义务；未依法纳税的，税务机关应当予以追缴。

第四十四条 税务机关根据有利于税收控管和方便纳税的原则，可以按照国家有关规定委托有关单位和人员代征零星分散和异地缴纳的税收，并发给委托代征证书。受托单位和人员按照代征证书的要求，以税务机关的名义依法征收税款，纳税人不得拒绝；纳税人拒绝的，受托代征单位和人员应当及时报告税务机关。

第四十五条 税收征管法第三十四条所称完税凭证，是指各种完税证、缴款书、印花税票、扣（收）税凭证以及其他完税证明。

未经税务机关指定，任何单位、个人不得印制完税凭证。完税凭证不得转借、倒卖、变造或者伪造。

完税凭证的式样及管理办法由国家税务总局制定。

第四十六条 税务机关收到税款后，应当向纳税人开具完税凭证。纳税人通过银行缴纳税款的，税务机关可以委托银行开具完税凭证。

第四十七条 纳税人有税收征管法第三十五条或者第三十七条所列情形之一的，税务机关有权采用下列任何一种方法核定其应纳税额：

（一）参照当地同类行业或者类似行业中经营规模和收入水平相近的纳税人的税负水平核定；

（二）按照营业收入或者成本加合理的费用和利润的方法核定；

（三）按照耗用的原材料、燃料、动力等推算或者测算核定；

（四）按照其他合理方法核定。

采用前款所列一种方法不足以正确核定应纳税额时，可以同时采用两种以上的方法核定。

纳税人对税务机关采取本条规定的方法核定的应纳税额有异议的，应当提供相关证据，经税务机关认定后，调整应纳税额。

第四十八条 税务机关负责纳税人纳税信誉等级评定工作。纳税人纳税信誉等级的评定办法由国家税务总局制定。

第四十九条 承包人或者承租人有独立的生产经营权，在财务上独立核算，并定期向发包人或者出租人上缴承包费或者租金的，承包人或者承租人应当就其生产、经营收入和所得纳税，并接受税务管理；但是，法律、行政法规另有规定的除外。

发包人或者出租人应当自发包或者出租之日起30日内将承包人或者承租人的有关情况向主管税务机关报告。发包人或者出租人不报告的，发包人或者出租人与承包人或者承租人承担纳税连带责任。

第五十条 纳税人有解散、撤销、破产情形的，在清算前应当向其主管税务机关报告；未结清税款的，由其主管税务机关参加清算。

第五十一条 税收征管法第三十六条所称关联企业，是指有下列关系之一的公司、企业和其他经济组织：

（一）在资金、经营、购销等方面，存在直接或者间接的拥有或者控制关系；

（二）直接或者间接地同为第三者所拥有或者控制；

（三）在利益上具有相关联的其他关系。

纳税人有义务就其与关联企业之间的业务往来，向当地税务机关提供有关的价格、费用标准等资料。具体办法由国家税务总局制定。

第五十二条 税收征管法第三十六条所称独立企业之间的业务往来，是指没有关联关系的企业之间按照公平成交价格和营业常规所进行的业务往来。

第五十三条 纳税人可以向主管税务机关提出与其关联企业之间业务往来的定价原则和计算方法,主管税务机关审核、批准后,与纳税人预先约定有关定价事项,监督纳税人执行。

第五十四条 纳税人与其关联企业之间的业务往来有下列情形之一的,税务机关可以调整其应纳税额:

(一)购销业务未按照独立企业之间的业务往来作价;

(二)融通资金所支付或者收取的利息超过或者低于没有关联关系的企业之间所能同意的数额,或者利率超过或者低于同类业务的正常利率;

(三)提供劳务,未按照独立企业之间业务往来收取或者支付劳务费用;

(四)转让财产、提供财产使用权等业务往来,未按照独立企业之间业务往来作价或者收取、支付费用;

(五)未按照独立企业之间业务往来作价的其他情形。

第五十五条 纳税人有本细则第五十四条所列情形之一的,税务机关可以按照下列方法调整计税收入额或者所得额:

(一)按照独立企业之间进行的相同或者类似业务活动的价格;

(二)按照再销售给无关联关系的第三者的价格所应取得的收入和利润水平;

(三)按照成本加合理的费用和利润;

(四)按照其他合理的方法。

第五十六条 纳税人与其关联企业未按照独立企业之间的业务往来支付价款、费用的,税务机关自该业务往来发生的纳税年度起 3 年内进行调整;有特殊情况的,可以自该业务往来发生的纳税年度起 10 年内进行调整。

第五十七条 税收征管法第三十七条所称未按照规定办理税务登记从事生产、经营的纳税人,包括到外县(市)从事生产、经营而未向营业地税务机关报验登记的纳税人。

第五十八条 税务机关依照税收征管法第三十七条的规定,扣押纳税人商品、货物的,纳税人应当自扣押之日起 15 日内缴纳税款。

对扣押的鲜活、易腐烂变质或者易失效的商品、货物,税务机关根据被扣押物品的保质期,可以缩短前款规定的扣押期限。

第五十九条 税收征管法第三十八条、第四十条所称其他财产,包括纳税人的房地产、现金、有价证券等不动产和动产。

机动车辆、金银饰品、古玩字画、豪华住宅或者一处以外的住房不属于税收征管法第三十八条、第四十条、第四十二条所称个人及其所扶养家属维持生活必需的住房和用品。

税务机关对单价 5000 元以下的其他生活用品,不采取税收保全措施和强制执行措施。

第六十条 税收征管法第三十八条、第四十条、第四十二条所称个人所扶养家属,是指与纳税人共同居住生活的配偶、直系亲属以及无生活来源并由纳税人扶养的其他亲属。

第六十一条 税收征管法第三十八条、第八十八条所称担保,包括经税务机关认可的纳税保证人为纳税人提供的纳税保证,以及纳税人或者第三人以其未设置或者未全部设置担保物权的财产提供的担保。

纳税保证人,是指在中国境内具有纳税担保能力的自然人、法人或者其他经济组织。

法律、行政法规规定的没有担保资格的单位和个人,不得作为纳税担保人。

第六十二条 纳税担保人同意为纳税人提供纳税担保的,应当填写纳税担保书,写明担保对象、担保范围、担保期限和担保责任以及其他有关事项。担保书须经纳税人、纳税担保人签字盖章并经税务机关同意,方为有效。

纳税人或者第三人以其财产提供纳税担保的，应当填写财产清单，并写明财产价值以及其他有关事项。纳税担保财产清单须经纳税人、第三人签字盖章并经税务机关确认，方为有效。

第六十三条 税务机关执行扣押、查封商品、货物或者其他财产时，应当由两名以上税务人员执行，并通知被执行人。被执行人是自然人的，应当通知被执行人本人或者其成年家属到场；被执行人是法人或者其他组织的，应当通知其法定代表人或者主要负责人到场；拒不到场的，不影响执行。

第六十四条 税务机关执行税收征管法第三十七条、第三十八条、第四十条的规定，扣押、查封价值相当于应纳税款的商品、货物或者其他财产时，参照同类商品的市场价、出厂价或者评估价估算。

税务机关按照前款方法确定应扣押、查封的商品、货物或者其他财产的价值时，还应当包括滞纳金和拍卖、变卖所发生的费用。

第六十五条 对价值超过应纳税额且不可分割的商品、货物或者其他财产，税务机关在纳税人、扣缴义务人或者纳税担保人无其他可供强制执行的财产的情况下，可以整体扣押、查封、拍卖。

第六十六条 税务机关执行税收征管法第三十七条、第三十八条、第四十条的规定，实施扣押、查封时，对有产权证件的动产或者不动产，税务机关可以责令当事人将产权证件交税务机关保管，同时可以向有关机关发出协助执行通知书，有关机关在扣押、查封期间不再办理该动产或者不动产的过户手续。

第六十七条 对查封的商品、货物或者其他财产，税务机关可以指令被执行人负责保管，保管责任由被执行人承担。

继续使用被查封的财产不会减少其价值的，税务机关可以允许被执行人继续使用；因被执行人保管或者使用的过错造成的损失，由被执行人承担。

第六十八条 纳税人在税务机关采取税收保全措施后，按照税务机关规定的期限缴纳税款的，税务机关应当自收到税款或者银行转回的完税凭证之日起1日内解除税收保全。

第六十九条 税务机关将扣押、查封的商品、货物或者其他财产变价抵缴税款时，应当交由依法成立的拍卖机构拍卖；无法委托拍卖或者不适于拍卖的，可以交由当地商业企业代为销售，也可以责令纳税人限期处理；无法委托商业企业销售，纳税人也无法处理的，可以由税务机关变价处理，具体办法由国家税务总局规定。国家禁止自由买卖的商品，应当交由有关单位按照国家规定的价格收购。

拍卖或者变卖所得抵缴税款、滞纳金、罚款以及拍卖、变卖等费用后，剩余部分应当在3日内退还被执行人。

第七十条 税收征管法第三十九条、第四十三条所称损失，是指因税务机关的责任，使纳税人、扣缴义务人或者纳税担保人的合法利益遭受的直接损失。

第七十一条 税收征管法所称其他金融机构，是指信托投资公司、信用合作社、邮政储蓄机构以及经中国人民银行、中国证券监督管理委员会等批准设立的其他金融机构。

第七十二条 税收征管法所称存款，包括独资企业投资人、合伙企业合伙人、个体工商户的储蓄存款以及股东资金账户中的资金等。

第七十三条 从事生产、经营的纳税人、扣缴义务人未按照规定的期限缴纳或者解缴税款的，纳税担保人未按照规定的期限缴纳所担保的税款的，由税务机关发出限期缴纳税款通知书，责令缴纳或者解缴税款的最长期限不得超过15日。

第七十四条 欠缴税款的纳税人或者其法定代表人在出境前未按照规定结清应纳税款、滞纳金或者提供纳税担保的，税务机关可以通知出入境管理机关阻止其出境。阻止出境的具体办法，由国家税务总局会同公安部制定。

第七十五条 税收征管法第三十二条规定的加收滞纳金的起止时间,为法律、行政法规规定或者税务机关依照法律、行政法规的规定确定的税款缴纳期限届满次日起至纳税人、扣缴义务人实际缴纳或者解缴税款之日止。

第七十六条 县级以上各级税务机关应当将纳税人的欠税情况,在办税场所或者广播、电视、报纸、期刊、网络等新闻媒体上定期公告。

对纳税人欠缴税款的情况实行定期公告的办法,由国家税务总局制定。

第七十七条 税收征管法第四十九条所称欠缴税款数额较大,是指欠缴税款5万元以上。

第七十八条 税务机关发现纳税人多缴税款的,应当自发现之日起10日内办理退还手续;纳税人发现多缴税款,要求退还的,税务机关应当自接到纳税人退还申请之日起30日内查实并办理退还手续。

税收征管法第五十一条规定的加算银行同期存款利息的多缴税款退税,不包括依法预缴税款形成的结算退税、出口退税和各种减免退税。

退税利息按照税务机关办理退税手续当天中国人民银行规定的活期存款利率计算。

第七十九条 当纳税人既有应退税款又有欠缴税款的,税务机关可以将应退税款和利息先抵扣欠缴税款;抵扣后有余额的,退还纳税人。

第八十条 税收征管法第五十二条所称税务机关的责任,是指税务机关适用税收法律、行政法规不当或者执法行为违法。

第八十一条 税收征管法第五十二条所称纳税人、扣缴义务人计算错误等失误,是指非主观故意的计算公式运用错误以及明显的笔误。

第八十二条 税收征管法第五十二条所称特殊情况,是指纳税人或者扣缴义务人因计算错误等失误,未缴或者少缴、未扣或者少扣、未收或者少收税款,累计数额在10万元以上的。

第八十三条 税收征管法第五十二条规定的补缴和追征税款、滞纳金的期限,自纳税人、扣缴义务人应缴未缴或者少缴税款之日起计算。

第八十四条 审计机关、财政机关依法进行审计、检查时,对税务机关的税收违法行为作出的决定,税务机关应当执行;发现被审计、检查单位有税收违法行为的,向被审计、检查单位下达决定、意见书,责成被审计、检查单位向税务机关缴纳应当缴纳的税款、滞纳金。税务机关应当根据有关机关的决定、意见书,依照税收法律、行政法规的规定,将应收的税款、滞纳金按照国家规定的税收征收管理范围和税款入库预算级次缴入国库。

税务机关应当自收到审计机关、财政机关的决定、意见书之日起30日内将执行情况书面回复审计机关、财政机关。

有关机关不得将其履行职责过程中发现的税款、滞纳金自行征收入库或者以其他款项的名义自行处理、占压。

第六章 税务检查

第八十五条 税务机关应当建立科学的检查制度,统筹安排检查工作,严格控制对纳税人、扣缴义务人的检查次数。

税务机关应当制定合理的税务稽查工作规程,负责选案、检查、审理、执行的人员的职责应当明确,并相互分离、相互制约,规范选案程序和检查行为。

税务检查工作的具体办法,由国家税务总局制定。

第八十六条 税务机关行使税收征管法第五十四条第(一)项职权时,可以在纳税人、扣缴义务人的业务场所进行;必要时,经县以上税务局(分局)局长批准,可以将纳税人、扣缴义务人以前会计年度的账簿、记账凭证、报表和其他有关资料调回税务机关检查,但是税务机关必须向纳税人、扣缴义务人开付清单,并在3个月内完整退还;有特殊情况的,经设区的市、自治州以上税务局局长批准,税务机关可以将纳税人、扣缴义务人当年的账簿、记账凭证、报表和其他有关资料调回检查,但是税务机关必须在30日内退还。

第八十七条 税务机关行使税收征管法第五十四条第(六)项职权时,应当指定专人负责,凭全国统一格式的检查存款账户许可证明进行,并有责任为被检查人保守秘密。

检查存款账户许可证明,由国家税务总局制定。

税务机关查询的内容,包括纳税人存款账户余额和资金往来情况。

第八十八条 依照税收征管法第五十五条规定,税务机关采取税收保全措施的期限一般不得超过6个月;重大案件需要延长的,应当报国家税务总局批准。

第八十九条 税务机关和税务人员应当依照税收征管法及本细则的规定行使税务检查职权。

税务人员进行税务检查时,应当出示税务检查证和税务检查通知书;无税务检查证和税务检查通知书的,纳税人、扣缴义务人及其他当事人有权拒绝检查。税务机关对集贸市场及集中经营业户进行检查时,可以使用统一的税务检查通知书。

税务检查证和税务检查通知书的式样、使用和管理的具体办法,由国家税务总局制定。

第七章 法律责任

第九十条 纳税人未按照规定办理税务登记证件验证或者换证手续的,由税务机关责令限期改正,可以处2000元以下的罚款;情节严重的,处2000元以上1万元以下的罚款。

第九十一条 非法印制、转借、倒卖、变造或者伪造完税凭证的,由税务机关责令改正,处2000元以上1万元以下的罚款;情节严重的,处1万元以上5万元以下的罚款;构成犯罪的,依法追究刑事责任。

第九十二条 银行和其他金融机构未依照税收征管法的规定在从事生产、经营的纳税人的账户中登录税务登记证件号码,或者未按规定在税务登记证件中登录从事生产、经营的纳税人的账户账号的,由税务机关责令其限期改正,处2000元以上2万元以下的罚款;情节严重的,处2万元以上5万元以下的罚款。

第九十三条 为纳税人、扣缴义务人非法提供银行账户、发票、证明或者其他方便,导致未缴、少缴税款或者骗取国家出口退税款的,税务机关除没收其违法所得外,可以处未缴、少缴或者骗取的税款1倍以下的罚款。

第九十四条 纳税人拒绝代扣、代收税款的,扣缴义务人应当向税务机关报告,由税务机关直接向纳税人追缴税款、滞纳金;纳税人拒不缴纳的,依照税收征管法第六十八条的规定执行。

第九十五条 税务机关依照税收征管法第五十四条第(五)项的规定,到车站、码头、机场、邮政企业及其分支机构检查纳税人有关情况时,有关单位拒绝的,由税务机关责令改正,可以处1万元以下的罚款;情节严重的,处1万元以上5万元以下的罚款。

第九十六条 纳税人、扣缴义务人有下列情形之一的,依照税收征管法第七十条的规定处罚:

(一)提供虚假资料,不如实反映情况,或者拒绝提供有关资料的;

(二)拒绝或者阻止税务机关记录、录音、录像、照相和复制与案件有关的情况和资料的;

(三)在检查期间,纳税人、扣缴义务人转移、隐匿、销毁有关资料的;

(四)有不依法接受税务检查的其他情形的。

第九十七条 税务人员私分扣押、查封的商品、货物或者其他财产,情节严重,构成犯罪的,依法追究刑事责任;尚不构成犯罪的,依法给予行政处分。

第九十八条 税务代理人违反税收法律、行政法规,造成纳税人未缴或者少缴税款的,除由纳税人缴纳或者补缴应纳税款、滞纳金外,对税务代理人处纳税人未缴或者少缴税款50%以上3倍以下的罚款。

第九十九条 税务机关对纳税人、扣缴义务人及其他当事人处以罚款或者没收违法所得时，应当开付罚没凭证；未开付罚没凭证的，纳税人、扣缴义务人以及其他当事人有权拒绝给付。

第一百条 税收征管法第八十八条规定的纳税争议，是指纳税人、扣缴义务人、纳税担保人对税务机关确定纳税主体、征税对象、征税范围、减税、免税及退税、适用税率、计税依据、纳税环节、纳税期限、纳税地点以及税款征收方式等具体行政行为有异议而发生的争议。

第八章 文书送达

第一百零一条 税务机关送达税务文书，应当直接送交受送达人。

受送达人是公民的，应当由本人直接签收；本人不在的，交其同住成年家属签收。

受送达人是法人或者其他组织的，应当由法人的法定代表人、其他组织的主要负责人或者该法人、组织的财务负责人、负责收件的人签收。受送达人有代理人的，可以送交其代理人签收。

第一百零二条 送达税务文书应当有送达回证，并由受送达人或者本细则规定的其他签收人在送达回证上记明收到日期，签名或者盖章，即为送达。

第一百零三条 受送达人或者本细则规定的其他签收人拒绝签收税务文书的，送达人应当在送达回证上记明拒收理由和日期，并由送达人和见证人签名或者盖章，将税务文书留在受送达人处，即视为送达。

第一百零四条 直接送达税务文书有困难的，可以委托其他有关机关或者其他单位代为送达，或者邮寄送达。

第一百零五条 直接或者委托送达税务文书的，以签收人或者见证人在送达回证上的签收或者注明的收件日期为送达日期；邮寄送达的，以挂号函件回执上注明的收件日期为送达日期，并视为已送达。

第一百零六条 有下列情形之一的，税务机关可以公告送达税务文书，自公告之日起满30日，即视为送达：

（一）同一送达事项的受送达人众多；

（二）采用本章规定的其他送达方式无法送达。

第一百零七条 税务文书的格式由国家税务总局制定。本细则所称税务文书，包括：

（一）税务事项通知书；

（二）责令限期改正通知书；

（三）税收保全措施决定书；

（四）税收强制执行决定书；

（五）税务检查通知书；

（六）税务处理决定书；

（七）税务行政处罚决定书；

（八）行政复议决定书；

（九）其他税务文书。

第九章 附则

第一百零八条 税收征管法及本细则所称“以上”、“以下”、“日内”、“届满”均含本数。

第一百零九条 税收征管法及本细则所规定期限的最后一日是法定休假日的，以休假日期满的次日为期限的最后一日；在期限内有连续3日以上法定休假日的，按休假日天数顺延。

第一百一十条 税收征管法第三十条第三款规定的代扣、代收手续费，纳入预算管理，由税务机关依照法律、行政法规的规定付给扣缴义务人。

第一百一十一条 纳税人、扣缴义务人委托税务代理人代为办理税务事宜的办法,由国家税务总局规定。

第一百一十二条 耕地占用税、契税、农业税、牧业税的征收管理,按照国务院的有关规定执行。

第一百一十三条 本细则自2002年10月15日起施行。1993年8月4日国务院发布的《中华人民共和国税收征收管理法实施细则》同时废止。

◎ 司法解释及文件

最高人民法院研究室关于违反经行政法规授权制定的规范一般纳税人资格的文件应否认定为“违反法律、行政法规的规定”问题的答复

(2012年5月3日 法研〔2012〕59号)

宁夏回族自治区高级人民法院:

你院宁高法(2012)33号《关于经行政法规授权以通知形式下发的规范一般纳税人资格的文件是否可以作为行政法规适用的请示》收悉。经研究,答复如下:

国家税务总局《关于加强新办商贸企业增值税征收管理有关问题的紧急通知》(国税发明电[2004]37号)和《关于加强新办商贸企业增值税征收管理有关问题的补充通知》(国税发明电[2004]62号),是根据1993年制定的《中华人民共和国增值税暂行条例》的规定对一般纳税人资格认定的细化,且2008年修订后的《中华人民共和国增值税暂行条例》第十三条明确规定:“小规模纳税人以外的纳税人应当向主管税务机关申请资格认定。具体认定办法由国务院主管部门制定。”因此,违反上述两个通知关于一般纳税人资格的认定标准及相关规定,授予不合格单位一般纳税人资格的,相应违反了《中华人民共和国增值税暂行条例》的有关规定,应当认定为刑法第四百零五条第一款规定的“违反法律、行政法规的规定”。

此复。

最高人民检察院、国家税务总局关于撤销税务检察机构有关问题的通知

(1997年9月19日 高检会〔1997〕3号)

各省、自治区、直辖市人民检察院、国家税务局、地方税务局:

1985年以来,全国各级人民检察院为适应改革开放条件下查处涉税犯罪案件的需要,相继建立了内设税务检察机构,并在税务部门派驻了一批税务检察室。各级税务检察机构认真贯彻检察工作的总体部署,检税双方紧密合作,坚持为改革开放和经济建设服务的指导思想,认真履行职责,严格执法,狠抓办案,依法打击各类涉税犯罪活动。十多年来,共查办各类涉税犯罪案件78500余件,为国家挽回税款64亿余元,为保证国家财政收入,维护国家税收法律秩序和社会主义市场经济秩序作出了积极贡献。

修改后的《中华人民共和国刑事诉讼法》对刑事案件管辖作了调整,涉税犯罪案件不再由检察机关直接受理。为认真执行刑事诉讼法关于案件管辖的规定,现对税务检察机构的有关问题通知如下:

一、自接到本通知之日起,各级检察机关不再受理涉税犯罪案件。今后税务部门查办的涉税违法案件,构成犯罪的,一律依法移送公安机关查处。国家机关工作人员利用职权实施的重大涉税犯罪案件需要由检察机关直接受理的,须报经省级以上检察机关决定。

二、检察机关派驻税务部门的税务检察机构,要抓紧进行清理,在做好善后工作的基础上最迟于年底前撤离,人员分别由检察、税务机关根据本人业务特长和工作需要做出妥善安排。检察机关内设的税务检察机构也要相应调整,人员原则上并入反贪污贿赂部门。

三、在税务检察机构撤销前后一段时间内,各地要认真负责地继续办结1996年立案在侦的涉税犯罪案件。对1997年受理的涉税犯罪案件线索,要及时移送公安机关查处。要积极配合公安机关做好案件管辖的衔接工作,防止造成执法空白。

四、税务检察机构现有的装备及办公设施等,有关检察、税务机关要按照互谅互让、协商一致的原则,妥善处理。

五、各级检察、税务机关在长期的反涉税犯罪斗争中密切配合,互相支持,结下了深厚的友谊。税务检察机构撤销后,各级税务机关要继续加强与各级检察机关的工作配合;各级检察机关要在职能范围内一如既往地维护国家税收工作,作好涉税犯罪案件的审查批捕、起诉工作。从事税务检察工作的同志要顾全大局,正确对待管辖的变化和机构撤并,继续发扬特别能吃苦、特别能战斗的优良作风,在今后的工作中争取做出更大成绩。

最高人民法院关于税务机关是否有义务协助人民法院直接划拨退税款问题的批复①

(1996年7月21日　法复〔1996〕11号)

湖北省高级人民法院:

你院〔1995〕鄂执函字第5号请示收悉。经研究,答复如下:

根据国家税务总局《出口货物退(免)税管理办法》的有关规定,企业出口退税款,在国家税务机关审查批准后,须经特定程序通过银行(国库)办理退库手续退给出口企业。国家税务机关只是企业出口退税的审核、审批机关,并不持有退税款项,故人民法院不能依据民事诉讼法第二百二十五条的规定,要求税务机关直接划拨被执行人应当得到的退税款项,但可依照民事诉讼法的有关规定,要求税务机关提供被执行人在银行的退税账户、退税数额及退税时间等情况,并依据税务机关提供的被执行人的退税账户,依法通知有关银行对需执行的款项予以冻结或划拨。

① 本批复根据法释〔2008〕18号第四十四条调整。

最高人民法院关于人民法院大力支持税收征管工作的通知

(1989年11月4日　法(行)发〔1989〕31号)

各省、自治区、直辖市高级人民法院:

随着经济体制改革的深入和社会主义商品经济的发展,税收在国民经济中的地位显得越来越重要,它对确保国家财政收入,促进国民经济协调发展,起着极为重要的作用。但是,目前偷税漏税现象十分严重,暴力抗税时有发生。据不完全统计,目前全国国营、集体企业偷税面约占50%,个体户偷漏税面约占80%,1986年以来,全国发生冲击税务机关、围攻殴打税务人员案件共8017件,打死11人,致残26人,重伤713人。这些违法犯罪行为,严重干扰了税务人员依法执行公务,破坏了国家税法的贯彻执行,减少了国家的财政收入,加剧了社会分配不公的矛盾,破坏了正常的经济秩序,影响了社会的安定。因此,整顿税收秩序,是当前国家治理整顿的一项十分重要的任务。各级人民法院应当充分运用审判职能,大力支持、积极配合税务机关依法加强税收的征管工作,坚决有效地制止漏税、欠税、偷税、抗税的违法犯罪行为。

一、依法严厉打击偷税、抗税以及以暴力、威胁方法阻碍国家税务人员依法执行职务的犯罪分子。

各级法院都要主动加强与税务机关和检察机关的联系,对大案、要案提前了解情况。对检察机关提起公诉的偷税、抗税,阻碍国家税务人员依法执行职务,以及税务人员玩忽职守、索取收受贿赂的案件,在基本事实清楚,基本证据确凿的前提下要及时审理,从严惩处,并选择典型案件,进行公开审判或公开宣判,打击偷税、抗税分子的嚣张气焰,造成以法治税的强大声势。

二、依法审理好税务行政案件,支持国家税务机关依法行使税收征管职权。

对纳税人、代征人或其他当事人对税务机关纳税或者违章处理的决定不服向人民法院起诉的案件,人民法院应当严格审查提起诉讼的法定条件,不符合的不予受理。对于事实清楚,适用法律、法规正确的税务处理决定,应予维持;对于实体上处理正确,但程序上有缺陷的税务机关的处理决定,在税务机关补正后,也要维持税务机关有关征税和处罚的决定。对于税务机关根据纳税人(个体工商户)的申报,经过典型调查、测算和民主评议以后,合理确定纳税人应纳税额和缴纳期限,并书面通知纳税人依照执行,纳税人不服向人民法院起诉的,人民法院一般应予维持。

三、强化执行工作,及时处理税务机关申请人民法院强制执行的案件。

对税务机关根据《中华人民共和国税收征收管理暂行条例》第三十八条的规定,申请人民法院强制执行的拖欠税款、滞纳金、罚款案件,人民法院应当依法及时处理。税务机关的决定没有错误的,应及时依法执行;确有错误或手续不全的,应当及时通知税务机关予以纠正或补正。人民法院的执行工作,应主动与有关部门加强联系,取得支持。

四、人民法院在审理经济纠纷和其他案件中,要注意发现当事人或其他人有无偷税、漏税或违法减免税等违法行为,积极向税务机关提供有关情况或提出司法建议,并将有关材料移送税务机关依法处理。如发现犯罪线索,应及时将有关材料移送检察机关处理。

（十一）国有企业、事业单位

企业国有资产监督管理暂行条例

（2003年5月27日中华人民共和国国务院令第378号公布　根据2011年1月8日《国务院关于废止和修改部分行政法规的决定》修订）

第一章　总　　则

第一条　为建立适应社会主义市场经济需要的国有资产监督管理体制，进一步搞好国有企业，推动国有经济布局和结构的战略性调整，发展和壮大国有经济，实现国有资产保值增值，制定本条例。

第二条　国有及国有控股企业、国有参股企业中的国有资产的监督管理，适用本条例。

金融机构中的国有资产的监督管理，不适用本条例。

第三条　本条例所称企业国有资产，是指国家对企业各种形式的投资和投资所形成的权益，以及依法认定为国家所有的其他权益。

第四条　企业国有资产属于国家所有。国家实行由国务院和地方人民政府分别代表国家履行出资人职责，享有所有者权益，权利、义务和责任相统一，管资产和管人、管事相结合的国有资产管理体制。

第五条　国务院代表国家对关系国民经济命脉和国家安全的大型国有及国有控股、国有参股企业，重要基础设施和重要自然资源等领域的国有及国有控股、国有参股企业，履行出资人职责。国务院履行出资人职责的企业，由国务院确定、公布。

省、自治区、直辖市人民政府和设区的市、自治州级人民政府分别代表国家对由国务院履行出资人职责以外的国有及国有控股、国有参股企业，履行出资人职责。其中，省、自治区、直辖市人民政府履行出资人职责的国有及国有控股、国有参股企业，由省、自治区、直辖市人民政府确定、公布，并报国务院国有资产监督管理机构备案；其他由设区的市、自治州级人民政府履行出资人职责的国有及国有控股、国有参股企业，由设区的市、自治州级人民政府确定、公布，并报省、自治区、直辖市人民政府国有资产监督管理机构备案。

国务院，省、自治区、直辖市人民政府，设区的市、自治州级人民政府履行出资人职责的企业，以下统称所出资企业。

第六条　国务院，省、自治区、直辖市人民政府，设区的市、自治州级人民政府，分别设立国有资产监督管理机构。国有资产监督管理机构根据授权，依法履行出资人职责，依法对企业国有资产进行监督管理。

企业国有资产较少的设区的市、自治州，经省、自治区、直辖市人民政府批准，可以不单独设立国有资产监督管理机构。

第七条　各级人民政府应当严格执行国有资产管理法律、法规，坚持政府的社会公共管理职能与国有资产出资人职能分开，坚持政企分开，实行所有权与经营权分离。

国有资产监督管理机构不行使政府的社会公共管理职能，政府其他机构、部门不履行企业国有资产出资人职责。

第八条 国有资产监督管理机构应当依照本条例和其他有关法律、行政法规的规定，建立健全内部监督制度，严格执行法律、行政法规。

第九条 发生战争、严重自然灾害或者其他重大、紧急情况时，国家可以依法统一调用、处置企业国有资产。

第十条 所出资企业及其投资设立的企业，享有有关法律、行政法规规定的企业经营自主权。

国有资产监督管理机构应当支持企业依法自主经营，除履行出资人职责以外，不得干预企业的生产经营活动。

第十一条 所出资企业应当努力提高经济效益，对其经营管理的企业国有资产承担保值增值责任。

所出资企业应当接受国有资产监督管理机构依法实施的监督管理，不得损害企业国有资产所有者和其他出资人的合法权益。

第二章 国有资产监督管理机构

第十二条 国务院国有资产监督管理机构是代表国务院履行出资人职责、负责监督管理企业国有资产的直属特设机构。

省、自治区、直辖市人民政府国有资产监督管理机构，设区的市、自治州级人民政府国有资产监督管理机构是代表本级政府履行出资人职责、负责监督管理企业国有资产的直属特设机构。

上级政府国有资产监督管理机构依法对下级政府的国有资产监督管理工作进行指导和监督。

第十三条 国有资产监督管理机构的主要职责是：

（一）依照《中华人民共和国公司法》等法律、法规，对所出资企业履行出资人职责，维护所有者权益；

（二）指导推进国有及国有控股企业的改革和重组；

（三）依照规定向所出资企业派出监事会；

（四）依照法定程序对所出资企业的企业负责人进行任免、考核，并根据考核结果对其进行奖惩；

（五）通过统计、稽核等方式对企业国有资产的保值增值情况进行监管；

（六）履行出资人的其他职责和承办本级政府交办的其他事项。

国务院国有资产监督管理机构除前款规定职责外，可以制定企业国有资产监督管理的规章、制度。

第十四条 国有资产监督管理机构的主要义务是：

（一）推进国有资产合理流动和优化配置，推动国有经济布局和结构的调整；

（二）保持和提高关系国民经济命脉和国家安全领域国有经济的控制力和竞争力，提高国有经济的整体素质；

（三）探索有效的企业国有资产经营体制和方式，加强企业国有资产监督管理工作，促进企业国有资产保值增值，防止企业国有资产流失；

（四）指导和促进国有及国有控股企业建立现代企业制度，完善法人治理结构，推进管理现代化；

（五）尊重、维护国有及国有控股企业经营自主权，依法维护企业合法权益，促进企业依法经营管理，增强企业竞争力；

（六）指导和协调解决国有及国有控股企业改革与发展中的困难和问题。

第十五条 国有资产监督管理机构应当向本级政府报告企业国有资产监督管理工作、国有资产保值增值状况和其他重大事项。

第三章 企业负责人管理

第十六条 国有资产监督管理机构应当建立健全适应现代企业制度要求的企业负责人的选用机制和激励约束机制。

第十七条 国有资产监督管理机构依照有关规定,任免或者建议任免所出资企业的企业负责人:

(一)任免国有独资企业的总经理、副总经理、总会计师及其他企业负责人;

(二)任免国有独资公司的董事长、副董事长、董事,并向其提出总经理、副总经理、总会计师等的任免建议;

(三)依照公司章程,提出向国有控股的公司派出的董事、监事人选,推荐国有控股的公司的董事长、副董事长和监事会主席人选,并向其提出总经理、副总经理、总会计师人选的建议;

(四)依照公司章程,提出向国有参股的公司派出的董事、监事人选。

国务院,省、自治区、直辖市人民政府,设区的市、自治州级人民政府,对所出资企业的企业负责人的任免另有规定的,按照有关规定执行。

第十八条 国有资产监督管理机构应当建立企业负责人经营业绩考核制度,与其任命的企业负责人签订业绩合同,根据业绩合同对企业负责人进行年度考核和任期考核。

第十九条 国有资产监督管理机构应当依照有关规定,确定所出资企业中的国有独资企业、国有独资公司的企业负责人的薪酬;依据考核结果,决定其向所出资企业派出的企业负责人的奖惩。

第四章 企业重大事项管理

第二十条 国有资产监督管理机构负责指导国有及国有控股企业建立现代企业制度,审核批准其所出资企业中的国有独资企业、国有独资公司的重组、股份制改造方案和所出资企业中的国有独资公司的章程。

第二十一条 国有资产监督管理机构依照法定程序决定其所出资企业中的国有独资企业、国有独资公司的分立、合并、破产、解散、增减资本、发行公司债券等重大事项。其中,重要的国有独资企业、国有独资公司分立、合并、破产、解散的,应当由国有资产监督管理机构审核后,报本级人民政府批准。

国有资产监督管理机构依照法定程序审核、决定国防科技工业领域其所出资企业中的国有独资企业、国有独资公司的有关重大事项时,按照国家有关法律、规定执行。

第二十二条 国有资产监督管理机构依照公司法的规定,派出股东代表、董事,参加国有控股的公司、国有参股的公司的股东会、董事会。

国有控股的公司、国有参股的公司的股东会、董事会决定公司的分立、合并、破产、解散、增减资本、发行公司债券、任免企业负责人等重大事项时,国有资产监督管理机构派出的股东代表、董事,应当按照国有资产监督管理机构的指示发表意见、行使表决权。

国有资产监督管理机构派出的股东代表、董事,应当将其履行职责的有关情况及时向国有资产监督管理机构报告。

第二十三条 国有资产监督管理机构决定其所出资企业的国有股权转让。其中,转让全部国有股权或者转让部分国有股权致使国家不再拥有控股地位的,报本级人民政府批准。

第二十四条 所出资企业投资设立的重要子企业的重大事项,需由所出资企业报国有资产监督管理机构批准的,管理办法由国务院国有资产监督管理机构另行制定,报国务院批准。

第二十五条 国有资产监督管理机构依照国家有关规定组织协调所出资企业中的国有独资企业、国有独资公司的兼并破产工作,并配合有关部门做好企业下岗职工安置等工作。

第二十六条 国有资产监督管理机构依照国家有关规定拟订所出资企业收入分配制度改革的指导意见,调控所出资企业工资分配的总体水平。

第二十七条 所出资企业中的国有独资企业、国有独资公司经国务院批准,可以作为国务院规定的投资公司、控股公司,享有公司法第十二条规定的权利;可以作为国家授权投资的机构,享有公司法第二十条规定的权利。(2011年1月8日删除)

第二十八条 国有资产监督管理机构可以对所出资企业中具备条件的国有独资企业、国有独资公司进行国有资产授权经营。

被授权的国有独资企业、国有独资公司对其全资、控股、参股企业中国家投资形成的国有资产依法进行经营、管理和监督。

第二十九条 被授权的国有独资企业、国有独资公司应当建立和完善规范的现代企业制度,并承担企业国有资产的保值增值责任。

第五章 企业国有资产管理

第三十条 国有资产监督管理机构依照国家有关规定,负责企业国有资产的产权界定、产权登记、资产评估监管、清产核资、资产统计、综合评价等基础管理工作。

国有资产监督管理机构协调其所出资企业之间的企业国有资产产权纠纷。

第三十一条 国有资产监督管理机构应当建立企业国有资产产权交易监督管理制度,加强企业国有资产产权交易的监督管理,促进企业国有资产的合理流动,防止企业国有资产流失。

第三十二条 国有资产监督管理机构对其所出资企业的企业国有资产收益依法履行出资人职责;对其所出资企业的重大投融资规划、发展战略和规划,依照国家发展规划和产业政策履行出资人职责。

第三十三条 所出资企业中的国有独资企业、国有独资公司的重大资产处置,需由国有资产监督管理机构批准的,依照有关规定执行。

第六章 企业国有资产监督

第三十四条 国务院国有资产监督管理机构代表国务院向其所出资企业中的国有独资企业、国有独资公司派出监事会。监事会的组成、职权、行为规范等,依照《国有企业监事会暂行条例》的规定执行。

地方人民政府国有资产监督管理机构代表本级人民政府向其所出资企业中的国有独资企业、国有独资公司派出监事会,参照《国有企业监事会暂行条例》的规定执行。

第三十五条 国有资产监督管理机构依法对所出资企业财务进行监督,建立和完善国有资产保值增值指标体系,维护国有资产出资人的权益。

第三十六条 国有及国有控股企业应当加强内部监督和风险控制,依照国家有关规定建立健全财务、审计、企业法律顾问和职工民主监督等制度。

第三十七条 所出资企业中的国有独资企业、国有独资公司应当按照规定定期向国有资产监督管理机构报告财务状况、生产经营状况和国有资产保值增值状况。

第七章 法律责任

第三十八条 国有资产监督管理机构不按规定任免或者建议任免所出资企业的企业负责人,或者违法干预所出资企业的生产经营活动,侵犯其合法权益,造成企业国有资产损失或者其他严重后果的,对直接负责的主管人员和其他直接责任人员依法给予行政处分;构成犯罪的,依法追究刑事责任。

第三十九条 所出资企业中的国有独资企业、国有独资公司未按照规定向国有资产监督管理机构报告财务状况、生产经营状况和国有资产保值增值状况的,予以警告;情节严重的,对直接负责的主管人员和其他直接责任人员依法给予纪律处分。

第四十条 国有及国有控股企业的企业负责人滥用职权、玩忽职守,造成企业国有资产损失的,应负赔偿责任,并对其依法给予纪律处分;构成犯罪的,依法追究刑事责任。

第四十一条 对企业国有资产损失负有责任受到撤职以上纪律处分的国有及国有控股企业的企业负责人,5年内不得担任任何国有及国有控股企业的企业负责人;造成企业国有资产重大损失或者被判处刑罚的,终身不得担任任何国有及国有控股企业的企业负责人。

第八章 附 则

第四十二条 国有及国有控股企业、国有参股企业的组织形式、组织机构、权利和义务等,依照《中华人民共和国公司法》等法律、行政法规和本条例的规定执行。

第四十三条 国有及国有控股企业、国有参股企业中中国共产党基层组织建设、社会主义精神文明建设和党风廉政建设,依照《中国共产党章程》和有关规定执行。

国有及国有控股企业、国有参股企业中工会组织依照《中华人民共和国工会法》和《中国工会章程》的有关规定执行。

第四十四条 国务院国有资产监督管理机构,省、自治区、直辖市人民政府可以依据本条例制定实施办法。

第四十五条 本条例施行前制定的有关企业国有资产监督管理的行政法规与本条例不一致的,依照本条例的规定执行。

第四十六条 政企尚未分开的单位,应当按照国务院的规定,加快改革,实现政企分开。政企分开后的企业,由国有资产监督管理机构依法履行出资人职责,依法对企业国有资产进行监督管理。

第四十七条 本条例自公布之日起施行。

中华人民共和国企业国有资产法

(2008年10月28日第十一届全国人民代表大会常务委员会第五次会议通过 2008年10月28日中华人民共和国主席令第5号公布 自2009年5月1日起施行)

第一章 总 则

第一条 为了维护国家基本经济制度,巩固和发展国有经济,加强对国有资产的保护,发挥国有经济在国民经济中的主导作用,促进社会主义市场经济发展,制定本法。

第二条 本法所称企业国有资产(以下称国有资产),是指国家对企业各种形式的出资所形成的权益。

第三条 国有资产属于国家所有即全民所有。国务院代表国家行使国有资产所有权。

第四条 国务院和地方人民政府依照法律、行政法规的规定,分别代表国家对国家出资企业履行出资人职责,享有出资人权益。

国务院确定的关系国民经济命脉和国家安全的大型国家出资企业,重要基础设施和重要自然资源等领域的国家出资企业,由国务院代表国家履行出资人职责。其他的国家出资企业,由地方人民政府代表国家履行出资人职责。

第五条 本法所称国家出资企业,是指国家出资的国有独资企业、国有独资公司,以及国有资本控股公司、国有资本参股公司。

第六条 国务院和地方人民政府应当按照政企分开、社会公共管理职能与国有资产出资人职能分开、不干预企业依法自主经营的原则,依法履行出资人职责。

第七条 国家采取措施,推动国有资本向关系国民经济命脉和国家安全的重要行业和关键领域集中,优化国有经济布局和结构,推进国有企业的改革和发展,提高国有经济的整体素质,增强国有经济的控制力、影响力。

第八条 国家建立健全与社会主义市场经济发展要求相适应的国有资产管理与监督体制,建立健全国有资产保值增值考核和责任追究制度,落实国有资产保值增值责任。

第九条 国家建立健全国有资产基础管理制度。具体办法按照国务院的规定制定。

第十条 国有资产受法律保护,任何单位和个人不得侵害。

第二章 履行出资人职责的机构

第十一条 国务院国有资产监督管理机构和地方人民政府按照国务院的规定设立的国有资产监督管理机构,根据本级人民政府的授权,代表本级人民政府对国家出资企业履行出资人职责。

国务院和地方人民政府根据需要,可以授权其他部门、机构代表本级人民政府对国家出资企业履行出资人职责。

代表本级人民政府履行出资人职责的机构、部门,以下统称履行出资人职责的机构。

第十二条 履行出资人职责的机构代表本级人民政府对国家出资企业依法享有资产收益、参与重大决策和选择管理者等出资人权利。

履行出资人职责的机构依照法律、行政法规的规定,制定或者参与制定国家出资企业的章程。

履行出资人职责的机构对法律、行政法规和本级人民政府规定须经本级人民政府批准的履行出资人职责的重大事项,应当报请本级人民政府批准。

第十三条 履行出资人职责的机构委派的股东代表参加国有资本控股公司、国有资本参股公司召开的股东会会议、股东大会会议,应当按照委派机构的指示提出提案、发表意见、行使表决权,并将其履行职责的情况和结果及时报告委派机构。

第十四条 履行出资人职责的机构应当依照法律、行政法规以及企业章程履行出资人职责,保障出资人权益,防止国有资产损失。

履行出资人职责的机构应当维护企业作为市场主体依法享有的权利,除依法履行出资人职责外,不得干预企业经营活动。

第十五条 履行出资人职责的机构对本级人民政府负责,向本级人民政府报告履行出资人职责的情况,接受本级人民政府的监督和考核,对国有资产的保值增值负责。

履行出资人职责的机构应当按照国家有关规定,定期向本级人民政府报告有关国有资产总量、结构、变动、收益等汇总分析的情况。

第三章 国家出资企业

第十六条 国家出资企业对其动产、不动产和其他财产依照法律、行政法规以及企业章程享有占有、使用、收益和处分的权利。

国家出资企业依法享有的经营自主权和其他合法权益受法律保护。

第十七条 国家出资企业从事经营活动,应当遵守法律、行政法规,加强经营管理,提高经济效益，接受人民政府及其有关部门、机构依法实施的管理和监督，接受社会公众的监督，承担社会责任，对出资人负责。

国家出资企业应当依法建立和完善法人治理结构，建立健全内部监督管理和风险控制制度。

第十八条 国家出资企业应当依照法律、行政法规和国务院财政部门的规定，建立健全财务、会计制度，设置会计账簿，进行会计核算，依照法律、行政法规以及企业章程的规定向出资人提供真实、完整的财务、会计信息。

国家出资企业应当依照法律、行政法规以及企业章程的规定，向出资人分配利润。

第十九条 国有独资公司、国有资本控股公司和国有资本参股公司依照《中华人民共和国公司法》的规定设立监事会。国有独资企业由履行出资人职责的机构按照国务院的规定委派监事组成监事会。

国家出资企业的监事会依照法律、行政法规以及企业章程的规定，对董事、高级管理人员执行职务的行为进行监督，对企业财务进行监督检查。

第二十条 国家出资企业依照法律规定，通过职工代表大会或者其他形式，实行民主管理。

第二十一条 国家出资企业对其所出资企业依法享有资产收益、参与重大决策和选择管理者等出资人权利。

国家出资企业对其所出资企业，应当依照法律、行政法规的规定，通过制定或者参与制定所出资企业的章程，建立权责明确、有效制衡的企业内部监督管理和风险控制制度，维护其出资人权益。

第四章 国家出资企业管理者的选择与考核

第二十二条 履行出资人职责的机构依照法律、行政法规以及企业章程的规定，任免或者建议任免国家出资企业的下列人员：

（一）任免国有独资企业的经理、副经理、财务负责人和其他高级管理人员；

（二）任免国有独资公司的董事长、副董事长、董事、监事会主席和监事；

（三）向国有资本控股公司、国有资本参股公司的股东会、股东大会提出董事、监事人选。

国家出资企业中应当由职工代表出任的董事、监事，依照有关法律、行政法规的规定由职工民主选举产生。

第二十三条 履行出资人职责的机构任命或者建议任命的董事、监事、高级管理人员，应当具备下列条件：

（一）有良好的品行；

（二）有符合职位要求的专业知识和工作能力；

（三）有能够正常履行职责的身体条件；

（四）法律、行政法规规定的其他条件。

董事、监事、高级管理人员在任职期间出现不符合前款规定情形或者出现《中华人民共和国公司法》规定的不得担任公司董事、监事、高级管理人员情形的，履行出资人职责的机构应当依法予以免职或者提出免职建议。

第二十四条 履行出资人职责的机构对拟任命或者建议任命的董事、监事、高级管理人员的人选，应当按照规定的条件和程序进行考察。考察合格的，按照规定的权限和程序任命或者建议任命。

第二十五条 未经履行出资人职责的机构同意，国有独资企业、国有独资公司的董事、高级管理人员不得在其他企业兼职。未经股东会、股东大会同意，国有资本控股公司、国有资本参股公司的董事、高级管理人员不得在经营同类业务的其他企业兼职。

未经履行出资人职责的机构同意，国有独资公司的董事长不得兼任经理。未经股东会、股东大会同意,国有资本控股公司的董事长不得兼任经理。

董事、高级管理人员不得兼任监事。

第二十六条 国家出资企业的董事、监事、高级管理人员,应当遵守法律、行政法规以及企业章程,对企业负有忠实义务和勤勉义务,不得利用职权收受贿赂或者取得其他非法收入和不当利益,不得侵占、挪用企业资产,不得超越职权或者违反程序决定企业重大事项,不得有其他侵害国有资产出资人权益的行为。

第二十七条 国家建立国家出资企业管理者经营业绩考核制度。履行出资人职责的机构应当对其任命的企业管理者进行年度和任期考核,并依据考核结果决定对企业管理者的奖惩。

履行出资人职责的机构应当按照国家有关规定,确定其任命的国家出资企业管理者的薪酬标准。

第二十八条 国有独资企业、国有独资公司和国有资本控股公司的主要负责人,应当接受依法进行的任期经济责任审计。

第二十九条 本法第二十二条第一款第一项、第二项规定的企业管理者,国务院和地方人民政府规定由本级人民政府任免的,依照其规定。履行出资人职责的机构依照本章规定对上述企业管理者进行考核、奖惩并确定其薪酬标准。

第五章 关系国有资产出资人权益的重大事项

第一节 一般规定

第三十条 国家出资企业合并、分立、改制、上市,增加或者减少注册资本,发行债券,进行重大投资,为他人提供大额担保,转让重大财产,进行大额捐赠,分配利润,以及解散、申请破产等重大事项,应当遵守法律、行政法规以及企业章程的规定,不得损害出资人和债权人的权益。

第三十一条 国有独资企业、国有独资公司合并、分立,增加或者减少注册资本,发行债券,分配利润,以及解散、申请破产,由履行出资人职责的机构决定。

第三十二条 国有独资企业、国有独资公司有本法第三十条所列事项的,除依照本法第三十一条和有关法律、行政法规以及企业章程的规定,由履行出资人职责的机构决定的以外,国有独资企业由企业负责人集体讨论决定,国有独资公司由董事会决定。

第三十三条 国有资本控股公司、国有资本参股公司有本法第三十条所列事项的,依照法律、行政法规以及公司章程的规定,由公司股东会、股东大会或者董事会决定。由股东会、股东大会决定的,履行出资人职责的机构委派的股东代表应当依照本法第十三条的规定行使权利。

第三十四条 重要的国有独资企业、国有独资公司、国有资本控股公司的合并、分立、解散、申请破产以及法律、行政法规和本级人民政府规定应当由履行出资人职责的机构报经本级人民政府批准的重大事项,履行出资人职责的机构在作出决定或者向其委派参加国有资本控股公司股东会会议、股东大会会议的股东代表作出指示前,应当报请本级人民政府批准。

本法所称的重要的国有独资企业、国有独资公司和国有资本控股公司,按照国务院的规定确定。

第三十五条 国家出资企业发行债券、投资等事项,有关法律、行政法规规定应当报经人民政府或者人民政府有关部门、机构批准、核准或者备案的,依照其规定。

第三十六条 国家出资企业投资应当符合国家产业政策,并按照国家规定进行可行性研究;与他人交易应当公平、有偿,取得合理对价。

第三十七条 国家出资企业的合并、分立、改制、解散、申请破产等重大事项,应当听取企业工会的意见,并通过职工代表大会或者其他形式听取职工的意见和建议。

第三十八条 国有独资企业、国有独资公司、国有资本控股公司对其所出资企业的重大事项参照本章规定履行出资人职责。具体办法由国务院规定。

第二节 企业改制

第三十九条 本法所称企业改制是指:

(一)国有独资企业改为国有独资公司;

(二)国有独资企业、国有独资公司改为国有资本控股公司或者非国有资本控股公司;

(三)国有资本控股公司改为非国有资本控股公司。

第四十条 企业改制应当依照法定程序,由履行出资人职责的机构决定或者由公司股东会、股东大会决定。

重要的国有独资企业、国有独资公司、国有资本控股公司的改制,履行出资人职责的机构在作出决定或者向其委派参加国有资本控股公司股东会会议、股东大会会议的股东代表作出指示前,应当将改制方案报请本级人民政府批准。

第四十一条 企业改制应当制定改制方案,载明改制后的企业组织形式、企业资产和债权债务处理方案、股权变动方案、改制的操作程序、资产评估和财务审计等中介机构的选聘等事项。

企业改制涉及重新安置企业职工的,还应当制定职工安置方案,并经职工代表大会或者职工大会审议通过。

第四十二条 企业改制应当按照规定进行清产核资、财务审计、资产评估,准确界定和核实资产,客观、公正地确定资产的价值。

企业改制涉及以企业的实物、知识产权、土地使用权等非货币财产折算为国有资本出资或者股份的,应当按照规定对折价财产进行评估,以评估确认价格作为确定国有资本出资额或者股份数额的依据。不得将财产低价折股或者有其他损害出资人权益的行为。

第三节 与关联方的交易

第四十三条 国家出资企业的关联方不得利用与国家出资企业之间的交易,谋取不当利益,损害国家出资企业利益。

本法所称关联方,是指本企业的董事、监事、高级管理人员及其近亲属,以及这些人员所有或者实际控制的企业。

第四十四条 国有独资企业、国有独资公司、国有资本控股公司不得无偿向关联方提供资金、商品、服务或者其他资产,不得以不公平的价格与关联方进行交易。

第四十五条 未经履行出资人职责的机构同意,国有独资企业、国有独资公司不得有下列行为:

(一)与关联方订立财产转让、借款的协议;

(二)为关联方提供担保;

(三)与关联方共同出资设立企业,或者向董事、监事、高级管理人员或者其近亲属所有或者实际控制的企业投资。

第四十六条 国有资本控股公司、国有资本参股公司与关联方的交易,依照《中华人民共和国公司法》和有关行政法规以及公司章程的规定,由公司股东会、股东大会或者董事会决定。由公司股东会、股东大会决定的,履行出资人职责的机构委派的股东代表,应当依照本法第十三条的规定行使权利。

公司董事会对公司与关联方的交易作出决议时,该交易涉及的董事不得行使表决权,也不得代理其他董事行使表决权。

第四节 资产评估

第四十七条 国有独资企业、国有独资公司和国有资本控股公司合并、分立、改制,转让重大财产,以非货币财产对外投资,清算或者有法律、行政法规以及企业章程规定应当进行资产评估的其他情形的,应当按照规定对有关资产进行评估。

第四十八条 国有独资企业、国有独资公司和国有资本控股公司应当委托依法设立的符合条件的资产评估机构进行资产评估;涉及应当报经履行出资人职责的机构决定的事项的,应当将委托资产评估机构的情况向履行出资人职责的机构报告。

第四十九条 国有独资企业、国有独资公司、国有资本控股公司及其董事、监事、高级管理人员应当向资产评估机构如实提供有关情况和资料,不得与资产评估机构串通评估作价。

第五十条 资产评估机构及其工作人员受托评估有关资产,应当遵守法律、行政法规以及评估执业准则,独立、客观、公正地对受托评估的资产进行评估。资产评估机构应当对其出具的评估报告负责。

第五节 国有资产转让

第五十一条 本法所称国有资产转让,是指依法将国家对企业的出资所形成的权益转移给其他单位或者个人的行为;按照国家规定无偿划转国有资产的除外。

第五十二条 国有资产转让应当有利于国有经济布局和结构的战略性调整,防止国有资产损失,不得损害交易各方的合法权益。

第五十三条 国有资产转让由履行出资人职责的机构决定。履行出资人职责的机构决定转让全部国有资产的,或者转让部分国有资产致使国家对该企业不再具有控股地位的,应当报请本级人民政府批准。

第五十四条 国有资产转让应当遵循等价有偿和公开、公平、公正的原则。

除按照国家规定可以直接协议转让的以外,国有资产转让应当在依法设立的产权交易场所公开进行。转让方应当如实披露有关信息,征集受让方;征集产生的受让方为两个以上的,转让应当采用公开竞价的交易方式。

转让上市交易的股份依照《中华人民共和国证券法》的规定进行。

第五十五条 国有资产转让应当以依法评估的、经履行出资人职责的机构认可或者由履行出资人职责的机构报经本级人民政府核准的价格为依据,合理确定最低转让价格。

第五十六条 法律、行政法规或者国务院国有资产监督管理机构规定可以向本企业的董事、监事、高级管理人员或者其近亲属,或者这些人员所有或者实际控制的企业转让的国有资产,在转让时,上述人员或者企业参与受让的,应当与其他受让参与者平等竞买;转让方应当按照国家有关规定,如实披露有关信息;相关的董事、监事和高级管理人员不得参与转让方案的制定和组织实施的各项工作。

第五十七条 国有资产向境外投资者转让的,应当遵守国家有关规定,不得危害国家安全和社会公共利益。

第六章 国有资本经营预算

第五十八条 国家建立健全国有资本经营预算制度,对取得的国有资本收入及其支出实行预算管理。

第五十九条 国家取得的下列国有资本收入,以及下列收入的支出,应当编制国有资本经营预算:

（一）从国家出资企业分得的利润；

（二）国有资产转让收入；

（三）从国家出资企业取得的清算收入；

（四）其他国有资本收入。

第六十条 国有资本经营预算按年度单独编制，纳入本级人民政府预算，报本级人民代表大会批准。

国有资本经营预算支出按照当年预算收入规模安排，不列赤字。

第六十一条 国务院和有关地方人民政府财政部门负责国有资本经营预算草案的编制工作，履行出资人职责的机构向财政部门提出由其履行出资人职责的国有资本经营预算建议草案。

第六十二条 国有资本经营预算管理的具体办法和实施步骤，由国务院规定，报全国人民代表大会常务委员会备案。

第七章 国有资产监督

第六十三条 各级人民代表大会常务委员会通过听取和审议本级人民政府履行出资人职责的情况和国有资产监督管理情况的专项工作报告，组织对本法实施情况的执法检查等，依法行使监督职权。

第六十四条 国务院和地方人民政府应当对其授权履行出资人职责的机构履行职责的情况进行监督。

第六十五条 国务院和地方人民政府审计机关依照《中华人民共和国审计法》的规定，对国有资本经营预算的执行情况和属于审计监督对象的国家出资企业进行审计监督。

第六十六条 国务院和地方人民政府应当依法向社会公布国有资产状况和国有资产监督管理工作情况，接受社会公众的监督。

任何单位和个人有权对造成国有资产损失的行为进行检举和控告。

第六十七条 履行出资人职责的机构根据需要，可以委托会计师事务所对国有独资企业、国有独资公司的年度财务会计报告进行审计，或者通过国有资本控股公司的股东会、股东大会决议，由国有资本控股公司聘请会计师事务所对公司的年度财务会计报告进行审计，维护出资人权益。

第八章 法律责任

第六十八条 履行出资人职责的机构有下列行为之一的，对其直接负责的主管人员和其他直接责任人员依法给予处分：

（一）不按照法定的任职条件，任命或者建议任命国家出资企业管理者的；

（二）侵占、截留、挪用国家出资企业的资金或者应当上缴的国有资本收入的；

（三）违反法定的权限、程序，决定国家出资企业重大事项，造成国有资产损失的；

（四）有其他不依法履行出资人职责的行为，造成国有资产损失的。

第六十九条 履行出资人职责的机构的工作人员玩忽职守、滥用职权、徇私舞弊，尚不构成犯罪的，依法给予处分。

第七十条 履行出资人职责的机构委派的股东代表未按照委派机构的指示履行职责，造成国有资产损失的，依法承担赔偿责任；属于国家工作人员的，并依法给予处分。

第七十一条 国家出资企业的董事、监事、高级管理人员有下列行为之一，造成国有资产损失的，依法承担赔偿责任；属于国家工作人员的，并依法给予处分：

（一）利用职权收受贿赂或者取得其他非法收入和不当利益的；

（二）侵占、挪用企业资产的；

（三）在企业改制、财产转让等过程中，违反法律、行政法规和公平交易规则，将企业财产低价转让、低价折股的；

（四）违反本法规定与本企业进行交易的；

（五）不如实向资产评估机构、会计师事务所提供有关情况和资料，或者与资产评估机构、会计师事务所串通出具虚假资产评估报告、审计报告的；

（六）违反法律、行政法规和企业章程规定的决策程序，决定企业重大事项的；

（七）有其他违反法律、行政法规和企业章程执行职务行为的。

国家出资企业的董事、监事、高级管理人员因前款所列行为取得的收入，依法予以追缴或者归国家出资企业所有。

履行出资人职责的机构任命或者建议任命的董事、监事、高级管理人员有本条第一款所列行为之一，造成国有资产重大损失的，由履行出资人职责的机构依法予以免职或者提出免职建议。

第七十二条 在涉及关联方交易、国有资产转让等交易活动中，当事人恶意串通，损害国有资产权益的，该交易行为无效。

第七十三条 国有独资企业、国有独资公司、国有资本控股公司的董事、监事、高级管理人员违反本法规定，造成国有资产重大损失，被免职的，自免职之日起五年内不得担任国有独资企业、国有独资公司、国有资本控股公司的董事、监事、高级管理人员；造成国有资产特别重大损失，或者因贪污、贿赂、侵占财产、挪用财产或者破坏社会主义市场经济秩序被判处刑罚的，终身不得担任国有独资企业、国有独资公司、国有资本控股公司的董事、监事、高级管理人员。

第七十四条 接受委托对国家出资企业进行资产评估、财务审计的资产评估机构、会计师事务所违反法律、行政法规的规定和执业准则，出具虚假的资产评估报告或者审计报告的，依照有关法律、行政法规的规定追究法律责任。

第七十五条 违反本法规定，构成犯罪的，依法追究刑事责任。

第九章 附 则

第七十六条 金融企业国有资产的管理与监督，法律、行政法规另有规定的，依照其规定。

第七十七条 本法自2009年5月1日起施行。

事业单位登记管理暂行条例

（1998年10月25日中华人民共和国国务院令第252号发布 根据2004年6月27日《国务院关于修改〈事业单位登记管理暂行条例〉的决定》修订）

第一章 总 则

第一条 为了规范事业单位登记管理，保障事业单位的合法权益，发挥事业单位在社会主义物质文明和精神文明建设中的作用，制定本条例。

第二条 本条例所称事业单位，是指国家为了社会公益目的，由国家机关举办或者其他组织利用国有资产举办的，从事教育、科技、文化、卫生等活动的社会服务组织。

事业单位依法举办的营利性经营组织，必须实行独立核算，依照国家有关公司、企业等经营组织的法律、法规登记管理。

第三条 事业单位经县级以上各级人民政府及其有关主管部门（以下统称审批机关）批准成立后，应当依照本条例的规定登记或者备案。

事业单位应当具备法人条件。

第四条 事业单位应当遵守宪法、法律、法规和国家政策。

第五条 县级以上各级人民政府机构编制管理机关所属的事业单位登记管理机构(以下简称登记管理机关)负责实施事业单位的登记管理工作。县级以上各级人民政府机构编制管理机关应当加强对登记管理机关的事业单位登记管理工作的监督检查。

事业单位实行分级登记管理。分级登记管理的具体办法由国务院机构编制管理机关规定。

法律、行政法规对事业单位的监督管理另有规定的,依照有关法律、行政法规的规定执行。

第二章 登 记

第六条 申请事业单位法人登记,应当具备下列条件:

(一)经审批机关批准设立;

(二)有自己的名称、组织机构和场所;

(三)有与其业务活动相适应的从业人员;

(四)有与其业务活动相适应的经费来源;

(五)能够独立承担民事责任。

第七条 申请事业单位法人登记,应当向登记管理机关提交下列文件:

(一)登记申请书;

(二)审批机关的批准文件;

(三)场所使用权证明;

(四)经费来源证明;

(五)其他有关证明文件。

第八条 登记管理机关应当自收到登记申请书之日起30日内依照本条例的规定进行审查,作出准予登记或者不予登记的决定。准予登记的,发给《事业单位法人证书》;不予登记的,应当说明理由。

事业单位法人登记事项包括:名称、住所、宗旨和业务范围、法定代表人、经费来源(开办资金)等情况。

第九条 经登记的事业单位,凭《事业单位法人证书》刻制印章,申请开立银行账户。事业单位应当将印章式样报登记管理机关备案。

第十条 事业单位的登记事项需要变更的,应当向登记管理机关办理变更登记。

第十一条 法律规定具备法人条件、自批准设立之日起即取得法人资格的事业单位,或者法律、其他行政法规规定具备法人条件、经有关主管部门依法审核或者登记,已经取得相应的执业许可证书的事业单位,不再办理事业单位法人登记,由有关主管部门按照分级登记管理的规定向登记管理机关备案。

县级以上各级人民政府设立的直属事业单位直接向登记管理机关备案。

第十二条 事业单位备案的事项,除本条例第八条第二款所列事项外,还应当包括执业许可证明文件或者设立批准文件。

对备案的事业单位,登记管理机关应当自收到备案文件之日起30日内发给《事业单位法人证书》。

第十三条 事业单位被撤销、解散的,应当向登记管理机关办理注销登记或者注销备案。

事业单位办理注销登记前,应当在审批机关指导下成立清算组织,完成清算工作。

事业单位应当自清算结束之日起15日内,向登记管理机关办理注销登记。事业单位办理注销登记,应当提交撤销或者解散该事业单位的文件和清算报告;登记管理机关收缴《事业单位法人证书》和印章。

第十四条 事业单位的登记、备案或者变更名称、住所以及注销登记或者注销备案，由登记管理机关予以公告。

第三章 监督管理

第十五条 事业单位开展活动，按照国家有关规定取得的合法收入，必须用于符合其宗旨和业务范围的活动。

事业单位接受捐赠、资助，必须符合事业单位的宗旨和业务范围，必须根据与捐赠人、资助人约定的期限、方式和合法用途使用。

第十六条 事业单位必须执行国家有关财务、价格等管理制度，接受财税、审计部门的监督。

第十七条 事业单位应当于每年3月31日前分别向登记管理机关和审批机关报送上一年度执行本条例情况的报告。

第十八条 事业单位未按照本条例规定办理登记的，由登记管理机关责令限期补办登记手续；逾期不补办的，由登记管理机关建议对该事业单位的负责人和其他直接责任人员依法给予纪律处分。

第十九条 事业单位有下列情形之一的，由登记管理机关给予警告，责令限期改正；情节严重的，经审批机关同意，予以撤销登记，收缴《事业单位法人证书》和印章：

（一）不按照本条例的规定办理变更登记、注销登记的；

（二）涂改、出租、出借《事业单位法人证书》或者出租、出借印章的；

（三）违反规定接受、使用捐赠、资助的。

事业单位违反法律、其他法规的，由有关机关依法处理。

第二十条 登记管理机关的工作人员在事业单位登记管理工作中滥用职权、玩忽职守、徇私舞弊构成犯罪的，依法追究刑事责任；尚不构成犯罪的，依法给予行政处分。

第四章 附则

第二十一条 《事业单位法人证书》的式样由国务院机构编制管理机关制定。

第二十二条 本条例实行前已经成立的事业单位，应当自本条例实行之日起1年内依照本条例有关规定办理登记或者备案手续。

第二十三条 本条例自发布之日起施行。

企业国有资产产权登记管理办法

（1996年1月25日中华人民共和国国务院令第192号发布 自发布之日起施行）

第一条 为了加强企业国有资产产权登记管理，健全国有资产基础管理制度，防止国有资产流失，制定本办法。

第二条 本办法所称企业国有资产产权登记（以下简称产权登记），是指国有资产管理部门代表政府对占有国有资产的各类企业的资产、负债、所有者权益等产权状况进行登记，依法确认产权归属关系的行为。

第三条 国有企业、国有独资公司、持有国家股权的单位以及以其他形式占有国有资产的企业（以下统称企业），应当依照本办法的规定办理产权登记。

第四条 企业产权归属关系不清楚或者发生产权纠纷的，可以申请暂缓办理产权登记。

企业应当在经批准的暂缓办理产权登记期限内，将产权界定清楚、产权纠纷处理完毕，并及时办理产权登记。

第五条 县级以上各级人民政府国有资产管理部门，按照产权归属关系办理产权登记。

国有资产管理部门根据工作需要，可以按照产权归属关系委托政府有关部门或者机构办理产权登记。

第六条 产权登记分为占有产权登记、变动产权登记和注销产权登记。

第七条 企业应当依照本办法向国有资产管理部门办理占有产权登记。

占有产权登记的主要内容：

（一）出资人名称、住所、出资金额及法定代表人；

（二）企业名称、住所及法定代表人；

（三）企业的资产、负债及所有者权益；

（四）企业实收资本、国有资本；

（五）企业投资情况；

（六）国务院国有资产管理部门规定的其他事项。

国有资产管理部门向企业核发的国有资产产权登记表，是企业的资信证明文件。

第八条 企业发生下列变动情形之一的，应当自变动之日起30日内办理变动产权登记：

（一）企业名称、住所或者法定代表人改变的；

（二）国有资本占企业实收资本比例发生变化的；

（三）企业分立、合并或者改变经营形式的；

（四）有国务院国有资产管理部门规定的其他变动情形的。

第九条 企业发生下列情形之一的，应当自各该情形发生之日起30日内办理注销产权登记：

（一）企业解散、被依法撤销或者被依法宣告破产的；

（二）企业转让全部产权或者企业被划转的；

（三）有国务院国有资产管理部门规定的其他情形的。

第十条 企业办理产权登记，应当按照规定填报国有资产产权登记表并提交有关文件、凭证、报表等。填报的内容或者提交的文件、凭证、报表等不符合规定的，国有资产管理部门有权要求企业补正。

第十一条 产权登记实行年度检查制度。

企业应当于每一年度终了后90日内，办理产权年度检查登记，向国有资产管理部门提交财务报告和国有资产经营年度报告书，报告下列主要内容：

（一）出资人的资金实际到位情况；

（二）企业国有资产的结构变化，包括企业对外投资情况；

（三）国有资产增减、变动情况；

（四）国务院国有资产管理部门规定的其他事项。

第十二条 国有资产产权登记表由国务院国有资产管理部门统一制定。

任何单位和个人不得伪造、涂改、出卖或者出借国有资产产权登记表。

国有资产产权登记表遗失或者毁坏的，应当按照规定申请补领。

第十三条 国有资产管理部门应当建立健全产权登记档案制度，并定期分析和报告国有资产产权状况。

第十四条 企业违反本办法规定，有下列行为之一的，由国有资产管理部门责令改正、通报批评，可以处以10万元以下的罚款，并提请政府有关部门对企业领导人员和直接责任人员按照规定给予纪律处分：

(一)在规定期限内不办理产权登记的;

(二)隐瞒真实情况、未如实办理产权登记的;

(三)不按照规定办理产权年度检查登记的;

(四)伪造、涂改、出卖或者出借国有资产产权登记表的。

第十五条 国有资产管理部门工作人员在办理产权登记中玩忽职守、徇私舞弊、滥用职权、谋取私利,构成犯罪的,依法追究刑事责任;尚不构成犯罪的,依法给予行政处分。

第十六条 军队企业的国有资产产权登记管理办法,由中国人民解放军总后勤部会同国务院国有资产管理部门参照本办法制定。

第十七条 本办法自发布之日起施行。国家国有资产管理局、财政部、国家工商行政管理局1992年5月11日发布的《国有资产产权登记管理试行办法》同时废止。

◎ 司法解释及文件

党政主要领导干部和国有企业领导人员经济责任审计规定

(2010年10月12日 中办发〔2010〕32号)

第一章 总 则

第一条 为健全和完善经济责任审计制度,加强对党政主要领导干部和国有企业领导人员(以下简称领导干部)的管理监督,推进党风廉政建设,根据《中华人民共和国审计法》和其他有关法律法规,以及干部管理监督的有关规定,制定本规定。

第二条 党政主要领导干部经济责任审计的对象包括:

(一)地方各级党委、政府、审判机关、检察机关的正职领导干部或者主持工作一年以上的副职领导干部;

(二)中央和地方各级党政工作部门、事业单位和人民团体等单位的正职领导干部或者主持工作一年以上的副职领导干部;上级领导干部兼任部门、单位的正职领导干部,且不实际履行经济责任时,实际负责本部门、本单位常务工作的副职领导干部。

第三条 国有企业领导人员经济责任审计的对象包括国有和国有控股企业(含国有和国有控股金融企业)的法定代表人。

第四条 本规定所称经济责任,是指领导干部在任职期间因其所任职务,依法对本地区、本部门(系统)、本单位的财政收支、财务收支以及有关经济活动应当履行的职责、义务。

第五条 领导干部履行经济责任的情况,应当依法接受审计监督。

根据干部管理监督的需要,可以在领导干部任职期间进行任中经济责任审计,也可以在领导干部不再担任所任职务时进行离任经济责任审计。

第六条 领导干部的经济责任审计依照干部管理权限确定。

地方审计机关主要领导干部的经济责任审计,由本级党委与上一级审计机关协商后,由上一级审计机关组织实施。

审计署审计长的经济责任审计,报请国务院总理批准后实施。

第七条 审计机关依法独立实施经济责任审计,任何组织和个人不得拒绝、阻碍、干涉,不得打击报复审计人员。

第八条 审计机关和审计人员对经济责任审计工作中知悉的国家秘密、商业秘密,负有保密义务。

第九条 各级党委和政府应当保证审计机关履行经济责任审计职责所必需的机构、人员和经费。

第二章 组 织 协 调

第十条 各级党委和政府应当加强对经济责任审计工作的领导,建立经济责任审计工作联席会议(以下简称联席会议)制度。联席会议由纪检、组织、审计、监察、人力资源社会保障和国有资产监督管理等部门组成。

联席会议下设办公室,与同级审计机关内设的经济责任审计机构合署办公,负责日常工作。联席会议办公室主任为同级审计机关的副职领导或者同职级领导。

第十一条 联席会议的主要职责是研究制定有关经济责任审计的政策和制度,监督检查、交流通报经济责任审计工作开展情况,协调解决工作中出现的问题。

第十二条 联席会议办公室的主要职责是研究起草有关经济责任审计的法规、制度和文件,研究提出年度经济责任审计计划草案,总结推广经济责任审计工作经验,督促落实联席会议决定的有关事项。

第十三条 经济责任审计应当有计划地进行。组织部门每年提出下一年度经济责任审计委托建议,经联席会议办公室研究后提出经济责任审计计划草案,由审计机关报请本级政府行政首长审定后,纳入审计机关年度审计工作计划并组织实施。

第三章 审 计 内 容

第十四条 经济责任审计应当以促进领导干部推动本地区、本部门(系统)、本单位科学发展为目标,以领导干部守法、守纪、守规、尽责情况为重点,以领导干部任职期间本地区、本部门(系统)、本单位财政收支、财务收支以及有关经济活动的真实、合法和效益为基础,严格依法界定审计内容。

第十五条 地方各级党委和政府主要领导干部经济责任审计的主要内容是:本地区财政收支的真实、合法和效益情况;国有资产的管理和使用情况;政府债务的举借、管理和使用情况;政府投资和以政府投资为主的重要项目的建设和管理情况;对直接分管部门预算执行和其他财政收支、财务收支以及有关经济活动的管理和监督情况。

第十六条 党政工作部门、审判机关、检察机关、事业单位和人民团体等单位主要领导干部经济责任审计的主要内容是:本部门(系统)、本单位预算执行和其他财政收支、财务收支的真实、合法和效益情况;重要投资项目的建设和管理情况;重要经济事项管理制度的建立和执行情况;对下属单位财政收支、财务收支以及有关经济活动的管理和监督情况。

第十七条 国有企业领导人员经济责任审计的主要内容是:本企业财务收支的真实、合法和效益情况;有关内部控制制度的建立和执行情况;履行国有资产出资人经济管理和监督职责情况。

第十八条 在审计以上主要内容时,应当关注领导干部在履行经济责任过程中的下列情况:贯彻落实科学发展观,推动经济社会科学发展情况;遵守有关经济法律法规、贯彻执行党和国家有关经济工作的方针政策和决策部署情况;制定和执行重大经济决策情况;与领导干部履行经济责任有关的管理、决策等活动的经济效益、社会效益和环境效益情况;遵守有关廉洁从政(从业)规定情况等。

第十九条 有关部门和单位、地方党委和政府的主要领导干部由上级领导干部兼任,且实际履行经济责任的,对其进行经济责任审计时,审计内容仅限于该领导干部所兼任职务应当履行的经济责任。

第四章　审计实施

第二十条　审计机关应当根据年度经济责任审计计划，组成审计组并实施审计。

第二十一条　审计机关应当在实施经济责任审计3日前，向被审计领导干部及其所在单位或者原任职单位（以下简称所在单位）送达审计通知书。遇有特殊情况，经本级政府批准，审计机关可以直接持审计通知书实施经济责任审计。

第二十二条　审计机关实施经济责任审计时，应当召开有审计组主要成员、被审计领导干部及其所在单位有关人员参加的会议，安排审计工作有关事项。联席会议有关成员单位根据工作需要可以派人参加。

审计机关实施经济责任审计，应当进行审计公示。

第二十三条　审计机关在经济责任审计过程中，应当听取本级党委、政府和被审计领导干部所在单位有关领导同志，以及本级联席会议有关成员单位的意见。

第二十四条　审计机关在进行经济责任审计时，被审计领导干部及其所在单位，以及其他有关单位应当提供与被审计领导干部履行经济责任有关的下列资料：

（一）财政收支、财务收支相关资料；

（二）工作计划、工作总结、会议记录、会议纪要、经济合同、考核检查结果、业务档案等资料；

（三）被审计领导干部履行经济责任情况的述职报告；

（四）其他有关资料。

第二十五条　被审计领导干部及其所在单位应当对所提供资料的真实性、完整性负责，并作出书面承诺。

第二十六条　审计机关履行经济责任审计职责时，可以依法提请有关部门和单位予以协助，有关部门和单位应当予以配合。

第二十七条　审计组实施审计后，应当将审计组的审计报告书面征求被审计领导干部及其所在单位的意见。根据工作需要可以征求本级党委、政府有关领导同志，以及本级联席会议有关成员单位的意见。

被审计领导干部及其所在单位应当自接到审计组的审计报告之日起10日内提出书面意见；10日内未提出书面意见的，视同无异议。

第二十八条　审计机关按照《中华人民共和国审计法》及相关法律法规规定的程序，对审计组的审计报告进行审议，出具审计机关的经济责任审计报告和审计结果报告。

第二十九条　审计机关应当将经济责任审计报告送达被审计领导干部及其所在单位。

第三十条　审计机关应当将经济责任审计结果报告等结论性文书报送本级政府行政首长，必要时报送本级党委主要负责同志；提交委托审计的组织部门；抄送联席会议有关成员单位。

第三十一条　被审计领导干部所在单位存在违反国家规定的财政收支、财务收支行为，依法应当给予处理、处罚的，由审计机关在法定职权范围内作出审计决定。

审计机关在经济责任审计中发现的应当由其他部门处理的问题，依法移送有关部门处理。

第三十二条　被审计领导干部对审计机关出具的经济责任审计报告有异议的，可以自收到审计报告之日起30日内向出具审计报告的审计机关申诉，审计机关应当自收到申诉之日起30日内作出复查决定；被审计领导干部对复查决定仍有异议的，可以自收到复查决定之日起30日内向上一级审计机关申请复核，上一级审计机关应当自收到复核申请之日起60日内作出复核决定。

上一级审计机关的复核决定和审计署的复查决定为审计机关的最终决定。

第五章　审计评价与结果运用

第三十三条　审计机关应当根据审计查证或者认定的事实，依照法律法规、国家有关规定和政策，以及责任制考核目标和行业标准等，在法定职权范围内，对被审计领导干部履行经济责任情况作出客观公正、实事求是的评价。审计评价应当与审计内容相统一，评价结论应当有充分的审计证据支持。

第三十四条　审计机关对被审计领导干部履行经济责任过程中存在问题所应当承担的直接责任、主管责任、领导责任，应当区别不同情况作出界定。

第三十五条　本规定所称直接责任，是指领导干部对履行经济责任过程中的下列行为应当承担的责任：

（一）直接违反法律法规、国家有关规定和单位内部管理规定的行为；

（二）授意、指使、强令、纵容、包庇下属人员违反法律法规、国家有关规定和单位内部管理规定的行为；

（三）未经民主决策、相关会议讨论而直接决定、批准、组织实施重大经济事项，并造成重大经济损失浪费、国有资产（资金、资源）流失等严重后果的行为；

（四）主持相关会议讨论或者以其他方式研究，但是在多数人不同意的情况下直接决定、批准、组织实施重大经济事项，由于决策不当或者决策失误造成重大经济损失浪费、国有资产（资金、资源）流失等严重后果的行为；

（五）其他应当承担直接责任的行为。

第三十六条　本规定所称主管责任，是指领导干部对履行经济责任过程中的下列行为应当承担的责任：

（一）除直接责任外，领导干部对其直接分管的工作不履行或者不正确履行经济责任的行为；

（二）主持相关会议讨论或者以其他方式研究，并且在多数人同意的情况下决定、批准、组织实施重大经济事项，由于决策不当或者决策失误造成重大经济损失浪费、国有资产（资金、资源）流失等严重后果的行为。

第三十七条　本规定所称领导责任，是指除直接责任和主管责任外，领导干部对其不履行或者不正确履行经济责任的其他行为应当承担的责任。

第三十八条　各级党委和政府应当建立健全经济责任审计情况通报、审计整改以及责任追究等结果运用制度，逐步探索和推行经济责任审计结果公告制度。

第三十九条　有关部门和单位应当根据干部管理监督的相关要求运用经济责任审计结果，将其作为考核、任免、奖惩被审计领导干部的重要依据，并以适当方式将审计结果运用情况反馈审计机关。

经济责任审计结果报告应当归入被审计领导干部本人档案。

第六章　附　　则

第四十条　审计机关和审计人员、被审计领导干部及其所在单位，以及其他有关单位和个人在经济责任审计中的职责、权限、法律责任等，本规定未作规定的，依照《中华人民共和国审计法》、《中华人民共和国审计法实施条例》和其他法律法规的有关规定执行。

第四十一条　审计机关开展领导干部经济责任审计适用本规定。有关机构依法履行国有资产监督管理职责时，按照干部管理权限开展的经济责任审计，参照本规定组织实施。部门和单位可以根据本规定，制定内部管理领导干部经济责任审计的规定。

第四十二条　中央经济责任审计工作联席会议应当根据本规定，制定实施细则或者贯彻实施意见。

第四十三条 本规定由审计署负责解释。

第四十四条 本规定自印发之日起施行。1999年5月中共中央办公厅、国务院办公厅印发的《县级以下党政领导干部任期经济责任审计暂行规定》和《国有企业及国有控股企业领导人员任期经济责任审计暂行规定》(中办发〔1999〕20号)同时废止。

最高人民法院关于如何认定国有控股、参股股份有限公司中的国有公司、企业人员的解释

(2005年7月31日最高人民法院审判委员会第1359次会议通过 2005年8月1日最高人民法院公告公布 自2005年8月11日起施行 法释〔2005〕10号)

为准确认定刑法分则第三章第三节中的国有公司、企业人员,现对国有控股、参股的股份有限公司中的国有公司、企业人员解释如下:

国有公司、企业委派到国有控股、参股公司从事公务的人员,以国有公司、企业人员论。

最高人民法院关于转发中国民用航空总局等《关于规范飞行人员流动管理保证民航飞行队伍稳定的意见》的通知

(2005年7月25日 法发〔2005〕13号)

各省、自治区、直辖市高级人民法院,解放军军事法院,新疆维吾尔自治区高级人民法院生产建设兵团分院:

鉴于近一时期出现的民用航空系统飞行人员要求解除劳动合同纠纷,涉及民航体制改革中出现的新类型问题,具有特殊性,对此类纠纷的妥善处理,关系到民航飞行安全及国有资产保护,为此,经国务院同意,中国民用航空总局会同人事部、劳动和社会保障部、国务院国有资产监督管理委员会、国务院法制办公室于2005年5月25日,就公共航空运输企业飞行人员流动问题联合下发了《关于规范飞行人员流动管理,保证民航飞行队伍稳定的意见》(民航人发〔2005〕104号,以下简称《意见》)。

现将《意见》转发你院,请在审判工作中,参照《意见》确定的处理原则及培训费用计算标准,认真抓好涉及飞行人员解除劳动合同所引发的劳动争议案件的监督指导工作,指导辖区内的各级人民法院做好涉及此类纠纷的双方当事人的思想工作,争取以调解或者和解撤诉等手段化解矛盾,解决纠纷,以维护飞行人员的合法权益,维护国有资产及航空安全,实现法律效果和社会效果的统一。审理此类案件中遇到的新情况和新问题请及时报告我院。

特此通知。

附：

中国民用航空总局、人事部、劳动和社会保障部、国务院国有资产监督管理委员会、国务院法制办公室关于规范飞行人员流动管理保证民航飞行队伍稳定的意见

（民航人发〔2005〕104号）

民航各地区管理局、航空公司，各省、自治区、直辖市劳动和社会保障厅（局）：

为进一步规范民航飞行人员流动管理，保证飞行队伍稳定，确保飞行安全，针对目前民航事业快速发展与飞行人员短缺的矛盾，本着完善行业法规，培育市场机制，维护合法权益，依法有序流动的原则，经国务院同意，特对公共航空运输企业飞行人员流动问题提出以下意见：

一、依法规范航空运输企业用工行为，逐步建立和完善飞行人员依法有序的流动机制。航空运输企业招用飞行人员，应当遵守有关法律法规，面向社会，公开招收。对招用其他航空运输企业在职飞行人员的，应当与飞行人员和其所在单位进行协商，达成一致后，方可办理有关手续，并根据现行航空运输企业招收录用培训飞行人员的实际费用情况，参照70－210万元的标准向原单位支付费用。对未与原用人单位终止或解除劳动合同的飞行人员，不得建立新的劳动关系、签订劳动合同。

在现阶段，为保证航空运输企业的正常生产运营，保持飞行队伍的相对稳定，结合航空运输企业的特点，辞职的飞行人员应提前提出解除劳动合同申请，并尽量在运输生产淡季办理解除劳动合同手续。飞行人员个人提出解除劳动合同，劳动合同中约定了违约责任的，飞行人员应当按照约定承担相应责任。

二、加强航空运输企业的劳动合同管理，建立健全有关规章制度。要进一步完善劳动合同内容，明确违约解除劳动合同的赔偿责任和标准。要加强劳动合同基础台帐管理，依法做好劳动合同签订、履行、变更和解除等工作。同时，要通过建立集体协商集体合同制度，维护企业和职工双方的合法权益，保持劳动关系和谐稳定。

三、进一步深化航空运输企业工资分配制度改革，稳定飞行人员队伍。要探索建立符合航空运输企业特点的工资收入分配激励机制，使工资分配向一线飞行人员倾斜，合理拉开飞行人员与一般员工的工资收入差距，逐步建立起飞行人员收入与市场价位接轨、富有市场竞争力的薪酬制度。要深入细致地开展思想政治工作，切实关心广大飞行人员的工作和生活，努力解决其后顾之忧，稳定飞行人员队伍，确保民航飞行安全。

四、进一步完善飞行人员的飞行准入和资质管理。民航各级行政管理机关要依法加强管理，严格民航飞行人员的飞行准入制度和资质管理。对未按规定与原用人单位办理终止或解除劳动合同及其相关手续的、且未与新用人单位签订劳动合同的暂停飞的飞行人员，不得批准其恢复飞行。

五、加大民航飞行人员的培养力度，积极探索建立飞行人员市场化的培养机制。针对现阶段民航飞行人员相对短缺问题，要积极探索建立多渠道、多层次、多元化的民航飞行人员培养途径。坚持学历养成教育与职业培训相结合，继续加强航空运输企业与国内、外飞行专业院校以及职业培训机构的合作机制。充分利用现有飞行专业院校的资源，加大企业投资定向招飞的力度，同时适当引进外籍飞行人员。要完善相关政策法规，鼓励个人自费或个人通过银行贷款参加飞行职业的培训，逐步从根本上解决飞行人员的供需矛盾。

最高人民检察院关于挪用失业保险基金和下岗职工基本生活保障资金的行为适用法律问题的批复

(2003 年 1 月 13 日最高人民检察院第九届检察委员会第 118 次会议通过 2003 年 1 月 28 日最高人民检察院公告公布 自 2003 年 1 月 30 日起施行)

辽宁省人民检察院:

你院辽检发研字(2002)9 号《关于挪用职工失业保险金和下岗职工生活保障金是否属于挪用特定款物的请示》收悉。经研究,批复如下:

挪用失业保险基金和下岗职工基本生活保障资金属于挪用救济款物。挪用失业保险基金和下岗职工基本生活保障资金,情节严重,致使国家和人民群众利益遭受重大损害的,对直接责任人员,应当依照刑法第二百七十三条的规定,以挪用特定款物罪追究刑事责任;国家工作人员利用职务上的便利,挪用失业保险基金和下岗职工基本生活保障资金归个人使用,构成犯罪的,应当依照刑法第三百八十四条的规定,以挪用公款罪追究刑事责任。

此复。

最高人民法院关于加强涉及国有大中型企业债权纠纷案件审判工作的通知

(2002 年 4 月 12 日 法〔2002〕95 号)

各省、自治区、直辖市高级人民法院,解放军军事法院,新疆维吾尔自治区高级人民法院生产建设兵团分院:

近年来,一些地方人民法院在审理涉及国有大中型企业债权纠纷案件过程中发现,由于目前我国正处于社会主义市场经济完善阶段,社会信用制度尚不健全,一些国有大中型企业因为债权难以实现,导致资金流转不畅、经营管理困难,甚至严重影响了这些企业的生存。一些法院在法律适用、强制执行、审判效率、工作方式等方面也存在一些问题,难以适应我国国有大中型企业改革和发展的需要。为加强涉及国有大中型企业债权纠纷案件的审判工作,维护国有大中型企业和其他当事人的合法权益,防止国有资产流失或者被非法侵占,现作如下通知:

一、正确认识审判工作对保护国有企业和其他当事人合法权益的重要意义。"保护社会主义的全民所有的财产、劳动群众集体所有的财产,保护公民私人所有的合法财产",是《中华人民共和国人民法院组织法》赋予人民法院的重要任务。各级人民法院在审理涉及国有大中型企业债权的案件时,要深刻认识国有经济在我国社会主义制度中的重要地位,正确理解社会主义市场经济的基本内涵和规律,并自觉遵循和运用市场经济客观规律。要切实有效地落实司法"公正与效率"这一审判工作主题,公平、合理、及时地解决纠纷,积极稳妥地审理和执行好事关职工利益的群体性案件,消除社会不稳定因素,为国家的经济建设和社会发展提供可靠的司法保障和法律服务。

二、正确适用法律,公正裁判案件。人民法院要严格按照《中华人民共和国民法通则》、《中华人民共和国合同法》等实体法的有关规定,公正、合法地审判涉及国有大中型企业债权的纠纷案件。同时严格适用有关程序法的规定,依法及时审理涉及国有大中型企业债权的案件,最大限度地降低诉讼成本。对于符合法律规定的立案条件的,应当及时立案并告知当事人其诉讼权利和义务。对于交纳诉讼费用确有困难的,应当依法准许其减交、缓交或者免交。特别要注意及时、准确地采取财产保全措施和证据保全措施,以保证裁判生效后能够顺利执行。

三、大力加强对涉及国有大中型企业债权的判决、裁定的执行工作。人民法院要坚决依照生效裁判文书所确定的权利义务采取各种执行措施,切实实现权利人的债权。对于拒不执行生效判决、裁定的,要严格依照民事诉讼法的有关规定采取强制措施或依法追究其刑事责任。对于无力交纳申请执行费用的,人民法院可以依照有关规定予以减、缓、免交。在征得当事人同意的基础上,可以积极采取各种有效措施,尝试以不同方式实现国有大中型企业债权的途径。

四、各级人民法院在案件审理过程中,应当坚持以案讲法,加强对国有大中型企业和其他当事人的法制宣传和教育工作,增强其公平交易、诚实信用、自我保护的法律意识和遵守法律的自觉性,真正实现审理一案、教育一片,取得法律效果与社会效果统一。

最高人民法院关于严禁冻结或划拨国有企业下岗职工基本生活保障资金的通知

(1999 年 11 月 24 日　法〔1999〕228 号)

各省、自治区、直辖市高级人民法院,新疆维吾尔自治区高级人民法院生产建设兵团分院:

据悉,最近一些地方人民法院在审理或执行经济纠纷案件中,冻结并划拨国有企业下岗职工基本生活保障资金,导致下岗职工基本生活无法保障,影响了社会稳定。为杜绝此类事件发生,特通知如下:

国有企业下岗职工基本生活保障资金是采取企业、社会、财政各承担三分之一的办法筹集的,由企业再就业服务中心设立专户管理,专项用于保障下岗职工基本生活,具有专项资金的性质,不得挪作他用,不能与企业的其他财产等同对待。各地人民法院在审理和执行经济纠纷案件时,不得将该项存于企业再就业服务中心的专项资金作为企业财产处置,不得冻结或划拨该项资金用以抵偿企业债务。

各地人民法院应对已审结和执行完毕的经济纠纷案件做一下清理,凡发现违反上述规定的,应当及时依法予以纠正。

最高人民法院、最高人民检察院、公安部关于对冻结、扣划企业事业单位、机关团体在银行、非银行金融机构存款的执法活动加强监督的通知

(1996 年 8 月 13 日　法〔1996〕83 号)

各省、自治区、直辖市高级人民法院、人民检察院、公安厅(局);军事法院、军事检察院:

为了加强执法监督,必要时及时纠正地方人民法院、人民检察院、公安机关关于冻结、扣划有关单位在银行、非银行金融机构存款的错误决定,特通知如下:

一、最高人民法院、最高人民检察院、公安部发现地方各级人民法院、人民检察院、公安机关冻

结、解冻、扣划有关单位在银行、非银行金融机构存款有错误时,上级人民法院、人民检察院、公安机关发现下级人民法院、人民检察院、公安机关冻结、解冻、扣划有关单位在银行、非银行金融机构存款有错误时,可以依照法定程序作出决定或者裁定,送达本系统地方各级或下级有关法院、检察院、公安机关限期纠正。有关法院、检察院、公安机关应当立即执行。

二、有关法院、检察院、公安机关认为上级机关的决定或者裁定有错误的,可在收到该决定或者裁定之日起5日以内向作出决定或裁定的人民法院、人民检察院、公安机关请求复议。最高人民法院、最高人民检察院、公安部或上级人民法院、人民检察院、公安机关经审查,认为请求复议的理由不能成立,依法有权直接向有关银行发出法律文书,纠正各自的下级机关所作的错误决定,并通知原作出决定的机关;有关银行、非银行金融机构接到此项法律文书后,应当立即办理,不得延误,不必征得原作出决定机关的同意。

最高人民法院关于充分发挥审判职能作用保障和促进全民所有制工业企业转换经营机制的通知

(1993年8月6日　法发〔1993〕13号)

各省、自治区、直辖市高级人民法院:

党的十四大提出,转换国有企业特别是大中型企业的经营机制,把企业推向市场,增强它们的活力,提高它们的素质,是建立社会主义市场经济体制的中心环节,也是巩固社会主义制度和发挥社会主义优越性的关键所在。1992年7月23日国务院发布的《全民所有制工业企业转换经营机制条例》第二十二条规定:"企业经营权受法律保护,任何部门、单位和个人不得干预和侵犯。对于非法干预和侵犯企业经营权的行为,企业有权向政府和政府有关部门申诉、举报,或者向人民法院起诉。"任建新院长在第十六次全国法院工作会议上也要求各级人民法院切实保护企业的经营自主权,保障企业经营自主权落到实处,促进国有企业特别是大中型企业经营机制的转换。为了充分发挥审判职能作用,更好地保障和促进全民所有制企业转换经营机制,特作如下通知:

一、各级人民法院要组织审判干部结合学习十四大文件和八届人大一次会议有关文件,认真学习《全民所有制工业企业转换经营机制条例》和中发〔1992〕12号文件,解放思想,提高认识,通过审判活动,积极保障和促进企业转换经营机制。

二、对哄抢、挪用、贪污、盗窃企业财产,制造事故、破坏生产等犯罪案件,起诉到人民法院的,必须抓紧审理,依法判决,以维护企业的合法权益和生产秩序。

三、对侵犯企业生产经营决策权、产品销售权、投资决策权等案件,要依法受理,切实保障企业的经营自主权。

四、对企业在改革中发生的承包经营合同纠纷,试行股份制中发生的纠纷,企业联营、兼并中发生的纠纷等,起诉到人民法院的,要依法立案,及时审理。

五、对符合国家产业政策导向,企业决定在本行业内或者跨行业调整生产经营范围,请示工商行政管理机关办理变更登记,而工商行政管理机关拒绝变更或者不予答复,企业依法提起行政诉讼的,人民法院应当积极受理,正确作出裁决。

六、对企业与职工之间发生的劳动争议纠纷,企业或者职工不服劳动争议仲裁委员会的裁决,在法定期间向人民法院起诉的,人民法院应当依法收案,及时审结。

(十二)海关、外贸、出入境

中华人民共和国海关法

(1987 年 1 月 22 日第六届全国人民代表大会常务委员会第十九次会议通过　根据 2000 年 7 月 8 日第九届全国人民代表大会常务委员会第十六次会议《关于修改〈中华人民共和国海关法〉的决定》第一次修正　根据 2013 年 6 月 29 日第十二届全国人民代表大会常务委员会第三次会议《关于修改〈中华人民共和国文物保护法〉等十二部法律的决定》第二次修正　根据 2013 年 12 月 28 日第十二届全国人民代表大会常务委员会第六次会议《关于修改〈中华人民共和国海洋环境保护法〉等七部法律的决定》第三次修正　根据 2016 年 11 月 7 日第十二届全国人民代表大会常务委员会第二十四次会议《关于修改〈中华人民共和国对外贸易法〉等十二部法律的决定》第四次修正　根据 2017 年 11 月 4 日第十二届全国人民代表大会常务委员会第三十次会议《关于修改〈中华人民共和国会计法〉等十一部法律的决定》第五次修正)

第一章　总　　则

第一条　为了维护国家的主权和利益,加强海关监督管理,促进对外经济贸易和科技文化交往,保障社会主义现代化建设,特制定本法。

第二条　中华人民共和国海关是国家的进出关境(以下简称进出境)监督管理机关。海关依照本法和其他有关法律、行政法规,监管进出境的运输工具、货物、行李物品、邮递物品和其他物品(以下简称进出境运输工具、货物、物品),征收关税和其他税、费,查缉走私,并编制海关统计和办理其他海关业务。

第三条　国务院设立海关总署,统一管理全国海关。

国家在对外开放的口岸和海关监管业务集中的地点设立海关。海关的隶属关系,不受行政区划的限制。

海关依法独立行使职权,向海关总署负责。

第四条　国家在海关总署设立专门侦查走私犯罪的公安机构,配备专职缉私警察,负责对其管辖的走私犯罪案件的侦查、拘留、执行逮捕、预审。

海关侦查走私犯罪公安机构履行侦查、拘留、执行逮捕、预审职责,应当按照《中华人民共和国刑事诉讼法》的规定办理。

海关侦查走私犯罪公安机构根据国家有关规定,可以设立分支机构。各分支机构办理其管辖的走私犯罪案件,应当依法向有管辖权的人民检察院移送起诉。

地方各级公安机关应当配合海关侦查走私犯罪公安机构依法履行职责。

第五条　国家实行联合缉私、统一处理、综合治理的缉私体制。海关负责组织、协调、管理查缉走私工作。有关规定由国务院另行制定。

各有关行政执法部门查获的走私案件,应当给予行政处罚的,移送海关依法处理;涉嫌犯罪的,应当移送海关侦查走私犯罪公安机构、地方公安机关依据案件管辖分工和法定程序办理。

第六条　海关可以行使下列权力:

（一）检查进出境运输工具，查验进出境货物、物品；对违反本法或者其他有关法律、行政法规的，可以扣留。

（二）查阅进出境人员的证件；查问违反本法或者其他有关法律、行政法规的嫌疑人，调查其违法行为。

（三）查阅、复制与进出境运输工具、货物、物品有关的合同、发票、账册、单据、记录、文件、业务函电、录音录像制品和其他资料；对其中与违反本法或者其他有关法律、行政法规的进出境运输工具、货物、物品有牵连的，可以扣留。

（四）在海关监管区和海关附近沿海沿边规定地区，检查有走私嫌疑的运输工具和有藏匿走私货物、物品嫌疑的场所，检查走私嫌疑人的身体；对有走私嫌疑的运输工具、货物、物品和走私犯罪嫌疑人，经直属海关关长或者其授权的隶属海关关长批准，可以扣留；对走私犯罪嫌疑人，扣留时间不超过二十四小时，在特殊情况下可以延长至四十八小时。

在海关监管区和海关附近沿海沿边规定地区以外，海关在调查走私案件时，对有走私嫌疑的运输工具和除公民住处以外的有藏匿走私货物、物品嫌疑的场所，经直属海关关长或者其授权的隶属海关关长批准，可以进行检查，有关当事人应当到场；当事人未到场的，在有见证人在场的情况下，可以径行检查；对其中有证据证明有走私嫌疑的运输工具、货物、物品，可以扣留。

海关附近沿海沿边规定地区的范围，由海关总署和国务院公安部门会同有关省级人民政府确定。

（五）在调查走私案件时，经直属海关关长或者其授权的隶属海关关长批准，可以查询案件涉嫌单位和涉嫌人员在金融机构、邮政企业的存款、汇款。

（六）进出境运输工具或者个人违抗海关监管逃逸的，海关可以连续追至海关监管区和海关附近沿海沿边规定地区以外，将其带回处理。

（七）海关为履行职责，可以配备武器。海关工作人员佩带和使用武器的规则，由海关总署会同国务院公安部门制定，报国务院批准。

（八）法律、行政法规规定由海关行使的其他权力。

第七条 各地方、各部门应当支持海关依法行使职权，不得非法干预海关的执法活动。

第八条 进出境运输工具、货物、物品，必须通过设立海关的地点进境或者出境。在特殊情况下，需要经过未设立海关的地点临时进境或者出境的，必须经国务院或者国务院授权的机关批准，并依照本法规定办理海关手续。

第九条 进出口货物，除另有规定的外，可以由进出口货物收发货人自行办理报关纳税手续，也可以由进出口货物收发货人委托海关准予注册登记的报关企业办理报关纳税手续。

进出境物品的所有人可以自行办理报关纳税手续，也可以委托他人办理报关纳税手续。

第十条 报关企业接受进出口货物收发货人的委托，以委托人的名义办理报关手续的，应当向海关提交由委托人签署的授权委托书，遵守本法对委托人的各项规定。

报关企业接受进出口货物收发货人的委托，以自己的名义办理报关手续的，应当承担与收发货人相同的法律责任。

委托人委托报关企业办理报关手续的，应当向报关企业提供所委托报关事项的真实情况；报关企业接受委托人的委托办理报关手续的，应当对委托人所提供情况的真实性进行合理审查。

第十一条 进出口货物收发货人、报关企业办理报关手续，必须依法经海关注册登记。未依法经海关注册登记，不得从事报关业务。

报关企业和报关人员不得非法代理他人报关，或者超出其业务范围进行报关活动。

第十二条 海关依法执行职务，有关单位和个人应当如实回答询问，并予以配合，任何单位和个人不得阻挠。

海关执行职务受到暴力抗拒时，执行有关任务的公安机关和人民武装警察部队应当予以协助。

第十三条 海关建立对违反本法规定逃避海关监管行为的举报制度。

任何单位和个人均有权对违反本法规定逃避海关监管的行为进行举报。

海关对举报或者协助查获违反本法案件的有功单位和个人，应当给予精神的或者物质的奖励。

海关应当为举报人保密。

第二章 进出境运输工具

第十四条 进出境运输工具到达或者驶离设立海关的地点时，运输工具负责人应当向海关如实申报，交验单证，并接受海关监管和检查。

停留在设立海关的地点的进出境运输工具，未经海关同意，不得擅自驶离。

进出境运输工具从一个设立海关的地点驶往另一个设立海关的地点的，应当符合海关监管要求，办理海关手续，未办结海关手续的，不得改驶境外。

第十五条 进境运输工具在进境以后向海关申报以前，出境运输工具在办结海关手续以后出境以前，应当按照交通主管机关规定的路线行进；交通主管机关没有规定的，由海关指定。

第十六条 进出境船舶、火车、航空器到达和驶离时间、停留地点、停留期间更换地点以及装卸货物、物品时间，运输工具负责人或者有关交通运输部门应当事先通知海关。

第十七条 运输工具装卸进出境货物、物品或者上下进出境旅客，应当接受海关监管。

货物、物品装卸完毕，运输工具负责人应当向海关递交反映实际装卸情况的交接单据和记录。

上下进出境运输工具的人员携带物品的，应当向海关如实申报，并接受海关检查。

第十八条 海关检查进出境运输工具时，运输工具负责人应当到场，并根据海关的要求开启舱室、房间、车门；有走私嫌疑的，并应当开拆可能藏匿走私货物、物品的部位，搬移货物、物料。

海关根据工作需要，可以派员随运输工具执行职务，运输工具负责人应当提供方便。

第十九条 进境的境外运输工具和出境的境内运输工具，未向海关办理手续并缴纳关税，不得转让或者移作他用。

第二十条 进出境船舶和航空器兼营境内客、货运输，应当符合海关监管要求。

进出境运输工具改营境内运输，需向海关办理手续。

第二十一条 沿海运输船舶、渔船和从事海上作业的特种船舶，未经海关同意，不得载运或者换取、买卖、转让进出境货物、物品。

第二十二条 进出境船舶和航空器，由于不可抗力的原因，被迫在未设立海关的地点停泊、降落或者抛掷、起卸货物、物品，运输工具负责人应当立即报告附近海关。

第三章 进出境货物

第二十三条 进口货物自进境起到办结海关手续止，出口货物自向海关申报起到出境止，过境、转运和通运货物自进境起到出境止，应当接受海关监管。

第二十四条 进口货物的收货人、出口货物的发货人应当向海关如实申报，交验进出口许可证件和有关单证。国家限制进出口的货物，没有进出口许可证件的，不予放行，具体处理办法由国务院规定。

进口货物的收货人应当自运输工具申报进境之日起十四日内，出口货物的发货人除海关特准的外应当在货物运抵海关监管区后、装货的二十四小时以前，向海关申报。

进口货物的收货人超过前款规定期限向海关申报的，由海关征收滞报金。

第二十五条 办理进出口货物的海关申报手续，应当采用纸质报关单和电子数据报关单的形式。

第二十六条 海关接受申报后，报关单证及其内容不得修改或者撤销，但符合海关规定情形的除外。

第二十七条 进口货物的收货人经海关同意，可以在申报前查看货物或者提取货样。需要依法检疫的货物，应当在检疫合格后提取货样。

第二十八条 进出口货物应当接受海关查验。海关查验货物时，进口货物的收货人、出口货物的发货人应当到场，并负责搬移货物，开拆和重封货物的包装。海关认为必要时，可以径行开验、复验或者提取货样。

海关在特殊情况下对进出口货物予以免验，具体办法由海关总署制定。

第二十九条 除海关特准的外，进出口货物在收发货人缴清税款或者提供担保后，由海关签印放行。

第三十条 进口货物的收货人自运输工具申报进境之日起超过三个月未向海关申报的，其进口货物由海关提取依法变卖处理，所得价款在扣除运输、装卸、储存等费用和税款后，尚有余款的，自货物依法变卖之日起一年内，经收货人申请，予以发还；其中属于国家对进口有限制性规定，应当提交许可证件而不能提供的，不予发还。逾期无人申请或者不予发还的，上缴国库。

确属误卸或者溢卸的进境货物，经海关审定，由原运输工具负责人或者货物的收发货人自该运输工具卸货之日起三个月内，办理退运或者进口手续；必要时，经海关批准，可以延期三个月。逾期未办手续的，由海关按前款规定处理。

前两款所列货物不宜长期保存的，海关可以根据实际情况提前处理。

收货人或者货物所有人声明放弃的进口货物，由海关提取依法变卖处理；所得价款在扣除运输、装卸、储存等费用后，上缴国库。

第三十一条 按照法律、行政法规、国务院或者海关总署规定暂时进口或者暂时出口的货物，应当在六个月内复运出境或者复运进境；需要延长复运出境或者复运进境期限的，应当根据海关总署的规定办理延期手续。

第三十二条 经营保税货物的储存、加工、装配、展示、运输、寄售业务和经营免税商店，应当符合海关监管要求，经海关批准，并办理注册手续。

保税货物的转让、转移以及进出保税场所，应当向海关办理有关手续，接受海关监管和查验。

第三十三条 企业从事加工贸易，应当按照海关总署的规定向海关备案。加工贸易制成品单位耗料量由海关按照有关规定核定。

加工贸易制成品应当在规定的期限内复出口。其中使用的进口料件，属于国家规定准予保税的，应当向海关办理核销手续；属于先征收税款的，依法向海关办理退税手续。

加工贸易保税进口料件或者制成品内销的，海关对保税的进口料件依法征税；属于国家对进口有限制性规定的，还应当向海关提交进口许可证件。

第三十四条 经国务院批准在中华人民共和国境内设立的保税区等海关特殊监管区域，由海关按照国家有关规定实施监管。

第三十五条 进口货物应当由收货人在货物的进境地海关办理海关手续，出口货物应当由发货人在货物的出境地海关办理海关手续。

经收发货人申请，海关同意，进口货物的收货人可以在设有海关的指运地、出口货物的发货人可以在设有海关的启运地办理海关手续。上述货物的转关运输，应当符合海关监管要求；必要时，海关可以派员押运。

经电缆、管道或者其他特殊方式输送进出境的货物，经营单位应当定期向指定的海关申报和办理海关手续。

第三十六条 过境、转运和通运货物，运输工具负责人应当向进境地海关如实申报，并应当在规定期限内运输出境。

海关认为必要时,可以查验过境、转运和通运货物。

第三十七条 海关监管货物,未经海关许可,不得开拆、提取、交付、发运、调换、改装、抵押、质押、留置、转让、更换标记、移作他用或者进行其他处置。

海关加施的封志,任何人不得擅自开启或者损毁。

人民法院判决、裁定或者有关行政执法部门决定处理海关监管货物的,应当责令当事人办结海关手续。

第三十八条 经营海关监管货物仓储业务的企业,应当经海关注册,并按照海关规定,办理收存、交付手续。

在海关监管区外存放海关监管货物,应当经海关同意,并接受海关监管。

违反前两款规定或者在保管海关监管货物期间造成海关监管货物损毁或者灭失的,除不可抗力外,对海关监管货物负有保管义务的人应当承担相应的纳税义务和法律责任。

第三十九条 进出境集装箱的监管办法、打捞进出境货物和沉船的监管办法、边境小额贸易进出口货物的监管办法,以及本法未具体列明的其他进出境货物的监管办法,由海关总署或者由海关总署会同国务院有关部门另行制定。

第四十条 国家对进出境货物、物品有禁止性或者限制性规定的,海关依据法律、行政法规、国务院的规定或者国务院有关部门依据法律、行政法规的授权作出的规定实施监管。具体监管办法由海关总署制定。

第四十一条 进出口货物的原产地按照国家有关原产地规则的规定确定。

第四十二条 进出口货物的商品归类按照国家有关商品归类的规定确定。

海关可以要求进出口货物的收发货人提供确定商品归类所需的有关资料;必要时,海关可以组织化验、检验,并将海关认定的化验、检验结果作为商品归类的依据。

第四十三条 海关可以根据对外贸易经营者提出的书面申请,对拟作进口或者出口的货物预先作出商品归类等行政裁定。

进口或者出口相同货物,应当适用相同的商品归类行政裁定。

海关对所作出的商品归类等行政裁定,应当予以公布。

第四十四条 海关依照法律、行政法规的规定,对与进出境货物有关的知识产权实施保护。

需要向海关申报知识产权状况的,进出口货物收发货人及其代理人应当按照国家规定向海关如实申报有关知识产权状况,并提交合法使用有关知识产权的证明文件。

第四十五条 自进出口货物放行之日起三年内或者在保税货物、减免税进口货物的海关监管期限内及其后的三年内,海关可以对与进出口货物直接有关的企业、单位的会计账簿、会计凭证、报关单证以及其他有关资料和有关进出口货物实施稽查。具体办法由国务院规定。

第四章 进出境物品

第四十六条 个人携带进出境的行李物品、邮寄进出境的物品,应当以自用、合理数量为限,并接受海关监管。

第四十七条 进出境物品的所有人应当向海关如实申报,并接受海关查验。

海关加施的封志,任何人不得擅自开启或者损毁。

第四十八条 进出境邮袋的装卸、转运和过境,应当接受海关监管。邮政企业应当向海关递交邮件路单。

邮政企业应当将开拆及封发国际邮袋的时间事先通知海关,海关应当按时派员到场监管查验。

第四十九条 邮运进出境的物品,经海关查验放行后,有关经营单位方可投递或者交付。

第五十条 经海关登记准予暂时免税进境或者暂时免税出境的物品,应当由本人复带出境或者复带进境。

过境人员未经海关批准,不得将其所带物品留在境内。

第五十一条 进出境物品所有人声明放弃的物品、在海关规定期限内未办理海关手续或者无人认领的物品,以及无法投递又无法退回的进境邮递物品,由海关依照本法第三十条的规定处理。

第五十二条 享有外交特权和豁免的外国机构或者人员的公务用品或者自用物品进出境,依照有关法律、行政法规的规定办理。

第五章 关 税

第五十三条 准许进出口的货物、进出境物品,由海关依法征收关税。

第五十四条 进口货物的收货人、出口货物的发货人、进出境物品的所有人,是关税的纳税义务人。

第五十五条 进出口货物的完税价格,由海关以该货物的成交价格为基础审查确定。成交价格不能确定时,完税价格由海关依法估定。

进口货物的完税价格包括货物的货价、货物运抵中华人民共和国境内输入地点起卸前的运输及其相关费用、保险费;出口货物的完税价格包括货物的货价、货物运至中华人民共和国境内输出地点装载前的运输及其相关费用、保险费,但是其中包含的出口关税税额,应当予以扣除。

进出境物品的完税价格,由海关依法确定。

第五十六条 下列进出口货物、进出境物品,减征或者免征关税:

(一)无商业价值的广告品和货样;

(二)外国政府、国际组织无偿赠送的物资;

(三)在海关放行前遭受损坏或者损失的货物;

(四)规定数额以内的物品;

(五)法律规定减征、免征关税的其他货物、物品;

(六)中华人民共和国缔结或者参加的国际条约规定减征、免征关税的货物、物品。

第五十七条 特定地区、特定企业或者有特定用途的进出口货物,可以减征或者免征关税。特定减税或者免税的范围和办法由国务院规定。

依照前款规定减征或者免征关税进口的货物,只能用于特定地区、特定企业或者特定用途,未经海关核准并补缴关税,不得移作他用。

第五十八条 本法第五十六条、第五十七条第一款规定范围以外的临时减征或者免征关税,由国务院决定。

第五十九条 暂时进口或者暂时出口的货物,以及特准进口的保税货物,在货物收发货人向海关缴纳相当于税款的保证金或者提供担保后,准予暂时免纳关税。

第六十条 进出口货物的纳税义务人,应当自海关填发税款缴款书之日起十五日内缴纳税款;逾期缴纳的,由海关征收滞纳金。纳税义务人、担保人超过三个月仍未缴纳的,经直属海关关长或者其授权的隶属海关关长批准,海关可以采取下列强制措施:

(一)书面通知其开户银行或者其他金融机构从其存款中扣缴税款;

(二)将应税货物依法变卖,以变卖所得抵缴税款;

(三)扣留并依法变卖其价值相当于应纳税款的货物或者其他财产,以变卖所得抵缴税款。

海关采取强制措施时,对前款所列纳税义务人、担保人未缴纳的滞纳金同时强制执行。

进出境物品的纳税义务人,应当在物品放行前缴纳税款。

第六十一条 进出口货物的纳税义务人在规定的纳税期限内有明显的转移、藏匿其应税货物以及其他财产迹象的，海关可以责令纳税义务人提供担保；纳税义务人不能提供纳税担保的，经直属海关关长或者其授权的隶属海关关长批准，海关可以采取下列税收保全措施：

（一）书面通知纳税义务人开户银行或者其他金融机构暂停支付纳税义务人相当于应纳税款的存款；

（二）扣留纳税义务人价值相当于应纳税款的货物或者其他财产。

纳税义务人在规定的纳税期限内缴纳税款的，海关必须立即解除税收保全措施；期限届满仍未缴纳税款的，经直属海关关长或者其授权的隶属海关关长批准，海关可以书面通知纳税义务人开户银行或者其他金融机构从其暂停支付的存款中扣缴税款，或者依法变卖所扣留的货物或者其他财产，以变卖所得抵缴税款。

采取税收保全措施不当，或者纳税义务人在规定期限内已缴纳税款，海关未立即解除税收保全措施，致使纳税义务人的合法权益受到损失的，海关应当依法承担赔偿责任。

第六十二条 进出口货物、进出境物品放行后，海关发现少征或者漏征税款，应当自缴纳税款或者货物、物品放行之日起一年内，向纳税义务人补征。因纳税义务人违反规定而造成的少征或者漏征，海关在三年以内可以追征。

第六十三条 海关多征的税款，海关发现后应当立即退还；纳税义务人自缴纳税款之日起一年内，可以要求海关退还。

第六十四条 纳税义务人同海关发生纳税争议时，应当缴纳税款，并可以依法申请行政复议；对复议决定仍不服的，可以依法向人民法院提起诉讼。

第六十五条 进口环节海关代征税的征收管理，适用关税征收管理的规定。

第六章 海关事务担保

第六十六条 在确定货物的商品归类、估价和提供有效报关单证或者办结其他海关手续前，收发货人要求放行货物的，海关应当在其提供与其依法应当履行的法律义务相适应的担保后放行。法律、行政法规规定可以免除担保的除外。

法律、行政法规对履行海关义务的担保另有规定的，从其规定。

国家对进出境货物、物品有限制性规定，应当提供许可证件而不能提供的，以及法律、行政法规规定不得担保的其他情形，海关不得办理担保放行。

第六十七条 具有履行海关事务担保能力的法人、其他组织或者公民，可以成为担保人。法律规定不得为担保人的除外。

第六十八条 担保人可以以下列财产、权利提供担保：

（一）人民币、可自由兑换货币；

（二）汇票、本票、支票、债券、存单；

（三）银行或者非银行金融机构的保函；

（四）海关依法认可的其他财产、权利。

第六十九条 担保人应当在担保期限内承担担保责任。担保人履行担保责任的，不免除被担保人应当办理有关海关手续的义务。

第七十条 海关事务担保管理办法，由国务院规定。

第七章 执法监督

第七十一条 海关履行职责，必须遵守法律，维护国家利益，依照法定职权和法定程序严格执法，接受监督。

第七十二条 海关工作人员必须秉公执法，廉洁自律，忠于职守，文明服务，不得有下列行为：

（一）包庇、纵容走私或者与他人串通进行走私；

（二）非法限制他人人身自由，非法检查他人身体、住所或者场所，非法检查、扣留进出境运输工具、货物、物品；

（三）利用职权为自己或者他人谋取私利；

（四）索取、收受贿赂；

（五）泄露国家秘密、商业秘密和海关工作秘密；

（六）滥用职权，故意刁难，拖延监管、查验；

（七）购买、私分、占用没收的走私货物、物品；

（八）参与或者变相参与营利性经营活动；

（九）违反法定程序或者超越权限执行职务；

（十）其他违法行为。

第七十三条 海关应当根据依法履行职责的需要，加强队伍建设，使海关工作人员具有良好的政治、业务素质。

海关专业人员应当具有法律和相关专业知识，符合海关规定的专业岗位任职要求。

海关招收工作人员应当按照国家规定，公开考试，严格考核，择优录用。

海关应当有计划地对其工作人员进行政治思想、法制、海关业务培训和考核。海关工作人员必须定期接受培训和考核，经考核不合格的，不得继续上岗执行职务。

第七十四条 海关总署应当实行海关关长定期交流制度。

海关关长定期向上一级海关述职，如实陈述其执行职务情况。海关总署应当定期对直属海关关长进行考核，直属海关应当定期对隶属海关关长进行考核。

第七十五条 海关及其工作人员的行政执法活动，依法接受监察机关的监督；缉私警察进行侦查活动，依法接受人民检察院的监督。

第七十六条 审计机关依法对海关的财政收支进行审计监督，对海关办理的与国家财政收支有关的事项，有权进行专项审计调查。

第七十七条 上级海关应当对下级海关的执法活动依法进行监督。上级海关认为下级海关作出的处理或者决定不适当的，可以依法予以变更或者撤销。

第七十八条 海关应当依照本法和其他有关法律、行政法规的规定，建立健全内部监督制度，对其工作人员执行法律、行政法规和遵守纪律的情况，进行监督检查。

第七十九条 海关内部负责审单、查验、放行、稽查和调查等主要岗位的职责权限应当明确，并相互分离、相互制约。

第八十条 任何单位和个人均有权对海关及其工作人员的违法、违纪行为进行控告、检举。收到控告、检举的机关有权处理的，应当依法按照职责分工及时查处。收到控告、检举的机关和负责查处的机关应当为控告人、检举人保密。

第八十一条 海关工作人员在调查处理违法案件时，遇有下列情形之一的，应当回避：

（一）是本案的当事人或者是当事人的近亲属；

（二）本人或者其近亲属与本案有利害关系；

（三）与本案当事人有其他关系，可能影响案件公正处理的。

第八章 法律责任

第八十二条 违反本法及有关法律、行政法规，逃避海关监管，偷逃应纳税款、逃避国家有关进出境的禁止性或者限制性管理，有下列情形之一的，是走私行为：

（一）运输、携带、邮寄国家禁止或者限制进出境货物、物品或者依法应当缴纳税款的货物、物品进出境的；

（二）未经海关许可并且未缴纳应纳税款、交验有关许可证件，擅自将保税货物、特定减免税货物以及其他海关监管货物、物品、进境的境外运输工具，在境内销售的；

（三）有逃避海关监管，构成走私的其他行为的。

有前款所列行为之一，尚不构成犯罪的，由海关没收走私货物、物品及违法所得，可以并处罚款；专门或者多次用于掩护走私的货物、物品，专门或者多次用于走私的运输工具，予以没收，藏匿走私货物、物品的特制设备，责令拆毁或者没收。

有第一款所列行为之一，构成犯罪的，依法追究刑事责任。

第八十三条 有下列行为之一的，按走私行为论处，依照本法第八十二条的规定处罚：

（一）直接向走私人非法收购走私进口的货物、物品的；

（二）在内海、领海、界河、界湖，船舶及所载人员运输、收购、贩卖国家禁止或者限制进出境的货物、物品，或者运输、收购、贩卖依法应当缴纳税款的货物，没有合法证明的。

第八十四条 伪造、变造、买卖海关单证，与走私人通谋为走私人提供贷款、资金、账号、发票、证明、海关单证，与走私人通谋为走私人提供运输、保管、邮寄或者其他方便，构成犯罪的，依法追究刑事责任；尚不构成犯罪的，由海关没收违法所得，并处罚款。

第八十五条 个人携带、邮寄超过合理数量的自用物品进出境，未依法向海关申报的，责令补缴关税，可以处以罚款。

第八十六条 违反本法规定有下列行为之一的，可以处以罚款，有违法所得的，没收违法所得：

（一）运输工具不经设立海关的地点进出境的；

（二）不将进出境运输工具到达的时间、停留的地点或者更换的地点通知海关的；

（三）进出口货物、物品或者过境、转运、通运货物向海关申报不实的；

（四）不按照规定接受海关对进出境运输工具、货物、物品进行检查、查验的；

（五）进出境运输工具未经海关同意，擅自装卸进出境货物、物品或者上下进出境旅客的；

（六）在设立海关的地点停留的进出境运输工具未经海关同意，擅自驶离的；

（七）进出境运输工具从一个设立海关的地点驶往另一个设立海关的地点，尚未办结海关手续又未经海关批准，中途擅自改驶境外或者境内未设立海关的地点的；

（八）进出境运输工具，不符合海关监管要求或者未向海关办理手续，擅自兼营或者改营境内运输的；

（九）由于不可抗力的原因，进出境船舶和航空器被迫在未设立海关的地点停泊、降落或者在境内抛掷、起卸货物、物品，无正当理由，不向附近海关报告的；

（十）未经海关许可，擅自将海关监管货物开拆、提取、交付、发运、调换、改装、抵押、质押、留置、转让、更换标记、移作他用或者进行其他处置的；

（十一）擅自开启或者损毁海关封志的；

（十二）经营海关监管货物的运输、储存、加工等业务，有关货物灭失或者有关记录不真实，不能提供正当理由的；

（十三）有违反海关监管规定的其他行为的。

第八十七条 海关准予从事有关业务的企业，违反本法有关规定的，由海关责令改正，可以给予警告，暂停其从事有关业务，直至撤销注册。

第八十八条 未经海关注册登记从事报关业务的，由海关予以取缔，没收违法所得，可以并处罚款。

第八十九条 报关企业非法代理他人报关或者超出其业务范围进行报关活动的，由海关责令改正，处以罚款；情节严重的，撤销其报关注册登记。

报关人员非法代理他人报关或者超出其业务范围进行报关活动的，由海关责令改正，处以罚款。

第九十条 进出口货物收发货人、报关企业向海关工作人员行贿的，由海关撤销其报关注册登记，并处以罚款；构成犯罪的，依法追究刑事责任，并不得重新注册登记为报关企业。

报关人员向海关工作人员行贿的，处以罚款；构成犯罪的，依法追究刑事责任。

第九十一条 违反本法规定进出口侵犯中华人民共和国法律、行政法规保护的知识产权的货物的，由海关依法没收侵权货物，并处以罚款；构成犯罪的，依法追究刑事责任。

第九十二条 海关依法扣留的货物、物品、运输工具，在人民法院判决或者海关处罚决定作出之前，不得处理。但是，危险品或者鲜活、易腐、易失效等不宜长期保存的货物、物品以及所有人申请先行变卖的货物、物品、运输工具，经直属海关关长或者其授权的隶属海关关长批准，可以先行依法变卖，变卖所得价款由海关保存，并通知其所有人。

人民法院判决没收或者海关决定没收的走私货物、物品、违法所得、走私运输工具、特制设备，由海关依法统一处理，所得价款和海关决定处以的罚款，全部上缴中央国库。

第九十三条 当事人逾期不履行海关的处罚决定又不申请复议或者向人民法院提起诉讼的，作出处罚决定的海关可以将其保证金抵缴或者将其被扣留的货物、物品、运输工具依法变价抵缴，也可以申请人民法院强制执行。

第九十四条 海关在查验进出境货物、物品时，损坏被查验的货物、物品的，应当赔偿实际损失。

第九十五条 海关违法扣留货物、物品、运输工具，致使当事人的合法权益受到损失的，应当依法承担赔偿责任。

第九十六条 海关工作人员有本法第七十二条所列行为之一的，依法给予行政处分；有违法所得的，依法没收违法所得；构成犯罪的，依法追究刑事责任。

第九十七条 海关的财政收支违反法律、行政法规规定的，由审计机关以及有关部门依照法律、行政法规的规定作出处理；对直接负责的主管人员和其他直接责任人员，依法给予行政处分；构成犯罪的，依法追究刑事责任。

第九十八条 未按照本法规定为控告人、检举人、举报人保密的，对直接负责的主管人员和其他直接责任人员，由所在单位或者有关单位依法给予行政处分。

第九十九条 海关工作人员在调查处理违法案件时，未按照本法规定进行回避的，对直接负责的主管人员和其他直接责任人员，依法给予行政处分。

第九章　附　　则

第一百条 本法下列用语的含义：

直属海关，是指直接由海关总署领导，负责管理一定区域范围内的海关业务的海关；隶属海关，是指由直属海关领导，负责办理具体海关业务的海关。

进出境运输工具，是指用以载运人员、货物、物品进出境的各种船舶、车辆、航空器和驮畜。

过境、转运和通运货物，是指由境外启运、通过中国境内继续运往境外的货物。其中，通过境内陆路运输的，称过境货物；在境内设立海关的地点换装运输工具，而不通过境内陆路运输的，称转运货物；由船舶、航空器载运进境并由原装运输工具载运出境的，称通运货物。

海关监管货物，是指本法第二十三条所列的进出口货物，过境、转运、通运货物，特定减免税货物，以及暂时进出口货物、保税货物和其他尚未办结海关手续的进出境货物。

保税货物，是指经海关批准未办理纳税手续进境，在境内储存、加工、装配后复运出境的货物。

海关监管区，是指设立海关的港口、车站、机场、国界孔道、国际邮件互换局（交换站）和其他有海关监管业务的场所，以及虽未设立海关，但是经国务院批准的进出境地点。

第一百零一条 经济特区等特定地区同境内其他地区之间往来的运输工具、货物、物品的监管办法，由国务院另行规定。

第一百零二条 本法自1987年7月1日起施行。1951年4月18日中央人民政府公布的《中华人民共和国暂行海关法》同时废止。

中华人民共和国外国人入境出境管理条例

(2013年7月3日国务院第15次常务会议通过 2013年7月12日中华人民共和国国务院令第637号公布 自2013年9月1日起施行)

第一章 总 则

第一条 为了规范签证的签发和外国人在中国境内停留居留的服务和管理，根据《中华人民共和国出境入境管理法》(以下简称出境入境管理法)制定本条例。

第二条 国家建立外国人入境出境服务和管理工作协调机制，加强外国人入境出境服务和管理工作的统筹、协调与配合。

省、自治区、直辖市人民政府可以根据需要建立外国人入境出境服务和管理工作协调机制，加强信息交流与协调配合，做好本行政区域的外国人入境出境服务和管理工作。

第三条 公安部应当会同国务院有关部门建立外国人入境出境服务和管理信息平台，实现有关信息的共享。

第四条 在签证签发管理和外国人在中国境内停留居留管理工作中，外交部、公安部等国务院部门应当在部门门户网站、受理出境入境证件申请的地点等场所，提供外国人入境出境管理法律法规和其他需要外国人知悉的信息。

第二章 签证的类别和签发

第五条 外交签证、礼遇签证、公务签证的签发范围和签发办法由外交部规定。

第六条 普通签证分为以下类别，并在签证上标明相应的汉语拼音字母：

(一)C字签证，发给执行乘务、航空、航运任务的国际列车乘务员、国际航空器机组人员、国际航行船舶的船员及船员随行家属和从事国际道路运输的汽车驾驶员。

(二)D字签证，发给入境永久居留的人员。

(三)F字签证，发给入境从事交流、访问、考察等活动的人员。

(四)G字签证，发给经中国过境的人员。

(五)J1字签证，发给外国常驻中国新闻机构的外国常驻记者；J2字签证，发给入境进行短期采访报道的外国记者。

(六)L字签证，发给入境旅游的人员；以团体形式入境旅游的，可以签发团体L字签证。

(七)M字签证，发给入境进行商业贸易活动的人员。

(八)Q1字签证，发给因家庭团聚申请入境居留的中国公民的家庭成员和具有中国永久居留资格的外国人的家庭成员，以及因寄养等原因申请入境居留的人员；Q2字签证，发给申请入境短期探亲的居住在中国境内的中国公民的亲属和具有中国永久居留资格的外国人的亲属。

(九)R字签证，发给国家需要的外国高层次人才和急需紧缺专门人才。

(十)S1字签证，发给申请入境长期探亲的因工作、学习等事由在中国境内居留的外国人的配偶、父母、未满18周岁的子女、配偶的父母，以及因其他私人事务需要在中国境内居留的人员；S2字签证，发给申请入境短期探亲的因工作、学习等事由在中国境内停留居留的外国人的家庭成员，以及因其他私人事务需要在中国境内停留的人员。

（十一）X1字签证，发给申请在中国境内长期学习的人员；X2字签证，发给申请在中国境内短期学习的人员。

（十二）Z字签证，发给申请在中国境内工作的人员。

第七条 外国人申请办理签证，应当填写申请表，提交本人的护照或者其他国际旅行证件以及符合规定的照片和申请事由的相关材料。

（一）申请C字签证，应当提交外国运输公司出具的担保函件或者中国境内有关单位出具的邀请函件。

（二）申请D字签证，应当提交公安部签发的外国人永久居留身份确认表。

（三）申请F字签证，应当提交中国境内的邀请方出具的邀请函件。

（四）申请G字签证，应当提交前往国家（地区）的已确定日期、座位的联程机（车、船）票。

（五）申请J1字及J2字签证，应当按照中国有关外国常驻新闻机构和外国记者采访的规定履行审批手续并提交相应的申请材料。

（六）申请L字签证，应当按照要求提交旅行计划行程安排等材料；以团体形式入境旅游的，还应当提交旅行社出具的邀请函件。

（七）申请M字签证，应当按照要求提交中国境内商业贸易合作方出具的邀请函件。

（八）申请Q1字签证，因家庭团聚申请入境居留的，应当提交居住在中国境内的中国公民、具有永久居留资格的外国人出具的邀请函件和家庭成员关系证明，因寄养等原因申请入境的，应当提交委托书等证明材料；申请Q2字签证，应当提交居住在中国境内的中国公民、具有永久居留资格的外国人出具的邀请函件等证明材料。

（九）申请R字签证，应当符合中国政府有关主管部门确定的外国高层次人才和急需紧缺专门人才的引进条件和要求，并按照规定提交相应的证明材料。

（十）申请S1字及S2字签证，应当按照要求提交因工作、学习等事由在中国境内停留居留的外国人出具的邀请函件、家庭成员关系证明，或者入境处理私人事务所需的证明材料。

（十一）申请X1字签证应当按照规定提交招收单位出具的录取通知书和主管部门出具的证明材料；申请X2字签证，应当按照规定提交招收单位出具的录取通知书等证明材料。

（十二）申请Z字签证，应当按照规定提交工作许可等证明材料。

签证机关可以根据具体情况要求外国人提交其他申请材料。

第八条 外国人有下列情形之一的，应当按照驻外签证机关要求接受面谈：

（一）申请入境居留的；

（二）个人身份信息、入境事由需要进一步核实的；

（三）曾有不准入境、被限期出境记录的；

（四）有必要进行面谈的其他情形。

驻外签证机关签发签证需要向中国境内有关部门、单位核实有关信息的，中国境内有关部门、单位应当予以配合。

第九条 签证机关经审查认为符合签发条件的，签发相应类别签证。对入境后需要办理居留证件的，签证机关应当在签证上注明入境后办理居留证件的时限。

第三章 停留居留管理

第十条 外国人持签证入境后，按照国家规定可以变更停留事由、给予入境便利的，或者因使用新护照、持团体签证入境后由于客观原因需要分团停留的，可以向停留地县级以上地方人民政府公安机关出入境管理机构申请换发签证。

第十一条 在中国境内的外国人所持签证遗失、损毁、被盗抢的，应当及时向停留地县级以上地方人民政府公安机关出入境管理机构申请补发签证。

第十二条 外国人申请签证的延期、换发、补发和申请办理停留证件，应当填写申请表，提交本人的护照或者其他国际旅行证件以及符合规定的照片和申请事由的相关材料。

第十三条 外国人申请签证延期、换发、补发和申请办理停留证件符合受理规定的，公安机关出入境管理机构应当出具有效期不超过7日的受理回执，并在受理回执有效期内作出是否签发的决定。

外国人申请签证延期、换发、补发和申请办理停留证件的手续或者材料不符合规定的，公安机关出入境管理机构应当一次性告知申请人需要履行的手续和补正的申请材料。

申请人所持护照或者其他国际旅行证件因办理证件被收存期间，可以凭受理回执在中国境内合法停留。

第十四条 公安机关出入境管理机构作出的延长签证停留期限决定，仅对本次入境有效，不影响签证的入境次数和入境有效期，并且累计延长的停留期限不得超过原签证注明的停留期限。

签证停留期限延长后，外国人应当按照原签证规定的事由和延长的期限停留。

第十五条 居留证件分为以下种类：

（一）工作类居留证件，发给在中国境内工作的人员；

（二）学习类居留证件，发给在中国境内长期学习的人员；

（三）记者类居留证件，发给外国常驻中国新闻机构的外国常驻记者；

（四）团聚类居留证件，发给因家庭团聚需要在中国境内居留的中国公民的家庭成员和具有中国永久居留资格的外国人的家庭成员，以及因寄养等原因需要在中国境内居留的人员；

（五）私人事务类居留证件，发给入境长期探亲的因工作、学习等事由在中国境内居留的外国人的配偶、父母、未满18周岁的子女、配偶的父母，以及因其他私人事务需要在中国境内居留的人员。

第十六条 外国人申请办理外国人居留证件，应当提交本人护照或者其他国际旅行证件以及符合规定的照片和申请事由的相关材料，本人到居留地县级以上地方人民政府公安机关出入境管理机构办理相关手续，并留存指纹等人体生物识别信息。

（一）工作类居留证件，应当提交工作许可等证明材料；属于国家需要的外国高层次人才和急需紧缺专门人才的，应当按照规定提交有关证明材料。

（二）学习类居留证件，应当按照规定提交招收单位出具的注明学习期限的函件等证明材料。

（三）记者类居留证件，应当提交有关主管部门出具的函件和核发的记者证。

（四）团聚类居留证件，因家庭团聚需要在中国境内居留的，应当提交家庭成员关系证明和与申请事由相关的证明材料；因寄养等原因需要在中国境内居留的，应当提交委托书等证明材料。

（五）私人事务类居留证件，长期探亲的，应当按照要求提交亲属关系证明、被探望人的居留证件等证明材料；入境处理私人事务的，应当提交因处理私人事务需要在中国境内居留的相关证明材料。

外国人申请有效期1年以上的居留证件的，应当按照规定提交健康证明。健康证明自开具之日起6个月内有效。

第十七条 外国人申请办理居留证件的延期、换发、补发，应当填写申请表，提交本人的护照或者其他国际旅行证件以及符合规定的照片和申请事由的相关材料。

第十八条 外国人申请居留证件或者申请居留证件的延期、换发、补发符合受理规定的，公安机关出入境管理机构应当出具有效期不超过15日的受理回执，并在受理回执有效期内作出是否签发的决定。

外国人申请居留证件或者申请居留证件的延期、换发、补发的手续或者材料不符合规定的，公安机关出入境管理机构应当一次性告知申请人需要履行的手续和补正的申请材料。

申请人所持护照或者其他国际旅行证件因办理证件被收存期间，可以凭受理回执在中国境内合法居留。

第十九条 外国人申请签证和居留证件的延期、换发、补发，申请办理停留证件，有下列情形之一的，可以由邀请单位或者个人、申请人的亲属、有关专门服务机构代为申请：

（一）未满16周岁或者已满60周岁以及因疾病等原因行动不便的；

（二）非首次入境且在中国境内停留居留记录良好的；

（三）邀请单位或者个人对外国人在中国境内期间所需费用提供保证措施的。

外国人申请居留证件，属于国家需要的外国高层次人才和急需紧缺专门人才以及前款第一项规定情形的，可以由邀请单位或者个人、申请人的亲属、有关专门服务机构代为申请。

第二十条 公安机关出入境管理机构可以通过面谈、电话询问、实地调查等方式核实申请事由的真实性，申请人以及出具邀请函件、证明材料的单位或者个人应当予以配合。

第二十一条 公安机关出入境管理机构对有下列情形之一的外国人，不予批准签证和居留证件的延期、换发、补发，不予签发停留证件：

（一）不能按照规定提供申请材料的；

（二）在申请过程中弄虚作假的；

（三）违反中国有关法律、行政法规规定，不适合在中国境内停留居留的；

（四）不宜批准签证和居留证件的延期、换发、补发或者签发停留证件的其他情形。

第二十二条 持学习类居留证件的外国人需要在校外勤工助学或者实习的，应当经所在学校同意后，向公安机关出入境管理机构申请居留证件加注勤工助学或者实习地点、期限等信息。

持学习类居留证件的外国人所持居留证件未加注前款规定信息的，不得在校外勤工助学或者实习。

第二十三条 在中国境内的外国人因证件遗失、损毁、被盗抢等原因未持有效护照或者国际旅行证件，无法在本国驻中国有关机构补办的，可以向停留居留地县级以上地方人民政府公安机关出入境管理机构申请办理出境手续。

第二十四条 所持出境入境证件注明停留区域的外国人、出入境边防检查机关批准临时入境且限定停留区域的外国人，应当在限定的区域内停留。

第二十五条 外国人在中国境内有下列情形之一的，属于非法居留：

（一）超过签证、停留居留证件规定的停留居留期限停留居留的；

（二）免办签证入境的外国人超过免签期限停留且未办理停留居留证件的；

（三）外国人超出限定的停留居留区域活动的；

（四）其他非法居留的情形。

第二十六条 聘用外国人工作或者招收外国留学生的单位，发现有下列情形之一的，应当及时向所在地县级以上地方人民政府公安机关出入境管理机构报告：

（一）聘用的外国人离职或者变更工作地域的；

（二）招收的外国留学生毕业、结业、肄业、退学，离开原招收单位的；

（三）聘用的外国人、招收的外国留学生违反出境入境管理规定的；

（四）聘用的外国人、招收的外国留学生出现死亡、失踪等情形的。

第二十七条 金融、教育、医疗、电信等单位在办理业务时需要核实外国人身份信息的，可以向公安机关出入境管理机构申请核实。

第二十八条 外国人因外交、公务事由在中国境内停留居留证件的签发管理,按照外交部的规定执行。

第四章 调查和遣返

第二十九条 公安机关根据实际需要可以设置遣返场所。

依照出境入境管理法第六十条的规定对外国人实施拘留审查的,应当在24小时内将被拘留审查的外国人送到拘留所或者遣返场所。

由于天气、当事人健康状况等原因无法立即执行遣送出境、驱逐出境的,应当凭相关法律文书将外国人羁押在拘留所或者遣返场所。

第三十条 依照出境入境管理法第六十一条的规定,对外国人限制活动范围的,应当出具限制活动范围决定书。被限制活动范围的外国人,应当在指定的时间到公安机关报到;未经决定机关批准,不得变更生活居所或者离开限定的区域。

第三十一条 依照出境入境管理法第六十二条的规定,对外国人实施遣送出境的,作出遣送出境决定的机关应当依法确定被遣送出境的外国人不准入境的具体期限。

第三十二条 外国人被遣送出境所需的费用由本人承担。本人无力承担的,属于非法就业的,由非法聘用的单位、个人承担;属于其他情形的,由对外国人在中国境内停留居留提供保证措施的单位或者个人承担。

遣送外国人出境,由县级以上地方人民政府公安机关或者出入境边防检查机关实施。

第三十三条 外国人被决定限期出境的,作出决定的机关应当在注销或者收缴其原出境入境证件后,为其补办停留手续并限定出境的期限。限定出境期限最长不得超过15日。

第三十四条 外国人有下列情形之一的,其所持签证、停留居留证件由签发机关宣布作废:

(一)签证、停留居留证件损毁、遗失、被盗抢的;

(二)被决定限期出境、遣送出境、驱逐出境,其所持签证、停留居留证件未被收缴或者注销的;

(三)原居留事由变更,未在规定期限内向公安机关出入境管理机构申报,经公安机关公告后仍未申报的;

(四)有出境入境管理法第二十一条、第三十一条规定的不予签发签证、居留证件情形的。

签发机关对签证、停留居留证件依法宣布作废的,可以当场宣布作废或者公告宣布作废。

第三十五条 外国人所持签证、停留居留证件有下列情形之一的,由公安机关注销或者收缴:

(一)被签发机关宣布作废或者被他人冒用的;

(二)通过伪造、变造、骗取或者其他方式非法获取的;

(三)持有人被决定限期出境、遣送出境、驱逐出境的。

作出注销或者收缴决定的机关应当及时通知签发机关。

第五章 附 则

第三十六条 本条例下列用语的含义:

(一)签证的入境次数,是指持证人在签证入境有效期内可以入境的次数。

(二)签证的入境有效期,是指持证人所持签证入境的有效时间范围。非经签发机关注明,签证自签发之日起生效,于有效期满当日北京时间24时失效。

(三)签证的停留期限,是指持证人每次入境后被准许停留的时限,自入境次日开始计算。

(四)短期,是指在中国境内停留不超过180日(含180日)。

(五)长期、常驻,是指在中国境内居留超过180日。

本条例规定的公安机关出入境管理机构审批期限和受理回执有效期以工作日计算,不含法定节假日。

第三十七条 经外交部批准,驻外签证机关可以委托当地有关机构承办外国人签证申请的接件、录入、咨询等服务性事务。

第三十八条 签证的式样由外交部会同公安部规定。停留居留证件的式样由公安部规定。

第三十九条 本条例自2013年9月1日起施行。1986年12月3日国务院批准,1986年12月27日公安部、外交部公布,1994年7月13日、2010年4月24日国务院修订的《中华人民共和国外国人入境出境管理法实施细则》同时废止。

中华人民共和国出境入境管理法

(2012年6月30日第十一届全国人民代表大会常务委员会第二十七次会议通过
2012年6月30日中华人民共和国主席令第57号公布 自2013年7月1日起施行)

第一章 总 则

第一条 为了规范出境入境管理,维护中华人民共和国的主权、安全和社会秩序,促进对外交往和对外开放,制定本法。

第二条 中国公民出境入境、外国人入境出境、外国人在中国境内停留居留的管理,以及交通运输工具出境入境的边防检查,适用本法。

第三条 国家保护中国公民出境入境合法权益。

在中国境内的外国人的合法权益受法律保护。在中国境内的外国人应当遵守中国法律,不得危害中国国家安全、损害社会公共利益、破坏社会公共秩序。

第四条 公安部、外交部按照各自职责负责有关出境入境事务的管理。

中华人民共和国驻外使馆、领馆或者外交部委托的其他驻外机构(以下称驻外签证机关)负责在境外签发外国人入境签证。出入境边防检查机关负责实施出境入境边防检查。县级以上地方人民政府公安机关及其出入境管理机构负责外国人停留居留管理。

公安部、外交部可以在各自职责范围内委托县级以上地方人民政府公安机关出入境管理机构、县级以上地方人民政府外事部门受理外国人入境、停留居留申请。

公安部、外交部在出境入境事务管理中,应当加强沟通配合,并与国务院有关部门密切合作,按照各自职责分工,依法行使职权,承担责任。

第五条 国家建立统一的出境入境管理信息平台,实现有关管理部门信息共享。

第六条 国家在对外开放的口岸设立出入境边防检查机关。

中国公民、外国人以及交通运输工具应当从对外开放的口岸出境入境,特殊情况下,可以从国务院或者国务院授权的部门批准的地点出境入境。出境入境人员和交通运输工具应当接受出境入境边防检查。

出入境边防检查机关负责对口岸限定区域实施管理。根据维护国家安全和出境入境管理秩序的需要,出入境边防检查机关可以对出境入境人员携带的物品实施边防检查。必要时,出入境边防检查机关可以对出境入境交通运输工具载运的货物实施边防检查,但是应当通知海关。

第七条 经国务院批准,公安部、外交部根据出境入境管理的需要,可以对留存出境入境人员的指纹等人体生物识别信息作出规定。

外国政府对中国公民签发签证、出境入境管理有特别规定的,中国政府可以根据情况采取相应的对等措施。

第八条 履行出境入境管理职责的部门和机构应当切实采取措施,不断提升服务和管理水平,公正执法,便民高效,维护安全、便捷的出境入境秩序。

第二章 中国公民出境入境

第九条 中国公民出境入境,应当依法申请办理护照或者其他旅行证件。

中国公民前往其他国家或者地区,还需要取得前往国签证或者其他入境许可证明。但是,中国政府与其他国家政府签订互免签证协议或者公安部、外交部另有规定的除外。

中国公民以海员身份出境入境和在国外船舶上从事工作的,应当依法申请办理海员证。

第十条 中国公民往来内地与香港特别行政区、澳门特别行政区,中国公民往来大陆与台湾地区,应当依法申请办理通行证件,并遵守本法有关规定。具体管理办法由国务院规定。

第十一条 中国公民出境入境,应当向出入境边防检查机关交验本人的护照或者其他旅行证件等出境入境证件,履行规定的手续,经查验准许,方可出境入境。

具备条件的口岸,出入境边防检查机关应当为中国公民出境入境提供专用通道等便利措施。

第十二条 中国公民有下列情形之一的,不准出境:

(一)未持有效出境入境证件或者拒绝、逃避接受边防检查的;

(二)被判处刑罚尚未执行完毕或者属于刑事案件被告人、犯罪嫌疑人的;

(三)有未了结的民事案件,人民法院决定不准出境的;

(四)因妨害国(边)境管理受到刑事处罚或者因非法出境、非法居留、非法就业被其他国家或者地区遣返,未满不准出境规定年限的;

(五)可能危害国家安全和利益,国务院有关主管部门决定不准出境的;

(六)法律、行政法规规定不准出境的其他情形。

第十三条 定居国外的中国公民要求回国定居的,应当在入境前向中华人民共和国驻外使馆、领馆或者外交部委托的其他驻外机构提出申请,也可以由本人或者经由国内亲属向拟定居地的县级以上地方人民政府侨务部门提出申请。

第十四条 定居国外的中国公民在中国境内办理金融、教育、医疗、交通、电信、社会保险、财产登记等事务需要提供身份证明的,可以凭本人的护照证明其身份。

第三章 外国人入境出境

第一节 签 证

第十五条 外国人入境,应当向驻外签证机关申请办理签证,但是本法另有规定的除外。

第十六条 签证分为外交签证、礼遇签证、公务签证、普通签证。

对因外交、公务事由入境的外国人,签发外交、公务签证;对因身份特殊需要给予礼遇的外国人,签发礼遇签证。外交签证、礼遇签证、公务签证的签发范围和签发办法由外交部规定。

对因工作、学习、探亲、旅游、商务活动、人才引进等非外交、公务事由入境的外国人,签发相应类别的普通签证。普通签证的类别和签发办法由国务院规定。

第十七条 签证的登记项目包括:签证种类,持有人姓名、性别、出生日期、入境次数、入境有效期、停留期限,签发日期、地点,护照或者其他国际旅行证件号码等。

第十八条 外国人申请办理签证,应当向驻外签证机关提交本人的护照或者其他国际旅行证件,以及申请事由的相关材料,按照驻外签证机关的要求办理相关手续、接受面谈。

第十九条 外国人申请办理签证需要提供中国境内的单位或者个人出具的邀请函件的,申请人应当按照驻外签证机关的要求提供。出具邀请函件的单位或者个人应当对邀请内容的真实性负责。

第二十条 出于人道原因需要紧急入境，应邀入境从事紧急商务、工程抢修或者具有其他紧急入境需要并持有有关主管部门同意在口岸申办签证的证明材料的外国人，可以在国务院批准办理口岸签证业务的口岸，向公安部委托的口岸签证机关（以下简称口岸签证机关）申请办理口岸签证。

旅行社按照国家有关规定组织入境旅游的，可以向口岸签证机关申请办理团体旅游签证。

外国人向口岸签证机关申请办理签证，应当提交本人的护照或者其他国际旅行证件，以及申请事由的相关材料，按照口岸签证机关的要求办理相关手续，并从申请签证的口岸入境。

口岸签证机关签发的签证一次入境有效，签证注明的停留期限不得超过三十日。

第二十一条 外国人有下列情形之一的，不予签发签证：

（一）被处驱逐出境或者被决定遣送出境，未满不准入境规定年限的；

（二）患有严重精神障碍、传染性肺结核病或者有可能对公共卫生造成重大危害的其他传染病的；

（三）可能危害中国国家安全和利益、破坏社会公共秩序或者从事其他违法犯罪活动的；

（四）在申请签证过程中弄虚作假或者不能保障在中国境内期间所需费用的；

（五）不能提交签证机关要求提交的相关材料的；

（六）签证机关认为不宜签发签证的其他情形。

对不予签发签证的，签证机关可以不说明理由。

第二十二条 外国人有下列情形之一的，可以免办签证：

（一）根据中国政府与其他国家政府签订的互免签证协议，属于免办签证人员的；

（二）持有效的外国人居留证件的；

（三）持联程客票搭乘国际航行的航空器、船舶、列车从中国过境前往第三国或者地区，在中国境内停留不超过二十四小时且不离开口岸，或者在国务院批准的特定区域内停留不超过规定时限的；

（四）国务院规定的可以免办签证的其他情形。

第二十三条 有下列情形之一的外国人需要临时入境的，应当向出入境边防检查机关申请办理临时入境手续：

（一）外国船员及其随行家属登陆港口所在城市的；

（二）本法第二十二条第三项规定的人员需要离开口岸的；

（三）因不可抗力或者其他紧急原因需要临时入境的。

临时入境的期限不得超过十五日。

对申请办理临时入境手续的外国人，出入境边防检查机关可以要求外国人本人、载运其入境的交通运输工具的负责人或者交通运输工具出境入境业务代理单位提供必要的保证措施。

第二节　入境出境

第二十四条 外国人入境，应当向出入境边防检查机关交验本人的护照或者其他国际旅行证件、签证或者其他入境许可证明，履行规定的手续，经查验准许，方可入境。

第二十五条 外国人有下列情形之一的，不准入境：

（一）未持有效出境入境证件或者拒绝、逃避接受边防检查的；

（二）具有本法第二十一条第一款第一项至第四项规定情形的；

（三）入境后可能从事与签证种类不符的活动的；

（四）法律、行政法规规定不准入境的其他情形。

对不准入境的，出入境边防检查机关可以不说明理由。

第二十六条 对未被准许入境的外国人,出入境边防检查机关应当责令其返回;对拒不返回的,强制其返回。外国人等待返回期间,不得离开限定的区域。

第二十七条 外国人出境,应当向出入境边防检查机关交验本人的护照或者其他国际旅行证件等出境入境证件,履行规定的手续,经查验准许,方可出境。

第二十八条 外国人有下列情形之一的,不准出境:

(一)被判处刑罚尚未执行完毕或者属于刑事案件被告人、犯罪嫌疑人的,但是按照中国与外国签订的有关协议,移管被判刑人的除外;

(二)有未了结的民事案件,人民法院决定不准出境的;

(三)拖欠劳动者的劳动报酬,经国务院有关部门或者省、自治区、直辖市人民政府决定不准出境的;

(四)法律、行政法规规定不准出境的其他情形。

第四章 外国人停留居留

第一节 停留居留

第二十九条 外国人所持签证注明的停留期限不超过一百八十日的,持证人凭签证并按照签证注明的停留期限在中国境内停留。

需要延长签证停留期限的,应当在签证注明的停留期限届满七日前向停留地县级以上地方人民政府公安机关出入境管理机构申请,按照要求提交申请事由的相关材料。经审查,延期理由合理、充分的,准予延长停留期限;不予延长停留期限的,应当按期离境。

延长签证停留期限,累计不得超过签证原注明的停留期限。

第三十条 外国人所持签证注明入境后需要办理居留证件的,应当自入境之日起三十日内,向拟居留地县级以上地方人民政府公安机关出入境管理机构申请办理外国人居留证件。

申请办理外国人居留证件,应当提交本人的护照或者其他国际旅行证件,以及申请事由的相关材料,并留存指纹等人体生物识别信息。公安机关出入境管理机构应当自收到申请材料之日起十五日内进行审查并作出审查决定,根据居留事由签发相应类别和期限的外国人居留证件。

外国人工作类居留证件的有效期最短为九十日,最长为五年;非工作类居留证件的有效期最短为一百八十日,最长为五年。

第三十一条 外国人有下列情形之一的,不予签发外国人居留证件:

(一)所持签证类别属于不应办理外国人居留证件的;

(二)在申请过程中弄虚作假的;

(三)不能按照规定提供相关证明材料的;

(四)违反中国有关法律、行政法规,不适合在中国境内居留的;

(五)签发机关认为不宜签发外国人居留证件的其他情形。

符合国家规定的专门人才、投资者或者出于人道等原因确需由停留变更为居留的外国人,经设区的市级以上地方人民政府公安机关出入境管理机构批准可以办理外国人居留证件。

第三十二条 在中国境内居留的外国人申请延长居留期限的,应当在居留证件有效期限届满三十日前向居留地县级以上地方人民政府公安机关出入境管理机构提出申请,按照要求提交申请事由的相关材料。经审查,延期理由合理、充分的,准予延长居留期限;不予延长居留期限的,应当按期离境。

第三十三条 外国人居留证件的登记项目包括:持有人姓名、性别、出生日期、居留事由、居留期限,签发日期、地点,护照或者其他国际旅行证件号码等。

外国人居留证件登记事项发生变更的,持证件人应当自登记事项发生变更之日起十日内向居留地县级以上地方人民政府公安机关出入境管理机构申请办理变更。

第三十四条 免办签证入境的外国人需要超过免签期限在中国境内停留的,外国船员及其随行家属在中国境内停留需要离开港口所在城市,或者具有需要办理外国人停留证件其他情形的,应当按照规定办理外国人停留证件。

外国人停留证件的有效期最长为一百八十日。

第三十五条 外国人入境后,所持的普通签证、停留居留证件损毁、遗失、被盗抢或者有符合国家规定的事由需要换发、补发的,应当按照规定向停留居留地县级以上地方人民政府公安机关出入境管理机构提出申请。

第三十六条 公安机关出入境管理机构作出的不予办理普通签证延期、换发、补发,不予办理外国人停留居留证件、不予延长居留期限的决定为最终决定。

第三十七条 外国人在中国境内停留居留,不得从事与停留居留事由不相符的活动,并应当在规定的停留居留期限届满前离境。

第三十八条 年满十六周岁的外国人在中国境内停留居留,应当随身携带本人的护照或者其他国际旅行证件,或者外国人停留居留证件,接受公安机关的查验。

在中国境内居留的外国人,应当在规定的时间内到居留地县级以上地方人民政府公安机关交验外国人居留证件。

第三十九条 外国人在中国境内旅馆住宿的,旅馆应当按照旅馆业治安管理的有关规定为其办理住宿登记,并向所在地公安机关报送外国人住宿登记信息。

外国人在旅馆以外的其他住所居住或者住宿的,应当在入住后二十四小时内由本人或者留宿人,向居住地的公安机关办理登记。

第四十条 在中国境内出生的外国婴儿,其父母或者代理人应当在婴儿出生六十日内,持该婴儿的出生证明到父母停留居留地县级以上地方人民政府公安机关出入境管理机构为其办理停留或者居留登记。

外国人在中国境内死亡的,其家属、监护人或者代理人,应当按照规定,持该外国人的死亡证明向县级以上地方人民政府公安机关出入境管理机构申报,注销外国人停留居留证件。

第四十一条 外国人在中国境内工作,应当按照规定取得工作许可和工作类居留证件。任何单位和个人不得聘用未取得工作许可和工作类居留证件的外国人。

外国人在中国境内工作管理办法由国务院规定。

第四十二条 国务院人力资源社会保障主管部门、外国专家主管部门会同国务院有关部门根据经济社会发展需要和人力资源供求状况制定并定期调整外国人在中国境内工作指导目录。

国务院教育主管部门会同国务院有关部门建立外国留学生勤工助学管理制度,对外国留学生勤工助学的岗位范围和时限作出规定。

第四十三条 外国人有下列行为之一的,属于非法就业:

(一)未按照规定取得工作许可和工作类居留证件在中国境内工作的;

(二)超出工作许可限定范围在中国境内工作的;

(三)外国留学生违反勤工助学管理规定,超出规定的岗位范围或者时限在中国境内工作的。

第四十四条 根据维护国家安全、公共安全的需要,公安机关、国家安全机关可以限制外国人、外国机构在某些地区设立居住或者办公场所;对已经设立的,可以限期迁离。

未经批准,外国人不得进入限制外国人进入的区域。

第四十五条 聘用外国人工作或者招收外国留学生的单位,应当按照规定向所在地公安机关报告有关信息。

公民、法人或者其他组织发现外国人有非法入境、非法居留、非法就业情形的，应当及时向所在地公安机关报告。

第四十六条 申请难民地位的外国人，在难民地位甄别期间，可以凭公安机关签发的临时身份证明在中国境内停留；被认定为难民的外国人，可以凭公安机关签发的难民身份证件在中国境内停留居留。

第二节 永久居留

第四十七条 对中国经济社会发展作出突出贡献或者符合其他在中国境内永久居留条件的外国人，经本人申请和公安部批准，取得永久居留资格。

外国人在中国境内永久居留的审批管理办法由公安部、外交部会同国务院有关部门规定。

第四十八条 取得永久居留资格的外国人，凭永久居留证件在中国境内居留和工作，凭本人的护照和永久居留证件出境入境。

第四十九条 外国人有下列情形之一的，由公安部决定取消其在中国境内永久居留资格：

（一）对中国国家安全和利益造成危害的；

（二）被处驱逐出境的；

（三）弄虚作假骗取在中国境内永久居留资格的；

（四）在中国境内居留未达到规定时限的；

（五）不适宜在中国境内永久居留的其他情形。

第五章 交通运输工具出境入境边防检查

第五十条 出境入境交通运输工具离开、抵达口岸时，应当接受边防检查。对交通运输工具的入境边防检查，在其最先抵达的口岸进行；对交通运输工具的出境边防检查，在其最后离开的口岸进行。特殊情况下，可以在有关主管机关指定的地点进行。

出境的交通运输工具自出境检查后至出境前，入境的交通运输工具自入境后至入境检查前，未经出入境边防检查机关按照规定程序许可，不得上下人员、装卸货物或者物品。

第五十一条 交通运输工具负责人或者交通运输工具出境入境业务代理单位应当按照规定提前向出入境边防检查机关报告入境、出境的交通运输工具抵达、离开口岸的时间和停留地点，如实申报员工、旅客、货物或者物品等信息。

第五十二条 交通运输工具负责人、交通运输工具出境入境业务代理单位应当配合出境入境边防检查，发现违反本法规定行为的，应当立即报告并协助调查处理。

入境交通运输工具载运不准入境人员的，交通运输工具负责人应当负责载离。

第五十三条 出入境边防检查机关按照规定对处于下列情形之一的出境入境交通运输工具进行监护：

（一）出境的交通运输工具在出境边防检查开始后至出境前、入境的交通运输工具在入境后至入境边防检查完成前；

（二）外国船舶在中国内河航行期间；

（三）有必要进行监护的其他情形。

第五十四条 因装卸物品、维修作业、参观访问等事由需要上下外国船舶的人员，应当向出入境边防检查机关申请办理登轮证件。

中国船舶与外国船舶或者外国船舶之间需要搭靠作业的，应当由船长或者交通运输工具出境入境业务代理单位向出入境边防检查机关申请办理船舶搭靠手续。

第五十五条 外国船舶、航空器在中国境内应当按照规定的路线、航线行驶。

出境入境的船舶、航空器不得驶入对外开放口岸以外地区。因不可预见的紧急情况或者不可抗力驶入的,应当立即向就近的出入境边防检查机关或者当地公安机关报告,并接受监护和管理。

第五十六条 交通运输工具有下列情形之一的,不准出境入境;已经驶离口岸的,可以责令返回:

(一)离开、抵达口岸时,未经查验准许擅自出境入境的;

(二)未经批准擅自改变出境入境口岸的;

(三)涉嫌载有不准出境入境人员,需要查验核实的;

(四)涉嫌载有危害国家安全、利益和社会公共秩序的物品,需要查验核实的;

(五)拒绝接受出入境边防检查机关管理的其他情形。

前款所列情形消失后,出入境边防检查机关对有关交通运输工具应当立即放行。

第五十七条 从事交通运输工具出境入境业务代理的单位,应当向出入境边防检查机关备案。从事业务代理的人员,由所在单位向出入境边防检查机关办理备案手续。

第六章 调查和遣返

第五十八条 本章规定的当场盘问、继续盘问、拘留审查、限制活动范围、遣送出境措施,由县级以上地方人民政府公安机关或者出入境边防检查机关实施。

第五十九条 对涉嫌违反出境入境管理的人员,可以当场盘问;经当场盘问,有下列情形之一的,可以依法继续盘问:

(一)有非法出境入境嫌疑的;

(二)有协助他人非法出境入境嫌疑的;

(三)外国人有非法居留、非法就业嫌疑的;

(四)有危害国家安全和利益,破坏社会公共秩序或者从事其他违法犯罪活动嫌疑的。

当场盘问和继续盘问应当依据《中华人民共和国人民警察法》规定的程序进行。

县级以上地方人民政府公安机关或者出入境边防检查机关需要传唤涉嫌违反出境入境管理的人员的,依照《中华人民共和国治安管理处罚法》的有关规定执行。

第六十条 外国人有本法第五十九条第一款规定情形之一的,经当场盘问或者继续盘问后仍不能排除嫌疑,需要作进一步调查的,可以拘留审查。

实施拘留审查,应当出示拘留审查决定书,并在二十四小时内进行询问。发现不应当拘留审查的,应当立即解除拘留审查。

拘留审查的期限不得超过三十日;案情复杂的,经上一级地方人民政府公安机关或者出入境边防检查机关批准可以延长至六十日。对国籍、身份不明的外国人,拘留审查期限自查清其国籍、身份之日起计算。

第六十一条 外国人有下列情形之一的,不适用拘留审查,可以限制其活动范围:

(一)患有严重疾病的;

(二)怀孕或者哺乳自己不满一周岁婴儿的;

(三)未满十六周岁或者已满七十周岁的;

(四)不宜适用拘留审查的其他情形。

被限制活动范围的外国人,应当按照要求接受审查,未经公安机关批准,不得离开限定的区域。限制活动范围的期限不得超过六十日。对国籍、身份不明的外国人,限制活动范围期限自查清其国籍、身份之日起计算。

第六十二条 外国人有下列情形之一的,可以遣送出境:

(一)被处限期出境,未在规定期限内离境的;

（二）有不准入境情形的；

（三）非法居留、非法就业的；

（四）违反本法或者其他法律、行政法规需要遣送出境的。

其他境外人员有前款所列情形之一的，可以依法遣送出境。

被遣送出境的人员，自被遣送出境之日起一至五年内不准入境。

第六十三条 被拘留审查或者被决定遣送出境但不能立即执行的人员，应当羁押在拘留所或者遣返场所。

第六十四条 外国人对依照本法规定对其实施的继续盘问、拘留审查、限制活动范围、遣送出境措施不服的，可以依法申请行政复议，该行政复议决定为最终决定。

其他境外人员对依照本法规定对其实施的遣送出境措施不服，申请行政复议的，适用前款规定。

第六十五条 对依法决定不准出境或者不准入境的人员，决定机关应当按照规定及时通知出入境边防检查机关；不准出境、入境情形消失的，决定机关应当及时撤销不准出境、入境决定，并通知出入境边防检查机关。

第六十六条 根据维护国家安全和出境入境管理秩序的需要，必要时，出入境边防检查机关可以对出境入境的人员进行人身检查。人身检查应当由两名与受检查人同性别的边防检查人员进行。

第六十七条 签证、外国人停留居留证件等出境入境证件发生损毁、遗失、被盗抢或者签发后发现持证人不符合签发条件等情形的，由签发机关宣布该出境入境证件作废。

伪造、变造、骗取或者被证件签发机关宣布作废的出境入境证件无效。

公安机关可以对前款规定的或被他人冒用的出境入境证件予以注销或者收缴。

第六十八条 对用于组织、运送、协助他人非法出境入境的交通运输工具，以及需要作为办案证据的物品，公安机关可以扣押。

对查获的违禁物品，涉及国家秘密的文件、资料以及用于实施违反出境入境管理活动的工具等，公安机关应当予以扣押，并依照相关法律、行政法规规定处理。

第六十九条 出境入境证件的真伪由签发机关、出入境边防检查机关或者公安机关出入境管理机构认定。

第七章 法律责任

第七十条 本章规定的行政处罚，除本章另有规定外，由县级以上地方人民政府公安机关或者出入境边防检查机关决定；其中警告或者五千元以下罚款，可以由县级以上地方人民政府公安机关出入境管理机构决定。

第七十一条 有下列行为之一的，处一千元以上五千元以下罚款；情节严重的，处五日以上十日以下拘留，可以并处二千元以上一万元以下罚款：

（一）持用伪造、变造、骗取的出境入境证件出境入境的；

（二）冒用他人出境入境证件出境入境的；

（三）逃避出境入境边防检查的；

（四）以其他方式非法出境入境的。

第七十二条 协助他人非法出境入境的，处二千元以上一万元以下罚款；情节严重的，处十日以上十五日以下拘留，并处五千元以上二万元以下罚款，有违法所得的，没收违法所得。

单位有前款行为的，处一万元以上五万元以下罚款，有违法所得的，没收违法所得，并对其直接负责的主管人员和其他直接责任人员依照前款规定予以处罚。

第七十三条 弄虚作假骗取签证、停留居留证件等出境入境证件的，处二千元以上五千元以下罚款；情节严重的，处十日以上十五日以下拘留，并处五千元以上二万元以下罚款。

单位有前款行为的，处一万元以上五万元以下罚款，并对其直接负责的主管人员和其他直接责任人员依照前款规定予以处罚。

第七十四条 违反本法规定，为外国人出具邀请函件或者其他申请材料的，处五千元以上一万元以下罚款，有违法所得的，没收违法所得，并责令其承担所邀请外国人的出境费用。

单位有前款行为的，处一万元以上五万元以下罚款，有违法所得的，没收违法所得，并责令其承担所邀请外国人的出境费用，对其直接负责的主管人员和其他直接责任人员依照前款规定予以处罚。

第七十五条 中国公民出境后非法前往其他国家或者地区被遣返的，出入境边防检查机关应当收缴其出境入境证件，出境入境证件签发机关自其被遣返之日起六个月至三年以内不予签发出境入境证件。

第七十六条 有下列情形之一的，给予警告，可以并处二千元以下罚款：

（一）外国人拒不接受公安机关查验其出境入境证件的；

（二）外国人拒不交验居留证件的；

（三）未按照规定办理外国人出生登记、死亡申报的；

（四）外国人居留证件登记事项发生变更，未按照规定办理变更的；

（五）在中国境内的外国人冒用他人出境入境证件的；

（六）未按照本法第三十九条第二款规定办理登记的。

旅馆未按照规定办理外国人住宿登记的，依照《中华人民共和国治安管理处罚法》的有关规定予以处罚；未按照规定向公安机关报送外国人住宿登记信息的，给予警告；情节严重的，处一千元以上五千元以下罚款。

第七十七条 外国人未经批准，擅自进入限制外国人进入的区域，责令立即离开；情节严重的，处五日以上十日以下拘留。对外国人非法获取的文字记录、音像资料、电子数据和其他物品，予以收缴或者销毁，所用工具予以收缴。

外国人、外国机构违反本法规定，拒不执行公安机关、国家安全机关限期迁离决定的，给予警告并强制迁离；情节严重的，对有关责任人员处五日以上十五日以下拘留。

第七十八条 外国人非法居留的，给予警告；情节严重的，处每非法居留一日五百元，总额不超过一万元的罚款或者五日以上十五日以下拘留。

因监护人或者其他负有监护责任的人未尽到监护义务，致使未满十六周岁的外国人非法居留的，对监护人或者其他负有监护责任的人给予警告，可以并处一千元以下罚款。

第七十九条 容留、藏匿非法入境、非法居留的外国人，协助非法入境、非法居留的外国人逃避检查，或者为非法居留的外国人违法提供出境入境证件的，处二千元以上一万元以下罚款；情节严重的，处五日以上十五日以下拘留，并处五千元以上二万元以下罚款，有违法所得的，没收违法所得。

单位有前款行为的，处一万元以上五万元以下罚款，有违法所得的，没收违法所得，并对其直接负责的主管人员和其他直接责任人员依照前款规定予以处罚。

第八十条 外国人非法就业的，处五千元以上二万元以下罚款；情节严重的，处五日以上十五日以下拘留，并处五千元以上二万元以下罚款。

介绍外国人非法就业的，对个人处每非法介绍一人五千元，总额不超过五万元的罚款；对单位处每非法介绍一人五千元，总额不超过十万元的罚款；有违法所得的，没收违法所得。

非法聘用外国人的，处每非法聘用一人一万元，总额不超过十万元的罚款；有违法所得的，没收违法所得。

第八十一条 外国人从事与停留居留事由不相符的活动,或者有其他违反中国法律、法规规定,不适宜在中国境内继续停留居留情形的,可以处限期出境。

外国人违反本法规定,情节严重,尚不构成犯罪的,公安部可以处驱逐出境。公安部的处罚决定为最终决定。

被驱逐出境的外国人,自被驱逐出境之日起十年内不准入境。

第八十二条 有下列情形之一的,给予警告,可以并处二千元以下罚款:

(一)扰乱口岸限定区域管理秩序的;

(二)外国船员及其随行家属未办理临时入境手续登陆的;

(三)未办理登轮证件上下外国船舶的。

违反前款第一项规定,情节严重的,可以并处五日以上十日以下拘留。

第八十三条 交通运输工具有下列情形之一的,对其负责人处五千元以上五万元以下罚款:

(一)未经查验准许擅自出境入境或者未经批准擅自改变出境入境口岸的;

(二)未按照规定如实申报员工、旅客、货物或者物品等信息,或者拒绝协助出境入境边防检查的;

(三)违反出境入境边防检查规定上下人员、装卸货物或者物品的。

出境入境交通运输工具载运不准出境入境人员出境入境的,处每载运一人五千元以上一万元以下罚款。交通运输工具负责人证明其已经采取合理预防措施的,可以减轻或者免予处罚。

第八十四条 交通运输工具有下列情形之一的,对其负责人处二千元以上二万元以下罚款:

(一)中国或者外国船舶未经批准擅自搭靠外国船舶的;

(二)外国船舶、航空器在中国境内未按照规定的路线、航线行驶的;

(三)出境入境的船舶、航空器违反规定驶入对外开放口岸以外地区的。

第八十五条 履行出境入境管理职责的工作人员,有下列行为之一的,依法给予处分:

(一)违反法律、行政法规,为不符合规定条件的外国人签发签证、外国人停留居留证件等出境入境证件的;

(二)违反法律、行政法规,审核验放不符合规定条件的人员或者交通运输工具出境入境的;

(三)泄露在出境入境管理工作中知悉的个人信息,侵害当事人合法权益的;

(四)不按照规定将依法收取的费用、收缴的罚款及没收的违法所得、非法财物上缴国库的;

(五)私分、侵占、挪用罚没、扣押的款物或者收取的费用的;

(六)滥用职权、玩忽职守、徇私舞弊,不依法履行法定职责的其他行为。

第八十六条 对违反出境入境管理行为处五百元以下罚款的,出入境边防检查机关可以当场作出处罚决定。

第八十七条 对违反出境入境管理行为处罚款的,被处罚人应当自收到处罚决定书之日起十五日内,到指定的银行缴纳罚款。被处罚人在所在地没有固定住所,不当场收缴罚款事后难以执行或者在口岸向指定银行缴纳罚款确有困难的,可以当场收缴。

第八十八条 违反本法规定,构成犯罪的,依法追究刑事责任。

第八章 附 则

第八十九条 本法下列用语的含义:

出境,是指由中国内地前往其他国家或者地区,由中国内地前往香港特别行政区、澳门特别行政区,由中国大陆前往台湾地区。

入境,是指由其他国家或者地区进入中国内地,由香港特别行政区、澳门特别行政区进入中国内地,由台湾地区进入中国大陆。

外国人,是指不具有中国国籍的人。

第九十条 经国务院批准,同毗邻国家接壤的省、自治区可以根据中国与有关国家签订的边界管理协定制定地方性法规、地方政府规章,对两国边境接壤地区的居民往来作出规定。

第九十一条 外国驻中国的外交代表机构、领事机构成员以及享有特权和豁免的其他外国人,其入境出境及停留居留管理,其他法律另有规定的,依照其规定。

第九十二条 外国人申请办理签证、外国人停留居留证件等出境入境证件或者申请办理证件延期、变更的,应当按照规定缴纳签证费、证件费。

第九十三条 本法自2013年7月1日起施行。《中华人民共和国外国人入境出境管理法》和《中华人民共和国公民出境入境管理法》同时废止。

中华人民共和国技术进出口管理条例

(2001年12月10日中华人民共和国国务院令第331号公布　根据2011年1月8日《国务院关于废止和修改部分行政法规的决定》修订)

第一章　总　　则

第一条 为了规范技术进出口管理,维护技术进出口秩序,促进国民经济和社会发展,根据《中华人民共和国对外贸易法》(以下简称对外贸易法)及其他有关法律的有关规定,制定本条例。

第二条 本条例所称技术进出口,是指从中华人民共和国境外向中华人民共和国境内,或者从中华人民共和国境内向中华人民共和国境外,通过贸易、投资或者经济技术合作的方式转移技术的行为。

前款规定的行为包括专利权转让、专利申请权转让、专利实施许可、技术秘密转让、技术服务和其他方式的技术转移。

第三条 国家对技术进出口实行统一的管理制度,依法维护公平、自由的技术进出口秩序。

第四条 技术进出口应当符合国家的产业政策、科技政策和社会发展政策,有利于促进我国科技进步和对外经济技术合作的发展,有利于维护我国经济技术权益。

第五条 国家准许技术的自由进出口;但是,法律、行政法规另有规定的除外。

第六条 国务院对外经济贸易主管部门(以下简称国务院外经贸主管部门)依照对外贸易法和本条例的规定,负责全国的技术进出口管理工作。省、自治区、直辖市人民政府外经贸主管部门根据国务院外经贸主管部门的授权,负责本行政区域内的技术进出口管理工作。

国务院有关部门按照国务院的规定,履行技术进出口项目的有关管理职责。

第二章　技术进口管理

第七条 国家鼓励先进、适用的技术进口。

第八条 有对外贸易法第十六条规定情形之一的技术,禁止或者限制进口。

国务院外经贸主管部门会同国务院有关部门,制定、调整并公布禁止或者限制进口的技术目录。

第九条 属于禁止进口的技术,不得进口。

第十条 属于限制进口的技术,实行许可证管理;未经许可,不得进口。

第十一条 进口属于限制进口的技术,应当向国务院外经贸主管部门提出技术进口申请并附有关文件。

技术进口项目需经有关部门批准的，还应当提交有关部门的批准文件。

第十二条 国务院外经贸主管部门收到技术进口申请后，应当会同国务院有关部门对申请进行审查，并自收到申请之日起30个工作日内作出批准或者不批准的决定。

第十三条 技术进口申请经批准的，由国务院外经贸主管部门发给技术进口许可意向书。

进口经营者取得技术进口许可意向书后，可以对外签订技术进口合同。

第十四条 进口经营者签订技术进口合同后，应当向国务院外经贸主管部门提交技术进口合同副本及有关文件，申请技术进口许可证。

国务院外经贸主管部门对技术进口合同的真实性进行审查，并自收到前款规定的文件之日起10个工作日内，对技术进口作出许可或者不许可的决定。

第十五条 申请人依照本条例第十一条的规定向国务院外经贸主管部门提出技术进口申请时，可以一并提交已经签订的技术进口合同副本。

国务院外经贸主管部门应当依照本条例第十二条和第十四条的规定对申请及其技术进口合同的真实性一并进行审查，并自收到前款规定的文件之日起40个工作日内，对技术进口作出许可或者不许可的决定。

第十六条 技术进口经许可的，由国务院外经贸主管部门颁发技术进口许可证。技术进口合同自技术进口许可证颁发之日起生效。

第十七条 对属于自由进口的技术，实行合同登记管理。

进口属于自由进口的技术，合同自依法成立时生效，不以登记为合同生效的条件。

第十八条 进口属于自由进口的技术，应当向国务院外经贸主管部门办理登记，并提交下列文件：

（一）技术进口合同登记申请书；

（二）技术进口合同副本；

（三）签约双方法律地位的证明文件。

第十九条 国务院外经贸主管部门应当自收到本条例第十八条规定的文件之日起3个工作日内，对技术进口合同进行登记，颁发技术进口合同登记证。

第二十条 申请人凭技术进口许可证或者技术进口合同登记证，办理外汇、银行、税务、海关等相关手续。

第二十一条 依照本条例的规定，经许可或者登记的技术进口合同，合同的主要内容发生变更的，应当重新办理许可或者登记手续。

经许可或者登记的技术进口合同终止的，应当及时向国务院外经贸主管部门备案。

第二十二条 设立外商投资企业，外方以技术作为投资的，该技术的进口，应当按照外商投资企业设立审批的程序进行审查或者办理登记。

第二十三条 国务院外经贸主管部门和有关部门及其工作人员在履行技术进口管理职责中，对所知悉的商业秘密负有保密义务。

第二十四条 技术进口合同的让与人应当保证自己是所提供技术的合法拥有者或者有权转让、许可者。

技术进口合同的受让人按照合同约定使用让与人提供的技术，被第三方指控侵权的，受让人应当立即通知让与人；让与人接到通知后，应当协助受让人排除妨碍。

技术进口合同的受让人按照合同约定使用让与人提供的技术，侵害他人合法权益的，由让与人承担责任。

第二十五条 技术进口合同的让与人应当保证所提供的技术完整、无误、有效，能够达到约定的技术目标。

第二十六条 技术进口合同的受让人、让与人应当在合同约定的保密范围和保密期限内,对让与人提供的技术中尚未公开的秘密部分承担保密义务。

在保密期限内,承担保密义务的一方在保密技术非因自己的原因被公开后,其承担的保密义务即予终止。

第二十七条 在技术进口合同有效期内,改进技术的成果属于改进方。

第二十八条 技术进口合同期满后,技术让与人和受让人可以依照公平合理的原则,就技术的继续使用进行协商。

第二十九条 技术进口合同中,不得含有下列限制性条款:

(一)要求受让人接受并非技术进口必不可少的附带条件,包括购买非必需的技术、原材料、产品、设备或者服务;

(二)要求受让人为专利权有效期限届满或者专利权被宣布无效的技术支付使用费或者承担相关义务;

(三)限制受让人改进让与人提供的技术或者限制受让人使用所改进的技术;

(四)限制受让人从其他来源获得与让与人提供的技术类似的技术或者与其竞争的技术;

(五)不合理地限制受让人购买原材料、零部件、产品或者设备的渠道或者来源;

(六)不合理地限制受让人产品的生产数量、品种或者销售价格;

(七)不合理地限制受让人利用进口的技术生产产品的出口渠道。

第三章 技术出口管理

第三十条 国家鼓励成熟的产业化技术出口。

第三十一条 有对外贸易法第十六条规定情形之一的技术,禁止或者限制出口。

国务院外经贸主管部门会同国务院有关部门,制定、调整并公布禁止或者限制出口的技术目录。

第三十二条 属于禁止出口的技术,不得出口。

第三十三条 属于限制出口的技术,实行许可证管理;未经许可,不得出口。

第三十四条 出口属于限制出口的技术,应当向国务院外经贸主管部门提出申请。

第三十五条 国务院外经贸主管部门收到技术出口申请后,应当会同国务院科技管理部门对申请出口的技术进行审查,并自收到申请之日起30个工作日内作出批准或者不批准的决定。

限制出口的技术需经有关部门进行保密审查的,按照国家有关规定执行。

第三十六条 技术出口申请经批准的,由国务院外经贸主管部门发给技术出口许可意向书。

申请人取得技术出口许可意向书后,方可对外进行实质性谈判,签订技术出口合同。

第三十七条 申请人签订技术出口合同后,应当向国务院外经贸主管部门提交下列文件,申请技术出口许可证:

(一)技术出口许可意向书;

(二)技术出口合同副本;

(三)技术资料出口清单;

(四)签约双方法律地位的证明文件。

国务院外经贸主管部门对技术出口合同的真实性进行审查,并自收到前款规定的文件之日起15个工作日内,对技术出口作出许可或者不许可的决定。

第三十八条 技术出口经许可的,由国务院外经贸主管部门颁发技术出口许可证。技术出口合同自技术出口许可证颁发之日起生效。

第三十九条 对属于自由出口的技术,实行合同登记管理。

出口属于自由出口的技术,合同自依法成立时生效,不以登记为合同生效的条件。

第四十条 出口属于自由出口的技术,应当向国务院外经贸主管部门办理登记,并提交下列文件:

(一)技术出口合同登记申请书;

(二)技术出口合同副本;

(三)签约双方法律地位的证明文件。

第四十一条 国务院外经贸主管部门应当自收到本条例第四十条规定的文件之日起3个工作日内,对技术出口合同进行登记,颁发技术出口合同登记证。

第四十二条 申请人凭技术出口许可证或者技术出口合同登记证办理外汇、银行、税务、海关等相关手续。

第四十三条 依照本条例的规定,经许可或者登记的技术出口合同,合同的主要内容发生变更的,应当重新办理许可或者登记手续。

经许可或者登记的技术出口合同终止的,应当及时向国务院外经贸主管部门备案。

第四十四条 国务院外经贸主管部门和有关部门及其工作人员在履行技术出口管理职责中,对国家秘密和所知悉的商业秘密负有保密义务。

第四十五条 出口核技术、核两用品相关技术、监控化学品生产技术、军事技术等出口管制技术的,依照有关行政法规的规定办理。

第四章 法律责任

第四十六条 进口或者出口属于禁止进出口的技术的,或者未经许可擅自进口或者出口属于限制进出口的技术的,依照刑法关于走私罪、非法经营罪、泄露国家秘密罪或者其他罪的规定,依法追究刑事责任;尚不够刑事处罚的,区别不同情况,依照海关法的有关规定处罚,或者由国务院外经贸主管部门给予警告,没收违法所得,处违法所得1倍以上5倍以下的罚款;国务院外经贸主管部门并可以撤销其对外贸易经营许可。

第四十七条 擅自超出许可的范围进口或者出口属于限制进出口的技术的,依照刑法关于非法经营罪或者其他罪的规定,依法追究刑事责任;尚不够刑事处罚的,区别不同情况,依照海关法的有关规定处罚,或者由国务院外经贸主管部门给予警告,没收违法所得,处违法所得1倍以上3倍以下的罚款;国务院外经贸主管部门并可以暂停直至撤销其对外贸易经营许可。

第四十八条 伪造、变造或者买卖技术进出口许可证或者技术进出口合同登记证的,依照刑法关于非法经营罪或者伪造、变造、买卖国家机关公文、证件、印章罪的规定,依法追究刑事责任;尚不够刑事处罚的,依照海关法的有关规定处罚;国务院外经贸主管部门并可以撤销其对外贸易经营许可。

第四十九条 以欺骗或者其他不正当手段获取技术进出口许可的,由国务院外经贸主管部门吊销其技术进出口许可证,暂停直至撤销其对外贸易经营许可。

第五十条 以欺骗或者其他不正当手段获取技术进出口合同登记的,由国务院外经贸主管部门吊销其技术进出口合同登记证,暂停直至撤销其对外贸易经营许可。

第五十一条 技术进出口管理工作人员违反本条例的规定,泄露国家秘密或者所知悉的商业秘密的,依照刑法关于泄露国家秘密罪或者侵犯商业秘密罪的规定,依法追究刑事责任;尚不够刑事处罚的,依法给予行政处分。

第五十二条 技术进出口管理工作人员滥用职权、玩忽职守或者利用职务上的便利收受、索取他人财物的,依照刑法关于滥用职权罪、玩忽职守罪、受贿罪或者其他罪的规定,依法追究刑事责任;尚不够刑事处罚的,依法给予行政处分。

第五章　附　　则

第五十三条　对国务院外经贸主管部门作出的有关技术进出口的批准、许可、登记或者行政处罚决定不服的，可以依法申请行政复议，也可以依法向人民法院提起诉讼。

第五十四条　本条例公布前国务院制定的有关技术进出口管理的规定与本条例的规定不一致的，以本条例为准。

第五十五条　本条例自2002年1月1日起施行。1985年5月24日国务院发布的《中华人民共和国技术引进合同管理条例》和1987年12月30日国务院批准、1988年1月20日对外经济贸易部发布的《中华人民共和国技术引进合同管理条例施行细则》同时废止。

中华人民共和国海关事务担保条例

（2010年9月14日中华人民共和国国务院令第581号公布　根据2018年3月19日《国务院关于修改和废止部分行政法规的决定》修订）

第一条　为了规范海关事务担保，提高通关效率，保障海关监督管理，根据《中华人民共和国海关法》及其他有关法律的规定，制定本条例。

第二条　当事人向海关申请提供担保，承诺履行法律义务，海关为当事人办理海关事务担保，适用本条例。

第三条　海关事务担保应当遵循合法、诚实信用、权责统一的原则。

第四条　有下列情形之一的，当事人可以在办结海关手续前向海关申请提供担保，要求提前放行货物：

（一）进出口货物的商品归类、完税价格、原产地尚未确定的；

（二）有效报关单证尚未提供的；

（三）在纳税期限内税款尚未缴纳的；

（四）滞报金尚未缴纳的；

（五）其他海关手续尚未办结的。

国家对进出境货物、物品有限制性规定，应当提供许可证件而不能提供的，以及法律、行政法规规定不得担保的其他情形，海关不予办理担保放行。

第五条　当事人申请办理下列特定海关业务的，按照海关规定提供担保：

（一）运输企业承担来往内地与港澳公路货物运输、承担海关监管货物境内公路运输的；

（二）货物、物品暂时进出境的；

（三）货物进境修理和出境加工的；

（四）租赁货物进口的；

（五）货物和运输工具过境的；

（六）将海关监管货物暂时存放在海关监管区外的；

（七）将海关监管货物向金融机构抵押的；

（八）为保税货物办理有关海关业务的。

当事人不提供或者提供的担保不符合规定的，海关不予办理前款所列特定海关业务。

第六条　进出口货物的纳税义务人在规定的纳税期限内有明显的转移、藏匿其应税货物以及其他财产迹象的，海关可以责令纳税义务人提供担保；纳税义务人不能提供担保的，海关依法采取税收保全措施。

第七条 有违法嫌疑的货物、物品、运输工具应当或者已经被海关依法扣留、封存的，当事人可以向海关提供担保，申请免予或者解除扣留、封存。

有违法嫌疑的货物、物品、运输工具无法或者不便扣留的，当事人或者运输工具负责人应当向海关提供等值的担保；未提供等值担保的，海关可以扣留当事人等值的其他财产。

有违法嫌疑的货物、物品、运输工具属于禁止进出境，或者必须以原物作为证据，或者依法应当予以没收的，海关不予办理担保。

第八条 法人、其他组织受到海关处罚，在罚款、违法所得或者依法应当追缴的货物、物品、走私运输工具的等值价款未缴清前，其法定代表人、主要负责人出境的，应当向海关提供担保；未提供担保的，海关可以通知出境管理机关阻止其法定代表人、主要负责人出境。

受海关处罚的自然人出境的，适用前款规定。

第九条 进口已采取临时反倾销措施、临时反补贴措施的货物应当提供担保的，或者进出口货物收发货人、知识产权权利人申请办理知识产权海关保护相关事务等，依照本条例的规定办理海关事务担保。法律、行政法规有特别规定的，从其规定。

第十条 按照海关总署的规定经海关认定的高级认证企业可以申请免除担保，并按照海关规定办理有关手续。

第十一条 当事人在一定期限内多次办理同一类海关事务的，可以向海关申请提供总担保。海关接受总担保的，当事人办理该类海关事务，不再单独提供担保。

总担保的适用范围、担保金额、担保期限、终止情形等由海关总署规定。

第十二条 当事人可以以海关依法认可的财产、权利提供担保，担保财产、权利的具体范围由海关总署规定。

第十三条 当事人以保函向海关提供担保的，保函应当以海关为受益人，并且载明下列事项：

（一）担保人、被担保人的基本情况；

（二）被担保的法律义务；

（三）担保金额；

（四）担保期限；

（五）担保责任；

（六）需要说明的其他事项。

担保人应当在保函上加盖印章，并注明日期。

第十四条 当事人提供的担保应当与其需要履行的法律义务相当，除本条例第七条第二款规定的情形外，担保金额按照下列标准确定：

（一）为提前放行货物提供的担保，担保金额不得超过可能承担的最高税款总额；

（二）为办理特定海关业务提供的担保，担保金额不得超过可能承担的最高税款总额或者海关总署规定的金额；

（三）因有明显的转移、藏匿应税货物以及其他财产迹象被责令提供的担保，担保金额不得超过可能承担的最高税款总额；

（四）为有关货物、物品、运输工具免予或者解除扣留、封存提供的担保，担保金额不得超过该货物、物品、运输工具的等值价款；

（五）为罚款、违法所得或者依法应当追缴的货物、物品、走私运输工具的等值价款未缴清前出境提供的担保，担保金额应当相当于罚款、违法所得数额或者依法应当追缴的货物、物品、走私运输工具的等值价款。

第十五条 办理担保，当事人应当提交书面申请以及真实、合法、有效的财产、权利凭证和身份或者资格证明等材料。

第十六条 海关应当自收到当事人提交的材料之日起5个工作日内对相关财产、权利等进行审核,并决定是否接受担保。当事人申请办理总担保的,海关应当在10个工作日内审核并决定是否接受担保。

符合规定的担保,自海关决定接受之日起生效。对不符合规定的担保,海关应当书面通知当事人不予接受,并说明理由。

第十七条 被担保人履行法律义务期限届满前,担保人和被担保人因特殊原因要求变更担保内容的,应当向接受担保的海关提交书面申请以及有关证明材料。海关应当自收到当事人提交的材料之日起5个工作日内作出是否同意变更的决定,并书面通知当事人,不同意变更的,应当说明理由。

第十八条 被担保人在规定的期限内未履行有关法律义务的,海关可以依法从担保财产、权利中抵缴。当事人以保函提供担保的,海关可以直接要求承担连带责任的担保人履行担保责任。

担保人履行担保责任的,不免除被担保人办理有关海关手续的义务。海关应当及时为被担保人办理有关海关手续。

第十九条 担保财产、权利不足以抵偿被担保人有关法律义务的,海关应当书面通知被担保人另行提供担保或者履行法律义务。

第二十条 有下列情形之一的,海关应当书面通知当事人办理担保财产、权利退还手续:

(一)当事人已经履行有关法律义务的;

(二)当事人不再从事特定海关业务的;

(三)担保财产、权利被海关采取抵缴措施后仍有剩余的;

(四)其他需要退还的情形。

第二十一条 自海关要求办理担保财产、权利退还手续的书面通知送达之日起3个月内,当事人无正当理由未办理退还手续的,海关应当发布公告。

自海关公告发布之日起1年内,当事人仍未办理退还手续的,海关应当将担保财产、权利依法变卖或者兑付后,上缴国库。

第二十二条 海关履行职责,金融机构等有关单位应当依法予以协助。

第二十三条 担保人、被担保人违反本条例,使用欺骗、隐瞒等手段提供担保的,由海关责令其继续履行法律义务,处5000元以上50000元以下的罚款;情节严重的,可以暂停被担保人从事有关海关业务或者撤销其从事有关海关业务的注册登记。

第二十四条 海关工作人员有下列行为之一的,给予处分;构成犯罪的,依法追究刑事责任:

(一)违法处分担保财产、权利;

(二)对不符合担保规定的,违法办理有关手续致使国家利益遭受损失;

(三)对符合担保规定的,不予办理有关手续;

(四)与海关事务担保有关的其他违法行为。

第二十五条 担保人、被担保人对海关有关海关事务担保的具体行政行为不服的,可以依法向上一级海关申请行政复议或者向人民法院提起行政诉讼。

第二十六条 本条例自2011年1月1日起施行。

中华人民共和国对外贸易法

（1994 年 5 月 12 日第八届全国人民代表大会常务委员会第七次会议通过 2004 年 4 月 6 日第十届全国人民代表大会常务委员会第八次会议修订 根据 2016 年 11 月 7 日第十二届全国人民代表大会常务委员会第二十四次会议《关于修改〈中华人民共和国对外贸易法〉等十二部法律的决定》修正）

第一章 总 则

第一条 为了扩大对外开放，发展对外贸易，维护对外贸易秩序，保护对外贸易经营者的合法权益，促进社会主义市场经济的健康发展，制定本法。

第二条 本法适用于对外贸易以及与对外贸易有关的知识产权保护。

本法所称对外贸易，是指货物进出口、技术进出口和国际服务贸易。

第三条 国务院对外贸易主管部门依照本法主管全国对外贸易工作。

第四条 国家实行统一的对外贸易制度，鼓励发展对外贸易，维护公平、自由的对外贸易秩序。

第五条 中华人民共和国根据平等互利的原则，促进和发展同其他国家和地区的贸易关系，缔结或者参加关税同盟协定、自由贸易区协定等区域经济贸易协定，参加区域经济组织。

第六条 中华人民共和国在对外贸易方面根据所缔结或者参加的国际条约、协定，给予其他缔约方、参加方最惠国待遇、国民待遇等待遇，或者根据互惠、对等原则给予对方最惠国待遇、国民待遇等待遇。

第七条 任何国家或者地区在贸易方面对中华人民共和国采取歧视性的禁止、限制或者其他类似措施的，中华人民共和国可以根据实际情况对该国家或者该地区采取相应的措施。

第二章 对外贸易经营者

第八条 本法所称对外贸易经营者，是指依法办理工商登记或者其他执业手续，依照本法和其他有关法律、行政法规的规定从事对外贸易经营活动的法人、其他组织或者个人。

第九条 从事货物进出口或者技术进出口的对外贸易经营者，应当向国务院对外贸易主管部门或者其委托的机构办理备案登记；但是，法律、行政法规和国务院对外贸易主管部门规定不需要备案登记的除外。备案登记的具体办法由国务院对外贸易主管部门规定。

对外贸易经营者未按照规定办理备案登记的，海关不予办理进出口货物的报关验放手续。

第十条 从事国际服务贸易，应当遵守本法和其他有关法律、行政法规的规定。

从事对外劳务合作的单位，应当具备相应的资质。具体办法由国务院规定。

第十一条 国家可以对部分货物的进出口实行国营贸易管理。实行国营贸易管理货物的进出口业务只能由经授权的企业经营；但是，国家允许部分数量的国营贸易管理货物的进出口业务由非授权企业经营的除外。

实行国营贸易管理的货物和经授权经营企业的目录，由国务院对外贸易主管部门会同国务院其他有关部门确定、调整并公布。

违反本条第一款规定，擅自进出口实行国营贸易管理的货物的，海关不予放行。

第十二条 对外贸易经营者可以接受他人的委托，在经营范围内代为办理对外贸易业务。

第十三条 对外贸易经营者应当按照国务院对外贸易主管部门或者国务院其他有关部门依法

作出的规定,向有关部门提交与其对外贸易经营活动有关的文件及资料。有关部门应当为提供者保守商业秘密。

第三章　货物进出口与技术进出口

第十四条　国家准许货物与技术的自由进出口。但是,法律、行政法规另有规定的除外。

第十五条　国务院对外贸易主管部门基于监测进出口情况的需要,可以对部分自由进出口的货物实行进出口自动许可并公布其目录。

实行自动许可的进出口货物,收货人、发货人在办理海关报关手续前提出自动许可申请的,国务院对外贸易主管部门或者其委托的机构应当予以许可;未办理自动许可手续的,海关不予放行。

进出口属于自由进出口的技术,应当向国务院对外贸易主管部门或者其委托的机构办理合同备案登记。

第十六条　国家基于下列原因,可以限制或者禁止有关货物、技术的进口或者出口:

(一)为维护国家安全、社会公共利益或者公共道德,需要限制或者禁止进口或者出口的;

(二)为保护人的健康或者安全,保护动物、植物的生命或者健康,保护环境,需要限制或者禁止进口或者出口的;

(三)为实施与黄金或者白银进出口有关的措施,需要限制或者禁止进口或者出口的;

(四)国内供应短缺或者为有效保护可能用竭的自然资源,需要限制或者禁止出口的;

(五)输往国家或者地区的市场容量有限,需要限制出口的;

(六)出口经营秩序出现严重混乱,需要限制出口的;

(七)为建立或者加快建立国内特定产业,需要限制进口的;

(八)对任何形式的农业、牧业、渔业产品有必要限制进口的;

(九)为保障国家国际金融地位和国际收支平衡,需要限制进口的;

(十)依照法律、行政法规的规定,其他需要限制或者禁止进口或者出口的;

(十一)根据我国缔结或者参加的国际条约、协定的规定,其他需要限制或者禁止进口或者出口的。

第十七条　国家对与裂变、聚变物质或者衍生此类物质的物质有关的货物、技术进出口,以及与武器、弹药或者其他军用物资有关的进出口,可以采取任何必要的措施,维护国家安全。

在战时或者为维护国际和平与安全,国家在货物、技术进出口方面可以采取任何必要的措施。

第十八条　国务院对外贸易主管部门会同国务院其他有关部门,依照本法第十六条和第十七条的规定,制定、调整并公布限制或者禁止进出口的货物、技术目录。

国务院对外贸易主管部门或者由其会同国务院其他有关部门,经国务院批准,可以在本法第十六条和第十七条规定的范围内,临时决定限制或者禁止前款规定目录以外的特定货物、技术的进口或者出口。

第十九条　国家对限制进口或者出口的货物,实行配额、许可证等方式管理;对限制进口或者出口的技术,实行许可证管理。

实行配额、许可证管理的货物、技术,应当按照国务院规定经国务院对外贸易主管部门或者经其会同国务院其他有关部门许可,方可进口或者出口。

国家对部分进口货物可以实行关税配额管理。

第二十条　进出口货物配额、关税配额,由国务院对外贸易主管部门或者国务院其他有关部门在各自的职责范围内,按照公开、公平、公正和效益的原则进行分配。具体办法由国务院规定。

第二十一条　国家实行统一的商品合格评定制度,根据有关法律、行政法规的规定,对进出口商品进行认证、检验、检疫。

第二十二条 国家对进出口货物进行原产地管理。具体办法由国务院规定。

第二十三条 对文物和野生动物、植物及其产品等,其他法律、行政法规有禁止或者限制进出口规定的,依照有关法律、行政法规的规定执行。

第四章 国际服务贸易

第二十四条 中华人民共和国在国际服务贸易方面根据所缔结或者参加的国际条约、协定中所作的承诺,给予其他缔约方、参加方市场准入和国民待遇。

第二十五条 国务院对外贸易主管部门和国务院其他有关部门,依照本法和其他有关法律、行政法规的规定,对国际服务贸易进行管理。

第二十六条 国家基于下列原因,可以限制或者禁止有关的国际服务贸易:

(一)为维护国家安全、社会公共利益或者公共道德,需要限制或者禁止的;

(二)为保护人的健康或者安全,保护动物、植物的生命或者健康,保护环境,需要限制或者禁止的;

(三)为建立或者加快建立国内特定服务产业,需要限制的;

(四)为保障国家外汇收支平衡,需要限制的;

(五)依照法律、行政法规的规定,其他需要限制或者禁止的;

(六)根据我国缔结或者参加的国际条约、协定的规定,其他需要限制或者禁止的。

第二十七条 国家对与军事有关的国际服务贸易,以及与裂变、聚变物质或者衍生此类物质的物质有关的国际服务贸易,可以采取任何必要的措施,维护国家安全。

在战时或者为维护国际和平与安全,国家在国际服务贸易方面可以采取任何必要的措施。

第二十八条 国务院对外贸易主管部门会同国务院其他有关部门,依照本法第二十六条、第二十七条和其他有关法律、行政法规的规定,制定、调整并公布国际服务贸易市场准入目录。

第五章 与对外贸易有关的知识产权保护

第二十九条 国家依照有关知识产权的法律、行政法规,保护与对外贸易有关的知识产权。

进口货物侵犯知识产权,并危害对外贸易秩序的,国务院对外贸易主管部门可以采取在一定期限内禁止侵权人生产、销售的有关货物进口等措施。

第三十条 知识产权权利人有阻止被许可人对许可合同中的知识产权的有效性提出质疑、进行强制性一揽子许可、在许可合同中规定排他性返授条件等行为之一,并危害对外贸易公平竞争秩序的,国务院对外贸易主管部门可以采取必要的措施消除危害。

第三十一条 其他国家或者地区在知识产权保护方面未给予中华人民共和国的法人、其他组织或者个人国民待遇,或者不能对来源于中华人民共和国的货物、技术或者服务提供充分有效的知识产权保护的,国务院对外贸易主管部门可以依照本法和其他有关法律、行政法规的规定,并根据中华人民共和国缔结或者参加的国际条约、协定,对与该国家或者该地区的贸易采取必要的措施。

第六章 对外贸易秩序

第三十二条 在对外贸易经营活动中,不得违反有关反垄断的法律、行政法规的规定实施垄断行为。

在对外贸易经营活动中实施垄断行为,危害市场公平竞争的,依照有关反垄断的法律、行政法规的规定处理。

有前款违法行为,并危害对外贸易秩序的,国务院对外贸易主管部门可以采取必要的措施消除危害。

第三十三条 在对外贸易经营活动中,不得实施以不正当的低价销售商品、串通投标、发布虚假广告、进行商业贿赂等不正当竞争行为。

在对外贸易经营活动中实施不正当竞争行为的,依照有关反不正当竞争的法律、行政法规的规定处理。

有前款违法行为,并危害对外贸易秩序的,国务院对外贸易主管部门可以采取禁止该经营者有关货物、技术进出口等措施消除危害。

第三十四条 在对外贸易活动中,不得有下列行为:

(一)伪造、变造进出口货物原产地标记,伪造、变造或者买卖进出口货物原产地证书、进出口许可证、进出口配额证明或者其他进出口证明文件;

(二)骗取出口退税;

(三)走私;

(四)逃避法律、行政法规规定的认证、检验、检疫;

(五)违反法律、行政法规规定的其他行为。

第三十五条 对外贸易经营者在对外贸易经营活动中,应当遵守国家有关外汇管理的规定。

第三十六条 违反本法规定,危害对外贸易秩序的,国务院对外贸易主管部门可以向社会公告。

第七章 对外贸易调查

第三十七条 为了维护对外贸易秩序,国务院对外贸易主管部门可以自行或者会同国务院其他有关部门,依照法律、行政法规的规定对下列事项进行调查:

(一)货物进出口、技术进出口、国际服务贸易对国内产业及其竞争力的影响;

(二)有关国家或者地区的贸易壁垒;

(三)为确定是否应当依法采取反倾销、反补贴或者保障措施等对外贸易救济措施,需要调查的事项;

(四)规避对外贸易救济措施的行为;

(五)对外贸易中有关国家安全利益的事项;

(六)为执行本法第七条、第二十九条第二款、第三十条、第三十一条、第三十二条第三款、第三十三条第三款的规定,需要调查的事项;

(七)其他影响对外贸易秩序,需要调查的事项。

第三十八条 启动对外贸易调查,由国务院对外贸易主管部门发布公告。

调查可以采取书面问卷、召开听证会、实地调查、委托调查等方式进行。

国务院对外贸易主管部门根据调查结果,提出调查报告或者作出处理裁定,并发布公告。

第三十九条 有关单位和个人应当对对外贸易调查给予配合、协助。

国务院对外贸易主管部门和国务院其他有关部门及其工作人员进行对外贸易调查,对知悉的国家秘密和商业秘密负有保密义务。

第八章 对外贸易救济

第四十条 国家根据对外贸易调查结果,可以采取适当的对外贸易救济措施。

第四十一条 其他国家或者地区的产品以低于正常价值的倾销方式进入我国市场,对已建立的国内产业造成实质损害或者产生实质损害威胁,或者对建立国内产业造成实质阻碍的,国家可以采取反倾销措施,消除或者减轻这种损害或者损害的威胁或者阻碍。

第四十二条 其他国家或者地区的产品以低于正常价值出口至第三国市场,对我国已建立的国内产业造成实质损害或者产生实质损害威胁，或者对我国建立国内产业造成实质阻碍的，应国内产业的申请，国务院对外贸易主管部门可以与该第三国政府进行磋商，要求其采取适当的措施。

第四十三条 进口的产品直接或者间接地接受出口国家或者地区给予的任何形式的专向性补贴，对已建立的国内产业造成实质损害或者产生实质损害威胁，或者对建立国内产业造成实质阻碍的，国家可以采取反补贴措施，消除或者减轻这种损害或者损害的威胁或者阻碍。

第四十四条 因进口产品数量大量增加，对生产同类产品或者与其直接竞争的产品的国内产业造成严重损害或者严重损害威胁的，国家可以采取必要的保障措施，消除或者减轻这种损害或者损害的威胁，并可以对该产业提供必要的支持。

第四十五条 因其他国家或者地区的服务提供者向我国提供的服务增加，对提供同类服务或者与其直接竞争的服务的国内产业造成损害或者产生损害威胁的，国家可以采取必要的救济措施，消除或者减轻这种损害或者损害的威胁。

第四十六条 因第三国限制进口而导致某种产品进入我国市场的数量大量增加，对已建立的国内产业造成损害或者产生损害威胁，或者对建立国内产业造成阻碍的，国家可以采取必要的救济措施，限制该产品进口。

第四十七条 与中华人民共和国缔结或者共同参加经济贸易条约、协定的国家或者地区，违反条约、协定的规定，使中华人民共和国根据该条约、协定享有的利益丧失或者受损，或者阻碍条约、协定目标实现的，中华人民共和国政府有权要求有关国家或者地区政府采取适当的补救措施，并可以根据有关条约、协定中止或者终止履行相关义务。

第四十八条 国务院对外贸易主管部门依照本法和其他有关法律的规定，进行对外贸易的双边或者多边磋商、谈判和争端的解决。

第四十九条 国务院对外贸易主管部门和国务院其他有关部门应当建立货物进出口、技术进出口和国际服务贸易的预警应急机制，应对对外贸易中的突发和异常情况，维护国家经济安全。

第五十条 国家对规避本法规定的对外贸易救济措施的行为，可以采取必要的反规避措施。

第九章 对外贸易促进

第五十一条 国家制定对外贸易发展战略，建立和完善对外贸易促进机制。

第五十二条 国家根据对外贸易发展的需要，建立和完善为对外贸易服务的金融机构，设立对外贸易发展基金、风险基金。

第五十三条 国家通过进出口信贷、出口信用保险、出口退税及其他促进对外贸易的方式，发展对外贸易。

第五十四条 国家建立对外贸易公共信息服务体系，向对外贸易经营者和其他社会公众提供信息服务。

第五十五条 国家采取措施鼓励对外贸易经营者开拓国际市场，采取对外投资、对外工程承包和对外劳务合作等多种形式，发展对外贸易。

第五十六条 对外贸易经营者可以依法成立和参加有关协会、商会。

有关协会、商会应当遵守法律、行政法规，按照章程对其成员提供与对外贸易有关的生产、营销、信息、培训等方面的服务，发挥协调和自律作用，依法提出有关对外贸易救济措施的申请，维护成员和行业的利益，向政府有关部门反映成员有关对外贸易的建议，开展对外贸易促进活动。

第五十七条 中国国际贸易促进组织按照章程开展对外联系，举办展览，提供信息、咨询服务和其他对外贸易促进活动。

第五十八条 国家扶持和促进中小企业开展对外贸易。

第五十九条 国家扶持和促进民族自治地方和经济不发达地区发展对外贸易。

第十章 法律责任

第六十条 违反本法第十一条规定,未经授权擅自进出口实行国营贸易管理的货物的,国务院对外贸易主管部门或者国务院其他有关部门可以处五万元以下罚款;情节严重的,可以自行政处罚决定生效之日起三年内,不受理违法行为人从事国营贸易管理货物进出口业务的申请,或者撤销已给予其从事其他国营贸易管理货物进出口的授权。

第六十一条 进出口属于禁止进出口的货物的,或者未经许可擅自进出口属于限制进出口的货物的,由海关依照有关法律、行政法规的规定处理、处罚;构成犯罪的,依法追究刑事责任。

进出口属于禁止进出口的技术的,或者未经许可擅自进出口属于限制进出口的技术的,依照有关法律、行政法规的规定处理、处罚;法律、行政法规没有规定的,由国务院对外贸易主管部门责令改正,没收违法所得,并处违法所得一倍以上五倍以下罚款,没有违法所得或者违法所得不足一万元的,处一万元以上五万元以下罚款;构成犯罪的,依法追究刑事责任。

自前两款规定的行政处罚决定生效之日或者刑事处罚判决生效之日起,国务院对外贸易主管部门或者国务院其他有关部门可以在三年内不受理违法行为人提出的进出口配额或者许可证的申请,或者禁止违法行为人在一年以上三年以下的期限内从事有关货物或者技术的进出口经营活动。

第六十二条 从事属于禁止的国际服务贸易的,或者未经许可擅自从事属于限制的国际服务贸易的,依照有关法律、行政法规的规定处罚;法律、行政法规没有规定的,由国务院对外贸易主管部门责令改正,没收违法所得,并处违法所得一倍以上五倍以下罚款,没有违法所得或者违法所得不足一万元的,处一万元以上五万元以下罚款;构成犯罪的,依法追究刑事责任。

国务院对外贸易主管部门可以禁止违法行为人自前款规定的行政处罚决定生效之日或者刑事处罚判决生效之日起一年以上三年以下的期限内从事有关的国际服务贸易经营活动。

第六十三条 违反本法第三十四条规定,依照有关法律、行政法规的规定处罚;构成犯罪的,依法追究刑事责任。

国务院对外贸易主管部门可以禁止违法行为人自前款规定的行政处罚决定生效之日或者刑事处罚判决生效之日起一年以上三年以下的期限内从事有关的对外贸易经营活动。

第六十四条 依照本法第六十一条至第六十三条规定被禁止从事有关对外贸易经营活动的,在禁止期限内,海关根据国务院对外贸易主管部门依法作出的禁止决定,对该对外贸易经营者的有关进出口货物不予办理报关验放手续,外汇管理部门或者外汇指定银行不予办理有关结汇、售汇手续。

第六十五条 依照本法负责对外贸易管理工作的部门的工作人员玩忽职守、徇私舞弊或者滥用职权,构成犯罪的,依法追究刑事责任;尚不构成犯罪的,依法给予行政处分。

依照本法负责对外贸易管理工作的部门的工作人员利用职务上的便利,索取他人财物,或者非法收受他人财物为他人谋取利益,构成犯罪的,依法追究刑事责任;尚不构成犯罪的,依法给予行政处分。

第六十六条 对外贸易经营活动当事人对依照本法负责对外贸易管理工作的部门作出的具体行政行为不服的,可以依法申请行政复议或者向人民法院提起行政诉讼。

第十一章 附 则

第六十七条 与军品、裂变和聚变物质或者衍生此类物质的物质有关的对外贸易管理以及文化产品的进出口管理,法律、行政法规另有规定的,依照其规定。

第六十八条 国家对边境地区与接壤国家边境地区之间的贸易以及边民互市贸易,采取灵活措施,给予优惠和便利。具体办法由国务院规定。

第六十九条 中华人民共和国的单独关税区不适用本法。

第七十条 本法自2004年7月1日起施行。

中华人民共和国反倾销条例

(2001年11月26日中华人民共和国国务院令第328号公布 根据2004年3月31日《国务院关于修改〈中华人民共和国反倾销条例〉的决定》修订)

第一章 总 则

第一条 为了维护对外贸易秩序和公平竞争,根据《中华人民共和国对外贸易法》的有关规定,制定本条例。

第二条 进口产品以倾销方式进入中华人民共和国市场,并对已经建立的国内产业造成实质损害或者产生实质损害威胁,或者对建立国内产业造成实质阻碍的,依照本条例的规定进行调查,采取反倾销措施。

第二章 倾销与损害

第三条 倾销,是指在正常贸易过程中进口产品以低于其正常价值的出口价格进入中华人民共和国市场。

对倾销的调查和确定,由商务部负责。

第四条 进口产品的正常价值,应当区别不同情况,按照下列方法确定:

(一)进口产品的同类产品,在出口国(地区)国内市场的正常贸易过程中有可比价格的,以该可比价格为正常价值;

(二)进口产品的同类产品,在出口国(地区)国内市场的正常贸易过程中没有销售的,或者该同类产品的价格、数量不能据以进行公平比较的,以该同类产品出口到一个适当第三国(地区)的可比价格或者以该同类产品在原产国(地区)的生产成本加合理费用、利润,为正常价值。

进口产品不直接来自原产国(地区)的,按照前款第(一)项规定确定正常价值;但是,在产品仅通过出口国(地区)转运、产品在出口国(地区)无生产或者在出口国(地区)中不存在可比价格等情形下,可以以该同类产品在原产国(地区)的价格为正常价值。

第五条 进口产品的出口价格,应当区别不同情况,按照下列方法确定:

(一)进口产品有实际支付或者应当支付的价格的,以该价格为出口价格;

(二)进口产品没有出口价格或者其价格不可靠的,以根据该进口产品首次转售给独立购买人的价格推定的价格为出口价格;但是,该进口产品未转售给独立购买人或者未按进口时的状态转售的,可以以商务部根据合理基础推定的价格为出口价格。

第六条 进口产品的出口价格低于其正常价值的幅度,为倾销幅度。

对进口产品的出口价格和正常价值,应当考虑影响价格的各种可比性因素,按照公平、合理的方式进行比较。

倾销幅度的确定,应当将加权平均正常价值与全部可比出口交易的加权平均价格进行比较,或者将正常价值与出口价格在逐笔交易的基础上进行比较。

出口价格在不同的购买人、地区、时期之间存在很大差异,按照前款规定的方法难以比较的,可以将加权平均正常价值与单一出口交易的价格进行比较。

第七条 损害,是指倾销对已经建立的国内产业造成实质损害或者产生实质损害威胁,或者对建立国内产业造成实质阻碍。

对损害的调查和确定，由商务部负责；其中，涉及农产品的反倾销国内产业损害调查，由商务部会同农业部进行。

第八条 在确定倾销对国内产业造成的损害时，应当审查下列事项：

（一）倾销进口产品的数量，包括倾销进口产品的绝对数量或者相对于国内同类产品生产或者消费的数量是否大量增加，或者倾销进口产品大量增加的可能性；

（二）倾销进口产品的价格，包括倾销进口产品的价格削减或者对国内同类产品的价格产生大幅度抑制、压低等影响；

（三）倾销进口产品对国内产业的相关经济因素和指标的影响；

（四）倾销进口产品的出口国（地区）、原产国（地区）的生产能力、出口能力，被调查产品的库存情况；

（五）造成国内产业损害的其他因素。

对实质损害威胁的确定，应当依据事实，不得仅依据指控、推测或者极小的可能性。

在确定倾销对国内产业造成的损害时，应当依据肯定性证据，不得将造成损害的非倾销因素归因于倾销。

第九条 倾销进口产品来自两个以上国家（地区），并且同时满足下列条件的，可以就倾销进口产品对国内产业造成的影响进行累积评估：

（一）来自每一国家（地区）的倾销进口产品的倾销幅度不小于2%，并且其进口量不属于可忽略不计的；

（二）根据倾销进口产品之间以及倾销进口产品与国内同类产品之间的竞争条件，进行累积评估是适当的。

可忽略不计，是指来自一个国家（地区）的倾销进口产品的数量占同类产品总进口量的比例低于3%；但是，低于3%的若干国家（地区）的总进口量超过同类产品总进口量7%的除外。

第十条 评估倾销进口产品的影响，应当针对国内同类产品的生产进行单独确定；不能针对国内同类产品的生产进行单独确定的，应当审查包括国内同类产品在内的最窄产品组或者范围的生产。

第十一条 国内产业，是指中华人民共和国国内同类产品的全部生产者，或者其总产量占国内同类产品全部总产量的主要部分的生产者；但是，国内生产者与出口经营者或者进口经营者有关联的，或者其本身为倾销进口产品的进口经营者的，可以排除在国内产业之外。

在特殊情形下，国内一个区域市场中的生产者，在该市场中销售其全部或者几乎全部的同类产品，并且该市场中同类产品的需求主要不是由国内其他地方的生产者供给的，可以视为一个单独产业。

第十二条 同类产品，是指与倾销进口产品相同的产品；没有相同产品的，以与倾销进口产品的特性最相似的产品为同类产品。

第三章 反倾销调查

第十三条 国内产业或者代表国内产业的自然人、法人或者有关组织（以下统称申请人），可以依照本条例的规定向商务部提出反倾销调查的书面申请。

第十四条 申请书应当包括下列内容：

（一）申请人的名称、地址及有关情况；

（二）对申请调查的进口产品的完整说明，包括产品名称、所涉及的出口国（地区）或者原产国（地区）、已知的出口经营者或者生产者、产品在出口国（地区）或者原产国（地区）国内市场消费时的价格信息、出口价格信息等；

（三）对国内同类产品生产的数量和价值的说明；

（四）申请调查进口产品的数量和价格对国内产业的影响；

（五）申请人认为需要说明的其他内容。

第十五条 申请书应当附具下列证据：

（一）申请调查的进口产品存在倾销；

（二）对国内产业的损害；

（三）倾销与损害之间存在因果关系。

第十六条 商务部应当自收到申请人提交的申请书及有关证据之日起60天内，对申请是否由国内产业或者代表国内产业提出、申请书内容及所附具的证据等进行审查，并决定立案调查或者不立案调查。

在决定立案调查前，应当通知有关出口国（地区）政府。

第十七条 在表示支持申请或者反对申请的国内产业中，支持者的产量占支持者和反对者的总产量的50%以上的，应当认定申请是由国内产业或者代表国内产业提出，可以启动反倾销调查；但是，表示支持申请的国内生产者的产量不足国内同类产品总产量的25%的，不得启动反倾销调查。

第十八条 在特殊情形下，商务部没有收到反倾销调查的书面申请，但有充分证据认为存在倾销和损害以及二者之间有因果关系的，可以决定立案调查。

第十九条 立案调查的决定，由商务部予以公告，并通知申请人、已知的出口经营者和进口经营者、出口国（地区）政府以及其他有利害关系的组织、个人（以下统称利害关系方）。

立案调查的决定一经公告，商务部应当将申请书文本提供给已知的出口经营者和出口国（地区）政府。

第二十条 商务部可以采用问卷、抽样、听证会、现场核查等方式向利害关系方了解情况，进行调查。

商务部应当为有关利害关系方提供陈述意见和论据的机会。

商务部认为必要时，可以派出工作人员赴有关国家（地区）进行调查；但是，有关国家（地区）提出异议的除外。

第二十一条 商务部进行调查时，利害关系方应当如实反映情况，提供有关资料。利害关系方不如实反映情况、提供有关资料的，或者没有在合理时间内提供必要信息的，或者以其他方式严重妨碍调查的，商务部可以根据已经获得的事实和可获得的最佳信息作出裁定。

第二十二条 利害关系方认为其提供的资料泄露后将产生严重不利影响的，可以向商务部申请对该资料按保密资料处理。

商务部认为保密申请有正当理由的，应当对利害关系方提供的资料按保密资料处理，同时要求利害关系方提供一份非保密的该资料概要。

按保密资料处理的资料，未经提供资料的利害关系方同意，不得泄露。

第二十三条 商务部应当允许申请人和利害关系方查阅本案有关资料；但是，属于按保密资料处理的除外。

第二十四条 商务部根据调查结果，就倾销、损害和二者之间的因果关系是否成立作出初裁决定，并予以公告。

第二十五条 初裁决定确定倾销、损害以及二者之间的因果关系成立的，商务部应当对倾销及倾销幅度、损害及损害程度继续进行调查，并根据调查结果作出终裁决定，予以公告。

在作出终裁决定前，应当由商务部将终裁决定所依据的基本事实通知所有已知的利害关系方。

第二十六条 反倾销调查,应当自立案调查决定公告之日起12个月内结束;特殊情况下可以延长,但延长期不得超过6个月。

第二十七条 有下列情形之一的,反倾销调查应当终止,并由商务部予以公告:

(一)申请人撤销申请的;

(二)没有足够证据证明存在倾销、损害或者二者之间有因果关系的;

(三)倾销幅度低于2%的;

(四)倾销进口产品实际或者潜在的进口量或者损害属于可忽略不计的;

(五)商务部认为不适宜继续进行反倾销调查的。

来自一个或者部分国家(地区)的被调查产品有前款第(二)、(三)、(四)项所列情形之一的,针对所涉产品的反倾销调查应当终止。

第四章 反倾销措施

第一节 临时反倾销措施

第二十八条 初裁决定确定倾销成立,并由此对国内产业造成损害的,可以采取下列临时反倾销措施:

(一)征收临时反倾销税;

(二)要求提供保证金、保函或者其他形式的担保。

临时反倾销税税额或者提供的保证金、保函或者其他形式担保的金额,应当不超过初裁决定确定的倾销幅度。

第二十九条 征收临时反倾销税,由商务部提出建议,国务院关税税则委员会根据商务部的建议作出决定,由商务部予以公告。要求提供保证金、保函或者其他形式的担保,由商务部作出决定并予以公告。海关自公告规定实施之日起执行。

第三十条 临时反倾销措施实施的期限,自临时反倾销措施决定公告规定实施之日起,不超过4个月;在特殊情形下,可以延长至9个月。

自反倾销立案调查决定公告之日起60天内,不得采取临时反倾销措施。

第二节 价格承诺

第三十一条 倾销进口产品的出口经营者在反倾销调查期间,可以向商务部作出改变价格或者停止以倾销价格出口的价格承诺。

商务部可以向出口经营者提出价格承诺的建议。

商务部不得强迫出口经营者作出价格承诺。

第三十二条 出口经营者不作出价格承诺或者不接受价格承诺的建议的,不妨碍对反倾销案件的调查和确定。出口经营者继续倾销进口产品的,商务部有权确定损害威胁更有可能出现。

第三十三条 商务部认为出口经营者作出的价格承诺能够接受并符合公共利益的,可以决定中止或者终止反倾销调查,不采取临时反倾销措施或者征收反倾销税。中止或者终止反倾销调查的决定由商务部予以公告。

商务部不接受价格承诺的,应当向有关出口经营者说明理由。

商务部对倾销以及由倾销造成的损害作出肯定的初裁决定前,不得寻求或者接受价格承诺。

第三十四条 依照本条例第三十三条第一款规定中止或者终止反倾销调查后,应出口经营者请求,商务部应当对倾销和损害继续进行调查;或者商务部认为有必要的,可以对倾销和损害继续进行调查。

根据前款调查结果，作出倾销或者损害的否定裁定的，价格承诺自动失效；作出倾销和损害的肯定裁定的，价格承诺继续有效。

第三十五条 商务部可以要求出口经营者定期提供履行其价格承诺的有关情况、资料，并予以核实。

第三十六条 出口经营者违反其价格承诺的，商务部依照本条例的规定，可以立即决定恢复反倾销调查；根据可获得的最佳信息，可以决定采取临时反倾销措施，并可以对实施临时反倾销措施前 90 天内进口的产品追溯征收反倾销税，但违反价格承诺前进口的产品除外。

第三节 反倾销税

第三十七条 终裁决定确定倾销成立，并由此对国内产业造成损害的，可以征收反倾销税。征收反倾销税应当符合公共利益。

第三十八条 征收反倾销税，由商务部提出建议，国务院关税税则委员会根据商务部的建议作出决定，由商务部予以公告。海关自公告规定实施之日起执行。

第三十九条 反倾销税适用于终裁决定公告之日后进口的产品，但属于本条例第三十六条、第四十三条、第四十四条规定的情形除外。

第四十条 反倾销税的纳税人为倾销进口产品的进口经营者。

第四十一条 反倾销税应当根据不同出口经营者的倾销幅度，分别确定。对未包括在审查范围内的出口经营者的倾销进口产品，需要征收反倾销税的，应当按照合理的方式确定对其适用的反倾销税。

第四十二条 反倾销税税额不超过终裁决定确定的倾销幅度。

第四十三条 终裁决定确定存在实质损害，并在此前已经采取临时反倾销措施的，反倾销税可以对已经实施临时反倾销措施的期间追溯征收。

终裁决定确定存在实质损害威胁，在先前不采取临时反倾销措施将会导致后来作出实质损害裁定的情况下已经采取临时反倾销措施的，反倾销税可以对已经实施临时反倾销措施的期间追溯征收。

终裁决定确定的反倾销税，高于已付或者应付的临时反倾销税或者为担保目的而估计的金额的，差额部分不予收取；低于已付或者应付的临时反倾销税或者为担保目的而估计的金额的，差额部分应当根据具体情况予以退还或者重新计算税额。

第四十四条 下列两种情形并存的，可以对实施临时反倾销措施之日前 90 天内进口的产品追溯征收反倾销税，但立案调查前进口的产品除外：

（一）倾销进口产品有对国内产业造成损害的倾销历史，或者该产品的进口经营者知道或者应当知道出口经营者实施倾销并且倾销对国内产业将造成损害的；

（二）倾销进口产品在短期内大量进口，并且可能会严重破坏即将实施的反倾销税的补救效果的。

商务部发起调查后，有充分证据证明前款所列两种情形并存的，可以对有关进口产品采取进口登记等必要措施，以便追溯征收反倾销税。

第四十五条 终裁决定确定不征收反倾销税的，或者终裁决定未确定追溯征收反倾销税的，已征收的临时反倾销税、已收取的保证金应当予以退还，保函或者其他形式的担保应当予以解除。

第四十六条 倾销进口产品的进口经营者有证据证明已经缴纳的反倾销税税额超过倾销幅度的，可以向商务部提出退税申请；商务部经审查、核实并提出建议，国务院关税税则委员会根据商务部的建议可以作出退税决定，由海关执行。

第四十七条 进口产品被征收反倾销税后，在调查期内未向中华人民共和国出口该产品的新出口经营者，能证明其与被征收反倾销税的出口经营者无关联的，可以向商务部申请单独确定其倾销幅度。商务部应当迅速进行审查并作出终裁决定。在审查期间,可以采取本条例第二十八条第一款第(二)项规定的措施,但不得对该产品征收反倾销税。

第五章　反倾销税和价格承诺的期限与复审

第四十八条　反倾销税的征收期限和价格承诺的履行期限不超过5年;但是,经复审确定终止征收反倾销税有可能导致倾销和损害的继续或者再度发生的,反倾销税的征收期限可以适当延长。

第四十九条　反倾销税生效后,商务部可以在有正当理由的情况下,决定对继续征收反倾销税的必要性进行复审;也可以在经过一段合理时间,应利害关系方的请求并对利害关系方提供的相应证据进行审查后,决定对继续征收反倾销税的必要性进行复审。

价格承诺生效后,商务部可以在有正当理由的情况下,决定对继续履行价格承诺的必要性进行复审;也可以在经过一段合理时间,应利害关系方的请求并对利害关系方提供的相应证据进行审查后,决定对继续履行价格承诺的必要性进行复审。

第五十条　根据复审结果,由商务部依照本条例的规定提出保留、修改或者取消反倾销税的建议,国务院关税税则委员会根据商务部的建议作出决定,由商务部予以公告;或者由商务部依照本条例的规定,作出保留、修改或者取消价格承诺的决定并予以公告。

第五十一条　复审程序参照本条例关于反倾销调查的有关规定执行。

复审期限自决定复审开始之日起,不超过12个月。

第五十二条　在复审期间,复审程序不妨碍反倾销措施的实施。

第六章　附　　则

第五十三条　对依照本条例第二十五条作出的终裁决定不服的,对依照本条例第四章作出的是否征收反倾销税的决定以及追溯征收、退税、对新出口经营者征税的决定不服的,或者对依照本条例第五章作出的复审决定不服的,可以依法申请行政复议,也可以依法向人民法院提起诉讼。

第五十四条　依照本条例作出的公告,应当载明重要的情况、事实、理由、依据、结果和结论等内容。

第五十五条　商务部可以采取适当措施,防止规避反倾销措施的行为。

第五十六条　任何国家(地区)对中华人民共和国的出口产品采取歧视性反倾销措施的,中华人民共和国可以根据实际情况对该国家(地区)采取相应的措施。

第五十七条　商务部负责与反倾销有关的对外磋商、通知和争端解决事宜。

第五十八条　商务部可以根据本条例制定有关具体实施办法。

第五十九条　本条例自2002年1月1日起施行。1997年3月25日国务院发布的《中华人民共和国反倾销和反补贴条例》中关于反倾销的规定同时废止。

中华人民共和国反补贴条例

(2001年11月26日中华人民共和国国务院令第329号公布　根据2004年3月31日《国务院关于修改〈中华人民共和国反补贴条例〉的决定》修订)

第一章　总　　则

第一条　为了维护对外贸易秩序和公平竞争,根据《中华人民共和国对外贸易法》的有关规定,制定本条例。

第二条 进口产品存在补贴，并对已经建立的国内产业造成实质损害或者产生实质损害威胁，或者对建立国内产业造成实质阻碍的，依照本条例的规定进行调查，采取反补贴措施。

第二章 补贴与损害

第三条 补贴，是指出口国（地区）政府或者其任何公共机构提供的并为接受者带来利益的财政资助以及任何形式的收入或者价格支持。

出口国（地区）政府或者其任何公共机构，以下统称出口国（地区）政府。

本条第一款所称财政资助，包括：

（一）出口国（地区）政府以拨款、贷款、资本注入等形式直接提供资金，或者以贷款担保等形式潜在地直接转让资金或者债务；

（二）出口国（地区）政府放弃或者不收缴应收收入；

（三）出口国（地区）政府提供除一般基础设施以外的货物、服务，或者由出口国（地区）政府购买货物；

（四）出口国（地区）政府通过向筹资机构付款，或者委托、指令私营机构履行上述职能。

第四条 依照本条例进行调查、采取反补贴措施的补贴，必须具有专向性。

具有下列情形之一的补贴，具有专向性：

（一）由出口国（地区）政府明确确定的某些企业、产业获得的补贴；

（二）由出口国（地区）法律、法规明确规定的某些企业、产业获得的补贴；

（三）指定特定区域内的企业、产业获得的补贴；

（四）以出口实绩为条件获得的补贴，包括本条例所附出口补贴清单列举的各项补贴；

（五）以使用本国（地区）产品替代进口产品为条件获得的补贴。

在确定补贴专向性时，还应当考虑受补贴企业的数量和企业受补贴的数额、比例、时间以及给与补贴的方式等因素。

第五条 对补贴的调查和确定，由商务部负责。

第六条 进口产品的补贴金额，应当区别不同情况，按照下列方式计算：

（一）以无偿拨款形式提供补贴的，补贴金额以企业实际接受的金额计算；

（二）以贷款形式提供补贴的，补贴金额以接受贷款的企业在正常商业贷款条件下应支付的利息与该项贷款的利息差额计算；

（三）以贷款担保形式提供补贴的，补贴金额以在没有担保情况下企业应支付的利息与有担保情况下企业实际支付的利息之差计算；

（四）以注入资本形式提供补贴的，补贴金额以企业实际接受的资本金额计算；

（五）以提供货物或者服务形式提供补贴的，补贴金额以该项货物或者服务的正常市场价格与企业实际支付的价格之差计算；

（六）以购买货物形式提供补贴的，补贴金额以政府实际支付价格与该项货物正常市场价格之差计算；

（七）以放弃或者不收缴应收收入形式提供补贴的，补贴金额以依法应缴金额与企业实际缴纳金额之差计算。

对前款所列形式以外的其他补贴，按照公平、合理的方式确定补贴金额。

第七条 损害，是指补贴对已经建立的国内产业造成实质损害或者产生实质损害威胁，或者对建立国内产业造成实质阻碍。

对损害的调查和确定，由商务部负责；其中，涉及农产品的反补贴国内产业损害调查，由商务部会同农业部进行。

第八条　在确定补贴对国内产业造成的损害时，应当审查下列事项：

（一）补贴可能对贸易造成的影响；

（二）补贴进口产品的数量，包括补贴进口产品的绝对数量或者相对于国内同类产品生产或者消费的数量是否大量增加，或者补贴进口产品大量增加的可能性；

（三）补贴进口产品的价格，包括补贴进口产品的价格削减或者对国内同类产品的价格产生大幅度抑制、压低等影响；

（四）补贴进口产品对国内产业的相关经济因素和指标的影响；

（五）补贴进口产品出口国（地区）、原产国（地区）的生产能力、出口能力，被调查产品的库存情况；

（六）造成国内产业损害的其他因素。

对实质损害威胁的确定，应当依据事实，不得仅依据指控、推测或者极小的可能性。

在确定补贴对国内产业造成的损害时，应当依据肯定性证据，不得将造成损害的非补贴因素归因于补贴。

第九条　补贴进口产品来自两个以上国家（地区），并且同时满足下列条件的，可以就补贴进口产品对国内产业造成的影响进行累积评估：

（一）来自每一国家（地区）的补贴进口产品的补贴金额不属于微量补贴，并且其进口量不属于可忽略不计的；

（二）根据补贴进口产品之间的竞争条件以及补贴进口产品与国内同类产品之间的竞争条件，进行累积评估是适当的。

微量补贴，是指补贴金额不足产品价值1%的补贴；但是，来自发展中国家（地区）的补贴进口产品的微量补贴，是指补贴金额不足产品价值2%的补贴。

第十条　评估补贴进口产品的影响，应当对国内同类产品的生产进行单独确定。不能对国内同类产品的生产进行单独确定的，应当审查包括国内同类产品在内的最窄产品组或者范围的生产。

第十一条　国内产业，是指中华人民共和国国内同类产品的全部生产者，或者其总产量占国内同类产品全部总产量的主要部分的生产者；但是，国内生产者与出口经营者或者进口经营者有关联的，或者其本身为补贴产品或者同类产品的进口经营者的，应当除外。

在特殊情形下，国内一个区域市场中的生产者，在该市场中销售其全部或者几乎全部的同类产品，并且该市场中同类产品的需求主要不是由国内其他地方的生产者供给的，可以视为一个单独产业。

第十二条　同类产品，是指与补贴进口产品相同的产品；没有相同产品的，以与补贴进口产品的特性最相似的产品为同类产品。

第三章　反补贴调查

第十三条　国内产业或者代表国内产业的自然人、法人或者有关组织（以下统称申请人），可以依照本条例的规定向商务部提出反补贴调查的书面申请。

第十四条　申请书应当包括下列内容：

（一）申请人的名称、地址及有关情况；

（二）对申请调查的进口产品的完整说明，包括产品名称、所涉及的出口国（地区）或者原产国（地区）、已知的出口经营者或者生产者等；

（三）对国内同类产品生产的数量和价值的说明；

（四）申请调查进口产品的数量和价格对国内产业的影响；

（五）申请人认为需要说明的其他内容。

第十五条 申请书应当附具下列证据：

（一）申请调查的进口产品存在补贴；

（二）对国内产业的损害；

（三）补贴与损害之间存在因果关系。

第十六条 商务部应当自收到申请人提交的申请书及有关证据之日起60天内，对申请是否由国内产业或者代表国内产业提出、申请书内容及所附具的证据等进行审查，并决定立案调查或者不立案调查。在特殊情形下，可以适当延长审查期限。

在决定立案调查前，应当就有关补贴事项向产品可能被调查的国家（地区）政府发出进行磋商的邀请。

第十七条 在表示支持申请或者反对申请的国内产业中，支持者的产量占支持者和反对者的总产量的50%以上的，应当认定申请是由国内产业或者代表国内产业提出，可以启动反补贴调查；但是，表示支持申请的国内生产者的产量不足国内同类产品总产量的25%的，不得启动反补贴调查。

第十八条 在特殊情形下，商务部没有收到反补贴调查的书面申请，但有充分证据认为存在补贴和损害以及二者之间有因果关系的，可以决定立案调查。

第十九条 立案调查的决定，由商务部予以公告，并通知申请人、已知的出口经营者、进口经营者以及其他有利害关系的组织、个人（以下统称利害关系方）和出口国（地区）政府。

立案调查的决定一经公告，商务部应当将申请书文本提供给已知的出口经营者和出口国（地区）政府。

第二十条 商务部可以采用问卷、抽样、听证会、现场核查等方式向利害关系方了解情况，进行调查。

商务部应当为有关利害关系方、利害关系国（地区）政府提供陈述意见和论据的机会。

商务部认为必要时，可以派出工作人员赴有关国家（地区）进行调查；但是，有关国家（地区）提出异议的除外。

第二十一条 商务部进行调查时，利害关系方、利害关系国（地区）政府应当如实反映情况，提供有关资料。利害关系方、利害关系国（地区）政府不如实反映情况、提供有关资料的，或者没有在合理时间内提供必要信息的，或者以其他方式严重妨碍调查的，商务部可以根据可获得的事实作出裁定。

第二十二条 利害关系方、利害关系国（地区）政府认为其提供的资料泄露后将产生严重不利影响的，可以向商务部申请对该资料按保密资料处理。

商务部认为保密申请有正当理由的，应当对利害关系方、利害关系国（地区）政府提供的资料按保密资料处理，同时要求利害关系方、利害关系国（地区）政府提供一份非保密的该资料概要。

按保密资料处理的资料，未经提供资料的利害关系方、利害关系国（地区）政府同意，不得泄露。

第二十三条 商务部应当允许申请人、利害关系方和利害关系国（地区）政府查阅本案有关资料；但是，属于按保密资料处理的除外。

第二十四条 在反补贴调查期间，应当给予产品被调查的国家（地区）政府继续进行磋商的合理机会。磋商不妨碍商务部根据本条例的规定进行调查，并采取反补贴措施。

第二十五条 商务部根据调查结果，就补贴、损害和二者之间的因果关系是否成立作出初裁决定，并予以公告。

第二十六条 初裁决定确定补贴、损害以及二者之间的因果关系成立的，商务部应当对补贴及补贴金额、损害及损害程度继续进行调查，并根据调查结果作出终裁决定，予以公告。

在作出终裁决定前,应当由商务部将终裁决定所依据的基本事实通知所有已知的利害关系方、利害关系国(地区)政府。

第二十七条 反补贴调查,应当自立案调查决定公告之日起12个月内结束;特殊情况下可以延长,但延长期不得超过6个月。

第二十八条 有下列情形之一的,反补贴调查应当终止,并由商务部予以公告:

(一)申请人撤销申请的;

(二)没有足够证据证明存在补贴、损害或者二者之间有因果关系的;

(三)补贴金额为微量补贴的;

(四)补贴进口产品实际或者潜在的进口量或者损害属于可忽略不计的;

(五)通过与有关国家(地区)政府磋商达成协议,不需要继续进行反补贴调查的;

(六)商务部认为不适宜继续进行反补贴调查的。

来自一个或者部分国家(地区)的被调查产品有前款第(二)、(三)、(四)、(五)项所列情形之一的,针对所涉产品的反补贴调查应当终止。

第四章 反补贴措施

第一节 临时措施

第二十九条 初裁决定确定补贴成立,并由此对国内产业造成损害的,可以采取临时反补贴措施。

临时反补贴措施采取以保证金或者保函作为担保的征收临时反补贴税的形式。

第三十条 采取临时反补贴措施,由商务部提出建议,国务院关税税则委员会根据商务部的建议作出决定,由商务部予以公告。海关自公告规定实施之日起执行。

第三十一条 临时反补贴措施实施的期限,自临时反补贴措施决定公告规定实施之日起,不超过4个月。

自反补贴立案调查决定公告之日起60天内,不得采取临时反补贴措施。

第二节 承诺

第三十二条 在反补贴调查期间,出口国(地区)政府提出取消、限制补贴或者其他有关措施的承诺,或者出口经营者提出修改价格的承诺的,商务部应当予以充分考虑。

商务部可以向出口经营者或者出口国(地区)政府提出有关价格承诺的建议。

商务部不得强迫出口经营者作出承诺。

第三十三条 出口经营者、出口国(地区)政府不作出承诺或者不接受有关价格承诺的建议的,不妨碍对反补贴案件的调查和确定。出口经营者继续补贴进口产品的,商务部有权确定损害威胁更有可能出现。

第三十四条 商务部认为承诺能够接受并符合公共利益的,可以决定中止或者终止反补贴调查,不采取临时反补贴措施或者征收反补贴税。中止或者终止反补贴调查的决定由商务部予以公告。

商务部不接受承诺的,应当向有关出口经营者说明理由。

商务部对补贴以及由补贴造成的损害作出肯定的初裁决定前,不得寻求或者接受承诺。在出口经营者作出承诺的情况下,未经其本国(地区)政府同意的,商务部不得寻求或者接受承诺。

第三十五条 依照本条例第三十四条第一款规定中止或者终止调查后,应出口国(地区)政府请求,商务部应当对补贴和损害继续进行调查;或者商务部认为有必要的,可以对补贴和损害继续进行调查。

根据调查结果,作出补贴或者损害的否定裁定的,承诺自动失效;作出补贴和损害的肯定裁定的,承诺继续有效。

第三十六条 商务部可以要求承诺已被接受的出口经营者或者出口国(地区)政府定期提供履行其承诺的有关情况、资料,并予以核实。

第三十七条 对违反承诺的,商务部依照本条例的规定,可以立即决定恢复反补贴调查;根据可获得的最佳信息,可以决定采取临时反补贴措施,并可以对实施临时反补贴措施前 90 天内进口的产品追溯征收反补贴税,但违反承诺前进口的产品除外。

第三节 反补贴税

第三十八条 在为完成磋商的努力没有取得效果的情况下,终裁决定确定补贴成立,并由此对国内产业造成损害的,可以征收反补贴税。征收反补贴税应当符合公共利益。

第三十九条 征收反补贴税,由商务部提出建议,国务院关税税则委员会根据商务部的建议作出决定,由商务部予以公告。海关自公告规定实施之日起执行。

第四十条 反补贴税适用于终裁决定公告之日后进口的产品,但属于本条例第三十七条、第四十四条、第四十五条规定的情形除外。

第四十一条 反补贴税的纳税人为补贴进口产品的进口经营者。

第四十二条 反补贴税应当根据不同出口经营者的补贴金额,分别确定。对实际上未被调查的出口经营者的补贴进口产品,需要征收反补贴税的,应当迅速审查,按照合理的方式确定对其适用的反补贴税。

第四十三条 反补贴税税额不得超过终裁决定确定的补贴金额。

第四十四条 终裁决定确定存在实质损害,并在此前已经采取临时反补贴措施的,反补贴税可以对已经实施临时反补贴措施的期间追溯征收。

终裁决定确定存在实质损害威胁,在先前不采取临时反补贴措施将会导致后来作出实质损害裁定的情况下已经采取临时反补贴措施的,反补贴税可以对已经实施临时反补贴措施的期间追溯征收。

终裁决定确定的反补贴税,高于保证金或者保函所担保的金额的,差额部分不予收取;低于保证金或者保函所担保的金额的,差额部分应当予以退还。

第四十五条 下列三种情形并存的,必要时可以对实施临时反补贴措施之日前 90 天内进口的产品追溯征收反补贴税:

(一)补贴进口产品在较短的时间内大量增加;

(二)此种增加对国内产业造成难以补救的损害;

(三)此种产品得益于补贴。

第四十六条 终裁决定确定不征收反补贴税的,或者终裁决定未确定追溯征收反补贴税的,对实施临时反补贴措施期间已收取的保证金应当予以退还,保函应当予以解除。

第五章 反补贴税和承诺的期限与复审

第四十七条 反补贴税的征收期限和承诺的履行期限不超过 5 年;但是,经复审确定终止征收反补贴税有可能导致补贴和损害的继续或者再度发生的,反补贴税的征收期限可以适当延长。

第四十八条 反补贴税生效后,商务部可以在有正当理由的情况下,决定对继续征收反补贴税的必要性进行复审;也可以在经过一段合理时间,应利害关系方的请求并对利害关系方提供的相应证据进行审查后,决定对继续征收反补贴税的必要性进行复审。

承诺生效后，商务部可以在有正当理由的情况下，决定对继续履行承诺的必要性进行复审；也可以在经过一段合理时间，应利害关系方的请求并对利害关系方提供的相应证据进行审查后，决定对继续履行承诺的必要性进行复审。

第四十九条　根据复审结果，由商务部依照本条例的规定提出保留、修改或者取消反补贴税的建议，国务院关税税则委员会根据商务部的建议作出决定，由商务部予以公告；或者由商务部依照本条例的规定，作出保留、修改或者取消承诺的决定并予以公告。

第五十条　复审程序参照本条例关于反补贴调查的有关规定执行。

复审期限自决定复审开始之日起，不超过12个月。

第五十一条　在复审期间，复审程序不妨碍反补贴措施的实施。

第六章　附　　则

第五十二条　对依照本条例第二十六条作出的终裁决定不服的，对依照本条例第四章作出的是否征收反补贴税的决定以及追溯征收的决定不服的，或者对依照本条例第五章作出的复审决定不服的，可以依法申请行政复议，也可以依法向人民法院提起诉讼。

第五十三条　依照本条例作出的公告，应当载明重要的情况、事实、理由、依据、结果和结论等内容。

第五十四条　商务部可以采取适当措施，防止规避反补贴措施的行为。

第五十五条　任何国家（地区）对中华人民共和国的出口产品采取歧视性反补贴措施的，中华人民共和国可以根据实际情况对该国家（地区）采取相应的措施。

第五十六条　商务部负责与反补贴有关的对外磋商、通知和争端解决事宜。

第五十七条　商务部可以根据本条例制定有关具体实施办法。

第五十八条　本条例自2002年1月1日起施行。1997年3月25日国务院发布的《中华人民共和国反倾销和反补贴条例》中关于反补贴的规定同时废止。

中华人民共和国保障措施条例

（2001年11月26日中华人民共和国国务院令第330号公布　根据2004年3月31日《国务院关于修改〈中华人民共和国保障措施条例〉的决定》修订）

第一章　总　　则

第一条　为了促进对外贸易健康发展，根据《中华人民共和国对外贸易法》的有关规定，制定本条例。

第二条　进口产品数量增加，并对生产同类产品或者直接竞争产品的国内产业造成严重损害或者严重损害威胁（以下除特别指明外，统称损害）的，依照本条例的规定进行调查，采取保障措施。

第二章　调　　查

第三条　与国内产业有关的自然人、法人或者其他组织（以下统称申请人），可以依照本条例的规定，向商务部提出采取保障措施的书面申请。

商务部应当及时对申请人的申请进行审查，决定立案调查或者不立案调查。

第四条　商务部没有收到采取保障措施的书面申请，但有充分证据认为国内产业因进口产品数量增加而受到损害的,可以决定立案调查。

第五条 立案调查的决定,由商务部予以公告。

商务部应当将立案调查的决定及时通知世界贸易组织保障措施委员会(以下简称保障措施委员会)。

第六条 对进口产品数量增加及损害的调查和确定,由商务部负责;其中,涉及农产品的保障措施国内产业损害调查,由商务部会同农业部进行。

第七条 进口产品数量增加,是指进口产品数量的绝对增加或者与国内生产相比的相对增加。

第八条 在确定进口产品数量增加对国内产业造成的损害时,应当审查下列相关因素:

(一)进口产品的绝对和相对增长率与增长量;

(二)增加的进口产品在国内市场中所占的份额;

(三)进口产品对国内产业的影响,包括对国内产业在产量、销售水平、市场份额、生产率、设备利用率、利润与亏损、就业等方面的影响;

(四)造成国内产业损害的其他因素。

对严重损害威胁的确定,应当依据事实,不能仅依据指控、推测或者极小的可能性。

在确定进口产品数量增加对国内产业造成的损害时,不得将进口增加以外的因素对国内产业造成的损害归因于进口增加。

第九条 在调查期间,商务部应当及时公布对案情的详细分析和审查的相关因素等。

第十条 国内产业,是指中华人民共和国国内同类产品或者直接竞争产品的全部生产者,或者其总产量占国内同类产品或者直接竞争产品全部总产量的主要部分的生产者。

第十一条 商务部应当根据客观的事实和证据,确定进口产品数量增加与国内产业的损害之间是否存在因果关系。

第十二条 商务部应当为进口经营者、出口经营者和其他利害关系方提供陈述意见和论据的机会。

调查可以采用调查问卷的方式,也可以采用听证会或者其他方式。

第十三条 调查中获得的有关资料,资料提供方认为需要保密的,商务部可以按保密资料处理。

保密申请有理由的,应当对资料提供方提供的资料按保密资料处理,同时要求资料提供方提供一份非保密的该资料概要。

按保密资料处理的资料,未经资料提供方同意,不得泄露。

第十四条 进口产品数量增加、损害的调查结果及其理由的说明,由商务部予以公布。

商务部应当将调查结果及有关情况及时通知保障措施委员会。

第十五条 商务部根据调查结果,可以作出初裁决定,也可以直接作出终裁决定,并予以公告。

第三章 保障措施

第十六条 有明确证据表明进口产品数量增加,在不采取临时保障措施将对国内产业造成难以补救的损害的紧急情况下,可以作出初裁决定,并采取临时保障措施。

临时保障措施采取提高关税的形式。

第十七条 采取临时保障措施,由商务部提出建议,国务院关税税则委员会根据商务部的建议作出决定,由商务部予以公告。海关自公告规定实施之日起执行。

在采取临时保障措施前,商务部应当将有关情况通知保障措施委员会。

第十八条 临时保障措施的实施期限,自临时保障措施决定公告规定实施之日起,不超过200天。

第十九条 终裁决定确定进口产品数量增加，并由此对国内产业造成损害的，可以采取保障措施。实施保障措施应当符合公共利益。

保障措施可以采取提高关税、数量限制等形式。

第二十条 保障措施采取提高关税形式的，由商务部提出建议，国务院关税税则委员会根据商务部的建议作出决定，由商务部予以公告；采取数量限制形式的，由商务部作出决定并予以公告。海关自公告规定实施之日起执行。

商务部应当将采取保障措施的决定及有关情况及时通知保障措施委员会。

第二十一条 采取数量限制措施的，限制后的进口量不得低于最近3个有代表性年度的平均进口量；但是，有正当理由表明为防止或者补救严重损害而有必要采取不同水平的数量限制措施的除外。

采取数量限制措施，需要在有关出口国（地区）或者原产国（地区）之间进行数量分配的，商务部可以与有关出口国（地区）或者原产国（地区）就数量的分配进行磋商。

第二十二条 保障措施应当针对正在进口的产品实施，不区分产品来源国（地区）。

第二十三条 采取保障措施应当限于防止、补救严重损害并便利调整国内产业所必要的范围内。

第二十四条 在采取保障措施前，商务部应当为与有关产品的出口经营者有实质利益的国家（地区）政府提供磋商的充分机会。

第二十五条 终裁决定确定不采取保障措施的，已征收的临时关税应当予以退还。

第四章　保障措施的期限与复审

第二十六条 保障措施的实施期限不超过4年。

符合下列条件的，保障措施的实施期限可以适当延长：

（一）按照本条例规定的程序确定保障措施对于防止或者补救严重损害仍然有必要；

（二）有证据表明相关国内产业正在进行调整；

（三）已经履行有关对外通知、磋商的义务；

（四）延长后的措施不严于延长前的措施。

一项保障措施的实施期限及其延长期限，最长不超过10年。

第二十七条 保障措施实施期限超过1年的，应当在实施期间内按固定时间间隔逐步放宽。

第二十八条 保障措施实施期限超过3年的，商务部应当在实施期间内对该项措施进行中期复审。

复审的内容包括保障措施对国内产业的影响、国内产业的调整情况等。

第二十九条 保障措施属于提高关税的，商务部应当根据复审结果，依照本条例的规定，提出保留、取消或者加快放宽提高关税措施的建议，国务院关税税则委员会根据商务部的建议作出决定，由商务部予以公告；保障措施属于数量限制或者其他形式的，商务部应当根据复审结果，依照本条例的规定，作出保留、取消或者加快放宽数量限制措施的决定并予以公告。

第三十条 对同一进口产品再次采取保障措施的，与前次采取保障措施的时间间隔应当不短于前次采取保障措施的实施期限，并且至少为2年。

符合下列条件的，对一产品实施的期限为180天或者少于180天的保障措施，不受前款限制：

（一）自对该进口产品实施保障措施之日起，已经超过1年；

（二）自实施该保障措施之日起5年内，未对同一产品实施2次以上保障措施。

第五章　附　　则

第三十一条　任何国家(地区)对中华人民共和国的出口产品采取歧视性保障措施的,中华人民共和国可以根据实际情况对该国家(地区)采取相应的措施。

第三十二条　商务部负责与保障措施有关的对外磋商、通知和争端解决事宜。

第三十三条　商务部可以根据本条例制定具体实施办法。

第三十四条　本条例自2002年1月1日起施行。

中华人民共和国知识产权海关保护条例

(2003年12月2日中华人民共和国国务院令第395号公布　根据2010年3月24日《国务院关于修改〈中华人民共和国知识产权海关保护条例〉的决定》第一次修订　根据2018年3月19日《国务院关于修改和废止部分行政法规的决定》第二次修订)

第一章　总　　则

第一条　为了实施知识产权海关保护,促进对外经济贸易和科技文化交往,维护公共利益,根据《中华人民共和国海关法》,制定本条例。

第二条　本条例所称知识产权海关保护,是指海关对与进出口货物有关并受中华人民共和国法律、行政法规保护的商标专用权、著作权和与著作权有关的权利、专利权(以下统称知识产权)实施的保护。

第三条　国家禁止侵犯知识产权的货物进出口。

海关依照有关法律和本条例的规定实施知识产权保护,行使《中华人民共和国海关法》规定的有关权力。

第四条　知识产权权利人请求海关实施知识产权保护的,应当向海关提出采取保护措施的申请。

第五条　进口货物的收货人或者其代理人、出口货物的发货人或者其代理人应当按照国家规定,向海关如实申报与进出口货物有关的知识产权状况,并提交有关证明文件。

第六条　海关实施知识产权保护时,应当保守有关当事人的商业秘密。

第二章　知识产权的备案

第七条　知识产权权利人可以依照本条例的规定,将其知识产权向海关总署申请备案;申请备案的,应当提交申请书。申请书应当包括下列内容:

(一)知识产权权利人的名称或者姓名、注册地或者国籍等;

(二)知识产权的名称、内容及其相关信息;

(三)知识产权许可行使状况;

(四)知识产权权利人合法行使知识产权的货物的名称、产地、进出境地海关、进出口商、主要特征、价格等;

(五)已知的侵犯知识产权货物的制造商、进出口商、进出境地海关、主要特征、价格等。

前款规定的申请书内容有证明文件的,知识产权权利人应当附送证明文件。

第八条　海关总署应当自收到全部申请文件之日起30个工作日内作出是否准予备案的决定,并书面通知申请人;不予备案的,应当说明理由。

有下列情形之一的,海关总署不予备案:

(一)申请文件不齐全或者无效的;

(二)申请人不是知识产权权利人的;

(三)知识产权不再受法律、行政法规保护的。

第九条 海关发现知识产权权利人申请知识产权备案未如实提供有关情况或者文件的,海关总署可以撤销其备案。

第十条 知识产权海关保护备案自海关总署准予备案之日起生效,有效期为10年。

知识产权有效的,知识产权权利人可以在知识产权海关保护备案有效期届满前6个月内,向海关总署申请续展备案。每次续展备案的有效期为10年。

知识产权海关保护备案有效期届满而不申请续展或者知识产权不再受法律、行政法规保护的,知识产权海关保护备案随即失效。

第十一条 知识产权备案情况发生改变的,知识产权权利人应当自发生改变之日起30个工作日内,向海关总署办理备案变更或者注销手续。

知识产权权利人未依照前款规定办理变更或者注销手续,给他人合法进出口或者海关依法履行监管职责造成严重影响的,海关总署可以根据有关利害关系人的申请撤销有关备案,也可以主动撤销有关备案。

第三章 扣留侵权嫌疑货物的申请及其处理

第十二条 知识产权权利人发现侵权嫌疑货物即将进出口的,可以向货物进出境地海关提出扣留侵权嫌疑货物的申请。

第十三条 知识产权权利人请求海关扣留侵权嫌疑货物的,应当提交申请书及相关证明文件,并提供足以证明侵权事实明显存在的证据。

申请书应当包括下列主要内容:

(一)知识产权权利人的名称或者姓名、注册地或者国籍等;

(二)知识产权的名称、内容及其相关信息;

(三)侵权嫌疑货物收货人和发货人的名称;

(四)侵权嫌疑货物名称、规格等;

(五)侵权嫌疑货物可能进出境的口岸、时间、运输工具等。

侵权嫌疑货物涉嫌侵犯备案知识产权的,申请书还应当包括海关备案号。

第十四条 知识产权权利人请求海关扣留侵权嫌疑货物的,应当向海关提供不超过货物等值的担保,用于赔偿可能因申请不当给收货人、发货人造成的损失,以及支付货物由海关扣留后的仓储、保管和处置等费用;知识产权权利人直接向仓储商支付仓储、保管费用的,从担保中扣除。具体办法由海关总署制定。

第十五条 知识产权权利人申请扣留侵权嫌疑货物,符合本条例第十三条的规定,并依照本条例第十四条的规定提供担保的,海关应当扣留侵权嫌疑货物,书面通知知识产权权利人,并将海关扣留凭单送达收货人或者发货人。

知识产权权利人申请扣留侵权嫌疑货物,不符合本条例第十三条的规定,或者未依照本条例第十四条的规定提供担保的,海关应当驳回申请,并书面通知知识产权权利人。

第十六条 海关发现进出口货物有侵犯备案知识产权嫌疑的,应当立即书面通知知识产权权利人。知识产权权利人自通知送达之日起3个工作日内依照本条例第十三条的规定提出申请,并依照本条例第十四条的规定提供担保的,海关应当扣留侵权嫌疑货物,书面通知知识产权权利人,并将海关扣留凭单送达收货人或者发货人。知识产权权利人逾期未提出申请或者未提供担保的,海关不得扣留货物。

第十七条 经海关同意,知识产权权利人和收货人或者发货人可以查看有关货物。

第十八条 收货人或者发货人认为其货物未侵犯知识产权权利人的知识产权的,应当向海关提出书面说明并附送相关证据。

第十九条 涉嫌侵犯专利权货物的收货人或者发货人认为其进出口货物未侵犯专利权的,可以在向海关提供货物等值的担保金后,请求海关放行其货物。知识产权权利人未能在合理期限内向人民法院起诉的,海关应当退还担保金。

第二十条 海关发现进出口货物有侵犯备案知识产权嫌疑并通知知识产权权利人后,知识产权权利人请求海关扣留侵权嫌疑货物的,海关应当自扣留之日起30个工作日内对被扣留的侵权嫌疑货物是否侵犯知识产权进行调查、认定;不能认定的,应当立即书面通知知识产权权利人。

第二十一条 海关对被扣留的侵权嫌疑货物进行调查,请求知识产权主管部门提供协助的,有关知识产权主管部门应当予以协助。

知识产权主管部门处理涉及进出口货物的侵权案件请求海关提供协助的,海关应当予以协助。

第二十二条 海关对被扣留的侵权嫌疑货物及有关情况进行调查时,知识产权权利人和收货人或者发货人应当予以配合。

第二十三条 知识产权权利人在向海关提出采取保护措施的申请后,可以依照《中华人民共和国商标法》、《中华人民共和国著作权法》、《中华人民共和国专利法》或者其他有关法律的规定,就被扣留的侵权嫌疑货物向人民法院申请采取责令停止侵权行为或者财产保全的措施。

海关收到人民法院有关责令停止侵权行为或者财产保全的协助执行通知的,应当予以协助。

第二十四条 有下列情形之一的,海关应当放行被扣留的侵权嫌疑货物:

(一)海关依照本条例第十五条的规定扣留侵权嫌疑货物,自扣留之日起20个工作日内未收到人民法院协助执行通知的;

(二)海关依照本条例第十六条的规定扣留侵权嫌疑货物,自扣留之日起50个工作日内未收到人民法院协助执行通知,并且经调查不能认定被扣留的侵权嫌疑货物侵犯知识产权的;

(三)涉嫌侵犯专利权货物的收货人或者发货人在向海关提供与货物等值的担保金后,请求海关放行其货物的;

(四)海关认为收货人或者发货人有充分的证据证明其货物未侵犯知识产权权利人的知识产权的;

(五)在海关认定被扣留的侵权嫌疑货物为侵权货物之前,知识产权权利人撤回扣留侵权嫌疑货物的申请的。

第二十五条 海关依照本条例的规定扣留侵权嫌疑货物,知识产权权利人应当支付有关仓储、保管和处置等费用。知识产权权利人未支付有关费用的,海关可以从其向海关提供的担保金中予以扣除,或者要求担保人履行有关担保责任。

侵权嫌疑货物被认定为侵犯知识产权的,知识产权权利人可以将其支付的有关仓储、保管和处置等费用计入其为制止侵权行为所支付的合理开支。

第二十六条 海关实施知识产权保护发现涉嫌犯罪案件的,应当将案件依法移送公安机关处理。

第四章 法律责任

第二十七条 被扣留的侵权嫌疑货物,经海关调查后认定侵犯知识产权的,由海关予以没收。

海关没收侵犯知识产权货物后,应当将侵犯知识产权货物的有关情况书面通知知识产权权利人。

被没收的侵犯知识产权货物可以用于社会公益事业的,海关应当转交给有关公益机构用于社会公益事业;知识产权权利人有收购意愿的,海关可以有偿转让给知识产权权利人。被没收的侵犯知识产权货物无法用于社会公益事业且知识产权权利人无收购意愿的,海关可以在消除侵权特征后依法拍卖,但对进口假冒商标货物,除特殊情况外,不能仅清除货物上的商标标识即允许其进入商业渠道;侵权特征无法消除的,海关应当予以销毁。

第二十八条 海关接受知识产权保护备案和采取知识产权保护措施的申请后,因知识产权权利人未提供确切情况而未能发现侵权货物、未能及时采取保护措施或者采取保护措施不力的,由知识产权权利人自行承担责任。

知识产权权利人请求海关扣留侵权嫌疑货物后,海关不能认定被扣留的侵权嫌疑货物侵犯知识产权权利人的知识产权,或者人民法院判定不侵犯知识产权权利人的知识产权的,知识产权权利人应当依法承担赔偿责任。

第二十九条 进口或者出口侵犯知识产权货物,构成犯罪的,依法追究刑事责任。

第三十条 海关工作人员在实施知识产权保护时,玩忽职守、滥用职权、徇私舞弊,构成犯罪的,依法追究刑事责任;尚不构成犯罪的,依法给予行政处分。

第五章 附 则

第三十一条 个人携带或者邮寄进出境的物品,超出自用、合理数量,并侵犯本条例第二条规定的知识产权的,按照侵权货物处理。

第三十二条 本条例自2004年3月1日起施行。1995年7月5日国务院发布的《中华人民共和国知识产权海关保护条例》同时废止。

◎ 司法解释及文件

最高人民法院办公厅关于转发全国人民代表大会常务委员会法制工作委员会“对海关法第三十条规定具体适用问题的答复意见”的通知

(2003年7月25日 法办〔2003〕236号)

辽宁、天津、山东、上海、浙江、湖北、福建、广东、海南、广西高级人民法院,各海事法院:

现将全国人民代表大会常务委员会法制工作委员会就海关总署请示的关于《海关法》第三十条规定具体适用问题的答复转发给你们,请在审判工作中执行。

全国人民代表大会常务委员会法制工作委员会对海关法第三十条规定具体适用问题的答复意见

(法工委复字〔2003〕9号)

海关总署:

你署关于“商请对海关法第三十条规定具体适用问题进行研究并予以答复的函”(署法函〔2003〕74号)已收悉,经研究,现答复如下:

1. 依照海关法第三十条第一款的规定，对海关变卖超期未报关的进口货物的余款，有权申请发还的主体为进口货物的收货人。

2. 海关法对“收货人”未作定义，对此应当按照通常的理解和其他法律的规定确定。按照通常理解和合同法、海商法的有关规定，“收货人”应当是指在运输合同中载明的收货人或凭指示的收货人，或者是不记名提单的持有人等有权提取货物的人。

3. 依照海关法第三十条第一款的规定，由海关依本条规定变卖处理的货物，如不属于限制进口的，变卖所得在依法扣除有关款项和税款后的余款，收货人有权在规定的期限内申请发还；海关应当发还。

最高人民法院关于海关行政处罚案件诉讼管辖问题的解释

（2002年1月28日最高人民法院审判委员会第1209次会议通过　2002年1月30日最高人民法院公告公布　自2002年2月7日起施行　法释〔2002〕4号）

为规范海事法院的受理案件范围，根据《中华人民共和国行政诉讼法》的有关规定，现就海关行政处罚案件的诉讼管辖问题解释如下：

相对人不服海关作出的行政处罚决定提起诉讼的案件，由有管辖权的地方人民法院依照《中华人民共和国行政诉讼法》的有关规定审理。相对人向海事法院提起诉讼的，海事法院不予受理。

最高人民法院关于审理国际贸易行政案件若干问题的规定

（2002年8月27日最高人民法院审判委员会第1239次会议通过　2002年8月27日最高人民法院公告公布　自2002年10月1日起施行　法释〔2002〕27号）

为依法公正及时地审理国际贸易行政案件，根据《中华人民共和国行政诉讼法》（以下简称行政诉讼法）、《中华人民共和国立法法》（以下简称立法法）以及其他有关法律的规定，制定本规定。

第一条　下列案件属于本规定所称国际贸易行政案件：

（一）有关国际货物贸易的行政案件；

（二）有关国际服务贸易的行政案件；

（三）与国际贸易有关的知识产权行政案件；

（四）其他国际贸易行政案件。

第二条　人民法院行政审判庭依法审理国际贸易行政案件。

第三条　自然人、法人或者其他组织认为中华人民共和国具有国家行政职权的机关和组织及其工作人员（以下统称行政机关）有关国际贸易的具体行政行为侵犯其合法权益的，可以依照行政诉讼法以及其他有关法律、法规的规定，向人民法院提起行政诉讼。

第四条　当事人的行为发生在新法生效之前，行政机关在新法生效之后对该行为作出行政处理决定的，当事人可以依照新法的规定提起行政诉讼。

第五条　第一审国际贸易行政案件由具有管辖权的中级以上人民法院管辖。

第六条　人民法院审理国际贸易行政案件，应当依照行政诉讼法，并根据案件具体情况，从以下方面对被诉具体行政行为进行合法性审查：

（一）主要证据是否确实、充分；

（二）适用法律、法规是否正确；

（三）是否违反法定程序；

（四）是否超越职权；

（五）是否滥用职权；

（六）行政处罚是否显失公正；

（七）是否不履行或者拖延履行法定职责。

第七条 根据行政诉讼法第五十二条第一款及立法法第六十三条第一款和第二款规定，人民法院审理国际贸易行政案件，应当依据中华人民共和国法律、行政法规以及地方立法机关在法定立法权限范围内制定的有关或者影响国际贸易的地方性法规。地方性法规适用于本行政区域内发生的国际贸易行政案件。

第八条 根据行政诉讼法第五十三条第一款及立法法第七十一条、第七十二条和第七十三条规定，人民法院审理国际贸易行政案件，参照国务院部门根据法律和国务院的行政法规、决定、命令，在本部门权限范围内制定的有关或者影响国际贸易的部门规章，以及省、自治区、直辖市和省、自治区的人民政府所在地的市、经济特区所在地的市、国务院批准的较大的市的人民政府根据法律、行政法规和地方性法规制定的有关或者影响国际贸易的地方政府规章。

第九条 人民法院审理国际贸易行政案件所适用的法律、行政法规的具体条文存在两种以上的合理解释，其中有一种解释与中华人民共和国缔结或者参加的国际条约的有关规定相一致的，应当选择与国际条约的有关规定相一致的解释，但中华人民共和国声明保留的条款除外。

第十条 外国人、无国籍人、外国组织在中华人民共和国进行国际贸易行政诉讼，同中华人民共和国公民、组织有同等的诉讼权利和义务，但有行政诉讼法第七十一条第二款规定的情形的，适用对等原则。

第十一条 涉及香港特别行政区、澳门特别行政区和台湾地区当事人的国际贸易行政案件，参照本规定处理。

第十二条 本规定自2002年10月1日起施行。

最高人民法院关于审理反补贴行政案件应用法律若干问题的规定

（2002年9月11日最高人民法院审判委员会第1242次会议通过　2002年11月21日最高人民法院公告公布　自2003年1月1日起施行　法释〔2002〕36号）

为依法公正地审理反补贴行政案件，根据《中华人民共和国行政诉讼法》及其他有关法律的规定，制定本规定。

第一条 人民法院依法受理对下列反补贴行政行为提起的行政诉讼：

（一）有关补贴及补贴金额、损害及损害程度的终裁决定；

（二）有关是否征收反补贴税以及追溯征收的决定；

（三）有关保留、修改或者取消反补贴税以及承诺的复审决定；

（四）依照法律、行政法规规定可以起诉的其他反补贴行政行为。

第二条 与反补贴行政行为具有法律上利害关系的个人或者组织为利害关系人，可以依照行政诉讼法及其他有关法律、行政法规的规定，向人民法院提起行政诉讼。

前款所称利害关系人，是指向国务院主管机关提出反补贴调查书面申请的申请人，有关出口经营者和进口经营者及其他具有法律上利害关系的自然人、法人或者其他组织。

第三条 反补贴行政案件的被告，应当是作出相应被诉反补贴行政行为的国务院主管部门。

第四条 与被诉反补贴行政行为具有法律上利害关系的其他国务院主管部门，可以作为第三人参加诉讼。

第五条 第一审反补贴行政案件由下列人民法院管辖：

（一）被告所在地高级人民法院指定的中级人民法院；

（二）被告所在地高级人民法院。

第六条 人民法院依照行政诉讼法及其他有关反补贴的法律、行政法规，参照国务院部门规章，对被诉反补贴行政行为的事实问题和法律问题，进行合法性审查。

第七条 被告对其作出的被诉反补贴行政行为负举证责任，应当提供作出反补贴行政行为的证据和所依据的规范性文件。

人民法院依据被告的案卷记录审查被诉反补贴行政行为的合法性。被告在作出被诉反补贴行政行为时没有记入案卷的事实材料，不能作为认定该行为合法的根据。

第八条 原告对其主张的事实有责任提供证据。经人民法院依照法定程序审查，原告提供的证据具有关联性、合法性和真实性的，可以作为定案的根据。

被告在反补贴行政调查程序中依照法定程序要求原告提供证据，原告无正当理由拒不提供、不如实提供或者以其他方式严重妨碍调查，而在诉讼程序中提供的证据，人民法院不予采纳。

第九条 在反补贴行政调查程序中，利害关系人无正当理由拒不提供证据、不如实提供证据或者以其他方式严重妨碍调查的，国务院主管部门根据能够获得的证据得出的事实结论，可以认定为证据充分。

第十条 人民法院审理反补贴行政案件，根据不同情况，分别作出以下判决：

（一）被诉反补贴行政行为证据确凿，适用法律、行政法规正确，符合法定程序的，判决维持；

（二）被诉反补贴行政行为有下列情形之一的，判决撤销或者部分撤销，并可以判决被告重新作出反补贴行政行为：

1. 主要证据不足的；
2. 适用法律、行政法规错误的；
3. 违反法定程序的；
4. 超越职权的；
5. 滥用职权的。

（三）依照法律或者司法解释规定作出的其他判决。

第十一条 人民法院审理反补贴行政案件，可以参照有关涉外民事诉讼程序的规定。

第十二条 本规定自2003年1月1日起实施。

最高人民法院关于审理反倾销行政案件应用法律若干问题的规定

（2002年9月11日最高人民法院审判委员会第1242次会议通过　2002年11月21日最高人民法院公告公布　自2003年1月1日起施行　法释〔2002〕35号）

为依法公正地审理反倾销行政案件，根据《中华人民共和国行政诉讼法》及其他有关法律的规定，制定本规定。

第一条　人民法院依法受理对下列反倾销行政行为提起的行政诉讼：

（一）有关倾销及倾销幅度、损害及损害程度的终裁决定；

（二）有关是否征收反倾销税的决定以及追溯征收、退税、对新出口经营者征税的决定；

（三）有关保留、修改或者取消反倾销税以及价格承诺的复审决定；

（四）依照法律、行政法规规定可以起诉的其他反倾销行政行为。

第二条　与反倾销行政行为具有法律上利害关系的个人或者组织为利害关系人，可以依照行政诉讼法及其他有关法律、行政法规的规定，向人民法院提起行政诉讼。

前款所称利害关系人，是指向国务院主管部门提出反倾销调查书面申请的申请人，有关出口经营者和进口经营者及其他具有法律上利害关系的自然人、法人或者其他组织。

第三条　反倾销行政案件的被告，应当是作出相应被诉反倾销行政行为的国务院主管部门。

第四条　与被诉反倾销行政行为具有法律上利害关系的其他国务院主管部门，可以作为第三人参加诉讼。

第五条　第一审反倾销行政案件由下列人民法院管辖：

（一）被告所在地高级人民法院指定的中级人民法院；

（二）被告所在地高级人民法院。

第六条　人民法院依照行政诉讼法及其他有关反倾销的法律、行政法规，参照国务院部门规章，对被诉反倾销行政行为的事实问题和法律问题，进行合法性审查。

第七条　被告对其作出的被诉反倾销行政行为负举证责任，应当提供作出反倾销行政行为的证据和所依据的规范性文件。

人民法院依据被告的案卷记录审查被诉反倾销行政行为的合法性。被告在作出被诉反倾销行政行为时没有记入案卷的事实材料，不能作为认定该行为合法的根据。

第八条　原告对其主张的事实有责任提供证据。经人民法院依照法定程序审查，原告提供的证据具有关联性、合法性和真实性的，可以作为定案的根据。

被告在反倾销行政调查程序中依照法定程序要求原告提供证据，原告无正当理由拒不提供、不如实提供或者以其他方式严重妨碍调查，而在诉讼程序中提供的证据，人民法院不予采纳。

第九条　在反倾销行政调查程序中，利害关系人无正当理由拒不提供证据、不如实提供证据或者以其他方式严重妨碍调查的，国务院主管部门根据能够获得的证据得出的事实结论，可以认定为证据充分。

第十条　人民法院审理反倾销行政案件，根据不同情况，分别作出以下判决：

（一）被诉反倾销行政行为证据确凿，适用法律、行政法规正确，符合法定程序的，判决维持；

（二）被诉反倾销行政行为有下列情形之一的，判决撤销或者部分撤销，并可以判决被告重新作出反倾销行政行为：

1. 主要证据不足的；
2. 适用法律、行政法规错误的；
3. 违反法定程序的；
4. 超越职权的；
5. 滥用职权的。

（三）依照法律或者司法解释规定作出的其他判决。

第十一条　人民法院审理反倾销行政案件，可以参照有关涉外民事诉讼程序的规定。

第十二条　本规定自2003年1月1日起实施。

关于依法限制外国人和中国公民出境问题的若干规定

(1987年3月10日)

《中华人民共和国外国人入境出境管理法》第二十三条和《中华人民共和国公民出境入境管理法》第八条规定了对某些外国人和中国公民不准其出境,现将贯彻执行中的若干问题规定如下:

一、需要限制已入境的外国人出境或者限制中国公民出境的,必须严格依照法律规定执行。在执行中应当注意:凡能尽早处理的,不要等到外国人或中国公民临出境时处理;凡可以通过其他方式处理的,不要采取扣留证件的办法限制出境;凡能在内地处理的,不要到出境口岸处理,要把确需在口岸阻止出境的人员控制在极少数。

二、限制外国人或中国公民出境的审批权限:

1. 公安机关和国家安全机关认定的犯罪嫌疑人或有其他违反法律的行为尚未处理并需要追究法律责任的,其限制出境的决定需经省、自治区、直辖市公安厅、局或国家安全厅、局批准。

2. 人民法院或人民检察院认定的犯罪嫌疑人或有其他违反法律的行为尚未处理并需要追究法律责任的,由人民法院或人民检察院决定限制出境并按有关规定执行,同时通报同级公安机关。

3. 国家安全机关对某些外国人或中国公民采取限制出境措施时,要及时通报公安机关。

4. 有未了结民事案件(包括经济纠纷案件)的,由人民法院决定限制出境并执行,同时通报公安机关。

5. 对其他需要在边防口岸限制出境的人员,可按1985年公安部、国家安全部《关于做好入出境查控工作的通知》([85]公发24号文件)精神办理。

三、人民法院、人民检察院、公安机关和国家安全机关在限制外国人和中国公民出境时,可以分别采取以下办法:

1. 向当事人口头通知或书面通知,在其案件(或问题)了结之前,不得离境;

2. 根据案件性质及当事人的具体情况,分别采取监视居住或取保候审的办法,或令其提供财产担保或交付一定数量保证金后准予出境;

3. 扣留当事人护照或其他有效出入境证件。但应在执照或其他出入境证件有效期内处理了结,同时发给本人扣留证件的证明。人民法院、人民检察院或国家安全机关扣留当事人护照或其他有效出入境证件,如在出入境证件有效期内不能了结的,应当提前通知公安机关。

四、人民法院、人民检察院、国家安全机关及公安机关对某些不准出境的外国人和中国公民,需在边防检查站阻止出境的,应填写《口岸阻止人员出境通知书》(样式附后,自行印制)。在本省、自治区、直辖市口岸阻止出境的,应向本省、自治区、直辖市公安厅、局交控。在紧急情况下,如确有必要,也可先向边防检查站交控,然后按本通知的规定,补办交控手续。控制口岸超出本省、自治区、直辖市的,应通过有关省、自治区、直辖市公安厅、局办理交控手续。

注:《口岸阻止人员出境通知书》样式及说明(略)

最高人民法院、最高人民检察院、公安部、外交部、司法部、财政部关于强制外国人出境的执行办法的规定

（1992年7月31日　公发〔1992〕18）

各省、自治区、直辖市高级人民法院、人民检察院、公安厅（局）、人民政府外事办公室、司法厅（局）、财政厅（局）：

兹对违法犯罪的外国人强制出境的执行问题，作如下规定：

一、适用范围

有下列情形之一需要强制出境的外国人，均按本规定执行：

（一）依据我国刑法的规定，由人民法院对犯罪的外国人判处独立适用或者附加适用驱逐出境刑罚的；

（二）依据《中华人民共和国外国人入境出境管理法》的规定，由公安部对违法的外国人处以限期出境或者驱逐出境的；

（三）依据《中华人民共和国外国人入境出境管理法》以及其他有关法律的规定，由公安机关决定遣送出境或者缩短停留期限、取消居留资格的外国人，未在指定的期限内自动离境，需强制出境的；

（四）我国政府已按照国际条约或《中华人民共和国外交特权与豁免条例》的规定，对享有外交或领事特权和豁免的外国人宣布为不受欢迎的人或者不可接受并拒绝承认其外交或领事人员身份，责令限期出境的人，无正当理由逾期不自动出境的。

二、执行机关

执行和监视强制外国人出境的工作，由公安机关依据有关法律文书或者公文进行：

（一）对判处独立适用驱逐出境刑罚的外国人，人民法院应当自该判决生效之日起十五日内，将对该犯的刑事判决书、执行通知书的副本交付所在地省级公安机关，由省级公安机关指定的公安机关执行。

（二）被判处徒刑的外国人，其主刑执行期满后应执行驱逐出境附加刑的，应在主刑刑期届满的一个月前，由原羁押监狱的主管部门将该犯的原判决书、执行通知书副本或者复印本送交所在地省级公安机关，由省级公安机关指定的公安机关执行。

（三）被公安部处以驱逐出境、限期出境的外国人，凭公安部出入境管理处罚裁决书，由当地的公安机关执行。

（四）被公安机关决定遣送出境、缩短停留期限或者取消居留资格的外国人，由当地公安机关凭决定书执行。

被缩短停留期限或者取消居留资格的外国人，也可以由接待单位安排出境，公安机关凭决定书负责监督。

（五）我国政府已按照国际条约或《中华人民共和国外交特权与豁免条例》的规定，对享有外交或领事特权和豁免的外国人宣布为不受欢迎的人或者不可接受并拒绝承认其外交或领事人员身份，责令限期出境的人，无正当理由逾期不自动出境的，凭外交部公文由公安部指定的公安机关负责执行或者监督执行。

三、执行前的准备工作

（一）对被强制出境的外国人持有的准予在我国居留的证件，一律收缴。对护照上的签证应

当缩短有效期,加盖不准延期章,或者予以注销。

(二)凡被驱逐出境的外国人,均须列入不准入境者名单,具体办法按照公安部制订的《关于通报不准外籍人入境者名单的具体办法》(〔1989〕公境字87号)执行。对其他强制出境的外国人,需要列入不准入境者名单的,按规定报批。

凡被列入不准入境者名单的外国人,执行的公安机关应当在执行前向其宣布不准入境年限。

(三)对被强制出境的外国人,执行机关必须查验其本人的有效护照或者其他替代护照的身份证件,以及过境国家或者地区的有效签证。

不具备上述签证或者证件的,应事先同其本国驻华使、领馆联系,由使、领馆负责办理。在华有接待单位的,由接待单位同使、领馆联系。没有接待单位的,由公安部出入境管理局或者领馆所在地公安机关同使、领馆联系。在华无使、领馆或者使、领馆不予配合的,应层报外交部或公安部,通过外交途径解决。

对与我毗邻国家的公民从边境口岸或者通道出境的,可以不办理对方的证件或者签证。

(四)被强制出境的外国人应当办妥离境的机票、车票、船票,费用由本人负担。本人负担不了的,也不属于按协议由我有关单位提供旅费的,须由其本国使、领馆负责解决(同使、领馆联系解决的办法,与前项相同)。对使、领馆拒绝承担费用或者在华无使、领馆的,由我国政府承担。

(五)对已被决定强制出境的外国人,事由和日期是否需要通知其驻华使、领馆,可由当地外事部门请示外交部决定。

(六)对有可能引起外交交涉或者纷争的案件,主管机关应及时将有关案情和商定的对外表态的口径等通知当地外事部门。需对外报道的,须经公安部、外交部批准。

四、执行期限

负责具体执行的公安机关、应当按照交付机关确定的期限立即执行。如有特殊情况,需要延期执行的,报省、自治区、直辖市公安厅、局核准。

五、出境口岸

(一)对被强制出境的外国人,其出境的口岸,应事先确定,就近安排。

(二)如果被强制出境的外国人前往与我国接壤的国家,也可以安排从边境口岸出境。

(三)执行机关应当事先与出境口岸公安机关和边防检查站联系,通报被强制出境人员的情况,抵达口岸时间、交通工具班次,出境乘用的航班号、车次、时间,以及其他与协助执行有关的事项。出境口岸公安机关和边防检查站应当协助安排有关出境事项。

(四)出境时间应当尽可能安排在抵达口岸的当天。无法在当天出境的,口岸所在地公安机关应当协助采取必要的监护措施。

六、执行方式及有关事项

(一)被人民法院判决独立适用驱逐出境和被公安部处以驱逐出境的外国人,由公安机关看守所武警和外事民警共同押送;对主刑执行期满后再驱逐出境的外国人由原羁押监狱的管教干警、看守武警和公安机关外事民警共同押送。对上述两类人员押送途中确有必要时,可以使用手铐。

对其他被责令出境的外国人,需要押送的,由执行机关派外事民警押送;不需要押送的,可以在离境时派出外事民警,临场监督。

(二)执行人员的数量视具体情况而定,原则上应不少于2人。

(三)押送人员应提高警惕,保障安全,防止发生逃逸、行凶、自杀、自伤等事故。

(四)边防检查站凭对外国人强制出境的执行通知书、决定书或者裁决书以及被强制出境人的护照、证件安排放行。

(五)执行人员要监督被强制出境的外国人登上交通工具并离境后方可离开。从边境通道出境的,要监督其离开我国国境后方可离开。

（六）对被驱逐出境的外国人入出境交通工具等具体情况，应拍照，有条件的也可录像存查。

七、经费

执行强制外国人出境所需的费用（包括押送人员食宿、交通费，以及其本人无力承担费用而驻华使、领馆拒不承担或者在华没有使、领馆的外国人在中国境内的住宿、交通费、临时看押场所的租赁费、国际旅费等），应当按照现行财政体制，由办案地财政部门负责解决。

八、执行强制出境任务的人民警察和工作人员，要仪表庄重、严于职守、讲究文明、遵守外事纪律。

今后有关强制外国人出境的执行工作，统一遵照本规定执行。

（十三）档案、编制

中华人民共和国档案法

（1987 年 9 月 5 日第六届全国人民代表大会常务委员会第二十二次会议通过　根据 1996 年 7 月 5 日第八届全国人民代表大会常务委员会第二十次会议《关于修改〈中华人民共和国档案法〉的决定》第一次修正　根据 2016 年 11 月 7 日第十二届全国人民代表大会常务委员会第二十四次会议《关于修改〈中华人民共和国对外贸易法〉等十二部法律的决定》第二次修正）

第一章　总　　则

第一条　为了加强对档案的管理和收集、整理工作，有效地保护和利用档案，为社会主义现代化建设服务，制定本法。

第二条　本法所称的档案，是指过去和现在的国家机构、社会组织以及个人从事政治、军事、经济、科学、技术、文化、宗教等活动直接形成的对国家和社会有保存价值的各种文字、图表、声像等不同形式的历史记录。

第三条　一切国家机关、武装力量、政党、社会团体、企业事业单位和公民都有保护档案的义务。

第四条　各级人民政府应当加强对档案工作的领导，把档案事业的建设列入国民经济和社会发展计划。

第五条　档案工作实行统一领导、分级管理的原则，维护档案完整与安全，便于社会各方面的利用。

第二章　档案机构及其职责

第六条　国家档案行政管理部门主管全国档案事业，对全国的档案事业实行统筹规划，组织协调，统一制度，监督和指导。

县级以上地方各级人民政府的档案行政管理部门主管本行政区域内的档案事业，并对本行政区域内机关、团体、企业事业单位和其他组织的档案工作实行监督和指导。

乡、民族乡、镇人民政府应当指定人员负责保管本机关的档案，并对所属单位的档案工作实行监督和指导。

第七条　机关、团体、企业事业单位和其他组织的档案机构或者档案工作人员，负责保管本单位的档案，并对所属机构的档案工作实行监督和指导。

第八条　中央和县级以上地方各级各类档案馆，是集中管理档案的文化事业机构，负责接收、收集、整理、保管和提供利用各分管范围内的档案。

第九条　档案工作人员应当忠于职守，遵守纪律，具备专业知识。

在档案的收集、整理、保护和提供利用等方面成绩显著的单位或者个人，由各级人民政府给予奖励。

第三章 档案的管理

第十条 对国家规定的应当立卷归档的材料，必须按照规定，定期向本单位档案机构或者档案工作人员移交，集中管理，任何个人不得据为己有。

国家规定不得归档的材料，禁止擅自归档。

第十一条 机关、团体、企业事业单位和其他组织必须按照国家规定，定期向档案馆移交档案。

第十二条 博物馆、图书馆、纪念馆等单位保存的文物、图书资料同时是档案的，可以按照法律和行政法规的规定，由上述单位自行管理。

档案馆与上述单位应当在档案的利用方面互相协作。

第十三条 各级各类档案馆，机关、团体、企业事业单位和其他组织的档案机构，应当建立科学的管理制度，便于对档案的利用；配置必要的设施，确保档案的安全；采用先进技术，实现档案管理的现代化。

第十四条 保密档案的管理和利用，密级的变更和解密，必须按照国家有关保密的法律和行政法规的规定办理。

第十五条 鉴定档案保存价值的原则、保管期限的标准以及销毁档案的程序和办法，由国家档案行政管理部门制定。禁止擅自销毁档案。

第十六条 集体所有的和个人所有的对国家和社会具有保存价值的或者应当保密的档案，档案所有者应当妥善保管。对于保管条件恶劣或者其他原因被认为可能导致档案严重损毁和不安全的，国家档案行政管理部门有权采取代为保管等确保档案完整和安全的措施；必要时，可以收购或者征购。

前款所列档案，档案所有者可以向国家档案馆寄存或者出卖。严禁卖给、赠送给外国人或者外国组织。

向国家捐赠档案的，档案馆应当予以奖励。

第十七条 禁止出卖属于国家所有的档案。

国有企业事业单位资产转让时，转让有关档案的具体办法由国家档案行政管理部门制定。

档案复制件的交换、转让和出卖，按照国家规定办理。

第十八条 属于国家所有的档案和本法第十六条规定的档案以及这些档案的复制件，禁止私自携运出境。

第四章 档案的利用和公布

第十九条 国家档案馆保管的档案，一般应当自形成之日起满三十年向社会开放。经济、科学、技术、文化等类档案向社会开放的期限，可以少于三十年，涉及国家安全或者重大利益以及其他到期不宜开放的档案向社会开放的期限，可以多于三十年，具体期限由国家档案行政管理部门制订，报国务院批准施行。

档案馆应当定期公布开放档案的目录，并为档案的利用创造条件，简化手续，提供方便。

中华人民共和国公民和组织持有合法证明，可以利用已经开放的档案。

第二十条 机关、团体、企业事业单位和其他组织以及公民根据经济建设、国防建设、教学科研和其他各项工作的需要，可以按照有关规定，利用档案馆未开放的档案以及有关机关、团体、企业事业单位和其他组织保存的档案。

利用未开放档案的办法，由国家档案行政管理部门和有关主管部门规定。

第二十一条 向档案馆移交、捐赠、寄存档案的单位和个人，对其档案享有优先利用权，并可对其档案中不宜向社会开放的部分提出限制利用的意见，档案馆应当维护他们的合法权益。

第二十二条 属于国家所有的档案,由国家授权的档案馆或者有关机关公布;未经档案馆或者有关机关同意,任何组织和个人无权公布。

集体所有的和个人所有的档案,档案的所有者有权公布,但必须遵守国家有关规定,不得损害国家安全和利益,不得侵犯他人的合法权益。

第二十三条 各级各类档案馆应当配备研究人员,加强对档案的研究整理,有计划地组织编辑出版档案材料,在不同范围内发行。

第五章 法律责任

第二十四条 有下列行为之一的,由县级以上人民政府档案行政管理部门、有关主管部门对直接负责的主管人员或者其他直接责任人员依法给予行政处分;构成犯罪的,依法追究刑事责任:

(一)损毁、丢失属于国家所有的档案的;

(二)擅自提供、抄录、公布、销毁属于国家所有的档案的;

(三)涂改、伪造档案的;

(四)违反本法第十七条规定,擅自出卖或者转让属于国家所有的档案的;

(五)将档案卖给、赠送给外国人或者外国组织的;

(六)违反本法第十条、第十一条规定,不按规定归档或者不按期移交档案的;

(七)明知所保存的档案面临危险而不采取措施,造成档案损失的;

(八)档案工作人员玩忽职守,造成档案损失的。

在利用档案馆的档案中,有前款第一项、第二项、第三项违法行为的,由县级以上人民政府档案行政管理部门给予警告,可以并处罚款;造成损失的,责令赔偿损失。

企业事业组织或者个人有第一款第四项、第五项违法行为的,由县级以上人民政府档案行政管理部门给予警告,可以并处罚款;有违法所得的,没收违法所得;并可以依照本法第十六条的规定征购所出卖或者赠送的档案。

第二十五条 携运禁止出境的档案或者其复制件出境的,由海关予以没收,可以并处罚款;并将没收的档案或者其复制件移交档案行政管理部门;构成犯罪的,依法追究刑事责任。

第六章 附 则

第二十六条 本法实施办法,由国家档案行政管理部门制定,报国务院批准后施行。

第二十七条 本法自1988年1月1日起施行。

中华人民共和国保守国家秘密法

(1988年9月5日第七届全国人民代表大会常务委员会第三次会议通过 2010年4月29日第十一届全国人民代表大会常务委员会第十四次会议修订 2010年4月29日中华人民共和国主席令第28号公布 自2010年10月1日起施行)

第一章 总 则

第一条 为了保守国家秘密,维护国家安全和利益,保障改革开放和社会主义建设事业的顺利进行,制定本法。

第二条 国家秘密是关系国家安全和利益,依照法定程序确定,在一定时间内只限一定范围的人员知悉的事项。

第三条 国家秘密受法律保护。

一切国家机关、武装力量、政党、社会团体、企业事业单位和公民都有保守国家秘密的义务。

任何危害国家秘密安全的行为,都必须受到法律追究。

第四条 保守国家秘密的工作(以下简称保密工作),实行积极防范、突出重点、依法管理的方针,既确保国家秘密安全,又便利信息资源合理利用。

法律、行政法规规定公开的事项,应当依法公开。

第五条 国家保密行政管理部门主管全国的保密工作。县级以上地方各级保密行政管理部门主管本行政区域的保密工作。

第六条 国家机关和涉及国家秘密的单位(以下简称机关、单位)管理本机关和本单位的保密工作。

中央国家机关在其职权范围内,管理或者指导本系统的保密工作。

第七条 机关、单位应当实行保密工作责任制,健全保密管理制度,完善保密防护措施,开展保密宣传教育,加强保密检查。

第八条 国家对在保守、保护国家秘密以及改进保密技术、措施等方面成绩显著的单位或者个人给予奖励。

第二章 国家秘密的范围和密级

第九条 下列涉及国家安全和利益的事项,泄露后可能损害国家在政治、经济、国防、外交等领域的安全和利益的,应当确定为国家秘密:

(一)国家事务重大决策中的秘密事项;

(二)国防建设和武装力量活动中的秘密事项;

(三)外交和外事活动中的秘密事项以及对外承担保密义务的秘密事项;

(四)国民经济和社会发展中的秘密事项;

(五)科学技术中的秘密事项;

(六)维护国家安全活动和追查刑事犯罪中的秘密事项;

(七)经国家保密行政管理部门确定的其他秘密事项。

政党的秘密事项中符合前款规定的,属于国家秘密。

第十条 国家秘密的密级分为绝密、机密、秘密三级。

绝密级国家秘密是最重要的国家秘密,泄露会使国家安全和利益遭受特别严重的损害;机密级国家秘密是重要的国家秘密,泄露会使国家安全和利益遭受严重的损害;秘密级国家秘密是一般的国家秘密,泄露会使国家安全和利益遭受损害。

第十一条 国家秘密及其密级的具体范围,由国家保密行政管理部门分别会同外交、公安、国家安全和其他中央有关机关规定。

军事方面的国家秘密及其密级的具体范围,由中央军事委员会规定。

国家秘密及其密级的具体范围的规定,应当在有关范围内公布,并根据情况变化及时调整。

第十二条 机关、单位负责人及其指定的人员为定密责任人,负责本机关、本单位的国家秘密确定、变更和解除工作。

机关、单位确定、变更和解除本机关、本单位的国家秘密,应当由承办人提出具体意见,经定密责任人审核批准。

第十三条 确定国家秘密的密级,应当遵守定密权限。

中央国家机关、省级机关及其授权的机关、单位可以确定绝密级、机密级和秘密级国家秘密;设区的市、自治州一级的机关及其授权的机关、单位可以确定机密级和秘密级国家秘密。具体的定密权限、授权范围由国家保密行政管理部门规定。

机关、单位执行上级确定的国家秘密事项,需要定密的,根据所执行的国家秘密事项的密级确定。下级机关、单位认为本机关、本单位产生的有关定密事项属于上级机关、单位的定密权限,应当先行采取保密措施,并立即报请上级机关、单位确定;没有上级机关、单位的,应当立即提请有相应定密权限的业务主管部门或者保密行政管理部门确定。

公安、国家安全机关在其工作范围内按照规定的权限确定国家秘密的密级。

第十四条 机关、单位对所产生的国家秘密事项,应当按照国家秘密及其密级的具体范围的规定确定密级,同时确定保密期限和知悉范围。

第十五条 国家秘密的保密期限,应当根据事项的性质和特点,按照维护国家安全和利益的需要,限定在必要的期限内;不能确定期限的,应当确定解密的条件。

国家秘密的保密期限,除另有规定外,绝密级不超过三十年,机密级不超过二十年,秘密级不超过十年。

机关、单位应当根据工作需要,确定具体的保密期限、解密时间或者解密条件。

机关、单位对在决定和处理有关事项工作过程中确定需要保密的事项,根据工作需要决定公开的,正式公布时即视为解密。

第十六条 国家秘密的知悉范围,应当根据工作需要限定在最小范围。

国家秘密的知悉范围能够限定到具体人员的,限定到具体人员;不能限定到具体人员的,限定到机关、单位,由机关、单位限定到具体人员。

国家秘密的知悉范围以外的人员,因工作需要知悉国家秘密的,应当经过机关、单位负责人批准。

第十七条 机关、单位对承载国家秘密的纸介质、光介质、电磁介质等载体(以下简称国家秘密载体)以及属于国家秘密的设备、产品,应当做出国家秘密标志。

不属于国家秘密的,不应当做出国家秘密标志。

第十八条 国家秘密的密级、保密期限和知悉范围,应当根据情况变化及时变更。国家秘密的密级、保密期限和知悉范围的变更,由原定密机关、单位决定,也可以由其上级机关决定。

国家秘密的密级、保密期限和知悉范围变更的,应当及时书面通知知悉范围内的机关、单位或者人员。

第十九条 国家秘密的保密期限已满的,自行解密。

机关、单位应当定期审核所确定的国家秘密。对在保密期限内因保密事项范围调整不再作为国家秘密事项,或者公开后不会损害国家安全和利益,不需要继续保密的,应当及时解密;对需要延长保密期限的,应当在原保密期限届满前重新确定保密期限。提前解密或者延长保密期限的,由原定密机关、单位决定,也可以由其上级机关决定。

第二十条 机关、单位对是否属于国家秘密或者属于何种密级不明确或者有争议的,由国家保密行政管理部门或者省、自治区、直辖市保密行政管理部门确定。

第三章 保密制度

第二十一条 国家秘密载体的制作、收发、传递、使用、复制、保存、维修和销毁,应当符合国家保密规定。

绝密级国家秘密载体应当在符合国家保密标准的设施、设备中保存,并指定专人管理;未经原定密机关、单位或者其上级机关批准,不得复制和摘抄;收发、传递和外出携带,应当指定人员负责,并采取必要的安全措施。

第二十二条 属于国家秘密的设备、产品的研制、生产、运输、使用、保存、维修和销毁,应当符合国家保密规定。

第二十三条 存储、处理国家秘密的计算机信息系统(以下简称涉密信息系统)按照涉密程度实行分级保护。

涉密信息系统应当按照国家保密标准配备保密设施、设备。保密设施、设备应当与涉密信息系统同步规划,同步建设,同步运行。

涉密信息系统应当按照规定,经检查合格后,方可投入使用。

第二十四条 机关、单位应当加强对涉密信息系统的管理,任何组织和个人不得有下列行为:

(一)将涉密计算机、涉密存储设备接入互联网及其他公共信息网络;

(二)在未采取防护措施的情况下,在涉密信息系统与互联网及其他公共信息网络之间进行信息交换;

(三)使用非涉密计算机、非涉密存储设备存储、处理国家秘密信息;

(四)擅自卸载、修改涉密信息系统的安全技术程序、管理程序;

(五)将未经安全技术处理的退出使用的涉密计算机、涉密存储设备赠送、出售、丢弃或者改作其他用途。

第二十五条 机关、单位应当加强对国家秘密载体的管理,任何组织和个人不得有下列行为:

(一)非法获取、持有国家秘密载体;

(二)买卖、转送或者私自销毁国家秘密载体;

(三)通过普通邮政、快递等无保密措施的渠道传递国家秘密载体;

(四)邮寄、托运国家秘密载体出境;

(五)未经有关主管部门批准,携带、传递国家秘密载体出境。

第二十六条 禁止非法复制、记录、存储国家秘密。

禁止在互联网及其他公共信息网络或者未采取保密措施的有线和无线通信中传递国家秘密。

禁止在私人交往和通信中涉及国家秘密。

第二十七条 报刊、图书、音像制品、电子出版物的编辑、出版、印制、发行,广播节目、电视节目、电影的制作和播放,互联网、移动通信网等公共信息网络及其他传媒的信息编辑、发布,应当遵守有关保密规定。

第二十八条 互联网及其他公共信息网络运营商、服务商应当配合公安机关、国家安全机关、检察机关对泄密案件进行调查;发现利用互联网及其他公共信息网络发布的信息涉及泄露国家秘密的,应当立即停止传输,保存有关记录,向公安机关、国家安全机关或者保密行政管理部门报告;应当根据公安机关、国家安全机关或者保密行政管理部门的要求,删除涉及泄露国家秘密的信息。

第二十九条 机关、单位公开发布信息以及对涉及国家秘密的工程、货物、服务进行采购时,应当遵守保密规定。

第三十条 机关、单位对外交往与合作中需要提供国家秘密事项,或者任用、聘用的境外人员因工作需要知悉国家秘密的,应当报国务院有关主管部门或者省、自治区、直辖市人民政府有关主管部门批准,并与对方签订保密协议。

第三十一条 举办会议或者其他活动涉及国家秘密的,主办单位应当采取保密措施,并对参加人员进行保密教育,提出具体保密要求。

第三十二条 机关、单位应当将涉及绝密级或者较多机密级、秘密级国家秘密的机构确定为保密要害部门,将集中制作、存放、保管国家秘密载体的专门场所确定为保密要害部位,按照国家保密规定和标准配备、使用必要的技术防护设施、设备。

第三十三条 军事禁区和属于国家秘密不对外开放的其他场所、部位,应当采取保密措施,未经有关部门批准,不得擅自决定对外开放或者扩大开放范围。

第三十四条 从事国家秘密载体制作、复制、维修、销毁,涉密信息系统集成,或者武器装备科研生产等涉及国家秘密业务的企业事业单位,应当经过保密审查,具体办法由国务院规定。

机关、单位委托企业事业单位从事前款规定的业务,应当与其签订保密协议,提出保密要求,采取保密措施。

第三十五条 在涉密岗位工作的人员(以下简称涉密人员),按照涉密程度分为核心涉密人员、重要涉密人员和一般涉密人员,实行分类管理。

任用、聘用涉密人员应当按照有关规定进行审查。

涉密人员应当具有良好的政治素质和品行,具有胜任涉密岗位所要求的工作能力。

涉密人员的合法权益受法律保护。

第三十六条 涉密人员上岗应当经过保密教育培训,掌握保密知识技能,签订保密承诺书,严格遵守保密规章制度,不得以任何方式泄露国家秘密。

第三十七条 涉密人员出境应当经有关部门批准,有关机关认为涉密人员出境将对国家安全造成危害或者对国家利益造成重大损失的,不得批准出境。

第三十八条 涉密人员离岗离职实行脱密期管理。涉密人员在脱密期内,应当按照规定履行保密义务,不得违反规定就业,不得以任何方式泄露国家秘密。

第三十九条 机关、单位应当建立健全涉密人员管理制度,明确涉密人员的权利、岗位责任和要求,对涉密人员履行职责情况开展经常性的监督检查。

第四十条 国家工作人员或者其他公民发现国家秘密已经泄露或者可能泄露时,应当立即采取补救措施并及时报告有关机关、单位。机关、单位接到报告后,应当立即作出处理,并及时向保密行政管理部门报告。

第四章 监督管理

第四十一条 国家保密行政管理部门依照法律、行政法规的规定,制定保密规章和国家保密标准。

第四十二条 保密行政管理部门依法组织开展保密宣传教育、保密检查、保密技术防护和泄密案件查处工作,对机关、单位的保密工作进行指导和监督。

第四十三条 保密行政管理部门发现国家秘密确定、变更或者解除不当的,应当及时通知有关机关、单位予以纠正。

第四十四条 保密行政管理部门对机关、单位遵守保密制度的情况进行检查,有关机关、单位应当配合。保密行政管理部门发现机关、单位存在泄密隐患的,应当要求其采取措施,限期整改;对存在泄密隐患的设施、设备、场所,应当责令停止使用;对严重违反保密规定的涉密人员,应当建议有关机关、单位给予处分并调离涉密岗位;发现涉嫌泄露国家秘密的,应当督促、指导有关机关、单位进行调查处理。涉嫌犯罪的,移送司法机关处理。

第四十五条 保密行政管理部门对保密检查中发现的非法获取、持有的国家秘密载体,应当予以收缴。

第四十六条 办理涉嫌泄露国家秘密案件的机关,需要对有关事项是否属于国家秘密以及属于何种密级进行鉴定的,由国家保密行政管理部门或者省、自治区、直辖市保密行政管理部门鉴定。

第四十七条 机关、单位对违反保密规定的人员不依法给予处分的,保密行政管理部门应当建议纠正,对拒不纠正的,提请其上一级机关或者监察机关对该机关、单位负有责任的领导人员和直接责任人员依法予以处理。

第五章　法律责任

第四十八条　违反本法规定，有下列行为之一的，依法给予处分；构成犯罪的，依法追究刑事责任：

（一）非法获取、持有国家秘密载体的；

（二）买卖、转送或者私自销毁国家秘密载体的；

（三）通过普通邮政、快递等无保密措施的渠道传递国家秘密载体的；

（四）邮寄、托运国家秘密载体出境，或者未经有关主管部门批准，携带、传递国家秘密载体出境的；

（五）非法复制、记录、存储国家秘密的；

（六）在私人交往和通信中涉及国家秘密的；

（七）在互联网及其他公共信息网络或者未采取保密措施的有线和无线通信中传递国家秘密的；

（八）将涉密计算机、涉密存储设备接入互联网及其他公共信息网络的；

（九）在未采取防护措施的情况下，在涉密信息系统与互联网及其他公共信息网络之间进行信息交换的；

（十）使用非涉密计算机、非涉密存储设备存储、处理国家秘密信息的；

（十一）擅自卸载、修改涉密信息系统的安全技术程序、管理程序的；

（十二）将未经安全技术处理的退出使用的涉密计算机、涉密存储设备赠送、出售、丢弃或者改作其他用途的。

有前款行为尚不构成犯罪，且不适用处分的人员，由保密行政管理部门督促其所在机关、单位予以处理。

第四十九条　机关、单位违反本法规定，发生重大泄密案件的，由有关机关、单位依法对直接负责的主管人员和其他直接责任人员给予处分；不适用处分的人员，由保密行政管理部门督促其主管部门予以处理。

机关、单位违反本法规定，对应当定密的事项不定密，或者对不应当定密的事项定密，造成严重后果的，由有关机关、单位依法对直接负责的主管人员和其他直接责任人员给予处分。

第五十条　互联网及其他公共信息网络运营商、服务商违反本法第二十八条规定的，由公安机关或者国家安全机关、信息产业主管部门按照各自职责分工依法予以处罚。

第五十一条　保密行政管理部门的工作人员在履行保密管理职责中滥用职权、玩忽职守、徇私舞弊的，依法给予处分；构成犯罪的，依法追究刑事责任。

第六章　附　　则

第五十二条　中央军事委员会根据本法制定中国人民解放军保密条例。

第五十三条　本法自2010年10月1日起施行。

中华人民共和国保守国家秘密法实施条例

（2014 年 1 月 17 日中华人民共和国国务院令第 646 号公布　自 2014 年 3 月 1 日起施行）

第一章　总　　则

第一条　根据《中华人民共和国保守国家秘密法》（以下简称保密法）的规定，制定本条例。

第二条　国家保密行政管理部门主管全国的保密工作。县级以上地方各级保密行政管理部门在上级保密行政管理部门指导下，主管本行政区域的保密工作。

第三条　中央国家机关在其职权范围内管理或者指导本系统的保密工作，监督执行保密法律法规，可以根据实际情况制定或者会同有关部门制定主管业务方面的保密规定。

第四条　县级以上人民政府应当加强保密基础设施建设和关键保密科技产品的配备。

省级以上保密行政管理部门应当加强关键保密科技产品的研发工作。

保密行政管理部门履行职责所需的经费，应当列入本级人民政府财政预算。机关、单位开展保密工作所需经费应当列入本机关、本单位的年度财政预算或者年度收支计划。

第五条　机关、单位不得将依法应当公开的事项确定为国家秘密，不得将涉及国家秘密的信息公开。

第六条　机关、单位实行保密工作责任制。机关、单位负责人对本机关、本单位的保密工作负责，工作人员对本岗位的保密工作负责。

机关、单位应当根据保密工作需要设立保密工作机构或者指定人员专门负责保密工作。

机关、单位及其工作人员履行保密工作责任制情况应当纳入年度考评和考核内容。

第七条　各级保密行政管理部门应当组织开展经常性的保密宣传教育。机关、单位应当定期对本机关、本单位工作人员进行保密形势、保密法律法规、保密技术防范等方面的教育培训。

第二章　国家秘密的范围和密级

第八条　国家秘密及其密级的具体范围（以下称保密事项范围）应当明确规定国家秘密具体事项的名称、密级、保密期限、知悉范围。

保密事项范围应当根据情况变化及时调整。制定、修订保密事项范围应当充分论证，听取有关机关、单位和相关领域专家的意见。

第九条　机关、单位负责人为本机关、本单位的定密责任人，根据工作需要，可以指定其他人员为定密责任人。

专门负责定密的工作人员应当接受定密培训，熟悉定密职责和保密事项范围，掌握定密程序和方法。

第十条　定密责任人在职责范围内承担有关国家秘密确定、变更和解除工作。具体职责是：

（一）审核批准本机关、本单位产生的国家秘密的密级、保密期限和知悉范围；

（二）对本机关、本单位产生的尚在保密期限内的国家秘密进行审核，作出是否变更或者解除的决定；

（三）对是否属于国家秘密和属于何种密级不明确的事项先行拟定密级，并按照规定的程序报保密行政管理部门确定。

第十一条　中央国家机关、省级机关以及设区的市、自治州级机关可以根据保密工作需要或者有关机关、单位的申请,在国家保密行政管理部门规定的定密权限、授权范围内作出定密授权。

定密授权应当以书面形式作出。授权机关应当对被授权机关、单位履行定密授权的情况进行监督。

中央国家机关、省级机关作出的授权,报国家保密行政管理部门备案;设区的市、自治州级机关作出的授权,报省、自治区、直辖市保密行政管理部门备案。

第十二条 机关、单位应当在国家秘密产生的同时,由承办人依据有关保密事项范围拟定密级、保密期限和知悉范围,报定密责任人审核批准,并采取相应保密措施。

第十三条 机关、单位对所产生的国家秘密,应当按照保密事项范围的规定确定具体的保密期限;保密事项范围没有规定具体保密期限的,可以根据工作需要,在保密法规定的保密期限内确定;不能确定保密期限的,应当确定解密条件。

国家秘密的保密期限,自标明的制发日起计算;不能标明制发日的,确定该国家秘密的机关、单位应当书面通知知悉范围内的机关、单位和人员,保密期限自通知之日起计算。

第十四条 机关、单位应当按照保密法的规定,严格限定国家秘密的知悉范围,对知悉机密级以上国家秘密的人员,应当作出书面记录。

第十五条 国家秘密载体以及属于国家秘密的设备、产品的明显部位应当标注国家秘密标志。国家秘密标志应当标注密级和保密期限。国家秘密的密级和保密期限发生变更的,应当及时对原国家秘密标志作出变更。

无法标注国家秘密标志的,确定该国家秘密的机关、单位应当书面通知知悉范围内的机关、单位和人员。

第十六条 机关、单位对所产生的国家秘密,认为符合保密法有关解密或者延长保密期限规定的,应当及时解密或者延长保密期限。

机关、单位对不属于本机关、本单位产生的国家秘密,认为符合保密法有关解密或者延长保密期限规定的,可以向原定密机关、单位或者其上级机关、单位提出建议。

已经依法移交各级国家档案馆的属于国家秘密的档案,由原定密机关、单位按照国家有关规定进行解密审核。

第十七条 机关、单位被撤销或者合并的,该机关、单位所确定国家秘密的变更和解除,由承担其职能的机关、单位负责,也可以由其上级机关、单位或者保密行政管理部门指定的机关、单位负责。

第十八条 机关、单位发现本机关、本单位国家秘密的确定、变更和解除不当的,应当及时纠正;上级机关、单位发现下级机关、单位国家秘密的确定、变更和解除不当的,应当及时通知其纠正,也可以直接纠正。

第十九条 机关、单位对符合保密法的规定,但保密事项范围没有规定的不明确事项,应当先行拟定密级、保密期限和知悉范围,采取相应的保密措施,并自拟定之日起10日内报有关部门确定。拟定为绝密级的事项和中央国家机关拟定的机密级、秘密级的事项,报国家保密行政管理部门确定;其他机关、单位拟定的机密级、秘密级的事项,报省、自治区、直辖市保密行政管理部门确定。

保密行政管理部门接到报告后,应当在10日内作出决定。省、自治区、直辖市保密行政管理部门还应当将所作决定及时报国家保密行政管理部门备案。

第二十条 机关、单位对已定密事项是否属于国家秘密或者属于何种密级有不同意见的,可以向原定密机关、单位提出异议,由原定密机关、单位作出决定。

机关、单位对原定密机关、单位未予处理或者对作出的决定仍有异议的,按照下列规定办理:

(一)确定为绝密级的事项和中央国家机关确定的机密级、秘密级的事项,报国家保密行政管理部门确定。

（二）其他机关、单位确定的机密级、秘密级的事项，报省、自治区、直辖市保密行政管理部门确定；对省、自治区、直辖市保密行政管理部门作出的决定有异议的，可以报国家保密行政管理部门确定。

在原定密机关、单位或者保密行政管理部门作出决定前，对有关事项应当按照主张密级中的最高密级采取相应的保密措施。

第三章 保密制度

第二十一条 国家秘密载体管理应当遵守下列规定：

（一）制作国家秘密载体，应当由机关、单位或者经保密行政管理部门保密审查合格的单位承担，制作场所应当符合保密要求。

（二）收发国家秘密载体，应当履行清点、编号、登记、签收手续。

（三）传递国家秘密载体，应当通过机要交通、机要通信或者其他符合保密要求的方式进行。

（四）复制国家秘密载体或者摘录、引用、汇编属于国家秘密的内容，应当按照规定报批，不得擅自改变原件的密级、保密期限和知悉范围，复制件应当加盖复制机关、单位戳记，并视同原件进行管理。

（五）保存国家秘密载体的场所、设施、设备，应当符合国家保密要求。

（六）维修国家秘密载体，应当由本机关、本单位专门技术人员负责。确需外单位人员维修的，应当由本机关、本单位的人员现场监督；确需在本机关、本单位以外维修的，应当符合国家保密规定。

（七）携带国家秘密载体外出，应当符合国家保密规定，并采取可靠的保密措施；携带国家秘密载体出境的，应当按照国家保密规定办理批准和携带手续。

第二十二条 销毁国家秘密载体应当符合国家保密规定和标准，确保销毁的国家秘密信息无法还原。

销毁国家秘密载体应当履行清点、登记、审批手续，并送交保密行政管理部门设立的销毁工作机构或者保密行政管理部门指定的单位销毁。机关、单位确因工作需要，自行销毁少量国家秘密载体的，应当使用符合国家保密标准的销毁设备和方法。

第二十三条 涉密信息系统按照涉密程度分为绝密级、机密级、秘密级。机关、单位应当根据涉密信息系统存储、处理信息的最高密级确定系统的密级，按照分级保护要求采取相应的安全保密防护措施。

第二十四条 涉密信息系统应当由国家保密行政管理部门设立或者授权的保密测评机构进行检测评估，并经设区的市、自治州级以上保密行政管理部门审查合格，方可投入使用。

公安、国家安全机关的涉密信息系统投入使用的管理办法，由国家保密行政管理部门会同国务院公安、国家安全部门另行规定。

第二十五条 机关、单位应当加强涉密信息系统的运行使用管理，指定专门机构或者人员负责运行维护、安全保密管理和安全审计，定期开展安全保密检查和风险评估。

涉密信息系统的密级、主要业务应用、使用范围和使用环境等发生变化或者涉密信息系统不再使用的，应当按照国家保密规定及时向保密行政管理部门报告，并采取相应措施。

第二十六条 机关、单位采购涉及国家秘密的工程、货物和服务的，应当根据国家保密规定确定密级，并符合国家保密规定和标准。机关、单位应当对提供工程、货物和服务的单位提出保密管理要求，并与其签订保密协议。

政府采购监督管理部门、保密行政管理部门应当依法加强对涉及国家秘密的工程、货物和服务采购的监督管理。

第二十七条 举办会议或者其他活动涉及国家秘密的，主办单位应当采取下列保密措施：

（一）根据会议、活动的内容确定密级，制定保密方案，限定参加人员范围；

（二）使用符合国家保密规定和标准的场所、设施、设备；

（三）按照国家保密规定管理国家秘密载体；

（四）对参加人员提出具体保密要求。

第二十八条 企业事业单位从事国家秘密载体制作、复制、维修、销毁，涉密信息系统集成或者武器装备科研生产等涉及国家秘密的业务（以下简称涉密业务），应当由保密行政管理部门或者保密行政管理部门会同有关部门进行保密审查。保密审查不合格的，不得从事涉密业务。

第二十九条 从事涉密业务的企业事业单位应当具备下列条件：

（一）在中华人民共和国境内依法成立3年以上的法人，无违法犯罪记录；

（二）从事涉密业务的人员具有中华人民共和国国籍；

（三）保密制度完善，有专门的机构或者人员负责保密工作；

（四）用于涉密业务的场所、设施、设备符合国家保密规定和标准；

（五）具有从事涉密业务的专业能力；

（六）法律、行政法规和国家保密行政管理部门规定的其他条件。

第三十条 涉密人员的分类管理、任（聘）用审查、脱密期管理、权益保障等具体办法，由国家保密行政管理部门会同国务院有关主管部门制定。

第四章 监督管理

第三十一条 机关、单位应当向同级保密行政管理部门报送本机关、本单位年度保密工作情况。下级保密行政管理部门应当向上级保密行政管理部门报送本行政区域年度保密工作情况。

第三十二条 保密行政管理部门依法对机关、单位执行保密法律法规的下列情况进行检查：

（一）保密工作责任制落实情况；

（二）保密制度建设情况；

（三）保密宣传教育培训情况；

（四）涉密人员管理情况；

（五）国家秘密确定、变更和解除情况；

（六）国家秘密载体管理情况；

（七）信息系统和信息设备保密管理情况；

（八）互联网使用保密管理情况；

（九）保密技术防护设施设备配备使用情况；

（十）涉密场所及保密要害部门、部位管理情况；

（十一）涉密会议、活动管理情况；

（十二）信息公开保密审查情况。

第三十三条 保密行政管理部门在保密检查过程中，发现有泄密隐患的，可以查阅有关材料、询问人员、记录情况；对有关设施、设备、文件资料等可以依法先行登记保存，必要时进行保密技术检测。有关机关、单位及其工作人员对保密检查应当予以配合。

保密行政管理部门实施检查后，应当出具检查意见，对需要整改的，应当明确整改内容和期限。

第三十四条 机关、单位发现国家秘密已经泄露或者可能泄露的，应当立即采取补救措施，并在24小时内向同级保密行政管理部门和上级主管部门报告。

地方各级保密行政管理部门接到泄密报告的，应当在24小时内逐级报至国家保密行政管理部门。

第三十五条 保密行政管理部门对公民举报、机关和单位报告、保密检查发现、有关部门移送的涉嫌泄露国家秘密的线索和案件,应当依法及时调查或者组织、督促有关机关、单位调查处理。调查工作结束后,认为有违反保密法律法规的事实,需要追究责任的,保密行政管理部门可以向有关机关、单位提出处理建议。有关机关、单位应当及时将处理结果书面告知同级保密行政管理部门。

第三十六条 保密行政管理部门收缴非法获取、持有的国家秘密载体,应当进行登记并出具清单,查清密级、数量、来源、扩散范围等,并采取相应的保密措施。

保密行政管理部门可以提请公安、工商行政管理等有关部门协助收缴非法获取、持有的国家秘密载体,有关部门应当予以配合。

第三十七条 国家保密行政管理部门或者省、自治区、直辖市保密行政管理部门应当依据保密法律法规和保密事项范围,对办理涉嫌泄露国家秘密案件的机关提出鉴定的事项是否属于国家秘密、属于何种密级作出鉴定。

保密行政管理部门受理鉴定申请后,应当自受理之日起30日内出具鉴定结论;不能按期出具鉴定结论的,经保密行政管理部门负责人批准,可以延长30日。

第三十八条 保密行政管理部门及其工作人员应当按照法定的职权和程序开展保密审查、保密检查和泄露国家秘密案件查处工作,做到科学、公正、严格、高效,不得利用职权谋取利益。

第五章 法律责任

第三十九条 机关、单位发生泄露国家秘密案件不按照规定报告或者未采取补救措施的,对直接负责的主管人员和其他直接责任人员依法给予处分。

第四十条 在保密检查或者泄露国家秘密案件查处中,有关机关、单位及其工作人员拒不配合,弄虚作假,隐匿、销毁证据,或者以其他方式逃避、妨碍保密检查或者泄露国家秘密案件查处的,对直接负责的主管人员和其他直接责任人员依法给予处分。

企业事业单位及其工作人员协助机关、单位逃避、妨碍保密检查或者泄露国家秘密案件查处的,由有关主管部门依法予以处罚。

第四十一条 经保密审查合格的企业事业单位违反保密管理规定的,由保密行政管理部门责令限期整改,逾期不改或者整改后仍不符合要求的,暂停涉密业务;情节严重的,停止涉密业务。

第四十二条 涉密信息系统未按照规定进行检测评估和审查而投入使用的,由保密行政管理部门责令改正,并建议有关机关、单位对直接负责的主管人员和其他直接责任人员依法给予处分。

第四十三条 机关、单位委托未经保密审查的单位从事涉密业务的,由有关机关、单位对直接负责的主管人员和其他直接责任人员依法给予处分。

未经保密审查的单位从事涉密业务的,由保密行政管理部门责令停止违法行为;有违法所得的,由工商行政管理部门没收违法所得。

第四十四条 保密行政管理部门未依法履行职责,或者滥用职权、玩忽职守、徇私舞弊的,对直接负责的主管人员和其他直接责任人员依法给予处分;构成犯罪的,依法追究刑事责任。

第六章 附 则

第四十五条 本条例自2014年3月1日起施行。1990年4月25日国务院批准、1990年5月25日国家保密局发布的《中华人民共和国保守国家秘密法实施办法》同时废止。

中华人民共和国政府信息公开条例

（2007年1月17日国务院第165次常务会议通过　2007年4月5日国务院令第492号公布　自2008年5月1日起施行）

第一章　总　　则

第一条　【立法目的】为了保障公民、法人和其他组织依法获取政府信息，提高政府工作的透明度，促进依法行政，充分发挥政府信息对人民群众生产、生活和经济社会活动的服务作用，制定本条例。

条文释义：政府信息公开体现了政府的依法行政、服务行政理念。首先，公开政府信息，是对我国公民知情权的保障。只有知悉了政府信息，才能更好地保障公民的参与权、监督权等其他权利。其次，公开政府信息，能够提高政府工作的透明度，促进依法行政。这不仅是履行我国加入WTO对透明度原则予以承诺的要求，更有助于克服暗箱操作、滥用公权力等腐败行为，有利于提高科学执政、民主执政、依法执政的能力和水平。再次，公开政府信息，更有利于发挥现代政府对人民群众生产、生活和经济社会活动的服务作用。

第二条　【政府信息的定义】本条例所称政府信息，是指行政机关在履行职责过程中制作或者获取的，以一定形式记录、保存的信息。

条文释义：［构成政府信息的要素］

第一，政府信息的产生者是行政机关。这里的行政机关是广义的，包括狭义的行政机关和法律法规授权组织。值得注意的是，对于被授权组织而言，其除了根据授权实施行政管理活动之外，还有其自身的业务活动，而只有依授权实施行政管理活动过程中所形成的信息才属于政府信息，其开展自身业务时所形成的信息则不属于这里所定义的政府信息。

第二，政府信息是行政机关在履行职责过程中制作或者获取的信息。首先，对“行政机关在履行职责过程中”的理解。行政机关对外进行行政管理活动所制作或者获取的信息，当然属于政府信息。但行政机关内部管理活动所产生的信息是否属于政府信息呢？行政机关的内部管理活动尽管没有对外行使公权力并发生法律效力，但其仍然是公共资金运转的结果，同样需要接受社会公众的监督。因此，行政机关因履行对内管理职能而产生的信息，除了归属于公务员个人并且与其职位无关的信息以及需要保密的信息之外，都在公开之列。其次，对“制作或者获取”的理解。政府在履行职责的过程中，无疑会产生和面对纷繁复杂的各种信息，但是对于这些信息，行政机关并非都有制作或者获取的必要。应当认为，只有那些对于与政府履行职责直接相关的信息，行政机关才有制作或者获取的必要。这里的“制作或者获取”既包括其自身制作的信息，也包括其获取的其他主体制作但与政府职责的履行密切相关的信息。

第三，政府信息是以一定形式记录、保存的信息。政府信息必须通过有形载体加以记录、保存。这些载体既可以是纸质文件，也可以是胶卷、磁带、磁盘以及其他存储介质，而没有以一定载体形式存在的口头消息、社会传闻等不属于政府信息，行政机关对此没有公开的义务。

第三条　【组织领导机关和主管部门】各级人民政府应当加强对政府信息公开工作的组织领导。

国务院办公厅是全国政府信息公开工作的主管部门，负责推进、指导、协调、监督全国的政府信息公开工作。

县级以上地方人民政府办公厅（室）或者县级以上地方人民政府确定的其他政府信息公开工

作主管部门负责推进、指导、协调、监督本行政区域的政府信息公开工作。

条文释义:[地方政府的信息公开主管部门对于垂直领导部门的信息公开工作是否享有管理权?]

根据本条第3款的规定,尽管主管政府信息公开的是地方政府的某一部门,但是其主管范围却并不局限于本级政府的各部门、机构等下属单位,而是覆盖其所在的行政区域。因此,无论是实行中央垂直领导的海关、国税、金融、外汇管理部门,还是实行省级以下垂直领导的地税、工商、质量技术监督、药品监督、国土资源管理等部门,在推行政府信息公开方面,都必须服从属地政府信息公开工作主管部门的指导、协调和监督。

相关规定:《突发事件应对法》第38条;《国务院办公厅关于施行〈中华人民共和国政府信息公开条例〉若干问题的意见》一;《交通运输部施行〈政府信息公开条例〉办法》第5条;《环境信息公开办法(试行)》第3条

第四条 【工作机构和具体职责】各级人民政府及县级以上人民政府部门应当建立健全本行政机关的政府信息公开工作制度,并指定机构(以下统称政府信息公开工作机构)负责本行政机关政府信息公开的日常工作。

政府信息公开工作机构的具体职责是:

(一)具体承办本行政机关的政府信息公开事宜;

(二)维护和更新本行政机关公开的政府信息;

(三)组织编制本行政机关的政府信息公开指南、政府信息公开目录和政府信息公开工作年度报告;

(四)对拟公开的政府信息进行保密审查;

(五)本行政机关规定的与政府信息公开有关的其他职责。

条文释义:各级人民政府和县级以上人民政府部门都必须建立健全政府信息公开工作制度,并指定专门机构作为政府信息公开工作机构,负责本行政机关政府信息公开的日常工作。至于哪个机构可以作为政府信息公开工作机构,本条例对此没有明确规定,由各行政机关根据实际情况自行确定。从实践来看,由于各行政机关的机构设置不同,其指定的政府信息公开工作机构也不相同,包括办公室、信息处(科)、新闻处(科)、法制处(科)等,一般都是综合性机构,很少出现指定某一业务处(科)为政府信息公开工作机构的情况。

相关规定:《就业促进法》第35条;《交通运输部施行〈政府信息公开条例〉办法》第6条;《环境信息公开办法(试行)》第6条

第五条 【公正、公平、便民原则】行政机关公开政府信息,应当遵循公正、公平、便民的原则。

条文释义:[公正、公平、便民的要求]

公正原则要求行政机关在政府信息公开工作中能够做到不偏私、不歧视,符合法律正义的标准并且以正当的目的行使公共权力。

公平原则要求行政机关在政府信息公开工作中充分保障每个公民、法人和其他组织都能够平等地获得政府信息,防止某些群体或者某些社会成员以双重或者多重标准来满足私利,从而损害其他群体或者其他社会成员的利益。

便民原则要求行政机关在政府信息公开工作中应当严格遵守法定程序,积极履行法定职责,不断提高办事效率,方便公民、法人和其他组织依法获取政府信息,减少公民、法人和其他组织的物质成本和时间成本。

[依申请公开的事务能否委托他人代为实施?]

一般来说,对于主动公开的政府信息,行政机关可以通过各种方式和场所公开,但对于依申请公开的信息来说，除了部分信息可以通过互联网提出申请，多数情况下申请人还需到保存这些信息的专门场所办理申请事宜。尤其是对于那些被较高级别行政机关，如省、市两级机关所保存的政府信息而言，申请人申请信息公开可能需要付出较大成本。出于便民原则的考虑，对于这部分政府信息，可以考虑委托基层政府及其部门，群众基层自治组织，甚至社会中介组织代为办理公开。即由受委托的机关或组织代为接受当事人的申请并作初步审查，之后向负责公开的行政机关报送，经负责机关核查同意后再由受委托者向申请人转交有关政府信息。

相关规定：《交通运输部施行〈政府信息公开条例〉办法》第4条；《环境信息公开办法（试行）》第4条；《国家知识产权局政府信息公开实施办法》第2条

第六条 【及时、准确原则】行政机关应当及时、准确地公开政府信息。行政机关发现影响或者可能影响社会稳定、扰乱社会管理秩序的虚假或者不完整信息的，应当在其职责范围内发布准确的政府信息予以澄清。

条文释义：及时性是对政府信息公开工作时间上的要求。现代社会瞬息万变，获得过时的信息就等于没有获得信息。因此，能否及时获得信息对于每一个社会个体而言具有重要意义。本条要求行政机关必须及时公布政府信息，使政府信息尽可能在"有效期"之内对社会成员的生产生活发挥作用。

准确性是对政府信息公开工作内容上的要求。准确性要求行政机关不得公布虚假信息、尽量避免公开错误信息。另外，准确性还要求行政机关发现影响或者可能影响社会稳定、扰乱社会管理秩序的虚假或者不完整信息的，应当在其职责范围内发布准确的政府信息予以澄清。

相关规定：《国务院关于全面加强应急管理工作的意见》；《突发事件应对法》第10条；《传染病防治法》第38条；《卫生部关于做好贯彻实施〈中华人民共和国政府信息公开条例〉工作的通知》二（四）；《交通运输部施行〈政府信息公开条例〉办法》第4、7条；《环境信息公开办法（试行）》第4条

第七条 【协调机制】行政机关应当建立健全政府信息发布协调机制。行政机关发布政府信息涉及其他行政机关的，应当与有关行政机关进行沟通、确认，保证行政机关发布的政府信息准确一致。

行政机关发布政府信息依照国家有关规定需要批准的，未经批准不得发布。

条文释义：本条应当与《保守国家秘密法》的相关规定结合来理解适用，发布政府信息的前提之一是不得泄露国家秘密。对于所发布的政府信息涉及其他行政机关的，要与有关行政机关进行沟通、确认；对于依照国家有关规定需要批准后才能对外发布的信息，应当履行相应的报批手续，未经批准不得对外发布。

相关规定：《保守国家秘密法》；《国务院关于全面加强应急管理工作的意见》；《国务院办公厅关于施行〈中华人民共和国政府信息公开条例〉若干问题的意见》二；《测绘法》第32条；《地质灾害防治条例》第11条

第八条 【保障公共利益原则】行政机关公开政府信息，不得危及国家安全、公共安全、经济安全和社会稳定。

相关规定：《保守国家秘密法》；《保守国家秘密法实施条例》；《环境信息公开办法（试行）》第7、10条

第二章 公开的范围

第九条 【主动公开的范围】行政机关对符合下列基本要求之一的政府信息应当主动公开：

（一）涉及公民、法人或者其他组织切身利益的；

（二）需要社会公众广泛知晓或者参与的；

（三）反映本行政机关机构设置、职能、办事程序等情况的；

（四）其他依照法律、法规和国家有关规定应当主动公开的。

条文释义：主动公开是指对于应当让社会公众广泛知晓或参与的事项，各级行政机关应当采取有效形式，在职责范围内，按照规定程序，及时主动地向社会公开。主动公开是政府信息公开的主要方式，也是本条例设定的一项重要制度。实际上，本条规定与《中共中央办公厅、国务院办公厅关于进一步推行政务公开的意见》密切相联，许多内容实际上是该意见内容的法定化。根据本条规定，行政机关对符合下列基本要求之一的政府信息应当主动公开：

第一，涉及公民、法人或者其他组织切身利益的政府信息应当主动公开。本项中的政府信息与公众密切相关，包括内容广泛，可以通过实施细则和条文参见规定进一步细化。

第二，需要社会公众广泛知晓或者参与的信息应当主动公开。这主要包括两种情形：(1)因公众知情权保障、行使的需要而主动公开的信息；(2)为行政立法、决策过程公众参与所需而主动公开的政府信息。

第三，反映本行政机关机构设置、职能、办事程序等情况的信息应当主动公开。这些政府信息为人民群众所广泛知晓，可以使公众对特定政府机关的组织、职能、办事程序等事项有一个全面、综合性了解，需要处理特定事务时可以知道需要通过哪个特定机关、经由何种程序办理解决，具有很强的便民性，便于行政相对人获得行政服务、申请审批许可等；并通过公开这些设置、职能和办事程序，提高行政活动依据的透明公开程度，有利于规范行政权力的正确行使，确保行政权力不被滥用，促进和实现依法行政。

第四，其他依照法律、法规和国家有关规定应当主动公开的。本项规定属于兜底条款，为其他法律、法规、规定扩展主动公开的范围留下充分空间和合法依据。对属于这一范围的政府信息，不管公众是否提出公开申请，政府机关都必须主动公开，供公众周知、查阅。

相关规定：《中共中央办公厅、国务院办公厅关于进一步推行政务公开的意见》；《交通运输部施行〈政府信息公开条例〉办法》第10条；《卫生部关于做好贯彻实施〈中华人民共和国政府信息公开条例〉工作的通知》二（二）；《国家知识产权局政府信息公开实施办法》第5条；《环境信息公开办法（试行）》第11条；《救灾捐赠管理办法》第32条

第十条　【县级以上政府主动公开的重点内容】县级以上各级人民政府及其部门应当依照本条例第九条的规定，在各自职责范围内确定主动公开的政府信息的具体内容，并重点公开下列政府信息：

（一）行政法规、规章和规范性文件；

（二）国民经济和社会发展规划、专项规划、区域规划及相关政策；

（三）国民经济和社会发展统计信息；

（四）财政预算、决算报告；

（五）行政事业性收费的项目、依据、标准；

（六）政府集中采购项目的目录、标准及实施情况；

（七）行政许可的事项、依据、条件、数量、程序、期限以及申请行政许可需要提交的全部材料目录及办理情况；

（八）重大建设项目的批准和实施情况；

（九）扶贫、教育、医疗、社会保障、促进就业等方面的政策、措施及其实施情况；

（十）突发公共事件的应急预案、预警信息及应对情况；

（十一）环境保护、公共卫生、安全生产、食品药品、产品质量的监督检查情况。

条文释义:县级以上各级人民政府及其部门应当在各自职责范围内确定公开的具体内容,并且应当主动公开政府信息。需要注意的是,本条规定的这十一项政府信息是县级以上人民政府及其部门重点公开政府信息的一般规定,也是对本条例第九条行政机关主动公开政府信息基本要求的具体体现。行政机关主动公开政府信息的内容应当包含但是不限于这十一项规定。至于其他主动公开政府信息的内容,由行政机关根据本条例第九条规定的基本要求自行确定。

相关规定:《立法法》第71条;《城乡规划法》第8条;《统计法》第14条;《国家发展改革委、财政部关于印发〈行政事业性收费标准管理暂行办法〉的通知》第27、28条;《政府采购法》第7、11、63条;《行政许可法》第5、30条;《科学技术进步法》第65条;《节约能源法》第21条;《就业促进法》第34、35条;《水污染防治法》第25条;《固体废物污染环境防治法》第12条;《传染病防治法》第34、35、36条;《水法》第16条;《农产品质量安全法》第7条

第十一条 【设区的市级、县级政府主动公开的补充规定】设区的市级人民政府、县级人民政府及其部门重点公开的政府信息还应当包括下列内容:

(一)城乡建设和管理的重大事项;

(二)社会公益事业建设情况;

(三)征收或者征用土地、房屋拆迁及其补偿、补助费用的发放、使用情况;

(四)抢险救灾、优抚、救济、社会捐助等款物的管理、使用和分配情况。

条文释义:设区的市级人民政府、县级人民政府及其部门除执行上级政府的决定和命令,指导所属各工作部门和下级人民政府的工作外,主要任务是管理城市、乡镇,规划城乡建设,提供市政公益设施,安排城镇居民生产生活。本条即根据其特定职能补充规定了该级人民政府应当主动公开的政府信息的范围。

相关规定:《中共中央办公厅、国务院办公厅关于进一步推行政务公开的意见》

第十二条 【乡镇政府主动公开的重点内容】乡(镇)人民政府应当依照本条例第九条的规定,在其职责范围内确定主动公开的政府信息的具体内容,并重点公开下列政府信息:

(一)贯彻落实国家关于农村工作政策的情况;

(二)财政收支、各类专项资金的管理和使用情况;

(三)乡(镇)土地利用总体规划、宅基地使用的审核情况;

(四)征收或者征用土地、房屋拆迁及其补偿、补助费用的发放、使用情况;

(五)乡(镇)的债权债务、筹资筹劳情况;

(六)抢险救灾、优抚、救济、社会捐助等款物的发放情况;

(七)乡镇集体企业及其他乡镇经济实体承包、租赁、拍卖等情况;

(八)执行计划生育政策的情况。

条文释义:乡(镇)人民政府是国家行政机关的基层组织,乡(镇)人民政府的政府信息公开具有极其重大的意义,在乡(镇)人民政府全面推行政府信息公开制度,有利于加强农村基层政权建设,提高乡(镇)人民政府依法行政的水平,增强权力运行的透明度,推动国家关于农村工作各项政策的落实,促进农村的改革、发展和稳定。

相关规定:《中共中央办公厅、国务院办公厅关于在全国乡镇政权机关全面推行政务公开制度的通知》;《中共中央办公厅、国务院办公厅关于进一步推行政务公开的意见》

第十三条 【依申请公开的范围】除本条例第九条、第十条、第十一条、第十二条规定的行政机关主动公开的政府信息外,公民、法人或者其他组织还可以根据自身生产、生活、科研等特殊需要,向国务院部门、地方各级人民政府及县级以上地方人民政府部门申请获取相关政府信息。

条文释义:依申请公开不同于主动公开,它是指对于只涉及部分人和事,不必要让社会公众广

泛知晓或参与的事项,公民、法人和其他组织根据自身需要向当地政府或政府行政部门提出申请,政府或者政府行政部门根据有关法律法规的规定,按程序向申请人公开。依申请公开的适用范围限于不属于行政机关依《条例》相关规定应当主动公开政府信息的范围,即"除本条例第 9 条、第 10 条、第 11 条、第 12 条规定的行政机关主动公开的政府信息外",其条件为根据公民、法人或其他组织自身生产、生活、科研等特殊需要。

[依申请公开与主动公开的区别表现在哪些方面?]

第一,二者设立的目的不同。依申请公开是为了满足一部分人和事的生产、生活和科研需要,加上对行政成本的考虑而设立的政府信息公开制度。而主动公开是为了满足社会公众普遍的信息需求,公开的是涉及公民、法人或者其他组织切身利益,需要社会公众广泛知晓或者参与,反映本行政机关机构设置、职能、办事程序等情况以及其他依照法律、法规和国家有关规定设定的应当主动公开的政府信息。由此可见,二者设立的目的不同,主动公开应当是政府信息公开工作的主要方式。

第二,二者提供政府信息的途径不同。对于依申请公开的政府信息,行政机关应当按照申请人要求的形式予以提供,无法按照申请人要求的形式提供的,可以通过安排申请人查阅相关资料、提供复制件或者其他适当形式提供。而主动公开的政府信息,行政机关应当通过政府公报、政府网站、新闻发布会以及报刊、广播、电视等便于公众知晓的方式公开。

第三,二者是否收费不同。对于依申请公开,行政机关可以按照本条例的规定收取检索、复制、邮寄等成本费用,这主要是考虑到行政机关为申请人提供信息服务花费了一定的人力、物力。而对于主动公开政府信息,行政机关不得收取费用。

[外国人是否可以申请政府信息公开?]

应当注意的是,本条例中有关申请政府信息主体的用词为"公民、法人或者其他组织",从文本解释不应认为包括外国人和外国组织。按照相关解释,任何外国人、外国组织,可通过我国政府主动公开信息的渠道来获取政府信息。至于外国人和外国组织向我国政府申请获取其他政府信息的,应该依据国际法规定的原则,按照对等原则来进行处理。这是目前处理外国人申请政府信息公开的方式,也是符合国际通行惯例的。

相关规定:《交通运输部施行〈政府信息公开条例〉办法》第 11 条;《国家知识产权局政府信息公开实施办法》第 8 条;《环境信息公开办法(试行)》第 5 条

第十四条 【保密审查机制】行政机关应当建立健全政府信息发布保密审查机制,明确审查的程序和责任。

行政机关在公开政府信息前,应当依照《中华人民共和国保守国家秘密法》以及其他法律、法规和国家有关规定对拟公开的政府信息进行审查。

行政机关对政府信息不能确定是否可以公开时,应当依照法律、法规和国家有关规定报有关主管部门或者同级保密工作部门确定。

行政机关不得公开涉及国家秘密、商业秘密、个人隐私的政府信息。但是,经权利人同意公开或者行政机关认为不公开可能对公共利益造成重大影响的涉及商业秘密、个人隐私的政府信息,可以予以公开。

条文释义:[保密审查的范围]

根据《保守国家秘密法》及其实施办法的规定,各级国家机关、单位对国家秘密事项,应当按照国家秘密及其密级具体范围的规定确定密级。属于国家秘密的文件,应当标明密级,在保密期限内不得对外公开。对于属于涉及商业秘密和个人隐私的政府信息,行政机关在审查时应当征求商业秘密和个人隐私信息权所有人的意见。

[涉及商业秘密和个人隐私的信息审查的例外规定]

政府信息公开的例外,包括涉及国家秘密的政府信息、涉及商业秘密的政府信息和涉及个人隐私的政府信息共三种情形。但是,涉及商业秘密和个人隐私的政府信息不公开存在限制条件,即涉及商业秘密和个人隐私的政府信息并非绝对不公开,它们受到两个条件的限制:一是,经权利人同意公开的;二是,行政机关认为不公开可能对公共利益造成重大影响的。

[涉及国家秘密的政府信息范围应当如何界定?]

国家秘密的范围主要是《保守国家保密法》第9条规定的7个方面。除此之外,《保守国家秘密法实施办法》又规定了泄密后会给国家的安全和利益造成的8种损害后果。凡是属于上述7个基本方面的事项或8种损害后果之一的,都属于保密范围。根据《保守国家秘密法》第9条的规定,下列涉及国家安全和利益的事项,泄露后可能损害国家在政治、经济、国防、外交等领域的安全和利益的,应当确定为国家秘密:(1)国家事务重大决策中的秘密事项;(2)国防建设和武装力量活动中的秘密事项;(3)外交和外事活动中的秘密事项以及对外承担保密义务的秘密事项;(4)国民经济和社会发展中的秘密事项;(5)科学技术中的秘密事项;(6)维护国家安全活动和追查刑事犯罪中的秘密事项;(7)经国家保密行政管理部门确定的其他秘密事项。此外,政党的秘密事项中符合前款规定的,属于国家秘密。

[涉及国家秘密的审查机制]

根据《保守国家秘密法》的规定,各机关、单位依照规定确定密级、变更密级和解密,应当接受其上级机关和有关保密工作部门的指导和监督。机关、单位对是否属于国家秘密或者属于何种密级不明确或者有争议的,由国家保密行政管理部门或者省、自治区、直辖市保密行政管理部门确定。机关、单位执行上级确定的国家秘密事项,需要定密的,根据所执行的国家秘密事项的密级确定。下级机关、单位认为本机关、本单位产生的有关定密事项属于上级机关、单位的定密权限,应当先行采取保密措施,并立即报请上级机关、单位确定;没有上级机关、单位的,应当立即提请有相应定密权限的业务主管部门或者保密行政管理部门确定。

相关规定:《保守国家秘密法》;《科学技术进步法》第65条;《银行业监督管理法》第11条;《传染病防治法》第12条;《政府采购法》第11条;《交通运输部施行〈政府信息公开条例〉办法》第12、13条;《国家知识产权局政府信息公开实施办法》第9条;《环境信息公开办法(试行)》第9、12条;《卫生部关于做好贯彻实施〈中华人民共和国政府信息公开条例〉工作的通知》五

第三章 公开的方式和程序

第十五条 【公开方式】行政机关应当将主动公开的政府信息,通过政府公报、政府网站、新闻发布会以及报刊、广播、电视等便于公众知晓的方式公开。

条文释义:所谓公开方式,即行政主体向社会公众主动传播政府信息的途径和载体,包括政府公报、政府网站、新闻发布会以及报刊、广播、电视等。

适用本条时应当注意:

第一,信息传播的载体不同于记录和保存信息的载体。对于某些公开方式来说,记录和保存信息的载体本身就是传播这种信息的载体,例如政府公报。但对大多数公开方式来说,两者存在差别。例如,电视是传播政府信息的载体,但记录和保存这些信息的载体却可能是纸张、胶片、录音、录像或者电子数据。

第二,对公开方式的选择,主要以传播的效率为考虑,即以最小的成本使政府信息为最多的人群所知晓,某种方式的传播效率越高,对政府信息公开就越有利。

第三,本条规定的仅仅是政府信息主动公开的方式。至于依申请公开的方式,《条例》并没有

通过专门条款给予规定,而是与依申请公开的程序紧密结合在一起给予规定。

第四,除了政府公报、政府网站、新闻发布会以及报刊、广播、电视等媒体外,本条也并不限制行政机关因地制宜采用其他方式公开政府信息。事实上,各种公告栏、公告墙至今仍是许多基层单位公开政府信息的有效途径。

相关规定:《中共中央办公厅、国务院办公厅关于进一步推行政务公开的意见》;《国务院办公厅关于加强政府网站建设和管理工作的意见》;《交通运输部施行〈政府信息公开条例〉办法》第14条;《国家知识产权局政府信息公开实施办法》第8条;《环境信息公开办法(试行)》第13条;《卫生部关于做好贯彻实施〈中华人民共和国政府信息公开条例〉工作的通知》二、四

第十六条 【公开场所】各级人民政府应当在国家档案馆、公共图书馆设置政府信息查阅场所,并配备相应的设施、设备,为公民、法人或者其他组织获取政府信息提供便利。

行政机关可以根据需要设立公共查阅室、资料索取点、信息公告栏、电子信息屏等场所、设施,公开政府信息。

行政机关应当及时向国家档案馆、公共图书馆提供主动公开的政府信息。

条文释义:关于政府信息公开场所的规定,包括以下几个方面:

第一,本条第1款要求各级人民政府在国家档案馆、公共图书馆设置政府信息查阅场所,并配备相应的设施、设备,为公民、法人或者其他组织获取政府信息提供便利。这是对各级人民政府的硬性规定,是落实本条例确定的政府信息公开制度的基础保障。

第二,本条第2款要求行政机关根据需要设立公共查阅室、资料索取点、信息公告栏、电子信息屏等场所、设施,公开政府信息。这是对各级行政机关的弹性要求,强调因地制宜。

第三,本条第3款要求行政机关应当及时向国家档案馆、公共图书馆提供主动公开的政府信息,充分发挥国家档案馆、公共图书馆在政府信息公开工作中的作用。

需要说明的是,并非所有的公开方式都需要开辟专门的场所,需要设立专门场所的公开方式多以纸质文本为信息载体。对于电视、广播、政府网站等公开方式,公众在自己的个人活动空间内即可进入,无须开辟专门场所。

相关规定:《档案法》第4章;《交通运输部施行〈政府信息公开条例〉办法》第15条

第十七条 【公开主体】行政机关制作的政府信息,由制作该政府信息的行政机关负责公开;行政机关从公民、法人或者其他组织获取的政府信息,由保存该政府信息的行政机关负责公开。法律、法规对政府信息公开的权限另有规定的,从其规定。

条文释义:政府信息可以分为行政机关自己制作的政府信息和行政机关从公民、法人或者其他组织获取的政府信息。不同类型的政府信息,公开主体也应当不同。因此,本条明确规定,行政机关制作的政府信息,由制作该政府信息的行政机关负责公开;行政机关从公民、法人或者其他组织获取的政府信息,由保存该政府信息的行政机关负责公开。这是政府信息公开主体的一般规定,通常概括为"谁制作谁公开,谁保存谁公开"的公开原则。

在特殊情况下,政府信息公开的主体依据法律、法规的规定确定。本条例关于政府信息公开主体的规定属于一般规定,如果其他法律、法规对某类政府信息的公开主体作出了与此不同的规定,则属于特殊规定,按照"特别法优于一般法"的原则,应当按照其他法律、法规的规定确定政府信息的公开主体。这些特殊规定针对的是特定的政府信息,比如突发公共安全事件信息。由于这些政府信息一旦公开将会造成重大影响,法律、法规明确规定只有特定主体才能公开。那么,不论行政机关自己制作还是从他人那里获取的这类政府信息,都应当按照特殊规定办理公开事宜。

相关规定:《农产品质量安全法》第7条;《传染病防治法》第38条;《重大动物疫情应急条例》

第19、20条;《交通运输部施行〈政府信息公开条例〉办法》第16条

第十八条 【公开期限】属于主动公开范围的政府信息,应当自该政府信息形成或者变更之日起20个工作日内予以公开。法律、法规对政府信息公开的期限另有规定的,从其规定。

条文释义:[如何理解本条规定的"20个工作日"的起算点?]

根据本条规定,起算点是政府信息形成或者变更之日。在实践中如何确定,应当根据不同种类政府信息制作、完成的方式和表现进行综合考虑。以文件形式存在的政府信息,一般应以该行政文件在行政机关的首长签署或加盖公章之日为形成之日,即起算点;对于视听资料,应以编辑完毕之日为起算点。政府信息变更的,实际上形成了一条新的政府信息,应当在本规定期限内重新对外发布,更新政府信息。

[地方关于公开时限的规定与本条规定不一致的应当如何处理?]

在本条例制定之前,如果一些地方已出台政府信息公开方面的专门规定,其中主动公开的期限要求与本条例规定不一致的,是否应根据本条例有关要求进行修订,应视情况而定:

1. 当规定主动公开期限的规范性文件为地方性法规时,根据本条规定的"法律、法规对政府信息公开的期限另有规定的,从其规定"的要求,不必修订地方规定,即可适用地方的规定。

2. 当规定主动公开期限的规范性文件为行政规章或其他规范性文件时,且规定期限超过20个工作日,则构成下位法违反上位法的规定,根据《立法法》第96条的规定,应当对地方规定予以改变或者撤销,使其公开期限不超过20个工作日的期限。在这些规章或规范性文件修改之前,行政机关必须按照本条例的规定,自政府信息形成或变更之日起20日内公开。

3. 当规定主动公开期限的规范性文件为行政规章或其他规范性文件,但规定期限短于20个工作日时,属于地方政府做出更为严格的期限规定,也符合"20个工作日内"的要求,与本《条例》并不冲突,地方政府的规定无需进行修订或调整。

相关规定:《交通运输部施行〈政府信息公开条例〉办法》第17条;《国家知识产权局政府信息公开暂行办法》第10条;《环境信息公开办法(试行)》第14条

第十九条 【公开程序】行政机关应当编制、公布政府信息公开指南和政府信息公开目录,并及时更新。

政府信息公开指南,应当包括政府信息的分类、编排体系、获取方式,政府信息公开工作机构的名称、办公地址、办公时间、联系电话、传真号码、电子邮箱等内容。

政府信息公开目录,应当包括政府信息的索引、名称、内容概述、生成日期等内容。

相关规定:《交通运输部施行〈政府信息公开条例〉办法》第18、19条;《环境信息公开办法(试行)》第15条

第二十条 【依申请公开的形式和要求】公民、法人或者其他组织依照本条例第十三条规定向行政机关申请获取政府信息的,应当采用书面形式(包括数据电文形式);采用书面形式确有困难的,申请人可以口头提出,由受理该申请的行政机关代为填写政府信息公开申请。

政府信息公开申请应当包括下列内容:

(一)申请人的姓名或者名称、联系方式;

(二)申请公开的政府信息的内容描述;

(三)申请公开的政府信息的形式要求。

条文释义:[申请公开政府信息的要求]

1. 申请获取政府信息的一般形式要件是书面形式。根据本款规定,公民、法人或者其他组织依照本条例第13条规定向行政机关申请获取政府信息的,应当采用书面形式(包括数据电文形

式),这是关于申请形式的原则性规定。书面形式,一般理解为纸质形式,比如填写申请表格等。但是,为了使社会公众可以更加方便、快捷地向行政机关提出申请、获取政府信息,本款还规定书面形式包括数据电文形式。所谓数据电文,一般是指以电子、光学、磁或者类似手段生成、发送、接受或者储存的信息,包括但不限于电子数据交换、电子邮件、电报或者传真。在特定情形下,政府信息公开申请也可以通过口头形式提出,由受理该申请的行政机关代为填写政府信息公开申请。

2. 政府信息公开申请需要提供申请人的姓名或者名称、联系方式,并且应当有申请公开的政府信息的内容描述和申请公开的政府信息的形式要求。

相关规定:《交通运输部施行〈政府信息公开条例〉办法》第20条;《国家知识产权局政府信息公开实施办法》第11条;《环境信息公开办法(试行)》第16条

第二十一条 【依申请公开的答复】对申请公开的政府信息,行政机关根据下列情况分别作出答复:

(一)属于公开范围的,应当告知申请人获取该政府信息的方式和途径;

(二)属于不予公开范围的,应当告知申请人并说明理由;

(三)依法不属于本行政机关公开或者该政府信息不存在的,应当告知申请人,对能够确定该政府信息的公开机关的,应当告知申请人该行政机关的名称、联系方式;

(四)申请内容不明确的,应当告知申请人作出更改、补充。

相关规定:《交通运输部施行〈政府信息公开条例〉办法》第21、24条;《国家知识产权局政府信息公开实施办法》第12条;《环境信息公开办法(试行)》第17条

第二十二条 【区分公开制度】申请公开的政府信息中含有不应当公开的内容,但是能够作区分处理的,行政机关应当向申请人提供可以公开的信息内容。

条文释义:本条对于行政机关而言是一项义务性规定,对于凡是能够做区分处理的政府信息,做到既不泄漏国家秘密、商业秘密和个人隐私,又能满足申请人需要的政府信息,行政机关都应当及时、准确地向申请人提供可以公开的信息内容。

相关规定:《国家知识产权局政府信息公开实施办法》第13条

第二十三条 【裁量公开制度】行政机关认为申请公开的政府信息涉及商业秘密、个人隐私,公开后可能损害第三方合法权益的,应当书面征求第三方的意见;第三方不同意公开的,不得公开。但是,行政机关认为不公开可能对公共利益造成重大影响的,应当予以公开,并将决定公开的政府信息内容和理由书面通知第三方。

条文释义:本条规定了行政机关对于依申请公开的政府信息涉及商业秘密、个人隐私时的裁量公开制度。这也是政府信息公开立法中的利益平衡原则,即行政机关公开政府信息时应当在信息公开所保护的国家利益、公共利益和信息不公开所保护的个人利益之间寻求一种平衡。通过本条赋予行政机关在政府信息公开工作中一定的裁量权,不但可以使政府信息公开制度更为科学和全面,而且也有利于真正实现确定不予公开政府信息的范围所保护的社会利益。

适用本条规定时,应当注意:第一,本条规定的程序适用于依申请公开政府信息。第二,书面征求第三方意见的前提是行政机关认为申请公开的政府信息涉及商业秘密、个人隐私,公开后可能损害第三方合法权益。第三,第三方对涉及自身商业秘密、个人隐私的政府信息是否可以依申请公开,具有决定权。基于对商业秘密、隐私权的尊重和保护,本条规定了第三方不同意公开的,行政机关不得依申请公开。第四,在适用本条处理依申请公开涉及商业秘密、个人隐私的政府信息的问题时,必须坚持公共利益优先原则,即行政机关认为不公开可能对公共利益造成重大影响的,应当予以公开,并将决定公开的政府信息内容和理由书面通知第三方。

第二十四条 【依申请公开的答复期限】行政机关收到政府信息公开申请,能够当场答复的,应当当场予以答复。

行政机关不能当场答复的,应当自收到申请之日起15个工作日内予以答复;如需延长答复期限的,应当经政府信息公开工作机构负责人同意,并告知申请人,延长答复的期限最长不得超过15个工作日。

申请公开的政府信息涉及第三方权益的,行政机关征求第三方意见所需时间不计算在本条第二款规定的期限内。

相关规定:《交通运输部施行〈政府信息公开条例〉办法》第22条;《国家知识产权局政府信息公开实施办法》第14条;《环境信息公开办法(试行)》第18条;《电力监管信息公开办法》第14条

第二十五条 【与申请人自身有关的信息】公民、法人或者其他组织向行政机关申请提供与其自身相关的税费缴纳、社会保障、医疗卫生等政府信息的,应当出示有效身份证件或者证明文件。

公民、法人或者其他组织有证据证明行政机关提供的与其自身相关的政府信息记录不准确的,有权要求该行政机关予以更正。该行政机关无权更正的,应当转送有权更正的行政机关处理,并告知申请人。

条文释义:考虑到税费缴纳、社会保障、医疗卫生等政府信息往往涉及公民的个人隐私、有关企业的商业秘密,倘若不对获取程序作出严格限制,很可能会造成这些政府信息被随意申请公开,给权利人带来负面影响,侵犯他们的合法权益。因此,为了保护商业秘密以及个人隐私不被非法披露,本条专门对此规定了更为严格的申请程序,即公民、法人或者其他组织向行政机关申请提供与其自身相关的税费缴纳、社会保障、医疗卫生等政府信息的,要求其除了按照依申请公开政府信息的一般规定提交书面申请书外,还必须出示有效身份证件或者证明文件,以便于行政机关确认申请人的身份。

此外,考虑到税费缴纳、社会保障、医疗卫生等政府信息与公民、法人或者其他组织的日常活动密切相关,并且这些信息数量多、来源杂、涉及面广,行政机关在登记、收集和整理这些政府信息时因为种种原因可能会有错漏。为了及时更正错误,防止这些政府信息不准确而使公民、法人或者其他组织正常的生产生活受到影响,本条第2款专门规定了公民、法人或者其他组织发现行政机关提供的与其自身相关的政府信息记录不准确时的更正程序,即公民、法人或者其他组织有证据证明行政机关提供的与其自身相关的政府信息记录不准确的,有权要求该行政机关予以更正。该行政机关无权更正的,应当转送有权更正的行政机关处理,并告知申请人。

相关规定:《居民身份证法》第14条;《交通运输部施行〈政府信息公开条例〉办法》第23条

第二十六条 【依申请公开的形式】行政机关依申请公开政府信息,应当按照申请人要求的形式予以提供;无法按照申请人要求的形式提供的,可以通过安排申请人查阅相关资料、提供复制件或者其他适当形式提供。

第二十七条 【依申请公开的收费】行政机关依申请提供政府信息,除可以收取检索、复制、邮寄等成本费用外,不得收取其他费用。行政机关不得通过其他组织、个人以有偿服务方式提供政府信息。

行政机关收取检索、复制、邮寄等成本费用的标准由国务院价格主管部门会同国务院财政部门制定。

条文释义:[依申请公开政府信息的收费原则]

关于行政机关依申请公开政府信息的收费原则,主要包括如下三个方面:一是收费的对象是申请公开政府信息的公民、法人或者其他组织,行政机关依照本条例规定主动公开政府信息的,不得向任何人收取任何费用;二是收费项目只能是检索、复制、邮寄等成本费用,除此以外不得有其他收费项目;三是收费的主体只能是行政机关,并且行政机关不得通过其他组织、个人以有偿服务方式提供政府信息。

[依申请公开政府信息的收费标准]

关于行政机关依申请公开政府信息的收费标准,本条第二款规定,行政机关收取检索、复制、邮寄等成本费用的标准由国务院价格主管部门会同国务院财政部门制定。各地方、各部门无权自行规定收费标准。这主要是考虑到政府信息公开涉及面广,如果由各地方、各部门自行制定收费标准,可能会出现各地方、各部门对同一类事项的收费标准差异过大的情形,不利于申请人公平地获取政府信息。

相关规定:《交通运输部施行〈政府信息公开条例〉办法》第25条;《国家知识产权局政府信息公开实施办法》第15条

第二十八条 【申请费用的减免】申请公开政府信息的公民确有经济困难的,经本人申请、政府信息公开工作机构负责人审核同意,可以减免相关费用。

申请公开政府信息的公民存在阅读困难或者视听障碍的,行政机关应当为其提供必要的帮助。

条文释义:[申请费用减免的条件及程序]

申请费用减免的条件:(1)减免费用的对象只能是公民,对于法人或者其他组织并不适用;(2)减免费用的实质要件是公民确有经济困难;(3)减免费用的形式要件是公民本人提出申请。

减免费用的程序是公民本人提出申请,经政府信息公开工作机构负责人审核同意。

需要注意的是,这里对于减免相关费用的规定并不是行政机关的强制义务,即并不是行政机关对所有因为经济困难提出减免相关费用的申请都必须同意。

[对阅读或视听障碍公民的帮助]

关于行政机关为申请人提供必要帮助的规定需要注意的是,这一规定适用的对象限于存在阅读困难或者视听障碍的公民。他们因为自身生理或者认知水平方面的缺陷,在申请时往往难以迅速、准确、全面地表达自己的意思,故本条规定了行政机关为其提供必要帮助的义务。

相关规定:《交通运输部施行〈政府信息公开条例〉办法》第26条;《国家知识产权局政府信息公开实施办法》第15条

第四章 监督和保障

第二十九条 【考核、评议、责任追究制度】各级人民政府应当建立健全政府信息公开工作考核制度、社会评议制度和责任追究制度,定期对政府信息公开工作进行考核、评议。

条文释义:[考核]

考核制度是由各级人民政府负责的行政机关的内部监督制度,它应当制定考核的具体办法,确立考核的具体标准,并且要明确考核机构及其人员构成。考核应当针对各行政机关及其政府信息公开工作机构的人员定期进行,可以采取听取汇报、查看资料、数据统计、报表分析、社会调查等多种方式综合评价。

[社会评议]

社会评议制度是由各级人民政府组织人民群众进行的行政机关的外部监督制度。由于人民群众是政府信息公开的直接受益者,他们对政府信息公开的内容是否真实、准确、全面,时间是否及时,程序是否符合规定,制度是否落实到位等都有切身体会。由他们对政府信息公开工作进行评议,是人民监督的具体体现。

[责任追究]

责任追究制度是考核、评议制度能够切实发挥监督作用的保障。如果不根据考核、评议的结果采取相应的措施,追究履行政府信息公开职责不到位的工作部门及人员的责任,干与不干一个样,干好干坏一个样,那么考核、评议就难以发挥其应有的监督作用。因此,考核、评议完毕之后,必须及时根据责任追究办法,对政府信息公开工作较差的部门中有关责任人员予以惩戒。

相关规定:《国务院办公厅关于施行〈中华人民共和国政府信息公开条例〉若干问题的意见》六;《国务院办公厅关于推行行政执法责任制的若干意见》;《交通运输部施行〈政府信息公开条例〉办法》第27、28条;《国家知识产权局政府信息公开实施办法》第18条;《环境信息公开办法(试行)》第24条;《卫生部关于做好贯彻实施〈中华人民共和国政府信息公开条例〉工作的通知》六

第三十条　【监督检查制度】政府信息公开工作主管部门和监察机关负责对行政机关政府信息公开的实施情况进行监督检查。

条文释义:在考核、评议制度之外,本条又规定了监督检查制度,通过对行政机关政府信息公开的实施情况进行不定期的监督检查,可以发现行政机关在政府信息公开工作中存在的问题,要求其及时纠正。这是一种事中的监督制度,由有权机关主动进行,与举报、行政复议、行政诉讼等事后的救济制度相比,可以提前避免给公民、法人或者其他组织的合法权益造成损害,而且受益者范围更广。

根据本条例的规定,有权对行政机关政府信息公开的实施情况进行监督检查的主体包括政府信息公开工作主管部门和监察机关,这一规定与二者的法定职权相一致。根据本条例的规定,政府信息公开工作主管部门负责推进、指导、协调、监督本行政区域的政府信息公开工作。而监察机关是各级人民政府中专门行使监察职能的行政机关,有权对行政机关、公务员和行政机关任命的其他人员执行法律、法规、规章、决定的情况进行检查并对违法违纪行为进行惩戒。

本条规定,政府信息公开工作主管部门和监察机关负责对行政机关政府信息公开的实施情况进行监督检查。这里的"政府信息公开工作的实施情况"主要包括以下几个方面:行政机关具体承办政府信息公开事宜的情况;维护和更新本行政机关公开的政府信息的情况;组织编制本行政机关的政府信息公开指南、政府信息公开目录和政府信息公开工作年度报告的情况;对拟公开的政府信息进行保密审查的情况以及行政机关履行与政府信息公开有关的其他职责的情况。

相关规定:《交通运输部施行〈政府信息公开条例〉办法》第29条;《国家知识产权局政府信息公开实施办法》第17条

第三十一条　【年度报告制度】各级行政机关应当在每年3月31日前公布本行政机关的政府信息公开工作年度报告。

相关规定:《交通运输部施行〈政府信息公开条例〉办法》第31条;《国家知识产权局政府信息公开实施办法》第19条;《环境信息公开办法(试行)》第25条

第三十二条　【年度报告的内容】政府信息公开工作年度报告应当包括下列内容:

(一)行政机关主动公开政府信息的情况;

(二)行政机关依申请公开政府信息和不予公开政府信息的情况;

(三)政府信息公开的收费及减免情况;

(四)因政府信息公开申请行政复议、提起行政诉讼的情况;

(五)政府信息公开工作存在的主要问题及改进情况;

(六)其他需要报告的事项。

相关规定:《交通运输部施行〈政府信息公开条例〉办法》第31条

第三十三条　【举报制度和救济制度】公民、法人或者其他组织认为行政机关不依法履行政府信息公开义务的,可以向上级行政机关、监察机关或者政府信息公开工作主管部门举报。收到举报的机关应当予以调查处理。

公民、法人或者其他组织认为行政机关在政府信息公开工作中的具体行政行为侵犯其合法权益的,可以依法申请行政复议或者提起行政诉讼。

条文释义:[举报制度]

对于本条所规定的举报制度,应当从以下方面予以理解:一是,有权举报的主体十分广泛,任何公民、法人或者其他组织认为行政机关不依法履行政府信息公开义务的,都可以举报;二是,举报的理由是行政机关不依法履行政府信息公开义务;三是,受理举报的主体是上级行政机关、监察机关或者政府信息公开工作主管部门;四是,有关行政机关收到举报后应当依照各自职责及时调查处理。

[救济制度]

根据本条规定,在政府信息公开工作中合法权益受到行政机关侵犯的公民、法人或者其他组织,可以通过行政复议和行政诉讼制度获取救济。而且行政复议并非行政诉讼的前置程序,申请行政复议还是提起行政诉讼,由当事人自由选择。如果公民、法人或者其他组织认为其合法权益受到行政机关具体行政行为的侵犯,其可以向复议机关申请行政复议,也可以直接向人民法院提起行政诉讼。

[政府信息行政复议和行政诉讼的受案范围]

实践中,政府信息行政复议和行政诉讼的受案范围主要包括以下几类具体行政行为:

1. 行政机关主动公开政府信息,侵犯公民、法人或者其他组织商业秘密或个人隐私或其他合法权益的;行政机关应当主动公开政府信息而没有主动公开,侵犯公民、法人或者其他组织合法权益的。

2. 向行政机关申请获取政府信息,行政机关不予答复或者拒绝公开(包括部分拒绝公开)的;或者行政机关没有按照要求的形式提供政府信息的;或者行政机关依申请公开的政府信息侵犯其商业秘密或个人隐私的。

3. 公民、法人或者其他组织认为行政机关提供的与其自身相关的政府信息记录不准确,要求行政机关予以更正,行政机关拒绝更正的。

4. 其他政府信息公开工作中侵犯公民、法人或者其他组织合法权益的。

[政府信息公开行政复议和行政诉讼的当事人]

1. 行政复议申请人和行政诉讼原告。行政复议申请人和行政诉讼原告是启动对具体行政行为进行审查的主体。根据《条例》的规定,复议申请人和行政诉讼原告应当是“认为行政机关在政府信息公开工作中的具体行政行为侵犯其合法权益”的公民、法人或者其他组织。具体有以下三类:一是向行政机关申请获取政府信息的申请人;二是政府信息公开涉及的第三方;三是与行政机关主动公开政府信息有利害关系的人。

2. 行政复议被申请人和行政诉讼被告。政府信息公开中,行政复议被申请人和行政诉讼被告取决于政府信息公开义务主体的范围。政府信息公开的义务主体主要是行政机关,包括国务院部门、地方各级人民政府及县级以上地方人民政府部门。同时,《条例》附则规定,“法律、法规授权的具有管理公共事务职能的组织公开政府信息的活动,适用本条例。”“教育、医疗卫生、计划生育、供水、供电、供气、供热、环保、公共交通等与人民群众利益密切相关的公共企事业单位在提供社会公共服务过程中制作、获取的信息的公开,参照本条例执行,具体办法由国务院有关主管部门或者机构制定。”那么,法律、法规授权的具有管理公共事务职能的组织和与人民群众利益密切相关的公共企事业单位也是政府信息公开的义务主体。他们与行政机关一样,都可能成为行政复议被申请人和行政诉讼被告。

3. 第三人。行政复议和行政诉讼中的第三人是指与申请行政复议或提起行政诉讼的具体行政行为有利害关系而参加复议或诉讼的公民、法人或者其他组织。前面提到,向行政机关申请获取政府信息的申请人和政府信息公开涉及的第三方都可以成为政府信息公开行政复议申请人和行政诉讼原告。因此,在政府信息公开涉及第三方的商业秘密或个人隐私时,二者都可成为复议申请人和原告,那么,确定第三人就要看谁先申请行政复议或提起行政诉讼了。当政府信息公开的申请人先申请行政复议或提起行政诉讼时,申请公开的政府信息涉及其商业秘密或个人隐私的第三方就是第三人,反之亦然。

相关规定:《行政监察法》;《行政复议法》第6条;《行政诉讼法》第12条;《国务院办公厅关于施行〈中华人民共和国政府信息公开条例〉若干问题的意见》六(十六);《交通运输部施行〈政府信息公开条例〉办法》第32、33条;《国家知识产权局政府信息公开实施办法》第19条;《环境信息公开办法(试行)》第26条

第三十四条 【违反本条例应承担的法律责任】行政机关违反本条例的规定,未建立健全政府信息发布保密审查机制的,由监察机关、上一级行政机关责令改正;情节严重的,对行政机关主要负责人依法给予处分。

条文释义:本条规定的法律责任包括责令改正和处分。责令改正是针对行政机关作出的,是对违法行为后果及其违法行为本身的纠正,目的是强制行政机关履行法定义务。处分是一种对行政机关公务员的惩戒措施,属于纪律责任范畴。行政机关公务员处分分为警告、记过、记大过、降级、撤职、开除六类。需要注意的是,这里规定的"情节严重",是指长时间不建立健全政府信息发布保密审查机制,经责令仍不改正,或者造成严重的失密、泄密后果等情形。

第三十五条 【法律责任的具体规定】行政机关违反本条例的规定,有下列情形之一的,由监察机关、上一级行政机关责令改正;情节严重的,对行政机关直接负责的主管人员和其他直接责任人员依法给予处分;构成犯罪的,依法追究刑事责任:

(一)不依法履行政府信息公开义务的;

(二)不及时更新公开的政府信息内容、政府信息公开指南和政府信息公开目录的;

(三)违反规定收取费用的;

(四)通过其他组织、个人以有偿服务方式提供政府信息的;

(五)公开不应当公开的政府信息的;

(六)违反本条例规定的其他行为。

相关规定:《保守国家秘密法》第48条;《突发事件应对法》第63条;《交通运输部施行〈政府信息公开条例〉办法》第35条;《环境信息公开办法(试行)》第27条

第五章 附 则

第三十六条 【被授权组织的适用】法律、法规授权的具有管理公共事务职能的组织公开政府信息的活动,适用本条例。

第三十七条 【对公共企事业单位的适用】教育、医疗卫生、计划生育、供水、供电、供气、供热、环保、公共交通等与人民群众利益密切相关的公共企事业单位在提供社会公共服务过程中制作、获取的信息的公开,参照本条例执行,具体办法由国务院有关主管部门或者机构制定。

相关规定:《国务院办公厅关于施行〈中华人民共和国政府信息公开条例〉若干问题的意见》七;《交通运输部施行〈政府信息公开条例〉办法》第37条;《环境信息公开办法(试行)》第19、20、21、22、23、28条;《卫生部关于做好贯彻实施〈中华人民共和国政府信息公开条例〉工作的通知》三

第三十八条 【施行时间】本条例自2008年5月1日起施行。

地方各级人民政府机构设置和编制管理条例

（2007 年 2 月 14 日国务院第 169 次常务会议通过　2007 年 2 月 24 日中华人民共和国国务院令第 486 号公布　自 2007 年 5 月 1 日起施行）

第一章　总　　则

第一条　为了规范地方各级人民政府机构设置，加强编制管理，提高行政效能，根据宪法、地方各级人民代表大会和地方各级人民政府组织法，制定本条例。

第二条　地方各级人民政府机构的设置、职责配置、编制核定以及对机构编制工作的监督管理，适用本条例。

第三条　地方各级人民政府机构设置和编制管理工作，应当按照经济社会全面协调可持续发展的要求，适应全面履行职能的需要，遵循精简、统一、效能的原则。

第四条　地方各级人民政府的机构编制工作，实行中央统一领导、地方分级管理的体制。

第五条　县级以上各级人民政府机构编制管理机关应当按照管理权限履行管理职责，并对下级机构编制工作进行业务指导和监督。

第六条　依照国家规定的程序设置的机构和核定的编制，是录用、聘用、调配工作人员、配备领导成员和核拨经费的依据。

县级以上各级人民政府应当建立机构编制、人员工资与财政预算相互制约的机制，在设置机构、核定编制时，应当充分考虑财政的供养能力。机构实有人员不得突破规定的编制。禁止擅自设置机构和增加编制。对擅自设置机构和增加编制的，不得核拨财政资金或者挪用其他资金安排其经费。

第七条　县级以上各级人民政府行政机构不得干预下级人民政府行政机构的设置和编制管理工作，不得要求下级人民政府设立与其业务对口的行政机构。

第二章　机构设置管理

第八条　地方各级人民政府行政机构应当以职责的科学配置为基础，综合设置，做到职责明确、分工合理、机构精简、权责一致，决策和执行相协调。

地方各级人民政府行政机构应当根据履行职责的需要，适时调整。但是，在一届政府任期内，地方各级人民政府的工作部门应当保持相对稳定。

第九条　地方各级人民政府行政机构的设立、撤销、合并或者变更规格、名称，由本级人民政府提出方案，经上一级人民政府机构编制管理机关审核后，报上一级人民政府批准；其中，县级以上地方各级人民政府行政机构的设立、撤销或者合并，还应当依法报本级人民代表大会常务委员会备案。

第十条　地方各级人民政府行政机构职责相同或者相近的，原则上由一个行政机构承担。

行政机构之间对职责划分有异议的，应当主动协商解决。协商一致的，报本级人民政府机构编制管理机关备案；协商不一致的，应当提请本级人民政府机构编制管理机关提出协调意见，由机构编制管理机关报本级人民政府决定。

第十一条　地方各级人民政府设立议事协调机构，应当严格控制；可以交由现有机构承担职能的或者由现有机构进行协调可以解决问题的，不另设立议事协调机构。

为办理一定时期内某项特定工作设立的议事协调机构，应当明确规定其撤销的条件和期限。

第十二条 县级以上地方各级人民政府的议事协调机构不单独设立办事机构,具体工作由有关的行政机构承担。

第十三条 地方各级人民政府行政机构根据工作需要和精干的原则,设立必要的内设机构。县级以上地方各级人民政府行政机构的内设机构的设立、撤销、合并或者变更规格、名称,由该行政机构报本级人民政府机构编制管理机关审批。

第三章 编制管理

第十四条 地方各级人民政府行政机构的编制,应当根据其所承担的职责,按照精简的原则核定。

第十五条 机构编制管理机关应当按照编制的不同类别和使用范围审批编制。地方各级人民政府行政机构应当使用行政编制,事业单位应当使用事业编制,不得混用、挤占、挪用或者自行设定其他类别的编制。

第十六条 地方各级人民政府的行政编制总额,由省、自治区、直辖市人民政府提出,经国务院机构编制管理机关审核后,报国务院批准。

第十七条 根据工作需要,国务院机构编制管理机关报经国务院批准,可以在地方行政编制总额内对特定的行政机构的行政编制实行专项管理。

第十八条 地方各级人民政府根据调整职责的需要,可以在行政编制总额内调整本级人民政府有关部门的行政编制。但是,在同一个行政区域不同层级之间调配使用行政编制的,应当由省、自治区、直辖市人民政府机构编制管理机关报国务院机构编制管理机关审批。

第十九条 地方各级人民政府议事协调机构不单独确定编制,所需要的编制由承担具体工作的行政机构解决。

第二十条 地方各级人民政府行政机构的领导职数,按照地方各级人民代表大会和地方各级人民政府组织法的有关规定确定。

第四章 监督检查

第二十一条 县级以上各级人民政府机构编制管理机关应当按照管理权限,对机构编制管理的执行情况进行监督检查;必要时,可以会同监察机关和其他有关部门对机构编制管理的执行情况进行监督检查。有关组织和个人应当予以配合。

第二十二条 县级以上各级人民政府机构编制管理机关实施监督检查时,应当严格执行规定的程序,发现违反本条例规定的行为,应当向本级人民政府提出处理意见和建议。

第二十三条 地方各级人民政府机构编制管理机关,应当如实向上级机构编制管理机关提交机构编制年度统计资料,不得虚报、瞒报、伪造。

第二十四条 县级以上各级人民政府机构编制管理机关应当定期评估机构和编制的执行情况,并将评估结果作为调整机构编制的参考依据。评估的具体办法,由国务院机构编制管理机关制定。

第二十五条 任何组织和个人对违反机构编制管理规定的行为,都有权向机构编制管理机关、监察机关等有关部门举报。

县级以上各级人民政府机构编制管理机关应当接受社会监督。

第五章 法律责任

第二十六条 有下列行为之一的,由机构编制管理机关给予通报批评,并责令限期改正;情节严重的,对直接负责的主管人员和其他直接责任人员,依法给予处分:

（一）擅自设立、撤销、合并行政机构或者变更规格、名称的；
（二）擅自改变行政机构职责的；
（三）擅自增加编制或者改变编制使用范围的；
（四）超出编制限额调配财政供养人员、为超编人员核拨财政资金或者挪用其他资金安排其经费、以虚报人员等方式占用编制并冒用财政资金的；
（五）擅自超职数、超规格配备领导成员的；
（六）违反规定干预下级人民政府行政机构的设置和编制管理工作的；
（七）违反规定审批机构、编制的；
（八）违反机构编制管理规定的其他行为。

第二十七条 机构编制管理机关工作人员在机构编制管理工作中滥用职权、玩忽职守、徇私舞弊，构成犯罪的，依法追究刑事责任；尚不构成犯罪的，依法给予处分。

第六章 附 则

第二十八条 本条例所称编制，是指机构编制管理机关核定的行政机构和事业单位的人员数额和领导职数。

第二十九条 地方的事业单位机构和编制管理办法，由省、自治区、直辖市人民政府机构编制管理机关拟定，报国务院机构编制管理机关审核后，由省、自治区、直辖市人民政府发布。事业编制的全国性标准由国务院机构编制管理机关会同国务院财政部门和其他有关部门制定。

第三十条 本条例自2007年5月1日起施行。

国务院行政机构设置和编制管理条例

（1997年8月3日中华人民共和国国务院令第227号发布 自发布之日起施行）

第一章 总 则

第一条 为了规范国务院行政机构的设置，加强编制管理，提高行政效率，根据宪法和国务院组织法，制定本条例。

第二条 国务院行政机构设置和编制管理应当适应国家政治、经济、社会发展的需要，遵循精简、统一、高效的原则。

第三条 国务院根据宪法和国务院组织法的规定，行使国务院行政机构设置和编制管理职权。

国务院机构编制管理机关在国务院领导下，负责国务院行政机构设置和编制管理的具体工作。

第二章 机构设置管理

第四条 国务院行政机构的设置以职能的科学配置为基础，做到职能明确、分工合理、机构精简，有利于提高行政效能。

国务院根据国民经济和社会发展的需要，适应社会主义市场经济体制的要求，适时调整国务院行政机构；但是，在一届政府任期内，国务院组成部门应当保持相对稳定。

第五条 国务院行政机构的设立、撤销或者合并，由国务院机构编制管理机关事先组织有关部门和专家进行评估和论证。

第六条 国务院行政机构根据职能分为国务院办公厅、国务院组成部门、国务院直属机构、国务院办事机构、国务院组成部门管理的国家行政机构和国务院议事协调机构。

国务院办公厅协助国务院领导处理国务院日常工作。

国务院组成部门依法分别履行国务院基本的行政管理职能。国务院组成部门包括各部、各委员会、中国人民银行和审计署。

国务院直属机构主管国务院的某项专门业务,具有独立的行政管理职能。

国务院办事机构协助国务院总理办理专门事项,不具有独立的行政管理职能。

国务院组成部门管理的国家行政机构由国务院组成部门管理,主管特定业务,行使行政管理职能。

国务院议事协调机构承担跨国务院行政机构的重要业务工作的组织协调任务。国务院议事协调机构议定的事项,经国务院同意,由有关的行政机构按照各自的职责负责办理。在特殊或者紧急的情况下,经国务院同意,国务院议事协调机构可以规定临时性的行政管理措施。

第七条 依照国务院组织法的规定,国务院设立办公厅。

国务院组成部门的设立、撤销或者合并由国务院机构编制管理机关提出方案,经国务院常务会议讨论通过后,由国务院总理提请全国人民代表大会决定;在全国人民代表大会闭会期间,提请全国人民代表大会常务委员会决定。

第八条 国务院直属机构、国务院办事机构和国务院组成部门管理的国家行政机构的设立、撤销或者合并由国务院机构编制管理机关提出方案,报国务院决定。

第九条 设立国务院组成部门、国务院直属机构、国务院办事机构和国务院组成部门管理的国家行政机构的方案,应当包括下列事项:

(一)设立机构的必要性和可行性;

(二)机构的类型、名称和职能;

(三)司级内设机构的名称和职能;

(四)与业务相近的国务院行政机构职能的划分;

(五)机构的编制。

撤销或者合并前款所列机构的方案,应当包括下列事项:

(一)撤销或者合并的理由;

(二)撤销或者合并机构后职能的消失、转移情况;

(三)撤销或者合并机构后编制的调整和人员的分流。

第十条 设立国务院议事协调机构,应当严格控制;可以交由现有机构承担职能的或者由现有机构进行协调可以解决问题的,不另设立议事协调机构。

设立国务院议事协调机构,应当明确规定承担办事职能的具体工作部门;为处理一定时期内某项特定工作设立的议事协调机构,还应当明确规定其撤销的条件或者撤销的期限。

第十一条 国务院议事协调机构的设立、撤销或者合并,由国务院机构编制管理机关提出方案,报国务院决定。

第十二条 国务院行政机构设立后,需要对职能进行调整的,由国务院机构编制管理机关提出方案,报国务院决定。

第十三条 国务院办公厅、国务院组成部门、国务院直属机构、国务院办事机构在职能分解的基础上设立司、处两级内设机构;国务院组成部门管理的国家行政机构根据工作需要可以设立司、处两级内设机构,也可以只设立处级内设机构。

第十四条 国务院行政机构的司级内设机构的增设、撤销或者合并,经国务院机构编制管理机关审核方案,报国务院批准。

国务院行政机构的处级内设机构的设立、撤销或者合并,由国务院行政机构根据国家有关规定决定,按年度报国务院机构编制管理机关备案。

第十五条 增设国务院行政机构的司级内设机构的方案,应当包括下列事项:

（一）增设机构的必要性；

（二）增设机构的名称和职能；

（三）与业务相近的司级内设机构职能的划分。

撤销或者合并前款所列机构的方案，应当包括下列事项：

（一）撤销或者合并机构的理由；

（二）撤销或者合并机构后职能的消失、转移情况；

（三）撤销或者合并机构后编制的调整。

第十六条 国务院行政机构及其司级内设机构的名称应当规范、明确，并与该机构的类型和职能相称。

国务院行政机构及其司级内设机构不得擅自变更名称。

第三章 编制管理

第十七条 国务院行政机构的编制依据职能配置和职位分类，按照精简的原则确定。

前款所称编制，包括人员的数量定额和领导职数。

第十八条 国务院行政机构的编制在国务院行政机构设立时确定。

国务院行政机构的编制方案，应当包括下列事项：

（一）机构人员定额和人员结构比例；

（二）机构领导职数和司级内设机构领导职数。

第十九条 国务院行政机构增加或者减少编制，由国务院机构编制管理机关审核方案，报国务院批准。

第二十条 国务院议事协调机构不单独确定编制，所需要的编制由承担具体工作的国务院行政机构解决。

第二十一条 国务院办公厅、国务院组成部门、国务院直属机构和国务院办事机构的领导职数，按照国务院组织法的规定确定。国务院组成部门管理的国家行政机构的领导职数，参照国务院组织法关于国务院直属机构领导职数的规定确定。

国务院办公厅、国务院组成部门、国务院直属机构、国务院办事机构的司级内设机构的领导职数为一正二副；国务院组成部门管理的国家行政机构的司级内设机构的领导职数根据工作需要为一正二副或者一正一副。

国务院行政机构的处级内设机构的领导职数，按照国家有关规定确定。

第四章 监督检查

第二十二条 国务院机构编制管理机关应当对国务院行政机构的机构设置和编制执行情况进行监督检查。

国务院行政机构应当每年向国务院机构编制管理机关提供其机构设置和编制管理情况的报告。

第二十三条 国务院行政机构违反本条例规定，有下列行为之一的，由国务院机构编制管理机关责令限期纠正；逾期不纠正的，由国务院机构编制管理机关建议国务院或者国务院有关部门对负有直接责任的主管人员和其他直接责任人员依法给予行政处分：

（一）擅自设立司级内设机构的；

（二）擅自扩大职能的；

（三）擅自变更机构名称的；

（四）擅自超过核定的编制使用工作人员的；

（五）有违反机构设置和编制管理法律、行政法规的其他行为的。

第五章　附　　则

第二十四条　地方各级人民政府行政机构的设置和编制管理办法另行制定。

国务院行政机构不得干预地方各级人民政府的行政机构设置和编制管理工作，不得要求地方各级人民政府设立与其业务对口的行政机构。

第二十五条　本条例自发布之日起施行。

机关档案工作条例

（1983年4月28日中共中央办公厅、国务院办公厅发布　自发布之日起施行）

第一章　总　　则

第一条　根据中共中央、国务院有关档案工作的决定和指示，为加强各级党、政、军机关和人民团体（以下统称机关）档案的科学管理，更好地为机关工作服务，特制订本条例。

第二条　机关档案工作是机关工作的组成部分，是提高机关工作效率和工作质量的必要条件，是维护机关历史真实面貌的一项重要工作。

第三条　各机关在工作活动中形成的全部档案均由本机关档案部门集中统一管理。

第四条　机关档案部门的基本任务是：

（一）对本机关文书部门或业务部门文件材料的归档工作，进行指导和监督；

（二）负责管理本机关的全部档案，积极提供利用，为机关各项工作服务，并为党和国家积累档案史料；

（三）中央和地方专业主管机关的档案部门，应根据本专业的管理体制，负责对本系统和直属单位的档案工作进行指导、监督与检查。

第五条　机关档案部门必须贯彻执行党和国家的保密、保卫制度，确保档案和档案机密的安全。

第二章　机关档案工作体制、机构和干部

第六条　机关必须建立档案工作，成立相应的档案工作机构。不需要建立档案机构的机关，应配备专职或兼职的档案人员。机关档案部门受办公厅（室）领导。

第七条　各级机关档案部门的业务工作受同级和上级档案业务管理机关的指导、监督与检查。

对驻在地方的上级直属单位的档案工作，实行以专业主管机关为主、地方档案管理机关为辅的管理体制。

第八条　各机关应为档案部门配备政治上可靠、具有高中或高中以上文化水平和一定专业知识、能够胜任工作的相应数量的干部。

第九条　档案干部要努力学习马克思列宁主义、毛泽东思想，坚持四项基本原则，认真执行党和国家的方针、政策，热爱档案事业，刻苦钻研业务，努力提高政治思想、科学文化和档案业务水平，以保证工作任务的顺利完成。

第十条　档案干部应相对稳定。对有业务职称的档案干部，在调离档案部门时，应征得授予职称的档案业务管理机关的同意。①

---

① 因评定业务职称已改为专业职务聘任制，此条已不适用。

第三章 档案的接收

第十一条 机关应建立、健全文件材料的归档制度。凡机关工作活动中形成的具有保存价值的文件材料（包括党、政、工、团以及人事、保卫、财会等工作中形成的文件材料），均由文书部门或业务部门进行整理、立卷，并定期向档案部门归档。① 机关领导人和承办人员办理完毕的文件材料应及时交有关部门整理、立卷。

第十二条 机关档案部门接收的档案，应符合下列要求：

（一）应归档的文件材料齐全、完整；

（二）文件和电报按其内容的联系，合并整理、立卷；

（三）归档的文件材料，保持它们之间的历史联系，区分保存价值，分类整理、立卷，案卷标题简明确切，便于保管和利用。

第十三条 机关文书部门或业务部门一般应在第二年上半年向档案部门移交档案，交接双方根据移交目录清点核对，并履行签字手续。

第四章 档案的管理和提供利用

第十四条 一个机关在工作活动中形成的全部档案，应在文书或业务部门立卷的基础上，按照一定的要求进行分类、加工整理和保管。

第十五条 机关档案部门应建立档案的统计制度，对档案的收进、移出、保管、利用等情况进行统计，并按照规定向档案业务管理机关报送档案工作基本情况统计表。

第十六条 机关档案部门应根据国家的有关规定，编制本机关或本专业系统的《档案材料保管期限表》，经机关领导人批准后执行，并报同级档案业务管理机关备案。

第十七条 机关应定期对已超过保管期限的档案进行鉴定。鉴定档案必须在机关办公厅（室）主任的主持下，由档案部门和有关业务部门组成鉴定小组共同进行。鉴定工作结束后，应提出工作报告，对确无保存价值的档案进行登记造册，经机关领导人批准后销毁。

第十八条 机关销毁档案，应指定两人负责监销，防止档案遗失和泄密。监销人要在销毁清册上签字。

第十九条 机关的档案库房应该坚固，并力求逐步做到有防盗、防火、防虫、防鼠、防潮、防尘、防高温等设施。要定期检查档案保管状况，对破损或变质的档案应及时修补、复制或作其他技术处理。

第二十条 机关档案部门应根据工作需要，编制必要的目录、卡片、索引等检索工具，编辑档案文件汇集和各种参考资料，积极主动地开展档案的利用工作，为机关各项工作服务，并注意掌握档案的利用效果。

第二十一条 机关档案部门应建立档案的借阅制度，根据档案的机密程度，确定不同的利用范围，规定不同的审批手续。

机关档案部门保管的档案，是现行档案，主要供本机关和上级主管机关使用，不属于开放范围。对外提供利用需经上级主管机关批准。

第二十二条 省级以上党、政领导机关的重要档案，根据需要和可能可多保存一套重份或复印件，以保证档案的安全和方便利用。

第二十三条 机关应根据需要和可能，采用先进技术设备，逐步实现档案管理的科学化、现代化。

第二十四条 档案保管人员调动工作时，应在离职前办好交接手续。

---

① 关于机关保卫部门档案的归档、保存等问题，按 1983 年 8 月 13 日国家档案局、公安部印发的五省、市公安档案管理问题座谈会纪要等文件精神执行。

第五章 档案的移交

第二十五条 省级以上机关应将永久保存的档案在本机关保存20年左右；省辖市（州、盟）和县级以下机关应将永久、长期保存的档案在本机关保存10年左右，连同案卷目录（一式三份）和有关的检索工具、参考资料，一并向有关的档案馆移交。一个机关的全部档案是不可分割的整体，应统一向一个档案馆移交。

第二十六条 机关撤销或合并必须将本机关的全部档案进行认真整理，妥善保管，不得分散，并按下列办法进行处理：

（一）撤销机关的档案，应向有关的档案馆进行移交或由有关主管机关代管；

（二）机关撤销的业务分别划归几个机关的，其档案材料不得分散，可由其中一个机关代管或向有关的档案馆移交；

（三）一个机关并入另一个机关或几个机关合并为一个新的机关，其档案材料应移交给合并后的机关代管或向有关的档案馆移交；

（四）一个机关内一部分业务或者一个部门划给另一个机关接收，其档案材料不得带入接收机关，如果接收机关需要利用，可以借阅或者复制；

（五）机关撤销或者合并时，没有处理完毕的文件材料，可以移交给新的机关继续处理，并作为新的机关的档案加以保存；

（六）一个机关改变了领导关系，在其工作活动中形成的全部档案仍属原来的全宗，实行集中统一管理。

第二十七条 各种临时工作机构撤销时，其档案应向有关的主管机关或档案馆移交。

第六章 附　　则

第二十八条 机关可根据本条例规定的原则，结合本机关的具体情况，制定具体实施办法。

第二十九条 企业、事业单位的档案工作应参照本条例执行，其中科学技术档案工作应按《科学技术档案工作条例》办理。

第三十条 本条例自发布之日起施行。

◎ 司法解释及文件

最高人民法院、国家档案局关于印发《人民法院档案工作规定》的通知

（2012年6月1日　法发〔2012〕11号）

全国地方各级人民法院、档案行政管理部门，各级军事法院、总参办公厅保密档案局，各铁路运输中级法院和基层法院，各海事法院，新疆生产建设兵团各级法院、档案局：

为进一步加强和规范人民法院档案工作，特制定《人民法院档案工作规定》，现印发给你们，请认真贯彻执行。

人民法院档案工作规定

第一章 总 则

第一条 为加强人民法院档案工作,更好地为审判工作和其他工作服务,根据《中华人民共和国档案法》、《中华人民共和国档案法实施办法》等有关规定,结合人民法院工作实际,制定本规定。

第二条 本规定所称人民法院档案是指各级人民法院在审判工作和其他工作中形成的对国家、社会和本机关具有保存价值的文字、图表、声像等不同形式的历史记录,是国家档案的重要组成部分。

人民法院档案包括诉讼档案、文书档案、会计档案、基建档案等各种门类,以及声像档案、电子档案等各种载体的档案。

第三条 人民法院档案工作是人民法院的一项重要基础性工作,是审判工作不可分割的组成部分。各级人民法院应当加强对档案工作的领导,把档案工作列入人民法院发展规划和工作计划,建立健全档案工作机构,配备必要的人员,加强档案工作经费及设备保障,使档案工作与人民法院整体工作同步发展。

第四条 在统一领导、分级管理的档案工作原则下,地方各级人民法院档案工作接受上级人民法院和同级档案行政管理部门的监督和指导。

第五条 最高人民法院负责制定人民法院档案发展规划、管理制度、业务规范和技术标准。各高级人民法院制定辖区内法院档案管理实施细则,并报最高人民法院备案。

各高级人民法院应当将本辖区内档案工作中的重大事项及时报最高人民法院和同级档案行政管理部门。

第六条 各级人民法院工作人员必须严格执行党和国家的保密、安全制度,在各自职责范围内确保档案和档案信息的完整与安全。

第七条 各级人民法院应当加强电子档案管理,积极开展电子文件归档和档案数字化工作,推进档案信息化建设,实现档案资源的共享。

第八条 各级人民法院应当把档案工作纳入绩效考评。对在档案工作中成绩显著或者在档案研究方面贡献突出的单位和个人,应当给予表彰奖励。

对违反有关法律、法规和本规定造成重大损失的,应当视情节、后果给予相应处罚。

第二章 组织管理

第九条 各级人民法院应当设立与其职能、任务相适应的档案机构。高级人民法院一般应当设立档案处;中级人民法院设立档案科;基层人民法院设立档案科(室)。具备条件的人民法院可以根据《全国档案馆设置原则和布局方案》的有关规定设立档案馆。

第十条 人民法院档案机构的职责:

(一)贯彻执行国家档案管理的法律、法规和人民法院档案管理制度、业务规范和技术标准;

(二)制定本院档案工作制度,监督和指导本院各部门的文件积累和归档工作;

(三)集中统一管理本院档案,开发档案资源,提供档案查询利用;

(四)负责本院档案信息化工作,开展档案网络化服务;

(五)中级以上人民法院的档案机构监督和指导本辖区内法院的档案工作。

第十一条 各级人民法院应当根据本院档案工作的实际需要配备专职档案工作人员,高级人民法院不少于五人,中级人民法院不少于三人,基层人民法院不少于一人。同时可以根据保管档案的数量适当增配人员,增配人员的标准为,以保管档案一万卷设专职档案工作人员一人为基数,每超过二万卷增配一人。

第十二条 人民法院应当配备政治可靠、责任心强、身体健康、大学以上文化程度,具有档案专业知识和一定法律知识的人员从事档案工作。高级人民法院档案机构应当至少配备一名档案信息化技术人员。档案工作人员应当保持相对稳定。

第十三条 人民法院应当加强档案工作人员的教育培训,不断提高档案工作人员的素质。具备条件的档案工作人员可以参加评定专业技术职称。

第十四条 对接触有毒有害物质的档案工作人员,各级人民法院应当配备相应的防护用品,并给予一定的健康补贴。具体标准参照有关规定执行。

第三章 档案接收与整理

第十五条 人民法院各部门在审判工作和其他工作中形成的属于归档范围的各种形式和载体的文件材料,均应在规定期限内向本院档案机构移交归档,并保证齐全完整。任何个人或者部门不得据为己有或者拒绝归档。

第十六条 人民法院档案机构应当严格按照归档要求检查验收归档文件。对不符合归档要求的,提出意见,退回归档部门重新整理并限期归档。

第十七条 人民法院档案机构对归档文件应当编制归档目录,由接收人和移交人清点核对,并履行签字手续。

第十八条 人民法院档案机构对不按时或者不按要求归档的,应当及时督促。

各级人民法院应当定期通报归档情况。

第十九条 人民法院档案机构应当根据不同门类档案的特点,科学设置分类方案。分类应当保持前后一致,不得随意变动。

根据分类方案,人民法院档案机构应当对接收归档的档案进行分类编号,编制检索工具。

第二十条 各级人民法院归档部门和档案机构应当根据保管期限表,准确地划定档案的保管期限。

第四章 档案保管与统计

第二十一条 人民法院应当加强档案基础设施建设,积极改善档案保管条件,配置足够的适宜安全保存档案的专门库房和装具。库房、档案工作人员办公室、阅卷室、档案整理室、数字化处理用房、机房等要分开。

在日常档案管理工作中,应当严格按照国家规定控制档案库房的温湿度,采取防潮、防水、防日光及紫外线照射、防尘、防污染、防有害生物(霉、虫、鼠等)、防盗和防火等措施,确保档案的安全。

库房内不得存放与档案无关的物品,库房周围不得放置危害档案安全的物品。

第二十二条 人民法院档案机构对接收归档的档案应当分门类装柜保管,做到排列有序、标识清晰、便于查找利用。同一内容、不同载体的档案应当根据不同的保管要求,分别保管,并相互注明参见号。

第二十三条 人民法院对涉密档案应当根据不同密级采取有效措施,加强管理和保护。绝密档案应当指定专人、配备专柜保管。

第二十四条 人民法院档案机构应当定期检查档案保管状况,对破损或者变质的档案应当及时修补、托裱、复制或者作其他技术处理。

第二十五条 人民法院档案机构应当建立规范的全宗卷,准确反映全宗管理的历史面貌。

第二十六条 具备条件的人民法院应当对重要档案进行异地异质备份,确保人民法院档案的安全。

第二十七条 各级人民法院应当做好档案统计工作,做到数据准确,内容完整,报送及时。

第五章 档案开发与利用

第二十八条 人民法院档案机构应当积极开展档案利用工作,充分发挥人民法院档案服务审判、服务社会的作用。

第二十九条 人民法院档案机构应当充分利用信息技术手段,深入挖掘档案价值,积极开展档案编研工作,扩大档案资源的应用范围。

第三十条 人民法院档案机构应当积极利用档案信息化管理系统,开展档案的著录与检索工作,编制科学实用的检索工具,实现多途径检索,满足不同利用主体的需求。

第三十一条 人民法院档案机构应当积极开发档案的网络查阅功能,逐步实现以档案的电子版本代替原件提供利用。

第三十二条 人民法院档案机构应当建立档案利用制度,根据档案的保密等级确定不同的利用范围,规定不同的审批手续,并做好档案利用登记工作。

涉及国家秘密、商业秘密、个人隐私和可能造成不良社会影响、后果的档案,应当严格限制利用范围。

第三十三条 利用人民法院档案,不得擅自抄录、复制、拆封、抽取材料、勾画、污损;严禁转借、丢失、泄密、破坏档案计算机管理系统。违反者应当追究责任。

第三十四条 借阅、调阅人民法院档案,应当在规定时限内归还。对逾期不还的,人民法院档案机构应当及时催还。

第三十五条 人民法院档案机构提供利用档案,可以收取有关费用。收费的范围和标准按照国家有关规定执行。

第三十六条 各级人民法院工作人员退休、调离、辞职或者变动工作岗位时,应当经档案机构清查档案归还情况后,方可办理离岗手续。

第六章 档案鉴定与移交

第三十七条 各级人民法院应当对保管期限届满的各类档案进行鉴定。

开展档案鉴定工作,应当成立档案鉴定工作领导小组和工作小组。鉴定工作领导小组由院领导、办公厅(室)和有关部门负责人以及档案机构负责人组成。鉴定工作小组由责任心强、相关工作经验丰富的人员和档案工作人员组成。

第三十八条 人民法院档案鉴定工作小组对保管期限届满,经鉴定仍有保存价值的档案,应当提升保管期限等级继续保存。

第三十九条 经鉴定确定销毁的档案,人民法院档案鉴定工作小组应当制作销毁清册,提出销毁报告,经院长审批,并报上一级人民法院备案。

销毁档案,应当指定两名以上监销人员,监督销毁档案的全过程,并在销毁清册上签字。销毁清册和销毁报告应当永久保存。

第四十条 各级人民法院应当按照国家有关规定,定期向同级国家综合档案馆移交档案。具体移交办法另行制定。

第四十一条 由于行政区划变动,人民法院撤销或者合并时,必须将全部档案认真整理,妥善保管,并分别不同情况办理移交手续:

(一)被撤销的人民法院的档案,应当由其上一级人民法院管理;

(二)一个人民法院分为两个以上的,其档案不得分散,应当由其中一个人民法院管理;

（三）一个人民法院并入另一个人民法院或者两个以上人民法院合并为二个人民法院的，其档案应当移交给合并后的人民法院管理；

（四）人民法院撤销、分立、合并时，没有办理完毕的文件材料，应当分别按照上述（一）（二）（三）项的规定，移交给相应的人民法院继续处理，并作为该人民法院的档案归档保存。

第七章　附　　则

第四十二条　本规定由最高人民法院负责解释。

第四十三条　本规定自发布之日起实施。

中共中央组织部、中央机构编制委员会办公室、最高人民法院、最高人民检察院关于印发《关于缓解西部及贫困地区基层人民法院、人民检察院法官、检察官短缺问题的意见》的通知

（2006年3月9日）

各省、自治区、直辖市党委组织部、机构编制委员会办公室，高级人民法院、人民检察院，新疆生产建设兵团党委组织部、机构编制委员会办公室，新疆自治区高级人民法院生产建设兵团分院、新疆生产建设兵团人民检察院：

审判机关和检察机关是重要的国家机器，在国家政治、经济、文化生活中具有重要的作用。为解决当前存在的西部及贫困地区的一些基层人民法院、人民检察院程度不同出现的法官、检察官短缺问题，我们研究制定了《关于缓解西部及贫困地区基层人民法院、人民检察院法官、检察官短缺问题的意见》，现印发给你们，请结合实际认真贯彻执行，确保取得实效。在实施中遇有重要问题，请及时报告。

关于缓解西部及贫困地区基层人民法院、人民检察院法官、检察官短缺问题的意见

近年来，西部及贫困地区一些基层人民法院、人民检察院法官、检察官队伍来源短缺、办案力量不足且有逐步加剧的趋势，严重影响了这些地方审判、检察工作的正常开展。为缓解西部及贫困地区基层人民法院、人民检察院法官、检察官短缺问题，确保西部及贫困地区审判机关、检察机关正常履行职能，现提出如下意见：

一、切实提高对解决西部及贫困地区基层人民法院、人民检察院法官、检察官短缺问题重要性、紧迫性的认识

审判机关和检察机关是重要的国家机器。行使国家审判权、检察权的人员，政治上要合格，并且要达到国家规定的法律专业要求，具备较高的专业素养和专业技能。严格按照国家法律法规的规定，配备数量充足、政治业务素质过硬的法官、检察官，全面正确地履行国家审判、法律监督职能，对于保证国家的长治久安，促进社会主义物质文明、政治文明、精神文明与和谐社会建设，具有十分重要的作用。西部及贫困地区一些基层人民法院、人民检察院出现法官、检察官短缺问题，既有这

些地方自然条件及经济发展方面的原因,也有工作方面的原因。要充分认识加强这些地方法官、检察官队伍建设的重要意义。各级党委组织部门和机构编制部门要高度重视基层法官、检察官队伍建设,支持和帮助基层人民法院、人民检察院解决实际困难。各级人民法院、人民检察院要紧紧抓住全面推进司法体制与工作机制改革的机遇,通过深化改革,制定并实施符合实际、体现法检干部队伍管理特点的政策,稳定本地人才、引进急需人才、培养后备人才、提高队伍素质,使这一问题经过一段时间的努力得到有效缓解。同时,对审判、检察人员分类管理、职级待遇、职务保障制度等重要问题,要抓紧研究,提出方案,尽早启动,扎实推进。

二、合理配置和使用现有法官、检察官资源,努力提高现有人员的整体素质

稳定现有法官、检察官队伍,进一步挖掘潜力,充分发挥他们的作用,是缓解西部及贫困地区基层人民法院、人民检察院法官、检察官短缺问题的首要任务和现实途径。要深化基层人民法院、人民检察院内部的干部人事制度改革,努力形成人尽其才、才尽其用的良好局面。要进一步加强办案力量。西部及贫困地区基层院领导成员和内设业务机构负责人,应依法直接承办一定数量的案件。要把承办案件情况作为基层人民法院、人民检察院审判、检察业务人员考核评价的重要内容之一。要尽量减少非审判、检察业务人员。严格执行国家规定的退休制度,不能要求未达到退休年龄的法官、检察官提前退休。尚未达到退休年龄、不再担任领导职务的法官、检察官,可以改任同一职务层次的审判员、检察员,继续从事执法办案工作。必要时,可以组织身体健康的退休法官、检察官到办案力量薄弱的基层院帮助工作。

认真抓好培训工作。最高人民法院、最高人民检察院增加西部地区少数民族审判、检察干部的培训班次和名额。充分利用东部地区的培训资源,采取跨区域培训合作等方式,培训西部地区基层审判、检察干部。高级人民法院、省级人民检察院要根据本地的实际情况,采取切实措施,加大培训力度,提高司法考试通过率,为解决法官、检察官来源短缺问题创造条件。

三、建立人才对口支援机制,以适当方式合理调配办案力量

建立人才对口支援机制。上级审判、检察机关要加强对下级审判、检察机关的人才支持,坚持面向西部、面向基层下派干部挂职锻炼。最高人民法院、最高人民检察院机关每年选派一定数量的优秀年轻干部到西部审判、检察机关挂职锻炼,重点派往法官、检察官已经出现或面临断档的基层院。各省(区、市)要组织本辖区内地、县两级院,采取结对子的形式,进行对口人才支援。西部地区各高级人民法院、省级人民检察院,每年有计划地在省、地级院和条件较好的基层院抽调部分法官、检察官到办案力量薄弱的基层院帮助工作。进一步推动东西部地区人民法院、人民检察院建立对口支援关系。按照组织安排与个人自愿相结合的原则,组织东部地区审判、检察机关定期选拔优秀法官、检察官到已经出现短缺问题的西部地区基层院工作 1 至 2 年。

最高人民法院、最高人民检察院以及东部发达地区人民法院、人民检察院要进一步加大接收西部及贫困地区特别是少数民族地区法官、检察官挂职锻炼的力度。西部各省(区、市)也应在本辖区内组织贫困地区和少数民族地区基层院审判、检察业务人员到上级机关或者经济相对发达地区挂职锻炼,提高基层院法官、检察官的办案能力和水平。

对法官、检察官队伍状况要定期进行调查,有针对性地研究提出应对措施。因法官、检察官数量不足而影响办案的基层院,应逐级向高级人民法院、省级人民检察院报告,由高级人民法院、省级人民检察院商请省级党委组织部门在本省(区、市)范围内通过适当方式合理调配办案力量。西部地区经自行调剂仍不能满足基本需要的,可由最高人民法院、最高人民检察院汇总,商中央组织部同意后在全国范围内调剂。

四、改进省级统一招考,采取多种措施拓宽法官、检察官队伍的来源

坚持和改进省级统一招考制度,严格按照编制和规定的条件补充审判、检察业务人员。各地录用审判、检察机关工作人员,继续坚持实行省级统考,统一报名、统一考试录用。必要时,录用主管机关可以适当放宽开考比例。根据本地区的实际情况，由高级人民法院、省级人民检察院商省级机构编制部门同意，在中央为本省（区、市）法院、检察院下达的政法专项编制内，用一部分编制专门统一招录符合法官、检察官任职条件的人员或高等院校法律专业毕业生，全部安排到已经出现或面临法官、检察官断档问题的基层院业务部门工作2至3年，再有计划地遴选到上级审判、检察机关，并形成轮换制度。在基层院工作期间，符合条件的可以享受当地有关担任法律职务的优惠政策。

要进一步拓宽西部及贫困地区基层人民法院、人民检察院法官、检察官的选拔渠道。西部及贫困地区的地、县两级人民法院和人民检察院，可以拿出一定数量的法官、检察官职位，包括副院长、副检察长及以下的领导职位，面向社会公开选拔符合法律规定的任职条件的人选，按照干部管理权限和法定程序任用。在法检机关内部，要积极开展竞争上岗，促使优秀人才脱颖而出，形成正确用人导向，激励广大审判、检察人员努力学习，不断提高自身素质。

进一步做好选调生工作，充实法官、检察官后备人才。省（区、市）党委组织部门将为基层人民法院、人民检察院选调法律专业人才纳入选调生计划，会同高级人民法院、省级人民检察院每年有计划地选调一批优秀应届高等院校法律专业毕业生，安排到基层院工作。西部各省（区、市）每年选调的人数一般不少于20名。各级党委组织部门和人民法院、人民检察院要按照选调生工作的有关政策，安排好选调生的工作和生活，保证选调生安心基层，尽早成才。

积极组织开展"西部基层人民法院、人民检察院志愿服务行动"活动。把志愿服务与人才引进结合起来，鼓励、吸引高等院校法律专业毕业生扎根西部，服务基层，建功立业。对参加"西部基层人民法院、人民检察院志愿服务行动"的志愿者，特别是期满志愿留在西部地区基层院工作的，应制定优惠政策鼓励他们留下工作。

五、进一步加强基层人民法院、人民检察院法官、检察官队伍的思想作风建设

解决西部及贫困地区基层人民法院、人民检察院法官、检察官来源短缺问题，是一项长期的系统工程。从根本上解决这个问题，有赖于这些地区经济、文化和教育事业的全面发展，缩小与东、中部地区的差距。从现实可能看，要解决这个问题，在加大外部支持力度的同时，更要依赖西部及贫困地区审判、检察机关尤其是基层人民法院、人民检察院自身的努力。

西部及贫困地区各级人民法院、人民检察院党组织要进一步巩固保持共产党员先进性教育活动的成果，建立保持共产党员先进性的长效机制。多年来，西部及贫困地区法院、检察院的许多法官、检察官及其他工作人员，秉公执法、忘我工作、无私奉献，涌现出大量先进模范人物，有许多可歌可泣的感人事迹。要大力弘扬优良传统作风，宣传表彰扎根基层无私奉献的先进典型，善于运用身边的先进人物和先进事迹，引导教育广大法官、检察官牢固树立为人民服务的思想，切实转变作风，扎根西部，勤奋学习，努力工作，形成积极向上的氛围。按照法官和检察官职业道德要求，进一步加强西部及贫困地区法官、检察官的职业道德建设，促进法官、检察官严格执法、规范执法、文明执法。建立健全教育、制度、监督并重的惩治和预防腐败体系，加强审判、检察机关的廉政建设和自身反腐败工作。要通过强有力的思想政治工作，把广大法官、检察官的事业心、责任感和工作积极性、主动性充分调动起来，以更强的奉献精神、更高的工作效率、更好的办案质量，维护法律的尊严，维护社会的公平正义。

最高人民法院办公厅关于印发《行政文书档案收集、整理、立卷、归档、借阅的操作程序》的通知

（2003年9月6日　法办〔2003〕285号）

本院各单位：

为了认真贯彻落实院领导加强档案管理工作的指示，并根据各单位的要求，我们制定了便于各单位内勤、书记员和其他人员在工作中比照操作的《行政文书档案收集、整理、立卷、归档、借阅的操作程序》，以规范立卷归档的质量和时间要求，加强最高人民法院机关档案管理工作规范化、制度化。现将该操作程序印发给你们，请你们组织本单位内勤、书记员和有关其他人员认真学习并参照执行。

附：

行政文书档案收集、整理、立卷、归档、借阅的操作程序

为了加强行政文书档案的标准化、规范化建设，完善立卷归档制度，不断提高档案的科学管理水平，有效地为审判工作和其他各项工作服务，根据国家档案局《归档文件整理规则》，制定本操作程序。

一、文书档案的归档范围。行政文书档案，是指本单位在其职能活动中形成的、办理完毕，作为行政文书档案保存的各种纸质文件以及相对应的磁带、磁盘等载体的文件。凡是反映本单位工作、活动，具有查考利用价值的文书材料，均属必须归档范围。包括：

（一）中央、全国人大常务委员会、国务院召开的会议和制发的文件本院需要贯彻执行并在执行中形成的文件，领导人讲话、题词等；中央国家机关各部委需要本院办理并在办理中形成的文件。办理人大代表、政协委员重要建议、提案、信件形成的文件。

（二）本院党组会议形成的党组文件、报送中央及中央各部委的文件、会议纪要等；院长办公会议形成的会议纪要、会议记录等；审判委员会形成的会议纪要、会议记录等。

（三）本院召开的大型会议形成的文件和上报下发的各种正式文件。

（四）本院各部门召开的专业会议形成的文件；本院各部门形成的报告、办法、章程、制度、统计报表等重要文件以及《每日信息》、《情况反映》、《工作简报》和《大事记》的年度合订本。

（五）本院党、团、工会、妇联、法官协会等组织召开的代表大会以及在重要活动中形成的文件。

（六）本院领导人在公务活动中形成的重要的信件、电报、传真、电话记录等文件。

（七）本院形成的财务报表、凭证、账簿、审计等文件材料；本院基建部门形成的工程竣工图、工程竣工验收报告、工程概算、预算、决算等文件。

（八）下级法院报送的重要工作计划、报告、总结、请示、典型材料、统计报表等文件。

（九）其他应当归档的文件材料。

二、不需归档的范围。凡重份的、事务性的，只起临时参考作用的，无查考利用价值的不必归档。包括：

（一）中央、全国人大常务委员会、国务院抄送供本院工作参考的文件等不需我院办理的文件

材料。

（二）本院重份文件，一般文件的草稿及修改稿。

（三）无查考利用价值的、事务性的、只起参考作用的临时性文件，一般的群众来信。

（四）本院领导兼任其他机关职务形成的与本院工作无关的文件材料。

（五）非主管机关召开的会议，制发的文件本院不需要贯彻执行的。

（六）非隶属机关抄送的，不需要办理的一般性文件材料。

（七）下级法院的《工作简报》、《情况反映》及各种信息、刊物、不必备案的文件材料。

（八）其他不需要归档的文件材料。

三、组卷方法。一般是采取年度——组织机构——问题的结构形式，遵循文件的形成规律和特点，保持文件之间的有机联系，区别不同价值，便于保管和利用的总要求合理组卷。具体方法是：一般以每份文件为一件，文件正本与定稿为一件，正本与附件为一件，原件与复制件为一件，转发文与被转发文为一件，报表、名册、图册等一册（本）为一件，来文与复文为一件，重要文件的草稿各为一件。

四、质量要求。归档文件要齐全完整，已破损的文件要修整，字迹模糊或易褪变的文件要进行复制。文件用纸都应以 A4 纸为标准，大于 A4 纸的要剪裁或折叠，小于 A4 纸的要贴衬，订口处有字迹的要粘衬边。

五、立卷五步法。所谓立卷五步法是指对办理完毕的行政文书从收集到归档分五步进行，即：

第一步，收集材料。行政文书材料的收集一般的只收集定稿（签发稿）和印制件（正本）。有领导人亲自修改的文件要保留修改稿，领导人亲自起草的草稿也要保留。

第二步，文件的排序。文件排序的要求是批复在前，请示在后；正件在前，附件在后；印制件在前，定稿在后；转发件在前，原件在后；非诉讼性案件结论性材料在前，依据性材料在后；正本在前，签发稿在后，草稿和修改稿按时间先后顺序排列。在这一步要特别注意剔出所有金属物。备考表是说明立卷情况的，如有需要说明的必须记录清楚，立卷人和检查人要签名或盖章。

第三步，填写要求项目。包括编写文件页码（页码填写在正面右上角，凡有图文的均需编写页码）。填写卷内目录、备考表、卷宗封面、保管期限（用铅笔填写保管期限的初步意见供档案部门参考）、文件标题（有规范标题的按照其标题写，没有标题或标题不规范的，可自拟标题，自拟标题应外加“〔〕”号）。

第四步，卷宗装订。装订要求是牢固、整齐、美观。要求右边齐、下边齐，三孔一线，装订线长度为 180 毫米，在底线结扣处贴封条，由立卷人签名。

第五步，集中归档。由庭内勤（兼职档案员）收集集中，组织检查，造目归档。造目是指用计算机按年度顺序打出目录，光盘同目录一并交档案处。归档的时间要求是在文件办结后的第二年第二季度前。

六、借阅档案手续。收集和管理档案的根本目的就是提供利用。本院各单位因工作需要到档案处借卷的，要办理严格的调卷手续。其手续就是填写调卷卡，一案一卡。调卷人要按照调卷卡上的项目一一填写清楚，调卷人必须写明单位和调卷人的全称。代替别人调的要写明用卷人和调卷人的姓名。时间要写明年、月、日。《人民法院档案管理规定》要求调出卷的时间为 3 个月。超过 3 个月没用完的，必须办理续借手续，续借期不能超过 3 个月。

本规定适用各审判庭在职能活动中形成的行政文书档案的立卷归档工作。

最高人民法院办公厅关于印发《诉讼档案收集、整理、立卷、归档、借阅的操作程序》的通知

（2003 年 8 月 26 日　法办〔2003〕269 号）

本院各单位：

为了认真贯彻落实院领导加强档案管理工作的指示，并根据各单位的要求，我们制定了便于各单位内勤、书记员在工作中比照操作的《诉讼档案收集、整理、立卷、归档、借阅的操作程序》，以规范立卷归档的质量标准和时间要求，使最高人民法院机关档案管理工作规范化、制度化。现将该规定印发给你们，请你们组织本单位内勤、书记员认真学习并参照执行。

附：

诉讼档案收集、整理、立卷、归档、借阅的操作程序

诉讼档案是指人民法院在审判活动中形成的办理完毕后作为档案保存的各种诉讼文书材料。诉讼案件立案后，即由承办书记员收集有关本案的各种诉讼文书材料，根据刑事、民事、行政、执行、国家赔偿等案件类别，按年度、审级、一案一号的原则单独立卷。为了进一步规范诉讼档案归档工作，根据《人民法院档案工作管理规定》，制订本操作程序：

一、收集

文件材料的收集是指从承办案件开始，按照办理案件的进程，由书记员着手收集材料。收集材料的原则是齐全完整。

二、整理

整理包括文件排序、剪裁折叠、去粗取精、译文和复印。文件排序是指按照程序法的规定，结合文件形成的先后顺序给每份文件定位。剪裁折叠是指对那些不规范的文件剪裁折叠的过程，使其与规范性文件大小一致。要求大于规范性文件的要剪裁或折叠，小于规范性文件的要加贴衬纸，订口处有字迹的要加贴衬边。去粗取精是指对那些与本案无关和重份文件全部剔除，只保留与本案有关的文件的过程。译文是指对外文材料和少数民族文字材料要译成中文附后。复印是指对那些没有正本的文件只能用复印件来代替的特殊情况。另外，对用铅笔、圆珠笔、纯蓝、红墨水书写的文件也要将复印件附上。

三、立卷

立卷包括分立正卷和副卷、卷宗封面、卷内目录、备考表的填写及装订。凡我院办理的一审、终审、再审、复核审及有实质性改判意见的申诉卷都要分立正卷和副卷。对那些不宜公开、需要保密的材料要立在副卷内，副卷一律不对外查阅。填写卷内目录，要按照卷内文件的先后顺序，一个文件填写一个顺序号。卷宗封面的填写，内容一定要齐全，书写一定要工整。备考表是记录本案情况的，凡在本案立卷中有需要说明的，一定要在备考表中记录清楚，立卷人和检查人必须在备考表中签名或盖章，以明确责任。案卷的装订必须牢固、整齐、美观，每本卷的厚度以不超过 15 毫米为宜（不超过 200 页），超过厚度的分册装订，填写页码每册均从第一页开始（卷内目录和备考表不编页码）。卷宗装订要做到下边齐右边齐，三孔一线，装订线长度为 180 毫米。在卷底装订线结扣处粘

贴封条,由立卷人签名或盖章。

四、归档

归档包括案卷收集、质量检查、目录登录和归档时间要求。案卷收集是指由庭内勤组织按照集中归档的要求,将各合议庭办理完结的案卷收集集中,按年度、类别、审级分类排序的过程。收集原则主要是齐全,将各合议庭已办结并应该归档的案卷一本不漏的收集起来,按照归档要求集中归档,合议庭或承办人个人不能单独归档。质量检查是指由庭内勤组织书记员对集中起来的案卷逐本检查,对不符合规定要求的退给承办人限期重新整理,待整理合格后再收回来排到应排的位置。目录登录是指将收集起来并检查合格后的案卷按年度、审级、类别和大小号的顺序用计算机打出目录,软盘与案卷一并交档案处。质量检查的内容有:材料是否齐全、文件排列是否按序、正本文件是否盖章、有无送达回证、卷内目录填写是否规范、卷宗封面填写是否齐全、有无重份材料、装订是否规范牢固、有无备考表、卷底粘没粘封条和签名等。时间要求是指上年办结的案卷第二年必须归档(未办结的除外)。内勤将以上各项办完后,由档案处派人检查,合格后办理归档手续,由各庭送到档案处。

档案处定期到各立卷单位检查指导立卷工作,采取各种方式使每位内勤、书记员都熟悉立卷和归档工作。案卷接收归档后,档案处要及时检查排序、制作检索工具,装盒上架,以确保归档案卷的安全。

五、调卷

收集和管理档案的根本目的就是提供利用。各审判庭因办案需要到档案处调卷的,要办理严格的调卷手续。调卷手续就是填写调卷卡,一案一卡,调卷人要按照调卷卡上的项目一一填写清楚,调卷人必须写明单位和调卷人的全称,时间要写明年、月、日,代调人和使用人都必须注明。《人民法院档案工作管理规定》规定调出卷的时间为3个月。超过3个月没用完的卷必须到档案处办理续借手续,续借期限也不能超过3个月。

六、其他

证物的归档,能装证物袋的装入证物袋,不能装的拍成照片入卷。作为证据查考日期的信封,要保留原件,打开展平,加贴衬纸。卷内严禁留置金属物。

◎ 指导案例

李健雄诉广东省交通运输厅政府信息公开案[①]

【关键词】

行政　政府信息公开　网络申请　逾期答复

【裁判要点】

公民、法人或者其他组织通过政府公众网络系统向行政机关提交政府信息公开申请的,如该网络系统未作例外说明,则系统确认申请提交成功的日期应当视为行政机关收到政府信息公开申请之日。行政机关对于该申请的内部处理流程,不能成为行政机关延期处理的理由,逾期作出答复的,应当确认为违法。

【相关法条】

《中华人民共和国政府信息公开条例》第二十四条

---

① 案例来源:2014年1月26日最高人民法院关于发布第六批指导性案例的通知第26号。

【基本案情】

原告李健雄诉称：其于2011年6月1日通过广东省人民政府公众网络系统向被告广东省交通运输厅提出政府信息公开申请，根据《中华人民共和国政府信息公开条例》（以下简称《政府信息公开条例》）第二十四条第二款的规定，被告应在当月23日前答复原告，但被告未在法定期限内答复及提供所申请的政府信息，故请求法院判决确认被告未在法定期限内答复的行为违法。

被告广东省交通运输厅辩称：原告申请政府信息公开通过的是广东省人民政府公众网络系统，即省政府政务外网（以下简称省外网），而非被告的内部局域网（以下简称厅内网）。按规定，被告将广东省人民政府“政府信息网上依申请公开系统”的后台办理设置在厅内网。由于被告的厅内网与互联网、省外网物理隔离，互联网、省外网数据都无法直接进入厅内网处理，需通过网闸以数据“摆渡”方式接入厅内网办理，因此被告工作人员未能立即发现原告在广东省人民政府公众网络系统中提交的申请，致使被告未能及时受理申请。根据《政府信息公开条例》第二十四条、《国务院办公厅关于做好施行〈中华人民共和国政府信息公开条例〉准备工作的通知》等规定，政府信息公开中的申请受理并非以申请人提交申请为准，而是以行政机关收到申请为准。原告称2011年6月1日向被告申请政府信息公开，但被告未收到该申请，被告正式收到并确认受理的日期是7月28日，并按规定向原告发出了《受理回执》。8月4日，被告向原告当场送达《关于政府信息公开的答复》和《政府信息公开答复书》，距离受理日仅5个工作日，并未超出法定答复期限。因原告在政府公众网络系统递交的申请未能被及时发现并被受理应视为不可抗力和客观原因造成，不应计算在答复期限内，故请求法院依法驳回原告的诉讼请求。

法院经审理查明：2011年6月1日，原告李健雄通过广东省人民政府公众网络系统向被告广东省交通运输厅递交了政府信息公开申请，申请获取广州广园客运站至佛冈的客运里程数等政府信息。政府公众网络系统以申请编号11060100011予以确认，并通过短信通知原告确认该政府信息公开申请提交成功。7月28日，被告作出受理记录确认上述事实，并于8月4日向原告送达《关于政府信息公开的答复》和《政府信息公开答复书》。庭审中被告确认原告基于生活生产需要获取上述信息，原告确认8月4日收到被告作出的《关于政府信息公开的答复》和《政府信息公开答复书》。

【裁判结果】

广州市越秀区人民法院于2011年8月24日作出（2011）越法行初字第252号行政判决：确认被告广东省交通运输厅未依照《政府信息公开条例》第二十四条规定的期限对原告李健雄2011年6月1日申请其公开广州广园客运站至佛冈客运里程数的政府信息作出答复违法。

【裁判理由】

法院生效裁判认为：《政府信息公开条例》第二十四条规定：“行政机关收到政府信息公开申请，能够当场答复的，应当当场予以答复。行政机关不能当场答复的，应当自收到申请之日起15个工作日内予以答复；如需延长答复期限的，应当经政府信息公开工作机构负责人同意，并告知申请人，延长答复的期限最长不得超过15个工作日。”本案原告于2011年6月1日通过广东省人民政府公众网络系统向被告提交了政府信息公开申请，申请公开广州广园客运站至佛冈的客运里程数。政府公众网络系统生成了相应的电子申请编号，并向原告手机发送了申请提交成功的短信。被告确认收到上述申请并认可原告是基于生活生产需要获取上述信息，却于2011年8月4日才向原告作出《关于政府信息公开的答复》和《政府信息公开答复书》，已超过了上述规定的答复期限。由于广东省人民政府“政府信息网上依申请公开系统”作为政府信息申请公开平台所应当具有的整合性与权威性，如未作例外说明，则从该平台上递交成功的申请应视为相关行政机关已收到原告通过互联网提出的政府信息公开申请。至于外网与内网、上下级行政机关之间对于该申请的流转，属于行政机关内部管理事务，不能成为行政机关延期处理的理由。被告认为原告是向政府公众网络系统提交的申请,因其厅内网与互联网、省外网物理隔离而无法及时发现原告申请,应以其2011年7月28日发现原告申请为收到申请日期而没有超过答复期限的理由不能成立。因此,原告通过政府公众网络系统提交政府信息公开申请的,该网络系统确认申请提交成功的日期应当视为被告收到申请之日,被告逾期作出答复的,应当确认为违法。

(十四)信　访

信访条例

(2005年1月5日国务院第76次常务会议通过　2005年1月10日国务院令第431号公布　自2005年5月1日起施行)

第一章　总　　则

第一条　【立法宗旨】为了保持各级人民政府同人民群众的密切联系,保护信访人的合法权益,维护信访秩序,制定本条例。

第二条　【信访界定】本条例所称信访,是指公民、法人或者其他组织采用书信、电子邮件、传真、电话、走访等形式,向各级人民政府、县级以上人民政府工作部门反映情况,提出建议、意见或者投诉请求,依法由有关行政机关处理的活动。

采用前款规定的形式,反映情况,提出建议、意见或者投诉请求的公民、法人或者其他组织,称信访人。

条文释义:根据我国宪法规定,中华人民共和国公民对于任何国家机关和国家工作人员,有提出批评和建议的权利;对于任何国家机关和国家工作人员的违法失职行为,有向有关国家机关提出申诉、控告或者检举的权利,但是不得捏造或者歪曲事实进行诬告陷害。对于公民的申诉、控告或者检举,有关国家机关必须查清事实,负责处理。任何人不得压制和打击报复。

第三条　【信访要求】各级人民政府、县级以上人民政府工作部门应当做好信访工作,认真处理来信、接待来访,倾听人民群众的意见、建议和要求,接受人民群众的监督,努力为人民群众服务。

各级人民政府、县级以上人民政府工作部门应当畅通信访渠道,为信访人采用本条例规定的形式反映情况,提出建议、意见或者投诉请求提供便利条件。

任何组织和个人不得打击报复信访人。

第四条　【信访原则】信访工作应当在各级人民政府领导下,坚持属地管理、分级负责,谁主管、谁负责,依法、及时、就地解决问题与疏导教育相结合的原则。

条文释义:新的《信访条例》将原条例规定的"分级负责、归口办理"修改为"属地管理、分级负责"。这条原则是在总结信访实践经验的基础上提出的,体现了把问题解决在基层、把矛盾化解在萌芽状态的要求。同时,也有利于明确工作责任。"属地管理、分级负责"就是信访事项原则上由事发地政府解决,事发地政府解决不了的,也可以由其上一级政府解决,下级政府不能将矛盾直接推给上级政府。

第五条　【信访工作基本要求】各级人民政府、县级以上人民政府工作部门应当科学、民主决策,依法履行职责,从源头上预防导致信访事项的矛盾和纠纷。

县级以上人民政府应当建立统一领导、部门协调,统筹兼顾、标本兼治,各负其责、齐抓共管的信访工作格局,通过联席会议、建立排查调处机制、建立信访督查工作制度等方式,及时化解矛盾和纠纷。

各级人民政府、县级以上人民政府各工作部门的负责人应当阅批重要来信、接待重要来访、听取信访工作汇报,研究解决信访工作中的突出问题。

第六条 【信访工作机构职责】县级以上人民政府应当设立信访工作机构;县级以上人民政府工作部门及乡、镇人民政府应当按照有利工作、方便信访人的原则,确定负责信访工作的机构(以下简称信访工作机构)或者人员,具体负责信访工作。

县级以上人民政府信访工作机构是本级人民政府负责信访工作的行政机构,履行下列职责:

(一)受理、交办、转送信访人提出的信访事项;

(二)承办上级和本级人民政府交由处理的信访事项;

(三)协调处理重要信访事项;

(四)督促检查信访事项的处理;

(五)研究、分析信访情况,开展调查研究,及时向本级人民政府提出完善政策和改进工作的建议;

(六)对本级人民政府其他工作部门和下级人民政府信访工作机构的信访工作进行指导。

第七条 【信访工作责任制】各级人民政府应当建立健全信访工作责任制,对信访工作中的失职、渎职行为,严格依照有关法律、行政法规和本条例的规定,追究有关责任人员的责任,并在一定范围内予以通报。

各级人民政府应当将信访工作绩效纳入公务员考核体系。

条文释义:根据我国刑法规定,国家机关工作人员滥用职权或者玩忽职守,致使公共财产、国家和人民利益遭受重大损失的,处3年以下有期徒刑或者拘役;情节特别严重的,处3年以上7年以下有期徒刑。

对公务员的考核,按照管理权限,全面考核公务员的德、能、勤、绩、廉,重点考核工作实绩。公务员的考核分为平时考核和定期考核。定期考核以平时考核为基础。定期考核的结果分为优秀、称职、基本称职和不称职四个等次。定期考核的结果是调整公务员职务、级别、工资以及公务员奖励、培训、辞退的依据。

第八条 【信访奖励制度】信访人反映的情况,提出的建议、意见,对国民经济和社会发展或者对改进国家机关工作以及保护社会公共利益有贡献的,由有关行政机关或者单位给予奖励。

对在信访工作中做出优异成绩的单位或者个人,由有关行政机关给予奖励。

第二章 信访渠道

第九条 【信访渠道公开】各级人民政府、县级以上人民政府工作部门应当向社会公布信访工作机构的通信地址、电子信箱、投诉电话、信访接待的时间和地点、查询信访事项处理进展及结果的方式等相关事项。

各级人民政府、县级以上人民政府工作部门应当在其信访接待场所或者网站公布与信访工作有关的法律、法规、规章,信访事项的处理程序,以及其他为信访人提供便利的相关事项。

条文释义:信访渠道相对于旧的《信访条例》而言,是新增的重要内容。

第十条 【信访接待日制度】设区的市级、县级人民政府及其工作部门,乡、镇人民政府应当建立行政机关负责人信访接待日制度,由行政机关负责人协调处理信访事项。信访人可以在公布的接待日和接待地点向有关行政机关负责人当面反映信访事项。

县级以上人民政府及其工作部门负责人或者其指定的人员,可以就信访人反映突出的问题到信访人居住地与信访人面谈沟通。

条文释义：地级、县级公安机关必须建立公安局长信访接待日制度，直接处理信访问题。（参见《公安机关信访工作规定》第6条）

第十一条 【信访信息系统】国家信访工作机构充分利用现有政务信息网络资源，建立全国信访信息系统，为信访人在当地提出信访事项、查询信访事项办理情况提供便利。

县级以上地方人民政府应当充分利用现有政务信息网络资源，建立或者确定本行政区域的信访信息系统，并与上级人民政府、政府有关部门、下级人民政府的信访信息系统实现互联互通。

第十二条 【投诉请求办理情况的查询】县级以上各级人民政府的信访工作机构或者有关工作部门应当及时将信访人的投诉请求输入信访信息系统，信访人可以持行政机关出具的投诉请求受理凭证到当地人民政府的信访工作机构或者有关工作部门的接待场所查询其所提出的投诉请求的办理情况。具体实施办法和步骤由省、自治区、直辖市人民政府规定。

第十三条 【信访工作机制】设区的市、县两级人民政府可以根据信访工作的实际需要，建立政府主导、社会参与、有利于迅速解决纠纷的工作机制。

信访工作机构应当组织相关社会团体、法律援助机构、相关专业人员、社会志愿者等共同参与，运用咨询、教育、协商、调解、听证等方法，依法、及时、合理处理信访人的投诉请求。

第三章 信访事项的提出

第十四条 【信访指向对象】信访人对下列组织、人员的职务行为反映情况，提出建议、意见，或者不服下列组织、人员的职务行为，可以向有关行政机关提出信访事项：

（一）行政机关及其工作人员；

（二）法律、法规授权的具有管理公共事务职能的组织及其工作人员；

（三）提供公共服务的企业、事业单位及其工作人员；

（四）社会团体或者其他企业、事业单位中由国家行政机关任命、派出的人员；

（五）村民委员会、居民委员会及其成员。

对依法应当通过诉讼、仲裁、行政复议等法定途径解决的投诉请求，信访人应当依照有关法律、行政法规规定的程序向有关机关提出。

条文释义：法律、法规授权的具有管理公共事务职能的组织，是指法律、行政法规、地方性法规授权管理公共事务职能的非行政机关，主要是一些事业单位。

社会纠纷一般分为民事纠纷、行政纠纷和刑事案件三种，不同的纠纷有不同的法定解决渠道。刑事自诉案件由自诉人向人民法院提出；需要提起公诉的，由人民检察院审查决定。公民之间、法人之间、其他组织之间以及他们相互之间因财产关系和人身关系发生民事纠纷的，可以依据民事诉讼法向人民法院提出民事诉讼；合同中订立仲裁条款或者在纠纷发生前或发生后以其他书面形式达成仲裁协议的，依据仲裁法申请仲裁。对行政机关的具体行政行为不服的，可以依据行政复议法或者行政诉讼法提起行政复议或者行政诉讼。当事人对人民法院已经发生法律效力的判决、裁定，可以向原审人民法院或者上一级人民法院提出申诉或者申请再审。

第十五条 【信访提出对象】信访人对各级人民代表大会以及县级以上各级人民代表大会常务委员会、人民法院、人民检察院职权范围内的信访事项，应当分别向有关的人民代表大会及其常务委员会、人民法院、人民检察院提出，并遵守本条例第十六条、第十七条、第十八条、第十九条、第二十条的规定。

第十六条 【信访的提出】信访人采用走访形式提出信访事项，应当向依法有权处理的本级或者上一级机关提出；信访事项已经受理或者正在办理的，信访人在规定期限内向受理、办理机关的上级机关再提出同一信访事项的，该上级机关不予受理。

第十七条 【信访提出形式】信访人提出信访事项，一般应当采用书信、电子邮件、传真等书面形式；信访人提出投诉请求的，还应当载明信访人的姓名（名称）、住址和请求、事实、理由。

有关机关对采用口头形式提出的投诉请求，应当记录信访人的姓名（名称）、住址和请求、事实、理由。

第十八条 【信访代表】信访人采用走访形式提出信访事项的，应当到有关机关设立或者指定的接待场所提出。

多人采用走访形式提出共同的信访事项的，应当推选代表，代表人数不得超过5人。

第十九条 【信访客观性要求】信访人提出信访事项，应当客观真实，对其所提供材料内容的真实性负责，不得捏造、歪曲事实，不得诬告、陷害他人。

第二十条 【信访秩序】信访人在信访过程中应当遵守法律、法规，不得损害国家、社会、集体的利益和其他公民的合法权利，自觉维护社会公共秩序和信访秩序，不得有下列行为：

（一）在国家机关办公场所周围、公共场所非法聚集，围堵、冲击国家机关，拦截公务车辆，或者堵塞、阻断交通的；

（二）携带危险物品、管制器具的；

（三）侮辱、殴打、威胁国家机关工作人员，或者非法限制他人人身自由的；

（四）在信访接待场所滞留、滋事，或者将生活不能自理的人弃留在信访接待场所的；

（五）煽动、串联、胁迫、以财物诱使、幕后操纵他人信访或者以信访为名借机敛财的；

（六）扰乱公共秩序、妨害国家和公共安全的其他行为。

第四章 信访事项的受理

第二十一条 【信访处理】县级以上人民政府信访工作机构收到信访事项，应当予以登记，并区分情况，在15日内分别按下列方式处理：

（一）对本条例第十五条规定的信访事项，应当告知信访人分别向有关的人民代表大会及其常务委员会、人民法院、人民检察院提出。对已经或者依法应当通过诉讼、仲裁、行政复议等法定途径解决的，不予受理，但应当告知信访人依照有关法律、行政法规规定程序向有关机关提出。

（二）对依照法定职责属于本级人民政府或者其工作部门处理决定的信访事项，应当转送有权处理的行政机关；情况重大、紧急的，应当及时提出建议，报请本级人民政府决定。

（三）信访事项涉及下级行政机关或者其工作人员的，按照"属地管理、分级负责，谁主管、谁负责"的原则，直接转送有权处理的行政机关，并抄送下一级人民政府信访工作机构。

县级以上人民政府信访工作机构要定期向下一级人民政府信访工作机构通报转送情况，下级人民政府信访工作机构要定期向上一级人民政府信访工作机构报告转送信访事项的办理情况。

（四）对转送信访事项中的重要情况需要反馈办理结果的，可以直接交由有权处理的行政机关办理，要求其在指定办理期限内反馈结果，提交办结报告。

按照前款第（二）项至第（四）项规定，有关行政机关应当自收到转送、交办的信访事项之日起15日内决定是否受理并书面告知信访人，并按要求通报信访工作机构。

第二十二条 【信访处理】信访人按照本条例规定直接向各级人民政府信访工作机构以外的行政机关提出的信访事项，有关行政机关应当予以登记；对符合本条例第十四条第一款规定并属于本机关法定职权范围的信访事项，应当受理，不得推诿、敷衍、拖延；对不属于本机关职权范围的信访事项，应当告知信访人向有权的机关提出。

有关行政机关收到信访事项后，能够当场答复是否受理的，应当当场书面答复；不能当场答复的，应当自收到信访事项之日起15日内书面告知信访人。但是，信访人的姓名（名称）、住址不清的除外。

有关行政机关应当相互通报信访事项的受理情况。

第二十三条　【保密义务】行政机关及其工作人员不得将信访人的检举、揭发材料及有关情况透露或者转给被检举、揭发的人员或者单位。

第二十四条　【共同受理】涉及两个或者两个以上行政机关的信访事项，由所涉及的行政机关协商受理；受理有争议的，由其共同的上一级行政机关决定受理机关。

第二十五条　【行政机关变更时信访的受理】应当对信访事项作出处理的行政机关分立、合并、撤销的，由继续行使其职权的行政机关受理；职责不清的，由本级人民政府或者其指定的机关受理。

第二十六条　【紧急信访事项】公民、法人或者其他组织发现可能造成社会影响的重大、紧急信访事项和信访信息时，可以就近向有关行政机关报告。地方各级人民政府接到报告后，应当立即报告上一级人民政府；必要时，通报有关主管部门。县级以上地方人民政府有关部门接到报告后，应当立即报告本级人民政府和上一级主管部门；必要时，通报有关主管部门。国务院有关部门接到报告后，应当立即报告国务院；必要时，通报有关主管部门。

行政机关对重大、紧急信访事项和信访信息不得隐瞒、谎报、缓报，或者授意他人隐瞒、谎报、缓报。

第二十七条　【重大信访信息的控制】对于可能造成社会影响的重大、紧急信访事项和信访信息，有关行政机关应当在职责范围内依法及时采取措施，防止不良影响的产生、扩大。

第五章　信访事项的办理和督办

第二十八条　【信访工作人员职责】行政机关及其工作人员办理信访事项，应当恪尽职守、秉公办事，查明事实、分清责任，宣传法制、教育疏导，及时妥善处理，不得推诿、敷衍、拖延。

第二十九条　【信访的采纳】信访人反映的情况，提出的建议、意见，有利于行政机关改进工作、促进国民经济和社会发展的，有关行政机关应当认真研究论证并积极采纳。

第三十条　【回避】行政机关工作人员与信访事项或者信访人有直接利害关系的，应当回避。

第三十一条　【信访处理程序】对信访事项有权处理的行政机关办理信访事项，应当听取信访人陈述事实和理由；必要时可以要求信访人、有关组织和人员说明情况；需要进一步核实有关情况的，可以向其他组织和人员调查。

对重大、复杂、疑难的信访事项，可以举行听证。听证应当公开举行，通过质询、辩论、评议、合议等方式，查明事实，分清责任。听证范围、主持人、参加人、程序等由省、自治区、直辖市人民政府规定。

条文释义：“重大”通常指可能引发群体性事件等不良后果等；“复杂”通常指多种因素相互联系、纵横交织、错综复杂等；“疑难”通常是指对事实认定有不同看法，证据不足或者相互矛盾等情形。

第三十二条　【信访处理结果】对信访事项有权处理的行政机关经调查核实，应当依照有关法律、法规、规章及其他有关规定，分别作出以下处理，并书面答复信访人：

（一）请求事实清楚，符合法律、法规、规章或者其他有关规定的，予以支持；

（二）请求事由合理但缺乏法律依据的，应当对信访人做好解释工作；

（三）请求缺乏事实根据或者不符合法律、法规、规章或者其他有关规定的，不予支持。

有权处理的行政机关依照前款第（一）项规定作出支持信访请求意见的，应当督促有关机关或者单位执行。

第三十三条 【信访办结期限】信访事项应当自受理之日起60日内办结；情况复杂的，经本行政机关负责人批准，可以适当延长办理期限，但延长期限不得超过30日，并告知信访人延期理由。法律、行政法规另有规定的，从其规定。

第三十四条 【复查】信访人对行政机关作出的信访事项处理意见不服的，可以自收到书面答复之日起30日内请求原办理行政机关的上一级行政机关复查。收到复查请求的行政机关应当自收到复查请求之日起30日内提出复查意见，并予以书面答复。

第三十五条 【复核】信访人对复查意见不服的，可以自收到书面答复之日起30日内向复查机关的上一级行政机关请求复核。收到复核请求的行政机关应当自收到复核请求之日起30日内提出复核意见。

复核机关可以按照本条例第三十一条第二款的规定举行听证，经过听证的复核意见可以依法向社会公示。听证所需时间不计算在前款规定的期限内。

信访人对复核意见不服，仍然以同一事实和理由提出投诉请求的，各级人民政府信访工作机构和其他行政机关不再受理。

第三十六条 【信访改进建议】县级以上人民政府信访工作机构发现有关行政机关有下列情形之一的，应当及时督办，并提出改进建议：

（一）无正当理由未按规定的办理期限办结信访事项的；

（二）未按规定反馈信访事项办理结果的；

（三）未按规定程序办理信访事项的；

（四）办理信访事项推诿、敷衍、拖延的；

（五）不执行信访处理意见的；

（六）其他需要督办的情形。

收到改进建议的行政机关应当在30日内书面反馈情况；未采纳改进建议的，应当说明理由。

第三十七条 【信访建议】县级以上人民政府信访工作机构对于信访人反映的有关政策性问题，应当及时向本级人民政府报告，并提出完善政策、解决问题的建议。

第三十八条 【信访处分建议】县级以上人民政府信访工作机构对在信访工作中推诿、敷衍、拖延、弄虚作假造成严重后果的行政机关工作人员，可以向有关行政机关提出给予行政处分的建议。

第三十九条 【信访分析报告】县级以上人民政府信访工作机构应当就以下事项向本级人民政府定期提交信访情况分析报告：

（一）受理信访事项的数据统计、信访事项涉及领域以及被投诉较多的机关；

（二）转送、督办情况以及各部门采纳改进建议的情况；

（三）提出的政策性建议及其被采纳情况。

第六章 法律责任

第四十条 【侵害信访人合法权益的责任】因下列情形之一导致信访事项发生，造成严重后果的，对直接负责的主管人员和其他直接责任人员，依照有关法律、行政法规的规定给予行政处分；构成犯罪的，依法追究刑事责任：

（一）超越或者滥用职权，侵害信访人合法权益的；

（二）行政机关应当作为而不作为，侵害信访人合法权益的；

（三）适用法律、法规错误或者违反法定程序，侵害信访人合法权益的；

（四）拒不执行有权处理的行政机关作出的支持信访请求意见的。

第四十一条 【对失职行为的行政处分】县级以上人民政府信访工作机构对收到的信访事项应当登记、转送、交办而未按规定登记、转送、交办，或者应当履行督办职责而未履行的，由其上级行政机关责令改正；造成严重后果的，对直接负责的主管人员和其他直接责任人员依法给予行政处分。

第四十二条 【对不作为行为的行政处分】负有受理信访事项职责的行政机关在受理信访事项过程中违反本条例的规定，有下列情形之一的，由其上级行政机关责令改正；造成严重后果的，对直接负责的主管人员和其他直接责任人员依法给予行政处分：

（一）对收到的信访事项不按规定登记的；

（二）对属于其法定职权范围的信访事项不予受理的；

（三）行政机关未在规定期限内书面告知信访人是否受理信访事项的。

第四十三条 【信访失职的行政处分】对信访事项有权处理的行政机关在办理信访事项过程中，有下列行为之一的，由其上级行政机关责令改正；造成严重后果的，对直接负责的主管人员和其他直接责任人员依法给予行政处分：

（一）推诿、敷衍、拖延信访事项办理或者未在法定期限内办结信访事项的；

（二）对事实清楚，符合法律、法规、规章或者其他有关规定的投诉请求未予支持的。

第四十四条 【违法透露检举、揭发材料的处分】行政机关工作人员违反本条例规定，将信访人的检举、揭发材料或者有关情况透露、转给被检举、揭发的人员或者单位的，依法给予行政处分。

行政机关工作人员在处理信访事项过程中，作风粗暴，激化矛盾并造成严重后果的，依法给予行政处分。

第四十五条 【隐瞒、谎报、缓报重大、紧急信访事项的责任】行政机关及其工作人员违反本条例第二十六条规定，对可能造成社会影响的重大、紧急信访事项和信访信息，隐瞒、谎报、缓报，或者授意他人隐瞒、谎报、缓报，造成严重后果的，对直接负责的主管人员和其他直接责任人员依法给予行政处分；构成犯罪的，依法追究刑事责任。

第四十六条 【打击报复信访人的责任】打击报复信访人，构成犯罪的，依法追究刑事责任；尚不构成犯罪的，依法给予行政处分或者纪律处分。

条文释义：根据我国刑法规定，国家机关工作人员滥用职权、假公济私，对控告人、申诉人、批评人、举报人实行报复陷害的，处2年以下有期徒刑或者拘役；情节严重的，处2年以上7年以下有期徒刑。

第四十七条 【违反社会公共秩序及信访秩序的处理】违反本条例第十八条、第二十条规定的，有关国家机关工作人员应当对信访人进行劝阻、批评或者教育。

经劝阻、批评和教育无效的，由公安机关予以警告、训诫或者制止；违反集会游行示威的法律、行政法规，或者构成违反治安管理行为的，由公安机关依法采取必要的现场处置措施、给予治安管理处罚；构成犯罪的，依法追究刑事责任。

第四十八条 【捏造、诬告责任】信访人捏造歪曲事实、诬告陷害他人，构成犯罪的，依法追究刑事责任；尚不构成犯罪的，由公安机关依法给予治安管理处罚。

第七章 附 则

第四十九条 【单位信访工作】社会团体、企业事业单位的信访工作参照本条例执行。

第五十条 【涉外信访】对外国人、无国籍人、外国组织信访事项的处理，参照本条例执行。

第五十一条 【实施日期】本条例自2005年5月1日起施行。1995年10月28日国务院发布的《信访条例》同时废止。

◎ 司法解释及文件

关于进一步加强和规范联合接访工作的意见

（2015年6月24日 国信发〔2015〕12号）

为整合资源力量，方便群众反映诉求，及时就地解决信访问题，现就进一步加强和规范联合接访工作提出如下意见。

一、总体要求

深入贯彻落实中央关于信访工作制度改革和信访法治建设的部署要求，坚持以依法按政策解决信访问题为核心，坚持"属地管理、分级负责，谁主管、谁负责，依法、及时、就地解决问题与疏导教育相结合"的原则，坚持一站式接待、一条龙办理、一揽子解决，形成统一领导、综合协调、部门负责、分类处理的工作格局，努力把信访事项特别是初次来访解决在初始、化解在属地。

二、方式方法

（一）分级分类接访。省（含省级）以下都要实行联合接访。认真贯彻落实依法逐级走访有关规定，分级受理职责范围内的来访事项，并按规定期限和程序办理。对越级上访的，不予受理，但要做好解释引导工作。对依法应当通过诉讼、仲裁、行政复议等法定途径解决的投诉请求，通过法定途径分类处理。对涉法涉诉信访事项，引导来访人到有关政法机关反映诉求。

（二）领导干部定期接访。各地党委和政府领导、进驻部门领导干部要定期到联合接访场所接待来访群众。接访领导干部的姓名、职务、分管工作及接访时间，在当地新闻媒体和联合接访场所提前向社会公布。要建立工作台账，明确承办单位和责任人，以便督办落实。

（三）领导干部带案下访。对疑难复杂信访事项，按照"谁主管、谁负责""一岗双责"的要求，由相关领导干部带案下访、协调化解，做好思想疏导工作。化解情况要通过适当方式予以公开，接受群众监督。

（四）推行视频接访。有条件的地方可在联合接访场所建立视频接访系统，搭建快捷高效服务群众的远程接访平台，开展预约接访，方便信访群众就地反映诉求，方便领导干部面对面听取意见，方便责任部门点对点解决问题。

三、运行机制

（五）首办负责制。压实首办责任，及时受理，全程负责跟踪督办。信访事项处理全过程公开，接受群众评价，提高初访办理的质量和效率，确保第一时间、第一地点解决问题、化解矛盾。

（六）联合会商制度。对涉及多个部门的信访问题，由主责部门或信访部门组织协调，相关责任部门参与会商，共同研究制定解决方案。对联合会商难以解决的疑难复杂信访问题，可提请本级信访工作联席会议协调。

（七）信访听证制度。对社会关注度高、争议较大的信访问题，除涉及国家秘密及个人隐私的，可进行公开听证，以此促进问题解决、矛盾化解，实现息诉息访。听证会由主责部门或信访部门负责组织。

（八）社会力量参与机制。组织律师、心理咨询师和专业社会工作者进驻联合接访场所，辅助做好法律援助、心理咨询和情绪疏导等工作。组织党代表、人大代表、政协委员定期到联合接访场所接待来访群众，充分发挥老干部、老党员、老模范、老教师、老军人等参与解决信访问题的特殊作用。

（九）教育疏导机制。通过多种形式，加强经常性的法制宣传教育，着力引导来访群众依法理性反映诉求，规范信访行为。为进驻警务室创造良好工作条件，支持配合依法维护信访秩序。对违反联合接访场所有关规定、言行过激的来访群众，做好教育劝导工作。对信访活动中的违法犯罪行为，由政法机关依法处理。

四、组织管理

（十）改善接访条件。按照方便群众、布局合理、功能完善、环境友好的要求，改善接访环境，满足接访需要。

（十一）健全规章制度。制定进驻部门和人员工作制度，明确职责任务和岗位要求。实行接访公开承诺，工作人员挂牌上岗。严格来访登记、受理办理、转送交办、督查督办、信息录入等工作流程，做到规范有序、公开透明、便捷高效。

（十二）加强日常管理。有关部门要把政治素质好、业务能力强、工作作风实、善于做群众工作的干部选派到联合接访岗位并做到人员相对固定，连续工作时间一般不少于一年。对后备干部、新提任干部，要安排一定时间到联合接访场所挂职锻炼。派驻人员由信访部门和所在部门双重管理，以信访部门管理为主。信访部门负责本级联合接访场所的日常管理，根据形势任务相机调整进驻单位和工作人员；对进驻部门和人员的工作情况进行考核，结果送组织人事部门和派驻单位备案，作为评先评优和干部选拔任用的重要依据。

（十三）严格责任追究。对接访过程中敷衍塞责、推诿扯皮，以及未按规定期限、程序受理和答复，引发群众重复来访、越级走访的，信访部门予以通报批评；情节严重或造成严重后果的，依照违反信访工作纪律处分的相关规定，由信访部门向有关部门提出责任追究建议。

信访事项办理群众满意度评价工作办法

（2014 年 12 月 4 日　国信发〔2014〕16 号）

第一条　为进一步规范信访事项办理程序，提高办理质量和效率，接受群众对信访事项处理过程和办理结果的评价，根据《信访条例》和《中共中央办公厅、国务院办公厅印发〈关于创新群众工作方法解决信访突出问题的意见〉的通知》等法规文件相关规定，结合工作实际，制定本办法。

第二条　本办法所称信访事项，是指公民、法人或者其他组织（以下简称“信访人”）采用网上信访、书信、走访等形式，向各级人民政府、县级以上人民政府工作部门反映的情况、提出的意见建议或者投诉请求。

第三条　本办法所称群众满意度评价（以下简称“满意度评价”），是指信访人（即评价主体）对各级人民政府信访工作机构和有权处理机关（即评价对象）办理信访事项工作情况作出的评价。

第四条 满意度评价的范围是通过全国网上信访信息系统第一次登记受理的信访事项。

对属于各级人民代表大会以及县级以上各级人民代表大会常务委员会、人民法院、人民检察院职权范围内的信访事项，已经或者依法应当通过诉讼、仲裁、行政复议等法定途径解决的信访事项，以及其他依法不宜公开的信访事项，不纳入满意度评价范围。

第五条 满意度评价工作坚持谁初次办理、谁负责公开、谁接受评价的原则；坚持服务群众、依靠群众、让群众参与、由群众评价的原则；坚持公开透明、接受监督、主动改进工作的原则；坚持科学管理、落实责任、严明纪律、提高效能的原则。

第六条 各级人民政府信访工作机构登记受理的信访事项应在15日内分级完成向有权处理机关的转送、交办工作。国家信访局登记受理的信访事项，分级转送、交办时限一般为：国家信访局5日、省级信访工作机构3日、市(地)级信访工作机构3日、县级信访工作机构4日。

第七条 各级人民政府信访工作机构和有权处理机关应当健全完善信访事项办理制度，落实首问首办责任，通过督查、回访、约谈、群众评价等方式，强化过程监督，实施结果问效，推动问题解决。

第八条 各级人民政府信访工作机构和有权处理机关应当及时公开信访事项处理过程和办理结果，主动接受群众监督。公开内容包括：信访事项登记日期，信访工作机构分级转交日期，向有权处理机关转交日期，有权处理机关出具的受理告知单及日期、不予(再)受理告知单及日期、延长办理期限告知单及日期、答复(复查、复核)意见书及日期等。

第九条 各级人民政府信访工作机构和有权处理机关应当充分利用全国网上信访信息系统，为信访人查询、评价信访事项办理情况提供便利条件。

国家信访局对纳入评价范围的来信、来访事项，采取短信、邮寄、告知等方式向信访人提供查询码，信访人凭查询码登陆国家信访局门户网站查询评价；对信访人未留手机号码的来信事项，逐级转交后，由直接转交有权处理机关办理的信访工作机构负责打印查询码并告知信访人。

国家投诉受理办公室登记受理的、应当纳入评价范围的网上信访事项，信访人通过注册账户登陆国家信访局门户网站查询、评价。

第十条 信访人自收到信访事项答复意见书之日起30日内，即可进行满意度评价；超过30日未作评价的，视为“超期未评价”。

信访人自提出信访事项之日起超过90日，未收到信访事项答复意见书的，可进行满意度评价；超过120日未作评价的，视为“超期未评价”。

第十一条 满意度评价内容和评价指标。

(一)对信访工作机构的评价内容：工作人员的服务态度和工作效率等方面。

(二)对有权处理机关的评价内容：工作人员的服务态度和工作效率、在规定期限内作出告知、依法按政策解决信访问题、按期出具答复意见书并送达等方面。

设立3项评价指标：满意、基本满意、不满意，指标选项为三选一。设“留言”栏，供信访人选择并填写意见。

第十二条 各级人民政府信访工作机构应当通过全国网上信访信息系统，对超出办理期限仍未出具答复意见书的信访事项，下发督办提醒信息，督促责任单位依法按政策认真解决群众合理诉求，并按规定将处理过程和办理结果书面告知信访人。

第十三条 各级人民政府信访工作机构和有权处理机关要高度重视满意度评价工作。国家信访局对各地各部门满意度评价总体情况和存在的突出问题，形成综合分析报告，定期向中央领导同志报告，同时通报相关省份和部门负责同志，抄送省级联席会议办公室和相关信访工作机构。

各地信访工作机构要把满意度评价结果纳入党委、政府信访工作绩效考核内容，作为评选表彰的参考。对评价工作中群众反映强烈的突出问题，及时报告本级党委、政府和联席会议。

第十四条 各级人民政府信访工作机构和有权处理机关要加强对满意度评价工作的督导检查。对工作不到位、责任不落实，推诿扯皮、弄虚作假的，要视情予以通报批评；造成严重后果的，要依照相关规定严肃追究责任。

第十五条 各省（自治区、直辖市）和新疆生产建设兵团，中央和国家机关信访工作机构满意度评价工作办法，参照本办法制定。

第十六条 本办法由国家信访局负责解释。

第十七条 本办法自2015年1月1日起施行。

国家信访局关于进一步加强初信初访办理工作的办法

（2014年9月11日　国信发〔2014〕13号）

为进一步加强初信初访办理工作，规范工作程序，压实首办责任，提高办理质量和效率，根据《信访条例》和《关于创新群众工作方法解决信访突出问题的意见》等法规文件，结合工作实际，制定本办法。

第一条 本办法所称初信初访，是指公民、法人或者其他组织采用书信、网上投诉、电话、走访等形式，首次向各级人民政府、县级以上人民政府工作部门反映情况，提出意见、建议或者投诉请求，依法应当由有关行政机关作出处理的活动。

采用前款规定的形式，反映的情况，提出的意见、建议或者投诉请求，称初信初访事项。

第二条 初信初访办理工作，坚持“属地管理、分级负责，谁主管、谁负责，依法、及时、就地解决问题与疏导教育相结合”原则，实行首办负责制。

第三条 各级人民政府信访工作机构按照《信访条例》规定的程序、期限，负责受理、转送、交办信访人提出的初信初访事项，并进行协调、督办。

各级人民政府信访工作机构以外的行政机关按照《信访条例》规定的程序、期限，负责受理、办理法定职权范围内的初信初访事项，并书面答复信访人。包括以下两种情形：

（一）信访人首次向本机关提出的信访事项；

（二）本级或上级人民政府信访工作机构首次转送、交办的信访事项。

信访人向不同行政机关或同一行政机关不同部门提出信访事项的，先行收到的机关或部门先行受理，并录入信访信息系统。

第四条 对属于各级人民代表大会以及县级以上各级人民代表大会常务委员会、人民法院、人民检察院职权范围内的初信初访事项，以及已经或者依法应当通过诉讼、仲裁、行政复议等法定途径解决的初信初访事项，各级人民政府信访工作机构和其他行政机关不予受理，但要做好宣传解释工作，并告知信访人依照有关法律法规规定的程序向有关机关提出。

对采用走访形式跨越本级和上一级机关提出的初访事项，上级机关不予受理，按照《国家信访局关于进一步规范信访事项受理办理程序引导来访人依法逐级走访的办法》处理。

第五条 各级人民政府信访工作机构和其他行政机关收到初信初访事项，应及时在信访信息系统中录入信访人姓名（名称）、住址、联系方式、投诉请求、意见建议以及相应的事实、理由等主要内容，做到要素完整、客观、准确。

第六条 县级以上人民政府信访工作机构收到初信初访事项，应在15日内区分不同情况，按下列方式处理，对具备回复条件的，要以电话、书面等形式向信访人反馈：

（一）对投诉请求类初信初访事项，转送、交办给有权处理机关办理。

（二）对意见建议类初信初访事项，其中有利于完善政策、改进工作、促进经济社会发展的，上报本级人民政府作为决策参考，或转送有权处理机关研究。

（三）对揭发控告类初信初访事项，按照纪检监察工作相关规定和干部管理权限，报送有关负责同志或转送纪检监察机关、组织部门处理。

（四）对情况重大、紧急的初信初访事项，应当及时提出建议报请本级人民政府相关负责同志决定。

对网上投诉的初信初访事项，应缩短转送、交办期限，提高工作效率。

第七条 有权处理机关收到初信初访事项，应当在15日内决定是否受理，并向信访人出具是否受理告知书。

对跨地区、跨部门、跨行业和人事分离、人户分离、人事户分离的初信初访事项，按照《信访条例》第二十四条和《国家信访局协调"三跨三分离"信访事项工作规范》明确的原则和程序划分责任、受理办理。

第八条 有权处理机关应按照规定的时限和程序办理初信初访事项，向信访人出具处理意见书，并告知请求复查（复核）的期限和机关；依照《信访条例》有关规定，做好复查（复核）工作，并出具复查（复核）意见书。

有权处理机关出具的是否受理告知书、处理意见书、延期告知书、复查（复核）意见书应当要素齐全、格式正确、事实清楚、依据充分，并及时送达信访人或有关人员，严格履行签收等手续。相关文书及送达凭证均要及时录入信访信息系统。

有权处理机关应当按期向交办机关反馈处理意见、督促处理意见的执行，并做好信访人的政策解释和教育疏导工作。

第九条 县级以上人民政府信访工作机构和有权处理机关应为信访人查询初信初访事项办理情况提供便利。对纳入满意度评价范围的初信初访事项的办理过程、处理结果，应通过互联网等方式予以公开，以便于信访人依据查询凭证查询并作出评价。

第十条 县级以上人民政府信访工作机构负责督办本级和下级有权处理机关初信初访事项的受理办理情况。对不按规定登记录入、应当受理而未受理、未按规定期限和程序受理办理、不反馈办理结果或不执行处理意见的，群众评价"不满意"且确因工作不当引发信转访、重复信访或越级走访的，应当及时督办并提出改进工作的建议；情节严重或造成严重后果的，依照《信访条例》和《关于违反信访工作纪律处分暂行规定》等法规文件，向有关地方和部门提出责任追究建议。

县级以上人民政府信访工作机构对收到的初信初访事项应当但未按规定登记、转送、交办，或者应当履行督办职责而未履行的，由其上级机关责令改正。造成严重后果的，按前款所依照的法规文件追究责任。

第十一条 县级以上人民政府信访工作机构应定期考核下一级机关的初信初访办理工作，并在一定范围内通报有关考核情况。各省、自治区、直辖市信访局（办）制定信访工作具体考核意见或办法，应加大初信初访办理工作的考核比重。

第十二条 本办法由国家信访局负责解释。

第十三条 本办法自2014年11月1日起施行。

最高人民法院印发《关于进一步加强人民法院“立案信访窗口”建设的若干意见(试行)》的通知

(2009 年 12 月 25 日 法发〔2009〕60 号)

各省、自治区、直辖市高级人民法院,解放军军事法院,新疆维吾尔自治区高级人民法院生产建设兵团分院:

现将最高人民法院《关于进一步加强人民法院“立案信访窗口”建设的若干意见》印发给你们,请各地结合实际,认真贯彻执行。

关于进一步加强人民法院“立案信访窗口”建设的若干意见(试行)

人民法院的“立案信访窗口”是人民群众表达诉求、参与诉讼、解决纠纷的重要场所,也是人民法院了解社情民意、服务涉诉群众、联系社会各界的桥梁纽带。多年来,各级人民法院重视加强立案信访场所建设,落实司法为民措施,收到了良好效果。为进一步贯彻落实“三个至上”人民法院工作指导思想,树立人民法院公正高效、亲民便民的良好司法形象,现就进一步加强人民法院“立案信访窗口”建设,提出如下意见:

一、总体要求

1. 坚持“党的事业至上、人民利益至上、宪法法律至上”的指导思想,围绕“为大局服务,为人民司法”的工作主题,结合“人民法官为人民”主题实践活动,深入持久开展“立案信访窗口”建设活动,建一流队伍,创一流服务,争一流业绩,使之成为人民法院全局工作亮点。

2. 着重从服务管理、功能布局、设施保障、制度规章等方面入手,端正思想,改进作风,提高效率,完善机制,加强“立案信访窗口”的标准化、规范化建设,使之成为“功能完善、制度健全、设施齐备、服务到位”的司法服务场所。

二、基本功能

1. 诉讼引导。由专人负责来访接待引导,根据采访群众的目的要求,将其引导至相关区域。

2. 立案审查。及时接收,审查案件材料,办理立案手续、核算、收取诉讼费用。

3. 立案调解。设立调解室,由经验丰富;业务素质高的法官或专职人民调解员、退休法官等进行诉前调解或立案调解。

4. 救助服务。对经济困难的当事人,特别是涉及老弱病残、下岗职工、农民工等追索赡养费、抚养费、养老金、抚恤金、拖欠工资的,提供必要的司法救助,决定诉讼费的减、缓、免除。

5. 查询咨询。通过柜台窗口接待、登记本、触摸屏、电话、网络等手段和形式,为当事人提供承办法官及审判庭、开庭时间、案件流转、执行进展等案件信息查询服务。为来访群众提供法律咨询服务。

6. 材料收转。接收当事人提交的诉讼材料,并负责转交承办法官或合议庭。

7. 判后答疑。针对当事人对生效裁判提出的疑问,通知原承办法官、相关审判庭进行答疑释惑,促使当事人服判息诉。

8. 信访接待。接待群众初次来访、申诉或者申请再审,分流引导越级上访和重复上访,妥善处置集体访等重点信访，保持依法有序的信访秩序，保障机关安全和社会安定。

三、基础设施

1. 立案信访场所面积应按照《人民法院法庭建设标准》（法〔2002〕260号，建设部建标〔2002〕229号）建设，且符合工作的实际需要。

2. 立案场所和信访接待场所应适当分开，做到布局合理、庄重大方、宽敞明亮、整洁卫生。

3. 立案信访场所设置于标志明显、交通便利、方便群众出入的地点。

4. 在保障安全有序的前提下，立案信访工作采用“柜台式”或“窗口式”等开放办公方式。

5. 人民法院应在立案信访场所设置休息座椅、饮水器具和卫生服务设施，提供笔墨纸张、复印、打字、电话、传真、网络等相关服务。

6. 人民法院应当向当事人提供诉讼指南、来访须知、风险告知书等诉讼指引资料。有条件的法院应配置公示屏幕、电子触摸屏、传呼系统等。

7. 人民法院应在明显位置公布服务承诺、工作流程、管理制度、法院和法官相关信息。

8. 立案信访场所应当配备手持安检仪、液体检测仪、通道式X光物检仪以及防爆桶、防火毯等安检设备。

四、工作制度

1. 首问负责制度。接待来访的首位工作人员，应认真负责地做好接待工作。对职责范围内的事项，应及时办理；对职责范围外的事项，应及时移交有关部门和人员，并向来访群众说明情况。

2. 服务承诺制度。公开承诺立案受理、信访处理、信息查询、案件咨询、材料转交等有关内容的办理时间、期限和要求，自觉接受人民群众和社会各界的监督。

3. 办事公开制度。公开立案信访工作职责、工作流程及其他相关信息；公开投诉电话，设置意见箱，专人负责处理群众投诉，虚心听取各方面的意见和建议。

4. 文明接待制度。工作人员应当着装上岗，做到精神饱满、仪表端庄，衣着整洁、举止得体，服务周到、用语文明（参照使用的文明用语及禁用语附后），高效及时、方法适当。

5. 岗位责任制度。实行定岗、定人、定责，做到职能明晰、任务明确、权责结合、考核有据。

五、岗位要求

1. 导诉人员应当使用文明、规范的语言询问来访人员的来访目的，按照不同要求介绍办事程序，指引办事地点，发放办事序号。

2. 立案人员应当认真审查当事人提交的起诉或上诉材料，征求其是否同意诉前调解或立案调解。对不宜调解的，告知诉讼风险，及时办理立案手续。准确计算诉讼费用，向当事人送达有关诉讼文书。对材料不齐全的，一次性指导当事人补齐；对因故不能当即立案的，应说明原因，并约定立案时间；对不属于人民法院受理范围或不属于本院管辖的，应进行法律释明，告知有权处理的单位和机关。

3. 查询咨询和答疑人员应当认真听取来访人员的提问，耐心回答问题，详细解释诉讼程序和法律规定，提供诉讼指引。

4. 材料收转人员接收诉讼材料应当认真核对，及时登记；接收材料后，通知相关审判庭领取，并做好移送交接工作。

5. 接访人员应做到及时接待，耐心细致，初访必接，有诉必理。认真审查信访材料，听取意见，及时记录来访信息。对能够当场解答的问题，应即问即答；不能当场解答的，告知按规定期限等待处理。对集体访等非正常上访，及时报告，妥善处理，防止矛盾激化。

六、行为规范

1. 根据不同季节统一着法院制服，按照规定佩戴法徽，挂牌上岗。不得披衣、敞怀、挽衣袖、卷裤腿、穿与制服不相称的鞋子；不得染彩发、染指甲、剃光头、文身、蓄胡须。

2. 时刻保持良好的精神状态和平和的心态,仪表端庄、自然,精力集中,举止文明,不带情绪上岗。

3. 对待来访群众应态度诚恳、自然、亲切,语言规范、语气温和、语调平和,不得生硬傲慢、拿腔拿调。

4. 平等对待每一位来访群众,尊重年老、疾病或残疾当事人的人格;对老弱病残孕等特殊群体应当特别关照。

5. 遇到言辞激烈、情绪激动的当事人,应保持冷静,不得与其发生争执或不理不睬;对于当事人的攻击、侮辱性语言,应表明态度,及时予以制止;对当事人的无理要求或错误意见应耐心释明,礼貌拒绝。

6. 对于多人来访,应努力照顾到在场每一个人的情绪,防止引发秩序混乱。

7. 严格执行岗位职责和工作流程,工作细致认真、准确快速、优质高效,尽量减少来访群众的等候时间,避免因工作失误给来访群众造成负担。

8. 对于需递交给来访群众的材料应当双手交到其手中,并嘱咐收好,不得扔或摔给来访群众。

9. 工作时间不得擅自离开岗位,不得从事与工作无关的活动。不得在工作时间或者工作日中午饮酒,不得在工作场所吸烟、饮食,不得与他人有勾肩搭背、挽手、嬉闹等不雅行为。

10. 不得采取任何方式和借口怠慢、顶撞、刁难来访群众或推托、拒办相关事项,不得与来访群众争吵、打架。

七、接待用语

1. 接待时应当使用文明规范用语,不得使用禁止使用的语句和说法。不得使用任何辱骂、嘲讽和挖苦的语言,不得大声斥责、教训来访群众。

2. 对来访群众要称谓恰当、说话得体;要考虑到来访群众的年龄、性别、职业、受教育程度等因素,尽量使用来访群众能够听懂的语言与来访群众进行交流。

3. 语言应简单明了、条理清楚、表达准确。

八、组织领导

1. 各高、中级人民法院应建立“立案信访窗口”建设工作领导小组。领导小组的职责是:研究“立案信访窗口”建设工作的重大事项,协调解决工作中的困难和问题,督促检查工作进展情况。中级、基层人民法院院长要亲自抓,全面落实“立案信访窗口”建设的各项要求和措施。

2. 按照“政治坚定、业务精通、纪律严明、作风优良、品德高尚”的要求,为“立案信访窗口”配备与任务相适应的工作人员,加强立案信访法官的政治思想教育和审判业务培训。实行定期轮岗,初任法官和拟任中层领导的人员应当到“立案信访窗口”锻炼,将立案信访岗位作为培养锻炼干部的基地。

3. 地方各级人民法院应当从实际出发,因地制宜,按照最高人民法院提出的要求制定具体工作方案,抓好落实。加强对“立案信访窗口”建设的宣传工作,表彰宣传先进典型,总结先进经验,完善工作机制,提高立案信访工作水平。

4. 主动接受党委领导、人大监督,定期或者不定期地向党委、人大汇报“立案信访窗口”建设工作情况,邀请人大代表、政协委员、执法监督员视察指导工作,认真听取意见、建议;及时与政府沟通情况,积极争取支持,推进“立案信访窗口”建设活动深入开展。

监察部、人力资源和社会保障部、国家信访局关于违反信访工作纪律处分暂行规定

（2008年6月30日监察部、人力资源和社会保障部、国家信访局令第16号公布　自公布之日起施行）

第一条　为严格执行处理信访突出问题及群体性事件工作责任制，切实落实领导责任，惩处信访工作违纪行为，维护信访工作秩序，保护信访人合法权益，促进社会和谐稳定，根据《中华人民共和国行政监察法》、《中华人民共和国公务员法》、《信访条例》、《行政机关公务员处分条例》及其他有关法律法规，制定本规定。

第二条　本规定适用于各级行政机关公务员。

第三条　本规定所称违反信访工作纪律，是指违反党和国家有关信访工作的规定的行为。

第四条　本规定所称领导责任，是指有关领导人员在处理信访突出问题及群体性事件时，承担的与领导工作职责相关的责任，分为主要领导责任和重要领导责任。

主要领导责任，是指在其职责范围内，对直接主管的工作不履行或不正确履行职责，对造成的影响或后果负直接领导责任。

重要领导责任，是指在其职责范围内，对应管的工作或参与决策的工作不履行或不正确履行职责，对造成的影响或后果负次要领导责任。

第五条　有下列情形之一的，对负有直接责任者，给予记大过、降级、撤职或者开除处分；负有主要领导责任者，给予记大过、降级或者撤职处分；负有重要领导责任者，给予记过、记大过或者降级处分：

（一）决策违反法律法规和政策，严重损害群众利益，引发信访突出问题或群体性事件的；

（二）主要领导不及时处理重要来信、来访或不及时研究解决信访突出问题，导致矛盾激化，造成严重后果的；

（三）对疑难复杂的信访问题，未按有关规定落实领导专办责任，久拖不决，造成严重后果的。

第六条　有下列情形之一的，对负有直接责任者，给予记大过、降级、撤职或者开除处分；负有主要领导责任者，给予记过、记大过、降级或者撤职处分；负有重要领导责任者，给予警告、记过、记大过或者降级处分：

（一）拒不办理上级机关和信访工作机构交办、督办的重要信访事项，或者编报虚假材料欺骗上级机关，造成严重后果的；

（二）拒不执行有关职能机关提出的支持信访请求意见，引发信访突出问题或群体性事件的；

（三）本地区、单位或部门发生越级集体上访或群体性事件后，未认真落实上级机关的明确处理意见，导致矛盾激化、事态扩大或引发重复越级集体上访，造成较大社会影响的；

（四）不按有关规定落实信访工作机构提出的改进工作、完善政策、给予处分等建议，造成严重后果的；

（五）对可能造成社会影响的重大、紧急信访事项和信访信息，隐瞒、谎报、缓报，或者授意他人隐瞒、谎报、缓报，造成严重后果的。

第七条　有下列情形之一的，对负有直接责任者，给予记过、记大过、降级或者撤职处分；负有主要领导责任者，给予记过、记大过或者降级处分；负有重要领导责任者，给予警告、记过或者记大过处分：

（一）在处理信访事项过程中，工作作风简单粗暴，造成严重后果的；

（二）对信访事项应当受理、登记、转送、交办、答复而未按规定办理或逾期未结，或者应当履行督查督办职责而未履行，造成严重后果的；

（三）在处理信访事项过程中，敷衍塞责、推诿扯皮导致矛盾激化，造成严重后果的；

（四）对重大信访突出问题和群体性事件，应到现场处置而未到现场处置或处置不当，造成严重后果或较大社会影响的。

第八条 有下列情形之一的，对负有直接责任者，给予记大过、降级、撤职或者开除处分；负有主要领导责任者，给予记过、记大过、降级或者撤职处分；负有重要领导责任者，给予警告、记过、记大过或者降级处分：

（一）超越或者滥用职权，侵害公民、法人或者其他组织合法权益，导致信访事项发生，造成严重后果的；

（二）应当作为而不作为，侵害公民、法人或者其他组织合法权益，导致信访事项发生，造成严重后果的；

（三）因故意或重大过失导致认定事实错误，或者适用法律、法规错误，或者违反法定程序，侵害公民、法人或者其他组织合法权益，导致信访事项发生，造成严重后果的。

第九条 违反规定使用警力处置群体性事件，或者滥用警械、强制措施，或者违反规定携带、使用武器的，对负有直接责任者，给予记过、记大过、降级或者撤职处分。造成严重后果的，对负有直接责任者，给予撤职或者开除处分；负有主要领导责任者，给予记过、记大过、降级或者撤职处分；负有重要领导责任者，给予警告、记过、记大过或者降级处分。

第十条 在信访工作中有其他失职、渎职行为，引发信访突出问题或群体性事件的，对负有直接责任者，给予记大过、降级、撤职或者开除处分；负有主要领导责任者，给予记过、记大过、降级或者撤职处分；负有重要领导责任者，给予警告、记过、记大过或者降级处分。

第十一条 有本规定第五条至第十条规定的行为，除给予政纪处分外，对负有领导责任的人员，可同时建议有关机关给予组织处理。

第十二条 有本规定第五条至第十条规定的行为，但未造成较大影响或严重后果的，可以责令作出深刻检查或给予通报批评。

第十三条 对法律、法规授权的具有公共事务管理职能的事业单位中经批准参照《中华人民共和国公务员法》管理的工作人员和其他事业单位中由国家行政机关任命的人员有本规定第五条至第十条规定的行为的，参照本规定执行。

第十四条 本规定由监察部、人力资源和社会保障部、国家信访局负责解释。

第十五条 本规定自公布之日起施行。

人民检察院信访工作规定

（2007年3月2日最高人民检察院第十届检察委员会第73次会议通过　2007年3月26日最高人民检察院公布　自公布之日起施行　高检发控字〔2007〕1号）

第一章　总　　则

第一条 为了规范人民检察院信访工作，保护信访人的合法权益，维护信访秩序，保持与人民群众的密切联系，根据国家有关法律规定，结合检察工作实际，制定本规定。

第二条 本规定所称信访，是指信访人采用书信、电子邮件、传真、电话、走访等形式，向人民检察院反映情况,提出建议、意见或者控告、举报和申诉,依法由人民检察院处理的活动。

本规定所称信访人,是指采用前款规定的形式,反映情况,提出建议、意见或者控告、举报和申诉的公民、法人或者其他组织。

第三条 人民检察院依法处理下列信访事项:

(一)反映国家工作人员职务犯罪的举报;

(二)不服人民检察院处理决定的申诉;

(三)反映公安机关侦查活动存在违法行为的控告;

(四)不服人民法院生效判决、裁定的申诉;

(五)反映刑事案件判决、裁定的执行和监狱、看守所、劳动教养机关的活动存在违法行为的控告;

(六)反映人民检察院工作人员违法违纪行为的控告;

(七)加强、改进检察工作和队伍建设的建议和意见;

(八)其他依法应当由人民检察院处理的信访事项。

第四条 人民检察院信访工作应当遵循立检为公、执法为民的宗旨,坚持化解社会矛盾、促进社会和谐的原则,畅通信访渠道,依法处理人民群众的建议、意见和控告、举报、申诉,接受人民群众的监督,维护人民群众的合法权益。

第五条 人民检察院信访工作应当坚持属地管理、分级负责,谁主管、谁负责,依法、及时、就地解决问题与教育疏导相结合的原则,把矛盾纠纷化解在基层,解决在当地。

第六条 人民检察院信访工作实行首办责任制,按照部门职能分工,明确责任,及时将信访事项解决在首次办理环节。

第七条 办理信访事项的人民检察院工作人员与信访事项或者信访人有利害关系的,应当回避。

第八条 各级人民检察院应当建立由本院检察长和有关内设部门负责人组成的信访工作领导小组,强化内部配合、制约机制,充分发挥各职能部门的作用,形成统一领导、部门协调,各负其责、齐抓共管的信访工作格局。

第九条 各级人民检察院应当建立重大信访信息报告制度,不得隐瞒、谎报、缓报重大信访信息;下列重大信访信息应当及时向检察长报告:

(一)受理信访事项的综合和分类数据;

(二)群众反映强烈的突出问题;

(三)重大、紧急的信访事项;

(四)转送、催办和交办、督办情况;

(五)重大信访事项办结后,进行调查研究,查找执法环节和检察队伍建设、制度落实等方面存在的突出问题,提出改进检察工作的建议。

第十条 人民检察院应当将信访工作纳入干部考核体系和执法质量考评体系,将信访事项是否解决在本院、解决在当地,作为考核的重要依据。对在信访工作中做出优异成绩的单位和个人,应当给予表彰奖励。

第十一条 人民检察院开展文明接待室创建评比活动,每三年评比、命名一次文明接待室和优秀接待员。

第二章 信访工作机构及职责

第十二条 各级人民检察院应当设立控告申诉检察部门负责信访工作。人员较少的县级人民检察院应当确定负责信访工作的机构或者专职人员。

第十三条 控告申诉检察部门在信访工作中的主要职责：

（一）统一受理来信，接待来访；

（二）对所受理的信访事项按照职责分工转送有关部门办理，或者根据有关规定自行办理；

（三）向下级人民检察院转送或者交办信访事项，并进行督办，对下级人民检察院提交的办结报告进行审查；

（四）根据有关规定对信访事项进行初步调查；

（五）对上级机关交办的信访事项进行转办和催办，或者根据有关规定自行办理，并将办理情况报告上级机关；

（六）对信访事项的办理情况书面答复或者告知信访人；

（七）依据有关规定做好化解矛盾、教育疏导工作及相关善后工作；

（八）在信访工作中发现检察人员有违法违纪行为的，及时移送有关部门调查处理；

（九）研究、分析信访情况，开展调查研究，及时提出加强、改进检察工作和队伍建设的建议；

（十）宣传法制，提供有关法律咨询；

（十一）指导下级人民检察院的信访工作。

第十四条 人民检察院应当设立专门的信访接待场所，并在信访接待场所公布与信访工作有关的法律规定和信访事项的处理程序，以及其他相关事项。

第十五条 人民检察院控告申诉检察部门应当向社会公布通信地址、邮政编码、电子信箱、举报电话、举报网址、接待时间和地点、查询信访事项处理进展情况及结果的方式等相关事项。

第十六条 人民检察院应当加强信访信息化建设，建立和完善信访信息系统，逐步实现各级人民检察院之间、人民检察院与其他国家机关之间信访信息的互联互通，方便人民群众提出诉求，查询办理进度和结果，提高信访工作效率和信访管理水平。

第三章 信访事项的管辖

第十七条 各级人民检察院受理应当由本院管辖的控告、举报和申诉，以及信访人提出的建议和意见。

第十八条 上级人民检察院受理信访人不服下级人民检察院信访事项处理意见提出的复查请求。

第十九条 人民检察院各部门均有按职能分工承办信访事项的职责，对控告申诉检察部门转送的信访事项，应当指定承办人及时办理，并在规定时限内书面回复办理结果。

第二十条 信访事项涉及检察业务工作的，由业务主管部门办理；涉及法律适用问题研究的，由法律政策研究部门办理；涉及组织人事工作的，由政工部门办理；涉及检察人员违法违纪的，由纪检监察部门办理；涉及多个部门工作的，由本院检察长组织协调，明确相关部门牵头办理。

第二十一条 上级人民检察院认为有必要时，可以直接受理由下级人民检察院管辖的信访事项，也可以将本院管辖的信访事项在受理后交由下级人民检察院办理。

第二十二条 信访事项涉及多个地区的，由所涉及地区的人民检察院协商管辖。对于管辖权有争议的，由其共同的上一级人民检察院指定管辖。

第四章 信访事项的受理

第二十三条 信访人采用走访形式提出信访事项的，负责接待的工作人员应当制作笔录，载明信访人的姓名或者名称、单位、住址和信访事项的具体内容，经宣读或者交信访人阅读无误后，由信访人和负责接待的工作人员签名或者盖章。对信访人提供的控告、举报、申诉材料认为内容不清的，应当要求信访人补充。

多人采用走访形式提出同一信访事项的，应当要求信访人推选代表，代表人数不超过五人。

接受控告、举报线索的工作人员，应当告知信访人须对其控告、举报内容的真实性负责，不得捏造、歪曲事实，不得诬告陷害、诽谤他人，以及诬告陷害、诽谤他人应负的法律责任。

第二十四条 信访人采用书信形式提出信访事项的，负责处理来信的工作人员应当及时拆阅。启封时，应当注意保持邮票、邮戳、邮编、地址和信封内材料的完整。启封后，按照主件、附件顺序装订整齐，在来信首页右上角空白处加盖本院收信专用章。

第二十五条 对信访人采用电子邮件、电话、传真等形式提出的信访事项，应当参照本规定第二十三条、第二十四条相关规定办理。

第二十六条 人民检察院实行检察长和业务部门负责人接待人民群众来访制度。接待时间和地点应当向社会公布。

地市级和县级人民检察院检察长和业务部门负责人接待的时间，每年应当不少于十二次，每次不少于半天。

省级以上人民检察院检察长和业务部门负责人每年应当根据情况不定期安排接待时间，或者深入基层组织开展联合接访活动。

第二十七条 检察长和业务部门负责人接待来访群众，可以定期接待，也可以预约接待。

第二十八条 县级人民检察院应当实行带案下访、定期巡访制度，在乡镇、社区设立联络点，聘请联络员，及时掌握信访信息，化解社会矛盾。

第二十九条 信访事项应当逐件摘要录入计算机，在受理后七日内按照管辖和部门职能分工转送下级人民检察院或者本院有关部门办理。对于转送本院有关部门办理的控告、举报、申诉，应当逐件附《控告、申诉首办流程登记表》。

对于重要信访事项应当提出意见，经部门负责人审核后报检察长阅批。

对于告急信访事项应当在接收当日依法处理。

第三十条 对于性质不明难以归口、群众多次举报未查处和检察长交办的举报线索，控告申诉检察部门应当依法进行初查。

第三十一条 各级人民检察院应当依法保护控告人、举报人的合法权益。严禁把控告、举报材料及有关情况泄露给被控告人、被举报人。

第三十二条 属于本院管辖的信访事项，能够当场答复是否受理的，应当当场书面答复；不能当场答复的，应当自收到信访事项之日起十五日内书面告知信访人，但是信访人的姓名（名称）、住址不清的除外。

不属于本院管辖的信访事项，应当转送有关主管机关处理，并告知信访人。

第五章 信访事项的办理

第三十三条 人民检察院办理信访事项，应当听取信访人陈述事实和理由，必要时可以要求信访人、有关组织和人员说明情况，需要进一步核实情况的，可以向其他组织和人员调查了解。

办理重大、复杂、疑难信访事项，应当由检察长组织专门力量调查处理。

第三十四条 人民检察院办理信访事项，经调查核实，应当依法作出处理，并答复信访人：

（一）事实清楚，符合法律政策规定的，应当支持；

（二）信访人提出的建议和意见，有利于改进工作的，应当研究论证并予以采纳；

（三）缺乏事实根据或者不符合法律政策规定的，不予支持，并向信访人做好解释疏导工作。

第三十五条 承办部门应当在收到本院控告申诉检察部门转送的信访事项之日起六十日内办结；情况复杂，逾期不能办结的，报经分管检察长批准后，可适当延长办理期限，并通知控告申诉检察部门。延长期限不得超过三十日。法律、法规另有规定的，从其规定。

第三十六条 控告申诉检察部门对转送本院有关部门办理的信访事项，应当每月清理一次。对即将到期的应当发催办函进行催办；超过一个月未办结的，应当报分管检察长，并向有关部门负责人通报。

第三十七条 上级人民检察院应当每季度向下一级人民检察院通报转交信访事项情况；下级人民检察院应当每季度向上一级人民检察院报告转交信访事项的办理情况。

第三十八条 承办部门应当向控告申诉检察部门书面回复办理结果。书面回复文书应当具有说理性，主要包括下列内容：

（一）信访人反映的主要问题；

（二）办理的过程；

（三）认定的事实和证据；

（四）处理情况和法律依据；

（五）开展化解矛盾、教育疏导工作及相关善后工作的情况。

第三十九条 信访事项办理结果的答复由承办该信访事项的人民检察院控告申诉检察部门负责，除因通讯地址不详等情况无法答复的以外，原则上应当书面答复信访人。

重大、复杂、疑难信访事项的答复应当由承办部门和控告申诉检察部门共同负责，必要时可以举行公开听证，通过答询、辩论、评议、合议等方式，辩明事实，分清责任，做好化解矛盾、教育疏导工作。

举报答复应当注意保密，依法保护举报人的合法权益。需要以邮寄方式书面答复署名举报人的，应当挂号邮寄并不得使用有人民检察院字样的信封。

第四十条 信访人对人民检察院处理意见不服的，可以依照有关规定提出复查请求。人民检察院收到复查请求后应当进行审查，符合立案复查规定的应当立案复查，不符合立案复查规定的应当书面答复信访人。

第四十一条 人民检察院信访接待人员应当告知信访人依照国家有关规定到指定地点反映诉求，做到依法有序信访。对于信访人的下列行为，应当进行劝阻、批评或者教育；对于劝阻、批评或者教育无效的，应当移送公安机关依法处理：

（一）在人民检察院办公场所周围非法聚集，围堵、冲击人民检察院，拦截公务车辆，堵塞、阻断交通，影响正常办公秩序的；

（二）携带危险物品、管制器具的；

（三）侮辱、殴打、威胁检察人员，或者非法限制检察人员人身自由的；

（四）在信访接待场所滞留、滋事，故意破坏信访接待场所设施，或者将生活不能自理的人弃留在信访接待场所的；

（五）煽动、串联、胁迫、以财物诱使、幕后操纵他人信访或者以信访为名借机敛财的。

第四十二条 对于信访人捏造歪曲事实，诬告陷害、诽谤他人，构成犯罪的，应当依法追究刑事责任；尚不构成犯罪的，应当移送主管机关处理。

第六章 信访事项的交办和督办

第四十三条 上级人民检察院控告申诉检察部门可以代表本院向下级人民检察院交办下列重要信访事项：

（一）群众反映强烈，社会影响较大的；

（二）举报内容较详实，案情重大，多次举报未查处的；

（三）不服人民检察院处理决定，多次申诉未得到依法处理的；

（四）检察长批办的。

第四十四条 控告申诉检察部门负责管理上级人民检察院控告申诉检察部门交办的信访事项。登记后提出办理意见，报分管检察长审批。

第四十五条 对上级人民检察院交办的信访事项应当及时办理，一般应当在三个月内办结；情况复杂，确需延长办结期限的，需经检察长批准，延长期限不得超过三个月。延期办理的，应当向上级人民检察院报告进展情况，并说明理由。

第四十六条 对于上级人民检察院交办的信访事项，承办部门应当将办理情况和结果报经检察长审批后，制作《交办信访事项处理情况报告》，连同有关材料移送控告申诉检察部门，由控告申诉检察部门以本院名义报上一级人民检察院控告申诉检察部门。

第四十七条 《交办信访事项处理情况报告》应当包括下列内容：

（一）信访事项来源；

（二）信访人反映的主要问题；

（三）办理的过程；

（四）认定的事实和证据；

（五）处理情况和法律依据；

（六）开展化解矛盾、教育疏导工作及相关善后工作的情况。

第四十八条 上级人民检察院收到下级人民检察院上报的《交办信访事项处理情况报告》后，应当认真审查，对事实清楚、处理适当的，应当结案；对事实不清、证据不足、定性不准、处理不当的，应当提出意见，退回下级人民检察院重新办理。

对确有错误，下级人民检察院坚持不予纠正的，上级人民检察院经检察长或者检察委员会决定，可以撤销下级人民检察院的原处理决定，并作出新的决定。

第四十九条 上级人民检察院控告申诉检察部门对下级人民检察院在处理信访事项中有下列情形之一的，应当及时予以监督纠正：

（一）应当受理而拒不受理的；

（二）未按规定程序办理的；

（三）未按规定的办理期限办结的；

（四）未按规定反馈办理结果的；

（五）不执行信访处理意见的；

（六）其他需要监督纠正的事项。

第五十条 上级人民检察院控告申诉检察部门对所督办事项应当提出改进建议。下级人民检察院收到改进建议后应当及时改进并反馈情况。建议未被采纳的，控告申诉检察部门可报经检察长审批后，责成被督办单位执行。

第七章 责任追究

第五十一条 控告申诉检察部门在处理信访事项工作中，发现检察人员有违法违纪行为的，应当提出建议，连同有关材料移送政工部门或者纪检监察部门处理。

第五十二条 具有下列情形之一导致信访事项发生，造成严重后果的，对直接负责的主管人员和其他直接责任人员，依照《人民检察院错案责任追究条例（试行）》和《检察人员纪律处分条例（试行）》等有关规定给予纪律处分；构成犯罪的，依法追究刑事责任：

（一）超越或者滥用职权，侵害信访人合法权益的；

（二）应当作为而不作为，致使信访人合法权益受到侵害的；

（三）因故意或者重大过失，造成案件定性处理错误，侵害信访人合法权益的；

（四）其他因故意或者重大过失导致信访事项发生，造成严重后果的。

第五十三条 在处理信访事项过程中违反本规定,具有下列情形之一,造成严重后果的,对责任单位、责任部门和直接责任人予以批评教育;情节较重的,给予纪律处分;构成犯罪的,依法追究刑事责任:

(一)无故推诿、敷衍,应当受理而不予受理的;

(二)无故拖延,未在规定期限内办结的;

(三)对事实清楚,符合法律、法规或者其他有关规定的信访请求未予支持的;

(四)作风粗暴,方法简单,激化矛盾的;

(五)玩忽职守、徇私舞弊,打击报复信访人,或者把控告、举报材料及有关情况泄露给被控告人、被举报人的;

(六)拒不执行信访处理意见的。

第五十四条 隐瞒、谎报、缓报重大信访信息,造成严重后果的,对直接负责的主管人员和其他直接责任人员给予批评教育;情节较重的,给予纪律处分。

第八章 附　　则

第五十五条 本规定由最高人民检察院负责解释。

第五十六条 本规定自公布之日起实施,此前有关人民检察院信访工作的规定与本规定不一致的,适用本规定。

最高人民法院关于不服县级以上人民政府信访行政管理部门、负责受理信访事项的行政管理机关以及镇(乡)人民政府作出的处理意见或者不再受理决定而提起的行政诉讼人民法院是否受理的批复

(2005年12月12日 〔2005〕行立他字第4号)

湖北省高级人民法院:

你院鄂高法(2005)210号《关于不服县级以上人民政府信访行政管理部门、负责受理信访事项的行政管理机关以及镇(乡)人民政府作出的处理意见或者不再受理决定而提起的行政诉讼人民法院是否受理的请示》收悉。经研究,答复如下:

一、信访工作机构是各级人民政府或政府工作部门授权负责信访工作的专门机构,其依据《信访条例》作出的登记、受理、交办、转送、承办、协调处理、监督检查、指导信访事项等行为,对信访人不具有强制力,对信访人的实体权利义务不产生实质影响。信访人对信访工作机构依据《信访条例》处理信访事项的行为或者不履行《信访条例》规定的职责不服提起行政诉讼的,人民法院不予受理。

二、对信访事项有权处理的行政机关根据《信访条例》作出的处理意见、复查意见、复核意见和不再受理决定,信访人不服提起行政诉讼的,人民法院不予受理。

最高人民法院信访处接待来访工作细则

（1980 年 6 月 20 日）

第一条 凡属于法院工作范围的来访者，除不服法院的判决、裁定、调解的由各审判庭接谈外，均由我处接谈。

不属于法院工作范围的来访，由我处依照“归口”接待的原则，动员其到有关部门反映；如有必要，经领导同意后，可与有关部门联系协商处理。

第二条 接谈人员要弄清来访人的要求是什么，申述有无理由，根据党的政策和国家法律，分别情况作如下处理：

对属法院受理的自诉案件，应告诉来访人向有管辖权的人民法院起诉；对法院正在办理的案件有意见或要求承办法院尽快结案的，原则上转承办人民法院查处，视情况也可转其上级人民法院督促办理。

对续访者，如承办法院对其所诉问题已做了合理处理的，应说服息讼或函转承办法院再做思想工作；如承办法院正在进行工作，可劝其回原地等候处理；如承办法院尚未查处的，应函告承办法院抓紧处理。并劝其回原地等候查处。

第三条 属法院工作范围的问题的处理办法：来访者反映的情况属于一般性的，可使用例稿转处；对案情重大、迭经催办而久拖不决的，接谈人可拟函稿经领导核批，请有关法院审查处理并报告处理结果；对情况紧急可报经领导同意，打长途电话向有关法院联系；对案情重大、复杂而又来访多次，虽向有关法院多次催促仍不办不报的，经领导同意后，可请主管法院来人汇报或派员下去督促查处。

第四条 对确属无理取闹，长期逗留在京，妨碍社会和工作秩序，又几经教育无效必须收容的来访人，应写收容遣送报告，报办公厅领导审批，由法警送公安机关执行。

第五条 对当日登记而没有谈完的来访人要适当安置。

来访人的食宿、路费，原则上自理。

对于老弱病残，经济确属困难的来访人，可以介绍到接济站免费吃住一至两天，同时动员尽快离京。如需延长时间，须经处领导批准。

对于应由法院查处而没有路费返回原地的来访人，经处领导批准后，可开具借给火车票的介绍信。凡借路费者应出借据。

来访人归还的路费，应及时上缴会计科并在卡片上记录。

第六条 几项手续制度：

(1)建立“来访登记簿”和“电话登记簿”。凡是接谈过的或用电话联系处理的来访案件，都要立簿登记。

(2)建立定期催办制度，对重大、复杂的案件，已函转有关法院查处并要回报处理结果的，一般限期为 3 个月，逾期不报的，应予催办。

(3)建立报告审查制度。有关法院或部门送来的来访处理情况报告，由承办人审查，写出处理意见呈报处领导审阅。

(4)建立来访卡片及卡片管理制度，凡是接谈过的来访，都要建立卡片，写清楚来访人的基本情况，所谈的主要问题，有关单位的处理情况和接谈处理意见等。

长途电话记录稿，收容遣送报告稿，来访路费借条及归还收据和来访处理报告、审查处理意见，都应按时间顺序订入卡片。

卡片按简易方便的原则保管。

第七条 接谈人员要认真宣传党的政策，贯彻执行国家法律，耐心做来访人的工作，严格遵守三大纪律八项注意。不得接受来访人的任何礼物，不得徇私枉法。努力学习业务，经常研究重大、复杂、疑难案件，定期总结工作经验，提高工作质量。

来访人的一切证件、票证、衣物，不予收存。

书写公文内容要简明扼要，符合规格，字迹清楚，措词力求准确、恰当。

第八条 严格遵守保密纪律，对来访卡片和函稿要妥善保管，不得随身携带，对来访人所述问题不向无关人员谈论。

第九条 本细则从1980年8月1日起试行。

(十五)突发事件

突发公共卫生事件应急条例

(2003年5月9日国务院令第376号公布　根据2011年1月8日《国务院关于废止和修改部分行政法规的决定》修订)

第一章　总　　则

第一条　为了有效预防、及时控制和消除突发公共卫生事件的危害,保障公众身体健康与生命安全,维护正常的社会秩序,制定本条例。

第二条　本条例所称突发公共卫生事件(以下简称突发事件),是指突然发生,造成或者可能造成社会公众健康严重损害的重大传染病疫情、群体性不明原因疾病、重大食物和职业中毒以及其他严重影响公众健康的事件。

第三条　突发事件发生后,国务院设立全国突发事件应急处理指挥部,由国务院有关部门和军队有关部门组成,国务院主管领导人担任总指挥,负责对全国突发事件应急处理的统一领导、统一指挥。

国务院卫生行政主管部门和其他有关部门,在各自的职责范围内做好突发事件应急处理的有关工作。

第四条　突发事件发生后,省、自治区、直辖市人民政府成立地方突发事件应急处理指挥部,省、自治区、直辖市人民政府主要领导人担任总指挥,负责领导、指挥本行政区域内突发事件应急处理工作。

县级以上地方人民政府卫生行政主管部门,具体负责组织突发事件的调查、控制和医疗救治工作。

县级以上地方人民政府有关部门,在各自的职责范围内做好突发事件应急处理的有关工作。

第五条　突发事件应急工作,应当遵循预防为主、常备不懈的方针,贯彻统一领导、分级负责、反应及时、措施果断、依靠科学、加强合作的原则。

第六条　县级以上各级人民政府应当组织开展防治突发事件相关科学研究,建立突发事件应急流行病学调查、传染源隔离、医疗救护、现场处置、监督检查、监测检验、卫生防护等有关物资、设备、设施、技术与人才资源储备,所需经费列入本级政府财政预算。

国家对边远贫困地区突发事件应急工作给予财政支持。

第七条　国家鼓励、支持开展突发事件监测、预警、反应处理有关技术的国际交流与合作。

第八条　国务院有关部门和县级以上地方人民政府及其有关部门,应当建立严格的突发事件防范和应急处理责任制,切实履行各自的职责,保证突发事件应急处理工作的正常进行。

第九条　县级以上各级人民政府及其卫生行政主管部门,应当对参加突发事件应急处理的医疗卫生人员,给予适当补助和保健津贴;对参加突发事件应急处理作出贡献的人员,给予表彰和奖励;对因参与应急处理工作致病、致残、死亡的人员,按照国家有关规定,给予相应的补助和抚恤。

第二章 预防与应急准备

第十条 国务院卫生行政主管部门按照分类指导、快速反应的要求，制定全国突发事件应急预案，报请国务院批准。

省、自治区、直辖市人民政府根据全国突发事件应急预案，结合本地实际情况，制定本行政区域的突发事件应急预案。

第十一条 全国突发事件应急预案应当包括以下主要内容：

（一）突发事件应急处理指挥部的组成和相关部门的职责；

（二）突发事件的监测与预警；

（三）突发事件信息的收集、分析、报告、通报制度；

（四）突发事件应急处理技术和监测机构及其任务；

（五）突发事件的分级和应急处理工作方案；

（六）突发事件预防、现场控制，应急设施、设备、救治药品和医疗器械以及其他物资和技术的储备与调度；

（七）突发事件应急处理专业队伍的建设和培训。

第十二条 突发事件应急预案应当根据突发事件的变化和实施中发现的问题及时进行修订、补充。

第十三条 地方各级人民政府应当依照法律、行政法规的规定，做好传染病预防和其他公共卫生工作，防范突发事件的发生。

县级以上各级人民政府卫生行政主管部门和其他有关部门，应当对公众开展突发事件应急知识的专门教育，增强全社会对突发事件的防范意识和应对能力。

第十四条 国家建立统一的突发事件预防控制体系。

县级以上地方人民政府应当建立和完善突发事件监测与预警系统。

县级以上各级人民政府卫生行政主管部门，应当指定机构负责开展突发事件的日常监测，并确保监测与预警系统的正常运行。

第十五条 监测与预警工作应当根据突发事件的类别，制定监测计划，科学分析、综合评价监测数据。对早期发现的潜在隐患以及可能发生的突发事件，应当依照本条例规定的报告程序和时限及时报告。

第十六条 国务院有关部门和县级以上地方人民政府及其有关部门，应当根据突发事件应急预案的要求，保证应急设施、设备、救治药品和医疗器械等物资储备。

第十七条 县级以上各级人民政府应当加强急救医疗服务网络的建设，配备相应的医疗救治药物、技术、设备和人员，提高医疗卫生机构应对各类突发事件的救治能力。

设区的市级以上地方人民政府应当设置与传染病防治工作需要相适应的传染病专科医院，或者指定具备传染病防治条件和能力的医疗机构承担传染病防治任务。

第十八条 县级以上地方人民政府卫生行政主管部门，应当定期对医疗卫生机构和人员开展突发事件应急处理相关知识、技能的培训，定期组织医疗卫生机构进行突发事件应急演练，推广最新知识和先进技术。

第三章 报告与信息发布

第十九条 国家建立突发事件应急报告制度。

国务院卫生行政主管部门制定突发事件应急报告规范，建立重大、紧急疫情信息报告系统。

有下列情形之一的，省、自治区、直辖市人民政府应当在接到报告1小时内，向国务院卫生行政主管部门报告：

（一）发生或者可能发生传染病暴发、流行的；

（二）发生或者发现不明原因的群体性疾病的；

（三）发生传染病菌种、毒种丢失的；

（四）发生或者可能发生重大食物和职业中毒事件的。

国务院卫生行政主管部门对可能造成重大社会影响的突发事件，应当立即向国务院报告。

第二十条 突发事件监测机构、医疗卫生机构和有关单位发现有本条例第十九条规定情形之一的，应当在2小时内向所在地县级人民政府卫生行政主管部门报告；接到报告的卫生行政主管部门应当在2小时内向本级人民政府报告，并同时向上级人民政府卫生行政主管部门和国务院卫生行政主管部门报告。

县级人民政府应当在接到报告后2小时内向设区的市级人民政府或者上一级人民政府报告；设区的市级人民政府应当在接到报告后2小时内向省、自治区、直辖市人民政府报告。

第二十一条 任何单位和个人对突发事件，不得隐瞒、缓报、谎报或者授意他人隐瞒、缓报、谎报。

第二十二条 接到报告的地方人民政府、卫生行政主管部门依照本条例规定报告的同时，应当立即组织力量对报告事项调查核实、确证，采取必要的控制措施，并及时报告调查情况。

第二十三条 国务院卫生行政主管部门应当根据发生突发事件的情况，及时向国务院有关部门和各省、自治区、直辖市人民政府卫生行政主管部门以及军队有关部门通报。

突发事件发生地的省、自治区、直辖市人民政府卫生行政主管部门，应当及时向毗邻省、自治区、直辖市人民政府卫生行政主管部门通报。

接到通报的省、自治区、直辖市人民政府卫生行政主管部门，必要时应当及时通知本行政区域内的医疗卫生机构。

县级以上地方人民政府有关部门，已经发生或者发现可能引起突发事件的情形时，应当及时向同级人民政府卫生行政主管部门通报。

第二十四条 国家建立突发事件举报制度，公布统一的突发事件报告、举报电话。

任何单位和个人有权向人民政府及其有关部门报告突发事件隐患，有权向上级人民政府及其有关部门举报地方人民政府及其有关部门不履行突发事件应急处理职责，或者不按照规定履行职责的情况。接到报告、举报的有关人民政府及其有关部门，应当立即组织对突发事件隐患、不履行或者不按照规定履行突发事件应急处理职责的情况进行调查处理。

对举报突发事件有功的单位和个人，县级以上各级人民政府及其有关部门应当予以奖励。

第二十五条 国家建立突发事件的信息发布制度。

国务院卫生行政主管部门负责向社会发布突发事件的信息。必要时，可以授权省、自治区、直辖市人民政府卫生行政主管部门向社会发布本行政区域内突发事件的信息。

信息发布应当及时、准确、全面。

第四章 应急处理

第二十六条 突发事件发生后，卫生行政主管部门应当组织专家对突发事件进行综合评估，初步判断突发事件的类型，提出是否启动突发事件应急预案的建议。

第二十七条 在全国范围内或者跨省、自治区、直辖市范围内启动全国突发事件应急预案，由国务院卫生行政主管部门报国务院批准后实施。省、自治区、直辖市启动突发事件应急预案，由省、自治区、直辖市人民政府决定，并向国务院报告。

第二十八条 全国突发事件应急处理指挥部对突发事件应急处理工作进行督察和指导，地方各级人民政府及其有关部门应当予以配合。

省、自治区、直辖市突发事件应急处理指挥部对本行政区域内突发事件应急处理工作进行督察和指导。

第二十九条 省级以上人民政府卫生行政主管部门或者其他有关部门指定的突发事件应急处理专业技术机构,负责突发事件的技术调查、确证、处置、控制和评价工作。

第三十条 国务院卫生行政主管部门对新发现的突发传染病,根据危害程度、流行强度,依照《中华人民共和国传染病防治法》的规定及时宣布为法定传染病;宣布为甲类传染病的,由国务院决定。

第三十一条 应急预案启动前,县级以上各级人民政府有关部门应当根据突发事件的实际情况,做好应急处理准备,采取必要的应急措施。

应急预案启动后,突发事件发生地的人民政府有关部门,应当根据预案规定的职责要求,服从突发事件应急处理指挥部的统一指挥,立即到达规定岗位,采取有关的控制措施。

医疗卫生机构、监测机构和科学研究机构,应当服从突发事件应急处理指挥部的统一指挥,相互配合、协作,集中力量开展相关的科学研究工作。

第三十二条 突发事件发生后,国务院有关部门和县级以上地方人民政府及其有关部门,应当保证突发事件应急处理所需的医疗救护设备、救治药品、医疗器械等物资的生产、供应;铁路、交通、民用航空行政主管部门应当保证及时运送。

第三十三条 根据突发事件应急处理的需要,突发事件应急处理指挥部有权紧急调集人员、储备的物资、交通工具以及相关设施、设备;必要时,对人员进行疏散或者隔离,并可以依法对传染病疫区实行封锁。

第三十四条 突发事件应急处理指挥部根据突发事件应急处理的需要,可以对食物和水源采取控制措施。

县级以上地方人民政府卫生行政主管部门应当对突发事件现场等采取控制措施,宣传突发事件防治知识,及时对易受感染的人群和其他易受损害的人群采取应急接种、预防性投药、群体防护等措施。

第三十五条 参加突发事件应急处理的工作人员,应当按照预案的规定,采取卫生防护措施,并在专业人员的指导下进行工作。

第三十六条 国务院卫生行政主管部门或者其他有关部门指定的专业技术机构,有权进入突发事件现场进行调查、采样、技术分析和检验,对地方突发事件的应急处理工作进行技术指导,有关单位和个人应当予以配合;任何单位和个人不得以任何理由予以拒绝。

第三十七条 对新发现的突发传染病、不明原因的群体性疾病、重大食物和职业中毒事件,国务院卫生行政主管部门应当尽快组织力量制定相关的技术标准、规范和控制措施。

第三十八条 交通工具上发现根据国务院卫生行政主管部门的规定需要采取应急控制措施的传染病病人、疑似传染病病人,其负责人应当以最快的方式通知前方停靠点,并向交通工具的营运单位报告。交通工具的前方停靠点和营运单位应当立即向交通工具营运单位行政主管部门和县级以上地方人民政府卫生行政主管部门报告。卫生行政主管部门接到报告后,应当立即组织有关人员采取相应的医学处置措施。

交通工具上的传染病病人密切接触者,由交通工具停靠点的县级以上各级人民政府卫生行政主管部门或者铁路、交通、民用航空行政主管部门,根据各自的职责,依照传染病防治法律、行政法规的规定,采取控制措施。

涉及国境口岸和入出境的人员、交通工具、货物、集装箱、行李、邮包等需要采取传染病应急控制措施的,依照国境卫生检疫法律、行政法规的规定办理。

第三十九条 医疗卫生机构应当对因突发事件致病的人员提供医疗救护和现场救援,对就诊病人必须接诊治疗,并书写详细、完整的病历记录;对需要转送的病人,应当按照规定将病人及其病历记录的复印件转送至接诊的或者指定的医疗机构。

医疗卫生机构内应当采取卫生防护措施,防止交叉感染和污染。

医疗卫生机构应当对传染病病人密切接触者采取医学观察措施,传染病病人密切接触者应当予以配合。

医疗机构收治传染病病人、疑似传染病病人,应当依法报告所在地的疾病预防控制机构。接到报告的疾病预防控制机构应当立即对可能受到危害的人员进行调查,根据需要采取必要的控制措施。

第四十条 传染病暴发、流行时,街道、乡镇以及居民委员会、村民委员会应当组织力量,团结协作,群防群治,协助卫生行政主管部门和其他有关部门、医疗卫生机构做好疫情信息的收集和报告、人员的分散隔离、公共卫生措施的落实工作,向居民、村民宣传传染病防治的相关知识。

第四十一条 对传染病暴发、流行区域内流动人口,突发事件发生地的县级以上地方人民政府应当做好预防工作,落实有关卫生控制措施;对传染病病人和疑似传染病病人,应当采取就地隔离、就地观察、就地治疗的措施。对需要治疗和转诊的,应当依照本条例第三十九条第一款的规定执行。

第四十二条 有关部门、医疗卫生机构应当对传染病做到早发现、早报告、早隔离、早治疗,切断传播途径,防止扩散。

第四十三条 县级以上各级人民政府应当提供必要资金,保障因突发事件致病、致残的人员得到及时、有效的救治。具体办法由国务院财政部门、卫生行政主管部门和劳动保障行政主管部门制定。

第四十四条 在突发事件中需要接受隔离治疗、医学观察措施的病人、疑似病人和传染病病人密切接触者在卫生行政主管部门或者有关机构采取医学措施时应当予以配合;拒绝配合的,由公安机关依法协助强制执行。

第五章 法律责任

第四十五条 县级以上地方人民政府及其卫生行政主管部门未依照本条例的规定履行报告职责,对突发事件隐瞒、缓报、谎报或者授意他人隐瞒、缓报、谎报的,对政府主要领导人及其卫生行政主管部门主要负责人,依法给予降级或者撤职的行政处分;造成传染病传播、流行或者对社会公众健康造成其他严重危害后果的,依法给予开除的行政处分;构成犯罪的,依法追究刑事责任。

第四十六条 国务院有关部门、县级以上地方人民政府及其有关部门未依照本条例的规定,完成突发事件应急处理所需要的设施、设备、药品和医疗器械等物资的生产、供应、运输和储备的,对政府主要领导人和政府部门主要负责人依法给予降级或者撤职的行政处分;造成传染病传播、流行或者对社会公众健康造成其他严重危害后果的,依法给予开除的行政处分;构成犯罪的,依法追究刑事责任。

第四十七条 突发事件发生后,县级以上地方人民政府及其有关部门对上级人民政府有关部门的调查不予配合,或者采取其他方式阻碍、干涉调查的,对政府主要领导人和政府部门主要负责人依法给予降级或者撤职的行政处分;构成犯罪的,依法追究刑事责任。

第四十八条 县级以上各级人民政府卫生行政主管部门和其他有关部门在突发事件调查、控制、医疗救治工作中玩忽职守、失职、渎职的,由本级人民政府或者上级人民政府有关部门责令改正、通报批评、给予警告;对主要负责人、负有责任的主管人员和其他责任人员依法给予降级、撤职的行政处分;造成传染病传播、流行或者对社会公众健康造成其他严重危害后果的,依法给予开除的行政处分;构成犯罪的,依法追究刑事责任。

第四十九条 县级以上各级人民政府有关部门拒不履行应急处理职责的,由同级人民政府或者上级人民政府有关部门责令改正、通报批评、给予警告;对主要负责人、负有责任的主管人员和其他责任人员依法给予降级、撤职的行政处分;造成传染病传播、流行或者对社会公众健康造成其他严重危害后果的,依法给予开除的行政处分;构成犯罪的,依法追究刑事责任。

第五十条 医疗卫生机构有下列行为之一的,由卫生行政主管部门责令改正、通报批评、给予警告;情节严重的,吊销《医疗机构执业许可证》;对主要负责人、负有责任的主管人员和其他直接责任人员依法给予降级或者撤职的纪律处分;造成传染病传播、流行或者对社会公众健康造成其他严重危害后果,构成犯罪的,依法追究刑事责任:

(一)未依照本条例的规定履行报告职责,隐瞒、缓报或者谎报的;

(二)未依照本条例的规定及时采取控制措施的;

(三)未依照本条例的规定履行突发事件监测职责的;

(四)拒绝接诊病人的;

(五)拒不服从突发事件应急处理指挥部调度的。

第五十一条 在突发事件应急处理工作中,有关单位和个人未依照本条例的规定履行报告职责,隐瞒、缓报或者谎报,阻碍突发事件应急处理工作人员执行职务,拒绝国务院卫生行政主管部门或者其他有关部门指定的专业技术机构进入突发事件现场,或者不配合调查、采样、技术分析和检验的,对有关责任人员依法给予行政处分或者纪律处分;触犯《中华人民共和国治安管理处罚法》,构成违反治安管理行为的,由公安机关依法予以处罚;构成犯罪的,依法追究刑事责任。

第五十二条 在突发事件发生期间,散布谣言、哄抬物价、欺骗消费者,扰乱社会秩序、市场秩序的,由公安机关或者工商行政管理部门依法给予行政处罚;构成犯罪的,依法追究刑事责任。

第六章 附 则

第五十三条 中国人民解放军、武装警察部队医疗卫生机构参与突发事件应急处理的,依照本条例的规定和军队的相关规定执行。

第五十四条 本条例自公布之日起施行。

中华人民共和国防震减灾法

(1997 年 12 月 29 日第八届全国人民代表大会常务委员会第二十九次会议通过 2008 年 12 月 27 日第十一届全国人民代表大会常务委员会第六次会议修订通过 2008 年 12 月 27 日中华人民共和国主席令第 7 号公布 自 2009 年 5 月 1 日起施行)

第一章 总 则

第一条 为了防御和减轻地震灾害,保护人民生命和财产安全,促进经济社会的可持续发展,制定本法。

第二条 在中华人民共和国领域和中华人民共和国管辖的其他海域从事地震监测预报、地震灾害预防、地震应急救援、地震灾后过渡性安置和恢复重建等防震减灾活动,适用本法。

第三条 防震减灾工作,实行预防为主、防御与救助相结合的方针。

第四条 县级以上人民政府应当加强对防震减灾工作的领导,将防震减灾工作纳入本级国民经济和社会发展规划,所需经费列入财政预算。

第五条 在国务院的领导下,国务院地震工作主管部门和国务院经济综合宏观调控、建设、民政、卫生、公安以及其他有关部门,按照职责分工,各负其责,密切配合,共同做好防震减灾工作。

县级以上地方人民政府负责管理地震工作的部门或者机构和其他有关部门在本级人民政府领导下,按照职责分工,各负其责,密切配合,共同做好本行政区域的防震减灾工作。

第六条 国务院抗震救灾指挥机构负责统一领导、指挥和协调全国抗震救灾工作。县级以上地方人民政府抗震救灾指挥机构负责统一领导、指挥和协调本行政区域的抗震救灾工作。

国务院地震工作主管部门和县级以上地方人民政府负责管理地震工作的部门或者机构,承担本级人民政府抗震救灾指挥机构的日常工作。

第七条 各级人民政府应当组织开展防震减灾知识的宣传教育,增强公民的防震减灾意识,提高全社会的防震减灾能力。

第八条 任何单位和个人都有依法参加防震减灾活动的义务。

国家鼓励、引导社会组织和个人开展地震群测群防活动,对地震进行监测和预防。

国家鼓励、引导志愿者参加防震减灾活动。

第九条 中国人民解放军、中国人民武装警察部队和民兵组织,依照本法以及其他有关法律、行政法规、军事法规的规定和国务院、中央军事委员会的命令,执行抗震救灾任务,保护人民生命和财产安全。

第十条 从事防震减灾活动,应当遵守国家有关防震减灾标准。

第十一条 国家鼓励、支持防震减灾的科学技术研究,逐步提高防震减灾科学技术研究经费投入,推广先进的科学研究成果,加强国际合作与交流,提高防震减灾工作水平。

对在防震减灾工作中做出突出贡献的单位和个人,按照国家有关规定给予表彰和奖励。

第二章　防震减灾规划

第十二条 国务院地震工作主管部门会同国务院有关部门组织编制国家防震减灾规划,报国务院批准后组织实施。

县级以上地方人民政府负责管理地震工作的部门或者机构会同同级有关部门,根据上一级防震减灾规划和本行政区域的实际情况,组织编制本行政区域的防震减灾规划,报本级人民政府批准后组织实施,并报上一级人民政府负责管理地震工作的部门或者机构备案。

第十三条 编制防震减灾规划,应当遵循统筹安排、突出重点、合理布局、全面预防的原则,以震情和震害预测结果为依据,并充分考虑人民生命和财产安全及经济社会发展、资源环境保护等需要。

县级以上地方人民政府有关部门应当根据编制防震减灾规划的需要,及时提供有关资料。

第十四条 防震减灾规划的内容应当包括:震情形势和防震减灾总体目标,地震监测台网建设布局,地震灾害预防措施,地震应急救援措施,以及防震减灾技术、信息、资金、物资等保障措施。

编制防震减灾规划,应当对地震重点监视防御区的地震监测台网建设、震情跟踪、地震灾害预防措施、地震应急准备、防震减灾知识宣传教育等作出具体安排。

第十五条 防震减灾规划报送审批前,组织编制机关应当征求有关部门、单位、专家和公众的意见。

防震减灾规划报送审批文件中应当附具意见采纳情况及理由。

第十六条 防震减灾规划一经批准公布,应当严格执行;因震情形势变化和经济社会发展的需要确需修改的,应当按照原审批程序报送审批。

第三章　地震监测预报

第十七条 国家加强地震监测预报工作,建立多学科地震监测系统,逐步提高地震监测预报水平。

第十八条 国家对地震监测台网实行统一规划,分级、分类管理。

国务院地震工作主管部门和县级以上地方人民政府负责管理地震工作的部门或者机构,按照国务院有关规定,制定地震监测台网规划。

全国地震监测台网由国家级地震监测台网、省级地震监测台网和市、县级地震监测台网组成,其建设资金和运行经费列入财政预算。

第十九条 水库、油田、核电站等重大建设工程的建设单位,应当按照国务院有关规定,建设专用地震监测台网或者强震动监测设施,其建设资金和运行经费由建设单位承担。

第二十条 地震监测台网的建设,应当遵守法律、法规和国家有关标准,保证建设质量。

第二十一条 地震监测台网不得擅自中止或者终止运行。

检测、传递、分析、处理、存贮、报送地震监测信息的单位,应当保证地震监测信息的质量和安全。

县级以上地方人民政府应当组织相关单位为地震监测台网的运行提供通信、交通、电力等保障条件。

第二十二条 沿海县级以上地方人民政府负责管理地震工作的部门或者机构,应当加强海域地震活动监测预测工作。海域地震发生后,县级以上地方人民政府负责管理地震工作的部门或者机构,应当及时向海洋主管部门和当地海事管理机构等通报情况。

火山所在地的县级以上地方人民政府负责管理地震工作的部门或者机构,应当利用地震监测设施和技术手段,加强火山活动监测预测工作。

第二十三条 国家依法保护地震监测设施和地震观测环境。

任何单位和个人不得侵占、毁损、拆除或者擅自移动地震监测设施。地震监测设施遭到破坏的,县级以上地方人民政府负责管理地震工作的部门或者机构应当采取紧急措施组织修复,确保地震监测设施正常运行。

任何单位和个人不得危害地震观测环境。国务院地震工作主管部门和县级以上地方人民政府负责管理地震工作的部门或者机构会同同级有关部门,按照国务院有关规定划定地震观测环境保护范围,并纳入土地利用总体规划和城乡规划。

第二十四条 新建、扩建、改建建设工程,应当避免对地震监测设施和地震观测环境造成危害。建设国家重点工程,确实无法避免对地震监测设施和地震观测环境造成危害的,建设单位应当按照县级以上地方人民政府负责管理地震工作的部门或者机构的要求,增建抗干扰设施;不能增建抗干扰设施的,应当新建地震监测设施。

对地震观测环境保护范围内的建设工程项目,城乡规划主管部门在依法核发选址意见书时,应当征求负责管理地震工作的部门或者机构的意见;不需要核发选址意见书的,城乡规划主管部门在依法核发建设用地规划许可证或者乡村建设规划许可证时,应当征求负责管理地震工作的部门或者机构的意见。

第二十五条 国务院地震工作主管部门建立健全地震监测信息共享平台,为社会提供服务。

县级以上地方人民政府负责管理地震工作的部门或者机构,应当将地震监测信息及时报送上一级人民政府负责管理地震工作的部门或者机构。

专用地震监测台网和强震动监测设施的管理单位,应当将地震监测信息及时报送所在地省、自治区、直辖市人民政府负责管理地震工作的部门或者机构。

第二十六条 国务院地震工作主管部门和县级以上地方人民政府负责管理地震工作的部门或者机构,根据地震监测信息研究结果,对可能发生地震的地点、时间和震级作出预测。

其他单位和个人通过研究提出的地震预测意见,应当向所在地或者所预测地的县级以上地方人民政府负责管理地震工作的部门或者机构书面报告,或者直接向国务院地震工作主管部门书面报告。收到书面报告的部门或者机构应当进行登记并出具接收凭证。

第二十七条　观测到可能与地震有关的异常现象的单位和个人，可以向所在地县级以上地方人民政府负责管理地震工作的部门或者机构报告，也可以直接向国务院地震工作主管部门报告。

国务院地震工作主管部门和县级以上地方人民政府负责管理地震工作的部门或者机构接到报告后，应当进行登记并及时组织调查核实。

第二十八条　国务院地震工作主管部门和省、自治区、直辖市人民政府负责管理地震工作的部门或者机构，应当组织召开震情会商会，必要时邀请有关部门、专家和其他有关人员参加，对地震预测意见和可能与地震有关的异常现象进行综合分析研究，形成震情会商意见，报本级人民政府；经震情会商形成地震预报意见的，在报本级人民政府前，应当进行评审，作出评审结果，并提出对策建议。

第二十九条　国家对地震预报意见实行统一发布制度。

全国范围内的地震长期和中期预报意见，由国务院发布。省、自治区、直辖市行政区域内的地震预报意见，由省、自治区、直辖市人民政府按照国务院规定的程序发布。

除发表本人或者本单位对长期、中期地震活动趋势的研究成果及进行相关学术交流外，任何单位和个人不得向社会散布地震预测意见。任何单位和个人不得向社会散布地震预报意见及其评审结果。

第三十条　国务院地震工作主管部门根据地震活动趋势和震害预测结果，提出确定地震重点监视防御区的意见，报国务院批准。

国务院地震工作主管部门应当加强地震重点监视防御区的震情跟踪，对地震活动趋势进行分析评估，提出年度防震减灾工作意见，报国务院批准后实施。

地震重点监视防御区的县级以上地方人民政府应当根据年度防震减灾工作意见和当地的地震活动趋势，组织有关部门加强防震减灾工作。

地震重点监视防御区的县级以上地方人民政府负责管理地震工作的部门或者机构，应当增加地震监测台网密度，组织做好震情跟踪、流动观测和可能与地震有关的异常现象观测以及群测群防工作，并及时将有关情况报上一级人民政府负责管理地震工作的部门或者机构。

第三十一条　国家支持全国地震烈度速报系统的建设。

地震灾害发生后，国务院地震工作主管部门应当通过全国地震烈度速报系统快速判断致灾程度，为指挥抗震救灾工作提供依据。

第三十二条　国务院地震工作主管部门和县级以上地方人民政府负责管理地震工作的部门或者机构，应当对发生地震灾害的区域加强地震监测，在地震现场设立流动观测点，根据震情的发展变化，及时对地震活动趋势作出分析、判定，为余震防范工作提供依据。

国务院地震工作主管部门和县级以上地方人民政府负责管理地震工作的部门或者机构、地震监测台网的管理单位，应当及时收集、保存有关地震的资料和信息，并建立完整的档案。

第三十三条　外国的组织或者个人在中华人民共和国领域和中华人民共和国管辖的其他海域从事地震监测活动，必须经国务院地震工作主管部门会同有关部门批准，并采取与中华人民共和国有关部门或者单位合作的形式进行。

第四章　地震灾害预防

第三十四条　国务院地震工作主管部门负责制定全国地震烈度区划图或者地震动参数区划图。

国务院地震工作主管部门和省、自治区、直辖市人民政府负责管理地震工作的部门或者机构，负责审定建设工程的地震安全性评价报告，确定抗震设防要求。

第三十五条 新建、扩建、改建建设工程,应当达到抗震设防要求。

重大建设工程和可能发生严重次生灾害的建设工程,应当按照国务院有关规定进行地震安全性评价,并按照经审定的地震安全性评价报告所确定的抗震设防要求进行抗震设防。建设工程的地震安全性评价单位应当按照国家有关标准进行地震安全性评价,并对地震安全性评价报告的质量负责。

前款规定以外的建设工程,应当按照地震烈度区划图或者地震动参数区划图所确定的抗震设防要求进行抗震设防;对学校、医院等人员密集场所的建设工程,应当按照高于当地房屋建筑的抗震设防要求进行设计和施工,采取有效措施,增强抗震设防能力。

第三十六条 有关建设工程的强制性标准,应当与抗震设防要求相衔接。

第三十七条 国家鼓励城市人民政府组织制定地震小区划图。地震小区划图由国务院地震工作主管部门负责审定。

第三十八条 建设单位对建设工程的抗震设计、施工的全过程负责。

设计单位应当按照抗震设防要求和工程建设强制性标准进行抗震设计,并对抗震设计的质量以及出具的施工图设计文件的准确性负责。

施工单位应当按照施工图设计文件和工程建设强制性标准进行施工,并对施工质量负责。

建设单位、施工单位应当选用符合施工图设计文件和国家有关标准规定的材料、构配件和设备。

工程监理单位应当按照施工图设计文件和工程建设强制性标准实施监理,并对施工质量承担监理责任。

第三十九条 已经建成的下列建设工程,未采取抗震设防措施或者抗震设防措施未达到抗震设防要求的,应当按照国家有关规定进行抗震性能鉴定,并采取必要的抗震加固措施:

(一)重大建设工程;

(二)可能发生严重次生灾害的建设工程;

(三)具有重大历史、科学、艺术价值或者重要纪念意义的建设工程;

(四)学校、医院等人员密集场所的建设工程;

(五)地震重点监视防御区内的建设工程。

第四十条 县级以上地方人民政府应当加强对农村村民住宅和乡村公共设施抗震设防的管理,组织开展农村实用抗震技术的研究和开发,推广达到抗震设防要求、经济适用、具有当地特色的建筑设计和施工技术,培训相关技术人员,建设示范工程,逐步提高农村村民住宅和乡村公共设施的抗震设防水平。

国家对需要抗震设防的农村村民住宅和乡村公共设施给予必要支持。

第四十一条 城乡规划应当根据地震应急避难的需要,合理确定应急疏散通道和应急避难场所,统筹安排地震应急避难所必需的交通、供水、供电、排污等基础设施建设。

第四十二条 地震重点监视防御区的县级以上地方人民政府应当根据实际需要,在本级财政预算和物资储备中安排抗震救灾资金、物资。

第四十三条 国家鼓励、支持研究开发和推广使用符合抗震设防要求、经济实用的新技术、新工艺、新材料。

第四十四条 县级人民政府及其有关部门和乡、镇人民政府、城市街道办事处等基层组织,应当组织开展地震应急知识的宣传普及活动和必要的地震应急救援演练,提高公民在地震灾害中自救互救的能力。

机关、团体、企业、事业等单位,应当按照所在地人民政府的要求,结合各自实际情况,加强对本单位人员的地震应急知识宣传教育,开展地震应急救援演练。

学校应当进行地震应急知识教育,组织开展必要的地震应急救援演练,培养学生的安全意识和自救互救能力。

新闻媒体应当开展地震灾害预防和应急、自救互救知识的公益宣传。

国务院地震工作主管部门和县级以上地方人民政府负责管理地震工作的部门或者机构,应当指导、协助、督促有关单位做好防震减灾知识的宣传教育和地震应急救援演练等工作。

第四十五条 国家发展有财政支持的地震灾害保险事业,鼓励单位和个人参加地震灾害保险。

第五章 地震应急救援

第四十六条 国务院地震工作主管部门会同国务院有关部门制定国家地震应急预案,报国务院批准。国务院有关部门根据国家地震应急预案,制定本部门的地震应急预案,报国务院地震工作主管部门备案。

县级以上地方人民政府及其有关部门和乡、镇人民政府,应当根据有关法律、法规、规章、上级人民政府及其有关部门的地震应急预案和本行政区域的实际情况,制定本行政区域的地震应急预案和本部门的地震应急预案。省、自治区、直辖市和较大的市的地震应急预案,应当报国务院地震工作主管部门备案。

交通、铁路、水利、电力、通信等基础设施和学校、医院等人员密集场所的经营管理单位,以及可能发生次生灾害的核电、矿山、危险物品等生产经营单位,应当制定地震应急预案,并报所在地的县级人民政府负责管理地震工作的部门或者机构备案。

第四十七条 地震应急预案的内容应当包括:组织指挥体系及其职责,预防和预警机制,处置程序,应急响应和应急保障措施等。

地震应急预案应当根据实际情况适时修订。

第四十八条 地震预报意见发布后,有关省、自治区、直辖市人民政府根据预报的震情可以宣布有关区域进入临震应急期;有关地方人民政府应当按照地震应急预案,组织有关部门做好应急防范和抗震救灾准备工作。

第四十九条 按照社会危害程度、影响范围等因素,地震灾害分为一般、较大、重大和特别重大四级。具体分级标准按照国务院规定执行。

一般或者较大地震灾害发生后,地震发生地的市、县人民政府负责组织有关部门启动地震应急预案;重大地震灾害发生后,地震发生地的省、自治区、直辖市人民政府负责组织有关部门启动地震应急预案;特别重大地震灾害发生后,国务院负责组织有关部门启动地震应急预案。

第五十条 地震灾害发生后,抗震救灾指挥机构应当立即组织有关部门和单位迅速查清受灾情况,提出地震应急救援力量的配置方案,并采取以下紧急措施:

(一)迅速组织抢救被压埋人员,并组织有关单位和人员开展自救互救;

(二)迅速组织实施紧急医疗救护,协调伤员转移和接收与救治;

(三)迅速组织抢修毁损的交通、铁路、水利、电力、通信等基础设施;

(四)启用应急避难场所或者设置临时避难场所,设置救济物资供应点,提供救济物品、简易住所和临时住所,及时转移和安置受灾群众,确保饮用水消毒和水质安全,积极开展卫生防疫,妥善安排受灾群众生活;

(五)迅速控制危险源,封锁危险场所,做好次生灾害的排查与监测预警工作,防范地震可能引发的火灾、水灾、爆炸、山体滑坡和崩塌、泥石流、地面塌陷,或者剧毒、强腐蚀性、放射性物质大量泄漏等次生灾害以及传染病疫情的发生;

(六)依法采取维持社会秩序、维护社会治安的必要措施。

第五十一条 特别重大地震灾害发生后,国务院抗震救灾指挥机构在地震灾区成立现场指挥机构，并根据需要设立相应的工作组，统一组织领导、指挥和协调抗震救灾工作。

各级人民政府及有关部门和单位、中国人民解放军、中国人民武装警察部队和民兵组织，应当按照统一部署，分工负责，密切配合，共同做好地震应急救援工作。

第五十二条 地震灾区的县级以上地方人民政府应当及时将地震震情和灾情等信息向上一级人民政府报告，必要时可以越级上报，不得迟报、谎报、瞒报。

地震震情、灾情和抗震救灾等信息按照国务院有关规定实行归口管理，统一、准确、及时发布。

第五十三条 国家鼓励、扶持地震应急救援新技术和装备的研究开发，调运和储备必要的应急救援设施、装备，提高应急救援水平。

第五十四条 国务院建立国家地震灾害紧急救援队伍。

省、自治区、直辖市人民政府和地震重点监视防御区的市、县人民政府可以根据实际需要，充分利用消防等现有队伍，按照一队多用、专职与兼职相结合的原则，建立地震灾害紧急救援队伍。

地震灾害紧急救援队伍应当配备相应的装备、器材，开展培训和演练，提高地震灾害紧急救援能力。

地震灾害紧急救援队伍在实施救援时，应当首先对倒塌建筑物、构筑物压埋人员进行紧急救援。

第五十五条 县级以上人民政府有关部门应当按照职责分工，协调配合，采取有效措施，保障地震灾害紧急救援队伍和医疗救治队伍快速、高效地开展地震灾害紧急救援活动。

第五十六条 县级以上地方人民政府及其有关部门可以建立地震灾害救援志愿者队伍，并组织开展地震应急救援知识培训和演练，使志愿者掌握必要的地震应急救援技能，增强地震灾害应急救援能力。

第五十七条 国务院地震工作主管部门会同有关部门和单位，组织协调外国救援队和医疗队在中华人民共和国开展地震灾害紧急救援活动。

国务院抗震救灾指挥机构负责外国救援队和医疗队的统筹调度，并根据其专业特长，科学、合理地安排紧急救援任务。

地震灾区的地方各级人民政府，应当对外国救援队和医疗队开展紧急救援活动予以支持和配合。

第六章　地震灾后过渡性安置和恢复重建

第五十八条 国务院或者地震灾区的省、自治区、直辖市人民政府应当及时组织对地震灾害损失进行调查评估，为地震应急救援、灾后过渡性安置和恢复重建提供依据。

地震灾害损失调查评估的具体工作，由国务院地震工作主管部门或者地震灾区的省、自治区、直辖市人民政府负责管理地震工作的部门或者机构和财政、建设、民政等有关部门按照国务院的规定承担。

第五十九条 地震灾区受灾群众需要过渡性安置的，应当根据地震灾区的实际情况，在确保安全的前提下，采取灵活多样的方式进行安置。

第六十条 过渡性安置点应当设置在交通条件便利、方便受灾群众恢复生产和生活的区域，并避开地震活动断层和可能发生严重次生灾害的区域。

过渡性安置点的规模应当适度，并采取相应的防灾、防疫措施，配套建设必要的基础设施和公共服务设施，确保受灾群众的安全和基本生活需要。

第六十一条 实施过渡性安置应当尽量保护农用地，并避免对自然保护区、饮用水水源保护区以及生态脆弱区域造成破坏。

过渡性安置用地按照临时用地安排，可以先行使用，事后依法办理有关用地手续；到期未转为永久性用地的,应当复垦后交还原土地使用者。

第六十二条 过渡性安置点所在地的县级人民政府,应当组织有关部门加强对次生灾害、饮用水水质、食品卫生、疫情等的监测,开展流行病学调查,整治环境卫生,避免对土壤、水环境等造成污染。

过渡性安置点所在地的公安机关,应当加强治安管理,依法打击各种违法犯罪行为,维护正常的社会秩序。

第六十三条 地震灾区的县级以上地方人民政府及其有关部门和乡、镇人民政府,应当及时组织修复毁损的农业生产设施,提供农业生产技术指导,尽快恢复农业生产;优先恢复供电、供水、供气等企业的生产,并对大型骨干企业恢复生产提供支持,为全面恢复农业、工业、服务业生产经营提供条件。

第六十四条 各级人民政府应当加强对地震灾后恢复重建工作的领导、组织和协调。

县级以上人民政府有关部门应当在本级人民政府领导下,按照职责分工,密切配合,采取有效措施,共同做好地震灾后恢复重建工作。

第六十五条 国务院有关部门应当组织有关专家开展地震活动对相关建设工程破坏机理的调查评估,为修订完善有关建设工程的强制性标准、采取抗震设防措施提供科学依据。

第六十六条 特别重大地震灾害发生后,国务院经济综合宏观调控部门会同国务院有关部门与地震灾区的省、自治区、直辖市人民政府共同组织编制地震灾后恢复重建规划,报国务院批准后组织实施;重大、较大、一般地震灾害发生后,由地震灾区的省、自治区、直辖市人民政府根据实际需要组织编制地震灾后恢复重建规划。

地震灾害损失调查评估获得的地质、勘察、测绘、土地、气象、水文、环境等基础资料和经国务院地震工作主管部门复核的地震动参数区划图,应当作为编制地震灾后恢复重建规划的依据。

编制地震灾后恢复重建规划,应当征求有关部门、单位、专家和公众特别是地震灾区受灾群众的意见;重大事项应当组织有关专家进行专题论证。

第六十七条 地震灾后恢复重建规划应当根据地质条件和地震活动断层分布以及资源环境承载能力,重点对城镇和乡村的布局、基础设施和公共服务设施的建设、防灾减灾和生态环境以及自然资源和历史文化遗产保护等作出安排。

地震灾区内需要异地新建的城镇和乡村的选址以及地震灾后重建工程的选址,应当符合地震灾后恢复重建规划和抗震设防、防灾减灾要求,避开地震活动断层或者生态脆弱和可能发生洪水、山体滑坡和崩塌、泥石流、地面塌陷等灾害的区域以及传染病自然疫源地。

第六十八条 地震灾区的地方各级人民政府应当根据地震灾后恢复重建规划和当地经济社会发展水平,有计划、分步骤地组织实施地震灾后恢复重建。

第六十九条 地震灾区的县级以上地方人民政府应当组织有关部门和专家,根据地震灾害损失调查评估结果,制定清理保护方案,明确典型地震遗址、遗迹和文物保护单位以及具有历史价值与民族特色的建筑物、构筑物的保护范围和措施。

对地震灾害现场的清理,按照清理保护方案分区、分类进行,并依照法律、行政法规和国家有关规定,妥善清理、转运和处置有关放射性物质、危险废物和有毒化学品,开展防疫工作,防止传染病和重大动物疫情的发生。

第七十条 地震灾后恢复重建,应当统筹安排交通、铁路、水利、电力、通信、供水、供电等基础设施和市政公用设施,学校、医院、文化、商贸服务、防灾减灾、环境保护等公共服务设施,以及住房和无障碍设施的建设,合理确定建设规模和时序。

乡村的地震灾后恢复重建,应当尊重村民意愿,发挥村民自治组织的作用,以群众自建为主,政府补助、社会帮扶、对口支援,因地制宜,节约和集约利用土地,保护耕地。

少数民族聚居的地方的地震灾后恢复重建,应当尊重当地群众的意愿。

第七十一条 地震灾区的县级以上地方人民政府应当组织有关部门和单位,抢救、保护与收集整理有关档案、资料,对因地震灾害遗失、毁损的档案、资料,及时补充和恢复。

第七十二条 地震灾后恢复重建应当坚持政府主导、社会参与和市场运作相结合的原则。

地震灾区的地方各级人民政府应当组织受灾群众和企业开展生产自救,自力更生、艰苦奋斗、勤俭节约,尽快恢复生产。

国家对地震灾后恢复重建给予财政支持、税收优惠和金融扶持,并提供物资、技术和人力等支持。

第七十三条 地震灾区的地方各级人民政府应当组织做好救助、救治、康复、补偿、抚慰、抚恤、安置、心理援助、法律服务、公共文化服务等工作。

各级人民政府及有关部门应当做好受灾群众的就业工作,鼓励企业、事业单位优先吸纳符合条件的受灾群众就业。

第七十四条 对地震灾后恢复重建中需要办理行政审批手续的事项,有审批权的人民政府及有关部门应当按照方便群众、简化手续、提高效率的原则,依法及时予以办理。

第七章 监督管理

第七十五条 县级以上人民政府依法加强对防震减灾规划和地震应急预案的编制与实施、地震应急避难场所的设置与管理、地震灾害紧急救援队伍的培训、防震减灾知识宣传教育和地震应急救援演练等工作的监督检查。

县级以上人民政府有关部门应当加强对地震应急救援、地震灾后过渡性安置和恢复重建的物资的质量安全的监督检查。

第七十六条 县级以上人民政府建设、交通、铁路、水利、电力、地震等有关部门应当按照职责分工,加强对工程建设强制性标准、抗震设防要求执行情况和地震安全性评价工作的监督检查。

第七十七条 禁止侵占、截留、挪用地震应急救援、地震灾后过渡性安置和恢复重建的资金、物资。

县级以上人民政府有关部门对地震应急救援、地震灾后过渡性安置和恢复重建的资金、物资以及社会捐赠款物的使用情况,依法加强管理和监督,予以公布,并对资金、物资的筹集、分配、拨付、使用情况登记造册,建立健全档案。

第七十八条 地震灾区的地方人民政府应当定期公布地震应急救援、地震灾后过渡性安置和恢复重建的资金、物资以及社会捐赠款物的来源、数量、发放和使用情况,接受社会监督。

第七十九条 审计机关应当加强对地震应急救援、地震灾后过渡性安置和恢复重建的资金、物资的筹集、分配、拨付、使用的审计,并及时公布审计结果。

第八十条 监察机关应当加强对参与防震减灾工作的国家行政机关和法律、法规授权的具有管理公共事务职能的组织及其工作人员的监察。

第八十一条 任何单位和个人对防震减灾活动中的违法行为,有权进行举报。

接到举报的人民政府或者有关部门应当进行调查,依法处理,并为举报人保密。

第八章 法律责任

第八十二条 国务院地震工作主管部门、县级以上地方人民政府负责管理地震工作的部门或者机构,以及其他依照本法规定行使监督管理权的部门,不依法作出行政许可或者办理批准文件的,发现违法行为或者接到对违法行为的举报后不予查处的,或者有其他未依照本法规定履行职责的行为的,对直接负责的主管人员和其他直接责任人员,依法给予处分。

第八十三条 未按照法律、法规和国家有关标准进行地震监测台网建设的，由国务院地震工作主管部门或者县级以上地方人民政府负责管理地震工作的部门或者机构责令改正，采取相应的补救措施；对直接负责的主管人员和其他直接责任人员，依法给予处分。

第八十四条 违反本法规定，有下列行为之一的，由国务院地震工作主管部门或者县级以上地方人民政府负责管理地震工作的部门或者机构责令停止违法行为，恢复原状或者采取其他补救措施；造成损失的，依法承担赔偿责任：

（一）侵占、毁损、拆除或者擅自移动地震监测设施的；

（二）危害地震观测环境的；

（三）破坏典型地震遗址、遗迹的。

单位有前款所列违法行为，情节严重的，处二万元以上二十万元以下的罚款；个人有前款所列违法行为，情节严重的，处二千元以下的罚款。构成违反治安管理行为的，由公安机关依法给予处罚。

第八十五条 违反本法规定，未按照要求增建抗干扰设施或者新建地震监测设施的，由国务院地震工作主管部门或者县级以上地方人民政府负责管理地震工作的部门或者机构责令限期改正；逾期不改正的，处二万元以上二十万元以下的罚款；造成损失的，依法承担赔偿责任。

第八十六条 违反本法规定，外国的组织或者个人未经批准，在中华人民共和国领域和中华人民共和国管辖的其他海域从事地震监测活动的，由国务院地震工作主管部门责令停止违法行为，没收监测成果和监测设施，并处一万元以上十万元以下的罚款；情节严重的，并处十万元以上五十万元以下的罚款。

外国人有前款规定行为的，除依照前款规定处罚外，还应当依照外国人入境出境管理法律的规定缩短其在中华人民共和国停留的期限或者取消其在中华人民共和国居留的资格；情节严重的，限期出境或者驱逐出境。

第八十七条 未依法进行地震安全性评价，或者未按照地震安全性评价报告所确定的抗震设防要求进行抗震设防的，由国务院地震工作主管部门或者县级以上地方人民政府负责管理地震工作的部门或者机构责令限期改正；逾期不改正的，处三万元以上三十万元以下的罚款。

第八十八条 违反本法规定，向社会散布地震预测意见、地震预报意见及其评审结果，或者在地震灾后过渡性安置、地震灾后恢复重建中扰乱社会秩序，构成违反治安管理行为的，由公安机关依法给予处罚。

第八十九条 地震灾区的县级以上地方人民政府迟报、谎报、瞒报地震震情、灾情等信息的，由上级人民政府责令改正；对直接负责的主管人员和其他直接责任人员，依法给予处分。

第九十条 侵占、截留、挪用地震应急救援、地震灾后过渡性安置或者地震灾后恢复重建的资金、物资的，由财政部门、审计机关在各自职责范围内，责令改正，追回被侵占、截留、挪用的资金、物资；有违法所得的，没收违法所得；对单位给予警告或者通报批评；对直接负责的主管人员和其他直接责任人员，依法给予处分。

第九十一条 违反本法规定，构成犯罪的，依法追究刑事责任。

第九章 附 则

第九十二条 本法下列用语的含义：

（一）地震监测设施，是指用于地震信息检测、传输和处理的设备、仪器和装置以及配套的监测场地。

（二）地震观测环境，是指按照国家有关标准划定的保障地震监测设施不受干扰、能够正常发挥工作效能的空间范围。

（三）重大建设工程，是指对社会有重大价值或者有重大影响的工程。

（四）可能发生严重次生灾害的建设工程，是指受地震破坏后可能引发水灾、火灾、爆炸，或者剧毒、强腐蚀性、放射性物质大量泄漏，以及其他严重次生灾害的建设工程，包括水库大坝和贮油、贮气设施，贮存易燃易爆或者剧毒、强腐蚀性、放射性物质的设施，以及其他可能发生严重次生灾害的建设工程。

（五）地震烈度区划图，是指以地震烈度（以等级表示的地震影响强弱程度）为指标，将全国划分为不同抗震设防要求区域的图件。

（六）地震动参数区划图，是指以地震动参数（以加速度表示地震作用强弱程度）为指标，将全国划分为不同抗震设防要求区域的图件。

（七）地震小区划图，是指根据某一区域的具体场地条件，对该区域的抗震设防要求进行详细划分的图件。

第九十三条 本法自2009年5月1日起施行。

中华人民共和国突发事件应对法

（2007年8月30日第十届全国人民代表大会常务委员会第二十九次会议通过 2007年8月30日中华人民共和国主席令第69号公布 自2007年11月1日起施行）

第一章 总 则

第一条 【立法目的】为了预防和减少突发事件的发生，控制、减轻和消除突发事件引起的严重社会危害，规范突发事件应对活动，保护人民生命财产安全，维护国家安全、公共安全、环境安全和社会秩序，制定本法。

第二条 【调整范围】突发事件的预防与应急准备、监测与预警、应急处置与救援、事后恢复与重建等应对活动，适用本法。

第三条 【突发事件含义及分级标准】本法所称突发事件，是指突然发生，造成或者可能造成严重社会危害，需要采取应急处置措施予以应对的自然灾害、事故灾难、公共卫生事件和社会安全事件。

按照社会危害程度、影响范围等因素，自然灾害、事故灾难、公共卫生事件分为特别重大、重大、较大和一般四级。法律、行政法规或者国务院另有规定的，从其规定。

突发事件的分级标准由国务院或者国务院确定的部门制定。

第四条 【应急管理体制】国家建立统一领导、综合协调、分类管理、分级负责、属地管理为主的应急管理体制。

条文释义：[分类管理]

分类管理，是指按照自然灾害、事故灾难、公共卫生事件和社会安全事件四类突发事件的不同特性实施应急管理。

[分级负责]

分级负责，主要是指根据突发事件的影响范围和突发事件的级别不同，确定突发事件应对工作由不同层级的人民政府负责。

[属地管理]

属地管理为主，主要有两种含义：一是突发事件应急处置工作原则上由地方负责，即由突发事件发生地的县级以上地方人民政府负责，其中，又主要是由突发事件发生地的县级人民政府负责；二是法律、行政法规规定由国务院有关部门对特定突发事件的应对工作负责的，就应当由国务院有关部门管理为主。

第五条　【风险评估】突发事件应对工作实行预防为主、预防与应急相结合的原则。国家建立重大突发事件风险评估体系，对可能发生的突发事件进行综合性评估，减少重大突发事件的发生，最大限度地减轻重大突发事件的影响。

第六条　【社会动员机制】国家建立有效的社会动员机制，增强全民的公共安全和防范风险的意识，提高全社会的避险救助能力。

第七条　【负责机关】县级人民政府对本行政区域内突发事件的应对工作负责；涉及两个以上行政区域的，由有关行政区域共同的上一级人民政府负责，或者由各有关行政区域的上一级人民政府共同负责。

突发事件发生后，发生地县级人民政府应当立即采取措施控制事态发展，组织开展应急救援和处置工作，并立即向上一级人民政府报告，必要时可以越级上报。

突发事件发生地县级人民政府不能消除或者不能有效控制突发事件引起的严重社会危害的，应当及时向上级人民政府报告。上级人民政府应当及时采取措施，统一领导应急处置工作。

法律、行政法规规定由国务院有关部门对突发事件的应对工作负责的，从其规定；地方人民政府应当积极配合并提供必要的支持。

条文释义：(1)本条第1款规定的是分级管理、属地管理为主的一般规定，其基本含义是：①对发生在本行政区域的突发事件，不论是哪一类型或者哪一级别的突发事件，县级人民政府都应当对其应对工作负责。②对涉及两个以上行政区域的突发事件，不论是哪一类型或者哪一级别的突发事件，其应对工作由有关行政区域共同的上一级人民政府负责。③所谓负责，除了负责预防和应急准备、监测和预警外，主要是依法采取应急措施控制事态发展，组织开展应急救援和处置工作，向上级报告信息和事态发展情况等，有违这些职责的，就应当依法承担法律责任。

(2)本条第2款规定的是突发事件发生地的县级人民政府在突发事件发生后应立即开展的主要工作，包括：①采取措施控制事态发展。这主要是指采取本法第49条、第50条、第51条等条规定的控制措施。②组织开展应急救援和处置工作。③向上级政府报告。报告的内容，主要是认为可能发生重大或者特别重大突发事件的信息(包括时间、地点、信息来源、事件性质、影响范围、事件发展趋势和已采取的措施等)，发布警报的信息等；报告突发事件信息，应当做到及时、客观、真实，不得迟报、谎报、瞒报、漏报。

(3)本条第3款规定的是突发事件发生地县级人民政府不能消除或者不能有效控制突发事件引起的严重社会危害时如何处理的问题。①不能消除或者不能有效控制突发事件引起的严重社会危害，是指发生了或者演变成重大、特别重大突发事件，或者演变成超越本县行政区域的突发事件，根据本法和国务院的规定，县级人民政府难以进行有效的应急处置需要请求上级人民政府采取措施予以应急处置。②县级人民政府履行向上级人民政府报告的义务。同时，根据本条第一款、第二款的规定，还要在职责范围内做好相关工作，不能只报告不处置。③上级人民政府接到报告后，应当及时采取措施，统一领导应急处置工作。这里的上级人民政府也是履行统一领导职责的人民政府，至于究竟是指哪级人民政府，要根据突发事件的级别和影响范围而定。

(4)本条第4款是对属地管理原则的例外规定。这种例外，仅限于其他有关法律、行政法规的规定，在这种例外下一些特定的突发事件，如核事故、铁路事故等的应对工作，由国务院有关部门负责。

(5)本条是对分级负责、属地管理为主原则的具体化，有利于划清权界、明确责任、协同联动，提高应急反应的时效和能力。

本条所规定的应急体制是对第4条所规定原则的具体贯彻,这一规定所确立的应急体制可以被概括为两句话:第一,以基层负责为主,上级负责为辅;第二,以属地管理为主,行业管理为辅。

第八条　【应急管理机构】国务院在总理领导下研究、决定和部署特别重大突发事件的应对工作;根据实际需要,设立国家突发事件应急指挥机构,负责突发事件应对工作;必要时,国务院可以派出工作组指导有关工作。

县级以上地方各级人民政府设立由本级人民政府主要负责人、相关部门负责人、驻当地中国人民解放军和中国人民武装警察部队有关负责人组成的突发事件应急指挥机构,统一领导、协调本级人民政府各有关部门和下级人民政府开展突发事件应对工作;根据实际需要,设立相关类别突发事件应急指挥机构,组织、协调、指挥突发事件应对工作。

上级人民政府主管部门应当在各自职责范围内,指导、协助下级人民政府及其相应部门做好有关突发事件的应对工作。

第九条　【行政领导机关】国务院和县级以上地方各级人民政府是突发事件应对工作的行政领导机关,其办事机构及具体职责由国务院规定。

第十条　【及时公布决定、命令】有关人民政府及其部门作出的应对突发事件的决定、命令,应当及时公布。

第十一条　【合理措施原则】有关人民政府及其部门采取的应对突发事件的措施,应当与突发事件可能造成的社会危害的性质、程度和范围相适应;有多种措施可供选择的,应当选择有利于最大程度地保护公民、法人和其他组织权益的措施。

公民、法人和其他组织有义务参与突发事件应对工作。

条文释义:[比例原则]

本条第1款规定的是比例原则。比例原则又称“禁止过度”原则,其本质是行政机关采取的措施不得超越宪法和法律所容许的范围或者目的,如果有同等措施可以供采用,应当选择对公民、法人和其他组织权益侵害最小的措施。同时,该款还规定,有多种措施可供选择的,行政机关应当选择有利于最大程度地保护公民、法人和其他组织权益的措施。这一规定,是比例原则的另一个重要体现,学者们将这称之为最小侵害原则、不可替代原则和最温和手段原则。

基于比例原则的基本内容,行政机关在突发事件应对中必须满足如下要求:第一,行政主体应当将实施行政紧急措施作为实现应急管理目标的最后方式,且应选择对公民限制程度最小的行政紧急措施。第二,行政主体应根据具体情形,确定实施行政紧急措施的规模与时限。第三,法院应将比例原则作为行政紧急措施合法性审查的依据。

本条第2款首先明确了个人、法人和其他组织在突发事件应对中应当履行的义务。由政府主导突发公共事件的防治工作,绝不意味着防范突发公共事件就成了政府的独角戏。其他社会组织、企业与个人都是不同意义上的参与者,不能袖手旁观,任何有效的应急处理都必须是群防群治。因此,本条为公民、法人和其他组织能及时报告信息、主动采取自救、积极配合政府处理突发事件等给予了法律、法规的依据。

相关规定:《国家突发公共事件总体应急预案》1.5(1);《国家自然灾害救助应急预案》1.4(1)

第十二条　【财产征用】有关人民政府及其部门为应对突发事件,可以征用单位和个人的财产。被征用的财产在使用完毕或者突发事件应急处置工作结束后,应当及时返还。财产被征用或者征用后毁损、灭失的,应当给予补偿。

条文释义:[征用]

征用是国家强制使用单位、个人的财产，其结果是导致被征用单位、个人财产使用权的丧失。

有关人民政府及其部门为应对突发事件，可以征用单位和个人财产。同时，考虑到征用单位、个人财产，会对财产所有者的权益带来损失，本条还规定，被征用的财产在使用完毕或者突发事件应急处置工作结束后，应当及时返还。财产被征用后或者征用后毁损、灭失的，应当给予补偿。需要指出，这种补偿通常是按被征用财物等价或者是毁损实际价值补偿，一般不及于可得利益损失的补偿。

第十三条 【时效中止、程序中止】因采取突发事件应对措施，诉讼、行政复议、仲裁活动不能正常进行的，适用有关时效中止和程序中止的规定，但法律另有规定的除外。

第十四条 【武装力量参与应急】中国人民解放军、中国人民武装警察部队和民兵组织依照本法和其他有关法律、行政法规、军事法规的规定以及国务院、中央军事委员会的命令，参加突发事件的应急救援和处置工作。

第十五条 【国际交流与合作】中华人民共和国政府在突发事件的预防、监测与预警、应急处置与救援、事后恢复与重建等方面，同外国政府和有关国际组织开展合作与交流。

第十六条 【同级人大监督】县级以上人民政府作出应对突发事件的决定、命令，应当报本级人民代表大会常务委员会备案；突发事件应急处置工作结束后，应当向本级人民代表大会常务委员会作出专项工作报告。

第二章 预防与应急准备

第十七条 【应急预案体系】国家建立健全突发事件应急预案体系。

国务院制定国家突发事件总体应急预案，组织制定国家突发事件专项应急预案；国务院有关部门根据各自的职责和国务院相关应急预案，制定国家突发事件部门应急预案。

地方各级人民政府和县级以上地方各级人民政府有关部门根据有关法律、法规、规章、上级人民政府及其有关部门的应急预案以及本地区的实际情况，制定相应的突发事件应急预案。

应急预案制定机关应当根据实际需要和情势变化，适时修订应急预案。应急预案的制定、修订程序由国务院规定。

第十八条 【应急预案制定依据与内容】应急预案应当根据本法和其他有关法律、法规的规定，针对突发事件的性质、特点和可能造成的社会危害，具体规定突发事件应急管理工作的组织指挥体系与职责和突发事件的预防与预警机制、处置程序、应急保障措施以及事后恢复与重建措施等内容。

第十九条 【城乡规划】城乡规划应当符合预防、处置突发事件的需要，统筹安排应对突发事件所必需的设备和基础设施建设，合理确定应急避难场所。

第二十条 【安全防范】县级人民政府应当对本行政区域内容易引发自然灾害、事故灾难和公共卫生事件的危险源、危险区域进行调查、登记、风险评估，定期进行检查、监控，并责令有关单位采取安全防范措施。

省级和设区的市级人民政府应当对本行政区域内容易引发特别重大、重大突发事件的危险源、危险区域进行调查、登记、风险评估，组织进行检查、监控，并责令有关单位采取安全防范措施。

县级以上地方各级人民政府按照本法规定登记的危险源、危险区域，应当按照国家规定及时向社会公布。

第二十一条 【及时调解处理矛盾纠纷】县级人民政府及其有关部门、乡级人民政府、街道办事处、居民委员会、村民委员会应当及时调解处理可能引发社会安全事件的矛盾纠纷。

第二十二条 【安全管理】所有单位应当建立健全安全管理制度,定期检查本单位各项安全防范措施的落实情况,及时消除事故隐患;掌握并及时处理本单位存在的可能引发社会安全事件的问题,防止矛盾激化和事态扩大;对本单位可能发生的突发事件和采取安全防范措施的情况,应当按照规定及时向所在地人民政府或者人民政府有关部门报告。

第二十三条 【矿山、建筑施工单位和危险物品生产、经营、储运、使用单位的预防义务】矿山、建筑施工单位和易燃易爆物品、危险化学品、放射性物品等危险物品的生产、经营、储运、使用单位,应当制定具体应急预案,并对生产经营场所、有危险物品的建筑物、构筑物及周边环境开展隐患排查,及时采取措施消除隐患,防止发生突发事件。

第二十四条 【人员密集场所的经营单位或者管理单位的预防义务】公共交通工具、公共场所和其他人员密集场所的经营单位或者管理单位应当制定具体应急预案,为交通工具和有关场所配备报警装置和必要的应急救援设备、设施,注明其使用方法,并显著标明安全撤离的通道、路线,保证安全通道、出口的畅通。

有关单位应当定期检测、维护其报警装置和应急救援设备、设施,使其处于良好状态,确保正常使用。

第二十五条 【应急管理培训制度】县级以上人民政府应当建立健全突发事件应急管理培训制度,对人民政府及其有关部门负有处置突发事件职责的工作人员定期进行培训。

第二十六条 【应急救援队伍】县级以上人民政府应当整合应急资源,建立或者确定综合性应急救援队伍。人民政府有关部门可以根据实际需要设立专业应急救援队伍。

县级以上人民政府及其有关部门可以建立由成年志愿者组成的应急救援队伍。单位应当建立由本单位职工组成的专职或者兼职应急救援队伍。

县级以上人民政府应当加强专业应急救援队伍与非专业应急救援队伍的合作,联合培训、联合演练,提高合成应急、协同应急的能力。

第二十七条 【应急救援人员人身保险】国务院有关部门、县级以上地方各级人民政府及其有关部门、有关单位应当为专业应急救援人员购买人身意外伤害保险,配备必要的防护装备和器材,减少应急救援人员的人身风险。

第二十八条 【军队和民兵组织的专门训练】中国人民解放军、中国人民武装警察部队和民兵组织应当有计划地组织开展应急救援的专门训练。

第二十九条 【应急知识宣传普及和应急演练】县级人民政府及其有关部门、乡级人民政府、街道办事处应当组织开展应急知识的宣传普及活动和必要的应急演练。

居民委员会、村民委员会、企业事业单位应当根据所在地人民政府的要求,结合各自的实际情况,开展有关突发事件应急知识的宣传普及活动和必要的应急演练。

新闻媒体应当无偿开展突发事件预防与应急、自救与互救知识的公益宣传。

第三十条 【学校的应急知识教育义务】各级各类学校应当把应急知识教育纳入教学内容,对学生进行应急知识教育,培养学生的安全意识和自救与互救能力。

教育主管部门应当对学校开展应急知识教育进行指导和监督。

第三十一条 【经费保障】国务院和县级以上地方各级人民政府应当采取财政措施,保障突发事件应对工作所需经费。

第三十二条 【应急物资储备保障】国家建立健全应急物资储备保障制度,完善重要应急物资的监管、生产、储备、调拨和紧急配送体系。

设区的市级以上人民政府和突发事件易发、多发地区的县级人民政府应当建立应急救援物资、生活必需品和应急处置装备的储备制度。

县级以上地方各级人民政府应当根据本地区的实际情况,与有关企业签订协议,保障应急救援物资、生活必需品和应急处置装备的生产、供给。

第三十三条 【应急通信保障】国家建立健全应急通信保障体系,完善公用通信网,建立有线与无线相结合、基础电信网络与机动通信系统相配套的应急通信系统,确保突发事件应对工作的通信畅通。

第三十四条 【鼓励捐赠】国家鼓励公民、法人和其他组织为人民政府应对突发事件工作提供物资、资金、技术支持和捐赠。

第三十五条 【巨灾风险保险】国家发展保险事业,建立国家财政支持的巨灾风险保险体系,并鼓励单位和公民参加保险。

第三十六条 【人才培养和研究开发】国家鼓励、扶持具备相应条件的教学科研机构培养应急管理专门人才,鼓励、扶持教学科研机构和有关企业研究开发用于突发事件预防、监测、预警、应急处置与救援的新技术、新设备和新工具。

第三章 监测与预警

第三十七条 【突发事件信息系统】国务院建立全国统一的突发事件信息系统。

县级以上地方各级人民政府应当建立或者确定本地区统一的突发事件信息系统,汇集、储存、分析、传输有关突发事件的信息,并与上级人民政府及其有关部门、下级人民政府及其有关部门、专业机构和监测网点的突发事件信息系统实现互联互通,加强跨部门、跨地区的信息交流与情报合作。

第三十八条 【突发事件信息收集】县级以上人民政府及其有关部门、专业机构应当通过多种途径收集突发事件信息。

县级人民政府应当在居民委员会、村民委员会和有关单位建立专职或者兼职信息报告员制度。

获悉突发事件信息的公民、法人或者其他组织,应当立即向所在地人民政府、有关主管部门或者指定的专业机构报告。

条文释义:本条规定了政府收集信息和社会公众报告信息两方面的责任和义务。

一是政府及其有关部门、专业机构应当主动多渠道收集突发事件信息。第一,要充分利用监测网点、专门机构在收集突发事件信息中的主渠道作用。目前,我国已经建立了气象、地震、卫生、防疫、水文、地质、森林火灾、农林病虫害、煤矿瓦斯、海洋环境等监测体系。政府和政府部门应当充分利用这些专门渠道收集突发事件信息,同时,进一步加强预测预报基础设施建设,增加监测网点,逐步形成全覆盖的监测网络。第二,充分发挥主流媒体的优势和作用,及时收集和掌握突发事件信息和相关社会动态。第三,要注意从互联网上获取有关突发事件和社会热点问题的信息。第四,地方各级人民政府、各有关部门网站建立开放的信息接报平台,接受社会公众的突发事件信息报告。

二是县级人民政府应当在居民委员会、村民委员会和有关单位建立专职或者兼职信息报告员制度,通过信息报告员收集信息。考虑到不同社区、农村、有关单位性质、发生突发事件的概率、经济发展水平的差异,本条规定,信息报告员可以是专职的,也可以是兼职的。为提高信息报告员收集、报告突发事件信息的能力,确保所收集的信息全面、准确、及时、简洁,基层政府应当加强对信息报告员的培训,并使一名信息报告员可以承担多类事件信息报告任务。本条规定的有关单位包括企业、学校等基层单位。为保障信息报告员信息报告渠道的畅通,乡镇、街道等基层政府派出机关要建立和完善24小时值班制度,县级政府的应急信息平台要向乡镇、街道延伸,着力解决边缘山区信息报告和预警的"最后一公里"瓶颈问题,构建全覆盖的信息网络。

三是公民、法人或者其他组织的突发事件信息报告义务。据此,本条规定,获悉突发事件信息的公民、法人或者其他组织都有立即向所在地人民政府、有关主管部门或者指定的专业机构报告的义务。按照本法第7条第1款关于"县级人民政府对本行政区域内突发事件的应对工作负责"的规定,为便于公众报告突发事件信息,本条所称所在地人民政府、有关主管部门一般是指县级人民政府及其有关主管部门,指定的专业机构是指县级人民政府及其有关主管部门指定的专业机构,如疾控中心、防疫站等。

为了充分调动社会公众报告突发事件信息,地方人民政府及其有关部门应当建立突发事件信息报告激励机制,鼓励信息报告员、社会公众积极报告信息。

相关规定:《突发公共卫生事件应急条例》第19、24条;《传染病防治法》第31－33条;《建筑法》第51条;《生产安全事故报告和调查处理条例》第9条;《重大动物疫情应急条例》第16条;《防汛条例》第27条

第三十九条 【突发事件信息报送和报告】地方各级人民政府应当按照国家有关规定向上级人民政府报送突发事件信息。县级以上人民政府有关主管部门应当向本级人民政府相关部门通报突发事件信息。专业机构、监测网点和信息报告员应当及时向所在地人民政府及其有关主管部门报告突发事件信息。

有关单位和人员报送、报告突发事件信息,应当做到及时、客观、真实,不得迟报、谎报、瞒报、漏报。

条文释义:[信息报告]

一是信息报告的责任主体。按照统一领导、综合协调、分类管理、分级负责、属地管理为主的应急管理体制,突发事件信息报告的责任主体是地方各级人民政府,也就是说,发生突发事件,地方各级人民政府都要按规定向上级人民政府报告,不能以有关部门报告代替政府报告。为了使政府能够及时收集信息,向上级人民政府报告突发事件信息,本条还要求专业机构、监测网点和信息报告员应当及时向所在地人民政府及其有关部门报告突发事件信息。

二是信息报告的程序。突发事件应对法对信息报告的程序没有作出具体规定。按照《突发事件应对法》第7条的规定,突发事件发生后,发生地县级人民政府应当立即向上一级人民政府报告,必要时可以越级上报。单行法律法规对特定突发事件信息报告程序有规定的,从其规定。

三是信息报告的时限。本条没有对报告时限作出具体规定,只规定"按国家有关规定"。实际操作中,国家有关规定一般包括法律、国务院和国务院有关部门的规定。

四是信息报告的内容。本条没有具体规定信息报告内容。根据实践,信息报告内容一般包括:突发事件信息和可能引发突发事件的预测预警信息;事件本身比较敏感或者发生在敏感地区、敏感时间,或者可能演变为突发事件的信息。报告的要素应当含有:时间、地点、信息来源、事件起因和性质、基本过程、已造成的后果、影响范围、事态发展趋势和已经采取的措施以及下一步工作打算和建议等。

五是对报告突发事件信息的要求。报告突发事件应当及时、客观、真实。所谓及时,就是必须按照法律法规规章和国家有关规定的时限报送突发事件信息,不得迟报。所谓客观,就是对突发事件信息的判断要客观,不得主观臆断,不得谎报信息。所谓真实,就是要与突发事件的真相相符,实事求是,不得瞒报、漏报。

相关规定:《国家突发公共事件总体应急预案》3.2.1[信息报告];《国家自然灾害救助应急预案》4.2[灾情信息管理];《突发公共卫生事件应急条例》第19－23条;《动物防疫法》第26、28、30条;《传染病防治法》第30、34－36条;《防沙治沙法》第14、15条;《生产安全事故报告和调查处理条例》第10－13条[事故报告与报送];《重大动物疫情应急条例》第5、17、18条;《防汛条例》第37条;《人民武装警察法》第23条;《放射性物品运输安全管理条例》第43条

第四十条　【汇总分析突发事件隐患和预警信息】县级以上地方各级人民政府应当及时汇总分析突发事件隐患和预警信息,必要时组织相关部门、专业技术人员、专家学者进行会商,对发生突发事件的可能性及其可能造成的影响进行评估;认为可能发生重大或者特别重大突发事件的,应当立即向上级人民政府报告,并向上级人民政府有关部门、当地驻军和可能受到危害的毗邻或者相关地区的人民政府通报。

条文释义:本条的主要内容:一是规定了县级以上地方人民政府对突发事件信息的处理职责。突发事件信息的来源不同,信息的真实性、准确性也会参差不齐,需要进行整理、归类、识别、分析,对信息"去粗取精、去伪存真"。县级以上地方人民政府是突发事件的重要领导、处置机关,也是突发事件信息报告的义务机关。为此,本条规定,县级以上人民政府应当及时对突发事件隐患和预警信息进行汇总分析。

二是规定了突发事件信息咨询、会商机制。分析、预测突发事件技术性、专业性往往很强。为了提高政府决策的科学性、民主性,本条规定,政府应当重视发挥专家、学者、专业技术人员和有关部门的作用,必要时组织他们对突发事件发生的可能性、可能造成的影响进行会商。所谓必要时,是指对突发事件发生的可能性、影响范围、强度、可能产生的损害等难以判断时。

三是县级以上地方人民政府的信息报告和通报义务。经过分析、评估突发事件的信息,认为可能发生重大或者特别重大突发事件的,县级以上地方人民政府应当立即向上级人民政府报告,并向上级人民政府有关部门、当地驻军和可能受到危害的毗邻或者相关地区的人民政府通报,便于有关地区、部门和当地驻军及时做好相应的应急准备工作。省级人民政府应当按照《国家突发公共事件总体应急预案》的规定,向国务院报告;认为可能发生较大和一般突发事件,并且可能性增大时,设区的市和县级人民政府就要发布相应级别的预警,并采取相应的预警措施。

相关规定:《国务院办公厅关于加强基层应急管理工作的意见》二(一)[做好隐患排查整改];《防震减灾法》第17条;《国家自然灾害救助应急预案》4.2.4[灾情核定];《突发公共卫生事件应急条例》第15条;《传染病防治法》第19条

第四十一条　【突发事件监测】国家建立健全突发事件监测制度。

县级以上人民政府及其有关部门应当根据自然灾害、事故灾难和公共卫生事件的种类和特点,建立健全基础信息数据库,完善监测网络,划分监测区域,确定监测点,明确监测项目,提供必要的设备、设施,配备专职或者兼职人员,对可能发生的突发事件进行监测。

第四十二条　【突发事件预警】国家建立健全突发事件预警制度。

可以预警的自然灾害、事故灾难和公共卫生事件的预警级别,按照突发事件发生的紧急程度、发展势态和可能造成的危害程度分为一级、二级、三级和四级,分别用红色、橙色、黄色和蓝色标示,一级为最高级别。

预警级别的划分标准由国务院或者国务院确定的部门制定。

第四十三条　【发布预警】可以预警的自然灾害、事故灾难或者公共卫生事件即将发生或者发生的可能性增大时,县级以上地方各级人民政府应当根据有关法律、行政法规和国务院规定的权限和程序,发布相应级别的警报,决定并宣布有关地区进入预警期,同时向上一级人民政府报告,必要

时可以越级上报，并向当地驻军和可能受到危害的毗邻或者相关地区的人民政府通报。

第四十四条 【三、四级预警应当采取的措施】发布三级、四级警报，宣布进入预警期后，县级以上地方各级人民政府应当根据即将发生的突发事件的特点和可能造成的危害，采取下列措施：

（一）启动应急预案；

（二）责令有关部门、专业机构、监测网点和负有特定职责的人员及时收集、报告有关信息，向社会公布反映突发事件信息的渠道，加强对突发事件发生、发展情况的监测、预报和预警工作；

（三）组织有关部门和机构、专业技术人员、有关专家学者，随时对突发事件信息进行分析评估，预测发生突发事件可能性的大小、影响范围和强度以及可能发生的突发事件的级别；

（四）定时向社会发布与公众有关的突发事件预测信息和分析评估结果，并对相关信息的报道工作进行管理；

（五）及时按照有关规定向社会发布可能受到突发事件危害的警告，宣传避免、减轻危害的常识，公布咨询电话。

第四十五条 【一、二级预警应当采取的措施】发布一级、二级警报，宣布进入预警期后，县级以上地方各级人民政府除采取本法第四十四条规定的措施外，还应当针对即将发生的突发事件的特点和可能造成的危害，采取下列一项或者多项措施：

（一）责令应急救援队伍、负有特定职责的人员进入待命状态，并动员后备人员做好参加应急救援和处置工作的准备；

（二）调集应急救援所需物资、设备、工具，准备应急设施和避难场所，并确保其处于良好状态、随时可以投入正常使用；

（三）加强对重点单位、重要部位和重要基础设施的安全保卫，维护社会治安秩序；

（四）采取必要措施，确保交通、通信、供水、排水、供电、供气、供热等公共设施的安全和正常运行；

（五）及时向社会发布有关采取特定措施避免或者减轻危害的建议、劝告；

（六）转移、疏散或者撤离易受突发事件危害的人员并予以妥善安置，转移重要财产；

（七）关闭或者限制使用易受突发事件危害的场所，控制或者限制容易导致危害扩大的公共场所的活动；

（八）法律、法规、规章规定的其他必要的防范性、保护性措施。

第四十六条 【社会安全事件报告制度】对即将发生或者已经发生的社会安全事件，县级以上地方各级人民政府及其有关主管部门应当按照规定向上一级人民政府及其有关主管部门报告，必要时可以越级上报。

第四十七条 【预警调整和解除】发布突发事件警报的人民政府应当根据事态的发展，按照有关规定适时调整预警级别并重新发布。

有事实证明不可能发生突发事件或者危险已经解除的，发布警报的人民政府应当立即宣布解除警报，终止预警期，并解除已经采取的有关措施。

条文释义：任何突发事件的应对，不能只考虑行政机关控制和消除紧急危险的应对需求和应对能力，更重要的着眼点还在于如何避免行政紧急权力对现存国家体制、法律制度和公民权利的消极影响和改变。行政紧急权力的设计和使用应当受到有效性和正当性两方面的制约，离开具体应急情形的改变而一成不变地采取应急措施，既不能有效地应对危机，还会增大滥用行政紧急措施的可能性。因此，有关应对机关应当根据危机状态的发展态势分别规定相应的应对措施，并根据事件的发展变化情况进行适时地调整。总的来说，在应急预警阶段，预警级别的确定、警报的宣布和解除、预警期的开始和终止、有关措施的采取和解除，都要与紧急危险等级及相应的紧急危险阶段保持一致。即使是具有极其严重社会危害的最高级别突发事件，也有不同的发展阶段，并不需要在每一个阶段都采取同样严厉的应对措施。

第四章　应急处置与救援

第四十八条　【突发事件发生后政府应履行的职责】突发事件发生后，履行统一领导职责或者组织处置突发事件的人民政府应当针对其性质、特点和危害程度，立即组织有关部门，调动应急救援队伍和社会力量，依照本章的规定和有关法律、法规、规章的规定采取应急处置措施。

第四十九条　【应对自然灾害、事故灾难或者公共卫生事件的处置措施】自然灾害、事故灾难或者公共卫生事件发生后，履行统一领导职责的人民政府可以采取下列一项或者多项应急处置措施：

（一）组织营救和救治受害人员，疏散、撤离并妥善安置受到威胁的人员以及采取其他救助措施；

（二）迅速控制危险源，标明危险区域，封锁危险场所，划定警戒区，实行交通管制以及其他控制措施；

（三）立即抢修被损坏的交通、通信、供水、排水、供电、供气、供热等公共设施，向受到危害的人员提供避难场所和生活必需品，实施医疗救护和卫生防疫以及其他保障措施；

（四）禁止或者限制使用有关设备、设施，关闭或者限制使用有关场所，中止人员密集的活动或者可能导致危害扩大的生产经营活动以及采取其他保护措施；

（五）启用本级人民政府设置的财政预备费和储备的应急救援物资，必要时调用其他急需物资、设备、设施、工具；

（六）组织公民参加应急救援和处置工作，要求具有特定专长的人员提供服务；

（七）保障食品、饮用水、燃料等基本生活必需品的供应；

（八）依法从严惩处囤积居奇、哄抬物价、制假售假等扰乱市场秩序的行为，稳定市场价格，维护市场秩序；

（九）依法从严惩处哄抢财物、干扰破坏应急处置工作等扰乱社会秩序的行为，维护社会治安；

（十）采取防止发生次生、衍生事件的必要措施。

相关规定：《防震减灾法》第50条；《突发公共卫生事件应急条例》第四章[应急处理]；《传染病防治法》第四章[疫情控制]；《基础测绘条例》第20条

第五十条　【应对社会安全事件的处置措施】社会安全事件发生后，组织处置工作的人民政府应当立即组织有关部门并由公安机关针对事件的性质和特点，依照有关法律、行政法规和国家其他有关规定，采取下列一项或者多项应急处置措施：

（一）强制隔离使用器械相互对抗或者以暴力行为参与冲突的当事人，妥善解决现场纠纷和争端，控制事态发展；

（二）对特定区域内的建筑物、交通工具、设备、设施以及燃料、燃气、电力、水的供应进行控制；

（三）封锁有关场所、道路，查验现场人员的身份证件，限制有关公共场所内的活动；

（四）加强对易受冲击的核心机关和单位的警卫，在国家机关、军事机关、国家通讯社、广播电台、电视台、外国驻华使领馆等单位附近设置临时警戒线；

（五）法律、行政法规和国务院规定的其他必要措施。

严重危害社会治安秩序的事件发生时，公安机关应当立即依法出动警力，根据现场情况依法采取相应的强制性措施，尽快使社会秩序恢复正常。

第五十一条　【突发事件严重影响国民经济运行时的应急处置措施】发生突发事件，严重影响国民经济正常运行时，国务院或者国务院授权的有关主管部门可以采取保障、控制等必要的应急措施，保障人民群众的基本生活需要，最大限度地减轻突发事件的影响。

第五十二条　【征用财产权、请求支援权及相应义务】履行统一领导职责或者组织处置突发事件的人民政府，必要时可以向单位和个人征用应急救援所需设备、设施、场地、交通工具和其他物资，请求其他地方人民政府提供人力、物力、财力或者技术支援，要求生产、供应生活必需品和应急救援物资的企业组织生产、保证供给，要求提供医疗、交通等公共服务的组织提供相应的服务。

履行统一领导职责或者组织处置突发事件的人民政府，应当组织协调运输经营单位，优先运送处置突发事件所需物资、设备、工具、应急救援人员和受到突发事件危害的人员。

第五十三条　【发布相关信息的义务】履行统一领导职责或者组织处置突发事件的人民政府，应当按照有关规定统一、准确、及时发布有关突发事件事态发展和应急处置工作的信息。

第五十四条　【禁止编造、传播虚假信息】任何单位和个人不得编造、传播有关突发事件事态发展或者应急处置工作的虚假信息。

第五十五条　【相关组织的协助义务】突发事件发生地的居民委员会、村民委员会和其他组织应当按照当地人民政府的决定、命令，进行宣传动员，组织群众开展自救和互救，协助维护社会秩序。

第五十六条　【受突发事件影响或辐射的单位的应急处置措施】受到自然灾害危害或者发生事故灾难、公共卫生事件的单位，应当立即组织本单位应急救援队伍和工作人员营救受害人员，疏散、撤离、安置受到威胁的人员，控制危险源，标明危险区域，封锁危险场所，并采取其他防止危害扩大的必要措施，同时向所在地县级人民政府报告；对因本单位的问题引发的或者主体是本单位人员的社会安全事件，有关单位应当按照规定上报情况，并迅速派出负责人赶赴现场开展劝解、疏导工作。

突发事件发生地的其他单位应当服从人民政府发布的决定、命令，配合人民政府采取的应急处置措施，做好本单位的应急救援工作，并积极组织人员参加所在地的应急救援和处置工作。

第五十七条　【突发事件发生地的公民应当履行的义务】突发事件发生地的公民应当服从人民政府、居民委员会、村民委员会或者所属单位的指挥和安排，配合人民政府采取的应急处置措施，积极参加应急救援工作，协助维护社会秩序。

第五章　事后恢复与重建

第五十八条　【停止执行应急处置措施并继续实施必要措施】突发事件的威胁和危害得到控制或者消除后，履行统一领导职责或者组织处置突发事件的人民政府应当停止执行依照本法规定采取的应急处置措施，同时采取或者继续实施必要措施，防止发生自然灾害、事故灾难、公共卫生事件的次生、衍生事件或者重新引发社会安全事件。

条文释义：本条是关于突发事件的威胁和危害得到控制或者消除后，停止执行有关应急处置措施，同时采取或者继续实施必要措施的规定。

1. 停止应急处置措施的时间。为了应对突发事件，履行统一领导职责或者组织处置突发事件的人民政府应当依照本法和有关法律、法规、规章的规定采取应急处置措施。我国现行的法律、法规大多只规定了什么时间可以采取应急处置措施，而对停止应急处置措施及其时间未作出明确规定，工作中缺乏操作依据，需要对此加以明确。考虑到突发事件的种类比较复杂，各类突发事件的应对规律和方式都不尽相同,本条对这一事件的确定作了原则性规定,即突发事件的威胁和危害得到控制或者消除后,履行统一领导职责或者组织处置突发事件的人民政府应当停止执行依照本法规定采取的应急处置措施。实践中,需要根据突发事件的性质、特点和实际情况,来确定停止执行应急处置措施的时间。需要说明的是,停止应急处置措施的决定作出后,应当以适当方式向社会公布,让人民群众普遍知晓。

2. 应急处置措施的停止并不等于应急处置工作的终结。本质上讲,本条的规定是介于突发事件应急处置与救援和恢复与重建之间的一个过渡阶段。停止执行应急处置措施,是因为突发事件及其影响已经得到了有效的控制,继续采取这些措施已经没有必要。但是这并不意味着导致突发事件的原因已经完全消除,特别是在某些情况下,一个突发事件可能引发其他突发事件。实践中,在停止执行应急处置措施后,突发事件死灰复燃,次生、衍生事件发生,或者重新引发社会安全事件的现象屡见不鲜。因此,为了巩固采取应急处置措施的成果,在停止实施应急处置措施后,仍然应当根据实际需要采取有关必要措施。

相关规定:《国家突发公共事件总体应急预案》3. 2. 4[应急结束];《国家自然灾害救助应急预案》6. 1. 4、6. 2. 4、6. 3. 4、6. 4. 4[响应的终止]

第五十九条　【损失评估和组织恢复重建】突发事件应急处置工作结束后,履行统一领导职责的人民政府应当立即组织对突发事件造成的损失进行评估,组织受影响地区尽快恢复生产、生活、工作和社会秩序,制定恢复重建计划,并向上一级人民政府报告。

受突发事件影响地区的人民政府应当及时组织和协调公安、交通、铁路、民航、邮电、建设等有关部门恢复社会治安秩序,尽快修复被损坏的交通、通信、供水、排水、供电、供气、供热等公共设施。

第六十条　【支援恢复重建】受突发事件影响地区的人民政府开展恢复重建工作需要上一级人民政府支持的,可以向上一级人民政府提出请求。上一级人民政府应当根据受影响地区遭受的损失和实际情况,提供资金、物资支持和技术指导,组织其他地区提供资金、物资和人力支援。

条文释义:上一级人民政府应当履行两方面的职责:一是根据受影响地区遭受的损失和实际情况,提供资金、物资支持和技术指导。二是组织其他地区提供资金、物资和人力支援

第六十一条　【善后工作计划】国务院根据受突发事件影响地区遭受损失的情况,制定扶持该地区有关行业发展的优惠政策。

受突发事件影响地区的人民政府应当根据本地区遭受损失的情况,制定救助、补偿、抚慰、抚恤、安置等善后工作计划并组织实施,妥善解决因处置突发事件引发的矛盾和纠纷。

公民参加应急救援工作或者协助维护社会秩序期间,其在本单位的工资待遇和福利不变;表现突出、成绩显著的,由县级以上人民政府给予表彰或者奖励。

县级以上人民政府对在应急救援工作中伤亡的人员依法给予抚恤。

第六十二条　【查明原因并总结经验教训】履行统一领导职责的人民政府应当及时查明突发事件的发生经过和原因,总结突发事件应急处置工作的经验教训,制定改进措施,并向上一级人民政府提出报告。

第六章　法律责任

第六十三条　【政府及其有关部门不履行法定职责的法律责任】地方各级人民政府和县级以上各级人民政府有关部门违反本法规定,不履行法定职责的,由其上级行政机关或者监察机关责令改正;有下列情形之一的,根据情节对直接负责的主管人员和其他直接责任人员依法给予处分:

(一)未按规定采取预防措施,导致发生突发事件,或者未采取必要的防范措施,导致发生次

生、衍生事件的;

(二)迟报、谎报、瞒报、漏报有关突发事件的信息,或者通报、报送、公布虚假信息,造成后果的;

(三)未按规定及时发布突发事件警报、采取预警期的措施,导致损害发生的;

(四)未按规定及时采取措施处置突发事件或者处置不当,造成后果的;

(五)不服从上级人民政府对突发事件应急处置工作的统一领导、指挥和协调的;

(六)未及时组织开展生产自救、恢复重建等善后工作的;

(七)截留、挪用、私分或者变相私分应急救援资金、物资的;

(八)不及时归还征用的单位和个人的财产,或者对被征用财产的单位和个人不按规定给予补偿的。

第六十四条　【突发事件发生地的单位不履行法定义务的法律责任】有关单位有下列情形之一的,由所在地履行统一领导职责的人民政府责令停产停业,暂扣或者吊销许可证或者营业执照,并处五万元以上二十万元以下的罚款;构成违反治安管理行为的,由公安机关依法给予处罚:

(一)未按规定采取预防措施,导致发生严重突发事件的;

(二)未及时消除已发现的可能引发突发事件的隐患,导致发生严重突发事件的;

(三)未做好应急设备、设施日常维护、检测工作,导致发生严重突发事件或者突发事件危害扩大的;

(四)突发事件发生后,不及时组织开展应急救援工作,造成严重后果的。

前款规定的行为,其他法律、行政法规规定由人民政府有关部门依法决定处罚的,从其规定。

第六十五条　【编造、传播虚假信息的法律责任】违反本法规定,编造并传播有关突发事件事态发展或者应急处置工作的虚假信息,或者明知是有关突发事件事态发展或者应急处置工作的虚假信息而进行传播的,责令改正,给予警告;造成严重后果的,依法暂停其业务活动或者吊销其执业许可证;负有直接责任的人员是国家工作人员的,还应当对其依法给予处分;构成违反治安管理行为的,由公安机关依法给予处罚。

第六十六条　【治安管理处罚】单位或者个人违反本法规定,不服从所在地人民政府及其有关部门发布的决定、命令或者不配合其依法采取的措施,构成违反治安管理行为的,由公安机关依法给予处罚。

第六十七条　【民事责任】单位或者个人违反本法规定,导致突发事件发生或者危害扩大,给他人人身、财产造成损害的,应当依法承担民事责任。

第六十八条　【刑事责任】违反本法规定,构成犯罪的,依法追究刑事责任。

第七章　附　　则

第六十九条　【紧急状态】发生特别重大突发事件,对人民生命财产安全、国家安全、公共安全、环境安全或者社会秩序构成重大威胁,采取本法和其他有关法律、法规、规章规定的应急处置措施不能消除或者有效控制、减轻其严重社会危害,需要进入紧急状态的,由全国人民代表大会常务委员会或者国务院依照宪法和其他有关法律规定的权限和程序决定。

紧急状态期间采取的非常措施,依照有关法律规定执行或者由全国人民代表大会常务委员会另行规定。

第七十条　【施行日期】本法自 2007 年 11 月 1 日起施行。

◎ 司法解释及文件

最高人民法院印发《关于人民法院预防和处理执行突发事件的若干规定》(试行)的通知

(2009年9月22日　法发〔2009〕50号)

各省、自治区、直辖市高级人民法院，解放军军事法院，新疆维吾尔自治区高级人民法院生产建设兵团分院：

现将《最高人民法院关于人民法院预防和处理执行突发事件的若干规定》(试行)印发给你们，请结合各地实际，贯彻执行。

最高人民法院关于人民法院预防和处理执行突发事件的若干规定(试行)

为预防和减少执行突发事件的发生，控制、减轻和消除执行突发事件引起的社会危害，规范执行突发事件应急处理工作，保护执行人员及其他人员的人身财产安全，维护社会稳定，根据《中华人民共和国民事诉讼法》、《中华人民共和国突发事件应对法》等有关法律规定，结合执行工作实际，制定本规定。

第一条　本规定所称执行突发事件，是指在执行工作中突然发生，造成或可能危及执行人员及其他人员人身财产安全，严重干扰执行工作秩序，需要采取应急处理措施予以应对的群体上访、当事人自残、群众围堵执行现场、以暴力或暴力相威胁抗拒执行等事件。

第二条　按照危害程度、影响范围等因素，执行突发事件分为特别重大、重大、较大和一般四级。

特别重大的执行突发事件是指严重影响社会稳定、造成人员死亡或3人以上伤残的事件。

除特别重大执行突发事件外，分级标准由各高级人民法院根据辖区实际自行制定。

第三条　高级人民法院应当加强对辖区法院执行突发事件应急处理工作的指导。

执行突发事件的应急处理工作由执行法院或办理法院负责。各级人民法院应当成立由院领导负责的应急处理工作机构，并建立相关工作机制。

异地执行发生突发事件时，发生地法院必须协助执行法院做好现场应急处理工作。

第四条　执行突发事件应对工作实行预防为主、预防与应急处理相结合的原则。执行突发事件应急处理坚持人身安全至上、社会稳定为重的原则。

第五条　各级人民法院应当制定执行突发事件应急处理预案。执行应急处理预案包括组织与指挥、处理原则与程序、预防和化解、应急处理措施、事后调查与报告、装备及人员保障等内容。

第六条　执行突发事件实行事前、事中和事后全程报告制度。执行人员应当及时将有关情况报告本院执行应急处理工作机构。

异地执行发生突发事件的，发生地法院应当及时将有关情况报告当地党委、政府。

第七条　各级人民法院应当定期对执行应急处理人员和执行人员进行执行突发事件应急处理有关知识培训。

第八条　执行人员办理案件时，应当认真研究全案执行策略，讲究执行艺术和执行方法，积极做好执行和解工作，从源头上预防执行突发事件的发生。

第九条 执行人员应当强化程序公正意识,严格按照法定执行程序采取强制执行措施,规范执行行为,防止激化矛盾引发执行突发事件。

第十条 执行人员必须严格遵守执行工作纪律有关规定,廉洁自律,防止诱发执行突发事件。

第十一条 执行人员应当认真做好强制执行准备工作,制定有针对性的执行方案。执行人员在采取强制措施前,应当全面收集并研究被执行人的相关信息,结合执行现场的社会情况,对发生执行突发事件的可能性进行分析,并研究相关应急化解措施。

第十二条 执行人员在执行过程中,发现有执行突发事件苗头,应当及时向执行突发事件应急处理工作机构报告。执行法院必须启动应急处理预案,采取有效措施全力化解执行突发事件危机。

第十三条 异地执行时,执行人员请求当地法院协助的,当地法院必须安排专人负责和协调,并做好应急准备。

第十四条 发生下列情形,必须启动执行突发事件应急处理预案:

(一)涉执上访人员在15人以上的;

(二)涉执上访人员有无理取闹、缠诉领导、冲击机关等严重影响国家机关办公秩序行为的;

(三)涉执上访人员有自残行为的;

(四)当事人及相关人员携带易燃、易爆物品及管制刀具等凶器上访的;

(五)当事人及相关人员聚众围堵,可能导致执行现场失控的;

(六)当事人及相关人员在执行现场使用暴力或以暴力相威胁抗拒执行的;

(七)其他严重影响社会稳定或危害执行人员安全的。

第十五条 执行突发事件发生后,执行人员应当立即报告执行突发事件应急处理工作机构。应急处理工作机构负责人应当迅速启动应急处理机制,采取有效措施防止事态恶性发展。同时协调公安机关及时出警控制现场,并将有关情况报告党委、政府。

第十六条 执行突发事件造成人伤亡或财产损失的,执行应急处理人员应当及时协调公安、卫生、消防等部门组织力量进行抢救,全力减轻损害和减少损失。

第十七条 对继续采取执行措施可能导致现场失控、激发暴力事件、危及人身安全的,执行人员应当立即停止执行措施,及时撤离执行现场。

第十八条 异地执行发生执行突发事件的,执行人员应当在第一时间将有关情况通报发生地法院,发生地法院应当积极协助组织开展应急处理工作。发生地法院必须立即派员赶赴现场,同时报告当地党委和政府,协调公安等有关部门出警控制现场,采取有效措施进行控制,防止事态恶化。

第十九条 执行突发事件发生后,执行法院必须就该事件进行专项调查,形成书面报告材料,在5个工作日内逐级上报至高级人民法院。对特别重大执行突发事件,高级人民法院应当立即组织调查,并在3个工作日内书面报告最高人民法院。

第二十条 执行突发事件调查报告应包括以下内容:

(一)事件发生的时间、地点和经过;

(二)事件后果及人员伤亡、财产损失;

(三)与事件相关的案件;

(四)有关法院采取的预防和处理措施;

(五)事件原因分析及经验、教训总结;

(六)事件责任认定及处理;

(七)其他需要报告的事项。

第二十一条 执行突发事件系由执行人员过错引发,或执行应急处理不当加重事件后果,或事后瞒报、谎报、缓报的,必须按照有关纪律处分办法追究相关人员责任。

第二十二条 对当事人及相关人员在执行突发事件中违法犯罪行为,有关法院应当协调公安、检察和纪检监察等有关部门,依法依纪予以严肃查处。

第二十三条 本规定自2009年10月1日起施行。

最高人民法院、最高人民检察院关于办理妨害预防、控制突发传染病疫情等灾害的刑事案件具体应用法律若干问题的解释

(2003年5月13日最高人民法院审判委员会第1269次会议、2003年5月13日最高人民检察院第十届检察委员会第3次会议通过 2003年5月14日最高人民法院、最高人民检察院公告公布 自2003年5月15日起施行 法释〔2003〕8号)

为依法惩治妨害预防、控制突发传染病疫情等灾害的犯罪活动,保障预防、控制突发传染病疫情等灾害工作的顺利进行,切实维护人民群众的身体健康和生命安全,根据《中华人民共和国刑法》等有关法律规定,现就办理相关刑事案件具体应用法律的若干问题解释如下:

第一条 故意传播突发传染病病原体,危害公共安全的,依照刑法第一百一十四条、第一百一十五条第一款的规定,按照以危险方法危害公共安全罪定罪处罚。

患有突发传染病或者疑似突发传染病而拒绝接受检疫、强制隔离或者治疗,过失造成传染病传播,情节严重,危害公共安全的,依照刑法第一百一十五条第二款的规定,按照过失以危险方法危害公共安全罪定罪处罚。

第二条 在预防、控制突发传染病疫情等灾害期间,生产、销售伪劣的防治、防护产品、物资,或者生产、销售用于防治传染病的假药、劣药,构成犯罪的,分别依照刑法第一百四十条、第一百四十一条、第一百四十二条的规定,以生产、销售伪劣产品罪,生产、销售假药罪或者生产、销售劣药罪定罪,依法从重处罚。

第三条 在预防、控制突发传染病疫情等灾害期间,生产用于防治传染病的不符合保障人体健康的国家标准、行业标准的医疗器械、医用卫生材料,或者销售明知是用于防治传染病的不符合保障人体健康的国家标准、行业标准的医疗器械、医用卫生材料,不具有防护、救治功能,足以严重危害人体健康的,依照刑法第一百四十五条的规定,以生产、销售不符合标准的医用器材罪定罪,依法从重处罚。

医疗机构或者个人,知道或者应当知道系前款规定的不符合保障人体健康的国家标准、行业标准的医疗器械、医用卫生材料而购买并有偿使用的,以销售不符合标准的医用器材罪定罪,依法从重处罚。

第四条 国有公司、企业、事业单位的工作人员,在预防、控制突发传染病疫情等灾害的工作中,由于严重不负责任或者滥用职权,造成国有公司、企业破产或者严重损失,致使国家利益遭受重大损失的,依照刑法第一百六十八条的规定,以国有公司、企业、事业单位人员失职罪或者国有公司、企业、事业单位人员滥用职权罪定罪处罚。

第五条 广告主、广告经营者、广告发布者违反国家规定,假借预防、控制突发传染病疫情等灾害的名义,利用广告对所推销的商品或者服务作虚假宣传,致使多人上当受骗,违法所得数额较大或者有其他严重情节的,依照刑法第二百二十二条的规定,以虚假广告罪定罪处罚。

第六条 违反国家在预防、控制突发传染病疫情等灾害期间有关市场经营、价格管理等规定,哄抬物价、牟取暴利,严重扰乱市场秩序,违法所得数额较大或者有其他严重情节的,依照刑法第二百二十五条第(四)项的规定,以非法经营罪定罪,依法从重处罚。

第七条 在预防、控制突发传染病疫情等灾害期间,假借研制、生产或者销售用于预防、控制突

发传染病疫情等灾害用品的名义,诈骗公私财物数额较大的,依照刑法有关诈骗罪的规定定罪,依法从重处罚。

第八条 以暴力、威胁方法阻碍国家机关工作人员、红十字会工作人员依法履行为防治突发传染病疫情等灾害而采取的防疫、检疫、强制隔离、隔离治疗等预防、控制措施的,依照刑法第二百七十七条第一款、第三款的规定,以妨害公务罪定罪处罚。

第九条 在预防、控制突发传染病疫情等灾害期间,聚众"打砸抢",致人伤残、死亡的,依照刑法第二百八十九条、第二百三十四条、第二百三十二条的规定,以故意伤害罪或者故意杀人罪定罪,依法从重处罚。对毁坏或者抢走公私财物的首要分子,依照刑法第二百八十九条、第二百六十三条的规定,以抢劫罪定罪,依法从重处罚。

第十条 编造与突发传染病疫情等灾害有关的恐怖信息,或者明知是编造的此类恐怖信息而故意传播,严重扰乱社会秩序的,依照刑法第二百九十一条之一的规定,以编造、故意传播虚假恐怖信息罪定罪处罚。

利用突发传染病疫情等灾害,制造、传播谣言,煽动分裂国家、破坏国家统一,或者煽动颠覆国家政权、推翻社会主义制度的,依照刑法第一百零三条第二款、第一百零五条第二款的规定,以煽动分裂国家罪或者煽动颠覆国家政权罪定罪处罚。

第十一条 在预防、控制突发传染病疫情等灾害期间,强拿硬要或者任意损毁、占用公私财物情节严重,或者在公共场所起哄闹事,造成公共场所秩序严重混乱的,依照刑法第二百九十三条的规定,以寻衅滋事罪定罪,依法从重处罚。

第十二条 未取得医师执业资格非法行医,具有造成突发传染病病人、病原携带者、疑似突发传染病病人贻误诊治或者造成交叉感染等严重情节的,依照刑法第三百三十六条第一款的规定,以非法行医罪定罪,依法从重处罚。

第十三条 违反传染病防治法等国家有关规定,向土地、水体、大气排放、倾倒或者处置含传染病病原体的废物、有毒物质或者其他危险废物,造成突发传染病传播等重大环境污染事故,致使公私财产遭受重大损失或者人身伤亡的严重后果的,依照刑法第三百三十八条的规定,以重大环境污染事故罪定罪处罚。

第十四条 贪污、侵占用于预防、控制突发传染病疫情等灾害的款物或者挪用归个人使用,构成犯罪的,分别依照刑法第三百八十二条、第三百八十三条、第二百七十一条、第三百八十四条、第二百七十二条的规定,以贪污罪、侵占罪、挪用公款罪、挪用资金罪定罪,依法从重处罚。

挪用用于预防、控制突发传染病疫情等灾害的救灾、优抚、救济等款物,构成犯罪的,对直接责任人员,依照刑法第二百七十三条的规定,以挪用特定款物罪定罪处罚。

第十五条 在预防、控制突发传染病疫情等灾害的工作中,负有组织、协调、指挥、灾害调查、控制、医疗救治、信息传递、交通运输、物资保障等职责的国家机关工作人员,滥用职权或者玩忽职守,致使公共财产、国家和人民利益遭受重大损失的,依照刑法第三百九十七条的规定,以滥用职权罪或者玩忽职守罪定罪处罚。

第十六条 在预防、控制突发传染病疫情等灾害期间,从事传染病防治的政府卫生行政部门的工作人员,或者在受政府卫生行政部门委托代表政府卫生行政部门行使职权的组织中从事公务的人员,或者虽未列入政府卫生行政部门人员编制但在政府卫生行政部门从事公务的人员,在代表政府卫生行政部门行使职权时,严重不负责任,导致传染病传播或者流行,情节严重的,依照刑法第四百零九条的规定,以传染病防治失职罪定罪处罚。

在国家对突发传染病疫情等灾害采取预防、控制措施后,具有下列情形之一的,属于刑法第四百零九条规定的"情节严重":

(一)对发生突发传染病疫情等灾害的地区或者突发传染病病人、病原携带者、疑似突发传染病病人，未按照预防、控制突发传染病疫情等灾害工作规范的要求做好防疫、检疫、隔离、防护、救治等工作，或者采取的预防、控制措施不当，造成传染范围扩大或者疫情、灾情加重的；

（二）隐瞒、缓报、谎报或者授意、指使、强令他人隐瞒、缓报、谎报疫情、灾情，造成传染范围扩大或者疫情、灾情加重的；

（三）拒不执行突发传染病疫情等灾害应急处理指挥机构的决定、命令，造成传染范围扩大或者疫情、灾情加重的；

（四）具有其他严重情节的。

第十七条 人民法院、人民检察院办理有关妨害预防、控制突发传染病疫情等灾害的刑事案件，对于有自首、立功等悔罪表现的，依法从轻、减轻、免除处罚或者依法作出不起诉决定。

第十八条 本解释所称"突发传染病疫情等灾害"，是指突然发生，造成或者可能造成社会公众健康严重损害的重大传染病疫情、群体性不明原因疾病以及其他严重影响公众健康的灾害。

劳动部、监察部、最高人民检察院、全国总工会关于必须严肃查处煤矿重大恶性事故的通知

（1994年2月5日）

各省、自治区、直辖市人民政府，国务院有关部门：

1993年，全国煤矿共发生一次死亡10人以上重大恶性事故56起，死亡1059人，分别比1992年同类事故上升9.8%和2.6%。特别是第四季度，煤矿重大恶性事故频繁，安全生产形势更加严峻。10月发生6起，死亡177人；11月发生7起，死亡162人；12月发生10起，死亡170人。

煤矿重大恶性事故的频繁发生，给国家和人民生命财产造成巨大损失，严重影响改革开放和经济建设的发展。事故多发固然有对安全生产重视不够、安全管理松懈等多方面的因素，但对事故的查处不力，执法不严是一个十分重要的原因。这一问题应当引起各级政府及有关部门领导，特别是煤矿企业领导的高度重视。发生了事故，一些地区、部门和煤矿企业不是认真地查找事故原因、依法追究事故的责任者、制定预防事故的对策，而是在事故调查处理过程中，对事故处理不及时或对事故的责任者迁就袒护，处理偏轻；有的推诿扯皮，推卸事故责任；淡化事故性质，致使一些事故迟迟不能结案；更有甚者是不依法办事，置国法与职工生命于不顾，发生事故拖延或隐瞒不报。当前查处煤矿重大恶性事故，并非无法可依，而是有些单位和地区过分强调特殊性，我行我素，有法不依，一些执法部门疏于检查监督，致使一些事故长期得不到处理，以致不能使煤矿企业及有关部门从已经发生事故中吸取教训、改进工作。特别值得指出的是，1993年1月20日安徽省淮南矿务局潘一矿和5月8日河南省平顶山矿务局十一矿的两起瓦斯爆炸事故，都死亡了39人，因有关部门不依法办事，干扰了正常的事故处理程序，致使前一起事故拖延了11个月才得以结案，后一起事故至今仍未能结案。

据统计，在1993年全国煤矿共发生的一次死亡10人以上的56起重大恶性事故中，已经批复结案的只有25起，结案率仅为44.6%，尚有31起未结案。

为了认真贯彻执行《矿山安全法》，落实各项责任制度，从技术上、管理上和执法监督上采取措施，有效地遏制煤矿重大恶性事故频发的势头，切实保障煤矿职工的生命安全，使国家和人民生命财产免遭重大损失，现根据国务院领导同志的指示精神，针对煤矿重大恶性事故查处工作中存在的一些问题，提出要求如下：

一、各地要立即行动起来，对本地区煤矿重大伤亡事故，特别是重大恶性事故的查处情况进行

一次检查。认真贯彻落实《国务院关于加强安全生产工作的通知》(国发〔1993〕50号)和《国务院关于控制重大、特大恶性事故的紧急通知》(国发明电〔1993〕)17号以及最高人民检察院和劳动人事部《关于查处重大责任事故的暂行规定》等精神,强化各类煤矿的安全工作,严肃查处煤矿重大伤亡事故。对于严重官僚主义和忽视安全生产工作造成重大恶性伤亡事故的责任者要从重处理,不得姑息迁就,凡构成犯罪的,必须绳之以法。对已处理结案的事故要进行复查,对事故的处理决定未予落实的应督促尽快落实。对于在事故查处工作中玩忽职守、徇私舞弊和弄虚作假的,要依照国家有关的法律和法规给予严肃处理,触犯刑律的,由司法机关依法追究刑事责任。请各地按照《国务院办公厅关于煤矿连续发生重大伤亡事故的通报》(国办发明电〔1992〕5月号)要求,将1993年煤矿重大伤亡事故的查处情况于1994年4月1日前报国务院,抄报劳动部、监察部、最高人民检察院、全国总工会。

二、煤矿企业及各级管理煤矿的主管部门,必须认清当前煤矿安全生产的严峻形势,认真贯彻执行《矿山安全法》及国家有关安全法规,严格履行安全管理职责,自觉学习法律、法规,用法律、法规规范言行,接受法律、法规的约束,对重大的事故隐患和危害采取切实有效的技术和管理措施,迅速扭转煤矿安全生产不断恶化的局面。发生了重大恶性伤亡事故,必须按规定程序向有关部门报告,并认真查明原因,吸取教训,制定防范措施,改进安全管理工作,并按照国务院《企业职工伤亡事故报告和处理规定》及劳动部根据国务院授权所作的《解释》等,认真执行对事故有关责任人员的行政处分决定和组织实施防范措施。

三、各级劳动行政主管部门、行政监察部门、人民检察院和工会组织,要特别注意强化对煤矿重大恶性伤亡事故查处的监督工作。各级劳动行政主管部门,必须严格履行《矿山安全法》所赋予的监督职责,做到有法必依,执法必严,违法必究,坚持“三不放过”的原则。在监督法律实施的同时,必须改进工作作风,讲究工作实效,廉洁奉公;必须遵守法纪和接受人民群众的监督。

四、各级劳动行政主管部门、行政监督部门、人民检察院和工会组织,在查处煤矿重大恶性伤亡事故工作中,要及时沟通情况,加强联系,密切配合,各司其职,各尽其责,注意刑事处罚与行政处分的衔接,共同依法做好煤矿重大恶性伤亡事故的查处工作,对触犯刑律的责任者,人民检察院必须依法行使检察权,维护国家法律、法规的严肃性和权威性。

五、各地要选择一些损失大、影响坏、典型的煤矿重大恶性事故,进行公开查处,一抓到底,对忽视矿山安全生产,草菅人命的人员要严肃处理,并利用新闻媒介予以曝光,造成声势,让全社会都来关心、重视和监督煤矿伤亡事故的查处工作,以及关系到国计民生的安全生产工作。

三、行政许可

中华人民共和国行政许可法

（2003 年 8 月 27 日第十届全国人民代表大会常务委员会第四次会议通过　2003 年 8 月 27 日中华人民共和国主席令第 7 号公布　自 2004 年 7 月 1 日起施行）

第一章　总　　则

第一条　【立法目的】为了规范行政许可的设定和实施，保护公民、法人和其他组织的合法权益，维护公共利益和社会秩序，保障和监督行政机关有效实施行政管理，根据宪法，制定本法。

第二条　【行政许可的含义】本法所称行政许可，是指行政机关根据公民、法人或者其他组织的申请，经依法审查，准予其从事特定活动的行为。

条文释义：判断一个行为是否属于行政许可，按照《行政许可法》第 2 条、第 3 条、第 12 条的规定，要注意把握以下几点：

一是，行政许可是行政机关对经济和社会事务的管理行为，不包括对民事权利、民事关系的确认。因此，植物新品种权的授予，组织机构代码、商品条码的注册，产权登记，机动车登记，婚姻登记，户籍登记，抵押登记等，不是行政许可；而城市规划管理中选址意见书的批准，土地管理中对国有土地使用权出让的批准，是行政许可。

二是，行政许可是行政机关的外部行政管理行为。外交部门对地方政府外事办公室、有外事审批权的国务院部门颁发因公护照权、护照签证自办权等的审批，不是外部行政管理行为，不是行政许可；而公安机关对公民申请因私出国护照的审批，是外部行政管理行为，是行政许可。

三是，行政许可是行政机关对公民、法人或者其他组织的申请经审查后决定其可以从事有关活动的行为。因此，行政机关采用检验、检测等手段对市场产品的日常监管不是行政许可。

［以下行政行为，是否属于行政许可？］

1. 商标注册不是行政许可。但是，对法律、行政法规规定的必须使用注册商标的商品（如烟草制品）的商标注册除外。

2. 对由政府直接投资和注入资本金方式投资的审批，不是行政许可。对企业申请以贴息、转贷和补助方式使用政府投资的项目的审批，审批结果不影响投资项目本身能否进行的，不是行政许可。

3. 对企业投资的重大和限制类投资项目的审批，是行政许可。

4. 以工代赈资金的审批，不是行政许可。

5. 卷烟生产年度计划的审批，不是行政许可。

6. 盐业主管机构根据食盐专营办法发放食盐专营许可证的行为，是行政许可。食盐专营许可证由国家有关部门统一印制提供给盐业主管机构使用的行为，不是行政许可。

7. 根据企业债券管理条例的规定，国家发展改革委员会会同国务院有关部门拟订全国企业债券发行年度规模和规模内各项指标的行为，不是行政许可。

8. 政府为了鼓励或者引导某一行业或者事业的发展，常常通过审批，对特定行业或者事业的发展直接或者间接提供一定的物质(包括资金)支持,比如,减免税收或者其他应征费用,这些行为不是行政许可。

9. 财政部门根据《事业单位财务规则》对事业单位资产处置等事项的审批,不是行政许可。

10. 对已列入国家预算安排的项目资金的审批(比如,中央基本建设项目财务事项的审批、技改资金和科技三项费用的审批等),不是行政许可。

11. 根据劳动法的规定,用人单位对职工的培训、考核、发证,不是行政许可。通过劳动部门职业培训获得的资格,应当区分两种情况:一是,获得资格只是对从业人员专业水平的一种客观评定,从业人员以此可以获得更好的竞争地位,对其是否可以从事特定活动没有影响,这种资格的授予不是行政许可;二是,获得资格不只是对从业人员专业水平的一种客观评定,未获得此种资格,从业人员就不能从事特定活动,这种资格的授予是行政许可。

12. 科技保密审批(主要指重要的科技成果出国)、文物出国展览、各种工程或项目的设计审查(如煤矿建设工程安全设施设计审查)、代理记账批准、中外合作经营企业外国投资者提前收回投资审批,是行政许可。

13. 国有土地使用权登记、农村宅基证颁发行为,是产权登记,不是行政许可。

14. 财政部门(国资委)对国有资产处置的批准,属于政府履行出资人职能的行为,不是行政许可。

15. 建设工程在开工前要经过规划、施工、消防等部门的许可。工程完成后,要经过相关部门验收合格后方可投入使用。工程验收是独立于规划、施工等的一项许可,相对于工程是否可以投入使用,它仍然是事前的控制手段,即工程未经验收,不能使用。

第三条 【适用范围】行政许可的设定和实施,适用本法。

有关行政机关对其他机关或者对其直接管理的事业单位的人事、财务、外事等事项的审批,不适用本法。

条文释义:本条"其他机关"指党的机关、国家其他机关、人民团体等,"机关管理的事业单位"是指教育行政部门直接管理的学校、文化行政部门直接管理的文艺团体、卫生行政部门直接管理的医疗单位等。

第四条 【合法原则】设定和实施行政许可,应当依照法定的权限、范围、条件和程序。

第五条 【公开、公平、公正原则】设定和实施行政许可,应当遵循公开、公平、公正的原则。

有关行政许可的规定应当公布;未经公布的,不得作为实施行政许可的依据。行政许可的实施和结果,除涉及国家秘密、商业秘密或者个人隐私的外,应当公开。

符合法定条件、标准的,申请人有依法取得行政许可的平等权利,行政机关不得歧视。

条文释义:实施行政许可的公开包括:(1)实施行政许可的主体以及统一受理行政许可申请、统一送达行政许可决定的机构名称要公开;(2)有关行政许可事项、依据、条件、数量、程序、期限的规定以及需要申请人提交的全部材料的目录和申请书示范文本要公开;(3)行政机关在审查行政许可申请过程中听取利害关系人意见以及举行听证、招标、拍卖、考试、考核、检验、检测、检疫,要公开进行;(4)行政机关作出的准予行政许可的决定要予以公开,公众有权查阅。

第六条 【便民原则】实施行政许可,应当遵循便民的原则,提高办事效率,提供优质服务。

第七条 【陈述权、申辩权和救济权】公民、法人或者其他组织对行政机关实施行政许可,享有陈述权、申辩权;有权依法申请行政复议或者提起行政诉讼;其合法权益因行政机关违法实施行政许可受到损害的,有权依法要求赔偿。

条文释义:本条所指的公民、法人或者其他组织,既包括申请人、被许可人,也包括利害关系人。

第八条 【信赖保护原则】公民、法人或者其他组织依法取得的行政许可受法律保护,行政机

关不得擅自改变已经生效的行政许可。

行政许可所依据的法律、法规、规章修改或者废止，或者准予行政许可所依据的客观情况发生重大变化的，为了公共利益的需要，行政机关可以依法变更或者撤回已经生效的行政许可。由此给公民、法人或者其他组织造成财产损失的，行政机关应当依法给予补偿。

条文释义：信赖保护原则的基本内涵是：(1)公民、法人或者其他组织依法取得的行政许可应当受到法律保护，除非法律、法规有明确规定的外，行政机关不得撤销或者变更已生效的行政许可。(2)行政机关和申请人、被许可人都没有过错，而是因客观原因，行政机关为了公共利益的需要，可以依法变更或者撤回已经生效的行政许可。(3)行政机关依法变更或者撤回已经生效的行政许可造成公民、法人或者其他组织财产损失的，应当依法予以补偿。

[小煤矿的关闭、各种营运车辆的取缔是否适用信赖保护原则?]

对依法取得采矿许可的小煤矿、依法取得营运许可的车辆，如果行政机关实施行政许可依据的法律、法规、规章或者被许可人取得行政许可所依据的客观情况发生重大变化，为了公共利益的需要，可以依法撤回小煤矿的采矿许可证、车辆的营运证。由此对被许可人造成财产损失的，作出撤回决定的行政机关应当依法给予补偿。

行政机关依据本条第2款规定变更或者撤回已经生效的行政许可，公民、法人或者其他组织仅主张行政补偿的，应当先向行政机关提出申请；行政机关在法定期限或者合理期限内不予答复或者对行政机关作出的补偿决定不服的，可以依法提起行政诉讼。

法律、法规、规章或者规范性文件对变更或者撤回行政许可的补偿标准未作规定的，一般在实际损失范围内确定补偿数额；行政许可属于本法第12条第2项规定情形的，一般按照实际投入的损失确定补偿数额。

相关规定：《最高人民法院关于审理行政许可案件若干问题的规定》第14条、第15条

第九条 【行政许可的转让】依法取得的行政许可，除法律、法规规定依照法定条件和程序可以转让的外，不得转让。

条文释义：行政许可能否转让，涉及对不同行政许可性质和功能的分析和判断。行政许可可以分为五类：(1)普通许可。这种行政许可是准予符合法定条件的相对人行使某种权利，如集会游行示威许可、爆炸品生产运输许可、商业银行设立许可等。(2)特许。这种行政许可是行政机关依法向相对人转让某种特定权力或者配置有限资源。如海域使用许可、排污许可等。(3)认可。这种行政许可是对相对人是否具备某种资格资质的认定。如律师资格、建筑企业的资质等。(4)核准。这种行政许可是对某些事项或者活动是否达到法定技术标准的核实准许。如消防验收、生猪屠宰检疫等。(5)登记。这种行政许可是对特定法律关系的确认。如企业登记、事业单位登记等。上述五种行政许可，除了特许外，其余四种行政许可的性质都是准予特定的人从事符合法定条件的活动，主体和对象不可分离。所以，除特许外，多数行政许可是不能转让的。

第十条 【行政许可监督】县级以上人民政府应当建立健全对行政机关实施行政许可的监督制度，加强对行政机关实施行政许可的监督检查。

行政机关应当对公民、法人或者其他组织从事行政许可事项的活动实施有效监督。

第二章 行政许可的设定

第十一条 【行政许可设定原则】设定行政许可，应当遵循经济和社会发展规律，有利于发挥公民、法人或者其他组织的积极性、主动性，维护公共利益和社会秩序，促进经济、社会和生态环境协调发展。

第十二条 【行政许可的设定事项】下列事项可以设定行政许可：

（一）直接涉及国家安全、公共安全、经济宏观调控、生态环境保护以及直接关系人身健康、生命财产安全等特定活动，需要按照法定条件予以批准的事项；

（二）有限自然资源开发利用、公共资源配置以及直接关系公共利益的特定行业的市场准入等，需要赋予特定权利的事项；

（三）提供公众服务并且直接关系公共利益的职业、行业，需要确定具备特殊信誉、特殊条件或者特殊技能等资格、资质的事项；

（四）直接关系公共安全、人身健康、生命财产安全的重要设备、设施、产品、物品，需要按照技术标准、技术规范，通过检验、检测、检疫等方式进行审定的事项；

（五）企业或者其他组织的设立等，需要确定主体资格的事项；

（六）法律、行政法规规定可以设定行政许可的其他事项。

条文释义：本条第（一）项为普通许可，主要适用于污染和其他公害的防治、生态环境的保护；金融、保险、证券等涉及高度社会信用的行业的市场准入和经营活动；爆炸性、易燃性、放射性、毒害性、腐蚀性等危险品的生产、储存、运输、使用、销售以及其他涉及公民人身健康、生命财产安全的产品的生产、销售活动；新闻出版、广播电影电视机构的设立和活动；涉及公民人身健康、生命财产安全、公共安全和国家安全的其他事项。主要特征：一是对相对人行使法定权利或者从事法律没有禁止但附有条件的活动的准许，也就是通常所说的禁止的解除；二是一般没有数量限制；三是行政机关实施这些行政许可一般没有自由裁量权，符合条件即应当予以许可。

本条第（二）项为特许，包括国有土地使用权出让许可、无线电频率配置、海滩使用权出让许可、出租车经营许可、排污许可、公用事业经营许可等。主要特征：一是相对人取得特许权一般要支付一定费用；二是一般有数量限制；三是行政机关实施这类许可一般都有自由裁量权；四是申请人获得这类许可要承担很大的公益义务，如提供普遍服务的义务，不得擅自停止从事活动等。

本条第（三）项为认可，如律师资格、注册会计师资格、建筑企业资质等，主要特征有四个：一是一般都需要通过考试方式并根据考试结果决定是否认可；二是这类许可往往与人的身份、能力有关系；三是没有数量限制，符合标准（包括考试成绩）的都要予以认可；四是行政机关实施这类许可一般没有自由裁量权。

本条第（四）项为核准，包括消防验收、生猪屠宰检疫、电梯安装运行标准、水库大坝竣工验收等。主要特征：一是依据的主要是技术标准、技术规范，具有很强的专业性、技术性、客观性；二是一般需要根据实地检测、检验、检疫作出规定，三是没有数量限制，凡是符合技术标准、技术规范的，都要予以核准；四是行政机关实施这类许可没有自由裁量权。

本条第（五）项为登记，包括工商企业登记、社团登记、民办非企业单位登记、合伙企业登记等。主要特征：一是未经合法登记取得特定主体资格或者身份，从事涉及公众关系的经济、社会活动是非法的；二是没有数量限制，凡是符合条件、标准的许可申请都要准予登记；三是对申请材料一般只作形式审查，通常可以当场作出是否准予登记的决定；四是行政机关实施登记没有自由裁量权。

本条第六项的主要有三个目的，一是现行法律、行政法规对其他行政许可事项的规定仍然保留、有效；二是以后的法律、行政法规还可以根据实际情况在行政许可法明确规定的上述五类行政许可事项外设定其他行政许可事项；三是地方性法规、地方性规章、国务院决定都不得设定上述五类许可事项以外的行政许可，已经设定的，要予以清理。

第十三条 【不设定行政许可的事项】本法第十二条所列事项，通过下列方式能够予以规范的，可以不设行政许可：

（一）公民、法人或者其他组织能够自主决定的；

（二）市场竞争机制能够有效调节的；

（三）行业组织或者中介机构能够自律管理的；

（四）行政机关采用事后监督等其他行政管理方式能够解决的。

条文释义：[对批发市场的数量进行控制，是否可以认为属于"公共资源配置"，从而设定行政许可？]

根据行政许可法第12条和第13条的规定，为控制大型批发市场（食品、药品、建材等批发市场）的重复建设而对其数量进行控制，对此不应设定行政许可，也不属于公共资源配置。

第十四条　【法律、行政法规、国务院决定的行政许可设定权】本法第十二条所列事项，法律可以设定行政许可。尚未制定法律的，行政法规可以设定行政许可。

必要时，国务院可以采用发布决定的方式设定行政许可。实施后，除临时性行政许可事项外，国务院应当及时提请全国人民代表大会及其常务委员会制定法律，或者自行制定行政法规。

条文释义：国务院决定的行政许可设定权表现在：(1)临时性、紧急的且尚未制定法律、行政法规的事项，国务院还有必要以行政许可方式进行管理；(2)根据WTO规则，国外采取临时性许可措施时，我国可以采取相应措施，如临时配额、临时许可证管理等；(3)有些比较敏感的问题，制定法律、行政法规条件还不成熟，需要国务院决定设定行政许可进行管理；(4)国务院决定已经设定的行政许可，在国务院行政审批制度改革中认为需要保留的；(5)在国有企业改革、促进就业与再就业、社会保险等方面，有一些试点、试验的事项，先是用政策作指导，在局部地区、特定领域实施，积累经验，在制定法律、行政法规前，也需要采取行政许可的方式实施管理。

第十五条　【地方性法规、省级政府规章的行政许可设定权】本法第十二条所列事项，尚未制定法律、行政法规的，地方性法规可以设定行政许可；尚未制定法律、行政法规和地方性法规的，因行政管理的需要，确需立即实施行政许可的，省、自治区、直辖市人民政府规章可以设定临时性的行政许可。临时性的行政许可实施满一年需要继续实施的，应当提请本级人民代表大会及其常务委员会制定地方性法规。

地方性法规和省、自治区、直辖市人民政府规章，不得设定应当由国家统一确定的公民、法人或者其他组织的资格、资质的行政许可；不得设定企业或者其他组织的设立登记及其前置性行政许可。其设定的行政许可，不得限制其他地区的个人或者企业到本地区从事生产经营和提供服务，不得限制其他地区的商品进入本地区市场。

条文释义：1. 除省、自治区、直辖市人民政府规章以外的其他地方政府规章以及国务院部门规章都无权设定行政许可。

2. 省级人民政府规章设定的临时性行政许可，实施满一年后需要继续实施的，应当提请本级人民代表大会及其常务委员会制定地方性法规。省级人民代表大会及其常务委员会认为不需要制定地方性法规，或者制定了地方性法规但未设定行政许可的，省级人民政府规章设定的行政许可停止实施。

3.《行政许可法》第14条、第15条中规定的"尚未制定法律"、"尚未制定法律、行政法规"以及"尚未制定法律、行政法规和地方性法规"的事项限于《行政许可法》第12条规定可以设定行政许可的事项。

"尚未制定法律"、"尚未制定法律、行政法规"以及"尚未制定法律、行政法规和地方性法规"有两种情况：一是，对某一事项是否设定行政许可，上位法立法时没有考虑到这个问题，下位法可以根据实际情况，在不违反行政许可法有关规定的前提下，设定行政许可；二是，对某一事项是否设定行政许可，上位法立法时已经考虑，其立法精神、立法原则要求对该事项不设定行政许可的，则下位法不得设定行政许可。

第十六条 【行政许可规定权】行政法规可以在法律设定的行政许可事项范围内，对实施该行政许可作出具体规定。

地方性法规可以在法律、行政法规设定的行政许可事项范围内，对实施该行政许可作出具体规定。

规章可以在上位法设定的行政许可事项范围内，对实施该行政许可作出具体规定。

法规、规章对实施上位法设定的行政许可作出的具体规定，不得增设行政许可；对行政许可条件作出的具体规定，不得增设违反上位法的其他条件。

条文释义：1. 2004 年 7 月 1 日以后，设定行政许可，应当规定行政许可的实施机关、条件、程序、期限。此前发布的法律、法规，设定了行政许可但未规定行政许可的条件、程序、期限的，规章可以对有关行政许可条件、程序、期限作出规定，修订法律、法规时应当补充有关行政许可条件、程序、期限的规定。

2. 法律、行政法规只授权部门制定有关管理办法、制度的，不能视为法律、行政法规授权部门规章设定行政许可。

3. 规范性文件可以在上位法设定的行政许可事项范围内，对实施该行政许可作出具体规定。但是，规范性文件对实施上位法作出的具体规定，不得增设行政许可；对行政许可条件作出的具体规定，不得增设违反上位法的其他条件。

4. 法律、行政法规设定行政许可所依据的客观情况发生变化，确需增设行政许可的，应当依照法定程序修改法律、行政法规。

第十七条 【行政许可设立禁止】除本法第十四条、第十五条规定的外，其他规范性文件一律不得设定行政许可。

条文释义：本条所指的其他规范性文件主要包括：全国人大及其常委会、省级人大及其常委会以外的国家权力机关制定的规范性文件，国务院、省级地方人民政府以外的行政机关制定的具有普遍约束力的决定、命令，军事机关、审判机关、检察机关制定的规范性文件，社会团体、行业组织章程等。

第十八条 【行政许可应当明确规定的事项】设定行政许可，应当规定行政许可的实施机关、条件、程序、期限。

第十九条 【设定行政许可应当听取意见、说明理由】起草法律草案、法规草案和省、自治区、直辖市人民政府规章草案，拟设定行政许可的，起草单位应当采取听证会、论证会等形式听取意见，并向制定机关说明设定该行政许可的必要性、对经济和社会可能产生的影响以及听取和采纳意见的情况。

第二十条 【行政许可评价制度】行政许可的设定机关应当定期对其设定的行政许可进行评价；对已设定的行政许可，认为通过本法第十三条所列方式能够解决的，应当对设定该行政许可的规定及时予以修改或者废止。

行政许可的实施机关可以对已设定的行政许可的实施情况及存在的必要性适时进行评价，并将意见报告该行政许可的设定机关。

公民、法人或者其他组织可以向行政许可的设定机关和实施机关就行政许可的设定和实施提出意见和建议。

第二十一条 【停止实施行政许可】省、自治区、直辖市人民政府对行政法规设定的有关经济事务的行政许可，根据本行政区域经济和社会发展情况，认为通过本法第十三条所列方式能够解决的，报国务院批准后，可以在本行政区域内停止实施该行政许可。

条文释义：适用本条规定，只有省、自治区、直辖市人民政府可以提出在本行政区域内停止实施行政法规设定的行政许可的建议，并且有严格的限制性条件：一是有关行政许可事项，可以通过行政许可以外的其他方式解决实际问题，在该行政区域内不再具备实施的必要性。地方人民政府必须结合地方经济和社会发展状况，向国务院说明有关行政许可事项确无继续实施的必要。条件具备的地方，才能停止实施行政许可。二是有关行政许可事项，限于行政法规设定的经济事务的行政许可。"有关经济事务的行政许可"主要指企业、其他组织从事生产经营活动、提供服务以及相关活动的行政许可。对是否属于经济事务的许可有争议的，应报国务院；三是必须报国务院批准。

第三章　行政许可的实施机关

第二十二条　【行政许可实施主体的一般规定】行政许可由具有行政许可权的行政机关在其法定职权范围内实施。

第二十三条　【法律、法规授权组织实施行政许可】法律、法规授权的具有管理公共事务职能的组织，在法定授权范围内，以自己的名义实施行政许可。被授权的组织适用本法有关行政机关的规定。

条文释义："具有管理公共事务职能的组织"通常是指该组织承担着管理事务的责任，比如，医院、学校、图书馆以及一些公用事业机构等。只承担管理本组织自身事务责任的，不能算作具有管理公共事务职能的组织。

第二十四条　【委托实施行政许可的主体】行政机关在其法定职权范围内，依照法律、法规、规章的规定，可以委托其他行政机关实施行政许可。委托机关应当将受委托行政机关和受委托实施行政许可的内容予以公告。

委托行政机关对受委托行政机关实施行政许可的行为应当负责监督，并对该行为的后果承担法律责任。

受委托行政机关在委托范围内，以委托行政机关名义实施行政许可；不得再委托其他组织或者个人实施行政许可。

条文释义：1. 委托实施行政许可具有以下特点：第一，受委托实施行政许可的主体只限于行政机关，其他组织和个人不能接受行政机关的委托实施行政许可。第二，受委托行政机关实施行政许可的权力来源于委托行政机关的委托行为。第三，受委托实施行政许可的行政机关并未因委托行政机关的委托而获得法定的行政许可实施权。第四，受委托实施行政许可的行政机关在具体实施受委托的行政许可时，并不具有行政主体资格，其实施受委托行政许可的行为的法律后果由委托行政机关承担。如森林采伐许可和烟草专卖零售许可等。

2. 委托实施行政许可的规则：一是，委托主体即委托实施行政许可的行政机关，委托其他行政机关实施行政许可应当遵循职权法定的原则，在其法定权限范围内依法委托，其既不能将其无权行使的行政许可实施权委托给其他行政机关，也不能超越其享有的行政许可实施权范围委托其他行政机关实施行政许可。二是，委托实施行政许可的依据是法律、法规和规章，非依法律、法规、规章的规定，行政机关无权委托其他行政机关实施行政许可。三是，委托行政机关对受委托行政机关实施行政许可的行为应当负责监督，并对实施该行政许可行为的后果承担法律责任。四是，受委托实施行政许可的行政机关不得将行政许可实施权再转委托给其他组织或者个人。五是，委托行政机关应当将受委托行政机关和受委托实施行政许可的内容予以公告。

3. 委托实施行政许可的，委托行政机关应当发布公告。公告应当包括下列内容：一是，委托行政机关的名称、地址、联系方式;二是,受委托实施行政许可的行政机关的名称、地址、联系方式;三是,委托实施的行政许可的具体事项。

第二十五条 【相对集中行政许可权】经国务院批准,省、自治区、直辖市人民政府根据精简、统一、效能的原则,可以决定一个行政机关行使有关行政机关的行政许可权。

第二十六条 【一个窗口对外、统一办理或者联合办理、集中办理】行政许可需要行政机关内设的多个机构办理的,该行政机关应当确定一个机构统一受理行政许可申请,统一送达行政许可决定。

行政许可依法由地方人民政府两个以上部门分别实施的,本级人民政府可以确定一个部门受理行政许可申请并转告有关部门分别提出意见后统一办理,或者组织有关部门联合办理、集中办理。

条文释义:行政机关依据本条第2款规定统一办理行政许可的,当事人对行政许可行为不服提起诉讼,以对当事人作出具有实质影响的不利行为的机关为被告。

相关规定:《最高人民法院关于审理行政许可案件若干问题的规定》第5条

第二十七条 【行政机关及其工作人员的纪律约束】行政机关实施行政许可,不得向申请人提出购买指定商品、接受有偿服务等不正当要求。

行政机关工作人员办理行政许可,不得索取或者收受申请人的财物,不得谋取其他利益。

第二十八条 【授权专业组织实施的指导性规定】对直接关系公共安全、人身健康、生命财产安全的设备、设施、产品、物品的检验、检测、检疫,除法律、行政法规规定由行政机关实施的外,应当逐步由符合法定条件的专业技术组织实施。专业技术组织及其有关人员对所实施的检验、检测、检疫结论承担法律责任。

条文释义:对某一事项需要通过检验、检测、检疫的方式决定是否予以行政许可的,只能由法律、行政法规规定的主体实施行政许可;法律、行政法规未规定由事业单位实施检验、检测、检疫的,只能由行政机关实施。

第四章 行政许可的实施程序

第一节 申请与受理

第二十九条 【行政许可申请】公民、法人或者其他组织从事特定活动,依法需要取得行政许可的,应当向行政机关提出申请。申请书需要采用格式文本的,行政机关应当向申请人提供行政许可申请书格式文本。申请书格式文本中不得包含与申请行政许可事项没有直接关系的内容。

申请人可以委托代理人提出行政许可申请。但是,依法应当由申请人到行政机关办公场所提出行政许可申请的除外。

行政许可申请可以通过信函、电报、电传、传真、电子数据交换和电子邮件等方式提出。

条文释义:凡法律、法规、规章没有明确规定必须到办公场所提出行政许可申请的,行政机关均不得拒绝接受申请人、委托代理人或者通过邮寄、数据电文等方式提出行政许可。但是行政许可法只对此作了倡导性的规定,没作严格要求。此外如果申请人以口头方式提出行政许可申请的,行政机关工作人员应当要求申请人以书面方式提出或将其口头申请记录后请其确认。对一些可以当场决定的行政许可事项,行政机关工作人员也可以在行政许可申请人告知有关情况后直接作出是否准予行政许可的决定。

第三十条 【行政机关公示义务】行政机关应当将法律、法规、规章规定的有关行政许可的事项、依据、条件、数量、程序、期限以及需要提交的全部材料的目录和申请书示范文本等在办公场所公示。

申请人要求行政机关对公示内容予以说明、解释的,行政机关应当说明、解释,提供准确、可靠的信息。

第三十一条 【申请人提交真实材料、反映真实情况义务】申请人申请行政许可,应当如实向行政机关提交有关材料和反映真实情况,并对其申请材料实质内容的真实性负责。行政机关不得要求申请人提交与其申请的行政许可事项无关的技术资料和其他材料。

第三十二条 【行政许可申请的处理】行政机关对申请人提出的行政许可申请,应当根据下列情况分别作出处理:

(一)申请事项依法不需要取得行政许可的,应当即时告知申请人不受理;

(二)申请事项依法不属于本行政机关职权范围的,应当即时作出不予受理的决定,并告知申请人向有关行政机关申请;

(三)申请材料存在可以当场更正的错误的,应当允许申请人当场更正;

(四)申请材料不齐全或者不符合法定形式的,应当当场或者在5日内一次告知申请人需要补正的全部内容,逾期不告知的,自收到申请材料之日起即为受理;

(五)申请事项属于本行政机关职权范围,申请材料齐全、符合法定形式,或者申请人按照本行政机关的要求提交全部补正申请材料的,应当受理行政许可申请。

行政机关受理或者不予受理行政许可申请,应当出具加盖本行政机关专用印章和注明日期的书面凭证。

条文释义:在确定是否受理行政许可申请时,行政机关审查下列内容:(1)申请事项是否属本行政机关管辖范围;(2)申请事项是否属于依法需要取得行政许可的事项;(3)申请人是否按照法律、法规和规章的规定提交了符合规定数量、种类的申请材料;(4)申请人提供的行政许可申请材料是否符合规定的格式;(5)其他事项,如申请人是否属于不得提出行政许可申请的人,申请人提供的材料是否有明显的计算错误、文字错误以及其他类似错误等。“可以当场更正的错误”,主要指文字错误、计算错误或者其他类似错误。

第三十三条 【鼓励行政机关发展电子政务实施行政许可】行政机关应当建立和完善有关制度,推行电子政务,在行政机关的网站上公布行政许可事项,方便申请人采取数据电文等方式提出行政许可申请;应当与其他行政机关共享有关行政许可信息,提高办事效率。

第二节 审查与决定

第三十四条 【审查行政许可材料】行政机关应当对申请人提交的申请材料进行审查。

申请人提交的申请材料齐全、符合法定形式,行政机关能够当场作出决定的,应当当场作出书面的行政许可决定。

根据法定条件和程序,需要对申请材料的实质内容进行核实的,行政机关应当指派两名以上工作人员进行核查。

条文释义:行政机关当场作出行政许可决定,适用于比较简单的行政许可事项、行政机关能够经审查后当场确定申请人是否符合法定条件、能否取得法定行政许可的情形。行政机关当场作出行政许可决定的,也应当按照本条的规定,认真审查申请人是否符合法定条件、申请人提供的材料反映的内容是否真实,在此基础上作出书面的准予行政许可或者不予行政许可的决定。作出不予行政许可决定的,行政机关要按照本法第38条的规定,履行说明理由、告知诉权的义务。

第三十五条 【多层级行政机关实施行政许可的审查程序】依法应当先经下级行政机关审查后报上级行政机关决定的行政许可，下级行政机关应当在法定期限内将初步审查意见和全部申请材料直接报送上级行政机关。上级行政机关不得要求申请人重复提供申请材料。

第三十六条 【直接关系他人重大利益的行政许可审查程序】行政机关对行政许可申请进行审查时，发现行政许可事项直接关系他人重大利益的，应当告知该利害关系人。申请人、利害关系人有权进行陈述和申辩。行政机关应当听取申请人、利害关系人的意见。

第三十七条 【行政机关依法作出行政许可决定】行政机关对行政许可申请进行审查后，除当场作出行政许可决定的外，应当在法定期限内按照规定程序作出行政许可决定。

第三十八条 【行政机关许可和不予许可应当履行的义务】申请人的申请符合法定条件、标准的，行政机关应当依法作出准予行政许可的书面决定。

行政机关依法作出不予行政许可的书面决定的，应当说明理由，并告知申请人享有依法申请行政复议或者提起行政诉讼的权利。

条文释义：1. 行政机关说明不予行政许可的理由，不能流于形式，必须做到充分、清晰、完整，说明拒绝行政许可所依据的全部事实与证据。为防止出现申请人因不懂得行使救济权而不能有效维护其合法权益的情形，行政许可的实施机关在作出不予行政许可的决定时，应当告知申请人享有申请行政复议、提起行政诉讼的权利。行政机关应当告知申请人申请行政复议、提起行政诉讼的时间、方式，而不宜简单地以“依法申请行政复议、提起行政诉讼”应付了事。

行政机关依法作出不予行政许可的书面决定的，应当在书面决定中说明理由。

2. 部门规章对行政许可条件作出的规定未超出法律、行政法规的授权范围，或者没有在法律、行政法规规定以外增设其他条件的，部门规章规定的条件可以作为行政许可决定的法定条件。

第三十九条 【颁发行政许可证件】行政机关作出准予行政许可的决定，需要颁发行政许可证件的，应当向申请人颁发加盖本行政机关印章的下列行政许可证件：

（一）许可证、执照或者其他许可证书；

（二）资格证、资质证或者其他合格证书；

（三）行政机关的批准文件或者证明文件；

（四）法律、法规规定的其他行政许可证件。

行政机关实施检验、检测、检疫的，可以在检验、检测、检疫合格的设备、设施、产品、物品上加贴标签或者加盖检验、检测、检疫印章。

条文释义：实践中，不是所有的行政许可都要发证。按是否颁发许可证件进行划分，可以将行政许可分为颁发证件的行政许可与不颁发证件的行政许可。不颁发行政许可证件的主要有以下几种情况：(1)在行政许可申请书上加注文字，说明准予行政许可的时间、机关及内容，并加盖行政机关印章；(2)与申请人签订合同，如国有土地使用权出让合同；(3)行政机关的不作为依法视为准予行政许可。但此种情形必须有法律的明确规定。如大气污染防治法、水污染防治法实施细则都规定，拆除排污处理设施应当向环保机关申报，环保机关应当在1个月内作出决定，逾期不批复的，视为同意。此外，从现行法律规定和行政机关的操作看，一般情况下，行政机关准予行政许可申请的，要么只颁发行政许可证件、不送达行政许可决定，要么只送达行政许可决定、不颁发行政许可证件；拒绝行政许可申请的，只作出决定、不颁发证件，行政机关很少既作出行政许可决定又颁发行政许可证件的。

第四十条 【准予行政许可决定的公开义务】行政机关作出的准予行政许可决定，应当予以公开，公众有权查阅。

第四十一条 【行政许可的地域效力】法律、行政法规设定的行政许可，其适用范围没有地域限制的，申请人取得的行政许可在全国范围内有效。

条文释义：法律、行政法规规定的取得有关行政许可的条件、标准应当是全国统一的。只要申请人取得的行政许可的适用范围依法没有地域限制，被许可人在一个地方取得了行政许可，就可以在全国范围内从事被许可的活动，无需在其他地方再次申请同一行政许可或者目的相同的行政许可。（参见《国务院法制办公室对〈关于提请解释中华人民共和国行政许可法有关适用问题的函〉的复函》二）

第三节　期　　限

第四十二条　【行政许可一般期限】除可以当场作出行政许可决定的外，行政机关应当自受理行政许可申请之日起20日内作出行政许可决定。20日内不能作出决定的，经本行政机关负责人批准，可以延长10日，并应当将延长期限的理由告知申请人。但是，法律、法规另有规定的，依照其规定。

依照本法第二十六条的规定，行政许可采取统一办理或者联合办理、集中办理的，办理的时间不得超过45日；45日内不能办结的，经本级人民政府负责人批准，可以延长15日，并应当将延长期限的理由告知申请人。

条文释义：1. 行政机关也可以规定短于本条规定的期限。

2. 行政机关受理行政许可申请后，在法定期限内不予答复，公民、法人或者其他组织向人民法院起诉的，人民法院应当依法受理。"法定期限"自行政许可申请受理之日起计算；以数据电文方式受理的，自数据电文进入行政机关指定的特定系统之日起计算；数据电文需要确认收讫的，自申请人收到行政机关的收讫确认之日起计算。

3.《固体废物污染环境防治法》第23条规定的转移固体废物出省、自治区、直辖市行政区域贮存、处置申请办理行政许可的时限，适用本条第2款的规定，但函件邮递的时间应当计算在行政许可的时限内。

相关规定：《最高人民法院关于审理行政许可案件若干问题的规定》第6条；《全国人民代表大会常务委员会法制工作委员会关于如何适用固体废物跨省转移行政许可办理时限的答复》

第四十三条　【多层级许可的审查期限】依法应当先经下级行政机关审查后报上级行政机关决定的行政许可，下级行政机关应当自其受理行政许可申请之日起20日内审查完毕。但是，法律、法规另有规定的，依照其规定。

条文释义：1. 依法未经初审部门同意，申请人的申请就不能向上级行政机关报送的，初审构成一项独立的行政许可，初审时间适用《行政许可法》第42条有关期限的规定。无论初审部门是否同意，初审部门依法都有义务将初步审查意见和申请人的全部申请材料报送上级行政机关，申请人无需重新提出申请，初审时间适用《行政许可法》第43条有关期限的规定。

2. 在实施行政许可过程中，会签其他部门属于行政机关之间的内部工作程序。对申请人来说，行政许可的期限仍然适用行政许可法有关期限的规定。按照《国务院关于克服官僚主义进一步转变工作作风提高办事效率有关问题的通报》的要求，各部门之间征求意见或者会签文件时，协办部门必须在7个工作日内予以答复，否则视为失职。

第四十四条　【许可证章颁发期限】行政机关作出准予行政许可的决定，应当自作出决定之日起10日内向申请人颁发、送达行政许可证件，或者加贴标签、加盖检验、检测、检疫印章。

条文释义：行政机关应当直接向被许可人颁发、送达行政许可证件；申请人指定了代理人的，也可以向代理人送达行政许可证件；直接送达有困难的，可以邮寄送达；受送达人下落不明或者用其他方式无法送达的，还可以公告送达。

第四十五条　【不纳入许可期限的事项】行政机关作出行政许可决定，依法需要听证、招标、拍卖、检验、检测、检疫、鉴定和专家评审的，所需时间不计算在本节规定的期限内。行政机关应当将所需时间书面告知申请人。

条文释义：行政机关作出行政许可决定，如果依法需要进行咨询评估、评审的，咨询评估、评审所需时间不计算在行政许可期限内，但行政机关应当将所需时间书面告知申请人。

第四节　听　　证

第四十六条　【行政机关主动举行听证的行政许可事项】法律、法规、规章规定实施行政许可应当听证的事项，或者行政机关认为需要听证的其他涉及公共利益的重大行政许可事项，行政机关应当向社会公告，并举行听证。

第四十七条　【行政机关应申请举行听证的行政许可事项】行政许可直接涉及申请人与他人之间重大利益关系的，行政机关在作出行政许可决定前，应当告知申请人、利害关系人享有要求听证的权利；申请人、利害关系人在被告知听证权利之日起 5 日内提出听证申请的，行政机关应当在 20 日内组织听证。

申请人、利害关系人不承担行政机关组织听证的费用。

条文释义：下列行政事项应看做是直接涉及申请人与他人之间重大利益关系的行政许可：多人同时竞争的有数量限制的行政许可，给予申请人行政许可将直接影响其相邻权人、竞争对手甚至消费者重大经济利益、重大环境利益的规划许可、建设用地许可等无数量限制的行政许可。

第四十八条　【行政许可听证程序规则】听证按照下列程序进行：

（一）行政机关应当于举行听证的 7 日前将举行听证的时间、地点通知申请人、利害关系人，必要时予以公告；

（二）听证应当公开举行；

（三）行政机关应当指定审查该行政许可申请的工作人员以外的人员为听证主持人，申请人、利害关系人认为主持人与该行政许可事项有直接利害关系的，有权申请回避；

（四）举行听证时，审查该行政许可申请的工作人员应当提供审查意见的证据、理由，申请人、利害关系人可以提出证据，并进行申辩和质证；

（五）听证应当制作笔录，听证笔录应当交听证参加人确认无误后签字或者盖章。

行政机关应当根据听证笔录，作出行政许可决定。

条文释义：行政机关应当根据听证笔录中认定的事实作出决定。对应当听证的行政许可，行政机关作出准予行政许可、拒绝行政许可的决定，都必须以听证中所展示并经过质证得以认定的、确有证明力的证据作为事实依据，而这些事实依据又都必须是听证记录中所记载的。

第五节　变更与延续

第四十九条　【变更行政许可的程序】被许可人要求变更行政许可事项的，应当向作出行政许可决定的行政机关提出申请；符合法定条件、标准的，行政机关应当依法办理变更手续。

条文释义：对行政机关审查被许可人变更行政许可申请的期限，单行法律、法规有规定的，按照单行法律、法规的规定办理；单行法律、法规没有规定的，适用行政机关对初次行政许可申请审查期限的规定。

第五十条　【延续行政许可的程序】被许可人需要延续依法取得的行政许可的有效期的，应当在该行政许可有效期届满 30 日前向作出行政许可决定的行政机关提出申请。但是，法律、法规、规章另有规定的,依照其规定。

行政机关应当根据被许可人的申请,在该行政许可有效期届满前作出是否准予延续的决定;逾期未作决定的,视为准予延续。

第六节 特别规定

第五十一条 【其他规定适用规则】实施行政许可的程序,本节有规定的,适用本节规定;本节没有规定的,适用本章其他有关规定。

第五十二条 【国务院实施行政许可程序】国务院实施行政许可的程序,适用有关法律、行政法规的规定。

第五十三条 【通过招标拍卖作出行政许可决定】实施本法第十二条第二项所列事项的行政许可的,行政机关应当通过招标、拍卖等公平竞争的方式作出决定。但是,法律、行政法规另有规定的,依照其规定。

行政机关通过招标、拍卖等方式作出行政许可决定的具体程序,依照有关法律、行政法规的规定。

行政机关按照招标、拍卖程序确定中标人、买受人后,应当作出准予行政许可的决定,并依法向中标人、买受人颁发行政许可证件。

行政机关违反本条规定,不采用招标、拍卖方式,或者违反招标、拍卖程序,损害申请人合法权益的,申请人可以依法申请行政复议或者提起行政诉讼。

条文释义:根据本条的规定,行政机关通过招标、拍卖作出行政许可决定的具体方式,依照有关法律、行政法规的规定办理。这里的法律、行政法规包括招标投标法、拍卖法的有关规定。如果法律、行政法规对行政机关采取招标、拍卖等方式作出行政许可决定的程序有规定的,应当适用有关规定;如果其他法律、行政法规没有作出规定的,可以参照招标投标法和拍卖法的原则和规定进行。

第五十四条 【通过考试考核方式作出行政许可决定】实施本法第十二条第三项所列事项的行政许可,赋予公民特定资格,依法应当举行国家考试的,行政机关根据考试成绩和其他法定条件作出行政许可决定;赋予法人或者其他组织特定的资格、资质的,行政机关根据申请人的专业人员构成、技术条件、经营业绩和管理水平等的考核结果作出行政许可决定。但是,法律、行政法规另有规定的,依照其规定。

公民特定资格的考试依法由行政机关或者行业组织实施,公开举行。行政机关或者行业组织应当事先公布资格考试的报名条件、报考办法、考试科目以及考试大纲。但是,不得组织强制性的资格考试的考前培训,不得指定教材或者其他助考材料。

第五十五条 【根据技术标准、技术规范作出行政许可决定】实施本法第十二条第四项所列事项的行政许可的,应当按照技术标准、技术规范依法进行检验、检测、检疫,行政机关根据检验、检测、检疫的结果作出行政许可决定。

行政机关实施检验、检测、检疫,应当自受理申请之日起5日内指派两名以上工作人员按照技术标准、技术规范进行检验、检测、检疫。不需要对检验、检测、检疫结果作进一步技术分析即可认定设备、设施、产品、物品是否符合技术标准、技术规范的,行政机关应当当场作出行政许可决定。

行政机关根据检验、检测、检疫结果,作出不予行政许可决定的,应当书面说明不予行政许可所依据的技术标准、技术规范。

条文释义:与其他行政许可相比,本条所指的行政许可客观性较强,行政机关没有自由裁量权。

此外,本条的工作人员指行政机关工作人员,不包括行政机关委托的技术专家等非行政机关在编人员。

第五十六条 【当场许可的特别规定】实施本法第十二条第五项所列事项的行政许可,申请人提交的申请材料齐全、符合法定形式的,行政机关应当当场予以登记。需要对申请材料的实质内容进行核实的,行政机关依照本法第三十四条第三款的规定办理。

第五十七条 【有数量限制的行政许可】有数量限制的行政许可,两个或者两个以上申请人的申请均符合法定条件、标准的,行政机关应当根据受理行政许可申请的先后顺序作出准予行政许可的决定。但是,法律、行政法规另有规定的,依照其规定。

第五章 行政许可的费用

第五十八条 【收费原则和经费保障】行政机关实施行政许可和对行政许可事项进行监督检查,不得收取任何费用。但是,法律、行政法规另有规定的,依照其规定。

行政机关提供行政许可申请书格式文本,不得收费。

行政机关实施行政许可所需经费应当列入本行政机关的预算,由本级财政予以保障,按照批准的预算予以核拨。

条文释义:1. 通常,对《行政许可法》第12条第2项中规定的对有限自然资源开发利用、公共资源配置以及直接关系公共利益的特定行业的市场准入等赋予特定权利的行政许可事项,即所谓的特许事项,是可以收费的,如自然资源补偿费、有限公共资源使用费等。但这些收费同样需要由法律、行政法规来设定。

2. 国务院决定、地方性法规和省级人民政府规章设定的行政许可能否收费,要看有没有法律、行政法规的依据。

第五十九条 【收费规则以及对收费所得款项的处理】行政机关实施行政许可,依照法律、行政法规收取费用的,应当按照公布的法定项目和标准收费;所收取的费用必须全部上缴国库,任何机关或者个人不得以任何形式截留、挪用、私分或者变相私分。财政部门不得以任何形式向行政机关返还或者变相返还实施行政许可所收取的费用。

第六章 监督检查

第六十条 【行政许可层级监督】上级行政机关应当加强对下级行政机关实施行政许可的监督检查,及时纠正行政许可实施中的违法行为。

第六十一条 【书面检查原则】行政机关应当建立健全监督制度,通过核查反映被许可人从事行政许可事项活动情况的有关材料,履行监督责任。

行政机关依法对被许可人从事行政许可事项的活动进行监督检查时,应当将监督检查的情况和处理结果予以记录,由监督检查人员签字后归档。公众有权查阅行政机关监督检查记录。

行政机关应当创造条件,实现与被许可人、其他有关行政机关的计算机档案系统互联,核查被许可人从事行政许可事项活动情况。

第六十二条 【抽样检查、检验、检测和实地检查、定期检验权适用的情形及程序】行政机关可以对被许可人生产经营的产品依法进行抽样检查、检验、检测,对其生产经营场所依法进行实地检查。检查时,行政机关可以依法查阅或者要求被许可人报送有关材料;被许可人应当如实提供有关情况和材料。

行政机关根据法律、行政法规的规定,对直接关系公共安全、人身健康、生命财产安全的重要设备、设施进行定期检验。对检验合格的,行政机关应当发给相应的证明文件。

条文释义:1. 需要强调的是,本条一方面规定行政机关可以采取抽样检查、检验、检测和实地检查等方式对被许可人从事被许可事项的活动进行监督检查;另一方面,本条规定实际上也是对行政机关进行实地检查等方式的限制,只有在必要的情况下,行政机关才能依法采取实地检查等方式。

2. 定期检验(包括年检)是行政机关对被许可人是否依法从事有关行政许可事项活动的监督检查手段,不是行政许可。在实施年检中,要防止把年检转为或者变相转为行政许可。

对过去实践中名为"年检"实为"许可"的管理手段(比如规定,未申请年检或者未通过年检,当事人就不能从事相关活动),要按照行政许可法有关行政许可的规定进行规范。

2004年7月1日行政许可法正式施行后,行政机关实施定期检验(包括年检)必须有法律、行政法规的规定,且定期检验(包括年检)的对象限于直接关系公共安全、人身健康、生命财产安全的重要设备、设施。

第六十三条 【行政机关实施监督检查时应当遵守的纪律】行政机关实施监督检查,不得妨碍被许可人正常的生产经营活动,不得索取或者收受被许可人的财物,不得谋取其他利益。

条文释义:行政机关实施监督检查时,完全可能通过抽取被许可人市场销售的产品、物品实现,而不必进入企业生产经营场所抽取产品、物品,妨碍企业的生产经营活动;能够一次监督检查就能发现问题、认定被许可人是否依法从事行政许可事项活动的,行政机关不宜重复检查。

第六十四条 【行政许可监督检查的属地管辖与协作】被许可人在作出行政许可决定的行政机关管辖区域外违法从事行政许可事项活动的,违法行为发生地的行政机关应当依法将被许可人的违法事实、处理结果抄告作出行政许可决定的行政机关。

条文释义:本条实际上规定了属地管辖的原则:被许可人违法从事行政许可事项活动的,由违法行为发生地行政机关进行核实并依法作出处理。但违法行为发生地的行政机关应当依法将被许可人的违法事实、处理结果抄告作出行政许可决定的行政机关。

第六十五条 【个人、组织对违法从事行政许可活动的监督】个人和组织发现违法从事行政许可事项的活动,有权向行政机关举报,行政机关应当及时核实、处理。

第六十六条 【依法开发利用资源】被许可人未依法履行开发利用自然资源义务或者未依法履行利用公共资源义务的,行政机关应当责令限期改正;被许可人在规定期限内不改正的,行政机关应当依照有关法律、行政法规的规定予以处理。

第六十七条 【特定行业市场准入被许可人的义务和法律责任】取得直接关系公共利益的特定行业的市场准入行政许可的被许可人,应当按照国家规定的服务标准、资费标准和行政机关依法规定的条件,向用户提供安全、方便、稳定和价格合理的服务,并履行普遍服务的义务;未经作出行政许可决定的行政机关批准,不得擅自停业、歇业。

被许可人不履行前款规定的义务的,行政机关应当责令限期改正,或者依法采取有效措施督促其履行义务。

条文释义:直接关系公共利益的特定行业,就是通常所称的自然垄断行业,如铁路交通、民航、电信、邮政、电力以及城市供水、供气等行业。对于这类行业,国家一般都对其服务标准、价格、服务质量及普遍服务的义务等作出了相应的规定;这些行业的被许可人不得擅自停业、歇业,因特殊原因需要停业、歇业的,也必须报经原作出许可决定的行政机关批准,并有相应的替代其履行公共服务职能的方案。

第六十八条 【自检制度】对直接关系公共安全、人身健康、生命财产安全的重要设备、设施,

行政机关应当督促设计、建造、安装和使用单位建立相应的自检制度。

行政机关在监督检查时，发现直接关系公共安全、人身健康、生命财产安全的重要设备、设施存在安全隐患的，应当责令停止建造、安装和使用，并责令设计、建造、安装和使用单位立即改正。

第六十九条　【撤销行政许可的情形】有下列情形之一的，作出行政许可决定的行政机关或者其上级行政机关，根据利害关系人的请求或者依据职权，可以撤销行政许可：

（一）行政机关工作人员滥用职权、玩忽职守作出准予行政许可决定的；

（二）超越法定职权作出准予行政许可决定的；

（三）违反法定程序作出准予行政许可决定的；

（四）对不具备申请资格或者不符合法定条件的申请人准予行政许可的；

（五）依法可以撤销行政许可的其他情形。

被许可人以欺骗、贿赂等不正当手段取得行政许可的，应当予以撤销。

依照前两款的规定撤销行政许可，可能对公共利益造成重大损害的，不予撤销。

依照本条第一款的规定撤销行政许可，被许可人的合法权益受到损害的，行政机关应当依法给予赔偿。依照本条第二款的规定撤销行政许可的，被许可人基于行政许可取得的利益不受保护。

条文释义：申请人是否符合法定条件，其认定依据也只能是法律、法规和符合法律规定的规章，行政机关在无法定授权的情况下自行规定的条件不能用来作为认定申请人是否应当取得行政许可的条件。行政机关需要慎重行使撤销权，必须权衡各种利益后作出合理的决定：撤销行政许可可能对公共利益造成重大危害的，不予撤销；撤销行政许可维护的公共利益明显小于维持行政许可决定保护的被许可人的利益及维护社会关系稳定所体现的利益的，不予撤销；只有当撤销行政许可保护的公共利益明显大于维持行政许可体现的利益时，行政机关才可以撤销行政许可。

第七十条　【注销行政许可的情形】有下列情形之一的，行政机关应当依法办理有关行政许可的注销手续：

（一）行政许可有效期届满未延续的；

（二）赋予公民特定资格的行政许可，该公民死亡或者丧失行为能力的；

（三）法人或者其他组织依法终止的；

（四）行政许可依法被撤销、撤回，或者行政许可证件依法被吊销的；

（五）因不可抗力导致行政许可事项无法实施的；

（六）法律、法规规定的应当注销行政许可的其他情形。

条文释义：1. 注销的前提是出现了使行政许可失去效力的特定事实。行政机关注销行政许可，应当作出书面决定，告知申请人注销的理由、依据。

2. 根据法不溯及既往的原则，行政许可法有关撤回行政许可的规定，不适用于行政许可法实施前作出的具体行政行为。根据行政许可法的规定，撤回行政许可的适用前提是相对人已经取得的行政许可合法，而且撤回许可必须是为了公共利益的需要。适用情形包括：(1)行政许可依据的法律、法规、规章修改或者废止；(2)行政许可依据的客观情况发生重大变化。撤回行政许可对公民、法人或者其他组织造成财产损失的，作出撤回行政许可决定的行政机关应当依法予以补偿。

第七章　法 律 责 任

第七十一条　【规范性文件违法设定行政许可的法律责任】违反本法第十七条规定设定的行政许可，有关机关应当责令设定该行政许可的机关改正，或者依法予以撤销。

第七十二条　【行政机关及其工作人员违反行政许可程序应当承担的法律责任】行政机关及

其工作人员违反本法的规定,有下列情形之一的,由其上级行政机关或者监察机关责令改正;情节严重的,对直接负责的主管人员和其他直接责任人员依法给予行政处分:

(一)对符合法定条件的行政许可申请不予受理的;

(二)不在办公场所公示依法应当公示的材料的;

(三)在受理、审查、决定行政许可过程中,未向申请人、利害关系人履行法定告知义务的;

(四)申请人提交的申请材料不齐全、不符合法定形式,不一次告知申请人必须补正的全部内容的;

(五)未依法说明不受理行政许可申请或者不予行政许可的理由的;

(六)依法应当举行听证而不举行听证的。

第七十三条　【行政机关工作人员索取或者收受他人财物及利益应当承担的法律责任】行政机关工作人员办理行政许可、实施监督检查,索取或者收受他人财物或者谋取其他利益,构成犯罪的,依法追究刑事责任;尚不构成犯罪的,依法给予行政处分。

第七十四条　【行政机关及其工作人员实体违法的法律责任】行政机关实施行政许可,有下列情形之一的,由其上级行政机关或者监察机关责令改正,对直接负责的主管人员和其他直接责任人员依法给予行政处分;构成犯罪的,依法追究刑事责任:

(一)对不符合法定条件的申请人准予行政许可或者超越法定职权作出准予行政许可决定的;

(二)对符合法定条件的申请人不予行政许可或者不在法定期限内作出准予行政许可决定的;

(三)依法应当根据招标、拍卖结果或者考试成绩择优作出准予行政许可决定,未经招标、拍卖或者考试,或者不根据招标、拍卖结果或者考试成绩择优作出准予行政许可决定的。

第七十五条　【行政机关及其工作人员违反收费规定的法律责任】行政机关实施行政许可,擅自收费或者不按照法定项目和标准收费的,由其上级行政机关或者监察机关责令退还非法收取的费用;对直接负责的主管人员和其他直接责任人员依法给予行政处分。

截留、挪用、私分或者变相私分实施行政许可依法收取的费用的,予以追缴;对直接负责的主管人员和其他直接责任人员依法给予行政处分;构成犯罪的,依法追究刑事责任。

第七十六条　【行政机关违法实施许可的赔偿责任】行政机关违法实施行政许可,给当事人的合法权益造成损害的,应当依照国家赔偿法的规定给予赔偿。

相关规定:《国家赔偿法》

第七十七条　【行政机关不依法履行监督责任或者监督不力的法律责任】行政机关不依法履行监督职责或者监督不力,造成严重后果的,由其上级行政机关或者监察机关责令改正,对直接负责的主管人员和其他直接责任人员依法给予行政处分;构成犯罪的,依法追究刑事责任。

第七十八条　【申请人申请不实应承担的法律责任】行政许可申请人隐瞒有关情况或者提供虚假材料申请行政许可的,行政机关不予受理或者不予行政许可,并给予警告;行政许可申请属于直接关系公共安全、人身健康、生命财产安全事项的,申请人在一年内不得再次申请该行政许可。

第七十九条　【申请人以欺骗、贿赂等不正当手段取得行政许可应当承担的法律责任】被许可人以欺骗、贿赂等不正当手段取得行政许可的,行政机关应当依法给予行政处罚;取得的行政许可属于直接关系公共安全、人身健康、生命财产安全事项的,申请人在3年内不得再次申请该行政许可;构成犯罪的,依法追究刑事责任。

第八十条　【被许可人违法从事行政许可活动的法律责任】被许可人有下列行为之一的,行政机关应当依法给予行政处罚;构成犯罪的,依法追究刑事责任:

（一）涂改、倒卖、出租、出借行政许可证件，或者以其他形式非法转让行政许可的；
（二）超越行政许可范围进行活动的；
（三）向负责监督检查的行政机关隐瞒有关情况、提供虚假材料或者拒绝提供反映其活动情况的真实材料的；
（四）法律、法规、规章规定的其他违法行为。

第八十一条 【公民、法人或者其他组织未经行政许可从事应当取得行政许可活动的法律责任】公民、法人或者其他组织未经行政许可，擅自从事依法应当取得行政许可的活动的，行政机关应当依法采取措施予以制止，并依法给予行政处罚；构成犯罪的，依法追究刑事责任。

第八章 附 则

第八十二条 【行政许可的期限计算】本法规定的行政机关实施行政许可的期限以工作日计算，不含法定节假日。

第八十三条 【施行日期及对现行行政许可进行清理的规定】本法自2004年7月1日起施行。

本法施行前有关行政许可的规定，制定机关应当依照本法规定予以清理；不符合本法规定的，自本法施行之日起停止执行。

取水许可和水资源费征收管理条例

（2006年2月21日中华人民共和国国务院令第460号公布 根据2017年3月1日《国务院关于修改和废止部分行政法规的决定》修订）

第一章 总 则

第一条 为加强水资源管理和保护，促进水资源的节约与合理开发利用，根据《中华人民共和国水法》，制定本条例。

第二条 本条例所称取水，是指利用取水工程或者设施直接从江河、湖泊或者地下取用水资源。

取用水资源的单位和个人，除本条例第四条规定的情形外，都应当申请领取取水许可证，并缴纳水资源费。

本条例所称取水工程或者设施，是指闸、坝、渠道、人工河道、虹吸管、水泵、水井以及水电站等。

第三条 县级以上人民政府水行政主管部门按照分级管理权限，负责取水许可制度的组织实施和监督管理。

国务院水行政主管部门在国家确定的重要江河、湖泊设立的流域管理机构（以下简称流域管理机构），依照本条例规定和国务院水行政主管部门授权，负责所管辖范围内取水许可制度的组织实施和监督管理。

县级以上人民政府水行政主管部门、财政部门和价格主管部门依照本条例规定和管理权限，负责水资源费的征收、管理和监督。

第四条 下列情形不需要申请领取取水许可证：
（一）农村集体经济组织及其成员使用本集体经济组织的水塘、水库中的水的；
（二）家庭生活和零星散养、圈养畜禽饮用等少量取水的；
（三）为保障矿井等地下工程施工安全和生产安全必须进行临时应急取（排）水的；

（四）为消除对公共安全或者公共利益的危害临时应急取水的；

（五）为农业抗旱和维护生态与环境必须临时应急取水的。

前款第（二）项规定的少量取水的限额，由省、自治区、直辖市人民政府规定；第（三）项、第（四）项规定的取水，应当及时报县级以上地方人民政府水行政主管部门或者流域管理机构备案；第（五）项规定的取水，应当经县级以上人民政府水行政主管部门或者流域管理机构同意。

第五条 取水许可应当首先满足城乡居民生活用水，并兼顾农业、工业、生态与环境用水以及航运等需要。

省、自治区、直辖市人民政府可以依照本条例规定的职责权限，在同一流域或者区域内，根据实际情况对前款各项用水规定具体的先后顺序。

第六条 实施取水许可必须符合水资源综合规划、流域综合规划、水中长期供求规划和水功能区划，遵守依照《中华人民共和国水法》规定批准的水量分配方案；尚未制定水量分配方案的，应当遵守有关地方人民政府间签订的协议。

第七条 实施取水许可应当坚持地表水与地下水统筹考虑，开源与节流相结合、节流优先的原则，实行总量控制与定额管理相结合。

流域内批准取水的总耗水量不得超过本流域水资源可利用量。

行政区域内批准取水的总水量，不得超过流域管理机构或者上一级水行政主管部门下达的可供本行政区域取用的水量；其中，批准取用地下水的总水量，不得超过本行政区域地下水可开采量，并应当符合地下水开发利用规划的要求。制定地下水开发利用规划应当征求国土资源主管部门的意见。

第八条 取水许可和水资源费征收管理制度的实施应当遵循公开、公平、公正、高效和便民的原则。

第九条 任何单位和个人都有节约和保护水资源的义务。

对节约和保护水资源有突出贡献的单位和个人，由县级以上人民政府给予表彰和奖励。

第二章 取水的申请和受理

第十条 申请取水的单位或者个人（以下简称申请人），应当向具有审批权限的审批机关提出申请。申请利用多种水源，且各种水源的取水许可审批机关不同的，应当向其中最高一级审批机关提出申请。

取水许可权限属于流域管理机构的，应当向取水口所在地的省、自治区、直辖市人民政府水行政主管部门提出申请。省、自治区、直辖市人民政府水行政主管部门，应当自收到申请之日起20个工作日内提出意见，并连同全部申请材料转报流域管理机构；流域管理机构收到后，应当依照本条例第十三条的规定作出处理。

第十一条 申请取水应当提交下列材料：

（一）申请书；

（二）与第三者利害关系的相关说明；

（三）属于备案项目的，提供有关备案材料；

（四）国务院水行政主管部门规定的其他材料。

建设项目需要取水的，申请人还应当提交建设项目水资源论证报告书。论证报告书应当包括取水水源、用水合理性以及对生态与环境的影响等内容。

第十二条 申请书应当包括下列事项：

（一）申请人的名称（姓名）、地址；

（二）申请理由；

（三）取水的起始时间及期限；

（四）取水目的、取水量、年内各月的用水量等；

（五）水源及取水地点；

（六）取水方式、计量方式和节水措施；

（七）退水地点和退水中所含主要污染物以及污水处理措施；

（八）国务院水行政主管部门规定的其他事项。

第十三条 县级以上地方人民政府水行政主管部门或者流域管理机构，应当自收到取水申请之日起5个工作日内对申请材料进行审查，并根据下列不同情形分别作出处理：

（一）申请材料齐全、符合法定形式、属于本机关受理范围的，予以受理；

（二）提交的材料不完备或者申请书内容填注不明的，通知申请人补正；

（三）不属于本机关受理范围的，告知申请人向有受理权限的机关提出申请。

第三章 取水许可的审查和决定

第十四条 取水许可实行分级审批。

下列取水由流域管理机构审批：

（一）长江、黄河、淮河、海河、滦河、珠江、松花江、辽河、金沙江、汉江的干流和太湖以及其他跨省、自治区、直辖市河流、湖泊的指定河段限额以上的取水；

（二）国际跨界河流的指定河段和国际边界河流限额以上的取水；

（三）省际边界河流、湖泊限额以上的取水；

（四）跨省、自治区、直辖市行政区域的取水；

（五）由国务院或者国务院投资主管部门审批、核准的大型建设项目的取水；

（六）流域管理机构直接管理的河道（河段）、湖泊内的取水。

前款所称的指定河段和限额以及流域管理机构直接管理的河道（河段）、湖泊，由国务院水行政主管部门规定。

其他取水由县级以上地方人民政府水行政主管部门按照省、自治区、直辖市人民政府规定的审批权限审批。

第十五条 批准的水量分配方案或者签订的协议是确定流域与行政区域取水许可总量控制的依据。

跨省、自治区、直辖市的江河、湖泊，尚未制定水量分配方案或者尚未签订协议的，有关省、自治区、直辖市的取水许可总量控制指标，由流域管理机构根据流域水资源条件，依据水资源综合规划、流域综合规划和水中长期供求规划，结合各省、自治区、直辖市取水现状及供需情况，商有关省、自治区、直辖市人民政府水行政主管部门提出，报国务院水行政主管部门批准；设区的市、县（市）行政区域的取水许可总量控制指标，由省、自治区、直辖市人民政府水行政主管部门依据本省、自治区、直辖市取水许可总量控制指标，结合各地取水现状及供需情况制定，并报流域管理机构备案。

第十六条 按照行业用水定额核定的用水量是取水量审批的主要依据。

省、自治区、直辖市人民政府水行政主管部门和质量监督检验管理部门对本行政区域行业用水定额的制定负责指导并组织实施。

尚未制定本行政区域行业用水定额的，可以参照国务院有关行业主管部门制定的行业用水定额执行。

第十七条 审批机关受理取水申请后，应当对取水申请材料进行全面审查，并综合考虑取水可能对水资源的节约保护和经济社会发展带来的影响，决定是否批准取水申请。

第十八条 审批机关认为取水涉及社会公共利益需要听证的，应当向社会公告，并举行听证。

取水涉及申请人与他人之间重大利害关系的，审批机关在作出是否批准取水申请的决定前，应当告知申请人、利害关系人。申请人、利害关系人要求听证的，审批机关应当组织听证。

因取水申请引起争议或者诉讼的，审批机关应当书面通知申请人中止审批程序；争议解决或者诉讼终止后，恢复审批程序。

第十九条 审批机关应当自受理取水申请之日起45个工作日内决定批准或者不批准。决定批准的，应当同时签发取水申请批准文件。

对取用城市规划区地下水的取水申请，审批机关应当征求城市建设主管部门的意见，城市建设主管部门应当自收到征求意见材料之日起5个工作日内提出意见并转送取水审批机关。

本条第一款规定的审批期限，不包括举行听证和征求有关部门意见所需的时间。

第二十条 有下列情形之一的，审批机关不予批准，并在作出不批准的决定时，书面告知申请人不批准的理由和依据：

（一）在地下水禁采区取用地下水的；

（二）在取水许可总量已经达到取水许可控制总量的地区增加取水量的；

（三）可能对水功能区水域使用功能造成重大损害的；

（四）取水、退水布局不合理的；

（五）城市公共供水管网能够满足用水需要时，建设项目自备取水设施取用地下水的；

（六）可能对第三者或者社会公共利益产生重大损害的；

（七）属于备案项目，未报送备案的；

（八）法律、行政法规规定的其他情形。

审批的取水量不得超过取水工程或者设施设计的取水量。

第二十一条 取水申请经审批机关批准，申请人方可兴建取水工程或者设施。

第二十二条 取水申请批准后3年内，取水工程或者设施未开工建设，或者需由国家审批、核准的建设项目未取得国家审批、核准的，取水申请批准文件自行失效。

建设项目中取水事项有较大变更的，建设单位应当重新进行建设项目水资源论证，并重新申请取水。

第二十三条 取水工程或者设施竣工后，申请人应当按照国务院水行政主管部门的规定，向取水审批机关报送取水工程或者设施试运行情况等相关材料；经验收合格的，由审批机关核发取水许可证。

直接利用已有的取水工程或者设施取水的，经审批机关审查合格，发给取水许可证。

审批机关应当将发放取水许可证的情况及时通知取水口所在地县级人民政府水行政主管部门，并定期对取水许可证的发放情况予以公告。

第二十四条 取水许可证应当包括下列内容：

（一）取水单位或者个人的名称（姓名）；

（二）取水期限；

（三）取水量和取水用途；

（四）水源类型；

（五）取水、退水地点及退水方式、退水量。

前款第（三）项规定的取水量是在江河、湖泊、地下水多年平均水量情况下允许的取水单位或者个人的最大取水量。

取水许可证由国务院水行政主管部门统一制作，审批机关核发取水许可证只能收取工本费。

第二十五条 取水许可证有效期限一般为5年，最长不超过10年。有效期届满，需要延续的，取水单位或者个人应当在有效期届满45日前向原审批机关提出申请，原审批机关应当在有效期届满前,作出是否延续的决定。

第二十六条 取水单位或者个人要求变更取水许可证载明的事项的,应当依照本条例的规定向原审批机关申请,经原审批机关批准,办理有关变更手续。

第二十七条 依法获得取水权的单位或者个人,通过调整产品和产业结构、改革工艺、节水等措施节约水资源的,在取水许可的有效期和取水限额内,经原审批机关批准,可以依法有偿转让其节约的水资源,并到原审批机关办理取水权变更手续。具体办法由国务院水行政主管部门制定。

第四章 水资源费的征收和使用管理

第二十八条 取水单位或者个人应当缴纳水资源费。

取水单位或者个人应当按照经批准的年度取水计划取水。超计划或者超定额取水的,对超计划或者超定额部分累进收取水资源费。

水资源费征收标准由省、自治区、直辖市人民政府价格主管部门会同同级财政部门、水行政主管部门制定,报本级人民政府批准,并报国务院价格主管部门、财政部门和水行政主管部门备案。其中,由流域管理机构审批取水的中央直属和跨省、自治区、直辖市水利工程的水资源费征收标准,由国务院价格主管部门会同国务院财政部门、水行政主管部门制定。

第二十九条 制定水资源费征收标准,应当遵循下列原则:

(一)促进水资源的合理开发、利用、节约和保护;

(二)与当地水资源条件和经济社会发展水平相适应;

(三)统筹地表水和地下水的合理开发利用,防止地下水过量开采;

(四)充分考虑不同产业和行业的差别。

第三十条 各级地方人民政府应当采取措施,提高农业用水效率,发展节水型农业。

农业生产取水的水资源费征收标准应当根据当地水资源条件、农村经济发展状况和促进农业节约用水需要制定。农业生产取水的水资源费征收标准应当低于其他用水的水资源费征收标准,粮食作物的水资源费征收标准应当低于经济作物的水资源费征收标准。农业生产取水的水资源费征收的步骤和范围由省、自治区、直辖市人民政府规定。

第三十一条 水资源费由取水审批机关负责征收;其中,流域管理机构审批的,水资源费由取水口所在地省、自治区、直辖市人民政府水行政主管部门代为征收。

第三十二条 水资源费缴纳数额根据取水口所在地水资源费征收标准和实际取水量确定。

水力发电用水和火力发电贯流式冷却用水可以根据取水口所在地水资源费征收标准和实际发电量确定缴纳数额。

第三十三条 取水审批机关确定水资源费缴纳数额后,应当向取水单位或者个人送达水资源费缴纳通知单,取水单位或者个人应当自收到缴纳通知单之日起 7 日内办理缴纳手续。

直接从江河、湖泊或者地下取用水资源从事农业生产的,对超过省、自治区、直辖市规定的农业生产用水限额部分的水资源,由取水单位或者个人根据取水口所在地水资源费征收标准和实际取水量缴纳水资源费;符合规定的农业生产用水限额的取水,不缴纳水资源费。取用供水工程的水从事农业生产的,由用水单位或者个人按照实际用水量向供水工程单位缴纳水费,由供水工程单位统一缴纳水资源费;水资源费计入供水成本。

为了公共利益需要,按照国家批准的跨行政区域水量分配方案实施的临时应急调水,由调入区域的取用水的单位或者个人,根据所在地水资源费征收标准和实际取水量缴纳水资源费。

第三十四条 取水单位或者个人因特殊困难不能按期缴纳水资源费的,可以自收到水资源费缴纳通知单之日起 7 日内向发出缴纳通知单的水行政主管部门申请缓缴;发出缴纳通知单的水行政主管部门应当自收到缓缴申请之日起5个工作日内作出书面决定并通知申请人；期满未作决定的，视为同意。水资源费的缓缴期限最长不得超过90日。

第三十五条 征收的水资源费应当按照国务院财政部门的规定分别解缴中央和地方国库。因筹集水利工程基金，国务院对水资源费的提取、解缴另有规定的，从其规定。

第三十六条 征收的水资源费应当全额纳入财政预算，由财政部门按照批准的部门财政预算统筹安排，主要用于水资源的节约、保护和管理，也可以用于水资源的合理开发。

第三十七条 任何单位和个人不得截留、侵占或者挪用水资源费。

审计机关应当加强对水资源费使用和管理的审计监督。

第五章 监督管理

第三十八条 县级以上人民政府水行政主管部门或者流域管理机构应当依照本条例规定，加强对取水许可制度实施的监督管理。

县级以上人民政府水行政主管部门、财政部门和价格主管部门应当加强对水资源费征收、使用情况的监督管理。

第三十九条 年度水量分配方案和年度取水计划是年度取水总量控制的依据，应当根据批准的水量分配方案或者签订的协议，结合实际用水状况、行业用水定额、下一年度预测来水量等制定。

国家确定的重要江河、湖泊的流域年度水量分配方案和年度取水计划，由流域管理机构会同有关省、自治区、直辖市人民政府水行政主管部门制定。

县级以上各地方行政区域的年度水量分配方案和年度取水计划，由县级以上地方人民政府水行政主管部门根据上一级地方人民政府水行政主管部门或者流域管理机构下达的年度水量分配方案和年度取水计划制定。

第四十条 取水审批机关依照本地区下一年度取水计划、取水单位或者个人提出的下一年度取水计划建议，按照统筹协调、综合平衡、留有余地的原则，向取水单位或者个人下达下一年度取水计划。

取水单位或者个人因特殊原因需要调整年度取水计划的，应当经原审批机关同意。

第四十一条 有下列情形之一的，审批机关可以对取水单位或者个人的年度取水量予以限制：

（一）因自然原因，水资源不能满足本地区正常供水的；

（二）取水、退水对水功能区水域使用功能、生态与环境造成严重影响的；

（三）地下水严重超采或者因地下水开采引起地面沉降等地质灾害的；

（四）出现需要限制取水量的其他特殊情况的。

发生重大旱情时，审批机关可以对取水单位或者个人的取水量予以紧急限制。

第四十二条 取水单位或者个人应当在每年的12月31日前向审批机关报送本年度的取水情况和下一年度取水计划建议。

审批机关应当按年度将取用地下水的情况抄送同级国土资源主管部门，将取用城市规划区地下水的情况抄送同级城市建设主管部门。

审批机关依照本条例第四十一条第一款的规定，需要对取水单位或者个人的年度取水量予以限制的，应当在采取限制措施前及时书面通知取水单位或者个人。

第四十三条 取水单位或者个人应当依照国家技术标准安装计量设施，保证计量设施正常运行，并按照规定填报取水统计报表。

第四十四条 连续停止取水满2年的，由原审批机关注销取水许可证。由于不可抗力或者进行重大技术改造等原因造成停止取水满2年的，经原审批机关同意，可以保留取水许可证。

第四十五条 县级以上人民政府水行政主管部门或者流域管理机构在进行监督检查时，有权采取下列措施：

（一）要求被检查单位或者个人提供有关文件、证照、资料；

（二）要求被检查单位或者个人就执行本条例的有关问题作出说明；

（三）进入被检查单位或者个人的生产场所进行调查；

（四）责令被检查单位或者个人停止违反本条例的行为，履行法定义务。

监督检查人员在进行监督检查时，应当出示合法有效的行政执法证件。有关单位和个人对监督检查工作应当给予配合，不得拒绝或者阻碍监督检查人员依法执行公务。

第四十六条　县级以上地方人民政府水行政主管部门应当按照国务院水行政主管部门的规定，及时向上一级水行政主管部门或者所在流域的流域管理机构报送本行政区域上一年度取水许可证发放情况。

流域管理机构应当按照国务院水行政主管部门的规定，及时向国务院水行政主管部门报送其上一年度取水许可证发放情况，并同时抄送取水口所在地省、自治区、直辖市人民政府水行政主管部门。

上一级水行政主管部门或者流域管理机构发现越权审批、取水许可证核准的总取水量超过水量分配方案或者协议规定的数量、年度实际取水总量超过下达的年度水量分配方案和年度取水计划的，应当及时要求有关水行政主管部门或者流域管理机构纠正。

第六章　法律责任

第四十七条　县级以上地方人民政府水行政主管部门、流域管理机构或者其他有关部门及其工作人员，有下列行为之一的，由其上级行政机关或者监察机关责令改正；情节严重的，对直接负责的主管人员和其他直接责任人员依法给予行政处分；构成犯罪的，依法追究刑事责任：

（一）对符合法定条件的取水申请不予受理或者不在法定期限内批准的；

（二）对不符合法定条件的申请人签发取水申请批准文件或者发放取水许可证的；

（三）违反审批权限签发取水申请批准文件或者发放取水许可证的；

（四）不按照规定征收水资源费，或者对不符合缓缴条件而批准缓缴水资源费的；

（五）侵占、截留、挪用水资源费的；

（六）不履行监督职责，发现违法行为不予查处的；

（七）其他滥用职权、玩忽职守、徇私舞弊的行为。

前款第（五）项规定的被侵占、截留、挪用的水资源费，应当依法予以追缴。

第四十八条　未经批准擅自取水，或者未依照批准的取水许可规定条件取水的，依照《中华人民共和国水法》第六十九条规定处罚；给他人造成妨碍或者损失的，应当排除妨碍、赔偿损失。

第四十九条　未取得取水申请批准文件擅自建设取水工程或者设施的，责令停止违法行为，限期补办有关手续；逾期不补办或者补办未被批准的，责令限期拆除或者封闭其取水工程或者设施；逾期不拆除或者不封闭其取水工程或者设施的，由县级以上地方人民政府水行政主管部门或者流域管理机构组织拆除或者封闭，所需费用由违法行为人承担，可以处5万元以下罚款。

第五十条　申请人隐瞒有关情况或者提供虚假材料骗取取水申请批准文件或者取水许可证的，取水申请批准文件或者取水许可证无效，对申请人给予警告，责令其限期补缴应当缴纳的水资源费，处2万元以上10万元以下罚款；构成犯罪的，依法追究刑事责任。

第五十一条　拒不执行审批机关作出的取水量限制决定，或者未经批准擅自转让取水权的，责令停止违法行为，限期改正，处2万元以上10万元以下罚款；逾期拒不改正或者情节严重的，吊销取水许可证。

第五十二条　有下列行为之一的，责令停止违法行为，限期改正，处5000元以上2万元以下罚

款;情节严重的,吊销取水许可证:

(一)不按照规定报送年度取水情况的;

(二)拒绝接受监督检查或者弄虚作假的;

(三)退水水质达不到规定要求的。

第五十三条 未安装计量设施的,责令限期安装,并按照日最大取水能力计算的取水量和水资源费征收标准计征水资源费,处5000元以上2万元以下罚款;情节严重的,吊销取水许可证。

计量设施不合格或者运行不正常的,责令限期更换或者修复;逾期不更换或者不修复的,按照日最大取水能力计算的取水量和水资源费征收标准计征水资源费,可以处1万元以下罚款;情节严重的,吊销取水许可证。

第五十四条 取水单位或者个人拒不缴纳、拖延缴纳或者拖欠水资源费的,依照《中华人民共和国水法》第七十条规定处罚。

第五十五条 对违反规定征收水资源费、取水许可证照费的,由价格主管部门依法予以行政处罚。

第五十六条 伪造、涂改、冒用取水申请批准文件、取水许可证的,责令改正,没收违法所得和非法财物,并处2万元以上10万元以下罚款;构成犯罪的,依法追究刑事责任。

第五十七条 本条例规定的行政处罚,由县级以上人民政府水行政主管部门或者流域管理机构按照规定的权限决定。

第七章　附　　则

第五十八条 本条例自2006年4月15日起施行。1993年8月1日国务院发布的《取水许可制度实施办法》同时废止。

安全生产许可证条例

(2004年1月13日中华人民共和国国务院令第397号公布　根据2013年7月18日《国务院关于废止和修改部分行政法规的决定》第一次修订　根据2014年7月29日《国务院关于修改部分行政法规的决定》第二次修订)

第一条 为了严格规范安全生产条件,进一步加强安全生产监督管理,防止和减少生产安全事故,根据《中华人民共和国安全生产法》的有关规定,制定本条例。

第二条 国家对矿山企业、建筑施工企业和危险化学品、烟花爆竹、民用爆炸物品生产企业(以下统称企业)实行安全生产许可制度。

企业未取得安全生产许可证的,不得从事生产活动。

第三条 国务院安全生产监督管理部门负责中央管理的非煤矿矿山企业和危险化学品、烟花爆竹生产企业安全生产许可证的颁发和管理。

省、自治区、直辖市人民政府安全生产监督管理部门负责前款规定以外的非煤矿矿山企业和危险化学品、烟花爆竹生产企业安全生产许可证的颁发和管理,并接受国务院安全生产监督管理部门的指导和监督。

国家煤矿安全监察机构负责中央管理的煤矿企业安全生产许可证的颁发和管理。

在省、自治区、直辖市设立的煤矿安全监察机构负责前款规定以外的其他煤矿企业安全生产许可证的颁发和管理,并接受国家煤矿安全监察机构的指导和监督。

第四条 省、自治区、直辖市人民政府建设主管部门负责建筑施工企业安全生产许可证的颁发和管理，并接受国务院建设主管部门的指导和监督。

第五条 省、自治区、直辖市人民政府民用爆炸物品行业主管部门负责民用爆炸物品生产企业安全生产许可证的颁发和管理，并接受国务院民用爆炸物品行业主管部门的指导和监督。

第六条 企业取得安全生产许可证，应当具备下列安全生产条件：

（一）建立、健全安全生产责任制，制定完备的安全生产规章制度和操作规程；

（二）安全投入符合安全生产要求；

（三）设置安全生产管理机构，配备专职安全生产管理人员；

（四）主要负责人和安全生产管理人员经考核合格；

（五）特种作业人员经有关业务主管部门考核合格，取得特种作业操作资格证书；

（六）从业人员经安全生产教育和培训合格；

（七）依法参加工伤保险，为从业人员缴纳保险费；

（八）厂房、作业场所和安全设施、设备、工艺符合有关安全生产法律、法规、标准和规程的要求；

（九）有职业危害防治措施，并为从业人员配备符合国家标准或者行业标准的劳动防护用品；

（十）依法进行安全评价；

（十一）有重大危险源检测、评估、监控措施和应急预案；

（十二）有生产安全事故应急救援预案、应急救援组织或者应急救援人员，配备必要的应急救援器材、设备；

（十三）法律、法规规定的其他条件。

第七条 企业进行生产前，应当依照本条例的规定向安全生产许可证颁发管理机关申请领取安全生产许可证，并提供本条例第六条规定的相关文件、资料。安全生产许可证颁发管理机关应当自收到申请之日起 45 日内审查完毕，经审查符合本条例规定的安全生产条件的，颁发安全生产许可证；不符合本条例规定的安全生产条件的，不予颁发安全生产许可证，书面通知企业并说明理由。

煤矿企业应当以矿（井）为单位，依照本条例的规定取得安全生产许可证。

第八条 安全生产许可证由国务院安全生产监督管理部门规定统一的式样。

第九条 安全生产许可证的有效期为 3 年。安全生产许可证有效期满需要延期的，企业应当于期满前 3 个月向原安全生产许可证颁发管理机关办理延期手续。

企业在安全生产许可证有效期内，严格遵守有关安全生产的法律法规，未发生死亡事故的，安全生产许可证有效期届满时，经原安全生产许可证颁发管理机关同意，不再审查，安全生产许可证有效期延期 3 年。

第十条 安全生产许可证颁发管理机关应当建立、健全安全生产许可证档案管理制度，并定期向社会公布企业取得安全生产许可证的情况。

第十一条 煤矿企业安全生产许可证颁发管理机关、建筑施工企业安全生产许可证颁发管理机关、民用爆炸物品生产企业安全生产许可证颁发管理机关，应当每年向同级安全生产监督管理部门通报其安全生产许可证颁发和管理情况。

第十二条 国务院安全生产监督管理部门和省、自治区、直辖市人民政府安全生产监督管理部门对建筑施工企业、民用爆炸物品生产企业、煤矿企业取得安全生产许可证的情况进行监督。

第十三条 企业不得转让、冒用安全生产许可证或者使用伪造的安全生产许可证。

第十四条 企业取得安全生产许可证后，不得降低安全生产条件，并应当加强日常安全生产管理，接受安全生产许可证颁发管理机关的监督检查。

安全生产许可证颁发管理机关应当加强对取得安全生产许可证的企业的监督检查，发现其不再具备本条例规定的安全生产条件的，应当暂扣或者吊销安全生产许可证。

第十五条 安全生产许可证颁发管理机关工作人员在安全生产许可证颁发、管理和监督检查工作中，不得索取或者接受企业的财物，不得谋取其他利益。

第十六条 监察机关依照《中华人民共和国行政监察法》的规定，对安全生产许可证颁发管理机关及其工作人员履行本条例规定的职责实施监察。

第十七条 任何单位或者个人对违反本条例规定的行为，有权向安全生产许可证颁发管理机关或者监察机关等有关部门举报。

第十八条 安全生产许可证颁发管理机关工作人员有下列行为之一的，给予降级或者撤职的行政处分；构成犯罪的，依法追究刑事责任：

（一）向不符合本条例规定的安全生产条件的企业颁发安全生产许可证的；

（二）发现企业未依法取得安全生产许可证擅自从事生产活动，不依法处理的；

（三）发现取得安全生产许可证的企业不再具备本条例规定的安全生产条件，不依法处理的；

（四）接到对违反本条例规定行为的举报后，不及时处理的；

（五）在安全生产许可证颁发、管理和监督检查工作中，索取或者接受企业的财物，或者谋取其他利益的。

第十九条 违反本条例规定，未取得安全生产许可证擅自进行生产的，责令停止生产，没收违法所得，并处10万元以上50万元以下的罚款；造成重大事故或者其他严重后果，构成犯罪的，依法追究刑事责任。

第二十条 违反本条例规定，安全生产许可证有效期满未办理延期手续，继续进行生产的，责令停止生产，限期补办延期手续，没收违法所得，并处5万元以上10万元以下的罚款；逾期仍不办理延期手续，继续进行生产的，依照本条例第十九条的规定处罚。

第二十一条 违反本条例规定，转让安全生产许可证的，没收违法所得，处10万元以上50万元以下的罚款，并吊销其安全生产许可证；构成犯罪的，依法追究刑事责任；接受转让的，依照本条例第十九条的规定处罚。

冒用安全生产许可证或者使用伪造的安全生产许可证的，依照本条例第十九条的规定处罚。

第二十二条 本条例施行前已经进行生产的企业，应当自本条例施行之日起1年内，依照本条例的规定向安全生产许可证颁发管理机关申请办理安全生产许可证；逾期不办理安全生产许可证，或者经审查不符合本条例规定的安全生产条件，未取得安全生产许可证，继续进行生产的，依照本条例第十九条的规定处罚。

第二十三条 本条例规定的行政处罚，由安全生产许可证颁发管理机关决定。

第二十四条 本条例自公布之日起施行。

中华人民共和国工业产品生产许可证管理条例

（2005年6月29日国务院第97次常务会议通过　2005年7月9日中华人民共和国国务院令第440号公布　自2005年9月1日起施行）

第一章　总　　则

第一条 为了保证直接关系公共安全、人体健康、生命财产安全的重要工业产品的质量安全，贯彻国家产业政策，促进社会主义市场经济健康、协调发展，制定本条例。

第二条 国家对生产下列重要工业产品的企业实行生产许可证制度：

（一）乳制品、肉制品、饮料、米、面、食用油、酒类等直接关系人体健康的加工食品；

（二）电热毯、压力锅、燃气热水器等可能危及人身、财产安全的产品；

（三）税控收款机、防伪验钞仪、卫星电视广播地面接收设备、无线广播电视发射设备等关系金融安全和通信质量安全的产品；

（四）安全网、安全帽、建筑扣件等保障劳动安全的产品；

（五）电力铁塔、桥梁支座、铁路工业产品、水工金属结构、危险化学品及其包装物、容器等影响生产安全、公共安全的产品；

（六）法律、行政法规要求依照本条例的规定实行生产许可证管理的其他产品。

第三条 国家实行生产许可证制度的工业产品目录（以下简称目录）由国务院工业产品生产许可证主管部门会同国务院有关部门制定，并征求消费者协会和相关产品行业协会的意见，报国务院批准后向社会公布。

工业产品的质量安全通过消费者自我判断、企业自律和市场竞争能够有效保证的，不实行生产许可证制度。

工业产品的质量安全通过认证认可制度能够有效保证的，不实行生产许可证制度。

国务院工业产品生产许可证主管部门会同国务院有关部门适时对目录进行评价、调整和逐步缩减，报国务院批准后向社会公布。

第四条 在中华人民共和国境内生产、销售或者在经营活动中使用列入目录产品的，应当遵守本条例。

列入目录产品的进出口管理依照法律、行政法规和国家有关规定执行。

第五条 任何企业未取得生产许可证不得生产列入目录的产品。任何单位和个人不得销售或者在经营活动中使用未取得生产许可证的列入目录的产品。

第六条 国务院工业产品生产许可证主管部门依照本条例负责全国工业产品生产许可证统一管理工作，县级以上地方工业产品生产许可证主管部门负责本行政区域内的工业产品生产许可证管理工作。

国家对实行工业产品生产许可证制度的工业产品，统一目录，统一审查要求，统一证书标志，统一监督管理。

第七条 工业产品生产许可证管理，应当遵循科学公正、公开透明、程序合法、便民高效的原则。

第八条 县级以上工业产品生产许可证主管部门及其人员、检验机构和检验人员，对所知悉的国家秘密和商业秘密负有保密义务。

第二章 申请与受理

第九条 企业取得生产许可证，应当符合下列条件：

（一）有营业执照；

（二）有与所生产产品相适应的专业技术人员；

（三）有与所生产产品相适应的生产条件和检验检疫手段；

（四）有与所生产产品相适应的技术文件和工艺文件；

（五）有健全有效的质量管理制度和责任制度；

（六）产品符合有关国家标准、行业标准以及保障人体健康和人身、财产安全的要求；

（七）符合国家产业政策的规定，不存在国家明令淘汰和禁止投资建设的落后工艺、高耗能、污染环境、浪费资源的情况。

法律、行政法规有其他规定的，还应当符合其规定。

第十条 国务院工业产品生产许可证主管部门依照本条例第九条规定的条件,根据工业产品的不同特性,制定并发布取得列入目录产品生产许可证的具体要求;需要对列入目录产品生产许可证的具体要求作特殊规定的,应当会同国务院有关部门制定并发布。

制定列入目录产品生产许可证的具体要求,应当征求消费者协会和相关产品行业协会的意见。

第十一条 企业生产列入目录的产品,应当向企业所在地的省、自治区、直辖市工业产品生产许可证主管部门申请取得生产许可证。

企业正在生产的产品被列入目录的,应当在国务院工业产品生产许可证主管部门规定的时间内申请取得生产许可证。

企业的申请可以通过信函、电报、电传、传真、电子数据交换和电子邮件等方式提出。

第十二条 省、自治区、直辖市工业产品生产许可证主管部门收到企业的申请后,应当依照《中华人民共和国行政许可法》的有关规定办理。

第十三条 省、自治区、直辖市工业产品生产许可证主管部门以及其他任何单位不得另行附加任何条件,限制企业申请取得生产许可证。

第三章 审查与决定

第十四条 省、自治区、直辖市工业产品生产许可证主管部门受理企业申请后,应当组织对企业进行审查。依照列入目录产品生产许可证的具体要求,应当由国务院工业产品生产许可证主管部门组织对企业进行审查的,省、自治区、直辖市工业产品生产许可证主管部门应当自受理企业申请之日起5日内将全部申请材料报送国务院工业产品生产许可证主管部门。

对企业的审查包括对企业的实地核查和对产品的检验。

第十五条 对企业进行实地核查,国务院工业产品生产许可证主管部门或者省、自治区、直辖市工业产品生产许可证主管部门应当指派2至4名核查人员,企业应当予以配合。

第十六条 核查人员经国务院工业产品生产许可证主管部门组织考核合格,取得核查人员证书,方可从事相应的核查工作。

第十七条 核查人员依照本条例第九条规定的条件和列入目录产品生产许可证的具体要求对企业进行实地核查。

核查人员对企业进行实地核查,不得刁难企业,不得索取、收受企业的财物,不得谋取其他不当利益。

第十八条 国务院工业产品生产许可证主管部门或者省、自治区、直辖市工业产品生产许可证主管部门应当自受理企业申请之日起30日内将对企业实地核查的结果书面告知企业。核查不合格的,应当说明理由。

第十九条 企业经实地核查合格的,应当及时进行产品检验。需要送样检验的,核查人员应当封存样品,并告知企业在7日内将该样品送达具有相应资质的检验机构。需要现场检验的,由核查人员通知检验机构进行现场检验。

第二十条 检验机构应当依照国家有关标准、要求进行产品检验,在规定时间内完成检验工作。

检验机构和检验人员应当客观、公正、及时地出具检验报告。检验报告经检验人员签字后,由检验机构负责人签署。检验机构和检验人员对检验报告负责。

第二十一条 检验机构和检验人员进行产品检验,应当遵循诚信原则和方便企业的原则,为企业提供可靠、便捷的检验服务,不得拖延,不得刁难企业。

第二十二条 检验机构和检验人员不得从事与其检验的列入目录产品相关的生产、销售活动,不得以其名义推荐或者监制、监销其检验的列入目录产品。

第二十三条 由省、自治区、直辖市工业产品生产许可证主管部门组织对企业进行审查的，省、自治区、直辖市工业产品生产许可证主管部门应当在完成审查后将审查意见和全部申请材料报送国务院工业产品生产许可证主管部门。

第二十四条 自受理企业申请之日起60日内，国务院工业产品生产许可证主管部门应当作出是否准予许可的决定，作出准予许可决定的，国务院工业产品生产许可证主管部门应当自作出决定之日起10日内向企业颁发工业产品生产许可证证书（以下简称许可证证书）；作出不准予许可决定的，国务院工业产品生产许可证主管部门应当书面通知企业，并说明理由。

检验机构进行产品检验所需时间不计入前款规定的期限。

国务院工业产品生产许可证主管部门应当将作出的相关产品准予许可的决定及时通报国务院发展改革部门、国务院卫生主管部门、国务院工商行政管理部门等有关部门。

第二十五条 生产许可证有效期为5年，但是，食品加工企业生产许可证的有效期为3年。生产许可证有效期届满，企业继续生产的，应当在生产许可证有效期届满6个月前向所在地省、自治区、直辖市工业产品生产许可证主管部门提出换证申请。国务院工业产品生产许可证主管部门或者省、自治区、直辖市工业产品生产许可证主管部门应当依照本条例规定的程序对企业进行审查。

第二十六条 在生产许可证有效期内，产品的有关标准、要求发生改变的，国务院工业产品生产许可证主管部门或者省、自治区、直辖市工业产品生产许可证主管部门可以依照本条例的规定重新组织核查和检验。

在生产许可证有效期内，企业生产条件、检验手段、生产技术或者工艺发生变化的，企业应当及时向所在地省、自治区、直辖市工业产品生产许可证主管部门提出申请，国务院工业产品生产许可证主管部门或者省、自治区、直辖市工业产品生产许可证主管部门应当依照本条例的规定重新组织核查和检验。

第二十七条 国务院工业产品生产许可证主管部门认为需要听证的涉及公共利益的重大许可事项，应当向社会公告，并举行听证。

国务院工业产品生产许可证主管部门作出的准予许可的决定应当向社会公布。

国务院工业产品生产许可证主管部门和省、自治区、直辖市工业产品生产许可证主管部门应当将办理生产许可证的有关材料及时归档，公众有权查阅。

第四章 证书和标志

第二十八条 许可证证书分为正本和副本。许可证证书应当载明企业名称和住所、生产地址、产品名称、证书编号、发证日期、有效期等相关内容。

许可证证书格式由国务院工业产品生产许可证主管部门规定。

第二十九条 企业名称发生变化的，企业应当及时向企业所在地的省、自治区、直辖市工业产品生产许可证主管部门提出申请，办理变更手续。

第三十条 企业应当妥善保管许可证证书，许可证证书遗失或者损毁，应当申请补领，企业所在地的省、自治区、直辖市工业产品生产许可证主管部门应当及时受理申请，办理补领手续。

第三十一条 在生产许可证有效期内，企业不再从事列入目录产品的生产活动的，应当办理生产许可证注销手续。企业不办理生产许可证注销手续的，国务院工业产品生产许可证主管部门应当注销其生产许可证并向社会公告。

第三十二条 生产许可证的标志和式样由国务院工业产品生产许可证主管部门规定并公布。

第三十三条 企业必须在其产品或者包装、说明书上标注生产许可证标志和编号。

裸装食品和其他根据产品的特点难以标注标志的裸装产品，可以不标注生产许可证标志和编号。

第三十四条 销售和在经营活动中使用列入目录产品的企业,应当查验产品的生产许可证标志和编号。

第三十五条 任何单位和个人不得伪造、变造许可证证书、生产许可证标志和编号。取得生产许可证的企业不得出租、出借或者以其他形式转让许可证证书和生产许可证标志。

第五章 监督检查

第三十六条 国务院工业产品生产许可证主管部门和县级以上地方工业产品生产许可证主管部门依照本条例规定负责对生产列入目录产品的企业以及核查人员、检验机构及其检验人员的相关活动进行监督检查。

国务院工业产品生产许可证主管部门对县级以上地方工业产品生产许可证主管部门的生产许可证管理工作进行监督。

第三十七条 县级以上工业产品生产许可证主管部门根据已经取得的违法嫌疑证据或者举报,对涉嫌违反本条例的行为进行查处并可以行使下列职权:

(一)向有关生产、销售或者在经营活动中使用列入目录产品的单位和检验机构的法定代表人、主要负责人和其他有关人员调查、了解有关涉嫌从事违反本条例活动的情况;

(二)查阅、复制有关生产、销售或者在经营活动中使用列入目录产品的单位和检验机构的有关合同、发票、账簿以及其他有关资料;

(三)对有证据表明属于违反本条例生产、销售或者在经营活动中使用的列入目录产品予以查封或者扣押。

县级以上工商行政管理部门依法对涉嫌违反本条例规定的行为进行查处时,也可以行使前款规定的职权。

第三十八条 企业应当保证产品质量稳定合格,并定期向省、自治区、直辖市工业产品生产许可证主管部门提交报告。企业对报告的真实性负责。

第三十九条 国务院工业产品生产许可证主管部门和县级以上地方工业产品生产许可证主管部门应当对企业实施定期或者不定期的监督检查。需要对产品进行检验的,应当依照《中华人民共和国产品质量法》的有关规定进行。

实施监督检查或者对产品进行检验应当有2名以上工作人员参加并应当出示有效证件。

第四十条 国务院工业产品生产许可证主管部门和县级以上地方工业产品生产许可证主管部门对企业实施监督检查,不得妨碍企业的正常生产经营活动,不得索取或者收受企业的财物或者谋取其他利益。

第四十一条 国务院工业产品生产许可证主管部门和县级以上地方工业产品生产许可证主管部门依法对企业进行监督检查时,应当对监督检查的情况和处理结果予以记录,由监督检查人员签字后归档。公众有权查阅监督检查记录。

第四十二条 国务院工业产品生产许可证主管部门应当通过查阅检验报告、检验结论对比等方式,对检验机构的检验过程和检验报告是否客观、公正、及时进行监督检查。

第四十三条 核查人员、检验机构及其检验人员刁难企业的,企业有权向国务院工业产品生产许可证主管部门和县级以上地方工业产品生产许可证主管部门投诉。国务院工业产品生产许可证主管部门和县级以上地方工业产品生产许可证主管部门接到投诉,应当及时进行调查处理。

第四十四条 任何单位和个人对违反本条例的行为,有权向国务院工业产品生产许可证主管部门和县级以上地方工业产品生产许可证主管部门举报。国务院工业产品生产许可证主管部门和县级以上地方工业产品生产许可证主管部门接到举报,应当及时调查处理,并为举报人保密。

第六章　法律责任

第四十五条　企业未依照本条例规定申请取得生产许可证而擅自生产列入目录产品的，由工业产品生产许可证主管部门责令停止生产，没收违法生产的产品，处违法生产产品货值金额等值以上3倍以下的罚款；有违法所得的，没收违法所得；构成犯罪的，依法追究刑事责任。

第四十六条　取得生产许可证的企业生产条件、检验手段、生产技术或者工艺发生变化，未依照本条例规定办理重新审查手续的，责令停止生产、销售，没收违法生产、销售的产品，并限期办理相关手续；逾期仍未办理的，处违法生产、销售产品（包括已售出和未售出的产品，下同）货值金额3倍以下的罚款；有违法所得的，没收违法所得；构成犯罪的，依法追究刑事责任。

取得生产许可证的企业名称发生变化，未依照本条例规定办理变更手续的，责令限期办理相关手续；逾期仍未办理的，责令停止生产、销售，没收违法生产、销售的产品，并处违法生产、销售产品货值金额等值以下的罚款；有违法所得的，没收违法所得。

第四十七条　取得生产许可证的企业未依照本条例规定在产品、包装或者说明书上标注生产许可证标志和编号的，责令限期改正；逾期仍未改正的，处违法生产、销售产品货值金额30%以下的罚款；有违法所得的，没收违法所得；情节严重的，吊销生产许可证。

第四十八条　销售或者在经营活动中使用未取得生产许可证的列入目录产品的，责令改正，处5万元以上20万元以下的罚款；有违法所得的，没收违法所得；构成犯罪的，依法追究刑事责任。

第四十九条　取得生产许可证的企业出租、出借或者转让许可证证书、生产许可证标志和编号的，责令限期改正，处20万元以下的罚款；情节严重的，吊销生产许可证。违法接受并使用他人提供的许可证证书、生产许可证标志和编号的，责令停止生产、销售，没收违法生产、销售的产品，处违法生产、销售产品货值金额等值以上3倍以下的罚款；有违法所得的，没收违法所得；构成犯罪的，依法追究刑事责任。

第五十条　擅自动用、调换、转移、损毁被查封、扣押财物的，责令改正，处被动用、调换、转移、损毁财物价值5%以上20%以下的罚款；拒不改正的，处被动用、调换、转移、损毁财物价值1倍以上3倍以下的罚款。

第五十一条　伪造、变造许可证证书、生产许可证标志和编号的，责令改正，没收违法生产、销售的产品，并处违法生产、销售产品货值金额等值以上3倍以下的罚款；有违法所得的，没收违法所得；构成犯罪的，依法追究刑事责任。

第五十二条　企业用欺骗、贿赂等不正当手段取得生产许可证的，由工业产品生产许可证主管部门处20万元以下的罚款，并依照《中华人民共和国行政许可法》的有关规定作出处理。

第五十三条　取得生产许可证的企业未依照本条例规定定期向省、自治区、直辖市工业产品生产许可证主管部门提交报告的，由省、自治区、直辖市工业产品生产许可证主管部门责令限期改正；逾期未改正的，处5000元以下的罚款。

第五十四条　取得生产许可证的产品经产品质量国家监督抽查或者省级监督抽查不合格的，由工业产品生产许可证主管部门责令限期改正；到期复查仍不合格的，吊销生产许可证。

第五十五条　企业被吊销生产许可证的，在3年内不得再次申请同一列入目录产品的生产许可证。

第五十六条　承担发证产品检验工作的检验机构伪造检验结论或者出具虚假证明的，由工业产品生产许可证主管部门责令改正，对单位处5万元以上20万元以下的罚款，对直接负责的主管人员和其他直接责任人员处1万元以上5万元以下的罚款；有违法所得的，没收违法所得；情节严重的，撤销其检验资格；构成犯罪的，依法追究刑事责任。

第五十七条　检验机构和检验人员从事与其检验的列入目录产品相关的生产、销售活动，或者以其名义推荐或者监制、监销其检验的列入目录产品的,由工业产品生产许可证主管部门处 2 万元以上 10 万元以下的罚款;有违法所得的,没收违法所得;情节严重的,撤销其检验资格。

第五十八条 检验机构和检验人员利用检验工作刁难企业,由工业产品生产许可证主管部门责令改正;拒不改正的,撤销其检验资格。

第五十九条 县级以上地方工业产品生产许可证主管部门违反本条例规定,对列入目录产品以外的工业产品设定生产许可的,由国务院工业产品生产许可证主管部门责令改正,或者依法予以撤销。

第六十条 工业产品生产许可证主管部门及其工作人员违反本条例的规定,有下列情形之一的,由其上级行政机关或者监察机关责令改正;情节严重的,对直接负责的主管人员和其他直接责任人员依法给予行政处分:

(一)对符合本条例规定的条件的申请不予受理的;

(二)不在办公场所公示依法应当公示的材料的;

(三)在受理、审查、决定过程中,未向申请人、利害关系人履行法定告知义务的;

(四)申请人提交的申请材料不齐全、不符合法定形式,不一次告知申请人必须补正的全部内容的;

(五)未依法说明不受理申请或者不予许可的理由的;

(六)依照本条例和《中华人民共和国行政许可法》应当举行听证而不举行听证的。

第六十一条 工业产品生产许可证主管部门的工作人员办理工业产品生产许可证、实施监督检查,索取或者收受他人财物或者谋取其他利益,构成犯罪的,依法追究刑事责任;尚不构成犯罪的,依法给予行政处分。

第六十二条 工业产品生产许可证主管部门有下列情形之一的,由其上级行政机关、监察机关或者有关机关责令改正,依法处理;对直接负责的主管人员和其他直接责任人员依法给予降级或者撤职的行政处分;构成犯罪的,依法追究刑事责任:

(一)对不符合本条例规定条件的申请人准予许可或者超越法定职权作出准予许可决定的;

(二)对符合本条例规定条件的申请人不予许可或者不在法定期限内作出准予许可决定的;

(三)发现未依照本条例规定申请取得生产许可证擅自生产列入目录产品,不及时依法查处的;

(四)发现检验机构的检验报告、检验结论严重失实,不及时依法查处的;

(五)违反法律、行政法规或者本条例的规定,乱收费的。

第六十三条 工业产品生产许可证主管部门违法实施许可,给当事人的合法权益造成损害的,应当依照《中华人民共和国国家赔偿法》的规定给予赔偿。

第六十四条 工业产品生产许可证主管部门不依法履行监督职责或者监督不力,造成严重后果的,由其上级行政机关或者监察机关责令改正,对直接负责的主管人员和其他直接责任人员依法给予行政处分;构成犯罪的,依法追究刑事责任。

第六十五条 本条例规定的吊销生产许可证的行政处罚由工业产品生产许可证主管部门决定。工业产品生产许可证主管部门应当将作出的相关产品吊销生产许可证的行政处罚决定及时通报发展改革部门、卫生主管部门、工商行政管理部门等有关部门。

本条例第四十六条至第五十一条规定的行政处罚由工业产品生产许可证主管部门或者工商行政管理部门依照国务院规定的职权范围决定。法律、行政法规对行使行政处罚权的机关另有规定的,依照有关法律、行政法规的规定执行。

第七章 附　　则

第六十六条 法律、行政法规对工业产品管理另有规定的,从其规定。

第六十七条 国务院工业产品生产许可证主管部门和省、自治区、直辖市工业产品生产许可证主管部门办理工业产品生产许可证的收费项目依照国务院财政部门、价格主管部门的有关规定执行,工业产品生产许可证的收费标准依照国务院价格主管部门、财政部门的有关规定执行,并应当公开透明;所收取的费用必须全部上缴国库,不得截留、挪用、私分或者变相私分。财政部门不得以任何形式向其返还或者变相返还所收取的费用。

第六十八条 根据需要,省、自治区、直辖市工业产品生产许可证主管部门可以负责部分列入目录产品的生产许可证审查发证工作,具体办法由国务院工业产品生产许可证主管部门另行制定。

第六十九条 个体工商户生产或者销售列入目录产品的,依照本条例的规定执行。

第七十条 本条例自2005年9月1日起施行。国务院1984年4月7日发布的《工业产品生产许可证试行条例》同时废止。

危险废物经营许可证管理办法

(2004年5月30日中华人民共和国国务院令第408号公布 根据2013年12月7日《国务院关于修改部分行政法规的决定》第一次修订 根据2016年2月6日《国务院关于修改部分行政法规的决定》第二次修订)

第一章 总 则

第一条 为了加强对危险废物收集、贮存和处置经营活动的监督管理,防治危险废物污染环境,根据《中华人民共和国固体废物污染环境防治法》,制定本办法。

第二条 在中华人民共和国境内从事危险废物收集、贮存、处置经营活动的单位,应当依照本办法的规定,领取危险废物经营许可证。

第三条 危险废物经营许可证按照经营方式,分为危险废物收集、贮存、处置综合经营许可证和危险废物收集经营许可证。

领取危险废物综合经营许可证的单位,可以从事各类别危险废物的收集、贮存、处置经营活动;领取危险废物收集经营许可证的单位,只能从事机动车维修活动中产生的废矿物油和居民日常生活中产生的废镉镍电池的危险废物收集经营活动。

第四条 县级以上人民政府环境保护主管部门依照本办法的规定,负责危险废物经营许可证的审批颁发与监督管理工作。

第二章 申请领取危险废物经营许可证的条件

第五条 申请领取危险废物收集、贮存、处置综合经营许可证,应当具备下列条件:

(一)有3名以上环境工程专业或者相关专业中级以上职称,并有3年以上固体废物污染治理经历的技术人员;

(二)有符合国务院交通主管部门有关危险货物运输安全要求的运输工具;

(三)有符合国家或者地方环境保护标准和安全要求的包装工具,中转和临时存放设施、设备以及经验收合格的贮存设施、设备;

(四)有符合国家或者省、自治区、直辖市危险废物处置设施建设规划,符合国家或者地方环境保护标准和安全要求的处置设施、设备和配套的污染防治设施;其中,医疗废物集中处置设施,还应当符合国家有关医疗废物处置的卫生标准和要求;

(五)有与所经营的危险废物类别相适应的处置技术和工艺;

（六）有保证危险废物经营安全的规章制度、污染防治措施和事故应急救援措施；

（七）以填埋方式处置危险废物的，应当依法取得填埋场所的土地使用权。

第六条 申请领取危险废物收集经营许可证，应当具备下列条件：

（一）有防雨、防渗的运输工具；

（二）有符合国家或者地方环境保护标准和安全要求的包装工具，中转和临时存放设施、设备；

（三）有保证危险废物经营安全的规章制度、污染防治措施和事故应急救援措施。

第三章 申请领取危险废物经营许可证的程序

第七条 国家对危险废物经营许可证实行分级审批颁发。

医疗废物集中处置单位的危险废物经营许可证，由医疗废物集中处置设施所在地设区的市级人民政府环境保护主管部门审批颁发。

危险废物收集经营许可证，由县级人民政府环境保护主管部门审批颁发。

本条第二款、第三款规定之外的危险废物经营许可证，由省、自治区、直辖市人民政府环境保护主管部门审批颁发。

第八条 申请领取危险废物经营许可证的单位，应当在从事危险废物经营活动前向发证机关提出申请，并附具本办法第五条或者第六条规定条件的证明材料。

第九条 发证机关应当自受理申请之日起20个工作日内，对申请单位提交的证明材料进行审查，并对申请单位的经营设施进行现场核查。符合条件的，颁发危险废物经营许可证，并予以公告；不符合条件的，书面通知申请单位并说明理由。

发证机关在颁发危险废物经营许可证前，可以根据实际需要征求卫生、城乡规划等有关主管部门和专家的意见。

第十条 危险废物经营许可证包括下列主要内容：

（一）法人名称、法定代表人、住所；

（二）危险废物经营方式；

（三）危险废物类别；

（四）年经营规模；

（五）有效期限；

（六）发证日期和证书编号。

危险废物综合经营许可证的内容，还应当包括贮存、处置设施的地址。

第十一条 危险废物经营单位变更法人名称、法定代表人和住所的，应当自工商变更登记之日起15个工作日内，向原发证机关申请办理危险废物经营许可证变更手续。

第十二条 有下列情形之一的，危险废物经营单位应当按照原申请程序，重新申请领取危险废物经营许可证：

（一）改变危险废物经营方式的；

（二）增加危险废物类别的；

（三）新建或者改建、扩建原有危险废物经营设施的；

（四）经营危险废物超过原批准年经营规模20%以上的。

第十三条 危险废物综合经营许可证有效期为5年；危险废物收集经营许可证有效期为3年。

危险废物经营许可证有效期届满，危险废物经营单位继续从事危险废物经营活动的，应当于危险废物经营许可证有效期届满30个工作日前向原发证机关提出换证申请。原发证机关应当自受理换证申请之日起20个工作日内进行审查，符合条件的，予以换证；不符合条件的，书面通知申请单位并说明理由。

第十四条 危险废物经营单位终止从事收集、贮存、处置危险废物经营活动的，应当对经营设施、场所采取污染防治措施，并对未处置的危险废物作出妥善处理。

危险废物经营单位应当在采取前款规定措施之日起20个工作日内向原发证机关提出注销申请，由原发证机关进行现场核查合格后注销危险废物经营许可证。

第十五条 禁止无经营许可证或者不按照经营许可证规定从事危险废物收集、贮存、处置经营活动。

禁止从中华人民共和国境外进口或者经中华人民共和国过境转移电子类危险废物。

禁止将危险废物提供或者委托给无经营许可证的单位从事收集、贮存、处置经营活动。

禁止伪造、变造、转让危险废物经营许可证。

第四章 监督管理

第十六条 县级以上地方人民政府环境保护主管部门应当于每年3月31日前将上一年度危险废物经营许可证颁发情况报上一级人民政府环境保护主管部门备案。

上级环境保护主管部门应当加强对下级环境保护主管部门审批颁发危险废物经营许可证情况的监督检查，及时纠正下级环境保护主管部门审批颁发危险废物经营许可证过程中的违法行为。

第十七条 县级以上人民政府环境保护主管部门应当通过书面核查和实地检查等方式，加强对危险废物经营单位的监督检查，并将监督检查情况和处理结果予以记录，由监督检查人员签字后归档。

公众有权查阅县级以上人民政府环境保护主管部门的监督检查记录。

县级以上人民政府环境保护主管部门发现危险废物经营单位在经营活动中有不符合原发证条件的情形的，应当责令其限期整改。

第十八条 县级以上人民政府环境保护主管部门有权要求危险废物经营单位定期报告危险废物经营活动情况。危险废物经营单位应当建立危险废物经营情况记录簿，如实记载收集、贮存、处置危险废物的类别、来源、去向和有无事故等事项。

危险废物经营单位应当将危险废物经营情况记录簿保存10年以上，以填埋方式处置危险废物的经营情况记录簿应当永久保存。终止经营活动的，应当将危险废物经营情况记录簿移交所在地县级以上地方人民政府环境保护主管部门存档管理。

第十九条 县级以上人民政府环境保护主管部门应当建立、健全危险废物经营许可证的档案管理制度，并定期向社会公布审批颁发危险废物经营许可证的情况。

第二十条 领取危险废物收集经营许可证的单位，应当与处置单位签订接收合同，并将收集的废矿物油和废镉镍电池在90个工作日内提供或者委托给处置单位进行处置。

第二十一条 危险废物的经营设施在废弃或者改作其他用途前，应当进行无害化处理。

填埋危险废物的经营设施服役期届满后，危险废物经营单位应当按照有关规定对填埋过危险废物的土地采取封闭措施，并在划定的封闭区域设置永久性标记。

第五章 法律责任

第二十二条 违反本办法第十一条规定的，由县级以上地方人民政府环境保护主管部门责令限期改正，给予警告；逾期不改正的，由原发证机关暂扣危险废物经营许可证。

第二十三条 违反本办法第十二条、第十三条第二款规定的，由县级以上地方人民政府环境保护主管部门责令停止违法行为；有违法所得的，没收违法所得；违法所得超过10万元的，并处违法所得1倍以上2倍以下的罚款；没有违法所得或者违法所得不足10万元的，处5万元以上10万元以下的罚款。

第二十四条 违反本办法第十四条第一款、第二十一条规定的,由县级以上地方人民政府环境保护主管部门责令限期改正;逾期不改正的,处5万元以上10万元以下的罚款;造成污染事故,构成犯罪的,依法追究刑事责任。

第二十五条 违反本办法第十五条第一款、第二款、第三款规定的,依照《中华人民共和国固体废物污染环境防治法》的规定予以处罚。

违反本办法第十五条第四款规定的,由县级以上地方人民政府环境保护主管部门收缴危险废物经营许可证或者由原发证机关吊销危险废物经营许可证,并处5万元以上10万元以下的罚款;构成犯罪的,依法追究刑事责任。

第二十六条 违反本办法第十八条规定的,由县级以上地方人民政府环境保护主管部门责令限期改正,给予警告;逾期不改正的,由原发证机关暂扣或者吊销危险废物经营许可证。

第二十七条 违反本办法第二十条规定的,由县级以上地方人民政府环境保护主管部门责令限期改正,给予警告;逾期不改正的,处1万元以上5万元以下的罚款,并可以由原发证机关暂扣或者吊销危险废物经营许可证。

第二十八条 危险废物经营单位被责令限期整改,逾期不整改或者经整改仍不符合原发证条件的,由原发证机关暂扣或者吊销危险废物经营许可证。

第二十九条 被依法吊销或者收缴危险废物经营许可证的单位,5年内不得再申请领取危险废物经营许可证。

第三十条 县级以上人民政府环境保护主管部门的工作人员,有下列行为之一的,依法给予行政处分;构成犯罪的,依法追究刑事责任:

(一)向不符合本办法规定条件的单位颁发危险废物经营许可证的;

(二)发现未依法取得危险废物经营许可证的单位和个人擅自从事危险废物经营活动不予查处或者接到举报后不依法处理的;

(三)对依法取得危险废物经营许可证的单位不履行监督管理职责或者发现违反本办法规定的行为不予查处的;

(四)在危险废物经营许可证管理工作中有其他渎职行为的。

第六章 附 则

第三十一条 本办法下列用语的含义:

(一)危险废物,是指列入国家危险废物名录或者根据国家规定的危险废物鉴别标准和鉴别方法认定的具有危险性的废物。

(二)收集,是指危险废物经营单位将分散的危险废物进行集中的活动。

(三)贮存,是指危险废物经营单位在危险废物处置前,将其放置在符合环境保护标准的场所或者设施中,以及为了将分散的危险废物进行集中,在自备的临时设施或者场所每批置放重量超过5000千克或者置放时间超过90个工作日的活动。

(四)处置,是指危险废物经营单位将危险废物焚烧、煅烧、熔融、烧结、裂解、中和、消毒、蒸馏、萃取、沉淀、过滤、拆解以及用其他改变危险废物物理、化学、生物特性的方法,达到减少危险废物数量、缩小危险废物体积、减少或者消除其危险成分的活动,或者将危险废物最终置于符合环境保护规定要求的场所或者设施并不再回取的活动。

第三十二条 本办法施行前,依照地方性法规、规章或者其他文件的规定已经取得危险废物经营许可证的单位,应当在原危险废物经营许可证有效期届满30个工作日前,依照本办法的规定重新申请领取危险废物经营许可证。逾期不办理的,不得继续从事危险废物经营活动。

第三十三条 本办法自2004年7月1日起施行。

国务院关于严格控制新设行政许可的通知

（2013年9月19日　国发〔2013〕39号）

严格行政许可设定，是深化行政审批制度改革、推进政府职能转变的必然要求。为贯彻落实党的十八大有关深化行政审批制度改革的精神和十二届全国人大一次会议审议通过的《国务院机构改革和职能转变方案》，严格控制新设行政许可，切实防止行政许可事项边减边增、明减暗增，现就有关问题通知如下：

一、严格行政许可设定标准

行政许可，是行政机关根据公民、法人或其他组织的申请，经依法审查，准予其从事特定活动的行为，是各级行政机关在依法管理经济社会事务过程中对公民、法人或其他组织的活动实行事前控制的一种手段。设定行政许可，对人民群众生产、生活影响很大，必须从严控制。今后起草法律草案、行政法规草案一般不新设行政许可，确需新设的，必须严格遵守行政许可法的规定，严格设定标准。

（一）对企业不使用政府性资金的投资活动，除重大和限制类固定资产投资项目外，不得设定行政许可。

（二）对人员能力水平评价的事项，除提供公共服务并且直接关系公共利益，需要具备特殊信誉、特殊条件或特殊技能的职业，确需设定行政许可的外，不得设定行政许可。

（三）对确需设定企业、个人资质资格的事项，原则上只能设定基础资质资格。

（四）中介服务机构所代理的事项最终需由行政机关或法律、行政法规授权的组织许可的，对该中介服务机构不得设定行政许可。

（五）对产品实施行政许可的，除涉及人身健康、生命财产安全的外，不得对生产该产品的企业设定行政许可。

（六）通过对产品大类设定行政许可能够实现管理目的的，对产品子类不得设定行政许可。确需对产品子类设定行政许可的，实行目录管理。

（七）法律、行政法规或国务院决定规定对需要取得行政许可的产品、活动实施目录管理的，产品、活动目录的制定、调整应当报经国务院批准。

（八）法律草案、行政法规草案拟设定的对生产经营活动的行政许可，凡直接面向基层、量大面广或由地方实施更方便有效的，不得规定国务院部门作为行政许可实施机关。

（九）通过严格执行现有管理手段和措施能够解决的事项，不得设定行政许可。

（十）通过技术标准、管理规范能够有效管理的事项，不得设定行政许可。

（十一）对同一事项，由一个行政机关实施行政许可能够解决的，不得设定由其他行政机关实施的行政许可；对可以由一个行政机关在实施行政许可中征求其他行政机关意见解决的事项，不得设定新的行政许可。

（十二）对同一事项，在一个管理环节设定行政许可能够解决的，不得在多个管理环节分别设定行政许可。

（十三）通过修改现行法律、行政法规有关行政许可的规定能够解决的事项，不得设定新的行政许可。

（十四）现行法律已经规定了具体管理手段和措施，但未设定行政许可的，起草执行性或配套的行政法规草案时，不得设定行政许可。

（十五）行政法规草案为实施法律设定的行政许可作出的具体规定，不得增设行政许可；对行政许可条件作出的具体规定，不得增设违反法律的其他条件。

（十六）国务院部门规章和规范性文件一律不得设定行政许可，不得以备案、登记、年检、监制、认定、认证、审定等形式变相设定行政许可，不得以非行政许可审批为名变相设定行政许可。

除法律、行政法规外，对行政机关实施行政许可以及监督检查被许可人从事行政许可事项的活动，一律不得设定收费；不得借实施行政许可变相收费。

二、规范行政许可设定审查程序

法律草案、行政法规草案拟设定行政许可的，起草单位和审查机关都要深入调查研究，加强合法性、必要性和合理性审查论证。

（一）起草单位对拟设定的行政许可，应当采取座谈会、论证会、听证会等多种形式，广泛听取有关组织、企业和公民的意见，同时征求国务院相关部门的意见。

（二）起草单位向国务院报送法律草案、行政法规草案送审稿及其说明时，应当附拟设定行政许可的论证材料、各方面对拟设定行政许可的意见和意见采纳情况以及其他国家、地区的相关立法资料。

论证材料应当包括：一是合法性论证材料，重点说明草案拟设定的行政许可符合行政许可法和本通知规定的理由。二是必要性论证材料，重点说明拟设定行政许可的事项属于直接涉及国家安全、公共安全、生态环境安全和生命财产安全，通过市场机制、行业自律、企业和个人自主决定以及其他管理方式不能有效解决问题，以及拟设定的行政许可是解决现有问题或实现行政管理目的有效手段的理由。三是合理性论证材料，重点评估实施该行政许可对经济社会可能产生的影响，说明实施该行政许可的预期效果。

（三）国务院法制办应当对法律草案、行政法规草案拟设定的行政许可进行严格审查论证。

对法律草案、行政法规草案拟设定的行政许可，国务院法制办应当征求中央编办、国务院相关部门以及地方人民政府的意见；将法律草案、行政法规草案通过中国政府法制信息网向社会公开征求意见时，公开征求意见的材料应当就拟设定行政许可的理由作重点说明。

中央编办对起草单位提出的拟设行政许可意见进行审查，对是否确需通过行政许可方式实施管理、是否有其他替代方式、是否符合行政体制改革和职能转变的基本方向、是否符合行政审批制度改革的原则和要求、是否会造成与其他机构的职责交叉等提出审核意见。

经研究论证，认为拟设定的行政许可不符合行政许可法和本通知的规定或设定理由不充分的，不得设定行政许可。有关情况在法律草案、行政法规草案说明中予以说明，说明与法律草案、行政法规草案一并报国务院审议。

（四）涉及重大公共利益，需要及时实行行政许可管理的，经国务院常务会议讨论通过后采用发布决定的方式设定；国务院可以根据形势变化决定停止实施该项行政许可，确有必要长期实施的，及时提请全国人大及其常委会制定法律，或者制定行政法规。

三、加强对设定行政许可的监督

对已设定的行政许可，要加强跟踪评估、监督管理。

（一）国务院部门要制定本部门负责实施的行政许可目录并向社会公布，目录要列明行政许可项目、依据、实施机关、程序、条件、期限、收费等情况。行政许可项目发生增加、调整、变更等变化的，要及时更新目录。行政许可目录要报中央编办备案。

（二）国务院部门要定期对其负责实施的行政许可实施情况进行评价，并将意见报告该行政许可的设定机关。对没有达到预期效果或不适应经济社会发展要求的行政许可，应当及时提出修改或废止建议。

（三）起草法律、行政法规修订草案，起草单位要对该法律、行政法规设定的行政许可的实施情况进行重点评估,对没有达到预期效果或不适应经济社会发展要求的行政许可,应当提出修改或废止建议。

(四)国务院有关部门要建立制度、畅通渠道,听取公民、法人或其他组织对其负责实施的行政许可提出的意见和建议。

(五)国务院法制办要加强对国务院部门规章的备案审查,对设定行政许可、增设行政许可条件,以备案、登记、年检、监制、认定、认证、审定等形式变相设定行政许可,以非行政许可审批名义变相设定行政许可或违法设定行政许可收费的,要按照规定的程序严格处理、坚决纠正。

(六)对违法设定行政许可、增设行政许可条件,违法实施行政许可,以及不依法履行监督职责或监督不力、造成严重后果的,有关机关要依照行政监察法、行政机关公务员处分条例等法律、行政法规的规定严格追究责任。

地方人民政府要根据本通知的规定,结合各地实际,提出并执行严格控制新设行政许可的具体措施。地方人民政府、国务院各部门要按照行政许可法和本通知的规定,对规章和规范性文件进行一次全面清理,对违法设定行政许可、增设行政许可条件,以备案、登记、年检、监制、认定、认证、审定等形式变相设定行政许可,以非行政许可审批名义变相设定行政许可,以及违法设定行政许可收费或借实施行政许可变相收费的,要坚决纠正。各省级人民政府、国务院各部门应当于2013年12月底前将清理结果报中央编办。国务院将于2014年适时组织开展一次贯彻本通知情况的督促检查。

国务院对确需保留的行政审批项目设定行政许可的决定

(2004年6月29日中华人民共和国国务院令第412号公布　根据2009年1月29日《国务院关于修改〈国务院对确需保留的行政审批项目设定行政许可的决定〉的决定》修订)

依照《中华人民共和国行政许可法》和行政审批制度改革的有关规定,国务院对所属各部门的行政审批项目进行了全面清理。由法律、行政法规设定的行政许可项目,依法继续实施;对法律、行政法规以外的规范性文件设定,但确需保留且符合《中华人民共和国行政许可法》第十二条规定事项的行政审批项目,根据《中华人民共和国行政许可法》第十四条第二款的规定,现决定予以保留并设定行政许可,共500项。

为保证本决定设定的行政许可依法、公开、公平、公正实施,国务院有关部门应当对实施本决定所列各项行政许可的条件等作出具体规定,并予以公布。有关实施行政许可的程序和期限依照《中华人民共和国行政许可法》的有关规定执行。

附:

国务院决定对确需保留的行政审批项目设定行政许可的目录

序号	项目名称	实施机关
1	境外资源开发类和大额用汇投资项目审批	国家发展改革委
2	企业境外投资用汇数额审批(不涉及用汇来源、是否购汇以及购 汇多少的管理)	国家发展改革委

序号	项目名称	实施机关
3	铬化合物生产建设项目审批	国家发展改革委
4	道路机动车辆生产企业及产品公告	国家发展改革委　质检总局
5	京都议定书清洁发展机制合作项目审批	国家发展改革委
6	境内外资银行外债借款规模审批	国家发展改革委
7	电力建设基金投资项目审批	国家发展改革委
8	价格评估人员执业资格认定	国家发展改革委　省级人民政府发展改革(物价主管)部门
9	氰化钠生产定点审批及进口许可证核发	国家发展改革委
10	工程咨询单位资格认定	国家发展改革委
11	注册咨询工程师(投资)执业资格认定	国家发展改革委
12	融资性担保机构的设立与变更审批	省、自治区、直辖市人民政府确定的部门
13	价格鉴证师注册	国家发展改革委
14	电力建设工程土建试验室资质认定	国家发展改革委
15	电力建设工程金属试验室资质认定	国家发展改革委
16	煤炭出口经营许可 + B4	国家发展改革委(会同铁道部、交通部、商务部、质检总局、海关总署等部门)
17	价格评估机构资质认定	国家发展改革委　省级人民政府发展改革(物价主管)部门
18	举办国际教育展览审批	教育部　省级人民政府教育行政主管部门
19	省级人民政府自行审批、调整的高等职业学校使用超出规定命名	范围的学校名称审批　教育部
20	开办外籍人员子女学校审批	教育部
21	高等学校教授、副教授评审权审批	教育部
22	利用互联网实施远程学历教育的教育网校审批	各级人民政府教育行政主管部门
23	高等学校设置、调整管理权限范围外的本科专业、第二学士学位　专业和国家控制的其他专业审批	教育部　国务院各有关主管部门
24	自费出国留学中介服务机构资格认定	教育部
25	中小学国家课程教材编写核准	教育部
26	涉及人类遗传资源的国际合作项目审批	科技部　卫生部
27	武器装备科研生产许可	国防科工委

序号	项目名称	实施机关
28	核产品转运及过境运输审批	国防科工委　商务部
29	民用航天发射项目许可	国防科工委
30	国防科技工业军用核设施安全许可	国防科工委
31	核电站建设消防设计、变更、验收审批	国防科工委
32	弩的制造、销售、进口、运输、使用审批	省级人民政府公安机关
33	大型群众文化体育活动安全许可	县级以上人民政府公安机关
34	外国人乘自备交通工具在华旅游审批	公安部
35	典当业特种行业许可证核发	县级以上地方人民政府公安机关
36	旅馆业特种行业许可证核发	县级以上地方人民政府公安机关
37	公章刻制业特种行业许可证核发	县级以上地方人民政府公安机关
38	邮政局(所)安全防范设施设计审核及工程验收	县级以上地方人民政府公安机关
39	核电站实体保卫工程验收	国家原子能机构　公安部
40	军工产品储存库风险等级认定和技术防范工程方案审核及工程验收	军工企业主管部门　公安部　省级人民政府公安机关
41	金融机构营业场所、金库安全防范设施建设方案审批及工程验收	县级以上地方人民政府公安机关
42	边境管理区通行证核发	地(市)、县级人民政府公安机关
43	出海船舶户口簿核发	沿海县以上公安边防部门
44	出海船舶边防登记簿核发	沿海县以上公安边防部门
45	出海船民证核发	沿海县以上公安边防部门
46	合资船船员登陆证核发	沿海县公安边防部门
47	合资船船员登轮证核发	沿海县公安边防部门
48	台湾居民登陆证核发	沿海当地边防工作站　沿海县公安边防部门
49	对台劳务人员登轮作业证核发	沿海县公安边防部门
50	机动车延缓报废审批	地(市)级人民政府公安机关交通管理部门
51	麻黄素运输许可	省级人民政府公安机关
52	设立保安培训机构审批	省级人民政府公安机关
53	易制毒化学品购用证明核发	县级以上地方人民政府公安机关
54	易制毒化学品进出口许可证核发	公安部
55	焰火晚会烟花爆竹燃放许可	公安部　省级人民政府公安机关
56	烟花爆竹运输许可证核发	县级人民政府公安机关

序号	项目名称	实施机关
57	边境地区出入境通行证核发	省、自治区、直辖市公安边防部门
58	因私出入境中介服务机构资格认定(境外就业、留学除外)	公安部
59	临时入境许可	公安机关出入境边防检查站
60	安全技术防范产品生产、销售审批	省级人民政府公安机关
61	核乏燃料道路运输通行许可	公安部
62	核材料国内运输免检通行许可	公安部
63	设立临时停车场审批	所在城市的市人民政府公安机关
64	航行港澳船舶证明书核发	公安机关出入境边防检查站
65	航行港澳小型船舶查验簿核发	公安机关出入境边防检查站
66	涉及国家安全事项的建设项目审批	安全部　地方各级国家安全机关
67	假肢和矫形器(辅助器具)生产装配企业资格认定	省级人民政府民政部门
68	假肢与矫形器(辅助器具)制作师执业资格注册	民政部
69	与境外合资、合作举办社会福利机构审批	省级人民政府民政部门、商务行政主管部门
70	香港、澳门永久性居民中的中国居民申请在内地从事律师职业核准	省级人民政府司法行政主管部门
71	香港、澳门律师担任内地律师事务所法律顾问核准	省级人民政府司法行政主管部门
72	香港、澳门律师事务所与内地律师事务所联营核准	省级人民政府司法行政主管部门
73	中国委托公证人资格(香港)审批	司法部
74	中国委托公证人资格(澳门)审批	司法部
75	基层法律服务工作者执业核准	省级或其授权的下一级人民政府司法行政主管部门
76	面向社会服务的司法鉴定人执业核准	司法部　省级人民政府司法行政主管部门
77	设立面向社会服务的司法鉴定机构审批	司法部　省级人民政府司法行政主管部门
78	公证员执业审批	司法部　省级人民政府司法行政主管部门
79	出口信用保险相关业务事项审批	财政部
80	设立免税场所事项审批	财政部　海关总署　税务总局

序号	项目名称	实施机关
81	国债承销团成员资格审批	财政部　人民银行　证监会
82	会计师事务所从事证券、期货相关业务审批	财政部　证监会
83	资产评估机构从事证券业务资格审批	财政部　证监会
84	列入政府管理范围的专业技术人员职业资格审批	人事部　国务院各有关主管部门
85	举办全国性人才交流会审批	人事部
86	设立人才中介服务机构及其业务范围审批	县级以上人民政府人事行政主管部门
87	设立技工学校审批	劳动保障部　省级人民政府劳动保障行政主管部门
88	职业介绍机构资格认定	地方人民政府劳动保障行政主管部门
89	设立中外合资(合作)职业介绍机构审批	省级人民政府劳动保障行政主管部门
90	境外就业职业介绍机构资格认定	劳动保障部
91	以技能为主的国外职业资格证书及发证机构资格审核和注册	劳动保障部
92	补充保险经办机构资格认定	劳动保障部
93	外国人入境就业许可	省级及其授权的地(市)级人民政府劳动保障行政主管部门
94	台港澳人员在内地就业许可	省级人民政府劳动保障行政主管部门及其授权的地(市)级人民政府劳动保障行政主管部门
95	社会保障卡专用COS(卡内操作系统)核准	劳动保障部
96	古生物化石采掘和出入境许可	国土资源部
97	地质勘查单位资质认定	国土资源部　省级人民政府国土资源行政主管部门
98	城市规划师执业资格注册	建设部
99	工程造价咨询单位资质认定	建设部　省级人民政府建设行政主管部门
100	城市规划编制单位资质认定	县级以上人民政府城市规划行政主管部门
101	城市建筑垃圾处置核准	城市人民政府市容环境卫生行政主管部门
102	从事城市生活垃圾经营性清扫、收集、运输、处理服务审批	所在城市的市人民政府市容环境卫生行政主管部门

序号	项目名称	实施机关
103	城市排水许可证核发	所在城市的市人民政府排水行政主管部门
104	燃气设施改动审批	县级以上地方人民政府城市建设行政主管部门
105	外商投资企业从事城市规划服务资格证书核发	建设部　商务部
106	风景名胜区建设项目选址审批	县级以上人民政府建设行政主管部门
107	改变绿化规划、绿化用地的使用性质审批	城市人民政府绿化行政主管部门
108	超限高层建筑工程抗震设防审批	省级人民政府建设行政主管部门
109	城市桥梁上架设各类市政管线审批	所在城市的市人民政府市政工程设施行政主管部门
110	房地产估价机构资质核准	县级以上地方人民政府房地产行政主管部门
111	城市新建燃气企业审批	所在城市的市人民政府建设行政主管部门
112	出租汽车经营资格证、车辆运营证和驾驶员客运资格证核发	县级以上地方人民政府出租汽车行政主管部门
113	利用国外贷款的铁路项目立项审批	铁道部
114	开行客货直通列车、办理军事运输和特殊货物运输审批	铁道部
115	企业自备车辆参加铁路运输审批	铁道部
116	铁路工程建设消防设计审批	铁道公安消防部门
117	建筑企业铁道专业资质认定	铁道部
118	工程勘察、设计企业铁道专业资质认定	铁道部
119	工程监理企业铁道专业资质认定	铁道部
120	工程咨询单位铁道专业资质认定	铁道部
121	工程造价咨询单位铁道专业资质认定	铁道部
122	企业铁路专用线与国铁接轨审批	铁道部
123	铁路专用计量器具新产品技术认证	铁道部
124	铁路建设项目立项审批	铁道部
125	铁路企事业单位进口机电产品标准审批	铁道部
126	铁路工程基桩检测单位资质及检测员资格认定	铁道部
127	铁道自轮运转特种设备准入许可	铁道部
128	铁路工业产品制造特许证核发	铁道部

序号	项目名称	实施机关
129	铁道计算机联锁设备制造特许证核发	铁道部
130	铁路货物装载加固方案审批	铁道部
131	铁路运输企业设立、撤销、变更审批	铁道部
132	国家铁路大中型建设项目、限额以上更新改造项目和铁道部指定的项目初步设计、变更设计及总概算审批	铁道部
133	航运公司安全营运与防污染能力符合证明核发	交通部
134	国际船舶及港口设施保安证书核发	交通部
135	新增客船、危险品船投入运营审批	地(市)级以上人民政府交通行政主管部门
136	从事内地与台湾、港澳间海上运输业务许可	交通部
137	公路、水运投资项目立项审批	交通部
138	设立引航及验船机构审批	交通部　交通部海事局
139	电信网码号资源使用和调整审批	信息产业部
140	电信业务经营者拍卖码号审批	信息产业部
141	设立互联网域名注册服务机构审批	信息产业部
142	电信设备抗震性能检测合格证核发	信息产业部
143	基础电信和跨地区增值电信业务经营许可证核发	省、自治区、直辖市电信管理机构
144	采购通信系统设备(自动进口许可类产品)国际招标审核	信息产业部
145	无线电设备发射特性核准检测机构认定	信息产业部
146	设置卫星网络空间电台审批	信息产业部
147	境内单位租用境外卫星资源核准	信息产业部
148	通信建设监理企业资质认证和监理工程师资格认定	信息产业部
149	计算机信息系统集成企业资质认定	信息产业部
150	通信信息网络系统集成企业资质认定	信息产业部
151	通信用户管线建设企业资质认定	信息产业部
152	信息系统工程监理单位资质认证和监理工程师资格认定	信息产业部
153	税控收款机生产企业资质认定	信息产业部　税务总局
154	军工电子产品出口立项审批	信息产业部

序号	项目名称	实施机关
155	通信建设工程概预算人员资格认定	信息产业部
156	军工电子装备科研生产许可	信息产业部
157	互联网域名根服务器设置及其运行机构和注册管理机构的设立审批	信息产业部
158	建立卫星通信网和设置卫星地球站审批	信息产业部　信息产业部　省、自治区、直辖市无线电管理机构
159	通信、电子投资项目立项审批(移动通信产品除外)	信息产业部
160	通信勘察设计企业资质认定	信息产业部
161	蓄滞洪区避洪设施建设审批	各级人民政府水行政主管部门
162	水利水电建设工程蓄水安全鉴定单位资质认定	水利部
163	水文资料使用审批	省级人民政府水行政主管部门　流域管理机构
164	水文、水资源调查评价机构资质认定	水利部　省级人民政府水行政主管部门
165	水利工程质量检测单位资格认定	水利部　省级人民政府水行政主管部门　流域管理机构
166	启闭机使用许可证核发	水利部
167	水土保持生态环境监测单位资质认定	水利部
168	建设项目水资源论证报告书审批	各级人民政府水行政主管部门　流域管理机构
169	建设项目水资源论证机构资质认定	水利部　省级人民政府水行政主管部门
170	占用农业灌溉水源、灌排工程设施审批	各级人民政府水行政主管部门　流域管理机构
171	水利工程建设监理单位资格认定	水利部
172	水利基建项目初步设计文件审批	县级以上人民政府水行政主管部门
173	水利工程开工审批	县级以上人民政府水行政主管部门
174	渔业船舶设计、修造单位资格认定	农业部
175	兽医微生物菌(毒、虫)种认定	农业部
176	联合收割机及驾驶员牌照证照核发	县级以上地方人民政府农业机械行政主管部门
177	农业机械维修技术合格证书核发	县级人民政府农业机械行政主管部门

序号	项目名称	实施机关
178	赴台湾地区举办招商、办展、参展活动审批	商务部
179	境内举办对外经济技术展览会办展项目审批	商务部
180	钨、锑生产企业出口供货资格审批	商务部
181	设立典当行及分支机构审批	商务部
182	设立旧机动车鉴定评估机构审批	商务部　省级人民政府商务行政主管部门
183	石油成品油批发、仓储、零售经营资格审批	商务部　省级人民政府商务行政主管部门
184	全国缫丝绢纺企业生产经营资格核准	商务部
185	鲜茧收购资格认定	省级人民政府商务行政主管部门或茧丝绸生产行政主管部门
186	对外劳务合作经营资格核准	商务部
187	援外项目实施企业资格认定	商务部
188	对外承包工程项目投标(议标)核准	商务部
189	外国非企业经济组织在华设立常驻代表机构审批	商务部
190	外国、港澳台地区企业承包经营中外合营企业、受托经营管理合营企业审批	商务部
191	国内企业在境外开办企业(金融企业除外)核准	商务部
192	台湾非企业经济组织在大陆设立常驻代表机构审批	商务部
193	设立经营性互联网文化单位审批	文化部
194	互联网文化单位进口互联网文化产品内容审查	文化部
195	营业性演出内容核准	县级以上人民政府文化行政主管部门
196	美术品进出口经营活动审批	文化部
197	设置社会艺术水平考级机构审批	文化部　省级人民政府文化行政主管部门
198	护士执业许可	县级人民政府卫生行政主管部门
199	外籍医师在华短期执业许可	地(市)级人民政府卫生行政主管部门
200	消毒产品生产企业(一次性使用医疗用品的生产企业除外)卫生许可	省级人民政府卫生行政主管部门
201	生产消毒剂、消毒器械卫生许可	卫生部
202	医疗机构设置人类精子库审批	卫生部

序号	项目名称	实施机关
203	医疗机构开展人类辅助生殖技术许可	卫生部　省级人民政府卫生行政主管部门
204	供水单位卫生许可	县级以上地方人民政府卫生行政主管部门
205	涉及饮用水卫生安全的产品卫生许可	卫生部　省级人民政府卫生行政主管部门
206	人体血液、组织器官进出口审批	卫生部
207	设立造血干细胞资料库组织配型实验室和骨髓移植医院审批	省级人民政府卫生行政主管部门
208	计划生育技术服务人员执业证书核发	县级以上地方人民政府人口和计划生育行政主管部门
209	计划生育统计调查审批	各级人民政府人口和计划生育行政主管部门
210	商业银行、信用社代理支库业务审批	人民银行及其有关分支行
211	商业银行、信用社代理乡镇国库业务审批	人民银行及其有关分支行
212	银行间债券市场债券上市审批	人民银行
213	银行间债券市场结算代理人审批	人民银行
214	银行间债券市场双边报价商审批	人民银行
215	保税区内生产、加工的黄金制品内销审批	人民银行
216	黄金及其制品进出口审批	人民银行
217	个人携带黄金及其制品进出境审批	人民银行
218	银行票据、清算凭证印制企业资格审批	人民银行
219	银行账户开户许可证核发	人民银行及其分支行
220	商业银行、政策性银行、企业集团财务公司、基金管理公司、证券公司、信托投资公司、城乡信用社联社、金融租赁公司进入全国银行间债券市场备案	人民银行
221	国库集中支付代理银行资格认定	人民银行　财政部
222	商业银行承办记账式国债柜台交易审批	人民银行　财政部
223	商业银行修改银行卡章程审批	人民银行
224	贷款卡发放核准	人民银行分支行
225	海关派员驻厂监管的保税工厂资格审批	海关总署各直属海关
226	常驻机构及非居民长期旅客公私用物品进出境核	海关总署各直属海关
227	小型船舶往来香港、澳门进行货物运输备案	海关总署各直属海关

序号	项目名称	实施机关
228	承运境内海关监管货物的运输企业、车辆注册	海关总署各直属海关
229	制造、改装、维修集装箱、集装箱式货车车厢工厂核准	海关总署各直属海关
230	外国在华常驻机构和常驻人员免税进境机动交通工具出售、转让、出租或移作他用审批	海关总署各直属海关
231	获准入境定居旅客安家物品审批	海关总署各直属海关
232	进境货物直接退运核准	海关总署各直属海关
233	高新技术企业适用海关便捷通关措施审批	海关总署及各直属海关
234	长江驳运船舶转运海关监管的进出口货物审批	海关总署各直属海关
235	印花税票代售许可	当地税务机关
236	增值税防伪税控系统最高开票限额审批	县以上税务机关
237	外国(地区)企业在中国境内从事生产经营活动核准	工商总局及其授权的地方工商行政管理部门
238	烟草广告审批	工商总局　省级人民政府广告监管机关或其授权的省辖市人民政府广告监管机关
239	固定形式印刷品广告登记	工商总局　省、自治区、直辖市及计划单列市人民政府工商行政管理部门
240	商品展销会登记	各级工商行政管理部门
241	外商投资广告企业设立分支机构审批	工商总局及其授权的地方工商行政管理部门
242	外商投资广告企业项目审批	工商总局及其授权的地方工商行政管理部门
243	户外广告登记	县级以上地方人民政府工商行政管理部门
244	设立认证培训、认证咨询机构审批	国家认监委
245	进出口化妆品生产、加工单位卫生注册登记	国家认监委　质检总局各直属检验检疫局
246	建立社会公正计量行(站)审批	省级人民政府质量技术监督部门
247	进出境快件运营单位核准	质检总局　质检总局　质检总局各直属检验检疫局
248	设备监理单位甲级、乙级资格证书核发	质检总局

序号	项目名称	实施机关
249	压力管道的设计、安装、使用、检验单位和人员资格认定	质检总局　县级以上地方人民政府质量技术监督部门
250	场(厂)内机动车辆的制造、安装、改造、维修、使用、检验许可	质检总局　质检总局　县级以上地方人民政府质量技术监督部门
251	出入境检验检疫报检员注册	质检总局各直属检验检疫局及各地出入境检　验检疫机构
252	环境保护设施运营单位资质认定	环保总局
253	加工利用国家限制进口、可用作原料的废电器定点企业认定	环保总局
254	民用核承压设备设计制造安装许可证核发	环保总局(国家核安全局)
255	新化学物质环境管理登记证核发	环保总局
256	危险废物越境转移核准	环保总局
257	民用核承压设备焊接和无损检验人员资格证书核发	环保总局
258	危险化学品出口环境管理登记证核发	环保总局
259	中外公共航空运输承运人运行合格证核发	民航总局　民航地区管理局
260	航空营运人运输危险品资格批准	民航总局　民航地区管理局
261	民用直升机海上平台运行许可	民航总局或其授权的机构
262	商业非运输运营人、私用大型航空器运营人、航空器代管人运行合格证核发	民航总局　民航地区管理局
263	民用航空器维修管理人员资格、民用航空器部件修理人员资格认定	民航总局　民航地区管理局　民航总局授权的机构
264	国外(境外)民用航空器维修人员资格认定	民航总局　民航地区管理局
265	民用航空器飞行教员、地面教员执照核发	民航总局　民航地区管理局
266	民用航空器领航员、飞行机械员、飞行通信员教员合格证核发	民航总局　民航地区管理局
267	民用航空器驾驶员Ⅱ、Ⅲ类运行许可	民航地区管理局
268	民用航空器外国驾驶员、领航员、飞行机械员、飞行通信员执照认可	民航总局　民航地区管理局
269	飞行训练中心合格认定	民航总局　民航地区管理局
270	民用航空器驾驶员学校审定	民航总局　民航地区管理局
271	民用航空维修技术人员学校合格认定	民航总局　民航地区管理局
272	飞行签派员训练机构审批	民航总局

序号	项目名称	实施机关
273	用于民用航空器驾驶员训练、考试或检查的飞机模拟机、飞行训练器鉴定审批	民航总局
274	民用航空器特许飞行资格认可	民航总局
275	民用航空器补充型号合格证（STC）/补充型号认可（VSTC）	民航总局
276	民用航空器型号设计批准（TDA）	民航总局
277	民用航空器生产检验系统批准（APIS）	民航总局
278	民用航空进口材料、零部件、机载设备设计批准或认可（VDA）	民航总局
279	民用航空产品技术标准规定项目批准（CT-SOA）	民航总局
280	民用航空器零部件制造人批准（PMA）	民航总局
281	民用航空器适航委任代表和适航委任单位代表认可	民航总局
282	民用航空器零部件适航批准	民航总局
283	民用航空油料供应商适航批准、油料测试单位批准	民航总局
284	民用航空化学产品设计、生产批准	民航总局
285	民用航空器噪声合格证和涡轮发动机飞机排放物合格认可	民航总局
286	航空安全员资格认定	民航总局
287	民用航空安全检查仪器设备使用许可	民航总局
288	民用航空油料企业安全运营许可	民航总局
289	航空气象环境探测审批	民航总局
290	民用航空电信人员、航行情报人员、气象人员资格认定	民航总局
291	民用机场场址及总体规划审批	民航总局　民航地区管理局
292	民用机场不停航施工审批	民航地区管理局
293	民用机场专用设备使用许可	民航总局
294	民用机场环保工程方案审批	民航总局
295	民航专业工程及含有中央投资的民航建设项目初步设计审批	民航总局　民航地区管理局
296	民航专业工程施工图设计审批	民航总局　民航地区管理局

行政许可

序号	项目名称	实施机关
297	民航企业及机场联合、重组、参股和改制审核	民航总局
298	民用航空运输凭证印刷企业资格认定	民航总局
299	特殊通用航空飞行活动任务审批	民航总局　民航地区管理局
300	限额以下外商投资民航项目建议书和可行性研究报告审批	民航总局
301	境外民航计算机订座系统准入审批	民航总局
302	境内航空公司之间、境内航空公司与境外航空公司之间的代号共享等商务合作审批	民航总局
303	开办视频点播业务审批	广电总局　省级人民政府广播电视行政主管部门
304	网上传播视听节目许可证核发	广电总局
305	省级行政区域内或跨省经营广播电视节目传送业务审批	广电总局
306	境外广播电影电视机构在华设立办事机构审批	广电总局　国务院新闻办
307	影视节目制作机构与外方合作制作电视剧审批	广电总局
308	境外卫星电视频道落地审批	广电总局
309	建立城市社区有线电视系统审批	地(市)级人民政府广播电视行政主管部门
310	付费频道开办、终止和节目设置调整及播出区域、呼号、标识、识别号审批	广电总局
311	无线广播电视发射设备订购证明核发	广电总局
312	广播电视设备器材入网认定	广电总局
313	广播电视新闻采编人员、播音员、主持人资格认定	广电总局
314	国产电视剧题材规划立项和电视剧片审查	广电总局　省级人民政府广播电视行政主管部门
315	新闻出版中外合作项目审批	新闻出版总署
316	设立电子出版物复制单位审批	新闻出版总署
317	著作权涉外机构、国(境)外著作权认证机关、外国和国际著作权组织在华设立代表机构审批	国家版权局

序号	项目名称	实施机关
318	只读类光盘生产设备引进、增加与更新审批	新闻出版总署
319	设立中外合资、合作和外商独资出版物分销企业审批	新闻出版总署
320	非电子出版物出版单位委托电子出版物复制单位复制计算机软件、电子媒体非卖品审批	省级人民政府出版行政主管部门
321	电子出版物制作单位接受境外委托制作电子出版物审批	省级人民政府出版行政主管部门
322	设立电子出版物发行单位审批	县级以上人民政府出版行政主管部门
323	出版物发行单位变更名称、业务范围、地址或者兼并、合并、分立审批	县级以上人民政府出版行政主管部门
324	电子出版物复制单位改变业务范围、合并或者分立审批	新闻出版总署
325	期刊出版增刊审批	新闻出版总署　新闻出版总署　省级人民政府出版行政主管部门
326	期刊变更登记地审批	新闻出版总署
327	设立省内出版物连锁经营企业审批 + B318	省级人民政府出版行政主管部门
328	出版境外著作权人授权的电子出版物(含互联网游戏作品)审批	新闻出版总署
329	电子出版物出版单位与境外机构合作出版电子出版物审批	新闻出版总署
330	电子出版物进口单位进口电子出版物制成品审批	新闻出版总署
331	境外新闻出版机构在境内设立办事机构审批	新闻出版总署　国务院新闻办
332	出版单位改变资本结构审批	新闻出版总署
333	新闻记者证核发	新闻出版总署
334	设立报刊记者站审批	省级人民政府出版行政主管部门
335	举办攀登山峰活动审批	体育总局　省级人民政府体育行政主管部门
336	举办健身气功活动及设立站点审批	县级以上人民政府体育行政主管部门
337	开办武术学校审批	县级以上人民政府体育行政主管部门
338	开办少年儿童体育学校审批	县级以上人民政府体育行政主管部门
339	统计人员从业资格认定	省级人民政府统计行政主管部门

序号	项目名称	实施机关
340	开展林木转基因工程活动审批	国家林业局
341	国家级森林公园设立、撤销、合并、改变经营范围或变更隶属关系审批	国家林业局
342	松材线虫病疫木加工板材定点加工企业审批	国家林业局
343	普及型国外引种试种苗圃资格认定	国家林业局
344	非进出口野生动植物种商品目录物种证明核发	国家濒危物种进出口管理办公室
345	引进陆生野生动物外来物种种类及数量审批	国家林业局
346	精神药品研制立项审批	国家食品药品监管局
347	麻黄素类产品和单方制剂生产计划核准	国家食品药品监管局　省级人民政府食品药品监管部门
348	麻黄素类产品和单方制剂购用凭证核发	省级人民政府食品药品监管部门
349	生产、经营麻黄素审批	国家食品药品监管局
350	麻黄素出口购用证明核发	国家食品药品监管局
351	咖啡因和氯胺酮原料药购用证明核发	省级人民政府食品药品监管部门
352	中药材生产质量管理规范(GAP)认证	国家食品药品监管局
353	药物非临床研究质量管理规范(GLP)认证	国家食品药品监管局
354	互联网药品交易服务企业审批	国家食品药品监管局　省级人民政府食品药品监管部门
355	执业药师注册	省级人民政府食品药品监管部门
356	药用辅料注册	国家食品药品监管局　省级人民政府食品药品监管部门
357	保健食品广告审查	地(市)级以上地方人民政府食品药品监管部门
358	矿山救护队资质认定	国家煤矿安全监察局
359	安全培训机构资格认可	各级安全生产监管部门
360	旅行社经营边境游资格审批	国家旅游局
361	组织内地居民赴港澳台旅游的旅行社资格审批	国家旅游局
362	边境旅游项目审批	国家旅游局
363	建造露天佛像审批	国家宗教局

序号	项目名称	实施机关
364	宗教院校聘用外籍专业人员资格认可	国家宗教局　国家外专局
365	宗教院校聘用外籍专业人员计划及聘用外籍专业人员审批	国家宗教局
366	在华外国人集体进行临时宗教活动地点审批	国家宗教局　省级人民政府宗教事务管理部门
367	我国五种宗教以外的外国宗教组织及其成员与我国政府部门或宗教界等交往审批	国家宗教局
368	外国人携带用于宗教文化学术交流的宗教用品入境审批	国家宗教局　省级人民政府宗教事务管理部门
369	邀请以其他身份入境的外国宗教教职人员讲经、讲道审批	国家宗教局　省级人民政府宗教事务管理部门
370	在境内举办华侨、外籍华人国际性联谊活动审批	国务院侨办
371	港澳记者来内地采访审批	国务院港澳办
372	互联网站从事登载新闻业务许可	国务院新闻办　省级人民政府新闻办
373	外国机构在中国境内提供金融信息的服务业务审批	国务院新闻办公室
374	外国通讯社在中国境内提供新闻的服务业务审批	国务院新闻办公室
375	地震安全性评价人员执业资格核准	中国地震局　省、自治区、直辖市地震主管机构
376	升放无人驾驶自由气球、系留气球单位资质认定	省、自治区、直辖市及地(市)气象主管机构
377	防雷装置检测、防雷工程专业设计、施工单位资质认定	中国气象局　省、自治区、直辖市气象主管机构
378	防雷装置设计审核和竣工验收	县以上地方气象主管机构
379	外国银行分行动用生息资产审批	银监会
380	被清算的外资金融机构提取生息资产审批	银监会
381	外资金融机构由总行或联行转入信贷资产审批	银监会
382	商业银行对外从事股权投资审批	银监会
383	保荐机构和保荐代表人注册	证监会
384	证券公司设立集合资产管理计划审批	证监会

序号	项目名称	实施机关
385	上市公司收购报告书备案	证监会
386	合格境外机构投资者资格审批	证监会
387	合格境外机构投资者托管人资格审批	证监会　银监会　国家外汇局
388	期货经纪公司持有10%以上股权或者拥有实际控制权的股东资格核准	证监会
389	证券公司变更股东或者股权审批	证监会
390	证券公司高级管理人员任职资格核准	证监会
391	境外证券公司从事外资股业务资格核准	证监会
392	外国证券类机构设立驻华代表机构核准	证监会
393	外国证券类机构驻华代表机构名称变更核准	证监会
394	外国证券类机构驻华代表机构首席代表、总代表资格核准	证监会
395	上市公司重大购买、出售、置换资产行为审批	证监会
396	境内上市外资股(B股)公司非上市外资股上市流通核准	证监会
397	开放式基金广告、宣传推介核准	证监会
398	期货经纪公司设立、业务范围、解散、合并、分立审批	证监会
399	网上证券委托资格核准	证监会
400	上市公司发行股份购买资产核准	证监会
401	境外期货业务持证企业年度外汇风险敞口核准	证监会
402	保险集团公司及保险控股公司设立、合并、分立、变更、解散审批	保监会
403	保险资产管理公司及其分支机构设立和终止(解散、破产和分支机构撤销)审批	保监会(会同证监会)
404	保险资产管理公司重大事项变更审批	保监会(会同证监会)
405	保险集团公司、保险控股公司及专属自保、相互保险等组织高级管理人员资格核准	保监会
406	保险资产管理公司高级管理人员资格核准	保监会
407	保险从业人员资格核准	保监会
408	保险公司次级定期债发行审批	保监会

序号	项目名称	实施机关
409	专属自保组织和相互保险组织设立、合并、分立、变更、解散审批	保监会
410	境内保险和非保险机构在境外设立(投资入股、收购)保险机构(含保险公司分支机构)审批	保监会
411	境内保险及非保险机构在境外设立的保险机构股份转让审批	保监会
412	设立保险公估机构审批	保监会
413	保险公估机构高级管理人员任职资格核准	保监会
414	保险公估机构重大事项变更审批	保监会
415	保险公估从业人员资格核准	保监会
416	保险公估机构动用营业保证金审批	保监会
417	设立保险代理机构审批	保监会
418	保险代理机构高级管理人员任职资格核准	保监会
419	保险代理机构重大事项变更审批	保监会
420	保险代理从业人员资格核准	保监会
421	保险代理机构动用营业保证金审批	保监会
422	设立保险经纪公司审批	保监会
423	保险经纪公司高级管理人员任职资格核准	保监会
424	保险经纪公司重大事项变更审批	保监会
425	保险经纪从业人员资格核准	保监会
426	保险经纪公司动用营业保证金审批	保监会
427	保险公司总公司精算部门、财务会计部门、资金运用部门主要负责人任职资格核准	保监会
428	保险公司高级管理人员任职资格核准	保监会及其派出机构
429	外国保险机构驻华代表机构设立及重大事项变更审批	保监会
430	保险公司股权转让及改变组织形式审批	保监会
431	保险公司分支机构重大事项变更审批	保监会
432	保险公司解散或撤销时资产协议转让方案审批	保监会
433	保险公司依法解散或被宣告破产时保险合同转让方案审批	保监会
434	保险公司制定地方保险费率核准	保监会

序号	项目名称	实施机关
435	投资连结保险的投资账户设立、合并、分立、关闭、清算等事项审批	保监会
436	保险公司法律责任人资格核准	保监会
437	保险公司资本保证金处置审批	保监会
438	保险公司可投资企业债券的信用评级机构核准	保监会
439	保险公司拓宽保险资金运用形式审批	保监会
440	军粮供应站资格、军粮供应委托代理资格认定	省级人民政府粮食行政主管部门
441	外国烟草制品来牌或来料加工、许可证生产、合作开发卷烟牌号审批	国家烟草局
442	烟草专用机械大修理许可证核发	国家烟草局
443	外国专家来华工作许可	国家外专局　省级人民政府外国专家归口管理部门
444	聘请外国专家单位资格认可	国家外专局
445	组织派遣团组和人员赴境外培训的机构资格认定	国家外专局
446	介绍外国文教专家来华工作的境外组织资格认可	国家外专局　省级人民政府外国专家归口管理部门
447	南、北极考察活动审批	国家海洋局
448	专项海洋环境预报服务资格认定	国家海洋局
449	海域使用论证单位资质认定	国家海洋局
450	海洋工程污染物排放种类、数量核定	国家海洋局各分局
451	海洋倾倒废弃物检验单位资质认定	国家海洋局
452	海洋石油勘探开发含油钻井泥浆和钻屑向海中排放审批	国家海洋局及其各分局
453	国家基础测绘成果资料提供、使用审批	各级人民政府测绘行政主管部门
454	设立测绘行业特有工种职业技能鉴定站审批	国家测绘局
455	经营邮政通信业务审批	国家邮政局　省、自治区、直辖市邮政行业主管部门
456	开办集邮票品集中交易市场许可	省、自治区、直辖市邮政行业主管部门
457	拍摄易损的一般文物审批	国家文物局
458	拍摄文物保护单位审批	国家文物局　省级人民政府文物行政主管部门

序号	项目名称	实施机关
459	制作考古发掘现场专题类、直播类节目审批	国家文物局
460	境外机构和团体拍摄文物审批	国家文物局
461	境外机构和团体拍摄考古发掘现场审批	国家文物局
462	在古建筑内安装电器设备审批	各级人民政府文物行政主管部门 古建筑所在地公安机关
463	在古建筑内设置生产用火审批	各级人民政府文物行政主管部门 古建筑所在地公安机关
464	博物馆藏品取样审批	国家文物局　省级人民政府文物行政主管部门
465	博物馆处理不够入藏标准、无保存价值的文物或标本审批	县级以上人民政府文物行政主管部门
466	医疗机构开展医疗气功活动审批和从事医疗气功人员资格认定	地(市)级以上人民政府中医药行政主管部门
467	外商直接投资项下外汇登记、付汇核准	国家外汇局分支局
468	资本项目外汇资金汇出境外的购付汇核准	国家外汇局及其分支局
469	对外借款单位直接通过境外机构进行债务项下保值业务审批	国家外汇局分支局
470	国有企业境外期货套期保值交易年度风险敞口审批	国家外汇局及其分支局
471	境内机构外债、外债转贷款、对外担保履约核准	国家外汇局分支局
472	资产管理公司对外处置不良债务登记及外方所得收益汇出核准	国家外汇局及其分支局
473	合格境外机构投资者投资额度、账户、资金汇出审批及外汇登记证核发	国家外汇局
474	出口单位收汇分类核销核准	国家外汇局及其分支局
475	出口单位领取出口收汇核销单核准	国家外汇局及其分支局
476	出口单位出口退赔外汇核准	国家外汇局及其分支局
477	出口单位补办出口收汇核销专用联和出口收汇核销单退税专用联审批	国家外汇局分支局
478	外商投资企业或中资企业适用跨国公司非贸易售付汇管理政策审核	国家外汇局分支局
479	银行为编码重复的没有身份证的居民个人办理售汇业务核准	国家外汇局分支局

序号	项目名称	实施机关
480	金融机构的外方投资者收益汇出或者购汇汇出核准	国家外汇局分支局
481	金融机构外汇与人民币资产不匹配的购汇、结汇审批	国家外汇局及其分支局
482	企业租赁期不满一年、租赁贸易、租赁(照章征税)购付汇核准	国家外汇局分支局
483	特殊经济区域区内机构外汇登记、登记变更、注销审批	国家外汇局分支局
484	特殊经济区域区内机构结汇、购付汇核准	国家外汇局分支局
485	境内外资金融机构短期外债核准	国家外汇局及其分支局
486	个人购付汇、结汇、解付现钞、携带现钞出境审核	国家外汇局分支局
487	境外投资外汇资金(资产)来源与汇出审核、登记	国家外汇局及其分支局
488	B股、境外上市外资股和红筹股项下境外募集资金调回结汇审批	国家外汇局分支局
489	出口单位出口收汇差额核销、核销备查核准	国家外汇局分支局
490	进口单位进口付汇备案核准	国家外汇局分支局
491	保险公司向境外分保购汇核准	国家外汇局及其分支局
492	金融机构大额结汇、售汇交易入市安排审批	国家外汇局
493	外汇账户(含边贸人民币结算专用账户)的开立、变更、关闭、撤销以及账户允许保留限额核准	国家外汇局分支局
494	机构外汇资金境内划转核准	国家外汇局分支局
495	机构单笔提取超过规定金额外币现钞审批	国家外汇局分支局
496	境内机构非贸易购付汇真实性审核	国家外汇局分支局
497	出国举办经济贸易展览会审批	中国贸促会(商务部会签)
498	人民防空工程防护设备定点生产企业资格认定	国家人防办
499	人民防空工程设计资质认定	国家人防办
500	人民防空工程监理资质认定	国家人防办

备注:1. 鉴于投资体制改革正在进行,涉及固定资产投资项目的行政许可仍按国务院现行规定办理。

2. 按规定应当由国务院决定的事项,按照规定程序办理。

3. 按规定应当由其他部门决定或者应经其他部门审核的事项,按照现行规定办理。

公安机关行政许可工作规定

(2005年9月17日公安部令第80号公布　自2005年12月1日起施行)

第一章　总　　则

第一条　为了贯彻实施《中华人民共和国行政许可法》(以下简称《行政许可法》),规范公安行政许可工作,制定本规定。

第二条　公安机关实施行政许可及其监督管理,适用本规定。

法律、法规授权实施行政许可的公安机关内设机构,适用本规定有关公安机关的规定。

第三条　公安机关实施行政许可,应当遵循合法、公开、公平、公正、便民、高效等原则。

第二章　申请与受理

第四条　公安机关依照《行政许可法》第三十条规定进行公示可以采取设置公告栏、触摸屏或者查阅本等方式进行。已经建立公共信息网站的公安机关还应当将该条规定的公示内容以及受理机关的地址、咨询电话在网站上公示。

第五条　公民、法人或者其他组织依法需要取得公安行政许可的,应当向公安机关提出申请。

申请人可以委托代理人提出行政许可申请,也可以通过信函、电报、电传、传真、电子数据交换和电子邮件等方式提出行政许可申请,但是依法应当由申请人到公安机关办公场所当面提出行政许可申请的除外。

对申请人委托代理人提出行政许可申请的,公安机关应当要求当事人出具授权委托书或者在申请表上委托栏中载明委托人和代理人的简要情况,并签名或者盖章,出示委托人身份证件。

第六条　公安机关应当在办公场所便于公众知晓的位置公布受理行政许可的内设机构名称、地址、联系电话。

办公场所分散、行政许可工作量大的公安机关可以设立统一对外、集中受理公安行政许可申请的场所。

第七条　同一行政许可需要公安机关多个内设机构办理的,由最先收到申请的机构或者本机关指定的机构统一受理,并负责统一送达行政许可决定。

接到申请的机构应当将行政许可申请转告有关机构分别提出意见后统一办理,或者组织有关机构联合办理。

第八条　设区的市级以上公安机关可以将自己负责实施的行政许可,委托县、区公安机关受理。

第九条　申请材料有更正痕迹的,受理机关应当要求申请人在更正处签名、盖章或者捺指印确认。

第十条　受理机关接到行政许可申请后,应当就下列事项进行初步审查:

(一)申请事项是否属于依法需要取得行政许可的事项;

(二)申请事项是否属于本机关管辖;

(三)申请材料是否齐全和符合法定形式,内容填写是否正确。

第十一条　受理机关对申请人提出的行政许可申请,经初步审查,按照下列情形分别作出处理:

(一)依法不需要取得行政许可的,应当即时口头告知申请人不予受理,并说明理由;申请人要

求书面决定的,公安机关应当出具不予受理决定书;

(二)申请事项依法不属于本机关职权范围的,应当口头告知申请人向有关行政机关申请;申请人要求书面决定的,公安机关应当出具不予受理决定书;

(三)申请材料存在可以当场更正的错误的,应当允许申请人当场更正,并由申请人签字或者捺指印确认;

(四)申请材料不齐全或者不符合法定形式的,应当当场或者在五日内一次告知申请人需要补正的全部内容;逾期不告知的,自收到申请材料之日起即为受理;

(五)申请事项属于本机关职权范围,申请材料齐全、符合法定形式,或者申请人按照本机关的要求提交全部补正申请材料的,应当受理行政许可申请。

第十二条 对申请人通过信函、电报、电传、传真、电子数据交换和电子邮件等方式提出申请的,公安机关应当自收到申请材料之日起五日内按照第十一条的规定分别情形作出处理,并通知申请人。逾期未通知的,视为受理。但因为申请人原因无法通知的除外。

第十三条 公安机关受理行政许可申请的,应当出具受理行政许可申请凭证。受理凭证应当注明申请事项和办理时限、联系人、咨询电话和收到的申请材料的目录,加盖本机关专用章,并注明受理日期。公安机关当场作出行政许可决定的,无需出具受理凭证。

公安机关依据本规定第十一条第(一)项和第(二)项出具的不予受理行政许可申请决定书应当写明理由,告知申请人有申请行政复议或者提起行政诉讼的权利,加盖本机关专用章,并注明日期。

第三章 审查与决定

第十四条 公安机关受理行政许可申请后,除依法可以当场作出许可决定外,应当指定工作人员负责对申请材料进行审查。审查人员审查后应当提出明确的书面审查意见并签名。

第十五条 根据法定条件和程序,需要对申请材料的实质内容进行核实的,公安机关应当指派工作人员进行核查。

核查可以采取实地或者实物查看、检验、检测以及询问、调查等方式进行。核查应当制作核查记录,全面、客观地记载核查情况。核查记录应当由核查人员和被核查方签字确认。

第十六条 公安机关在审查行政许可申请时,涉及专业知识或者技术问题的,可以委托专业机构或者专家进行评审,由专业机构或者专家出具评审意见,也可以召开专家评审会。

公安机关不得事先公开专家名单。专家评审会不公开举行,申请人不得参加专家评审会。

公安机关作出最终决定时应当参考专业机构或者专家评审意见。

第十七条 公安机关对行政许可申请进行审查时,发现行政许可事项直接关系他人重大利益或者直接涉及申请人与他人之间重大利益关系的,应当告知利害关系人行政许可事项,并告知申请人、利害关系人有权进行陈述、申辩和要求听证。

对申请人或者利害关系人的陈述和申辩,公安机关应当记录在案,并纳入行政许可审查范围。

申请人或者利害关系人要求听证的,应当在被告知听证权利之日起五日内提出听证申请。公安机关应当在申请人或者利害关系人提出听证申请之日起二十日内组织听证。

第十八条 法律、法规、规章规定实施行政许可应当举行听证的事项,或者公安机关认为需要听证的其他涉及公共安全等公共利益的重大行政许可事项,公安机关应当向社会公告,公告期为十日,并在公告期满后二十日内举行听证,公告期不计入公安机关办理行政许可的期限。

公民、法人或者其他组织在公告期内报名参加听证的,公安机关应当登记。公告期内无人报名参加听证的,公安机关应当在案卷中载明,不再举行听证。报名人数过多难以组织安排的,公安机关可从报名者中采取随机方式确定五至十人参加听证。

第十九条 行政许可听证由负责审查该行政许可申请的工作人员以外的人员担任听证主持人。

申请人、利害关系人不承担组织听证的费用。

经过听证的行政许可,公安机关应当根据听证笔录,作出行政许可决定;未经听证的证据,不得作为行政许可决定的根据。

第二十条 公安机关作出行政许可决定应当经公安机关负责人或者其授权的工作人员批准。

第二十一条 公安机关拟作出的行政许可决定对申请人申请的行政许可范围、数量、期限、内容等事项有重大改变的,应当事先告知申请人,征得其同意,并在申请材料上注明。申请人不同意的,依法作出不予许可的决定。

第二十二条 公安机关办理行政许可,必须遵循《行政许可法》规定的期限。法律、法规另有规定的,依照其规定。

依法应当先经下级公安机关审查后报上级公安机关决定的行政许可,下级公安机关应当自其受理行政许可申请之日起二十日内审查完毕,并将审查意见和全部申请材料报送上级公安机关,上级公安机关应当自收到下级公安机关报送的审查意见和申请材料之日起二十日内作出决定。

第二十三条 公安机关依法收取行政许可费用,必须向交费人开具财政部门统一制发的票据。

第二十四条 被许可人申请变更行政许可事项的,按照行政许可申请程序和期限办理。

第四章 监督检查

第二十五条 公安机关应当按照《行政许可法》第六章的规定加强对被许可人从事行政许可事项活动的监督检查。

第二十六条 监督检查可以采取下列方式:

(一)实地检查;

(二)抽样检查、检验、检测;

(三)查阅从事行政许可事项活动的相关资料;

(四)其他法律、法规、规章规定的监督检查方式。

第二十七条 公安机关监督检查人员公开对被许可事项进行监督检查时,应当向被许可人出示执法身份证件。对公共场所监督检查时,可以采用暗查方式。

第二十八条 对直接关系公共安全、人身健康、生命财产安全的重要设备、设施,公安机关应当在其职责范围内依法督促设计、建造、安装和使用单位建立健全相应的自检制度。

第二十九条 公安机关监督检查人员在监督检查时,发现直接关系公共安全、人身健康、生命财产安全的重要设备、设施存在安全隐患,能够当场改正的,应当责令设备、设施所属单位当场改正;不能当场改正,无法保证安全的,应当当场口头或者书面责令暂时停止建造、安装或者使用,并在二十四小时内向所属公安机关报告。公安机关应当在接到报告后二日内向建造、安装或者使用单位送达正式处理决定书,责令其限期整改。对属于其他行政机关管辖的,应当及时通知其他行政机关。

被许可单位存在安全隐患,拒不整改的,公安机关应当依法予以处罚或者采取强制措施督促其整改,并可以向社会公布其安全隐患情况,在隐患单位挂牌警示。

第三十条 公安机关应当建立健全被许可人档案。

公安机关对被许可人的监督检查情况和处理结果,应当予以记录,并由监督检查人员签字后归档,保留期限为两年,法律、法规和其他规章另有规定的除外。

第三十一条 被许可活动属于生产经营活动或者直接涉及公众利益的,公安机关可以公布对被许可人的监督检查情况和处理结果以及对被许可人从事许可活动的评价意见。

被许可活动涉及公共安全的,公安机关可以建立被许可单位的公共安全等级评定制度,并向社会公布被许可单位的公共安全等级。

第三十二条 公安机关依照《行政许可法》第六十九条规定撤销行政许可时,应当作出书面决定,并告知被许可人撤销行政许可的法律依据和事实基础,同时责令当事人自行政许可撤销之日起停止从事行政许可事项活动。撤销行政许可应当收回许可证件。当事人拒绝交回的,公安机关应当予以注销,并予公告。

第三十三条 公安机关鼓励个人和组织参与对行政许可事项活动的监督。

个人或者组织向公安机关举报违法从事行政许可事项活动,经查证属实的,公安机关可以给予适当奖励。

第三十四条 对利害关系人根据《行政许可法》第六十九条规定提出的撤销行政许可请求,公安机关应当进行调查,并自收到撤销行政许可请求之日起一个月内作出处理决定,告知利害关系人。情况复杂,不能在规定期限内调查清楚,作出处理决定的,经公安机关负责人批准,可以延长时限。延长时限不超过一个月。

对在法定复议期限内向上一级公安机关提出撤销行政许可请求的,按照行政复议程序处理。

第三十五条 公安机关依法变更或者撤回已经生效的行政许可,应当事前告知被许可人或者向社会公告,并说明理由。

第三十六条 公民依法要求查阅行政许可决定或者监督检查记录的,应当出示身份证明。公安机关不能安排当时查阅的,应当向申请人作出解释,并在五日内安排查阅。

查阅人要求复制有关资料的,应当允许。复制费用由查阅人负担。

涉及国家秘密、商业秘密或者个人隐私的许可资料,不予公开。

第五章 执法监督

第三十七条 上级公安机关及其业务部门应当加强对下级公安机关及其业务部门实施行政许可的监督检查,并将其纳入执法质量考评范围,及时纠正行政许可实施中的违法行为。

公安机关警务督察部门应当加强对行政许可工作的现场督察。

第三十八条 公安机关应当建立健全实施行政许可的举报和投诉制度,公布投诉电话或者信箱。对公民、法人或者其他组织的举报或者投诉,应当及时查处。

第三十九条 公安机关从事行政许可工作的人员具有下列情形之一的,依法给予行政处分,并可以视情调离行政许可工作岗位;构成犯罪的,依法追究刑事责任:

(一)索取或者收受他人财物或者其他利益的;

(二)玩忽职守或者滥用职权的;

(三)一年内受到二次以上投诉,且投诉属实,情节严重、影响恶劣的;

(四)其他违法违纪情形。

第四十条 公安机关从事行政许可的工作人员在实施行政许可工作中有执法过错的,按照《公安机关人民警察执法过错责任追究规定》追究责任;构成犯罪的,依法追究刑事责任。

第六章 附 则

第四十一条 公安机关办理非行政许可审批项目,参照本规定执行。

第四十二条 公安部其他规章对实施某项行政许可有特别规定的,依照特别规定执行。

第四十三条 本规定自2005年12月1日起实行。

卫生行政许可管理办法

(2004年11月17日卫生部令第38号公布　自公布之日起施行)

第一章　总　　则

第一条　为规范卫生行政部门实施卫生行政许可,根据《中华人民共和国行政许可法》(以下简称《行政许可法》)和有关卫生法律法规的规定,制定本办法。

第二条　卫生行政许可是卫生行政部门根据公民、法人或者其他组织的申请,按照卫生法律、法规、规章和卫生标准、规范进行审查,准予其从事与卫生管理有关的特定活动的行为。

第三条　实施卫生行政许可,应当遵循公开、公平、公正、便民原则,提高办事效率,提供优质服务。

第四条　各级卫生行政部门实施的卫生行政许可应当有下列法定依据:

(一)法律、行政法规;

(二)国务院决定;

(三)地方性法规;

(四)省、自治区、直辖市人民政府规章。

各级卫生行政部门不得自行设定卫生行政许可项目,不得实施没有法定依据的卫生行政许可。

第五条　卫生行政部门实施卫生行政许可必须严格遵守法律、法规、规章规定的权限和程序。

法律、法规、规章规定由上级卫生行政机关实施的卫生行政许可,下级卫生行政机关不得实施;法律、法规、规章规定由下级卫生行政机关实施的卫生行政许可,上级卫生行政机关不得实施,但应当对下级卫生行政机关实施卫生行政许可的行为加强监督。

法律、法规、规章未明确规定实施卫生行政许可的卫生行政部门级别的,或者授权省级卫生行政部门对此作出规定的,省级卫生行政部门应当作出具体规定。

第六条　卫生行政部门实施的卫生行政许可需要内设的多个机构办理的,应当确定一个机构统一受理卫生行政许可申请和发放行政许可决定。

第七条　公民、法人或者其他组织对卫生行政部门实施卫生行政许可享有陈述权、申辩权和依法要求听证的权利;有权依法申请行政复议或者提起行政诉讼;其合法权益因卫生行政部门违法实施卫生行政许可受到损害的,有权依法要求赔偿。

第八条　任何单位和个人对违法实施卫生行政许可的行为有权进行举报,卫生行政部门应当及时核实、处理。

第二章　申请与受理

第九条　公民、法人或者其他组织申请卫生行政许可,应当按照法律、法规、规章规定的程序和要求向卫生行政部门提出申请。申请书格式文本由卫生行政部门提供。

申请人可以委托代理人提出卫生行政许可申请,代理人办理卫生行政许可申请时应当提供委托代理证明。

第十条　卫生行政部门应当公示下列与办理卫生行政许可事项相关的内容:

(一)卫生行政许可事项、依据、条件、程序、期限、数量;

(二)需要提交的全部材料目录;

(三)申请书示范文本;

（四）办理卫生行政许可的操作流程、通信地址、联系电话、监督电话。

有条件的卫生行政部门应当在相关网站上公布前款所列事项，方便申请人提出卫生行政许可，提高办事效率。

卫生行政部门应当根据申请人的要求，对公示内容予以说明、解释。

第十一条 申请人申请卫生行政许可，应当如实向卫生行政部门提交有关材料，并对其申请材料的真实性负责，承担相应的法律责任。卫生行政部门不得要求申请人提交与其申请的卫生行政许可事项无关的技术资料和其他材料。

第十二条 卫生行政部门接收卫生行政许可申请时，应当对申请事项是否需要许可、申请材料是否齐全等进行核对，并根据下列情况分别作出处理：

（一）申请事项依法不需要取得卫生行政许可的，应当即时告知申请人不受理；

（二）申请事项依法不属于卫生行政部门职权范围的，应当即时作出不予受理的决定，并告知申请人向有关行政机关申请；

（三）申请材料存在可以当场更正的错误，应当允许申请人当场更正，但申请材料中涉及技术性的实质内容除外。申请人应当对更正内容予以书面确认；

（四）申请材料不齐全或者不符合法定形式的，应当当场或者在5日内出具申请材料补正通知书，一次告知申请人需要补正的全部内容，逾期不告知的，自收到申请材料之日起即为受理；补正的申请材料仍然不符合有关要求的，卫生行政部门可以要求继续补正；

（五）申请材料齐全、符合法定形式，或者申请人按照要求提交全部补正申请材料的，卫生行政部门应当受理其卫生行政许可申请。

第十三条 卫生行政部门受理或者不予受理卫生行政许可申请的，应当出具加盖卫生行政部门专用印章和注明日期的文书。

第十四条 卫生行政许可申请受理后至卫生行政许可决定作出前，申请人书面要求撤回卫生行政许可申请的，可以撤回；撤回卫生行政许可申请的，卫生行政部门终止办理，并通知申请人。

第三章 审查与决定

第十五条 卫生行政部门受理申请后，应当及时对申请人提交的申请材料进行审查。

卫生行政部门根据法律、法规和规章的规定，确定审查申请材料的方式。

第十六条 卫生行政部门对申请材料审查后，应当在受理申请之日起20日内作出卫生行政许可决定；20日内不能作出卫生行政许可决定的，经本级卫生行政部门负责人批准，可以延长10日，并应当将延长期限的理由书面告知申请人。

法律、法规对卫生行政许可期限另有规定的，依照其规定。

第十七条 卫生行政部门依法需要对申请人进行现场审查的，应当及时指派两名以上工作人员进行现场审查，并根据现场审查结论在规定期限内作出卫生行政许可决定。

第十八条 卫生行政部门依法需要对申请行政许可事项进行检验、检测、检疫的，应当自受理申请之日起5日内指派两名以上工作人员按照技术标准、技术规范进行检验、检测、检疫，并书面告知检验、检测、检疫所需期限。需要延长检验、检测、检疫期限的，应当另行书面告知申请人。检验、检测、检疫所需时间不计算在卫生行政许可期限内。

第十九条 卫生行政部门依法需要根据鉴定、专家评审结论作出卫生行政许可决定的，应当书面告知申请人组织专家评审的所需期限。卫生行政部门根据专家评审结论作出是否批准的卫生行政许可决定。需要延长专家评审期限的，应当另行书面告知申请人。鉴定、专家评审所需时间不计算在卫生行政许可期限内。

第二十条 卫生行政部门依法需要根据考试、考核结果作出卫生行政许可决定的，申请人在考试、考核合格成绩确定后,根据其考试、考核结果向卫生行政部门提出申请,卫生行政部门应当在规定期限内作出卫生行政许可决定。

卫生行政部门根据考试成绩和其他法定条件作出卫生行政许可决定的,应当事先公布资格考试的报名条件、报考办法、考试科目以及考试大纲。但是,不得组织强制性的资格考试的考前培训,不得指定教材或者其他助考材料。

第二十一条 卫生行政部门依法需要根据检验、检测、检疫结果作出卫生行政许可决定的,检验、检测、检疫工作由依法认定的具有法定资格的技术服务机构承担。

申请人依法可自主选择具备法定资格的检验、检测、检疫机构,卫生行政部门不得为申请人指定检验、检测、检疫机构。

第二十二条 依法应当逐级审批的卫生行政许可,下级卫生行政部门应当在法定期限内按规定程序和要求出具初审意见,并将初步审查意见和全部申报材料报送上级卫生行政部门审批。法律、法规另有规定的,依照其规定。

符合法定要求的,上级卫生行政部门不得要求申请人重复提供申请材料。

第二十三条 卫生行政部门作出不予卫生行政许可的书面决定的,应当说明理由,告知申请人享有依法申请行政复议或者提起行政诉讼的权利,并加盖卫生行政部门印章。

第二十四条 申请人的申请符合法定条件、标准的,卫生行政部门应当依法作出准予卫生行政许可的书面决定。依法需要颁发卫生行政许可证件的,应当向申请人颁发加盖卫生行政部门印章的卫生行政许可证件。

卫生行政许可证件应当按照规定载明证件名称、发证机关名称、持证人名称、行政许可事项名称、有效期、编号等内容,并加盖卫生行政部门印章,标明发证日期。

第二十五条 卫生行政部门作出的卫生行政许可决定,除涉及国家秘密、商业秘密或者个人隐私的外,应当予以公开,公众有权查阅。

第二十六条 卫生行政部门应当建立健全卫生行政许可档案管理制度,妥善保存有关申报材料和技术评价资料。

第二十七条 申请人依法取得的卫生行政许可,其适用范围没有地域限制的,在全国范围内有效,各级卫生行政部门不得采取备案、登记、注册等方式重复或者变相重复实施卫生行政许可。

第二十八条 同一公民、法人或者其他组织在同一地点的生产经营场所需要多项卫生行政许可,属于同一卫生行政部门实施行政许可的,卫生行政部门可以只发放一个卫生行政许可证件,其多个许可项目应当分别予以注明。

第四章　听　　证

第二十九条 法律、法规、规章规定实施卫生行政许可应当听证的事项,或者卫生行政部门认为需要听证的涉及重大公共利益的卫生行政许可事项,卫生行政部门应当在作出卫生行政许可决定前向社会公告,并举行听证。听证公告应当明确听证事项、听证举行的时间、地点、参加人员要求及提出申请的时间和方式等。

第三十条 卫生行政许可直接涉及申请人与他人之间重大利益关系,卫生行政部门应当在作出卫生行政许可决定前发出卫生行政许可听证告知书,告知申请人、利害关系人有要求听证的权利。

第三十一条 申请人、利害关系人要求听证的,应当自收到卫生行政部门卫生行政许可听证告知书后五日内提交申请听证的书面材料。逾期不提交的,视为放弃听证的权利。

第三十二条 卫生行政部门应当在接到申请人、利害关系人申请听证的书面材料二十日内组织听证,并在举行听证的七日前,发出卫生行政许可听证通知书,将听证的事项、时间、地点通知申请人、利害关系人。

第三十三条 申请人、利害关系人在举行听证前,撤回听证申请的,应当准许,并予记录。

第三十四条 申请人、利害关系人可以亲自参加听证,也可以委托代理人参加听证,代理人应当提供委托代理证明。

第三十五条 根据规定需要听证的,由卫生行政部门具体实施行政许可的机构负责组织。听证由卫生行政部门的法制机构主持。

申请人、利害关系人不承担卫生行政部门组织听证的费用。

第三十六条 申请人、利害关系人认为听证主持人与卫生行政许可有直接利害关系的,有权申请回避。

第三十七条 有下列情形之一的,可以延期举行听证:

(一)申请人、利害关系人有正当理由未到场的;

(二)申请人、利害关系人提出回避申请理由成立,需要重新确定主持人的;

(三)其他需要延期的情形。

第三十八条 举行听证时,卫生行政许可审查人提出许可审查意见,申请人、利害关系人进行陈述、申辩和质证。

第三十九条 听证应当制作笔录,听证笔录应当载明下列事项:

(一)卫生行政许可事项;

(二)听证参加人姓名、年龄、身份;

(三)听证主持人、听证员、书记员姓名;

(四)举行听证的时间、地点、方式;

(五)卫生行政许可审查人提出的许可审查意见;

(六)申请人、利害关系人陈述、申辩和质证的内容。

听证主持人应当在听证后将听证笔录当场交申请人、利害关系人审核,并签名或盖章。申请人、利害关系人拒绝签名的,由听证主持人在听证笔录上说明情况。

第四十条 听证结束后,听证主持人应当依据听证情况,提出书面意见。

第四十一条 听证所需时间不计算在卫生行政许可期限内。

第五章　变更与延续

第四十二条 被许可人在卫生行政许可有效期满前要求变更卫生行政许可事项的,应当向作出卫生行政许可决定的卫生行政部门提出申请,并按照要求提供有关材料。

卫生行政部门对被许可人提出的变更申请,应当按照有关规定进行审查。对符合法定条件和要求的,卫生行政部门应当依法予以变更,并换发行政许可证件或者在原许可证件上予以注明;对不符合法定条件和要求的,卫生行政部门应当作出不予变更行政许可的书面决定,并说明理由。

第四十三条 按照法律、法规、规章规定不属于可以变更情形的,应当按照规定重新申请卫生行政许可。

第四十四条 被许可人依法需要延续卫生行政许可有效期的,应当在该卫生行政许可有效期届满 30 日前向作出卫生行政许可决定的卫生行政部门提出申请,并按照要求提供有关材料。但法律、法规、规章另有规定的,依照其规定。

第四十五条 卫生行政部门接到延续申请后,应当按照本办法的有关规定作出受理或者不予受理的决定。受理延续申请的,应当在该卫生行政许可有效期届满前作出是否准予延续的决定;逾期未作决定的,视为准予延续。

卫生行政部门作出不受理延续申请或者不准予延续决定的,应当书面告知理由。

被许可人未按照规定申请延续和卫生行政部门不受理延续申请或者不准予延续的,卫生行政许可有效期届满后,原许可无效,由作出卫生行政许可决定的卫生行政部门注销并公布。

第四十六条 依法取得的卫生行政许可,除法律、法规规定依照法定条件和程序可以转让的外,不得转让。

第六章 监督检查

第四十七条 卫生行政部门应当建立健全行政许可管理制度,对卫生行政许可行为和被许可人从事卫生行政许可事项的活动实施全面监督。

第四十八条 上级卫生行政部门应当加强对下级卫生行政部门实施的卫生行政许可的监督检查,发现下级卫生行政部门实施卫生行政许可违反规定的,应当责令下级卫生行政部门纠正或者直接予以纠正。

第四十九条 卫生行政部门发现本机关工作人员违反规定实施卫生行政许可的,应当立即予以纠正。

卫生行政部门发现其他地方卫生行政部门违反规定实施卫生行政许可的,应当立即报告共同上级卫生行政部门。接到报告的卫生行政部门应当及时进行核实,对情况属实的,应当责令有关卫生行政部门立即纠正;必要时,上级卫生行政部门可以直接予以纠正。

第五十条 卫生行政部门应当加强对被许可人从事卫生行政许可事项活动情况的监督检查,并按照规定记录监督检查情况和处理结果,监督检查记录应当按照要求归档。

第五十一条 卫生行政部门依法对被许可人生产、经营、服务的场所和生产经营的产品以及使用的用品用具等进行实地检查、抽样检验、检测时,应当严格遵守卫生行政执法程序和有关规定。

第五十二条 卫生行政部门实施监督检查,不得妨碍被许可人正常生产经营和服务活动,不得索取或者收受被许可人的财物,不得谋取其他利益。

卫生行政部门对被许可人提供的有关技术资料和商业秘密负有保密责任。

第五十三条 对违法从事卫生行政许可事项活动的,卫生行政部门应当及时予以查处。对涉及本辖区外的违法行为,应当通报有关卫生行政部门进行协查;接到通报的卫生行政部门应当及时组织协查;必要时,可以报告上级卫生行政部门组织协查;对于重大案件,由卫生部组织协查。

卫生行政部门应当将查处的违法案件的违法事实、处理结果告知作出卫生行政许可决定的卫生行政部门。

第五十四条 卫生行政部门应当设立举报、投诉电话,任何单位和个人发现违法从事卫生行政许可事项的活动,有权向卫生行政部门举报,卫生行政部门应当及时核实、处理。

第五十五条 卫生行政部门在安排工作经费时,应当优先保证实施卫生行政许可所需经费。

卫生行政部门实施卫生行政许可时,除法律、行政法规规定外,不得收取任何费用。

第五十六条 被许可人取得卫生行政许可后,应当严格按照许可的条件和要求从事相应的活动。

卫生行政部门发现被许可人从事卫生行政许可事项的活动,不符合其申请许可时的条件和要求的,应当责令改正;逾期不改正的,应当依法收回或者吊销卫生行政许可。

第五十七条 有下列情况之一的,作出卫生行政许可决定的卫生行政部门或者上级卫生行政部门,可以撤销卫生行政许可:

(一)卫生行政部门工作人员滥用职权,玩忽职守,对不符合法定条件的申请人作出准予卫生行政许可决定的;

(二)超越法定职权作出准予卫生行政许可决定的;

(三)违反法定程序作出准予卫生行政许可决定的;

（四）对不具备申请资格或者不符合法定条件的申请人准予卫生行政许可的；

（五）依法可以撤销卫生行政许可决定的其他情形。

被许可人以欺骗、贿赂等不正当手段取得卫生行政许可的，应当予以撤销。

撤销卫生行政许可，可能对公共利益造成重大损失的，不予撤销。依照本条第一款的规定撤销卫生行政许可，被许可人的合法权益受到损害的，卫生行政部门应当依法予以赔偿。

第五十八条 有下列情形之一的，卫生行政部门应当依法办理有关卫生行政许可的注销手续：

（一）卫生行政许可复验期届满或者有效期届满未延续的；

（二）赋予公民特定资格的卫生行政许可，该公民死亡或者丧失行为能力的；

（三）法人或其他组织依法终止的；

（四）卫生行政许可被依法撤销、撤回、或者卫生行政许可证件被依法吊销的；

（五）因不可抗力导致卫生行政许可事项无法实施的；

（六）法律、法规规定的应当注销卫生行政许可的其他情形。

第五十九条 各级卫生行政部门应当定期对其负责实施的卫生行政许可工作进行评价，听取公民、法人或者其他组织对卫生行政许可工作的意见和建议，并研究制定改进工作的措施。

第七章 法律责任

第六十条 卫生行政部门及其工作人员违反本办法规定，有下列行为之一的，由上级卫生行政部门责令改正；拒不改正或者有其他情节严重的情形的，对直接负责的主管人员和其他直接责任人员依法给予行政处分：

（一）对符合法定条件的卫生行政许可申请不予受理的；

（二）不在卫生行政许可受理场所公示依法应当公示的材料的；

（三）在受理、审查、决定卫生行政许可过程中，未向申请人、利害关系人履行法定告知义务的；

（四）申请人提交的申请材料不齐全、不符合法定形式，能够一次告知而未一次告知申请人必须补正的全部内容的；

（五）未向申请人说明不予受理或者不予卫生行政许可的理由的；

（六）依法应当举行听证而不举行听证的。

第六十一条 卫生行政部门及其工作人员违反本办法规定，有下列行为之一的，由上级卫生行政部门责令改正，并对直接负责的主管人员和其他直接责任人员依法给予行政处分；涉嫌构成犯罪的，移交司法机关追究刑事责任：

（一）对不符合法定条件的申请人准予卫生行政许可或者超越法定职权作出准予卫生行政许可决定的；

（二）对符合法定条件的申请人不予卫生行政许可或者不在法定期限内作出准予卫生行政许可决定的；

（三）索取或者收受财物或者谋取其他利益的；

（四）法律、行政法规规定的其他违法情形。

第六十二条 卫生行政部门不依法履行监督职责或者监督不力，造成严重后果的，由其上级卫生行政部门责令改正，并对直接负责的主管人员和其他责任人员依法给予行政处分；涉嫌构成犯罪的，移交司法机关追究刑事责任。

第六十三条 申请人提供虚假材料或者隐瞒真实情况的，卫生行政部门不予受理或者不予许可，并给予警告，申请人在一年内不得再次申请该许可事项。

第六十四条 被许可人以欺骗、贿赂等不正当手段取得卫生行政许可的，卫生行政部门应当依法给予行政处罚，申请人在三年内不得再次申请该卫生行政许可；涉嫌构成犯罪的，移交司法机关追究刑事责任。

第六十五条 被许可人有下列行为之一的,卫生行政部门应当依法给予行政处罚;涉嫌构成犯罪的,移交司法机关追究刑事责任:

(一)涂改、倒卖、出租、出借或者以其他方式非法转让卫生行政许可证件的;

(二)超越卫生行政许可范围进行活动的;

(三)在卫生监督检查中提供虚假材料、隐瞒活动真实情况或者拒绝提供真实材料的;

(四)应依法申请变更的事项未经批准擅自变更的;

(五)法律、法规、规章规定的其他违法行为。

第六十六条 公民、法人或者其他组织未经卫生行政许可,擅自从事依法应当取得卫生行政许可的活动的,由卫生行政部门依法采取措施予以制止,并依法给予行政处罚;涉嫌构成犯罪的,移交司法机关追究刑事责任。

第八章 附 则

第六十七条 本办法规定的实施卫生行政许可的期限是指工作日,不包括法定节假日。

第六十八条 本办法规定的卫生行政许可文书样本供各地参照执行。除本办法规定的文书样本外,省级卫生行政部门可根据工作需要补充相应文书。

第六十九条 卫生行政部门实施非行政许可的行政审批,可参照本办法。

第七十条 本办法自发布之日起施行。

附件:卫生行政许可文书(略)

交通行政许可实施程序规定

(2004年11月22日交通部令2004年第10号公布 自2005年1月1日起施行)

第一条 为保证交通行政许可依法实施,维护交通行政许可各方当事人的合法权益,保障和规范交通行政机关依法实施行政管理,根据《中华人民共和国行政许可法》(以下简称《行政许可法》),制定本规定。

第二条 实施交通行政许可,应当遵守《行政许可法》和有关法律、法规及本规定规定的程序。

本规定所称交通行政许可,是指依据法律、法规、国务院决定、省级地方人民政府规章的设定,由本规定第三条规定的实施机关实施的行政许可。

第三条 交通行政许可由下列机关实施:

(一)交通部、地方人民政府交通主管部门、地方人民政府港口行政管理部门依据法定职权实施交通行政许可;

(二)海事管理机构、航标管理机关、县级以上道路运输管理机构在法律、法规授权范围内实施交通行政许可;

(三)交通部、地方人民政府交通主管部门、地方人民政府港口行政管理部门在其法定职权范围内,可以依据本规定,委托其他行政机关实施行政许可。

第四条 实施交通行政许可,应当遵循公开、公平、公正、便民、高效的原则。

第五条 实施交通行政许可,实施机关应当按照《行政许可法》的有关规定,将下列内容予以公示:

(一)交通行政许可的事项;

（二）交通行政许可的依据；

（三）交通行政许可的实施主体；

（四）受委托行政机关和受委托实施行政许可的内容；

（五）交通行政许可统一受理的机构；

（六）交通行政许可的条件；

（七）交通行政许可的数量；

（八）交通行政许可的程序和实施期限；

（九）依法需要举行听证的交通行政许可事项；

（十）需要申请人提交材料的目录；

（十一）申请书文本式样；

（十二）作出的准予交通行政许可的决定；

（十三）实施交通行政许可依法应当收费的法定项目和收费标准；

（十四）交通行政许可的监督部门和投诉渠道；

（十五）依法需要公示的其他事项。

已实行电子政务的实施机关应当公布网站地址。

第六条 交通行政许可的公示，可以采取下列方式：

（一）在实施机关的办公场所设置公示栏、电子显示屏或者将公示信息资料集中在实施机关的专门场所供公众查阅；

（二）在联合办理、集中办理行政许可的场所公示；

（三）在实施机关的网站上公示；

（四）法律、法规和规章规定的其他方式。

第七条 公民、法人或者其他组织，依法申请交通行政许可的，应当依法向交通行政许可实施机关提出。

申请人申请交通行政许可，应当如实向实施机关提交有关材料和反映真实情况，并对其申请材料实质内容的真实性负责。

第八条 申请人以书面方式提出交通行政许可申请的，应当填写本规定所规定的《交通行政许可申请书》（见附件1）。但是，法律、法规、规章对申请书格式文本已有规定的，从其规定。

依法使用申请书格式文本的，交通行政机关应当免费提供。

申请人可以通过信函、电报、电传、传真、电子数据交换和电子邮件等方式提交交通行政许可申请。

申请人以书面方式提出交通行政许可申请确有困难的，可以口头方式提出申请，交通行政机关应当记录申请人申请事项，并经申请人确认。

第九条 申请人可以委托代理人代为提出交通行政许可申请，但依法应当由申请人到实施机关办公场所提出行政许可申请的除外。

代理人代为提出申请的，应当出具载明委托事项和代理人权限的授权委托书，并出示能证明其身份的证件。

第十条 实施机关收到交通行政许可申请材料后，应当根据下列情况分别作出处理：

（一）申请事项依法不需要取得交通行政许可的，应当即时告知申请人不受理；

（二）申请事项依法不属于本实施机关职权范围的，应当即时作出不予受理的决定，并向申请人出具《交通行政许可申请不予受理决定书》（见附件2），同时告知申请人应当向有关行政机关提出申请；

（三）申请材料可以当场补全或者更正错误的，应当允许申请人当场补全或者更正错误；

（四）申请材料不齐全或者不符合法定形式，申请人当场不能补全或者更正的，应当当场或者在5日内向申请人出具《交通行政许可申请补正通知书》（见附件3），一次性告知申请人需要补正的全部内容；逾期不告知的，自收到申请材料之日起即为受理；

（五）申请事项属于本实施机关职权范围，申请材料齐全，符合法定形式，或者申请人已提交全部补正申请材料的，应当在收到完备的申请材料后受理交通行政许可申请，除当场作出交通行政许可决定的外，应当出具《交通行政许可申请受理通知书》（见附件4）。

《交通行政许可申请不予受理决定书》、《交通行政许可申请补正通知书》、《交通行政许可申请受理通知书》，应当加盖实施机关行政许可专用印章，注明日期。

第十一条 交通行政许可需要实施机关内设的多个机构办理的，该实施机关应当确定一个机构统一受理行政许可申请，并统一送达交通行政许可决定。

实施机关未确定统一受理内设机构的，由最先受理的内设机构作为统一受理内设机构。

第十二条 实施交通行政许可，应当实行责任制度。实施机关应当明确每一项交通行政许可申请的直接负责的主管人员和其他直接责任人员。

第十三条 实施机关受理交通行政许可申请后，应当对申请人提交的申请材料进行审查。

申请人提交的申请材料齐全、符合法定形式，实施机关能够当场作出决定的，应当当场作出交通行政许可决定，并向申请人出具《交通行政许可（当场）决定书》（见附件5）。

依照法律、法规和规章的规定，需要对申请材料的实质内容进行核实的，应当审查申请材料反映的情况是否与法定的行政许可条件相一致。

实施实质审查，应当指派两名以上工作人员进行。可以采用以下方式：

（一）当面询问申请人及申请材料内容有关的相关人员；

（二）根据申请人提交的材料之间的内容相互进行印证；

（三）根据行政机关掌握的有关信息与申请材料进行印证；

（四）请求其他行政机关协助审查申请材料的真实性；

（五）调取查阅有关材料，核实申请材料的真实性；

（六）对有关设备、设施、工具、场地进行实地核查；

（七）依法进行检验、勘验、监测；

（八）听取利害关系人意见；

（九）举行听证；

（十）召开专家评审会议审查申请材料的真实性。

依照法律、行政法规规定，实施交通行政许可应当通过招标、拍卖等公平竞争的方式作出决定的，从其规定。

第十四条 实施机关对交通行政许可申请进行审查时，发现行政许可事项直接关系他人重大利益的，应当告知利害关系人，向该利害关系人送达《交通行政许可征求意见通知书》（见附件6）及相关材料（不包括涉及申请人商业秘密的材料）。

利害关系人有权在接到上述通知之日起5日内提出意见，逾期未提出意见的视为放弃上述权利。

实施机关应当将利害关系人的意见及时反馈给申请人，申请人有权进行陈述和申辩。

实施机关作出行政许可决定应当听取申请人、利害关系人的意见。

第十五条 除当场作出交通行政许可决定外，实施机关应当自受理申请之日起20日内作出交通行政许可决定。20日内不能作出决定的，经实施机关负责人批准，可以延长10日，并应当向申请人送达《延长交通行政许可期限通知书》（见附件7），将延长期限的理由告知申请人。但是，法律、法规另有规定的，从其规定。

实施机关作出行政许可决定,依照法律、法规和规章的规定需要听证、招标、拍卖、检验、检测、检疫、鉴定和专家评审的,所需时间不计算在本条规定的期限内。实施机关应当向申请人送达《交通行政许可期限法定除外时间通知书》(见附件8),将所需时间书面告知申请人。

第十六条 申请人的申请符合法定条件、标准的,实施机关应当依法作出准予行政许可的决定,并出具《交通行政许可决定书》(见附件9)。

依照法律、法规规定实施交通行政许可,应当根据考试成绩、考核结果、检验、检测、检疫结果作出行政许可决定的,从其规定。

第十七条 实施机关依法作出不予行政许可的决定的,应当出具《不予交通行政许可决定书》(见附件10),说明理由,并告知申请人享有依法申请行政复议或者提起行政诉讼的权利。

第十八条 实施机关在作出准予或者不予许可决定后,应当在10日内向申请人送达《交通行政许可决定书》或者《不予交通行政许可决定书》。

《交通行政许可(当场)决定书》、《交通行政许可决定书》、《不予交通行政许可决定书》,应当加盖实施机关印章,注明日期。

第十九条 实施机关作出准予交通行政许可决定的,应当在作出决定之日起10日内,向申请人颁发加盖实施机关印章的下列行政许可证件:

(一)交通行政许可批准文件或者证明文件;

(二)许可证、执照或者其他许可证书;

(三)资格证、资质证或者其他合格证书;

(四)法律、法规、规章规定的其他行政许可证件。

第二十条 法律、法规、规章规定实施交通行政许可应当听证的事项,或者交通行政许可实施机关认为需要听证的其他涉及公共利益的行政许可事项,实施机关应当在作出交通行政许可决定之前,向社会发布《交通行政许可听证公告》(见附件11),公告期限不少于10日。

第二十一条 交通行政许可直接涉及申请人与他人之间重大利益冲突的,实施机关在作出交通行政许可决定前,应当告知申请人、利害关系人享有要求听证的权利,并出具《交通行政许可告知听证权利书》(见附件12)。

申请人、利害关系人在被告知听证权利之日起5日内提出听证申请的,实施机关应当在20日内组织听证。

第二十二条 听证按照《行政许可法》第四十八条规定的程序进行。

听证应当制作听证笔录。听证笔录应当包括下列事项:

(一)事由;

(二)举行听证的时间、地点和方式;

(三)听证主持人、记录人等;

(四)申请人姓名或者名称、法定代理人及其委托代理人;

(五)利害关系人姓名或者名称、法定代理人及其委托代理人;

(六)审查该行政许可申请的工作人员;

(七)审查该行政许可申请的工作人员的审查意见及证据、依据、理由;

(八)申请人、利害关系人的陈述、申辩、质证的内容及提出的证据;

(九)其他需要载明的事项。

听证笔录应当由听证参加人确认无误后签字或者盖章。

第二十三条 交通行政许可实施机关及其工作人员违反本规定的,按照《行政许可法》和《交通行政许可监督检查及责任追究规定》查处。

第二十四条 实施机关应当建立健全交通行政许可档案制度,及时归档、妥善保管交通行政许可档案材料。

第二十五条 实施交通行政许可对交通行政许可文书格式有特殊要求的,其文书格式由交通部另行规定。

第二十六条 本规定自2005年1月1日起施行。

附件1:

交通行政许可申请书

<table>
<tr><td>申请人(及法定代表人)名称</td><td></td><td rowspan="2">申请人住址及邮政编码</td><td></td></tr>
<tr><td>申请人联系方式</td><td></td><td></td></tr>
<tr><td>委托代理人的姓名及联系方式</td><td colspan="3"></td></tr>
<tr><td>申请的交通行政许可事项及内容</td><td colspan="3"></td></tr>
<tr><td>申请材料目　　录</td><td colspan="3"></td></tr>
<tr><td>申请日期</td><td>年　月　日</td><td>申请人签字或　盖　章</td><td></td></tr>
</table>

注:1. 本申请书由交通行政许可的实施机关负责免费提供;

2. 申请人应当如实向实施机关提交有关材料和反映情况,并对申请材料实质内容的真实性负责。

附件2:

交通行政许可申请不予受理决定书

编号:

______________________:

你于________年____月____日提出________________________的申请。

经审查,该申请事项不属于本行政机关职权范围,建议向________________________________

______提出申请。

根据《行政许可法》第 32 条规定,决定对你提出的申请不予受理。

申请人如对本决定不服,可以在收到本决定书之日起 60 日内向____________________________申请复议,也可以在收到本决定之日起 3 个月内直接向人民法院提起行政诉讼。

特此通知

（印章）

年　　月　　日

附件 3:

交通行政许可申请补正通知书

编号:

______________________:

你于________年____月____日提出________________________________申请。

根据《行政许可法》第 32 条第 1 款第 4 项的规定,请你对申请材料作如下补正:

____。

特此通知

（印章）

年　　月　　日

附件 4:

交通行政许可申请受理通知书

编号:

______________________:

你于________年____月____日提出________________________________申请。

经审查,该申请事项属于本机构职责范围,申请材料符合法定的要求和形式,根据《行政许可法》第 32 条的规定,决定予以受理。

（印章）

年　　月　　日

附件5:

交通行政许可(当场)决定书

编号:

____________________:

你于________年____月____日提出__________________________________申请。

经审查,你提交的申请材料齐全,符合____规定的形式,根据《行政许可法》第34条第2款的规定,决定准予交通行政许可,准予你依法从事下列活动:

____

____

____

本机关将在作出本决定之日起10日内向你颁发、送达____证件。

(印章)

年　　月　　日

附件6:

交通行政许可征求意见通知书

编号:

____________________:

申请人________________于________年____月____日提出____的申请。经审查,该申请事项可能与你(单位)有直接重大利益关系。根据《中华人民共和国行政许可法》第36条的规定,现将该申请事项告知你(单位)。请于接到该通知书之日起3日内提出意见。逾期未提出意见的,视为无意见。

本机关地址:____。

联系人及联系方式:____。

特此告知

附:申请书及必要的相关申请材料(复印件)

(印章)

年　　月　　日

附件7：

延长交通行政许可期限通知书

编号：

____________________：

你于________年____月____日提出____申请,已于________年____月____日受理。由于____原因,20日内不能作出行政许可的决定。根据《中华人民共和国行政许可法》第42条的规定,经本行政机关负责人批准,审查期限延长10日,将于________年____月____日前作出决定。

特此通知

（印章）

年　　月　　日

附件8：

交通行政许可期限法定除外时间通知书

编号：

____________________：

你于________年____月____日提出____申请,已于________年____月____日受理。根据______________________________的规定,需要：

(　　)1. 听证,所需时间为____。

(　　)2. 招标,所需时间为____。

(　　)3. 拍卖,所需时间为____。

(　　)4. 检验,所需时间为____。

(　　)5. 检测,所需时间为____。

(　　)6. 检疫,所需时间为____。

(　　)7. 鉴定,所需时间为____。

(　　)8. 专家评审,所需时间为____。

根据《中华人民共和国行政许可法》第45条的规定,上述所需时间不计算在规定的期限内。

特此通知

（印章）

年　　月　　日

注：根据上述8种不同情况,在符合的情形前的括号内划“√”

附件9：

交通行政许可决定书

编号：

____________________：

你于________年____月____日提出________________________________申请。

经审查，你提交的申请材料齐全，符合____规定的条件、标准，根据《行政许可法》第34条第1款、第38条第1款的规定，决定准予交通行政许可，准予你依法从事下列活动：____。

本机关将在作出本决定之日起10日内向你颁发、送达________________________________证件。

（印章）

年　　月　　日

附件10：

不予交通行政许可决定书

编号：

____________________：

你于________年____月____日提出________________________________申请。

经审查，你的申请存在____问题，不符合________________________________的规定，根据《行政许可法》第38条第2款的规定，决定不予交通行政许可。

申请人如对本决定不服，可以在收到本决定书之日起60日内向________________________________申请复议，也可以在收到本决定书之日起3个月内直接向人民法院提起行政诉讼。

（印章）

年　　月　　日

附件 11：

交通行政许可听证公告

编号：

______________________________于_______年____月____日提出______________________________的申请。

经审查，该申请事项属于：

(　)1. 根据法律、法规、规章规定应当听证的事项；

(　)2. 本机关认为该申请事项涉及公共利益，需要听证。

根据《中华人民共和国行政许可法》第 46 条的规定，拟举行听证，请要求听证的单位或者个人于_______年____月____日前向本机关登记，并提供联系电话、通讯地址、邮政编码。逾期无人提出听证申请的，本机关将依法作出交通行政许可决定。

本机关地址：______________________________。

联系人及联系方式：______________________________。

特此公告

（印章）

年　　月　　日

注：根据上述两种不同情况，在符合的情形前的括号内划“√”

附件 12：

交通行政许可告知听证权利书

编号：

____________________：

申请人____________________于_______年____月____日提出______________________________的申请。经审查，该申请事项可能与你(单位)有重大利益关系。根据《中华人民共和国行政许可法》第 47 条的规定，现将该申请事项告知你(单位)，你(单位)可以要求对此申请举行听证。接到该通知书之日起 5 日内如未提出听证申请的，视为放弃此权利。

本机关地址：______________________________。

联系人：______________________________。

联系方式：______________________________。

特此告知

（印章）

年　　月　　日

附：申请书及必要的相关申请材料(复印件)

◎ 司法解释及文件

最高人民法院关于审理行政许可案件若干问题的规定

(2009 年 11 月 9 日最高人民法院审判委员会第 1476 次会议通过　2009 年 12 月 14 日最高人民法院公告公布　自 2010 年 1 月 4 日起施行　法释〔2009〕20 号)

为规范行政许可案件的审理,根据《中华人民共和国行政许可法》(以下简称行政许可法)、《中华人民共和国行政诉讼法》及其他有关法律规定,结合行政审判实际,对有关问题作如下规定:

第一条　公民、法人或者其他组织认为行政机关作出的行政许可决定以及相应的不作为,或者行政机关就行政许可的变更、延续、撤回、注销、撤销等事项作出的有关具体行政行为及其相应的不作为侵犯其合法权益,提起行政诉讼的,人民法院应当依法受理。

第二条　公民、法人或者其他组织认为行政机关未公开行政许可决定或者未提供行政许可监督检查记录侵犯其合法权益,提起行政诉讼的,人民法院应当依法受理。

第三条　公民、法人或者其他组织仅就行政许可过程中的告知补正申请材料、听证等通知行为提起行政诉讼的,人民法院不予受理,但导致许可程序对上述主体事实上终止的除外。

第四条　当事人不服行政许可决定提起诉讼的,以作出行政许可决定的机关为被告;行政许可依法须经上级行政机关批准,当事人对批准或者不批准行为不服一并提起诉讼的,以上级行政机关为共同被告;行政许可依法须经下级行政机关或者管理公共事务的组织初步审查并上报,当事人对不予初步审查或者不予上报不服提起诉讼的,以下级行政机关或者管理公共事务的组织为被告。

第五条　行政机关依据行政许可法第二十六条第二款规定统一办理行政许可的,当事人对行政许可行为不服提起诉讼,以对当事人作出具有实质影响的不利行为的机关为被告。

第六条　行政机关受理行政许可申请后,在法定期限内不予答复,公民、法人或者其他组织向人民法院起诉的,人民法院应当依法受理。

前款"法定期限"自行政许可申请受理之日起计算;以数据电文方式受理的,自数据电文进入行政机关指定的特定系统之日起计算;数据电文需要确认收讫的,自申请人收到行政机关的收讫确认之日起计算。

第七条　作为被诉行政许可行为基础的其他行政决定或者文书存在以下情形之一的,人民法院不予认可:

(一)明显缺乏事实根据;

(二)明显缺乏法律依据;

(三)超越职权;

(四)其他重大明显违法情形。

第八条　被告不提供或者无正当理由逾期提供证据的,与被诉行政许可行为有利害关系的第三人可以向人民法院提供;第三人对无法提供的证据,可以申请人民法院调取;人民法院在当事人无争议,但涉及国家利益、公共利益或者他人合法权益的情况下,也可以依职权调取证据。

第三人提供或者人民法院调取的证据能够证明行政许可行为合法的,人民法院应当判决驳回原告的诉讼请求。

第九条　人民法院审理行政许可案件,应当以申请人提出行政许可申请后实施的新的法律规范为依据;行政机关在旧的法律规范实施期间,无正当理由拖延审查行政许可申请至新的法律规范实施,适用新的法律规范不利于申请人的,以旧的法律规范为依据。

第十条 被诉准予行政许可决定违反当时的法律规范但符合新的法律规范的，判决确认该决定违法；准予行政许可决定不损害公共利益和利害关系人合法权益的，判决驳回原告的诉讼请求。

第十一条 人民法院审理不予行政许可决定案件，认为原告请求准予许可的理由成立，且被告没有裁量余地的，可以在判决理由写明，并判决撤销不予许可决定，责令被告重新作出决定。

第十二条 被告无正当理由拒绝原告查阅行政许可决定及有关档案材料或者监督检查记录的，人民法院可以判决被告在法定或者合理期限内准予原告查阅。

第十三条 被告在实施行政许可过程中，与他人恶意串通共同违法侵犯原告合法权益的，应当承担连带赔偿责任；被告与他人违法侵犯原告合法权益的，应当根据其违法行为在损害发生过程和结果中所起作用等因素，确定被告的行政赔偿责任；被告已经依照法定程序履行审慎合理的审查职责，因他人行为导致行政许可决定违法的，不承担赔偿责任。

在行政许可案件中，当事人请求一并解决有关民事赔偿问题的，人民法院可以合并审理。

第十四条 行政机关依据行政许可法第八条第二款规定变更或者撤回已经生效的行政许可，公民、法人或者其他组织仅主张行政补偿的，应当先向行政机关提出申请；行政机关在法定期限或者合理期限内不予答复或者对行政机关作出的补偿决定不服的，可以依法提起行政诉讼。

第十五条 法律、法规、规章或者规范性文件对变更或者撤回行政许可的补偿标准未作规定的，一般在实际损失范围内确定补偿数额；行政许可属于行政许可法第十二条第（二）项规定情形的，一般按照实际投入的损失确定补偿数额。

第十六条 行政许可补偿案件的调解，参照最高人民法院《关于审理行政赔偿案件若干问题的规定》的有关规定办理。

第十七条 最高人民法院以前所作的司法解释凡与本规定不一致的，按本规定执行。

最高人民法院关于在林木采伐许可证规定的地点以外采伐本单位或者本人所有的森林或者其他林木的行为如何适用法律问题的批复

（2004 年 3 月 26 日　法释〔2004〕3 号）

各省、自治区、直辖市高级人民法院，解放军军事法院，新疆维吾尔自治区高级人民法院生产建设兵团分院：

最近，有的法院反映，关于在林木采伐许可证规定的地点以外采伐本单位或者本人所有的森林或者其他林木的行为适用法律问题不明确。经研究，批复如下：

违反森林法的规定，在林木采伐许可证规定的地点以外，采伐本单位或者本人所有的森林或者其他林木的，除农村居民采伐自留地和房前屋后个人所有的零星林木以外，属于《最高人民法院关于审理破坏森林资源刑事案件具体应用法律若干问题的解释》第五条第一款第（一）项“未经林业行政主管部门及法律规定的其他主管部门批准并核发林木采伐许可证”规定的情形，数量较大的，应当依照刑法第三百四十五条第二款的规定，以滥伐林木罪定罪处罚。

四、行政强制

中华人民共和国行政强制法

（2011 年 6 月 30 日第十一届全国人民代表大会常务委员会第二十一次会议通过 2011 年 6 月 30 日中华人民共和国主席令第 49 号公布　自 2012 年 1 月 1 日起施行）

第一章　总　　则

第一条　【立法宗旨】为了规范行政强制的设定和实施，保障和监督行政机关依法履行职责，维护公共利益和社会秩序，保护公民、法人和其他组织的合法权益，根据宪法，制定本法。

条文释义：行政强制法是行政法领域中的一部重要法律，与行政处罚法、行政许可法并称为行政程序立法的“三部曲”。在实践中，行政强制既存在“乱”和“滥”的问题，也存在“软”的问题。“乱”施和“滥”施行政强制侵害了老百姓的合法权益，难以建立和谐的官民关系，不利于构建和谐社会。“软”使正常社会秩序得不到维护，妨碍多数人的生活和工作，最终损害公共利益，对官民关系造成了不利影响，也不利于构建和谐社会。行政强制法围绕行政权和当事人权利这一基本关系，将立法目的定位于规范、保障、监督行政强制权以及保护当事人权益，通过平衡公共利益和个人权益，使行政强制权能在法制轨道上平稳运行，解决“乱”、“滥”和“软”的问题，促进官民和谐、社会和谐。

第二条　【行政强制的方式】本法所称行政强制，包括行政强制措施和行政强制执行。

行政强制措施，是指行政机关在行政管理过程中，为制止违法行为、防止证据损毁、避免危害发生、控制危险扩大等情形，依法对公民的人身自由实施暂时性限制，或者对公民、法人或者其他组织的财物实施暂时性控制的行为。

行政强制执行，是指行政机关或者行政机关申请人民法院，对不履行行政决定的公民、法人或者其他组织，依法强制履行义务的行为。

条文释义：[行政强制的界定]

本条将行政强制确定为一个法律概念，明确了行政强制包括行政强制措施和行政强制执行，行政强制的以下特点有利于将行政强制与其他具体行政行为相区分。行政强制具有以下四个特点：(1)行政性，行政强制是发生在行政管理领域中，为了实现行政管理目的，主要由行政机关依照行政程序作出的行政行为。值得一提的是，申请法院强制执行中执行机关是人民法院，理论上行使的是司法权，但考虑到我国行政强制执行体制的现状，可将其理解为行政权的延伸，一并纳入本法规范。行政性特点可以将行政强制与刑事强制及诉讼强制区分开。(2)服从性，即行政强制是典型的行政机关单方行为，当事人必须服从决定，没有自由选择的余地。服从性特点可以将行政强制与行政合同、行政指导、行政许可、行政给付等非强制性具体行政行为区分开。(3)物理性，即行政强制是直接作用于当事人人身、财产等权利，具有限制人身和改变财产物理状态效果的具体行政行为。其是发生可见动作的有形行为，而不是无形行为；不仅是意思行为，还是实力行为。物理性特点可以将行政强制与行政处罚、责令停止建设等行政命令相区分。(4)依附性，即行政强制尽管作为一类独立的具体行政行为存在，但依附性仍是其特点，行政强制本身不是目的，不能为了强制而强制,行政强制总是为其他行政行为的作出或者实现而服务的。

[行政强制措施]

(1)行政强制措施是一类具体行政行为,不能理解为物理意义上的手段和方法。(2)行政强制措施是一类暂时性控制措施,不是对当事人人身、财产权利的最终处分。暂时性控制是行政强制措施依附性特点的体现,行政强制措施并不是对当事人人身、财产权利的剥夺,而只是暂时限制。如没收是对当事人财产权利的剥夺,但查封、扣押并不改变财产的所有权。剥夺和限制有时难以区分,如限制人身自由,剥夺也是限制,限制也是剥夺,这时要划清行政强制措施概念,应当从时间入手,行政强制措施限制人身、财产权利的时间相对要短得多,这也体现了暂时性的特点。(3)行政强制措施是为了便于行政决定的作出或者行政目的的实现,不能作为制裁手段。制止违法行为、防止证据损毁、避免危害发生、控制危险扩大是实施行政强制措施的前提。在实践中,要防止两种倾向,一是将行政强制措施作为逼迫当事人履行罚款等行政决定的手段,这与行政强制措施的特点不符。二是,行政强制措施没有制裁性体现为期限较短,行政机关不能久扣、久封不决,将行政强制措施当成了行政处罚。

注意,制止违法行为、防止证据损毁、避免危害发生、控制危险扩大四类情形主要是为揭示行政强制措施的特点,也是为设定行政强制措施提供的指引,而不是普遍授权,不能作为实施的直接依据,并不能直接依据本条规定而实施行政强制措施。行政机关实施行政强制措施,必须依据本法有关设定权的规定有单行法依据。

[行政强制执行]

(1)行政强制执行的前提是存在一个生效的行政决定,是执行行政决定的行为,目的是保障行政决定内容得到实现。(2)行政强制执行的效果是对当事人人身、财产权利的剥夺,但这种处分来自于作为执行基础的原行政决定,而不是来源于行政强制执行。(3)我国行政强制执行包括两种形式:行政机关自行强制执行和申请人民法院强制执行。其中申请人民法院强制执行主要由法院来执行,但并不妨碍在行政强制法中将其归入广义的行政强制执行概念中,适用行政强制执行的基本原则,以及规定具体申请和受理程序,至于如何执行则适用行政诉讼法、民事诉讼法中有关强制执行的规定。(4)行政强制执行的具体方式包括三类:执行罚、代履行和直接强制执行。

[行政强制措施与行政强制执行的区别]

行政强制措施与行政强制执行的不同在于:(1)行政强制措施是在行政决定作出前行政机关所采取的强制手段。如行政执法人员在执法过程中发现违法行为,可以将违法行为涉及的财物进行查封、扣押,行政机关实施查封、扣押要交付查封、扣押决定书。这时向当事人交付查封、扣押决定书主要是为了证明查封、扣押的事实存在,行政机关还需要根据情况作出处罚决定或者处理决定。一般情况下,查封、扣押发生在行政机关作出处罚决定或者处理决定之前。而行政强制执行是在行政决定作出后,为了执行该行政决定所采取的强制手段,如对违法行为人处以罚款,当事人逾期拒不缴纳罚款,行政机关或者人民法院就可以依法从该违法行为人的银行账户上划拨相应的款项。(2)行政强制措施都是暂时性的,查封、扣押的期限不得超过30日;情况复杂的,经行政机关负责人批准,可以延长30日,法律、行政法规对期限另有规定的除外。而行政强制执行是终局性的,如执行罚款,将从当事人那里执行的罚款上缴国库,即执行终结,除非行政决定被撤销或者执行错误,该罚款不会回转。

第三条 【行政强制设定和实施的根据】行政强制的设定和实施,适用本法。

发生或者即将发生自然灾害、事故灾难、公共卫生事件或者社会安全事件等突发事件,行政机关采取应急措施或者临时措施,依照有关法律、行政法规的规定执行。

行政机关采取金融业审慎监管措施、进出境货物强制性技术监控措施,依照有关法律、行政法规的规定执行。

条文释义：根据本条第1款规定，原则上，凡是行政强制，其设定和实施适用本法规定。本法还规定了优先适用其他法律、行政法规的情形，凡属于以下三个方面内容的，优先适用其他法律、行政法规的规定。一是发生突发事件行政机关采取应急措施或者临时措施的，依照有关法律、行政法规的规定执行。金融业审慎监管措施、进出境货物强制性技术监控措施，依照有关法律、行政法规的规定执行。这是本条第2款、第3款的规定，属于这三项行政强制措施的，行政法规可以设定。有关程序也优先适用其他法律、法规的规定。二是查封、扣押的期限不得超过30日，情况复杂的，经行政机关负责人批准，可以延长30日。但是，法律、行政法规另有规定的除外。其他法律、行政法规规定的查封、扣押的期限可以长于30日，也可以短于30日。三是代履行的费用按照成本合理确定，由当事人承担。但是，法律另有规定的除外。这里，其他法律可以规定当事人不承担代履行费用。

[应急措施、临时措施]

应急措施、临时措施，是指在突发事件中依法采取的性质属于行政强制措施的应急处置措施。突发事件是指突发事件应对法中所称的突发事件，包括自然灾害、事故灾害、公共卫生事件和社会安全事件，是一种涉及人数多、社会关注度高、社会危害严重、影响大的阶段性公共危机，需要公权力的介入和动用社会人力、物力才能解决。注意，不能对应急措施、临时措施作扩大理解，必须是在宣布为突发事件后采取的应急措施或者临时措施。

[金融审慎监管措施]

根据银行业监督管理法、证券法、保险法等规定，在金融机构违反审慎经营规则，行为严重危及该金融机构的稳健运行，损害客户合法权益时，金融业监督管理机构可依法采取限制分红、限制资产转让、限制股东转让股权、阻止直接责任人员出境和禁止其处分财产权利等审慎监管措施，这些措施性质上属于行政强制措施。

[进出境货物强制性技术监控措施]

指进出口商品检验部门按照国家技术规范的强制性要求或者参照国外有关标准开展的进出口商品检验工作。有关法律、行政法规还有海关法、食品安全法、畜牧法、国境卫生检疫法等。

相关规定：《突发事件应对法》；《突发公共卫生事件应急条例》

第四条　【法定原则】行政强制的设定和实施，应当依照法定的权限、范围、条件和程序。

条文释义：本条是关于行政强制合法性原则的规定。有权设定行政强制措施的只有法律、行政法规和地方性法规，规章和其他规范性文件都没有设定行政强制的权限。从机关看，只有全国人大及其常委会、国务院和有立法权的地方人大及其常委会才有设定行政强制措施的权限。本法第10条、第11条规定了有关行政强制措施的设定权，第13条规定了行政强制执行的设定权。因此，法律、行政法规和地方性法规的设定权限不同。具体而言，法律有权设定所有行政强制措施；行政法规有权设定除限制公民人身自由、冻结存款、汇款和其他应当由法律设定的行政强制措施以外的其他行政强制措施；地方性法规有权设定查封、扣押措施。法律对行政强制措施的对象、条件、种类作了规定的，行政法规、地方性法规不得作出扩大规定。法律中未设定行政强制措施的，行政法规、地方性法规不得设定行政强制措施。

第五条　【适当原则】行政强制的设定和实施，应当适当。采用非强制手段可以达到行政管理目的的，不得设定和实施行政强制。

条文释义：适当原则是行政法领域中的一项普遍原则，在行政强制领域中，也称比例原则。所谓比例原则，是指行政机关在可以采用多种方式实现某一行政目的的情况下，应当采用对当事人权益损害最小的方式，这样做才是适当和合理的。

第六条　【教育与强制结合原则】实施行政强制，应当坚持教育与强制相结合。

条文释义:教育与强制相结合原则体现在本法很多具体规定中。如违法行为情节显著轻微或者没有明显社会危害的,可以不采取行政强制措施。行政机关作出强制执行决定前,应当事先催告当事人履行义务。催告应当以书面形式作出。经催告,当事人履行行政决定的,不再实施强制执行。行政机关申请人民法院强制执行前,也应当催告当事人履行义务。

第七条　【不得谋利原则】行政机关及其工作人员不得利用行政强制权为单位或者个人谋取利益。

条文释义:本法明确规定了不得利用行政强制权谋取利益原则,并体现在很多具体规定中。(1)不得使用被查封、扣押的财产。本法第26条第1款规定,对查封、扣押的场所、设施或者财物,行政机关应当妥善保管,不得使用或者损毁;造成损失的,应当承担赔偿责任。(2)不得收取保管费。本法第26条第3款规定,因查封、扣押发生的保管费用由行政机关承担。(3)收支两条线。如本法第49条规定,划拨存款、汇款以及拍卖和依法处理所得款项应当上缴国库或者划入财政专户。任何行政机关或者个人不得以任何形式截留、私分或者变相私分。(4)合理确定代履行费用。本法第51条规定,代履行费用预算应当在实施代履行前告知当事人。代履行费用应当按照成本合理确定。

第八条　【行政强制相对人的权利与救济】公民、法人或者其他组织对行政机关实施行政强制,享有陈述权、申辩权;有权依法申请行政复议或者提起行政诉讼;因行政机关违法实施行政强制受到损害的,有权依法要求赔偿。

公民、法人或者其他组织因人民法院在强制执行中有违法行为或者扩大强制执行范围受到损害的,有权依法要求赔偿。

条文释义:[陈述权、申辩权]

陈述权重在陈述,指当事人对行政机关实施行政强制所认定的事实及适用法律是否准确、适当,陈述自己的看法和意见,同时也提出自己的主张和要求。申辩权重在意见交锋,指当事人针对行政机关提出的证据和处理决定,提出不同意见,申述理由、加以辩解。

[法律救济途径]

根据《行政复议法》第6条第(二)项规定,有下列情形之一的,公民、法人或者其他组织可以依照本法申请行政复议:对行政机关作出的限制人身自由或者查封、扣押、冻结财产等行政强制措施决定不服的。

根据《行政诉讼法》第12条第(二)项规定,人民法院受理公民、法人和其他组织提起的下列诉讼:(二)对限制人身自由或者对财产的查封、扣押、冻结等行政强制措施和行政强制执行不服的。

相关规定:《行政复议法》;《行政诉讼法》;《国家赔偿法》

第二章　行政强制的种类和设定

第九条　【行政强制措施种类】行政强制措施的种类:

(一)限制公民人身自由;

(二)查封场所、设施或者财物;

(三)扣押财物;

(四)冻结存款、汇款;

(五)其他行政强制措施。

条文释义:[限制公民人身自由]

限制公民人身自由是法律的专属立法权,根据《立法法》第9条的规定,只有法律才能设定。目前我国设定限制公民人身自由的法律主要有人民警察法、治安管理处罚法、道路交通安全法、海关法、公民出境入境管理法、外国人入境出境管理法等。上述法律规定的限制公民人身自由的措施有：盘问、留置盘问、传唤、强制传唤、扣留、拘留、人身检查、强制检测、约束、隔离、强制隔离、强行带离现场、强行驱散、驱逐、禁闭等。

[查封场所、设施或者财物]

查封是行政机关限制当事人对其财产的使用和处分的强制措施。主要是对不动产或者其他不便移动的财产，由行政机关以加贴封条的方式限制当事人对财产的移动或者使用。法律、法规中除使用“查封”外，还经常用“封存”一词，少数情况下也使用“封闭”、“关闭或者限制使用场所”、“禁止或者限制使用设备、设施”等表述。

[扣押财物]

扣押是行政机关解除当事人对其财物的占有，并限制其处分的强制措施。与查封的区别：一是扣押主要是针对可移动的财产，二是扣押的财产由行政机关保管。除了使用“扣押”外，法律、法规规定中还经常使用“暂扣”、“扣留”等。

[冻结存款、汇款]

冻结主要是限制金融资产流动的强制措施。包括冻结银行存款、汇款和邮政企业汇款，也包括股票等有价证券。

第十条 【行政强制措施的设定权限】行政强制措施由法律设定。

尚未制定法律，且属于国务院行政管理职权事项的，行政法规可以设定除本法第九条第一项、第四项和应当由法律规定的行政强制措施以外的其他行政强制措施。

尚未制定法律、行政法规，且属于地方性事务的，地方性法规可以设定本法第九条第二项、第三项的行政强制措施。

法律、法规以外的其他规范性文件不得设定行政强制措施。

条文释义：根据本条的规定，行政强制措施由法律规定，法律可以设定各种行政强制措施。但是，法律也不能随意设定行政强制措施，要受两种制约：一是根据本法第3条的规定，设定行政强制应当适当，也就是要合理，能不设定的就不要设定。这种合理性的判断属于立法机关的裁定权；二是程序限制，就是起草时应当采取听证会、论证会等形式听取意见，并进行必要性分析。通过公众参与和程序制约，使设定的行政强制措施在合理的限度内。

行政法规是国务院制定的规范性文件，行政法规的效力仅次于宪法和法律。

地方性法规是由有立法权的地方人大及其常委会制定的规范性文件。包括省、自治区、直辖市人大及其常委会制定的地方性法规和较大的市的人大及其常委会制定的地方性法规。

第十一条 【行政强制措施的对象、条件、种类法定】法律对行政强制措施的对象、条件、种类作了规定的，行政法规、地方性法规不得作出扩大规定。

法律中未设定行政强制措施的，行政法规、地方性法规不得设定行政强制措施。但是，法律规定特定事项由行政法规规定具体管理措施的，行政法规可以设定除本法第九条第一项、第四项和应当由法律规定的行政强制措施以外的其他行政强制措施。

条文释义：无论是法律还是法规，在设定行政强制措施时，应当明确在什么情况下，对什么人或者组织，采取哪种强制措施，不应概括授权。但是，由于我国地域辽阔，经济社会发展不平衡，各地情况千差万别，有时制定法律时不能规定得很详细、具体，只能作出原则性规定，这就给行政法规，尤其是地方性法规进行具体化留下空间。为了保证国家法制的统一，行政法规、地方性法规对法律规定具体化，应当与法律的原则、精神和规定一致，不得与法律相抵触。

第十二条 【行政强制执行方式】行政强制执行的方式：

(一)加处罚款或者滞纳金；

（二）划拨存款、汇款；

（三）拍卖或者依法处理查封、扣押的场所、设施或者财物；

（四）排除妨碍、恢复原状；

（五）代履行；

（六）其他强制执行方式。

条文释义：[加处罚款或者滞纳金]

加处罚款或者滞纳金在学理上属于执行罚，是间接强制的执行方式。执行罚是对于拒不履行行政决定确定的金钱给付义务的当事人，以加处新的金钱给付义务的方式，迫使当事人履行。如《行政处罚法》第51条规定，到期不缴纳罚款的，每日按罚款数额的百分之三加处罚款。执行罚经过一定期限，当事人仍不履行时，可以采取直接强制执行。

[划拨存款、汇款]

划拨存款、汇款是直接强制执行方式，根据《商业银行法》第29条、第30条的规定，采取划拨存款、汇款方式执行，需要由法律明确授权。目前行政机关划拨存款的，只适用于税收和征收社会保险费等少数领域，《税收征收管理法》第40条和《海关法》第60条使用的是"扣缴"一词。

[拍卖或者依法处理查封、扣押的场所、设施或者财物]

这是对执行金钱给付义务采取强制执行方式，属于直接强制。根据本法第46条第3款的规定，当事人在法定期限内不申请行政复议或者提起行政诉讼，经催告仍不履行的，在实施行政管理过程中已经采取查封、扣押措施的行政机关，可以将查封、扣押的财物依法拍卖抵缴罚款。

[排除妨碍、恢复原状]

排除妨碍、恢复原状概念来源于民法通则和侵权责任法规定的民事责任形式。排除妨碍就是排除对权利人行使人身权或者财产权的阻碍，恢复原状就是通过修理等手段使受到损坏的财产恢复到损坏前状况。在行政管理中，公民、法人或者其他组织的行为侵害的不是其他民事主体的权利，而是侵害了公共财产，影响了行政管理秩序，也可能要承担排除妨碍、恢复原状的责任。

[代履行]

代履行是当事人拒绝履行行政决定的义务时，由行政机关或者第三人代替当事人履行行政决定的义务，并向当事人收取履行费用的执行方式。区别代履行和直接强制，一是看是否属于排除妨碍、恢复原状的情形，就是当事人应当履行的义务是由于当事人事先的作为引起的，需要由当事人消除违法的后果；二是是否强迫当事人自己消除自己违法的后果，代履行排除了强迫当事人作出一定行为，体现了对当事人人格和自由的尊重；三是是否属于由当事人承担费用；四是如果代履行时当事人抵抗，则不能代履行；五是代履行的前提行政决定的义务是可替代履行的，就是当事人履行和其他人履行效果没有不同。对不能履行的义务，只能直接强制，不能代履行。

第十三条 【行政强制执行的设定权限】行政强制执行由法律设定。

法律没有规定行政机关强制执行的，作出行政决定的行政机关应当申请人民法院强制执行。

条文释义：我国的行政强制执行制度是由行政诉讼法规定的。《行政诉讼法》第97条规定："公民、法人或者其他组织对行政行为在法定期限内不提起诉讼又不履行的，行政机关可以申请人民法院强制执行，或者依法强制执行。"这一规定确立了行政机关自己强制执行和申请法院强制执行并行的模式。本法维持了行政机关执行和申请法院执行的体制。

相关规定：《行政诉讼法》第97条；《行政处罚法》第51条；《道路交通安全法》第109条；《国有土地上房屋征收与补偿条例》第28条

第十四条 【设定行政强制的民主程序】起草法律草案、法规草案，拟设定行政强制的，起草单位应当采取听证会、论证会等形式听取意见，并向制定机关说明设定该行政强制的必要性、可能产

生的影响以及听取和采纳意见的情况。

条文释义：所谓论证会，就是邀请有关专家对草案内容，对拟设定的行政强制从必要性、可行性、科学性进行研究论证，作出评估，供起草单位和制定机关参考。听证会是指起草单位主持，由行政机关和公民参加，对拟设定的行政强制的必要性、合理性等进行辩论，起草单位根据辩论结果，确定草案内容。

第十五条　【行政强制评价制度】行政强制的设定机关应当定期对其设定的行政强制进行评价，并对不适当的行政强制及时予以修改或者废止。

行政强制的实施机关可以对已设定的行政强制的实施情况及存在的必要性适时进行评价，并将意见报告该行政强制的设定机关。

公民、法人或者其他组织可以向行政强制的设定机关和实施机关就行政强制的设定和实施提出意见和建议。有关机关应当认真研究论证，并以适当方式予以反馈。

条文释义：本条的规定有四层含义：一是法律、法规的制定机关在设定行政强制后，应当定期进行评价；二是行政强制的实施机关可以适时对行政强制实施情况及存在必要性进行评价；三是公民、法人或者其他组织可以向行政强制的设定机关和实施机关提出意见和建议；四是制定机关认为不适当的，应当及时予以修改或者废止。

第三章　行政强制措施实施程序

第一节　一般规定

第十六条　【依法实施行政强制措施】行政机关履行行政管理职责，依照法律、法规的规定，实施行政强制措施。

违法行为情节显著轻微或者没有明显社会危害的，可以不采取行政强制措施。

条文释义：行政强制措施的一般实施条件主要有：一是只能在履行行政管理职责过程中实施。二是必须符合法律、法规规定的可以实施行政强制措施的情形。行政强制措施是一项“中间性”行为，是一项临时采取的措施，一般在制止违法行为、防止证据损毁、避免危害发生、控制危险扩大等情形下才能实施，这四类情形既是实施行政强制措施的条件，也是实施目的，在设定行政强制措施时应严格把握，行政执法人员在实施行政强制措施时也应严格遵守。三是必须有法律、法规的明确授权。行政强制措施的设定权问题只能由法律、法规规定，本法没有普遍授权，行政机关享有行政强制措施权要由单行法律、法规具体授权。四是必须由行政机关实施行政强制措施。在一定条件下，法律、行政法规授权的具有管理公共事务职能的组织也可以实施。在一些法律、法规中，也对行政强制措施的实施主体有着明确的限制。

第十七条　【行政强制措施实施权限】行政强制措施由法律、法规规定的行政机关在法定职权范围内实施。行政强制措施权不得委托。

依据《中华人民共和国行政处罚法》的规定行使相对集中行政处罚权的行政机关，可以实施法律、法规规定的与行政处罚权有关的行政强制措施。

行政强制措施应当由行政机关具备资格的行政执法人员实施，其他人员不得实施。

条文释义：[行政强制措施的实施主体]

一是只有行政机关才能实施行政强制措施。二是行政机关中，只有法律、法规授予行政强制措施权的才能实施，未经授权的行政机关不得作为实施主体。三是法律、行政法规授权的具有管理公共事务职能的组织在法定授权范围内，可以实施行政强制。四是代表行政机关实施行政强制措施的必须是具备资格的行政执法人员，其他人员不得实施。

[相对集中行政强制措施权]

相对集中行政强制措施权是指将单行法律、法规授权各行政机关的行政强制措施权从原行政机关的管理职能中分离出来,由一个行政机关统一行使;行政强制措施权相对集中后,被集中的行政机关不得再行使。根据《行政处罚法》第16条的规定,国务院或者经国务院授权的省、自治区、直辖市人民政府可以决定一个行政机关行使有关行政机关的行政处罚权,但限制人身自由的行政处罚权只能由公安机关行使。

第十八条 【行政强制措施实施应遵守的规定】行政机关实施行政强制措施应当遵守下列规定:

(一)实施前须向行政机关负责人报告并经批准;

(二)由两名以上行政执法人员实施;

(三)出示执法身份证件;

(四)通知当事人到场;

(五)当场告知当事人采取行政强制措施的理由、依据以及当事人依法享有的权利、救济途径;

(六)听取当事人的陈述和申辩;

(七)制作现场笔录;

(八)现场笔录由当事人和行政执法人员签名或者盖章,当事人拒绝的,在笔录中予以注明;

(九)当事人不到场的,邀请见证人到场,由见证人和行政执法人员在现场笔录上签名或者盖章;

(十)法律、法规规定的其他程序。

第十九条 【当场实施行政强制措施的情形】情况紧急,需要当场实施行政强制措施的,行政执法人员应当在二十四小时内向行政机关负责人报告,并补办批准手续。行政机关负责人认为不应当采取行政强制措施的,应当立即解除。

条文释义:根据本条规定,实施即时强制应当遵守几个基本条件:(1)要符合法律规定的情形,具备必要性。本条将即时强制的实施条件笼统的归纳为“情况紧急”,一般指在紧迫场合,如不采取强制措施会损害公共利益和他人利益的情形。由于实践中的行政行为情形复杂,本法无法对即时强制的实施条件明确规定,只能依据各单行法律、法规的规定或者由执法人员作出判断。(2)必须遵循法定程序。本条规定了即时强制的特别程序,即事后报告和补办手续的程序。事后报告程序需要特别注意两点:一是事后报告必须在实施行政强制措施后24小时内。当然,本规定也不排斥当场实施强制措施当场报告的做法。二是情况紧急当场实施行政强制措施,除了可以事后报告并补办批准手续外,本法第18条第(二)项至第(九)项、第20条等规定的其他程序仍必须履行。(3)事后救济。即时强制本身的特点决定了其即时性,大多是由于情况紧急而不容拖延,并且有的属于事实行为,所以对有的即时强制的救济不能适用撤销诉讼,当事人只能请求损害赔偿或损失补偿的救济。但是,在有些情况下,即时强制的影响具有持续性,比如对人身的隔离。对于这种持续性的即时强制,本法规定行政机关负责人认为不应当采取行政强制措施的,应当立即解除,尽量减轻对当事人的损害,造成损害的,当事人可以要求赔偿或补偿。

第二十条 【限制人身自由的特殊规定】依照法律规定实施限制公民人身自由的行政强制措施,除应当履行本法第十八条规定的程序外,还应当遵守下列规定:

(一)当场告知或者实施行政强制措施后立即通知当事人家属实施行政强制措施的行政机关、地点和期限;

(二)在紧急情况下当场实施行政强制措施的,在返回行政机关后,立即向行政机关负责人报告并补办批准手续;

（三）法律规定的其他程序。

实施限制人身自由的行政强制措施不得超过法定期限。实施行政强制措施的目的已经达到或者条件已经消失，应当立即解除。

条文释义：按照法律规定，限制人身自由行政强制措施的临时性特点决定了期限不能太长。《治安管理处罚法》第83条规定，询问查证违反治安管理行为人的时间不得超过8小时，最长不得超过24小时；《海关法》第6条规定扣留走私犯罪嫌疑人的时间不超过24小时，特殊情况下可以延长至48小时。

第二十一条　【涉嫌犯罪的移送】违法行为涉嫌犯罪应当移送司法机关的，行政机关应当将查封、扣押、冻结的财物一并移送，并书面告知当事人。

条文释义：按照《行政执法机关移送涉嫌犯罪案件的规定》，行政机关在司法机关决定立案后，应当于接到立案通知书之日起3日内，将涉案物品以及与案件有关的其他材料移交给司法机关，办结交接手续。法律、行政法规另有规定的，从其规定。

相关规定：《行政执法机关移送涉嫌犯罪案件的规定》

第二节　查封、扣押

第二十二条　【法定机关实施查封、扣押】查封、扣押应当由法律、法规规定的行政机关实施，其他任何行政机关或者组织不得实施。

条文释义：查封、扣押只能由行政机关或者法定授权的具有管理公共事务职能的组织实施。实施查封、扣押必须有法律、法规的明确授权。

相关规定：《药品管理法》第65条

第二十三条　【查封、扣押的范围】查封、扣押限于涉案的场所、设施或者财物，不得查封、扣押与违法行为无关的场所、设施或者财物；不得查封、扣押公民个人及其所扶养家属的生活必需品。

当事人的场所、设施或者财物已被其他国家机关依法查封的，不得重复查封。

条文释义：涉案的场所、设施或者财物，是指违法者从事违法行为所使用的场所、设施或者财物，以及违法所得、非法持有的违禁品等与违法行为有关的场所、设施或者财物。其他法律、法规对查封、扣押的范围有限制性规定的，应当依照该法律、法规的规定执行。

按照《最高人民法院关于人民法院民事执行中查封、扣押、冻结财产的规定》，生活必需品包括：公民个人及其所扶养家属生活所必需的衣服、家具、炊具、餐具及其他家庭生活必需的物品；公民个人及其所扶养家属完成义务教育所必需的物品；公民个人及其所扶养家属用于身体缺陷所必需的辅助工具、医疗物品等。

相关规定：《治安管理处罚法》第89条；《最高人民法院关于人民法院民事执行中查封、扣押、冻结财产的规定》

第二十四条　【查封、扣押决定书】　行政机关决定实施查封、扣押的，应当履行本法第十八条规定的程序，制作并当场交付查封、扣押决定书和清单。

查封、扣押决定书应当载明下列事项：

（一）当事人的姓名或者名称、地址；

（二）查封、扣押的理由、依据和期限；

（三）查封、扣押场所、设施或者财物的名称、数量等；

（四）申请行政复议或者提起行政诉讼的途径和期限；

（五）行政机关的名称、印章和日期。

查封、扣押清单一式二份,由当事人和行政机关分别保存。

第二十五条 【查封、扣押期限】查封、扣押的期限不得超过三十日;情况复杂的,经行政机关负责人批准,可以延长,但是延长期限不得超过三十日。法律、行政法规另有规定的除外。

延长查封、扣押的决定应当及时书面告知当事人,并说明理由。

对物品需要进行检测、检验、检疫或者技术鉴定的,查封、扣押的期间不包括检测、检验、检疫或者技术鉴定的期间。检测、检验、检疫或者技术鉴定的期间应当明确,并书面告知当事人。检测、检验、检疫或者技术鉴定的费用由行政机关承担。

条文释义:根据本法第69条的规定,本法中10日以内期限的规定是指工作日,不含法定节假日。本条规定的是10日以上的期限,因此本条的期限是指自然日,既包括工作日,也包括休息日。根据民事诉讼法有关期间的规定,期间以日计算的,期间开始的日,不计算在期间内,而是从期间开始的次日起算。

第二十六条 【查封、扣押中的保管】对查封、扣押的场所、设施或者财物,行政机关应当妥善保管,不得使用或者损毁;造成损失的,应当承担赔偿责任。

对查封的场所、设施或者财物,行政机关可以委托第三人保管,第三人不得损毁或者擅自转移、处置。因第三人的原因造成的损失,行政机关先行赔付后,有权向第三人追偿。

因查封、扣押发生的保管费用由行政机关承担。

第二十七条 【查封、扣押后的调查】行政机关采取查封、扣押措施后,应当及时查清事实,在本法第二十五条规定的期限内作出处理决定。对违法事实清楚,依法应当没收的非法财物予以没收;法律、行政法规规定应当销毁的,依法销毁;应当解除查封、扣押的,作出解除查封、扣押的决定。

条文释义:行政机关办理行政案件并实施查封、扣押措施时,会涉及两个期限。一是整个案件的办理期限。二是查封、扣押措施的期限。办案期限从案件受理之日起开始计算,一个案件一个办案期限。而查封、扣押期限从查封、扣押之日起开始计算,一个案件可能在不同时间对不同财物实施多次查封、扣押,因此可能涉及多个查封、扣押期限。

第二十八条 【解除查封、扣押的情形】有下列情形之一的,行政机关应当及时作出解除查封、扣押决定:

(一)当事人没有违法行为;

(二)查封、扣押的场所、设施或者财物与违法行为无关;

(三)行政机关对违法行为已经作出处理决定,不再需要查封、扣押;

(四)查封、扣押期限已经届满;

(五)其他不再需要采取查封、扣押措施的情形。

解除查封、扣押应当立即退还财物;已将鲜活物品或者其他不易保管的财物拍卖或者变卖的,退还拍卖或者变卖所得款项。变卖价格明显低于市场价格,给当事人造成损失的,应当给予补偿。

条文释义:需要注意的是,这里的表述是"补偿"而非"赔偿"。取得赔偿的前提是"违法"行使职权;而本条规定的情形是变卖价格明显低于市场价格,给当事人造成损失,不存在"违法"前提或情节较轻,因此这里是"补偿"。

第三节 冻 结

第二十九条 【法定机关实施冻结】冻结存款、汇款应当由法律规定的行政机关实施,不得委托给其他行政机关或者组织;其他任何行政机关或者组织不得冻结存款、汇款。

冻结存款、汇款的数额应当与违法行为涉及的金额相当;已被其他国家机关依法冻结的,不得重复冻结。

条文释义：中国人民银行于2002年制定的《金融机构协助查询、冻结、扣划工作管理规定》规定，两个以上有权机关对同一单位或个人的同一笔存款采取冻结或扣划措施时，金融机构应当协助最先送达协助冻结、扣划存款通知书的有权机关办理冻结、扣划手续；两个以上有权机关对金融机构协助冻结、扣划的具体措施有争议的，金融机构应当按照有关争议机关协商后的意见办理。由于冻结的对象是存款、汇款，所以如果某个账号或者某项汇款已经被冻结了一部分，则剩余部分依然可以冻结，与不得重复冻结原则不相矛盾。

相关规定：《证券法》第180条；《行政监察法》第21条；《银行业监督管理法》第41条；《商业银行法》第29条、第30条

第三十条　【冻结通知】行政机关依照法律规定决定实施冻结存款、汇款的，应当履行本法第十八条第一项、第二项、第三项、第七项规定的程序，并向金融机构交付冻结通知书。

金融机构接到行政机关依法作出的冻结通知书后，应当立即予以冻结，不得拖延，不得在冻结前向当事人泄露信息。

法律规定以外的行政机关或者组织要求冻结当事人存款、汇款的，金融机构应当拒绝。

条文释义：在实践中，行政机关要求金融机构协助冻结的书面凭证多表现为协助冻结通知书或冻结通知书等，载有协助冻结单位的名称、冻结的法律依据、冻结的财产所在机构的名称和地址、冻结数额、冻结起止时间、其他需要说明的事项、决定冻结机关的公章和日期等信息。

相关规定：《金融机构协助查询、冻结、扣划工作管理规定》

第三十一条　【冻结决定书】依照法律规定冻结存款、汇款的，作出决定的行政机关应当在三日内向当事人交付冻结决定书。冻结决定书应当载明下列事项：

（一）当事人的姓名或者名称、地址；

（二）冻结的理由、依据和期限；

（三）冻结的账号和数额；

（四）申请行政复议或者提起行政诉讼的途径和期限；

（五）行政机关的名称、印章和日期。

第三十二条　【冻结期限】自冻结存款、汇款之日起三十日内，行政机关应当作出处理决定或者作出解除冻结决定；情况复杂的，经行政机关负责人批准，可以延长，但是延长期限不得超过三十日。法律另有规定的除外。

延长冻结的决定应当及时书面告知当事人，并说明理由。

条文释义：冻结存款、汇款限制了当事人资金的流动性，影响了当事人的生活或者生产经营活动。如果没有期限限制，实践中就会发生长期冻结当事人存款、汇款的情况，造成当事人财产权利的损害。

第三十三条　【解除冻结的情形】有下列情形之一的，行政机关应当及时作出解除冻结决定：

（一）当事人没有违法行为；

（二）冻结的存款、汇款与违法行为无关；

（三）行政机关对违法行为已经作出处理决定，不再需要冻结；

（四）冻结期限已经届满；

（五）其他不再需要采取冻结措施的情形。

行政机关作出解除冻结决定的，应当及时通知金融机构和当事人。金融机构接到通知后，应当立即解除冻结。

行政机关逾期未作出处理决定或者解除冻结决定的,金融机构应当自冻结期满之日起解除冻结。

相关规定:《商业银行法》第73条

第四章　行政机关强制执行程序

第一节　一般规定

第三十四条　【行政机关行政强制执行的适用情形】行政机关依法作出行政决定后,当事人在行政机关决定的期限内不履行义务的,具有行政强制执行权的行政机关依照本章规定强制执行。

条文释义:行政机关强制执行既包括间接强制执行,也包括直接强制执行。除非其他法律明确规定,本条的法定期限就是行政决定书规定的期限。

第三十五条　【催告】行政机关作出强制执行决定前,应当事先催告当事人履行义务。催告应当以书面形式作出,并载明下列事项:

(一)履行义务的期限;

(二)履行义务的方式;

(三)涉及金钱给付的,应当有明确的金额和给付方式;

(四)当事人依法享有的陈述权和申辩权。

条文释义:催告是指当事人在行政决定作出后不自觉履行义务,行政机关督促当事人在一定期限内履行义务,否则承担被强制执行后果的一种程序。催告一般是强制执行决定的前置程序。按照本条的规定,行政机关的催告必须以书面形式作出。不以书面形式作出的催告,是违反法定程序的行为。催告通知书应在行政机关依法作出行政决定后,行政机关在作出强制执行决定前发出。催告的内容应当充分。当事人根据催告书所载内容,可以清晰地知道自己自觉履行义务的期限和准确的预测因不履行义务所带来的不利后果。经催告,当事人履行行政决定的,不再实施强制执行。经催告,当事人逾期仍不履行行政决定,且无正当理由的,行政机关可以作出强制执行决定。在催告期间,对有证据证明有转移或者隐匿财物迹象的,行政机关可以立即作出强制执行决定。此种情况下,行政机关无须催告期满即可作出强制执行决定。

注意,并不是所有的强制执行方式都要催告,也有无须催告的例外情况:一是立即实施代履行。本法规定,需要立即清除道路、河道、航道或者公共场所的遗撒物、障碍物或者污染物,当事人不能清除的,行政机关可以决定立即实施代履行;当事人不在场的,行政机关应当在事后立即通知当事人,并依法作出处理。立即实施代履行的方式无须催告是因为即时代履行所针对的事项时间紧迫,如不及时处理,可能会影响正常的行政管理秩序,也会给他人带来不便。而催告程序需要一定的期限,不能适用立即实施代履行。二是执行罚。本法规定,行政机关依法作出金钱给付义务的行政决定,当事人逾期不履行的,行政机关可以依法加处罚款或者滞纳金。根据这一规定,行政机关的执行罚并不以催告为前提。对执行罚,其他法律中有明确的规定,如《税收征收管理法》第32条规定,纳税人未按照规定期限缴纳税款的,扣缴义务人未按照规定期限解缴税款的,税务机关除责令限期缴纳外,从滞纳税款之日起,按日加收滞纳税款万分之五的滞纳金。根据这一规定,加收滞纳金是不经催告的。

第三十六条　【陈述和申辩】当事人收到催告书后有权进行陈述和申辩。行政机关应当充分听取当事人的意见,对当事人提出的事实、理由和证据,应当进行记录、复核。当事人提出的事实、理由或者证据成立的,行政机关应当采纳。

第三十七条　【强制执行决定】经催告,当事人逾期仍不履行行政决定,且无正当理由的,行政机关可以作出强制执行决定。

强制执行决定应当以书面形式作出，并载明下列事项：

（一）当事人的姓名或者名称、地址；

（二）强制执行的理由和依据；

（三）强制执行的方式和时间；

（四）申请行政复议或者提起行政诉讼的途径和期限；

（五）行政机关的名称、印章和日期。

在催告期间，对有证据证明有转移或者隐匿财物迹象的，行政机关可以作出立即强制执行决定。

第三十八条　【送达】催告书、行政强制执行决定书应当直接送达当事人。当事人拒绝接收或者无法直接送达当事人的，应当依照《中华人民共和国民事诉讼法》的有关规定送达。

条文释义：催告书、行政强制执行决定书应当直接送达当事人。除直接送达外，依照民事诉讼法的规定，送达方式还包括留置送达、邮寄送达、委托送达、转交送达和公告送达。

《民事诉讼法》第85条规定，送达诉讼文书，应当直接送交受送达人。受送达人是公民的，本人不在交他的同住成年家属签收；受送达人是法人或者其他组织的，应当由法人的法定代表人、其他组织的主要负责人或者该法人、组织负责收件的人签收；受送达人有诉讼代理人的，可以送交其代理人签收；受送达人已向人民法院指定代收人的，送交代收人签收。

受送达人的同住成年家属，法人或者其他组织的负责收件的人，诉讼代理人或者代收人在送达回证上签收的日期为送达日期。

第86条规定，受送达人或者他的同住成年家属拒绝接收诉讼文书的，送达人可以邀请有关基层组织或者所在单位的代表到场，说明情况，在送达回证上记明拒收事由和日期，由送达人、见证人签名或者盖章，把诉讼文书留在受送达人的住所；也可以把诉讼文书留在受送达人的住所，并采用拍照、录像等方式记录送达过程，即视为送达。

第87条规定，经受送达人同意，人民法院可以采用传真、电子邮件等能够确认其收悉的方式送达诉讼文书，但判决书、裁定书、调解书除外。

采用前款方式送达的，以传真、电子邮件等到达受送达人特定系统的日期为送达日期。

第88条规定，直接送达诉讼文书有困难的，可以委托其他人民法院代为送达，或者邮寄送达。邮寄送达的，以回执上注明的收件日期为送达日期。

第89条规定，受送达人是军人的，通过其所在部队团以上单位的政治机关转交。

第90条规定，受送达人被监禁的，通过其所在监所转交。

受送达人被采取强制性教育措施的，通过其所在强制性教育机构转交。

相关规定：《民事诉讼法》第七章

第三十九条　【中止执行】有下列情形之一的，中止执行：

（一）当事人履行行政决定确有困难或者暂无履行能力的；

（二）第三人对执行标的主张权利，确有理由的；

（三）执行可能造成难以弥补的损失，且中止执行不损害公共利益的；

（四）行政机关认为需要中止执行的其他情形。

中止执行的情形消失后，行政机关应当恢复执行。对没有明显社会危害，当事人确无能力履行，中止执行满三年未恢复执行的，行政机关不再执行。

条文释义：中止执行是指强制执行程序开始后，由于出现致使强制执行无法进行下去的特殊情况，行政机关暂时停止强制执行程序，待该情况消除后，继续执行。

中止执行有四种法定情形：（1）当事人履行行政决定确有困难或者暂无履行能力的。确有困难或者暂无履行能力的包括以下情形:一是不可抗力,发生当事人无法预见、无法预防、无法避免和无法控制的事件,以致当事人不能如期履行义务,如发生海啸、地震等情况;二是经济或生活困难,除维持家庭基本生活以外,当事人无力履行金钱给付等义务;三是因突发疫病等身体健康原因暂不能履行义务的;四是其他情形。(2)第三人对执行标的主张权利,确有理由的。第三人是指当事人以外的,法律上利益或者权利将受到强制执行的影响的公民、法人或者其他组织。第三人主张权利的内容主要是指物权或者债权。如第三人对执行标的主张抵押权、质权、所有权,以及因租赁关系而享有的使用权等。此种情况下执行标的是有争议的标的,需要确定权属后才能执行;如果第三人确有理由的,应当中止执行。这是基于保护第三人利益的角度作出的规定。(3)执行可能造成难以弥补的损失,且中止执行不损害公共利益的。强制执行应坚持比例原则,应采取最小损害的方式实现行政管理目的。在可能造成难以弥补损失的情况下,如果不中止执行,会使强制执行得不偿失。(4)行政机关认为需要中止执行的其他情形。如强制执行可能导致被执行人过激行为(自杀或暴力对抗)或者发现据以执行的行政决定存在问题等。

第四十条 【终结执行】有下列情形之一的,终结执行:

(一)公民死亡,无遗产可供执行,又无义务承受人的;

(二)法人或者其他组织终止,无财产可供执行,又无义务承受人的;

(三)执行标的灭失的;

(四)据以执行的行政决定被撤销的;

(五)行政机关认为需要终结执行的其他情形。

条文释义:终结执行是指在执行过程中,由于发生某种特殊情况,执行程序没有必要或不可能继续进行,从而结束执行程序。

终结执行有以下五种情形:

1. 公民死亡,无遗产可供执行,又无义务承受人的。有义务就要有承担义务的主体,当义务承担主体消亡,而这种义务又没有继承主体时,义务便归于消灭。被执行的公民死亡,行政机关可以先中止执行,等待继承人承受义务。如果被执行公民的遗产继承人没有放弃继承,行政机关可以变更被执行人,在这种情况下并不增加或消灭执行义务内容,由该继承人在遗产的范围内履行义务;如果继承人放弃继承,行政机关可以直接强制执行被执行公民的遗产;如果被执行公民既无遗产,又无义务承受人的,强制执行工作将无法进行,因此应当终结执行。

2. 法人或者其他组织终止,无财产可供执行,又无义务承受人的。法人或者其他组织终止的原因有:(1)依法被撤销;(2)自行解散;(3)依法被宣告破产;(4)其他原因,如合并、分立、国家经济政策的调整和发生战争等。一般来说,只有在依法被宣告破产的情况下,才会发生没有义务承受人的情况。

3. 执行标的灭失的。在执行程序中,执行标的灭失,是执行过程中发生的特殊情况。即作为执行标的的财物,因自然或人为因素的作用改变其固有的物理、化学性质、失去原有形态、数量、质量、价值,永久不能恢复原状的法律状态。

4. 据以执行的行政决定被撤销。行政决定是基础行政行为,是强制执行的依据。行政决定被撤销,强制执行便成为“无根之木”、“无源之水”,因此应终结执行。行政决定被部分撤销的,执行机关应就原决定撤销部分终结执行。行政决定的撤销包括三种情况:一是行政机关主动撤销。作出行政决定的行政机关或者其上级行政机关撤销已生效的行政决定。二是诉讼撤销。行政诉讼法规定,具体行政行为有下列情形之一的,判决撤销或者部分撤销,并可以判决被告重新作出具体行政行为:(1)证据不足的;(2)适用法律、法规错误的;(3)违反法定程序的;(4)超越职权的;(5)滥用职权的。三是复议撤销。行政复议法规定,具体行政行为有下列情形之一的,决定撤销:(1)主要事实不清、证据不足的;(2)适用依据错误的;(3)违反法定程序的;(4)超越或者滥用职权的;(5)具体行政行为明显不当的。

5. 行政机关认为需要终结执行的其他情形。该条款是弹性条款,行政机关可以根据终结执行的基本精神和实际情况,决定其他需要终结执行的情形。

应注意的是:(1)中止执行和终结执行的区别。中止执行和终结执行都会使强制执行程序停止。但中止执行和终结执行有着明显的不同。执行中止是执行程序的暂时停止,待造成中止的原因消除后,执行程序恢复,执行工作继续进行;而终结执行后,执行程序就宣告结束,以后也不再恢复。(2)终结执行和执行完毕的区别。执行完毕时,作为强制执行基础的行政决定书的内容已经全部落实;而终结执行则不同,债权人的权利没有全部实现,行政决定书的内容没有全部落实。

第四十一条 【执行回转】在执行中或者执行完毕后,据以执行的行政决定被撤销、变更,或者执行错误的,应当恢复原状或者退还财物;不能恢复原状或者退还财物的,依法给予赔偿。

条文释义:执行回转制度是一项错误弥补制度。是指在执行中或者执行完毕后,据以执行的行政决定被撤销、变更,或者执行错误的,行政机关对已被执行的财产重新恢复到执行程序开始前状态的执行制度。

执行回转的前提条件包括三个方面:被执行的行政决定被撤销、变更,或者执行错误。这里既包括实体上的撤销、变更行为,也包括了程序上的执行错误。

执行回转的方式是恢复原状或者退还财物。恢复原状是指原物恢复到受损害前的形状、性能或状态的赔偿方式。退还财物分为几种情况:执行标的为特定物的,应返还特定物;执行标的为种类物的,应返还相同规格、数量和品质的种类物;执行标的为"金钱给付"的,应当返还相同数额的金钱及其孳息。

第四十二条 【执行协议】实施行政强制执行,行政机关可以在不损害公共利益和他人合法权益的情况下,与当事人达成执行协议。执行协议可以约定分阶段履行;当事人采取补救措施的,可以减免加处的罚款或者滞纳金。

执行协议应当履行。当事人不履行执行协议的,行政机关应当恢复强制执行。

条文释义:执行和解的形式是达成执行协议。从性质上看,执行协议属于行政合同,它既不同于由行政机关单方决定的行政决定,需要由行政机关与被执行人自愿协商达成,共同约定协议的内容;又不同于民事合同的平等性,在民事活动中当事人双方是完全自由的,在执行和解中,行政机关居主导地位,被执行人即使不同意订立执行协议,也有履行行政决定的义务。

第四十三条 【执行禁止行为】行政机关不得在夜间或者法定节假日实施行政强制执行。但是,情况紧急的除外。

行政机关不得对居民生活采取停止供水、供电、供热、供燃气等方式迫使当事人履行相关行政决定。

条文释义:本条从行政强制执行的实施时间和强制手段两个方面提出了文明执法的具体要求。夜间一般是指晚22点至晨6点之间的期间。注意,一是在情况紧急的情况下,行政机关可以在夜间或者法定节假日执行。如对有证据证明有转移或者隐匿财务迹象的,行政机关可以作出立即强制执行决定;需要立即清除道路、河道、航道或者公共场所遗洒物、障碍物或者污染物,当事人不能清除的,行政机关可以决定立即实施代履行。二是,本条第2款规定的对象仅指居民生活。至于法人和其他组织,行政机关依然可以采取停止供水、供电、供热、供燃气的方式督促其履行义务。

相关规定:《全国年节及纪念日放假办法》

第四十四条 【强制拆除】对违法的建筑物、构筑物、设施等需要强制拆除的,应当由行政机关

予以公告,限期当事人自行拆除。当事人在法定期限内不申请行政复议或者提起行政诉讼,又不拆除的,行政机关可以依法强制拆除。

条文释义:违法建筑物、构筑物和设施是指建筑物、构筑物和设施本身是违法的,违反的主要是有关建设规划、土地使用、城市容貌标准、环境卫生标准以及其他行政管理方面的法律、行政法规。对于合法建筑物、构筑物和设施的依法强制拆除,性质上属于行政强制执行,但不适用本条规定,应当适用城市房地产管理法和相关行政法规的规定。

第二节　金钱给付义务的执行

第四十五条　【罚款和滞纳金】行政机关依法作出金钱给付义务的行政决定,当事人逾期不履行的,行政机关可以依法加处罚款或者滞纳金。加处罚款或者滞纳金的标准应当告知当事人。

加处罚款或者滞纳金的数额不得超出金钱给付义务的数额。

第四十六条　【不缴纳罚款或滞纳金时的强制执行】行政机关依照本法第四十五条规定实施加处罚款或者滞纳金超过三十日,经催告当事人仍不履行的,具有行政强制执行权的行政机关可以强制执行。

行政机关实施强制执行前,需要采取查封、扣押、冻结措施的,依照本法第三章规定办理。

没有行政强制执行权的行政机关应当申请人民法院强制执行。但是,当事人在法定期限内不申请行政复议或者提起行政诉讼,经催告仍不履行的,在实施行政管理过程中已经采取查封、扣押措施的行政机关,可以将查封、扣押的财物依法拍卖抵缴罚款。

第四十七条　【依法划拨存款、汇款】划拨存款、汇款应当由法律规定的行政机关决定,并书面通知金融机构。金融机构接到行政机关依法作出划拨存款、汇款的决定后,应当立即划拨。

法律规定以外的行政机关或者组织要求划拨当事人存款、汇款的,金融机构应当拒绝。

条文释义:只有法律规定的行政机关有权决定要求金融机构划拨存款、汇款,法律规定以外的其他行政机关或者组织不得向金融机构要求划拨当事人存款、汇款。

第四十八条　【依法拍卖】依法拍卖财物,由行政机关委托拍卖机构依照《中华人民共和国拍卖法》的规定办理。

条文释义:拍卖是指以公开竞价的形式,将特定物品或者财产权利转让给最高应价者的买卖方式。

相关规定:《拍卖法》

第四十九条　【款项依法归库】划拨的存款、汇款以及拍卖和依法处理所得的款项应当上缴国库或者划入财政专户。任何行政机关或者个人不得以任何形式截留、私分或者变相私分。

条文释义:财政专用账户是指在银行开立的用于存储、管理和核算具有专项用途的财政性资金的专用账户。行政机关基本存款账户是指行政机关办理日常转账结算和现金收付而开立的银行结算账户,是行政机关的主要存款账户。行政机关基本存款账户的使用范围包括:行政机关日常经营活动的资金收付,以及存款人的工资、奖金和现金的支取。划拨存款、汇款及拍卖、依法处理所得应当划入财政专用账户或者法律、法规规定的账户,不得划入行政机关的基本账户或者其他账户。

第三节　代　履　行

第五十条　【代履行的情形】行政机关依法作出要求当事人履行排除妨碍、恢复原状等义务的行政决定,当事人逾期不履行,经催告仍不履行,其后果已经或者将危害交通安全、造成环境污染或者破坏自然资源的,行政机关可以代履行,或者委托没有利害关系的第三人代履行。

条文释义:代履行不是当事人委托第三人履行,不是代执行,也不是行政机关直接强制执行。在有第三人参与的执行中,主要有四类情形。一是当事人委托第三人履行义务,属于自动履行行政义务,不属于强制执行。二是行政机关将强制执行权委托第三人履行,即代为强制执行,性质属于行政委托。考虑到行政强制措施都不能委托,行政强制执行权更不能委托,只能由法定的行政机关依照法律实施。三是行政机关雇佣第三人完成某类专业性较强的任务,在行政机关指挥下,配合行政机关履行职责,如第三人提供专业挖掘机械配合行政机关拆除违章建筑。这种情况下,属于行政机关实施行政强制执行,不属于代履行。四是行政机关委托第三人完成当事人应当履行的义务。第三人与当事人没有关系;第三人具有独立地位,不依附于行政机关,根据与行政机关之间的委托协议履行义务;委托内容是当事人应当履行的义务而不是行政强制执行权。这就是具有独特内容的代履行。

第五十一条 【代履行应遵守的规定】代履行应当遵守下列规定:

(一)代履行前送达决定书,代履行决定书应当载明当事人的姓名或者名称、地址,代履行的理由和依据、方式和时间、标的、费用预算以及代履行人;

(二)代履行三日前,催告当事人履行,当事人履行的,停止代履行;

(三)代履行时,作出决定的行政机关应当派员到场监督;

(四)代履行完毕,行政机关到场监督的工作人员、代履行人和当事人或者见证人应当在执行文书上签名或者盖章。

代履行的费用按照成本合理确定,由当事人承担。但是,法律另有规定的除外。

代履行不得采用暴力、胁迫以及其他非法方式。

条文释义:代履行收费标准一直是重点规范内容。本条作了三项针对性规定:一是在代履行决定书中应当载明代履行预算费用,要求代履行费用应当事先基本明确。二是明确代履行费用按照成本合理确定。代履行本身不应是惩罚机制,不应以加大当事人负担为目的,因此代履行收费不能是纯粹商业性的,可以有一定利润,但应当以成本为基准将利润控制在一定范围内。三是代履行费用原则上由当事人承担,但法律另有规定的除外。

第五十二条 【代履行的立即实施】需要立即清除道路、河道、航道或者公共场所的遗洒物、障碍物或者污染物,当事人不能清除的,行政机关可以决定立即实施代履行;当事人不在场的,行政机关应当在事后立即通知当事人,并依法作出处理。

条文释义:本条是代履行的特别规定,即立即代履行。立即代履行性质上属于代履行:(1)当事人的违法行为对正常行政管理秩序造成损害,当事人有排除妨碍、恢复原状的义务;(2)行政机关自行或者委托第三人代为履行该排除妨碍、恢复原状的义务;(3)可以按照成本确定收费。

第五章 申请人民法院强制执行

第五十三条 【申请法院强制执行的情形】当事人在法定期限内不申请行政复议或者提起行政诉讼,又不履行行政决定的,没有行政强制执行权的行政机关可以自期限届满之日起三个月内,依照本章规定申请人民法院强制执行。

条文释义:根据行政诉讼法的规定,人民法院的行政强制执行包括两种:一是对人民法院行政判决、裁定的强制执行;二是非诉行政执行。因此,行政机关申请人民法院强制执行也包括两种:一是公民、法人或者其他组织拒绝履行人民法院生效的行政判决、裁定的,行政机关可以向第一审人民法院申请强制执行;二是具体行政行为的相对人对具体行政行为在法定期限内没有提起行政复议或者行政诉讼,行政机关可以申请人民法院强制执行,即非诉行政执行。本条即是关于非诉行政执行的规定。

关于向人民法院申请强制执行的期限，注意以下四个问题：

一是，申请执行期限的起算点问题。本条规定，没有强制执行权的行政机关可以自期限届满之日起3个月内，申请人民法院强制执行。这3个月的期间应以哪一天为起算点？我国民法通则规定的期间计算方法是以历法为计算方法，即以日、月、年计算期间的，开始的当天不算入，从下一天开始计算。按此规定，行政机关申请人民法院强制执行的三个月的起算日应从当事人申请行政救济的期间届满之日的次日起算。例如，某人于2011年4月30日收到行政处罚决定书，他向法院提起行政诉讼的三个月的期限应从5月1日至7月31日。如果他在该期间内没有提起行政诉讼，则行政机关申请人民法院强制执行的期间应从8月1日至10月31日。

二是，申请执行期限定为多长时间为适宜。最高人民法院《关于执行〈中华人民共和国行政诉讼法〉若干问题的解释》第88条规定："行政机关申请人民法院强制执行其具体行政行为，应当自被执行人的法定起诉期限届满之日起180日内提出。逾期申请的，除有正当理由外，人民法院不予受理。"这一期限比本条规定的期限超出一倍。在立法过程中，考虑到为了提高行政效率，将行政机关申请法院强制执行的期限规定为三个月，司法解释的这一规定将不再适用。

三是，当事人申请行政救济的法定期限以特别法规定为准。行政复议法和行政诉讼法都规定，其他法律对当事人提起行政复议或者提起行政诉讼的期限另有规定的，依照特别法的规定执行。例如《土地管理法》第83条规定："依照本法规定，责令限期拆除在非法占用的土地上新建的建筑物和其他设施的，建设单位或者个人必须立即停止施工，自行拆除；对继续施工的，作出处罚决定的机关有权制止。建设单位或者个人对责令限期拆除的行政处罚决定不服的，可以在接到责令限期拆除决定之日起十五日内，向人民法院起诉；期满不起诉又不自行拆除的，由作出处罚决定的机关依法申请人民法院强制执行，费用由违法者承担。"按此规定，如果行政处罚决定中规定当事人在收到行政决定之日起15日自觉履行义务，同时，如果对处罚决定不服，在收到行政处罚决定之日起15日内向人民法院直接提起行政诉讼。但该当事人在收到行政处罚决定之日起15日内没有提起行政诉讼，又没有自觉履行义务，按照本条规定，行政机关可以在当事人收到行政处罚决定15日期满之日起的3个月内向人民法院申请强制执行。

四是，3个月的期间为除斥期间还是诉讼时效的性质？《民事诉讼法》第239条第1款规定："申请执行的期间为二年。申请执行时效的中止、中断，适用法律有关诉讼时效中止、中断的规定。"从以上规定可以看出，民事案件的当事人向法院申请的期间为诉讼时效的性质。最高人民法院《关于执行〈中华人民共和国行政诉讼法〉若干问题的解释》第88条规定："行政机关申请人民法院强制执行其具体行政行为，应当自被执行人的法定起诉期限届满之日起180日内提出。逾期申请的，除有正当理由外，人民法院不予受理。"以上规定很不明确，似乎为诉讼时效的性质，因为有正当理由的，可以延长申请的期间。立法认为，本条规定的3个月的期间为除斥期间。理由是行政机关申请人民法院执行其行政决定，是出于公共利益，与民事案件当事人申请法院执行是处分自己的私权利不同。为了提高行政效率，维护公共利益，行政机关应在一个不变的期间内向法院申请强制执行，因此本条规定的3个月即为除斥期间，没有中止、中断之说。

相关规定：《行政诉讼法》第97条；《关于执行〈中华人民共和国行政诉讼法〉若干问题的解释》第87条、第97条

第五十四条　【管辖】行政机关申请人民法院强制执行前，应当催告当事人履行义务。催告书送达十日后当事人仍未履行义务的，行政机关可以向所在地有管辖权的人民法院申请强制执行；执行对象是不动产的，向不动产所在地有管辖权的人民法院申请强制执行。

条文释义：[申请法院执行前的催告程序]

催告程序，是指当义务人逾期不履行生效法律文书中指定的行政义务时，行政机关通知义务人

在一定期限内自觉履行义务,并告知相对人不履行义务将要产生对其不利后果的程序。

[非诉行政强制执行管辖]

执行案件管辖,是指根据法律规定,在人民法院系统内部就执行案件所作的分工和权限划分,包括上下级人民法院之间的级别管辖和同级人民法院之间的地域管辖。

注意,行政机关应当按照级别管辖的一般原则向有管辖权的中级人民法院或高级人民法院申请强制执行,并非完全由基层人民法院作为非诉行政执行的管辖法院。

相关规定:《行政诉讼法》;《民事诉讼法》;最高人民法院《关于执行〈中华人民共和国行政诉讼法〉若干问题的解释》;最高人民法院《关于人民法院执行工作若干问题的规定(试行)》

第五十五条 【执行申请材料】行政机关向人民法院申请强制执行,应当提供下列材料:

(一)强制执行申请书;

(二)行政决定书及作出决定的事实、理由和依据;

(三)当事人的意见及行政机关催告情况;

(四)申请强制执行标的情况;

(五)法律、行政法规规定的其他材料。

强制执行申请书应当由行政机关负责人签名,加盖行政机关的印章,并注明日期。

条文释义:行政机关的申请是人民法院强制执行的前提和第一个环节,人民法院只有在收到行政机关的执行申请后,才开始决定是否执行,行政机关申请强制执行时,必须向法院提交相应的材料,以便司法机关进行审查。

申请执行书内容应包括:(1)表明行政机关申请法院强制执行的意见;(2)申请执行机关的名称、法定代表人;(3)被执行人的姓名或名称、住址等内容;(4)本条第2款还规定了强制执行申请书应当由行政机关负责人签名,加盖行政机关的印章,并注明日期。

第五十六条 【执行申请的受理】人民法院接到行政机关强制执行的申请,应当在五日内受理。

行政机关对人民法院不予受理的裁定有异议的,可以在十五日内向上一级人民法院申请复议,上一级人民法院应当自收到复议申请之日起十五日内作出是否受理的裁定。

条文释义:最高人民法院《关于执行〈中华人民共和国行政诉讼法〉若干问题的解释》第86条规定,行政机关根据行政诉讼法的规定,执行其具体行政行为,应当具备以下条件:(一)具体行政行为依法可以由人民法院执行的,即法律、法规没有赋予行政机关强制执行权,行政机关申请人民法院强制执行的,人民法院应当依法受理。(二)具体行政行为已经生效并具有可执行内容。已经生效是指行政行为已经符合生效条件,包括行政行为期限条件等已经满足。具有可执行的内容是指行政行为具有可强制执行的标的,如金钱给付,能够强制作为或者替代履行。(三)申请人是作出该具体行政行为的行政机关或者法律、法规、规章授权的组织。申请人主要包括:(1)作出该具体行政行为的行政机关。(2)法律、法规、规章授权的组织作出的行政行为。(四)被申请人是该具体行政行为所确定的义务人。该义务人是行政行为确定的直接的行政相对人。(五)被申请人在具体行政行为确定的期限内或者行政机关另行指定的期限内未履行义务。被申请人在指定的期限内履行了行政行为确定的义务,人民法院就不能受理行政机关强制执行的申请。(六)申请人在法定期限内提出申请。"法定期限"包括(1)本法第53条规定,当事人在法定期限内不申请行政复议或者提起行政诉讼,又不履行行政决定的,没有行政强制执行权的行政机关可以自期限届满之日起3个月内,依照本章规定申请人民法院强制执行。超过3个月申请人民法院强制执行的,人民法院不予受理。(2)"催告期",本法第54条规定,催告书送达10日后当事人仍未履行义务的,行政机关可以向所在地有管辖权的人民法院申请强制执行。(3)申请行政复议或者提起行政诉讼期间,不能申请法院强制执行。(七)被申请执行的行政案件属于受理申请执行的人民法院管辖。这一条件要求申请人必须向有管辖权的人民法院提出申请。

第五十七条 【书面审查】人民法院对行政机关强制执行的申请进行书面审查,对符合本法第五十五条规定,且行政决定具备法定执行效力的,除本法第五十八条规定的情形外,人民法院应当自受理之日起七日内作出执行裁定。

条文释义:人民法院对非诉行政执行审查的形式是书面审查。书面审查的形式有别于开庭审查或者召开听证会审查的形式,即主要以行政机关提供的书面材料为主进行的审查,相当于形式审查。

所谓“行政决定具备法定执行效力”是指行政决定已经发生法律效力,包括在复议、诉讼期间没有复议或诉讼,加处罚款或者滞纳金超过30日后,当事人仍不履行的情形等。行政决定只有发生法律效力,才具有执行效力。

相关规定:《最高人民法院关于执行〈中华人民共和国行政诉讼法〉若干问题的解释》第86条、第91条

第五十八条 【执行裁定】人民法院发现有下列情形之一的,在作出裁定前可以听取被执行人和行政机关的意见:

(一)明显缺乏事实根据的;

(二)明显缺乏法律、法规依据的;

(三)其他明显违法并损害被执行人合法权益的。

人民法院应当自受理之日起三十日内作出是否执行的裁定。裁定不予执行的,应当说明理由,并在五日内将不予执行的裁定送达行政机关。

行政机关对人民法院不予执行的裁定有异议的,可以自收到裁定之日起十五日内向上一级人民法院申请复议,上一级人民法院应当自收到复议申请之日起三十日内作出是否执行的裁定。

条文释义:人民法院对行政机关的执行申请除进行形式(书面)审查外,还可以主动性地进行实质审查。最高人民法院《关于执行〈中华人民共和国行政诉讼法〉若干问题的解释》第93条规定:“人民法院受理行政机关申请执行其具体行政行为的案件后,应当在30日内由行政审判庭组成合议庭对具体行政行为的合法性进行审查,并就是否准予强制执行作出裁定;需要采取强制执行措施的,由本院负责强制执行非诉行政行为的机构执行。”从以上规定可以看出,所谓“对具体行政行为的合法性进行审查”,就是实质审查。

第五十九条 【立即执行】因情况紧急,为保障公共安全,行政机关可以申请人民法院立即执行。经人民法院院长批准,人民法院应当自作出执行裁定之日起五日内执行。

条文释义:对于什么情况属于情况紧急,是否属于保障公共安全,由行政机关根据具体情况作出判断,最后由人民法院进行裁量。当然如果法律、法规对情况紧急的情形作出规定,应遵守法律、法规的规定。

第六十条 【费用承担和执行措施】行政机关申请人民法院强制执行,不缴纳申请费。强制执行的费用由被执行人承担。

人民法院以划拨、拍卖方式强制执行的,可以在划拨、拍卖后将强制执行的费用扣除。

依法拍卖财物,由人民法院委托拍卖机构依照《中华人民共和国拍卖法》的规定办理。

划拨的存款、汇款以及拍卖和依法处理所得的款项应当上缴国库或者划入财政专户,不得以任何形式截留、私分或者变相私分。

相关规定:《拍卖法》第9条、第57条;《诉讼费用交纳办法》第10条

第六章　法律责任

第六十一条　【违法行政强制的责任】行政机关实施行政强制,有下列情形之一的,由上级行政机关或者有关部门责令改正,对直接负责的主管人员和其他直接责任人员依法给予处分:

(一)没有法律、法规依据的;

(二)改变行政强制对象、条件、方式的;

(三)违反法定程序实施行政强制的;

(四)违反本法规定,在夜间或者法定节假日实施行政强制执行的;

(五)对居民生活采取停止供水、供电、供热、供燃气等方式迫使当事人履行相关行政决定的;

(六)有其他违法实施行政强制情形的。

第六十二条　【滥用行政强制的责任】违反本法规定,行政机关有下列情形之一的,由上级行政机关或者有关部门责令改正,对直接负责的主管人员和其他直接责任人员依法给予处分:

(一)扩大查封、扣押、冻结范围的;

(二)使用或者损毁查封、扣押场所、设施或者财物的;

(三)在查封、扣押法定期间不作出处理决定或者未依法及时解除查封、扣押的;

(四)在冻结存款、汇款法定期间不作出处理决定或者未依法及时解除冻结的。

第六十三条　【渎职责任】行政机关将查封、扣押的财物或者划拨的存款、汇款以及拍卖和依法处理所得的款项,截留、私分或者变相私分的,由财政部门或者有关部门予以追缴;对直接负责的主管人员和其他直接责任人员依法给予记大过、降级、撤职或者开除的处分。

行政机关工作人员利用职务上的便利,将查封、扣押的场所、设施或者财物据为己有的,由上级行政机关或者有关部门责令改正,依法给予记大过、降级、撤职或者开除的处分。

条文释义:这里的"有关部门"包括审计部门、监察部门及违法的行政机关的上级主管部门。本条规定的违法行为中,行政机关截留、私分或者变相私分应当上缴国库或者划入财政专户的钱款的,应按《财政违法行为处罚处分条例》的规定予以处罚、处分。

第六十四条　【谋取私利的责任】行政机关及其工作人员利用行政强制权为单位或者个人谋取利益的,由上级行政机关或者有关部门责令改正,对直接负责的主管人员和其他直接责任人员依法给予处分。

第六十五条　【金融机构违法责任一】违反本法规定,金融机构有下列行为之一的,由金融业监督管理机构责令改正,对直接负责的主管人员和其他直接责任人员依法给予处分:

(一)在冻结前向当事人泄露信息的;

(二)对应当立即冻结、划拨的存款、汇款不冻结或者不划拨,致使存款、汇款转移的;

(三)将不应当冻结、划拨的存款、汇款予以冻结或者划拨的;

(四)未及时解除冻结存款、汇款的。

条文释义:这里的"金融机构"是指商业银行和开办存款、贷款及结算业务的邮政企业、城市信用合作社、农村信用合作社等机构。如果金融机构没有依法履行法定义务,如在冻结前向当事人泄露相关信息的,应当依法承担法律责任。这里的"金融业监督管理机构"是指中国银行业监督管理委员会等金融业监管机构。

注意,本条规定的"处分"主要是一种纪律处分。由于金融机构不是国家机关,其工作人员通常不是公务员,所以对其处分属于纪律处分,包括内部工作纪律处分和党内纪律处分。

第六十六条　【金融机构违法责任二】违反本法规定,金融机构将款项划入国库或者财政专户

以外的其他账户的，由金融业监督管理机构责令改正，并处以违法划拨款项二倍的罚款；对直接负责的主管人员和其他直接责任人员依法给予处分。

违反本法规定，行政机关、人民法院指令金融机构将款项划入国库或者财政专户以外的其他账户的，对直接负责的主管人员和其他直接责任人员依法给予处分。

第六十七条　【司法人员违法责任】人民法院及其工作人员在强制执行中有违法行为或者扩大强制执行范围的，对直接负责的主管人员和其他直接责任人员依法给予处分。

条文释义：本条是关于人民法院及其工作人员在强制执行中有违法行为或者扩大强制执行范围的法律责任的规定。《人民法院工作人员处分条例》规定，“人民法院工作人员因违反法律、法规或者本条例规定，应当承担纪律责任的，依照本条例给予处分”。处分的种类为：警告、记过、记大过、降级、撤职、开除。需要注意的是，人民法院工作人员违纪违法涉嫌犯罪的，应当移送司法机关处理。

相关规定：《公务员法》第56条、第58条；《人民法院工作人员处分条例》第2条、第6条、第7条、第8条

第六十八条　【赔偿责任和刑事责任】违反本法规定，给公民、法人或者其他组织造成损失的，依法给予赔偿。

违反本法规定，构成犯罪的，依法追究刑事责任。

条文释义：本条所指的赔偿通常是指对公民、法人或者其他组织的人身权、财产权造成的直接损失给予赔偿，一般以支付赔偿金为主要方式，能够返还财产或者恢复原状的，予以返还财产或者恢复原状。对公民造成精神损害的，应当在侵权行为影响的范围内，为受害人消除影响，恢复名誉，赔礼道歉；造成严重后果的，应当依法支付相应的精神损害抚慰金。

相关规定：《刑法》第382条、第383条、第385条、第397条

第七章　附　　则

第六十九条　【期限的界定】本法中十日以内期限的规定是指工作日，不含法定节假日。

条文释义：工作日，通俗地说就是需要工作、上班的日子。1995年3月25日公布，《国务院关于职工工作时间的规定》规定自1995年5月1日起实行职工每周工作5天、40小时工作周制度。

第七十条　【法定授权组织的适用情形】法律、行政法规授权的具有管理公共事务职能的组织在法定授权范围内，以自己的名义实施行政强制，适用本法有关行政机关的规定。

条文释义：法律、行政法规授权的具有管理公共事务职能的组织在法定授权范围内，以自己的名义实施行政强制，对外独立承担法律责任。对因实施行政强制引起的行政争议，能够以自己的名义参加行政复议和行政诉讼。

第七十一条　【实施日期】本法自2012年1月1日起施行。

◎ 司法解释及文件

最高人民法院关于违法的建筑物、构筑物、设施等强制拆除问题的批复

（2013年3月25日最高人民法院审判委员会第1572次会议通过　2013年3月27日最高人民法院公告公布　自2013年4月3日起施行　法释〔2013〕5号）

北京市高级人民法院：

根据行政强制法和城乡规划法有关规定精神，对涉及违反城乡规划法的违法建筑物、构筑物、设施等的强制拆除，法律已经授予行政机关强制执行权，人民法院不受理行政机关提出的非诉行政执行申请。

五、行政处罚

中华人民共和国行政处罚法

(1996 年 3 月 17 日第八届全国人民代表大会第四次会议通过　根据 2009 年 8 月 27 日第十一届全国人民代表大会常务委员会第十次会议《关于修改部分法律的决定》第一次修正　根据 2017 年 9 月 1 日第十二届全国人民代表大会常务委员会第二十九次会议《关于修改〈中华人民共和国法官法〉等八部法律的决定》第二次修正)

第一章　总　　则

第一条　【立法目的】为了规范行政处罚的设定和实施,保障和监督行政机关有效实施行政管理,维护公共利益和社会秩序,保护公民、法人或者其他组织的合法权益,根据宪法,制定本法。

第二条　【适用范围】行政处罚的设定和实施,适用本法。

条文释义:[行政处罚的含义]

行政处罚,是指行政机关和法律、法规授权组织依照法律规定,对违反行政管理秩序、应当承担法律责任的公民、法人或者其他组织所实施的惩戒行为。对实施惩戒的主体来说是一种制裁性行政行为,对承受惩戒的主体来说是一种惩罚性的行政法律责任。

[行政处罚行为的法律适用规则]

1. 高位法优先适用规则。法律的效力高于行政法规、地方性法规、规章;行政法规的效力高于地方性法规、规章;地方性法规的效力高于本级和下级政府规章;省级政府制定的规章的效力高于本行政区域内的较大的市政府制定的规章。

2. 特别法优先适用规则。同一机关制定的法律、行政法规、地方性法规和规章,特别规定与一般规定不一致的,适用特别规定。

3. 新法优先适用规则。同一机关制定的法律、行政法规、地方性法规和规章,新的规定与旧的规定不一致的,适用新的规定。

4. 地方法规优先适用情形。地方性法规或者地方政府规章依据法律或者行政法规的授权,并根据本行政区域的实际情况作出的具体规定,与部门规章对同一事项规定不一致的,应当优先适用地方性法规或者地方政府规章。

5. 部门规章优先适用情形。部门规章依据法律、行政法规的授权作出的实施性规定,或者部门规章对于尚未制定法律、行政法规而国务院授权的事项作出的具体规定,与地方性法规或者地方政府规章对同一事项规定不一致的,应当优先适用部门规章。

6. 部门规章冲突情形下的适用规则。部门规章与国务院其他部门制定的规章之间,对同一事项的规定不一致的,应当优先适用根据专属职权制定的规章;两个以上部门联合制定的规章,优先于一个部门单独制定的规章;不能确定如何适用的,应当按程序报请国务院裁决。

相关规定:《立法法》第 87－95 条[法律适用规则];《环境保护部关于规范环境行政处罚自由裁量权若干意见》

第三条　【适用对象】公民、法人或者其他组织违反行政管理秩序的行为,应当给予行政处罚

的,依照本法由法律、法规或者规章规定,并由行政机关依照本法规定的程序实施。

没有法定依据或者不遵守法定程序的,行政处罚无效。

条文释义:[行政处罚的适用条件]

行政处罚的条件如下:(1)公民、法人或者其他组织的行为违反行政管理秩序应当承担法律责任。(2)法律、法规或者规章明确规定,公民、法人或者其他组织违反行政管理秩序应当给予行政处罚的,才能给予行政处罚。(3)行政处罚只能由行政机关依照法定程序实施。(4)行政机关如果没有法定依据或者不遵守法定程序实施行政处罚,行政处罚就是无效的,公民、法人或者其他组织有权拒绝,人民法院也可以依法予以撤销。这就是行政处罚法定原则所要求的。

[处罚法定原则]

1. 处罚依据法定。法律、法规或者规章明确规定,公民、法人或者其他组织违反行政管理秩序应当给予行政处罚的,才能给予行政处罚。

2. 处罚主体法定。除下列机关和组织外,其他任何机关、组织和个人,不得行使行政处罚权:(1)法律、法规、规章规定行使处罚权的行政机关;(2)法律、法规授权的具有管理公共事务职能的组织;(3)根据法律、法规或者规章的规定,行政机关可以委托相关组织实施处罚。

3. 处罚职权法定。行使行政处罚权的主体必须在法律规定的范围内行使行政处罚权,不得超过法律规定的范围行使处罚权。

4. 处罚程序法定。行政机关在实施行政处罚时,如果不严格遵守法定的程序,如立案、调查取证、审理和听证、送达处罚决定书、告知受处罚人诉权等,就会损害相对人的合法权益,这样作出的处罚也是无效的。

第四条 【适用原则】行政处罚遵循公正、公开的原则。

设定和实施行政处罚必须以事实为依据,与违法行为的事实、性质、情节以及社会危害程度相当。

对违法行为给予行政处罚的规定必须公布;未经公布的,不得作为行政处罚的依据。

条文释义:[公正、公开原则]

公正,是指公平正直、不偏私。公正原则是处罚合法原则的必要补充,这是因为在行政处罚时,有时虽然在形式上是合法的,是在法定的幅度和范围内实施的,但是有明显的不合理、不适当之处。

公开,是指不加隐蔽。公开原则是合法原则、公正原则的外在表现形式,具体是指处罚的依据、过程、决定等是公开的、开放的。主要表现在:(1)处罚的依据必须是公开的,不能依据内部文件实施处罚;(2)处罚的程序对相对人是公开的,例如,获取证据的渠道是公开的,检查是公开的,处罚决定是公开的;(3)在行政处罚的实施过程中,行为人有申辩和了解有关情况的权利。

[过罚相当原则]

违法行为与处罚相适应的原则,也叫过罚相当原则,是指实施的处罚与行为人的主观过错、违法行为造成的后果相当。其具体要求是:对违法事实、性质、情节及社会危害程度等因素基本相同的同类行政违法行为,所采取的措施和手段应当必要、适当,所适用的法律依据、处罚种类和幅度应当基本相同,行政处罚的种类、轻重程度、减免应与违法行为相适应,排除不相关因素的干扰,防止处罚畸轻畸重、重责轻罚、轻责重罚等。

违反过罚相当原则的直接表现是行政处罚显失公正。行政处罚显示公正是指行政机关及其工作人员或法律、法规授权组织在对行政管理相对人实施行政处罚时,给予的行政处罚存在明显的不合理性。其表现形式有畸轻畸重、同种情况不同对待或不同情况同样对待等。

相关规定:《交通运输部关于规范交通运输行政处罚自由裁量权的若干意见》;《环境保护部关于规范环境行政处罚自由裁量权若干意见》

第五条 【适用目的】实施行政处罚，纠正违法行为，应当坚持处罚与教育相结合，教育公民、法人或者其他组织自觉守法。

条文释义：处罚与教育相结合是行政处罚法的重要原则之一，在理解行政处罚时尤其需要理解：行政处罚不是目的，而是一种手段，应当把处罚的手段和教育的目的结合起来，既不能以教代罚，更不能以罚代教，只有坚持处罚与教育相结合，才能真正达到保障法律实施、防止违法和犯罪、保障公民合法权益、维护安定团结的社会秩序的最终目的。

相关规定：《交通运输部关于规范交通运输行政处罚自由裁量权的若干意见》；《环境保护部关于规范环境行政处罚自由裁量权若干意见》

第六条 【被处罚者权利】公民、法人或者其他组织对行政机关所给予的行政处罚，享有陈述权、申辩权；对行政处罚不服的，有权依法申请行政复议或者提起行政诉讼。

公民、法人或者其他组织因行政机关违法给予行政处罚受到损害的，有权依法提出赔偿要求。

条文释义：[陈述权、申辩权]

陈述权、申辩权是指行政相对人在行政机关实施行政处罚的过程中，可以陈述事实、理由，可以对被指控的事实进行答辩；行政机关实施处罚时应当听取当事人对所指控的事实和适用法律、法规或者规章的意见，允许其申辩。行政机关不得因为相对人的陈述和申辩而加重处罚。

[救济权]

公民、法人或者其他组织因行政机关的违法或不当行为，致使其合法权益受到损害，可以按照不同的途径请求国家予以补救。这里所指的救济途径很多，如相对人请求行政机关改正错误、申诉、申请行政复议或者提起行政诉讼、要求国家赔偿等。

相关规定：《行政复议法》第 6 条[复议范围]；《行政诉讼法》第 12 条[受案范围]；《国家赔偿法》第 3 – 5 条[侵犯人身权的行政赔偿范围][侵犯财产权的行政赔偿范围][行政侵权中的免责情形]；《交通运输部关于规范交通运输行政处罚自由裁量权的若干意见》；《环境保护部关于规范环境行政处罚自由裁量权若干意见》

第七条 【被处罚者承担的其他法律责任】公民、法人或者其他组织因违法受到行政处罚，其违法行为对他人造成损害的，应当依法承担民事责任。

违法行为构成犯罪，应当依法追究刑事责任，不得以行政处罚代替刑事处罚。

条文释义：行政处罚与民事责任的竞合适用上，由于两种法律责任的性质完全相异，一个是行政机关给予违法者以行政处罚，一个是违法者向受害者承担民事侵权责任，在责任的承担上既不发生冲突，也不会发生重责吸收轻责的情况。因此，违法者应同时承担两种法律责任，不能因予以行政处罚而免除其民事责任，也不能因已承担民事责任而免除或从轻、减轻行政处罚。同样的道理，违法行为构成犯罪的，也不能以行政处罚代替刑事处罚，必须移送司法机关处理。

相关规定：《刑法》第 13 条[犯罪概念]；《治安管理处罚法》第 8 条[民事责任]

第二章 行政处罚的种类和设定

第八条 【处罚的种类】行政处罚的种类：

（一）警告；

（二）罚款；

（三）没收违法所得、没收非法财物；

（四）责令停产停业；

（五）暂扣或者吊销许可证、暂扣或者吊销执照；

（六）行政拘留；

（七）法律、行政法规规定的其他行政处罚。

条文释义：［警告］

是指行政机关对公民、法人或者其他组织违反行政管理秩序的行为的谴责和警示，其目的是通过对违法行为人给予精神上的惩戒，以申明其有违法行为，并使其以后不再违法，否则，就要受到更严厉的处罚。警告既适用于公民，也适用于法人和其他组织。

［罚款］

是指行政机关强制违法行为人缴纳一定数额的金钱从而损害或者剥夺行为人某些财产权的一种处罚。罚款就是依法对违法行为人财产权的剥夺。作为行政处罚的罚款，不同于刑罚中的罚金，罚金是一种附加刑，适用的对象只能是触犯刑法构成犯罪的个人或者组织，适用罚金的机关只能是人民法院。作为行政处罚的罚款，也不同于作为排除妨害诉讼行为的强制措施的罚款，前者是一种行政行为，后者是一种司法行为。

［责令停产停业］

是指行政机关责令违法行为人停止生产经营活动，从而限制或者剥夺违法行为人生产、经营能力的一种处罚。

［暂扣或者吊销许可证、执照及有关证照］

是指行政机关依法限制或者剥夺违法行为人某种资格的处罚。在我国，暂扣或者吊销有关证照，涉及对公民、法人或者其他组织从事某项活动权利的限制或者剥夺，是比较严厉的行政处罚。

［没收违法所得、没收非法财物］

没收违法所得是指行政机关依法将行为人通过违法行为获取的财产收归国有的处罚。没收非法财物是指行政机关依法将违禁物品或者用以实施违法行为的工具收归国有的处罚。在适用该行政处罚时，不得侵害行政相对人的其他财产或其他公民、法人的财产。作出没收违法所得、没收非法财物处罚时，注意区分该财物是否直接用于违法行为，是否属于违法行为人本人所有。

［行政拘留］

是指有关行政机关对违反行政法律规范的公民，在短期内限制其人身自由的一种处罚。由于目前我国的行政拘留主要是治安拘留，因此，行政拘留也称治安拘留。行政拘留不同于刑事拘留，前者是特定行政机关（公安机关）依据行政管理法律对违反行政法律规范的公民所实施的一种惩戒措施，而后者则是公安机关依据刑事诉讼法，对于应该逮捕的现行犯或重大犯罪嫌疑分子实施的一种强制措施。

［法律、行政法规规定的其他行政处罚］

这一规定主要有两个目的：一是现行法律、行政法规对行政处罚其他种类的规定仍然保留、有效；二是以后的法律、行政法规还可以在行政处罚法规定的处罚种类之外设定其他处罚种类。

相关规定：《治安管理处罚法》第 10 条［处罚种类］；《道路交通安全法》第 88 条［处罚种类］、第 89 条［对违法行人、乘车人、非机动车驾驶人的处罚］；《工商行政管理机关行政处罚案件违法所得认定办法》；《国务院法制办公室对中国人民银行关于〈金融违法行为处罚办法〉有关问题的请示的复函》；《对四川省人民政府法制办公室〈关于"责令限期拆除"是否是行政处罚行为的请示〉的答复》；《全国人大法工委对违法排污行为适用行政拘留处罚问题的意见》

第九条　【法律对处罚种类的设定】法律可以设定各种行政处罚。

限制人身自由的行政处罚，只能由法律设定。

条文释义：这里的法律是指全国人大及其常委会按照立法程序制定的法律规范。法律不仅可以设定行政处罚法第 8 条规定的各种行政处罚，也可以规定其他种类的行政处罚。另外，由于限制人身自由的行政处罚包括行政拘留和其他人身罚，均涉及公民的人身自由权利，应当而且只能由法律来设定。其他法律规范，包括行政法规、地方性法规和规章均不得设定限制人身自由的行政处罚。

相关规定：《立法法》第 8 条[制定法律的事项]

第十条 【行政法规对处罚种类的设定】行政法规可以设定除限制人身自由以外的行政处罚。

法律对违法行为已经作出行政处罚规定，行政法规需要作出具体规定的，必须在法律规定的给予行政处罚的行为、种类和幅度的范围内规定。

条文释义：行政法规是国务院按照立法程序制定的法律规范，其效力仅次于宪法、法律。行政法规的行政处罚设定权的特点：一方面，行政法规设定行政处罚比宪法、法律以外的其他法律规范的权限要大；另一方面它又受一定的限制，不仅不能设定限制人身自由的行政处罚，而且法律对违法行为已经作出行政处罚规定，行政法规需要作出具体规定的，必须在法律规定的给予行政处罚的行为、种类和幅度的范围内规定。除此之外，行政法规根据过罚相当的原则，可以设定其他任何形式的行政处罚。

相关规定：《立法法》第 9、65 条[授权][行政法规制定权]

第十一条 【地方性法规对处罚种类的设定】地方性法规可以设定除限制人身自由、吊销企业营业执照以外的行政处罚。

法律、行政法规对违法行为已经作出行政处罚规定，地方性法规需要作出具体规定的，必须在法律、行政法规规定的给予行政处罚的行为、种类和幅度的范围内规定。

条文释义：[地方性法规设定行政处罚的具体要求]

地方性法规是指省、自治区、直辖市，省、自治区人民政府所在地的市以及国务院批准的较大的市的人民代表大会及其常务委员会制定的法律规范性文件。

需要注意的是：(1)法律、行政法规已经对应受行政处罚的行为作出明确规定的，地方性法规不得在此之外再增加新的应受行政处罚的行为；(2)法律、行政法规已经对某一受行政处罚行为设定了几种处罚种类，地方性法规不得在此之外增加或者变相增加其他处罚种类，如法律只规定了警告、责令拆除，地方性法规就不能增加罚款；(3)法律、行政法规对行政处罚的幅度已有明确规定，地方性法规只能在规定的行政处罚幅度内作出规定，可以在法律、行政法规规定的行政处罚的幅度内提高下限或者降低上限，但不得突破行政处罚的幅度，降低下限或者提高上限。比如，法律规定对某一行为处以 1 万元以上 2 万元以下的罚款，地方性法规就不得超越这个幅度，规定处以 5 千元以上 2.5 万元以下的罚款。

[单行条例能否设定行政处罚?]

自治区制定的地方性法规可以设定行政处罚，自治区制定的自治条例、单行条例也可以设定行政处罚。但自治州、自治县制定的自治条例、单行条例不能设定行政处罚。另外需注意的是，自治条例和单行条例一律不能设定行政许可，即使自治区制定的自治条例也不可以。

相关规定：《立法法》第 73 条[地方性法规规定的事项]；《国务院法制办公室对〈关于请明确对未取得出租车客运经营许可擅自从事经营活动实施行政处罚法律依据的函〉的复函》

第十二条 【国务院部、委的规章对处罚的设定】国务院部、委员会制定的规章可以在法律、行政法规规定的给予行政处罚的行为、种类和幅度的范围内作出具体规定。

尚未制定法律、行政法规的，前款规定的国务院部、委员会制定的规章对违反行政管理秩序的行为，可以设定警告或者一定数量罚款的行政处罚。罚款的限额由国务院规定。

国务院可以授权具有行政处罚权的直属机构依照本条第一款、第二款的规定，规定行政处罚。

条文释义：[规章]

规章是国务院各部、委员会、中国人民银行、审计署和具有行政管理职能的直属机构以及省、自治区、直辖市，省、自治区人民政府所在地的市以及国务院批准的较大的市的人民政府制定的法律规范性文件。

［违反行政管理秩序的行为］

这里的行政管理秩序，包括经济秩序和社会秩序，而不包括一个单位、一个系统内部的管理秩序。比如，有的规章是一种内部规范，管理的是一个单位或者一个系统内部的事务，这类规章不能设定行政处罚。

［罚款的限额］

“罚款的限额由国务院规定”，是指应当由国务院就部门规章设定罚款的具体标准作出规定。这个具体限额应当是“一定数量的”。另外，如果国务院部门规章设定罚款超过国务院规定的限额，应当报国务院批准。

［规章可否规定收缴相关资格证、批准证书］

收缴违反规章规定使用条件的资格证、批准证书等，不是行政处罚，规章可以把这类行为作为一项行政管理措施加以规定。

［具有行政处罚权的国务院直属机构］

具有行政处罚权的国务院直属机构，包括目前由国务院部委管理的国家局，如国家税务总局、国家工商总局、国家食品药品监督管理局、国家质量监督检验检疫总局等。我国宪法、组织法虽然没有明确国务院的直属机构可以制定规章，但考虑到这类机构是主要的行政执法机关，具有专业性，其依法制定的规范性文件是执行法律、法规必不可少的手段。因此，行政处罚法虽未明确规定直属机构可以制定规章，但在设定行政处罚问题上，规定国务院可以授权直属机构设定行政处罚。

［部门规章与地方性法规规定的处罚幅度不一致的，如何适用？］

《行政诉讼法》第63条规定，人民法院审理行政案件，以法律和行政法规、地方性法规为依据。地方性法规适用于本行政区域内发生的行政案件。《立法法》第95条第1款第（二）项规定，地方性法规与部门规章之间对同一事项的规定不一致，不能确定如何适用时，由国务院提出意见，国务院认为应当适用地方性法规的，应当决定在该地方适用地方性法规的规定；认为应当适用部门规章的，应当提请全国人民代表大会常务委员会裁决。

根据上述规定，地方性法规与国务院部门规章对同一事项规定不一致，人民法院认为应当适用地方性法规的，可以适用地方性法规的规定；认为不能确定如何适用时，可以依照《立法法》第95条第1款第（二）项的规定办理。

相关规定：《立法法》第80条［规章制定权］

第十三条　【省、自治区人民政府及有权的市的规章对处罚的设定】省、自治区、直辖市人民政府和省、自治区人民政府所在地的市人民政府以及经国务院批准的较大的市人民政府制定的规章可以在法律、法规规定的给予行政处罚的行为、种类和幅度的范围内作出具体规定。

尚未制定法律、法规的，前款规定的人民政府制定的规章对违反行政管理秩序的行为，可以设定警告或者一定数量罚款的行政处罚。罚款的限额由省、自治区、直辖市人民代表大会常务委员会规定。

条文释义：地方政府规章设定罚款的限额由省一级人大常委会规定，可以不受国务院对国务院部门规章设定罚款限额的限制。但是在一个省、自治区的范围内，以制定统一的具体执行标准为宜，较大的市不应单独制定罚款的具体执行标准。

相关规定：《立法法》第82条［地方政府规章］

第十四条　【其他规范性文件不得设定行政处罚】除本法第九条、第十条、第十一条、第十二条以及第十三条的规定外，其他规范性文件不得设定行政处罚。

条文释义：［其他规范性文件］

本条所指的其他规范性文件，主要包括：无法律或者地方性法规制定权的国家权力机关制定的规范性文件，无行政法规或者规章制定权的行政机关制定的具有普遍约束力的决定、命令，军事机关、审判机关、检察机关的规范性文件，社会团体、行业组织章程，政党的文件等。上述规范性文件因其性质不能设定公民、组织的义务，因此，不得设定行政处罚。

法律、法规或者规章以外的规范性文件，虽然不能设定行政处罚，但可以在上一层法律规范赋予的自由裁量权范围内，对行政处罚的种类、幅度作出具体的规定。

第三章　行政处罚的实施机关

第十五条　【处罚的实施】行政处罚由具有行政处罚权的行政机关在法定职权范围内实施。

条文释义：［处罚的实施机关］

行政机关并非都具有行政处罚权。行政机关作为国家机关的一种，是由国家依法设立并代表国家依法行使行政权，掌管国家行政事务的机关，它们都具有法定的行政权力，但作为行政处罚主体的，只能是那些具有外部管理职能的行政机关。那些没有外部管理职能的内部行政机关，如机关事务管理部门、人事部门、决策咨询机构、内部协调机构等不能作为行政处罚的主体。

［处罚的实施范围］

违反行政管理秩序的行为只能由主管行政机关依职权给予行政处罚，行政机关对自己职权范围外的违法行为没有行政处罚权。例如，行政拘留只能由公安机关行使，公安机关以外的其他行政机关不得作为实施行政拘留的处罚主体。

相关规定：《治安管理处罚法》第7条［主管和管辖］；《道路交通安全法》第5条［道路交通安全工作的管辖］；《国务院法制办公室对〈文化部关于提请就执行《互联网上网服务营业场所管理条例》有关问题进行解释的函〉的复函》［文化部门对互联网上网服务营业场所无管辖权］；《对河南省人民政府法制办公室〈关于转呈郑州市《关于确认查处经营发行非法音像制品案件执法主体的请示》的函〉的复函》；《国家工商行政管理局关于民族自治州工商行政管理局是否具有对公用企业或者其他依法具有独占地位的经营者限制竞争行为行政处罚权问题的答复》；《矿产资源法》第39、40、42、44条［对矿产资源违法行为的处罚］；《关于确定地质矿产主管部门行政处罚权限的通知》

第十六条　【处罚的权限】国务院或者经国务院授权的省、自治区、直辖市人民政府可以决定一个行政机关行使有关行政机关的行政处罚权，但限制人身自由的行政处罚权只能由公安机关行使。

条文释义：［相对集中行政处罚权］

相对集中行政处罚权，是指一个行政机关集中行使与其行政管理范围有关的其他行政机关的行政处罚权。

相对集中行政处罚权原则的一个例外，就是限制人身自由的行政处罚权只能由公安机关行使。

［相对集中行政处罚权的范围］

省、自治区、直辖市人民政府在城市管理领域可以集中行政处罚权的范围，主要包括：市容环境卫生管理方面的法律、法规、规章规定的行政处罚权，强制拆除不符合城市容貌标准、环境卫生标准的建筑物或者设施；城市规划管理方面的法律、法规、规章规定的全部或者部分行政处罚权；城市绿化管理方面的法律、法规、规章规定的行政处罚权；市政管理方面的法律、法规、规章规定的行政处罚权；环境保护管理方面的法律、法规、规章规定的部分行政处罚权；工商行政管理方面的法律、法规、规章规定的对无照商贩的行政处罚权；公安交通管理方面的法律、法规、规章规定的对侵占城市道路行为的行政处罚权；省、自治区、直辖市人民政府决定调整的城市管理领域的其他行政处罚权。

需要在城市管理领域以外的其他行政管理领域相对集中行政处罚权的，省、自治区、直辖市人民政府依照行政处罚法第16条的规定，也可以决定在有条件的地方开展这项工作。

［相对集中行政处罚权的决定程序］

一个行政机关集中行使其他有关行政机关的行政处罚权，必须经国务院或者国务院授权的省、自治区、直辖市人民政府决定，其他行政机关均无权决定。

相关规定：《国务院办公厅关于继续做好相对集中行政处罚权试点工作的通知》；《国务院关于进一步推进相对集中行政处罚权工作的决定》

第十七条　【授权实施处罚】法律、法规授权的具有管理公共事务职能的组织可以在法定授权范围内实施行政处罚。

条文释义：［法律、法规授权］

授权是指特定的国家机关以法律、法规的形式把某些行政权力授予非行政机关的组织行使，从而使该组织取得了行政管理的主体资格，即在法定授权范围内可以以自己的名义独立地行使权力，独立地承担因行使这些权力而引起的法律后果。

［有效授权成立的条件］

1. 授权主体必须是特定的国家机关，任何个人都不能作为授权主体。根据行政处罚法的规定，下列机关可以成为授权的主体：(1)全国人大及其常委会；(2)国务院；(3)省级地方人大及其常委会。当然，不同的授权主体各自的授权范围和授权内容是有明显区别的。

2. 授权必须在法律规定的范围内实施，某些专有权力不得授权。如行政拘留等限制人身自由的行政处罚只能由公安机关实施，则法律法规不得授权给其他行政机关实施。

3. 授权应当以公开、规范的方式进行。所谓公开，是指授权的内容、范围及被授权组织的地位、作用等必须公之于众，通过内部文件方式确定授权是无效的，对相对人不具有法律拘束力。所谓规范化，是指授权的内容、范围及被授权组织的地位等事项应当是具有相当稳定性和普遍适用性的。根据行政处罚法的规定，授权非行政机关的组织实施行政处罚，必须以法律、行政法规或者地方性法规的方式进行，其他形式的授权是无效的。

［被授权组织的条件］

一般来讲，被授权组织应当与授权内容有某种联系。根据行政处罚法的规定和我国的实际情况，被授权组织应当具备下列条件：

1. 依法成立，并具有管理公共事务职能。具有管理公共事务职能，是指该组织承担着管理公共事务的责任，如医院、图书馆、火车站以及一些公用事业机构等，只承担管理本组织自身事务责任的，不能算是具有管理公共事务职能。

2. 具有熟悉有关法律、法规、规章和业务的工作人员。

3. 具有相应的检查、鉴定等技术条件。这主要是指与承担处罚工作相应的技术条件，并非被授权组织接受授权的必需条件，实践中要视被授权的具体内容而定。

4. 能独立承担法律责任，这包括两层含义：一是对外能对自己的行为负责；二是对内能有效地管理从事处罚工作的人员，并接受上级机关的监督。

相关规定：《对政府赋予行政管理职能的直属事业单位能否作为法定行政执法主体问题的复函》

第十八条　【委托实施处罚】行政机关依照法律、法规或者规章的规定，可以在其法定权限内委托符合本法第十九条规定条件的组织实施行政处罚。行政机关不得委托其他组织或者个人实施行政处罚。

委托行政机关对受委托的组织实施行政处罚的行为应当负责监督，并对该行为的后果承担法律责任。

受委托组织在委托范围内,以委托行政机关名义实施行政处罚;不得再委托其他任何组织或者个人实施行政处罚。

条文释义:[委托机关的义务]

委托行政机关对受委托组织在委托权限内的行为的后果承担法律责任。委托行政机关应当对受委托的组织实施行政处罚的行为负责监督,包括对受委托组织的行为、行为方式及行为后果等诸多方面的监督。

[受委托组织的义务]

1. 受委托组织必须以委托行政机关的名义实施行政处罚,以自己名义实施的行政处罚无效,并应承担法律责任。

2. 受委托组织应当在委托权限内实施行政处罚,不得超越具体的权限范围。受委托组织可以实施什么种类的行政处罚以及适用条件都有明确的界限,受委托组织应在这个界限内活动,委托行政机关不对超越委托权限的行为负责。

3. 受委托组织不得再委托其他组织或者个人实施行政处罚。再委托是指被委托人把处罚权又转委托他人行使。

[县级以上人民政府能否委托事业组织实施行政处罚?]

县级以上人民政府依照法律、法规或者规章的规定,可以委托符合法定条件的事业组织实施行政处罚,受委托组织在委托范围内,以委托的县级以上人民政府的名义实施处罚。

第十九条 【受托组织的条件】受委托组织必须符合以下条件:

(一)依法成立的管理公共事务的事业组织;

(二)具有熟悉有关法律、法规、规章和业务的工作人员;

(三)对违法行为需要进行技术检查或者技术鉴定的,应当有条件组织进行相应的技术检查或者技术鉴定。

条文释义:[依法成立的管理公共事务的事业组织]

是指依法予以登记、有办公地点,并且承担着管理公共事务的事业单位,包括财政金额拨款、部分拨款和自收自支的事业单位,只管理本组织自身事务的,不能算是管理公共事务。依法成立的企业单位不能受委托实施行政处罚,因为企业是生产、经营组织,以营利为目的,委托企业实施行政处罚,容易导致企业利用行政处罚谋取不正当利益。

相关规定:《中国民用航空行政处罚实施办法》第 12 - 18 条[委托实施行政处罚的条件、程序];《水行政处罚实施办法》第 10 - 16 条[委托实施行政处罚的条件、程序]

第四章 行政处罚的管辖和适用

第二十条 【处罚的管辖】行政处罚由违法行为发生地的县级以上地方人民政府具有行政处罚权的行政机关管辖。法律、行政法规另有规定的除外。

条文释义:[行政处罚管辖原则的例外]

只有法律、行政法规可以对行政处罚管辖另行规定。主要体现在:

1. 由乡级人民政府管辖。乡级人民政府作为我国的基层政权,在实施行政管理活动时,经常会遇到某些情节轻微、影响较小的违法案件。对这些案件,法律、行政法规往往授权乡级人民政府直接处理。

2. 由县级以上地方人民政府管辖。地方人民政府对于本行政区域内较为重大的案件,依照法律、行政法规的规定,有时也会直接实施管辖。

3. 由县级以上人民政府工作部门设立的派出机构管辖。这类情况主要存在于海关、税务、工商等少数部门,如《工商行政管理所条例》第 8 条规定,工商行政管理所可以对一定范围的违法行为,以自己的名义实施处罚。

4. 由国务院或者国务院工作部门管辖。这一般是针对案情特别重大或者影响国家利益的违法行为而言的。

5. 由法律、行政法规规定的其他行政机关管辖。如行为人在海上实施违法行为,就可能规定由发现地的行政机关管辖;行为人住所地的行政机关管辖更为方便的,也可能规定由行为人住所地的行政机关管辖。

相关规定:《治安管理处罚法》第 91 条[处罚的决定机关];《海关行政处罚实施条例》第 3、4 条[海关处罚案件的管辖];《教育行政处罚暂行实施办法》第 5 条[教育处罚案件的管辖];《道路交通安全违法行为处理程序规定》第 4、5 条[道路交通安全违法处罚案件的管辖];《环境行政处罚办法》第 17 - 20 条[环境处罚案件的管辖];《安全生产违法行为行政处罚办法》第 6、10、11 条[安全生产违法处罚案件的管辖];《工商行政管理机关行政处罚程序规定》第 5 - 15 条[工商处罚案件的管辖]

第二十一条 【指定管辖】对管辖发生争议的,报请共同的上一级行政机关指定管辖。

条文释义:行政处罚的指定管辖是上级行政机关指定下一级行政机关对某一具体的违法行为行使处罚管辖权的活动。

条文释义:根据本条规定,行政处罚的指定管辖适用于对管辖发生争议的场合。所谓对管辖发生争议,是指两个或者两个以上的行政处罚主体在实施行政处罚时,发生相互推诿或者争夺管辖的现象。

指定管辖还可以发生在因特殊原因而使管辖权不明的场合。特殊原因包括法律上的原因和事实上的原因。前者又分为两种:一是有管辖权的行政机关根据上级机关的决定被撤并,而承受其权利义务的机关尚未明确的;二是有管辖权的行政机关的全部执法人员都与当事人有利害关系而被决定回避。后者是一种客观上的原因,比如,某地发生重大突发事件,致使有管辖权的行政机关陷于瘫痪;又如,由于出现某种情况特别复杂的违法行为,导致无法确定有管辖权的行政机关。对由于特殊原因产生的管辖空白,一般由原因发生地或者违法行为发生地的地方人民政府或者其上一级人民政府指定管辖。

需要指出的是,根据法律规定作出指定管辖的机关是发生管辖权争议机关的共同"上一级"行政机关。上一级机关与上级机关有所不同。"上一级"机关是要求仅高一个层级的机关。当然,对于某一具体的有管辖权争议的机关来说,可能由于争议各方的层级不同,它们"共同的上一级"机关就可能不是仅高一个层级的机关。

第二十二条 【构成犯罪案件的移送】违法行为构成犯罪的,行政机关必须将案件移送司法机关,依法追究刑事责任。

相关规定:《行政执法机关移送涉嫌犯罪案件的规定》

第二十三条 【改正违法行为】行政机关实施行政处罚时,应当责令当事人改正或者限期改正违法行为。

条文释义:改正违法行为的措施,除恢复原状外,还包括赔偿损失、消除影响、采取措施防范违法行为再次发生等多种方式,其实质是要求违法者认真承担责任,并杜绝同类事件再次发生。

第二十四条 【同一行为不得重复处罚】对当事人的同一个违法行为,不得给予两次以上罚款的行政处罚。

条文释义：本条规定含有两层意思：(1)对当事人的同一个违法行为，可能存在两次以上的行政处罚；(2)对当事人同一个违法行为需要给予两次以上行政处罚的，不允许给予两次以上的罚款处罚。但是，以下几种情况不受本条规定的限制：(1)行政机关作出的罚款处罚因为法定事由被撤销，但根据具体情况仍需要对违法行为进行处理的，行政机关依法重新作出罚款的处罚。(2)行政机关对违法行为同时适用了罚款和其他处罚，罚款执行后，其他处罚因为客观原因无法执行，于是行政机关依法将其他处罚变更为罚款。(3)行政机关作出罚款决定后，行为人有能力履行而拒不履行，行政机关依法提高原罚款数额。

第二十五条　【未成年人处罚的限制】不满 14 周岁的人有违法行为的，不予行政处罚，责令监护人加以管教；已满 14 周岁不满 18 周岁的人有违法行为的，从轻或者减轻行政处罚。

条文释义：[监护人]

这里所说的监护人，根据我国《民法通则》第 16 条的规定，主要是指未成年人的父母，父母已经死亡的或者没有监护能力的，未成年人的祖父母、外祖父母、兄姐可以作为监护人。

[责任年龄的确定]

按照本条规定确定行政处罚的责任年龄，需要注意两点：(1)应当以实足年龄计算。这一点在注重虚岁的农村地区尤其要注意。在具体计算方法上，可参照刑法的有关规定，以日为计算标准，即只有分别过了 14、18 周岁生日，从第 2 天开始，才能认为已满 14 岁、18 岁。日期要一律以公历为准。(2)应当以未成年人实施违法行为时的年龄计算。实践中，有时会遇到未成年人在其相邻接的责任年龄期内，分别实施了几个违法行为的情况。对此，仍应按照本条规定处理，即凡是根据相应的责任年龄不负责任的违法行为，一律不予处罚；凡是根据相应的责任年龄只负部分责任的违法行为，一律从轻或者减轻处罚。

相关规定：《治安管理处罚法》第 12 条[未成年人违法的处罚]、第 21 条[行政拘留免予执行的情形]

第二十六条　【精神病人处罚的限制】精神病人在不能辨认或者不能控制自己行为时有违法行为的，不予行政处罚，但应当责令其监护人严加看管和治疗。间歇性精神病人在精神正常时有违法行为的，应当给予行政处罚。

条文释义：精神病人在实施违法行为时是否属于不能辨认或者不能控制自己行为，必须由精神病学专家进行鉴定，不能仅凭当事人或者其亲属提供的医疗证明确认。

相关规定：《治安管理处罚法》第 13 条[精神病人违法的处罚]

第二十七条　【从轻、减轻处罚的条件】当事人有下列情形之一的，应当依法从轻或者减轻行政处罚：

(一)主动消除或者减轻违法行为危害后果的；

(二)受他人胁迫有违法行为的；

(三)配合行政机关查处违法行为有立功表现的；

(四)其他依法从轻或者减轻行政处罚的。

违法行为轻微并及时纠正，没有造成危害后果的，不予行政处罚。

条文释义：[从轻处罚]

从轻处罚，是指行政机关在法定的处罚方式和处罚幅度内，对有违法行为的当事人在数种处罚方式所允许的幅度内适用较低限的处罚。从轻处罚并不是绝对要适用最轻的处罚方式和最低的处罚幅度，而是由行政机关在具体的违法案件中，根据法定或者酌定的从轻情节予以裁量。

[减轻处罚]

减轻处罚，是指行政机关对有违法行为的当事人在法定的处罚幅度最低限以下适用行政处罚。

减轻处罚是对当事人科以低于法定最低限的处罚,但减轻处罚不是毫无限制地减轻,它必须是有减轻处罚的情节,而且体现过罚相当的原则。在程度上,它应位于从轻处罚与免除处罚之间,而不得逾越这一范围,处罚减轻的程度不得达到免除处罚的程度。

[不予处罚]

不予处罚,是指行政主体依照法律、法规的规定,因为有法定事由存在,对本应给予处罚的违法行为人免除对其适用行政处罚。

[从重处罚]

在从轻处罚、减轻处罚和不予处罚的法定情节之外,还存在另外一种行政处罚适用的法定情节,即从重处罚的法定情节。从重处罚是与从轻处罚相对应而言的一种行政处罚适用方法,它指行政机关在法定的处罚方式和幅度内,对行政违法行为人在数种处罚方式中适用较严厉的处罚方式,或者在某一处罚方式允许的幅度范围内适用接近于上限的处罚。

违法行为有下列情形之一的,应当从重处罚:(1)违法情节恶劣或者造成较为严重的后果的;(2)不听劝阻,继续实施违法行为,或者多次实施违法行为,屡教不改的;(3)妨碍、逃避或者抗拒执法人员调查、处理其违法行为的;(4)在共同违法中起主要作用,或者胁迫、诱骗、教唆他人实施违法行为的;(5)故意转移、隐匿、伪造证据或者对检举人、证人打击报复的;(6)利用职权提供的便利实施违法行为的;(7)法律、法规、规章规定的其他应当从重处罚的情形。

从重处罚,必须是在法律、法规规定的范围内进行,超出法定范围的从重处罚即成为加重处罚,行政处罚中不能加重处罚。

相关规定:《治安管理处罚法》第19条[减轻处罚或不予处罚的情形]、第20条[从重处罚的情形];《公安机关办理行政案件程序规定》第134-136条[从轻、减轻、不予处罚的情形];《价格违法行为行政处罚规定》第15条[从重处罚的情形];《安全生产违法行为行政处罚办法》第55条[从重处罚的情形]、第56条[从轻、减轻处罚的情形];《国家工商行政管理总局关于正确行使行政处罚自由裁量权的指导意见》;《交通运输部关于规范交通运输行政处罚自由裁量权的若干意见》;《环境保护部关于规范环境行政处罚自由裁量权若干意见》

第二十八条　【刑罚的折抵】违法行为构成犯罪,人民法院判处拘役或者有期徒刑时,行政机关已经给予当事人行政拘留的,应当依法折抵相应刑期。

违法行为构成犯罪,人民法院判处罚金时,行政机关已经给予当事人罚款的,应当折抵相应罚金。

条文释义:[刑期的折抵]

违法行为构成犯罪,人民法院判处拘役或者有期徒刑时,行政机关已经给予当事人行政拘留的,应当依法折抵相应刑期。应当注意的是,被告人被判处刑罚的犯罪行为和以前受行政拘留处分的行为系同一行为,其被拘留的日期,才应予折抵刑期。这里所说的"同一行为",既可以是判决认定同一性质的全部犯罪行为,也可以是同一性质的部分犯罪行为。只要是以前受行政拘留处分的行为,后又作为犯罪事实的全部或者一部分加以认定,其行政拘留的日期即应予折抵刑期。

拘役和有期徒刑是我国刑法规定的两种主刑。拘役是短期剥夺犯罪分子的人身自由,就近实行劳动改造的刑罚方法,主要适用于罪行较轻,但又必须实行短期关押的犯罪分子。有期徒刑是剥夺犯罪分子一定期限的人身自由,并强制劳动改造的刑罚。

[罚金的折抵]

罚金的折抵,同样应当满足"同一行为"的要求,犯罪分子因为同一违法行为受到行政处罚,之后又受到罚金处罚的,应当予以折抵。

罚金是人民法院判处犯罪分子向国家缴纳一定数额金钱的刑罚方法。罚金作为一种财产刑，主要适用于经济犯罪和贪利性质的犯罪，同时也适用于某些妨害社会管理秩序的犯罪。

相关规定：《治安管理处罚法》第92条[行政拘留的折抵]；《行政执法机关移送涉嫌犯罪案件的规定》第11条[罚金的折抵]；《最高人民法院研究室关于行政拘留日期折抵刑期问题的电话答复》

第二十九条　【处罚的时效】违法行为在2年内未被发现的，不再给予行政处罚。法律另有规定的除外。

前款规定的期限，从违法行为发生之日起计算；违法行为有连续或者继续状态的，从行为终了之日起计算。

条文释义：[违法行为的连续状态]

违法行为有连续状态，是指当事人基于同一个违法故意，连续实施数个独立的行政违法行为，并触犯同一个行政处罚规定的情形。如在相隔不太长的时间里多次贩卖盗版光碟，或者多次制造假酒等情况，就属于违法行为有连续状态。

[违法行为的继续状态]

违法行为有继续状态，是指行为人的一个违法行为实施后，该行为及其造成的不法状态处于不间断持续的状态。如违规搭建棚屋或其他建筑物、开设地下赌场等。

[2年内未被发现]

本条规定的发现违法违纪行为的主体是处罚机关或有权处罚的机关，公安、检察、法院、纪检监察部门和司法行政机关都是行使社会公权力的机关，对违法违纪行为的发现都应该具有《行政处罚法》规定的法律效力。因此上述任何一个机关对违法违纪行为只要启动调查、取证和立案程序，均可视为"发现"；群众举报后被认定属实的，发现时间以举报时间为准。

对于违法建筑物，即使没有被有关行政机关发现，但是违法的状态在持续之中，应随时发现随时处理。只要违法建筑物存在，就不受"2年内未发现"的限制。

[时效的特别规定]

1. 违反治安管理行为在6个月内没有被公安机关发现的，不再处罚。

2. 违反税收法律、行政法规应当给予行政处罚的行为，在5年内未被发现的，不再给予行政处罚。

相关规定：《治安管理处罚法》第22条[追究时效]；《税收征收管理法》第86条[追究时效]；《国务院法制办公室对湖北省人民政府法制办公室〈关于如何确认违法行为连续或继续状态的请示〉的复函》

第五章　行政处罚的决定

第三十条　【处罚的条件】公民、法人或者其他组织违反行政管理秩序的行为，依法应当给予行政处罚的，行政机关必须查明事实；违法事实不清的，不得给予行政处罚。

条文释义：[查明事实]

1. 查明违法行为主体是一人或几个人（法人或者其他组织），行为主体是否具有责任能力；

2. 是在什么时间实施的行为，是否超过追究时效；

3. 是在什么地点实施的行为；

4. 行为的具体情况、过程等；

5. 行为造成了什么样的结果。

相关规定：《治安管理处罚法》第93条[违反治安管理行为人的陈述与其他证据的关系]

第三十一条　【告知义务】行政机关在作出行政处罚决定之前，应当告知当事人作出行政处罚

决定的事实、理由及依据,并告知当事人依法享有的权利。

条文释义:根据本条规定,行政机关应当告知当事人如下事项:(1)作出行政处罚决定的事实和理由。这种事实必须清楚、明确,而且必须有相应的证据证明。(2)作出行政处罚决定的依据。即行政机关是根据哪一部法律、法规、规章的哪些具体规定做出行政处罚的。(3)当事人依法享有的权利。按照本法规定,当事人有如下权利:①陈述权和包括听证在内的申辩权。当事人可以陈述自己的理由,依法要求举行听证会,就事实和法律的适用等为自己申辩。②申请行政复议或提起行政诉讼的权利。③要求行政赔偿的权利。公民、法人或者其他组织因行政机关违法给予行政处罚受到损害的,有权依法获得赔偿。

第三十二条　【当事人的申辩、陈述权】当事人有权进行陈述和申辩。行政机关必须充分听取当事人的意见,对当事人提出的事实、理由和证据,应当进行复核;当事人提出的事实、理由或者证据成立的,行政机关应当采纳。

行政机关不得因当事人申辩而加重处罚。

相关规定:《治安管理处罚法》第94条[陈述与申辩权];《道路交通安全法实施条例》第110条[陈述与申辩权];《国家环境保护总局关于实施行政处罚时听取陈述申辩时限问题的复函》

第一节　简易程序

第三十三条　【当场处罚】违法事实确凿并有法定依据,对公民处以50元以下、对法人或者其他组织处以1000元以下罚款或者警告的行政处罚的,可以当场作出行政处罚决定。当事人应当依照本法第四十六条、第四十七条、第四十八条的规定履行行政处罚决定。

条文释义:[当场处罚的条件]

1. 违法的事实确凿。一般来说,当场处罚的行政违法行为具有案情简单、事实清楚、证据确凿的特点,因此执法人员比较容易查明事实真相。

2. 当场处罚须有法定的依据。对当场处罚的行为,必须有法律、行政法规或者规章的规定,而且这些规定应符合本法第二章的规定。

3. 仅限于对公民处以50元以下、对法人或者其他组织处以1000元以下罚款或者警告的行政处罚。这一规定也有两个例外:一是,违反治安管理行为事实清楚,证据确凿,对违法的公民处警告或者200元以下罚款的,可以当场作出治安管理处罚决定。二是,对道路交通违法行为人予以警告、200元以下罚款,交通警察可以当场作出行政处罚决定。

相关规定:《治安管理处罚法》第100条[当场处罚];《道路交通安全法》第107条[当场处罚]

第三十四条　【当场处罚的行政处罚决定书】执法人员当场作出行政处罚决定的,应当向当事人出示执法身份证件,填写预定格式、编有号码的行政处罚决定书。行政处罚决定书应当当场交付当事人。

前款规定的行政处罚决定书应当载明当事人的违法行为、行政处罚依据、罚款数额、时间、地点以及行政机关名称,并由执法人员签名或者盖章。

执法人员当场作出的行政处罚决定,必须报所属行政机关备案。

相关规定:《治安管理处罚法》第101条[当场处罚决定程序];《道路交通安全法实施条例》第107-109条[对超过法定期限的被扣留机动车的处理][简易处罚程序][道路交通安全违法行为行政处罚的管辖]

第三十五条　【不服处罚提起的复议或诉讼】当事人对当场作出的行政处罚决定不服的,可以依法申请行政复议或者提起行政诉讼。

相关规定:《治安管理处罚法》第 102 条[不服处罚提起的复议或诉讼]

第二节 一般程序

第三十六条 【取证】除本法第三十三条规定的可以当场作出的行政处罚外,行政机关发现公民、法人或者其他组织有依法应当给予行政处罚的行为的,必须全面、客观、公正地调查,收集有关证据;必要时,依照法律、法规的规定,可以进行检查。

条文释义:[行政机关收集证据的要求]

所谓全面,就是要收集所有能够证明行政违法行为的证据,既要收集对当事人可以实施行政处罚的证据,也要收集有利于当事人的证据;既要收集原始证据,也要收集传来证据;既要收集直接证据,也要收集间接证据;既要收集书面证据,也要收集口头证据。

所谓客观,就是从客观实际出发,避免先入为主地去收集证据。

所谓公正,主要是指依法实施行政处罚可能要涉及到双方当事人,或者当事人有数个,此时收集证据就要做到公正,不能为偏袒某方而在收集证据上失去公正。

[检查]

执法人员在调查、收集有关证据时,如有必要,可以对当事人的人身、住所等进行检查,但是由于检查涉及公民、法人或者其他组织的人身权、住所权等,因此检查必须有法律或法规的依据。只有全国人大及其常委会通过的法律或者国务院发布的行政法规规定可以检查的,执法人员方可进行检查。

相关规定:《治安管理处罚法》第 79 条[严禁非法取证]

第三十七条 【证据的收集】行政机关在调查或者进行检查时,执法人员不得少于两人,并应当向当事人或者有关人员出示证件。当事人或者有关人员应当如实回答询问,并协助调查或者检查,不得阻挠。询问或者检查应当制作笔录。

行政机关在收集证据时,可以采取抽样取证的方法;在证据可能灭失或者以后难以取得的情况下,经行政机关负责人批准,可以先行登记保存,并应当在 7 日内及时作出处理决定,在此期间,当事人或者有关人员不得销毁或者转移证据。

执法人员与当事人有直接利害关系的,应当回避。

第三十八条 【处罚决定】调查终结,行政机关负责人应当对调查结果进行审查,根据不同情况,分别作出如下决定:

(一)确有应受行政处罚的违法行为的,根据情节轻重及具体情况,作出行政处罚决定;

(二)违法行为轻微,依法可以不予行政处罚的,不予行政处罚;

(三)违法事实不能成立的,不得给予行政处罚;

(四)违法行为已构成犯罪的,移送司法机关。

对情节复杂或者重大违法行为给予较重的行政处罚,行政机关的负责人应当集体讨论决定。

在行政机关负责人作出决定之前,应当由从事行政处罚决定审核的人员进行审核。行政机关中初次从事行政处罚决定审核的人员,应当通过国家统一法律职业资格考试取得法律职业资格。

相关规定:《治安管理处罚法》第 95 条[治安案件的处理]

第三十九条 【处罚决定书的内容】行政机关依照本法第三十八条的规定给予行政处罚,应当制作行政处罚决定书。行政处罚决定书应当载明下列事项:

(一)当事人的姓名或者名称、地址;

(二)违反法律、法规或者规章的事实和证据;

（三）行政处罚的种类和依据；
（四）行政处罚的履行方式和期限；
（五）不服行政处罚决定，申请行政复议或者提起行政诉讼的途径和期限；
（六）作出行政处罚决定的行政机关名称和作出决定的日期。

行政处罚决定书必须盖有作出行政处罚决定的行政机关的印章。

条文释义：[行政处罚的履行方式和期限]

行政处罚的履行方式，一般主要是指罚款的履行，例如是当事人按法定期限自己交到指定银行，还是由执法人员当场收缴；当事人把罚款一次交清，还是分期缴纳。同时按照本法第44条的规定，行政处罚决定依法作出后，当事人应当在行政处罚决定的期限内予以履行。

相关规定：《治安管理处罚法》第96条[治安管理处罚决定书的内容]；《安全生产违法行为行政处罚办法》第30条[处罚决定书的内容]；《食品药品行政处罚程序规定》第40条[处罚决定书的内容]

第四十条　【送达】行政处罚决定书应当在宣告后当场交付当事人；当事人不在场的，行政机关应当在7日内依照民事诉讼法的有关规定，将行政处罚决定书送达当事人。

条文释义：行政机关在将行政处罚决定书送达当事人时，应遵循以下规定：

1. 送达行政处罚决定书必须有送达回证，由受送达人在送达回证上记明收到日期，签名或者盖章。受送达人在送达回证上的签收日期为送达日期。

2. 送达行政处罚决定书，应当直接送交受送达人。受送达人是公民的，本人不在则交他的同住成年家属签收；受送达人是法人或者其他组织的，应当由法人的法定代表人，其他组织的主要负责人或者该法人、组织负责收件的人签收；受送达人有诉讼代理人的，可以送交其代理人签收；受送达人已向人民法院指定代收人的，送交代收人签收。受送达人的同住成年家属，法人或者其他组织负责收件的人，诉讼代理人或者代收人在送达回证上签收的日期为送达日期。

3. 受送达人或者他的同住成年家属拒绝接收行政处罚决定书的，送达人应当邀请有关基层组织或者所在单位的代表到场，说明情况，在送达回证上记明拒收事由和日期，由送达人、见证人签名或者盖章，把行政处罚决定书留在受送达人的住所，即视为送达。

4. 直接送达行政处罚决定书有困难的，可以邮寄送达。邮寄送达的，以回执上注明的收件日期为送达日期。

5. 受送达人下落不明，或者用其他方式无法送达的，公告送达。自发出公告之日起，经过60日，即视为送达。公告送达，应当在案卷中记明原因和经过。

相关规定：《治安管理处罚法》第97条[宣告、送达、抄送]；《民事诉讼法》第77-84条[送达]；《最高人民法院关于适用〈中华人民共和国民事诉讼法〉的解释》第130-141条[送达]；《出入境检验检疫行政处罚程序规定》第50-53条[送达]；《海关办理行政处罚案件程序规定》第20-25条[送达]；《安全生产违法行为行政处罚办法》第31条[送达]；《食品药品行政处罚程序规定》第45-48条[送达]

第四十一条　【处罚的成立条件】行政机关及其执法人员在作出行政处罚决定之前，不依照本法第三十一条、第三十二条的规定向当事人告知给予行政处罚的事实、理由和依据，或者拒绝听取当事人的陈述、申辩，行政处罚决定不能成立；当事人放弃陈述或者申辩权利的除外。

第三节　听证程序

第四十二条　【听证范围及程序】行政机关作出责令停产停业、吊销许可证或者执照、较大数额罚款等行政处罚决定之前，应当告知当事人有要求举行听证的权利；当事人要求听证的，行政机关应当组织听证。当事人不承担行政机关组织听证的费用。听证依照以下程序组织：

（一）当事人要求听证的，应当在行政机关告知后3日内提出；

（二）行政机关应当在听证的7日前，通知当事人举行听证的时间、地点；

（三）除涉及国家秘密、商业秘密或者个人隐私外，听证公开举行；

（四）听证由行政机关指定的非本案调查人员主持；当事人认为主持人与本案有直接利害关系的，有权申请回避；

（五）当事人可以亲自参加听证，也可以委托1至2人代理；

（六）举行听证时，调查人员提出当事人违法的事实、证据和行政处罚建议；当事人进行申辩和质证；

（七）听证应当制作笔录；笔录应当交当事人审核无误后签字或者盖章。

当事人对限制人身自由的行政处罚有异议的，依照治安管理处罚法有关规定执行。

条文释义：[听证]

是指在作出行政处罚决定前由行政机关组织的，在调查取证人员、案件当事人及其他利害关系人参加的情况下，听取各方陈述、辩明、对质及证据证明的法定程序。

[商业秘密]

是指不为公众所知悉，能为权利人带来经济利益，具有实用性并经权利人采取保密措施的技术信息和经营信息。

[个人隐私]

是指当事人不愿公开的个人秘密情况，如个人存款、欠债等经济情况，或者个人疾病、夫妻家庭关系等与人的身份和名誉等有关的其他事件。

[适用听证程序的条件]

(1)较重的行政处罚，即责令停产停业、吊销许可证或者执照，较大数额罚款等；(2)对违法事实的认定有分歧；(3)当事人有听证要求；(4)听证必须由行政机关组织。

[行政机关作出没收较大数额财产的行政处罚是否应当进行听证?]

本条规定，行政机关作出责令停产、吊销许可证或者执照、较大数额罚款等行政处罚决定之前，应当告知当事人有要求举行听证的权利；当事人要求听证的，行政机关应当组织听证。这里的“等”不限于列举的三类处罚，应当包括较大数额没收的处罚。行政机关作出的没收较大数额财产的行政处罚决定前，未告知当事人有权要求举行听证或者未按规定举行听证的，应当根据《行政处罚法》的有关规定，确认该行政处罚决定违反法定程序。有关“较大数额”的标准问题，实行中央垂直领导的行政管理部门作出的没收处罚决定，应参照国务院部委的有关较大数额罚款标准的规定认定；其他行政管理部门作出的没收处罚决定，应参照省、自治区、直辖市人民政府的相关规定认定。

相关规定：《治安管理处罚法》第98条[听证]；《海关行政处罚实施条例》第49条[听证]；《出入境检验检疫行政处罚程序规定》第37-48条[听证]；《海关行政处罚听证办法》；《财政机关行政处罚听证实施办法》；《国土资源听证规定》；《司法行政机关行政处罚听证程序规定》

第四十三条　【听证之后的处理】听证结束后，行政机关依照本法第三十八条的规定，作出决定。

第六章　行政处罚的执行

第四十四条　【当事人有履行处罚的义务】行政处罚决定依法作出后，当事人应当在行政处罚决定的期限内，予以履行。

相关规定:《道路交通安全法》第108条[罚款的缴纳]

第四十五条 【申请复议、提起诉讼不中止处罚的执行】当事人对行政处罚决定不服申请行政复议或者提起行政诉讼的,行政处罚不停止执行,法律另有规定的除外。

条文释义:[停止执行处罚的情形]

根据本条的规定,如果法律规定行政处罚决定可以停止执行的,行政处罚决定才可以停止执行。这里的法律,仅指全国人民代表大会及其常务委员会通过的法律,不包括法规、规章。也就是说,法规、规章及其他规范性文件都不得作出停止执行行政处罚决定的规定。

1. 行政复议期间具体行政行为不停止执行;但是,有下列情形之一的,可以停止执行:(1)被申请人认为需要停止执行的;(2)行政复议机关认为需要停止执行的;(3)申请人申请停止执行,行政复议机关认为其要求合理,决定停止执行的;(4)法律规定停止执行的。

2. 行政诉讼期间,不停止具体行政行为的执行。但有下列情形之一的,停止具体行政行为的执行:(1)被告认为需要停止执行的;(2)原告申请停止执行,人民法院认为该具体行政行为的执行会造成难以弥补的损失,并且停止执行不损害社会公共利益,裁定停止执行的;(3)法律、法规规定停止执行的。

相关规定:《行政复议法》第21条[复议停止执行的情形];《行政诉讼法》第56条[停止行政行为的条件]

第四十六条 【罚缴分离原则】作出罚款决定的行政机关应当与收缴罚款的机构分离。

除依照本法第四十七条、第四十八条的规定当场收缴的罚款外,作出行政处罚决定的行政机关及其执法人员不得自行收缴罚款。

当事人应当自收到行政处罚决定书之日起15日内,到指定的银行缴纳罚款。银行应当收受罚款,并将罚款直接上缴国库。

条文释义:罚缴分离原则,是指除了依法当场收缴的罚款外,作出行政处罚决定的行政机关及其执法人员不得自行收缴罚款。行政机关可以指定银行作为收受罚款的专门机构,当事人到指定的银行缴纳罚款,银行应当收受罚款后直接上缴国库。

相关规定:《治安管理处罚法》第115条[罚缴分离原则];《道路交通安全法》第82条[处罚和收缴分离原则];《罚款决定与罚款收缴分离实施办法》;《违反行政事业性收费和罚没收入收支两条线管理规定行政处分暂行规定》;《罚款代收代缴管理办法》

第四十七条 【当场收缴罚款范围】依照本法第三十三条的规定当场作出行政处罚决定,有下列情形之一的,执法人员可以当场收缴罚款:

(一)依法给予20元以下的罚款的;

(二)不当场收缴事后难以执行的。

条文释义:[治安管理处罚法对当场收缴罚款的特殊规定]

受到罚款处罚的人应当自收到处罚决定书之日起15日内,到指定的银行缴纳罚款。但是,有下列情形之一的,人民警察可以当场收缴罚款:

(1)被处50元以下罚款,被处罚人对罚款无异议的;

(2)在边远、水上、交通不便地区,公安机关及其人民警察作出罚款决定后,被处罚人向指定的银行缴纳罚款确有困难,经被处罚人提出的;

(3)被处罚人在当地没有固定住所,不当场收缴事后难以执行的。

相关规定:《治安管理处罚法》第104条[当场收缴罚款范围]

第四十八条 【边远地区当场收缴罚款】在边远、水上、交通不便地区,行政机关及其执法人员

依照本法第三十三条、第三十八条的规定作出罚款决定后，当事人向指定的银行缴纳罚款确有困难，经当事人提出，行政机关及其执法人员可以当场收缴罚款。

第四十九条　【罚款收据】行政机关及其执法人员当场收缴罚款的，必须向当事人出具省、自治区、直辖市财政部门统一制发的罚款收据；不出具财政部门统一制发的罚款收据的，当事人有权拒绝缴纳罚款。

条文释义：本条是针对当场处罚执法人员不出具收据或者出具自行印制的收据这一情况作出的规定。这一规定，包含以下几层含义：(1)行政机关及其执法人员当场收缴罚款，必须使用罚款收据，如果不使用罚款收据，行政机关及其执法人员就构成违法。(2)行政机关及其执法人员当场收缴罚款的，其使用的罚款收据必须是省、自治区、直辖市财政部门统一制发的，而不是其他部门统一制发的，或者是行政机关自行印制的。所谓统一制发，是指罚款收据的格式是由省、自治区、直辖市财政部门设计的，罚款收据是由省、自治区、直辖市财政部门指定的印刷厂印刷的，并盖有省、自治区、直辖市财政部门罚款收据专用章。(3)行政机关及其执法人员当场收缴罚款，如果使用的不是省、自治区、直辖市财政部门统一制发的罚款收据，无论是否使用其他的罚款收据，当事人都有权拒绝缴纳罚款。在这种情况下，当事人缴纳罚款，不受期限的约束。

相关规定：《治安管理处罚法》第106条[罚款收据]；《当场处罚罚款票据管理暂行规定》

第五十条　【罚款交纳期】执法人员当场收缴的罚款，应当自收缴罚款之日起2日内，交至行政机关；在水上当场收缴的罚款，应当自抵岸之日起2日内交至行政机关；行政机关应当在2日内将罚款缴付指定的银行。

相关规定：《治安管理处罚法》第105条[罚款缴纳期限]

第五十一条　【执行措施】当事人逾期不履行行政处罚决定的，作出行政处罚决定的行政机关可以采取下列措施：

(一)到期不缴纳罚款的，每日按罚款数额的3%加处罚款；

(二)根据法律规定，将查封、扣押的财物拍卖或者将冻结的存款划拨抵缴罚款；

(三)申请人民法院强制执行。

条文释义：[逾期不履行]

逾期不履行包括两层含义：一是指当事人接到行政处罚决定书后，超过法定的期限，既不申请行政复议(行政复议的申请期限是60日，法律规定超过60日的除外)，也不提起行政诉讼(行政诉讼的申请期限是3个月，法律另有规定的除外)，又不履行行政处罚决定的；二是指当事人接到行政处罚决定书后，在规定的期间内申请了行政复议，但在接到复议决定书后，超过15日，既不提起行政诉讼，又不履行行政处罚决定(或者行政复议决定)的。

[非诉行政案件执行的申请期限]

行政机关申请人民法院强制执行其具体行政行为，应当自被执行人的法定救济期限届满之日起3个月内提出。行政机关申请人民法院强制执行前，应当催告当事人履行义务。

[非诉行政案件执行的条件]

行政机关申请执行其具体行政行为，应当具备以下条件：(1)具体行政行为依法可以由人民法院执行；(2)具体行政行为已经生效并具有可执行内容；(3)申请人是作出该具体行政行为的行政机关或者法律、法规、规章授权的组织；(4)被申请人是该具体行政行为所确定的义务人；(5)被申请人在具体行政行为确定的期限内或者行政机关另行指定的期限内未履行义务；(6)申请人在法定期限内提出申请；(7)被申请执行的行政案件属于受理申请执行的人民法院管辖。

[人民法院的执行义务]

人民法院接到主管行政机关的申请执行书后，应当了解案情。对符合条件的申请，应当立案受理，并通知主管行政机关；对不符合条件的申请，应当裁定不予受理，并通知主管行政机关。法律、法规没有赋予行政机关强制执行权，行政机关申请人民法院强制执行的，人民法院应当依法受理。法律、法规规定既可以由行政机关依法强制执行，也可以申请人民法院强制执行，行政机关申请人民法院强制执行的，人民法院可以依法受理。

[非诉行政案件的执行管辖]

行政机关申请人民法院强制执行其具体行政行为，由申请人所在地的基层人民法院受理；执行对象为不动产的，由不动产所在地的基层人民法院受理。基层人民法院认为执行确有困难的，可以报请上级人民法院执行；上级人民法院可以决定由其执行，也可以决定由下级人民法院执行。

[非诉行政案件执行前的财产保全]

在诉讼过程中，被告或者具体行政行为确定的权利人申请人民法院强制执行被诉具体行政行为，人民法院不予执行，但不及时执行可能给国家利益、公共利益或者他人合法权益造成不可弥补的损失的，人民法院可以先予执行。后者申请强制执行的，应当提供相应的财产担保。

[加处罚款]

这一措施只适用于到期不缴纳罚款的当事人。根据行政处罚法的规定，凡给予罚款处罚的，如果当事人到期不缴纳罚款，作出罚款决定的行政机关就可以每日按罚款数额的3%加处罚款。所谓到期，是指罚款通知书上写明的期限。这里的3%的罚款，已经不是一种行政处罚了，而是一种间接强制执行，即执行罚。所谓执行罚，是指当事人不及时履行他人不能代为履行的义务时，行政机关就可以采用科以财产上新的给付义务的办法，促其履行义务。需要注意：首先，根据《行政强制法》的规定，加处罚款的数额不得超过金钱给付义务的数额。其次，行政机关依法加处罚款超过30日，经催告当事人仍不履行的，具有强制执行权的行政机关可以强制执行。没有强制执行权的行政机关应当申请人民法院强制执行。

[拍卖财物或者划拨存款]

这一措施实际上是一种直接强制执行措施。所谓直接强制执行措施，是指义务人不履行义务，行政机关在采用代执行、执行罚等间接强制执行办法不能达到目的时，或在紧迫情况下，来不及运用间接强制执行的办法时，可以对法定义务人的人身或财物，加以强制，促使法定义务人履行义务。行政处罚法规定，当事人逾期不履行行政处罚决定的，作出处罚决定的行政机关可以根据法律规定，将查封、扣押的财物拍卖或者将冻结的存款划拨抵缴罚款。这一规定包括了两层含义：(1)查封、扣押财物或者冻结存款，必须是依照法律规定进行的，没有法律规定或者依照其他规定采取这些强制措施是无效的，不能拍卖财物或者划拨存款；(2)依法采取的强制措施控制的财物或者存款，应当按照法律的规定进行拍卖或者划拨。

人民法院需要银行协助扣划被执行人存款的，应向银行发出协助执行通知书并附行政机关的行政处罚决定或者其他行政处理决定书副本，银行应当协助执行，不得妨碍执行。

相关规定：《道路交通安全法》第109条[逾期不缴纳罚款的处理]；《最高人民法院关于执行〈中华人民共和国行政诉讼法〉若干问题的解释》第83－96条[具体行政行为的执行]；《全国人民代表大会常务委员会法制工作委员会关于环保部门就环境行政处罚决定申请人民法院强制执行的期限有关问题的答复》

第五十二条　【分期缴纳罚款】当事人确有经济困难，需要延期或者分期缴纳罚款的，经当事人申请和行政机关批准，可以暂缓或者分期缴纳。

第五十三条　【没收的非法财物的处理】除依法应当予以销毁的物品外，依法没收的非法财物必须按照国家规定公开拍卖或者按照国家有关规定处理。

罚款、没收违法所得或者没收非法财物拍卖的款项，必须全部上缴国库，任何行政机关或者个人不得以任何形式截留、私分或者变相私分;财政部门不得以任何形式向作出行政处罚决定的行政机关返还罚款、没收的违法所得或者返还没收非法财物的拍卖款项。

第五十四条　【监督检查】行政机关应当建立健全对行政处罚的监督制度。县级以上人民政府应当加强对行政处罚的监督检查。

公民、法人或者其他组织对行政机关作出的行政处罚,有权申诉或者检举;行政机关应当认真审查,发现行政处罚有错误的,应当主动改正。

条文释义:[行政处罚监督]

所谓行政处罚监督,是指行政机关或者其上级行政主管部门发现行政机关作出的处罚决定不当,依法予以纠正的行政行为。它包括以下几层含义:(1)行使监督权的主体是作出行政处罚决定的行政机关,或者是其上级行政主管部门。(2)监督的内容是行政机关作出的已经生效的行政处罚决定。(3)监督发生的原因是发现了行政处罚决定"确有不当",它包括被处罚单位和个人或者其他单位和个人提出异议,以及行政机关或者其上级行政主管部门依照职权发现两种情况。(4)监督不受时间限制,何时发现了行政处罚决定"确有不当",何时就可以进行监督,并依法予以纠正。

相关规定:《治安管理处罚法》第114条[社会监督];《道路交通安全法》第84条[执法监督];《道路交通安全法实施条例》第98条[警务公开]、第100条[举报投诉制度]、第101条[执法质量考核评议和执法过错追究]

第七章　法律责任

第五十五条　【上级行政机关的监督】行政机关实施行政处罚,有下列情形之一的,由上级行政机关或者有关部门责令改正,可以对直接负责的主管人员和其他直接责任人员依法给予行政处分:

(一)没有法定的行政处罚依据的;

(二)擅自改变行政处罚种类、幅度的;

(三)违反法定的行政处罚程序的;

(四)违反本法第十八条关于委托处罚的规定的。

条文释义:直接负责的主管人员,是指对处罚行为的发生负有决策责任的人员,即决策者、决定者;所谓其他直接责任人员是指直接实施行政处罚的人员,即直接实施者。

相关规定:《治安管理处罚法》第116条[公安机关及其民警的行政责任和刑事责任]

第五十六条　【当事人的拒绝处罚权及检举权】行政机关对当事人进行处罚不使用罚款、没收财物单据或者使用非法定部门制发的罚款、没收财物单据的,当事人有权拒绝处罚,并有权予以检举。上级行政机关或者有关部门对使用的非法单据予以收缴销毁,对直接负责的主管人员和其他直接责任人员依法给予行政处分。

第五十七条　【自行收缴罚款的处理】行政机关违反本法第四十六条的规定自行收缴罚款的,财政部门违反本法第五十三条的规定向行政机关返还罚款或者拍卖款项的,由上级行政机关或者有关部门责令改正,对直接负责的主管人员和其他直接责任人员依法给予行政处分。

条文释义:根据本法第46条的规定,作出罚款决定的行政机关应当与收缴罚款的机构分离,除依法当场收缴的罚款和依法采取执行措施收缴的罚款外,作出行政处罚决定的行政机关及其执法人员不得自行收缴罚款。如果行政机关违反了这些规定自行收缴罚款,其上一级行政机关、各级财政部门或者纪检监察部门应当责令改正,并可以对收缴罚款行为的发生负有决策责任的决策人员或者决定人员、对直接实施收缴罚款行为的人员依法给予行政处分。行政处分既可以给予直接负责的主管人员，也可以给予其他直接责任人员，也可以同时给予直接负责的主管人员和其他直接责任人员。是否给予行政处分或者给予何种行政处分，应根据不同情况分别作出决定。

第五十八条　【私分罚没财物的处理】行政机关将罚款、没收的违法所得或者财物截留、私分或者变相私分的，由财政部门或者有关部门予以追缴，对直接负责的主管人员和其他直接责任人员依法给予行政处分；情节严重构成犯罪的，依法追究刑事责任。

执法人员利用职务上的便利，索取或者收受他人财物、收缴罚款据为己有，构成犯罪的，依法追究刑事责任；情节轻微不构成犯罪的，依法给予行政处分。

条文释义：所谓情节轻微，主要是指截留数额不大、时间不长、退赃积极主动、悔罪态度较好、造成的危害后果较小或者自首、立功等情形。只要具备了上述各项情形，就可以不认定为犯罪，也就无须追究刑事责任，而只给予行政处分。

第五十九条　【行政机关的赔偿责任及对有关人员的处理】行政机关使用或者损毁扣押的财物，对当事人造成损失的，应当依法予以赔偿，对直接负责的主管人员和其他直接责任人员依法给予行政处分。

相关规定：《国家赔偿法》第4条[侵犯财产权的行政赔偿]；《最高人民法院关于审理行政赔偿案件若干问题的规定》

第六十条　【违法实行检查或执行措施的赔偿责任】行政机关违法实行检查措施或者执行措施，给公民人身或者财产造成损害、给法人或者其他组织造成损失的，应当依法予以赔偿，对直接负责的主管人员和其他直接责任人员依法给予行政处分；情节严重构成犯罪的，依法追究刑事责任。

条文释义：[违法实行检查措施]

违法检查行为，这里的违法，既包括实体违法，也包括程序违法，前者主要是指没有法律、行政法规或者地方性法规的规定，行政机关自行决定采取检查措施，后者是指行政机关采取检查措施虽有法律、行政法规或者地方性法规的规定，但没有按照规定的程序进行。

相关规定：《治安管理处罚法》第117条[赔偿责任]；《道路交通安全法》第115、116条[对交警及交管部门违法行为的处理][对违规交警的处分]

第六十一条　【对拒不移交罪犯的有关人员的处理】行政机关为牟取本单位私利，对应当依法移交司法机关追究刑事责任的不移交，以行政处罚代替刑罚，由上级行政机关或者有关部门责令纠正；拒不纠正的，对直接负责的主管人员给予行政处分；徇私舞弊、包庇纵容违法行为的，依照刑法有关规定追究刑事责任。

第六十二条　【执法人员失职承担的责任】执法人员玩忽职守，对应当予以制止和处罚的违法行为不予制止、处罚，致使公民、法人或者其他组织的合法权益、公共利益和社会秩序遭受损害的，对直接负责的主管人员和其他直接责任人员依法给予行政处分；情节严重构成犯罪的，依法追究刑事责任。

条文释义：[玩忽职守]

是指行政机关的工作人员严重不负责任，不履行或不正确履行职责，致使公民、法人或者其他组织的合法权益、公共利益和社会秩序遭受损害或者损失的行为。行政机关及其工作人员在履行职责的过程中，如果对应当予以制止、处罚的违法行为不予制止、处罚，就是玩忽职守。如果由于行政机关工作人员的玩忽职守，致使公民、法人或者其他组织的合法权益、公共利益和社会秩序遭受了损害，就应由行政机关或者纪检监察部门依法给予行政处分。

相关规定：《刑法》第397条[滥用职权罪][玩忽职守罪]；《道路交通安全法》第117条[对构

成犯罪的交警追究刑事责任]

第八章 附 则

第六十三条 【国务院制定罚缴分离办法】本法第四十六条罚款决定与罚款收缴分离的规定，由国务院制定具体实施办法。

第六十四条 【生效日期】本法自1996年10月1日起施行。

本法公布前制定的法规和规章关于行政处罚的规定与本法不符合的，应当自本法公布之日起，依照本法规定予以修订，在1997年12月31日前修订完毕。

中华人民共和国海关行政处罚实施条例

(2004年9月1日国务院第62次常务会议通过 2004年9月19日中华人民共和国国务院令第420号公布 自2004年11月1日起施行)

第一章 总 则

第一条 为了规范海关行政处罚，保障海关依法行使职权，保护公民、法人或者其他组织的合法权益，根据《中华人民共和国海关法》(以下简称海关法)及其他有关法律的规定，制定本实施条例。

第二条 依法不追究刑事责任的走私行为和违反海关监管规定的行为，以及法律、行政法规规定由海关实施行政处罚的行为的处理，适用本实施条例。

第三条 海关行政处罚由发现违法行为的海关管辖，也可以由违法行为发生地海关管辖。

2个以上海关都有管辖权的案件，由最先发现违法行为的海关管辖。

管辖不明确的案件，由有关海关协商确定管辖，协商不成的，报请共同的上级海关指定管辖。

重大、复杂的案件，可以由海关总署指定管辖。

第四条 海关发现的依法应当由其他行政机关处理的违法行为，应当移送有关行政机关处理；违法行为涉嫌犯罪的，应当移送海关侦查走私犯罪公安机构、地方公安机关依法办理。

第五条 依照本实施条例处以警告、罚款等行政处罚，但不没收进出境货物、物品、运输工具的，不免除有关当事人依法缴纳税款、提交进出口许可证件、办理有关海关手续的义务。

第六条 抗拒、阻碍海关侦查走私犯罪公安机构依法执行职务的，由设在直属海关、隶属海关的海关侦查走私犯罪公安机构依照治安管理处罚的有关规定给予处罚。

抗拒、阻碍其他海关工作人员依法执行职务的，应当报告地方公安机关依法处理。

第二章 走私行为及其处罚

第七条 违反海关法及其他有关法律、行政法规，逃避海关监管，偷逃应纳税款、逃避国家有关进出境的禁止性或者限制性管理，有下列情形之一的，是走私行为：

(一)未经国务院或者国务院授权的机关批准，从未设立海关的地点运输、携带国家禁止或者限制进出境的货物、物品或者依法应当缴纳税款的货物、物品进出境的；

(二)经过设立海关的地点，以藏匿、伪装、瞒报、伪报或者其他方式逃避海关监管，运输、携带、邮寄国家禁止或者限制进出境的货物、物品或者依法应当缴纳税款的货物、物品进出境的；

(三)使用伪造、变造的手册、单证、印章、账册、电子数据或者以其他方式逃避海关监管，擅自将海关监管货物、物品、进境的境外运输工具，在境内销售的；

（四）使用伪造、变造的手册、单证、印章、账册、电子数据或者以伪报加工贸易制成品单位耗料量等方式，致使海关监管货物、物品脱离监管的；

（五）以藏匿、伪装、瞒报、伪报或者其他方式逃避海关监管，擅自将保税区、出口加工区等海关特殊监管区域内的海关监管货物、物品，运出区外的；

（六）有逃避海关监管，构成走私的其他行为的。

第八条 有下列行为之一的，按走私行为论处：

（一）明知是走私进口的货物、物品，直接向走私人非法收购的；

（二）在内海、领海、界河、界湖，船舶及所载人员运输、收购、贩卖国家禁止或者限制进出境的货物、物品，或者运输、收购、贩卖依法应当缴纳税款的货物，没有合法证明的。

第九条 有本实施条例第七条、第八条所列行为之一的，依照下列规定处罚：

（一）走私国家禁止进出口的货物的，没收走私货物及违法所得，可以并处100万元以下罚款；走私国家禁止进出境的物品的，没收走私物品及违法所得，可以并处10万元以下罚款；

（二）应当提交许可证件而未提交但未偷逃税款，走私国家限制进出境的货物、物品的，没收走私货物、物品及违法所得，可以并处走私货物、物品等值以下罚款；

（三）偷逃应纳税款但未逃避许可证件管理，走私依法应当缴纳税款的货物、物品的，没收走私货物、物品及违法所得，可以并处偷逃应纳税款3倍以下罚款。

专门用于走私的运输工具或者用于掩护走私的货物、物品，2年内3次以上用于走私的运输工具或者用于掩护走私的货物、物品，应当予以没收。藏匿走私货物、物品的特制设备、夹层、暗格，应当予以没收或者责令拆毁。使用特制设备、夹层、暗格实施走私的，应当从重处罚。

第十条 与走私人通谋为走私人提供贷款、资金、账号、发票、证明、海关单证的，与走私人通谋为走私人提供走私货物、物品的提取、发运、运输、保管、邮寄或者其他方便的，以走私的共同当事人论处，没收违法所得，并依照本实施条例第九条的规定予以处罚。

第十一条 报关企业、报关人员和海关准予从事海关监管货物的运输、储存、加工、装配、寄售、展示等业务的企业，构成走私犯罪或者1年内有2次以上走私行为的，海关可以撤销其注册登记、取消其报关从业资格。

第三章 违反海关监管规定的行为及其处罚

第十二条 违反海关法及其他有关法律、行政法规和规章但不构成走私行为的，是违反海关监管规定的行为。

第十三条 违反国家进出口管理规定，进出口国家禁止进出口的货物的，责令退运，处100万元以下罚款。

第十四条 违反国家进出口管理规定，进出口国家限制进出口的货物，进出口货物的收发货人向海关申报时不能提交许可证件的，进出口货物不予放行，处货物价值30%以下罚款。

违反国家进出口管理规定，进出口属于自动进出口许可管理的货物，进出口货物的收发货人向海关申报时不能提交自动许可证明的，进出口货物不予放行。

第十五条 进出口货物的品名、税则号列、数量、规格、价格、贸易方式、原产地、启运地、运抵地、最终目的地或者其他应当申报的项目未申报或者申报不实的，分别依照下列规定予以处罚，有违法所得的，没收违法所得：

（一）影响海关统计准确性的，予以警告或者处1000元以上1万元以下罚款；

（二）影响海关监管秩序的，予以警告或者处1000元以上3万元以下罚款；

（三）影响国家许可证件管理的，处货物价值5%以上30%以下罚款；

（四）影响国家税款征收的，处漏缴税款30%以上2倍以下罚款；

（五）影响国家外汇、出口退税管理的，处申报价格10%以上50%以下罚款。

第十六条 进出口货物收发货人未按照规定向报关企业提供所委托报关事项的真实情况，致使发生本实施条例第十五条规定情形的，对委托人依照本实施条例第十五条的规定予以处罚。

第十七条 报关企业、报关人员对委托人所提供情况的真实性未进行合理审查，或者因工作疏忽致使发生本实施条例第十五条规定情形的，可以对报关企业处货物价值10%以下罚款，暂停其6个月以内从事报关业务或者执业；情节严重的，撤销其报关注册登记、取消其报关从业资格。

第十八条 有下列行为之一的，处货物价值5%以上30%以下罚款，有违法所得的，没收违法所得：

（一）未经海关许可，擅自将海关监管货物开拆、提取、交付、发运、调换、改装、抵押、质押、留置、转让、更换标记、移作他用或者进行其他处置的；

（二）未经海关许可，在海关监管区以外存放海关监管货物的；

（三）经营海关监管货物的运输、储存、加工、装配、寄售、展示等业务，有关货物灭失、数量短少或者记录不真实，不能提供正当理由的；

（四）经营保税货物的运输、储存、加工、装配、寄售、展示等业务，不依照规定办理收存、交付、结转、核销等手续，或者中止、延长、变更、转让有关合同不依照规定向海关办理手续的；

（五）未如实向海关申报加工贸易制成品单位耗料量的；

（六）未按照规定期限将过境、转运、通运货物运输出境，擅自留在境内的；

（七）未按照规定期限将暂时进出口货物复运出境或者复运进境，擅自留在境内或者境外的；

（八）有违反海关监管规定的其他行为，致使海关不能或者中断对进出口货物实施监管的。

前款规定所涉货物属于国家限制进出口需要提交许可证件，当事人在规定期限内不能提交许可证件的，另处货物价值30%以下罚款；漏缴税款的，可以另处漏缴税款1倍以下罚款。

第十九条 有下列行为之一的，予以警告，可以处物品价值20%以下罚款，有违法所得的，没收违法所得：

（一）未经海关许可，擅自将海关尚未放行的进出境物品开拆、交付、投递、转移或者进行其他处置的；

（二）个人运输、携带、邮寄超过合理数量的自用物品进出境未向海关申报的；

（三）个人运输、携带、邮寄超过规定数量但仍属自用的国家限制进出境物品进出境，未向海关申报但没有以藏匿、伪装等方式逃避海关监管的；

（四）个人运输、携带、邮寄物品进出境，申报不实的；

（五）经海关登记准予暂时免税进境或者暂时免税出境的物品，未按照规定复带出境或者复带进境的；

（六）未经海关批准，过境人员将其所带物品留在境内的。

第二十条 运输、携带、邮寄国家禁止进出境的物品进出境，未向海关申报但没有以藏匿、伪装等方式逃避海关监管的，予以没收，或者责令退回，或者在海关监管下予以销毁或者进行技术处理。

第二十一条 有下列行为之一的，予以警告，可以处10万元以下罚款，有违法所得的，没收违法所得：

（一）运输工具不经设立海关的地点进出境的；

（二）在海关监管区停留的进出境运输工具，未经海关同意擅自驶离的；

（三）进出境运输工具从一个设立海关的地点驶往另一个设立海关的地点，尚未办结海关手续又未经海关批准，中途改驶境外或者境内未设立海关的地点的；

（四）进出境运输工具到达或者驶离设立海关的地点，未按照规定向海关申报、交验有关单证或者交验的单证不真实的。

第二十二条 有下列行为之一的，予以警告，可以处5万元以下罚款，有违法所得的，没收违法所得：

（一）未经海关同意，进出境运输工具擅自装卸进出境货物、物品或者上下进出境旅客的；

（二）未经海关同意，进出境运输工具擅自兼营境内客货运输或者用于进出境运输以外的其他用途的；

（三）未按照规定办理海关手续，进出境运输工具擅自改营境内运输的；

（四）未按照规定期限向海关传输舱单等电子数据、传输的电子数据不准确或者未按照规定期限保存相关电子数据，影响海关监管的；

（五）进境运输工具在进境以后向海关申报以前，出境运输工具在办结海关手续以后出境以前，不按照交通主管部门或者海关指定的路线行进的；

（六）载运海关监管货物的船舶、汽车不按照海关指定的路线行进的；

（七）进出境船舶和航空器，由于不可抗力被迫在未设立海关的地点停泊、降落或者在境内抛掷、起卸货物、物品，无正当理由不向附近海关报告的；

（八）无特殊原因，未将进出境船舶、火车、航空器到达的时间、停留的地点或者更换的时间、地点事先通知海关的；

（九）不按照规定接受海关对进出境运输工具、货物、物品进行检查、查验的。

第二十三条 有下列行为之一的，予以警告，可以处3万元以下罚款：

（一）擅自开启或者损毁海关封志的；

（二）遗失海关制发的监管单证、手册等凭证，妨碍海关监管的；

（三）有违反海关监管规定的其他行为，致使海关不能或者中断对进出境运输工具、物品实施监管的。

第二十四条 伪造、变造、买卖海关单证的，处5万元以上50万元以下罚款，有违法所得的，没收违法所得；构成犯罪的，依法追究刑事责任。

第二十五条 进出口侵犯中华人民共和国法律、行政法规保护的知识产权的货物的，没收侵权货物，并处货物价值30%以下罚款；构成犯罪的，依法追究刑事责任。

需要向海关申报知识产权状况，进出口货物收发货人及其代理人未按照规定向海关如实申报有关知识产权状况，或者未提交合法使用有关知识产权的证明文件的，可以处5万元以下罚款。

第二十六条 报关企业、报关人员和海关准予从事海关监管货物的运输、储存、加工、装配、寄售、展示等业务的企业，有下列情形之一的，责令改正，给予警告，可以暂停其6个月以内从事有关业务或者执业：

（一）拖欠税款或者不履行纳税义务的；

（二）报关企业出让其名义供他人办理进出口货物报关纳税事宜的；

（三）损坏或者丢失海关监管货物，不能提供正当理由的；

（四）有需要暂停其从事有关业务或者执业的其他违法行为的。

第二十七条 报关企业、报关人员和海关准予从事海关监管货物的运输、储存、加工、装配、寄售、展示等业务的企业，有下列情形之一的，海关可以撤销其注册登记、取消其报关从业资格：

（一）1年内3人次以上被海关暂停执业的；

（二）被海关暂停从事有关业务或者执业，恢复从事有关业务或者执业后1年内再次发生本实施条例第二十六条规定情形的；

（三）有需要撤销其注册登记或者取消其报关从业资格的其他违法行为的。

第二十八条 报关企业、报关人员非法代理他人报关或者超出海关准予的从业范围进行报关活动的,责令改正,处5万元以下罚款,暂停其6个月以内从事报关业务或者执业;情节严重的,撤销其报关注册登记、取消其报关从业资格。

第二十九条 进出口货物收发货人、报关企业、报关人员向海关工作人员行贿的,撤销其报关注册登记、取消其报关从业资格,并处10万元以下罚款;构成犯罪的,依法追究刑事责任,并不得重新注册登记为报关企业和取得报关从业资格。

第三十条 未经海关注册登记和未取得报关从业资格从事报关业务的,予以取缔,没收违法所得,可以并处10万元以下罚款。

第三十一条 提供虚假资料骗取海关注册登记、报关从业资格的,撤销其注册登记、取消其报关从业资格,并处30万元以下罚款。

第三十二条 法人或者其他组织有违反海关法的行为,除处罚该法人或者组织外,对其主管人员和直接责任人员予以警告,可以处5万元以下罚款,有违法所得的,没收违法所得。

第四章 对违反海关法行为的调查

第三十三条 海关发现公民、法人或者其他组织有依法应当由海关给予行政处罚的行为的,应当立案调查。

第三十四条 海关立案后,应当全面、客观、公正、及时地进行调查、收集证据。

海关调查、收集证据,应当按照法律、行政法规及其他有关规定的要求办理。

海关调查、收集证据时,海关工作人员不得少于2人,并应当向被调查人出示证件。

调查、收集的证据涉及国家秘密、商业秘密或者个人隐私的,海关应当保守秘密。

第三十五条 海关依法检查走私嫌疑人的身体,应当在隐蔽的场所或者非检查人员的视线之外,由2名以上与被检查人同性别的海关工作人员执行。

走私嫌疑人应当接受检查,不得阻挠。

第三十六条 海关依法检查运输工具和场所,查验货物、物品,应当制作检查、查验记录。

第三十七条 海关依法扣留走私犯罪嫌疑人,应当制发扣留走私犯罪嫌疑人决定书。对走私犯罪嫌疑人,扣留时间不超过24小时,在特殊情况下可以延长至48小时。

海关应当在法定扣留期限内对被扣留人进行审查。排除犯罪嫌疑或者法定扣留期限届满的,应当立即解除扣留,并制发解除扣留决定书。

第三十八条 下列货物、物品、运输工具及有关账册、单据等资料,海关可以依法扣留:

(一)有走私嫌疑的货物、物品、运输工具;

(二)违反海关法或者其他有关法律、行政法规的货物、物品、运输工具;

(三)与违反海关法或者其他有关法律、行政法规的货物、物品、运输工具有牵连的账册、单据等资料;

(四)法律、行政法规规定可以扣留的其他货物、物品、运输工具及有关账册、单据等资料。

第三十九条 有违法嫌疑的货物、物品、运输工具无法或者不便扣留的,当事人或者运输工具负责人应当向海关提供等值的担保,未提供等值担保的,海关可以扣留当事人等值的其他财产。

第四十条 海关扣留货物、物品、运输工具以及账册、单据等资料的期限不得超过1年。因案件调查需要,经直属海关关长或者其授权的隶属海关关长批准,可以延长,延长期限不得超过1年。但复议、诉讼期间不计算在内。

第四十一条 有下列情形之一的,海关应当及时解除扣留:

(一)排除违法嫌疑的;

(二)扣留期限、延长期限届满的;

(三)已经履行海关行政处罚决定的;

（四）法律、行政法规规定应当解除扣留的其他情形。

第四十二条 海关依法扣留货物、物品、运输工具、其他财产以及账册、单据等资料，应当制发海关扣留凭单，由海关工作人员、当事人或者其代理人、保管人、见证人签字或者盖章，并可以加施海关封志。加施海关封志的，当事人或者其代理人、保管人应当妥善保管。

海关解除对货物、物品、运输工具、其他财产以及账册、单据等资料的扣留，或者发还等值的担保，应当制发海关解除扣留通知书、海关解除担保通知书，并由海关工作人员、当事人或者其代理人、保管人、见证人签字或者盖章。

第四十三条 海关查问违法嫌疑人或者询问证人，应当个别进行，并告知其权利和作伪证应当承担的法律责任。违法嫌疑人、证人必须如实陈述、提供证据。

海关查问违法嫌疑人或者询问证人应当制作笔录，并当场交其辨认，没有异议的，立即签字确认；有异议的，予以更正后签字确认。

严禁刑讯逼供或者以威胁、引诱、欺骗等非法手段收集证据。

海关查问违法嫌疑人，可以到违法嫌疑人的所在单位或者住处进行，也可以要求其到海关或者海关指定的地点进行。

第四十四条 海关收集的物证、书证应当是原物、原件。收集原物、原件确有困难的，可以拍摄、复制，并可以指定或者委托有关单位或者个人对原物、原件予以妥善保管。

海关收集物证、书证，应当开列清单，注明收集的日期，由有关单位或者个人确认后签字或者盖章。

海关收集电子数据或者录音、录像等视听资料，应当收集原始载体。收集原始载体确有困难的，可以收集复制件，注明制作方法、制作时间、制作人等，并由有关单位或者个人确认后签字或者盖章。

第四十五条 根据案件调查需要，海关可以对有关货物、物品进行取样化验、鉴定。

海关提取样品时，当事人或者其代理人应当到场；当事人或者其代理人未到场的，海关应当邀请见证人到场。提取的样品，海关应当予以加封，并由海关工作人员及当事人或者其代理人、见证人确认后签字或者盖章。

化验、鉴定应当交由海关化验鉴定机构或者委托国家认可的其他机构进行。

化验人、鉴定人进行化验、鉴定后，应当出具化验报告、鉴定结论，并签字或者盖章。

第四十六条 根据海关法有关规定，海关可以查询案件涉嫌单位和涉嫌人员在金融机构、邮政企业的存款、汇款。

海关查询案件涉嫌单位和涉嫌人员在金融机构、邮政企业的存款、汇款，应当出示海关协助查询通知书。

第四十七条 海关依法扣留的货物、物品、运输工具，在人民法院判决或者海关行政处罚决定作出之前，不得处理。但是，危险品或者鲜活、易腐、易烂、易失效、易变质等不宜长期保存的货物、物品以及所有人申请先行变卖的货物、物品、运输工具，经直属海关关长或者其授权的隶属海关关长批准，可以先行依法变卖，变卖所得价款由海关保存，并通知其所有人。

第四十八条 当事人有权根据海关法的规定要求海关工作人员回避。

第五章 海关行政处罚的决定和执行

第四十九条 海关作出暂停从事有关业务、暂停报关执业、撤销海关注册登记、取消报关从业资格、对公民处 1 万元以上罚款、对法人或者其他组织处 10 万元以上罚款、没收有关货物、物品、走私运输工具等行政处罚决定之前，应当告知当事人有要求举行听证的权利；当事人要求听证的，海关应当组织听证。

行政处罚

海关行政处罚听证办法由海关总署制定。

第五十条 案件调查终结,海关关长应当对调查结果进行审查,根据不同情况,依法作出决定。

对情节复杂或者重大违法行为给予较重的行政处罚,应当由海关案件审理委员会集体讨论决定。

第五十一条 同一当事人实施了走私和违反海关监管规定的行为且二者之间有因果关系的,依照本实施条例对走私行为的规定从重处罚,对其违反海关监管规定的行为不再另行处罚。

同一当事人就同一批货物、物品分别实施了2个以上违反海关监管规定的行为且二者之间有因果关系的,依照本实施条例分别规定的处罚幅度,择其重者处罚。

第五十二条 对2个以上当事人共同实施的违法行为,应当区别情节及责任,分别给予处罚。

第五十三条 有下列情形之一的,应当从重处罚:

(一)因走私被判处刑罚或者被海关行政处罚后在2年内又实施走私行为的;

(二)因违反海关监管规定被海关行政处罚后在1年内又实施同一违反海关监管规定的行为的;

(三)有其他依法应当从重处罚的情形的。

第五十四条 海关对当事人违反海关法的行为依法给予行政处罚的,应当制作行政处罚决定书。

对同一当事人实施的2个以上违反海关法的行为,可以制发1份行政处罚决定书。

对2个以上当事人分别实施的违反海关法的行为,应当分别制发行政处罚决定书。

对2个以上当事人共同实施的违反海关法的行为,应当制发1份行政处罚决定书,区别情况对各当事人分别予以处罚,但需另案处理的除外。

第五十五条 行政处罚决定书应当依照有关法律规定送达当事人。

依法予以公告送达的,海关应当将行政处罚决定书的正本张贴在海关公告栏内,并在报纸上刊登公告。

第五十六条 海关作出没收货物、物品、走私运输工具的行政处罚决定,有关货物、物品、走私运输工具无法或者不便没收的,海关应当追缴上述货物、物品、走私运输工具的等值价款。

第五十七条 法人或者其他组织实施违反海关法的行为后,有合并、分立或者其他资产重组情形的,海关应当以原法人、组织作为当事人。

对原法人、组织处以罚款、没收违法所得或者依法追缴货物、物品、走私运输工具的等值价款的,应当以承受其权利义务的法人、组织作为被执行人。

第五十八条 罚款、违法所得和依法追缴的货物、物品、走私运输工具的等值价款,应当在海关行政处罚决定规定的期限内缴清。

当事人按期履行行政处罚决定、办结海关手续的,海关应当及时解除其担保。

第五十九条 受海关处罚的当事人或者其法定代表人、主要负责人应当在出境前缴清罚款、违法所得和依法追缴的货物、物品、走私运输工具的等值价款。在出境前未缴清上述款项的,应当向海关提供相当于上述款项的担保。未提供担保,当事人是自然人的,海关可以通知出境管理机关阻止其出境;当事人是法人或者其他组织的,海关可以通知出境管理机关阻止其法定代表人或者主要负责人出境。

第六十条 当事人逾期不履行行政处罚决定的,海关可以采取下列措施:

(一)到期不缴纳罚款的,每日按罚款数额的3%加处罚款;

(二)根据海关法规定,将扣留的货物、物品、运输工具变价抵缴,或者以当事人提供的担保抵缴;

(三)申请人民法院强制执行。

第六十一条 当事人确有经济困难，申请延期或者分期缴纳罚款的，经海关批准，可以暂缓或者分期缴纳罚款。

当事人申请延期或者分期缴纳罚款的，应当以书面形式提出，海关收到申请后，应当在10个工作日内作出决定，并通知申请人。海关同意当事人暂缓或者分期缴纳的，应当及时通知收缴罚款的机构。

第六十二条 有下列情形之一的，有关货物、物品、违法所得、运输工具、特制设备由海关予以收缴：

（一）依照《中华人民共和国行政处罚法》第二十五条、第二十六条规定不予行政处罚的当事人携带、邮寄国家禁止进出境的货物、物品进出境的；

（二）散发性邮寄国家禁止、限制进出境的物品进出境或者携带数量零星的国家禁止进出境的物品进出境，依法可以不予行政处罚的；

（三）依法应当没收的货物、物品、违法所得、走私运输工具、特制设备，在海关作出行政处罚决定前，作为当事人的自然人死亡或者作为当事人的法人、其他组织终止，且无权利义务承受人的；

（四）走私违法事实基本清楚，但当事人无法查清，自海关公告之日起满3个月的；

（五）有违反法律、行政法规，应当予以收缴的其他情形的。

海关收缴前款规定的货物、物品、违法所得、运输工具、特制设备，应当制发清单，由被收缴人或者其代理人、见证人签字或者盖章。被收缴人无法查清且无见证人的，应当予以公告。

第六十三条 人民法院判决没收的走私货物、物品、违法所得、走私运输工具、特制设备，或者海关决定没收、收缴的货物、物品、违法所得、走私运输工具、特制设备，由海关依法统一处理，所得价款和海关收缴的罚款，全部上缴中央国库。

第六章 附 则

第六十四条 本实施条例下列用语的含义是：

“设立海关的地点”，指海关在港口、车站、机场、国界孔道、国际邮件互换局（交换站）等海关监管区设立的卡口，海关在保税区、出口加工区等海关特殊监管区域设立的卡口，以及海关在海上设立的中途监管站。

“许可证件”，指依照国家有关规定，当事人应当事先申领，并由国家有关主管部门颁发的准予进口或者出口的证明、文件。

“合法证明”，指船舶及所载人员依照国家有关规定或者依照国际运输惯例所必须持有的证明其运输、携带、收购、贩卖所载货物、物品真实、合法、有效的商业单证、运输单证及其他有关证明、文件。

“物品”，指个人以运输、携带等方式进出境的行李物品、邮寄进出境的物品，包括货币、金银等。超出自用、合理数量的，视为货物。

“自用”，指旅客或者收件人本人自用、馈赠亲友而非为出售或者出租。

“合理数量”，指海关根据旅客或者收件人的情况、旅行目的和居留时间所确定的正常数量。

“货物价值”，指进出口货物的完税价格、关税、进口环节海关代征税之和。

“物品价值”，指进出境物品的完税价格、进口税之和。

“应纳税款”，指进出口货物、物品应当缴纳的进出口关税、进口环节海关代征税之和。

“专门用于走私的运输工具”，指专为走私而制造、改造、购买的运输工具。

“以上”、“以下”、“以内”、“届满”，均包括本数在内。

第六十五条 海关对外国人、无国籍人、外国企业或者其他组织给予行政处罚的，适用本实施条例。

第六十六条 国家禁止或者限制进出口的货物目录，由国务院对外贸易主管部门依照《中华人民共和国对外贸易法》的规定办理;国家禁止或者限制进出境的物品目录,由海关总署公布。

第六十七条 依照海关规章给予行政处罚的,应当遵守本实施条例规定的程序。

第六十八条 本实施条例自2004年11月1日起施行。1993年2月17日国务院批准修订、1993年4月1日海关总署发布的《中华人民共和国海关法行政处罚实施细则》同时废止。

财政违法行为处罚处分条例

(2004年11月30日国务院令第427号公布 根据2011年1月8日《国务院关于废止和修改部分行政法规的决定》修订)

第一条 为了纠正财政违法行为,维护国家财政经济秩序,制定本条例。

第二条 县级以上人民政府财政部门及审计机关在各自职权范围内,依法对财政违法行为作出处理、处罚决定。

省级以上人民政府财政部门的派出机构,应当在规定职权范围内,依法对财政违法行为作出处理、处罚决定;审计机关的派出机构,应当根据审计机关的授权,依法对财政违法行为作出处理、处罚决定。

根据需要,国务院可以依法调整财政部门及其派出机构(以下统称财政部门)、审计机关及其派出机构(以下统称审计机关)的职权范围。

有财政违法行为的单位,其直接负责的主管人员和其他直接责任人员,以及有财政违法行为的个人,属于国家公务员的,由监察机关及其派出机构(以下统称监察机关)或者任免机关依照人事管理权限,依法给予行政处分。

第三条 财政收入执收单位及其工作人员有下列违反国家财政收入管理规定的行为之一的,责令改正,补收应当收取的财政收入,限期退还违法所得。对单位给予警告或者通报批评。对直接负责的主管人员和其他直接责任人员给予警告、记过或者记大过处分;情节严重的,给予降级或者撤职处分:

(一)违反规定设立财政收入项目;

(二)违反规定擅自改变财政收入项目的范围、标准、对象和期限;

(三)对已明令取消、暂停执行或者降低标准的财政收入项目,仍然依照原定项目、标准征收或者变换名称征收;

(四)缓收、不收财政收入;

(五)擅自将预算收入转为预算外收入;

(六)其他违反国家财政收入管理规定的行为。

《中华人民共和国税收征收管理法》等法律、行政法规另有规定的,依照其规定给予行政处分。

第四条 财政收入执收单位及其工作人员有下列违反国家财政收入上缴规定的行为之一的,责令改正,调整有关会计账目,收缴应当上缴的财政收入,限期退还违法所得。对单位给予警告或者通报批评。对直接负责的主管人员和其他直接责任人员给予记大过处分;情节较重的,给予降级或者撤职处分;情节严重的,给予开除处分:

(一)隐瞒应当上缴的财政收入;

(二)滞留、截留、挪用应当上缴的财政收入;

(三)坐支应当上缴的财政收入;

(四)不依照规定的财政收入预算级次、预算科目入库;

(五)违反规定退付国库库款或者财政专户资金;

(六)其他违反国家财政收入上缴规定的行为。

《中华人民共和国税收征收管理法》、《中华人民共和国预算法》等法律、行政法规另有规定的,依照其规定给予行政处分。

第五条 财政部门、国库机构及其工作人员有下列违反国家有关上解、下拨财政资金规定的行为之一的,责令改正,限期退还违法所得。对单位给予警告或者通报批评。对直接负责的主管人员和其他直接责任人员给予记过或者记大过处分;情节较重的,给予降级或者撤职处分;情节严重的,给予开除处分:

(一)延解、占压应当上解的财政收入;

(二)不依照预算或者用款计划核拨财政资金;

(三)违反规定收纳、划分、留解、退付国库库款或者财政专户资金;

(四)将应当纳入国库核算的财政收入放在财政专户核算;

(五)擅自动用国库库款或者财政专户资金;

(六)其他违反国家有关上解、下拨财政资金规定的行为。

第六条 国家机关及其工作人员有下列违反规定使用、骗取财政资金的行为之一的,责令改正,调整有关会计账目,追回有关财政资金,限期退还违法所得。对单位给予警告或者通报批评。对直接负责的主管人员和其他直接责任人员给予记大过处分;情节较重的,给予降级或者撤职处分;情节严重的,给予开除处分:

(一)以虚报、冒领等手段骗取财政资金;

(二)截留、挪用财政资金;

(三)滞留应当下拨的财政资金;

(四)违反规定扩大开支范围,提高开支标准;

(五)其他违反规定使用、骗取财政资金的行为。

第七条 财政预决算的编制部门和预算执行部门及其工作人员有下列违反国家有关预算管理规定的行为之一的,责令改正,追回有关款项,限期调整有关预算科目和预算级次。对单位给予警告或者通报批评。对直接负责的主管人员和其他直接责任人员给予警告、记过或者记大过处分;情节较重的,给予降级处分;情节严重的,给予撤职处分:

(一)虚增、虚减财政收入或者财政支出;

(二)违反规定编制、批复预算或者决算;

(三)违反规定调整预算;

(四)违反规定调整预算级次或者预算收支种类;

(五)违反规定动用预算预备费或者挪用预算周转金;

(六)违反国家关于转移支付管理规定的行为;

(七)其他违反国家有关预算管理规定的行为。

第八条 国家机关及其工作人员违反国有资产管理的规定,擅自占有、使用、处置国有资产的,责令改正,调整有关会计账目,限期退还违法所得和被侵占的国有资产。对单位给予警告或者通报批评。对直接负责的主管人员和其他直接责任人员给予记大过处分;情节较重的,给予降级或者撤职处分;情节严重的,给予开除处分。

第九条 单位和个人有下列违反国家有关投资建设项目规定的行为之一的,责令改正,调整有关会计账目,追回被截留、挪用、骗取的国家建设资金,没收违法所得,核减或者停止拨付工程投资。对单位给予警告或者通报批评,其直接负责的主管人员和其他直接责任人员属于国家公务员的,给予记大过处分;情节较重的,给予降级或者撤职处分;情节严重的,给予开除处分:

行政处罚

（一）截留、挪用国家建设资金；

（二）以虚报、冒领、关联交易等手段骗取国家建设资金；

（三）违反规定超概算投资；

（四）虚列投资完成额；

（五）其他违反国家投资建设项目有关规定的行为。

《中华人民共和国政府采购法》、《中华人民共和国招标投标法》、《国家重点建设项目管理办法》等法律、行政法规另有规定的，依照其规定处理、处罚。

第十条 国家机关及其工作人员违反《中华人民共和国担保法》及国家有关规定，擅自提供担保的，责令改正，没收违法所得。对单位给予警告或者通报批评。对直接负责的主管人员和其他直接责任人员给予警告、记过或者记大过处分；造成损失的，给予降级或者撤职处分；造成重大损失的，给予开除处分。

第十一条 国家机关及其工作人员违反国家有关账户管理规定，擅自在金融机构开立、使用账户的，责令改正，调整有关会计账目，追回有关财政资金，没收违法所得，依法撤销擅自开立的账户。对单位给予警告或者通报批评。对直接负责的主管人员和其他直接责任人员给予降级处分；情节严重的，给予撤职或者开除处分。

第十二条 国家机关及其工作人员有下列行为之一的，责令改正，调整有关会计账目，追回被挪用、骗取的有关资金，没收违法所得。对单位给予警告或者通报批评。对直接负责的主管人员和其他直接责任人员给予降级处分；情节较重的，给予撤职处分；情节严重的，给予开除处分：

（一）以虚报、冒领等手段骗取政府承贷或者担保的外国政府贷款、国际金融组织贷款；

（二）滞留政府承贷或者担保的外国政府贷款、国际金融组织贷款；

（三）截留、挪用政府承贷或者担保的外国政府贷款、国际金融组织贷款；

（四）其他违反规定使用、骗取政府承贷或者担保的外国政府贷款、国际金融组织贷款的行为。

第十三条 企业和个人有下列不缴或者少缴财政收入行为之一的，责令改正，调整有关会计账目，收缴应当上缴的财政收入，给予警告，没收违法所得，并处不缴或者少缴财政收入 10% 以上 30% 以下的罚款；对直接负责的主管人员和其他直接责任人员处 3000 元以上 5 万元以下的罚款：

（一）隐瞒应当上缴的财政收入；

（二）截留代收的财政收入；

（三）其他不缴或者少缴财政收入的行为。

属于税收方面的违法行为，依照有关税收法律、行政法规的规定处理、处罚。

第十四条 企业和个人有下列行为之一的，责令改正，调整有关会计账目，追回违反规定使用、骗取的有关资金，给予警告，没收违法所得，并处被骗取有关资金 10% 以上 50% 以下的罚款或者被违规使用有关资金 10% 以上 30% 以下的罚款；对直接负责的主管人员和其他直接责任人员处 3000 元以上 5 万元以下的罚款：

（一）以虚报、冒领等手段骗取财政资金以及政府承贷或者担保的外国政府贷款、国际金融组织贷款；

（二）挪用财政资金以及政府承贷或者担保的外国政府贷款、国际金融组织贷款；

（三）从无偿使用的财政资金以及政府承贷或者担保的外国政府贷款、国际金融组织贷款中非法获益；

（四）其他违反规定使用、骗取财政资金以及政府承贷或者担保的外国政府贷款、国际金融组织贷款的行为。

属于政府采购方面的违法行为，依照《中华人民共和国政府采购法》及有关法律、行政法规的规定处理、处罚。

第十五条 事业单位、社会团体、其他社会组织及其工作人员有财政违法行为的，依照本条例有关国家机关的规定执行；但其在经营活动中的财政违法行为，依照本条例第十三条、第十四条的规定执行。

第十六条 单位和个人有下列违反财政收入票据管理规定的行为之一的，销毁非法印制的票据，没收违法所得和作案工具。对单位处5000元以上10万元以下的罚款；对直接负责的主管人员和其他直接责任人员处3000元以上5万元以下的罚款。属于国家公务员的，还应当给予降级或者撤职处分；情节严重的，给予开除处分：

（一）违反规定印制财政收入票据；

（二）转借、串用、代开财政收入票据；

（三）伪造、变造、买卖、擅自销毁财政收入票据；

（四）伪造、使用伪造的财政收入票据监（印）制章；

（五）其他违反财政收入票据管理规定的行为。

属于税收收入票据管理方面的违法行为，依照有关税收法律、行政法规的规定处理、处罚。

第十七条 单位和个人违反财务管理的规定，私存私放财政资金或者其他公款的，责令改正，调整有关会计账目，追回私存私放的资金，没收违法所得。对单位处3000元以上5万元以下的罚款；对直接负责的主管人员和其他直接责任人员处2000元以上2万元以下的罚款。属于国家公务员的，还应当给予记大过处分；情节严重的，给予降级或者撤职处分。

第十八条 属于会计方面的违法行为，依照会计方面的法律、行政法规的规定处理、处罚。对其直接负责的主管人员和其他直接责任人员，属于国家公务员的，还应当给予警告、记过或者记大过处分；情节较重的，给予降级或者撤职处分；情节严重的，给予开除处分。

第十九条 属于行政性收费方面的违法行为，《中华人民共和国行政许可法》、《违反行政事业性收费和罚没收入收支两条线管理规定行政处分暂行规定》等法律、行政法规及国务院另有规定的，有关部门依照其规定处理、处罚、处分。

第二十条 单位和个人有本条例规定的财政违法行为，构成犯罪的，依法追究刑事责任。

第二十一条 财政部门、审计机关、监察机关依法进行调查或者检查时，被调查、检查的单位和个人应当予以配合，如实反映情况，不得拒绝、阻挠、拖延。

违反前款规定的，责令限期改正。逾期不改正的，对属于国家公务员的直接负责的主管人员和其他直接责任人员，给予警告、记过或者记大过处分；情节严重的，给予降级或者撤职处分。

第二十二条 财政部门、审计机关、监察机关依法进行调查或者检查时，经县级以上人民政府财政部门、审计机关、监察机关的负责人批准，可以向与被调查、检查单位有经济业务往来的单位查询有关情况，可以向金融机构查询被调查、检查单位的存款，有关单位和金融机构应当配合。

财政部门、审计机关、监察机关在依法进行调查或者检查时，执法人员不得少于2人，并应当向当事人或者有关人员出示证件；查询存款时，还应当持有县级以上人民政府财政部门、审计机关、监察机关签发的查询存款通知书，并负有保密义务。

第二十三条 财政部门、审计机关、监察机关依法进行调查或者检查时，在有关证据可能灭失或者以后难以取得的情况下，经县级以上人民政府财政部门、审计机关、监察机关的负责人批准，可以先行登记保存，并应当在7日内及时作出处理决定。在此期间，当事人或者有关人员不得销毁或者转移证据。

第二十四条 对被调查、检查单位或者个人正在进行的财政违法行为，财政部门、审计机关应当责令停止。拒不执行的，财政部门可以暂停财政拨款或者停止拨付与财政违法行为直接有关的款项，已经拨付的，责令其暂停使用；审计机关可以通知财政部门或者其他有关主管部门暂停财政拨款或者停止拨付与财政违法行为直接有关的款项，已经拨付的，责令其暂停使用，财政部门和其他有关主管部门应当将结果书面告知审计机关。

第二十五条 依照本条例规定限期退还的违法所得，到期无法退还的，应当收缴国库。

第二十六条 单位和个人有本条例所列财政违法行为，财政部门、审计机关、监察机关可以公告其财政违法行为及处理、处罚、处分决定。

第二十七条 单位和个人有本条例所列财政违法行为，弄虚作假骗取荣誉称号及其他有关奖励的，应当撤销其荣誉称号并收回有关奖励。

第二十八条 财政部门、审计机关、监察机关的工作人员滥用职权、玩忽职守、徇私舞弊的，给予警告、记过或者记大过处分；情节较重的，给予降级或者撤职处分；情节严重的，给予开除处分。构成犯罪的，依法追究刑事责任。

第二十九条 财政部门、审计机关、监察机关及其他有关监督检查机关对有关单位或者个人依法进行调查、检查后，应当出具调查、检查结论。有关监督检查机关已经作出的调查、检查结论能够满足其他监督检查机关履行本机关职责需要的，其他监督检查机关应当加以利用。

第三十条 财政部门、审计机关、监察机关及其他有关机关应当加强配合，对不属于其职权范围的事项，应当依法移送。受移送机关应当及时处理，并将结果书面告知移送机关。

第三十一条 对财政违法行为作出处理、处罚和处分决定的程序，依照本条例和《中华人民共和国行政处罚法》、《中华人民共和国行政监察法》等有关法律、行政法规的规定执行。

第三十二条 单位和个人对处理、处罚不服的，依照《中华人民共和国行政复议法》、《中华人民共和国行政诉讼法》的规定申请复议或者提起诉讼。

国家公务员对行政处分不服的，依照《中华人民共和国行政监察法》、《中华人民共和国公务员法》等法律、行政法规的规定提出申诉。

第三十三条 本条例所称“财政收入执收单位”，是指负责收取税收收入和各种非税收入的单位。

第三十四条 对法律、法规授权的具有管理公共事务职能的组织以及国家行政机关依法委托的组织及其工勤人员以外的工作人员，企业、事业单位、社会团体中由国家行政机关以委任、派遣等形式任命的人员以及其他人员有本条例规定的财政违法行为，需要给予处分的，参照本条例有关规定执行。

第三十五条 本条例自2005年2月1日起施行。1987年6月16日国务院发布的《国务院关于违反财政法规处罚的暂行规定》同时废止。

中华人民共和国海上海事行政处罚规定

（2015年5月29日交通运输部令2015年第8号公布　自2015年7月1日起施行）

第一章　总　　则

第一条 为规范海上海事行政处罚行为，保护当事人的合法权益，保障和监督海上海事行政管理，维护海上交通秩序，防止船舶污染水域，根据《海上交通安全法》、《海洋环境保护法》、《行政处罚法》及其他有关法律、行政法规，制定本规定。

第二条 对在中华人民共和国（简称中国）管辖沿海水域及相关陆域发生的，或者在中国管辖沿海水域及相关陆域外但属于中国籍的海船发生的违反海事行政管理秩序的行为实施海事行政处罚，适用本规定。

中国籍船员在中国管辖沿海水域及相关陆域外违反海事行政管理秩序，并且按照中国有关法律、行政法规应当处以行政处罚的行为实施海事行政处罚，适用本规定。

第三条 实施海事行政处罚,应当遵循合法、公开、公正,处罚与教育相结合的原则。

第四条 海事行政处罚,由海事管理机构依法实施。

第二章 海事行政处罚的适用

第五条 海事管理机构实施海事行政处罚时,应当责令当事人改正或者限期改正海事行政违法行为。

第六条 对有两个或者两个以上海事行政违法行为的同一当事人,应当分别处以海事行政处罚,合并执行。

对有共同海事行政违法行为的当事人,应当分别处以海事行政处罚。

第七条 实施海事行政处罚,应当与海事行政违法行为的事实、性质、情节以及社会危害程度相适应。

第八条 海事行政违法行为的当事人有下列情形之一的,应当依照《行政处罚法》第二十七条的规定,从轻或者减轻给予海事行政处罚:

(一)主动消除或者减轻海事行政违法行为危害后果的;

(二)受他人胁迫实施海事行政违法行为的;

(三)配合海事管理机构查处海事行政违法行为有立功表现的;

(四)法律、行政法规规定应当依法从轻或者减轻行政处罚的情形。

海事行政违法行为轻微并及时得到纠正,没有造成危害后果的,不予海事行政处罚。

本条第一款所称依法从轻给予海事行政处罚,是指在法定的海事行政处罚种类、幅度范围内给予较轻的海事行政处罚。

本条第一款所称依法减轻给予海事行政处罚,是指在法定的海事行政处罚种类、幅度最低限以下给予海事行政处罚。

有海事行政违法行为的中国籍船舶和船员在境外已经受到处罚的,不得重复给予海事行政处罚。

第九条 海事行政违法行为的当事人有下列情形之一的,应当从重处以海事行政处罚:

(一)造成较为严重后果或者情节恶劣;

(二)一年内因同一海事行政违法行为受过海事行政处罚;

(三)胁迫、诱骗他人实施海事行政违法行为;

(四)伪造、隐匿、销毁海事行政违法行为证据;

(五)拒绝接受或者阻挠海事管理机构实施监督管理;

(六)法律、行政法规规定应当从重处以海事行政处罚的其他情形。

本条第一款所称从重给予海事行政处罚,是指在法定的海事行政处罚种类、幅度范围内给予较重的海事行政处罚。

本条第一款第(二)项所称的一年内是指自该违法行为发生日之前12个月内。

第十条 对当事人的同一个海事行政违法行为,不得给予两次以上海事行政处罚。

当事人未按照海事管理机构规定的期限和要求改正海事行政违法行为的,属于新的海事行政违法行为。

第三章 海事行政违法行为和行政处罚

第一节 违反安全营运管理秩序

第十一条 违反船舶安全营运管理秩序,有下列行为之一的,对船舶所有人或者船舶经营人处以5000元以上3万元以下罚款:

（一）未按规定取得安全营运与防污染管理体系符合证明或者临时符合证明从事航行或者其他有关活动；

（二）隐瞒事实真相或者提供虚假材料或者以其他不正当手段骗取安全营运与防污染管理体系符合证明或者临时符合证明；

（三）伪造、变造安全营运与防污染管理体系审核的符合证明或者临时符合证明；

（四）转让、买卖、租借、冒用安全营运与防污染管理体系审核的符合证明或者临时符合证明。

第十二条 违反船舶安全营运管理秩序，有下列行为之一的，对船舶所有人或者船舶经营人处以5000元以上3万元以下罚款；对船长处以2000元以上2万元以下的罚款，情节严重的，并给予扣留船员适任证书6个月至24个月直至吊销船员适任证书的处罚：

（一）未按规定取得船舶安全管理证书或者临时船舶安全管理证书从事航行或者其他有关活动；

（二）隐瞒事实真相或者提供虚假材料或者以其他不正当手段骗取船舶安全管理证书或者临时船舶安全管理证书；

（三）伪造、变造船舶安全管理证书或者临时船舶安全管理证书；

（四）转让、买卖、租借、冒用船舶安全管理证书或者临时船舶安全管理证书。

第十三条 违反安全营运管理秩序，有下列情形之一，造成严重后果的，对船舶所有人或者船舶经营人吊销安全营运与防污染管理体系（临时）符合证明：

（一）不掌控船舶安全配员；

（二）不掌握船舶动态；

（三）不掌握船舶装载情况；

（四）船舶管理人不实际履行安全管理义务；

（五）安全管理体系运行存在重大问题。

第二节 违反船舶、海上设施检验和登记管理秩序

第十四条 违反《海上交通安全法》第四条的规定，船舶和船舶上有关航行安全、防治污染等重要设备无相应的有效的检验证书的，依照《海上交通安全法》第四十四条的规定，对船舶所有人或者船舶经营人处以2000元以上3万元以下罚款。

本条前款所称船舶和船舶上有关重要设备无相应的有效的检验证书，包括下列情形：

（一）没有取得相应的检验证书；

（二）持有的检验证书属于伪造、变造、转让、买卖或者租借的；

（三）持有的检验证书失效；

（四）检验证书损毁、遗失但不按照规定补办。

第十五条 违反《海上交通安全法》第十六条规定，大型设施和移动式平台的海上拖带，未经船舶检验机构进行拖航检验，并报海事管理机构核准，依照《海上交通安全法》第四十四条的规定，对船舶、设施所有人或者经营人处以2000元以上2万元以下罚款，对船长处以1000元以上1万元以下罚款，并扣留船员适任证书6个月至12个月，对设施主要负责人处以1000元以上1万元以下罚款。

第十六条 违反《海上交通安全法》第十七条规定，船舶的实际状况同船舶检验证书所载不相符合，船舶未按照海事管理机构的要求申请重新检验或者采取有效的安全措施，依照《海上交通安全法》第四十四条的规定，对船舶所有人或者船舶经营人处以2000元以上3万元以下罚款；对船长处以1000元以上1万元以下罚款，并扣留船员适任证书6个月至12个月。

第十七条 船舶检验机构的检验人员违反《船舶和海上设施检验条例》的规定，有下列行为之

一的，依照《船舶和海上设施检验条例》第二十八条的规定，按其情节给予警告、吊销验船人员注册证书的处罚：

（一）超越职权范围进行船舶、设施检验；

（二）未按照规定的检验规范进行船舶、设施检验；

（三）未按照规定的检验项目进行船舶、设施检验；

（四）未按照规定的检验程序进行船舶、设施检验；

（五）所签发的船舶检验证书或者检验报告与船舶、设施的实际情况不符。

第十八条 违反《海上交通安全法》第五条的规定，船舶未持有有效的船舶国籍证书航行的，依照《海上交通安全法》第四十四条的规定，对船舶所有人或者船舶经营人处以3000元以上2万元以下罚款；对船长处以2000元以上2万元以下的罚款，情节严重的，并给予扣留船员适任证书6个月至24个月直至吊销船员适任证书的处罚。

第三节 违反船员管理秩序

第十九条 违反《海上交通安全法》第七条的规定，未取得合格的船员职务证书或者未通过船员培训，擅自上船服务的，依照《海上交通安全法》第四十四条和《船员条例》第六十条的规定，责令其立即离岗，处以2000元以上2万元以下罚款，并对聘用单位处以3万元以上15万元以下罚款。

前款所称未取得合格的船员职务证书，包括下列情形：

（一）未经水上交通安全培训并取得相应合格证明；

（二）未持有船员适任证书或者其他适任证件；

（三）持采取弄虚作假的方式取得的船员职务证书；

（四）持伪造、变造的船员职务证书；

（五）持转让、买卖或者租借的船员职务证书；

（六）所服务的船舶的航区、种类和等级或者所任职务超越所持船员职务证书限定的范围；

（七）持已经超过有效期限的船员职务证书；

（八）未按照规定持有船员服务簿。

对本条第二款第（三）项、第（五）项规定的违法行为，除处以罚款外，并处吊销船员职务证书。对本条第二款第（五）项规定的持租借船员职务证书的情形，还应对船员职务证书出借人处以2000元以上2万元以下罚款。

对本条第二款第（四）项规定的违法行为，除处以罚款外，并收缴相关证书。

对本条第二款第（六）项规定的违法行为，除处以罚款外，并处扣留船员职务证书3个月至12个月。

第二十条 船员用人单位、船舶所有人有下列未按照规定招用外国籍船员在中国籍船舶上任职情形的，依照《船员条例》第六十条的规定，责令改正，并处以3万元以上15万元以下罚款：

（一）未依照法律、行政法规和国家其他有关规定取得就业许可；

（二）未持有合格的且签发国与我国签订了船员证书认可协议的船员证书；

（三）雇佣外国籍船员的航运公司未承诺承担船员权益维护的责任。

第二十一条 船员服务机构和船员用人单位未将其招用或者管理的船员的有关情况定期向海事管理机构备案的，按照《船员条例》第六十四条的规定，对责任单位处以5000元以上2万元以下罚款。

前款所称船员服务机构包括海员外派机构。

本条第一款所称船员服务机构和船员用人单位未定期向海事管理机构备案，包括下列情形：

（一）未按规定进行备案，或者备案内容不全面、不真实；

（二）未按照规定时间备案；

（三）未按照规定的形式备案。

第二十二条 违反《海上交通安全法》第八条的规定，设施未按照国家规定配备掌握避碰、信号、通信、消防、救生等专业技能的人员，依照《海上交通安全法》第四十四条的规定，对设施所有人或者设施经营人处以1000元以上1万元以下罚款；对设施主要负责人和直接责任人员处以1000元以上8000元以下罚款。

第四节 违反航行、停泊和作业管理秩序

第二十三条 违反《海上交通安全法》第六条的规定，船舶未按照标准定额配备足以保证船舶安全的合格船员，依照《海上交通安全法》第四十四条的规定，对船舶所有人或者船舶经营人处以3000元以上2万元以下罚款；对船长处以2000元以上2万元以下罚款；情节严重的，并给予扣留船员适任证书3个月至12个月的处罚。

本条第一款所称未按照标准定额配备足以保证船舶安全的合格船员，包括下列情形：

（一）船舶所配船员的数量低于船舶最低安全配员证书规定的定额要求；

（二）船舶未持有有效的船舶最低安全配员证书。

第二十四条 违反《海上交通安全法》第九条的规定，船舶、设施上的人员不遵守有关海上交通安全的规章制度和操作规程，依照《海上交通安全法》第四十四条和《船员条例》第五十七条的规定，处以1000元以上1万元以下罚款；情节严重的，并给予扣留船员适任证书6个月至24个月直至吊销船员适任证书的处罚。发生事故的，按照第二十五条的规定给予扣留或者吊销船员适任证书的处罚。

本条前款所称不遵守有关海上交通安全的规章制度，包括下列情形：

（一）在船上履行船员职务，未按照船员值班规则实施值班；

（二）未获得必要的休息上岗操作；

（三）在船上值班期间，体内酒精含量超过规定标准；

（四）在船上履行船员职务，服食影响安全值班的违禁药物；

（五）不采用安全速度航行；

（六）不按照规定的航路航行；

（七）未按照要求保持正规了望；

（八）不遵守避碰规则；

（九）不按照规定停泊、倒车、调头、追越；

（十）不按照规定显示信号；

（十一）不按照规定守听航行通信；

（十二）不按照规定保持船舶自动识别系统处于正常工作状态，或者不按照规定在船舶自动识别设备中输入准确信息，或者船舶自动识别系统发生故障未及时向海事管理机构报告；

（十三）不按照规定进行试车、试航、测速、辨校方向；

（十四）不按照规定测试、检修船舶设备；

（十五）不按照规定保持船舱良好通风或者清洁；

（十六）不按照规定使用明火；

（十七）不按照规定填写航海日志；

（十八）不按照规定采取保障人员上、下船舶、设施安全的措施；

（十九）不按照规定载运易流态化货物，或者不按照规定向海事管理机构备案。

第二十五条 违反《海上交通安全法》第九条的规定，船舶、设施上的人员不遵守有关海上交

通安全的规章制度和操作规程,造成海上交通事故的,还应当按照下列规定给予处罚:

(一)造成特别重大事故的,对负有全部责任、主要责任的船员吊销适任证书或者其他适任证件,对负有次要责任的船员扣留适任证书或者其他适任证件12个月直至吊销适任证书或者其他适任证件;责任相当的,对责任船员扣留适任证书或者其他适任证件24个月或者吊销适任证书或者其他适任证件。

(二)造成重大事故的,对负有全部责任、主要责任的船员吊销适任证书或者其他适任证件;对负有次要责任的船员扣留适任证书或者其他适任证件12个月至24个月;责任相当的,对责任船员扣留适任证书或者其他适任证件18个月或者吊销适任证书或者其他适任证件。

(三)造成较大事故的,对负有全部责任、主要责任的船员扣留船员适任证书12个月至24个月或者吊销船员适任证书,对负有次要责任的船员扣留船员适任证书6个月;责任相当的,对责任船员扣留船员适任证书12个月。

(四)造成一般事故的,对负有全部责任、主要责任的船员扣留船员适任证书9个月至12个月,对负有次要责任的船员扣留船员适任证书6个月至9个月;责任相当的,对责任船员扣留船员适任证书9个月。

第二十六条 违反《海上交通安全法》第十条的规定,船舶、设施不遵守有关法律、行政法规和规章,依照《海上交通安全法》第四十四条的规定,对船舶、设施所有人或经营人处以3000元以上1万元以下罚款;对船长或设施主要负责人处以2000元以上1万元以下罚款并对其他直接责任人员处以1000元以上1万元以下罚款;情节严重的,并给予扣留船员适任证书6个月至24个月直至吊销船员适任证书的处罚:

本条前款所称船舶、设施不遵守有关法律、行政法规和规章,包括下列情形:

(一)不按照规定检修、检测影响船舶适航性能的设备;

(二)不按照规定检修、检测通信设备和消防设备;

(三)不按照规定载运旅客、车辆;

(四)超过核定载重线载运货物;

(五)不符合安全航行条件而开航;

(六)不符合安全作业条件而作业;

(七)未按照规定进行夜航;

(八)强令船员违规操作;

(九)强令船员疲劳上岗操作;

(十)未按照船员值班规则安排船员值班;

(十一)超过核定航区航行;

(十二)未按照规定的航路行驶;

(十三)不遵守避碰规则;

(十四)不采用安全速度航行;

(十五)不按照规定停泊、倒车、调头、追越;

(十六)不按照规定进行试车、试航、测速、辨校方向;

(十七)不遵守航行、停泊和作业信号规定;

(十八)不遵守强制引航规定;

(十九)不遵守航行通信和无线电通信管理规定;

(二十)不按照规定保持船舱良好通风或者清洁;

(二十一)不按照规定采取保障人员上、下船舶、设施安全的措施;

(二十二)不遵守有关明火作业安全操作规程;

（二十三）未按照规定拖带或者非拖带船从事拖带作业；

（二十四）违反船舶并靠或者过驳有关规定；

（二十五）不按照规定填写航海日志；

（二十六）未按照规定报告船位、船舶动态；

（二十七）未按照规定标记船名、船舶识别号；

（二十八）未按照规定配备航海图书资料。

第二十七条 违反《海上交通安全法》第十一条规定，外国籍非军用船舶未经中国海事管理机构批准进入中国的内水和港口或者未按规定办理进出口岸手续，依照《海上交通安全法》第四十四条的规定，对船舶所有人或者船舶经营人处以3万元罚款，对船长处以1万元罚款。

第二十八条 违反《海上交通安全法》第十一条规定，外国籍非军用船舶进入中国的内水和港口不听从海事管理机构指挥，依照《海上交通安全法》第四十四条的规定，对船舶所有人或者船舶经营人处以警告或者2000元以上2万元以下罚款，对船长处以警告或者1000元以上1万元以下罚款。

第二十九条 违反《海上交通安全法》第十三条规定，外国籍船舶进出中国港口或者在港内航行、移泊以及靠离港外系泊点、装卸站等，不按照规定申请指派引航员引航，或者不使用按照规定指派的引航员引航的，依照《海上交通安全法》第四十四条的规定，对船舶所有人或者船舶经营人处以警告或者2000元以上1万元以下罚款，对船长处以警告或者1000元以上1万元以下罚款。

第三十条 违反《海上交通安全法》第十四条规定，船舶进出港口或者通过交通管制区、通航密集区和航行条件受到限制的区域时，不遵守中国政府或者海事管理机构公布的特别规定的，依照《海上交通安全法》第四十四条的规定，对船舶所有人或者船舶经营人处以警告或者1000元以上1万元以下罚款，对船长处以警告或者500元以上1万元以下罚款，并可扣留船员适任证书3个月至12个月。

第三十一条 违反《海上交通安全法》第十五条规定，船舶无正当理由进入或者穿越禁航区，依照《海上交通安全法》第四十四条的规定，对船舶所有人或者船舶经营人处以警告或者2000元以上1万元以下罚款，对船长处以警告或者1000元以上1万元以下罚款，并扣留船员适任证书3个月至12个月。

第三十二条 违反《海上交通安全法》第十二条规定，国际航行船舶进出中国港口，拒不接受海事管理机构的检查，依照《海上交通安全法》第四十四条的规定，对船舶所有人或者船舶经营人处以1000元以上1万元以下的罚款；情节严重的，处以1万元以上3万元以下的罚款。对船长或者其他责任人员处以100元以上1000元以下的罚款；情节严重的，处以1000元以上3000元以下的罚款，并可扣留船员适任证书6个月至12个月：

本条前款所称拒不接受海事管理机构的检查，包括下列情形：

（一）拒绝或者阻挠海事管理机构实施安全检查；

（二）中国籍船舶接受海事管理机构实施安全检查时不提交《船旗国安全检查记录簿》；

（三）在接受海事管理机构实施安全检查时弄虚作假；

（四）未按照海事管理机构的安全检查处理意见进行整改。

第三十三条 违反《海上交通安全法》第十二条的规定，中国籍国内航行船舶进出港口不按照规定办理进出港签证的，依照《海上交通安全法》第四十四条的规定，对船舶所有人或者船舶经营人处以2000元以上1万元以下罚款；对船长处以1000元以上1万元以下罚款，并可扣留船员适任证书6个月至24个月。

第三十四条 违反《港口建设费征收使用管理办法》，不按规定缴纳或少缴纳港口建设费的，依照《财政违法行为处罚处分条例》第十三条规定，责令改正，并处未缴纳或者少缴纳的港口建设费的10%以上30%以下的罚款；对直接负责的主管人员和其他责任人处以3000元以上5万元以下罚款。

对于未缴清港口建设费的国内外进出口货物，港口经营人、船舶代理公司或者货物承运人违规办理了装船或者提离港口手续的，禁止船舶离港、责令停航、改航、责令停止作业，并可对直接负责的主管人员和其他责任人处以3000元以上3万元以下罚款。

第三十五条 违反船舶港务费征收管理秩序，不按照规定及时足额缴纳船舶港务费的，由海事管理机构责令限期缴纳，并从结算的次日起，按日核收应缴船舶港务费5‰的滞纳金；对偷缴、抗缴船舶港务费的，可以禁止船舶离港，或者责令其停航、改航、停止作业，并处以欠缴船舶港务费的1倍以上3倍以下、最高不超过3万元的罚款。

第三十六条 违反《海上航行警告和航行通告管理规定》第八条规定，海上航行警告、航行通告发布后，申请人未在国家主管机关或者区域主管机关核准的时间和区域内进行活动，或者需要变更活动时间或者改换活动区域的，未按规定重新申请发布海上航行警告、航行通告，依照《海上航行警告和航行通告管理规定》第十七条的规定，责令其停止活动，并可处以2000元以下罚款。

第三十七条 违反《海上航行警告和航行通告管理规定》，造成海上交通事故的，依照《海上航行警告和航行通告管理规定》第二十条，对船舶、设施所有人或者经营人处以3000元以上1万元以下罚款；对船长或者设施主要负责人处以2000元以上1万元以下罚款并对其他直接责任人员处以1000元以上1万元以下罚款；情节严重的，并给予扣留船员适任证书6个月至24个月直至吊销船员适任证书的处罚。

第五节　违反危险货物载运安全监督管理秩序

第三十八条 违反《危险化学品安全管理条例》第四十四条的规定，有下列情形之一的，依照《危险化学品安全管理条例》第八十六条的规定，由海事管理机构责令改正，处5万元以上10万元以下的罚款；拒不改正的，责令停航、停业整顿。

（一）从事危险化学品运输的船员未取得相应的船员适任证书和培训合格证明；

（二）危险化学品运输申报人员、集装箱装箱现场检查员未取得从业资格。

第三十九条 违反《危险化学品安全管理条例》第十八条的规定，运输危险化学品的船舶及其配载的容器未经检验合格而投入使用的，依照《危险化学品安全管理条例》第七十九条的规定，由海事管理机构责令改正，对船舶所有人或者经营人处以10万元以上20万元以下的罚款；有违法所得的，没收违法所得；拒不改正的，责令停航整顿。

第四十条 违反《危险化学品安全管理条例》第四十五条的规定，船舶运输危险化学品，未根据危险化学品的危险特性采取相应的安全防护措施，或者未配备必要的防护用品和应急救援器材的，依照《危险化学品安全管理条例》第八十六条的规定，由海事管理机构责令改正，对船舶所有人或者经营人处以5万元以上10万元以下的罚款；拒不改正的，责令停航整顿。

本条前款所称未根据危险化学品的危险特性采取相应的安全防护措施，或者未配备必要的防护用品和应急救援器材，包括下列情形：

（一）拟交付船舶运输的化学品的相关安全运输条件不明确，货物所有人或者代理人不委托相关技术机构进行评估，或者未经海事管理机构确认，交付船舶运输的；

（二）装运危险化学品的船舶未按照有关规定编制应急预案和配备相应防护用品、应急救援器材；

（三）船舶装运危险化学品，不按照规定进行积载或者隔离；

（四）装运危险化学品的船舶擅自在非停泊危险化学品船舶的锚地、码头或者其他水域停泊；

（五）船舶所装运的危险化学品的包装标志不符合有关规定；

（六）船舶装运危险化学品发生泄漏或者意外事故，不及时采取措施或者不向海事管理机构报告。

第四十一条 装运危险化学品的船舶进出港口，不依法向海事管理机构办理申报手续的，对船舶所有人或者经营人处1万元以上3万元以下的罚款。

第四十二条 违反《危险化学品安全管理条例》第五十三条、第六十三条的规定，通过船舶载运危险化学品，托运人不向承运人说明所托运的危险化学品的种类、数量、危险特性以及发生危险情况的应急处置措施，或者未按照国家有关规定对所托运的危险化学品妥善包装并在外包装上设置相应标志的，依照《危险化学品安全管理条例》第八十六条的规定，由海事管理机构责令改正，对托运人处5万元以上10万元以下的罚款；拒不改正的，责令停航整顿。

第四十三条 违反《危险化学品安全管理条例》第六十四条的规定，通过船舶载运危险化学品，在托运的普通货物中夹带危险化学品，或者将危险化学品谎报或者匿报为普通货物托运的，依照《危险化学品安全管理条例》第八十七条的规定，由海事管理机构责令改正，对托运人处以10万元以上20万元以下的罚款，有违法所得的，没收违法所得；拒不改正的，责令停航整顿。

第四十四条 违反《海上交通安全法》第三十二条规定，船舶、浮动设施储存、装卸、运输危险化学品以外的危险货物，不具备安全可靠的设备和条件，或者不遵守国家关于危险化学品以外的危险货物管理和运输的规定的，依照《海上交通安全法》第四十四条的规定，对船舶、设施所有人或者经营人处以1万元以上2万元以下罚款；对船长或者设施主要负责人和其他直接责任人员处以2000元以上1万元以下罚款，并扣留船员适任证书6个月至24个月。

本条款所称不具备安全可靠的设备和条件，包括下列情形：

（一）装运危险化学品以外的危险货物的船舶未按有关规定编制应急预案和配备相应防护用品、应急救援器材的；

（二）装运危险化学品以外的危险货物的船舶及其配载的容器，未按照国家有关规范进行检验合格；

（三）船舶装运危险化学品以外的危险货物，所使用包装的材质、型式、规格、方法和单件质量（重量）与所包装的危险货物的性质和用途不相适应；

（四）船舶装运危险化学品以外的危险货物的包装标志不符合有关规定；

（五）装运危险化学品以外的危险货物的船舶，未按规定配备足够的取得相应的特殊培训合格证书的船员。

本条款所称不遵守国家关于危险化学品以外的危险货物管理和运输的规定，包括下列行为：

（一）使用未经检验合格的包装物、容器包装、盛装、运输；

（二）重复使用的包装物、容器在使用前，不进行检查；

（三）未按照规定显示装载危险货物的信号；

（四）未按照危险货物的特性采取必要安全防护措施；

（五）未按照有关规定对载运中的危险货物进行检查；

（六）装运危险货物的船舶擅自在非停泊危险货物船舶的锚地、码头或者其他水域停泊；

（七）船舶装运危险货物发生泄漏或者意外事故，不及时采取措施或者不向海事管理机构报告。

第四十五条 违反《海上交通安全法》第三十三条规定，船舶装运危险化学品以外的危险货物进出港口，不向海事管理机构办理申报手续，依照《海上交通安全法》第四十四条的规定，对船舶、设施所有人或者经营人处以300元以上1万元以下罚款；对船长或者设施主要负责人和其他直接责任人员处以200元以上1万元以下罚款，并扣留船员适任证书6个月至24个月。

第六节 违反海难救助管理秩序

第四十六条 违反《海上交通安全法》第三十四条规定,船舶、设施或者飞机遇难时,不及时向海事管理机构报告出事时间、地点、受损情况、救助要求以及发生事故的原因的,依照《海上交通安全法》第四十四条规定,对船舶、设施所有人或者经营人处以2000元以上1万元以下罚款;对船长、设施主要负责人处以1000元以上8000元以下罚款,并可扣留船员适任证书6个月至12个月。

第四十七条 违反《海上交通安全法》第三十六条规定,事故现场附近的船舶、设施,收到求救信号或者发现有人遭遇生命危险时,在不严重危及自身安全的情况下,不救助遇难人员,或者不迅速向海事管理机构报告现场情况和本船舶、设施的名称、呼号和位置,依照《海上交通安全法》第四十四条规定,对船舶、设施所有人或者经营人处以200元以上1万元以下罚款;对船长、设施主要负责人处以1000元以上1万元以下罚款,情节严重的,并扣留船员适任证书6个月至24个月直至吊销船员适任证书。

第四十八条 违反《海上交通安全法》第三十七条规定,发生海上交通事故的船舶、设施有下列行为之一,依照《海上交通安全法》第四十四条规定,对船舶、设施所有人或者经营人处以200元以上1万元以下罚款;对船长、设施主要负责人处以1000元以上1万元以下罚款,情节严重的,并扣留船员适任证书6个月至24个月直至吊销船员适任证书:

(一)不互通名称、国籍和登记港;

(二)不救助遇难人员;

(三)在不严重危及自身安全的情况下,擅自离开事故现场或者逃逸。

第四十九条 违反《海上交通安全法》第三十八条规定,有关单位和在事故现场附近的船舶、设施,不听从海事管理机构统一指挥实施救助,依照《海上交通安全法》第四十四条规定,对船舶、设施所有人或者经营人处以200元以上1万元以下罚款;对船长、设施主要负责人处以100元以上8000元以下罚款,并可扣留船员适任证书6个月至12个月。

第七节 违反海上打捞管理秩序

第五十条 违反《海上交通安全法》第四十条规定,对影响安全航行、航道整治以及有潜在爆炸危险的沉没物、漂浮物,其所有人、经营人不按照海事管理机构限定期限打捞清除,依照《海上交通安全法》第四十四条规定,对法人或者其他组织处以1万元罚款;对自然人处以5000元罚款。

第五十一条 违反《海上交通安全法》第四十一条规定,未经海事管理机构批准,擅自打捞或者拆除沿海水域内的沉船沉物,依照《海上交通安全法》第四十四条规定,处以5000元以上3万元以下罚款。

第八节 违反海上船舶污染沿海水域环境管理秩序

第五十二条 本节所称水上拆船、海港、船舶,其含义分别与《防止拆船污染环境管理条例》使用的同一用语的含义相同。

本节所称内水、海洋环境污染损害、排放、倾倒,其含义分别与《海洋环境保护法》使用的同一用语的含义相同。

第五十三条 违反《防止拆船污染环境管理条例》规定,有下列情形之一的,依照《防止拆船污染环境管理条例》第十七条的规定,除责令其限期纠正外,还可以根据不同情节,处以1万元以上10万元以下的罚款:

(一)未持有经批准的环境影响报告书(表),擅自设置拆船厂进行拆船的;

(二)发生污染损害事故,不向监督拆船污染的海事管理机构报告也不采取消除或控制污染措

施的;

(三)废油船未经洗舱、排污、清舱和测爆即行拆解的;

(四)任意排放或者丢弃污染物造成严重污染的。

第五十四条 违反《防止拆船污染环境管理条例》规定,有下列情形之一的,依照《防止拆船污染环境管理条例》第十八条的规定,除责令其限期纠正外,还可以根据不同情节,处以警告或者处以1万元以下的罚款:

(一)拒绝或阻挠海事管理机构进行现场检查或在被检查时弄虚作假的;

(二)未按规定要求配备和使用防污设施、设备和器材,造成环境污染的;

(三)发生污染损害事故,虽采取消除或控制污染措施,但不向监督拆船污染的海事管理机构报告的;

(四)拆船单位关闭、搬迁后,原厂址的现场清理不合格的。

第五十五条 违反《海洋环境保护法》有关规定,船舶有下列行为之一的,依照《海洋环境保护法》第七十三条的规定,责令限期改正,并对船舶所有人或者经营人处以罚款:

(一)向沿海水域排放《海洋环境保护法》禁止排放的污染物或其他物质的;

(二)不按照《海洋环境保护法》规定向海洋排放污染物,或超过标准排放污染物的;

(三)未取得海洋倾倒许可证,向海洋倾倒废弃物的;

(四)因发生事故或其他突发性事件,造成海洋环境污染事故,不立即采取处理措施的。

有前款第(一)项、第(三)项行为之一的,处以3万元以上20万元以下的罚款;有前款第(二)项、第(四)项行为之一的,处以2万元以上10万元以下的罚款。

第五十六条 违反《海洋环境保护法》规定,船舶在港口区域内造成珊瑚礁、红树林等海洋生态系统及海洋水产资源、海洋保护区破坏的,依照《海洋环境保护法》第七十六条的规定,责令限期改正和采取补救措施,并对船舶所有人或者经营人处以1万元以上10万元以下的罚款;有违法所得的,没收其违法所得。

第五十七条 违反《海洋环境保护法》规定,有下列行为之一的,依照《海洋环境保护法》第八十八条的规定,予以警告,或者处以罚款:

(一)船舶、港口、码头、装卸站未按规定配备防污设施、器材的;

(二)船舶未取得并随船携带防污证书、防污文书的;

(三)船舶未如实记录污染物处置情况;

(四)从事水上和港区水域拆船、旧船改装、打捞和其他水上、水下施工作业,造成海洋环境污染损害的;

(五)船舶载运的货物不具备防污适运条件的。

有前款第(一)项、第(五)项行为之一的,处以2万元以上10万元以下的罚款;有前款第(二)项、第(三)项行为的,处以2万元以下的罚款;有前款第(四)项行为的,处以5万元以上20万元以下的罚款。

第五十八条 违反《海洋环境保护法》规定,船舶不编制溢油应急计划的,依照《海洋环境保护法》第八十九条的规定,对船舶所有人或者经营人予以警告,并责令限期改正。

第五十九条 船舶不遵守防污染的法律、法规和规章以及操作规程,存在下列情形的,由海事管理机构对船舶所有人或者经营人予以警告,或者处以1000元以上1万元以下罚款:

(一)不按照规定在港区水域内使用焚烧炉的;

(二)不按照规定在港区水域内洗舱、清舱、驱气、舷外拷铲及油漆作业或者排放压载水;

(三)不按照经批准的要求使用化学消油剂;

(四)不按照规定冲洗沾有污染物、有毒有害物质的甲板。

第九节　违反交通事故调查处理秩序

第六十条　本规定所称海上交通事故，其含义与《海上交通事故调查处理条例》使用的同一用语的含义相同。

第六十一条　违反《海上交通事故调查处理条例》规定，有下列行为之一的，依照《海上交通事故调查处理条例》第二十九条和《船员条例》第五十七条的规定予以处罚：

（一）发生海上交通事故，未按规定的时间向海事管理机构报告或提交《海上交通事故报告书》；

（二）中国籍船舶在中华人民共和国管辖水域以外发生海上交通事故，船舶所有人或经营人未按《海上交通事故调查处理条例》第三十二条规定向船籍港海事管理机构报告，或者将判决书、裁决书或调解书的副本或影印件报船籍港的海事管理机构备案；

（三）发生海上交通事故，未按海事管理机构的要求驶往指定地点，或者在未发现危及船舶安全的情况下未经海事管理机构同意擅自驶离指定地点；

（四）发生海上交通事故，报告的内容或《海上交通事故报告书》的内容不符合《海上交通事故调查处理条例》第五条、第七条规定的要求，或者不真实，影响事故调查或者给有关部门造成损失；

（五）发生海上交通事故，不按《海上交通事故调查处理条例》第九条的规定，向当地或者船舶第一到达港的船舶检验机构、公安消防监督机关申请检验、鉴定，并将检验报告副本送交海事管理机构备案，影响事故调查；

（六）拒绝接受事故调查或无理阻挠、干扰海事管理机构进行事故调查的；

（七）在接受事故调查时故意隐瞒事实或者提供虚假证明。

存在前款第（一）项行为的，对船员处以警告或者1000元以上1万元以下罚款，情节严重的，并给予扣留船员服务簿、船员适任证书6个月至24个月直至吊销船员服务簿、船员适任证书的处罚；对船舶所有人或者经营人处以警告或者5000元以下罚款。存在前款第（二）项至第（七）项情形的，对船员处以警告或者200元以下罚款；对船舶所有人或者经营人处以警告或者5000元以下罚款。

第六十二条　违反《海上交通事故调查处理条例》第三十三条，派往外国籍船舶任职的持有中华人民共和国船员适任证书的中国籍船员对海上交通事故的发生负有责任，其外派服务机构未按照规定报告事故的，依照《海上交通安全法》第四十四条规定，对船员外派服务机构处以1000元以上1万元以下罚款。

第四章　海事行政处罚程序

第一节　管　　辖

第六十三条　海事行政处罚案件由海事行政违法行为发生地的海事管理机构管辖，法律、行政法规和本规定另有规定的除外。

本条前款所称海事行政违法行为发生地，包括海事行政违法行为的初始发生地、过程经过地、结果发生地。

第六十四条　各级海事局所属的海事处管辖本辖区内的下列海事行政处罚案件：

（一）对自然人处以警告、1万元以下罚款、扣留船员适任证书3个月至6个月的海事行政处罚；

（二）对法人或者其他组织处以警告、3万元以下罚款的海事行政处罚。

各级海事局管辖本辖区内的所有海事行政处罚案件。

行政处罚

第六十五条 对海事行政处罚案件管辖发生争议的，报请共同的上一级海事管理机构指定管辖。

下级海事管理机构对其管辖的海事行政处罚案件，认为需要由上级海事管理机构办理的，可以报请上级海事管理机构决定。

第六十六条 海事管理机构对不属其管辖的海事行政处罚案件，应当移送有管辖权的海事管理机构；受移送的海事管理机构如果认为移送不当，应当报请共同的上一级海事管理机构指定管辖。

第六十七条 上级海事管理机构自收到解决海事行政处罚案件管辖争议或者报请移送海事行政处罚案件管辖的请示之日起7日内作出管辖决定。

第六十八条 受移送的海事管理机构应当将接受案件或者明确案件由其管辖之日作为第七十三条规定的违法行为发现之日，并按照本章第三节的规定实施行政处罚。移送案件的海事管理机构所取得的证据，经受移送的海事管理机构审查合格的，可以直接作为受移送的海事管理机构实施行政处罚的证据。

第二节 简易程序

第六十九条 海事行政违法事实确凿，并有法定依据的，对自然人处以警告或者处以50元以下罚款，对法人或其他组织处以警告或者1000元以下罚款的海事行政处罚的，可以当场作出海事行政处罚决定。

第七十条 海事行政执法人员依法当场作出海事行政处罚决定，应当遵守下列程序：

（一）向当事人出示海事行政执法证件；

（二）告知当事人作出海事行政处罚决定的事实、理由和依据以及当事人依法享有的权利；

（三）听取当事人的意见；

（四）复核当事人提出的事实、理由和证据；

（五）填写预定格式、统一编号的海事行政处罚决定书；

（六）将海事行政处罚决定书当场交付当事人；

（七）当事人在海事行政处罚决定书副本上签字。

第七十一条 海事行政执法人员依法当场作出海事行政处罚决定的，应当在3日内将海事行政处罚决定书副本报所属海事管理机构备案。

第三节 一般程序

第七十二条 实施海事行政处罚，除适用简易程序的，应当适用一般程序。

第七十三条 除依法可以当场作出的海事行政处罚外，海事管理机构发现自然人、法人或者其他组织有依法应当处以海事行政处罚的海事行政违法行为，应当自发现之日起7日内填写海事行政处罚立案审批表，报本海事管理机构负责人批准。

发生水上交通事故应当处以海事行政处罚的，应当自水上交通事故调查结束之日起7日内填写海事行政处罚立案审批表，报本海事管理机构负责人批准。

第七十四条 海事管理机构发现自然人、法人或者其他组织涉嫌海事行政违法行为的，应当立即依法进行调查，收集相关证据。

海事管理机构对海事行政处罚案件，应当全面、客观、公正地进行调查并收集证据。

第七十五条 能够证明海事行政处罚案件真实情况的事实，都是证据。

海事行政处罚案件的证据种类如下：

（一）书证；

（二）物证；

（三）视听资料；

（四）电子数据；

（五）证人证言；

（六）当事人的陈述；

（七）鉴定意见；

（八）勘验笔录、现场笔录。

第七十六条　进行海事行政处罚案件的调查或者检查，应当由2名以上海事行政执法人员担任调查人员。

调查人员与本案有直接利害关系的，应当回避。

第七十七条　调查人员询问或者检查，应当出示海事行政执法证件，并制作询问笔录、现场笔录或者勘验笔录。

询问笔录、现场笔录或者勘验笔录经被询问人、被检查人确认无误后，由被询问人、被检查人签名或者盖章。拒绝签名或者盖章的，调查人员应当在笔录上注明情况。

对涉及国家机密、商业秘密和个人隐私的，海事管理机构和调查人员、检查人员应当为其保守秘密。

第七十八条　收集海事行政处罚案件的书证、物证和视听资料，应当是原件、原物。收集原件、原物确有困难的，可由提交证据的自然人、法人或者其他组织在复制品、照片等物件上签名或者盖章，并注明“与原件一致”字样。

海事管理机构可以使用照相、录音、录像以及法律允许的其他调查手段。

第七十九条　调查人员、检查人员查阅、调取与海事行政处罚案件有关资料，可以对有关内容进行摘录或者复制，并注明来源。

第八十条　调查人员、检查人员对与案件有关物品或者场所进行勘验或者检查，应当通知当事人到场，制作勘验笔录或者现场笔录。当事人不到场或者暂时难以确定当事人的，可以请在场的其他人作证。

勘验笔录或者现场笔录应当由当事人或者见证人签名或者盖章；拒绝签名或者盖章的，调查人员应当在勘验笔录或者检查笔录上注明情况。

第八十一条　对需要抽样取证的，应当通知当事人到场，并制作抽样取证清单。当事人不到场或者暂时难以确定当事人的，可以请在场的其他人作证。

抽样取证清单，应当由调查人员、当事人或者证人签名或者盖章。

海事管理机构应当妥善保管抽样取证物品；需要退还的，应当及时退还。

第八十二条　为查明海事行政处罚案件事实需要进行技术鉴定的专门性问题，海事管理机构应当请有关技术鉴定机构或者具有专门技术的人员进行鉴定，并制作鉴定意见，由技术鉴定机构和人员签名或者盖章。

第八十三条　海事行政处罚案件的证据可能灭失或者以后难以取得的，经海事管理机构负责人批准，可以通知当事人或者有关人员到场，先行登记保存证据，并制作证据登记保存清单。当事人或者有关人员不到场或者暂时难以确定当事人、有关人员的，可以请在场的其他人作证。

证据登记保存清单，应当由调查人员、检查人员、当事人或者有关人员、证人签名或者盖章。拒绝签名、盖章的，调查人员应当在证据登记保存清单上注明情况。

海事管理机构对登记保存的物品，应当在7日内作出下列处理决定：

（一）需要进行技术鉴定的，依照本规定第八十二条的规定送交鉴定；

（二）对不应当处以海事行政处罚的，应当解除先行登记保存，并将先行登记保存的物品及时退还；

（三）法律、法规、规章规定应当作其他处理的，依法作其他处理。

第八十四条 海事行政处罚案件调查结束后，应当制作海事行政处罚案件调查报告，连同证据材料和经批准的海事行政违法案件立案审批表，移送本海事管理机构负责法制工作的内设机构进行预审。

第八十五条 海事管理机构负责法制工作的内设机构预审海事行政处罚案件采取书面形式进行，主要内容包括：

（一）案件是否属于本海事管理机构管辖；

（二）当事人的基本情况是否清楚；

（三）案件事实是否清楚，证据是否确实、充分；

（四）定性是否准确；

（五）适用法律、法规、规章是否准确；

（六）行政处罚是否适当；

（七）办案程序是否合法。

第八十六条 海事管理机构负责法制工作的内设机构预审完毕后，应当根据下列规定提出书面意见，报本海事管理机构负责人审查：

（一）违法事实清楚，证据确实、充分，行政处罚适当、办案程序合法，按规定不需要听证或者当事人放弃听证的，同意负责行政执法调查的内设机构的意见，建议报批后告知当事人；

（二）违法事实清楚，证据确实、充分，行政处罚适当、办案程序合法，按照规定应当听证的，同意调查人员意见，建议报批后举行听证，并告知当事人；

（三）违法事实清楚，证据确实、充分，但定性不准、适用法律不当、行政处罚不当的，建议调查人员修改；

（四）违法事实不清，证据不足的，建议调查人员补正；

（五）办案程序不合法的，建议调查人员纠正；

（六）不属于本海事管理机构管辖的，建议移送其他有管辖权的机关处理。

第八十七条 海事管理机构负责人审查完毕后，应当根据《行政处罚法》第三十八条的规定作出行政处罚决定、不予行政处罚决定、移送其他有关机关处理的决定。

对自然人罚款或者没收非法所得数额超过1万元，对法人或者其他组织罚款或者没收非法所得数额超过3万元，以及撤销船舶检验资格、没收船舶、没收或者吊销船舶登记证书、吊销船员职务证书、吊销海员证的海事行政处罚，海事管理机构的负责人应当集体讨论决定。

第八十八条 海事管理机构负责人对海事违法行为调查报告审查后，认为应当处以行政处罚的，海事管理机构应当制作海事违法行为通知书送达当事人，告知拟处以的行政处罚的事实、理由和证据，并告知当事人有权在收到该通知书之日起3日内进行陈述和申辩，对依法应当听证的告知当事人有权在收到该通知书之日起3日内提出听证要求。

当事人不在场的，应当依法采取其他送达方式将海事违法行为通知书送达当事人。

第八十九条 当事人提出陈述和申辩的，海事管理机构应当充分听取，并对当事人提出的事实、理由和证据进行复核；当事人提出的事实、理由或者证据成立的，海事管理机构应当采纳。

当事人要求组织听证的，海事管理机构应当按照本章第四节的规定组织听证。

当事人逾期未提出陈述、申辩或者逾期未要求组织听证的，视为放弃有关权利。

第九十条 海事管理机构作出海事行政处罚决定，应当制作海事行政处罚决定书，并加盖本海事管理机构的印章。

第九十一条 海事行政处罚决定书应当在海事管理机构宣告后当场交付当事人，并将告知情况记入送达回证,由当事人在送达回证上签名或者盖章;当事人不在场的,应当在7日内依法采取其他送达方式送达当事人 。

第九十二条 海事行政处罚案件应当自立案之日起2个月内办理完毕。因特殊需要,经海事管理机构负责人批准可以延长办案期至3个月。如3个月内仍不能办理完毕,经上一级海事管理机构批准可再延长办案期间,但最长不得超过6个月。

第四节 听证程序

第九十三条 在作出较大数额罚款、吊销证书的海事行政处罚决定之前,海事管理机构应当告知当事人有要求举行听证的权利;当事人要求听证的,海事管理机构应当组织听证。

本条前款所称"较大数额罚款",是指对自然人处以1万元以上罚款,对法人或者其他组织处以10万元以上罚款。

第九十四条 海事行政处罚听证依照《行政处罚法》第四十二条的规定组织。

第九十五条 海事管理机构的听证人员包括听证主持人、听证员和书记员。

听证主持人由海事管理机构负责人指定本海事管理机构负责法制工作的机构的非本案调查人员担任。

听证员由海事管理机构负责人指定1至2名本海事管理机构的非本案调查人员担任,协助听证主持人组织听证。

书记员由海事管理机构负责人指定1名非本案调查人员担任,负责听证笔录的制作和其他事务。

第九十六条 当事人委托代理人参加听证会的,应当向海事管理机构提交当事人签署的授权委托书。

第九十七条 当事人有正当理由要求延期举行听证的,经海事管理机构批准,可以延期一次。

第九十八条 海事行政处罚听证,按照以下程序进行:

(一)宣布案由和听证纪律;

(二)核对当事人或者其代理人、本案调查人员、证人及其他有关人员是否到场,并核实听证参加人的身份;

(三)宣读并出示海事管理机构负责人签署的听证决定,宣布听证人员名单,告知当事人有申请主持人回避、申辩和质证的权利;

(四)宣布听证开始;

(五)案件调查人员提出当事人违法的事实、证据,说明拟作出行政处罚的建议和法律依据;

(六)当事人或者其委托代理人对案件的事实、证据,适用法律,行政处罚裁量等进行申辩和质证;

(七)主持人就案件的有关问题向当事人或者其委托代理人、案件调查人员、证人询问;

(八)经主持人允许,当事人、调查人员就案件的有关问题可以向到场的证人发问;

(九)本案调查人员、当事人或者其委托代理人按顺序就案件所涉及的事实、各自出示的证据的合法性、真实性及有关的问题进行辩论;

(十)辩论终结,听证主持人可以再就本案的事实、证据及有关问题向当事人或者其代理人、本案调查人员征求意见;

(十一)中止听证的,主持人应当时宣布再次进行听证的有关事宜;

(十二)当事人或者其委托代理人做最后陈述;

(十三)主持人宣布听证结束,听证笔录交当事人或者其委托代理人核对无误后签字或者盖章。认为有错误的,有权要求补充或者改正。当事人拒绝的,由听证主持人在听证笔录上说明情况。

第九十九条 有下列情形之一的，主持人可以决定延期举行听证：

（一）当事人因不可抗拒的事由无法到场的；

（二）当事人临时申请回避的；

（三）其他应当延期的情形。

第一百条 有下列情形之一的，主持人可以宣布中止听证：

（一）证据需要重新鉴定、勘验的；

（二）当事人或者其代理人提出新的事实、理由和证据，需要由本案调查人员调查核实的；

（三）作为听证申请人的法人或者其他组织突然解散，尚未确定权利、义务承受人的；

（四）当事人因不可抗拒的事由，不能继续参加听证的；

（五）听证过程中，当事人或者其代理人违反听证纪律致使听证无法进行的；

（六）其他应当中止听证的情形。

中止听证，应当在听证笔录中写明情况，由主持人签名。

第一百零一条 延期、中止听证的情形消失后，由主持人决定恢复听证并将听证的时间、地点通知听证参加人。

第一百零二条 有下列情形之一的，应当终止听证：

（一）当事人或者其代理人撤回听证要求的；

（二）当事人或者其代理人接到参加听证的通知，无正当理由不参加听证的；

（三）当事人或者其代理人未经听证主持人允许，中途退出听证的；

（四）其他应当终止听证的情形。

听证终止，应当在听证笔录中写明情况，由主持人签名。

第一百零三条 听证结束后，主持人应当依据听证情况制作海事行政处罚听证报告书，连同听证笔录报海事管理机构负责人审查后，依照本规定第八十七条的规定作出决定。

第五节 执行程序

第一百零四条 有《行政处罚法》第四十七条规定第（一）项、第（二）项规定情形之一，或者有《行政处罚法》第四十八条规定的情形的，海事管理机构及其海事行政执法人员可以当场收缴罚款。

罚款以人民币计算，并向当事人出具符合法定要求的罚款收据。

当事人无正当理由逾期不缴纳罚款的，海事管理机构依法每日按罚款数额的3%加处罚款。

第一百零五条 被处以扣留证书的，当事人应当及时将被扣留证书送交作出处罚决定的海事管理机构。扣留证书期满后，海事管理机构应当将所扣证书发还当事人，也可以通知当事人领取被扣证书。

被处以扣留、吊销证书，当事人拒不送交被扣留、被吊销的证书的，海事管理机构应当公告该证书作废，并通知核发证书的海事管理机构注销。

第一百零六条 海事管理机构对船员处以海事行政处罚后，应当予以记载。

第一百零七条 对当事人处以没收船舶处罚的，海事管理机构应当依法处理所没收的船舶。

第一百零八条 当事人在法定期限内不申请复议或提起诉讼，又不履行海事行政处罚决定的，海事管理机构依法申请人民法院强制执行。

第一百零九条 海事行政处罚案件执行完毕后，应当填写海事行政处罚结案表，将全部案件材料立卷后交海事管理机构负责法制工作的内设机构进行登记，并按档案管理要求进行归档。

第六节　监督程序

第一百一十条　自然人、法人或者其他组织对海事管理机构作出的行政处罚有权申诉或者检举。

自然人、法人或者其他组织的申诉或检举，由海事管理机构负责法制工作的内设机构受理和审查，认为海事行政处罚有下列情形之一的，经海事管理机构负责人同意后，予以改正：

（一）主要事实不清、证据不足的；

（二）适用依据错误的；

（三）违反法定程序的；

（四）超越或滥用职权的；

（五）具体行政行为明显不当的。

第一百一十一条　海事管理机构负责法制工作的内设机构发现本海事管理机构作出的海事行政处罚有第一百一十条第二款规定的情形之一的，应当向海事管理机构负责人提出建议，予以改正。

第一百一十二条　上级海事管理机构发现下级海事管理机构作出的海事行政处罚有第一百一十条第二款规定的情形之一的，应当责令其改正。

第一百一十三条　海事管理机构和海事行政执法人员违法实施行政处罚的，按照《行政处罚法》有关规定追究法律责任。

第五章　附　　则

第一百一十四条　本规定所称沿海水域、船舶、设施、作业，其含义与《海上交通安全法》使用的同一用语的含义相同，但有关法律、行政法规和本规定另有规定的除外。

本规定所称船舶经营人，包括船舶管理人。

本规定所称设施经营人，包括设施管理人。

本规定所称当事人，包括自然人和法人以及其他组织，可以与有海事行政违法行为的船舶所有人、经营人互相替换。

本规定所称船员职务证书，包括船员培训合格证、船员服务簿、船员适任证书及其他适任证件。

本规定所称的船舶登记证书，包括船舶国籍证书、船舶所有权登记证书、船舶抵押权登记证书、光船租赁登记证书。

本规定所称船员，包括船长、轮机长、驾驶员、轮机员、无线电人员、引航员和水上飞机、潜水器的相应人员以及其他船员。

本规定所称“危险货物”，系指具有爆炸、易燃、毒害、腐蚀、放射性、污染危害性等特性，在船舶载运过程中，容易造成人身伤害、财产损失或者环境污染而需要特别防护的物品，包括危险化学品。

第一百一十五条　本规定所称的以上、以内包括本数，所称的以下不包括本数，本规定另有规定的除外。

第一百一十六条　本规定所称日，是指工作日。

本规定所称月，按自然月计算。

本规定所称其他送达方式，是指委托送达、邮寄送达、留置送达、公告送达等《民事诉讼法》规定的方式。

第一百一十七条　海事管理机构办理海事行政处罚案件，应当使用交通运输部制订的统一格式的海事行政处罚文书。

第一百一十八条　本规定自2015年7月1日起施行。2003年7月10日以交通部令2003年第8号公布的《中华人民共和国海上海事行政处罚规定》同时废止。

中华人民共和国内河海事行政处罚规定

（2015 年 5 月 29 日交通运输部令 2015 年第 9 号公布　自 2015 年 7 月 1 日起施行）

第一章　总　　则

第一条　为规范海事行政处罚行为，保护当事人的合法权益，保障和监督水上海事行政管理，维护水上交通秩序，防止船舶污染水域，根据《内河交通安全管理条例》《行政处罚法》及其他有关法律、行政法规，制定本规定。

第二条　对在中华人民共和国（简称中国）内河水域及相关陆域发生的违反海事行政管理秩序的行为实施海事行政处罚，适用本规定。

第三条　实施海事行政处罚，应当遵循合法、公开、公正，处罚与教育相结合的原则。

第四条　海事行政处罚，由海事管理机构依法实施。

第二章　内河海事违法行为和行政处罚

第一节　违反船舶、浮动设施所有人、经营人安全管理秩序

第五条　违反船舶所有人、经营人安全营运管理秩序，有下列行为之一的，对船舶所有人或者船舶经营人处以 5000 元以上 3 万元以下罚款：

（一）未按规定取得安全营运与防污染管理体系符合证明或者临时符合证明从事航行或者其他有关活动；

（二）隐瞒事实真相或者提供虚假材料或者以其他不正当手段骗取安全营运与防污染管理体系符合证明或者临时符合证明；

（三）伪造、变造安全营运与防污染管理体系审核的符合证明或者临时符合证明；

（四）转让、买卖、租借、冒用安全营运与防污染管理体系审核的符合证明或者临时符合证明。

第六条　违反船舶安全营运管理秩序，有下列行为之一的，对船舶所有人或者船舶经营人处以 5000 元以上 3 万元以下罚款；对船长处以 2000 元以上 2 万元以下的罚款，情节严重的，并给予扣留船员适任证书 6 个月至 24 个月直至吊销船员适任证书的处罚。

（一）未按规定取得船舶安全管理证书或者临时船舶安全管理证书从事航行或者其他有关活动；

（二）隐瞒事实真相或者提供虚假材料或以其他不正当手段骗取船舶安全管理证书或者临时船舶安全管理证书；

（三）伪造、变造船舶安全管理证书或者临时船舶安全管理证书；

（四）转让、买卖、租借、冒用船舶安全管理证书或者临时船舶安全管理证书。

第七条　违反安全营运管理秩序，有下列情形之一，造成严重后果的，按以欺骗手段取得安全营运与防污染管理体系符合证明或者临时符合证明，对船舶所有人或者船舶经营人取得的安全营运与防污染管理体系符合证明或者临时符合证明予以撤销：

（一）不掌控船舶安全配员；

（二）不掌握船舶动态；

（三）不掌握船舶装载情况；

（四）船舶管理人不实际履行安全管理义务；

（五）安全管理体系运行存在其他重大问题。

第二节　违反船舶、浮动设施检验和登记管理秩序

第八条　违反《内河交通安全管理条例》第六条第（一）项、第七条第（一）项的规定，船舶、浮动设施未持有合格的检验证书擅自航行或者作业的，依照《内河交通安全管理条例》第六十四条的规定，责令停止航行或者作业；拒不停止航行或者作业的，暂扣船舶、浮动设施；情节严重的，予以没收。

本条前款所称未持有合格的检验证书，包括下列情形：

（一）没有取得相应的检验证书；

（二）持有的检验证书属于伪造、变造、转让、买卖或者租借的；

（三）持失效的检验证书；

（四）检验证书损毁、遗失但不按照规定补办；

（五）其他不符合法律、行政法规和规章规定情形的检验证书。

第九条　船舶检验机构的检验人员违反《船舶和海上设施检验条例》的规定，滥用职权、徇私舞弊、玩忽职守、严重失职，有下列行为之一的，依照《船舶和海上设施检验条例》第二十八条的规定，按其情节给予警告、暂停检验资格或者注销验船人员注册证书的处罚：

（一）超越职权范围进行船舶、设施检验；

（二）擅自降低规范要求进行船舶、设施检验；

（三）未按照规定的检验项目进行船舶、设施检验；

（四）未按照规定的检验程序进行船舶、设施检验；

（五）所签发的船舶检验证书或者检验报告与船舶、设施的实际情况不符。

第三节　违反内河船员管理秩序

第十条　违反《内河交通安全管理条例》第九条的规定，未经考试合格并取得适任证书或者其他适任证件的人员擅自从事船舶航行或者操作的，依照《内河交通安全管理条例》第六十六条和《船员条例》第六十条的规定，责令其立即离岗，对直接责任人员处以2000元以上2万元以下罚款，并对聘用单位处以3万元以上15万元以下罚款。

本条前款所称未经考试合格并取得适任证书或者其他适任证件，包括下列情形：

（一）未经水上交通安全培训并取得相应合格证明；

（二）未持有船员适任证书或者其他适任证件；

（三）持采取弄虚作假的方式取得的船员职务证书；

（四）持伪造、变造的船员职务证书；

（五）持转让、买卖或租借的船员职务证书；

（六）所服务的船舶的航区、种类和等级或者所任职务超越所持船员职务证书限定的范围；

（七）持已经超过有效期限的船员职务证书；

（八）未按照规定持有船员服务簿。

第十一条　违反《船员条例》第二十条的规定，船员有下列情形之一的，依照《船员条例》第五十七条的规定，处以1000元以上1万元以下罚款；情节严重的，并给予扣留船员服务簿、船员适任证书6个月至24个月直至吊销船员服务簿、船员适任证书的处罚：

（一）在船在岗期间饮酒，体内酒精含量超过规定标准；

（二）在船在岗期间，服用国家管制的麻醉药品或者精神药品。

第十二条　违反《船员条例》第十二条、第十九条、第二十七条的规定，船员用人单位、船舶所有人有下列未按照规定招用外国籍船员在中国籍船舶上任职情形的，依照《船员条例》第六十条的

规定,责令改正,处以3万元以上15万元以下罚款:

(一)未依照法律、行政法规和国家其他规定取得就业许可;

(二)未持有合格的且签发国与我国签订了船员证书认可协议的船员证书;

(三)雇佣外国籍船员的航运公司未承诺承担船员权益维护的责任。

第十三条 船员服务机构和船员用人单位未将其招用或者管理的船员的有关情况定期向海事管理机构备案的,按照《船员条例》第六十四条的规定,对责任单位处以5000元以上2万元以下罚款。

前款所称船员服务机构包括海员外派机构。

本条第一款所称船员服务机构和船员用人单位未定期向海事管理机构备案,包括下列情形:

(一)未按规定进行备案,或者备案内容不全面、不真实;

(二)未按照规定时间备案;

(三)未按照规定的形式备案。

第四节 违反航行、停泊和作业管理秩序

第十四条 船舶、浮动设施的所有人或者经营人违反《内河交通安全管理条例》第六条第(三)项、第七条第(三)项的规定,船舶未按照国务院交通运输主管部门的规定配备船员擅自航行的,或者浮动设施未按照国务院交通运输主管部门的规定配备掌握水上交通安全技能的船员擅自作业的,依照《内河交通安全管理条例》第六十五条的规定,责令限期改正,并处以1万元以上10万元以下罚款;逾期不改正的,责令停航或者停止作业。

本条前款所称船舶未按照国务院交通运输主管部门的规定配备船员擅自航行,包括下列情形:

(一)船舶所配船员的数量低于船舶最低安全配员证书规定的定额要求;

(二)船舶未持有有效的船舶最低安全配员证书。

第十五条 违反《内河交通安全管理条例》第十四条的规定,应当报废的船舶、浮动设施在内河航行或者作业的,依照《内河交通安全管理条例》第六十三条的规定,责令停航或者停止作业,并予以没收。

本条前款所称应当报废的船舶,是指达到国家强制报废年限或者以废钢船名义购买的船舶。

第十六条 违反《内河交通安全管理条例》第十四条、第十八条、第十九条、第二十条、第二十二条的规定,船舶在内河航行有下列行为之一的,依照《内河交通安全管理条例》第六十八条的规定,责令改正,处以5000元以上5万元以下罚款;情节严重的,禁止船舶进出港口或者责令停航,并可以对责任船员给予扣留船员适任证书或者其他适任证件3个月至6个月的处罚:

(一)未按照规定悬挂国旗;

(二)未按照规定标明船名、船籍港、载重线,或者遮挡船名、船籍港、载重线;

(三)国内航行船舶进出港口未按照规定办理进出港签证,国际航行船舶未按照规定办理进出口岸手续;

(四)未按照规定申请引航;

(五)船舶进出港口和通过交通管制区、通航密集区、航行条件受到限制区域,未遵守海事管理机构发布的特别规定;

(六)船舶无正当理由进入或者穿越禁航区;

(七)载运或者拖带超重、超长、超高、超宽、半潜的物体,未申请核定航路、航行时间或者未按照核定的航路、时间航行。

第十七条 违反《内河交通安全管理条例》的有关规定,船舶在内河航行、停泊或者作业,不遵守航行、避让和信号显示规则,依照《内河交通安全管理条例》第八十一条的规定,处以1000元以

上1万元以下罚款;情节严重的,还应当对责任船员给予扣留船员适任证书或者其他适任证件3个月至6个月直至吊销船员适任证书或者其他适任证件的处罚。

本条前款所称不遵守航行、避让和信号显示规则,包括以下情形:

(一)未采用安全航速航行;

(二)未按照要求保持正规了望;

(三)未按照规定的航路或者航行规则航行;

(四)未按照规定倒车、调头、追越;

(五)未按照规定显示号灯、号型或者鸣放声号;

(六)未按照规定擅自夜航;

(七)在规定必须报告船位的地点,未报告船位;

(八)在禁止横穿航道的航段,穿越航道;

(九)在限制航速的区域和汛期高水位期间未按照海事管理机构规定的航速航行;

(十)不遵守海事管理机构发布的在能见度不良时的航行规定;

(十一)不遵守海事管理机构发布的有关航行、避让和信号规则规定;

(十二)不遵守海事管理机构发布的航行通告、航行警告规定;

(十三)船舶装卸、载运危险货物或者空舱内有可燃气体时,未按照规定悬挂或者显示信号;

(十四)不按照规定保持船舶自动识别系统处于正常工作状态,或者不按照规定在船舶自动识别设备中输入准确信息,或者船舶自动识别系统发生故障未及时向海事机构报告;

(十五)未在规定的甚高频通信频道上守听;

(十六)未按照规定进行无线电遇险设备测试;

(十七)船舶停泊未按照规定留足值班人员;

(十八)未按照规定采取保障人员上、下船舶、设施安全的措施;

(十九)不遵守航行、避让和信号显示规则的其他情形。

第十八条 违反《内河交通安全管理条例》第八条、第二十一条的规定,船舶不具备安全技术条件从事货物、旅客运输,或者超载运输货物、超定额运输旅客,依照《内河交通安全管理条例》第八十二条的规定,责令改正,处以2万元以上10万元以下罚款,并可以对责任船员给予扣留船员适任证书或者其他适任证件6个月以上直至吊销船员适任证书或者其他适任证件的处罚,并对超载运输的船舶强制卸载,因卸载而发生的卸货费、存货费、旅客安置费和船舶监管费由船舶所有人或者经营人承担。

本条前款所称船舶不具备安全技术条件从事货物、旅客运输,包括以下情形:

(一)不遵守船舶、设施的配载和系固安全技术规范;

(二)不按照规定载运易流态化货物,或者不按照规定向海事管理机构备案;

(三)遇有不符合安全开航条件的情况而冒险开航;

(四)超过核定航区航行;

(五)船舶违规使用低闪点燃油;

(六)未按照规定拖带或者非拖船从事拖带作业;

(七)未经核准从事大型设施或者移动式平台的水上拖带;

(八)未持有《乘客定额证书》;

(九)未按照规定配备救生设施;

(十)船舶不具备安全技术条件从事货物、旅客运输的其他情形。

本条第一款所称超载运输货物、超定额运输旅客,包括以下情形:

(一)超核定载重线载运货物;

（二）集装箱船装载超过核定箱数；

（三）集装箱载运货物超过集装箱装载限额；

（四）滚装船装载超出检验证书核定的车辆数量；

（五）未经核准乘客定额载客航行；

（六）超乘客定额载运旅客。

第十九条 违反《内河交通安全管理条例》第二十八条的规定，在内河通航水域进行有关作业，不按照规定备案的，依照《内河交通安全管理条例》第七十条的规定，责令改正，处以5000元以上5万元以下罚款。

本条前款所称有关作业，包括以下作业：

（一）气象观测、测量、地质调查；

（二）大面积清除水面垃圾；

（三）可能影响内河通航水域交通安全的其他行为。

本条第二款第（三）项所称可能影响内河通航水域交通安全的其他行为，包括下列行为：

（一）检修影响船舶适航性能设备；

（二）检修通信设备和消防、救生设备；

（三）船舶烧焊或者明火作业；

（四）在非锚地、非停泊区进行编、解队作业；

（五）船舶试航、试车；

（六）船舶悬挂彩灯；

（七）船舶放艇（筏）进行救生演习。

第二十条 违反《港口建设费征收使用管理办法》，不按规定缴纳或者少缴纳港口建设费的，依照《财政违法行为处罚处分条例》第十三条规定，责令改正，并处未缴纳或者少缴纳的港口建设费的10%以上30%以下的罚款；对直接负责的主管人员和其他责任人处以3000元以上5万元以下罚款。

对于未缴清港口建设费的国内外进出口货物，港口经营人、船舶代理公司或者货物承运人违规办理了装船或者提离港口手续的，禁止船舶离港、责令停航、改航、责令停止作业，并可对直接负责的主管人员和其他责任人处以3000元以上3万元以下罚款。

第二十一条 违反船舶港务费征收管理秩序，不按照规定及时足额缴纳船舶港务费的，由海事管理机构责令限期缴纳，并从结算的次日起，按日核收应缴船舶港务费5‰的滞纳金；对逃缴、抗缴船舶港务费的，可以禁止船舶离港，或者责令其停航、改航、停止作业，并处以欠缴船舶港务费的1倍以上3倍以下罚款。

第五节　违反危险货物载运安全监督管理秩序

第二十二条 违反《内河交通安全管理条例》第三十条第二款和《危险化学品安全管理条例》第五十四条的规定，有下列情形之一的，依照《危险化学品安全管理条例》第八十七条规定，责令改正，对船舶所有人或者经营人处以10万元以上20万元以下的罚款，有违法所得的，没收违法所得；拒不改正的，责令停航整顿：

（一）通过内河封闭水域运输剧毒化学品以及国家规定禁止通过内河运输的其他危险化学品的；

（二）通过内河运输国家规定禁止通过内河运输的剧毒化学品以及其他危险化学品的。

第二十三条 违反《内河交通安全管理条例》第三十二条、第三十四条的规定，从事危险货物作业，有下列情形之一的，依照《内河交通安全管理条例》第七十一条的规定，责令停止作业或者航行，对负有责任的主管人员或者其他直接责任人员处以2万元以上10万元以下的罚款；属于船员的，并给予扣留船员适任证书或者其他适任证件6个月以上直至吊销船员适任证书或者其他适任证件的处罚：

（一）从事危险货物运输的船舶，未编制危险货物事故应急预案或者未配备相应的应急救援设备和器材的；

（二）船舶载运危险货物进出港或者在港口外装卸、过驳危险货物未经海事管理机构同意的。

第二十四条 违反《危险化学品安全管理条例》第四十四条的规定，有下列情形之一的，依照《危险化学品安全管理条例》第八十六条的规定，由海事管理机构责令改正，处以5万元以上10万元以下的罚款；拒不改正的，责令停航、停业整顿。

（一）从事危险化学品运输的船员未取得相应的船员适任证书和培训合格证明；

（二）危险化学品运输申报人员、集装箱装箱现场检查员未取得从业资格。

第二十五条 违反《内河交通安全管理条例》第三十一条、《危险化学品安全管理条例》第十八条的规定，运输危险化学品的船舶及其配载的容器未经检验合格而投入使用的，依照《危险化学品安全管理条例》第七十九条的规定，责令改正，对船舶所有人或者经营人处以10万元以上20万元以下的罚款，有违法所得的，没收违法所得；拒不改正的，责令停航整顿。

第二十六条 违反《内河交通安全管理条例》和《危险化学品安全管理条例》第四十五条的规定，船舶配载和运输危险货物不符合国家有关法律、法规、规章的规定和国家标准，或者未按照危险化学品的特性采取必要安全防护措施的，依照《危险化学品安全管理条例》第八十六条的规定，责令改正，对船舶所有人或者经营人处以5万元以上10万元以下的罚款；拒不改正的，责令停航整顿。

本条前款所称不符合国家有关法律、法规、规章的规定和国家标准，并按照危险化学品的特性采取必要安全防护措施的，包括下列情形：

（一）船舶未按照规定进行积载和隔离；

（二）船舶载运不符合规定的集装箱危险货物；

（三）装载危险货物的集装箱进出口或者中转未持有《集装箱装箱证明书》或者等效的证明文件；

（四）船舶装载危险货物违反限量、衬垫、紧固规定；

（五）船舶擅自装运未经评估核定危害性的新化学品；

（六）使用不符合要求的船舶装卸设备、机具装卸危险货物，或者违反安全操作规程进行作业，或者影响装卸作业安全的设备出现故障、存在缺陷，不及时纠正而继续进行装卸作业；

（七）船舶装卸危险货物时，未经批准，在装卸作业现场进行明火作业；

（八）船舶在装卸爆炸品、闪点23°C以下的易燃液体，或者散化、液化气体船在装卸易燃易爆货物过程中，检修或者使用雷达、无线电发射机和易产生火花的工（机）具拷铲，或者进行加油、允许他船并靠加水作业；

（九）装载易燃液体、挥发性易燃易爆散装化学品和液化气体的船舶在修理前不按照规定通风测爆；

（十）液货船未按照规定进行驱气或者洗舱作业；

（十一）液货船在装卸作业时不按照规定采取安全措施；

（十二）在液货船上随身携带易燃物品或者在甲板上放置、使用聚焦物品；

（十三）在禁止吸烟、明火的船舶处所吸烟或者使用明火；

（十四）在装卸、载运易燃易爆货物或者空舱内仍有可燃气体的船舶作业现场穿带钉的鞋靴或者穿着、更换化纤服装；

（十五）在海事管理机构公布的水域以外擅自从事过驳作业；

（十六）在进行液货船水上过驳作业时违反安全与防污染管理规定，或者违反安全操作规程；

（十七）船舶进行供油作业时，不按照规定填写《供受油作业安全检查表》，或者不按照《供受油作业安全检查表》采取安全和防污染措施；

（十八）船舶载运危险货物，向海事管理机构申报时隐瞒、谎报危险货物性质或者提交涂改、伪造、变造的危险货物单证；

（十九）在航行、装卸或者停泊时，未按照规定显示信号。

第二十七条 违反《危险化学品安全管理条例》第六十三条的规定，通过船舶载运危险化学品，托运人不向承运人说明所托运的危险化学品的种类、数量、危险特性以及发生危险情况的应急处置措施，或者未按照国家有关规定对所托运的危险化学品妥善包装并在外包装上设置相应标志的，依照《危险化学品安全管理条例》第八十六条的规定，由海事管理机构责令改正，对托运人处以5万元以上10万元以下的罚款；拒不改正的，责令停航整顿。

第二十八条 违反《危险化学品安全管理条例》第六十四条的规定，通过船舶载运危险化学品，在托运的普通货物中夹带危险化学品，或者将危险化学品谎报或者匿报为普通货物托运的，依照《危险化学品安全管理条例》第八十七条的规定，由海事管理机构责令改正，对托运人处以10万元以上20万元以下的罚款，有违法所得的，没收违法所得；拒不改正的，责令停航整顿。

第六节 违反通航安全保障管理秩序

第二十九条 违反《内河交通安全管理条例》第四十五条，有下列行为或者情形之一的，责令改正，并可以处以2000元以下的罚款；拒不改正的，责令施工作业单位、施工作业的船舶和设施停止作业：

（一）未按照有关规定申请发布航行警告、航行通告即行实施水上水下活动的；

（二）水上水下活动与航行警告、航行通告中公告的内容不符的。

第三十条 违反《内河交通安全管理条例》第二十九条的规定，在内河通航水域进行可能影响通航安全的作业或者活动，未按照规定设置标志、显示信号的，依照《内河交通安全管理条例》第七十条的规定，处以5000元以上5万元以下罚款。

本条前款所称可能影响通航安全的作业或者活动，包括《内河交通安全管理条例》第二十五条、第二十八条规定的作业或者活动。

第七节 违反船舶、浮动设施遇险救助管理秩序

第三十一条 违反《内河交通安全管理条例》第四十六条、第四十七条的规定，遇险后未履行报告义务，或者不积极施救的，依照《内河交通安全管理条例》第七十六条的规定，对船舶、浮动设施或者责任人员给予警告，并对责任船员给予扣留船员适任证书或者其他适任证件3个月至6个月直至吊销船员适任证书或者其他适任证件的处罚。

本条前款所称遇险后未履行报告义务，包括下列情形：

（一）船舶、浮动设施遇险后，未按照规定迅速向遇险地海事管理机构以及船舶、浮动设施所有人、经营人报告；

（二）船舶、浮动设施遇险后，未按照规定报告遇险的时间、地点、遇险状况、遇险原因、救助要求；

（三）发现其他船舶、浮动设施遇险，或者收到求救信号，船舶、浮动设施上的船员或者其他人员未将有关情况及时向遇险地海事管理机构报告。

本条第一款所称不积极施救，包括下列情形：

（一）船舶、浮动设施遇险后，不积极采取有效措施进行自救；

（二）船舶、浮动设施发生碰撞等事故后，在不严重危及自身安全的情况下，不积极救助遇险他方；

（三）附近船舶、浮动设施遇险，或者收到求救信号后，船舶、浮动设施上的船员或者其他人员未尽力救助遇险人员。

第三十二条 违反《内河交通安全管理条例》第四十九条第二款的规定，遇险现场和附近的船舶、船员不服从海事管理机构的统一调度和指挥的，依照《内河交通安全管理条例》第七十八条的规定，对船舶、浮动设施或者责任人员给予警告，并对责任船员给予扣留船员适任证书或者其他适任证件3个月至6个月直至吊销船员适任证书或者其他适任证件的处罚。

第八节 违反内河交通事故调查处理秩序

第三十三条 违反《内河交通安全管理条例》第五十条、第五十二条的规定，船舶、浮动设施发生水上交通事故，阻碍、妨碍内河交通事故调查取证，或者谎报、匿报、毁灭证据的，依照《内河交通安全管理条例》第八十四条的规定，给予警告，并对直接责任人员处以1000元以上1万元以下的罚款；属于船员的，并给予扣留船员适任证书或者其他适任证件12个月以上直至吊销船员适任证书或者其他适任证件的处罚。

本条前款所称阻碍、妨碍内河交通事故调查取证，包括下列情形：

（一）未按照规定立即报告事故；

（二）事故报告内容不真实，不符合规定要求；

（三）事故发生后，未做好现场保护，影响事故调查进行；

（四）在未出现危及船舶安全的情况下，未经海事管理机构的同意擅自驶离指定地点；

（五）未按照海事管理机构的要求驶往指定地点影响事故调查工作；

（六）拒绝接受事故调查或者阻碍、妨碍进行事故调查取证；

（七）因水上交通事故致使船舶、设施发生损害，未按照规定进行检验或者鉴定，或者不向海事管理机构提交检验或者鉴定报告副本，影响事故调查；

（八）其他阻碍、妨碍内河交通事故调查取证的情形。

本条第一款所称谎报、匿报、毁灭证据，包括下列情形：

（一）隐瞒事实或者提供虚假证明、证词；

（二）故意涂改航海日志等法定文书、文件；

（三）其他谎报、匿报、毁灭证据的情形。

第三十四条 违反《内河交通安全管理条例》的有关规定，船舶、浮动设施造成内河交通事故的，除依法承担相应的法律责任外，依照《内河交通安全管理条例》第七十七条的规定，对责任船员给予下列处罚：

（一）造成特别重大事故的，对负有全部责任、主要责任的船员吊销船员适任证书或者其他适任证件，对负有次要责任的船员扣留船员适任证书或者其他适任证件12个月直至吊销船员适任证书或者其他适任证件；责任相当的，对责任船员扣留船员适任证书或者其他适任证件24个月或者吊销船员适任证书或者其他适任证件。

（二）造成重大事故的，对负有全部责任、主要责任的船员吊销船员适任证书或者其他适任证件；对负有次要责任的船员扣留船员适任证书或者其他适任证件12个月至24个月；责任相当的，对责任船员扣留船员适任证书或者其他适任证件18个月或者吊销船员适任证书或者其他适任证件。

（三）造成较大事故的，对负有全部责任、主要责任的船员扣留船员适任证书或者其他适任证件12个月至24个月或者吊销船员适任证书或者其他适任证件，对负有次要责任的船员扣留船员适任证书或者其他适任证件6个月；责任相当的，对责任船员扣留船员适任证书或者其他适任证件12个月。

（四）造成一般事故的，对负有全部责任、主要责任的船员扣留船员适任证书或者其他适任证件9个月至12个月，对负有次要责任的船员扣留船员适任证书或者其他适任证件6个月至9个月；责任相当的，对责任船员扣留船员适任证书或者其他适任证件9个月。

第九节 违反防治船舶污染水域监督管理秩序

第三十五条 本节中所称水污染、污染物与《水污染防治法》中的同一用语的含义相同。

第三十六条 违反《水污染防治法》规定，有下列行为之一的，依照《水污染防治法》第八十条的规定，责令停止违法行为，处以5000元以上5万元以下的罚款：

（一）向水体倾倒船舶垃圾或者排放船舶的残油、废油的；

（二）未经作业地海事管理机构批准，船舶进行残油、含油污水、污染危害性货物残留物的接收作业，或者进行散装液体污染危害性货物的过驳作业的；

（三）进行装载油类、污染危害性货物船舱的清洗作业，未向海事管理机构报告的；

（四）进行船舶水上拆解，未事先向海事管理机构报告的；

（五）进行船舶水上拆解、打捞或者其他水上、水下船舶施工作业，未采取防污染措施的。

有前款第（一）项、第（二）项、第（三）项行为之一的，处以5000元以上5万元以下的罚款；有前款第（四）项、第（五）项行为之一的，处以1万元以上10万元以下的罚款。

违反《水污染防治法》的规定，船舶造成水污染事故的，依照《水污染防治法》第八十三条的规定，造成一般或者较大水污染事故的，处以直接损失的20%的罚款；造成重大或者特大水污染事故的，处以直接损失的30%的罚款。

第三十七条 违反《水污染防治法》第二十七条的规定，拒绝海事管理机构现场检查，或者弄虚作假的，依照《水污染防治法》第七十条的规定，责令改正，处以1万元以上10万元以下的罚款。

第三十八条 违反《大气污染防治法》第三十五条第二款的规定，未取得海事管理机构的委托，对机动船舶进行排气污染检测，或者在检测中弄虚作假的，依照《大气污染防治法》第五十五条的规定，责令停止违法行为，限期改正，可以处以5万元以下罚款；情节严重的，取消其承担机动船舶年检的资格。

第三十九条 违反《大气污染防治法》第三十六条、第三十七条第二款、第四十二条有关规定，船舶有下列行为之一的，依照《大气污染防治法》第五十六条的规定，责令停止违法行为，限期改正，并可以处以5万元以下罚款：

（一）船舶未采取有效污染防治措施，向大气排放粉尘、恶臭气体或者其他含有有毒物质的气体；

（二）船舶未经当地环境保护行政主管部门批准，向大气排放转炉气、电石气、电炉法黄磷尾气、有机烃类尾气；

（三）船舶未采取密闭措施或者其他防护措施，运输、装卸或者贮存能够散发有毒有害气体或者粉尘的物质。

第四十条 违反《环境噪声污染防治法》第三十四条的规定，船舶在城市市区的内河航道航行时，未按照规定使用声响装置的，依照《环境噪声污染防治法》第五十七条的规定，对其给予警告或者处以1万元以下的罚款。

第四十一条 拆船单位违反《防止拆船污染环境管理条例》的规定，有下列情形之一的，依照《防止拆船污染环境管理条例》第十七条的规定，除责令限期纠正外，还可以根据不同情节，处以1万元以上10万元以下的罚款：

（一）未持有经批准的环境影响报告书（表），擅自设置拆船厂进行拆船的；

（二）发生污染损害事故，不向监督拆船污染的海事管理机构报告，也不采取消除或者控制污染措施的；

（三）废油船未经洗舱、排污、清舱和测爆即进行拆解的；

（四）任意排放或者丢弃污染物造成严重污染的。

第四十二条 拆船单位违反《防止拆船污染环境管理条例》第七条、第十条、第十五条、第十六条的规定，有下列行为之一的，依照《防止拆船污染环境管理条例》第十八条的规定，除责令其限期纠正外，还可以根据不同情节，处以警告或者处以1万元以下的罚款：

（一）拒绝或者阻挠海事管理机构进行拆船现场检查或者在被检查时弄虚作假的；

（二）未按照规定要求配备和使用防污设施、设备和器材，造成水域污染的；

（三）发生污染事故，虽采取消除或者控制污染措施，但不向海事管理机构报告的；

（四）拆船单位关闭、搬迁后，原厂址的现场清理不合格的。

第三章 附 则

第四十三条 内河海事行政处罚的适用和程序适用《海上海事行政处罚规定》中的相关规定。

第四十四条 海事管理机构办理海事行政处罚案件，应当使用交通运输部制订的统一格式的海事行政处罚文书。

第四十五条 本规定自2015年7月1日起施行。2004年12月7日以交通部令2004年第13号公布的《中华人民共和国内河海事行政处罚规定》同时废止。

安全生产违法行为行政处罚办法

（2007年11月30日国家安全生产监管总局令第15号公布 根据2015年4月2日《国家安全监管总局关于修改〈《生产安全事故报告和调查处理条例》罚款处罚暂行规定〉等四部规章的决定》修订）

第一章 总 则

第一条 为了制裁安全生产违法行为，规范安全生产行政处罚工作，依照行政处罚法、安全生产法及其他有关法律、行政法规的规定，制定本办法。

第二条 县级以上人民政府安全生产监督管理部门对生产经营单位及其有关人员在生产经营活动中违反有关安全生产的法律、行政法规、部门规章、国家标准、行业标准和规程的违法行为（以下统称安全生产违法行为）实施行政处罚，适用本办法。

煤矿安全监察机构依照本办法和煤矿安全监察行政处罚办法，对煤矿、煤矿安全生产中介机构等生产经营单位及其有关人员的安全生产违法行为实施行政处罚。

有关法律、行政法规对安全生产违法行为行政处罚的种类、幅度或者决定机关另有规定的，依照其规定。

第三条 对安全生产违法行为实施行政处罚，应当遵循公平、公正、公开的原则。

安全生产监督管理部门或者煤矿安全监察机构（以下统称安全监管监察部门）及其行政执法人员实施行政处罚，必须以事实为依据。行政处罚应当与安全生产违法行为的事实、性质、情节以及社会危害程度相当。

第四条 生产经营单位及其有关人员对安全监管监察部门给予的行政处罚，依法享有陈述权、申辩权和听证权;对行政处罚不服的,有权依法申请行政复议或者提起行政诉讼;因违法给予行政处罚受到损害的,有权依法申请国家赔偿。

第二章　行政处罚的种类、管辖

第五条　安全生产违法行为行政处罚的种类:

(一)警告;

(二)罚款;

(三)没收违法所得、没收非法开采的煤炭产品、采掘设备;

(四)责令停产停业整顿、责令停产停业、责令停止建设、责令停止施工;

(五)暂扣或者吊销有关许可证,暂停或者撤销有关执业资格、岗位证书;

(六)关闭;

(七)拘留;

(八)安全生产法律、行政法规规定的其他行政处罚。

第六条　县级以上安全监管监察部门应当按照本章的规定,在各自的职责范围内对安全生产违法行为行政处罚行使管辖权。

安全生产违法行为的行政处罚,由安全生产违法行为发生地的县级以上安全监管监察部门管辖。中央企业及其所属企业、有关人员的安全生产违法行为的行政处罚,由安全生产违法行为发生地的设区的市级以上安全监管监察部门管辖。

暂扣、吊销有关许可证和暂停、撤销有关执业资格、岗位证书的行政处罚,由发证机关决定。其中,暂扣有关许可证和暂停有关执业资格、岗位证书的期限一般不得超过6个月;法律、行政法规另有规定的,依照其规定。

给予关闭的行政处罚,由县级以上安全监管监察部门报请县级以上人民政府按照国务院规定的权限决定。

给予拘留的行政处罚,由县级以上安全监管监察部门建议公安机关依照治安管理处罚法的规定决定。

第七条　两个以上安全监管监察部门因行政处罚管辖权发生争议的,由其共同的上一级安全监管监察部门指定管辖。

第八条　对报告或者举报的安全生产违法行为,安全监管监察部门应当受理;发现不属于自己管辖的,应当及时移送有管辖权的部门。

受移送的安全监管监察部门对管辖权有异议的,应当报请共同的上一级安全监管监察部门指定管辖。

第九条　安全生产违法行为涉嫌犯罪的,安全监管监察部门应当将案件移送司法机关,依法追究刑事责任;尚不够刑事处罚但依法应当给予行政处罚的,由安全监管监察部门管辖。

第十条　上级安全监管监察部门可以直接查处下级安全监管监察部门管辖的案件,也可以将自己管辖的案件交由下级安全监管监察部门管辖。

下级安全监管监察部门可以将重大、疑难案件报请上级安全监管监察部门管辖。

第十一条　上级安全监管监察部门有权对下级安全监管监察部门违法或者不适当的行政处罚予以纠正或者撤销。

第十二条　安全监管监察部门根据需要,可以在其法定职权范围内委托符合《行政处罚法》第十九条规定条件的组织或者乡、镇人民政府以及街道办事处、开发区管理机构等地方人民政府的派出机构实施行政处罚。受委托的单位在委托范围内,以委托的安全监管监察部门名义实施行政处罚。

委托的安全监管监察部门应当监督检查受委托的单位实施行政处罚，并对其实施行政处罚的后果承担法律责任。

第三章　行政处罚的程序

第十三条　安全生产行政执法人员在执行公务时，必须出示省级以上安全生产监督管理部门或者县级以上地方人民政府统一制作的有效行政执法证件。其中对煤矿进行安全监察，必须出示国家安全生产监督管理总局统一制作的煤矿安全监察员证。

第十四条　安全监管监察部门及其行政执法人员在监督检查时发现生产经营单位存在事故隐患的，应当按照下列规定采取现场处理措施：

（一）能够立即排除的，应当责令立即排除；

（二）重大事故隐患排除前或者排除过程中无法保证安全的，应当责令从危险区域撤出作业人员，并责令暂时停产停业、停止建设、停止施工或者停止使用相关设施、设备，限期排除隐患。

隐患排除后，经安全监管监察部门审查同意，方可恢复生产经营和使用。

本条第一款第（二）项规定的责令暂时停产停业、停止建设、停止施工或者停止使用相关设施、设备的期限一般不超过6个月；法律、行政法规另有规定的，依照其规定。

第十五条　对有根据认为不符合安全生产的国家标准或者行业标准的在用设施、设备、器材，违法生产、储存、使用、经营、运输的危险物品，以及违法生产、储存、使用、经营危险物品的作业场所，安全监管监察部门应当依照《行政强制法》的规定予以查封或者扣押。查封或者扣押的期限不得超过30日，情况复杂的，经安全监管监察部门负责人批准，最多可以延长30日，并在查封或者扣押期限内作出处理决定：

（一）对违法事实清楚、依法应当没收的非法财物予以没收；

（二）法律、行政法规规定应当销毁的，依法销毁；

（三）法律、行政法规规定应当解除查封、扣押的，作出解除查封、扣押的决定。

实施查封、扣押，应当制作并当场交付查封、扣押决定书和清单。

第十六条　安全监管监察部门依法对存在重大事故隐患的生产经营单位作出停产停业、停止施工、停止使用相关设施、设备的决定，生产经营单位应当依法执行，及时消除事故隐患。生产经营单位拒不执行，有发生生产安全事故的现实危险的，在保证安全的前提下，经本部门主要负责人批准，安全监管监察部门可以采取通知有关单位停止供电、停止供应民用爆炸物品等措施，强制生产经营单位履行决定。通知应当采用书面形式，有关单位应当予以配合。

安全监管监察部门依照前款规定采取停止供电措施，除有危及生产安全的紧急情形外，应当提前24小时通知生产经营单位。生产经营单位依法履行行政决定、采取相应措施消除事故隐患的，安全监管监察部门应当及时解除前款规定的措施。

第十七条　生产经营单位被责令限期改正或者限期进行隐患排除治理的，应当在规定限期内完成。因不可抗力无法在规定限期内完成的，应当在进行整改或者治理的同时，于限期届满前10日内提出书面延期申请，安全监管监察部门应当在收到申请之日起5日内书面答复是否准予延期。

生产经营单位提出复查申请或者整改、治理限期届满的，安全监管监察部门应当自申请或者限期届满之日起10日内进行复查，填写复查意见书，由被复查单位和安全监管监察部门复查人员签名后存档。逾期未整改、未治理或者整改、治理不合格的，安全监管监察部门应当依法给予行政处罚。

第十八条　安全监管监察部门在作出行政处罚决定前，应当填写行政处罚告知书，告知当事人作出行政处罚决定的事实、理由、依据，以及当事人依法享有的权利，并送达当事人。当事人应当在收到行政处罚告知书之日起3日内进行陈述、申辩，或者依法提出听证要求，逾期视为放弃上述权利。

第十九条 安全监管监察部门应当充分听取当事人的陈述和申辩,对当事人提出的事实、理由和证据,应当进行复核;当事人提出的事实、理由和证据成立的,安全监管监察部门应当采纳。

安全监管监察部门不得因当事人陈述或者申辩而加重处罚。

第二十条 安全监管监察部门对安全生产违法行为实施行政处罚,应当符合法定程序,制作行政执法文书。

第一节 简易程序

第二十一条 违法事实确凿并有法定依据,对个人处以50元以下罚款、对生产经营单位处以1000元以下罚款或者警告的行政处罚的,安全生产行政执法人员可以当场作出行政处罚决定。

第二十二条 安全生产行政执法人员当场作出行政处罚决定,应当填写预定格式、编有号码的行政处罚决定书并当场交付当事人。

安全生产行政执法人员当场作出行政处罚决定后应当及时报告,并在5日内报所属安全监管监察部门备案。

第二节 一般程序

第二十三条 除依照简易程序当场作出的行政处罚外,安全监管监察部门发现生产经营单位及其有关人员有应当给予行政处罚的行为的,应当予以立案,填写立案审批表,并全面、客观、公正地进行调查,收集有关证据。对确需立即查处的安全生产违法行为,可以先行调查取证,并在5日内补办立案手续。

第二十四条 对已经立案的案件,由立案审批人指定两名或者两名以上安全生产行政执法人员进行调查。

有下列情形之一的,承办案件的安全生产行政执法人员应当回避:

(一)本人是本案的当事人或者当事人的近亲属的;

(二)本人或者其近亲属与本案有利害关系的;

(三)与本人有其他利害关系,可能影响案件的公正处理的。

安全生产行政执法人员的回避,由派出其进行调查的安全监管监察部门的负责人决定。进行调查的安全监管监察部门负责人的回避,由该部门负责人集体讨论决定。回避决定作出之前,承办案件的安全生产行政执法人员不得擅自停止对案件的调查。

第二十五条 进行案件调查时,安全生产行政执法人员不得少于两名。当事人或者有关人员应当如实回答安全生产行政执法人员的询问,并协助调查或者检查,不得拒绝、阻挠或者提供虚假情况。

询问或者检查应当制作笔录。笔录应当记载时间、地点、询问和检查情况,并由被询问人、被检查单位和安全生产行政执法人员签名或者盖章;被询问人、被检查单位要求补正的,应当允许。被询问人或者被检查单位拒绝签名或者盖章的,安全生产行政执法人员应当在笔录上注明原因并签名。

第二十六条 安全生产行政执法人员应当收集、调取与案件有关的原始凭证作为证据。调取原始凭证确有困难的,可以复制,复制件应当注明"经核对与原件无异"的字样和原始凭证存放的单位及其处所,并由出具证据的人员签名或者单位盖章。

第二十七条 安全生产行政执法人员在收集证据时,可以采取抽样取证的方法;在证据可能灭失或者以后难以取得的情况下,经本单位负责人批准,可以先行登记保存,并应当在7日内作出处理决定:

(一)违法事实成立依法应当没收的,作出行政处罚决定,予以没收;依法应当扣留或者封存的，予以扣留或者封存；

（二）违法事实不成立，或者依法不应当予以没收、扣留、封存的，解除登记保存。

第二十八条 安全生产行政执法人员对与案件有关的物品、场所进行勘验检查时，应当通知当事人到场，制作勘验笔录，并由当事人核对无误后签名或者盖章。当事人拒绝到场的，可以邀请在场的其他人员作证，并在勘验笔录中注明原因并签名；也可以采用录音、录像等方式记录有关物品、场所的情况后，再进行勘验检查。

第二十九条 案件调查终结后，负责承办案件的安全生产行政执法人员应当填写案件处理呈批表，连同有关证据材料一并报本部门负责人审批。

安全监管监察部门负责人应当及时对案件调查结果进行审查，根据不同情况，分别作出以下决定：

（一）确有应受行政处罚的违法行为的，根据情节轻重及具体情况，作出行政处罚决定；

（二）违法行为轻微，依法可以不予行政处罚的，不予行政处罚；

（三）违法事实不能成立，不得给予行政处罚；

（四）违法行为涉嫌犯罪的，移送司法机关处理。

对严重安全生产违法行为给予责令停产停业整顿、责令停产停业、责令停止建设、责令停止施工、吊销有关许可证、撤销有关执业资格或者岗位证书、5 万元以上罚款、没收违法所得、没收非法开采的煤炭产品或者采掘设备价值 5 万元以上的行政处罚的，应当由安全监管监察部门的负责人集体讨论决定。

第三十条 安全监管监察部门依照本办法第二十九条的规定给予行政处罚，应当制作行政处罚决定书。行政处罚决定书应当载明下列事项：

（一）当事人的姓名或者名称、地址或者住址；

（二）违法事实和证据；

（三）行政处罚的种类和依据；

（四）行政处罚的履行方式和期限；

（五）不服行政处罚决定，申请行政复议或者提起行政诉讼的途径和期限；

（六）作出行政处罚决定的安全监管监察部门的名称和作出决定的日期。

行政处罚决定书必须盖有作出行政处罚决定的安全监管监察部门的印章。

第三十一条 行政处罚决定书应当在宣告后当场交付当事人；当事人不在场的，安全监管监察部门应当在 7 日内依照民事诉讼法的有关规定，将行政处罚决定书送达当事人或者其他的法定受送达人：

（一）送达必须有送达回执，由受送达人在送达回执上注明收到日期，签名或者盖章；

（二）送达应当直接送交受送达人。受送达人是个人的，本人不在交他的同住成年家属签收，并在行政处罚决定书送达回执的备注栏内注明与受送达人的关系；

（三）受送达人是法人或者其他组织的，应当由法人的法定代表人、其他组织的主要负责人或者该法人、组织负责收件的人签收；

（四）受送达人指定代收人的，交代收人签收并注明受当事人委托的情况；

（五）直接送达确有困难的，可以挂号邮寄送达，也可以委托当地安全监管监察部门代为送达，代为送达的安全监管监察部门收到文书后，必须立即交受送达人签收；

（六）当事人或者他的同住成年家属拒绝接收的，送达人应当邀请有关基层组织或者所在单位的代表到场，说明情况，在行政处罚决定书送达回执上记明拒收的事由和日期，由送达人、见证人签名或者盖章，将行政处罚决定书留在当事人的住所；也可以把行政处罚决定书留在受送达人的住所，并采用拍照、录像等方式记录送达过程，即视为送达；

（七）受送达人下落不明，或者用以上方式无法送达的，可以公告送达，自公告发布之日起经过60日，即视为送达。公告送达，应当在案卷中注明原因和经过。

安全监管监察部门送达其他行政处罚执法文书，按照前款规定办理。

第三十二条 行政处罚案件应当自立案之日起30日内作出行政处罚决定；由于客观原因不能完成的，经安全监管监察部门负责人同意，可以延长，但不得超过90日；特殊情况需进一步延长的，应当经上一级安全监管监察部门批准，可延长至180日。

第三节 听证程序

第三十三条 安全监管监察部门作出责令停产停业整顿、责令停产停业、吊销有关许可证、撤销有关执业资格、岗位证书或者较大数额罚款的行政处罚决定之前，应当告知当事人有要求举行听证的权利；当事人要求听证的，安全监管监察部门应当组织听证，不得向当事人收取听证费用。

前款所称较大数额罚款，为省、自治区、直辖市人大常委会或者人民政府规定的数额；没有规定数额的，其数额对个人罚款为2万元以上，对生产经营单位罚款为5万元以上。

第三十四条 当事人要求听证的，应当在安全监管监察部门依照本办法第十八条规定告知后3日内以书面方式提出。

第三十五条 当事人提出听证要求后，安全监管监察部门应当在收到书面申请之日起15日内举行听证会，并在举行听证会的7日前，通知当事人举行听证的时间、地点。

当事人应当按期参加听证。当事人有正当理由要求延期的，经组织听证的安全监管监察部门负责人批准可以延期1次；当事人未按期参加听证，并且未事先说明理由的，视为放弃听证权利。

第三十六条 听证参加人由听证主持人、听证员、案件调查人员、当事人及其委托代理人、书记员组成。

听证主持人、听证员、书记员应当由组织听证的安全监管监察部门负责人指定的非本案调查人员担任。

当事人可以委托1至2名代理人参加听证，并提交委托书。

第三十七条 除涉及国家秘密、商业秘密或者个人隐私外，听证应当公开举行。

第三十八条 当事人在听证中的权利和义务：

（一）有权对案件涉及的事实、适用法律及有关情况进行陈述和申辩；

（二）有权对案件调查人员提出的证据质证并提出新的证据；

（三）如实回答主持人的提问；

（四）遵守听证会场纪律，服从听证主持人指挥。

第三十九条 听证按照下列程序进行：

（一）书记员宣布听证会场纪律、当事人的权利和义务。听证主持人宣布案由，核实听证参加人名单，宣布听证开始；

（二）案件调查人员提出当事人的违法事实、出示证据，说明拟作出的行政处罚的内容及法律依据；

（三）当事人或者其委托代理人对案件的事实、证据、适用的法律等进行陈述和申辩，提交新的证据材料；

（四）听证主持人就案件的有关问题向当事人、案件调查人员、证人询问；

（五）案件调查人员、当事人或者其委托代理人相互辩论；

（六）当事人或者其委托代理人作最后陈述；

（七）听证主持人宣布听证结束。

听证笔录应当当场交当事人核对无误后签名或者盖章。

第四十条 有下列情形之一的，应当中止听证：

（一）需要重新调查取证的；

（二）需要通知新证人到场作证的；

（三）因不可抗力无法继续进行听证的。

第四十一条 有下列情形之一的，应当终止听证：

（一）当事人撤回听证要求的；

（二）当事人无正当理由不按时参加听证的；

（三）拟作出的行政处罚决定已经变更，不适用听证程序的。

第四十二条 听证结束后，听证主持人应当依据听证情况，填写听证会报告书，提出处理意见并附听证笔录报安全监管监察部门负责人审查。安全监管监察部门依照本办法第二十九条的规定作出决定。

第四章 行政处罚的适用

第四十三条 生产经营单位的决策机构、主要负责人、个人经营的投资人（包括实际控制人，下同）未依法保证下列安全生产所必需的资金投入之一，致使生产经营单位不具备安全生产条件的，责令限期改正，提供必需的资金，可以对生产经营单位处1万元以上3万元以下罚款，对生产经营单位的主要负责人、个人经营的投资人处5000元以上1万元以下罚款；逾期未改正的，责令生产经营单位停产停业整顿：

（一）提取或者使用安全生产费用；

（二）用于配备劳动防护用品的经费；

（三）用于安全生产教育和培训的经费。

（四）国家规定的其他安全生产所必须的资金投入。

生产经营单位主要负责人、个人经营的投资人有前款违法行为，导致发生生产安全事故的，依照《生产安全事故罚款处罚规定（试行）》的规定给予处罚。

第四十四条 生产经营单位的主要负责人未依法履行安全生产管理职责，导致生产安全事故发生的，依照《生产安全事故罚款处罚规定（试行）》的规定给予处罚。

第四十五条 生产经营单位及其主要负责人或者其他人员有下列行为之一的，给予警告，并可以对生产经营单位处1万元以上3万元以下罚款，对其主要负责人、其他有关人员处1000元以上1万元以下的罚款：

（一）违反操作规程或者安全管理规定作业的；

（二）违章指挥从业人员或者强令从业人员违章、冒险作业的；

（三）发现从业人员违章作业不加制止的；

（四）超过核定的生产能力、强度或者定员进行生产的；

（五）对被查封或者扣押的设施、设备、器材、危险物品和作业场所，擅自启封或者使用的；

（六）故意提供虚假情况或者隐瞒存在的事故隐患以及其他安全问题的；

（七）拒不执行安全监管监察部门依法下达的安全监管监察指令的。

第四十六条 危险物品的生产、经营、储存单位以及矿山、金属冶炼单位有下列行为之一的，责令改正，并可以处1万元以上3万元以下的罚款：

（一）未建立应急救援组织或者生产经营规模较小、未指定兼职应急救援人员的；

（二）未配备必要的应急救援器材、设备和物资，并进行经常性维护、保养，保证正常运转的。

第四十七条 生产经营单位与从业人员订立协议，免除或者减轻其对从业人员因生产安全事故伤亡依法应承担的责任的，该协议无效；对生产经营单位的主要负责人、个人经营的投资人按照下列规定处以罚款：

（一）在协议中减轻因生产安全事故伤亡对从业人员依法应承担的责任的，处2万元以上5万元以下的罚款；

（二）在协议中免除因生产安全事故伤亡对从业人员依法应承担的责任的，处5万元以上10万元以下的罚款。

第四十八条 生产经营单位不具备法律、行政法规和国家标准、行业标准规定的安全生产条件，经责令停产停业整顿仍不具备安全生产条件的，安全监管监察部门应当提请有管辖权的人民政府予以关闭；人民政府决定关闭的，安全监管监察部门应当依法吊销其有关许可证。

第四十九条 生产经营单位转让安全生产许可证的，没收违法所得，吊销安全生产许可证，并按照下列规定处以罚款：

（一）接受转让的单位和个人未发生生产安全事故的，处10万元以上30万元以下的罚款；

（二）接受转让的单位和个人发生生产安全事故但没有造成人员死亡的，处30万元以上40万元以下的罚款；

（三）接受转让的单位和个人发生人员死亡生产安全事故的，处40万元以上50万元以下的罚款。

第五十条 知道或者应当知道生产经营单位未取得安全生产许可证或者其他批准文件擅自从事生产经营活动，仍为其提供生产经营场所、运输、保管、仓储等条件的，责令立即停止违法行为，有违法所得的，没收违法所得，并处违法所得1倍以上3倍以下的罚款，但是最高不得超过3万元；没有违法所得的，并处5000元以上1万元以下的罚款。

第五十一条 生产经营单位及其有关人员弄虚作假，骗取或者勾结、串通行政审批工作人员取得安全生产许可证书及其他批准文件的，撤销许可及批准文件，并按照下列规定处以罚款：

（一）生产经营单位有违法所得的，没收违法所得，并处违法所得1倍以上3倍以下的罚款，但是最高不得超过3万元；没有违法所得的，并处5000元以上1万元以下的罚款；

（二）对有关人员处1000元以上1万元以下的罚款。

有前款规定违法行为的生产经营单位及其有关人员在3年内不得再次申请该行政许可。

生产经营单位及其有关人员未依法办理安全生产许可证书变更手续的，责令限期改正，并对生产经营单位处1万元以上3万元以下的罚款，对有关人员处1000元以上5000元以下的罚款。

第五十二条 未取得相应资格、资质证书的机构及其有关人员从事安全评价、认证、检测、检验工作，责令停止违法行为，并按照下列规定处以罚款：

（一）机构有违法所得的，没收违法所得，并处违法所得1倍以上3倍以下的罚款，但是最高不得超过3万元；没有违法所得的，并处5000元以上1万元以下的罚款；

（二）有关人员处5000元以上1万元以下的罚款。

第五十三条 生产经营单位及其有关人员触犯不同的法律规定，有两个以上应当给予行政处罚的安全生产违法行为的，安全监管监察部门应当适用不同的法律规定，分别裁量，合并处罚。

第五十四条 对同一生产经营单位及其有关人员的同一安全生产违法行为，不得给予两次以上罚款的行政处罚。

第五十五条 生产经营单位及其有关人员有下列情形之一的，应当从重处罚：

（一）危及公共安全或者其他生产经营单位安全的，经责令限期改正，逾期未改正的；

（二）一年内因同一违法行为受到两次以上行政处罚的；

（三）拒不整改或者整改不力，其违法行为呈持续状态的；

（四）拒绝、阻碍或者以暴力威胁行政执法人员的。

第五十六条 生产经营单位及其有关人员有下列情形之一的，应当依法从轻或者减轻行政处罚：

(一)已满14周岁不满18周岁的公民实施安全生产违法行为的;

(二)主动消除或者减轻安全生产违法行为危害后果的;

(三)受他人胁迫实施安全生产违法行为的;

(四)配合安全监管监察部门查处安全生产违法行为,有立功表现的;

(五)主动投案,向安全监管监察部门如实交待自己的违法行为的;

(六)具有法律、行政法规规定的其他从轻或者减轻处罚情形的。

有从轻处罚情节的,应当在法定处罚幅度的中档以下确定行政处罚标准,但不得低于法定处罚幅度的下限。

本条第一款第(四)项所称的立功表现,是指当事人有揭发他人安全生产违法行为,并经查证属实;或者提供查处其他安全生产违法行为的重要线索,并经查证属实;或者阻止他人实施安全生产违法行为;或者协助司法机关抓捕其他违法犯罪嫌疑人的行为。

安全生产违法行为轻微并及时纠正,没有造成危害后果的,不予行政处罚。

第五章　行政处罚的执行和备案

第五十七条　安全监管监察部门实施行政处罚时,应当同时责令生产经营单位及其有关人员停止、改正或者限期改正违法行为。

第五十八条　本办法所称的违法所得,按照下列规定计算:

(一)生产、加工产品的,以生产、加工产品的销售收入作为违法所得;

(二)销售商品的,以销售收入作为违法所得;

(三)提供安全生产中介、租赁等服务的,以服务收入或者报酬作为违法所得;

(四)销售收入无法计算的,按当地同类同等规模的生产经营单位的平均销售收入计算;

(五)服务收入、报酬无法计算的,按照当地同行业同种服务的平均收入或者报酬计算。

第五十九条　行政处罚决定依法作出后,当事人应当在行政处罚决定的期限内,予以履行;当事人逾期不履的,作出行政处罚决定的安全监管监察部门可以采取下列措施:

(一)到期不缴纳罚款的,每日按罚款数额的3%加处罚款,但不得超过罚款数额;

(二)根据法律规定,将查封、扣押的设施、设备、器材和危险物品拍卖所得价款抵缴罚款;

(三)申请人民法院强制执行。

当事人对行政处罚决定不服申请行政复议或者提起行政诉讼的,行政处罚不停止执行,法律另有规定的除外。

第六十条　安全生产行政执法人员当场收缴罚款的,应当出具省、自治区、直辖市财政部门统一制发的罚款收据;当场收缴的罚款,应当自收缴罚款之日起2日内,交至所属安全监管监察部门;安全监管监察部门应当在2日内将罚款缴付指定的银行。

第六十一条　除依法应当予以销毁的物品外,需要将查封、扣押的设施、设备、器材和危险物品拍卖抵缴罚款的,依照法律或者国家有关规定处理。销毁物品,依照国家有关规定处理;没有规定的,经县级以上安全监管监察部门负责人批准,由两名以上安全生产行政执法人员监督销毁,并制作销毁记录。处理物品,应当制作清单。

第六十二条　罚款、没收违法所得的款项和没收非法开采的煤炭产品、采掘设备,必须按照有关规定上缴,任何单位和个人不得截留、私分或者变相私分。

第六十三条　县级安全生产监督管理部门处以5万元以上罚款、没收违法所得、没收非法生产的煤炭产品或者采掘设备价值5万元以上、责令停产停业、停止建设、停止施工、停产停业整顿、吊销有关资格、岗位证书或者许可证的行政处罚的,应当自作出行政处罚决定之日起10日内报设区的市级安全生产监督管理部门备案。

第六十四条 设区的市级安全生产监管监察部门处以10万元以上罚款、没收违法所得、没收非法生产的煤炭产品或者采掘设备价值10万元以上、责令停产停业、停止建设、停止施工、停产停业整顿、吊销有关资格、岗位证书或者许可证的行政处罚的，应当自作出行政处罚决定之日起10日内报省级安全监管监察部门备案。

第六十五条 省级安全监管监察部门处以50万元以上罚款、没收违法所得、没收非法生产的煤炭产品或者采掘设备价值50万元以上、责令停产停业、停止建设、停止施工、停产停业整顿、吊销有关资格、岗位证书或者许可证的行政处罚的，应当自作出行政处罚决定之日起10日内报国家安全生产监督管理总局或者国家煤矿安全监察局备案。

对上级安全监管监察部门交办案件给予行政处罚的，由决定行政处罚的安全监管监察部门自作出行政处罚决定之日起10日内报上级安全监管监察部门备案。

第六十六条 行政处罚执行完毕后，案件材料应当按照有关规定立卷归档。

案卷立案归档后，任何单位和个人不得擅自增加、抽取、涂改和销毁案卷材料。未经安全监管监察部门负责人批准，任何单位和个人不得借阅案卷。

第六章 附 则

第六十七条 安全生产监督管理部门所用的行政处罚文书式样，由国家安全生产监督管理总局统一制定。

煤矿安全监察机构所用的行政处罚文书式样，由国家煤矿安全监察局统一制定。

第六十八条 本办法所称的生产经营单位，是指合法和非法从事生产或者经营活动的基本单元，包括企业法人、不具备企业法人资格的合伙组织、个体工商户和自然人等生产经营主体。

第六十九条 本办法自2008年1月1日起施行。原国家安全生产监督管理局（国家煤矿安全监察局）2003年5月19日公布的《安全生产违法行为行政处罚办法》、2001年4月27日公布的《煤矿安全监察程序暂行规定》同时废止。

国土资源行政处罚办法

（2014年5月7日国土资源部令第60号公布 自2014年7月1日起施行）

第一章 总 则

第一条 为规范国土资源行政处罚的实施，保障和监督国土资源主管部门依法履行职责，保护自然人、法人或者其他组织的合法权益，根据《中华人民共和国行政处罚法》以及《中华人民共和国土地管理法》、《中华人民共和国矿产资源法》等国土资源管理法律法规，制定本办法。

第二条 县级以上国土资源主管部门依照法定职权和程序，对自然人、法人或者其他组织违反国土资源管理法律法规的行为实施行政处罚，适用本办法。

第三条 国土资源主管部门实施行政处罚，遵循公正、公开的原则，做到事实清楚，证据确凿，定性准确，依据正确，程序合法，处罚适当。

第四条 国土资源行政处罚包括：

（一）警告；

（二）罚款；

（三）没收违法所得、没收非法财物；

（四）限期拆除；

(五)吊销勘查许可证和采矿许可证;

(六)法律法规规定的其他行政处罚。

第二章　管　　辖

第五条　国土资源违法案件由土地、矿产资源所在地的县级国土资源主管部门管辖,但法律法规以及本办法另有规定的除外。

第六条　省级、市级国土资源主管部门管辖本行政区域内重大、复杂和法律法规规定应当由其管辖的国土资源违法案件。

第七条　国土资源部管辖全国范围内重大、复杂和法律法规规定应当由其管辖的国土资源违法案件。

第八条　有下列情形之一的,上级国土资源主管部门有权管辖下级国土资源主管部门管辖的案件:

(一)下级国土资源主管部门应当立案调查而不予立案调查的;

(二)案情复杂,情节恶劣,有重大影响的。

上级国土资源主管部门可以将本级管辖的案件交由下级国土资源主管部门管辖,但是法律法规规定应当由其管辖的除外。

第九条　有管辖权的国土资源主管部门由于特殊原因不能行使管辖权的,可以报请上一级国土资源主管部门指定管辖。

国土资源主管部门之间因管辖权发生争议的,报请共同的上一级国土资源主管部门指定管辖。

上一级国土资源主管部门应当在接到指定管辖申请之日起七个工作日内,作出管辖决定。

第十条　国土资源主管部门发现违法案件不属于本部门管辖的,应当移送有管辖权的国土资源主管部门或者其他部门。受移送的国土资源主管部门对管辖权有异议的,应当报请上一级国土资源主管部门指定管辖,不得再自行移送。

第三章　立案、调查和审理

第十一条　国土资源主管部门发现自然人、法人或者其他组织行为涉嫌违法的,应当及时核查。对正在实施的违法行为,应当依法及时下达《责令停止违法行为通知书》予以制止。

《责令停止违法行为通知书》应当记载下列内容:

(一)违法行为人的姓名或者名称;

(二)违法事实和依据;

(三)其他应当记载的事项。

第十二条　符合下列条件的,国土资源主管部门应当在十个工作日内予以立案:

(一)有明确的行为人;

(二)有违反国土资源管理法律法规的事实;

(三)依照国土资源管理法律法规应当追究法律责任;

(四)属于本部门管辖;

(五)违法行为没有超过追诉时效。

违法行为轻微并及时纠正,没有造成危害后果的,可以不予立案。

第十三条　立案后,国土资源主管部门应当指定案件承办人员,及时组织调查取证。调查取证时,案件调查人员应当不少于二人,并应当向被调查人出示执法证件。

第十四条　调查人员与案件有直接利害关系的,应当回避。

第十五条　国土资源主管部门进行调查取证,有权采取下列措施:

（一）要求被调查的单位或者个人提供有关文件和资料，并就与案件有关的问题作出说明；

（二）询问当事人以及相关人员，进入违法现场进行检查、勘测、拍照、录音、摄像，查阅和复印相关材料；

（三）依法可以采取的其他措施。

第十六条 当事人拒绝调查取证或者采取暴力、威胁的方式阻碍国土资源主管部门调查取证的，国土资源主管部门可以提请公安机关、检察机关、监察机关或者相关部门协助，并向本级人民政府或者上一级国土资源主管部门报告。

第十七条 依法取得并能够证明案件事实情况的书证、物证、视听资料、计算机数据、证人证言、当事人陈述、询问笔录、现场勘测笔录、鉴定结论、认定结论等，作为国土资源行政处罚的证据。

第十八条 调查人员应当收集、调取与案件有关的书证、物证、视听资料、计算机数据的原件、原物、原始载体；收集、调取原件、原物、原始载体确有困难的，可以收集、调取复印件、复制件、节录本、照片、录像等。声音资料应当附有该声音内容的文字记录。

第十九条 证人证言应当符合下列要求：

（一）注明证人的姓名、年龄、性别、职业、住址、联系方式等基本情况；

（二）有证人的签名，不能签名的，应当按手印或者盖章；

（三）注明出具日期；

（四）附有居民身份证复印件等证明证人身份的文件。

第二十条 当事人请求自行提供陈述材料的，应当准许。必要时，调查人员也可以要求当事人自行书写。当事人应当在其提供的陈述材料上签名、按手印或者盖章。

第二十一条 询问应当个别进行，并制作询问笔录。询问笔录应当记载询问的时间、地点和询问情况等。

第二十二条 现场勘测一般由案件调查人实施，也可以委托有资质的单位实施。现场勘测应当制作现场勘测笔录。

第二十三条 为查明事实，需要对案件中的有关问题进行检验鉴定的，国土资源主管部门可以委托具有相应资质的机构进行。

第二十四条 案件调查终结，案件承办人员应当提交调查报告。调查报告应当包括当事人的基本情况、违法事实以及法律依据、相关证据、违法性质、违法情节、违法后果，并提出依法是否应当给予行政处罚以及给予何种行政处罚的处理意见。

涉及需要追究党纪、政纪或者刑事责任的，应当提出移送有权机关的建议。

第二十五条 国土资源主管部门在审理案件调查报告时，应当就下列事项进行审理：

（一）事实是否清楚、证据是否确凿；

（二）定性是否准确；

（三）适用法律是否正确；

（四）程序是否合法；

（五）拟定的处理意见是否适当。

经审理发现调查报告存在问题的，可以要求调查人员重新调查或者补充调查。

第四章　决　　定

第二十六条 审理结束后，国土资源主管部门根据不同情况，分别作出下列决定：

（一）违法事实清楚、证据确凿、依据正确、调查审理符合法定程序的，作出行政处罚决定；

（二）违法情节轻微、依法可以不给予行政处罚的，不予行政处罚；

（三）违法事实不成立的，不得给予行政处罚；

（四）违法行为涉及需要追究党纪、政纪或者刑事责任的，移送有权机关。

第二十七条 违法行为依法需要给予行政处罚的，国土资源主管部门应当制作《行政处罚告知书》，按照法律规定的方式，送达当事人。当事人有权进行陈述和申辩。陈述和申辩应当在收到《行政处罚告知书》后三个工作日内提出。口头形式提出的，案件承办人员应当制作笔录。

第二十八条 对拟给予较大数额罚款或者吊销勘查许可证、采矿许可证等行政处罚的，国土资源主管部门应当制作《行政处罚听证告知书》，按照法律规定的方式，送达当事人。当事人要求听证的，应当在收到《行政处罚听证告知书》后三个工作日内提出。

国土资源行政处罚听证适用《国土资源听证规定》。

第二十九条 当事人未在规定时间内陈述、申辩或者要求听证的，以及陈述、申辩或者听证中提出的事实、理由或者证据不成立的，国土资源主管部门应当依法制作《行政处罚决定书》，并按照法律规定的方式，送达当事人。

《行政处罚决定书》中应当包括行政处罚告知、当事人陈述、申辩或者听证的情况。

《行政处罚决定书》一经送达，即发生法律效力。当事人对行政处罚决定不服申请行政复议或者提起行政诉讼的，在行政复议或者行政诉讼期间，行政处罚决定不停止执行，法律另有规定的除外。

《行政处罚决定书》应当加盖作出处罚决定的国土资源主管部门的印章。

第三十条 法律法规规定的责令改正或者责令限期改正，可以与行政处罚决定一并作出，也可以在作出行政处罚决定之前单独作出。

第三十一条 当事人有两个以上国土资源违法行为的，国土资源主管部门可以制作一份《行政处罚决定书》，合并执行。《行政处罚决定书》应当明确对每个违法行为的处罚内容和合并执行的内容。

违法行为有两个以上当事人的，可以分别作出行政处罚决定，制作一式多份《行政处罚决定书》，分别送达当事人。《行政处罚决定书》应当明确给予每个当事人的处罚内容。

第三十二条 国土资源主管部门应当自立案之日起六十日内作出行政处罚决定。

案情复杂，不能在规定期限内作出行政处罚决定的，经本级国土资源主管部门负责人批准，可以适当延长，但延长期限不得超过三十日，案情特别复杂的除外。

第五章 执　　行

第三十三条 行政处罚决定生效后，当事人逾期不履行的，国土资源主管部门除采取法律法规规定的措施外，还可以采取以下措施：

（一）向本级人民政府和上一级国土资源主管部门报告；

（二）向当事人所在单位或者其上级主管部门通报；

（三）向社会公开通报；

（四）停止办理或者告知相关部门停止办理当事人与本案有关的许可、审批、登记等手续。

第三十四条 国土资源主管部门申请人民法院强制执行前，有充分理由认为被执行人可能逃避执行的，可以申请人民法院采取财产保全措施。

第三十五条 国土资源主管部门作出没收矿产品、建筑物或者其他设施的行政处罚决定后，应当在行政处罚决定生效后九十日内移交同级财政部门处理，或者拟订处置方案报本级人民政府批准后实施。法律法规另有规定的，从其规定。

第三十六条 国土资源主管部门申请人民法院强制执行前，应当催告当事人履行义务。

当事人在法定期限内不申请行政复议或者提起行政诉讼，又不履行的，国土资源主管部门可以自期限届满之日起三个月内，向土地、矿产资源所在地有管辖权的人民法院申请强制执行。

第三十七条 国土资源主管部门向人民法院申请强制执行，应当提供下列材料：

（一）《强制执行申请书》；

（二）《行政处罚决定书》及作出决定的事实、理由和依据；

（三）当事人的意见以及催告情况；

（四）申请强制执行标的情况；

（五）法律法规规定的其他材料。

《强制执行申请书》应当加盖国土资源主管部门的印章。

第三十八条 符合下列条件之一的，经国土资源主管部门负责人批准，案件结案：

（一）执行完毕的；

（二）终结执行的；

（三）已经依法申请人民法院强制执行的；

（四）其他应当结案的情形。

涉及需要移送有关部门追究党纪、政纪或者刑事责任的，应当在结案前移送。

第六章 监督管理

第三十九条 国土资源主管部门应当通过定期或者不定期检查等方式，加强对下级国土资源主管部门实施行政处罚工作的监督，并将发现和制止违法行为、依法实施行政处罚等情况作为监督检查的重点内容。

第四十条 国土资源主管部门应当建立重大违法案件公开通报制度，将案情和处理结果向社会公开通报并接受社会监督。

第四十一条 国土资源主管部门应当建立重大违法案件挂牌督办制度，明确提出办理要求，公开督促下级国土资源主管部门限期办理并接受社会监督。

第四十二条 国土资源主管部门应当建立违法案件统计制度。下级国土资源主管部门应当定期将本行政区域内的违法形势分析、案件发生情况、查处情况等逐级上报。

第四十三条 国土资源主管部门应当建立国土资源违法案件错案追究制度。行政处罚决定错误并造成严重后果的，作出处罚决定的机关应当承担相应的责任。

第四十四条 国土资源主管部门应当配合有关部门加强对行政处罚实施过程中的社会稳定风险防控。

第七章 法律责任

第四十五条 县级以上国土资源主管部门直接负责的主管人员和其他直接责任人员，违反本办法规定，有下列情形之一，致使自然人、法人或者其他组织的合法权益、公共利益和社会秩序遭受损害的，应当依法给予处分：

（一）对违法行为未依法制止的；

（二）应当依法立案查处，无正当理由未依法立案查处的；

（三）在制止以及查处违法案件中受阻，依照有关规定应当向本级人民政府或者上级国土资源主管部门报告而未报告的；

（四）应当依法给予行政处罚而未依法处罚的；

（五）应当依法申请强制执行、提出行政处分建议或者移送有权机关追究党纪、政纪或者刑事责任，而未依法申请强制执行、提出行政处分建议、移送有权机关的；

（六）其他徇私枉法、滥用职权、玩忽职守的情形。

第八章 附 则

第四十六条 国土资源行政处罚法律文书格式，由国土资源部统一制定。

第四十七条 本办法自2014年7月1日起施行。原地质矿产部1993年7月19日发布的《违反矿产资源法规行政处罚办法》和原国家土地管理局1995年12月18日发布的《土地违法案件查处办法》同时废止。

食品药品行政处罚程序规定

（2014年4月28日国家食品药品监督管理总局令第3号公布 自2014年6月1日起施行）

第一章 总 则

第一条 为规范食品药品监督管理部门行使行政处罚权，保护公民、法人和其他组织的合法权益，根据《中华人民共和国行政处罚法》（以下简称行政处罚法）、《中华人民共和国行政强制法》（以下简称行政强制法）、《中华人民共和国食品安全法》、《中华人民共和国药品管理法》等有关法律法规，制定本规定。

第二条 食品药品监督管理部门对违反食品、保健食品、药品、化妆品、医疗器械管理法律、法规、规章的单位或者个人实施行政处罚，应当遵照本规定。

第三条 食品药品监督管理部门实施行政处罚，遵循公开、公平、公正的原则，做到事实清楚、证据确凿、程序合法、法律法规规章适用准确适当、执法文书使用规范。

第四条 公民、法人或者其他组织对食品药品监督管理部门给予的行政处罚，享有陈述、申辩权；对行政处罚不服的，有权依法申请行政复议或者提起行政诉讼。

第五条 食品药品监督管理部门建立行政处罚监督制度。

上级食品药品监督管理部门对下级食品药品监督管理部门实施的行政处罚进行监督。上级食品药品监督管理部门对下级食品药品监督管理部门作出的违法或者不适当的行政处罚决定，责令其限期改正；逾期不改正的，依法予以变更或者撤销。

第二章 管 辖

第六条 行政处罚由违法行为发生地的食品药品监督管理部门管辖。

第七条 县（区）、市（地、州）食品药品监督管理部门依职权管辖本行政区域内的食品药品行政处罚案件。

省、自治区、直辖市食品药品监督管理部门依职权管辖本行政区域内重大、复杂的食品药品行政处罚案件。

国家食品药品监督管理总局依职权管辖应当由自己实施行政处罚的案件及全国范围内发生的重大、复杂的食品药品行政处罚案件。

省、自治区、直辖市食品药品监督管理部门可以依据法律法规和规章，结合本地区实际，规定本行政区域内级别管辖的具体分工。

第八条 县级以上食品药品监督管理部门可以在法定权限内委托符合行政处罚法第十九条规定条件的组织实施行政处罚。

受委托的组织应当在委托范围内，以委托部门的名义作出具体行政行为。委托部门应当对受委托组织的行政处罚行为及其相关的行政执法行为进行指导和监督,并对该行为的后果承担法律责任。

第九条 县级食品药品监督管理部门在乡镇或者区域设置的食品药品监督管理派出机构,依照法律法规和规章的规定,行使行政处罚权。

第十条 对当事人的同一违法行为,两个以上食品药品监督管理部门均有管辖权的,由先行立案的食品药品监督管理部门管辖。对管辖权有争议的,应当协商解决;协商不成的,报请共同的上一级食品药品监督管理部门指定管辖。

第十一条 上级食品药品监督管理部门认为必要时可以直接查处下级食品药品监督管理部门管辖的案件,也可以将自己管辖的案件移交下级食品药品监督管理部门查处。

下级食品药品监督管理部门对本部门管辖的案件由于特殊原因不能行使管辖权的,可以报请上级食品药品监督管理部门管辖或者指定管辖。

第十二条 上级食品药品监督管理部门接到管辖争议或者报请指定管辖请示后,应当在 10 个工作日内作出指定管辖的决定,并书面通知下级部门。

第十三条 食品药品监督管理部门发现案件不属于本部门管辖的,应当及时移送有管辖权的食品药品监督管理部门或者相关行政管理部门处理。

受移送的食品药品监督管理部门应当将案件查处结果及时函告移送案件的食品药品监督管理部门;认为移送不当的,应当报请共同的上一级食品药品监督管理部门指定管辖,不得再次移送。

第十四条 食品药品监督管理部门在查处案件时,发现违法行为涉嫌犯罪的,应当按照《行政执法机关移送涉嫌犯罪案件的规定》的要求,及时移送同级公安机关。

公安机关决定立案的,食品药品监督管理部门应当自接到公安机关立案通知书之日起 3 日内将涉案物品以及与案件有关的其他材料移交公安机关,并办结交接手续;对涉案的查封扣押物品,还应当填写查封扣押物品移交通知书,并书面告知当事人。

第十五条 食品药品监督管理部门办理行政处罚案件需要其他地区食品药品监督管理部门协助调查、取证的,应当出具协助调查函。协助部门一般应当在接到协助调查函之日起 15 个工作日内完成相关工作;需要延期完成的,应当及时告知提出协查请求的部门。

第十六条 依法应当吊销食品药品行政许可证或者撤销批准证明文件的,由原发证或者批准的食品药品监督管理部门决定。

食品药品监督管理部门查处违法案件,对依法应当吊销许可证或者撤销批准证明文件的,在其权限内依法实施行政处罚的同时,应当将取得的证据及相关材料报送原发证、批准的食品药品监督管理部门,由原发证、批准的部门依法作出是否吊销许可证或者撤销批准证明文件的行政处罚决定。需由国家食品药品监督管理总局撤销批准证明文件的,由省、自治区、直辖市食品药品监督管理部门报国家食品药品监督管理总局决定。

原发证、批准的部门依法作出吊销许可证和撤销批准证明文件的行政处罚决定,依照本规定进行。

第三章 立　　案

第十七条 食品药品监督管理部门应当对下列事项及时调查处理:

(一)在监督检查及抽验中发现案件线索的;

(二)公民、法人或者其他组织投诉、举报的;

(三)上级机关交办或者下级机关报请查处的;

(四)有关部门移送或者经由其他方式、途径披露的。

符合立案条件的,应当在7个工作日内立案。

第十八条 立案应当符合下列条件:

(一)有明确的违法嫌疑人;

(二)有违法事实;

(三)属于食品药品监督管理行政处罚的范围;

(四)属于本部门管辖。

符合立案条件的,应当报分管负责人批准立案,并确定2名以上执法人员为案件承办人。

第十九条 办案人员有下列情形之一的,应当自行回避;当事人也有权申请其回避:

(一)是本案的当事人或者当事人的近亲属;

(二)与本案有直接利害关系;

(三)与本案当事人有其他关系,可能影响案件公正处理的。

办案人员的回避由食品药品监督管理部门分管负责人决定,负责人的回避由部门其他负责人集体研究决定。

回避决定作出前,被申请回避人员不得擅自停止对案件的调查处理。

第四章 调查取证

第二十条 食品药品监督管理部门进行案件调查时,执法人员不得少于2人,并应当出示执法证件。

首次向案件当事人收集、调取证据的,应当告知其有申请办案人员回避的权利。

被调查人或者有关人员应当如实回答询问并协助、配合调查,及时提供依法应当保存的票据、凭证、记录等相关材料,不得阻挠、干扰案件的调查。

办案过程中涉及国家秘密、商业秘密和个人隐私的,执法人员应当保守秘密。

第二十一条 执法人员进行现场调查时,应当制作笔录。笔录应当注明执法人员身份、证件名称、证件编号及调查目的。执法人员应当在笔录上签字。

笔录经核对无误后,被调查人应当在笔录上逐页签字或者按指纹,并在笔录上注明对笔录真实性的意见。笔录修改处,应当由被调查人签字或者按指纹。

第二十二条 办案人员应当依法收集与案件有关的证据。证据包括书证、物证、视听资料、证人证言、当事人陈述、检验报告、鉴定意见、调查笔录、电子数据、现场检查笔录等。

立案前调查或者检查过程中依法取得的证据,可以作为认定事实的依据。

第二十三条 调取的证据应当是原件、原物。调取原件、原物确有困难的,可以由提交证据的单位或者个人在复制品上签字或者加盖公章,并注明“此件由×××提供,经核对与原件(物)相同”的字样或者文字说明。

第二十四条 在中华人民共和国领域外形成的证据,应当说明来源,经所在国公证机关证明,并经中华人民共和国驻该国使领馆认证,或者履行中华人民共和国与证据所在国订立的有关条约中规定的证明手续。

境外证据所包含的语言、文字应当提供经具有翻译资质的机构翻译的或者其他翻译准确的中文译文。

在中华人民共和国香港特别行政区、澳门特别行政区和台湾地区形成的证据,应当按照有关规定办理证明手续。

第二十五条 在证据可能灭失或者以后难以取得的情况下,经分管负责人批准,可以先行登记保存,并向当事人出具先行登记保存物品通知书。先行登记保存期间,当事人或者有关人员不得损毁、销毁或者转移证据。

第二十六条 食品药品监督管理部门对先行登记保存的证据,应当在7日内作出以下处理决定:

(一)需要采取证据保全措施的,采取记录、复制、拍照、录像等证据保全措施后予以返还;

(二)需要检验、检测、检疫、鉴定的,送交检验、检测、检疫、鉴定;

(三)依法应当予以没收的,作出行政处罚决定,没收违法物品;

(四)需要查封、扣押的,依法采取查封、扣押措施;

(五)违法事实不成立,或者违法事实成立但依法不应当予以查封、扣押或者没收的,解除先行登记保存措施。

逾期未作出处理决定的,应当解除先行登记保存。

第二十七条 食品药品监督管理部门在案件调查时,经分管负责人批准可以依法采取查封、扣押等行政强制措施,执法人员应当向当事人出具查封、扣押决定书。

情况紧急,需要当场采取查封、扣押措施的,执法人员应当在查封扣押后24小时内向分管负责人报告,并补办批准手续。分管负责人认为不应当采取行政强制措施的,应当立即解除。

第二十八条 食品药品监督管理部门实施先行登记保存或者查封、扣押时,应当通知当事人到场,并在现场检查笔录中对采取的相关措施情况予以记载。

对查封、扣押的场所、设施或者财物,应当使用盖有本部门公章的封条就地或者异地封存,当事人不得擅自启封。

对先行登记保存或者查封、扣押的物品应当开列物品清单,由执法人员、当事人或者有关人员签字或者加盖公章。

第二十九条 查封、扣押的场所、设施或者财物应当妥善保管,不得使用、损毁或者擅自转移、处置。

对容易腐烂、变质的物品,法律法规规定可以直接先行处理的,或者当事人同意先行处理的,经食品药品监督管理部门分管负责人批准,在采取相关措施留存证据后可以先行处理。

第三十条 查封、扣押的期限不得超过30日;情况复杂的,经食品药品监督管理部门分管负责人批准,可以延长,但延长的期限不得超过30日。

作出延长查封、扣押期限决定后应当及时填写查封扣押延期通知书,书面告知当事人,并说明理由。

对物品需要进行检验、检测、检疫或者鉴定的,应当填写检验(检测、检疫、鉴定)告知书。查封、扣押的期间不包括检验、检测、检疫或者鉴定的期间。

符合行政强制法第二十八条规定的,应当解除查封、扣押。

第三十一条 执法人员在调查取证过程中,要求当事人在笔录或者其他材料上签名、盖章或者以其他方式确认,当事人拒绝到场,拒绝签名、盖章或者以其他方式确认,或者无法找到当事人的,应当由两名执法人员在笔录或者其他材料上注明原因,并邀请有关人员作为见证人签字或者盖章,也可以采取录音、录像等方式记录。

第三十二条 执法人员调查违法事实,需要抽取样品检验的,应当按照有关规定抽取样品。检验机构应当在规定时限内及时进行检验。

第三十三条 案件调查终结后,案件承办人应当撰写调查终结报告,简易程序除外。调查终结报告内容包括:当事人基本情况、案由、违法事实及证据、调查经过等;拟给予行政处罚的,还应当包括所适用的依据及处罚建议。

第三十四条 食品药品监督管理部门进行案件调查时,对已有证据证明有违法行为的,应当出具责令改正通知书,责令当事人改正或者限期改正违法行为。

第五章　处罚决定

第一节　一般程序

第三十五条　承办人提交案件调查终结报告后，食品药品监督管理部门应当组织3名以上有关人员对违法行为的事实、性质、情节、社会危害程度、办案程序、处罚意见等进行合议。

合议应当根据认定的事实，提出予以处罚、补充证据、重新调查、撤销案件或者其他处理意见。

第三十六条　食品药品监督管理部门在作出处罚决定前应当填写行政处罚事先告知书，告知当事人违法事实、处罚的理由和依据，以及当事人依法享有的陈述、申辩权。

食品药品监督管理部门应当充分听取当事人的陈述和申辩。当事人提出的事实、理由或者证据经复核成立的，应当采纳。

食品药品监督管理部门不得因当事人申辩而加重处罚。

第三十七条　食品药品监督管理部门在作出责令停产停业、吊销许可证、撤销批准证明文件、较大数额罚款、没收较大数额财物等行政处罚决定前，应当告知当事人有要求举行听证的权利。当事人要求听证的，应当按照法定程序组织听证。

较大数额罚款的标准，按照地方性法规、地方政府规章等有关规范性文件的规定执行。

第三十八条　拟作出的行政处罚决定应当报食品药品监督管理部门负责人审查。食品药品监督管理部门负责人根据不同情况，分别作出如下决定：

（一）确有应受行政处罚的违法行为的，根据情节轻重及具体情况，作出行政处罚决定；

（二）违法行为轻微，依法可以不予行政处罚的，不予行政处罚；

（三）违法事实不能成立的，不得给予行政处罚；

（四）违法行为已构成犯罪的，移送公安机关。

第三十九条　对情节复杂或者重大违法行为给予较重的行政处罚，应当由食品药品监督管理部门负责人集体讨论决定。集体讨论决定的过程应当有书面记录。

重大、复杂案件标准由各省、自治区、直辖市食品药品监督管理部门根据实际确定。

第四十条　食品药品监督管理部门作出行政处罚决定，应当制作行政处罚决定书。

行政处罚决定书应当载明下列事项：

（一）当事人的姓名或者名称、地址；

（二）违反法律、法规或者规章的事实和证据；

（三）行政处罚的种类和依据；

（四）行政处罚的履行方式和期限；

（五）不服行政处罚决定，申请行政复议或者提起行政诉讼的途径和期限；

（六）作出行政处罚决定的食品药品监督管理部门名称和作出决定的日期。

行政处罚决定中涉及没收食品药品或者其他有关物品的，还应当附没收物品凭证。

行政处罚决定书应当盖有作出行政处罚决定的食品药品监督管理部门的公章。

第四十一条　除依法应当予以销毁的物品外，食品药品监督管理部门对依法没收的非法财物，经分管负责人批准，依照行政处罚法第五十三条规定予以处理。处理的物品应当核实品种、数量，并填写清单。

第二节　简易程序

第四十二条　违法事实确凿并有法定依据，对公民处以50元以下、对法人或者其他组织处以1000元以下罚款或者警告的行政处罚的，可以当场作出行政处罚决定。

第四十三条 执法人员当场作出行政处罚决定的,应当向当事人出示执法证件,填写预定格式、编有号码并加盖食品药品监督管理部门公章的当场行政处罚决定书。

当场行政处罚决定书应当当场交付当事人,当事人签字或者盖章签收。

第四十四条 执法人员当场作出的行政处罚决定,应当在7个工作日以内报所属部门备案。

第六章 送 达

第四十五条 行政处罚决定书应当在宣告后当场交付当事人;当事人不在场的,应当在7日内依照本章规定,将行政处罚决定书送达当事人。

行政处罚决定书由承办人直接送交当事人签收。受送达人是公民的,本人不在时,交其同住成年家属签收;受送达人是法人的,应当由其法定代表人签收;受送达人是其他组织的,由其主要负责人签收。受送达人有代理人的,可以送交其代理人签收。

受送达人应当在送达回执上注明收到日期并签字或者盖章。签收日期即为送达日期。

第四十六条 受送达人或者其同住成年家属拒收行政处罚决定书的,送达人可以邀请有关基层组织或者所在单位人员到场并说明情况,在送达回执上注明拒收事由和日期,由送达人、见证人签字或者盖章,将行政处罚决定书留在受送达人的住所,即视为送达。

第四十七条 直接送达有困难的,可以委托就近的食品药品监督管理部门代为送达或者邮寄送达。邮寄送达的,回执注明的收件日期即为送达日期。

国家食品药品监督管理总局作出的撤销食品药品批准证明文件的行政处罚,交由当事人所在地的省、自治区、直辖市食品药品监督管理部门送达。

第四十八条 受送达人下落不明,或者依据本章规定的其他方式无法送达的,公告送达。自发出公告之日起60日即视为送达。

公告送达,可以在受送达人原住所地张贴公告,也可以在报纸、电视等刊登公告。

公告送达,应当在案卷中载明公告送达的原因和经过。

第七章 执行与结案

第四十九条 行政处罚决定书送达后,当事人应当在处罚决定的期限内予以履行。

当事人确有经济困难,可以提出延期或者分期缴纳罚款的申请,并提交书面材料。经案件承办人员审核,确定延期或者分期缴纳罚款的期限和金额,报分管负责人批准后执行。

第五十条 当事人对行政处罚决定不服,申请行政复议或者提起行政诉讼的,行政处罚不停止执行,但行政复议或者行政诉讼期间决定或者裁定停止执行的除外。

第五十一条 作出罚款和没收违法所得决定的食品药品监督管理部门应当与收缴罚没款的机构分离。除按规定当场收缴的罚款外,执法人员不得自行收缴罚没款。

第五十二条 依据本规定当场作出行政处罚决定,有下列情形之一的,执法人员可以当场收缴罚款:

(一)依法给予20元以下罚款的;

(二)不当场收缴事后难以执行的。

第五十三条 在边远、水上、交通不便地区,食品药品监督管理部门及其执法人员依照本规定作出处罚决定后,当事人向指定的银行缴纳罚款确有困难的,经当事人提出,执法人员可以当场收缴罚款。

第五十四条 食品药品监督管理部门及其执法人员当场收缴罚款的,应当向当事人出具省、自治区、直辖市财政部门统一制发的罚款收据。

执法人员当场收缴的罚款,应当自收缴罚款之日起2日内交至食品药品监督管理部门;食品药品监督管理部门应当在2日内将罚款缴付指定的银行。

第五十五条 当事人在法定期限内不申请行政复议或者提起行政诉讼,又不履行行政处罚决定的,食品药品监督管理部门应当向人民法院申请强制执行。

食品药品监督管理部门申请人民法院强制执行前应当填写履行行政处罚决定催告书,书面催告当事人履行义务,并告知履行义务的期限和方式、依法享有的陈述和申辩权,涉及加处罚款的,应当有明确的金额和给付方式。

加处罚款的总数额不得超过原罚款数额。

当事人进行陈述、申辩的,食品药品监督管理部门应当对当事人提出的事实、理由和证据进行记录、复核,并制作陈述申辩笔录、陈述申辩复核意见书。当事人提出的事实、理由或者证据成立的,食品药品监督管理部门应当采纳。

履行行政处罚决定催告书送达10个工作日后,当事人仍未履行处罚决定的,食品药品监督管理部门可以申请人民法院强制执行,并填写行政处罚强制执行申请书。

第五十六条 行政处罚决定履行或者执行后,办案人应当填写行政处罚结案报告,将有关案件材料进行整理装订,归档保存。

第八章 附　　则

第五十七条 本规定中的期限以时、日计算,开始的时和日不计算在内。期限届满的最后一日是节假日的,以节假日后的第一日为届满的日期。法律、法规另有规定的除外。

第五十八条 本规定中的"以上"、"以下"、"以内",均包括本数。

第五十九条 各省、自治区、直辖市食品药品监督管理部门可以根据本行政区域实际制定本规定的实施细则。

第六十条 国家食品药品监督管理总局负责制定行政处罚所适用的文书格式范本。各省、自治区、直辖市食品药品监督管理部门可以参照文书格式范本,制定本行政区域行政处罚所适用的文书格式并自行印制。

第六十一条 本规定自2014年6月1日起施行。2003年4月28日公布的《药品监督行政处罚程序规定》(原国家食品药品监督管理局令第1号)同时废止。

中华人民共和国海关办理行政处罚案件程序规定

(2007年3月2日海关总署令第159号公布 根据2014年3月13日《海关总署关于修改部分规章的决定》修订)

第一章 总　　则

第一条 为了规范海关办理行政处罚案件程序,保护公民、法人或者其他组织的合法权益,根据《中华人民共和国行政处罚法》、《中华人民共和国海关法》、《中华人民共和国海关行政处罚实施条例》(以下简称海关行政处罚实施条例)以及有关法律、行政法规的规定,制定本规定。

第二条 海关办理行政处罚案件的程序适用本规定。法律、行政法规另有规定的除外。

海关侦查走私犯罪公安机构办理治安管理处罚案件的程序依照《中华人民共和国治安管理处罚法》、《公安机关办理行政案件程序规定》执行。

第三条 海关办理行政处罚案件应当遵循公正、公开、及时和便民的原则。

第四条 海关办理行政处罚案件,在少数民族聚居或者多民族共同居住的地区,应当使用当地通用的语言进行查问和询问。

对不通晓当地通用语言文字的当事人，应当为其提供翻译人员。

第五条 海关办理行政处罚案件过程中涉及国家秘密、商业秘密、海关工作秘密或者个人隐私的，应当保守秘密。

第二章 一般规定

第六条 海关发现的依法应当由其他行政机关或者刑事侦查部门处理的违法行为，应当制作案件移送函，及时将案件移送有关行政机关或者刑事侦查部门处理。

第七条 海关在调查、收集证据时，办理行政处罚案件的海关工作人员（以下简称办案人员）不得少于2人，并且应当向当事人或者有关人员出示执法证件。

第八条 办案人员有下列情形之一的，应当回避，当事人及其代理人有权申请其回避：

（一）是本案的当事人或者当事人的近亲属；

（二）本人或者其近亲属与本案有利害关系；

（三）与本案当事人有其他关系，可能影响案件公正处理的。

第九条 办案人员的回避，由其所属的直属海关或者隶属海关关长决定。

第十条 办案人员要求回避的，应当提出书面申请，并且说明理由。

办案人员具有应当回避的情形之一，没有申请回避，当事人及其代理人也没有申请他们回避的，有权决定他们回避的海关关长可以指令他们回避。

当事人及其代理人要求办案人员回避的，应当提出申请，并且说明理由。口头提出申请的，海关应当记录在案。

第十一条 对当事人及其代理人提出的回避申请，海关应当在3个工作日内作出决定并且书面通知申请人。

对海关驳回回避申请有异议的，当事人及其代理人可以在收到书面通知后的3个工作日内向作出决定的海关申请复核1次；作出决定的海关应当在3个工作日内作出复核决定并且书面通知申请人。

第十二条 在海关作出回避决定前，办案人员不停止办理行政处罚案件。在回避决定作出以前，办案人员进行的与案件有关的活动是否有效，由作出回避决定的海关根据案件情况决定。

第十三条 化验人、鉴定人和翻译人员的回避，适用本规定第八条至第十二条的规定。

第十四条 海关办理行政处罚案件的证据种类主要有：

（一）书证；

（二）物证；

（三）视听资料、电子数据；

（四）证人证言；

（五）化验报告、鉴定结论；

（六）当事人的陈述；

（七）查验、检查记录。

证据应当经查证属实，才能作为认定事实的根据。

第十五条 海关收集的物证、书证应当是原物、原件。收集原物、原件确有困难的，可以拍摄、复制足以反映原物、原件内容或者外形的照片、录像、复制件，并且可以指定或者委托有关单位或者个人对原物、原件予以妥善保管。

收集物证、书证的原物、原件的，应当开列清单，注明收集的日期，由有关单位或者个人确认后盖章或者签字。

收集由有关单位或者个人保管书证原件的复制件、影印件或者抄录件的，应当注明出处和收集时间，经提供单位或者个人核对无异后盖章或者签字。

收集由有关单位或者个人保管物证原物的照片、录像的，应当附有关制作过程及原物存放处的文字说明，并且由提供单位或者个人在文字说明上盖章或者签字。

提供单位或者个人拒绝盖章或者签字的，办案人员应当注明。

第十六条 海关收集电子数据或者录音、录像等视听资料，应当收集原始载体。收集原始载体确有困难的，可以收集复制件，注明制作方法、制作时间、制作人、证明对象以及原始载体存放处等，并且由有关单位或者个人确认后盖章或者签字。

海关对收集的电子数据或者录音、录像等视听资料的复制件应当进行证据转换，电子数据能转换为纸质资料的应当及时打印，录音资料应当附有声音内容的文字记录，并且由有关单位或者个人确认后盖章或者签字。

第十七条 违法行为在 2 年内未被发现的，不再给予行政处罚。法律另有规定的除外。

前款规定的期限，从违法行为发生之日起计算；违法行为有连续或者继续状态的，从行为终了之日起计算。

第十八条 期间以时、日、月、年计算。期间开始的时和日，不计算在期间内。期间届满的最后一日是法定节假日或者法定休息日的，以其后的第一个工作日为期间届满日期。

期间不包括在途时间，法定期满前交付邮寄的，不视为逾期。

第十九条 当事人因不可抗拒的事由或者其他正当理由耽误期限的，在障碍消除后的 10 日内可以向海关申请顺延期限，是否准许，由海关决定。

第二十条 海关送达行政法律文书，应当直接送交受送达人。受送达人是公民的，本人不在交其同住成年家属签收；受送达人是法人或者其他组织的，应当由法人的法定代表人、其他组织的主要负责人或者该法人、组织负责收件的人签收；受送达人有委托接受送达的代理人的，可以送交代理人签收。

直接送达行政法律文书，由受送达人在送达回证上签字或者盖章，并且注明签收日期。送达回证上的签收日期为送达日期。

第二十一条 受送达人或者与其同住的成年家属拒绝签收行政法律文书，送达人应当邀请见证人到场，说明情况，在送达回证上注明拒收事由和日期，由送达人、见证人签字或者盖章，把行政法律文书留在受送达人的住所，即视为送达。

第二十二条 直接送达行政法律文书有困难的，可以委托其他海关代为送达，或者邮寄送达。

委托其他海关代为送达的，应当向受托海关出具委托手续，并且由受托海关向当事人出示。

邮寄送达的，应当附有送达回证并且以送达回证上注明的收件日期为送达日期；送达回证没有寄回的，以挂号信回执或者查询复单上注明的收件日期为送达日期。

第二十三条 海关对中华人民共和国领域内有住所的外国人、无国籍人、外国企业或者组织送达行政法律文书，适用本规定第二十条至第二十二条规定。

海关对中华人民共和国领域内没有住所的外国人、无国籍人、外国企业或者组织能够直接送交行政法律文书的，应当直接送达。受送达人有委托接受送达的代理人的，海关可以向代理人直接送达，也可以向受送达人在中华人民共和国领域内设立的代表机构或者有权接受送达的分支机构、业务代办人直接送达。海关对授权委托有疑问的，可以要求代理人提供经过公证机关公证的授权委托书。

直接送达行政法律文书有困难并且受送达人所在国的法律允许邮寄送达的，可以邮寄送达。

海关向我国香港、澳门和台湾地区送达法律文书的，比照对中华人民共和国领域内没有住所的外国人、无国籍人、外国企业或者组织送达法律文书的相关规定执行。

第二十四条 受送达人是军人的，通过其所在部队团以上单位的政治机关转交。

受送达人是被监禁的或者被劳动教养的，通过其所在监所、劳动改造单位或者劳动教养单位转交。

受送达人在送达回证上的签收日期，为送达日期。

第二十五条 经采取本规定第二十条至第二十四条规定的送达方式无法送达的，公告送达。

依法予以公告送达的，海关应当将行政法律文书的正本张贴在海关公告栏内。行政处罚决定书公告送达的，还应当在报纸上刊登公告。

公告送达，自发出公告之日起满60日，视为送达；对在中华人民共和国领域内没有住所的当事人进行公告送达，自发出公告之日起满6个月，视为送达。

法律、行政法规另有规定，以及我国缔结或者参加的国际条约中约定有特别送达方式的除外。

第二十六条 违法事实确凿并且有法定依据，对公民处以50元以下、对法人或者其他组织处以1000元以下罚款或者警告的行政处罚的，可以按照《中华人民共和国行政处罚法》第五章第一节的有关规定当场作出行政处罚决定。

第三章 案件调查

第一节 立 案

第二十七条 海关发现公民、法人或者其他组织有依法应当由海关给予行政处罚的行为的，应当立案调查。

第二十八条 海关受理或者发现的违法线索，经核实有下列情形之一的，不予立案：

（一）没有违法事实的；

（二）违法行为超过法律规定的处罚时效的；

（三）其他依法不予立案的情形。

海关决定不予立案的，应当制作不予立案通知书，及时通知举报人、线索移送机关或者主动投案的违法嫌疑人。

第二节 查问、询问

第二十九条 办案人员查问违法嫌疑人、询问证人应当个别进行，并且告知其依法享有的权利和作伪证应当承担的法律责任。

违法嫌疑人、证人应当如实陈述、提供证据。

第三十条 办案人员查问违法嫌疑人，可以到其所在单位或者住所进行，也可以要求其到海关或者指定的地点进行。

办案人员询问证人，可以到其所在单位或者住所进行。必要时，也可以通知证人到海关或者指定地点进行。

第三十一条 查问、询问应当制作查问、询问笔录。

查问、询问笔录上所列项目，应当按照规定填写齐全，并且注明查问、询问开始和结束的时间；办案人员应当在查问、询问笔录上签字。

查问、询问笔录应当当场交给被查问人、被询问人核对或者向其宣读。被查问人、被询问人核对无误后，应当在查问、询问笔录上逐页签字或者捺指印，拒绝签字或者捺指印的，办案人员应当在查问、询问笔录上注明。如记录有误或者遗漏，应当允许被查问人、被询问人更正或者补充，并且在更正或者补充处签字或者捺指印。

第三十二条 查问、询问聋、哑人时，应当有通晓聋、哑手语的人作为翻译人员参加，并且在笔录上注明被查问人、被询问人的聋、哑情况。

查问、询问不通晓中国语言文字的外国人、无国籍人，应当为其提供翻译人员；被查问人、被询问人通晓中国语言文字不需要提供翻译人员的，应当出具书面声明，办案人员应当在查问、询问笔录中注明。

翻译人员的姓名、工作单位和职业应当在查问、询问笔录中注明。翻译人员应当在查问、询问笔录上签字。

第三十三条 海关首次查问违法嫌疑人、询问证人时，应当问明违法嫌疑人、证人的姓名、出生日期、户籍所在地、现住址、身份证件种类及号码、工作单位、文化程度，是否曾受过刑事处罚或者被行政机关给予行政处罚等情况；必要时，还应当问明家庭主要成员等情况。

违法嫌疑人或者证人不满 18 周岁的，查问、询问时应当通知其父母或者其他监护人到场。确实无法通知或者通知后未到场的，应当记录在案。

第三十四条 被查问人、被询问人要求自行提供书面陈述材料的，应当准许；必要时，办案人员也可以要求被查问人、被询问人自行书写陈述。

被查问人、被询问人自行提供书面陈述材料的，应当在陈述材料上签字并且注明书写陈述的时间、地点和陈述人等。办案人员收到书面陈述后，应当注明收到时间并且签字确认。

第三十五条 查问、询问时，在文字记录的同时，可以根据需要录音、录像。

第三十六条 办案人员对违法嫌疑人、证人的陈述应当认真听取，并且如实记录。

办案人员不得以暴力、威胁、引诱、欺骗以及其他非法手段获取陈述。

第三节 检查、查验

第三十七条 办案人员依法检查运输工具和场所，查验货物、物品，应当制作检查、查验记录。检查、查验记录由办案人员、当事人或者其代理人签字或者盖章；当事人或者其代理人不在场或者拒绝签字或者盖章的，办案人员应当在检查、查验记录上注明，并且由见证人签字或者盖章。

第三十八条 办案人员依法检查走私嫌疑人的身体，应当在隐蔽的场所或者非检查人员视线之外，由 2 名以上与被检查人同性别的办案人员执行。

检查走私嫌疑人身体可以由医生协助进行，必要时可前往医疗机构作专业检查。

第四节 化验、鉴定

第三十九条 在案件调查过程中，需要对有关货物、物品进行取样化验、鉴定的，由海关或者海关委托的化验、鉴定机构提取样品。提取样品时，当事人或者其代理人应当到场；当事人或者其代理人未到场的，海关应当邀请见证人到场。

提取的样品应当予以加封确认，并且填制提取样品记录，由办案人员或者海关委托的化验、鉴定机构人员、当事人或者其代理人、见证人签字或者盖章。

海关提取的样品应当及时送化验、鉴定机构化验、鉴定。

第四十条 依法先行变卖或者经海关许可先行放行有关货物、物品的，海关应当提取 1 式 2 份以上样品；样品份数及每份样品数量以能够认定样品的品质特征为限。

第四十一条 化验、鉴定应当交由海关化验鉴定机构或者委托国家认可的其他机构进行。有关货物、物品持有人或者所有人应当根据化验、鉴定要求提供化验、鉴定所需的有关资料。

第四十二条 化验人、鉴定人进行化验、鉴定后，应当出具化验报告、鉴定结论。

化验报告、鉴定结论应当载明委托人和委托化验、鉴定的事项，向化验、鉴定部门提交的相关材料，化验、鉴定的依据和使用的科学技术手段，化验、鉴定部门和化验、鉴定人资格的说明，并且应当有化验、鉴定人的签字和化验、鉴定部门的盖章。通过分析获得的鉴定结论，应当说明分析过程。

第四十三条 当事人对化验报告、鉴定结论有异议的，可以申请重新化验、鉴定 1 次；海关经审查确有正当理由的,应当重新进行化验、鉴定。

化验、鉴定费用由海关承担。但是经当事人申请海关重新化验、鉴定的,如果化验、鉴定结论有改变的,化验、鉴定费用由海关承担;如果化验、鉴定结论没有改变的,化验、鉴定费用由重新化验、鉴定申请人承担。

第五节　查询存款、汇款

第四十四条　在调查走私案件时,办案人员查询案件涉嫌单位和涉嫌人员在金融机构、邮政企业的存款、汇款,需要经直属海关关长或者其授权的隶属海关关长批准。

第四十五条　办案人员查询案件涉嫌单位和涉嫌人员在金融机构、邮政企业的存款、汇款,应当表明执法身份,出示海关协助查询通知书。

第六节　扣留和担保

第四十六条　海关依法扣留货物、物品、运输工具、其他财产及账册、单据等资料,应当出示执法证件,制作扣留凭单送达当事人,当场告知其采取扣留的理由、依据及其依法享有的权利。

扣留凭单应当记载被扣货物、物品、运输工具或者其他财产的品名、规格、数量、重量等,品名、规格、数量、重量当场无法确定的,应当尽可能完整地描述其外在特征。扣留凭单应当由办案人员、当事人或者其代理人、保管人签字或者盖章;当事人或者其代理人不在场或者拒绝签字或者盖章的,办案人员应当在扣留凭单上注明,并且由见证人签字或者盖章。

海关依法扣留货物、物品、运输工具、其他财产及账册、单据等资料,可以加施海关封志。加施海关封志的,当事人或者其代理人、保管人应当妥善保管。

第四十七条　海关扣留货物、物品、运输工具、其他财产以及账册、单据等资料的期限不得超过1年。因案件调查需要,经直属海关关长或者其授权的隶属海关关长批准,可以延长,延长期限不得超过1年。但是复议、诉讼期间不计算在内。

第四十八条　在人民法院判决或者海关行政处罚决定作出之前,对扣留的危险品或者鲜活、易腐、易烂、易失效、易变质等不宜长期保存的货物、物品以及所有人申请先行变卖的货物、物品、运输工具,需要依法先行变卖的,应当经直属海关关长或者其授权的隶属海关关长批准。

海关在变卖前,应当通知先行变卖的货物、物品、运输工具的所有人。如果变卖前无法及时通知的,海关应当在货物、物品、运输工具变卖后,通知其所有人。

第四十九条　海关依法解除对货物、物品、运输工具、其他财产及有关账册、单据等资料的扣留,应当制发解除扣留通知书送达当事人。解除扣留通知书由办案人员、当事人或者其代理人、保管人签字或者盖章;当事人或者其代理人不在场,或者当事人、代理人拒绝签字或者盖章的,办案人员应当在解除扣留通知书上注明,并且由见证人签字或者盖章。

第五十条　有违法嫌疑的货物、物品、运输工具无法或者不便扣留的,当事人或者运输工具负责人向海关提供担保时,办案人员应当制作收取担保凭单送达当事人或者运输工具负责人,收取担保凭单由办案人员、当事人、运输工具负责人或者其代理人签字或者盖章。

收取担保以后,可以对涉案货物、物品、运输工具进行拍照或者录像存档。

第五十一条　海关依法解除担保的,应当制发解除担保通知书送达当事人或者运输工具负责人。解除担保通知书由办案人员及当事人、运输工具负责人或者其代理人、保管人签字或者盖章;当事人、运输工具负责人或者其代理人不在场或者拒绝签字或者盖章的,办案人员应当在解除担保通知书上注明,并且由见证人签字或者盖章。

第五十二条　依法对走私犯罪嫌疑人实施人身扣留依照《中华人民共和国海关实施人身扣留规定》的程序办理。

第七节　调查中止和终结

第五十三条　海关办理行政处罚案件，在立案后发现当事人的违法行为应当移送其他行政机关或者刑事侦查部门办理的，应当及时移送。

行政处罚案件自海关移送其他行政机关或者刑事侦查部门之日起中止调查。

第五十四条　海关中止调查的行政处罚案件，有下列情形之一的，应当恢复调查：

（一）其他行政机关或者刑事侦查部门已经作出处理的海关移送案件，仍需要海关作出行政处罚的；

（二）其他行政机关或者刑事侦查部门不予受理或者不予追究刑事责任，退回海关处理的。

第五十五条　经调查后，行政处罚案件有下列情形之一的，可以终结调查：

（一）违法事实清楚、法律手续完备、据以定性处罚的证据充分的；

（二）没有违法事实的；

（三）作为当事人的自然人死亡的；

（四）作为当事人的法人或者其他组织终止，无法人或者其他组织承受其权利义务，又无其他关系人可以追查的；

（五）其他行政机关或者刑事侦查部门已作出处理的海关移送案件，不需要海关作出行政处罚的；

（六）其他依法应当终结调查的情形。

第四章　行政处罚的决定

第一节　案 件 审 查

第五十六条　海关对已经调查终结的行政处罚案件，应当经过审查；未经审查程序，不得作出撤销案件、不予行政处罚、予以行政处罚等处理决定。

第五十七条　海关对行政处罚案件进行审查时，应当审查案件的违法事实是否清楚，定案的证据是否客观、充分，调查取证的程序是否合法、适当，以及是否存在不予行政处罚或者减轻、从轻、从重处罚的情节，并且提出适用法律和案件处理意见。

有关案件违法事实不清、证据不充分或者调查程序违法的，应当退回补充调查。

第五十八条　不满 14 周岁的人有违法行为的，不予行政处罚，但是应当责令其监护人加以管教。已满 14 周岁不满 18 周岁的人有违法行为的，从轻或者减轻行政处罚。

第五十九条　精神病人在不能辨认或者不能控制自己行为时有违法行为的，不予行政处罚，但应当责令其监管人严加看管和治疗。间歇性精神病人在精神正常时有违法行为的，应当给予行政处罚。

第二节　告知、复核和听证

第六十条　海关在作出行政处罚决定前，应当告知当事人作出行政处罚决定的事实、理由和依据，并且告知当事人依法享有的权利。

作出暂停从事有关业务、撤销海关注册登记、对公民处 1 万元以上罚款、对法人或者其他组织处 10 万元以上罚款、没收有关货物、物品、走私运输工具等行政处罚决定之前，应当告知当事人有要求举行听证的权利。

在履行告知义务时，海关应当制发行政处罚告知单，送达当事人。

第六十一条　除因不可抗力或者海关认可的其他正当理由外，当事人应当在收到行政处罚告知单的 3 个工作日内提出书面陈述、申辩和听证申请。逾期视为放弃陈述、申辩和要求听证的权利。

当事人当场口头提出陈述、申辩的，海关应当制作书面记录，并且由当事人签字或者盖章确认。

当事人放弃陈述、申辩和听证权利的，海关可以直接作出行政处罚决定。当事人放弃陈述、申辩和听证权利应当有书面记载，并且由当事人或者其代理人签字或者盖章确认。

第六十二条 海关在收到当事人的书面陈述、申辩意见以后，应当进行复核；当事人提出的事实、理由或者证据成立的，海关应当采纳。

第六十三条 海关不得因当事人的申辩而加重处罚，但是海关发现新的违法事实的除外。

第六十四条 经复核后，变更原处罚告知事实、理由、依据、处罚幅度的，应当重新制发海关行政处罚告知单，并且依据本规定第六十条至第六十三条的规定办理。

第六十五条 当事人申请举行听证的，依照《中华人民共和国海关行政处罚听证办法》规定办理。

第三节 处理决定

第六十六条 海关关长应当根据对行政处罚案件审查的不同结果，依法作出以下决定：

(一)确有违法行为，应当给予行政处罚的，根据其情节和危害后果的轻重，作出行政处罚决定；

(二)依法不予行政处罚的，作出不予行政处罚决定；

(三)有本规定第五十五条第(二)至(四)项情形之一的，撤销案件；

(四)符合海关行政处罚实施条例第六十二条第(三)、(四)、(五)项规定的收缴条件的，予以收缴；

(五)违法行为涉嫌犯罪的，移送刑事侦查部门依法办理。

海关作出行政处罚决定，应当做到认定违法事实清楚，定案证据确凿充分，违法行为定性准确，适用法律正确，办案程序合法，处罚幅度合理适当。

第六十七条 对情节复杂或者重大违法行为给予较重的行政处罚，应当由海关案件审理委员会集体讨论决定。

第六十八条 海关依法作出行政处罚决定或者不予行政处罚决定的，应当制发行政处罚决定书或者不予行政处罚决定书。

第六十九条 行政处罚决定书应当载明以下内容：

(一)当事人的基本情况，包括当事人姓名或者名称、海关注册编码、报关员海关注册编码、地址等；

(二)违反法律、行政法规或者规章的事实和证据；

(三)行政处罚的种类和依据；

(四)行政处罚的履行方式和期限；

(五)不服行政处罚决定，申请行政复议或者提起行政诉讼的途径和期限；

(六)作出行政处罚决定的海关名称和作出决定的日期，并且加盖作出行政处罚决定海关的印章。

第七十条 不予行政处罚决定书应当载明以下内容：

(一)当事人的基本情况，包括当事人姓名或者名称、海关注册编码、报关员海关注册编码、地址等；

(二)违反法律、行政法规或者规章的事实和证据；

(三)不予行政处罚的依据；

(四)不服不予行政处罚决定，申请行政复议或者提起行政诉讼的途径和期限；

(五)作出不予行政处罚决定的海关名称和作出决定的日期，并且加盖作出不予行政处罚决定海关的印章。

第七十一条 行政处罚决定书应当在宣告后当场交付当事人;当事人不在场的,海关应当在7日内将行政处罚决定书送达当事人。

第七十二条 根据海关行政处罚实施条例第六十二条的规定收缴有关货物、物品、违法所得、运输工具、特制设备的,应当制作收缴清单送达被收缴人。

走私违法事实基本清楚,但是当事人无法查清的案件,海关在制发收缴清单之前,应当制发收缴公告,公告期限为3个月,并且限令有关当事人在公告期限内到指定海关办理相关海关手续。公告期满后仍然没有当事人到海关办理相关海关手续的,海关可以根据海关行政处罚实施条例第六十二条第一款第(四)项的规定予以收缴。

第七十三条 收缴清单应当载明予以收缴的货物、物品、违法所得、运输工具、特制设备的名称、规格、数量或者重量等。有关货物、物品、走私运输工具、特制设备有重要、明显特征或者瑕疵的,办案人员应当在收缴清单中予以注明。

第七十四条 收缴清单由办案人员、被收缴人或者其代理人签字或者盖章。

被收缴人或者其代理人拒绝签字或者盖章,或者被收缴人无法查清但是有见证人在场的,应当由见证人签字或者盖章。

没有被收缴人签字或者盖章的,办案人员应当在收缴清单上注明原因。

根据海关行政处罚实施条例第六十二条第一款第(四)项的规定而制发的收缴清单应当公告送达。

第五章 行政处罚决定的执行

第七十五条 海关作出行政处罚决定后,当事人应当在行政处罚决定书规定的期限内,予以履行。

海关对当事人依法作出暂停从事有关业务、撤销其注册登记等行政处罚决定的执行程序,由海关总署另行制定。

第七十六条 当事人确有经济困难向海关提出延期或者分期缴纳罚款的,应当以书面方式提出申请。

海关收到当事人申请延期、分期执行申请以后,应当在10个工作日内作出是否准予延期、分期缴纳罚款的决定,并且制发通知书送达申请人。

海关同意当事人延期或者分期缴纳的,应当及时通知收缴罚款的机构。

第七十七条 同意当事人延期或者分期缴纳罚款的,执行完毕的期限自处罚决定书规定的履行期限届满之日起不得超过180日。

第七十八条 当事人逾期不履行行政处罚决定的,海关可以采取下列措施:

(一)到期当事人不缴纳罚款的,每日按照罚款数额的3%加处罚款;

(二)当事人逾期不履行海关的处罚决定又不申请复议或者向人民法院提起诉讼的,海关可以将扣留的货物、物品、运输工具变价抵缴,或者以当事人提供的担保抵缴,也可以申请人民法院强制执行。

第七十九条 海关依照本规定第七十八条规定采取加处罚款、抵缴措施之前,应当制发执行通知书并且送达当事人。

第八十条 受海关处罚的当事人或者其法定代表人、主要负责人在出境前未缴清罚款、违法所得和依法追缴的货物、物品、走私运输工具的等值价款的,也未向海关提供相当于上述款项担保的,海关可以制作阻止出境协助函,通知出境管理机关阻止其出境。

阻止出境协助函应当随附行政处罚决定书等相关行政法律文书,并且载明被阻止出境人员的姓名、性别、出生日期、出入境证件种类和号码。被阻止出境人员是外国人、无国籍人员的，应当注明其英文姓名。

第八十一条 当事人或者其法定代表人、主要负责人缴清罚款、违法所得和依法追缴的货物、物品、走私运输工具等值价款的，或者向海关提供相当于上述款项担保的，海关应当及时制作解除阻止出境协助函通知出境管理机关。

第八十二条 将当事人的担保抵缴或者将当事人被扣留的货物、物品、运输工具依法变价抵缴罚款之后仍然有剩余的，应当及时发还或者解除扣留、解除担保。

第八十三条 自海关送达解除扣留通知书之日起3个月内，当事人无正当理由未到海关办理有关货物、物品、运输工具或者其他财产的退还手续的，海关可以将有关货物、物品、运输工具或者其他财产提取变卖，并且保留变卖价款。变卖价款在扣除自海关送达解除扣留通知书之日起算的仓储等相关费用后，尚有余款的，当事人在海关送达解除扣留通知书之日起1年内应当前来海关办理相关手续，逾期海关将余款上缴国库。

第八十四条 自海关送达解除担保通知书之日起1年内，当事人无正当理由未到海关办理财产、权利凭证退还手续的，由海关将相关财产、权利凭证等变卖折价或者兑付，并且上缴国库。

第八十五条 向人民法院申请强制执行的，海关应当填写申请执行书，并且提供人民法院要求提供的其他材料。

第八十六条 申请人民法院强制执行应当符合《最高人民法院关于执行〈中华人民共和国行政诉讼法〉若干问题的解释》的规定并且在下列期限内提起：

(一)行政处罚决定书送达后当事人未申请行政复议或者向人民法院提起诉讼的，在处罚决定书送达之日起3个月后起算的180日内；

(二)复议决定书送达后当事人未提起行政诉讼的，在复议决定书送达之日起15日后起算的180日内；

(三)第一审行政判决后当事人未提出上诉的，在判决书送达之日起15日后起算的180日内；

(四)第一审行政裁定后当事人未提出上诉的，在裁定书送达之日起10日后起算的180日内；

(五)第二审行政判决书送达之日起180日内。

第八十七条 当事人实施违反《中华人民共和国海关法》的行为后，发生企业分立、合并或者其他资产重组等情形，对当事人处以罚款、没收违法所得或者依法追缴走私货物、物品、运输工具等值价款的，应当将承受当事人权利义务的法人、组织作为被执行人。

第八十八条 有下列情形之一的，应当中止执行：

(一)处罚决定可能存在违法或者不当情况的；

(二)申请人民法院强制执行，人民法院裁定中止执行的；

(三)行政复议机关、人民法院认为需要中止执行的；

(四)其他依法应当中止执行的。

根据前款第(一)项情形中止执行的，应当经直属海关关长或者其授权的隶属海关关长批准。

中止执行的情形消失后，应当恢复执行。

第八十九条 有下列情形之一的，应当终结执行：

(一)据以执行的法律文书被撤销的；

(二)作为当事人的自然人死亡的；

(三)作为当事人的法人或者其他组织被依法终止，又无权利义务承受人的，也无其他财产可供执行的；

(四)海关行政处罚决定履行期限届满超过2年，海关依法采取各种执行措施后仍无法执行完毕的，但是申请人民法院强制执行情形除外；

（五）申请人民法院强制执行的，人民法院裁定中止执行后超过2年仍无法执行完毕的；

（六）申请人民法院强制执行后，人民法院裁定终结执行的；

（七）其他依法应当终结执行的。

第六章　简单案件处理程序

第九十条　海关对行邮、快件、货管、保税监管等业务现场及其他海关监管业务中违法事实清楚，违法情节轻微的案件，可以适用简单案件处理程序。但适用本规定第二十六条规定程序的除外。

第九十一条　适用简单案件处理程序的案件，海关进行现场调查后，可以直接制发行政处罚告知单，当场由当事人或者其代理人签收。

第九十二条　有以下所列情形之一的，海关可以当场作出行政处罚决定：

（一）当事人当场放弃陈述、申辩或者听证权利的；

（二）当事人当场进行陈述、申辩，经海关当场复核后，当事人或者其代理人接受复核意见。

当事人当场放弃陈述、申辩、听证的权利，或者当场进行陈述、申辩以及是否接受复核意见的情况，应当有书面记载，由当事人签字或者盖章确认。

当场作出行政处罚决定的，应当制发行政处罚决定书，并且当场送达当事人。

第九十三条　适用简单案件处理程序过程中，有下列情形之一的，海关不得当场作出行政处罚决定，应当按照一般程序规定办理：

（一）海关对当事人提出的陈述、申辩意见无法当场进行复核的；

（二）海关当场复核后，当事人对海关的复核意见仍然不服的；

（三）当事人当场依法向海关要求听证的；

（四）海关认为需要进一步调查取证的。

第七章　附　　则

第九十四条　办案人员玩忽职守、徇私舞弊、滥用职权、索取或者收受他人财物的，依法给予处分；构成犯罪的，依法追究刑事责任。

第九十五条　海关对外国人、无国籍人、外国企业或者组织给予行政处罚的，适用本规定。

第九十六条　本规定由海关总署负责解释。

第九十七条　本规定自2007年7月1日起施行。

农业行政处罚程序规定

（2006年4月25日农业部令第63号公布　根据2011年12月31日《农业部关于修订部分规章和规范性文件的决定》修订）

第一章　总　　则

第一条　为规范农业行政处罚，保障和监督农业行政主管部门有效实施行政管理，保护公民、法人和其他组织的合法权益，根据《中华人民共和国行政处罚法》（以下简称行政处罚法）和有关法律、法规的规定，结合农业系统实际，制定本规定。

第二条　农业行政处罚应当遵守行政处罚法和有关法律、法规、规章及本规定。

第三条　本规定所称农业行政主管部门，是指种植业、畜牧（草原）、兽医、渔业、农垦、乡镇企业、饲料工业和农业机械化等行政主管机关。

本规定所称农业行政处罚机关，是指依法行使行政处罚权的县级以上人民政府的农业行政主管部门和法律、法规授权的农业管理机构。

第四条 法律、法规授权的农业管理机构在法定授权范围内实施行政处罚，并对该行为的后果承担法律责任。

农业行政主管部门依法设立的农业行政综合执法机构具体承担农业行政处罚工作。

未设立农业行政综合执法机构的，农业行政主管部门根据法律、法规或规章的规定，可以委托符合行政处罚法第十九条规定的农业管理机构实施行政处罚。

第五条 农业行政综合执法机构和受委托的农业管理机构应当以农业行政主管部门的名义实施农业行政处罚。农业行政主管部门对受委托的农业管理机构实施行政处罚行为应当进行监督，并对该行为的后果承担法律责任。

第六条 上级农业行政处罚机关应当加强对下级农业行政处罚机关实施行政处罚的监督检查。

第二章 农业行政处罚的管辖

第七条 农业行政处罚由违法行为发生地的农业行政处罚机关管辖。

第八条 县级农业行政处罚机关管辖本行政区域内的行政违法案件。

设区的市、自治州的农业行政处罚机关和省级农业行政处罚机关管辖本行政区域内重大、复杂的行政违法案件。

农业部及其所属的经法律、法规授权的农业管理机构管辖全国或所辖区域内重大、复杂的行政违法案件。

第九条 渔业行政处罚机关管辖本辖区范围内发生的和上级部门指定管辖的渔业违法案件。

渔业行政处罚有下列情况之一的，适用“谁查获谁处理”的原则：

(一)违法行为发生在共管区、叠区的；

(二)违法行为发生在管辖权不明确或者有争议的区域的；

(三)违法行为发生地与查获地不一致的。

第十条 对当事人的同一违法行为，两个以上农业行政处罚机关都有管辖权的，应当由先立案的农业行政处罚机关管辖。

第十一条 上级农业行政处罚机关在必要时可以管辖下级农业行政处罚机关管辖的行政处罚案件。

下级农业行政处罚机关认为行政处罚案件重大复杂或者本地不宜管辖，可以报请上一级农业行政处罚机关管辖。

第十二条 农业行政处罚机关对管辖发生争议的，应当协商解决。协商不成的，报请共同上一级农业行政处罚机关指定管辖。

第十三条 农业行政处罚机关发现受理的行政处罚案件不属于自己管辖的，应当移送有管辖权的行政处罚机关处理。

受移送的农业行政处罚机关如果认为移送不当，应当报请共同上一级农业行政处罚机关指定管辖，不得再自行移送。

第十四条 上级农业行政处罚机关在收到报请管辖或指定管辖的请示后，应当在十日内作出书面决定。

第十五条 县级以上地方农业行政处罚机关在办理跨行政区域案件时，需要其他农业行政处罚机关协查的，可以发送协查函。有关农业行政处罚机关应当予以协助并及时书面告知协查结果。

第十六条 农业行政处罚机关在办理案件时，对需要其他部门作出吊销有关许可证、批准文号、营业执照等行政处罚决定的，应当将查处结果告知作出许可决定的部门并提出处理建议。

第十七条 违法行为涉嫌构成犯罪的，农业行政处罚机关应当将案件移送司法机关，依法追究刑事责任，不得以行政处罚代替刑罚。

第三章 农业行政处罚的决定

第十八条 公民、法人或者其他组织违反农业行政管理秩序的行为，依法应当给予行政处罚的，农业行政处罚机关必须查明事实；违法事实不清的，不得给予行政处罚。

第十九条 执法人员调查处理农业行政处罚案件时，应当向当事人或者有关人员出示执法证件。有统一执法服装或执法标志的应当着装或佩戴执法标志。

农业行政执法证件由农业部统一制定，省级以上农业行政主管部门法制工作机构负责执法证件的发放和管理工作。

第二十条 农业行政处罚机关在作出农业行政处罚决定前，应当告知当事人作出行政处罚的事实、理由及依据，并告知当事人依法享有的权利。

农业行政处罚机关必须充分听取当事人的意见，对当事人提出的事实、理由及证据，应当进行复核；当事人提出的事实、理由或者证据成立的，农业行政处罚机关应当采纳。

农业行政处罚机关不得因当事人申辩而加重处罚。

第二十一条 农业行政处罚程序分为简易程序和一般程序。

第一节 简易程序

第二十二条 违法事实确凿并有法定依据，对公民处以五十元以下、对法人或者其他组织处以一千元以下罚款或者警告的行政处罚的，可以当场作出农业行政处罚决定。

第二十三条 当场作出行政处罚决定时应当遵守下列程序：

（一）向当事人表明身份，出示执法证件；

（二）当场查清违法事实，收集和保存必要的证据；

（三）告知当事人违法事实、处罚理由和依据，并听取当事人陈述和申辩；

（四）填写《当场处罚决定书》，当场交付当事人，并应当告知当事人，如不服行政处罚决定，可以依法申请行政复议或者提起行政诉讼。

第二十四条 执法人员应当在作出当场处罚决定之日起、渔业执法人员应当自抵岸之日起二日内将《当场处罚决定书》报所属农业行政处罚机关备案。

第二节 一般程序

第二十五条 实施农业行政处罚，除适用简易程序的外，应当适用一般程序。

第二十六条 除依法可以当场决定行政处罚的外，执法人员经初步调查，发现公民、法人或者其他组织涉嫌有违法行为依法应当给予行政处罚的，应当填写《行政处罚立案审批表》，报本行政处罚机关负责人批准立案。

第二十七条 农业行政处罚机关应当对案件情况进行全面、客观、公正地调查，收集证据；必要时，依照法律、法规的规定，可以进行检查。

执法人员调查收集证据时不得少于二人。

证据包括书证、物证、视听资料、证人证言、当事人陈述、鉴定结论、勘验笔录和现场笔录。

第二十八条 执法人员询问证人或当事人（以下简称被询问人），应当制作《询问笔录》。笔录经被询问人阅核后，由询问人和被询问人签名或者盖章。被询问人拒绝签名或盖章的，由询问人在笔录上注明情况。

第二十九条 农业行政处罚机关为调查案件需要,有权要求当事人或者有关人员协助调查;有权依法进行现场检查或者勘验;有权要求当事人提供相应的证据资料;对重要的书证,有权进行复制。

执法人员对与案件有关的物品或者场所进行现场检查或者勘验检查时,应当通知当事人到场,制作《现场检查(勘验)笔录》,当事人拒不到场或拒绝签名盖章的,应当在笔录中注明,并可以请在场的其他人员见证。

第三十条 农业行政处罚机关在调查案件时,对需要鉴定的专门性问题,交由法定鉴定部门进行鉴定;没有法定鉴定部门的,可以提交有资质的专业机构进行鉴定。

第三十一条 农业行政处罚机关收集证据时,可以采取抽样取证的方法。

在证据可能灭失或者以后难以取得的情况下,经农业行政处罚机关负责人批准,可以先行登记保存。

农业行政处罚机关可以依据有关法律、法规的规定,对涉案场所、设施或者财物采取查封、扣押等强制措施。

第三十二条 农业行政处罚机关对证据进行抽样取证、登记保存或者采取查封、扣押等强制措施,应当通知当事人到场;当事人不到场的,应当邀请其他人员到场见证并签名或盖章;当事人拒绝签名或盖章的,应当予以注明。农业行政处罚机关实施查封、扣押等强制措施的,还应当遵守《中华人民共和国行政强制法》的有关规定。

对抽样取证、登记保存、查封扣押的物品,农业行政处罚机关应当制作《抽样取证凭证》、《证据登记保存清单》、《查封(扣押)决定书》和《查封(扣押)清单》。

第三十三条 农业行政处罚机关抽样送检的,应当将检测结果及时告知当事人。

非从生产单位直接抽样的,农业行政处罚机关可以向产品标注生产单位发送《产品确认通知书》。

第三十四条 先行登记保存物品时,就地由当事人保存的,当事人或者有关人员不得使用、销售、转移、损毁或者隐匿。

就地保存可能妨害公共秩序、公共安全,或者存在其他不适宜就地保存情况的,可以异地保存。对异地保存的物品,农业行政处罚机关应当妥善保管。

第三十五条 农业行政处罚机关对先行登记保存的证据,应当在七日内作出下列处理决定并告知当事人:

(一)需要进行技术检验或者鉴定的,送交有关部门检验或者鉴定;

(二)对依法应予没收的物品,依照法定程序处理;

(三)对依法应当由有关部门处理的,移交有关部门;

(四)为防止损害公共利益,需要销毁或者无害化处理的,依法进行处理;

(五)不需要继续登记保存的,解除登记保存。

第三十六条 案件调查人员与本案有利害关系或者其他关系可能影响公正处理的,应当申请回避,当事人也有权向农业行政处罚机关申请要求回避。

案件调查人员的回避,由农业行政处罚机关负责人决定;农业行政处罚机关负责人的回避由集体讨论决定。

回避未被决定前,不得停止对案件的调查处理。

第三十七条 执法人员在调查结束后,认为案件事实清楚,证据充分,应当制作《案件处理意见书》,报农业行政处罚机关负责人审批。

案情复杂或者有重大违法行为需要给予较重行政处罚的,应当由农业行政处罚机关负责人集体讨论决定。

第三十八条 在作出行政处罚决定之前，农业行政处罚机关应当制作《行政处罚事先告知书》，送达当事人，告知拟给予的行政处罚内容及其事实、理由和依据，并告知当事人可以在收到告知书之日起三日内，进行陈述、申辩。符合听证条件的，告知当事人可以要求听证。

当事人无正当理由逾期未提出陈述、申辩或者要求听证的，视为放弃上述权利。

第三十九条 农业行政处罚机关应当及时对当事人的陈述、申辩或者听证情况进行审查，认为违法事实清楚，证据确凿，决定给予行政处罚的，应当制作《行政处罚决定书》。

第四十条 在边远、水上和交通不便的地区按一般程序实施处罚时，执法人员可以采用通讯方式报请处罚机关负责人批准立案和对调查结果及处理意见进行审查。报批记录必须存档备案。

当事人可当场向执法人员进行陈述和申辩。不提出陈述和申辩的，视为放弃此权利。

本条不适用于应当由农业行政处罚机关负责人集体讨论决定的案件。

第四十一条 农业行政处罚案件自立案之日起，应当在三个月内作出处理决定；特殊情况下三个月内不能作出处理的，报经上一级农业行政处罚机关批准可以延长至一年。

对专门性问题需要鉴定的，所需时间不计算在办案期限内。

第三节 听证程序

第四十二条 农业行政处罚机关作出责令停产停业、吊销许可证或者执照、较大数额罚款的行政处罚决定前，应当告知当事人有要求举行听证的权利。当事人要求听证的，农业行政处罚机关应当组织听证。

前款所指的较大数额罚款，地方农业行政处罚机关按省级人大常委会或者人民政府规定的标准执行；农业部及其所属的经法律、法规授权的农业管理机构对公民罚款超过三千元、对法人或其他组织罚款超过三万元属较大数额罚款。

第四十三条 听证由拟作出行政处罚的农业行政处罚机关组织。具体实施工作由其法制工作机构或者相应机构负责。

第四十四条 当事人要求听证的，应当在收到《行政处罚事先告知书》之日起三日内向听证机关提出。

第四十五条 听证机关应当在举行听证会的七日前送达《行政处罚听证会通知书》，告知当事人举行听证的时间、地点、听证主持人名单及可以申请回避和可以委托代理人等事项。

当事人应当按期参加听证。当事人有正当理由要求延期的，经听证机关批准可以延期一次；当事人未按期参加听证并且未事先说明理由的，视为放弃听证权利。

第四十六条 听证参加人由听证主持人、听证员、书记员、案件调查人员、当事人及其委托代理人组成。

听证主持人、听证员、书记员应当由听证机关负责人指定的法制工作机构工作人员或其他相应工作人员等非本案调查人员担任。

当事人委托代理人参加听证的，应当提交授权委托书。

第四十七条 除涉及国家秘密、商业秘密或个人隐私外，听证应当公开举行。

第四十八条 当事人在听证中的权利和义务：

（一）有权对案件涉及的事实、适用法律及有关情况进行陈述和申辩；

（二）有权对案件调查人员提出的证据质证并提出新的证据；

（三）如实回答主持人的提问；

（四）遵守听证会场纪律，服从听证主持人指挥。

第四十九条 听证按下列程序进行：

（一）听证书记员宣布听证会场纪律、当事人的权利和义务。听证主持人宣布案由，核实听证参加人名单，宣布听证开始；

（二）案件调查人员提出当事人的违法事实、出示证据，说明拟作出的农业行政处罚的内容及法律依据；

（三）当事人或其委托代理人对案件的事实、证据、适用的法律等进行陈述、申辩和质证，可以向听证会提交新的证据；

（四）听证主持人就案件的有关问题向当事人、案件调查人员、证人询问；

（五）案件调查人员、当事人或其委托代理人相互辩论；

（六）当事人或其委托代理人作最后陈述；

（七）听证主持人宣布听证结束。听证笔录交当事人和案件调查人员审核无误后签字或者盖章。

第五十条 听证结束后，听证主持人应当依据听证情况，制作《行政处罚听证会报告书》，连同听证笔录，报农业行政处罚机关负责人审查。

第五十一条 听证机关组织听证，不得向当事人收取费用。

第四章 农业行政处罚决定的送达和执行

第五十二条 《行政处罚决定书》应当在宣告后当场交付当事人；当事人不在场的，应当在七日内送达当事人，并由当事人在《送达回证》上签名或者盖章；当事人不在的，可以交给其成年家属或者所在单位代收，并在送达回证上签名或者盖章。

当事人或者代收人拒绝接收、签名、盖章的，送达人可以邀请有关基层组织或者其所在单位的有关人员到场，说明情况，把《行政处罚决定书》留在其住处或者单位，并在送达回证上记明拒绝的事由、送达的日期，由送达人、见证人签名或者盖章，即视为送达。

直接送达农业行政处罚文书有困难的，可委托其他农业行政处罚机关代为送达，也可以邮寄、公告送达。

邮寄送达的，挂号回执上注明的收件日期为送达日期；公告送达的，自发出公告之日起经过六十天，即视为送达。

第五十三条 除本规定第五十四、第五十五条规定外，农业行政处罚机关不得自行收缴罚款。决定罚款的农业行政处罚机关或执法人员应当书面告知当事人向指定的银行缴纳罚款。

第五十四条 依照本规定第二十二条的规定当场作出农业行政处罚决定，有下列情形之一的，执法人员可以当场收缴罚款：

（一）依法给予二十元以下罚款的；

（二）不当场收缴事后难以执行的。

第五十五条 在边远、水上、交通不便地区，农业行政处罚机关及其执法人员依照本规定第二十二条、第三十九条的规定作出罚款决定后，当事人向指定的银行缴纳罚款确有困难，经当事人提出，农业行政处罚机关及其执法人员可以当场收缴罚款。

第五十六条 农业行政处罚机关及其执法人员当场收缴罚款的，应当向当事人出具省级财政部门统一制发的罚款收据，不出具财政部门统一制发的罚款收据的，当事人有权拒绝缴纳罚款。

第五十七条 执法人员当场收缴的罚款，应当自返回行政处罚机关所在地之日起二日内，交至农业行政处罚机关；在水上当场收缴的罚款，应当自抵岸之日起二日内交至农业行政处罚机关；农业行政处罚机关应当在二日内将罚款交至指定的银行。

第五十八条 农业行政处罚决定依法作出后，当事人对行政处罚决定不服申请行政复议或者提起行政诉讼的，除法律另有规定外，行政处罚决定不停止执行。

第五十九条 对需要继续行驶的农业机械、渔业船舶实施暂扣或者吊销证照的行政处罚，农业行政处罚机关在实施行政处罚的同时，应当发给当事人相应的证明，允许农业机械、渔业船舶驶往预定或指定的地点。

第六十条 对生效的农业行政处罚决定，当事人拒不履行的，作出农业行政处罚决定的农业行政处罚机关依法可以采取下列措施：

（一）到期不缴纳罚款的，每日按罚款数额的百分之三加处罚款；

（二）根据法律规定，将查封、扣押的财物拍卖抵缴罚款；

（三）申请人民法院强制执行。

第六十一条 当事人确有经济困难，需要延期或者分期缴纳罚款的，当事人应当书面申请，经作出行政处罚决定的机关批准，可以暂缓或者分期缴纳。

第六十二条 除依法应当予以销毁的物品外，依法没收的非法财物必须按照国家有关规定处理。

罚款、没收的违法所得或者拍卖非法财物的款项，必须全部上缴国库，农业行政处罚机关或者个人不得以任何形式截留、私分或者变相私分。

第六十三条 农业行政处罚案件终结后，案件调查人员应填写《行政处罚结案报告》，经农业行政处罚机关负责人批准后结案。

第五章 立卷归档

第六十四条 农业行政处罚机关应当按照下列要求及时将案件材料立卷归档：

（一）一案一卷；

（二）文书齐全，手续完备；

（三）案卷应当按顺序装订。

第六十五条 案件立卷归档后，任何单位和个人不得私自增加或者抽取案卷材料，不得修改案卷内容。

第六章 附 则

第六十六条 农业行政处罚机关及其执法人员违反本规定的，按照行政处罚法和有关规定追究法律责任。

第六十七条 农业行政处罚基本文书格式由农业部统一制定。省级农业行政主管部门可以根据地方性法规、规章和工作需要，调整有关内容或补充相应文书，报农业部备案。

第六十八条 本规定自2006年7月1日起实施。1997年10月25日农业部发布的《农业行政处罚程序规定》同时废止。

工商行政管理机关行政处罚程序规定

（2007年9月4日国家工商行政管理总局令第28号公布　2011年12月12日国家工商行政管理总局令第58号修订）

第一章 总 则

第一条 为了规范和保障工商行政管理机关依法行使职权，正确实施行政处罚，维护社会经济秩序，保护公民、法人或者其他组织的合法权益，根据《行政处罚法》及其他有关法律、行政法规的规定,制定本规定。

第二条 工商行政管理机关实施行政处罚,适用本规定。法律、法规另有规定的,从其规定。

第三条 工商行政管理机关实施行政处罚应当遵循以下原则:

(一)实施行政处罚必须有法律、法规、规章依据;没有依据的,不得给予行政处罚;

(二)公正、公开、及时地行使法律、法规、规章赋予的行政职权;

(三)实施行政处罚必须以事实为依据,与违法行为的事实、性质、情节以及社会危害程度相当;

(四)坚持处罚与教育相结合,教育公民、法人或者其他组织自觉守法;

(五)办案人员与当事人有直接利害关系的,应当回避;

(六)依法独立行使职权,不受非法干预。

第四条 上级工商行政管理机关对下级工商行政管理机关、各级工商行政管理机关对本机关及其派出机构的行政处罚行为,应当加强监督,发现错误,及时纠正。

第二章 管 辖

第五条 行政处罚由违法行为发生地的县级以上(含县级,下同)工商行政管理机关管辖。法律、行政法规另有规定的除外。

第六条 县(区)、市(地、州)工商行政管理机关依职权管辖本辖区内发生的案件。

省、自治区、直辖市工商行政管理机关依职权管辖本辖区内发生的重大、复杂案件。

国家工商行政管理总局依职权管辖应当由自己实施行政处罚的案件及全国范围内发生的重大、复杂案件。

第七条 工商行政管理所依照法律、法规规定以自己的名义实施行政处罚的具体权限,由省级工商行政管理机关确定。

第八条 对利用广播、电影、电视、报纸、期刊、互联网等媒介发布违法广告的行为实施行政处罚,由广告发布者所在地工商行政管理机关管辖。广告发布者所在地工商行政管理机关管辖异地广告主、广告经营者有困难的,可以将广告主、广告经营者的违法情况移交广告主、广告经营者所在地工商行政管理机关处理。

第九条 对当事人的同一违法行为,两个以上工商行政管理机关都有管辖权的,由最先立案的工商行政管理机关管辖。

第十条 两个以上工商行政管理机关因管辖权发生争议的,应当协商解决,协商不成的,报请共同上一级工商行政管理机关指定管辖。

第十一条 工商行政管理机关发现所查处的案件不属于自己管辖时,应当将案件移送有管辖权的工商行政管理机关。受移送的工商行政管理机关对管辖权有异议的,应当报请共同上一级工商行政管理机关指定管辖,不得再自行移送。

第十二条 上级工商行政管理机关认为必要时可以直接查处下级工商行政管理机关管辖的案件,也可以将自己管辖的案件移交下级工商行政管理机关管辖。法律、行政法规明确规定案件应当由上级工商行政管理机关管辖的,上级工商行政管理机关不得将案件移交下级工商行政管理机关管辖。

下级工商行政管理机关认为应当由其管辖的案件属重大、疑难案件,或者由于特殊原因,难以办理的,可以报请上一级工商行政管理机关确定管辖。

第十三条 报请上一级工商行政管理机关确定管辖权的,上一级工商行政管理机关应当在收到报送材料之日起五个工作日内确定案件的管辖机关。

第十四条 跨行政区域的行政处罚案件,共同的上一级工商行政管理机关应当做好协调工作。相关工商行政管理机关应当积极配合异地办案的工商行政管理机关查处案件。

第十五条 工商行政管理机关发现所查处的案件属于其他行政机关管辖的，应当依法移送其他有关机关。

工商行政管理机关发现违法行为涉嫌犯罪的，应当依照有关规定将案件移送司法机关。

第三章 行政处罚的一般程序

第一节 立 案

第十六条 工商行政管理机关依据监督检查职权，或者通过投诉、申诉、举报、其他机关移送、上级机关交办等途径发现、查处违法行为。

第十七条 工商行政管理机关应当自收到投诉、申诉、举报、其他机关移送、上级机关交办的材料之日起七个工作日内予以核查，并决定是否立案；特殊情况下，可以延长至十五个工作日内决定是否立案。

第十八条 立案应当填写立案审批表，同时附上相关材料（投诉材料、申诉材料、举报材料、上级机关交办或者有关部门移送的材料、当事人提供的材料、监督检查报告、已核查获取的证据等），由县级以上工商行政管理机关负责人批准，办案机构负责人指定两名以上办案人员负责调查处理。

第十九条 对于不予立案的投诉、举报、申诉，经工商行政管理机关负责人批准后，由办案机构将结果告知具名的投诉人、申诉人、举报人。工商行政管理机关应当将不予立案的相关情况作书面记录留存。

第二节 调查取证

第二十条 立案后，办案人员应当及时进行调查，收集、调取证据，并可以依照法律、法规的规定进行检查。

首次向案件当事人收集、调取证据的，应当告知其有申请办案人员回避的权利。

向有关单位和个人收集、调取证据时，应当告知其有如实提供证据的义务。

第二十一条 办案人员调查案件，不得少于两人。办案人员调查取证时，一般应当着工商行政管理制服，并出示《中华人民共和国工商行政管理行政执法证》。

《中华人民共和国工商行政管理行政执法证》由国家工商行政管理总局统一制定、核发或者授权省级工商行政管理局核发。

第二十二条 需委托其他工商行政管理机关协助调查、取证的，应当出具书面委托调查函，受委托的工商行政管理机关应当积极予以协助。无法协助的，应当及时将无法协助的情况函告委托机关。

第二十三条 办案人员应当依法收集与案件有关的证据。证据包括以下几种：

（一）书证；

（二）物证；

（三）证人证言；

（四）视听资料、计算机数据；

（五）当事人陈述；

（六）鉴定结论；

（七）勘验笔录、现场笔录。

上述证据，应当符合法律、法规、规章等关于证据的规定，并经查证属实，才能作为认定事实的依据。

第二十四条 办案人员可以询问当事人及证明人。询问应当个别进行。询问应当制作笔录，询问笔录应当交被询问人核对；对阅读有困难的，应当向其宣读。笔录如有差错、遗漏，应当允许其更正或者补充。涂改部分应当由被询问人签名、盖章或者以其他方式确认。经核对无误后，由被询问人在笔录上逐页签名、盖章或者以其他方式确认。办案人员亦应当在笔录上签名。

第二十五条 办案人员可以要求当事人及证明人提供证明材料或者与违法行为有关的其他材料，并由材料提供人在有关材料上签名或者盖章。

第二十六条 办案人员应当收集、调取与案件有关的原始凭证作为证据；调取原始证据有困难的，可以提取复制件、影印件或者抄录本，由证据提供人标明“经核对与原件无误”、注明出证日期、证据出处，并签名或者盖章。

第二十七条 从中华人民共和国领域外取得的证据，应当说明来源，经所在国公证机关证明，并经中华人民共和国驻该国使领馆认证，或者履行中华人民共和国与证据所在国订立的有关条约中规定的证明手续。

在中华人民共和国香港特别行政区、澳门特别行政区和台湾地区取得的证据，应当具有按照有关规定办理的证明手续。

第二十八条 对于视听资料、计算机数据，办案人员应当收集有关资料的原始载体。收集原始载体有困难的，可以收集复制件，并注明制作方法、制作时间、制作人等情况。声音资料应当附有该声音内容的文字记录。

第二十九条 对有违法嫌疑的物品或者场所进行检查时，应当有当事人或者第三人在场，并制作现场笔录，载明时间、地点、事件等内容，由办案人员、当事人、第三人签名或者盖章。

必要时，可以采取拍照、录像等方式记录现场情况。

第三十条 工商行政管理机关抽样取证时，应当有当事人在场，办案人员应当制作抽样记录，对样品加贴封条，开具物品清单，由办案人员和当事人在封条和相关记录上签名或者盖章。

法律、法规、规章或者国家有关规定对抽样机构或者方式有规定的，工商行政管理机关应当委托相关机构或者按规定方式抽取样品。

第三十一条 为查明案情，需要对案件中专门事项进行鉴定的，工商行政管理机关应当出具载明委托鉴定事项及相关材料的委托鉴定书，委托具有法定鉴定资格的鉴定机构进行鉴定；没有法定鉴定机构的，可以委托其他具备鉴定条件的机构进行鉴定。鉴定结论应有鉴定人员签名或者盖章，加盖鉴定机构公章。

第三十二条 在证据可能灭失或者以后难以取得的情况下，工商行政管理机关可以对与涉嫌违法行为有关的证据采取先行登记保存措施。

采取先行登记保存措施或者解除先行登记保存措施，应当经工商行政管理机关负责人批准。

第三十三条 先行登记保存有关证据，应当当场清点，开具清单，由当事人和办案人员签名或者盖章，交当事人一份，并当场交付先行登记保存证据通知书。

先行登记保存期间，当事人或者有关人员不得损毁、销毁或者转移证据。

第三十四条 对于先行登记保存的证据，应当在七日内采取以下措施：

（一）根据情况及时采取记录、复制、拍照、录像等证据保全措施；

（二）需要鉴定的，及时送交有关部门鉴定；

（三）违法事实成立，应当予以没收的，作出行政处罚决定，没收违法物品；

（四）根据有关法律、法规规定可以查封、扣押（包括封存、扣留，下同）的，决定查封、扣押；

（五）违法事实不成立，或者违法事实成立但依法不应当予以查封、扣押或者没收的，决定解除先行登记保存措施。

逾期未作出处理决定的，先行登记保存措施自动解除。

第三十五条 法律、法规规定查封、扣押等行政强制措施的，可以根据具体情况实施。采取强制措施的，应当告知当事人有申请行政复议和提起行政诉讼的权利。

采取查封、扣押等行政强制措施，或者解除行政强制措施，应当经工商行政管理机关负责人批准。

第三十六条 查封、扣押当事人的财物，应当当场清点，开具清单，由当事人和办案人员签名或者盖章，交当事人一份，并当场交付查封、扣押财物决定书。依法先行采取查封、扣押措施的，应当在二十四小时内向工商行政管理机关负责人报告，并补办批准手续。

第三十七条 扣押当事人托运的物品，应当制作协助扣押通知书，通知有关运输部门协助办理，并书面通知当事人。

第三十八条 对当事人家存或者寄存的涉嫌违法物品，需要扣押的，责令当事人取出；当事人拒绝取出的，应当会同当地有关部门将其取出，并办理扣押手续。

第三十九条 查封、扣押的财物应当妥善保管，严禁动用、调换或者损毁。

对容易腐烂、变质的物品，法律、法规规定可以直接先行处理的，或者当事人同意先行处理的，经工商行政管理机关主要负责人批准，在采取相关措施留存证据后可以先行处理。

被查封的物品，应当加贴工商行政管理机关封条，任何人不得随意动用。

第四十条 查封、扣押的财物，经查明确实与违法行为无关或者不再需要采取查封、扣押措施的，应当解除查封、扣押措施，送达解除查封、扣押决定书，将查封、扣押的财物如数返还当事人，并由办案人员和当事人在财物清单上签名或者盖章。

第四十一条 必须对自然人的人身或者住所进行检查的，应当依法提请公安机关执行，工商行政管理机关予以配合。

第四十二条 工商行政管理机关依据法律、法规规定采取责令当事人暂停销售，不得转移、隐匿、销毁有关财物等措施，应当经工商行政管理机关负责人批准，书面通知当事人，由当事人履行。

第四十三条 办案人员在调查取证过程中，要求当事人在笔录或者其他材料上签名、盖章或者以其他方式确认，当事人拒绝到场，拒绝签名、盖章或者以其他方式确认，或者无法找到当事人的，办案人员应当在笔录或其他材料上注明原因，必要时可邀请有关人员作为见证人。

第四十四条 当事人认为办案人员与当事人有直接利害关系的，有权申请办案人员回避；办案人员认为自己与当事人有直接利害关系的，应当申请回避。

办案人员的回避，由工商行政管理机关负责人决定。

第四十五条 案件调查终结，或者办案机构认为应当终止调查的，按照下列方式处理：

（ ）认为违法事实成立，应当予以行政处罚的，写出调查终结报告，草拟行政处罚建议书，连同案卷交由核审机构核审。调查终结报告应当包括当事人的基本情况、违法事实、相关证据及其证明事项、案件性质、自由裁量理由、处罚依据、处罚建议等。

（二）认为违法事实不成立，应当予以销案的；或者违法行为轻微，没有造成危害后果，不予行政处罚的；或者案件不属于本机关管辖应当移交其他行政机关管辖的；或者涉嫌犯罪，应当移送司法机关的，写出调查终结报告，说明拟作处理的理由，报工商行政管理机关负责人批准后根据不同情况分别处理。

第三节　核　　审

第四十六条 省级工商行政管理机关可以根据本辖区的实际情况，确定辖区内各级工商行政管理机关核审案件的类型和范围。

第四十七条 案件核审由工商行政管理机关的法制机构负责实施。工商行政管理所以自己的名义实施行政处罚的案件，由工商行政管理所的法制员负责核审。

第四十八条 核审机构接到办案机构的核审材料后，应当予以登记，并指定具体承办人员负责核审工作。

第四十九条 案件核审的主要内容包括：

（一）所办案件是否具有管辖权；

（二）当事人的基本情况是否清楚；

（三）案件事实是否清楚、证据是否充分；

（四）定性是否准确；

（五）适用依据是否正确；

（六）处罚是否适当；

（七）程序是否合法。

第五十条 核审机构经过对案件进行核审，提出以下书面意见和建议：

（一）对事实清楚、证据确凿、适用依据正确、定性准确、处罚适当、程序合法的案件，同意办案机构意见，建议报机关负责人批准后告知当事人；

（二）对定性不准、适用依据错误、处罚不当的案件，建议办案机构修改；

（三）对事实不清、证据不足的案件，建议办案机构补正；

（四）对程序不合法的案件，建议办案机构纠正；

（五）对违法事实不成立或者已超过追责期限的案件，建议销案；

（六）对违法事实轻微并及时纠正，没有造成危害后果的案件，建议不予行政处罚；

（七）对超出管辖权的案件，建议办案机构按有关规定移送；

（八）对涉嫌犯罪的案件，建议移送司法机关。

第五十一条 核审机构核审完毕，应当及时退卷。办案机构应将案卷、拟作出的行政处罚建议及核审意见报工商行政管理机关负责人审查决定。

第五十二条 工商行政管理机关负责人对行政处罚建议批准后，由办案机构以办案机关的名义，告知当事人拟作出行政处罚的事实、理由、依据、处罚内容，并告知当事人依法享有陈述、申辩权。

采取口头形式告知的，办案机构或者受委托的机关应当将告知情况记入笔录，并由当事人在笔录上签名或者盖章。

采取书面形式告知的，工商行政管理机关可以直接送达当事人，也可以委托当事人所在地的工商行政管理机关代为送达，还可以采取邮寄送达的方式送达当事人。

采用上述方式无法送达的，由工商行政管理机关以公告的方式告知。

自当事人签收之日起三个工作日内，或者办案机关挂号寄出之日起十五日内，或者自公告之日起十五日内，当事人未行使陈述、申辩权，也未作任何其他表示的，视为放弃此权利。

前款规定的邮寄送达，如因不可抗力或者其他特殊情况，当事人在规定的期间没有收到的，应当自实际收到之日起三个工作日内行使权利。

凡拟作出的行政处罚属于听证范围的，应当告知当事人有要求举行听证的权利。行政处罚案件的听证程序，按照国家工商行政管理总局专项规定执行。

第五十三条 工商行政管理机关在告知当事人拟作出的行政处罚建议后，应当充分听取当事人的意见。对当事人提出的事实、理由和证据，认真进行复核。当事人提出的事实、理由或者证据成立的，工商行政管理机关应当予以采纳。不得因当事人陈述、申辩、申请听证而加重行政处罚。

第四节 决　　定

第五十四条 工商行政管理机关负责人经对案件调查终结报告、核审意见或者听证报告，当事人的陈述、申辩意见，拟作出的行政处罚决定进行审查，根据不同情况分别作出给予行政处罚、销案、不予行政处罚、移送其他机关等处理决定。

第五十五条 工商行政管理机关对重大、复杂案件，或者重大违法行为给予较重处罚的案件，应当提交工商行政管理机关有关会议集体讨论决定。

重大、复杂案件，或者重大违法行为给予较重处罚的案件范围，由省级工商行政管理机关确定。

第五十六条 工商行政管理机关作出行政处罚决定，应当制作行政处罚决定书。行政处罚决定书的内容包括：

（一）当事人的姓名或者名称、地址等基本情况；

（二）违反法律、法规或者规章的事实和证据；

（三）行政处罚的内容和依据；

（四）采纳当事人陈述、申辩的情况及理由；

（五）行政处罚的履行方式和期限；

（六）不服行政处罚决定，申请行政复议或者提起行政诉讼的途径和期限；

（七）作出行政处罚决定的工商行政管理机关的名称和作出决定的日期。

行政处罚决定书应当加盖作出行政处罚决定的工商行政管理机关的印章。

第五十七条 适用一般程序处理的案件应当自立案之日起九十日内作出处理决定；案情复杂，不能在规定期限内作出处理决定的，经工商行政管理机关负责人批准，可以延长三十日；案情特别复杂，经延期仍不能作出处理决定的，应当由工商行政管理机关有关会议集体讨论决定是否继续延期。

案件处理过程中听证、公告和鉴定等时间不计入前款所指的案件办理期限。

第五十八条 工商行政管理机关对投诉、举报、申诉所涉及的违法嫌疑人作出行政处罚、不予行政处罚、销案、移送其他机关等处理决定的，应当将处理结果告知被调查人和具名投诉人、申诉人、举报人。

以上告知，依照有关规定应予公示的，应采取适当的方式予以公示。

第五十九条 已作出行政处罚决定的案件，涉嫌犯罪的，工商行政管理机关应当依相关规定及时移送司法机关。

第四章 行政处罚的简易程序

第六十条 违法事实确凿并有法定依据，对公民处以五十元以下、对法人或者其他组织处以一千元以下罚款或者警告的行政处罚的，可以当场作出处罚决定。

第六十一条 适用简易程序当场查处违法行为，办案人员应当当场调查违法事实，制作现场检查、询问笔录，收集必要的证据，填写预定格式、编有号码的行政处罚决定书。

行政处罚决定书应当当场送达当事人，由当事人和办案人员签名或盖章。

第六十二条 前条规定的行政处罚决定书应当载明当事人的基本情况、违法行为、行政处罚依据、处罚种类、罚款数额、时间、地点、救济途径、行政机关名称，加盖行政机关印章。

第六十三条 办案人员在行政处罚决定作出前，应当告知当事人作出行政处罚决定的事实、理由及依据，并告知当事人有权进行陈述和申辩。当事人进行申辩的，办案人员应当记入笔录。

第六十四条 适用简易程序查处案件的有关材料，办案人员应当交其所在的工商行政管理机关归档保存。

第五章 期间、送达

第六十五条 期间以时、日、月计算，期间开始之时或者日不计算在内。期间不包括在途时间，期间届满的最后一日为法定节、假日的，以节、假日后的第一日为期间届满的日期。

第六十六条 工商行政管理机关送达处罚决定书,应当在宣告后当场交付当事人;当事人不在场的,应当在七日内按照下条的规定送达。

第六十七条 工商行政管理机关送达文书,除行政处罚告知书和听证告知书外,应当按下列方式送达:

(一)直接送达当事人的,由当事人在送达回证上注明收到日期,并签名或者盖章,当事人在送达回证上注明的签收日期为送达日期;

(二)无法直接送达的,可以委托当地工商行政管理机关代为送达,也可以挂号邮寄送达,邮寄送达的,以回执上注明的收件日期为送达日期;

(三)采取上述方式无法送达的,公告送达。公告送达,可以在全国性报纸或者办案机关所在地的省一级报纸上予以公告,也可以在工商行政管理机关公告栏张贴公告,并可以同时在工商行政管理机关网站上公告。自公告发布之日起经过六十日,即视为送达。公告送达,应当在案卷中记明原因和经过。

第六章 行政处罚的执行

第六十八条 处罚决定依法作出后,当事人应当在行政处罚决定的期限内予以履行。

第六十九条 工商行政管理机关对当事人作出罚款、没收违法所得处罚的,应当由当事人自收到处罚决定书之日起十五日内,到指定银行缴纳罚没款。有下列情形之一的,可以由办案人员当场收缴罚款:

(一)当场处以二十元以下罚款的;

(二)对公民处以二十元以上五十元以下、对法人或者其他组织处以一千元以下罚款,不当场收缴事后难以执行的;

(三)在边远、水上、交通不便地区以及其他原因,当事人向指定银行缴纳罚款确有困难,经当事人提出的。

办案人员当场收缴罚款的,应当出具省、自治区、直辖市财政部门统一制发的罚款收据。

第七十条 办案人员当场收缴的罚款,应当自收缴罚款之日起二日内,交至其所在工商行政管理机关,工商行政管理机关应当在二日内将罚款缴付指定银行。

第七十一条 当事人逾期不履行行政处罚决定的,作出行政处罚决定的工商行政管理机关可以采取下列措施:

(一)到期不缴纳罚款的,每日按罚款数额的百分之三加处罚款;

(二)根据法律规定,将查封、扣押的财物拍卖抵缴罚款;

(三)申请人民法院强制执行。

第七十二条 当事人确有经济困难,需要延期或者分期缴纳罚款的,应当提出书面申请。经工商行政管理机关负责人批准后,由办案机构以办案机关的名义,书面告知当事人延期或者分期的期限。

第七十三条 工商行政管理机关应当建立健全罚没物资的管理、处理制度。具体办法由省级工商行政管理机关依照国家有关规定制定。

第七十四条 除依法应当予以销毁的物品外,依法没收的非法财物,应当按照国家规定,委托具有合法资格的拍卖机构公开拍卖或者按照国家有关规定处理。

没收的票据交有关部门统一处理。

销毁物品,按照国家有关规定处理;没有规定的,经工商行政管理机关负责人批准,由两名以上工商行政管理人员监督销毁,并制作销毁记录。

物品处理,应当制作清单。

第七十五条 罚没款及没收物品的变价款，必须全部上缴财政，任何单位和个人不得截留、私分或者变相私分。

第七十六条 对依法解除强制措施，需退还当事人财物的，工商行政管理机关应当通知当事人在三个月内领取；当事人不明确的，应当采取公告方式通知当事人在六个月内认领财物。通知或者公告的认领期限届满后，无人认领的，工商行政管理机关可以按照有关规定采取拍卖或者变卖等方式处理物品，变价款保存在工商行政管理机关专门账户上。自处理物品之日起一年内仍无人认领的，变价款扣除为保管、处理物品所支出的必要费用后上缴财政。法律、行政法规另有规定的，从其规定。

第七章 立　　卷

第七十七条 行政处罚决定执行完毕，工商行政管理机关应当按照下列要求及时将案件材料立卷归档：

（一）案卷应当一案一卷，案卷可以分正卷、副卷；

（二）各类文书齐全，手续完备；

（三）书写文书用毛笔、钢笔或者打印；

（四）案卷装订应当规范有序，符合文档要求。

第七十八条 正卷应当按下列顺序装订：

（一）立案审批表；

（二）行政处罚决定书；

（三）对当事人制发的其他法律文书；

（四）送达回证；

（五）听证笔录；

（六）证据材料；

（七）财物处理单据；

（八）其他有关材料。

副卷应当按下列顺序装订：

（一）投诉、申诉、举报等案源材料；

（二）调查终结报告及批件；

（三）核审意见；

（四）听证报告；

（五）其他有关材料。

第七十九条 案卷归档后，任何单位、个人不得修改、增加、抽取案卷材料。案卷保管及查阅，按档案管理有关规定执行。

第八章 监　　督

第八十条 工商行政管理机关负责人有权决定对本机关依本规定作出的行政处理决定重新进行审查。

上级工商行政管理机关有权决定对下级工商行政管理机关依本规定作出的行政处理决定重新进行审查。

第八十一条 上级工商行政管理机关直接审查下级工商行政管理机关行政处理决定时，可以直接纠正下级工商行政管理机关错误的行政处理决定，也可以责成下级工商行政管理机关自行纠正其错误的行政处理决定。

对于上级工商行政管理机关作出的纠正决定，下级工商行政管理机关应当予以执行。

第八十二条 上级工商行政管理机关责成下级工商行政管理机关重新审查的，下级工商行政管理机关应当在上级工商行政管理机关确定的期限内结束案件审查。

下级工商行政管理机关应当在审查决定作出后十日内，将审查决定报上级工商行政管理机关。

第八十三条 作出行政处理决定的工商行政管理机关重新审查行政处理决定的，原办理此案的办案人员应当回避。

第八十四条 对原行政处理决定重新审查的，审查结论一般应当经工商行政管理机关有关会议集体讨论决定。

第八十五条 工商行政管理机关及其办案人员违反法律、行政法规和本规定实施行政处罚的，应视情节追究行政责任；情节严重，涉嫌犯罪的，移送司法机关。

第九章 附 则

第八十六条 本规定所称的工商行政管理机关是指县级以上各级工商行政管理局。

第八十七条 依法具有独立执法权的工商行政管理分局、队、所等实施行政处罚，适用本规定。

第八十八条 本规定中的“以上”、“以下”、“以内”，均包括本数。

第八十九条 行政处罚文书，由国家工商行政管理总局统一制定。

第九十条 本规定自2007年10月1日起施行。1996年10月17日国家工商行政管理局发布的《工商行政管理机关行政处罚程序暂行规定》同时废止。

无证无照经营查处办法

（2017年8月6日中华人民共和国国务院令第684号公布 自2017年10月1日起施行）

第一条 为了维护社会主义市场经济秩序，促进公平竞争，保护经营者和消费者的合法权益，制定本办法。

第二条 任何单位或者个人不得违反法律、法规、国务院决定的规定，从事无证无照经营。

第三条 下列经营活动，不属于无证无照经营：

（一）在县级以上地方人民政府指定的场所和时间，销售农副产品、日常生活用品，或者个人利用自己的技能从事依法无须取得许可的便民劳务活动；

（二）依照法律、行政法规、国务院决定的规定，从事无须取得许可或者办理注册登记的经营活动。

第四条 县级以上地方人民政府负责组织、协调本行政区域的无证无照经营查处工作，建立有关部门分工负责、协调配合的无证无照经营查处工作机制。

第五条 经营者未依法取得许可从事经营活动的，由法律、法规、国务院决定规定的部门予以查处；法律、法规、国务院决定没有规定或者规定不明确的，由省、自治区、直辖市人民政府确定的部门予以查处。

第六条 经营者未依法取得营业执照从事经营活动的，由履行工商行政管理职责的部门（以下称工商行政管理部门）予以查处。

第七条 经营者未依法取得许可且未依法取得营业执照从事经营活动的，依照本办法第五条的规定予以查处。

第八条 工商行政管理部门以及法律、法规、国务院决定规定的部门和省、自治区、直辖市人民政府确定的部门(以下统称查处部门)应当依法履行职责,密切协同配合,利用信息网络平台加强信息共享;发现不属于本部门查处职责的无证无照经营,应当及时通报有关部门。

第九条 任何单位或者个人有权向查处部门举报无证无照经营。

查处部门应当向社会公开受理举报的电话、信箱或者电子邮件地址,并安排人员受理举报,依法予以处理。对实名举报的,查处部门应当告知处理结果,并为举报人保密。

第十条 查处部门依法查处无证无照经营,应当坚持查处与引导相结合、处罚与教育相结合的原则,对具备办理证照的法定条件、经营者有继续经营意愿的,应当督促、引导其依法办理相应证照。

第十一条 县级以上人民政府工商行政管理部门对涉嫌无照经营进行查处,可以行使下列职权:

(一)责令停止相关经营活动;

(二)向与涉嫌无照经营有关的单位和个人调查了解有关情况;

(三)进入涉嫌从事无照经营的场所实施现场检查;

(四)查阅、复制与涉嫌无照经营有关的合同、票据、账簿以及其他有关资料。

对涉嫌从事无照经营的场所,可以予以查封;对涉嫌用于无照经营的工具、设备、原材料、产品(商品)等物品,可以予以查封、扣押。

对涉嫌无证经营进行查处,依照相关法律、法规的规定采取措施。

第十二条 从事无证经营的,由查处部门依照相关法律、法规的规定予以处罚。

第十三条 从事无照经营的,由工商行政管理部门依照相关法律、行政法规的规定予以处罚。法律、行政法规对无照经营的处罚没有明确规定的,由工商行政管理部门责令停止违法行为,没收违法所得,并处1万元以下的罚款。

第十四条 明知属于无照经营而为经营者提供经营场所,或者提供运输、保管、仓储等条件的,由工商行政管理部门责令停止违法行为,没收违法所得,可以处5000元以下的罚款。

第十五条 任何单位或者个人从事无证无照经营的,由查处部门记入信用记录,并依照相关法律、法规的规定予以公示。

第十六条 妨害查处部门查处无证无照经营,构成违反治安管理行为的,由公安机关依照《中华人民共和国治安管理处罚法》的规定予以处罚。

第十七条 查处部门及其工作人员滥用职权、玩忽职守、徇私舞弊的,对负有责任的领导人员和直接责任人员依法给予处分。

第十八条 违反本办法规定,构成犯罪的,依法追究刑事责任。

第十九条 本办法自2017年10月1日起施行。2003年1月6日国务院公布的《无照经营查处取缔办法》同时废止。

烟草专卖行政处罚程序规定

(2010年1月21日工业和信息化部令第12号公布　自2010年5月1日起施行)

第一章　总　　则

第一条 为了规范烟草专卖行政处罚的实施,保障和监督烟草专卖行政主管部门依法行政,维护国家烟草专卖制度,保护公民、法人和其他组织的合法权益,根据《中华人民共和国行政处罚法》、《中华人民共和国烟草专卖法》以及《中华人民共和国烟草专卖法实施条例》等法律、行政法规,制定本规定。

第二条 各级烟草专卖行政主管部门实施行政处罚,适用本规定。

第三条 烟草专卖行政主管部门实施行政处罚,应当遵循下列原则:

(一)与违法行为的事实、性质、情节和社会危害程度相当;

(二)主体适格、程序合法、手续完备;

(三)处罚与教育相结合,引导公民、法人和其他组织自觉守法;

(四)公平公正、公开透明,保障当事人的合法权益。

第四条 公民、法人和其他组织对烟草专卖行政主管部门给予的行政处罚,依法享有陈述、申辩的权利;对行政处罚不服的,有权依法向上一级烟草专卖行政主管部门申请行政复议或者向人民法院提起行政诉讼。

第五条 各级烟草专卖行政主管部门应当建立健全行政处罚内部监督制度,保证依法实施行政处罚。

第二章 管　　辖

第六条 烟草专卖行政处罚案件由违法行为发生地的县级以上烟草专卖行政主管部门管辖。

第七条 县级烟草专卖行政主管部门管辖本辖区内发生的案件。

地市级烟草专卖行政主管部门管辖本辖区内发生的有重大影响的案件。

省、自治区、直辖市烟草专卖行政主管部门管辖本辖区内发生的重大、复杂案件。

国务院烟草专卖行政主管部门管辖在全国范围内有重大影响的案件。

第八条 对当事人的同一违法行为,两个以上烟草专卖行政主管部门都有管辖权的,由先立案的烟草专卖行政主管部门管辖;发生管辖争议的,报请共同的上一级烟草专卖行政主管部门指定管辖。

第九条 烟草专卖行政主管部门发现所查处的案件应当由其他烟草专卖行政主管部门管辖的,应当将案件移送有管辖权的烟草专卖行政主管部门。

受移送的烟草专卖行政主管部门对管辖权有异议的,应当报请共同的上一级烟草专卖行政主管部门指定管辖,不得再自行移送。

第十条 上级烟草专卖行政主管部门可以直接查处下级烟草专卖行政主管部门管辖的案件。

烟草专卖行政主管部门认为案件有重大影响的,可以报请上一级烟草专卖行政主管部门管辖。

第十一条 有管辖权的烟草专卖行政主管部门由于特殊原因不能或者不宜管辖的,由其上一级烟草专卖行政主管部门直接管辖或者指定其他烟草专卖行政主管部门管辖。

第十二条 烟草专卖行政主管部门发现所查处的案件应当由其他行政机关管辖的,应当依法移送其他行政机关。

违法行为构成犯罪的,烟草专卖行政主管部门应当将案件移送司法机关追究刑事责任,不得以行政处罚代替刑罚。

第三章 简易程序

第十三条 违法事实确凿并有法定依据,对公民处以五十元以下、对法人或者其他组织处以一千元以下罚款或者警告的行政处罚的,执法人员可以当场作出行政处罚决定。

第十四条 执法人员依法当场作出行政处罚决定前,应当主动向当事人出示省级以上烟草专卖行政主管部门签发的检查证件,并告知当事人享有陈述权和申辩权。当事人的陈述和申辩合理合法的,执法人员应当采纳。

依法当场作出行政处罚决定的，执法人员应当填写预定格式、统一编号的烟草专卖行政处罚决定书，并当场交当事人签收。

前款规定的烟草专卖行政处罚决定书应当载明当事人的基本情况、违法事实、行政处罚依据、处罚种类、罚款数额、罚款缴纳方式及期限、救济途径及期限、作出行政处罚的时间及地点、烟草专卖行政主管部门名称等内容，并由执法人员签字。

执法人员当场作出行政处罚决定的，应当在二日内报本烟草专卖行政主管部门备案。烟草专卖行政主管部门收到备案材料后，应当及时进行审核并按规定立卷归档。发现错误的，应当及时纠正。

第四章　一般程序

第一节　立　　案

第十五条　烟草专卖行政主管部门应当自发现违法嫌疑或者收到举报、其他机关移送、上级机关交办的材料之日起七日内予以核查并决定是否立案；案情重大、复杂需要延长立案决定期限的，应当经本烟草专卖行政主管部门负责人批准，并书面告知当事人。

第十六条　有下列情形之一的，烟草专卖行政主管部门应当立案查处：

（一）经初步调查，掌握了一定的违法事实，应当给予行政处罚的；

（二）根据举报人提供的当事人违法事实和证据，需要立案查处的；

（三）掌握了当事人违法活动线索，且有违法嫌疑需要继续进行调查的；

（四）上级烟草专卖行政主管部门指定管辖的案件；

（五）依法应当立案查处的其他情形。

第十七条　办理立案的，应当由承办人填写立案报告表并附办案相关材料，报本烟草专卖行政主管部门负责人审核批准。烟草专卖行政主管部门负责人批准的日期为立案日期。

对正在发生的违法活动，有管辖权的烟草专卖行政主管部门应当立即查处，并在查处后七日内依法补办立案手续。

第十八条　有下列情形之一的，烟草专卖行政主管部门应当不予立案；已经立案的，应当予以撤销：

（一）违法行为超过法律规定的行政处罚时限的；

（二）不属于本机关管辖的；

（三）违法事实不成立，或者违法行为显著轻微且已改正的；

（四）法律、行政法规规定不予立案的其他情形。

不予立案或者撤销立案的，应当填写不予立案或者撤销立案报告表，报本烟草专卖行政主管部门负责人批准。属于其他行政机关管辖的案件，烟草专卖行政主管部门应当在七日内移送其他行政机关。

第十九条　对于举报或者其他机关移送的案件，烟草专卖行政主管部门决定不予立案的，应当书面告知具名的举报人或者移送机关。

烟草专卖行政主管部门应当将不予立案的情况立卷归档。

第二十条　执法人员与当事人有直接利害关系的，应当主动回避。当事人有权依法申请执法人员回避。

执法人员的回避，由本烟草专卖行政主管部门负责人决定；烟草专卖行政主管部门负责人的回避，由上一级烟草专卖行政主管部门决定。

第二节 调查取证

第二十一条 烟草专卖行政主管部门应当依法全面、客观、公正地收集、调取证据材料。

第二十二条 烟草专卖行政主管部门进行调查或者检查时,执法人员不得少于二人。

执法人员查处违法行为,应当佩戴国务院烟草专卖行政主管部门制发的徽章,出示省级以上烟草专卖行政主管部门签发的检查证件。

第二十三条 执法人员应当依法收集与案件有关的证据。证据包括以下几种:

(一)书证;

(二)物证;

(三)询问笔录;

(四)证人证言;

(五)视听资料;

(六)鉴定结论;

(七)勘验、检查笔录。

前款规定的证据应当符合法律关于证据的规定并查证属实后,方能作为认定事实的依据。

第二十四条 执法人员需要从有关单位查阅、复制与违法活动有关的合同、发票、账册、单据、记录、文件、业务函电和其他材料的,应当出示县级以上烟草专卖行政主管部门出具的协助调查函。

执法人员应当收集、调取与案件有关的原始凭证作为证据;调取原始证据确有困难的,可以将原件复印、复制、摘抄、拍照,并由原始证据持有人签字或者以其他方式确认复印件、复制件、摘抄件、照片与原件相符。

证据材料涉及国家秘密、商业秘密或者个人隐私的,烟草专卖行政主管部门及其执法人员应当予以保密。

第二十五条 提取物证应当当场清点,出具物品清单并由执法人员、当事人签字或者以其他方式确认。当事人拒绝确认或者不在场的,应当有二名以上见证人在场确认;见证人不足二名或者拒绝确认的,执法人员应当在物品清单上注明情况并签字。

第二十六条 执法人员询问当事人、证人应当单独进行,并向其说明依法享有的权利和提供伪证或者隐匿证据的法律责任。

询问笔录应当交被询问人核对;被询问人阅读有困难的,应当向其宣读。经核对无误后,由被询问人在笔录上逐页签字或者以其他方式确认。笔录有差错、遗漏的,应当允许被询问人更正或者补充,涂改部分应当由被询问人签字或者以其他方式确认;被询问人拒绝确认的,执法人员应当在笔录上注明情况并签字。

第二十七条 执法人员应当收集视听资料的原始载体。收集原始载体有困难的,可以收集复制件并注明制作方法、制作时间、制作人等情况。视听资料应当附相关话语的文字记录。

第二十八条 对涉嫌违法行为发生的现场进行检查时,执法人员应当制作检查笔录并交当事人签字或者以其他方式确认。当事人拒绝确认或者不在场的,应当有二名以上见证人在场确认;见证人不足二名或者拒绝确认的,执法人员应当在检查笔录上注明情况并签字。

第二十九条 需要对烟草专卖品的真伪等专门事项进行鉴定的,烟草专卖行政主管部门应当出具载明委托鉴定事项及相关材料的委托鉴定书,委托具有鉴定资格的鉴定机构进行鉴定。

烟草专卖品真伪的鉴定检测工作,由国务院产品质量监督管理部门或者省、自治区、直辖市人民政府产品质量监督管理部门指定的烟草质量检测机构实施。

第三十条 需要委托其他烟草专卖行政主管部门协助调查取证的,应当出具协助调查函,受委托的烟草专卖行政主管部门应当予以协助;无法协助的,应当及时函告委托部门。

第三十一条 执法人员调查取证需要邮政、电信、银行等单位予以协助、配合的，应当按照国家有关规定办理。

第三十二条 在证据可能灭失或者以后难以取得的情况下，经本烟草专卖行政主管部门负责人批准，可以依法对与涉嫌违法行为有关的证据进行先行登记保存。

烟草专卖行政主管部门先行登记保存证据，应当出具先行登记保存通知书，由执法人员、当事人签字或者以其他方式确认后，分别交当事人和本烟草专卖行政主管部门。当事人拒绝确认或者不在场的，应当有二名以上见证人在场确认；见证人不足二名或者拒绝确认的，执法人员应当在先行登记保存通知书上注明情况并签字。

先行登记保存期间，任何人不得销毁或者转移先行登记保存的证据。

第三十三条 对于依法先行登记保存的证据，应当根据情况在七日内采取下列措施：

（一）及时采取复制、拍照、录像等证据保全措施；

（二）需要鉴定的，及时送交有关机构鉴定并告知当事人所需时间；

（三）依法应当移送其他有关部门处理的，作出移送决定并书面告知当事人；

（四）违法事实不成立或者违法行为轻微，依法可以不予行政处罚的，决定解除先行登记保存措施并告知当事人。

第三十四条 执法人员在调查过程中发现立案事由以外的涉嫌违法行为的，应当及时报请本烟草专卖行政主管部门负责人决定是否对该涉嫌违法行为一并进行调查。

第三十五条 调查取证应当自批准立案之日起三十日内终结。案情重大、复杂需要延长调查取证期限的，应当经本烟草专卖行政主管部门负责人批准，并书面告知当事人。

第三十六条 调查终结的，执法人员应当提交案件处理审批表。案件处理审批表包括当事人的基本情况、经调查核实的事实和证据、对涉嫌违法行为的定性意见、处理建议及其法律依据等内容。

第三节 审查和决定

第三十七条 烟草专卖行政主管部门的专卖执法机构在将案件处理审批表报送本部门负责人审查决定前，应当先由本部门法制工作机构或者专职法制工作人员对涉嫌违法行为的定性意见、处理建议及其法律依据进行合法性审查并签署意见。

第三十八条 烟草专卖行政主管部门负责人应当对案件处理审批表及法制工作机构或者专职法制工作人员的意见进行综合审查，依法作出是否给予行政处罚等决定。对于拟移送司法机关的案件，烟草专卖行政主管部门负责人应当在三日内作出批准移送或者不批准移送的决定。

案情重大、复杂的案件，应当由烟草专卖行政主管部门负责人集体讨论决定。

第三十九条 烟草专卖行政主管部门应当根据案件的不同情况，分别作出下列决定：

（一）确有应受行政处罚的违法行为的，依法作出相应的行政处罚决定；

（二）违法行为轻微，依法可以不予行政处罚的，不予行政处罚；

（三）违法事实不成立的，决定不予行政处罚并撤销立案；

（四）违法行为涉嫌犯罪的，依法移送司法机关处理。

第四十条 烟草专卖行政主管部门在作出行政处罚决定前，应当告知当事人拟作出行政处罚的事实、理由、依据和处罚内容，并告知其依法享有陈述权、申辩权和行使陈述权、申辩权的期限。

口头告知当事人的，应当将告知情况记入笔录并由当事人签字或以其他方式确认；书面告知当事人的，应当按照本规定第四十三条向当事人送达告知书。

第四十一条 当事人在规定期限内进行陈述、申辩的，烟草专卖行政主管部门应当充分听取当事人的意见，对当事人提出的事实、理由和证据进行复核；当事人提出的事实、理由或者证据成立的,烟草专卖行政主管部门应当采纳。

烟草专卖行政主管部门不得因当事人陈述、申辩而加重处罚。

第四十二条 烟草专卖行政主管部门实施行政处罚,应当制作行政处罚决定书。行政处罚决定书应当载明下列事项:

(一)当事人的姓名或者名称、地址等基本情况;

(二)违反法律、法规或者规章的事实和证据;

(三)行政处罚的种类和依据;

(四)行政处罚的履行方式和期限;

(五)不服行政处罚决定,申请行政复议或者提起行政诉讼的途径和期限;

(六)作出行政处罚决定的烟草专卖行政主管部门的名称和日期。

行政处罚决定书应当加盖作出行政处罚决定的烟草专卖行政主管部门的印章。

第四十三条 烟草专卖行政处罚决定书应当在宣告后当场交付当事人;当事人不在场的,烟草专卖行政主管部门应当在七日内按照下列方式送达当事人:

(一)直接送达当事人的,由当事人或其同住成年家属在送达回证上注明收到日期并签字、盖章或者以其他方式确认。当事人或其同住成年家属在送达回证上注明的签收日期为送达日期;

(二)直接送达时,受送达人或其同住成年家属拒绝接收送达文书的,依法适用留置送达;

(三)直接送达有困难的,可以委托当地烟草专卖行政主管部门代为送达,或者通过邮寄方式送达。邮寄送达的,以回执上注明的收件日期为送达日期;

(四)受送达人下落不明或采取本条第(一)项、第(二)项、第(三)项规定的方式无法送达的,可以公告送达。烟草专卖行政主管部门可以在其所在地公开发行的报纸上予以公告,也可以在受送达人原住所地或者烟草专卖行政主管部门的公告栏张贴公告。烟草专卖行政主管部门设有向社会公众开放的网站的,可以同时在网站上公告。公告送达的,自公告发布之日起经过六十日即视为送达。

第五章 听证程序

第四十四条 烟草专卖行政主管部门在作出下列行政处罚决定之前,应当告知当事人有要求举行听证的权利:

(一)一万元以上的罚款;

(二)没收较大数额的违法所得或者违法烟草专卖品;

(三)责令停产、停业,责令关闭;

(四)取消从事烟草专卖业务的资格。

省级烟草专卖行政主管部门可以结合本地实际,调整和确定本行政区域内罚款、没收违法所得或者违法烟草专卖品的听证数额标准,报国务院烟草专卖行政主管部门批准后施行。

第四十五条 烟草专卖行政主管部门不得因当事人要求听证而加重处罚。

当事人不承担烟草专卖行政主管部门组织听证的费用。

第四十六条 当事人依照本规定第四十四条要求举行听证的,应当在烟草专卖行政主管部门告知权利后三日内提出申请。

当事人可以通过书面或者口头方式提出听证申请。口头申请的,烟草专卖行政主管部门应当当场记录申请人的基本情况、申请听证的主要理由以及申请时间等内容,并由当事人签字或者以其他方式确认。

第四十七条 听证应当公开举行,允许公众旁听,但涉及国家秘密、商业秘密或者个人隐私的案件除外。

第四十八条 烟草专卖行政主管部门应当在举行听证七日前,将听证时间、听证地点书面通知当事人并同时报告上一级烟草专卖行政主管部门。

第四十九条 当事人可以亲自参加听证,也可以委托一至二人代理。

第五十条 听证主持人由烟草专卖行政主管部门指定。听证主持人应当符合下列条件:

(一)非本案的执法人员;

(二)非本规定第二十条规定应当回避的人员。

主持人不符合前款规定条件的,应当主动回避。当事人认为主持人与本案有直接利害关系的,有权申请其回避。

第五十一条 听证按照下列程序进行:

(一)主持人查明到场的当事人或者其他参加听证人员的身份,说明案由,告知当事人的权利、义务,宣布会场纪律,询问当事人是否申请主持人回避,宣布听证开始;

(二)由执法人员指出当事人违法的事实,出示有关证据,提出处罚建议和依据;

(三)当事人进行陈述和申辩;

(四)有第三人的,由第三人进行陈述和申辩;

(五)执法人员与当事人相互辩论、质证;

(六)当事人进行最后陈述、申辩;

(七)有第三人的,由第三人进行最后陈述;

(八)执法人员进行最后陈述;

(九)主持人宣布听证结束。

听证应当制作笔录并由主持人、记录人签字。听证笔录交当事人审核无误后签字或者以其他方式确认;当事人拒绝确认的,主持人应当注明情况并签字。

第六章 行政处罚的执行

第五十二条 行政处罚决定作出后,当事人应当在规定的期限内全面履行。

到期不缴纳罚款的,烟草专卖行政主管部门可以每日按罚款数额的百分之三加处罚款。

第五十三条 依法取消企业或者个人从事烟草专卖业务资格的,原发证机关应当及时收回烟草专卖许可证并依法办理烟草专卖许可注销手续;因客观原因无法收回的,原发证机关应当注明情况,依法注销烟草专卖许可并向社会公告。

第五十四条 当事人对烟草专卖行政主管部门作出的行政处罚决定不服的,可以自接到行政处罚决定书之日起六十日内,向其上一级烟草专卖行政主管部门申请复议;当事人也可以自接到行政处罚决定书之日起十五日内直接向人民法院提起行政诉讼。

行政复议或者行政诉讼期间,除法律另有规定外,不停止烟草专卖行政处罚决定的执行。

第五十五条 当事人逾期既不申请行政复议,也不向人民法院提起行政诉讼,又不履行行政处罚决定的,作出行政处罚决定的烟草专卖行政主管部门可以申请人民法院强制执行。

第五十六条 当事人逾期既不对复议机关维持行政处罚的行政复议决定提起行政诉讼,又不履行行政复议决定的,由最初作出行政处罚的烟草专卖行政主管部门申请人民法院强制执行。

第五十七条 当事人逾期既不对复议机关变更行政处罚的行政复议决定提起行政诉讼,又不履行行政复议决定的,由复议机关申请人民法院强制执行。

第五十八条 对于依法查获的烟草专卖品,自烟草专卖行政主管部门采取张贴通告、发布公告等措施之日起三十日内无法找到当事人的,经本烟草专卖行政主管部门负责人批准,可以采取变卖等处理措施,变卖款上缴国库。

第五十九条 依法查获的霉坏变质的烟草制品不得上市流通。烟草专卖行政主管部门采取销毁等处理措施的,应当符合国家有关规定,并经上一级烟草专卖行政主管部门批准。

第六十条 除依照《中华人民共和国行政处罚法》第四十七条、第四十八条的规定当场收缴的罚款外,作出行政处罚决定的烟草专卖行政主管部门及其执法人员不得自行收缴罚款。

罚没款及没收物品的变卖款应当全部上缴国库,任何单位和个人不得截留、私分或者变相私分。

第七章 执法监督

第六十一条 上级烟草专卖行政主管部门的法制工作机构或者专职法制工作人员应当定期对下级烟草专卖行政主管部门办理的行政处罚案件进行案卷评查。对评查中发现的问题,应当及时指出。

第六十二条 上级烟草专卖行政主管部门有权对下级烟草专卖行政主管部门依本规定作出的行政处理决定重新进行审查。

上级烟草专卖行政主管部门发现下级烟草专卖行政主管部门的行政处理决定确有错误的,有权变更、撤销该决定,或者责令下级烟草专卖行政主管部门重新作出处理决定。

第六十三条 对于上级烟草专卖行政主管部门作出的纠正决定,下级烟草专卖行政主管部门应当遵照执行并及时上报执行情况。

第六十四条 烟草专卖行政主管部门的法制工作机构或者专职法制工作人员可以对本部门专卖执法机构办理行政处罚案件的合法性进行监督。

第八章 法律责任

第六十五条 烟草专卖行政主管部门实施行政处罚,有下列情形之一的,由上级烟草专卖行政主管部门责令改正,可以对直接负责的主管人员和其他直接责任人员依法给予行政处分:

(一)没有法定的行政处罚依据的;

(二)擅自变更行政处罚种类、幅度的;

(三)违反法定的行政处罚程序的;

(四)违法委托其他单位或者个人实施行政处罚的。

第六十六条 烟草专卖行政主管部门违反本规定自行收缴罚款的,由上级烟草专卖行政主管部门责令改正,对直接负责的主管人员和其他直接责任人员依法给予行政处分。

第六十七条 烟草专卖行政主管部门截留、私分或者变相私分罚款、变卖款、没收的违法所得或者烟草专卖品的,对直接负责的主管人员和其他直接责任人员依法给予行政处分;构成犯罪的,依法追究刑事责任。

执法人员利用职务上的便利,索取或者收受他人财物、将收缴的罚款据为己有,构成犯罪的,依法追究刑事责任;不构成犯罪的,依法给予行政处分。

第六十八条 烟草专卖行政主管部门违法实施检查等执法措施,给公民人身或者财产造成损害、给法人或者其他组织造成损失的,应当依法予以赔偿;对直接负责的主管人员和其他直接责任人员依法给予行政处分;构成犯罪的,依法追究刑事责任。

第六十九条 烟草专卖行政主管部门对应当依法移送司法机关追究刑事责任的案件不移送,以行政处罚代替刑罚的,由上级烟草专卖行政主管部门责令改正;拒不改正的,对直接负责的主管人员给予行政处分;徇私舞弊、包庇纵容违法行为构成犯罪的,依法追究刑事责任。

第七十条 执法人员玩忽职守,对应当予以制止和处罚的违法行为不予制止、处罚,致使公共利益或者公民、法人或者其他组织的合法权益受到损害的,对直接负责的主管人员和其他直接责任人员依法给予行政处分;构成犯罪的,依法追究刑事责任。

第九章　附　　则

第七十一条　烟草专卖行政主管部门采取收购违法收购的烟叶、违法运输的烟草专卖品等行政执法措施的,参照本规定执行。

第七十二条　本规定中的期间以时、日、月计算,期间开始之时或者日不计算在内。期间不包括在途时间。期间届满的最后一日为法定节假日的,以节假日后的第一日为期间届满的日期。

第七十三条　本规定中的"以上"、"内"、"前"均包括本数或本级。

第七十四条　烟草专卖行政主管部门应当建立健全行政处罚案件档案管理制度,依法及时制作、收集、整理并妥善保存有关涉案材料。移交、借阅、调用涉案材料应当按照档案管理要求办理相应的手续。

第七十五条　本规定由国务院烟草专卖行政主管部门负责解释。

第七十六条　本规定自2010年5月1日起施行。1998年9月2日公布的《烟草专卖行政处罚程序规定》(国家烟草专卖局令第3号)同时废止。

环境行政处罚办法

(2010年1月19日环境保护部令第8号公布　自2010年3月1日起施行)

第一章　总　　则

第一条　**【立法目的】**为规范环境行政处罚的实施,监督和保障环境保护主管部门依法行使职权,维护公共利益和社会秩序,保护公民、法人或者其他组织的合法权益,根据《中华人民共和国行政处罚法》及有关法律、法规,制定本办法。

第二条　**【适用范围】**公民、法人或者其他组织违反环境保护法律、法规或者规章规定,应当给予环境行政处罚的,应当依照《中华人民共和国行政处罚法》和本办法规定的程序实施。

第三条　**【罚教结合】**实施环境行政处罚,坚持教育与处罚相结合,服务与管理相结合,引导和教育公民、法人或者其他组织自觉守法。

第四条　**【维护合法权益】**实施环境行政处罚,应当依法维护公民、法人及其他组织的合法权益,保守相对人的有关技术秘密和商业秘密。

第五条　**【查处分离】**实施环境行政处罚,实行调查取证与决定处罚分开、决定罚款与收缴罚款分离的规定。

第六条　**【规范自由裁量权】**行使行政处罚自由裁量权必须符合立法目的,并综合考虑以下情节:

(一)违法行为所造成的环境污染、生态破坏程度及社会影响;

(二)当事人的过错程度;

(三)违法行为的具体方式或者手段;

(四)违法行为危害的具体对象;

(五)当事人是初犯还是再犯;

(六)当事人改正违法行为的态度和所采取的改正措施及效果。

同类违法行为的情节相同或者相似、社会危害程度相当的,行政处罚种类和幅度应当相当。

第七条　**【不予处罚情形】**违法行为轻微并及时纠正,没有造成危害后果的,不予行政处罚。

第八条　**【回避情形】**有下列情形之一的,案件承办人员应当回避:

（一）是本案当事人或者当事人近亲属的；

（二）本人或者近亲属与本案有直接利害关系的；

（三）法律、法规或者规章规定的其他回避情形。

符合回避条件的，案件承办人员应当自行回避，当事人也有权申请其回避。

第九条　【法条适用规则】当事人的一个违法行为同时违反两个以上环境法律、法规或者规章条款，应当适用效力等级较高的法律、法规或者规章；效力等级相同的，可以适用处罚较重的条款。

第十条　【处罚种类】根据法律、行政法规和部门规章，环境行政处罚的种类有：

（一）警告；

（二）罚款；

（三）责令停产整顿；

（四）责令停产、停业、关闭；

（五）暂扣、吊销许可证或者其他具有许可性质的证件；

（六）没收违法所得、没收非法财物；

（七）行政拘留；

（八）法律、行政法规设定的其他行政处罚种类。

第十一条　【责令改正与连续违法认定】环境保护主管部门实施行政处罚时，应当及时作出责令当事人改正或者限期改正违法行为的行政命令。

责令改正期限届满，当事人未按要求改正，违法行为仍处于继续或者连续状态的，可以认定为新的环境违法行为。

第十二条　【责令改正形式】根据环境保护法律、行政法规和部门规章，责令改正或者限期改正违法行为的行政命令的具体形式有：

（一）责令停止建设；

（二）责令停止试生产；

（三）责令停止生产或者使用；

（四）责令限期建设配套设施；

（五）责令重新安装使用；

（六）责令限期拆除；

（七）责令停止违法行为；

（八）责令限期治理；

（九）法律、法规或者规章设定的责令改正或者限期改正违法行为的行政命令的其他具体形式。

根据最高人民法院关于行政行为种类和规范行政案件案由的规定，行政命令不属行政处罚。行政命令不适用行政处罚程序的规定。

第十三条　【处罚不免除缴纳排污费义务】实施环境行政处罚，不免除当事人依法缴纳排污费的义务。

第二章　实施主体与管辖

第十四条　【处罚主体】县级以上环境保护主管部门在法定职权范围内实施环境行政处罚。

经法律、行政法规、地方性法规授权的环境监察机构在授权范围内实施环境行政处罚，适用本办法关于环境保护主管部门的规定。

第十五条　【委托处罚】环境保护主管部门可以在其法定职权范围内委托环境监察机构实施行政处罚。受委托的环境监察机构在委托范围内，以委托其处罚的环境保护主管部门名义实施行政处罚。

委托处罚的环境保护主管部门,负责监督受委托的环境监察机构实施行政处罚的行为,并对该行为的后果承担法律责任。

第十六条 【外部移送】发现不属于环境保护主管部门管辖的案件,应当按照有关要求和时限移送有管辖权的机关处理。

涉嫌违法依法应当由人民政府实施责令停产整顿、责令停业、关闭的案件,环境保护主管部门应当立案调查,并提出处理建议报本级人民政府。

涉嫌违法依法应当实施行政拘留的案件,移送公安机关。

涉嫌违反党纪、政纪的案件,移送纪检、监察部门。

涉嫌犯罪的案件,按照《行政执法机关移送涉嫌犯罪案件的规定》等有关规定移送司法机关,不得以行政处罚代替刑事处罚。

第十七条 【案件管辖】县级以上环境保护主管部门管辖本行政区域的环境行政处罚案件。

造成跨行政区域污染的行政处罚案件,由污染行为发生地环境保护主管部门管辖。

第十八条 【优先管辖】两个以上环境保护主管部门都有管辖权的环境行政处罚案件,由最先发现或者最先接到举报的环境保护主管部门管辖。

第十九条 【管辖争议解决】对行政处罚案件的管辖权发生争议时,争议双方应报请共同的上一级环境保护主管部门指定管辖。

第二十条 【指定管辖】下级环境保护主管部门认为其管辖的案件重大、疑难或者实施处罚有困难的,可以报请上一级环境保护主管部门指定管辖。

上一级环境保护主管部门认为下级环境保护主管部门实施处罚确有困难或者不能独立行使处罚权的,经通知下级环境保护主管部门和当事人,可以对下级环境保护主管部门管辖的案件指定管辖。

上级环境保护主管部门可以将其管辖的案件交由有管辖权的下级环境保护主管部门实施行政处罚。

第二十一条 【内部移送】不属于本机关管辖的案件,应当移送有管辖权的环境保护主管部门处理。

受移送的环境保护主管部门对管辖权有异议的,应当报请共同的上一级环境保护主管部门指定管辖,不得再自行移送。

第三章 一般程序

第一节 立 案

第二十二条 【立案条件】环境保护主管部门对涉嫌违反环境保护法律、法规和规章的违法行为,应当进行初步审查,并在7个工作日内决定是否立案。

经审查,符合下列四项条件的,予以立案:

(一)有涉嫌违反环境保护法律、法规和规章的行为;

(二)依法应当或者可以给予行政处罚;

(三)属于本机关管辖;

(四)违法行为发生之日起到被发现之日止未超过2年,法律另有规定的除外。违法行为处于连续或继续状态的,从行为终了之日起计算。

第二十三条 【撤销立案】对已经立案的案件,根据新情况发现不符合第二十二条立案条件的,应当撤销立案。

第二十四条 【紧急案件先行调查取证】对需要立即查处的环境违法行为,可以先行调查取证,并在7个工作日内决定是否立案和补办立案手续。

第二十五条 【立案审查后的案件移送】经立案审查,属于环境保护主管部门管辖,但不属于本机关管辖范围的,应当移送有管辖权的环境保护主管部门;属于其他有关部门管辖范围的,应当移送其他有关部门。

第二节 调 查 取 证

第二十六条 【专人负责调查取证】环境保护主管部门对登记立案的环境违法行为,应当指定专人负责,及时组织调查取证。

第二十七条 【协助调查取证】需要委托其他环境保护主管部门协助调查取证的,应当出具书面委托调查函。

受委托的环境保护主管部门应当予以协助。无法协助的,应当及时将无法协助的情况和原因函告委托机关。

第二十八条 【调查取证出示证件】调查取证时,调查人员不得少于两人,并应当出示中国环境监察证或者其他行政执法证件。

第二十九条 【调查人员职权】调查人员有权采取下列措施:

(一)进入有关场所进行检查、勘察、取样、录音、拍照、录像;

(二)询问当事人及有关人员,要求其说明相关事项和提供有关材料;

(三)查阅、复制生产记录、排污记录和其他有关材料。

环境保护主管部门组织的环境监测等技术人员随同调查人员进行调查时,有权采取上述措施和进行监测、试验。

第三十条 【调查人员责任】调查人员负有下列责任:

(一)对当事人的基本情况、违法事实、危害后果、违法情节等情况进行全面、客观、及时、公正的调查;

(二)依法收集与案件有关的证据,不得以暴力、威胁、引诱、欺骗以及其他违法手段获取证据;

(三)询问当事人、证人或者其他有关人员,应当告知其依法享有的权利;

(四)对当事人、证人或者其他有关人员的陈述如实记录。

第三十一条 【当事人配合调查】当事人及有关人员应当配合调查、检查或者现场勘验,如实回答询问,不得拒绝、阻碍、隐瞒或者提供虚假情况。

第三十二条 【证据类别】环境行政处罚证据,主要有书证、物证、证人证言、视听资料和计算机数据、当事人陈述、监测报告和其他鉴定结论、现场检查(勘察)笔录等形式。

证据应当符合法律、法规、规章和最高人民法院有关行政执法和行政诉讼证据的规定,并经查证属实才能作为认定事实的依据。

第三十三条 【现场检查笔录】对有关物品或者场所进行检查时,应当制作现场检查(勘察)笔录,可以采取拍照、录像或者其他方式记录现场情况。

第三十四条 【现场检查取样】需要取样的,应当制作取样记录或者将取样过程记入现场检查(勘察)笔录,可以采取拍照、录像或者其他方式记录取样情况。

第三十五条 【监测报告要求】环境保护主管部门组织监测的,应当提出明确具体的监测任务,并要求提交监测报告。

监测报告必须载明下列事项:

(一)监测机构的全称;

(二)监测机构的国家计量认证标志(CMA)和监测字号;

（三）监测项目的名称、委托单位、监测时间、监测点位、监测方法、检测仪器、检测分析结果等内容；

（四）监测报告的编制、审核、签发等人员的签名和监测机构的盖章。

第三十六条 【在线监测数据可为证据】环境保护主管部门可以利用在线监控或者其他技术监控手段收集违法行为证据。经环境保护主管部门认定的有效性数据，可以作为认定违法事实的证据。

第三十七条 【现场监测数据可为证据】环境保护主管部门在对排污单位进行监督检查时，可以现场即时采样，监测结果可以作为判定污染物排放是否超标的证据。

第三十八条 【证据的登记保存】在证据可能灭失或者以后难以取得的情况下，经本机关负责人批准，调查人员可以采取先行登记保存措施。

情况紧急的，调查人员可以先采取登记保存措施，再报请机关负责人批准。

先行登记保存有关证据，应当当场清点，开具清单，由当事人和调查人员签名或者盖章。

先行登记保存期间，不得损毁、销毁或者转移证据。

第三十九条 【登记保存措施与解除】对于先行登记保存的证据，应当在 7 个工作日内采取以下措施：

（一）根据情况及时采取记录、复制、拍照、录像等证据保全措施；

（二）需要鉴定的，送交鉴定；

（三）根据有关法律、法规规定可以查封、暂扣的，决定查封、暂扣；

（四）违法事实不成立，或者违法事实成立但依法不应当查封、暂扣或者没收的，决定解除先行登记保存措施。

超过 7 个工作日未作出处理决定的，先行登记保存措施自动解除。

第四十条 【依法实施查封暂扣】实施查封、暂扣等行政强制措施，应当有法律、法规的明确规定，并应当告知当事人有申请行政复议和提起行政诉讼的权利。

第四十一条 【查封暂扣实施要求】查封、暂扣当事人的财物，应当当场清点，开具清单，由调查人员和当事人签名或者盖章。

查封、暂扣的财物应当妥善保管，严禁动用、调换、损毁或者变卖。

第四十二条 【查封暂扣解除】经查明与违法行为无关或者不再需要采取查封、暂扣措施的，应当解除查封、暂扣措施，将查封、暂扣的财物如数返还当事人，并由调查人员和当事人在财物清单上签名或者盖章。

第四十三条 【当事人与现场调查取证】环境保护主管部门调查取证时，当事人应当到场。

下列情形不影响调查取证的进行：

（一）当事人拒不到场的；

（二）无法找到当事人的；

（三）当事人拒绝签名、盖章或者以其他方式确认的；

（四）暗查或者其他方式调查的；

（五）当事人未到场的其他情形。

第四十四条 【调查终结】有下列情形之一的，可以终结调查：

（一）违法事实清楚、法律手续完备、证据充分的；

（二）违法事实不成立的；

（三）作为当事人的自然人死亡的；

（四）作为当事人的法人或者其他组织终止，无法人或者其他组织承受其权利义务，又无其他关系人可以追查的；

(五)发现不属于本机关管辖的;

(六)其他依法应当终结调查的情形。

第四十五条 【案件移送审查】终结调查的,案件调查机构应当提出已查明违法行为的事实和证据、初步处理意见,按照查处分离的原则送本机关处罚案件审查部门审查。

第三节 案件审查

第四十六条 【案件审查的内容】案件审查的主要内容包括:

(一)本机关是否有管辖权;

(二)违法事实是否清楚;

(三)证据是否确凿;

(四)调查取证是否符合法定程序;

(五)是否超过行政处罚追诉时效;

(六)适用依据和初步处理意见是否合法、适当。

第四十七条 【补充或重新调查取证】违法事实不清、证据不充分或者调查程序违法的,应当退回补充调查取证或者重新调查取证。

第四节 告知和听证

第四十八条 【处罚告知和听证】在作出行政处罚决定前,应当告知当事人有关事实、理由、依据和当事人依法享有的陈述、申辩权利。

在作出暂扣或吊销许可证、较大数额的罚款和没收等重大行政处罚决定之前,应当告知当事人有要求举行听证的权利。

第四十九条 【当事人申辩的处理】环境保护主管部门应当对当事人提出的事实、理由和证据进行复核。当事人提出的事实、理由或者证据成立的,应当予以采纳。

不得因当事人的申辩而加重处罚。

第五十条 【处罚听证的执行】行政处罚听证按有关规定执行。

第五节 处理决定

第五十一条 【处罚决定】本机关负责人经过审查,分别作出如下处理:

(一)违法事实成立,依法应当给予行政处罚的,根据其情节轻重及具体情况,作出行政处罚决定;

(二)违法行为轻微,依法可以不予行政处罚的,不予行政处罚;

(三)符合本办法第十六条情形之一的,移送有权机关处理。

第五十二条 【重大案件集体审议】案情复杂或者对重大违法行为给予较重的行政处罚,环境保护主管部门负责人应当集体审议决定。

集体审议过程应当予以记录。

第五十三条 【处罚决定书的制作】决定给予行政处罚的,应当制作行政处罚决定书。

对同一当事人的两个或者两个以上环境违法行为,可以分别制作行政处罚决定书,也可以列入同一行政处罚决定书。

第五十四条 【处罚决定书的内容】行政处罚决定书应当载明以下内容:

(一)当事人的基本情况,包括当事人姓名或者名称、组织机构代码、营业执照号码、地址等;

(二)违反法律、法规或者规章的事实和证据;

(三)行政处罚的种类、依据和理由;

（四）行政处罚的履行方式和期限；

（五）不服行政处罚决定，申请行政复议或者提起行政诉讼的途径和期限；

（六）作出行政处罚决定的环境保护主管部门名称和作出决定的日期，并且加盖作出行政处罚决定环境保护主管部门的印章。

第五十五条　【作出处罚决定的时限】环境保护行政处罚案件应当自立案之日起的3个月内作出处理决定。案件办理过程中听证、公告、监测、鉴定、送达等时间不计入期限。

第五十六条　【处罚决定的送达】行政处罚决定书应当送达当事人，并根据需要抄送与案件有关的单位和个人。

第五十七条　【送达方式】送达行政处罚文书可以采取直接送达、留置送达、委托送达、邮寄送达、转交送达、公告送达、公证送达或者其他方式。

送达行政处罚文书应当使用送达回证并存档。

第四章　简易程序

第五十八条　【简易程序的适用】违法事实确凿、情节轻微并有法定依据，对公民处以50元以下、对法人或者其他组织处以1000元以下罚款或者警告的行政处罚，可以适用本章简易程序，当场作出行政处罚决定。

第五十九条　【简易程序规定】当场作出行政处罚决定时，环境执法人员不得少于两人，并应遵守下列简易程序：

（一）执法人员应向当事人出示中国环境监察证或者其他行政执法证件；

（二）现场查清当事人的违法事实，并依法取证；

（三）向当事人说明违法的事实、行政处罚的理由和依据、拟给予的行政处罚，告知陈述、申辩权利；

（四）听取当事人的陈述和申辩；

（五）填写预定格式、编有号码、盖有环境保护主管部门印章的行政处罚决定书，由执法人员签名或者盖章，并将行政处罚决定书当场交付当事人；

（六）告知当事人如对当场作出的行政处罚决定不服，可以依法申请行政复议或者提起行政诉讼。

以上过程应当制作笔录。

执法人员当场作出的行政处罚决定，应当在决定之日起3个工作日内报所属环境保护主管部门备案。

第五章　执　　行

第六十条　【处罚决定的履行】当事人应当在行政处罚决定书确定的期限内，履行处罚决定。

申请行政复议或者提起行政诉讼的，不停止行政处罚决定的执行。

第六十一条　【强制执行的适用】当事人逾期不申请行政复议、不提起行政诉讼、又不履行处罚决定的，由作出处罚决定的环境保护主管部门申请人民法院强制执行。

第六十二条　【强制执行的期限】申请人民法院强制执行应当符合《最高人民法院关于执行〈中华人民共和国行政诉讼法〉若干问题的解释》的规定，并在下列期限内提起：

（一）行政处罚决定书送达后当事人未申请行政复议且未提起行政诉讼的，在处罚决定书送达之日起60日后起算的180日内；

（二）复议决定书送达后当事人未提起行政诉讼的，在复议决定书送达之日起15日后起算的180日内；

（三）第一审行政判决后当事人未提出上诉的，在判决书送达之日起15日后起算的180日内；

（四）第一审行政裁定后当事人未提出上诉的，在裁定书送达之日起10日后起算的180日内；

（五）第二审行政判决书送达之日起180日内。

第六十三条 【被处罚企业资产重组后的执行】当事人实施违法行为，受到处以罚款、没收违法所得或者没收非法财物等处罚后，发生企业分立、合并或者其他资产重组等情形，由承受当事人权利义务的法人、其他组织作为被执行人。

第六十四条 【延期或者分期缴纳罚款】确有经济困难，需要延期或者分期缴纳罚款的，当事人应当在行政处罚决定书确定的缴纳期限届满前，向作出行政处罚决定的环境保护主管部门提出延期或者分期缴纳的书面申请。

批准当事人延期或者分期缴纳罚款的，应当制作同意延期（分期）缴纳罚款通知书，并送达当事人和收缴罚款的机构。延期或者分期缴纳的最后一期缴纳时间不得晚于申请人民法院强制执行的最后期限。

第六十五条 【没收物品的处理】依法没收的非法财物，应当按照国家规定处理。

销毁物品，应当按照国家有关规定处理；没有规定的，经环境保护主管部门负责人批准，由两名以上环境执法人员监督销毁，并制作销毁记录。

处理物品应当制作清单。

第六十六条 【罚没款上缴国库】罚没款及没收物品的变价款，应当全部上缴国库，任何单位和个人不得截留、私分或者变相私分。

第六章 结案和归档

第六十七条 【结案】有下列情形之一的，应当结案：

（一）行政处罚决定由当事人履行完毕的；

（二）行政处罚决定依法强制执行完毕的；

（三）不予行政处罚等无须执行的；

（四）行政处罚决定被依法撤销的；

（五）环境保护主管部门认为可以结案的其他情形。

第六十八条 【立卷归档】结案的行政处罚案件，应当按照下列要求将案件材料立卷归档：

（一）一案一卷，案卷可以分正卷、副卷；

（二）各类文书齐全，手续完备；

（三）书写文书用签字笔、钢笔或者打印；

（四）案卷装订应当规范有序，符合文档要求。

第六十九条 【归档顺序】正卷按下列顺序装订：

（一）行政处罚决定书及送达回证；

（二）立案审批材料；

（三）调查取证及证据材料；

（四）行政处罚事先告知书、听证告知书、听证通知书等法律文书及送达回证；

（五）听证笔录；

（六）财物处理材料；

（七）执行材料；

（八）结案材料；

（九）其他有关材料。

副卷按下列顺序装订：

(一)投诉、申诉、举报等案源材料;

(二)涉及当事人有关技术秘密和商业秘密的材料;

(三)听证报告;

(四)审查意见;

(五)集体审议记录;

(六)其他有关材料。

第七十条 【案卷管理】案卷归档后,任何单位、个人不得修改、增加、抽取案卷材料。案卷保管及查阅,按档案管理有关规定执行。

第七十一条 【案件统计】环境保护主管部门应当建立行政处罚案件统计制度,并按照环境保护部有关环境统计的规定向上级环境保护主管部门报送本行政区的行政处罚情况。

第七章 监 督

第七十二条 【信息公开】除涉及国家机密、技术秘密、商业秘密和个人隐私外,行政处罚决定应当向社会公开。

第七十三条 【监督检查】上级环境保护主管部门负责对下级环境保护主管部门的行政处罚工作情况进行监督检查。

第七十四条 【处罚备案】环境保护主管部门应当建立行政处罚备案制度。

下级环境保护主管部门对上级环境保护主管部门督办的处罚案件,应当在结案后 20 日内向上一级环境保护主管部门备案。

第七十五条 【纠正、撤销或变更】环境保护主管部门通过接受当事人的申诉和检举,或者通过备案审查等途径,发现下级环境保护主管部门的行政处罚决定违法或者显失公正的,应当督促其纠正。

环境保护主管部门经过行政复议,发现下级环境保护主管部门作出的行政处罚违法或者显失公正的,依法撤销或者变更。

第七十六条 【评议和表彰】环境保护主管部门可以通过案件评查或者其他方式评议行政处罚工作。对在行政处罚工作中做出显著成绩的单位和个人,可依照国家或者地方的有关规定给予表彰和奖励。

第八章 附 则

第七十七条 【违法所得的认定】当事人违法所获得的全部收入扣除当事人直接用于经营活动的合理支出,为违法所得。

法律、法规或者规章对"违法所得"的认定另有规定的,从其规定。

第七十八条 【较大数额罚款的界定】本办法第四十八条所称"较大数额"罚款和没收,对公民是指人民币(或者等值物品价值)5000 元以上、对法人或者其他组织是指人民币(或者等值物品价值)50000 元以上。

地方性法规、地方政府规章对"较大数额"罚款和没收的限额另有规定的,从其规定。

第七十九条 【期间规定】本办法有关期间的规定,除注明工作日(不包含节假日)外,其他期间按自然日计算。

期间开始之日,不计算在内。期间届满的最后一日是节假日的,以节假日后的第一日为期间届满的日期。期间不包括在途时间,行政处罚文书在期满前交邮的,视为在有效期内。

第八十条 【相关法规适用】本办法未作规定的其他事项,适用《行政处罚法》、《罚款决定与罚款收缴分离实施办法》、《环境保护违法违纪行为处分暂行规定》等有关法律、法规和规章的规定。

第八十一条 【**核安全处罚适用例外**】核安全监督管理的行政处罚,按照国家有关核安全监督管理的规定执行。

第八十二条 【**生效日期**】本办法自2010年3月1日起施行。

1999年8月6日原国家环境保护总局发布的《环境保护行政处罚办法》同时废止。

罚款决定与罚款收缴分离实施办法

(1997年11月17日中华人民共和国国务院令第235号发布 自1998年1月1日起施行)

第一条 为了实施罚款决定与罚款收缴分离,加强对罚款收缴活动的监督,保证罚款及时上缴国库,根据《中华人民共和国行政处罚法》(以下简称行政处罚法)的规定,制定本办法。

第二条 罚款的收取、缴纳及相关活动,适用本办法。

第三条 作出罚款决定的行政机关应当与收缴罚款的机构分离;但是,依照行政处罚法的规定可以当场收缴罚款的除外。

第四条 罚款必须全部上缴国库,任何行政机关、组织或者个人不得以任何形式截留、私分或者变相私分。

行政机关执法所需经费的拨付,按照国家有关规定执行。

第五条 经中国人民银行批准有代理收付款项业务的商业银行、信用合作社(以下简称代收机构),可以开办代收罚款的业务。

具体代收机构由县级以上地方人民政府组织本级财政部门、中国人民银行当地分支机构和依法具有行政处罚权的行政机关共同研究,统一确定。海关、外汇管理等实行垂直领导的依法具有行政处罚权的行政机关作出罚款决定的,具体代收机构由财政部、中国人民银行会同国务院有关部门确定。依法具有行政处罚权的国务院有关部门作出罚款决定的,具体代收机构由财政部、中国人民银行确定。

代收机构应当具备足够的代收网点,以方便当事人缴纳罚款。

第六条 行政机关应当依照本办法和国家有关规定,同代收机构签订代收罚款协议。

代收罚款协议应当包括下列事项:

(一)行政机关、代收机构名称;

(二)具体代收网点;

(三)代收机构上缴罚款的预算科目、预算级次;

(四)代收机构告知行政机关代收罚款情况的方式、期限;

(五)需要明确的其他事项。

自代收罚款协议签订之日起15日内,行政机关应当将代收罚款协议报上一级行政机关和同级财政部门备案;代收机构应当将代收罚款协议报中国人民银行或者其当地分支机构备案。

第七条 行政机关作出罚款决定的行政处罚决定书应当载明代收机构的名称、地址和当事人应当缴纳罚款的数额、期限等,并明确对当事人逾期缴纳罚款是否加处罚款。

当事人应当按照行政处罚决定书确定的罚款数额、期限,到指定的代收机构缴纳罚款。

第八条 代收机构代收罚款,应当向当事人出具罚款收据。

罚款收据的格式和印制,由财政部规定。

第九条 当事人逾期缴纳罚款,行政处罚决定书明确需要加处罚款的,代收机构应当按照行政处罚决定书加收罚款。

当事人对加收罚款有异议的，应当先缴纳罚款和加收的罚款，再依法向作出行政处罚决定的行政机关申请复议。

第十条 代收机构应当按照代收罚款协议规定的方式、期限，将当事人的姓名或者名称、缴纳罚款的数额、时间等情况书面告知作出行政处罚决定的行政机关。

第十一条 代收机构应当按照行政处罚法和国家有关规定，将代收的罚款直接上缴国库。

第十二条 国库应当按照《中华人民共和国国家金库条例》的规定，定期同财政部门和行政机关对账，以保证收受的罚款和上缴国库的罚款数额一致。

第十三条 代收机构应当在代收网点、营业时间、服务设施、缴款手续等方面为当事人缴纳罚款提供方便。

第十四条 财政部门应当向代收机构支付手续费，具体标准由财政部制定。

第十五条 法律、法规授权的具有管理公共事务职能的组织和依法受委托的组织依法作出的罚款决定与罚款收缴，适用本办法。

第十六条 本办法由财政部会同中国人民银行组织实施。

第十七条 本办法自1998年1月1日起施行。

◎ 司法解释及文件

最高人民法院印发《关于审理证券行政处罚案件证据若干问题的座谈会纪要》的通知

（2011年7月13日　法〔2011〕225号）

各省、自治区、直辖市高级人民法院，新疆维吾尔自治区高级人民法院生产建设兵团分院：

现将《关于审理证券行政处罚案件证据若干问题的座谈会纪要》印发给你们，请结合审判工作实际参照执行。执行中遇到问题，请及时报告我院。

关于审理证券行政处罚案件证据若干问题的座谈会纪要

为进一步完善证券行政处罚案件的证据规则，推动证券监管机构依法行政，保护广大投资者合法权益，促进资本市场健康发展，最高人民法院对证券行政处罚案件证据运用中存在的突出问题进行了专题调研，在充分听取有关法院和部门意见并反复论证的基础上，根据《中华人民共和国行政诉讼法》、《中华人民共和国行政处罚法》和《中华人民共和国证券法》等法律规定，起草了证券行政处罚案件中有关证据问题的意见。2011年6月23日，最高人民法院会同有关部门在北京召开专题座谈会，对证券行政处罚案件中有关证据审查认定等问题形成共识。现将有关内容纪要如下：

一、关于证券行政处罚案件的举证问题

会议认为，监管机构根据行政诉讼法第三十二条、最高人民法院《关于行政诉讼证据若干问题的规定》第一条的规定，对作出的被诉行政处罚决定承担举证责任。人民法院在审理证券行政处罚案件时，也应当考虑到部分类型的证券违法行为的特殊性，由监管机构承担主要违法事实的证明责任，通过推定的方式适当向原告、第三人转移部分特定事实的证明责任。

监管机构在听证程序中书面明确告知行政相对人享有提供排除其涉嫌违法行为证据的权利，

行政相对人能够提供但无正当理由拒不提供，后又在诉讼中提供的，人民法院一般不予采纳。行政处罚相对人在行政程序中未提供但有正当理由，在诉讼中依照最高人民法院《关于行政诉讼证据若干问题的规定》提供的证据，人民法院应当采纳。

监管机构除依法向人民法院提供据以作出被诉行政处罚决定的证据和依据外，还应当提交原告、第三人在行政程序中提供的证据材料。

二、关于电子数据证据

会议认为，证券交易和信息传递电子化、网络化、无线化等特点决定电子交易信息、网络 IP 地址、通讯记录、电子邮件等电子数据证据在证券行政案件中至关重要。但由于电子数据证据具有载体多样，复制简单、容易被删改和伪造等特点，对电子数据证据的证据形式要求和审核认定应较其他证据方法更为严格。根据行政诉讼法第三十一条第一款第(三)项的规定，最高人民法院《关于行政诉讼证据若干问题的规定》第十二条、第六十四条的规定，当事人可以向人民法院提供电子数据证据证明待证事实，相关电子数据证据应当符合下列要求：

(一)无法提取电子数据原始载体或者提取确有困难的，可以提供电子数据复制件，但必须附有不能或者难以提取原始载体的原因、复制过程以及原始载体存放地点或者电子数据网络地址的说明，并由复制件制作人和原始电子数据持有人签名或者盖章，或者以公证等其他有效形式证明电子数据与原始载体的一致性和完整性。

(二)收集电子数据应当依法制作笔录，详细记载取证的参与人员、技术方法、步骤和过程，记录收集对象的事项名称、内容、规格、类别以及时间、地点等，或者将收集电子数据的过程拍照或录像。

(三)收集的电子数据应当使用光盘或者其他数字存储介质备份。监管机构为取证人时，应当妥善保存至少一份封存状态的电子数据备份件，并随案移送，以备法庭质证和认证使用。

(四)提供通过技术手段恢复或者破解的与案件有关的光盘或者其他数字存储介质、电子设备中被删除的数据、隐藏或者加密的电子数据，必须附有恢复或破解对象、过程、方法和结果的专业说明。对方当事人对该专业说明持异议，并且有证据表明上述方式获取的电子数据存在篡改、剪裁、删除和添加等不真实情况的，可以向人民法院申请鉴定，人民法院应予准许。

三、关于专业意见

会议认为，对被诉行政处罚决定涉及的专门性问题，当事人可以向人民法院提供其聘请的专业机构、特定行业专家出具的统计分析意见和规则解释意见；人民法院认为有必要的，也可以聘请相关专业机构、专家出具意见。

专业意见应当在法庭上出示，并经庭审质证。当事人可以申请人民法院通知出具相关意见的专业人员出庭说明，人民法院也可以通知专业人员出庭说明。专业意见之间相互矛盾的，人民法院可以组织专业人员进行对质。

人民法院应当根据案件的具体情况，从以下方面审核认定上述专业意见：(一)专业机构或者专家是否与本案有利害关系；(二)专业机构或者专家是否具有合法资质；(三)专业机构或者专家所得出的意见是否超出指定的范围，形式是否规范，内容是否完整，结论是否明确；(四)行政程序中形成的专业意见是否告知对方当事人，并听取对方当事人的质辩意见。

四、关于上市公司信息披露违法责任人的证明问题

会议认为，根据证券法第六十八条规定，上市公司董事、监事、高级管理人员对上市公司信息披露的真实性、准确性和完整性应当承担较其他人员更严格的法定保证责任。人民法院在审理证券法第一百九十三条违反信息披露义务行政处罚案件时，涉及到对直接负责的主管人员和其他直接责任人员处罚的，应当区分证券法第六十八条规定的人员和该范围之外其他人员的不同责任标准与证明方式。

监管机构根据证券法第六十八条、第一百九十三条规定，结合上市公司董事、监事、高级管理人员与信息披露违法行为之间履行职责的关联程度，认定其为直接负责的主管人员或者其他直接责任人员并给予处罚，被处罚人不服提起诉讼的，应当提供其对该信息披露行为已尽忠实、勤勉义务等证据。

对上市公司董事、监事、高级管理人员之外的人员，监管机构认定其为上市公司信息披露违法行为直接负责的主管人员或者其他直接责任人员并给予处罚的，应当证明被处罚人具有下列情形之一：（一）实际履行董事、监事和高级管理人员的职责，并与信息披露违法行为存在直接关联；（二）组织、参与、实施信息披露违法行为或直接导致信息披露违法。

五、关于内幕交易行为的认定问题

会议认为，监管机构提供的证据能够证明以下情形之一，且被处罚人不能作出合理说明或者提供证据排除其存在利用内幕信息从事相关证券交易活动的，人民法院可以确认被诉处罚决定认定的内幕交易行为成立：（一）证券法第七十四条规定的证券交易内幕信息知情人，进行了与该内幕信息有关的证券交易活动；（二）证券法第七十四条规定的内幕信息知情人的配偶、父母、子女以及其他有密切关系的人，其证券交易活动与该内幕信息基本吻合；（三）因履行工作职责知悉上述内幕信息并进行了与该信息有关的证券交易活动；（四）非法获取内幕信息，并进行了与该内幕信息有关的证券交易活动；（五）内幕信息公开前与内幕信息知情人或知晓该内幕信息的人联络、接触，其证券交易活动与内幕信息高度吻合。

违反行政事业性收费和罚没收入收支两条线管理规定行政处分暂行规定

（2000年2月12日中华人民共和国国务院令第281号发布　自发布之日起施行）

第一条　为了严肃财经纪律，加强廉政建设，落实行政事业性收费和罚没收入“收支两条线”管理，促进依法行政，根据法律、行政法规和国家有关规定，制定本规定。

第二条　国家公务员和法律、行政法规授权行使行政事业性收费或者罚没职能的事业单位的工作人员有违反“收支两条线”管理规定行为的，依照本规定给予行政处分。

第三条　本规定所称“行政事业性收费”，是指下列属于财政性资金的收入：

（一）依据法律、行政法规、国务院有关规定、国务院财政部门与计划部门共同发布的规章或者规定以及省、自治区、直辖市的地方性法规、政府规章或者规定和省、自治区、直辖市人民政府财政部门与计划（物价）部门共同发布的规定所收取的各项收费；

（二）法律、行政法规和国务院规定的以及国务院财政部门按照国家有关规定批准的政府性基金、附加。

事业单位因提供服务收取的经营服务性收费不属于行政事业性收费。

第四条　本规定所称“罚没收入”，是指法律、行政法规授权的执行处罚的部门依法实施处罚取得的罚没款和没收物品的折价收入。

第五条　违反规定，擅自设立行政事业性收费项目或者设置罚没处罚的，对直接负责的主管人员和其他直接责任人员给予降级或者撤职处分。

第六条　违反规定，擅自变更行政事业性收费或者罚没范围、标准的，对直接负责的主管人员和其他直接责任人员给予记大过处分；情节严重的，给予降级或者撤职处分。

第七条　对行政事业性收费项目审批机关已经明令取消或者降低标准的收费项目，仍按原定项目或者标准收费的，对直接负责的主管人员和其他直接责任人员给予记大过处分；情节严重的，给予降级或者撤职处分。

第八条 下达或者变相下达罚没指标的，对直接负责的主管人员和其他直接责任人员给予降级或者撤职处分。

第九条 违反《收费许可证》规定实施行政事业性收费的，对直接负责的主管人员和其他直接责任人员给予警告处分；情节严重的，给予记过或者记大过处分。

第十条 违反财政票据管理规定实施行政事业性收费、罚没的，对直接负责的主管人员和其他直接责任人员给予降级或者撤职处分；以实施行政事业性收费、罚没的名义收取钱物，不出具任何票据的，给予开除处分。

第十一条 违反罚款决定与罚款收缴分离的规定收缴罚款的，对直接负责的主管人员和其他直接责任人员给予记大过或者降级处分。

第十二条 不履行行政事业性收费、罚没职责，应收不收、应罚不罚，经批评教育仍不改正的，对直接负责的主管人员和其他直接责任人员给予警告处分；情节严重的，给予记过或者记大过处分。

第十三条 不按照规定将行政事业性收费纳入单位财务统一核算、管理的，对直接负责的主管人员和其他直接责任人员给予记过处分；情节严重的，给予记大过或者降级处分。

第十四条 不按照规定将行政事业性收费缴入国库或者预算外资金财政专户的，对直接负责的主管人员和其他直接责任人员给予记大过处分；情节严重的，给予降级或者撤职处分。

不按照规定将罚没收入上缴国库的，依照前款规定给予处分。

第十五条 违反规定，擅自开设银行账户的，对直接负责的主管人员和其他直接责任人员给予降级处分；情节严重的，给予撤职或者开除处分。

第十六条 截留、挪用、坐收坐支行政事业性收费、罚没收入的，对直接负责的主管人员和其他直接责任人员给予降级处分；情节严重的，给予撤职或者开除处分。

第十七条 违反规定，将行政事业性收费、罚没收入用于提高福利补贴标准或者扩大福利补贴范围、滥发奖金实物、挥霍浪费或者有其他超标准支出行为的，对直接负责的主管人员和其他直接责任人员给予记大过处分；情节严重的，给予降级或者撤职处分。

第十八条 不按照规定编制预算外资金收支计划、单位财务收支计划和收支决算的，对直接负责的主管人员和其他直接责任人员给予记过处分；情节严重的，给予记大过或者降级处分。

第十九条 不按照预算和批准的收支计划核拨财政资金，贻误核拨对象正常工作的，对直接负责的主管人员和其他直接责任人员给予记过处分；情节严重的，给予记大过或者降级处分。

第二十条 对坚持原则抵制违法违纪的行政事业性收费、罚没行为的单位或者个人打击报复的，给予降级处分；情节严重的，给予撤职或者开除处分。

第二十一条 实施行政处分的权限以及不服行政处分的申诉，按照国家有关规定办理。

第二十二条 违反本规定，构成犯罪的，依法追究刑事责任。

第二十三条 本规定自发布之日起施行。

卫生行政处罚程序

（1997年6月19日卫生部令第53号发布　根据2006年2月13日《卫生部关于修改〈卫生行政处罚程序〉第二十九条的通知》修订）

第一章　总　　则

第一条　为保证卫生行政机关正确行使行政处罚职权，保护公民、法人和其他组织的合法权益，维护公共利益和社会秩序，根据《行政处罚法》和有关卫生法律、法规的规定，制定本程序。

第二条　本程序所指行政处罚，是指县级以上卫生行政机关依据卫生法律、法规、规章，对应受制裁的违法行为，作出的警告、罚款、没收违法所得、责令停产停业、吊销许可证以及卫生法律、行政法规规定的其他行政处罚。

第三条　县级以上卫生行政机关对违反卫生法律、法规、规章的单位或个人进行行政处罚，适用本程序。

卫生法律、法规授予卫生行政处罚职权的卫生机构行使卫生行政处罚权的，依照本程序执行。

第四条　卫生行政机关实施行政处罚必须事实清楚，证据确凿，适用法律、法规、规章正确，坚持先调查取证后裁决、合法、适当、公正、公开和处罚与教育相结合的原则。

第五条　卫生行政机关应当建立对卫生行政处罚的监督制度。上级卫生行政机关对下级卫生行政机关实施行政处罚进行监督，卫生行政机关内部法制机构对本机关实施行政处罚进行监督。

第二章　管　　辖

第六条　县级以上卫生行政机关负责查处所辖区域内的违反卫生法律、法规、规章的案件。

省级卫生行政机关可依据卫生法律、法规、规章和本地区的实际，规定所辖区内管辖的具体分工。

卫生部负责查处重大、复杂的案件。

第七条　上级卫生行政机关可将自己管辖的案件移交下级卫生行政机关处理；也可根据下级卫生行政机关的请求处理下级卫生行政机关管辖的案件。

第八条　两个以上卫生行政机关，在管辖发生争议时，报请其共同的上级卫生行政机关指定管辖。

第九条　卫生行政机关发现查处的案件不属于自己管辖，应当及时书面移送给有管辖权的卫生行政机关。

受移送的卫生行政机关应当将案件查处结果函告移送的卫生行政机关。

受移送地的卫生行政机关如果认为移送不当，应当报请共同的上级卫生行政机关指定管辖，不得再自行移送。

第十条　上级卫生行政机关在接到有关解决管辖争议或者报请移送管辖的请示后，应当在10日内作出具体管辖决定。

第十一条　国境卫生检疫机关依据国境卫生检疫法律、法规实施的行政处罚，由违法行为发生地的国境卫生检疫机关管辖。

卫生部卫生检疫局负责查处重大、复杂的案件。

卫生部卫生检疫局下设的国境卫生检疫机关间对管辖发生争议时，报请卫生部卫生检疫局指定管辖。

第十二条 法律、法规规定的受卫生部委托的有关部门的卫生主管机构,或者由卫生部会同其规定监督职责的国务院有关部门的卫生主管机构,负责规定管辖范围内的案件。

第十三条 卫生行政机关与第十二条所指的有关部门的卫生主管机构对管辖发生争议的,报请省级卫生行政机关指定管辖。

第三章 受理与立案

第十四条 卫生行政机关对下列案件应当及时受理并做好记录:

(一)在卫生监督管理中发现的;

(二)卫生机构监测报告的;

(三)社会举报的;

(四)上级卫生行政机关交办、下级卫生行政机关报请的或者有关部门移送的。

第十五条 卫生行政机关受理的案件符合下列条件的,应当在7日内立案:

(一)有明确的违法行为人或者危害后果;

(二)有来源可靠的事实依据;

(三)属于卫生行政处罚的范围;

(四)属于本机关管辖。

卫生行政机关对决定立案的应当制作报告,由直接领导批准,并确定立案日期和两名以上卫生执法人员为承办人。

第十六条 承办人有下列情形之一的,应当自行回避:

(一)是本案当事人的近亲属;

(二)与本案有利害关系;

(三)与本案当事人有其他利害关系,可能影响案件公正处理的。

当事人有权申请承办人回避。

回避申请由受理的卫生行政机关负责人决定。

第四章 调查取证

第十七条 对于依法给予卫生行政处罚的违法行为,卫生行政机关应当调查取证,查明违法事实。案件的调查取证,必须有两名以上执法人员参加,并出示有关证件。

对涉及国家机密、商业秘密和个人隐私的,应当保守秘密。

第十八条 卫生执法人员应分别询问当事人或证人,并当场制作询问笔录。询问笔录经核对无误后,卫生执法人员和被询问人应当在笔录上签名。被询问人拒绝签名的,应当由两名卫生执法人员在笔录上签名并注明情况。

第十九条 卫生执法人员进行现场检查时,应制作现场检查笔录,笔录经核对无误后,卫生执法人员和被检查人应当在笔录上签名。被检查人拒绝签名的,应当由两名卫生执法人员在笔录上签名并注明情况。

第二十条 调查取证的证据应当是原件、原物,调查取证原件、原物确有困难的,可由提交证据的单位或个人在复制品、照片等物件上签章,并注明"与原件(物)相同"字样或文字说明。

第二十一条 书证、物证、视听材料、证人证言、当事人陈述、鉴定结论、勘验笔录、现场检查笔录等,经卫生执法人员审查或调查属实,为卫生行政处罚证据。

第二十二条 卫生行政机关在收集证据时,在证据可能灭失、或者以后难以取得的情况下,经卫生行政机关负责人批准,可以先行登记保存。执法人员应向当事人出具由行政机关负责人签发的保存证据通知书。

卫生行政机关应当在7日内作出处理决定。卫生法律、法规另有规定的除外。

第二十三条 卫生执法人员调查违法事实,需要采集鉴定检验样品的,应当填写采样记录。所采集的样品应标明编号并及时进行鉴定检验。

第二十四条 调查终结后,承办人应当写出调查报告。其内容应当包括案由、案情、违法事实、违反法律、法规或规章的具体款项等。

第五章 处罚决定

第一节 一般程序

第二十五条 承办人在调查终结后,应当对违法行为的事实、性质、情节以及社会危害程度进行合议并作好记录,合议应当根据认定的违法事实,依照有关卫生法律、法规和规章的规定分别提出下列处理意见:

(一)确有应当受行政处罚的违法行为的,依法提出卫生行政处罚的意见;

(二)违法行为轻微的,依法提出不予卫生行政处罚的意见;

(三)违法事实不能成立的,依法提出不予卫生行政处罚的意见;

(四)违法行为不属于本机关管辖的,应当移送有管辖权的机关处理;

(五)违法行为构成犯罪需要追究刑事责任的,应当移送司法机关。同时应当予以行政处罚的,还应当依法提出卫生行政处罚的意见。

除前款第一项、第五项所述情形之外,承办人应制作结案报告,并经本机关负责人批准后结案。

第二十六条 卫生行政机关在作出合议之后,应当及时告知当事人行政处罚认定的事实、理由和依据,以及当事人依法享有的权利。适用听证程序的按本程序第三十三条规定。

卫生行政机关必须充分听取当事人的陈述和申辩,并进行复核,当事人提出的事实、理由或者证据成立的,应当采纳。

卫生行政机关不得因当事人申辩而加重处罚。

第二十七条 对当事人违法事实已查清,依据卫生法律、法规、规章的规定应给予行政处罚的,承办人应起草行政处罚决定书文稿,报卫生行政机关负责人审批。

卫生行政机关负责人应根据情节轻重及具体情况作出行政处罚决定。对于重大、复杂的行政处罚案件,应当由卫生行政机关负责人集体讨论决定。

行政处罚决定作出后,卫生行政机关应当制作行政处罚决定书。

第二十八条 卫生行政机关适用一般程序实施行政处罚时,对已有证据证明的违法行为,应当在发现违法行为或调查违法事实时,书面责令当事人改正或限期改正违法行为。

第二十九条 卫生行政机关应当自立案之日起三个月内作出行政处罚决定。

因特殊原因,需要延长前款规定的时间的,应当报请上级卫生行政机关批准。省级卫生行政机关需要延长时间的,由省级卫生行政机关负责集体讨论决定。

第二节 听证程序

第三十条 卫生行政机关在作出的责令停产停业、吊销许可证或者较大数额罚款等行政处罚决定前,应当告知当事人有要求举行听证的权利。当事人要求听证的,卫生行政机关应当组织听证。听证由卫生行政机关内部法制机构或主管法制工作的综合机构负责。

对较大数额罚款的听证范围依照省、自治区、直辖市人大常委会或人民政府的具体规定执行。

国境卫生检疫机关对2万元以上数额的罚款实行听证。

第三十一条 听证遵循公正、公开的原则。除涉及国家秘密、商业秘密或者个人隐私外,听证应当以公开的方式进行。

听证实行告知、回避制度,依法保障当事人的陈述权和申辩权。

第三十二条 听证由作出行政处罚的卫生行政机关组织。当事人不承担卫生行政机关听证的费用。

第三十三条 卫生行政机关对于适用听证程序的卫生行政处罚案件,应当在作出行政处罚决定前,向当事人送达听证告知书。

听证告知书应当载明下列主要事项:

(一)当事人的姓名或者名称;

(二)当事人的违法行为、行政处罚的理由、依据和拟作出的行政处罚决定;

(三)告知当事人有要求听证的权利;

(四)告知提出听证要求的期限和听证组织机关。

听证告知书必须盖有卫生行政机关的印章。

第三十四条 卫生行政机关决定予以听证的,听证主持人应当在当事人提出听证要求之日起2日内确定举行听证时间、地点和方式,并在举行听证的7日前,将听证通知书送达当事人。

听证通知书应载明下列事项并加盖卫生行政机关印章:

(一)当事人的姓名或者名称;

(二)举行听证的时间、地点和方式;

(三)听证人员的姓名;

(四)告知当事人有权申请回避;

(五)告知当事人准备证据、通知证人等事项。

第三十五条 当事人接到听证通知书后,应当按期出席听证会。因故不能如期参加听证的,应当事先告知主持听证的卫生行政机关,并且获得批准。无正当理由不按期参加听证的,视为放弃听证要求,卫生行政机关予以书面记载。在听证举行过程中当事人放弃申辩和退出听证的,卫生行政机关可以宣布听证终止,并记入听证笔录。

第三十六条 卫生行政机关的听证人员包括听证主持人、听证员和书记员。

听证主持人由行政机关负责人指定本机关内部的非本案调查人员担任,一般由本机关法制机构人员或者专职法制人员担任。

听证员由卫生行政机关指定1至2名本机关内部的非本案调查人员担任。协助听证主持人组织听证。

书记员由卫生行政机关内部的一名非本案调查人员担任,负责听证笔录的制作和其他事务。

第三十七条 当事人认为听证主持人、听证员和书记员与本案有利害关系的,有权申请回避。听证员和书记员的回避,由听证主持人决定;听证主持人的回避由听证机构行政负责人决定。

第三十八条 有下列情形之一的,可以延期举行听证:

(一)当事人有正当理由未到场的;

(二)当事人提出回避申请理由成立,需要重新确定主持人的;

(三)需要通知新的证人到场,或者有新的事实需要重新调查核实的;

(四)其他需要延期的情形。

第三十九条 举行听证时,案件调查人提出当事人违法事实、证据和适用听证程序的行政处罚建议,当事人进行陈述、申辩和质证。

案件调查人员对认定的事实负有举证责任,当事人对自己提出的主张负有举证责任。

第四十条 听证应当制作笔录,听证笔录应当载明下列事项:

(一)案由;

（二）听证参加人姓名或名称、地址；

（三）听证主持人、听证员、书记员姓名；

（四）举行听证的时间、地点、方式；

（五）案件调查人员提出的事实、证据和适用听证程序的行政处罚建议；

（六）当事人陈述、申辩和质证的内容；

（七）听证参加人签名或盖章。

听证主持人应当在听证后将听证笔录当场交当事人和案件调查人审核，并签名或盖章。当事人拒绝签名的，由听证主持人在听证笔录上说明情况。

第四十一条 听证结束后，听证主持人应当依据听证情况，提出书面意见。

第四十二条 卫生行政机关应当根据听证情况进行复核，违法事实清楚的，依法作出行政处罚决定；违法事实与原来认定有出入的，可以进行调查核实，在查清事实后，作出行政处罚决定。

第三节 简易程序

第四十三条 对于违法事实清楚、证据确凿并有下列情形之一的，卫生行政机关可当场作出卫生行政处罚决定：

（一）予以警告的行政处罚；

（二）对公民处以 50 元以下罚款的行政处罚；

（三）对法人或者其他组织处以 1000 元以下罚款的行政处罚。

第四十四条 卫生行政执法人员当场作出行政处罚决定的，应当向当事人出示证件，填写预定格式、编有号码并加盖卫生行政机关印章的当场行政处罚决定书。

前款规定的行政处罚决定书应当载明当事人的违法行为、行政处罚依据（适用的法律、法规、规章名称及条、款、项、目）、具体处罚决定、时间、地点、卫生行政机关名称，并由执法人员签名或盖章。

第四十五条 卫生行政机关适用简易程序作出卫生行政处罚决定的，应在处罚决定书中书面责令当事人改正或限期改正违法行为。

第四十六条 卫生行政执法人员当场作出的行政处罚决定，应当在 7 日内报所属卫生行政机关备案。

第四节 送达

第四十七条 卫生行政处罚决定书应当在宣告后当场交付当事人并取得送达回执。当事人不在场的，卫生行政机关应当在 7 日内依照本节规定，将卫生行政处罚决定书送达当事人。

卫生行政处罚决定书由承办人送达被处罚的单位或个人签收，受送达人在送达回执上记明收到日期、签名或盖章。受送达人在送达回执上的签收日期为送达日期。

送达行政处罚决定书应直接送交受送达人。受送达人是公民的，本人不在时，交同住成年家属签收；受送达人是法人或者其他组织的，应由法定代表人、其他组织的主要负责人或者该法人、其他组织负责收件人员签收。

第四十八条 受送达人或者其同住成年家属拒收行政处罚决定书的，送达人应当邀请有关基层组织或者所在单位人员到场并说明情况，在行政处罚决定书送达回执上注明拒收事由和日期，由送达人、见证人签名（盖章），将行政处罚决定书留在被处罚单位或者个人处，即视为送达。

第四十九条 直接送达有困难的，可以委托就近的卫生行政机关代送或者用挂号邮寄送达，回执注明的收件日期即为送达日期。

第五十条 受送达人下落不明,或者依据本程序的其他方式无法送达的,以公告方式送达。自发出公告之日起,经过60日,即视为送达。

第六章 执行与结案

第五十一条 卫生行政处罚决定作出后,当事人应当在处罚决定的期限内予以履行。

第五十二条 当事人对卫生行政处罚决定不服申请行政复议或者提起行政诉讼的,行政处罚不停止执行,但行政复议或行政诉讼期间裁定停止执行的除外。

第五十三条 作出罚款决定的卫生行政机关应当与收缴罚款的机关分离,除按规定当场收缴的罚款外,作出行政处罚决定的卫生行政机关及卫生执法人员不得自行收缴罚款。

第五十四条 依据本程序第四十三条当场作出卫生行政处罚决定,有下列情形之一的,卫生执法人员可以当场收缴罚款:

(一)依法给予20元以下罚款的;

(二)不当场收缴事后难以执行的;

卫生行政机关及其卫生执法人员当场收缴罚款的,必须向当事人出具省、自治区、直辖市财政部门统一制发的罚款收据。

第五十五条 在边远、水上、交通不便地区,卫生行政机关及卫生执法人员依照本程序规定作出处罚决定后,当事人向指定的银行缴纳罚款确有困难的,经当事人提出,卫生行政机关及其卫生执法人员可以当场收缴罚款。

第五十六条 当事人在法定期限内不申请行政复议或者不提起行政诉讼又不履行的,卫生行政机关可以采取下列措施:

(一)到期不缴纳罚款的每日按罚款数额的3%加处罚款;

(二)申请人民法院强制执行。

第五十七条 卫生行政处罚决定履行或者执行后,承办人应当制作结案报告。并将有关案件材料进行整理装订,加盖案件承办人印章,归档保存。

第五十八条 卫生行政机关应当将适用听证程序的行政处罚案件在结案后1个月内报上一级卫生行政机关法制机构备案。

卫生部卫生检疫局适用听证程序的行政处罚案件,应当报卫生部法制机构备案。

第七章 附　　则

第五十九条 本程序所称卫生执法人员是指依照卫生法律、法规、规章聘任的卫生监督员。

第六十条 卫生行政机关及其卫生执法人员违反本程序实施行政处罚,将依照《行政处罚法》的有关规定,追究法律责任。

第六十一条 卫生行政处罚文书规范由卫生部另行制定。

第六十二条 本程序由卫生部负责解释。

第六十三条 本程序自发布之日起实行。以前发布的有关规定与本程序不符的,以本程序为准。

全国人大常委会法制工作委员会关于提请明确对行政处罚追诉时效“二年未被发现”认定问题的函的研究意见

(2004 年 12 月 24 日　法工委复字〔2004〕27 号)

司法部:

你处送来的关于提请明确对行政处罚追诉时效“二年未被发现”认定问题的函收悉。经研究,同意你部的意见。

附:

司法部关于提请明确对行政处罚追诉时效“二年未被发现”认定问题的函

(2004 年 11 月 10 日　司发函〔2004〕212 号)

各国人大法工委:

根据胡锦涛总书记等中央领导同志关于进一步加强律师队伍建设的重要指示精神,今年 4 月以来,我部在全国律师队伍中开展了集中教育整顿活动,目前已经进入违法违纪律师集中查处阶段,包括对一些地方的律师行贿法官问题的查处。根据《行政处罚法》第 29 条规定:“违法行为在二年内未被发现的,不再给予行政处罚。法律另有规定的除外。”在对违法违纪律师行政处罚中,一些地方司法行政机关对该条款中“二年未被发现”的认定问题存在不同理解。为了推动律师队伍集中教育整顿活动的深入开展,有必要对此予以明确。

经研究,我部认为,《行政处罚法》第 29 条规定的发现违法违纪行为的主体是处罚机关或有权处罚的机关,公安、检察、法院、纪检监察部门和司法行政机关都是行使社会公权力的机关,对律师违法违纪行为的发现都应该具有《行政处罚法》规定的法律效力。因此上述任何一个机关对律师违法违纪行为只要启动调查、取证和立案程序,均可视为“发现”;群众举报后被认定属实的,发现时效以举报时间为准。

以上当否,请函复。

国务院关于进一步推进相对集中行政处罚权工作的决定

(2002 年 8 月 22 日　国发〔2002〕17 号)

各省、自治区、直辖市人民政府,国务院各部委、各直属机构:

《中华人民共和国行政处罚法》(以下简称行政处罚法)第 16 条规定:“国务院或者经国务院授权的省、自治区、直辖市人民政府可以决定一个行政机关行使有关行政机关的行政处罚权,但限制人身自由的行政处罚权只能由公安机关行使。”国务院对贯彻实施行政处罚法确立的相对集中行政处罚权制度十分重视,多次下发文件作出具体部署。自 1997 年以来,按照国务院有关文件的规定,23个省、自治区的79个城市和3个直辖市经批准开展了相对集中行政处罚权试点工作,并取得了显著成效,对深化行政管理体制改革、加强行政执法队伍建设、改进行政执法状况、提高依法行政水平,起到了积极的作用。实践证明,国务院确定试点工作的阶段性目标已经实现,进一步在全国推进相对集中行政处罚权工作的时机基本成熟。为此,依照行政处罚法的规定,国务院授权省、自治区、直辖市人民政府可以决定在本行政区域内有计划、有步骤地开展相对集中行政处罚权工作。为了进一步推进这项工作,特作如下决定:

一、开展相对集中行政处罚权工作的指导思想

(一)要以"三个代表"重要思想为指导,做好相对集中行政处罚权工作。

"三个代表"重要思想,是对马克思列宁主义、毛泽东思想、邓小平理论的新的发展,是新时期党的建设的指导方针,也是全面推进建设有中国特色社会主义伟大事业的行动指南。全面贯彻"三个代表"重要思想,关键在坚持与时俱进,核心在保持党的先进性,本质在坚持执政为民。行政处罚法确立相对集中行政处罚权制度的目的,是要解决多头执法、职责交叉、重复处罚、执法扰民和行政执法机构膨胀等问题,深化行政管理体制改革,探索建立与社会主义市场经济体制相适应的行政管理体制和行政执法机制,提高行政执法的效率和水平,保护公民、法人和其他组织的合法权益,保障和促进社会生产力的发展。要以"三个代表"重要思想为指导,做好相对集中行政处罚权工作。

各地区、各部门要从讲政治、讲大局的高度,按照"三个代表"重要思想的要求,进一步提高对做好相对集中行政处罚权工作重要性的认识,认真贯彻执行行政处罚法和国务院有关文件,研究解决相对集中行政处罚权工作中存在的问题,认真做好这项涉及广大人民群众切身利益的工作。

(二)严格依照行政处罚法的规定,开展相对集中行政处罚权工作。相对集中行政处罚权是行政处罚法确立的一项重要制度。各省、自治区、直辖市人民政府开展相对集中行政处罚权工作,要严格执行行政处罚法的各项规定,保证全面、正确地实施行政处罚法,促进政府和政府各部门严格依法行政。

开展相对集中行政处罚权工作,要结合实施行政处罚法规定的行政处罚设定权制度、行政处罚主体资格制度、听证制度、罚款决定与罚款收缴相分离制度、政府对行政处罚的监督制度等,进一步规范行政执法行为,提高依法办事的能力和水平。

(三)把开展相对集中行政处罚权工作与继续深化行政管理体制改革有机地结合起来。

相对集中行政处罚权是深化行政管理体制改革的重要途径之一,最终目的是要建立符合社会主义市场经济发展要求的行政执法体制。必须把开展相对集中行政处罚权工作同继续深化行政管理体制改革紧密结合。要精简机构、精简人员,按照社会主义市场经济规律,进一步转变政府职能。要按照权力和利益彻底脱钩、权力和责任密切挂钩的原则,调整市、区政府有关执法部门的职责权限,明确划分有关部门之间的职能分工,推行行政执法责任制、评议考核制,防止政出多门、多头执法、执法扰民。

二、相对集中行政处罚权的范围

实行相对集中行政处罚权的领域,是多头执法、职责交叉、重复处罚、执法扰民等问题比较突出,严重影响执法效率和政府形象的领域,目前主要是城市管理领域。根据试点工作的经验,省、自治区、直辖市人民政府在城市管理领域可以集中行政处罚权的范围,主要包括:市容环境卫生管理方面法律、法规、规章规定的行政处罚权,强制拆除不符合城市容貌标准、环境卫生标准的建筑物或者设施;城市规划管理方面法律、法规、规章规定的全部或者部分行政处罚权;城市绿化管理方面法律、法规、规章规定的行政处罚权;市政管理方面法律、法规、规章规定的行政处罚权;环境保护管理方面法律、法规、规章规定的部分行政处罚权;工商行政管理方面法律、法规、规章规定的对无照商贩的行政处罚权;公安交通管理方面法律、法规、规章规定的对侵占城市道路行为的行政处罚权;

省、自治区、直辖市人民政府决定调整的城市管理领域的其他行政处罚权。

需要在城市管理领域以外的其他行政管理领域相对集中行政处罚权的，省、自治区、直辖市人民政府依照行政处罚法第16条的规定，也可以决定在有条件的地方开展这项工作。

对省、自治区、直辖市人民政府决定依法开展的相对集中行政处罚权工作，国务院有关业务主管部门和省、自治区、直辖市人民政府有关业务主管部门都要按照《中共中央办公厅国务院办公厅关于市县乡人员编制精简的意见》（中办发〔2002〕30号）和国务院有关文件的要求，切实予以支持，不得以任何借口进行干预、阻挠。

三、进一步做好相对集中行政处罚权工作的要求

（一）加强相对集中行政处罚权制度的宣传。

行政处罚法确立的相对集中行政处罚权制度，与行政机关关系重大，对行政管理体制改革和政府职能转变以及政府法制建设影响深远。各省、自治区、直辖市人民政府要按照本决定的要求，广泛、深入地宣传与相对集中行政处罚权工作有关的法律法规、方针政策、程序步骤，做到阶段性宣传和经常性宣传相结合，正面宣传和典型教育相结合，一般性宣传和疑难问题解答相结合，把思想认识真正统一到行政处罚法上来，统一到党和国家的有关方针政策上来，保证相对集中行政处罚权工作健康、有序进行。

各地区、各部门要加强宣传相对集中行政处罚权制度，各有关行政执法机关和执法人员要充分认识开展相对集中行政处罚权工作的重要性，熟悉相对集中行政处罚权制度和开展相对集中行政处罚权工作的原则、要求，特别要教育和督促被集中行政处罚权的有关部门增强政治意识、大局意识和责任意识，积极支持相对集中行政处罚权工作。

（二）抓紧建立省、自治区、直辖市人民政府决定开展相对集中行政处罚权工作的具体程序。

相对集中行政处罚权工作涉及有关部门行政处罚职权的调整和重新配置，各省、自治区、直辖市人民政府要抓紧建立决定开展相对集中行政处罚权工作的具体程序。

省、自治区的有关城市人民政府在开展相对集中行政处罚权工作前，要深入研究本地区特定领域行政执法中的情况和问题，广泛听取各方面意见和建议，依法提出调整行政处罚权的具体方案（其中有关机构、编制方面的事宜，由编制部门按照国家有关法规的规定和程序办理）。相对集中行政处罚权工作方案必须由本级人民政府常务会议讨论决定，并形成会议纪要，以政府名义上报所在的省、自治区人民政府审批。有关城市政府法制工作机构要按照《国务院办公厅关于继续做好相对集中行政处罚权试点工作的通知》（国办发〔2002〕63号）的要求，发挥在法制工作方面的参谋和助手作用，协助本级人民政府依法积极稳妥地做好相对集中行政处罚权工作。省、自治区人民政府对有关城市人民政府报送的相对集中行政处罚权工作方案，要依照行政处罚法和本决定以及国务院其他有关文件的规定严格审查，对借机增设机构、增加行政编制或者有其他不符合规定情形的，一律不予批准。

直辖市人民政府决定开展相对集中行政处罚权工作，参照上述规定办理。

经省、自治区、直辖市人民政府批准的相对集中行政处罚权工作方案，自批准之日起30日内，由省、自治区、直辖市人民政府报送国务院法制办公室备案。

（三）总结经验，不断完善开展相对集中行政处罚权工作的配套制度。

省、自治区、直辖市人民政府开展相对集中行政处罚权工作，要注意总结本地区实行相对集中行政处罚权制度的经验，加强配套制度建设，巩固行政管理体制改革的成果。省、自治区、直辖市和有立法权的其他地方政府，可以按照规定程序适时制定地方政府规章；没有立法权的地方政府根据需要可以制定规范性文件。要通过各层次的配套制度建设，明确集中行使行政处罚权的行政机关与其他有关部门之间的职责权限，完善集中行使行政处罚权的行政机关与其他有关部门之间的协调配合机制。要结合相对集中行使行政处罚权的实践，推进电子政务的制度建设，实现集中行使政处罚权的行政机关与有关部门之间行政管理信息的互通与共享,促进行政执法手段的现代化。

要明确市、区两级集中行使行政处罚权的行政机关的职能和责任,探索同一系统上下级部门之间合理分工、协调运作的新机制,解决目前行政执法中同一件事多头管理和各级执法部门职权大体相同,多层执法、重复管理问题。要按照行政职能配置科学化的要求,从制度上重新配置上下级部门职能,原则上层级较高的部门主要侧重于政策研究、监督指导和重大执法活动的协调,具体的执法活动主要由基层执法队伍承担。

在开展相对集中行政处罚权工作的同时,有关地方人民政府对原由有关行政机关行使的管理权,要根据需要进行调整和重新配置,防止职责重叠、权力交叉,实现政企分开、政事分开;对有关行政机关行使的审批权,要按照国务院行政审批制度改革的要求,该取消的要坚决取消,该归并的要坚决归并,以方便基层、方便群众。要理顺行政机关与专业服务组织的关系,对于目前行政机关内设或者下设的各类技术检测、检验、检疫机构,要创造条件将这类机构从有关行政机关中逐步剥离出来,面向社会广泛提供技术服务,成为依法独立从事技术检测、检验、检疫活动,并对其技术结论独立承担法律责任的专业服务组织。

(四)加强行政执法队伍建设。

各省、自治区、直辖市人民政府要按照《国务院办公厅关于继续做好相对集中行政处罚权试点工作的通知》的规定,规范集中行使行政处罚权的行政机关的设置,不得将集中行使行政处罚权的行政机关作为政府一个部门的内设机构或者下设机构,也不得将某个部门的上级业务主管部门确定为集中行使行政处罚权的行政机关的上级主管部门。集中行使行政处罚权的行政机关应作为本级政府直接领导的一个独立的行政执法部门,依法独立履行规定的职权,并承担相应的法律责任。行政处罚权相对集中后,有关部门如果仍然行使已被调整出的行政处罚权,所作出的行政处罚决定一律无效,还要依法追究该部门直接负责的主管人员和其他直接责任人员的法律责任。集中行使行政处罚权的行政机关所需经费,一律由财政予以保障,所有收费、罚没收入全部上缴财政,不得作为经费来源。对以暴力、威胁方法阻碍集中行使行政处罚权的执法人员依法执行职务的行为,公安机关要及时依法作出处理,直至依法追究刑事责任,不得作为民事纠纷进行处理。

集中行使行政处罚权的行政机关履行原由多个部门行使的职权,权力大、责任重,必须加强队伍建设,加强监督管理。集中行使行政处罚权的行政机关的执法人员,要按照《国家公务员暂行条例》和其他有关规定,采取考试、考核等办法从有关部门和社会符合条件的人员中择优录用。有关地方人民政府要采取有效措施,加强对集中行使行政处罚权的行政机关的领导和管理,推行执法责任制和评议考核制,强化对有关行政执法人员的政治教育和法律培训,努力提高依法行政水平。要健全对集中行使行政处罚权的行政机关以及执法人员的检查监督机制和纪律约束制度,教育、督促集中行使行政处罚权的行政机关自觉接受权力机关的监督、人民法院的司法监督以及行政机关的层级监督。对集中行使行政处罚权的行政机关作出的具体行政行为不服提出的行政复议申请,由本级人民政府依法受理;上一级人民政府设立集中行使行政处罚权的行政机关的,申请人也可以选择向上一级人民政府设立的集中行使行政处罚权的行政机关提出行政复议申请,由该行政机关依法受理。

各级行政执法机关和执法人员要高度重视作风建设,按照党的十五届六中全会的精神,切实加强和改进执法作风,确保严格执法、秉公执法、文明执法。

(五)切实加强对相对集中行政处罚权工作的组织领导。

相对集中行政处罚权,必然要求对有关部门的行政处罚权进行重新配置,涉及现行行政管理体制的改革。从试点工作的情况看,多数部门对相对集中行政处罚权制度认识明确,积极支持。但是有的部门原则上赞成相对集中行政处罚权,到涉及本部门的职权调整时就以种种理由表示反对;有的部门对集中行使行政处罚权的行政机关的执法活动不支持、不配合,甚至设置障碍,这是不符合行政处罚法规定和国务院文件要求的。各省、自治区、直辖市人民政府都要切实负起责任，加强对相对集中行政处罚权工作的领导，主要领导同志要亲自抓，把这项工作列入重要议事日程。各省、自治区、直辖市人民政府法制工作机构要按照《国务院关于贯彻实施〈中华人民共和国行政处罚法〉的通知》（国发〔1996〕13 号）和《国务院办公厅关于继续做好相对集中行政处罚权试点工作的通知》的规定，继续加强对相对集中行政处罚权工作的协调和监督，密切关注开展相对集中行政处罚权工作的情况和问题，及时研究提出依法解决问题的意见和建议，协助本级人民政府做好相关工作，保证相对集中行政处罚权制度的顺利实施。国务院法制办公室要按照本决定的要求，加强对各省、自治区、直辖市开展相对集中行政处罚权工作的指导和监督，进一步加强和完善相对集中行政处罚权的制度建设，积极推进行政管理体制的改革。

各地区、各部门要按照本决定的规定，结合本地区、本部门的实际情况，认真研究、落实。有关开展相对集中行政处罚权工作的重要情况和问题，请及时报告国务院法制办公室，由国务院法制办公室汇总向国务院报告。

罚款代收代缴管理办法

（1998 年 5 月 28 日　财预字〔1998〕201 号）

第一章　总　　则

第一条　为了加强罚款收缴入库的管理，根据《中华人民共和国行政处罚法》、《罚款决定与罚款收缴分离实施办法》、《中华人民共和国国家金库条例》等有关法律、法规的规定，制定本办法。

第二条　具有行政处罚权的行政机关及法律、法规授权或依法受行政机关委托实施行政处罚的组织（以下简称行政机关），实行罚款决定与罚款收缴分离的，其罚款的收缴，适用本办法。

行政机关按法律规定实行当场收缴罚款的，其罚款的收缴，不适用本办法。

第二章　罚款代收机构

第三条　海关、外汇管理等实行垂直领导的依法具有行政处罚权的行政机关所处的罚款，由国有商业银行分支机构代收。国有商业银行代收有困难的，经财政部驻当地财政监察专员办事机构、中国人民银行当地分支机构协商确定，委托其他商业银行代收。

第四条　依法具有行政处罚权的国务院有关部门处以的罚款，由国有商业银行分支机构代收。

第五条　具有行政处罚权的地方行政机关所处的罚款，由县级以上地方人民政府组织本级财政部门、中国人民银行当地分支机构和依法具有行政处罚权的行政机关共同研究，统一确定代收机构。

第三章　罚 款 收 据

第六条　代收机构代收罚款，必须使用全国统一格式的“代收罚款收据”。

第七条　“代收罚款收据”一式四联（每联规格：9.5 公分 ×17.5 公分，具体格式附后）：

第一联，收据（白纸黑油墨），由代收机构收款盖章后退缴款人。

第二联，存根（白纸红油墨），由代收机构收款盖章后作收入凭证留存。

第三联，回执（白纸绿油墨），代收机构收款盖章后退作出处罚决定的行政机关。

第四联，报查（白纸紫油墨），代收机构收款盖章后，随一般缴款书的第五联（报查联）送国库，国库收款后送财政部门。

第八条　“代收罚款收据”由省级政府财政部门按统一格式指定企业印制，其他任何单位和个人不得印制。

“代收罚款收据”由省级财政部门负责组织发放。财政部门必须保证供应,并不得向领取收据的单位收取费用。

第四章 罚款收缴

第九条 代收机构应根据与行政机关签订的代收罚款协议,严格履行代收代缴罚款义务,加强对罚款代收工作的管理。经办人对单位和个人缴纳罚款,应认真办理,不得拒收罚款。

第十条 代收机构应根据行政机关的行政处罚决定书决定的罚款数额收取罚款。对逾期缴纳罚款的单位和个人,行政处罚决定书明确需要加处罚款的,根据逾期天数加收罚款。行政处罚决定书没有明确需要加处罚款的,代收机构不得自行加收罚款。

第十一条 代收机构代收的罚款,应统一使用“待结算财政款项”科目的“待报解预算收入(罚款收入)”专户核算,并于当日办理缴库;当日来不及办理的,应于次日(节假日顺延)办理,不得占压、挪用。

代收机构不参加票据交换、罚款不能直接缴入当地国库的,代收机构应于当日将代收的罚款(附“代收罚款收据”三、四联)上划管辖行。管辖行对上划的罚款,应于当日或次日(节假日顺延)办理缴库。

第十二条 代收机构代收的罚款和代收机构管辖行收到上划的罚款,应按行政机关的隶属关系和罚款收入的预算科目、预算级次就地缴入中央国库和地方国库。代收机构或管辖行在办理缴库时,应填写“一般缴款书”,其中,“缴款单位”一栏,“全称”按行政机关全称填写,其他各项,根据《中华人民共和国国家金库条例》及其实施细则的要求填写。

缴款书第一联,代收机构盖章后连同代收罚款收据第三联送作出处罚决定的行政机关;第二联,代收机构留作付款凭证。第三－五联(附“代收罚款收据”第四联),由代收机构或管辖行通过票据交换,送当地国库。国库收款盖章后,第三联留存作收入凭证;第四、五联(附代收罚款收据第四联)按预算级次分送财政部门:属于中央的罚款收入,退财政部驻当地财政监察专员办事机构;属于地方的罚款收入,退同级财政部门;属于中央与地方分成的罚款收入,代收罚款收据第四联和缴款书第五联退财政部驻当地财政监察专员办事机构,缴款书第四联退地方同级财政部门。

第十三条 代收机构只办理罚款的代收与缴库。凡错缴和多缴的罚款,以及经行政机关复议后不应处罚的罚款须办理退付的,应由作出处罚决定的行政机关提出申请,报经同级财政部门(缴入中央国库的,报财政部驻当地财政监察专员办事机构)审查批准后,由财政部门开具收入退还书,分别从中央国库和地方国库退付。代收机构不得从罚款收入中冲退。

第五章 代收手续费

第十四条 财政部门按代收机构管辖行缴入国库罚款总额0.5%的比例,按季支付手续费。其中,缴入中央国库的,手续费由各地财政监察专员办事机构支付,缴入地方国库的,由地方同级财政部门支付。

第十五条 代收机构应于每季终了后3日内,将上季代收并缴入中央和地方国库的各项罚款分别汇总,填写罚款汇总表(格式附后),分送财政部驻各地财政监察专员办事机构和地方财政部门、作出处罚决定的行政机关核对。财政监察专员办事机构和地方财政部门收到代收机构报送的罚款汇总表,应与国库转来的缴款书及所附“代收罚款收据”进行核对,审核完毕按实际入库数支付上季手续费。

第六章 监 督

第十六条 作出罚款决定的行政机关财务部门应按月与委托的代收机构就罚款收入的代收情况进行对账,对未到指定代收机构缴纳罚款的,应责成被处罚单位和个人缴纳并加处罚款。

第十七条 各级财政部门应按月与国库、作出罚款决定的行政机关就罚款收入的收缴情况进行对账检查,对账中发现的问题,应通知有关单位及时纠正。

第十八条 各级国库有权对代收机构代收罚款的情况进行监督检查。对违反规定,拒收和占压、挪用代收罚款收入的,应依法进行处理。

第十九条 各级财政部门对同级行政机关罚款的收缴情况,有权进行监督检查,对违反规定拒不执行罚款决定与罚款收缴分离规定,截留、挪用应缴罚款收入的,应按《国务院关于违反财政法规处罚的暂行规定》予以处理。

第二十条 代收机构、行政机关应按照国库和财政部门的要求,如实提供必要的资料,认真配合国库、财政机关的检查工作。

第二十一条 代收机构不履行代收协议所规定义务的,由确定代收机构的部门取消其代收罚款的资格,并按规定重新确定代收机构。

第七章 附 则

第二十二条 人民法院和人民检察院所处罚款的收缴,比照本办法的规定办理。

第二十三条 税务部门所处税收罚款的收缴,仍按现行办法办理。

第二十四条 各地财政监察专员办事机构支付罚款代收手续费以及其他相关费用,由财政部驻各省、自治区、直辖市、计划单列市财政监察专员办事处根据实际应付数按季汇总报财政部。经财政部与中央总金库核对无误后,由财政部下拨到各财政监察专员办事处,各专员办事处转拨到所属办事机构。

第二十五条 本办法由财政部会同中国人民银行解释。

第二十六条 本办法自颁布之日起实行。其他有关罚款收缴的规定与本办法不一致的,以本办法为准。

◎ 指导案例

1. 鲁潍(福建)盐业进出口有限公司苏州分公司诉江苏省苏州市盐务管理局盐业行政处罚案[①]

【关键词】

行政　行政许可　行政处罚　规章参照　盐业管理

【裁判要点】

1. 盐业管理的法律、行政法规没有设定工业盐准运证的行政许可,地方性法规或者地方政府规章不能设定工业盐准运证这一新的行政许可。

2. 盐业管理的法律、行政法规对盐业公司之外的其他企业经营盐的批发业务没有设定行政处罚,地方政府规章不能对该行为设定行政处罚。

3. 地方政府规章违反法律规定设定许可、处罚的,人民法院在行政审判中不予适用。

【相关法条】

1.《中华人民共和国行政许可法》第十五条第一款、第十六条第二款、第三款

2.《中华人民共和国行政处罚法》第十三条

3.《中华人民共和国行政诉讼法》第五十三条第一款

《中华人民共和国立法法》第七十九条

【基本案情】

原告鲁潍(福建)盐业进出口有限公司苏州分公司(简称鲁潍公司)诉称:被告江苏省苏州市盐务管理局(简称苏州盐务局)根据《江苏省〈盐业管理条例〉实施办法》(简称《江苏盐业实施办法》)的规定,认定鲁潍公司未经批准购买、运输工业盐违法,并对鲁潍公司作出行政处罚,其具体行政行为执法主体错误、适用法律错误。苏州盐务局无权管理工业盐,也无相应执法权。根据原国家计委、原国家经贸委《关于改进工业盐供销和价格管理办法的通知》等规定,国家取消了工业盐准运证和准运章制度,工业盐也不属于国家限制买卖的物品。《江苏盐业实施办法》的相关规定与上述规定精神不符,不仅违反了国务院《关于禁止在市场经济活动中实行地区封锁的规定》,而且违反了《中华人民共和国行政许可法》(简称《行政许可法》)和《中华人民共和国行政处罚法》(简称《行政处罚法》)的规定,属于违反上位法设定行政许可和处罚,故请求法院判决撤销苏州盐务局作出的(苏)盐政一般〔2009〕第001-B号处罚决定。

被告苏州盐务局辩称:根据国务院《盐业管理条例》第四条和《江苏盐业实施办法》第四条的规定,苏州盐务局有作出盐务行政处罚的相应职权。《江苏盐业实施办法》是根据《盐业管理条例》的授权制定的,属于法规授权制定,整体合法有效。苏州盐务局根据《江苏盐业实施办法》设立准运证制度的规定作出行政处罚并无不当。《行政许可法》、《行政处罚法》均在《江苏盐业实施办法》之后实施,根据《中华人民共和国立法法》(简称《立法法》)法不溯及既往的规定,《江苏盐业实施办法》仍然应当适用。鲁潍公司未经省盐业公司或盐业行政主管部门批准而购买工业盐的行为,违反了《盐业管理条例》的相关规定,苏州盐务局作出的处罚决定,认定事实清楚,证据确凿,适用法规、规范性文件正确,程序合法,请求法院驳回鲁潍公司的诉讼请求。

---

① 案例来源:2012年4月9日最高人民法院发布第二批指导性案例第5号。

法院经审理查明:2007 年 11 月 12 日,鲁潍公司从江西等地购进 360 吨工业盐。苏州盐务局认为鲁潍公司进行工业盐购销和运输时,应当按照《江苏盐业实施办法》的规定办理工业盐准运证,鲁潍公司未办理工业盐准运证即从省外购进工业盐涉嫌违法。2009 年 2 月 26 日,苏州盐务局经听证、集体讨论后认为,鲁潍公司未经江苏省盐业公司调拨或盐业行政主管部门批准从省外购进盐产品的行为,违反了《盐业管理条例》第二十条、《江苏盐业实施办法》第二十三条、第三十二条第(二)项的规定,并根据《江苏盐业实施办法》第四十二条的规定,对鲁潍公司作出了(苏)盐政一般〔2009〕第 001 – B 号处罚决定书,决定没收鲁潍公司违法购进的精制工业盐 121.7 吨、粉盐 93.1 吨,并处罚款 122363 元。鲁潍公司不服该决定,于 2 月 27 日向苏州市人民政府申请行政复议。苏州市人民政府于 4 月 24 日作出了〔2009〕苏行复第 8 号复议决定书,维持了苏州盐务局作出的处罚决定。

【裁判结果】

江苏省苏州市金阊区人民法院于 2011 年 4 月 29 日以(2009)金行初字第 0027 号行政判决书,判决撤销苏州盐务局(苏)盐政一般〔2009〕第 001 – B 号处罚决定书。

【裁判理由】

法院生效裁判认为:苏州盐务局系苏州市人民政府盐业行政主管部门,根据《盐业管理条例》第四条和《江苏盐业实施办法》第四条、第六条的规定,有权对苏州市范围内包括工业盐在内的盐业经营活动进行行政管理,具有合法执法主体资格。

苏州盐务局对盐业违法案件进行查处时,应适用合法有效的法律规范。《立法法》第七十九条规定,法律的效力高于行政法规、地方性法规、规章;行政法规的效力高于地方性法规、规章。苏州盐务局的具体行政行为涉及行政许可、行政处罚,应依照《行政许可法》、《行政处罚法》的规定实施。法不溯及既往是指法律的规定仅适用于法律生效以后的事件和行为,对于法律生效以前的事件和行为不适用。《行政许可法》第八十三条第二款规定,本法施行前有关行政许可的规定,制定机关应当依照本法规定予以清理;不符合本法规定的,自本法施行之日起停止执行。《行政处罚法》第六十四条第二款规定,本法公布前制定的法规和规章关于行政处罚的规定与本法不符合的,应当自本法公布之日起,依照本法规定予以修订,在 1997 年 12 月 31 日前修订完毕。因此,苏州盐务局有关法不溯及既往的抗辩理由不成立。根据《行政许可法》第十五条第一款、第十六条第三款的规定,在已经制定法律、行政法规的情况下,地方政府规章只能在法律、行政法规设定的行政许可事项范围内对实施该行政许可作出具体规定,不能设定新的行政许可。法律及《盐业管理条例》没有设定工业盐准运证这一行政许可,地方政府规章不能设定工业盐准运证制度。根据《行政处罚法》第十三条的规定,在已经制定行政法规的情况下,地方政府规章只能在行政法规规定的给予行政处罚的行为、种类和幅度内作出具体规定,《盐业管理条例》对盐业公司之外的其他企业经营盐的批发业务没有设定行政处罚,地方政府规章不能对该行为设定行政处罚。

人民法院审理行政案件,依据法律、行政法规、地方性法规,参照规章。苏州盐务局在依职权对鲁潍公司作出行政处罚时,虽然适用了《江苏盐业实施办法》,但是未遵循《立法法》第七十九条关于法律效力等级的规定,未依照《行政许可法》和《行政处罚法》的相关规定,属于适用法律错误,依法应予撤销。

2. 黄泽富、何伯琼、何熠诉四川省成都市金堂工商行政管理局行政处罚案①

【关键词】

行政诉讼　行政处罚　没收较大数额财产　听证程序

【裁判要点】

行政机关做出没收较大数额涉案财产的行政处罚决定时，未告知当事人有要求举行听证的权利或者未依法举行听证的，人民法院应当依法认定该行政处罚违反法定程序。

【相关法条】

《中华人民共和国行政处罚法》第四十二条

【基本案情】

原告黄泽富、何伯琼、何熠诉称：被告四川省成都市金堂工商行政管理局（简称金堂工商局）行政处罚行为违法，请求人民法院依法撤销成工商金堂处字（2005）第02026号《行政处罚决定书》，返还电脑主机33台。

被告金堂工商局辩称：原告违法经营行为应当受到行政处罚，对其进行行政处罚的事实清楚、证据确实充分、程序合法、处罚适当；所扣留的电脑主机是32台而非33台。

法院经审理查明：2003年12月20日，四川省金堂县图书馆与原告何伯琼之夫黄泽富联办多媒体电子阅览室。经双方协商，由黄泽富出资金和场地，每年向金堂县图书馆缴管理费2400元。2004年4月2日，黄泽富以其子何熠的名义开通了ADSL84992722（期限到2005年6月30日），在金堂县赵镇桔园路一门面房挂牌开业。4月中旬，金堂县文体广电局市场科以整顿网吧为由要求其停办。经金堂县图书馆与黄泽富协商，金堂县图书馆于5月中旬退还黄泽富2400元管理费，摘除了"金堂县图书馆多媒体电子阅览室"的牌子。2005年6月2日，金堂工商局会同金堂县文体广电局、金堂县公安局对原告金堂县赵镇桔园路门面房进行检查时发现，金堂实验中学初一学生叶某、杨某、郑某和数名成年人在上网游戏。原告未能出示《网络文化经营许可证》和营业执照。金堂工商局按照《互联网上网服务营业场所管理条例》第二十七条"擅自设立互联网上网服务营业场所，或者擅自从事互联网上网服务经营活动的，由工商行政管理部门或者由工商行政管理部门会同公安机关依法予以取缔，查封其从事违法经营活动的场所，扣押从事违法经营活动的专用工具、设备"的规定，以成工商金堂扣字（2005）第02747号《扣留财物通知书》决定扣留原告的32台电脑主机。何伯琼对该扣押行为及扣押电脑主机数量有异议遂诉至法院，认为实际扣押了其33台电脑主机，并请求撤销该《扣留财物通知书》。2005年10月8日金堂县人民法院作出（2005）金堂行初字第13号《行政判决书》，维持了成工商金堂扣字（2005）第02747号《扣留财物通知书》，但同时确认金堂工商局扣押了何伯琼33台电脑主机。同年10月12日，金堂工商局以原告的行为违反了《互联网上网服务营业场所管理条例》第七条、第二十七条的规定作出了成工商金堂处字（2005）第02026号《行政处罚决定书》，决定"没收在何伯琼商业楼扣留的从事违法经营活动的电脑主机32台"。

【裁判结果】

四川省金堂县人民法院于2006年5月25日作出（2006）金堂行初字第3号行政判决：一、撤销

① 案例来源：2012年4月9日最高人民法院发布第二批指导性案例第6号。

成工商金堂处字(2005)第02026号《行政处罚决定书》;二、金堂工商局在判决生效之日起30日内重新作出具体行政行为;三、金堂工商局在本判决生效之日起15日内履行超期扣留原告黄泽富、何伯琼、何熠的电脑主机33台所应履行的法定职责。宣判后,金堂工商局向四川省成都市中级人民法院提起上诉。成都市中级人民法院于2006年9月28日以同样的事实作出(2006)成行终字第228号行政判决,撤销一审行政判决第三项,对其他判项予以维持。

【裁判理由】

法院生效裁判认为:《中华人民共和国行政处罚法》第四十二条规定:"行政机关作出责令停产停业、吊销许可证或者执照、较大数额罚款等行政处罚决定之前,应当告知当事人有要求举行听证的权利。"虽然该条规定没有明确列举"没收财产",但是该条中的"等"系不完全列举,应当包括与明文列举的"责令停产停业、吊销许可证或者执照、较大数额罚款"类似的其他对相对人权益产生较大影响的行政处罚。为了保证行政相对人充分行使陈述权和申辩权,保障行政处罚决定的合法性和合理性,对没收较大数额财产的行政处罚,也应当根据行政处罚法第四十二条的规定适用听证程序。关于没收较大数额的财产标准,应比照《四川省行政处罚听证程序暂行规定》第三条"本规定所称较大数额的罚款,是指对非经营活动中的违法行为处以1000元以上,对经营活动中的违法行为处以20000元以上罚款"中对罚款数额的规定。因此,金堂工商局没收黄泽富等三人32台电脑主机的行政处罚决定,应属没收较大数额的财产,对黄泽富等三人的利益产生重大影响的行为,金堂工商局在作出行政处罚前应当告知被处罚人有要求听证的权利。本案中,金堂工商局在作出处罚决定前只按照行政处罚一般程序告知黄泽富等三人有陈述、申辩的权利,而没有告知听证权利,违反了法定程序,依法应予撤销。

3. 田永诉北京科技大学拒绝颁发毕业证、学位证案①

【关键词】

行政诉讼　颁发证书　高等学校　受案范围　正当程序

【裁判要点】

1. 高等学校对受教育者因违反校规、校纪而拒绝颁发学历证书、学位证书,受教育者不服的,可以依法提起行政诉讼。

2. 高等学校依据违背国家法律、行政法规或规章的校规、校纪,对受教育者作出退学处理等决定的,人民法院不予支持。

3. 高等学校对因违反校规、校纪的受教育者作出影响其基本权利的决定时,应当允许其申辩并在决定作出后及时送达,否则视为违反法定程序。

【相关法条】

《中华人民共和国行政诉讼法》第二十五条

《中华人民共和国教育法》第二十一条、第二十二条

《中华人民共和国学位条例》第八条

【基本案情】

原告田永于1994年9月考取北京科技大学,取得本科生的学籍。1996年2月29日,田永在电磁学课程的补考过程中,随身携带写有电磁学公式的纸条。考试中,去上厕所时纸条掉出,被监考

① 案例来源:2014年12月24日最高人民法院关于发布第九批指导性案例的通知第38号。

教师发现。监考教师虽未发现其有偷看纸条的行为,但还是按照考场纪律,当即停止了田永的考试。被告北京科技大学根据原国家教委关于严肃考场纪律的指示精神,于1994年制定了校发(94)第068号《关于严格考试管理的紧急通知》(简称第068号通知)。该通知规定,凡考试作弊的学生一律按退学处理,取消学籍。被告据此于1996年3月5日认定田永的行为属作弊行为,并作出退学处理决定。同年4月10日,被告填发了学籍变动通知,但退学处理决定和变更学籍的通知未直接向田永宣布、送达,也未给田永办理退学手续,田永继续以该校大学生的身份参加正常学习及学校组织的活动。1996年9月,被告为田永补办了学生证,之后每学年均收取田永交纳的教育费,并为田永进行注册、发放大学生补助津贴,安排田永参加了大学生毕业实习设计,由其论文指导教师领取了学校发放的毕业设计结业费。田永还以该校大学生的名义参加考试,先后取得了大学英语四级、计算机应用水平测试BASIC语言成绩合格证书。被告对原告在该校的四年学习中成绩全部合格,通过毕业实习、毕业设计及论文答辩,获得优秀毕业论文及毕业总成绩为全班第九名的事实无争议。

1998年6月,田永所在院系向被告报送田永所在班级授予学士学位表时,被告有关部门以田永已按退学处理、不具备北京科技大学学籍为由,拒绝为其颁发毕业证书,进而未向教育行政部门呈报田永的毕业派遣资格表。田永所在院系认为原告符合大学毕业和授予学士学位的条件,但由于当时原告因毕业问题正在与学校交涉,故暂时未在授予学位表中签字,待学籍问题解决后再签。被告因此未将原告列入授予学士学位资格的名单交该校学位评定委员会审核。因被告的部分教师为田永一事向原国家教委申诉,国家教委高校学生司于1998年5月18日致函被告,认为被告对田永违反考场纪律一事处理过重,建议复查。同年6月10日,被告复查后,仍然坚持原结论。田永认为自己符合大学毕业生的法定条件,北京科技大学拒绝给其颁发毕业证、学位证是违法的,遂向北京市海淀区人民法院提起行政诉讼。

【裁判结果】

北京市海淀区人民法院于1999年2月14日作出(1998)海行初字第00142号行政判决:一、北京科技大学在本判决生效之日起30日内向田永颁发大学本科毕业证书;二、北京科技大学在本判决生效之日起60日内组织本校有关院、系及学位评定委员会对田永的学士学位资格进行审核;三、北京科技大学于本判决生效后30日内履行向当地教育行政部门上报有关田永毕业派遣的有关手续的职责;四、驳回田永的其他诉讼请求。北京科技大学提出上诉,北京市第一中级人民法院于1999年4月26日作出(1999)一中行终字第73号行政判决:驳回上诉,维持原判。

【裁判理由】

法院生效裁判认为:根据我国法律、法规规定,高等学校对受教育者有进行学籍管理、奖励或处分的权力,有代表国家对受教育者颁发学历证书、学位证书的职责。高等学校与受教育者之间属于教育行政管理关系,受教育者对高等学校涉及受教育者基本权利的管理行为不服的,有权提起行政诉讼,高等学校是行政诉讼的适格被告。

高等学校依法具有相应的教育自主权,有权制定校纪、校规,并有权对在校学生进行教学管理和违纪处分,但是其制定的校纪、校规和据此进行的教学管理和违纪处分,必须符合法律、法规和规章的规定,必须尊重和保护当事人的合法权益。本案原告在补考中随身携带纸条的行为属于违反考场纪律的行为,被告可以按照有关法律、法规、规章及学校的有关规定处理,但其对原告作出退学处理决定所依据的该校制定的第068号通知,与《普通高等学校学生管理规定》第二十九条规定的法定退学条件相抵触,故被告所作退学处理决定违法。

退学处理决定涉及原告的受教育权利,为充分保障当事人权益,从正当程序原则出发,被告应将此决定向当事人送达、宣布,允许当事人提出申辩意见。而被告既未依此原则处理,也未实际给原告办理注销学籍、迁移户籍、档案等手续。被告于1996年9月为原告补办学生证并注册的事实行为,应视为被告改变了对原告所作的按退学处理的决定,恢复了原告的学籍。被告又安排原告修满四年学业,参加考核、实习及毕业设计并通过论文答辩等。上述一系列行为虽系被告及其所属院系的部分教师具体实施,但因他们均属职务行为,故被告应承担上述行为所产生的法律后果。

国家实行学历证书制度,被告作为国家批准设立的高等学校,对取得普通高等学校学籍、接受正规教育、学习结束达到一定水平和要求的受教育者,应当为其颁发相应的学业证明,以承认该学生具有的相当学历。原告符合上述高等学校毕业生的条件,被告应当依《中华人民共和国教育法》第二十八条第一款第五项及《普通高等学校学生管理规定》第三十五条的规定,为原告颁发大学本科毕业证书。

国家实行学位制度,学位证书是评价个人学术水平的尺度。被告作为国家授权的高等学校学士学位授予机构,应依法定程序对达到一定学术水平或专业技术水平的人员授予相应的学位,颁发学位证书。依《中华人民共和国学位条例暂行实施办法》第四条、第五条、第十八条第三项规定的颁发学士学位证书的法定程序要求,被告首先应组织有关院系审核原告的毕业成绩和毕业鉴定等材料,确定原告是否已较好地掌握本门学科的基础理论、专业知识和基本技能,是否具备从事科学研究工作或担负专门技术工作的初步能力;再决定是否向学位评定委员会提名列入学士学位获得者的名单,学位评定委员会方可依名单审查通过后,由被告对原告授予学士学位。

4. 何小强诉华中科技大学拒绝授予学位案①

【关键词】

行政诉讼　学位　授予高等学校　学术自治

【裁判要点】

1. 具有学位授予权的高等学校,有权对学位申请人提出的学位授予申请进行审查并决定是否授予其学位。申请人对高等学校不授予其学位的决定不服提起行政诉讼的,人民法院应当依法受理。

2. 高等学校依照《中华人民共和国学位条例暂行实施办法》的有关规定,在学术自治范围内制定的授予学位的学术水平标准,以及据此标准作出的是否授予学位的决定,人民法院应予支持。

【相关法条】

1.《中华人民共和国学位条例》第四条、第八条第一款

2.《中华人民共和国学位条例暂行实施办法》第二十五条

【基本案情】

原告何小强系第三人华中科技大学武昌分校(以下简称武昌分校)2003级通信工程专业的本科毕业生。武昌分校是独立的事业单位法人,无学士学位授予资格。根据国家对民办高校学士学位授予的相关规定和双方协议约定,被告华中科技大学同意对武昌分校符合学士学位条件的本科毕业生授予学士学位,并在协议附件载明《华中科技大学武昌分校授予本科毕业生学士学位实施细则》。其中第二条规定"凡具有我校学籍的本科毕业生,符合本《实施细则》中授予条件者,均可向华中科技大学学位评定委员会申请授予学士学位",第三条规定"……达到下述水平和要求,经学术评定委员会审核通过者,可授予学士学位。……(三)通过全国大学英语四级统考"。2006年12月,华中科技大学作出《关于武昌分校、文华学院申请学士学位的规定》,规定通过全国大学外语

① 案例来源:2014年12月24日最高人民法院关于发布第九批指导性案例的通知第39号。

四级考试是非外国语专业学生申请学士学位的必备条件之一。

2007年6月30日，何小强获得武昌分校颁发的《普通高等学校毕业证书》，由于其本科学习期间未通过全国英语四级考试，武昌分校根据上述《实施细则》，未向华中科技大学推荐其申请学士学位。8月26日，何小强向华中科技大学和武昌分校提出授予工学学士学位的申请。2008年5月21日，武昌分校作出书面答复，因何小强没有通过全国大学英语四级考试，不符合授予条件，华中科技大学不能授予其学士学位。

【裁判结果】

湖北省武汉市洪山区人民法院于2008年12月18日作出(2008)洪行初字第81号行政判决，驳回原告何小强要求被告华中科技大学为其颁发工学学士学位的诉讼请求。湖北省武汉市中级人民法院于2009年5月31日作出(2009)武行终字第61号行政判决，驳回上诉，维持原判。

【裁判理由】

法院生效裁判认为：本案争议焦点主要涉及被诉行政行为是否可诉、是否合法以及司法审查的范围问题。

一、被诉行政行为具有可诉性。根据《中华人民共和国学位条例》等法律、行政法规的授权，被告华中科技大学具有审查授予普通高校学士学位的法定职权。依据《中华人民共和国学位条例暂行实施办法》第四条第二款“非授予学士学位的高等院校，对达到学士学术水平的本科毕业生，应当由系向学校提出名单，经学校同意后，由学校就近向本系统、本地区的授予学士学位的高等院校推荐。授予学士学位的高等院校有关的系，对非授予学士学位的高等院校推荐的本科毕业生进行审查考核，认为符合本暂行办法及有关规定的，可向学校学位评定委员会提名，列入学士学位获得者名单”，以及国家促进民办高校办学政策的相关规定，华中科技大学有权按照与民办高校的协议，对于符合本校学士学位授予条件的民办高校本科毕业生经审查合格授予普通高校学士学位。

本案中，第三人武昌分校是未取得学士学位授予资格的民办高校，该院校与华中科技大学签订合作办学协议约定，武昌分校对该校达到学士学术水平的本科毕业生，向华中科技大学推荐，由华中科技大学审核是否授予学士学位。依据《中华人民共和国学位条例暂行实施办法》的规定和华中科技大学与武昌分校之间合作办学协议，华中科技大学具有对武昌分校推荐的应届本科毕业生进行审查和决定是否颁发学士学位的法定职责。武昌分校的本科毕业生何小强以华中科技大学在收到申请之日起六十日内未授予其工学学士学位，向人民法院提起行政诉讼，符合《最高人民法院关于执行〈中华人民共和国行政诉讼法〉若干问题的解释》第三十九条第一款的规定。因此，华中科技大学是本案适格的被告，何小强对华中科技大学不授予其学士学位不服提起诉讼的，人民法院应当依法受理。

二、被告制定的《华中科技大学武昌分校授予本科毕业生学士学位实施细则》第三条的规定符合上位法规定。《中华人民共和国学位条例》第四条规定：“高等学校本科毕业生，成绩优良，达到下述学术水平者，授予学士学位：（一）较好地掌握本门学科的基础理论、专门知识和基本技能……”。《中华人民共和国学位条例暂行实施办法》第二十五条规定：“学位授予单位可根据本暂行条例实施办法，制定本单位授予学位的工作细则。”该办法赋予学位授予单位在不违反《中华人民共和国学位条例》所规定授予学士学位基本原则的基础上，在学术自治范围内制定学士学位授予标准的权力和职责，华中科技大学在此授权范围内将全国大学英语四级考试成绩与学士学位挂钩，属于学术自治的范畴。高等学校依法行使教学自主权，自行对其所培养的本科生教育质量和学术水平作出具体的规定和要求，是对授予学士学位的标准的细化，并没有违反《中华人民共和国学位条例》第四条和《中华人民共和国学位条例暂行实施办法》第二十五条的原则性规定。因此，何小强因未通过全国大学英语四级考试不符合华中科技大学学士学位的授予条件，武昌分校未向华中科技大学推荐其申请授予学士学位，故华中科技大学并不存在不作为的事实，对何小强的诉讼请求不予支持。

三、对学校授予学位行为的司法审查以合法性审查为原则。各高等学校根据自身的教学水平和实际情况在法定的基本原则范围内确定各自学士学位授予的学术水平衡量标准，是学术自治原则在高等学校办学过程中的具体体现。在符合法律法规规定的学位授予条件前提下，确定较高的学士学位授予学术标准或适当放宽学士学位授予学术标准，均应由各高等学校根据各自的办学理念、教学实际情况和对学术水平的理想追求自行决定。对学士学位授予的司法审查不能干涉和影响高等学校的学术自治原则，学位授予类行政诉讼案件司法审查的范围应当以合法性审查为基本原则。

5. 盐城市奥康食品有限公司东台分公司诉盐城市东台工商行政管理局工商行政处罚案①

【关键词】

行政/行政处罚/食品安全标准/食品标签/食品说明书

【裁判要点】

1. 食品经营者在食品标签、食品说明书上特别强调添加、含有一种或多种有价值、有特性的配料、成分，应标示所强调配料、成分的添加量或含量，未标示的，属于违反《中华人民共和国食品安全法》的行为，工商行政管理部门依法对其实施行政处罚的，人民法院应予支持。

2. 所谓"强调"，是指通过名称、色差、字体、字号、图形、排列顺序、文字说明、同一内容反复出现或多个内容都指向同一事物等形式进行着重标识。所谓"有价值、有特性的配料"，是指不同于一般配料的特殊配料，对人体有较高的营养作用，其市场价格、营养成分往往高于其他配料。

【相关法条】

《中华人民共和国食品安全法》第20条、第42条第1款（该法于2015年4月24日修订，新法相关法条为第26条、第67条第1款）

【基本案情】

原告盐城市奥康食品有限公司东台分公司（以下简称奥康公司）诉称：2012年5月15日，被告盐城市东台工商行政管理局（以下简称东台工商局）作出东工商案字〔2012〕第00298号《行政处罚决定书》，认定原告销售的金龙鱼橄榄原香食用调和油没有标明橄榄油的含量，违反了GB7718－2004《预包装食品标签通则》的规定，责令其改正，并处以合计60000元的罚没款。原告认为，其经营的金龙鱼橄榄原香食用调和油标签上的"橄榄原香"是对产品物理属性的客观描述，并非对某种配料的强调，不需要标明含量或者添加量。橄榄油是和其他配料菜籽油、大豆油相同的普通食用油配料，并无特殊功效或价值，不是"有价值、有特性的配料"。本案应适用《中华人民共和国食品安全法》（以下简称《食品安全法》）规定的国务院卫生行政部门颁布的食品安全国家标准，而被告适用的GB7718－2004《预包装食品标签通则》并不是食品安全国家标准，适用法律错误。综上，请求法院判决撤销被告对其作出的涉案行政处罚决定书。

被告东台工商局辩称：原告奥康公司经营的金龙鱼牌橄榄原香食用调和油标签正面突出"橄榄"二字，配有橄榄图形，吊牌写明"添加了来自意大利的100%特级初榨橄榄油"，但未注明添加量，这就属于食品标签上特别强调添加某种有价值、有特性配料而未标示添加量的情形。GB7718

① 案例来源：2016年5月20日最高人民法院关于发布第12批指导性案例的通知第60号。

-2004《预包装食品标签通则》作为食品标签强制性标准,在《食品安全法》生效后,即被视为食品安全标准之一,直至被GB7718-2011《预包装食品标签管理通则》替代。因此,其所作出的行政处罚决定定性准确,合理适当,程序合法,请求法院予以维持。

法院经审理查明:2011年9月1日至2012年2月29日,奥康公司购进净含量5升的金龙鱼牌橄榄原香食用调和油290瓶,加价销售给千家惠超市,获得销售收入34800元,净利润2836.9元。2012年2月21日,东台工商局行政执法人员在千家惠超市检查时,发现上述金龙鱼牌橄榄原香食用调和油未标示橄榄油的添加量。上述金龙鱼牌橄榄原香食用调和油名称为"橄榄原香食用调和油",其标签上有"橄榄"二字,配有橄榄图形,标签侧面标示"配料:菜籽油、大豆油、橄榄油"等内容,吊牌上写明:"金龙鱼橄榄原香食用调和油,添加了来自意大利的100%特级初榨橄榄油,洋溢着淡淡的橄榄果清香。除富含多种维生素、单不饱和脂肪酸等健康物质外,其橄榄原生精华含有多本酚等天然抗氧化成分,满足自然健康的高品质生活追求。"

东台工商局于2012年2月27日立案调查,并于5月9日向原告奥康公司送达行政处罚听证告知书。原告在法定期限内未提出陈述和申辩,也未要求举行听证。5月15日被告向原告送达东工商案字〔2012〕第298号行政处罚决定书,认定原告经营标签不符合《食品安全法》规定的食品,属于食品标签上特别强调添加某种有价值、有特性配料而未标示添加量的情形,依照《中华人民共和国行政处罚法》《食品安全法》规定,作出责令改正、没收违法所得2836.9元和罚款57163.1元,合计罚没款60000元的行政处罚。原告不服,申请行政复议,盐城市工商行政管理局复议维持该处罚决定。

【裁判结果】

江苏省东台市人民法院于2012年12月15日作出(2012)东行初字第0068号行政判决:维持东台工商局2012年5月15日作出的东工商案字〔2012〕第00298号《行政处罚决定书》。宣判后,奥康公司向江苏省盐城市中级人民法院提起上诉。江苏省盐城市中级人民法院于2013年5月9日作出(2013)盐行终字第0032号行政判决,维持一审判决。

【裁判理由】

法院生效裁判认为:《食品安全法》第二十条第四项规定,食品安全标准应当包括对与食品安全、营养有关的标签、标识、说明书的要求。第二十二条规定,本法规定的食品安全国家标准公布前,食品生产经营者应当按照现行食用农产品质量安全标准、食品卫生标准、食品质量标准和有关食品的行业标准生产经营食品。GB7718-2004《预包装食品标签通则》由国家质量监督检验检疫总局和国家标准化管理委员会制定,于2005年10月1日实施;《食品安全法》于2009年6月1日实施,新版的GB7718-2011《预包装食品标签管理通则》是由国务院卫生行政部门制定,且明确是食品安全国家标准,于2012年4月20日实施。本案原告奥康公司违法行为发生在2011年9月至2012年2月,GB7718-2004《预包装食品标签通则》属于当时的食品安全国家标准之一。因此,被告东台工商局适用GB7718-2004《预包装食品标签通则》对原告作出行政处罚,并无不当。

GB7718-2004《预包装食品标签通则》规定:"预包装食品标签的所有内容,不得以虚假、使消费者误解或欺骗性的文字、图形等方式介绍食品;也不得利用字号大小或色差误导消费者。""如果在食品标签或食品说明书上特别强调添加了某种或数种有价值、有特性的配料,应标示所强调配料的添加量。"这里所指的"强调",是特别着重或着重提出,一般意义上,通过名称、色差、字体、字号、图形、排列顺序、文字说明、同一内容反复出现或多个内容都指向同一事物等形式表现,均可理解为对某事物的强调。"有价值、有特性的配料",是指对人体有较高的营养作用,配料本身不同于一般配料的特殊配料。通常理解,此种配料的市场价格或营养成分应高于其他配料。本案中,原告奥康公司认为"橄榄原香"是对产品物理属性的客观描述,并非对某种配料的强调,但从原告销售的金龙鱼牌橄榄原香食用调和油的外包装来看,其标签上以图形、字体、文字说明等方式突出了"橄榄"

二字,强调了该食用调和油添加了橄榄油的配料,且在吊牌(食品标签的组成部分)上有“添加了来自意大利的100%特级初榨橄榄油”等文字叙述,显而易见地向消费者强调该产品添加了橄榄油的配料,该做法本身实际上就是强调“橄榄”在该产品中的价值和特性。一般来说,橄榄油的市场价格或营养作用均高于一般的大豆油、菜籽油等,因此,如在食用调和油中添加了橄榄油,可以认定橄榄油是“有价值、有特性的配料”。因此,奥康公司未标示橄榄油的添加量,属于违反食品安全标准的行为。东台工商局所作行政处罚决定具有事实和法律依据,应予维持。

六、行政监察

中华人民共和国监察法

（2018年3月20日第十三届全国人民代表大会第一次会议通过　2018年3月20日中华人民共和国主席令第三号公布　自公布之日起施行）

第一章　总　则

第一条　为了深化国家监察体制改革，加强对所有行使公权力的公职人员的监督，实现国家监察全面覆盖，深入开展反腐败工作，推进国家治理体系和治理能力现代化，根据宪法，制定本法。

第二条　坚持中国共产党对国家监察工作的领导，以马克思列宁主义、毛泽东思想、邓小平理论、“三个代表”重要思想、科学发展观、习近平新时代中国特色社会主义思想为指导，构建集中统一、权威高效的中国特色国家监察体制。

第三条　各级监察委员会是行使国家监察职能的专责机关，依照本法对所有行使公权力的公职人员（以下称公职人员）进行监察，调查职务违法和职务犯罪，开展廉政建设和反腐败工作，维护宪法和法律的尊严。

第四条　监察委员会依照法律规定独立行使监察权，不受行政机关、社会团体和个人的干涉。

监察机关办理职务违法和职务犯罪案件，应当与审判机关、检察机关、执法部门互相配合，互相制约。

监察机关在工作中需要协助的，有关机关和单位应当根据监察机关的要求依法予以协助。

第五条　国家监察工作严格遵照宪法和法律，以事实为根据，以法律为准绳；在适用法律上一律平等，保障当事人的合法权益；权责对等，严格监督；惩戒与教育相结合，宽严相济。

第六条　国家监察工作坚持标本兼治、综合治理，强化监督问责，严厉惩治腐败；深化改革、健全法治，有效制约和监督权力；加强法治教育和道德教育，弘扬中华优秀传统文化，构建不敢腐、不能腐、不想腐的长效机制。

第二章　监察机关及其职责

第七条　中华人民共和国国家监察委员会是最高监察机关。

省、自治区、直辖市、自治州、县、自治县、市、市辖区设立监察委员会。

第八条　国家监察委员会由全国人民代表大会产生，负责全国监察工作。

国家监察委员会由主任、副主任若干人、委员若干人组成，主任由全国人民代表大会选举，副主任、委员由国家监察委员会主任提请全国人民代表大会常务委员会任免。

国家监察委员会主任每届任期同全国人民代表大会每届任期相同，连续任职不得超过两届。

国家监察委员会对全国人民代表大会及其常务委员会负责，并接受其监督。

第九条　地方各级监察委员会由本级人民代表大会产生，负责本行政区域内的监察工作。

地方各级监察委员会由主任、副主任若干人、委员若干人组成，主任由本级人民代表大会选举，副主任、委员由监察委员会主任提请本级人民代表大会常务委员会任免。

地方各级监察委员会主任每届任期同本级人民代表大会每届任期相同。

地方各级监察委员会对本级人民代表大会及其常务委员会和上一级监察委员会负责，并接受其监督。

第十条 国家监察委员会领导地方各级监察委员会的工作，上级监察委员会领导下级监察委员会的工作。

第十一条 监察委员会依照本法和有关法律规定履行监督、调查、处置职责：

（一）对公职人员开展廉政教育，对其依法履职、秉公用权、廉洁从政从业以及道德操守情况进行监督检查；

（二）对涉嫌贪污贿赂、滥用职权、玩忽职守、权力寻租、利益输送、徇私舞弊以及浪费国家资财等职务违法和职务犯罪进行调查；

（三）对违法的公职人员依法作出政务处分决定；对履行职责不力、失职失责的领导人员进行问责；对涉嫌职务犯罪的，将调查结果移送人民检察院依法审查、提起公诉；向监察对象所在单位提出监察建议。

第十二条 各级监察委员会可以向本级中国共产党机关、国家机关、法律法规授权或者委托管理公共事务的组织和单位以及所管辖的行政区域、国有企业等派驻或者派出监察机构、监察专员。

监察机构、监察专员对派驻或者派出它的监察委员会负责。

第十三条 派驻或者派出的监察机构、监察专员根据授权，按照管理权限依法对公职人员进行监督，提出监察建议，依法对公职人员进行调查、处置。

第十四条 国家实行监察官制度，依法确定监察官的等级设置、任免、考评和晋升等制度。

第三章 监察范围和管辖

第十五条 监察机关对下列公职人员和有关人员进行监察：

（一）中国共产党机关、人民代表大会及其常务委员会机关、人民政府、监察委员会、人民法院、人民检察院、中国人民政治协商会议各级委员会机关、民主党派机关和工商业联合会机关的公务员，以及参照《中华人民共和国公务员法》管理的人员；

（二）法律、法规授权或者受国家机关依法委托管理公共事务的组织中从事公务的人员；

（三）国有企业管理人员；

（四）公办的教育、科研、文化、医疗卫生、体育等单位中从事管理的人员；

（五）基层群众性自治组织中从事管理的人员；

（六）其他依法履行公职的人员。

第十六条 各级监察机关按照管理权限管辖本辖区内本法第十五条规定的人员所涉监察事项。

上级监察机关可以办理下一级监察机关管辖范围内的监察事项，必要时也可以办理所辖各级监察机关管辖范围内的监察事项。

监察机关之间对监察事项的管辖有争议的，由其共同的上级监察机关确定。

第十七条 上级监察机关可以将其所管辖的监察事项指定下级监察机关管辖，也可以将下级监察机关有管辖权的监察事项指定给其他监察机关管辖。

监察机关认为所管辖的监察事项重大、复杂，需要由上级监察机关管辖的，可以报请上级监察机关管辖。

第四章 监察权限

第十八条 监察机关行使监督、调查职权，有权依法向有关单位和个人了解情况，收集、调取证据。有关单位和个人应当如实提供。

监察机关及其工作人员对监督、调查过程中知悉的国家秘密、商业秘密、个人隐私,应当保密。

任何单位和个人不得伪造、隐匿或者毁灭证据。

第十九条 对可能发生职务违法的监察对象,监察机关按照管理权限,可以直接或者委托有关机关、人员进行谈话或者要求说明情况。

第二十条 在调查过程中,对涉嫌职务违法的被调查人,监察机关可以要求其就涉嫌违法行为作出陈述,必要时向被调查人出具书面通知。

对涉嫌贪污贿赂、失职渎职等职务犯罪的被调查人,监察机关可以进行讯问,要求其如实供述涉嫌犯罪的情况。

第二十一条 在调查过程中,监察机关可以询问证人等人员。

第二十二条 被调查人涉嫌贪污贿赂、失职渎职等严重职务违法或者职务犯罪,监察机关已经掌握其部分违法犯罪事实及证据,仍有重要问题需要进一步调查,并有下列情形之一的,经监察机关依法审批,可以将其留置在特定场所:

(一)涉及案情重大、复杂的;

(二)可能逃跑、自杀的;

(三)可能串供或者伪造、隐匿、毁灭证据的;

(四)可能有其他妨碍调查行为的。

对涉嫌行贿犯罪或者共同职务犯罪的涉案人员,监察机关可以依照前款规定采取留置措施。

留置场所的设置、管理和监督依照国家有关规定执行。

第二十三条 监察机关调查涉嫌贪污贿赂、失职渎职等严重职务违法或者职务犯罪,根据工作需要,可以依照规定查询、冻结涉案单位和个人的存款、汇款、债券、股票、基金份额等财产。有关单位和个人应当配合。

冻结的财产经查明与案件无关的,应当在查明后三日内解除冻结,予以退还。

第二十四条 监察机关可以对涉嫌职务犯罪的被调查人以及可能隐藏被调查人或者犯罪证据的人的身体、物品、住处和其他有关地方进行搜查。在搜查时,应当出示搜查证,并有被搜查人或者其家属等见证人在场。

搜查女性身体,应当由女性工作人员进行。

监察机关进行搜查时,可以根据工作需要提请公安机关配合。公安机关应当依法予以协助。

第二十五条 监察机关在调查过程中,可以调取、查封、扣押用以证明被调查人涉嫌违法犯罪的财物、文件和电子数据等信息。采取调取、查封、扣押措施,应当收集原物原件,会同持有人或者保管人、见证人,当面逐一拍照、登记、编号,开列清单,由在场人员当场核对、签名,并将清单副本交财物、文件的持有人或者保管人。

对调取、查封、扣押的财物、文件,监察机关应当设立专用账户、专门场所,确定专门人员妥善保管,严格履行交接、调取手续,定期对账核实,不得毁损或者用于其他目的。对价值不明物品应当及时鉴定,专门封存保管。

查封、扣押的财物、文件经查明与案件无关的,应当在查明后三日内解除查封、扣押,予以退还。

第二十六条 监察机关在调查过程中,可以直接或者指派、聘请具有专门知识、资格的人员在调查人员主持下进行勘验检查。勘验检查情况应当制作笔录,由参加勘验检查的人员和见证人签名或者盖章。

第二十七条 监察机关在调查过程中,对于案件中的专门性问题,可以指派、聘请有专门知识的人进行鉴定。鉴定人进行鉴定后,应当出具鉴定意见,并且签名。

第二十八条 监察机关调查涉嫌重大贪污贿赂等职务犯罪,根据需要,经过严格的批准手续,可以采取技术调查措施,按照规定交有关机关执行。

批准决定应当明确采取技术调查措施的种类和适用对象,自签发之日起三个月以内有效;对于复杂、疑难案件,期限届满仍有必要继续采取技术调查措施的,经过批准,有效期可以延长,每次不得超过三个月。对于不需要继续采取技术调查措施的,应当及时解除。

第二十九条 依法应当留置的被调查人如果在逃,监察机关可以决定在本行政区域内通缉,由公安机关发布通缉令,追捕归案。通缉范围超出本行政区域的,应当报请有权决定的上级监察机关决定。

第三十条 监察机关为防止被调查人及相关人员逃匿境外,经省级以上监察机关批准,可以对被调查人及相关人员采取限制出境措施,由公安机关依法执行。对于不需要继续采取限制出境措施的,应当及时解除。

第三十一条 涉嫌职务犯罪的被调查人主动认罪认罚,有下列情形之一的,监察机关经领导人员集体研究,并报上一级监察机关批准,可以在移送人民检察院时提出从宽处罚的建议:

(一)自动投案,真诚悔罪悔过的;

(二)积极配合调查工作,如实供述监察机关还未掌握的违法犯罪行为的;

(三)积极退赃,减少损失的;

(四)具有重大立功表现或者案件涉及国家重大利益等情形的。

第三十二条 职务违法犯罪的涉案人员揭发有关被调查人职务违法犯罪行为,查证属实的,或者提供重要线索,有助于调查其他案件的,监察机关经领导人员集体研究,并报上一级监察机关批准,可以在移送人民检察院时提出从宽处罚的建议。

第三十三条 监察机关依照本法规定收集的物证、书证、证人证言、被调查人供述和辩解、视听资料、电子数据等证据材料,在刑事诉讼中可以作为证据使用。

监察机关在收集、固定、审查、运用证据时,应当与刑事审判关于证据的要求和标准相一致。

以非法方法收集的证据应当依法予以排除,不得作为案件处置的依据。

第三十四条 人民法院、人民检察院、公安机关、审计机关等国家机关在工作中发现公职人员涉嫌贪污贿赂、失职渎职等职务违法或者职务犯罪的问题线索,应当移送监察机关,由监察机关依法调查处置。

被调查人既涉嫌严重职务违法或者职务犯罪,又涉嫌其他违法犯罪的,一般应当由监察机关为主调查,其他机关予以协助。

第五章 监察程序

第三十五条 监察机关对于报案或者举报,应当接受并按照有关规定处理。对于不属于本机关管辖的,应当移送主管机关处理。

第三十六条 监察机关应当严格按照程序开展工作,建立问题线索处置、调查、审理各部门相互协调、相互制约的工作机制。

监察机关应当加强对调查、处置工作全过程的监督管理,设立相应的工作部门履行线索管理、监督检查、督促办理、统计分析等管理协调职能。

第三十七条 监察机关对监察对象的问题线索,应当按照有关规定提出处置意见,履行审批手续,进行分类办理。线索处置情况应当定期汇总、通报,定期检查、抽查。

第三十八条 需要采取初步核实方式处置问题线索的,监察机关应当依法履行审批程序,成立核查组。初步核实工作结束后,核查组应当撰写初步核实情况报告,提出处理建议。承办部门应当提出分类处理意见。初步核实情况报告和分类处理意见报监察机关主要负责人审批。

第三十九条 经过初步核实,对监察对象涉嫌职务违法犯罪,需要追究法律责任的,监察机关应当按照规定的权限和程序办理立案手续。

监察机关主要负责人依法批准立案后,应当主持召开专题会议,研究确定调查方案,决定需要采取的调查措施。

立案调查决定应当向被调查人宣布,并通报相关组织。涉嫌严重职务违法或者职务犯罪的,应当通知被调查人家属,并向社会公开发布。

第四十条 监察机关对职务违法和职务犯罪案件,应当进行调查,收集被调查人有无违法犯罪以及情节轻重的证据,查明违法犯罪事实,形成相互印证、完整稳定的证据链。

严禁以威胁、引诱、欺骗及其他非法方式收集证据,严禁侮辱、打骂、虐待、体罚或者变相体罚被调查人和涉案人员。

第四十一条 调查人员采取讯问、询问、留置、搜查、调取、查封、扣押、勘验检查等调查措施,均应当依照规定出示证件,出具书面通知,由二人以上进行,形成笔录、报告等书面材料,并由相关人员签名、盖章。

调查人员进行讯问以及搜查、查封、扣押等重要取证工作,应当对全过程进行录音录像,留存备查。

第四十二条 调查人员应当严格执行调查方案,不得随意扩大调查范围、变更调查对象和事项。

对调查过程中的重要事项,应当集体研究后按程序请示报告。

第四十三条 监察机关采取留置措施,应当由监察机关领导人员集体研究决定。设区的市级以下监察机关采取留置措施,应当报上一级监察机关批准。省级监察机关采取留置措施,应当报国家监察委员会备案。

留置时间不得超过三个月。在特殊情况下,可以延长一次,延长时间不得超过三个月。省级以下监察机关采取留置措施的,延长留置时间应当报上一级监察机关批准。监察机关发现采取留置措施不当的,应当及时解除。

监察机关采取留置措施,可以根据工作需要提请公安机关配合。公安机关应当依法予以协助。

第四十四条 对被调查人采取留置措施后,应当在二十四小时以内,通知被留置人员所在单位和家属,但有可能毁灭、伪造证据,干扰证人作证或者串供等有碍调查情形的除外。有碍调查的情形消失后,应当立即通知被留置人员所在单位和家属。

监察机关应当保障被留置人员的饮食、休息和安全,提供医疗服务。讯问被留置人员应当合理安排讯问时间和时长,讯问笔录由被讯问人阅看后签名。

被留置人员涉嫌犯罪移送司法机关后,被依法判处管制、拘役和有期徒刑的,留置一日折抵管制二日,折抵拘役、有期徒刑一日。

第四十五条 监察机关根据监督、调查结果,依法作出如下处置:

(一)对有职务违法行为但情节较轻的公职人员,按照管理权限,直接或者委托有关机关、人员,进行谈话提醒、批评教育、责令检查,或者予以诫勉;

(二)对违法的公职人员依照法定程序作出警告、记过、记大过、降级、撤职、开除等政务处分决定;

(三)对不履行或者不正确履行职责负有责任的领导人员,按照管理权限对其直接作出问责决定,或者向有权作出问责决定的机关提出问责建议;

(四)对涉嫌职务犯罪的,监察机关经调查认为犯罪事实清楚,证据确实、充分的,制作起诉意见书,连同案卷材料、证据一并移送人民检察院依法审查、提起公诉;

(五)对监察对象所在单位廉政建设和履行职责存在的问题等提出监察建议。

监察机关经调查,对没有证据证明被调查人存在违法犯罪行为的,应当撤销案件,并通知被调查人所在单位。

第四十六条　监察机关经调查，对违法取得的财物，依法予以没收、追缴或者责令退赔；对涉嫌犯罪取得的财物，应当随案移送人民检察院。

第四十七条　对监察机关移送的案件，人民检察院依照《中华人民共和国刑事诉讼法》对被调查人采取强制措施。

人民检察院经审查，认为犯罪事实已经查清，证据确实、充分，依法应当追究刑事责任的，应当作出起诉决定。

人民检察院经审查，认为需要补充核实的，应当退回监察机关补充调查，必要时可以自行补充侦查。对于补充调查的案件，应当在一个月内补充调查完毕。补充调查以二次为限。

人民检察院对于有《中华人民共和国刑事诉讼法》规定的不起诉的情形的，经上一级人民检察院批准，依法作出不起诉的决定。监察机关认为不起诉的决定有错误的，可以向上一级人民检察院提请复议。

第四十八条　监察机关在调查贪污贿赂、失职渎职等职务犯罪案件过程中，被调查人逃匿或者死亡，有必要继续调查的，经省级以上监察机关批准，应当继续调查并作出结论。被调查人逃匿，在通缉一年后不能到案，或者死亡的，由监察机关提请人民检察院依照法定程序，向人民法院提出没收违法所得的申请。

第四十九条　监察对象对监察机关作出的涉及本人的处理决定不服的，可以在收到处理决定之日起一个月内，向作出决定的监察机关申请复审，复审机关应当在一个月内作出复审决定；监察对象对复审决定仍不服的，可以在收到复审决定之日起一个月内，向上一级监察机关申请复核，复核机关应当在二个月内作出复核决定。复审、复核期间，不停止原处理决定的执行。复核机关经审查，认定处理决定有错误的，原处理机关应当及时予以纠正。

第六章　反腐败国际合作

第五十条　国家监察委员会统筹协调与其他国家、地区、国际组织开展的反腐败国际交流、合作，组织反腐败国际条约实施工作。

第五十一条　国家监察委员会组织协调有关方面加强与有关国家、地区、国际组织在反腐败执法、引渡、司法协助、被判刑人的移管、资产追回和信息交流等领域的合作。

第五十二条　国家监察委员会加强对反腐败国际追逃追赃和防逃工作的组织协调，督促有关单位做好相关工作：

（一）对于重大贪污贿赂、失职渎职等职务犯罪案件，被调查人逃匿到国（境）外，掌握证据比较确凿的，通过开展境外追逃合作，追捕归案；

（二）向赃款赃物所在国请求查询、冻结、扣押、没收、追缴、返还涉案资产；

（三）查询、监控涉嫌职务犯罪的公职人员及其相关人员进出国（境）和跨境资金流动情况，在调查案件过程中设置防逃程序。

第七章　对监察机关和监察人员的监督

第五十三条　各级监察委员会应当接受本级人民代表大会及其常务委员会的监督。

各级人民代表大会常务委员会听取和审议本级监察委员会的专项工作报告，组织执法检查。

县级以上各级人民代表大会及其常务委员会举行会议时，人民代表大会代表或者常务委员会组成人员可以依照法律规定的程序，就监察工作中的有关问题提出询问或者质询。

第五十四条　监察机关应当依法公开监察工作信息，接受民主监督、社会监督、舆论监督。

第五十五条　监察机关通过设立内部专门的监督机构等方式，加强对监察人员执行职务和遵守法律情况的监督，建设忠诚、干净、担当的监察队伍。

第五十六条 监察人员必须模范遵守宪法和法律，忠于职守、秉公执法，清正廉洁、保守秘密；必须具有良好的政治素质，熟悉监察业务，具备运用法律、法规、政策和调查取证等能力，自觉接受监督。

第五十七条 对于监察人员打听案情、过问案件、说情干预的，办理监察事项的监察人员应当及时报告。有关情况应当登记备案。

发现办理监察事项的监察人员未经批准接触被调查人、涉案人员及其特定关系人，或者存在交往情形的，知情人应当及时报告。有关情况应当登记备案。

第五十八条 办理监察事项的监察人员有下列情形之一的，应当自行回避，监察对象、检举人及其他有关人员也有权要求其回避：

（一）是监察对象或者检举人的近亲属的；

（二）担任过本案的证人的；

（三）本人或者其近亲属与办理的监察事项有利害关系的；

（四）有可能影响监察事项公正处理的其他情形的。

第五十九条 监察机关涉密人员离岗离职后，应当遵守脱密期管理规定，严格履行保密义务，不得泄露相关秘密。

监察人员辞职、退休三年内，不得从事与监察和司法工作相关联且可能发生利益冲突的职业。

第六十条 监察机关及其工作人员有下列行为之一的，被调查人及其近亲属有权向该机关申诉：

（一）留置法定期限届满，不予以解除的；

（二）查封、扣押、冻结与案件无关的财物的；

（三）应当解除查封、扣押、冻结措施而不解除的；

（四）贪污、挪用、私分、调换以及违反规定使用查封、扣押、冻结的财物的；

（五）其他违反法律法规、侵害被调查人合法权益的行为。

受理申诉的监察机关应当在受理申诉之日起一个月内作出处理决定。申诉人对处理决定不服的，可以在收到处理决定之日起一个月内向上一级监察机关申请复查，上一级监察机关应当在收到复查申请之日起二个月内作出处理决定，情况属实的，及时予以纠正。

第六十一条 对调查工作结束后发现立案依据不充分或者失实，案件处置出现重大失误，监察人员严重违法的，应当追究负有责任的领导人员和直接责任人员的责任。

第八章 法律责任

第六十二条 有关单位拒不执行监察机关作出的处理决定，或者无正当理由拒不采纳监察建议的，由其主管部门、上级机关责令改正，对单位给予通报批评；对负有责任的领导人员和直接责任人员依法给予处理。

第六十三条 有关人员违反本法规定，有下列行为之一的，由其所在单位、主管部门、上级机关或者监察机关责令改正，依法给予处理：

（一）不按要求提供有关材料，拒绝、阻碍调查措施实施等拒不配合监察机关调查的；

（二）提供虚假情况，掩盖事实真相的；

（三）串供或者伪造、隐匿、毁灭证据的；

（四）阻止他人揭发检举、提供证据的；

（五）其他违反本法规定的行为，情节严重的。

第六十四条 监察对象对控告人、检举人、证人或者监察人员进行报复陷害的；控告人、检举人、证人捏造事实诬告陷害监察对象的，依法给予处理。

第六十五条 监察机关及其工作人员有下列行为之一的,对负有责任的领导人员和直接责任人员依法给予处理:

(一)未经批准、授权处置问题线索,发现重大案情隐瞒不报,或者私自留存、处理涉案材料的;

(二)利用职权或者职务上的影响干预调查工作、以案谋私的;

(三)违法窃取、泄露调查工作信息,或者泄露举报事项、举报受理情况以及举报人信息的;

(四)对被调查人或者涉案人员逼供、诱供,或者侮辱、打骂、虐待、体罚或者变相体罚的;

(五)违反规定处置查封、扣押、冻结的财物的;

(六)违反规定发生办案安全事故,或者发生安全事故后隐瞒不报、报告失实、处置不当的;

(七)违反规定采取留置措施的;

(八)违反规定限制他人出境,或者不按规定解除出境限制的;

(九)其他滥用职权、玩忽职守、徇私舞弊的行为。

第六十六条 违反本法规定,构成犯罪的,依法追究刑事责任。

第六十七条 监察机关及其工作人员行使职权,侵犯公民、法人和其他组织的合法权益造成损害的,依法给予国家赔偿。

第九章 附 则

第六十八条 中国人民解放军和中国人民武装警察部队开展监察工作,由中央军事委员会根据本法制定具体规定。

第六十九条 本法自公布之日起施行。《中华人民共和国行政监察法》同时废止。

中华人民共和国公务员法

(2005年4月27日第十届全国人民代表大会常务委员会第十五次会议通过 根据2017年9月1日第十二届全国人民代表大会常务委员会第二十九次会议《关于修改〈中华人民共和国法官法〉等八部法律的决定》修正)

第一章 总 则

第一条 为了规范公务员的管理,保障公务员的合法权益,加强对公务员的监督,建设高素质的公务员队伍,促进勤政廉政,提高工作效能,根据宪法,制定本法。

第二条 本法所称公务员,是指依法履行公职、纳入国家行政编制、由国家财政负担工资福利的工作人员。

第三条 公务员的义务、权利和管理,适用本法。

法律对公务员中的领导成员的产生、任免、监督以及法官、检察官等的义务、权利和管理另有规定的,从其规定。

第四条 公务员制度坚持以马克思列宁主义、毛泽东思想、邓小平理论和“三个代表”重要思想为指导,贯彻社会主义初级阶段的基本路线,贯彻中国共产党的干部路线和方针,坚持党管干部原则。

第五条 公务员的管理,坚持公开、平等、竞争、择优的原则,依照法定的权限、条件、标准和程序进行。

第六条 公务员的管理,坚持监督约束与激励保障并重的原则。

第七条 公务员的任用,坚持任人唯贤、德才兼备的原则,注重工作实绩。

第八条 国家对公务员实行分类管理，提高管理效能和科学化水平。

第九条 公务员依法履行职务的行为，受法律保护。

第十条 中央公务员主管部门负责全国公务员的综合管理工作。县级以上地方各级公务员主管部门负责本辖区内公务员的综合管理工作。上级公务员主管部门指导下级公务员主管部门的公务员管理工作。各级公务员主管部门指导同级各机关的公务员管理工作。

第二章 公务员的条件、义务与权利

第十一条 公务员应当具备下列条件：

（一）具有中华人民共和国国籍；

（二）年满十八周岁；

（三）拥护中华人民共和国宪法；

（四）具有良好的品行；

（五）具有正常履行职责的身体条件；

（六）具有符合职位要求的文化程度和工作能力；

（七）法律规定的其他条件。

第十二条 公务员应当履行下列义务：

（一）模范遵守宪法和法律；

（二）按照规定的权限和程序认真履行职责，努力提高工作效率；

（三）全心全意为人民服务，接受人民监督；

（四）维护国家的安全、荣誉和利益；

（五）忠于职守，勤勉尽责，服从和执行上级依法作出的决定和命令；

（六）保守国家秘密和工作秘密；

（七）遵守纪律，恪守职业道德，模范遵守社会公德；

（八）清正廉洁，公道正派；

（九）法律规定的其他义务。

第十三条 公务员享有下列权利：

（一）获得履行职责应当具有的工作条件；

（二）非因法定事由、非经法定程序，不被免职、降职、辞退或者处分；

（三）获得工资报酬，享受福利、保险待遇；

（四）参加培训；

（五）对机关工作和领导人员提出批评和建议；

（六）提出申诉和控告；

（七）申请辞职；

（八）法律规定的其他权利。

第三章 职务与级别

第十四条 国家实行公务员职位分类制度。

公务员职位类别按照公务员职位的性质、特点和管理需要，划分为综合管理类、专业技术类和行政执法类等类别。国务院根据本法，对于具有职位特殊性，需要单独管理的，可以增设其他职位类别。各职位类别的适用范围由国家另行规定。

第十五条 国家根据公务员职位类别设置公务员职务序列。

第十六条 公务员职务分为领导职务和非领导职务。

领导职务层次分为:国家级正职、国家级副职、省部级正职、省部级副职、厅局级正职、厅局级副职、县处级正职、县处级副职、乡科级正职、乡科级副职。

非领导职务层次在厅局级以下设置。

第十七条 综合管理类的领导职务根据宪法、有关法律、职务层次和机构规格设置确定。

综合管理类的非领导职务分为:巡视员、副巡视员、调研员、副调研员、主任科员、副主任科员、科员、办事员。

综合管理类以外其他职位类别公务员的职务序列,根据本法由国家另行规定。

第十八条 各机关依照确定的职能、规格、编制限额、职数以及结构比例,设置本机关公务员的具体职位,并确定各职位的工作职责和任职资格条件。

第十九条 公务员的职务应当对应相应的级别。公务员职务与级别的对应关系,由国务院规定。

公务员的职务与级别是确定公务员工资及其他待遇的依据。

公务员的级别根据所任职务及其德才表现、工作实绩和资历确定。公务员在同一职务上,可以按照国家规定晋升级别。

第二十条 国家根据人民警察以及海关、驻外外交机构公务员的工作特点,设置与其职务相对应的衔级。

第四章 录 用

第二十一条 录用担任主任科员以下及其他相当职务层次的非领导职务公务员,采取公开考试、严格考察、平等竞争、择优录取的办法。

民族自治地方依照前款规定录用公务员时,依照法律和有关规定对少数民族报考者予以适当照顾。

第二十二条 中央机关及其直属机构公务员的录用,由中央公务员主管部门负责组织。地方各级机关公务员的录用,由省级公务员主管部门负责组织,必要时省级公务员主管部门可以授权设区的市级公务员主管部门组织。

第二十三条 报考公务员,除应当具备本法第十一条规定的条件外,还应当具备省级以上公务员主管部门规定的拟任职位所要求的资格条件。

国家对行政机关中初次从事行政处罚决定审核、行政复议、行政裁决、法律顾问的公务员实行统一法律职业资格考试制度,由国务院司法行政部门商有关部门组织实施。

第二十四条 下列人员不得录用为公务员:

(一)曾因犯罪受过刑事处罚的;

(二)曾被开除公职的;

(三)有法律规定不得录用为公务员的其他情形的。

第二十五条 录用公务员,必须在规定的编制限额内,并有相应的职位空缺。

第二十六条 录用公务员,应当发布招考公告。招考公告应当载明招考的职位、名额、报考资格条件、报考需要提交的申请材料以及其他报考须知事项。

招录机关应当采取措施,便利公民报考。

第二十七条 招录机关根据报考资格条件对报考申请进行审查。报考者提交的申请材料应当真实、准确。

第二十八条 公务员录用考试采取笔试和面试的方式进行,考试内容根据公务员应当具备的基本能力和不同职位类别分别设置。

第二十九条 招录机关根据考试成绩确定考察人选,并对其进行报考资格复审、考察和体检。

体检的项目和标准根据职位要求确定。具体办法由中央公务员主管部门会同国务院卫生行政部门规定。

第三十条 招录机关根据考试成绩、考察情况和体检结果，提出拟录用人员名单，并予以公示。

公示期满，中央一级招录机关将拟录用人员名单报中央公务员主管部门备案；地方各级招录机关将拟录用人员名单报省级或者设区的市级公务员主管部门审批。

第三十一条 录用特殊职位的公务员，经省级以上公务员主管部门批准，可以简化程序或者采用其他测评办法。

第三十二条 新录用的公务员试用期为一年。试用期满合格的，予以任职；不合格的，取消录用。

第五章 考 核

第三十三条 对公务员的考核，按照管理权限，全面考核公务员的德、能、勤、绩、廉，重点考核工作实绩。

第三十四条 公务员的考核分为平时考核和定期考核。定期考核以平时考核为基础。

第三十五条 对非领导成员公务员的定期考核采取年度考核的方式，先由个人按照职位职责和有关要求进行总结，主管领导在听取群众意见后，提出考核等次建议，由本机关负责人或者授权的考核委员会确定考核等次。

对领导成员的定期考核，由主管机关按照有关规定办理。

第三十六条 定期考核的结果分为优秀、称职、基本称职和不称职四个等次。

定期考核的结果应当以书面形式通知公务员本人。

第三十七条 定期考核的结果作为调整公务员职务、级别、工资以及公务员奖励、培训、辞退的依据。

第六章 职务任免

第三十八条 公务员职务实行选任制和委任制。

领导成员职务按照国家规定实行任期制。

第三十九条 选任制公务员在选举结果生效时即任当选职务；任期届满不再连任，或者任期内辞职、被罢免、被撤职的，其所任职务即终止。

第四十条 委任制公务员遇有试用期满考核合格、职务发生变化、不再担任公务员职务以及其他情形需要任免职务的，应当按照管理权限和规定的程序任免其职务。

第四十一条 公务员任职必须在规定的编制限额和职数内进行，并有相应的职位空缺。

第四十二条 公务员因工作需要在机关外兼职，应当经有关机关批准，并不得领取兼职报酬。

第七章 职务升降

第四十三条 公务员晋升职务，应当具备拟任职务所要求的思想政治素质、工作能力、文化程度和任职经历等方面的条件和资格。

公务员晋升职务，应当逐级晋升。特别优秀的或者工作特殊需要的，可以按照规定破格或者越一级晋升职务。

第四十四条 公务员晋升领导职务，按照下列程序办理：

（一）民主推荐，确定考察对象；

（二）组织考察，研究提出任职建议方案，并根据需要在一定范围内进行酝酿；

（三）按照管理权限讨论决定；

（四）按照规定履行任职手续。

公务员晋升非领导职务，参照前款规定的程序办理。

第四十五条 机关内设机构厅局级正职以下领导职务出现空缺时，可以在本机关或者本系统内通过竞争上岗的方式，产生任职人选。

厅局级正职以下领导职务或者副调研员以上及其他相当职务层次的非领导职务出现空缺，可以面向社会公开选拔，产生任职人选。

确定初任法官、初任检察官的任职人选，可以面向社会，从通过国家统一法律职业资格考试取得法律职业资格的人员中公开选拔。

第四十六条 公务员晋升领导职务的，应当按照有关规定实行任职前公示制度和任职试用期制度。

第四十七条 公务员在定期考核中被确定为不称职的，按照规定程序降低一个职务层次任职。

第八章 奖 励

第四十八条 对工作表现突出，有显著成绩和贡献，或者有其他突出事迹的公务员或者公务员集体，给予奖励。奖励坚持精神奖励与物质奖励相结合、以精神奖励为主的原则。

公务员集体的奖励适用于按照编制序列设置的机构或者为完成专项任务组成的工作集体。

第四十九条 公务员或者公务员集体有下列情形之一的，给予奖励：

（一）忠于职守，积极工作，成绩显著的；

（二）遵守纪律，廉洁奉公，作风正派，办事公道，模范作用突出的；

（三）在工作中有发明创造或者提出合理化建议，取得显著经济效益或者社会效益的；

（四）为增进民族团结、维护社会稳定做出突出贡献的；

（五）爱护公共财产，节约国家资财有突出成绩的；

（六）防止或者消除事故有功，使国家和人民群众利益免受或者减少损失的；

（七）在抢险、救灾等特定环境中奋不顾身，做出贡献的；

（八）同违法违纪行为作斗争有功绩的；

（九）在对外交往中为国家争得荣誉和利益的；

（十）有其他突出功绩的。

第五十条 奖励分为：嘉奖、记三等功、记二等功、记一等功、授予荣誉称号。

对受奖励的公务员或者公务员集体予以表彰，并给予一次性奖金或者其他待遇。

第五十一条 给予公务员或者公务员集体奖励，按照规定的权限和程序决定或者审批。

第五十二条 公务员或者公务员集体有下列情形之一的，撤销奖励：

（一）弄虚作假，骗取奖励的；

（二）申报奖励时隐瞒严重错误或者严重违反规定程序的；

（三）有法律、法规规定应当撤销奖励的其他情形的。

第九章 惩 戒

第五十三条 公务员必须遵守纪律，不得有下列行为：

（一）散布有损国家声誉的言论，组织或者参加旨在反对国家的集会、游行、示威等活动；

（二）组织或者参加非法组织，组织或者参加罢工；

（三）玩忽职守，贻误工作；

（四）拒绝执行上级依法作出的决定和命令；

（五）压制批评，打击报复；

（六）弄虚作假，误导、欺骗领导和公众；

（七）贪污、行贿、受贿，利用职务之便为自己或者他人谋取私利；

（八）违反财经纪律，浪费国家资财；

（九）滥用职权，侵害公民、法人或者其他组织的合法权益；

（十）泄露国家秘密或者工作秘密；

（十一）在对外交往中损害国家荣誉和利益；

（十二）参与或者支持色情、吸毒、赌博、迷信等活动；

（十三）违反职业道德、社会公德；

（十四）从事或者参与营利性活动，在企业或者其他营利性组织中兼任职务；

（十五）旷工或者因公外出、请假期满无正当理由逾期不归；

（十六）违反纪律的其他行为。

第五十四条 公务员执行公务时，认为上级的决定或者命令有错误的，可以向上级提出改正或者撤销该决定或者命令的意见；上级不改变该决定或者命令，或者要求立即执行的，公务员应当执行该决定或者命令，执行的后果由上级负责，公务员不承担责任；但是，公务员执行明显违法的决定或者命令的，应当依法承担相应的责任。

第五十五条 公务员因违法违纪应当承担纪律责任的，依照本法给予处分；违纪行为情节轻微，经批评教育后改正的，可以免予处分。

第五十六条 处分分为：警告、记过、记大过、降级、撤职、开除。

第五十七条 对公务员的处分，应当事实清楚、证据确凿、定性准确、处理恰当、程序合法、手续完备。

公务员违纪的，应当由处分决定机关决定对公务员违纪的情况进行调查，并将调查认定的事实及拟给予处分的依据告知公务员本人。公务员有权进行陈述和申辩。

处分决定机关认为对公务员应当给予处分的，应当在规定的期限内，按照管理权限和规定的程序作出处分决定。处分决定应当以书面形式通知公务员本人。

第五十八条 公务员在受处分期间不得晋升职务和级别，其中受记过、记大过、降级、撤职处分的，不得晋升工资档次。

受处分的期间为：警告，六个月；记过，十二个月；记大过，十八个月；降级、撤职，二十四个月。

受撤职处分的，按照规定降低级别。

第五十九条 公务员受开除以外的处分，在受处分期间有悔改表现，并且没有再发生违纪行为的，处分期满后，由处分决定机关解除处分并以书面形式通知本人。

解除处分后，晋升工资档次、级别和职务不再受原处分的影响。但是，解除降级、撤职处分的，不视为恢复原级别、原职务。

第十章　培　　训

第六十条 机关根据公务员工作职责的要求和提高公务员素质的需要，对公务员进行分级分类培训。

国家建立专门的公务员培训机构。机关根据需要也可以委托其他培训机构承担公务员培训任务。

第六十一条 机关对新录用人员应当在试用期内进行初任培训；对晋升领导职务的公务员应当在任职前或者任职后一年内进行任职培训；对从事专项工作的公务员应当进行专门业务培训；对全体公务员应当进行更新知识、提高工作能力的在职培训，其中对担任专业技术职务的公务员，应当按照专业技术人员继续教育的要求，进行专业技术培训。

国家有计划地加强对后备领导人员的培训。

第六十二条 公务员的培训实行登记管理。

公务员参加培训的时间由公务员主管部门按照本法第六十一条规定的培训要求予以确定。

公务员培训情况、学习成绩作为公务员考核的内容和任职、晋升的依据之一。

第十一章 交流与回避

第六十三条 国家实行公务员交流制度。

公务员可以在公务员队伍内部交流，也可以与国有企业事业单位、人民团体和群众团体中从事公务的人员交流。

交流的方式包括调任、转任和挂职锻炼。

第六十四条 国有企业事业单位、人民团体和群众团体中从事公务的人员可以调入机关担任领导职务或者副调研员以上及其他相当职务层次的非领导职务。调任人选应当具备本法第十一条规定的条件和拟任职位所要求的资格条件，并不得有本法第二十四条规定的情形。调任机关应当根据上述规定，对调任人选进行严格考察，并按照管理权限审批，必要时可以对调任人选进行考试。

第六十五条 公务员在不同职位之间转任应当具备拟任职位所要求的资格条件，在规定的编制限额和职数内进行。

对省部级正职以下的领导成员应当有计划、有重点地实行跨地区、跨部门转任。

对担任机关内设机构领导职务和工作性质特殊的非领导职务的公务员，应当有计划地在本机关内转任。

第六十六条 根据培养锻炼公务员的需要，可以选派公务员到下级机关或者上级机关、其他地区机关以及国有企业事业单位挂职锻炼。

公务员在挂职锻炼期间，不改变与原机关的人事关系。

第六十七条 公务员应当服从机关的交流决定。

公务员本人申请交流的，按照管理权限审批。

第六十八条 公务员之间有夫妻关系、直系血亲关系、三代以内旁系血亲关系以及近姻亲关系的，不得在同一机关担任双方直接隶属于同一领导人员的职务或者有直接上下级领导关系的职务，也不得在其中一方担任领导职务的机关从事组织、人事、纪检、监察、审计和财务工作。

因地域或者工作性质特殊，需要变通执行任职回避的，由省级以上公务员主管部门规定。

第六十九条 公务员担任乡级机关、县级机关及其有关部门主要领导职务的，应当实行地域回避，法律另有规定的除外。

第七十条 公务员执行公务时，有下列情形之一的，应当回避：

（一）涉及本人利害关系的；

（二）涉及与本人有本法第六十八条第一款所列亲属关系人员的利害关系的；

（三）其他可能影响公正执行公务的。

第七十一条 公务员有应当回避情形的，本人应当申请回避；利害关系人有权申请公务员回避。其他人员可以向机关提供公务员需要回避的情况。

机关根据公务员本人或者利害关系人的申请，经审查后作出是否回避的决定，也可以不经申请直接作出回避决定。

第七十二条 法律对公务员回避另有规定的，从其规定。

第十二章 工资福利保险

第七十三条 公务员实行国家统一的职务与级别相结合的工资制度。

公务员工资制度贯彻按劳分配的原则，体现工作职责、工作能力、工作实绩、资历等因素，保持不同职务、级别之间的合理工资差距。

国家建立公务员工资的正常增长机制。

第七十四条 公务员工资包括基本工资、津贴、补贴和奖金。

公务员按照国家规定享受地区附加津贴、艰苦边远地区津贴、岗位津贴等津贴。

公务员按照国家规定享受住房、医疗等补贴、补助。

公务员在定期考核中被确定为优秀、称职的，按照国家规定享受年终奖金。

公务员工资应当按时足额发放。

第七十五条 公务员的工资水平应当与国民经济发展相协调、与社会进步相适应。

国家实行工资调查制度，定期进行公务员和企业相当人员工资水平的调查比较，并将工资调查比较结果作为调整公务员工资水平的依据。

第七十六条 公务员按照国家规定享受福利待遇。国家根据经济社会发展水平提高公务员的福利待遇。

公务员实行国家规定的工时制度，按照国家规定享受休假。公务员在法定工作日之外加班的，应当给予相应的补休。

第七十七条 国家建立公务员保险制度，保障公务员在退休、患病、工伤、生育、失业等情况下获得帮助和补偿。

公务员因公致残的，享受国家规定的伤残待遇。公务员因公牺牲、因公死亡或者病故的，其亲属享受国家规定的抚恤和优待。

第七十八条 任何机关不得违反国家规定自行更改公务员工资、福利、保险政策，擅自提高或者降低公务员的工资、福利、保险待遇。任何机关不得扣减或者拖欠公务员的工资。

第七十九条 公务员工资、福利、保险、退休金以及录用、培训、奖励、辞退等所需经费，应当列入财政预算，予以保障。

第十三章 辞职辞退

第八十条 公务员辞去公职，应当向任免机关提出书面申请。任免机关应当自接到申请之日起三十日内予以审批，其中对领导成员辞去公职的申请，应当自接到申请之日起九十日内予以审批。

第八十一条 公务员有下列情形之一的，不得辞去公职：

（一）未满国家规定的最低服务年限的；

（二）在涉及国家秘密等特殊职位任职或者离开上述职位不满国家规定的脱密期限的；

（三）重要公务尚未处理完毕，且须由本人继续处理的；

（四）正在接受审计、纪律审查，或者涉嫌犯罪，司法程序尚未终结的；

（五）法律、行政法规规定的其他不得辞去公职的情形。

第八十二条 担任领导职务的公务员，因工作变动依照法律规定需要辞去现任职务的，应当履行辞职手续。

担任领导职务的公务员，因个人或者其他原因，可以自愿提出辞去领导职务。

领导成员因工作严重失误、失职造成重大损失或者恶劣社会影响的，或者对重大事故负有领导责任的，应当引咎辞去领导职务。

领导成员应当引咎辞职或者因其他原因不再适合担任现任领导职务，本人不提出辞职的，应当责令其辞去领导职务。

第八十三条 公务员有下列情形之一的，予以辞退：

（一）在年度考核中，连续两年被确定为不称职的；

（二）不胜任现职工作，又不接受其他安排的；

（三）因所在机关调整、撤销、合并或者缩减编制员额需要调整工作，本人拒绝合理安排的；

（四）不履行公务员义务，不遵守公务员纪律，经教育仍无转变，不适合继续在机关工作，又不宜给予开除处分的；

（五）旷工或者因公外出、请假期满无正当理由逾期不归连续超过十五天，或者一年内累计超过三十天的。

第八十四条 对有下列情形之一的公务员，不得辞退：

（一）因公致残，被确认丧失或者部分丧失工作能力的；

（二）患病或者负伤，在规定的医疗期内的；

（三）女性公务员在孕期、产假、哺乳期内的；

（四）法律、行政法规规定的其他不得辞退的情形。

第八十五条 辞退公务员，按照管理权限决定。辞退决定应当以书面形式通知被辞退的公务员。

被辞退的公务员，可以领取辞退费或者根据国家有关规定享受失业保险。

第八十六条 公务员辞职或者被辞退，离职前应当办理公务交接手续，必要时按照规定接受审计。

第十四章 退　　休

第八十七条 公务员达到国家规定的退休年龄或者完全丧失工作能力的，应当退休。

第八十八条 公务员符合下列条件之一的，本人自愿提出申请，经任免机关批准，可以提前退休：

（一）工作年限满三十年的；

（二）距国家规定的退休年龄不足五年，且工作年限满二十年的；

（三）符合国家规定的可以提前退休的其他情形的。

第八十九条 公务员退休后，享受国家规定的退休金和其他待遇，国家为其生活和健康提供必要的服务和帮助，鼓励发挥个人专长，参与社会发展。

第十五章 申诉控告

第九十条 公务员对涉及本人的下列人事处理不服的，可以自知道该人事处理之日起三十日内向原处理机关申请复核；对复核结果不服的，可以自接到复核决定之日起十五日内，按照规定向同级公务员主管部门或者作出该人事处理的机关的上一级机关提出申诉；也可以不经复核，自知道该人事处理之日起三十日内直接提出申诉：

（一）处分；

（二）辞退或者取消录用；

（三）降职；

（四）定期考核定为不称职；

（五）免职；

（六）申请辞职、提前退休未予批准；

（七）未按规定确定或者扣减工资、福利、保险待遇；

（八）法律、法规规定可以申诉的其他情形。

对省级以下机关作出的申诉处理决定不服的，可以向作出处理决定的上一级机关提出再申诉。

行政机关公务员对处分不服向行政监察机关申诉的,按照《中华人民共和国行政监察法》的规定办理。

第九十一条 原处理机关应当自接到复核申请书后的三十日内作出复核决定。受理公务员申诉的机关应当自受理之日起六十日内作出处理决定;案情复杂的,可以适当延长,但是延长时间不得超过三十日。

复核、申诉期间不停止人事处理的执行。

第九十二条 公务员申诉的受理机关审查认定人事处理有错误的,原处理机关应当及时予以纠正。

第九十三条 公务员认为机关及其领导人员侵犯其合法权益的,可以依法向上级机关或者有关的专门机关提出控告。受理控告的机关应当按照规定及时处理。

第九十四条 公务员提出申诉、控告,不得捏造事实,诬告、陷害他人。

第十六章 职位聘任

第九十五条 机关根据工作需要,经省级以上公务员主管部门批准,可以对专业性较强的职位和辅助性职位实行聘任制。

前款所列职位涉及国家秘密的,不实行聘任制。

第九十六条 机关聘任公务员可以参照公务员考试录用的程序进行公开招聘,也可以从符合条件的人员中直接选聘。

机关聘任公务员应当在规定的编制限额和工资经费限额内进行。

第九十七条 机关聘任公务员,应当按照平等自愿、协商一致的原则,签订书面的聘任合同,确定机关与所聘公务员双方的权利、义务。聘任合同经双方协商一致可以变更或者解除。

聘任合同的签订、变更或者解除,应当报同级公务员主管部门备案。

第九十八条 聘任合同应当具备合同期限,职位及其职责要求,工资、福利、保险待遇,违约责任等条款。

聘任合同期限为一年至五年。聘任合同可以约定试用期,试用期为一个月至六个月。

聘任制公务员按照国家规定实行协议工资制,具体办法由中央公务员主管部门规定。

第九十九条 机关依据本法和聘任合同对所聘公务员进行管理。

第一百条 国家建立人事争议仲裁制度。

人事争议仲裁应当根据合法、公正、及时处理的原则,依法维护争议双方的合法权益。

人事争议仲裁委员会根据需要设立。人事争议仲裁委员会由公务员主管部门的代表、聘用机关的代表、聘任制公务员的代表以及法律专家组成。

聘任制公务员与所在机关之间因履行聘任合同发生争议的,可以自争议发生之日起六十日内向人事争议仲裁委员会申请仲裁。当事人对仲裁裁决不服的,可以自接到仲裁裁决书之日起十五日内向人民法院提起诉讼。仲裁裁决生效后,一方当事人不履行的,另一方当事人可以申请人民法院执行。

第十七章 法律责任

第一百零一条 对有下列违反本法规定情形的,由县级以上领导机关或者公务员主管部门按照管理权限,区别不同情况,分别予以责令纠正或者宣布无效;对负有责任的领导人员和直接责任人员,根据情节轻重,给予批评教育或者处分;构成犯罪的,依法追究刑事责任:

(一)不按编制限额、职数或者任职资格条件进行公务员录用、调任、转任、聘任和晋升的;

(二)不按规定条件进行公务员奖惩、回避和办理退休的;

（三）不按规定程序进行公务员录用、调任、转任、聘任、晋升、竞争上岗、公开选拔以及考核、奖惩的；

（四）违反国家规定，更改公务员工资、福利、保险待遇标准的；

（五）在录用、竞争上岗、公开选拔中发生泄露试题、违反考场纪律以及其他严重影响公开、公正的；

（六）不按规定受理和处理公务员申诉、控告的；

（七）违反本法规定的其他情形的。

第一百零二条 公务员辞去公职或者退休的，原系领导成员的公务员在离职三年内，其他公务员在离职两年内，不得到与原工作业务直接相关的企业或者其他营利性组织任职，不得从事与原工作业务直接相关的营利性活动。

公务员辞去公职或者退休后有违反前款规定行为的，由其原所在机关的同级公务员主管部门责令限期改正；逾期不改正的，由县级以上工商行政管理部门没收该人员从业期间的违法所得，责令接收单位将该人员予以清退，并根据情节轻重，对接收单位处以被处罚人员违法所得一倍以上五倍以下的罚款。

第一百零三条 机关因错误的具体人事处理对公务员造成名誉损害的，应当赔礼道歉、恢复名誉、消除影响；造成经济损失的，应当依法给予赔偿。

第一百零四条 公务员主管部门的工作人员，违反本法规定，滥用职权、玩忽职守、徇私舞弊，构成犯罪的，依法追究刑事责任；尚不构成犯罪的，给予处分。

第十八章 附 则

第一百零五条 本法所称领导成员，是指机关的领导人员，不包括机关内设机构担任领导职务的人员。

第一百零六条 法律、法规授权的具有公共事务管理职能的事业单位中除工勤人员以外的工作人员，经批准参照本法进行管理。

第一百零七条 本法自2006年1月1日起施行。全国人民代表大会常务委员会1957年10月23日批准、国务院1957年10月26日公布的《国务院关于国家行政机关工作人员的奖惩暂行规定》、1993年8月14日国务院公布的《国家公务员暂行条例》同时废止。

行政机关公务员处分条例

（2007年4月4日国务院第173次常务会议通过 2007年4月22日中华人民共和国国务院令第495号公布 自2007年6月1日起施行）

第一章 总 则

第一条 为了严肃行政机关纪律，规范行政机关公务员的行为，保证行政机关及其公务员依法履行职责，根据《中华人民共和国公务员法》和《中华人民共和国行政监察法》，制定本条例。

第二条 行政机关公务员违反法律、法规、规章以及行政机关的决定和命令，应当承担纪律责任的，依照本条例给予处分。

法律、其他行政法规、国务院决定对行政机关公务员处分有规定的，依照该法律、行政法规、国务院决定的规定执行；法律、其他行政法规、国务院决定对行政机关公务员应当受到处分的违法违纪行为做了规定，但是未对处分幅度做规定的，适用本条例第三章与其最相类似的条款有关处分幅度的规定。

地方性法规、部门规章、地方政府规章可以补充规定本条例第三章未作规定的应当给予处分的违法违纪行为以及相应的处分幅度。除国务院监察机关、国务院人事部门外,国务院其他部门制定处分规章,应当与国务院监察机关、国务院人事部门联合制定。

除法律、法规、规章以及国务院决定外,行政机关不得以其他形式设定行政机关公务员处分事项。

第三条 行政机关公务员依法履行职务的行为受法律保护,非因法定事由,非经法定程序,不受处分。

第四条 给予行政机关公务员处分,应当坚持公正、公平和教育与惩处相结合的原则。

给予行政机关公务员处分,应当与其违法违纪行为的性质、情节、危害程度相适应。

给予行政机关公务员处分,应当事实清楚、证据确凿、定性准确、处理恰当、程序合法、手续完备。

第五条 行政机关公务员违法违纪涉嫌犯罪的,应当移送司法机关依法追究刑事责任。

第二章 处分的种类和适用

第六条 行政机关公务员处分的种类为:

(一)警告;

(二)记过;

(三)记大过;

(四)降级;

(五)撤职;

(六)开除。

第七条 行政机关公务员受处分的期间为:

(一)警告,6 个月;

(二)记过,12 个月;

(三)记大过,18 个月;

(四)降级、撤职,24 个月。

第八条 行政机关公务员在受处分期间不得晋升职务和级别,其中,受记过、记大过、降级、撤职处分的,不得晋升工资档次;受撤职处分的,应当按照规定降低级别。

第九条 行政机关公务员受开除处分的,自处分决定生效之日起,解除其与单位的人事关系,不得再担任公务员职务。

行政机关公务员受开除以外的处分,在受处分期间有悔改表现,并且没有再发生违法违纪行为的,处分期满后,应当解除处分。解除处分后,晋升工资档次、级别和职务不再受原处分的影响。但是,解除降级、撤职处分的,不视为恢复原级别、原职务。

第十条 行政机关公务员同时有两种以上需要给予处分的行为的,应当分别确定其处分。应当给予的处分种类不同的,执行其中最重的处分;应当给予撤职以下多个相同种类处分的,执行该处分,并在一个处分期以上、多个处分期之和以下,决定处分期。

行政机关公务员在受处分期间受到新的处分的,其处分期为原处分期尚未执行的期限与新处分期限之和。

处分期最长不得超过 48 个月。

第十一条 行政机关公务员 2 人以上共同违法违纪,需要给予处分的,根据各自应当承担的纪律责任,分别给予处分。

第十二条 有下列情形之一的,应当从重处分:

（一）在2人以上的共同违法违纪行为中起主要作用的；
（二）隐匿、伪造、销毁证据的；
（三）串供或者阻止他人揭发检举、提供证据材料的；
（四）包庇同案人员的；
（五）法律、法规、规章规定的其他从重情节。

第十三条 有下列情形之一的，应当从轻处分：
（一）主动交代违法违纪行为的；
（二）主动采取措施，有效避免或者挽回损失的；
（三）检举他人重大违法违纪行为，情况属实的。

第十四条 行政机关公务员主动交代违法违纪行为，并主动采取措施有效避免或者挽回损失的，应当减轻处分。

行政机关公务员违纪行为情节轻微，经过批评教育后改正的，可以免予处分。

第十五条 行政机关公务员有本条例第十二条、第十三条规定情形之一的，应当在本条例第三章规定的处分幅度以内从重或者从轻给予处分。

行政机关公务员有本条例第十四条第一款规定情形的，应当在本条例第三章规定的处分幅度以外，减轻一个处分的档次给予处分。应当给予警告处分，又有减轻处分的情形的，免予处分。

第十六条 行政机关经人民法院、监察机关、行政复议机关或者上级行政机关依法认定有行政违法行为或者其他违法违纪行为，需要追究纪律责任的，对负有责任的领导人员和直接责任人员给予处分。

第十七条 违法违纪的行政机关公务员在行政机关对其作出处分决定前，已经依法被判处刑罚、罢免、免职或者已经辞去领导职务，依法应当给予处分的，由行政机关根据其违法违纪事实，给予处分。

行政机关公务员依法被判处刑罚的，给予开除处分。

第三章 违法违纪行为及其适用的处分

第十八条 有下列行为之一的，给予记大过处分；情节较重的，给予降级或者撤职处分；情节严重的，给予开除处分：
（一）散布有损国家声誉的言论，组织或者参加旨在反对国家的集会、游行、示威等活动的；
（二）组织或者参加非法组织，组织或者参加罢工的；
（三）违反国家的民族宗教政策，造成不良后果的；
（四）以暴力、威胁、贿赂、欺骗等手段，破坏选举的；
（五）在对外交往中损害国家荣誉和利益的；
（六）非法出境，或者违反规定滞留境外不归的；
（七）未经批准获取境外永久居留资格，或者取得外国国籍的；
（八）其他违反政治纪律的行为。

有前款第（六）项规定行为的，给予开除处分；有前款第（一）项、第（二）项或者第（三）项规定的行为，属于不明真相被裹挟参加，经批评教育后确有悔改表现的，可以减轻或者免予处分。

第十九条 有下列行为之一的，给予警告、记过或者记大过处分；情节较重的，给予降级或者撤职处分；情节严重的，给予开除处分：
（一）负有领导责任的公务员违反议事规则，个人或者少数人决定重大事项，或者改变集体作出的重大决定的；
（二）拒绝执行上级依法作出的决定、命令的；

（三）拒不执行机关的交流决定的；

（四）拒不执行人民法院对行政案件的判决、裁定或者监察机关、审计机关、行政复议机关作出的决定的；

（五）违反规定应当回避而不回避，影响公正执行公务，造成不良后果的；

（六）离任、辞职或者被辞退时，拒不办理公务交接手续或者拒不接受审计的；

（七）旷工或者因公外出、请假期满无正当理由逾期不归，造成不良影响的；

（八）其他违反组织纪律的行为。

第二十条 有下列行为之一的，给予记过、记大过处分；情节较重的，给予降级或者撤职处分；情节严重的，给予开除处分：

（一）不依法履行职责，致使可以避免的爆炸、火灾、传染病传播流行、严重环境污染、严重人员伤亡等重大事故或者群体性事件发生的；

（二）发生重大事故、灾害、事件或者重大刑事案件、治安案件，不按规定报告、处理的；

（三）对救灾、抢险、防汛、防疫、优抚、扶贫、移民、救济、社会保险、征地补偿等专项款物疏于管理，致使款物被贪污、挪用，或者毁损、灭失的；

（四）其他玩忽职守、贻误工作的行为。

第二十一条 有下列行为之一的，给予警告或者记过处分；情节较重的，给予记大过或者降级处分；情节严重的，给予撤职处分：

（一）在行政许可工作中违反法定权限、条件和程序设定或者实施行政许可的；

（二）违法设定或者实施行政强制措施的；

（三）违法设定或者实施行政处罚的；

（四）违反法律、法规规定进行行政委托的；

（五）对需要政府、政府部门决定的招标投标、征收征用、城市房屋拆迁、拍卖等事项违反规定办理的。

第二十二条 弄虚作假，误导、欺骗领导和公众，造成不良后果的，给予警告、记过或者记大过处分；情节较重的，给予降级或者撤职处分；情节严重的，给予开除处分。

第二十三条 有贪污、索贿、受贿、行贿、介绍贿赂、挪用公款、利用职务之便为自己或者他人谋取私利、巨额财产来源不明等违反廉政纪律行为的，给予记过或者记大过处分；情节较重的，给予降级或者撤职处分；情节严重的，给予开除处分。

第二十四条 违反财经纪律，挥霍浪费国家资财的，给予警告处分；情节较重的，给予记过或者记大过处分；情节严重的，给予降级或者撤职处分。

第二十五条 有下列行为之一的，给予记过或者记大过处分；情节较重的，给予降级或者撤职处分；情节严重的，给予开除处分：

（一）以殴打、体罚、非法拘禁等方式侵犯公民人身权利的；

（二）压制批评，打击报复，扣压、销毁举报信件，或者向被举报人透露举报情况的；

（三）违反规定向公民、法人或者其他组织摊派或者收取财物的；

（四）妨碍执行公务或者违反规定干预执行公务的；

（五）其他滥用职权，侵害公民、法人或者其他组织合法权益的行为。

第二十六条 泄露国家秘密、工作秘密，或者泄露因履行职责掌握的商业秘密、个人隐私，造成不良后果的，给予警告、记过或者记大过处分；情节较重的，给予降级或者撤职处分；情节严重的，给予开除处分。

第二十七条 从事或者参与营利性活动，在企业或者其他营利性组织中兼任职务的，给予记过或者记大过处分；情节较重的，给予降级或者撤职处分；情节严重的，给予开除处分。

第二十八条 严重违反公务员职业道德,工作作风懈怠、工作态度恶劣,造成不良影响的,给予警告、记过或者记大过处分。

第二十九条 有下列行为之一的,给予警告、记过或者记大过处分;情节较重的,给予降级或者撤职处分;情节严重的,给予开除处分:

(一)拒不承担赡养、抚养、扶养义务的;

(二)虐待、遗弃家庭成员的;

(三)包养情人的;

(四)严重违反社会公德的行为。

有前款第(三)项行为的,给予撤职或者开除处分。

第三十条 参与迷信活动,造成不良影响的,给予警告、记过或者记大过处分;组织迷信活动的,给予降级或者撤职处分,情节严重的,给予开除处分。

第三十一条 吸食、注射毒品或者组织、支持、参与卖淫、嫖娼、色情淫乱活动的,给予撤职或者开除处分。

第三十二条 参与赌博的,给予警告或者记过处分;情节较重的,给予记大过或者降级处分;情节严重的,给予撤职或者开除处分。

为赌博活动提供场所或者其他便利条件的,给予警告、记过或者记大过处分;情节严重的,给予撤职或者开除处分。

在工作时间赌博的,给予记过、记大过或者降级处分;屡教不改的,给予撤职或者开除处分。

挪用公款赌博的,给予撤职或者开除处分。

利用赌博索贿、受贿或者行贿的,依照本条例第二十三条的规定给予处分。

第三十三条 违反规定超计划生育的,给予降级或者撤职处分;情节严重的,给予开除处分。

第四章 处分的权限

第三十四条 对行政机关公务员给予处分,由任免机关或者监察机关(以下统称处分决定机关)按照管理权限决定。

第三十五条 对经全国人民代表大会及其常务委员会决定任命的国务院组成人员给予处分,由国务院决定。其中,拟给予撤职、开除处分的,由国务院向全国人民代表大会提出罢免建议,或者向全国人民代表大会常务委员会提出免职建议。罢免或者免职前,国务院可以决定暂停其履行职务。

第三十六条 对经地方各级人民代表大会及其常务委员会选举或者决定任命的地方各级人民政府领导人员给予处分,由上一级人民政府决定。

拟给予经县级以上地方人民代表大会及其常务委员会选举或者决定任命的县级以上地方人民政府领导人员撤职、开除处分的,应当先由本级人民政府向同级人民代表大会提出罢免建议。其中,拟给予县级以上地方人民政府副职领导人员撤职、开除处分的,也可以向同级人民代表大会常务委员会提出撤销职务的建议。拟给予乡镇人民政府领导人员撤职、开除处分的,应当先由本级人民政府向同级人民代表大会提出罢免建议。罢免或者撤销职务前,上级人民政府可以决定暂停其履行职务;遇有特殊紧急情况,省级以上人民政府认为必要时,也可以对其作出撤职或者开除的处分,同时报告同级人民代表大会常务委员会,并通报下级人民代表大会常务委员会。

第三十七条 对地方各级人民政府工作部门正职领导人员给予处分,由本级人民政府决定。其中,拟给予撤职、开除处分的,由本级人民政府向同级人民代表大会常务委员会提出免职建议。免去职务前,本级人民政府或者上级人民政府可以决定暂停其履行职务。

第三十八条 行政机关公务员违法违纪,已经被立案调查,不宜继续履行职责的,任免机关可以决定暂停其履行职务。

被调查的公务员在违法违纪案件立案调查期间,不得交流、出境、辞去公职或者办理退休手续。

第五章 处分的程序

第三十九条 任免机关对涉嫌违法违纪的行政机关公务员的调查、处理,按照下列程序办理:

(一)经任免机关负责人同意,由任免机关有关部门对需要调查处理的事项进行初步调查;

(二)任免机关有关部门经初步调查认为该公务员涉嫌违法违纪,需要进一步查证的,报任免机关负责人批准后立案;

(三)任免机关有关部门负责对该公务员违法违纪事实做进一步调查,包括收集、查证有关证据材料,听取被调查的公务员所在单位的领导成员、有关工作人员以及所在单位监察机构的意见,向其他有关单位和人员了解情况,并形成书面调查材料,向任免机关负责人报告;

(四)任免机关有关部门将调查认定的事实及拟给予处分的依据告知被调查的公务员本人,听取其陈述和申辩,并对其所提出的事实、理由和证据进行复核,记录在案。被调查的公务员提出的事实、理由和证据成立的,应予采信;

(五)经任免机关领导成员集体讨论,作出对该公务员给予处分、免予处分或者撤销案件的决定;

(六)任免机关应当将处分决定以书面形式通知受处分的公务员本人,并在一定范围内宣布;

(七)任免机关有关部门应当将处分决定归入受处分的公务员本人档案,同时汇集有关材料形成该处分案件的工作档案。

受处分的行政机关公务员处分期满解除处分的程序,参照前款第(五)项、第(六)项和第(七)项的规定办理。

任免机关应当按照管理权限,及时将处分决定或者解除处分决定报公务员主管部门备案。

第四十条 监察机关对违法违纪的行政机关公务员的调查、处理,依照《中华人民共和国行政监察法》规定的程序办理。

第四十一条 对行政机关公务员违法违纪案件进行调查,应当由2名以上办案人员进行;接受调查的单位和个人应当如实提供情况。

严禁以暴力、威胁、引诱、欺骗等非法方式收集证据;非法收集的证据不得作为定案的依据。

第四十二条 参与行政机关公务员违法违纪案件调查、处理的人员有下列情形之一的,应当提出回避申请;被调查的公务员以及与案件有利害关系的公民、法人或者其他组织有权要求其回避:

(一)与被调查的公务员是近亲属关系的;

(二)与被调查的案件有利害关系的;

(三)与被调查的公务员有其他关系,可能影响案件公正处理的。

第四十三条 处分决定机关负责人的回避,由处分决定机关的上一级行政机关负责人决定;其他违法违纪案件调查、处理人员的回避,由处分决定机关负责人决定。

处分决定机关或者处分决定机关的上一级行政机关,发现违法违纪案件调查、处理人员有应当回避的情形,可以直接决定该人员回避。

第四十四条 给予行政机关公务员处分,应当自批准立案之日起6个月内作出决定;案情复杂或者遇有其他特殊情形的,办案期限可以延长,但是最长不得超过12个月。

第四十五条 处分决定应当包括下列内容:

(一)被处分人员的姓名、职务、级别、工作单位等基本情况;

(二)经查证的违法违纪事实;

(三)处分的种类和依据;

（四）不服处分决定的申诉途径和期限；

（五）处分决定机关的名称、印章和作出决定的日期。

解除处分决定除包括前款第（一）项、第（二）项和第（五）项规定的内容外，还应当包括原处分的种类和解除处分的依据，以及受处分的行政机关公务员在受处分期间的表现情况。

第四十六条 处分决定、解除处分决定自作出之日起生效。

第四十七条 行政机关公务员受到开除处分后，有新工作单位的，其本人档案转由新工作单位管理；没有新工作单位的，其本人档案转由其户籍所在地人事部门所属的人才服务机构管理。

第六章 不服处分的申诉

第四十八条 受到处分的行政机关公务员对处分决定不服的，依照《中华人民共和国公务员法》和《中华人民共和国行政监察法》的有关规定，可以申请复核或者申诉。

复核、申诉期间不停止处分的执行。

行政机关公务员不因提出复核、申诉而被加重处分。

第四十九条 有下列情形之一的，受理公务员复核、申诉的机关应当撤销处分决定，重新作出决定或者责令原处分决定机关重新作出决定：

（一）处分所依据的违法违纪事实证据不足的；

（二）违反法定程序，影响案件公正处理的；

（三）作出处分决定超越职权或者滥用职权的。

第五十条 有下列情形之一的，受理公务员复核、申诉的机关应当变更处分决定，或者责令原处分决定机关变更处分决定：

（一）适用法律、法规、规章或者国务院决定错误的；

（二）对违法违纪行为的情节认定有误的；

（三）处分不当的。

第五十一条 行政机关公务员的处分决定被变更，需要调整该公务员的职务、级别或者工资档次的，应当按照规定予以调整；行政机关公务员的处分决定被撤销的，应当恢复该公务员的级别、工资档次，按照原职务安排相应的职务，并在适当范围内为其恢复名誉。

被撤销处分或者被减轻处分的行政机关公务员工资福利受到损失的，应当予以补偿。

第七章 附　　则

第五十二条 有违法违纪行为应当受到处分的行政机关公务员，在处分决定机关作出处分决定前已经退休的，不再给予处分；但是，依法应当给予降级、撤职、开除处分的，应当按照规定相应降低或者取消其享受的待遇。

第五十三条 行政机关公务员违法违纪取得的财物和用于违法违纪的财物，除依法应当由其他机关没收、追缴或者责令退赔的，由处分决定机关没收、追缴或者责令退赔。违法违纪取得的财物应当退还原所有人或者原持有人的，退还原所有人或者原持有人；属于国家财产以及不应当退还或者无法退还原所有人或者原持有人的，上缴国库。

第五十四条 对法律、法规授权的具有公共事务管理职能的事业单位中经批准参照《中华人民共和国公务员法》管理的工作人员给予处分，参照本条例的有关规定办理。

第五十五条 本条例自2007年6月1日起施行。1988年9月13日国务院发布的《国家行政机关工作人员贪污贿赂行政处分暂行规定》同时废止。

◎ 司法解释及文件

最高人民法院、中国证券监督管理委员会关于试点法院通过网络查询、冻结被执行人证券有关事项的通知

（2016 年 3 月 4 日　法〔2016〕72 号）

北京、上海、浙江、福建、广东省（市）高级人民法院，中国证券登记结算有限责任公司，北京、上海、浙江、福建、广东证监局：

为协助人民法院提高执行效率、依法保护被执行人合法权益，最高人民法院、中国证券监督管理委员会（以下简称中国证监会）决定建立网络执行查控系统，开展人民法院通过网络查询、冻结被执行人证券的试点工作。现将有关事项通知如下：

一、建立网络查控工作机制

最高人民法院与中国证监会建立“总对总”的网络执行查控工作机制。最高人民法院和中国证监会负责协调解决建立网络执行查控系统及网络查控试点阶段有关的重大问题。建立和通过网络执行查控系统查询、冻结证券的具体工作由最高人民法院执行局和中国证券登记结算有限责任公司（以下简称中国结算）负责。

中国结算与最高人民法院之间建立网络查控专线联接。试点法院通过最高人民法院网络执行查控系统提出查询、冻结（含初次冻结、续冻、轮候冻结、解除冻结）被执行人证券的请求。中国结算按照人民法院的请求完成相应的协助执行事项，并将查询、冻结结果反馈最高人民法院。最高人民法院通过网络执行查控系统将查询、冻结结果反馈提出查询、冻结请求的试点法院。

二、坚持依法查控、依法保密原则

人民法院通过网络执行查控系统查询、冻结被执行人证券的，应当坚持“一案一查一冻一用原则”，即只查询、冻结执行案件中被执行人证券及相关信息，不得查询、冻结被执行人以外的非执行义务主体的证券及相关信息；查询、冻结所获被执行人证券相关信息只用于该案件的执行工作，不得用于该案件执行以外的其他任何用途。

人民法院应当将所获得的被执行人证券相关信息作为内部办案信息予以保护，做好信息处理、传输、接收、使用中的信息保护工作，切实防范相关信息被违规泄露、扩散。

被执行人持有证券的市值总额信息可以提供给申请执行人等与案件执行直接相关的人员，但被执行人持有证券的品种、数量、价格等敏感、明细信息的反馈结果不得提供给法院办案人员以外的其他任何人。

网络查控涉及的与被执行人证券信息有关的单位和个人，应当遵守证券市场有关信息披露、禁止内幕交易等法律法规和业务规则。

三、规范冻结执行顺序及执行争议的处理

人民法院通过网络执行查控系统提交的冻结请求，同一批次冻结请求以系统提交时的自然排序作为执行顺序，不同批次冻结请求之间以系统提交的时间先后作为执行顺序。

在同一交易日，对同一被执行人的证券，既有法定有权机关通过证券公司或者中国结算的业务柜台提交冻结或者扣划请求，又有人民法院通过网络执行查控系统提交冻结请求的，以人民法院通过网络执行查控系统提交的冻结请求排序作为当日最后到达的冻结请求。

人民法院通过网络执行查控系统提交的冻结被执行人证券的请求，与其他法定有权机关的书

面冻结请求具有同等法律效力，适用《最高人民法院 最高人民检察院 公安部 中国证监会关于查询、冻结、扣划证券和证券交易结算资金有关问题的通知》（法发〔2008〕4号）关于冻结的有关规定。本通知有关人民法院通过网络查询、冻结被执行人证券的相关规定与法发〔2008〕4号文件规定不一致的，以本通知为准。

人民法院与其他法定有权机关就执行被执行人证券产生争议的，由最高人民法院与最高人民检察院、公安部等依法协调解决。争议协调解决期间，中国结算控制发生执行争议的相关证券，不协助任何一方执行。争议协调解决完成，中国结算按照最高人民法院与最高人民检察院、公安部等协商的最终结论处理。

人民法院在查询、冻结被执行人证券的具体执行工作中，应当符合中国结算依法制定的协助执行有关业务规则，维护证券登记结算系统的安全稳定运行、维护登记结算工作的正常秩序。

四、提交有效、规范的法律文书

人民法院通过网络执行查控系统查询、冻结被执行人证券的，应当分别提交盖章的协助查询通知书、协助冻结通知书和执行裁定书的电子版，并附两名执行人员公务证件复印件的扫描件。

五、规范查询、冻结的具体操作

人民法院应当在中国结算相关业务系统工作时间内通过网络执行查控系统提交协助查询、冻结请求。

人民法院应当按照网络执行查控系统规定的相关项目和格式，准确、完整地填写查询、冻结请求及相关信息，做到查询、冻结请求明确、具体、可执行。

中国结算接收到人民法院通过网络执行查控系统提交的协助查询、冻结请求后进行合规性核对。核对无误的，协助查询、冻结并通过网络执行查控系统将协助查询、冻结的结果反馈最高人民法院；核对后存在查询、冻结请求不明确、不具体、不可执行等情形的，予以退回并提示退回原因。人民法院可以在补充完善后重新发出查询、冻结请求，相关冻结请求按照再次提交的时间重新排序。

法律、行政法规以及最高人民法院、中国证监会规定不得被强制执行的证券或者资金，依法依规不予实施冻结，并在查询结果中予以标识。此类不予实施冻结的证券或者资金，由中国结算负责依据有关规定在网络执行查控系统中以清单方式具体列明，并根据有关规定的变动及时更新。

通过网络执行查控系统查询、冻结被执行人证券的具体范围、法律文书必备要素和格式、查控系统工作时间段等具体事项，由最高人民法院执行局与中国结算商定后另行规定。

六、网络查控系统技术安全保障及故障处理

网络执行查控系统与中国结算的证券登记结算业务技术系统之间应当实现有效隔离，确保各自技术系统的运行安全，切实防范各自技术系统的运行风险。

因技术故障导致网络执行查控系统无法正常运行的，发现故障一方应当立即通知另一方，故障一方应当及时排除故障。因技术系统故障或者不可抗力而未能及时办理查询、冻结请求的，最高人民法院执行局与中国结算均不承担任何法律责任。

七、试点工作相关安排

通过网络查询、冻结被执行人证券的试点区域包括北京、上海、浙江、福建、广东等省、市高级人民法院及其辖区各级人民法院。

试点期间，网络执行查控系统先上线开通查询被执行人证券信息的功能。经过一段时间的查询试点，待条件成熟后，再行上线开展通过网络冻结被执行人证券的试点工作。网络执行查控系统查询、冻结功能上线开通的具体时间由最高人民法院执行局与中国结算另行通知。

经过试点，待条件成熟后，将网络查控工作机制推广到其他地区。

中共最高人民法院党组关于最高人民法院厅(局)级以上领导干部的配偶、子女从事有偿法律服务活动和商务活动的若干规定

(2000年11月7日 法发〔2000〕27号)

各省、自治区、直辖市高级人民法院,解放军军事法院,新疆维吾尔自治区高级人民法院生产建设兵团分院:

为了贯彻中纪委第四次全体会议精神,现将中共最高人民法院党组制定的《关于最高人民法院厅(局)级以上领导干部的配偶、子女从事有偿法律服务活动和商务活动的若干规定》印发给你们,请参照执行。

为了贯彻中央纪委第四次全会提出的"省(部)、地(厅)级领导干部的配偶、子女,不准在该领导干部管辖的业务范围内个人从事可能与公共利益发生冲突的经商办企业活动"的规定,根据最高人民法院的实际情况和审判工作特点,现对最高人民法院厅(局)级以上领导干部(含厅(局)级,以下简称领导干部)的配偶、子女从事有偿法律服务活动和商务活动的问题作如下规定:

一、领导干部的配偶、子女不准在其所辖地区开办律师事务所。

二、最高人民法院院长、副院长以及立案庭、刑事审判庭、民事审判庭、行政审判庭(赔偿办)、审判监督庭、执行办等业务部门领导干部的配偶、子女,不准在律师事务所从事诉讼代理活动;其他领导干部的配偶、子女不准在本院审理的案件中从事诉讼代理等有偿法律服务活动。

三、领导干部的配偶、子女不准在本院审理的案件中从事拍卖、变卖、评估等中介活动。

四、领导干部的配偶、子女不准在本院以及下级法院机关从事商品买卖、大宗物品采购招标等商务活动。

五、领导干部的配偶、子女不准在本院以及下级法院机关从事法官制服制作、基建工程承包、办公设施改造以及以营利为目的的会议接待、人员培训、娱乐、汽车修理等活动。

六、领导干部的配偶、子女不准与本院以及下级法院机关发生经济担保关系。

七、违反上述规定的,必须如实向党组织报告并限期纠正。领导干部的配偶、子女应当停止可能与公共利益发生冲突的有偿法律服务活动和商务活动,或者领导干部本人辞去现任职务。拒不纠正的,依照有关规定,对领导干部本人追究其党纪、政纪责任。

八、本规定自公布之日起实行。

最高人民法院、最高人民检察院、公安部、国家安全部、司法部关于印发《关于对司法工作人员在诉讼活动中的渎职行为加强法律监督的若干规定(试行)的通知》

(2010年7月26日)

各省、自治区、直辖市高级人民法院、人民检察院、公安厅(局)、国家安全厅(局)、司法厅(局),解放军军事法院、军事检察院、总政治部保卫部,新疆维吾尔自治区高级人民法院生产建设兵团分院、

新疆生产建设兵团人民检察院、公安局、司法局、监狱管理局:

为落实中央关于"依法明确、规范检察机关调查违法、建议更换办案人等程序,完善法律监督措施"的改革任务,进一步深化司法体制和工作机制改革,最高人民法院、最高人民检察院、公安部、国家安全部、司法部制定了《最高人民法院、最高人民检察院、公安部、国家安全部、司法部关于对司法工作人员在诉讼活动中的渎职行为加强法律监督的若干规定(试行)》。现印发给你们,请认真遵照执行。各地在执行中遇到的问题,请及时报告最高人民法院、最高人民检察院、公安部、国家安全部、司法部。

最高人民法院、最高人民检察院、公安部、国家安全部、司法部关于对司法工作人员在诉讼活动中的渎职行为加强法律监督的若干规定(试行)

第一条 加强对司法工作人员在诉讼活动中的渎职行为的法律监督,完善和规范监督措施,保证司法工作人员公正司法,根据《中华人民共和国刑法》、《中华人民共和国刑事诉讼法》、《中华人民共和国民事诉讼法》、《中华人民共和国行政诉讼法》等有关法律的规定,制定本规定。

第二条 人民检察院依法对诉讼活动实行法律监督。对司法工作人员的渎职行为可以通过依法审查案卷材料、调查核实违法事实、提出纠正违法意见或者建议更换办案人、立案侦查职务犯罪等措施进行法律监督。

第三条 司法工作人员在诉讼活动中具有下列情形之一的,可以认定为司法工作人员具有涉嫌渎职的行为,人民检察院应当调查核实:

(一)徇私枉法、徇情枉法,对明知是无罪的人而使其受追诉,或者对明知是有罪的人而故意包庇不使其受追诉,或者在审判活动中故意违背事实和法律作枉法裁判的;

(二)非法拘禁他人或者以其他方法非法剥夺他人人身自由的;

(三)非法搜查他人身体、住宅,或者非法侵入他人住宅的;

(四)对犯罪嫌疑人、被告人实行刑讯逼供或者使用暴力逼取证人证言,或者以暴力、威胁、贿买等方法阻止证人作证或者指使他人作伪证的,或者帮助当事人毁灭、伪造证据的;

(五)侵吞或者违法处置被查封、扣押、冻结的款物的;

(六)违反法律规定的拘留期限、侦查羁押期限或者办案期限,对犯罪嫌疑人、被告人超期羁押,情节较重的;

(七)私放在押的犯罪嫌疑人、被告人、罪犯,或者严重不负责任,致使在押的犯罪嫌疑人、被告人、罪犯脱逃的;

(八)徇私舞弊,对不符合减刑、假释、暂予监外执行条件的罪犯,违法提请或者裁定、决定、批准减刑、假释、暂予监外执行的;

(九)在执行判决、裁定活动中严重不负责任或者滥用职权,不依法采取诉讼保全措施、不履行法定执行职责,或者违法采取诉讼保全措施、强制执行措施,致使当事人或者其他人的合法利益遭受损害的;

(十)对被监管人进行殴打或者体罚虐待或者指使被监管人殴打、体罚虐待其他被监管人的;

(十一)收受或者索取当事人及其近亲属或者其委托的人等的贿赂的;

(十二)其他严重违反刑事诉讼法、民事诉讼法、行政诉讼法和刑法规定,不依法履行职务,损害当事人合法权利,影响公正司法的诉讼违法行为和职务犯罪行为。

第四条 人民检察院在开展法律监督工作中,发现有证据证明司法工作人员在诉讼活动中涉嫌渎职的，应当报经检察长批准，及时进行调查核实。

对于单位或者个人向人民检察院举报或者控告司法工作人员在诉讼活动中有渎职行为的，人民检察院应当受理并进行审查，对于需要进一步调查核实的，应当报经检察长批准，及时进行调查核实。

第五条 人民检察院认为需要核实国家安全机关工作人员在诉讼活动中的渎职行为的，应当报经检察长批准，委托国家安全机关进行调查。国家安全机关应当及时将调查结果反馈人民检察院。必要时，人民检察院可以会同国家安全机关共同进行调查。

对于公安机关工作人员办理危害国家安全犯罪案件中渎职行为的调查，比照前款规定执行。

第六条 人民检察院发现检察人员在诉讼活动中涉嫌渎职的，应当报经检察长批准，及时进行调查核实。

人民法院、公安机关、国家安全机关、司法行政机关有证据证明检察人员涉嫌渎职的，可以向人民检察院提出，人民检察院应当及时进行调查核实并反馈调查结果。

上一级人民检察院接到对检察人员在诉讼活动中涉嫌渎职行为的举报、控告的，可以直接进行调查，也可以交由下级人民检察院调查。交下级人民检察院调查的，下级人民检察院应当将调查结果及时报告上一级人民检察院。

第七条 人民检察院调查司法工作人员在诉讼活动中的渎职行为，可以询问有关当事人或者知情人，查阅、调取或者复制相关法律文书或者报案登记材料、案卷材料、罪犯改造材料，对受害人可以进行伤情检查，但是不得限制被调查人的人身自由或者财产权利。

人民检察院通过查阅、复制、摘录等方式能够满足调查需要的，一般不调取相关法律文书或者报案登记材料、案卷材料、罪犯改造材料。

人民检察院在调查期间，应当对调查内容保密。

第八条 人民检察院对司法工作人员在诉讼活动中的涉嫌渎职行为进行调查，调查期限不得超过一个月。确需延长调查期限的，可以报经检察长批准，延长二个月。

第九条 人民检察院对司法工作人员在诉讼活动中的涉嫌渎职行为进行调查，在查证属实并由有关机关作出停止执行职务的处理前，被调查人不停止执行职务。

第十条 人民检察院对司法工作人员在诉讼活动中的涉嫌渎职行为调查完毕后，应当制作调查报告，根据已经查明的情况提出处理意见，报检察长决定后作出处理。

（一）认为有犯罪事实需要追究刑事责任的，应当按照刑事诉讼法关于管辖的规定依法立案侦查或者移送有管辖权的机关立案侦查，并建议有关机关停止被调查人执行职务，更换办案人。

（二）对于确有渎职违法行为，但是尚未构成犯罪的，应当依法向被调查人所在机关发出纠正违法通知书，并将证明其渎职行为的材料按照干部管理权限移送有关机关处理。对于确有严重违反法律的渎职行为，虽未构成犯罪，但被调查人继续承办案件将严重影响正在进行的诉讼活动的公正性，且有关机关未更换办案人的，应当建议更换办案人。

（三）对于审判人员在审理案件时有贪污受贿、徇私舞弊、枉法裁判或者其他违反法律规定的诉讼程序的行为，可能影响案件正确判决、裁定的，应当分别依照刑事诉讼法、民事诉讼法和行政诉讼法规定的程序对该案件的判决、裁定提出抗诉。

（四）对于举报、控告不实的，应当及时向被调查人所在机关说明情况。调查中询问过被调查人的，应当及时向被调查人本人说明情况，并采取适当方式在一定范围内消除不良影响。同时，将调查结果及时回复举报人、控告人。

（五）对于举报人、控告人捏造事实诬告陷害，意图使司法工作人员受刑事追究，情节严重的，依法追究刑事责任。调查人员与举报人、控告人恶意串通，诬告陷害司法工作人员的，一并追究相关法律责任。

对于司法工作人员涉嫌渎职犯罪需要立案侦查的,对渎职犯罪的侦查和对诉讼活动的其他法律监督工作应当分别由不同的部门和人员办理。

第十一条 被调查人不服人民检察院的调查结论的,可以向人民检察院提出申诉,人民检察院应当进行复查,并在十日内将复查决定反馈申诉人及其所在机关。申诉人不服人民检察院的复查决定的,可以向上一级人民检察院申请复核。上一级人民检察院应当进行复核,并在二十日内将复核决定及时反馈申诉人,通知下级人民检察院。

第十二条 人民检察院经过调查,认为作为案件证据材料的犯罪嫌疑人、被告人供述、证人证言、被害人陈述系司法工作人员采用暴力、威胁、引诱、欺骗等违法手段获取的,在审查或者决定逮捕、审查起诉时应当依法予以排除,不得作为认定案件事实的根据。有关调查材料应当存入诉讼卷宗,随案移送。

第十三条 人民检察院提出纠正违法意见或者更换办案人建议的,有关机关应当在十五日内作出处理并将处理情况书面回复人民检察院。对于人民检察院的纠正违法通知书和更换办案人建议书,有关机关应当存入诉讼卷宗备查。

有关机关对人民检察院提出的纠正违法意见有异议的,应当在收到纠正违法通知书后五日内将不同意见书面回复人民检察院,人民检察院应当在七日内进行复查。人民检察院经过复查,认为纠正违法意见正确的,应当立即向上一级人民检察院报告;认为纠正违法意见错误的,应当撤销纠正违法意见,并及时将撤销纠正违法意见书送达有关机关。

上一级人民检察院经审查,认为下级人民检察院的纠正违法意见正确的,应当及时与同级有关机关进行沟通,同级有关机关应当督促其下级机关进行纠正;认为下级人民检察院的纠正违法意见不正确的,应当书面通知下级人民检察院予以撤销,下级人民检察院应当执行,并依照本规定第十条第一款第四项的规定,说明情况,消除影响。

第十四条 有关机关在查处本机关司法工作人员的违纪违法行为时,发现已经涉嫌职务犯罪的,应当及时将犯罪线索及相关材料移送人民检察院。人民检察院应当及时进行审查,符合立案条件的,依法立案侦查,并将有关情况反馈移送犯罪线索的机关。

第十五条 检察人员对于司法工作人员在诉讼活动中的渎职行为不依法履行法律监督职责,造成案件被错误处理或者其他严重后果,或者放纵司法工作人员职务犯罪,或者滥用职权违法干扰有关司法机关依法办案的,人民检察院的纪检监察部门应当进行查处;构成犯罪的,依法追究刑事责任。

第十六条 本规定所称的司法工作人员,是指依法负有侦查、检察、审判、监管和判决、裁定执行职责的国家工作人员。

第十七条 本规定所称的对司法工作人员渎职行为的调查,是指人民检察院在对刑事诉讼、民事审判、行政诉讼活动进行法律监督中,为准确认定和依法纠正司法工作人员的渎职行为,而对该司法工作人员违反法律的事实是否存在及其性质、情节、后果等进行核实、查证的活动。

第十八条 本规定自公布之日起试行。

最高人民检察院政治部、监察局关于认真开展检察机关领导干部任期经济责任审计工作的通知

(2002年4月27日 〔2002〕高检监察发第1号)

各省、自治区、直辖市人民检察院政治部、监察处,新疆生产建设兵团人民检察院政治部、监察处:

为贯彻中共中央办公厅、国务院办公厅《关于印发〈县级以下党政领导干部任期经济责任审计

暂行规定〉和〈国有企业及国有控股企业领导人员任期经济责任审计暂行规定〉的通知》(中办发〔1999〕20号)、《关于转发中央纪委等部门〈关于认真贯彻落实中办发〔1999〕20号文件切实做好经济责任审计工作的意见〉的通知》精神(中办发〔2000〕16号),最高人民检察院于2001年选择山东、福建、四川三省开展了检察机关领导干部任期经济责任审计试点工作,收到了一定成效。根据2002年全国检察机关纪检监察工作会议精神,今年要在全国地市和县级检察机关推行领导干部任期经济责任审计工作。为做好这项工作,现就有关问题通知如下:

一、高度重视,加强组织领导

对领导干部实施任期经济责任审计,是贯彻落实中央关于反腐败要标本兼治、重在治本重要指示精神的具体体现,也是加强对检察机关领导干部监督制约的一项重要举措,对于保障检察机关干部人事制度改革的顺利进行、促进检察机关党风廉政建设和自身反腐败工作的深入开展具有重要意义。领导干部任期经济责任审计工作涉及面广、政策性强,各级检察机关要高度重视,加强领导,周密部署,防止搞形式主义和走过场。特别是要注意结合今年领导班子换届和地方检察院机构改革,做好对审计对象的经济责任审计工作。政工、纪检监察部门要加强配合,结合实际研究制定工作方案并认真组织实施,确保这项工作扎实有效地进行。

二、明确审计对象、范围和方式

检察机关实施经济责任审计的对象是:地市和县级检察院检察长、主管财务工作的副检察长、负责财务装备管理工作的内设机构负责人、直属事业单位的负责人以及其他负有经济管理责任的内设机构负责人。上述人员在任期届满或任期内办理调任、转任、轮岗、免职、辞职、退休、届中考察等事项前,都应当接受任期经济责任审计。

经济责任审计的范围包括:(1)单位预算的执行情况和决算或者财务收支计划的执行情况和决算;(2)单位预算外资金的收入、支出情况和管理情况;(3)扣押、冻结款物的管理情况;(4)专项基金的管理和使用情况;(5)国有资产的管理和使用情况;(6)有关财政财务收支的内部控制制度的建设及其执行情况;(7)其他需要审计的事项。

检察机关领导干部任期经济责任审计工作由政工部门和纪检监察部门分工负责。政工部门根据干部人事工作情况向纪检监察部门提出审计建议,纪检监察部门根据政工部门的建议组织开展审计。对检察长、副检察长实施审计,由上一级检察院的政工部门向本院纪检监察部门提出审计建议,由该院纪检监察部门组织审计;对分州市院内设机构负责人、直属事业单位负责人或其他负有经济管理责任的内设机构负责人实施审计,由本院政工部门提出建议,由本院或上一级检察院纪检监察部门组织审计;对县级院内设机构负责人实施审计,由本院政工部门提出建议,由上一级检察院纪检监察部门组织审计。审计可采取自行组织专业技术力量进行,也可委托有关审计部门进行。

三、应当注意的几个问题

(一)要加强与审计部门的协调和联系。各级检察机关政工、纪检监察部门要加强与当地审计部门的联系,及时沟通信息,了解掌握地方审计工作计划和进展情况。对已纳入地方审计计划的检察机关领导干部,可不再另行组织审计。领导干部经济责任审计工作是一项专业性很强的工作,各地检察机关在开展审计工作中,要接受有关部门的指导,重视借助专业力量,保证审计工作的质量和效果。

(二)要重视审计结果的运用。审计工作结束后,审计小组应形成书面专题报告,提出具体审计意见,并征求被审计单位和审计对象的意见。政工部门和纪检监察部门对审计报告要认真研究,对审计对象作出实事求是的评价。对审计报告中提出的问题,应分别情况作出处理:属于管理方面的问题,要及时向有关部门提出整改建议;构成违纪违法的,要按照有关规定作出组织、纪律或法律处理。政工部门应将审计结果存入干部档案并作为对领导干部进行奖惩、提拔任用、评级考核事项的重要依据。

(三)坚持独立审计,保证审计公正。任何部门和个人不得干扰审计工作的正常进行,对在审计工作中设置障碍或对审计人员进行打击报复的,要按照有关规定追究责任。

各省级检察院应于年底前将本地开展审计工作的情况书面报告高检院监察局。各地在工作中遇到重大问题时，应及时向上级检察院报告。

最高人民检察院关于印发《中共最高人民检察院党组关于检察机关厅局级以上领导干部配偶、子女个人经商办企业的具体规定》的通知

(2000 年 11 月 3 日　高检发〔2000〕21 号)

各省、自治区、直辖市人民检察院，军事检察院，新疆生产建设兵团人民检察院：

根据中央纪委的部署和要求，中共最高人民检察院党组制定了关于检察机关厅局级以上领导干部配偶、子女个人经商办企业的具体规定，现印发给你们，请认真贯彻执行。并请将此件送省、自治区、直辖市党委、政府和纪委。

中共最高人民检察院党组关于检察机关厅局级以上领导干部配偶、子女个人经商办企业的具体规定

为了贯彻落实中央纪委第四次全会提出的“省(部)、地(厅)级领导干部的配偶、子女，不准在该领导干部管辖的业务范围内个人从事可能与公共利益发生冲突的经商办企业活动”的规定，依据中央纪委《关于“不准在领导干部管辖的业务范围内个人从事可能与公共利益发生冲突的经商办企业活动”的解释》(中纪发〔2000〕4 号)，结合检察机关实际，特对检察机关厅(局)级以上领导干部(含厅局级，以下简称领导干部)配偶、子女个人从事经商办企业活动，作出如下规定：

一、领导干部的配偶、子女，不准在该领导干部所在检察机关管辖的地区开办律师事务所。

二、领导干部的配偶、子女，不准在律师事务所担任检察机关受理案件的诉讼代理人、辩护人。

三、领导干部的配偶、子女，不准在该领导干部任职机关管辖的地区内开办营业性歌舞厅、夜总会等娱乐业和从事洗浴按摩等行业的经营活动。

四、领导干部的配偶、子女，不准从事该领导干部所在机关或所管辖机关的检察制服制作、办公设施改造、基建工程项目的投标和承包以营利为目的的会议接待、人员培训、汽车修理等活动。

五、违反本规定的，要限期纠正。不纠正的，领导干部本人要辞去现任职务。拒不纠正的，以及本规定发布以后领导干部的配偶、子女从事可能与公共利益发生冲突的经商办企业活动的，对领导干部本人要给予组织处理，并酌情追究党纪、政纪责任。

最高人民检察院、国家安全部关于国家安全机关设置的看守所依法接受人民检察院法律监督有关事项的通知

(1997 年 8 月 21 日　高检会〔1997〕2 号)

各省、自治区、直辖市人民检察院，国家安全厅(局)：

近年来，国家安全机关根据工作需要，在各省、自治区、直辖市陆续建成一批看守所，依法收押

了一批危害国家安全的犯罪嫌疑人、被告人。为保障刑事诉讼活动的顺利进行，维护国家法律统一正确实施，根据《中华人民共和国刑事诉讼法》、《中华人民共和国看守所条例》的规定，人民检察院应当对国家安全机关设置的看守所实行法律监督，现将有关事项通知如下：

一、人民检察院对国家安全机关设置的看守所的执法活动实行法律监督，由主管该看守所的国家安全机关的同级人民检察院负责。

二、人民检察院对国家安全机关设置的看守所的执法活动进行检察的方式，可根据其羁押人数、监管任务轻重决定派驻检察或定期巡回检察。

三、国家安全机关设置的看守所应当依法接受人民检察院的法律监督，定期向对该看守所有法律监督职责的人民检察院通报监管情况；对人民检察院提出纠正违法的意见，应当认真进行研究，并对违法情况及时采取有效措施予以纠正；对发生的有关犯罪案件，要主动配合检察机关依法查处。

最高人民法院、最高人民检察院、公安部关于对冻结、扣划企业事业单位、机关团体在银行、非银行金融机构存款的执法活动加强监督的通知

(1996 年 8 月 13 日　法〔1996〕83 号)

各省、自治区、直辖市高级人民法院、人民检察院、公安厅(局)；军事法院、军事检察院：

为了加强执法监督，必要时及时纠正地方人民法院、人民检察院、公安机关关于冻结、扣划有关单位在银行、非银行金融机构存款的错误决定，特通知如下：

一、最高人民法院、最高人民检察院、公安部发现地方各级人民法院、人民检察院、公安机关冻结、解冻、扣划有关单位在银行、非银行金融机构存款有错误时，上级人民法院、人民检察院、公安机关发现下级人民法院、人民检察院、公安机关冻结、解冻、扣划有关单位在银行、非银行金融机构存款有错误时，可以依照法定程序作出决定或者裁定，送达本系统地方各级或下级有关法院、检察院、公安机关限期纠正。有关法院、检察院、公安机关应当立即执行。

二、有关法院、检察院、公安机关认为上级机关的决定或者裁定有错误的，可在收到该决定或者裁定之日起 5 日以内向作出决定或裁定的人民法院、人民检察院、公安机关请求复议。最高人民法院、最高人民检察院、公安部或上级人民法院、人民检察院、公安机关经审查，认为请求复议的理由不能成立，依法有权直接向有关银行发出法律文书，纠正各自的下级机关所作的错误决定，并通知原作出决定的机关；有关银行、非银行金融机构接到此项法律文书后，应当立即办理，不得延误，不必征得原作出决定机关的同意。

最高人民检察院机关领导干部个人及家庭重要事项报告制度

(1994 年 10 月 5 日)

为贯彻落实党中央和中央纪委关于领导干部廉洁自律的规定，提高领导干部廉政意识和组织观念，完善领导干部自我约束和监督机制，特制定本制度。

一、高检院机关和所属事业单位的副处级以上领导干部(含非领导职务的副处级以上干部)，

个人及家庭重要事项须向党组织报告；党组成员向党组和中纪委驻高检院纪检组报告；厅级干部向机关党委报告；处级干部向本支部(总支)报告。

二、个人及家庭重要事项包括：

1. 在公务活动中或受人请托办理有关事项时，接收了难以拒绝的或事后发现是不应该接收的礼品、礼金、有价证券；

2. 被有关单位聘请兼任社会团体、经济组织的职务(包括名誉职务)；

3. 个人被国外、境外人员邀请参加政治、经济、学术等活动；

4. 筹建私房、买卖房屋、非自费超标准装修房屋；

5. 个人或直系亲属婚丧事宜的操办情况需向组织说明的；

6. 配偶及直系亲属出国(境)学习、探亲、定居；

7. 配偶及直系亲属违法犯罪情况；

8. 配偶及直系亲属个人经商、办企业情况；

9. 其他本人认为需要向组织报告的事项。

三、凡有前条第2、3项情形之一的，必须事前报告，经过批准。其他事项如事前未及报告的应在事后一周内报告。应报告而不报告的，党组织可以责成本人就有关事项作出说明。拒不报告或隐瞒事实真相欺骗组织的，可给予批评教育；违反党纪的，依党纪处理。

四、报告一般采取口头形式，但党组织应作文字记载。对情节较复杂的事项，采取书面形式，说明报告的事项、理由、过程、依据及认识等。党组织认为必要时，可以在核实情况后，在一定范围内向群众作出说明。

五、中纪委驻高检院纪检组、机关党委负责此项制度的实施，并监督检查，每半年向党组汇报一次本制度的执行情况。

七、行政复议

中华人民共和国行政复议法

（1999年4月29日第九届全国人民代表大会常务委员会第九次会议通过　根据2009年8月27日第十一届全国人民代表大会常务委员会第十次会议《关于修改部分法律的决定》第一次修正　根据2017年9月1日第十二届全国人民代表大会常务委员会第二十九次会议《关于修改〈中华人民共和国法官法〉等八部法律的决定》第二次修正）

第一章　总　　则

第一条　【立法目的】为了防止和纠正违法的或者不当的具体行政行为，保护公民、法人和其他组织的合法权益，保障和监督行政机关依法行使职权，根据宪法，制定本法。

第二条　【适用范围】公民、法人或者其他组织认为具体行政行为侵犯其合法权益，向行政机关提出行政复议申请，行政机关受理行政复议申请、作出行政复议决定，适用本法。

条文释义：具体行政行为是指国家行政机关和行政机关工作人员，法律、法规授权的组织，行政机关委托的组织或者个人在行政管理活动中行使行政职权，针对特定的公民、法人或者其他组织，就特定的具体事项作出的有关该公民、法人或者其他组织权利义务的单方行为。

第三条　【复议机关及其职责】依照本法履行行政复议职责的行政机关是行政复议机关。行政复议机关负责法制工作的机构具体办理行政复议事项，履行下列职责：

（一）受理行政复议申请；

（二）向有关组织和人员调查取证，查阅文件和资料；

（三）审查申请行政复议的具体行政行为是否合法与适当，拟订行政复议决定；

（四）处理或者转送对本法第七条所列有关规定的审查申请；

（五）对行政机关违反本法规定的行为依照规定的权限和程序提出处理建议；

（六）办理因不服行政复议决定提起行政诉讼的应诉事项；

（七）法律、法规规定的其他职责。

行政机关中初次从事行政复议的人员，应当通过国家统一法律职业资格考试取得法律职业资格。

条文释义：行政复议机关是指依照法律规定，有权受理行政复议申请，依法对被申请的具体行政行为进行合法性、适当性审查并作出决定的行政机关。

第四条　【复议原则】行政复议机关履行行政复议职责，应当遵循合法、公正、公开、及时、便民的原则，坚持有错必纠，保障法律、法规的正确实施。

第五条　【对复议不服的诉讼】公民、法人或者其他组织对行政复议决定不服的，可以依照行政诉讼法的规定向人民法院提起行政诉讼，但是法律规定行政复议决定为最终裁决的除外。

条文释义：最终裁决是指公民、法人或其他组织申请行政复议后，行政复议机关的决定为最终决定，既不能再申请复议，也不能再提起诉讼。如本法第14条的规定："对国务院部门或者省、自治区、直辖市人民政府的具体行政行为不服的,向作出该具体行政行为的国务院部门或者省、自治区、直辖市人民政府申请行政复议。对行政复议决定不服的,可以向人民法院提起行政诉讼;也可以向国务院申请裁决,国务院依照本法的规定作出最终裁决。”第30条规定:“根据国务院或者省、自治区、直辖市人民政府对行政区划的勘定、调整或者征用土地的决定,省、自治区、直辖市人民政府确认土地、矿藏、水流、森林、山岭、草原、荒地、滩涂、海域等自然资源的所有权或者使用权的行政复议决定为最终裁决。”

第二章 行政复议范围

第六条 【复议范围】有下列情形之一的,公民、法人或者其他组织可以依照本法申请行政复议:

(一)对行政机关作出的警告、罚款、没收违法所得、没收非法财物、责令停产停业、暂扣或者吊销许可证、暂扣或者吊销执照、行政拘留等行政处罚决定不服的;

(二)对行政机关作出的限制人身自由或者查封、扣押、冻结财产等行政强制措施决定不服的;

(三)对行政机关作出的有关许可证、执照、资质证、资格证等证书变更、中止、撤销的决定不服的;

(四)对行政机关作出的关于确认土地、矿藏、水流、森林、山岭、草原、荒地、滩涂、海域等自然资源的所有权或者使用权的决定不服的;

(五)认为行政机关侵犯合法的经营自主权的;

(六)认为行政机关变更或者废止农业承包合同,侵犯其合法权益的;

(七)认为行政机关违法集资、征收财物、摊派费用或者违法要求履行其他义务的;

(八)认为符合法定条件,申请行政机关颁发许可证、执照、资质证、资格证等证书,或者申请行政机关审批、登记有关事项,行政机关没有依法办理的;

(九)申请行政机关履行保护人身权利、财产权利、受教育权利的法定职责,行政机关没有依法履行的;

(十)申请行政机关依法发放抚恤金、社会保险金或者最低生活保障费,行政机关没有依法发放的;

(十一)认为行政机关的其他具体行政行为侵犯其合法权益的。

条文释义:行政拘留是短期内剥夺违反行政管理行为人的人身自由的一种处罚,是对自然人最严厉的一种行政处罚,只能由县级以上人民政府公安机关决定。

行政强制措施,是指行政机关在行政管理过程中,为制止违法行为、防止证据损毁、避免危害发生、控制危险扩大等情形,依法对公民的人身自由实施暂时性限制,或者对公民、法人或者其他组织的财物实施暂时性控制的行为。

本法第30条规定:“公民、法人或者其他组织认为行政机关的具体行政行为侵犯其已经依法取得的土地、矿藏、水流、森林、山岭、草原、荒地、滩涂、海域等自然资源的所有权或者使用权的,应当先申请行政复议;对行政复议决定不服的,可以依法向人民法院提起行政诉讼。根据国务院或者省、自治区、直辖市人民政府对行政区划的勘定、调整或者征用土地的决定,省、自治区、直辖市人民政府确认土地、矿藏、水流、森林、山岭、草原、荒地、滩涂、海域等自然资源的所有权或者使用权的行政复议决定为最终裁决。”

第七条 【规定的审查】公民、法人或者其他组织认为行政机关的具体行政行为所依据的下列规定不合法,在对具体行政行为申请行政复议时,可以一并向行政复议机关提出对该规定的审查申请:

（一）国务院部门的规定；

（二）县级以上地方各级人民政府及其工作部门的规定；

（三）乡、镇人民政府的规定。

前款所列规定不含国务院部、委员会规章和地方人民政府规章。规章的审查依照法律、行政法规办理。

条文释义：这里指的是对抽象行政行为的审查。抽象行政行为是行政主体制定和发布行政法规、规章或者具有普遍约束力的决定、命令的行政行为。对抽象行政行为的审查申请不能单独提起，必须在对具体行政行为申请复议时一并提起。而且并不是对所有的抽象行政行为都可以提起审查申请，对国务院部委的规章或地方人民政府的规章是不能提起行政复议的。

第八条　【不能提起复议的事项】不服行政机关作出的行政处分或者其他人事处理决定的，依照有关法律、行政法规的规定提出申诉。

不服行政机关对民事纠纷作出的调解或者其他处理，依法申请仲裁或者向人民法院提起诉讼。

条文释义：行政主体对其所属的国家公务员作出的行政处分或其他人事处理决定，属于行政系统内部的行为，由行政系统内部的上级行政机关、人事管理机关或行政监察机关通过申诉途径解决。

行政主体对公民、法人或者其他组织之间的民事纠纷作出的处理决定，如调解、仲裁等，不是行政主体的行政职权行为，对双方当事人的约束力取决于其自愿接受。因此，一方如不服行政主体对民事纠纷的处理决定，可以再向法院提起民事诉讼或者申请仲裁解决其争议。

第三章　行政复议申请

第九条　【申请复议的期限】公民、法人或者其他组织认为具体行政行为侵犯其合法权益的，可以自知道该具体行政行为之日起60日内提出行政复议申请；但是法律规定的申请期限超过60日的除外。

因不可抗力或者其他正当理由耽误法定申请期限的，申请期限自障碍消除之日起继续计算。

条文释义：不可抗力，是指不能预见、不能避免并不能克服的客观情况。一般指自然灾害，如火山、地震、海啸等，也在某些情况下包括社会事件，如暴乱、战争、国家行为（如戒严）等。

由于作出具体行政行为的行政机关没有向申请人依法告知行政复议权利及行政复议机关名称，致使申请人在法定期限内向无权受理的行政机关提出行政复议申请，接到行政复议申请的机关又没有及时将该案移送，申请人申请行政复议期限因此被耽误的，属于行政复议法第九条规定的“其他正当理由”的情形。

第十条　【复议申请人】依照本法申请行政复议的公民、法人或者其他组织是申请人。

有权申请行政复议的公民死亡的，其近亲属可以申请行政复议。有权申请行政复议的公民为无民事行为能力人或者限制民事行为能力人的，其法定代理人可以代为申请行政复议。有权申请行政复议的法人或者其他组织终止的，承受其权利的法人或者其他组织可以申请行政复议。

同申请行政复议的具体行政行为有利害关系的其他公民、法人或者其他组织，可以作为第三人参加行政复议。

公民、法人或者其他组织对行政机关的具体行政行为不服申请行政复议的，作出具体行政行为的行政机关是被申请人。

申请人、第三人可以委托代理人代为参加行政复议。

条文释义:"同申请复议的具体行政行为有利害关系"是指复议机关对具体行政行为的复议决定会影响到其他公民、法人或组织的合法权益。

第十一条 【复议申请】申请人申请行政复议,可以书面申请,也可以口头申请;口头申请的,行政复议机关应当当场记录申请人的基本情况、行政复议请求、申请行政复议的主要事实、理由和时间。

第十二条 【部门具体行政行为的复议机关】对县级以上地方各级人民政府工作部门的具体行政行为不服的,由申请人选择,可以向该部门的本级人民政府申请行政复议,也可以向上一级主管部门申请行政复议。

对海关、金融、国税、外汇管理等实行垂直领导的行政机关和国家安全机关的具体行政行为不服的,向上一级主管部门申请行政复议。

第十三条 【对其他行政机关具体行政行为不服的复议申请】对地方各级人民政府的具体行政行为不服的,向上一级地方人民政府申请行政复议。

对省、自治区人民政府依法设立的派出机关所属的县级地方人民政府的具体行政行为不服的,向该派出机关申请行政复议。

条文释义:派出机关是指县级以上地方人民政府因工作需要,经有权机关批准而在一定区域内设立的,承担该区域内各项行政事务的国家行政机关。目前主要有三类:省、自治区人民政府经国务院批准设立的行政公署;县、自治县人民政府经省、自治区、直辖市人民政府批准设立的区公所;市辖区、不设区的市人民政府经上一级人民政府批准设立的街道办事处。此外,目前县级以上地方各级人民政府在经济技术开发区设立的管理委员会,也属于派出机关。

公民、法人或者其他组织对省级人民政府设立的派出机关所属工作部门作出的具体行政行为不服,由当事人选择,可以向该派出机关申请行政复议,也可以向该省级人民政府所属的相应主管部门申请行政复议。

第十四条 【对国务院部门或省、自治区、直辖市政府具体行政行为不服的复议】对国务院部门或者省、自治区、直辖市人民政府的具体行政行为不服的,向作出该具体行政行为的国务院部门或者省、自治区、直辖市人民政府申请行政复议。对行政复议决定不服的,可以向人民法院提起行政诉讼;也可以向国务院申请裁决,国务院依照本法的规定作出最终裁决。

第十五条 【其他机关具体行政行为的复议机关】对本法第十二条、第十三条、第十四条规定以外的其他行政机关、组织的具体行政行为不服的,按照下列规定申请行政复议:

(一)对县级以上地方人民政府依法设立的派出机关的具体行政行为不服的,向设立该派出机关的人民政府申请行政复议;

(二)对政府工作部门依法设立的派出机构依照法律、法规或者规章规定,以自己的名义作出的具体行政行为不服的,向设立该派出机构的部门或者该部门的本级地方人民政府申请行政复议;

(三)对法律、法规授权的组织的具体行政行为不服的,分别向直接管理该组织的地方人民政府、地方人民政府工作部门或者国务院部门申请行政复议;

(四)对两个或者两个以上行政机关以共同的名义作出的具体行政行为不服的,向其共同上一级行政机关申请行政复议;

(五)对被撤销的行政机关在撤销前所作出的具体行政行为不服的,向继续行使其职权的行政机关的上一级行政机关申请行政复议。

有前款所列情形之一的,申请人也可以向具体行政行为发生地的县级地方人民政府提出行政复议申请,由接受申请的县级地方人民政府依照本法第十八条的规定办理。

条文释义:派出机构是指政府职能部门根据工作需要而在一定区域设置的,代表该职能部门管理某项行政事务的派出工作机构,如公安派出所、税务所、工商所等。

法律、法规授权的组织是指根据法律法规的规定行使国家权力的组织。

第十六条 【复议与诉讼的选择】公民、法人或者其他组织申请行政复议,行政复议机关已经依法受理的,或者法律、法规规定应当先向行政复议机关申请行政复议、对行政复议决定不服再向人民法院提起行政诉讼的,在法定行政复议期限内不得向人民法院提起行政诉讼。

公民、法人或者其他组织向人民法院提起行政诉讼,人民法院已经依法受理的,不得申请行政复议。

第四章 行政复议受理

第十七条 【复议的受理】行政复议机关收到行政复议申请后,应当在5日内进行审查,对不符合本法规定的行政复议申请,决定不予受理,并书面告知申请人;对符合本法规定,但是不属于本机关受理的行政复议申请,应当告知申请人向有关行政复议机关提出。

除前款规定外,行政复议申请自行政复议机关负责法制工作的机构收到之日起即为受理。

第十八条 【复议申请的转送】依照本法第十五条第二款的规定接受行政复议申请的县级地方人民政府,对依照本法第十五条第一款的规定属于其他行政复议机关受理的行政复议申请,应当自接到该行政复议申请之日起7日内,转送有关行政复议机关,并告知申请人。接受转送的行政复议机关应当依照本法第十七条的规定办理。

第十九条 【复议前置的规定】法律、法规规定应当先向行政复议机关申请行政复议、对行政复议决定不服再向人民法院提起行政诉讼的,行政复议机关决定不予受理或者受理后超过行政复议期限不作答复的,公民、法人或者其他组织可以自收到不予受理决定书之日起或者行政复议期满之日起15日内,依法向人民法院提起行政诉讼。

条文释义:本法第31条规定:“行政复议机关应当自受理申请之日起六十日内作出行政复议决定;但是法律规定的行政复议期限少于六十日的除外。情况复杂,不能在规定期限内作出行政复议决定的,经行政复议机关的负责人批准,可以适当延长,并告知申请人和被申请人;但是延长期限最多不超过三十日。”

第二十条 【上级机关责令受理及直接受理】公民、法人或者其他组织依法提出行政复议申请,行政复议机关无正当理由不予受理的,上级行政机关应当责令其受理;必要时,上级行政机关也可以直接受理。

第二十一条 【复议停止执行的情形】行政复议期间具体行政行为不停止执行;但是,有下列情形之一的,可以停止执行:

(一)被申请人认为需要停止执行的;

(二)行政复议机关认为需要停止执行的;

(三)申请人申请停止执行,行政复议机关认为其要求合理,决定停止执行的;

(四)法律规定停止执行的。

第五章 行政复议决定

第二十二条 【书面审查原则及例外】行政复议原则上采取书面审查的办法,但是申请人提出要求或者行政复议机关负责法制工作的机构认为有必要时，可以向有关组织和人员调查情况，听取申请人、被申请人和第三人的意见。

第二十三条 【复议程序事项】行政复议机关负责法制工作的机构应当自行政复议申请受理之日起7日内，将行政复议申请书副本或者行政复议申请笔录复印件发送被申请人。被申请人应当自收到申请书副本或者申请笔录复印件之日起10日内，提出书面答复，并提交当初作出具体行政行为的证据、依据和其他有关材料。

申请人、第三人可以查阅被申请人提出的书面答复、作出具体行政行为的证据、依据和其他有关材料，除涉及国家秘密、商业秘密或者个人隐私外，行政复议机关不得拒绝。

第二十四条 【被申请人不得自行取证】在行政复议过程中，被申请人不得自行向申请人和其他有关组织或者个人收集证据。

第二十五条 【申请的撤回】行政复议决定作出前，申请人要求撤回行政复议申请的，经说明理由，可以撤回；撤回行政复议申请的，行政复议终止。

第二十六条 【复诉机关对规定的处理】申请人在申请行政复议时，一并提出对本法第七条所列有关规定的审查申请的，行政复议机关对该规定有权处理的，应当在30日内依法处理；无权处理的，应当在7日内按照法定程序转送有权处理的行政机关依法处理，有权处理的行政机关应当在60日内依法处理。处理期间，中止对具体行政行为的审查。

第二十七条 【对具体行政行为依据的审查】行政复议机关在对被申请人作出的具体行政行为进行审查时，认为其依据不合法，本机关有权处理的，应当在30日内依法处理；无权处理的，应当在7日内按照法定程序转送有权处理的国家机关依法处理。处理期间，中止对具体行政行为的审查。

第二十八条 【复议决定的作出】行政复议机关负责法制工作的机构应当对被申请人作出的具体行政行为进行审查，提出意见，经行政复议机关的负责人同意或者集体讨论通过后，按照下列规定作出行政复议决定：

（一）具体行政行为认定事实清楚，证据确凿，适用依据正确，程序合法，内容适当的，决定维持；

（二）被申请人不履行法定职责的，决定其在一定期限内履行；

（三）具体行政行为有下列情形之一的，决定撤销、变更或者确认该具体行政行为违法；决定撤销或者确认该具体行政行为违法的，可以责令被申请人在一定期限内重新作出具体行政行为：

1. 主要事实不清、证据不足的；
2. 适用依据错误的；
3. 违反法定程序的；
4. 超越或者滥用职权的；
5. 具体行政行为明显不当的。

（四）被申请人不按照本法第二十三条的规定提出书面答复、提交当初作出具体行政行为的证据、依据和其他有关材料的，视为该具体行政行为没有证据、依据，决定撤销该具体行政行为。

行政复议机关责令被申请人重新作出具体行政行为的，被申请人不得以同一的事实和理由作出与原具体行政行为相同或者基本相同的具体行政行为。

第二十九条 【行政赔偿】申请人在申请行政复议时可以一并提出行政赔偿请求，行政复议机关对符合国家赔偿法的有关规定应当给予赔偿的，在决定撤销、变更具体行政行为或者确认具体行政行为违法时，应当同时决定被申请人依法给予赔偿。

申请人在申请行政复议时没有提出行政赔偿请求的，行政复议机关在依法决定撤销或者变更罚款，撤销违法集资、没收财物、征收财物、摊派费用以及对财产的查封、扣押、冻结等具体行政行为时，应当同时责令被申请人返还财产，解除对财产的查封、扣押、冻结措施，或者赔偿相应的价款。

第三十条 【对侵犯自然资源所有权或使用权行为的先行复议原则】公民、法人或者其他组织认为行政机关的具体行政行为侵犯其已经依法取得的土地、矿藏、水流、森林、山岭、草原、荒地、滩涂、海域等自然资源的所有权或者使用权的，应当先申请行政复议；对行政复议决定不服的，可以依法向人民法院提起行政诉讼。

根据国务院或者省、自治区、直辖市人民政府对行政区划的勘定、调整或者征收土地的决定，省、自治区、直辖市人民政府确认土地、矿藏、水流、森林、山岭、草原、荒地、滩涂、海域等自然资源的所有权或者使用权的行政复议决定为最终裁决。

条文释义：公民、法人或者其他组织认为行政机关确认土地、矿藏、水流、森林、山岭、草原、荒地、滩涂、海域等自然资源的所有权或者使用权的具体行政行为，侵犯其已经依法取得的自然资源所有权或者使用权的，经行政复议后，才可以向人民法院提起行政诉讼，但法律另有规定的除外；对涉及自然资源所有权或者使用权的行政处罚、行政强制措施等其他具体行政行为提起行政诉讼的，不适用《行政复议法》第 30 条第 1 款的规定。

第三十一条 【复议决定期限】行政复议机关应当自受理申请之日起 60 日内作出行政复议决定；但是法律规定的行政复议期限少于 60 日的除外。情况复杂，不能在规定期限内作出行政复议决定的，经行政复议机关的负责人批准，可以适当延长，并告知申请人和被申请人；但是延长期限最多不超过 30 日。

行政复议机关作出行政复议决定，应当制作行政复议决定书，并加盖印章。

行政复议决定书一经送达，即发生法律效力。

第三十二条 【复议决定的履行】被申请人应当履行行政复议决定。

被申请人不履行或者无正当理由拖延履行行政复议决定的，行政复议机关或者有关上级行政机关应当责令其限期履行。

第三十三条 【不履行复议决定的处理】申请人逾期不起诉又不履行行政复议决定的，或者不履行最终裁决的行政复议决定的，按照下列规定分别处理：

（一）维持具体行政行为的行政复议决定，由作出具体行政行为的行政机关依法强制执行，或者申请人民法院强制执行；

（二）变更具体行政行为的行政复议决定，由行政复议机关依法强制执行，或者申请人民法院强制执行。

第六章 法律责任

第三十四条 【复议机关不依法履行职责的处罚】行政复议机关违反本法规定，无正当理由不予受理依法提出的行政复议申请或者不按照规定转送行政复议申请的，或者在法定期限内不作出行政复议决定的，对直接负责的主管人员和其他直接责任人员依法给予警告、记过、记大过的行政处分；经责令受理仍不受理或者不按照规定转送行政复议申请，造成严重后果的，依法给予降级、撤职、开除的行政处分。

第三十五条 【渎职处罚】行政复议机关工作人员在行政复议活动中，徇私舞弊或者有其他渎职、失职行为的,依法给予警告、记过、记大过的行政处分;情节严重的,依法给予降级、撤职、开除的行政处分;构成犯罪的,依法追究刑事责任。

第三十六条 【被申请人不提交答复、资料和阻碍他人复议申请的处罚】被申请人违反本法规定,不提出书面答复或者不提交作出具体行政行为的证据、依据和其他有关材料,或者阻挠、变相阻挠公民、法人或者其他组织依法申请行政复议的,对直接负责的主管人员和其他直接责任人员依法给予警告、记过、记大过的行政处分;进行报复陷害的,依法给予降级、撤职、开除的行政处分;构成犯罪的,依法追究刑事责任。

第三十七条 【不履行、迟延履行复议决定的处罚】被申请人不履行或者无正当理由拖延履行行政复议决定的,对直接负责的主管人员和其他直接责任人员依法给予警告、记过、记大过的行政处分;经责令履行仍拒不履行的,依法给予降级、撤职、开除的行政处分。

第三十八条 【复议机关的建议权】行政复议机关负责法制工作的机构发现有无正当理由不予受理行政复议申请、不按照规定期限作出行政复议决定、徇私舞弊、对申请人打击报复或者不履行行政复议决定等情形的,应当向有关行政机关提出建议,有关行政机关应当依照本法和有关法律、行政法规的规定作出处理。

第七章 附 则

第三十九条 【复议费用】行政复议机关受理行政复议申请,不得向申请人收取任何费用。行政复议活动所需经费,应当列入本机关的行政经费,由本级财政予以保障。

第四十条 【期间计算和文书送达】行政复议期间的计算和行政复议文书的送达,依照民事诉讼法关于期间、送达的规定执行。

本法关于行政复议期间有关“5 日”、“7 日”的规定是指工作日,不含节假日。

第四十一条 【适用范围补充规定】外国人、无国籍人、外国组织在中华人民共和国境内申请行政复议,适用本法。

第四十二条 【法律冲突的解决】本法施行前公布的法律有关行政复议的规定与本法的规定不一致的,以本法的规定为准。

第四十三条 【生效日期】本法自 1999 年 10 月 1 日起施行。1990 年 12 月 24 日国务院发布、1994 年 10 月 9 日国务院修订发布的《行政复议条例》同时废止。

中华人民共和国行政复议法实施条例

(2007 年 5 月 29 日国务院令第 499 号公布 自 2007 年 8 月 1 日起施行)

第一章 总 则

第一条 为了进一步发挥行政复议制度在解决行政争议、建设法治政府、构建社会主义和谐社会中的作用,根据《中华人民共和国行政复议法》(以下简称行政复议法),制定本条例。

第二条 各级行政复议机关应当认真履行行政复议职责,领导并支持本机关负责法制工作的机构(以下简称行政复议机构)依法办理行政复议事项,并依照有关规定配备、充实、调剂专职行政复议人员,保证行政复议机构的办案能力与工作任务相适应。

第三条　行政复议机构除应当依照行政复议法第三条的规定履行职责外,还应当履行下列职责:

(一)依照行政复议法第十八条的规定转送有关行政复议申请;

(二)办理行政复议法第二十九条规定的行政赔偿等事项;

(三)按照职责权限,督促行政复议申请的受理和行政复议决定的履行;

(四)办理行政复议、行政应诉案件统计和重大行政复议决定备案事项;

(五)办理或者组织办理未经行政复议直接提起行政诉讼的行政应诉事项;

(六)研究行政复议工作中发现的问题,及时向有关机关提出改进建议,重大问题及时向行政复议机关报告。

第四条　专职行政复议人员应当具备与履行行政复议职责相适应的品行、专业知识和业务能力,并取得相应资格。具体办法由国务院法制机构会同国务院有关部门规定。

第二章　行政复议申请

第一节　申　请　人

第五条　依照行政复议法和本条例的规定申请行政复议的公民、法人或者其他组织为申请人。

第六条　合伙企业申请行政复议的,应当以核准登记的企业为申请人,由执行合伙事务的合伙人代表该企业参加行政复议;其他合伙组织申请行政复议的,由合伙人共同申请行政复议。

前款规定以外的不具备法人资格的其他组织申请行政复议的,由该组织的主要负责人代表该组织参加行政复议;没有主要负责人的,由共同推选的其他成员代表该组织参加行政复议。

第七条　股份制企业的股东大会、股东代表大会、董事会认为行政机关作出的具体行政行为侵犯企业合法权益的,可以以企业的名义申请行政复议。

第八条　同一行政复议案件申请人超过5人的,推选1至5名代表参加行政复议。

第九条　行政复议期间,行政复议机构认为申请人以外的公民、法人或者其他组织与被审查的具体行政行为有利害关系的,可以通知其作为第三人参加行政复议。

行政复议期间,申请人以外的公民、法人或者其他组织与被审查的具体行政行为有利害关系的,可以向行政复议机构申请作为第三人参加行政复议。

第三人不参加行政复议,不影响行政复议案件的审理。

第十条　申请人、第三人可以委托1至2名代理人参加行政复议。申请人、第三人委托代理人的,应当向行政复议机构提交授权委托书。授权委托书应当载明委托事项、权限和期限。公民在特殊情况下无法书面委托的,可以口头委托。口头委托的,行政复议机构应当核实并记录在卷。申请人、第三人解除或者变更委托的,应当书面报告行政复议机构。

第二节　被 申 请 人

第十一条　公民、法人或者其他组织对行政机关的具体行政行为不服,依照行政复议法和本条例的规定申请行政复议的,作出该具体行政行为的行政机关为被申请人。

第十二条　行政机关与法律、法规授权的组织以共同的名义作出具体行政行为的,行政机关和法律、法规授权的组织为共同被申请人。

行政机关与其他组织以共同名义作出具体行政行为的,行政机关为被申请人。

第十三条　下级行政机关依照法律、法规、规章规定,经上级行政机关批准作出具体行政行为的,批准机关为被申请人。

第十四条 行政机关设立的派出机构、内设机构或者其他组织，未经法律、法规授权，对外以自己名义作出具体行政行为的，该行政机关为被申请人。

第三节 行政复议申请期限

第十五条 行政复议法第九条第一款规定的行政复议申请期限的计算，依照下列规定办理：

（一）当场作出具体行政行为的，自具体行政行为作出之日起计算；

（二）载明具体行政行为的法律文书直接送达的，自受送达人签收之日起计算；

（三）载明具体行政行为的法律文书邮寄送达的，自受送达人在邮件签收单上签收之日起计算；没有邮件签收单的，自受送达人在送达回执上签名之日起计算；

（四）具体行政行为依法通过公告形式告知受送达人的，自公告规定的期限届满之日起计算；

（五）行政机关作出具体行政行为时未告知公民、法人或者其他组织，事后补充告知的，自该公民、法人或者其他组织收到行政机关补充告知的通知之日起计算；

（六）被申请人能够证明公民、法人或者其他组织知道具体行政行为的，自证据材料证明其知道具体行政行为之日起计算。

行政机关作出具体行政行为，依法应当向有关公民、法人或者其他组织送达法律文书而未送达的，视为该公民、法人或者其他组织不知道该具体行政行为。

第十六条 公民、法人或者其他组织依照行政复议法第六条第（八）项、第（九）项、第（十）项的规定申请行政机关履行法定职责，行政机关未履行的，行政复议申请期限依照下列规定计算：

（一）有履行期限规定的，自履行期限届满之日起计算；

（二）没有履行期限规定的，自行政机关收到申请满60日起计算。

公民、法人或者其他组织在紧急情况下请求行政机关履行保护人身权、财产权的法定职责，行政机关不履行的，行政复议申请期限不受前款规定的限制。

第十七条 行政机关作出的具体行政行为对公民、法人或者其他组织的权利、义务可能产生不利影响的，应当告知其申请行政复议的权利、行政复议机关和行政复议申请期限。

第四节 行政复议申请的提出

第十八条 申请人书面申请行政复议的，可以采取当面递交、邮寄或者传真等方式提出行政复议申请。

有条件的行政复议机构可以接受以电子邮件形式提出的行政复议申请。

第十九条 申请人书面申请行政复议的，应当在行政复议申请书中载明下列事项：

（一）申请人的基本情况，包括：公民的姓名、性别、年龄、身份证号码、工作单位、住所、邮政编码；法人或者其他组织的名称、住所、邮政编码和法定代表人或者主要负责人的姓名、职务；

（二）被申请人的名称；

（三）行政复议请求、申请行政复议的主要事实和理由；

（四）申请人的签名或者盖章；

（五）申请行政复议的日期。

第二十条 申请人口头申请行政复议的，行政复议机构应当依照本条例第十九条规定的事项，当场制作行政复议申请笔录交申请人核对或者向申请人宣读，并由申请人签字确认。

第二十一条 有下列情形之一的，申请人应当提供证明材料：

（一）认为被申请人不履行法定职责的，提供曾经要求被申请人履行法定职责而被申请人未履行的证明材料；

（二）申请行政复议时一并提出行政赔偿请求的，提供受具体行政行为侵害而造成损害的证明材料；

（三）法律、法规规定需要申请人提供证据材料的其他情形。

第二十二条 申请人提出行政复议申请时错列被申请人的，行政复议机构应当告知申请人变更被申请人。

第二十三条 申请人对两个以上国务院部门共同作出的具体行政行为不服的，依照行政复议法第十四条的规定，可以向其中任何一个国务院部门提出行政复议申请，由作出具体行政行为的国务院部门共同作出行政复议决定。

第二十四条 申请人对经国务院批准实行省以下垂直领导的部门作出的具体行政行为不服的，可以选择向该部门的本级人民政府或者上一级主管部门申请行政复议；省、自治区、直辖市另有规定的，依照省、自治区、直辖市的规定办理。

第二十五条 申请人依照行政复议法第三十条第二款的规定申请行政复议的，应当向省、自治区、直辖市人民政府提出行政复议申请。

第二十六条 依照行政复议法第七条的规定，申请人认为具体行政行为所依据的规定不合法的，可以在对具体行政行为申请行政复议的同时一并提出对该规定的审查申请；申请人在对具体行政行为提出行政复议申请时尚不知道该具体行政行为所依据的规定的，可以在行政复议机关作出行政复议决定前向行政复议机关提出对该规定的审查申请。

第三章 行政复议受理

第二十七条 公民、法人或者其他组织认为行政机关的具体行政行为侵犯其合法权益提出行政复议申请，除不符合行政复议法和本条例规定的申请条件的，行政复议机关必须受理。

第二十八条 行政复议申请符合下列规定的，应当予以受理：

（一）有明确的申请人和符合规定的被申请人；

（二）申请人与具体行政行为有利害关系；

（三）有具体的行政复议请求和理由；

（四）在法定申请期限内提出；

（五）属于行政复议法规定的行政复议范围；

（六）属于收到行政复议申请的行政复议机构的职责范围；

（七）其他行政复议机关尚未受理同一行政复议申请，人民法院尚未受理同一主体就同一事实提起的行政诉讼。

第二十九条 行政复议申请材料不齐全或者表述不清楚的，行政复议机构可以自收到该行政复议申请之日起 5 日内书面通知申请人补正。补正通知应当载明需要补正的事项和合理的补正期限。无正当理由逾期不补正的，视为申请人放弃行政复议申请。补正申请材料所用时间不计入行政复议审理期限。

第三十条 申请人就同一事项向两个或者两个以上有权受理的行政机关申请行政复议的，由最先收到行政复议申请的行政机关受理；同时收到行政复议申请的，由收到行政复议申请的行政机关在 10 日内协商确定；协商不成的，由其共同上一级行政机关在 10 日内指定受理机关。协商确定或者指定受理机关所用时间不计入行政复议审理期限。

第三十一条 依照行政复议法第二十条的规定，上级行政机关认为行政复议机关不予受理行政复议申请的理由不成立的，可以先行督促其受理；经督促仍不受理的，应当责令其限期受理，必要时也可以直接受理；认为行政复议申请不符合法定受理条件的，应当告知申请人。

第四章　行政复议决定

第三十二条　行政复议机构审理行政复议案件,应当由2名以上行政复议人员参加。

第三十三条　行政复议机构认为必要时,可以实地调查核实证据;对重大、复杂的案件,申请人提出要求或者行政复议机构认为必要时,可以采取听证的方式审理。

第三十四条　行政复议人员向有关组织和人员调查取证时,可以查阅、复制、调取有关文件和资料,向有关人员进行询问。

调查取证时,行政复议人员不得少于2人,并应当向当事人或者有关人员出示证件。被调查单位和人员应当配合行政复议人员的工作,不得拒绝或者阻挠。

需要现场勘验的,现场勘验所用时间不计入行政复议审理期限。

第三十五条　行政复议机关应当为申请人、第三人查阅有关材料提供必要条件。

第三十六条　依照行政复议法第十四条的规定申请原级行政复议的案件,由原承办具体行政行为有关事项的部门或者机构提出书面答复,并提交作出具体行政行为的证据、依据和其他有关材料。

第三十七条　行政复议期间涉及专门事项需要鉴定的,当事人可以自行委托鉴定机构进行鉴定,也可以申请行政复议机构委托鉴定机构进行鉴定。鉴定费用由当事人承担。鉴定所用时间不计入行政复议审理期限。

第三十八条　申请人在行政复议决定作出前自愿撤回行政复议申请的,经行政复议机构同意,可以撤回。

申请人撤回行政复议申请的,不得再以同一事实和理由提出行政复议申请。但是,申请人能够证明撤回行政复议申请违背其真实意思表示的除外。

第三十九条　行政复议期间被申请人改变原具体行政行为的,不影响行政复议案件的审理。但是,申请人依法撤回行政复议申请的除外。

第四十条　公民、法人或者其他组织对行政机关行使法律、法规规定的自由裁量权作出的具体行政行为不服申请行政复议,申请人与被申请人在行政复议决定作出前自愿达成和解的,应当向行政复议机构提交书面和解协议;和解内容不损害社会公共利益和他人合法权益的,行政复议机构应当准许。

第四十一条　行政复议期间有下列情形之一,影响行政复议案件审理的,行政复议中止:

(一)作为申请人的自然人死亡,其近亲属尚未确定是否参加行政复议的;

(二)作为申请人的自然人丧失参加行政复议的能力,尚未确定法定代理人参加行政复议的;

(三)作为申请人的法人或者其他组织终止,尚未确定权利义务承受人的;

(四)作为申请人的自然人下落不明或者被宣告失踪的;

(五)申请人、被申请人因不可抗力,不能参加行政复议的;

(六)案件涉及法律适用问题,需要有权机关作出解释或者确认的;

(七)案件审理需要以其他案件的审理结果为依据,而其他案件尚未审结的;

(八)其他需要中止行政复议的情形。

行政复议中止的原因消除后,应当及时恢复行政复议案件的审理。

行政复议机构中止、恢复行政复议案件的审理,应当告知有关当事人。

第四十二条　行政复议期间有下列情形之一的,行政复议终止:

(一)申请人要求撤回行政复议申请,行政复议机构准予撤回的;

(二)作为申请人的自然人死亡,没有近亲属或者其近亲属放弃行政复议权利的;

(三)作为申请人的法人或者其他组织终止,其权利义务的承受人放弃行政复议权利的;

(四)申请人与被申请人依照本条例第四十条的规定,经行政复议机构准许达成和解的;

(五)申请人对行政拘留或者限制人身自由的行政强制措施不服申请行政复议后,因申请人同一违法行为涉嫌犯罪,该行政拘留或者限制人身自由的行政强制措施变更为刑事拘留的。

依照本条例第四十一条第一款第(一)项、第(二)项、第(三)项规定中止行政复议,满60日行政复议中止的原因仍未消除的,行政复议终止。

第四十三条 依照行政复议法第二十八条第一款第(一)项规定,具体行政行为认定事实清楚,证据确凿,适用依据正确,程序合法,内容适当的,行政复议机关应当决定维持。

第四十四条 依照行政复议法第二十八条第一款第(二)项规定,被申请人不履行法定职责的,行政复议机关应当决定其在一定期限内履行法定职责。

第四十五条 具体行政行为有行政复议法第二十八条第一款第(三)项规定情形之一的,行政复议机关应当决定撤销、变更该具体行政行为或者确认该具体行政行为违法;决定撤销该具体行政行为或者确认该具体行政行为违法的,可以责令被申请人在一定期限内重新作出具体行政行为。

第四十六条 被申请人未依照行政复议法第二十三条的规定提出书面答复、提交当初作出具体行政行为的证据、依据和其他有关材料的,视为该具体行政行为没有证据、依据,行政复议机关应当决定撤销该具体行政行为。

第四十七条 具体行政行为有下列情形之一,行政复议机关可以决定变更:

(一)认定事实清楚,证据确凿,程序合法,但是明显不当或者适用依据错误的;

(二)认定事实不清,证据不足,但是经行政复议机关审理查明事实清楚,证据确凿的。

第四十八条 有下列情形之一的,行政复议机关应当决定驳回行政复议申请:

(一)申请人认为行政机关不履行法定职责申请行政复议,行政复议机关受理后发现该行政机关没有相应法定职责或者在受理前已经履行法定职责的;

(二)受理行政复议申请后,发现该行政复议申请不符合行政复议法和本条例规定的受理条件的。

上级行政机关认为行政复议机关驳回行政复议申请的理由不成立的,应当责令其恢复审理。

第四十九条 行政复议机关依照行政复议法第二十八条的规定责令被申请人重新作出具体行政行为的,被申请人应当在法律、法规、规章规定的期限内重新作出具体行政行为;法律、法规、规章未规定期限的,重新作出具体行政行为的期限为60日。

公民、法人或者其他组织对被申请人重新作出的具体行政行为不服,可以依法申请行政复议或者提起行政诉讼。

第五十条 有下列情形之一的,行政复议机关可以按照自愿、合法的原则进行调解:

(一)公民、法人或者其他组织对行政机关行使法律、法规规定的自由裁量权作出的具体行政行为不服申请行政复议的;

(二)当事人之间的行政赔偿或者行政补偿纠纷。

当事人经调解达成协议的,行政复议机关应当制作行政复议调解书。调解书应当载明行政复议请求、事实、理由和调解结果,并加盖行政复议机关印章。行政复议调解书经双方当事人签字,即具有法律效力。

调解未达成协议或者调解书生效前一方反悔的,行政复议机关应当及时作出行政复议决定。

第五十一条 行政复议机关在申请人的行政复议请求范围内,不得作出对申请人更为不利的行政复议决定。

第五十二条 第三人逾期不起诉又不履行行政复议决定的,依照行政复议法第三十三条的规定处理。

第五章　行政复议指导和监督

第五十三条　行政复议机关应当加强对行政复议工作的领导。

行政复议机构在本级行政复议机关的领导下,按照职责权限对行政复议工作进行督促、指导。

第五十四条　县级以上各级人民政府应当加强对所属工作部门和下级人民政府履行行政复议职责的监督。

行政复议机关应当加强对其行政复议机构履行行政复议职责的监督。

第五十五条　县级以上地方各级人民政府应当建立健全行政复议工作责任制,将行政复议工作纳入本级政府目标责任制。

第五十六条　县级以上地方各级人民政府应当按照职责权限,通过定期组织检查、抽查等方式,对所属工作部门和下级人民政府行政复议工作进行检查,并及时向有关方面反馈检查结果。

第五十七条　行政复议期间行政复议机关发现被申请人或者其他下级行政机关的相关行政行为违法或者需要做好善后工作的,可以制作行政复议意见书。有关机关应当自收到行政复议意见书之日起60日内将纠正相关行政违法行为或者做好善后工作的情况通报行政复议机构。

行政复议期间行政复议机构发现法律、法规、规章实施中带有普遍性的问题,可以制作行政复议建议书,向有关机关提出完善制度和改进行政执法的建议。

第五十八条　县级以上各级人民政府行政复议机构应当定期向本级人民政府提交行政复议工作状况分析报告。

第五十九条　下级行政复议机关应当及时将重大行政复议决定报上级行政复议机关备案。

第六十条　各级行政复议机构应当定期组织对行政复议人员进行业务培训,提高行政复议人员的专业素质。

第六十一条　各级行政复议机关应当定期总结行政复议工作,对在行政复议工作中做出显著成绩的单位和个人,依照有关规定给予表彰和奖励。

第六章　法 律 责 任

第六十二条　被申请人在规定期限内未按照行政复议决定的要求重新作出具体行政行为,或者违反规定重新作出具体行政行为的,依照行政复议法第三十七条的规定追究法律责任。

第六十三条　拒绝或者阻挠行政复议人员调查取证、查阅、复制、调取有关文件和资料的,对有关责任人员依法给予处分或者治安处罚;构成犯罪的,依法追究刑事责任。

第六十四条　行政复议机关或者行政复议机构不履行行政复议法和本条例规定的行政复议职责,经有权监督的行政机关督促仍不改正的,对直接负责的主管人员和其他直接责任人员依法给予警告、记过、记大过的处分;造成严重后果的,依法给予降级、撤职、开除的处分。

第六十五条　行政机关及其工作人员违反行政复议法和本条例规定的,行政复议机构可以向人事、监察部门提出对有关责任人员的处分建议,也可以将有关人员违法的事实材料直接转送人事、监察部门处理;接受转送的人事、监察部门应当依法处理,并将处理结果通报转送的行政复议机构。

第七章　附　　则

第六十六条　本条例自2007年8月1日起施行。

国务院办公厅关于国务院行政复议案件处理程序若干问题的通知

（2001年5月14日 国办发〔2001〕38号）

各省、自治区、直辖市人民政府，国务院各部委、各直属机构：

根据《中华人民共和国行政复议法》（以下简称行政复议法）第十四条的规定，对国务院部门或者省、自治区、直辖市人民政府（以下简称省部级行政机关）的具体行政行为不服的，向作出该具体行政行为的省部级行政机关申请行政复议；对行政复议决定不服的，可以申请国务院最终裁决。行政复议法第三条规定，行政复议机关负责法制工作的机构具体办理行政复议事项。为了保障行政复议法全面贯彻实施，促进各省部级行政机关依法行政，从严治政，进一步规范行政复议案件的有关处理程序，经国务院同意，现将有关事项通知如下：

一、向国务院提出的行政复议申请，不符合法定条件，依法不应当受理的，授权国务院法制办公室依法处理。

二、向国务院提出的行政复议申请，符合法定条件，依法应当受理的，授权国务院法制办公室按照下列程序办理：

经国务院法制办公室审查，依法应当维持省部级行政机关原级行政复议决定以及认定抽象行政行为合法的，一般不再报请国务院审批，由国务院法制办公室依法办理；但是，影响重大的，应当报请国务院审批。

经国务院法制办公室审查，依法应当撤销、变更省部级行政机关原级行政复议决定或者认定抽象行政行为不合法的，由国务院法制办公室与有关行政机关协商。经协商达成一致意见，有关行政机关同意自行改正的，一般不再报请国务院审批；意见不一致，有关行政机关不同意改正的，由国务院法制办公室报请国务院审批。

对只涉及行政复议案件程序的事项，一般由国务院法制办公室依法处理；但是，涉及重大、敏感案件的程序问题，应当及时请示国务院。

三、启用"中华人民共和国国务院行政复议专用章"。国务院法制办公室具体办理行政复议案件，出具有关法律文书时，应当加盖"中华人民共和国国务院行政复议专用章"。

四、对国务院受理的行政复议案件和审查的抽象行政行为，有关省部级行政机关应当严格按照行政复议法的规定，及时提出书面答复，并提供证据、依据和其他有关材料，配合国务院法制办公室办理行政复议事项。

各地方、各部门要结合本地方、本部门的实际情况，认真研究落实，严格依法开展行政复议的各项工作，进一步加强政府法制建设，提高依法行政水平。

◎ 司法解释及文件

司法行政机关行政复议应诉工作规定

（2001 年 6 月 12 日司法部第 8 次部长办公会议通过 2001 年 6 月 22 日司法部令第 65 号公布）

第一章 总 则

第一条 为了规范司法行政机关行政复议和行政应诉工作，保障和监督司法行政机关依法行使职权，根据《中华人民共和国行政诉讼法》和《中华人民共和国行政复议法》，制定本规定。

第二条 公民、法人或者其他组织认为司法行政机关的具体行政行为侵犯其合法权益，向司法行政机关提出行政复议申请，或者向人民法院提起行政诉讼，司法行政机关受理行政复议申请、作出行政复议决定或者应诉，适用本规定。

第三条 司法行政机关法制工作机构或者承担法制工作的机构具体负责办理司法行政机关行政复议和行政应诉事项，履行下列职责：

（一）受理行政复议申请；

（二）向有关组织和人员调查取证，查阅文件和资料；

（三）审查申请行政复议的具体行政行为是否合法与适当，拟定行政复议决定；

（四）处理或者转送对司法行政机关具体行政行为所依据的有关规定的审查申请；

（五）对司法行政机关违反《中华人民共和国行政复议法》和本规定的行为依照规定的权限和程序提出处理建议；

（六）组织办理因不服行政复议决定提起行政诉讼的应诉事项；

（七）指导下级司法行政机关的行政复议和行政应诉工作；

（八）培训行政复议、应诉工作人员，组织交流行政复议、应诉工作经验；

（九）法律、法规、规章规定的其他职责。

第四条 司法行政机关行政复议、应诉工作遵循合法、公正、公开、及时、便民的原则。

第二章 行政复议范围

第五条 有下列情形之一的，公民、法人或者其他组织可以向司法行政机关申请行政复议：

（一）认为符合法定条件，申请司法行政机关办理颁发资格证、执业证、许可证手续，司法行政机关拒绝办理或者在法定期限内没有依法办理的；

（二）对司法行政机关作出的警告、罚款、没收违法所得、没收非法财物、责令停业、吊销执业证等行政处罚决定不服的；

（三）认为符合法定条件，申请司法行政机关办理审批、审核、公告、登记的有关事项，司法行政机关不予上报申办材料、拒绝办理或者在法定期限内没有依法办理的；

（四）认为符合法定条件，申请司法行政机关注册执业证，司法行政机关未出示书面通知说明理由，注册执业证期满六个月仍不予注册的；

（五）认为符合法定条件，申请司法行政机关参加资格考试，司法行政机关没有依法办理的；

（六）认为司法行政机关违法收费或者违法要求履行义务的；

（七）对司法行政机关作出的撤销、变更或者维持公证机构关于公证书的决定不服的；

（八）对司法行政机关作出的留场就业决定或根据授权作出的延长劳动教养期限的决定不

服的；

（九）对司法行政机关作出的关于行政赔偿、刑事赔偿决定不服的；

（十）认为司法行政机关作出的其他具体行政行为侵犯其合法权益的。

第六条 公民、法人或者其他组织认为司法行政机关作出的具体行政行为所依据的规定不合法（法律、法规、规章和国务院文件除外），可以一并向司法行政机关提出对该规定的审查申请。

第七条 公民、法人或者其他组织对下列事项不能申请行政复议：

（一）执行刑罚的行为；

（二）执行劳动教养决定的行为；

（三）司法助理员对民间纠纷作出的调解或者其他处理；

（四）资格考试成绩评判行为；

（五）法律、法规规定的其他不能申请行政复议的行为。

第三章 行政复议和行政应诉管辖

第八条 对县级以上地方各级司法行政机关的具体行政行为不服，向司法行政机关申请行政复议，由上一级司法行政机关管辖。

对监狱机关、劳动教养机关的具体行政行为不服，向司法行政机关申请行政复议，由其主管的司法行政机关管辖。

对司法部的具体行政行为不服向司法行政机关申请行政复议，由司法部管辖。申请人对司法部行政复议决定不服的，可以向人民法院提起行政诉讼；也可以向国务院申请裁决。

第九条 对县级以上地方各级司法行政机关的具体行政行为不服直接向人民法院提起的行政诉讼，由作出具体行政行为的司法行政机关应诉。

经行政复议的行政诉讼，行政复议机关决定维持原具体行政行为的，由作出原具体行政行为的司法行政机关应诉；行政复议机关改变原具体行政行为的，由行政复议机关应诉。

第四章 行政复议受理

第十条 司法行政机关办理行政复议案件，实行统一受理、专人承办、集体研究、领导负责的工作制度。

第十一条 办理行政复议案件的法制工作机构人员与申请人有利害关系的，可以提出自行回避；申请人也有权申请其回避，但应说明理由。

办理行政复议案件的法制工作机构人员的回避，由行政复议机关负责人决定。

第十二条 申请人申请行政复议，可以书面申请，也可以口头申请。口头申请的，行政复议机关应当当场记录申请人的基本情况、行政复议请求、申请行政复议的主要事实、理由和时间，并由申请人签字。

第十三条 司法行政机关自收到行政复议申请书之日起5日内，对行政复议申请分别作出以下处理：

（一）行政复议申请符合法定受理条件并属于本规定受理范围的，应予受理；

（二）行政复议申请不符合法定受理条件的，不予受理并书面告知申请人；

（三）行政复议申请符合法定受理条件，但不属于本机关受理的，应当告知申请人向有关行政复议机关提出。

除不符合行政复议的法定受理条件或者不属于本机关受理的复议申请外，行政复议申请自行政复议机关负责法制工作的机构收到之日起即为受理。

作出具体行政行为的司法行政机关自收到行政复议机关发送的行政复议申请书副本或者申请

笔录复印件后，应将书面答复、作出具体行政行为的证据、依据和其他有关材料，在 10 日内提交行政复议机关。

司法行政机关任何部门在收到行政复议申请后，应转交本机关法制工作机构。

申请人的书面申请内容如不符合本规定第十二条规定，法制工作机构应当通知申请人补齐申请内容。行政复议受理时间从收到申请人补齐申请书内容之日起计算。

第十四条 对于申请人就同一具体行政行为向人民法院提起行政讼诉，人民法院已经受理的，司法行政机关不再受理其行政复议申请。

第十五条 司法行政机关法制工作机构依照以下程序受理行政复议申请：

（一）登记收到行政复议申请书的时间及申请人的情况；

（二）不予受理的，在收到行政复议申请书 5 日内填写司法行政机关不予受理审批表，拟制不予受理决定书，由行政机关负责人签字，并加盖公章，向申请人发出；

（三）应当受理的，在收到复议申请书后填写司法行政机关行政复议立案审批表，法制工作机构负责人审批。

第十六条 申请人认为司法行政机关无正当理由不予受理其行政复议申请，可以向上级司法行政机关反映，上级司法行政机关在审查后可以作出以下处理决定：

（一）申请人提出的申请符合法定受理条件的，应当责令下级司法行政机关予以受理，其中申请人不服的具体行政行为是依据司法行政法律、法规、本级以上人民政府制定的规章或者本机关制定的规范性文件作出的，或者上级司法行政机关认为有必要直接受理的，可以直接受理；

（二）上级司法行政机关认为下级司法行政机关不予受理行为确有正当理由，申请人仍然不服的，应当告知申请人可以依法对下级司法行政机关的具体行政行为向人民法院提起行政诉讼。

第五章　行政复议决定

第十七条 司法行政机关行政复议原则上采取书面审查的办法，但是申请人提出要求或者行政复议机关认为有必要时，可以向有关组织和人员调查情况，听取申请人、被申请人和第三人的意见。

第十八条 司法行政机关应当在受理之日起 7 日内将行政复议申请书副本或者行政复议申请书笔录复印件发送被申请人。被申请人应当自收到申请书副本或者申请笔录复印件之日起 10 日内，提出书面答复，并提交作出具体行政行为的证据、依据和其他有关材料。被申请人的书面答复应当包括下列内容：

（一）具体行政行为认定的事实和证据；

（二）作出具体行政行为所依据的法律、法规、规章；

（三）作出具体行政行为的程序；

（四）对行政复议申请的答复意见和本机关对行政复议案件的请求。

第十九条 被申请人不按本规定第十八条的规定提出书面答复、提交作出具体行政行为的证据、依据和其他有关材料，视为该具体行政行为没有证据、依据，决定撤销该具体行政行为。

第二十条 行政复议决定作出前，申请人要求撤回复议申请的，经说明理由，可以撤回；被申请人改变所作的具体行政行为，申请人同意并要求撤回复议申请的，可以撤回。撤回行政复议申请的，行政复议终止。

第二十一条 申请人在申请行政复议时，一并提出对具体行政行为所依据的规定申请审查的，行政复议机关应当区别情况，分别作出处理。

行政复议机关认为被申请人作出的具体行政行为所依据的规定不合法，本机关有权处理的，应当在 30 日内依法处理；无权处理的，应当在 7 日内按照机关文件送达程序转送有权处理的国家机关依法处理。处理期间,中止对具体行政行为的审查。

上级司法行政机关有权对下级司法行政机关制定的规范性文件进行审查。

第二十二条 司法行政机关法制工作机构应当对被申请人作出的具体行政行为进行审查,提出意见,填写司法行政机关行政复议决定审批表,拟制复议决定意见,在征求业务部门意见后,报经行政机关负责人审批。

第二十三条 行政复议机关作出行政复议决定,应当制作行政复议决定书,并加盖行政复议机关印章。行政复议决定一经公布、委托方式送达即发生法律效力。

第二十四条 申请人在申请行政复议时一并提出行政赔偿请求,依据有关法律、法规、规章的规定应当给予赔偿的,行政复议机关在决定撤销、变更具体行政行为或者确认具体行政行为违法时,应当同时决定被申请人依法赔偿。

申请人在申请行政复议时没有提出赔偿请求的,行政复议机关在依法决定撤销或者变更罚款、没收违法所得以及没收非法财物等具体行政行为时,应当同时责令被申请人返还财物或者赔偿相应的价款。

第二十五条 行政复议机关应当自受理申请之日起 60 日内作出行政复议决定。如有以下情况,不能在规定期限内作出行政复议决定的,经行政复议机关的负责人批准,可以适当延长,并告知申请人和被申请人;但延长期限最多不超过 30 日:

(一)因不可抗力延误相关文书抵达的;

(二)有重大疑难情况的;

(三)需要与其他机关相协调的;

(四)需要对具体行政行为依据的规定进行审查的;

(五)其他经行政复议机关负责人批准需要延长复议期限的。

第六章 行政应诉

第二十六条 司法行政机关法制工作机构接到人民法院转送的行政起诉状副本 5 日内,应组织协调有关业务部门,共同制订行政应诉方案,确定出庭应诉人员。

司法行政机关业务部门应当指派本单位专人负责案件调查、收集证据材料,提出初步答辩意见,协助法制工作机构的应诉工作。

第二十七条 司法行政机关法制工作机构在人民法院一审判决书或者裁定书送达后,应组织协调有关业务部门,提出是否上诉的意见,报行政机关负责人审批。决定上诉的,提出上诉状,在法定期限内向二审人民法院提交。

第二十八条 司法行政机关法制工作机构可以组织协调有关业务部门,对人民法院已发生法律效力的判决、裁定,向司法行政机关负责人提出是否申诉的意见。决定申诉的,提出申诉书,向有管辖权的人民法院提交。

第二十九条 司法行政机关可以委托律师担任行政诉讼代理人出庭应诉。

第三十条 对人民法院作出判决或者裁定的行政案件,应诉的司法行政机关应当在判决或者裁定送达后 5 日内,将判决书或者裁决书的复印件报送上一级司法行政机关法制工作机构。

第七章 附则

第三十一条 司法行政机关行政复议(含行政诉讼)活动所需经费列入本机关的经费预算。行政复议活动经费应当用于:

(一)办案经费;

(二)执法情况检查;

(三)总结工作等。

第三十二条 本规定由司法部解释。

第三十三条 本规定自颁布之日起施行。1990 年 7 月 30 日司法部颁布的《司法行政机关行政复议应诉工作规定(试行)》同时废止。

最高人民法院关于适用《行政复议法》第三十条第一款有关问题的批复

(2003 年 1 月 9 日最高人民法院审判委员会第 1263 次会议通过 2003 年 2 月 25 日最高人民法院公告公布 自 2003 年 2 月 28 日起施行 法释〔2003〕5 号)

山西省高级人民法院:

你院《关于适用〈行政复议法〉第三十条第一款有关问题的请示》收悉。经研究,答复如下:

根据《行政复议法》第三十条第一款的规定,公民、法人或者其他组织认为行政机关确认土地、矿藏、水流、森林、山岭、草原、荒地、滩涂、海域等自然资源的所有权或者使用权的具体行政行为,侵犯其已经依法取得的自然资源所有权或者使用权的,经行政复议后,才可以向人民法院提起行政诉讼,但法律另有规定的除外;对涉及自然资源所有权或者使用权的行政处罚、行政强制措施等其他具体行政行为提起行政诉讼的,不适用《行政复议法》第三十条第一款的规定。

此复。

行 政 编

行 政 诉 讼

一、综　合

中华人民共和国行政诉讼法

（1989年4月4日第七届全国人民代表大会第二次会议通过　根据2014年11月1日第十二届全国人民代表大会常务委员会第十一次会议《关于修改〈中华人民共和国行政诉讼法〉的决定》第一次修正　根据2017年6月27日第十二届全国人民代表大会常务委员会第二十八次会议《关于修改〈中华人民共和国民事诉讼法〉和〈中华人民共和国行政诉讼法〉的决定》第二次修正）

第一章　总　　则

第一条　【立法目的】为保证人民法院公正、及时审理行政案件，解决行政争议，保护公民、法人和其他组织的合法权益，监督行政机关依法行使职权，根据宪法，制定本法。

第二条　【诉权】公民、法人或者其他组织认为行政机关和行政机关工作人员的行政行为侵犯其合法权益，有权依照本法向人民法院提起诉讼。

前款所称行政行为，包括法律、法规、规章授权的组织作出的行政行为。

第三条　【行政机关负责人出庭应诉】人民法院应当保障公民、法人和其他组织的起诉权利，对应当受理的行政案件依法受理。

行政机关及其工作人员不得干预、阻碍人民法院受理行政案件。

被诉行政机关负责人应当出庭应诉。不能出庭的，应当委托行政机关相应的工作人员出庭。

相关规定：《最高人民法院关于适用〈中华人民共和国行政诉讼法〉若干问题的解释》第5条

第四条　【独立行使审判权】人民法院依法对行政案件独立行使审判权，不受行政机关、社会团体和个人的干涉。

人民法院设行政审判庭，审理行政案件。

第五条　【以事实为根据，以法律为准绳原则】人民法院审理行政案件，以事实为根据，以法律为准绳。

第六条　【合法性审查原则】人民法院审理行政案件，对行政行为是否合法进行审查。

第七条　【合议、回避、公开审判和两审终审原则】人民法院审理行政案件，依法实行合议、回避、公开审判和两审终审制度。

条文释义：［合议制度］

合议制度是指人民法院的审判组织形式，即由三名以上的审判人员组成合议庭，共同进行审判工作并对承办的案件负责的审判制度。《行政诉讼法》规定，人民法院审理行政案件，由审判员组成合议庭，或者由审判员、陪审员组成合议庭。合议庭的成员，应当是三人以上的单数。合议制度在行政诉讼一审程序、二审程序和审判监督程序中均需要贯彻。

［回避制度］

回避制度是指审判人员具有法定情形，必须回避，不参与案件审理的制度。所谓法定情形，是指法律规定禁止审判人员参加对案件审理的情形。根据《行政诉讼法》的规定，回避制度包括两种：一是当事人申请回避。当事人申请回避是当事人认为审判人员与本案有利害关系或者有其他关系可能影响公正审判，有权申请审判人员回避。二是审判人员认为自己与本案有利害关系或者有其他关系，应当申请回避。

［公开审判制度］

公开审判制度是指除不予公开和可以不公开审理的案件外，法院对行政案件的审理一律依法公开进行，允许群众旁听，允许记者公开报道；不论是否公开审理的案件，判决结果均一律公开的制度。

［两审终审制度］

两审终审制度是指一个案件经过第一审和第二审人民法院的审理，即终结诉讼的制度。实行两审终审制有利于上级人民法院对下级人民法院的审判工作进行监督，及时纠正错误的判决，维护当事人的合法权益。

第八条　【法律地位平等原则】当事人在行政诉讼中的法律地位平等。

第九条　【本民族语言文字原则】各民族公民都有用本民族语言、文字进行行政诉讼的权利。

在少数民族聚居或者多民族共同居住的地区，人民法院应当用当地民族通用的语言、文字进行审理和发布法律文书。

人民法院应当对不通晓当地民族通用的语言、文字的诉讼参与人提供翻译。

第十条　【辩论原则】当事人在行政诉讼中有权进行辩论。

第十一条　【法律监督原则】人民检察院有权对行政诉讼实行法律监督。

第二章　受案范围

第十二条　【行政诉讼受案范围】人民法院受理公民、法人或者其他组织提起的下列诉讼：

（一）对行政拘留、暂扣或者吊销许可证和执照、责令停产停业、没收违法所得、没收非法财物、罚款、警告等行政处罚不服的；

（二）对限制人身自由或者对财产的查封、扣押、冻结等行政强制措施和行政强制执行不服的；

（三）申请行政许可，行政机关拒绝或者在法定期限内不予答复，或者对行政机关作出的有关行政许可的其他决定不服的；

（四）对行政机关作出的关于确认土地、矿藏、水流、森林、山岭、草原、荒地、滩涂、海域等自然资源的所有权或者使用权的决定不服的；

（五）对征收、征用决定及其补偿决定不服的；

（六）申请行政机关履行保护人身权、财产权等合法权益的法定职责，行政机关拒绝履行或者不予答复的；

（七）认为行政机关侵犯其经营自主权或者农村土地承包经营权、农村土地经营权的；

（八）认为行政机关滥用行政权力排除或者限制竞争的；

（九）认为行政机关违法集资、摊派费用或者违法要求履行其他义务的；

（十）认为行政机关没有依法支付抚恤金、最低生活保障待遇或者社会保险待遇的；

（十一）认为行政机关不依法履行、未按照约定履行或者违法变更、解除政府特许经营协议、土地房屋征收补偿协议等协议的；

（十二）认为行政机关侵犯其他人身权、财产权等合法权益的。

除前款规定外，人民法院受理法律、法规规定可以提起诉讼的其他行政案件。

相关规定：《最高人民法院关于适用〈中华人民共和国行政诉讼法〉若干问题的解释》第11条

第十三条 【受案范围的排除】人民法院不受理公民、法人或者其他组织对下列事项提起的诉讼：

（一）国防、外交等国家行为；

（二）行政法规、规章或者行政机关制定、发布的具有普遍约束力的决定、命令；

（三）行政机关对行政机关工作人员的奖惩、任免等决定；

（四）法律规定由行政机关最终裁决的行政行为。

条文释义：［国家行为］

国家行为是指国务院、中央军事委员会、国防部、外交部等根据宪法和法律的授权，以国家的名义实施的有关国防和外交事务的行为，以及经宪法和法律授权的国家机关宣布紧急状态、实施戒严和总动员等行为。国防行为是指国家为了防备和抵抗侵略，制止武装颠覆，保卫国家的主权、领土完整和安全所进行的军事活动。如宣战、发布动员令、戒严令、军事演习、设立军事禁区等。外交行为是指国家之间或者国家与国际组织之间的交往行为。如对外国国家和政府的承认、建交、断交，缔结条约、公约和协定等。

综合

第三章 管　　辖

第十四条 【基层人民法院管辖第一审行政案件】基层人民法院管辖第一审行政案件。

第十五条 【中级人民法院管辖的第一审行政案件】中级人民法院管辖下列第一审行政案件：

（一）对国务院部门或者县级以上地方人民政府所作的行政行为提起诉讼的案件；

（二）海关处理的案件；

（三）本辖区内重大、复杂的案件；

（四）其他法律规定由中级人民法院管辖的案件。

第十六条 【高级人民法院管辖的第一审行政案件】高级人民法院管辖本辖区内重大、复杂的第一审行政案件。

第十七条 【最高人民法院管辖的第一审行政案件】最高人民法院管辖全国范围内重大、复杂的第一审行政案件。

第十八条 【一般地域管辖和法院跨行政区域管辖】行政案件由最初作出行政行为的行政机关所在地人民法院管辖。经复议的案件，也可以由复议机关所在地人民法院管辖。

经最高人民法院批准，高级人民法院可以根据审判工作的实际情况，确定若干人民法院跨行政区域管辖行政案件。

第十九条 【限制人身自由行政案件的管辖】对限制人身自由的行政强制措施不服提起的诉讼，由被告所在地或者原告所在地人民法院管辖。

第二十条 【不动产行政案件的管辖】因不动产提起的行政诉讼，由不动产所在地人民法院管辖。

条文释义：［不动产行政案件管辖］

不动产案件管辖是专属管辖，此类案件只能由本法规定的人民法院管辖，其他法院无管辖权，当事人没有选择管辖的余地，人民法院之间也不得协议管辖。不动产，是指土地以及土地上的附着物，不能移动或移动会损害其用途或价值的物。如土地、房屋等。原则上，因不动产引起的行政诉讼，包括因不动产所有权、使用权发生纠纷而起诉的案件，如房屋登记、土地确权案件、房屋拆迁案件。这类行政案件适用不动产案件的管辖规定,由不动产所在地人民法院管辖。对行政行为不是直接针对不动产,但涉及不动产内容,如国有资产产权界定行为是针对包含不动产在内的整体产权作出的,则不属于因不动产提起的诉讼。

第二十一条 【选择管辖】两个以上人民法院都有管辖权的案件,原告可以选择其中一个人民法院提起诉讼。原告向两个以上有管辖权的人民法院提起诉讼的,由最先立案的人民法院管辖。

第二十二条 【移送管辖】人民法院发现受理的案件不属于本院管辖的,应当移送有管辖权的人民法院,受移送的人民法院应当受理。受移送的人民法院认为受移送的案件按照规定不属于本院管辖的,应当报请上级人民法院指定管辖,不得再自行移送。

第二十三条 【指定管辖】有管辖权的人民法院由于特殊原因不能行使管辖权的,由上级人民法院指定管辖。

人民法院对管辖权发生争议,由争议双方协商解决。协商不成的,报它们的共同上级人民法院指定管辖。

第二十四条 【管辖权转移】上级人民法院有权审理下级人民法院管辖的第一审行政案件。

下级人民法院对其管辖的第一审行政案件,认为需要由上级人民法院审理或者指定管辖的,可以报请上级人民法院决定。

条文释义:由于管辖问题较为复杂,仅有法定管辖和指定管辖,尚不足以适应复杂多变的情况,管辖权转移的规定赋予上下级法院灵活处理的权力,目的是为了法院更好的行使审判权。理论上,管辖权转移有两种情况:一种是将管辖权上移,包括上提下和下交上,上级法院有权将下级法院管辖的第一审行政案件提上来自己审理,下级法院对其管辖的第一审行政案件认为审理确有困难,需要由上级法院审理的,可以报请上级法院决定;另一种是管辖权下放,上级法院本院管辖的第一审行政案件交给下级法院来审理。管辖权转移只限于第一审案件。

第四章 诉讼参加人

第二十五条 【原告资格】行政行为的相对人以及其他与行政行为有利害关系的公民、法人或者其他组织,有权提起诉讼。

有权提起诉讼的公民死亡,其近亲属可以提起诉讼。

有权提起诉讼的法人或者其他组织终止,承受其权利的法人或者其他组织可以提起诉讼。

人民检察院在履行职责中发现生态环境和资源保护、食品药品安全、国有财产保护、国有土地使用权出让等领域负有监督管理职责的行政机关违法行使职权或者不作为,致使国家利益或者社会公共利益受到侵害的,应当向行政机关提出检察建议,督促其依法履行职责。行政机关不依法履行职责的,人民检察院依法向人民法院提起诉讼。

条文释义:"近亲属",包括配偶、父母、子女、兄弟姐妹、祖父母、外祖父母、孙子女、外孙子女和其他具有扶养、赡养关系的亲属。

第二十六条 【被告资格】公民、法人或者其他组织直接向人民法院提起诉讼的,作出行政行为的行政机关是被告。

经复议的案件,复议机关决定维持原行政行为的,作出原行政行为的行政机关和复议机关是共同被告;复议机关改变原行政行为的,复议机关是被告。

复议机关在法定期限内未作出复议决定,公民、法人或者其他组织起诉原行政行为的,作出原行政行为的行政机关是被告;起诉复议机关不作为的,复议机关是被告。

两个以上行政机关作出同一行政行为的,共同作出行政行为的行政机关是共同被告。

行政机关委托的组织所作的行政行为，委托的行政机关是被告。

行政机关被撤销或者职权变更的，继续行使其职权的行政机关是被告。

相关规定：《最高人民法院关于适用〈中华人民共和国行政诉讼法〉若干问题的解释》第6条

第二十七条　【共同诉讼】当事人一方或者双方为二人以上，因同一行政行为发生的行政案件，或者因同类行政行为发生的行政案件、人民法院认为可以合并审理并经当事人同意的，为共同诉讼。

条文释义：[因同一行政行为引起的共同诉讼]

因同一行政行为引起的共同诉讼，由于该行政行为不能分割，法院必须一起审理，所以学理上称为必要的共同诉讼。这是一项源于民法的理论和制度。可以分为两种情况，一是共同原告，就是两个以上的行政相对人对同一行政行为不服而向法院起诉。如两人以上共同违法，行政机关在同一行政决定中作出处罚，受处罚人均不服，提起诉讼的，或者行政处罚案件中违法行为人和受害人均不服处罚决定，提起诉讼。二是共同被告。就是两个以上行政主体共同实施的行政行为，被起诉到法院。

[因同类行政行为发生的共同诉讼]

因同类行政行为发生的共同诉讼，由于不是因同一行政行为引起的，当事人之间不存在不可分割的权利义务关系，可以作为不同的案件审理，也可以一起审理，学理上将这类共同诉讼称为普通的共同诉讼。之所以成为共同诉讼，是因为这类行为性质相同，或者事实和理由相同，从提高审判效率和保证司法统一性上，可以共同审理。与因同一行政行为引起的共同诉讼不同，同类行政行为引起的共同诉讼，需要人民法院认为可以合并审理并经当事人同意的。这类共同诉讼必要符合四个条件：一是必须由同一法院管辖。二是必须属于同一诉讼程序。如都适用普通程序，或者简易程序。三是当事人同意作为共同诉讼合并审理。四是必须符合合并审理的目的，即提高审判效率。

第二十八条　【代表人诉讼】当事人一方人数众多的共同诉讼，可以由当事人推选代表人进行诉讼。代表人的诉讼行为对其所代表的当事人发生效力，但代表人变更、放弃诉讼请求或者承认对方当事人的诉讼请求，应当经被代表的当事人同意。

第二十九条　【诉讼第三人】公民、法人或者其他组织同被诉行政行为有利害关系但没有提起诉讼，或者同案件处理结果有利害关系的，可以作为第三人申请参加诉讼，或者由人民法院通知参加诉讼。

人民法院判决第三人承担义务或者减损第三人权益的，第三人有权依法提起上诉。

第三十条　【法定代理人】没有诉讼行为能力的公民，由其法定代理人代为诉讼。法定代理人互相推诿代理责任的，由人民法院指定其中一人代为诉讼。

第三十一条　【委托代理人】当事人、法定代理人，可以委托一至二人作为诉讼代理人。

下列人员可以被委托为诉讼代理人：

（一）律师、基层法律服务工作者；

（二）当事人的近亲属或者工作人员；

（三）当事人所在社区、单位以及有关社会团体推荐的公民。

第三十二条　【当事人及诉讼代理人权利】代理诉讼的律师，有权按照规定查阅、复制本案有关材料，有权向有关组织和公民调查，收集与本案有关的证据。对涉及国家秘密、商业秘密和个人隐私的材料，应当依照法律规定保密。

当事人和其他诉讼代理人有权按照规定查阅、复制本案庭审材料，但涉及国家秘密、商业秘密和个人隐私的内容除外。

第五章　证　　据

第三十三条　【证据种类】证据包括：

（一）书证；

（二）物证；

（三）视听资料；

（四）电子数据；

（五）证人证言；

（六）当事人的陈述；

（七）鉴定意见；

（八）勘验笔录、现场笔录。

以上证据经法庭审查属实，才能作为认定案件事实的根据。

第三十四条　【被告举证责任】被告对作出的行政行为负有举证责任，应当提供作出该行政行为的证据和所依据的规范性文件。

被告不提供或者无正当理由逾期提供证据，视为没有相应证据。但是，被诉行政行为涉及第三人合法权益，第三人提供证据的除外。

第三十五条　【行政机关收集证据的限制】在诉讼过程中，被告及其诉讼代理人不得自行向原告、第三人和证人收集证据。

第三十六条　【被告延期提供证据和补充证据】被告在作出行政行为时已经收集了证据，但因不可抗力等正当事由不能提供的，经人民法院准许，可以延期提供。

原告或者第三人提出了其在行政处理程序中没有提出的理由或者证据的，经人民法院准许，被告可以补充证据。

条文释义：［延期提供证据］

本法第67条规定，被告应当在收到起诉状副本之日起15日内向人民法院提交作出行政行为的证据和所依据的规范性文件，并提出答辩状。一般情况下，被告都能在15日的举证期限内提交证据；如果被告逾期提供证据，视为被诉行政行为没有相应的证据。但是特殊情况下，被告可以延期提供证据。具体情况如下：

1. 应当经人民法院准许。

2. 应当是被告在作出行政行为时已经收集的证据。

3. 因不可抗力等正当事由不能提供的证据。“不可抗力”是指不能预见、不能避免和不能克服的客观情况，如战争、地震、台风、水灾等。除不可抗力外，还包括如证人在国外，一时无法与之联系等其他正当理由。

［补充证据］

被告补充证据是指被告在法定举证期限提交证据以后进一步提供证据的行为。一般不允许被告补充提供证据。但是特殊情况下，被告可以补充证据。具体情况如下：

1. 必须经人民法院准许。主要是排除被告补充证据的随意性。

2. 原告或者第三人提出了其在行政处理程序中没有提出的理由或者证据的。

被告补充证据需要一定的时限限制，司法实践中的做法如下：一是人民法院指定时限内提供补充证据。二是人民法院没有指定时限的情况下，在一审庭审法庭辩论结束前提出补充证据。

第三十七条　【原告可以提供证据】原告可以提供证明行政行为违法的证据。原告提供的证据不成立的，不免除被告的举证责任。

第三十八条 【原告举证责任】在起诉被告不履行法定职责的案件中，原告应当提供其向被告提出申请的证据。但有下列情形之一的除外：

（一）被告应当依职权主动履行法定职责的；

（二）原告因正当理由不能提供证据的。

在行政赔偿、补偿的案件中，原告应当对行政行为造成的损害提供证据。因被告的原因导致原告无法举证的，由被告承担举证责任。

第三十九条 【法院要求当事人提供或者补充证据】人民法院有权要求当事人提供或者补充证据。

第四十条 【法院调取证据】人民法院有权向有关行政机关以及其他组织、公民调取证据。但是，不得为证明行政行为的合法性调取被告作出行政行为时未收集的证据。

第四十一条 【申请法院调取证据】与本案有关的下列证据，原告或者第三人不能自行收集的，可以申请人民法院调取：

（一）由国家机关保存而须由人民法院调取的证据；

（二）涉及国家秘密、商业秘密和个人隐私的证据；

（三）确因客观原因不能自行收集的其他证据。

第四十二条 【证据保全】在证据可能灭失或者以后难以取得的情况下，诉讼参加人可以向人民法院申请保全证据，人民法院也可以主动采取保全措施。

条文释义：［诉讼证据保全］

诉讼证据保全是指人民法院在受理案件后，对于可能灭失或者以后难以取得的证据，根据诉讼参加人的申请或者依职权采取的调查收集和固定保护等措施。

证据保全具有以下特征：

1. 申请保全证据应当在举证期限届满前以书面形式提出。

2. 采取证据保全措施的只能是人民法院。

3. 目的在于防止证据灭失或者以后难以取得。证据灭失是指证据不复存在，主要有两种情况：(1)证人因年迈或者疾病可能去世的，对其证言进行保全；(2)案件涉及某些鲜活或者容易变质的食品或者其他物品，对这些物证进行保全。证据以后难以取得是指，证据虽然不至于灭失，但失去时机，将会导致证据的状态发生改变或者在一段时间内无法取得。

4. 人民法院保全证据应当以裁定的方式作出。

证据保全包括依申请的证据保全和人民法院依职权的证据保全两种。依申请的证据保全，诉讼参加人可以向人民法院申请保全证据。依职权的证据保全，是指无须经诉讼参加人的申请，人民法院即可主动采取保全措施。

第四十三条 【证据适用规则】证据应当在法庭上出示，并由当事人互相质证。对涉及国家秘密、商业秘密和个人隐私的证据，不得在公开开庭时出示。

人民法院应当按照法定程序，全面、客观地审查核实证据。对未采纳的证据应当在裁判文书中说明理由。

以非法手段取得的证据，不得作为认定案件事实的根据。

第六章　起诉和受理

第四十四条 【行政复议与行政诉讼的关系】对属于人民法院受案范围的行政案件，公民、法人或者其他组织可以先向行政机关申请复议，对复议决定不服的，再向人民法院提起诉讼；也可以直接向人民法院提起诉讼。

法律、法规规定应当先向行政机关申请复议，对复议决定不服再向人民法院提起诉讼的，依照法律、法规的规定。

第四十五条　【经行政复议的起诉期限】公民、法人或者其他组织不服复议决定的，可以在收到复议决定书之日起十五日内向人民法院提起诉讼。复议机关逾期不作决定的，申请人可以在复议期满之日起十五日内向人民法院提起诉讼。法律另有规定的除外。

第四十六条　【起诉期限】公民、法人或者其他组织直接向人民法院提起诉讼的，应当自知道或者应当知道作出行政行为之日起六个月内提出。法律另有规定的除外。

因不动产提起诉讼的案件自行政行为作出之日起超过二十年，其他案件自行政行为作出之日起超过五年提起诉讼的，人民法院不予受理。

第四十七条　【行政机关不履行法定职责的起诉期限】公民、法人或者其他组织申请行政机关履行保护其人身权、财产权等合法权益的法定职责，行政机关在接到申请之日起两个月内不履行的，公民、法人或者其他组织可以向人民法院提起诉讼。法律、法规对行政机关履行职责的期限另有规定的，从其规定。

公民、法人或者其他组织在紧急情况下请求行政机关履行保护其人身权、财产权等合法权益的法定职责，行政机关不履行的，提起诉讼不受前款规定期限的限制。

相关规定：《最高人民法院关于适用〈中华人民共和国行政诉讼法〉若干问题的解释》第4条

第四十八条　【起诉期限的扣除和延长】公民、法人或者其他组织因不可抗力或者其他不属于其自身的原因耽误起诉期限的，被耽误的时间不计算在起诉期限内。

公民、法人或者其他组织因前款规定以外的其他特殊情况耽误起诉期限的，在障碍消除后十日内，可以申请延长期限，是否准许由人民法院决定。

第四十九条　【起诉条件】提起诉讼应当符合下列条件：

（一）原告是符合本法第二十五条规定的公民、法人或者其他组织；

（二）有明确的被告；

（三）有具体的诉讼请求和事实根据；

（四）属于人民法院受案范围和受诉人民法院管辖。

相关规定：《最高人民法院关于适用〈中华人民共和国行政诉讼法〉若干问题的解释》第2条

第五十条　【起诉方式】起诉应当向人民法院递交起诉状，并按照被告人数提出副本。

书写起诉状确有困难的，可以口头起诉，由人民法院记入笔录，出具注明日期的书面凭证，并告知对方当事人。

条文释义：［起诉状的内容］

《行政诉讼法》没有对起诉状的内容作规定，实践中可参照《民事诉讼法》的有关规定。《民事诉讼法》第121条规定，起诉状应当记明下列事项：（一）原告的姓名、性别、年龄、民族、职业、工作单位、住所、联系方式，法人或者其他组织的名称、住所和法定代表人或者主要负责人的姓名、职务、联系方式；（二）被告的姓名、性别、工作单位、住所等信息，法人或者其他组织的名称、住所等信息；（三）诉讼请求和所根据的事实与理由；（四）证据和证据来源，证人姓名和住所。

［书写起诉状确有困难的情形］

"书写起诉状确有困难"，主要是指原告因文化水平或者法律知识十分欠缺所造成的自行书写起诉状确有困难的情形，同时也包括在原告无诉讼行为能力时，其法定代理人因类似原因而造成的书写起诉状确有困难的情形。

第五十一条 【登记立案】人民法院在接到起诉状时对符合本法规定的起诉条件的，应当登记立案。

对当场不能判定是否符合本法规定的起诉条件的，应当接收起诉状，出具注明收到日期的书面凭证，并在七日内决定是否立案。不符合起诉条件的，作出不予立案的裁定。裁定书应当载明不予立案的理由。原告对裁定不服的，可以提起上诉。

起诉状内容欠缺或者有其他错误的，应当给予指导和释明，并一次性告知当事人需要补正的内容。不得未经指导和释明即以起诉不符合条件为由不接收起诉状。

对于不接收起诉状、接收起诉状后不出具书面凭证，以及不一次性告知当事人需要补正的起诉状内容的，当事人可以向上级人民法院投诉，上级人民法院应当责令改正，并对直接负责的主管人员和其他直接责任人员依法给予处分。

相关规定：《最高人民法院关于适用〈中华人民共和国行政诉讼法〉若干问题的解释》第1条

第五十二条 【法院不立案的救济】人民法院既不立案，又不作出不予立案裁定的，当事人可以向上一级人民法院起诉。上一级人民法院认为符合起诉条件的，应当立案、审理，也可以指定其他下级人民法院立案、审理。

第五十三条 【规范性文件的附带审查】公民、法人或者其他组织认为行政行为所依据的国务院部门和地方人民政府及其部门制定的规范性文件不合法，在对行政行为提起诉讼时，可以一并请求对该规范性文件进行审查。

前款规定的规范性文件不含规章。

条文释义：[对哪些规定可以提出审查请求]

行政机关制定的具有普遍约束力的规定的范围很广，包括国务院制定的行政法规、规章以及规章以下规范性文件。但是，纳入复议审查的只是规章以下的规范性文件，排除了对行政法规和规章的复议审查。这是考虑到行政法规是由国务院制定的，层次较高，根据有关法律的规定，对国务院制定的行政法规、决定和命令，只能由全国人大常委会行使撤销权。规章是由国务院部门、省级人民政府和省会所在地的市人民政府以及国务院批准的较大市的人民政府制定的，根据国务院法规规章备案规定，它有一套比较严格的备案审查制度，通过备案审查也能解决问题。现在出现问题多的是规章以下规范性文件。因此，本条规定公民、法人或者其他组织认为规章以下的规范性文件不合法的，才可以提出审查请求，没有规定可以对行政法规和规章根据申请复议审查。规章以下的规定性文件指本条所列举的国务院部门的规范性文件、地方各级人民政府及其工作部门的规范性文件以及乡、镇人民政府的规定。公民、法人或者其他组织还不能单独就规范性文件提出审查请求，必须是在对行政行为提起诉讼时一并提出。

相关规定：《最高人民法院关于适用〈中华人民共和国行政诉讼法〉若干问题的解释》第20条

第七章 审理和判决

第一节 一般规定

第五十四条 【公开审理原则】人民法院公开审理行政案件，但涉及国家秘密、个人隐私和法律另有规定的除外。

涉及商业秘密的案件，当事人申请不公开审理的，可以不公开审理。

条文释义：[法定不公开审理的例外情形]

在特殊情形下，公开审理可能会对当事人造成消极影响，不利于保护当事人的合法权益，甚至可能对国家利益、社会公共利益造成难以弥补的损失。因此，本法规定的公开审理原则也存在以下几种法定例外情形：

一是涉及国家秘密的行政案件。国家秘密是指关系国家安全和利益，依照法定程序确定，在一定时间内只限一定范围的人员知悉的事项。凡是涉及国家秘密的行政案件一律不公开审理，以免国家秘密泄露，给国家安全和利益造成损害。

二是涉及个人隐私的行政案件。所谓个人隐私，是指公民个人生活中不愿意为别人知晓和干预的秘密，主要包括私人生活安宁不受他人非法干扰，私人信息保密不受他人非法搜集、刺探和公开等。

三是法律另有规定的其他行政案件。如果是属于法律规定的不公开审理的其他行政案件，也可以依法不公开审理。

[依申请不公开审理的例外情形]

涉及商业秘密的案件，可以公开审理，当事人申请不公开审理的也可以不公开审理。商业秘密是指不为公众所知悉、能为权利人带来经济利益、具有实用性并经权利人采取保密措施的技术信息和经营信息。公开审理可能会泄露这些信息，给当事人造成难以挽回的经济利益损失。在审理行政案件过程中，应当允许当事人以案件涉及商业秘密为由申请不公开审理。但案件是否涉及商业秘密，应当由人民法院结合相关法律法规、司法解释和案件实际情况予以确定。

第五十五条　【回避】当事人认为审判人员与本案有利害关系或者有其他关系可能影响公正审判，有权申请审判人员回避。

审判人员认为自己与本案有利害关系或者有其他关系，应当申请回避。

前两款规定，适用于书记员、翻译人员、鉴定人、勘验人。

院长担任审判长时的回避，由审判委员会决定；审判人员的回避，由院长决定；其他人员的回避，由审判长决定。当事人对决定不服的，可以申请复议一次。

第五十六条　【诉讼不停止执行】诉讼期间，不停止行政行为的执行。但有下列情形之一的，裁定停止执行：

（一）被告认为需要停止执行的；

（二）原告或者利害关系人申请停止执行，人民法院认为该行政行为的执行会造成难以弥补的损失，并且停止执行不损害国家利益、社会公共利益的；

（三）人民法院认为该行政行为的执行会给国家利益、社会公共利益造成重大损害的；

（四）法律、法规规定停止执行的。

当事人对停止执行或者不停止执行的裁定不服的，可以申请复议一次。

第五十七条　【先予执行】人民法院对起诉行政机关没有依法支付抚恤金、最低生活保障金和工伤、医疗社会保险金的案件，权利义务关系明确、不先予执行将严重影响原告生活的，可以根据原告的申请，裁定先予执行。

当事人对先予执行裁定不服的，可以申请复议一次。复议期间不停止裁定的执行。

第五十八条　【拒不到庭或中途退庭的法律后果】经人民法院传票传唤，原告无正当理由拒不到庭，或者未经法庭许可中途退庭的，可以按照撤诉处理；被告无正当理由拒不到庭，或者未经法庭许可中途退庭的，可以缺席判决。

第五十九条　【妨害行政诉讼强制措施】诉讼参与人或者其他人有下列行为之一的，人民法院可以根据情节轻重，予以训诫、责令具结悔过或者处一万元以下的罚款、十五日以下的拘留；构成犯

罪的,依法追究刑事责任:

(一)有义务协助调查、执行的人,对人民法院的协助调查决定、协助执行通知书,无故推拖、拒绝或者妨碍调查、执行的;

(二)伪造、隐藏、毁灭证据或者提供虚假证明材料,妨碍人民法院审理案件的;

(三)指使、贿买、胁迫他人作伪证或者威胁、阻止证人作证的;

(四)隐藏、转移、变卖、毁损已被查封、扣押、冻结的财产的;

(五)以欺骗、胁迫等非法手段使原告撤诉的;

(六)以暴力、威胁或者其他方法阻碍人民法院工作人员执行职务,或者以哄闹、冲击法庭等方法扰乱人民法院工作秩序的;

(七)对人民法院审判人员或者其他工作人员、诉讼参与人、协助调查和执行的人员恐吓、侮辱、诽谤、诬陷、殴打、围攻或者打击报复的。

人民法院对有前款规定的行为之一的单位,可以对其主要负责人或者直接责任人员依照前款规定予以罚款、拘留;构成犯罪的,依法追究刑事责任。

罚款、拘留须经人民法院院长批准。当事人不服的,可以向上一级人民法院申请复议一次。复议期间不停止执行。

第六十条 【调解】人民法院审理行政案件,不适用调解。但是,行政赔偿、补偿以及行政机关行使法律、法规规定的自由裁量权的案件可以调解。

调解应当遵循自愿、合法原则,不得损害国家利益、社会公共利益和他人合法权益。

条文释义:[适用调解的行政案件类型]

行政诉讼调解是指当事人在人民法院的主持下,自愿达成协议,解决纠纷的行为。根据本条规定,可以适用调解的行政案件有三类:行政赔偿案件、行政补偿案件、行政机关行使法律法规规定的自由裁量权的案件。这三类案件的共同点是行政机关都有一定的裁量权。

行政赔偿是指行政机关违法行使职权,侵犯相对人合法权益造成损害时,由国家承担的一种赔偿责任。行政赔偿作为国家赔偿的种类之一,虽然有法定的计算标准,但并不妨碍赔偿义务机关与赔偿请求人之间就赔偿方式等进行协商、调解。行政补偿是指行政机关在管理公共事务过程中,因合法的行政行为给公民、法人或其他组织的合法权益造成损失时,依法由国家给予的补偿。

[适用调解的原则]

调解应当遵循自愿、合法原则,不得损害国家利益、社会公共利益和他人合法权益。

自愿原则包括程序和实体两个方面。在程序方面,当事人有权决定是否调解、有权选择调解开始时间、有权选择调解方式。在实体方面,调解达成的协议内容必须反映双方当事人的真实意思;对有关实体权利进行处分,必须双方自愿,不能强迫。

合法原则是指人民法院和双方当事人的调解活动及其协议内容,必须符合法律规定。一是人民法院主持双方当事人进行调解活动,必须按照法律法规规定的程序进行。二是当事人双方达成的协议内容,不得违反法律法规的规定,不得损害国家利益、社会公共利益和他人合法权益。

[适用调解的程序]

调解的程序,本条未作规定,根据本法第100条的规定,应当适用《民事诉讼法》的规定。具体包括:人民法院应当在事实清楚的基础上,分清是非,进行调解。人民法院进行调解,可以由审判员一人主持,也可以由合议庭主持,并尽可能就地进行。人民法院进行调解,可以用简便方式通知当事人、证人到庭。人民法院进行调解,可以邀请有关单位和个人协助。被邀请的单位和个人,应当协助人民法院进行调解。调解达成协议,必须双方自愿,不得强迫。调解协议的内容不得违反法律规定。调解达成协议,人民法院应当制作调解书。调解书应当写明诉讼请求、案件的事实和调解结果。调解书由审判人员、书记员署名，加盖人民法院印章，送达双方当事人。调解书经双方当事人签收后，即具有法律效力。能够即时履行的案件等可以不制作调解书，但应当记入笔录，由双方当事人、审判人员、书记员签名或者盖章后，即具有法律效力。调解未达成协议或者调解书送达前一方反悔的，人民法院应当及时判决。

第六十一条 【民事争议和行政争议交叉】在涉及行政许可、登记、征收、征用和行政机关对民事争议所作的裁决的行政诉讼中，当事人申请一并解决相关民事争议的，人民法院可以一并审理。

在行政诉讼中，人民法院认为行政案件的审理需以民事诉讼的裁判为依据的，可以裁定中止行政诉讼。

相关规定：《最高人民法院关于适用〈中华人民共和国行政诉讼法〉若干问题的解释》第17条

第六十二条 【撤诉】人民法院对行政案件宣告判决或者裁定前，原告申请撤诉的，或者被告改变其所作的行政行为，原告同意并申请撤诉的，是否准许，由人民法院裁定。

第六十三条 【审理依据】人民法院审理行政案件，以法律和行政法规、地方性法规为依据。地方性法规适用于本行政区域内发生的行政案件。

人民法院审理民族自治地方的行政案件，并以该民族自治地方的自治条例和单行条例为依据。

人民法院审理行政案件，参照规章。

第六十四条 【规范性文件审查和处理】人民法院在审理行政案件中，经审查认为本法第五十三条规定的规范性文件不合法的，不作为认定行政行为合法的依据，并向制定机关提出处理建议。

第六十五条 【裁判文书公开】人民法院应当公开发生法律效力的判决书、裁定书，供公众查阅，但涉及国家秘密、商业秘密和个人隐私的内容除外。

第六十六条 【有关行政机关工作人员和被告的处理】人民法院在审理行政案件中，认为行政机关的主管人员、直接责任人员违法违纪的，应当将有关材料移送监察机关、该行政机关或者其上一级行政机关；认为有犯罪行为的，应当将有关材料移送公安、检察机关。

人民法院对被告经传票传唤无正当理由拒不到庭，或者未经法庭许可中途退庭的，可以将被告拒不到庭或者中途退庭的情况予以公告，并可以向监察机关或者被告的上一级行政机关提出依法给予其主要负责人或者直接责任人员处分的司法建议。

第二节 第一审普通程序

第六十七条 【发送起诉状和提出答辩状】人民法院应当在立案之日起五日内，将起诉状副本发送被告。被告应当在收到起诉状副本之日起十五日内向人民法院提交作出行政行为的证据和所依据的规范性文件，并提出答辩状。人民法院应当在收到答辩状之日起五日内，将答辩状副本发送原告。

被告不提出答辩状的，不影响人民法院审理。

第六十八条 【审判组织形式】人民法院审理行政案件，由审判员组成合议庭，或者由审判员、陪审员组成合议庭。合议庭的成员，应当是三人以上的单数。

第六十九条 【驳回原告诉讼请求判决】行政行为证据确凿，适用法律、法规正确，符合法定程序的，或者原告申请被告履行法定职责或者给付义务理由不成立的，人民法院判决驳回原告的诉讼请求。

第七十条 【撤销判决和重作判决】行政行为有下列情形之一的，人民法院判决撤销或者部分

撤销,并可以判决被告重新作出行政行为:

(一)主要证据不足的;

(二)适用法律、法规错误的;

(三)违反法定程序的;

(四)超越职权的;

(五)滥用职权的;

(六)明显不当的。

第七十一条 【重作判决对被告的限制】人民法院判决被告重新作出行政行为的,被告不得以同一的事实和理由作出与原行政行为基本相同的行政行为。

第七十二条 【履行判决】人民法院经过审理,查明被告不履行法定职责的,判决被告在一定期限内履行。

相关规定:《最高人民法院关于适用〈中华人民共和国行政诉讼法〉若干问题的解释》第22条

第七十三条 【给付判决】人民法院经过审理,查明被告依法负有给付义务的,判决被告履行给付义务。

相关规定:《最高人民法院关于适用〈中华人民共和国行政诉讼法〉若干问题的解释》第23条

第七十四条 【确认违法判决】行政行为有下列情形之一的,人民法院判决确认违法,但不撤销行政行为:

(一)行政行为依法应当撤销,但撤销会给国家利益、社会公共利益造成重大损害的;

(二)行政行为程序轻微违法,但对原告权利不产生实际影响的。

行政行为有下列情形之一,不需要撤销或者判决履行的,人民法院判决确认违法:

(一)行政行为违法,但不具有可撤销内容的;

(二)被告改变原违法行政行为,原告仍要求确认原行政行为违法的;

(三)被告不履行或者拖延履行法定职责,判决履行没有意义的。

第七十五条 【确认无效判决】行政行为有实施主体不具有行政主体资格或者没有依据等重大且明显违法情形,原告申请确认行政行为无效的,人民法院判决确认无效。

第七十六条 【确认违法和无效判决的补充规定】人民法院判决确认违法或者无效的,可以同时判决责令被告采取补救措施;给原告造成损失的,依法判决被告承担赔偿责任。

第七十七条 【变更判决】行政处罚明显不当,或者其他行政行为涉及对款额的确定、认定确有错误的,人民法院可以判决变更。

人民法院判决变更,不得加重原告的义务或者减损原告的权益。但利害关系人同为原告,且诉讼请求相反的除外。

第七十八条 【行政协议履行及补偿判决】被告不依法履行、未按照约定履行或者违法变更、解除本法第十二条第一款第十一项规定的协议的,人民法院判决被告承担继续履行、采取补救措施或者赔偿损失等责任。

被告变更、解除本法第十二条第一款第十一项规定的协议合法,但未依法给予补偿的,人民法院判决给予补偿。

第七十九条 【复议决定和原行政行为一并裁判】复议机关与作出原行政行为的行政机关为共同被告的案件,人民法院应当对复议决定和原行政行为一并作出裁判。

第八十条　【公开宣判】人民法院对公开审理和不公开审理的案件,一律公开宣告判决。

当庭宣判的,应当在十日内发送判决书;定期宣判的,宣判后立即发给判决书。

宣告判决时,必须告知当事人上诉权利、上诉期限和上诉的人民法院。

第八十一条　【第一审审限】人民法院应当在立案之日起六个月内作出第一审判决。有特殊情况需要延长的,由高级人民法院批准,高级人民法院审理第一审案件需要延长的,由最高人民法院批准。

第三节　简易程序

第八十二条　【简易程序适用情形】人民法院审理下列第一审行政案件,认为事实清楚、权利义务关系明确、争议不大的,可以适用简易程序:

(一)被诉行政行为是依法当场作出的;

(二)案件涉及款额二千元以下的;

(三)属于政府信息公开案件的。

除前款规定以外的第一审行政案件,当事人各方同意适用简易程序的,可以适用简易程序。

发回重审、按照审判监督程序再审的案件不适用简易程序。

第八十三条　【简易程序的审判组织形式和审限】适用简易程序审理的行政案件,由审判员一人独任审理,并应当在立案之日起四十五日内审结。

第八十四条　【简易程序与普通程序的转换】人民法院在审理过程中,发现案件不宜适用简易程序的,裁定转为普通程序。

第四节　第二审程序

第八十五条　【上诉】当事人不服人民法院第一审判决的,有权在判决书送达之日起十五日内向上一级人民法院提起上诉。当事人不服人民法院第一审裁定的,有权在裁定书送达之日起十日内向上一级人民法院提起上诉。逾期不提起上诉的,人民法院的第一审判决或者裁定发生法律效力。

第八十六条　【二审审理方式】人民法院对上诉案件,应当组成合议庭,开庭审理。经过阅卷、调查和询问当事人,对没有提出新的事实、证据或者理由,合议庭认为不需要开庭审理的,也可以不开庭审理。

第八十七条　【二审审查范围】人民法院审理上诉案件,应当对原审人民法院的判决、裁定和被诉行政行为进行全面审查。

第八十八条　【二审审限】人民法院审理上诉案件,应当在收到上诉状之日起三个月内作出终审判决。有特殊情况需要延长的,由高级人民法院批准,高级人民法院审理上诉案件需要延长的,由最高人民法院批准。

第八十九条　【二审裁判】人民法院审理上诉案件,按照下列情形,分别处理:

(一)原判决、裁定认定事实清楚,适用法律、法规正确的,判决或者裁定驳回上诉,维持原判决、裁定;

(二)原判决、裁定认定事实错误或者适用法律、法规错误的,依法改判、撤销或者变更;

(三)原判决认定基本事实不清、证据不足的,发回原审人民法院重审,或者查清事实后改判;

(四)原判决遗漏当事人或者违法缺席判决等严重违反法定程序的,裁定撤销原判决,发回原审人民法院重审。

原审人民法院对发回重审的案件作出判决后，当事人提起上诉的，第二审人民法院不得再次发回重审。

人民法院审理上诉案件，需要改变原审判决的，应当同时对被诉行政行为作出判决。

第五节 审判监督程序

第九十条 【当事人申请再审】当事人对已经发生法律效力的判决、裁定，认为确有错误的，可以向上一级人民法院申请再审，但判决、裁定不停止执行。

第九十一条 【再审事由】当事人的申请符合下列情形之一的，人民法院应当再审：

（一）不予立案或者驳回起诉确有错误的；

（二）有新的证据，足以推翻原判决、裁定的；

（三）原判决、裁定认定事实的主要证据不足、未经质证或者系伪造的；

（四）原判决、裁定适用法律、法规确有错误的；

（五）违反法律规定的诉讼程序，可能影响公正审判的；

（六）原判决、裁定遗漏诉讼请求的；

（七）据以作出原判决、裁定的法律文书被撤销或者变更的；

（八）审判人员在审理该案件时有贪污受贿、徇私舞弊、枉法裁判行为的。

第九十二条 【人民法院依职权再审】各级人民法院院长对本院已经发生法律效力的判决、裁定，发现有本法第九十一条规定情形之一，或者发现调解违反自愿原则或者调解书内容违法，认为需要再审的，应当提交审判委员会讨论决定。

最高人民法院对地方各级人民法院已经发生法律效力的判决、裁定，上级人民法院对下级人民法院已经发生法律效力的判决、裁定，发现有本法第九十一条规定情形之一，或者发现调解违反自愿原则或者调解书内容违法的，有权提审或者指令下级人民法院再审。

第九十三条 【抗诉和检察建议】最高人民检察院对各级人民法院已经发生法律效力的判决、裁定，上级人民检察院对下级人民法院已经发生法律效力的判决、裁定，发现有本法第九十一条规定情形之一，或者发现调解书损害国家利益、社会公共利益的，应当提出抗诉。

地方各级人民检察院对同级人民法院已经发生法律效力的判决、裁定，发现有本法第九十一条规定情形之一，或者发现调解书损害国家利益、社会公共利益的，可以向同级人民法院提出检察建议，并报上级人民检察院备案；也可以提请上级人民检察院向同级人民法院提出抗诉。

各级人民检察院对审判监督程序以外的其他审判程序中审判人员的违法行为，有权向同级人民法院提出检察建议。

第八章 执　　行

第九十四条 【生效裁判和调解书的执行】当事人必须履行人民法院发生法律效力的判决、裁定、调解书。

第九十五条 【申请强制执行和执行管辖】公民、法人或者其他组织拒绝履行判决、裁定、调解书的，行政机关或者第三人可以向第一审人民法院申请强制执行，或者由行政机关依法强制执行。

第九十六条 【对行政机关拒绝履行的执行措施】行政机关拒绝履行判决、裁定、调解书的，第一审人民法院可以采取下列措施：

（一）对应当归还的罚款或者应当给付的款额，通知银行从该行政机关的账户内划拨；

（二）在规定期限内不履行的，从期满之日起，对该行政机关负责人按日处五十元至一百元的罚款；

（三）将行政机关拒绝履行的情况予以公告；

（四）向监察机关或者该行政机关的上一级行政机关提出司法建议。接受司法建议的机关，根据有关规定进行处理，并将处理情况告知人民法院；

（五）拒不履行判决、裁定、调解书，社会影响恶劣的，可以对该行政机关直接负责的主管人员和其他直接责任人员予以拘留；情节严重，构成犯罪的，依法追究刑事责任。

第九十七条　【非诉执行】公民、法人或者其他组织对行政行为在法定期限内不提起诉讼又不履行的，行政机关可以申请人民法院强制执行，或者依法强制执行。

第九章　涉外行政诉讼

第九十八条　【涉外行政诉讼的法律适用原则】外国人、无国籍人、外国组织在中华人民共和国进行行政诉讼，适用本法。法律另有规定的除外。

第九十九条　【同等与对等原则】外国人、无国籍人、外国组织在中华人民共和国进行行政诉讼，同中华人民共和国公民、组织有同等的诉讼权利和义务。

外国法院对中华人民共和国公民、组织的行政诉讼权利加以限制的，人民法院对该国公民、组织的行政诉讼权利，实行对等原则。

第一百条　【中国律师代理】外国人、无国籍人、外国组织在中华人民共和国进行行政诉讼，委托律师代理诉讼的，应当委托中华人民共和国律师机构的律师。

第十章　附　　则

第一百零一条　【适用民事诉讼法规定】人民法院审理行政案件，关于期间、送达、财产保全、开庭审理、调解、中止诉讼、终结诉讼、简易程序、执行等，以及人民检察院对行政案件受理、审理、裁判、执行的监督，本法没有规定的，适用《中华人民共和国民事诉讼法》的相关规定。

第一百零二条　【诉讼费用】人民法院审理行政案件，应当收取诉讼费用。诉讼费用由败诉方承担，双方都有责任的由双方分担。收取诉讼费用的具体办法另行规定。

第一百零三条　【施行日期】本法自1990年10月1日起施行。

◎ 司法解释及文件

最高人民法院关于适用《中华人民共和国行政诉讼法》的解释

（2017年11月13日最高人民法院审判委员会第1726次会议通过　2018年2月6日最高人民法院公告公布　自2018年2月8日起施行　法释〔2018〕1号）

为正确适用《中华人民共和国行政诉讼法》（以下简称行政诉讼法），结合人民法院行政审判工作实际，制定本解释。

一、受 案 范 围

第一条 公民、法人或者其他组织对行政机关及其工作人员的行政行为不服,依法提起诉讼的,属于人民法院行政诉讼的受案范围。

下列行为不属于人民法院行政诉讼的受案范围:

(一)公安、国家安全等机关依照刑事诉讼法的明确授权实施的行为;

(二)调解行为以及法律规定的仲裁行为;

(三)行政指导行为;

(四)驳回当事人对行政行为提起申诉的重复处理行为;

(五)行政机关作出的不产生外部法律效力的行为;

(六)行政机关为作出行政行为而实施的准备、论证、研究、层报、咨询等过程性行为;

(七)行政机关根据人民法院的生效裁判、协助执行通知书作出的执行行为,但行政机关扩大执行范围或者采取违法方式实施的除外;

(八)上级行政机关基于内部层级监督关系对下级行政机关作出的听取报告、执法检查、督促履责等行为;

(九)行政机关针对信访事项作出的登记、受理、交办、转送、复查、复核意见等行为;

(十)对公民、法人或者其他组织权利义务不产生实际影响的行为。

第二条 行政诉讼法第十三条第一项规定的"国家行为",是指国务院、中央军事委员会、国防部、外交部等根据宪法和法律的授权,以国家的名义实施的有关国防和外交事务的行为,以及经宪法和法律授权的国家机关宣布紧急状态等行为。

行政诉讼法第十三条第二项规定的"具有普遍约束力的决定、命令",是指行政机关针对不特定对象发布的能反复适用的规范性文件。

行政诉讼法第十三条第三项规定的"对行政机关工作人员的奖惩、任免等决定",是指行政机关作出的涉及行政机关工作人员公务员权利义务的决定。

行政诉讼法第十三条第四项规定的"法律规定由行政机关最终裁决的行政行为"中的"法律",是指全国人民代表大会及其常务委员会制定、通过的规范性文件。

二、管 辖

第三条 各级人民法院行政审判庭审理行政案件和审查行政机关申请执行其行政行为的案件。

专门人民法院、人民法庭不审理行政案件,也不审查和执行行政机关申请执行其行政行为的案件。铁路运输法院等专门人民法院审理行政案件,应当执行行政诉讼法第十八条第二款的规定。

第四条 立案后,受诉人民法院的管辖权不受当事人住所地改变、追加被告等事实和法律状态变更的影响。

第五条 有下列情形之一的,属于行政诉讼法第十五条第三项规定的"本辖区内重大、复杂的案件":

(一)社会影响重大的共同诉讼案件;

(二)涉外或者涉及香港特别行政区、澳门特别行政区、台湾地区的案件;

(三)其他重大、复杂案件。

第六条 当事人以案件重大复杂为由,认为有管辖权的基层人民法院不宜行使管辖权或者根据行政诉讼法第五十二条的规定,向中级人民法院起诉,中级人民法院应当根据不同情况在七日内分别作出以下处理:

（一）决定自行审理；

（二）指定本辖区其他基层人民法院管辖；

（三）书面告知当事人向有管辖权的基层人民法院起诉。

第七条 基层人民法院对其管辖的第一审行政案件，认为需要由中级人民法院审理或者指定管辖的，可以报请中级人民法院决定。中级人民法院应当根据不同情况在七日内分别作出以下处理：

（一）决定自行审理；

（二）指定本辖区其他基层人民法院管辖；

（三）决定由报请的人民法院审理。

第八条 行政诉讼法第十九条规定的“原告所在地”，包括原告的户籍所在地、经常居住地和被限制人身自由地。

对行政机关基于同一事实，既采取限制公民人身自由的行政强制措施，又采取其他行政强制措施或者行政处罚不服的，由被告所在地或者原告所在地的人民法院管辖。

第九条 行政诉讼法第二十条规定的“因不动产提起的行政诉讼”是指因行政行为导致不动产物权变动而提起的诉讼。

不动产已登记的，以不动产登记簿记载的所在地为不动产所在地；不动产未登记的，以不动产实际所在地为不动产所在地。

第十条 人民法院受理案件后，被告提出管辖异议的，应当在收到起诉状副本之日起十五日内提出。

对当事人提出的管辖异议，人民法院应当进行审查。异议成立的，裁定将案件移送有管辖权的人民法院；异议不成立的，裁定驳回。

人民法院对管辖异议审查后确定有管辖权的，不因当事人增加或者变更诉讼请求等改变管辖，但违反级别管辖、专属管辖规定的除外。

第十一条 有下列情形之一的，人民法院不予审查：

（一）人民法院发回重审或者按第一审程序再审的案件，当事人提出管辖异议的；

（二）当事人在第一审程序中未按照法律规定的期限和形式提出管辖异议，在第二审程序中提出的。

三、诉讼参加人

第十二条 有下列情形之一的，属于行政诉讼法第二十五条第一款规定的“与行政行为有利害关系”：

（一）被诉的行政行为涉及其相邻权或者公平竞争权的；

（二）在行政复议等行政程序中被追加为第三人的；

（三）要求行政机关依法追究加害人法律责任的；

（四）撤销或者变更行政行为涉及其合法权益的；

（五）为维护自身合法权益向行政机关投诉，具有处理投诉职责的行政机关作出或者未作出处理的；

（六）其他与行政行为有利害关系的情形。

第十三条 债权人以行政机关对债务人所作的行政行为损害债权实现为由提起行政诉讼的，人民法院应当告知其就民事争议提起民事诉讼，但行政机关作出行政行为时依法应予保护或者应予考虑的除外。

第十四条 行政诉讼法第二十五条第二款规定的“近亲属”，包括配偶、父母、子女、兄弟姐妹、祖父母、外祖父母、孙子女、外孙子女和其他具有扶养、赡养关系的亲属。

公民因被限制人身自由而不能提起诉讼的，其近亲属可以依其口头或者书面委托以该公民的名义提起诉讼。近亲属起诉时无法与被限制人身自由的公民取得联系，近亲属可以先行起诉，并在诉讼中补充提交委托证明。

第十五条 合伙企业向人民法院提起诉讼的，应当以核准登记的字号为原告。未依法登记领取营业执照的个人合伙的全体合伙人为共同原告；全体合伙人可以推选代表人，被推选的代表人，应当由全体合伙人出具推选书。

个体工商户向人民法院提起诉讼的，以营业执照上登记的经营者为原告。有字号的，以营业执照上登记的字号为原告，并应当注明该字号经营者的基本信息。

第十六条 股份制企业的股东大会、股东会、董事会等认为行政机关作出的行政行为侵犯企业经营自主权的，可以企业名义提起诉讼。

联营企业、中外合资或者合作企业的联营、合资、合作各方，认为联营、合资、合作企业权益或者自己一方合法权益受行政行为侵害的，可以自己的名义提起诉讼。

非国有企业被行政机关注销、撤销、合并、强令兼并、出售、分立或者改变企业隶属关系的，该企业或者其法定代表人可以提起诉讼。

第十七条 事业单位、社会团体、基金会、社会服务机构等非营利法人的出资人、设立人认为行政行为损害法人合法权益的，可以自己的名义提起诉讼。

第十八条 业主委员会对于行政机关作出的涉及业主共有利益的行政行为，可以自己的名义提起诉讼。

业主委员会不起诉的，专有部分占建筑物总面积过半数或者占总户数过半数的业主可以提起诉讼。

第十九条 当事人不服经上级行政机关批准的行政行为，向人民法院提起诉讼的，以在对外发生法律效力的文书上署名的机关为被告。

第二十条 行政机关组建并赋予行政管理职能但不具有独立承担法律责任能力的机构，以自己的名义作出行政行为，当事人不服提起诉讼的，应当以组建该机构的行政机关为被告。

法律、法规或者规章授权行使行政职权的行政机关内设机构、派出机构或者其他组织，超出法定授权范围实施行政行为，当事人不服提起诉讼的，应当以实施该行为的机构或者组织为被告。

没有法律、法规或者规章规定，行政机关授权其内设机构、派出机构或者其他组织行使行政职权的，属于行政诉讼法第二十六条规定的委托。当事人不服提起诉讼的，应当以该行政机关为被告。

第二十一条 当事人对由国务院、省级人民政府批准设立的开发区管理机构作出的行政行为不服提起诉讼的，以该开发区管理机构为被告；对由国务院、省级人民政府批准设立的开发区管理机构所属职能部门作出的行政行为不服提起诉讼的，以其职能部门为被告；对其他开发区管理机构所属职能部门作出的行政行为不服提起诉讼的，以开发区管理机构为被告；开发区管理机构没有行政主体资格的，以设立该机构的地方人民政府为被告。

第二十二条 行政诉讼法第二十六条第二款规定的“复议机关改变原行政行为”，是指复议机关改变原行政行为的处理结果。复议机关改变原行政行为所认定的主要事实和证据、改变原行政行为所适用的规范依据，但未改变原行政行为处理结果的，视为复议机关维持原行政行为。

复议机关确认原行政行为无效，属于改变原行政行为。

复议机关确认原行政行为违法，属于改变原行政行为，但复议机关以违反法定程序为由确认原行政行为违法的除外。

第二十三条 行政机关被撤销或者职权变更，没有继续行使其职权的行政机关的，以其所属的人民政府为被告；实行垂直领导的，以垂直领导的上一级行政机关为被告。

第二十四条 当事人对村民委员会或者居民委员会依据法律、法规、规章的授权履行行政管理职责的行为不服提起诉讼的，以村民委员会或者居民委员会为被告。

当事人对村民委员会、居民委员会受行政机关委托作出的行为不服提起诉讼的，以委托的行政机关为被告。

当事人对高等学校等事业单位以及律师协会、注册会计师协会等行业协会依据法律、法规、规章的授权实施的行政行为不服提起诉讼的，以该事业单位、行业协会为被告。

当事人对高等学校等事业单位以及律师协会、注册会计师协会等行业协会受行政机关委托作出的行为不服提起诉讼的，以委托的行政机关为被告。

第二十五条 市、县级人民政府确定的房屋征收部门组织实施房屋征收与补偿工作过程中作出行政行为，被征收人不服提起诉讼的，以房屋征收部门为被告。

征收实施单位受房屋征收部门委托，在委托范围内从事的行为，被征收人不服提起诉讼的，应当以房屋征收部门为被告。

第二十六条 原告所起诉的被告不适格，人民法院应当告知原告变更被告；原告不同意变更的，裁定驳回起诉。

应当追加被告而原告不同意追加的，人民法院应当通知其以第三人的身份参加诉讼，但行政复议机关作共同被告的除外。

第二十七条 必须共同进行诉讼的当事人没有参加诉讼的，人民法院应当依法通知其参加；当事人也可以向人民法院申请参加。

人民法院应当对当事人提出的申请进行审查，申请理由不成立的，裁定驳回；申请理由成立的，书面通知其参加诉讼。

前款所称的必须共同进行诉讼，是指按照行政诉讼法第二十七条的规定，当事人一方或者双方为两人以上，因同一行政行为发生行政争议，人民法院必须合并审理的诉讼。

第二十八条 人民法院追加共同诉讼的当事人时，应当通知其他当事人。应当追加的原告，已明确表示放弃实体权利的，可不予追加；既不愿意参加诉讼，又不放弃实体权利的，应追加为第三人，其不参加诉讼，不能阻碍人民法院对案件的审理和裁判。

第二十九条 行政诉讼法第二十八条规定的“人数众多”，一般指十人以上。

根据行政诉讼法第二十八条的规定，当事人一方人数众多的，由当事人推选代表人。当事人推选不出的，可以由人民法院在起诉的当事人中指定代表人。

行政诉讼法第二十八条规定的代表人为二至五人。代表人可以委托一至二人作为诉讼代理人。

第三十条 行政机关的同一行政行为涉及两个以上利害关系人，其中一部分利害关系人对行政行为不服提起诉讼，人民法院应当通知没有起诉的其他利害关系人作为第三人参加诉讼。

与行政案件处理结果有利害关系的第三人，可以申请参加诉讼，或者由人民法院通知其参加诉讼。人民法院判决其承担义务或者减损其权益的第三人，有权提出上诉或者申请再审。

行政诉讼法第二十九条规定的第三人，因不能归责于本人的事由未参加诉讼，但有证据证明发生法律效力的判决、裁定、调解书损害其合法权益的，可以依照行政诉讼法第九十条的规定，自知道或者应当知道其合法权益受到损害之日起六个月内，向上一级人民法院申请再审。

第三十一条 当事人委托诉讼代理人，应当向人民法院提交由委托人签名或者盖章的授权委托书。委托书应当载明委托事项和具体权限。公民在特殊情况下无法书面委托的，也可以由他人代书，并由自己捺印等方式确认，人民法院应当核实并记录在卷；被诉行政机关或者其他有义务协助的机关拒绝人民法院向被限制人身自由的公民核实的，视为委托成立。当事人解除或者变更委托的,应当书面报告人民法院。

第三十二条 依照行政诉讼法第三十一条第二款第二项规定,与当事人有合法劳动人事关系的职工,可以当事人工作人员的名义作为诉讼代理人。以当事人的工作人员身份参加诉讼活动,应当提交以下证据之一加以证明:

(一)缴纳社会保险记录凭证;

(二)领取工资凭证;

(三)其他能够证明其为当事人工作人员身份的证据。

第三十三条 根据行政诉讼法第三十一条第二款第三项规定,有关社会团体推荐公民担任诉讼代理人的,应当符合下列条件:

(一)社会团体属于依法登记设立或者依法免予登记设立的非营利性法人组织;

(二)被代理人属于该社会团体的成员,或者当事人一方住所地位于该社会团体的活动地域;

(三)代理事务属于该社会团体章程载明的业务范围;

(四)被推荐的公民是该社会团体的负责人或者与该社会团体有合法劳动人事关系的工作人员。

专利代理人经中华全国专利代理人协会推荐,可以在专利行政案件中担任诉讼代理人。

四、证　　据

第三十四条 根据行政诉讼法第三十六条第一款的规定,被告申请延期提供证据的,应当在收到起诉状副本之日起十五日内以书面方式向人民法院提出。人民法院准许延期提供的,被告应当在正当事由消除后十五日内提供证据。逾期提供的,视为被诉行政行为没有相应的证据。

第三十五条 原告或者第三人应当在开庭审理前或者人民法院指定的交换证据清单之日提供证据。因正当事由申请延期提供证据的,经人民法院准许,可以在法庭调查中提供。逾期提供证据的,人民法院应当责令其说明理由;拒不说明理由或者理由不成立的,视为放弃举证权利。

原告或者第三人在第一审程序中无正当事由未提供而在第二审程序中提供的证据,人民法院不予接纳。

第三十六条 当事人申请延长举证期限,应当在举证期限届满前向人民法院提出书面申请。

申请理由成立的,人民法院应当准许,适当延长举证期限,并通知其他当事人。申请理由不成立的,人民法院不予准许,并通知申请人。

第三十七条 根据行政诉讼法第三十九条的规定,对当事人无争议,但涉及国家利益、公共利益或者他人合法权益的事实,人民法院可以责令当事人提供或者补充有关证据。

第三十八条 对于案情比较复杂或者证据数量较多的案件,人民法院可以组织当事人在开庭前向对方出示或者交换证据,并将交换证据清单的情况记录在卷。

当事人在庭前证据交换过程中没有争议并记录在卷的证据,经审判人员在庭审中说明后,可以作为认定案件事实的依据。

第三十九条 当事人申请调查收集证据,但该证据与待证事实无关联、对证明待证事实无意义或者其他无调查收集必要的,人民法院不予准许。

第四十条 人民法院在证人出庭作证前应当告知其如实作证的义务以及作伪证的法律后果。

证人因履行出庭作证义务而支出的交通、住宿、就餐等必要费用以及误工损失,由败诉一方当事人承担。

第四十一条 有下列情形之一,原告或者第三人要求相关行政执法人员出庭说明的,人民法院可以准许:

(一)对现场笔录的合法性或者真实性有异议的;

（二）对扣押财产的品种或者数量有异议的；

（三）对检验的物品取样或者保管有异议的；

（四）对行政执法人员身份的合法性有异议的；

（五）需要出庭说明的其他情形。

第四十二条 能够反映案件真实情况、与待证事实相关联、来源和形式符合法律规定的证据，应当作为认定案件事实的根据。

第四十三条 有下列情形之一的，属于行政诉讼法第四十三条第三款规定的“以非法手段取得的证据”：

（一）严重违反法定程序收集的证据材料；

（二）以违反法律强制性规定的手段获取且侵害他人合法权益的证据材料；

（三）以利诱、欺诈、胁迫、暴力等手段获取的证据材料。

第四十四条 人民法院认为有必要的，可以要求当事人本人或者行政机关执法人员到庭，就案件有关事实接受询问。在询问之前，可以要求其签署保证书。

保证书应当载明据实陈述、如有虚假陈述愿意接受处罚等内容。当事人或者行政机关执法人员应当在保证书上签名或者捺印。

负有举证责任的当事人拒绝到庭、拒绝接受询问或者拒绝签署保证书，待证事实又欠缺其他证据加以佐证的，人民法院对其主张的事实不予认定。

第四十五条 被告有证据证明其在行政程序中依照法定程序要求原告或者第三人提供证据，原告或者第三人依法应当提供而没有提供，在诉讼程序中提供的证据，人民法院一般不予采纳。

第四十六条 原告或者第三人确有证据证明被告持有的证据对原告或者第三人有利的，可以在开庭审理前书面申请人民法院责令行政机关提交。

申请理由成立的，人民法院应当责令行政机关提交，因提交证据所产生的费用，由申请人预付。行政机关无正当理由拒不提交的，人民法院可以推定原告或者第三人基于该证据主张的事实成立。

持有证据的当事人以妨碍对方当事人使用为目的，毁灭有关证据或者实施其他致使证据不能使用行为的，人民法院可以推定对方当事人基于该证据主张的事实成立，并可依照行政诉讼法第五十九条规定处理。

第四十七条 根据行政诉讼法第三十八条第二款的规定，在行政赔偿、补偿案件中，因被告的原因导致原告无法就损害情况举证的，应当由被告就该损害情况承担举证责任。

对于各方主张损失的价值无法认定的，应当由负有举证责任的一方当事人申请鉴定，但法律、法规、规章规定行政机关在作出行政行为时依法应当评估或者鉴定的除外；负有举证责任的当事人拒绝申请鉴定的，由其承担不利的法律后果。

当事人的损失因客观原因无法鉴定的，人民法院应当结合当事人的主张和在案证据，遵循法官职业道德，运用逻辑推理和生活经验、生活常识等，酌情确定赔偿数额。

五、期间、送达

第四十八条 期间包括法定期间和人民法院指定的期间。

期间以时、日、月、年计算。期间开始的时和日，不计算在期间内。

期间届满的最后一日是节假日的，以节假日后的第一日为期间届满的日期。

期间不包括在途时间，诉讼文书在期满前交邮的，视为在期限内发送。

第四十九条 行政诉讼法第五十一条第二款规定的立案期限，因起诉状内容欠缺或者有其他错误通知原告限期补正的，从补正后递交人民法院的次日起算。由上级人民法院转交下级人民法院立案的案件，从受诉人民法院收到起诉状的次日起算。

第五十条 行政诉讼法第八十一条、第八十三条、第八十八条规定的审理期限，是指从立案之日起至裁判宣告、调解书送达之日止的期间，但公告期间、鉴定期间、调解期间、中止诉讼期间、审理当事人提出的管辖异议以及处理人民法院之间的管辖争议期间不应计算在内。

再审案件按照第一审程序或者第二审程序审理的，适用行政诉讼法第八十一条、第八十八条规定的审理期限。审理期限自再审立案的次日起算。

基层人民法院申请延长审理期限，应当直接报请高级人民法院批准，同时报中级人民法院备案。

第五十一条 人民法院可以要求当事人签署送达地址确认书，当事人确认的送达地址为人民法院法律文书的送达地址。

当事人同意电子送达的，应当提供并确认传真号、电子信箱等电子送达地址。

当事人送达地址发生变更的，应当及时书面告知受理案件的人民法院；未及时告知的，人民法院按原地址送达，视为依法送达。

人民法院可以通过国家邮政机构以法院专递方式进行送达。

第五十二条 人民法院可以在当事人住所地以外向当事人直接送达诉讼文书。当事人拒绝签署送达回证的，采用拍照、录像等方式记录送达过程即视为送达。审判人员、书记员应当在送达回证上注明送达情况并签名。

六、起诉与受理

第五十三条 人民法院对符合起诉条件的案件应当立案，依法保障当事人行使诉讼权利。

对当事人依法提起的诉讼，人民法院应当根据行政诉讼法第五十一条的规定接收起诉状。能够判断符合起诉条件的，应当当场登记立案；当场不能判断是否符合起诉条件的，应当在接收起诉状后七日内决定是否立案；七日内仍不能作出判断的，应当先予立案。

第五十四条 依照行政诉讼法第四十九条的规定，公民、法人或者其他组织提起诉讼时应当提交以下起诉材料：

（一）原告的身份证明材料以及有效联系方式；

（二）被诉行政行为或者不作为存在的材料；

（三）原告与被诉行政行为具有利害关系的材料；

（四）人民法院认为需要提交的其他材料。

由法定代理人或者委托代理人代为起诉的，还应当在起诉状中写明或者在口头起诉时向人民法院说明法定代理人或者委托代理人的基本情况，并提交法定代理人或者委托代理人的身份证明和代理权限证明等材料。

第五十五条 依照行政诉讼法第五十一条的规定，人民法院应当就起诉状内容和材料是否完备以及是否符合行政诉讼法规定的起诉条件进行审查。

起诉状内容或者材料欠缺的，人民法院应当给予指导和释明，并一次性全面告知当事人需要补正的内容、补充的材料及期限。在指定期限内补正并符合起诉条件的，应当登记立案。当事人拒绝补正或者经补正仍不符合起诉条件的，退回诉状并记录在册；坚持起诉的，裁定不予立案，并载明不予立案的理由。

第五十六条 法律、法规规定应当先申请复议，公民、法人或者其他组织未申请复议直接提起诉讼的，人民法院裁定不予立案。

依照行政诉讼法第四十五条的规定，复议机关不受理复议申请或者在法定期限内不作出复议决定，公民、法人或者其他组织不服，依法向人民法院提起诉讼的，人民法院应当依法立案。

第五十七条 法律、法规未规定行政复议为提起行政诉讼必经程序，公民、法人或者其他组织既提起诉讼又申请行政复议的,由先立案的机关管辖;同时立案的,由公民、法人或者其他组织选择。公民、法人或者其他组织已经申请行政复议,在法定复议期间内又向人民法院提起诉讼的,人民法院裁定不予立案。

第五十八条 法律、法规未规定行政复议为提起行政诉讼必经程序,公民、法人或者其他组织向复议机关申请行政复议后,又经复议机关同意撤回复议申请,在法定起诉期限内对原行政行为提起诉讼的,人民法院应当依法立案。

第五十九条 公民、法人或者其他组织向复议机关申请行政复议后,复议机关作出维持决定的,应当以复议机关和原行为机关为共同被告,并以复议决定送达时间确定起诉期限。

第六十条 人民法院裁定准许原告撤诉后,原告以同一事实和理由重新起诉的,人民法院不予立案。

准予撤诉的裁定确有错误,原告申请再审的,人民法院应当通过审判监督程序撤销原准予撤诉的裁定,重新对案件进行审理。

第六十一条 原告或者上诉人未按规定的期限预交案件受理费,又不提出缓交、减交、免交申请,或者提出申请未获批准的,按自动撤诉处理。在按撤诉处理后,原告或者上诉人在法定期限内再次起诉或者上诉,并依法解决诉讼费预交问题的,人民法院应予立案。

第六十二条 人民法院判决撤销行政机关的行政行为后,公民、法人或者其他组织对行政机关重新作出的行政行为不服向人民法院起诉的,人民法院应当依法立案。

第六十三条 行政机关作出行政行为时,没有制作或者没有送达法律文书,公民、法人或者其他组织只要能证明行政行为存在,并在法定期限内起诉的,人民法院应当依法立案。

第六十四条 行政机关作出行政行为时,未告知公民、法人或者其他组织起诉期限的,起诉期限从公民、法人或者其他组织知道或者应当知道起诉期限之日起计算,但从知道或者应当知道行政行为内容之日起最长不得超过一年。

复议决定未告知公民、法人或者其他组织起诉期限的,适用前款规定。

第六十五条 公民、法人或者其他组织不知道行政机关作出的行政行为内容的,其起诉期限从知道或者应当知道该行政行为内容之日起计算,但最长不得超过行政诉讼法第四十六条第二款规定的起诉期限。

第六十六条 公民、法人或者其他组织依照行政诉讼法第四十七条第一款的规定,对行政机关不履行法定职责提起诉讼的,应当在行政机关履行法定职责期限届满之日起六个月内提出。

第六十七条 原告提供被告的名称等信息足以使被告与其他行政机关相区别的,可以认定为行政诉讼法第四十九条第二项规定的"有明确的被告"。

起诉状列写被告信息不足以认定明确的被告的,人民法院可以告知原告补正;原告补正后仍不能确定明确的被告的,人民法院裁定不予立案。

第六十八条 行政诉讼法第四十九条第三项规定的"有具体的诉讼请求"是指:

(一)请求判决撤销或者变更行政行为;

(二)请求判决行政机关履行特定法定职责或者给付义务;

(三)请求判决确认行政行为违法;

(四)请求判决确认行政行为无效;

(五)请求判决行政机关予以赔偿或者补偿;

(六)请求解决行政协议争议;

(七)请求一并审查规章以下规范性文件;

(八)请求一并解决相关民事争议;

(九)其他诉讼请求。

当事人单独或者一并提起行政赔偿、补偿诉讼的，应当有具体的赔偿、补偿事项以及数额；请求一并审查规章以下规范性文件的，应当提供明确的文件名称或者审查对象；请求一并解决相关民事争议的，应当有具体的民事诉讼请求。

当事人未能正确表达诉讼请求的，人民法院应当要求其明确诉讼请求。

第六十九条 有下列情形之一，已经立案的，应当裁定驳回起诉：

（一）不符合行政诉讼法第四十九条规定的；

（二）超过法定起诉期限且无行政诉讼法第四十八条规定情形的；

（三）错列被告且拒绝变更的；

（四）未按照法律规定由法定代理人、指定代理人、代表人为诉讼行为的；

（五）未按照法律、法规规定先向行政机关申请复议的；

（六）重复起诉的；

（七）撤回起诉后无正当理由再行起诉的；

（八）行政行为对其合法权益明显不产生实际影响的；

（九）诉讼标的已为生效裁判或者调解书所羁束的；

（十）其他不符合法定起诉条件的情形。

前款所列情形可以补正或者更正的，人民法院应当指定期间责令补正或者更正；在指定期间已经补正或者更正的，应当依法审理。

人民法院经过阅卷、调查或者询问当事人，认为不需要开庭审理的，可以迳行裁定驳回起诉。

第七十条 起诉状副本送达被告后，原告提出新的诉讼请求的，人民法院不予准许，但有正当理由的除外。

七、审理与判决

第七十一条 人民法院适用普通程序审理案件，应当在开庭三日前用传票传唤当事人。对证人、鉴定人、勘验人、翻译人员，应当用通知书通知其到庭。当事人或者其他诉讼参与人在外地的，应当留有必要的在途时间。

第七十二条 有下列情形之一的，可以延期开庭审理：

（一）应当到庭的当事人和其他诉讼参与人有正当理由没有到庭的；

（二）当事人临时提出回避申请且无法及时作出决定的；

（三）需要通知新的证人到庭，调取新的证据，重新鉴定、勘验，或者需要补充调查的；

（四）其他应当延期的情形。

第七十三条 根据行政诉讼法第二十七条的规定，有下列情形之一的，人民法院可以决定合并审理：

（一）两个以上行政机关分别对同一事实作出行政行为，公民、法人或者其他组织不服向同一人民法院起诉的；

（二）行政机关就同一事实对若干公民、法人或者其他组织分别作出行政行为，公民、法人或者其他组织不服分别向同一人民法院起诉的；

（三）在诉讼过程中，被告对原告作出新的行政行为，原告不服向同一人民法院起诉的；

（四）人民法院认为可以合并审理的其他情形。

第七十四条 当事人申请回避，应当说明理由，在案件开始审理时提出；回避事由在案件开始审理后知道的，应当在法庭辩论终结前提出。

被申请回避的人员，在人民法院作出是否回避的决定前，应当暂停参与本案的工作，但案件需要采取紧急措施的除外。

对当事人提出的回避申请,人民法院应当在三日内以口头或者书面形式作出决定。对当事人提出的明显不属于法定回避事由的申请,法庭可以依法当庭驳回。

申请人对驳回回避申请决定不服的,可以向作出决定的人民法院申请复议一次。复议期间,被申请回避的人员不停止参与本案的工作。对申请人的复议申请,人民法院应当在三日内作出复议决定,并通知复议申请人。

第七十五条 在一个审判程序中参与过本案审判工作的审判人员,不得再参与该案其他程序的审判。

发回重审的案件,在一审法院作出裁判后又进入第二审程序的,原第二审程序中合议庭组成人员不受前款规定的限制。

第七十六条 人民法院对于因一方当事人的行为或者其他原因,可能使行政行为或者人民法院生效裁判不能或者难以执行的案件,根据对方当事人的申请,可以裁定对其财产进行保全、责令其作出一定行为或者禁止其作出一定行为;当事人没有提出申请的,人民法院在必要时也可以裁定采取上述保全措施。

人民法院采取保全措施,可以责令申请人提供担保;申请人不提供担保的,裁定驳回申请。

人民法院接受申请后,对情况紧急的,必须在四十八小时内作出裁定;裁定采取保全措施的,应当立即开始执行。

当事人对保全的裁定不服的,可以申请复议;复议期间不停止裁定的执行。

第七十七条 利害关系人因情况紧急,不立即申请保全将会使其合法权益受到难以弥补的损害的,可以在提起诉讼前向被保全财产所在地、被申请人住所地或者对案件有管辖权的人民法院申请采取保全措施。申请人应当提供担保,不提供担保的,裁定驳回申请。

人民法院接受申请后,必须在四十八小时内作出裁定;裁定采取保全措施的,应当立即开始执行。

申请人在人民法院采取保全措施后三十日内不依法提起诉讼的,人民法院应当解除保全。

当事人对保全的裁定不服的,可以申请复议;复议期间不停止裁定的执行。

第七十八条 保全限于请求的范围,或者与本案有关的财物。

财产保全采取查封、扣押、冻结或者法律规定的其他方法。人民法院保全财产后,应当立即通知被保全人。

财产已被查封、冻结的,不得重复查封、冻结。

涉及财产的案件,被申请人提供担保的,人民法院应当裁定解除保全。

申请有错误的,申请人应当赔偿被申请人因保全所遭受的损失。

第七十九条 原告或者上诉人申请撤诉,人民法院裁定不予准许的,原告或者上诉人经传票传唤无正当理由拒不到庭,或者未经法庭许可中途退庭的,人民法院可以缺席判决。

第三人经传票传唤无正当理由拒不到庭,或者未经法庭许可中途退庭的,不发生阻止案件审理的效果。

根据行政诉讼法第五十八条的规定,被告经传票传唤无正当理由拒不到庭,或者未经法庭许可中途退庭的,人民法院可以按期开庭或者继续开庭审理,对到庭的当事人诉讼请求、双方的诉辩理由以及已经提交的证据及其他诉讼材料进行审理后,依法缺席判决。

第八十条 原告或者上诉人在庭审中明确拒绝陈述或者以其他方式拒绝陈述,导致庭审无法进行,经法庭释明法律后果后仍不陈述意见的,视为放弃陈述权利,由其承担不利的法律后果。

当事人申请撤诉或者依法可以按撤诉处理的案件,当事人有违反法律的行为需要依法处理的,人民法院可以不准许撤诉或者不按撤诉处理。

法庭辩论终结后原告申请撤诉,人民法院可以准许,但涉及到国家利益和社会公共利益的除外。

第八十一条 被告在一审期间改变被诉行政行为的，应当书面告知人民法院。

原告或者第三人对改变后的行政行为不服提起诉讼的，人民法院应当就改变后的行政行为进行审理。

被告改变原违法行政行为，原告仍要求确认原行政行为违法的，人民法院应当依法作出确认判决。

原告起诉被告不作为，在诉讼中被告作出行政行为，原告不撤诉的，人民法院应当就不作为依法作出确认判决。

第八十二条 当事人之间恶意串通，企图通过诉讼等方式侵害国家利益、社会公共利益或者他人合法权益的，人民法院应当裁定驳回起诉或者判决驳回其请求，并根据情节轻重予以罚款、拘留；构成犯罪的，依法追究刑事责任。

第八十三条 行政诉讼法第五十九条规定的罚款、拘留可以单独适用，也可以合并适用。

对同一妨害行政诉讼行为的罚款、拘留不得连续适用。发生新的妨害行政诉讼行为的，人民法院可以重新予以罚款、拘留。

第八十四条 人民法院审理行政诉讼法第六十条第一款规定的行政案件，认为法律关系明确、事实清楚，在征得当事人双方同意后，可以迳行调解。

第八十五条 调解达成协议，人民法院应当制作调解书。调解书应当写明诉讼请求、案件的事实和调解结果。

调解书由审判人员、书记员署名，加盖人民法院印章，送达双方当事人。

调解书经双方当事人签收后，即具有法律效力。调解书生效日期根据最后收到调解书的当事人签收的日期确定。

第八十六条 人民法院审理行政案件，调解过程不公开，但当事人同意公开的除外。

经人民法院准许，第三人可以参加调解。人民法院认为有必要的，可以通知第三人参加调解。

调解协议内容不公开，但为保护国家利益、社会公共利益、他人合法权益，人民法院认为确有必要公开的除外。

当事人一方或者双方不愿调解、调解未达成协议的，人民法院应当及时判决。

当事人自行和解或者调解达成协议后，请求人民法院按照和解协议或者调解协议的内容制作判决书的，人民法院不予准许。

第八十七条 在诉讼过程中，有下列情形之一的，中止诉讼：

（一）原告死亡，须等待其近亲属表明是否参加诉讼的；

（二）原告丧失诉讼行为能力，尚未确定法定代理人的；

（三）作为一方当事人的行政机关、法人或者其他组织终止，尚未确定权利义务承受人的；

（四）一方当事人因不可抗力的事由不能参加诉讼的；

（五）案件涉及法律适用问题，需要送请有权机关作出解释或者确认的；

（六）案件的审判须以相关民事、刑事或者其他行政案件的审理结果为依据，而相关案件尚未审结的；

（七）其他应当中止诉讼的情形。

中止诉讼的原因消除后，恢复诉讼。

第八十八条 在诉讼过程中，有下列情形之一的，终结诉讼：

（一）原告死亡，没有近亲属或者近亲属放弃诉讼权利的；

（二）作为原告的法人或者其他组织终止后，其权利义务的承受人放弃诉讼权利的。

因本解释第八十七条第一款第一、二、三项原因中止诉讼满九十日仍无人继续诉讼的，裁定终结诉讼，但有特殊情况的除外。

第八十九条 复议决定改变原行政行为错误,人民法院判决撤销复议决定时,可以一并责令复议机关重新作出复议决定或者判决恢复原行政行为的法律效力。

第九十条 人民法院判决被告重新作出行政行为,被告重新作出的行政行为与原行政行为的结果相同,但主要事实或者主要理由有改变的,不属于行政诉讼法第七十一条规定的情形。

人民法院以违反法定程序为由,判决撤销被诉行政行为的,行政机关重新作出行政行为不受行政诉讼法第七十一条规定的限制。

行政机关以同一事实和理由重新作出与原行政行为基本相同的行政行为,人民法院应当根据行政诉讼法第七十条、第七十一条的规定判决撤销或者部分撤销,并根据行政诉讼法第九十六条的规定处理。

第九十一条 原告请求被告履行法定职责的理由成立,被告违法拒绝履行或者无正当理由逾期不予答复的,人民法院可以根据行政诉讼法第七十二条的规定,判决被告在一定期限内依法履行原告请求的法定职责;尚需被告调查或者裁量的,应当判决被告针对原告的请求重新作出处理。

第九十二条 原告申请被告依法履行支付抚恤金、最低生活保障待遇或者社会保险待遇等给付义务的理由成立,被告依法负有给付义务而拒绝或者拖延履行义务的,人民法院可以根据行政诉讼法第七十三条的规定,判决被告在一定期限内履行相应的给付义务。

第九十三条 原告请求被告履行法定职责或者依法履行支付抚恤金、最低生活保障待遇或者社会保险待遇等给付义务,原告未先向行政机关提出申请的,人民法院裁定驳回起诉。

人民法院经审理认为原告所请求履行的法定职责或者给付义务明显不属于行政机关权限范围的,可以裁定驳回起诉。

第九十四条 公民、法人或者其他组织起诉请求撤销行政行为,人民法院经审查认为行政行为无效的,应当作出确认无效的判决。

公民、法人或者其他组织起诉请求确认行政行为无效,人民法院审查认为行政行为不属于无效情形,经释明,原告请求撤销行政行为的,应当继续审理并依法作出相应判决;原告请求撤销行政行为但超过法定起诉期限的,裁定驳回起诉;原告拒绝变更诉讼请求的,判决驳回其诉讼请求。

第九十五条 人民法院经审理认为被诉行政行为违法或者无效,可能给原告造成损失,经释明,原告请求一并解决行政赔偿争议的,人民法院可以就赔偿事项进行调解;调解不成的,应当一并判决。人民法院也可以告知其就赔偿事项另行提起诉讼。

第九十六条 有下列情形之一,且对原告依法享有的听证、陈述、申辩等重要程序性权利不产生实质损害的,属于行政诉讼法第七十四条第一款第二项规定的“程序轻微违法”:

(一)处理期限轻微违法;

(二)通知、送达等程序轻微违法;

(三)其他程序轻微违法的情形。

第九十七条 原告或者第三人的损失系由其自身过错和行政机关的违法行政行为共同造成的,人民法院应当依据各方行为与损害结果之间有无因果关系以及在损害发生和结果中作用力的大小,确定行政机关相应的赔偿责任。

第九十八条 因行政机关不履行、拖延履行法定职责,致使公民、法人或者其他组织的合法权益遭受损害的,人民法院应当判决行政机关承担行政赔偿责任。在确定赔偿数额时,应当考虑该不履行、拖延履行法定职责的行为在损害发生过程和结果中所起的作用等因素。

第九十九条 有下列情形之一的,属于行政诉讼法第七十五条规定的“重大且明显违法”:

(一)行政行为实施主体不具有行政主体资格;

(二)减损权利或者增加义务的行政行为没有法律规范依据;

(三)行政行为的内容客观上不可能实施;

（四）其他重大且明显违法的情形。

第一百条 人民法院审理行政案件，适用最高人民法院司法解释的，应当在裁判文书中援引。

人民法院审理行政案件，可以在裁判文书中引用合法有效的规章及其他规范性文件。

第一百零一条 裁定适用于下列范围：

（一）不予立案；

（二）驳回起诉；

（三）管辖异议；

（四）终结诉讼；

（五）中止诉讼；

（六）移送或者指定管辖；

（七）诉讼期间停止行政行为的执行或者驳回停止执行的申请；

（八）财产保全；

（九）先予执行；

（十）准许或者不准许撤诉；

（十一）补正裁判文书中的笔误；

（十二）中止或者终结执行；

（十三）提审、指令再审或者发回重审；

（十四）准许或者不准许执行行政机关的行政行为；

（十五）其他需要裁定的事项。

对第一、二、三项裁定，当事人可以上诉。

裁定书应当写明裁定结果和作出该裁定的理由。裁定书由审判人员、书记员署名，加盖人民法院印章。口头裁定的，记入笔录。

第一百零二条 行政诉讼法第八十二条规定的行政案件中的"事实清楚"，是指当事人对争议的事实陈述基本一致，并能提供相应的证据，无须人民法院调查收集证据即可查明事实；"权利义务关系明确"，是指行政法律关系中权利和义务能够明确区分；"争议不大"，是指当事人对行政行为的合法性、责任承担等没有实质分歧。

第一百零三条 适用简易程序审理的行政案件，人民法院可以用口头通知、电话、短信、传真、电子邮件等简便方式传唤当事人、通知证人、送达裁判文书以外的诉讼文书。

以简便方式送达的开庭通知，未经当事人确认或者没有其他证据证明当事人已经收到的，人民法院不得缺席判决。

第一百零四条 适用简易程序案件的举证期限由人民法院确定，也可以由当事人协商一致并经人民法院准许，但不得超过十五日。被告要求书面答辩的，人民法院可以确定合理的答辩期间。

人民法院应当将举证期限和开庭日期告知双方当事人，并向当事人说明逾期举证以及拒不到庭的法律后果，由双方当事人在笔录和开庭传票的送达回证上签名或者捺印。

当事人双方均表示同意立即开庭或者缩短举证期限、答辩期间的，人民法院可以立即开庭审理或者确定近期开庭。

第一百零五条 人民法院发现案情复杂，需要转为普通程序审理的，应当在审理期限届满前作出裁定并将合议庭组成人员及相关事项书面通知双方当事人。

案件转为普通程序审理的，审理期限自人民法院立案之日起计算。

第一百零六条 当事人就已经提起诉讼的事项在诉讼过程中或者裁判生效后再次起诉，同时具有下列情形的，构成重复起诉：

（一）后诉与前诉的当事人相同；

（二）后诉与前诉的诉讼标的相同；

（三）后诉与前诉的诉讼请求相同，或者后诉的诉讼请求被前诉裁判所包含。

第一百零七条 第一审人民法院作出判决和裁定后，当事人均提起上诉的，上诉各方均为上诉人。

诉讼当事人中的一部分人提出上诉，没有提出上诉的对方当事人为被上诉人，其他当事人依原审诉讼地位列明。

第一百零八条 当事人提出上诉，应当按照其他当事人或者诉讼代表人的人数提出上诉状副本。

原审人民法院收到上诉状，应当在五日内将上诉状副本发送其他当事人，对方当事人应当在收到上诉状副本之日起十五日内提出答辩状。

原审人民法院应当在收到答辩状之日起五日内将副本发送上诉人。对方当事人不提出答辩状的，不影响人民法院审理。

原审人民法院收到上诉状、答辩状，应当在五日内连同全部案卷和证据，报送第二审人民法院；已经预收的诉讼费用，一并报送。

第一百零九条 第二审人民法院经审理认为原审人民法院不予立案或者驳回起诉的裁定确有错误且当事人的起诉符合起诉条件的，应当裁定撤销原审人民法院的裁定，指令原审人民法院依法立案或者继续审理。

第二审人民法院裁定发回原审人民法院重新审理的行政案件，原审人民法院应当另行组成合议庭进行审理。

原审判决遗漏了必须参加诉讼的当事人或者诉讼请求的，第二审人民法院应当裁定撤销原审判决，发回重审。

原审判决遗漏行政赔偿请求，第二审人民法院经审查认为依法不应当予以赔偿的，应当判决驳回行政赔偿请求。

原审判决遗漏行政赔偿请求，第二审人民法院经审理认为依法应当予以赔偿的，在确认被诉行政行为违法的同时，可以就行政赔偿问题进行调解；调解不成的，应当就行政赔偿部分发回重审。

当事人在第二审期间提出行政赔偿请求的，第二审人民法院可以进行调解；调解不成的，应当告知当事人另行起诉。

第一百一十条 当事人向上一级人民法院申请再审，应当在判决、裁定或者调解书发生法律效力后六个月内提出。有下列情形之一的，自知道或者应当知道之日起六个月内提出：

（一）有新的证据，足以推翻原判决、裁定的；

（二）原判决、裁定认定事实的主要证据是伪造的；

（三）据以作出原判决、裁定的法律文书被撤销或者变更的；

（四）审判人员审理该案件时有贪污受贿、徇私舞弊、枉法裁判行为的。

第一百一十一条 当事人申请再审的，应当提交再审申请书等材料。人民法院认为有必要的，可以自收到再审申请书之日起五日内将再审申请书副本发送对方当事人。对方当事人应当自收到再审申请书副本之日起十五日内提交书面意见。人民法院可以要求申请人和对方当事人补充有关材料，询问有关事项。

第一百一十二条 人民法院应当自再审申请案件立案之日起六个月内审查，有特殊情况需要延长的，由本院院长批准。

第一百一十三条 人民法院根据审查再审申请案件的需要决定是否询问当事人；新的证据可能推翻原判决、裁定的，人民法院应当询问当事人。

第一百一十四条 审查再审申请期间，被申请人及原审其他当事人依法提出再审申请的，人民法院应当将其列为再审申请人，对其再审事由一并审查，审查期限重新计算。经审查，其中一方再审申请人主张的再审事由成立的，应当裁定再审。各方再审申请人主张的再审事由均不成立的，一并裁定驳回再审申请。

第一百一十五条 审查再审申请期间，再审申请人申请人民法院委托鉴定、勘验的，人民法院不予准许。

审查再审申请期间，再审申请人撤回再审申请的，是否准许，由人民法院裁定。

再审申请人经传票传唤，无正当理由拒不接受询问的，按撤回再审申请处理。

人民法院准许撤回再审申请或者按撤回再审申请处理后，再审申请人再次申请再审的，不予立案，但有行政诉讼法第九十一条第二项、第三项、第七项、第八项规定情形，自知道或者应当知道之日起六个月内提出的除外。

第一百一十六条 当事人主张的再审事由成立，且符合行政诉讼法和本解释规定的申请再审条件的，人民法院应当裁定再审。

当事人主张的再审事由不成立，或者当事人申请再审超过法定申请再审期限、超出法定再审事由范围等不符合行政诉讼法和本解释规定的申请再审条件的，人民法院应当裁定驳回再审申请。

第一百一十七条 有下列情形之一的，当事人可以向人民检察院申请抗诉或者检察建议：

（一）人民法院驳回再审申请的；

（二）人民法院逾期未对再审申请作出裁定的；

（三）再审判决、裁定有明显错误的。

人民法院基于抗诉或者检察建议作出再审判决、裁定后，当事人申请再审的，人民法院不予立案。

第一百一十八条 按照审判监督程序决定再审的案件，裁定中止原判决、裁定、调解书的执行，但支付抚恤金、最低生活保障费或者社会保险待遇的案件，可以不中止执行。

上级人民法院决定提审或者指令下级人民法院再审的，应当作出裁定，裁定应当写明中止原判决的执行；情况紧急的，可以将中止执行的裁定口头通知负责执行的人民法院或者作出生效判决、裁定的人民法院，但应当在口头通知后十日内发出裁定书。

第一百一十九条 人民法院按照审判监督程序再审的案件，发生法律效力的判决、裁定是由第一审法院作出的，按照第一审程序审理，所作的判决、裁定，当事人可以上诉；发生法律效力的判决、裁定是由第二审法院作出的，按照第二审程序审理，所作的判决、裁定，是发生法律效力的判决、裁定；上级人民法院按照审判监督程序提审的，按照第二审程序审理，所作的判决、裁定是发生法律效力的判决、裁定。

人民法院审理再审案件，应当另行组成合议庭。

第一百二十条 人民法院审理再审案件应当围绕再审请求和被诉行政行为合法性进行。当事人的再审请求超出原审诉讼请求，符合另案诉讼条件的，告知当事人可以另行起诉。

被申请人及原审其他当事人在庭审辩论结束前提出的再审请求，符合本解释规定的申请期限的，人民法院应当一并审理。

人民法院经再审，发现已经发生法律效力的判决、裁定损害国家利益、社会公共利益、他人合法权益的，应当一并审理。

第一百二十一条 再审审理期间，有下列情形之一的，裁定终结再审程序：

（一）再审申请人在再审期间撤回再审请求，人民法院准许的；

（二）再审申请人经传票传唤，无正当理由拒不到庭的，或者未经法庭许可中途退庭，按撤回再审请求处理的；

（三）人民检察院撤回抗诉的；

（四）其他应当终结再审程序的情形。

因人民检察院提出抗诉裁定再审的案件，申请抗诉的当事人有前款规定的情形，且不损害国家利益、社会公共利益或者他人合法权益的，人民法院裁定终结再审程序。

再审程序终结后，人民法院裁定中止执行的原生效判决自动恢复执行。

第一百二十二条 人民法院审理再审案件，认为原生效判决、裁定确有错误，在撤销原生效判决或者裁定的同时，可以对生效判决、裁定的内容作出相应裁判，也可以裁定撤销生效判决或者裁定，发回作出生效判决、裁定的人民法院重新审理。

第一百二十三条 人民法院审理二审案件和再审案件，对原审法院立案、不予立案或者驳回起诉错误的，应当分别情况作如下处理：

（一）第一审人民法院作出实体判决后，第二审人民法院认为不应当立案的，在撤销第一审人民法院判决的同时，可以迳行驳回起诉；

（二）第二审人民法院维持第一审人民法院不予立案裁定错误的，再审法院应当撤销第一审、第二审人民法院裁定，指令第一审人民法院受理；

（三）第二审人民法院维持第一审人民法院驳回起诉裁定错误的，再审法院应当撤销第一审、第二审人民法院裁定，指令第一审人民法院审理。

第一百二十四条 人民检察院提出抗诉的案件，接受抗诉的人民法院应当自收到抗诉书之日起三十日内作出再审的裁定；有行政诉讼法第九十一条第二、三项规定情形之一的，可以指令下一级人民法院再审，但经该下一级人民法院再审过的除外。

人民法院在审查抗诉材料期间，当事人之间已经达成和解协议的，人民法院可以建议人民检察院撤回抗诉。

第一百二十五条 人民检察院提出抗诉的案件，人民法院再审开庭时，应当在开庭三日前通知人民检察院派员出庭。

第一百二十六条 人民法院收到再审检察建议后，应当组成合议庭，在三个月内进行审查，发现原判决、裁定、调解书确有错误，需要再审的，依照行政诉讼法第九十二条规定裁定再审，并通知当事人；经审查，决定不予再审的，应当书面回复人民检察院。

第一百二十七条 人民法院审理因人民检察院抗诉或者检察建议裁定再审的案件，不受此前已经作出的驳回当事人再审申请裁定的限制。

八、行政机关负责人出庭应诉

第一百二十八条 行政诉讼法第三条第三款规定的行政机关负责人，包括行政机关的正职、副职负责人以及其他参与分管的负责人。

行政机关负责人出庭应诉的，可以另行委托一至二名诉讼代理人。行政机关负责人不能出庭的，应当委托行政机关相应的工作人员出庭，不得仅委托律师出庭。

第一百二十九条 涉及重大公共利益、社会高度关注或者可能引发群体性事件等案件以及人民法院书面建议行政机关负责人出庭的案件，被诉行政机关负责人应当出庭。

被诉行政机关负责人出庭应诉的，应当在当事人及其诉讼代理人基本情况、案件由来部分予以列明。

行政机关负责人有正当理由不能出庭应诉的，应当向人民法院提交情况说明，并加盖行政机关印章或者由该机关主要负责人签字认可。

行政机关拒绝说明理由的，不发生阻止案件审理的效果，人民法院可以向监察机关、上一级行政机关提出司法建议。

第一百三十条 行政诉讼法第三条第三款规定的“行政机关相应的工作人员”，包括该行政机关具有国家行政编制身份的工作人员以及其他依法履行公职的人员。

被诉行政行为是地方人民政府作出的，地方人民政府法制工作机构的工作人员，以及被诉行政行为具体承办机关工作人员，可以视为被诉人民政府相应的工作人员。

第一百三十一条 行政机关负责人出庭应诉的，应当向人民法院提交能够证明该行政机关负责人职务的材料。

行政机关委托相应的工作人员出庭应诉的，应当向人民法院提交加盖行政机关印章的授权委托书，并载明工作人员的姓名、职务和代理权限。

第一百三十二条 行政机关负责人和行政机关相应的工作人员均不出庭，仅委托律师出庭的或者人民法院书面建议行政机关负责人出庭应诉，行政机关负责人不出庭应诉的，人民法院应当记录在案和在裁判文书中载明，并可以建议有关机关依法作出处理。

九、复议机关作共同被告

第一百三十三条 行政诉讼法第二十六条第二款规定的"复议机关决定维持原行政行为"，包括复议机关驳回复议申请或者复议请求的情形，但以复议申请不符合受理条件为由驳回的除外。

第一百三十四条 复议机关决定维持原行政行为的，作出原行政行为的行政机关和复议机关是共同被告。原告只起诉作出原行政行为的行政机关或者复议机关的，人民法院应当告知原告追加被告。原告不同意追加的，人民法院应当将另一机关列为共同被告。

行政复议决定既有维持原行政行为内容，又有改变原行政行为内容或者不予受理申请内容的，作出原行政行为的行政机关和复议机关为共同被告。

复议机关作共同被告的案件，以作出原行政行为的行政机关确定案件的级别管辖。

第一百三十五条 复议机关决定维持原行政行为的，人民法院应当在审查原行政行为合法性的同时，一并审查复议决定的合法性。

作出原行政行为的行政机关和复议机关对原行政行为合法性共同承担举证责任，可以由其中一个机关实施举证行为。复议机关对复议决定的合法性承担举证责任。

复议机关作共同被告的案件，复议机关在复议程序中依法收集和补充的证据，可以作为人民法院认定复议决定和原行政行为合法的依据。

第一百三十六条 人民法院对原行政行为作出判决的同时，应当对复议决定一并作出相应判决。

人民法院依职权追加作出原行政行为的行政机关或者复议机关为共同被告的，对原行政行为或者复议决定可以作出相应判决。

人民法院判决撤销原行政行为和复议决定的，可以判决作出原行政行为的行政机关重新作出行政行为。

人民法院判决作出原行政行为的行政机关履行法定职责或者给付义务的，应当同时判决撤销复议决定。

原行政行为合法、复议决定违法的，人民法院可以判决撤销复议决定或者确认复议决定违法，同时判决驳回原告针对原行政行为的诉讼请求。

原行政行为被撤销、确认违法或者无效，给原告造成损失的，应当由作出原行政行为的行政机关承担赔偿责任；因复议决定加重损害的，由复议机关对加重部分承担赔偿责任。

原行政行为不符合复议或者诉讼受案范围等受理条件，复议机关作出维持决定的，人民法院应当裁定一并驳回对原行政行为和复议决定的起诉。

十、相关民事争议的一并审理

第一百三十七条 公民、法人或者其他组织请求一并审理行政诉讼法第六十一条规定的相关民事争议，应当在第一审开庭审理前提出；有正当理由的，也可以在法庭调查中提出。

第一百三十八条 人民法院决定在行政诉讼中一并审理相关民事争议,或者案件当事人一致同意相关民事争议在行政诉讼中一并解决,人民法院准许的,由受理行政案件的人民法院管辖。

公民、法人或者其他组织请求一并审理相关民事争议,人民法院经审查发现行政案件已经超过起诉期限,民事案件尚未立案的,告知当事人另行提起民事诉讼;民事案件已经立案的,由原审判组织继续审理。

人民法院在审理行政案件中发现民事争议为解决行政争议的基础,当事人没有请求人民法院一并审理相关民事争议的,人民法院应当告知当事人依法申请一并解决民事争议。当事人就民事争议另行提起民事诉讼并已立案的,人民法院应当中止行政诉讼的审理。民事争议处理期间不计算在行政诉讼审理期限内。

第一百三十九条 有下列情形之一的,人民法院应当作出不予准许一并审理民事争议的决定,并告知当事人可以依法通过其他渠道主张权利:

(一)法律规定应当由行政机关先行处理的;

(二)违反民事诉讼法专属管辖规定或者协议管辖约定的;

(三)约定仲裁或者已经提起民事诉讼的;

(四)其他不宜一并审理民事争议的情形。

对不予准许的决定可以申请复议一次。

第一百四十条 人民法院在行政诉讼中一并审理相关民事争议的,民事争议应当单独立案,由同一审判组织审理。

人民法院审理行政机关对民事争议所作裁决的案件,一并审理民事争议的,不另行立案。

第一百四十一条 人民法院一并审理相关民事争议,适用民事法律规范的相关规定,法律另有规定的除外。

当事人在调解中对民事权益的处分,不能作为审查被诉行政行为合法性的根据。

第一百四十二条 对行政争议和民事争议应当分别裁判。

当事人仅对行政裁判或者民事裁判提出上诉的,未上诉的裁判在上诉期满后即发生法律效力。第一审人民法院应当将全部案卷一并移送第二审人民法院,由行政审判庭审理。第二审人民法院发现未上诉的生效裁判确有错误的,应当按照审判监督程序再审。

第一百四十三条 行政诉讼原告在宣判前申请撤诉的,是否准许由人民法院裁定。人民法院裁定准许行政诉讼原告撤诉,但其对已经提起的一并审理相关民事争议不撤诉的,人民法院应当继续审理。

第一百四十四条 人民法院一并审理相关民事争议,应当按行政案件、民事案件的标准分别收取诉讼费用。

十一、规范性文件的一并审查

第一百四十五条 公民、法人或者其他组织在对行政行为提起诉讼时一并请求对所依据的规范性文件审查的,由行政行为案件管辖法院一并审查。

第一百四十六条 公民、法人或者其他组织请求人民法院一并审查行政诉讼法第五十三条规定的规范性文件,应当在第一审开庭审理前提出;有正当理由的,也可以在法庭调查中提出。

第一百四十七条 人民法院在对规范性文件审查过程中,发现规范性文件可能不合法的,应当听取规范性文件制定机关的意见。

制定机关申请出庭陈述意见的,人民法院应当准许。

行政机关未陈述意见或者未提供相关证明材料的,不能阻止人民法院对规范性文件进行审查。

第一百四十八条 人民法院对规范性文件进行一并审查时,可以从规范性文件制定机关是否超越权限或者违反法定程序、作出行政行为所依据的条款以及相关条款等方面进行。

有下列情形之一的,属于行政诉讼法第六十四条规定的“规范性文件不合法”:

(一)超越制定机关的法定职权或者超越法律、法规、规章的授权范围的;

(二)与法律、法规、规章等上位法的规定相抵触的;

(三)没有法律、法规、规章依据,违法增加公民、法人和其他组织义务或者减损公民、法人和其他组织合法权益的;

(四)未履行法定批准程序、公开发布程序,严重违反制定程序的;

(五)其他违反法律、法规以及规章规定的情形。

第一百四十九条 人民法院经审查认为行政行为所依据的规范性文件合法的,应当作为认定行政行为合法的依据;经审查认为规范性文件不合法的,不作为人民法院认定行政行为合法的依据,并在裁判理由中予以阐明。作出生效裁判的人民法院应当向规范性文件的制定机关提出处理建议,并可以抄送制定机关的同级人民政府、上一级行政机关、监察机关以及规范性文件的备案机关。

规范性文件不合法的,人民法院可以在裁判生效之日起三个月内,向规范性文件制定机关提出修改或者废止该规范性文件的司法建议。

规范性文件由多个部门联合制定的,人民法院可以向该规范性文件的主办机关或者共同上一级行政机关发送司法建议。

接收司法建议的行政机关应当在收到司法建议之日起六十日内予以书面答复。情况紧急的,人民法院可以建议制定机关或者其上一级行政机关立即停止执行该规范性文件。

第一百五十条 人民法院认为规范性文件不合法的,应当在裁判生效后报送上一级人民法院进行备案。涉及国务院部门、省级行政机关制定的规范性文件,司法建议还应当分别层报最高人民法院、高级人民法院备案。

第一百五十一条 各级人民法院院长对本院已经发生法律效力的判决、裁定,发现规范性文件合法性认定错误,认为需要再审的,应当提交审判委员会讨论。

最高人民法院对地方各级人民法院已经发生法律效力的判决、裁定,上级人民法院对下级人民法院已经发生法律效力的判决、裁定,发现规范性文件合法性认定错误的,有权提审或者指令下级人民法院再审。

十二、执　　行

第一百五十二条 对发生法律效力的行政判决书、行政裁定书、行政赔偿判决书和行政调解书,负有义务的一方当事人拒绝履行的,对方当事人可以依法申请人民法院强制执行。

人民法院判决行政机关履行行政赔偿、行政补偿或者其他行政给付义务,行政机关拒不履行的,对方当事人可以依法向法院申请强制执行。

第一百五十三条 申请执行的期限为二年。申请执行时效的中止、中断,适用法律有关规定。

申请执行的期限从法律文书规定的履行期间最后一日起计算;法律文书规定分期履行的,从规定的每次履行期间的最后一日起计算;法律文书中没有规定履行期限的,从该法律文书送达当事人之日起计算。

逾期申请的,除有正当理由外,人民法院不予受理。

第一百五十四条 发生法律效力的行政判决书、行政裁定书、行政赔偿判决书和行政调解书,由第一审人民法院执行。

第一审人民法院认为情况特殊,需要由第二审人民法院执行的,可以报请第二审人民法院执行;第二审人民法院可以决定由其执行,也可以决定由第一审人民法院执行。

第一百五十五条 行政机关根据行政诉讼法第九十七条的规定申请执行其行政行为,应当具备以下条件:

(一)行政行为依法可以由人民法院执行;

(二)行政行为已经生效并具有可执行内容;

(三)申请人是作出该行政行为的行政机关或者法律、法规、规章授权的组织;

(四)被申请人是该行政行为所确定的义务人;

(五)被申请人在行政行为确定的期限内或者行政机关催告期限内未履行义务;

(六)申请人在法定期限内提出申请;

(七)被申请执行的行政案件属于受理执行申请的人民法院管辖。

行政机关申请人民法院执行,应当提交行政强制法第五十五条规定的相关材料。

人民法院对符合条件的申请,应当在五日内立案受理,并通知申请人;对不符合条件的申请,应当裁定不予受理。行政机关对不予受理裁定有异议,在十五日内向上一级人民法院申请复议的,上一级人民法院应当在收到复议申请之日起十五日内作出裁定。

第一百五十六条 没有强制执行权的行政机关申请人民法院强制执行其行政行为,应当自被执行人的法定起诉期限届满之日起三个月内提出。逾期申请的,除有正当理由外,人民法院不予受理。

第一百五十七条 行政机关申请人民法院强制执行其行政行为的,由申请人所在地的基层人民法院受理;执行对象为不动产的,由不动产所在地的基层人民法院受理。

基层人民法院认为执行确有困难的,可以报请上级人民法院执行;上级人民法院可以决定由其执行,也可以决定由下级人民法院执行。

第一百五十八条 行政机关根据法律的授权对平等主体之间民事争议作出裁决后,当事人在法定期限内不起诉又不履行,作出裁决的行政机关在申请执行的期限内未申请人民法院强制执行的,生效行政裁决确定的权利人或者其继承人、权利承受人在六个月内可以申请人民法院强制执行。

享有权利的公民、法人或者其他组织申请人民法院强制执行生效行政裁决,参照行政机关申请人民法院强制执行行政行为的规定。

第一百五十九条 行政机关或者行政行为确定的权利人申请人民法院强制执行前,有充分理由认为被执行人可能逃避执行的,可以申请人民法院采取财产保全措施。后者申请强制执行的,应当提供相应的财产担保。

第一百六十条 人民法院受理行政机关申请执行其行政行为的案件后,应当在七日内由行政审判庭对行政行为的合法性进行审查,并作出是否准予执行的裁定。

人民法院在作出裁定前发现行政行为明显违法并损害被执行人合法权益的,应当听取被执行人和行政机关的意见,并自受理之日起三十日内作出是否准予执行的裁定。

需要采取强制执行措施的,由本院负责强制执行非诉行政行为的机构执行。

第一百六十一条 被申请执行的行政行为有下列情形之一的,人民法院应当裁定不准予执行:

(一)实施主体不具有行政主体资格的;

(二)明显缺乏事实根据的;

(三)明显缺乏法律、法规依据的;

(四)其他明显违法并损害被执行人合法权益的情形。

行政机关对不准予执行的裁定有异议,在十五日内向上一级人民法院申请复议的,上一级人民法院应当在收到复议申请之日起三十日内作出裁定。

十三、附　　则

第一百六十二条　公民、法人或者其他组织对2015年5月1日之前作出的行政行为提起诉讼,请求确认行政行为无效的,人民法院不予立案。

第一百六十三条　本解释自2018年2月8日起施行。

本解释施行后,《最高人民法院关于执行〈中华人民共和国行政诉讼法〉若干问题的解释》(法释〔2000〕8号)、《最高人民法院关于适用〈中华人民共和国行政诉讼法〉若干问题的解释》(法释〔2015〕9号)同时废止。最高人民法院以前发布的司法解释与本解释不一致的,不再适用。

最高人民法院关于进一步保护和规范当事人依法行使行政诉权的若干意见

(2017年8月31日　法发〔2017〕25号)

新行政诉讼法和立案登记制同步实施以来,各级人民法院坚持司法为民的工作宗旨,进一步强化诉权保护意识,着力从制度上、源头上、根本上解决人民群众反映强烈的"立案难"问题,对依法应当受理的案件有案必立、有诉必理,人民群众的行政诉权得到了充分保护,立案渠道全面畅通,新行政诉讼法实施和立案登记制改革取得了重大成果。但与此同时,阻碍当事人依法行使诉权的现象尚未完全消除;一些当事人滥用诉权,浪费司法资源的现象日益增多。为了更好地保护和规范当事人依法行使诉权,引导当事人合理表达诉求,促进行政争议实质化解,结合行政审判工作实际,提出如下意见:

一、进一步强化诉权保护意识,积极回应人民群众合理期待,有力保障当事人依法合理行使诉权

1. 各级人民法院要高度重视诉权保护,坚持以宪法和法律为依据,以满足人民群众需求为导向,以实质化解行政争议为目标,对于依法应当受理的行政案件,一律登记立案,做到有案必立、有诉必理,切实维护和保障公民、法人和其他组织依法提起行政诉讼的权利。

2. 要切实转变观念,严格贯彻新行政诉讼法的规定,坚决落实立案登记制度,对于符合法定起诉条件的,应当当场登记立案。严禁在法律规定之外,以案件疑难复杂、部门利益权衡、影响年底结案等为由,不接收诉状或者接收诉状后不出具书面凭证。

3. 要不断提高保护公民、法人和其他组织依法行使诉权的意识,对于需要当事人补充起诉材料的,应当一次性全面告知当事人需要补正的内容、补充的材料及补正期限等;对于当事人欠缺法律知识的,人民法院必须做好诉讼引导和法律释明工作。

4. 要坚决清理限制当事人诉权的"土政策",避免在立案环节进行过度审查,违法将当事人提起诉讼的依据是否充分、事实是否清楚、证据是否确凿、法律关系是否明确等作为立案条件。对于不能当场作出立案决定的,应当严格按照行政诉讼法和司法解释的规定,在七日内决定是否立案。人民法院在七日内既不立案、又不作出不予立案裁定,也未要求当事人补正起诉材料的,当事人可以向上一级人民法院起诉,上一级人民法院认为符合起诉条件的,应当立案、审理或指定其他下级人民法院立案、审理。

5. 对于属于人民法院受案范围的行政案件,人民法院发现没有管辖权的,应当告知当事人向有管辖权的人民法院起诉;已经立案的,应当移送有管辖权的人民法院。对于不属于复议前置的案件,人民法院不得以当事人的起诉未经行政机关复议为由不予立案或者不接收起诉材料。当事人的起诉可能超过起诉期限的,人民法院应当进行认真审查,确因不可抗力或者不可归责于当事人自身原因耽误起诉期限的,人民法院不得以超过起诉期限为由不予立案。

6. 要进一步提高诉讼服务能力,充分利用"大数据""互联网+""人工智能"等现代技术,继续推进诉讼服务大厅、诉讼服务网络、12368热线、智能服务平台等建设,不断创新工作理念,完善服务举措,为人民群众递交材料、办理手续、领取文书以及立案指导、咨询解答、信息查询等提供一站式、立体化服务,为人民群众依法行使诉权提供优质、便捷、高效的诉讼引导和服务。

7. 要依法保障经济困难和诉讼实施能力较差的当事人的诉权。通过法律援助、司法救助等方式,让行使诉权确有困难的当事人能够顺利进入法院参与诉讼。要积极建立与律师协会、法律援助中心等单位的沟通交流和联动机制,为当事人提供及时有效的法律援助,提高当事人的诉讼实施能力。

8. 要严格执行中共中央办公厅、国务院办公厅印发的《领导干部干预司法活动、插手具体案件处理的记录、通报和责任追究规定》和中央政法委印发的《司法机关内部人员过问案件的记录和责任追究规定》,及时制止和纠正干扰依法立案、故意拖延立案、人为控制立案等违法违规行为。对于阻碍和限制当事人依法行使诉权、干预人民法院依法受理和审理行政案件的机关和个人,人民法院应当如实记录,并按规定报送同级党委政法委,同时可以向其上级机关或监察机关进行通报、提出处理建议。

二、正确引导当事人依法行使诉权,严格规制恶意诉讼和无理缠诉等滥诉行为

9. 要正确理解立案登记制的精神实质,在防止过度审查的同时,也要注意坚持必要审查。人民法院除对新行政诉讼法第四十九条规定的起诉条件依法进行审查外,对于起诉事项没有经过法定复议前置程序处理、起诉确已超过法定起诉期限、起诉人与行政行为之间确实没有利害关系等明显不符合法定起诉条件的,人民法院依法不予立案,但应当向当事人说明不予立案的理由。

10. 要引导当事人依法行使诉权,对于没有新的事实和理由,针对同一事项重复、反复提起诉讼,或者反复提起行政复议继而提起诉讼等违反"一事不再理"原则的起诉,人民法院依法不予立案,并向当事人说明不予立案的理由。当事人针对行政机关未设定其权利义务的重复处理行为、说明性告知行为及过程性行为提起诉讼的,人民法院依法不予立案,并向当事人做好释明工作,避免给当事人造成不必要的诉累。

11. 要准确把握新行政诉讼法第二十五条第一款规定的"利害关系"的法律内涵,依法审查行政机关的行政行为是否确与当事人权利义务的增减得失密切相关,当事人在诉讼中是否确实具有值得保护的实际权益,不得虚化、弱化利害关系的起诉条件。对于确与行政行为有利害关系的起诉,人民法院应当予以立案。

12. 当事人因请求上级行政机关监督和纠正下级行政机关的行政行为,不服上级行政机关作出的处理、答复或者未作处理等层级监督行为提起诉讼,或者不服上级行政机关对下级行政机关作出的通知、命令、答复、回函等内部指示行为提起诉讼的,人民法院在裁定不予立案的同时,可以告知当事人可以依法直接对下级行政机关的行政行为提起诉讼。上述行为如果设定了当事人的权利义务或者对当事人权利义务产生了实际影响,人民法院应当予以立案。

13. 当事人因投诉、举报、检举或者反映问题等事项不服行政机关作出的行政行为而提起诉讼的,人民法院应当认真审查当事人与其投诉、举报、检举或者反映问题等事项之间是否具有利害关系,对于确有利害关系的,应当依法予以立案,不得一概不予受理。对于明显不具有诉讼利益、无法或者没有必要通过司法渠道进行保护的起诉,比如当事人向明显不具有事务、地域或者级别管辖权的行政机关投诉、举报、检举或者反映问题,不服行政机关作出的处理、答复或者未作处理等行为提起诉讼的,人民法院依法不予立案。

14. 要正确区分当事人请求保护合法权益和进行信访之间的区别,防止将当事人请求行政机关履行法定职责当作信访行为对待。当事人因不服信访工作机构依据《信访条例》作出的处理意见、复查意见、复核意见或者不履行《信访条例》规定的职责提起诉讼的，人民法院依法不予立案。但信访答复行为重新设定了当事人的权利义务或者对当事人权利义务产生实际影响的，人民法院应当予以立案。

15. 要依法制止滥用诉权、恶意诉讼等行为。滥用诉权、恶意诉讼消耗行政资源，挤占司法资源，影响公民、法人和其他组织诉权的正常行使，损害司法权威，阻碍法治进步。对于以危害国家主权和领土完整、危害国家安全、破坏国家统一和民族团结、破坏国家宗教政策为目的的起诉，人民法院依法不予立案；对于极个别当事人不以保护合法权益为目的，长期、反复提起大量诉讼，滋扰行政机关，扰乱诉讼秩序的，人民法院依法不予立案。

16. 要充分尊重和保护公民、法人或者其他组织的知情权，依法及时审理当事人提起的涉及申请政府信息公开的案件。但对于当事人明显违反《中华人民共和国政府信息公开条例》立法目的，反复、大量提出政府信息公开申请进而提起行政诉讼，或者当事人提起的诉讼明显没有值得保护的与其自身合法权益相关的实际利益，人民法院依法不予立案。公民、法人或者其他组织申请公开已经公布或其已经知晓的政府信息，或者请求行政机关制作、搜集政府信息或对已有政府信息进行汇总、分析、加工等，不服行政机关作出的处理、答复或者未作处理等行为提起诉讼的，人民法院依法不予立案。

17. 在认定滥用诉权、恶意诉讼的情形时，应当从严掌握标准，要从当事人提起诉讼的数量、周期、目的以及是否具有正当利益等角度，审查其是否具有滥用诉权、恶意诉讼的主观故意。对于属于滥用诉权、恶意诉讼的当事人，要探索建立有效机制，依法及时有效制止。

关于审理公司登记行政案件若干问题的座谈会纪要

（2012 年 3 月 7 日　法办〔2012〕62 号）

为进一步规范公司登记行政案件的审理，维护正常的市场主体登记管理秩序，保护公司、股东以及利害关系人的合法权益，最高人民法院对公司登记行政案件中存在的有关问题进行了专题调研，并征求了有关部门的意见。2011 年 10 月 15 日，最高人民法院在广东东莞与部分地方法院和相关部门召开座谈会，根据《中华人民共和国行政诉讼法》、《中华人民共和国公司法》等相关法律规定，对审理公司登记行政案件中亟需解决的若干问题如何处理形成共识。现将有关内容纪要如下：

一、以虚假材料获取公司登记的问题

因申请人隐瞒有关情况或者提供虚假材料导致登记错误的，登记机关可以在诉讼中依法予以更正。登记机关依法予以更正且在登记时已尽到审慎审查义务，原告不申请撤诉的，人民法院应当驳回其诉讼请求。原告对错误登记无过错的，应当退还其预交的案件受理费。登记机关拒不更正的，人民法院可以根据具体情况判决撤销登记行为、确认登记行为违法或者判决登记机关履行更正职责。

公司法定代表人、股东等以申请材料不是其本人签字或者盖章为由，请求确认登记行为违法或者撤销登记行为的，人民法院原则上应按照本条第一款规定处理，但能够证明原告此前已明知该情况却未提出异议，并在此基础上从事过相关管理和经营活动的，人民法院对原告的诉讼请求一般不予支持。

因申请人隐瞒有关情况或者提供虚假材料导致登记错误引起行政赔偿诉讼，登记机关与申请人恶意串通的，与申请人承担连带责任；登记机关未尽审慎审查义务的，应当根据其过错程度及其在损害发生中所起作用承担相应的赔偿责任;登记机关已尽审慎审查义务的,不承担赔偿责任。

二、登记机关进一步核实申请材料的问题

登记机关无法确认申请材料中签字或者盖章的真伪,要求申请人进一步提供证据或者相关人员到场确认,申请人在规定期限内未补充证据或者相关人员未到场确认,导致无法核实相关材料真实性,登记机关根据有关规定作出不予登记决定,申请人请求判决登记机关履行登记职责的,人民法院不予支持。

三、公司登记涉及民事法律关系的问题

利害关系人以作为公司登记行为之基础的民事行为无效或者应当撤销为由,对登记行为提起行政诉讼的,人民法院经审查可以作出如下处理:对民事行为的真实性问题,可以根据有效证据在行政诉讼中予以认定;对涉及真实性以外的民事争议,可以告知通过民事诉讼等方式解决。

四、备案行为的受理问题

备案申请人或者备案事项涉及的董事、监事、经理、分公司和清算组等备案关系人,认为登记机关公开的备案信息与申请备案事项内容不一致,要求登记机关予以更正,登记机关拒绝更正或者不予答复,因此提起行政诉讼的,人民法院应予受理。

备案申请人以外的人对登记机关的备案事项与备案申请人之间存在争议,要求登记机关变更备案内容,登记机关不予变更,因此提起行政诉讼的,人民法院不予受理,可以告知通过民事诉讼等方式解决。

五、执行生效裁判和仲裁裁决的问题

对登记机关根据生效裁判、仲裁裁决或者人民法院协助执行通知书确定的内容作出的变更、撤销等登记行为,利害关系人不服提起行政诉讼的,人民法院不予受理,但登记行为与文书内容不一致的除外。

公司登记依据的生效裁判、仲裁裁决被依法撤销,利害关系人申请登记机关重新作出登记行为,登记机关拒绝办理,利害关系人不服提起行政诉讼的,人民法院应予受理。

多份生效裁判、仲裁裁决或者人民法院协助执行通知书涉及同一登记事项且内容相互冲突,登记机关拒绝办理登记,利害关系人提起行政诉讼的,人民法院经审理应当判决驳回原告的诉讼请求,同时建议有关法院或者仲裁机关依法妥善处理。

最高人民法院关于审理政府信息公开行政案件若干问题的规定

(2010 年 12 月 13 日最高人民法院审判委员会第 1505 次会议通过　2011 年 7 月 29 日最高人民法院公告公布　自 2011 年 8 月 13 日起施行　法释〔2011〕17 号)

为正确审理政府信息公开行政案件,根据《中华人民共和国行政诉讼法》、《中华人民共和国政府信息公开条例》等法律、行政法规的规定,结合行政审判实际,制定本规定。

第一条　公民、法人或者其他组织认为下列政府信息公开工作中的具体行政行为侵犯其合法权益,依法提起行政诉讼的,人民法院应当受理:

(一)向行政机关申请获取政府信息,行政机关拒绝提供或者逾期不予答复的;

(二)认为行政机关提供的政府信息不符合其在申请中要求的内容或者法律、法规规定的适当形式的;

(三)认为行政机关主动公开或者依他人申请公开政府信息侵犯其商业秘密、个人隐私的;

(四)认为行政机关提供的与其自身相关的政府信息记录不准确,要求该行政机关予以更正,

该行政机关拒绝更正、逾期不予答复或者不予转送有权机关处理的;

(五)认为行政机关在政府信息公开工作中的其他具体行政行为侵犯其合法权益的。

公民、法人或者其他组织认为政府信息公开行政行为侵犯其合法权益造成损害的,可以一并或单独提起行政赔偿诉讼。

第二条 公民、法人或者其他组织对下列行为不服提起行政诉讼的,人民法院不予受理:

(一)因申请内容不明确,行政机关要求申请人作出更改、补充且对申请人权利义务不产生实际影响的告知行为;

(二)要求行政机关提供政府公报、报纸、杂志、书籍等公开出版物,行政机关予以拒绝的;

(三)要求行政机关为其制作、搜集政府信息,或者对若干政府信息进行汇总、分析、加工,行政机关予以拒绝的;

(四)行政程序中的当事人、利害关系人以政府信息公开名义申请查阅案卷材料,行政机关告知其应当按照相关法律、法规的规定办理的。

第三条 公民、法人或者其他组织认为行政机关不依法履行主动公开政府信息义务,直接向人民法院提起诉讼的,应当告知其先向行政机关申请获取相关政府信息。对行政机关的答复或者逾期不予答复不服的,可以向人民法院提起诉讼。

第四条 公民、法人或者其他组织对国务院部门、地方各级人民政府及县级以上地方人民政府部门依申请公开政府信息行政行为不服提起诉讼的,以作出答复的机关为被告;逾期未作出答复的,以受理申请的机关为被告。

公民、法人或者其他组织对主动公开政府信息行政行为不服提起诉讼的,以公开该政府信息的机关为被告。

公民、法人或者其他组织对法律、法规授权的具有管理公共事务职能的组织公开政府信息的行为不服提起诉讼的,以该组织为被告。

有下列情形之一的,应当以在对外发生法律效力的文书上署名的机关为被告:

(一)政府信息公开与否的答复依法报经有权机关批准的;

(二)政府信息是否可以公开系由国家保密行政管理部门或者省、自治区、直辖市保密行政管理部门确定的;

(三)行政机关在公开政府信息前与有关行政机关进行沟通、确认的。

第五条 被告拒绝向原告提供政府信息的,应当对拒绝的根据以及履行法定告知和说明理由义务的情况举证。

因公共利益决定公开涉及商业秘密、个人隐私政府信息的,被告应当对认定公共利益以及不公开可能对公共利益造成重大影响的理由进行举证和说明。

被告拒绝更正与原告相关的政府信息记录的,应当对拒绝的理由进行举证和说明。

被告能够证明政府信息涉及国家秘密,请求在诉讼中不予提交的,人民法院应当准许。

被告主张政府信息不存在,原告能够提供该政府信息系由被告制作或者保存的相关线索的,可以申请人民法院调取证据。

被告以政府信息与申请人自身生产、生活、科研等特殊需要无关为由不予提供的,人民法院可以要求原告对特殊需要事由作出说明。

原告起诉被告拒绝更正政府信息记录的,应当提供其向被告提出过更正申请以及政府信息与其自身相关且记录不准确的事实根据。

第六条 人民法院审理政府信息公开行政案件,应当视情采取适当的审理方式,以避免泄露涉及国家秘密、商业秘密、个人隐私或者法律规定的其他应当保密的政府信息。

第七条 政府信息由被告的档案机构或者档案工作人员保管的,适用《中华人民共和国政府信息公开条例》的规定。

政府信息已经移交各级国家档案馆的,依照有关档案管理的法律、行政法规和国家有关规定执行。

第八条 政府信息涉及国家秘密、商业秘密、个人隐私的,人民法院应当认定属于不予公开范围。

政府信息涉及商业秘密、个人隐私,但权利人同意公开,或者不公开可能对公共利益造成重大影响的,不受前款规定的限制。

第九条 被告对依法应当公开的政府信息拒绝或者部分拒绝公开的,人民法院应当撤销或者部分撤销被诉不予公开决定,并判决被告在一定期限内公开。尚需被告调查、裁量的,判决其在一定期限内重新答复。

被告提供的政府信息不符合申请人要求的内容或者法律、法规规定的适当形式的,人民法院应当判决被告按照申请人要求的内容或者法律、法规规定的适当形式提供。

人民法院经审理认为被告不予公开的政府信息内容可以作区分处理的,应当判决被告限期公开可以公开的内容。

被告依法应当更正而不更正与原告相关的政府信息记录的,人民法院应当判决被告在一定期限内更正。尚需被告调查、裁量的,判决其在一定期限内重新答复。被告无权更正的,判决其转送有权更正的行政机关处理。

第十条 被告对原告要求公开或者更正政府信息的申请无正当理由逾期不予答复的,人民法院应当判决被告在一定期限内答复。原告一并请求判决被告公开或者更正政府信息且理由成立的,参照第九条的规定处理。

第十一条 被告公开政府信息涉及原告商业秘密、个人隐私且不存在公共利益等法定事由的,人民法院应当判决确认公开政府信息的行为违法,并可以责令被告采取相应的补救措施;造成损害的,根据原告请求依法判决被告承担赔偿责任。政府信息尚未公开的,应当判决行政机关不得公开。

诉讼期间,原告申请停止公开涉及其商业秘密、个人隐私的政府信息,人民法院经审查认为公开该政府信息会造成难以弥补的损失,并且停止公开不损害公共利益的,可以依照《中华人民共和国行政诉讼法》第四十四条的规定,裁定暂时停止公开。

第十二条 有下列情形之一,被告已经履行法定告知或者说明理由义务的,人民法院应当判决驳回原告的诉讼请求:

(一)不属于政府信息、政府信息不存在、依法属于不予公开范围或者依法不属于被告公开的;

(二)申请公开的政府信息已经向公众公开,被告已经告知申请人获取该政府信息的方式和途径的;

(三)起诉被告逾期不予答复,理由不成立的;

(四)以政府信息侵犯其商业秘密、个人隐私为由反对公开,理由不成立的;

(五)要求被告更正与其自身相关的政府信息记录,理由不成立的;

(六)不能合理说明申请获取政府信息系根据自身生产、生活、科研等特殊需要,且被告据此不予提供的;

(七)无法按照申请人要求的形式提供政府信息,且被告已通过安排申请人查阅相关资料、提供复制件或者其他适当形式提供的;

(八)其他应当判决驳回诉讼请求的情形。

第十三条 最高人民法院以前所作的司法解释及规范性文件,凡与本规定不一致的,按本规定执行。

最高人民法院关于审理与低温雨雪冰冻灾害有关的行政案件若干问题座谈会纪要

（2008 年 4 月 29 日　法〔2008〕139 号）

2008 年 1 月中旬到 2 月上旬，我国南方地区遭受历史罕见的低温雨雪冰冻灾害、灾情发生后，党中央、国务院高度重视，及时作出部署，采取有力措施，在受灾地区干部群众的共同努力和全国人民的大力支援下，夺取了抗灾救灾和灾后重建工作的重大胜利。此间，各级人民政府及其相关部门实施了大量应急措施，在确保应急抢险抗灾和灾后恢复重建等各项工作高效有序开展的同时，也不可避免地会引发一些矛盾和纠纷，其中有些行政争议已经起诉到人民法院。为了妥善处理此类案件，切实维护抗灾救灾大局，最高人民法院行政审判庭于 2008 年 4 月 11 日在贵州省贵阳市召开了部分法院参加的审理与低温雨雪冰冻灾害有关的行政案件若干问题座谈会，根据行政诉讼法和突发事件应对法等有关法律的规定，对一些具有普遍性的问题达成了共识。现就有关内容纪要如下：

一、关于审理原则

会议认为，低温雨雪冰冻灾害属于造成严重社会危害的突发事件，需要采取应急处置措施予以应对。与此相关的行政案件，具有不同于一般行政案件的特殊性，因此，在审理时应把握好以下原则：

（一）服从服务大局，实现两个效果的统一。对低温雨雪冰冻灾害的应急抢险抗灾措施，是在党中央、国务院直接领导下研究、决定和部署的特别重大突发事件的应对工作，事关国家安全、公共安全、人民生命和财产安全，事关社会的稳定与和谐。人民法院在处理有关行政案件时，必须牢固树立服从和服务大局的意识，克服就案办案、孤立办案倾向，妥善处理国家利益、公共利益和个人利益的关系，努力实现法律效果和社会效果的统一。通过公正、高效的审判，切实维护抗灾救灾的胜利成果和灾后恢复与重建的各项部署和安排。

（二）注重权利救济，切实保障民生。低温雨雪冰冻灾害期间行政权力的特殊行使，有时对公民权利会有一些限制或者造成损害。人民法院在办案时应当从关注和保障民生，维护好、实现好、发展好最广大人民根本利益的高度出发，充分保护公民、法人和其他组织依法获得救济的权利。对因灾害引发的行政案件，凡是符合法定起诉条件的，均应当及时立案，不得以属于紧急状态为由不予受理。在案件审理中，要用足、用好法律、法规的规定，最大程度地保护公民、法人或者其他组织的合法权益。

（三）遵从应急规则，维护权力运行。突发事件应对属于非常时期，与正常情况下行政权力的行使有着明显的不同。人民法院在审理相关行政案件时，既要坚持合法性审查原则，依法对行政机关突发事件应对活动进行司法监督，又要充分考虑灾害期间行政权力的特殊运行原则，切实维护行政机关在控制、减轻和消除灾害后果方面所采取的各种必要的应对活动。一是为了保护人民生命财产安全，维护国家安全、公共安全、环境安全和社会秩序，有可能暂停、限制或者克减特定个体的某些权利；二是为了迅速应对突发事件，需要更多地追求效率价值，遵循某些特殊的程序性规定；三是行政权力应当依法行使，行政机关依照突发事件应对法和其他有关法律、法规、规章规定采取的应急处置措施，人民法院应当依法予以维护；四是人民法院应当尊重行政机关在危机状态下较大的自由裁量权，但以处置灾害为由滥用行政权力的，人民法院不予支持；五是有关人民政府及其部门采取的应对突发事件的措施，与突发事件可能造成社会危害的性质、程度和范围相适应的，人民法院应当依法予以支持;有多种措施可供选择的,应当选择有利于最大程度地保护公民、法人或者其他组织权益的措施。

二、关于期限问题

(一)关于起诉期限。公民、法人或者其他组织因低温雨雪冰冻灾害耽误法定起诉期限,在障碍消除后的10日内申请延长期限的,人民法院应当认定属于行政诉讼法第四十条规定的不可抗力。低温雨雪冰冻灾害的起止时间,原则上应以当地气象部门的认定为准。

(二)关于举证期限。被告因低温雨雪冰冻灾害逾期提供证据,或者无法在收到起诉状副本之日起10日内向人民法院提出延期提供证据书面申请的,人民法院应当认定属于《最高人民法院关于行政诉讼证据若干问题的规定》第一条规定的不可抗力或者客观上不能控制的其他正当事由,一般不视为被诉具体行政行为没有相应的证据。原告或者第三人因低温雨雪冰冻灾害申请延期提供证据的,经人民法院准许,可以在法庭调查中提供。由于低温雨雪冰冻灾害属于众所周知的事实,原则上无需诉讼当事人举证证明。

(三)关于中止诉讼问题。因低温雨雪冰冻灾害致使诉讼活动不能正常进行的,适用《最高人民法院关于执行〈中华人民共和国行政诉讼法〉若干问题的解释》第五十一条关于中止诉讼的规定,人民法院可以依职权作出中止诉讼的裁定。

三、关于行政处罚、行政强制措施类案件的处理

(一)不服行政处罚和行政强制措施案件。对于履行统一领导职责的人民政府以及公安、工商、物价等机关依照突发事件应对法作出的行政处罚和行政强制措施等行政行为,只要实体合法,不宜仅以行政程序存在瑕疵而判决撤销或者确认违法。

(二)不服交通管制案件。对于不服履行统一领导职责的人民政府以及公安机关为应对雨雪冰冻灾害而采取的交通管制、交通秩序疏导等措施提出行政赔偿请求的案件,可以依法判决驳回原告的诉讼请求。

(三)不服临时价格干预措施案件。对于物价部门加强市场监管,对生活必需品、救灾物资实行临时价格干预的措施,可以依法判决驳回原告的诉讼请求。

(四)不服林业执法案件。对于林业行政执法部门针对公民、法人或者其他组织灾后以树木难以成活等为由,未经批准自行清理的行为作出的罚款、没收财物等行政处罚,人民法院应根据案件具体情况慎重处理;对于自行清理行为构成借机乱砍滥伐林木的,应当依法维持行政机关的行政处罚决定。

四、关于工伤认定类行政案件的处理

(一)临时雇用员工的工伤认定。低温雨雪冰冻灾害期间,用人单位为维护国家利益和公共利益的需要,在恢复交通、通信、供电、供水、排水、供气、道路抢修、保障食品、饮用水、燃料等基本生活必需品的供应、组织营救和救治受害人员等过程中,临时雇用员工受到伤害的,可视为工伤,参照《工伤保险条例》的规定进行处理。

(二)工作时间的认定。低温雨雪冰冻灾害期间,工作时间应作宽泛理解,不仅指企业明确规定的上班至下班时间段,还应包括企业当班组长、班长或者某项具体工作负责人同意和安排的临时加班工作的时间。

(三)工作场所的认定。鉴于灾害期间的特殊情势,对于工作场所的认定,应当综合考虑工作职责、工作性质、工作需要、工作纪律等因素。某些劳动者可能存在多处或者不固定的工作地点和工作岗位,也有可能在企业住所地以外的场所,应当根据具体案情从宽掌握。原则上,凡是与职工的工作职责相关的场所,一般应认定为工作场所。

(四)上下班途中的认定。低温雨雪冰冻灾害期间,上下班的路线、不宜只严格掌握为工作地点和居住地点之间特定的、固定的路线。只要路线没有显失合理且方向正确,一般应予认定。

五、关于行政征用、发放救济款物以及减免税费、救助、抚恤、安置等类行政案件的处理

(一)行政征用案件。公民、法人或者其他组织就有关人民政府及其部门依照突发事件应对法作出的行政征用行为提起诉讼的,人民法院应当依法受理,并可判决或者建议有关人民政府及其部门在使用完毕或者突发事件应急处置工作结束后,及时返还被征用的财产。对于财产被征用或者征用后毁损、灭失的,应当判决给予补偿。法律、法规对补偿标准有具体规定的,依照规定;没有具体规定的,按照适当与合理的原则裁判。也可以建议双方当事人协商解决补偿争议。

(二)发放救济款物案件。对要求人民政府及其部门依法发放自然灾害生活救助资金、城乡低保对象临时补助等救济款物的案件,人民法院应当及时进行处理。在审理过程中发现救济款物管理中存在问题的,及时向有关部门提出司法建议。发现截留、挪用、私分或者变相私分应急救援资金、物资或者救灾款物线索的,应当移送有关部门处理。

(三)要求减免税费、救助、抚恤、安置等案件。对于公民、法人或者其他组织以低温雨雪冰冻灾害发生较大损失,正常生产经营活动受到较大影响为由主张减税、免税或者减免行政收费负担的,人民法院应当及时与有关行政机关沟通,征求相关部门意见,确有证据证明受灾损失较大的,应当依法予以支持。对于公民、法人或者其他组织要求人民政府履行救助、抚恤、安置等法定职责的,应当及时作出判决。

会议还认为,为了公正及时地审理好冰雪灾害有关的行政案件,各级人民法院应当坚持案件沟通协调制度,立案后及时与行政机关沟通联系,准确掌握行政行为发生的全面情况,加大协调处理的力度;坚持重大案件请示汇报制度,对重大、复杂或者群体性、敏感性等可能导致矛盾激化和事态扩大的案件,应当及时向上级人民法院和当地党委、人大汇报,力求得到及时妥善处理;要通过行使释明权以及案外沟通工作,向当事人做好耐心细致的宣传解释工作,树立人民法院关注民生、服务大局的良好形象。

人民法院在审理与其他自然灾害等突发事件有关的行政案件时,可以参照本座谈会纪要的精神处理。

最高人民法院关于适用《诉讼费用交纳办法》的通知

(2007 年 4 月 20 日　法发〔2007〕16 号)

全国地方各级人民法院、各级军事法院、各铁路运输中级法院和基层法院、各海事法院,新疆生产建设兵团各级法院:

《诉讼费用交纳办法》(以下简称《办法》)自 2007 年 4 月 1 日起施行,最高人民法院颁布的《人民法院诉讼收费办法》和《〈人民法院诉讼收费办法〉补充规定》同时不再适用。为了贯彻落实《办法》,规范诉讼费用的交纳和管理,现就有关事项通知如下:

一、关于《办法》实施后的收费衔接

2007 年 4 月 1 日以后人民法院受理的诉讼案件和执行案件,适用《办法》的规定。

2007 年 4 月 1 日以前人民法院受理的诉讼案件和执行案件,不适用《办法》的规定。

对 2007 年 4 月 1 日以前已经作出生效裁判的案件依法再审的,适用《办法》的规定。人民法院对再审案件依法改判的,原审诉讼费用的负担按照原审时诉讼费用负担的原则和标准重新予以确定。

二、关于当事人未按照规定交纳案件受理费或者申请费的后果

当事人逾期不按照《办法》第二十条规定交纳案件受理费或者申请费并且没有提出司法救助申请,或者申请司法救助未获批准,在人民法院指定期限内仍未交纳案件受理费或者申请费的,由

三、难以确定案由情况的处理

当出现行政管理范围和具体行政行为种类难以界定、案由难以确定的情况时，可以作为例外情况酌情确定案由。如起诉乡镇人民政府的一些越权行政行为或者不作为案件，就很难确定管理范围，也很难确定其行政行为的种类，这时，可以用“乡（镇）政府行政处理”、“诉乡（镇）政府不履行法定职责或行政义务”等作为案由。

不属于行政诉讼受案范围的案件，在裁定不予受理或驳回起诉时，案由可通过概括当事人诉讼请求的方式来确定。

附：行政管理范围（略）

行政行为种类（略）

最高人民法院关于印发《关于审理行政案件适用法律规范问题的座谈会纪要》的通知

（2004年5月18日　法〔2004〕96号）

各省、自治区、直辖市高级人民法院，新疆维吾尔自治区高级人民法院生产建设兵团分院：

现将《关于审理行政案件适用法律规范问题的座谈会纪要》印发给你们，请参照执行。执行中有什么问题，请及时报告我院。

附：

关于审理行政案件适用法律规范问题的座谈会纪要

行政审判涉及的法律规范层级和门类较多，《立法法》施行以后有关法律适用规则亦发生了很大变化，在法律适用中经常遇到如何识别法律依据、解决法律规范冲突等各种疑难问题。这些问题能否妥当地加以解决，直接影响行政审判的公正和效率。而且，随着我国法治水平的提高和适应加入世贸组织的需要，行政审判在解决法律规范冲突、维护法制统一中的作用越来越突出。为准确适用法律规范，确保行政案件的公正审理，维护国家法制的统一和尊严，促进依法行政，最高人民法院行政审判庭曾就审理行政案件适用法律规范的突出问题进行专题调研，并征求有关部门意见。2003年10月，最高人民法院在上海召开全国法院行政审判工作座谈会期间，就审理行政案件适用法律规范问题进行了专题座谈。与会人员在总结审判经验的基础上，根据立法法、行政诉讼法及其他有关法律规定，对一些带有普遍性的问题形成了共识。现将有关内容纪要如下：

一、关于行政案件的审判依据

根据《行政诉讼法》和《立法法》有关规定，人民法院审理行政案件，依据法律、行政法规、地方性法规、自治条例和单行条例，参照规章。在参照规章时，应当对规章的规定是否合法有效进行判断，对于合法有效的规章应当适用。根据立法法、行政法规制定程序条例和规章制定程序条例关于法律、行政法规和规章的解释的规定，全国人大常委会的法律解释，国务院或者国务院授权的部门公布的行政法规解释，人民法院作为审理行政案件的法律依据；规章制定机关作出的与规章具有同等效力的规章解释，人民法院审理行政案件时参照适用。

考虑建国后我国立法程序的沿革情况，现行有效的行政法规有以下三种类型：一是国务院制定并公布的行政法规；二是立法法施行以前，按照当时有效的行政法规制定程序，经国务院批准、由国务院部门公布的行政法规。但在立法法施行以后，经国务院批准、由国务院部门公布的规范性文件，不再属于行政法规；三是在清理行政法规时由国务院确认的其他行政法规。

行政审判实践中，经常涉及有关部门为指导法律执行或者实施行政措施而作出的具体应用解释和制定的其他规范性文件，主要是：国务院部门以及省、市、自治区和较大的市的人民政府或其主管部门对于具体应用法律、法规或规章作出的解释；县级以上人民政府及其主管部门制定发布的具有普遍约束力的决定、命令或其他规范性文件。行政机关往往将这些具体应用解释和其他规范性文件作为具体行政行为的直接依据。这些具体应用解释和规范性文件不是正式的法律渊源，对人民法院不具有法律规范意义上的约束力。但是，人民法院经审查认为被诉具体行政行为依据的具体应用解释和其他规范性文件合法、有效并合理、适当的，在认定被诉具体行政行为合法性时应承认其效力；人民法院可以在裁判理由中对具体应用解释和其他规范性文件是否合法、有效、合理或适当进行评述。

二、关于法律规范冲突的适用规则

调整同一对象的两个或者两个以上的法律规范因规定不同的法律后果而产生冲突的，一般情况下应当按照《立法法》规定的上位法优于下位法、后法优于前法以及特别法优于一般法等法律适用规则，判断和选择所应适用的法律规范。冲突规范所涉及的事项比较重大、有关机关对是否存在冲突有不同意见、应当优先适用的法律规范的合法有效性尚有疑问或者按照法律适用规则不能确定如何适用时，依据《立法法》规定的程序逐级送请有权机关裁决。

综合

（一）下位法不符合上位法的判断和适用

下位法的规定不符合上位法的，人民法院原则上应当适用上位法。当前许多具体行政行为是依据下位法作出的，并未援引和适用上位法。在这种情况下，为维护法制统一，人民法院审查具体行政行为的合法性时，应当对下位法是否符合上位法一并进行判断。经判断下位法与上位法相抵触的，应当依据上位法认定被诉具体行政行为的合法性。从审判实践看，下位法不符合上位法的常见情形有：下位法缩小上位法规定的权利主体范围，或者违反上位法立法目的扩大上位法规定的权利主体范围；下位法限制或者剥夺上位法规定的权利，或者违反上位法立法目的扩大上位法规定的权利范围；下位法扩大行政主体或其职权范围；下位法延长上位法规定的履行法定职责期限；下位法以参照、准用等方式扩大或者限缩上位法规定的义务或者义务主体的范围、性质或者条件；下位法增设或者限缩违反上位法规定的适用条件；下位法扩大或者限缩上位法规定的给予行政处罚的行为、种类和幅度的范围；下位法改变上位法已规定的违法行为的性质；下位法超出上位法规定的强制措施的适用范围、种类和方式，以及增设或者限缩其适用条件；法规、规章或者其他规范文件设定不符合行政许可法规定的行政许可，或者增设违反上位法的行政许可条件；其他相抵触的情形。

法律、行政法规或者地方性法规修改后，其实施性规定未被明文废止的，人民法院在适用时应当区分下列情形：实施性规定与修改后的法律、行政法规或者地方性法规相抵触的，不予适用；因法律、行政法规或者地方性法规的修改，相应的实施性规定丧失依据而不能单独施行的，不予适用；实施性规定与修改后的法律、行政法规或者地方性法规不相抵触的，可以适用。

（二）特别规定与一般规定的适用关系

同一法律、行政法规、地方性法规、自治条例和单行条例、规章内的不同条文对相同事项有一般规定和特别规定的，优先适用特别规定。

法律之间、行政法规之间或者地方性法规之间对同一事项的新的一般规定与旧的特别规定不一致的，人民法院原则上应按照下列情形适用：新的一般规定允许旧的特别规定继续适用的，适用旧的特别规定；新的一般规定废止旧的特别规定的，适用新的一般规定。不能确定新的一般规定是否允许旧的规定继续适用的，人民法院应当中止行政案件的审理，属于法律的，逐级上报最高人民法院送请全国人民代表大会常务委员会裁决；属于行政法规的，逐级上报最高人民法院送请国务院裁决；属于地方性法规的，由高级人民法院送请制定机关裁决。

（三）地方性法规与部门规章冲突的选择适用

地方性法规与部门规章之间对同一事项的规定不一致的，人民法院一般可以按照下列情形适用：(1)法律或者行政法规授权部门规章作出实施性规定的，其规定优先适用；(2)尚未制定法律、行政法规的，部门规章对于国务院决定、命令授权的事项，或者对于中央宏观调控的事项、需要全国统一的市场活动规则及对外贸易和外商投资等需要全国统一规定的事项作出的规定，应当优先适用；(3)地方性法规根据法律或者行政法规的授权，根据本行政区域的实际情况作出的具体规定，应当优先适用；(4)地方政府规章对属于地方性事务的事项作出的规定，应当优先适用；(5)尚未制定法律、行政法规的，地方性法规根据本行政区域的具体情况，对需要全国统一规定以外的事项作出的规定，应当优先适用；(6)能够直接适用的其他情形。不能确定如何适用的，应当中止行政案件的审理，逐级上报最高人民法院按照立法法第八十六条第一款第（二）项的规定送请有权机关处理。

（四）规章冲突的选择适用

部门规章与地方政府规章之间对相同事项的规定不一致的，人民法院一般可以按照下列情形适用：(1)法律或者行政法规授权部门规章作出实施性规定的，其规定优先适用；(2)尚未制定法律、行政法规的，部门规章对于国务院决定、命令授权的事项，或者对属于中央宏观调控的事项、需要全国统一的市场活动规则及对外贸易和外商投资等事项作出的规定，应当优先适用；(3)地方政府规章根据法律或者行政法规的授权，根据本行政区域的实际情况作出的具体规定，应当优先适用；(4)地方政府规章对属于本行政区域的具体行政管理事项作出的规定，应当优先适用；(5)能够直接适用的其他情形。不能确定如何适用的，应当中止行政案件的审理，逐级上报最高人民法院送请国务院裁决。

国务院部门之间制定的规章对同一事项的规定不一致的，人民法院一般可以按照下列情形选择适用：(1)适用与上位法不相抵触的部门规章规定；(2)与上位法均不抵触的，优先适用根据专属职权制定的规章规定；(3)两个以上的国务院部门就涉及其职权范围的事项联合制定的规章规定，优先于其中一个部门单独作出的规定；(4)能够选择适用的其他情形。不能确定如何适用的，应当中止行政案件的审理，逐级上报最高人民法院送请国务院裁决。

国务院部门或者省、市、自治区人民政府制定的其他规范性文件对相同事项的规定不一致的，参照上列精神处理。

三、关于新旧法律规范的适用规则

根据行政审判中的普遍认识和做法，行政相对人的行为发生在新法施行以前，具体行政行为作出在新法施行以后，人民法院审查具体行政行为的合法性时，实体问题适用旧法规定，程序问题适用新法规定，但下列情形除外：（一）法律、法规或规章另有规定的；（二）适用新法对保护行政相对人的合法权益更为有利的；（三）按照具体行政行为的性质应当适用新法的实体规定的。

四、关于法律规范具体应用解释问题

在裁判案件中解释法律规范，是人民法院适用法律的重要组成部分。人民法院对于所适用的法律规范，一般按照其通常语义进行解释；有专业上的特殊涵义的，该涵义优先；语义不清楚或者有歧义的，可以根据上下文和立法宗旨、目的和原则等确定其涵义。

法律规范在列举其适用的典型事项后，又以“等”、“其他”等词语进行表述的，属于不完全列举的例示性规定。以“等”、“其他”等概括性用语表示的事项，均为明文列举的事项以外的事项，且其所概括的情形应为与列举事项类似的事项。

人民法院在解释和适用法律时，应当妥善处理法律效果与社会效果的关系，既要严格适用法律规定和维护法律规定的严肃性，确保法律适用的确定性、统一性和连续性，又要注意与时俱进，注意办案的社会效果，避免刻板僵化地理解和适用法律条文，在法律适用中维护国家利益和社会公共利益。

最高人民法院行政审判庭关于规范申请延长行政案件审限报告的通知

（2000年3月1日　法行〔2000〕5号）

各省、自治区、直辖市高级人民法院行政审判庭：

近一段时间，一些高级人民法院报送我院的申请延长行政案件审限的文书存在不够规范、不够统一的问题。有的延长审限呈批表未与延审报告同时上报；有的延审报告的案号与需要延长审限案件的案号不一致；还有的案号、当事人、简要案情等填写不清，反映不出案件的审级。

为规范行政案件延长审限审批制度，现将拟定的申请延长行政案件审理期限报告和行政案件延长审限呈批表式样下发试行，望认真执行。试行中有何问题和意见，望及时反馈。

附：申请延长行政案件审限呈批表式样：

×××人民法院关于申请延长×××诉×××上诉一案审理期限的报告

（×××）×行终字第×号

×××人民法院：

我院×××年××月××日受理的上诉人（原审原告、被告或者第三人）对×××人民法院作出的关于×××诉×××案（××××）×行初字第×号判决不服提出上诉一案，审理期限到×××××年××月××日届满。因……（写明需要延长审理期限的原因），不能如期结案，需要延长审理期限……（写明具体期限）。

特此报告，请审批。

附：《××案件延长审限呈批表》一份（略）。

（院印）

××××年××月××日

×××人民法院关于申请延长×××诉×××一案审理期限的报告

（××××）×行初字第×号

×××人民法院：

我院××××年××月××日受理的×××诉×××一案，审理期限到××××年××月×

×日届满。因……(写明需要延长审理期限的原由),不能如期结案,需要延长审理期限……(写明具体期限)。

特此报告,请审批。

附:《××案件延长审限呈批表》一份(略)。

(院印)
××××年××月××日

最高人民法院行政审判庭关于《呼和浩特市废旧金属管理暂行规定》的效力问题的答复

(1996年9月23日 〔1996〕行他字第23号)

内蒙古自治区高级人民法院:

你院关于在审理案件中是否适用《呼和浩特市废旧金属管理暂行规定》的请示,经研究原则上同意你院意见,即:《呼和浩特市废旧金属管理暂行规定》中关于废旧金属出省区运输必须办理准运证,非法外运的由公安机关没收的规定是没有法律法规依据的。人民法院在审理此类案件中应以国务院有关规定为依据。

二、受案范围

◎ 司法解释及文件

最高人民法院关于对与证券交易所监管职能相关的诉讼案件管辖与受理问题的规定

（2005年1月25日　法释〔2005〕1号）

为正确及时地管辖、受理与证券交易所监管职能相关的诉讼案件，特作出以下规定：

一、根据《中华人民共和国民事诉讼法》第三十七条和《中华人民共和国行政诉讼法》第二十二条的有关规定，指定上海证券交易所和深圳证券交易所所在地的中级人民法院分别管辖以上海证券交易所和深圳证券交易所为被告或第三人的与证券交易所监管职能相关的第一审民事和行政案件。

二、与证券交易所监管职能相关的诉讼案件包括：

（一）证券交易所根据《中华人民共和国公司法》、《中华人民共和国证券法》、《中华人民共和国证券投资基金法》、《证券交易所管理办法》等法律、法规、规章的规定，对证券发行人及其相关人员、证券交易所会员及其相关人员、证券上市和交易活动做出处理决定引发的诉讼；

（二）证券交易所根据国务院证券监督管理机构的依法授权，对证券发行人及其相关人员、证券交易所会员及其相关人员、证券上市和交易活动做出处理决定引发的诉讼；

（三）证券交易所根据其章程、业务规则、业务合同的规定，对证券发行人及其相关人员、证券交易所会员及其相关人员、证券上市和交易活动做出处理决定引发的诉讼；

（四）证券交易所在履行监管职能过程中引发的其他诉讼。

三、投资者对证券交易所履行监管职责过程中对证券发行人及其相关人员、证券交易所会员及其相关人员、证券上市和交易活动做出的不直接涉及投资者利益的行为提起的诉讼，人民法院不予受理。

四、本规定自发布之日起施行。

最高人民法院关于行政机关根据法院的协助执行通知书实施的行政行为是否属于人民法院行政诉讼受案范围的批复

（2004年7月13日　法释〔2004〕6号）

山东省高级人民法院：

你院“关于行政机关根据法院的协助执行通知书实施的行政行为是否属于人民法院行政诉讼受案范围的请示”收悉。经研究，批复如下：

行政机关根据人民法院的协助执行通知书实施的行为，是行政机关必须履行的法定协助义务，不属于人民法院行政诉讼受案范围。但如果当事人认为行政机关在协助执行时扩大了范围或违法采取措施造成其损害，提起行政诉讼的，人民法院应当受理。

最高人民法院关于劳动仲裁委员会逾期不作出仲裁裁决或者作出不予受理通知的劳动争议案件人民法院应否受理的批复

（1998 年 9 月 2 日　法释〔1998〕24 号）

四川省高级人民法院：

你院川高法〔1998〕52 号“关于未经劳动仲裁的劳动争议案件，当事人向法院起诉人民法院应否受理的请示”收悉。经研究，答复如下：

根据《中华人民共和国劳动法》第七十九条规定的精神，劳动争议案件经劳动争议仲裁委员会仲裁是提起诉讼的必经程序。劳动争议仲裁委员会逾期不作出仲裁裁决或者作出不予受理的决定，当事人不服向人民法院提起行政诉讼的，人民法院不予受理；当事人不服劳动争议仲裁委员会作出的劳动争议仲裁裁决，可以向人民法院提起民事诉讼。

此复。

最高人民法院关于不服计划生育管理部门采取的扣押财物、限制人身自由等强制措施而提起的诉讼人民法院应否受理问题的批复

（1997 年 4 月 4 日　法复〔1997〕3 号）

福建省高级人民法院：

你院〔1996〕闽行他字第 3 号请示收悉。经研究，答复如下：

根据《中华人民共和国行政诉讼法》第十一条第一款第（二）项的规定，当事人对计划生育管理部门采取的扣押财物、限制人身自由等强制措施不服依法提起行政诉讼的，人民法院应予受理。

此复。

最高人民法院关于对因政府调整划转企业国有资产引起的纠纷是否受理问题的批复

（1996 年 4 月 2 日　法复〔1996〕4 号）

各省、自治区、直辖市高级人民法院，解放军军事法院：

近年来，在地方政府及其所属主管部门对一些企业国有资产以改变隶属关系或者分设新企业等方式进行调整、划转之后，出现了企业不服政府及其所属主管部门的决定，要求收回已被调整、划

转资产的纠纷。一些高级人民法院就人民法院是否应当受理因这类纠纷提起的诉讼问题，向我院请示，现答复如下：

一、因政府及其所属主管部门在对企业国有资产调整、划转过程中引起相关国有企业之间的纠纷，应由政府或所属国有资产管理部门处理。国有企业作为当事人向人民法院提起民事诉讼的，人民法院不予受理。

二、当事人不服政府及其所属主管部门依据有关行政法规作出的调整、划转企业国有资产决定，向人民法院提起行政诉讼，凡符合法定起诉条件的，人民法院应当受理。

三、管　辖

◎ 司法解释及文件

最高人民法院关于开展行政案件相对集中管辖试点工作的通知

（2013 年 1 月 4 日　法〔2013〕3 号）

各省、自治区、直辖市高级人民法院，新疆维吾尔自治区高级人民法院生产建设兵团分院：

为深入贯彻党的十八大精神，充分发挥法治在国家治理和社会管理中的重要作用，确保人民法院依法独立公正行使行政审判权，充分保护公民、法人和其他组织的合法权益，维护国家法制统一、尊严、权威，最高人民法院决定在部分中级人民法院辖区内开展行政案件相对集中管辖试点工作。现就有关问题通知如下：

一、提高对试点工作重要性的认识

行政诉讼制度是新时期正确处理人民内部矛盾，完善党和政府主导的维护群众权益的重要机制之一，是畅通和规范群众诉求表达的重要渠道。行政诉讼法实施以来，各级人民法院审理了一大批行政案件，妥善化解了大量行政争议，为保障和促进经济社会科学发展、维护社会和谐稳定作出了重要贡献。但是由于有的地方司法环境欠佳，案件的受理和审理往往受到不当干预；有的地区行政案件不均衡，有的法院受案不多甚至无案可办；有的法院因怕惹麻烦而不愿意受理行政案件。人民法院不能依法受理行政案件，并独立公正地行使审判权，不仅损害司法的权威，最终也将损害法律和国家的权威，动摇党的执政基础。近年来，党中央和社会各界高度关注人民法院为确保依法独立公正行使审判权进行的改革与探索。部分地方人民法院在当地党委、人大、政府的支持配合下，以行政案件管辖制度改革为突破口，通过提级管辖、指定管辖、交叉管辖和相对集中管辖等方式，在现行法律框架下实现了司法审判区域与行政管理区域的有限分离，使行政审判制度及时有效化解行政争议、妥善处理人民内部矛盾的功能得以正常发挥。这些探索和实践，有利于依法治国基本方略全面落实，有利于回应和保障人民群众的司法诉求，有利于推进法治政府建设，也有利于改善行政审判司法环境、统一司法标准、促进司法公正。最高人民法院在总结各地经验的基础上，决定在部分中级人民法院辖区内开展行政案件相对集中管辖试点工作。各级人民法院要充分认识试点工作的重要意义，将其作为完善我国行政诉讼制度、进一步深化司法体制改革的重要措施，切实加强组织领导，认真研究具体实施方案，确保试点工作的顺利开展并取得实效。

二、做好试点法院的遴选工作

行政案件相对集中管辖，就是将部分基层人民法院管辖的一审行政案件，通过上级人民法院统一指定的方式，交由其他基层人民法院集中管辖的制度。各高级人民法院应当结合本地实际，确定1—2 个中级人民法院进行试点。试点中级人民法院要根据本辖区具体情况，确定 2—3 个基层人民法院为集中管辖法院，集中管辖辖区内其他基层人民法院管辖的行政诉讼案件；集中管辖法院不宜审理的本地行政机关为被告的案件，可以将原由其管辖的部分或者全部案件交由其他集中管辖法院审理。非集中管辖法院的行政审判庭仍予保留，主要负责非诉行政执行案件等有关工作，同时协助、配合集中管辖法院做好本地区行政案件的协调、处理工作。集中管辖法院的选择，应当考虑司法环境较好、行政案件数量较多、行政审判力量较强、经济社会发展水平较高等因素，并制定试点方案报请高级人民法院决定。

三、落实试点工作保障措施

试点工作涉及机构编制、人员调配、物资保障等多方面问题。各高级人民法院、开展试点的中级人民法院以及相关基层人民法院，要主动向当地党委、人大、政府汇报，通报试点工作的重要意义和主要做法，力争各方面的理解与配合，并在党委领导、人大监督和政府的支持下，积极有序开展试点工作。集中管辖法院要研究落实试点工作保障措施，配齐配强行政审判人员，行政审判庭设置不少于两个合议庭，所需审判人员可以在所属中级人民法院辖区内择优调配，也可以其他方式选调充实。要结合试点工作需要，做好集中管辖法院行政审判庭的办公用房、办公设备、车辆等物资保障，为开展试点工作提供必要的物质条件。

四、贯彻司法便民原则

试点工作应当坚持和体现以人为本、便民利民原则。确定集中管辖法院，要充分考虑其所处地理位置和交通条件，尽可能方便当事人参与诉讼。试点中级人民法院辖区内各基层人民法院的立案窗口，要免费提供试点工作相关的宣传和释明材料，便于公众了解试点情况，指导当事人正确行使诉讼权利、参与诉讼活动。当事人向非集中管辖法院提起诉讼的，应当告知其向管辖法院起诉，或者在收到起诉状后及时将相关材料移送集中管辖法院。要充分考虑当事人诉讼的便利性，尽可能通过到当地调查取证、巡回审判等方式，减轻当事人诉讼负担。

五、加强组织领导和宣传

各高级人民法院和试点中级人民法院要加强对试点工作的组织领导，及时出台试点方案，支持、指导、监督集中管辖法院做好试点工作。要指导、监督集中管辖法院与其他法院的合理分工与配合，共同做好案件的受理、审理、执行和息诉稳控工作。对试点工作中存在的困难和问题，要适时进行调研和解决。试点工作中取得的经验和遇到的问题，要及时层报上级法院。试点中级人民法院要及时将集中管辖法院及其管辖范围以适当方式进行公告，充分利用各种形式向社会各界广泛宣传试点工作，争取对试点工作的理解、关心和支持。

各高级人民法院应当在2013年3月底前，将试点中级人民法院名单及其试点方案报最高人民法院。

最高人民法院关于认真贯彻执行《关于行政案件管辖若干问题的规定》的通知

（2008年1月14日　法发〔2008〕7号）

各省、自治区、直辖市高级人民法院，新疆维吾尔自治区高级人民法院生产建设兵团分院：

《最高人民法院关于行政案件管辖若干问题的规定》（法释〔2008〕1号，以下简称《管辖规定》）将于2008年2月1日起施行，为准确把握和正确适用《管辖规定》，现就有关问题通知如下：

一、充分认识制定实施《管辖规定》的重要意义

我国行政诉讼法颁布实施以来，各级人民法院不断重视加强和积极开展行政审判工作，取得了举世瞩目的成就，为保护公民、法人和其他组织的合法权益，监督、支持和促进依法行政，维护社会的和谐与稳定，做出了重要贡献。同时也应当看到，当前影响行政审判工作发展的因素还不同程度存在，其中司法环境不理想仍然是一个比较突出的问题，一些地方政府和行政管理部门不理解、不配合、不尊重甚至干预人民法院受理和审判行政案件的现象还没有得到很好解决,影响了人民法院独立、公正行使司法审查权和行政审判职能作用的发挥。党中央、国务院对于加强和改进行政审判工作极为重视,并对积极稳妥地推进行政诉讼改革,通过探索完善行政案件管辖制度改革措施,保障人民法院依法独立公正行使行政审判职能提出了明确要求。《管辖规定》是最高人民法院深化司法制度改革的一项重要措施,对于进一步改善行政审判司法环境,保证人民法院依法独立公正审理行政案件,具有重要的现实意义和深远的历史意义。各级人民法院要深刻理解制定实施《管辖规定》的重要意义,在审判实践中认真贯彻执行。

二、执行中应当注意处理好的几个问题

一是以确保独立公正审判为目标。行政案件管辖制度改革的目的在于防止和排除不当干预,使人民法院能够独立公正地受理和审理行政案件。因此,在如何确定案件管辖问题上,必须以是否有利于保证人民法院独立公正审判为标准。对于可能存在影响审判独立和公正司法情形的案件,下级人民法院应当主动报请上级人民法院管辖或者指定管辖,上级人民法院要依照《管辖规定》及时作出指定管辖或者提级管辖的决定。

二是当事人起诉和人民法院决定相结合。《管辖规定》在指定管辖和提级管辖的启动上赋予了当事人一定选择权,但最终是否要实行指定管辖或者提级管辖,必须由人民法院作出决定。公民、法人或者其他组织以案件重大、复杂为由或者认为有管辖权的基层人民法院不宜行使管辖权,可以直接向中级人民法院起诉。对于当事人的起诉,中级人民法院应当结合本地实际情况和案件具体情况确定案件的管辖,对于可能存在影响公正审理事由的,应当指定本辖区其他基层人民法院管辖或者决定自己审理;如果认为被告所在地人民法院能够保证案件审理的公正与效率,也可以书面告知起诉人向有管辖权的基层人民法院起诉。

三是以指定管辖为主,以提级管辖为辅。实践证明,适当提高个别行政案件的审级对于保证公正审理案件是必要的,同时也要坚持和体现将矛盾和争议解决在基层的原则和精神。《管辖规定》在对中级人民法院管辖的第一审行政案件适度进行调整的同时,重点对中级人民法院指定管辖作了规定。各地在执行过程中应当坚持以指定管辖为主,确有必要时再选择提级管辖,尽可能将行政争议化解在基层。

四是兼顾方便诉讼与案件平衡。指定管辖可能会给当事人带来一定程度的不便,因此在确定管辖法院时,应当尽可能采取就近原则。地处边远、交通不便的地方,应当考虑当事人的困难和负担,必要时可以征求当事人的意见。同时,还应注意通过指定管辖,适当均衡各基层人民法院审理行政案件的工作量,使司法资源得到合理配置。

五是防止法院之间固定对应管辖。中级人民法院在指定管辖法院时,应当尽量避免两个人民法院之间形成规律性的固定对应管辖,防止因此而产生负面效应,影响指定管辖作用的发挥。

六是立案和审判机构协同配合。行政案件的立案受理和管辖涉及的问题往往比较复杂,鉴于行政审判庭对受案范围和起诉条件的把握较为熟悉,对辖区法院的司法环境、行政案件质量及行政审判力量配置等情况更为了解,在决定案件管辖问题时,立案庭和行政审判庭要加强沟通配合,对如何确定管辖法院立案庭应当在主动征求行政庭意见后作出决定。高级人民法院和中级人民法院要结合本地实际,对行政案件管辖工作分工和衔接问题制定相应的具体措施。

七是以改善和优化基层司法环境为重点。从实践情况看,行政审判遇到干扰相对较多的是基层人民法院。《管辖规定》重点对基层人民法院管辖的第一审行政案件的指定管辖和级别管辖问题作出规定。中级人民法院和高级人民法院管辖的第一审行政案件,需要由上一级人民法院审理或者指定管辖的,可以参照本规定办理。

八是规范和统一案件管辖相关司法文书。执行《管辖规定》涉及相关司法文书的制作。为了规范和统一案件管辖相关司法文书,本通知后附有行政案件管辖的相关司法文书样式,供各级人民法院试行。试行中如有问题,及时向我院反映。

三、认真抓好《管辖规定》的贯彻执行

《管辖规定》虽然条款不多,但是其对于行政诉讼制度改革的力度较大,由此产生的社会影响力也将是深远的。各级人民法院要充分认识领会《管辖规定》的精神实质和重要意义,调整工作思路,理顺工作机制,完善相关的工作制度,加大对这一司法解释贯彻执行的领导和指导力度。要组织全体立案和行政审判人员逐条学习理解、准确把握《管辖规定》和本通知的精神和要求。必要时可以在一定范围内组织开展宣传活动,以增进人民群众和社会各界的理解和支持。各高级人民法院和中级人民法院要加强调查研究和对下指导,结合本地实际情况制定实施方案,对于执行过程中出现的新情况新问题,要及时报告上级法院。

特此通知。

附:行政案件管辖相关司法文书样式(试行)

二〇〇八年一月十四日

行政案件管辖相关司法文书样式(试行)

样式1:

×××中级人民法院

行政裁定书

(当事人直接向中级人民法院起诉指定管辖用)

(年度号)×行辖字第××号

×××(起诉人)诉×××(行政主体)××××(案由)一案,起诉人×××认为案件重大复杂(或者认为有管辖权的基层人民法院不宜行使管辖权),向本院起诉。本院经审查认为,……(简要说明应当指定管辖的理由)。依照《最高人民法院关于行政案件管辖若干问题的规定》第二条第(一)项规定,裁定如下:

本案由×××人民法院(本辖区其他基层人民法院)管辖。

(院印)

××××年××月××日

说明:

1. 本裁定书适用于依照《最高人民法院关于行政案件管辖若干问题的规定》第二条第(一)项规定指定管辖的案件。

2. 本裁定书送达起诉人及被指定管辖的人民法院。

3. 中级人民法院决定自己审理并符合受理条件的,可以直接发送立案通知书。

样式 2

×××中级人民法院
行政裁定书
(有管辖权的基层人民法院未立案亦未作出裁定,起诉人向中级人民法院起诉指定管辖用)

(年度号)×行辖字第××号

×××(起诉人)诉×××(行政主体)××××(案由)一案,×××人民法院(有管辖权的人民法院)收到起诉状后,在法定期限内未立案亦未作出裁定,起诉人×××向本院提起诉讼。依照《最高人民法院关于行政案件管辖若干问题的规定》第三条第(二)项规定,裁定如下:

本案由×××人民法院(本辖区其他基层人民法院)管辖。

(院印)
××××年××月××日

说明:

1. 本裁定书适用于依照《最高人民法院关于行政案件管辖若干问题的规定》第三条第(二)项规定指定管辖的案件。

2. 本裁定书送达起诉人、有管辖权的人民法院及被指定管辖的人民法院。

样式 3

×××中级人民法院
行政裁定书
(中级人民法院依基层人民法院报请指定管辖用)

(年度号)×行辖字第××号

×××(起诉人或者原告)诉×××(行政主体或者被告)××××(案由)一案,×××人民法院(报请的人民法院)报请本院指定管辖。本院经审查认为,……(简要说明应当指定管辖的理由)。依照《最高人民法院关于行政案件管辖若干问题的规定》第四条第(二)项规定,裁定如下:

本案由×××人民法院(本辖区其他基层人民法院)管辖。

(院印)
××××年××月××日

说明:

1. 本裁定书适用于依照《最高人民法院关于行政案件管辖若干问题的规定》第四条第(二)项规定指定管辖的案件。

2. 本裁定书送达报请的人民法院、被指定管辖的人民法院。案件尚未受理的送达起诉人;已经受理的送达各方当事人。

样式4

×××中级人民法院
行政裁定书
（中级人民法院依职权指定管辖用）

（年度号）×行辖字第××号

×××（原告）诉×××（被告）××××（案由）一案，×××人民法院（受诉人民法院）已经立案受理。本院认为，……（简要说明应当指定管辖的理由）。依照《最高人民法院关于行政案件管辖若干问题的规定》第五条规定，裁定如下：

本案由×××人民法院（本辖区其他基层人民法院）管辖。

（院印）
××××年××月××日

说明：

1. 本裁定书适用于依照《最高人民法院关于行政案件管辖若干问题的规定》第五条规定指定管辖的案件。

2. 本裁定书送达原受理案件的人民法院、被指定管辖的人民法院及各方当事人。

样式5

×××中级人民法院
行政裁定书
（中级人民法院依职权决定基层人民法院
已经受理的案件自己审理用）

（年度号）×行辖字第××号

×××（原告）诉×××（被告）××××（案由）一案，×××人民法院（受诉人民法院）已经立案受理。本院认为，……（简要说明决定自己管辖的理由）。依照《最高人民法院关于行政案件管辖若干问题的规定》第五条规定，裁定如下：

本案由本院审理。

（院印）
××××年××月××日

说明：

1. 本裁定书适用于依照《最高人民法院关于行政案件管辖若干问题的规定》第五条规定提审的案件。

2. 本裁定书送达受诉人民法院及各方当事人。

样式 6

×××中级人民法院
行政裁定书
（中级人民法院管辖的第一审行政案件
移交基层人民法院审理用）

（年度号）×行辖字第××号

×××（起诉人或者原告）诉×××（行政主体或者被告）××××（案由）一案，属于本院管辖的第一审行政案件，……（简要说明移交基层人民法院管辖的理由）。依照《中华人民共和国行政诉讼法》第二十三条规定，裁定如下：

本案移交×××人民法院（被移交的人民法院）审理。

（院印）
××××年××月××日

说明：

1. 本裁定书适用于依照《中华人民共和国行政诉讼法》第二十三条规定移交的案件。

2. 本裁定书送达被移交的人民法院。案件尚未受理的送达起诉人；已经受理的送达各方当事人。

样式 7

×××中级人民法院
决定书
（中级人民法院依基层人民法院报请
决定自己审理用）

（年度号）×行辖字第××号

×××（起诉人或者原告）诉×××（行政主体或者被告）××××（案由）一案，×××人民法院（报请的人民法院）报请本院审理。本院经审查认为，……（简要说明决定本院审理的理由）。依照《最高人民法院关于行政案件管辖若干问题的规定》第四条第（一）项规定，决定本案由本院审理。

（院印）
××××年××月××日

说明：

1. 本决定书适用于依照《最高人民法院关于行政案件管辖若干问题的规定》第四条第一项规定中级人民法院决定自己审理的案件。

2. 本决定书送达报请的人民法院。案件尚未受理的送达起诉人；已经受理的送达各方当事人。

样式 8

×××中级人民法院
决定书
(中级人民法院对基层人民法院报请的案件
决定由报请的人民法院审理用)

(年度号)×行辖字第××号

×××(起诉人或者原告)诉×××(行政主体或者被告)××××(案由)一案,×××人民法院(报请的人民法院)报请本院审理(或者指定管辖)。本院经审查认为,……(简要说明决定由报请的人民法院审理的理由)。依照《最高人民法院关于行政案件管辖若干问题的规定》第四条第(三)项规定,决定本案由×××人民法院(报请的人民法院)审理。

(院印)
××××年××月××日

说明:

1. 本决定书适用于依照《最高人民法院关于行政案件管辖若干问题的规定》第四条第一项规定决定由报请的人民法院审理的案件。

2. 本决定书送达报请的人民法院。

样式 9

×××中级人民法院
通知书
(起诉人向中级人民法院起诉,中级人民法院
认为应当向有管辖权的基层人民法院起诉用)

(年度号)×行辖字第××号

×××(起诉人):

你诉×××(行政主体)××××(案由)一案,于××××年××月××日向本院起诉。

本院经审查认为,本案不属于本辖区重大、复杂案件【或者由×××人民法院(有管辖权的基层人民法院)审理并无不当】。你可以依法向×××人民法院(有管辖权的基层人民法院)提起诉讼。

特此通知。

(院印)
××××年××月××日

说明:

1. 本通知书适用于依照《最高人民法院关于行政案件管辖若干问题的规定》第二条第(三)项规定通知起诉人的案件。

2. 送达起诉人及有管辖权的人民法院。

样式 10

×××中级人民法院
通知书
（基层人民法院未立案亦未作出裁定，
中级人民法院要求基层人民法院依法处理用）

（年度号）×行辖字第××号

×××人民法院：

×××（起诉人）诉×××（行政主体）××××（案由）一案，×××（起诉人）称于××××年××月××日曾向你院起诉，你院在法定期限内未予以立案受理亦未作出不予受理裁定。×××（起诉人）于××××年××月××日向本院提起诉讼。请你院对×××（起诉人）的起诉依法作出处理。

特此通知。

（院印）
××××年××月××日

说明：

1. 本通知书适用于依照《最高人民法院关于行政案件管辖若干问题的规定》第二条第（三）项规定处理的案件。

2. 本通知书送达被通知的人民法院及起诉人。

最高人民法院关于行政案件管辖若干问题的规定

（2007年12月17日最高人民法院审判委员会第1441次会议通过　2008年1月14日最高人民法院公告公布　自2008年2月1日起施行　法释〔2008〕1号）

为保证人民法院依法公正审理行政案件，切实保护公民、法人和其他组织的合法权益，维护和监督行政机关依法行使职权，根据《中华人民共和国行政诉讼法》制定本规定。

第一条　有下列情形之一的，属于行政诉讼法第十四条第（三）项规定的应当由中级人民法院管辖的第一审行政案件：

（一）被告为县级以上人民政府的案件，但以县级人民政府名义办理不动产物权登记的案件可以除外；

（二）社会影响重大的共同诉讼、集团诉讼案件；

（三）重大涉外或者涉及香港特别行政区、澳门特别行政区、台湾地区的案件；

（四）其他重大、复杂的案件。

第二条　当事人以案件重大复杂为由或者认为有管辖权的基层人民法院不宜行使管辖权，直接向中级人民法院起诉，中级人民法院应当根据不同情况在7日内分别作出以下处理：

（一）指定本辖区其他基层人民法院管辖；

（二）决定自己审理；

（三）书面告知当事人向有管辖权的基层人民法院起诉。

第三条 当事人向有管辖权的基层人民法院起诉，受诉人民法院在7日内未立案也未作出裁定，当事人向中级人民法院起诉，中级人民法院应当根据不同情况在7日内分别作出以下处理：

（一）要求有管辖权的基层人民法院依法处理；

（二）指定本辖区其他基层人民法院管辖；

（三）决定自己审理。

第四条 基层人民法院对其管辖的第一审行政案件，认为需要由中级人民法院审理或者指定管辖的，可以报请中级人民法院决定。中级人民法院应当根据不同情况在7日内分别作出以下处理：

（一）决定自己审理；

（二）指定本辖区其他基层人民法院管辖；

（三）决定由报请的人民法院审理。

第五条 中级人民法院对基层人民法院管辖的第一审行政案件，根据案件情况，可以决定自己审理，也可以指定本辖区其他基层人民法院管辖。

第六条 指定管辖裁定应当分别送达被指定管辖的人民法院及案件当事人。本规定第四条的指定管辖裁定还应当送达报请的人民法院。

第七条 对指定管辖裁定有异议的，不适用管辖异议的规定。

第八条 执行本规定的审理期限，提级管辖从决定之日起计算；指定管辖或者决定由报请的人民法院审理的，从收到指定管辖裁定或者决定之日起计算。

第九条 中级人民法院和高级人民法院管辖的第一审行政案件需要由上一级人民法院审理或者指定管辖的，参照本规定。

第十条 本规定施行前已经立案的不适用本规定。本院以前所作的司法解释及规范性文件，凡与本规定不一致的，按本规定执行。

最高人民法院办公厅关于海事行政案件管辖问题的通知

（2003年8月11日 法办〔2003〕253号）

各省、自治区、直辖市高级人民法院，新疆维吾尔自治区高级人民法院生产建设兵团分院：

为规范海事行政案件的管辖问题，根据我院审判委员会第1282次会议决定，特通知如下：

一、行政案件、行政赔偿案件和审查行政机关申请执行其具体行政行为的案件仍由各级人民法院行政审判庭审理。海事等专门人民法院不审理行政案件、行政赔偿案件，亦不审查和执行行政机关申请执行其具体行政行为的案件。

二、本通知下发之前，海事法院已经受理的海事行政案件、行政赔偿案件，继续由海事法院审理；海事法院已作出的生效行政判决或者行政裁定的法律效力不受影响。

最高人民法院关于海关行政处罚案件诉讼管辖问题的解释

（2002 年 1 月 28 日最高人民法院审判委员会第 1209 次会议通过　2002 年 1 月 30 日最高人民法院公告公布　自 2002 年 2 月 7 日起施行　法释〔2002〕4 号）

为规范海事法院的受理案件范围，根据《中华人民共和国行政诉讼法》的有关规定，现就海关行政处罚案件的诉讼管辖问题解释如下：

相对人不服海关作出的行政处罚决定提起诉讼的案件，由有管辖权的地方人民法院依照《中华人民共和国行政诉讼法》的有关规定审理。相对人向海事法院提起诉讼的，海事法院不予受理。

最高人民法院关于国有资产产权管理行政案件管辖问题的解释

（2001 年 2 月 16 日　法释〔2001〕6 号）

为了正确适用《中华人民共和国行政诉讼法》第十七条、第十九条的规定，现对国有资产产权管理行政案件的管辖问题作出如下解释：

当事人因国有资产产权界定行为提起行政诉讼的，应当根据不同情况确定管辖法院。产权界定行为直接针对不动产作出的，由不动产所在地人民法院管辖。产权界定行为针对包含不动产在内的整体产权作出的，由最初作出产权界定的行政机关所在地人民法院管辖；经过复议的案件，复议机关改变原产权界定行为的，也可以由复议机关所在地人民法院管辖。

四、诉讼参加人

◎ 请示答复

最高人民法院关于公路路政管理机构行政主体资格及有关法律适用问题的答复

（1995 年 1 月 15 日　〔1994〕行复字第 4 号）

四川省高级人民法院：

你院《关于公路路政管理机构行政主体资格及有关法律适用问题的请示》收悉，经研究并征求全国人民代表大会常务委员会法制工作委员会和国务院法制局的意见，答复如下：

（一）《中华人民共和国公路管理条例实施细则》第九条规定的授权只能理解为是委托授权，公路养护管理总段（分段）不具备行政主体资格，且省政府也不具备该项行政管理权的授权主体资格。

（二）四川省人大常委会发布的《四川省公路路政管理条例》第五条中有关"其他单位和个人占用、挖掘公路，应向交通部门缴纳公路占用费"的规定，与《中华人民共和国公路管理条例》的有关规定不一致，人民法院审理具体行政案件时，应执行《中华人民共和国公路管理条例》的有关规定。

此复。

最高人民法院对福建省高级人民法院《关于福建省地方税务局稽查分局是否具有行政主体资格的请示报告》的答复意见

（1999 年 10 月 21 日　行他〔1999〕25 号）

福建省高级人民法院：

你院〔1999〕闽执行字第 35 号《关于福建省地方税务局稽查分局是否具有行政主体资格的请示报告》收悉。经研究，答复如下：

原则同意你院的倾向性意见，即地方税务局稽查分局以自己的名义对外作出行政处理决定缺乏法律依据。

最高人民法院对内蒙古高院《关于内蒙古康辉国际旅行社有限责任公司诉呼和浩特市工商行政管理局履行法定职责一案的请示报告》的答复

(1999年11月24日 〔1999〕行他字第13号)

内蒙古自治区高级人民法院:

你院〔1999〕内法行请字第1号《关于内蒙古康辉国际旅行社有限责任公司诉呼和浩特市工商行政管理局履行法定职责一案的请示报告》收悉。经研究,答复如下:

依据《中华人民共和国行政诉讼法》第二条,公司登记中的利害关系人认为登记管理机关的登记行为侵犯其合法权益,或者对登记行为不服请求变更、撤销,登记管理机关不予变更或撤销,向人民法院提起行政诉讼的,具备原告资格。

最高人民法院行政审判庭关于对保险公司不正当竞争行为如何确定监督检查主体的答复

(2000年4月19日 法行〔2000〕1号)

湖北省高级人民法院:

你院鄂高法〔1999〕396号请示报告收悉。经研究,答复如下:

《反不正当竞争法》第三条第二款明确规定"县级以上人民政府工商行政管理部门对不正当竞争行为进行监督检查;法律、行政法规规定由其他部门监督检查的,依照其规定"。《保险法》未规定对保险公司的不正当竞争行为由金融监督管理部门实施监督检查,其第七条、第八条的规定,不属于《反不正当竞争法》第三条第二款规定的例外情况。故人民法院审理行政案件涉及到对保险公司不正当竞争行为实施监督检查的主体时,应当适用《反不正当竞争法》的有关规定。

此复。

最高人民法院办公厅关于中国人民银行分支机构是否具有行政诉讼主体资格问题的复函

(2002年5月31日 法办〔2002〕119号)

中国人民银行办公厅:

你厅银办函〔2002〕236号函收悉。经研究认为,根据《中华人民共和国中国人民银行法》等法律法规规章和《中华人民共和国行政诉讼法》及司法解释的有关规定,当事人对人民银行分支机构依法律授权作出的金融监管的具体行政行为不服提起行政诉讼的,应当以人民银行分支机构为被告。

最高人民法院关于诉商业银行行政处罚案件的适格被告问题的答复

（2003 年 8 月 8 日 〔2003〕行他字第 11 号）

北京市高级人民法院：

你院京高法〔2003〕191 号《关于当事人不服商业银行行政处罚提起行政诉讼，应如何确定被告的请示》收悉，经研究，答复如下：

根据《中华人民共和国中国人民银行法》第十二条和《支付结算办法》第二百三十九条的规定，商业银行受中国人民银行的委托行使行政处罚权，当事人不服商业银行行政处罚提起行政诉讼的，应当以委托商业银行行使行政处罚权的中国人民银行分支机构为被告。

此复。

最高人民法院关于审理涉及保险公司不正当竞争行为的行政处罚案件时如何确定行政主体问题的复函

（2003 年 12 月 8 日 法函〔2003〕65 号）

湖南省高级人民法院：

你院湘高法〔2003〕124 号《关于审理涉及保险公司不正当竞争行为的行政处罚案件如何确定监督检查主体的请示》收悉。经研究，答复如下：

经国务院批准、由国务院办公厅 2003 年 7 月 7 日印发的《中国保险监督管理委员会主要职责内设机构和人员编制规定》明确规定，中国保险监督管理委员会“依法对保险机构和保险从业人员的不正当竞争等违法、违规行为以及对非保险机构经营或变相经营保险业务进行调查、处罚”。这一规定与《中华人民共和国反不正当竞争法》的第三条第二款有关“县级以上人民政府工商行政管理部门对不正当竞争行为进行监督检查”的规定并不矛盾。人民法院在审理涉及保险机构不正当竞争行为的行政处罚案件时，应当以中国保险监督管理委员会作为有权进行调查、处罚的主体。

我院以前的规定与本答复不一致的，以本答复为准。

最高人民法院关于行政诉讼中台湾地区居民能否以个人名义担任诉讼代理人等有关问题的答复

（2004 年 4 月 9 日 〔2004〕行他字第 4 号）

上海市高级人民法院：

你院《关于行政诉讼中台湾地区居民能否以个人名义担任诉讼代理人的请示》收悉。经研究，答复如下：

参照《中华人民共和国民事诉讼法》及有关司法解释的规定，台湾地区诉讼当事人可以委托台湾地区居民以公民个人名义代理诉讼，但不得以律师身份代理。

最高人民法院行政审判庭关于地方国有资产监督管理委员会是否可以作为行政诉讼被告问题的答复

（2009年8月4日 〔2009〕行他字第14号）

山东省高级人民法院：

你院《关于曹明华诉临沂市财政局临沂市科学技术局资产认定行政批复一案适用法律问题的请示收悉》，经研究，答复如下：

原则同意你院意见，即：按照《中华人民共和国行政诉讼法》第二十五条第五款规定，原地方国有资产管理局被撤销，其确认企业资产性质的职能为地方国有资产监督管理委员会所承受，当事人对原地方国有资产管理局作出的确认企业资产性质的行为不服提起行政诉讼的，应当以地方国有资产监督管理委员会为被告。

此复。

五、证　据

◎ 司法解释及文件

最高人民法院关于行政诉讼证据若干问题的规定

（2002 年 6 月 4 日最高人民法院审判委员会第 1224 次会议通过　2002 年 7 月 24 日最高人民法院公告公布　自 2002 年 10 月 1 日起施行　法释〔2002〕21 号）

为准确认定案件事实，公正、及时地审理行政案件，根据《中华人民共和国行政诉讼法》（以下简称行政诉讼法）等有关法律规定，结合行政审判实际，制定本规定。

一、举证责任分配和举证期限

第一条　根据行政诉讼法第三十二条和第四十三条的规定，被告对作出的具体行政行为负有举证责任，应当在收到起诉状副本之日起 10 日内，提供据以作出被诉具体行政行为的全部证据和所依据的规范性文件。被告不提供或者无正当理由逾期提供证据的，视为被诉具体行政行为没有相应的证据。

被告因不可抗力或者客观上不能控制的其他正当事由，不能在前款规定的期限内提供证据的，应当在收到起诉状副本之日起 10 日内向人民法院提出延期提供证据的书面申请。人民法院准许延期提供的，被告应当在正当事由消除后 10 日内提供证据。逾期提供的，视为被诉具体行政行为没有相应的证据。

第二条　原告或者第三人提出其在行政程序中没有提出的反驳理由或者证据的，经人民法院准许，被告可以在第一审程序中补充相应的证据。

第三条　根据行政诉讼法第三十三条的规定，在诉讼过程中，被告及其诉讼代理人不得自行向原告和证人收集证据。

第四条　公民、法人或者其他组织向人民法院起诉时，应当提供其符合起诉条件的相应的证据材料。

在起诉被告不作为的案件中，原告应当提供其在行政程序中曾经提出申请的证据材料。但有下列情形的除外：

（一）被告应当依职权主动履行法定职责的；

（二）原告因被告受理申请的登记制度不完备等正当事由不能提供相关证据材料并能够作出合理说明的。

被告认为原告起诉超过法定期限的，由被告承担举证责任。

第五条　在行政赔偿诉讼中，原告应当对被诉具体行政行为造成损害的事实提供证据。

第六条　原告可以提供证明被诉具体行政行为违法的证据。原告提供的证据不成立的，不免除被告对被诉具体行政行为合法性的举证责任。

第七条　原告或者第三人应当在开庭审理前或者人民法院指定的交换证据之日提供证据。因正当事由申请延期提供证据的，经人民法院准许，可以在法庭调查中提供。逾期提供证据的，视为放弃举证权利。

原告或者第三人在第一审程序中无正当事由未提供而在第二审程序中提供的证据，人民法院不予接纳。

第八条 人民法院向当事人送达受理案件通知书或者应诉通知书时，应当告知其举证范围、举证期限和逾期提供证据的法律后果，并告知因正当事由不能按期提供证据时应当提出延期提供证据的申请。

第九条 根据行政诉讼法第三十四条第一款的规定，人民法院有权要求当事人提供或者补充证据。

对当事人无争议，但涉及国家利益、公共利益或者他人合法权益的事实，人民法院可以责令当事人提供或者补充有关证据。

二、提供证据的要求

第十条 根据行政诉讼法第三十一条第一款第（一）项的规定，当事人向人民法院提供书证的，应当符合下列要求：

（一）提供书证的原件，原本、正本和副本均属于书证的原件。提供原件确有困难的，可以提供与原件核对无误的复印件、照片、节录本；

（二）提供由有关部门保管的书证原件的复制件、影印件或者抄录件的，应当注明出处，经该部门核对无异后加盖其印章；

（三）提供报表、图纸、会计账册、专业技术资料、科技文献等书证的，应当附有说明材料；

（四）被告提供的被诉具体行政行为所依据的询问、陈述、谈话类笔录，应当有行政执法人员、被询问人、陈述人、谈话人签名或者盖章。

法律、法规、司法解释和规章对书证的制作形式另有规定的，从其规定。

第十一条 根据行政诉讼法第三十一条第一款第（二）项的规定，当事人向人民法院提供物证的，应当符合下列要求：

（一）提供原物。提供原物确有困难的，可以提供与原物核对无误的复制件或者证明该物证的照片、录像等其他证据；

（二）原物为数量较多的种类物的，提供其中的一部分。

第十二条 根据行政诉讼法第三十一条第一款第（三）项的规定，当事人向人民法院提供计算机数据或者录音、录像等视听资料的，应当符合下列要求：

（一）提供有关资料的原始载体。提供原始载体确有困难的，可以提供复制件；

（二）注明制作方法、制作时间、制作人和证明对象等；

（三）声音资料应当附有该声音内容的文字记录。

第十三条 根据行政诉讼法第三十一条第一款第（四）项的规定，当事人向人民法院提供证人证言的，应当符合下列要求：

（一）写明证人的姓名、年龄、性别、职业、住址等基本情况；

（二）有证人的签名，不能签名的，应当以盖章等方式证明；

（三）注明出具日期；

（四）附有居民身份证复印件等证明证人身份的文件。

第十四条 根据行政诉讼法第三十一条第一款第（六）项的规定，被告向人民法院提供的在行政程序中采用的鉴定结论，应当载明委托人和委托鉴定的事项、向鉴定部门提交的相关材料、鉴定的依据和使用的科学技术手段、鉴定部门和鉴定人鉴定资格的说明，并应有鉴定人的签名和鉴定部门的盖章。通过分析获得的鉴定结论,应当说明分析过程。

第十五条 根据行政诉讼法第三十一条第一款第(七)项的规定,被告向人民法院提供的现场笔录,应当载明时间、地点和事件等内容,并由执法人员和当事人签名。当事人拒绝签名或者不能签名的,应当注明原因。有其他人在现场的,可由其他人签名。

法律、法规和规章对现场笔录的制作形式另有规定的,从其规定。

第十六条 当事人向人民法院提供的在中华人民共和国领域外形成的证据,应当说明来源,经所在国公证机关证明,并经中华人民共和国驻该国使领馆认证,或者履行中华人民共和国与证据所在国订立的有关条约中规定的证明手续。

当事人提供的在中华人民共和国香港特别行政区、澳门特别行政区和台湾地区内形成的证据,应当具有按照有关规定办理的证明手续。

第十七条 当事人向人民法院提供外文书证或者外国语视听资料的,应当附有由具有翻译资质的机构翻译的或者其他翻译准确的中文译本,由翻译机构盖章或者翻译人员签名。

第十八条 证据涉及国家秘密、商业秘密或者个人隐私的,提供人应当作出明确标注,并向法庭说明,法庭予以审查确认。

第十九条 当事人应当对其提交的证据材料分类编号,对证据材料的来源、证明对象和内容作简要说明,签名或者盖章,注明提交日期。

第二十条 人民法院收到当事人提交的证据材料,应当出具收据,注明证据的名称、份数、页数、件数、种类等以及收到的时间,由经办人员签名或者盖章。

第二十一条 对于案情比较复杂或者证据数量较多的案件,人民法院可以组织当事人在开庭前向对方出示或者交换证据,并将交换证据的情况记录在卷。

三、调取和保全证据

第二十二条 根据行政诉讼法第三十四条第二款的规定,有下列情形之一的,人民法院有权向有关行政机关以及其他组织、公民调取证据:

(一)涉及国家利益、公共利益或者他人合法权益的事实认定的;

(二)涉及依职权追加当事人、中止诉讼、终结诉讼、回避等程序性事项的。

第二十三条 原告或者第三人不能自行收集,但能够提供确切线索的,可以申请人民法院调取下列证据材料:

(一)由国家有关部门保存而须由人民法院调取的证据材料;

(二)涉及国家秘密、商业秘密、个人隐私的证据材料;

(三)确因客观原因不能自行收集的其他证据材料。

人民法院不得为证明被诉具体行政行为的合法性,调取被告在作出具体行政行为时未收集的证据。

第二十四条 当事人申请人民法院调取证据的,应当在举证期限内提交调取证据申请书。

调取证据申请书应当写明下列内容:

(一)证据持有人的姓名或者名称、住址等基本情况;

(二)拟调取证据的内容;

(三)申请调取证据的原因及其要证明的案件事实。

第二十五条 人民法院对当事人调取证据的申请,经审查符合调取证据条件的,应当及时决定调取;不符合调取证据条件的,应当向当事人或者其诉讼代理人送达通知书,说明不准许调取的理由。当事人及其诉讼代理人可以在收到通知书之日起三日内向受理申请的人民法院书面申请复议一次。人民法院应当在收到复议申请之日起五日内作出答复。

人民法院根据当事人申请,经调取未能取得相应证据的,应当告知申请人并说明原因。

第二十六条 人民法院需要调取的证据在异地的,可以书面委托证据所在地人民法院调取。受托人民法院应当在收到委托书后,按照委托要求及时完成调取证据工作,送交委托人民法院。受托人民法院不能完成委托内容的,应当告知委托的人民法院并说明原因。

第二十七条 当事人根据行政诉讼法第三十六条的规定向人民法院申请保全证据的,应当在举证期限届满前以书面形式提出,并说明证据的名称和地点、保全的内容和范围、申请保全的理由等事项。

当事人申请保全证据的,人民法院可以要求其提供相应的担保。

法律、司法解释规定诉前保全证据的,依照其规定办理。

第二十八条 人民法院依照行政诉讼法第三十六条规定保全证据的,可以根据具体情况,采取查封、扣押、拍照、录音、录像、复制、鉴定、勘验、制作询问笔录等保全措施。

人民法院保全证据时,可以要求当事人或者其诉讼代理人到场。

第二十九条 原告或者第三人有证据或者有正当理由表明被告据以认定案件事实的鉴定结论可能有错误,在举证期限内书面申请重新鉴定的,人民法院应予准许。

第三十条 当事人对人民法院委托的鉴定部门作出的鉴定结论有异议申请重新鉴定,提出证据证明存在下列情形之一的,人民法院应予准许:

(一)鉴定部门或者鉴定人不具有相应的鉴定资格的;

(二)鉴定程序严重违法的;

(三)鉴定结论明显依据不足的;

(四)经过质证不能作为证据使用的其他情形。

对有缺陷的鉴定结论,可以通过补充鉴定、重新质证或者补充质证等方式解决。

第三十一条 对需要鉴定的事项负有举证责任的当事人,在举证期限内无正当理由不提出鉴定申请、不预交鉴定费用或者拒不提供相关材料,致使对案件争议的事实无法通过鉴定结论予以认定的,应当对该事实承担举证不能的法律后果。

第三十二条 人民法院对委托或者指定的鉴定部门出具的鉴定书,应当审查是否具有下列内容:

(一)鉴定的内容;

(二)鉴定时提交的相关材料;

(三)鉴定的依据和使用的科学技术手段;

(四)鉴定的过程;

(五)明确的鉴定结论;

(六)鉴定部门和鉴定人鉴定资格的说明;

(七)鉴定人及鉴定部门签名盖章。

前款内容欠缺或者鉴定结论不明确的,人民法院可以要求鉴定部门予以说明、补充鉴定或者重新鉴定。

第三十三条 人民法院可以依当事人申请或者依职权勘验现场。

勘验现场时,勘验人必须出示人民法院的证件,并邀请当地基层组织或者当事人所在单位派人参加。当事人或其成年亲属应当到场,拒不到场的,不影响勘验的进行,但应当在勘验笔录中说明情况。

第三十四条 审判人员应当制作勘验笔录,记载勘验的时间、地点、勘验人、在场人、勘验的经过和结果,由勘验人、当事人、在场人签名。

勘验现场时绘制的现场图,应当注明绘制的时间、方位、绘制人姓名和身份等内容。

当事人对勘验结论有异议的,可以在举证期限内申请重新勘验,是否准许由人民法院决定。

四、证据的对质辨认和核实

第三十五条 证据应当在法庭上出示，并经庭审质证。未经庭审质证的证据，不能作为定案的依据。

当事人在庭前证据交换过程中没有争议并记录在卷的证据，经审判人员在庭审中说明后，可以作为认定案件事实的依据。

第三十六条 经合法传唤，因被告无正当理由拒不到庭而需要依法缺席判决的，被告提供的证据不能作为定案的依据，但当事人在庭前交换证据中没有争议的证据除外。

第三十七条 涉及国家秘密、商业秘密和个人隐私或者法律规定的其他应当保密的证据，不得在开庭时公开质证。

第三十八条 当事人申请人民法院调取的证据，由申请调取证据的当事人在庭审中出示，并由当事人质证。

人民法院依职权调取的证据，由法庭出示，并可就调取该证据的情况进行说明，听取当事人意见。

第三十九条 当事人应当围绕证据的关联性、合法性和真实性，针对证据有无证明效力以及证明效力大小，进行质证。

经法庭准许，当事人及其代理人可以就证据问题相互发问，也可以向证人、鉴定人或者勘验人发问。

当事人及其代理人相互发问，或者向证人、鉴定人、勘验人发问时，发问的内容应当与案件事实有关联，不得采用引诱、威胁、侮辱等语言或者方式。

第四十条 对书证、物证和视听资料进行质证时，当事人应当出示证据的原件或者原物。但有下列情况之一的除外：

（一）出示原件或者原物确有困难并经法庭准许可以出示复制件或者复制品；

（二）原件或者原物已不存在，可以出示证明复制件、复制品与原件、原物一致的其他证据。

视听资料应当当庭播放或者显示，并由当事人进行质证。

第四十一条 凡是知道案件事实的人，都有出庭作证的义务。有下列情形之一的，经人民法院准许，当事人可以提交书面证言：

（一）当事人在行政程序或者庭前证据交换中对证人证言无异议的；

（二）证人因年迈体弱或者行动不便无法出庭的；

（三）证人因路途遥远、交通不便无法出庭的；

（四）证人因自然灾害等不可抗力或者其他意外事件无法出庭的；

（五）证人因其他特殊原因确实无法出庭的。

第四十二条 不能正确表达意志的人不能作证。

根据当事人申请，人民法院可以就证人能否正确表达意志进行审查或者交由有关部门鉴定。必要时，人民法院也可以依职权交由有关部门鉴定。

第四十三条 当事人申请证人出庭作证的，应当在举证期限届满前提出，并经人民法院许可。人民法院准许证人出庭作证的，应当在开庭审理前通知证人出庭作证。

当事人在庭审过程中要求证人出庭作证的，法庭可以根据审理案件的具体情况，决定是否准许以及是否延期审理。

第四十四条 有下列情形之一，原告或者第三人可以要求相关行政执法人员作为证人出庭作证：

（一）对现场笔录的合法性或者真实性有异议的；

（二）对扣押财产的品种或者数量有异议的；

（三）对检验的物品取样或者保管有异议的；

（四）对行政执法人员的身份的合法性有异议的；

（五）需要出庭作证的其他情形。

第四十五条 证人出庭作证时，应当出示证明其身份的证件。法庭应当告知其诚实作证的法律义务和作伪证的法律责任。

出庭作证的证人不得旁听案件的审理。法庭询问证人时，其他证人不得在场，但组织证人对质的除外。

第四十六条 证人应当陈述其亲历的具体事实。证人根据其经历所作的判断、推测或者评论，不能作为定案的依据。

第四十七条 当事人要求鉴定人出庭接受询问的，鉴定人应当出庭。鉴定人因正当事由不能出庭的，经法庭准许，可以不出庭，由当事人对其书面鉴定结论进行质证。

鉴定人不能出庭的正当事由，参照本规定第四十一条的规定。

对于出庭接受询问的鉴定人，法庭应当核实其身份、与当事人及案件的关系，并告知鉴定人如实说明鉴定情况的法律义务和故意作虚假说明的法律责任。

第四十八条 对被诉具体行政行为涉及的专门性问题，当事人可以向法庭申请由专业人员出庭进行说明，法庭也可以通知专业人员出庭说明。必要时，法庭可以组织专业人员进行对质。

当事人对出庭的专业人员是否具备相应专业知识、学历、资历等专业资格等有异议的，可以进行询问。由法庭决定其是否可以作为专业人员出庭。

专业人员可以对鉴定人进行询问。

第四十九条 法庭在质证过程中，对与案件没有关联的证据材料，应予排除并说明理由。

法庭在质证过程中，准许当事人补充证据的，对补充的证据仍应进行质证。

法庭对经过庭审质证的证据，除确有必要外，一般不再进行质证。

第五十条 在第二审程序中，对当事人依法提供的新的证据，法庭应当进行质证；当事人对第一审认定的证据仍有争议的，法庭也应当进行质证。

第五十一条 按照审判监督程序审理的案件，对当事人依法提供的新的证据，法庭应当进行质证；因原判决、裁定认定事实的证据不足而提起再审所涉及的主要证据，法庭也应当进行质证。

第五十二条 本规定第五十条和第五十一条中的“新的证据”是指以下证据：

（一）在一审程序中应当准予延期提供而未获准许的证据；

（二）当事人在一审程序中依法申请调取而未获准许或者未取得，人民法院在第二审程序中调取的证据；

（三）原告或者第三人提供的在举证期限届满后发现的证据。

五、证据的审核认定

第五十三条 人民法院裁判行政案件，应当以证据证明的案件事实为依据。

第五十四条 法庭应当对经过庭审质证的证据和无需质证的证据进行逐一审查和对全部证据综合审查，遵循法官职业道德，运用逻辑推理和生活经验，进行全面、客观和公正地分析判断，确定证据材料与案件事实之间的证明关系，排除不具有关联性的证据材料，准确认定案件事实。

第五十五条 法庭应当根据案件的具体情况，从以下方面审查证据的合法性：

（一）证据是否符合法定形式；

（二）证据的取得是否符合法律、法规、司法解释和规章的要求；

（三）是否有影响证据效力的其他违法情形。

第五十六条 法庭应当根据案件的具体情况,从以下方面审查证据的真实性:

(一)证据形成的原因;

(二)发现证据时的客观环境;

(三)证据是否为原件、原物,复制件、复制品与原件、原物是否相符;

(四)提供证据的人或者证人与当事人是否具有利害关系;

(五)影响证据真实性的其他因素。

第五十七条 下列证据材料不能作为定案依据:

(一)严重违反法定程序收集的证据材料;

(二)以偷拍、偷录、窃听等手段获取侵害他人合法权益的证据材料;

(三)以利诱、欺诈、胁迫、暴力等不正当手段获取的证据材料;

(四)当事人无正当事由超出举证期限提供的证据材料;

(五)在中华人民共和国领域以外或者在中华人民共和国香港特别行政区、澳门特别行政区和台湾地区形成的未办理法定证明手续的证据材料;

(六)当事人无正当理由拒不提供原件、原物,又无其他证据印证,且对方当事人不予认可的证据的复制件或者复制品;

(七)被当事人或者他人进行技术处理而无法辨明真伪的证据材料;

(八)不能正确表达意志的证人提供的证言;

(九)不具备合法性和真实性的其他证据材料。

第五十八条 以违反法律禁止性规定或者侵犯他人合法权益的方法取得的证据,不能作为认定案件事实的依据。

第五十九条 被告在行政程序中依照法定程序要求原告提供证据,原告依法应当提供而拒不提供,在诉讼程序中提供的证据,人民法院一般不予采纳。

第六十条 下列证据不能作为认定被诉具体行政行为合法的依据:

(一)被告及其诉讼代理人在作出具体行政行为后或者在诉讼程序中自行收集的证据;

(二)被告在行政程序中非法剥夺公民、法人或者其他组织依法享有的陈述、申辩或者听证权利所采用的证据;

(三)原告或者第三人在诉讼程序中提供的、被告在行政程序中未作为具体行政行为依据的证据。

第六十一条 复议机关在复议程序中收集和补充的证据,或者作出原具体行政行为的行政机关在复议程序中未向复议机关提交的证据,不能作为人民法院认定原具体行政行为合法的依据。

第六十二条 对被告在行政程序中采纳的鉴定结论,原告或者第三人提出证据证明有下列情形之一的,人民法院不予采纳:

(一)鉴定人不具备鉴定资格;

(二)鉴定程序严重违法;

(三)鉴定结论错误、不明确或者内容不完整。

第六十三条 证明同一事实的数个证据,其证明效力一般可以按照下列情形分别认定:

(一)国家机关以及其他职能部门依职权制作的公文文书优于其他书证;

(二)鉴定结论、现场笔录、勘验笔录、档案材料以及经过公证或者登记的书证优于其他书证、视听资料和证人证言;

(三)原件、原物优于复制件、复制品;

(四)法定鉴定部门的鉴定结论优于其他鉴定部门的鉴定结论;

(五)法庭主持勘验所制作的勘验笔录优于其他部门主持勘验所制作的勘验笔录;

(六)原始证据优于传来证据;

(七)其他证人证言优于与当事人有亲属关系或者其他密切关系的证人提供的对该当事人有利的证言;

(八)出庭作证的证人证言优于未出庭作证的证人证言;

(九)数个种类不同、内容一致的证据优于一个孤立的证据。

第六十四条 以有形载体固定或者显示的电子数据交换、电子邮件以及其他数据资料,其制作情况和真实性经对方当事人确认,或者以公证等其他有效方式予以证明的,与原件具有同等的证明效力。

第六十五条 在庭审中一方当事人或者其代理人在代理权限范围内对另一方当事人陈述的案件事实明确表示认可的,人民法院可以对该事实予以认定。但有相反证据足以推翻的除外。

第六十六条 在行政赔偿诉讼中,人民法院主持调解时当事人为达成调解协议而对案件事实的认可,不得在其后的诉讼中作为对其不利的证据。

第六十七条 在不受外力影响的情况下,一方当事人提供的证据,对方当事人明确表示认可的,可以认定该证据的证明效力;对方当事人予以否认,但不能提供充分的证据进行反驳的,可以综合全案情况审查认定该证据的证明效力。

第六十八条 下列事实法庭可以直接认定:

(一)众所周知的事实;

(二)自然规律及定理;

(三)按照法律规定推定的事实;

(四)已经依法证明的事实;

(五)根据日常生活经验法则推定的事实。

前款(一)、(三)、(四)、(五)项,当事人有相反证据足以推翻的除外。

第六十九条 原告确有证据证明被告持有的证据对原告有利,被告无正当事由拒不提供的,可以推定原告的主张成立。

第七十条 生效的人民法院裁判文书或者仲裁机构裁决文书确认的事实,可以作为定案依据。但是如果发现裁判文书或者裁决文书认定的事实有重大问题的,应当中止诉讼,通过法定程序予以纠正后恢复诉讼。

第七十一条 下列证据不能单独作为定案依据:

(一)未成年人所作的与其年龄和智力状况不相适应的证言;

(二)与一方当事人有亲属关系或者其他密切关系的证人所作的对该当事人有利的证言,或者与一方当事人有不利关系的证人所作的对该当事人不利的证言;

(三)应当出庭作证而无正当理由不出庭作证的证人证言;

(四)难以识别是否经过修改的视听资料;

(五)无法与原件、原物核对的复制件或者复制品;

(六)经一方当事人或者他人改动,对方当事人不予认可的证据材料;

(七)其他不能单独作为定案依据的证据材料。

第七十二条 庭审中经过质证的证据,能够当庭认定的,应当当庭认定;不能当庭认定的,应当在合议庭合议时认定。

人民法院应当在裁判文书中阐明证据是否采纳的理由。

第七十三条 法庭发现当庭认定的证据有误,可以按照下列方式纠正:

(一)庭审结束前发现错误的,应当重新进行认定;

(二)庭审结束后宣判前发现错误的,在裁判文书中予以更正并说明理由,也可以再次开庭予

以认定;

（三）有新的证据材料可能推翻已认定的证据的，应当再次开庭予以认定。

六、附　　则

第七十四条　证人、鉴定人及其近亲属的人身和财产安全受法律保护。

人民法院应当对证人、鉴定人的住址和联系方式予以保密。

第七十五条　证人、鉴定人因出庭作证或者接受询问而支出的合理费用，由提供证人、鉴定人的一方当事人先行支付，由败诉一方当事人承担。

第七十六条　证人、鉴定人作伪证的，依照行政诉讼法第四十九条第一款第（二）项的规定追究其法律责任。

第七十七条　诉讼参与人或者其他人有对审判人员或者证人、鉴定人、勘验人及其近亲属实施威胁、侮辱、殴打、骚扰或者打击报复等妨碍行政诉讼行为的，依照行政诉讼法第四十九条第一款第（三）项、第（五）项或者第（六）项的规定追究其法律责任。

第七十八条　对应当协助调取证据的单位和个人，无正当理由拒不履行协助义务的，依照行政诉讼法第四十九条第一款第（五）项的规定追究其法律责任。

第七十九条　本院以前有关行政诉讼的司法解释与本规定不一致的，以本规定为准。

第八十条　本规定自 2002 年 10 月 1 日起施行。2002 年 10 月 1 日尚未审结的一审、二审和再审行政案件不适用本规定。

本规定施行前已经审结的行政案件，当事人以违反本规定为由申请再审的，人民法院不予支持。

本规定施行后按照审判监督程序决定再审的行政案件，适用本规定。

最高人民法院对如何理解《最高人民法院关于执行〈中华人民共和国行政诉讼法〉若干问题的解释》第四十四条第一款第(十)项规定的请示的答复

(2000年6月5日 法行〔2000〕13号)

湖北省高级人民法院:

你院鄂高法〔2000〕93号《关于如何理解最高人民法院〈若干解释〉第四十四条第一款第(十)项规定的请示》收悉。经研究,答复如下:

行政诉讼的标的为人民法院生效判决书、裁定书和调解书所羁束的,人民法院应当依法裁定不予受理的;已经受理的,应当裁定驳回起诉。

最高人民法院行政审判庭关于对兴平市第二运输公司诉兴平市人民政府侵犯企业经营自主权一案受理问题的答复

(1997年10月27日 〔1997〕行他字第15号)

陕西省高级人民法院:

你院〔1996〕陕高法行监字第26号请示收悉。经研究,答复如下:

原则同意你院审判委员会的倾向性意见。即县委工交财贸部作出的"免职决定"不属于具体行政行为,亦不能视为县人民政府的行为,故市第二运输公司以县人民政府为被告提起行政诉讼,不符合行政诉讼法规定的起诉条件。

此复。

最高人民法院关于人民检察院提出抗诉按照审判监督程序再审维持原裁判的民事、经济、行政案件,人民检察院再次提出抗诉应否受理的批复

(1995年10月6日 法复〔1995〕7号)

四川省高级人民法院:

你院关于人民检察院提出抗诉,人民法院按照审判监督程序再审维持原裁判的民事、经济、行政案件,人民检察院再次提出抗诉,人民法院应否受理的请示收悉。经研究,同意你院意见,即上级人民检察院对下级人民法院已经发生法律效力的民事、经济、行政案件提出抗诉的,无论是同级人民法院再审还是指令下级人民法院再审,凡作出维持原裁判的判决、裁定后,原提出抗诉的人民检察院再次提出抗诉的,人民法院不予受理;原提出抗诉的人民检察院的上级人民检察院提出抗诉的,人民法院应当受理。

最高人民法院关于当事人对行政机关作出的全民所有制工业企业分立的决定不服提起诉讼人民法院应作为何种行政案件受理的复函

（1994 年 6 月 27 日　法函〔1994〕34 号）

山西省高级人民法院：

你院(1994)晋法行字第 14 号请示收悉。经研究，我们认为，根据《中华人民共和国全民所有制工业企业法》第二条第二款、《全民所有制工业企业转换经营机制条例》第六条和《中华人民共和国行政诉讼法》第十一条第一款第(三)项的规定，当事人对行政机关强行作出的关于全民所有制工业企业分立的决定不服，依法向人民法院提起行政诉讼的，人民法院应作为“侵犯法律规定的经营自主权的”行政案件受理。

此复。

最高人民法院关于人民法院应否受理当事人不服治安管理处罚而提起的刑事自诉问题的批复

（1993 年 9 月 3 日　法复〔1993〕8 号）

各省、自治区、直辖市高级人民法院，解放军军事法院：

近年来，一些高级法院请示，对于公安机关的治安管理处罚决定生效后，当事人在法定期间内未提起行政诉讼，而向人民法院提起刑事自诉的，人民法院是否应当受理的问题。经研究，现批复如下：

治安管理处罚决定生效后，当事人在法定期间内未就治安管理处罚决定提起行政诉讼，而就同一事实向人民法院提起刑事自诉的，只要符合刑事诉讼法的有关规定，并且被告人的行为是在追诉时效期限内的，人民法院均应受理。经审理如果认为被告人的行为构成犯罪，应当依法追究刑事责任。被告人被判处管制、拘役或者有期徒刑的，如果其在原治安管理处罚决定中已受过拘留处罚，应当将拘留处罚天数折抵刑期。对于自诉人提起附带民事诉讼，人民法院经调解或判决被告人赔偿损失的，应当将原治安管理处罚决定中的赔偿部分一并考虑。人民法院审理这类自诉案件所制作的调解书、裁定书或判决书，一经生效即送达作出原治安管理处罚决定的公安机关。

最高人民法院行政审判庭关于税务行政案件起诉期限问题的电话答复

（1990 年 12 月 27 日）

湖北省高级人民法院：

你院行审文字〔90〕第42号关于税务行政案件起诉期限的请示报告收悉。经研究,同意你院意见,即根据行政诉讼法第三十八条第二款的规定:“申请人不服复议决定的,可以在收到复议决定书之日起15日内向人民法院提起诉讼。”“法律另有规定的除外。”中华人民共和国税收征收管理暂行条例规定当事人不服税务机关复议裁决的起诉期限为30日。因该条例属于行政法规,不属于法律,故应适用行政诉讼法规定的起诉期限。如果税务复议裁决交代起诉期限为30日,当事人在接到复议决定书之日起15日后至30日以前向人民法院起诉的,应视为当事人在法定期限内提起诉讼。

此复。

七、审理和判决

◎ 司法解释及文件

最高人民法院关于行政案件申诉复查和再审工作分工的通知

（2012 年 8 月 31 日　法发〔2012〕18 号）

各省、自治区、直辖市高级人民法院，新疆维吾尔自治区高级人民法院生产建设兵团分院：

为进一步规范人民法院行政案件申诉复查和再审工作分工，提高行政审判的质量和效率，现就有关问题通知如下：

行政申诉和申请再审案件，经立案庭审查，符合立卷复查条件的，立案后统一由各级人民法院行政审判庭负责复查和再审。裁定不予受理案件的申诉复查和再审工作由立案庭负责。当事人向作出生效裁判的人民法院申诉或申请再审，符合立卷复查条件的，立案后由审判监督庭负责复查和再审。

本通知自 2013 年 1 月 1 日起施行。届时尚未办结的案件仍由原审判业务部门负责办理。

特此通知。

最高人民法院关于认真贯彻执行《关于行政诉讼撤诉若干问题的规定》的通知

（2008 年 1 月 31 日　法发〔2008〕9 号）

各省、自治区、直辖市高级人民法院，新疆维吾尔自治区高级人民法院生产建设兵团分院：

《最高人民法院关于行政诉讼撤诉若干问题的规定》（以下简称《撤诉规定》）已由最高人民法院审判委员会第 1441 次会议通过，于 2008 年 2 月 1 日起施行。为准确把握和正确适用《撤诉规定》，现就有关问题通知如下：

一、充分认识制定实施《撤诉规定》的重要意义

我国行政诉讼法颁布实施以来，各级人民法院不断重视加强和积极开展行政审判工作，取得了举世瞩目的成就，为保护公民、法人和其他组织的合法权益，监督、支持和促进依法行政，维护社会的和谐与稳定，做出了重要贡献。同时也应当看到，随着时代的进步、形势的发展和人民群众对司法救济的期待不断增强，行政诉讼制度在一些方面已经难以满足审判实践的需要，其中行政争议解决方式的完善，是一个亟待解决的问题。在社会转型加速、社会矛盾凸显的新形势下，行政争议不仅数量逐渐增多，情况也越来越复杂，积极探索和完善行政诉讼处理新机制，对于妥善处理行政争议，增进当事人与行政机关之间的理解和信任，维护社会的和谐稳定，具有重要意义。党中央、国务院对于加强和改进行政审判工作极为重视，并对积极稳妥地推进行政诉讼改革，健全行政争议解决机制提出了明确要求。《撤诉规定》的制定和施行,是最高人民法院深化司法制度改革的一项重要措施,对于规范行政诉讼撤诉,妥善化解行政争议具有重要的意义。各级人民法院要深刻理解制定实施《撤诉规定》的重要性,在审判实践中认真贯彻执行。

二、执行中应当注意处理好的几个问题

一是以依法妥善处理行政争议为目标。制定《撤诉规定》的主要目的,是为了妥善化解行政争议,依法审查行政诉讼中行政机关改变被诉具体行政行为及当事人申请撤诉的行为。人民法院经审查认为被诉具体行政行为违法或者明显不当,可以根据案件的具体情况,建议被告改变其所作的具体行政行为,主动赔偿或补偿原告的损失,原告同意后可以申请撤诉。这种处理机制是在法律允许范围内的制度创新,是新形势下解决行政争议的一项有效制度,是实现"案结事了",促进"官"民和谐的必然要求。各级人民法院要通过认真执行《撤诉规定》,积极探索协调解决行政争议的新机制。特别是对于群体性行政争议、因农村土地征收、城市房屋拆迁、企业改制、劳动和社会保障、资源环保等社会热点问题引发的行政争议,更要注意最大限度地采取协调方式处理。鼓励和提倡双方当事人通过合意协商,在妥善解决争议的基础上通过撤诉的方式结案。

二是正确处理合法性审查与当事人撤诉的关系。提倡和鼓励以当事人撤诉的方式结案,不能排除或放弃合法性审查原则。人民法院应当在通过对具体行政行为的合法性、适当性进行审查,初步确认具体行政行为违法或明显不当的基础上,根据案件具体情况建议被告改变被诉具体行政行为。被告改变其所作的具体行政行为及原告申请撤诉只有符合法定条件,人民法院才能作出准许撤诉的裁定。

三是准确把握审判组织在新机制中的地位和作用。由于行政诉讼中被告改变其所作的具体行政行为,原告同意并申请撤诉,是建立在当事人自愿的基础上,合议庭可以发挥宣传、建议、协调和法律释明的作用,但要严格遵循当事人自愿原则,坚决防止和杜绝动员甚至强迫当事人撤诉的现象。既要尽可能通过协调化解行政争议,又不能片面追求撤诉率,侵害当事人合法权益。

四是注意选择裁定准许撤诉的时机。在当事人之间达成的和解中,往往具有履行权利义务的内容,人民法院应当关注和解内容的履行情况,对于有履行内容且履行完毕,符合撤诉条件的,应当裁定准许撤诉;不能即时或者一次性履行的,可以裁定准许撤诉,也可以裁定中止审理,以防止约定的义务不能及时履行或者不履行,使当事人的权益再次受到侵害。

五是正确处理撤诉与裁判的关系。及时救济权利,兼顾行政效率,是行政审判应当追求的目标。要正确处理好撤诉与裁判的关系,防止当判不判,久拖不结。经审查申请撤诉不符合法定条件,或者行政机关改变被诉具体行政行为后当事人不撤诉的,应当及时作出裁判。

六是完善撤诉的结案方式。为了满足审判实践的需要,《撤诉规定》对撤诉裁定的方式进行了必要的完善。准许撤诉裁定可以载明被告改变被诉具体行政行为的主要内容,并可以根据案件具体情况,在裁定理由中明确被诉具体行政行为全部或者部分不再执行。准许撤回上诉或者再审申请的裁定参照上述要求制作,并可以明确被诉具体行政行为或者原裁判全部或者部分不再执行,以解决双方当事人的合意与被诉具体行政行为或者原裁判的冲突。通过对行政机关改变具体行政行为的内容及履行情况加以确认,使当事人的权利义务更加明确。由于裁定通常只解决诉讼程序方面问题,因此,上述已在裁定理由中明确、涉及实体处理的内容,在裁定主文中不再表述。

七是注意撤诉的适用范围。行政机关改变被诉具体行政行为后原告申请撤诉,一般发生在第一审诉讼期间,但在第二审和再审期间也可能出现,如果片面强调判决的既判力和稳定性而不允许撤诉,不利于实现化解行政争议、妥善解决纠纷的目的。《撤诉规定》对此也作了明确规定,当事人在第二审期间申请撤回上诉,再审期间申请撤回再审申请的,均可参照本规定执行。

三、认真抓好《撤诉规定》的贯彻执行

《撤诉规定》虽然条款不多,但是其对于规范行政机关改变被诉具体行政行为及当事人撤诉行为,依法妥善化解行政争议,具有重要的积极作用。各级人民法院要调整工作思路,理顺工作机制,完善相关工作制度,加大对这一司法解释贯彻执行的领导和指导力度。要组织行政审判人员逐条学习理解、准确把握《撤诉规定》的精神和本通知的要求。必要时可以组织开展培训宣传活动,以增进人民群众和行政机关的理解与支持。各高级人民法院和中级人民法院要加强调查研究和对下指导,结合本地实际情况制定实施方案,对于执行过程中出现的新情况新问题,要及时报告上级人民法院。

特此通知。

最高人民法院关于行政诉讼撤诉若干问题的规定

(2007 年 12 月 17 日最高人民法院审判委员会第 1441 次会议通过　2008 年 1 月 14 日最高人民法院公告公布　自 2008 年 2 月 1 日起施行　法释〔2008〕2 号)

为妥善化解行政争议,依法审查行政诉讼中行政机关改变被诉具体行政行为及当事人申请撤诉的行为,根据《中华人民共和国行政诉讼法》制定本规定。

第一条　人民法院经审查认为被诉具体行政行为违法或者不当,可以在宣告判决或者裁定前,建议被告改变其所作的具体行政行为。

第二条　被告改变被诉具体行政行为,原告申请撤诉,符合下列条件的,人民法院应当裁定准许:

(一)申请撤诉是当事人真实意思表示;

(二)被告改变被诉具体行政行为,不违反法律、法规的禁止性规定,不超越或者放弃职权,不损害公共利益和他人合法权益;

(三)被告已经改变或者决定改变被诉具体行政行为,并书面告知人民法院;

(四)第三人无异议。

第三条　有下列情形之一的,属于行政诉讼法第五十一条规定的“被告改变其所作的具体行政行为”:

(一)改变被诉具体行政行为所认定的主要事实和证据;

(二)改变被诉具体行政行为所适用的规范依据且对定性产生影响;

(三)撤销、部分撤销或者变更被诉具体行政行为处理结果。

第四条　有下列情形之一的,可以视为“被告改变其所作的具体行政行为”:

(一)根据原告的请求依法履行法定职责;

(二)采取相应的补救、补偿等措施;

(三)在行政裁决案件中,书面认可原告与第三人达成的和解。

第五条　被告改变被诉具体行政行为,原告申请撤诉,有履行内容且履行完毕的,人民法院可以裁定准许撤诉;不能即时或者一次性履行的,人民法院可以裁定准许撤诉,也可以裁定中止审理。

第六条　准许撤诉裁定可以载明被告改变被诉具体行政行为的主要内容及履行情况,并可以根据案件具体情况,在裁定理由中明确被诉具体行政行为全部或者部分不再执行。

第七条　申请撤诉不符合法定条件,或者被告改变被诉具体行政行为后当事人不撤诉的,人民法院应当及时作出裁判。

第八条　第二审或者再审期间行政机关改变被诉具体行政行为,当事人申请撤回上诉或者再审申请的,参照本规定。

准许撤回上诉或者再审申请的裁定可以载明行政机关改变被诉具体行政行为的主要内容及履行情况,并可以根据案件具体情况,在裁定理由中明确被诉具体行政行为或者原裁判全部或者部分不再执行。

第九条 本院以前所作的司法解释及规范性文件,凡与本规定不一致的,按本规定执行。

最高人民法院关于房地产管理机关能否撤销错误的注销抵押登记行为问题的批复

(2003年11月17日 法释〔2003〕17号)

广西壮族自治区高级人民法院:

你院《关于首长机电设备贸易(香港)有限公司不服柳州市房产局注销抵押登记、吊销(1997)柳房他证字第0410号房屋他项权证并要求发还0410号房屋他项权证上诉一案的请示》收悉。经研究答复如下:

房地产管理机关可以撤销错误的注销抵押登记行为。

此复。

八、执　行

◎ 司法解释及文件

最高人民法院关于办理行政机关申请强制执行案件有关问题的通知

（1998 年 8 月 18 日　法〔1998〕77 号）

各省、自治区、直辖市高级人民法院，新疆维吾尔自治区高级人民法院生产建设兵团分院：

关于人民法院办理行政机关申请强制执行其作出的具体行政行为的案件，行政庭与执行庭如何分工的问题，经我院审判委员会讨论，并已正式下发文件（法发〔1996〕12 号）。我院《关于人民法院执行工作若干问题的规定（试行）》下发后，一些法院就上述两个文件的关系问题向我院提出询问。现就有关问题重申如下：

一、行政机关申请人民法院强制执行案件由行政审判庭负责审查。经教育，行政行为相对人自动履行的，即可结案。需要强制执行的，由行政审判庭移送执行庭办理。

二、对于申请执行的具体行政行为，人民法院必须认真进行审查，切实履行法律赋予的监督职责，坚决防止和杜绝违法失职现象的发生。因不审查或不认真审查而给被申请人造成损失的，应当追究有关人员的责任。

三、人民法院经审查，确认申请执行的具体行政行为有明显违法问题，侵犯相对人实体合法权益的，裁定不予执行，并向申请机关提出司法建议。

最高人民法院关于行政机关对土地争议的处理决定生效后一方不履行另一方不应以民事侵权向法院起诉的批复

（1991 年 7 月 24 日　〔90〕法民字第 2 号）

河北省高级人民法院：

你省《关于人民政府对土地所有权和使用权争议做出处理决定后，一方当事人不服而又不向法院起诉，也不执行，期满后对方当事人可否以侵权案向人民法院起诉，以及如何处理的请示报告》收悉。经研究认为：行政机关对土地争议的处理决定生效后，一方当事人不履行的，对方当事人不应以民事侵权案向法院起诉，可向行政机关提出申请执行，该行政机关依照行政诉讼法第六十六条的规定，可以申请人民法院强制执行，或依法强制执行。

国家赔偿编

一、综　合

中华人民共和国国家赔偿法

（1994年5月12日第八届全国人民代表大会常务委员会第七次会议通过　根据2010年4月29日第十一届全国人民代表大会常务委员会第十四次会议《关于修改〈中华人民共和国国家赔偿法〉的决定》第一次修正　根据2012年10月26日第十一届全国人民代表大会常务委员会第二十九次会议《关于修改〈中华人民共和国国家赔偿法〉的决定》第二次修正）

第一章　总　　则

第一条　【立法目的】为保障公民、法人和其他组织享有依法取得国家赔偿的权利，促进国家机关依法行使职权，根据宪法，制定本法。

第二条　【依法赔偿】国家机关和国家机关工作人员行使职权，有本法规定的侵犯公民、法人和其他组织合法权益的情形，造成损害的，受害人有依照本法取得国家赔偿的权利。

本法规定的赔偿义务机关，应当依照本法及时履行赔偿义务。

条文释义：赔偿义务机关，是指履行国家赔偿责任的具体机关，即代表国家接受赔偿请求，参加赔偿程序，履行赔偿义务的机关。我国国家赔偿法确立了“谁侵权，谁赔偿”的原则，国家赔偿由具体的侵权机关承担，在行政赔偿中以行使行政职权造成损害的行政机关为赔偿义务机关，在司法赔偿中以行使国家侦查、检察、审判、监狱管理职权的机关为赔偿义务机关。

第二章　行政赔偿

第一节　赔偿范围

第三条　【侵犯人身权的行政赔偿范围】行政机关及其工作人员在行使行政职权时有下列侵犯人身权情形之一的，受害人有取得赔偿的权利：

（一）违法拘留或者违法采取限制公民人身自由的行政强制措施的；

（二）非法拘禁或者以其他方法非法剥夺公民人身自由的；

（三）以殴打、虐待等行为或者唆使、放纵他人以殴打、虐待等行为造成公民身体伤害或者死亡的；

（四）违法使用武器、警械造成公民身体伤害或者死亡的；

（五）造成公民身体伤害或者死亡的其他违法行为。

条文释义：行政赔偿的范围是指行政机关及其工作人员在行使行政职权的活动中给公民、法人或者其他组织造成损害，由国家对此承担责任并予以赔偿的领域。行政赔偿范围一般包括两个方面：一是赔偿的行为范围，即国家对哪些行政行为造成的损害承担赔偿责任，对哪些行政行为造成的损害不承担赔偿责任。二是赔偿的损害范围，即对于公民、法人或者其他组织的哪些损害，国家承担赔偿责任，对哪些损害，国家不承担赔偿责任。

行政拘留又称治安拘留，是公安机关依法对违反行政法律规范的人，在短期内限制其人身自由的一种行政处罚。行政拘留的决定权只有县级以上的公安机关享有，其他任何行政机关都没有决定行政拘留的权力。

行政强制措施，是指行政机关在行政管理过程中，为制止违法行为、防止证据损毁、避免危害发生、控制危险扩大等情形，依法对公民人身自由实施暂时性限制，或者对公民、法人或者其他组织的财产实施暂时性控制的行为。例如强制传唤，对涉嫌吸毒人员的强制检测，对吸毒成瘾人员的强制隔离戒毒，对非典病人的强制隔离治疗，等等。

行政机关作出行政拘留决定或者采取限制人身自由的强制措施必须有法律的明确授权，并严格依照法律规定的方式和幅度进行，超出法定行为方式和幅度的，都是违法的。如行人违反交通规则，根据法律，只能对其处以罚款或者警告，如果对其作出行政拘留决定，就属于违法。

非法拘禁或者以其他方法非法剥夺公民人身自由，是指行政机关及其工作人员在行使职权过程中，不具有行政拘留或采取限制人身自由的行政强制措施的权力，超越法律授权，采取拘禁、禁闭、隔离、关押等方法剥夺公民人身自由。例如工商行政管理机关在进行市场管理时，对违法行为人可以依法予以罚款、扣押财物、没收违法所得、吊销经营许可证等，但法律并没有赋予其行使限制人身自由的职权，如果工商行政管理机关对违反工商管理法律法规的行为人实施拘禁、关押等限制人身自由的措施，就是非法剥夺公民人身自由，是一种违法行为。

以殴打、虐待等行为或者唆使、放纵他人以殴打、虐待等行为造成公民身体伤害或者死亡的，是指行政机关工作人员在行使职权时，违法乱纪，使用殴打等暴力行为或者虐待等方法造成公民身体伤害、死亡，或者虽然不是由于行政机关及其工作人员直接实施的殴打、虐待行为，而是由于行政机关工作人员唆使、放纵他人殴打、虐待公民造成其身体伤害、死亡的，国家应当承担赔偿责任。应当注意的是，行政机关工作人员殴打、虐待受害人的行为是与其行使职权有关的行为，如果这种行为与行使职权无关，完全是个人行为，则不产生国家赔偿责任问题。例如，一名警察在饭店吃饭，因与服务员发生口角，遂将该服务员打伤。这种殴打行为不是发生在执行职务、行使职权过程中，与行使职权无关，纯粹是该警察的个人行为，如果产生赔偿责任，只能是由该警察承担民事赔偿责任，国家不承担赔偿责任。

虐待的表现形式很多，如罚站、罚跪、强迫吃不洁物品、长时间强光照射、热天火烤、冬天冰冻、不允许睡觉、车轮战等。

“唆使、放纵”是指不是由行政机关及其工作人员直接实施的，而是由他人实施的殴打、虐待等行为，但行政机关及其工作人员有教唆、指使的行为或者负有制止上述行为的义务但没能制止上述行为发生的情形，对此，国家应当承担赔偿责任。如看守所或者监狱管理机关工作人员唆使牢头狱霸殴打、虐待他人或者发现牢头狱霸殴打、虐待他人而不予制止，导致公民身体伤害或者死亡的，国家应当承担赔偿责任。

违法使用武器警械是指行政机关工作人员在行使职权时，违反国家法律有关武器警械的使用规定而使用武器警械，造成公民身体伤害或者死亡的行为。对于使用武器和警械的范围和程序，《人民警察法》和《人民警察使用警械和武器条例》有详细的规定。一般来讲，人民警察使用武器、警械，针对的都是严重的暴力犯罪分子，并且应严格遵守法律的规定，如果违反这些规定，造成公民身体伤害或者死亡的，国家应当承担赔偿责任。

本条第5项及本法第4条第4项规定的“其他违法行为”，包括具体行政行为和与行政机关及其工作人员行使行政职权有关的，给公民、法人或者其他组织造成损害的，违反行政职责的行为。

相关规定：《最高人民法院关于审理行政赔偿案件若干问题的规定》第1条

第四条 【侵犯财产权的行政赔偿范围】行政机关及其工作人员在行使行政职权时有下列侵

犯财产权情形之一的，受害人有取得赔偿的权利：

（一）违法实施罚款、吊销许可证和执照、责令停产停业、没收财物等行政处罚的；

（二）违法对财产采取查封、扣押、冻结等行政强制措施的；

（三）违法征收、征用财产的；

（四）造成财产损害的其他违法行为。

条文释义：吊销许可证和执照是指行政机关对持有某种许可证或者执照，但其活动违反许可的内容和范围的公民、法人或者其他组织的处罚。

责令停产停业是行政机关命令企业在一定期限内停止经营活动的处罚形式。

没收财物是指行政机关将违法行为人的非法所得、违禁物或者违法行为工具予以没收，是对生产、保管、加工、运输、销售违禁物品或者进行其他违法经营行为的公民、法人或者其他组织实施的一种经济上的处罚。如渔政管理部门没收非法渔获物和渔具，公安部门没收赌具、赌资，海关没收违禁物品等。

根据行政处罚法的规定，行政处罚应当遵循处罚法定原则，即处罚的主体应当合法、处罚的依据应当合法、处罚的内容应当合法、处罚的程序应当合法。行政机关作出处罚决定，违反上述任何一项法定原则要求，给公民、法人或者其他组织财产权造成损害的，受害人有取得国家赔偿的权利。

查封是指行政机关对财产所有人的动产或者不动产就地封存，贴上封条。

扣押是指行政机关将动产置于自己的控制之下。

冻结是指银行根据行政机关的请求，不准存款人动用银行存款。

对财产的行政强制措施还有强制划拨、强制销毁、强制收兑、强行退还、强行拆除、强制变卖、财产保全，等等。

违法对财产采取强制措施主要是指：(1)无权作出行政强制措施的机关对财产采取强制措施的；(2)公民、法人或者其他组织依法履行了法定义务，不存在应对其财产采取强制措施的法定情形，而行政机关采取了强制措施的；(3)采取对财产的强制措施没有明确的法律依据的；(4)采取对财产的强制措施违反法定程序的。

征收和征用，都是依据行政机关单方面的征收命令、征用命令对被征收、征用的当事人发生作用，无须征得被征收、被征用的公民、法人或者其他组织的同意。征收、征用必须符合三项法定条件：一是为了公共利益的需要。公共利益以外的目的，例如商业目的，不应适用国家征收、征用。所谓公共利益，是指全体社会成员的直接的利益，例如公共道路交通、公共卫生、灾害防治、国防、科学及文化教育事业，以及环境保护、文物古迹及风景名胜区的保护等，均属于社会公共利益。因商业目的需要取得公民和法人的土地使用权，应当与土地使用权人平等协商，按照合同法的规定签订合同。二是征收、征用应符合法律规定程序。三是必须对被征收、征用的公民和法人给予公正补偿。违反上述三项条件，对公民、法人或者其他组织的合法财产进行征收、征用的，受害人有取得国家赔偿的权利。

第五条　【行政侵权中的免责情形】属于下列情形之一的，国家不承担赔偿责任：

（一）行政机关工作人员与行使职权无关的个人行为；

（二）因公民、法人和其他组织自己的行为致使损害发生的；

（三）法律规定的其他情形。

条文释义：区分行政机关工作人员的行为是公务行为还是个人行为，通常要综合考虑以下因素：(1)时间要素。公务员在上班和执行任务期间实施的行为，通常视为公务行为，而在下班和非执行任务期间实施的行为，则通常视为个人行为。(2)名义要素。公务员的行为是以其所属的行政主体的名义作出的，通常视为公务行为；非以其所属的行政主体的名义作出的，通常视为个人行为。(3)公益要素。公务员的公务行为涉及公共利益的,同公共事务有关的,通常视为公务行为;不涉及公共利益,与公共事务无关的,通常视为个人行为。(4)职责要素。公务员的行为属于其职责范围的,通常视为公务行为;超出其职责范围的,通常视为个人行为。(5)命令要素。公务员按照法律或者行政首长的命令、指示以及委托实施的行为,通常视为公务行为;无命令和法律根据的行为,通常视为个人行为。(6)公务标志要素。公务员执行公务是佩带或出示能表明其身份的公务标志的行为,通常视为公务行为,反之则属于个人行为。行政机关工作人员与行使职权无关的个人行为给公民、法人或者其他组织造成损害的,由该工作人员本人承担赔偿责任,国家不承担赔偿责任。

因公民、法人和其他组织自己的行为致使损害发生的,即受害人过错造成损害发生的,国家不承担赔偿责任。例如,妻子违反交通规则导致事故发生,丈夫担心妻子受苦,谎称是自己驾驶汽车导致事故发生,致使公安机关将其拘留。对此,丈夫不但无权请求国家赔偿,还应当承担伪造证据、扰乱行政执法的责任。又如,公民在被行政拘留期间,自伤、自残的,也不能请求国家赔偿。在受害人和行政机关对损害的发生都有过错时,应当根据受害人过程的程度,认定行政机关的侵权行为与损害结果之间的联系程度,确定因果关系以及赔偿责任的大小。

本条第3项所指法律规定的其他情形主要有以下几种:一是不可抗力,二是紧急避险,三是意外事件,四是第三人过错,五是正当防卫。

公民、法人或者其他组织以国防、外交等国家行为或者行政机关制定发布行政法规、规章或者具有普遍约束力的决定、命令侵犯其合法权益造成损害为由,向人民法院提起行政赔偿诉讼的,人民法院不予受理。

相关规定:《最高人民法院关于审理行政赔偿案件若干问题的规定》第6条

第二节 赔偿请求人和赔偿义务机关

第六条 【行政赔偿请求人】受害的公民、法人和其他组织有权要求赔偿。

受害的公民死亡,其继承人和其他有扶养关系的亲属有权要求赔偿。

受害的法人或者其他组织终止的,其权利承受人有权要求赔偿。

条文释义:行政赔偿请求人,是指合法权益受行政机关及其工作人员侵害,依法有权请求行政赔偿的人。我国行政赔偿请求人包括以下三类:

1. 公民。首先是指合法权益受到行政机关及其工作人员的职权行为侵害的本人;有的受害公民因受到行为能力的限制,不能行使赔偿请求权,则其请求权由其法定代理人行使,但赔偿请求权人仍是那个行为能力受到限制的受害公民。按照民法通则的规定,无民事行为能力、限制行为能力的法定代理人为其监护人。其次,受害的公民死亡时,受害人的继承人有权取得国家赔偿;除继承人之外,与受害人有扶养关系的亲属也有权取得国家赔偿。其他有扶养关系的亲属,是指继承人以外的、依靠被继承人扶养的缺乏劳动能力又没生活来源的亲属,或者是继承人以外的对被继承人扶养较多的亲属。近亲属一般指夫、妻、父母、子女、同胞兄弟姐妹、祖父母、外祖父母、孙子女、外孙子女。有扶养关系的亲属既包括以上的近亲属,又包括其他亲属如叔伯、舅姑等。

2. 法人。法人是指具有民事权利能力和民事行为能力,依法独立享有民事权利和承担民事义务的组织。包括企业法人,机关、事业单位和社会团体法人。

3. 其他组织。其他组织是指依法成立,有一定的组织机构和财产,但不具备法人资格的组织。其他组织包括依法领取营业执照的合伙组织等。

除本条规定以外,下列个人和单位的合法权益受到侵害的,也可以要求行政赔偿:(1)与行政赔偿案件处理结果有法律上的利害关系的其他公民、法人或者其他组织有权作为第三人参加行政赔偿诉讼。(2)企业法人或者其他组织被行政机关撤销、变更、兼并、注销,认为经营自主权受到侵害,依法提起行政赔偿诉讼,原企业法人或其他组织,或者对其享有权利的法人或其他组织均具有原告资格。

相关规定:《最高人民法院关于审理行政赔偿案件若干问题的规定》第14、16条

第七条 【行政赔偿义务机关】行政机关及其工作人员行使行政职权侵犯公民、法人和其他组织的合法权益造成损害的,该行政机关为赔偿义务机关。

两个以上行政机关共同行使行政职权时侵犯公民、法人和其他组织的合法权益造成损害的,共同行使行政职权的行政机关为共同赔偿义务机关。

法律、法规授权的组织在行使授予的行政权力时侵犯公民、法人和其他组织的合法权益造成损害的,被授权的组织为赔偿义务机关。

受行政机关委托的组织或者个人在行使受委托的行政权力时侵犯公民、法人和其他组织的合法权益造成损害的,委托的行政机关为赔偿义务机关。

赔偿义务机关被撤销的,继续行使其职权的行政机关为赔偿义务机关;没有继续行使其职权的行政机关的,撤销该赔偿义务机关的行政机关为赔偿义务机关。

条文释义:行政机关及其工作人员行使行政职权侵犯公民、法人和其他组织的合法权益造成损害的,该行政机关为赔偿义务机关。即单个行政机关致害时,谁实施侵权行为,谁就是赔偿义务机关。侵权行为是行政机关实施的,该行政机关为赔偿义务机关;致害主体是行政机关工作人员的,则由其所属的行政机关为赔偿义务机关。如果两个以上行政机关共同对某一事项行使管理职权,他们的行为侵犯了公民、法人和其他组织的合法权益造成损害时,共同行使职权的行政机关对损害后果都有履行赔偿的义务。受害人可以向共同赔偿义务机关中的任何一个赔偿义务机关要求赔偿,该赔偿义务机关应当先予赔偿,但赔偿后可要求其他有责任的行政机关负担相应的赔偿费用,即机关之间的追偿。

法律、法规授权的组织是指根据法律法规的规定行使国家权力的组织。

实践中,行政机关将部分职权委托给组织或个人行使,受行政机关委托的组织或者个人在行使委托的行政权力时侵犯公民、法人和其他组织的合法权益造成损害的,委托的行政机关为赔偿义务机关。受委托组织虽然可以成为侵权行为主体,却不能成为赔偿义务机关。凡是接受委托的组织或者个人为了行使委托的职权或者是为了执行委托的公务而实施的行为,都应当由委托的行政机关负责。需要注意的是,如果受委托的组织或个人所实施的致害行为与委托的职权无关,则属于个人行为,国家不承担赔偿责任。所谓"无关",是指受委托的组织或者个人的行为与委托的职权或者公务之间没有任何实质性的联系。

第八条 【经过行政复议的赔偿义务机关】经复议机关复议的,最初造成侵权行为的行政机关为赔偿义务机关,但复议机关的复议决定加重损害的,复议机关对加重的部分履行赔偿义务。

条文释义:行政复议,是指行政相对人认为行政主体的具体行政行为侵犯其合法权益,依法向行政复议机关提出复查该具体行政行为的申请,行政复议机关依照法定程序对被申请的具体行政行为进行合法性、适当性审查,并作出行政复议决定的一种法律制度。

经行政复议后的赔偿义务机关应按下列办法确定:(1)复议机关复议决定撤销原具体行政行为的,最初造成侵权行为的行政机关为赔偿义务机关。(2)复议机关复议决定维持原具体行政行为的,最初造成侵权行为的行政机关为赔偿义务机关。(3)复议机关复议决定变更原具体行政行为并减轻损害的,最初造成侵权行为的行政机关为赔偿义务机关。(4)复议机关的复议决定变更原具体行政行为,并加重受害人损害的,复议机关和最初造成侵权行为的行政机关为共同赔偿义务机关,这时的赔偿义务机关有两个,但复议机关只对加重部分承担赔偿义务。复议机关的复议决定

加重损害的情况主要发生在行政处罚和行政强制措施等具体行政行为上。例如,公安分局由于认定事实有错误,对没有违反治安管理的人决定处罚100元,被处罚的人不服,申请公安局复议,市公安局复议决定处罚200元,后经行政诉讼判决撤销了处罚决定。受害人要求赔偿时,作为复议机关的市公安局只对加重处罚的100元履行赔偿义务,最初决定处罚的100元,由公安分局履行赔偿义务。

第三节 赔偿程序

第九条 【赔偿请求人要求行政赔偿的途径】赔偿义务机关有本法第三条、第四条规定情形之一的,应当给予赔偿。

赔偿请求人要求赔偿,应当先向赔偿义务机关提出,也可以在申请行政复议或者提起行政诉讼时一并提出。

条文释义:本条改变了原国家赔偿法对于行政机关的行为要先行"确认"是否违法的规定。按照修改后的国家赔偿法的规定,只要存在法定的赔偿情形,赔偿请求人向赔偿义务机关请求赔偿的,赔偿义务机关应直接作出是否赔偿的决定,而不再经过确认程序。

如果受害人单独提出行政赔偿请求,必须由行政机关先行处理,只有受害人对行政机关处理决定不服或行政机关逾期未作出赔偿决定的情况下,才能提起行政赔偿诉讼。

如果申请人在申请行政复议或者提起行政诉讼时一并提出赔偿请求的,行政复议机关或者人民法院对符合国家赔偿法的有关规定应当给予赔偿的,在决定撤销、变更具体行政行为或者确认具体行政行为违法时,应当同时决定行政机关依法给予赔偿。

第十条 【行政赔偿的共同赔偿义务机关】赔偿请求人可以向共同赔偿义务机关中的任何一个赔偿义务机关要求赔偿,该赔偿义务机关应当先予赔偿。

条文释义:共同赔偿义务机关是指两个以上行政机关共同行使行政职权时侵犯公民、法人和其他组织的合法权益造成损害的,共同行使行政职权的行政机关为共同赔偿义务机关。赔偿请求人有权向其中的任何一个提出赔偿请求,该机关必须予以受理。受理后决定赔偿的,应当予以赔偿。

需要指出的是,就赔偿数额来说,赔偿申请人可以向共同赔偿义务机关中的任何一个赔偿义务机关请求全部的赔偿金额,任何一个赔偿义务机关不得以共同侵权为由只支付部分赔偿金额或拒绝支付。也就是说,共同赔偿义务机关负的是连带责任。任何一个赔偿义务机关履行了全部赔偿义务后,可以再向其他共同赔偿义务机关追偿其应支付的部分赔偿金额。

第十一条 【根据损害提出数项赔偿要求】赔偿请求人根据受到的不同损害,可以同时提出数项赔偿要求。

条文释义:赔偿请求人可以依据自己受到损害的具体情形,依法提出不同的赔偿请求。财产受到损害的,可以请求支付赔偿金、返还财产或者恢复原状;生命健康权和精神受到损害的,可以请求支付赔偿金和精神损害抚慰金。如果公民的财产权、人身自由权、生命健康权和精神都受到了损害,可以依法同时提出上述多项赔偿请求。

第十二条 【赔偿请求人递交赔偿申请书】要求赔偿应当递交申请书,申请书应当载明下列事项:

(一)受害人的姓名、性别、年龄、工作单位和住所,法人或者其他组织的名称、住所和法定代表人或者主要负责人的姓名、职务;

(二)具体的要求、事实根据和理由;

(三)申请的年、月、日。

赔偿请求人书写申请书确有困难的,可以委托他人代书;也可以口头申请,由赔偿义务机关记入笔录。

赔偿请求人不是受害人本人的,应当说明与受害人的关系,并提供相应证明。

赔偿请求人当面递交申请书的,赔偿义务机关应当当场出具加盖本行政机关专用印章并注明收讫日期的书面凭证。申请材料不齐全的,赔偿义务机关应当当场或者在五日内一次性告知赔偿请求人需要补正的全部内容。

条文释义:赔偿请求人提出赔偿请求,原则上应当以书面的形式提出,即应当递交申请书。如果赔偿申请人存在书写申请书的困难情形,则允许赔偿请求人委托他人代书。委托代书的人可以是律师,也可以是其他具有民事行为能力的人。除了允许赔偿请求人请他人代书外,赔偿请求人也可以选择口头申请,即当面向被申请机关的工作人员口述其赔偿申请应列明的各项内容,由被申请机关工作人员记入笔录。

"具体的要求"是指赔偿请求人根据国家赔偿法规定的赔偿范围、标准和方式,提出一项或者多项赔偿请求。"事实依据"主要指赔偿请求人应载明行政机关和行政机关工作人员在行使职权过程中侵犯了其合法权益,且属于国家赔偿法所规定的法定赔偿情形。对此,赔偿申请书可以附上一定的证据,也可以只做出一定的说明,留待行政机关去查明事实。"理由"主要指依据事实和法律阐明赔偿请求人具有获得赔偿的理由,如属于国家赔偿法规定的赔偿范围,受害人的损害和行政机关及其工作人员之间的行为存在直接因果关系,行政机关的行为是违法的,不存在免责的情形等等。

本条第3款是2010年《国家赔偿法》修改后新增加的内容。如果赔偿申请人不是受害人本人的,如受害的公民的继承人和其他有扶养关系的亲属,应当说明其为死亡公民的继承人,或者与死亡公民有扶养关系。如果受害的法人终止的,赔偿申请人应当说明其为该法人的权利承受人。对于上述关系的说明,赔偿请求人应当提供相应的证明,如载明亲属关系的户口簿、居委会出具的证明、工商登记的相关文件、法院的法律文书等。

赔偿申请人当面递交申请书的,行政机关当场出具的书面凭证所注明的收讫日期,即为计算行政赔偿义务机关作出是否赔偿决定的法定期限的起算点。也就是说,行政赔偿义务机关应当自收讫日期起两个月内作出是否赔偿的决定。如果行政赔偿义务机关在该期限内未作出是否赔偿的决定,赔偿请求人可以自该期限届满之日起3个月内向法院提起诉讼。需要注意的是,出具书面凭证只适用于赔偿请求人当面递交赔偿申请书的情形。赔偿申请人通过邮寄方式递交赔偿申请的,可以根据邮件的收讫日期来判断行政赔偿义务机关收到申请的日期。

第十三条 【行政赔偿义务机关作出赔偿决定】赔偿义务机关应当自收到申请之日起两个月内,作出是否赔偿的决定。赔偿义务机关作出赔偿决定,应当充分听取赔偿请求人的意见,并可以与赔偿请求人就赔偿方式、赔偿项目和赔偿数额依照本法第四章的规定进行协商。

赔偿义务机关决定赔偿的,应当制作赔偿决定书,并自作出决定之日起十日内送达赔偿请求人。

赔偿义务机关决定不予赔偿的,应当自作出决定之日起十日内书面通知赔偿请求人,并说明不予赔偿的理由。

条文释义:"收到申请之日"的确定:如果赔偿请求人当面递交申请书的,以行政赔偿义务机关当场出具的书面凭证载明的收讫日期为准;如果赔偿请求人是通过信函方式邮寄申请书的,以邮件的签收日期为准。

本条在2010年修改国家赔偿法时,新增了协商的内容,即行政赔偿义务机关作出赔偿决定,应当充分听取赔偿请求人的意见,并可以与赔偿请求人就赔偿方式、赔偿项目和赔偿数额依照本法第四章的规定进行协商。行政赔偿义务机关在收到申请材料后作出赔偿决定前,应当听取或者主动询问赔偿请求人对赔偿方式、赔偿项目和赔偿数额的意见。“应当”意味着听取赔偿请求人的意见是行政赔偿义务机关作出赔偿决定的必经程序,具体采取的形式可以由行政赔偿义务机关自行决定。

协商的范围仅限于“赔偿方式、赔偿项目和赔偿数额”。协商应在法律规定的限度内进行,超过法定限度的协商是违法的。需要注意的是,协商的结果不是达成赔偿协议,而是由行政赔偿义务机关作出赔偿决定。

行政赔偿义务机关受理赔偿申请后,可能决定赔偿,也可能决定不予赔偿。行政赔偿义务机关决定不予赔偿的,也应当书面通知赔偿请求人。该通知必须是书面的,不能是简单的口头通知。行政赔偿义务机关还应当在书面通知中列明不予赔偿的理由,不予赔偿的理由应当是正当合法、充分合理的,如赔偿申请超过了两年的请求国家赔偿的时限,或者不属于国家赔偿法规定的赔偿范围,或者属于国家赔偿的法定免责情形等。

第十四条 【赔偿请求人向法院提起诉讼】赔偿义务机关在规定期限内未作出是否赔偿的决定,赔偿请求人可以自期限届满之日起三个月内,向人民法院提起诉讼。

赔偿请求人对赔偿的方式、项目、数额有异议的,或者赔偿义务机关作出不予赔偿决定的,赔偿请求人可以自赔偿义务机关作出赔偿或者不予赔偿决定之日起三个月内,向人民法院提起诉讼。

条文释义:“未作出是否赔偿的决定”,是指行政赔偿义务机关在收到赔偿申请后,两个月之内既没决定赔偿,也没决定不予赔偿。

赔偿申请人对赔偿决定提起赔偿诉讼时,只能以对赔偿方式、项目、数额有异议作为正当的法定理由。如果赔偿请求人对赔偿决定的其他内容不服,如认为赔偿决定依据的法律和事实不准确,或者对造成损害的行政行为有异议的,可以依法提起行政复议或者行政诉讼。

第十五条 【举证责任】人民法院审理行政赔偿案件,赔偿请求人和赔偿义务机关对自己提出的主张,应当提供证据。

赔偿义务机关采取行政拘留或者限制人身自由的强制措施期间,被限制人身自由的人死亡或者丧失行为能力的,赔偿义务机关的行为与被限制人身自由的人的死亡或者丧失行为能力是否存在因果关系,赔偿义务机关应当提供证据。

条文释义:赔偿请求人提供证据证明的一般包括:赔偿义务机关实施的行政行为违法,赔偿义务机关的违法行为给自己的合法权益造成了实际损害,自己的损害是由赔偿义务机关的行为引起的,赔偿义务机关应予赔偿的损失数额,等等。赔偿义务机关一般需要证明的是:赔偿义务机关的行为合法,赔偿义务机关的行为与赔偿请求人的损害之间没有因果关系,赔偿义务机关不应给予赔偿请求人赔偿或者不应给予赔偿请求人请求的赔偿数额,等等。如果赔偿请求人或者赔偿义务机关无法提供证据证明自己提出的主张或者提出的证据不能证明自己提出的主张,就要承担败诉的后果。

第2款规定的“限制人身自由的强制措施”,是指劳动教养、劳动改造等由行政机关对公民采取的限制人身自由的强制措施。“被限制人身自由的人丧失行为能力”,是指被限制人身自由的人失去了以自己的行为行使权利和承担义务的能力,例如,成为不能辨认自己行为的精神病人或者植物人等。被限制人身自由的人在被限制人身自由期间,采取限制人身自由措施的行政机关负有安全监管的义务,在被限制人身自由期间发生死亡或者丧失行为能力情形的,应当由行政机关举证证明被限制人身自由的人的损害不是由于行政机关的违法或者过错行为引起的。

第十六条 【行政追偿】赔偿义务机关赔偿损失后,应当责令有故意或者重大过失的工作人员或者受委托的组织或者个人承担部分或者全部赔偿费用。

对有故意或者重大过失的责任人员，有关机关应当依法给予处分；构成犯罪的，应当依法追究刑事责任。

条文释义：行政追偿，是指国家向行政赔偿请求人支付赔偿费用后，依法责令有故意或者重大过失的工作人员、受委托的组织或者个人承担部分或者全部赔偿费用的法律制度。

行政机关行使行政追偿权的条件是：(1) 赔偿义务机关已经向赔偿请求人，即受到损害的公民、法人或者其他组织支付了赔偿金。(2) 行政机关工作人员或者受行政机关委托的组织或个人违法行使行政职权造成了受害人合法权益的损失，且在主观上有故意或者重大过失。例如，公安机关工作人员在接到紧急求助之后，没有及时出警，而是与朋友大吃大喝，导致受害人损害的发生即属于重大过失。

第三章　刑事赔偿

第一节　赔偿范围

第十七条　【侵犯人身权的刑事赔偿范围】行使侦查、检察、审判职权的机关以及看守所、监狱管理机关及其工作人员在行使职权时有下列侵犯人身权情形之一的，受害人有取得赔偿的权利：

（一）违反刑事诉讼法的规定对公民采取拘留措施的，或者依照刑事诉讼法规定的条件和程序对公民采取拘留措施，但是拘留时间超过刑事诉讼法规定的时限，其后决定撤销案件、不起诉或者判决宣告无罪终止追究刑事责任的；

（二）对公民采取逮捕措施后，决定撤销案件、不起诉或者判决宣告无罪终止追究刑事责任的；

（三）依照审判监督程序再审改判无罪，原判刑罚已经执行的；

（四）刑讯逼供或者以殴打、虐待等行为或者唆使、放纵他人以殴打、虐待等行为造成公民身体伤害或者死亡的；

（五）违法使用武器、警械造成公民身体伤害或者死亡的。

条文释义：刑事拘留赔偿的情形包括：一是对于违反刑事诉讼法的规定采取刑事拘留措施的；二是对公安机关虽依法采取刑事拘留措施，但超过了法律规定的拘留期限，并且其后决定撤销案件、不起诉或者判决宣告无罪终止追究刑事责任的。对于公安机关依法采取刑事拘留措施，并且在法定期间内进行侦查取证活动，没有超过期限，其后予以释放的，国家不承担赔偿责任。

刑事拘留的条件：一是正在预备犯罪、实行犯罪或者在犯罪后即时被发觉的；二是被害人或者在场亲眼看见的人指认他犯罪的；三是在身边或者住处发现有犯罪证据的；四是犯罪后企图自杀、逃跑或者在逃的；五是有毁灭、伪造证据或者串供可能的；六是不讲真实姓名、住址，身份不明的；七是有流窜作案、多次作案、结伙作案重大嫌疑的。只有在上述情形下，公安机关才能采取拘留措施，超出法律规定的情形实施刑事拘留，即构成违法拘留。

《刑事诉讼法》第69条对刑事拘留的期限作了明确规定："公安机关对被拘留的人，认为需要逮捕的，应当在拘留后的3日以内，提请人民检察院审查批准。在特殊情况下，提请审查批准的时间可以延长1日至4日。对于流窜作案、多次作案、结伙作案的重大嫌疑分子，提请审查批准的时间可以延长至30日。"因此，只有流窜作案、多次作案、结伙作案的重大嫌疑人，报请批捕的时间才能延长至30日。对于其他刑事案件的犯罪嫌疑人，报请批捕的时间只能是7日以内。对不属于流窜作案、多次作案、结伙作案情形，采取拘留措施，拘留期限超过法定时限的，受害人有权获得国家赔偿。

依照《刑事诉讼法》规定的条件和程序对公民采取拘留措施，但是拘留时间超过刑事诉讼法规定的时限的，国家赔偿包括整个拘留期间，并不是只赔偿超过规定时限的那部分期间。

撤销案件,是指侦查机关在侦查过程中,发现不应对犯罪嫌疑人追究刑事责任的,对已经立案侦查的案件依法予以撤销的处理决定。

刑事不起诉,是指人民检察院对公安机关侦查终结移送起诉的案件和直接立案侦查终结的案件进行审查后,认为犯罪嫌疑人的行为不符合起诉条件,而依法作出的不将犯罪嫌疑人提交人民法院进行审判,终止刑事程序的处理决定。

宣告无罪,是指人民法院根据查明的案件事实、证据和法律规定,确认被告人无罪,或认为证据不足,指控的犯罪不能成立、作出宣告被告无罪的判决。人民法院的一审判决、二审判决和审判监督程序的再审改判都可能产生无罪判决。

错判有多种情形,包括无罪被判有罪、有罪被判无罪、此罪被判彼罪、重罪轻判等,但根据国家赔偿法,上述情形并不都要进行国家赔偿,只有无罪被判有罪,并全部或者部分执行刑罚的,国家才承担赔偿责任。

这里的刑罚,指剥夺人身自由的刑罚,主要指实际羁押的有期徒刑和无期徒刑。虽被判处刑罚,但没有被羁押,不能请求国家赔偿。人民法院判处管制、有期徒刑缓刑、剥夺政治权利等刑罚被依法改判无罪的,国家不承担赔偿责任。但是,判决生效前被羁押的,依法有权取得国家赔偿。(参见《最高人民法院关于人民法院执行〈中华人民共和国国家赔偿法〉几个问题的解释》四)

刑讯逼供,是指司法人员在办案过程中为逼取口供,对犯罪嫌疑人、被告人使用肉刑或者变相肉刑逼取口供的行为。与刑事拘留、逮捕的国家赔偿责任不同,刑讯逼供或者以殴打、虐待等行为侵犯公民身体健康权的,不以受害者无罪为前提,有罪的受害者也有权获得此项赔偿。因此,受害者在受伤后即可申请国家赔偿,不必等诉讼结束。

刑事司法机关工作人员应当按照法律、法规规定的情形、使用方法、对象来使用武器、警械。依法不应配备武器、警械的工作人员配备或者私自携带、使用武器、警械,依法佩带武器、警械的司法机关工作人员违反规定使用武器、警械,造成公民身体伤害或者死亡的,受害人有取得国家赔偿的权利。

第十八条　【侵犯财产权的刑事赔偿范围】行使侦查、检察、审判职权的机关以及看守所、监狱管理机关及其工作人员在行使职权时有下列侵犯财产权情形之一的,受害人有取得赔偿的权利:

(一)违法对财产采取查封、扣押、冻结、追缴等措施的;

(二)依照审判监督程序再审改判无罪,原判罚金、没收财产已经执行的。

条文释义:查封是行使侦查、检察、审判职权的国家机关将与刑事案件有关的可以用作证据、不便提取的财物,就地封存或者责成专人保管,任何人不得擅自移动或处分,以防转移、隐匿或者毁损丢失,以待进一步查处。

扣押是指有关司法机关将与刑事案件有关的物品、文件、邮件等强制扣留,限制被采取该项措施的人占有和处分的强制措施。与案件无关的物品、文件,不得扣押。对于扣押的物品、文件,要妥善保管或者封存,不得使用或者损毁。

冻结是有关司法机关为防止嫌疑人转移、处分与案件有关的资产,通知银行或者其他金融机构暂停支付或不准提取、转让存款或股票等有价证券的强制措施。

对于扣押的物品、文件、邮件、电报或者冻结的存款、汇款,经查明确实与案件无关的,应当在3日以内解除扣押、冻结,退还原主或者原邮电机关。

追缴是有关司法机关对于犯罪工具、物品、赃物、非法所得等进行追查、收缴、退回原主或上缴国家的措施。

实践中违法查封、扣押、冻结、追缴主要有以下情形:(1)对与案件无关的财物以及被告人的合法财产采取查封、扣押、冻结、追缴等强制措施。如对案件之外的其他公民、法人的财物,被告人家属个人的合法收入、储蓄、生产资料,被告人合法继承的遗产及奖品、资金等采取查封、扣押、冻结、追缴等强制措施。(2)宣告被告人无罪后,仍继续查封、扣押或者冻结财产。(3)查封、扣押或者冻结财产后,未妥善保管封存,随意使用或者致使财产毁损,而给被告人的财产造成损害。

如果依照审判监督程序再审改判被告人无罪,则已经执行的罚金或者没收的财产,国家应当承担赔偿责任,予以返还。

第十九条 【刑事赔偿免责情形】属于下列情形之一的,国家不承担赔偿责任:

(一)因公民自己故意作虚伪供述,或者伪造其他有罪证据被羁押或者被判处刑罚的;

(二)依照刑法第十七条、第十八条规定不负刑事责任的人被羁押的;

(三)依照刑事诉讼法第十五条、第一百七十三条第二款、第二百七十三条第二款、第二百七十九条规定不追究刑事责任的人被羁押的;

(四)行使侦查、检察、审判职权的机关以及看守所、监狱管理机关的工作人员与行使职权无关的个人行为;

(五)因公民自伤、自残等故意行为致使损害发生的;

(六)法律规定的其他情形。

条文释义:依照《刑法》第 17 条、第 18 条规定不负刑事责任的是指:(1)已满 14 周岁不满 16 周岁,但不是犯故意杀人、故意伤害致人重伤或者死亡、强奸、抢劫、贩卖毒品、放火、爆炸、投毒罪的,不负刑事责任。(2)未满 14 周岁的人,无论犯什么罪,都不负刑事责任。(3)精神病人在不能辨认或者不能控制自己行为的时候造成危害结果,经法定程序鉴定确认的,不负刑事责任。

依照《刑事诉讼法》第 15 条规定不追究刑事责任的是指:(1)情节显著轻微、危害不大,不认为是犯罪的,不追究刑事责任。(2)犯罪已过追诉时效期限的,不追究刑事责任。(3)经特赦令免除刑罚的,不追究刑事责任。(4)依照刑法告诉才处理的犯罪,没有告诉或者撤回告诉的,不追究刑事责任。告诉才处理的案件,逮捕措施由法院决定。没有告诉的,法院自然不会决定逮捕。但因情况紧急或者案由认定错误,误认为不是告诉才处理的案件而立案侦查的,公安机关可能采取拘留措施;对于案由认定错误的案件,检察机关、法院可能批准或决定逮捕,法院可能作出有罪判决。对于这类案件,如果被羁押人构成告诉才处理之罪的,国家对羁押行为可以免责。

依照《刑事诉讼法》第 173 条第 2 款规定不追究刑事责任的是指:犯罪情节轻微,依照刑法规定不需要判处刑罚或者免除刑罚的,检察院可以作出不起诉决定。

犯罪嫌疑人、被告人、罪犯在羁押、服刑期间死亡,正常死亡的,国家不承担赔偿责任;非正常死亡的,国家是否免责,应根据死亡情形区别处理。

如果犯罪嫌疑人、被告人确有犯罪事实,仅仅因为其死亡而不追究刑事责任的,国家对其死亡前的羁押应当免责;如果有证据证明犯罪嫌疑人、被告人没有犯罪事实,对其死亡前的羁押,国家不能免责,其合法继承人可请求赔偿。

第二节 赔偿请求人和赔偿义务机关

第二十条 【刑事赔偿请求人】赔偿请求人的确定依照本法第六条的规定。

条文释义:刑事赔偿请求人资格的确定与国家赔偿法第 6 条规定的行政赔偿请求人资格的确定是一致的。

第二十一条 【刑事赔偿义务机关】行使侦查、检察、审判职权的机关以及看守所、监狱管理机关及其工作人员在行使职权时侵犯公民、法人和其他组织的合法权益造成损害的,该机关为赔偿义务机关。

对公民采取拘留措施,依照本法的规定应当给予国家赔偿的,作出拘留决定的机关为赔偿义务机关。

对公民采取逮捕措施后决定撤销案件、不起诉或者判决宣告无罪的,作出逮捕决定的机关为赔偿义务机关。

再审改判无罪的,作出原生效判决的人民法院为赔偿义务机关。二审改判无罪,以及二审发回重审后作无罪处理的,作出一审有罪判决的人民法院为赔偿义务机关。

条文释义:刑事赔偿义务机关是指在刑事赔偿法律关系中代表国家接受刑事赔偿请求、支付赔偿费用的义务机关,即行使侦查、检察、审判职权的机关以及看守所、监狱管理机关。依照法律授权,行使侦查权的机关有公安机关、国家安全机关等;行使检察权的机关为各级人民检察院;行使审判职权的机关为各级人民法院,包括各专门法院;看守所是对罪犯和重大犯罪嫌疑人临时羁押的场所;监狱管理机关行使监狱管理职权。

根据法律规定,有权在侦查犯罪过程中作出刑事拘留决定的机关是公安机关、国家安全机关和人民检察院。这些机关违反刑事诉讼法的规定对公民采取拘留措施,或者拘留时间超过刑事诉讼法规定时限,其后决定撤销案件、不起诉或者判决宣告无罪终止追究刑事责任的,作出拘留决定的机关为赔偿义务机关。

根据法律规定,有权作出逮捕决定的机关只有人民检察院和人民法院。因此,如果人民检察院或者人民法院作出逮捕决定,对公民采取逮捕措施后决定撤销案件、不起诉或者判决宣告无罪的,作出逮捕决定的人民检察院或者人民法院为赔偿义务机关。

根据第4款的规定,作出最后错误判决的人民法院为赔偿义务机关。具体而言,一审法院判决发生法律效力,再审改判无罪后,一审法院为赔偿义务机关;二审法院维持一审有罪的判决或作出减轻刑罚的判决发生法律效力,再审改判无罪的,二审法院为赔偿义务机关;二审改判无罪,以及二审发回重审后作无罪处理的,作出一审判决的人民法院为赔偿义务机关。

第三节　赔 偿 程 序

第二十二条　【刑事赔偿的提出和赔偿义务机关先行处理】赔偿义务机关有本法第十七条、第十八条规定情形之一的,应当给予赔偿。

赔偿请求人要求赔偿,应当先向赔偿义务机关提出。

赔偿请求人提出赔偿请求,适用本法第十一条、第十二条的规定。

条文释义:刑事赔偿程序是指由赔偿请求人和赔偿义务机关参加的,因刑事司法机关及其工作人员在刑事诉讼过程中侵害公民、法人和其他组织的权利,受害人向国家申请予以赔偿的程序。

刑事赔偿程序分为三个阶段:第一阶段为赔偿义务机关先行处理程序。这一程序中,赔偿请求人向赔偿义务机关提出赔偿申请,赔偿义务机关根据申请,采用评议、协议、裁决等方式决定是否赔偿以及赔偿方式和赔偿数额。第二阶段为复议程序。在这一程序中,赔偿请求人对赔偿义务机关不予赔偿的决定不服或者对赔偿裁决的具体内容有异议的,可以向赔偿义务机关的上一级机关申请复议。第三阶段为法院赔偿委员会的决定程序。赔偿请求人在不服复议决定或者复议机关逾期不作复议决定时,可向在特定法院设立的赔偿委员会申请作出赔偿决定。

但当刑事赔偿的义务机关是人民法院时,赔偿程序只有两个阶段:一是赔偿义务机关先行处理程序,二是法院赔偿委员会的决定程序。即赔偿请求人向负有赔偿义务的人民法院提出赔偿申请,相关人民法院作出决定。赔偿请求人对其决定不服的,无需经复议程序,可直接向其上一级人民法院的赔偿委员会申请作出赔偿决定。

第二十三条　【刑事赔偿义务机关赔偿决定的作出】赔偿义务机关应当自收到申请之日起两个月内,作出是否赔偿的决定。赔偿义务机关作出赔偿决定,应当充分听取赔偿请求人的意见,并

可以与赔偿请求人就赔偿方式、赔偿项目和赔偿数额依照本法第四章的规定进行协商。

赔偿义务机关决定赔偿的，应当制作赔偿决定书，并自作出决定之日起十日内送达赔偿请求人。

赔偿义务机关决定不予赔偿的，应当自作出决定之日起十日内书面通知赔偿请求人，并说明不予赔偿的理由。

条文释义：期限开始的日，不计算在期间内。即如果赔偿义务机关在9月1日收到申请，那么最迟应当在11月2日作出是否赔偿的决定。如果期限届满的最后一日是节假日的，则以节假日后的第一日为届满日期。

协商并不意味着赔偿请求人可以漫天要价，更不意味着赔偿义务机关可以为了息事宁人而无限制地进行高价赔付。协商的依据和标准是国家赔偿法第四章（赔偿方式和计算标准）的有关规定。关于赔偿方式，双方可以协议是支付赔偿金、返还财产或者恢复原状；关于赔偿项目和数额，双方可以根据《国家赔偿法》第33条至第36条的规定，进行协商。如果协商不成，赔偿义务机关可根据国家赔偿法第四章的规定，作出决定。

一般来说，赔偿决定书应当载明赔偿请求人和受害人的基本身份信息，赔偿请求的具体内容，赔偿义务机关决定给予赔偿的方式、项目和数额。

赔偿义务机关收到赔偿申请后，经审查决定不予赔偿的，也应当制作书面通知。与赔偿决定书相类似，不予赔偿决定的书面通知，也应载明赔偿请求人的基本信息和赔偿请求的具体内容，并应当说明不予赔偿的理由。

第二十四条　【刑事赔偿复议申请的提出】赔偿义务机关在规定期限内未作出是否赔偿的决定，赔偿请求人可以自期限届满之日起三十日内向赔偿义务机关的上一级机关申请复议。

赔偿请求人对赔偿的方式、项目、数额有异议的，或者赔偿义务机关作出不予赔偿决定的，赔偿请求人可以自赔偿义务机关作出赔偿或者不予赔偿决定之日起三十日内，向赔偿义务机关的上一级机关申请复议。

赔偿义务机关是人民法院的，赔偿请求人可以依照本条规定向其上一级人民法院赔偿委员会申请作出赔偿决定。

条文释义：刑事赔偿的复议程序是指赔偿请求人向赔偿义务机关提出赔偿请求后，赔偿义务机关不予赔偿，或者赔偿请求人对赔偿决定有异议时，可以向赔偿义务机关的上一级机关提出复议申请，由复议机关进行审查并对赔偿争议作出决定的程序。

行政赔偿和刑事赔偿均有关于复议的规定，但它们存在以下区别：(1)行为性质和法律依据不同。行政赔偿复议，是国家赔偿法依托于行政复议程序而设计的赔偿程序，国家赔偿的决定过程被包含在行政复议程序中，因此，其性质仍属于行政行为，其法律依据除了国家赔偿法之外，主要是行政复议法；刑事赔偿复议是国家赔偿法设立的对刑事司法行为引起的损害赔偿进行审查的程序，其性质属于司法行为，其法律依据是国家赔偿法的规定以及相关司法解释。(2)是否经过"先行处理"不同。行政赔偿请求人要求赔偿，可以先向赔偿义务机关提出，也可以在申请行政复议时一并提出；而刑事赔偿请求，必须先向赔偿义务机关提出，对赔偿义务机关的决定不服时，才可以向赔偿义务机关的上一级机关提出复议申请。(3)审查决定的内容不同。行政赔偿复议解决的是下一级行政机关的具体行政行为的合法性和合理性，在审查具体行政行为是否违法的过程中，一并解决赔偿问题；刑事赔偿复议审查的内容，则是其下一级机关作出的司法赔偿决定是否正确、恰当，并依法作出复议决定。(4)法定救济途径不同。行政赔偿请求人对行政复议决定不服，包括对国家赔偿部分不服的，可以提起行政诉讼；刑事赔偿请求人对刑事赔偿复议决定不服的，只能向复议机关所在地的同级人民法院赔偿委员会申请作出赔偿决定。(5)复议机关不同。行政赔偿复议的机关是

决定,认为确有错误的,可以向上一级人民法院赔偿委员会提出申诉。

赔偿委员会作出的赔偿决定生效后,如发现赔偿决定违反本法规定的,经本院院长决定或者上级人民法院指令,赔偿委员会应当在两个月内重新审查并依法作出决定,上一级人民法院赔偿委员会也可以直接审查并作出决定。

最高人民检察院对各级人民法院赔偿委员会作出的决定,上级人民检察院对下级人民法院赔偿委员会作出的决定,发现违反本法规定的,应当向同级人民法院赔偿委员会提出意见,同级人民法院赔偿委员会应当在两个月内重新审查并依法作出决定。

条文释义:对赔偿委员会作出的决定错误的,原国家赔偿法没有规定纠正程序,不利于对赔偿委员会的监督,不利于保障赔偿请求人的合法权益。2010 年修改《国家赔偿法》时,新增了赔偿委员会重新审查程序。

重新审查并不是对原赔偿决定的上诉审,重新审查期间,原赔偿决定仍然发生法律效力,不停止执行。

可以提出申诉的当事人包括赔偿请求人和赔偿义务机关。只要当事人认为赔偿委员会作出的决定确有错误,即有权向上一级人民法院赔偿委员会提出申诉。而对于当事人的申诉,赔偿委员会经过审查后,认为应当重新审查的,才决定重新审查,包括即使没有"发现违反本法规定",但只要"认为应当重新审查"的,也可以决定重新审查。

第 2 款规定的是赔偿委员会依职权重新审查,依职权重新审查的条件是"违反本法规定",强调的是对国家赔偿法本身的违反。只要违反国家赔偿法的规定,就应当重新审查。从另一角度说,如果没有违反国家赔偿法的规定,即使认定事实有出入,或者适用其他法律有错误,因为在赔偿金额上也不会出现大的差错,为维护赔偿决定的稳定性,不必重新审查。

只有最高人民检察院有权对各级人民法院赔偿委员会作出的决定,上级人民检察院有权对下级人民法院赔偿委员会作出的赔偿决定进行监督。地方人民检察院如果认为同级人民法院赔偿委员会的赔偿决定违反国家赔偿法规定的,无权进行监督,应当提请上级人民检察院向其同级人民法院赔偿委员会提出意见进行监督。比如,如果是县级检察机关作为赔偿义务机关,则由中级人民法院赔偿委员会负责办理赔偿案件,进行监督的上级人民检察院即为最高人民检察院、省级人民检察院。如果是设区的市级检察机关作为赔偿义务机关,则由高级人民法院赔偿委员会负责办理赔偿案件,进行监督的上级人民检察院即为最高人民检察院。

第三十一条 【刑事赔偿的追偿】赔偿义务机关赔偿后,应当向有下列情形之一的工作人员追偿部分或者全部赔偿费用:

(一)有本法第十七条第四项、第五项规定情形的;

(二)在处理案件中有贪污受贿,徇私舞弊,枉法裁判行为的。

对有前款规定情形的责任人员,有关机关应当依法给予处分;构成犯罪的,应当依法追究刑事责任。

条文释义:刑事追偿是指,行使侦察、检察、审判职权以及看守所、监狱管理机关及工作人员在行使职权时,侵犯人身权和财产权造成损害,赔偿义务机关代表国家向受害人承担赔偿责任后,赔偿义务机关再向国家机关工作人员追回国家支付的部分或者全部的赔偿费用。

刑事追偿适用的情形包括:一是刑讯逼供或者殴打、虐待等行为或者唆使、放纵他人以殴打、虐待等行为造成公民身体伤害或者死亡;二是违法使用武器、警械造成公民身体伤害或者死亡;三是在处理案件中有贪污受贿,徇私舞弊,枉法裁判行为。

第四章 赔偿方式和计算标准

第三十二条 【赔偿方式】国家赔偿以支付赔偿金为主要方式。

能够返还财产或者恢复原状的，予以返还财产或者恢复原状。

条文释义：国家赔偿的方式，是指国家机关及其工作人员有国家赔偿法规定的情形，侵犯公民、法人或者其他组织合法权益且造成损害时，承担赔偿责任的形式，即国家对自己造成损害的行为以何种责任方式承担法律后果。

支付赔偿金，是指加害人因侵权行为造成他人财产或人身损害，依法应承担的以给付金钱的形式弥补所受损害的赔偿责任。除特别情形以外，绝大部分赔偿应通过货币支付的方式进行，只有在返还财产、恢复原状更为适当时，才可以采取这两类方式。返还财产的前提是原物存在且可以被返还，如果原物已经不存在，则无法适用这一方式，只能采取金钱赔偿；即使原物存在，但已被处理，如已被拍卖无法返还的，也无法适用这一方式。

恢复原状，是指赔偿义务机关按照受害人的愿望和要求恢复损害发生之前的原本状态。例如，将损坏的财产重新修复，解除对财产的扣押和冻结等。如果被损坏的财物没有修复的可能，或者修复在经济效益上不合算，或者所有人不再需要，则不应适用这一方式。例如，行政机关违法强行拆迁房屋，原房屋所在地已经修建其他建筑物，一般来说就无法恢复原状。

第三十三条　【人身自由的国家赔偿标准】侵犯公民人身自由的，每日赔偿金按照国家上年度职工日平均工资计算。

条文释义：根据修改后的国家赔偿法，侵犯人身自由的赔偿金，可分为两部分，一是本条规定的对误工损失的赔偿，二是造成严重后果的精神损害抚慰金。

本条所指的“上年度”，应为赔偿义务机关、复议机关或者人民法院赔偿委员会作出赔偿决定时的上年度；复议机关或者人民法院赔偿委员会决定维持原赔偿决定的，按作出原赔偿决定时的上年度执行。国家上年度职工日平均工资数额，应当以职工年平均工资除以全年法定工作日数的方法计算。年平均工资以国家统计局公布的数字为准。

相关规定：《最高人民法院关于执行〈中华人民共和国国家赔偿法〉几个问题的解释》六；《最高人民法院关于2014年作出的国家赔偿决定涉及侵犯公民人身自由权计算标准的通知》

第三十四条　【生命健康权的国家赔偿标准】侵犯公民生命健康权的，赔偿金按照下列规定计算：

（一）造成身体伤害的，应当支付医疗费、护理费，以及赔偿因误工减少的收入。减少的收入每日的赔偿金按照国家上年度职工日平均工资计算，最高额为国家上年度职工年平均工资的五倍；

（二）造成部分或者全部丧失劳动能力的，应当支付医疗费、护理费、残疾生活辅助具费、康复费等因残疾而增加的必要支出和继续治疗所必需的费用，以及残疾赔偿金。残疾赔偿金根据丧失劳动能力的程度，按照国家规定的伤残等级确定，最高不超过国家上年度职工年平均工资的二十倍。造成全部丧失劳动能力的，对其扶养的无劳动能力的人，还应当支付生活费；

（三）造成死亡的，应当支付死亡赔偿金、丧葬费，总额为国家上年度职工年平均工资的二十倍。对死者生前扶养的无劳动能力的人，还应当支付生活费。

前款第二项、第三项规定的生活费的发放标准，参照当地最低生活保障标准执行。被扶养的人是未成年人的，生活费给付至十八周岁止；其他无劳动能力的人，生活费给付至死亡时止。

条文释义：身体伤害，也称为一般伤害，是指身体受到的尚未造成残疾、未造成劳动能力受损的伤害。

医疗费是指受害人身体受到伤害后为恢复健康而进行治疗所支出的费用，包括挂号费、检查费、医药费、治疗费、住院费、康复费等。实践中，一般根据医疗机构出具的药费、治疗费等收费凭证，结合病历和诊断证明等相关证据确定医疗费的具体数额。赔偿义务人对治疗的必要性与合理性有异议的，应当承担相应的举证责任。医疗费一般包括实际已经发生的费用，以及根据医疗证明或者鉴定结论确定在将来必然发生的医疗费用等。

护理费是指受害人因受损害导致生活不能自理时,由专人进行护理所支出的费用。赔偿护理费的前提是,受害人受到损害,生活不能自理或者不能完全自理,需要有人进行护理。实践中,护理费一般根据护理人员的收入状况和护理人数、护理期限确定。护理人员有收入的,原则上参照其因误工而减少的收入计算;没有收入或者雇佣专门护工的,原则上参照当地护工同等级护理服务的劳务报酬来计算。护理期限原则上应计算至受害人恢复自理能力时为止。受害人因残疾不能恢复自理能力的,可以根据其年龄、残疾等级、健康状况等因素综合确定合理的护理期限。

因误工减少的收入,是指受害人因受到伤害而无法从事正常工作或者劳动而失去或者减少的收入,也可以称为误工费。误工费的计算以受害人从受到伤害到恢复正常能参加工作、劳动时为止的这段时间内的损失来计算,这段时间内的每天的赔偿金按国家上年度职工日平均工资计算。误工费赔偿的最高限额为国家上年度年平均工资的5倍。

残疾赔偿金是指国家机关及其工作人员侵犯了公民的健康权,致使公民部分或者全部丧失劳动能力后,国家支付给受害人的赔偿。丧失劳动能力的程度,可由各地的劳动能力鉴定委员会进行鉴定,按照《工伤保险条例》以及《劳动能力鉴定 职工工伤与职业病致残等级》的相应规定,一至四级伤残的,为全部丧失劳动能力;五级、六级伤残的,为大部分丧失劳动能力;七到十级伤残为部分丧失劳动能力。残疾赔偿金的支付应当根据丧失劳动能力的程度,按照国家规定的伤残等级确定,最高不超过国家上年度职工年平均工资的20倍。

残疾生活辅助具费是指受害人因残疾而造成身体功能全部或者部分丧失后需要配置补偿功能的残疾辅助器具的费用。残疾生活辅助器具主要包括假肢及其零部件、义眼、助听器、盲人阅读器、助视器、矫形器等。

被扶养人的生活费是指国家机关及其工作人员侵犯了公民的生命健康权,致使公民全部丧失劳动能力的,对其扶养的无劳动能力的人所支付的生活费。根据有关规定,公民应扶养的人包括:祖父母、外祖父母、父母、配偶、未满18周岁的子女以及与公民已经形成扶养关系的人,在特定情况下,还包括弟妹、兄姐。

公民死亡情况下,国家支付的死者生前的医疗救治费应单独支付。死亡赔偿金只能支付给受害人的近亲属;至于受害人的近亲属依法请求的精神损害赔偿,则是加害人对受害人近亲属因受害人死亡而产生的悲痛等精神上受伤害而应当支付的抚慰金。

第三十五条 【精神损害的国家赔偿标准】有本法第三条或者第十七条规定情形之一,致人精神损害的,应当在侵权行为影响的范围内,为受害人消除影响,恢复名誉,赔礼道歉;造成严重后果的,应当支付相应的精神损害抚慰金。

条文释义:精神损害赔偿是指因侵害受害人的人身权而使得受害人受到严重精神损害的,致害人对此给予的赔偿。严重精神损害是指受害人的心理上、精神上遭受的严重损害,其具体表现形式包括:受害人死亡的,其近亲属的悲痛和哀伤;受害人因身体受到严重伤害乃至伤残而感受到的精神痛苦,因伤残而导致将来生活与就业困难的精神上的焦虑;受害人因受侵害,虽然身体未受到严重伤害,但是受害者心理上受到严重刺激,出现了严重的精神上的受损,出现了精神病或者间歇性精神病,或者抑郁症等严重的精神障碍;受害人因其名誉权和荣誉权受到严重损害也可请求精神赔偿。

国家赔偿法中关于应当给予精神损害赔偿的情形大体可以分为以下几类:

1. 受害人名誉权、荣誉权受到损害而请求精神损害赔偿。当国家机关及其工作人员侵害公民的人身权与财产权致使公民的名誉权、荣誉权受损时,有关的赔偿义务机关应当为其消除影响,恢复名誉,赔礼道歉。所谓消除影响,是指赔偿义务机关承担的在特定范围内消除因公民名誉权、荣誉权受侵害的不良影响,以恢复公民原有的名誉和荣誉。所谓恢复名誉,是指赔偿义务机关在公民名誉权、荣誉权受损害的范围内为其恢复名誉、荣誉,使之回复到侵害发生之前的状态。所谓赔礼道歉,是赔偿义务机关因损害了公民的名誉权和荣誉权,通过公开的方式,以使公众广泛知晓的途径,向受害人承认错误、请求受害人谅解。

需要注意的是:第一,对于公民名誉权、荣誉权受损的事实,只要公民被国家机关及其工作人员不法侵害了其人身权、财产权的,就可以认定为其名誉权、荣誉权受损。例如,公民被错误逮捕,导致其邻居、同事等有所非议;公民开的商店错误遭到停业的处罚,这也会导致该公民在同行、客户中声誉受损,这也可认定为公民的名誉权、荣誉权遭到了损害。第二,本类国家赔偿的方式应在不良影响所达的范围内作出。例如,如果某公民被错误逮捕,其名誉权、荣誉权受到了损害,导致在某县范围内造成了不良影响,则赔偿义务机关应在该县的范围内作出本类赔偿;如果该错误逮捕在所在省的范围内造成了对该公民的广泛的不良影响,则赔偿义务机关应在该省范围内为其消除影响、恢复名誉、赔礼道歉。第三,赔偿义务机关应当负责相关的费用,如登报费用等。

2. 公民因生命健康权受侵害而发生伤亡的,可以请求精神损害赔偿。公民因生命健康权受侵害而受伤或造成残疾的,应当认定其精神受到损害,赔偿义务机关或法院可根据受害人受伤以及残疾的程度,参照国家有关鉴定标准,综合考虑侵权人的过错程度,侵害的手段、场合与行为方式,侵权行为所造成的后果,侵权人的家庭经济情况,受诉法院所在地平均生活水平等因素给予受害人相应的精神损害赔偿。

对于公民因国家机关及其工作人员侵犯其生命健康权致使受害人死亡的,受害人的近亲属的精神会遭受严重的损害,赔偿义务机关或法院应当给予受害人的近亲属以一定的精神损害赔偿金,具体数额可参照当地的经济水平,侵害的手段、场合与行为方式等因素作出。

3. 受害人虽身体未受严重伤害,但其心理精神严重受损,出现了精神病、间歇性精神病或者抑郁症、失眠症等严重的精神障碍、精神疾病的症状。对于这种情形,只要有医疗诊断等有关证据证明受害人心理精神状况受到严重影响和伤害的,除了有关机关需要支付相应的治疗费用外,需要对受害人给予精神损害赔偿,具体赔偿数额,有关机关可参考上述因素确定。

第三十六条 【财产权的国家赔偿标准】侵犯公民、法人和其他组织的财产权造成损害的,按照下列规定处理:

(一)处罚款、罚金、追缴、没收财产或者违法征收、征用财产的,返还财产;

(二)查封、扣押、冻结财产的,解除对财产的查封、扣押、冻结,造成财产损坏或者灭失的,依照本条第三项、第四项的规定赔偿;

(三)应当返还的财产损坏的,能够恢复原状的恢复原状,不能恢复原状的,按照损害程度给付相应的赔偿金;

(四)应当返还的财产灭失的,给付相应的赔偿金;

(五)财产已经拍卖或者变卖的,给付拍卖或者变卖所得的价款;变卖的价款明显低于财产价值的,应当支付相应的赔偿金;

(六)吊销许可证和执照、责令停产停业的,赔偿停产停业期间必要的经常性费用开支;

(七)返还执行的罚款或者罚金、追缴或者没收的金钱,解除冻结的存款或者汇款的,应当支付银行同期存款利息;

(八)对财产权造成其他损害的,按照直接损失给予赔偿。

条文释义:拍卖是指以公开竞价的形式,将特定物品或者财产权利转让给最高应价者的买卖方式。变卖是指将特定财物委托商业企业代为销售的买卖方式。赔偿义务机关违法对财产予以没收或者查封、扣押、冻结后,如果对财产进行了拍卖、变卖,原物已经不存在或者他人获得了所有权,返

人身权、财产权”,一般来说包括三个方面:职权行为,损害,职权行为与损害之间的因果关系。因此,时效期间的起算点是赔偿请求人全部知道这三方面内容之时。赔偿请求人只知道职权行为,不知道损害的程度和因果关系,还不能说赔偿请求人已经知道,因此不能开始计算时效期间。例如,伤害明显的,从受伤害之日起算;伤害当时未曾发现,后经检查确诊并能证明是由侵害引起的,从伤势确诊之日起计算。

本条第2款规定了时效期间起算点因障碍而延后。障碍包括不可抗力、非法拘禁、因伤住院、行政拘留、羁押等情形。本条规定不计算在内的障碍限于被羁押等限制人身自由期间,包括行政赔偿范围与刑事赔偿范围中限制人身自由的情形:一是行政赔偿范围中的限制人身自由。包括行政拘留,限制人身自由的行政强制措施(如留置盘问、劳动教养、收容教养、强制医疗、强制隔离戒毒等),非法拘禁或者以其他方法非法剥夺公民人身自由。二是刑事赔偿范围中的限制人身自由。包括刑事诉讼中犯罪嫌疑人、被告人被采取拘留、逮捕措施羁押,罪犯在监狱、看守所服刑期间被关押。

赔偿请求人在申请行政复议或者提起行政诉讼时一并提出赔偿请求的,由于申请行政复议的期限为60日,提起行政诉讼的期限为3个月,均比赔偿请求时效期限短;而且赔偿请求人一并提出赔偿请求后,也不可能再单独提出赔偿请求,因此本条规定一并提出赔偿请求的,适用行政复议法、行政诉讼法有关时效的规定。

相关规定:最高人民法院《关于贯彻执行〈民法通则〉若干问题的意见》第168条

第四十条 【对等原则】外国人、外国企业和组织在中华人民共和国领域内要求中华人民共和国国家赔偿的,适用本法。

外国人、外国企业和组织的所属国对中华人民共和国公民、法人和其他组织要求该国国家赔偿的权利不予保护或者限制的,中华人民共和国与该外国人、外国企业和组织的所属国实行对等原则。

第六章 附 则

第四十一条 【不得收费和征税】赔偿请求人要求国家赔偿的,赔偿义务机关、复议机关和人民法院不得向赔偿请求人收取任何费用。

对赔偿请求人取得的赔偿金不予征税。

第四十二条 【施行时间】本法自1995年1月1日起施行。

条文释义:本法施行日期是1995年1月1日,2010年4月29日第十一届全国人大常委会第十四次会议审议通过的《全国人民代表大会常务委员会关于修改〈中华人民共和国国家赔偿法〉的决定》规定:“本决定自2010年12月1日起施行。”所以,本法未修改的条文从1995年1月1日起产生法律效力,经过修改的条文生效时间则为2010年12月1日。

本法不溯及既往,即在本法修改决定施行日期(即2010年12月1日)之前发生的国家赔偿问题,仍然按照原来的国家赔偿法的规定进行处理。修改决定施行(即2010年12月1日)后,国家机关及其工作人员有本法规定的损害公民、法人和其他组织合法权益的侵权行为,需要国家赔偿的,适用修改后的国家赔偿法的规定。

国家赔偿费用管理条例

（2011 年 1 月 17 日国务院令第 589 号公布　自公布之日起施行）

第一条　为了加强国家赔偿费用管理，保障公民、法人和其他组织享有依法取得国家赔偿的权利，促进国家机关依法行使职权，根据《中华人民共和国国家赔偿法》（以下简称国家赔偿法），制定本条例。

第二条　本条例所称国家赔偿费用，是指依照国家赔偿法的规定，应当向赔偿请求人赔偿的费用。

第三条　国家赔偿费用由各级人民政府按照财政管理体制分级负担。

各级人民政府应当根据实际情况，安排一定数额的国家赔偿费用，列入本级年度财政预算。当年需要支付的国家赔偿费用超过本级年度财政预算安排的，应当按照规定及时安排资金。

第四条　国家赔偿费用由各级人民政府财政部门统一管理。

国家赔偿费用的管理应当依法接受监督。

第五条　赔偿请求人申请支付国家赔偿费用的，应当向赔偿义务机关提出书面申请，并提交与申请有关的生效判决书、复议决定书、赔偿决定书或者调解书以及赔偿请求人的身份证明。

赔偿请求人书写申请书确有困难的，可以委托他人代书；也可以口头申请，由赔偿义务机关如实记录，交赔偿请求人核对或者向赔偿请求人宣读，并由赔偿请求人签字确认。

第六条　申请材料真实、有效、完整的，赔偿义务机关收到申请材料即为受理。赔偿义务机关受理申请的，应当书面通知赔偿请求人。

申请材料不完整的，赔偿义务机关应当当场或者在 3 个工作日内一次告知赔偿请求人需要补正的全部材料。赔偿请求人按照赔偿义务机关的要求提交补正材料的，赔偿义务机关收到补正材料即为受理。未告知需要补正材料的，赔偿义务机关收到申请材料即为受理。

申请材料虚假、无效，赔偿义务机关决定不予受理的，应当书面通知赔偿请求人并说明理由。

第七条　赔偿请求人对赔偿义务机关不予受理决定有异议的，可以自收到书面通知之日起 10 日内向赔偿义务机关的上一级机关申请复核。上一级机关应当自收到复核申请之日起 5 个工作日内依法作出决定。

上一级机关认为不予受理决定错误的，应当自作出复核决定之日起 3 个工作日内通知赔偿义务机关受理，并告知赔偿请求人。赔偿义务机关应当在收到通知后立即受理。

上一级机关维持不予受理决定的，应当自作出复核决定之日起 3 个工作日内书面通知赔偿请求人并说明理由。

第八条　赔偿义务机关应当自受理赔偿请求人支付申请之日起 7 日内，依照预算管理权限向有关财政部门提出书面支付申请，并提交下列材料：

（一）赔偿请求人请求支付国家赔偿费用的申请；

（二）生效的判决书、复议决定书、赔偿决定书或者调解书；

（三）赔偿请求人的身份证明。

第九条　财政部门收到赔偿义务机关申请材料后，应当根据下列情况分别作出处理：

（一）申请的国家赔偿费用依照预算管理权限不属于本财政部门支付的，应当在 3 个工作日内退回申请材料并书面通知赔偿义务机关向有管理权限的财政部门申请；

（二）申请材料符合要求的，收到申请即为受理，并书面通知赔偿义务机关；

（三）申请材料不符合要求的，应当在3个工作日内一次告知赔偿义务机关需要补正的全部材料。赔偿义务机关应当在5个工作日内按照要求提交全部补正材料，财政部门收到补正材料即为受理。

第十条 财政部门应当自受理申请之日起15日内，按照预算和财政国库管理的有关规定支付国家赔偿费用。

财政部门发现赔偿项目、计算标准违反国家赔偿法规定的，应当提交作出赔偿决定的机关或者其上级机关依法处理、追究有关人员的责任。

第十一条 财政部门自支付国家赔偿费用之日起3个工作日内告知赔偿义务机关、赔偿请求人。

第十二条 赔偿义务机关应当依照国家赔偿法第十六条、第三十一条的规定，责令有关工作人员、受委托的组织或者个人承担或者向有关工作人员追偿部分或者全部国家赔偿费用。

赔偿义务机关依照前款规定作出决定后，应当书面通知有关财政部门。

有关工作人员、受委托的组织或者个人应当依照财政收入收缴的规定上缴应当承担或者被追偿的国家赔偿费用。

第十三条 赔偿义务机关、财政部门及其工作人员有下列行为之一，根据《财政违法行为处罚处分条例》的规定处理、处分；构成犯罪的，依法追究刑事责任：

（一）以虚报、冒领等手段骗取国家赔偿费用的；

（二）违反国家赔偿法规定的范围和计算标准实施国家赔偿造成财政资金损失的；

（三）不依法支付国家赔偿费用的；

（四）截留、滞留、挪用、侵占国家赔偿费用的；

（五）未依照规定责令有关工作人员、受委托的组织或者个人承担国家赔偿费用或者向有关工作人员追偿国家赔偿费用的；

（六）未依照规定将应当承担或者被追偿的国家赔偿费用及时上缴财政的。

第十四条 本条例自公布之日起施行。1995年1月25日国务院发布的《国家赔偿费用管理办法》同时废止。

◎ 司法解释及文件

最高人民法院关于国家赔偿监督程序若干问题的规定

（2017年2月27日最高人民法院审判委员会第1711次会议审议通过　2017年4月20日最高人民法院公告公布　自2017年5月1日起施行　法释〔2017〕9号）

为了保障赔偿请求人和赔偿义务机关的申诉权，规范国家赔偿监督程序，根据《中华人民共和国国家赔偿法》及有关法律规定，结合国家赔偿工作实际，制定本规定。

第一条 依照国家赔偿法第三十条的规定，有下列情形之一的，适用本规定予以处理：

（一）赔偿请求人或者赔偿义务机关认为赔偿委员会生效决定确有错误，向上一级人民法院赔偿委员会提出申诉的；

（二）赔偿委员会生效决定违反国家赔偿法规定，经本院院长决定或者上级人民法院指令重新审理，以及上级人民法院决定直接审理的；

（三）最高人民检察院对各级人民法院赔偿委员会生效决定，上级人民检察院对下级人民法院赔偿委员会生效决定，发现违反国家赔偿法规定，向同级人民法院赔偿委员会提出重新审查意见的。

行政赔偿案件的审判监督依照行政诉讼法的相关规定执行。

第二条 赔偿请求人或者赔偿义务机关对赔偿委员会生效决定，认为确有错误的，可以向上一级人民法院赔偿委员会提出申诉。申诉审查期间，不停止生效决定的执行。

第三条 赔偿委员会决定生效后，赔偿请求人死亡或者其主体资格终止的，其权利义务承继者可以依法提出申诉。

赔偿请求人死亡，依法享有继承权的同一顺序继承人有数人时，其中一人或者部分人申诉的，申诉效力及于全体；但是申请撤回申诉或者放弃赔偿请求的，效力不及于未明确表示撤回申诉或者放弃赔偿请求的其他继承人。

赔偿义务机关被撤销或者职权变更的，继续行使其职权的机关可以依法提出申诉。

第四条 赔偿请求人、法定代理人可以委托一至二人作为代理人代为申诉。申诉代理人的范围包括：

（一）律师、基层法律服务工作者；

（二）赔偿请求人的近亲属或者工作人员；

（三）赔偿请求人所在社区、单位以及有关社会团体推荐的公民。

赔偿义务机关可以委托本机关工作人员、法律顾问、律师一至二人代为申诉。

第五条 赔偿请求人或者赔偿义务机关申诉，应当提交以下材料：

（一）申诉状。申诉状应当写明申诉人和被申诉人的基本信息，申诉的法定事由，以及具体的请求、事实和理由；书写申诉状确有困难的，可以口头申诉，由人民法院记入笔录。

（二）身份证明及授权文书。赔偿请求人申诉的，自然人应当提交身份证明，法人或者其他组织应当提交营业执照、组织机构代码证书、法定代表人或者主要负责人身份证明；赔偿义务机关申诉的，应当提交法定代表人或者主要负责人身份证明；委托他人申诉的，应当提交授权委托书和代理人身份证明。

（三）法律文书。即赔偿义务机关、复议机关及赔偿委员会作出的决定书等法律文书。

（四）其他相关材料。以有新的证据证明原决定认定的事实确有错误为由提出申诉的，应当同时提交相关证据材料。

申诉材料不符合前款规定的，人民法院应当一次性告知申诉人需要补正的全部内容及补正期限。补正期限一般为十五日，最长不超过一个月。申诉人对必要材料拒绝补正或者未能在规定期限内补正的，不予审查。收到申诉材料的时间自人民法院收到补正后的材料之日起计算。

第六条 申诉符合下列条件的，人民法院应当在收到申诉材料之日起七日内予以立案：

（一）申诉人具备本规定的主体资格；

（二）受理申诉的人民法院是作出生效决定的人民法院的上一级人民法院；

（三）提交的材料符合本规定第五条的要求。

申诉不符合上述规定的，人民法院不予受理并应当及时告知申诉人。

第七条 赔偿请求人或者赔偿义务机关申诉，有下列情形之一的，人民法院不予受理：

（一）赔偿委员会驳回申诉后，申诉人再次提出申诉的；

（二）赔偿请求人对作为赔偿义务机关的人民法院作出的决定不服，未在法定期限内向其上一级人民法院赔偿委员会申请作出赔偿决定，在赔偿义务机关的决定发生法律效力后直接向人民法院赔偿委员会提出申诉的；

（三）赔偿请求人、赔偿义务机关对最高人民法院赔偿委员会作出的决定不服提出申诉的；

（四）赔偿请求人对行使侦查、检察职权的机关以及看守所主管机关、监狱管理机关作出的决定，未在法定期限内向其上一级机关申请复议，或者申请复议后复议机关逾期未作出决定或者复议机关已作出复议决定，但赔偿请求人未在法定期限内向复议机关所在地的同级人民法院赔偿委员会申请作出赔偿决定,在赔偿义务机关、复议机关的相关决定生效后直接向人民法院赔偿委员会申诉的。

第八条 赔偿委员会对于立案受理的申诉案件,应当着重围绕申诉人的申诉事由进行审查。必要时,应当对原决定认定的事实、证据和适用法律进行全面审查。

第九条 赔偿委员会审查申诉案件采取书面审查的方式,根据需要可以听取申诉人和被申诉人的陈述和申辩。

第十条 赔偿委员会审查申诉案件,一般应当在三个月内作出处理,至迟不得超过六个月。有特殊情况需要延长的,由本院院长批准。

第十一条 有下列情形之一的,应当决定重新审理:

(一)有新的证据,足以推翻原决定的;

(二)原决定认定的基本事实缺乏证据证明的;

(三)原决定认定事实的主要证据是伪造的;

(四)原决定适用法律确有错误的;

(五)原决定遗漏赔偿请求,且确实违反国家赔偿法规定的;

(六)据以作出原决定的法律文书被撤销或者变更的;

(七)审判人员在审理该案时有贪污受贿、徇私舞弊、枉法裁判行为的;

(八)原审理程序违反法律规定,可能影响公正审理的。

第十二条 申诉人在申诉阶段提供新的证据,应当说明逾期提供的理由。

申诉人提供的新的证据,能够证明原决定认定的基本事实或者处理结果错误的,应当认定为本规定第十一条第一项规定的情形。

第十三条 赔偿委员会经审查,对申诉人的申诉按照下列情形分别处理:

(一)申诉人主张的重新审理事由成立,且符合国家赔偿法和本规定的申诉条件的,决定重新审理。重新审理包括上级人民法院赔偿委员会直接审理或者指令原审人民法院赔偿委员会重新审理。

(二)申诉人主张的重新审理事由不成立,或者不符合国家赔偿法和本规定的申诉条件的,书面驳回申诉。

(三)原决定不予受理或者驳回赔偿申请错误的,撤销原决定,指令原审人民法院赔偿委员会依法审理。

第十四条 人民法院院长发现本院赔偿委员会生效决定违反国家赔偿法规定,认为需要重新审理的,应当提交审判委员会讨论决定。

最高人民法院对各级人民法院赔偿委员会生效决定,上级人民法院对下级人民法院赔偿委员会生效决定,发现违反国家赔偿法规定的,有权决定直接审理或者指令下级人民法院赔偿委员会重新审理。

第十五条 最高人民检察院对各级人民法院赔偿委员会生效决定,上级人民检察院对下级人民法院赔偿委员会生效决定,向同级人民法院赔偿委员会提出重新审查意见的,同级人民法院赔偿委员会应当决定直接审理,并将决定书送达提出意见的人民检察院。

第十六条 赔偿委员会重新审理案件,适用国家赔偿法和相关司法解释关于赔偿委员会审理程序的规定;本规定依据国家赔偿法和相关法律对重新审理程序有特别规定的,适用本规定。

原审人民法院赔偿委员会重新审理案件,应当另行指定审判人员。

第十七条 决定重新审理的案件,可以根据案件情形中止原决定的执行。

第十八条 赔偿委员会重新审理案件,采取书面审理的方式,必要时可以向有关单位和人员调查情况、收集证据,听取申诉人、被申诉人或者赔偿请求人、赔偿义务机关的陈述和申辩。有本规定

第十一条第一项、第三项情形，或者赔偿委员会认为确有必要的，可以组织申诉人、被申诉人或者赔偿请求人、赔偿义务机关公开质证。

对于人民检察院提出意见的案件，赔偿委员会组织质证时应当通知提出意见的人民检察院派员出席。

第十九条 赔偿委员会重新审理案件，应当对原决定认定的事实、证据和适用法律进行全面审理。

第二十条 赔偿委员会重新审理的案件，应当在两个月内依法作出决定。

第二十一条 案件经重新审理后，应当根据下列情形分别处理：

（一）原决定认定事实清楚、适用法律正确的，应当维持原决定；

（二）原决定认定事实、适用法律虽有瑕疵，但决定结果正确的，应当在决定中纠正瑕疵后予以维持；

（三）原决定认定事实、适用法律错误，导致决定结果错误的，应当撤销、变更、重新作出决定；

（四）原决定违反国家赔偿法规定，对不符合案件受理条件的赔偿申请进行实体处理的，应当撤销原决定，驳回赔偿申请；

（五）申诉人、被申诉人或者赔偿请求人、赔偿义务机关经协商达成协议的，赔偿委员会依法审查并确认后，应当撤销原决定，根据协议作出新决定。

第二十二条 赔偿委员会重新审理后作出的决定，应当及时送达申诉人、被申诉人或者赔偿请求人、赔偿义务机关和提出意见的人民检察院。

第二十三条 在申诉审查或者重新审理期间，有下列情形之一的，赔偿委员会应当决定中止审查或者审理：

（一）申诉人、被申诉人或者原赔偿请求人、原赔偿义务机关死亡或者终止，尚未确定权利义务承继者的；

（二）申诉人、被申诉人或者赔偿请求人丧失行为能力，尚未确定法定代理人的；

（三）宣告无罪的案件，人民法院决定再审或者人民检察院按照审判监督程序提出抗诉的；

（四）申诉人、被申诉人或者赔偿请求人、赔偿义务机关因不可抗拒的事由，在法定审限内不能参加案件处理的；

（五）其他应当中止的情形。

中止的原因消除后，赔偿委员会应当及时恢复审查或者审理，并通知申诉人、被申诉人或者赔偿请求人、赔偿义务机关和提出意见的人民检察院。

第二十四条 在申诉审查期间，有下列情形之一的，赔偿委员会应当决定终结审查：

（一）申诉人死亡或者终止，无权利义务承继者或者权利义务承继者声明放弃申诉的；

（二）据以申请赔偿的撤销案件决定、不起诉决定或者无罪判决被撤销的；

（三）其他应当终结的情形。

在重新审理期间，有上述情形或者人民检察院撤回意见的，赔偿委员会应当决定终结审理。

第二十五条 申诉人在申诉审查或者重新审理期间申请撤回申诉的，赔偿委员会应当依法审查并作出是否准许的决定。

赔偿委员会准许撤回申诉后，申诉人又重复申诉的，不予受理，但有本规定第十一条第一项、第三项、第六项、第七项规定情形，自知道或者应当知道该情形之日起六个月内提出的除外。

第二十六条 赔偿请求人在重新审理期间申请撤回赔偿申请的，赔偿委员会应当依法审查并作出是否准许的决定。准许撤回赔偿申请的，应当一并撤销原决定。

赔偿委员会准许撤回赔偿申请的决定送达后，赔偿请求人又重复申请国家赔偿的，不予受理。

第二十七条 本规定自2017年5月1日起施行。最高人民法院以前发布的司法解释和规范性文件，与本规定不一致的，以本规定为准。

最高人民法院赔偿委员会工作规则

(2014年12月8日 法发〔2014〕22号)

第一条 为了规范赔偿委员会工作,充分发挥其职能作用,根据《中华人民共和国国家赔偿法》和有关法律规定,制定本规则。

第二条 赔偿委员会的职责:

(一)讨论、决定下列国家赔偿案件:

1. 赔偿请求人向本院申请赔偿,应由本院作出决定的案件;

2. 不服本院赔偿委员会的决定,需要重新审查并作出决定的案件;

3. 不服高级人民法院赔偿委员会的决定,向本院申诉,需要直接审查并作出决定的案件;

4. 最高人民检察院向本院提出意见,应当重新审查并作出决定的案件;

5. 请示案件和其他重大、疑难的案件。

(二)讨论国家赔偿司法解释草案。

(三)总结国家赔偿工作经验,监督、指导地方各级法院的国家赔偿工作。

(四)讨论、决定其他有关国家赔偿工作的重大事项。

第三条 赔偿委员会两个月召开一次例会。必要时,经主任提议可随时召开。

赔偿委员会开会应有过半数的委员出席。

第四条 赔偿委员会委员应当按时出席会议。因故不能出席会议的,应当及时向主任请假。

第五条 赔偿委员会会议由主任主持,或者由主任委托副主任主持。

经会议主持人同意,赔偿委员会办公室人员或者其他有关人员可以列席会议。

第六条 赔偿委员会讨论的议题,由主任或者副主任决定。

承办人应当预先做好准备,并于会议一日前将相关材料发送各委员和有关列席人员;开会时,应当根据会议主持人的要求向会议汇报,并负责回答委员提出的问题。

赔偿委员会讨论案件的,承办人应当在会前写出审查报告。合议庭和承办人要对案件事实负责,提出的处理意见应当写明有关的法律根据。

第七条 赔偿委员会实行民主集中制。赔偿委员会讨论的案件,必须获得全体委员半数以上同意方能通过。少数委员的意见可以保留并记录在卷。

第八条 赔偿委员会认为重大、疑难的案件,或者有重大分歧的案件,应当报请主任提交审判委员会讨论决定。

审判委员会的决定,赔偿委员会应当执行。

第九条 赔偿委员会讨论、决定的事项,应当作出会议纪要,经会议主持人审定后附卷备查。

第十条 赔偿委员会办公室负责赔偿委员会的会务工作,负责执行赔偿委员会决定事项。

第十一条 赔偿委员会委员以及其他列席会议的人员,应当遵守保密规定,不得泄露赔偿委员会讨论情况。

第十二条 本规则自通过之日起施行。

最高人民法院关于人民法院赔偿委员会审理国家赔偿案件适用精神损害赔偿若干问题的意见

（2014年7月31日　法发〔2014〕14号）

2010年4月29日第十一届全国人大常委会第十四次会议审议通过的《全国人民代表大会常务委员会关于修改〈中华人民共和国国家赔偿法〉的决定》，扩大了消除影响、恢复名誉、赔礼道歉的适用范围，增加了有关精神损害抚慰金的规定，实现了国家赔偿中精神损害赔偿制度的重大发展。国家赔偿法第三十五条规定："有本法第三条或者第十七条规定情形之一，致人精神损害的，应当在侵权行为影响的范围内，为受害人消除影响，恢复名誉，赔礼道歉；造成严重后果的，应当支付相应的精神损害抚慰金。"为依法充分保障公民权益，妥善处理国家赔偿纠纷，现就人民法院赔偿委员会审理国家赔偿案件适用精神损害赔偿若干问题，提出以下意见：

一、充分认识精神损害赔偿的重要意义

现行国家赔偿法与1994年国家赔偿法相比，吸收了多年来理论及实践探索与发展的成果，在责任范围和责任方式等方面对精神损害赔偿进行了完善和发展，有效提升了对公民人身权益的保护水平。人民法院赔偿委员会要充分认识国家赔偿中的精神损害赔偿制度的重要意义，将贯彻落实该项制度作为"完善人权司法保障制度"的重要内容，正确适用国家赔偿法第三十五条等相关法律规定，依法处理赔偿请求人提出的精神损害赔偿申请，妥善化解国家赔偿纠纷，切实尊重和保障人权。

二、严格遵循精神损害赔偿的适用原则

人民法院赔偿委员会适用精神损害赔偿条款，应当严格遵循以下原则：一是依法赔偿原则。严格依照国家赔偿法的规定，不得扩大或者缩小精神损害赔偿的适用范围，不得增加或者减少其适用条件。二是综合裁量原则。综合考虑个案中侵权行为的致害情况，侵权机关及其工作人员的违法、过错程度等相关因素，准确认定精神损害赔偿责任。三是合理平衡原则。坚持同等情况同等对待，不同情况区别处理，适当考虑个案及地区差异，兼顾社会发展整体水平和当地居民生活水平。

三、准确把握精神损害赔偿的前提条件和构成要件

人民法院赔偿委员会适用精神损害赔偿条款，应当以公民的人身权益遭受侵犯为前提条件，并审查是否满足以下责任构成要件：行使侦查、检察、审判职权的机关以及看守所、监狱管理机关及其工作人员在行使职权时有国家赔偿法第十七条规定的侵权行为；致人精神损害；侵权行为与精神损害事实及后果之间存在因果关系。

四、依法认定"致人精神损害"和"造成严重后果"

人民法院赔偿委员会适用精神损害赔偿条款，应当严格依法认定侵权行为是否"致人精神损害"以及是否"造成严重后果"。一般情形下，人民法院赔偿委员会应当综合考虑受害人人身自由、生命健康受到侵害的情况，精神受损情况，日常生活、工作学习、家庭关系、社会评价受到影响的情况，并考量社会伦理道德、日常生活经验等因素，依法认定侵权行为是否致人精神损害以及是否造成严重后果。

受害人因侵权行为而死亡、残疾（含精神残疾）或者所受伤害经有合法资质的机构鉴定为重伤或者诊断、鉴定为严重精神障碍的，人民法院赔偿委员会应当认定侵权行为致人精神损害并且造成严重后果。

综合

五、妥善处理两种责任方式的内在关系

人民法院赔偿委员会适用精神损害赔偿条款，应当妥善处理“消除影响，恢复名誉，赔礼道歉”与“支付相应的精神损害抚慰金”两种责任方式的内在关系。

侵权行为致人精神损害但未造成严重后果的，人民法院赔偿委员会应当根据案件具体情况决定由赔偿义务机关为受害人消除影响、恢复名誉或者向其赔礼道歉。

侵权行为致人精神损害且造成严重后果的，人民法院赔偿委员会除依照前述规定决定由赔偿义务机关为受害人消除影响、恢复名誉或者向其赔礼道歉外，还应当决定由赔偿义务机关支付相应的精神损害抚慰金。

六、正确适用“消除影响，恢复名誉，赔礼道歉”责任方式人民法院赔偿委员会适用精神损害赔偿条款，要注意“消除影响、恢复名誉”与“赔礼道歉”作为非财产责任方式，既可以单独适用，也可以合并适用。其中，消除影响、恢复名誉应当公开进行。人民法院赔偿委员会可以根据赔偿义务机关与赔偿请求人协商的情况，或者根据侵权行为直接影响所及、受害人住所地、经常居住地等因素确定履行范围，决定由赔偿义务机关以适当方式公开为受害人消除影响、恢复名誉。人民法院赔偿委员会决定由赔偿义务机关公开赔礼道歉的，参照前述规定执行。

赔偿义务机关在案件审理终结前已经履行消除影响、恢复名誉或者赔礼道歉义务，人民法院赔偿委员会可以在国家赔偿决定书中予以说明，不再写入决定主文。人民法院赔偿委员会决定由赔偿义务机关为受害人消除影响、恢复名誉或者向其赔礼道歉的，赔偿义务机关应当自收到人民法院赔偿委员会国家赔偿决定书之日起三十日内主动履行消除影响、恢复名誉或者赔礼道歉义务。

赔偿义务机关逾期未履行的，赔偿请求人可以向作出生效国家赔偿决定的赔偿委员会所在法院申请强制执行。强制执行产生的费用由赔偿义务机关负担。

七、综合酌定“精神损害抚慰金”的具体数额

人民法院赔偿委员会适用精神损害赔偿条款，决定采用“支付相应的精神损害抚慰金”方式的，应当综合考虑以下因素确定精神损害抚慰金的具体数额：精神损害事实和严重后果的具体情况；侵权机关及其工作人员的违法、过错程度；侵权的手段、方式等具体情节；罪名、刑罚的轻重；纠错的环节及过程；赔偿请求人住所地或者经常居住地平均生活水平；赔偿义务机关所在地平均生活水平；其他应当考虑的因素。

人民法院赔偿委员会确定精神损害抚慰金的具体数额，还应当注意体现法律规定的“抚慰”性质，原则上不超过依照国家赔偿法第三十三条、第三十四条所确定的人身自由赔偿金、生命健康赔偿金总额的百分之三十五，最低不少于一千元。

受害人对精神损害事实和严重后果的产生或者扩大有过错的，可以根据其过错程度减少或者不予支付精神损害抚慰金。

八、认真做好法律释明工作

人民法院赔偿委员会发现赔偿请求人在申请国家赔偿时仅就人身自由或者生命健康所受侵害提出赔偿申请，没有同时就精神损害提出赔偿申请的，应当向其释明国家赔偿法第三十五条的内容，并将相关情况记录在案。在案件终结后，赔偿请求人基于同一事实、理由，就同一赔偿义务机关另行提出精神损害赔偿申请的，人民法院一般不予受理。

九、其他国家赔偿案件的参照适用

人民法院审理国家赔偿法第三条、第三十八条规定的涉及侵犯人身权的国家赔偿案件，以及人民法院办理涉及侵犯人身权的自赔案件，需要适用精神损害赔偿条款的，参照本意见处理。

最高人民法院关于人民法院赔偿委员会依照《中华人民共和国国家赔偿法》第三十条规定纠正原生效的赔偿委员会决定应如何适用人身自由赔偿标准问题的批复

(2014 年 6 月 23 日最高人民法院审判委员会第 1621 次会议通过　2014 年 6 月 30 日最高人民法院公告公布　自 2014 年 8 月 1 日起施行　法释〔2014〕7 号)

吉林、山东、河南省高级人民法院:

关于人民法院赔偿委员会在赔偿申诉监督程序中如何适用人身自由赔偿标准问题,经研究,批复如下:

人民法院赔偿委员会依照《中华人民共和国国家赔偿法》第三十条规定纠正原生效的赔偿委员会决定时,原决定的错误系漏算部分侵犯人身自由天数的,应在维持原决定支付的人身自由赔偿金的同时,就漏算天数按照重新审查或者直接审查后作出决定时的上年度国家职工日平均工资标准计算相应的人身自由赔偿金;原决定的错误系未支持人身自由赔偿请求的,按照重新审查或者直接审查后作出决定时的上年度国家职工日平均工资标准计算人身自由赔偿金。

最高人民法院关于人民法院赔偿委员会适用质证程序审理国家赔偿案件的规定

(2013 年 12 月 16 日最高人民法院审判委员会第 1600 次会议通过　2013 年 12 月 19 日最高人民法院公告公布　自 2014 年 3 月 1 日起施行　法释〔2013〕27 号)

为规范人民法院赔偿委员会(以下简称赔偿委员会)适用质证程序审理国家赔偿案件,根据《中华人民共和国国家赔偿法》等有关法律规定,结合国家赔偿工作实际,制定本规定。

第一条　赔偿委员会根据国家赔偿法第二十七条的规定,听取赔偿请求人、赔偿义务机关的陈述和申辩,进行质证的,适用本规定。

第二条　有下列情形之一,经书面审理不能解决的,赔偿委员会可以组织赔偿请求人和赔偿义务机关进行质证:

(一)对侵权事实、损害后果及因果关系有争议的;

(二)对是否属于国家赔偿法第十九条规定的国家不承担赔偿责任的情形有争议的;

(三)对赔偿方式、赔偿项目或者赔偿数额有争议的;

(四)赔偿委员会认为应当质证的其他情形。

第三条　除涉及国家秘密、个人隐私或者法律另有规定的以外,质证应当公开进行。

赔偿请求人或者赔偿义务机关申请不公开质证,对方同意的,赔偿委员会可以不公开质证。

第四条　赔偿请求人和赔偿义务机关在质证活动中的法律地位平等,有权委托代理人,提出回避申请,提供证据,申请查阅、复制本案质证材料,进行陈述、质询、申辩,并应当依法行使质证权利,遵守质证秩序。

第五条　赔偿请求人、赔偿义务机关对其主张的有利于自己的事实负举证责任,但法律、司法解释另有规定的除外。

没有证据或者证据不足以证明其事实主张的，由负有举证责任的一方承担不利后果。

第六条 下列事实需要证明的，由赔偿义务机关负举证责任：

（一）赔偿义务机关行为的合法性；

（二）赔偿义务机关无过错；

（三）因赔偿义务机关过错致使赔偿请求人不能证明的待证事实；

（四）赔偿义务机关行为与被羁押人在羁押期间死亡或者丧失行为能力不存在因果关系。

第七条 下列情形，由赔偿义务机关负举证责任：

（一）属于法定免责情形；

（二）赔偿请求超过法定时效；

（三）具有其他抗辩事由。

第八条 赔偿委员会认为必要时，可以通知复议机关参加质证，由复议机关对其作出复议决定的事实和法律依据进行说明。

第九条 赔偿请求人可以在举证期限内申请赔偿委员会调取下列证据：

（一）由国家有关部门保存，赔偿请求人及其委托代理人无权查阅调取的证据；

（二）涉及国家秘密、商业秘密、个人隐私的证据；

（三）赔偿请求人及其委托代理人因客观原因不能自行收集的其他证据。

赔偿请求人申请赔偿委员会调取证据，应当提供具体线索。

第十条 赔偿委员会有权要求赔偿请求人、赔偿义务机关提供或者补充证据。

涉及国家利益、社会公共利益或者他人合法权益的事实，或者涉及依职权追加质证参加人、中止审理、终结审理、回避等程序性事项的，赔偿委员会可以向有关单位和人员调查情况、收集证据。

第十一条 赔偿请求人、赔偿义务机关应当在收到受理案件通知书之日起十日内提供证据。赔偿请求人、赔偿义务机关确因客观事由不能在该期限内提供证据的，赔偿委员会可以根据其申请适当延长举证期限。

赔偿请求人、赔偿义务机关无正当理由逾期提供证据的，应当承担相应的不利后果。

第十二条 对于证据较多或者疑难复杂的案件，赔偿委员会可以组织赔偿请求人、赔偿义务机关在质证前交换证据，明确争议焦点，并将交换证据的情况记录在卷。

赔偿请求人、赔偿义务机关在证据交换过程中没有争议并记录在卷的证据，经审判员在质证中说明后，可以作为认定案件事实的依据。

第十三条 赔偿委员会应当指定审判员组织质证，并在质证三日前通知赔偿请求人、赔偿义务机关和其他质证参与人。必要时，赔偿委员会可以通知赔偿义务机关实施原职权行为的工作人员或者其他利害关系人到场接受询问。

赔偿委员会决定公开质证的，应当在质证三日前公告案由，赔偿请求人和赔偿义务机关的名称，以及质证的时间、地点。

第十四条 适用质证程序审理国家赔偿案件，未经质证的证据不得作为认定案件事实的依据，但法律、司法解释另有规定的除外。

第十五条 赔偿请求人、赔偿义务机关应围绕证据的关联性、真实性、合法性，针对证据有无证明力以及证明力大小，进行质证。

第十六条 质证开始前，由书记员查明质证参与人是否到场，宣布质证纪律。

质证开始时，由主持质证的审判员核对赔偿请求人、赔偿义务机关，宣布案由，宣布审判员、书记员名单，向赔偿请求人、赔偿义务机关告知质证权利义务以及询问是否申请回避。

第十七条 质证一般按照下列顺序进行：

（一）赔偿请求人、赔偿义务机关分别陈述，复议机关进行说明；
（二）审判员归纳争议焦点；
（三）赔偿请求人、赔偿义务机关分别出示证据，发表意见；
（四）询问参加质证的证人、鉴定人、勘验人；
（五）赔偿请求人、赔偿义务机关就争议的事项进行质询和辩论；
（六）审判员宣布赔偿请求人、赔偿义务机关认识一致的事实和证据；
（七）赔偿请求人、赔偿义务机关最后陈述意见。

第十八条 赔偿委员会根据赔偿请求人申请调取的证据，作为赔偿请求人提供的证据进行质证。

赔偿委员会依照职权调取的证据应当在质证时出示，并就调取该证据的情况予以说明，听取赔偿请求人、赔偿义务机关的意见。

第十九条 赔偿请求人或者赔偿义务机关对对方主张的不利于自己的事实，在质证中明确表示承认的，对方无需举证；既未表示承认也未否认，经审判员询问并释明法律后果后，其仍不作明确表示的，视为对该项事实的承认。

赔偿请求人、赔偿义务机关委托代理人参加质证的，代理人在代理权限范围内的承认视为被代理人的承认，但参加质证的赔偿请求人、赔偿义务机关当场明确表示反对的除外；代理人超出代理权限范围的承认，参加质证的赔偿请求人、赔偿义务机关当场不作否认表示的，视为被代理人的承认。

上述承认违反法律禁止性规定，或者损害国家利益、社会公共利益、他人合法权益的，不发生自认的效力。

第二十条 下列事实无需举证证明：
（一）自然规律以及定理、定律；
（二）众所周知的事实；
（三）根据法律规定推定的事实；
（四）已经依法证明的事实；
（五）根据日常生活经验法则推定的事实。

前款（二）、（三）、（四）、（五）项，赔偿请求人、赔偿义务机关有相反证据否定其真实性的除外。

第二十一条 有证据证明赔偿义务机关持有证据无正当理由拒不提供的，赔偿委员会可以就待证事实作出有利于赔偿请求人的推定。

第二十二条 赔偿委员会应当依据法律规定，遵照法定程序，全面客观地审核证据，运用逻辑推理和日常生活经验，对证据的证明力进行独立、综合的审查判断。

第二十三条 书记员应当将质证的全部活动记入笔录。质证笔录由赔偿请求人、赔偿义务机关和其他质证参与人核对无误或者补正后签名或者盖章。拒绝签名或者盖章的，应当记明情况附卷，由审判员和书记员签名。

具备条件的，赔偿委员会可以对质证活动进行全程同步录音录像。

第二十四条 赔偿请求人、赔偿义务机关经通知无正当理由拒不参加质证或者未经许可中途退出质证的，视为放弃质证，赔偿委员会可以综合全案情况和对方意见认定案件事实。

第二十五条 有下列情形之一的，可以延期质证：
（一）赔偿请求人、赔偿义务机关因不可抗拒的事由不能参加质证的；
（二）赔偿请求人、赔偿义务机关临时提出回避申请，是否回避的决定不能在短时间内作出的；
（三）需要通知新的证人到场，调取新的证据，重新鉴定、勘验，或者补充调查的；
（四）其他应当延期的情形。

第二十六条 本规定自2014年3月1日起施行。

本规定施行前本院发布的司法解释与本规定不一致的，以本规定为准。

最高人民法院办公厅关于在文书中如何引用国家赔偿法名称的通知

（2013年6月3日 法办〔2013〕68号）

各省、自治区、直辖市高级人民法院，解放军军事法院，新疆维吾尔自治区高级人民法院生产建设兵团分院：

2012年10月26日，第十一届全国人民代表大会常务委员会第二十九次会议审议通过了《全国人民代表大会常务委员会关于修改〈中华人民共和国国家赔偿法〉的决定》。为统一在文书中引用国家赔偿法的名称，现通知如下：

自收到本通知之日起，在文书中引用2010年4月29日修正以前的国家赔偿法，一律称“1994年《中华人民共和国国家赔偿法》”；引用2010年4月29日修正的国家赔偿法，一律称“2010年《中华人民共和国国家赔偿法》”；引用2012年10月26日修正的国家赔偿法，一律称“《中华人民共和国国家赔偿法》”。以前发布的通知与本通知不一致的，以本通知为准。

最高人民法院关于2013年作出的国家赔偿决定涉及侵犯公民人身自由权赔偿金计算标准的通知

（2013年5月17日 法〔2013〕114号）

各省、自治区、直辖市高级人民法院，解放军军事法院，新疆维吾尔自治区高级人民法院生产建设兵团分院：

《中华人民共和国国家赔偿法》第三十三条规定：“侵犯公民人身自由的，每日赔偿金按照国家上年度职工日平均工资计算。”根据国家统计局2013年5月17日发布的2012年城镇非私营单位在岗职工年平均工资（即原“全国在岗职工年平均工资”）数额，2012年城镇非私营单位在岗职工年平均工资为47593元，按照人力资源和社会保障部提供的日平均工资的计算公式，日平均工资标准为47593（元）÷12（月）÷21.75（月计薪天数）=182.35元。据此，各级人民法院在2013年作出国家赔偿决定时，对侵犯公民人身自由权每日的赔偿金应为182.35元。

特此通知，请遵照执行。

最高人民法院办公厅关于国家赔偿法实施中若干问题的座谈会纪要

（2012年12月25日 法办〔2012〕490号）

为进一步贯彻实施修正后的国家赔偿法，保障赔偿请求人请求赔偿的权利，保证人民法院依法公正审查处理各类国家赔偿案件，规范和加强国家赔偿工作，最高人民法院对修正后的国家赔偿法实施中的新情况、新问题进行了专题调研。2012年10月17日，最高人民法院在贵州贵阳召开座谈会，各高级人民法院参加。会议总结了修正后的国家赔偿法实施中若干新情况、新问题，并依据《中华人民共和国国家赔偿法》及其司法解释，对亟待解决的若干问题形成共识，现将有关内容纪要如下：

一、人民法院办理自赔案件，决定准予赔偿请求人撤回赔偿申请，赔偿请求人收到该决定书后，在国家赔偿法第三十九条规定的时效内又向作为赔偿义务机关的人民法院提出赔偿申请，且有证据证明其撤回赔偿的申请确属违背真实意思表示或者有其他正当理由的，人民法院应予受理。

二、人民法院赔偿委员会审理国家赔偿案件，决定准予赔偿请求人撤回赔偿申请，赔偿请求人收到该决定书后又向人民法院赔偿委员会申请作出赔偿决定的，收到申请的人民法院应当依照国家赔偿法第三十条的规定审查处理。

三、赔偿请求人在刑事诉讼程序结束前书面承诺放弃请求国家赔偿的权利，其后在国家赔偿法第三十九条规定的时效内又向作为赔偿义务机关的人民法院提出赔偿申请，收到申请的人民法院应当依照《最高人民法院关于国家赔偿案件立案工作的规定》（以下简称《赔偿立案规定》）予以审查立案。

四、人民法院办理自赔案件，与赔偿请求人达成协议并作出国家赔偿决定书后，赔偿请求人反悔并依照国家赔偿法第二十四条的规定向上一级人民法院赔偿委员会提出赔偿申请，收到申请的人民法院应当依照《赔偿立案规定》予以审查立案。

人民法院办理自赔案件，与赔偿请求人达成协议，但未在规定期限内作出国家赔偿决定书，赔偿请求人依照国家赔偿法第二十四条的规定向上一级人民法院赔偿委员会提出赔偿申请，收到申请的人民法院应当依照《赔偿立案规定》予以审查立案。

五、人民法院或人民法院赔偿委员会受理国家赔偿案件后，经审查，赔偿义务机关已履行赔偿协议，且给付的金额能够填平补齐赔偿请求人实际损失的，应当决定驳回赔偿请求人提出的赔偿申请。

六、赔偿请求人以赔偿义务机关及其工作人员行使职权侵犯其财产权为由提出赔偿申请，人民法院经审查发现该财产权属尚存在争议的，应当决定不予受理。

已经受理案件的，人民法院或人民法院赔偿委员会应当决定驳回赔偿请求人提出的赔偿申请，并告知其经民事诉讼程序确认财产权属后再行申请赔偿。

七、在涉及普通合伙、合伙企业债权债务清算的民事案件中，部分合伙人以民事诉讼保全措施侵犯其财产权为由提出赔偿申请，人民法院经审查发现该民事案件尚在审理中的，应当决定不予受理。

已经受理案件的，人民法院或人民法院赔偿委员会应当决定驳回赔偿请求人提出的赔偿申请，并告知其在有关债权债务清算案件审理终结并最终确认权利义务关系后再行申请赔偿。

八、赔偿请求人认为人民法院有国家赔偿法第三十八条规定情形的，应当在民事诉讼、行政诉讼程序或者执行程序终结后提出赔偿申请。有下列情形之一的，人民法院应当依照《最高人民法院关于适用〈中华人民共和国国家赔偿法〉若干问题的解释（一）》第八条的解释精神，予以审查立案：

（一）不属于被执行人的财产，且经民事诉讼程序确认权属的；

（二）人民法院生效法律文书已确认相关行为违法的；

（三）赔偿请求人有证据证明其与民事诉讼、行政诉讼程序或者执行程序无关的。

九、人民法院办理自赔案件，应当充分听取赔偿请求人的意见。案件争议较大或者案情疑难、复杂的，人民法院可以组织赔偿请求人、原案件承办人以及其他相关人员进行听证。

人民法院赔偿委员会审理国家赔偿案件，对符合《最高人民法院关于人民法院赔偿委员会审理国家赔偿案件程序的规定》第十四条规定情形的，可以组织赔偿请求人和赔偿义务机关进行质证。

人民法院或人民法院赔偿委员会进行听证、质证的，应当对听证、质证的情况制作笔录。

十、人民法院赔偿委员会审理国家赔偿案件,赔偿请求人和赔偿义务机关应当依照国家赔偿法第二十六条的规定,对自己提出的主张承担举证责任。

赔偿义务机关主张其行为合法的,应当就其合法性承担举证责任。

被羁押人在羁押期间死亡或丧失行为能力的,赔偿义务机关应当对其行为与被羁押人死亡或者丧失行为能力是否存在因果关系承担举证责任。

十一、批准逮捕与提起公诉不是同一人民检察院的,由作出逮捕决定的人民检察院作为赔偿义务机关。

十二、在行政非诉强制执行中,由人民法院进行合法性审查,行政机关组织具体实施的案件,赔偿请求人仅就具体实施行为申请赔偿的,人民法院应告知其向作出具体实施行为的行政机关提出赔偿申请。

十三、第一审人民法院判处被告人成立数罪,第二审人民法院撤销其中部分罪名,实际羁押期限超出生效刑事判决确定刑期的,国家不承担赔偿责任。

第一审人民法院判处被告人成立两罪,第二审人民法院撤销其中一罪,并依照刑事诉讼法第十五条的规定,对另一罪不追究刑事责任的,国家不承担赔偿责任。

十四、依照国家赔偿法第十七条第(四)项的规定,行使侦查、检察、审判职权的机关以及看守所、监狱管理机关及其工作人员,有放纵他人虐待、违法不履行或怠于履行法定职责等不作为情形,且与公民在羁押期间死亡或者受到伤害存在因果关系的,受害人有取得赔偿的权利。

人民法院赔偿委员会应当根据赔偿义务机关就前款所述不作为情形对于造成损害结果所起的作用,决定其应当承担赔偿责任的比例和份额。

十五、国家赔偿法第十九条第(一)项规定的"公民自己故意作虚伪供述",是指非因他人强迫或胁迫,赔偿请求人本人故意作出虚伪供述,导致其被羁押或被刑罚处罚的情形。

十六、修正后的国家赔偿法实施前,人民法院已将错判的罚金返还给赔偿请求人,赔偿请求人依照修正后的国家赔偿法向人民法院再行主张支付利息的,人民法院不予支持。

十七、人民法院或人民法院赔偿委员会审查处理国家赔偿案件并决定赔偿的,不得以赔偿请求人已获得原单位补发工资、奖金、津贴和补贴为由,拒绝赔偿或者在决定中扣除其依法应当获得的赔偿金。

十八、行使侦查职权的机关违反刑事诉讼法的规定延长拘留时限,其后决定撤销案件、不起诉或者判决宣告无罪终止追究刑事责任的,侵犯人身自由的赔偿金应自拘留之日起计算。

十九、人民法院作出民事判决认定民事诉讼强制措施或保全措施合法,当事人不服,经第二审程序或审判监督程序作出生效民事判决撤销该认定的,当事人可以依照国家赔偿法的规定向作为赔偿义务机关的人民法院提出赔偿申请。

二十、赔偿请求人依照《最高人民法院关于适用〈中华人民共和国国家赔偿法〉若干问题的解释(一)》第七条、第八条规定,在刑事、民事、行政诉讼或者执行程序终结后提出赔偿申请,相关诉讼、执行程序期间不计入赔偿请求时效。

二十一、人民法院赔偿委员会审理国家赔偿案件期间,赔偿请求人与赔偿义务机关达成赔偿协议,人民法院赔偿委员会经审查认为该协议不违反法律规定,应当根据协议内容制作国家赔偿决定书,并撤销原赔偿决定、复议决定。

二十二、人民法院赔偿委员会依照《最高人民法院关于人民法院赔偿委员会审理国家赔偿案件程序的规定》第十九条第二项、第三项规定依法重新作出决定的,应当撤销原赔偿决定、复议决定。

二十三、人民法院或人民法院赔偿委员会依照国家赔偿法第三十五条规定,决定为受害人消除影响,恢复名誉,赔礼道歉的,应写入国家赔偿决定书的决定主文。

最高人民法院关于赔偿委员会办公室主要职责的通知

（2012 年 12 月 14 日　法发〔2012〕26 号）

各省、自治区、直辖市高级人民法院，解放军军事法院，新疆维吾尔自治区高级人民法院生产建设兵团分院：

经中央机构编制委员会办公室批准，最高人民法院赔偿委员会办公室单独列入内设职能部门序列。现将最高人民法院赔偿委员会办公室主要职责通知如下：

依法审理国家赔偿案件；执行赔偿委员会决定事项；审查处理赔偿告诉、申诉案件；对下级法院国家赔偿工作进行指导；参与制定有关司法解释。

最高人民法院办公厅关于印发国家赔偿典型案例的通知

（2012 年 12 月 14 日　法办〔2012〕481 号）

各省、自治区、直辖市高级人民法院，解放军军事法院，新疆维吾尔自治区高级人民法院生产建设兵团分院：

国家赔偿法施行以来，各级人民法院忠实履行宪法和法律赋予的职责，公正高效审理各类国家赔偿案件，切实维护了公民、法人和其他组织的合法权益，有力促进了国家机关依法行使职权。为总结经验，充分发挥典型案例的示范引导作用，我院首次在本院审结和各高级人民法院推荐案件的基础上，选定了国家赔偿十个案例。这些案例在诉权保护、举证责任倒置、法律适用规则、正当法律程序、精神损害赔偿和确赔合一司法审查新模式等方面具有一定的典型性和指导性，现予印发。望各级人民法院充分认识做好国家赔偿工作对依法保障人权、规范公权运行的重要意义，以学习贯彻党的十八大精神为契机，依法公正审理国家赔偿案件，不断提升国家赔偿工作水平，推动国家赔偿工作再上新台阶。

国家赔偿十大典型案例

1. 朱红蔚申请广东省人民检察院无罪逮捕国家赔偿案〔最高人民法院赔偿委员会（2011）法委赔字第 4 号国家赔偿决定书〕

【案情摘要】

2005 年 7 月 25 日，深圳市公安局以涉嫌合同诈骗罪将朱红蔚刑事拘留。同年 8 月 26 日，朱红蔚被取保候审。2006 年 5 月 26 日，广东省人民检察院批准逮捕朱红蔚。同年 6 月 1 日，朱红蔚被执行逮捕。嗣后，深圳市人民检察院提起公诉。2008 年 9 月 11 日，深圳市中级人民法院一审以指控依据不足为由判决朱红蔚无罪。9 月 19 日，朱红蔚被释放。后因检察机关提起抗诉案件进入二审。二审审理期间，广东省人民检察院向广东省高级人民法院撤回抗诉。2010 年 3 月 25 日，广东省高级人民法院裁定准许广东省人民检察院撤回抗诉。朱红蔚被羁押时间共计 875 天。

2011 年 3 月 15 日，朱红蔚申请国家赔偿。赔偿义务机关广东省人民检察院于同年 7 月 19 日作出刑事赔偿决定：1. 按照 2010 年度全国职工日平均工资标准支付侵犯人身自由的赔偿金

综合

124254.09 元(142.33 元×873 天);2. 口头赔礼道歉并依法在职能范围内为朱红蔚恢复生产提供方便;3. 对支付精神损害抚慰金的请求不予支持。朱红蔚不服,于 2011 年 8 月 2 日向最高人民检察院邮寄申请复议书,最高人民检察院逾期未作出复议决定。朱红蔚遂向最高人民法院赔偿委员会申请作出赔偿决定。

最高人民法院赔偿委员会审理认为:本案应适用修正的国家赔偿法;朱红蔚实际羁押时间为 875 天,广东省人民检察院计算为 873 天有误,应予纠正;人民法院赔偿委员会变更赔偿义务机关尚未生效的赔偿决定,应以作出本赔偿决定时的上年度即 2011 年度全国职工日平均工资 162.65 元为赔偿标准计算赔偿金;朱红蔚被羁押 875 天,正常的家庭生活和公司经营因此受到影响,应认定精神损害后果严重,鉴于广东省高级人民法院、广东省人民检察院、广东省公安厅已联合发布《关于在国家赔偿工作中适用精神损害抚慰金若干问题的座谈会纪要》,经做协调工作,广东省人民检察院表示可按照该纪要支付精神损害抚慰金,根据本案实际情况,对朱红蔚主张的精神损害抚慰金确定为 50000 元。最高人民法院赔偿委员会据此作出国家赔偿决定:1. 维持广东省人民检察院刑事赔偿决定第二项;2. 撤销广东省人民检察院刑事赔偿决定第一、三项;3. 广东省人民检察院向朱红蔚支付侵犯人身自由的赔偿金 142318.75 元;4. 广东省人民检察院向朱红蔚支付精神损害抚慰金 50000 元;5. 驳回朱红蔚的其他赔偿请求。

【典型意义】

修正的国家赔偿法第三十五条明确了精神损害赔偿。对于精神损害抚慰金的数额,一般应根据侵害的手段、场合、行为方式等具体情节,结合侵权行为造成的影响、协商协调情况及当地平均生活水平等因素确定。本案是修正的国家赔偿法施行后,最高人民法院赔偿委员会审理的首例涉及精神损害抚慰金的国家赔偿案件。赔偿请求人以无罪逮捕为由申请赔偿,并提出精神损害赔偿请求。最高人民法院赔偿委员会经审理及做协调工作,最终确定由赔偿义务机关支付相应的精神损害抚慰金,并对原决定的其他问题予以纠正。

2. 卜新光申请安徽省公安厅刑事违法追缴国家赔偿案〔最高人民法院赔偿委员会(2011)法委赔字第 1 号国家赔偿决定书〕

【案情摘要】

卜新光(深圳新晖实业发展有限责任公司总经理)因涉嫌伪造公司印章罪、非法出具金融票证罪和挪用资金罪被安徽省公安厅立案侦查,1999 年 9 月 5 日被逮捕。合肥市人民检察院于 2000 年 10 月 16 日向合肥市中级人民法院提起公诉。2001 年 11 月 20 日,合肥市中级人民法院作出(2001)合刑初字第 68 号刑事判决,认定卜新光自 1995 年 1 月起承包经营安徽省信托投资公司深圳证券业务部(以下简称安信证券部)期间,未经安徽省信托投资公司(以下简称安信公司)授权,安排其聘用人员私自刻制、使用属于安信公司专有的公司印章,并用此假印章伪造文书,获得了安信证券部的营业资格,其行为构成伪造印章罪;违反金融管理法规,两次向他人开具虚假的资信证明,造成 1032 万元的重大经济损失,其行为构成非法出具金融票证罪;作为安信证券部总经理,利用职务之便,直接或间接将安信证券部资金 9173.2286 万元用于其个人所有的深圳新晖实业发展有限责任公司(以下简称新晖公司)投资及各项费用,与安信证券部经营业务没有关联,且造成的经济损失由安信证券部、安信公司承担法律责任,应视为卜新光挪用证券部资金归个人使用,其行为构成挪用资金罪。案发后,安徽省公安厅追回赃款、赃物 1689.05 万元,赃物、住房折合人民币 1627 万元;查封新晖公司投资的价值 2840 万元房产和位于深圳市龙岗区横岗镇六约深坑村价值 1950 万元的土地(以下简称"深坑村土地")使用权,共计价值 8106.05 万元。判决对卜新光数罪并罚决定执行有期徒刑十五年,赃款、赃物共计 8106.05 万元予以追缴。卜新光不服,提出上诉。安徽省高级人民法院二审维持原判。刑事判决生效后,安徽省公安厅对"深坑村土地"予以解封并将追缴的土地使用权返还受害人安信证券部,用于抵偿卜新光以安信证券部名义拆借深圳发展银行

2500万元的债务。2009年8月4日卜新光刑满释放。

2010年12月1日,卜新光以安徽省公安厅违法处置“深坑村土地”使用权给其造成经济损失为由,申请国家赔偿。2011年1月15日,赔偿义务机关安徽省公安厅作出刑事赔偿决定,决定对卜新光提出的国家赔偿请求不予赔偿。卜新光不服,向公安部申请复议。2011年5月6日,公安部作出刑事赔偿复议决定,维持安徽省公安厅刑事赔偿决定。卜新光对该复议决定不服,向最高人民法院赔偿委员会申请作出赔偿决定。

最高人民法院赔偿委员会审理认为:卜新光在承包经营安信证券部期间,未经安信公司授权,私刻安信公司印章并冒用,违反金融管理法规向他人开具虚假的资信证明,利用职务之便,挪用安信证券部资金9173.2286万元,已被合肥市中级人民法院(2001)合刑初字第68号刑事判决认定构成伪造印章罪、非法出具金融票证罪、挪用资金罪。刑事判决同时对卜新光以新晖公司名义投资的“深坑村土地”使用权(价值1950万元)等在内的价值8106.05万元的赃款、赃物判决予以追缴。卜新光以新晖公司出资购买的该土地部分使用权属其个人合法财产的理由不成立,人民法院生效刑事判决已将新晖公司投资的“深坑村土地”价值1950万元的使用权作为卜新光挪用资金罪的赃款、赃物的一部分予以追缴,卜新光无权对人民法院生效判决追缴的财产要求国家赔偿。卜新光主张安徽省公安厅违法返还土地给其造成316.6万元的损失没有法律依据。卜新光提出的其他赔偿请求没有事实根据,不符合国家赔偿法的规定。最高人民法院赔偿委员会据此作出国家赔偿决定,维持安徽省公安厅刑事赔偿决定和公安部刑事赔偿复议决定。

【典型意义】

修正的国家赔偿法取消了赔偿请求人申请国家赔偿需经先行确认的规定。据此,赔偿请求人认为赔偿义务机关有该法第十七条、第十八条规定情形的,可直接申请赔偿,本案是修正的国家赔偿法施行后,最高人民法院赔偿委员适用确赔合一程序审理的首例刑事赔偿案件。赔偿请求人以公安机关在刑事追诉过程中违法追缴、处置其合法财产为由申请赔偿。最高人民法院赔偿委员会审理认为,本案公安机关将人民法院生效刑事判决追缴的赃款、赃物发还受害单位,程序合法,且未侵犯赔偿请求人的合法权益,不应承担国家赔偿责任,并据此维持了赔偿义务机关、复议机关的决定。

3. 国泰君安证券股份有限公司海口滨海大道(天福酒店)证券营业部申请海南省高级人民法院错误执行国家赔偿案〔最高人民法院赔偿委员会(2011)法委赔字第3号国家赔偿决定书〕

【案情摘要】

1998年9月21日,海南省高级人民法院对原告国泰证券有限公司海口营业部〔赔偿请求人国泰君安证券股份有限公司海口滨海大道(天福酒店)证券营业部的前身,以下统称为国泰海口营业部〕诉被告海南国际租赁有限公司(以下简称海国租公司)证券回购纠纷一案作出(1998)琼经初字第8号民事判决,判决海国租公司向国泰海口营业部支付证券回购款本金人民币3620万元和该款截止到1997年11月30日的利息人民币16362296元;海国租公司向国泰海口营业部支付证券回购款本金3620万元的利息,计息方法为:从1997年12月1日起至付清之日止按年息18%计付。

1998年12月,国泰海口营业部申请海南省高级人民法院执行该判决。海南省高级人民法院受理后,向海国租公司发出执行通知书,嗣经查明该公司无财产可供执行。海国租公司提出其对第三人海南中标物业发展有限公司(以下简称中标公司)享有到期债权;中标公司对此亦予以认可,并表示愿意以景瑞大厦部分房产直接抵偿给国泰海口营业部,以清结其欠海国租公司的部分债务。海南省高级人民法院遂于2000年6月13日作出9-10号裁定,查封景瑞大厦的部分房产,并于当日予以公告。2000年6月29日,国泰海口营业部、海国租公司和中标公司共同签订《执行和解书》,约定海国租公司、中标公司以中标公司所有的景瑞大厦部分房产抵偿国泰海口营业部的债务。据此,海南省高级人民法院于2000年6月30日作出9-11号裁定,对和解协议予以认可。

在办理过户手续过程中,案外人海南发展银行清算组(以下简称海发行清算组)和海南创仁房地产有限公司（以下简称创仁公司）以海南省高级人民法院 9－11 号裁定抵债的房产属其所有，该裁定损害其合法权益为由提出执行异议。海南省人民检察院也向海南省高级人民法院发出检察意见书。经审查，海南省高级人民法院分别作出 9－12 号、9－13 号裁定，驳回异议。2002 年 3 月 14 日，国泰海口营业部依照 9－11 号裁定将上述抵债房产的产权办理变更登记至自己名下，并缴纳相关税费。海发行清算组、创仁公司不服，继续申诉。

海南省高级人民法院经再次审查认为：9－11 号裁定将原金通城市信用社（后并入海南发展银行）向中标公司购买并已支付大部分价款的房产当作中标公司房产抵债给国泰海口营业部，损害了海发行清算组的利益，确属不当，海发行清算组的异议理由成立，创仁公司异议主张应通过诉讼程序解决。据此海南省高级人民法院于 2003 年 7 月 31 日作出 9－16 号裁定，裁定撤销 9－11 号、9－12 号、9－13 号裁定，将原裁定抵债房产回转过户至执行前状态。

2004 年 12 月 18 日，海口市中级人民法院对以海发行清算组为原告，中标公司为被告，创仁公司为第三人的房屋确权纠纷一案作出（2003）海中法民再字第 37 号民事判决，确认原抵债房产分属创仁公司和海发行清算组所有。该判决发生法律效力。2005 年 6 月，国泰海口营业部向海口市地方税务局申请退税，海口市地方税务局将契税退还国泰海口营业部。2006 年 8 月 4 日，海南省高级人民法院作出 9－18 号民事裁定，以海国租公司已被裁定破产还债，海国租公司清算组请求终结执行的理由成立为由，裁定终结（1998）琼经初字第 8 号民事判决的执行。

（1998）琼经初字第 8 号民事判决所涉债权，至 2004 年 7 月经协议转让给国泰君安投资管理股份有限公司（以下简称国泰投资公司）。2005 年 11 月 29 日，海国租公司向海口市中级人民法院申请破产清算。破产案件审理中，国泰投资公司向海国租公司管理人申报了包含（1998）琼经初字第 8 号民事判决确定债权在内的相关债权。2009 年 3 月 31 日，海口市中级人民法院作出（2005）海中法破字第 4－350 号民事裁定，裁定终结破产清算程序。国泰投资公司债权未获得清偿。

2010 年 12 月 27 日，国泰海口营业部以海南省高级人民法院 9－16 号裁定及执行回转行为违法，并应予返还 9－11 号裁定抵债房产或赔偿相关损失为由向该院申请国家赔偿。2011 年 7 月 4 日，海南省高级人民法院作出（2011）琼法赔字第 1 号赔偿决定，决定对国泰海口营业部的赔偿申请不予赔偿。国泰海口营业部对该决定不服，向最高人民法院赔偿委员会申请作出赔偿决定。

最高人民法院赔偿委员会审理认为：被执行人海国租公司没有清偿债务能力，因其对第三人中标公司享有到期债权，中标公司对此未提出异议并认可履行债务，中标公司隐瞒其与案外人已签订售房合同并收取大部分房款的事实，与国泰海口营业部及海国租公司三方达成《执行和解书》，因侵犯案外人合法权益而存在重大瑕疵。海南省高级人民法院据此作出的 9－11 号裁定，以及国泰海口营业部据此取得的争议房产产权不应受到法律保护。海南省高级人民法院 9－16 号裁定系在执行程序中对案外人提出的执行异议审查成立的基础上，对原 9－11 号裁定予以撤销，将不属于法律文书指定交付特定物的争议房产回复至执行前状态。该裁定及执行回转行为不违反法律及相关司法解释规定，且经生效的海口市中级人民法院（2003）海中法民再字第 37 号民事判决所认定的内容予以印证，其实体处理并无不当。国泰海口营业部债权未能实现的实质在于海国租公司没有清偿债务的能力，国泰海口营业部及其债权受让人虽经破产债权申报，仍无法获得清偿，该债权未能实现与海南省高级人民法院 9－16 号裁定及执行回转行为之间无法律上的因果联系。因此，海南省高级人民法院 9－16 号裁定及执行回转行为，不属于国家赔偿法及其司法解释规定的违法侵权情形。最高人民法院赔偿委员会据此作出国家赔偿决定，维持海南高院（2011）琼法赔字第 1 号赔偿决定。

【典型意义】

本案是修正的国家赔偿法施行后，最高人民法院赔偿委员会适用确赔合一程序审理的首例非刑事司法赔偿案件。最高人民法院赔偿委员会审理认为，人民法院在执行程序中，在审查发现原执行行为所依据的当事人执行和解协议因侵犯案外人合法权益而存在重大瑕疵，案外人提出的执行异议成立的基础上，对原执行行为以裁定形式予以撤销，将不属于法律文书指定交付特定物的争议房产，回复至执行之前状态。该裁定及执行回转行为，不属于国家赔偿法第三十八条以及相关司法解释规定的违法侵权情形，不应承担国家赔偿责任，并据此维持了赔偿义务机关的决定。

4. 程显民、程宇、曹世艳、杨桂兰申请辽宁省丹东市公安局刑讯逼供致死国家赔偿案〔辽宁省高级人民法院赔偿委员会(2010)辽法委赔字第6号国家赔偿决定书〕

【案情摘要】

2001年8月下旬，丹东市公安局成立“721”专案组，侦查程绍武涉嫌黑社会性质组织犯罪一案，程绍贵被列为该涉嫌黑社会性质组织成员之一接受审讯，2001年9月11日程绍贵在审讯中死亡。2001年9月27日，辽宁省检察院、法院、公安厅法医联合对程绍贵的死因进行鉴定，结论为：程绍贵系在患有脂肪心、肺结核、胸膜粘连等疾病基础上，因带械具长时间处于异常体位而使呼吸、循环功能发生障碍，最终导致肺功能衰竭而死亡。2003年12月11日，抚顺市望花区人民法院作出(2003)望刑初字第269号刑事判决，认定丹东市公安局原案审处处长卢兆忠为获取口供，指使办案人员将程绍贵戴口罩、头套、双臂平行拷在铁笼子两侧的栏杆上长达18小时，其行为构成刑讯逼供罪。该判决后经抚顺市中级人民法院二审维持。

2005年8月3日，程绍贵父亲程远洪向丹东市公安局提出国家赔偿申请，丹东市公安局于2005年8月30日作出不予确认决定书。程远洪不服，于2005年9月19日向辽宁省公安厅申请复议，辽宁省公安厅逾期未予答复。2006年4月5日，程远洪向辽宁省高级人民法院赔偿委员会申请作出赔偿决定。案件审理中，丹东市公安局提出，复议机关逾期未作决定，赔偿请求人应在期限届满之日起三十日内向同级人民法院赔偿委员会申请作出赔偿决定，本案赔偿请求人的申请已经超过法定申请期限，人民法院赔偿委员会不应受理。

辽宁省高级人民法院赔偿委员会审理认为，国家赔偿法①(注：①本案作出决定时间为修正的国家赔偿法施行以前，故其所称国家赔偿法为1994年《中华人民共和国国家赔偿法》)第二十二条第二款的规定，是体现方便当事人和有利于及时赔偿的原则，而非对当事人权利的限制。复议机关受理案件后，逾期不作出决定，也未告知赔偿请求人诉权，即复议机关逾期不作决定的，赔偿请求人可以向复议机关所在地的同级人民法院赔偿委员会申请作出赔偿决定，由此造成赔偿请求人逾期申请赔偿，其过错在于复议机关，不能因为复议机关的过错剥夺赔偿请求人的诉权。因此，人民法院赔偿委员会应当受理赔偿申请。本案中，有人民法院生效判决认定丹东市公安局干警卢兆忠刑讯逼供罪名成立，并处以刑罚，故丹东市公安局应承担国家赔偿责任。在案件审理中，经该院主持协调，赔偿义务机关与赔偿请求人自愿达成协议。辽宁省高级人民法院赔偿委员会据此作出决定，由丹东市公安局向赔偿请求人支付赔偿金40万元。

【典型意义】

国家赔偿法设置国家赔偿复议程序，是为了更好地实现对赔偿请求人的权利救济。辽宁省高级人民法院赔偿委员会审理认为，复议机关受理案件后，逾期不作决定，亦未告知赔偿请求人有向复议机关所在地的同级人民法院赔偿委员会申请作出赔偿决定的权利，以致赔偿请求人逾期申请赔偿。因复议机关怠于行使法定职责，故不能因其过错而剥夺赔偿请求人的请求权。该院赔偿委员会在保护赔偿请求人享有请求权利的基础上，组织赔偿义务机关与赔偿请求人达成协议，支付相应赔偿金，体现了充分救济权利的精神。

5. 许秀琴申请吉林省长春市公安局刑事违法扣押国家赔偿案〔吉林省高级人民法院赔偿委员会(2006)吉高法委赔字第1号国家赔偿决定书〕

【案情摘要】

2003年6月26日，长春市公安局对长春市工商局移送的许秀琴等人违法经营案件予以立案，并于同年7月4日、21日先后将许秀琴投资经营的铁艺制品厂设备、产品、圆钢、方钢等予以扣押，但相关文书对于被扣押财产情况记载不明。2003年8月17日，长春市公安局向许秀琴返还钢材61.7吨。2005年2月4日，长春市公安局决定撤销该违法经营刑事案件。许秀琴随即提出国家赔偿申请。

2005年8月19日，长春市公安局作出刑事赔偿决定书，决定赔偿许秀琴因扣押丢失的90.6吨钢材25.821万元，设备损失50万元，劳务费损失按3个月计算赔偿6万元，合计81.821万元。吉林省公安厅复议维持该赔偿决定。许秀琴不服，向吉林省高级人民法院赔偿委员会申请作出赔偿决定。在审理过程中，吉林省高级人民法院赔偿委员组织双方质证，并参考吉林省价格认证中心出具的鉴定结论等相关证据，认定长春市公安局的违法扣押行为导致铁艺制品厂支付了劳务费26万元，相关设备损失127.265万元，并造成角钢和其他钢材灭失。由于缺少角钢和其他钢材数量、质量和价格的原始证据，损害事实无法认定。在吉林省高级人民法院赔偿委员会主持下，长春市公安局与许秀琴经协商达成了角钢损失126万元、其他钢材损失25.821万元的协议。吉林省高级人民法院赔偿委员会据此作出决定，由长春市公安局赔偿许秀琴前述各项损失共计305.086万元。

【典型意义】

修正前的国家赔偿法没有关于协商和质证的规定。司法实践中，人民法院赔偿委员通过协商和质证方式处理了大量赔偿争议，收到了良好的效果。修正的国家赔偿法肯定吸收了上述成功经验，规定赔偿请求人和赔偿义务机关就赔偿方式、赔偿项目和赔偿数额依法进行协商，人民法院赔偿委员会可以组织双方进行质证。协商和质证体现了国家赔偿程序的公开性、参与性和公正性，有利于查明事实，确定责任，消除对立，化解矛盾。本案在损害事实难以查清、认定的情况下，吉林省高级人民法院赔偿委员会通过积极组织双方质证和协商，最终促成双方达成一致，纠纷得以实质解决。

6. **马云平申请陕西省蒲城县人民检察院无罪逮捕国家赔偿案〔陕西省高级人民法院赔偿委员会(2010)陕赔他字第00005号国家赔偿决定书〕**

【案情摘要】

马云平于2003年9月8日因涉嫌强奸罪、抢劫罪被蒲城县公安局拘留。同年10月13日，蒲城县人民检察院批准对其逮捕，11月10日，案件移送蒲城县人民检察院审查起诉。因犯罪嫌疑人翻供，蒲城县人民检察院先后两次退回公安局补充侦查。2004年10月12日，蒲城县人民检察院以证据不足，不符合起诉条件为由，对马云平作出不起诉决定，10月14日马云平被释放。

随后，马云平申请国家赔偿。2005年12月15日，蒲城县人民检察院以赔偿请求人“故意作虚伪供述”为由决定不予赔偿。2006年5月17日，渭南市人民检察院以同样理由复议维持了蒲城县人民检察院的赔偿决定。马云平向渭南市中级人民法院赔偿委员会提出赔偿申请。2006年10月24日，渭南市中级人民法院赔偿委员会维持了渭南市人民检察院的复议决定。马云平仍不服，向陕西省高级人民法院赔偿委员会提出申诉。

陕西省高级人民法院赔偿委员会审理认为：本案焦点是赔偿请求人是否“故意作虚伪供述”。公民自己故意作虚伪供述应是指，为欺骗、误导司法机关，或者有意替他人承担刑事责任而主动作与事实不符的供述。本案并无证据证明赔偿请求人具有以上情形，亦不能证明赔偿请求人希望自己被逮捕或定罪量刑，其不具有“故意”的目的和动机，因此不能认定其故意作虚伪供述。陕西省高级人民法院赔偿委员会据此作出决定，由蒲城县人民检察院赔偿马云平被侵犯人身自由赔偿金50422.86元。

【典型意义】

国家赔偿法第十九条第(一)项规定，因公民自己故意作虚伪供述被羁押或者被判处刑罚的，国家不承担赔偿责任。本案赔偿请求人曾在侦查阶段做过有罪供述，争议焦点是其有罪供述是否属于第十九条规定的故意作虚伪供述。陕西省高级人民法院赔偿委员会审理认为，“公民自己故意作虚伪供述”是指，为欺骗、误导司法机关，或者有意替他人承担刑事责任而主动作与事实不符的供述。赔偿义务机关应提供证据证明赔偿请求人具有前述情形，属于故意作虚伪供述，并足以使检察机关认定其达到被逮捕的法定条件。本案不属于公民自己故意作虚伪供述的情况，因此决定由赔偿义务机关承担相应的赔偿责任。

7. 叶寿美申请江苏省南通监狱虐待致伤国家赔偿案〔江苏省高级人民法院赔偿委员会（2011）苏法委赔字第 0002 号国家赔偿决定书〕

【案情摘要】

1994 年 12 月 23 日，叶寿美因犯诈骗罪被宝应县人民法院判处有期徒刑十一年，剥夺政治权利三年。1995 年 1 月 20 日，被保外就医。1996 年 9 月 18 日，叶寿美在保外就医期间因犯奸淫幼女罪，被宝应县人民法院数罪并罚判处有期徒刑十五年，剥夺政治权利四年。在交付执行中，叶寿美以患有“舌根部恶性淋巴肿瘤”为由，申请保外就医。1996 年 11 月 12 日，宝应县公安局决定对其保外就医一年；2000 年 5 月 10 日，叶寿美获准继续保外就医一年。2001 年 12 月 21 日，宝应县人民法院以叶寿美病情好转为由将其送监执行。2002 年 2 月至 4 月，江苏省南通监狱将叶寿美安排在监狱医院服刑。期间，叶寿美以患有“舌根部恶性淋巴肿瘤”为由，向南通监狱申请保外就医。后经南通大学附属医院（以下简称附属医院）检查，未见叶寿美患有舌根部恶性淋巴肿瘤的病灶和手术切除切口。2004 年 9 月 16 日，叶寿美因左眼视物模糊要求医治，根据当时监狱医院病历记载，叶寿美主诉病症为左眼视物模糊呈雾状已 10 年余，经监狱医院检查，诊断为玻璃体云雾状浑浊，建议随诊。2005 年 6 月至 2006 年 6 月期间，监狱医院针对叶寿美的眼病，先后采取监狱医院检查、外请附属医院眼科专家会诊、检查及至附属医院进行检查、手术等形式进行诊断、治疗。2006 年 6 月 8 日，叶寿美经附属医院作三面镜检查，诊断为左眼视网膜脱离、右眼视网膜色素变性；同年 6 月 21 日，叶寿美在附属医院眼科实施左眼巩膜外冷凝 + 硅胶加压 + 环孔手术。2006 年 8 月、2007 年 1 月经附属医院两次复查，手术部位环扎脊清晰，未见新鲜裂孔。2006 年 6 月至 2008 年 10 月间，监狱医院针对叶寿美给予对症药治疗。2009 年 11 月 22 日，叶寿美刑满出狱。2009 年 12 月 19 日，经江苏省宝应县残联指定医院进行鉴定，结论为叶寿美双眼视力残疾等级为一级。

2010 年 7 月 15 日，叶寿美以在南通监狱服刑期间受到监狱医院虐待致双眼残疾为由，申请国家赔偿，提出 2002 年 3 月 28 日被监狱医院注射 8 支度冷丁药水，面部被多次电击，此后服刑期间视力下降直至双眼残疾。南通监狱于 2010 年 9 月 14 日作出不予赔偿决定书。2010 年 11 月 26 日，江苏省司法厅复议予以维持。叶寿美不服复议决定，向江苏省高级人民法院赔偿委员会申请作出赔偿决定。在江苏省高级人民法院赔偿委员会审理期间，南通监狱提供了相关证据材料。

江苏省高级人民法院赔偿委员会审理认为，度冷丁系国家特殊管理的麻醉药品，南通监狱医院对麻醉药品实行采购、使用、空瓶回收和专册登记簿的管理制度。2002 年 3 月期间，监狱医院具有麻醉药品处方权的主任医师对其他 2 名重病犯人的治疗仅开出 3 支度冷丁麻醉药品处方，并登记在册。南通监狱对使用电警棍亦有严格的适用情形和审批程序，2001 年以来，监狱医院不再配置警棍，也没有使用警棍的记录。叶寿美称被电击，但面部未留有痕迹，又无其他证据印证。其服刑前已患有眼部疾病，视力为 700 多度，左眼视物模糊症状已 10 年余。服刑期间，南通监狱考虑到赔偿请求人叶寿美患有眼部疾病，将其安排在监狱医院服刑，叶寿美的眼部疾病得到监狱医院的及时医治，并外请附属医院眼科专家会诊，同时对其实施左眼视网复位手术治疗。对此，有南通监狱提供的 2003 年 8 月至 2008 年 10 月间的病历予以印证。南通监狱提供的以上证据可以采信，赔偿请求人叶寿美提出的相关主张理据不足，不予采纳。江苏省高级人民法院赔偿委员会据此作出决定，维持江苏省司法厅的复议决定。

【典型意义】

修正的国家赔偿法规定，被羁押人在羁押期间死亡或者丧失行为能力的，赔偿义务机关的行为与被羁押人的死亡或者丧失行为能力是否存在因果关系,赔偿义务机关应当提供证据。本案即属于适用举证责任倒置的情况。江苏省高级人民法院赔偿委员会审理认为,监狱作为刑罚执行机关,对罪犯依法进行监管的同时也负有保障其人格尊严、人身安全等职责,根据国家赔偿法规定精神,监狱对其行为与被羁押人一级视力残疾之间是否存在因果关系负有举证责任。本案最终通过审查南通监狱对此事实的举证责任完成情况,认定赔偿请求人双眼残疾与监狱行为无关。

8. 张留军申请河南省平顶山市中级人民法院重审无罪国家赔偿案〔河南省高级人民法院赔偿委员会(2011)豫法委赔字第6号国家赔偿决定书〕

【案情摘要】

2005年1月30日,平顶山市公安局石龙区分局以涉嫌故意杀人罪对张留军监视居住。2005年2月4日,该局对张留军刑事拘留,并于同日作出延长拘留期限通知书,对其延长拘留至2005年3月6日。2005年3月3日,该局提请批捕。2005年3月10日,石龙区人民检察院以事实不清、证据不足为由,对张留军不予批捕。次日,石龙区分局作出释放通知书,对张留军采取监视居住措施。2005年5月30日,石龙区分局再次以张留军涉嫌抢劫罪为由提请批捕。2005年6月3日,石龙区人民检察院批准逮捕。石龙区分局于6月4日执行逮捕。2006年3月28日,平顶山市中级人民法院作出一审刑事附带民事判决,以抢劫罪判处张留军死刑,缓期二年执行,剥夺政治权利终身;判令张留军与另一被告人共同赔偿附带民事诉讼原告人经济损失79764.75元。张留军不服,提出上诉。河南省高级人民法院经审理以事实不清、证据不足为由,发回平顶山市中级人民法院重新审理。平顶山市中级人民法院经重审判决张留军无罪,不承担民事赔偿责任。2010年9月25日,张留军被释放。2010年12月14日,张留军提出国家赔偿申请。2011年1月25日,平顶山市中级人民法院作出赔偿决定,认为对张留军的国家赔偿申请应适用1994年《国家赔偿法》,决定赔偿张留军被限制人身自由赔偿金259012.95元。张留军不服,向河南省高级人民法院赔偿委员会申请作出赔偿决定。

河南省高级人民法院赔偿委员会审理认为:张留军于2010年9月25日被无罪释放,并于修正的国家赔偿法施行后申请国家赔偿,根据《最高人民法院关于适用〈中华人民共和国国家赔偿法〉若干问题的解释(一)》(以下简称《解释(一)》)第二条第(二)项之规定,本案应适用修正的国家赔偿法;平顶山市中级人民法院决定将张留军被监视居住期间计算在赔偿范围之内,且依照2009年度全国职工日平均工资标准计算赔偿金有误,应予纠正;张留军无罪被错判并长期羁押,妻子离家出走,孩子无法照管,使其遭受严重精神损害,其关于支付精神损害抚慰金的请求应予支持。河南省高级人民法院赔偿委员会据此作出决定,撤销原赔偿决定,平顶山市中级人民法院支付张留军人身自由赔偿金281244.08元、精神损害抚慰金50000元。

【典型意义】

修正的国家赔偿法加大了对赔偿请求人的权利保护力度。为更好地实现国家赔偿权利救济的核心理念,《解释(一)》在遵循溯及力一般原理的基础上对部分情形采取有利法律溯及原则,规定国家机关及其工作人员行使职权侵犯公民、法人和其他组织合法权益的行为发生在2010年12月1日以前的,适用修正前的国家赔偿法,但是赔偿请求人在2010年12月1日以后提出赔偿请求的,适用修正的国家赔偿法。河南省高级人民法院赔偿委员会审理认为,根据修正的国家赔偿法及《解释(一)》的规定,本案应适用修正的国家赔偿法,据此更正了原赔偿决定,并支持了赔偿请求人精神损害抚慰金的请求。

9. 熊仲祥申请四川省乐山市中级人民法院重审无罪国家赔偿案〔四川省乐山市中级人民法院(2011)乐法赔字第2号国家赔偿决定书〕

【案情摘要】

熊仲祥因涉嫌故意杀人罪、强奸罪于2002年10月18日被乐山市公安局金口河区分局刑事拘留,同月31日被逮捕。2002年12月25日,乐山市人民检察院提起公诉。2003年3月7日,乐山市中级人民法院一审判决熊仲祥死刑,剥夺政治权利终身,并赔偿附带民事诉讼原告人经济损失51394元。熊仲祥不服,提出上诉。2005年4月25日,四川省高级人民法院二审裁定发回重审。乐山市中级人民法院于2005年10月11日作出刑事附带民事判决,判处熊仲祥死刑,缓期二年执行,剥夺政治权利终身,并赔偿附带民事诉讼原告人经济损失51394元。宣判后,熊仲祥仍不服,再次提出上诉。同时,乐山市人民检察院提出抗诉。在二审审理期间,四川省人民检察院撤回抗诉,四川省高级人民法院裁定准许其撤回抗诉,并于2008年7月17日以"原判事实不清,证据不足"为由裁定发回乐山市中级人民法院重审。在重审过程中,乐山市人民检察院以"事实、证据有变化"为由撤回起诉。2008年11月28日,乐山市中级人民法院作出刑事裁定,认为公诉机关指控熊仲祥犯故意杀人罪、强奸罪的事实不清、证据不足,准许公诉机关撤回起诉。之后,乐山市人民检察院将刑事案件退回公安机关补充侦查。熊仲祥于2008年12月4日收到乐山市中级人民法院准予公诉机关撤回起诉的刑事裁定。同日,公安机关以"不能在法定期限内办结、需继续查证"为由将熊仲祥释放,同时对其采取监视居住措施,后于2009年6月2日解除监视居住措施。

熊仲祥向乐山市中级人民法院申请国家赔偿。期间公安机关出具说明,称该案还在进一步侦查过程中。2011年3月22日,乐山市中级人民法院以刑事案件尚在侦查之中,没有终止追究刑事责任为由,驳回熊仲祥的赔偿申请。熊仲祥不服,向四川省高级人民法院赔偿委员会申请作出赔偿决定。四川省高级人民法院赔偿委员会在审理过程中就该案刑事诉讼程序是否终结问题向最高人民法院赔偿委员会请示。最高人民法院赔偿委员会答复,本案可进入国家赔偿程序。2011年12月28日,熊仲祥与乐山市中级人民法院就赔偿事宜达成协议。同日,熊仲祥向四川省高级人民法院赔偿委员会撤回赔偿申请。乐山市中级人民法院根据该协议作出赔偿决定,由该院支付熊仲祥赔偿金30万元。

【典型意义】

《解释(一)》规定,赔偿请求人认为赔偿义务机关有修正的国家赔偿法第十七条第(一)、(二)、(三)项、第十八条规定情形的,一般应当在刑事诉讼程序终结后申请赔偿。本案人民检察院将案件退回公安机关补充侦查后,公安机关未在法定期限内侦查完毕移送起诉,也未作出撤销案件决定;人民检察院亦未对该案重新起诉或者作出不起诉决定。赔偿请求人监视居住期限届满后,有关部门也未采取其他强制措施。根据刑事诉讼法及相关司法解释的规定,结合本案的实际情况,乐山市中级人民法院准许乐山市人民检察院撤回起诉的裁定,可视为刑事诉讼程序已终结,可进入国家赔偿程序。本案情形的法律适用有利于充分保护当事人的国家赔偿请求权。

10. 李灵申请山东省嘉祥县人民法院重审无罪国家赔偿案〔山东省济宁市中级人民法院赔偿委员会(2011)济法委赔字第1号赔偿决定书〕

【案情摘要】

李灵于2001年2月16日被嘉祥县人民检察院以涉嫌贪污罪刑事拘留,2001年3月2日被逮捕。同年5月2日,嘉祥县人民检察院提起公诉。嘉祥县人民法院经审理,认为犯罪事实不清,证据不足,建议嘉祥县人民检察院撤回起诉。2002年7月26日嘉祥县人民检察院作出取保候审决定,并于同日将李灵释放。2003年2月25日,嘉祥县人民检察院以李灵犯贪污罪再次向嘉祥县人民法院提起公诉,嘉祥县人民法院审理后再次建议嘉祥县人民检察院撤回起诉。嘉祥县人民检察院于2005年5月16日作出不起诉决定书。2005年9月22日,李灵书面请求嘉祥县人民检察院退回被违法扣押的50000元现金,后于2007年3月13日向嘉祥县人民检察院提出赔偿申请,嘉祥县人民检察院逾期未作决定。2007年8月,李灵向济宁市中级人民法院赔偿委员会申请作出赔偿决定。济宁市中级人民法院赔偿委员审理期间,嘉祥县人民检察院以发现新的证据为由,撤销了对李灵的不起诉决定书,并于2008年2月23日以李灵犯贪污罪向嘉祥县人民法院提起公诉。济宁市

综合

中级人民法院赔偿委员会因此终止赔偿案件审理。2008 年 12 月 9 日,嘉祥县人民法院作出一审刑事判决,以李灵犯贪污罪判决其有期徒刑一年零五个月,追缴扣押在嘉祥县人民检察院的赃款 21722 元。李灵不服,提起上诉。2009 年 4 月 17 日,济宁市中级人民法院裁定发回重审。重审期间,嘉祥县人民检察院于 2010 年 7 月 27 日以认定李灵犯贪污罪事实不清,证据不足为由,作出撤销案件决定,撤销李灵涉嫌贪污罪一案。

李灵随后向嘉祥县人民法院申请国家赔偿。嘉祥县人民法院于 2011 年 7 月 25 日作出赔偿决定:1. 支付李灵被羁押 526 天的赔偿金 74865.58 元;2. 对李灵的其他请求不予赔偿。李灵对该决定第二项不服,向济宁市中级人民法院赔偿委员会申请作出赔偿决定。济宁市中级人民法院赔偿委员会在审理过程中,以抚慰受害人、案结事了为原则,组织双方进行质证并做了大量释法析理工作,在此基础上作出赔偿决定,由嘉祥县人民法院支付李灵精神损害抚慰金 25000 元。李灵对济宁市中级人民法院赔偿委员会的工作及案件处理结果表示满意,并赠送锦旗表示感谢。

【典型意义】

国家赔偿工作事关国家机关形象,事关人民群众切身利益。人民法院赔偿委员会不仅要保证案件公正审理、依法赔偿,更要注重能动司法,注重案结事了,避免就案办案、机械办案。济宁中院赔偿委员会在审理案件过程中,对赔偿请求人既讲法理又讲情理,通过大量的释法析理、沟通协调工作,最终使赔偿请求人服判息诉,案件得以圆满解决,做到案结事了人和,实现了法律效果和社会效果的统一。

最高人民法院关于国家赔偿案件立案工作的规定

(2011 年 12 月 26 日最高人民法院审判委员会第 1537 次会议通过　2012 年 1 月 13 日最高人民法院公告公布　自 2012 年 2 月 15 日起施行　法释〔2012〕1 号)

为保障公民、法人和其他组织依法行使请求国家赔偿的权利,保证人民法院及时、准确审查受理国家赔偿案件,根据《中华人民共和国国家赔偿法》及有关法律规定,现就人民法院国家赔偿案件立案工作规定如下:

第一条　本规定所称国家赔偿案件,是指国家赔偿法第十七条、第十八条、第二十一条、第三十八条规定的下列案件:

(一)违反刑事诉讼法的规定对公民采取拘留措施的,或者依照刑事诉讼法规定的条件和程序对公民采取拘留措施,但是拘留时间超过刑事诉讼法规定的时限,其后决定撤销案件、不起诉或者判决宣告无罪终止追究刑事责任的;

(二)对公民采取逮捕措施后,决定撤销案件、不起诉或者判决宣告无罪终止追究刑事责任的;

(三)二审改判无罪,以及二审发回重审后作无罪处理的;

(四)依照审判监督程序再审改判无罪,原判刑罚已经执行的;

(五)刑讯逼供或者以殴打、虐待等行为或者唆使、放纵他人以殴打、虐待等行为造成公民身体伤害或者死亡的;

(六)违法使用武器、警械造成公民身体伤害或者死亡的;

(七)在刑事诉讼过程中违法对财产采取查封、扣押、冻结、追缴等措施的;

(八)依照审判监督程序再审改判无罪,原判罚金、没收财产已经执行的;

(九)在民事诉讼、行政诉讼过程中,违法采取对妨害诉讼的强制措施、保全措施或者对判决、裁定及其他生效法律文书执行错误,造成损害的。

第二条 赔偿请求人向作为赔偿义务机关的人民法院提出赔偿申请，或者依照国家赔偿法第二十四条、第二十五条的规定向人民法院赔偿委员会提出赔偿申请的，收到申请的人民法院根据本规定予以审查立案。

第三条 赔偿请求人当面递交赔偿申请的，收到申请的人民法院应当依照国家赔偿法第十二条的规定，当场出具加盖本院专用印章并注明收讫日期的书面凭证。

赔偿请求人以邮寄等形式提出赔偿申请的，收到申请的人民法院应当及时登记审查。

申请材料不齐全的，收到申请的人民法院应当在五日内一次性告知赔偿请求人需要补正的全部内容。收到申请的时间自人民法院收到补正材料之日起计算。

第四条 赔偿请求人向作为赔偿义务机关的人民法院提出赔偿申请，收到申请的人民法院经审查认为其申请符合下列条件的，应予立案：

（一）赔偿请求人具备法律规定的主体资格；

（二）本院是赔偿义务机关；

（三）有具体的申请事项和理由；

（四）属于本规定第一条规定的情形。

第五条 赔偿请求人对作为赔偿义务机关的人民法院作出的是否赔偿的决定不服，依照国家赔偿法第二十四条的规定向其上一级人民法院赔偿委员会提出赔偿申请，收到申请的人民法院经审查认为其申请符合下列条件的，应予立案：

（一）有赔偿义务机关作出的是否赔偿的决定书；

（二）符合法律规定的请求期间，因不可抗力或者其他障碍未能在法定期间行使请求权的情形除外。

第六条 作为赔偿义务机关的人民法院逾期未作出是否赔偿的决定，赔偿请求人依照国家赔偿法第二十四条的规定向其上一级人民法院赔偿委员会提出赔偿申请，收到申请的人民法院经审查认为其申请符合下列条件的，应予立案：

（一）赔偿请求人具备法律规定的主体资格；

（二）被申请的赔偿义务机关是法律规定的赔偿义务机关；

（三）有具体的申请事项和理由；

（四）属于本规定第一条规定的情形；

（五）有赔偿义务机关已经收到赔偿申请的收讫凭证或者相应证据；

（六）符合法律规定的请求期间，因不可抗力或者其他障碍未能在法定期间行使请求权的情形除外。

第七条 赔偿请求人对行使侦查、检察职权的机关以及看守所、监狱管理机关作出的决定不服，经向其上一级机关申请复议，对复议机关的复议决定仍不服，依照国家赔偿法第二十五条的规定向复议机关所在地的同级人民法院赔偿委员会提出赔偿申请，收到申请的人民法院经审查认为其申请符合下列条件的，应予立案：

（一）有复议机关的复议决定书；

（二）符合法律规定的请求期间，因不可抗力或者其他障碍未能在法定期间行使请求权的情形除外。

第八条 复议机关逾期未作出复议决定，赔偿请求人依照国家赔偿法第二十五条的规定向复议机关所在地的同级人民法院赔偿委员会提出赔偿申请，收到申请的人民法院经审查认为其申请符合下列条件的，应予立案：

（一）赔偿请求人具备法律规定的主体资格；

（二）被申请的赔偿义务机关、复议机关是法律规定的赔偿义务机关、复议机关；

（三）有具体的申请事项和理由；

（四）属于本规定第一条规定的情形；

（五）有赔偿义务机关、复议机关已经收到赔偿申请的收讫凭证或者相应证据；

（六）符合法律规定的请求期间，因不可抗力或者其他障碍未能在法定期间行使请求权的情形除外。

第九条 人民法院应当在收到申请之日起七日内决定是否立案。

决定立案的，人民法院应当在立案之日起五日内向赔偿请求人送达受理案件通知书。属于人民法院赔偿委员会审理的国家赔偿案件，还应当同时向赔偿义务机关、复议机关送达受理案件通知书、国家赔偿申请书或者《申请赔偿登记表》副本。

经审查不符合立案条件的，人民法院应当在七日内作出不予受理决定，并应当在作出决定之日起十日内送达赔偿请求人。

第十条 赔偿请求人对复议机关或者作为赔偿义务机关的人民法院作出的决定不予受理的文书不服，依照国家赔偿法第二十四条、第二十五条的规定向人民法院赔偿委员会提出赔偿申请，收到申请的人民法院可以依照本规定第六条、第八条予以审查立案。

经审查认为原不予受理错误的，人民法院赔偿委员会可以直接审查并作出决定，必要时也可以交由复议机关或者作为赔偿义务机关的人民法院作出决定。

第十一条 自本规定施行之日起，《最高人民法院关于刑事赔偿和非刑事司法赔偿案件立案工作的暂行规定（试行）》即行废止；本规定施行前本院发布的司法解释与本规定不一致的，以本规定为准。

最高人民法院关于国家赔偿案件案由的规定

（2012年1月13日　法〔2012〕32号）

为正确适用法律，根据《中华人民共和国国家赔偿法》，结合国家赔偿工作实际，对国家赔偿案件案由规定如下：

一、违法刑事拘留赔偿（国家赔偿法第十七条第（一）项）。违反刑事诉讼法的规定对公民采取拘留措施的，或者依照刑事诉讼法规定的条件和程序对公民采取拘留措施，但是拘留时间超过刑事诉讼法规定的时限，其后决定撤销案件、不起诉或者判决宣告无罪终止追究刑事责任的赔偿案件。

二、无罪逮捕赔偿（国家赔偿法第十七条第（二）项）。对公民采取逮捕措施后，决定撤销案件、不起诉或者一审判决宣告无罪终止追究刑事责任的赔偿案件。

三、二审无罪赔偿（国家赔偿法第二十一条第四款）。二审改判无罪的赔偿案件。

四、重审无罪赔偿（国家赔偿法第二十一条第四款）。二审发回重审后作无罪处理的赔偿案件。

五、再审无罪赔偿（国家赔偿法第十七条第（三）项）。依照审判监督程序再审改判无罪，原判刑罚已经执行的赔偿案件。

六、刑讯逼供致伤、致死赔偿（国家赔偿法第十七条第（四）项）。刑讯逼供造成公民身体伤害或者死亡的赔偿案件。

七、殴打、虐待致伤、致死赔偿（国家赔偿法第十七条第（四）项）。以殴打、虐待等行为或者唆使、放纵他人以殴打、虐待等行为造成公民身体伤害或者死亡的赔偿案件。

八、违法使用武器、警械致伤、致死赔偿（国家赔偿法第十七条第（五）项）。违法使用武器、警械造成公民身体伤害或者死亡的赔偿案件。

九、刑事违法查封、扣押、冻结、追缴赔偿(国家赔偿法第十八条第(一)项)。在刑事诉讼过程中,违法对财产采取查封、扣押、冻结、追缴等措施的赔偿案件。

十、错判罚金、没收财产赔偿(国家赔偿法第十八条第(二)项)。依照审判监督程序再审改判无罪,原判罚金、没收财产已经执行的赔偿案件。

十一、违法司法罚款赔偿(国家赔偿法第三十八条)。人民法院在民事诉讼、行政诉讼过程中,违法司法罚款造成损害的赔偿案件。

十二、违法司法拘留赔偿(国家赔偿法第三十八条)。人民法院在民事诉讼、行政诉讼过程中,违法司法拘留造成损害的赔偿案件。

十三、违法保全赔偿(国家赔偿法第三十八条)。人民法院在民事诉讼、行政诉讼过程中,违法采取保全措施造成损害的赔偿案件。

十四、错误执行赔偿(国家赔偿法第三十八条)。人民法院在民事诉讼、行政诉讼过程中,对判决、裁定及其他生效法律文书执行错误造成损害的赔偿案件。

最高人民法院关于国家赔偿案件立案、案由有关问题的通知

(2012 年 1 月 13 日　法〔2012〕33 号)

各省、自治区、直辖市高级人民法院,解放军军事法院,新疆维吾尔自治区高级人民法院生产建设兵团分院:

最高人民法院《关于国家赔偿案件立案工作的规定》(以下简称《立案规定》)、最高人民法院《关于国家赔偿案件案由的规定》(以下简称《案由规定》)已于 2011 年 12 月 26 日由最高人民法院审判委员会第 1537 次会议讨论通过,自 2012 年 2 月 15 日起施行,最高人民法院《关于刑事赔偿和非刑事司法赔偿案件立案工作的暂行规定(试行)》、最高人民法院《关于刑事赔偿和非刑事司法赔偿案件案由的暂行规定(试行)》同时废止。为正确适用《立案规定》和《案由规定》,切实保障公民、法人和其他组织依法行使请求国家赔偿的权利,把好案件受理关,现就有关问题通知如下:

一、关于国家赔偿案件的立案审查

赔偿请求人向作为赔偿义务机关的人民法院提出赔偿申请,或者依照国家赔偿法第二十四条、第二十五条的规定向人民法院赔偿委员会提出赔偿申请的,由收到申请的人民法院立案部门负责立案审查。与国家赔偿相关的涉法信访接待工作,由人民法院立案信访部门负责。

二、关于立案审查工作的有关事宜

赔偿请求人向作为赔偿义务机关的人民法院提出赔偿申请的,收到申请的人民法院立案部门应当根据《立案规定》第四条的规定予以审查。经审查符合立案条件的,立案部门应当编立案号,在立案之日起五日内向赔偿请求人送达受理案件通知书,并在调齐赔偿申请所涉案件的相关卷宗材料后,一并移送该院理赔机构办理。调取卷宗材料的时间应从作出赔偿决定的期限内予以扣除。

赔偿请求人依照国家赔偿法第二十四条、第二十五条的规定向人民法院赔偿委员会提出赔偿申请的,收到申请的人民法院立案部门根据《立案规定》第五条至第八条的规定予以审查。经审查符合立案条件的,立案部门应当编立案号,在立案之日起五日内向赔偿请求人、赔偿义务机关、复议机关送达受理案件通知书,并向赔偿义务机关、复议机关送达国家赔偿申请书或者《申请赔偿登记表》副本。赔偿义务机关为下一级人民法院的,立案部门还应当向下一级人民法院调齐赔偿申请所涉案件的相关卷宗材料后,一并移送该院赔偿委员会审理。调取卷宗材料的时间应从作出赔偿

决定的期限内予以扣除。

对前述两类案件经审查不符合立案条件的，由收到申请的人民法院立案部门在七日内作出不予受理决定，加盖人民法院院印，并在作出决定之日起十日内送达赔偿请求人。

三、关于国家赔偿案件案由的适用

对于赔偿请求人提出的赔偿申请属于《立案规定》第一条规定情形的，应当根据《案由规定》确定案由。在适用《案由规定》第六项至第十项时，一般应根据赔偿申请的具体情况择一确定案由，如赔偿申请涉及违法使用警械造成公民死亡的，案由为违法使用警械致死赔偿，如赔偿申请涉及虐待造成公民身体伤害的，案由为虐待致伤赔偿。

赔偿请求人提出的赔偿申请涉及同一赔偿义务机关的两个以上司法行为，且对应同一权利，应当一并审理的，可以确定并列案由。如赔偿申请既涉及刑事违法查封，又涉及刑事违法追缴的，案由为刑事违法查封、追缴赔偿；如赔偿申请既涉及违法保全，又涉及错误执行的，案由为违法保全、错误执行赔偿。

《立案规定》和《案由规定》适用过程中有何新情况和新问题，应当及时报告最高人民法院。

最高人民检察院关于适用修改后《中华人民共和国国家赔偿法》若干问题的意见

（2011年4月25日　法〔2014〕130号）

第十一届全国人民代表大会常务委员会第十四次会议于2010年4月29日通过的《关于修改〈中华人民共和国国家赔偿法〉的决定》，自2010年12月1日起施行。现就人民检察院处理国家赔偿案件中适用修改后国家赔偿法的若干问题提出以下意见：

一、人民检察院和人民检察院工作人员行使职权侵犯公民、法人和其他组织合法权益的行为发生在2010年12月1日以后的，适用修改后国家赔偿法的规定。

人民检察院和人民检察院工作人员行使职权侵犯公民、法人和其他组织合法权益的行为发生在2010年12月1日以前的，适用修改前国家赔偿法的规定，但在2010年12月1日以后提出赔偿请求的，或者在2010年12月1日以前提出赔偿请求但尚未作出生效赔偿决定的，适用修改后国家赔偿法的规定。

人民检察院和人民检察院工作人员行使职权侵犯公民、法人和其他组织合法权益的行为发生在2010年12月1日以前、持续至2010年12月1日以后的，适用修改后国家赔偿法的规定。

二、人民检察院在2010年12月1日以前受理但尚未办结的刑事赔偿确认案件，继续办理。办结后，对予以确认的，依法进入赔偿程序，适用修改后国家赔偿法的规定办理；对不服不予确认申诉的，适用修改前国家赔偿法的规定处理。

人民检察院在2010年12月1日以前已经作出决定并发生法律效力的刑事赔偿确认案件，赔偿请求人申诉或者原决定确有错误需要纠正的，适用修改前国家赔偿法的规定处理。

三、赔偿请求人不服人民检察院在2010年12月1日以前已经生效的刑事赔偿决定，向人民检察院申诉的，人民检察院适用修改前国家赔偿法的规定办理；赔偿请求人仅就修改后国家赔偿法增加的赔偿项目及标准提出申诉的，人民检察院不予受理。

四、赔偿请求人或者赔偿义务机关不服人民法院赔偿委员会在2010年12月1日以后作出的赔偿决定，向人民检察院申诉的，人民检察院应当依法受理，依照修改后国家赔偿法第三十条第三款的规定办理。

赔偿请求人或者赔偿义务机关不服人民法院赔偿委员会在2010年12月1日以前作出的赔偿决定,向人民检察院申诉的,不适用修改后国家赔偿法第三十条第三款的规定,人民检察院应当告知其依照法律规定向人民法院提出申诉。

五、人民检察院控告申诉检察部门、民事行政检察部门在2010年12月1日以后接到不服人民法院行政赔偿判决、裁定的申诉案件,以及不服人民法院赔偿委员会决定的申诉案件,应当移送本院国家赔偿工作办公室办理。

人民检察院民事行政检察部门在2010年12月1日以前已经受理,尚未办结的不服人民法院行政赔偿判决、裁定申诉案件,仍由民事行政检察部门办理。

六、本意见自公布之日起施行。

最高人民法院关于人民法院赔偿委员会审理国家赔偿案件程序的规定

(2011年2月28日最高人民法院审判委员会第1513次会议通过 2011年3月17日最高人民法院公告公布 自2011年3月22日起施行 法释〔2011〕6号)

根据2010年4月29日修正的《中华人民共和国国家赔偿法》(以下简称国家赔偿法),结合国家赔偿工作实际,对人民法院赔偿委员会(以下简称赔偿委员会)审理国家赔偿案件的程序作如下规定:

第一条 赔偿请求人向赔偿委员会申请作出赔偿决定,应当递交赔偿申请书一式四份。赔偿请求人书写申请书确有困难的,可以口头申请。口头提出申请的,人民法院应当填写《申请赔偿登记表》,由赔偿请求人签名或者盖章。

第二条 赔偿请求人向赔偿委员会申请作出赔偿决定,应当提供以下法律文书和证明材料:

(一)赔偿义务机关作出的决定书;

(二)复议机关作出的复议决定书,但赔偿义务机关是人民法院的除外;

(三)赔偿义务机关或者复议机关逾期未作出决定的,应当提供赔偿义务机关对赔偿申请的收讫凭证等相关证明材料;

(四)行使侦查、检察、审判职权的机关在赔偿申请所涉案件的刑事诉讼程序、民事诉讼程序、行政诉讼程序、执行程序中作出的法律文书;

(五)赔偿义务机关职权行为侵犯赔偿请求人合法权益造成损害的证明材料;

(六)证明赔偿申请符合申请条件的其他材料。

第三条 赔偿委员会收到赔偿申请,经审查认为符合申请条件的,应当在七日内立案,并通知赔偿请求人、赔偿义务机关和复议机关;认为不符合申请条件的,应当在七日内决定不予受理;立案后发现不符合申请条件的,决定驳回申请。

前款规定的期限,自赔偿委员会收到赔偿申请之日起计算。申请材料不齐全的,赔偿委员会应当在五日内一次性告知赔偿请求人需要补正的全部内容,收到赔偿申请的时间应当自赔偿委员会收到补正材料之日起计算。

第四条 赔偿委员会应当在立案之日起五日内将赔偿申请书副本或者《申请赔偿登记表》副本送达赔偿义务机关和复议机关。

第五条 赔偿请求人可以委托一至二人作为代理人。律师、提出申请的公民的近亲属、有关的社会团体或者所在单位推荐的人、经赔偿委员会许可的其他公民,都可以被委托为代理人。

赔偿义务机关、复议机关可以委托本机关工作人员一至二人作为代理人。

第六条 赔偿请求人、赔偿义务机关、复议机关委托他人代理，应当向赔偿委员会提交由委托人签名或者盖章的授权委托书。

授权委托书应当载明委托事项和权限。代理人代为承认、放弃、变更赔偿请求，应当有委托人的特别授权。

第七条 赔偿委员会审理赔偿案件，应当指定一名审判员负责具体承办。

负责具体承办赔偿案件的审判员应当查清事实并写出审理报告，提请赔偿委员会讨论决定。

赔偿委员会作赔偿决定，必须有三名以上审判员参加，按照少数服从多数的原则作出决定。

第八条 审判人员有下列情形之一的，应当回避，赔偿请求人和赔偿义务机关有权以书面或者口头方式申请其回避：

（一）是本案赔偿请求人的近亲属；

（二）是本案代理人的近亲属；

（三）与本案有利害关系；

（四）与本案有其他关系，可能影响对案件公正审理的。

前款规定，适用于书记员、翻译人员、鉴定人、勘验人。

第九条 赔偿委员会审理赔偿案件，可以组织赔偿义务机关与赔偿请求人就赔偿方式、赔偿项目和赔偿数额依照国家赔偿法第四章的规定进行协商。

第十条 组织协商应当遵循自愿和合法的原则。赔偿请求人、赔偿义务机关一方或者双方不愿协商，或者协商不成的，赔偿委员会应当及时作出决定。

第十一条 赔偿请求人和赔偿义务机关经协商达成协议的，赔偿委员会审查确认后应当制作国家赔偿决定书。

第十二条 赔偿请求人、赔偿义务机关对自己提出的主张或者反驳对方主张所依据的事实有责任提供证据加以证明。有国家赔偿法第二十六条第二款规定情形的，应当由赔偿义务机关提供证据。

没有证据或者证据不足以证明其事实主张的，由负有举证责任的一方承担不利后果。

第十三条 赔偿义务机关对其职权行为的合法性负有举证责任。

赔偿请求人可以提供证明职权行为违法的证据，但不因此免除赔偿义务机关对其职权行为合法性的举证责任。

第十四条 有下列情形之一的，赔偿委员会可以组织赔偿请求人和赔偿义务机关进行质证：

（一）对侵权事实、损害后果及因果关系争议较大的；

（二）对是否属于国家赔偿法第十九条规定的国家不承担赔偿责任的情形争议较大的；

（三）对赔偿方式、赔偿项目或者赔偿数额争议较大的；

（四）赔偿委员会认为应当质证的其他情形。

第十五条 赔偿委员会认为重大、疑难的案件，应报请院长提交审判委员会讨论决定。审判委员会的决定，赔偿委员会应当执行。

第十六条 赔偿委员会作出决定前，赔偿请求人撤回赔偿申请的，赔偿委员会应当依法审查并作出是否准许的决定。

第十七条 有下列情形之一的，赔偿委员会应当决定中止审理：

（一）赔偿请求人死亡，需要等待其继承人和其他有扶养关系的亲属表明是否参加赔偿案件处理的；

（二）赔偿请求人丧失行为能力，尚未确定法定代理人的；

（三）作为赔偿请求人的法人或者其他组织终止，尚未确定权利义务承受人的；

(四)赔偿请求人因不可抗拒的事由,在法定审限内不能参加赔偿案件处理的;

(五)宣告无罪的案件,人民法院决定再审或者人民检察院按照审判监督程序提出抗诉的;

(六)应当中止审理的其他情形。

中止审理的原因消除后,赔偿委员会应当及时恢复审理,并通知赔偿请求人、赔偿义务机关和复议机关。

第十八条 有下列情形之一的,赔偿委员会应当决定终结审理:

(一)赔偿请求人死亡,没有继承人和其他有扶养关系的亲属或者赔偿请求人的继承人和其他有扶养关系的亲属放弃要求赔偿权利的;

(二)作为赔偿请求人的法人或者其他组织终止后,其权利义务承受人放弃要求赔偿权利的;

(三)赔偿请求人据以申请赔偿的撤销案件决定、不起诉决定或者无罪判决被撤销的;

(四)应当终结审理的其他情形。

第十九条 赔偿委员会审理赔偿案件应当按照下列情形,分别作出决定:

(一)赔偿义务机关的决定或者复议机关的复议决定认定事实清楚,适用法律正确的,依法予以维持;

(二)赔偿义务机关的决定、复议机关的复议决定认定事实清楚,但适用法律错误的,依法重新决定;

(三)赔偿义务机关的决定、复议机关的复议决定认定事实不清、证据不足的,查清事实后依法重新决定;

(四)赔偿义务机关、复议机关逾期未作决定的,查清事实后依法作出决定。

第二十条 赔偿委员会审理赔偿案件作出决定,应当制作国家赔偿决定书,加盖人民法院印章。

第二十一条 国家赔偿决定书应当载明以下事项:

(一)赔偿请求人的基本情况,赔偿义务机关、复议机关的名称及其法定代表人;

(二)赔偿请求人申请事项及理由,赔偿义务机关的决定、复议机关的复议决定情况;

(三)赔偿委员会认定的事实及依据;

(四)决定的理由及法律依据;

(五)决定内容。

第二十二条 赔偿委员会作出的决定应当分别送达赔偿请求人、赔偿义务机关和复议机关。

第二十三条 人民法院办理本院为赔偿义务机关的国家赔偿案件参照本规定。

第二十四条 自本规定公布之日起,《人民法院赔偿委员会审理赔偿案件程序的暂行规定》即行废止;本规定施行前本院发布的司法解释与本规定不一致的,以本规定为准。

最高人民法院关于适用《中华人民共和国国家赔偿法》若干问题的解释(一)

(2011年2月14日最高人民法院审判委员会第1511次会议通过 2011年2月28日最高人民法院公告公布 自2011年3月18日起施行 法释〔2011〕4号)

为正确适用2010年4月29日第十一届全国人民代表大会常务委员会第十四次会议修正的《中华人民共和国国家赔偿法》,对人民法院处理国家赔偿案件中适用国家赔偿法的有关问题解释如下:

第一条 国家机关及其工作人员行使职权侵犯公民、法人和其他组织合法权益的行为发生在

2010年12月1日以后,或者发生在2010年12月1日以前、持续至2010年12月1日以后的,适用修正的国家赔偿法。

第二条 国家机关及其工作人员行使职权侵犯公民、法人和其他组织合法权益的行为发生在2010年12月1日以前的,适用修正前的国家赔偿法,但有下列情形之一的,适用修正的国家赔偿法:

(一)2010年12月1日以前已经受理赔偿请求人的赔偿请求但尚未作出生效赔偿决定的;

(二)赔偿请求人在2010年12月1日以后提出赔偿请求的。

第三条 人民法院对2010年12月1日以前已经受理但尚未审结的国家赔偿确认案件,应当继续审理。

第四条 公民、法人和其他组织对行使侦查、检察、审判职权的机关以及看守所、监狱管理机关在2010年12月1日以前作出并已发生法律效力的不予确认职务行为违法的法律文书不服,未依据修正前的国家赔偿法规定提出申诉并经有权机关作出侵权确认结论,直接向人民法院赔偿委员会申请赔偿的,不予受理。

第五条 公民、法人和其他组织对在2010年12月1日以前发生法律效力的赔偿决定不服提出申诉的,人民法院审查处理时适用修正前的国家赔偿法;但是仅就修正的国家赔偿法增加的赔偿项目及标准提出申诉的,人民法院不予受理。

第六条 人民法院审查发现2010年12月1日以前发生法律效力的确认裁定、赔偿决定确有错误应当重新审查处理的,适用修正前的国家赔偿法。

第七条 赔偿请求人认为行使侦查、检察、审判职权的机关以及看守所、监狱管理机关及其工作人员在行使职权时有修正的国家赔偿法第十七条第(一)、(二)、(三)项、第十八条规定情形的,应当在刑事诉讼程序终结后提出赔偿请求,但下列情形除外:

(一)赔偿请求人有证据证明其与尚未终结的刑事案件无关的;

(二)刑事案件被害人依据刑事诉讼法第一百九十八条的规定,以财产未返还或者认为返还的财产受到损害而要求赔偿的。

第八条 赔偿请求人认为人民法院有修正的国家赔偿法第三十八条规定情形的,应当在民事、行政诉讼程序或者执行程序终结后提出赔偿请求,但人民法院已依法撤销对妨害诉讼采取的强制措施的情形除外。

第九条 赔偿请求人或者赔偿义务机关认为人民法院赔偿委员会作出的赔偿决定存在错误,依法向上一级人民法院赔偿委员会提出申诉的,不停止赔偿决定的执行;但人民法院赔偿委员会依据修正的国家赔偿法第三十条的规定决定重新审查的,可以决定中止原赔偿决定的执行。

第十条 人民检察院依据修正的国家赔偿法第三十条第三款的规定,对人民法院赔偿委员会在2010年12月1日以后作出的赔偿决定提出意见的,同级人民法院赔偿委员会应当决定重新审查,并可以决定中止原赔偿决定的执行。

第十一条 本解释自公布之日起施行。

最高人民检察院关于印发《人民检察院国家赔偿工作规定》的通知

（2010年11月11日最高人民检察院第十一届检察委员会第四十六次会议通过 2010年11月22日最高人民检察院公布 自2010年12月1日起施行 高检发〔2010〕29号）

各省、自治区、直辖市人民检察院，军事检察院，新疆生产建设兵团人民检察院：

《人民检察院国家赔偿工作规定》已经2010年11月11日最高人民检察院第十一届检察委员会第四十六次会议通过，现印发你们，请认真贯彻执行。执行中遇到的问题，请及时报告最高人民检察院。

人民检察院国家赔偿工作规定

第一章 总 则

第一条 为了保障公民、法人和其他组织享有依法取得国家赔偿的权利，促进国家机关及其工作人员依法行使职权、公正执法，根据《中华人民共和国国家赔偿法》及有关法律，制定本规定。

第二条 人民检察院通过办理检察机关作为赔偿义务机关的刑事赔偿案件，并对人民法院赔偿委员会决定和行政赔偿诉讼依法履行法律监督职责，保障国家赔偿法的统一正确实施。

第三条 人民检察院国家赔偿工作办公室统一办理检察机关作为赔偿义务机关的刑事赔偿案件、对人民法院赔偿委员会决定提出重新审查意见的案件，以及对人民法院行政赔偿判决、裁定提出抗诉的案件。

人民检察院相关部门应当按照内部分工，协助国家赔偿工作办公室依法办理国家赔偿案件。

第四条 人民检察院国家赔偿工作应当坚持依法、公正、及时的原则。

第五条 上级人民检察院监督、指导下级人民检察院依法办理国家赔偿案件。上级人民检察院在办理国家赔偿案件时，对下级人民检察院作出的相关决定，有权撤销或者变更；发现下级人民检察院已办结的国家赔偿案件确有错误，有权指令下级人民检察院纠正。

赔偿请求人向上级人民检察院反映下级人民检察院在办理国家赔偿案件中存在违法行为的，上级人民检察院应当受理，并依法、及时处理。对依法应予赔偿而拒不赔偿，或者打击报复赔偿请求人的，应当依照有关规定追究相关领导和其他直接责任人员的责任。

第二章 立 案

第六条 赔偿请求人提出赔偿申请的，人民检察院应当受理，并接收下列材料：

（一）刑事赔偿申请书。刑事赔偿申请书应当载明受害人的基本情况，具体要求、事实根据和理由，申请的时间。赔偿请求人书写申请书确有困难的，可以委托他人代书；也可以口头申请。口头提出申请的，应当问明有关情况并制作笔录，由赔偿请求人签名或者盖章。

（二）赔偿请求人和代理人的身份证明材料。赔偿请求人不是受害人本人的，应当要求其说明与受害人的关系，并提供相应证明。赔偿请求人委托他人代理赔偿申请事项的，应当要求其提交授权委托书，以及代理人和被代理人身份证明原件。代理人为律师的，应当同时提供律师执业证及律师事务所介绍函。

（三）证明原案强制措施的法律文书。

（四）证明原案处理情况的法律文书。

（五）证明侵权行为造成损害及其程度的法律文书或者其他材料。

（六）赔偿请求人提供的其他相关材料。

赔偿请求人或者其代理人当面递交申请书或者其他申请材料的，人民检察院应当当场出具加盖本院专用印章并注明收讫日期的《接收赔偿申请材料清单》。申请材料不齐全的，应当当场或者在五日内一次性明确告知赔偿请求人需要补充的全部相关材料。

第七条 人民检察院收到赔偿申请后，国家赔偿工作办公室应当填写《受理赔偿申请登记表》。

第八条 同时符合下列各项条件的赔偿申请，应当立案：

（一）依照国家赔偿法第十七条第一项、第二项规定请求人身自由权赔偿的，已决定撤销案件、不起诉或者判决宣告无罪终止追究刑事责任；依照国家赔偿法第十七条第四项、第五项规定请求生命健康权赔偿的，有伤情、死亡证明；依照国家赔偿法第十八条第一项规定请求财产权赔偿的，刑事诉讼程序已经终结，但已查明该财产确与案件无关的除外；

（二）本院为赔偿义务机关；

（三）赔偿请求人具备国家赔偿法第六条规定的条件；

（四）在国家赔偿法第三十九条规定的请求赔偿时效内；

（五）请求赔偿的材料齐备。

第九条 对符合立案条件的赔偿申请，人民检察院应当立案，并在收到赔偿申请之日起五日内，将《刑事赔偿立案通知书》送达赔偿请求人。

立案应当经部门负责人批准。

第十条 对不符合立案条件的赔偿申请，应当分别下列不同情况予以处理：

（一）尚未决定撤销案件、不起诉或者判决宣告无罪终止追究刑事责任而请求人身自由权赔偿的，没有伤情、死亡证明而请求生命健康权赔偿的，刑事诉讼程序尚未终结而请求财产权赔偿的，告知赔偿请求人不符合立案条件，可在具备立案条件后再申请赔偿；

（二）不属于人民检察院赔偿的，告知赔偿请求人向负有赔偿义务的机关提出；

（三）本院不负有赔偿义务的，告知赔偿请求人向负有赔偿义务的人民检察院提出，或者移送负有赔偿义务的人民检察院，并通知赔偿请求人；

（四）赔偿请求人不具备国家赔偿法第六条规定条件的，告知赔偿请求人；

（五）对赔偿请求已过法定时效的，告知赔偿请求人已经丧失请求赔偿权。

对上列情况，均应当填写《审查刑事赔偿申请通知书》，并说明理由，在收到赔偿申请之日起五日内送达赔偿请求人。

第十一条 当事人、其他直接利害关系人或者其近亲属认为人民检察院扣押、冻结、保管、处理涉案款物侵犯自身合法权益或者有违法情形，向人民检察院投诉，并在刑事诉讼程序终结后又申请刑事赔偿的，尚未办结的投诉程序应当终止，负责办理投诉的部门应当将相关材料移交被请求赔偿的人民检察院国家赔偿工作办公室，依照刑事赔偿程序办理。

第三章 审查决定

第十二条 对已经立案的赔偿案件应当全面审查案件材料，必要时可以调取有关的案卷材料，也可以向原案件承办部门和承办人员等调查、核实有关情况，收集有关证据。原案件承办部门和承办人员应当协助、配合。

第十三条 对请求生命健康权赔偿的案件,人民检察院对是否存在违法侵权行为尚未处理认定的,国家赔偿工作办公室应当在立案后三日内将相关材料移送本院监察部门和渎职侵权检察部门,监察部门和渎职侵权检察部门应当在三十日内提出处理认定意见,移送国家赔偿工作办公室。

第十四条 审查赔偿案件,应当查明以下事项:

(一)是否存在国家赔偿法规定的损害行为和损害结果;

(二)损害是否为检察机关及其工作人员行使职权造成;

(三)侵权的起止时间和造成损害的程度;

(四)是否属于国家赔偿法第十九条规定的国家不承担赔偿责任的情形;

(五)其他需要查明的事项。

第十五条 人民检察院作出赔偿决定,应当充分听取赔偿请求人的意见,并制作笔录。

第十六条 对存在国家赔偿法规定的侵权损害事实,依法应当予以赔偿的,人民检察院可以与赔偿请求人就赔偿方式、赔偿项目和赔偿数额,依照国家赔偿法有关规定进行协商,并制作笔录。

人民检察院与赔偿请求人进行协商,应当坚持自愿、合法原则。禁止胁迫赔偿请求人放弃赔偿申请,禁止违反国家赔偿法规定进行协商。

第十七条 对审查终结的赔偿案件,应当制作赔偿案件审查终结报告,载明原案处理情况、赔偿请求人意见和协商情况,提出是否予以赔偿以及赔偿的方式、项目和数额等具体处理意见,经部门集体讨论、负责人审核后,报检察长决定。重大、复杂案件,由检察长提交检察委员会审议决定。

第十八条 审查赔偿案件,应当根据下列情形分别作出决定:

(一)请求赔偿的侵权事项事实清楚,应当予以赔偿的,依法作出赔偿的决定;

(二)请求赔偿的侵权事项事实不存在,或者不属于国家赔偿范围的,依法作出不予赔偿的决定。

第十九条 办理赔偿案件的人民检察院应当自收到赔偿申请之日起二个月内,作出是否赔偿的决定,制作《刑事赔偿决定书》,并自作出决定之日起十日内送达赔偿请求人。

人民检察院与赔偿请求人协商的,不论协商后是否达成一致意见,均应当制作《刑事赔偿决定书》。

人民检察院决定不予赔偿的,应当在《刑事赔偿决定书》中载明不予赔偿的理由。

第二十条 人民检察院送达刑事赔偿决定书,应当向赔偿请求人说明法律依据和事实证据情况,并告知赔偿请求人如对赔偿决定有异议,可以自收到决定书之日起三十日内向上一级人民检察院申请复议;如对赔偿决定没有异议,要求依照刑事赔偿决定书支付赔偿金的,应当提出支付赔偿金申请。

第四章 复　　议

第二十一条 人民检察院在规定期限内未作出赔偿决定的,赔偿请求人可以自期限届满之日起三十日内向上一级人民检察院申请复议。

人民检察院作出不予赔偿决定的,或者赔偿请求人对赔偿的方式、项目、数额有异议的,赔偿请求人可以自收到人民检察院作出的赔偿或者不予赔偿决定之日起三十日内,向上一级人民检察院申请复议。

第二十二条 人民检察院收到复议申请后,应当及时进行审查,分别不同情况作出处理:

(一)对符合法定条件的复议申请,复议机关应当受理;

(二)对超过法定期间提出的,复议机关不予受理;

(三)对申请复议的材料不齐备的,告知赔偿请求人补充有关材料。

第二十三条 复议赔偿案件可以调取有关的案卷材料。对事实不清的,可以要求原承办案件的人民检察院补充调查,也可以自行调查。对损害事实及因果关系、重要证据有争议的,应当听取赔偿请求人和赔偿义务机关的意见。

第二十四条 对审查终结的复议案件,应当制作赔偿复议案件的审查终结报告,提出具体处理意见,经部门集体讨论、负责人审核,报检察长决定。重大、复杂案件,由检察长提交检察委员会审议决定。

第二十五条 复议赔偿案件,应当根据不同情形分别作出决定:

(一)原决定事实清楚,适用法律正确,赔偿方式、项目、数额适当的,予以维持;

(二)原决定认定事实或者适用法律错误的,予以纠正,赔偿方式、项目、数额不当的,予以变更;

(三)赔偿义务机关逾期未作出决定的,依法作出决定。

第二十六条 人民检察院应当自收到复议申请之日起二个月内作出复议决定。

复议决定作出后,应当制作《刑事赔偿复议决定书》,并自作出决定之日起十日内直接送达赔偿义务机关和赔偿请求人。直接送达赔偿请求人有困难的,可以委托其所在地的人民检察院代为送达。

第二十七条 人民检察院送达刑事赔偿复议决定书,应当向赔偿请求人说明法律依据和事实证据情况,并告知赔偿请求人如对赔偿复议决定有异议,可以自收到复议决定之日起三十日内向复议机关所在地的同级人民法院赔偿委员会申请作出赔偿决定;如对赔偿复议决定没有异议,要求依照复议决定书支付赔偿金的,应当提出支付赔偿金申请。

第二十八条 人民检察院复议赔偿案件,实行一次复议制。

第五章　赔偿监督

第二十九条 赔偿请求人或者赔偿义务机关不服人民法院赔偿委员会作出的刑事赔偿决定或者民事、行政诉讼赔偿决定,以及人民法院行政赔偿判决、裁定,向人民检察院申诉的,人民检察院应当受理。

第三十条 最高人民检察院发现各级人民法院赔偿委员会作出的决定,上级人民检察院发现下级人民法院赔偿委员会作出的决定,具有下列情形之一的,应当自本院受理之日起三十日内立案:

(一)有新的证据,可能足以推翻原决定的;

(二)原决定认定事实的主要证据可能不足的;

(三)原决定适用法律可能错误的;

(四)违反程序规定、可能影响案件正确处理的;

(五)有证据证明审判人员在审理该案时有贪污受贿、徇私舞弊、枉法处理行为的。

下级人民检察院发现上级或者同级人民法院赔偿委员会作出的赔偿决定具有上列情形之一的,经检察长批准或者检察委员会审议决定后,层报有监督权的上级人民检察院审查。

第三十一条 人民检察院立案后,应当在五日内将《赔偿监督立案通知书》送达赔偿请求人和赔偿义务机关。

立案应当经部门负责人批准。

人民检察院决定不立案的,应当在五日内将《赔偿监督申请审查结果通知书》送达提出申诉的赔偿请求人或者赔偿义务机关。赔偿请求人或者赔偿义务机关不服的,可以向作出决定的人民检察院或者上一级人民检察院申诉。人民检察院应当在收到申诉之日起十日内予以答复。

第三十二条 对立案审查的案件,应当全面审查申诉材料和全部案卷。

具有下列情形之一的,可以进行补充调查:

（一）赔偿请求人由于客观原因不能自行收集的主要证据，向人民法院赔偿委员会提供了证据线索，人民法院未进行调查取证的；

（二）赔偿请求人和赔偿义务机关提供的证据互相矛盾，人民法院赔偿委员会未进行调查核实的；

（三）据以认定事实的主要证据可能是虚假、伪造的；

（四）审判人员在审理该案时可能有贪污受贿、徇私舞弊、枉法处理行为的。

对前款第一至三项规定情形的调查，由本院国家赔偿工作办公室或者指令下级人民检察院国家赔偿工作办公室进行。对第四项规定情形的调查，应当根据人民检察院内部业务分工，由本院主管部门或者指令下级人民检察院主管部门进行。

第三十三条　对审查终结的赔偿监督案件，应当制作赔偿监督案件审查终结报告，载明案件来源、原案处理情况、申诉理由、审查认定的事实，提出处理意见。经部门集体讨论、负责人审核，报检察长决定。重大、复杂案件，由检察长提交检察委员会讨论决定。

第三十四条　人民检察院审查终结的赔偿监督案件，具有下列情形之一的，应当依照国家赔偿法第三十条第三款的规定，向同级人民法院赔偿委员会提出重新审查意见：

（一）有新的证据，足以推翻原决定的；

（二）原决定认定事实的主要证据不足的；

（三）原决定适用法律错误的；

（四）违反程序规定、影响案件正确处理的；

（五）作出原决定的审判人员在审理该案时有贪污受贿、徇私舞弊、枉法处理行为的。

第三十五条　人民检察院向人民法院赔偿委员会提出重新审查意见的，应当制作《重新审查意见书》，载明案件来源、基本案情以及要求重新审查的理由、法律依据。

第三十六条　《重新审查意见书》副本应当在作出决定后十日内送达赔偿请求人和赔偿义务机关。

人民检察院立案后决定不提出重新审查意见的，应当在作出决定后十日内将《赔偿监督案件审查结果通知书》，送达赔偿请求人和赔偿义务机关。赔偿请求人或者赔偿义务机关不服的，可以向作出决定的人民检察院或者上一级人民检察院申诉。人民检察院应当在收到申诉之日起十日内予以答复。

第三十七条　对赔偿监督案件，人民检察院应当在立案后三个月内审查办结，并依法提出重新审查意见。属于特别重大、复杂的案件，经检察长批准，可以延长二个月。

第三十八条　人民检察院对人民法院行政赔偿判决、裁定提出抗诉，适用《人民检察院民事行政抗诉案件办案规则》等规定。

第六章　执　　行

第三十九条　负有赔偿义务的人民检察院负责赔偿决定的执行。

支付赔偿金的，由国家赔偿工作办公室办理有关事宜；返还财产或者恢复原状的，由国家赔偿工作办公室通知原案件承办部门在二十日内执行，重大、复杂的案件，经检察长批准，可以延长十日。

第四十条　赔偿请求人凭生效的《刑事赔偿决定书》、《刑事赔偿复议决定书》或者《人民法院赔偿委员会决定书》，向负有赔偿义务的人民检察院申请支付赔偿金。

支付赔偿金申请采取书面形式。赔偿请求人书写申请书确有困难的，可以委托他人代书；也可以口头申请，由负有赔偿义务的人民检察院记入笔录，并由赔偿请求人签名或者盖章。

第四十一条　负有赔偿义务的人民检察院应当自收到赔偿请求人支付赔偿金申请之日起七日

内,依照预算管理权限向有关的财政部门提出支付申请。向赔偿请求人支付赔偿金,依照国务院制定的国家赔偿费用管理有关规定办理。

第四十二条 对有国家赔偿法第十七条规定的情形之一,致人精神损害的,负有赔偿义务的人民检察院应当在侵权行为影响的范围内,为受害人消除影响,恢复名誉,赔礼道歉;造成严重后果的,应当支付相应的精神损害抚慰金。

第七章 其他规定

第四十三条 人民检察院应当依照国家赔偿法的有关规定参与人民法院赔偿委员会审理工作。

第四十四条 人民检察院在办理外国公民、法人和其他组织请求中华人民共和国国家赔偿的案件时,案件办理机关应当查明赔偿请求人所属国是否对中华人民共和国公民、法人和其他组织要求该国国家赔偿的权利不予保护或者限制。

地方人民检察院需要查明涉外相关情况的,应当逐级层报,统一由最高人民检察院国际合作部门办理。

第四十五条 人民检察院在办理刑事赔偿案件时,发现检察机关原刑事案件处理决定确有错误,影响赔偿请求人依法取得赔偿的,应当由刑事申诉检察部门立案复查,提出审查处理意见,报检察长或者检察委员会决定。刑事复查案件应当在三十日内办结;办理刑事复查案件和刑事赔偿案件的合计时间不得超过法定赔偿办案期限。

人民检察院在办理本院为赔偿义务机关的案件时,改变原决定、可能导致不予赔偿的,应当报请上一级人民检察院批准。

对于犯罪嫌疑人没有违法犯罪行为的,或者犯罪事实并非犯罪嫌疑人所为的案件,人民检察院根据刑事诉讼法第一百四十二条第一款的规定作不起诉处理的,应当在刑事赔偿决定书或者复议决定书中直接说明该案不属于国家免责情形,依法作出予以赔偿的决定。

第四十六条 人民检察院在办理本院为赔偿义务机关的案件时或者作出赔偿决定以后,对于撤销案件、不起诉案件或者人民法院宣告无罪的案件,重新立案侦查、提起公诉、提出抗诉的,应当报请上一级人民检察院批准,正在办理的刑事赔偿案件应当中止办理。经人民法院终审判决有罪的,正在办理的刑事赔偿案件应当终结;已作出赔偿决定的,应当由作出赔偿决定的机关予以撤销,已支付的赔偿金应当追缴。

第四十七条 依照本规定作出的《刑事赔偿决定书》、《刑事赔偿复议决定书》、《重新审查意见书》均应当加盖人民检察院院印,并于十日内报上一级人民检察院备案。

第四十八条 人民检察院赔偿后,根据国家赔偿法第三十一条的规定,应当向有下列情形之一的检察人员追偿部分或者全部赔偿费用:

(一)刑讯逼供或者殴打、虐待等或者唆使、放纵他人殴打、虐待等造成公民身体伤害或者死亡的;

(二)违法使用武器、警械造成公民身体伤害或者死亡的;

(三)在处理案件中有贪污受贿、徇私舞弊、枉法追诉行为的。

对有前款规定情形的责任人员,人民检察院应当依照有关规定给予处分;构成犯罪的,应当依法追究刑事责任。

第四十九条 人民检察院办理国家赔偿案件、开展赔偿监督,不得向赔偿请求人或者赔偿义务机关收取任何费用。

第八章　附　　则

第五十条　本规定自2010年12月1日起施行,2000年11月6日最高人民检察院第九届检察委员会第七十三次会议通过的《人民检察院刑事赔偿工作规定》同时废止。

第五十一条　本规定由最高人民检察院负责解释。

最高人民法院关于审理人民法院国家赔偿确认案件若干问题的规定(试行)

(2004年5月18日最高人民法院审判委员会第1315次会议通过　2004年8月10日最高人民法院公告公布　自2004年10月1日起施行　法释〔2004〕10号)

为正确审理人民法院在审判和执行中违法侵权的确认案件,根据《中华人民共和国国家赔偿法》及有关法律制定本规定。

第一条　公民、法人或者其他组织认为人民法院及其工作人员的职务行为侵犯其合法权益提起国家赔偿请求的,除本规定第五条规定的情形外,应当依法先行申请确认。

第二条　公民、法人或者其他组织认为人民法院及其工作人员违法行使职权,申请确认的是确认申请人。

申请确认由作出司法行为的人民法院受理,但申请确认基层人民法院司法行为违法的案件,由中级人民法院受理。

第三条　具备下列条件的,应予立案:

(一)确认申请人应当具有《中华人民共和国国家赔偿法》第十八条规定的国家赔偿请求人资格;

(二)有具体的确认请求和损害事实、理由;

(三)确认申请人申请确认应当在司法行为发生或者知道、应当知道司法行为发生之日起两年内提出;

(四)属于受理确认申请的人民法院管辖。

第四条　具有下列情形之一的确认申请,不予受理:

(一)依法应当通过审判监督程序提出申诉或者申请再审的;

(二)申请事项属于司法机关已经立案正在查处的;

(三)人民法院工作人员的行为与行使职权无关的;

(四)属于《中华人民共和国民事诉讼法》第二百一十条规定情形的;

(五)依法不属于确认范围的其他情形。①

第五条　人民法院作出的下列情形之一的判决、裁定、决定,属于依法确认,当事人可以根据该判决、裁定、决定提出国家赔偿申请:

(一)逮捕决定已经依法撤销的,但《中华人民共和国刑事诉讼法》第十五条规定的情形除外;

(二)判决宣告无罪并已发生法律效力的;

(三)实施了国家赔偿法第十五条第(四)、(五)项规定的行为责任人员已被依法追究的;

综合

① 本条根据法释〔2008〕18号第七十一条调整。

（四）实施了国家赔偿法第十六条第（一）项规定行为，并已依法作出撤销决定的；

（五）依法撤销违法司法拘留、罚款、财产保全、执行裁定、决定的；

（六）对违法行为予以纠正的其他情形。

第六条 人民法院应当在收到确认申请之日起七日内决定是否立案。

审查立案时，发现缺少相关证据的，可以通知确认申请人七日内予以补充。

第七条 确认申请人对不予受理决定不服的，可以在收到不予受理决定书之日起十五日内，向上一级人民法院申请复议。

上一级人民法院应当在收到复议申请之日起三十日内作出是否受理的决定。

第八条 人民法院审理确认案件应当组成合议庭。

第九条 人民法院审理确认案件，应当审查以下内容：

（一）被申请确认的损害事实是否存在；

（二）人民法院原作出司法行为的理由及依据；

（三）人民法院原行使职权的行为是否符合法定程序、原行使的职权适用法律是否正确；

（四）其他需要审查的内容。

第十条 人民法院审理确认案件可以进行书面审理，根据案件的具体情况可以进行听证。是否听证由合议庭决定。

第十一条 被申请确认的案件在原审判、执行过程中，具有下列情形之一的，应当确认违法：

（一）人民法院决定逮捕的犯罪嫌疑人没有犯罪事实或者事实不清、证据不足，释放后，未依法撤销逮捕决定的；

（二）查封、扣押、冻结、追缴与刑事案件无关的合法财产，并造成损害的；

（三）违反法律规定对没有实施妨害诉讼行为的人、被执行人、协助执行人等，采取或者重复采取拘传、拘留、罚款等强制措施，且未依法撤销的；

（四）司法拘留超过法律规定或者决定书确定的期限的；

（五）超过法定金额实施司法罚款的；

（六）违反法律规定采取或者解除保全措施，给确认申请人造成损害的；

（七）超标的查封、扣押、冻结、变卖或者执行确认申请人可分割的财产，给申请人造成损害的；

（八）违反法律规定，重复查封、扣押、冻结确认申请人财产，给申请人造成损害的；

（九）对查封、扣押的财物故意不履行监管职责，发生灭失或者其他严重后果，给确认申请人造成损害的；

（十）对已经发现的被执行人的财产，故意拖延执行或者不执行，导致被执行的财产流失，给确认申请人造成损害的；

（十一）对应当恢复执行的案件不予恢复执行，导致被执行的财产流失，给确认申请人造成损害的；

（十二）没有法律依据将案件执行款物执行给其他当事人或者案外人，给确认申请人造成损害的；

（十三）违法查封、扣押、执行案外人财产，给案外人造成损害的；

（十四）对依法应当拍卖的财产未拍卖，强行将财产变卖或者以物抵债，给确认申请人造成损害的；

（十五）违反法律规定的其他情形。

第十二条 人民法院确认或者不予确认违法行使职权的，应当制作裁定书。确认违法的，应同时撤销原违法裁决。

人民法院对本院司法行为是否违法作出的裁定书由院长署名；上级人民法院对下级人民法院司法行

为是否违法作出的裁定书由合议庭署名。

第十三条 人民法院审理确认案件,应当自送达受理通知书之日起六个月内作出裁定。需要延长期限的,报请本院院长批准可以延期三个月。

第十四条 确认申请人对人民法院受理确认申请后,超过审理期限未作出裁决的,可以在期满后三十日内向上一级人民法院提出书面申诉。

上一级人民法院应当在收到确认申诉书之日起三个月内指令下级人民法院限期作出裁定或者自行审理。自行审理需要延长期限的,报请本院院长批准可以延期三个月。

第十五条 上级人民法院审理确认案件举行听证的,下级人民法院应当参加听证。

确认申请人无正当理由不参加听证的,视为撤回确认申请。

第十六条 原作出司法行为的人民法院有义务对其行为的合法性作出说明。

第十七条 确认申请人对人民法院作出的不予确认违法的裁定不服,可以在收到裁定书之日起三十日内向上一级人民法院提出申诉。

上一级人民法院应当在收到确认申诉书之日起三个月内作出确认或者不予确认的裁定。需要延长期限的,报请本院院长批准可以延期三个月。

第十八条 最高人民法院对各级人民法院、上级人民法院对下级人民法院作出的确认裁定认为确有错误的,可以直接作出确认,也可以指令下级人民法院或者其他同级人民法院重新确认。

第十九条 本规定发布前的司法解释,与本规定相抵触的,以本规定为准。

第二十条 本规定自2004年10月1日起施行。

最高人民法院关于各高、中级人民法院赔偿委员会及其办公室机构设置的通知

(2002年1月7日 法〔2002〕3号)

各省、自治区、直辖市高级人民法院,解放军军事法院,新疆维吾尔自治区高级人民法院生产建设兵团分院:

为了搞好国家赔偿审判工作,根据《地方各级人民法院机构改革意见》和全国地方人民法院机构改革工作座谈会精神,现对各高、中级人民法院赔偿委员会及其办公室的机构设置通知如下:

一、各高、中级人民法院应当设立赔偿委员会及其办公室,赔偿委员会主任委员由副院长兼任。

二、高、中级人民法院赔偿委员会办公室有条件的应当独立设置。独立设置确有困难的,可以挂靠在行政审判庭,但不合署办公,应当独立开展工作。赔偿委员会办公室的人员编制与行政审判庭分别设定,以保持人员相对稳定。

三、机构改革已经完成的法院,未达到上述要求的,应当按上述要求进行调整。

特此通知。

最高人民法院关于审判监督庭负责国家赔偿确认工作有关事项的通知

(2001年11月9日　法明传〔2001〕473号)

最高人民法院审判委员会1195次会议通过《最高人民法院关于办理不服本院生效裁判案件的若干规定》,明确规定:

"审判监督庭负责本院国家赔偿的确认工作,输高级人民法院国家赔偿确认工作的请示,负责对全国法院赔偿确认工作的监督与指导"。依据该规定,特就国家赔偿确认工作的有关事项通知如下:

一、各级人民法院的国家赔偿确认工作统一由审判监督庭承担,应在审判监督庭适当增配负责国家赔偿确认工作的人员;

二、各级人民法院应加强国家赔偿确认工作的调研,并逐步规范此项工作;

三、今后对国家赔偿确认工作有关问题的请示,请按有关规定办理并层报我院审判监督庭。

最高人民法院关于人民法院执行《中华人民共和国国家赔偿法》几个问题的解释

(1996年5月6日　法发〔1996〕15号印发)

一、根据《中华人民共和国国家赔偿法》(以下简称赔偿法)第十七条①第(二)项、第(三)项的规定,依照刑法第十四条、第十五条规定不负刑事责任的人和依照刑事诉讼法第十五条规定不追究刑事责任的人被羁押,国家不承担赔偿责任。但是对起诉后经人民法院判处拘役、有期徒刑、无期徒刑和死刑并已执行的上列人员,有权依法取得赔偿。判决确定前被羁押的日期依法不予赔偿。

二、依照赔偿法第三十一条的规定,人民法院在民事诉讼、行政诉讼过程中,违法采取对妨害诉讼的强制措施、保全措施或者对判决、裁定及其他生效法律文书执行错误,造成损害,具有以下情形之一的,适用刑事赔偿程序予以赔偿:

(一) 错误实施司法拘留、罚款的;

(二) 实施赔偿法第十五条第(四)项、第(五)项规定行为的;

(三) 实施赔偿法第十六条第(一)项规定行为的。

人民法院审理的民事、经济、行政案件发生错判并已执行,依法应当执行回转的,或者当事人申请财产保全、先予执行,申请有错误造成财产损失依法应由申请人赔偿的,国家不承担赔偿责任。

三、公民、法人和其他组织申请人民法院依照赔偿法规定予以赔偿的案件,应当经过依法确认。未经依法确认的,赔偿请求人应当要求有关人民法院予以确认。被要求的人民法院由有关审判庭

---

① 本编"司法解释"、"司法文件"、"请示答复"和"指导案例"中,2010年4月29日以前发布的文件所涉及《国家赔偿法》的法条序号及相关内容已被2010年4月29日《全国人民代表大会常务委员会关于修改〈中华人民共和国国家赔偿法〉的决定》修正,请参见附录二《〈中华人民共和国国家赔偿法〉修订前后对照表》。

负责办理依法确认事宜,并应以人民法院的名义答复赔偿请求人。被要求的人民法院不予确认的,赔偿请求人有权申诉。

四、根据赔偿法第二十六条、第二十七条的规定,人民法院判处管制、有期徒刑缓刑、剥夺政治权利等刑罚的人被依法改判无罪的,国家不承担赔偿责任,但是,赔偿请求人在判决生效前被羁押的,依法有权取得赔偿。

五、根据赔偿法第十九条第四款"再审改判无罪的,作出原生效判决的人民法院为赔偿义务机关"的规定,原一审人民法院作出判决后,被告人没有上诉,人民检察院没有抗诉,判决发生法律效力的,原一审人民法院为赔偿义务机关;被告人上诉或者人民检察院抗诉,原二审人民法院维持一审判决或者对一审人民法院判决予以改判的,原二审人民法院为赔偿义务机关。

六、赔偿法第二十六条关于"侵犯公民人身自由的,每日的赔偿金按照国家上年度职工日平均工资计算"中规定的上年度,应为赔偿义务机关、复议机关或者人民法院赔偿委员会作出赔偿决定时的上年度;复议机关或者人民法院赔偿委员会决定维持原赔偿决定的,按作出原赔偿决定时的上年度执行。

国家上年度职工日平均工资数额,应当以职工年平均工资除以全年法定工作日数的方法计算。年平均工资以国家统计局公布的数字为准。

◎ 请示答复

最高人民法院关于限制出境是否属于国家赔偿范围的复函

(2013 年 6 月 4 日 〔2013〕赔他字第 1 号)

江苏省高级人民法院:

你院(2012)苏法委赔字第 1 号《关于限制出境是否属于国家赔偿范围的请示》收悉。经研究认为,根据《中华人民共和国国家赔偿法》第三十八条的规定,人民法院在民事诉讼过程中违法采取限制出境措施的,属于国家赔偿范围。对于因违法采取限制出境措施造成当事人财产权的直接损失,可以给予赔偿。你院应针对常州市中级人民法院作出的(2007)常民一初字第 78 - 1 号民事决定是否构成违法采取限制出境的措施予以认定,并依法作出决定。

此复。

综合

最高人民法院关于证据保全措施违法是否属于国家赔偿确认案件受理范围的答复

(2006 年 9 月 19 日 〔2006〕确他字第 3 号)

吉林省高级人民法院:

你院吉高法〔2006〕69 号《关于证据保全措施违法是否属于国家赔偿确认案件受理范围的请示》收悉。经研究认为:

国家赔偿范围系由国家赔偿法确定。现行国家赔偿法及其相关司法解释均未将违法采取证据保全措施纳入国家赔偿范围。故同意你院关于证据保全措施违法不应当属于国家赔偿确认案件受理范围的意见。

最高人民法院关于是否赔偿能否作为确认人民法院司法行为违法的条件的答复

（2004年5月20日 〔2003〕确他字第3号）

黑龙江省高级人民法院：

你院（2002）黑监民监字第67号《关于傅世良申请确认双鸭山市尖山区人民法院财产保全裁定违法一案的请示》收悉。经研究，答复如下：

一、确认申请人傅世良虽然是原审被告，且没有依法提出反诉，但是一审法院已经判决其胜诉，依照我院《关于适用〈中华人民共和国民事诉讼法〉若干问题意见》第103条的规定，其作为当事人一方有权依据判决结果，在对方当事人上诉期间提出财产保全申请。

二、依照《中华人民共和国国家赔偿法》的规定，在确认国家机关和国家机关工作人员违法行使职权后，才能申请国家赔偿，确认是赔偿的前置程序。依照该法第5条、第17条的规定精神，国家又不能对全部被确认违法的行为承担赔偿责任。因而，确认的范围大于赔偿的范围。另外，审理确认案件与审理赔偿案件适用的法律及法律程序不同，是否赔偿是赔偿委员会适用赔偿法决定的，非确认程序解决的问题。因此，是否赔偿不能作为是否确认人民法院司法行为违法的条件。

最高人民法院赔偿委员会关于赔偿义务机关未经确认所作的赔偿决定应予撤销的批复

（2001年9月20日 〔2001〕赔他字第11号）

河南省高级人民法院：

你院2001年7月13日〔2001〕豫法委赔监字第04号《关于王来运申请错误逮捕赔偿一案的请示报告》收悉。经研究，答复如下：

一、孟州市人民法院对王来运的逮捕，属于《国家赔偿法》第十五条第（二）项规定的对没有犯罪事实的人错误逮捕的情形，由此造成的损失属于国家赔偿的范围。

二、《国家赔偿法》第十七条第（三）项规定的国家免责情形是指已构成犯罪，且事实清楚，证据充分，当事人没有告诉或者撤诉的情形，而王来运不属此种情形。

三、孟州市人民法院在刑事自诉案件审理过程中，宏锋高档家具公司申请撤回刑事自诉，法院口头裁定准予撤诉，是极不严肃的。且对王来运并未作出追究刑事责任的结论，但在〔1999〕孟法赔字第1号赔偿决定中却认定王来运构成职务侵占罪，本案属于未经确认即进入国家赔偿程序的情形，孟州市人民法院的赔偿决定应当予以撤销。

四、王来运支付给宏峰高档家具公司6000元人民币所造成的损失，不是人民法院的审判行为所造成的，故不应当由国家承担赔偿责任。

此复。

最高人民法院赔偿委员会关于湖南高院请示的黄云霞申请国家赔偿案的批复

（1999年8月27日 〔1999〕赔他字第4号）

湖南省高级人民法院：

你院1999年2月26日作出的〔1998〕湘高法赔请字第7号请示报告收悉。经研究，答复如下：

湘潭县公安局民警违法使用武器，湘潭市人民检察院已于1997年3月12日作出了《关于黄光辉中弹身亡事件的复查意见》，该文件的结论意见是对该案的确认。公安系统内部的批复不能推翻或者撤销法律监督机关已作出的确认决定。故同意你院赔偿委员会的意见，即湘潭市中级人民法院赔偿委员会应依法审理，作出赔偿决定。

此复。

最高人民法院赔偿委员会关于在刑罚执行中保外就医期间是否属国家赔偿范围的批复

（1998年3月11日 〔1997〕赔他字第10号）

广东省高级人民法院：

你院1997年7月22日〔1997〕粤法赔字第1号《关于赔偿请求人在刑罚执行期间保外就医是否属国家赔偿范围问题的请示报告》收悉。经研究，答复如下：

被判处有期徒刑、无期徒刑的犯罪分子，在刑罚执行中保外就医期间，虽然人身自由受到一定限制，但实际上未被羁押。因此对赔偿请求人朱海在保外就医期间国家不承担赔偿责任。

此复。

二、行政赔偿

◎ 司法解释及文件

最高人民法院关于行政机关工作人员执行职务致人伤亡构成犯罪的赔偿诉讼程序问题的批复

(2002 年 8 月 5 日最高人民法院审判委员会第 1236 次会议通过　2002 年 8 月 23 日最高人民法院公告公布　自 2002 年 8 月 30 日起施行　法释〔2002〕28 号)

山东省高级人民法院:

你院鲁高法函〔1998〕132 号《关于对行政机关工作人员执行职务时致人伤、亡,法院以刑事附带民事判决赔偿损失后,受害人或其亲属能否再提起行政赔偿诉讼的请示》收悉。经研究,答复如下:

一、行政机关工作人员在执行职务中致人伤、亡已构成犯罪,受害人或其亲属提起刑事附带民事赔偿诉讼的,人民法院对民事赔偿诉讼请求不予受理。但应当告知其可以依据《中华人民共和国国家赔偿法》的有关规定向人民法院提起行政赔偿诉讼。

二、本批复公布以前发生的此类案件,人民法院已作刑事附带民事赔偿处理,受害人或其亲属再提起行政赔偿诉讼的,人民法院不予受理。

此复

最高人民法院关于公安机关不履行法定行政职责是否承担行政赔偿责任问题的批复

(2001 年 7 月 17 日　法释〔2001〕23 号)

四川省高级人民法院:

你院川高法〔2000〕198 号《关于公安机关不履行法定职责是否承担行政赔偿责任的问题的请示》收悉。经研究,答复如下:

由于公安机关不履行法定行政职责,致使公民、法人和其他组织的合法权益遭受损害的,应当承担行政赔偿责任。在确定赔偿的数额时,应当考虑该不履行法定职责的行为在损害发生过程和结果中所起的作用等因素。

最高人民法院关于审理行政赔偿案件若干问题的规定

(1997 年 4 月 29 日　法发〔1997〕10 号)

为正确审理行政赔偿案件,根据《中华人民共和国国家赔偿法》和《中华人民共和国行政诉讼法》的规定,对审理行政赔偿案件的若干问题作以下规定:

一、受 案 范 围

第一条　《中华人民共和国国家赔偿法》第三条、第四条规定的其他违法行为,包括具体行政行为和与行政机关及其工作人员行使行政职权有关的,给公民、法人或者其他组织造成损害的,违反行政职责的行为。

第二条　赔偿请求人对行政机关确认具体行政行为违法但又决定不予赔偿,或者对确定的赔偿数额有异议提起行政赔偿诉讼的,人民法院应予受理。

第三条　赔偿请求人认为行政机关及其工作人员实施了国家赔偿法第三条第(三)、(四)、(五)项和第四条第(四)项规定的非具体行政行为的行为侵犯其人身权、财产权并造成损失,赔偿义务机关拒不确认致害行为违法,赔偿请求人可直接向人民法院提起行政赔偿诉讼。

第四条　公民、法人或者其他组织在提起行政诉讼的同时一并提出行政赔偿请求的,人民法院应一并受理。

赔偿请求人单独提起行政赔偿诉讼,须以赔偿义务机关先行处理为前提。赔偿请求人对赔偿义务机关确定的赔偿数额有异议或者赔偿义务机关逾期不予赔偿,赔偿请求人有权向人民法院提起行政赔偿诉讼。

第五条　法律规定由行政机关最终裁决的具体行政行为,被作出最终裁决的行政机关确认违法,赔偿请求人以赔偿义务机关应当赔偿而不予赔偿或逾期不予赔偿或者对赔偿数额有异议提起行政赔偿诉讼,人民法院应依法受理。

第六条　公民、法人或者其他组织以国防、外交等国家行为或者行政机关制定发布行政法规、规章或者具有普遍约束力的决定、命令侵犯其合法权益造成损害为由,向人民法院提起行政赔偿诉讼的,人民法院不予受理。

二、管　　辖

第七条　公民、法人或者其他组织在提起行政诉讼的同时一并提出行政赔偿请求的,人民法院依照行政诉讼法第十七条、第十八条、第二十条的规定管辖。

第八条　赔偿请求人提起行政赔偿诉讼的请求涉及不动产的,由不动产所在地的人民法院管辖。

第九条　单独提起的行政赔偿诉讼案件由被告住所地的基层人民法院管辖。

中级人民法院管辖下列第一审行政赔偿案件:

(1) 被告为海关、专利管理机关的;

(2) 被告为国务院各部门或者省、自治区、直辖市人民政府的;

(3) 本辖区内其他重大影响和复杂的行政赔偿案件。

高级人民法院管辖本辖区内有重大影响和复杂的第一审行政赔偿案件。

最高人民法院管辖全国范围内有重大影响和复杂的第一审行政赔偿案件。

第十条 赔偿请求人因同一事实对两个以上行政机关提起行政赔偿诉讼的,可以向其中任何一个行政机关住所地的人民法院提起。赔偿请求人向两个以上有管辖权的人民法院提起行政赔偿诉讼的,由最先收到起诉状的人民法院管辖。

第十一条 公民对限制人身自由的行政强制措施不服,或者对行政机关基于同一事实对同一当事人作出限制人身自由和对财产采取强制措施的具体行政行为不服,在提起行政诉讼的同时一并提出行政赔偿请求的,由受理该行政案件的人民法院管辖;单独提起行政赔偿诉讼的,由被告住所地或原告住所地或不动产所在地的人民法院管辖。

第十二条 人民法院发现受理的案件不属于自己管辖,应当移送有管辖权的人民法院;受移送的人民法院不得再行移送。

第十三条 人民法院对管辖权发生争议的,由争议双方协商解决,协商不成的,报请他们的共同上级人民法院指定管辖。如双方为跨省、自治区、直辖市的人民法院,高级人民法院协商不成的,由最高人民法院及时指定管辖。

依前款规定报请上级人民法院指定管辖时,应当逐级进行。

三、诉讼当事人

第十四条 与行政赔偿案件处理结果有法律上的利害关系的其他公民、法人或者其他组织有权作为第三人参加行政赔偿诉讼。

第十五条 受害的公民死亡,其继承人和其他有抚养关系的亲属以及死者生前抚养的无劳动能力的人有权提起行政赔偿诉讼。

第十六条 企业法人或者其他组织被行政机关撤销、变更、兼并、注销,认为经营自主权受到侵害,依法提起行政赔偿诉讼,原企业法人或其他组织,或者对其享有权利的法人或其他组织均具有原告资格。

第十七条 两个以上行政机关共同侵权,赔偿请求人对其中一个或者数个侵权机关提起行政赔偿诉讼,若诉讼请求系可分之诉,被诉的一个或者数个侵权机关为被告;若诉讼请求系不可分之诉,由人民法院依法追加其他侵权机关为共同被告。

第十八条 复议机关的复议决定加重损害的,赔偿请求人只对作出原决定的行政机关提起行政赔偿诉讼,作出原决定的行政机关为被告;赔偿请求人只对复议机关提起行政赔偿诉讼的,复议机关为被告。

第十九条 行政机关依据行政诉讼法第六十六条的规定申请人民法院强制执行具体行政行为,由于据以强制执行的根据错误而发生行政赔偿诉讼的,申请强制执行的行政机关为被告。

第二十条 人民法院审理行政赔偿案件,需要变更被告而原告不同意变更的,裁定驳回起诉。

四、起诉与受理

第二十一条 赔偿请求人单独提起行政赔偿诉讼,应当符合下列条件:

(1) 原告具有请求资格;

(2) 有明确的被告;

(3) 有具体的赔偿请求和受损害的事实根据;

(4) 加害行为为具体行政行为的,该行为已被确认为违法;

(5) 赔偿义务机关已先行处理或超过法定期限不予处理;

(6) 属于人民法院行政赔偿诉讼的受案范围和受诉人民法院管辖;

(7) 符合法律规定的起诉期限。

第二十二条 赔偿请求人单独提起行政赔偿诉讼,可以在向赔偿义务机关递交赔偿申请后的

2个月届满之日起3个月内提出。

第二十三条 公民、法人或者其他组织在提起行政诉讼的同时一并提出行政赔偿请求的，其起诉期限按照行政诉讼起诉期限的规定执行。

行政案件的原告可以在提起行政诉讼后至人民法院一审庭审结束前，提出行政赔偿请求。

第二十四条 赔偿义务机关作出赔偿决定时，未告知赔偿请求人的诉权或者起诉期限，致使赔偿请求人逾期向人民法院起诉的，其起诉期限从赔偿请求人实际知道诉权或者起诉期限时计算，但逾期的期间自赔偿请求人收到赔偿决定之日起不得超过1年。

第二十五条 受害的公民死亡，其继承人和有抚养关系的人提起行政赔偿诉讼，应当提供该公民死亡的证明及赔偿请求人与死亡公民之间的关系证明。

第二十六条 当事人先后被采取限制人身自由的行政强制措施和刑事拘留等强制措施，因强制措施被确认为违法而请求赔偿的，人民法院按其行为性质分别适用行政赔偿程序和刑事赔偿程序立案受理。

第二十七条 人民法院接到原告单独提起的行政赔偿起诉状，应当进行审查，并在7日内立案或者作出不予受理的裁定。

人民法院接到行政赔偿起诉状后，在7日内不能确定可否受理的，应当先予受理。审理中发现不符合受理条件的，裁定驳回起诉。

当事人对不予受理或者驳回起诉的裁定不服的，可以在裁定书送达之日起10日内向上一级人民法院提起上诉。

五、审理和判决

第二十八条 当事人在提起行政诉讼的同时一并提出行政赔偿请求，或者因具体行政行为和与行使行政职权有关的其他行为侵权造成损害一并提出行政赔偿请求的，人民法院应当分别立案，根据具体情况可以合并审理，也可以单独审理。

第二十九条 人民法院审理行政赔偿案件，就当事人之间的行政赔偿争议进行审理与裁判。

第三十条 人民法院审理行政赔偿案件在坚持合法、自愿的前提下，可以就赔偿范围、赔偿方式和赔偿数额进行调解。调解成立的，应当制作行政赔偿调解书。

第三十一条 被告在一审判决前同原告达成赔偿协议，原告申请撤诉的，人民法院应当依法予以审查并裁定是否准许。

第三十二条 原告在行政赔偿诉讼中对自己的主张承担举证责任。被告有权提供不予赔偿或者减少赔偿数额方面的证据。

第三十三条 被告的具体行政行为违法但尚未对原告合法权益造成损害的，或者原告的请求没有事实根据或法律根据的，人民法院应当判决驳回原告的赔偿请求。

第三十四条 人民法院对赔偿请求人未经确认程序而直接提起行政赔偿诉讼的案件，在判决时应当对赔偿义务机关致害行为是否违法予以确认。

第三十五条 人民法院对单独提起行政赔偿案件作出判决的法律文书的名称为行政赔偿判决书、行政赔偿裁定书或者行政赔偿调解书。

六、执行与期间

第三十六条 发生法律效力的行政赔偿判决、裁定或调解协议，当事人必须履行。一方拒绝履行的，对方当事人可以向第一审人民法院申请执行。

申请执行的期限，申请人是公民的为1年，申请人是法人或者其他组织的为6个月。

第三十七条 单独受理的第一审行政赔偿案件的审理期限为3个月，第二审为2个月；一并受理行政赔偿请求案件的审理期限与该行政案件的审理期限相同。如因特殊情况不能按期结案,需要延长审限的,应按照行政诉讼法的有关规定报请批准。

七、其　　他

第三十八条　人民法院审理行政赔偿案件,除依照国家赔偿法行政赔偿程序的规定外,对本规定没有规定的,在不与国家赔偿法相抵触的情况下,可以适用行政诉讼的有关规定。

第三十九条　赔偿请求人要求人民法院确认致害行为违法涉及的鉴定、勘验、审计等费用,由申请人预付,最后由败诉方承担。

第四十条　最高人民法院以前所作的有关司法解释与本规定不一致的,按本规定执行。

◎ 请示答复

最高人民法院行政审判庭关于犯罪嫌疑人、被告人或者罪犯在看守所羁押期间,被同仓人致残而引起的国家赔偿如何处理问题的答复

(2006 年 12 月 7 日　〔2006〕行他字第 7 号)

陕西省高级人民法院:

你院《周乾炳诉镇巴县公安局行政违法及赔偿一案的请示报告》收悉。经研究,答复如下:

犯罪嫌疑人、被告人或者罪犯在被羁押期间,被同仓人致残所引起的国家赔偿,应当按照《中华人民共和国行政诉讼法》和《中华人民共和国国家赔偿法》规定的行政赔偿程序处理。

此复。

最高人民法院研究室关于犯罪嫌疑人在看守所羁押期间患病未得到及时治疗而死亡所引起的国家赔偿应如何处理问题的答复

(2005 年 5 月 8 日　法研〔2005〕67 号)

四川省高级人民法院:

你院川高法〔2004〕136 号《关于犯罪嫌疑人在看守所羁押期间患病未得到及时治疗而死亡所引起的国家赔偿应如何处理的请示》收悉。经研究,答复如下:

根据《中华人民共和国看守所条例》的规定,看守所是对被依法逮捕的犯罪嫌疑人予以羁押的法定场所,并负有保护被羁押人在羁押期间人身安全的法定职责和义务。看守所履行上述职责的行为,是行政法规赋予的行政职责行为,不是《中华人民共和国刑事诉讼法》规定的行使国家侦查职权的司法行为。因此,犯罪嫌疑人在看守所羁押期间患病未得到及时治疗而死亡所引起的国家赔偿,应当按照《中华人民共和国国家赔偿法》规定的行政赔偿程序处理。

此复。

最高人民法院行政审判庭关于罪犯在监狱劳动中致伤、致残所引起的国家赔偿如何救济问题的答复

(2005 年 3 月 10 日 〔2004〕行他字第 15 号)

陕西省高级人民法院:

你院《关于监狱对罪犯在劳动中致伤、致残所作的医疗费、补偿金等处理行为的性质如何认定以及对该行为不服如何救济问题的请示》收悉。经研究,答复如下:

罪犯在监狱劳动中致伤、致残所引起的国家赔偿,应当按照《中华人民共和国国家赔偿法》规定的程序处理。

此复。

最高人民法院行政审判庭关于房屋抵押登记行为违法的,如何计算行政赔偿数额问题的电话答复

(2002 年 7 月 26 日 〔2002〕行他字第 2 号)

上海市高级人民法院:

你院〔2001〕沪高行他字第 4 号《关于对违法的房屋抵押登记行为如何计算行政赔偿数额的请示》收悉。经研究,答复如下:

因违法的房屋抵押登记行为造成的损害,属于《中华人民共和国国家赔偿法》第二十八条第(七)项规定的"对财产权造成的其他损害",应当按照直接损失计算赔偿数额。请你院在处理特定案件时,根据案件具体情况,酌情确定行政赔偿数额。

此复。

最高人民法院行政审判庭关于如何适用最高人民法院《关于审理行政赔偿案件若干问题的规定》第二十一条第(四)项和第三十四条规定的答复

(2001 年 12 月 24 日 〔2001〕行他字第 10 号)

天津市高级人民法院:

你院津高法〔2001〕107 号请示报告收悉。经研究,答复如下:

根据最高人民法院《关于审理行政赔偿案件若干问题的规定》第二十一条第(四)项和第三十四条的规定,因行政机关的具体行政行为引起的行政赔偿,赔偿请求人单独提起行政赔偿诉讼的,应当符合第二十一条第(四)项规定的起诉条件;因行政机关的事实行为引起的行政赔偿,赔偿请求人单独提起行政赔偿的,应当适用第三十四条的规定。

此复。

最高人民法院关于监察机关作出的开除处分行为是否属于人民法院行政诉讼受案范围的答复——对孙德金诉海南省监察厅行政赔偿一案应否驳回上诉的请示的答复

（2000 年 11 月 1 日　行他〔2000〕3 号）

海南省高级人民法院：

你院〔1999〕琼行终字第 12 号《关于孙德金诉海南省监察厅行政赔偿一案应否驳回上诉的请示报告》收悉。

经研究，原则同意你院审判委员会的意见，即：本案监察机关作出的开除处分行为，不属于人民法院行政诉讼受案范围。

最高人民法院行政审判庭对《关于行政机关违法扣押当事人财产后又主动解除扣押的行为能否视为确认的请示》的答复

（2000 年 1 月 25 日　法行〔1999〕18 号）

福建省高级人民法院：

你院《关于行政机关违法扣押当事人财产后又主动解除扣押的行为能否视为确认的请示》收悉。经研究，答复如下：

行政机关扣押当事人财产后又解除扣押，如解除扣押时明示扣押行为违法的，应认定扣押行为的违法性已被确认；解除时未明示扣押行为违法的，不能视为行政机关对扣押行为违法性已作确认。

最高人民法院关于受理行政赔偿案件是否收取诉讼费用的答复

（1995 年 9 月 18 日　法函〔1995〕121 号）

四川省高级人民法院：

你院川高法〔1995〕123 号《关于国家赔偿法实施后行政赔偿案件是否收取诉讼费用的请示》收悉。经研究，答复如下：

根据《中华人民共和国国家赔偿法》第三十四条的规定，人民法院受理行政赔偿案件，不得向当事人收取诉讼费用。

最高人民法院关于对行政侵权赔偿案件执行中有关问题的复函

(1993年6月16日 法函〔1993〕51号)

甘肃省高级人民法院:

你院(1993)甘法执请字第002号《关于行政侵权赔偿案件执行中有关问题的请示报告》收悉,经研究,答复如下:

行政机关作出的具体行政行为侵犯公民、法人或者其他组织的合法权益造成损害的,根据《中华人民共和国行政诉讼法》第六十八条的规定,应由作出具体行政行为的行政机关负责赔偿。如果负责赔偿的行政机关暂无执行能力,应当中止执行,待中止的情形消失后,恢复执行。

最高人民法院行政审判庭关于乡治安室工作人员执行职务中故意伤害当事人造成的损害乡人民政府应否承担责任问题的电话答复

(1991年10月10日)

四川省高级人民法院:

你院川法研〔1991〕45号《关于乡治安室工作人员执行职务中故意伤害当事人造成的损害乡人民政府应否承担赔偿责任的请示》收悉。经研究,同意你们的第二种意见。

三、司法赔偿

◎ 司法解释及文件

最高人民法院关于审理民事、行政诉讼中司法赔偿案件适用法律若干问题的解释

（2016 年 2 月 15 日最高人民法院审判委员会第 1678 次会议通过　2016 年 9 月 7 日最高人民法院公告公布　自 2016 年 10 月 1 日起施行　法释〔2016〕20 号）

根据《中华人民共和国国家赔偿法》及有关法律规定，结合人民法院国家赔偿工作实际，现就人民法院赔偿委员会审理民事、行政诉讼中司法赔偿案件的若干法律适用问题解释如下：

第一条　人民法院在民事、行政诉讼过程中，违法采取对妨害诉讼的强制措施、保全措施、先予执行措施，或者对判决、裁定及其他生效法律文书执行错误，侵犯公民、法人和其他组织合法权益并造成损害的，赔偿请求人可以依法向人民法院申请赔偿。

第二条　违法采取对妨害诉讼的强制措施，包括以下情形：

（一）对没有实施妨害诉讼行为的人采取罚款或者拘留措施的；

（二）超过法律规定金额采取罚款措施的；

（三）超过法律规定期限采取拘留措施的；

（四）对同一妨害诉讼的行为重复采取罚款、拘留措施的；

（五）其他违法情形。

第三条　违法采取保全措施，包括以下情形：

（一）依法不应当采取保全措施而采取的；

（二）依法不应当解除保全措施而解除，或者依法应当解除保全措施而不解除的；

（三）明显超出诉讼请求的范围采取保全措施的，但保全财产为不可分割物且被保全人无其他财产或者其他财产不足以担保债权实现的除外；

（四）在给付特定物之诉中，对与案件无关的财物采取保全措施的；

（五）违法保全案外人财产的；

（六）对查封、扣押、冻结的财产不履行监管职责，造成被保全财产毁损、灭失的；

（七）对季节性商品或者鲜活、易腐烂变质以及其他不宜长期保存的物品采取保全措施，未及时处理或者违法处理，造成物品毁损或者严重贬值的；

（八）对不动产或者船舶、航空器和机动车等特定动产采取保全措施，未依法通知有关登记机构不予办理该保全财产的变更登记，造成该保全财产所有权被转移的；

（九）违法采取行为保全措施的；

（十）其他违法情形。

第四条　违法采取先予执行措施，包括以下情形：

（一）违反法律规定的条件和范围先予执行的；

（二）超出诉讼请求的范围先予执行的；

（三）其他违法情形。

第五条 对判决、裁定及其他生效法律文书执行错误，包括以下情形：

（一）执行未生效法律文书的；

（二）超出生效法律文书确定的数额和范围执行的；

（三）对已经发现的被执行人的财产，故意拖延执行或者不执行，导致被执行财产流失的；

（四）应当恢复执行而不恢复，导致被执行财产流失的；

（五）违法执行案外人财产的；

（六）违法将案件执行款物执行给其他当事人或者案外人的；

（七）违法对抵押物、质物或者留置物采取执行措施，致使抵押权人、质权人或者留置权人的优先受偿权无法实现的；

（八）对执行中查封、扣押、冻结的财产不履行监管职责，造成财产毁损、灭失的；

（九）对季节性商品或者鲜活、易腐烂变质以及其他不宜长期保存的物品采取执行措施，未及时处理或者违法处理，造成物品毁损或者严重贬值的；

（十）对执行财产应当拍卖而未依法拍卖的，或者应当由资产评估机构评估而未依法评估，违法变卖或者以物抵债的；

（十一）其他错误情形。

第六条 人民法院工作人员在民事、行政诉讼过程中，有殴打、虐待或者唆使、放纵他人殴打、虐待等行为，以及违法使用武器、警械，造成公民身体伤害或者死亡的，适用国家赔偿法第十七条第四项、第五项的规定予以赔偿。

第七条 具有下列情形之一的，国家不承担赔偿责任：

（一）属于民事诉讼法第一百零五条、第一百零七条第二款和第二百三十三条规定情形的；

（二）申请执行人提供执行标的物错误的，但人民法院明知该标的物错误仍予以执行的除外；

（三）人民法院依法指定的保管人对查封、扣押、冻结的财产违法动用、隐匿、毁损、转移或者变卖的；

（四）人民法院工作人员与行使职权无关的个人行为；

（五）因不可抗力、正当防卫和紧急避险造成损害后果的；

（六）依法不应由国家承担赔偿责任的其他情形。

第八条 因多种原因造成公民、法人和其他组织合法权益损害的，应当根据人民法院及其工作人员行使职权的行为对损害结果的发生或者扩大所起的作用等因素，合理确定赔偿金额。

第九条 受害人对损害结果的发生或者扩大也有过错的，应当根据其过错对损害结果的发生或者扩大所起的作用等因素，依法减轻国家赔偿责任。

第十条 公民、法人和其他组织的损失，已经在民事、行政诉讼过程中获得赔偿、补偿的，对该部分损失，国家不承担赔偿责任。

第十一条 人民法院及其工作人员在民事、行政诉讼过程中，具有本解释第二条、第六条规定情形，侵犯公民人身权的，应当依照国家赔偿法第三十三条、第三十四条的规定计算赔偿金。致人精神损害的，应当依照国家赔偿法第三十五条的规定，在侵权行为影响的范围内，为受害人消除影响、恢复名誉、赔礼道歉；造成严重后果的，还应当支付相应的精神损害抚慰金。

第十二条 人民法院及其工作人员在民事、行政诉讼过程中，具有本解释第二条至第五条规定情形，侵犯公民、法人和其他组织的财产权并造成损害的，应当依照国家赔偿法第三十六条的规定承担赔偿责任。

财产不能恢复原状或者灭失的，应当按照侵权行为发生时的市场价格计算损失；市场价格无法确定或者该价格不足以弥补受害人所受损失的,可以采用其他合理方式计算损失。

第十三条 人民法院及其工作人员对判决、裁定及其他生效法律文书执行错误,且对公民、法人或者其他组织的财产已经依照法定程序拍卖或者变卖的,应当给付拍卖或者变卖所得的价款。

人民法院违法拍卖,或者变卖价款明显低于财产价值的,应当依照本解释第十二条的规定支付相应的赔偿金。

第十四条 国家赔偿法第三十六条第六项规定的停产停业期间必要的经常性费用开支,是指法人、其他组织和个体工商户为维系停产停业期间运营所需的基本开支,包括留守职工工资、必须缴纳的税费、水电费、房屋场地租金、设备租金、设备折旧费等必要的经常性费用。

第十五条 国家赔偿法第三十六条第七项规定的银行同期存款利息,以作出生效赔偿决定时中国人民银行公布的一年期人民币整存整取定期存款基准利率计算,不计算复利。

应当返还的财产属于金融机构合法存款的,对存款合同存续期间的利息按照合同约定利率计算。

应当返还的财产系现金的,比照本条第一款规定支付利息。

第十六条 依照国家赔偿法第三十六条规定返还的财产系国家批准的金融机构贷款的,除贷款本金外,还应当支付该贷款借贷状态下的贷款利息。

第十七条 用益物权人、担保物权人、承租人或者其他合法占有使用财产的人,依据国家赔偿法第三十八条规定申请赔偿的,人民法院应当依照《最高人民法院关于国家赔偿案件立案工作的规定》予以审查立案。

第十八条 人民法院在民事、行政诉讼过程中,违法采取对妨害诉讼的强制措施、保全措施、先予执行措施,或者对判决、裁定及其他生效法律文书执行错误,系因上一级人民法院复议改变原裁决所致的,由该上一级人民法院作为赔偿义务机关。

第十九条 公民、法人或者其他组织依据国家赔偿法第三十八条规定申请赔偿的,应当在民事、行政诉讼程序或者执行程序终结后提出,但下列情形除外:

(一)人民法院已依法撤销对妨害诉讼的强制措施的;

(二)人民法院采取对妨害诉讼的强制措施,造成公民身体伤害或者死亡的;

(三)经诉讼程序依法确认不属于被保全人或者被执行人的财产,且无法在相关诉讼程序或者执行程序中予以补救的;

(四)人民法院生效法律文书已确认相关行为违法,且无法在相关诉讼程序或者执行程序中予以补救的;

(五)赔偿请求人有证据证明其请求与民事、行政诉讼程序或者执行程序无关的;

(六)其他情形。

赔偿请求人依据前款规定,在民事、行政诉讼程序或者执行程序终结后申请赔偿的,该诉讼程序或者执行程序期间不计入赔偿请求时效。

第二十条 人民法院赔偿委员会审理民事、行政诉讼中的司法赔偿案件,有下列情形之一的,相应期间不计入审理期限:

(一)需要向赔偿义务机关、有关人民法院或者其他国家机关调取案卷或者其他材料的;

(二)人民法院赔偿委员会委托鉴定、评估的。

第二十一条 人民法院赔偿委员会审理民事、行政诉讼中的司法赔偿案件,应当对人民法院及其工作人员行使职权的行为是否符合法律规定,赔偿请求人主张的损害事实是否存在,以及该职权行为与损害事实之间是否存在因果关系等事项一并予以审查。

第二十二条 本解释自2016年10月1日起施行。本解释施行前最高人民法院发布的司法解释与本解释不一致的,以本解释为准。

最高人民法院、最高人民检察院关于办理刑事赔偿案件适用法律若干问题的解释

（2015年12月14日最高人民法院审判委员会第1671次会议、2015年12月21日最高人民检察院第十二届检察委员会第46次会议通过　2015年12月28日最高人民法院、最高人民检察院公告公布　自2016年1月1日起施行　法释〔2015〕24号）

根据国家赔偿法以及有关法律的规定，结合刑事赔偿工作实际，对办理刑事赔偿案件适用法律的若干问题解释如下：

第一条　赔偿请求人因行使侦查、检察、审判职权的机关以及看守所、监狱管理机关及其工作人员行使职权的行为侵犯其人身权、财产权而申请国家赔偿，具备国家赔偿法第十七条、第十八条规定情形的，属于本解释规定的刑事赔偿范围。

第二条　解除、撤销拘留或者逮捕措施后虽尚未撤销案件、作出不起诉决定或者判决宣告无罪，但是符合下列情形之一的，属于国家赔偿法第十七条第一项、第二项规定的终止追究刑事责任：

（一）办案机关决定对犯罪嫌疑人终止侦查的；

（二）解除、撤销取保候审、监视居住、拘留、逮捕措施后，办案机关超过一年未移送起诉、作出不起诉决定或者撤销案件的；

（三）取保候审、监视居住法定期限届满后，办案机关超过一年未移送起诉、作出不起诉决定或者撤销案件的；

（四）人民检察院撤回起诉超过三十日未作出不起诉决定的；

（五）人民法院决定按撤诉处理后超过三十日，人民检察院未作出不起诉决定的；

（六）人民法院准许刑事自诉案件自诉人撤诉的，或者人民法院决定对刑事自诉案件按撤诉处理的。

赔偿义务机关有证据证明尚未终止追究刑事责任，且经人民法院赔偿委员会审查属实的，应当决定驳回赔偿请求人的赔偿申请。

第三条　对财产采取查封、扣押、冻结、追缴等措施后，有下列情形之一，且办案机关未依法解除查封、扣押、冻结等措施或者返还财产的，属于国家赔偿法第十八条规定的侵犯财产权：

（一）赔偿请求人有证据证明财产与尚未终结的刑事案件无关，经审查属实的；

（二）终止侦查、撤销案件、不起诉、判决宣告无罪终止追究刑事责任的；

（三）采取取保候审、监视居住、拘留或者逮捕措施，在解除、撤销强制措施或者强制措施法定期限届满后超过一年未移送起诉、作出不起诉决定或者撤销案件的；

（四）未采取取保候审、监视居住、拘留或者逮捕措施，立案后超过两年未移送起诉、作出不起诉决定或者撤销案件的；

（五）人民检察院撤回起诉超过三十日未作出不起诉决定的；

（六）人民法院决定按撤诉处理后超过三十日，人民检察院未作出不起诉决定的；

（七）对生效裁决没有处理的财产或者对该财产违法进行其他处理的。

有前款第三项至六项规定情形之一，赔偿义务机关有证据证明尚未终止追究刑事责任，且经人民法院赔偿委员会审查属实的，应当决定驳回赔偿请求人的赔偿申请。

第四条　赔偿义务机关作出赔偿决定，应当依法告知赔偿请求人有权在三十日内向赔偿义务机关的上一级机关申请复议。赔偿义务机关未依法告知，赔偿请求人收到赔偿决定之日起两年内

提出复议申请的,复议机关应当受理。

人民法院赔偿委员会处理赔偿申请,适用前款规定。

第五条 对公民采取刑事拘留措施后终止追究刑事责任,具有下列情形之一的,属于国家赔偿法第十七条第一项规定的违法刑事拘留:

(一)违反刑事诉讼法规定的条件采取拘留措施的;

(二)违反刑事诉讼法规定的程序采取拘留措施的;

(三)依照刑事诉讼法规定的条件和程序对公民采取拘留措施,但是拘留时间超过刑事诉讼法规定的时限。

违法刑事拘留的人身自由赔偿金自拘留之日起计算。

第六条 数罪并罚的案件经再审改判部分罪名不成立,监禁期限超出再审判决确定的刑期,公民对超期监禁申请国家赔偿的,应当决定予以赔偿。

第七条 根据国家赔偿法第十九条第二项、第三项的规定,依照刑法第十七条、第十八条规定不负刑事责任的人和依照刑事诉讼法第十五条、第一百七十三条第二款规定不追究刑事责任的人被羁押,国家不承担赔偿责任。但是,对起诉后经人民法院错判拘役、有期徒刑、无期徒刑并已执行的,人民法院应当对该判决确定后继续监禁期间侵犯公民人身自由权的情形予以赔偿。

第八条 赔偿义务机关主张依据国家赔偿法第十九条第一项、第五项规定的情形免除赔偿责任的,应当就该免责事由的成立承担举证责任。

第九条 受害的公民死亡,其继承人和其他有扶养关系的亲属有权申请国家赔偿。

依法享有继承权的同一顺序继承人有数人时,其中一人或者部分人作为赔偿请求人申请国家赔偿的,申请效力及于全体。

赔偿请求人为数人时,其中一人或者部分赔偿请求人非经全体同意,申请撤回或者放弃赔偿请求,效力不及于未明确表示撤回申请或者放弃赔偿请求的其他赔偿请求人。

第十条 看守所及其工作人员在行使职权时侵犯公民合法权益造成损害的,看守所的主管机关为赔偿义务机关。

第十一条 对公民采取拘留措施后又采取逮捕措施,国家承担赔偿责任的,作出逮捕决定的机关为赔偿义务机关。

第十二条 一审判决有罪,二审发回重审后具有下列情形之一的,属于国家赔偿法第二十一条第四款规定的重审无罪赔偿,作出一审有罪判决的人民法院为赔偿义务机关:

(一)原审人民法院改判无罪并已发生法律效力的;

(二)重审期间人民检察院作出不起诉决定的;

(三)人民检察院在重审期间撤回起诉超过三十日或者人民法院决定按撤诉处理超过三十日未作出不起诉决定的。

依照审判监督程序再审后作无罪处理的,作出原生效判决的人民法院为赔偿义务机关。

第十三条 医疗费赔偿根据医疗机构出具的医药费、治疗费、住院费等收款凭证,结合病历和诊断证明等相关证据确定。赔偿义务机关对治疗的必要性和合理性提出异议的,应当承担举证责任。

第十四条 护理费赔偿参照当地护工从事同等级别护理的劳务报酬标准计算,原则上按照一名护理人员的标准计算护理费;但医疗机构或者司法鉴定人有明确意见的,可以参照确定护理人数并赔偿相应的护理费。

护理期限应当计算至公民恢复生活自理能力时止。公民因残疾不能恢复生活自理能力的,可以根据其年龄、健康状况等因素确定合理的护理期限,一般不超过二十年。

第十五条 残疾生活辅助器具费赔偿按照普通适用器具的合理费用标准计算。伤情有特殊需要的,可以参照辅助器具配制机构的意见确定。

辅助器具的更换周期和赔偿期限参照配制机构的意见确定。

第十六条 误工减少收入的赔偿根据受害公民的误工时间和国家上年度职工日平均工资确定,最高为国家上年度职工年平均工资的五倍。

误工时间根据公民接受治疗的医疗机构出具的证明确定。公民因伤致残持续误工的,误工时间可以计算至作为赔偿依据的伤残等级鉴定确定前一日。

第十七条 造成公民身体伤残的赔偿,应当根据司法鉴定人的伤残等级鉴定确定公民丧失劳动能力的程度,并参照以下标准确定残疾赔偿金:

(一)按照国家规定的伤残等级确定公民为一级至四级伤残的,视为全部丧失劳动能力,残疾赔偿金幅度为国家上年度职工年平均工资的十倍至二十倍;

(二)按照国家规定的伤残等级确定公民为五级至十级伤残的,视为部分丧失劳动能力。五至六级的,残疾赔偿金幅度为国家上年度职工年平均工资的五倍至十倍;七至十级的,残疾赔偿金幅度为国家上年度职工年平均工资的五倍以下。

有扶养义务的公民部分丧失劳动能力的,残疾赔偿金可以根据伤残等级并参考被扶养人生活来源丧失的情况进行确定,最高不超过国家上年度职工年平均工资的二十倍。

第十八条 受害的公民全部丧失劳动能力的,对其扶养的无劳动能力人的生活费发放标准,参照作出赔偿决定时被扶养人住所地所属省级人民政府确定的最低生活保障标准执行。

能够确定扶养年限的,生活费可协商确定并一次性支付。不能确定扶养年限的,可按照二十年上限确定扶养年限并一次性支付生活费,被扶养人超过六十周岁的,年龄每增加一岁,扶养年限减少一年;被扶养人年龄超过确定扶养年限的,被扶养人可逐年领取生活费至死亡时止。

第十九条 侵犯公民、法人和其他组织的财产权造成损害的,应当依照国家赔偿法第三十六条的规定承担赔偿责任。

财产不能恢复原状或者灭失的,财产损失按照损失发生时的市场价格或者其他合理方式计算。

第二十条 返还执行的罚款或者罚金、追缴或者没收的金钱,解除冻结的汇款的,应当支付银行同期存款利息,利率参照赔偿义务机关作出赔偿决定时中国人民银行公布的人民币整存整取定期存款一年期基准利率确定,不计算复利。

复议机关或者人民法院赔偿委员会改变原赔偿决定,利率参照新作出决定时中国人民银行公布的人民币整存整取定期存款一年期基准利率确定。

计息期间自侵权行为发生时起算,至作出生效赔偿决定时止;但在生效赔偿决定作出前侵权行为停止的,计算至侵权行为停止时止。

被罚没、追缴的资金属于赔偿请求人在金融机构合法存款的,在存款合同存续期间,按照合同约定的利率计算利息。

第二十一条 国家赔偿法第三十三条、第三十四条规定的上年度,是指赔偿义务机关作出赔偿决定时的上一年度;复议机关或者人民法院赔偿委员会改变原赔偿决定,按照新作出决定时的上一年度国家职工平均工资标准计算人身自由赔偿金。

作出赔偿决定、复议决定时国家上一年度职工平均工资尚未公布的,以已经公布的最近年度职工平均工资为准。

第二十二条 下列赔偿决定、复议决定是发生法律效力的决定:

(一)超过国家赔偿法第二十四条规定的期限没有申请复议或者向上一级人民法院赔偿委员会申请国家赔偿的赔偿义务机关的决定;

(二)超过国家赔偿法第二十五条规定的期限没有向人民法院赔偿委员会申请国家赔偿的复议决定;

(三)人民法院赔偿委员会作出的赔偿决定。

发生法律效力的赔偿义务机关的决定和复议决定，与发生法律效力的赔偿委员会的赔偿决定具有同等法律效力，依法必须执行。

第二十三条 本解释自2016年1月1日起施行。本解释施行前最高人民法院、最高人民检察院发布的司法解释与本解释不一致的，以本解释为准。

最高人民法院关于人民法院办理自赔案件程序的规定

（2013年4月1日最高人民法院审判委员会第1573次会议通过 2013年7月26日最高人民法院公告公布 自2013年9月1日起施行 法释〔2013〕19号）

根据《中华人民共和国国家赔偿法》，结合人民法院国家赔偿工作实际，对人民法院办理自赔案件的程序作如下规定：

第一条 本规定所称自赔案件，是指人民法院办理的本院作为赔偿义务机关的国家赔偿案件。

第二条 基层人民法院国家赔偿小组、中级以上人民法院赔偿委员会负责办理本院的自赔案件。

第三条 人民法院对赔偿请求人提出的赔偿申请，根据《最高人民法院关于国家赔偿案件立案工作的规定》予以审查立案。

第四条 人民法院办理自赔案件，应当指定一名审判员承办。

负责承办的审判员应当查清事实并提出处理意见，经国家赔偿小组或者赔偿委员会讨论后，报请院长决定。重大、疑难案件由院长提交院长办公会议讨论决定。

第五条 参与办理自赔案件的审判人员是赔偿请求人或其代理人的近亲属，与本案有利害关系，或者有其他关系，可能影响案件公正办理的，应当主动回避。

赔偿请求人认为参与办理自赔案件的审判人员有前款规定情形的，有权以书面或者口头方式申请其回避。

以上规定，适用于书记员、翻译人员、鉴定人、勘验人。

第六条 赔偿请求人申请回避，应当在人民法院作出赔偿决定前提出。

人民法院应当自赔偿请求人申请回避之日起三日内作出书面决定。赔偿请求人对决定不服的，可以申请复议一次。人民法院对复议申请，应当在三日内做出复议决定，并通知复议申请人。复议期间，被申请回避的人员不停止案件办理工作。

审判人员的回避，由院长决定；其他人员的回避，由国家赔偿小组负责人或者赔偿委员会主任决定。

第七条 人民法院应当全面审查案件，充分听取赔偿请求人的意见。必要时可以调取原审判、执行案卷，可以向原案件承办部门或有关人员调查、核实情况。听取意见、调查核实情况，应当制作笔录。

案件争议较大，或者案情疑难、复杂的，人民法院可以组织赔偿请求人、原案件承办人以及其他相关人员举行听证。听证情况应当制作笔录。

第八条 人民法院可以与赔偿请求人就赔偿方式、赔偿项目和赔偿数额在法律规定的范围内进行协商。协商应当遵循自愿、合法的原则。协商情况应当制作笔录。

经协商达成协议的，人民法院应当制作国家赔偿决定书。协商不成的，人民法院应当依法及时作出决定。

第九条 人民法院作出决定前，赔偿请求人撤回赔偿申请的，人民法院应当准许。

赔偿请求人撤回赔偿申请后，在国家赔偿法第三十九条规定的时效内又申请赔偿，并有证据证明其撤回申请确属违背真实意思表示或者有其他正当理由的，人民法院应予受理。

第十条 有下列情形之一的，人民法院应当决定中止办理：

（一）作为赔偿请求人的公民死亡，需要等待其继承人和其他有扶养关系的亲属表明是否参加赔偿案件处理的；

（二）作为赔偿请求人的公民丧失行为能力，尚未确定法定代理人的；

（三）作为赔偿请求人的法人或者其他组织终止，尚未确定权利承受人的；

（四）赔偿请求人因不可抗力或者其他障碍，在法定期限内不能参加赔偿案件处理的；

（五）宣告无罪的案件，人民法院决定再审或者人民检察院按照审判监督程序提出抗诉的。

中止办理的原因消除后，人民法院应当及时恢复办理，并通知赔偿请求人。

第十一条 有下列情形之一的，人民法院应当决定终结办理：

（一）作为赔偿请求人的公民死亡，没有继承人和其他有扶养关系的亲属，或者其继承人和其他有扶养关系的亲属放弃要求赔偿权利的；

（二）作为赔偿请求人的法人或者其他组织终止后，其权利承受人放弃要求赔偿权利的；

（三）赔偿请求人据以申请赔偿的撤销案件决定、不起诉决定或者宣告无罪的判决被撤销的。

第十二条 人民法院应当自收到赔偿申请之日起两个月内作出是否赔偿的决定，并制作国家赔偿决定书。

申请人向人民法院申请委托鉴定、评估的，鉴定、评估期间不计入办理期限。

第十三条 国家赔偿决定书应当载明以下事项：

（一）赔偿请求人的基本情况；

（二）申请事项及理由；

（三）决定的事实理由及法律依据；

（四）决定内容；

（五）申请上一级人民法院赔偿委员会作出赔偿决定的期间和上一级人民法院名称。

第十四条 人民法院决定赔偿或不予赔偿的，应当自作出决定之日起十日内将国家赔偿决定书送达赔偿请求人。

第十五条 赔偿请求人依据国家赔偿法第三十七条第二款的规定向人民法院申请支付赔偿金的，应当递交申请书，并提交以下材料：

（一）赔偿请求人的身份证明；

（二）生效的国家赔偿决定书。

赔偿请求人当面递交申请支付材料的，人民法院应当出具收讫凭证。赔偿请求人书写申请书确有困难的，可以口头申请，人民法院应当记入笔录，由赔偿请求人签名、捺印或者盖章。

第十六条 申请支付材料真实、有效、完整的，人民法院应当受理，并书面通知赔偿请求人。人民法院受理后，应当自收到支付申请之日起七日内，依照预算管理权限向有关财政部门提出支付申请。

申请支付材料不完整的，人民法院应当当场或者在三个工作日内一次性告知赔偿请求人需要补正的全部材料。收到支付申请的时间自人民法院收到补正材料之日起计算。

申请支付材料虚假、无效，人民法院决定不予受理的，应当在三个工作日内书面通知赔偿请求人并说明理由。

第十七条 赔偿请求人对人民法院不予受理申请支付的通知有异议的，可以自收到通知之日起十日内向上一级人民法院申请复核。上一级人民法院应当自收到复核申请之日起五个工作日内作出复核决定，并在作出复核决定之日起三个工作日内送达赔偿请求人。

第十八条 财政部门告知人民法院申请支付材料不符合要求的，人民法院应当自接到通知之日起五个工作日内按照要求提交补正材料。

需要赔偿请求人补正材料的，人民法院应当及时通知赔偿请求人。

第十九条 财政部门告知人民法院已支付国家赔偿费用的，人民法院应当及时通知赔偿请求人。

第二十条 本规定自2013年9月1日起施行。

本规定施行前本院发布的司法解释，与本规定不一致的，以本规定为准。

◎ 请示答复

1. 刑事赔偿

(1)错误拘留

最高人民法院关于民事审判监督程序严格依法适用指令再审和发回重审若干问题的规定

(2015年2月2日最高人民法院审判委员会第1643次会议通过 2015年2月16日最高人民法院公告公布 自2015年3月15日起施行 法释〔2015〕7号)

为了及时有效维护各方当事人的合法权益，维护司法公正，进一步规范民事案件指令再审和再审发回重审，提高审判监督质量和效率，根据《中华人民共和国民事诉讼法》，结合审判实际，制定本规定。

第一条 上级人民法院应当严格依照民事诉讼法第二百条等规定审查当事人的再审申请，符合法定条件的，裁定再审。不得因指令再审而降低再审启动标准，也不得因当事人反复申诉将依法不应当再审的案件指令下级人民法院再审。

第二条 因当事人申请裁定再审的案件一般应当由裁定再审的人民法院审理。有下列情形之一的，最高人民法院、高级人民法院可以指令原审人民法院再审：

（一）依据民事诉讼法第二百条第（四）项、第（五）项或者第（九）项裁定再审的；

（二）发生法律效力的判决、裁定、调解书是由第一审法院作出的；

（三）当事人一方人数众多或者当事人双方为公民的；

（四）经审判委员会讨论决定的其他情形。

人民检察院提出抗诉的案件，由接受抗诉的人民法院审理，具有民事诉讼法第二百条第（一）至第（五）项规定情形之一的，可以指令原审人民法院再审。

人民法院依据民事诉讼法第一百九十八条第二款裁定再审的，应当提审。

第三条 虽然符合本规定第二条可以指令再审的条件，但有下列情形之一的，应当提审：

（一）原判决、裁定系经原审人民法院再审审理后作出的；

（二）原判决、裁定系经原审人民法院审判委员会讨论作出的；

（三）原审审判人员在审理该案件时有贪污受贿，徇私舞弊，枉法裁判行为的；

（四）原审人民法院对该案无再审管辖权的；

（五）需要统一法律适用或裁量权行使标准的；

（六）其他不宜指令原审人民法院再审的情形。

第四条 人民法院按照第二审程序审理再审案件，发现原判决认定基本事实不清的，一般应当通过庭审认定事实后依法作出判决。但原审人民法院未对基本事实进行过审理的，可以裁定撤销原判决，发回重审。原判决认定事实错误的，上级人民法院不得以基本事实不清为由裁定发回重审。

第五条 人民法院按照第二审程序审理再审案件，发现第一审人民法院有下列严重违反法定程序情形之一的，可以依照民事诉讼法第一百七十条第一款第（四）项的规定，裁定撤销原判决，发回第一审人民法院重审：

（一）原判决遗漏必须参加诉讼的当事人的；

（二）无诉讼行为能力人未经法定代理人代为诉讼，或者应当参加诉讼的当事人，因不能归责于本人或者其诉讼代理人的事由，未参加诉讼的；

（三）未经合法传唤缺席判决，或者违反法律规定剥夺当事人辩论权利的；

（四）审判组织的组成不合法或者依法应当回避的审判人员没有回避的；

（五）原判决、裁定遗漏诉讼请求的。

第六条 上级人民法院裁定指令再审、发回重审的，应当在裁定书中阐明指令再审或者发回重审的具体理由。

第七条 再审案件应当围绕申请人的再审请求进行审理和裁判。对方当事人在再审庭审辩论终结前也提出再审请求的，应一并审理和裁判。当事人的再审请求超出原审诉讼请求的不予审理，构成另案诉讼的应告知当事人可以提起新的诉讼。

第八条 再审发回重审的案件，应当围绕当事人原诉讼请求进行审理。当事人申请变更、增加诉讼请求和提出反诉的，按照最高人民法院《关于适用〈中华人民共和国民事诉讼法〉的解释》第二百五十二条的规定审查决定是否准许。当事人变更其在原审中的诉讼主张、质证及辩论意见的，应说明理由并提交相应的证据，理由不成立或证据不充分的，人民法院不予支持。

第九条 各级人民法院对民事案件指令再审和再审发回重审的审判行为，应当严格遵守本规定。违反本规定的，应当依照相关规定追究有关人员的责任。

第十条 最高人民法院以前发布的司法解释与本规定不一致的，不再适用。

最高人民法院关于依法定条件和程序采取拘留措施，未超过法定羁押期限、不符合违法拘留赔偿的答复

（2012年1月9日 〔2011〕赔他字第12号）

四川省高级人民法院：

你院2011年10月31日（2011）川赔他字第2号《关于李强申请高县人民检察院刑事拘留赔偿一案的请示》报告收悉。经研究，答复如下：

一、根据《最高人民法院关于适用〈中华人民共和国国家赔偿法〉若干问题的解释（一）》第二条第（一）项的规定，本案应适用修正的《中华人民共和国国家赔偿法》。

二、根据《中华人民共和国刑事诉讼法》第一百三十二条、第一百三十三条、第一百三十四条的规定，高县人民检察院对李强采取拘留措施，但在法律规定的期限内对李强变更强制措施为取保候审，其后作出不起诉决定，不符合《中华人民共和国国家赔偿法》第十七条第（一）项规定的违法拘留赔偿的情形。此复。

附：

四川省高级人民法院关于李强申请高县人民检察院刑事拘留赔偿一案的请示

〔2011〕川赔他字第2号

最高人民法院：

我院在审查四川省宜宾市中级人民法院赔偿委员会（以下简称宜宾中院赔委会）受理的李强申请高县人民检察院（以下简称高县检察院）刑事拘留赔偿请示一案中，形成两种意见，赔偿委员会经研究决定向贵院请示。现将有关情况汇报如下：

一、当事人的基本情况

赔偿请求人：李强，男，1969年2月24日出生，汉族，四川省高县人，大专文化，中共党员，原中共高县纪委派驻高县规划与建设局纪检组长、该局党组成员，住四川省高县庆符镇县计生局职工宿舍。

赔偿义务机关：高县人民检察院，住所地四川省高县庆符镇。

法定代表人：彭琳，该院检察长。

复议机关：四川省宜宾市人民检察院，住所地四川省宜宾市。

法定代表人：蒋世琳，该院代理检察长。

二、案件事实

赔偿请求人李强在担任高县规建局纪检组长期间，代表高县人民政府负责高县迎宾大桥建设的联系和协调工作，将该项目介绍给税安华和胡思扬。2009年2月，税安华以四川凯基路桥工程有限公司名义通过招投标中标该项工程，并表示要给李强好处费。同年6月9日，该工程发生重大安全责任事故，税安华和胡思扬被刑事拘留。同年9月12日，高县检察院接到匿名电话，举报李强向税安华索要贿赂10万元。高县检察院于同年9月15日、23日分别对税安华和胡思扬进行调查，二人分别供述同年5月某日在高县庆符镇"天泰茶楼"喝茶时，由他们各向李强写了5万元的"条子"（借条），其中胡思扬打的那张（写的债权人为李强的弟弟李猛、债务人为胡思扬）被李强当场撕烂烧毁；另一张（写的债权人为胡思扬、债务人为税安华）交由李强带走。税安华的妻子杨周会也于同年9月14日向高县检察院供述了前述事实。根据以上初查线索，高县检察院遂于同年9月23日立案侦查并搜查了李强的办公室，作出检反贪拘〔2009〕2号《拘留决定书》："因（李强）涉嫌受贿，根据《中华人民共和国刑事诉讼法》第一百三十二条的规定，本院决定对其刑事拘留。"高县检察院在刑事拘留期间讯问李强时，李强称税安华出具的债权人为胡思扬的借条，被自己在税、胡出具借条的当时上厕所时撕毁。同年9月30日高县检察院决定对李强取保候审，同年12月7日，以李强涉嫌受贿（未遂），向高县人民法院（以下简称高县法院）提起公诉。高县法院于同年12月24日开庭审理了该案，因事实不清，证据不足，需要补查，高县检察院遂于2010年1月21日向高县法院送达检诉延［2010］03号《延期审理建议书》。同年1月22日，高县法院决定延期审理。同年3月20日，高县检察院将检恢复［2010］2号《提请恢复法庭审理》函送高县法院。在高县法院恢复法庭审理中，高县检察院于同年4月26日向高县法院送达《撤回起诉决定书》，同日高县法院作出（2009）宜高刑初字第97号《刑事裁定书》，准许撤回起诉。同年5月13日，高县检察院作出检刑不诉（2010）2号《不起诉决定书》："本案经本院反贪局侦查终结后，在审查起诉期间，本院认为被不起诉人李强有涉嫌受贿犯罪的重大嫌疑，经二次补充侦查，因证据尚不充分，不符合起诉条件。

依照《中华人民共和国刑事诉讼法》第一百四十条第四款的规定，决定对李强不起诉。”次日，高县检察院作出检诉解保[2010]01号《解除取保候审决定》。

三、赔偿义务机关的决定、复议情况及赔偿请求人的请求和理由

2010年10月20日，李强向高县检察院提出撤销刑事案件及给予国家赔偿的申请。高县检察院经复查认为：李强利用职务上的便利，非法收受他人财物，为他人谋取利益，在已着手实行的犯罪过程中，因其意志以外的原因而未能得逞，其行为有涉嫌受贿犯罪的重大嫌疑，经二次补充侦查，因证据尚不充分，根据《刑法》第三百八十五条、第二十三条和《刑事诉讼法》第一百四十条第四款规定，对其作出不起诉决定是正确的。遂于2011年1月20日作出高县检刑申复决〔2011〕1号《刑事申诉复查决定书》：驳回申诉，维持原处理决定；驳回李强的国家赔偿请求。李强不服，向四川省宜宾市人民检察院申请复议，该院逾期未作复议决定。

2011年4月7日，李强认为高县检察院《刑事申诉复查决定书》认定事实不清，驳回赔偿请求不当，复议机关逾期不作决定，遂向宜宾中院赔偿委员会申请作出赔偿决定：请求高县检察院赔偿侵犯人身自由权而羁押8天的损失1003.44元和精神损失费10000元。

四、宜宾中院的请示意见及理由

宜宾中院在审理该案过程中，经赔偿委员会和审判委员会讨论研究，形成两种意见，并向我院请示：

多数意见认为：检察机关对李强作出的刑事拘留决定属违法错误拘留，应承担国家赔偿责任。理由：1. 高县检察院对李强决定刑事拘留不符合《刑事诉讼法》第六十一条第(四)项、第(五)项规定的“犯罪后企图自杀、逃跑或者在逃；有毁灭、伪造或者串供可能”条件。从本案情况看，同案嫌疑人税安华、胡思扬已被关押在看守所，人身自由已被限制，在检察机关对李强作出进行刑事拘留决定的当天上午胡思扬已向检察机关主动检举李强的情况下，串供条件已不具备，其也不存在企图自杀、逃跑或者在逃的情形。2. 该院对李强决定实施刑事拘留后，在发现不应当拘留的情况下仍对其拘留，违反了《刑事诉讼法》第一百三十三条“人民检察院对直接受理的案件中被拘留的人，应当在拘留后二十四小时以内进行讯问。在发现不应当拘留的时候，必须立即释放，发给释放证明。对需要逮捕而证据还不充足的，可以取保候审或者监视居住”的规定，未及时变更其他强制措施而继续关押显属不当。3. 参照最高人民法院2001年7月23日(2001)赔他字第4号“关于检察机关采取刑事拘留后因证据不足决定撤销案件，应承担错误拘留刑事赔偿责任的答复”，本案检察机关应承担赔偿责任。

少数意见认为：高县检察院对李强涉嫌受贿，有行贿人税安华、胡思扬供述和匿名电话举报，对其立案侦查并决定采取刑事拘留措施是依法行使职权，符合《刑事诉讼法》第六十条、第六十一条第(四)项、第(五)项规定的情形。根据《人民检察院刑事诉讼规则》第八十三条“检察院拘留犯罪嫌疑人的羁押期限为10日，特殊情况下可以延长1日至4日”的规定，李强被羁押8日未超期限。根据《国家赔偿法》第十七条第(一)项的规定，高县检察院对李强采取的刑事拘留，不在赔偿范围之列，不应承担国家赔偿责任。

五、我院审查意见和理由

我院赔偿委员会经讨论形成两种意见：

多数意见认为：人民法院赔偿委员会对检察院拘留措施是否违反《刑事诉讼法》的规定有实质审查权，即有权审查拘留措施是否符合《刑事诉讼法》第六十一条第(四)项、第(五)项规定的“犯罪后企图自杀、逃跑或者在逃的；有毁灭、伪造或者串供可能的”条件。从本案来看，并不存在这两种情形，高县检察院采取拘留措施不当。并且，根据《刑事诉讼法》第一百三十三条“人民检察院对直接受理的案件中被拘留的人，应当在拘留后二十四小时以内进行讯问。在发现不应当拘留的时候，必须立即释放，发给释放证明。对需要逮捕而证据还不充足的，可以取保候审或者监视居住”

的规定,高县检察院决定拘留后,在发现证据不充分时应该及时变更强制措施,而其未予变更,继续拘留至第八天才予取保候审。高县检察院的拘留违反了《刑事诉讼法》的规定,根据《国家赔偿法》第十七条第(一)项的规定,高县检察院应当给予国家赔偿。少数意见认为:李强有重大犯罪嫌疑,高县检察院对其作出拘留决定是一种依职权行使的法律行为,拘留未超期,不宜认定该拘留违反了《刑事诉讼法》的规定。

六、关于《国家赔偿法》修订后的法律理解与适用问题

我院赔偿委员会同时认为,该案涉及《国家赔偿法》修订后法律的理解和适用,还有两个问题需要请示:

一是《最高人民法院关于适用〈中华人民共和国国家赔偿法〉若干问题的解释(一)》的溯及力问题。该司法解释第二条第(一)项规定:"'2010年12月1日以前已经受理赔偿请求人的赔偿请求但尚未作出生效赔偿决定的'适用修正的国家赔偿法",该案即属于该项规定的情形。根据修订前《国家赔偿法》的规定和最高人民法院的有关司法解释,无罪刑事拘留应予赔偿。而以本案情况看,适用该司法解释,涉及到对于拘留措施是否违反《刑事诉讼法》规定的审查和认定,反而不利于保护赔偿请求人的利益。本案在适用修正的《国家赔偿法》及其司法解释时,是否可以在赔偿程序上从新,而从有利于赔偿请求人角度考虑在实体上从旧,即"从新兼有利"?

二是如何正确理解适用修正的《国家赔偿法》第十七条的规定。该院赔偿委员会认为,人民法院赔偿委员会对采取刑事拘留措施是否违反《刑事诉讼法》的规定,有实质审查权,但如何行使这个权力,审查到哪个程度,需要予以明确。

鉴于本案意见存在分歧,也涉及到如何理解和适用修正的《国家赔偿法》及其司法解释的问题,特此请示,请批示。

最高人民法院关于检察机关采取刑事拘留后因证据不足决定撤销案件,应承担错误拘留刑事赔偿责任的答复

(2001年7月23日 〔2001〕赔他字第4号)

广西自治区高级人民法院:

你院2001年3月20日〔2001〕桂法赔请字第1号《关于高其峰申请柳城县人民检察院刑事赔偿一案的请示》收悉。经研究,答复如下:

一、根据《刑事诉讼法》第六十五条的规定:"公安机关对于被拘留的人,应当在拘留后的24小时内进行询问,在发现不应当拘留的时候,必须立即释放,发给释放证明。对需要逮捕而证据还不充分的,可以采取取保候审或者监视居住。"柳城县人民检察院对高其峰涉嫌受贿一案刑事拘留16天后,改变强制措施为取保候审。又因证据不足,作出撤销该案的决定。柳城县人民检察院对高其峰的刑事拘留属错误拘留。柳城县人民检察院应当对高其峰承担赔偿责任。

二、根据《刑事诉讼法》第七十九条的规定:"期间以时、日、月计算。"《国家赔偿法》第二十六条的规定:"侵犯公民人身自由权的,每日的赔偿金按照国家上年度职工日平均工资计算。"《国家赔偿法》规定赔偿金是以日来计算,赔偿的天数应包括当日在内。柳城县人民检察院对高其峰赔偿的日数应以16天计算。

此复。

最高人民法院关于公安机关刑事拘留，检察机关未予批捕但提起公诉，法院宣告无罪，应由公安机关承担错误拘留刑事赔偿责任的答复

（2000 年 4 月 29 日 〔1999〕赔他字第 43 号）

辽宁省高级人民法院：

你院 1999 年 12 月 15 日〔1999〕辽法委赔疑字第 2 号《关于陶玉艳申请国家赔偿案件的请示》收悉。经研究，答复如下：

同意你院请示中的第一种意见。盖州市人民检察院虽然对陶玉艳提起公诉，但未采取逮捕措施，亦未对其人身自由进行限制，根据《国家赔偿法》第十五条第一项、第二项，第十九条第二、三款的规定，盖州市人民检察院不应承担赔偿责任。本案应由盖州市公安局就错误拘留承担赔偿责任。

此复。

最高人民法院赔偿委员会关于公安机关以证据不足予以释放当事人申请国家赔偿人民法院赔偿委员会应当受理的复函

（1999 年 3 月 10 日 〔1998〕赔他字第 17 号）

浙江省高级人民法院赔偿委员会：

你院〔1998〕浙法委赔他字第 2 号《关于绍兴市孙胜阳申请刑事赔偿一案的请示》收悉。经研究，答复如下：

一、根据《刑事诉讼法》第六十五条规定，公安机关对重大犯罪嫌疑人因证据不足，应在 24 小时内予以释放，或者变更强制措施。该案对孙胜阳关押 23 天，因证据不足予以释放，应属违法羁押。

二、公安机关对孙胜阳的释放证明书中明确载明“证据不足予以释放”，该行为符合《国家赔偿法》第十五条第（一）项规定，即对没有事实证明有犯罪重大嫌疑的人错误拘留。

三、本案复议机关已给申请人诉权，绍兴市中级人民法院赔偿委员会应当受理，并依法作出赔偿决定。

司法赔偿

最高人民法院关于检察机关对立案侦查的犯罪嫌疑人采取行政强制措施后提起公诉被人民法院一审宣告无罪的，该检察机关应承担刑事赔偿责任的答复

（1998 年 10 月 13 日 〔1998〕赔他字第 12 号）

广东省高级人民法院赔偿委员会：

你院《关于张安、陈石寿申请紫金县人民检察院刑事赔偿一案的请示》收悉。经研究认为：

本案是经人民法院一审宣告无罪的刑事案件。紫金县人民检察院以诬告陷害罪决定对张安、陈石寿立案侦查，采取收容审查的行政强制措施限制人身自由的做法是违法的。本案是刑事赔偿案件，而不是公安机关违法行使职权的行政案件。检察机关不予赔偿的决定没有法律依据。紫金县人民检察院对张安、陈石寿的违法羁押应视为错误拘留，应当适用《国家赔偿法》第十五条第（一）项的规定，紫金县人民检察院作为赔偿义务机关，对侵犯张安、陈石寿人身自由予以赔偿。

此复。

（2）错误逮捕

最高人民法院关于检察机关作出不起诉决定后，公安机关变更强制措施为取保候审并释放赔偿请求人，请求赔偿时效如何计算的问题的答复

（2008年8月13日 〔2008〕赔他字第4号）

四川省高级人民法院：

你院2008年1月3日（2008）川法委赔他字第1号《关于检察机关作出不起诉决定后公安机关变更强制措施为取保候审并释放赔偿请求人，请求赔偿时效应自释放之日起计算，还是应自公安机关解除取保候审之日起计算的请示》收悉。经研究，答复如下：

根据《国家赔偿法》第三十二条"赔偿请求人请求国家赔偿的时效为两年，自国家机关及其工作人员行使职权时的行为被依法确认为违法之日起计算，但被羁押期间不计算在内"的规定，本案赔偿请求人胡建华在取保候审期间人身自由受到一定的限制，胡建华因被取保候审也会认为公安机关对此刑事案件没有最终结案，刑事案件处于不确定的状态。因此，本案胡建华被取保候审这段时间不应计算在申请国家赔偿的时效期间内，其申请国家赔偿的时效应自解除取保候审之日起计算。同意你院第二种意见，即赔偿请求人胡建华向大竹县人民检察院申请国家赔偿，没有超过请求国家赔偿的时效，其享有申请国家赔偿的权利应予以保护。根据《国家赔偿法》第十五条第（二）项的规定，胡建华被羁押280天，大竹县人民检察院作为赔偿义务机关应履行错误逮捕的赔偿义务。

此复。

最高人民法院关于适用国家赔偿法第十七条第（一）项"公民自己故意作虚伪供述"问题的答复

（2004年5月24日 〔2004〕赔他字第3号）

福建省高级人民法院：

你院2004年1月16日闽高法〔2004〕22号《关于刘冬远申请国家赔偿案的请示》收悉。经研究，批复如下：

《中华人民共和国国家赔偿法》第十七条第（一）项规定的"公民自己故意作虚伪供述"是指，为欺骗、误导司法机关，或者有意替他人承担刑事责任而主动作与事实不符的供述。本案刘冬远曾

作的有罪供述,不具有"故意作虚伪供述"的目的和动机。根据《国家赔偿法》第十五条第(二)项、第十九条第(四)项和最高人民法院《关于刑事诉讼的被告人一审被判有罪二审发回重审后一审又改判无罪申请赔偿时赔偿义务机关如何确定的批复》的规定,本案属于"对没有犯罪事实的人错误逮捕",厦门市人民检察院和厦门市中级人民法院作为赔偿义务机关应当承担错误逮捕的共同赔偿责任。

此复。

最高人民法院关于侵犯人身权与侵犯财产权为不同机关的,如何确定赔偿义务机关问题的答复

(2003 年 2 月 25 日 〔2002〕赔他字第 9 号)

西藏自治区高级人民法院:

你院 2002 年 11 月 5 日《关于陈小珠被错误逮捕宣告无罪后有关认定赔偿义务机关问题的请示》收悉。经研究,答复如下:

拉萨市人民检察院赔偿陈小珠被无罪羁押及为诉讼支出的各种费用 71891.70 元是适当的,同意你院予以维持的意见。

检察机关因错误逮捕限制了陈小珠的人身自由,但并未对陈小珠的财产作出任何处置决定。人身自由权和财产权是公民两种不同的权利,人身自由权受到侵害并不必然导致财产权受到侵害。确认陈小珠财产损失的赔偿义务机关,应依据《国家赔偿法》第十九条第一款的规定,由实施侵权的机关作为赔偿义务机关。本案中,公安机关实施扣押、处分财产行为,是造成陈小珠部分财产损失的直接原因,出具扣押清单的拉萨市城关区公安分局应当作为本案的赔偿义务机关。

此复。

最高人民检察院刑事赔偿工作办公室关于决定拘留、逮捕与提起公诉的不是同一检察机关的,作出拘留、逮捕决定的机关为赔偿义务机关的答复

(2000 年 4 月 23 日)

浙江省人民检察院刑事赔偿工作办公室:

你院浙检刑赔字(2000)第 2 号《许群申请国家赔偿案请示报告》收悉。经研究,批复如下:

根据《国家赔偿法》第十九条第二款、第三款规定,作出错误拘留、逮捕决定的机关为赔偿义务机关。因此,检察机关决定拘留、逮捕和提起公诉不是同一机关的,作出拘留、逮捕决定的机关为赔偿义务机关。起诉机关作为赔偿义务机关的,只存在于共同赔偿案件中。此案舟山市人民检察院是拘留、逮捕机关,舟山市人民检察院应为赔偿义务机关。

此复。

最高人民法院赔偿委员会关于检察机关作出不起诉决定视为无罪应当承担国家赔偿责任的批复

（2000年3月8日 〔1999〕赔他字第31号）

甘肃省高级人民法院：

你院〔1999〕甘法委赔字第5号《关于梁钦申请兰州市人民检察院赔偿一案的请示》收悉。经研究，答复如下：

人民检察院在刑事诉讼过程中，根据《刑事诉讼法》第一百四十条第四款规定作出的不起诉决定，应视为对案件作出了无罪的决定。检察机关在批捕时即便有部分可以证明有罪的证据，但如果在起诉时仅凭这些证据仍不能证明犯罪嫌疑人有罪，并作出不起诉决定的，在法律上不能认定有罪，应按无罪处理。依照《国家赔偿法》第十五条规定，同意你院赔偿委员会的意见，兰州市人民检察院应当承担赔偿义务。

此复。

最高人民法院赔偿委员会关于被限制人身自由期间的工资已由单位补发国家是否还应支付被限制人身自由的赔偿金的批复

（2000年1月26日 〔1999〕赔他字第21号）

辽宁省高级人民法院：

你院1999年6月22日〔1999〕辽法委赔疑字第1号《关于被限制人身自由期间的工资已由单位补发，国家是否还应支付被限制人身自由的赔偿金的请示》收悉，经研究，答复如下：

国家赔偿是对国家机关或国家机关工作人员违法行使职权侵犯公民、法人和其他组织的合法权益造成的损害进行的赔偿。国家赔偿与企业补偿是两种不同性质的补偿方式，不应混淆。根据国家赔偿法第十五条第（二）项规定，赔偿义务机关应作出赔偿决定。

最高人民法院关于已被补发工资的赔偿请求人申请国家赔偿，如何适用法律问题的答复

（2000年1月10日 〔1999〕赔他字第30号）

黑龙江省高级人民法院：

你院1999年10月10日〔1999〕黑法委赔批字第4号《关于赔偿请求人李勇申请国家赔偿一案的请示》收悉。经研究，答复如下：

同意你院对李勇申请国家赔偿一案请示中第一种意见，即赔偿请求人被侵犯人身自由权的事实发生在1995年1月1日《国家赔偿法》实施之前的，不适用《国家赔偿法》。赔偿请求人李勇1995年7月13日至1996年2月14日被限制人身自由权的部分，应按照《国家赔偿法》的规定，由

作出错误逮捕决定的机关履行赔偿义务。原单位已补发工资与国家予以赔偿是两种不同性质的补偿方式,两者不能混淆,更不能替代。

此复。

最高人民法院赔偿委员会关于错误逮捕检察机关应当承担国家赔偿责任的批复

(1999 年 12 月 1 日 〔1999〕赔他字第 8 号)

天津市高级人民法院:

你院 1999 年 3 月 25 日津高法〔1999〕48 号《关于王晋英错误逮捕赔偿一案的请示》收悉。经研究,同意你院审判委员会的一致意见,即《刑事诉讼法》第二十九条是对司法机关工作人员回避的有关规定,不能作为《国家赔偿法》第十七条第(六)项规定的国家免除赔偿责任的其他情形。王晋英虽有接受宴请、收受礼品的违纪行为,但认定其构成徇私舞弊罪的证据不足。宝坻县人民检察院对王晋英的逮捕属于对没有犯罪事实或没有证据证明有犯罪事实的人的错误逮捕。根据《国家赔偿法》第十五条第(二)项的规定,宝坻县人民检察院应当承担赔偿义务。

此复。

最高人民法院关于作出错误逮捕决定的人民法院为赔偿义务机关的答复

(1999 年 12 月 1 日 〔1999〕赔他字第 22 号)

宁夏回族自治区高级人民法院:

你院 1999 年 6 月 30 日〔1999〕宁高法赔字第 2 号《关于撒新申请国家赔偿一案的请示》收悉。经研究,答复如下:

根据《国家赔偿法》第十九条第三款"对没有犯罪事实的人错误逮捕的,作出逮捕决定的机关为赔偿义务机关"的规定,西吉县人民法院 1998 年 6 月 23 日作出〔1998〕西刑初字第 41 号刑事判决,认定撒新犯打击报复罪,判刑三年,并决定逮捕。后又宣告撒新无罪。故西吉县人民法院应为赔偿义务机关。

最高人民法院关于原判适用法律错误,应依审判监督程序纠正后再启动赔偿程序的答复

(1999 年 11 月 30 日 〔1999〕赔他字第 5 号)

青海省高级人民法院:

你院〔1998〕青法委赔字第 6 号请示收悉。经研究答复如下:

根据一、二审法院的判决、裁定所叙述的事实,杨文增没有犯罪行为,不存在情节显著轻微的问

题,一审判决不应适用原《刑事诉讼法》第十一条第(一)项的规定,属于适用法律错误。应依审判监督程序纠正一、二审判决后,重新启动赔偿程序。

此复。

最高人民法院赔偿委员会关于赔偿义务机关应当为受害人消除影响恢复名誉赔礼道歉的批复

(1999年6月1日 〔1999〕赔他字第3号)

北京市高级人民法院:

你院1999年3月12日京高法赔〔1999〕1号《关于孙连贵申请国家赔偿案如何适用法律问题的请示》收悉。经研究,答复如下:

根据《国家赔偿法》第三十条规定:赔偿义务机关对依法确认有本法第十五条第(一)、(二)、(三)项规定的情形之一,并造成受害人名誉权、荣誉权损害的,应当在侵权行为影响的范围内,为受害人消除影响、恢复名誉、赔礼道歉。北京市通州区人民法院对孙连贵以事实不清,证据不足,宣告孙连贵无罪。通州区人民检察院已经依法确认具有《国家赔偿法》第十五条第(二)项规定情形,通州区人民检察院依法应为孙连贵恢复名誉,赔礼道歉。赔礼道歉不宜作为决定书中的主文内容,但应在决定书的理由部分加以表述。

此复。

最高人民法院赔偿委员会办公室关于因事实不清、证据不足决定不起诉或撤销案件的,批准逮捕的检察机关应当承担赔偿责任的复函

(1998年11月17日 〔1998〕赔他字第14号)

陕西省高级人民法院:

你院〔1998〕法赔字07号请示收悉。经研究,答复如下:

一、根据《国家赔偿法》第十五条第二项、第十九条第三款的规定,对没有犯罪事实的人错误逮捕的,作出逮捕决定的检察机关是赔偿义务机关;

二、基于同一案件、同一事实,同一犯罪嫌疑人,先被公安机关收容审查、拘留,后被检察机关批准逮捕的,经依法确认检察机关为赔偿义务机关的,批准逮捕的检察机关对收容审查部分应当一并承担赔偿责任;

三、因事实不清、证据不足,检察机关决定不起诉或撤销案件的,根据《刑事诉讼法》的规定即不能认定犯罪嫌疑人的犯罪事实,检察机关批准逮捕应视为对没有犯罪事实的人错误逮捕,依照《国家赔偿法》第十五条的规定,检察机关应当承担赔偿责任。

最高人民法院关于致人轻微伤行为不构成犯罪被撤销案件的，批准逮捕的检察机关应当承担刑事赔偿责任的答复

（1997 年 8 月 4 日 〔1996〕赔他字第 6 号）

云南省高级人民法院：

你院 1996 年 12 月 20 日《关于张秀英等四人申请国家赔偿一案的请示》收悉。经我院赔偿委员会第四次会议研究，答复如下：

张秀英等四人殴打他人致轻微伤，其行为不构成犯罪。弥勒县人民检察院批准对张秀英等四人逮捕，属于《国家赔偿法》第十五条第（二）项规定的情形，对张秀英等四人依法应当予以赔偿。

（3）错捕错判共同赔偿

最高人民法院关于二审判决减轻刑事处罚致被告人实际羁押期限超出刑期应否给予国家赔偿的答复

（2009 年 7 月 17 日 〔2008〕赔他字第 5 号）

广东省高级人民法院：

你院（2007）粤高法委赔字第 6 号《关于黄宜东申请广州市中级人民法院错误判决赔偿一案国家是否应当承担赔偿责任的请示》收悉。经研究并征求有关部门的意见，答复如下：

同意你院赔偿委员会多数人的意见。二审判决减轻了对黄宜东的刑事处罚，生效后的判决，超出了黄宜东应服刑的期限，此种情形未纳入国家赔偿范围。一、二审法院审理实际所用的时间符合刑事诉讼法的有关规定，并无违法。黄宜东的犯罪事实存在，其提出的赔偿请求不符合国家赔偿法规定的无罪羁押法定赔偿原则，不应支持。

此复。

最高人民法院关于已作出的赔偿决定的确认依据被撤销后，又出现新的确认依据，赔偿请求人重新提出赔偿请求，应否重新立案以及如何确定赔偿义务机关问题的答复

（2008 年 9 月 9 日 〔2008〕赔他字第 8 号）

司法赔偿

河北省高级人民法院：

你院 2008 年 6 月 18 日（2008）冀法委赔他字第 1 号《关于对付华良因错捕错判申请国家赔偿应否重新立案及如何确定义务机关问题的请示》收悉。经研究，答复如下：

一、石家庄市中级人民法院赔偿委员会 2002 年 11 月 19 日作出的（2002）石赔字第 00002 号赔偿决定由于赔偿义务机关没有执行，2003 年 4 月 28 日石家庄市人民检察院撤销了该决定书所依据

的桥西区人民检察院西检刑不诉字(2001)第2号不起诉决定,交由桥西区人民检察院重新提起公诉。桥西区人民检察院对付华良重新提起公诉后,桥西区人民法院判决宣告付华良无罪。该判决是对付华良被错捕错判的确认。付华良据此申请国家赔偿,符合《国家赔偿法》第二条、第十五条第(二)项以及第二十条的规定,其申请国家赔偿的权利依法应予以保护,其要求重新立案应当准许。

二、晋州市人民法院一审判决付华良有罪,石家庄市中级人民法院二审裁定撤销原判,发回重审。在重审期间晋州市公安局将付华良释放。桥西区人民检察院再次提起公诉时,付华良已经被释放,其提起公诉的行为并未造成付华良人身被错误羁押。根据最高人民法院、最高人民检察院《关于适用〈关于办理人民法院、人民检察院共同赔偿案件若干问题的解释有关问题〉的答复》第三条的规定,本案付华良因错捕错判人身自由权被侵犯的事实发生在晋州市人民法院一审判决有罪,二审发回重审后晋州市人民检察院决定不起诉阶段。因此,晋州市人民检察院、晋州市人民法院应为本案的共同赔偿义务机关。

三、由于付华良在2002年违法侵权行为被依法确认后没有及时获得救济,至2007年其依据桥西区人民法院宣告无罪的生效判决再次申请国家赔偿,符合《国家赔偿法》第三十二条关于请求国家赔偿的时效规定。根据《国家赔偿法》第二十六条和最高人民法院《关于人民法院执行〈中华人民共和国国家赔偿法〉几个问题的解释》第六条的规定,本案应按作出决定时国家上年度职工日平均工资标准计算赔偿金的规定作出赔偿决定。

此复。

最高人民法院关于一审判处死缓,抗诉后二审改判死刑,经复核发回重审后宣告无罪的,如何确定赔偿义务机关问题的复函

(2008年4月18日 〔2007〕赔他字第8号)

河北省高级人民法院:

你院2007年12月22日(2007)冀法委赔他字第1号《关于对韩永亮错捕错判申请国家赔偿案如何确定赔偿义务机关问题的请示》收悉。经研究,答复如下:

赔偿请求人韩永亮被石家庄市中级人民法院一审判处死缓,河北省高级人民法院二审改判为死刑。最高人民法院复核后以事实不清,撤销了一、二审判决,发回石家庄市中级人民法院重审。案经石家庄市中级人民法院重审后宣告韩永亮无罪,河北省高级人民法院二审予以维持。韩永亮虽经四次被判决有罪,但判决均未生效。根据《国家赔偿法》第十九条第一款、第四款的规定以及最高人民法院、最高人民检察院《关于适用〈关于办理人民法院、人民检察院共同赔偿案件若干问题的解释〉有关问题的答复》的规定,本案共同赔偿义务机关应为原作出一审判决的石家庄市中级人民法院和提起公诉的石家庄市人民检察院。

此复。

最高人民法院关于一审判处死缓，抗诉后二审改判死刑，经复核发回重审后宣告无罪的，如何确定赔偿义务机关问题的复函

（2006 年 3 月 27 日 〔2005〕赔他字第 2 号）

辽宁省高级人民法院：

你院 2005 年 6 月 2 日（2005）辽法赔字第 1 号《关于赔偿请求人韩冰申请国家赔偿案赔偿义务机关如何确定问题的请示》收悉。经研究，答复如下：

本案赔偿请求人韩冰一审被判处死缓，抗诉后二审改判为死刑。最高人民法院复核以事实不清发回一审重审。一审宣告无罪，抗诉后二审予以维持。韩冰虽经两次被判决有罪，但判决均未生效。根据《国家赔偿法》第十九条第四款规定的精神，本案应由原作出一审判决的沈阳市中级人民法院与提起公诉的沈阳市人民检察院作为共同赔偿义务机关。

此复。

最高人民法院赔偿委员会关于二审改判无罪作出一审判决的人民法院和作出逮捕决定的机关是共同赔偿义务机关的批复

（2000 年 4 月 29 日 〔2000〕赔他字第 4 号）

内蒙古自治区高级人民法院：

你院〔2000〕内法委字第 1 号《关于阿拉善左旗人民法院对王雄德申请国家赔偿一案是否承担赔偿责任的请示》收悉。经研究，答复如下：

同意你院请示中的第一种意见。即：根据《中华人民共和国国家赔偿法》第十九条第四款的规定，二审改判无罪的，作出一审判决的人民法院和作出逮捕决定的机关是共同赔偿义务机关。因此，阿拉善左旗人民法院和阿拉善左旗人民检察院应为本案的共同赔偿义务机关。

此复。

最高人民法院赔偿委员会关于国家赔偿不应扣除已补发工资的批复

（2000 年 1 月 10 日 〔1999〕赔他字第 23 号）

宁夏回族自治区高级人民法院：

你院 1999 年 7 月 6 日〔1999〕宁高法赔他字第 3 号《关于蒋广秀申请国家赔偿一案的请示》收悉。经研究，答复如下：

国家赔偿与单位补发工资性质不同，前者是法律赋予公民的权利，后者是一种善后工作，不能

相互混淆。根据《中华人民共和国国家赔偿法》的规定，公民因被侦查、检察、审判机关错拘、错捕、错判而限制人身自由的，无论其所在单位补发工资与否，该公民有权申请并依照法律规定获得国家赔偿。本案固原县人民法院、固原县人民检察院应当承担全部共同赔偿义务，蒋广秀补发的工资不应扣除。

此复。

最高人民法院关于一审判决有罪，二审发回重审一审退补后，公诉机关作出不起诉决定的，应如何确定赔偿义务机关问题的答复

（1999年8月27日 〔1999〕赔他字第13号）

黑龙江省高级人民法院：

你院1999年4月19日〔1999〕黑法委赔批字第1号《关于朱宝军一审被判有罪二审发回重审一审退补后公诉机关作出不起诉决定赔偿义务机关应如何确定的请示》收悉。经研究，答复如下：

同意你院第二种意见，即根据《中华人民共和国国家赔偿法》第十九条第四款、第十五条第（二）项的规定，大庆市中级人民法院与大庆市人民检察院作为共同赔偿义务机关。

此复。

最高人民法院对人民法院、人民检察院分别侵犯赔偿请求人人身权、财产权的，如何确定赔偿义务机关问题的答复

（1999年8月27日 〔1998〕赔他字第18号）

陕西省高级人民法院：

你院1998年11月27日〔1998〕法委赔字第08号《关于王惠琴申请赔偿一案的请示》收悉。经研究，答复如下：

莲湖区人民检察院1992年3月扣押赔偿请求人王惠琴财产，并对其采取取保候审，赔偿请求人王惠琴被逮捕羁押是莲湖区人民法院1996年12月作出的决定。因此，1997年6月西安市中级人民法院二审宣告王惠琴无罪后，对侵犯赔偿请求人王惠琴人身自由权部分，应由莲湖区人民法院承担赔偿责任。对侵犯赔偿请求人王惠琴财产权部分，应由莲湖区人民法院和莲湖区人民检察院共同赔偿。

此复。

最高人民法院关于一审判决有罪，二审发回重审后一审改判无罪，如何确定赔偿义务机关问题的答复

（1998年9月2日 〔1998〕赔他字第5号）

河南省高级人民法院：

你院1998年2月16日〔1998〕豫法赔字第01号《关于一审判决有罪二审发回重审后一审又改判无罪的赔偿义务机关如何确定的请示》收悉。经本院赔偿委员会研究决定：

刑事诉讼的被告人一审被判有罪，二审发回重审后一审又改判无罪的，一审人民法院和提起公诉的人民检察院为共同赔偿义务机关。

此复。

最高人民法院关于无罪羁押致人身伤害如何适用法律问题的答复

（1998年9月2日 〔1997〕赔他字第13号）

吉林省高级人民法院：

你院1997年11月28日《关于如何处理赵华申请刑事赔偿案件的请示》收悉。经我院赔偿委员会研究认为：

赵华无罪被羁押并导致精神分裂的人身伤害，对此损害后果均应由国家承担赔偿责任。永吉县人民检察院和永吉县人民法院应为此案侵害人身自由权和健康权的共同赔偿义务机关。将永吉县公安局列为赔偿义务机关均缺乏法律依据。但永吉县公安局对此案也负有重要责任，虽不由其承担赔偿义务，但应吸取教训，改进工作，可由你院向其上级机关提出司法建议。

此复。

最高人民法院赔偿委员会关于一审判决有罪二审改判无罪的赔偿案件如何适用法律问题的复函

（1997年1月29日 〔1997〕法函14号）

陕西省高级人民法院：

你院〔1996〕法赔字04号请示收悉。经研究，答复如下：

《国家赔偿法》第十五条第（二）项的规定应当包括人民法院一审判决有罪，二审改判无罪的情形，因为此种情形即是错误逮捕引起的，经一审法院错误裁判确认的。因此，一审判决有罪，二审改判无罪的赔偿案件，依法应予以赔偿的，应当适用《国家赔偿法》第十五条第（二）项和第十九条第四款的规定，即作出一审判决的人民法院和作出逮捕决定的机关为共同赔偿义务机关。

(4)再审改判无罪

最高人民法院关于再审改判无罪后检察机关抗诉致案件又经再审应如何计算国家赔偿申请时效的答复

(2009年4月28日 〔2009〕赔他字第1号)

青海省高级人民法院：

你院2009年3月19日青法委赔他字(2009)01号《关于任方明申请西宁市中级人民法院再审改判无罪赔偿一案的请示》收悉。经研究，答复如下：

本案赔偿请求人任方明申请国家赔偿不存在《中华人民共和国国家赔偿法》第三十二条第二款规定的时效中止情形。你院1999年11月12日作出(1999)青刑再字第5号刑事判决宣告任方明无罪后，因检察机关提出抗诉意见，你院2003年4月3日再次决定对该案进行再审，于2005年8月30日作出(2003)青刑再字第3号刑事裁定，维持了你院(1999)青刑再字第5号刑事判决。为此，任方明于2007年8月22日向青海省西宁市中级人民法院申请国家赔偿，其请求国家赔偿的时效应以收到你院(2003)青刑再字第3号刑事裁定书的时间起算。

此复。

最高人民法院关于赔偿请求人具有情节显著轻微、危害不大，不认为是犯罪的情形，国家不承担赔偿责任的答复

(2008年12月31日 〔2008〕赔他字第3号)

海南省高级人民法院赔偿委员会：

你院(2008)琼赔复字第1号请示收悉。经我院赔偿委员会研究，答复如下：

你院请示的刘永丁申请国家赔偿案中并不存在数罪并罚案件再审改判后部分罪名宣告无罪的情形。刘永丁盗窃变压器的行为虽未被定罪处罚，但其因此所受的羁押属于《中华人民共和国刑事诉讼法》第十五条第(一)项规定的情形，根据《中华人民共和国国家赔偿法》第十七条第(三)项的规定，对刘永丁申请国家赔偿的请求，国家不承担赔偿责任。

最高人民法院关于对“判决确定前被羁押的日期依法不予赔偿”中“判决确定”应如何理解等问题的答复

(2007年12月27日 〔2007〕赔他字第3号)

山东省高级人民法院：

你院2007年4月6日(2007)鲁法委赔他字第1号《关于“判决确定前被羁押的日期依法不予赔偿”之“判决确定”如何理解及赔偿义务机关出具的通知能否视为其作出的赔偿决定的请示》收

悉。经研究,答复如下:

一、《最高人民法院关于人民法院执行〈中华人民共和国国家赔偿法〉几个问题的解释》第一条关于"判决确定前被羁押的日期依法不予赔偿"中的"判决确定"是指判决生效。判决生效之前被羁押的日期属合法审查期限,国家不予赔偿;生效判决之后刑罚已执行的部分国家应当承担赔偿责任。陈东义申请国家赔偿案生效判决应为二审判决,即菏泽市中级人民法院(2002)菏刑二终字第8号刑事判决。赔偿请求人陈东义二审判决前被羁押的不予赔偿,二审判决生效之后被羁押的,应予赔偿。

二、根据《国家赔偿法》第二十二条和《国家赔偿费用管理办法》第八条的规定,赔偿义务机关依法应予赔偿的案件,应当作出赔偿决定。赔偿义务机关申请核拨国家赔偿费用或者申请返还已经上交财政的财产,所依据的主要法律文书是赔偿义务机关或者赔偿委员会作出的赔偿决定。《通知》不具有给付国家赔偿的法律效力。因此,赔偿请求人申请人民法院赔偿的案件,人民法院作为赔偿义务机关应当依法作出是否赔偿的决定。

此复。

最高人民法院关于轻罪重判不属于国家赔偿范围的答复

(2006年3月30日 〔2005〕赔他字第7号)

吉林省高级人民法院:

你院2005年9月15日(2005)吉高法委赔字第5号《关于曲伟再审改判无罪赔偿案件的请示》收悉。经研究,答复如下:

曲伟经再审由绑架罪改为非法拘禁罪,致使其多服刑三年零七个月,此种情形不符合《国家赔偿法》第十五条第(三)项之规定。同意你院审委会倾向性意见,曲伟的赔偿请求不属于国家赔偿范围。

此复。

最高人民法院关于定期存款利息能否按直接损失予以赔偿的答复

(2006年3月30日 〔2004〕赔他字第10号)

山西省高级人民法院:

你院2004年8月25日以(2004)晋委赔字第2号《关于定期存款利息能否以直接损失予以赔偿的请示》收悉。经我院赔偿委员会研究,答复如下:

1.《国家赔偿法》实行的是法定赔偿原则,存款利息能否予以赔偿,《国家赔偿法》未作规定。故对提前支取定期存款的利息给予赔偿,缺少法律依据。

2.根据《国家赔偿法》第三十五条和最高人民法院《关于〈中华人民共和国国家赔偿法〉溯及力和人民法院赔偿委员会受案范围问题的批复》第一条的规定,该案没有溯及力,不适用《国家赔偿法》。

此复。

最高人民法院关于因情节显著轻微,危害不大,不认为是犯罪的人经再审改判无罪且原判刑罚已经执行,如何适用法律问题的答复

(2005 年 7 月 13 日 〔2004〕赔他字第 14 号)

广西壮族自治区高级人民法院:

你院 2004 年 12 月 8 日(2004)桂法委赔监字第 14 号《关于适用最高人民法院对涉爆案件处理的两个司法解释,在刑罚执行期间再审改判无罪是否属于国家赔偿范围的请示》收悉,经研究,答复如下:

一、全州县人民法院再审判决根据后颁布的相关司法解释的规定,宣告阎俊魁无罪,因原判刑罚已经执行,阎俊魁依法有申请国家赔偿的权利。全州县人民法院虽“没有违法行使职权”,但《国家赔偿法》在刑事赔偿中适用的不是单一的违法归责原则,《国家赔偿法》第十五条第(三)项是从经“再审改判无罪,原判刑罚已经执行”这种结果的角度作出规定的,确定错判的赔偿责任的依据,并不是司法机关及其工作人员的行为违法,即只要被刑事追究的人最终被司法机关作无罪处理,国家就应给予赔偿,而并不以司法机关是否存在违反法律规定的行为为条件。

二、根据本院《关于人民法院执行〈中华人民共和国国家赔偿法〉几个问题的解释》第一条的规定,本案再审改判无罪的判决,依法确认了阎俊魁违反国家法律规定,非法买卖爆炸物的事实,只是因情节显著轻微危害不大,依照《刑法》的规定不认为是犯罪,属于《国家赔偿法》第十七条第(三)项规定“不追究刑事责任的人被羁押的”情形,阎俊魁在判决确定之前被羁押的日期依法不予赔偿。因此,阎俊魁虽被限制人身自由 272 天,但只有在判决生效后被限制人身自由的 122 天,可以获得国家赔偿。

此复。

最高人民法院赔偿委员会关于补发工资后仍需进行国家赔偿的批复

(2000 年 1 月 10 日 〔1999〕赔他字第 20 号)

陕西省高级人民法院:

你院 1999 年 6 月 10 日〔1999〕陕高法委赔字第 6 号《关于王至诚申请赔偿案的请示》收悉。经研究,答复如下:

根据《中华人民共和国国家赔偿法》的规定,公民因被侦查、检察、审判机关错拘、错捕、错判而错误限制人身自由的,该公民有权申请并依照法律规定获得赔偿。国家赔偿与单位补发工资性质不同,不能相互混淆。不能基于单位已经补发工资就剥夺该公民依法获得的申请并取得国家赔偿的权利。本案王至诚于 1995 年 1 月 1 日以前被错误羁押的部分,根据以前的规定已经补发工资,国家不承担赔偿义务;其于 1995 年 1 月 1 日以后被错误羁押的部分虽也已补发了工资,但不影响其申请并依照法律规定获得国家赔偿。

此复。

最高人民法院关于假释期间国家不承担赔偿责任的答复

（1998 年 3 月 11 日 〔1997〕赔他字第 14 号）

陕西省高级人民法院：

你院 1997 年 10 月 30 日〔1997〕法赔字第 08 号《关于孙赤兵申请国家赔偿一案的请示》收悉。经研究，答复如下：

对被判处有期徒刑、无期徒刑的被告人依法予以释放，属于附条件的提前释放，虽然人身自由受到一定限制，但实际未被羁押。因此，对孙赤兵在假释期间，国家不承担赔偿责任。

最高人民法院赔偿委员会关于保外就医期间国家不承担赔偿责任的批复

（1998 年 3 月 11 日 〔1997〕赔他字第 10 号）

广东省高级人民法院：

你院 1997 年 7 月 22 日〔1997〕粤法赔字第 1 号《关于赔偿请求人在刑罚执行期间保外就医是否属国家赔偿范围问题的请示》收悉。经研究，答复如下：

被判处有期徒刑、无期徒刑的犯罪分子，在刑罚执行中保外就医期间，虽然人身自由受到一定限制，但实际上未被羁押。因此，对赔偿请求人朱海在保外就医期间国家不承担赔偿责任。

此复。

最高人民法院关于原判数罪中个罪被改判无罪且该罪刑罚已执行如何适用法律问题的答复

（1996 年 8 月 1 日 法赔复〔1996〕1 号）

福建省高级人民法院赔偿委员会：

你院〔1995〕闽赔字第 1 号《关于郑传振申请国家赔偿一案的请示》收悉。经研究，答复如下：

一、你院 1995 年 3 月 15 日〔1995〕闽刑再终字第 5 号刑事判决，维持了对郑传振投机倒把罪判处有期徒刑 1 年的部分，撤销了对郑传振盗窃罪判处有期徒刑 7 年的部分。虽不属于全案宣告无罪，但再审撤销盗窃罪不是因为情节显著轻微，而是因为事实不清、证据不足，盗窃罪不能成立，不属于《国家赔偿法》第十七条规定的国家免责情形。《国家赔偿法》第十五条第（三）项的规定：依照审判监督程序再审改判无罪，原判刑罚已经执行的，受害人有取得赔偿的权利。这一规定应理解为是针对具体个罪而言的。郑传振盗窃罪被撤销，其盗窃罪已执行的刑罚，依法有取得国家赔偿的权利。因此，本案属于国家赔偿的范围。

二、郑传振因盗窃罪被错判，羁押至 1995 年 4 月 24 日，应视为侵权行为持续至 1995 年 1 月 1 日以后。根据最高人民法院法复〔1995〕1 号《关于〈中华人民共和国国家赔偿法〉溯及力和人民法院赔偿委员会受案范围问题的批复》的规定，对1995年1月1日以后羁押的部分按《国家赔偿法》的规定予以赔偿；对《国家赔偿法》实施之前羁押的部分，适用当时的规定予以赔偿，当时没有规定的，参照《国家赔偿法》的规定予以赔偿。

此复。

(5)刑讯逼供致人死亡

最高人民法院关于国家赔偿法第十五条第(四)项规定中的"造成"如何理解问题的答复

(1999年8月25日 〔1999〕赔他字第2号)

广东省高级人民法院：

你院1999年1月26日〔1998〕粤法赔复字第4号《关于黄彩华申请连平县公安局刑事赔偿一案的请示》收悉。经研究，答复如下：

《国家赔偿法》第十五条第(四)项以及第二十七条的规定中使用的是"造成"身体伤害或者死亡的表述方法，这与致人伤害或死亡是有区别的。"造成"应当理解为只要实施了法律规定的违法侵权行为，并产生了"伤害或者死亡"的后果，就应当适用《国家赔偿法》第十五条第(四)项的规定。本案应由广东省连平县公安局依照《国家赔偿法》第十五条第(四)项、第二十七条第一款第(三)项之规定，履行对造成韦月新死亡后果的赔偿义务。

此复。

(6)使用暴力、唆使他人使用暴力致人伤亡

最高人民法院关于赔偿请求人已获补偿金后仍有权申请国家赔偿问题的答复

(2008年12月25日 〔2008〕赔他字第7号)

湖北省高级人民法院：

你院2007年12月14日鄂高法(2007)588号《关于冯超申请赔偿一案的请示》收悉。经研究，答复如下：

赔偿请求人冯超以其在监狱服刑期间受监管人员殴打、体罚、虐待致残为由，提出国家赔偿的申请，符合《国家赔偿法》第二条、第十五条第(四)项的规定，其依法享有申请国家赔偿的权利。冯超通过与致害民警签订的补偿协议和刑事附带民事诉讼取得的27.6万元补偿金，与国家赔偿是有区别的，不能因赔偿请求人已获得补偿而剥夺其享有申请国家赔偿的权利。同意你院第二种处理意见，冯超提出国家赔偿的申请，应进入国家赔偿程序进行审理。

最高人民法院关于国家赔偿法第二十七条规定如何理解问题的答复

(2006年12月26日 〔2006〕赔他字第4号)

河北省高级人民法院:

你院2006年6月15日(2006)冀法委赔他字第1号《关于冷则敏、陈玉环、王迪因河北省承德监狱干警使用暴力致人死亡请求国家赔偿一案适用法律的请示》收悉。经研究,答复如下:

1. 对国家赔偿法第二十七条规定的“上年度”应与第二十六条规定的上年度作同一理解,即应为赔偿义务机关、复议机关或者人民法院赔偿委员会作出赔偿决定时的上年度。

2. 国家赔偿法第二十七条“对死者生前扶养的无劳动能力的人,还应当支付生活费”的规定,应当理解为:被扶养人丧失了劳动能力又无其他生活来源,因扶养人死亡导致被扶养人生活无着,由国家按照被扶养人当地生活救济标准对其支付生活费。本案冷则敏有其他生活来源(退休金),其不属于国家赔偿法第二十七条规定的情形。

3. 关于生活费标准的问题,同意你院请示中的第二种意见,即应按照赔偿请求人生活地的标准,同时应参照赔偿法上年度的有关规定,按作出决定时的上年度的当地标准予以支付。

此复。

最高人民法院关于国家赔偿法第十五条第(四)项规定的“唆使他人以殴打等暴力行为”如何理解问题的答复

(2000年3月6日 〔1999〕赔他字第27号)

黑龙江省高级人民法院:

你院1999年8月25日(1999)黑法委赔批字第3号《关于张坤、邢静怡申请佳木斯监狱工作人员使用暴力造成邢坤死亡赔偿一案的请示》收悉。经研究,答复如下:

佳木斯监狱集训大队教导员乔万仁在带班过程中对邢坤采取的行为,属于职权行为。乔万仁对王小东、曲云鹏殴打邢坤的行为不加制止,且亲自实施殴打行为并指使王小东等人将邢坤吊起来,在邢坤继续遭殴打时采取放任、纵容态度,致使邢坤死亡,这种行为符合《中华人民共和国国家赔偿法》第十五条第(四)项、司法部1995年9月8日《司法行政机关行政赔偿、刑事赔偿办法》第五条的规定,故同意你院赔偿委员会第一种意见,佳木斯监狱应当承担赔偿责任。

此复。

最高人民法院关于看守所民警实施体罚造成受害人死亡，如何适用法律问题的答复

（1999年12月27日 〔1999〕赔他字第17号）

陕西省高级人民法院赔偿委员会：

你院1999年4月26日（1999）陕高法委赔字第02号《关于赵英武、姚兰英申请赔偿一案的请示》收悉。经研究，答复如下：

受害人赵军生前虽患冠心病，但看守所民警对其实施体罚是造成其死亡的直接原因，根据《国家赔偿法》第十五条第（四）项和第二十七条第（三）项的规定，赔偿义务机关潼关县公安局应承担全部赔偿责任。对姚兰英生活费的赔偿，应是在赵英武、姚兰英夫妻双方收入低于当地最低生活标准的差额部分中考虑，差额部分应由姚兰英子女共同负担，受害人赵军按比例负担的生活费，由赔偿义务机关潼关县公安局承担赔偿责任。受害人赵军之妻及其三个未成年子女依法享有赔偿主体资格，在作出赔偿决定前，应告知赵军之妻及三个子女有获得赔偿和未成年人生活费的权利。

此复。

最高人民法院赔偿委员会关于法院工作人员在执行公务中造成他人身体伤害国家应当承担赔偿责任的批复

（1997年1月31日 〔1996〕法赔他字第3号）

海南省高级人民法院赔偿委员会：

你院《关于王栋伤害案经济赔偿处理意见的请示》收悉。经研究，答复如下：

王栋作为人民法院工作人员在执行公务时违法使用暴力造成他人身体伤害，依照《中华人民共和国国家赔偿法》第十五条第（四）项和第二十四条的规定，由国家承担赔偿责任。作为赔偿义务机关的人民法院在赔偿损失后，应当根据具体情况向王栋追偿赔偿费用。

（7）违法使用武器、警械致人伤亡

最高人民法院关于赔偿请求人主体资格的确定及赔偿金的分割等问题的答复

（1996年10月28日 法赔复〔1996〕2号）

吉林省高级人民法院赔偿委员会：

你院《关于如何处理石晓丽等5人请求赔偿案件的请示》收悉。经研究，答复如下：

根据《国家赔偿法》第六条第二款的规定，石晓丽等5位赔偿请求人都享有申请国家赔偿的权利，各自都应获得一部分赔偿金。赔偿金不应按份额平均分割，考虑到受害人崔洪福及其妻已与父

母分家,子女尚小等因素,在作出赔偿决定时,应适当照顾未成年人的利益,并应就赔偿请求人各自获得的赔偿金额直接作出决定。

同意你院请示中的其他意见。

(8)刑事违法查封、扣押、冻结、追缴

最高人民法院关于公安机关工作人员利用职权违法追缴财产,其所在机关应承担国家赔偿责任的答复

(2008年12月15日 〔2008〕赔他字第2号)

海南省高级人民法院:

你院2008年1月14日(2005)琼法委赔字第2号《关于刘姣鸿申请海口市公安局返还追缴财产赔偿一案的请示》收悉,经研究,答复如下:

海口市龙华区人民法院(2005)龙刑重字第2号刑事判决书和海口市中级人民法院(2005)海中法刑终字第89号刑事裁定书均依法确认了赵柏军的身份是公安民警。其利用职务之便,滥用侦查职权,插手经济纠纷,对涉案财产违法采取了追缴的措施,致使他人遭受重大经济损失,构成滥用职权罪。本案从当事人报案,赵柏军带领公安民警出警,到追缴财产的地点及过程,均证明赵柏军的行为属于职务行为,符合国家赔偿法规定的违法追缴财产情形,根据《中华人民共和国国家赔偿法》第十六条第(一)项、第二十条第一款的规定,我院同意你院赔偿委员会的多数意见,海口市公安局应承担其工作人员违法行使职权造成损失的赔偿义务。

此复。

最高人民法院关于公安机关作出没收决定应视为具体行政行为,不属于刑事赔偿范围的答复

(2003年7月18日 〔2002〕赔他字第11号)

山西省高级人民法院:

你院2002年11月15日以晋法委赔字〔2002〕4号《关于蒋桂通申请刑事违法扣押赔偿》一案的请示收悉。经研究,答复如下:

运城市公安局对蒋桂通作出撤销案件决定,即是对侵犯蒋桂通人身权的确认。根据《刑事诉讼法》的规定,公安机关对刑事案件的涉案财物无决定没收的职权,运城市公安局对蒋桂通黄金饰品作出没收决定应视为具体行政行为,不属于刑事赔偿调整范围。蒋桂通提出国家赔偿请求,你院将该案进入刑事赔偿案件程序错误。

此复。

最高人民法院关于扣押企业法人代表的个人财产用于补缴该企业税款的，赔偿义务机关应赔偿其个人财产损失的答复

（2000年1月30日 〔1999〕赔他字第26号）

宁夏回族自治区高级人民法院：

你院1999年7月20日《关于马骏申请国家赔偿一案的请示》报告收悉。经研究，答复如下：

青铜峡市液化气公司是否构成漏税应由税务部门进行审查，即使构成漏税也应由该公司承担补缴税款的责任，马骏虽为该公司的企业法人代表，但补缴漏税款不应由其个人承担。银南地区中级人民法院赔偿委员会〔1998〕南法委赔字第1号决定由赔偿义务机关赔偿因扣押马骏的个人财产损失20341元是正确的，应予维持。

此复。

最高人民法院关于如何理解侵犯财产权行为持续问题的答复

（1998年3月11日 〔1996〕赔他字第4号）

浙江省高级人民法院：

你院1996年10月31日《关于邱路光申请国家赔偿一案的请示》收悉。经研究，答复如下：

赔偿请求人邱路光被侵犯人身权的行为发生在1994年12月31日以前，根据《国家赔偿法》的有关规定，不适用《国家赔偿法》。被侵犯财产权的行为虽发生在1994年12月31日以前，但检察机关扣押、追缴其财产持续至1995年1月1日以后，是侵权行为的持续，应当适用《国家赔偿法》。另外，邱路光与三门公司之间的财物所有权纠纷可通过民事诉讼解决。

(9)其　他

最高人民法院关于秦秀峰申请重审无罪赔偿一案的答复

（2013年6月6日 〔2013〕赔他字第5号）

青海省高级人民法院：

你院2013年4月16日〔2013〕青法委赔他字1号《关于秦秀峰申请重审无罪赔偿一案的请示》收悉。

经研究认为，公民自己故意作虚伪供述是指其为欺骗、误导司法机关，或者有意替他人承担责任而主动作与事实不符的供述等情形；是否存在上述情形，应由赔偿义务机关负举证责任。本案是否符合上述情形之一种，由你院根据本案事实予以认定。

最高人民检察院刑事赔偿工作办公室关于人民检察院作为赔偿义务机关应当执行人民法院赔偿委员会决定的答复

（2002 年 7 月 22 日）

北京市人民检察院刑事赔偿工作办公室：

你院京检刑赔发[2002]号《关于张俊贤申请刑事赔偿案的请示》收悉。经高检院第九届第一百零七次检察委员会研究，答复如下：

张俊贤申请刑事赔偿一案，2001 年 12 月 18 日北京市高级人民法院赔偿委员会已作出给予赔偿的决定，根据《国家赔偿法》第二十三条的规定，赔偿义务机关北京市人民检察院第一分院应当执行法院赔偿委员会的决定。

此复。

最高人民检察院刑事赔偿工作办公室关于人民检察院对人民法院终审裁定抗诉的，应视为时效中断，请求赔偿的时效应当从驳回抗诉、维持原判之日起计算的答复

（2001 年 8 月 9 日）

江西省人民检察院刑事赔偿工作办公室：

你院赣检刑赔请字〔2001〕1 号《关于吴菊梅申请刑事赔偿一案时效问题的请示》收悉。经研究，答复如下：

根据《国家赔偿法》第三十二条的规定，刑事赔偿的时效从国家机关及其工作人员行使职权的行为被依法确认为违法之日起计算。在赔偿请求人请求赔偿的法定时效内，人民检察院对人民法院的终审裁定抗诉的，应视为时效中断。中断事由消失后，时效应当重新计算。因此，吴菊梅请求赔偿案的时效应当从江西省高级人民法院裁定驳回抗诉，维持原判之日，即 1999 年 9 月 10 日起计算。吴菊梅 2001 年 6 月 6 日提出刑事赔偿请求，没有超过法定的请求赔偿的时效。

此复。

最高人民检察院刑事赔偿工作办公室关于精神损失、上访费用等应否赔偿问题的答复

（2001 年 6 月 5 日）

山西省人民检察院刑事赔偿工作办公室：

你院(2001)晋检刑赔字第 10 号《关于郭新虎申请赔偿一案有关问题的请示》收悉。经研究，答复如下：

一、检察机关对郭新虎的刑事拘留发生在1995年1月1日之前，不适用《国家赔偿法》。

二、郭新虎在民间借款1.8万元，并约定月息5分，属高利借贷。民间的高利借贷不受法律保护，借款利息不应予以返还。

三、精神损失、上访费用不应予以赔偿。应当查明郭新虎的身体伤害是否系检察机关违法行使职权的行为造成，以决定医疗费用的赔偿。

此复。

最高人民检察院刑事赔偿工作办公室关于司法鉴定费应否赔偿问题的答复

（2000年12月15日）

山西省人民检察院：

你省（2000）晋检刑赔第9号《关于对李跃利申请赔偿司法鉴定费一案的请示》收悉，现答复如下：

按照《国家赔偿法》第十六条、第二十八条的规定，司法机关及其工作人员行使职权侵犯公民、法人和其他组织的财产权造成的损害，按直接损失给予赔偿。《国家赔偿法》未规定侵犯人身自由权引起的财产损害的赔偿。赔偿请求人李跃利支出的司法鉴定费，不属于检察机关或者检察人员行使职权侵犯其财产权引起的财产损失，不应赔偿。

此复。

最高人民检察院刑事赔偿工作办公室关于为交纳扣押款发生的借款利息应否赔偿问题的答复

（2000年9月27日）

江苏省人民检察院刑事赔偿工作办公室：

你院刑赔发（2000）第4号《关于刘祝山申请赔偿案中用于交纳扣押款的借款利息是否予以赔偿的请示》收悉，经研究，答复如下：

根据《国家赔偿法》第二十八条第（七）项的规定，对财产权造成其他损失的，按照直接损失给予赔偿。此案中，检察机关的扣押行为，并不必然引起刘祝山的亲属为交纳扣押款而借款并支付利息。刘祝山的利息损失与检察机关的扣押行为没有直接的因果关系，其借款利息属间接损失。据此，扣押现金均不应返还利息，检察机关对刘祝山的借款利息依法不承担赔偿责任。

此复。

最高人民检察院刑事赔偿工作办公室关于律师诉讼费、交通费、住宿费不属于直接损失的答复

（2000 年 1 月 18 日）

甘肃省人民检察院：

你省甘检发控字(1997)第 12 号《周福林刑事赔偿一案的请示》收悉，现答复如下：

根据《国家赔偿法》第二十八条第（七）项的规定，刑事赔偿中对财产权造成其他损害的，按照直接损失予以赔偿，赔偿请求人所支出的律师诉讼费、交通费、住宿费不属于直接损失的范围，不应予以赔偿。

此复。

2. 非刑事司法赔偿

(1)执　行

最高人民法院赔偿委员会办公室关于政府财政部门对人民法院作出的赔偿决定是否有审核权问题的电话答复

（2006 年 3 月 17 日　〔2005〕赔他字第 4 号）

黑龙江省高级人民法院：

你院 2004 年 10 月 28 日(2004)黑法委赔复字第 3 号《关于政府财政部门对法院作出的赔偿决定是否有审核权问题的请示》收悉。经研究，答复如下：

国务院《国家赔偿费用管理办法》仅规定了政府财政部门对行政赔偿的赔偿义务机关申请核拨赔偿费用可以进行实体审核，关于司法赔偿没有明确规定政府财政部门对人民法院作出的赔偿决定有审核权。根据《国家赔偿法》第二十九条和《国家赔偿费用管理办法》第四条、第八条、第九条、第十条和第十三条的规定，政府财政部门对人民法院作出赔偿决定后申请核拨赔偿费用的，对赔偿决定中赔偿金数额的计算方式有审核权，但不能对案件的实体进行审核。如果政府财政部门认为人民法院赔偿决定中赔偿方式不当，可以提请赔偿义务机关就赔偿方式重新审查。

此复。

最高人民法院赔偿委员会关于人民法院执行对象错误应当对所造成的损失承担国家赔偿责任的批复

（1998 年 12 月 30 日　〔1998〕赔他字第 13 号）

广西自治区高级人民法院：

你院1998年8月24日《关于广西藤县蒙江少雄船舶修造厂申请国家赔偿案如何适用法律问题的请示》收悉。经研究，答复如下：

本案虽然经中、高院审判委员会研究，均认为属错误执行案件，但从现有材料反映，本案未经法定确认程序，应当依法重新确认。在处理本案时应当考虑以下几点：

一、李宗文将尚不属于自己所有的油船壳作为还款保证，导致梧州市万秀区人民法院错误执行并将执行所得为其偿还债务，李宗文应当承担主要责任，应将法院拍卖油船为其还债的部分予以偿还（六十五万元）；梧州市万秀区人民法院将属于少雄船舶修造厂所有的油船壳作为李宗文的财产予以强制执行，属执行对象错误，应当对李宗文偿还债务之后给少雄船舶修造厂造成的其他直接损失承担赔偿责任（如酌情赔偿少雄船舶修造厂为建造该油船而定购的机器、设备等遭受的损失）。

二、梧州市万秀区人民法院将油船予以变卖的行为，事前有公告，并请物价部门根据实物作价，且高于物价部门作价价格卖出，并无违法。根据《国家赔偿法》第二十八条第（五）项的规定，油船价格应当以拍卖价格为准（六十五万元）。

此复。

最高人民法院赔偿委员会关于人民法院错误执行造成的直接财产损失应当承担国家赔偿责任的批复

（1998年8月10日　〔1998〕赔他字第8号）

四川省高级人民法院：

你院川高法〔1998〕60号《关于宋才永请求蒲江县、彭州市法院国家赔偿案有关法律问题的请示》收悉。经研究，答复如下：

一、蒲江县人民法院、彭州市人民法院在宋才永提出执行异议以及成都市农工商公司已表示保全财产不属该公司所有的情况下未严格审查，继续保全并执行，属执行对象错误，应当承担执行错误的主要责任。蒲江县中药材公司、彭州市中药材公司申请保全、执行对象错误，对错误执行应承担次要责任。蒲江县中药材公司、彭州市中药材公司与宋才永并无债权债务关系，获得中药材以及变卖的价款缺乏法律依据，应当予以返还。蒲江县人民法院、彭州市人民法院应对错误执行造成的直接损失部分（差价部分、霉变坏损部分）承担国家赔偿责任。

二、对已经被执行的财产估价，应当根据财产的质量、等级、当时当地市场价格等因素综合考虑。宋才永申请赔偿数额，却不能提供相关证据，故不应支持。

三、宋才永虽具有违反工商行政管理法规的行为，但该行为不影响其财产所有权。违反工商行政管理法规的行为应由工商行政管理部门依法查处，不应作为减轻国家赔偿的依据。

此复。

最高人民法院关于企业法人无力偿还债务时可否执行其分支机构财产问题的复函

（1991年4月2日　法（经）函〔1991〕38号）

辽宁省高级人民法院：

你院〔1990〕经执字第20号"关于企业法人无力偿还债务时，可否执行其分支机构财产的请示报告"收悉。经研究，答复如下：

据来文看，本案被执行人本溪化工塑料总厂（下称"总厂"）的管理体制、经营方式，在案件执行期间与案件审理期间相比，尽管发生了很大变化，但总厂与其分支机构的关系及各自的性质并未改变，总厂的经营活动仍由其分支机构的经营行为具体实现，分支机构经营管理的财产仍是总厂经营管理的财产或者属总厂所有的财产，仍为总厂对外承担民事责任的物质基础。因此，在总厂经济体制改革后，不应视其为无偿付能力。鉴于本案的具体情况，对总厂的债务，同意你院的意见，第二审法院可以裁定由总厂的分支机构负责偿还。

此复。

最高人民法院关于上级人民法院对下级人民法院生效判决、裁定，须发现确有错误，并作出了提审或者指令再审决定的，才可裁定中止执行的答复

（1985年7月9日　法（民）复〔1985〕41号）

山东省高级人民法院：

你院(85)鲁法民字第20号《关于执行审判监督程序中几个问题的请示》收悉。经研究，我们认为：

（一）上级人民法院对下级人民法院已经发生法律效力的判决、裁定，须发现确有错误，并作出了提审或者指令再审决定的，才可裁定中止执行。所以，上级人民法院对下级人民法院已经发生法律效力的判决、裁定，在调卷审查的过程中，如尚未发现确有错误，且未作出提审或者指令再审决定的，不得裁定中止执行。

（二）上级人民法院对下级人民法院已经发生法律效力的判决、裁定，发现确有错误，可作出提审或者指令下级人民法院再审的裁定。此裁定应包括中止执行的内容，由院长署名，并加盖人民法院印章。

（2）保全措施

最高人民法院赔偿委员会关于违法查封且未尽保管义务造成损害人民法院应当承担国家赔偿责任的批复

（2002年3月7日　〔2001〕赔他字第2号）

川省高级人民法院：

你院2001年2月5日〔2001〕川法委赔请字第01号《关于泸州汽车运输总公司、李平贵申请泸州市中级人民法院违法查封赔偿一案的请示报告》收悉。经研究，答复如下：

同意你院请示报告中的第二种意见。根据《中华人民共和国国家赔偿法》第二十八条第（五）项规定，泸州市中级人民法院违法查封且未尽妥善保管义务造成赔偿请求人的直接损失应以被查封汽车折旧后价值166980元减去该车最终变卖价格6万元的差价计算。

此复。

最高人民法院关于保管人违法动用、变卖人民法院已经查封的财产，致使财产无法执行的，国家不承担赔偿责任的答复

（1998年3月11日 〔1997〕赔他字第8号）

西藏自治区高级人民法院：

你院〔1997〕藏高法赔字第01号《关于拉萨市中级人民法院诉前保全措施不当引起的国家赔偿一案应如何处理的请示》收悉。经研究，答复如下：

党兴、唐国君申请诉前财产保全并提供相应价值的担保，拉萨市中级人民法院根据法律规定采取诉前财产保全措施并责令金敬土保管被查封的财产，均符合法律规定。该院得知金敬土擅自处理被查封的财产后，未采取措施予以制止是不对的，但财产无法执行的原因不是人民法院实施了违法行为，而是金敬土违法动用、变卖了人民法院已经查封的财产。依照《国家赔偿法》的有关规定，本案不属于国家赔偿范围。

此复。

（3）强制措施

最高人民法院研究室关于协助执行单位因不履行划拨义务被人民法院决定罚款后，既不履行划拨义务，也不履行罚款决定的，应如何处理问题的答复

（1993年9月27日）

湖南省高级人民法院：

你院湘高法研字（1993）第1号《关于对罚款决定书拒不执行应如何处理的请示》收悉。经研究，答复如下：

根据《中华人民共和国民事诉讼法》第一百零三条第一款第（二）项和第二款的规定，人民法院依据生效判决、裁定，通知有关银行协助执行划拨被告在银行的存款，而银行拒不划拨的，人民法院可对该银行或者其主要负责人或者直接责任人员予以罚款，并可向同级政府的监察机关或者有关机关提出给予纪律处分的司法建议。被处罚人拒不履行罚款决定的，人民法院可以根据《民事诉讼法》第二百三十一条的规定，予以强制执行。执行中，被处罚人如以暴力、威胁或者其他方法阻碍司法工作人员执行职务的，依照《民事诉讼法》第一百零二条第一款第（五）项、第二款规定，人民法院可对被处罚人或对有上述行为的被处罚单位的主要负责人或者直接责任人员予以罚款、拘留，构成犯罪的，依照刑法第一百五十七条的规定追究刑事责任。

人民法院在具体执行过程中，应首先注意向有关单位和人员宣传民事诉讼法的有关规定，多做说服教育工作，坚持文明执法、严肃执法。

◎ 指导案例

1. 朱红蔚申请无罪逮捕赔偿案①

【关键词】

国家赔偿　刑事赔偿　无罪逮捕　精神损害赔偿

【裁判要点】

1. 国家机关及其工作人员行使职权时侵犯公民人身自由权，严重影响受害人正常的工作、生活，导致其精神极度痛苦，属于造成精神损害严重后果。

2. 赔偿义务机关支付精神损害抚慰金的数额，应当根据侵权行为的手段、场合、方式等具体情节，侵权行为造成的影响、后果，以及当地平均生活水平等综合因素确定。

【相关法条】

《中华人民共和国国家赔偿法》第三十五条

【基本案情】

赔偿请求人朱红蔚申请称：检察机关的错误羁押致使其遭受了极大的物质损失和精神损害，申请最高人民法院赔偿委员会维持广东省人民检察院支付侵犯人身自由的赔偿金的决定，并决定由广东省人民检察院登报赔礼道歉、消除影响、恢复名誉，赔偿精神损害抚慰金200万元，赔付被扣押车辆、被拍卖房产等损失。

广东省人民检察院答辩称：朱红蔚被无罪羁押873天，广东省人民检察院依法决定支付侵犯人身自由的赔偿金124254.09元，已向朱红蔚当面道歉，并为帮助朱红蔚恢复经营走访了相关工商管理部门及向有关银行出具情况说明。广东省人民检察院未参与涉案车辆的扣押，不应对此承担赔偿责任。朱红蔚未能提供精神损害后果严重的证据，其要求支付精神损害抚慰金的请求不应予支持，其他请求不属于国家赔偿范围。

法院经审理查明：因涉嫌犯合同诈骗罪，朱红蔚于2005年7月25日被刑事拘留，同年8月26日被取保候审。2006年5月26日，广东省人民检察院以粤检侦监核〔2006〕4号复核决定书批准逮捕朱红蔚。同年6月1日，朱红蔚被执行逮捕。2008年9月11日，广东省深圳市中级人民法院以指控依据不足为由，判决宣告朱红蔚无罪。同月19日，朱红蔚被释放。朱红蔚被羁押时间共计875天。2011年3月15日，朱红蔚以无罪逮捕为由向广东省人民检察院申请国家赔偿。同年7月19日，广东省人民检察院作出粤检赔决〔2011〕1号刑事赔偿决定：按照2010年度全国职工日平均工资标准支付侵犯人身自由的赔偿金124254.09元（142.33元×873天）；口头赔礼道歉并依法在职能范围内为朱红蔚恢复生产提供方便；对支付精神损害抚慰金的请求不予支持。

另查明：(1)朱红蔚之女朱某某在朱红蔚被刑事拘留时未满18周岁，至2012年抑郁症仍未愈。(2)深圳一和实业有限公司自2004年由朱红蔚任董事长兼法定代表人，2005年以来未参加年检。(3)朱红蔚另案申请深圳市公安局赔偿被扣押车辆损失，广东省高级人民法院赔偿委员会以朱红蔚无证据证明其系车辆所有权人和受到实际损失为由，决定驳回朱红蔚赔偿申请。(4)2011年9月5日，广东省高级人民法院、广东省人民检察院、广东省公安厅联合发布粤高法〔2011〕382号《关于在国家赔偿工作中适用精神损害抚慰金若干问题的座谈会纪要》。该纪要发布后，广东省人民

① 案例来源：2014年12月24日最高人民法院关于发布第九批指导性案例的通知第42号。

检察院表示可据此支付精神损害抚慰金。

【裁判结果】

最高人民法院赔偿委员会于2012年6月18日作出(2011)法委赔字第4号国家赔偿决定:维持广东省人民检察院粤检赔决〔2011〕1号刑事赔偿决定第二项;撤销广东省人民检察院粤检赔决〔2011〕1号刑事赔偿决定第一、三项;广东省人民检察院向朱红蔚支付侵犯人身自由的赔偿金142318.75元;广东省人民检察院向朱红蔚支付精神损害抚慰金50000元;驳回朱红蔚的其他赔偿请求。

【裁判理由】

最高人民法院认为:赔偿请求人朱红蔚于2011年3月15日向赔偿义务机关广东省人民检察院提出赔偿请求,本案应适用修订后的《中华人民共和国国家赔偿法》。朱红蔚被实际羁押时间为875天,广东省人民检察院计算为873天有误,应予纠正。根据《最高人民法院关于人民法院执行〈中华人民共和国国家赔偿法〉几个问题的解释》第六条规定,赔偿委员会变更赔偿义务机关尚未生效的赔偿决定,应以作出本赔偿决定时的上年度即2011年度全国职工日平均工资162.65元为赔偿标准。因此,广东省人民检察院应按照2011年度全国职工日平均工资标准向朱红蔚支付侵犯人身自由875天的赔偿金142318.75元。朱红蔚被宣告无罪后,广东省人民检察院已决定向朱红蔚以口头方式赔礼道歉,并为其恢复生产提供方便,从而在侵权行为范围内为朱红蔚消除影响、恢复名誉,该项决定应予维持。朱红蔚另要求广东省人民检察院以登报方式赔礼道歉,不予支持。

朱红蔚被羁押875天,正常的家庭生活和公司经营也因此受到影响,导致其精神极度痛苦,应认定精神损害后果严重。对朱红蔚主张的精神损害抚慰金,根据自2005年朱红蔚被羁押以来深圳一和实业有限公司不能正常经营,朱红蔚之女患抑郁症未愈,以及粤高法〔2011〕382号《关于在国家赔偿工作中适用精神损害抚慰金若干问题的座谈会纪要》明确的广东省赔偿精神损害抚慰金的参考标准,结合赔偿协商协调情况以及当地平均生活水平等情况,确定为50000元。朱红蔚提出的其他请求,不予支持。

2. 国泰君安证券股份有限公司海口滨海大道(天福酒店)证券营业部申请错误执行赔偿案①

【关键词】

国家赔偿　司法赔偿　错误执行　执行回转

【裁判要点】

1. 赔偿请求人以人民法院具有《中华人民共和国国家赔偿法》第三十八条规定的违法侵权情形为由申请国家赔偿的,人民法院应就赔偿请求人诉称的司法行为是否违法,以及是否应当承担国家赔偿责任一并予以审查。

2. 人民法院审理执行异议案件,因原执行行为所依据的当事人执行和解协议侵犯案外人合法权益,对原执行行为裁定予以撤销,并将被执行财产回复至执行之前状态的,该撤销裁定及执行回转行为不属于《中华人民共和国国家赔偿法》第三十八条规定的执行错误。

【相关法条】

《中华人民共和国国家赔偿法》第三十八条

---

① 案例来源:2014年12月24日最高人民法院关于发布第九批指导性案例的通知第43号。

【基本案情】

赔偿请求人国泰君安证券股份有限公司海口滨海大道(天福酒店)证券营业部(以下简称国泰海口营业部)申请称:海南省高级人民法院(以下简称海南高院)在未依法对原生效判决以及该院(1999)琼高法执字第9-10、9-11、9-12、9-13号裁定(以下分别简称9-10、9-11、9-12、9-13号裁定)进行再审的情况下,作出(1999)琼高法执字第9-16号裁定(以下简称9-16号裁定),并据此执行回转,撤销原9-11、9-12、9-13号裁定,造成国泰海口营业部已合法取得的房产丧失,应予确认违法,并予以国家赔偿。

海南高院答辩称:该院9-16号裁定仅是纠正此前执行裁定的错误,并未改变原执行依据,无须经过审判监督程序。该院9-16号裁定及其执行回转行为,系在审查案外人执行异议成立的基础上,使争议房产回复至执行案件开始时的产权状态,该行为与国泰海口营业部经判决确定的债权,及其尚不明确的损失主张之间没有因果关系。国泰海口营业部赔偿请求不能成立,应予驳回。

法院经审理查明:1998年9月21日,海南高院就国泰海口营业部诉海南国际租赁有限公司(以下简称海南租赁公司)证券回购纠纷一案作出(1998)琼经初字第8号民事判决,判决海南租赁公司向国泰海口营业部支付证券回购款本金3620万元和该款截止到1997年11月30日的利息16362296元;海南租赁公司向国泰海口营业部支付证券回购款本金3620万元的利息,计息方法为:从1997年12月1日起至付清之日止按年息18%计付。

1998年12月,国泰海口营业部申请海南高院执行该判决。海南高院受理后,向海南租赁公司发出执行通知书并查明该公司无财产可供执行。海南租赁公司提出其对第三人海南中标物业发展有限公司(以下简称中标公司)享有到期债权。中标公司对此亦予以认可,并表示愿意以景瑞大厦部分房产直接抵偿给国泰海口营业部,以偿还其欠海南租赁公司的部分债务。海南高院遂于2000年6月13日作出9-10号裁定,查封景瑞大厦的部分房产,并于当日予以公告。同年6月29日,国泰海口营业部、海南租赁公司和中标公司共同签订《执行和解书》,约定海南租赁公司、中标公司以中标公司所有的景瑞大厦部分房产抵偿国泰海口营业部的债务。据此,海南高院于6月30日作出9-11号裁定,对和解协议予以认可。

在办理过户手续过程中,案外人海南发展银行清算组(以下简称海发行清算组)和海南创仁房地产有限公司(以下简称创仁公司)以海南高院9-11号裁定抵债的房产属其所有,该裁定损害其合法权益为由提出执行异议。海南高院审查后分别作出9-12号、9-13号裁定,驳回异议。2002年3月14日,国泰海口营业部依照9-11号裁定将上述抵债房产的产权办理变更登记至自己名下,并缴纳相关税费。海发行清算组、创仁公司申诉后,海南高院经再次审查认为:9-11号裁定将原金通城市信用社(后并入海南发展银行)向中标公司购买并已支付大部分价款的房产当作中标公司房产抵债给国泰海口营业部,损害了海发行清算组的利益,确属不当,海发行清算组的异议理由成立,创仁公司异议主张应通过诉讼程序解决。据此海南高院于2003年7月31日作出9-16号裁定,裁定撤销9-11号、9-12号、9-13号裁定,将原裁定抵债房产回转过户至执行前状态。

2004年12月18日,海口市中级人民法院(以下简称海口中院)对以海发行清算组为原告、中标公司为被告、创仁公司为第三人的房屋确权纠纷一案作出(2003)海中法民再字第37号民事判决,确认原抵债房产分属创仁公司和海发行清算组所有。该判决已发生法律效力。2005年6月,国泰海口营业部向海口市地方税务局申请退税,海口市地方税务局将契税退还国泰海口营业部。2006年8月4日,海南高院作出9-18号民事裁定,以海南租赁公司已被裁定破产还债,海南租赁公司清算组请求终结执行的理由成立为由,裁定终结(1998)琼经初字第8号民事判决的执行。

(1998)琼经初字第8号民事判决所涉债权,至2004年7月经协议转让给国泰君安投资管理股份有限公司(以下简称国泰投资公司)。2005年11月29日,海南租赁公司向海口中院申请破产清算。破产案件审理中,国泰投资公司向海南租赁公司管理人申报了包含(1998)琼经初字第8号民

司法赔偿

事判决确定债权在内的相关债权。2009 年 3 月 31 日,海口中院作出(2005)海中法破字第 4 - 350 号民事裁定,裁定终结破产清算程序,国泰投资公司债权未获得清偿。

2010 年 12 月 27 日,国泰海口营业部以海南高院 9 - 16 号裁定及其行为违法,并应予返还 9 - 11 号裁定抵债房产或赔偿相关损失为由向该院申请国家赔偿。2011 年 7 月 4 日,海南高院作出(2011)琼法赔字第 1 号赔偿决定,决定对国泰海口营业部的赔偿申请不予赔偿。国泰海口营业部对该决定不服,向最高人民法院赔偿委员会申请作出赔偿决定。

【裁判结果】

最高人民法院赔偿委员会于 2012 年 3 月 23 日作出 (2011)法委赔字第 3 号国家赔偿决定:维持海南省高级人民法院(2011)琼法赔字第 1 号赔偿决定。

【裁判理由】

最高人民法院认为:被执行人海南租赁公司没有清偿债务能力,因其对第三人中标公司享有到期债权,中标公司对此未提出异议并认可履行债务,中标公司隐瞒其与案外人已签订售房合同并收取大部分房款的事实,与国泰海口营业部及海南租赁公司三方达成《执行和解书》。海南高院据此作出 9 - 11 号裁定。但上述执行和解协议侵犯了案外人的合法权益,国泰海口营业部据此取得的争议房产产权不应受到法律保护。海南高院 9 - 16 号裁定系在执行程序中对案外人提出的执行异议审查成立的基础上,对原 9 - 11 号裁定予以撤销,将已被执行的争议房产回复至执行前状态。该裁定及其执行回转行为不违反法律规定,且经生效的海口中院(2003)海中法民再字第 37 号民事判决所认定的内容予以印证,其实体处理并无不当。国泰海口营业部债权未得以实现的实质在于海南租赁公司没有清偿债务的能力,国泰海口营业部及其债权受让人虽经破产债权申报,仍无法获得清偿,该债权未能实现与海南高院 9 - 16 号裁定及其执行行为之间无法律上的因果联系。因此,海南高院 9 - 16 号裁定及其执行回转行为,不属于《中华人民共和国国家赔偿法》及相关司法解释规定的执行错误情形。

3. 卜新光申请刑事违法追缴赔偿案①

【关键词】

国家赔偿　刑事赔偿　刑事追缴　发还赃物

【裁判要点】

公安机关根据人民法院生效刑事判决将判令追缴的赃物发还被害单位,并未侵犯赔偿请求人的合法权益,不属于《中华人民共和国国家赔偿法》第十八条第一项规定的情形,不应承担国家赔偿责任。

【相关法条】

《中华人民共和国国家赔偿法》第十八条

【基本案情】

赔偿请求人卜新光以安徽省公安厅皖公刑赔字〔2011〕01 号刑事赔偿决定、中华人民共和国公安部(以下简称公安部)公刑赔复字〔2011〕1 号刑事赔偿复议决定与事实不符,适用法律不当为由,向最高人民法院赔偿委员会提出赔偿申请,称安徽省公安厅越权处置经济纠纷,以其购买的"深坑村土地"抵偿银行欠款违法,提出安徽省公安厅赔偿经济损失 316.6 万元等赔偿请求。

法院经审理查明:赔偿请求人卜新光因涉嫌伪造公司印章罪、非法出具金融票证罪和挪用资金

① 案例来源:2014 年 12 月 24 日最高人民法院关于发布第九批指导性案例的通知第 44 号。

罪被安徽省公安厅立案侦查，于1999年9月5日被逮捕，捕前系深圳新晖实业发展有限责任公司（以下简称新晖公司）总经理。2001年11月20日，合肥市中级人民法院作出（2001）合刑初字第68号刑事判决，认定卜新光自1995年1月起承包经营安徽省信托投资公司深圳证券业务部（以下简称安信证券部）期间，未经安徽省信托投资公司（以下简称安信公司）授权，安排其聘用人员私自刻制、使用属于安信公司专有的公司印章，并用此假印章伪造安信公司法人授权委托书、法定代表人证明书及给深圳证券交易所的担保文书，获得了安信证券部的营业资格，其行为构成伪造印章罪；卜新光在承包经营安信证券部期间，违反金融管理法规，两次向他人开具虚假的资信证明，造成1032万元的重大经济损失，其行为又构成非法出具金融票证罪；在承包经营过程中，作为安信证券部总经理，利用职务之便，直接或间接将安信证券部资金9173.2286万元挪用，用于其个人所有的新晖公司投资及各项费用，与安信证券部经营业务没有关联，且造成的经济损失由安信证券部、安信公司承担法律责任，应视为卜新光挪用证券部资金归个人使用，其行为构成挪用资金罪。案发后，安徽省公安厅追回赃款1689.05万元，赃物、住房折合1627万元；查封新晖公司投资的价值2840万元房产和1950万元的土地使用权，共计价值8106.05万元。卜新光一人犯数罪，应数罪并罚，遂判决：一、卜新光犯伪造公司印章罪，判处有期徒刑二年；犯非法出具金融票证罪，判处有期徒刑八年；犯挪用资金罪，判处有期徒刑十年，决定执行有期徒刑十五年。二、赃款、赃物共计8106.05万元予以追缴。卜新光不服，提起上诉。安徽省高级人民法院于2002年2月22日作出（2002）皖刑终字第34号刑事裁定，驳回上诉，维持原判。上述刑事判决认定查封和判令追缴的土地使用权即指卜新光以新晖公司名义投资的“深坑村土地”使用权。2009年8月4日，卜新光刑满释放。

又查明：在卜新光刑事犯罪案发后，深圳发展银行人民桥支行（原系深圳发展银行营业部，以下简称深发行）以与卜新光、安信证券部、安信公司存在拆借2500万元的债务纠纷为由，于1999年12月28日向深圳市中级人民法院提起民事诉讼，案号为（2000）深中法经调初字第72号；深发行还以与安信证券部、安信公司存在担保借款纠纷，拆借资金合同和保证金存款协议纠纷为由，于2000年3月10日，同时向深圳市罗湖区人民法院提起民事诉讼，该院立案审理，案号分别为（2000）深罗法经一初字第372号、（2000）深罗法经一初字第373号。2000年4月19日，安徽省公安厅致函深圳市中级人民法院、罗湖区人民法院，请法院根据最高人民法院《关于在审理经济纠纷案件中涉及经济犯罪嫌疑若干问题的规定》第十二条的规定，对民事案件中止审理并依法移送安徽省公安厅统一侦办。2000年7月15日，罗湖区人民法院将其受理的（2000）深罗法经一初字第372号、（2000）深罗法经一初字第373号民事案件移送安徽省公安厅。2000年8月24日，安徽省公安厅刑事警察总队对“深坑村土地”进行查封。对（2000）深中法经调初字第72号深发行诉安信证券部、安信公司的拆借金额2500万元债务纠纷案件，深圳市中级人民法院经审理认为，该案涉嫌刑事犯罪，于2001年9月21日将该案移送安徽省公安厅侦查处理，同时通知深发行、安信公司、安信证券部已将该民事案件移送安徽省公安厅。安徽省公安厅在合肥市中级人民法院（2001）合刑初字第68号刑事判决生效后，对“深坑村土地”予以解封并将追缴的土地使用权返还被害单位安信证券部，用于抵偿安徽省公安厅侦办的（2000）深中法经调初字第72号民事案件中卜新光以安信证券部名义拆借深发行2500万元的债务。

再查明：在卜新光刑事犯罪案发后，深发行认为安信证券部向该行融资2000万元，只清偿1200万元，余款800万元逾期未付，以债券回购协议纠纷为由，向深圳市中级人民法院起诉卜新光及安信证券部、安信公司，要求连带清偿欠款800万元及利息300万元。深圳市中级人民法院1999年11月9日作出（1998）深中法经一初字第311号民事判决：卜新光返还给深发行2570016元及使用2000万元期间的利息；卜新光财产不足清偿债务时，由安信证券部和安信公司承担补充清偿责任。该民事判决在执行中已由深发行与安信公司达成和解，以其他财产抵偿。

【裁判结果】

最高人民法院赔偿委员会于2011年11月24日作出(2011)法委赔字第1号赔偿委员会决定：维持安徽省公安厅皖公刑赔字〔2011〕01号刑事赔偿决定和中华人民共和国公安部公赔复字〔2011〕1号刑事赔偿复议决定。

【裁判理由】

最高人民法院认为：卜新光在承包经营安信证券部期间，未经安信公司授权，私刻安信公司印章并冒用，违反金融管理法规向他人开具虚假的资信证明，利用职务之便，挪用安信证券部资金9173.2286万元，已被合肥市中级人民法院(2001)合刑初字第68号刑事判决认定构成伪造印章罪、非法出具金融票证罪、挪用资金罪，对包括卜新光以新晖公司名义投资的"深坑村土地"使用权在内的、共计价值8106.05万元(其中土地使用权价值1950万元)的赃款、赃物判决予以追缴。卜新光以新晖公司出资购买的该土地部分使用权属其个人合法财产的理由不成立，人民法院生效刑事判决已将新晖公司投资的"深坑村土地"价值1950万元的使用权作为卜新光挪用资金罪的赃款、赃物的一部分予以追缴，卜新光无权对人民法院生效判决追缴的财产要求国家赔偿。

关于卜新光主张安徽省公安厅以"深坑村土地"抵偿其欠深发行800万元，造成直接财产损失316.6万元的主张。在卜新光涉嫌犯罪案发后，深发行起诉卜新光及安信证券部、安信公司800万元债券回购协议案，深圳市中级人民法院作出(1998)深中法经一初字第311号民事判决并已执行。该案与深圳市中级人民法院于2001年9月21日移送安徽省公安厅侦办的(2000)深中法经调初字第72号，深发行起诉卜新光及安信证券部、安信公司拆借2500万元的债务纠纷案，不是同一民事案件。安徽省公安厅在刑事判决生效后，将判决追缴的价值1950万元的"深坑村土地"使用权发还给其侦办的卜新光以安信证券部名义拆借深发行2500万元资金案的被害单位，具有事实依据，没有损害其利益。卜新光主张安徽省公安厅以"深坑村土地"抵偿其欠深发行800万元，与事实不符。卜新光要求安徽省公安厅赔偿违法返还"深坑村土地"造成其316.6万元损失无事实与法律依据。综上，"深坑村土地"已经安徽省高级人民法院(2002)皖刑终字第34号刑事裁定予以追缴，赔偿请求人卜新光主张安徽省公安厅违法返还土地给其造成316.6万元的损失没有法律依据，其他请求没有事实根据，不符合国家赔偿法的规定，不予支持。

图书在版编目（CIP）数据

行政·国家赔偿办案全典 / 石磊组编．—北京：中国法制出版社，2018.4

ISBN 978-7-5093-9079-5

Ⅰ.①行… Ⅱ.①石… Ⅲ.①行政法-案例-中国②行政诉讼法-案例-中国③国家赔偿法-案例-中国 Ⅳ.①D922.105②D925.305③D922.115

中国版本图书馆 CIP 数据核字（2018）第 045677 号

责任编辑：黄会丽（foreverhuili@163.com）　　封面设计：周黎明

行政·国家赔偿办案全典

XINGZHENG · GUOJIA PEICHANG BAN'AN QUANDIAN

组编/石磊

经销/新华书店

印刷/三河市紫恒印装有限公司

开本/880 毫米×1230 毫米　32 开　　印张/46　字数/1895 千

版次/2018 年 4 月第 1 版　　2018 年 4 月第 1 次印刷

中国法制出版社出版

书号 ISBN 978-7-5093-9079-5　　定价：148.00 元

北京西单横二条 2 号

邮政编码 100031　　传真：66031119

网址：http：//www.zgfzs.com　　**编辑部电话：66070084**

市场营销部电话：66033393　　**邮购部电话：66033288**

（如有印装质量问题，请与本社编务印务管理部联系调换。电话：010-66032926）